PESQUISA de MARKETING

M249p Malhotra, Naresh K.
Pesquisa de marketing : uma orientação aplicada / Naresh K. Malhotra ; tradução: Ronald Saraiva de Menezes. – 7. ed. – Porto Alegre : Bookman, 2019.
xxvii, 772 p. : il.; 28 cm.

ISBN 978-85-8260-509-7

1. Marketing. 2. Pesquisa de marketing. I. Título.

CDU 658.8:005.52

Catalogação na publicação: Karin Lorien Menoncin – CRB 10/2147

NARESH K. MALHOTRA

Georgia Institute of Technology

PESQUISA de MARKETING

uma orientação aplicada

7ª Edição

Tradução:
Ronald Saraiva de Menezes

2019

Obra originalmente publicada sob o título *Marketing Research: An Applied Orientation*, 7th Edition
ISBN 9780134734842

Authorized translation from the English language edition, entitled MARKETING RESEARCH: AN APPLIED ORIENTATION, 7th Edition by NARESH MALHOTRA; SPSS SPSS, published by Pearson Education,Inc., publishing as Pearson, Copyright © 2019. All rights reserved. No part of this book may be reproduced or transmitted in any form or by any means, electronic or mechanical, including photocopying, recording or by any information storage retrieval system, without permission from Pearson Education,Inc.

Portuguese language edition published by Bookman Companhia Editora Ltda, a Grupo A Educação S.A. company, Copyright ©2019.

Tradução autorizada a partir do original em língua inglesa da obra intitulada MARKETING RESEARCH: AN APPLIED ORIENTATION, 7ª Edição, autoria de NARESH MALHOTRA; publicado por Pearson Education, Inc., sob o selo Pearson, Copyright © 2019. Todos os direitos reservados. Este livro não poderá ser reproduzido nem em parte nem na íntegra, nem ter partes ou sua íntegra armazenado em qualquer meio, seja mecânico ou eletrônico, inclusive fotoreprografação, sem permissão da Pearson Education,Inc.

A edição em língua portuguesa desta obra é publicada por Bookman Companhia Editora Ltda, uma empresa Grupo A Educação S.A. Copyright © 2019.

Gerente editorial: *Arysinha Jacques Affonso*

Colaboraram nesta edição:

Editora: *Denise Weber Nowaczyk*

Capa: *Márcio Monticelli* (arte sobre capa original)

Tradução da 6a. edição: *Lene Belon Ribeiro* e *Monica Stefani*

Revisão técnica da 6a. edição: *Janaina de Moura Engracia Giraldi*

Leitura final: *Amanda Jansson Breitsameter*

Editoração: *Clic Editoração Eletrônica Ltda.*

Reservados todos os direitos de publicação, em língua portuguesa, à
BOOKMAN EDITORA LTDA., uma empresa do GRUPO A EDUCAÇÃO S.A.
Av. Jerônimo de Ornelas, 670 – Santana
90040-340 Porto Alegre RS
Fone: (51) 3027-7000 Fax: (51) 3027-7070

Unidade São Paulo
Rua Doutor Cesário Mota Jr., 63 – Vila Buarque
01221-020 São Paulo SP
Fone: (11) 3221-9033

SAC 0800 703-3444 – www.grupoa.com.br

É proibida a duplicação ou reprodução deste volume, no todo ou em parte, sob quaisquer formas ou por quaisquer meios (eletrônico, mecânico, gravação, fotocópia, distribuição na Web e outros), sem permissão expressa da Editora.

IMPRESSO NO BRASIL
PRINTED IN BRAZIL

SOBRE O AUTOR

O Dr. Naresh K. Malhotra é Senior Fellow do Georgia Tech CIBER e professor regente emérito do Sheller College of Business, Georgia Institute of Technology. Em 2010, foi escolhido como uma Lenda do Marketing, e seus artigos acadêmicos de referência foram publicados em nove volumes pela Sage, com tributos a outros acadêmicos da área. Ele vem figurando na Marquis *Who's Who in America* ininterruptamente desde 1997 e na *Who's Who in the World* desde o ano 2000. Em 2017, recebeu o Albert Nelson Marquis Lifetime Achievement Award da Marquis Who's Who. Em 2015, recebeu o Lifetime Achievement Award do Prestige Institute of Management, de Gwalior, Índia. Recebeu o prestigiado prêmio de Educador de Marketing da Academy of Marketing Science CUTCO/Vector em 2005. Em 2011, recebeu o prêmio de Melhor Professor em Gestão de Marketing, Asia Best B-School.

Em um artigo de Wheatley e Wilson (Anais dos Educadores AMA de 1987), o professor Malhotra ficou em primeiro lugar no país em artigos publicados no *Journal of Marketing Research* (*JMR*) de 1980 a 1985. Também detém o recorde do maior número de publicações no *Journal of Health Care Marketing*. Além disso, encontra-se na primeira posição no número de publicações no *Journal of Health Care Marketing Science* (*JAMS*) desde seu surgimento até o volume 23, de 1995, e durante a década 1986-1995 (ver Tabelas 6 e 7 da *JAMS*, 24(4) (Fall 1996): 297). Em um editorial de Schlegelmilch (*JIM*, 11(1), 2003), Malhotra ficou ranqueado em primeiro lugar com base em publicações na *International Marketing Review (IMR)* de 1992 a 2002. Também é o número um em artigos publicados na *International Marketing Review* desde seu lançamento (1983) até 2003 [Tabela V, *IMR*, 22(4) (2005); 396], e de 1983 a 2011 [Tabela VI, *IMR*, 30(1) (2013):14]. Foi ainda o primeiro em publicações na *International Marketing Review* de 1996 a 2006, com base em um estudo de Xu *et al.*, publicado no *Asia Pacific Journal of Management* (2008) 25: 189-207. Em um estudo marcante de Ford *et al.* (2010) que examinou publicações nos quatro principais periódicos especializados em marketing [*Journal of Marketing, Journal of Marketing Research* (*JMR*), *Journal of Consumer Research* e *Journal of Health Care Marketing Science* (*JAMS*)] ao longo de 25 anos, de 1977 a 2002, o professor Malhotra ficou em três posições principais: terceiro em publicações em todos os periódicos combinados, terceiro em publicações no *JMR* e primeiro em publicações no *JAMS*. Ele já publicou dez artigos no *Journal of Marketing Research*.

O Dr. Malhotra já publicou mais de 140 artigos em grandes periódicos especializados, como o *Journal of Marketing Research, Journal of Consumer Research, Marketing Science, Management Science, Journal of Marketing, Journal of the Academy of Marketing Science, Journal of Retailing, Journal of Health Care Marketing* e igualmente em importantes revistas de estatística, ciência da administração, sistemas de informação e psicologia. Além disso, publicou inúmeros artigos nos anais de importantes congressos internacionais. Vários de seus artigos foram premiados.

Ele preside o conselho da Emerging Markets Conference, e é copresidente do Lead Program para organização anual das conferências do conselho. Foi presidente do conselho da Academy of Marketing Science Foundation de 1996 a 1998, presidente da Academy of Marketing Science de 1994 a 1996 e presidente do seu Conselho de Administração de 1990 a 1992. É membro honorário da Academy e Membro do Decision Sciences Institute. Editor fundador de *Review of Marketing Research*, foi editor associado no *Decision Sciences* por 18 anos e editor de área da Health Care Marketing Abstracts do *Journal of Health Care Marketing*. Além disso, participa dos conselhos editoriais de oito periódicos especializados.

O Dr. Malhotra atua como consultor de empresas, de organizações sem fins lucrativos e de entidades governamentais nos Estados Unidos e no exterior, além de trabalhar como especialista em processos legais e de regulamentação, tendo se especializado em análise de dados e métodos estatísticos. É vencedor de inúmeras premiações e honrarias por pesquisa, ensino e atuação na profissão, incluindo o Prêmio de Excelência em Ensino de Marketing pela Academy of Marketing Science, em 2003.

Ele é pregador ordenado do Evangelho, membro e diácono da Primeira Igreja Batista de Atlanta e presidente da Global Evangelistic Ministries, Inc. (www.globalevangelisticsministries.net). Esse ministério documentou em relatórios independentes mais de 1,7 milhão de pessoas rezando para receber Jesus como Salvador e Senhor pessoal. Há mais de 37 anos, vive em Atlanta com sua esposa, Veena, com quem teve e criou dois filhos, Ruth e Paul.

RECONHECIMENTO

Em um mundo repleto de dados comportamentais baratos, é tentador acreditar que as perguntas envolvendo o comportamento dos consumidores podem ser todas respondidas pela aplicação de análise de dados. Além disso, o advento de plataformas automatizadas de baixo custo para realização de levantamentos convida não apenas pesquisadores, mas todo mundo, a realizar levantamentos *on-line* ao clique de um botão sem realmente entender a ciência por trás deles. Combine-se isso com uma crença em "bom o bastante" e temos uma receita para enganos caros e desastrosos. É isso, acima de tudo, que torna *Pesquisa de Marketing: Uma Orientação Aplicada, 7ª Edição* um manual de consulta importante e essencial para pesquisadores e profissionais do marketing. A Pesquisa de Marketing é tanto uma ciência quanto uma arte, e esta edição oferece um alicerce sólido para a aplicação de ambos na busca por *insights* precisos e efetivos, capazes de orientar decisões de negócios.

Simon Chadwick, sócio-diretor, Cambiar Consulting
Presidente do conselho, Insights Association
Editor-chefe, *Research World*

À memória de meu pai,
H. N. Malhotra,
e
à minha mãe, Satya Malhotra,
e
à minha esposa, Veena, e a meus filhos, Ruth e Paul.

O amor, o incentivo e o apoio de meus pais, minha esposa e meus filhos foram exemplares.

"O maior destes é o amor".

I Coríntios 13:13

"Mas Deus manifesta sua caridade para conosco, pois, mesmo sendo pecadores, Cristo morreu por nós".

Romanos 5:8
Bíblia Sagrada

AGRADECIMENTOS

Várias pessoas foram extremamente importantes na elaboração deste livro. Gostaria de agradecer ao falecido professor Arun K. Jain (State University of New York em Buffalo), que me ensinou pesquisa de marketing de uma maneira que nunca esquecerei. Meus alunos, especialmente aqueles que foram meus orientandos de doutorado (James Agarwal, Imad Baalbaki, Ashutosh Dixit, Dan McCort, Rick McFarland, Charla Mathwick, Gina Miller, Mark Peterson, Jamie Pleasant, Cassandra Wells e Ashutosh Patil), bem como outros doutorandos (Mark Leach e Tyra Mitchell), foram de grande ajuda de inúmeras formas.

Quero agradecer especialmente à assessoria de Mark Leach e Gina Miller na redação das seções e do capítulo sobre ética, de Mark Peterson nas seções de aplicações em computadores e de James Agarwal com os exemplos de pesquisa de marketing internacional nas edições anteriores. Os alunos de MBA David Ball, Joshua Pitts e Madhavi Akella me deram valiosa assessoria em pesquisa. Os alunos de minhas disciplinas de pesquisa de marketing proporcionaram retorno valioso enquanto os materiais eram testados em classe ao longo de vários anos.

Meus colegas na Georgia Tech, em especial Fred Allvine, sempre deram grande apoio. Também quero agradecer a Ronald L. Tatham (ex-presidente do Conselho da Burke, Inc.) por seu incentivo e apoio, e também a Jeff Miller, atual presidente e CEO da Burke. William D. Neal (fundador e executivo sênior da SDR, Inc.) prestou muita ajuda e apoio ao longo dos anos. A Insights Association, formada em 1º de janeiro de 2017 como resultado da fusão da MRA e da CASRO, foi de grande ajuda, e agradeço especialmente a Diane Bowers por sua ajuda com as citações dos profissionais da área. Muitos profissionais atuantes também contribuíram com este livro. Pamela Prentice, do SAS, ajudou muito nos acréscimos sobre SAS incorporados à 7ª edição.

A equipe da Pearson nos deu um apoio imenso. Agradecimentos especiais vão para Stephanie Wall, diretora editorial; Michelle Zeng, produtora de conteúdo; Susan McNally, gerente de projetos; Maya Lane, gerente de direitos e permissões; Ashley Santora, produtora gerencial; Becky Rowland, marketing de produtos; e Nicole Price, marketing de campo. Um reconhecimento especial é destinado aos vários representantes de campo e vendedores que realizaram um ótimo trabalho na comercialização do livro.

Quero agradecer com grande respeito à minha mãe, Satya Malhotra, e ao meu falecido pai, H. N. Malhotra. Seu amor, incentivo, apoio e seus sacrifícios foram exemplares. Meu amor e minha gratidão vão para minha esposa, Veena, e para meus filhos, Ruth e Paul, por sua fé, esperança e amor.

Acima de tudo, quero agradecer a meu Salvador e Senhor, Jesus Cristo, pelos muitos milagres que Ele tem realizado em minha vida. Este livro é verdadeiramente o resultado de Sua graça – "Esta é a obra do Senhor; ela é maravilhosa aos nossos olhos" (Salmo 118:23). É também a resposta às minhas orações – "E tudo que pedirdes em meu nome, eu farei, para que o Pai seja glorificado no Filho. Qualquer coisa que pedirdes em meu nome, eu a farei" (João 14:13-14).

Naresh K. Malhotra

PRÓLOGO

O mundo dos negócios está avançando mais rapidamente que nunca, e o uso inteligente e criterioso da pesquisa é fundamental para acompanhar esse ritmo. Sem dúvida, as pessoas de maior sucesso terão uma base educacional abrangente, alta capacidade de comunicação e abordagens criativas para as oportunidades que vêm ao nosso encontro. É maravilhoso quando um livro como o do Dr. Malhotra permite que a sala de aula se transforme em uma fonte dessas habilidades e eleve em muito a empregabilidade dos estudantes.

Este texto já comprovou ser um dos melhores em sua área, adotado por mais de 140 universidades nos Estados Unidos e traduzido para oito idiomas, contando com várias edições em língua inglesa. Trata-se de um livro insuperável em sua apresentação de fundamentos que permitem que os estudantes se tornem pesquisadores e usuários inteligentes da pesquisa. Os exemplos de pesquisas reais aproximam o estudante do mundo que os empreendedores enfrentam todos os dias. A cada passo, o estudante pode se relacionar com o permanente "projeto de fidelização da loja de departamentos", com o caso HP e com as vinhetas práticas que situam o material de ensino em um nível realista e prático. Esses materiais são complementados por exercícios de pesquisa ativa, pesquisa experiencial e pesquisa de decisão, que proporcionam experiência prática adicional. Há uma ênfase disseminada em mídias sociais, pesquisa de marketing em dispositivos móveis, ética e pesquisa de marketing internacional. A compreensão que o texto propicia sobre a vanguarda da pesquisa vem também de sua integração com modernas ferramentas de pesquisa, como a Internet, programas analíticos de computador e as mais recentes práticas de administração. Os filmes de demonstração, as capturas de telas de *software* e as instruções passo a passo para a execução dos programas SPSS e SAS oferecem o auxílio mais abrangente à disposição para aprendizagem desses pacotes estatísticos.

Nós da Burke, Inc., estamos felizes por contribuir com esta nova edição. Compartilhamos essas experiências, assim como nossa filosofia de trabalho, nossas aptidões técnicas e ideias a respeito do futuro da pesquisa. Esta 7ª edição de *Pesquisa de Marketing: Uma Orientação Aplicada* proporciona a base que, em nossa opinião, todo aluno deve ter. Temos certeza de que esta combinação de teoria, prática e bons conselhos será de imensa valia para você.

Jeff Miller, PhD
Presidente e CEO, Burke, Inc.

PREFÁCIO

Escrevi este livro para oferecer um texto sobre pesquisa de marketing aplicada e prática com uma abrangência equilibrada entre materiais qualitativos e quantitativos. Seu ponto de vista é o do usuário de pesquisas de marketing, refletindo sobre tendências atuais em pesquisa de marketing internacional, mídias sociais, pesquisa de marketing em dispositivos móveis, ética e a integração da Internet e dos computadores. Todos os capítulos têm como foco a prática da pesquisa de marketing, ao retratarem uma variedade de empresas de marketing e organizações de pesquisa no ramo. Diversas características tornam este livro único.

Ele apresenta uma exclusiva orientação gerencial e prática, ilustrando a interação entre decisões em pesquisa de marketing e decisões em gestão de marketing. Enfatiza também uma abordagem de "mão na massa" e "faça você mesmo", proporcionando aos estudantes várias oportunidades para experimentarem essas interações por meio de ferramentas pedagógicas como Pesquisa Real, Pesquisa Ativa, Experiência de Pesquisa, Projeto de Pesquisa, Pesquisa ao Vivo, casos, casos em vídeo e inúmeras questões de revisão, exercícios para Internet e computador, atividades de dramatização, trabalho de campo e discussões em grupo. Os capítulos sobre análise de dados integram SPSS e SAS, ilustrando em detalhe cada passo para a rodagem desses programas e oferecendo três maneiras distintas pelas quais os estudantes podem aprender a utilizá-los por conta própria: (1) instruções passo a passo no livro, (2) capturas de tela com observações sobre cada passo e (3) vídeos demonstrativos ilustrando cada passo. Este livro oferece aos estudantes de pesquisa de marketing o auxílio mais abrangente disponível para aprendizagem de SPSS e SAS.

A reação às seis primeiras edições vem sendo verdadeiramente gratificante, com mais de 144 universidades adotando o livro nos Estados Unidos. A obra foi traduzida para oito idiomas: chinês, russo, espanhol, português, francês, húngaro, indonésio bahasa e japonês. Versões em língua inglesa incluem norte-americano, internacional, europeu, árabe e indiano, bem como textos para a Austrália e Nova Zelândia. Desejo expressar meu sincero agradecimento e reconhecimento a todos os professores e estudantes que colaboraram para o sucesso deste livro como adotantes, usuários, revisores e prestadores de inestimáveis comentários e incentivos. A 7ª edição visa a levar esse sucesso ainda mais longe e tornar o livro mais atual, contemporâneo, ilustrativo e sensível às necessidades dos usuários.

Sobre a 7ª edição

O livro está organizado em três partes, partindo de uma concepção em seis etapas para a condução de pesquisa de marketing. A Parte I apresenta uma introdução e examina a definição do problema, o primeiro e mais importante passo. A segunda etapa no processo de pesquisa de marketing é entender a natureza e o escopo da pesquisa para que se desenvolva uma abordagem ao problema. A Parte II abrange a concepção da pesquisa, a terceira etapa, e descreve em detalhes concepções exploratórias, descritivas e casuais de pesquisa. Nela são identificados os tipos de informações que a pesquisa de marketing oferece e as escalas apropriadas para obtê-las. Apresentamos diversas diretrizes para o desenvolvimento de questionários e explicamos os procedimentos, as técnicas e as considerações estatísticas na fase de amostragem.

A Parte III apresenta uma discussão voltada à prática e à administração do trabalho de campo, a quarta etapa do processo de pesquisa de marketing. Abrange também preparação e análise de dados, a quinta etapa. Discutimos técnicas estatísticas básicas e avançadas em detalhe, com ênfase em procedimentos, interpretação de resultados e implicações gerenciais, em detrimento à elegância estatística. Retratamos quatro pacotes estatísticos – SPSS, SAS, MINITAB e Excel – mas com foco especial em SPSS e SAS.

Especificamente, esta edição contém:

1. **Integração de mídias sociais.** A 7ª edição traz uma integração inovadora e disseminada de mídias sociais. Há uma seção intitulada "Pesquisa de Marketing e Mídias Sociais" em cada capítulo, exceto naqueles sobre análise de dados. Além disso, o uso de mídias sociais é examinado em diversas outras seções, incluindo as questões de fim de capítulo, o caso HP e os casos em vídeo. Analisamos as mídias sociais tanto como uma aplicação de pesquisa de marketing como uma esfera na qual se pode conduzir pesquisa de marketing. Embora não esperemos que a pesquisa em mídias sociais venha a substituir a pesquisa de marketing tradicional, prevemos que as mídias sociais se tornarão um complemento cada vez mais importante às pesquisas de marketing tradicionais.
2. **Integração de pesquisa de marketing em dispositivos móveis.** A 7ª edição traz uma integração pioneira e disseminada de pesquisa de marketing em dispositivos móveis (MMR – *mobile marketing research*). Há uma seção intitulada "Pesquisa de Marketing em Dispositivos Móveis" em cada capítulo, exceto naqueles sobre análise de dados. Além disso, a MMR é discutida em diversas outras seções do capítulo, incluindo as questões de fim de capítulo.
3. **Maior ênfase em SPSS e SAS.** Capítulos relevantes contêm uma seção sobre SPSS Windows, além de outra sobre SAS Enterprise Guide, que ilustram os programas relevantes e os passos necessários para executá-los. Fornecemos arquivos SPSS e SAS para todos os conjuntos

de dados de entrada nos capítulos sobre análise de dados (Capítulos 14 a 22), conjuntos de dados de entrada que aparecem nos Exercícios para Internet e computador, conjuntos de dados de entrada para os casos (Casos 1.1, 3.1, 3.2, 3.3, 4.1 e 4.2) e para o projeto sobre a Wal-Mart. As etapas ilustradas a respeito do SAS aplicam-se ao SAS Enterprise Guide, a interface de usuário para SAS OnDemand for Academics.
4. **Material online (em inglês) disponível no *site* loja.grupoa.com.br:** Os estudantes têm livre acesso a materiais complementares ao livro pelo site do Grupo A. Para tal, basta entrar no *site* loja.grupoa.com.br, buscar pela página do livro e acessar materiais referentes ao SAS e SPSS (vídeos demonstrativos, dados de entrada e de saída, capturas de telas), entre outros.

O professor interessado em recursos pedagógicos complementares deve acessar o site do Grupo A (loja.grupoa.com.br), fazer o seu cadastro, buscar pela página do livro e localizar a área de Material Complementar. Lá, estão disponíveis apresentações em PowerPoint, Manual do Professor e arquivos Teste Gen.

SUMÁRIO RESUMIDO

Parte I   Introdução e Fases Iniciais da Pesquisa de Marketing   1

1. Introdução à Pesquisa de Marketing   2
2. Definição do Problema de Pesquisa de Marketing e Desenvolvimento de Uma Abordagem   27

Parte II   Formulação da Concepção de Pesquisa   55

3. Concepção de Pesquisa   56
4. Concepção de Pesquisa Exploratória: Dados Secundários e por Assinatura   80
5. Concepção de Pesquisa Exploratória: Pesquisa Qualitativa   108
6. Concepção de Pesquisa Descritiva: Levantamento e Observação   143
7. Concepção de Pesquisa Causal: Experimentação   183
8. Mensuração e Escalonamento: Fundamentos e Escalas Comparativas   211
9. Mensuração e Escalonamento: Técnicas de Escalonamento Não Comparativas   231
10. Elaboração de Questionários e Formulários   256
11. Amostragem: Concepção e Procedimentos   287
12. Amostragem: Determinação do Tamanho Inicial e Final da Amostra   318

Parte III   Coleta, Preparação e Análise de Dados e Relatório   343

13. Trabalho de Campo   344
14. Preparação de Dados   359
15. Distribuição de Frequência, Tabulação Cruzada e Teste de Hipóteses   386
16. Análise de Variância e de Covariância   426
17. Correlação e Regressão   450
18. Análise Discriminante e Análise Logit   480
19. Análise Fatorial   508
20. Análise de *Cluster*   531
21. Escalonamento Multidimensional e Análise Conjunta   555
22. Modelagem de Equações Estruturais e Análise de Caminho   583
23. Preparação e Apresentação de Relatórios   613

Casos

Caso com dados reais   637

Caso 1.1   HP: Uso de pesquisa de marketing para se obter uma vantagem competitiva   637

Casos abrangentes para reflexão crítica   642

Caso 2.1   Baskin-Robbins: Ela conseguirá se aquecer como nos velhos tempos?   642

Caso 2.2   Coisa de criança? Determinação da melhor estratégia de posicionamento para o Akron Children's Hospital   645

Casos de análise de dados com dados reais   648

Caso 3.1   AT&T e o mercado de serviços sem fio   648

Caso 3.2   IBM: A líder mundial em fornecimento de *hardware*, *software* e serviços   653

Caso 3.3   Kimberly-Clark: Competindo por meio da inovação   662

Casos abrangentes com dados reais   671

Caso 4.1   JPMorgan Chase: Buscando o crescimento por meio de fusões e aquisições   671

Caso 4.2   Wendy's: História e vida depois de Dave Thomas   677

SUMÁRIO

PARTE I Introdução e Fases Iniciais da Pesquisa de Marketing 1

1 Introdução à Pesquisa de Marketing 2
Definição de pesquisa de marketing 5
Classificação de pesquisas de marketing 6
Processo de pesquisa de marketing 8
  Etapa 1: Definição do problema 8
  Etapa 2: Desenvolvimento de uma abordagem 8
  Etapa 3: Formulação da concepção de pesquisa 8
  Etapa 4: Trabalho de campo ou coleta de dados 8
  Etapa 5: Preparação e análise dos dados 8
  Etapa 6: Preparação e apresentação do relatório 8
O papel da pesquisa de marketing na tomada de decisão 9
Pesquisa de marketing e inteligência competitiva 11
A decisão de realizar uma pesquisa de marketing 11
O setor de pesquisa de marketing 11
Seleção de um fornecedor de pesquisa 14
Empregabilidade em pesquisa de marketing 15
Projeto de fidelização da loja de departamentos 15
Pesquisa de marketing internacional 16
Pesquisa de marketing e mídias sociais 17
Pesquisa de marketing em dispositivos móveis 18
Ética em pesquisa de marketing 19
SPSS Windows e SAS Enterprise Guide 21
Caso HP 21 • Resumo 21 • Palavras-chave e conceitos fundamentais 22 • Casos relacionados 22 • Pesquisa ao vivo: realização de um projeto de pesquisa de marketing 22 • Exercícios 22 • Exercícios para Internet e computador 23 • Atividades 23
▶ Caso 1.1 Burke: aprendendo e crescendo a partir da pesquisa de marketing 24

2 Definição do Problema de Pesquisa de Marketing e Desenvolvimento de Uma Abordagem 27
A importância da definição do problema 29
O processo de definição do problema e de desenvolvimento de uma abordagem 30
Tarefas envolvidas 30
  Discussões com os tomadores de decisões 30
  Entrevistas com especialistas do setor 32
  Análise de dados secundários 33
  Pesquisa qualitativa 33
O contexto ambiental do problema 34
  Informações passadas e previsões 35
  Recursos e restrições 35
  Objetivos 36
  Comportamento do comprador 36
  Ambiente legal 37
  Ambiente econômico 37
  Qualificações mercadológicas e tecnológicas 37
Problema de decisão gerencial e problema de pesquisa de marketing 37
Definição do problema de pesquisa de marketing 39
Componentes da abordagem 40
  Estrutura objetiva/teórica 40
  Modelo analítico 41
  Questões de pesquisa 42
  Hipóteses 42
  Especificação das informações necessárias 44
Pesquisa de marketing internacional 45
Pesquisa de marketing e mídias sociais 46
  Abordagem do problema 47
Pesquisa de marketing em dispositivos móveis 48
Ética em pesquisa de marketing 48
Caso HP 49 • Resumo 49 • Palavras-chave e conceitos fundamentais 50 • Casos relacionados 50 • Pesquisa ao vivo: realização de um projeto de pesquisa de marketing 50 • Exercícios 51 • Exercícios para Internet e computador 51 • Atividades 52
▶ Caso 2.1 Accenture: o acento está no nome 53

PARTE II Formulação da Concepção de Pesquisa 55

3 Concepção de Pesquisa 56
Concepção de pesquisa: definição 58
Concepção de pesquisa: classificação 58
Pesquisa exploratória 60
Pesquisa descritiva 61
  Estudos transversais 62
  Estudos longitudinais 63
  Vantagens e desvantagens dos estudos longitudinal e transversal 64

Pesquisa causal 65
Relações entre pesquisas exploratória, descritiva e causal 67
Fontes potenciais de erros 68
   Erro de amostragem aleatória 68
   Erro não amostral 68
Orçamento e programação do projeto 70
Proposta de pesquisa de marketing 71
Pesquisa de marketing internacional 71
Pesquisa de marketing e mídias sociais 72
Pesquisa de marketing em dispositivos móveis 73
Ética em pesquisa de marketing 74
Caso HP 74 • Resumo 74 • Palavras-chave e conceitos fundamentais 75 • Casos relacionados 75 • Pesquisa ao vivo: realização de um projeto de pesquisa de marketing 75 • Exercícios 76 • Exercícios para Internet e computador 76 • Atividades 76
▶ Caso 3.1 National Football League: o rei dos esportes profissionais 78

4 Concepção de Pesquisa Exploratória: Dados Secundários e por Assinatura 80

Dados primários *versus* dados secundários 82
Vantagens e usos de dados secundários 82
Desvantagens dos dados secundários 83
Critérios para avaliação de dados secundários 83
   Especificações: metodologia usada para coletar os dados 83
   Erro: precisão dos dados 84
   Atualidade: quando os dados foram coletados 84
   Objetivo: a finalidade dos dados coletados 84
   Natureza: o conteúdo dos dados 85
   Confiabilidade: quão confiáveis são os dados? 85
Classificação dos dados secundários 86
Dados secundários internos 87
   Bases de dados de clientes 87
   Armazém de dados e mineração de dados 87
   CRM e marketing de base de dados 87
Dados secundários externos 88
   Dados comerciais/não governamentais 88
   Fonte governamental 89
Fontes de dados secundários por assinatura 90
Dados por assinatura sobre domicílios 91
   Levantamentos 91
   Painéis de compras e de mídia 94
   Serviços de escaneamento eletrônico 95
Dados por assinatura: instituições 97
   Auditorias de varejistas e atacadistas 97
   Serviços sobre indústrias 98

Combinando informações de fontes diferentes: dados de fonte única 98
Big data 99
Pesquisa de marketing internacional 99
Pesquisa de marketing e mídias sociais 100
Pesquisa de marketing em dispositivos móveis 102
Ética em pesquisa de marketing 102
Caso HP 103 • Resumo 103 • Palavras-chave e conceitos fundamentais 104 • Casos relacionados 104 • Pesquisa ao vivo: realização de um projeto de pesquisa de marketing 104 • Exercícios 105 • Exercícios para Internet e computador 105 • Atividades 105
▶ Caso 4.1 A Clínica Mayo: permanecendo saudável com pesquisa de marketing 106

5 Concepção de Pesquisa Exploratória: Pesquisa Qualitativa 108

Dados primários: pesquisa qualitativa *versus* pesquisa quantitativa 110
Fundamentos lógicos para o uso da pesquisa qualitativa 112
Uma classificação dos procedimentos de pesquisa qualitativa 112
Entrevistas com grupos de foco 113
   Características 113
   Planejamento e condução de grupos de foco 114
   Outras variações nos grupos de foco 119
   Vantagens dos grupos de foco 119
   Desvantagens dos grupos de foco 119
   Aplicações dos grupos de foco 120
   Entrevistas em grupos de foco *on-line* 120
   Vantagens dos grupos de foco *on-line* 121
   Desvantagens dos grupos de foco *on-line* 121
   Usos dos grupos de foco *on-line* 121
Entrevistas em profundidade 122
   Características 122
   Técnicas 123
   Vantagens e desvantagens das entrevistas em profundidade 124
   Aplicações das entrevistas em profundidade 125
Técnicas projetivas 126
   Técnicas de associação 126
   Técnicas de conclusão 127
   Técnicas de construção 128
   Técnicas expressivas 129
   Vantagens e desvantagens das técnicas projetivas 131
   Aplicações das técnicas projetivas 131
Análise de dados qualitativos 132
   Pacotes de *software* 133
Pesquisa de marketing internacional 133

Pesquisa de marketing e mídias sociais 134
  Grupos de foco 134
  Entrevistas em profundidade 135
  Técnicas projetivas 135
  Limitações 135
Pesquisa de marketing em dispositivos móveis 136
Ética na pesquisa de marketing 136
Caso HP 137 • Resumo 138 • Palavras-chave e conceitos fundamentais 138 • Casos relacionados 138 • Pesquisa ao vivo: realização de um projeto de pesquisa de marketing 139 • Exercícios 139 • Exercícios para Internet e computador 139 • Atividades 140
▶ Caso 5.1 Nike: associando atletas, desempenho e marca 141

6 Concepção de Pesquisa Descritiva: Levantamento e Observação 143

Métodos de levantamento 146
Classificação dos métodos de levantamento segundo o modo de aplicação 147
Métodos telefônicos 147
  Entrevistas por telefone tradicionais 147
  Entrevistas por telefone assistidas por computador 147
Métodos pessoais 149
  Entrevistas pessoais em domicílio 149
  Entrevistas pessoais em *shoppings* 149
  Entrevista pessoal assistida por computador (CAPI) 150
Métodos postais 150
  Entrevistas por correio 151
  Painéis postais 152
Métodos eletrônicos 152
  Entrevistas por *e-mail* 152
  Entrevistas pela Internet 153
Avaliação comparativa dos métodos de levantamento 154
  Fatores de tarefa 154
  Fatores situacionais 159
  Fatores dos respondentes 160
Outros métodos de levantamento 161
Seleção de métodos de levantamento 161
Métodos de observação 163
  Observação estruturada *versus* não estruturada 163
  Observação disfarçada *versus* observação não disfarçada 163
  Observação natural *versus* observação planejada 163
Métodos de observação classificados segundo o modo de aplicação 164
  Observação pessoal 164
  Observação mecânica 164

Auditoria 166
Análise de conteúdo 166
Análise de rastro 167
Avaliação comparativa dos métodos de observação 168
Comparação dos métodos de levantamento e de observação 169
  Vantagens relativas da observação 169
  Desvantagens relativas da observação 169
Pesquisa etnográfica 170
Outros métodos 171
Pesquisa de marketing internacional 171
  Seleção de métodos de levantamento 172
Pesquisa de marketing e mídias sociais 173
  Levantamentos 173
  Observação 174
Pesquisa de marketing em dispositivos móveis 174
  MMR e pesquisas de levantamento 175
  MMR e pesquisas observacionais 176
Ética na pesquisa de marketing 176
Caso HP 177 • Resumo 178 • Palavras-chave e conceitos fundamentais 178 • Casos relacionados 179 • Pesquisa ao vivo: realização de um projeto de pesquisa de marketing 179 • Exercícios 179 • Exercícios para Internet e computador 180 • Atividades 180
▶ Caso 6.1 Starbucks: mantendo-se local enquanto se torna global com pesquisa de marketing 181

7 Concepção de Pesquisa Causal: Experimentação 183

Conceito de causalidade 185
Condições para a causalidade 185
  Variação concomitante 185
  Ordem temporal da ocorrência de variáveis 186
  Ausência de outros fatores causais possíveis 187
  Papel da evidência 187
Definições e conceitos 187
Definição de símbolos 188
Validade de experimentação 189
  Validade interna 189
  Validade externa 189
Variáveis estranhas 189
  História 189
  Maturação 190
  Efeitos de teste 190
  Instrumentação 190
  Regressão estatística 190
  Tendenciosidade de seleção 190
  Mortalidade 191
Controle de variáveis estranhas 191
  Randomização 191
  Emparelhamento 191

Controle estatístico 191
Controle de planejamento 192
Uma classificação de estudos experimentais 192
Estudos pré-experimentais 193
   Estudo de caso único 193
   Estudo pré-teste/pós-teste de um único grupo 193
   Estudo de grupo estático 193
Estudos experimentais verdadeiros 194
   Estudos de grupos de controle pré-teste/pós-teste 194
   Estudo de grupo de controle somente pós-teste 194
Estudos quase-experimentais 195
   Estudos de séries temporais 195
   Estudos de séries temporais múltiplas 196
Estudos estatísticos 197
   Estudo em blocos randômicos 198
   Estudo em quadrados latinos 198
   Estudo fatorial 199
Experimentos de laboratório *versus* experimentos de campo 200
Estudos experimentais *versus* estudos não experimentais 201
Limitações da experimentação 201
   Tempo 201
   Custo 201
   Administração 202
Aplicação: teste de marketing 202
Pesquisa de marketing internacional 202
Pesquisa de marketing e mídias sociais 203
Pesquisa de marketing em dispositivos móveis 204
Ética na pesquisa de marketing 204
Caso HP 205 • Resumo 205 • Palavras-chave e conceitos fundamentais 206 • Casos relacionados 206 • Pesquisa ao vivo: realização de um projeto de pesquisa de marketing 207 • Exercícios 207 • Exercícios para Internet e computador 208 • Atividades 208

▶ **Caso 7.1 Aflac: pesquisa de marketing grasna como um pato 209**

8 Mensuração e Escalonamento: Fundamentos e Escalas Comparativas 211

Mensuração e escalonamento 212
Características das escalas e níveis de mensuração 213
   Descrição 213
   Ordem 213
   Distância 213
   Origem 214
Principais escalas de mensuração 214
   Escala nominal 214
   Escala ordinal 215
   Escala intervalar 216
   Escala razão 218
Comparação de técnicas de escalonamento 218
Técnicas de escalonamento comparativas 219
   Escalas por comparação pareada 219
   Escalas por ordenação de posto 221
   Escalas de soma constante 222
   Tipo Q e outros procedimentos 223
Pesquisa de marketing internacional 223
Pesquisa de marketing e mídias sociais 224
Pesquisa de marketing em dispositivos móveis 225
Ética em pesquisa de marketing 225
Caso HP 226 • Resumo 226 • Palavras-chave e conceitos fundamentais 226 • Casos relacionados 227 • Pesquisa ao vivo: realização de um projeto de pesquisa de marketing 227 • Exercícios 227 • Exercícios para Internet e computador 228 • Atividades 228

▶ **Caso 8.1 Procter & Gamble: uso da pesquisa de marketing para construir marcas 229**

9 Mensuração e Escalonamento: Técnicas de Escalonamento Não Comparativas 231

Técnicas de escalonamento não comparativas 233
Escalas contínuas 233
Escalas itemizadas 234
   Escala Likert 235
   Escala de diferencial semântico 236
   Escala Stapel 237
Decisões em escalas não comparativas itemizadas 238
   Número de categorias da escala 238
   Escalas balanceadas *versus* escalas não balanceadas 238
   Número par ou ímpar de categorias 239
   Escalas forçadas ou não forçadas 239
   Natureza e gradação da descrição verbal 239
   Formato ou configuração 239
Escalas multi-itens 241
Avaliação de uma escala 243
   Precisão da mensuração 243
   Confiabilidade 244
   Validade 245
   Relação entre confiabilidade e validade 247
   Capacidade de generalização 247
Escolha de uma técnica de escalonamento 247
Escalas deduzidas matematicamente 247
Pesquisa de marketing internacional 247
Pesquisa de marketing e mídias sociais 248
Pesquisa de marketing em dispositivos móveis 249
Ética em pesquisa de marketing 249

Caso HP 250 • Resumo 250 • Palavras-chave e conceitos fundamentais 251 • Casos relacionados 251 • Pesquisa ao vivo: realização de um projeto de pesquisa de marketing 251 • Exercícios 252 • Exercícios para Internet e computador 252 • Atividades 253

▶ **Caso 9.1 eGO: a reinvenção da roda 254**

10 Elaboração de Questionários e Formulários 256

Questionários e formulários observacionais 258
  Definição de questionário 259
  Objetivos de um questionário 259
Processo de elaboração de questionários 259
Especificar as informações necessárias 259
Tipo de método de entrevista 260
Conteúdo de perguntas individuais 261
  A pergunta é necessária? 261
  São necessárias várias perguntas em vez de apenas uma? 262
Superação da incapacidade de responder 262
  O entrevistado está bem informado? 262
  O entrevistado consegue lembrar? 263
  O entrevistado consegue formular suas respostas? 263
Superação da relutância em responder 263
  Esforço exigido dos entrevistados 264
  Contexto 264
  Legitimidade de propósito 264
  Informações delicadas 264
  Aumentando a disposição dos entrevistados para responder 264
Escolha da estrutura da pergunta 265
  Perguntas não estruturadas 265
  Perguntas estruturadas 266
Escolha do enunciado da pergunta 267
  Defina o problema 268
  Empregue palavras comuns 268
  Evite palavras ambíguas 268
  Evite perguntas indutoras ou tendenciosas 268
  Evite alternativas implícitas 269
  Evite suposições 269
  Evite generalizações e estimativas 269
  Utilize afirmações positivas e negativas 269
Determinação da ordem das perguntas 270
  Perguntas de abertura 270
  Tipo de informação 270
  Perguntas difíceis 270
  Efeito sobre perguntas subsequentes 271
  Ordem lógica 271
Formato e leiaute 271
Reprodução do questionário 273
Pré-teste 274
Construção de questionários para Internet e computadores 274

Formulários observacionais 277
Pesquisa de marketing internacional 277
Pesquisa de marketing e mídias sociais 279
Pesquisa de marketing em dispositivos móveis 279
  MMR e preparação de questionário 279
Ética em pesquisa de marketing 280
Caso HP 281 • Resumo 281 • Palavras-chave e conceitos fundamentais 282 • Casos relacionados 282 • Pesquisa ao vivo: realização de um projeto de pesquisa de marketing 282 • Exercícios 282 • Exercícios para Internet e computador 284 • Atividades 284

▶ **Caso 10.1 Dunkin' Donuts: superando a concorrência 285**

11 Amostragem: Concepção e Procedimentos 287

Amostra ou censo 289
Processo de elaboração de amostragem 290
  Definição da população-alvo 290
  Determinação do arcabouço amostral 291
  Seleção da técnica de amostragem 292
  Determinação do tamanho da amostra 292
  Execução do processo de amostragem 293
Uma classificação das técnicas de amostragem 294
Técnicas de amostragem não probabilística 295
  Amostragem por conveniência 295
  Amostragem por julgamento 297
  Amostragem por quotas 297
  Amostragem bola de neve 298
Técnicas de amostragem probabilística 299
  Amostragem aleatória simples 299
  Amostragem sistemática 301
  Amostragem estratificada 301
  Amostragem por *cluster* 303
  Outras técnicas de amostragem probabilística 305
Escolha entre amostragens não probabilística e probabilística 306
Usos de amostragens não probabilística e probabilística 308
Amostragem na Internet 308
  Questões da amostragem *on-line* 308
  Técnicas de amostragem *on-line* 309
Pesquisa de marketing internacional 310
Pesquisa de marketing e mídias sociais 311
Pesquisa de marketing em dispositivos móveis 312
Ética em pesquisa de marketing 312
Caso HP 312 • Resumo 313 • Palavras-chave e conceitos fundamentais 313 • Casos relacionados 313 • Pesquisa ao vivo: realização de um projeto de pesquisa de marketing 314

• Exercícios 314 • Exercícios para Internet e computador 314 • Atividades 315
▶ **Caso 11.1 Nivea: pesquisa de marketing leva a consistência de marketing 316**

12 Amostragem: Determinação do Tamanho Inicial e Final da Amostra 318
Definições e símbolos 320
A distribuição amostral 320
Abordagem estatística para determinação do tamanho da amostra 321
Abordagem por intervalo de confiança 322
    Determinação do tamanho da amostra: médias 322
    Determinação do tamanho da amostra: proporções 324
Características e parâmetros múltiplos 326
Outras técnicas de amostragem probabilística 327
Ajuste do tamanho amostral determinado estatisticamente 327
Cálculo de índices de resposta 328
Problemas de não resposta em amostragem 328
    Melhorando os índices de resposta 329
    Ajuste para não resposta 331
Pesquisa de marketing internacional 333
Pesquisa de marketing e mídias sociais 333
Pesquisa de marketing em dispositivos móveis 334
Ética em pesquisa de marketing 334
Caso HP 335 • Resumo 335 • Palavras-chave e conceitos fundamentais 335 • Casos relacionados 336 • Pesquisa ao vivo: realização de um projeto de pesquisa de marketing 336 • Exercícios 336 • Exercícios para Internet e computador 337 • Atividades 337 • Apêndice 12A 337
▶ **Caso 12.1 Subaru: o "Sr. Pesquisa" monitora a satisfação do cliente 340**

PARTE III Coleta, Preparação e Análise de Dados e Relatório 343

13 Trabalho de Campo 344
A natureza do trabalho de campo 346
Processo de trabalho de campo/coleta de dados 346
Seleção dos entrevistadores 346
Treinamento dos entrevistadores 347
    Estabelecimento do contato inicial 347
    Fazendo as perguntas 347
    Sondagem 348
    Registro das respostas 348
    Encerrando a entrevista 348
Supervisão dos entrevistadores 349
    Controle de qualidade e edição 350
    Controle de amostragem 350
    Controle de fraudes 350
    Controle do escritório central 350
Validação do trabalho de campo 350
Avaliação dos entrevistadores 350
    Custo e tempo 350
    Índices de resposta 350
    Qualidade da entrevista 350
    Qualidade dos dados 351
Pesquisa de marketing internacional 352
Pesquisa de marketing e mídias sociais 352
Pesquisa de marketing em dispositivos móveis 353
Ética na pesquisa de marketing 354
Caso HP 354 • Resumo 355 • Palavras-chave e conceitos fundamentais 355 • Casos relacionados 355 • Pesquisa ao vivo: realização de um projeto de pesquisa de marketing 355 • Exercícios 356 • Exercícios para Internet e computador 356 • Atividades 356
▶ **Caso 13.1 Intel: construindo blocos de dentro para fora 357**

14 Preparação de Dados 359
O processo de preparação de dados 361
Verificação dos questionários 361
Edição 362
    Como lidar com respostas insatisfatórias 362
Codificação 362
    Codificando questões 363
    Desenvolvimento de um arquivo de dados 363
Transcrição 367
Depuração dos dados 368
    Verificação de consistência 368
    Como lidar com respostas faltantes 369
Ajuste estatístico dos dados 370
    Ponderação 370
    Reespecificação de variáveis 371
    Transformação de escala 372
Escolha de uma estratégia para análise de dados 373
Uma classificação de técnicas estatísticas 373
Pesquisa de marketing internacional 374
Pesquisa de marketing e mídias sociais 376
    Coleta de dados 376
    Codificação e categorização de texto 376
    Mineração e visualização de texto 377
Pesquisa de marketing em dispositivos móveis 377
Ética na pesquisa de marketing 377

Software estatístico 379
  Vídeos demonstrativos computadorizados SPSS e SAS 379
  Cópias de telas SPSS e SAS com notas 379
SPSS Windows 379
  Criação de uma variável chamada *Avaliação Geral (Overall Evaluation)* 380
  Recodificação para criar nova variável chamada *Renda recodificada* 380
SAS Enterprise Guide 380
  Criação de uma variável chamada *Avaliação Geral (Overall Evaluation)* 380
  Recodificação para criar nova variável chamada *Renda Recodificada (Recoded Income)* 381
Caso HP 382 • Resumo 383 • Palavras-chave e conceitos fundamentais 383 • Casos relacionados 384 • Pesquisa ao vivo: realização de um projeto de pesquisa de marketing 384 • Exercícios 384 • Exercícios para Internet e computador 385 • Atividades 385

15 Distribuição de Frequência, Tabulação Cruzada e Teste de Hipóteses 386
Distribuição de frequência 388
Estatísticas associadas a distribuições de frequência 391
  Medidas de posição 391
  Medidas de dispersão 392
  Medidas de forma 393
Introdução ao teste de hipóteses 394
Procedimento geral de teste de hipóteses 394
  Estágio 1: Formular as hipóteses 394
  Estágio 2: Escolher um teste apropriado 395
  Estágio 3: Escolher o nível de significância, α 395
  Estágio 4: Coletar os dados e calcular a estatística de teste 396
  Estágio 5: Determinar a probabilidade (ou valor crítico) 397
  Estágios 6 e 7: Comparar a probabilidade (valor crítico) e tomar a decisão 397
  Estágio 8: Conclusão para a pesquisa de marketing 397
Tabulações cruzadas 398
  Duas variáveis 399
  Três variáveis 399
  Comentários gerais sobre a tabulação cruzada 402
Estatísticas associadas a tabulações cruzadas 403
  Qui-quadrado 403
  Coeficiente phi 404
  Coeficiente de contingência 404
  A estatística *V* de Cramer 404
  O coeficiente lambda 405
  Outras estatísticas 405
Tabulação cruzada na prática 405

Teste de hipóteses para diferenças 406
Testes paramétricos 407
  Uma amostra 407
  Duas amostras independentes 408
  Amostras pareadas 410
Testes não paramétricos 412
  Uma amostra 412
  Duas amostras independentes 413
  Amostras pareadas 414
Sofware estatístico 416
  Vídeos demonstrativos computadorizados de SPSS e SAS 417
  Cópias de telas dos programas SPSS e SAS com notas 417
SPSS Windows 417
  Distribuição de frequência 417
  Tabulação cruzada 417
  Teste de hipótese 417
SAS Enterprise Guide 418
  Distribuição de frequência 418
  Tabulação-cruzada 418
  Teste de hipótese 419
Caso HP 420 • Resumo 420 • Palavras-chave e conceitos fundamentais 421 • Casos relacionados 421 • Pesquisa ao vivo: realização de um projeto de pesquisa de marketing 422 • Exercícios 422 • Exercícios para Internet e computador 423 • Atividades 424

16 Análise de Variância e de Covariância 426
Relação entre técnicas 428
Análise de variância de um fator 429
Estatísticas associadas à análise de variância de um fator 430
Como fazer análise de variância de um fator 430
  Identificar as variáveis dependentes e independentes 430
  Decompor a variação total 431
  Medir os efeitos 432
  Testar a significância 432
  Interpretar os resultados 432
Dados ilustrativos 432
Aplicações ilustrativas da análise de variância de um fator 432
Suposições na análise de variância 435
Análise de variância de *n* fatores 436
Aplicação ilustrativa da análise da variância de *n* fatores 437
Análise de covariância 439
Questões na interpretação 440
  Interações 440
  Importância relativa dos fatores 441
  Comparações múltiplas 442
ANOVA com medidas repetidas 442

Análise de variância não métrica 443
Análise de variância multivariada 443
Software estatístico 444
    Vídeos demonstrativos computadorizados de SPSS e SAS 444
    Cópias de telas dos programas SPSS e SAS com notas 444
SPSS Windows 444
SAS Enterprise Guide 445
Caso HP 446 • Resumo 447
Palavras-chave e conceitos fundamentais 447 • Casos relacionados 447 • Pesquisa ao vivo: realização de um projeto de pesquisa de marketing 447 • Exercícios 448
Exercícios para Internet e computador 449 • Atividades 449

17 Correlação e Regressão 450
Correlação momento-produto 452
Correlação parcial 454
Correlação não métrica 456
Análise de regressão 456
Regressão bivariada 456
Estatísticas associadas à análise de regressão bivariada 457
Como fazer análise de regressão bivariada 457
    Fazer o diagrama de dispersão 458
    Formular o modelo de regressão bivariada 458
    Estimar os parâmetros 458
    Estimar o coeficiente de regressão padronizado 460
    Testar a significância 460
    Determinar a intensidade e a significância da associação 461
    Verificar a precisão da previsão 462
    Suposições 462
Regressão múltipla 463
Estatísticas associadas à regressão múltipla 464
Como fazer análise de regressão múltipla 464
    Coeficientes de regressão parcial 464
    Intensidade de associação 465
    Teste da significância 466
    Exame dos resíduos 466
Regressão passo a passo 468
Multicolinearidade 470
Importância relativa dos previsores 470
Validação cruzada 471
Regressão com variáveis *dummy* 471
Análise de variância e de covariância com regressão 472
Software estatístico 473
    Vídeos demonstrativos computadorizados de SPSS e SAS 473
    Cópias de telas dos programas SPSS e SAS com notas 473

SPSS Windows 473
SAS Enterprise Guide 474
Caso HP 475 • Resumo 475 • Palavras-chave e conceitos fundamentais 476 • Casos relacionados 476 • Pesquisa ao vivo: realização de um projeto de pesquisa de marketing 476 • Exercícios 477 • Exercícios para Internet e computador 478 • Atividades 479

18 Análise Discriminante e Análise Logit 480
Conceito básico de análise discriminante 481
Relação da análise discriminante e logit com ANOVA e regressão 482
Modelo de análise discriminante 483
Estatísticas associadas à análise discriminante 483
Como fazer análise discriminante 484
    Formular o problema 484
    Estimar os coeficientes da função discriminante 485
    Determinar a significância da função discriminante 486
    Interpretar os resultados 487
    Avaliar a validade da análise discriminante 491
Análise discriminante múltipla 492
    Formular o problema 492
    Estimar os coeficientes da função discriminante 492
    Determinar a significância da função discriminante 495
    Interpretar os resultados 495
    Avaliar a validade da análise discriminante 496
Análise discriminante passo a passo 498
O modelo logit 498
Realização de análise logit binária 498
    Formular o problema 499
    Estimação do modelo logit binário 499
    Adequação do modelo 500
    Teste de significância 500
    Interpretação dos coeficientes e validação 500
    Uma aplicação ilustrativa de regressão logística 500
Software estatístico 503
    Vídeos demonstrativos computadorizados de SPSS e SAS 503
    Cópias de telas dos programas SPSS e SAS com notas 503
SPSS Windows 503
    Análise discriminante 503
    Modelo Logit 503
SAS Enterprise Guide 504
    Análise discriminante 504
    Modelo logit 504
Caso HP 505 • Resumo 505 • Palavras-chave e conceitos fundamentais 505 • Casos relacionados 506 • Pesquisa ao vivo: realização

de um projeto de pesquisa de marketing 506
• Exercícios 506 • Exercícios para Internet e computador 507 • Atividades 507

19 Análise Fatorial 508
Conceito básico 510
Modelo de análise fatorial 511
Estatísticas associadas à análise fatorial 511
Como fazer análise fatorial 512
    Formular o problema 512
    Construir a matriz de correlação 513
    Determinar o método de análise fatorial 514
    Determinar o número de fatores 514
    Rotacionar os fatores 517
    Interpretar os fatores 518
    Calcular os escores fatoriais 519
    Selecionar as variáveis substitutas 519
    Determinar o ajuste do modelo 519
Aplicações da análise de fator comum 521
Software estatístico 525
    Vídeos demonstrativos computadorizados de SPSS e SAS 526
    Cópias de telas dos programas SPSS e SAS com notas 526
SPSS Windows 526
SAS Enterprise Guide 526
Caso HP 527 • Resumo 527 • Palavras-chave e conceitos fundamentais 528 • Casos relacionados 528 • Pesquisa ao vivo: realização de um projeto de pesquisa de marketing 528
• Exercícios 528 • Exercícios para Internet e computador 529 • Atividades 530

20 Análise de *Cluster* 531
Conceito básico 533
Estatísticas associadas à análise de *cluster* 534
Como fazer análise de *cluster* 535
    Formular o problema 535
    Selecionar uma medida de distância ou de semelhança 535
    Escolher um procedimento de aglomeração 536
    Decidir o número de *clusters* 541
    Interpretar e perfilar os *clusters* 541
    Avaliar a confiabilidade e a validade 543
Aplicações de aglomeração não hierárquica 544
Aplicações de aglomeração em duas etapas 547
Aglomeração de variáveis 547
Software estatístico 550
    Vídeos demonstrativos computadorizados de SPSS e SAS 550
    Cópias de telas dos programas SPSS e SAS com notas 550
SPSS Windows 550
SAS Enterprise Guide 551
Caso HP 552 • Resumo 552 • Palavras-chave e conceitos fundamentais 552 • Casos relacionados 552 • Pesquisa ao vivo: realização de um projeto de pesquisa de marketing 553
• Exercícios 553 • Exercícios para Internet e computador 553 • Atividades 554

21 Escalonamento Multidimensional e Análise Conjunta 555
Conceitos básicos do escalonamento multidimensional (EMD) 558
Estatísticas e termos associados ao EMD 558
Como fazer escalonamento multidimensional 558
    Formular o problema 558
    Obter dados de entrada 559
    Selecionar um procedimento de EMD 561
    Decidir o número de dimensões 561
    Rotular as dimensões e interpretar a configuração 561
    Avaliar a confiabilidade e a validade 563
Suposições e limitações do EMD 564
Escalonamento de dados de preferência 564
Análise de correspondência 566
Relações entre EMD, análise fatorial e análise discriminante 566
Conceitos básicos de análise conjunta 567
Estatísticas e termos associados à análise conjunta 567
Como fazer análise conjunta 567
    Formular o problema 568
    Construir os estímulos 568
    Decidir a forma dos dados de entrada 570
    Escolher um procedimento de análise conjunta 570
    Interpretar os resultados 572
    Avaliar a confiabilidade e a validade 572
Suposições e limitações da análise conjunta 574
Análise conjunta híbrida 575
Software estatístico 577
    Vídeos demonstrativos computadorizados de SPSS e SAS 578
    Cópias de telas dos programas SPSS e SAS com notas 578
SPSS Windows 578
SAS Enterprise Guide 578
Caso HP 579 • Resumo 580 • Palavras-chave e conceitos fundamentais 580 • Casos relacionados 580 • Pesquisa ao vivo: realização de um projeto de pesquisa de marketing 580
• Exercícios 581 • Exercícios para Internet e computador 581 • Atividades 581

22 Modelagem de Equações Estruturais e Análise de Caminho 583

Conceito básico 585
Estatísticas associadas com a MEE 585
Fundamentos da MEE 587
    Teoria, modelo e diagrama de caminho 587
    Construtos exógenos *versus* construtos endógenos 588
    Relações correlacionais e de dependência 588
    Adequação do modelo 588
    Identificação do modelo 589
Realização da MEE 589
Definir os construtos individuais 589
Especificar o modelo de mensuração 590
    Exigências de tamanho da amostra 591
Confiabilidade e validade do modelo de mensuração 591
    Avaliar a adequação do modelo de mensuração 591
    Avaliar a confiabilidade e a validade do modelo de mensuração 593
    Falta de validade: diagnóstico de problemas 594
Especificar o modelo estrutural 595
Avaliar a validade do modelo estrutural 596
    Avaliar a adequação 596
    Comparações com modelos concorrentes 596
    Teste de relações hipotetizadas 596
    Diagnósticos de modelo estrutural 596
Extrair conclusões e fazer recomendações 597
Análise fatorial confirmatória de ordem superior 597
Relação da MEE com outras técnicas multivariadas 598
Aplicação da MEE: modelo fatorial de primeira ordem 598
    Definir os construtos individuais 599
    Especificar o modelo de mensuração 599
    Avaliar a confiabilidade e a validade do modelo de mensuração 599
    Especificar o modelo estrutural 600
    Avaliar a validade do modelo estrutural 600
    Conclusões e recomendações 600
Aplicação da MEE: modelo fatorial de segunda ordem 600
    Definir os construtos individuais 601
    Especificar o modelo de mensuração 601
    Avaliar a confiabilidade e a validade do modelo de mensuração 601
    Especificar o modelo estrutural 603
    Avaliar a validade do modelo estrutural 604
    Conclusões e recomendações 605
Análise de caminho 606
    Exemplo ilustrativo de análise de caminho 606

Software estatístico 608
    LISREL 608
    Vídeos demonstrativos computadorizados de SPSS e SAS 609
    Cópias de telas dos programas SPSS e SAS com notas 609
SPSS Windows 609
SAS Enterprise Guide 610
Caso HP 610 • Resumo 610 • Palavras-chave e conceitos fundamentais 611 • Casos relacionados 611 • Pesquisa ao vivo: realização de um projeto de pesquisa de marketing 611 • Exercícios 612 • Exercícios para Internet e computador 612 • Atividades 612

23 Preparação e Apresentação de Relatórios 613

Importância do relatório e de sua apresentação 615
O processo de preparação e apresentação do relatório 615
Preparação do relatório 616
Formato do relatório 616
    Página de título 617
    Carta de transmissão 617
    Carta de autorização 617
    Sumário 617
    Resumo executivo 617
    Definição do problema 618
    Abordagem do problema 618
    Concepção de pesquisa 618
    Análise de dados 618
    Resultados 618
    Limitações e advertências 618
    Conclusões e recomendações 618
Redação do relatório 619
    Leitores 619
    Facilidade de acompanhamento 619
    Aparência apresentável e profissional 619
    Objetivo 619
    Reforço do texto com tabelas e gráficos 619
    Concisão 619
Normas para tabelas 619
    Título e número 619
    Disposição dos dados 619
    Base de medida 620
    Guias, réguas, espaços 620
    Explicações e comentários: títulos, seções e notas de rodapé 620
    Fontes dos dados 620
Normas para gráficos 620
    Mapas geográficos e outros mapas 620
    Gráfico de torta ou pizza 620
    Gráfico de linha 621
    Pictogramas 621

Histogramas e gráficos de barras 621
Figuras esquemáticas e fluxogramas 623
Visualização de dados de *big data* 623
Visualização de *big data* 623
SAS Visual Analytics 623
Distribuição do relatório 623
Apresentação oral 624
Leitura do relatório de pesquisa 624
Enfrentar o problema 624
Concepção de pesquisa 624
Execução dos procedimentos de pesquisa 625
Números e estatísticas 625
Interpretações e conclusões 625
Possibilidade de generalização 625
Apresentação 625
Acompanhamento da pesquisa 625
Assessoria ao cliente 625
Avaliação do projeto de pesquisa 626
Pesquisa de marketing internacional 626
Pesquisa de marketing e mídias sociais 627
Pesquisa de marketing em dispositivos móveis 628
A ética na pesquisa de marketing 629
Software estatístico 629
SPSS Windows 630
SAS Enterprise Guide 630
Caso HP 631 • Resumo 631 • Palavras-chave e conceitos fundamentais 631 • Casos relacionados 631 • Pesquisa ao vivo: realização de um projeto de pesquisa de marketing 631 • Exercícios 632 • Exercícios para Internet e computador 632 • Atividades 633
▶ **Caso 23.1 Marriott: pesquisa de marketing gera expansão de ofertas 634**

CASOS

CASO COM DADOS REAIS 637

Caso 1.1 HP: Uso de pesquisa de marketing para se obter uma vantagem competitiva 637

CASOS ABRANGENTES PARA REFLEXÃO CRÍTICA 642

Caso 2.1 Baskin-Robbins: Ela conseguirá se aquecer como nos velhos tempos? 642

Caso 2.2 Coisa de criança? Determinação da melhor estratégia de posicionamento para o Akron Children's Hospital 645

CASOS DE ANÁLISE DE DADOS COM DADOS REAIS 648

Caso 3.1 AT&T e o mercado de serviços sem fio 648

Caso 3.2 IBM: A líder mundial em fornecimento de *hardware*, *software* e serviços 653

Caso 3.3 Kimberly-Clark: Competindo por meio da inovação 662

Caso 4.1 JPMorgan Chase: Buscando o crescimento por meio de fusões e aquisições 671

Caso 4.2 Wendy's: História e vida depois de Dave Thomas 677

Apêndice: Tabelas Estatísticas 685

Notas 697

Glossário 739

Índice 755

PARTE I

INTRODUÇÃO E FASES INICIAIS DA PESQUISA DE MARKETING

Nesta parte, definimos e classificamos a pesquisa de marketing e começamos um processo de pesquisa de marketing em seis passos. Discutimos a natureza e o escopo da pesquisa de marketing e explicamos sua função nos sistemas de apoio a decisões. Descrevemos o setor de pesquisa de marketing e as inúmeras oportunidades de carreira neste campo. Discutimos detalhadamente a definição do problema, a primeira e mais importante de tais etapas. Finalmente, descrevemos a elaboração de uma abordagem do problema, a segunda etapa do processo, e apresentamos seus vários componentes. A perspectiva dada nestes capítulos é útil tanto para o responsável pelas decisões quanto para o pesquisador de marketing.

Capítulo 1 Introdução à Pesquisa de Marketing   2

Capítulo 2 Definição do Problema de Pesquisa de Marketing e Desenvolvimento de Uma Abordagem   27

CAPÍTULO 1

Introdução à Pesquisa de Marketing

> *A função de um pesquisador de marketing deve incluir aptidões de consultor, proficiência técnica e consciência do negócio. O foco é proporcionar informações para identificar problemas e soluções de marketing de maneira a permitir que se tomem as medidas adequadas.*

Jeff Miller, presidente e CEO, Burke, Inc.

Objetivos

Após a leitura deste capítulo, o aluno conseguirá:

1. Definir pesquisa de marketing e distinguir entre a pesquisa para a identificação de problemas e a pesquisa para sua solução.
2. Descrever uma estrutura para a realização de pesquisas de marketing e as seis etapas do processo de pesquisa.
3. Entender a natureza e o escopo de atuação da pesquisa de marketing e seu papel na concepção e implementação de programas de marketing bem-sucedidos.
4. Explicar como é tomada a decisão para a realização de uma pesquisa de marketing.
5. Discutir os tipos e papéis dos fornecedores de pesquisas, incluindo fornecedores internos, externos, de serviços completos e limitados.
6. Descrever as carreiras disponíveis em pesquisa de marketing e os antecedentes e as qualificações necessárias para ter sucesso nessa área.
7. Desenvolver uma apreciação da dimensão e da complexidade que caracterizam as pesquisas internacionais de marketing.
8. Descrever o uso das mídias sociais como um domínio no qual pesquisas de marketing podem ser conduzidas.
9. Discutir a área em desenvolvimento da pesquisa de marketing em dispositivos móveis, suas vantagens e desvantagens.
10. Adquirir conhecimentos sobre os aspectos éticos da pesquisa de marketing e as responsabilidades que cada uma das partes interessadas tem consigo, entre si e com o projeto de pesquisa.

Aspectos gerais

A pesquisa de marketing abrange uma das mais importantes e fascinantes facetas do marketing. Neste capítulo, oferecemos uma definição formal de pesquisa de marketing e a subdividimos em duas áreas: pesquisa para identificação de problemas e pesquisa para sua solução. Mostramos vários exemplos reais para ilustrar os conceitos básicos de pesquisa de marketing. Descrevemos o processo e as seis etapas envolvidas na realização da pesquisa, discutindo também sua natureza como provedora de subsídios para a tomada de decisões em marketing. A seguir, damos uma visão geral dos fornecedores e serviços de pesquisa de marketing, junto às diretrizes para a seleção de um fornecedor. A demanda por pesquisas de marketing bem-executadas proporciona muitas oportunidades interessantes de carreira, as quais são aqui apresentadas.

Diversos exemplos da vida real, intitulados "Pesquisa real", são apresentados em cada capítulo para ilustrar os vários conceitos. Examinamos um projeto de fidelização de loja de departamento, que foi um projeto de pesquisa de marketing real conduzido pelo autor, e o utilizamos como exemplo ao longo do livro. O escopo deste projeto foi expandido na sétima edição a fim de incluir questões, além do fornecimento de dados relevantes para análise. Essas seções de "Projeto de pesquisa" aparecem em cada capítulo. Ao longo deste livro, também discutimos aplicações para questões contemporâneas importantes no marketing atual e no ambiente de pesquisa de marketing: pesquisa de marketing internacional, mídia social, pesquisa de marketing em dispositivos móveis e ética. As mídias sociais como um domínio para conduzir pesquisas de marketing e o uso de pesquisa de marketing em dispositivos móveis são novidade nesta sétima edição. Cada capítulo apresenta várias aplicações da pesquisa de marketing na prática e na Internet, na forma de "Pesquisa ativa" e "Experiência de pesquisa", com exercícios, outra ênfase encontrada ao longo de todo o livro. Para os professores que desejam implementar um projeto de pesquisa de marketing real, incluímos uma seção intitulada "Pesquisa ao vivo: realização de um projeto de pesquisa de marketing". Talvez não haja melhor maneira de apresentar os aspectos gerais do que dar alguns exemplos que mostrem um pouco da natureza variada da pesquisa de marketing.

Pesquisa real

Boeing: alçando voo

A Boeing Company (www.boeing.com) é a primeira fabricante de jatos comerciais e oferece produtos e serviços para clientes em 150 países. A Boeing Commercial Airplanes (BCA) é a divisão da Boeing que desenvolve e vende aviões no segmento comercial. A divisão entende que é importante monitorar continuamente o mercado dinâmico e compreender as necessidades e prioridades dos clientes da BCA (as empresas aéreas) e de seus clientes (os passageiros). Para atingir esse propósito, a BCA emprega pesquisa de marketing regularmente.

A Boeing recentemente encarregou à Harris Poll (www.theharrispoll.com) um estudo desse tipo. A Harris Poll, uma das maiores empresas de pesquisa de mercado do mundo, foi adquirida pela Nielsen em fevereiro de 2014. A Boeing encomendou um estudo para determinar as preferências dos passageiros em termos de aeronaves. O estudo concluiu que os viajantes que fazem voos longos geralmente preferem a experiência mais conveniente e flexível oferecida por aviões menores.

O estudo iniciou com uma análise de mídias sociais, grupos de foco e entrevistas em profundidade, seguidos por um levantamento baseado em 913 entrevistas conduzidas no Reino Unido, em Tóquio e em Hong Kong com viajantes internacionais (com 18 anos ou mais) que haviam tomado recentemente pelo menos um voo de oito horas ou mais. As entrevistas foram feitas usando uma metodologia de dois estágios. Os respondentes primeiro passaram por um processo de triagem e qualificação por telefone ou entrevista pessoal e depois responderam a uma pesquisa *on-line* em casa, no trabalho ou em um local central para entrevistas. Em cada região, a Harris entrevistou números iguais de viajantes de Classe Executiva Premium, Classe Executiva Econômica e Classe de Lazer Econômica. Eis algumas das descobertas:

- Mais de 60% prefeririam um avião de piso único com capacidade para 250 passageiros a um avião de dois pisos para 550 passageiros em voos sem escalas.
- Sete de cada 10 viajantes prefeririam uma viagem sem escalas em um avião de piso único para 250 pessoas a uma viagem com conexão em um avião de dois pisos com capacidade para 550 passageiros e lounge a bordo.
- Os viajantes de todas as classes de serviços das três regiões acreditavam que os aviões menores lhes proporcionariam uma experiência melhor em termos de check-in, embarque, desembarque, devolução de bagagem e alfândega do que os aviões de 550 lugares.

Do ponto de vista da Boeing, essas opiniões são importantes, e a empresa está respondendo com melhores produtos. Com base nesses achados e na subsequente pesquisa de produtos envolvendo entrevistas em profundidade e levantamentos nas empresas aéreas, a BCA desenvolveu uma nova versão do Boeing 737, o 737 MAX. O novo conceito concentra-se em levar soluções mais econômicas para as linhas aéreas, uma melhor experiência de voo para os passageiros e melhor desempenho ambiental para o mundo.[1] ∎

Pesquisa real

Satmetrix fornece as métricas dos clientes em tempo real

Muitas das maiores corporações dos Estados Unidos estão percebendo que as informações que conseguem obter dos clientes por meio de pesquisa de marketing podem ser mais bem utilizadas se forem fornecidas a cada dia. E que tal a cada minuto? É nesta base que opera a Satmetrix (www.satmetrix.com), uma empresa para soluções a partir do retorno dos clientes: em tempo real. O programa Relacionamento com o Cliente Satmetrix destina-se a maximizar o impacto das interações com os clientes por meio da contínua coleta e transformação de diálogos com os clientes em medidas potenciais que podem ser tomadas para aumentar as vendas e a satisfação dos consumidores. Esse programa concentra-se em trazer a voz dos clientes para dentro da organização. Eles não só apresentam suas queixas e sugestões *on-line*, como também participam de sessões de bate-papo proporcionadas pela Satmetrix para usuários de certos produtos. Tudo isso é feito com o objetivo de captar as verdadeiras palavras e emoções dos consumidores e utilizar essas informações para melhorar ou desenvolver produtos e serviços. A Satmetrix capitaliza a necessidade de pesquisa de marketing "ao vivo".

Em 2018, a Internet continua a revolucionar o processo de pesquisa de marketing. Com o uso de serviços *on-line*, não há necessidade da entrada de dados extras que os métodos de pesquisa tradicionais exigem. A própria Satmetrix não é uma fornecedora tradicional completa de pesquisa de marketing. Como provedora de serviços limitados padronizados, a empresa não se envolve com todos os aspectos do processo de pesquisa. A abordagem, a concepção e a preparação dos dados são as mesmas para todos os clientes e fazem parte do processo de pesquisa com o qual a empresa está envolvida.

Seu serviço, entretanto, auxilia os clientes a identificar qualquer problema com os produtos por meio do retorno dado por eles e a chegar a soluções para os problemas, especialmente se os clientes derem sugestões. Por exemplo, a rede NBC (www.nbc.com) aproveita os serviços da Satmetrix para obter retorno de seus espectadores. Isso ajuda a rede a saber o que os espectadores estão procurando, do que eles gostam e do que não gostam. De maneira ideal, o retorno é utilizado e os programas de televisão são modificados para melhor adequar-se aos gostos e desejos dos espectadores, levando assim a um aumento no número de pessoas que ligam a TV para assistir aos programas. Como resultado, em 2017, a NBC ficou em primeiro lugar em uma ampla gama de categorias de programas: Drama (*This Is Us*), Reality Show (*The Voice*), Programa em Horário Nobre (*Sunday Night Footbal*), Programa Noturno (*The Tonight Show Starring Jimmy Fallon, Late Night with Seth Meyers, Saturday Night Live*) e Notícias (*Nightly News with Lester Holt, Meet the Press, TODAY*).[2] ∎

Pesquisa real

Fast... Fruta?

Os consumidores em geral tornaram-se mais preocupados com a saúde e a nutrição. Há processos por obesidade movidos contra gigantes do *fast-food* que oferecem somente batatas fritas e hambúrgueres gordurosos. Devido a isso, muitas redes de *fast-food* agora estão oferecendo alternativas mais saudáveis, como saladas e frutas frescas, e diminuindo o tamanho das porções. Parece que essa guinada rumo a uma condição mais saudável está sendo compensadora para as redes de *fast-food*. De acordo com o estudo Quick-Track®, realizado pela empresa de pesquisa de mercado para companhias de serviços de alimentação Sandelman (www.sandelman.com), os americanos estão satisfeitos com o *fast-food*.

O Quick-Track® é um projeto conjunto de pesquisa de mercado realizado trimestralmente para mapear as principais medidas comportamentais e de atitude dos consumidores para todas as maiores redes de *fast-food* e pizza em mercados individuais. No estudo, 400 respondentes são pesquisados em cada mercado por meio de uma combinação de entre-

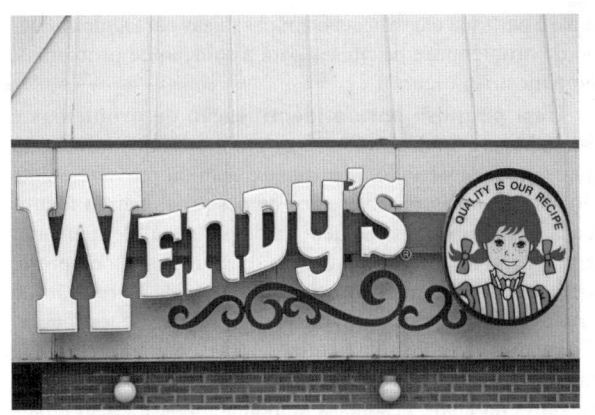

vistas por telefone e pela Internet em mais de 100 mercados que representam uma extensa gama demográfica. Os respondentes por telefone são selecionados a partir de uma amostra aleatória gerada por computador com números de telefone que constam ou não na lista; já os respondentes *on-line* são selecionados de um painel de mais de 5 milhões de usuários da Internet.

Em um projeto recente, os respondentes foram solicitados a dar suas opiniões sobre as visitas a cada rede de restaurantes de *fast-food* feitas nos últimos três meses. Pediu-se que classificassem as opiniões sobre sua experiência no restaurante como um todo, bem como sobre 12 atributos específicos, como comida, atendimento, limpeza e valor. As respostas receberam escores em uma escala de 1 = Ruim a 5 = Excelente. Para assegurar a confiabilidade e a representação da população, somente redes com um mínimo de 150 respostas foram consideradas. Os três atributos mais importantes para os respondentes foram limpeza (77% classificaram esse atributo como extremamente importante), sabor da comida (74%) e precisão do pedido (66%). A disponibilidade de alimentos saudáveis e nutritivos está crescendo em importância para os respondentes, com 40% classificando-a como extremamente importante. O aumento global da satisfação com as redes de *fast-food* pode ser atribuído à resposta das redes às demandas dos clientes quanto à qualidade da comida, ao sabor, à saúde e à nutrição.

Um exemplo do quanto as redes de *fast-food* respondem ao desejo do consumidor por pratos mais saudáveis e saborosos é a oferta de frutas frescas como opção no cardápio. A Wendy's, por exemplo, agora oferece pratos de frutas frescas como entrada ou sobremesa; o McDonald's oferece uma salada de frutas e nozes, e o IHOP está apresentando frutas como prato de entrada. De acordo com a Wendy's, este é o momento das frutas, pois as pessoas estão procurando sabores novos e diferentes e alternativas mais saudáveis. Esses não são exemplos isolados no setor de alimentos. De acordo com a empresa de pesquisa de marketing NPD Group (www.npd.com), o consumo de frutas em restaurantes está crescendo.[3] ∎

Esses exemplos ilustram o papel crucial que a pesquisa de marketing desempenha na concepção e implementação de programas de marketing bem-sucedidos.[4] Observe que a pesquisa de marketing está sendo utilizada por todos os tipos de organizações, como Boeing e NBC, e restaurantes de *fast-food* (McDonald's, Wendy's, IHOP). Além disso, a pesquisa de marketing tornou-se global (Harris Poll/Nielsen), em tempo real (Satmetrix) e muito mais integrada com o marketing e o desenvolvimento de produtos (McDonald's, Wendy's, IHOP). Esses exemplos ilustram apenas alguns dos métodos utilizados para realizar pesquisa de marketing: levantamentos pessoais, por telefone, por dispositivos móveis e por Internet, grupos de foco, entrevistas individuais em profundidade e o uso da Internet como fonte de informações. Este livro apresenta todas as técnicas de pesquisa de marketing e ilustra suas aplicações na formulação de estratégias de marketing eficazes. Talvez o papel da pesquisa de marketing possa ser mais bem compreendido à luz de sua definição.

Definição de pesquisa de marketing

A Associação de Marketing dos Estados Unidos (*American Marketing Association*) define formalmente pesquisa de marketing como segue.

> A pesquisa de marketing é a função que conecta o consumidor, o cliente e o público ao profissional de marketing por intermédio de informações usadas para identificar e definir oportunidades e problemas de marketing; para gerar, refinar e avaliar ações de marketing; para monitorar o desempenho de marketing; e para melhorar a compreensão do marketing como processo.
>
> A pesquisa de marketing especifica a informação requerida para abordar essas questões, formula o método para coletar informações, gerencia e implementa o processo de coleta de dados e analisa e comunica os resultados e suas implicações.[5]

Em 2017, o *site* da Associação de Marketing dos Estados Unidos (www.ama.org) fornecia aos profissionais de marketing informações sobre carreiras em marketing, artigos com as "Melhores Práticas" e tendências do segmento. Para os propósitos deste livro, que enfatiza a necessidade de informações para tomar decisões, a pesquisa de marketing é definida da seguinte forma:

> **Pesquisa de marketing** é a identificação, coleta, análise, disseminação e uso de informações de forma sistemática e objetiva para melhorar a tomada de decisões relacionadas com a identificação e a solução de problemas e oportunidades de marketing.

---

pesquisa de marketing
Identificação, coleta, análise, disseminação e uso de informações de forma sistemática e objetiva para assessorar a gerência na tomada de decisões relacionadas à identificação e solução de problemas (e oportunidades) de marketing.

Vários aspectos dessa definição são dignos de nota. Em primeiro lugar, a pesquisa de marketing é sistemática. Assim, torna-se necessário um planejamento sistemático em todos os estágios do processo. Os procedimentos seguidos em cada estágio são metodologicamente estruturados, bem documentados e, tanto quanto possível, planejados com antecedência. A pesquisa de marketing usa o método científico porque os dados são colhidos e analisados para testar noções ou hipóteses prévias.

A pesquisa de marketing procura fornecer informações precisas que reflitam uma situação verdadeira. Ela é objetiva e deve ser executada de forma imparcial. Embora a pesquisa seja sempre influenciada pela filosofia de trabalho do pesquisador, ela precisa ser isenta das inclinações pessoais ou políticas do pesquisador ou da gerência. As pesquisas motivadas por ganhos pessoais ou políticos constituem uma quebra dos padrões profissionais. Essas pesquisas são deliberadamente tendenciosas para que resultem em constatações predeterminadas. O lema de todo pesquisador deve ser "descubra e diga tal como é".

A pesquisa de marketing inclui identificação, coleta, análise, disseminação e uso de informações, e cada fase desse processo é importante. Identificamos ou definimos o problema ou oportunidade de pesquisa de marketing e, a seguir, determinamos as informações necessárias para investigá-lo. Como toda oportunidade de marketing se traduz em um problema de pesquisa a ser investigado, os termos "problema" e "oportunidade" são aqui usados de forma intercambiável. Em seguida, identificam-se as fontes relevantes de informações e avaliam-se os métodos de coleta de dados com sofisticação e complexidade variadas em função da sua utilidade. Os dados são coletados pelo método mais adequado e, posteriormente, são analisados e interpretados para proporcionar as devidas inferências. Finalmente, as constatações, implicações e recomendações são fornecidas de forma a permitir a utilização das informações para a tomada de decisões de marketing e ações diretas. A próxima seção aprofunda essa definição, classificando os diferentes tipos de pesquisa de marketing.[6]

Classificação de pesquisas de marketing

Nossa definição aponta que as organizações realizam pesquisas de marketing por duas razões: (1) para identificar e (2) para resolver problemas de marketing. Essa distinção serve de base para sua classificação em pesquisas para a identificação de problemas e pesquisas para a solução de problemas, como mostra a Figura 1.1.

Uma **pesquisa para a identificação de problemas** é realizada para ajudar a identificar problemas que talvez não apareçam na superfície, mas que existem ou provavelmente irão surgir no futuro. Exemplos de pesquisas para a identificação de problemas incluem as de potencial de mercado, participação de mercado, imagem da marca ou da empresa, características do mercado, análise de vendas, previsão de curto e de longo prazo, previsão de longo prazo e tendências de negócios. Um levantamento (*survey*) com empresas que realizavam pesquisas de marketing indicou que 97% delas estavam efetuando pesquisas de potencial de mercado, participação de mercado e características do mercado, e cerca de 90% também estavam usando outros tipos de pesquisa para a identificação de problemas. Pesquisas desse tipo dão informações a respeito do ambiente de marketing e ajudam a diagnosticar problemas. Por exemplo, um potencial de mercado em declínio indica que a empresa provavelmente terá problemas para atingir suas metas de crescimento. Da mesma forma, há problemas se o potencial de mercado crescer, mas a empresa perder participação. O reconhecimento de tendências econômicas, sociais ou culturais, como mudanças no comportamento dos consumidores, sinaliza problemas ou oportunidades subjacentes.[7]

---

pesquisa para a identificação de problemas
Pesquisa realizada para ajudar a identificar problemas que não necessariamente aparecem na superfície, mas que existem ou provavelmente irão surgir no futuro.

Uma vez identificado um problema ou uma oportunidade, realiza-se uma **pesquisa para a solução de problemas** a fim de chegar a uma solução. Os resultados obtidos serão usados para tomar decisões que irão resolver problemas específicos de marketing. A maior parte das empresas efetua pesquisas para a solução de problemas.[8] A Tabela 1.1 mostra

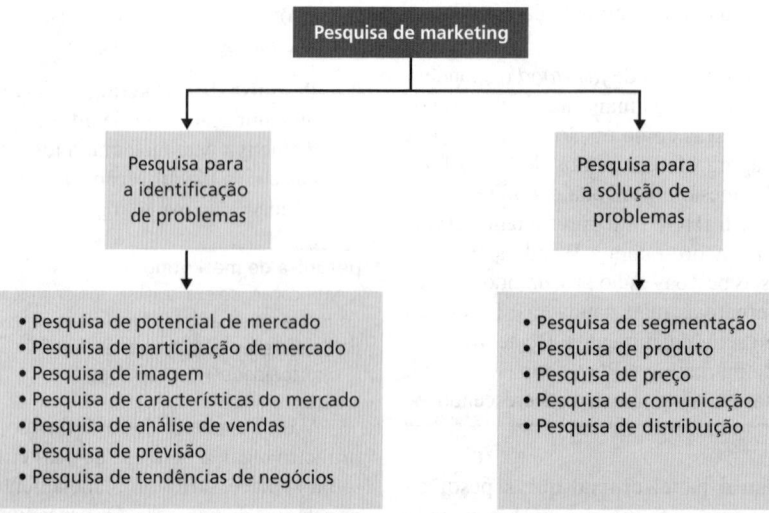

FIGURA 1.1 Uma classificação de pesquisas de marketing.

TABELA 1.1
Pesquisa para a solução de problemas

Pesquisa de segmentação
- determinar base de segmentação
- estabelecer potencial e sensibilidade de mercado para vários segmentos
- selecionar mercados-alvo e criar perfis de estilo de vida, demografia, mídia e características de imagem do produto

Pesquisa de produto
- testar conceito
- *design* ótimo do produto
- testes de embalagem
- modificações no produto
- posicionamento e reposicionamento da marca
- teste de marketing
- testes em lojas de controle

Pesquisa de comunicação
- orçamento de comunicação ótimo
- relacionamento de promoção de vendas
- composto de comunicação ótimo
- decisões sobre reprodução
- decisões sobre mídia
- testes de propagandas criativas
- comprovação de argumentos de vendas
- avaliação da eficácia da propaganda

Pesquisa de preço
- importância do preço na seleção de marcas
- políticas de preços
- apreçamento de linha de produtos
- elasticidade de preço da demanda
- resposta a alterações de preço

Pesquisa de distribuição
- tipo de distribuição
- atitudes dos membros do canal
- intensidade da cobertura do atacado e do varejo
- margens do canal
- localização de pontos de varejo e atacado

os diferentes tipos de questões tratadas por pesquisas para a solução de problemas, como pesquisas de segmentação, produto, preço, comunicação e distribuição.

pesquisa para a solução de problemas
Pesquisa para ajudar a resolver problemas de marketing específicos.

A classificação da pesquisa de marketing em dois tipos principais é útil tanto do ponto de vista conceitual quanto da perspectiva prática. Entretanto, as pesquisas para a identificação de problemas e para sua solução caminham lado a lado, e um determinado projeto de pesquisa pode combinar ambos os tipos de pesquisa. Isso foi ilustrado no exemplo da Boeing. Os levantamentos com consumidores identificaram a demanda potencial para pequenos aviões (identificação do problema). Uma pesquisa de produtos subsequente levou à introdução das novas versões do Boeing 737 MAX, que atendem ao mercado de 100 a 215 poltronas (solução do problema). A Kellogg's apresenta outro exemplo.

Pesquisa real

Special K Nourish alimenta as vendas da Kellogg's

A Kellogg's (www.kelloggs.com), que comercializava seus produtos em mais de 180 países em 2017, enfrentou uma queda no mercado e encarou o desafio de reativar as baixas vendas de cereais. Por meio da pesquisa para a identificação de problemas, a Kellogg's conseguiu identificar a dificuldade e, com a pesquisa para a solução de problemas, desenvolveu várias estratégias para aumentar as vendas de cereais.

Para identificar o problema, a Kellogg's desempenhou várias tarefas. Os pesquisadores falaram com os responsáveis pelas decisões dentro da empresa, entrevistaram especialistas do setor, efetuaram a análise dos dados disponíveis, analisaram dados de mídia social, realizaram pesquisas qualitativas e fizeram levantamentos com os consumidores a respeito de suas percepções e preferências por cereais. Várias questões importantes foram identificadas nessa pesquisa. Os produtos existentes estavam sendo direcionados para crianças, as rosquinhas fritas e os bolinhos estavam se tornando as opções preferidas para o café da manhã, e os preços altos levavam os consumidores para as marcas genéricas. Outras informações também vieram à tona durante a pesquisa. Os adultos preferem alimentos rápidos que exijam pouco ou nenhum preparo. Essas constatações ajudaram a Kellogg's a identificar o problema. Ela precisava ser mais criativa ao lançar novos produtos para satisfazer às necessidades do mercado adulto.

Depois de definir o problema, a empresa partiu para as soluções. Desenvolveu e testou vários sabores de cereais a partir dos resultados de entrevistas em *shoppings* com consumidores adultos. Com base nesses achados, a Kellog's introduziu novos sabores, mais adequados ao paladar adulto, mas não do tipo sem gosto como os de antes. Por exemplo, em 2016, lançou a Special K Nourish, flocos multigrão feitos com quinoa, granola, lascas de amêndoa, maçã e framboesa. O novo cereal e a barra tiveram apoio de uma campanha publicitária e de grandes promoções nos pontos de venda.

Fazendo pesquisas criativas para a identificação de problemas, seguidas por pesquisas para a sua solução, a Kellogg's conseguiu não só o aumento das vendas, mas também um maior consumo de cereais em outras ocasiões além do café da manhã.[9] ■

PESQUISA ATIVA

NFL é cor-de-rosa

Acesse www.nfl.com. Use um dispositivo de busca, incluindo as mídias sociais e o banco de dados *on-line* de sua biblioteca, para obter informações sobre as atitudes das mulheres em relação à *National Football League* (NFL).

Como diretor de marketing da NFL, que estratégias de marketing você formularia para atingir as fãs? A NFL gostaria de atrair mais fãs mulheres. Que tipo de pesquisa de marketing você recomendaria?

A pesquisa para a identificação de problemas e a pesquisa para a solução de problemas não apenas caminham lado a lado, como mostra o exemplo da Kellogg's, como também seguem um processo de pesquisa de marketing comum.

Processo de pesquisa de marketing

Conceituamos o **processo de pesquisa de marketing** como tendo seis etapas. Cada uma delas será exposta detalhadamente nos capítulos seguintes; portanto, aqui a discussão será breve.

processo de pesquisa de marketing
Conjunto de seis etapas que define as tarefas a serem executadas na realização de um estudo de pesquisa de marketing. Elas incluem definição do problema, desenvolvimento de uma abordagem, formulação da concepção de pesquisa, trabalho de campo, preparação e análise dos dados e elaboração e apresentação do relatório.

Etapa 1: Definição do problema

A primeira etapa em qualquer projeto de pesquisa de marketing é definir o problema. Ao fazê-lo, o pesquisador deverá levar em conta a finalidade do estudo, as informações relevantes sobre o histórico do problema, que informações são necessárias e como elas serão usadas para tomar decisões. A definição do problema envolve discussões com os responsáveis pelas decisões, entrevistas com especialistas do setor, análise de dados secundários e, talvez, alguma pesquisa qualitativa, como grupos de foco. Uma vez definido o problema com precisão, a pesquisa poderá ser concebida e executada adequadamente (ver Capítulo 2).

Etapa 2: Desenvolvimento de uma abordagem

Esta etapa inclui a formulação de uma estrutura objetiva ou teórica, modelos analíticos, perguntas de pesquisa, hipóteses e a identificação das informações necessárias. Esse processo é guiado por discussões com gerentes e especialistas do setor, análise de dados secundários, pesquisas qualitativas e considerações pragmáticas (ver Capítulo 2).

Etapa 3: Formulação da concepção de pesquisa

Uma concepção de pesquisa é uma estrutura ou esquema para a realização do projeto de pesquisa de marketing. Ela detalha os procedimentos necessários para a obtenção das informações requeridas, e sua finalidade é criar um estudo que teste as hipóteses de interesse, determine as possíveis respostas às perguntas da pesquisa e proporcione as informações necessárias para a tomada de decisões. Realizar pesquisas exploratórias, definir precisamente as variáveis e criar escalas apropriadas para medi-las também fazem parte da concepção de pesquisa. A questão de como obter os dados dos entrevistados (por exemplo, realizando um levantamento ou um experimento) deve ser resolvida. Também é preciso preparar um questionário e um plano de amostragem para a seleção de entrevistados para o estudo. Em termos mais formais, a concepção de pesquisa envolve os seguintes passos:

1. Definição das informações necessárias
2. Análise de dados secundários
3. Pesquisa qualitativa
4. Métodos de coleta de dados quantitativos (levantamento, observação e experimentação)
5. Procedimentos de mensuração e escalonamento
6. Elaboração do questionário
7. Processo de amostragem e tamanho da amostra
8. Plano de análise dos dados

Essas etapas são discutidas detalhadamente nos Capítulos 3 a 12.

Etapa 4: Trabalho de campo ou coleta de dados

A coleta de dados envolve uma força ou equipe de campo que opere no campo, como no caso das entrevistas pessoais (em domicílio, *shopping centers* ou assistida por computador), por telefone (com entrevistador, por computador ou dispositivo móvel), pelo correio (tradicionais e levantamento de painéis pelo correio com domicílios pré-recrutados) ou eletronicamente (*e-mail* ou Internet). A seleção, o treinamento, a supervisão e a avaliação adequadas da força de campo ajudam a minimizar os erros de coleta de dados (ver Capítulo 13).

Etapa 5: Preparação e análise dos dados

A preparação dos dados inclui sua edição, codificação, transcrição e verificação. Cada questionário ou formulário de observação é inspecionado ou editado e, se necessário, corrigido. Códigos numéricos ou alfabéticos são atribuídos para as respostas a cada pergunta no questionário. Os dados dos questionários são transcritos ou transmitidos diretamente para o computador. Os dados são analisados para obter informações relacionadas aos componentes do problema de pesquisa de marketing, oferecendo, assim, informações para o problema de decisão da gerência (ver Capítulos 14 a 22).

Etapa 6: Preparação e apresentação do relatório

O projeto inteiro deve ser documentado em um relatório escrito que cubra as perguntas específicas identificadas, que descreva a abordagem, a concepção da pesquisa, a coleta de dados e os procedimentos de análise de dados adotados e apresente os resultados e as principais constatações, que deverão ser apresentadas de forma que possam ser usadas prontamente no processo decisório. Além disso, deverá ser feita uma apresentação verbal à gerência com o uso de tabelas, figuras e gráficos para aumentar a clareza e o impacto (ver Capítulo 23). A Internet também está sendo utilizada para divulgar resultados e relatórios de pesquisas de marketing, os quais podem ser postados na Web e ficar à disposição dos administradores em qualquer lugar do mundo.

Apesar de descrevermos o processo de pesquisa como uma sequência de passos, deve-se observar que essas etapas são interdependentes e iterativas. Desse modo, em cada fase, o pesquisador não só deve olhar os passos anteriores, como também precisa considerar os passos seguintes. Como indica o exemplo a seguir, nossa descrição do processo de pesquisa de marketing é típica das pesquisas feitas nas principais corporações.

Pesquisa real

Pesquisa de marketing na Marriott Corporation

A Marriott International, Inc. (www.marriott.com) é uma empresa líder em hotelaria. Sua origem remonta a uma banca de cerveja aberta em Washington, D.C., em 1927, por J. Willard e Alice S. Marriott. Em 2017, a Marriott International tinha aproximadamente 4.500 propriedades localizadas nos Estados Unidos e em 87 países e territórios. Suas marcas incluem Marriott, Renaissance, Courtyard, Residence Inn, Fairfield Inn, Towneplace Suites, Springhill Suites e Ritz-Carlton.

A pesquisa de marketing na Marriott é feita no nível corporativo pela Corporate Marketing Services (CMS). As metas da CMS incluem o fornecimento, para os gerentes da Marriott, das informações de que eles necessitam para melhor compreender o mercado e o cliente.

A CMS faz muitos tipos diferentes de pesquisa. Ela usa abordagens quantitativas e qualitativas, como pesquisas por telefone, Internet e pelo correio, grupos de foco e abordagem de clientes, a fim de obter mais informações sobre segmentação do mercado, testes de produtos, reação dos clientes aos preços e satisfação dos clientes, etc.

O processo de pesquisa na Marriott é uma progressão simples passo a passo. Os primeiros passos são para melhor definir o problema a ser resolvido e os objetivos da "unidade cliente" e para desenvolver uma abordagem ao problema. O passo seguinte é o da concepção do estudo, com a formulação de uma pesquisa formal. A CMS precisa decidir se faz a pesquisa por conta própria ou contrata uma organização externa. No segundo caso, ela também deve decidir se usa uma ou mais empresas. Uma vez tomada a decisão, a pesquisa é realizada pela coleta e análise dos dados. A seguir, a CMS apresenta as constatações do estudo para a unidade cliente em um relatório formal. O passo final no processo de pesquisa é manter um diálogo constante com os clientes. Ao longo desse estágio, a CMS pode ajudar a explicar as implicações das constatações da pesquisa, auxiliar nas decisões ou fazer sugestões para pesquisas futuras.[10] ■

O papel da pesquisa de marketing na tomada de decisão

A natureza e o papel da pesquisa de marketing podem ser mais bem compreendidos à luz do paradigma básico de marketing mostrado na Figura 1.2.

A ênfase em marketing está na identificação e satisfação das necessidades do cliente. A fim de determinar essas necessidades e implementar estratégias de marketing e programas que as satisfaçam, os gerentes de marketing precisam de informações sobre clientes, concorrentes e outras forças no mercado. Em anos recentes, muitos fatores aumentaram a necessidade de obter informações melhores e em maior quantidade. À medida que as empresas se tornaram nacionais e internacionais em seu escopo, aumentou a necessidade de informações em mercados maiores e mais distantes. Como os clientes se tornam mais afluentes, informados e sofisticados, os gerentes de marketing precisam de melhores informações sobre como eles reagirão a produtos e outras ofertas de marketing. Com a concorrência se intensificando, os gerentes precisam de informações sobre a eficácia de suas ferramentas de marketing. À medida que o ambiente se altera com mais rapidez, os gerentes de marketing precisam de informações mais oportunas.[11]

A tarefa da pesquisa de marketing consiste em avaliar as necessidades de informação e fornecer à gerência informações relevantes, precisas, confiáveis, válidas e atuais. O ambiente de marketing competitivo de hoje e os custos crescentes atribuídos a más decisões requerem que a pesquisa de marketing forneça informações consistentes. Decisões sólidas não se baseiam em instinto, intuição, nem mesmo em puro raciocínio. Na ausência de informações consistentes, pode-se chegar a uma decisão gerencial incorreta, como ilustrado pelo caso da aspirina infantil da Johnson & Johnson.

Pesquisa real

A suavidade da Johnson & Johnson não conseguiu acabar com a dor

A Johnson & Johnson (www.jnj.com) é considerada a fabricante de produtos para a saúde com maior base do mundo, com mais de 250 empresas em 60 países em 2018. Apesar de seu sucesso no setor, a tentativa da Johnson & Johnson de usar seu nome corporativo na aspirina infantil não foi bem-sucedida. Os produtos da Johnson & Johnson são percebidos

RosaBetancourt 00 people images/Alamy Stock Photo

FIGURA 1.2 O papel da pesquisa de marketing.

Grupos de clientes
- Consumidores
- Funcionários
- Acionistas
- Fornecedores

Variáveis de marketing controláveis
- Produto
- Preço
- Comunicação
- Distribuição

PESQUISA DE MARKETING
- Avaliação das necessidades de informação
- Fornecimento de informações
- Tomada de decisões de marketing

Fatores ambientais incontroláveis
- Economia
- Tecnologia
- Concorrência
- Leis e normas
- Fatores sociais e culturais
- Fatores políticos

Gerentes de marketing
- Segmentação de mercado
- Seleção de mercados-alvo
- Programas de marketing
- Desempenho e controle

---

como suaves, mas suavidade não é o que as pessoas querem em uma aspirina infantil. Embora esta deva ser segura, a suavidade em si não é um traço desejável. Pelo contrário, algumas pessoas acharam que uma aspirina suave poderia não ser suficientemente eficaz. Esse é um exemplo de algo que, intuitivamente, parecia natural, mas que, sem uma pesquisa de marketing adequada, mostrou ser uma decisão incorreta.[12] ∎

Como mostrado no exemplo da Johnson & Johnson, os gerentes de marketing tomam inúmeras decisões estratégicas e táticas no processo de identificação e satisfação das necessidades dos clientes. Como se vê na Figura 1.2, eles tomam decisões sobre oportunidades em potencial, seleção de mercados-alvo, segmentação de mercado, planejamento e implementação de programas de marketing, desempenho de marketing e controle. Essas decisões são complicadas por interações entre as variáveis controláveis de marketing (produto, preço, comunicação e distribuição). Acrescentam-se complicações por fatores ambientais incontroláveis, como condições econômicas gerais, tecnologia, leis e políticas públicas, ambiente político, concorrência e alterações sociais e culturais. Outro fator nesse composto é a complexidade dos vários grupos de clientes: consumidores, funcionários, acionistas, fornecedores, etc. A pesquisa de marketing ajuda o gerente de marketing a relacionar as variáveis de marketing com o ambiente e os grupos de clientes, bem como a remover algumas das incertezas ao oferecer informações relevantes a respeito das variáveis de marketing, do ambiente e dos consumidores. Na ausência de informações relevantes, as respostas dos consumidores a programas de marketing não podem ser previstas de maneira confiável ou precisa. Programas contínuos de pesquisa de marketing fornecem informações sobre consumidores e fatores controláveis e incontroláveis, que melhoram a eficácia das decisões tomadas pelos gerentes de marketing.[13]

Tradicionalmente, os pesquisadores de marketing eram responsáveis por avaliar as necessidades de informação e fornecer as informações relevantes, ao passo que as decisões de marketing eram tomadas pelos gerentes. Entretanto, esses papéis estão mudando, e os pesquisadores de marketing estão participando mais da tomada de decisões, enquanto os gerentes de marketing estão se envolvendo mais na pesquisa. Essa tendência pode ser atribuída ao melhor treinamento de gerentes de marketing, à Internet e a outros avanços na tecnologia e a uma alteração no paradigma de pesquisa de marketing, no qual se empreendem cada vez mais pesquisas de marketing de forma contínua, em vez de em resposta a problemas ou oportunidades de marketing específicos.

Em essência, a pesquisa de marketing deve agregar valor às decisões de marketing em toda a organização. Deve-se enfatizar que os gerentes de marketing não trabalham isoladamente de outras funções na organização. Ao contrário, a orientação de marketing incorpora uma perspectiva entre funções para atender às necessidades do consumidor e conquistar a lucratividade no longo prazo. Portanto, a pesquisa de marketing deve fazer uma interface com as outras funções na organização, como produção, pesquisa e desenvolvimento, finanças, contabilidade e outras áreas, de acordo com o que for mais relevante em um determinado projeto.

A pesquisa de marketing e o marketing estão cada vez mais integrados.[14] A pesquisa de marketing pode melhorar consideravelmente as informações disponíveis para o gerenciamento e melhorar a tomada de decisão. As informações obtidas por meio de pesquisa de marketing tornam-se parte integral do sistema de informações de marketing (MIS) e do sistema de suporte à decisão (SSD) da empresa. A pesquisa de marketing também desempenha um papel especial na obtenção de inteligência competitiva.

Pesquisa de marketing e inteligência competitiva

A **inteligência competitiva (IC)** pode ser definida como o processo de melhoria da competitividade no mercado por meio de uma maior compreensão dos concorrentes da empresa e do ambiente competitivo. Esse processo é impreterivelmente ético e envolve a coleta e a análise legais de informações a respeito das capacidades, vulnerabilidades e intenções dos concorrentes do negócio, realizadas com o uso de bancos de informações e outras "fontes abertas" e por meio de pesquisa de marketing ética.

---
inteligência competitiva (IC)
Processo de melhoria da competitividade no mercado por meio de uma maior compreensão da concorrência da empresa e do ambiente competitivo.

Embora a pesquisa de marketing desempenhe um papel central na coleta, análise e disseminação de informações de IC, esta evoluiu como disciplina própria. A Strategic and Competitive Intelligence Professionals (SCIP) consiste em profissionais que realizam IC para grandes e pequenas empresas, alertando a gerência sobre mudanças no panorama competitivo. Para mais informações sobre inteligência competitiva, acesse a página da SCIP na Web: www.scip.org.

A decisão de realizar uma pesquisa de marketing

A pesquisa de marketing pode ser vantajosa em uma série de situações, mas a decisão de realizá-la não é automática. Ao contrário, essa decisão deve ser orientada por várias considerações, o que inclui a análise de custos e benefícios, os recursos disponíveis para a realização da pesquisa e para a implementação das descobertas e a atitude da gerência em relação à pesquisa. A pesquisa de marketing deve ser empreendida quando o valor esperado das informações que ela gera excede os custos de elaboração do projeto de pesquisa de marketing. Em geral, quanto mais importante a decisão confrontada pela gerência e maior a incerteza quanto ao risco, maior o valor das informações obtidas. Há procedimentos formais para quantificar o valor esperado e os custos de um projeto de pesquisa de marketing. Embora na maioria dos casos o valor das informações exceda os custos, há momentos em que o contrário pode ocorrer. Um fabricante de bolos, por exemplo, queria entender a compra de bolos pelos consumidores em lojas de conveniência. Ele foi aconselhado a não realizar um grande projeto de pesquisa de marketing quando constatou-se que menos de 1% das vendas provinha dessas lojas e que era improvável que tal situação se modificasse nos cinco anos seguintes.

Os recursos, principalmente tempo e dinheiro, sempre são limitados. No entanto, se não houver tempo ou dinheiro disponível em quantidades adequadas para realizar um projeto de qualidade, provavelmente é melhor não realizá-lo. É preferível não fazer um projeto formal a fazer um em que a integridade da pesquisa seja comprometida devido à falta de recursos, levantando questões éticas. Do mesmo modo, uma empresa pode não ter os recursos para implementar as recomendações que surgem das descobertas da pesquisa de marketing. Nesse caso, o gasto dos recursos para a realização da pesquisa talvez não seja aconselhável. E, ainda, se a gerência não tiver uma atitude positiva em relação à pesquisa, é provável que o relatório do projeto acumule poeira depois de terminado. Contudo, há algumas exceções nessas orientações. Foi realizado um projeto para uma rede de varejo cuja gerência se mostrava hostil à pesquisa, mas esta havia sido encomendada e financiada pela organização-mãe. Embora a gerência da loja se opusesse às descobertas, que se refletiam negativamente sobre a rede, a empresa-mãe implementou as recomendações.

Há outros casos que podem argumentar contra a realização de um projeto de pesquisa de marketing: se as informações necessárias já estão disponíveis na organização, se a decisão que motiva a pesquisa já foi tomada ou se a pesquisa será usada para fins políticos, então o valor das informações geradas reduz-se grandemente e o projeto em geral não é aconselhável. No entanto, se a decisão de fazer uma pesquisa de marketing é tomada, a gerência também pode se basear em fornecedores e serviços de pesquisa para obter as informações específicas necessárias.[15]

O setor de pesquisa de marketing

O setor de pesquisa de marketing consiste em fornecedores de serviços de pesquisa de marketing, os quais oferecem a maior parte das informações necessárias para a tomada de decisões em marketing. A maioria dos fornecedores possui várias subsidiárias e divisões que abrangem diversas áreas de pesquisa de marketing. No entanto, é útil classificar os fornecedores e os serviços de pesquisa de marketing. De forma ampla, os fornecedores de pesquisa são classificados como internos ou externos (Figura 1.3). **Fornecedores internos** são os departamentos de pesquisa de marketing da própria empresa. Muitas empresas, especialmente as grandes, desde as automotivas (GM, Ford, Chrysler) até as de produtos de consumo (Procter & Gamble, Colgate Palmolive, Coca-Cola) e os bancos (JP Morgan Chase, Bank of America), mantêm departamentos internos de pesquisa de marketing, que fazem parte da companhia, e a posição deles na estrutura organizacional varia muito. Em um extremo, o setor de pesquisa pode ser centralizado na sede da corporação. No outro extremo, é uma estrutura descentralizada em que o setor de pesquisa se organiza em várias divisões. Em um esquema descentralizado, a empresa pode estar organizada em divisões por produtos, clientes ou regiões geográficas, com o pessoal de pesquisa de marketing designado para as várias divisões. Esse pessoal geralmente é subordinado a um gerente de divisão, e não a um executivo de nível corporativo. Além disso, en-

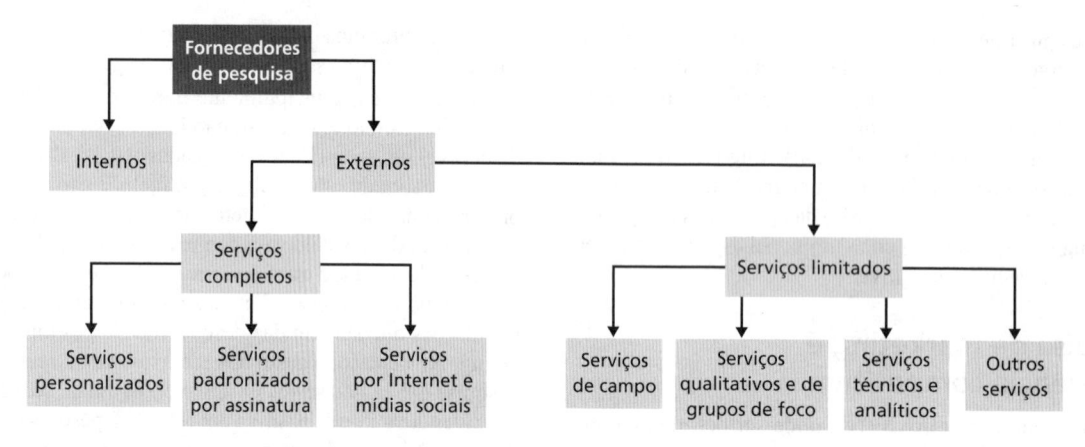

FIGURA 1.3 Fornecedores e serviços de pesquisa de marketing.

tre esses dois extremos, há diferentes tipos de organizações. A melhor organização para uma empresa depende de suas necessidades de pesquisa de marketing e da estrutura do marketing e de outras funções, embora nos últimos anos tenha havido uma tendência no sentido da centralização e de uma redução dos quadros do pessoal de pesquisa. Os fornecedores internos muitas vezes utilizam fornecedores externos para a execução de tarefas específicas de pesquisa.

fornecedores internos
Departamentos de pesquisa de marketing na própria empresa.

Fornecedores externos são empresas externas, geralmente independentes da organização do cliente, contratadas para realizar serviços de pesquisa de marketing. Esses fornecedores externos, que em conjunto constituem o **setor de pesquisa de marketing**, variam desde pequenas firmas (uma ou poucas pessoas) até imensas corporações internacionais.[16] A Tabela 1.2 relaciona os 25 maiores fornecedores mundiais de pesquisa de marketing.[17] Os fornecedores externos trabalham com serviços completos ou limitados. Os **fornecedores de serviços completos** oferecem toda a gama de serviços de pesquisa de marketing, desde definição do problema, desenvolvimento de uma abordagem, elaboração do questionário, amostragem, coleta dos dados e sua análise e interpretação, até preparação e apresentação do relatório. Os serviços prestados por esses fornecedores podem ser divididos em serviços personalizados, padronizados por assinatura e por Internet e mídias sociais (Figura 1.3).

fornecedores externos
Empresas de pesquisa de marketing contratadas para realizar serviços de pesquisa.

setor de pesquisa de marketing
Fornecedores externos que oferecem serviços de pesquisa de marketing.

fornecedores de serviços completos
Empresas que oferecem toda a gama de atividades de pesquisa de marketing.

Os **serviços personalizados** oferecem uma ampla variedade de serviços de pesquisa de marketing adaptados às necessidades de um cliente. Cada projeto de pesquisa é tratado individualmente. Dentre as firmas que oferecem esses serviços estão Burke, Inc. (www.burke.com) e MaritzCX (www.maritzcx.com). O levantamento feito pela Harris Poll para a Boeing no exemplo de abertura é uma pesquisa personalizada. Uma classe especial de serviços personalizados focada em pesquisa de marketing em dispositivos móveis é discutida mais adiante neste capítulo.

Os **serviços padronizados por assinatura** coletam informações de conhecido valor comercial e as fornecem aos clientes. Levantamentos, painéis, escâneres e auditorias são os principais meios de coleta desses dados. Por exemplo, a Nielsen (www.nielsen.com) fornece informações sobre a extensão da audiência e as características demográficas dos domicílios que estão assistindo a programas específicos. A companhia disponibiliza dados de rastreamento de volume por escâner, como aqueles gerados por escâneres eletrônicos em caixas de supermercados. O Grupo NPD (www.npd.com) mantém um dos maiores painéis diários de consumidores dos Estados Unidos. O estudo Quick-Track, realizado pela Sandelman & Associates no exemplo inicial "Fast... Fruta", é um serviço padronizado por assinatura. Os serviços padronizados por assinatura são discutidos com mais detalhes no Capítulo 4.[18]

serviços personalizados
Empresas que adaptam procedimentos de pesquisa para que atendam melhor às necessidades de cada cliente.

serviços padronizados por assinatura
Empresas que coletam e vendem dados criados para atender às necessidades de informação comuns a um grupo de clientes.

Os **serviços por Internet e mídias sociais** são prestados por várias empresas de pesquisa, inclusive algumas especializadas na realização de pesquisa de marketing na Internet. Por exemplo, a Toluna (www.toluna-group.com) é uma empresa líder em *insights* digitais que mantém a maior comunidade social de votantes: são 10 milhões de usuários em 59 países. Pelo Toluna PanelPortal™, os clientes podem desen-

TABELA 1.2
As 25 maiores organizações de pesquisa do mundo

Ranking mundial 2016	Ranking mundial 2015	Organização	País de origem	Número total de países com escritórios e subsidiárias integrais	2015 Receita global de pesquisa (em milhões de dólares americanos)	2015 Porcentagem da receita global de fora do país de origem
1	1	Nielsen Holdings N.V.	Estados Unidos	106	$6.172,0	41,6%
2	2	Kantar*	Reino Unido	100	$3.710,0	79,7%
3	3	IMS Health Inc.	Estados Unidos	105	$2.921,0	61,4%
4	4	Ipsos SA***	França	87	$1.980,9	93,1%
5	5	GfK SE***	Alemanha	74	$1.712,6	75,3%
6	6	IRI	Estados Unidos	9	$981,0	38,3%
7	8	dunnhumby*	Reino Unido	29	$970,5	61,7%
8	7	Westat	Estados Unidos	6	$509,6	3,6%
9	9	INTAGE Holdings Inc.**	Japão	8	$375,7	8,2%
10	11	comScore	Estados Unidos.	24	$368,8	27,3%
11	10	Wood MacKenzie* ***	Reino Unido	20	$364,7	58,1%
12	12	The NPD Group	Estados Unidos	15	$307,7	24,9%
13	13	MACROMILL Inc.	Japão	13	$296,0	30,7%
14	14	J.D. Power*	Estados Unidos	9	$273,5	33,8%
15	16	ICF International	Estados Unidos	7	$219,4	29,5%
16	17	Video Research Ltd.* **	Japão	3	$182,2	0,0%
17	19	Decision Resources Group	Estados Unidos	5	$167,6	28,1%
18	18	MaritzCX	Estados Unidos	5	$151,6	26,5%
19	20	Abt SRBI	Estados Unidos	3	$124,4	4,1%
20	24	YouGov	Reino Unido	21	$122,9	71,8%
21	21	ORC International	Estados Unidos	8	$122,3	31,8%
22	25	Lieberman Research Worldwide	Estados Unidos	3	$119,8	30,9%
23	–	Rentrak	Estados Unidos	6	$116,3	15,0%
24	23	Mediametrie* ***	França	1	$104,9	10,1%
25	–	Cello Health*	Reino Unido	3	$97,2	42,0%
					$22.472,6	55,3%

*Alguns ou todos os valores desta empresa não estão disponíveis; assim, estão baseados em estimativas dos autores do Relatório.
**O ano fiscal terminou em março de 2016. A taxa de câmbio de 2015 do iene para dólares americanos diminuiu a taxa de crescimento percentual.
***A taxa de câmbio de 2015 de euros para dólares americanos diminuiu a taxa de crescimento percentual.
Fonte: Dados de The 2016 AMA Gold Global Top 25 Report. Marketing News (October 2016): 36.

volver seus próprios painéis personalizados. Mais adiante neste capítulo, abordaremos empresas que oferecem uma classe especial de serviços de Internet focada em pesquisa de mídia social.

serviços por Internet e mídias sociais
Empresas especializadas em realizar pesquisa de marketing pela Internet.

Os **fornecedores de serviços limitados** especializam-se em uma ou algumas fases do projeto de pesquisa de marketing, como ilustrado no exemplo da Satmetrix na seção inicial. Os serviços por eles oferecidos são classificados como serviços de campo, pesquisa qualitativa, serviços técnicos e analíticos e outros. Os **serviços de campo** coletam dados por intermédio de entrevistas pelo correio, pessoais, por telefone, por dispositivos móveis ou entrevistas eletrônicas, e as firmas especializadas em entrevistas são chamadas de *organizações de serviços de campo*. Elas podem variar desde pequenas organizações operando localmente até grandes organizações multinacionais. Algumas organizações mantêm extensas instalações por todo o país para entrevistar compradores em *shoppings*. Uma das empresas que oferecem serviços de campo é a Field Work (www.fieldwork.com).

fornecedores de serviços limitados
Empresas especializadas em uma ou algumas fases do projeto de pesquisa de marketing.

serviços de campo
Empresas que oferecem sua experiência em coleta de dados para projetos de pesquisa.

Os **serviços qualitativos** fornecem instalações e recrutamento de respondentes para grupos de foco e outras formas de pesquisa qualitativa, como entrevistas individuais em profundidade. Algumas empresas disponibilizam serviços adicionais, como moderadores e preparação de relatórios de grupos de foco. Exemplos de empresas desse tipo seriam a Jackson Associates (www.jacksonassociates.com) e a First In Focus Research (www.firstinfocus.com). Os **serviços técnicos e analíticos** são oferecidos por empresas especializadas em questões de concepção e análise computadorizada de dados quantitativos, como os que são obtidos em grandes levantamentos. Empresas como a SDR Consulting (www.sdr-consulting.com), de Atlanta, proporcionam sofisticadas análises de dados utilizando técnicas estatísticas avançadas. A Sawtooth Technologies (www.sawtooth.com) dispõe de *software* para coleta e análise de dados de pesquisa. Microcomputadores e pacotes de *software* estatístico possibilitam que as empresas realizem análise de dados internamente. No entanto, o conhecimento especializado de análise de dados dos fornecedores externos ainda é necessário.

serviços qualitativos
Serviços relacionados a instalações, recrutamento e outros serviços para grupos de foco e outras formas de pesquisa qualitativa, como entrevistas individuais em profundidade.

serviços técnicos e analíticos
Serviços relacionados a questões de concepção e análise quantitativa de dados, como aqueles obtidos em grandes levantamentos.

Outros serviços incluem serviços e produtos de pesquisa de marketing específicos, desenvolvidos para abordar determinados tipos de problemas de pesquisa de marketing. Por exemplo, a Survey Sampling International (www.surveysampling.com) é especializada em projeto e distribuição de amostras. Algumas empresas concentram-se em serviços especializados, como pesquisa em mercados étnicos (hispânicos, africanos, multiculturais). Um exemplo nessa categoria é a Multicultural Insights (www.multicultural-insights.com).

Há certas orientações que devem ser seguidas ao selecionar um fornecedor de pesquisa, seja ele de serviços completos ou de serviços limitados.

Seleção de um fornecedor de pesquisa

Uma empresa que não pode realizar internamente um projeto inteiro de pesquisa de marketing precisa selecionar um fornecedor externo para uma ou mais fases do projeto e, primeiramente, organizará uma lista de eventuais fornecedores a partir de fontes como publicações especializadas, listagens profissionais e comunicação boca a boca. Ao definir os critérios para a escolha de um fornecedor externo, a empresa deve se perguntar por que está em busca de apoio externo para pesquisas de marketing. Por exemplo, uma pequena empresa que precisa investigar um projeto poderá considerar economicamente eficiente empregar uma fonte externa. No caso de uma empresa que não conta com os conhecimentos técnicos necessários para empreender certas fases de um projeto ou quando há questões envolvendo conflito de interesses, é possível optar pela execução de determinado projeto por um fornecedor externo.

Ao estabelecer critérios para selecionar fornecedores externos, uma empresa deve ter em mente algumas questões básicas. Qual é a reputação dos fornecedores? Eles concluem projetos no prazo? Respeitam padrões éticos? São flexíveis? Seus projetos de pesquisa são de alta qualidade? Quanta experiência têm e de que espécie? Eles têm experiência em projetos semelhantes a este? Seu pessoal possui conhecimento técnico e não técnico? Em outras palavras, além de possuir qualificações técnicas, o pessoal designado para a tarefa é sensível às necessidades do cliente e compartilha sua ideologia de pesquisa? A empresa possui Certificado de Pesquisador Profissional? Consegue se comunicar com o cliente? Você pode encontrar listas de itens que qualificam fornecedores de pesquisa de marketing em *sites* de associações importantes de pesquisa de marketing (por exemplo, www.esomar.org).

Muitas vezes é utilizado um processo de concorrência para a seleção de fornecedores externos, principalmente no caso de grandes tarefas. Com frequência, a organização que encomenda uma pesquisa para fornecedores externos faz uma solicitação de proposta (RFP), solicitação de informações (RFI), solicitação de inscrição (RFA), convite para concorrência ou alguma convocação semelhante, convidando os fornecedores a apresentarem seus orçamentos. É possível encontrar solicitações reais de proposta fazendo uma busca por RFP (*request for proposal*) e *Marketing Research*. A escolha de projetos com base no menor preço não é um bom procedimento. A adequação da proposta de pesquisa e os critérios discutidos anteriormente devem ser levados em conta na decisão de contratação. Além disso, contratos de longo prazo com fornecedores de pesquisa são preferíveis à seleção individual para cada projeto. Lembre-se de que a proposta mais barata nem sempre é a melhor. É preciso obter várias propostas e compará-las em função tanto de preço quanto de qualidade. Uma boa prática é conseguir uma proposta ou um contrato formalizado antes de iniciar o projeto. As decisões a respeito de fornecedores de pesquisas de marketing, assim como outras decisões gerenciais, precisam basear-se em informações sólidas.

A Internet é uma ferramenta eficiente para identificar empresas de pesquisa de marketing que oferecem serviços específicos. Usando um dispositivo de busca, como o Google, várias empresas de pesquisa podem ser identificadas, e é fácil encontrar informações sobre os fornecedores em seus *sites*. Muitos *sites* incluem informações sobre a história da empresa, seus produtos, clientes e funcionários. Por exemplo, o *site* www.greenbook.org lista milhares de empresas de pesquisa de marketing, e empresas específicas podem ser convenientemente localizadas utilizando-se seus procedimentos de busca. Existem oportunidades de carreira tanto com os fornecedores de pesquisa de marketing quanto com empresas de marketing e propaganda.

> **PESQUISA ATIVA**
>
> **Recriando o Google**
>
> Visite www.greenbook.org e identifique todas as empresas de pesquisa de marketing em sua área que realizam levantamentos com base na Internet.
>
> Como diretor de pesquisa do Google, você precisa selecionar uma empresa de pesquisa de marketing especializada em pesquisar consumidores que compram pela Internet. Faça uma lista de tais empresas. Qual você selecionará e por quê?
>
> Como diretor de marketing, como você usaria as informações sobre os consumidores que fazem compras pela Internet para recriar o *site* do Google?

Empregabilidade em pesquisa de marketing

O potencial de emprego é brilhante, e oportunidades promissoras de carreira estão disponíveis em empresas de pesquisa de marketing (por exemplo, A.C. Nielsen, Burke, Inc., Kantar Group). Igualmente atraentes são as carreiras em empresas e agências com departamentos internos de pesquisa (por exemplo, Procter & Gamble, Coca-Cola, GM, Federal Trade Commission, Bureau do Censo dos EUA). Agências de propaganda (por exemplo, BBDO International, J. Walter Thompson, Young & Rubicam) também realizam muitas pesquisas de marketing e empregam profissionais nessa área. Alguns dos cargos disponíveis em pesquisa de marketing incluem vice-presidente de pesquisa de marketing, diretor de pesquisa, diretor assistente de pesquisa, gerente de projetos, diretor de trabalho de campo, estatístico/especialista em processamento de dados, analista sênior, analista júnior e supervisor operacional.[19]

O cargo inicial mais comum em pesquisa de marketing para pessoas com curso de graduação completo é o de supervisor operacional. Trata-se do responsável pela supervisão de um conjunto bem-definido de operações, incluindo trabalho de campo, edição e codificação de dados, que pode se envolver também com programação e análise de dados. Entretanto, existe no setor de pesquisa de marketing uma preferência crescente por pessoas com pós-graduação. É mais provável que pessoas com essa titulação sejam admitidas como gerentes de projetos. O gerente de projetos trabalha com o diretor de contas no gerenciamento das operações do dia a dia de um projeto de pesquisa de marketing. O cargo inicial mais comum em uma empresa comercial é o de analista de pesquisa júnior (para graduados) ou analista de pesquisa (para pós-graduados). O analista júnior e o analista de pesquisa aprendem a respeito do setor em que a empresa atua e recebem treinamento de um membro sênior da equipe, normalmente o gerente de pesquisa de marketing. O cargo de analista júnior inclui um programa de treinamento destinado a preparar as pessoas para as responsabilidades de um analista de pesquisa, inclusive a coordenação com o departamento de marketing e a equipe de vendas para o desenvolvimento de metas de exposição de produtos. As responsabilidades de um analista de pesquisa incluem a verificação de todos os dados para maior precisão, a comparação de novas pesquisas com as normas estabelecidas e a análise de dados primários e secundários para fins de previsão de mercado.

Como esses cargos indicam, a pesquisa de marketing requer pessoas com várias formações e qualificações. Especialistas técnicos, como os estatísticos, evidentemente precisam de uma formação sólida em estatística e análise de dados. Outros cargos, como diretor de pesquisa, exigem que o trabalho dos outros seja gerenciado e requerem habilidades mais gerais. Para saber mais sobre outros cargos e perspectivas salariais, acesse www.marketresearchcareers.com. A pesquisa de marketing é um mercado crescente que oferece oportunidades atrativas de emprego.

Para se preparar para um emprego e uma carreira em pesquisa de marketing, você deve:

- Cursar todas as disciplinas de marketing que puder.
- Cursar disciplinas de estatística e métodos quantitativos. Conhecimentos de SPSS e SAS, como mencionado neste livro, são valiosos.
- Desenvolver habilidades relacionadas a Internet, mídias sociais e computadores. O conhecimento de linguagens de programação é uma vantagem adicional.
- Cursar disciplinas de psicologia e comportamento do consumidor.
- Treinar e desenvolver aptidões de comunicação verbal e escrita.
- Pensar criativamente. Criatividade e bom senso são importantes em pesquisa de marketing.

Os pesquisadores devem ter uma vasta formação para serem capazes de entender os problemas enfrentados pelos gerentes e abordá-los a partir de uma perspectiva ampla.[20] Um paradigma já aceito é que para ser um bom pesquisador de marketing, você precisa ser um bom gerente de marketing e vice-versa.

> **PESQUISA ATIVA**
>
> **A busca digital da Sony**
>
> Acesse www.sony.com e pesquise na Internet, incluindo as mídias sociais, e nos bancos de dados digitais de sua biblioteca informações sobre o mercado para câmeras digitais.
>
> Como gerente de marketing de câmeras digitais Sony, seu objetivo é aumentar sua fatia no mercado. Que informações do SSD da empresa você consideraria úteis para atingir essa meta?
>
> Que tipo de pesquisa de mercado você realizaria para obter as informações identificadas pelo SSD?
>
> Como seria o processo de contratação do fornecedor de pesquisa de marketing para esta pesquisa?

O processo de pesquisa de marketing delineado anteriormente neste capítulo também foi adotado no projeto de fidelização da loja de departamentos.

Projeto de fidelização da loja de departamentos

O projeto de fidelização da loja de departamentos realizado pelo autor é usado como exemplo permanente em todo o livro para ilustrar conceitos e procedimentos de análise de dados. A finalidade desse projeto é avaliar os pontos fortes e fracos de uma grande loja de departamento com relação a um grupo de concorrentes diretos e indiretos. Essa loja será chamada de Wal-Mart; a verdadeira identidade foi disfarçada. A meta é elaborar programas de marketing para elevar as vendas e os lucros da Wal-Mart, que estão em declínio. Dez grandes lojas, como lojas de departamentos famosas (por exemplo, Saks Fifth Avenue, Neiman-Marcus), cadeias nacionais (JCPenney), hipermercados (K-Mart) e algumas cadeias regionais (Kohl's), foram analisadas neste estudo. Foi elaborado e aplicado um questionário, na forma de entrevistas pessoais em domicílio, a uma amostra selecionada de 271 domicílios extraída de uma grande área metropolitana. Uma escala de seis pontos (pedia-se aos entrevistados que marcassem um número de 1 a 6) foi empregada para as classificações. Foram solicitadas as seguintes informações:

1. Familiaridade com as 10 lojas de departamentos
2. Frequência das compras dos membros do domicílio em cada uma das 10 lojas
3. Importância relativa ligada a cada um dos oito fatores selecionados como critérios de escolha utilizados na seleção de uma loja de departamentos. Esses fatores eram qualidade das mercadorias, sua variedade e sortimento, norma para devoluções e ajustes, atendimento do pessoal da loja, preços, conveniência da localização, distribuição física da loja e normas de crédito e faturamento.
4. Avaliação das 10 lojas em cada um dos oito fatores anteriores
5. Classificações de preferência para cada loja
6. Classificação das 10 lojas (em ordem decrescente de preferência)
7. Grau de concordância com 21 declarações de estilo de vida
8. Características demográficas padrão (idade, escolaridade, etc.)
9. Nome, endereço e número do telefone

O estudo ajudou o patrocinador a determinar as percepções e preferências dos clientes para a loja de departamentos. Foram identificadas áreas de fraqueza em termos de fatores específicos que influenciavam os critérios de escolha dos clientes e em termos de categorias específicas de produtos. Foram elaborados programas de marketing específicos para superar essas fraquezas. Finalmente, desenvolveu-se uma estratégia de posicionamento a fim de criar uma imagem desejável para a loja.

Este estudo é usado como exemplo contínuo ao longo do livro. Exemplos intitulados "Projeto de pesquisa", que ilustram os vários conceitos e também oferecem oportunidades para pesquisa prática, são apresentados em cada capítulo. Os capítulos de análise de dados dão acesso aos dados reais coletados neste projeto.

Projeto de pesquisa

Marketing e pesquisa de marketing na Wal-Mart

Atividades de projeto

Acesse www.walmart.com e pesquise na Internet informações relevantes sobre a estratégia de marketing da Wal-Mart. Responda às seguintes questões.

1. Quais são as oportunidades e os problemas de marketing enfrentados pela Wal-Mart?
2. Que papel a pesquisa de marketing pode desempenhar para auxiliar a Wal-Mart a abordar essas oportunidades e problemas de marketing?
3. Que tipo de pesquisa de marketing seria necessário para ajudar a Wal-Mart a decidir-se pela expansão agressiva nas áreas rurais dos Estados Unidos? ∎

Pesquisa de marketing internacional

Os Estados Unidos respondem por apenas 40% dos gastos mundiais com pesquisa de marketing. A maior parte das pesquisas na Europa é feita na Alemanha, no Reino Unido, na França, na Itália e na Espanha. O Japão, a China e a Austrália são os líderes na região Ásia-Pacífico, seguidos por Coreia e Taiwan. Brasil e México lideram nos mercados da América Central e do Sul em termos de gastos com pesquisas de marketing.[21] Com a globalização dos mercados, a pesquisa de marketing assumiu um caráter verdadeiramente internacional, e é provável que essa tendência continue. Várias empresas americanas realizam pesquisa de marketing internacional, como Nielsen, IMS Health, IRI e comScore (ver a Tabela 1.2). Dentre as empresas com sede em outros países estão Kantar (no Reino Unido), Ipsos (na França) e GfK (na Alemanha).

A realização de pesquisa de marketing internacional (pesquisa para produtos verdadeiramente internacionais), de pesquisa no exterior (pesquisa realizada fora do país da organização que a encomendou) ou de pesquisa multinacional (pesquisa realizada em todos os países em que a empresa está representada) é muito mais complexa do que a pesquisa doméstica. Todas as pesquisas desse tipo, inclusive as transculturais, serão discutidas sob a rubrica ampla da pesquisa de marketing internacional. O exemplo de abertura sobre a Boeing ilustrou algumas das complexidades envolvidas na realização desse tipo de pesquisa. O ambiente predominante nos países, nas unidades culturais ou nos mercados internacionais pesquisados influencia a maneira como devem ser executadas as seis etapas do processo de pesquisa de marketing. Esses fatores ambientais e seu impacto sobre o processo de pesquisa são discutidos em detalhes nos capítulos seguintes.

A globalização das empresas é a tendência de hoje. Seja a utilização de serviços *on-line* ou a instalação de operações físicas em um país estrangeiro, ao se tornar internacional, a pesquisa deve ser realizada de forma a levar em consideração fatores ambientais relevantes. Muitas empresas tiveram fracasso internacional porque ignoraram as diferenças entre seu país e o país em que desejavam fazer negócios.

As empresas que estão baseando seus negócios na Web podem ter problemas. Muitas vezes, o conteúdo da página da Web é interpretado de uma forma que não tinha sido prevista, como no exemplo de uma fabricante de carros no México. A página da Web mostrava um caroneiro parado ao lado de um carro. No México, os caroneiros são pessoas pobres, que não possuem carros. Também é desejável que o conteúdo local acomode múltiplos idiomas em áreas como a Índia, onde em uma região podem existir 20 línguas diferentes. As empresas precisam levar esses fatores ambientais em consideração para conquistar vendas e clientes em outros países.

Apesar da complexidade envolvida, espera-se que a pesquisa de marketing internacional cresça mais rapidamente que a pesquisa nacional. Um fator que muito contribui para isso é que os mercados para muitos produtos nos Estados Unidos e em outros países ocidentais desenvolvidos estão chegando perto da saturação. Em contrapartida, os mercados para esses produtos em outros países estão nos estágios iniciais de desenvolvimento, e a pesquisa de marketing desempenha um papel crucial na penetração de mercado, como ilustra o sucesso do McDonald's na Índia.

Pesquisa real

McDonald's: adaptando sua imagem global à cultura local

Em mercados ao redor do mundo, o McDonald's respeita culturas locais e adapta seu cardápio e sua experiência gastronômica a preferências locais. Pesquisas de marketing mostraram que na Índia o consumo alimentar é influenciado pelas crenças religiosas. Sendo assim, o McDonald's retirou as carnes bovina e suína de seus cardápios para acatar crenças religiosas de hindus e muçulmanos, que compõem a maior parte da população da Índia. Em seu lugar, incluiu inúmeras versões vegetarianas de alguns clássicos americanos, como o hambúrguer McVeggie e o McSpicy Paneer, bem como opções com frango. No menu promocional, o sanduíche McAloo Tikki, com hambúrguer feito de batata, é um dos mais vendidos, responsável por até 25% do total de vendas em lanchonetes McDonald's na Índia.

Pesquisas de marketing revelaram também que os vegetarianos na Índia são rígidos em seus hábitos e suas práticas alimentares. Por isso, as cozinhas dos McDonald's no país são divididas em seções separadas para a preparação de comida vegetariana e não vegetariana. Em setembro de 2012, a gigante do *fast food* anunciou que suas novas lanchonetes em algumas áreas de peregrinação na Índia seriam exclusivamente vegetarianas, para atender às preferências da base de clientes locais. Em 2017, ela lançou um novo cardápio de café da manhã na Índia, incluindo os favoritos locais "Masala Dosa Brioche" e "Ovos Mexidos Masala", somando-se a opções mais familiares como *waffles* e panquecas.

Em parte, o sucesso global do McDonald's advém de sua capacidade de se adaptar a culturas e preferências locais, sem perder sua identidade de marca global, o que é possibilitado por suas pesquisas de marketing. No ano de 2017, o McDonald's foi o maior varejista mundial de serviços alimentares, com mais de 36 mil estabelecimentos em mais de 100 países. Mais de 80% das lanchonetes McDonald's pelo mundo pertencem e são operadas por empresários locais independentes.[22] ∎

Pesquisa de marketing e mídias sociais

As mídias sociais incorporam as ferramentas da computação social geralmente denominadas Web 2.0. São aplicativos de Internet que facilitam o compartilhamento interativo de informações, o *design* centrado em usuários e a colaboração na World Wide Web. Exemplos de mídias sociais incluem *sites* de redes sociais (como o Facebook), compartilhamento de vídeos (como o YouTube), compartilhamento de fotos (como o Flickr), compartilhamento de músicas (como a Last FM), marcação de favoritos (como o Delicious), comunicação por voz (como o Skype), wikis (como a Wikipédia), resenhas de produtos e serviços (como o TripAdvisor), mundos virtuais (como o Second Life), jogos de múltiplos participantes (como o Farmville), comunidades baseadas na Web (como a Homeschool.com), *blogs* (como o Direct2Dell) e *microblogs* (como o Twitter). Um *site* Web 2.0 permite que seus usuários interajam entre si e alterem o conteúdo do *site*, ao contrário de *sites* não interativos, em que os usuários se limitam a receber passivamente informações que lhes são repassadas. Boas redes de mídias sociais usam todas as ferramentas disponíveis: discussão, bate-papo, *webcast*, fotos, vídeos, *podcasts*, animação, levantamentos, jogos e mundos virtuais. Como as pessoas interagem entre si de diversas formas, o ideal é oferecer o máximo de ferramentas a elas. Além do mais, os custos de fornecimento dessas ferramentas estão bastante razoáveis.

Todas as mídias sociais partilham certas características em comum, fazendo delas um domínio bastante relevante para a condução de pesquisas de marketing. As mídias sociais são marcadas por conteúdos gerados por usuários, dificultando a distinção entre conteúdo profissional e amador. Interações sociais relevantes giram em torno de conteúdos gerados por usuários. Os usuários são capazes de opinar, ranquear, comentar, revisar e responder ao mundo novo das mídias, um fator determinante para o sucesso das mídias sociais. As pessoas estabelecem comunidades *on-line* combinando modos de comunicação "um a um" (como *e-mail* e mensagens instantâneas), "um a muitos" (páginas e *blogs* na Internet) e "muitos a muitos" (wikis).

Para ampliar a esfera de suas pesquisas, pesquisadores de marketing podem recorrer a essas novas redes sociais e às ferramentas de computação social de código aberto sobre as quais são desenvolvidas. Essas comunidades sociais abrem novas vias para compreender, explicar, influenciar e prever comportamentos de consumidores no mercado. Sendo assim, podem ser usadas nas mais diversas aplicações de pesquisa de marketing, incluindo segmentação, geração de ideias, teste de conceitos, desenvolvimento de produtos, lançamento de marcas e comunicações de marketing integradas.

Contudo, as mídias sociais também têm suas limitações. Em comparação com o padrão de objetividade dos jornalistas, que é alto, as expectativas de objetividade entre blogueiros e outros usuários de mídias sociais são mais baixas. Usuários de mídias sociais podem não ser representativos da população-alvo em muitas aplicações de pesquisa de marketing. Como fonte de amostragem, as mídias sociais apresentam no mínimo duas tendenciosidades: os respondentes podem se autosselecionar em amostras ou podem estar se utilizando de estratégias ativistas. Porém, contanto que essas limitações sejam entendidas, a análise de mídias sociais pode revelar informações úteis e aptas a embasar decisões de marketing. Neste livro, apoiamos o uso das mídias sociais como uma esfera adicional para a condução de pesquisas de marketing, visando suplementar e complementar, mas não substituir, os modos tradicionais.

Já surgiram algumas agências de pesquisa de marketing especializadas em serviços de mineração de conversas em mídias sociais. Elas acompanham diálogos on-line, relatam atividades e aferem influências. Tais serviços custam entre algumas centenas e alguns milhares de dólares por mês e variam nos recursos oferecidos. Os serviços de diversas agências de pesquisa de mídias sociais são examinados ao longo do livro. Aqui, ilustramos como uma empresa, a Starbucks, está usando as mídias sociais para obter informações e se conectar com consumidores em seus mercados-alvo.

Pesquisa real
Starbucks: a estrela das mídias sociais

A Starbucks tem um blog, o My Starbucks Idea (MSI) (mystarbucksidea.force.com), em que não apenas se conecta a seus clientes, mas também cria o futuro da empresa junto com eles. Os clientes podem dar ideias, votar em ideias sugeridas por outros, discuti-las com outros clientes e vê-las anunciadas pela Starbucks. Parceiros de Ideias de diferentes departamentos da empresa participam respondendo consultas e oferecendo pitacos em discussões. A Starbucks pode obter ideias e sugestões de como melhorar seus produtos para satisfazer às necessidades de clientes. A marca leva a sério as sugestões postadas no site e publica aquelas que foram adotadas para que todos possam ver. Ela encoraja o feedback de clientes fornecendo incentivos on-line na forma de cupons virtuais ou pontos revertidos em compras. Isso permite que a marca interaja com seus clientes fiéis. A Starbucks também inclui tipos qualitativos e quantitativos de perguntas na forma de enquetes ao longo das laterais do blog, a fim de solicitar dados para pesquisa de marketing. O My Starbucks Idea está gerando um impacto significativo: em média, uma a cada três sugestões é implementada. Todas as sugestões são reconhecidas e comentadas em até uma hora após serem postadas; a cada hora, são feitas em média quatro sugestões.

A página da Starbucks no Facebook (www.facebook.com/starbucks) tem mais de 36 milhões de fãs, e o número ainda está aumentando. A empresa utiliza esse site para promover novos produtos e saber o que seus clientes pensam. Além disso, organiza eventos e emprega a tecnologia do Facebook para convidar clientes para seus eventos. Sua página apresenta uma coleção de fotos de seus produtos e eventos, entre muitos outros conteúdos postados por fãs. A Starbucks atualiza sua página no Facebook aproximadamente a cada dois dias, e cada atualização gera respostas de milhares de usuários. A empresa comenta e responde ativamente às postagens e marcações de fotos de seus seguidores, aumentado sua presença nas mídias sociais. A Starbucks também usa sua página no Facebook para desenvolver o perfil de mercados-alvo.

Como se não bastasse, a empresa utiliza o Twitter (www.twitter.com/Starbucks) para promover produtos e entrar em contato com clientes. Com mensagens curtas, sua conta no Twitter atualiza os consumidores sobre novos produtos e serviços. Ferramentas como retuítes permitem que usuários espalhem mensagens tuitadas originalmente pela Starbucks a outros. A conta da Starbucks no Twitter muitas vezes direciona seguidores ao blog MSI para enquetes, levantamentos ou coleta de opiniões. A Starbucks ainda usa muitas outras formas de mídias sociais. Dentre os exemplos de como as mídias sociais ajudam a Starbucks na melhoria de seu serviço estão as solicitações recorrentes de Wi-Fi gratuito e a decisão final da Starbucks de oferecer Wi-Fi gratuito e ilimitado a todos os clientes. De modo similar, quando diversos membros da comunidade MSI postaram ideias solicitando que frutas frescas fossem servidas nas cafetarias da Starbucks, a empresa em resposta começou a produzir uma nova bebida com um toque frutado, além de sua nova linha de cafés gelados, para combater o calor no verão. Dos trópicos das Bahamas até a Cidade Proibida em Pequim, as mídias sociais ajudaram a Starbucks a servir seu logotipo corporativo junto com cafés fresquinhos enquanto atendia às necessidades dos clientes. No ano de 2018, a marca esteve representada em mais de 70 países e segue crescendo.[23] ∎

Pesquisa de marketing em dispositivos móveis

Por pesquisa de marketing em dispositivos móveis (MMR – mobile marketing research) nos referimos a pesquisas de marketing, como um levantamento, conduzidas ou administradas junto a respondentes em potencial em seus dispositivos móveis. O desenvolvimento acelerado e a crescente adoção de dispositivos móveis, como smartphones, phablets, tablets e a Internet das Coisas (IoT) estão criando ótimas oportunidades para pesquisas de marketing. Como os dispositivos móveis respondem por 8 a cada 10 minutos que as pessoas passam em mídias sociais, o potencial da MMR é imenso. A base de usuários móveis é enorme e não deve parar de crescer tão cedo. Nos Estados Unidos, quase 60% das pessoas usam telefones celulares como seu principal meio de comunicação. No mundo, há mais de 2 bilhões de usuários de smartphone que passam a maior parte de seu tempo em aplicativos.[24] Os dispositivos móveis ultrapassaram os computadores de mesa como a plataforma mais utilizada para a Internet. A MMR pode ser conduzida via plataformas internacionais de levantamentos, como a Confirmit (www.confirmit.com), por meio de serviços móveis de painéis de acesso, como a Research Now (www.researchnow.com), ou por um provedor especializado, como a MobileMeasure (mobile-measure.com) ou a Locately (locately.com).

Há muitas vantagens na condução de pesquisas de marketing contatando os consumidores via seus dispositivos móveis. A pesquisa de marketing em dispositivos móveis é capaz de executar os princípios da pesquisa tradicional com alcance, escala e bom custo-benefício. A MMR tem o potencial de alcançar um público mais amplo, obter resultados mais rápidos a custos mais baixos e extrair respostas de mais qualidade. Os pesquisados podem dar suas respostas quando e onde lhes convier. Como os levantamentos são curtos e a interface é fácil de usar, eles se mostram mais participativos. O Sistema de Posicionamento Global (GPS) e outras tecnologias de localização podem aplicar levantamentos junto ao público-alvo com base em suas localizações atuais e passadas. Assim, pode-se obter o *feedback* de compradores enquanto se encontram dentro das lojas (ou em outros momentos de consumo), minimizando-se o tempo entre a experiência e o *feedback* e elevando-se a qualidade das respostas. A MMR é atrativa em muitas economias em desenvolvimento, nas quais o telefone celular costuma ser o aparelho mais utilizado entre consumidores e empresas para coleta de informações, computação e comunicação.

A MMR, contudo, apresenta diversas desvantagens. É importante que os levantamentos sejam curtos, sucintos e simples. A norma é fazer no máximo 15 perguntas, com o processo inteiro levando menos de 15 minutos; alguns defendem que os levantamentos não devem levar mais do que três minutos. Muitos levantamentos não se adequam bem à distribuição ou à visualização em dispositivos móveis. Podem haver problemas com o próprio *design* do levantamento e em manter o respondente atento à tela do celular. As perguntas que podem ser feitas são sem dúvida mais limitadas do que em *sites* acessados via computador pessoal ou por outros modos de administração de levantamentos. Outra grave limitação é o uso de vídeo em pesquisas móveis devido às más conexões ou a problemas gráficos. A representatividade pode ser outro entrave importante. Em levantamentos voltados à população em geral, pessoas que não possuem um telefone celular ou outro dispositivo móvel não podem participar da amostra. A MMR ainda enfrenta outras dificuldades. Por um lado, sai caro oferecer incentivos e recrutar um bom número de respondentes. Por outro, os respondentes têm de arcar com os custos de uso de Internet via celular ou outro dispositivo móvel. Também podem ocorrer dificuldades técnicas, como um *software* incompatível ou baixa taxa de transmissão de dados. Ainda que restrições envolvendo o uso de números de celular e questões envolvendo proteção de dados e garantia de anonimato limitem o uso da MMR, a maioria dessas limitações vem sendo superada por avanços tecnológicos e por um número cada vez maior de usuários de telefones celulares. Nossa perspectiva neste livro é que a MMR dificilmente substituirá métodos tradicionais de pesquisas de marketing, mas poderá ser usada em muitos projetos para complementar as coletas feitas por técnicas tradicionais.[25]

Pesquisa real

Uma plataforma móvel ajuda a L'Oréal a lançar um novo produto

A L'Oréal estava introduzindo uma nova formulação de produto em uma embalagem exclusiva e queria saber até que ponto os consumidores entendiam seu uso e sua aplicação. A MobileMeasure (mobile-measure.com) utilizou sua plataforma de levantamentos móveis para coletar informações sobre o comportamento de consumidores na privacidade de seus lares durante um período de quatro dias. Gravações digitais do produto sendo usado pelos consumidores e outros dados foram obtidos de maneira não invasiva. Como parte do levantamento móvel, respondentes tinham de postar fotos e vídeos mostrando seu uso do novo produto. Solicitou-se também que os respondentes mantivessem um diário durante o período de teste de produto. Assim, a L'Oréal foi capaz de observar seu produto sendo usado de verdade por consumidores e obter opiniões em suas próprias palavras. Além das descobertas quantitativas do levantamento, a empresa obteve um rico *feedback* qualitativo. Com base nos resultados desse estudo, a L'Oréal lançou seu novo produto com grande sucesso.[26] ∎

Ética em pesquisa de marketing

Vários aspectos da pesquisa de marketing têm fortes implicações éticas. Como já foi explicado, a pesquisa de marketing em geral é realizada por firmas comerciais (isto é, que vivem do lucro), que são organizações de pesquisa independentes (fornecedores externos) ou departamentos de corporações (fornecedores internos). A maior parte da pesquisa de marketing é feita para clientes que representam firmas comerciais. O lucro pode fazer ocasionalmente com que pesquisadores ou clientes comprometam a objetividade ou o profissionalismo associados ao processo de pesquisa.

A pesquisa de marketing muitas vezes é descrita como uma atividade que engloba os interesses de quatro segmentos: (1) o pesquisador de marketing, (2) o cliente, (3) o entrevistado e (4) o público. Esses interessados têm certas responsabilidades uns com os outros e com relação ao projeto de pesquisa. Surgem questões éticas quando os interesses desses segmentos estão em conflito e quando um ou mais dos interessados não cumpre suas responsabilidades.[27] Por exemplo, se o pesquisador não segue procedimentos adequados de pesquisa de marketing, ou se o cliente deturpa os resultados da pesquisa na propaganda da empresa, normas éticas são violadas. A Tabela 1.3 nos dá um panorama das questões éticas que podem aparecer em cada passo do processo de pesquisa de marketing. Essas questões serão discutidas nos próximos capítulos. As questões éticas são mais bem resolvidas quando todos esses segmentos se comportam de forma honrada. Códigos de conduta, como o código de ética da Associação de Marketing dos Estados Unidos, estão disponíveis para orientar o comportamento e ajudar a

TABELA 1.3
Visão geral de questões éticas em pesquisa de marketing

I. Definição do problema
- Usar pesquisas como guia para venda ou para angariar fundos
- Considerar agendas pessoais do pesquisador ou do cliente
- Realizar pesquisa desnecessária

II. Desenvolvimento da abordagem
- Usar as descobertas e os modelos desenvolvidos para clientes ou projetos específicos em outros projetos
- Solicitar propostas para obter conhecimento de pesquisa sem pagar

III. Concepção da pesquisa
- Formular um projeto de pesquisa mais adequado às necessidades do pesquisador do que às do cliente
- Usar dados secundários que não são aplicáveis ou que foram reunidos a partir de meios questionáveis
- Dissimular o propósito da pesquisa
- Solicitar concessões injustas do pesquisador
- Não manter em anonimato a identidade dos respondentes
- Desrespeitar a privacidade dos respondentes
- Enganar os respondentes
- Dissimular a observação dos respondentes
- Usar escalas de mensuração de confiabilidade e validade questionáveis
- Conceber questionários excessivamente longos, com questões extremamente delicadas
- Usar procedimentos de amostragem e tamanho de amostra inapropriados

IV. Trabalho de campo
- Aumentar o nível de desconforto dos respondentes
- Seguir procedimentos de trabalho de campo inaceitáveis

V. Preparação e análise de dados
- Identificar e descartar respondentes insatisfatórios
- Usar técnicas estatísticas quando suposições subjacentes são violadas
- Interpretar os resultados e levar a conclusões e recomendações incorretas

VI. Preparação e apresentação do relatório
- Fazer relatório incompleto
- Fazer relatório tendencioso
- Fazer relatório impreciso

---

resolver dilemas éticos. Fornecemos as URLs de importantes associações de pesquisa de marketing para que você veja seus códigos de conduta.

Experiência de pesquisa

Associações de pesquisa de marketing *on-line*

Nos Estados Unidos

American Association for Public Opinion Research (www.aapor.org)
American Marketing Association (www.ama.org)
The Advertising Research Foundation (thearf.org)
Insights Association (www.insightsassociation.org)
Mobile Marketing Research Association (www.mmra-global.org)
Qualitative Research Consultants Association (www.qrca.org)

Internacionais

European Society for Opinion and Marketing Research (www.esomar.org)
The Market Research Society (Reino Unido) (www.mrs.org.uk)
The Australian Market & Social Research Society (www.amsrs.com.au)
The Marketing Research and Intelligence Association (Canadá) (mria-arim.ca)

Compare as diretrizes éticas para a realização de pesquisas de marketing constantes nos seguintes *sites*: AAPOR: American Association for Public Opinion Research (www.aapor.org), IA: Insights Association (www.insightsassociation.org) e ESOMAR: European Society for Opinion and Marketing Research (www.esomar.org).

Qual organização tem o conjunto mais rigoroso de diretrizes?
Quais orientações éticas são mais completas?
O que falta nas diretrizes dessas três organizações? ∎

A Internet é útil para os pesquisadores de marketing de muitas formas. Uma série de informações de pesquisa de marketing relacionadas com a empresa cliente, seus concorrentes e seu setor, bem como informações de marketing, econômicas, governamentais e ambientais relevantes, pode ser obtida por meio da pesquisa em dispositivos populares de busca (p. ex., Google, www.google.com). KnowThis (www.knowthis.com) é um dispositivo de busca especializado para uma biblioteca virtual de marketing. Fontes importantes de informações de pesquisa de marketing na Internet incluem boletins, *newsgroups* e *blogs*. Um *newsgroup* é um *site* (por exemplo, http://groups.google.com) no qual as pessoas podem ler e postar mensagens relativas a um determinado tópico. Os *blogs* ou *Web logs* são usados para obter informações sobre uma série de tópicos e para recrutar respondentes para levantamentos. Embora possamos encontrar *blogs* na maior parte dos dispositivos de busca, dispositivos especiais, como o Blog Search Engine (www.blogsearchengine.com), são capacitados para esse tipo de busca.

A Internet rapidamente está se tornando uma ferramenta útil na identificação, coleta, análise e disseminação de informações relacionadas à pesquisa de marketing. Ao longo deste livro, mostramos como os seis passos do processo de pesquisa de marketing são facilitados pelo uso da Internet.

SPSS Windows e SAS Enterprise Guide

Neste livro, apresentamos o programa SPSS (www.ibm.com/analytics/us/en/technology/spss) e SAS (ww.sas.com) como pacotes estatísticos integrados para análise de dados. A análise de dados também é ilustrada com dois outros pacotes de *software:* MINITAB (www.minitab.com) e EXCEL (www.microsoft.com).

O auxílio para executar programas SPSS e SAS usados nos capítulos de análise de dados (Capítulos 14 a 22) é oferecido de três maneiras: (1) instruções detalhadas passo a passo em cada um desses capítulos, (2) possibilidade de baixar (do *site* deste livro) filmes computadorizados de demonstração que ilustram as instruções passo a passo, (3) possibilidade de baixar cópias das telas com notas que exemplificam as instruções. Desse modo, oferecemos as instruções mais abrangentes para a execução de SPSS e SAS à disponíveis.

Caso HP

Revise o caso HP, Caso 1.1, e o questionário dado no final do livro. Responda às seguintes perguntas:

1. Discuta o papel que a pesquisa de marketing pode desempenhar para auxiliar a HP a manter e construir sua posição de liderança no mercado de computadores pessoais.
2. Qual pesquisa para a identificação de problemas a HP deveria realizar?
3. Qual pesquisa para a solução de problemas a HP deveria realizar?
4. Você gostaria de seguir uma carreira de pesquisa na HP? Explique.
5. Como a HP pode usar as mídias sociais para obter informações de pesquisa de marketing?

Resumo

A pesquisa de marketing envolve identificação, coleta, análise, divulgação e uso de informações. É um processo sistemático e objetivo organizado para identificar e resolver problemas de marketing. Assim, a pesquisa de marketing pode ser classificada como pesquisa para a identificação de problemas e pesquisa para a solução de problemas. O processo de pesquisa de marketing consiste em seis etapas que devem ser seguidas de forma sistemática. O papel da pesquisa é avaliar as necessidades de informação e fornecer informações relevantes para melhorar a tomada de decisões de marketing. No entanto, a decisão de empreender uma pesquisa de marketing não é automática e deve ser cuidadosamente considerada.

Uma pesquisa de marketing pode ser realizada internamente ou comprada de fornecedores externos, que são considerados o setor de pesquisa de marketing. Os fornecedores de serviços completos fornecem toda a gama de serviços de pesquisa de marketing, desde a definição do problema até a preparação e apresentação do relatório. Os serviços prestados por esses fornecedores são classificados como padronizados por assinatura, personalizados ou por Internet e mídias sociais. Os fornecedores de serviços limitados especializam-se em uma ou algumas etapas do projeto de pesquisa de marketing. Os serviços oferecidos por esses fornecedores são classificados como de campo, grupos de foco e serviços qualitativos, serviços técnicos e analíticos e outros.

Devido à crescente demanda por pesquisas de marketing, existem oportunidades atrativas de carreiras em empresas de pesquisa e outras organizações com departamentos de pesquisa de marketing e agências publicitárias. As pesquisas de marketing internacionais são muito mais complexas que as nacionais, uma vez que o pesquisador deve considerar o ambiente predominante nos mercados internacionais sendo pesquisados. As mídias sociais e a Internet podem ser usadas em todas as etapas do processo de pesquisa de marketing. A pesquisa de marketing com dispositivos móveis ganhou legitimidade e seu uso provavelmente continuará crescendo. As questões éticas na pesquisa de marketing abrangem quatro interessados: (1) o pesquisador de marketing, (2) o cliente, (3) o respondente e (4) o público. O SPSS Windows e o SAS Enterprise Guide são pacotes integrativos que podem facilitar muito a análise de dados.

Palavras-chave e conceitos fundamentais

pesquisa de marketing, 5
pesquisa para a identificação de problemas, 6
pesquisa para a solução de problemas, 7
processo de pesquisa de marketing, 8
inteligência competitiva (IC), 11

fornecedores internos, 12
fornecedores externos, 12
setor de pesquisa de marketing, 12
fornecedores de serviços completos, 12
serviços personalizados, 12
serviços padronizados por assinatura, 12

serviços por Internet e mídias sociais, 13
fornecedores de serviços limitados, 13
serviços de campo, 14
serviços qualitativos, 14
serviços técnicos e analíticos, 14

Casos relacionados

Os casos listados a seguir são discutidos no final do livro.

1.1 HP Inc.

2.1 Baskin-Robbins **2.2** Akron Children's Hospital

4.1 JPMorgan Chase **4.2** Wendy's

Os casos listados a seguir estão distribuídos ao longo do livro, no final dos capítulos de 1 a 13.

1.1 Burke **2.1** Accenture **3.1** NFL **8.1** P&G **10.1** Dunkin' Donuts

11.1 Nivea **12.1** Subaru **13.1** Intel

Pesquisa ao vivo: realização de um projeto de pesquisa de marketing

1. Compile informações sobre o histórico da organização cliente.
2. Discuta a organização e as operações de marketing do cliente.
3. Explique como os resultados do projeto ajudarão o cliente a tomar decisões específicas de marketing.
4. Organize a turma. Isso vai exigir a formação de equipes de projeto. A turma toda pode trabalhar no mesmo projeto, com cada equipe se dedicando a todos os seus aspectos ou se concentrando em uma determinada responsabilidade, por exemplo, um componente específico do problema ou um aspecto especial do projeto, como a coleta e análise de dados secundários. Todos os alunos devem participar da coleta de dados primários. O trabalho também pode ser organizado de outra forma, com a turma trabalhando em vários projetos, com equipes específicas sendo designadas para um determinado projeto. A abordagem é flexível e comporta uma variedade de organizações e formatos.
5. Desenvolva um cronograma de projeto claramente, especificando os prazos para diferentes etapas.
6. Explique como as equipes serão avaliadas.
7. Selecione um ou dois alunos para a função de coordenadores de projeto.

Exercícios

Perguntas

1. Descreva a tarefa da pesquisa de marketing.
2. Que decisões são tomadas pelos gerentes de marketing? Como a pesquisa de marketing ajuda a tomar essas decisões?
3. Defina pesquisa de marketing.
4. Descreva uma classificação de pesquisa de marketing.
5. Descreva os passos do processo de pesquisa de marketing.
6. Como deve ser tomada a decisão de realizar uma pesquisa de marketing?
7. Explique uma maneira de classificar fornecedores e serviços de pesquisa de marketing.
8. O que são serviços padronizados por assinatura?
9. Qual é a principal diferença entre um fornecedor de serviços completos e um fornecedor de serviços limitados?
10. O que são serviços técnicos e analíticos?
11. Relacione cinco diretrizes para a seleção de um fornecedor externo de pesquisa de marketing.
12. Que oportunidades de carreira existem em pesquisa de marketing?
13. Quais são as limitações de usar as mídias sociais para conduzir uma pesquisa de marketing?
14. Discuta o escopo, as vantagens e as limitações da pesquisa de marketing com uso de dispositivos móveis.
15. Discuta três questões éticas de pesquisa de marketing relacionadas ao (1) cliente, (2) fornecedor e (3) respondente.

Problemas

1. Consulte a Internet, inclusive as mídias sociais, para identificar cinco exemplos de pesquisa para a identificação de problemas e cinco exemplos de pesquisa para a solução de problemas.

2. Cite uma espécie de pesquisa de marketing que seria útil para cada uma das seguintes organizações:
   a. A livraria da sua universidade
   b. A autoridade de transporte público da sua cidade
   c. Uma grande loja de departamentos em seu bairro
   d. Um restaurante localizado perto do seu *campus*
   e. Um jardim zoológico em uma grande cidade

Exercícios para Internet e computador

1. Acesse os *sites* das três maiores empresas de pesquisa de marketing que constam na Tabela 1.2. Escreva um relatório sobre os serviços por elas oferecidos. Use a estrutura da Figura 1.3. Que afirmações você pode fazer a respeito da estrutura do setor de pesquisa de marketing?
2. Visite o *site* da Wal-Mart (www.walmart.com) e escreva um relatório a respeito das suas atividades de varejo e marketing. Como a Wal-Mart utiliza as mídas sociais? Isso irá ajudá-lo a compreender melhor o projeto de fidelização da loja de departamentos, usado como exemplo ao longo deste livro.
3. Visite Bureau of Labor Statistics no endereço www.bls.gov. Qual é o potencial de emprego para pesquisadores de marketing?
4. Consulte edições recentes de revistas como *Marketing News*, *Quirk's Marketing Research Review* e *Marketing Research: A Magazine of Management and Applications* para identificar uma aplicação em cada uma das seguintes áreas:
   a. Identificação de necessidades de informações
   b. Coleta de informações
   c. Análise de informações
   d. Fornecimento de informações (preparação de relatório)

Atividades

Dramatização

1. Você é o diretor de pesquisa de um grande banco e precisa contratar um analista júnior que será responsável por coletar e analisar dados secundários (dados já coletados por outras agências que são relevantes para suas operações). Com um colega fazendo o papel do candidato para esse cargo, faça a entrevista. O candidato tem a formação e as habilidades necessárias? Inverta os papéis e repita o exercício.
2. Você é um diretor de projeto trabalhando para uma grande fornecedora de pesquisa. Você acaba de receber um telefonema de uma entrevistada furiosa porque acredita que um entrevistador violou sua privacidade ligando em uma hora inoportuna. A entrevistada expressa várias preocupações éticas. Peça a um colega que faça o papel dessa entrevistada. Trate das preocupações dela e acalme-a.

Trabalho de campo

1. Usando um jornal local e jornais nacionais importantes, compile uma lista de oportunidades de carreira na pesquisa de marketing.
2. Entreviste alguém que trabalha para um fornecedor de pesquisas de marketing. Qual é a opinião dessa pessoa sobre as oportunidades de carreira na pesquisa de marketing? Escreva um relatório de sua entrevista.
3. Entreviste alguém que trabalha no departamento de pesquisa de marketing de uma grande corporação. Qual é a opinião dessa pessoa sobre as oportunidades de carreira disponíveis na pesquisa de marketing? Escreva um relatório de sua entrevista.

Nota: as entrevistas nos exercícios de Trabalho de Campo 2 e 3 podem ser realizadas pessoalmente, por telefone ou *on-line*.

Discussão em grupo

Em um pequeno grupo de quatro ou cinco pessoas, discuta as seguintes questões.

1. Que tipo de estrutura institucional é melhor para um departamento de pesquisa de marketing em uma grande empresa?
2. Qual é a formação educacional ideal para alguém que deseja construir uma carreira em pesquisa de marketing? É possível adquirir essa formação?
3. É possível impor padrões éticos na pesquisa de marketing? Em caso afirmativo, de que maneira?

CASO 1.1

Burke: aprendendo e crescendo a partir da pesquisa de marketing

Alberta Burke, que trabalhou no departamento de marketing da P&G, fundou a Burke, Inc., em 1931. Naquela época, havia poucas empresas de pesquisa de marketing formais, não somente nos Estados Unidos, mas também no mundo. Em 2018, a Burke, com sede em Cincinnati, Ohio, era uma empresa de pesquisa de marketing e de apoio a decisões que ajudava seus clientes a compreender suas práticas empresariais e a torná-las mais eficientes. Os proprietários funcionários da Burke agregam valor à pesquisa e às tarefas de consultoria aplicando o pensamento de alto nível para ajudar os clientes a resolver problemas de negócios. A Burke é 100% de propriedade dos funcionários. Este vídeo mapeia a evolução da pesquisa de marketing e como a Burke implementa as diversas fases do processo de pesquisa de marketing.

A evolução da pesquisa de marketing

A primeira pesquisa de marketing de que se tem registro ocorreu há mais de um século, em 1895 ou 1896. Por telegrama, um professor enviou perguntas para agências de propaganda sobre o futuro da propaganda. Ele obteve 10 respostas e escreveu um artigo demonstrando o que estava acontecendo. Nos primeiros anos, a maior parte da pesquisa de marketing realizada era derivada dos dados do Bureau of Census, e a análise era basicamente limitada à contagem.

A onda seguinte de pesquisa de marketing chegou no início da década de 1930, muitas vezes feita por senhoras usando luvas brancas que batiam nas portas e perguntavam sobre misturas para bolo. A metodologia inicial foi de levantamentos de porta em porta; o telefone não era um serviço muito utilizado na época.

Então veio a Segunda Guerra Mundial, com a introdução da faceta psicológica da pesquisa de marketing. Nas décadas de 1950 e 1960, a televisão tornou-se parte da vida e com ela veio a propaganda televisiva. Os testes de comerciais de televisão passaram a ser a área mais procurada da pesquisa de marketing nos anos 1960 e 1970. Outra mudança fundamental naquele tempo foi a pesquisa de marketing ter deixado de apenas gerar e testar novas ideias e compartilhá-las com os clientes para trabalhar mais com esses clientes e com o modo de usar as ideias a fim de tomar decisões.

Nas décadas de 1980 e 1990, a Burke deu um passo à frente desenvolvendo processos para oferecer mais valor agregado. Ela começou a trabalhar com os clientes para identificar a decisão básica que era necessária e determinar quais informações seriam exigidas para tomar aquela decisão. O setor de pesquisa de marketing começou a desenvolver processos que geravam informações utilizadas como ponto de partida para a tomada de decisão administrativa.

O setor da pesquisa de marketing trilhou um longo caminho desde os telegramas de 1895. Em 2018, o setor estava tentando encontrar maneiras criativas para pesquisar consumidores usando métodos como entrevistas por telefone, em *shoppings*, na Web, por telefone celular e métodos variados. Como observa Debbi Wyrick, executiva sênior de contabilidade da Burke, quando as pessoas podem responder de mais de uma maneira – respondendo da forma que for mais eficiente para elas –, isso aumenta a chance de obter uma resposta.

Para permanecer na vanguarda, a Burke realiza metapesquisa (pesquisa sobre como fazer pesquisa). Recentemente, a Burke estava preocupada com a possibilidade de a extensão de um levantamento *on-line* ter um impacto negativo na taxa de respostas. Em um esforço para verificar essa situação, a Burke colocou dois levantamentos em campo pela Internet. Um era breve (10 questões que levavam em média cinco minutos para serem respondidas) e o outro era mais longo (20 questões que levavam cerca de 20 minutos para serem respondidas). A taxa de resposta do levantamento breve foi de 35%, enquanto a do levantamento mais longo foi de somente 10%. A Burke agora realiza pesquisas menores pela Internet a fim de reduzir a proporção de pessoas que desistem de completar os questionários.

Como a Burke implementa o processo de pesquisa de marketing

Descrevemos brevemente a abordagem da Burke para definir o problema de pesquisa de marketing, desenvolver uma abordagem, uma concepção de pesquisa, a coleta e análise de dados e a preparação e apresentação do relatório.

Definir o problema de pesquisa de marketing e desenvolver uma abordagem

A forma mais simples de descobrir se uma empresa precisa de ajuda é quando ela tem que tomar uma decisão. Sempre que há as opções entre ir ou não ir, entre sim ou não, ou uma decisão a ser tomada, a Burke pergunta que informações podem ajudar a reduzir o risco associado com a decisão. A Burke então conversa com a empresa para desenvolver as informações que poderiam ajudar a reduzir tal risco.

O primeiro passo é definir o problema de pesquisa de marketing, e muitas descobertas são feitas nesse estágio. O executivo de conta se encontrará com o cliente e tentará determinar se o problema é realmente o que o cliente acredita que seja ou se a Burke precisa mudar ou ampliar o escopo do problema. Discussões com os principais tomadores de decisões podem revelar que a empresa estava focando uma questão muito restrita ou que estava se concentrando no problema errado.

A Burke acredita que a definição do problema de pesquisa de marketing é essencial para um projeto de pesquisa bem-sucedido. A empresa descobre quais são os sintomas e trabalha com o cliente para identificar as causas subjacentes. Um esforço considerável é dedicado ao exame do histórico ou do contexto ambiental do problema. Em pelo menos metade dos casos, quando se procede à sua exploração, o problema muda e adquire um novo escopo ou direção. Esse processo resulta em uma definição precisa do problema de pesquisa de marketing, incluindo uma identificação de seus componentes específicos.

Uma vez definido o problema, a Burke desenvolve uma abordagem adequada. A definição do problema é refinada para gerar questões de pesquisa mais específicas e, às vezes, hipóteses. Devido à sua vasta experiência, a Burke desenvolveu uma série de modelos analíticos personalizados para o problema identificado. Esse processo também resulta na identificação de informações que ajudarão o cliente a resolver seu problema.

Formulação da concepção de pesquisa

Ao formular a concepção da pesquisa, a Burke coloca uma ênfase especial em pesquisa qualitativa, métodos de levantamento, criação de questionário e concepção da amostragem.

PESQUISA QUALITATIVA Uma das armadilhas que a Burke encontra está na pesquisa qualitativa. A pesquisa qualitativa é imediata. As informações geradas tendem a ser extremamente ricas e são expressas nas palavras do cliente. A Burke consegue ver que espécie de resposta está sendo dada e que tipos de questões e interesses os clientes ou clientes potenciais podem ter. No entanto, um dos perigos a serem evitados é pensar que todos os clientes ou clientes potenciais percebem as ofertas de produtos ou serviços da mesma maneira; ou seja, generalizar os achados da pesquisa qualitativa para uma população maior. A Burke também conduz grupos de foco *on-line*.

MÉTODOS DE LEVANTAMENTO A Burke usa uma variedade de métodos, incluindo estudos por telefone, abordagem em *shoppings*, correio e Internet ou Web. A Burke seleciona com cuidado o método mais adequado ao problema, e prevê que os levantamentos por telefone diminuirão e os realizados pela Internet aumentarão. Se a Burke tenta entrevistar clientes do mundo inteiro, envia um convite por *e-mail* para que os respondentes completem o levantamento via Web. A Burke aprecia a capacidade da Internet de mostrar fotos de um determinado produto ou conceito para os respondentes dos levantamentos.

CRIAÇÃO DO QUESTIONÁRIO Ao criar o questionário, a Burke dá uma atenção especial ao conteúdo e à formulação das questões. Algumas questões são bem-definidas e podem ser facilmente estruturadas; para alguns tópicos, as perguntas exatas a serem feitas podem não estar claras. Quanto mais simples a questão e mais clara para os respondentes-alvo, melhores são as informações geradas.

CONCEPÇÃO DA AMOSTRAGEM A Burke tem um departamento de amostragem que consulta a equipe sênior de conta e os executivos desse setor para determinar a amostra adequada. O arcabouço amostral é definido em termos de quem pode responder às questões que precisam ser abordadas. A população-alvo é definida pelo problema de pesquisa de marketing e pelas questões de pesquisa. A Burke com frequência compra as listas de amostras de empresas externas especializadas nessa área; ela está interessada em usar uma amostra representativa, de modo que os resultados possam ser generalizados para a população-alvo (por exemplo, todos os consumidores-alvo em oposição a apenas consumidores incluídos na amostra).

Coleta e análise de dados

Uma vez coletadas as informações, estas se encontrarão em um formato computadorizado ou em papel, sendo transferidas para o formato digital. Os resultados são tabulados e analisados por computador. Por meio do produto "Digital Dashboard", a Burke não só consegue disseminar os resultados para os clientes quando o projeto é concluído, como também pode mostrar-lhes os dados à medida que são coletados. A Burke divide a análise de dados por grupos relevantes. É possível ver as informações por total de respondentes, gênero ou tamanho da empresa. Essencialmente, a Burke verifica diferentes divisões nos dados para tentar compreender o que está acontecendo, se há diferenças com base em diferentes critérios e, se houver, como tomar decisões a partir dessas informações. Além disso, a Burke classifica os dados em unidades utilizáveis, como tempo, frequência ou localização, em vez das respostas vagas que os respondentes às vezes oferecem.

Preparação e apresentação de relatório

Os clientes precisam de informações muito mais rapidamente do que no passado porque as decisões precisam ser tomadas com muito mais agilidade. Organizar grandes reuniões para apresentar os resultados das análises de dados não é mais prático em muitas situações. Na maioria das vezes, a Burke relata e apresenta os dados pela Web. O relatório documenta todo o processo de pesquisa e discute o problema de decisão administrativa, o problema de pesquisa de marketing, a abordagem e a concepção da pesquisa, as informações obtidas para ajudar a administração a tomar a decisão e as recomendações.

O processo de redação do relatório inicia na primeira conversa com o cliente, continuando à medida que a pesquisa se desenrola, e não simplesmente quando o projeto está quase concluído. O relatório concentra-se em melhorar a tomada de decisão. A meta da Burke é auxiliar a empresa cliente a adquirir melhores capacidades para decidir, de forma que os clientes dela se tornem mais valiosos. A Burke enfatiza esse foco relembrando seus clientes de que "aqui estão a decisão gerencial e os problemas de pesquisa de marketing sobre os quais concordamos. Aqui estão as informações que reunimos. Aqui está a decisão para a qual elas apontam". A Burke ainda acrescenta: "isto é o que lhe recomendamos".

A Burke acredita que um projeto de pesquisa bem-sucedido leva a um projeto de pesquisa subsequente; o processo de pesquisa é muito circular, sem ter um início e um fim delimitados. Assim que um problema é resolvido, sempre há outro para solucionar.

Conclusão

O campo da pesquisa de marketing evoluiu em sofisticação, escopo e importância com o passar dos anos. Avanços na tecnologia têm melhorado os processos e as metodologias, disponibilizando serviços de maior valor agregado. A Burke tem uma forte identidade e um longo e rico legado em pesquisa de mercado – desde 1931; por isso, é uma representante apta do setor de pesquisa de marketing. Este caso também demonstra aspectos cruciais do processo de pesquisa de marketing, desde a definição do problema até a coleta e análise de dados e a apresentação do relatório da macroanálise. A Burke está continuamente se esforçando para melhorar o processo de pesquisa de marketing, e é isso que ajuda a empresa e seus clientes a aprender e a crescer.

Questões

1. Descreva a evolução da pesquisa de marketing. Como o papel da pesquisa de marketing mudou à medida que o campo evoluiu?
2. Que visão a Burke tem do papel da pesquisa de marketing?
3. Visite www.burke.com e escreva um relatório sobre os vários serviços de pesquisa de marketing oferecidos.
4. Como a Burke vê a importância de definir o problema de pesquisa de marketing?
5. Como a Burke vê o processo de pesquisa de marketing? Como isso se compara com a visão dada no Capítulo 1?
6. Se a Burke lhe oferecesse um cargo como executivo de conta, com a responsabilidade de fornecer serviços de pesquisa de marketing para a P&G, você aceitaria? Por quê?

Referência

Ver www.burke.com, acessed February 15, 2017.

CAPÍTULO 2

Definição do Problema de Pesquisa de Marketing e Desenvolvimento de Uma Abordagem

" É difícil executar com sucesso se você não souber como é o sucesso. Definir o problema da pesquisa de marketing é crucial e muitas vezes mais difícil do que parece. Demore para defini-lo corretamente ou pague o preço mais tarde. "

Dan Womack, gerente sênior, Head de Insights, Aflac Worldwide Headquarters

Objetivos

Após a leitura deste capítulo, o aluno conseguirá:

1. Entender a importância do problema de pesquisa de marketing e o processo usado para defini-lo.
2. Descrever as tarefas envolvidas na definição do problema de pesquisa, incluindo discussões com o(s) tomador(es) de decisões, entrevistas com especialistas do setor, análise de dados secundários e pesquisa qualitativa.
3. Discutir os fatores ambientais que influenciam a definição do problema de pesquisa: informações passadas e previsões, recursos e restrições, objetivos do tomador de decisões, comportamento dos compradores, ambiente legal e econômico e qualificações mercadológicas e tecnológicas da empresa.
4. Esclarecer a distinção entre o problema de decisão gerencial e o problema de pesquisa de marketing.
5. Explicar a estrutura de um problema de pesquisa de marketing bem-definido, incluindo o enunciado geral e os componentes específicos.
6. Discutir detalhadamente os vários componentes da abordagem: estrutura objetiva/teórica, modelos analíticos, questões da pesquisa, hipóteses e especificação das informações necessárias.
7. Analisar a complexidade e compreender os procedimentos envolvidos na definição do problema e desenvolver uma abordagem na pesquisa de marketing internacional.
8. Descrever como as mídias sociais podem ser usadas para identificar e definir o problema de pesquisa de marketing e para auxiliar no desenvolvimento da abordagem.
9. Discutir o uso de pesquisa de marketing em dispositivos móveis na definição do problema e no desenvolvimento da abordagem.
10. Entender as questões e os conflitos éticos que surgem na definição do problema e no desenvolvimento da abordagem.

Aspectos gerais

Este capítulo aborda as duas primeiras etapas das seis envolvidas no processo de pesquisa de marketing descrito no Capítulo 1: definição do problema de pesquisa de marketing e desenvolvimento de uma abordagem ao problema. A definição do problema é a etapa mais importante, pois somente quando um problema é definido de forma clara e precisa é que se pode conduzir o projeto adequadamente. A definição do problema de pesquisa de marketing estabelece o rumo de todo o projeto. Neste capítulo, o leitor avaliará as complexidades presentes nesse processo por meio da identificação dos fatores a serem considerados e das tarefas envolvidas. Além disso, oferecemos diretrizes para definir o problema de modo adequado e evitar tipos comuns de erros. Também discutimos detalhadamente os componentes de uma abordagem ao problema: estrutura objetiva/teórica, modelos analíticos, questões da pesquisa, hipóteses e especificação das informações necessárias. Debatemos igualmente as especificidades da definição do problema e do desenvolvimento de uma abordagem na pesquisa de marketing internacional, como também o uso das mídias sociais e do marketing em dispositivos móveis. Várias questões éticas que surgem nesta etapa do processo de pesquisa também são consideradas.

Iniciamos nossa discussão com um exemplo da Harley-Davidson, que precisava de informações específicas a respeito de seus clientes.

Pesquisa real

A Harley resolve a questão

A fabricante de motocicletas Harley-Davidson (www.harleydavidson.com) renasceu com tamanha força no início deste milênio que havia uma longa fila de espera para comprar uma de suas motos. Em 2015, as receitas da Harley-Davidson foram US$ 6 bilhões, com uma participação de mercado de aproximadamente 50% na categoria pesada. Embora os distribuidores instassem a empresa a aumentar a produção, ela não se mostrava propensa a investir em novas linhas de montagem.

Os anos de vendas em declínio ensinaram a administração da Harley a ser muito mais contrária do que favorável aos riscos. A Harley-Davidson estava novamente apresentando um bom desempenho, e investir em novas instalações significava assumir riscos. A demanda continuaria a mesma no longo prazo, ou os clientes deixariam de querer Harleys logo que surgisse uma nova tendência? A queda na qualidade das motocicletas, aliada ao crescimento excessivamente rápido da Harley, havia causado à empresa todos os seus anos de mau desempenho. A administração temia que a decisão de investir fosse prematura. Por outro lado, o investimento certamente ajudaria a empresa a se expandir e possivelmente a assumir a liderança no segmento de motos mais pesadas. As discussões com especialistas do setor indicaram que a imagem e lealdade à marca eram fatores importantes que influenciavam a primeira compra e as vendas repetidas de motos. Dados secundários revelaram que a maioria dos proprietários de motocicletas também possuía veículos como automóveis, utilitários e caminhões. Grupos de foco com proprietários de motos indicaram, além disso, que estas não eram utilizadas fundamentalmente como meio de transporte básico, mas como um meio de recreação. O grupo de foco também destacou o papel da imagem e lealdade à marca na compra e na posse da motocicleta.

As previsões anunciavam um aumento nos gastos por parte dos consumidores em recreação e entretenimento até o ano 2020. Com o auxílio da Internet, os consumidores do século XXI tornaram-se cada vez mais sofisticados e conscientes sobre questões de valor. Ainda assim, a imagem e a lealdade à marca desempenhavam um papel significativo no comportamento do comprador, com marcas muito conhecidas continuando a cobrar preços diferenciados. Era evidente que a Harley-Davidson dispunha dos recursos e das qualificações de marketing e tecnológicas necessárias para alcançar

J. IRWIN/ClassicStock/Alamy Stock Photo

seu objetivo de ser a marca de motocicletas dominante em nível mundial.

Esse processo e as descobertas que surgiram ajudaram a definir o problema de decisão da administração e o problema da pesquisa de marketing. O problema de decisão da administração era o seguinte: a Harley-Davidson deveria investir na produção de mais motos? O problema da pesquisa de marketing era determinar se os clientes seriam compradores leais da Harley-Davidson no longo prazo. Em termos específicos, a pesquisa teria que abordar as seguintes questões:

1. Quem são os clientes? Quais são suas características demográficas e psicográficas?
2. É possível distinguir tipos diferentes de clientes? E segmentar o mercado de forma significativa?
3. Como os clientes se sentem a respeito de suas Harleys? Todos os clientes são motivados pelo mesmo apelo?
4. Os clientes são fiéis à Harley-Davidson? Até que ponto?

Uma das questões de pesquisa (QPs) examinadas e as hipóteses (Hs) relacionadas eram:

QP: Os compradores de motos podem ser segmentados com base em características psicográficas?
H1: Há segmentos diversificados de compradores de motos.
H2: Cada segmento é motivado a possuir uma Harley por uma razão diferente.
H3: A lealdade à marca é elevada entre os clientes da Harley em todos os segmentos.

Essa pesquisa foi realizada segundo a teoria de que a lealdade à marca é o resultado de crenças, atitudes, afeto e experiências positivas com a marca. Foram realizadas tanto pesquisas qualitativas quanto quantitativas. Inicialmente, trabalhou-se para que grupos de foco formados por proprietários de Harleys, candidatos a proprietários e proprietários de motos de outras marcas pudessem auxiliar na compreensão de seus sentimentos sobre a Harley-Davidson. A seguir, foram postados 16 mil levantamentos para desenvolver os perfis psicológicos, sociológicos e demográficos dos clientes, assim como suas avaliações subjetivas da Harley.

Algumas das principais constatações foram as seguintes:

- Era possível distinguir sete categorias de clientes: (1) o tradicional adepto à aventura, (2) o pragmático sensível, (3) o caçador elegante de *status*, (4) o campista sem pressa, (5) o capitalista sofisticado, (6) o solitário impassível e (7) o desajustado arrogante. Isso apoiava a H1.
- Entretanto, a Harley tinha o mesmo apelo para todos os clientes: era um símbolo de independência, liberdade e poder. Essa uniformidade em todos os segmentos foi uma surpresa, contrariando a H2.
- Todos os clientes eram fiéis à Harley havia muito tempo, corroborando a H3.

Com base nessas constatações, tomou-se a decisão de investir e, dessa forma, aumentar o número de Harleys produzidas no futuro.[1] ■

Esse exemplo mostra a importância de se definir corretamente o problema de pesquisa de marketing e desenvolver uma abordagem adequada.

A importância da definição do problema

definição do problema
Amplo enunciado do problema geral e identificação dos componentes específicos do problema de pesquisa de marketing.

Embora cada etapa de um projeto de pesquisa de marketing deva ser considerada, a definição do problema é a mais importante. Como vimos no Capítulo 1, para fins de pesquisa de marketing, problemas e oportunidades são tratados de forma intercambiável. A **definição do problema** envolve o enunciado do problema geral de pesquisa de marketing e a identificação de seus componentes específicos. Somente depois de o problema ter sido claramente definido é que a pesquisa pode ser concebida e realizada de forma adequada. De todas as tarefas de um projeto de pesquisa de marketing, nenhuma é mais vital para a satisfação das necessidades do cliente do que uma definição adequada do problema de pesquisa. Todo o esforço, o tempo e o dinheiro gastos a partir desse ponto serão desperdiçados se o problema for compreendido erroneamente ou se for mal definido.[2] Como afirmou Peter Drucker, os erros verdadeiramente sérios não são os cometidos como consequência de respostas erradas, mas da formulação de perguntas equivocadas. Vale a pena lembrar esse ponto, pois uma definição inadequada do problema é uma das maiores causas do fracasso de projetos de pesquisa de marketing. Além disso, uma melhor comunicação e mais envolvimento na definição do problema são as maneiras mais citadas de aumentar a utilidade da pesquisa. Esses resultados levam à conclusão de que a importância da identificação e definição clara do problema de pesquisa de marketing não pode ser subestimada. Citamos um episódio de experiência pessoal para ilustrar esse ponto.

Pesquisa real

Estudo da rede de restaurantes

Certo dia, recebi um telefonema de um analista de pesquisas que se apresentou como um de nossos alunos. Ele estava trabalhando para uma rede de restaurantes da cidade e queria ajuda para analisar os dados que tinha coletado durante um estudo de pesquisa de marketing. Quando nos encontramos, ele me apresentou um exemplar do questionário e perguntou como deveria analisar os dados. Minha primeira pergunta foi: "qual é o problema a ser resolvido?". Ele pareceu perplexo, e expliquei que a análise de dados não era um exercício independente. Pelo contrário, a meta da análise de dados é oferecer informações relativas aos componentes do problema. Fiquei surpreso ao descobrir que ele não tinha uma compreensão clara do problema de pesquisa de marketing e que não havia uma definição por escrito do problema. Assim, antes de prosseguir, tive que definir o problema da pesquisa de marketing. Feito isso, constatei que grande parte dos dados coletados não era relevante para o problema. Nesse sentido, todo o estudo era um desperdício de recursos. Foi preciso conceber e implementar um novo estudo a fim de abordar o problema identificado. ∎

Outros exemplos da dificuldade envolvida na definição correta do problema são oferecidos pelo processo de definição do problema.[3]

O processo de definíçio do problema e de desenvolvimento de uma abordagem

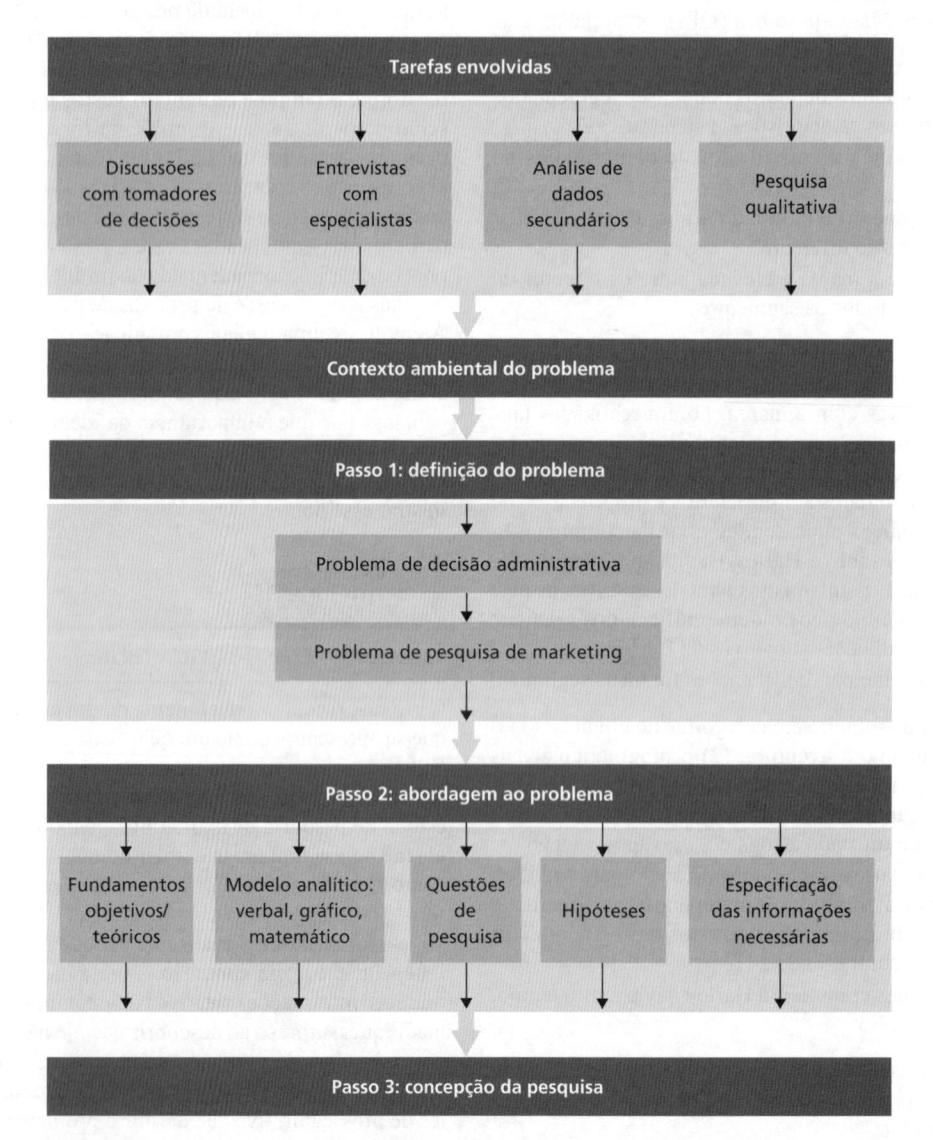

O processo de definição do problema e de desenvolvimento de uma abordagem é ilustrado na Figura 2.1. As tarefas presentes na definição do problema consistem em discussões com os responsáveis pelas decisões, entrevistas com especialistas e outras pessoas bem informadas do setor, análise de dados secundários e, às vezes, pesquisas qualitativas. Essas tarefas ajudam o pesquisador a compreender os antecedentes do problema mediante a análise do contexto ambiental. Certos fatores ambientais essenciais relativos ao problema devem ser avaliados. A compreensão do contexto ambiental facilita a identificação do problema de decisão gerencial, que será transformado em um problema de pesquisa de marketing. Com base na definição desse problema de pesquisa de marketing, é elaborada uma abordagem apropriada. Os componentes da abordagem são os seguintes: estrutura objetiva/teórica, modelos analíticos, questões da pesquisa, hipóteses e especificação das informações necessárias. Mais explicações sobre o processo de definição do problema surgem com a discussão das tarefas envolvidas.

Tarefas envolvidas
Discussões com os tomadores de decisões

As discussões com os tomadores de decisões (TDs) são fundamentais. O TD precisa compreender as capacidades e li-

FIGURA 2.1 Processo de definição do problema e de desenvolvimento de uma abordagem.

mitações da pesquisa,[4] uma vez que ela fornece informações relevantes para as decisões gerenciais, mas não pode oferecer soluções, pois estas exigem o julgamento gerencial. Por outro lado, o pesquisador deve compreender a natureza da decisão que os gerentes enfrentam e o que eles esperam descobrir com a pesquisa.

A fim de identificar o problema gerencial, o pesquisador deve ter uma habilidade considerável para interagir com o TD. Vários fatores complicam essa interação. O acesso ao TD pode ser difícil, e algumas organizações têm protocolos complicados para o acesso aos seus altos executivos. O *status* do pesquisador ou do departamento de pesquisa na empresa talvez dificulte o acesso ao TD-chave nos estágios iniciais do projeto. Finalmente, talvez haja mais de um TD-chave, e reunir-se com eles, coletiva ou individualmente, pode ser difícil. Apesar desses problemas, é preciso que o pesquisador interaja diretamente com os tomadores de decisões.[5]

A **auditoria do problema** fornece uma estrutura útil para a interação com o TD, bem como para a identificação das causas subjacentes ao problema. Como qualquer outro tipo de auditoria, trata-se de um amplo exame de um problema de marketing com o propósito de compreender sua origem e natureza.[6] A auditoria do problema engloba discussões com o TD sobre certas questões, que aqui são ilustradas no problema enfrentado pelo McDonald's:

auditoria do problema
Exame abrangente de um problema de marketing para compreender sua origem e natureza.

1. Os eventos que conduziram à decisão de que é preciso agir, ou o histórico do problema: O McDonald's, líder de longa data do setor de *fast-food*, estava perdendo participação de mercado em 2013 e 2014 para concorrentes como Burger King, Wendy's e Subway em alguns dos mercados-chave dos Estados Unidos. Esse problema ficava mais claro à medida que esses concorrentes lançavam novos produtos e campanhas promocionais agressivas, ao passo que as campanhas recentes do McDonald's não tinham tanto sucesso.
2. As ações alternativas disponíveis para o TD: O conjunto de alternativas pode estar incompleto nesta etapa, sendo necessárias pesquisas qualitativas para identificar as linhas de ação mais inovadoras. As alternativas à disposição da gerência do McDonald's incluíam: lançar novos sanduíches e itens de cardápio, reduzir os preços, abrir mais restaurantes, lançar promoções especiais e aumentar a propaganda.
3. Os critérios que serão usados para avaliar as alternativas de ação: Por exemplo, as ofertas de novos produtos podem ser avaliadas com base em vendas, participação de mercado, lucratividade, retorno sobre o investimento e assim por diante. O McDonald's desejava avaliar as alternativas com base nas contribuições para a participação de mercado e os lucros.
4. As ações em potencial que provavelmente serão sugeridas com base nas constatações da pesquisa: Essas constatações provavelmente exigiriam uma reação do McDonald's em termos de estratégia de marketing.
5. As informações necessárias para responder às perguntas do TD: As informações necessárias incluem uma comparação entre o McDonald's e seus principais concorrentes a respeito de todos os elementos do *mix* de marketing (produto, preço, promoção e distribuição) para determinar as forças e fraquezas relativas.
6. A maneira como o TD utilizará cada informação na tomada de decisões: Os TDs-chave desenvolvem uma estratégia para o McDonald's com base nas constatações da pesquisa e em suas intuições e critérios.
7. A cultura corporativa no que se refere à tomada de decisões:[7] Em algumas empresas, o processo de tomada de decisões é predominante; em outras, a personalidade do TD é mais importante. A consciência da cultura corporativa pode ser um dos fatores fundamentais para distinguir os pesquisadores que influem nas decisões estratégicas de marketing daqueles que não o fazem. A cultura corporativa no McDonald's requer uma abordagem em nível de diretoria na qual as questões críticas sejam decididas pelos principais TDs.

É importante efetuar uma auditoria do problema porque o TD, na maioria dos casos, tem somente uma vaga ideia a respeito do assunto. Por exemplo, ele sabe que a empresa está perdendo participação de mercado, mas não sabe por quê, pois os TDs tendem a se concentrar mais nos sintomas em vez de nas causas. Incapacidade para cumprir previsões de vendas, perda de participação de mercado e declínio dos lucros são sintomas. O pesquisador deve tratar das causas subjacentes e não apenas lidar com os sintomas. Por exemplo, a perda de participação de mercado pode decorrer de melhores promoções da concorrência, de distribuição inadequada dos produtos da empresa ou inúmeros outros fatores. Somente quando as causas subjacentes são identificadas é que o problema pode ser resolvido com sucesso, como mostra o exemplo da loja de uma marca de jeans.

Pesquisa real

Olha quem está roubando a Levi's

Há anos, os adolescentes vêm considerando não "legais" os jeans de marcas de lojas (marcas próprias). Apesar de o preço dos jeans de marcas de lojas, como o Arizona da JCPenney e a marca Gap, ser mais atraente para os pais preocupados com os gastos, os adolescentes preferem as grandes marcas, como Levi's, Lee e Wrangler. As grandes marcas historicamente dominam o setor de US$14 bilhões. A partir de auditorias de problema de pesquisa de marketing, as marcas próprias determinaram que a verdadeira causa para sua baixa participação de mercado era a falta de imagem. Portanto, o problema de pesquisa de marketing foi definido como melhoria da imagem aos olhos do público-alvo – o lucrativo segmento adolescente.

Os jeans Arizona e as marcas da Gap lideram o desafio entre as "genéricas" de mudar sua imagem. Esses jeans de marcas de lojas, junto a outros desse tipo, agora almejam o mercado adolescente com propagandas "de ponta", que mostram bandas de rock, como Aerosmith, em combinação com imagens de alta tecnologia para impressionar os adolescentes. As marcas também promovem seus *sites* de tendências na Web – locais que seu público-alvo deve visitar para estar "por dentro".

Os jeans Gap também apostaram alto. A estratégia da rede é distanciar os jeans da marca da loja e a própria loja. Os adolescentes pensam na Gap como um lugar onde pessoas mais velhas ou seus pais compram, o que a torna um lugar "sem graça". A campanha de marketing da Gap objetiva agora separar a imagem e o nome da loja dos jeans para adolescentes. Isso é o oposto de uma estratégia de alavancagem tradicional ou mais típica de um nome de marca. Os resultados, de acordo com a empresa de pesquisa Kantar TNS (www.tnsglobal.com), são que os adolescentes não estão conectando os jeans com a marca da loja.

Os resultados para os jeans de marcas de lojas têm sido muito vantajosos. Segundo a empresa de pesquisa de marketing NPD Group, a participação de mercado dos jeans de marca própria cresceu de 2005 a 2015. No mesmo período, a Levi's, líder do mercado, viu sua participação decrescer. A queda da Levi's também é indicativa para os grandes nomes de marca em todos os Estados Unidos. Os resultados impressionantes estão estimulando outras lojas a considerarem a introdução de seus próprios jeans para conquistar uma fatia do mercado adolescente.[8] ∎

Como no caso dos jeans de marca própria, uma auditoria de problema, que envolve uma extensa interação entre o TD e o pesquisador, auxilia muito a definição do problema, determinando as causas subjacentes. A interação entre o pesquisador e o TD é facilitada quando uma ou mais pessoas da organização-cliente servem como ligação e formam uma equipe com o pesquisador de marketing. Para que essa interação entre o TD e o pesquisador seja produtiva, ela deve se caracterizar pelos sete fatores a seguir:

1. *Comunicação.* A troca livre de ideias entre o TD e o pesquisador é essencial.
2. *Cooperação.* A pesquisa de marketing é um projeto em equipe no qual ambas as partes (TD e pesquisador) devem cooperar.
3. *Confiança.* A confiança mútua deve ser a base da interação entre o TD e o pesquisador.
4. *Franqueza.* Não pode haver objetivos ocultos, e uma atitude de abertura deve prevalecer.
5. *Proximidade.* Sentimentos de cordialidade e proximidade devem caracterizar o relacionamento entre o TD e o pesquisador.
6. *Continuidade.* O TD e o pesquisador devem interagir de forma contínua, e não esporádica.
7. *Criatividade.* A interação do TD com o pesquisador deve ser criativa, em vez de seguir fórmulas preestabelecidas.

PESQUISA ATIVA

Sprite: a terceira maior marca de refrigerantes

Visite www.cocacola.com e www.sprite.com e obtenha o máximo possível de informações sobre o programa de marketing da Sprite a partir da Internet, utilizando as mídias socias e sua biblioteca de banco de dados. Escreva um breve relatório.

Como gerente de marca da Sprite, a terceira maior marca de refrigerantes, você está preocupado em melhorar o desempenho da marca. Identifique possíveis sintomas que indicam que o desempenho da Sprite está aquém das expectativas.

Você está realizando uma pesquisa de marketing para a Sprite para ajudar a melhorar o desempenho da marca. Identifique possíveis causas subjacentes que possam contribuir para o baixo desempenho.

Entrevistas com especialistas do setor

Além de discussões com o TD, entrevistas com especialistas do setor – pessoas bem informadas a respeito da empresa e do setor em que atuam – ajudam a formular o problema da pesquisa de marketing.[9] Esses especialistas são encontrados dentro e fora da empresa. Se a noção de especialista for ampliada para incluir pessoas que conhecem o tópico a ser investigado, então as entrevistas também podem ser chamadas de **pesquisa de experiência** ou **técnica do informante-chave**. Outra variação em um contexto tecnológico é a **pesquisa de usuário frequente**, que envolve a obtenção de informações dos grandes usuários da tecnologia.

---
pesquisa de experiência
Entrevistas com pessoas muito bem informadas sobre o tópico geral sendo investigado.

---
técnica do informante-chave
Outra denominação para pesquisa de experiência, ou seja, entrevistas com pessoas muito bem informadas sobre o tópico geral sendo pesquisado.

---
pesquisa de usuário frequente
Entrevistas com grandes usuários da tecnologia.

Normalmente, as informações dos especialistas são obtidas mediante entrevistas pessoais não estruturadas, sem uso de questionários formais. Entretanto, é útil preparar uma lista de tópicos a serem abordados na entrevista. A ordem na qual eles são abordados e as perguntas a serem feitas não devem ser predeterminadas, e sim decididas no decorrer da entrevista, permitindo maior flexibilidade na obtenção de *insights* dos especialistas. A finalidade dessas entrevistas é ajudar a definir o problema de pesquisa de marketing, e não desenvolver uma solução conclusiva. Infelizmente, duas dificuldades surgem ao buscar conselhos de especialistas:

1. Algumas pessoas que afirmam ser bem informadas e que estão ansiosas para participar podem, na verdade, não ter os conhecimentos necessários.
2. Talvez seja difícil localizar e obter ajuda de especialistas fora da organização-cliente.

Por esses motivos, as entrevistas com especialistas são mais úteis em pesquisas de marketing realizadas para empresas industriais e para produtos de natureza técnica, quando é relativamente fácil identificar os especialistas e abordá-los. Esse método também tem utilidade em situações nas quais a disponibilidade de informações de outras fontes é escassa, como no caso de produtos radicalmente novos. Por meio da Internet é possível encontrar especialistas fora da organização do cliente (*sites* e grupos, como groups.google.com, dão acesso a muitos especialistas de um setor). Pode-se também pesquisar o tópico e acompanhar postagens ou FAQs. Os especialistas contribuem com percepções valiosas no que diz respeito à modificação ou ao reposicionamento de produtos existentes, como bem ilustra o exemplo da Diet Cherry Coke.

Pesquisa real

O reposicionamento da Diet Cherry Coke

Em 2018, a Coca-Cola (www.cocacola.com) ainda era a maior fabricante, vendedora e distribuidora de bebidas sem álcool no mundo, operando em mais de 200 países e produzindo mais de 2.800 bebidas. As vendas da Diet Cherry Coke estavam decrescendo, com números inferiores a 8 milhões de caixas vendidas nos anos de pico. As engarrafadoras do sistema Coke tinham começado a reduzir a distribuição da Diet Cherry Coke. Confrontada com essa situação, a Coca-Cola tinha que determinar a causa desse declínio nas vendas. Quando os especialistas do segmento foram consultados, identificou-se o problema real: a Diet Cherry Coke não estava posicionada corretamente. Esses especialistas enfatizaram que a imagem da marca era um fator-chave que influenciava as vendas de refrigerantes, e a Diet Cherry Coke estava sendo percebida como convencional e antiquada, uma imagem incoerente com o produto. Assim, identificou-se que o problema da pesquisa de marketing estava relacionado à avaliação da imagem e ao posicionamento da Diet Cherry Coke. A pesquisa empreendida confirmou o diagnóstico dos especialistas e forneceu várias observações muito úteis.

Com base nos resultados da pesquisa, o produto foi reposicionado para aproximá-lo mais da imagem da Cherry Coke, com a meta de atingir os consumidores mais jovens. A embalagem foi refeita para ser também mais coerente com a da Cherry Coke, com linhas mais arrojadas sendo utilizadas para atrair o segmento jovem. Finalmente, a Diet Cherry Coke foi colocada junto à Cherry Coke em uma promoção com distribuição gratuita, destinada aos adolescentes. O posicionamento da Diet Cherry Coke como um refrigerante jovem e o enfoque no segmento adolescente levaram a uma reviravolta, com aumento das vendas. Desde então, as vendas têm mostrado uma trajetória ascendente, graças aos especialistas do segmento que ajudaram a identificar o problema real.[10] ■

O exemplo da Diet Cherry Coke ilustra o papel vital desempenhado pelos especialistas. É preciso, porém, complementar as informações obtidas deles e do TD com os dados secundários disponíveis.

PESQUISA ATIVA

Wal-Mart: o maior varejista do mundo!

Visite www.walmart.com e pesquise na Internet, incluindo mídias sociais, e nos bancos de dados *on-line* de sua biblioteca os desafios e as oportunidades confrontados pelo Wal-Mart, o maior varejista do mundo.

Visite www.groups.google.com e pesquise as postagens nos grupos de varejistas para identificar um especialista nesse setor. Entreviste esse especialista (por telefone ou *on-line*) para detectar os desafios e oportunidades da Wal-Mart.

Como CEO do Wal-Mart, que estratégias de marketing você formularia para superar os desafios e capitalizar as oportunidades?

Análise de dados secundários

Dados secundários são dados colhidos para uma finalidade diferente daquela do problema em pauta. Os **dados primários**, por outro lado, são coletados ou produzidos pelo pesquisador com a finalidade específica de resolver o problema de pesquisa. Os dados secundários incluem informações disponibilizadas por fontes empresariais e governamentais, empresas de pesquisa de marketing e bases de dados computadorizadas, e são uma fonte econômica e rápida de informações sobre o histórico do problema. A análise dos dados secundários disponíveis é uma etapa essencial no processo de definição do problema: não se devem coletar dados primários até que os dados secundários relevantes tenham passado por uma análise completa. Dada a grande importância dos dados secundários, eles serão discutidos em detalhes no Capítulo 4, que também mostra as diferenças entre os dois tipos de dados.

dados secundários
Dados coletados para algum propósito diferente daquele do problema que está sendo abordado.

dados primários
Dados gerados pelo pesquisador especificamente para abordar o problema de pesquisa.

Muitas vezes, é útil complementar a análise de dados secundários com pesquisa qualitativa.

Pesquisa qualitativa

As informações obtidas com o TD, os especialistas e os dados secundários podem ser insuficientes para definir o problema da pesquisa. Algumas vezes, é preciso efetuar pesquisas qualitativas a fim de compreender o problema e seus fatores subjacentes. A **pesquisa qualitativa** caracteriza-se por ser não estruturada, de natureza exploratória e baseada em pequenas amostras, podendo utilizar técnicas qualitativas conhecidas, como grupos de foco (entrevistas em grupo), associações de palavras (pedir aos entrevistados que indiquem suas primeiras respostas a palavras de estímulo) e entrevistas em profundidade (entrevistas individuais que sondam em detalhes os pensamentos dos entrevistados). Estas técnicas estão descritas em detalhe no Capítulo 5. Outras técnicas exploratórias de pesquisa, como levantamentos-piloto e estudos de caso, também são usadas para compreender o fenômeno de interesse. As **pesquisas-piloto** tendem a ser menos estruturadas do que as pesquisas de grande escala porque geralmente contêm mais questões abertas e porque a amostra é bem menor. Os **estudos de caso** envolvem o exame intensivo de poucos casos selecionados do fenômeno em pauta. Os casos podem ser consumidores, lojas, empresas ou uma série de outras unidades, como mercados, *sites*, etc. Os dados são obtidos a partir da empresa, de fontes secundárias externas e de longas entrevistas não estruturadas com pessoas conhecedoras do fenômeno. No projeto da loja de departamentos, informações valiosas sobre os fatores que afetavam a clientela foram obtidas em um estudo de caso que comparava as cinco melhores lojas com as cinco piores.

pesquisa qualitativa
Metodologia de pesquisa exploratória, não estruturada, baseada em pequenas amostras com o objetivo de proporcionar ideias e entendimento do ambiente do problema.

pesquisas-piloto
Pesquisas que tendem a ser menos estruturadas do que as pesquisas de larga escala, pois elas geralmente contêm mais questões abertas e o tamanho da amostra é bem menor.

estudos de caso
Exame detalhado de casos selecionados e relacionados com o fenômeno de interesse. Os casos podem ser consumidores, lojas e assemelhados.

As pesquisas exploratórias serão vistas com mais detalhes no Capítulo 3, e as técnicas de pesquisa qualitativa, no Capítulo 5.

Embora as pesquisas realizadas nesse estágio talvez não sejam conduzidas de maneira formal, elas oferecem conhecimentos valiosos sobre o problema, como ilustra o exemplo inicial da Harley-Davidson. Os especialistas do setor indicaram a importância da lealdade à marca, o que também surgiu como um fator importante nos grupos de foco. Os dados secundários revelaram que a maioria dos proprietários de motos também possuía veículos como automóveis, utilitários e caminhões. Os grupos de foco indicaram, além disso, que as motocicletas eram utilizadas fundamentalmente como meio de recreação. Todos esses fatores foram úteis para definir o problema como saber se os clientes seriam compradores leais da Harley-Davidson no longo prazo. A Procter & Gamble (P&G) é outro exemplo do papel da pesquisa qualitativa na definição do problema de pesquisa de marketing.

Pesquisa real

A P&G na intimidade do consumidor

A P&G, fabricante do sabão Tide, das fraldas Pampers e do creme dental Crest, está enviando câmeras e equipes de filmagem para aproximadamente 80 residências do mundo inteiro, na esperança de captar, em vídeo, as rotinas e os procedimentos da vida diária em toda a sua pobre glória. A P&G acha que esse exercício produzirá informações inestimáveis sobre o comportamento do consumidor que os métodos mais tradicionais – grupos de foco, entrevistas, visitas às residências – podem ter ignorado. As pessoas tendem a apresentar recordações seletivas quando conversam com um pesquisador de mercado. Elas podem dizer, por exemplo, que escovam os dentes todas as manhãs ou que se permitem comer algumas batatinhas fritas, quando na verdade se esquecem de escovar os dentes com frequência e comem todo o pacote de salgadinhos.

A P&G espera que as filmagens ajudem a chegar à verdade. Inicialmente, o estudo acompanhou famílias no Reino Unido, na Itália, na Alemanha e na China. Depois que uma família concorda em participar, um ou dois etnógrafos cinegrafistas chegam à residência quando o despertador toca de manhã e lá ficam até a hora de as pessoas irem dormir, fazendo isso geralmente durante quatro dias. Para serem o menos invasivos possível, às vezes a equipe deixa a câmera em uma sala com os indivíduos ou deixa que eles filmem a si próprios. Há regras básicas. Se amigos chegam para uma visita, os indivíduos devem informá-los que de estão sendo filmados. Os indivíduos e os cinegrafistas concordam quanto a certos limites: a maioria das atividades nos quartos e nos banheiros não é filmada.

Naturalmente, a P&G está agindo sobre as informações obtidas pela pesquisa para criar produtos inovadores que atendem às necessidades do mercado. Por exemplo, alguns dos filmes feitos nas casas dos clientes revelaram que um dos maiores desafios enfrentados pelas mães que trabalham são as suas manhãs agitadas. Entre aprontar as crianças para a escola e dar conta de uma série de outras tarefas, elas ainda querem ter certeza de que estão saindo de casa com a melhor aparência possível. A P&G definiu o problema de pesquisa de marketing como sendo a determinação do potencial para produtos com múltiplos propósitos que pudessem auxiliar esse segmento de clientes tornando sua rotina mais fácil. Uma pesquisa subsequente levou ao lançamento de produtos com múltiplas finalidades, como o cosmético CoverGirl, que é hidratante, base e protetor solar em um só produto.[11] ∎

As informações provindas da pesquisa qualitativa, junto às discussões com o responsável pelas decisões, às entrevistas com especialistas do setor e à análise de dados secundários, ajudam o pesquisador a compreender o contexto ambiental do problema.

O contexto ambiental do problema

Para compreender os antecedentes de um problema de pesquisa de marketing, o pesquisador precisa entender a empresa do cliente e o setor em que esta se insere. Em especial, ele deve analisar os fatores que afetam a definição do problema de pesquisa de marketing. Esses fatores, que abrangem o **contexto ambiental do problema**, incluem informações passadas e previsões relativas ao setor e à empresa, recursos e restrições da empresa, objetivos do tomador de decisões, comportamento dos compradores, ambiente legal e econômico e qualificações mercadológicas e tecnológicas da empresa, como mostra a Figura 2.2. Cada um desses fatores será brevemente discutido.[12]

contexto ambiental do problema
Fatores que afetam a definição do problema de pesquisa de marketing, incluindo informações passadas e previsões, recursos e restrições da empresa, objetivos do tomador de decisões, compor-

Figura 2.2

- Informações passadas e previsões
- Recursos e restrições
- Objetivos
- Comportamento do comprador
- Ambiente legal
- Ambiente econômico
- Qualificações mercadológicas e tecnológicas

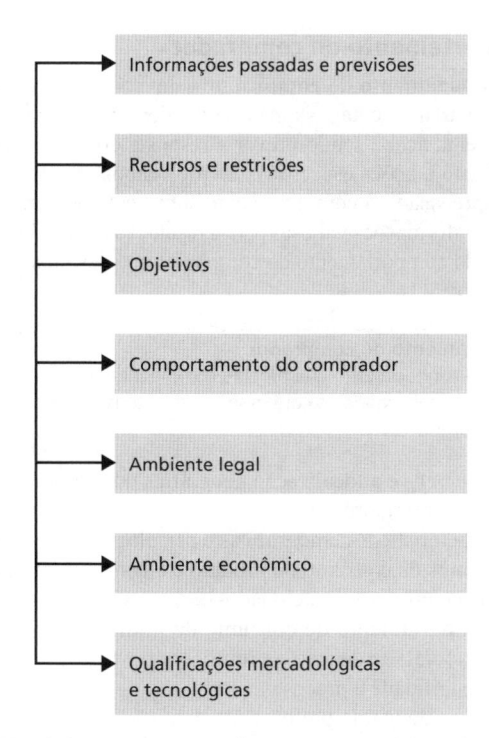

FIGURA 2.2 Fatores que devem ser considerados no contexto ambiental do problema.

tamento dos compradores, ambiente legal e econômico e qualificações mercadológicas e tecnológicas da empresa.

Informações passadas e previsões

Informações passadas e previsões de tendências com respeito a vendas, participação de mercado, lucratividade, tecnologia, população, demografia e estilo de vida podem ajudar o pesquisador a compreender o problema de pesquisa de marketing subjacente. Quando apropriado, esse tipo de análise deverá ser feito nos níveis do setor e da empresa. Por exemplo, se as vendas de uma empresa caíram, mas as vendas do setor cresceram, os problemas serão muito diferentes do que seriam se as vendas do setor também tivessem caído. No primeiro caso, é provável que os problemas sejam específicos da empresa.[13]

Informações passadas e previsões são valiosas para revelar oportunidades e problemas em potencial, como descobriu a indústria de *fast-food*. O exemplo a seguir mostra como os profissionais de marketing podem explorar oportunidades avaliando corretamente a demanda potencial.

Pesquisa real

A Smarte Carte aprende com a pesquisa de marketing

A Smarte Carte, Inc. (www.smartecarte.com), com sede em St. Paul, Minnesota, é líder em carrinhos para bagagem, armários e empréstimo de carrinhos de bebê em mais de 1 mil aeroportos, estações de trem, terminais de ônibus, *shoppings* e locais de lazer no mundo inteiro. Tendo criado recentemente um novo armário usando tecnologia "inteligente", a empresa precisava saber quais seriam os mercados ideais para esse produto. Para isso, buscou o auxílio da Emerge Marketing (www.emergemarketing.com).

A expansão para novos mercados exige conhecimento da dimensão e do potencial de crescimento de cada um, das barreiras de entrada e dos concorrentes. Com o uso de pesquisa qualitativa (como grupos de foco e entrevistas em profundidade) e dados secundários (como as informações do Censo e dos índices da Nielsen), a Emerge Marketing desenvolveu informações básicas para uma série de possíveis segmentos de mercado. Com base nas principais exigências identificadas para cada mercado, descobriu-se que a tecnologia do novo armário seria adequada para parques de diversão, áreas de esqui e parques aquáticos. O estudo revelou que as características oferecidas pelo novo produto satisfaziam mais às necessidades desses segmentos de mercado. Assim, a definição do problema foi reduzida à determinação do potencial de demanda para a nova tecnologia nesses três segmentos (parques de diversão, áreas de esqui e parques aquáticos). Foi feita uma pesquisa, posteriormente, para quantificar o mercado em termos de vendas potenciais nesses segmentos, de forma que a Smarte Carte pudesse desenvolver produtos, capacidade de fabricação e orçamentos adequados. A partir do estudo, a Smarte Carte refinou o produto para esses três mercados. Por exemplo, armários eletrônicos sem chave foram desenvolvidos tendo em vista os parques aquáticos. Os visitantes poderiam trancar seus pertences no armário e se divertir sem receio de perder as chaves dos armários.[14] ■

PESQUISA ATIVA

Almoço para viagem

A partir de fontes secundárias, obtenha dados sobre as vendas de restaurantes no ano passado e previsões de vendas para os próximos cinco anos.

Como você obteria essas informações utilizando a Internet, incluindo as mídias sociais e o banco de dados *on-line* de sua biblioteca?

Você é o gerente de marketing dos restaurantes Houston's. Você encontra informações dizendo que cada vez mais pessoas estão comprando almoço para viagem e que se espera que essa tendência continue nos próximos cinco anos. Que tipo de problemas e oportunidades essas informações sugerem?

Este exemplo ilustra a utilidade das informações passadas e das previsões, que podem ser especialmente valiosas se os recursos forem limitados e houver outras restrições atingindo a organização.

Recursos e restrições

Para formular um problema de pesquisa de marketing com o escopo adequado, é preciso levar em conta tanto os recursos disponíveis (como dinheiro e qualificações para pesquisa) quanto as restrições da organização (como custos e tempo). Se for proposto um projeto em grande escala que irá custar US$100 mil quando a reserva orçamentária é de apenas US$40 mil, obviamente ele não terá a aprovação da gerência. Em muitos casos, o escopo do problema de pesquisa de marketing é reduzido para se adequar a restrições orçamentárias. Isso pode ser feito, como no projeto da loja de departamentos, limitando a investigação aos principais mercados geográficos, em vez de realizar o projeto em escala nacional.

É possível ampliar consideravelmente o escopo de um projeto com um aumento apenas marginal nos custos. Isso destacaria a sua utilidade, aumentando assim a probabilidade de ser aprovado pela gerência. As restrições de tempo são importantes quando as decisões precisam ser tomadas rapidamente.[15] Um projeto para a Fisher-Price, uma grande fabricante de brinquedos, que envolvia entrevistas em *shopping centers* em seis cidades (Chicago, Fresno, Kansas City, Nova York, Filadélfia e San Diego) teve de ser concluído em seis semanas. Por que a pressa? Os resultados deviam ser apresentados em uma reunião do conselho de administração, na qual uma decisão importante seria tomada a respeito do lançamento de um novo produto.[16]

Outras restrições, como aquelas impostas pelo pessoal da empresa-cliente, sua estrutura e cultura organizacionais ou seus estilos de tomada de decisões, devem ser identificadas a fim de determinar o escopo do projeto de pesquisa. Contudo, não se deve permitir que as restrições diminuam o valor da pesquisa para o tomador de decisões, nem que comprometam a integridade do processo de pesquisa. Se vale a pena executar um projeto de pesquisa, vale a pena executá-lo bem. Nos casos em que os recursos são limitados demais para permitir um projeto de alta qualidade, deve-se aconselhar a empresa a não empreender uma pesquisa de marketing formal. Por esse motivo, torna-se necessário identificar recursos e restrições, uma tarefa que é mais bem compreendida quando examinada à luz dos objetivos da organização e do tomador de decisões.

Objetivos

Decisões são tomadas para concretizar **objetivos**. A formulação do problema de decisão gerencial deve se basear em uma compreensão clara de dois tipos de objetivos: (1) os objetivos organizacionais (as metas da organização) e (2) os objetivos pessoais do tomador de decisões (TD). Para que o projeto tenha sucesso, ele deve servir aos objetivos da organização e aos objetivos do TD. Isso, porém, não é tarefa simples.

objetivos
Metas da organização e do tomador de decisões devem ser levadas em conta para realizar pesquisas de marketing bem-sucedidas.

O TD raramente formula com precisão os objetivos pessoais ou organizacionais. Em vez disso, é provável que tais objetivos sejam definidos em termos que não têm significado operacional algum, como "melhorar a imagem corporativa". É pouco provável que um questionamento direto do TD desvende todos os objetivos relevantes – o pesquisador precisa de habilidade para extraí-los. Uma técnica eficaz é confrontar o TD com cada uma das soluções possíveis para um problema e perguntar se ele seguiria aquela linha de ação. Se a resposta for "não", continue sondando para revelar objetivos que não seriam atingidos pela linha de ação.

Comportamento do comprador

O **comportamento do comprador** é um componente central do contexto ambiental. Na maioria das decisões de marketing, o problema acaba sendo prever a resposta dos compradores em relação a ações específicas do profissional de marketing. A compreensão do comportamento subjacente do comprador fornece informações valiosas para a resolução do problema. Os fatores do comportamento do comprador que devem ser analisados são:

comportamento do comprador
Corpo de conhecimento que procura compreender e prever as reações dos consumidores com base em características específicas de um indivíduo.

1. O número e a localização geográfica dos compradores e não compradores
2. Características demográficas e psicológicas
3. Hábitos de consumo do produto e o consumo de categorias de produtos relacionados
4. Comportamento de consumo de mídia, incluindo mídia social, e a reação a promoções
5. Sensibilidade a preços
6. Pontos de varejo preferidos
7. Preferências do comprador

O exemplo apresentado a seguir mostra como a compreensão do comportamento relevante do comprador ajuda a identificar as causas subjacentes de um problema.

Pesquisa real

"Milk Life": as mães sabem o que fazem

Depois de duas décadas, o Milk Processor Education Program, o braço publicitário da indústria leiteira, aposentou a famosa campanha "Got Milk?" em 2014 e a substituiu por "Milk Life" (milklife.com). A campanha "Got Milk?" retratava celebridades com bigodes de leite em apoio ao consumo de laticínios. Apesar da onipresença da campanha nas décadas de 1990 e 2000, o consumo de leite nos Estados Unidos veio diminuindo. A nova campanha substituiu as celebridades por imagens de pessoas comuns em atividades cotidianas.

A decisão de fazer essa mudança foi orientada por pesquisa de marketing. Dados secundários mostraram que, entre 1977–1978 e 2007-2008, o percentual de crianças que não bebiam leite em determinado dia aumentara de 12% para 24%. Trinta anos atrás, 21% dos adultos afirmavam que bebiam leite na hora do jantar; em 2008, esse número caiu para 9%. De forma complementar, também foram feitas pesquisas qualitativas voltadas a entender o comportamento dos consumidores. Elas revelaram como as pessoas consumiam o leite, o que despertava seu consumo, com quais alimentos o misturavam e como se sentiam quando eram privadas do produto. Os resultados revelaram que o leite não é um item de alto interesse na vida das pessoas; na verdade, é visto como um item básico. Descobriu-se que, em 88% das ocasiões, o leite é consumido em casa e que não representa a bebida principal da pessoa média, sendo usado em combinação com outros alimentos, como cereais, bolos e assim por diante. Desse modo, as pesquisas de marketing tentaram entender as percepções e os padrões de consumo de leite. Quando pesquisas subsequentes confirmaram a percepção de que o leite não passa de um item básico, a campanha "Milk Life" passou a enfatizar os poderosos nutrientes do produto, com oito gramas de proteína natural de alta qualidade e outros oito ingredientes essenciais em cada copo de 250 ml. Trata-se de uma bebida perfeita para acompanhar o café da manhã e outras refeições. A campanha ainda capitalizou a antiga noção de que as mães sabem o que fazem. Quando as mães bebem leite, seus filhos tendem a fazer o mesmo. Com isso, espera-se que elas ajudem a estabelecer padrões de consumo saudável para as crianças desde a tenra idade.[17] ∎

O declínio no consumo de leite poderia ser atribuído a mudanças no ambiente sociocultural, o que inclui tendências demográficas e gostos do consumidor. Além disso, os ambientes legal e econômico podem ter impacto sobre o comportamento dos consumidores e sobre a definição do problema de pesquisa de marketing.

Ambiente legal

O **ambiente legal** engloba políticas públicas, leis, agências governamentais e grupos de pressão que influenciam e regulam várias organizações e indivíduos na sociedade. Importantes áreas legais incluem patentes, marcas registradas, direitos autorais, acordos comerciais, impostos e tarifas. As leis federais afetam cada elemento do composto de marketing. Além disso, algumas leis passaram a regular segmentos específicos. O ambiente legal tem uma participação importante na definição do problema de pesquisa de marketing, da mesma forma que o ambiente econômico.

ambiente legal
Conjunto de políticas e normas regulatórias de acordo com as quais as organizações devem operar.

Ambiente econômico

Junto ao ambiente legal, outro importante componente do contexto ambiental é o **ambiente econômico**, que abrange poder de compra, renda bruta, renda disponível, renda discricionária, preços, poupanças, disponibilidade de crédito e condições econômicas gerais. O estado geral da economia (crescimento rápido ou lento, recessão ou estagflação) influi na disposição dos consumidores e das empresas de tomar empréstimos e gastar em itens de alto preço. Assim, o ambiente econômico tem implicações importantes para os problemas de pesquisa de marketing.

ambiente econômico
Consiste em renda, preços, poupanças, crédito e condições econômicas gerais.

Qualificações mercadológicas e tecnológicas

A experiência da empresa com cada elemento do composto de marketing, bem como seu nível geral de qualificações mercadológicas e tecnológicas, afeta a natureza e o escopo do projeto de pesquisa de marketing. Por exemplo, o lançamento de um novo produto que requer uma tecnologia sofisticada poderá ser inviável se a empresa não tiver as qualificações para produzi-lo ou comercializá-lo.

As qualificações mercadológicas e tecnológicas de uma empresa influenciam muito os programas e as estratégias de marketing que podem ser implementados. Em um nível mais amplo, outros elementos do ambiente tecnológico devem ser considerados. Os avanços tecnológicos, como o desenvolvimento continuado dos computadores, têm tido um impacto drástico na pesquisa de marketing. Para ilustrar, caixas registradoras computadorizadas permitem aos supermercados monitorar a demanda diária por produtos e colocar os dados à disposição do pesquisador. É possível obter informações precisas sobre as vendas do varejo, não apenas das marcas da empresa, mas também de marcas concorrentes. A velocidade e a exatidão da coleta de dados permitem que o pesquisador investigue problemas complexos, como as mudanças diárias de participação de mercado durante uma promoção.

Muitos dos fatores a serem considerados no contexto ambiental do problema podem ser pesquisados por meio da Internet. As informações passadas e as previsões de tendências são encontradas por meio do uso de dispositivos de busca. Para informações específicas de um cliente, o usuário pode ir à *home page* da empresa e consegui-las ali. A Broadridge (www.broadridge.com) é uma maneira eficaz de investigar uma empresa e encontrar informações sobre relatórios financeiros, notícias empresariais, perfis corporativos ou relatórios anuais. *Sites* como o Google Finance, o Yahoo! Finance ou o www.quicken.com disponibilizam opiniões de analistas sobre a empresa. Empresas como Dun & Bradstreet (www.dnb.com) criam bancos de dados empresariais que podem ser acessados por meio de assinatura ou de relatórios adquiridos individualmente.

Após chegar a uma compreensão adequada do contexto ambiental do problema, o pesquisador pode definir o problema de decisão gerencial e o problema de pesquisa de marketing. Esse processo foi ilustrado no exemplo da Harley-Davidson. As previsões indicaram um aumento no gasto do consumidor em recreação e entretenimento até o ano de 2020. Capacitados pela Internet, os consumidores do século XXI tornaram-se cada vez mais sofisticados e conscientes do valor. Contudo, a imagem da marca e a lealdade a esta desempenharam um papel significativo no comportamento do comprador, sendo que as marcas bem conhecidas continuaram a ter um desempenho superior. Claramente, a Harley-Davidson tinha os recursos necessários e as capacidades tecnológicas e de marketing para alcançar seu objetivo de ser a marca de motocicletas dominante no mundo. O problema de decisão gerencial era: a Harley-Davidson deveria investir para produzir mais motocicletas? O problema de pesquisa de marketing era determinar se os clientes seriam compradores leais da Harley-Davidson no longo prazo. A seção seguinte proporciona um maior entendimento do problema de decisão gerencial e do problema de pesquisa de marketing.

Problema de decisão gerencial e problema de pesquisa de marketing

O **problema de decisão gerencial** pergunta o que o tomador de decisão precisa fazer, ao passo que o **problema de pesqui-**

sa de marketing pergunta que informações são necessárias e qual é a melhor maneira de obtê-las (Tabela 2.1). A pesquisa oferece as informações necessárias para tomar uma decisão correta.[18] O problema de decisão gerencial é orientado para a ação e está relacionado às providências que o TD pode tomar. Como se deve abordar a perda de participação de mercado? O mercado deve ser segmentado de outra maneira? Deve-se lançar um novo produto? O orçamento de comunicação deve ser aumentado? Por sua vez, o problema de pesquisa de marketing é orientado para informações. Ele envolve determinar que informações são necessárias e como elas podem ser obtidas de forma eficaz e eficiente. Enquanto o problema de decisão gerencial centra-se nos sintomas, o problema de pesquisa de marketing aborda as causas subjacentes.

problema de decisão gerencial
Problema que o tomador de decisões enfrenta. Ele pergunta o que o tomador de decisões deve fazer.

problema de pesquisa de marketing
Problema que envolve a definição de quais informações são necessárias e como podem ser obtidas da forma mais viável.

Consideremos, por exemplo, a perda de participação de mercado de uma determinada linha de produtos. O problema do TD é como recuperar essa perda. Linhas de ação alternativas poderiam incluir modificações nos produtos existentes, lançamento de novos produtos, mudança em outros elementos do composto de marketing e segmentação do mercado. Suponhamos que o TD e o pesquisador (P) acreditem que o problema seja causado por uma segmentação inadequada do mercado e queiram que a pesquisa forneça informações sobre essa questão. Nesse momento, o problema de pesquisa de marketing passaria a ser a identificação e avaliação de uma base alternativa para segmentar o mercado. Observe que esse processo é interativo. O exemplo de um projeto em uma loja de departamentos ilustra melhor a distinção entre o problema de decisão gerencial e o problema de pesquisa de marketing, bem como a natureza interativa do processo de definição do problema entre a tomada de decisão (TD) e o pesquisador (P).

Projeto de pesquisa

Definição do problema

TD: Observamos um declínio na preferência por nossa loja.
P: Como você sabe disso?
TD: Bem, isso se reflete em nossas vendas e em nossa participação de mercado.
P: Por que você acha que a preferência por sua loja diminuiu?
TD: Gostaria de saber!
P: E quanto à concorrência?
TD: Desconfio que estamos melhor do que a concorrência em alguns fatores e pior em outros.
P: Como os clientes veem sua loja?
TD: Acho que a maioria vê de forma positiva, embora possamos ter uma ou duas áreas fracas.

Depois de uma série de diálogos com o TD e outros gerentes-chave, de análises de dados secundários e de pesquisas qualitativas, o problema foi identificado da seguinte maneira:

Problema de decisão gerencial
O que deve ser feito para melhorar a preferência pela Wal-Mart?

Problema de pesquisa de marketing
Determinar os pontos fracos e fortes da Wal-Mart em relação a outros grandes concorrentes com respeito a fatores que influenciam a preferência pela loja. ■

Os exemplos a seguir fazem uma distinção mais clara dos dois problemas:

PROBLEMA DE DECISÃO GERENCIAL	PROBLEMA DE PESQUISA DE MARKETING
É preciso lançar um novo produto?	Determinar as preferências do consumidor e as intenções de compra para o novo produto proposto
A campanha de propaganda deve ser mudada?	Determinar a eficácia da atual campanha de propaganda
É preciso aumentar o preço da marca?	Determinar a elasticidade – preço da demanda e o impacto sobre as vendas e os lucros de vários níveis de mudanças de preço

Embora seja distinto, o problema de pesquisa de marketing tem que estar intimamente ligado ao problema de deci-

TABELA 2.1
Problema de decisão gerencial *versus* problema de pesquisa de marketing

Problema de decisão gerencial	Problema de pesquisa de marketing
Pergunta o que o tomador de decisão precisa fazer	Pergunta que informações são necessárias e como elas podem ser obtidas
Orientado para a ação	Orientado para a informação
Foco nos sintomas	Foco nas causas subjacentes

são gerencial. Essa distinção e elo entre o problema de decisão gerencial e o problema de pesquisa de marketing ajudam a compreender como o problema de pesquisa de marketing deve ser definido.

Definição do problema de pesquisa de marketing

A definição do problema de pesquisa de marketing deverá (1) permitir que o pesquisador obtenha todas as informações necessárias para abordar o problema de decisão gerencial e (2) orientá-lo no prosseguimento do projeto. Os pesquisadores cometem dois erros comuns na definição do problema. O primeiro surge quando o problema de pesquisa é definido de forma demasiadamente ampla. Uma definição ampla não fornece diretrizes claras para as etapas subsequentes do projeto. Alguns exemplos de definições excessivamente amplas são: (1) desenvolver uma estratégia de marketing para a marca, (2) melhorar a posição competitiva da empresa ou (3) melhorar a imagem da empresa. Elas não são suficientemente específicas para sugerir uma abordagem ao problema ou uma concepção de pesquisa.

O segundo tipo de erro é exatamente o oposto: o problema de pesquisa de marketing é definido de forma muito restrita. Um enfoque muito limitado impede a reflexão sobre algumas linhas de ação, particularmente aquelas que são inovadoras e fogem do óbvio, bem como impossibilita que o pesquisador dê atenção a componentes importantes do problema de decisão gerencial. Por exemplo, em um projeto realizado para uma grande empresa de produtos de consumo, o problema de decisão gerencial era como reagir à redução de preços iniciada por um concorrente. As linhas de ação alternativas inicialmente identificadas pela equipe de pesquisa da empresa foram: (1) reduzir o preço da marca da empresa para igualar a redução de preço do concorrente, (2) manter o preço, mas aumentar fortemente a propaganda e (3) reduzir um pouco o preço, sem igualar com o do concorrente, e elevar moderadamente a propaganda. Nenhuma dessas alternativas parecia promissora. Quando foram trazidos especialistas em marketing de fora da empresa, o problema foi redefinido para como melhorar a participação de mercado e a lucratividade da linha de produtos. A pesquisa qualitativa indicou que, em testes cegos, os consumidores não conseguiam diferenciar os produtos oferecidos de marcas diferentes. Além disso, os consumidores se baseavam no preço como um indicador de qualidade do produto. Essas constatações levaram a uma alternativa criativa: elevar o preço da marca existente e lançar duas novas marcas – uma com preço igual ao do concorrente e outra com preço mais baixo. Essa estratégia foi implementada, levando a um aumento na participação de mercado e na lucratividade.

A probabilidade de cometer qualquer um dos erros de definição do problema pode ser reduzida ao enunciar o problema de pesquisa de marketing em termos amplos e ao identificar seus componentes específicos (ver Figura 2.3). A **declaração ampla** permite ter uma perspectiva do problema e atua como uma garantia contra a prática do segundo tipo de erro. Os **componentes específicos** focalizam os aspectos-chave do problema e fornecem diretrizes claras sobre a melhor maneira de agir, reduzindo, assim, a probabilidade do primeiro tipo de erro. A seguir, são apresentados exemplos de definições adequadas do problema de pesquisa de marketing.

declaração ampla
Enunciado inicial do problema de pesquisa de marketing que dá uma perspectiva adequada sobre o problema.

componentes específicos
A segunda parte da definição do problema de pesquisa de marketing. Os componentes específicos focalizam os aspectos-chave do problema e fornecem diretrizes claras sobre a melhor maneira de agir.

Projeto de pesquisa

Definição do problema

No projeto de fidelização da loja de departamentos, o problema de pesquisa de marketing é determinar as forças e fraquezas relativas da Wal-Mart em relação a outras grandes concorrentes, com respeito a fatores que influenciam a preferência pela loja. Especificamente, a pesquisa deve fornecer informações sobre as seguintes questões:

1. Quais critérios as famílias usam quando escolhem lojas de departamentos?
2. Como elas avaliam a Wal-Mart e as lojas concorrentes em termos dos critérios de seleção identificados na pergunta 1?
3. Que lojas são procuradas quando fazem compras de categorias específicas de produtos?
4. Qual é a participação de mercado da Wal-Mart e quais são seus concorrentes para categorias específicas de produtos?
5. Qual é o perfil demográfico e psicográfico dos clientes da Wal-Mart? Esses perfis diferem do perfil dos clientes das lojas concorrentes?
6. A preferência e a clientela podem ser explicadas em termos de avaliação da loja e características do cliente? ■

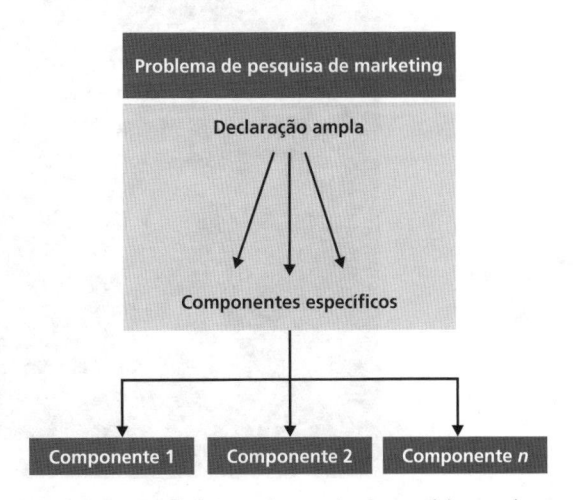

FIGURA 2.3 Definição adequada do problema de pesquisa de marketing.

Pesquisa real

Major League Baseball lidera em pesquisa

A Major League Baseball (MLB, www.mlb.com) queria avaliar o efeito da extensão e da frequência de suas promoções sem redução nos preços para jogos da MLB. O problema de decisão gerencial era: as equipes da MLB deveriam continuar com suas promoções sem redução nos preços? O problema amplo de pesquisa de marketing foi definido como a determinação do impacto das promoções sem redução de preços sobre a frequência aos jogos da MLB. Especificamente, a pesquisa deveria responder às seguintes questões:

1. Qual é o efeito global das promoções sem redução nos preços sobre a frequência?
2. Qual é o impacto marginal de dias de promoção adicionais sobre a frequência nos jogos?
3. As promoções sem redução nos preços são eficazes na construção de lealdade no longo prazo?
4. Quais são as características psicográficas e demográficas das pessoas que reagem às promoções sem redução nos preços?

A análise de um conjunto de dados contendo 1.500 observações revelou que a promoção sem redução nos preços aumenta a frequência a jogos individuais em aproximadamente 14%. Mais ainda, o aumento no número de promoções tem efeito negativo sobre o impacto marginal de cada promoção. A perda advinda desse efeito de "diluição", no entanto, é compensada pelo ganho obtido com um dia de promoção extra. A promoção tem influência sobre os frequentadores ocasionais, mas não conduz à lealdade no longo prazo.

Com base nesses achados, decisões estratégicas foram tomadas para melhorar a receita global dando-se continuidade às promoções sem redução nos preços, especialmente durante jogos fora da temporada e em partidas cujas projeções de vendas eram baixas. Os resultados da pesquisa também levaram à decisão de espaçar as promoções a fim de reduzir o efeito de diluição. Uma correta definição do problema deu origem a descobertas proveitosas que, quando implementadas, resultaram em aumento de receita.[19] ∎

No exemplo da MLB, a declaração ampla do problema concentrou-se na reunião de informações sobre o efeito das promoções sem redução nos preços, e os componentes específicos identificaram as informações que deveriam ser obtidas. Isso também foi válido no caso da Harley-Davidson, no qual uma afirmação ampla do problema de pesquisa de marketing foi seguida de quatro componentes específicos. A definição do problema no projeto de fidelização da loja de departamentos seguiu um padrão semelhante.

Uma vez afirmado o problema amplo de pesquisa de marketing e identificados seus componentes específicos, o pesquisador está em condições de desenvolver uma abordagem adequada.

Componentes da abordagem

No processo de desenvolvimento de uma abordagem, é preciso não perder de vista o objetivo – os resultados. Os resultados de um processo de desenvolvimento da abordagem deverão incluir os seguintes componentes: estrutura objetiva/teórica, modelos analíticos, questões da pesquisa, hipóteses e a especificação das informações necessárias (ver Figura 2.1). Cada um desses componentes é discutido nas seções seguintes.

Estrutura objetiva/teórica

Em geral, a pesquisa deve basear-se em evidências objetivas e ser sustentada pela teoria. Uma **teoria** é um esquema conceitual baseado em enunciados fundamentais, chamados *axiomas*, que se supõe serem verdadeiros. As **evidências objetivas** (não tendenciosas e sustentadas por constatações empíricas) são coletadas compilando-se constatações relevantes de fontes secundárias. Analogamente, uma teoria apropriada para orientar a pesquisa pode ser identificada revisando-se a literatura acadêmica contida em livros, revistas especializadas e monografias. O pesquisador deve se basear na teoria para determinar que variáveis precisam ser investigadas. Além disso, considerações teóricas fornecem informações a respeito de como as variáveis serão operacionalizadas e medidas e de como a concepção e a amostra da pesquisa serão selecionadas. Uma teoria também serve como base sobre a qual o pesquisador pode organizar e interpretar as constatações. "Nada é mais prático do que uma boa teoria".[20]

teoria
Esquema conceitual baseado em enunciados fundamentais, ou axiomas, que se supõe serem verdadeiros.

evidências objetivas
Evidências não tendenciosas que são sustentadas por constatações empíricas.

A teoria também desempenha um papel vital nos procedimentos adotados na pesquisa básica. Entretanto, aplicar uma teoria a um problema de pesquisa de marketing requer criatividade por parte do pesquisador. Uma teoria pode não especificar adequadamente como seus constructos abstratos (variáveis) podem ser aplicados a um fenômeno do mundo real. Além disso, as teorias são incompletas, pois lidam apenas com um subconjunto de variáveis que existem no mundo real. Por isso, o pesquisador deve também identificar e examinar outras variáveis, não teóricas.[21]

O projeto de fidelização de clientes de uma loja de departamentos ilustra como a teoria é usada para desenvolver uma abordagem. Uma revisão da literatura sobre varejo revelou que o modelo de preferência por lojas em termos de critérios de escolha havia recebido respaldo considerável.[22] Além disso, na literatura tinham sido identificados 42 critérios de escolha, e foram fornecidas diretrizes sobre a operacionalização dessas variáveis. Isso gerou um lote inicial do qual foram selecionadas as oito características finais incluídas no questionário. Considerações teóricas também sugeriram que o comportamento da clientela da loja poderia ser examinado mediante um levantamento entre pessoas familiarizadas com compras em lojas de departamentos. A estrutura teórica também serve como base para o desenvolvimento de um modelo analítico adequado.

Modelo analítico

Um **modelo analítico** é um conjunto de variáveis e de seus inter-relacionamentos concebido para representar, no todo ou em parte, um sistema ou processo real. Os modelos podem ter diversas formas, mas as mais comuns são estruturas verbais, gráficas e matemáticas. Em um **modelo verbal**, as variáveis e suas relações são enunciadas por escrito. Esses modelos podem ser meras repetições dos princípios fundamentais de uma teoria. Um **modelo gráfico** é visual, sendo utilizado para isolar variáveis e sugerir direções de relações, mas não serve para oferecer resultados numéricos. Os modelos gráficos são etapas lógicas preliminares para o desenvolvimento de modelos matemáticos. Um **modelo matemático** especifica explicitamente as relações entre variáveis, em geral na forma de equações. Esses modelos podem ser usados como guias para a formulação da concepção da pesquisa e são manipuláveis.[23] Os diferentes modelos estão ilustrados no contexto do projeto de fidelização da loja de departamentos.

modelo analítico
Especificação explícita de um conjunto de variáveis e seus inter-relacionamentos, concebida para representar algum sistema ou processo real no todo ou em parte.

modelo verbal
Modelo analítico que fornece uma representação por escrito das relações entre variáveis.

modelo gráfico
Modelo analítico que fornece uma representação visual das relações entre as variáveis.

modelo matemático
Modelo analítico que descreve explicitamente as relações entre variáveis, normalmente na forma de equações.

Projeto de pesquisa

Construção de modelo

Modelo verbal

Primeiramente, o consumidor fica sabendo da existência de uma loja de departamentos. Essa pessoa então adquire conhecimento sobre a loja avaliando-a em termos de fatores que abrangem os critérios de escolha. Com base na avaliação, o consumidor forma um grau de preferência pela loja. Se a preferência for suficientemente forte, o consumidor a frequentará.

Modelo gráfico

Consciência
↓
Compreensão: avaliação
↓
Preferência
↓
Frequência

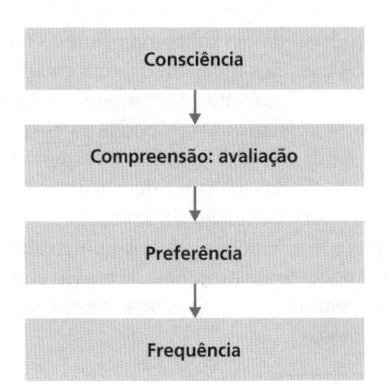

Modelo matemático

$$y = a_0 + \sum_{i=1}^{n} a_i x_i$$

onde

y = grau de preferência
a_0, a_i = parâmetros do modelo a serem calculados estatisticamente
x_i = fatores de frequência à loja que constituem os critérios de escolha ■

Como pode ser visto nesse exemplo, os modelos verbal, gráfico e matemático descrevem o mesmo fenômeno ou estrutura teórica de maneiras diferentes. O fenômeno da preferência pela loja enunciado verbalmente é representado, em nome da clareza, por meio de uma figura (modelo gráfico) e é colocado na forma de uma equação (modelo matemático) para facilitar estimativas e testes estatísticos. Os modelos gráficos são particularmente úteis para conceitualizar uma abordagem ao problema. No exemplo inicial da Harley-Davidson, a teoria subjacente era de que a lealdade à marca é o resultado de crenças, atitudes, afeto e experiências positivas com a marca. Essa teoria pode ser representada pelo modelo gráfico a seguir.

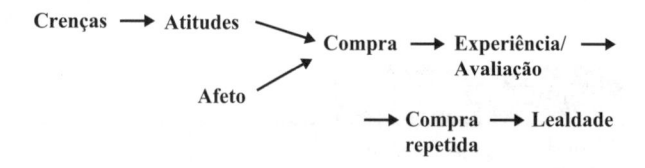

```
Crenças  → Atitudes ↘
                      Compra → Experiência/ →
             Afeto ↗            Avaliação
                              → Compra → Lealdade
                                repetida
```

Os modelos verbal, gráfico e matemático complementam-se e ajudam o pesquisador a identificar questões e hipóteses de pesquisa relevantes.

Questões de pesquisa

As **questões de pesquisa** (QPs) são enunciados aprimorados dos componentes específicos do problema. Apesar de os componentes do problema o definirem em termos específicos, é possível que sejam necessários mais detalhes para desenvolver uma abordagem. Cada componente do problema pode ter de ser dividido em subcomponentes, ou questões de pesquisa. Essas questões indagam que informações específicas são exigidas com respeito aos componentes do problema. Caso as questões venham a ser respondidas pela pesquisa, as informações obtidas deverão auxiliar o responsável pela decisão. A formulação das questões de pesquisa deve orientar-se não apenas pela definição do problema, como também pela estrutura teórica e pelo modelo analítico adotados. Para um dado componente do problema, é provável que haja várias questões, como no caso do projeto de fidelização da loja de departamentos.

questões de pesquisa
Enunciados aprimorados dos componentes específicos do problema.

Projeto de pesquisa
Questões de pesquisa

O quinto componente do problema de pesquisa era o perfil psicológico dos clientes da Wal-Mart. No contexto das características psicológicas, várias questões de pesquisa sobre os clientes da Wal-Mart foram feitas.

- Eles são leais?
- Eles usam muito o crédito?
- Eles se importam mais com a aparência em comparação com os clientes de lojas concorrentes?
- Eles combinam saída para compras com saída para comer fora?

Em seguida, as questões de pesquisa foram aprimoradas, definindo-se precisamente as variáveis e determinando-se como deveriam ser operacionalizadas. Para ilustrar, como o uso do crédito da Wal-Mart deveria ser mensurado? Ele poderia ser medido de qualquer uma das maneiras a seguir:

1. Se o cliente tem ou não um cartão de crédito Wal-Mart.
2. Se o cliente usa ou não o cartão de crédito Wal-Mart.
3. O número de vezes que o cartão de crédito foi usado durante um determinado período.
4. A quantia debitada no cartão de crédito durante um período especificado. ■

A estrutura teórica e o modelo analítico desempenham um papel importante na operacionalização e na medição das variáveis especificadas pelas questões da pesquisa. Dessa forma, embora no projeto de fidelização da loja de departamentos a revisão de literatura não fornecesse qualquer medida definitiva sobre o crédito na loja, o modelo matemático poderia incorporar qualquer uma das medidas alternativas. Assim, decidiu-se incluir as quatro medidas de crédito no estudo. As questões da pesquisa também podem ser aprimoradas em uma ou mais hipóteses.

Hipóteses

Uma **hipótese** (H) é uma afirmação ou proposição não comprovada a respeito de um fator ou fenômeno que é de interesse para o pesquisador. Por exemplo, ela pode ser um enunciado provisório a respeito das relações entre duas ou mais variáveis, conforme estipulado pela estrutura teórica ou pelo modelo analítico. Com frequência, uma hipótese é uma possível resposta à questão da pesquisa. As hipóteses vão além das questões da pesquisa porque são afirmações de relações ou proposições em vez de meras perguntas para as quais se buscam respostas. Enquanto as questões da pesquisa são interrogativas, as hipóteses são declarativas e podem ser testadas empiricamente (ver Capítulo 15). Um papel importante de uma hipótese é sugerir variáveis a serem incluídas na concepção da pesquisa. A relação entre o problema de pesquisa de marketing, as questões da pesquisa e as hipóteses, junto à influência da estrutura objetiva/teórica e dos modelos analíticos, está descrita na Figura 2.4 e é ilustrada pelo seguinte exemplo do projeto de fidelização da loja de departamentos.[24]

hipótese
Afirmação ou proposição não comprovada a respeito de um fator ou fenômeno que é de interesse para o pesquisador.

Projeto de pesquisa

Hipóteses

As seguintes hipóteses (H) foram formuladas em relação à questão de pesquisa referente à lealdade à loja:[25]

H1: Os clientes leais à loja conhecem menos o ambiente de compras.
H2: Os clientes leais à loja são mais avessos ao risco do que os clientes não leais.

Essas hipóteses orientaram a pesquisa, assegurando que as variáveis que mediam o conhecimento do ambiente de compra e a propensão aos riscos fossem incluídas no projeto da pesquisa. ∎

Infelizmente, não é possível formular hipóteses em todas as situações. Em alguns casos, não há informações disponíveis suficientes para o desenvolvimento de hipóteses. Em outras ocasiões, o enunciado mais razoável de uma hipótese é uma repetição trivial da questão da pesquisa (QP). Por exemplo:

QP: Os clientes da Wal-Mart demonstram fidelidade à loja?
H: Os clientes da Wal-Mart são fiéis.

As hipóteses são uma parte importante da abordagem do problema. Quando enunciadas em termos operacionais, como H1 e H2 no exemplo da loja de departamentos, elas fornecem diretrizes sobre quais dados devem ser coletados e analisados e de que forma isso deve ser feito. Quando se enunciam hipóteses operacionais usando-se notação simbólica, elas costumam ser chamadas de *hipóteses estatísticas*. Uma questão de pesquisa pode ter mais de uma hipótese associada a ela, como no caso da Harley-Davidson e no exemplo apresentado a seguir.

Pesquisa real

O sabor do conforto

Em meio a uma economia insegura em 2017, nada é mais reconfortante que comidas e prazeres familiares confiáveis. Algumas comidas conseguem promover o conforto em diferentes situações nas vidas das pessoas? Por exemplo, uma sopa de galinha faz com que as pessoas se sintam melhor em um dia de chuva ou quando estão resfriadas, parcialmente porque elas podem ter tomado sopa de galinha nas mesmas situações quando eram crianças? Conduziu-se uma pesquisa de marketing para investigar as comidas que confortam. As questões específicas da pesquisa e as respectivas hipóteses foram as seguintes:

QP1: Que comidas são consideradas reconfortantes?
H1: Batatas fritas são consideradas comidas reconfortantes.
H2: Sorvetes são considerados comidas reconfortantes.
QP2: Quando as pessoas consomem comidas reconfortantes?
H3: As pessoas consomem comidas reconfortantes quando estão de bom humor.
H4: As pessoas consomem comidas reconfortantes quando estão de mau humor.
QP3: Como as pessoas se apegam a comidas reconfortantes?
H5: As pessoas apegam-se a comidas reconfortantes que são condizentes com sua personalidade.
H6: As pessoas apegam-se a comidas reconfortantes por causa de associações com o passado.

Foram realizadas entrevistas aprofundadas por telefone com 411 pessoas nos Estados Unidos. O propósito era descobrir quais eram as comidas reconfortantes favoritas das pessoas e como esses produtos se tornaram comidas que confortam. Partindo das respostas qualitativas, um levantamento quantitativo por telefone foi desenvolvido para uma amostra maior, de 1.005 indivíduos.

Os resultados mostraram que a comida reconfortante preferida dos americanos é a batata frita, seguida por sorvete, biscoitos e doces. Assim, tanto a H1 quanto a H2 foram confirmadas. Muitos respondentes também consideraram como comidas reconfortantes os alimentos naturais, caseiros ou mesmo "saudáveis", como carnes, sopas e vegetais. O conforto psicológico desses alimentos provoca um grande impacto no modo como as pessoas escolhem sua comida, assim como o sabor determina de que forma as pessoas escolhem seus lanches.

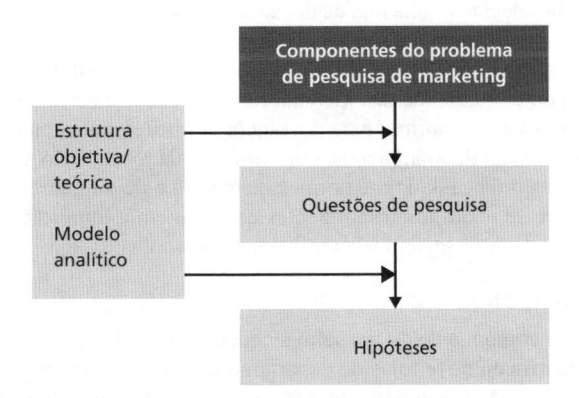

FIGURA 2.4 Desenvolvimento de questões e hipóteses da pesquisa.

As pessoas também tendem a ingerir comidas reconfortantes mais quando estão bem do que quando estão tristes: muito contentes (86%), comemorativas (74%), tristes (39%), apáticas (52%) e solitárias (39%). Assim, a H3 teve uma confirmação maior que H4, apesar de ambas as hipóteses terem sido confirmadas.

Os resultados também mostraram que as associações passadas com produtos e a identificação com sua personalidade são os dois principais motivos de os alimentos se tornarem comidas reconfortantes, assim sustentando a H5 e a H6. Os alimentos, com frequência, lembram eventos específicos na vida das pessoas, o que explica por que elas os ingerem buscando conforto. Alguns alimentos também ajudam as pessoas a formar sua identidade porque os produtos são coerentes com sua personalidade. Por exemplo, nos Estados Unidos, carne e batatas são um elemento fundamental da figura da masculinidade, do *cowboy,* o que explica por que muitos homens não querem experimentar produtos mais saudáveis, como a soja.

Quanto mais os especialistas de marketing souberem sobre a psicologia existente por trás dos alimentos, tanto no nível associativo quanto no da personalidade, mais bem preparados estarão para estabelecer novas marcas, assim como para organizar e divulgar marcas existentes que já são consideradas comidas reconfortantes e que têm suas próprias personalidades de marca. Por exemplo, a marca de batatas fritas de baixa gordura Lays® Kettle Cooked 40% Less Fat, da Frito-Lay, tem sido muito bem-sucedida. A Frito-Lay combinou o fato de que é divertido comer batatas fritas com a onda de pessoas buscando produtos mais saudáveis nos Estados Unidos. O produto "divertido" continua a ser reconfortante, ao mesmo tempo em que reduz a culpa das pessoas, pois contém um baixo teor de gordura.[26] ■

Experiência de pesquisa

A pesquisa de marketing começa em casa (ou perto do *campus*)

Visite uma empresa local perto do *campus*. Entreviste o proprietário ou gerente do negócio e identifique alguns dos desafios de marketing da empresa. Entreviste também um especialista nesse setor. Procure e analise dados secundários sobre esse negócio e o setor e identifique o contexto ambiental do problema.

1. Defina o problema de decisão gerencial.
2. Defina o problema de pesquisa de marketing.
3. Desenvolva um modelo gráfico que explique o processo de escolha do consumidor que o leva a ser cliente dessa empresa ou de seus concorrentes.
4. Desenvolva uma questão de pesquisa e uma hipótese adequadas. ■

Especificação das informações necessárias

Ao centrar-se em cada componente do problema, na estrutura e nos modelos analíticos, nas questões de pesquisa e hipóteses, o pesquisador consegue determinar que informações devem ser obtidas no projeto de pesquisa de marketing. É muito útil realizar esse exercício para cada componente do problema e fazer uma lista especificando todas as informações que precisam ser coletadas. Vamos analisar o projeto de fidelização da loja de departamentos e centrar-nos nos componentes do problema identificado anteriormente neste capítulo a fim de determinar as informações que devem ser obtidas dos respondentes selecionados para o levantamento.

Projeto de pesquisa

Especificação das informações necessárias

Componente 1

Este componente envolve os critérios usados pelas famílias para selecionar uma loja de departamentos. Com base no processo delineado anteriormente neste capítulo, o pesquisador identificou os seguintes fatores como parte dos critérios de escolha: qualidade das mercadorias, variedade e sortimento dos produtos, normas para devoluções e ajustes, atendimento do pessoal da loja, preços, conveniência da localização, disposição física da loja e normas de crédito e de faturamento. Deve-se pedir aos respondentes que avaliem a importância de cada fator segundo sua influência na escolha da loja.

Componente 2

Este componente diz respeito à concorrência. O pesquisador identificou nove lojas de departamentos como concorrentes da Wal-Mart com base em discussões junto à administração. Deve-se pedir aos respondentes que avaliem a Wal-Mart e seus nove concorrentes segundo os oito fatores de critérios de escolha.

Componente 3

O foco deste componente são categorias específicas de produtos. Foram selecionadas 16 categorias de produtos, incluindo vestuário feminino, artigos esportivos para mulheres, lingerie, artigos para jovens, vestuário masculino, cosméticos, joalheria, calçados, lençóis e toalhas, móveis, colchões e cortinas. Deve-se perguntar aos respondentes se eles compram em cada uma das 10 lojas cada uma das 16 categorias de produtos.

Componente 4

Nenhuma informação adicional precisa ser obtida dos respondentes.

Componente 5

Deve-se obter dos respondentes informações sobre suas características demográficas padrão. Com base no processo delineado anteriormente neste capítulo, o pesquisador identificou como relevantes as seguintes características demográficas: fidelidade à loja, uso de crédito, preocupação com a aparência e combinação de compras com refeições. Informações sobre essas variáveis também devem ser obtidas dos respondentes.

Componente 6

Nenhuma informação adicional precisa ser obtida dos respondentes.

Atividades de projeto

Revise a discussão sobre o projeto da Wal-Mart neste capítulo.

1. Você acha que o problema de pesquisa de marketing está adequadamente definido, dado o problema de decisão gerencial enfrentado pela Wal-Mart? Por quê?
2. Desenvolva um modelo gráfico alternativo de como os consumidores selecionam uma loja de departamentos.
3. Desenvolva duas questões de pesquisa e duas hipóteses correspondentes aos componentes 1 a 4 e 6 do problema de pesquisa de marketing. ■

Pesquisa de marketing internacional

A definição precisa do problema de pesquisa de marketing é mais difícil em pesquisas de marketing internacionais do que em pesquisas de marketing nacionais. A falta de familiaridade com os fatores ambientais do país onde a pesquisa está sendo realizada aumenta a dificuldade de compreensão do contexto ambiental do problema e da revelação de suas causas.

Pesquisa real

O Ketchup Kraft Heinz não pegou no Brasil

Em 2017, a Kraft Heinz Company (www.kraftheinzcompany.com) estava comercializando seus produtos em mais de 200 países, e as vendas superaram US$ 27 bilhões, com aproximadamente 60% das receitas provenientes de fora dos Estados Unidos. Apesar de seu sucesso em casa e em outros países, a Kraft Heinz fracassou no Brasil, sede dos Jogos Olímpicos de 2016, um mercado que parecia ser o maior e o mais promissor da América do Sul. A Kraft Heinz fez uma *joint venture* com a Citrosuco Paulista, uma gigante exportadora de suco de laranja, devido à possibilidade futura de comprar aquela empresa lucrativa. Contudo, as vendas dos seus produtos, inclusive do *ketchup*, não decolaram. Onde estava o problema? Uma auditoria revelou que a empresa carecia de um sistema forte de distribuição local. A Kraft Heinz perdeu o controle da distribuição porque trabalhava por consignações. A distribuição não atingia 25% de penetração. O outro problema relacionado era que a Kraft Heinz se concentrava em pequenas lojas de bairros, uma estratégia que havia dado certo no México. Entretanto, a auditoria revelou que 75% das compras de mercearia em São Paulo são feitas em supermercados e não nas lojas menores. Embora México e Brasil pareçam ter características culturais e demográficas semelhantes, o comportamento do consumidor varia bastante. Um exame mais minucioso do sistema brasileiro de distribuição de alimentos e do comportamento dos consumidores poderia ter evitado esse fracasso. A Kraft Heinz, contudo, está prestando mais atenção na Ásia, em especial na China, onde ela comercializa comida para bebês e onde nascem cerca de 20 milhões de bebês por ano.[27] ■

Como ilustra o exemplo da Kraft Heinz, muitos esforços internacionais de marketing fracassam, não pela ausência de pesquisas, mas porque os fatores ambientais relevantes são ignorados. Geralmente, isso leva a uma definição muito restrita do problema. Considere, por exemplo, o consumo de refrigerantes. Em muitos países asiáticos, consome-se água com as refeições, e os refrigerantes geralmente são servidos a convidados e em ocasiões especiais. Portanto, o problema gerencial de elevar a participação de mercado de uma marca de refrigerantes na Índia se traduziria em problemas de pesquisa de marketing diferentes daqueles dos Estados Unidos. Antes de definir o problema, o pesquisador precisa isolar e examinar o impacto do **critério de autorreferência** (CAR), ou a referência inconsciente aos valores culturais da própria pessoa. As etapas a seguir ajudam os pesquisadores a levar em conta diferenças ambientais e culturais ao definir o problema em um contexto de marketing internacional:[28]

critério de autorreferência
Referência inconsciente aos valores culturais da própria pessoa.

ETAPA 1 Definir o problema de pesquisa de marketing em termos de fatores ambientais e culturais nacionais. Isso envolve a identificação de traços econômicos, valores, necessidades ou hábitos relevantes (do país de origem).

ETAPA 2 Definir o problema de pesquisa de mercado em termos de fatores ambientais e culturais estrangeiros. Não fazer julgamentos. Isso envolve a identificação de traços econômicos, valores, necessidades ou hábitos na cultura do mercado proposto. Essa tarefa requer a contribuição de pesquisadores familiarizados com o ambiente estrangeiro.

ETAPA 3 Isolar a influência que o critério de autorreferência (CAR) tem no problema e examiná-la atentamente para ver como ela complica o problema. Examinar as diferenças entre as etapas 1 e 2. O CAR pode responder por essas diferenças.

ETAPA 4 Redefinir o problema sem a influência do CAR e apresentá-lo para a situação do mercado estrangeiro. Se as diferenças na etapa 3 forem significativas, o impacto do CAR deverá ser cuidadosamente analisado.

Consideremos o enunciado amplo do problema da Coca-Cola Company ao tentar aumentar sua penetração no mercado de refrigerantes da Índia. Na etapa 1, seria analisado o problema do aumento da penetração de mercado nos Estados Unidos. Nesse país, praticamente todas as famílias consomem refrigerantes, e o problema seria aumentar o consumo por parte dos consumidores existentes. Além disso, os refrigerantes são consumidos regularmente durante as refeições e para matar a sede. Assim, o problema do aumento da penetração de mercado significaria fazer os consumidores beberem mais refrigerantes durante as refeições e em outras ocasiões. Na Índia, por outro lado (etapa 2), uma porcentagem muito menor de famílias consome refrigerantes, e não os consome nas refeições. Assim, na etapa 3, o CAR seria identificado como a noção americana de que os refrigerantes são uma bebida para todos os fins e todas as refeições. Na etapa 4, o problema no contexto indiano seria assim definido: como fazer com que uma porcentagem maior de indianos consuma refrigerantes (produtos da Coca-Cola) e como fazer com que eles consumam refrigerantes com mais frequência.

Ao desenvolver estruturas teóricas, modelos, questões de pesquisa e hipóteses, lembre-se de que as diferenças nos fatores ambientais, em especial no ambiente sociocultural, podem conduzir a diferenças na formação de percepções, atitudes, preferências e comportamentos de escolha. Por exemplo, a orientação em relação ao tempo varia consideravelmente entre culturas. Na Ásia, na América Latina e no Oriente Médio, as pessoas não são tão exigentes em relação ao tempo quanto, por exemplo, na Europa. Isso influencia suas percepções e preferências com respeito a alimentos de conveniência, como os congelados e as refeições prontas. Ao desenvolver uma abordagem ao problema, o pesquisador deverá levar em conta a equivalência de consumo e comportamento de compra e os fatores subjacentes que os influenciam. Isso é fundamental para a identificação correta das questões da pesquisa, das hipóteses e das informações necessárias.

Pesquisa real

O Surf Superconcentrado enfrenta um superfracasso no Japão

Em 2017, a Unilever (www.unilever.com) vendia produtos ao consumidor em 150 países. Aproximadamente 58% de seu negócio provinham de mercados emergentes. A Unilever tentou entrar no mercado japonês de detergentes para roupas com o Surf Superconcentrado. No teste inicial de marketing, ela conseguiu 14,5% de participação de mercado, o que caiu para surpreendentes 2,8% quando o produto foi lançado nacionalmente. Onde foi que a Unilever errou? O Surf fora projetado para ter um pacote pré-medido, como em saquinhos de chá, unidos aos pares, porque a conveniência era um atributo importante para os consumidores japoneses. Ele também tinha um apelo de "cheiro de frescor". Entretanto, os consumidores japoneses notaram que os detergentes não se dissolviam na lavagem, em parte devido às condições de tempo e também devido à popularidade das máquinas de baixa agitação (o Surf não tinha sido concebido para trabalhar nas novas lavadoras de roupas). A Unilever também constatou que o posicionamento do "cheiro de frescor" do novo Surf tinha pouca relevância, porque os consumidores, em sua maioria, penduravam as roupas lavadas ao ar livre. A abordagem da pesquisa certamente tinha falhas, pois a Unilever deixara de identificar atributos cruciais que são relevantes no mercado japonês de detergentes e, em vez disso, concentrou-se em fatores que não tinham relevância nesse contexto, como o "cheiro de frescor". Pesquisas qualitativas adequadas, como grupos de foco e entrevistas em profundidade em várias amostras do mercado-alvo, poderiam ter revelado as características ou os fatores corretos que levariam a uma concepção apropriada de pesquisa.

Apesar de ter de se retirar do mercado japonês, o Surf continuou a ter um bom desempenho em vários mercados, como na Índia, ao longo de 2018. O Surf, lançado em 1952, é o terceiro produto mais vendido no mercado de detergentes para roupas, ficando atrás do Persil, da Unilever, e do Ariel, da Procter & Gamble.[29] ∎

Pesquisa de marketing e mídias sociais

As mídias sociais podem ser usadas como auxílio em todas as tarefas necessárias para a definição do problema. Se o tomador de decisão mantém um *blog* ou tem uma página no Facebook, tais fontes proporcionam informações adicionais para que ele próprio e seus objetivos sejam compreendidos. Também é possível identificar especialistas no ramo, e uma análise de seus *sites* de mídia social podem ajudar a entender suas opiniões sobre o problema em questão. As mídias sociais representam uma fonte natural de dados qualitativos secundários e pesquisa qualitativa, conforme discutido mais a fundo nos Capítulos 4, 5 e 6.

As mídias sociais também podem ajudar a entender o contexto ambiental do problema. Abordagens de pesquisa que giram em torno de tecnologias computadorizadas e pensamento de fonte aberta nos proporcionam uma rica compreensão dos fatores ambientais em geral e dos comportamentos dos consumidores em particular. Podemos analisar as partes inter-relacionadas de vários comportamentos de consumidores em suas redes sociais. Nosso enfoque inicial pode ser o modo como os consumidores interagem entre si ao longo do tempo. Além disso, podemos estudar o contexto ambiental em que eles interagem e de que forma mudanças ambientais podem alterar seus comportamentos. Um enfoque de sistemas adaptativos para entender o comportamento dos consumidores tem sua utilidade, e as novas ferramentas de Web 2.0 nos proporcionam os meios para analisar organicamente as redes sociais existentes e criar redes sociais específicas para entender os consumidores.

Na definição do problema de pesquisa de marketing, análises de conteúdo de mídias sociais podem dar uma boa noção do escopo amplo do problema e ajudar a identificar os componentes específicos. Análises de *blogs* e postagens no Facebook, por exemplo, revelaram à Hewlett-Packard (HP) que muitos clientes que haviam comprado seus computadores estavam enfrentando problemas com serviços de suporte. Assim, a avaliação da HP e da concorrência em termos de serviços de suporte foi identificada como um componente importante do problema. E pesquisas subsequentes confirmaram essa percepção inicial, levando a HP a reestruturar seus serviços de suporte.

Abordagem do problema

Uma análise de dados de mídias sociais pode ser útil no desenvolvimento de uma abordagem ao problema. Com o uso de mídias relevantes como *blogs*, Facebook e Twitter, pesquisadores podem atualizar consumidores sobre o andamento de pesquisas e sobre medidas já tomadas. Dessa forma, o uso dessas mídias pode ser ampliado a fim de englobar *feedback* de consumidores para determinar se os pesquisadores estão no rumo certo e se os modelos analíticos desenvolvidos e as perguntas da pesquisa elaboradas pela empresa são consistentes com as opiniões e ideias dos consumidores. A Sun Microsystems, por exemplo, mantém um *blog* com sua clientela e seus apoiadores para entender como seus esforços de marketing podem se adequar a seus melhores clientes. Assim, os pesquisadores podem aferir a adequação de seus modelos e determinar se estão fazendo as perguntas de pesquisa corretas. Ademais, os pesquisadores de marketing podem optar por discutir abertamente suas hipóteses derivadas e obterem *feedback* em painéis fechados de consumidores em mídias sociais. Conforme ilustrado pela vinheta de abertura sobre a Harley-Davidson, o processo necessário de especificação de informações exige que o pesquisador de marketing enfoque múltiplos segmentos de consumidores simultaneamente. Esse processo pode ser facilitado por ferramentas de mídias sociais, que permitem aos pesquisadores personalizarem sua interação com cada grupo de consumidores aos escolherem seletivamente sua plataforma de interação. Por meio de páginas de "fãs" de certas marcas no Facebook, por exemplo,

profissionais de marketing são capazes de solicitar opiniões de diferentes estratos demográficos ao filtrarem dados de perfis de usuários registrados *on-line*. Sendo assim, o uso de mídias sociais facilita a definição do problema e o desenvolvimento de uma abordagem, conforme ilustrado pelo caso da Dell.

Pesquisa real

A Dell vai do inferno ao céu por meio das mídias sociais

Em junho de 2005, a Dell viu seus lucros ruírem e suas ações desabarem devido a uma indignação pública com a má funcionalidade e problemas de segurança em produtos da empresa, desde placas de rede defeituosas até explosões de bateria. O famoso blogueiro Jeff Jarvis cunhou o termo "Dell Hell" [inferno da Dell] quando consumidores passaram a ver a aquisição de produtos da empresa como uma experiência infernal. No entanto, isso era apenas a ponta do iceberg, sintoma dos problemas mais profundos enfrentados pela Dell. Por isso, era crucial que a empresa identificasse o problema e desenvolvesse uma abordagem de pesquisa.

Com a proliferação de postagens e comentários negativos *on-line*, a Dell analisou dados secundários disponíveis em *sites* de mídias sociais. A análise indicou que os problemas subjacentes enfrentados eram (1) os componentes deficientes nos *laptops* Dell (produtos defeituosos) e (2) deficiências no suporte e na resposta a queixas de consumidores. Como os produtos defeituosos representavam um problema técnico, os pesquisadores de marketing decidiram se concentrar no outro problema da Dell. O problema de decisão gerencial era: o que a Dell deve fazer para resolver as queixas dos consumidores? O problema amplo de pesquisa de marketing era determinar a efetividade de mídias tradicionais e mídias sociais como plataformas de suporte e resposta às queixas dos consumidores. Os componentes específicos do problema eram a determinação dos seguintes itens:

1. A efetividade do sistema atual na resposta às queixas dos consumidores
2. Se as mídias sociais representariam um sistema de suporte eficiente onde as queixas dos consumidores poderiam ser resolvidas
3. Se havia outras necessidades dos consumidores que as mídias sociais poderiam satisfazer

A análise de mídias sociais, além de dados secundários junto a fontes tradicionais, ajudou a Dell a formular o seguinte modelo analítico para explicar a escolha dos consumidores por uma mídia preferida para fazer suas reclamações.

Com base no modelo gráfico mostrado na próxima página, perguntas e hipóteses específicas de pesquisa foram formuladas. Quando os resultados dessa pesquisa favoreceram o uso de mídias sociais, a Dell preparou uma equipe técnica de suporte *on-line* para oferecer assistência a con-

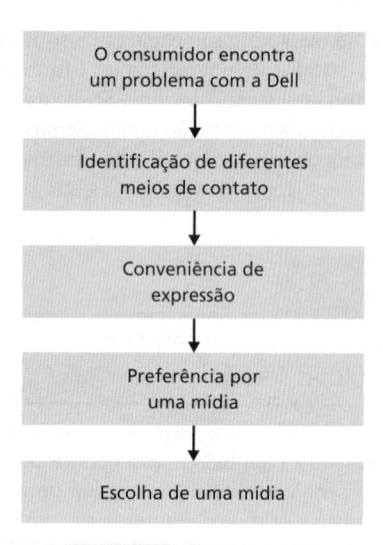

```
O consumidor encontra
um problema com a Dell
        ↓
Identificação de diferentes
meios de contato
        ↓
Conveniência de
expressão
        ↓
Preferência por
uma mídia
        ↓
Escolha de uma mídia
```

sumidores da Dell nessas mídias. Em julho de 2006, o *blog* Direct2Dell foi lançado para dar ouvidos e entrar em contato com consumidores da Dell. O Direct2Dell se tornou um meio moderado para a Dell se conectar diretamente com consumidores para ouvir suas queixas e oferecer-lhes suporte e *feedback* da forma mais ágil possível.

Com o sucesso do Direct2Dell na coleta de *feedback* e controle de comentários negativos, o IdeaStorm (www.ideastorm.com) foi criado em fevereiro de 2007 como uma plataforma de mídia social que envolve consumidores na geração de ideias e sugestões. Em 2008, a Dell superou a indignação pública de 2005 pelo uso de ferramentas de mídias sociais em pesquisa de marketing, tendo sucesso no controle e na redução de comentários desfavoráveis *on-line* de 49% para 20%. No início de 2008, a Dell divulgou que 27 inovações de produtos e processos haviam sido desenvolvidas como resultado direto das ideias enviadas por consumidores no IdeaStorm. A inclusão do sistema operacional Linux, por exemplo, em computadores de mesa da Dell foi motivada por inúmeras sugestões postadas no IdeaStorm. Até 2017, a comunidade da Dell contribuíra com mais de 25 mil ideias pelo IdeaStorm, e mais de 550 delas acabaram sendo implementadas.[30] ∎

Pesquisa de marketing em dispositivos móveis

A pesquisa de marketing em dispositivos móveis (MMR) pode ser útil tanto para definir o problema quanto para desenvolver uma abordagem a ele. Na maioria dos países do mundo, o telefone celular tornou-se um meio significativo de comunicação, sobretudo em ambientes de negócios. Por isso, o pesquisador pode usar a comunicação via celular para interagir com o(s) tomador(es) de decisão e com especialistas do ramo. O uso de MMR para análise de dados secundários será examinado no Capítulo 4 e para conduzir pesquisas qualitativas, no Capítulo 5. Assim, a MMR pode ser útil na condução das quatro tarefas necessárias para definir o problema de decisão gerencial e o problema de pesquisa de marketing, bem como para desenvolver uma abordagem para o problema.

Ética em pesquisa de marketing

Quando o processo de definição do problema e desenvolvimento de uma abordagem é comprometido pelas agendas pessoais do cliente (TD) ou do pesquisador, surgem questões éticas. Esse processo é afetado negativamente quando o TD tem objetivos ocultos, como obter uma promoção a um cargo gerencial de nível mais elevado ou justificar uma decisão já tomada. O TD tem a obrigação de ser franco e revelar ao pesquisador todas as informações relevantes que viabilizarão uma definição correta do problema de pesquisa de marketing. Da mesma forma, o pesquisador está eticamente obrigado a definir o problema de maneira a servir aos melhores interesses do cliente e não aos interesses da empresa de pesquisa. Em alguns casos, isso significa tornar os interesses da firma de pesquisa subservientes ao cliente, levando a um dilema de ordem ética.

Pesquisa real

Ético ou mais lucrativo?

Uma empresa de pesquisa de marketing é contratada por uma grande empresa de eletrônicos de consumo (p. ex., a Philips) para realizar um estudo de segmentação em grande escala cujo objetivo é melhorar sua participação no mercado. O pesquisador, depois de seguir o processo descrito neste capítulo, determina que o problema não é de segmentação do mercado, mas de distribuição. A empresa estaria carecendo de um sistema eficaz de distribuição, fato que limita sua participação de mercado. Entretanto, o problema de distribuição exige uma abordagem muito mais simples, que irá reduzir em grande medida o custo do projeto e os lucros da empresa de pesquisa. O que deve fazer o pesquisador? A empresa de pesquisa deve realizar a tarefa pedida pelo cliente, em vez daquela de que este necessita? Diretrizes éticas indicam que a empresa de pesquisa tem a obrigação de revelar o problema real ao cliente. Se, depois de discutido o problema de distribuição, o cliente ainda desejar a pesquisa de segmentação, a empresa de pesquisa deve sentir-se livre para realizá-la. A razão é que o pesquisador pode não saber com certeza quais são as motivações subjacentes ao comportamento do cliente.[31] ∎

Várias questões éticas também são pertinentes no desenvolvimento de uma abordagem. Quando um cliente solicita propostas, não com a intenção de contratar a pesquisa, mas de obter conhecimentos da empresa de pesquisa sem pagar, ocorre uma infração ética. Se o cliente rejeita a proposta de uma empresa de pesquisa, então a abordagem especificada por ela não deverá ser implementada pelo cliente, a menos que ele tenha pagado pela elaboração da proposta. Da mesma forma, a empresa de pesquisa tem a obrigação ética de desenvolver uma abordagem apropriada. Se a abordagem for utilizar modelos desenvolvidos em outro contexto, isso deve ser revelado ao cliente. Por exemplo, se o pesquisador for usar um modelo de satisfação dos clientes desenvolvido anteriormente para uma companhia de seguros (em um estudo de satisfação dos clientes para um banco), essa informação deve ser revelada. Modelos e abordagens exclusivos desenvolvidos por uma empresa de pesquisa são de sua propriedade e não devem ser reutilizados pelo cliente em estudos subsequentes sem a permissão da empresa de pesquisa.

Situações éticas como essas poderiam ser resolvidas de maneira satisfatória se cliente e pesquisador respeitassem os sete itens já discutidos: comunicação, cooperação, confiança, franqueza, proximidade, continuidade e criatividade. Isso leva a um relacionamento de confiança mútua capaz de evitar quaisquer tendências antiéticas.

Caso HP

Revise o caso HP, Caso 1.1, e o questionário apresentado no final do livro.

1. Faça uma pesquisa sobre a HP na Internet e descreva brevemente o contexto ambiental do problema da empresa.
2. Defina o problema de decisão gerencial confrontado pela HP ao tentar manter e aumentar sua posição de liderança no mercado de computadores pessoais.
3. Defina um problema de pesquisa de marketing adequado que corresponda à sua definição do problema de decisão gerencial.
4. Apresente um modelo gráfico que descreva a seleção de uma marca de computadores pessoais pelos consumidores.
5. Formule três questões de pesquisa com uma ou duas hipóteses associadas a cada uma.

Resumo

Definir o problema de pesquisa de marketing é a etapa mais importante de um projeto de pesquisa. Trata-se de uma etapa difícil, porque muitas vezes a gerência ainda não determinou o problema real ou só tem uma vaga ideia a respeito dele. O papel do pesquisador é ajudar a gerência a identificar e isolar o problema.

As tarefas envolvidas na formulação do problema de marketing incluem discussões com a gerência (e com os tomadores de decisões), entrevistas com especialistas do setor, análise de dados secundários e pesquisas qualitativas. Essas tarefas ajudam a compreender o contexto ambiental do problema para fazer a análise e a avaliação de fatores essenciais. Esses fatores incluem informações passadas e previsões a respeito do setor e da empresa, objetivos do tomador de decisão e da empresa, comportamento dos compradores, recursos e restrições, ambiente legal e econômico e qualificações mercadológicas e tecnológicas da empresa.

A análise do contexto ambiental ajuda na identificação do problema de decisão gerencial, o qual deve ser, então, transformado em um problema de pesquisa de marketing. O problema de decisão gerencial pergunta o que o tomador de decisão precisa fazer, ao passo que o problema de pesquisa de marketing pergunta que informações são necessárias e como elas podem ser obtidas de forma eficaz e eficiente. O pesquisador deve evitar definir o problema de pesquisa de marketing de forma excessivamente ampla ou restrita. Uma maneira apropriada de definir o problema de pesquisa de marketing é fazer uma declaração ampla do problema e, a seguir, identificar seus componentes específicos.

O desenvolvimento de uma abordagem ao problema é a segunda etapa do processo de pesquisa de marketing. São componentes de uma abordagem a estrutura objetiva/teórica, modelos analíticos, questões da pesquisa, hipóteses e especificação das informações necessárias. É preciso que a abordagem desenvolvida se baseie em evidências objetivas ou empíricas e que tenha fundamento teórico. As variáveis relevantes e seus inter-relacionamentos podem ser resumidos por meio de um modelo analítico. Os tipos mais comuns de estruturas de modelos são verbal, gráfico e matemático. As questões da pesquisa são enunciados aprimorados dos componentes específicos do problema que indagam que informações são necessárias com relação aos componentes do problema. As questões da pesquisa podem ser aprimoradas até se tornarem hipóteses. Finalmente, dadas a definição do problema, as questões da pesquisa e as hipóteses, é preciso especificar as informações necessárias.

Ao definir o problema em pesquisa de marketing internacional, o pesquisador deverá isolar e examinar o impacto do critério de autorreferência (CAR), ou a referência inconsciente aos valores culturais da própria pessoa. Da mesma forma, ao desenvolver uma abordagem, as diferenças ambientais predominantes no mercado doméstico e nos mercados externos devem ser consideradas com atenção. A análise do conteúdo de mídia social pode facilitar a definição de problema e o desenvolvimento de uma abordagem. A pesquisa de marketing em dispositivos móveis (MMR) pode ser útil na definição do problema e no desenvolvimento de uma abordagem para o problema, facilitando as tarefas que precisam ser realizadas. Várias questões éticas que têm impacto sobre o cliente e o pesquisador costumam surgir nesse estágio, mas podem ser resolvidas respeitando-se os sete itens: comunicação, cooperação, confiança, franqueza, proximidade, continuidade e criatividade.

Palavras-chave e conceitos fundamentais

definição do problema, 29
auditoria do problema, 31
pesquisa de experiência, 32
técnica do informante-chave, 32
pesquisa de usuário frequente, 32
dados secundários, 33
dados primários, 33
pesquisa qualitativa, 34
pesquisas-piloto, 34
estudos de caso, 34

contexto ambiental do problema, 34
objetivos, 36
comportamento do comprador, 36
ambiente legal, 37
ambiente econômico, 37
problema de decisão gerencial, 38
problema de pesquisa de marketing, 38
declaração ampla, 39
componentes específicos, 39
teoria, 41

evidências objetivas, 41
modelo analítico, 41
modelo verbal, 41
modelo gráfico, 41
modelo matemático, 41
questões de pesquisa, 42
hipótese, 43
critério de autorreferência, 45

Casos relacionados

Os casos listados a seguir são discutidos no final do livro.

1.1 HP Inc.

2.1 Baskin-Robbins **2.2** Akron Children's Hospital

4.1 JPMorgan Chase **4.2** Wendy's

Os casos listados a seguir estão distribuídos ao longo do livro, no final dos capítulos de 1 a 13.

2.1 Accenture **3.1** NFL **4.1** Mayo Clinic **5.1** Nike
8.1 P&G **9.1** eGO **10.1** Dunkin' Donuts **11.1** Nivea
12.1 Subaru **13.1** Intel **23.1** Marriott

Pesquisa ao vivo: realização de um projeto de pesquisa de marketing

1. Convide o cliente para discutir o projeto com a turma.
2. Faça com que a turma (ou diferentes equipes) analisem o contexto ambiental do problema: informações passadas e previsões, recursos e limitações, objetivos, comportamento do comprador, ambiente legal e econômico e capacidades tecnológicas e de marketing.
3. Junto ao cliente, faça uma apresentação do problema de decisão gerencial e do problema de pesquisa de marketing.
4. Peça que a turma ou determinadas equipes desenvolvam uma abordagem (estrutura analítica e modelos, questões de pesquisa, hipóteses e identificação das informações necessárias).

Exercícios

Perguntas

1. Qual é a primeira etapa na realização de um projeto de pesquisa de marketing?
2. Por que é importante definir corretamente o problema de pesquisa de marketing?
3. Por que a gerência muitas vezes não é clara a respeito do problema real?
4. Qual é o papel do pesquisador no processo de definição do problema?
5. O que é uma auditoria de problema?
6. Qual é a diferença entre um sintoma e um problema? Como um pesquisador experiente consegue diferenciar os dois e identificar um problema verdadeiro?
7. Quais são as diferenças entre um problema de decisão gerencial e um problema de pesquisa de marketing?
8. Quais são os tipos de erros comuns encontrados na definição de um problema de pesquisa de marketing? O que pode ser feito para reduzir a incidência de tais erros?
9. Como as questões da pesquisa se relacionam com os componentes do problema?
10. Quais são as diferenças entre as questões de pesquisa e as hipóteses?
11. É preciso que todo projeto de pesquisa tenha um conjunto de hipóteses? Por quê?
12. Quais são as formas mais comuns de modelos analíticos?
13. Dê um exemplo de modelo analítico que inclua os três tipos principais.
14. Descreva o papel da análise de mídia social na definição do problema e no desenvolvimento de uma abordagem do problema.
15. Descreva um programa de *software* para microcomputador que possa ser usado para auxiliar o pesquisador na definição do problema de marketing.
16. A pesquisa de marketing em dispositivos móveis é útil na definição do problema e no desenvolvimento de uma abordagem do problema? Como?

Problemas

1. Enuncie os problemas de pesquisa para cada um dos seguintes problemas de decisão gerencial.
   a. Deve ser lançado um novo produto?
   b. Deve-se mudar uma campanha de propaganda que está em andamento há três anos?
   c. É preciso aumentar a promoção nas lojas para uma linha de produtos existente?
   d. Que estratégia de preços deve ser adotada para um novo produto?
   e. Deve-se mudar o pacote de remuneração para motivar a equipe de vendas?
2. Enuncie problemas de decisão gerencial para os quais os seguintes problemas de pesquisa de marketing podem fornecer informações úteis.
   a. Estimar as vendas e a participação de mercado de lojas de departamentos em determinada área metropolitana.
   b. Determinar as características da concepção de um novo produto que resultariam em participação máxima de mercado.
   c. Avaliar a eficácia de comerciais de TV alternativos.
   d. Avaliar os territórios de vendas correntes e propostos com respeito a seu potencial de vendas e sua carga de trabalho.
   e. Determinar os preços para cada item em uma linha de produtos de forma a maximizar as vendas totais.
3. Identifique cinco sintomas de problemas enfrentados por um TD e uma causa plausível para cada um deles.
4. Para o primeiro componente do projeto de fidelização de uma loja de departamentos, identifique as questões de pesquisa relevantes e desenvolva hipóteses adequadas. (Dica: acompanhe de perto o exemplo dado neste capítulo para o quinto componente do projeto de fidelização da loja de departamentos.)
5. Suponha que você esteja fazendo um projeto para a Delta Air Lines. Identifique, a partir de fontes secundárias, os atributos ou fatores levados em conta pelos passageiros quando escolhem a empresa pela qual viajarão.

Exercícios para Internet e computador

1. Você é consultor da Coca-Cola e está trabalhando em um projeto de pesquisa de marketing para a Diet Coke.
   a. Use bancos de dados *on-line* para compilar uma lista de artigos relacionados com a Coca-Cola Company, a Diet Coke e a indústria de refrigerantes publicados durante o ano passado.
   b. Visite as páginas da Internet da Coca-Cola e da PepsiCo e compare as informações disponíveis em cada uma delas.
   c. Com base nas informações coletadas na Internet, redija um relatório sobre o contexto ambiental que envolve a Diet Coke.
2. Selecione qualquer empresa. Usando dados secundários, obtenha informações sobre as vendas anuais da empresa e do respectivo setor nos últimos 10 anos. Use um pacote de planilha, como o Excel, ou qualquer outro pacote estatístico para microcomputadores ou computadores de grande porte a fim de desenvolver um modelo gráfico relacionando as vendas da empresa com as do setor. Que inferências podem ser feitas a partir do gráfico?
3. Visite as páginas da Internet de marcas concorrentes de tênis (Nike, Reebok, Asics). A partir de uma análise das informações disponíveis nos *sites*, determine os fatores dos critérios de escolha usados pelos consumidores ao optar por uma marca de tênis.
4. O Bank of America quer saber como elevar sua participação de mercado e contratou você como consultor. Leia os relatórios 10-K do Bank of America e de três bancos concorrentes em www.sec.gov/edgar.shtml e analise o contexto ambiental do problema.

Atividades

Dramatização

1. Peça a um colega que faça o papel de tomador de decisões (TD) de uma empresa local de refrigerantes que está pensando em lançar um refrigerante de lima-limão. Esse produto seria posicionado como um refrigerante de "mudança de ritmo", para ser consumido por todos aqueles que bebem refrigerantes, inclusive os consumidores de refrigerantes à base de cola. Você deve desempenhar o papel de um pesquisador. Discuta com o TD e identifique o problema de decisão gerencial. Transforme o problema gerencial em um enunciado escrito do problema de pesquisa. O TD concorda com sua definição? Desenvolva uma abordagem para o problema de pesquisa que você identificou.
2. Você é o vice-presidente de marketing da American Airlines e gostaria de aumentar sua participação de mercado nos negócios. Faça uma lista dos objetivos relevantes para a American Airlines. Como TD, quais são seus objetivos pessoais?

Trabalho de campo

1. Agende um encontro e visite uma livraria, um restaurante ou qualquer loja localizada no *campus* da universidade ou nas proximidades. Converse com o tomador de decisões. Você consegue identificar um problema de pesquisa de marketing que possa ser abordado de forma proveitosa?
2. Analise a visita de campo descrita em (1). Para o problema que você definiu, desenvolva um modelo analítico, as questões de pesquisa e as hipóteses adequadas. Converse a respeito disso com o tomador de decisões que você visitou anteriormente.

Discussão em grupo

1. Forme um grupo de cinco ou seis pessoas para discutir a seguinte afirmação: "a identificação e definição adequadas do problema de pesquisa de marketing são mais cruciais para o sucesso de um projeto de pesquisa de marketing do que técnicas de pesquisa sofisticadas". Seu grupo chegou a algum consenso?
2. Sabemos que a Coca-Cola Company mudou o carro-chefe de sua marca de 99 anos para New Coke e, mais tarde, voltou para a antiga favorita, a Coca-Cola Classic. Em um grupo de quatro pessoas, leia a maior quantidade de material possível a respeito deste "fracasso de marketing". Identifique o problema de decisão enfrentado pela gerência da Coke. Como uma equipe de pesquisadores, defina o problema de pesquisa de marketing e seus componentes específicos.
3. Forme um grupo diferente de cinco ou seis pessoas para discutir a seguinte afirmação: "Pesquisa teórica e pesquisa aplicada não devem ser misturadas. Assim, é um equívoco insistir que uma abordagem para um problema de pesquisa de marketing aplicado deva se basear na teoria".

CASO 2.1

Accenture: o acento está no nome

Em 2018, a Accenture (www.accenture.com) é uma empresa líder global em serviços profissionais, oferecendo uma ampla gama de serviços e soluções em estratégia, consultoria, digital, tecnologia e operações, e uma das maiores empresas de *software* e serviços de informática na lista Global 500 da *Fortune*. Conta com mais de 375 mil funcionários e faturou US$ 34,8 bilhões em 2016. Por meio de sua rede de negócios, a empresa aprimora seus conhecimentos de consultoria, tecnologia e terceirização por meio de alianças, empresas afiliadas, capital de risco e outros recursos. A Accenture oferece inovações que ajudam os clientes de todos os segmentos a concretizar rapidamente suas visões. Com mais de 110 escritórios em cerca de 50 países, a Accenture mobiliza rapidamente seus recursos globais amplos e minuciosos para acelerar resultados para seus clientes. A empresa tem ampla experiência em 18 grupos da indústria em áreas de negócios fundamentais, como gerenciamento de relações com o cliente, gerenciamento de cadeias de suprimentos, estratégias de negócios, tecnologia e terceirização. Os clientes da Accenture incluem 89 empresas das listadas na Global 100 da revista *Fortune* e mais da metade das relacionadas na lista Global 500 da mesma revista.

A Accenture chamava-se originalmente Andersen Consulting e foi criada em 1989 como parte da Arthur Andersen. Em 2000, a Andersen Consulting conquistou o direito de separar-se da Arthur Andersen depois que a empresa-mãe violou acordos contratuais, entrando em áreas de serviço nas quais a Andersen Consulting já possuía uma liderança consolidada. Entretanto, isso requeria a mudança do nome Andersen Consulting. Essa alteração foi um evento extremamente significativo, pois a Andersen Consulting tinha construído um importante valor de marca com esse nome, em parte com um gasto de cerca de US$ 7 bilhões ao longo de 10 anos. Além disso, o nome precisava ser registrado em 47 países. Assim, a mudança do nome tornou-se uma prioridade, e a empresa concentrou tempo e esforços consideráveis nessa tarefa.

A primeira coisa a ser feita era escolher um novo nome. A Andersen Consulting desafiou seus funcionários a propor sugestões para o novo nome com a criação de um concurso interno. O concurso resultou em uma lista de mais de 2.500 alternativas. Depois de extensas pesquisas de marketing com vários dos nomes, que incluíram levantamentos de clientes-alvo, a empresa decidiu-se pelo nome Accenture. Uma pesquisa de marketing revelou que "Acc" no nome conota realização e acessibilidade e que o nome soa como "aventura". Essa escolha foi feita porque o nome transmitia a mensagem de que a empresa estava voltada para o futuro. Também um tempo considerável foi destinado à criação de uma nova logomarca. A versão final era o nome da empresa acentuado com um símbolo "maior que" (>) sobre a letra *t*; com isso, a empresa acredita enfatizar seu enfoque no futuro.

Outra tarefa, que ocorreu simultaneamente com a primeira, era difundir a novidade e preparar o mercado-alvo para a mudança do nome. A empresa começou a veicular anúncios notificando a todos que seu nome mudaria no início de 2001. A Accenture tinha um grupo bem-definido de empresas que formava seu mercado-alvo e tinha que centrar seus esforços nesse grupo. Uma propaganda criada pela Young & Rubicam com o nome antigo sendo "apagado" no canto do anúncio, seguido de "Renomeada. Redefinida. Renascida em 01.01.01" montou o cenário para a mudança. Uma pesquisa de marketing descobriu que a data de lançamento da nova marca, 01.01.01, tinha ressonância no setor de computadores, pois 0 e 1 são os dois dígitos do universo binário da computação.

Finalmente, em 1° de janeiro de 2001, a empresa anunciou seu novo nome ao mundo. A campanha inicial ilustrou a mudança com o *slogan* "Renomeada. Redefinida. Renascida". A Accenture utilizou essa oportunidade não apenas para apresentar seu novo nome, mas também para vender seus serviços e ajudar as pessoas a compreender o que ela tinha a oferecer. No final, a Accenture gastou um total de US$ 175 milhões para criar sua nova marca, mas ela não parou por aí. Em fevereiro, deu início a uma nova campanha, chamada "Agora é que fica interessante". Essa campanha tomou a perspectiva de que, apesar de todas as mudanças incríveis que tinham ocorrido recentemente devido à tecnologia, havia ainda mais desafios esperando adiante. Os comerciais mostraram como a Accenture podia ajudar seus clientes a capitalizar essas mudanças. O sucesso dessa campanha ficou evidente no aumento das visitas ao *site* da empresa. Isso é muito importante para a Accenture, porque ela acredita que, se consegue fazer alguém visitar seu *site*, então existe uma oportunidade melhor de contar sua história por inteiro. Depois, veio o tema "Eu sou sua ideia". Essa campanha foi seguida pela "Alto desempenho. Alcançado", que ainda estava sendo veiculada em 2017.

A Accenture tem tido êxito em sua empreitada de transferir seu valor de marca a seu novo nome. As pesquisas de marketing revelaram que ela conta com cerca de 50% de consciência de marca junto ao público, o que é essencialmente o mesmo número que tinha com o nome antigo. O marketing da Accenture vai muito além do nome, já que está sendo frequentemente desafiado devido às constantes mudanças que recaem sobre o produto oferecido.

Conclusão

O caso descreve a pesquisa de marketing realizada pela Andersen Consulting para mudar seu nome, ao mesmo tempo em que mantinha o patrimônio de marca e a receptividade de seu nome anterior. A Andersen Consulting conseguiu fazer a transição bem-sucedida para um novo nome e uma nova identidade, refletindo as novas realidades do mercado e o posicionamento da Accenture. Encontrar um novo nome é só o começo; o reposicionamento de uma marca global atualmente exige boa pesquisa de marketing, marketing criativo, grandes orçamentos e conhecimento das futuras tendências. Tais esforços ajudarão a Accenture a fortalecer ainda mais o acento em seu nome, construindo o patrimônio da marca.

Questões

1. Discuta o papel da pesquisa de marketing para auxiliar a Andersen Consulting a escolher um novo nome (Accenture).
2. Defina o mercado-alvo da Accenture. Discuta o papel da pesquisa de marketing para auxiliar a Accenture a entender as necessidades de seus clientes-alvo.
3. A Accenture gostaria de aumentar a preferência e a fidelidade por seus serviços. Descreva o problema de decisão gerencial.
4. Defina um problema de pesquisa de marketing adequado correspondente ao problema de decisão gerencial identificado na pergunta 3.
5. Desenvolva um modelo gráfico explicando como uma empresa da *Fortune* 500 selecionaria uma organização de consultoria.
6. Desenvolva duas questões de pesquisa, cada uma com duas hipóteses, com base no problema de pesquisa de marketing definido na questão 4.

Referências

1. Ver www.accenture.com, acessed February 10, 2017.
2. Todd Wasserman, "Accenture Accents Idea Campaign", *Brandweek* (September 30, 2002):4.

PARTE II

FORMULAÇÃO DA CONCEPÇÃO DE PESQUISA

A concepção da pesquisa (etapa 3) é realizada depois que o problema já foi definido (etapa 1) e a abordagem foi desenvolvida (etapa 2). Esta parte do texto descreve detalhadamente as concepções de pesquisa exploratória, descritiva e causal. A pesquisa exploratória envolve dados secundários e pesquisa qualitativa; a pesquisa descritiva emprega métodos de levantamento e de observação. A metodologia principal utilizada nas concepções causais é a experimentação. Descrevemos as escalas primárias de mensuração e as técnicas de escalonamento comparativas e não comparativas comumente utilizadas. Apresentamos várias diretrizes para a elaboração de questionários e explicamos os procedimentos, as técnicas e as considerações estatísticas presentes na amostragem. Gestores e pesquisadores certamente encontrarão aqui valioso material de estudo.

Capítulo 3   Concepção de Pesquisa   56

Capítulo 4   Concepção de Pesquisa Exploratória: Dados Secundários e por Assinatura   80

Capítulo 5   Concepção de Pesquisa Exploratória: Pesquisa Qualitativa   108

Capítulo 6   Concepção de Pesquisa Descritiva: Levantamento e Observação   143

Capítulo 7   Concepção de Pesquisa Causal: Experimentação   183

Capítulo 8   Mensuração e Escalonamento: Fundamentos e Escalas Comparativas   211

Capítulo 9   Mensuração e Escalonamento: Técnicas de Escalonamento Não Comparativas   231

Capítulo 10   Elaboração de Questionários e Formulários   256

Capítulo 11   Amostragem: Concepção e Procedimentos   287

Capítulo 12   Amostragem: Determinação do Tamanho Inicial e Final da Amostra   318

CAPÍTULO 3

Concepção de Pesquisa

> *A concepção de uma pesquisa é o roteiro que orienta sua jornada através do desenvolvimento de levantamentos, da coleta de dados, da análise e da preparação de relatórios. Como em qualquer jornada, você deve saber para onde está indo (definição do problema) e ter um bom mapa para levá-lo até lá (uma concepção de pesquisa apropriada).*

David Rothstein, CEO, RTi Research

Objetivos

Após a leitura deste capítulo, o aluno conseguirá:

1. Definir concepção de pesquisa, classificar várias concepções de pesquisa e explicar as diferenças entre pesquisas exploratórias e conclusivas.
2. Comparar e contrastar as concepções básicas de pesquisa: exploratória, descritiva e causal.
3. Descrever as principais fontes de erros em uma concepção de pesquisa, incluindo o erro da amostragem aleatória e as várias fontes de erro não amostral.
4. Discutir aspectos gerenciais da coordenação de projetos de pesquisa, particularmente o orçamento e a programação.
5. Descrever os elementos de uma proposta de pesquisa de marketing e mostrar como eles abordam as diversas etapas do processo de pesquisa de marketing.
6. Explicar a concepção de pesquisa na pesquisa de marketing internacional.
7. Discutir como a análise de conteúdo de mídias sociais pode facilitar o processo de concepção de pesquisa.
8. Examinar a implementação de várias concepções de pesquisa em pesquisa de marketing em dispositivos móveis.
9. Compreender as questões e os conflitos éticos que surgem na formulação de uma concepção de pesquisa.

Aspectos gerais

O Capítulo 2 mostrou como definir um problema de pesquisa de marketing e desenvolver uma abordagem adequada. Essas duas primeiras etapas são decisivas para o sucesso de todo o projeto de pesquisa de marketing. Uma vez concluídas, o pesquisador deve voltar sua atenção para a concepção de um projeto de pesquisa por meio da formulação de um planejamento detalhado de pesquisa (ver Figura 2.1 no Capítulo 2).

Este capítulo define e classifica concepções de pesquisa. Descrevemos os dois principais tipos de pesquisa: exploratória e conclusiva. Além disso, classificamos as pesquisas conclusivas como descritivas ou causais e discutimos ambas detalhadamente. A seguir, analisamos as diferenças entre os dois tipos de estudos descritivos, transversal e longitudinal, e identificamos fontes de erros. Abordamos o orçamento e a programação de um projeto de pesquisa e apresentamos diretrizes para a redação de uma proposta de pesquisa de marketing. São debatidas as circunstâncias especiais presentes na formulação de uma pesquisa de marketing internacional. O papel das mídias sociais na formulação de concepção de pesquisa é descrito, e é abordada a implementação dessa concepção em pesquisa de marketing em dispositivos móveis. Várias questões éticas que surgem neste estágio do processo de pesquisa de marketing são analisadas. O leitor entenderá melhor os conceitos apresentados neste capítulo ao considerar o exemplo a seguir, que ilustra pesquisas exploratórias e conclusivas.

Pesquisa real

Mais do que simples causas

Em um estudo de marketing relacionado a causas, realizou-se uma pesquisa exploratória na forma de análise de dados secundários e grupos de foco para identificar as causas sociais com as quais as empresas americanas deveriam se preocupar. Como resultado, as seguintes causas foram identificadas como as mais importantes: assistência à infância, uso de drogas, ensino público, fome, criminalidade, meio ambiente, pesquisa médica e pobreza.

Assim, iniciou-se uma pesquisa conclusiva na forma de um levantamento transversal descritivo para quantificar como e por que o marketing relacionado a causas influencia as percepções que os consumidores têm das empresas e marcas e para determinar a importância relativa das causas identificadas em pesquisas exploratórias. Uma amostra aleatória de 2 mil pessoas nos Estados Unidos foi a base de um levantamento por telefone. Aproximadamente 61% dos respondentes disseram que, se o preço e a qualidade fossem iguais, eles trocariam de marcas ou de lojas por empresas que apoiam boas causas em nível local ou nacional. O levantamento também revelou que 68% dos consumidores pagariam mais por um produto ligado a uma boa causa. O apoio das empresas a boas causas produz uma imagem mais positiva e de mais confiança na empresa, segundo 66% dos respondentes. A importância relativa das causas sociais que as empresas devem considerar é mostrada na tabela a seguir.

Questões sociais que as empresas deveriam se esforçar ao máximo para resolver

Questão social	Porcentagem que afirma ser a principal preocupação
Ensino público	33
Criminalidade	32
Meio ambiente	30
Pobreza	24
Pesquisa médica	23
Fome	23
Assistência à infância	22
Uso de drogas	18

Sendo coerente com essas descobertas, a Starbucks (www.starbucks.com) decidiu ajudar o meio ambiente providenciando uma xícara de café "ecológica", compostagem de borra de café e sacos de aniagem recicláveis. A Starbucks, junto a organizações internacionais especializadas em café, como a Federación Nacional de Cafeteros de Colombia e a Specialty Coffee Association of America, deu aconselhamento a muitas organizações ambientais a respeito de como produzir café de forma a não prejudicar o planeta. Assim, estabeleceu-se uma extensa série de diretrizes chamadas "Princípios conservacionistas na produção de café". A empresa também tem iniciativas para fomentar pequenos cafeicultores, programas comunitários locais e doações de caridade. Em 2015, a Starbucks anunciou que irá arcar integralmente com as mensalidades de seus funcionários em um programa de estudos *on-line* na Arizona State University, oportunizando a obtenção de diploma. Existem até incentivos aos funcionários e prêmios por voluntariado nessas causas. Um dos programas sociais mais recentes oferece pagamento em dinheiro às empresas em proporção às horas de voluntariado de seus funcionários. Assim, a Starbucks diferenciou sua marca e melhorou sua imagem de uma maneira que não teria sido possível por meio de mera filantropia.[1] ∎

Como indica esse exemplo, em nível mais amplo, dois tipos principais de pesquisa são utilizados na pesquisa de marketing: exploratória e conclusiva. Uma compreensão dos fundamentos da concepção de pesquisa e de seus componentes permite que o pesquisador formule uma concepção que seja adequada para o problema em pauta.

Concepção de pesquisa: definição

A **concepção de pesquisa** é uma estrutura para a realização do projeto de pesquisa de marketing. Ela detalha os procedimentos necessários para a obtenção das informações indispensáveis para estruturar ou resolver problemas de pesquisa de marketing. Embora uma abordagem ampla do problema já tenha sido desenvolvida, a concepção especifica os detalhes – as questões práticas – da implementação dessa abordagem. A concepção prepara a base para a realização do projeto. Um bom planejamento assegura a realização do projeto de pesquisa de marketing de forma eficaz e eficiente. Normalmente, um planejamento de pesquisa envolve os seguintes componentes ou tarefas:

1. Definir as informações necessárias (Capítulo 2).
2. Conceber as fases exploratória, descritiva e/ou causal da pesquisa (Capítulos 3 a 7).
3. Especificar os procedimentos de medição e escalonamento (Capítulos 8 e 9).
4. Construir e pré-testar um questionário (ou formulário de entrevista) ou outro formulário adequado para a coleta de dados (Capítulo 10).
5. Especificar o processo de amostragem e o tamanho da amostra (Capítulos 11 e 12).
6. Desenvolver um plano de análise de dados (Capítulo 14).

Cada um desses componentes será discutido mais detalhadamente nos próximos capítulos. Primeiro, devemos aprofundar nosso entendimento da concepção de pesquisa com uma classificação de seus diferentes tipos.

concepção de pesquisa
Estrutura para a realização do projeto de pesquisa de marketing. Ela especifica os detalhes dos procedimentos necessários para a obtenção das informações indispensáveis para estruturar e/ou resolver problemas de pesquisa de marketing.

Concepção de pesquisa: classificação

De forma ampla, a pesquisa pode ser classificada como exploratória ou conclusiva (ver Figura 3.1). As diferenças entre elas estão resumidas na Tabela 3.1. O principal objetivo da **pesquisa exploratória** é ajudar a compreender o problema enfrentado pelo pesquisador.[2] A pesquisa exploratória é usada em casos nos quais é necessário definir o problema com mais precisão, identificar cursos relevantes de ação ou obter dados adicionais antes de poder desenvolver uma abordagem. As informações necessárias são definidas apenas de forma muito ampla neste estágio, e o processo de pesquisa adotado é flexível e não estruturado. Por exemplo, ele pode consistir em entrevistas pessoais com especialistas do setor. A amostra, selecionada para gerar o máximo de discernimento, é pequena e não representativa. Os dados primários são de natureza qualitativa, sendo analisados como tal. Dadas essas características do processo de pesquisa, as constatações da pesquisa exploratória devem ser consideradas ensaios, resultados não definitivos ou dados para pesquisas posteriores. Normalmente, essa pesquisa é seguida por pesquisas exploratórias adicionais ou por pesquisas conclusivas. Em alguns casos, a pesquisa exploratória, especialmente a qualitativa, acaba se constituindo em toda a pesquisa feita. Nesses casos, deve-se tomar cuidado na utilização das constatações. A pesquisa exploratória será vista com mais detalhes na próxima seção.

pesquisa exploratória
Tipo de concepção de pesquisa que tem como principal objetivo ajudar a compreender a situação-problema enfrentada pelo pesquisador.

As informações obtidas com a pesquisa exploratória podem ser verificadas ou quantificadas por uma pesquisa conclusiva, como no exemplo de abertura. A importância das causas sociais relevantes para as quais as empresas deveriam voltar-se, identificadas por meio de pesquisas exploratórias,

```
                    ┌─────────────────────────┐
                    │  Concepção de pesquisa  │
                    └─────────────────────────┘
                         │              │
              ┌──────────┘              └──────────┐
              ▼                                    ▼
       ┌──────────────┐                    ┌──────────────┐
       │  Concepção   │                    │  Concepção   │
       │  de pesquisa │                    │  de pesquisa │
       │ exploratória │                    │  conclusiva  │
       └──────────────┘                    └──────────────┘
                                              │         │
                                     ┌────────┘         └────────┐
                                     ▼                           ▼
                              ┌─────────────┐            ┌─────────────┐
                              │  Pesquisa   │            │  Pesquisa   │
                              │ descritiva  │            │   causal    │
                              └─────────────┘            └─────────────┘
                                │        │
                        ┌───────┘        └───────┐
                        ▼                        ▼
                 ┌────────────┐           ┌────────────┐
                 │  Estudo    │           │  Estudo    │
                 │ transversal│           │longitudinal│
                 └────────────┘           └────────────┘
                  │        │
           ┌──────┘        └──────┐
           ▼                      ▼
     ┌────────────┐        ┌────────────┐
     │  Estudo    │        │  Estudo    │
     │ transversal│        │ transversal│
     │   único    │        │  múltiplo  │
     └────────────┘        └────────────┘
```

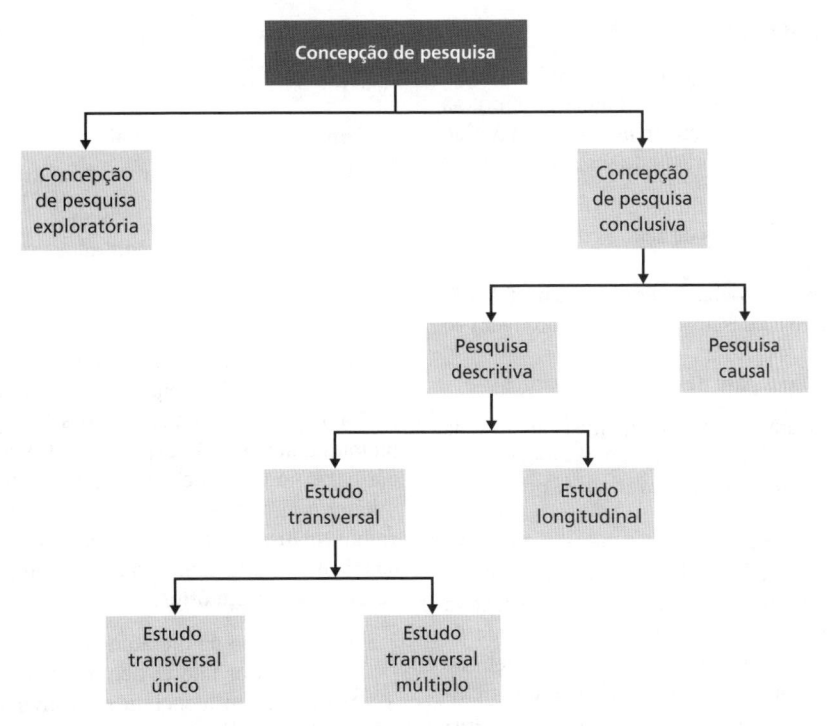

FIGURA 3.1 Classificação de concepções de pesquisa de marketing.

foi determinada por um levantamento (pesquisa conclusiva) que mostrou que o ensino público era a causa mais preocupante para 33% dos respondentes. O objetivo da pesquisa conclusiva é testar hipóteses e examinar relações específicas. Isso requer que o pesquisador especifique claramente as informações necessárias.[3] A **pesquisa conclusiva**, geralmente mais formal e estruturada que a exploratória, baseia-se em amostras grandes e representativas, e os dados obtidos estão sujeitos a uma análise quantitativa. Considera-se que as constatações dessa pesquisa sejam de natureza conclusiva, uma vez que são usadas como dados para a tomada de decisões gerenciais. (Entretanto, deve-se observar que, da perspectiva da filosofia da ciência, nada pode ser provado e nada é conclusivo.) Como mostra a Figura 3.1, as pesquisas conclusivas podem ser descritivas ou causais, e as pesquisas descritivas podem ser transversais ou longitudinais. Cada uma dessas classificações será discutida a seguir, começando com a pesquisa exploratória.

pesquisa conclusiva
Pesquisa concebida para auxiliar o tomador de decisões a determinar, avaliar e selecionar o melhor curso de ação em determinada situação.

PESQUISA ATIVA

Holiday Inn: tudo em família

Visite www.ihg.com e pesquise na Internet, incluindo mídias sociais e bancos de dados digitais da sua biblioteca, para obter informação relevante. Escreva um relatório sobre as várias marcas de hotel de propriedade do InterContinental Hotels Group (IHG).

Que tipo de pesquisa você realizaria para determinar uma estratégia de marketing coerente para as diversas marcas de hotel do IHG?

Como vice-presidente de marketing do IHG, discuta o papel que a pesquisa exploratória e conclusiva pode desempenhar na determinação de uma estratégia de marketing coerente para as marcas de hotel sob o guarda-chuva do IHG.

TABELA 3.1
Diferenças entre pesquisa exploratória e pesquisa conclusiva

	Exploratória	Conclusiva
Objetivo:	Oferecer discernimento e compreensão	Testar hipóteses específicas e examinar relações
Características:	As informações necessárias são definidas de forma ampla. O processo de pesquisa é flexível e não estruturado. A amostra é pequena e não representativa. A análise dos dados primários é qualitativa.	As informações necessárias são claramente definidas. O processo de pesquisa é formal e estruturado. A amostra é grande e representativa. A análise de dados é quantitativa.
Constatações/Resultados:	Não definitivos	Conclusivos
Resultado:	Geralmente seguida por outras pesquisas exploratórias ou conclusivas.	As constatações são usadas como dados para a tomada de decisão.

Pesquisa exploratória

Como o nome indica, o objetivo da pesquisa exploratória é explorar ou fazer uma busca em um problema ou em uma situação a fim de fornecer informações e maior compreensão (Tabela 3.2). A pesquisa exploratória pode ser usada para:

- Formular um problema ou defini-lo com mais precisão
- Identificar cursos alternativos de ação
- Desenvolver hipóteses
- Isolar variáveis e relações-chave para exame posterior[4]
- Obter informações para desenvolver uma abordagem ao problema
- Estabelecer prioridades para pesquisas posteriores

O exemplo de abertura na seção inicial ilustrou o uso da pesquisa exploratória para identificar as causas sociais com que as empresas dos Estados Unidos deveriam se preocupar. Foram identificadas como mais importantes as seguintes causas: assistência à infância, uso de drogas, ensino público, fome, criminalidade, meio ambiente, pesquisa médica e pobreza. Em geral, a pesquisa exploratória é significativa em qualquer situação em que o pesquisador não dispõe de entendimento suficiente para prosseguir com o projeto de pesquisa. A pesquisa exploratória caracteriza-se por flexibilidade e versatilidade com respeito aos métodos, pois não são empregados protocolos e procedimentos formais de pesquisa. Questionários estruturados, grandes amostras e planos de amostragem probabilística raramente estão envolvidos; em vez disso, os pesquisadores estão sempre alerta para novas ideias e informações à medida que procedem com a pesquisa. Com o surgimento de uma nova ideia ou *insight*, eles podem alterar a pesquisa nessa direção, que é seguida até que suas possibilidades estejam esgotadas ou que outra direção seja descoberta. Por isso, o foco da investigação pode mudar constantemente à medida que novos *insights* apareçam. Assim, a criatividade e a engenhosidade do pesquisador têm um papel muito importante na pesquisa exploratória. Contudo, as qualidades do pesquisador não são os únicos determinantes para uma boa pesquisa desse tipo; ela pode se beneficiar muito utilizando os métodos a seguir (ver Tabela 3.2):

Entrevistas com especialistas (ver Capítulo 2)

Levantamentos-piloto (ver Capítulo 2)

Estudos de caso (Capítulo 2)

Dados secundários analisados de forma qualitativa (ver Capítulo 4)

Pesquisa qualitativa (ver Capítulo 5)

O uso de pesquisa exploratória na definição do problema e no desenvolvimento de uma abordagem foi discutido no Capítulo 2. As vantagens e desvantagens da pesquisa exploratória ainda serão expostas no Capítulo 4 (Dados secundários) e no Capítulo 5 (Pesquisa qualitativa). Para ajudar o leitor a visualizar as aplicações da pesquisa exploratória, vamos analisar a seguir o projeto de fidelização de clientes da loja de departamentos, o qual empregou os seguintes tipos de estudos exploratórios:

- Uma revisão da literatura acadêmica e empresarial para identificar os fatores demográficos e psicográficos relevantes que influenciam a preferência dos consumidores por lojas de departamentos.
- Entrevistas com especialistas em varejo para determinar tendências, como a emergência de novos tipos de pontos de vendas e mudanças nos padrões de preferência dos consumidores (p. ex., comprar pela Internet).
- Uma análise comparativa das cinco melhores e cinco piores lojas da mesma cadeia para ter alguma ideia dos fatores que influenciam o desempenho das lojas.
- Grupos de foco para determinar os fatores que os consumidores consideram importantes na seleção de lojas de departamentos.

Uma ilustração adicional de pesquisa exploratória é dada pelo exemplo a seguir.

TABELA 3.2
Comparação entre concepções básicas de pesquisa

	Exploratória	Descritiva	Causal
Objetivo:	Descobrir ideias e informações	Descrever características ou funções do mercado	Determinar relações de causa e efeito
Características:	Flexível, versátil	Marcada pela formulação prévia de hipóteses	Manipulação de uma ou mais variáveis independentes
	Muitas vezes, ponto de partida de toda a concepção	Concepção pré-planejada e estruturada	Medida do efeito sobre a(s) variável(eis) dependente(s)
			Controle de outras variáveis mediadoras
Métodos:	Entrevistas com especialistas	Dados secundários: análise quantitativa	Experimentos
	Levantamentos-piloto, estudos de caso	Levantamentos	
	Dados secundários: análise qualitativa	Painéis	
	Pesquisa qualitativa	Observação e outros dados	

Pesquisa real

Pesquisa exploratória no setor bancário

Em 2018, o Bank of America (www.bankofamerica.com) é uma das maiores instituições financeiras do mundo. A companhia tem operações em mais de 35 países em toda a Europa, o Oriente Médio, a África, a Ásia e as Américas. Com o objetivo de aumentar sua fatia em um mercado altamente competitivo, o Bank of America realizou uma pesquisa exploratória utilizando grupos de foco de clientes atuais e potenciais para descobrir onde deveriam ser abertas novas agências e quais novos produtos deveriam ser introduzidos. A pesquisa exploratória gerou muitas ideias de novos produtos. Essas ideias foram investigadas com pesquisa descritiva na forma de levantamentos junto a clientes e não clientes. A pesquisa permitiu que o Bank of America introduzisse com sucesso novos produtos, como verificação inovadora, poupança e contas institucionais, e melhorasse sua lucratividade.

Grupos de foco seguidos de levantamentos por telefone revelaram que um grande segmento de famílias aceitava pagar juros pelo uso de cheques especiais, mas indispunha-se a pagar taxas de manutenção de conta corrente. Esses consumidores mantinham altos saldos em suas contas correntes e, portanto, estavam abertos a uma exigência de saldo mínimo razoável. Consequentemente, o Bank of America introduziu o pagamento de juros sem taxas (mensais ou por cheque) com uma exigência de saldo mínimo de US$10.000. A pesquisa exploratória e a pesquisa descritiva ajudaram o Bank of America a se tornar um dos maiores bancos do mundo com um posicionamento de marca de "Banco das Oportunidades".[5] ∎

Observe que o Bank of America não se baseou exclusivamente na pesquisa exploratória. Uma vez identificadas as novas ideias sobre produtos, eles foram testados por pesquisas descritivas na forma de levantamentos.

Pesquisa descritiva

Como o nome indica, o principal objetivo da **pesquisa descritiva** é descrever alguma coisa – normalmente, características ou funções de mercado (ver Tabela 3.2). A pesquisa descritiva é realizada para:

pesquisa descritiva
Tipo de pesquisa conclusiva que tem como principal objetivo a descrição de algo – normalmente características ou funções do mercado.

1. Descrever as características de grupos relevantes, como consumidores, vendedores, organizações ou áreas de mercado. Por exemplo, podemos desenvolver um perfil dos "grandes usuários" (compradores frequentes) de lojas de departamentos de prestígio como a Neiman Marcus.
2. Estimar a porcentagem de unidades em uma população específica que exibe um determinado comportamento. Por exemplo, podemos estar interessados em estimar a porcentagem de grandes usuários de lojas de departamentos de prestígio que também frequentam lojas de descontos.
3. Determinar as avaliações de características de produtos. Por exemplo, o que as famílias acham de várias lojas de departamentos em termos de fatores relevantes dos critérios de escolha?
4. Estabelecer em que grau estão associadas as variáveis de marketing. Por exemplo, até que ponto comprar em lojas de departamentos está relacionado com refeições fora de casa?
5. Fazer previsões específicas. Por exemplo, quanto venderá a Neiman Marcus (loja específica) em roupas de moda (categoria específica de produto) na área de Dallas (região específica)?

O exemplo no início do capítulo empregou a pesquisa descritiva na forma de um levantamento realizado para quantificar a relevância das diferentes causas sociais para as empresas. Como mostram esses exemplos, a pesquisa descritiva pressupõe que o pesquisador possui grande conhecimento prévio a respeito da situação-problema.[6] No exemplo de abertura, as causas sociais relevantes já tinham sido identificadas por meio de pesquisas exploratórias antes de a pesquisa descritiva ser realizada. Na verdade, uma importante diferença entre as pesquisas exploratória e descritiva é que esta se caracteriza pela formulação prévia de hipóteses específicas. Assim, as informações necessárias estão claramente definidas. Em consequência disso, a pesquisa descritiva é pré-planejada e estruturada e, normalmente, baseia-se em amostras grandes e representativas. Uma concepção formal de pesquisa especifica os métodos para a seleção das fontes de informações e para a coleta de dados. Uma concepção descritiva requer uma especificação clara da pesquisa em termos de quem, o quê, quando, onde, por que e como. (É interessante observar que jornalistas usam uma fórmula semelhante para descrever uma situação.) Ilustramos isso no contexto do projeto de fidelização da loja de departamentos.

Projeto de pesquisa

Os seis fatores

1. **Quem** – Quem deve ser considerado um cliente de uma determinada loja de departamentos? Algumas possibilidades são:
    a. Qualquer um que entre na loja, fazendo ou não alguma compra.
    b. Qualquer um que compre algo na loja.
    c. Qualquer um que faça compras na loja ao menos uma vez por mês.
    d. O membro da família responsável pela compra em lojas de departamentos.
2. **O quê** – Quais informações devem ser obtidas dos entrevistados? Uma ampla variedade de informações pode ser obtida, inclusive:
    a. Frequência com que diferentes lojas de departamentos são preferidas para categorias específicas de produtos.

b. Avaliação das várias lojas em termos dos principais critérios de escolha.
c. Informações relativas a hipóteses específicas a serem testadas.
d. Psicografia e estilo de vida, hábitos de consumo de mídia e dados demográficos.

3. **Quando** – Quando devem ser obtidas as informações dos entrevistados? As opções incluem:
   a. Antes das compras
   b. Durante as compras
   c. Imediatamente após as compras
   d. Algum tempo depois das compras, para permitir a avaliação da experiência de compra

4. **Onde** – Onde devem ser contatados os entrevistados para obter as informações necessárias? As possibilidades incluem:
   a. Na loja
   b. Fora da loja, mas no *shopping center*
   c. No estacionamento
   d. Em casa

5. **Por que** – Por que estamos obtendo informações dos entrevistados? Por que o projeto de pesquisa está sendo realizado? Entre as razões possíveis, estão:
   a. Melhorar a imagem da loja patrocinadora.
   b. Melhorar a preferência e a participação de mercado.
   c. Mudar o *mix* de produtos.
   d. Desenvolver uma campanha promocional adequada.
   e. Decidir a localização de uma nova loja.

6. **Como** – De que maneira obteremos as informações dos entrevistados? As opções poderiam ser:
   a. Observação do comportamento das pessoas
   b. Entrevistas pessoais
   c. Entrevistas por telefone
   d. Entrevistas pelo correio
   e. Entrevistas eletrônicas (por *e-mail* ou pela Internet)
   f. Entrevistas por dispositivos móveis ■

Essas e outras perguntas semelhantes devem ser feitas até que as informações a serem obtidas estejam claramente definidas.

Em resumo, a pesquisa descritiva, ao contrário da exploratória, é marcada por um enunciado claro do problema, por hipóteses específicas e pela necessidade detalhada de informações. A pesquisa realizada no projeto de fidelização da loja de departamentos, que envolveu entrevistas pessoais, é um exemplo de pesquisa descritiva. Outros exemplos de estudos descritivos são:

- Estudos de mercado, que descrevem o tamanho e a participação de mercado, o poder de compra dos consumidores, a disponibilidade de distribuidores e o perfil dos consumidores.
- Estudos de análise de vendas, que descrevem as vendas por região geográfica, linha de produtos, tipo e tamanho da conta.
- Estudos de imagem, que determinam as percepções que os consumidores têm da empresa e de seus produtos.
- Estudos do uso de produtos, que descrevem padrões de consumo.
- Estudos de distribuição, que determinam padrões de fluxo de tráfego além do número e da localização de distribuidores.
- Estudos de preços, que descrevem a gama e a frequência das mudanças de preços e a provável reação dos consumidores a alterações de preços propostas.
- Estudos de propaganda, que descrevem hábitos de consumo de mídia e perfis da audiência de programas de televisão e revistas específicos.

No exemplo de abertura, foi realizada uma pesquisa descritiva na forma de levantamentos para quantificar a relevância relativa de várias causas sociais para empresas nos Estados Unidos: assistência à infância, uso de drogas, ensino público, fome, criminalidade, meio ambiente, pesquisa médica e pobreza. Todos esses exemplos demonstram a gama e a diversidade dos estudos de pesquisa descritiva. A maioria dos estudos de pesquisa de marketing envolve pesquisa descritiva, a qual incorpora principalmente os seguintes métodos:

- Dados secundários analisados de forma quantitativa, em vez de qualitativa (Capítulo 4)
- Levantamentos (Capítulo 6)
- Painéis (Capítulos 4 e 6)
- Dados de observações e outros dados (Capítulo 6)

Embora os métodos mostrados na Tabela 3.2 sejam típicos, deve-se observar que o pesquisador não está limitado a eles. Por exemplo, os levantamentos podem envolver o uso de perguntas exploratórias (abertas), ou, em alguns casos, estudos causais (experimentos) são administrados por levantamentos. As pesquisas descritivas que usam os métodos da Tabela 3.2 também podem ser classificadas como pesquisas transversais e longitudinais (Figura 3.1).

Estudos transversais

O estudo transversal é a concepção descritiva de modo geral usada em pesquisa de marketing. Os **estudos transversais** envolvem a coleta de informações de qualquer amostra de elementos da população somente uma vez. Eles podem ser transversais únicos ou múltiplos (Figura 3.1). Nos **estudos transversais únicos**, é extraída uma amostra de entrevistados da população-alvo e as informações são obtidas dessa amostra somente uma vez. Esses estudos são também chamados de *concepções de pesquisa por levantamento de amostragem*.

---
estudo transversal
Tipo de pesquisa que envolve a coleta de informações de uma dada amostra de elementos da população somente uma vez.

---
estudo transversal único
Estudo transversal no qual é extraída da população-alvo uma amostra de entrevistados e as informações são obtidas dessa amostra somente uma vez.

CAPÍTULO 3 • Concepção de Pesquisa

> **Pesquisa real**
>
> ### Serviços de saúde pela Internet
>
> A Harris Polls (www.theharrispolls.com), uma empresa da Nielsen, é uma empresa de consultoria e pesquisa de marketing internacional que utiliza a Internet para fazer pesquisas de marketing. A Harris Polls realizou um estudo para determinar a necessidade de serviços de saúde *on-line* e a melhor maneira de satisfazer a essa necessidade. A concepção de pesquisa consistiu em uma etapa exploratória seguida de um levantamento descritivo transversal *on-line* de mil consumidores de serviços de saúde acima de 18 anos.
>
> Segundo esse levantamento, uma visita a um consultório médico não é suficiente para a maioria dos consumidores. O tempo médio gasto pelo médico com um paciente diminuiu para 15 minutos, o que reduz a comunicação interpessoal geral no cuidado à saúde. O levantamento mostrou que os consumidores demandam uma série de opções para acessar seus médicos e enfermeiras, o que inclui comunicação frente a frente, *on-line* e por telefone:
>
> - 86% dos respondentes queriam marcar consultas por telefone com uma pessoa.
> - 89% gostariam de ter acesso *on-line* ou por telefone a uma enfermeira disponível fora do horário comercial para ajudar a administrar uma condição médica crônica.
> - 40% expressaram frustração por ter que ver seus médicos pessoalmente a fim de obter respostas para questões simples de saúde.
> - 86% queriam lembretes médicos eletrônicos.
> - 83% queriam que os procedimentos e resultados de testes laboratoriais estivessem disponíveis *on-line*.
> - 69% queriam gráficos *on-line* para monitorar condições crônicas.
>
> Em resposta a tais resultados, a Kaiser Permanente (www.kaiserpermanente.org) redesenhou seu *site* em 2017 para permitir que os membros tivessem acesso a enciclopédias médicas e de medicamentos, além de marcar consultas, fazer perguntas confidenciais a enfermeiras e farmacêuticos e compartilhar preocupações sobre saúde com outros membros e médicos em grupos de discussão. O *site* da Kaiser também fornece acesso a informações sobre opções de planos de saúde, aulas de educação para a saúde, cadastro de médicos e informações sobre instalações médicas. Os membros do *site* da Kaiser também têm informações sobre médicos e instalações específicas à disposição. Métodos alternativos de comunicação em saúde, como o da Kaiser, dão apoio ao relacionamento médico-paciente e tornam a prática médica e todo um plano de saúde mais competitivos quando os consumidores fazem suas escolhas de médicos e serviços de saúde.[7] ∎

Em **estudos transversais múltiplos**, há duas ou mais amostras de respondentes, e a informação de cada amostra é obtida apenas uma vez. Com frequência, informações de diferentes amostras são obtidas em momentos diferentes ao longo de amplos intervalos de tempo. Os estudos transversais múltiplos permitem comparações no nível agregado, mas não no nível individual. Pelo fato de ser tomada uma amostra diferente a cada vez que uma pesquisa é realizada, não há como comparar as medidas sobre um entrevistado individualmente entre pesquisas. Um tipo de concepção transversal múltipla de interesse especial é a análise de coorte.

estudo transversal múltiplo
Estudo transversal no qual há duas ou mais amostras de entrevistados e as informações de cada uma delas são obtidas somente uma vez.

ANÁLISE DE COORTE A **análise de coorte** consiste em uma série de levantamentos realizados em intervalos de tempo apropriados nos quais a coorte serve como unidade básica de análise. Coorte é um grupo de entrevistados que experimentam o mesmo evento no mesmo intervalo de tempo.[8] Por exemplo, uma coorte de nascimento (ou idade) é um grupo de pessoas que nasceram durante o mesmo intervalo de tempo, por exemplo, de 1951 a 1960. A expressão análise de coorte refere-se a qualquer estudo em que existam medidas de algumas características de uma ou mais coortes em dois ou mais momentos. O outro tipo de estudo descritivo é o longitudinal.

análise de coorte
Estudo transversal múltiplo que consiste em uma série de levantamentos realizados em intervalos de tempo apropriados. Coorte refere-se ao grupo de entrevistados que experimentam o mesmo evento dentro do mesmo intervalo de tempo.

Estudos longitudinais

Nos **estudos longitudinais**, uma amostra fixa de elementos da população (ou várias amostras) é medida repetidamente nas mesmas variáveis. Um estudo longitudinal difere de um transversal porque a amostra (ou as amostras) permanece a mesma ao longo do tempo. Em outras palavras, as mesmas pessoas são estudadas ao longo do tempo e as mesmas variáveis são medidas. Em contraste com o estudo transversal típico, que dá um panorama das variáveis de interesse em um único momento, um estudo longitudinal provê uma série de quadros que dão uma visão em profundidade da situação e das mudanças que ocorrem com o passar do tempo. Por exemplo, a pergunta "quais foram as questões políticas mais importantes para os americanos em 2018?" seria feita usando-se um estudo transversal. Contudo, um estudo longitudinal seria usado para a pergunta "como os americanos mudaram de opinião sobre as questões políticas mais importantes dentre 2017 e 2018?".

estudo longitudinal
Tipo de pesquisa que envolve uma amostra fixa de elementos da população que é medida repetidamente. A amostra permanece a mesma ao longo do tempo, provendo uma série de quadros que, vistos em conjunto, oferecem uma ilustração vívida da situação e das mudanças que estão ocorrendo ao longo do tempo.

Às vezes, os termos *painel* ou *painel verdadeiro* são usados de forma intercambiável com a expressão *estudo longitudinal*. Um **painel** consiste em uma amostra de entrevistados, geralmente famílias, que concordaram em oferecer informações a intervalos especificados ao longo de um extenso período. Os painéis são mantidos por firmas que vendem seus resultados, e seus membros são compensados por sua participação com gratificações, cupons, informações ou dinheiro. Painéis podem ser classificados por correio, telefone, Internet, dispositivos móveis ou multimídia, dependendo da forma como os dados foram obtidos dos respondentes. Os painéis serão discutidos no Capítulo 4. Uma concepção de painel pode ser utilizada para compreender e monitorar mudanças nas atitudes das mulheres com relação ao golfe, como ilustrado no exemplo a seguir.

painel
Amostra de entrevistados que concordaram em fornecer informações a intervalos específicos ao longo de um período extenso.

Pesquisa real

TimeOut: o mercado de roupas femininas para golfe em "full swing"

Em 2017, havia aproximadamente 29 milhões de golfistas nos Estados Unidos e, desse número, as mulheres perfaziam 22,5%, representando um dos poucos segmentos em crescimento no há muito estagnado mercado do golfe. Apesar de as mulheres compreenderem uma porcentagem menor dos golfistas do país, elas compram desproporcionalmente mais de todos os produtos para golfe, excluindo os tacos, segundo a Women's Sports Foundation. Essa tendência levou marcas tradicionais de golfe a introduzir linhas femininas e lojas de golfe exclusivas para mulheres em todo o país para atender às necessidades dessas golfistas negligenciadas.

A fim de atender a essa demanda crescente, a TimeOut, uma divisão da Zorrel International (www.zorrel.com), agora oferece uma linha completa de roupas autorizadas pela Associação de Golfe Feminino Profissional (Ladies Professional Golf Association, LPGA – www.lpga.com). Para assegurar o que essa grande massa de mulheres golfistas espera e deseja em suas roupas de golfe, a TimeOut criou o Fairway Forum, um painel de entusiastas do golfe feminino que proporciona informações valiosas com relação aos gostos femininos para roupas. As mulheres que foram recrutadas para esse painel participam de levantamentos e grupos de foco. Como as mulheres pertencem ao painel, levantamentos múltiplos que medem essencialmente as mesmas variáveis podem ser realizados com o mesmo conjunto de entrevistadas, implementando-se, dessa forma, um estudo longitudinal.

O que a TimeOut percebeu é que, com o passar do tempo, as mulheres estão se tornando cada vez mais sérias a respeito de seus jogos de golfe e gostariam que mais eventos da LPGA fossem transmitidos pela televisão. Além disso, a TimeOut notou que as mulheres estão extremamente ansiosas para que novas marcas cheguem ao mercado, já que as tradicionais não oferecem alternativas suficientes para satisfazer a seus gostos. Essas mulheres não querem vestir versões reformuladas das roupas masculinas de golfe, nem querem transitar pelo campo em roupas "engraçadinhas". Além disso, essas mulheres não querem encontrar outras mulheres vestindo as mesmas roupas que elas. As golfistas estão ávidas por mais variedade e a exigem no mercado.

A pesquisa ainda indicou que as mulheres golfistas querem roupas que sejam funcionais e atraentes ao mesmo tempo. Por exemplo, elas querem bolsos grandes para carregar as bolas enquanto caminham pelo campo de golfe. O painel também ajudou a determinar alguns dos fatores psicológicos subjacentes que as mulheres relacionam com suas roupas. Elas desejam ser tratadas como atletas, e também com respeito, e esses sentimentos vêm se tornando mais intensos com o tempo. O painel do Fairway Forum da TimeOut tem sido excelente para ajudar os fabricantes de roupas e equipamentos esportivos a criar artigos que atendam às necessidades desse segmento de golfe, que cresce e muda continuamente. A demanda por roupas de golfe femininas tem uma previsão de taxa de crescimento anual de 4,33% de receita no período 2015-2020.[9] ■

Os dados obtidos com os painéis não apenas fornecem informações sobre participações de mercado com base em um extenso período, como também permitem que o pesquisador examine as mudanças na participação de mercado ao longo do tempo.[10] Como explica a próxima seção, essas mudanças não podem ser determinadas a partir de dados transversais.

Vantagens e desvantagens dos estudos longitudinal e transversal

As vantagens e desvantagens relativas dos estudos longitudinal e transversal estão resumidas na Tabela 3.3. Uma importante vantagem da concepção longitudinal sobre a transversal é a capacidade de detectar mudanças no nível individual, ou seja, em um respondente individualmente. Isso é possível devido à medição repetida das mesmas variáveis na mesma amostra.

TABELA 3.3
Vantagens e desvantagens relativas dos estudos longitudinal e transversal

Critérios de avaliação	Estudo transversal	Estudo longitudinal
Detecção de mudança	–	+
Grande quantidade de dados coletados	–	+
Precisão	–	+
Amostra representativa	+	–
Tendenciosidade das respostas	+	–

Nota: O sinal + indica uma vantagem relativa sobre o outro tipo de estudo, enquanto o sinal – indica uma desvantagem relativa.

As Tabelas 3.4 e 3.5 demonstram como dados transversais podem enganar os pesquisadores a respeito de mudanças ao longo do tempo. Os dados transversais registrados na Tabela 3.4 revelam que as compras das marcas A, B e C permanecem as mesmas nos períodos 1 e 2. Em cada pesquisa, 20% dos entrevistados compraram a marca A; 30%, a marca B; e 50%, a marca C. Os dados longitudinais apresentados na Tabela 3.5 mostram que, no período do estudo, ocorreram mudanças substanciais nas opções pelas marcas. Por exemplo, somente 50% (100/200) dos entrevistados que compraram a marca A no período 1 também a compraram no período 2. Os números correspondentes de repetição de compra para as marcas B e C são, respectivamente, 33,3% (100/300) e 55% (275/500). Assim, durante esse intervalo, a marca C teve a maior lealdade, e a marca B, a menor. A Tabela 3.5 dá informações valiosas sobre a lealdade às marcas e a mudança de marcas. (Essa tabela é chamada de tabela de *turnover*, ou *matriz de mudança de marcas*.[11])

Os dados longitudinais permitem que os pesquisadores examinem mudanças no comportamento de unidades individuais e associem mudanças comportamentais a variáveis de marketing, como mudanças em propaganda, embalagens, preços e distribuição. Como as mesmas unidades são medidas repetidamente, as variações causadas por mudanças na amostra são eliminadas, e até mesmo as pequenas mudanças ficam evidentes.

Outra vantagem dos painéis é que quantidades relativamente grandes de dados podem ser coletadas. Como os membros dos painéis são normalmente compensados por sua cooperação, estão dispostos a participar de entrevistas longas e exigentes. Outra vantagem é que os dados de painéis são mais precisos que os dados transversais. Uma pesquisa transversal típica requer que o entrevistado se lembre de compras e comportamentos do passado; logo, esses dados podem ser imprecisos devido a lapsos de memória. Os dados de painéis, que se baseiam no registro continuado de compras em um diário, por sua vez, dependem menos da memória dos entrevistados. Uma comparação de estimativas de painéis e pesquisas transversais para compras no varejo indica que os dados dos painéis fornecem estimativas mais precisas.[12]

A principal desvantagem dos painéis é que eles talvez não sejam representativos. Essa falta de representatividade pode se originar de:

1. *Recusa em cooperar*. Muitas pessoas ou famílias não querem ser incomodadas com a operação do painel e se recusam a participar. Os painéis de consumidores que exigem que os membros mantenham um registro de compras têm um índice de cooperação de 60% ou menos.
2. *Mortalidade*. Os membros do painel que concordam em participar podem desistir posteriormente porque se mudam ou perdem o interesse. Os índices de mortalidade ou desgaste podem chegar a 20% ao ano.[13]
3. *Remuneração*. A remuneração pode atrair determinados tipos de pessoas, fazendo com que o grupo deixe de ser representativo da população.

Outra desvantagem dos painéis é a tendenciosidade nas respostas. Muitas vezes, os novos membros do painel são tendenciosos em suas respostas iniciais. Eles tendem a aumentar o comportamento que está sendo medido, como a compra de alimentos. A tendência decresce à medida que a pessoa supera a novidade de estar no painel; assim, isso pode ser reduzido excluindo-se inicialmente os dados dos novos membros. Membros experientes de painéis também podem dar respostas tendenciosas porque acreditam ser peritos, querem apresentar uma boa imagem ou dar a resposta "certa". As tendências também resultam de tédio, fadiga e preenchimento incompleto do diário de registro ou questionário.[14]

Pesquisa causal

A **pesquisa causal** é usada para obter evidências de relações de causa e efeito (causais) (ver Tabela 3.2). Os gerentes de marketing continuamente tomam decisões com base em pres-

TABELA 3.4
Os dados transversais podem não mostrar mudanças

	Período	
Marca comprada	Levantamento no período 1	Levantamento no período 2
Marca A	200	200
Marca B	300	300
Marca C	500	500
Total	1.000	1.000

TABELA 3.5
Os dados longitudinais podem mostrar mudança substancial

Marca comprada no período 1	Marca comprada no período 2			
	Marca A	Marca B	Marca C	Total
Marca A	100	50	50	200
Marca B	25	100	175	300
Marca C	75	150	275	500
Total	200	300	500	1.000

supostas relações causais, que podem ser injustificadas; logo, a validade dessas relações causais deve ser examinada por meio de pesquisas formais.[15] Por exemplo, a suposição comum de que uma redução de preços conduzirá a um aumento nas vendas e na participação de mercado não se comprova em determinados ambientes competitivos. A pesquisa causal é apropriada para as seguintes finalidades:

---
pesquisa causal
Tipo de pesquisa conclusiva em que o principal objetivo é obter evidências relativas a relações de causa e efeito (causais).

---

1. Compreender quais das variáveis são a causa (variáveis independentes) e quais são o efeito (variáveis dependentes) de um fenômeno.
2. Determinar a natureza da relação entre as variáveis causais e o efeito a ser previsto.

Assim como a pesquisa descritiva, a pesquisa causal requer uma concepção planejada e estruturada. Embora a pesquisa descritiva possa determinar o grau de associação entre variáveis, ela não é apropriada para examinar relações causais. Esse exame requer uma concepção causal, em que as variáveis causais ou independentes são manipuladas em um ambiente relativamente controlado (no qual as outras variáveis que podem afetar a variável dependente são controladas ou verificadas tanto quanto possível). O efeito dessa manipulação sobre uma ou mais variáveis dependentes é, então, medido para inferir a causalidade. O principal método de pesquisa causal é a experimentação.[16]

Devido à sua complexidade e importância, as concepções causais e a pesquisa experimental são discutidas em um capítulo à parte (Capítulo 7). Porém, damos aqui alguns exemplos. No contexto do projeto de fidelização da loja de departamentos, um pesquisador deseja determinar se a presença e a solicitude dos vendedores (variável causal) irá influenciar as vendas de utilidades domésticas (variável efeito). Pode ser formulada uma concepção causal em que dois grupos de departamentos de utilidades domésticas de uma determinada cadeia, comparáveis em todos os outros aspectos, sejam selecionados. Durante quatro semanas, vendedores treinados são designados para apenas um dos departamentos. As vendas são monitoradas para ambos os grupos, enquanto as outras variáveis são controladas. Uma comparação entre as vendas dos dois grupos irá revelar o efeito dos vendedores sobre as vendas de utilidades domésticas em lojas de departamentos. Como alternativa, em vez de selecionar dois grupos de lojas, o pesquisador pode selecionar apenas um conjunto de lojas de departamentos e efetuar essa manipulação para dois períodos comparáveis: os vendedores estão presentes em um período e ausentes no outro. Como outro exemplo, consideremos a pesquisa realizada pela Microsoft.

Pesquisa real

Microsoft: testando a usabilidade

A Microsoft realiza pesquisas de usabilidade meticulosas para aumentar e desenvolver seu portfólio de produtos de modo a beneficiar o cliente. A pesquisa de usabilidade objetiva aumentar o conforto do usuário tornando o produto mais intuitivo para aprender e lembrar. O Microsoft Usability Group, uma parte importante desse trabalho, foi concebido em 1988 para integrar as opiniões dos usuários na concepção do processo de desenvolvimento da Microsoft e, assim, nos produtos finais.

A chave para o sucesso (alto conhecimento e grandes vendas) do Office 2016 (www.microsoft.com) foi o cuidado na concepção e nos testes do produto pelo Usability Group. Em um experimento controlado, solicitou-se que um grupo de usuários de computadores trabalhasse com o Office 2016. Outros dois grupos cuidadosamente formados trabalharam com as versões anteriores do Office: um com o Office 2013 e o outro com o Office 2010. Os três grupos classificaram os produtos em termos de facilidade de uso, capacidades e habilidade de melhorar a experiência do usuário com o computador. O Office 2016 obteve classificação significativamente melhor dos que as versões anteriores em todos os fatores, levando ao lançamento desta versão.[17] ■

Nesse experimento da Microsoft, a variável causal (independente) era o Office, que foi manipulada de forma a ter três níveis: 2010, 2013 e 2016. As variáveis efeito (dependentes) consistiam em facilidade de uso, capacidades e habilidade de melhorar a experiência do usuário do computador. A influência de outras variáveis, como conhecimento e experiência do usuário com o Microsoft Office, teve que ser controlada. Embora esse exemplo tenha feito uma distinção entre a pesquisa causal e outros tipos de pesquisa, ela não deve ser vista isoladamente. Na verdade, as concepções exploratória, descritiva e causal, com frequência, complementam-se.

PESQUISA ATIVA

Taco Bell: Live Más

Visite www.tacobell.com e pesquise na Internet, incluindo mídias sociais, e nos bancos de dados *on-line* de sua biblioteca informações sobre a propaganda da Taco Bell. Escreva um breve relatório.

Como gerente de propaganda, como você determinaria se o orçamento de comunicação da Taco Bell para o ano seguinte deve ser aumentado, reduzido ou permanecer o mesmo do ano atual?

Conceba um experimento para determinar se o orçamento de propaganda da Taco Bell para o próximo ano deve aumentar, diminuir ou permanecer igual. Identifique as variáveis dependente, independente e de controle.

Experiência de pesquisa

Pesquisa Gallup

Visite www.gallup.com e examine alguns dos projetos recentes realizados pela Gallup. Você terá que ler na íntegra alguns relatórios postados nesse *site*.

Que tipo de pesquisa exploratória foi realizado nesses projetos? Que métodos foram utilizados?

Que tipo de pesquisa descritiva foi realizado nesses projetos? Que métodos foram utilizados?

Algum projeto usou uma concepção experimental? Em caso positivo, identifique as variáveis de causa, efeito e controle.

Em que projeto a concepção de pesquisa foi mais adequada? Por quê? ∎

Relações entre pesquisas exploratória, descritiva e causal

Apresentamos as pesquisas exploratória, descritiva e causal como classificações fundamentais de concepções de pesquisa, mas as distinções entre essas classificações não são absolutas. Um determinado projeto de pesquisa pode incluir mais de um tipo de concepção de pesquisa, servindo assim a vários propósitos. A combinação de concepções a ser empregada depende da natureza do problema. Oferecemos as seguintes diretrizes gerais para a escolha de concepções de pesquisa:

1. Quando pouco se sabe a respeito da situação-problema, é desejável começar com a pesquisa exploratória. Ela é adequada quando é preciso definir o problema com mais precisão, identificar os cursos alternativos de ação, desenvolver as perguntas ou hipóteses da pesquisa e isolar e classificar as variáveis-chave como dependentes ou independentes.
2. A pesquisa exploratória é a etapa inicial na estrutura geral da concepção de pesquisa. Na maior parte dos casos, ela deve ser acompanhada por pesquisas descritivas ou causais. Por exemplo, as hipóteses desenvolvidas por meio da pesquisa exploratória devem ser estatisticamente testadas mediante pesquisas descritivas ou causais. Isso foi ilustrado no exemplo relacionado à pesquisa causal na seção de apresentação geral. Foi realizada uma pesquisa exploratória na forma de análise de dados secundários e grupos de foco para identificar as causas sociais que as empresas deveriam considerar. A seguir, foi feito um estudo transversal descritivo para quantificar a relevância relativa dessas causas.
3. Não é necessário iniciar cada concepção de pesquisa com pesquisas exploratórias. Isso depende da precisão com que o problema foi definido e do grau de certeza do pesquisador a respeito da abordagem. Uma concepção de pesquisa poderia começar com pesquisas descritivas ou causais. Para ilustrar, uma pesquisa da satisfação dos consumidores realizada trimestralmente não precisa começar com uma fase exploratória a cada trimestre, nem incluí-la.
4. Embora a pesquisa exploratória seja em geral a primeira etapa, isso não é obrigatório. A pesquisa exploratória pode vir depois da descritiva ou da causal. Por exemplo, pesquisas descritivas ou causais resultam em constatações que os gerentes têm dificuldades de interpretar. A pesquisa exploratória fornece mais informações para ajudar na compreensão dessas constatações.

As relações entre pesquisas exploratória, descritiva e causal estão ilustradas no projeto de fidelização da loja de departamentos.

Projeto de pesquisa

Explorando e descrevendo a preferência pela loja

No projeto de fidelização da loja de departamentos, foram realizadas inicialmente pesquisas exploratórias, incluindo análise de dados secundários e pesquisas qualitativas, a fim de definir o problema e desenvolver uma abordagem adequada. Seguiu-se um estudo descritivo, consistindo em uma pesquisa em que um questionário foi criado e aplicado em entrevistas pessoais.

Suponhamos que o estudo sobre a preferência pela loja tivesse que ser repetido depois de um ano para determinar se havia ocorrido alguma mudança. Nessa ocasião, é provável que uma pesquisa exploratória fosse desnecessária, e a concepção da pesquisa poderia começar com pesquisas descritivas.

Imaginemos que a pesquisa seja repetida um ano mais tarde e que resulte em algumas constatações inesperadas. A gerência se pergunta por que as notas da loja caíram no quesito atendimento interno, quando o quadro de vendas cresceu. Poderia ser realizada uma pesquisa exploratória, na forma de grupos de foco, para investigar as constatações inesperadas. Os grupos de foco revelariam que, mesmo presentes em bom número, os vendedores não são vistos como simpáticos, nem auxiliam os clientes. Isso sugeriria a necessidade de mais treinamento da equipe de vendas.

Atividades de projeto

1. Suponhamos que a Wal-Mart esteja interessada em examinar se há mudanças nas compras em lojas de departamentos por pessoas entre 30 e 40 anos e de 50 a 60 anos. Que tipo de concepção de pesquisa deveria ser adotado?
2. Como a Wal-Mart pode utilizar a pesquisa causal? Identifique dois cenários em que tal concepção seria adequada. ∎

O projeto de fidelização da loja de departamentos envolveu o uso de pesquisas exploratórias e descritivas, mas não causais. Isso reflete o fato de que estudos exploratórios e estudos descritivos são usados frequentemente em pesquisas comerciais, mas que pesquisa causal não é tão popular.

A Internet facilita a implementação de diferentes tipos de concepções de pesquisa. Durante a fase exploratória da pesquisa, fóruns, salas de bate-papo ou grupos podem ser usados para discutir de forma geral um tópico com qualquer visitante. Os grupos concentram-se em um tópico específico e funcionam como boletins. Os usuários da Internet visitam um grupo para ler mensagens deixadas por outras pessoas e para postar suas próprias respostas ou comentários. Os grupos ou salas de bate-papo servem para estabelecer grupos de foco mais formais com especialistas ou indivíduos que representam o público-alvo, a fim de obter informações iniciais sobre um tema. No Capítulo 5, discutimos com mais detalhes o uso da Internet para conduzir grupos de foco. O Capítulo 6 abrange o uso da Internet para a pesquisa descritiva, enquanto o emprego da Internet para a pesquisa causal é discutido no Capítulo 7.

PESQUISA ATIVA

Wells Fargo: bancando o banco *on-line*

Visite www.wellsfargo.com e pesquise na Internet, incluindo mídias sociais, e nos bancos de dados *on-line* de sua biblioteca informações sobre as atitudes dos consumidores em relação aos serviços bancários *on-line*.

O Wells Fargo Bank gostaria de determinar as atitudes dos consumidores em relação aos serviços bancários *on-line* e espera repetir esse projeto anualmente. Que tipo de concepção de pesquisa você implementaria e por quê?

Como CEO do Wells Fargo, como você usaria as informações sobre as atitudes dos consumidores em relação aos serviços bancários *on-line* na melhora da competitividade de seu banco?

Independentemente do tipo de concepção utilizado, o pesquisador deve procurar minimizar as fontes de erros em potencial.

Fontes potenciais de erros

Várias fontes potenciais de erros afetam a concepção de pesquisa, mas é possível controlá-las para obter uma concepção que seja adequada. Esses erros serão discutidos detalhadamente nos próximos capítulos; neste estágio, eles serão apenas descritos de forma breve.

O **erro total** é a variação entre o valor médio real da variável de interesse na população e o valor médio observado no projeto de pesquisa de marketing. Por exemplo, a renda anual média da população-alvo é US$ 75.871, segundo os registros do último censo, mas o projeto de pesquisa de marketing estima essa renda em US$ 67.157, com base em uma pesquisa amostral. Como mostra a Figura 3.2, o erro total é composto pelo erro de amostragem aleatória e pelo erro não amostral.

erro total
Variação entre o valor médio real da variável de interesse na população e o valor médio observado obtido no projeto de pesquisa de marketing.

Erro de amostragem aleatória

O **erro de amostragem aleatória** ocorre porque a amostra selecionada é uma representação imperfeita da população de interesse. Esse erro é a variação entre o valor médio real para a população e o valor médio real para a amostra original. Por exemplo, a renda anual média da população-alvo é US$ 75.871, mas para a amostra original é apenas US$ 71.382, como determinado pelos registros do painel, que aparentemente são precisos. O erro de amostragem aleatória será visto com detalhes nos Capítulos 11 e 12.

erro de amostragem aleatória
Erro que ocorre porque a amostra selecionada é uma representação imperfeita da população de interesse. Definido como a variação entre o valor médio real para a amostra e o valor médio real para a população.

Erro não amostral

Os **erros não amostrais** são atribuídos a fontes que não a amostragem e podem ser aleatórios ou não aleatórios. Resultam de uma variedade de razões, incluindo erros na definição do problema, na abordagem, nas escalas, na criação do questionário, nos métodos de entrevista e na preparação e análise

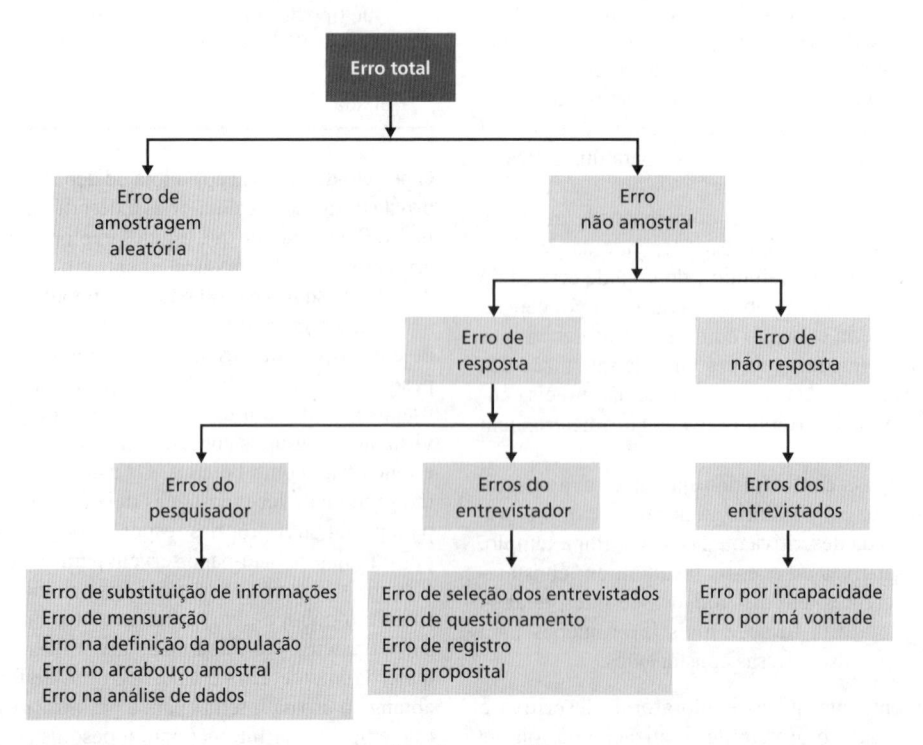

FIGURA 3.2 Fontes potenciais de erro em concepções de pesquisa.

dos dados. Por exemplo, o pesquisador cria um questionário insatisfatório, que contém várias perguntas que levam o entrevistado a dar respostas tendenciosas. Os erros não amostrais consistem em erros de não resposta e erros de resposta.

erro não amostral
Erros atribuídos a outras fontes que não incluem a amostragem e podem ser aleatórios ou não aleatórios.

ERRO DE NÃO RESPOSTA O **erro de não resposta** surge quando algumas das pessoas incluídas na amostra não respondem à pesquisa. As principais causas da falta de resposta são recusas e o fato de a pessoa não estar em casa (ver Capítulo 12). A falta de resposta torna a amostra resultante diferente, em tamanho e composição, da amostra original. Este erro é definido como a variação entre o valor médio real da variável na amostra original e o valor médio real na amostra "final resultante". Por exemplo, a renda anual média é US$ 71.382 para a amostra original, mas US$ 69.467 para a amostra "obtida", ambas determinadas pelos registros do painel, que aparentemente são precisos.

erro de não resposta
Tipo de erro não amostral que ocorre quando algumas das pessoas incluídas na amostra não respondem à pesquisa. Este erro pode ser definido como a variação entre o valor médio real da variável na amostra original e o valor médio real na amostra "final resultante".

ERRO DE RESPOSTA O **erro de resposta** surge quando os entrevistados dão respostas imprecisas ou suas respostas são registradas ou analisadas de forma equivocada. O erro de resposta é definido como a variação entre o valor médio real da variável na amostra "resultante" e o valor médio observado obtido no projeto de pesquisa de marketing. Por exemplo, a renda anual média da amostra "resultante" é US$ 69,467, mas se estima que seja US$ 67.157 no projeto de pesquisa de marketing. Os erros de resposta podem ser cometidos pelos pesquisadores, entrevistadores ou entrevistados.[18]

erro de resposta
Tipo de erro não amostral que surge de entrevistados que respondem, mas dão respostas imprecisas ou cujas respostas são registradas ou analisadas erroneamente. Pode ser definido como a variação entre o valor médio real da variável na amostra "resultante" e o valor médio observado obtido no projeto de pesquisa de marketing.

Os erros cometidos pelo pesquisador incluem os de substituição de informações, de mensuração, de definição de população, de arcabouço amostral e de análise de dados.

O **erro de substituição de informações** é definido como a variação entre as informações necessárias para o problema de pesquisa e as informações buscadas pelo pesquisador. Por exemplo, em vez de obter informações sobre a escolha de uma nova marca pelo consumidor (necessárias para o problema de pesquisa), o pesquisador obtém informações sobre as preferências do consumidor, uma vez que o processo de escolha não pode ser observado com facilidade.

O **erro de mensuração** é definido como a variação entre as informações buscadas e aquelas geradas pelo processo de mensuração empregado pelo pesquisador. Ao procurar medir preferências do consumidor, o pesquisador acaba utilizando uma escala que mede percepções em vez de preferências.

O **erro de definição da população** é a variação entre a população real relevante para o problema em pauta e a população definida pelo pesquisador. Este problema está longe de ser trivial, como ilustra o caso das famílias afluentes.

Pesquisa real

Quanto representa ser afluente?

Em um recente estudo, a população de domicílios afluentes dos Estados Unidos foi definida de quatro maneiras: (1) domicílios cujas famílias têm renda superior ou igual a US$ 50 mil, (2) domicílios que envolvem 20% das famílias mais abastadas, medidas pela renda, (3) domicílios cujas famílias têm patrimônio superior a US$ 250 mil e (4) domicílios cujas famílias têm renda discricionária "para gastar" 30% maior do que as de domicílios comparáveis. O número e as características das famílias afluentes variavam dependendo da definição, enfatizando a necessidade de evitar erros de definição da população.[19] ■

Como se pode imaginar, os resultados do estudo teriam variado muito, dependendo da maneira como fosse definida a população de famílias afluentes.

O **erro de arcabouço amostral** é a variação entre a população definida pelo pesquisador e a população inferida a partir do arcabouço amostral (lista) usado. Por exemplo, uma lista telefônica empregada para gerar uma relação de números de telefones não representa com precisão a população de consumidores em potencial porque há números que não constam na lista, telefones desligados e novos telefones ainda não incluídos nela.

O **erro de análise de dados** abrange os que ocorrem quando os dados brutos dos questionários são transformados em constatações de pesquisa. Por exemplo, é usado um procedimento estatístico inadequado, resultando em interpretação e constatações incorretas.

Os erros de resposta cometidos pelo entrevistador incluem erros na seleção de entrevistados, no questionamento e no registro e erros propositais.

O **erro de seleção dos entrevistados** ocorre quando os entrevistadores selecionam pessoas que não estão de acordo com as especificações da concepção da amostragem ou que se enquadram de maneira incoerente a ela. Por exemplo, em uma pesquisa sobre leitura, um não leitor é selecionado para a entrevista, mas classificado como leitor do *Wall Street Journal* na categoria de 15 a 19 anos para satisfazer a um difícil requisito de preenchimento de quotas.

O **erro de questionamento** denota erros cometidos ao se fazer perguntas aos entrevistados ou por não se investigar quando são necessárias mais informações. Por exemplo, ao fazer as perguntas, o entrevistador não usa exatamente a frase como ela está formulada no questionário.

O **erro de registro** surge devido a erros na escuta, na interpretação e no registro das respostas dadas pelos entrevistados. Por exemplo, um entrevistado indica uma resposta neutra (indeciso), mas o entrevistador a interpreta equivocadamente como uma resposta positiva (compraria a nova marca).

O **erro proposital** surge quando o entrevistador inventa respostas para parte da entrevista ou para toda ela. Por exemplo, ele não faz as perguntas delicadas relativas ao endividamento do entrevistado, mas depois preenche as respostas com base em sua avaliação pessoal.

Os erros de resposta cometidos pelo entrevistado dividem-se em erros por incapacidade e por má vontade.

O **erro por incapacidade** existe quando o entrevistado não consegue dar respostas precisas. Ele pode fazer isso por falta de familiaridade, fadiga, tédio, lembrança incorreta, formato ou conteúdo da pergunta e outros fatores. Por exemplo, um entrevistado não consegue lembrar a marca de iogurte comprada quatro semanas antes.

O **erro por má vontade** surge da falta de disposição do entrevistado para fornecer informações precisas. Os entrevistados podem responder de forma incorreta intencionalmente devido ao desejo de dar respostas socialmente aceitáveis, para evitar embaraços ou para agradar o entrevistador. Por exemplo, um entrevistado mente que lê a revista *Time* para impressionar o entrevistador.

Essas fontes de erros serão vistas com mais detalhes nos capítulos subsequentes; o importante é saber que há muitas fontes de erros. Ao formular uma concepção de pesquisa, o pesquisador deve procurar minimizar o erro total, e não apenas uma determinada fonte de erros. Essa advertência é justificada pela tendência generalizada, entre estudantes e pesquisadores não qualificados, de controlar erros de amostragem com amostras grandes. Aumentar o tamanho da amostra reduz o erro de amostragem, mas também pode aumentar os erros não amostrais pelo aumento dos erros relativos às entrevistas.

É provável que os erros não amostrais sejam mais problemáticos do que os de amostragem. Erros de amostragem podem ser calculados, ao passo que muitas formas de erros não amostrais não permitem fazer estimativas. Além disso, constatou-se que os erros não amostrais são os que mais contribuem para o erro total, ao passo que os erros de amostragem aleatória são relativamente pequenos.[20] O que se deve enfatizar é que o erro total é importante. Um determinado tipo de erro é importante apenas porque contribui com o erro total.

Em alguns casos, os pesquisadores aumentam deliberadamente um determinado tipo de erro para diminuir o erro total, reduzindo outros erros. Por exemplo, suponhamos que está sendo realizada uma pesquisa pelo correio para determinar as preferências dos consumidores pela compra de roupas de luxo em lojas de departamentos. Foi selecionada uma grande amostra para reduzir o erro de amostragem e pode-se esperar um índice de resposta de 30%. Dado o orçamento limitado para o projeto, a seleção de uma grande amostra não deixa verba para cartas de acompanhamento. Porém, a experiência indica que o índice de resposta poderá ser elevado até 45% com uma carta e até 55% com duas cartas de acompanhamento. Dado o assunto da pesquisa, é provável que as pessoas que não respondem se distingam das que respondem em termos de variáveis relevantes. Portanto, pode ser desejável reduzir o tamanho da amostra para que haja dinheiro disponível para cartas de acompanhamento. Embora a redução do tamanho da amostra aumente o erro de amostragem aleatória, as duas cartas de acompanhamento irão mais que compensar essa perda, reduzindo o erro de não resposta.

Uma vez definida uma concepção de pesquisa adequada, o pesquisador está apto a preparar o orçamento e a programação para o projeto, os quais são necessários para elaborar a proposta ao cliente.

Orçamento e programação do projeto

Uma vez especificada uma concepção de pesquisa que controle o erro total, é preciso tomar as decisões de orçamento e programação. O **orçamento** e a **programação** ajudam a garantir a conclusão do projeto de pesquisa de marketing dentro dos recursos disponíveis – financeiros, humanos, de tempo e outros. Especificando-se os custos de cada tarefa e os parâmetros de tempo dentro dos quais cada tarefa deverá ser concluída, o projeto poderá ser gerenciado de forma eficaz. Uma abordagem útil para o gerenciamento de um projeto é o **método do caminho crítico** (**CPM** – *critical path method*), que envolve dividir o projeto em suas atividades componentes, determinar a sequência destas atividades e estimar o tempo total exigido para cada uma. As atividades e estimativas de tempo são diagramadas na forma de um fluxograma de rede, no qual pode ser identificado, então, o caminho crítico, a série de atividades cujo atraso irá deter o projeto.

---

orçamento e programação
Ferramentas gerenciais necessárias para ajudar a garantir que o projeto de pesquisa seja concluído dentro dos recursos disponíveis.

---

método do caminho crítico (CPM)
Técnica gerencial de divisão de um projeto de pesquisa em suas atividades componentes, determinando sua sequência e o tempo total que cada atividade irá exigir.

Uma versão avançada do CPM é a **técnica de avaliação e revisão de programas** (**PERT** – *program evaluation and review technique*), uma abordagem de programação baseada em probabilidades que reconhece e mede a incerteza dos prazos de conclusão do projeto.[21] Uma técnica de programação ainda mais avançada é a **técnica de avaliação e revisão gráfica** (**GERT** – *graphical evaluation and review technique*), em que as probabilidades de conclusão e os custos das atividades podem ser incluídos em uma representação em rede.

---

técnica de avaliação e revisão de programas (PERT)
Método mais sofisticado de caminho crítico que leva em conta a incerteza nos prazos de conclusão de projetos.

---

técnica de avaliação e revisão gráfica (GERT)
Método sofisticado de caminho crítico que leva em conta as probabilidades de conclusão e também os custos das atividades.

Proposta de pesquisa de marketing

Uma vez formulada a concepção da pesquisa e concluído o orçamento e a programação do projeto, deve-se preparar uma proposta de pesquisa por escrito. A **proposta de pesquisa de marketing** contém a essência do projeto e serve como contrato entre o pesquisador e a gerência. A proposta cobre todas as fases do projeto de pesquisa, descrevendo o problema de pesquisa, a abordagem, a concepção da pesquisa e como os dados serão coletados, analisados e relatados, além de dar uma estimativa de custo e um prazo para a conclusão do projeto. O formato da proposta de pesquisa pode variar consideravelmente, mas a maior parte das propostas trata de todas as etapas do processo de pesquisa e contém os seguintes elementos:

---
proposta de pesquisa de marketing
Leiaute oficial da atividade planejada de pesquisa para a gerência. Descreve o problema de pesquisa, a abordagem, a concepção de pesquisa, os métodos de coleta, a análise e o relato dos dados. Fornece o custo estimado e a programação para a conclusão do projeto.

---

1. *Resumo executivo.* A proposta deve começar com um resumo dos pontos importantes de cada uma das outras seções, apresentando uma visão geral da proposta.
2. *Antecedentes.* Os antecedentes do problema, inclusive o contexto ambiental, devem ser expostos.
3. *Definição do problema/objetivos da pesquisa.* Normalmente, deve ser apresentado um enunciado do problema, incluindo os componentes específicos. Caso esse enunciado não tenha sido elaborado (como no caso da pesquisa para a identificação do problema), os objetivos do projeto de pesquisa devem ser claramente especificados.
4. *Abordagem ao problema.* É preciso apresentar, no mínimo, uma revisão da literatura acadêmica e comercial relevante, junto a alguma espécie de modelo analítico. Caso tenham sido identificadas questões e hipóteses da pesquisa, elas devem ser incluídas na proposta.
5. *Concepção da pesquisa.* A concepção adotada, seja exploratória, descritiva ou causal, deve ser especificada. É preciso fornecer informações sobre os seguintes componentes: (1) tipo de informações a serem obtidas, (2) método de aplicação do questionário (entrevistas por correio, telefone, dispositivos móveis, e-mail ou pessoais), (3) técnicas de escalonamento, (4) natureza do questionário (tipo de perguntas feitas, tamanho, tempo médio por entrevista) e (5) plano de amostragem e tamanho da amostra.
6. *Trabalho de campo/coleta de dados.* A proposta deve expor como os dados serão coletados e quem os coletará. Caso o trabalho de campo seja terceirizado, isso deve ser declarado. É preciso descrever os mecanismos de controle para assegurar a qualidade dos dados colhidos.
7. *Análise dos dados.* Deve-se descrever o tipo de análise que será realizada (tabulações cruzadas simples, análise univariada, análise multivariada) e como os resultados serão interpretados.
8. *Relatórios.* A proposta deverá especificar se serão apresentados relatórios intermediários e em que estágios, qual será a forma do relatório final e se será feita uma apresentação formal dos resultados.
9. *Custo e prazo.* Deve-se apresentar o custo do projeto e uma programação, dividida em fases. Um diagrama PERT ou CPM poderá ser incluído. Em grandes projetos, a programação de pagamentos também é elaborada antecipadamente.
10. *Apêndices.* Qualquer informação estatística ou outra que seja de interesse para algumas poucas pessoas deve estar contida em apêndices.

Preparar uma proposta de pesquisa tem várias vantagens: ela garante que o pesquisador e a gerência concordam a respeito da natureza do projeto e ajuda a vendê-lo à gerência. Como a preparação da proposta significa planejamento, isso ajuda o pesquisador a conceituar e executar o projeto de pesquisa.

Pesquisa de marketing internacional

Ao realizar uma pesquisa de marketing internacional, o pesquisador precisa perceber que, dadas as diferenças ambientais (ver Capítulo 1), a concepção de pesquisa adequada para um país pode não ser adequada a outro. Consideremos o problema de determinar as atitudes das famílias com relação a eletrodomésticos nos Estados Unidos e na Arábia Saudita. Na realização de pesquisas exploratórias nos Estados Unidos, é conveniente realizar grupos de foco com os chefes de famílias dos dois sexos ao mesmo tempo. Isso seria inadequado na Arábia Saudita; dada a sua cultura tradicional, é improvável que as esposas participem livremente da pesquisa na presença de seus maridos. Seria mais útil realizar entrevistas em profundidade individuais, incluindo homens e mulheres na amostra.

Pesquisa real

Não há lugar melhor do que a nossa casa

A GfK (www.gfk.com), uma empresa europeia de pesquisa de marketing para o consumidor, conduziu um estudo de dois anos, dividido em duas partes, para determinar as novas tendências na juventude e cultura europeias – o que importa aos adolescentes europeus e como os profissionais de marketing podem chegar até eles. Foram realizadas primeiramente pesquisas exploratórias na forma de grupos de foco a fim de identificar questões relevantes para a juventude europeia. As questões identificadas em grupos de foco foram quantificadas por um estudo descritivo longitudinal. O estudo foi realizado em duas partes, abrangendo 16 países europeus, entre eles Dinamarca, Noruega, Suécia, Reino Unido, Alemanha, Itália, Espanha e França.

Em cada país, foram escolhidos quatro grupos de entrevistados: meninas de 14 a 16 anos, rapazes de 14 a 16 anos, meninas de 17 a 20 anos e rapazes de 17 a 20 anos. Um estudo descritivo foi concebido e administrado pessoal e individualmente. Dada a cultura da juventude europeia, sentiu-se que os jovens estariam mais confortáveis e dariam respostas mais sinceras em um cenário mais pessoal. Um total de 523 jovens participou da pesquisa. Dois anos depois, as mesmas pessoas foram contatadas em nove dos 16 países, com um total de 305 pessoas participando.

Os resultados mostraram que os gostos e as opiniões dos adolescentes na Europa vêm mudando de forma significativa recentemente, mais durante os dois últimos anos. Descobriu-se que os adolescentes europeus não confiavam em grandes empresas. O conceito de lar incluía não apenas a família e a residência atual, mas também o sentimento de pertencer a uma comunidade, especialmente com os amigos, sendo um símbolo de aconchego e afabilidade. Os adolescentes não viam muito suas famílias durante a semana, que eram substituídas pela companhia dos amigos. Finalmente, eles confiavam em marcas que tinham estado ativas durante muito tempo, sentindo que, se a marca comprovara sua existência no decorrer do tempo, então deveria ser boa e merecedora de sua longa popularidade.

Os resultados provaram ser muito benéficos para o McDonald's (www.mcdonalds.com) no desenvolvimento de suas propagandas internacionais dirigidas para esse mercado. A nova campanha do McDonald's não se centrou em seu *status* de grande empresa, apresentando, ao contrário, seu comercial de forma a promovê-lo como a lanchonete local de hambúrgueres que era ponto de encontro dos adolescentes. Encontrar-se com os amigos no McDonald's local transformou este em um "lar"; era divertido, e os adolescentes queriam estar lá. Além disso, o McDonald's centrou-se na longevidade e estabilidade da marca. Ele sempre estará por perto como um lugar divertido onde os jovens podem se encontrar com seus amigos e divertir-se por um preço baixo. A campanha resultou em uma participação de mercado maior no lucrativo mercado juvenil europeu. Em 2017, o McDonald's obteve cerca de 25% do total de suas vendas na Europa, incluindo o Reino Unido.[22] ■

Em muitos países, particularmente naqueles em desenvolvimento, os painéis de consumidores não foram desenvolvidos, dificultando a realização de pesquisas descritivas longitudinais. Da mesma forma, em muitos países, falta infraestrutura de apoio de marketing (isto é, infraestrutura de varejo, atacado, propaganda e promoções), tornando inviável a implementação de uma concepção causal que envolva um experimento de campo. Ao formular uma concepção de pesquisa, o pesquisador precisa se esforçar muito para assegurar a equivalência e comparabilidade de dados secundários e primários obtidos em diversos países. No contexto da coleta de dados primários, as pesquisas qualitativas, os métodos de pesquisa, as técnicas de escalonamento, a criação de questionários e as considerações sobre amostragem são particularmente importantes. Esses tópicos serão expostos com mais detalhes nos próximos capítulos.

Pesquisa de marketing e mídias sociais

As mídias sociais podem ser apropriadas para a condução de pesquisas exploratórias, descritivas e casuais. Uma característica que torna as redes sociais adequadas para pesquisas de marketing é que elas eliminam custos onerosos de construção e manutenção de painéis tradicionais. Comunidades da Starbucks no Facebook, por exemplo, contam com mais de 100 mil membros, e nenhuma delas é patrocinada pela própria empresa. Tais painéis baseados em comunidades de marca talvez não sejam adequados para todos os tipos de pesquisa de marketing. Ainda assim, podem ser úteis para investigar inúmeros alvos de pesquisa de marketing, como o desenvolvimento de novos produtos voltados para os principais usuários de uma marca. O segredo é analisar as características de cada rede social e escolher a rede que melhor corresponde aos objetivos da pesquisa. O MySpace (myspace.com), por exemplo, tem um forte viés de participantes abaixo dos 20 anos de idade. Em contraste, 40% dos membros do Facebook (www.facebook.com) têm mais de 35 anos, e a comunidade Facebook tende a apresentar maior renda e escolaridade do que os usuários do MySpace.

Essas comunidades em rede podem ser usadas para recrutar painéis de pesquisa de marketing e se distinguem entre si por algumas características-chave. A filiação é voluntária, e as reputações são feitas ganhando-se a confiança de outros membros. A missão e a governança da comunidade são definidas por seus próprios membros. Assim, essas comunidades em mídias sociais contrastam bastante com os painéis tradicionais de pesquisas de marketing, em que os papéis dos usuários são definidos pelo pesquisador e governados por regulamentações bem definidas. A relação do respondente com o pesquisador é de dependência, e não há relação alguma entre os respondentes. Em painéis tradicionais, os respondentes ou membros do painel não têm qualquer relação com o cliente.

Já as comunidades *on-line* vão desde as abertas ao público – Facebook, MySpace – até as completamente privadas, fechadas e exclusivas para convidados. Comunidades privadas são construídas sobretudo para fins de coleta de sentimentos e opiniões, e são designadas pela sigla MROCs (*marketing research online communities*, ou comunidades *on-line* para pesquisa de marketing). Ao contrário das comunidades públicas sem limite para a quantidade de membros, as MROCs costumam ter filiação limitada. Profissionais de marketing podem formar uma comunidade privada *on-line* para funcionar como um painel tradicional de pesquisa de mercado ou como tradicionais grupos de foco, mas com algumas diferenças-chave. Em vez de apenas fazer perguntas em um grupo de foco, profissionais de marketing podem observar o que está acontecendo e como o grupo interage para colocar ideias em discussão. A invisibilidade de painéis privados na Internet aberta garante que os *insights* fiquem longe dos olhos indiscretos da concorrência. Além disso, uma comunidade de clientes pode ajudar uma empresa com problemas de fidelidade e usabilidade, enquanto uma comunidade de um único estrato demográfico (adolescentes, digamos) pode mostrar qual estratégia de marketing funcionará melhor junto a certo segmento-alvo. Isso leva a um termo do mundo do marketing chamado cocriação com os clientes, ou seja, quando uma empresa recorre a seus clientes no processo criativo enquanto colhe valiosas informações de pesquisa. Ferramentas de comunidades *on-line* incluem discussões/fóruns, enquetes e levantamentos, *blogs*, bate-papos *on-line*, postagens de fotos e vídeos, ferramentas colaborativas, personalização de membros, entretenimento e atividades *off-line*.

A Disney organizou o painel Walt Disney Moms Panel, em que mães respondem perguntas sobre parques temáticos da empresa e *resorts* de férias postadas por visitantes em potencial. Em 2008, a Disney lançou o Mickey Moms Club, uma comunidade fechada com no máximo 10 mil membros. Essa comunidade se tornou uma das mais visitadas entre todos os *sites* da Disney. Os visitantes levam em média de 8 a 10 minutos por visita, o que é mais do que eles passam em qualquer outro *site* da Disney. Visitantes do *site* também passam mais tempo em suas férias na Disney do que os não membros. Além disso, a Disney utiliza as informações coletadas no *site* como monitoramento longitudinal das reações e do *feedback* dos visitantes quanto a seus parques temáticos e *resorts* de férias. O uso de painéis públicos para a condução de pesquisas exploratórias e conclusivas é ilustrado pelo caso da 3M Canada.

Pesquisa real

3M Canada: o salto do Scotch Shoe

A 3M vem fazendo história desde a década de 1950, quando introduziu a primeira fita adesiva transparente, conhecida como Scotch Tape. No entanto, a Scotch Tape tornou-se parte tão intrínseca do cotidiano dos consumidores que acabou virando quase invisível. A 3M teve sucesso em vendas e fatia de mercado, mas o problema era fazer os consumidores se apaixonarem pelo produto. Como resultado, a 3M Canada decidiu revitalizar a marca.

A empresa bolou um novo produto, voltado para as mulheres. Tratava-se de um porta-rolo adesivo chamado Scotch Shoe, no formato de um sapato de salto alto vermelho. Limitações orçamentárias levaram a empresa a usar o Facebook para seu lançamento e teste do produto, em uma campanha abrangente. O Facebook era o principal *site* de rede social do Canadá, com mais de 20 milhões de usuários canadenses ativos. Mais da metade eram mulheres, que representavam o segmento-alvo.

A 3M conduziu uma pesquisa exploratória seguida de uma pesquisa conclusiva (descritiva) por meio de uma página no Facebook. O objetivo da pesquisa exploratória era identificar os pontos fortes e fracos do produto. Já os objetivos da fase descritiva eram quantificar os achados da fase exploratória e desenvolver uma estratégia publicitária para o Scotch Shoe.

Pesquisa exploratória

Por meio do Facebook, dados demográficos e psicográficos dos consumidores foram acessados pela 3M. A empresa organizou grupos de foco no formato de postagens em fóruns de discussão que convinham às "viciadas em sapatos". Por meio desses fóruns de discussão, a 3M conseguiu coletar opiniões e *insights* sobre produtos já existentes e novos produtos a partir das imagens e vídeos postados. Ao mesmo tempo, a 3M iniciou diálogos com usuárias selecionadas (individualizados) para entender mais a fundo os pontos fortes da marca que poderiam ser explorados para elevar a paixão e a fidelidade dos seus consumidores.

A empresa ainda lançou dois concursos: um que oferecia um vale-presente de US$ 100 e outro que oferecia a chance de ganhar um novo porta-fitas Scotch Shoe. Para poderem participar do concurso Scotch Shoe, fãs tinham de postar comentários no mural, positivos ou negativos, a respeito do novo produto. Mediante esse concurso, a 3M ficou conhecendo melhor os pontos fortes e fracos do novo produto.

Pesquisa conclusiva (descritiva)

Os *insights* obtidos a partir da pesquisa exploratória foram usados para desenvolver um questionário de levantamento. O concurso Scotch Shoe exigia que as usuárias preenchessem um breve levantamento depois de postarem comentários no mural, ajudando a 3M a coletar dados quantitativos e descritivos. Além disso, a 3M também realizou levantamentos na página do Facebook após obter dados qualitativos, para que todas as usuárias gerassem *feedback* quantitativo.

Os resultados dessa campanha foram bem-sucedidos. Geraram mais de 2 mil fãs e quase 200 comentários no mural. A 3M usou os resultados do levantamento para desenvolver uma campanha publicitária atraente e envolvente que geraram mais de 1,5 milhão de impressões e 300 mil cliques. O novo produto em si, o Scotch Shoe, esgotou-se nas lojas logo após o lançamento. Além do uso de dados de consumidores para essa campanha, a empresa reteve dados e interesses de consumidores para cultivar relacionamentos e promover prêmios e concursos futuros e para iniciar novos tópicos de discussão. O sucesso da campanha se deveu à condução de uma boa pesquisa exploratória e descritiva por parte da 3M, usando uma plataforma de baixo custo como o Facebook.[23]

Pesquisa de marketing em dispositivos móveis

A pesquisa de marketing em dispositivos móveis (MMR) pode ser conduzida para implementar qualquer método básico de pesquisa examinado neste capítulo ou qualquer combinação entre eles. As principais metodologias de pesquisa exploratória são a análise de dados secundários e a pesquisa qualitativa, e o uso de MMR para implementar esses métodos é discutido nos Capítulos 4 e 5, respectivamente. O uso de MMR para implementar levantamentos e pesquisa de observação, as principais metodologias da pesquisa descritiva, é abordado no Capítulo 6. Por fim, o uso de MMR para conduzir experimentos, o principal método de pesquisa casual, é apresentado no Capítulo 7.

Ética em pesquisa de marketing

Durante o estágio de concepção de pesquisa, não apenas as preocupações do pesquisador e do cliente devem ser respeitadas, mas também os direitos dos entrevistados. Embora normalmente não haja contato direto entre o entrevistado e os outros interessados (cliente e pesquisador) durante a concepção de pesquisa, esse é o estágio em que são tomadas as decisões com ramificações éticas, como a de usar gravadores ocultos de vídeo ou áudio.

A questão básica do tipo de concepção de pesquisa a ser adotada (isto é, descritiva ou causal, transversal ou longitudinal) tem implicações éticas. Por exemplo, ao estudar mudanças de marcas nas compras de creme dental, uma concepção longitudinal é a única maneira precisa de avaliar as mudanças nas escolhas individuais de marcas. Uma empresa de pesquisa que não tenha realizado muitos estudos longitudinais talvez procurará justificar o uso de uma concepção transversal. Isso é ético?

Os pesquisadores precisam estar certos de que a concepção de pesquisa utilizada proverá as informações necessárias à solução do problema de pesquisa identificado. O cliente deve ter integridade para não deturpar o projeto, descrever as restrições sob as quais o pesquisador precisará operar e não fazer exigências exageradas. Uma pesquisa longitudinal leva tempo. Uma pesquisa descritiva poderá exigir entrevistas com os clientes. Se o tempo for curto, ou se o contato com o cliente for restrito, o cliente tem que deixar isso claro no início do projeto. Finalmente, o cliente não deve tentar abusar da firma de pesquisa, solicitando concessões injustas para o projeto atual e fazendo falsas promessas de futuros contratos de pesquisa.

Pesquisa real

Quando o justo se torna antiético

Dilemas éticos podem surgir devido ao forte desejo de empresas de pesquisa de se tornarem fornecedoras de corporações que são grandes usuárias de pesquisas de marketing. Por exemplo, a Visa, a Coca-Cola ou a Ford Motor Company são empresas que têm grandes orçamentos de pesquisa de marketing e contratam regularmente fornecedores externos de pesquisas. Esses grandes clientes podem negociar o preço para o atual estudo ou exigir concessões exageradas na concepção de pesquisa (p. ex., o exame de variáveis adicionais, mais grupos de foco, uma amostra maior e mais focada para o estudo, ou análises adicionais de dados), sugerindo o potencial de a empresa de pesquisas se tornar uma fornecedora regular. Essa negociação pode ser considerada justa, mas passa a ser antiética quando não existe a intenção de prosseguir com um estudo maior ou de usar a empresa de pesquisas no futuro.[24] ∎

Igualmente importante: as responsabilidades para com os entrevistados não devem ser negligenciadas. O pesquisador precisa conceber o estudo de forma a não violar o direito dos entrevistados à segurança, à privacidade ou à escolha. Além disso, o cliente não deve abusar do poder para pôr em risco o anonimato dos entrevistados. Essas questões relativas aos entrevistados serão discutidas com mais detalhes nos Capítulos 4, 5, 6 e 7.

Caso HP

Revise o Caso 1.1, da HP, e o questionário apresentado no final do livro.

1. Como a HP pode usar a pesquisa exploratória para compreender como as famílias dos consumidores compram computadores pessoais e equipamentos afins?
2. Mostre como a HP pode utilizar a pesquisa descritiva.
3. Descreva como a HP pode empregar a pesquisa causal.
4. A HP gostaria de determinar a resposta do consumidor a um novo PC leve que a empresa desenvolveu. Que concepção de pesquisa você recomendaria?

Resumo

A concepção de pesquisa é uma estrutura para a realização do projeto de pesquisa de marketing, especificando os detalhes de como o projeto deverá ser realizado. As pesquisas são classificadas, em termos amplos, como exploratórias ou conclusivas. A principal finalidade da pesquisa exploratória é oferecer uma maior compreensão do problema. A pesquisa conclusiva é realizada para testar hipóteses específicas e examinar relações. As constatações da pesquisa conclusiva são usadas como dados para tomar decisões gerenciais. As pesquisas conclusivas podem ser descritivas ou causais.

O principal objetivo da pesquisa descritiva é descrever características ou funções do mercado, exigindo uma clara especificação de quem, o que, quando, onde, por que e como pesquisar. A pesquisa descritiva pode ser classificada como transversal ou longitudinal. Os estudos transversais envolvem a coleta de informações de uma amostra de elementos de população em um único momento. Já nos estudos longitudinais, são feitas medições repetidas de uma amostra fixa. A pesquisa causal tem por objetivo principal obter evidências a respeito de relações de causa e efeito (causais).

Erros em concepções de pesquisa podem advir de várias fontes. O erro total é composto do erro de amostragem aleatória e do erro não amostral. Este último consiste em erros de não resposta e erros de resposta. O erro de resposta abrange os erros cometidos por pesquisadores, entrevistadores e entrevistados. É preciso preparar uma proposta de pesquisa de marketing por escrito, incluindo todos os elementos do processo de pesquisa de marketing. No planejamento de pesquisa para um projeto internacional, é necessário assegurar a equivalência e a possibilidade de comparação dos dados secundários e primários obtidos em países diferentes. As mídias sociais e a Internet podem facilitar a implementação de pesquisas exploratória, descritiva e causal. Qualquer combinação dessas concepções básicas pode ser implementada na pesquisa de marketing em dispositivos móveis.

Em termos de questões éticas, os pesquisadores precisam se certificar de que a concepção de pesquisa utilizada fornecerá as informações procuradas e de que são estas as informações de que o cliente necessita. O cliente deve ter a integridade de não deturpar o projeto e descrever a situação dentro da qual o pesquisador precisará operar, sem fazer exigências exageradas. Todas as precauções devem ser tomadas para garantir o direito à segurança, à privacidade e à escolha dos entrevistados.

Palavras-chave e conceitos fundamentais

concepção de pesquisa, 58
pesquisa exploratória, 58
pesquisa conclusiva, 59
pesquisa descritiva, 61
estudo transversal, 62
estudo transversal único, 62
estudo transversal múltiplo, 63
análise de coorte, 63
estudo longitudinal, 63
painel, 64
pesquisa causal, 66
erro total, 68

erro de amostragem aleatória, 68
erro não amostral, 69
erro de não resposta, 69
erro de resposta, 69
erro de substituição de informações, 69
erro de mensuração, 69
erro de definição da população, 69
erro de arcabouço amostral, 69
erro de análise de dados, 69
erro de seleção dos entrevistados, 69
erro de questionamento, 69
erro de registro, 69

erro proposital, 70
erro por incapacidade, 70
erro por má vontade, 70
orçamento e programação, 70
método do caminho crítico (CPM), 70
técnica de avaliação e revisão de programas (PERT), 70
técnica de avaliação e revisão gráfica (GERT), 70
proposta de pesquisa de marketing, 71

Casos relacionados

Os casos listados a seguir são discutidos no final do livro.

1.1 HP Inc.

2.1 Baskin-Robbins   **2.2** Akron Children's Hospital

4.1 JPMorgan Chase   **4.2** Wendy's

Os casos listados a seguir estão distribuídos ao longo do livro, no final dos capítulos de 1 a 13.

3.1 NFL   **4.1** Mayo Clinic   **7.1** Aflac   **8.1** P&G
9.1 eGO   **12.1** Subaru   **13.1** Intel   **23.1** Marriott

Pesquisa ao vivo: realização de um projeto de pesquisa de marketing

1. Cada equipe apresenta para a turma o tipo de concepção de pesquisa que considera apropriado.
2. Na turma, selecione a concepção de pesquisa para este projeto.
3. É recomendável convidar o cliente para esta sessão.

Exercícios

Perguntas
1. Defina concepção de pesquisa com suas próprias palavras.
2. Em que a formulação de uma concepção de pesquisa difere do desenvolvimento da abordagem a um problema?
3. Diferencie pesquisa exploratória de pesquisa conclusiva.
4. Quais são as principais finalidades da pesquisa descritiva?
5. Relacione os seis fatores da pesquisa descritiva e dê um exemplo de cada um deles.
6. Compare os estudos transversal e longitudinal.
7. Descreva a análise de coorte. Por que ela é de especial interesse?
8. Discuta as vantagens e desvantagens dos painéis.
9. O que é uma concepção de pesquisa causal? Qual é sua finalidade?
10. Qual é a relação entre pesquisas exploratória, descritiva e causal?
11. Relacione os principais componentes de uma concepção de pesquisa.
12. Que fontes potenciais de erro podem afetar a concepção de pesquisa?
13. Por que é importante minimizar o erro total mais do que qualquer outra fonte de erros?
14. Como a pesquisa exploratória e descritiva pode ser implementada em mídias sociais?
15. Discuta a implementação de projetos básicos de pesquisa de marketing em dispositivos móveis.

Problemas
1. A Sweet Cookies está planejando lançar uma nova linha de biscoitos e quer avaliar o tamanho do mercado. Os biscoitos têm sabor mesclado de chocolate com abacaxi e destinam-se à camada superior do mercado. Discuta os seis fatores de uma concepção de pesquisa descritiva que poderão ser adotados.
2. Expresse em uma equação cada um dos seguintes tipos de erro:
   a. Erro total.
   b. Erro de amostragem aleatória.
   c. Erro de não resposta.
   d. Erro de resposta.
3. A Welcome Inc. é uma cadeia de restaurantes de refeições rápidas localizada em grandes áreas metropolitanas no sul dos EUA. Suas vendas têm crescido lentamente nos dois últimos anos. A gerência decidiu acrescentar novos itens ao cardápio, mas antes quer saber mais a respeito dos clientes e suas preferências.
   a. Apresente duas hipóteses.
   b. Que tipo de pesquisa é adequado? Por quê?

Exercícios para Internet e computador

1. Visite a página da Toluna (us.toluna.com).
   a. Que pesquisas estão sendo realizadas atualmente pela Toluna?
   b. Como os entrevistados estão sendo recrutados para essas pesquisas?
   c. Discuta os diferentes tipos de erros que podem surgir devido à maneira como os entrevistados estão sendo recrutados.
2. Acesse o *site* de três das empresas de pesquisa relacionadas na Tabela 1.2. Que tipos de concepções de pesquisa foram implementadas por elas recentemente?
3. Obtenha um dos programas CPM/PERT e desenvolva um cronograma para o projeto de pesquisa descrito no Exercício 2 de dramatização.
4. Você está realizando um estudo de imagem para a Carnival Cruise Lines. Como parte de uma pesquisa exploratória, analise as mensagens postadas no grupo groups.google.com/forum/#!forum/rec.travel.cruises para determinar os fatores que os consumidores utilizam na avaliação de empresas de cruzeiros.

Atividades

Dramatização
1. Represente o papel de um gerente de marketing da Sweet Cookies, Inc. e peça a seu colega que assuma o papel de um pesquisador contratado pela empresa (veja o Problema 1). Discuta a questão e formule:
   a. o problema de decisão gerencial adequado;
   b. o problema de pesquisa de marketing adequado;
   c. a concepção de pesquisa adequada.
2. Você é o gerente que está encarregado de um projeto de pesquisa de marketing. Sua meta é determinar os efeitos de diferentes níveis de propaganda no comportamento de consumo. Com base nos resultados do projeto, você recomendará o orçamento para a propaganda de diferentes produtos no próximo ano. Seu supervisor demandará boas justificativas para suas recomendações, portanto sua concepção de pesquisa deve ser a mais sólida possível. Entretanto, seus recursos (tempo, dinheiro e pessoal) são limitados. Desenvolva um projeto de pesquisa que lide com esse problema. Concentre-se nos tipos de concepção de pesquisa que você utilizaria, por que os utilizaria e como conduziria a pesquisa.

Trabalho de campo

1. Faça contato com algumas organizações de pesquisa de marketing e pergunte a respeito dos tipos de concepção de pesquisa que elas têm utilizado durante o último ano e da natureza dos problemas abordados. Redija um relatório de suas constatações.

Discussão em grupo

1. "Se o orçamento para a pesquisa é limitado, a pesquisa exploratória pode ser dispensada". Discuta essa citação.
2. Em um pequeno grupo, discuta a afirmação a seguir: "o pesquisador sempre deve tentar desenvolver uma concepção ótima para todo projeto de pesquisa de marketing".
3. "Existem muitas fontes de erro potenciais em um projeto de pesquisa. É impossível controlar todas elas. Portanto, a pesquisa de marketing contém muitos erros, e não podemos confiar em seus resultados". Discuta essas afirmações em um grupo pequeno. O grupo conseguiu chegar a um consenso?

CASO 3.1

National Football League: o rei dos esportes profissionais

A National Football League (www.nfl.com), considerada a instância máxima de todos os esportes profissionais nos Estados Unidos, foi formada por 11 equipes em 1920 como a American Professional Football Association e adotou o nome atual em 1922. A liga atualmente consiste em 32 equipes de futebol americano de cidades e regiões dos EUA, divididas igualmente em duas federações (AFC e NFC), com quatro divisões de quatro equipes. A NFL regulamenta e promove os jogos, estabelece e faz vigorar as regras e também regulamenta a propriedade dos times. Ela gera receitas a partir de patrocínios, licenciamento de mercadorias e venda de direitos de transmissão nacional dos jogos e tem tido grande sucesso por ser adepta da propaganda. As equipes operam como negócios individuais, mas compartilham uma porcentagem da receita. As receitas da NFL atingiram o nível mais alto de todos, de cerca de 14 bilhões, em 2016.

Os jogadores são robustos, fortes e muito competitivos no campo, mas é só tirarem os capacetes e um lado mais amistoso aparece. A pesquisa de marketing tem documentado o impacto positivo do marketing ligado a causas sociais sobre a imagem corporativa. A NFL tem uma forte tradição de serviço público e contribui ativamente para diversas causas sociais. A promoção de comunidades e o auxílio às pessoas estão ligados ao conceito básico de equipe e são uma extensão da filosofia da NFL. Os jogadores acreditam profundamente nas causas e incentivam os outros a participar, seja com tempo, dinheiro ou qualquer outra coisa – até mesmo os menores gestos podem fazer uma grande diferença para alguém.

Grupos de foco e levantamentos demonstram que o envolvimento da comunidade é especialmente importante para uma organização que depende dela. A NFL tem uma rica história de contribuições, e cada equipe conduz suas próprias iniciativas de relacionamento com a comunidade. O fato de haver aproximadamente 1.600 jogadores na liga indica as capacidades de longo alcance dessa poderosa organização. De acordo com Joe Browne, vice-presidente executivo de comunicações e assuntos públicos, a NFL vê suas atividades de serviço ao público como uma devolução de algo aos seus clientes – os fãs que vão aos jogos e os veem na TV. A NFL há anos trabalha com uma série de organizações de caridade e sem fins lucrativos. Cada equipe assume uma causa diferente. Por exemplo, os Philadelphia Eagles constroem praças comunitárias. Todo ano, os Eagles afastam-se do mundo dos esportes e empreendimentos e constroem uma praça na região de Philadelphia. Os New England Patriots ajudam a fornecer jantares de Ação de Graças para os necessitados, e os Pittsburgh Steelers visitam idosos – são jogadores de futebol colocando-se à disposição para fazer a diferença.

Em 1974, a liga fez uma parceria com a United Way, uma rede nacional com mais de 1.300 organizações localmente administradas que trabalham para criar mudanças positivas duradouras nas comunidades e na vida das pessoas. Essa parceria permanece até hoje e incentiva os fãs a retribuir para a sociedade; consequentemente, o levantamento de fundos para a United Way passou de US$ 800 milhões para US$ 4 bilhões. A relação entre a United Way e a NFL prosperou na forma de um empreendimento de caridade que atinge 30 milhões de pessoas anualmente, oferecendo fundos e programas para os necessitados. As contínuas campanhas publicitárias da NFL lembram aos fãs que os jogadores de futebol são pessoas comuns que querem fazer o bem na comunidade onde trabalham e vivem. A eficácia dessas campanhas é avaliada por meio de levantamentos que mensuram o conhecimento, as percepções, as preferências, as intenções e os comportamentos das pessoas em relação à NFL, em comparação com *benchmarks*.

Com base em pesquisas de marketing, a estratégia de marketing da NFL tem dois pilares: o futebol e a comunidade. O futebol é seu produto, o que a NFL faz melhor; a comunidade significa uma retribuição à sociedade por seu apoio e amor. O apoio da comunidade é enorme, com 18 milhões de ingressos vendidos a cada temporada e mais de 120 milhões de pessoas assistindo aos jogos da NFL na TV por semana. Há, ainda, o imenso impacto do Super Bowl – um evento classificado como o maior espetáculo do ano, visto por mais espectadores do que qualquer outro programa, uma exposição que provou ser um meio eficaz de transmissão de mensagens. O tremendo alcance e poder dos comerciais de televisão ajudaram a iniciativa da NFL de "juntar-se à equipe" a ter um início espetacular, com milhares de fãs ansiosos ligando para equipes da NFL de todo o país, prontos para juntar-se a elas. A NFL acredita que a caridade e o fato de ser um bom cidadão corporativo são essenciais para o sucesso nos negócios. Isso fortalece toda a entidade. Ao retribuir a seus clientes, a NFL demonstra que se importa com eles.

O impacto da NFL na comunidade vai muito além dos jogos de domingo e de segunda-feia à noite, pois existe um elo especial que os fãs têm com as equipes da liga. Levantamentos de percepção e de atitudes do consumidor sistematicamente mostram que a NFL é tida em alta conta, e a liga tenta manter essas percepções positivas. Ela percebe que, no fim das contas, a NFL é uma energia, um símbolo que representa a tradição americana, que, se não fosse mantida, se desvaneceria.

Joe Browne descreve o relacionamento das pessoas com a NFL como um caso de amor em que a liga e as equipes têm que retribuir esse amor às pessoas por dar-lhes tanto apoio. É isso o que a NFL faz por meio de seus vários programas, como as ações de caridade, o fundo de futebol e o fundo para socorro em catástrofes, estabelecido pela NFL após o 11 de setembro para auxiliar as famílias dos mortos em Nova York e Washington. Há caridade no campo também; toda vez que um jogador é multado, o dinheiro é utilizado para ajudar várias causas. Os fãs podem participar indo à seção de leilões do *site* da NFL, pois todas as arrecadações são destinadas às ações de caridade dos jogadores. De acordo com Beth Colleton, diretora de assuntos comunitários, a NFL representa qualidade, tradição e integridade – tudo o que define a nação. A NFL capta a energia americana de modo incomparável – uma energia que continua a acionar a boa vontade em cada temporada.

Conclusão

A NFL usa a pesquisa de marketing para promover uma imensa boa vontade e influenciar a comunidade a fazer a diferença. O forte sentimento de serviço público da NFL e o envolvimento ativo dos jogadores em várias iniciativas e programas de cunho social atestam o quanto a NFL leva a sério sua responsabilidade para com a comunidade e testemunham seu impacto positivo sobre a sociedade, tudo isso respaldado pela pesquisa de marketing. A confiança constante na pesquisa de marketing pode ajudar a NFL a permanecer como a instância máxima dos esportes profissionais.

Questões

1. O futebol americano é um esporte com predominância masculina. Discuta o papel que a pesquisa de marketing pode desempenhar para ajudar a NFL a atingir as mulheres de maneira mais eficaz.
2. A NFL gostaria de aumentar sua participação no segmento feminino. Defina o problema de decisão gerencial.
3. Qual é a maior concorrência enfrentada pela NFL?
4. Defina um problema de pesquisa de marketing adequado que corresponda ao problema de decisão gerencial da questão 2.
5. Desenvolva três questões de pesquisa adequadas, cada uma com hipóteses apropriadas.
6. Que tipo de concepção de pesquisa você recomendaria para investigar o problema de pesquisa de marketing?

Referências

1. http://www.nfl.com/, accessed February 20, 2017.
2. "NFL pulled in $14 billion in revenue during 2016 season," http://www.espnsa.com/nfl-pulled-14-billion-revenue-2016-season/, accessed May 26, 2017.
3. "In a League of Its Own," http://www.economist.com/business/displaystory.cfm?story_id=6859210, accessed February 6, 2016.
4. "NFL Studies What Women Want," http://www.reuters.com/article/us-media-summit-nfl-women-idUSN2933923020061129, accessed February 20, 2017.

CAPÍTULO 4

Concepção de Pesquisa Exploratória: Dados Secundários e por Assinatura

> *Os dados secundários e por assinatura podem não atender a todas as necessidades informacionais com a mesma especificidade da pesquisa personalizada, mas são maneiras econômicas de fornecer contexto, dimensionalidade e insights úteis para muitos problemas de negócios. O uso perspicaz de recursos secundários e por assinatura permite que seus esforços de pesquisa personalizados sejam mais direcionados e eficientes.*

Rob Stone, PhD, consultor de pesquisas e marketing, vice-presidente da The Insights Association

Cortesia de Rob Stone

Objetivos

Após a leitura deste capítulo, o aluno conseguirá:

1. Definir a natureza e o escopo dos dados secundários e distingui-los dos dados primários.
2. Analisar as vantagens e desvantagens dos dados secundários e seus usos nas várias etapas do processo de pesquisa de marketing.
3. Avaliar dados secundários usando critérios de especificações, erro, atualidade, objetivos, natureza e confiabilidade.
4. Descrever detalhadamente as diferentes fontes de dados secundários, inclusive fontes internas e externas na forma de serviços comerciais/não governamentais, governamentais e personalizados por assinatura.
5. Discutir detalhadamente as fontes de dados secundários por assinatura, inclusive dados sobre domicílios/consumidores obtidos mediante levantamentos, painéis de compra e de mídia e serviços de escaneamento eletrônico, bem como dados institucionais relativos a varejistas, atacadistas e empresas industriais e de serviços.
6. Explicar a necessidade do uso de múltiplas fontes de dados secundários e descrever dados de fontes únicas.
7. Discutir o papel do *big data* na tomada de decisões de marketing.
8. Identificar e avaliar as fontes de dados secundários úteis em pesquisas de marketing internacionais.
9. Discutir as mídias sociais como uma fonte valiosa de dados secundários.
10. Definir o papel da pesquisa de marketing em dispositivos móveis na análise de dados secundários e na prestação de serviços de assinatura.
11. Entender as questões éticas envolvidas no uso de dados secundários.

Aspectos gerais

Como vimos nos capítulos anteriores, a Internet é uma fonte de informações para a pesquisa de marketing (Capítulo 1) e a análise de dados secundários ajuda a definir o problema de pesquisa de marketing e a desenvolver uma abordagem (Capítulo 2). Além disso, antes de planejar a pesquisa para a coleta de dados primários (Capítulo 3), o pesquisador deve analisar os dados secundários relevantes. Em alguns projetos, particularmente aqueles com orçamentos limitados, a pesquisa pode se restringir à análise de dados secundários, porque alguns problemas rotineiros são resolvidos apenas com base nesses dados.

Este capítulo discute a distinção entre dados primários e secundários. As vantagens e desvantagens dos dados secundários são analisadas, sendo apresentados os critérios para a sua avaliação e classificação. É realizada a descrição dos dados secundários internos com ênfase em base de dados do consumidor, armazenamento e mineração de dados, gestão de relacionamento com o cliente (CRM) e marketing de banco de dados. As principais fontes de dados secundários externos são serviços comerciais/não governamentais, governamentais e personalizados por assinatura. *Big data* e suas aplicações também são analisados. Além disso, são examinadas as fontes de dados secundários úteis em pesquisa de marketing internacional também são expostas. O uso das mídias sociais como fonte de dados secundários é descrito, e são explicadas pesquisas de marketing em dispositivos móveis referentes a dados secundários e por assinatura. São identificadas várias questões éticas que surgem no uso de dados secundários.[1]

O capítulo inicia citando vários exemplos para dar uma ideia do que são dados secundários.

Pesquisa real

Boston Market: como se fosse feito em casa

De acordo com dados secundários, a substituição da comida caseira (HMR – *home meal replacement*) será o negócio alimentício do século. HMR significa comida de alta qualidade pronta para levar para casa e é a oportunidade mais significativa e de maior crescimento no segmento alimentício de hoje. Segundo os dados do painel de consumidores da Nielsen (www.nielsen.com), 55% dos entrevistados compravam uma refeição para consumir em casa várias vezes por mês. A conveniência e o tipo de comida eram os dois fatores que tinham mais influência quando se adquiria HMR. Além disso, 77% dos entrevistados preferiam ter suas refeições prontas para comer.

Outro estudo recente, feito pelos consultores McKinsey & Co. (www.mckinsey.com), projeta que praticamente todo o crescimento de vendas de alimentos virá de serviços de alimentação, definidos como refeições preparadas ao menos parcialmente fora de casa. As estimativas do tamanho total do mercado de HMR, assim como de seu potencial futuro, variam imensamente. Números que vão desde US$ 40 bilhões a US$ 150 bilhões foram lançados para o ano 2020. É a tendência mais importante no segmento alimentício desde o advento dos congelados.

A maior parte dos especialistas do setor diz que a tendência teve início quando o Boston Market (www.bostonmarket.com) apareceu, atraindo consumidores com promessas de oferecer refeições como as que a mamãe fazia. O Boston Market é hoje o líder em HMR. A empresa monitora constantemente os dados relativos a HMR disponíveis em fontes secundárias e os utiliza como pontos de partida em programas de pesquisa e de marketing. Atualmente, o Boston Market vem usando esses dados para testar novos produtos que seriam lançados em 2010. Entre esses testes, estavam o de caixas de almoço para viagem pré-embaladas, expansão de serviços de alimentação, melhores operações de *drive-through*, atendimento por encomenda e pratos especiais.[2] ■

Pesquisa real

De high touch para high tech

De acordo com o Ministério do Trabalho dos Estados Unidos (U.S. Department of Labor), em 2015, 44,4% da força de trabalho tinha mais de 44 anos e a média de idade era de 42,3 anos. Essa porcentagem deve aumentar ainda mais até 2020. Também haverá um declínio no número de trabalhadores jovens (entre 16 e 24 anos) disponíveis para ocupar posições de entrada. Essa potencial escassez de trabalhadores jovens tem levado muitos restaurantes de refeições rápidas a mudar de uma orientação de serviços *high touch* para serviços *high tech*. Muitos dos serviços oferecidos anteriormente por funcionários agora são realizados por consumidores por meio de equipamentos de alta tecnologia. O uso de quiosques sensíveis ao toque (*touchscreen*) está se tornando uma tendência muito difundida que proporciona uma nova forma de cortar custos com pessoal e melhorar o serviço ao consumidor. Empresas de refeições rápidas que estão utilizando essa nova tecnologia incluem Taco Bell, Arby's e Pizza Hut.[3] ■

Como mostram esses exemplos, empresas de pesquisa e consultoria (Nielsen, McKinsey & Co.) e órgãos governamentais (Ministério do Trabalho dos Estados Unidos) são apenas algumas das fontes junto às quais é possível obter dados secundários. A natureza e o papel dos dados secundários tornam-se claros quando compreendemos a distinção entre dados primários e secundários.

Dados primários *versus* dados secundários

Os **dados primários** são originados por um pesquisador para a finalidade específica de abordar o problema que está sendo considerado. A coleta de dados primários envolve as seis etapas do processo de pesquisa de marketing (Capítulo 1) e pode ser dispendiosa e demorada. O projeto de fidelização da loja de departamentos citado no Capítulo 1 é um exemplo de coleta de dados primários.

dados primários
Dados originados pelo pesquisador com a finalidade específica de solucionar o problema de pesquisa.

Os **dados secundários** são dados que foram coletados para objetivos que não os do problema em pauta e podem ser localizados de forma rápida e barata. No projeto da loja de departamentos, os dados secundários sobre os critérios usados pelas famílias para selecionar lojas de departamentos foram obtidos de publicações de marketing (*Journal of Retailing, Journal of Marketing, Journal of the Academy of Marketing Science* e *Journal of Marketing Research*). Vários outros exemplos de dados secundários foram fornecidos na seção anterior. As diferenças entre dados primários e secundários estão resumidas na Tabela 4.1. Em comparação com os dados primários, os dados secundários são coletados de forma rápida e fácil, a um custo relativamente baixo e em pouco tempo.

dados secundários
Dados coletados para fins diferentes do problema em pauta.

Essas diferenças entre dados primários e secundários levam a algumas vantagens e a usos distintos de dados secundários.

Vantagens e usos de dados secundários

Conforme exposto anteriormente, os dados secundários oferecem várias vantagens em relação aos dados primários. Os dados secundários são de acesso fácil, de custo relativamente baixo e de obtenção rápida. Alguns dados secundários, como os fornecidos pelo Bureau do Censo dos Estados Unidos (U.S. Bureau of the Census), estão disponíveis a respeito de assuntos sobre os quais não será viável, para uma empresa, coletar dados primários. Embora raramente os dados secundários forneçam todas as respostas para um problema de pesquisa não rotineiro, eles podem ser úteis de várias maneiras.[4] Os dados secundários ajudam a:

1. Identificar o problema.
2. Definir melhor o problema.
3. Desenvolver uma abordagem ao problema.
4. Formular uma concepção de pesquisa adequada (por exemplo, identificando as variáveis-chave).
5. Responder a certas perguntas da pesquisa e testar algumas hipóteses.
6. Interpretar os dados primários com mais critério.

TABELA 4.1
Comparação de dados primários e dados secundários

	Dados primários	Dados secundários
Finalidade da coleta	Para o problema considerado	Para outros problemas
Processo da coleta	Muito trabalhoso	Rápido e fácil
Custo da coleta	Alto	Relativamente baixo
Tempo da coleta	Longo	Curto

Considerando essas vantagens e os usos dos dados secundários, enunciamos a seguinte regra:

O exame dos dados secundários disponíveis é um pré-requisito para a coleta de dados primários. Comece com dados secundários. Prossiga com os dados primários somente quando as fontes de dados secundários estiverem esgotadas ou produzirem retornos apenas marginais.

Os bons dividendos obtidos pela obediência a essa regra estão ilustrados nos vários exemplos apresentados na introdução deste capítulo. Eles mostram que a análise de dados secundários fornece informações valiosas e lança a base para a obtenção de dados primários. Entretanto, o pesquisador deverá ser cauteloso no uso de dados secundários, porque eles têm algumas limitações e desvantagens.

Desvantagens dos dados secundários

Como os dados secundários foram coletados para fins diversos daqueles do problema em pauta, sua utilidade para a solução do problema atual é limitada de várias maneiras significativas, inclusive em relevância e exatidão. Os objetivos, a natureza e os métodos usados para coletar os dados secundários talvez não sejam adequados à situação atual. Além disso, os dados secundários podem não ser exatos, não estar completamente atualizados ou não ser confiáveis. Antes de usar dados secundários, é importante avaliá-los à luz desses fatores, que são discutidos com mais detalhes na próxima seção.

PESQUISA ATIVA

Nike: celebrando o endosso das celebridades

Pesquise na Internet, incluindo as mídias sociais e os bancos de dados *on-line* de sua biblioteca, informações sobre o uso de endossos de celebridades em marketing.

Você está realizando um projeto de pesquisa de marketing para determinar a eficácia de endossos de celebridades em propagandas da Nike. Que tipo de dados secundários você examinaria?

Como diretor de marketing da Nike, como você usaria dados secundários sobre endossos de celebridades para determinar se deve continuar a contratar celebridades para endossar a marca Nike?

Critérios para avaliação de dados secundários

A qualidade dos dados secundários deve ser avaliada rotineiramente, usando-se os critérios da Tabela 4.2, que são discutidos nas seções seguintes.

Especificações: metodologia usada para coletar os dados

As especificações ou a metodologia usada para coletar os dados devem ser examinadas de forma crítica para identificar possíveis fontes de tendenciosidade. Essas considerações metodológicas incluem o tamanho e a natureza da amostra, a taxa de respostas e sua qualidade, a criação e a administração do questionário, os procedimentos usados para o trabalho de campo e para a análise de dados e a elaboração de relatórios.

TABELA 4.2

Critérios para avaliar dados secundários

Critérios	Questões	Observações
Especificações/Metodologia	Método de coleta de dados Taxa de resposta Qualidade dos dados Técnica de amostragem Tamanho da amostra Formulação do questionário Trabalho de campo Análise de dados	Os dados devem ser confiáveis, válidos e generalizáveis para o problema considerado.
Erro/Precisão	Examinar erros em: abordagem, concepção de pesquisa, amostragem, coleta e análise de dados, relatórios	Avaliar a precisão comparando dados de diferentes fontes.
Atualidade	Período entre coleta e publicação Frequência das atualizações	Dados do censo são periodicamente atualizados por empresas que vendem dados por assinatura.
Objetivo	Por que os dados foram coletados?	O objetivo determinará a relevância dos dados.
Natureza	Definição das variáveis-chave Unidades de medida Categorias utilizadas Relações examinadas	Reconfigurar os dados para aumentar sua utilidade, se possível.
Confiabilidade	Conhecimento, credibilidade, reputação e integridade da fonte	Os dados devem ser obtidos de uma fonte original.

Essas verificações fornecem informações sobre a confiabilidade e a validade dos dados e ajudam a determinar se eles podem ou não ser generalizados para o problema em pauta. A confiabilidade e a validade também são averiguadas por um exame do erro, da atualidade, dos objetivos, da natureza e da confiabilidade associados aos dados secundários.

Pesquisa real

Avaliando a metodologia dos índices de audiência

A WTVJ-TV, uma afiliada da NBC em Miami, utiliza os serviços personalizados por assinatura da Nielsen (www.nielsen.com) para determinar estimativas de índices de audiência televisiva. A estação de TV acha que os dados fornecidos pela Nielsen Media Research foram distorcidos porque a metodologia usada era falha. Especificamente, ela alega que a Nielsen está instalando muitos medidores nas casas de famílias que falam somente espanhol, o que resulta em uma subestimativa dos índices de audiência da estação. O problema é que a estação transmite em inglês, e, embora 46% de seus telespectadores fossem hispânicos, todos eles falavam inglês. Devido à instalação de mais medidores da Nielsen em residências onde não se fala inglês, as informações não são representativas da comunidade de Miami ou dos telespectadores da estação. Uma vez que muitas decisões são tomadas a partir das informações fornecidas pela Nielsen – como programação, propaganda e compras de mídia –, é importante que a estação receba informações precisas e confiáveis a respeito do mercado.

Argumenta-se exatamente o contrário em outras áreas. A empresa introduziu medidores locais de pessoas (*local people meters*, LPM) em Los Angeles. Os medidores registram eletronicamente os programas que estão sendo vistos – e quem os assiste. Algumas redes e uma coalizão de grupos comunitários, chamada de Don't Count Us Out (não nos deixe de fora), reclamaram que a amostra de público da Nielsen não representa os latino-americanos e afro-americanos, produzindo resultados falhos. Cabe ressaltar que a Nielsen é a maior empresa de pesquisa de mercado do mundo (ver Tabela 1.2) e possui renomada reputação.

Embora muitos aprovem as ações da Nielsen e achem que os dados representam a comunidade, essa questão ainda levanta uma pergunta muito importante: uma empresa pode confiar que as informações que recebe são geradas mediante o uso da metodologia adequada?[5] ∎

Erro: precisão dos dados

O pesquisador deve determinar se os dados são suficientemente precisos para os fins do estudo em pauta. Os dados secundários têm uma série de fontes de erro, ou imprecisão, inclusive erros nos estágios de abordagem, concepção de pesquisa, amostragem, coleta e análise de dados e elaboração do relatório do projeto. Além disso, é difícil avaliar a precisão dos dados secundários, porque o pesquisador não participou da sua coleta. Uma solução é achar várias fontes de dados e compará-las usando procedimentos estatísticos padrão.

A precisão dos dados secundários varia, particularmente se eles estiverem relacionados a fenômenos sujeitos a mudanças. Além disso, os dados obtidos de diferentes fontes podem apresentar discrepâncias. Nesses casos, o pesquisador deverá verificar a precisão dos dados secundários efetuando estudos-piloto ou outros métodos apropriados. Com frequência, exercitando a criatividade, isso pode ser feito sem muita despesa ou esforço.

Pesquisa real

Detalhando receitas de vendas eletrônicas

Foi realizada uma pesquisa na Internet para determinar as vendas no varejo por comércio eletrônico dos EUA no segundo trimestre de 2016. É reconfortante que se tenha obtido o mesmo valor de US$ 97,25 bilhões de quatro fontes diferentes: U.S. Census Bureau (www.census.gov), Statista (www.statista.com), Federal Reserve Bank of St. Louis (fred.stlouisfed.org) e YCharts (ycharts.com). É possível que todas essas organizações tenham utilizado a mesma fonte original, ou seja, o Departamento de Comércio dos EUA, que abriga o Escritório do Censo dos EUA.

No entanto, as previsões de vendas no varejo por comércio eletrônico dos EUA para o ano de 2020 variaram muito: de US$ 684,24 bilhões da Statista para US$ 1,661 trilhão de Grady Maguire (www.csustan.edu/sites/default/files/honors/documents/journals/crossings/Maguire.pdf). A ampla variação observada nas previsões pode ser atribuída a diferenças nas premissas e metodologias de previsão.[6] ∎

Atualidade: quando os dados foram coletados

Os dados secundários podem carecer de atualidade, e o intervalo entre a coleta e a publicação pode ser longo, como no caso de muitos dados de um censo. Além disso, é possível que eles não sejam atualizados com a frequência exigida para as finalidades do problema em pauta. A pesquisa de marketing exige dados atuais; portanto, o valor dos dados secundários diminui com o tempo. Por exemplo, embora os dados do Censo da População dos Estados Unidos de 2010 sejam abrangentes, eles podem não se aplicar a uma área metropolitana cuja população mudou rapidamente desde o censo. Felizmente, várias empresas de pesquisa de marketing atualizam periodicamente os dados do censo e tornam essas informações disponíveis mediante assinatura.

Objetivo: a finalidade dos dados coletados

Os dados são invariavelmente coletados com algum objetivo em mente, e é fundamental em primeiro lugar questionar por que os dados foram coletados. O objetivo da coleta determinará a finalidade para a qual essa informação é relevante e útil. Os dados coletados com um objetivo específico podem não ser adequados em outra situação. Como explicaremos com mais detalhes adiante neste capítulo, os dados de acompanhamento de volume por scanner são coletados a fim de examinar a movimentação agregada das marcas, incluindo oscilações nas participações de mercado. Dados desse tipo sobre suco de laranja, por exemplo, seriam de valor limitado em um estudo que desejasse compreender como as famílias escolhem marcas específicas.

Natureza: o conteúdo dos dados

A natureza, ou o conteúdo, dos dados deverá ser analisada com atenção especial para a definição de variáveis-chave, unidades de medição, categorias usadas e relações examinadas. Se as variáveis-chave não tiverem sido definidas, ou foram estabelecidas de maneira incompatível com a definição do pesquisador, então a utilidade dos dados será limitada. Consideremos, por exemplo, os dados secundários sobre as preferências de consumidores a respeito de programas de TV. Para usar essas informações, é importante saber como foi definida a preferência pelos programas (neste caso, em termos da frequência do programa mais assistido, daquele considerado mais necessário, mais divertido, mais informativo, ou do programa de mais utilidade para a comunidade?).

Da mesma forma, os dados secundários muitas vezes são medidos em unidades que talvez não sejam adequadas para o problema em pauta. Por exemplo, a renda pode ser medida por pessoa, família, domicílio ou unidade de gastos e pode ser bruta ou líquida depois dos impostos e deduções; além disso, ela pode ser classificada em categorias que são diferentes das necessidades da pesquisa. Se o pesquisador estiver interessado em consumidores de alta renda, com rendas brutas anuais acima de US$ 200 mil, os dados secundários com categorias de renda inferiores a US$ 15 mil, de US$ 15.001 a US$ 35 mil, de US$ 35.001 a US$ 50 mil e superiores a US$ 50 mil não terão grande utilidade. Determinar a medição de variáveis como a renda é uma tarefa complexa. Finalmente, as relações examinadas devem ser levadas em consideração na avaliação da natureza dos dados. Por exemplo, se o interesse estiver no comportamento real, os dados que pressuponham comportamento a partir de informações fornecidas por entrevistados sobre suas atitudes provavelmente terão utilidade limitada. Algumas vezes, é possível reconfigurar os dados disponíveis, por exemplo, converter as unidades de medição, para que os dados resultantes sejam mais úteis para o problema em pauta.

Confiabilidade: quão confiáveis são os dados?

Uma indicação geral da confiabilidade dos dados pode ser obtida examinando a experiência, credibilidade, reputação e integridade da fonte. É possível apurar essas informações verificando-se outros que tenham usado as informações fornecidas pela mesma fonte. Dados publicados para promover vendas, favorecer interesses específicos ou fazer propaganda devem ser vistos com suspeita, assim como os dados publicados anonimamente ou em uma forma que procure ocultar os detalhes da metodologia e do processo de coleta dos dados. Também é pertinente examinar se os dados secundários vieram de uma fonte original, que gerou os dados, ou de uma fonte adquirida, que comprou os dados de uma fonte original. Por exemplo, o Census of Population dos Estados Unidos é uma fonte original, ao passo que o U.S. Chamber of Commerce (www.uschamber.com) é uma fonte adquirida. Como regra, os dados secundários devem ser obtidos de uma fonte original, em vez de uma adquirida. Há pelo menos duas razões para essa regra. Primeiro, a fonte original é aquela que especifica os detalhes da metodologia de coleta de dados. Segundo, é provável que uma fonte original seja mais precisa e completa do que uma fonte secundária.

Pesquisa real

Voando alto com dados secundários

A *CNN Money* publicou os resultados de um estudo efetuado para descobrir quais características os clientes de linhas aéreas consideram mais importantes. Por ordem de importância, essas características são segurança, preço, manuseio de bagagens, pontualidade, atendimento ao cliente, facilidade de reservas e emissão de passagens, conforto, programas de fidelidade e refeições. O estudo classificou as 10 maiores empresas aéreas americanas de acordo com essas características.

Se a American Airlines estivesse considerando a realização de uma pesquisa de mercado para identificar quais características de seu atendimento deveriam ser melhoradas, esse artigo poderia ser uma fonte útil de dados secundários. Isso seria pertinente, já que em outro estudo divulgado pela *CNN Money* em 2016 a American Airlines e a United figuravam entre as companhias aéreas americanas mais criticadas (cada uma com mais de 2,4 reclamações por 100 mil passageiros). Entretanto, antes de usar esses dados, a American deveria avaliá-los de acordo com vários critérios.

Em primeiro lugar, a metodologia empregada para coletar os dados para o artigo deve ser examinada. O artigo da *CNN Money* inclui uma seção que detalha a metodologia do estudo: uma pesquisa de 1.017 passageiros frequentes foi feita para determinar características importantes de empresas aéreas. Os resultados da pesquisa tinham uma margem de erro de 3%. A American teria que decidir se uma amostra de 1.017 pessoas seria generalizável para toda a população e se o erro de 3% era aceitável. Além disso, deveria avaliar que tipos de erros de resposta ou erros de não resposta poderiam ter ocorrido no processo de coleta ou análise de dados.

A atualidade dos dados e o objetivo do estudo seriam importantes para que a American Airlines decidisse se utilizaria ou não o artigo como fonte de dados secundários. Esse estudo foi realizado em 2016. Talvez os critérios dos passageiros da companhia tenham mudado desde então, o que diminuiria a utilidade do estudo. O objetivo era classificar as empresas aéreas segundo critérios de escolha. Não é provável que os resultados sejam tendenciosos para uma empresa em particular, uma vez que a empresa de pesquisa não tem interesse em alguma delas.

A American também deveria analisar a natureza e a confiabilidade dos dados. Por exemplo, ela precisaria analisar como são definidos os nove critérios de escolha. Por exemplo, o critério preço é medido em termos de tarifa por milha. Isso pode não ser útil para a American caso ela não queira quantificar o preço dessa maneira. Com respeito à confiabilidade, a American precisaria pesquisar a reputação da *CNN Money* e da SSRS

Research (ssrs.com), a empresa contratada que administrou e conduziu a pesquisa. A American também deve considerar o fato de a SSRS ter usado alguns dados secundários em seu estudo. Por exemplo, ela usou relatórios do Conselho de Segurança no Transporte Nacional (*National Transportation Safety Board*) sobre acidentes aéreos e relatórios de incidentes da Administração Federal de Aviação dos EUA (*Federal Aviation Administration*) para classificar o desempenho das 10 empresas aéreas em termos de segurança. Sempre é melhor obter informações da fonte original. Assim, a American poderia querer adquirir diretamente esses relatórios e realizar sua própria classificação de segurança. Isso seria mais confiável do que obter essas informações do relatório da *CNN Money*.

O artigo da *CNN Money* seria útil como ponto de partida para um projeto de pesquisa de marketing pela American Airlines (por exemplo, ele ajudaria na formulação da definição do problema). Entretanto, devido à limitação do artigo em termos de precisão e confiabilidade, essa fonte deveria ser complementada por outras fontes de pesquisas secundárias, assim como de pesquisas primárias.[7] ∎

PESQUISA ATIVA

Pesquisas de opinião da Gallup: a galope

Visite www.gallup.com e examine as informações sobre como as pesquisas de opinião da Gallup são realizadas.

Como CEO da Home Depot, você se depara com uma pesquisa de opinião da Gallup que afirma que um número cada vez maior de mulheres está adquirindo produtos e serviços para melhoria de suas residências. Como você vê essas informações no sentido de aumentar a competitividade da Home Depot?

Aplicando os critérios que consideramos, avalie a qualidade das pesquisas de opinião da Gallup.

Classificação dos dados secundários

A Figura 4.1 apresenta uma classificação de dados secundários. Eles podem ser classificados em internos ou externos. **Dados internos** são aqueles gerados na organização para a qual está sendo realizada a pesquisa. Essas informações muitas vezes estão em formato pronto para uso, como as informações fornecidas rotineiramente pelo sistema de apoio às decisões gerenciais. Por outro lado, esses dados podem existir dentro da organização, mas exigir um processamento considerável antes de terem utilidade para o pesquisador (por exemplo, várias informações são encontradas em faturas de vendas). Contudo, o acesso a elas nem sempre é fácil, exigindo um processamento adicional para extraí-las. Como mostrado pela classificação de dados secundários internos na Figura 4.1, muitas organizações estão envolvidas na construção de grandes bancos de dados de clientes, armazenamento e mineração de dados, além de gestão de relacionamento com o cliente (CRM) e marketing de banco de dados. Além disso, estão utilizando mídias sociais para gerar dados secundários internos. **Dados externos** são aqueles gerados por fontes externas à organização e podem existir na forma de fontes comerciais/não governamentais, fontes governamentais, serviços por assinatura e mídias sociais (Figura 4.1). Assim, as mídias sociais são fontes de dados secundários internos e externos e serão discutidas posteriormente neste capítulo. Antes de coletar dados secundários externos, vale a pena analisar os dados secundários internos.

dados internos
Dados disponíveis dentro da organização para a qual a pesquisa está sendo realizada.

dados externos
Dados originados fora da organização.

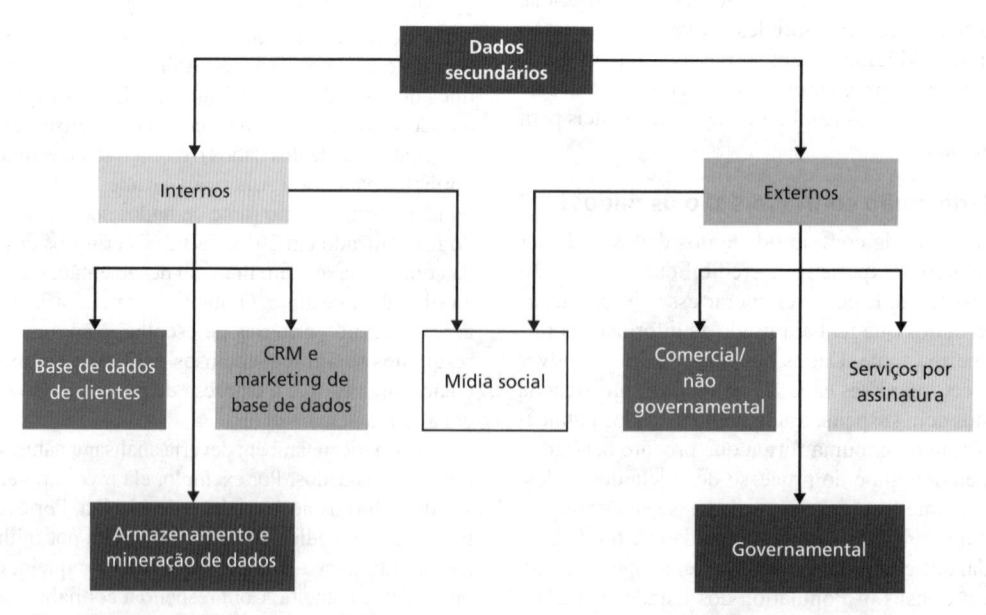

FIGURA 4.1 Classificação de dados secundários.

Dados secundários internos

As fontes internas devem ser o ponto de partida na busca de dados secundários. Como a maior parte das organizações possui muitas informações internas, alguns dados podem estar facilmente disponíveis e fornecer informações úteis. Por exemplo, dados sobre vendas e custos são compilados no processo contábil de rotina. Também é possível processar dados sobre vendas coletados rotineiramente para gerar uma variedade de informações úteis, como é ilustrado no exemplo de fidelização da loja de departamentos.

Projeto de pesquisa

Dados secundários internos

Foi realizada uma ampla análise sobre dados secundários internos no projeto de fidelização da loja de departamentos, o que resultou em várias informações muito ricas. Por exemplo, as vendas foram analisadas a fim de obter dados sobre:

- Vendas por linha de produtos
- Vendas por departamento (p. ex., roupas masculinas, artigos domésticos)
- Vendas por lojas específicas
- Vendas por região geográfica
- Vendas em dinheiro em relação a vendas a prazo
- Vendas em períodos específicos
- Vendas por tamanho da compra
- Tendências das vendas em muitas dessas classificações ■

Os dados secundários internos têm duas vantagens significativas: eles estão facilmente disponíveis e não são dispendiosos. Na verdade, as fontes secundárias internas costumam ser as menos dispendiosas de todas as fontes de informações para pesquisas de marketing, no entanto, muitas vezes, esses dados não são plenamente explorados. Contudo, essa tendência está mudando, e muitas organizações estão construindo sofisticados bancos de dados de clientes como plataformas para suas iniciativas de marketing (ver Figura 4.1).

Bases de dados de clientes

Para muitas empresas, o primeiro passo na criação de uma base de dados de clientes é a transferência de informações brutas de vendas, como aquelas encontradas em relatórios de ligações de vendas ou em faturas, para um computador. Informações de clientes também são obtidas de outras fontes, como registros de produtos adquiridos e programas de fidelidade (como os das empresas aéreas). Essas informações são incrementadas com dados demográficos e psicográficos sobre os clientes obtidos a partir de fontes secundárias externas. **Psicografia** diz respeito a perfis psicológicos quantificados de indivíduos. Empresas nesse ramo, como a Experian (www.experian.com), compilam listas domiciliares que incluem nomes, endereços e inúmeros dados de indivíduos específicos. O tamanho dessas bases de dados de clientes pode ser espantoso. A Wal-Mart, por exemplo, conta com mais de 75% dos domicílios americanos em sua base de dados de clientes. Tais bases de dados de clientes residem em armazéns de dados.

psicografia
Perfis psicológicos quantificados de indivíduos.

Armazém de dados e mineração de dados

Um **armazém de dados** é uma base de dados centralizada que consolida dados de toda a empresa a partir de diversos sistemas operacionais. A análise de tamanhas bases de dados exige habilidades e recursos especiais e é denominada mineração de dados. A **mineração de dados** envolve o uso de computadores poderosos com pacotes estatísticos avançados e outros programas de *software* para analisar vastas bases de dados a fim de identificar padrões nos dados. Os padrões descobertos podem ser bastante úteis para esforços de marketing-alvo. A mineração de dados revelou, por exemplo, que maridos tendem a adquirir seguro de vida adicional logo após o nascimento do primeiro filho. Sendo assim, o já tradicional *slogan* da Allstate (www.allstate.com), "Você está em boas mãos", é especialmente apropriado quando o alvo de produtos de seguro de vida são os pais de primeira viagem. As bases de dados proporcionam ferramentas essenciais para cultivar, expandir e proteger a relação com o cliente.[8]

armazém de dados
Um armazém de dados é uma base de dados centralizada que consolida dados da empresa inteira a partir de diversos sistemas operacionais.

mineração de dados
A mineração de dados envolve o uso de computadores poderosos com pacotes estatísticos avançados e outros programas de *software* para analisar vastas bases de dados a fim de identificar padrões.

CRM e marketing de base de dados

As bases de dados de clientes e a mineração de dados representam os tijolos básicos dos **sistemas de gestão de relacionamento com o cliente** (CRM – *customer relationship management*). Um sistema CRM é um sistema de embasamento de decisões usado para gerir as interações entre uma organização e seus clientes. O **marketing de base de dados** é a prática de usar bases de dados de CRM para desenvolver esforços de marketing altamente focados junto a indivíduos e grupos de clientes.

O CRM é um tipo único de marketing conduzido em bancos de dados. Como parte de seu sistema de CRM, a Chrysler (www.chrysler.com) implementou o que eles chamam de Personal Information Centers (PICs – Centros de Informações Pessoais), que oferecem aos proprietários de automóveis um *site* individualizado que cria *links* diretos com a equipe de pesquisa de marketing. Esses PICs coletam dados sobre todos os aspectos da compra de um carro, dando à empresa a capacidade de atuar no marketing personalizado. Se um possível cliente indicou, ao completar sua pesquisa *on-line*, que o manuseio das *minivans* é um problema, dados separados poderiam ser incluídos em um material enviado apenas para esse cliente potencial. Esses dados mostrariam como a *minivan* Chrysler se destacou da concorrência no mercado de *minivans*. A Chrysler acredita que a relação com o cliente começa quando um possível cliente faz contato pela primeira vez com a empresa e não termina quando um comprador adquire um veículo. Com isso em mente, a empresa utiliza seu sistema de CRM para rastrear constantemente a opinião e os desejos dos compradores e dos possíveis clientes. O CRM permitiu que a empresa mantivesse importante posição no mercado automotivo.[9]

O marketing por base de dados pode conduzir a programas de marketing bastante sofisticados e concentrados, como mostra o exemplo a seguir.

sistemas de gestão de relacionamento com o cliente (CRM)
Um sistema de gestão de relacionamento com o cliente (CRM) é um sistema de embasamento de decisões usado para gerir as interações entre uma organização e seus clientes.

marketing de base de dados
O marketing que envolve o uso de computadores para capturar e rastrear perfis de cliente e detalhes de aquisições.

Pesquisa real

Caterpillar: o pilar do marketing por base de dados

Além de seus conhecidos equipamentos para terraplenagem, a Caterpillar (www.cat.com) constrói US$ 2 bilhões por ano em motores de caminhões pesados de 18 rodas, daquele tipo encontrado por toda parte nas estradas. Esses caminhões são sempre personalizados pelos fabricantes, que são na verdade montadores, como a Peterbilt (www.peterbilt.com). No início, a Caterpillar não possuía banco de dados, e seus executivos tinham várias perguntas: "a que frotas de caminhões não estamos atendendo? Que frotas deveriam testar nossos dois motores novos? Como vamos formular uma estratégia de marketing que possa ser mensurada? Como nos ajustaremos à próxima queda nas vendas?".

Para tentar responder a essas perguntas, Alan Weber e Frank Weyforth, dois veteranos em marketing por base de dados, fizeram com que o marketing de caminhões da Caterpillar destinasse dinheiro para um projeto. Eles usaram parte desse dinheiro para fornecer *laptops* aos 260 membros da força de vendas da Caterpillar com esta orientação: "Vocês receberão pelas vendas, mas só se o nome do cliente e outros dados forem inseridos no banco de dados do *laptop*". Funcionou. Quando começaram, tinham dados sobre apenas 58 mil clientes e 11 mil frotas de 10 caminhões ou mais.

Havia quatro bancos de dados internos na Caterpillar que não eram compatíveis uns com os outros. Para obter os dados, a equipe combinou os bancos de dados, agregou dados da Motor Carriers Directory (motorcarrierdirectory.com/), Dun & Bradstreet (www.dnb.com) e listas de publicações comerciais. Depois de dois anos de trabalho, tinham um arquivo com 110 mil clientes, 8 mil frotas de porte médio e 34 mil frotas de caminhões pesados: o universo de todos os grandes caminhões dos Estados Unidos. A seguir, trabalharam seriamente com modelos matemáticos. Usando os dados que haviam reunido sobre código SIC, preferências dos proprietários de caminhões, modelos de motores, número de caminhões e categoria de veículos, conseguiram prever quais seriam os não clientes que demonstravam maior probabilidade de compra. Os clientes existentes e os clientes potenciais foram colocados em 83 grupos para caminhões pesados e 34 grupos para caminhões médios.

Com os dados disponíveis, eles calcularam o valor do cliente ao longo do tempo. Vendas, atendimento, uso e modelo de motor combinados determinaram o valor para os clientes. O valor dos clientes potenciais foi determinado pelo grupo a que cada um havia sido destinado. A partir dessa análise, foram definidos os clientes de alto valor e os clientes potenciais que deveriam ser alvejados.

Weber e Weyforth desenvolveram um conjunto de diferentes mensagens que poderiam ser enviadas para cada cliente e cliente potencial. As mensagens que enfatizavam a fidelidade eram diferentes das mensagens destinadas a conquistar clientes. Durante o primeiro ano com o novo banco de dados, foi possível atrair 500 frotas novas. Foi vendida uma média de 50 a 100 motores por frota, com cada motor custando aproximadamente US$ 15 mil. O aumento total de vendas atribuído ao novo sistema de banco de dados foi de cerca de US$ 500 milhões. Os dois novos motores que faziam parte da meta original foram lançados. A participação de mercado da Caterpillar aumentou e ficou em 41,04% em 2016.[10] ∎

A maioria das grandes organizações possui intranet, o que facilita muito a busca e o acesso de dados secundários internos. A Procter & Gamble, por exemplo, desenvolveu poderosas aplicações da intranet que possibilitam que seus gerentes no mundo todo, com utilização de senhas, acessem pesquisas passadas e atuais, bem como uma ampla variedade de informações de marketing. Uma vez localizadas, as informações podem ser acessadas *on-line*. Informações confidenciais são eletronicamente protegidas mediante nomes e senhas de usuário.

Dados secundários externos

Conforme já foi mencionado, dados secundários externos podem ser classificados como comercial/não governamental, governamental e serviços por assinatura (Figura 4.1). Dados secundários externos, sobretudo aqueles disponíveis em fontes comerciais/não governamentais, aumentaram radicalmente nos últimos 20 anos. Esse aumento foi estimulado em parte pela Internet e pelos computadores pessoais no local de trabalho, o que conferiu aos funcionários acesso a bases de dados comerciais. A seção a seguir oferece um apanhado geral de algumas fontes comerciais/não governamentais de dados secundários externos.

Dados comerciais/não governamentais

Fontes comerciais/não governamentais são usadas como uma categoria ampla e abrangem organizações sem fins lucrativos (como câmaras de comércio), organizações de ofícios e profissões, editoras comerciais, corretoras de investimentos e empresas com fins lucrativos. A maior parte dos dados pode ser acessada via Internet. As empresas publicam grandes quantidades de informações na forma de livros, periódicos, jornais, revistas, relatórios e literatura comercial. A Moody's (www.moodys.com) e a S&P (www.spratings.com) fornecem informações a respeito de empresas americanas e estrangeiras. Outra fonte útil para informações de marcas e comércio industrial é a ThomasNet (www.thomasnet.com). Informações valiosas de marketing e pesquisa de marketing podem ser obtidas em SecondaryData.com (www.secondarydata.com).

Diversos *sites* relacionados a negócios podem fornecer oportunidades de vendas, perfis comerciais e avaliações de crédito a respeito de empresas americanas, além de informações sobre empreendimentos em um mesmo ramo de atuação. Todas as publicações da American Marketing Association, por exemplo, podem ser buscadas por meio de palavras-chave em www.ama.org. A Enciclopédia Britânica oferece acesso *on-line* gratuito a seu conjunto inteiro de 32 volumes (www.britannica.com). Dados de fabricantes e importantes tomadores de decisões no cenário americano podem ser obtidos em Hoovers (www.hoovers.com). Outras boas fontes são Infogroup (www.infogroup.com), Forrester (go.forrester.com) e IDC (www.idc.com).

Dados comerciais/não governamentais podem ser localizados usando-se bibliografias e índices. As bibliografias, que são organizadas alfabeticamente por tópico, são um bom lugar para começar uma busca. Discussões atuais ou históricas sobre um tema específico encontram-se indexadas nessas referências, conduzindo a busca a diversos autores. Inúmeros índices estão disponíveis para a localização de tópicos tanto acadêmicos quanto comerciais. O EBSCO (www.ebscohost.com) oferece várias bases de dados, incluindo algumas gratuitas e acessíveis a qualquer pesquisador em tempo integral. O Social Sciences Citation Index (www.thomsonreuters.com) lhe oferece um acesso rápido e poderoso às informações bibliográficas e referenciais de que você precisa para encontrar dados de pesquisa, analisar tendências e localizar periódicos e pesquisadores. Diversos jornais, como Wall Street Journal (www.wsj.com), contam com um índice para a condução de uma busca guiada. Já o CI Resource Index (www.bidigital.com/ci) oferece informações competitivas estratégicas.

O campo da firmografia é o equivalente comercial da demografia. Inclui variáveis como fatia de mercado, sede corporativa, classificação do setor e empregos gerados. A Dun & Bradstreet (www.dnb.com) oferece esse tipo de dado. A YP, páginas amarelas eletrônicas (www.yellowpages.com), representa uma das maiores bases de dados para empresas americanas. Os nomes, endereços, telefones e códigos de classificação do setor para fabricantes, atacadistas, varejistas, profissionais e organizações de serviços estão disponíveis por meio dessa fonte.

Fonte governamental

O governo dos Estados Unidos representa a maior fonte de dados secundários do país e do mundo. Seria inviável para os setores privados coletar os dados de que o governo é capaz.[11] Sua utilidade vai desde o desenvolvimento de projeções de vendas e estimativas de potencial de mercado até a simples localização de varejistas, atacadistas ou fabricantes específicos. A abrangência e a precisão das fontes governamentais tornam essa uma fonte rica de dados secundários. Fontes governamentais podem ser divididas em dados censitários e outros tipos.

DADOS CENSITÁRIOS Os dados censitários são úteis em uma série de projetos de pesquisa de marketing. Os dados demográficos coletados pelo Bureau do Censo dos Estados Unidos incluem informações sobre tipos de famílias, sexo, idade, estado civil e raça. Detalhes de consumo relacionados a propriedade de automóvel, características do domicílio, *status* e práticas profissionais, bem como ocupações, são apenas algumas das categorias de informações disponíveis.[12] O que torna essas informações demográficas especialmente valiosas para os especialistas de marketing é que tais dados são geograficamente categorizados em vários níveis de detalhamento. Os dados podem ser sintetizados de várias formas: por cidade, grupo, estrato censitário, área estatística metropolitana (MAS – *metropolitan statistical area*), área estatística metropolitana consolidada (CMSA – *consolidated metropolitan statistical area*) e região (Nordeste, Centro-Oeste, Sul e Oeste), ou podem ser agregados considerando-se o país como um todo.

Em geral, a qualidade dos dados censitários é excelente, com os dados sendo extremamente detalhados.[13] Muitas fontes privadas atualizam os dados censitários em um nível geográfico detalhado para os períodos entre os censos, ou seja, nos anos em que o censo não é realizado.[14] Dentre os dados importantes estão: Censo Habitacional, Censo Fabril, Censo Populacional, Censo de Vendas a Varejo, Censo do Segmento de Serviços e Censo de Vendas por Atacado. A Nielsen (www.nielsen.com) criou várias ferramentas de pesquisa utilizando dados censitários e de outros relacionados a estilo de vida. A integração de dados censitários aprimorados com bancos de dados internos da empresa é uma aplicação útil de várias fontes secundárias. Essa integração de dados secundários é discutida mais adiante no capítulo.

Pesquisa real

A diversidade do mercado americano

Segundo o Censo dos Estados Unidos de 2010, a população total do país era de 308,75 milhões de pessoas. O Censo de 2010 revelou muito a respeito da sua composição populacional, inclusive que 4,8% são de origem asiática, 12,6% são afro-americanos e 16,3% são hispânicos. Houve um aumento percentual dessas minorias desde o último censo, conduzido em 2000. Em 2017, em algumas áreas, as minorias eram, na verdade, a maioria da população. De 2010 até 2020, projeta-se que os grupos minoritários crescerão a um ritmo muito mais acelerado que o restante da população.

Essa diferença considerável no crescimento altera o cenário do varejo. As empresas de marketing precisam incluir essas tendências e determinar a melhor maneira de configurar seu *mix* de marketing para atender às necessidades dessas culturas variadas. Sua inclusão no processo de pesquisa e nos planos de marketing será crucial para o sucesso a longo prazo de muitas organizações.

A Mazda da América do Norte, apesar de seus esforços de vendas já levando em conta a diversidade, decidiu colocar mais recursos e esforços para alcançar os hispânicos, asiáticos e afro-americanos. A Univisión, rede de televisão hispânica, está utilizando os resultados do censo para levar os executivos a destinar mais recursos para o "entretenimento étnico". Compreender que os mercados asiático-americano, afro-americano e hispânico não são apenas mercados diferentes, mas também culturas distintas, cada qual com histórias muito diferentes, será vital para o crescimento dos Estados Unidos na próxima década.[15] ∎

OUTRAS FONTES GOVERNAMENTAIS Além do censo, o governo federal coleta e publica uma grande quantidade de dados estatísticos, boa parte dos quais é relevante para as empresas. Os Estados Unidos, o México e o Canadá criaram um sistema comum de classificação para substituir a classificação anterior de cada país. O North American Industry Classification System (NAICS) de seis dígitos substituiu o código de quatro dígitos do Standard Industrial Classification (SIC) adotado pelos Estados Unidos. Os dois dígitos extras no NAICS acomodam uma quantidade maior de setores e dão mais flexibilidade na designação de subseções. O NAICS é organizado em uma estrutura hierárquica, bem ao modo do SIC. Os novos códigos serão revisados a cada cinco anos.

Outra publicação governamental útil é o World Factbook da CIA (www.cia.gov). Diversas fontes governamentais americanas podem ser acessadas em FedWorld (www.fedworld.gov). Estatísticas comerciais extensivas podem ser obtidas em FedStats (fedstats.sites.usa.gov). A FedStats compila informações estatísticas de mais de 100 agências. O Departamento de Comércio dos Estados Unidos pode ser acessado em www.doc.gov. O Bureau of Labor Statistics fornece informações úteis, sobretudo levantamentos de gastos de consumidores (www.bls.gov). Uma ampla gama de estatísticas econômicas pode ser alcançada pelo Bureau of Economic Analysis (www.bea.gov). Informações a respeito de empresas públicas podem ser obtidas no EDGAR Database of Corporate Information, que contém dados preenchidos para a Securities and Exchange Commission (SEC) (www.sec.gov/edgar.shtml). Informações sobre pequenas empresas podem ser obtidas em www.sba.gov.

Projeto de pesquisa
Busca de dados

Além de revisar a literatura, conforme examinado no Capítulo 2, também foi necessário identificar fontes não acadêmicas de dados secundários relacionados aos fatores considerados na seleção de lojas de departamentos e em outros aspectos da fidelização em lojas. As bases de dados do EBSCO, do índice do *Wall Street Journal* e do índice do *New York Times* foram usados para gerar uma lista de artigos relevantes que apareceram nos últimos cinco anos. Diversos deles se revelaram úteis; um indicava a tendência das pessoas de aproveitarem para comer fora quando saíam às compras. Portanto, conforme discutido no Capítulo 2, uma pergunta específica de pesquisa foi elaborada para investigar esse comportamento.

Atividades de projeto
Identifique as fontes de dados secundários que ajudarão a Wal-Mart a:
1. Aumentar a penetração junto à população hispânica.
2. Projetar um crescimento nas vendas domésticas de varejo para o ano 2025.
3. Identificar o impacto de mudanças de estilo de vida nas vendas de lojas de departamento.
4. Aferir a efetividade da publicidade da Wal-Mart. ∎

Experiência de pesquisa
O Bureau do Censo americano

O censo de 2010 dos Estados Unidos fornece informações sobre o perfil demográfico não apenas do país como um todo, mas também de regiões menores, como estados e MSAs. Acesse a página do U.S. Census Bureau (www.census.gov) e pesquise:

1. Qual é a estimativa populacional dos Estados Unidos? E do mundo?
2. Compare a "mudança percentual de população entre 2000 e 2010" de um dos estados com a dos Estados Unidos como um todo. Qual cresceu mais rápido?
3. Descubra quantos "solteiros sem filhos que vivem em casa" foram contabilizados na área de um determinado código de endereçamento postal (CEP) no censo de 2010. ∎

Fontes de dados secundários por assinatura

Além dos dados publicados ou disponíveis na forma de bancos de dados computadorizados, os serviços por assinatura constituem a outra fonte importante de dados secundários externos. As **fontes de serviços por assinatura** são empresas que coletam e vendem um grupo de dados com reconhecido valor comercial que se destina a satisfazer às necessidades de informações comuns a vários clientes (ver Capítulo 1). Esses dados não são coletados para problemas de pesquisa de marketing específicos de clientes individuais, mas os dados e relatórios oferecidos às empresas-clientes podem ser personalizados para se ajustar a necessidades particulares. Por exemplo, os relatórios seriam organizados com base nos territórios de vendas ou em linhas de produtos dos clientes. Utilizar fontes por assinatura geralmente é menos dispendioso que coletar dados primários. A Figura 4.2 apresenta uma classificação dos serviços por assinatura. Eles podem ser classificados com base na unidade de medida (domicílios/consumidores ou instituições). Os dados sobre domicílios/consumidores podem ser obtidos por meio de levantamentos, painéis sobre compras e mídia ou serviços de escaneamento eletrônico. As informações geradas por meio de levantamentos consistem em valores e estilos de vida, avaliação de propaganda ou informações gerais relativas a preferências,

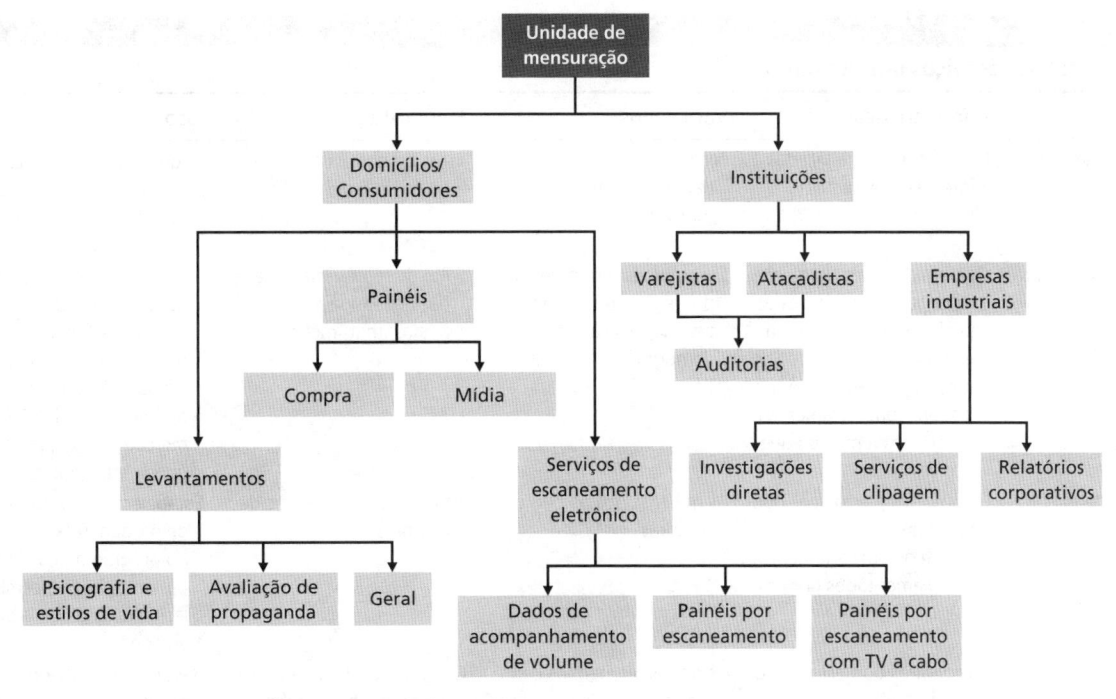

FIGURA 4.2 Classificação de serviços por assinatura.

compras, consumo e outros aspectos de comportamento. Os painéis enfatizam informações sobre compras ou consumo de mídia. Os serviços de escaneamento eletrônico disponibilizam dados apenas de escaneamento, dados de escaneamento ligados a painéis ou dados de escaneamento ligados a painéis e a TV a cabo. Quando a unidade de medição são instituições, os dados podem ser obtidos de varejistas, atacadistas ou empresas industriais. A Tabela 4.3 dá uma visão geral das várias fontes por assinatura. Cada uma delas será discutida a seguir.

serviços por assinatura
Serviços de informações oferecidos por organizações de pesquisa de marketing que fornecem informações de uma base de dados comum a diferentes empresas que assinam seus serviços.

Dados por assinatura sobre domicílios

Levantamentos

Vários serviços por assinatura regularmente realizam **levantamentos**, que envolvem entrevistas com muitos respondentes por meio de um questionário predeterminado. Muitas vezes, esses levantamentos são realizados a partir de amostras retiradas de painéis. Os painéis, discutidos no Capítulo 3 no contexto de concepções de pesquisas longitudinais, são amostras de respondentes que oferecem informações específicas a intervalos regulares ao longo de um período. Esses respondentes podem ser organizações, domicílios ou indivíduos, embora os painéis de domicílios sejam os mais comuns. Dados abrangentes sobre demografia, estilo de vida e propriedade de produtos são coletados à medida que cada respondente é admitido no painel e são atualizados periodicamente. O painel é usado como um conjunto de respondentes a partir do qual a organização de pesquisa pode retirar amostras representativas ou específicas com base nas características relevantes dos membros do painel. As taxas de resposta aos levantamentos de painel, incluindo os painéis por correspondência, são melhoradas substancialmente em relação ao processo de amostragem aleatória devido ao comprometimento dos membros do painel com a participação nos levantamentos.

levantamentos
Entrevistas com muitas pessoas por meio de um questionário predeterminado.

Os **levantamentos de painel por assinatura** avaliam o mesmo grupo de respondentes ao longo do tempo, mas não necessariamente quanto às mesmas variáveis. Um grande conjunto de respondentes é recrutado para participar do painel. A partir desse conjunto, diferentes subamostras de respondentes são extraídas para diferentes levantamentos. Qualquer uma das técnicas de levantamento pode ser usada, incluindo entrevistas telefônicas, pessoais, por correio, por dispositivos móveis ou eletrônicas. O conteúdo e o tópico dos levantamentos variam e abrangem um largo espectro. Também conhecidos como *painéis omnibus*, esses painéis são utilizados para implementar diferentes estudos transversais em diferentes pontos no tempo, geralmente para diferentes levantamentos. Por exemplo, a ORC International (orcinternational.com) oferece CARAVAN Omnibus Surveys, além de diversos painéis especializados. Os painéis *omnibus* são diferentes dos painéis que usam concepções longitudinais discutidas no Capítulo 3.

TABELA 4.3
Visão geral dos serviços por assinatura

Tipo	Características	Vantagens	Desvantagens	Usos
Levantamentos	Levantamentos realizados a intervalos regulares	Forma mais flexível de obter dados; informações sobre motivos subjacentes	Erros do entrevistador; erros do entrevistado	Segmentação de mercado; seleção do tema da propaganda e eficácia da propaganda
Painéis de compra	Os domicílios regularmente fornecem informações específicas ao longo de um extenso período; é pedido aos entrevistados que registrem comportamentos específicos à medida que ocorrem	O comportamento de compra registrado pode ser associado a características demográficas/psicográficas	Falta de representatividade; tendenciosidade nas respostas; maturação	Previsão de vendas, participação de mercado e tendências; estabelecimento do perfil do consumidor, lealdade à marca e troca de marcas; avaliação de mercados-teste, propaganda e distribuição
Painéis de mídia	Dispositivos eletrônicos que registram automaticamente o comportamento, complementados por um diário	As mesmas dos painéis de compras	As mesmas dos painéis de compras	Estabelecimento dos índices de propaganda; seleção do programa de mídia ou tempo no ar; estabelecimento de perfis da audiência
Dados de acompanhamento de volume com escâner	As compras domésticas são registradas por meio de escâneres eletrônicos em supermercados	Os dados refletem as compras reais; dados atualizados; menos dispendioso	Os dados podem não ser representativos; erros no registro de compras; dificuldades de associar as compras a outros elementos do composto de marketing além do preço	Rastreamento de preço, modelagem, eficácia da promoção nas lojas
Painéis por escaneamento com TV a cabo	Painéis que escaneiam domicílios que assinam TV a cabo	Os dados refletem as compras reais; controle da amostra; capacidade de associar os dados do painel com características do domicílio	Os dados podem não ser representativos; qualidade dos dados é limitada	Análises de *mix* promocional, avaliação do impacto da propaganda; teste de novos produtos; posicionamento
Serviços de auditoria	Verificação da movimentação de produtos pelo exame de registros físicos ou pela realização de análise de estoque	Informações relativamente precisas nos níveis de varejo e atacado	Cobertura pode ser incompleta; a combinação dos dados em uma atividade competitiva pode ser difícil	Medição das vendas ao consumidor e da atividade competitiva na participação de mercado; análise dos padrões de distribuição; rastreamento de novos produtos
Serviços por assinatura sobre produtos industriais	Bancos de dados sobre estabelecimentos bancários ou industriais criados mediante investigação direta de empresas, serviços de clipagem e relatórios corporativos	Fonte importante de informações sobre empresas industriais; especialmente útil em fases iniciais dos projetos	Os dados deixam a desejar no que se refere a conteúdo, quantidade e qualidade	Determinação do potencial de mercado por área geográfica; definição de territórios de venda; alocação de orçamentos para propaganda

Devemos lembrar que, em um estudo longitudinal, medidas repetidas sobre as mesmas variáveis são realizadas na mesma amostra, e tais painéis são chamados de *painéis verdadeiros* para distingui-los dos painéis *omnibus*. Os levantamentos podem ser classificados amplamente com base em seu conteúdo como psicografia e estilo de vida, avaliação de propaganda ou levantamentos gerais.

levantamentos de painel por assinatura
Mensuram o mesmo grupo de respondentes ao longo do tempo, mas não necessariamente em relação às mesmas variáveis.

PSICOGRAFIA E ESTILOS DE VIDA Como mencionado, a *psicografia* se refere aos perfis psicológicos das pessoas e a medidas de estilo de vida com base psicológica. Os **estilos**

de vida se referem aos modos de vida distintivos de uma sociedade ou de alguns dos seus segmentos. Em conjunto, essas medidas são chamadas de Atividades, Interesses e Opiniões, ou simplesmente AIOs. A Kantar Futures (thefuturescompany.com) oferece o Global Subscription que cobre tendências, mudanças e estilos de vida mundiais. Da mesma forma, a GfK (www.gfk.com) oferece um painel de consumidores que explora vários aspectos de estilo de vida e comportamento de compra do consumidor. Diversas empresas realizam levantamentos para compilar informações demográficas e psicográficas em domicílio, por código postal e subcódigo postal; essas informações são disponibilizadas mediante assinatura, sendo especialmente valiosas para empresas que buscam melhorar dados gerados internamente sobre clientes, objetivando o marketing por base de dados.

estilos de vida
Padrões de vida distintivos descritos pelas atividades em que as pessoas se envolvem, pelos interesses que desenvolvem e pelas opiniões que têm de si mesmas e do mundo à sua volta (AIOs).

Pesquisa real

A Campbell's se certifica de que haja AIOs em sua sopa de letrinhas

A Futures Company oferece a U.S. Subscription, que contém dados sobre estilos de vida e tendências sociais. Esse levantamento é realizado na mesma época todos os anos junto a uma amostra nacionalmente projetável de 11.500 pessoas, de 12 anos ou mais. As agências de propaganda usam o Yankelovich Monitor para identificar mudanças em estilos de vida e criar temas publicitários que reflitam essas tendências. Quando o Monitor mostrou que as pessoas se preocupam bastante com solucionar problemas da vida real, a Campbell's (www.campbells.com/campbell-soup) lançou uma campanha com o *slogan* "Made for Real, Real Life". Por exemplo, um comercial de 2016 mostra uma mãe e seus dois filhos no corredor das sopas em uma mercearia, e o alto-falante alerta sobre a chegada de uma grave tempestade de neve. Informa sobre estradas bloqueadas e escolas sendo fechadas. A mãe pega latas de sopa de tomate Campbell's da prateleira.[16] ■

AVALIAÇÃO PUBLICITÁRIA A finalidade dos levantamentos de avaliação publicitária é estimar a eficácia de propagandas na mídia impressa e em radiodifusão. A G&R Research and Consulting (www.gandrllc.com) é uma renomada empresa que oferece soluções para as grandes mídias, incluindo televisão, digital, móvel, revistas e jornais. O sistema oferece medidas padronizadas com opções flexíveis de concepção. Os anúncios testados podem aparecer naturalmente na revista ou ser inseridos como encartes. Os testes proporcionam medidas consistentes e válidas de recordação, persuasão e reação com um cronograma de respostas. Os resultados são particularmente importantes para grandes anunciantes, como Procter & Gamble, General Motors, PepsiCo e McDonald's, que se preocupam muito com o modo como seu orçamento publicitário é gasto.[17]

LEVANTAMENTOS GERAIS Também são realizados levantamentos para vários outros fins, inclusive para examinar o comportamento de compras e consumo. Por exemplo, o Harris Poll (www.theharrispoll.com) realiza levantamentos de tópicos abrangentes, como política, esportes, negócios e saúde. Esses resultados ajudam os comerciantes, como a Wal-Mart, a sondar seus pontos fortes e fracos. Por exemplo, os resultados de um levantamento recente reforçaram a estratégia da Wal-Mart de oferecer preços baixos todos os dias em vez de ter promoções frequentes de itens especiais. Os resultados mostraram que os preços da Wal-Mart eram 3,8% mais baixos do que os da Target, sua concorrente mais próxima.

USOS DE LEVANTAMENTOS Como é possível reunir uma ampla variedade de dados, os obtidos por levantamentos têm inúmeros usos. Eles podem ser empregados para segmentação de mercado, como no caso de dados psicográficos e de estilo de vida, e para estabelecer perfis de consumidores. Os levantamentos também são úteis para a determinação de imagem, medição e posicionamento de produtos e para a análise de percepção de preços. Outros usos incluem a seleção de temas de propaganda e a avaliação de sua eficácia.

VANTAGENS E DESVANTAGENS DOS LEVANTAMENTOS Os levantamentos são o meio mais flexível de obter dados de entrevistados. O pesquisador pode focar somente um determinado segmento da população – por exemplo, adolescentes, proprietários de casas para férias ou donas de casa entre 30 e 40 anos de idade. Os levantamentos constituem o principal meio de obtenção de informações a respeito dos motivos, das atitudes e das preferências dos consumidores. É possível fazer uma variedade de perguntas e utilizar auxílios visuais, embalagens, produtos ou outros incentivos durante as entrevistas. Os dados de levantamentos são manipulados de muitas maneiras, habilitando o pesquisador a observar as diferenças entre grupos, examinar os efeitos de variáveis independentes, como idade ou renda, ou mesmo prever um comportamento futuro.

Por outro lado, esses dados podem ser limitados de muitas maneiras significativas. O pesquisador precisa basear-se principalmente naquilo que os entrevistados declaram (existe uma diferença entre o que as pessoas dizem e o que fazem de fato). Podem ocorrer erros porque os entrevistados não se lembram bem ou porque dão respostas socialmente corretas. Além disso, as amostras podem ser tendenciosas; as perguntas, mal elaboradas; os entrevistadores podem ter sido incorretamente instruídos ou supervisionados, e os resultados, mal interpretados.

Painéis de compras e de mídia

Com frequência, os dados de levantamentos são complementados com dados obtidos de painéis de compras e de mídia. Embora os painéis também sejam mantidos para a realização de levantamentos, a característica que distingue os painéis de compras e de mídia é que os respondentes registram comportamentos específicos à medida que eles ocorrem. Anteriormente, o comportamento era registrado em um diário, o qual era devolvido à organização de pesquisa semanal ou mensalmente. Os diários em papel foram gradualmente substituídos por diários eletrônicos. Atualmente, a maior parte dos painéis está disponível *on-line*, e o comportamento é registrado eletronicamente, inserido *on-line* pelos entrevistados ou registrados automaticamente por meio de dispositivos eletrônicos. Os membros dos painéis são recompensados por sua participação com brindes, cupons, informações ou dinheiro. O conteúdo das informações registradas é diferente para os painéis de compras e os painéis de mídia.

PAINÉIS DE COMPRAS Nos **painéis de compras**, os participantes registram suas compras de vários produtos diferentes. Dados de levantamentos muitas vezes podem ser complementados com dados obtidos de painéis de compras. O NPD Group (www.npd.com) é líder no fornecimento de informações essenciais de mercado coletadas e distribuídas *on-line* para uma grande gama de setores e mercados. O NPD Grup combina informações obtidas por meio de levantamentos com aquelas registradas pelos entrevistados sobre seus comportamentos para gerar relatórios sobre comportamentos de consumo, vendas do setor, participação de mercado e principais tendências demográficas. As informações fornecidas pelo NPD são utilizadas por empresas de produto de consumo, como a Colgate-Palmolive, para determinar a fidelidade a marcas e a mudança de marca e identificar o perfil de usuários contumazes de várias marcas.

A Kantar Worldpanel (www.kantarworldpanel.com) mantém diversos painéis de compras e uso. A Kantar Worldpanel é integrante da Kantar, uma das maiores empresas de pesquisa de marketing (ver Tabela 1.2). A Kantar é a divisão da WPP que gerencia investimentos de dados. A análise de dados de compra pode levar a *insights* úteis, como no caso dos cereais na China.

painéis de compras
Técnica de coleta de dados em que os participantes registram suas compras *on-line* ou em um diário.

> **Pesquisa real**
>
> ### Cereal: o novo integrante do café da manhã na China
>
> Análises recentes dos dados do painel de compras da Kantar Worldpanel na China revelaram que o novo integrante que não poderá faltar no café da manhã será o cereal. Poucas famílias chinesas já tinham experimentado cereal antes de 2012. Da mesma forma que com outros alimentos americanos tradicionais, os cereais matinais estão ganhando aceitação gradualmente nos lares chineses. Alguns fatores têm contribuído para esta mudança: as preferências dos jovens consumidores, os lançamentos e sua divulgação pelos fabricantes, e o aumento da disponibilidade de produtos importados por canais *on-line* e do exterior. De acordo com a pesquisa da Kantar Worldpanel, o desempenho de vendas de cereais matinais teve um crescimento substancial entre 2012 a 2016.[18] ∎

PAINÉIS DE MÍDIA Nos **painéis de mídia**, dispositivos eletrônicos registram automaticamente o comportamento de audiência de TV (chamado de medição passiva), complementando um diário ou um painel *on-line*. Talvez o painel de mídia mais conhecido seja o Nielsen Television Index, conduzido pela Nielsen (www.nielsen.com), o qual fornece índices de audiência de TV e estimativas de audiência. O cerne do serviço nacional de índices de audiência da Nielsen é um sistema de medição eletrônica chamado Nielsen People Meter (Medidor de Pessoas da Nielsen). Esses medidores são instalados em uma amostra de domicílios nos Estados Unidos, selecionados aleatoriamente e recrutados pela Nielsen de forma a serem representativos da população. O People Meter é colocado em cada TV no domicílio amostral e mede qual programa ou canal está sendo sintonizado e quem está assistindo. Além disso, os medidores podem identificar a visualização da programação gravada até vários dias após a transmissão original.

painéis de mídia
Técnica de coleta de dados que compreende amostras de pessoas cujo comportamento em relação à TV é automaticamente registrado por dispositivos eletrônicos, complementando as informações de compras registradas *on-line* ou em diários.

Para medir a audiência da televisão local, a Nielsen mantém um painel com mais de 35 mil residências medidas eletronicamente nos 65 principais mercados do país. Para mercados locais menores, a Nielsen coleta mais de 2 milhões de diários em papel em todo o país quatro vezes por ano, em fevereiro, maio, julho e novembro. O diário requer que os telespectadores registrem quem assistiu, a qual programa e em qual canal. Uma vez preenchidos, os diários são enviados de volta à Nielsen e a informação é transferida aos computadores para que os índices sejam calculados. Os índices da Nielsen são úteis para empresas como AT&T, Kellogg Company, Ford e Unilever na hora de escolher os programas de TV durante os quais seus comerciais serão veiculados.[19]

Também foram criados painéis para outras mídias além da televisão, como rádio, Internet, dispositivos móveis e mídias sociais. O painel *on-line* da Nielsen registra atividades de *sites* e de comércio eletrônico, incluindo o número de visitas a domínios e *sites* exclusivos, classificação por *site* e por categoria, estatísticas de tempo e frequência, padrões de tráfego e transações de comércio eletrônico. Também informa sobre publicidade em *banners*: resposta do público a *banners*, conteúdo criativo, frequência e veiculação em *sites*. Ainda, a Nielsen utiliza uma ampla gama de ferramentas de medição para medir o uso de dispositivos móveis. Analisa as contas de telefone celular de mais de 65 mil assinantes de dispositivos móveis nos Estados Unidos e implanta Medidores On-Device para medir a atividade de *smartphones*.

USOS DOS PAINÉIS DE COMPRAS E DE MÍDIA Os painéis de compras fornecem informações importantes para previsão de vendas, estimativa de participação de mercado, avaliação de fidelidade à marca e comportamento de troca de marcas, estabelecimento de perfis de grupos específicos de usuários, medição da eficácia promocional e realização de testes controlados em lojas. Os painéis de mídia produzem informações para o estabelecimento de índices de propaganda por rede de rádio e TV, a seleção de programações adequadas e a definição dos perfis de subgrupos de telespectadores ou ouvintes. Anunciantes, planejadores de mídia e compradores consideram cruciais as informações dos painéis.

VANTAGENS E DESVANTAGENS DOS PAINÉIS DE COMPRAS E DE MÍDIA Comparados com os levantamentos por amostragem, os painéis de compras e de mídia oferecem determinadas vantagens.[20] Eles disponibilizam dados longitudinais (os dados podem ser obtidos repetidamente com as mesmas pessoas); os participantes dos painéis fornecem mais dados com melhor qualidade do que os indivíduos entrevistados em amostras; nos painéis de compras, as informações são registradas no momento da compra, eliminando os erros de memória;[21] as informações registradas por dispositivos eletrônicos são precisas porque eliminam erros humanos.

As desvantagens desses painéis incluem falta de representatividade, maturação e respostas tendenciosas. Em sua maioria, os painéis não são representativos da população, pois não abrangem adequadamente determinados grupos, como minorias e pessoas com baixa escolaridade. Esse problema é aumentado pela recusa em responder e pelas saídas de participantes do painel. Com o passar do tempo, instala-se a maturação, e os participantes do painel precisam ser substituídos (ver Capítulo 7). Talvez ocorram distorções nas respostas, porque o simples fato de estar no painel pode alterar o comportamento. Quando os dados de compras ou de mídia são registrados manualmente, também são possíveis erros de registro (ver Capítulo 3).

Serviços de escaneamento eletrônico

Embora as informações fornecidas por levantamentos e painéis sejam úteis, os serviços de escaneamento eletrônico estão se tornando cada vez mais comuns. Os **dados de escaneamento** refletem alguns dos mais recentes avanços tecnológicos no setor de pesquisa de mercado, e são coletados passando-se a mercadoria sobre um escâner a *laser*, que lê opticamente a descrição no código de barras (o código universal de produtos – UPC) impresso no produto. Esse código é, então, ligado ao preço atual mantido na memória do computador e usado para preparar um cupom de venda. As informações impressas no cupom incluem descrições e preços de todos os itens comprados. Os escâneres de caixas registradoras, hoje usados em muitos pontos de varejo, estão revolucionando a pesquisa de marketing de produtos embalados.

dados de escaneamento
Dados obtidos passando-se a mercadoria sobre um escâner a *laser*, o qual lê o código de barras dos pacotes.

Estão disponíveis três tipos de dados de escaneamento: dados de acompanhamento de volume, painéis por escaneamento e painéis por escaneamento com TV a cabo. Os **dados de acompanhamento de volume** fornecem informações sobre compras por marca, tamanho, preço e sabor ou composição, com base em dados de vendas coletados das fitas dos escâneres de caixas registradoras. Essas informações são colhidas nacionalmente de uma amostra de supermercados dotados de escâneres eletrônicos. Um serviço de escaneamento que fornece dados de acompanhamento de volume é o Scantrack (Nielsen, www.nielsen.com). A Nielsen coleta dados eletrônicos de ponto de venda (PV) junto a lojas por meio de escâneres nos caixas de pagamento. A mensuração de varejo da Nielsen oferece informações sobre fatias de mercado, volumes competitivos de vendas e vislumbres sobre distribuição, precificação, *merchandising* e promoção.[22]

dados de acompanhamento de volume
Dados por escaneamento que oferece informações sobre compras por marca, tamanho, preço e sabor ou composição

Nos **painéis por escaneamento**, cada membro do domicílio recebe um cartão de identificação que pode ser lido pelo escâner eletrônico da caixa registradora. Os membros do painel apresentam o cartão de identificação no caixa cada vez que fazem compras. Dessa forma, a identidade do consumidor é ligada aos produtos comprados e também à hora e ao dia em que a compra foi feita, e a empresa pode montar um relatório de compras desse indivíduo. Como alternativa, algumas empresas oferecem escâneres manuais para membros de painéis. A Nielsen coleta dados junto a membros de painéis, computando os produtos que eles compram usando escâneres manuais e móveis em casa. O serviço é capaz de identificar e transmitir exatamente o que as pessoas compram, até o nível dos códigos de barras unitários. Marcas, varejistas, fabricantes e profissionais de marketing podem utilizar esses dados para identificar comportamentos-chave dos consumidores por todos os pontos de vendas. O exemplo sobre o Boston Market dado na seção Aspectos Gerais é uma ilustração disso. Segundo os dados do painel do consumidor da Nielsen, 55% dos entrevistados compraram uma refeição para consumir em casa várias vezes ao mês.[23]

painéis por escaneamento
Os participantes de um painel por escaneamento são identificados por um cartão, permitindo que as compras de cada membro sejam armazenadas com relação à sua identidade.

Fazendo um uso ainda mais avançado do escâner, os **painéis por escaneamento com TV a cabo** combinam painéis por escaneamento e novas tecnologias desenvolvidas pela indústria de TV a cabo. Os domicílios que estão nesses painéis assinam um sistema de TV a cabo em seu mercado. Por meio de uma "divisão" na TV a cabo, o pesquisador direciona diferentes comerciais para as casas dos participantes do painel. Por exemplo, metade dos domicílios verá o comercial em teste A durante o noticiário das 18 horas, enquanto a outra metade verá o comercial em teste B. Esses painéis permitem aos pesquisadores realizar experimentos bem controlados em um ambiente relativamente natural.[24]

painéis por escaneamento com TV a cabo
Combinação de um painel por escaneamento com manipulações dos anúncios que estão sendo transmitidos pelas empresas de TV a cabo.

Pesquisa real

Usando o total de domicílios com TV para testar a propaganda do Total

Com base em uma pesquisa sobre consumo de cereais realizada em 2016, o cereal era o item favorito do café da manhã e era consumido regularmente por três de cada quatro adultos norte-americanos. Assim, a General Mills (www.generalmills.com) vem promovendo o cereal Total na rede nacional de televisão, mas está preocupada com a eficácia de seus comerciais.

Desenvolveu-se uma tecnologia que permite transmitir propagandas para domicílios participantes sem o uso de um sistema de TV a cabo. Como os membros do painel podem ser escolhidos a partir de todos os domicílios (totais) disponíveis com TV, e não apenas aqueles com TV a cabo, a distorção provocada pelo teste apenas com TV a cabo é eliminada. Com esse tipo de sistema, a General Mills pode testar qual dentre quatro comerciais de teste para o cereal Total resulta no maior índice de vendas. Quatro grupos de membros do painel são selecionados, e cada um recebe um comercial de teste diferente. Esses domicílios são monitorados mediante dados por escaneamento para determinar qual grupo comprou mais cereal Total.[25] ∎

Esse exemplo mostra como os serviços de escaneamento incorporam tecnologia avançada na pesquisa de marketing, resultando em algumas vantagens sobre os dados de levantamentos e de painéis de compras.

USOS DE DADOS DE ESCANEAMENTO Os dados de escaneamento são úteis para várias finalidades.[26] Os dados nacionais de acompanhamento de volume são empregados para rastrear vendas, preços e distribuição, bem como para modelar e analisar sinais prévios de alerta. Os painéis por escaneamento com TV a cabo servem para testar novos produtos, reposicionar produtos, analisar o composto promocional e tomar decisões sobre propaganda, incluindo orçamento, texto, mídia e preços. Esses painéis fornecem aos pesquisadores um ambiente controlado único para a manipulação de variáveis de marketing.

VANTAGENS E DESVANTAGENS DOS DADOS DE ESCANEAMENTO Os dados de escaneamento têm uma vantagem óbvia sobre os levantamentos e os painéis diários porque refletem um comportamento de compra não sujeito a entrevistas, gravações, memória ou tendenciosidade de especialistas. O registro de compras obtido pelos escâneres é completo e não é afetado pela sensibilidade a preço, uma vez que não se requer do membro do painel que seja excessivamente consciente dos níveis e das mudanças de preços. Outra vantagem é que variáveis de lojas, como preços, promoções e exposição, fazem parte do conjunto de dados. Também é provável que os dados sejam atuais e obtidos rapidamente. Finalmente, os painéis por escaneamento com TV a cabo fornecem um ambiente de teste altamente controlado.

Uma fraqueza importante dos dados de escaneamento é a falta de representatividade. Os dados nacionais de acompanhamento de volume podem não ser projetáveis para a população total porque nem todos os pontos de vendas têm escâneres. Além disso, certos tipos de pontos de venda, como depósitos de alimentos e estabelecimentos de grande porte, são excluídos. Da mesma forma, os escâneres têm dispersão geográfica e cobertura limitadas.

A qualidade dos dados de escaneamento é limitada por vários fatores. Talvez nem todos os produtos sejam escaneados. Por exemplo, um funcionário pode digitar o código de um item pesado para não precisar levantá-lo. Se um item não for registrado pelo escâner na primeira tentativa, o funcionário pode digitar o preço e ignorar o código de barras. Às vezes, um cliente compra muitos sabores do mesmo item, mas o funcionário escaneia somente um pacote e digita a quantidade das demais. Assim, o registro da transação é inexato. Com relação aos painéis por escaneamento, o sistema fornece informações sobre aparelhos de TV em uso mais do que sobre o comportamento de quem assiste. Embora os dados de escaneamento forneçam informações comportamentais e de vendas, eles não disponibilizam informações sobre atitudes, preferências e razões para escolhas específicas.

PESQUISA ATIVA

J.D. Power: fortalecendo os veículos Ford

Visite www.jdpower.com e escreva um breve relatório sobre as descobertas e a metodologia do estudo mais recente sobre confiabilidade de veículos.

Como CEO da Ford Motor Company, que estratégias de marketing você adotaria para melhorar a confiabilidade e a imagem dos veículos Ford?

Como você pode utilizar o estudo de confiabilidade de veículos da J.D. Power e outros dados secundários e por assinatura disponíveis na Internet, incluindo as mídias sociais, para ajudar a Ford Motor Company a melhorar a confiabilidade e a imagem de seus veículos?

Dados por assinatura: instituições

Auditorias de varejistas e atacadistas

Como mostra a Figura 4.2, os dados por assinatura estão à disposição de varejistas e atacadistas, bem como de empresas industriais. O meio mais comum de obter dados de varejistas e atacadistas é uma **auditoria**, que consiste em um exame formal e uma verificação do movimento de produtos, tradicionalmente realizado por auditores, que fazem visitas pessoais a pontos de venda de varejo e atacado e examinam registros físicos ou fazem a análise dos estoques. Os varejistas e atacadistas que participam dessa inspeção recebem relatórios básicos e pagamentos em dinheiro pelo trabalho. Os dados de auditoria focalizam os produtos ou serviços negociados nos pontos de venda ou as características dos próprios pontos, como ilustrado pelo exemplo a seguir. Com o surgimento dos dados por escaneamento, a necessidade de realizar auditorias diminuiu muito. Embora ainda sejam realizadas, muitas não coletam dados manualmente, fazendo uso de informações computadorizadas.

auditoria
Processo de coleta de dados derivado de registros físicos ou da análise de estoques. Os dados são coletados pessoalmente pelo pesquisador ou seus representantes e normalmente se baseiam em contagens de objetos físicos.

Um exemplo da auditoria tradicional é o monitoramento de prateleiras internas da GfK (www.gfk.com). Seus especialistas em auditoria percorrem continuamente as lojas de varejo, coletando todas as informações sobre produtos, preços, promoções e canais por meio de seu aplicativo para dispositivos móveis. Esses dados são compilados, verificados e validados para cada auditoria e entregues aos clientes por meio de uma plataforma dinâmica de relatórios. Para alta velocidade e precisão, os auditores de loja utilizam computadores portáteis e coletam a informação do código de barras eletronicamente.

Os serviços de auditoria de atacado, a contrapartida das auditorias de varejo, monitoram as saídas dos depósitos. Os operadores participantes, que incluem cadeias de supermercados, atacadistas e depósitos frigorificados de alimentos, respondem geralmente por mais de 80% do volume na área.

USOS DE DADOS DE AUDITORIAS Os usos de dados de auditorias no varejo e no atacado incluem: (1) determinação do tamanho do mercado total e da distribuição das vendas por tipo de ponto de venda, região ou cidade; (2) avaliação da participação de marcas e da atividade competitiva; (3) identificação da alocação de espaço em prateleiras e de problemas de estoques; (4) análise de problemas de distribuição; (5) desenvolvimento de vendas potenciais e previsões de vendas; (6) desenvolvimento e monitoração de alocações promocionais com base em volumes de vendas. Os dados de auditoria foram particularmente úteis na obtenção de informações sobre o contexto ambiental do problema no projeto de fidelização da loja de departamentos.

VANTAGENS E DESVANTAGENS DOS DADOS DE AUDITORIAS As auditorias fornecem informações relativamente precisas sobre o movimento de vários produtos nos níveis de atacado e varejo. Além disso, essas informações podem ser segmentadas por uma série de variáveis importantes, como marca, tipo de ponto de venda e tamanho do mercado.

Entretanto, as auditorias têm cobertura limitada, não incluindo todos os mercados ou operadores. Além disso, suas informações podem não ser oportunas ou atuais, comparadas particularmente com os dados por escaneamento. Normalmente há uma lacuna de dois meses entre a conclusão do ciclo de auditoria e a publicação de relatórios. Outra desvantagem é que, ao contrário dos dados de escaneamento, os dados de auditorias não podem ser associados a características de clientes. Na verdade, pode até haver problemas ao relacionar dados de auditorias a investimentos publicitários e outros trabalhos de marketing. Algumas dessas limitações são superadas em auditorias eletrônicas (*on-line*), como ilustra o exemplo a seguir.

Pesquisa real

Auditorias *on-line* para rastrear compras *on-line*

A Ashford.com oferece uma grande variedade de relógios e artigos de joalheria a preços baixos. Obviamente, para uma varejista *on-line*, as datas comemorativas são um período particularmente importante. É quando muitas pessoas fazem compras *on-line*, e as vendas podem realmente disparar. A Ashford.com conseguiu utilizar dados de auditoria eletrônica sobre como e quanto seus clientes compravam.

A Nielsen (www.nielsen.com) construiu um índice especial de compras eletrônicas de fim de ano que media as compras na Internet em oito categorias. Em vez de reunir pesquisas descritivas sobre os clientes a partir dos próprios clientes, a Nielsen reunia os dados a partir das lojas em que os clientes compravam. Como os pedidos eram inseridos *on-line*, os computadores da loja eram capazes de rastrear as compras com facilidade. Esse rastreamento, a seguir, era utilizado para reunir as informações de compras das lojas e acumulá-las em formato de relatório. O levantamento informou à Ashford.com que uma grande parte de seus clientes estava comprando por meio do *site* na Internet enquanto estavam em seu trabalho. Essa tendência confirmou-se na Internet, já que 46% das compras *on-line* para as festas foram realizadas durante o horário de trabalho, em comparação com 54% que foram feitas nos lares dos clientes. A Nielsen determinou que os clientes da Ashford.com estavam comprando durante seu horário de almoço ou em curtos intervalos, de 10 a 15 minutos, ao longo do dia.

Além disso, a Nielsen On-line demonstrou que as vendas pela Internet aumentaram imensamente na primeira semana de dezembro, à medida que o período de Natal e Ano-Novo se aproximava. As vendas da Ashford.com aumentaram 385% durante esse período, tendo, portanto, excelentes resultados em comparação com outras empresas virtuais. Esses dados informaram à Ashford.com que ela devia garantir que seu *site* estivesse atualizado e funcionando durante os dias úteis. Nesse período, promoções deveriam ser oferecidas e ficariam piscando na tela. Além disso, a empresa poderia fazer propaganda em cenários empresariais, com jornais como o *Wall Street Journal* e outras páginas corporativas da Internet sendo bons lugares para isso. Varejistas *on-line* como a Ashford.com empregam as auditorias eletrônicas e outros tipos de pesquisa de marketing a fim de oferecer os produtos que os consumidores *on-line* desejam.[27] ∎

Serviços sobre indústrias

Os **serviços sobre indústrias** fornecem dados por assinatura a respeito de empresas e negócios industriais e outras instituições. Dados financeiros, operacionais e sobre empregos também são coletados por esses serviços de pesquisa por assinatura para praticamente todas as categorias industriais do Sistema Norte-Americano de Classificação (North American Classification System – NAICS). Esses dados são obtidos por meio de questionamentos diretos, de serviços de clipagem que monitoram os jornais, da imprensa especializada ou meios de radiodifusão e de relatórios corporativos. A gama e as fontes de dados à disposição de empresas de bens industriais são mais limitadas do que aquelas à disposição das empresas de bens de consumo. Os serviços disponíveis incluem o Dun & Bradstreet (www.dnb.com); o *Fortune* Datastore, que contém bancos de dados como o *Fortune* 500, o *Fortune* 1000 e o Global 500, além de bancos de dados das empresas de crescimento mais rápido (www.fortune.com); o S&P Global Ratings, que incluem o Corporate Profiles (www.spratings.com).

serviços sobre indústrias
Fornecem dados por assinatura sobre empresas e negócios industriais e outras instituições.

USOS DE SERVIÇOS SOBRE INDÚSTRIAS As informações fornecidas por serviços sobre indústrias são úteis para as decisões da gerência de vendas, inclusive para a identificação de possíveis clientes, definição de territórios, fixação de cotas e medição do potencial de mercado por áreas geográficas. Elas também ajudam em decisões de propaganda, como definir objetivos, alocar orçamentos publicitários, selecionar mídia e medir a eficácia da propaganda. Esse tipo de informação também é útil para segmentar o mercado e criar produtos e serviços sob medida para segmentos importantes.

VANTAGENS E DESVANTAGENS DOS SERVIÇOS SOBRE INDÚSTRIAS Esses serviços representam uma importante fonte de informações secundárias sobre empresas industriais (informações estas consideradas valiosas nas fases iniciais de um projeto de marketing). Entretanto, os serviços são limitados quanto a natureza, conteúdo, quantidade e qualidade das informações.

Combinando informações de fontes diferentes: dados de fonte única

É desejável combinar informações secundárias obtidas de diferentes fontes. A combinação de dados permite ao pesquisador compensar os pontos fracos de um método com os pontos fortes de outro. Um resultado do esforço para combinar dados de fontes diferentes são os **dados de fonte única**. A pesquisa de fonte única acompanha os hábitos de uma pessoa quanto a assistir televisão, ler e fazer compras. Depois de recrutar um painel de teste de domicílios, a empresa de pesquisa mede os televisores de cada residência e pesquisa periodicamente os membros da família sobre o que eles leem. Suas compras em supermercados são acompanhadas por escâneres de código de barra. Para ter um histórico, a maior parte dos sistemas também acompanha dados de varejo, como vendas, propaganda e promoções. Assim, os dados de fonte única fornecem informações integradas sobre variáveis de domicílios, incluindo médias de consumo e compras, e variáveis de marketing, como vendas de produtos, preço, propaganda, promoções e esforços de marketing dentro das lojas, como ilustrado pelo NPD.[28]

dados de fonte única
Trabalho para combinar dados de fontes diferentes por meio da coleta de informações integradas sobre domicílio e variáveis de marketing aplicáveis ao mesmo conjunto de entrevistados.

Pesquisa real

Dados de fonte única no NPD: a melhor fonte?

O NPD Group (www.npd.com) combina informações de diversas fontes para determinar o que está vendendo, quem está comprando e por quê. O NPD acompanha mais de um trilhão de dólares em gastos de consumo por ano nas Américas e ainda mais no exterior. As informações são coletadas de diversas fontes:

- Os 1.200 parceiros de varejo do NPD, representando 165 mil lojas ao redor do mundo, fornecem informações de escaneamento.
- Informações de mais de 50 mil consumidores são coletadas por meio do aplicativo de celular do NPD para varredura de recibos, e mais de 2 milhões de caixas de entrada ativas são escaneadas em busca de recibos eletrônicos por meio da parceira tecnológica Slice Intelligence.
- O NPD conduz 12 milhões de entrevistas com consumidores a cada ano. ■

Experiência de pesquisa

Medição de audiência total da Nielsen

Visite a página da Nielsen, em www.nielsen.com, e examine o mais recente Relatório de Medição de Audiência Total. Para baixar o relatório completo, você terá de fornecer algumas informações, sem custo algum. Esse relatório examina tendências em penetração, usuários e uso ao longo de todas as plataformas, mostra como diferentes grupos demográficos investem seu tempo em mídia e explora as contribuições de usuários contumazes.

Qual tipo de mídia é o mais popular entre adultos americanos?

Dentre as novas tecnologias, que tipo de mídia apresenta o maior alcance?

Quais são as maiores revelações desse relatório? ■

Big data

O termo *big data* denota uma quantidade volumosa de dados estruturados, semiestruturados e não estruturados com o potencial de serem minados em busca de informações. Trata-se de um termo em evolução para conjuntos de dados tão vastos ou complexos que aplicativos tradicionais de processamento de dados se revelam inadequados. O "tamanho" em *big data* é um alvo sempre em movimento, exigindo um conjunto de técnicas e tecnologias com novas formas de integração para revelar *insights* a partir de conjuntos de dados diversos, complexos e massivos em escala. Esses dados são marcados pelas seguintes características:

- Volume (vastas quantidades de dados a partir das mais diversas fontes, incluindo transações comerciais, mídias sociais e informações de sensores ou de dados "máquina a máquina")
- Velocidade (os dados fluem a uma velocidade sem precedentes e têm de ser processados prontamente, quase em tempo real)
- Variedade (os dados chegam em todos os tipos de formatos – desde dados estruturados e numéricos em bases de dados tradicionais até documentos com texto não estruturado, *e-mails*, vídeo, áudio, dados de bolsas de valores, transações financeiras, etc.)

- Variabilidade (os fluxos de dados podem ser altamente inconsistentes com picos e vales periódicos)
- Complexidade (os dados provêm de múltiplas fontes, o que dificulta sua vinculação, correspondência, limpeza e transformação entre sistemas)

big data
Denota uma quantidade volumosa de dados estruturados, semiestruturados e não estruturados, com o potencial de serem minados em busca de informações.

Atualmente, grandes conjuntos de dados do interesse de muitas empresas incluem bases de dados estruturadas tradicionais de estoques, encomendas e informações de clientes, bem como dados não estruturados provenientes da Internet, de *sites* de redes sociais e de dispositivos inteligentes.

Nos últimos tempos, emergiram novas abordagens de armazenamento e análise de dados que dependem menos dos esquemas e da qualidade dos dados. Em vez disso, dados brutos com metadados estendidos são agregados em um lago de dados, e programas de aprendizado por máquina e inteligência artificial (IA) procuram por padrões repetíveis usando algoritmos complexos. A precisão no processamento de *big data* pode levar a decisões mais confiantes, e melhores decisões podem resultar em maior eficiência operacional e em redução de custos e riscos, conforme exemplificado pela Visa.

Pesquisa real

Visa: "Onde você quiser estar", com *big data*, é claro!

A Visa enfrentava o desafio de combater atividades fraudulentas e, ao mesmo tempo, oferecer serviços ininterruptos a seus clientes – tarefas que muitas vezes podem conflitar. De início, a empresa utilizou *software* de regras comerciais automatizadas para evitar fraudes, mas os clientes reclamaram de frustrantes recusas de pagamentos em viagens de férias e negócios. A tecnologia usada para minimizar fraudes tinha dificuldade em aferir se os clientes estavam viajando ou se alguém roubara seus cartões de crédito.

Por isso, a empresa adotou a análise de *big data* oferecida pela SAS para enfrentar o problema. Com isso, a Visa se viu capaz de analisar até 500 variáveis diferentes em tempo real. Essa abordagem a ajudou a reduzir as fraudes sem atrapalhar os clientes com recusas desnecessárias de pagamento, poupando à empresa um potencial de US$ 2 bilhões em pagamentos fraudulentos ao ano. A Visa teve a honra de patrocinar as Olimpíadas de 2016, no Rio, com o *slogan* "Onde você quiser estar". O anel de pagamento sem contato que a Visa ofereceu aos atletas na vila olímpica no Rio acabou sendo disponibilizado para o público geral.[29] ■

Pesquisa de marketing internacional

Uma ampla variedade de dados secundários está à disposição para pesquisa de marketing internacional.[30] Assim como para as pesquisas domésticas, o problema não é a falta de dados, mas o excesso de informações disponíveis, sendo necessário classificar as várias fontes. Dados secundários internacionais são encontrados tanto em fontes governamentais quanto não governamentais (ver Figura 4.3). As fontes governamentais mais importantes são o Ministério de Comércio americano (www.commerce.gov), a Agência para o Desenvolvimento Internacional (www.usaid.gov), a Administração de Pequenos Negócios (www.sba.gov), o Banco de Exportação e Importação dos EUA (www.exim.gov), o Ministério da Agricultura (www.usda.gov), o Ministério de Estado (www.state.gov), o Ministério do Trabalho (www.dol.gov) e a Administração dos Portos de Nova York e Nova Jersey (www.panynj.gov). O Ministério de Comércio americano oferece muitas publicações, bem como uma ampla variedade de outros serviços, como o programa para compradores estrangeiros, eventos especiais, missões comerciais, serviço de contatos para exportações, o serviço comercial no exterior e serviços estatísticos especiais para exportadores. Outra fonte bastante útil é a CIA World Factbook (www.cia.gov).

As organizações não governamentais, inclusive organizações internacionais localizadas nos Estados Unidos, fornecem informações a respeito de mercados internacionais. Entre elas estão as Nações Unidas (www.un.org), a Organização para Cooperação e Desenvolvimento Econômico (OECD) (www.oecd.org), o Fundo Monetário Internacional (FMI) (www.imf.org), o Banco Mundial (www.worldbank.org), Câmaras Internacionais de Comércio (www.iccwbo.org), a Comissão da Comunidade Europeia para os Estados Unidos (www.euintheus.org) e a Organização de Comércio Exterior do Japão (JETRO) (www.jetro.org). Finalmente, as fontes em outros países incluem governos, organizações internacionais no exterior, associações comerciais e serviços privados, como empresas que prestam serviços por assinatura.

A avaliação de dados secundários é ainda mais importante para os projetos internacionais do que para os nacionais. Diversas fontes registram valores distintos para uma dada estatística, como o PIB, devido a diferenças na maneira como é definida a unidade. As unidades de medição podem diferir de um país para outro. Na França, por exemplo, os trabalhadores recebem anualmente um décimo terceiro salário como gratificação, resultando em uma estrutura de medição diferente das de outros países.[31] A exatidão dos dados secundários também pode variar de país para país. É provável que os dados de países altamente industrializados, como os Estados Unidos, sejam mais exatos que aqueles de países em desenvolvimento. As estatísticas de negócios e rendas são afetadas pela estrutura tributária e pela extensão da evasão fiscal. Os censos da população podem variar em frequência e nos anos em que os dados são colhidos. Nos Estados Unidos, o censo é realizado a cada 10 anos, ao passo que na República Popular da China houve um lapso de 29 anos entre os censos de 1953 e 1982. Entretanto, essa situação está mudando rapidamente, com várias empresas desenvolvendo enormes fontes de dados secundários internacionais.

Pesquisa real

Europeus com febre de consumo

A organização Gallup (www.gallup.com), especializada em pesquisas de levantamentos para a obtenção de dados psicográficos e de estilo de vida, recentemente realizou entrevistas com mais de 22.500 adultos em toda a Comunidade Europeia. Os resultados apontam para a explosão de um mercado de consumo durável, especialmente para itens de conveniência, como televisores de alta definição, fornos de micro-ondas e telefones celulares. O nível educacional e o padrão de vida nesse grupo de consumidores, de modo geral, estão melhorando. Os europeus também estão demonstrando níveis mais altos de compras discricionárias, revelados na crescente demanda por pacotes de viagem, que continuou forte em 2017, até a chegada da recessão. No mercado de cuidados pessoais, o número de mulheres europeias que usam perfume está diminuindo, contrabalançado pela demanda crescente por desodorantes.

Esse tipo de dados por assinatura é útil para empresas como Apple, AT&T e Samsung, que estão tentando desenvolver mercados europeus. Por exemplo, ao alugar um apartamento na Alemanha, o inquilino deve instalar todos os aparelhos principais e acessórios de iluminação. A Electrolux desenvolveu pacotes que oferecem uma economia significativa em aparelhos especialmente direcionados para inquilinos.[32] ∎

Pesquisa de marketing e mídias sociais

Como se pode ver na Figura 4.1, as mídias sociais podem ser uma fonte fértil de dados secundários tanto internos quan-

FIGURA 4.3 Fontes de dados secundários internacionais.

to externos. O *blog*, a página no Facebook ou a conta de Twitter de uma empresa podem gerar uma riqueza de dados secundários internos. Ferramentas e *sites* de mídias sociais externas oferecem uma valiosa base de dados que pesquisadores podem filtrar e analisar para obtenção de informações relevantes de consumidores. As informações arquivadas e as postagens em mídias sociais oferecem um retrato informativo da percepção e preferência dos consumidores com relação ao problema em questão. Ainda que seja importante os pesquisadores analisarem dados secundários de fontes típicas e tradicionais como jornais, periódicos e a Internet em geral, é essencial que as mídias sociais não sejam ignoradas, tendo em vista sua relevância na representação da verdadeira voz do consumidor. Impressões colhidas junto a diversos tópicos de discussão nas mídias sociais representam informações de credibilidade que os pesquisadores de marketing devem levar em consideração ao analisarem dados secundários.

As mídias sociais são relevantes para pesquisas de marketing, já que públicos de todo o mundo podem ser alcançados em um ambiente controlado, multimídia e em tempo real. Redes sociais, *blogs* e outras formas de mídias sociais emergiram como fóruns nos quais consumidores discutem suas percepções e preferências e são um canal para suas opiniões sobre mercados, empresas e seus produtos. Além disso, como esses *sites* costumam dividir e separar usuários conforme suas demografias e grupos de interesse, a coleta de dados tanto internos quanto externos foi bastante facilitada. Empresas podem ir atrás de clientes em potencial com base nos sentimentos expressos *on-line*.

Não apenas empresas, mas também organizações sem fins lucrativos e governamentais estão organizando *sites* de mídias sociais para coletarem dados secundários internos e explorando *sites* de mídias sociais externas a fim de obterem informações valiosas. A IBM é um exemplo disso.

Pesquisa real

IBM: usando o Twitter como fonte de inteligência competitiva

Em geral, a IBM obtém dados secundários junto a uma ampla gama de fontes externas, incluindo periódicos, publicações e resenhas de analistas, relatórios anuais de empresas e a Internet. Ela pode, por exemplo, colher resenhas de produtos publicadas por especialistas e analistas externos em diversas revistas relacionadas a tecnologia e servidores de rede, como a PCMag, a revista Linux, a Computer World e a Network World. Ao reunir informações advindas de críticas e opiniões a respeito de produtos da IBM junto a essas fontes, a empresa consegue avaliar melhor seus próprios produtos. A IBM também recorre a estatísticas e dados econômicos coletados junto a fontes governamentais, como a Agência de Censo dos Estados Unidos. Tais dados consistem em levantamentos de estabelecimentos de varejo que vendem produtos eletrônicos como televisores, telefones celulares, computadores, rádios e outros.

Com o aumento da popularidade das mídias sociais, a IBM abriu muitas contas diferentes no Twitter sob suas várias operações departamentais. O Twitter é uma plataforma de *microblog* na qual usuários podem postar comentários curtos e seguir outros usuários. Essa plataforma revelou-se uma fonte inestimável de dados secundários externos, o que reduz os custos de busca de informações *on-line*, já que muitos atuantes no setor, incluindo concorrentes e especialistas, a utilizam.

Uma das contas da IBM no Twitter é a "ibmretail", referente às operações globais de varejo da empresa, que fornece soluções mais inteligentes que agregam valor para revendedores. Como podemos ver em sua conta no Twitter, apesar de ter milhares de seguidores, a "ibmretail" segue apenas um número limitado de usuários. Como a maioria das contas da IBM no Twitter, as diferentes operações departamentais seguem umas às outras. Uma breve busca dos usuários que a "ibmretail" segue revela empresas como Oracle Retail, Tomax Corporation, Zebra Technologies e Epicor Retail. A Oracle Retail, conforme a descrição de sua "bio" no Twitter, é a líder no fornecimento de soluções inovadoras e abrangentes de *software* para varejistas. Já a Tomax Corporation oferece soluções de varejo para marketing e *merchandising* por meio da operação de lojas e gestão de mão de obra. Uma rápida avaliação mostra que essas empresas são concorrentes da IBM no ramo de soluções para varejo. Ao seguir a concorrência, a IBM é capaz de coletar dados competitivos estratégicos, uma forma de dados secundários que é externa à empresa. A IBM Retail também segue a World Retail Congress (WRC), uma plataforma para líderes mundiais no varejo se reunirem e discutirem questões cruciais para seus negócios. A WRC atua como a associação do setor de varejo, oferecendo a líderes do ramo informações sobre marcas, perfis de públicos e *newsletters* relevantes. Sendo assim, ao seguir a WRC, a "ibmretail" recebe atualizações sobre o setor de varejo e usa dados secundários fornecidos pela WRC em suas pesquisas de marketing, como o perfil e a segmentação do mercado-alvo dos varejistas participantes da WRC.

O uso de mídias sociais para coletar informações estratégicas sobre a concorrência e outros dados secundários permitiu que a IBM se tornasse uma competidora formidável e uma líder do setor.[33] ■

O advento das mídias sociais proporcionou um alcance muito mais amplo às empresas com redes de revenda e a capacidade de escutarem conversas até então restritas a vizinhanças e a redes sociais físicas entre pessoas. Avanços tecnológicos acelerados criaram uma fonte de informação e comunicação para empresas como a Nielsen. As mídias sociais são ricas em dados qualitativos e quantitativos que os métodos tradicionais muitas vezes são incapazes de coletar ou que poderiam exigir um processo bem mais caro e demorado. Informações reunidas a partir de mídias sociais são usadas por empresas com redes de revenda a fim de entenderem o mercado, responderem a preocupações de clientes, conectarem-se a consumidores e participantes em potencial, bem como para conduzirem buscas *on-line* e divulgarem seus relatórios e informações comerciais.

Avanços vão sendo feitos na mensuração de mídia gerada por consumidores. Como resultado de sua existência e proliferação na Internet, o boca a boca *on-line* deixa um "rastro digital", permitindo que conteúdos sejam localizados, categorizados, analisados e ulteriormente compreendidos. Os Índices de Conteúdo Social da Nielsen incluem comentários sociais sobre TV, soluções publicitárias e ferramentas de engajamento para maximizar o impacto de estratégias de marketing e publicidade de programas em plataformas cruzadas. Os indicadores divulgados pelos Índices de Conteúdo Digital são padronizados entre redes sociais. A atividade total é mensurada como um todo e subdividida em conteúdo original "com autoria", como postagens no Facebook e tuítes, e em "engajamento" com tal conteúdo, como comentários e retuítes.

Pesquisa de marketing em dispositivos móveis

Como mencionado no Capítulo 1, o uso de Internet móvel enfraqueceu o acesso via computadores de mesa. Assim, buscas na Internet por dados secundários podem ser conduzidas em dispositivos móveis. Obviamente, o acesso e o armazenamento de grandes arquivos em dispositivos móveis, sobretudo *smartphones*, têm suas limitações, comparando-se a computadores. A pesquisa de marketing em dispositivos móveis (MMR) vem sendo empregada com sucesso na prestação de serviços por assinatura baseados em levantamentos. Esse tema será abordado em detalhes no Capítulo 6. De modo similar, empresas de pesquisa que mantêm painéis móveis estão equipadas para prestar serviços por assinatura baseados em painéis. Diários móveis podem ser um rico suplemento aos diários em papel. Em vez de solicitar que os respondentes recorram à memória para escreverem o que ocorreu, diários móveis vão juntos com os respondentes, capturando a experiência a cada momento na forma de anotações, imagens e gravações. Nosso foco aqui recai na condução de auditorias em revendedores e outras auditorias usando dispositivos móveis.

Nos mercados desenvolvidos, grande parte do processo de auditorias junto a revendedores é automatizado, embora ainda haja uma boa quantidade de estocagem manual nos estabelecimentos. Agências de auditoria, como a Survey.com (survey.com/), enviam seus funcionários a lojas de varejo para coletarem informações a respeito de como os produtos estão sendo estocados, exibidos, promovidos e precificados. Eles também coletam dados sobre estoque, número de produtos com a face exposta e conformidade de ponto de venda. Esses dados são validados mediante fotos verificadas com marcação de horário e GPS e disponibilizadas em tempo real a clientes em um painel de instrumentos personalizados. Dessa forma, clientes podem determinar até que ponto suas estratégias estão sendo obedecidas no âmbito dos varejistas e, assim, aumentar sua fatia de exibição nas prateleiras e nas lojas. Com base nessas informações, clientes podem estabelecer metas de crescimento e acompanhar seu cumprimento. Pesquisas móveis são especialmente apropriadas para a condução de auditorias em pontos de venda, exibição em prateleiras e materiais promocionais, pois são capazes de capturar provas visuais como suporte a outros parâmetros sendo coletados. Assim, os dispositivos móveis podem cumprir um papel bastante útil em auditorias de conformidade voltadas a assegurar que revendedores estejam obedecendo às políticas estipuladas pelos fabricantes.

De forma similar, dispositivos móveis podem auxiliar em auditorias de compras. Em auditorias normais de compras, respondentes cadastram todas as suas aquisições assim que chegam em casa, o que gera retardos e um potencial de erros. Já em auditorias de compras mediante dispositivos móveis, os respondentes podem usar seus telefones para registrarem compras "presencialmente" ao escanearem, tirarem fotos ou inserirem os dados usando um aplicativo ou levantamento.

Pesquisa real

A mobilidade pode melhorar a precisão

A MMR Research Worldwide (www.mmr-research.com) conduziu um levantamento *on-line* com donas de casa no qual a quantidade autodeclarada de embalagens de cereais matinais em casa (cinco) acabou se revelando abaixo do esperado. A fim de conferir a precisão dos resultados *on-line*, solicitou-se a cerca de 150 respondentes que tirassem uma foto do local onde guardavam seus cereais matinais e a enviassem via MMS (*multimedia messaging service*) para a MMR Research. Esse estudo complementar revelou que, em média, as pessoas guardavam quase o dobro de embalagens de cereal (nove *versus* cinco no levantamento *on-line*). Os resultados também mostraram que a proporção de marcas próprias era muito superior ao declarado no levantamento *on-line* (35% *versus* 20%). O uso de fotos dirimiu qualquer ambiguidade e proporcionou dados precisos com uma mínima participação dos respondentes. Esse exemplo ilustra como as agências de pesquisa de marketing e aquelas especializadas em serviços por assinatura podem recorrer a pesquisa de marketing em dispositivos móveis (MMR) para conferir a precisão de métodos mais tradicionais de pesquisa.[34] ∎

Ética em pesquisa de marketing

Os pesquisadores são eticamente obrigados a garantir a relevância e a utilidade dos dados secundários para o problema em questão. Os dados secundários devem ser avaliados pelos critérios discutidos anteriormente neste capítulo. Só devem ser usados dados que forem considerados adequados. Também é importante que os dados sejam obtidos por meio de processos moralmente apropriados. Os dados podem ser julgados antiéticos se forem colhidos de uma forma que prejudique os entrevistados ou que invada sua privacidade. Também surgem questões éticas quando os usuários dos dados secundários rejeitam indevidamente aqueles que não corroboram seus interesses e pontos de vista.

Pesquisa real

A pílula ética pode ser amarga de engolir

ABC, NBC, CBS, algumas agências de propaganda e anunciantes importantes estão em conflito com os índices de audiência de TV da Nielsen (www.nielsen.com), criticando o esquema de amostragem e as metodologias de registro de dados invasivas da Nielsen. Uma questão central nas críticas feitas à Nielsen é que a audiência da televisão tem caído, segundo os últimos índices. Desde 2017, a audiência das redes nos horários mais concorridos declinou.

Em vez de aceitar a ideia de que a audiência está encolhendo, as redes prefeririam uma avaliação mais lisonjeira de sua audiência. As classificações de audiência se traduzem em receitas publicitárias: quanto mais espectadores um programa de TV atrai, mais caros se tornam seus patrocínios e inserções de propagandas. Os preços de veiculação diferem drasticamente entre os horários; assim, classificações de audiência precisas (ou agressivas) são desejáveis do ponto de vista das redes.

Em defesa das redes, os monopólios tendem a resistir a inovações e carecem de incentivos para melhorar processos. Reina a complacência enquanto o dinheiro continuar entrando. Entretanto, como fornecedora de pesquisas de marketing, a Nielsen está eticamente obrigada a fornecer dados precisos e representativos – tanto quanto possível. Os usuários também têm a responsabilidade ética de não criticar dados secundários simplesmente porque estes não corroboram seus pontos de vista. Os executivos das redes acabarão tendo que engolir a amarga pílula da verdade de que a TV a cabo, a TV transmitida diretamente por satélite e a Internet estão ganhando terreno sobre a audiência da televisão comercial. Os executivos das redes têm dificuldades em aceitar essa tendência.[35] ■

Dadas as limitações dos dados secundários, muitas vezes é preciso coletar dados primários para obter as informações necessárias à solução do problema de decisão gerencial. O uso exclusivo de dados secundários, quando o problema de pesquisa requer a coleta de dados primários, pode provocar preocupações de ordem ética. Essas preocupações aumentam quando o cliente está pagando um valor fixo pelo projeto e a proposta apresentada para consegui-lo não especificava de forma adequada a metodologia de coleta de dados. Por outro lado, em alguns casos, é possível obter as informações necessárias somente de fontes secundárias, dispensando a coleta de dados primários. A coleta desnecessária de dados primários dispendiosos, quando o problema pode ser resolvido com base apenas em dados secundários, é antiética. Essas questões éticas tornam-se mais evidentes se o faturamento da empresa de pesquisa subir, mas à custa do cliente.

Caso HP

Revise o caso HP, Caso 1.1, e o questionário dado no final do livro. Responda às seguintes perguntas.

1. Pesquise na Internet informações sobre a mais recente participação de mercado da HP e de outros comerciantes de computadores pessoais nos Estados Unidos.
2. Pesquise na Internet informações sobre a estratégia de marketing da HP. Você concorda com a estratégia de marketing da empresa? Por quê?
3. Visite o U.S. Census Bureau em www.census.gov. Uma vez que a HP procura aumentar sua penetração nos domicílios dos Estados Unidos, que informações disponíveis no censo são úteis para esse fim?
4. Que informações disponíveis em empresas por assinatura seriam úteis para a HP em sua busca por aumentar a penetração nos domicílios dos Estados Unidos?
5. Como a HP pode utilizar informações sobre estilo de vida disponíveis em serviços por assinatura?
6. Quais informações sobre uso de tecnologia pelos consumidores são encontradas em empresas por assinatura? Como a HP pode utilizá-las? Dica: visite www.npd.com e, sob "Industries", selecione "Consumer Technology".
7. Que informações disponíveis em www.nielsen.com podem auxiliar a HP a avaliar a eficácia de seu *site*?

Resumo

Diferentemente dos dados primários, que se originam com o pesquisador para a finalidade específica do problema em pauta, os dados secundários são originalmente coletados para outros fins, sendo obtidos com agilidade e custo relativamente baixo. Entretanto, têm limitações e devem ser avaliados com cuidado para determinar sua adequação ao problema em questão. Os critérios de avaliação consistem em especificações, erros, atualidade, objetividade, natureza e confiabilidade.

Dentro da própria organização, existem muitas informações relacionadas à pesquisa sendo executada. Essas informações constituem os dados secundários internos. Os dados externos são gerados por fontes de fora da organização e são classificados como comerciais/não governamentais, governamentais e serviços por assinatura. Fontes comerciais/não governamentais de dados secundários incluem guias, listas, índices e dados estatísticos. Fontes governamentais podem ser amplamente categorizadas como dados censitários e outros.

As fontes e os serviços por assinatura advêm de empresas que coletam e vendem volumes comuns de dados concebidos para atender a vários clientes. Essas fontes podem ser classificadas com base na unidade de medição (domicílios/consumidores ou instituições). Os dados de domicílios/consumidores são obtidos por meio de levantamentos, painéis de compras ou de mídia e serviços de escaneamento eletrônico. Quando as instituições representam a unidade de medição, os dados podem ser obtidos de varejistas, atacadistas ou empresas industriais. É desejável combinar as informações oriundas de diferentes fontes secundárias.

Big data significa qualquer quantidade volumosa de dados estruturados, semiestruturados e não estruturados com potencial para serem extraídos como informação. Esses dados são caracterizados por volume, velocidade, variedade, variabilidade e complexidade.

Há várias fontes especializadas de dados secundários que são úteis para a realização de pesquisas de marketing internacionais.

Porém, a avaliação dos dados secundários torna-se ainda mais crítica porque a utilidade e a exatidão desses dados variam consideravelmente. As mídias sociais são fontes de dados secundários internos e externos e podem ser usadas para coletar dados primários. Pesquisas de marketing em dispositivos móveis podem ser empregadas para acessar dados secundários e fornecer levantamentos baseados em serviços por assinatura. Os dilemas éticos que podem surgir incluem a coleta desnecessária de dados primários, o uso exclusivo de dados secundários quando seriam necessários dados primários, o uso de dados secundários que não são aplicáveis e o uso de dados secundários que foram coletados por meios moralmente questionáveis.

Palavras-chave e conceitos fundamentais

dados primários, 82
dados secundários, 82
dados internos, 86
dados externos, 86
psicografia, 87
armazém de dados, 87
mineração de dados, 87
sistemas de gestão de relacionamento com o cliente (CRM), 88
marketing de base de dados, 88
serviços por assinatura, 91
levantamentos, 91
levantamentos de painel por assinatura, 92
estilos de vida, 93
painéis de compra, 94
painéis de mídia, 95
dados de escaneamento, 95
dados de acompanhamento de volume, 96
painéis por escaneamento, 96
painéis por escaneamento com TV a cabo, 96
auditoria, 97
serviços sobre indústrias, 98
dados de fonte única, 98
big data, 99

Casos relacionados

Os casos listados a seguir são discutidos no final do livro.

1.1 HP Inc.

2.1 Baskin-Robbins   **2.2** Akron Children's Hospital

4.1 JPMorgan Chase   **4.2** Wendy's

Os casos listados a seguir estão distribuídos ao longo do livro, no final dos capítulos de 1 a 13.

4.1 Mayo Clinic   **7.1** Aflac   **8.1** P&G   **9.1** eGO

12.1 Subaru   **13.1** Intel

Pesquisa ao vivo: realização de um projeto de pesquisa de marketing

1. Atribua a uma ou mais equipes a responsabilidade de coletar e analisar dados secundários, incluindo os que estão disponíveis na Internet.
2. Por exemplo, uma equipe poderia pesquisar o banco de dados eletrônicos da biblioteca, outra poderia pesquisar fontes governamentais e outra poderia visitar a biblioteca e trabalhar com um bibliotecário para identificar as fontes relevantes.
3. Visite os *sites* de empresas de serviços por assinatura para identificar informações relevantes (algumas delas podem ser obtidas sem custos).
4. Se o projeto tiver o apoio de um orçamento, as informações relevantes poderão ser compradas de fontes por assinatura.

Exercícios

Perguntas

1. Quais são as diferenças entre dados primários e secundários?
2. Por que é importante obter dados secundários antes dos dados primários?
3. Diferencie dados secundários internos de externos.
4. Quais são as vantagens dos dados secundários?
5. Quais são as desvantagens dos dados secundários?
6. Quais são os critérios a serem utilizados ao avaliar dados secundários?
7. Relacione as várias fontes de dados secundários externos.
8. Relacione e descreva as várias fontes por assinatura de dados secundários.
9. Qual é a natureza das informações coletadas pelos levantamentos?
10. Como os levantamentos podem ser classificados?
11. Explique o que é um painel. Qual é a diferença entre painéis de compras e painéis de mídia?
12. Quais são as vantagens relativas dos painéis de compras e de mídia com relação aos levantamentos?
13. Que tipos de dados podem ser coletados por meio dos serviços de escaneamento eletrônico?
14. Descreva os usos dos dados de escaneamento.
15. O que é uma auditoria? Discuta os usos, as vantagens e as desvantagens das auditorias.
16. Descreva as informações fornecidas pelos serviços sobre indústrias.
17. Por que é desejável utilizar fontes múltiplas de dados secundários?
18. Discuta o uso das mídias sociais como uma fonte de dados secundários.
19. Explique o papel da pesquisa de marketing em dispositivos móveis nos levantamentos baseados em serviços por assinatura.

Problemas

1. Obtenha as vendas da indústria automotiva e as vendas dos principais fabricantes nos últimos cinco anos a partir de fontes secundárias.
2. Selecione um setor. Usando fontes secundárias, obtenha as vendas do setor e as das principais empresas desse setor no último ano. Estime as participações de mercado de cada uma delas. Obtenha de outra fonte informações sobre as participações de mercado dessas mesmas empresas. As duas estimativas coincidem?

Exercícios para Internet e computador

1. Faça uma busca *on-line* para obter informações sobre o histórico de um setor de sua escolha (p. ex., artigos esportivos). Sua busca deverá abranger informações qualitativas e quantitativas.
2. Visite o *site* de uma empresa da sua escolha. Suponha que o problema de decisão gerencial enfrentado por ela seja aumentar sua participação de mercado. Obtenha a maior quantidade de informações secundárias possível do *site* dessa empresa e de outras fontes na Internet que sejam relevantes para esse problema.
3. Visite o *site* do U.S. Census Bureau. Escreva um relatório a respeito dos dados secundários ali disponíveis que seriam úteis para uma empresa de *fast-food* (como o McDonald's) para a formulação de uma estratégia de marketing doméstica.
4. Visite www.census.gov. Use State Ranking and Vital Statistics para identificar os seis principais estados americanos para a comercialização de produtos para idosos.
5. Para o projeto de fidelização da loja de departamentos, a Wal-Mart gostaria que você sintetizasse as vendas de varejo nos Estados Unidos visitando www.census.gov.
6. Visite www.npd.com e faça uma descrição dos painéis mantidos pela NPD.
7. Visite www.nielsen.com e faça um relatório sobre os diversos serviços oferecidos pela Nielsen.

Atividades

Dramatização

1. Você é o gerente de pesquisa de marketing de um banco local. A gerência pediu que você avaliasse o potencial de demanda para contas correntes na sua área metropolitana. Que fontes de dados secundários você deveria consultar? Que tipo de informações você esperaria encontrar em cada fonte? Peça a colegas que desempenhem o papel da gerência e explique-lhes a pertinência dos dados secundários neste projeto.
2. Você é o gerente de produtos da Procter & Gamble encarregado dos detergentes para lavar roupa. Como você utilizaria as informações disponíveis de uma auditoria de loja? Peça a outro aluno que faça o papel de vice-presidente de marketing. Explique para seu chefe o valor das informações da auditoria da loja relacionadas com detergentes para roupa.

Trabalho de campo

1. Faça uma incursão na biblioteca local. Escreva um relatório explicando como você utilizaria a biblioteca a fim de coletar dados secundários para um projeto de pesquisa de marketing que avaliasse o potencial de demanda para as canetas Cross de ponta porosa. Seja específico.

Discussão em grupo

1. Discuta a relevância e as limitações dos dados do censo do governo como fonte principal de dados secundários.
2. Discuta o uso crescente dos bancos de dados computadorizados.
3. Discuta como os índices de audiência de TV da Nielsen podem afetar o preço que os anunciantes pagam por um comercial veiculado durante um determinado horário.

CASO 4.1

A Clínica Mayo: permanecendo saudável com pesquisa de marketing

William e Charles Mayo começaram a exercer a medicina na década de 1880 em Rochester, Minnesota. Rapidamente foram reconhecidos como cirurgiões extremamente talentosos e atraíram tantos pacientes que foram forçados a pensar em expandir sua atuação. Por volta da virada do século, os irmãos Mayo começaram a convidar outras pessoas para participar de seu trabalho. As parcerias feitas pelos irmãos Mayo criaram uma das primeiras clínicas particulares dos Estados Unidos. Em 1919, os irmãos Mayo transformaram sua parceria em uma organização de caridade sem fins lucrativos conhecida como Mayo Foundation. Todas as receitas além das despesas cirúrgicas deveriam ser destinadas a educação, pesquisa e cuidado dos pacientes. A Clínica Mayo (www.mayoclinic.org) tem trabalhado dessa forma desde aquela época. O principal valor da Clínica Mayo é "as necessidades do paciente vêm em primeiro lugar". Sua missão é "a Clínica Mayo oferecerá a melhor assistência a todos os pacientes todos os dias por meio da integração de prática médica, educação e pesquisa".

Em 2018, a Clínica Mayo tem grandes *campus* em Rochester, Minnesota, Scottdale e Phoenix, Arizona, e Jacksonville, Flórida. O sistema de saúde da Clínica Mayo conta com dezenas de estabelecimentos em muitos estados. O *U.S. News & World Report* posicionou a Clínica Mayo de Rochester, Minnesota, como o melhor hospital do país em 2016–2017. A Clínica Mayo figurou no topo (ou próximo dele) da categoria Honor Roll na história dos *rankings* dos melhores hospitais no *U.S. News & World Report*. A filantropia é uma parte importante da Clínica Mayo. Desde as doações dos irmãos Mayo em 1919, a filantropia está profundamente enraizada nas operações da entidade. Em 2016, doadores forneceram US$ 277 milhões em contribuições, bolsas e doações. Grande parte dessas doações é usada em pesquisa e educação, e a expansão de capital da clínica depende desses investimentos. As receitas totais de 2016 foram de US$ 10,3 bilhões e a renda líquida das atuais atividades foi de US$ 526 milhões.

A maior parte de seus negócios é originada das experiências positivas que os pacientes têm na clínica. Isso é resultado do cuidado oferecido pela Clínica Mayo, bem como do ambiente que ela criou. A colaboração em toda a Clínica Mayo resultou em excelente assistência, métodos melhores e inovação, ao mesmo tempo em que há preocupação com o ambiente onde a assistência é oferecida. A pesquisa de marketing revelou que o ambiente da clínica é uma parte importante da experiência do paciente. Portanto, a Mayo rompe o molde de uma aparência comum, estática, acrescentando música tranquila e arte refinada, na crença de que isso enriquece a experiência do paciente e os ajuda a melhorar rapidamente.

Ao longo dos anos, a Clínica Mayo tornou-se um nome em que o público confia, apesar da inexistência de propaganda. Ela tem uma sólida reputação como centro de pesquisa, provedor de cuidados especializados e escola de medicina. Explicando o sucesso da Clínica Mayo e como ela se tornou a principal escolha das pessoas que necessitam de cuidados médicos, John la Forgia, presidente do Departamento de Assuntos Públicos da clínica, diz que o principal aspecto diferenciador da instituição é sua capacidade de diagnosticar e tratar doenças que outras clínicas e médicos não conseguem; o paciente então volta para casa e conta sua história para outras pessoas, criando imensa boa vontade e publicidade boca a boca para a instituição.

O que ajuda a Mayo a alcançar forte reconhecimento da marca é sua ênfase na pesquisa de marketing (com uma parte significativa dedicada ao gerenciamento da marca) a fim de monitorar continuamente as percepções do consumidor e as avaliações da Clínica Mayo. De acordo com John la Forgia, o escritório de gerenciamento de marketing da clínica atende a duas funções básicas. A primeira é operar como um filtro para as percepções externas. A segunda é proporcionar aos médicos uma compreensão da marca à medida que eles se ramificam em novas áreas. Um projeto de pesquisa de valor de marca constatou que a Clínica Mayo era considerada a melhor clínica dos Estados Unidos e que 84% do público conheciam a Clínica Mayo, com as palavras a ela associadas sendo *excelência*, *cuidado* e *compaixão*.

A outra parte de sua estratégia é o melhoramento da marca. Para isso, a Clínica Mayo conta com pesquisa de marketing para monitorar as percepções de seus pacientes, do público, de doadores, da equipe médica e de outros participantes. Uma recente pesquisa de marketing revelou que a escolha de uma organização de assistência médica pelos consumidores é determinada por sua avaliação das alternativas de instituições nos seguintes atributos principais: (1) médicos, (2) tecnologia médica, (3) cuidados de enfermagem,

(4) instalações, (5) administração e (6) ética. Desde então, a Clínica Mayo procura enfatizar esses fatores.

No setor de serviços, o ônus de manter uma boa reputação e nome depende muito do modo como o serviço é oferecido. Assim, é fundamental para a Mayo continuar a oferecer o produto e não perder de vista o fato de que é um fornecedor de cuidados de saúde e de que todo o valor de marca que possui na mente dos americanos depende de um fornecimento contínuo de excelente assistência médica. Os profissionais de marketing da Clínica Mayo dizem que manter a marca forte no futuro dependerá principalmente das experiências cotidianas dos pacientes, que podem ser melhoradas com a identificação das necessidades dos usuários por meio da pesquisa de marketing e com o desenvolvimento de programas médicos para atender a essas necessidades.

Conclusão

Por meio do foco fixo no cuidado dos pacientes, da pesquisa de ponta em ciência médica e da confiança na pesquisa de marketing, a Clínica Mayo consegue abrir um espaço especial nos corações e nas mentes das pessoas e construir uma marca forte.

Questões

1. A Clínica Mayo gostaria de fortalecer ainda mais sua imagem e seu valor de marca. Defina o problema de decisão gerencial.
2. Defina o problema de pesquisa de marketing correspondente ao problema de decisão gerencial definido na questão 1.
3. Que tipo de concepção de pesquisa deveria ser adotado? Por quê?
4. Descreva as fontes de dados secundários que seriam úteis na determinação das preferências do consumidor pelas instalações de assistência médica.

Referências

1. http://www.mayoclinic.org, accessed June 2, 2017.
2. https://www.wikipedia.org/, accessed June 2, 2017.
3. Misty Hathaway and Kent Seltman, "International Market Research at the Mayo Clinic," *Marketing Health Services* (Winter 2001): 19.

CAPÍTULO 5

Concepção de Pesquisa Exploratória: Pesquisa Qualitativa

" O poder das pesquisas qualitativas está em sua capacidade singular de levar as marcas para mais perto dos consumidores, apesar dos caprichos e da inconsistência do coração e da mente humana. A riqueza com que podemos explorar as intenções e as ações das pessoas e o modo como tomam suas decisões tornou o método qualitativo o preferido de muitas marcas. "

Kendall Nash, vice-presidente e consultora qualitativa sênior, Burke, Inc.

Objetivos

Após a leitura deste capítulo, o aluno conseguirá:

1. Explicar a diferença entre pesquisa qualitativa e pesquisa quantitativa em termos de objetivos, amostragem, coleta e análise de dados e resultados.
2. Entender as diferentes formas de pesquisa qualitativa, incluindo procedimentos diretos, como grupos de foco e entrevistas em profundidade, e métodos indiretos, como técnicas projetivas.
3. Descrever detalhadamente os grupos de foco, com ênfase no planejamento dos grupos, suas vantagens, desvantagens e aplicações.
4. Descrever detalhadamente as técnicas de entrevista em profundidade, citando suas vantagens, desvantagens e aplicações.
5. Explicar detalhadamente as técnicas projetivas e comparar as técnicas de associação, de conclusão, de construção e expressivas.
6. Discutir os fatores envolvidos na realização de pesquisa qualitativa em um contexto internacional.
7. Descrever o uso das mídias sociais na obtenção e análise de dados qualitativos.
8. Explicar de que forma a pesquisa qualitativa é conduzida em pesquisa de marketing em dispositivos móveis.
9. Entender as questões éticas que a realização da pesquisa qualitativa envolve.
10. Discutir o uso da Internet e de computadores na obtenção e análise de dados qualitativos.

Aspectos gerais

Assim como a análise de dados secundários (ver Capítulo 4), a pesquisa qualitativa é uma metodologia importante usada na pesquisa exploratória (Capítulo 3). Os pesquisadores realizam pesquisas qualitativas para definir o problema ou desenvolver uma abordagem (Capítulo 2). Na elaboração da abordagem, utiliza-se com frequência a pesquisa qualitativa para gerar hipóteses e identificar variáveis que devem ser incluídas na pesquisa. Quando não se faz pesquisa conclusiva ou quantitativa, a pesquisa qualitativa e os dados secundários constituem a maior parte do projeto de pesquisa – é esse o caso em diversos projetos de pesquisa de marketing *business-to-business*. Neste capítulo, vamos discutir as diferenças entre pesquisa qualitativa e pesquisa quantitativa e o papel de cada uma delas no projeto de pesquisa de marketing. Apresentamos uma classificação da pesquisa qualitativa e abordamos em detalhes as principais técnicas – grupos de foco e entrevistas em profundidade –, bem como os procedimentos indiretos, chamados *técnicas projetivas*, com ênfase nas técnicas de associação, de conclusão, de construção e expressivas. A análise de dados qualitativos é explicada detalhadamente. As considerações envolvendo a realização de pesquisa qualitativa em mercados internacionais e o uso das mídias sociais são discutidos. Também são feitas considerações sobre a adequação da pesquisa de marketing em dispositivos móveis para grupos de foco, entrevistas em profundidade e técnicas projetivas. Identificamos vários problemas éticos que podem surgir. É apresentada uma discussão sobre o uso da Internet e dos computadores na pesquisa qualitativa. Os exemplos que seguem dão uma noção da pesquisa qualitativa e de suas aplicações na pesquisa de marketing.

Pesquisa real

Grupos de foco "com demonstração" expressam os valores dos *baby boomers*

Os *baby boomers* constituem um grande alvo de consumidores para muitos produtos, e grupos de foco "com demonstração" estão oferecendo a necessária compreensão dos valores centrais que essas pessoas prezam.

Os grupos de foco "com demonstração" funcionam da seguinte forma: pede-se que os participantes tragam três ou quatro itens que representam seu ambiente ideal. Os itens podem ser figuras ou suvenires – não importa, desde que os participantes consigam explicar por que escolheram aqueles itens e como estes se encaixam em seu ambiente ideal. Exemplos poderiam ser o de um homem que leva uma isca artificial que lhe dá sorte na pescaria, presenteada por seu avô, ou o de uma professora que apresenta uma cópia do livro que ela finalmente decidiu escrever. A discussão em grupo é então centrada nesses itens. O que a pesquisa qualitativa revelou sobre os *baby boomers* é descrito por cinco temas específicos:

1. A vida familiar de qualidade é uma grande preocupação. A capacidade de ter um impacto positivo sobre a vida dos filhos é extremamente importante, assim como uma unidade familiar coesa em que haja apoio mútuo. O lar é muito importante.
2. Amizades de longa data ajudam a manter a identidade fora do local de trabalho e do lar. Manter-se em contato com os amigos faz parte do estilo de vida dos *boomers*.
3. Tirar um tempo de férias para afastar-se da correria da vida diária, saindo com familiares e amigos, ajuda a pre-

servar uma forte compreensão do que é importante na vida e a recarregar as baterias.
4. Boa forma física e espiritual é importante para levar uma vida plena e bem equilibrada.
5. Não existe crise de meia-idade. A vida é curta demais para se resumir a sucessos ou fracassos.

Esse tipo de pesquisa é de valor inestimável para a criação de propagandas e campanhas promocionais, oferecendo a necessária fundamentação para se recorrer aos valores que são mais importantes para os *boomers* e àqueles que mais provavelmente estimulam seu comportamento de compra. Por exemplo, o veículo utilitário Honda Pilot de 2017 foi comercializado com a chamada "O utilitário esportivo da família moderna". A Honda enfatizou as características internas e externas do veículo, de modo que se pode ir com ele a qualquer lugar e, ainda assim, desfrutar de alguns dos confortos do lar.[1] ■

Pesquisa real

Nada mais que sentimentos

Utiliza-se a pesquisa qualitativa na forma de grupos de foco e entrevistas individuais em profundidade para descobrir quais sentimentos são importantes para os clientes. Tais sentimentos não podem ser revelados por uma pesquisa quantitativa. As entrevistas em profundidade são feitas uma a uma, permitindo uma extensa sondagem de cada pesquisado. Assim, é possível descobrir sentimentos subjacentes (como valores, crenças e atitudes). Vários exemplos mostram como a identificação de sentimentos e sensações dos consumidores é crucial para a criação de produtos.

- **Ford:** a Ford (www.ford.com) resolveu redesenhar um de seus modelos Taurus. Remodelou o painel de instrumentos, os para-lamas traseiros e outras partes, e mudou as maçanetas das portas. No entanto, havia um problema com o som que a porta fazia ao ser fechada (era um barulho estranho). A maçaneta parecia dar duas pancadas, dando ao usuário a impressão de que havia alguma coisa errada, quando na verdade não havia problema algum. Mesmo que os consumidores possam não se dar conta de suas próprias percepções, eles são muito sensíveis aos ruídos que um automóvel produz.
- **Whirlpool:** alguém poderia pensar que o produto perfeito não faria barulho algum; entretanto, o caso da Whirlpool (www.whirlpool.com) contraria essa ideia. A Whirlpool lançou um novo refrigerador, mais silencioso. Apesar disso, os compradores telefonaram para queixar-se "dos ruídos suaves, de gorgolejo de água" do modelo. As pessoas tinham a impressão de que o novo refrigerador era o mais barulhento que já tinham ouvido, embora fosse, de fato, o mais silencioso já fabricado.
- **Estée Lauder:** a indústria de cosméticos fornece inúmeros exemplos de pesquisa qualitativa, pois os seus produtos estão associados à intimidade. Por exemplo, a Estée Lauder (www.esteelauder.com) mudou a forma do seu estojo de maquiagem azul a fim de torná-lo mais

atraente para a consumidora. A forma foi redesenhada, arredondando-se as bordas de modo a torná-las mais suaves, criando assim uma associação com as formas arredondadas do corpo feminino.[2] ■

Esses exemplos ilustram a riqueza de elementos encontrada no comportamento subjacente do consumidor que pode ser obtida por meio de processos qualitativos.

Dados primários: pesquisa qualitativa *versus* pesquisa quantitativa

Conforme explicado no Capítulo 4, os dados primários são originados pelo pesquisador com o objetivo específico de abordar o problema em estudo. Os dados primários podem ser qualitativos ou quantitativos quanto à sua natureza, conforme mostra a Figura 5.1. A distinção entre pesquisa qualitativa e quantitativa assemelha-se à distinção entre pesquisa exploratória e pesquisa conclusiva, como discutido no Capítulo 3. A Tabela 5.1 resume as diferenças entre as duas metodologias de pesquisa.[3]

A **pesquisa qualitativa** proporciona melhor visão e compreensão do contexto do problema, enquanto a **pesquisa quantitativa** procura quantificar os dados e, normalmente, aplica alguma forma da análise estatística. Sempre que se observar um novo problema de pesquisa de marketing, a pesquisa quantitativa deve ser precedida da pesquisa qualitativa apropriada. Às vezes, faz-se a pesquisa qualitativa para explicar os resultados obtidos pela pesquisa quantitativa. Entretanto, os resultados da pesquisa qualitativa são usados incorretamente quando considerados como conclusivos e utilizados para fazer generalizações em relação à população-alvo.[4] É um princípio fundamental da pesquisa de marketing considerar as pesquisas qualitativa e quantitativa como complementares, e não excludentes.[5] Os pesquisadores qualitativos podem ser localizados por meio da Associação de Consultores de Pesquisa Qualitativa (www.qrca.com), que é o maior grupo de consultores de pesquisa qualitativa independentes do mundo.

pesquisa qualitativa
Metodologia de pesquisa não estruturada e exploratória baseada em pequenas amostras que proporciona percepções e compreensão do contexto do problema.

pesquisa quantitativa
Metodologia de pesquisa que procura quantificar os dados e, geralmente, aplica alguma forma de análise estatística.

Conta-se que Alfred Politz, um grande defensor da pesquisa quantitativa, e Ernest Dichter, grande defensor da pesquisa qualitativa, estavam debatendo, como de costume, os méritos dos dois métodos. Politz realçava a importância de amostras grandes, projetáveis. Dichter respondeu: "Mas, Alfred, dez mil vezes nada continua sendo nada!". Conforme argumentava Dichter, a simples quantificação, quando o comportamento de interesse subjacente não está bem entendido, não conduz a resultados significativos. Entretanto, quando combinadas as pesquisas qualitativas, e quantitativas,

```
                    Dados de pesquisa de marketing
                              │
                ┌─────────────┴─────────────┐
          Dados secundários            Dados primários
                                            │
                              ┌─────────────┴─────────────┐
                        Dados qualitativos          Dados quantitativos
                                                          │
                                              ┌───────────┴───────────┐
                                          Descritivos              Causais
                                              │                       │
                                    ┌─────────┴─────────┐             │
                              Dados de          Dados observacionais  Dados
                            levantamento            e outros       experimentais
```

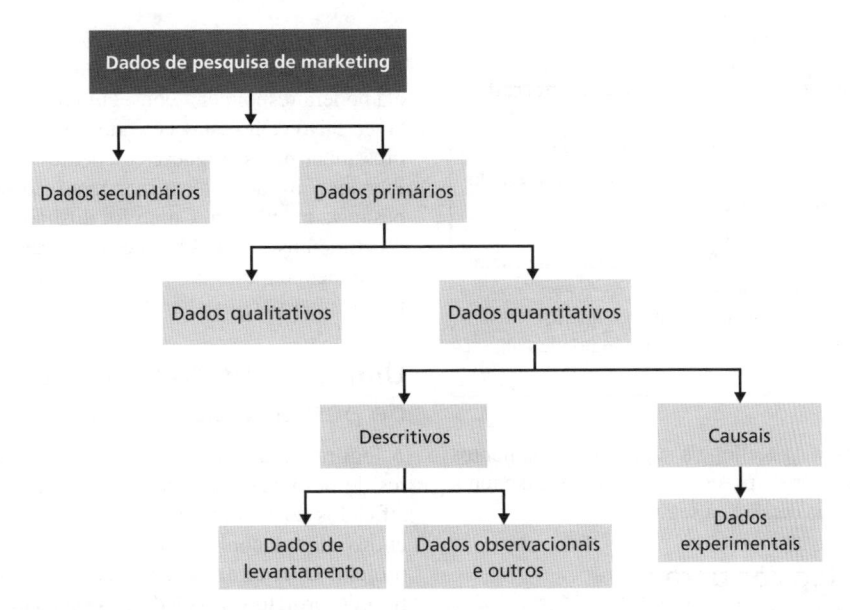

FIGURA 5.1 Classificação de dados de pesquisa de marketing.

TABELA 5.1
Pesquisa qualitativa *versus* pesquisa quantitativa

	Pesquisa qualitativa	Pesquisa quantitativa
Objetivo	Obter uma compreensão qualitativa das razões e motivações subjacentes	Quantificar os dados e generalizar os resultados da amostra para a população de interesse
Amostra	Pequeno número de casos não representativos	Grande número de casos representativos
Coleta de dados	Não estruturada	Estruturada
Análise de dados	Não estatística	Estatística
Resultados	Desenvolvimento de uma compreensão inicial	Recomendação de uma linha de ação final

podem fornecer uma compreensão muito rica, auxiliando na formulação de estratégias de marketing bem-sucedidas, como no caso do Pop-Tarts com iogurte da Kellogg's.

Pesquisa real

Kellogg's: o Pop-Tarts com iogurte acirra a concorrência

A Kellogg's estava desenvolvendo uma nova extensão de seu popular produto Pop-Tarts com o acréscimo de um iogurte. A empresa desejava determinar o melhor nome para esse novo produto e procurou a BuzzBack para ajudá-la. Havia quatro opções possíveis, e eles queriam descobrir de qual delas as mães e crianças (os principais compradores de Pop-Tarts) gostavam mais e por quê.

A BuzzBack Market Research (www.buzzback.com), provedora de serviços de pesquisa de marketing *on-line*, pesquisou 175 mães e seus filhos (nos EUA, crianças com menos de 13 anos precisam de permissão dos pais para participar de qualquer estudo *on-line*, de acordo com a regulamentação prevista pela Lei de Proteção de Privacidade *On-line* da Criança, de 1998). A pesquisa desenvolveu-se durante um fim de semana. Perguntou-se aos respondentes suas preferências por nomes e embalagens. O levantamento incluiu dados qualitativos e quantitativos, pois a Kellogg's queria descobrir *por que* cada participante preferia certo nome, de forma que a empresa pudesse ajustar sua campanha de marketing a essas razões.

Os resultados do levantamento indicaram que tanto as mães quanto as crianças preferiam Pop-Tarts Yogurt Blasts como novo nome para o produto. Os dados qualitativos também sugeriam que os respondentes gostavam do novo produto porque ele representava uma mudança saborosa e nutritiva em relação ao produto Pop-Tart tradicional.

O produto foi lançado com grande sucesso e podia ser encontrado nos sabores morango e framboesa. O preço sugerido para varejo era US$ 2,09 por uma caixa com oito unidades. Naquele ano, a Pop-Tart foi a marca número um em massas e uma das maiores marcas da Kellogg's nos Estados Unidos, apesar da concorrência cada vez mais forte nesse mercado. As vendas de Pop-Tarts continuavam altas em 2016. A confiança contínua na pesquisa de marketing possibilitou que a Kellogg's lançasse novos produtos e sabores, como o Pop-Tarts New Crush Orange® em 2016.[6] ∎

PESQUISA ATIVA

A Nine West vai para o oeste: penetrando no mercado de calçados femininos

Visite www.ninewest.com e pesquise na Internet, inclusive nas mídias sociais e no banco de dados *on-line* de sua biblioteca, informações sobre a estratégia de marketing da Nine West.

Como gerente de marketing, que estratégias de marketing você formularia para ajudar a Nine West a aumentar sua penetração no mercado de calçados femininos?

Como você usaria a pesquisa quantitativa e qualitativa para auxiliar a Nine West a aumentar sua penetração no mercado de calçados femininos?

Embora o exemplo da Kellogg's sugira os fundamentos lógicos que estão por trás da pesquisa qualitativa, esse tema será abordado com mais detalhes a seguir.

Fundamentos lógicos para o uso da pesquisa qualitativa

Há várias razões para usar a pesquisa qualitativa. Nem sempre é possível ou conveniente utilizar métodos plenamente estruturados ou formais para obter informações dos respondentes (ver Capítulo 3). Pode ser que as pessoas não queiram responder a certas perguntas, ou mesmo que elas não consigam fazê-lo. Talvez elas não desejem dar respostas verdadeiras a perguntas que invadam sua privacidade, causem desconforto ou tenham impacto negativo sobre seu ego ou *status*. Exemplos de tais questões inconvenientes: "Você comprou recentemente absorventes higiênicos? Remédios para tensão nervosa? Pílulas para ansiedade?". Além disso, as pessoas podem ser incapazes de dar respostas precisas a perguntas que apelem para seu subconsciente. Os valores, as emoções e as motivações que se situam no nível subconsciente são encobertos no mundo exterior pela racionalização e por outros mecanismos de defesa do ego. Por exemplo, uma pessoa pode ter comprado um carro esportivo muito caro para superar sentimentos de inferioridade. Entretanto, se lhe perguntarem "por que comprou este carro esporte?", ela poderá responder, "consegui fechar um grande negócio", "meu carro velho estava caindo aos pedaços" ou "preciso impressionar meus fregueses e clientes". Em tais casos, a melhor maneira de obter a informação desejada é mediante a pesquisa qualitativa. Como foi ilustrado nos exemplos sobre "sentimentos" na seção Aspectos Gerais, a pesquisa qualitativa também é muito útil para descobrir quais sentimentos são importantes para os clientes.[7]

Uma classificação dos procedimentos de pesquisa qualitativa

A Figura 5.2 apresenta uma classificação dos procedimentos de pesquisa qualitativa. Esses procedimentos são classificados como diretos ou indiretos, dependendo de se os entrevistados conhecem ou não o verdadeiro objetivo do projeto. Uma **abordagem direta** não é disfarçada: o objetivo do projeto é revelado aos respondentes, ou então fica evidente pelas próprias questões formuladas. Os grupos de foco e as entrevistas em profundidade são as técnicas diretas mais importantes. Já a pesquisa que toma a forma de uma **abordagem indireta** encobre ou disfarça o verdadeiro objetivo do projeto. As técnicas projetivas, comumente usadas na abordagem indireta, consistem em técnicas de associação, de conclusão, de construção e expressivas. Abordaremos detalhadamente cada uma dessas técnicas, começando com os grupos de foco.

abordagem direta
Tipo de pesquisa qualitativa em que os objetivos do projeto são revelados ao respondente ou ficam evidentes pela própria natureza da entrevista.

abordagem indireta
Tipo de pesquisa qualitativa em que os objetivos do projeto não são revelados aos respondentes.

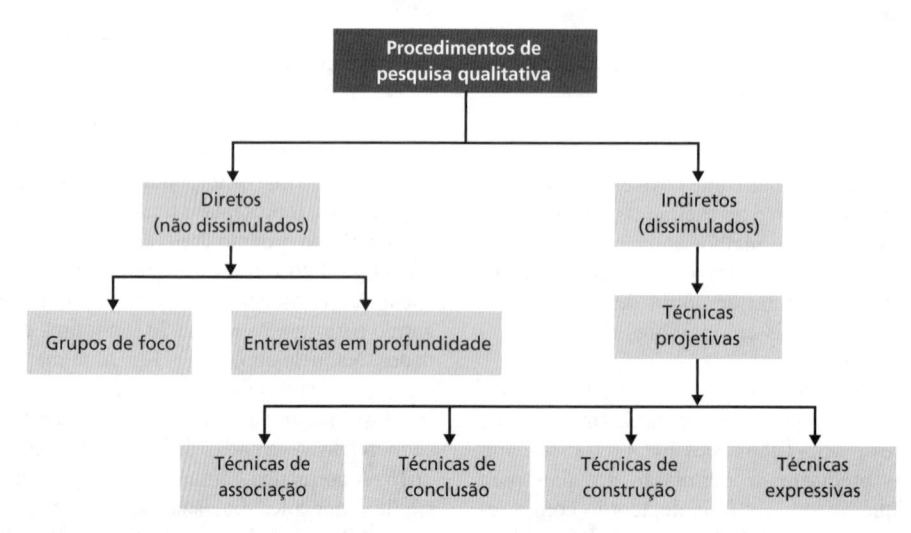

FIGURA 5.2 Classificação de procedimentos de pesquisa qualitativa.

Uma típica sessão de grupo de foco.

Entrevistas com grupos de foco

Um **grupo de foco** é uma entrevista realizada por um moderador treinado (que lidera a discussão), de uma forma não estruturada e natural, com um pequeno grupo de entrevistados. O objetivo principal dos grupos de foco é obter uma visão aprofundada ouvindo um grupo de pessoas do mercado-alvo apropriado falar sobre problemas que interessam ao pesquisador. O valor da técnica está nos resultados inesperados que frequentemente se obtêm de um grupo de discussão livre.

grupo de foco
Entrevista realizada de maneira não estruturada e natural por um moderador treinado, junto a um pequeno grupo de respondentes.

Os grupos de foco constituem o processo mais importante da pesquisa qualitativa e são tão utilizados que muitas pessoas que fazem pesquisa de marketing consideram essa técnica um sinônimo de pesquisa qualitativa.[8] Centenas de instalações nos Estados Unidos sediam grupos de foco várias vezes por semana, e o grupo de foco típico custa ao cliente cerca de US$ 4 mil. Dada sua importância e popularidade, passamos a descrever com detalhes as características importantes dos grupos de foco.[9]

Características

As principais características de um grupo de foco estão resumidas na Tabela 5.2. Um grupo de foco tem, geralmente, de 8 a 12 membros. Grupos com menos de oito participantes dificilmente geram o ímpeto e a dinâmica de grupo necessários para uma sessão bem-sucedida. Da mesma forma, grupos de mais de 12 participantes podem ficar cheios demais e não levar a um debate coeso e natural.[10]

Um grupo de foco tem de ser homogêneo em termos de características demográficas e socioeconômicas. A similaridade dos membros do grupo evita interações e conflitos a propósito de questões secundárias.[11] Assim, um grupo de mulheres não deve misturar donas de casa com filhos pequenos, mulheres empregadas, jovens e solteiras e mulheres mais idosas, divorciadas ou viúvas, porque seus estilos de vida são substancialmente diferentes. Além disso, os participantes precisam ser cuidadosamente selecionados a fim de preencher determinadas especificações (eles devem ter tido uma experiência adequada com o objeto ou problema em discussão). Não devem ser incluídas pessoas que já tenham participado de vários grupos de foco. Esses entrevistados, às vezes chamados de "respondentes profissionais", são atípicos, e sua participação pode levar a sérios problemas de validade.[12]

O contexto físico para o grupo de foco também é importante. Uma atmosfera descontraída, informal, estimula comentários espontâneos. Bebidas leves devem ser servidas antes da seção e ficar disponíveis durante todo o período. Embora um grupo de foco possa durar de uma a três horas, a sessão normal dura de uma hora e meia a duas horas.

TABELA 5.2
Características dos grupos de foco

Tamanho do grupo	8 a 12
Composição do grupo	Homogênea; respondentes passam por triagem prévia
Ambiente físico	Atmosfera descontraída e informal
Duração	1 a 3 horas
Registro	Uso de gravação e videoteipes
Moderador	Habilidades interpessoais, de observação e de comunicação

Esse período é necessário para estabelecer uma relação com os participantes e explorar, em profundidade, suas crenças, sensações, ideias, atitudes e impressões sobre os tópicos de interesse. As entrevistas do tipo grupo de foco são invariavelmente gravadas, em geral em videoteipe, para reapresentação, transcrição e análise subsequentes. A gravação tem a vantagem de registrar as expressões faciais e os movimentos do corpo, mas pode aumentar os custos significativamente. Com frequência, os clientes observam a sessão em uma sala adjacente, separada por um espelho de um lado só. A tecnologia da transmissão por vídeo permite que os clientes observem as sessões do grupo de foco de uma localidade afastada. Por exemplo, a Focus Vision Network, Inc. (www.focusvision.com), com sede em Stamford, Connecticut, oferece esse sistema de videoconferência.

O moderador desempenha um papel-chave no sucesso de um grupo de foco. Ele deve estabelecer relação com os participantes, manter ativa a discussão e motivar os respondentes a trazer à tona suas opiniões mais reservadas. Além disso, o moderador pode desempenhar um papel central na análise e interpretação dos dados. Portanto, ele deve ter habilidade, experiência e conhecimento do tópico em discussão e entender a natureza da dinâmica do grupo. As qualificações fundamentais do moderador estão resumidas a seguir.

Pesquisa real

Qualificações fundamentais dos moderadores de grupos de foco

1. *Delicadeza com firmeza:* o moderador precisa combinar um desapego disciplinado com uma empatia compreensiva para gerar a interação necessária.
2. *Permissividade:* o moderador deve ser permissivo, mas atento a sinais de que a cordialidade ou a finalidade do grupo estejam se desintegrando.
3. *Envolvimento:* o moderador deve incentivar e estimular um intenso envolvimento pessoal.
4. *Compreensão incompleta:* o moderador deve incentivar os entrevistados a serem mais específicos sobre comentários genéricos, mostrando que não houve uma compreensão completa.
5. *Incentivo:* o moderador deve sempre incentivar os entrevistados mais hesitantes a participar.
6. *Flexibilidade:* o moderador deve improvisar e alterar o esboço planejado entre as distrações do processo de grupo.
7. *Sensibilidade:* o moderador deve ser suficientemente sensível para conduzir a discussão do grupo em alto nível, tanto intelectual quanto emocional.[13] ■

Planejamento e condução de grupos de foco

O processo de planejamento e condução de grupos de foco está descrito na Figura 5.3. O planejamento começa com um exame dos objetivos do projeto de pesquisa de marketing. Na maioria das vezes, o problema já foi definido nesse estágio; assim sendo, a definição geral, bem como os componentes específicos do problema, devem ser cuidadosamente estudados. Uma vez que a definição do problema foi dada, os objetivos da pesquisa qualitativa precisam ser especificados com clareza, conforme ilustrado no projeto de fidelização da loja de departamentos.

Projeto de pesquisa

Objetivos da pesquisa qualitativa

No estudo de fidelização da loja de departamentos, os objetivos da pesquisa qualitativa foram os seguintes:

1. Identificar os fatores relevantes (critérios de escolha) usados pelos domicílios na seleção de lojas de departamentos.
2. Identificar quais lojas os consumidores consideram como concorrentes para categorias específicas de produtos.
3. Identificar quais características psicológicas dos consumidores provavelmente influenciam seu comportamento de preferência por certas lojas de departamento.
4. Identificar aspectos do comportamento de escolha do consumidor que possam ser relevantes para a preferência por uma loja. ■

Observe que esses objetivos estão estreitamente ligados aos componentes do problema de fidelização da loja de departamentos definidos no Capítulo 2. É preciso especificar os objetivos antes de realizar qualquer pesquisa qualitativa, seja ela com grupos de foco, entrevistas em profundidade ou técnicas projetivas.

O próximo passo é elaborar uma lista detalhada de objetivos para o grupo de foco (por exemplo, pode ser uma lista de perguntas para as quais o pesquisador gostaria de obter respostas). Prepara-se, então, um questionário para selecionar participantes potenciais. As informações típicas obtidas do questionário incluem familiaridade com o produto, conhecimento dele, comportamento de uso, atitudes para com grupos de foco, participação prévia em grupos de foco e características demográficas padrão.

É preciso organizar um guia detalhado para que o moderador possa conduzir a entrevista do grupo de foco, o que acarreta extensas discussões entre o pesquisador, o cliente e o moderador. Como o moderador precisa captar e desenvolver ideias importantes mencionadas pelos participantes, ele só terá condições de fazê-lo se entender o negócio do cliente, os objetivos do grupo de foco e como os resultados vão ser usados. O uso de um guia do moderador reduz alguns dos problemas de confiabilidade inerentes aos grupos de foco, como os causados por diferentes moderadores que não cobrem as mesmas áreas de conteúdo de maneiras comparáveis. Em vista de sua importância, ilustramos como deve ser construído o guia de um moderador, utilizando um projeto de troca de aparelho de telefone celular realizado pelo autor.[14]

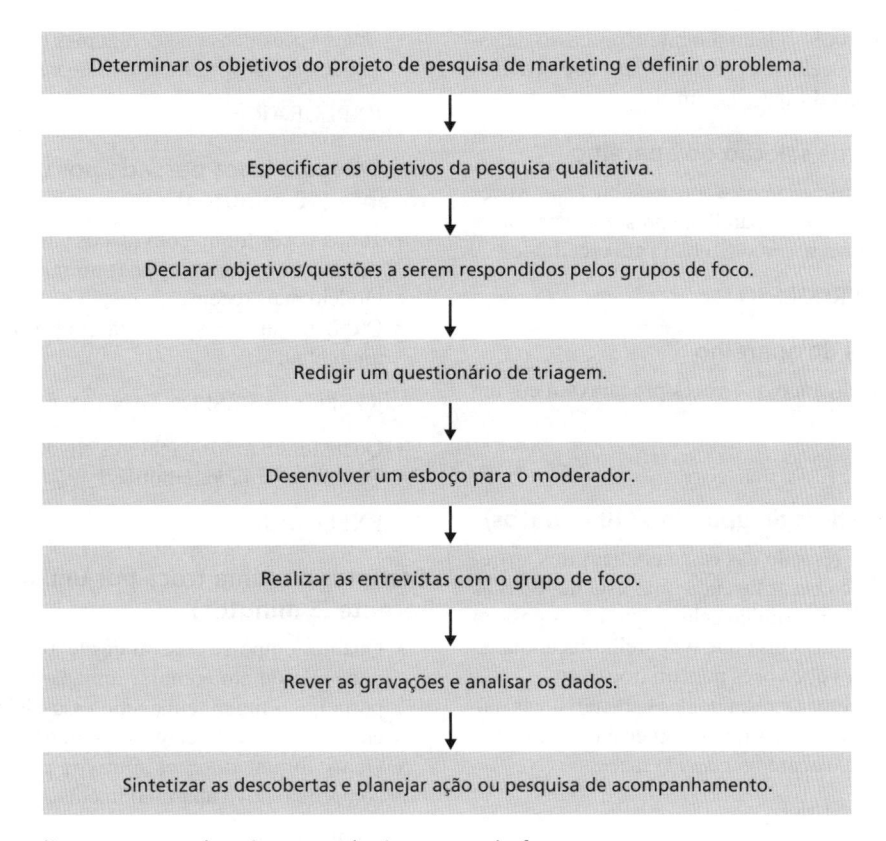

FIGURA 5.3 Procedimento para planejar e conduzir grupos de foco.

```
Determinar os objetivos do projeto de pesquisa de marketing e definir o problema.
                                    ↓
Especificar os objetivos da pesquisa qualitativa.
                                    ↓
Declarar objetivos/questões a serem respondidos pelos grupos de foco.
                                    ↓
Redigir um questionário de triagem.
                                    ↓
Desenvolver um esboço para o moderador.
                                    ↓
Realizar as entrevistas com o grupo de foco.
                                    ↓
Rever as gravações e analisar os dados.
                                    ↓
Sintetizar as descobertas e planejar ação ou pesquisa de acompanhamento.
```

Pesquisa real

Guia de discussão em grupo de foco para aparelhos celulares

Preâmbulo (5 minutos)
- Agradecimentos e boas-vindas
- Natureza de um grupo de foco (informal, multiforme, expansivo, todas as visões, discordâncias)
- Pode perguntar coisas óbvias – solicita indulgência com o moderador (algumas vezes, as perguntas *realmente* são óbvias, outras vezes, não)
- Não há respostas certas ou erradas – trata-se de saber o que as pessoas pensam
- Gravação em áudio e vídeo
- Colegas assistem
- Refrescos e refrigerantes são servidos
- Vamos falar sobre aparelhos celulares
- Há alguma pergunta, dúvida ou preocupação?

Introdução e aquecimento (3 minutos)

Gostaria que cada um de vocês se apresentasse à medida que vou passando...
- Nome
- Principal vantagem de ter um telefone celular
- Principal desvantagem de ter um telefone celular

Ambiente do celular (5 minutos)
- Quando vocês precisam sair, o que levam consigo?
- Vamos começar com as coisas que vocês *sempre* levam consigo

QUADRO/FLIPCHART

- E quais são as coisas que vocês *geralmente* levam consigo?

QUADRO/FLIPCHART

Uso do celular (10 minutos)
- Gostaria de entender um pouco a respeito de como vocês utilizam normalmente o telefone celular...
- Quantas ligações normalmente fazem ou recebem em uma semana?
- Quais tipos de ligações costumam fazer?

EXPLORAR BREVEMENTE

- Quais os tipos de ligações mais comuns que recebem?
- Se tirássemos seu telefone celular, que diferença isso faria em sua vida?

EXPLORAR BREVEMENTE

Compra passada do aparelho (20 minutos)
- Pensando agora em seu aparelho atual, gostaria de falar sobre duas coisas...

- Primeiro, como vocês agiram durante o processo de escolha do aparelho celular e, segundo, em que critérios basearam a escolha do aparelho em si...

Processo passado de seleção do aparelho

- Então, pensando primeiramente apenas sobre *como* vocês agiram para escolher seu aparelho, *não* sobre as características que desejavam, como fizeram para escolhê-lo?

EXPLORAR O PROCESSO

Critérios passados do aparelho

- Certo, agora me digam o que vocês procuravam em um aparelho.

EXPLORAR

Uso das características do aparelho (10 minutos)

- Pensando agora a respeito das características dos aparelhos, gostaria de começar fazendo uma lista de todas as características de um aparelho celular que vocês possam mencionar – qualquer coisa que o aparelho faça, quaisquer configurações que vocês possam trocar, etc.
- Em seguida, falaremos a respeito das características que vocês usam realmente, mas quero começar com uma lista de tudo o que seu aparelho *poderia* fazer.

QUADRO/FLIPCHART

- Que características vocês *já* utilizaram, mesmo se apenas uma única vez?

QUADRO/FLIPCHART

- Existe alguma configuração que vocês só alteraram uma vez, mas ficaram muito felizes por poder alterá-la?
- Por quê?

EXPLORAR

- E quais características vocês utilizam regularmente?
- Por quê?

EXPLORAR

Características desejadas (3 minutos)

- Há alguma característica que seu aparelho *não* tem, mas que vocês gostariam que tivesse?

EXPLORAR

Motivos para trocar de aparelho (10 minutos)

- Todos vocês foram convidados para vir aqui porque trocaram de aparelho ao menos uma vez...
- O que os motivou a substituir seu aparelho celular?

EXPLORAR

- A troca de seu aparelho esteve relacionada com alguma troca ou renovação de contrato com a operadora, isto é, de contrato com seu fornecedor de serviços sem fio?

- Quais vocês pensam ser algumas das razões pelas quais as pessoas substituiriam seus aparelhos?

EXPLORAR

Incentivos à troca passada por um modelo mais recente (10 minutos)

- Todos vocês foram convidados para vir aqui porque trocaram seu aparelho celular ao menos uma vez por um modelo mais recente...
- O que levou vocês a desejarem trocar seu aparelho por um melhor?

RESPOSTAS ESPONTÂNEAS PRIMEIRO

- Quais foram *todos* os fatores envolvidos nessa decisão?
- Qual foi o *principal* motivo?

EXPLORAR

Barreiras à última troca por um modelo mais recente (5 minutos)

- Quanto tempo se passou desde a primeira vez em que você pensou em comprar um aparelho melhor, não importa quão fugaz tenha sido essa ideia, até o momento em que você realmente foi e comprou o aparelho novo?
- Quais foram *todos* os motivos pelos quais você não comprou o novo aparelho imediatamente?

EXPLORAR

- Qual foi o *principal* motivo de esperar um pouco antes da troca?

EXPLORAR

Incentivos e barreiras para trocas futuras (20 minutos)

- E a respeito do futuro – quando você acredita que vai trocar seu aparelho por um melhor?

EXPLORAR

- O que o impeliria a fazer isso?
- Há alguma característica fundamental que faria com que você trocasse o aparelho imediatamente?

EXPLORAR

- O que você faria para escolher seu próximo aparelho?

EXPLORAR

- E o que você vai buscar de fato em seu novo aparelho?

EXPLORAR

Exercício de encerramento (10 minutos)

- Finalmente, gostaria de dispor de sua criatividade por alguns minutos – para lançar ideias...
- Não se preocupem se é uma ideia boa ou não.
- A única palavra que vou proibir é "grátis"!

- Suponham que um fabricante de aparelhos celulares estivesse querendo incentivá-los a trocar de aparelho amanhã...
- O que o fabricante poderia fazer?
- Apenas digam tudo o que lhes ocorrer – coisas óbvias, profundas, sérias, bobas, o que for...

EXPLORAR E REFINAR

- Agradecer aos entrevistados e encerrar a sessão. ∎

Após formular um guia detalhado, recrutam-se os participantes e faz-se a entrevista com o grupo de foco. Durante a entrevista, o moderador deve (1) estabelecer relação com o grupo, (2) definir as regras de interação do grupo, (3) fixar objetivos, (4) sondar os entrevistados e provocar intensa discussão nas áreas relevantes e (5) tentar resumir a resposta do grupo para determinar o alcance da concordância.

Após a discussão em grupo, o moderador, ou um analista, revê e analisa os resultados. O analista não só relata comentários e resultados específicos, como também procura respostas consistentes, novas ideias, preocupações sugeridas pelas expressões faciais e pela linguagem corporal e outras hipóteses que podem ou não ter recebido confirmação de todos os participantes.

Como o número de participantes é pequeno, geralmente não são relatadas as frequências e porcentagens em um resumo de grupo de foco. Em vez disso, os relatórios incluem expressões como "a maioria dos participantes acha", ou "os participantes estavam divididos quanto a essa questão". A documentação e a interpretação meticulosas da sessão firmam a base para o estágio final: entrar em ação. No caso de uma pesquisa do consumidor, isso geralmente significa realizar uma pesquisa adicional, como demonstra o relatório do Shopping de Atlanta (o nome verdadeiro do *shopping* foi trocado), que sintetiza os objetivos, os procedimentos, as descobertas e as implicações do grupo de foco.

Pesquisa real

Relatório do grupo de foco do Shopping de Atlanta

Objetivos do grupo de foco

Os grupos de foco do Shopping de Atlanta foram realizados para compreender as expectativas do segmento jovem em relação a *shoppings*, determinar as percepções da recente visita de fim de semana e analisar a identidade de marca percebida do *shopping* com base na experiência individual.

Método e procedimentos

Foram estudadas as reações de 60 jovens (30 moças e 30 rapazes) quanto à experiência que tiveram ao visitar o Shopping de Atlanta no fim de semana anterior à discussão (feriado do Dia do Trabalho nos Estados Unidos). Seis grupos de foco foram realizados, cada um com 10 participantes. As discussões ocorreram em salas para grupos de foco em um espaço de eventos local nos dias 9-11 de setembro de 2016. Os jovens receberam US$ 30 e foram instruídos a visitar o *shopping* nos dias 3 e 5; nenhuma outra instrução ou explicação foi dada aos participantes. Eles não sabiam que iriam fazer parte de um grupo de discussão depois de visitar o *shopping*.

Resumo dos achados

Experiência de visita ao *shopping*

- Como entretenimento, os participantes geralmente gostam de filmes (vão ao cinema ou alugam DVDs), esportes (como espectadores ou participantes), bebidas ou simplesmente "saídas" com os amigos. Eles costumam ficar apenas três ou quatro horas no *shopping* e tentam manter os custos abaixo dos US$ 30, exceto em ocasiões especiais.
- Exemplos de ocasiões especiais seriam jantar, shows, teatro, museus e *shoppings* temáticos. Com mais frequência, o *shopping* temático é o ponto de destino, como Shopping da Georgia, Universal Studios ou Sea World. No entanto, muitos dos jovens visitaram o Shopping de Atlanta mais de uma vez, e alguns eram "Clientes Especiais" que faziam compras ali regularmente.
- Os visitantes ficaram agradavelmente surpresos e satisfeitos com o entretenimento oferecido no *shopping*, com as filas surpreendentemente pequenas na área juvenil, com o excelente espetáculo de mágica e o brinde recebido, um grande animal de pelúcia.
- Quando solicitados a descrever os sentimentos que tiveram com a experiência, a maioria foi muito positiva – "*animado*", "*me senti criança de novo*", "*não parecia que eu tinha que trabalhar no dia seguinte*" e "*amistoso, divertido compartilhar a experiência com outros frequentadores*". As únicas impressões negativas foram: "*cansaço*", "*calor*" e "*enjoo*".
- Por outro lado, os visitantes ficaram frustrados com a inexistência de sinalização e mapas, a sensação de "abandono" devido à falta de recepcionistas e guias e o aspecto árido e sujo de algumas áreas do *shopping*.
- Pediu-se que os visitantes sugerissem mudanças necessárias no *shopping*:
  - *Multidão*. Pode ser intimidante, e deve haver uma maneira de amenizar a sensação de aperto, proporcionando, por exemplo, bebedouros, bancos, guardas, ventiladores de teto que funcionem ou algum passatempo. Comparações foram feitas com o Shopping da Georgia, o qual tinha mais espaço e pessoas mais bem vestidas, de acordo com os respondentes.
  - *Vestuário*. Alguns reclamaram que muitas pessoas exageraram na exposição do corpo, embora muito poucas se parecessem com Britney Spears ou Ricky Martin. Quem quer ver a área de boliche cheia de pessoas vestidas assim? Muitos concordaram que deveria haver uma política do tipo: "sem camisa, sem atendimento".
  - *Informação*. Seria bom haver cabines de informações em pontos visíveis em todo o *shopping*. Os visitantes concordaram que era muito difícil encontrar mapas e que talvez fosse útil distribuí-los na entrada ou nas filas.

Identidade de marca em comparação com o Shopping da Georgia

PERSONALIDADE

- *Shopping de Atlanta.* Decididamente do sexo masculino, mas, surpreendentemente, não um adolescente. De meia-idade ou mais velho, um pouco cansado, de mau humor. Operário, não muito inteligente, usando boné e camiseta dada como brinde por alguma empresa. Dirige um grande carro americano antigo, pode ter problemas financeiros. Um seguidor, e não um líder.
- *Shopping da Georgia.* Feminino e masculino, talvez aquela tia e aquele tio queridos e indulgentes que proporcionam experiências que você não tem em casa. Vestidos de modo clássico, com calça cáqui e camisa polo. Carinhosos, receptivos, bem relacionados, emergentes. Essa personalidade é mais apreciada do que a do Shopping de Atlanta porque é mais divertida.

VALOR DA MARCA O Shopping de Atlanta foi descrito por muitos como "só um monte de lojas e passeios". Outros *shoppings*, como o da Georgia, englobam uma experiência completa de entretenimento. Vários se lembram da época em que o Shopping de Atlanta incluía a experiência da história regional e de outras culturas. O que o tornava único no passado agora não existe mais, já que as áreas específicas se tornaram menos distintas e perderam significado. Em consequência, houve uma sensação geral de que o valor do lugar diminuiu.

Implicações

Em geral, os resultados do último estudo na série de grupos de foco, concentrando-se nas percepções de jovens, são semelhantes aos dos grupos de foco anteriores, com não jovens. Os respondentes percebem o Shopping de Atlanta mais como um *shopping* de "trabalhadores". No entanto, as percepções do Shopping de Atlanta pelos jovens respondentes foram acentuadamente mais negativas em relação às do Shopping da Georgia do que as impressões de qualquer outro segmento de clientes incluídos na série de grupos de foco trimestrais iniciada dois anos antes. Talvez a reforma do Shopping da Georgia, finalizada no ano anterior, esteja mais destacada na mente dos jovens clientes do Shopping de Atlanta devido aos comentários (boca a boca) mais frequentes entre eles. É necessário que se façam mais pesquisas sobre esse tópico, utilizando-se um levantamento com uma grande amostra. ■

Foram realizados seis grupos de foco no projeto Shopping de Atlanta. O número de grupos de foco que deveriam ser realizados sobre um único tópico depende (1) da natureza da questão, (2) do número de segmentos distintos de mercado, (3) do número de novas ideias geradas pelos grupos sucessivos e (4) do tempo e dos custos. Se os recursos permitem, devem ser realizadas outras discussões de grupo até que o moderador consiga antecipar o que será dito. Isso geralmente acontece depois de três ou quatro grupos de foco sobre o mesmo tópico.[15] Recomenda-se que pelo menos dois grupos de foco sejam conduzidos.[16] Grupos de foco adequadamente realizados geram hipóteses importantes que poderão servir como base para uma pesquisa quantitativa, como mostra o exemplo a seguir.

Pesquisa real

Kool-Aid volta a badalar!

O Kool-Aid (www.koolaid.com) é um produto muito conhecido pelas mães e crianças nos Estados Unidos, sendo utilizado em muitos lares do país. Apesar disso, as vendas do Kool-Aid tinham começado a cair. A Kraft Heinz queria descobrir por que os principais usuários tinham diminuído seu consumo do produto e como ela poderia reinserir o Kool-Aid no estilo de vida das pessoas.

A empresa realizou grupos de foco, classificando os grupos pelo nível de utilização do produto – dos usuários que mais consumiam o produto (usuários frequentes) àqueles com menor índice de consumo (usuários menos frequentes). Descobriu-se muito a respeito dos diferentes usuários. Os usuários frequentes gostam de beber Kool-Aid durante o ano inteiro, e todos os membros da família o bebem, não apenas as crianças. Esses consumidores também acrescentam algo mais à mistura do que apenas água (incluindo frutas, suco de frutas e água com gás) e bebem Kool-Aid em casa. Por outro lado, os consumidores menos frequentes percebem o Kool-Aid como uma bebida de verão para crianças. Eles também tendem a sair mais de casa socialmente e, como o Kool-Aid não é uma bebida pronta para levar e para beber, não a utilizam com frequência. Assim, foram formuladas as seguintes hipóteses:

H1: Os usuários frequentes gostam de Kool-Aid e o bebem ao longo de todo o ano.

H2: Dentre os usuários frequentes, todos os membros da família bebem Kool-Aid.

H3: Os usuários frequentes bebem regularmente Kool-Aid em casa.

H4: Dentre os usuários menos frequentes, as crianças são os primeiros usuários de Kool-Aid.

H5: Os usuários menos frequentes bebem Kool-Aid principalmente longe de casa.

Um levantamento quantitativo por telefone realizado em seguida sustentou essas hipóteses. Portanto, a Kool-Aid desenvolveu e testou vários comerciais para aqueles que eram grandes consumidores do produto (usuários frequentes) e para aqueles que consumiam pouco o Kool-Aid (usuários menos frequentes). Procurou-se alcançar os usuários frequentes mostrando pessoas de todas as idades bebendo Kool-Aid juntas em uma casa ou um jardim. Foi daí que veio o *slogan* "Como você quer seu Kool-Aid?", mostrando a família e os amigos conversando a respeito das diferentes formas de beber seu Kool-Aid. Procurou-se chegar aos usuários menos frequentes com um comercial que mostrava crianças e adultos enquanto participavam de uma campanha comunitária de banho em cães; todos se divertiam bebendo Kool-Aid em suas garrafas térmicas.

Essa campanha teve muito sucesso e reverteu a queda de vendas da bebida. Em 2017, mais de 2,1 milhões de litros de Kool-Aid foram consumidos, sendo um milhão de litros durante o verão.[17] ∎

Outras variações nos grupos de foco

Os grupos de foco podem apresentar inúmeras variações do processo-padrão. Uma variação foi ilustrada no exemplo de abertura, em que os participantes tinham que levar três ou quatro itens que representassem seu ambiente ideal a fim de incentivá-los a revelar suas crenças e atitudes subjacentes a esse respeito. Outras variações incluem:

Grupo de foco de duas vias. Permite a um grupo-alvo ouvir e aprender com um grupo relacionado. Em uma aplicação, médicos observaram um grupo de foco de pacientes com artrite discutindo o tratamento que desejavam. Um grupo de foco desses médicos foi então realizado para determinar suas reações.

Grupo com dois moderadores. É uma entrevista de grupo de foco realizada por dois moderadores. Um deles se responsabiliza pelo decorrer tranquilo da sessão, e o outro assegura que sejam discutidos problemas específicos.

Grupo com moderação antagônica. Também há dois moderadores, mas eles deliberadamente assumem posições antagônicas com relação às questões sendo discutidas. Isso permite que o pesquisador explore os dois lados de questões controversas.

Grupo respondente-moderador. Nesse tipo de grupo de foco, o moderador pede que participantes selecionados desempenhem o papel de moderadores temporariamente para melhorar a dinâmica de grupo.

Grupos com participação de clientes. Funcionários do cliente são identificados e participam do grupo de discussão. Sua principal função é oferecer esclarecimentos que tornem o processo de grupo mais eficaz.

Minigrupos. Consistem em um moderador e somente quatro ou cinco respondentes. São usados quando as questões de interesse exigem uma sondagem mais extensa do que é possível no grupo padrão de oito a 12 pessoas.

Grupos de telessessão. As **telessessões** são grupos de foco realizados por telefone, usando a técnica de teleconferência.

---
telessessões
Técnica de grupo que emprega uma rede de telecomunicação.

Entrevista em grupo eletrônica. Teclados e outros dispositivos eletrônicos são usados para verificar a opinião do grupo. Quando o moderador deseja que os participantes do grupo de foco deem sua opinião sobre determinada questão, os respondentes a expressam usando o teclado, numa escala de 0 a 10 ou de 0 a 100, e os resultados são instantaneamente mostrados em uma grande tela de vídeo.

Os grupos de foco *on-line* estão surgindo como uma forma importante de grupos de foco e serão abordados com detalhes na sessão seguinte. Encerramos a sessão sobre grupos de foco com uma análise de suas vantagens e desvantagens.

Vantagens dos grupos de foco

Os grupos de foco apresentam várias vantagens em relação a outras técnicas de coleta de dados, que são resumidas nos dez itens a seguir:[18]

1. *Sinergismo:* um grupo de pessoas em conjunto produz uma gama maior de informações, revelações e ideias do que respostas obtidas individualmente.
2. *Efeito bola de neve:* um efeito dominó ocorre com frequência nas entrevistas em grupo, quando os comentários de uma pessoa provocam uma reação em cadeia dos outros participantes.
3. *Estímulo:* em geral, após um breve período introdutório, os respondentes desejam expressar suas ideias e expor seus sentimentos à medida que aumenta no grupo o nível geral de entusiasmo sobre o tema.
4. *Segurança:* como os sentimentos dos participantes são semelhantes aos de outros membros do grupo, eles se sentem à vontade e estão dispostos a expressar suas ideias e sentimentos.
5. *Espontaneidade:* como não se solicita aos participantes que respondam a perguntas específicas, suas respostas podem ser espontâneas e não convencionais, devendo, portanto, dar uma ideia precisa de seus pontos de vista.
6. *Descobertas felizes e inesperadas:* é mais provável que as melhores ideias brotem inesperadamente em um grupo do que em uma entrevista individual.
7. *Especialização:* como vários participantes estão envolvidos simultaneamente, justifica-se o emprego de um entrevistador bem treinado, embora dispendioso.
8. *Escrutínio científico:* a entrevista em grupo permite escrutinar detalhadamente o processo de coleta de dados, pelo fato de os observadores poderem testemunhar a sessão e também gravá-la para análise futura.
9. *Estrutura:* a entrevista em grupo proporciona flexibilidade nos tópicos abrangidos e na profundidade com que são tratados.
10. *Velocidade:* como vários indivíduos estão sendo entrevistados ao mesmo tempo, a coleta e a análise de dados se processam de maneira relativamente rápida.

Desvantagens dos grupos de foco

As desvantagens dos grupos de foco são resumidas nos cinco itens a seguir:

1. *Uso incorreto:* os grupos de foco podem ser usados de forma incorreta ou abusiva, na medida em que os resultados forem considerados conclusivos em vez de exploratórios.
2. *Julgamento incorreto:* os resultados de um grupo de foco podem ser julgados de modo incorreto com mais facilidade do que os resultados de outras técnicas de co-

leta. Os grupos de foco são particularmente suscetíveis aos vieses do cliente e do pesquisador.

3. *Moderação:* é difícil moderar os grupos de foco. São raros os moderadores com todas as habilidades desejáveis. A qualidade dos resultados depende essencialmente da habilidade do moderador.
4. *Confusão:* a natureza não estruturada das respostas torna a codificação, a análise e a interpretação difíceis. Os dados dos grupos de foco tendem a ser confusos.
5. *Representação enganosa:* os resultados dos grupos de foco não são representativos da população geral e não são projetáveis. Consequentemente, os resultados do grupo de foco não devem ser a única base para a tomada de decisões.

Quando adequadamente realizados e empregados, os grupos de foco têm inúmeras aplicações.

Aplicações dos grupos de foco

Os grupos de foco estão sendo usados intensivamente para fins lucrativos, não lucrativos e em todo tipo de organização.[19] Podem ser empregados em quase todas as situações que exijam algum conhecimento e discernimento preliminares, conforme ilustrado nos exemplos dos *baby boomers*, do Pop-Tarts da Kellogg's e do Kool-Aid. Discutiremos algumas aplicações substanciais e metodológicas que representam o amplo âmbito de utilização dessa técnica. Os grupos de foco servem para abordar problemas cruciais, como:

1. Entender as percepções, as preferências e o comportamento do consumidor em relação a uma categoria de produtos.
2. Obter impressões de conceitos de novos produtos.
3. Gerar novas ideias sobre produtos mais antigos.
4. Elaborar conceitos e peças criativas para propaganda.
5. Firmar impressões de preço.
6. Obter a reação preliminar do consumidor a programas específicos de marketing.

As aplicações metodológicas dos grupos de foco compreendem:

1. Definir um problema com mais precisão.
2. Gerar rumos alternativos de ação.
3. Elaborar a abordagem a um problema.
4. Obter informações que ajudem a estruturar questionários para o consumidor.
5. Gerar hipóteses que possam ser testadas quantitativamente.
6. Interpretar resultados quantitativos obtidos previamente.

Experiência de pesquisa

Gatorade: de bebida esportiva a bebida de estilo de vida

A administração gostaria que o Gatorade passasse de bebida esportiva para bebida de estilo de vida. Visite www.gatorade.com e pesquise na Internet e no banco de dados *on-line* de sua biblioteca informações sobre a estratégia de marketing das bebidas energéticas Gatorade.

1. Prepare um guia de discussão de grupo de foco para determinar as razões pelas quais as pessoas consomem bebidas Gatorade e o que as levaria a consumir mais Gatorade.
2. Realize um grupo de foco com oito a 12 estudantes, usando seu guia de discussão.
3. Prepare um relatório do grupo de foco para a administração do Gatorade. ∎

Entrevistas em grupos de foco *on-line*

A participação *on-line* em grupos de foco só ocorre mediante convite, assim como nos grupos de foco tradicionais. Os participantes são pré-recrutados a partir de uma lista *on-line* de pessoas que mostraram algum interesse pela participação. Aplica-se um questionário *on-line* de seleção para qualificar os entrevistados. Aqueles que se encaixam no perfil requerido são convidados a participar de um grupo de foco. Eles recebem um horário, uma URL, um nome e uma senha via *e-mail*. Em geral, participam desse grupo entre quatro e seis pessoas. Há menos pessoas em um grupo de foco *on-line* do que em uma reunião face a face porque um número muito grande de participantes pode atrapalhar a discussão.

Antes de o grupo de foco começar, os participantes recebem informações a respeito de alguns detalhes, por exemplo, como devem expressar emoções ao digitar suas respostas no teclado. Indicadores eletrônicos de emoção são produzidos utilizando-se caracteres do teclado e são de uso padronizado na Internet. Por exemplo, :-) e :-(são exemplos de rostos sorridentes e tristes. As emoções normalmente são inseridas no texto no ponto em que se pretende indicar a emoção e podem ser expressas por meio de uma fonte ou cor diferente. Há vários tipos de emoções para escolher, como: estou carrancudo, estou rindo comigo mesmo, estou envergonhado, estou furioso, estou respondendo com paixão agora, etc. Segue-se então a resposta. Os participantes também podem se preparar, buscando informações sobre o tópico do grupo de foco visitando uma página da Internet e lendo informações ou fazendo um *download* para visualizar um anúncio televisivo em seus próprios PCs. Então, logo antes do início do grupo de foco, os participantes visitam uma página na Internet na qual se registram e recebem algumas instruções de última hora.

Quando chega a hora de começar o grupo, os participantes passam para uma sala de bate-papo. Acessam então o local do grupo de foco (URL) e clicam no ícone "Entrar na sala". Para entrar, devem dar o nome da sala, o nome do usuário e a senha que lhes foi enviada anteriormente por *e-mail*. Na sala de bate-papo, o moderador e os participantes digitam uns para os outros em tempo real. A prática geral é que os moderadores sempre apresentem suas perguntas em maiúsculas e os participantes usem maiúsculas e minúsculas. Pede-se também aos entrevistados que comecem sua resposta com o número da pergunta feita, para que o moderador possa ligar rapidamente a resposta à questão apropriada. Isso facilita e acelera a transcrição de uma sessão de um grupo de foco. A interação do grupo dura cerca de uma hora. Um rascunho, ou esboço, da transcrição fica pronto no fim da sessão, e uma transcrição formatada geralmente está disponível em 48 horas. Todo o processo é muito mais rápido que o método tradicional. Exemplos de empresas que fornecem grupos de foco *on-line* são Burke (www.burke.com) e 20/20 Research (www.2020research.com).

Novas formas de grupos de foco *on-line* continuam a aparecer. Por exemplo, grupos de foco de boletim *on-line* envolvem o moderador e os respondentes por um longo período, desde alguns dias até algumas semanas. Assim, os respondentes podem pensar e responder quando for mais conveniente. O período mais longo permite que os respondentes reajam às ideias uns dos outros e deem colaborações de uma forma que não é possível durante uma sessão de grupo de foco convencional de duas horas.

Vantagens dos grupos de foco *on-line*

Podem participar dos grupos de foco *on-line* pessoas de todo o país, ou mesmo de todo o mundo, e o cliente pode observar o grupo sem sair do conforto de sua casa ou do escritório. Removem-se as barreiras geográficas, e suavizam-se as restrições de tempo. Ao contrário dos grupos de foco tradicionais, aqui existe a oportunidade de voltar a fazer contato com os participantes do grupo em uma data posterior, seja para retomar questões ou para introduzir modificações no material apresentado no grupo de foco original. A Internet permite ao pesquisador atingir segmentos que são, em geral, difíceis de pesquisar: médicos, advogados, profissionais, mães que trabalham fora e outros que levam vidas agitadas e não têm o menor interesse em participar dos grupos de foco tradicionais.

Os moderadores também podem manter conversações paralelas com os entrevistados individualmente, sondando áreas de interesse com mais profundidade. As pessoas em geral se revelam menos inibidas em suas respostas e têm mais oportunidade de expressar plenamente seus pensamentos *on-line*. Muitos grupos de foco *on-line* ultrapassam o tempo que lhes é destinado em razão do grande número de respostas. Finalmente, como não há viagens, gravações ou outras instalações de manutenção, o custo é muito mais baixo do que o dos grupos de foco tradicionais. As empresas podem manter esses custos entre um quinto e a metade do custo de grupos de foco tradicionais.[20]

Desvantagens dos grupos de foco *on-line*

Somente as pessoas que têm e sabem como usar um computador podem ser pesquisadas *on-line*. Como o nome de um indivíduo na Internet em geral é reservado, é difícil verificar de modo eficaz se um entrevistado faz realmente parte de um grupo de interesse, conforme ilustrou uma charge da revista *The New Yorker,* em que dois cachorros "conversam" sentados à frente de um computador e um diz ao outro: "na Internet, ninguém sabe que você é um cachorro!". Para superar essa limitação, utilizam-se outros métodos tradicionais, como ligações telefônicas, para recrutamento e verificação de entrevistados. A linguagem corporal, as expressões faciais e os tons de voz não podem ser obtidos, e as emoções eletrônicas obviamente não captam uma gama tão abrangente de emoções quanto o vídeo.

Outro fator que deve ser levado em consideração é a falta de controle geral sobre o ambiente dos entrevistados e sua exposição potencial a estímulos externos perturbadores. Como os grupos de foco *on-line* podem ter participantes dispersos por todo o mundo, os pesquisadores e o(s) moderador(es) não têm a menor ideia do que os entrevistados estão fazendo enquanto participam do grupo. Além disso, apenas estímulos audiovisuais podem ser testados, sem a possibilidade de tocar em produtos (p. ex., roupas) ou cheirá-los (p. ex., perfumes). É difícil fazer com que os clientes se envolvam tanto nos grupos de foco *on-line* quanto na observação de grupos de foco tradicionais. A Tabela 5.3 apresenta uma comparação de grupos de foco convencionais e *on-line*.

Usos dos grupos de foco *on-line*

Há circunstâncias em que os grupos de foco tradicionais continuarão a ter preferência. Por exemplo, não é possível explorar problemas ou assuntos altamente emocionais *on-line*. Como o alcance dos grupos de foco *on-line* limita-se a pessoas com acesso à Internet, esses grupos não são apropriados para qualquer situação de pesquisa. Contudo, são muito adequados para empresas que usam a Internet para vender produtos ou serviços e desejam ganhar uma fatia do mercado ou coletar informações. As aplicações incluem anúncios com *banners,* avaliações do impacto da propaganda, teste de conceitos, testes de usabilidade, avaliações de multimídia e comparações de ícones ou imagens gráficas. Outro uso potencial para os grupos de foco ou pesquisas *on-line* surge no caso de corporações que querem reunir informações e dados sobre problemas do local de trabalho, como enxugamento de pessoal, mudanças de emprego e diversificação. Os empregados podem ser encaminhados a uma página na Internet para participar anonimamente em discussões com a administração.

> **Pesquisa real**
>
> ### Realçando a utilidade de veículos utilitários esportivos
>
> Um setor que tem aproveitado os grupos de foco *on-line* é o segmento automotivo, especificamente a Nissan América do Norte. Ao projetar o utilitário esportivo Murano, a Nissan organizou vários grupos de foco *on-line* para obter opiniões sobre o *design* e descobrir o que seu mercado-alvo desejava ver em um utilitário esportivo. O mercado, que consiste em pessoas jovens, ativas e atléticas, estava ávido por participar. Os entrevistados queriam um utilitário que pudesse carregar equipamentos esportivos e de *camping* dentro do veículo ou em *racks*, mas queriam que esses opcionais fossem oferecidos a um preço razoável. Os grupos de foco discutiram tópicos como as características que buscavam no veículo, como os *racks* no capô ou na traseira do veículo, quatro portas, um *design* esportivo, cores modernas e muito espaço interno. A Nissan cobriu todas essas áreas e vem obtendo sucesso. O Nissan Murano 2017 recebeu comentários favoráveis, inclu-

TABELA 5.3
Grupos de foco *on-line* e grupos de foco tradicionais

Características	Grupos de foco *on-line*	Grupos de foco tradicionais
Tamanho do grupo	De 4 a 6 participantes	De 8 a 12 participantes
Composição do grupo	De qualquer lugar do mundo	Da área local
Duração	De uma hora a uma hora e meia	De uma a três horas
Ambiente físico	O pesquisador tem pouco controle	Sob controle do pesquisador
Identidade do respondente	Difícil de verificar	Pode ser facilmente verificada
Atenção do respondente	Os respondentes podem realizar outras tarefas	A atenção pode ser monitorada
Recrutamento do respondente	Mais fácil. Podem ser recrutados *on-line*, por *e-mail*, por painel ou por meios tradicionais	Recrutado por meios tradicionais (telefone, correio, painel)
Dinâmica de grupo	Limitada	Sinergia. Efeito bola de neve (dominó)
Abertura dos respondentes	Os respondentes são mais abertos devido à falta de contato face a face	Os respondentes são abertos, exceto no caso de tópicos delicados
Comunicação não verbal	A linguagem corporal não pode ser observada. As emoções são demonstradas por meio de símbolos	É fácil observar a linguagem corporal e as emoções
Uso de estímulos físicos	Limitados aos que podem ser apresentados pela Internet	Diversos estímulos (produtos, propaganda, demonstrações, etc.) podem ser usados
Transcrições	Disponíveis imediatamente	Demoradas e caras
Comunicação dos observadores com o moderador	Os observadores podem se comunicar com o moderador na tela	Os observadores podem mandar mensagens manualmente para a sala do grupo de foco
Habilidades especiais do moderador	Digitação, uso de computador, familiaridade com a linguagem de salas de bate-papo	De observação
Tempo total de realização	Pode ser organizado e realizado em poucos dias	Leva muitos dias para organizar e realizar
Custos de viagem do cliente	Nenhum	Podem ser altos
Envolvimento do cliente	Limitado	Alto
Custos básicos do grupo de foco	Muito mais barato	Mais caro devido ao aluguel da sala, alimentação, gravação em áudio e vídeo e preparação da transcrição

sive pela Edmunds, que afirmou ser esta "uma escolha inteligente se você quiser um veículo V-6 de alto nível sem o luxo de uma marca *premium*".[21] ∎

Experiência de pesquisa

Pesquisa qualitativa *on-line*

Os *sites* a seguir ilustram as capacidades dos grupos de foco *on-line*:

1. Para fazer uma experiência com pesquisa em quadro de boletins *on-line*, visite www.2020research.com e visualize seu QualBoard. Escreva um breve relatório.
2. Visite o e-Focus Groups (www.e-focusgroups.com), localize e clique em Online Focus Groups. Escreva um breve relatório sobre esse serviço. ∎

Entrevistas em profundidade

As **entrevistas em profundidade** constituem outro método de obtenção de dados qualitativos. Aqui descrevemos o procedimento geral para realizar entrevistas em profundidade e ilustramos algumas técnicas específicas, bem como discutimos as vantagens, desvantagens e aplicações de entrevistas em profundidade.

entrevista em profundidade
Entrevista não estruturada, direta, pessoal, em que um único respondente é sondado por um entrevistador altamente treinado para descobrir motivações, crenças, atitudes e sentimentos subjacentes sobre um tópico.

Características

Da mesma forma que os grupos de foco, as entrevistas em profundidade constituem uma forma não estruturada e direta de obter informações, mas, ao contrário dos grupos de foco, as entrevistas em profundidade são realizadas individualmente. A entrevista em profundidade é uma entrevista não estruturada, direta, pessoal, em que um respondente de cada vez é sondado por um entrevistador altamente qualificado a revelar motivações, crenças, atitudes e sentimentos sobre um determinado tópico.[22]

Uma entrevista em profundidade pode levar de 30 minutos a mais de uma hora. Para ilustrar a técnica no contexto do exemplo de fidelização da loja de departamentos, o entrevistador começa com uma pergunta genérica, tipo "o que você acha de comprar em uma loja de departamentos?". A seguir,

O entrevistador incentiva o respondente a falar abertamente de suas relações com as lojas de departamentos. Depois de formular a pergunta inicial, o entrevistador utiliza um formato não estruturado. O rumo subsequente da entrevista é determinado pela resposta inicial, pelas sondagens do entrevistador para aprofundar a pesquisa e pelas respostas do entrevistado. Suponhamos que a resposta do entrevistado à primeira pergunta seja "fazer compras já não é mais divertido". O entrevistador pode fazer então uma pergunta do tipo "por que já não é divertido?". Se a resposta não for muito reveladora ("A diversão de fazer compras simplesmente desapareceu."), o entrevistador pode tentar algo mais detalhado, tipo "por que era um prazer antes e o que mudou?".

O entrevistador procura seguir um esquema predeterminado, similar ao guia do moderador para os grupos de foco. Entretanto, o fraseado específico das perguntas e a ordem de sua formulação são influenciados pelas respostas do entrevistado. A sondagem tem importância decisiva para obter respostas significativas e para desvendar questões ocultas, e é feita pela formulação de perguntas do tipo "o que o leva a afirmar isso?", "isso é interessante, pode explicar melhor?" ou "existe alguma coisa que gostaria de acrescentar?".[23] A sondagem será novamente abordada no Capítulo 13, sobre o trabalho de campo. O exemplo a seguir detalha o valor das informações reveladas pela sondagem.

Pesquisa real

Sondando a inteligência

Em um estudo destinado a dotar os cartões de crédito de novas características, ao serem interrogados de forma estruturada, os entrevistados limitaram-se a citar as possibilidades dos cartões existentes. Passou-se então às entrevistas em profundidade para sondar os entrevistados. Por exemplo, o pesquisador pediu-lhes que eles perguntassem a si mesmos: "o que é mais importante para mim? Quais são os meus problemas? Como gostaria realmente de viver? Qual é o meu mundo ideal?". Como resultado desse método, os consumidores liberaram informações que nem eles próprios conheciam e das quais resultaram várias características e novas possibilidades para os cartões de crédito. O estudo revelou a necessidade de um cartão "inteligente", capaz de efetuar funções como disponibilizar o saldo atualizado do próprio cartão e da conta bancária, a situação atual de seus investimentos e números de telefone de emergência. Outra preocupação dos usuários de cartões de crédito era o aborrecimento de ter a carteira repleta de cartões. Os resultados da pesquisa realizada em entrevistas em profundidade podem auxiliar as empresas de cartões de crédito a oferecer novas características, atraindo novos clientes e, simultaneamente, satisfazendo aos clientes atuais. O Smart Card Alliance (Cartão Inteligente Alliance) alterou seu nome para Secure Technology Alliance (Tecnologia Segura Alliance) (www.securetechalliance.org) em março de 2017. A mudança do nome resultou de uma expansão de contrato para incluir suporte não apenas à tecnologia de cartão inteligentes, mas também tecnologia de *chip* embutida que suporte a implementação de soluções de segurança.[24] ∎

Como o exemplo indica, esse tipo de sondagem é eficaz para revelar informações subjacentes ou ocultas. A sondagem faz parte das entrevistas em profundidade e é usada em todas as técnicas nessas entrevistas.

Técnicas

Três técnicas de entrevista em profundidade estão ganhando popularidade ultimamente: *laddering* (encadeamento), questionamento de problemas ocultos e análise simbólica. Na **laddering**, a linha de questionamento vai das características do produto para as características do usuário, o que permite ao pesquisador entrar na rede de significados do consumidor. A *laddering* fornece uma maneira de investigar os motivos psicológicos e emocionais profundos e subjacentes do consumidor os quais afetam suas decisões de compra. Ao determinar por os quais uma pessoa compra um produto, os pesquisadores querem saber mais do que simplesmente "qualidade" e "preço baixo". Portanto, para examinar os motivadores subjacentes, deve-se utilizar uma técnica de *laddering*.

laddering (encadeamento)
Técnica para conduzir entrevistas em profundidade em que a sequência de perguntas emana das características do produto para as características do usuário.

A *laddering* requer entrevistadores treinados em técnicas de investigação específicas para desenvolver um "mapa mental" significativo da visão que os consumidores têm de um determinado produto-alvo. O objetivo final é combinar os mapas mentais de consumidores que são semelhantes, o que levará aos motivos pelos quais as pessoas compram determinados produtos. A sondagem é utilizada para ir além das respostas iniciais que os participantes da entrevista dão para uma pergunta. Quando se pergunta a eles por que preferem um produto, as respostas inicialmente estão relacionadas com atributos. Alguns exemplos de respostas incluiriam a cor, o sabor, o preço, o tamanho e o nome do produto. Atributo, consequência e valor dos motivadores subjacentes são revelados, "subindo a escada ("*ladder*")" para os motivos reais da compra dos produtos. Seguir as respostas iniciais com perguntas do tipo "por que" leva a informações muito mais úteis para o profissional de marketing:

PERGUNTA: Por que você compra os cosméticos Maybelline?

RESPOSTA: "Eu compro os cosméticos Maybelline porque é uma boa marca com um preço razoável."

PERGUNTA: Por que cosméticos com um preço razoável são tão importantes para você?

RESPOSTA: "Bem, comprar um produto de qualidade que não custa tanto me faz sentir bem a respeito de mim mesma porque estou gastando meu dinheiro de forma sensata."

No **questionamento de problemas ocultos**, o foco não está em valores compartilhados socialmente, mas em "pontos sensíveis" pessoais; não em estilos de vida gerais, mas em preocupações pessoais mais profundas. A **análise simbólica** procura desvendar o significado simbólico de objetos comparando-os com seus opostos. Para saber o que alguma coisa é, o pesquisador procura saber o que ela não é. Os opostos lógicos de um produto investigado são a não utilização do produto, atributos de um "não produto" imaginário e tipos opostos de produtos. No exemplo a seguir, ilustramos essas três técnicas.

questionamento de problemas ocultos
Tipo de entrevista em profundidade que procura localizar os pontos sensíveis relacionados com preocupações pessoais profundas.

análise simbólica
Técnica para fazer entrevistas em profundidade em que o significado simbólico de objetos é analisado em comparação com seus opostos.

Pesquisa real

Problemas ocultos e dimensões ocultas nas viagens aéreas

Neste estudo, o pesquisador estava investigando atitudes em relação às companhias aéreas entre executivos de nível médio do sexo masculino.

Laddering. Cada atributo de uma companhia aérea, como frota com aviões de grande porte, foi testado (por que você gosta de viajar em aviões grandes?) a fim de determinar por que isso era importante (posso trabalhar mais); então, aquela razão era sondada (realizo mais) e assim por diante (sinto-me bem comigo mesmo). A *laddering* mostrou que os executivos preferem reservas antecipadas de passagens, aviões amplos e lugares de primeira classe (características do produto), que proporcionam mais conforto físico. Isso lhes permite trabalhar mais durante o voo, levando a uma sensação de realização e maior autoestima (características do usuário). Essa técnica mostrou que uma campanha de propaganda como a antiga campanha da United Airlines, "You're The Boss" ("Você é Quem Manda"), que incentiva a autoestima dos executivos, merece consideração. Em 2016, a United aproveitou as Olimpíadas no Rio de Janeiro e seu *slogan* foi "Proud to Fly Team USA", sobre o orgulho de ser a empresa de viagem da delegação americana.

Questionamento de problemas ocultos. Os entrevistados foram submetidos a um questionário sobre seus sonhos, carreira profissional e vida social, tudo com a finalidade de identificar problemas ocultos. As respostas indicaram que atividades competitivas, glamourosas, históricas, elitistas e típicas da "fraternidade masculina" – como corridas de Fórmula-1, esgrima e competições com aviões da II Guerra Mundial – despertavam grande interesse entre os executivos. Esses interesses poderiam ser captados mediante uma campanha de comerciais como a realizada para a Lufthansa, a empresa de aviação comercial alemã, que utilizava um personagem caracterizado como o "Barão Vermelho" da I Guerra Mundial como porta-voz. Essa campanha passou para o público a imagem de agressividade, distinção e tradição de competitividade pretendida pela companhia aérea. A Lufthansa deu continuidade a esse tema em 2017, com *slogans* do tipo "Aproveite a Alemanha com sua família".

Análise simbólica. As perguntas incluíam "o que aconteceria se você não pudesse mais utilizar aviões?". Uma das respostas destacava que "sem aviões, eu dependeria de *e-mails*, mídia social e ligações telefônicas". Isso sugere que o principal item que as companhias aéreas vendem aos executivos é a comunicação frente a frente. Por isso mesmo, um anúncio eficiente poderia ser aquele garantindo que a companhia fará com o executivo o mesmo que a Federal Express faz com os pacotes. O estudo de 2016 da Punctuality League foi publicado em 2017 e a Hawaiian Airlines e a Alaska Airlines lideraram a lista das 10 principais operadoras americanas, com desempenho médio de pontualidade de 89,87% e 86,05%, respectivamente, à frente das principais operadoras Delta, com 84,29% (terceiro), United a 80,01% (sexta) e American a 78,44% (oito). Isso levou a Hawaiian Airlines a enfatizar a sua melhor marca de pontualidade, juntamente à autêntica hospitalidade havaiana, em suas campanhas de 2017.[25] ∎

O papel do entrevistador é decisivo para o sucesso da entrevista em profundidade. O entrevistador deve (1) evitar parecer superior, deixando o entrevistado à vontade, (2) ser imparcial e objetivo, mas sempre simpático, (3) formular perguntas de maneira informativa, (4) não aceitar respostas lacônicas do tipo "sim" ou "não" e (5) sondar o entrevistado.

Vantagens e desvantagens das entrevistas em profundidade

As entrevistas em profundidade revelam análises pessoais mais aprofundadas do que os grupos de foco. Além disso, atribuem diretamente as respostas ao entrevistado, ao contrário dos grupos de foco, em que geralmente é difícil determinar qual dos entrevistados deu uma resposta específica. As entrevistas em profundidade resultam em uma livre troca de informações que pode não ocorrer em grupos de foco porque nestes há certa pressão social no sentido de se adaptar à reação do grupo.

As entrevistas em profundidade sofrem de muitas das desvantagens dos grupos de foco, às vezes em maior grau. Entrevistadores habilidosos, capazes de fazer entrevistas em profundidade, são caros e raros no mercado. A falta de estrutura torna os resultados suscetíveis à influência do entrevistador, e a qualidade e completude dos resultados dependem em grande medida da sua habilidade. É difícil analisar e interpretar os dados obtidos, sendo normalmente necessária a intervenção de psicólogos competentes para alcançar esse objetivo. A duração da entrevista, combinada com seu alto custo, significa que o número de entrevistas em profundidade em um projeto será sempre pequeno. A Tabela 5.4 apresenta uma comparação relativa entre grupos de foco e entrevistas em profundidade. Apesar das desvantagens, as entrevistas em profundidade têm suas aplicações.

Aplicações das entrevistas em profundidade

Tal como ocorre com os grupos de foco, a principal utilidade das entrevistas em profundidade é proporcionar à pesquisa exploratória mais entendimento do problema. Todavia, ao contrário dos grupos de foco, as entrevistas em profundidade não são usadas com frequência em pesquisa de marketing. Ainda assim, essas entrevistas podem ser empregadas com eficácia em casos de problemas especiais, como:[26]

1. Sondagem detalhada do entrevistado (compra de carro novo)
2. Discussão de tópicos confidenciais, delicados ou embaraçosos (finanças pessoais, uso de dentadura)
3. Situações em que existem normas sociais rígidas e o entrevistado pode ser facilmente influenciado pela resposta de grupo (atitude de universitários em relação aos esportes)
4. Compreensão detalhada de um comportamento complicado (compras em lojas de departamentos)
5. Entrevistas com profissionais (pesquisa de marketing industrial)
6. Entrevistas com concorrentes, que provavelmente não revelarão as informações no contexto de grupo (percepção dos agentes de viagem quanto aos programas dos pacotes de viagem aérea)
7. Situações em que a experiência do consumo de um produto é sensorial por natureza, afetando estados de espírito e emoções (perfumes, sabonetes)

Pesquisa real

PlayStation 4: progressão para o sucesso

A técnica *laddering* foi utilizada para determinar as atitudes dos consumidores e as motivações de compra a respeito do PlayStation 4 da Sony (www.playstation.com). As principais constatações para esse produto incluíram o seguinte:

- Meus amigos vêm à minha casa e passamos a noite atuando juntos em um jogo ou jogando um contra o outro.
- Os jogos desafiadores requerem mais pensamento crítico e tomada de decisões. Parece mais um quebra-cabeça ou um desafio do que um simples jogo.
- Alguns jogos são feitos especificamente para adultos, então eu não sinto como se estivesse jogando um "jogo de crianças", mas sim fazendo parte de uma experiência lúdica de alta qualidade.

As implicações de marketing dessas informações sobre o PlayStation 4 da Sony incluem:

TABELA 5.4
Grupos de foco *versus* entrevistas em profundidade

Características	Grupos de foco	Entrevistas em profundidade
Sinergia e dinâmica de grupo	+	−
Pressão dos pares/influência do grupo	−	+
Envolvimento do cliente	+	−
Geração de ideias inovadoras	+	−
Sondagem profunda dos indivíduos	−	+
Revelação de motivos ocultos	−	+
Discussão de tópicos delicados	−	+
Entrevista de respondentes que são concorrentes	−	+
Entrevista de respondentes que são profissionais	−	+
Programação de respondentes	−	+
Quantidade de informações	+	−
Tendenciosidade na moderação e na interpretação	+	−
Custo por respondente	+	−
Tempo (entrevista e análise)	+	−

Nota: Um sinal + indica vantagem relativa sobre o outro procedimento; um sinal − indica desvantagem relativa.

- Estabelecer quiosques com jogos em clubes noturnos em grandes cidades, como Los Angeles e Nova York, para atrair adultos.
- Fazer propaganda por meio de seriados com atores jogando em um PlayStation 4.
- Anunciar em revistas, como *Wired* e *Sports Illustrated*, com propagandas mais adultas.

Com uma demanda tão grande pelos produtos da Sony, a empresa percebeu que deveria continuar a aprender mais sobre padrões de comportamento do consumidor. As revelações geradas a partir da técnica *laddering* servem como ponto de partida para pesquisas posteriores e teste de hipóteses que podem ajudar a desenvolver novas ideias para produtos, distribuição, preço ou comunicação.[27] ∎

PESQUISA ATIVA

Visa: onde você quiser estar?

Pesquise na Internet, incluindo mídias sociais e os bancos de dados *on-line* de sua biblioteca, informações sobre por que as pessoas usam cartões de crédito.

Realize duas entrevistas em profundidade para determinar as razões pelas quais as pessoas usam cartões de crédito.

Como gerente de marketing da Visa, como você usaria informações sobre as razões de as pessoas utilizarem cartões de crédito para aumentar sua participação de mercado?

O exemplo do PlayStation 4 ilustra o valor que as entrevistas em profundidade têm para revelar as respostas ocultas, subjacentes aos clichês que aparecem em um questionário comum. Uma maneira especial de usar as entrevistas em profundidade é a da teoria fundamentada. A **teoria fundamentada** utiliza uma abordagem indutiva e mais estruturada em que cada entrevista em profundidade subsequente é ajustada com base nas descobertas acumuladas de entrevistas anteriores, com o propósito de desenvolver conceitos ou teorias gerais. Às vezes, registros históricos também são analisados. Essa abordagem é útil na criação de novos produtos ou modificação dos produtos existentes e no desenvolvimento de propagandas e estratégias de promoção. Outra variação da entrevista em profundidade é a **entrevista de protocolo**, na qual um respondente é colocado em uma situação de tomada de decisão e se solicita que ele verbalize o processo e as atividades que ele realizaria para tomar a decisão.

teoria fundamentada
Abordagem indutiva e mais estruturada em que cada entrevista em profundidade subsequente é ajustada com base nas descobertas acumuladas de entrevistas anteriores, com o propósito de desenvolver conceitos ou teorias gerais.

entrevista de protocolo
Entrevista na qual um respondente é colocado em uma situação de tomada de decisão e se solicita que ele verbalize o processo e as atividades que ele realizaria para tomar a decisão.

Técnicas projetivas

Tanto os grupos de foco quanto as entrevistas em profundidade são abordagens diretas em que o verdadeiro propósito da entrevista é revelado aos entrevistados ou fica óbvio por algum outro motivo. As técnicas projetivas são diferentes pelo fato de procurarem disfarçar ou encobrir o propósito da pesquisa. Uma **técnica projetiva** é uma forma não estruturada e indireta de fazer perguntas que incentiva os entrevistados a projetar suas motivações, crenças, atitudes ou sentimentos subjacentes aos problemas em estudo.[28] Ao utilizar técnicas projetivas, pede-se aos entrevistados que interpretem o comportamento de outros em vez de descrever o seu próprio. Ao interpretarem o comportamento de outros, os entrevistados indiretamente projetam para a situação suas próprias motivações, crenças ou sentimentos. Assim, as atitudes dos entrevistados são reveladas analisando-se suas reações a cenários deliberadamente não estruturados, vagos e ambíguos. Quanto mais ambígua for a situação, mais os entrevistados projetam suas emoções, necessidades, motivos, atitudes e valores, conforme demonstrado nos trabalhos de psicologia clínica em que se baseiam as técnicas projetivas.[29] Como na psicologia, essas técnicas se classificam em técnicas de associação, de conclusão, de construção e expressiva. Discutiremos cada uma dessas classificações.[30]

técnica projetiva
Forma não estruturada e indireta de fazer perguntas que incentiva os entrevistados a projetar suas motivações, crenças, atitudes ou sentimentos subjacentes aos problemas em estudo.

Técnicas de associação

Nas **técnicas de associação**, apresenta-se um estímulo ao indivíduo e pede-se que ele responda com a primeira coisa que lhe vier à mente. Na **associação de palavras**, a mais conhecida dessas técnicas, apresenta-se aos entrevistados uma lista de palavras, uma de cada vez, e se pede que eles respondam a cada uma com a primeira palavra que lhes ocorrer. As palavras de interesse, chamadas de *palavras de teste*, são entremeadas na lista, que também contém palavras neutras (ou para preencher espaço), a fim de dissimular o propósito do estudo. Por exemplo, no estudo de fidelização da loja de departamentos, algumas das palavras de teste poderiam ser "localização", "estacionamento", "compras", "qualidade" e "preço". A resposta do indivíduo a cada palavra é registrada literalmente, e as respostas são cronometradas, de forma que os respondentes que hesitam ou procuram raciocinar (assim considerados os que levam mais de três segundos para responder) possam ser identificados. O entrevistador ou algum dispositivo, e não o entrevistado, registra as respostas. Isso permite controlar o tempo necessário para que o entrevistado escreva a resposta.

técnicas de associação
Tipo de técnica projetiva em que se apresenta ao entrevistado um estímulo e se pede que ele responda com a primeira coisa que lhe vier à mente.

associação de palavras
Técnica projetiva em que se apresenta aos entrevistados uma lista

de palavras, uma de cada vez. Após cada palavra, os entrevistados devem falar a primeira palavra que lhes vier à mente.

A suposição fundamental dessa técnica é que a associação permite aos respondentes revelar seus sentimentos interiores sobre o tópico de interesse. As respostas são analisadas calculando-se (1) a frequência com que cada palavra é dada como resposta, (2) o tempo decorrido até que seja dada uma resposta e (3) o número de entrevistados que não respondem a uma palavra de teste dentro de um lapso razoável de tempo. Os que simplesmente não respondem são considerados como dotados de um envolvimento emocional tão alto que bloqueia qualquer resposta. De modo geral, podemos classificar as associações como favoráveis, desfavoráveis ou neutras. O padrão de respostas de um indivíduo e os detalhes da resposta são então usados para determinar as atitudes ou os sentimentos subjacentes da pessoa sobre o tópico de interesse, conforme mostra o exemplo a seguir.

Pesquisa real

Lidando com a sujeira

A associação de palavras foi usada para estudar as atitudes das mulheres em relação aos detergentes. A seguir, apresentamos uma lista de palavras de estímulo e as respostas de duas mulheres de mesma idade e situação familiar. Os conjuntos de respostas são muito diferentes, o que sugere que as mulheres diferem não só em sua personalidade, mas também quanto às suas atitudes em relação ao trabalho doméstico. As associações da Sra. M sugerem que ela está conformada com a sujeira, vendo-a como algo inevitável, e não deseja fazer muito a respeito disso; ela não faz limpezas em profundidade, nem tem o reconhecimento de sua família. A Sra. C também vê a sujeira, mas é enérgica, decidida e menos emocional; está sempre pronta para combater a sujeira, e utiliza água e sabão como suas armas.

Estímulo	Sra. M	Sra. C
dia de lavar	todo dia	passar roupa
fresco	e doce	limpo
puro	ar	manchado
esfregar	não; o marido faz	limpeza
sujeira	esta vizinhança	sujo
bolhas	banho	sabão e água
família	discussões	crianças
toalhas	sujeira	lavar

Esses resultados sugerem que o mercado de detergentes pode ser segmentado com base em atitudes. Em 2017, a P&G era a líder do mercado de detergentes para roupas e oferecia diversas marcas. Constatações de pesquisa similares àquelas apresentadas anteriormente ajudaram a P&G a posicionar melhor as várias marcas, levando a um aumento das vendas. Por exemplo, concentrando-se na fragrância, a P&G aumentou as vendas anuais de Gain para mais de US$ 1 bilhão no período terminado em 30 de junho de 2016. Isso colocou o Gain em segundo lugar, atrás do Tide, também da P&G, que dominava o mercado com 40% das vendas.[31] ■

Há muitas variações do processo-padrão de associação de palavras aqui ilustrado. Uma delas é solicitar aos entrevistados que lancem as primeiras duas, três ou quatro palavras que lhes vierem à mente, em vez de apenas a primeira palavra. Essa técnica também é usada em testes controlados, em contraste com a livre associação. Em testes controlados, podemos perguntar aos entrevistados: "quais lojas de departamentos lhes vêm à mente quando menciono mercadorias de alta qualidade?". É possível obter informações mais detalhadas a partir das técnicas de conclusão, que constituem uma extensão natural das técnicas de associação.

Técnicas de conclusão

Nas **técnicas de conclusão**, pede-se ao entrevistado que complete uma situação de estímulo incompleta. As técnicas de conclusão comuns em pesquisa de mercado são a conclusão de frases e a conclusão de uma história.

técnica de conclusão
Técnica projetiva que requer que o entrevistado complete uma situação de estímulo incompleto.

CONCLUSÃO DE FRASES A **conclusão de frases** é semelhante à associação de palavras. São apresentadas frases incompletas aos entrevistados, que devem completá-las. Em geral, pede-se que usem a primeira palavra ou frase que lhes vier à mente, conforme ilustrado no projeto da loja de departamentos.

conclusão de frases
Técnica projetiva em que se apresentam várias sentenças incompletas aos entrevistados, os quais devem completá-las.

Projeto de pesquisa

Conclusão de frase

No contexto do estudo de fidelização da loja de departamentos, as seguintes frases incompletas podem ser usadas:

Uma pessoa que compra na Wal-Mart é

Uma pessoa que recebe um vale-presente da Macy's seria

A JCPenney é mais apreciada por

Quando penso em compras em uma loja de departamentos, eu

■

Esse exemplo ilustra uma vantagem da conclusão de frases sobre a associação de palavras: os entrevistados podem receber um estímulo mais dirigido. A conclusão de frases proporciona mais informações sobre os sentimentos do indivíduo do que a associação de palavras. Entretanto, a conclusão de frases não é tão disfarçada, o que faz com que muitos entrevistados consigam vislumbrar o propósito do estudo. A conclusão de um parágrafo é uma variação da conclusão de frases, pois nesse caso o entrevistado completa um parágrafo que começa com a frase de estímulo. Uma versão ainda mais expandida da conclusão de frases e de parágrafos é a conclusão de uma história.

CONCLUSÃO DE UMA HISTÓRIA Na **conclusão de uma história**, é dada aos entrevistados parte de um relato – suficiente para dirigir a atenção para determinado tópico, mas não para sugerir o fim. A conclusão deve ser dada pelos participantes com suas próprias palavras. Essa atividade revelará seus sentimentos e emoções subjacentes, como no exemplo a seguir.

---

conclusão de uma história
Técnica projetiva em que é dada aos respondentes parte de uma história e eles devem formular as conclusões com suas próprias palavras.

Pesquisa real

Meias-calças provocando histórias de terror?

Histórias? Histórias de terror? Isso é algo pelo qual a DuPont (www.dupont.com), fabricante de material para meias-calças, passou por alto quando fazia suas pesquisas para descobrir do que as clientes gostavam. A DuPont realizou as mesmas pesquisas que todas as outras empresas realizam, incluindo grupos de foco e levantamentos. Infelizmente, isso não era suficiente.

O problema com os grupos de foco era a falta de boa vontade das entrevistadas para responder. Algumas se sentiam envergonhadas ou simplesmente não tinham interesse no assunto. Em outros casos, as clientes não se sentiam à vontade para discutir frente a frente os sentimentos e as opiniões que tinham. Então, foi usada a conclusão de uma história.

Pediu-se às entrevistadas que trouxessem imagens e contassem histórias descrevendo certos sentimentos, opiniões e reações com relação a usar meias-calças. O surpreendente foi que muitas mulheres compareceram e tinham muito a dizer. As mulheres se sentiram mais livres para expressar suas ideias. Uma delas trouxe uma foto de um grande sorvete derramado, capturando assim a raiva que ela sentia quando detectava um fio puxado em sua meia-calça. Outras trouxeram uma foto de um Mercedes e da Rainha Elizabeth, da Inglaterra.

As análises indicaram que as mulheres se sentiam mais atraentes e *sexy* quando usavam uma meia-calça. O problema não era necessariamente que elas não gostassem de usar meia-calça, mas sim que elas tinham uma sensação associada a usá-la; quando a meia puxava um fio, rasgava ou tinha algum outro defeito, as mulheres perdiam essa sensação (sentir-se atraente, *sexy,* sensual). As meias-calças precisavam ser mais fortes e duráveis para que pudessem sobreviver ao uso diário e intensivo que as mulheres lhes davam.

Assim, a DuPont foi capaz de perceber quais eram os verdadeiros sentimentos das consumidoras sobre seus produtos. Quando essas constatações foram confirmadas em um levantamento por telefone, a DuPont modificou o material de suas meias-calças de acordo com as necessidades das consumidoras. Além disso, os fabricantes de meias começaram a utilizar essas constatações, modelando propagandas que apelassem menos para a personalidade executiva das mulheres e mais para seu lado *sexy* e elegante.

Até 2017, a DuPont continuava sendo a maior fabricante de material para meias-calças, e seus esforços em pesquisa de marketing provaram ser bem-sucedidos, graças ao uso intensivo de pesquisa qualitativa. A DuPont e a Dow Chemical tinham a expectativa de concluir sua fusão no segundo semestre de 2017. A empresa receberá o nome de DowDuPont.[32] ∎

Técnicas de construção

As **técnicas de construção** estão estreitamente relacionadas com as técnicas de conclusão; elas exigem que o entrevistado construa uma resposta em forma de história, diálogo ou descrição. Em uma técnica de construção, o pesquisador dá ao entrevistado menos estrutura inicial do que em uma técnica de conclusão. As duas principais técnicas de construção são (1) resposta a imagens e (2) desenhos.

---

técnica de construção
Técnica projetiva em que o entrevistado deve construir uma resposta na forma de uma história, um diálogo ou uma descrição.

RESPOSTA A IMAGENS As raízes das **técnicas de resposta a imagens** remontam ao teste de apercepção temática (TAT), que consiste em uma série de ilustrações de eventos comuns e não usuais. Em algumas dessas imagens, as pessoas ou os objetos são retratados claramente, enquanto, em outras, são relativamente vagos. Pede-se ao entrevistado que conte histórias sobre essas figuras. A interpretação das imagens pelo entrevistado dá indicações da personalidade desse indivíduo. Por exemplo, uma pessoa poderia ser caracterizada como impulsiva, criativa, não imaginativa, etc. Usa-se a expressão *teste de apercepção temática* porque os temas são trazidos à tona com base na interpretação perceptiva (apercepção) das imagens por parte do indivíduo.

---

técnica de resposta a imagens
Técnica projetiva em que se apresenta uma imagem ao entrevistado, pedindo-lhe que conte uma história que a descreva.

Nas aplicações que a pesquisa de marketing faz de técnicas de resposta a imagens, apresenta-se uma figura aos entrevistados, pedindo-lhes que relatem uma história que a caracterize. As respostas são utilizadas para avaliar atitudes em relação ao tópico e para descrever os entrevistados. Em uma variação dessa técnica, como a Técnica de Explicação de Metáfora de Zaltman, os respondentes devem levar de 12 a 15 figuras de sua escolha para a entrevista e então têm de descrever o conteúdo relevante de cada uma. As descrições das figuras revelam valores, atitudes e crenças subjacentes dos respondentes. Em outra variação, chamada de *classificação de fotos*, os respondentes recebem um álbum de fotos que retratam diferentes tipos de pessoas. Eles então classificam as fotos de modo a associar as pessoas retratadas com as marcas que elas usariam. Um teste desse tipo para a Visa revelou que o cartão de crédito tinha uma imagem feminina intermediária. Assim, em 2015 a Visa renovou sua relação com a NFL (Liga Nacional de Futebol Americano) por mais cinco anos para atrair mais homens. Outra variação dessa técnica pede que os respondentes façam desenhos para expressar seus sentimentos em relação à marca ou ao objeto que está sendo investigado. Mais uma ilustração da técnica de resposta a imagens é oferecida pelo exemplo da preferência de alguns consumidores por alimentos gordurosos e muito calóricos.

Pesquisa real

"Quero um *milk-shake* duplo e batata frita"

A febre por alimentos leves e saudáveis parece estar diminuindo em um segmento da população. Em resposta a um questionamento direto, os consumidores hesitam em dizer que desejam alimentos que fazem mal. No entanto, essa descoberta foi feita em um teste de resposta a imagem em que os respondentes tinham que descrever uma figura que mostrava pessoas consumindo alimentos gordurosos e calóricos. Um número significativo dos respondentes defendeu o comportamento das pessoas da figura, explicando que o aumento do estresse na vida diária fazia com que elas passassem dos insípidos bolos de arroz para comidas "reconfortantes", cheias dos ingredientes que fazem a vida valer a pena.

Muitos profissionais de marketing aproveitaram este achado e introduziram produtos que contêm grandes quantidades de gordura e calorias. A Pepperidge Farm recentemente lançou seu próprio produto no mercado de alimentos "confortantes": biscoitos macios sem restrições de calorias, com cerca de 40% do conteúdo calórico sendo proveniente de gordura. A nova linha já é a terceira mais vendida da empresa.

Restaurantes de *fast-food* como o McDonald's também apresentaram vários novos produtos com conteúdos extremamente altos de gordura e calorias para o Menu Novo Sabor. Entre os novos produtos, encontram-se o sanduíche defumado Chicken Parmesan, com queijo e molho de tomate, e um sanduíche para o café da manhã com um bolinho de salsicha envolvido em duas panquecas.[33] ∎

TESTES COM DESENHOS. Nos **testes com desenhos**, são apresentados personagens em uma situação específica relacionada com o problema. Os respondentes devem indicar o que um determinado personagem do desenho poderia dizer em resposta aos comentários de outro personagem. As respostas indicam os sentimentos, as crenças e as atitudes dos entrevistados em relação à situação. Os testes com desenhos são mais simples de administrar e analisar do que as técnicas de resposta a imagens. Um exemplo é apresentado na Figura 5.4.

testes com desenhos
São apresentados personagens de um desenho em uma situação específica relacionada com o problema. Pede-se aos entrevistados que indiquem a resposta que um determinado personagem poderia dar aos comentários de outro personagem.

Técnicas expressivas

Nas **técnicas expressivas**, apresenta-se aos entrevistados uma situação verbal ou visual, pedindo-lhes que relatem os sentimentos e as atitudes de outras pessoas em relação à

FIGURA 5.4 Teste com desenho.

situação. Os entrevistados expressam não seus próprios sentimentos ou atitudes, mas os de outros. As duas principais técnicas expressivas são a dramatização e a técnica da terceira pessoa.

técnicas expressivas
Técnicas projetivas em que se apresenta ao entrevistado uma situação verbal ou visual, pedindo-lhe que relate os sentimentos e as atitudes de outras pessoas em relação à situação.

DRAMATIZAÇÃO Na **dramatização**, os entrevistados devem desempenhar o papel ou assumir o comportamento de outra pessoa. O pesquisador supõe que os entrevistados vão projetar suas próprias sensações no papel. Essas sensações podem, então, ser reveladas analisando-se as respostas, conforme mostrado a seguir.[34]

dramatização
Técnica projetiva em que se pede aos entrevistados que assumam o comportamento de outra pessoa.

Pesquisa real

O que é privacidade?

Quando os grupos de foco revelaram que a privacidade era uma questão importante para os residentes de apartamentos, uma construtora de apartamentos preocupou-se a respeito de como as pessoas viam a privacidade. A agência de pesquisas Cossette Communication Group (www.cossette.com) utilizou a técnica da dramatização para obter as informações requeridas. Pedia-se aos entrevistados que dramatizassem o papel de um arquiteto e que projetassem seus próprios apartamentos utilizando os quadros disponíveis. Depois que seus lares tinham sido projetados, foram feitas várias questões de pesquisa, que se referiam a como os participantes percebiam a privacidade. Por exemplo, perguntou-se aos entrevistados quanto espaço era necessário entre os quartos para fazê-los sentir que sua privacidade não estava sendo invadida e quanto som deveria ser audível através das paredes. A agência de pesquisas de marketing sentiu que seria mais eficaz envolver os participantes em uma atividade de dramatização seguida de perguntas sobre por que eles tinham feito o que tinham feito, em vez de simplesmente perguntar-lhes o que eles fariam em uma determinada situação. "Fizemos as pessoas nos mostrarem o que a privacidade significava para elas, em vez de pressupor que elas poderiam nos explicar por meio de palavras". Os resultados ajudaram a empresa de construção a projetar e a construir apartamentos de forma que os ocupantes pudessem se sentir mais confortáveis e ter mais privacidade. As paredes entre os quartos foram modificadas para absorver melhor o som, de modo que as vozes não passassem tão facilmente. Além disso, os quartos foram colocados mais distantes um dos outros, em vez de estarem lado a lado. Dessa forma, colegas de apartamento não sentiriam que sua privacidade estava comprometida. A empresa de construções beneficiou-se imensamente desses métodos de pesquisa criativos, como foi demonstrado pelo aumento na satisfação dos clientes, que resultou de os indivíduos se sentirem mais confiantes a respeito de manter sua privacidade.[35] ■

TÉCNICA DA TERCEIRA PESSOA Na **técnica da terceira pessoa**, apresenta-se ao respondente uma situação verbal ou visual e pede-se a ele que relate as crenças e atitudes de uma terceira pessoa, em vez de expressar diretamente crenças e atitudes pessoais. Essa terceira pessoa pode ser um amigo, um vizinho, um colega ou uma pessoa "comum". Novamente, o pesquisador pressupõe que o entrevistado revelará crenças e atitudes pessoais ao descrever as reações de uma terceira pessoa. O fato de pedir ao indivíduo que responda na terceira pessoa reduz a pressão social para dar uma resposta aceitável, conforme mostra o exemplo a seguir.

técnica da terceira pessoa
Técnica projetiva em que se apresenta ao entrevistado uma situação verbal ou visual, pedindo-lhe que relate as crenças e atitudes de uma terceira pessoa a respeito da situação.

Pesquisa real

O que os vizinhos vão dizer?

Foi realizado um estudo para uma empresa aérea comercial com o objetivo de descobrir por que certas pessoas não viajam de avião. Quando se perguntou aos entrevistados "você tem medo de voar?", pouquíssimos responderam sim. As principais razões apresentadas para não voar foram custo, inconveniência e demoras causadas por mau tempo. Suspeitou-se, entretanto, que elas tenham sido fortemente influenciadas pela necessidade de dar respostas socialmente aceitáveis. Por isso, realizou-se um segundo estudo. Nele, perguntou-se aos respondentes: "Você acha que seu vizinho tem medo de voar?". As respostas indicaram que a maioria dos "vizinhos" que viajavam por outros meios de transporte tinha medo de voar.

O medo de voar aumentou devido ao crescimento do terrorismo mundial. A Associação de Transporte Aéreo (ATA) informou que os embarques de passageiros, o número de passageiros com bilhetes que embarcam no avião, não foram muito afetados. Isso ocorre porque as companhias aéreas, como a Delta, têm abordado o medo de voar ressaltando as reforçadas medidas de segurança e a melhoria do conforto para os passageiros.[36] ■

Observe que a pergunta feita na primeira pessoa ("você tem medo de voar?") não evidenciou a verdadeira resposta. A formulação da mesma pergunta na terceira pessoa ("você acha que seu vizinho tem medo de voar?") reduziu as defesas do entrevistado e resultou em respostas verdadeiras. Em uma versão conhecida da técnica da terceira pessoa, o pesquisador apresenta ao respondente uma lista de compras e pede uma caracterização do comprador.[37]

Concluímos nossa discussão de técnicas projetivas descrevendo suas vantagens, desvantagens e aplicações.

Vantagens e desvantagens das técnicas projetivas

As técnicas projetivas apresentam uma vantagem importante sobre as técnicas diretas não estruturadas (grupos de foco e entrevistas em profundidade): elas provocam respostas que os indivíduos não dariam ou não poderiam dar se conhecessem o objetivo do estudo. Às vezes, no questionamento direto, o entrevistado pode, intencionalmente ou não, entender mal, interpretar equivocamente ou levar o pesquisador a entender incorretamente. Nesses casos, as técnicas projetivas aumentam a validade das respostas ao disfarçar o objetivo da pesquisa. Isso ocorre particularmente quando os problemas a serem abordados são pessoais, delicados ou estão sujeitos a fortes normas sociais. As técnicas projetivas são igualmente proveitosas quando motivações, crenças e atitudes estão agindo em um nível subconsciente.[38]

As técnicas projetivas têm muitas das desvantagens das técnicas diretas não estruturadas, mas em maior grau. Essas técnicas geralmente exigem entrevistas pessoais com entrevistadores altamente treinados, bem como intérpretes qualificados para analisar as respostas. Por isso, tais técnicas tendem a ser dispendiosas. Além disso, há um sério risco de tendenciosidade na interpretação. Com exceção da associação de palavras, todas as técnicas são abertas, isto é, de respostas livres, o que torna a análise e a interpretação difíceis e subjetivas. Algumas técnicas projetivas, como a dramatização, exigem que os entrevistados se envolvam em um comportamento não usual. Em tais casos, o pesquisador pode supor que os entrevistados que concordam em participar são, eles próprios, de alguma forma incomuns, não sendo representativos da população de interesse.

Aplicações das técnicas projetivas

As técnicas projetivas não são tão usadas quanto os métodos diretos não estruturados (grupos de foco e entrevistas em profundidade). Uma exceção possível talvez seja a associação de palavras, comumente usada para testar nomes de marcas e, ocasionalmente, para avaliar atitudes sobre produtos, marcas, embalagens ou anúncios específicos. Como os exemplos têm mostrado, as técnicas projetivas são usadas em inúmeras situações. A utilidade dessas técnicas é evidenciada quando se observam as seguintes diretrizes:

1. As técnicas projetivas devem ser usadas quando as informações desejadas não podem ser obtidas com precisão por métodos diretos.
2. As técnicas projetivas devem ser usadas na pesquisa exploratória, a fim de proporcionar uma compreensão inicial do problema.
3. Em vista de sua complexidade, as técnicas projetivas não devem ser usadas ingenuamente.

Logo, é desejável comparar as descobertas geradas por técnicas projetivas com os achados de outras técnicas. A Tabela 5.5 oferece uma comparação relativa de grupos de foco, entrevistas em profundidade e técnicas projetivas. Dadas essas comparações, as diversas técnicas qualitativas não devem ser vistas como mutuamente exclusivas. Elas muitas vezes são usadas em combinação para produzir informações valiosas, conforme ilustrado pelo exemplo a seguir.

Pesquisa real

Apenas os fatos, por favor

A Just The Facts, Inc. (JTF, www.justthefacts.com) dá consultoria a clientes em áreas como inteligência competitiva e pesquisa de marketing. Em um projeto no campo da educação, por exemplo, quatro distritos de escolas de ensino médio suburbanas e uma faculdade comunitária criaram um programa de carreira para estudantes. Entretanto, o nível de interesse dos alunos e a imagem do programa não estavam estimulando o envolvimento, nem atingindo participação significativa no público pretendido.

A JTF Consulting Associates recebeu a incumbência de determinar por que os níveis de participação eram tão baixos e o que poderia ser feito para melhorar o apelo do programa.

TABELA 5.5

Comparação entre grupos de foco, entrevistas em profundidade e técnicas projetivas

Critérios	Grupos de foco	Entrevistas em profundidade	Técnicas projetivas
Grau de estrutura	Relativamente alto	Relativamente moderado	Relativamente baixo
Sondagem de respondentes individuais	Baixa	Alta	Média
Tendenciosidade do moderador	Relativamente moderada	Relativamente alta	Baixa a alta
Tendenciosidade da interpretação	Relativamente baixa	Relativamente moderada	Relativamente alta
Revelação de informações subconscientes	Baixa	Média a alta	Alta
Descoberta de informações inovadoras	Alta	Média	Baixa
Obtenção de informações delicadas	Baixa	Média	Alta
Envolvimento de comportamento/questionamento não usual	Não	Até certo ponto	Sim
Utilidade geral	Muito útil	Útil	Pouco útil

Foram realizados grupos de foco, entrevistas em profundidade e técnicas de conclusão de frases com todos os envolvidos no programa: professores, conselheiros, alunos, pais e administradores.

Os grupos de foco foram realizados com professores, conselheiros, alunos e pais para gerar novas ideias. As entrevistas em profundidade foram conduzidas junto aos administradores, já que era difícil reuni-los em grupos. Informações adicionais foram obtidas dos estudantes por meio da técnica de conclusão de frases. A análise mostrou que o verdadeiro problema estava tanto na imagem do programa quanto em sua qualidade. O público-alvo (comunidade estudantil) não percebia o programa como útil para encontrar um emprego adequado. Descobriu-se que o programa precisava de um reposicionamento mediante trabalhos eficientes de marketing e relações públicas. Um plano de marketing estratégico, propaganda e táticas promocionais foram formulados com base no estudo. Os coordenadores do programa reagiram com uma forte campanha de relações públicas na mídia local. Também foram realizados programas de extensão para escolas e para a faculdade da comunidade. O programa inteiro foi relançado, atendendo às necessidades dos diversos públicos. Finalmente, solicitou-se que a JTF também desenvolvesse brochuras informativas e um videoteipe para ajudar a comunicar o novo direcionamento e imagem do programa.[39] ∎

Projeto de pesquisa

Atividades de projeto

1. Discuta o papel da pesquisa qualitativa no projeto da Wal-Mart.
2. Dados os objetivos da pesquisa qualitativa, desenvolva um guia para discussão em grupo de foco.
3. Ilustre o uso de *laddering*, questionamento de problemas ocultos e análise simbólica na realização de entrevistas em profundidade para a Wal-Mart.
4. Como técnicas expressivas podem ser usadas para determinar atitudes subjacentes em relação à Wal-Mart? ∎

PESQUISA ATIVA

Projetando o uso de cosméticos

Visite www.clinique.com e pesquise na Internet, incluindo mídias socias, e nos bancos de dados *on-line* de sua biblioteca informações sobre as razões subjacentes ao uso de cosméticos por mulheres.

Como gerente de marca da Clinique, como você usaria informações sobre as razões de as mulheres utilizarem cosméticos para formular estratégias de marketing que aumentem sua participação de mercado?

Que técnicas projetivas, se for o caso, você usaria para determinar as razões do uso de cosméticos pelas mulheres?

Análise de dados qualitativos

Em comparação com a pesquisa quantitativa, em que os números e o que eles representam são as unidades de análise, a análise de dados qualitativos emprega palavras como unidades de análise e é orientada por menos regras universais e procedimentos padrão. A meta na pesquisa qualitativa é decifrar, examinar e interpretar padrões ou temas significativos que emergem dos dados. A "significância" dos padrões e temas é determinada pela questão de pesquisa.

São três os passos gerais que devem ser seguidos quando se analisam dados qualitativos.[40]

1. *Redução dos dados.* Nesta etapa, o pesquisador escolhe quais aspectos dos dados serão enfatizados, minimizados ou ignorados para o projeto considerado.
2. *Exibição dos dados.* Nesta etapa, o pesquisador desenvolve uma interpretação visual dos dados por meio de ferramentas como diagramas, gráficos ou matrizes. A exibição ajuda a esclarecer os padrões e as inter-relações nos dados.
3. *Conclusão e verificação.* Aqui, o pesquisador considera o significado dos dados analisados e avalia suas implicações para a questão de pesquisa.

Esses passos são ilustrados no exemplo a seguir.

Pesquisa real

Comunicação eficaz das notícias do *campus*: uma análise qualitativa

Suponhamos que um pesquisador colete dados qualitativos utilizando grupos de foco com uma amostra de estudantes universitários para obter informações a respeito da seguinte questão de pesquisa:

> Quais são as formas mais eficazes de comunicar notícias importantes do *campus* (por exemplo, falecimento de um professor, prazos para pagamento, corte de energia elétrica no *campus*) para os estudantes universitários?

Seguindo os passos apresentados anteriormente, depois de coletar os dados, o pesquisador primeiro gostaria de escolher os aspectos dos dados que sejam pertinentes à questão de pesquisa. Para isso, ele salientaria parte ou "trechos" específicos das transcrições do grupo de foco que lançassem luz sobre o problema de pesquisa. Por exemplo, neste caso, o pesquisador decide que é importante considerar (a) os modos como os respondentes se lembram de terem recebido notícias importantes no passado, (b) as opiniões dos respondentes sobre que meio de comunicação eles acham mais eficaz e (c) as explicações dos respondentes para o porquê de acharem que esse é o meio de comunicação mais eficaz. As transcrições seriam então codificadas para refletir essas categorias de interesse. Depois da codificação dos dados, o pesquisador pode exibi-los visualmente para tornar os achados mais claros. Um exemplo disso é mostrado pela tabela na página seguinte.

A fim de retirar conclusões dos dados, é importante saber não só quais meios os respondentes acharam mais eficazes para comunicação, como também por que eles pensavam assim. Por exemplo, perguntando o motivo, vemos que o respondente C tem uma explicação lógica para a razão de não indicar o *e-mail* como meio de comunicação eficaz para ele.

Respondentes	Comunicações passadas (a)	(b) Mais eficazes	(c) Motivo
A	• E-mail • Trocas informais • Telefone	• E-mail	• A notícia é comunicada quase em "tempo real"
B	• E-mail • Jornal dos alunos • Página do *campus* na Web	• E-mail • Página do *campus* na Web	• Fácil de manter um registro da notícia para referência futura
C	• Trocas informais • Telefone • Correio do *campus*	• Correio do *campus*	• Trabalha no *campus* • Não tem acesso à Internet em casa

Além disso, embora os respondentes A e B tenham apontado o *e-mail* como uma maneira eficaz de comunicar informações, ambos tinham motivos muito diferentes para tal. Esses tipos de informação são mais difíceis de obter com pesquisa quantitativa que usa um levantamento ou um experimento. ∎

Pacotes de *software*

Há pacotes de *software* que ajudam na análise de dados qualitativos. Existem seis tipos principais: processadores de texto, recuperadores de texto, gerenciadores de base de texto, programas de código e recuperação, construtores de teoria com base em código e construtores de rede conceitual. É importante lembrar que, embora esses pacotes auxiliem na manipulação de segmentos relevantes dos textos, eles não podem determinar categorias significativas para codificação, nem definir temas e fatores importantes; esses passos são de responsabilidade do pesquisador. Além disso, como são necessários grandes investimentos de tempo e dinheiro para adquirir e aprender como utilizar o *software*, os pesquisadores devem considerar com cuidado se é necessário um pacote de *software*, dado o escopo do projeto.

Alguns dos pacotes de *software* mais populares são NVivo (www.qsrinternational.com), ATLAS.ti (www.atlasti.com), CATPAC (www.terraresearch.com) e Ethnograph (www.qualisresearch.com). Esses *sites* fornecem informações sobre os pacotes de *software* e também amostras de demosntração.

Experiência de pesquisa

Software de análise de dados qualitativos

Visite os *sites* de NVivo (www.qsrinternational.com), ATLAS.ti (www.atlasti.com), CATPAC (www.terraresearch.com) e Ethnograph (www.qualisresearch.com) e baixe os exemplos de amostras para dois dos pacotes de *software*. Compare os dois quanto às seguintes questões:

1. Avalie a facilidade de uso dos dois pacotes. É difícil aprender o programa? Ele é fácil de usar? Você acha que o tempo e o esforço exigidos para compreender o programa valem a pena?
2. Avalie a disponibilidade e utilidade do material de apoio à disposição no *site*. Qual é a qualidade dos manuais e de outros documentos? Os tutoriais e outros apoios técnicos estão disponíveis e são fáceis de consultar?
3. Os programas permitem produzir apresentações visuais, como matrizes, redes semânticas ou diagramas hierárquicos? ∎

Pesquisa de marketing internacional

Como o pesquisador nem sempre está familiarizado com o mercado externo do produto a ser examinado, a pesquisa qualitativa tem importância fundamental na pesquisa de marketing internacional. Nos estágios iniciais da pesquisa internacional, a pesquisa qualitativa ajudam a entender o problema e a estabelecer uma abordagem, gerando questões e hipóteses de pesquisa, modelos e características relevantes que influem na concepção da pesquisa. Assim, a pesquisa qualitativa revela diferenças entre os mercados externo e doméstico. Os grupos de foco podem ser usados em muitos contextos, particularmente em países industrializados. Entretanto, as práticas e os padrões profissionais variam de acordo com o país. Por exemplo, no México é considerado aceitável que os recrutadores convidem a família e amigos para participar de grupos de foco. Em países como Bolívia e Índia, devido à falta de instalações apropriadas, os grupos de foco são feitos em hotéis com monitoramento por circuito fechado de TV. O moderador deve não apenas ser treinado na metodologia dos grupos de foco, mas também conhecer a linguagem, a cultura e os padrões de interação social que predominam no país. Os resultados dos grupos de foco precisam ser deduzidos não só do contexto verbal, como também de insinuações não verbais, como entonação da voz, inflexões, expressões e gestos.[41]

O tamanho do grupo de foco também pode variar. Por exemplo, na Ásia, sete entrevistados geram o mais alto nível de interação entre membros do grupo. Em algumas regiões, como no Oriente Médio ou no Extremo Oriente, as pessoas hesitam em discutir seus sentimentos em um contexto de grupo. Em outros países, como o Japão, é considerado uma grosseria discordar publicamente de outras pessoas. Nesses casos, devem ser usadas as entrevistas em profundidade. Além disso, os dados qualitativos gerados têm que ser interpretados no contexto da cultura. O exemplo a seguir realça a importância das diferenças culturais na pesquisa qualitativa.

Pesquisa real

As baratas baratinam as inglesas

A cultura é um fator crucial quando se trata de realizar uma pesquisa qualitativa, como os grupos de foco. Nas discussões em grupos de foco na Inglaterra, não é fácil fazer uma dona de casa admitir que sua casa tem baratas. Para tanto, o moderador precisa convencê-la de que todos têm o mesmo problema. Na França, ocorre precisamente o contrário: as entrevistadas começam a tagarelar sobre baratas segundos após se sentarem. Essas atitudes culturais influenciam enormemente as técnicas de pesquisa qualitativa a serem utilizadas, como elas devem ser implementadas e como os dados devem ser interpretados.[42] ∎

A utilização de técnicas projetivas na pesquisa de marketing internacional tem que ser analisada com o devido cuidado. As técnicas de associação (associação de palavras), as técnicas de conclusão (conclusão de frases, de uma história) e as técnicas expressivas (técnica da dramatização, da terceira pessoa) envolvem o uso de "deixas" verbais. As técnicas de construção (resposta a imagens e teste com desenhos) empregam estímulos não verbais (figuras). Independentemente de estímulos verbais ou não verbais, deve-se estabelecer a equivalência de significado ao longo das diversas culturas, o que é uma tarefa difícil se os ambientes socioculturais em que a pesquisa for feita variarem imensamente. O estabelecimento da equivalência de imagens é particularmente problemático. Desenhos simples, com poucos traços, estão sujeitos a menos problemas de interpretação do que fotografias. As técnicas específicas utilizadas e como os resultados são comunicados precisam levar em conta os aspectos culturais e a natureza do problema que está sendo abordado.

As limitações usuais das técnicas qualitativas também se aplicam no contexto internacional, talvez com mais intensidade. Muitas vezes, é difícil encontrar em outros países moderadores e entrevistadores treinados. A elaboração de processos apropriados de codificação, análise e interpretação apresenta dificuldades adicionais.

Pesquisa de marketing e mídias sociais

As redes sociais são definidas pelas relações entre seus membros. Essas relações recebem diferentes nomes, como amigos, seguidores, conexões, entre outros. Em algumas redes, tais relações são criadas por consentimento mútuo, como amigos no Facebook e conexões no LinkedIn; em outras, como o Twitter, permitem relações unilaterais, a menos que sejam bloqueadas pelo outro membro. O relacionamento com amigos é um dos principais atrativos das redes sociais. Grupos são outro elemento de muitas redes sociais. Esses grupos são uma evolução dos antigos fóruns de discussão *on-line* e são coleções auto-organizadas de membros com interesses em comum. Eles incluem fóruns de discussão e podem oferecer o compartilhamento de fotos, vídeos e músicas. O Google Groups (www.groups.google.com) também simplificou a comunicação *on-line* entre grupos, facilitando a discussão de questões com outros nessa plataforma. Há vários recursos no *site* que facilitam a discussão e a postagem de arquivos para que sejam examinados pelas pessoas no grupo.

Pesquisadores de marketing podem tirar proveito dessas redes sociais para conduzir pesquisas qualitativas.

Grupos de foco

As redes sociais promovem um grande público ávido por conversar de graça. Empresas bolaram maneiras bastante engenhosas de organizar uma espécie de grupo de foco e outras formas de pesquisa qualitativa usando mídias sociais. A mera participação em diferentes tipos de mídias sociais e a análise das conversas entre as pessoas podem gerar uma compreensão básica sobre os clientes, mas quando se almeja que algo construtivo emerja a partir de todo esse bate-papo, o ideal é dar ouvido às pessoas certas. Por esse motivo – além de aumentar sua presença em diversas redes sociais – as empresas estão criando comunidades privadas *on-line*, que podem cumprir o papel de grupos de foco estendidos. Os membros são recrutados com cuidado e só podem ingressar no grupo mediante convite. Facilitadores especializados entram em contato regularmente com os membros para desenvolver familiaridade e um certo padrão conforme os clientes passam a se enxergar como donos da comunidade. Um ambiente animado e amigável é projetado a fim de ajudar os clientes a estabelecerem diálogos frutíferos. Para análise da comunidade, são usados programas de *software* de classe empresarial capazes de escavar a fundo para extrair o máximo de cada conversa. A JCPenney representa um estudo de caso no uso bem-sucedido de uma comunidade privada *on-line* para conduzir uma forma estendida de grupo de foco.

Pesquisa real

JCPenney: coleta de dados íntimos para desenhar roupas íntimas

A JCPenney, uma das principais varejistas dos Estados Unidos, lançou uma comunidade privada *on-line* chamada Ambrielle Team, dedicada a consumidoras da linha de *lingerie* da JCPenney. Essa equipe visava descobrir mais a respeito da consumidora de Ambrielle e suas opiniões sobre ajustes e tamanhos. Tratava-se de um tipo de grupo de foco conduzido pela formação de uma comunidade privada. O tamanho da amostragem era pequeno, e as informações eram coletadas de maneira natural e não estruturada. A equipe dedicada ao produto cumpriu a função de moderador e facilitou o andamento das conversas no rumo certo. Os membros da equipe foram escolhidos a dedo e em número limitado. A JCPenney também coletou informações de estilo de vida, demográficas e psicográficas sobre as participantes da comunidade, para assegurar que a empresa tinha uma noção completa de cada uma delas. A equipe Ambrielle estabeleceu uma série de discussões *on-line* dentro da comunidade para ajudar a JCPenney a identificar os ajustes básicos e questões de qualidade mencionadas pelas mulheres. Depois disso, realizou-se um teste de "vestimenta" para dar um foco mais definido ao *feedback* relativo a produtos específicos. Depois do teste, solicitou-se novamente que as participantes expressassem suas opiniões via fórum de discussão privado, uma atividade *on-line* e bate-papos *on-line* com a equipe dedicada ao produto.

Com base nessa aliança com as clientes e em suas respostas, a JCPenney fez mudanças substanciais nos elásticos, nas fitas e nos tamanhos em geral das *lingeries* para que as necessidades das clientes fossem satisfeitas. Essas alterações foram postadas na comunidade para que a equipe visse que a empresa colocou em prática as opiniões e sugestões sobre os produtos. Nas lojas, as vendas dos produtos Ambrielle não tardaram a aumentar.[43] ∎

Outra maneira de conduzir um tipo de grupo de foco para pesquisa envolve *blogs* de participantes. A abordagem geral é definir um tema específico e então recrutar participantes para blogarem sobre o tema. Cada participante recebe a responsabilidade de manter seu próprio *blog*. O número de participantes costuma ser entre 8 e 60. Projetos envolvendo *blogs* tendem a durar de 1 a 4 semanas. Análises qualitativas do conteúdo dos *blogs* resultam em *insights* bastante ricos.

Entrevistas em profundidade

A Burger King conduziu uma forma de entrevista em profundidade usando mídias sociais. Clientes da Burger King foram filmados em segredo ao serem informados de que o sanduíche clássico da empresa, o Whopper, seria retirado do cardápio. Um comercial engraçado de TV com 1 minuto de duração foi desenvolvido usando esse episódio. No entanto, um vídeo de 8 minutos chamado Whopper Freakout foi postado em um *site* complementar da campanha. Visitantes que assistiam ao vídeo eram estimulados a postarem seus comentários, e entrevistas consecutivas eram feitas *on-line* com respondentes selecionados. As análises desses comentários e entrevistas revelaram um tema consistente. Quando os clientes eram confrontados com a ideia de que não poderiam mais pedir um Whopper, imediatamente lembravam de memórias de infância envolvendo o sanduíche. Comentários como "As pessoas nesse vídeo ainda estão comendo no Burger King hoje porque seus pais as levavam lá quando crianças" foram obtidos. Isso levou a Burger King a desenvolver uma campanha de marketing para o Whopper baseada em memórias infantis e nostalgia.

Técnicas projetivas

Diversas técnicas projetivas podem ser facilmente implementadas usando-se comunidades em mídias sociais. A forma não estruturada e indireta de questionamento em mídias sociais estimula os consumidores a projetarem seus pensamentos, motivações e sentimentos profundos a respeito de questões relevantes.

MÉTODO DE COMPLETAR FRASES A GlaxoSmithKline Consumer Healthcare utilizou grupos de rede social da C Space (www.cspace.com) para definir cuidadosamente a base de clientes para sua nova linha de produtos Alli, para perda de peso. A empresa de pesquisa utilizou o método de completar frases *on-line* ao tentar investigar questões de autoimagem envolvendo pessoas com sobrepeso. Membros da comunidade foram instados a completarem frases como "Quando você conversa consigo mesmo, refere-se a si próprio como...". Também foi solicitado que os membros postassem fotos mostrando o que mais lamentavam por sua obesidade. Análise das frases completadas e das fotos indicaram que as pessoas se sentiam frustradas por acabarem excluídas de atividades cotidianas. Porém, estavam dispostas a se responsabilizarem por sua própria perda de peso. Também estavam dispostas a aceitarem um longo progresso em troca de resultados a longo prazo. O produto Alli era voltado a esse segmento, e a Glaxo faturou US$ 155 milhões em suas vendas nas 6 primeiras semanas após sua introdução. No ano de 2017, o Alli (www.myalli.com) estava sendo oferecido como um auxiliar para perda de peso aprovado pela FDA (Food and Drug Administration).

TÉCNICAS DE REAÇÃO A IMAGENS *Sites* de compartilhamento *on-line* de fotos incluem Flickr, Instagram, PhotoBucket, Shutterfly, SmugMug e Snapfish. Muitas pessoas se comunicam melhor com fotos do que com palavras. Conceitos como beleza, cor, estética, emoções e sentimentos podem ser capturados visualmente e investigados analisando-se *sites* de compartilhamento de fotos. Ao analisar essas fotos, procure por *tags*, rótulos descritivos aplicados pelos fotógrafos em seu próprio trabalho e no trabalho dos outros. A análise de *tags* é capaz de identificar percepções, emoções e crenças que podem ser bastante reveladoras e relevantes. A Tropicana postava imagens em sua página de fotos no Facebook. O álbum se chamava "Tropicana Juicy Rewards" e fazia parte da campanha publicitária da marca. As imagens postadas no Facebook proporcionavam aos consumidores uma prévia do novo *slogan* publicitário, das embalagens e do visual que a Tropicana iria adotar. Como reação às imagens, houve várias curtidas e a maioria dos consumidores comentou "Que delícia!" ou "Gulp!". Todo esse *feedback*, somado aos comentários postados, ajudou a Tropicana a moldar sua campanha. Técnicas de associação e expressividade também podem ser implementadas de maneira similar em mídias sociais.

Limitações

O uso de mídias sociais para conduzir pesquisas qualitativas tem lá suas desvantagens. Muitas vezes, a quantidade de informação gerada pode ser volumosa, sobrecarregando a empresa e seu pessoal de pesquisa de marketing em semanas de trabalho. O esforço de pesquisa Chevy Apprentice da General Motors, em que visitantes contribuíam para comerciais de TV montados a partir de trechos de vídeo em um *site*, contabilizou mais de 22 mil postagens. Isso resultou em horas de vídeo a serem assistidos e analisados.

Pesquisa de marketing em dispositivos móveis

A pesquisa de marketing em dispositivos móveis (MMR) pode ser apropriada para certos tipos de pesquisas qualitativas, incluindo grupos de foco, entrevistas em profundidade e muitas das técnicas projetivas. As versões *on-line* dessas técnicas podem, de modo similar, ser implementadas na Internet móvel. A maioria dos grupos de foco *on-line* baseia-se em texto, diminuindo a demanda de banda larga, tornando essa técnica também adequada para MMR. Em tais casos, os respondentes podem participar de uma ampla gama de instâncias, e, no caso de discussões assíncronas, contribuem no momento que quiserem. Além disso, dispositivos móveis podem ser usados para incrementar e ampliar a maneira como técnicas de pesquisa qualitativa costumam ser conduzidas. É nesse tipo de uso que nos concentraremos.

Na condução de grupos de foco *on-line*, dispositivos móveis podem ser usados para exibir imagens, vídeos ou outros estímulos, ou para permitir que os respondentes acessem materiais e participem de atividades como a triagem de fotos ou a criação de colagens. Os respondentes podem ser convidados a se tornarem colaboradores de pesquisa usando seu telefone ou outro dispositivo móvel para registrar e enviar fotos, gravações de áudio e vídeos de interesse. Essas fotos podem refletir suas próprias vidas (fotos de seus carros, por exemplo) ou a vida de outros (como fotos de seus vizinhos). Tais informações podem ser obtidas dos respondentes em tempo real, gerando uma profusão de dados observacionais que dificilmente seriam obtidos em pesquisas qualitativas convencionais. Pesquisas qualitativas desse tipo representam um grande avanço em relação à simples observação ou questionamento de respondentes visando a um trabalho colaborativo com eles. Os respondentes são recrutados para capturar informações e em alguns casos para ajudar a interpretar essas informações. De modo similar, tais informações podem incrementar as entrevistas em profundidade convencionais ou *on-line*. Dispositivos móveis estão sendo usados em entrevistas em profundidade por voz ou vídeo e como uma alternativa a entrevistas em profundidade *on-line* conduzidas em computadores. De maneira similar, a maioria das técnicas projetivas discutidas neste capítulo pode ser implementada em dispositivos móveis.

Pesquisas qualitativas móveis acabam levando a desafios na área de análise, pois geram enormes quantidades de dados que podem ser demorados e difíceis de processar e analisar. Esse desafio é especialmente árduo no caso de imagens, vídeos e dados passivos. Por isso, é preciso limitar a quantidade de dados sendo coletados. Isso pode ser feito limitando-se a duração do projeto, o tamanho da amostra, a quantidade de imagens ou estímulos que os respondentes são instados a postarem e a duração dos vídeos por eles gravados (geralmente de 30 a 60 segundos). Alguns dos desafios éticos incluem garantir a segurança dos respondentes (como vetando sua participação enquanto dirigem), obter seu consentimento explícito, assegurar que os respondentes não arquem com custos de Internet móvel e respeitar a privacidade e os direitos dos respondentes e de terceiros. Em suma, embora a MMR raramente seja usada como método isolado de pesquisa qualitativa, e costume ser combinada com um leque de técnicas tradicionais, pode representar uma contribuição significativa aos processos de pesquisa.

Pesquisa real

Unindo os pontos com pesquisa de marketing em dispositivos móveis

A Join the Dots (www.jointhedotsmr.com), uma agência líder em pesquisa de impressões sobre consumidores, conduziu um projeto de pesquisa qualitativa para uma importante marca de desodorante a fim de aprender mais sobre ocasiões de suor nas mulheres, ou seja, aqueles momentos do dia em que as mulheres percebem que estão suando. A pesquisa precisava ocorrer "no ato", isto é, em ocasiões em que as mulheres estavam suando, já que relatos em retrospecto costumam tender a erros. As questões de interesse eram: quantas ocasiões dessas ocorriam no dia das mulheres, quais eras as principais causas, quais sentimentos despertavam nas mulheres e o que elas faziam em decorrência disso.

A amostra consistia em 20 mulheres entre 20 e 40 anos, de posse de um telefone celular e com acesso à Internet em casa por meio de um PC. O elemento principal de coleta para o estudo foi o SMS (Short Message Service). Solicitou-se que as respondentes enviassem uma mensagem de texto cada vez que passassem por uma situação de suor. A mensagem ficava registrada no *blog* pessoal de cada respondente. As respondentes eram instadas a acessarem seus *blogs* via PC mais tarde no mesmo dia para ampliarem a breve mensagem de texto, adicionarem algum contexto e fornecerem mais informações. A fase de SMS foi concluída na primeira semana, e uma segunda fase começou, solicitando que as mulheres revisassem e comentassem nos *blogs* umas das outras.

Os resultados mostraram a quantidade de vezes que as respondentes passavam por ocasiões de suor e os horários do dia em que isso ocorria. A pesquisa resultou em ricas percepções qualitativas sobre descrições dos causadores de suor, como as mulheres se sentiram e o tipo de estratégias que empregaram para lidar com esses momentos. As estratégias para lidar com ocasiões de suor incluíam ir para casa para tomar um banho, parar dentro de uma loja com ar condicionado e borrifar desodorante. Essas observações aguçadas ajudaram a posicionar a marca como uma arma estratégica para combater ocasiões de suor.[44] ∎

Ética na pesquisa de marketing

Ao realizar uma pesquisa qualitativa, assumem importância capital os problemas éticos relacionados com os entrevistados e com o público em geral. Esses problemas incluem a dissimulação do objetivo da pesquisa e o uso de procedimentos enganosos, a filmagem dos procedimentos adotados, o nível de conforto dos respondentes e o uso incorreto dos resultados.[45]

Todos os processos indiretos exigem a dissimulação do objetivo da pesquisa, pelo menos até certo ponto. Muitas vezes, utiliza-se uma história fictícia para camuflar o verdadeiro objetivo. Isso pode não apenas violar o direito de saber do entrevistado, como também resultar em dano psicológico. Por exemplo, os entrevistados podem sentir-se perturbados se, após responderem a uma série de técnicas de conclusão, descobrirem que o objetivo do estudo era algo trivial como a cor da lata de um novo suco de laranja, quando tinham sido recrutados para participar de um estudo sobre nutrição. Para minimizar tais efeitos negativos, os entrevistados devem ser informados desde o início de que o verdadeiro objetivo da pesquisa está sendo disfarçado a fim de não tornar as respostas tendenciosas. Depois de encerradas as tarefas da pesquisa, devem ser realizadas sessões de esclarecimento para informar aos entrevistados o verdadeiro objetivo e dar-lhes a oportunidade de fazer comentários e perguntas. É preciso evitar processos enganosos que violem o direito dos entrevistados à privacidade e ao consentimento, por exemplo, permitir que os clientes observem grupos de foco ou entrevistas em profundidade, apresentando-os como colegas que desejam colaborar no projeto.

Um dilema ético envolve gravação em áudio ou vídeo do grupo de foco ou da entrevista em profundidade. Registrar em gravação os entrevistados sem seu prévio conhecimento ou consentimento suscita preocupações éticas. As diretrizes éticas sugerem que eles devem não só ser informados, como também dar seu consentimento logo de início, de preferência no momento do recrutamento. Além disso, ao final da reunião, deve-se pedir aos participantes que assinem uma declaração explicitando seu consentimento para o uso da gravação. Essa declaração precisa indicar o verdadeiro objetivo da pesquisa e todas as pessoas que terão acesso à gravação. Os participantes devem ter oportunidade de se recusar a assinar. As fitas têm de ser editadas para omitir completamente a identidade e os comentários dos participantes que se recusaram a assinar.

Outro problema a ser levado em conta é o nível de conforto dos entrevistados. Em uma pesquisa qualitativa, especialmente em entrevistas em profundidade, os participantes não devem ser forçados além do ponto em que passam a se sentir desconfortáveis. O respeito pelo bem-estar do respondente requer um comportamento calmo por parte do moderador ou entrevistador. Se um entrevistado não se sente à vontade ou não quer responder a mais perguntas sobre determinado assunto, o entrevistador não deve continuar insistindo. Um problema final diz respeito ao público em geral e se refere à ética da utilização dos resultados de uma pesquisa qualitativa para propósitos discutíveis, como nas campanhas eleitorais descritas a seguir.

Pesquisa real

Foco nos pontos fracos em campanhas presidenciais

A ética da propaganda negativa ou "de ataque" já vem sendo debatida há algum tempo. Entretanto, o foco passou dos anúncios propriamente ditos para a ética de utilizar técnicas de pesquisa de marketing para formular a mensagem do anúncio. Talvez em nenhuma outra circunstância esse fenômeno seja mais predominante do que em injuriosas campanhas presidenciais. Foi citada a campanha de George H. W. Bush contra Michael Dukakis. Ao conceber propagandas negativas sobre Dukakis, os líderes da campanha de Bush testaram informações negativas sobre Dukakis em grupos de foco. A ideia era obter uma visão de como o público americano reagiria se essa informação negativa fosse liberada em forma de propaganda. Foram escolhidos aspectos negativos que suscitavam emoções fortemente negativas dos grupos de foco para serem incorporados à propaganda política de Bush. O resultado? Apresentado como "...um liberal ineficiente, fraco, desprovido de bom senso...", Dukakis perdeu a eleição por ampla margem. Semelhante abuso da pesquisa qualitativa foi observado nas eleições presidenciais de 1992 e 1996, que Bill Clinton ganhou, em parte, por destacar negativamente os problemas dos republicanos. Nas eleições presidenciais de 2000, Al Gore atacou George H. Bush injustamente, afirmando que ele não tinha experiência, quando os grupos de foco revelaram que a experiência era um critério importante para os eleitores. As eleições de 2004 também foram mencionadas por ataques negativos de ambos os partidos, especialmente de John Kerry a George W. Bush, novamente com base em descobertas de levantamentos e grupos de foco sobre questões como a situação no Iraque e a economia. Provavelmente as eleições de 2008 não tenham tido precedentes em termos de ataques negativos, tanto por parte de Barack Obama quanto de John McCain, com base nos pontos fracos percebidos no oponente, identificados por grupos de foco e outros procedimentos de pesquisa qualitativa. A história não foi diferente nas eleições de 2012 entre Barack Obama e Mitt Romney. Mas foi em 2016 que chegou ao ponto mais baixo, com Hillary Clinton gastando bem mais que Donald Trump em anúncios de ataque negativos.[46] ∎

Caso HP

Revise o caso HP, Caso 1.1, e o questionário dado no final do livro.

1. Para obter uma compreensão do processo de tomada de decisão do consumidor no caso de compras de computadores pessoais, os grupos de foco ou as entrevistas em profundidade seriam mais úteis? Explique.
2. Desenvolva um guia de discussão para grupo de foco a fim de entender o processo de tomada de decisão do consumidor na compra de computadores pessoais.
3. As técnicas projetivas seriam úteis para a HP em sua tentativa de aumentar a penetração nos domicílios nos Estados Unidos? Que técnicas projetivas você recomendaria?
4. Crie técnicas de associação de palavras para mensurar associações de consumidores que podem afetar atitudes em relação à compra de computadores pessoais.
5. Crie técnicas de conclusão de frases para descobrir motivos subjacentes para a compra de computadores pessoais.

Resumo

A pesquisa qualitativa e a pesquisa quantitativa devem ser vistas como complementares. Os métodos da pesquisa qualitativa podem ser diretos ou indiretos. Nos métodos diretos, os entrevistados conseguem discernir o verdadeiro objetivo da pesquisa, enquanto os métodos indiretos encobrem seu verdadeiro objetivo. Os principais métodos diretos são os grupos de foco e as entrevistas em profundidade. Os grupos de foco são realizados em um contexto de grupo, enquanto as entrevistas em profundidade são feitas individualmente. As entrevistas de grupos de foco constituem a técnica de pesquisa qualitativa mais utilizada.

As técnicas indiretas são chamadas de técnicas projetivas porque visam a projetar motivações, crenças, atitudes e sentimentos do respondente com relação a situações ambíguas. As técnicas projetivas podem ser classificadas como técnicas de associação (associação de palavras), de conclusão (conclusão de frases, de parágrafos, de uma história), de construção (resposta a imagens, testes com desenhos) e técnicas expressivas (dramatização, terceira pessoa). As técnicas projetivas são especialmente úteis quando os entrevistados não querem ou não podem dar as informações necessárias por métodos diretos.

A pesquisa qualitativa pode revelar diferenças significativas entre mercados internos e externos. A decisão de realizar grupos de foco ou entrevistas em profundidade e de como interpretar os resultados depende essencialmente de fatores culturais. As mídias sociais são um domínio rico em que técnicas de pesquisa qualitativa podem ser implementadas facilmente. A pesquisa de marketing em dispositivos móveis pode ser mais apropriada para grupos de foco, entrevistas em profundidade e técnicas projetivas. Ao fazer pesquisa qualitativa, o pesquisador e o cliente devem respeitar o entrevistado, o que inclui proteger o anonimato do participante, honrar todas as afirmações e promessas feitas para assegurar a sua participação e realizar a pesquisa de uma forma que não constranja nem prejudique o entrevistado.

Palavras-chave e conceitos fundamentais

pesquisa qualitativa, 110
pesquisa quantitativa, 110
abordagem direta, 112
abordagem indireta, 112
grupo de foco, 113
telessessões, 119
entrevista em profundidade, 122
laddering (encadeamento), 123

questionamento de problemas ocultos, 124
análise simbólica, 124
teoria fundamentada, 126
entrevista de protocolo, 126
técnica projetiva, 126
técnicas de associação, 126
associação de palavras, 126
técnica de conclusão, 127

conclusão de frases, 127
conclusão de uma história, 128
técnica de construção, 128
técnica de resposta a imagens, 128
testes com desenhos, 129
técnicas expressivas, 130
dramatização, 130
técnica da terceira pessoa, 130

Casos relacionados

Os casos listados a seguir são discutidos no final do livro.

1.1 HP Inc.

2.1 Baskin-Robbins   **2.2** Akron Children's Hospital

4.1 JPMorgan Chase   **4.2** Wendy's

Os casos listados a seguir estão distribuídos ao longo do livro, no final dos capítulos de 1 a 13.

5.1 Nike   **6.1** Starbucks   **8.1** P&G   **10.1** Dunkin' Donuts

11.1 Nivea   **12.1** Subaru   **13.1** Intel

Pesquisa ao vivo: realização de um projeto de pesquisa de marketing

1. Na maioria dos projetos, seria importante realizar alguma forma de pesquisa qualitativa.
2. Atribua diferentes responsabilidades a diferentes equipes, por exemplo, entrevista com os principais tomadores de decisão, entrevista com especialistas do setor, entrevistas em profundidade com consumidores, realização de grupos de foco, etc.

Exercícios

Perguntas

1. Quais são as diferenças fundamentais entre as técnicas de pesquisa qualitativa e quantitativa?
2. O que é pesquisa qualitativa e como ela é feita?
3. Estabeleça a diferença entre pesquisa qualitativa direta e indireta. Dê um exemplo de cada uma.
4. Por que o grupo de foco é a técnica de pesquisa qualitativa mais utilizada?
5. Por que o moderador do grupo de foco é tão importante para a obtenção de resultados de qualidade?
6. Cite algumas qualificações-chave dos moderadores de um grupo de foco.
7. Por que devemos nos precaver contra respondentes profissionais?
8. Indique duas formas de uso incorreto de um grupo de foco.
9. Qual é a diferença entre um grupo com dois moderadores e um grupo com moderação antagônica?
10. O que é a técnica de conferências mediante ligações telefônicas? Quais são as vantagens e desvantagens dessa técnica?
11. O que é uma entrevista em profundidade? Em que circunstâncias é preferível utilizá-la em vez dos grupos de foco?
12. Quais são as principais vantagens das entrevistas em profundidade?
13. O que são técnicas projetivas? Quais são os quatro tipos de técnicas projetivas?
14. Descreva a *técnica de associação*. Dê um exemplo de uma situação em que essa técnica se revela particularmente útil.
15. Quando devem ser empregadas as técnicas projetivas?
16. Como as mídias sociais podem ser usadas para conduzir pesquisas qualitativas?
17. Discuta o papel da pesquisa de marketing em dispositivos móveis na condução de grupos de foco.

Problemas

1. Seguindo os métodos esquematizados no texto, elabore um plano de um grupo de foco para determinar as atitudes e preferências do consumidor em relação a automóveis importados. Especifique os objetivos do grupo de foco, redija um questionário seletivo e faça um perfil do moderador.
2. Suponha que a Baskin Robbins queira saber por que certas pessoas não tomam sorvete regularmente. Elabore um teste com desenhos para esse fim.

Exercícios para Internet e computador

1. A Coca-Cola Company pediu a você que organize grupos de foco pela Internet junto a entrevistados que consomem muito refrigerante. Explique como você identificaria e recrutaria os participantes.
2. É possível fazer uma entrevista em profundidade pela Internet? Quais são as vantagens e desvantagens desse procedimento em relação às entrevistas em profundidade convencionais?
3. Visite a página da Internet da Qualitative Research Consultants Association (www.qrca.org). Redija um relatório sobre o que existe de mais atualizado em pesquisa qualitativa.
4. A revista *Tennis* deseja recrutar participantes para grupos de foco *on-line*. Como você usaria um grupo de notícias para recrutar participantes?
5. Obtenha o programa CATPAC mencionado no texto. Use-o para analisar os dados de uma entrevista em profundidade realizada com três outros colegas (como entrevistados) para determinar a atitude em relação aos esportes.

Atividades

Dramatização

1. Você é um consultor de pesquisa de marketing que foi contratado para organizar grupos de foco para um restaurante de refeições rápidas, estilo alemão, muito inovador. Que tipo de pessoas você selecionaria para participar dos grupos de foco? Que critérios de escolha utilizaria? Que perguntas você faria?
2. Como pesquisador de marketing, convença seu patrão (um colega de classe) a não deixar de lado a pesquisa quantitativa depois que a pesquisa qualitativa foi realizada.

Trabalho de campo

1. O centro de atletismo da universidade quer determinar por que não há mais alunos utilizando suas instalações. Organize uma série de grupos de foco para averiguar o que poderia ser feito para atrair mais alunos ao centro de atletismo. Com base nos resultados dos grupos de foco, gere as hipóteses relevantes.
2. Uma empresa de cosméticos gostaria de aumentar sua penetração no mercado estudantil feminino. Ela contratou você como consultor para obter uma compreensão e informações preliminares sobre as atitudes, as compras e o uso de cosméticos por parte de estudantes do sexo feminino. Realize pelo menos cinco entrevistas em profundidade. Utilize também as técnicas de construção. As constatações de ambas as técnicas convergem para os mesmos resultados? Caso contrário, procure resolver a discrepância.

Discussão em grupo

1. Em um grupo de cinco ou seis pessoas, discuta se a pesquisa qualitativa é científica ou não.
2. "Se as constatações do grupo de foco confirmarem as expectativas anteriores, o cliente deverá suspender as pesquisas quantitativas." Discuta essa afirmação em um grupo pequeno.
3. Com um grupo pequeno de cinco ou seis pessoas, discuta a afirmação a seguir: "a pesquisa quantitativa é mais importante do que a pesquisa qualitativa porque resulta em informações estatísticas e resultados conclusivos".

CASO 5.1

Nike: associando atletas, desempenho e marca

A Nike é a maior vendedora de calçados, roupas e acessórios esportivos do mundo, com aproximadamente 25% de participação no mercado mundial. Concentra-se nas ofertas de produtos da marca NIKE e da marca Jordan em sete categorias: corrida, basquete, futebol, treinamento masculino, treinamento feminino, roupas esportivas NIKE e esportes de ação. A empresa vende seus produtos por meio de um *mix* de distribuidores independentes, licenciados e subsidiárias em aproximadamente 120 países em todo o mundo. A Nike cresceu de uma empresa de US$ 8.000 em 1963 para uma empresa com receita de US$ 34,4 bilhões para o ano encerrado em 31 de maio de 2017.

Em 2016, a Nike gastou uma quantia enorme de dinheiro. Os compromissos de patrocínio e endosso da Nike totalizaram US$ 6,2 bilhões em 2016, 32% a mais que em 2015. Para garantir que esse dinheiro seja gasto adequadamente, a Nike baseia-se em pesquisa de marketing. A empresa tem mostrado uma história de inovação e inspiração em marketing e é rápida em adaptar-se às mudanças do consumidor e do mundo dos esportes. A Nike usa pesquisa de marketing para compreender onde está o crescimento futuro. Um exemplo recente é a mudança da Nike do marketing em esportes mais tradicionais (basquete e corrida) para outros esportes (golfe e futebol), onde não era tão forte. Levantamentos de pesquisa de marketing revelaram que o conhecimento da Nike entre jogadores de futebol e golfe era baixo, e a empresa decidiu trabalhar para aumentar esses números. A Nike acha que o dinheiro gasto para licenças em suas áreas fortes pode ser mais bem aplicado em outras áreas, onde a Nike não tem sua marca conhecida.

Hoje, o símbolo da Nike Swoosh é reconhecido no mundo todo. Isso é resultado de mais de 40 anos de trabalho e inovação. Ela contratou seus primeiros atletas para usarem seus calçados em 1973. Muito cedo, a Nike percebeu a importância de associar atletas a seus produtos. A parceria ajuda a relacionar a excelência do atleta com a percepção da marca. Com grupos de foco e levantamentos, a Nike descobriu a pirâmide da influência, que mostra que o mercado de massa é influenciado pelas preferências de um pequeno grupo de grandes atletas. Depois de perceber esse efeito, a Nike começou a destinar milhões aos endossos de celebridades. A associação com o atleta ajuda a dimensionar a empresa e aquilo em que ela acredita. Com a Nike, isso foi e continua sendo importante. A empresa quer transmitir a mensagem de que sua meta é levar inovação a todos os atletas do mundo. A Nike também usa os atletas para criar novos produtos, tentando atingir suas metas individuais.

Explicando a estratégia do endosso de celebridades pela Nike, Trevor Edwards, vice-presidente da U.S. Brand Management, diz que astros do esporte, como Ronaldo, Michael Jordan e Tiger Woods, que endossaram marcas Nike, representavam excelência de alguma maneira. Entretanto, os atletas também têm um lado pessoal, como seu impulso para a vitória ou sua capacidade de permanecer humildes. Todas essas qualidades dizem algo sobre a marca Nike; isso não só beneficia a marca, como ajuda a definir o que a marca é e o que ela representa.

A empresa também percebeu que, a fim de atingir suas altas metas de crescimento, ela deve voltar-se para vários segmentos de mercado. Com base em pesquisa de marketing, a Nike dividiu o mercado em três grupos: o dos grandes atletas, o dos praticantes de esportes e o dos consumidores que são influenciados pela cultura esportiva. O primeiro segmento é formado por atletas profissionais. O segundo é constituído de indivíduos que praticam esportes e atividades físicas, mas que não se veem como atletas ou como parte de um esporte maior. O terceiro segmento compreende aqueles que influenciam outros e são influenciados pelo mundo dos esportes. Esses três grupos formam três segmentos de consumidores, e a Nike emprega estratégias bem diferentes para cada um.

A Nike sempre foi uma usuária ativa da pesquisa de marketing, e isso se mostra em seu ataque ao mercado europeu. A empresa decidiu concentrar-se em diferentes esportes a fim de atingir os consumidores europeus. Os americanos adoram beisebol, seu próprio futebol e basquete. Já na Europa o jogo preferido é o futebol. A Nike colocou seu foco nos grandes eventos esportivos (Copa do Mundo e Olimpíadas) e em celebridades dos esportes que são relevantes para o consumidor europeu. Uma pesquisa de marketing na forma de grupos de foco revelou que o melhor posicionamento para os calçados da Nike era o que melhorava o desempenho no esporte. Com campanhas de propaganda abrangentes, a empresa conseguiu mudar a percepção de seus produtos, passando da moda ao desempenho – e, nesse processo, aumentou consideravelmente suas vendas.

Outra técnica que a Nike utiliza é criar uma linha de produtos especificamente para um certo mercado. A Nike emprega a pesquisa de marketing para determinar os estilos de vida e as características de uso do produto em um determinado segmento de mercado e então cria produtos para aquele segmento. Um exemplo é a linha Presto, concebida para um certo estilo de vida jovem. A Nike concentrou-se no estilo de vida e elaborou os produtos em torno desse grupo. Ela também adotou a pesquisa de marketing a fim de determinar os meios mais eficazes para comunicar-se com o mercado-alvo.

Devido a esses métodos, a logomarca da Nike é reconhecida por 97% dos cidadãos nos Estados Unidos e, consequentemente, suas vendas aumentaram. Contudo, a Nike enfrenta uma nova preocupação: a perda de sua imagem tradicional de empresa menor e inovadora. Ela também se vê confrontada com obstáculos futuros na manutenção do valor da marca e de seu significado. A confiança contínua na pesquisa de marketing ajudará a Nike a superar esses desafios, a associar sua marca com os grandes atletas e o alto desempenho e a melhorar sua imagem.

Conclusão

A Nike usou a pesquisa de marketing para construir sua marca como uma das mais populares e de fácil reconhecimento no mundo. A estratégia da Nike de endossos de celebridades, sua expansão na Europa e a resultante associação mais forte com o futebol são alguns dos passos dados pela empresa para fazer sua marca crescer. Nos próximos anos, à medida que a Nike se expande para novos mercados e capitaliza novas oportunidades, ela terá que continuar a usar a pesquisa de marketing e a associar atletas, desempenho e marca.

Questões

1. A Nike gostaria de aumentar sua participação no mercado de calçados esportivos. Defina o problema de decisão gerencial.
2. Defina um problema de pesquisa de marketing adequado que corresponda ao problema de decisão gerencial que você identificou.
3. Desenvolva um modelo gráfico explicando a seleção de uma marca de calçados esportivos pelos consumidores.
4. Como a pesquisa qualitativa pode ser usada para fortalecer a imagem da Nike? Que técnicas de pesquisa qualitativa deveriam ser usadas e por quê?

Referências

1. http://www.nike.com, accessed February 15, 2017.
2. "Nike Commits $6.2B to Sports Deals," http://www.sportsbusinessdaily.com/Journal/Issues/2015/08/03/Marketing-and-Sponsorship/Nike.aspx, accessed February 15, 2017.

CAPÍTULO 6

Concepção de Pesquisa Descritiva: Levantamento e Observação

" A escolha pelo método de pesquisa apropriado é fundamental para o sucesso do projeto de pesquisa de marketing. Na seleção, fatores de tarefa, situacionais e dos respondentes devem ser considerados. "

Scott Baker, vice-presidente, Schlesinger Associates

Objetivos

Após a leitura deste capítulo, o aluno conseguirá:

1. Discutir e classificar os métodos de levantamento e descrever os diversos métodos de entrevista por telefone, pessoal e por correio.
2. Identificar os critérios para avaliação de métodos de levantamento, comparar os diferentes métodos e avaliar qual se adapta melhor a determinado projeto de pesquisa.
3. Explicar e classificar os diferentes métodos de observação usados pelos pesquisadores de marketing e descrever observação pessoal, observação mecânica, auditoria, análise de conteúdo e análise de rastro.
4. Identificar os critérios para avaliação de métodos de observação, comparar os diferentes métodos e determinar qual se adapta melhor a determinado projeto de pesquisa.
5. Descrever as vantagens e desvantagens de métodos observacionais e compará-los com métodos de levantamento.
6. Discutir as implicações da implementação de métodos de levantamento e de observação em um contexto internacional.
7. Explicar como as mídias sociais podem ser usadas para implementar métodos de levantamento e observação.
8. Ilustrar a implementação de métodos de levantamento e observação em pesquisa de marketing em dispositivos móveis.
9. Entender as questões éticas envolvidas na realização de pesquisas de levantamento e de observação.

Aspectos gerais

Em capítulos anteriores, explicamos que, uma vez definido o problema de pesquisa de marketing (etapa 1 do processo de pesquisa) e elaborada uma abordagem adequada (etapa 2), o pesquisador está em condições de formular a concepção de pesquisa (etapa 3). Conforme explicado no Capítulo 3, os principais tipos de concepções de pesquisa são a exploratória e a conclusiva. As concepções exploratórias empregam análise de dados secundários (Capítulo 4) e pesquisa qualitativa (Capítulo 5) como principais metodologias. As concepções de pesquisa conclusivas podem ser classificadas como causais ou descritivas. As concepções causais serão explicadas no Capítulo 7.

Neste capítulo, vamos nos centrar nos principais métodos empregados na concepção de pesquisa descritiva: levantamento (*survey*) e observação. Conforme explicado no Capítulo 3, a pesquisa descritiva tem como objetivo principal descrever alguma coisa – em geral, características ou funções de mercado. Os métodos de levantamento, ou de comunicação, podem ser classificados conforme o modo de administração, como entrevistas telefônicas tradicionais, entrevistas telefônicas assistidas por computador, entrevistas pessoais nas residências, entrevistas em *shopping centers*, entrevistas pessoais assistidas por computador, entrevistas por correio, painéis postais, levantamentos por *e-mail*, pela Internet e por dispositivos móveis. Descrevemos cada um desses métodos, apresentando uma avaliação comparativa de todos eles. Levantamentos em dispositivos móveis são tratados na seção "Pesquisa de Marketing em Dispositivos Móveis". Em seguida, abordamos os principais métodos observacionais: observação pessoal, observação mecânica, auditoria, análise de conteúdo e análise de rastro. Discutimos também as vantagens e desvantagens dos métodos observacionais em relação aos de levantamento, bem como os principais aspectos da realização do levantamento e da pesquisa observacional no contexto de mercados internacionais. Descrevemos a implementação de levantamentos e observações em mídias sociais e em pesquisa de marketing com dispositivos móveis. Identificamos várias questões éticas que surgem em ambos os métodos. Para começar a discussão, apresentamos alguns exemplos desses métodos.

Pesquisa real

Quem será o próximo presidente?

Os levantamentos pela Internet estão ganhando popularidade, e as eleições nos Estados Unidos em novembro de 2000 ofereceram aos pesquisadores de mercado uma oportunidade única para testar métodos de levantamento *on-line*, sua precisão e também sua capacidade de antecipar o resultado das eleições. A Harris Poll (www.theharrispoll.com) tomou a iniciativa de realizar pesquisas *on-line* em 73 votações políticas, incluindo votos nacionais para presidente, votos estaduais em 38 estados e diversas eleições para senador e governador em vários estados. As entrevistas interativas *on-line* realizadas entre 31 de outubro e 6 de novembro de 2000 interrogaram um total de 240.666 adultos que se caracterizaram como prováveis eleitores. Os resultados foram quase idênticos àqueles encontrados na enquete por telefone da Harris em âmbito nacional, que acabou sendo a única outra enquete a apresentar Bush e Gore juntos em suas previsões finais. Os resultados se encontram na tabela da página seguinte.

A precisão nas outras 72 votações foi igualmente favorável. A precisão dessas enquetes *on-line* ao antecipar o resultado de 73 votações provou que levantamentos pela Internet

Eleições presidenciais de 2000: o voto nos Estados Unidos

	Gore %	Bush %	Nader %	Erros Diferença entre Bush/ Gore %	Nader %
Resultados das eleições	48	48	3	—	—
Harris Interactive (*on-line*)	47	47	4	0	1
Harris Interactive (telefone)	47	47	5	0	2
CBS	45	44	4	1	1
Gallup/CNN/USA Today	46	48	4	2	1
Pew Research	47	49	4	2	1
IBD/CSM/TIPP	46	48	4	2	1
Zogby	48	46	5	2	2
ICR/Politics Now	44	46	7	2	4
NBC/WSJ	44	47	3	3	0
ABC/WashPost	45	48	3	3	0
Battleground	45	50	4	5	1
Rasmussen (telefone com atendimento automático)	49	40	4	9	1

Notas:
1. Indecisos e outros foram omitidos.
2. O Conselho Nacional de Enquetes Publicadas (NCPP – National Council on Published Polls) calculou o erro de disparidade (*spread*) como a metade da diferença entre a porcentagem real (ou seja, o resultado) e a porcentagem na enquete. Mostramos isso aqui como a diferença (isto é, nossas estimativas de erro são duas vezes aquelas mostradas pelo NCPP).

Fonte: Humphrey Taylor, John Bremer, Cary Overmeyer, Jonathan W. Siegel, and George Terhanian, "Using Internet Polling to Forecast the 2000 Elections," *Marketing Research*, *13* (Spring 2001): 26–30.

bem projetados podiam predizer com confiança os resultados das eleições. Do mesmo modo, enquetes *on-line* também foram precisas na previsão de votos e da vitória de George W. Bush na eleição presidencial de 2004, bem como na de Obama em 2008 e na sua reeleição em 2012. As pesquisas pela Internet, bem como as conduzidas por telefone e por outros modos, previram incorretamente que Donald Trump perderia a eleição presidencial de 2016, a qual, de fato, venceu. No entanto, os analistas consideraram que essa falha não pode ser atribuída à administração de levantamentos pela Internet, em vez de por outros modos, mas a outras questões com a metodologia de levantamento, além de outros fatores. Portanto, a popularidade dos levantamentos pela Internet para prever eleições e outros resultados deve continuar crescendo.[1] ∎

Pesquisa real

Pesquisa de marketing: o jeito japonês

As companhias japonesas confiam na observação pessoal como o melhor método de obter informações. Quando a Canon Cameras (www.canon.com) começou a perder mercado nos EUA para a Minolta (www.minolta.com), concluiu que a Bell & Howell, sua distribuidora, não estava dando o suporte adequado. Entretanto, a Canon não utilizou dados de um amplo levantamento com consumidores ou varejistas para chegar a essa conclusão. Em vez disso, confiou na observação pessoal e enviou três gerentes aos EUA para estudar o problema.

O chefe da equipe Canon, Tatehiro Tsuruta, passou quase seis semanas nos EUA. Ao entrar em uma loja de máquinas fotográficas, ele agia como um cliente; observava como as câmeras eram exibidas e como os empregados atendiam aos clientes. Constatou que os revendedores não se mostravam muito entusiasmados pela Canon. Observou também que não seria conveniente para a Canon utilizar drogarias e lojas de desconto como pontos de venda. Tudo isso levou a Canon a abrir sua própria subsidiária de vendas, o que resultou em um aumento das vendas e da participação de mercado. Sua própria subsidiária também foi um ativo principal na expansão das vendas de suas câmeras digitais no início do ano 2000. Até 2018, a Canon vendia seus produtos em mais de 125 países por meio de vendas diretas e de revendedores, com aproximadamente 80% provindo das vendas geradas fora do Japão.[2] ∎

As entrevistas por telefone e Internet, assim como outros métodos de pesquisa, estão se tornando cada vez mais populares para prever os resultados de eleições e oferecem muitas outras aplicações. Os métodos observacionais, embora empregados com menos frequência, têm também importantes aplicações na pesquisa de marketing, como mostrado pelo exemplo da Canon.

Métodos de levantamento

O **método de levantamento** para obtenção de informações envolve um questionário estruturado a que os entrevistados devem responder. Assim, esse método se baseia no interrogatório dos participantes, aos quais se fazem várias perguntas sobre comportamento, intenções, atitudes, consciência, motivações e características demográficas e de estilo de vida. Essas perguntas podem ser formuladas verbalmente, por escrito ou por computador, e as respostas são obtidas de qualquer uma dessas formas. Geralmente, o questionário é estruturado visando a certa padronização no processo de coleta de dados. Na **coleta de dados estruturada**, elabora-se um questionário formal e as perguntas são feitas em uma ordem predeterminada; assim, o processo é também direto. A classificação da pesquisa como direta ou indireta depende de se o verdadeiro propósito é conhecido pelos entrevistados ou não. Conforme explicado no Capítulo 5, uma abordagem direta não é disfarçada porque o objetivo do projeto é revelado aos entrevistados ou então fica evidente em vista das perguntas formuladas.

método de levantamento
Questionário estruturado dado a uma amostra de uma população e destinado a obter informações específicas dos entrevistados.

coleta de dados estruturada
Utilização de um questionário formal que apresenta questões em uma ordem predeterminada.

O levantamento estruturado direto, o método mais utilizado de coleta de dados, inclui a aplicação de um questionário. Em um questionário típico, a maioria das perguntas é do tipo de **alternativa fixa**, que exige que o entrevistado faça sua escolha em um conjunto predeterminado de respostas. Analisemos, por exemplo, uma questão destinada a avaliar a atitude em relação às lojas de departamentos:

perguntas de alternativa fixa
Perguntas que exigem que os respondentes escolham de um conjunto de respostas predeterminadas.

	Discordo				*Concordo*
Fazer compras em lojas de departamentos é divertido.	1	2	3	4	5

O método de levantamento apresenta diversas vantagens. Em primeiro lugar, sua aplicação é simples. Segundo, os dados obtidos são confiáveis porque as respostas se limitam às alternativas mencionadas. O uso de perguntas de resposta fixa reduz a variabilidade nos resultados que pode ser causada pelas diferenças entre os entrevistadores. Finalmente, a codificação, a análise e a interpretação dos dados são relativamente fáceis.[3]

A desvantagem é que os entrevistados podem ser incapazes de dar as informações desejadas ou ficar relutantes. Consideremos, por exemplo, perguntas sobre fatores motivacionais. Os participantes podem não ter consciência de seus motivos para escolher marcas específicas ou fazer compras em estabelecimentos determinados. Dessa forma, talvez não tenham condições de dar respostas precisas a perguntas sobre suas razões. Os entrevistados podem ainda relutar em responder se as informações solicitadas forem delicadas ou pessoais. Além disso, as questões estruturadas e as alternativas de resposta fixa podem resultar em perda da validade para certos tipos de dados, como crenças e sentimentos. Por último, não é fácil formular adequadamente as perguntas (ver Capítulo 10, sobre planejamento de questionários). No entanto, a despeito dessas desvantagens, a abordagem por levantamento é certamente o método mais comum de coleta quantitativa de dados primários em pesquisa de marketing, como é ilustrado pelo exemplo da enquete política na seção Aspectos Gerais e no exemplo da Ariba.

Pesquisa real

Levantamento apoia a assistência ao cliente

A SAP Ariba (www.ariba.com), provedora de *software* B2B (*business-to-business*), utiliza a Internet e sofisticados aplicativos de computador para coletar dados de levantamento. A Ariba integrou sua plataforma Vantive de Gestão de Relacionamento Cliente-Empresa (*Enterprise Customer Relationship Management*, um sistema de *software* patenteado) com o Sistema de Levantamento pela Internet (*Web Survey System*) da CustomerSat.com. Com essas condições, a Ariba consegue obter *feedback* em tempo real, acompanhar tendências e receber notificação imediata a respeito de clientes insatisfeitos. Outras vantagens que a Ariba extrai desse sistema são a capacidade de distribuir dados numéricos positivos para fortalecer o moral da empresa e implementar os procedimentos das melhores práticas como resultado dos dados.

O sistema funciona por meio de um levantamento on-line para cada cliente (entrevistado) que solicita assistência. Esse levantamento coleta não apenas dados específicos sobre o problema que os clientes estão enfrentando, mas também outros dados que podem ser utilizados em decisões executivas ao longo do percurso (por exemplo, necessidades atuais de produtos, gostos/aversões). O sistema analisa as respostas e encaminha o entrevistado para um especialista. O cliente pode avaliar e comentar sua experiência durante as 24 horas seguintes ao encerramento do caso. A Ariba utiliza esses dados de levantamento para melhorar seu sistema de atendimento ao cliente; já os dados não relacionados ao problema são empregados para tomar decisões executivas sobre a direção e as ofertas da empresa. Como resultado da implementação desse sistema, o crescimento da Ariba tem sido fenomenal. Em 2017, a Ariba Network contava com aproximadamente 2 milhões de empresas fortes com enorme suporte como membro da família SAP.[4] ∎

Os métodos de levantamento são classificados segundo o modo como se aplica o questionário. Esses esquemas de classificação ajudam a distinguir os métodos de levantamento.

Classificação dos métodos de levantamento segundo o modo de aplicação

Os questionários de levantamento são aplicados de cinco maneiras principais: (1) entrevistas telefônicas, (2) entrevistas pessoais, (3) entrevistas por correio, (4) entrevistas eletrônicas e (5) entrevistas em dispositivos móveis (ver Figura 6.1). As entrevistas telefônicas são ainda classificadas como tradicionais ou assistidas por computador (CATI – *computer-assisted telephone interviews*). As entrevistas pessoais podem ser realizadas em residências, em *shoppings centers* ou como entrevistas pessoais assistidas por computador (CAPI – *computer-assisted personal interviews*). O terceiro método, as entrevistas por correio, toma a forma de levantamentos pelo correio comum ou levantamentos feitos por meio de painéis postais. As entrevistas eletrônicas podem ser realizadas por *e-mail* ou aplicadas pela Internet. Finalmente, levantamentos em dispositivos móveis são administrados por tais dispositivos. Dentre esses métodos, o de entrevistas pela Internet é o mais popular nos Estados Unidos e está ganhando terreno rapidamente. Vamos descrever cada um desses métodos, exceto as pesquisas por dispositivos móveis, que serão abordadas numa seção adiante.

Métodos telefônicos

Como afirmado anteriormente, as entrevistas telefônicas podem ser tradicionais ou assistidas por computador.

Entrevistas por telefone tradicionais

Consistem em telefonar para uma amostra de entrevistados e fazer uma série de perguntas. O entrevistador usa um questionário em um formulário e registra as respostas a lápis. Os avanços nas telecomunicações e na tecnologia tornaram muito práticas as entrevistas por telefone em todo o país a partir de uma sede central. Consequentemente, o uso de entrevistas por telefone locais vem diminuindo nos últimos anos.[5]

Entrevistas por telefone assistidas por computador

A entrevista por telefone assistida por computador realizada a partir de uma sede central é agora mais utilizada do que o método por telefone tradicional. A entrevista por telefone assistida por computador (CATI) usa um questionário computadorizado que é aplicado aos participantes por telefone. Pode-se gerar um questionário computadorizado utilizando-se um *mainframe*, um minicomputador ou um computador pessoal. O entrevistador senta-se em frente a um terminal de computador e usa um minifone de ouvido. O computador substitui o questionário de papel e lápis e o minifone substitui o telefone. A um comando, o computador disca o número de telefone a ser chamado. Quando é feito o contato, o entrevistador lê as perguntas formuladas na tela do computador e registra as respostas do entrevistado diretamente no banco de memória do computador.

O computador guia sistematicamente o entrevistador. Na tela, aparece apenas uma questão de cada vez. O computador verifica a adequação e a coerência das respostas e as utiliza, tais como foram obtidas, para personalizar o questionário. A coleta de dados flui de forma natural e contínua. O tempo de entrevista é reduzido, a qualidade dos dados é melhorada e eliminam-se as etapas laboriosas no processo de coleta de dados, codificação de questionários e introdução dos dados no computador. Como as respostas são introduzidas diretamente no computador, é possível obter quase instantaneamente relatórios atualizados sobre coleta de dados ou resultados. O levantamento telefônico da Harris Poll, no caso da pesquisa eleitoral para presidente, utilizou a CATI, da mesma forma que o exemplo a seguir.

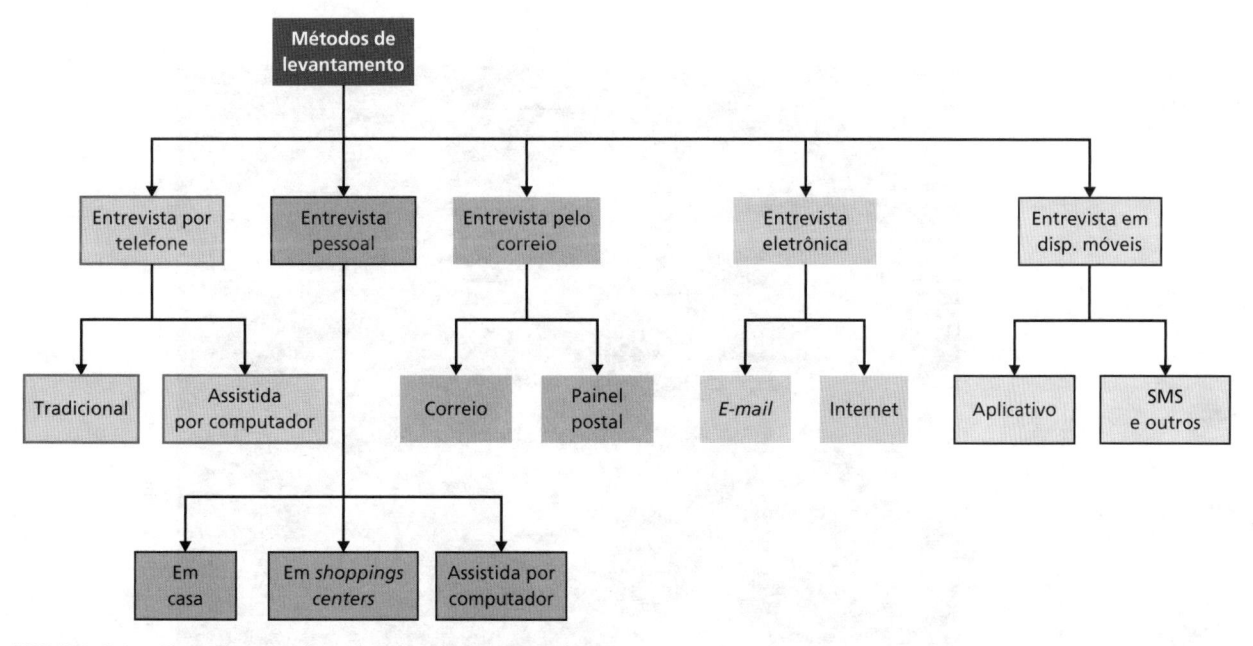

FIGURA 6.1 Classificação de métodos de levantamento.

Pesquisa real

Levantamentos por telefone: a marca registrada da Hallmark

Como as mulheres controlam mais da metade das decisões de compra em suas casas, a Hallmark, Inc. (www.hallmark.com) realizou algumas pesquisas sobre esse mercado-alvo: as mulheres. Pesquisas qualitativas revelaram a importância das amigas na vida das mulheres. Realizou-se um levantamento nacional por telefone que perguntava a mulheres de 18 a 39 anos como elas conheceram suas melhores amigas e com que frequência mantinham contato com elas. Perguntou-se às entrevistadas qual era a probabilidade (ou improbabilidade) de que compartilhassem segredos, surpresas, desentendimentos com o cônjuge e informações pessoais (gravidez) com suas amigas. Os resultados mostraram que 45% das mulheres sentiam que havia uma ocasião em que elas prefeririam compartilhar a informação com uma amiga a compartilhá-la com um amigo. Também constatou-se que 81% das mulheres "discutiam questões calmamente com suas amigas quando tinham opiniões diferentes". Ambas as porcentagens ilustram uma probabilidade maior de as mulheres compartilharem informações e se manterem em contato.

Nesse estudo, 42% das mulheres afirmaram que tinham uma mulher que consideravam sua "melhor amiga", 33% das mulheres viviam a menos de 16 quilômetros de sua melhor amiga e 28% moravam a mais de 160 quilômetros de suas melhores amigas. Com base nisso, a Hallmark lançou sua nova linha de cartões, a "Hallmark Fresh Ink", que permitia às mulheres manter-se em contato com suas amigas. Saber que elas eram seu mercado-alvo e a frequência com que mantinham contato permitiu à empresa lançar uma nova linha com muito sucesso. Os levantamentos por telefone tornaram-se a marca registrada da pesquisa de marketing da Hallmark, permitindo à empresa formular estratégias de marketing bem-sucedidas. Em 2017, a Hallmark detinha uma fatia dominante de 44,4% dos mercados combinados de cartões em papel e eletrônicos nos Estados Unidos, e seus cartões eram vendidos em mais de 40 mil pontos de venda no varejo. A empresa também publicava produtos em mais de 30 idiomas, vendidos em mais de 100 países.[6] ■

Vários pacotes de *software*, como Studio, da Sawtooth Software (www.sawtoothsoftware.com), estão disponíveis para realização de CAPI. O Lighthouse Studio suporta todos os formatos padronizados de perguntas, incluindo "saltos" de questões, *data piping*, ciclos e desenvolvimento de listas dinâmicas. Sistemas para levantamentos telefônicos assistidos por computador (CATS) são capazes de ligar para os respondentes e entrevistá-los, sem intervenção humana, apenas com a gravação digital das perguntas feitas durante o levantamento.

PESQUISA ATIVA

Delta Air Lines: pesquisa de preferência por linhas aéreas

Visite www.delta.com e pesquise na Internet, incluindo mídias sociais, e no banco de dados *on-line* de sua biblioteca informações sobre as preferências dos consumidores no que se refere à escolha de uma companhia aérea para viagens domésticas.

Como gerente de marketing da Delta Air Lines, como você utilizaria as informações sobre preferências de linhas aéreas para viagens domésticas a fim de formular estratégias de marketing para aumentar sua participação de mercado?

Quais são as vantagens e desvantagens da entrevista telefônica na realização de um levantamento para obter informações sobre as preferências dos consumidores por companhias aéreas para viagens domésticas? Você recomendaria esse método para realizar um levantamento para a Delta Air Lines?

Na entrevista telefônica assistida por computador, este guia o entrevistador de forma sistemática.

Métodos pessoais

Os métodos de entrevista pessoal são classificados em entrevistas feitas em residências, em *shopping centers* ou assistidas por computador.

Entrevistas pessoais em domicílio

Nessas entrevistas, os participantes são entrevistados pessoalmente em sua residência. A tarefa do entrevistador é contatar os entrevistados, fazer as perguntas e registrar as respostas. Nos últimos anos, as entrevistas pessoais em domicílio diminuíram devido ao seu alto custo. No entanto, ainda são usadas, especialmente por empresas de serviços por assinatura (ver o Capítulo 4), como a GfK MRI.

Pesquisa real

GfK MRI: *benchmark* em domicílios americanos

A GfK MRI (www.mri.gfk.com) é uma subsidiária da GfK (www.gfk.com). O Survey of the American Consumer® da GfK MRI é um levantamento padrão do ramo para índices de leitores de revistas nos Estados Unidos e é usado na maioria dos planos de mídia e marketing no país. Entrevistas pessoais a domicílio estão no cerne desse levantamento. A entrevista pessoal abrange a maioria das mídias (com exceção de programas de TV específicos) mensuradas no levantamento. Entre as mídias de destaque na entrevista pessoal estão revistas, jornais nacionais, rádio, TV (uso em geral de TV e uso em diferentes turnos, bem como canais a cabo, mas não programas individuais) e Internet. A MRI obtém todas as informações demográficas referentes aos respondentes e a outros membros do domicílio durante a entrevista. Perguntas sobre tomadas de decisões *business-to-business*, bem como sobre atividades públicas, também são feitas durante a entrevista pessoal. A GfK MRI desenvolveu inúmeros produtos e serviços inovadores de pesquisa que utilizam esse levantamento como base.[7] ∎

Apesar de suas inúmeras aplicações, o uso de entrevistas pessoais em domicílio está em declínio, principalmente devido ao seu alto custo.

Entrevistas pessoais em *shoppings*

Nas entrevistas pessoais em *shoppings*, as pessoas são abordadas enquanto fazem compras e solicita-se que se dirijam ao local de realização da pesquisa no estabelecimento. O entrevistador aplica então um questionário, como na entrevista pessoal em domicílio. A vantagem das entrevistas em *shoppings* está no fato de ser mais produtivo o entrevistado ir ao entrevistador do que o contrário.[8] Este método tornou-se muito popular, e há várias centenas de instalações permanentes para realização de pesquisas nos *shoppings* dos EUA. Conforme mostra o exemplo a seguir, as entrevistas em *shoppings* são especialmente apropriadas quando os participantes precisam ver, tocar ou consumir o produto antes de darem uma informação significativa.

Pesquisa real

Mesmo nome, novo número

Ao entrar no novo milênio, a AT&T (www.att.com) oferecia não apenas serviços telefônicos de longa distância,

Entrevista sendo realizada em um *shopping*.

mas também serviços de televisão a cabo, telefonia móvel e de Internet. Entretanto, a maioria das pessoas ainda via a AT&T simplesmente como uma companhia telefônica entediante e ultrapassada. A empresa queria criar uma nova imagem, divertida e moderna. Sua agência de propaganda, a Young & Rubicam (www.yr.com), teve a ideia de utilizar a logomarca da AT&T, o globo azul e branco, e animá-lo para que se tornasse o porta-voz nas propagandas. Para verificar se a logomarca era suficientemente reconhecível, a AT&T contratou a SE Surveys, uma empresa de pesquisas de Nova York, para realizar um levantamento. Os pesquisadores fizeram 500 entrevistas pessoais em *shoppings* em 15 mercados para tratar do problema da AT&T. Foram escolhidas entrevistas em *shoppings* em vez de outros métodos de pesquisa para que se pudesse mostrar aos entrevistados uma imagem da logomarca da AT&T antes de eles responderem às perguntas. Os consumidores foram questionados se eles reconheciam a logomarca, que foi exibida sem o nome da empresa. Os resultados do levantamento mostraram que 75% de toda a amostra reconheceram a logomarca como representativa da AT&T sem ajuda alguma, enquanto 77% dos entrevistados de 18 a 24 anos e 80% dos "usuários ativos de alto valor" reconheceram a logomarca. Os usuários ativos de alto valor são aqueles que gastam US$ 75 ou mais em serviços sem fio.

Tendo em vista esses resultados positivos, foram feitos comerciais animados com a logomarca saltitando pela tela e mostrando como os vários serviços da AT&T poderiam auxiliar um indivíduo ou uma empresa. Desde então, a consciência e a percepção dos serviços da AT&T têm se mantido elevadas. Em outubro de 2016, foi anunciado que a AT&T iria adquirir a Time Warner por US$ 85 bilhões, continuando a sua trajetória de crescimento.[9] ∎

Um computador de mão pode substituir os questionários de papel usados nas entrevistas em domicílio e em *shoppings*. Com a tecnologia que utiliza uma caneta para entrada de dados, o sistema usa a memória do *display* como teclado do *software*.

Entrevista pessoal assistida por computador (CAPI)

Em uma entrevista pessoal assistida por computador (CAPI), a terceira forma de entrevista pessoal, o entrevistado senta-se em frente a um terminal de computador e responde a um questionário apresentado na tela, utilizando o teclado ou um *mouse*. Há vários pacotes eletrônicos de utilização simples que elaboram perguntas facilmente entendidas pelo entrevistado. Oferecem-se também telas de ajuda e mensagens de erro. As telas coloridas e os estímulos dentro e fora da tela do computador aumentam o interesse e o envolvimento do entrevistado na tarefa. Esse método foi classificado como uma técnica de entrevista pessoal porque normalmente um entrevistador está presente para servir de "anfitrião" e para orientar o entrevistado quando necessário. As CAPI têm sido empregadas para coletar dados em *shoppings*, lojas de produtos, conferências e exposições comerciais, sendo os quiosques uma das formas mais populares. Além disso, o uso de computadores portáteis possibilita o emprego de CAPI em uma grande variedade de lugares, desde a residência dos respondentes até os mais diversos lugares públicos.[10]

Métodos postais

As entrevistas por correio, terceira maior forma de aplicação de levantamentos, podem ser realizadas por correio comum ou por painel postal.

Em uma entrevista pessoal assistida por computador (CAPI), o respondente utiliza o computador para responder ao questionário que aparece na tela, como mostrado.

Uma pessoa respondendo a uma entrevista por correio.

Entrevistas por correio

Na entrevista por correio tradicional, os questionários são enviados pelo correio a entrevistados pré-selecionados. Um pacote típico desse tipo de entrevista consiste em envelope de remessa, carta explicativa, questionário, envelope para retorno e, possivelmente, algum incentivo. Os entrevistados preenchem e devolvem os questionários, e não há interação verbal entre o pesquisador e o entrevistado.[11]

Entretanto, antes de começar a coleta de dados, os entrevistados têm que ser identificados, ainda que de modo geral. Assim, o primeiro passo é obter uma lista de endereços válida. Essas listas podem ser compiladas com base em listas telefônicas, listas de clientes e relações de membros de uma associação, ou adquiridas de listas de assinaturas de publicações ou de empresas de listas comerciais de postagem.[12] Independentemente de sua fonte, uma lista de endereços deve estar atualizada e se relacionar diretamente à população de interesse. O pesquisador também precisa tomar decisões a respeito dos vários elementos do pacote de entrevistas por correio (ver Tabela 6.1). As entrevistas

TABELA 6.1
Algumas decisões relacionadas ao pacote de entrevista pelo correio

Envelope de remessa
Envelope de remessa: tamanho, cor, endereço de retorno
Postagem
Método de endereçamento

Carta explicativa
Patrocínio	Assinatura
Personalização	Pós-escrito
Tipo de apelo	

Questionário
Extensão	Leiaute
Conteúdo	Cor
Tamanho	Formato
Reprodução	Anonimato do entrevistado

Envelope de retorno
Tipo de envelope
Postagem

Incentivos
Monetário *versus* não monetário
Quantia paga antecipadamente *versus* quantia prometida

postais são utilizadas para os mais diversos propósitos, incluindo medição das preferências dos consumidores, como ilustrado pelo exemplo a seguir.

Pesquisa real

Mint reúne arte e artesanato

O Mint Museum of Art (www.mintmuseum.org) localiza-se em Charlotte, Carolina do Norte, e tem a reputação de ser uma das principais instituições culturais do sudeste dos Estados Unidos. Devido a recentes mudanças na população da região, o Mint começou a se perguntar se sua vasta e diversificada coleção era a melhor forma de apresentar arte ao público e quem era esse público. Além disso, o Mint queria criar o Museu Mint de Artesanato + Design, mas não tinha certeza se era isso o que o público queria ou se o conceito seria entendido. Assim, foi contratada a InterActive Research de Atlanta.

A InterActive Research criou um estudo em duas etapas para descobrir as informações desejadas pelo Mint. O objetivo da pesquisa era medir a consciência, o uso e as atitudes frente ao museu existente, assim como em relação ao plano do novo Museu de Artesanato + Design. A primeira etapa do estudo foi qualitativa e consistiu em 15 grupos de foco, seguida de uma etapa quantitativa, composta de um questionário detalhado postado para cerca de 10 mil residentes na área de Charlotte. Foram recebidas 1.300 respostas.

Os resultados mostraram que o Mint era percebido como elitista. Os entrevistados também sentiam que a coleção existente era ampla demais e não apresentava um tema coerente. As pessoas apoiavam o novo museu de Artesanato + Design, mas sentiam que era necessária uma grande iniciativa educacional para informar ao público o que isso representava exatamente. O preço e o estacionamento foram indicados como duas barreiras à ida das pessoas ao museu, então decidiu-se que isso precisava ser levado em conta no desenvolvimento do novo edifício. As entradas de US$ 5 a 7 foram vistas como aceitáveis, mas as pessoas não achavam que pagariam para ir ao novo museu se custasse mais do que isso. A pesquisa também indicou que o Mint deveria pensar em oferecer uma associação de ambos os museus para incentivar a visitação. Muitas das constatações dessa pesquisa tinham sido implementadas até 2018. Com base nos resultados da pesquisa, o Mint decidiu consolidar sua coleção atual em um tema mais centrado – Arte nas Américas – e organizá-la em ordem cronológica. Ocasionalmente pode haver uma obra europeia, mas a maioria das obras de arte provém da América do Norte ou do Sul. O preço da entrada foi US$ 12 por pessoa, e os ingressos podiam ser utilizados para entrar tanto no Museu de Arte Mint (conhecido com Mint Museum Randolph) quanto no Museu Mint de Artesanato + Design (conhecido como Mint Museum Uptown).[13] ∎

PESQUISA ATIVA

Jantar em restaurante: um caso informal?

Visite www.outback.com e pesquise na Internet, incluindo mídias sociais, e no banco de dados *on-line* de sua biblioteca informações sobre as preferências dos consumidores no que se refere a restaurantes de ambiente informal.

Se fosse gerente de marketing do Outback, como você utilizaria as informações sobre preferências de restaurantes informais para formular estratégias de marketing a fim de aumentar as vendas e sua participação de mercado?

Quais são as vantagens e desvantagens do correio, painel por correio e fax na realização de um levantamento para obter informações sobre as preferências dos consumidores por restaurantes informais? Qual desses métodos você recomendaria para realizar um levantamento para o Outback?

Painéis postais

Os painéis postais foram introduzidos nos Capítulos 3 e 4. Um **painel postal** consiste em uma amostra grande, nacionalmente representativa, de residências que concordaram em participar de questionários postais periódicos e testes de produtos. As pessoas da casa são compensadas com vários incentivos. Os dados dos membros do painel são atualizados todos os anos. Devido ao comprometimento dos membros do painel, os índices de resposta podem aproximar-se dos 80%. Várias empresas de pesquisa de marketing, incluindo a Kantar TNS (www.tnsglobal.com) e a Ipsos (www.ipsos.com), mantêm painéis postais. A tendência recente tem sido substituir painéis postais por painéis de Internet e multimídia.

Os painéis postais podem ser usados para obter informações dos mesmos respondentes repetidamente. Assim, eles podem ser usados para implementar uma pesquisa longitudinal.

painel postal
Amostra grande e nacionalmente representativa de residências que concordaram em participar periodicamente de questionários postais, testes de produtos e levantamentos por telefone.

Os painéis postais são utilizados para obter informações dos mesmos entrevistados repetidamente, podendo ser empregados para implementar um estudo longitudinal.

Métodos eletrônicos

Como mencionado anteriormente, os levantamentos eletrônicos podem ser realizados por *e-mail* ou administrados pela Internet ou na Web.

Entrevistas por *e-mail*

Para fazer uma pesquisa por correio eletrônico, é preciso obter uma lista de endereços eletrônicos. A pesquisa é redigida no corpo da mensagem do *e-mail* e enviada aos entrevistados pela Internet. As pesquisas por *e-mail* utilizam texto puro (ASCII) para representar questionários e podem ser recebidas e respondidas por qualquer pessoa com um endereço de correio eletrônico, tenha ela ou não acesso à Internet. Os entrevistados digitam, nos lugares indicados, as respostas a questões fechadas ou abertas e clicam em "responder". As respostas são introduzidas como dados e, a seguir, são tabuladas. Deve-se observar que a introdução de dados é geralmente necessária neste tipo de levantamento.

As pesquisas por *e-mail* têm vários inconvenientes. Em vista das limitações técnicas da maioria dos sistemas de correio eletrônico, os questionários não podem utilizar os "saltos" de questões, as verificações lógicas ou a randomização. Os recursos limitados do texto ASCII não conseguem evitar que um entrevistado escolha, digamos, "sim" e "não" simultaneamente em uma questão na qual apenas uma resposta teria sentido. Instruções que utilizam "saltos" (por exemplo, "Se a resposta da questão 5 for sim, passe à questão 9") devem figurar explicitamente, como no papel. Esses fatores podem reduzir a qualidade dos dados de um levantamento por *e-mail* e exigir uma depuração dos dados pós-levantamento. Outro problema é que alguns produtos de *software* de correio eletrônico limitam a extensão do texto de uma mensagem.

Entrevistas pela Internet

Ao contrário dos levantamentos por *e-mail,* os levantamentos pela Internet ou pela Web utilizam **linguagem de marcação de hipertexto** (*hypertext markup language*) (HTML), a linguagem da Web, e são colocados em um *site* da Internet. Os entrevistados podem ser recrutados *on-line,* a partir de bancos de dados de respondentes em potencial, em painéis da Internet ou por métodos convencionais (correio, telefone). Os entrevistados devem dirigir-se a um determinado endereço na Web para completar o levantamento. Muitas vezes, os entrevistados não são recrutados, mas os que por acaso estiveram no *site* em que o levantamento é colocado (ou outros *sites* populares) são convidados a participar dele. Pode-se permitir a participação de todos os visitantes do *site* ou apenas de cada *ésimo* visitante. Os levantamentos pela Internet oferecem várias vantagens sobre os levantamentos por *e-mail.* Em HTML, mas não em ASCII, é possível construir botões, caixas para marcar respostas e campos de entrada de dados que impedem que os entrevistados selecionem mais de uma resposta quando cabe apenas uma, ou escrevam algo onde não se exige uma resposta. Pode-se programar e realizar automaticamente o "salto" de questões, como nas CATI ou CAPI. É possível validar respostas à medida que são introduzidas. Finalmente, podem ser integrados na pesquisa estímulos adicionais, como gráficos, imagens, animações e *links* para outras páginas. As respostas são coletadas em uma base de dados anexa. Os dados exigem algum processamento antes de serem tabulados ou usados em um pacote estatístico. Todos esses fatores contribuem para uma melhor qualidade dos dados. O exemplo dado na seção Aspectos Gerais sobre o levantamento *on-line* da Harris Poll durante a pesquisa sobre as eleições presidenciais foi um caso de levantamento pela Internet. Outros estudos também demonstram que os resultados obtidos com levantamentos na Internet podem estar muito próximos dos adquiridos por meio dos métodos tradicionais.

linguagem de marcação de hipertexto (HTML)
Linguagem da Web.

Os painéis pela Internet estão crescendo em popularidade e podem ser uma fonte eficiente de obtenção de amostras na Internet (conforme discutido mais detalhadamente no Capítulo 11). Na verdade, muitos fornecedores de pesquisa de marketing e empresas de serviços por assinatura substituíram seus tradicionais painéis postais por painéis na Internet. Estes tomam menos tempo e são mais baratos para construir e manter se comparados com os painéis postais. Várias empresas oferecem painéis pela Internet que podem ser usados por outros pesquisadores para retirar amostras da Internet mediante pagamento de uma taxa, como SSI (www.surveysampling.com) e Toluna (us.toluna.com).

Dentre as limitações dos levantamentos por *e-mail* estão: a possível necessidade de se fazer uma limpeza nas mensagens, formulários limitados que devem ser seguidos à risca pelo usuários de modo a garantir que não seja necessária a limpeza e questões de compatibilidade de sistemas de correio eletrônico. Outra dificuldade é o *spam*. Cerca de metade de todo o tráfego de correio eletrônico é *spam* inconveniente.

No caso dos levantamentos pela Internet que recrutam respondentes que estão navegando no *site* ou que usam os *banners* de propaganda, há uma tendenciosidade inerente por causa da autosseleção. Isso pode ser diminuído usando-se uma amostra validada, na qual os indivíduos são pré-selecionados de um conjunto de endereços de correio eletrônico e recebem um convite para o *site* da Internet. Os levantamentos pela Internet apresentam, de fato, algumas vantagens sobre os levantamentos por *e-mail* porque permitem o uso de gráficos e som, são enviados para um servidor seguro e fornecem um retorno instantâneo. Os levantamentos pela Internet também podem empregar sistemas de alerta que são disparados quando certos limiares são atingidos. Por exemplo, se o *site* de um hotel alcança seu limite de desempenho abaixo do padrão, notifica-se imediatamente um gerente e este pode agir com rapidez. É claro, os problemas com qualquer levantamento pela Internet incluem o fato de que a tendenciosidade pode ser introduzida se os entrevistados responderem mais de uma vez; além disso para amostras não validadas, pode não haver representatividade estatística da sua composição.

Basicamente, a pesquisa pela Internet pode ser tão representativa e eficiente quanto outros métodos tradicionais, especialmente à medida que a população na Internet continua a crescer. Os problemas das pesquisas pela Internet devem ser abordados e resolvidos com eficácia, da mesma forma que os problemas com a pesquisa tradicional foram e continuam sendo resolvidos.[14]

Pesquisa real

Sony: levantamentos pela Internet captam participações de mercado no *download* de músicas

Nenhuma empresa envolvida com o setor de música pode ignorar o mercado de música *on-line*, um segmento altamente dinâmico e em expansão. A Sony (www.sony.com) está ciente desse fato e desenvolveu um meio inovador para entender as perspectivas dos principais usuários da Internet a fim de sentir o pulso desse mercado.

"Acontece que sou membro do PS4 [*site* do PlayStation] do Voice of the Elite da Sony", diz Joseph Laszlo, um grande usuário de jogos e da Internet. Voice of the Elite (VOTE) é um levantamento na Web realizado pela Sony no *site* do PlayStation. O acesso ao levantamento é restrito a membros selecionados do *site* PS que também são jogadores assíduos.

Além de fazer o respondente se sentir um pouco importante, os levantamentos da Sony costumam ser muito interessantes. Eles compartilham alguns dos resultados com os respondentes, o que muitas vezes oferece novas informações. A Sony regularmente compartilha um resultado de um levantamento anterior no levantamento que está sendo realizado, o que é uma boa prática para esse tipo de programa contínuo de pesquisa de mercado/fidelidade, uma vez que todos querem saber como sua opinião se enquadra no painel.

Um dos levantamentos recentes tinha por objetivo entender o setor de música *on-line* do ponto de vista do usuário. A Sony perguntou ao seu grupo de leais jogadores PS4: "De onde você baixa músicas?". Os resultados foram os seguintes: iTunes: 18,8%; Napster: 8,6%; MusicMatch: 7,8%; Rhapsody: 2,9%; Buymusic: 2,2%; eMusic: 1,7%; outros: 31,4%; e nenhum: 26,6%.

A Sony recebe receitas consideráveis na forma de *royalties* de *downloads* de música legalizados. Naturalmente, a estratégia da Sony é promover o *download* legal e reduzir o *download* ilegal. Para esse fim, a Sony oferece acesso a lojas de música *on-line* por meio de seu *site* oficial (www.sonymusic.com). Os resultados do levantamento apresentados aqui forneceram algumas informações interessantes usadas para planejar esse serviço. Eles sugerem que, entre os usuários mais informados da Internet (supondo que os jogadores sejam bem informados), o iTunes tem a liderança, mas não tão significativa quanto se poderia esperar, e que a marca Napster realmente ajudou um relativo retardatário a conquistar a segunda posição entre os serviços legais, pelo menos com esse segmento da população *on-line*. As opções para *download* oferecidas no *site* da Sony em grande parte foram determinadas pelos resultados do levantamento. Até mesmo o posicionamento dos *sites* na lista reflete os resultados do levantamento, com o iTunes e o Napster abrindo caminho para o topo da lista.[15] ■

Diversos serviços com base na Web estão disponíveis para o campo de levantamentos *on-line*. CreateSurvey (www.createsurvey.com) e Zoomerang (www.zoomerang.com) permitem que você crie e administre levantamentos *on-line* em seus *sites*. O Survey System (www.surveysystem.com) é um pacote de *software* disponível para trabalho com questionários impressos, *on-line* e por telefone. Ele lida com todas as fases dos projetos de levantamento, desde a criação de questionários, passando pela entrada de dados, entrevistas, *e-mail*, ou levantamentos pela Internet em páginas da Web, até a produção de tabelas, gráficos e relatórios de texto. Web Online Surveys (web-online-surveys.com), SurveyMonkey (www.surveymonkey.com) e SurveyPro (www.apian.com) são outros pacotes populares de *software* para criação de levantamentos com base na Web e de outros tipos.

Experiência de pesquisa

Experimentando a pesquisa por levantamento

1. Use CreateSurvey (www.createsurvey.com) e Zoomerang (www.zoomerang.com) para criar um questionário de levantamento a fim de medir a satisfação dos alunos com o jornal do *campus*. Compare os dois *sites* em termos de (1) facilidade de criação de um levantamento, (2) flexibilidade para fazer diferentes tipos de perguntas e (3) satisfação geral.
2. Visite os *sites* de duas das seguintes empresas de *software* de levantamento: SurveyMonkey (www.surveymonkey.com), Web Online Surveys (web-online-surveys.com) e SurveyPro (www.apian.com). Se você tivesse que recomendar a compra de *software* de levantamento, qual dos dois você escolheria e por quê?
3. Visite MySurvey (www.mysurvey.com) e responda a um levantamento *on-line*. Lembre-se de que primeiro você terá que se tornar membro do painel. Escreva um breve relatório sobre sua experiência. ■

Lembre-se, porém, de que nem todos os métodos de levantamentos são apropriados em uma dada situação. Portanto, o pesquisador deve realizar uma avaliação comparativa para determinar que métodos são adequados.

Avaliação comparativa dos métodos de levantamento

Na Tabela 6.2, são comparados os diferentes métodos de levantamento em relação a vários fatores (sua importância relativa varia conforme o projeto de pesquisa), que podem ser amplamente classificados como de tarefa, situacionais e do respondente. Os fatores de tarefa relacionam-se com as tarefas que devem ser desempenhadas para a coleta de dados e com o tópico do levantamento, e consistem na diversidade de questões e flexibilidade, no uso de estímulos físicos, no controle da amostra, na quantidade de dados e no índice de resposta. Os fatores situacionais compreendem o controle do ambiente de coleta de dados, o controle dos trabalhadores de campo, o potencial de tendenciosidade do entrevistador, a velocidade e o custo. Os fatores do respondente dizem respeito aos entrevistados do levantamento e incluem a percepção do anonimato, a conveniência social, a obtenção de informações delicadas, a baixa taxa de incidência e o controle do respondente. Discutimos detalhadamente a avaliação dos diferentes métodos de levantamento para cada um desses fatores.

Fatores de tarefa

A demanda que a tarefa a ser desempenhada coloca sobre os respondentes e o processo de coleta de dados influenciam o método de levantamento que deve ser usado. A natureza da tarefa envolvida tem impacto sobre a diversidade de pergun-

TABELA 6.2
Avaliação comparativa de métodos de levantamento

Critérios	Telefone/CATI	Entrevistas em domicílio	Entrevistas em *shoppings*	CAPI	Levantamentos por correio	Painéis postais	E-mail	Internet	Disp. móveis
Fatores de tarefa									
Diversidade de questões e flexibilidade	Baixa a moderada	Alta	Alta	Moderada a alta	Moderada	Moderada	Moderada	Moderada a alta	Baixa
Uso de estímulos físicos	Baixo	Moderado a alto	Alto	Alto	Moderado	Moderado	Baixo	Moderado	Baixo a moderado
Controle da amostra	Moderado a alto	Potencialmente alto	Moderado	Moderado	Baixo	Moderado a alto	Baixo	Baixo a moderado	Baixo a moderado
Quantidade de dados	Baixa	Alta	Moderada	Moderada	Moderada	Alta	Moderada	Moderada	Baixa
Índice de resposta	Moderado	Alto	Alto	Alto	Baixo	Alto	Baixo	Muito baixo	Moderado
Fatores situacionais									
Controle do ambiente de coleta de dados	Moderado	Moderado a alto	Alto	Alto	Baixo	Baixo	Baixo	Baixo	Baixo
Controle da equipe de campo	Moderado	Baixo	Moderado	Moderado	Alto	Alto	Alto	Alto	Alto
Potencial de tendenciosidade do entrevistador	Moderado	Alto	Alto	Baixo	Nenhum	Nenhum	Nenhum	Nenhum	Nenhum
Velocidade	Alta	Moderada	Moderada a alta	Moderada a alta	Baixa	Baixa a moderada	Alta	Muito alta	Muito alta
Custo	Moderado	Alto	Moderado a alto	Moderado a alto	Baixa	Baixo a moderado	Baixo	Baixo	Baixo a moderado
Fatores dos respondentes									
Anonimato percebido dos respondentes	Moderado	Baixo	Baixo	Baixo	Alto	Alto	Moderado	Alto	Moderado
Conveniência social	Moderada	Alta	Alta	Moderada a alta	Baixa	Baixa	Moderada	Baixa	Baixa
Obtenção de informações delicadas	Alta	Baixa	Baixa	Baixa a moderada	Alta	Moderada a alta	Moderada	Alta	Moderada a alta
Baixa taxa de incidência	Alta	Baixa	Baixa	Baixa	Moderada	Moderada	Moderada	Alta	Alta
Controle do respondente	Baixo a moderado	Baixo	Baixo	Baixo	Alto	Alto	Alto	Moderado a alto	Alto

tas e a flexibilidade, o uso de estímulos físicos, o controle da amostra, a quantidade de dados e o índice de resposta.

DIVERSIDADE DE PERGUNTAS E FLEXIBILIDADE A diversidade de perguntas que podem ser formuladas em um levantamento e a flexibilidade da coleta de dados dependem do grau de interação do participante com o entrevistador, do questionário e também da possibilidade de o entrevistado ver as perguntas. Em uma entrevista pessoal, é viável formular uma grande diversidade de perguntas porque os participantes podem ver o questionário e porque um entrevistador está presente para dirimir ambiguidades. Como o respondente e o entrevistador se encontram pessoalmente, o segundo pode administrar questionários complexos, explicar e esclarecer perguntas difíceis e até mesmo utilizar técnicas não estruturadas. Por isso, os métodos em domicílio, de abordagem em *shoppings* e as CAPI permitem diversidade. Também há bastante flexibilidade nas entrevistas em domicílios ou em *shoppings*, o que diminui um pouco no caso das CAPI devido à ausência de um entrevistador. Em levantamentos pela Internet, pode-se utilizar a capacidade multimídia e, assim, a possibilidade de formular diversas questões é de moderada a alta, apesar da ausência de um entrevistador. Além disso, certa interatividade pode ser acrescentada ao questionário, aumentando a flexibilidade. Em levantamentos pelo correio, por painéis postais e por *e-mail*, menos diversidade e flexibilidade são possíveis, uma vez que o levantamento é, essencialmente, autoadministrado pelo respondente e não há um entrevistador presente para oferecer explicações. No entanto, a falta de interação com o entrevistador é moderada pela possibilidade de ver o questionário. Portanto, esses métodos recebem uma classificação moderada. Nas tradicionais entrevistas por telefone e nas CATI, o respondente não pode ver as perguntas enquanto responde, e isso limita a diversidade das questões. Por exemplo, em uma entrevista por telefone ou CATI, não se pode pedir que os respondentes classifiquem 15 marcas de automóveis em termos de preferência. Já em CATI, como também em CAPI e levantamentos pela Internet, o pesquisador pode personalizar o questionário e lidar com complexos padrões de "saltos" de questões (instruções para saltar perguntas no questionário com base nas respostas do indivíduo), possibilitando assim alguma flexibilidade e resultando em uma classificação de baixa a moderada.

Um benefício dos levantamentos pela Internet frequentemente esquecido é a facilidade e a rapidez com que podem ser modificados. Por exemplo, os resultados dos dados iniciais podem sugerir questões que devem ser adicionadas. A modificação ou o acréscimo de questões durante a realização do levantamento seria quase impossível com um questionário postal e difícil no caso de questionários pessoais ou telefônicos, mas isso pode ser feito em questão de minutos com alguns dos sistemas de levantamento pela Internet.

USO DE ESTÍMULOS FÍSICOS Muitas vezes, é conveniente ou necessário utilizar estímulos físicos como o produto, um protótipo do produto ou anúncios e cartazes promocionais durante a entrevista. Como o mais básico dos exemplos, um teste de sabor exige que se prove o produto. Em outros casos, fotografias, mapas e outros recursos audiovisuais são empregados. Em tais casos, as entrevistas pessoais feitas em lugares centrais (*shoppings* e CAPI) pontuam fortemente e são preferíveis às entrevistas em domicílio (de moderada a alta). Os levantamentos por correio e os painéis postais são moderados nesse aspecto, porque às vezes é possível enviar pelo correio recursos que facilitem o processo, ou até mesmo amostras do produto. Os levantamentos pela Internet também são moderadamente adaptáveis. Como se baseiam na Web, os questionários podem incluir elementos de multimídia, como páginas e anúncios. A utilização de estímulos físicos é limitada tanto nas entrevistas telefônicas tradicionais e CATI quanto em levantamentos por *e-mail*.

CONTROLE DA AMOSTRA O **controle da amostra** é a capacidade que o método de levantamento tem de atingir, de forma eficaz e eficiente, as unidades especificadas na amostra.[16] Pelo menos em princípio, as entrevistas pessoais em domicílio oferecem o melhor controle da amostra. É possível controlar quais são as unidades amostrais entrevistadas, quem é entrevistado, o grau de participação de outros membros da unidade domiciliar e muitos outros aspectos da coleta de dados. Na prática, para atingir um grau elevado de controle, o pesquisador a domicílio deve superar vários problemas. É difícil encontrar entrevistados em casa durante o dia, pois a maioria das pessoas trabalha fora. Além disso, por questões de segurança, os entrevistadores relutam em se aventurar em certas vizinhanças, e as pessoas se mostram temerosas de abrir a porta de suas casas para dar respostas a um estranho.

---
controle da amostra
Capacidade do levantamento de atingir de forma eficaz e eficiente as unidades especificadas na amostra.

As entrevistas em *shoppings* e CAPI permitem apenas um grau moderado de controle da amostra. Embora o entrevistador tenha controle sobre os entrevistados a serem abordados, a escolha fica limitada a clientes do *shopping*, e os clientes mais frequentes têm maior probabilidade de ser incluídos. Além disso, entrevistados em potencial podem intencionalmente evitar ou iniciar contato com o entrevistador. Comparada com as abordagens em *shoppings,* a CAPI possibilita um controle ligeiramente melhor, já que é possível fixar quotas de amostragem e randomizar automaticamente os entrevistados.

Pode-se obter um controle da amostra de moderado a alto com entrevistas telefônicas tradicionais e com as CATI. Os telefones facilitam o alcance de áreas de difícil acesso e de entrevistados dispersos geograficamente. Esses processos dependem de um **arcabouço amostral** – uma lista de unidades populacionais com seus números de telefone.[17] Os arcabouços amostrais normalmente usados são as listas telefônicas, mas estas são limitadas porque (1) nem todos têm telefone, (2) algumas pessoas têm telefones cujos números não constam na lista e (3) as listas não indicam novos telefones em uso ou telefones recentemente desligados. Embora o telefone tenha atingido uma penetração quase total nas residências dos EUA, há algumas variações por região e dentro de regiões. A porcentagem de residências com números de telefone que não constam na lista é de aproximadamente 31% e varia consideravelmente conforme a região geográfica. Em grandes áreas metropolitanas, pode chegar a 60%. O total de números não publicados e de telefones instalados após a publicação da lista pode corresponder a 40% ou mais dos telefones residenciais em algumas áreas metropolitanas.[18]

arcabouço amostral
Representação dos elementos da população-alvo. Consiste em uma lista ou conjunto de instruções para identificar aquela população.

A técnica da **discagem aleatória de dígitos** (RDD – *random digit dialing*) é utilizada para superar a tendenciosidade de números telefônicos não publicados e recentes. A RDD consiste em selecionar aleatoriamente todos os algarismos de um número de telefone (código de área, prefixo, sufixo). Embora esse processo dê a todas as residências com telefone fixo e móvel aproximadamente a mesma chance de serem incluídas na amostra, ele tem suas limitações: é dispendioso e exige tempo para ser implementado, porque nem todos os números possíveis estão em serviço (embora haja 10 bilhões de números telefônicos possíveis, em 2017 havia apenas 135 milhões de números telefônicos residenciais nos Estados Unidos para uma população de cerca de 325 milhões de pessoas). Assim, a RDD irá gerar muitos números desligados. A RDD não distingue entre números de telefone de interesse e os que não têm interesse algum (em um levantamento de consumidores, por exemplo, os números de estabelecimentos comerciais e repartições governamentais não são relevantes). Há diversas variações de RDD que reduzem o desperdício de esforços. Uma delas seleciona aleatoriamente um prefixo e acrescenta um bloco de números de quatro algarismos aleatórios. Nos **planejamentos de listas de dígitos aleatórios**, extrai-se da lista uma amostra de números. Esses números são modificados de modo a dar aos números não publicados uma possibilidade de inclusão na amostra. Os processos usuais de modificação de números incluem (1) acrescentar uma constante ao último dígito, (2) randomizar os últimos *r* dígitos e (3) realizar um processo de dois estágios. A Figura 6.2 descreve e ilustra esses processos. Desses três métodos, o acréscimo de uma constante ao último algarismo, particularmente a soma de 1, resulta em altos índices de contato e amostras representativas.[19]

discagem aleatória de dígitos
Técnica utilizada para superar a tendenciosidade criada pelos números de telefone não publicados ou recentes por meio da seleção aleatória de todos os algarismos.

planejamento de listas de dígitos aleatórios
Planejamento de pesquisa para levantamentos por telefone em que uma amostra de números é retirada da lista telefônica e modificada para permitir que números não publicados tenham uma chance de ser incluídos na amostra.

Os levantamentos por correio exigem uma lista de endereços de indivíduos ou residências que possam ser incluídos na amostra. Esses levantamentos conseguem atingir entrevistados dispersos geograficamente e em áreas de difícil acesso.[20] Todavia, listagens de endereços nem sempre estão disponíveis, atualizadas ou completas. Em geral as listas telefônicas e de endereços são utilizadas para compilar uma listagem da população geral. Já foram discutidos os proble-

---

Acréscimo de uma constante ao último dígito
  Um inteiro entre 1 e 9 é acrescentado ao número de telefone selecionado da lista. Na amostragem com soma de um, o número adicionado ao último dígito é 1.
  Número selecionado da lista: 404-953-3004 (código de área-prefixo-número). Acrescente 1 ao último dígito para formar 404-953-3005. Esse é o número que será incluído na amostra.

Randomização nos últimos *r* dígitos
  Substituição dos últimos *r* dígitos (*r* = 2, 3 ou 4) por um número igual de dígitos escolhidos aleatoriamente.
  Número selecionado da lista: 212-881-1124. Substitua os últimos quatro dígitos do número pelos números aleatoriamente escolhidos 5, 2, 8 e 6 para formar 212-881-5286.

Processo em dois estágios
  O primeiro estágio consiste em selecionar um prefixo e número de telefone da lista. No segundo estágio, os últimos três dígitos do número escolhido são substituídos por um número aleatório de três dígitos entre 000 e 999.

  Grupo **1**
  Prefixo selecionado: 202-636
  Número selecionado: 202-636-3230
  Substitua os últimos três dígitos (230) pelo 389 aleatoriamente escolhido para formar 202-636-3389. Repita esse processo até obter a quantidade desejada de números de telefones deste grupo.

FIGURA 6.2 Planejamentos de listas de dígitos aleatórios.

mas desses tipos de listas. Catálogos de listas de endereços contêm milhares de listas que podem ser adquiridas. Outro fator fora do controle do pesquisador é se o questionário será respondido e quem o responderá. Algumas pessoas se recusam a responder por falta de interesse ou motivação; outras não podem responder por serem analfabetas. Por essas razões, o grau de controle da amostra em levantamentos por correio é baixo.[21]

Os painéis postais, por outro lado, proporcionam controle da amostra de moderado a alto. Eles oferecem amostras combinadas com estatísticas do Censo dos Estados Unidos sobre as principais variáveis demográficas. É possível também identificar grupos específicos de usuários dentro de um painel e dirigir o levantamento para residências com características específicas. Podem ser interrogados membros específicos de residências no painel. Finalmente, grupos de baixa incidência, que ocorrem com pequena frequência na população, são atingidos por meio de painéis, mas há o problema de até que ponto um painel pode ser considerado como representativo de toda a população.

Nem todas as populações são candidatas a um levantamento pela Internet. A população geral dos consumidores é normalmente uma escolha inadequada para ser representada em um levantamento pela Internet, porque muitas residências dos EUA não utilizam regularmente os serviços de Internet. Embora os entrevistados sejam selecionados de modo a satisfazer a critérios de qualificação e quotas impostas, a capacidade de preencher essas quotas é limitada pelo número e pelas características dos participantes que visitam o *site*. No entanto, há algumas exceções a essa afirmação geral. Por exemplo, tanto os compradores de artigos de informática quanto os usuários dos serviços de Internet constituem populações ideais. Os empresários e os usuários profissionais dos serviços de Internet são também uma excelente população-alvo para pesquisas pela Internet. Estima-se que mais de 90% das empresas estejam atualmente conectadas à Internet. Pode ser difícil evitar que os entrevistados respondam inúmeras vezes a um mesmo levantamento. Assim, nesses levantamentos, o controle da amostra é de baixo a moderado. Os levantamentos por *e-mail* sofrem muitas das limitações dos levantamentos por correio e, assim, oferecem baixo controle da amostra.

QUANTIDADE DE DADOS As entrevistas pessoais em domicílio permitem ao pesquisador coletar uma grande quantidade de dados. O relacionamento social entre o entrevistador e o entrevistado, assim como o ambiente da residência, motivam o respondente a passar mais tempo na entrevista. Em uma entrevista pessoal, exige-se menos esforço do entrevistado do que em uma entrevista telefônica ou por correio. O entrevistador registra as respostas de questões abertas e oferece uma ajuda visual no caso de escalas longas e complexas. Algumas entrevistas pessoais podem levar até 75 minutos. Assim, a quantidade de dados coletada é maior. Em contraste com as entrevistas em domicílio, a abordagem em *shoppings* e as CAPI fornecem apenas uma quantidade moderada de dados. Como essas entrevistas ocorrem em lojas e outros lugares centrais, o tempo dos entrevistados é mais limitado. Geralmente, o tempo da entrevista é de 30 minutos ou menos. Por exemplo, em entrevistas recentes feitas em *shoppings* pela General Foods, o tempo de entrevista foi limitado a 25 minutos.[22]

Os levantamentos por correio também fornecem uma quantidade moderada de dados. É viável utilizar questionários bastante longos, porque está provado que, até certo ponto, os questionários curtos não geram índices mais elevados de resposta que os longos. Ocorre o mesmo quanto aos levantamentos por *e-mail* e Internet, embora a Internet seja um melhor meio nesse aspecto. Por outro lado, os painéis postais podem gerar grandes quantidades de dados em virtude do relacionamento especial entre os membros do painel e a organização patrocinadora. Por exemplo, o autor utilizou o painel Kantar TNS (www.tnsglobal.com) para aplicar um questionário que levava mais de uma hora para ser completado.

As entrevistas telefônicas tradicionais e as CATI resultam em quantidades mais limitadas (baixas) de dados e tendem a ser mais breves que outras pesquisas, porque os entrevistados podem facilmente dar por terminada uma conversa telefônica quando bem entenderem. Essas entrevistas costumam levar 15 minutos, embora entrevistas mais longas possam ser realizadas quando o assunto despertar o interesse dos entrevistados. Estudos mostram que os entrevistados tendem a subestimar em até 50% a duração de entrevistas telefônicas – o que sugere que as entrevistas telefônicas poderiam se prolongar por um intervalo maior do que o normalmente utilizado.

ÍNDICE DE RESPOSTA O **índice de resposta** de um levantamento é definido, de modo geral, como a porcentagem de entrevistas completadas dentre o total de entrevistas que se tentou realizar. As entrevistas pessoais em domicílio, em *shoppings* e assistidas por computador apresentam os mais altos índices de resposta (normalmente, entre 60 e 80%). Os problemas causados por não haver alguém em casa podem ser resolvidos, com frequência, ligando-se novamente em horas distintas. As entrevistas telefônicas, tradicionais e CATI, acusam taxas moderadas de resposta entre 40 e 60%. Esses tipos de entrevista também têm o inconveniente de não encontrar o entrevistado em casa ou de ninguém responder. Obtêm-se índices mais altos de resposta por meio de novas chamadas. Muitos levantamentos telefônicos tentam ligar novamente ao menos três vezes.

índice de resposta
Porcentagem das entrevistas completadas dentre o total de entrevistas que se tentou realizar.

Os levantamentos por correio têm baixos índices de resposta. Em um levantamento por correio de respondentes selecionados aleatoriamente, sem qualquer contato antes ou depois da postagem, o índice normal de resposta é inferior a 15%. Um índice tão baixo de resposta pode levar a um sério viés (viés de não resposta), porque o fato de uma pessoa responder a um levantamento pelo correio depende de seu interesse no assunto. A magnitude do **viés de não resposta** aumenta à medida que diminui o índice de resposta.[23] Porém, o uso apropriado de procedimentos que induzam as pessoas a responder pode aumentar para 80% ou mais o índice de resposta em levantamentos por correio. Os índices de resposta em painéis postais são altos, geralmente entre 60 e 80%, em virtude da cooperação garantida do entrevistado.

viés de não resposta
Quando os respondentes reais divergem daqueles que se recusam a participar.

Os levantamentos pela Internet apresentam os mais baixos índices de resposta, inferiores até mesmo aos das pesquisas por *e-mail*. Isso se deve ao fato de que alguns entrevistados podem ter acesso a *e-mail*, mas não à Web, e o acesso à Web requer mais esforço e habilidade. Além disso, os entrevistados em geral precisam estar conectados à Internet enquanto completam um levantamento; não podem estar *off-line*, como em um levantamento por *e-mail*. Se os entrevistados tiverem sido recrutados com antecedência, eles devem se conectar a um *site*, e muitos não estão dispostos a fazer esse esforço.

Uma revisão detalhada da literatura, abrangendo 497 índices de resposta em 93 artigos de revistas, encontrou índices de resposta com médias ponderadas de 81,7, 72,3 e 47,3%, respectivamente, para levantamentos pessoais, por telefone e por correio.[24] No entanto, os índices de resposta diminuíram nos últimos tempos. A mesma revisão também constatou que os índices de resposta aumentam com:

- incentivos monetários pré-pagos ou prometidos
- aumento do valor do incentivo monetário
- prêmios e recompensas não monetários (canetas, lápis, livros)
- notificação preliminar
- técnicas "pé na porta"

Essas técnicas são estratégias de solicitações múltiplas. A primeira solicitação é relativamente pequena, e quase todos concordam em atendê-la. Essa pequena solicitação é seguida de uma maior, chamada de **solicitação crítica**, que é, na realidade, o comportamento pretendido.

- personalização (envio de cartas endereçadas a indivíduos específicos)
- cartas de acompanhamento

No Capítulo 12, encontra-se uma discussão mais detalhada do aprimoramento dos índices de resposta.

solicitação crítica
Comportamento pretendido que está sendo pesquisado.

Fatores situacionais

Em qualquer situação prática, o pesquisador tem de equilibrar a necessidade de coletar dados precisos e de alta qualidade com as restrições de tempo e orçamento. Os principais fatores situacionais incluem o controle do ambiente de coleta dos dados, o controle da força de campo, o potencial para tendenciosidade do entrevistador, a velocidade e o custo. Os três primeiros fatores têm impacto sobre a precisão e qualidade dos dados, ao passo que os últimos dois regem as restrições que devem ser seguidas.

CONTROLE DO AMBIENTE DE COLETA DE DADOS O grau de controle que um pesquisador exerce sobre o ambiente onde o entrevistado preenche o questionário é outro fator que diferencia os vários métodos de levantamento. As entrevistas pessoais feitas em locais centrais (abordagem em *shoppings* e CAPI) proporcionam o máximo de controle ambiental. Por exemplo, o pesquisador pode montar um aparato especial para demonstrar o produto. As entrevistas pessoais em domicílio permitem um controle de moderado a alto porque o entrevistador está presente. As entrevistas telefônicas tradicionais e CATI proporcionam um controle moderado. O entrevistador não pode ver o ambiente em que a entrevista está sendo realizada, mas consegue sentir as condições básicas e incentivar a atenção e o envolvimento do participante. Em levantamentos por correio e painéis postais, levantamentos por *e-mail* e pela Internet, o pesquisador tem pouco (baixo) controle sobre o ambiente, já que a entrevista é autoadministrada pelos respondentes em um ambiente à sua escolha.

CONTROLE DA EQUIPE DE CAMPO A **equipe de campo** consiste em entrevistadores e supervisores envolvidos na coleta de dados. Pelo fato de não exigirem esse pessoal, os levantamentos por correio, os painéis postais, os levantamentos por *e-mail* e pela Internet eliminam os problemas da equipe de campo, e o controle é alto. As entrevistas telefônicas tradicionais, CATI, abordagens em *shoppings* e CAPI oferecem um grau moderado de controle, pois as entrevistas são realizadas em um lugar central, o que torna a supervisão relativamente simples. As entrevistas pessoais em domicílio são problemáticas nesse sentido. Como muitos entrevistadores trabalham em vários locais diferentes, torna-se impraticável uma supervisão contínua e, portanto, o nível de controle é baixo.[25]

equipe de campo
Composta pelos entrevistadores e supervisores envolvidos na coleta de dados.

POTENCIAL DE TENDENCIOSIDADE DO ENTREVISTADOR Os entrevistadores podem tornar tendenciosos os resultados de uma pesquisa pelo modo como (1) selecionam os participantes (entrevistando outra pessoa da casa quando se requer que ele entreviste o chefe da família), (2) fazem as perguntas (omitindo questões) e (3) registram respostas (marcando uma resposta de forma incorreta ou incompleta). A extensão do papel do entrevistador determina o potencial de tendenciosidade.[26] Entrevistas pessoais em domicílio e em *shoppings* são altamente suscetíveis à tendenciosidade do entrevistador devido à interação face a face entre o entrevistador e o respondente. As entrevistas telefônicas tradicionais e CATI são menos suscetíveis, embora o potencial (moderado) ainda exista (há interação, mas ela não é face a face). Por exemplo, com a inflexão e o tom da voz, os entrevistadores podem transmitir suas próprias atitudes e, assim, induzir respostas. As entrevistas assistidas por computador têm baixo potencial para tendenciosidade. Os levantamentos por correio, os painéis postais e os levantamentos pela Internet não têm esse problema.

VELOCIDADE A Internet é, de longe, o método mais rápido de obter dados de um amplo número de entrevistados. Em primeiro lugar, devido à velocidade com que se pode criar um questionário, distribuí-lo aos entrevistados e ter o retorno dos dados. Uma vez que a demora decorrente da impressão, postagem e digitação são eliminadas, o pesquisador consegue ter os dados disponíveis algumas horas depois do preenchimento de um questionário de Internet. Os dados são obtidos em forma eletrônica, sendo assim possível programar o *software* de análise estatística para processar questionários padrão e produzir automaticamente resumos e gráficos estatísticos. O levantamento por *e-mail* também é rápido, embora um pouco mais lento do que pela Internet, pois se leva mais tempo para compilar uma lista de *e-mails*, e há a necessidade de entrada dos dados.

As entrevistas telefônicas tradicionais e CATI são também maneiras rápidas de obter informações. Quando se utiliza uma central telefônica, é possível fazer várias centenas de entrevistas telefônicas diariamente. Dados para levantamentos nacionais ainda maiores podem ser coletados em duas semanas ou menos. Quanto à velocidade, seguem-se as abordagens em *shoppings* e as entrevistas assistidas por computador com avaliação de moderada a alta, que atingem entrevistados potenciais em lugares centrais. As entrevistas pessoais em domicílio são mais lentas (com avaliação moderada), porque há um tempo perdido entre as entrevistas enquanto o entrevistador se dirige à casa do próximo entrevistado. A fim de apressar a coleta de dados, as entrevistas podem ser realizadas simultaneamente em diferentes mercados ou regiões. Os levantamentos por correio são geralmente os mais lentos (classificação baixa). Em geral, são necessárias várias semanas para receber questionários preenchidos; as cartas de acompanhamento levam ainda mais tempo. Em um estudo recente que comparava dois métodos de levantamento, o número médio de dias que os entrevistados precisaram para o levantamento por *e-mail* foi de apenas 4,3, comparado com 18,3 para o levantamento por correio. Os painéis postais são mais rápidos que este último (avaliação de baixa a moderada), já que demandam pouco acompanhamento.[27]

CUSTO Para grandes amostras, o custo dos levantamentos pela Internet é o menor. Eliminam-se a impressão, a postagem, a digitação e o custo do entrevistador, e os custos incrementais de cada entrevistado são normalmente baixos, de modo que os estudos com grandes números de entrevistados podem ser realizados com economia substancial em comparação com os levantamentos por correio, telefônicos ou pessoais. Entretanto, quando o tamanho da amostra é pequeno, os custos de programação podem ser significativos, e outros métodos menos dispendiosos, como levantamentos por *e-mail* e pela Internet, também deveriam ser considerados. As entrevistas pessoais tendem a ser o modo mais dispendioso de coleta de dados por resposta completada. De modo geral, levantamentos por Internet, *e-mail,* correio, painéis postais, entrevistas telefônicas tradicionais, CATI, CAPI, abordagens em *shoppings* e entrevistas pessoais em domicílio exigem um número cada vez maior de pessoas para o trabalho de campo e maior supervisão e controle. Logo, o custo aumenta nessa ordem. Os custos relativos, no entanto, dependem do assunto da pesquisa e dos procedimentos adotados.[28]

Fatores dos respondentes

Como os levantamentos geralmente se dirigem a grupos específicos de respondentes, as características dos entrevistados também são consideradas ao selecionar um método de levantamento. Esses fatores incluem a percepção do anonimato, a conveniência social, a obtenção de informações delicadas, a baixa taxa de incidência e o controle do respondente.

PERCEPÇÃO DO ANONIMATO A **percepção do anonimato** refere-se à percepção que o entrevistado tem de que sua identidade não será conhecida, seja pelo entrevistador ou pelo pesquisador. Essa percepção é alta nos levantamentos por correio, painéis postais e levantamentos pela Internet, porque não há contato com um entrevistador durante a entrevista. É baixa em entrevistas pessoais (em domicílio, em *shoppings* e assistidas por computador) devido ao contato direto com o entrevistador. As entrevistas telefônicas tradicionais e CATI situam-se no meio, uma vez que o contato com o entrevistador não é face a face. Essa percepção é também moderada nos levantamentos por *e-mail* – embora não haja contato com o entrevistador, os participantes sabem que seus nomes podem ser localizados no *e-mail* de retorno.

---
percepção do anonimato
Percepção que o entrevistado tem de que sua identidade não será conhecida, seja pelo entrevistador ou pelo pesquisador.

CONVENIÊNCIA SOCIAL/INFORMAÇÕES DELICADAS A **conveniência social** é a tendência que os participantes têm de dar respostas socialmente aceitáveis, sejam elas verdadeiras ou não. Os levantamentos por correio, os painéis postais e os levantamentos pela Internet não envolvem qualquer interação social entre o entrevistador e o entrevistado e, por isso, são menos suscetíveis à conveniência social (classificação baixa). Há evidências de que tais métodos são bons para obter informações delicadas, como as relacionadas a problemas financeiros ou comportamento pessoal. As entrevistas telefônicas tradicionais e as CATI são moderadamente boas para evitar respostas socialmente convenientes, mas são adequadas para obter informações delicadas, pois, por telefone, os participantes têm a percepção de que não estão assumindo qualquer compromisso por escrito.[29] Os levantamentos por *e-mail* são apenas moderadamente bons para controlar a conveniência social e obter informações delicadas, uma vez que os entrevistados sabem que seus nomes podem ser localizados no *e-mail* de retorno. As entrevistas pessoais, sejam domésticas, em *shoppings* ou assistidas por computador, são limitadas em ambos os aspectos, embora o problema seja um tanto suavizado no caso de entrevistas assistidas por computador, devido à interação limitada com o entrevistador.[30]

---
conveniência social
Tendência dos participantes de dar respostas que podem não ser exatas, mas que são convenientes do ponto de vista social.

Como pode ser visto, a percepção do anonimato, a conveniência social e a obtenção de informações delicadas são critérios inter-relacionados. Com algumas exceções, a conveniência social é a imagem refletida da percepção do anonimato. Quando a percepção do anonimato é alta, a conveniência social é baixa, e vice-versa. Com algumas exceções, a obtenção de informações delicadas está diretamente relacionada com as percepções de anonimato. Os respondentes se dispõem mais a dar informações mais íntimas quando percebem que suas respostas são anônimas.

BAIXA TAXA DE INCIDÊNCIA A **taxa de incidência** refere-se ao índice de ocorrência da porcentagem de pessoas aptas a participar do estudo. Como será discutido com mais detalhes no Capítulo 12, a taxa de incidência determina quantos contatos precisam ser selecionados para as exigências de um dado tamanho de amostra. Às vezes, o pesquisador se vê confrontado com uma situação em que a taxa de incidência dos respondentes do levantamento é baixa. Esse é geralmente o caso quando a população representa um nicho ou um mercado altamente visado, e não a população em geral. Suponhamos que um estudo de cosméticos para a Avon exija uma amostra de mulheres de 18 a 27 anos que usaram base para maquiagem pelo menos duas vezes na semana anterior. Estimativas mostram que as pessoas qualificadas para participar do estudo representam apenas 5% da população. Assim, somente uma em cada 20 pessoas da população em geral seria qualificada, resultando em muito trabalho perdido se a amostra fosse retirada da população geral. Em tais casos, deveria ser selecionado um método de levantamento que pudesse localizar respondentes qualificados de forma eficiente e minimizar o desperdício. A entrevista telefônica é muito eficaz (classificação alta) como método de triagem de respondentes potenciais para determinar a adequação dos entrevistados. Tudo o que se precisa fazer é uma ligação telefônica. Os três métodos pessoais (domicílio, abordagem em *shoppings* e CAPI) são ineficientes, pois o entrevistador tem que entrar em contato pessoal com respondentes potenciais (classificação baixa). Três dos métodos de autoadministração (correio, painel postal e *e-mail*) são moderados em termos de eficiência, uma vez que todos têm custo relativamente baixo e podem ser usados para contatar muitos respondentes potenciais, de modo que o tamanho da amostra desejado com os respondentes qualificados seja alcançado. A Internet, porém, é muito boa nesse aspecto (classificação alta). Em um levantamento pela Internet, as questões de triagem servem para eliminar respondentes inaptos com rapidez e eficiência.

---

taxa de incidência
Refere-se à taxa de ocorrência ou porcentagem de pessoas qualificadas para participar do estudo.

CONTROLE DO RESPONDENTE Métodos que permitem o controle do respondente sobre o processo de entrevista requerem maior cooperação e são, portanto, desejáveis. Dois aspectos de controle são de especial importância para os respondentes. O primeiro é o controle sobre quando responder o levantamento e a flexibilidade de respondê-lo em partes em momentos diferentes, principalmente se for longo. O segundo aspecto de controle diz respeito à capacidade do respondente de regular a velocidade com que responde o levantamento, ou seja, a flexibilidade para responder em seu próprio ritmo. Três dos métodos de autoadministração, a saber, correio, painel postal e *e-mail*, são os melhores (classificação alta) em propiciar esse controle aos respondentes. Parte do controle é perdida nos levantamentos pela Internet, pois os respondentes não têm a flexibilidade para responder levantamentos aleatórios do tipo *pop-up* em outro momento. No entanto, os levantamentos pela Internet podem ser concebidos para permitir que os respondentes retornem e os completem, resultando em classificação de moderada a alta. Os levantamentos telefônicos têm classificação de baixa a moderada, pois o ritmo é regulado pelo entrevistador e, embora os telefonemas possam ser reprogramados, os respondentes têm que se comprometer com um horário específico. Os três métodos pessoais, isto é, entrevista em domicílio, abordagem em *shoppings* e CAPI, são baixos nesse fator, uma vez que o ritmo é regulado pelo entrevistador, e em geral a entrevista não pode ser agendada novamente.

Outros métodos de levantamento

Abordamos os métodos básicos de levantamento. Outros também são utilizados, sendo variações dos métodos apresentados. Os mais populares são descritos na Tabela 6.3

Seleção de métodos de levantamento

De acordo com a Tabela 6.2 e a discussão precedente, nenhum método de levantamento é superior em todas as situações. Dependendo de fatores como necessidade de informações, restrições orçamentárias (tempo e dinheiro) e características do entrevistado, nenhum, um, dois ou mesmo todos os métodos podem ser apropriados.[31] É preciso ter em mente que os diversos modos de coleta de dados não são mutuamente excludentes. Ao contrário, podem ser empregados de forma complementar para utilizar os pontos fortes de cada um e compensar suas respectivas fraquezas. O pesquisador pode empregar esses métodos de maneira combinada e desenvolver métodos criativos. A título de ilustração, em um projeto clássico, os entrevistadores distribuíram o produto, os questionários autoaplicados e os envelopes de retorno aos respondentes. Para acompanhamento, foram utilizadas entrevistas telefônicas tradicionais. A combinação dos modos de coleta de dados resultou em uma cooperação telefônica de 97% dos entrevistados. Além disso, 82% dos questionários foram devolvidos pelo correio.[32] Na introdução deste capítulo, ilustramos como a pesquisa sobre as eleições utilizou com sucesso as entrevistas telefônicas e pela Internet. Entretanto, deve-se ter cautela ao utilizar métodos diferentes no mesmo projeto de pesquisa de marketing doméstico (também referido como uso de levantamentos mistos). O método empregado pode afetar as respostas obtidas; desse modo, as respostas oriundas de diferentes métodos podem não ser comparáveis. Os resultados de estudos que examinam o efeito dos métodos de levantamento sobre os respondentes não são muito consistentes. O exemplo a seguir ilustra a escolha dos meios de levantamento; já o exemplo da P&G demonstra o uso de uma combinação de métodos de levantamento.

TABELA 6.3
Outros métodos de levantamento

Método	Vantagens/Desvantagens	Comentário
Levantamentos por telefone completamente automatizados (CATS)	As mesmas da CATI	Úteis para levantamentos breves, restritos, iniciados pelo respondente.
Entrevista telefônica por celular (formato baseado em voz)	As mesmas da CATI	Úteis para levantamentos de pontos de venda se for obtida a cooperação do respondente.
Entrevista telefônica por celular (formato baseado em texto)	As mesmas do *e-mail*	Úteis para levantamentos de pontos de venda se for obtida a cooperação do respondente.
Entrevista no trabalho	As mesmas das entrevistas em domicílio	Úteis para entrevistar gerentes muito atarefados.
Entrevista em local central	As mesmas da abordagem em *shoppings*	Exemplos seriam exposições comerciais, conferências, exibições, abordagem durante compras.
Entrevista por computador em quiosques	As mesmas da CAPI	Úteis em exposições comerciais e ambientes públicos.
Entrevista por fax	As mesmas do levantamento por correio, exceto pelo índice de resposta mais alto	Úteis em alguns levantamentos em empresas.
Levantamento "deixado" (*drop-off*)	As mesmas do levantamento por correio, exceto pelo custo maior e pelo índice de resposta mais alto	Úteis para levantamentos de mercados locais.

Projeto de pesquisa

Entrevistas pessoais em domicílio

No projeto de fidelização da loja de departamentos, foram utilizadas entrevistas pessoais em domicílio por várias razões. Perguntas de diversos tipos foram feitas. Algumas delas eram complexas e exigiam a coleta de uma quantidade relativamente grande de dados. As informações obtidas não eram delicadas nem ameaçadoras. Como entrevistadores, foram utilizados estudantes treinados, reduzindo-se assim o custo. Outro detalhe importante: as entrevistas pessoais podiam ser feitas sem a necessidade de terceirizar a coleta de dados contratando-se uma organização para o trabalho de campo.

Os métodos telefônicos não foram escolhidos em razão da complexidade das questões e do volume de dados necessários. A abordagem em *shoppings* e as CAPI também não eram apropriadas devido à quantidade de dados. O uso de uma instalação em uma localização central exigiria terceirização, contratando-se uma organização para o trabalho de campo. As pesquisas pelo correio foram descartadas devido ao baixo índice de resposta e à complexidade das informações necessárias. Também foram descartados os painéis postais, pois as informações requeridas eram muito complexas, e questionários autoaplicados não foram considerados apropriados. Os métodos eletrônicos não foram escolhidos porque poucas pessoas no mercado-alvo tinham acesso a *e-mail* ou à Internet quando a pesquisa foi realizada. ■

Pesquisa real

Tide da P&G: espalhando notícias com a Nielsen BuzzMetrics

O conjunto de produtos da Nielsen (www.nielsen.com) mensura a mídia gerada pelo consumidor, com o propósito de ajudar as empresas a compreender as necessidades, as reações e os interesses dos consumidores. A Nielsen auxilia a responder a questões básicas e fundamentais sobre o volume, a disseminação e a influência do boca a boca e das recomendações de um consumidor a outro sobre uma empresa ou marca. A empresa fornece as últimas informações sobre as recentes tendências dos consumidores, dados atualizados sobre suas maiores preocupações, questões de segurança/qualidade ou mudanças bruscas nas opiniões dos consumidores. Ela gera dados verificáveis a respeito dos consumidores *on-line* que são mais aptos a influenciar e moldar o comportamento boca a boca.

A Tide (www.tide.com), uma das marcas da P&G mais populares do mundo, queria incrementar sua imagem ao consumidor por uma série de razões. O sistema de retorno da Tide precisava disseminar informações e dados da marca com mais rapidez para receber dados completos e identificar nichos de mercado. A Tide escolheu a Nielsen para reformular seu sistema de retorno de informações que está atualmente captando e assimilando um retorno da clientela de todas as fontes, inclusive do boca a boca. O *site* da marca Tide está com aparência e atmosfera totalmente novas; os consumidores recebem respostas instantâneas a muitas de suas perguntas sobre assuntos e produtos da marca. Os que necessitam de acompanhamento são automaticamente encaminhados para o representante adequado de relações com os consumidores. Aqueles que têm perguntas sobre manchas são conectados ao "Inspetor de Manchas" da Tide. Quando adequado, outros consumidores recebem levantamentos, oportunidades de estudo, cupons ou promoções especiais. Todas as funções são possibilitadas pelas ferramentas da Nielsen, mantendo a aparência e a atmosfera do *site* da Tide. Essa reunião proativa de informações ajuda no desenvolvimento de novos produtos, o que se reflete no número de melhorias e modificações de produtos feitas pela Tide. A empresa também faz modificações para atender a segmentos de mercado de acordo com as áreas geográficas. Por exemplo, o sabão em barra Tide foi lançado no mercado da Índia depois de se considerar a opinião dos usuários indianos.[33] ∎

Métodos de observação

Os métodos de observação constituem o segundo tipo de metodologia utilizada na pesquisa descritiva. A **observação** envolve o registro sistemático de padrões de comportamento de pessoas, objetos e eventos a fim de obter informações sobre o fenômeno de interesse. O observador não interroga as pessoas que estão sendo observadas, nem se comunica com elas. As informações podem ser registradas à medida que os eventos ocorrem ou a partir de registros de eventos passados. Os métodos observacionais podem ser estruturados ou não estruturados, disfarçados ou não disfarçados. Além disso, a observação pode ser realizada em um ambiente natural ou planejado.[34]

observação
Registro sistemático dos padrões de comportamento de pessoas, objetos e eventos para obter informações sobre o fenômeno de interesse.

Observação estruturada *versus* não estruturada

Na **observação estruturada**, o pesquisador especifica detalhadamente o que será observado e como devem ser registradas as medidas – por exemplo, um auditor que realiza a análise de estoques em uma loja. Isso reduz o potencial de tendenciosidade do observador e reforça a confiabilidade dos dados. A observação estruturada é apropriada quando o problema de pesquisa de marketing já está definido e a informação desejada está especificada. Nessas circunstâncias, os detalhes do fenômeno a ser observado podem ser identificados com clareza. A observação estruturada é adequada para uso em pesquisas conclusivas.

observação estruturada
Técnicas de observação em que o pesquisador define claramente os comportamentos a serem observados e os métodos pelos quais eles serão medidos.

Na **observação não estruturada**, o observador monitora todos os aspectos do fenômeno que parecem importantes para o problema em foco – por exemplo, observar crianças brincando com brinquedos novos. Essa forma de observação é adequada quando o problema ainda precisa ser formulado com precisão, tornando-se necessária certa flexibilidade para identificar os principais componentes do problema e para formular hipóteses. Na observação não estruturada, o potencial para a tendenciosidade do observador é elevado. Por essa razão, os resultados da observação devem ser tratados como hipóteses a serem testadas, e não como resultados conclusivos. Assim, a observação não estruturada é mais adequada para as pesquisas exploratórias.

observação não estruturada
Observação que envolve o monitoramento, por um pesquisador, de todos os aspectos relevantes do fenômeno, sem especificar antecipadamente os detalhes.

Observação disfarçada *versus* observação não disfarçada

Na observação disfarçada, os entrevistados não sabem que estão sendo observados. O disfarce permite que os participantes se comportem de maneira natural, já que as pessoas tendem a se comportar de modo diferente quando sabem que estão sendo observadas. É possível obter o disfarce utilizando-se vidros espelhados, câmeras ocultas ou dispositivos indistinguíveis. Os observadores podem passar-se por clientes, balconistas ou outros papéis adequados às circunstâncias.

Na observação não disfarçada, os entrevistados sabem que estão sendo analisados (eles podem, por exemplo, ter conhecimento da presença do observador). Os pesquisadores discordam a respeito do efeito da presença de um observador sobre o comportamento. Alguns afirmam que esse efeito não é relevante e tem duração curta; outros, que o observador pode modificar consideravelmente os padrões de comportamento.[35]

Observação natural *versus* observação planejada

A **observação natural** envolve a observação do comportamento da maneira como ele se desenvolve em seu ambiente natural. Por exemplo, poderíamos observar o comportamento dos entrevistados enquanto fazem um lanche no Burger King. Na **observação planejada**, o comportamento dos entrevistados é observado em um ambiente artificial, como uma cozinha de teste montada em um *shopping center*.

observação natural
Observação do comportamento da forma como ele acontece no ambiente natural.

observação planejada
O comportamento é observado em um ambiente artificial.

A vantagem da observação natural é que o fenômeno observado reflete com mais precisão o verdadeiro fenômeno. As desvantagens são o custo de esperar que o fenômeno ocorra e a dificuldade de medir o fenômeno em um contexto natural.

O exemplo da Canon na seção Aspectos Gerais apresentou um caso de observação não estruturada e disfarçada em um contexto natural.

Métodos de observação classificados segundo o modo de aplicação

Conforme mostra a Figura 6.3, os métodos de observação podem ser classificados, segundo o modo de aplicação, como observação pessoal, observação mecânica, auditoria, análise de conteúdo e análise de rastro.

Observação pessoal

Na **observação pessoal**, um pesquisador observa o comportamento real, tal como ele ocorre, como no exemplo da Canon na seção Aspectos Gerais. O observador não procura controlar ou manipular o fenômeno que está sendo observado, ele simplesmente registra o que ocorre. Por exemplo, um pesquisador pode registrar contagens de tráfego e observar o fluxo de tráfego em uma loja de departamentos. Essas informações servem para planejar a disposição da loja e para determinar a localização dos departamentos, das prateleiras e dos mostruários de mercadorias. Empresas como a Microsoft também empregam a observação pessoal para aprender sobre as necessidades dos usuários de *software*.[36] Outro exemplo é fornecido no contexto do projeto de fidelização da loja de departamentos.

observação pessoal
Estratégia observacional de pesquisa em que os observadores humanos registram o fenômeno analisado tal como ele ocorre.

Projeto de pesquisa

Observação de placas de automóveis

No projeto de fidelização da loja de departamentos, as observações de placas de automóveis poderiam ser usadas para estabelecer a principal área comercial de um *shopping*. Essas observações ajudam os profissionais de marketing a determinar onde moram seus clientes. Em um estudo das placas de automóveis, os observadores registram os números das placas dos carros em um estacionamento. Esses números são colocados no computador e combinados com os dados de registro de automóveis. Isso resulta em um mapa de clientes localizados pelo censo ou por código postal. Tal mapa, junto a outros dados demográficos, ajudam uma rede de lojas de departamentos a determinar novas localizações, decidir sobre espaços em *outdoors* e orientar trabalhos de marketing direto. Estudos de observação de placas de automóveis custam menos (de US$ 5 mil a 25 mil) e supõe-se que sejam mais rápidos e mais confiáveis do que os métodos de comunicação direta, como entrevistas com os compradores. ■

Observação mecânica

Na **observação mecânica**, dispositivos mecânicos, e não observadores humanos, registram o fenômeno que está sendo observado. Esses dispositivos podem exigir ou não a participação direta dos entrevistados e são usados para registrar continuamente o comportamento real para análise posterior.

observação mecânica
Estratégia de pesquisa observacional em que dispositivos mecânicos, e não observadores humanos, registram o fenômeno que está sendo observado.

Dos dispositivos mecânicos que não exigem participação direta dos entrevistados, o mais conhecido é o *people meter* da Nielsen. O *people meter* é acoplado a um aparelho de TV para registrar continuamente o canal que esse aparelho está sintonizando. O aparelho grava não apenas os canais em que a TV está sintonizada, mas também quem está assistindo.[37] A Nielsen também criou o *people meter* portátil, um dispositivo usado pelas pessoas que mensura a programação de TV e rádio sintonizada durante o tempo em que a pessoa está acordada. A PTG (www.pretesting.com) usa o People Reader, que, sem interferência, registra o material de leitura e o movimento dos olhos do leitor para determinar seus hábitos, o poder de atração dos materiais e a recordação de marca associada a diferentes tamanhos de anúncios.

Outros exemplos comuns incluem portas giratórias que contam as pessoas que entram e saem de um edifício e contadores de tráfego instalados nas ruas que registram o número de veículos passando em determinados locais. Câmeras (fotografias, filmes ou vídeo) vêm sendo cada vez mais usadas por varejistas para estimar padrões de embalagens, espaço nas prateleiras, expositores de chão e fluxo de tráfego. Avanços tecnológicos como o código de barras tiveram forte impacto sobre a observação mecânica. O sistema de códigos de barra, junto a escaneadores ópticos, possibilita a coleta de informações mecanizadas sobre as compras feitas pelos consumidores por categoria de produto, marca, tipo de loja, preço e quantidade (ver Capítulo 4).

A Internet é uma excelente fonte para observação, pois proporciona informações valiosas. As observações podem ser feitas de várias maneiras. As observações primárias, por exemplo, captam o número de vezes que a página da Internet é visitada; o tempo gasto na página também pode ser medido

FIGURA 6.3 Classificação de métodos de observação.

por técnicas avançadas, que consistem em acionar o cronômetro quando a pessoa que visita a página clica em determinado ícone e desligar o cronômetro quando clica no próximo botão. Além disso, vários outros *links* podem ser fornecidos pelo pesquisador na página da Internet para observar quais deles são acessados com mais frequência. Isso dará ao pesquisador um retorno importante sobre de quais informações os indivíduos precisam e também sobre os interesses do segmento-alvo. A análise dos *links* que estão sendo acessados no *site* da companhia dará ao pesquisador informações importantes sobre os interesses relacionados dos consumidores, e uma análise em profundidade dos *sites* fornecerá informações sobre propaganda, concorrentes, consumidores, dados demográficos do mercado-alvo e dados psicográficos.

O mapeamento dos usuários da Internet é uma técnica de observação eletrônica empolgante e controvertida. Os internautas recebem *cookies*. O *cookie* é um grupo de letras e números armazenados no *browser* do internauta que identifica o usuário, sendo um meio sofisticado pelo qual um *site* coleta informações sobre os visitantes. Com frequência, esse processo ocorre sem o conhecimento do usuário. Empresas e indivíduos que possuem *sites* usam *cookies* para coletar informações de pesquisa de marketing sobre os visitantes. Os *cookies* acompanham o viajante pelo *site* e registram as páginas acessadas por ele e o número de minutos gastos em cada uma. O nome da pessoa, seu endereço, número de telefone e *site* de acesso podem ser coletados pelo *cookie* e guardados em um banco de dados se o visitante fornecer qualquer informação. Durante uma visita seguinte, o *cookie* acessa essas informações e consegue repeti-las ao visitante. Em essência, o *cookie* coleta dados sobre o usuário durante todas as suas visitas ao *site*. A empresa de propaganda *on-line* DoubleClick da Google (www.doubleclickbygoogle.com) utiliza as informações obtidas por *cookies* para direcionar as propagandas. Por exemplo, se um usuário visita o *site* de uma companhia aérea e depois o *site* de um hotel, esse indivíduo será alvo de propagandas da Delta Air Lines e do Marriott. Tais práticas são controvertidas, uma vez que levantam questões sobre privacidade entre os indivíduos e os legisladores.

Em contraste com a Internet, muitos dispositivos de observação mecânica exigem o envolvimento do entrevistado. Esses dispositivos são classificados em cinco grupos: (1) monitores de rastreamento ocular, (2) pupilômetros, (3) analisadores da intensidade da voz, (4) dispositivos que medem a latência de resposta e (5) instrumentos de pesquisa de neuromarketing. Equipamentos de rastreamento ocular, como oculômetros, câmeras oculares ou marcadores de movimentos oculares, registram os movimentos de fixação dos olhos. Esses dispositivos servem para determinar como um entrevistado lê um anúncio ou vê um comercial na TV e por quanto tempo olha para as várias partes do estímulo. Tais informações têm importância direta para avaliar a eficácia do anúncio. O pupilômetro mede as variações no diâmetro das pupilas dos olhos do entrevistado. Os participantes devem olhar para uma tela em que se projeta um anúncio ou outro estímulo. O brilho da imagem e sua distância dos olhos do respondente são mantidos constantes. As mudanças no tamanho da pupila são interpretadas como mudanças na atividade cognitiva (do pensamento) resultantes da exposição ao estímulo. A suposição é que o tamanho aumentado da pupila reflita interesse e atitudes positivas em relação ao estímulo.[38]

A **análise da intensidade da voz** mede as reações emocionais pelas modificações na voz do respondente. As variações na frequência relativa de vibração da voz humana que acompanham as reações emocionais são medidas com um equipamento computadorizado adaptado com áudio.[39]

análise da intensidade da voz
Medida das reações emocionais pelas modificações na voz do respondente.

A **latência de resposta** é o tempo que o entrevistado leva para responder a uma pergunta, sendo usada como medida da preferência relativa por diversas alternativas.[40] Acredita-se que o tempo de resposta esteja relacionado diretamente com a incerteza. Assim, quanto mais tempo um respondente levar para escolher entre duas alternativas, mais próximas estarão as alternativas em termos de preferência. Por outro lado, se o entrevistado chegar rapidamente a uma decisão, uma das alternativas é obviamente a preferida. Com a popularidade crescente da coleta de dados assistida por computador, a latência de resposta pode ser registrada com precisão e sem o conhecimento do entrevistado.

latência de resposta
Tempo gasto para responder a uma pergunta.

A **pesquisa de neuromarketing** aplica os princípios da neurociência à pesquisa de marketing para examinar as respostas sensomotoras, cognitivas e afetivas dos consumidores a estímulos de marketing. Ferramentas como o exame de ressonância magnética funcional, desenvolvido originalmente para perscrutar tumores cerebrais, também passaram a ser usadas para ver como alguém reage a diferentes estímulos. O eletroencefalograma e a topografia de estado estacionário são empregados para medir a atividade em espectros regionais específicos da resposta cerebral. Sensores medem alterações no estado psicológico de uma pessoa. Também conhecidos como biométrica, abrangem a frequência cardíaca, o ritmo respiratório e a resposta galvânica da pele. O uso desses dispositivos permite que o pesquisador coloque um item, como uma marca, diante de uma pessoa e veja exatamente que parte do cérebro o produto afeta e com que intensidade. Essas ferramentas auxiliam a mensurar processos emocionais e de pensamento associados com a tomada de decisão e a esclarecer como o cérebro funciona durante o processo. Descobrindo quais elementos acionam respostas positivas do cérebro, os especialistas em marketing podem criar produtos mais atraentes ou campanhas de comunicação mais eficazes.[41]

pesquisa de neuromarketing
Aplica os princípios da neurociência à pesquisa de marketing para examinar as respostas sensomotoras, cognitivas e afetivas dos consumidores a estímulos de marketing.

A utilização de monitores de rastreamento ocular, pupilômetros, analisadores da intensidade da voz e instrumentos de pesquisa de neuromarketing supõe que as reações fisiológicas estejam associadas a respostas cognitivas e afetivas específicas, o que é um aspecto que ainda precisa ser demonstrado de forma clara. Além disso, a calibragem desses dispositivos para medir estímulos fisiológicos é difícil e dispendiosa. Outra limitação é que os entrevistados são colocados em um ambiente artificial e sabem que estão sendo observados.

Pesquisa real
Mirro: extremidade quadrada e base circular

A Global Home Products LLC comprou as marcas Mirro, Regal and WearEver e combinou-as para formar a WearEver Company (www.wearever.com). A Mirro fabrica utensílios de cozinha com preço acessível e realizou uma pesquisa exploratória para tentar aumentar sua participação de mercado com a introdução de um novo produto. O objetivo da pesquisa era determinar quais características poderiam ser adicionadas ao produto a fim de torná-lo mais vantajoso ao usuário. A empresa contratou o grupo de *design* Metaphase (www.metaphase.com) para realizar uma pesquisa observacional de mercado utilizando encontros pessoais em domicílio com mulheres chefes de família. As cidades-alvo escolhidas pela Metaphase nos Estados Unidos foram Saint Louis, Boston e São Francisco. Todas as observações em domicílio foram gravadas em vídeo para análise posterior. Os resultados mostraram que as atividades mais problemáticas envolvendo os utensílios de cozinha eram sua capacidade de despejar o conteúdo, de guardar os produtos e a dificuldade de limpá-los. Mais especificamente, a empresa descobriu que "despejar o conteúdo era um problema, assim como passar a comida para dentro da panela e retirá-la. E as pessoas não sabiam o que fazer com suas tampas enquanto estavam cozinhando. Elas reclamaram da bagunça e sujeira que as tampas deixavam quando se tinha que apoiá-las no balcão ou no fogão". A Metaphase também observou que a maioria dos consumidores estava descontente com a capacidade "antiaderente" das panelas.

Depois de analisar os resultados, a Mirro, junto à Metaphase, projetou uma nova panela, a Allegro, cuja extremidade superior era quadrada e a base, circular. A parte quadrada possibilitava mais facilidade ao guardar, permitia despejar o conteúdo com mais cuidado e acrescentava volume à panela. As três características estavam diretamente relacionadas com os resultados da pesquisa exploratória obtidos pela empresa. Os resultados do novo produto foram explicados pelo presidente da companhia Gerry Paul: "As vendas da Allegro superaram as expectativas, e a produção finalmente conseguiu alcançar a imensa demanda gerada pelos 'infomerciais' lançados com antecedência. A reação dos consumidores é muito boa".[42] ■

Auditoria

Em uma auditoria, o pesquisador coleta dados por meio do exame de registros físicos ou fazendo análise dos estoques. As auditorias apresentam duas características distintas. Primeiro, o pesquisador coleta os dados pessoalmente. Segundo, os dados baseiam-se em contagens, em geral, de objetos físicos. As auditorias de varejo e de atacado feitas por fornecedores de pesquisa de marketing foram discutidas no contexto dos dados secundários (ver Capítulo 4). Aqui, vamos abordar seu papel na coleta de dados primários. Nesse aspecto, uma auditoria importante feita em nível de consumidor, geralmente em conjunto com um dos métodos de levantamentos, é a de despensa. Em uma **auditoria de despensa**, o pesquisador faz um inventário de marcas, quantidades e tamanhos de embalagens na residência de um consumidor, possivelmente no decorrer de uma entrevista pessoal. Tais auditorias reduzem bastante o problema da falta de veracidade ou de outras formas de tendenciosidade nas respostas. Entretanto, pode ser difícil obter permissão para examinar a despensa dos consumidores, e o trabalho de campo é oneroso. Além disso, as marcas que se encontram na despensa não refletem necessariamente as marcas de maior preferência ou adquiridas com mais frequência. Por essas razões, as auditorias são mais comuns em nível de varejo e atacado, que foram discutidas no Capítulo 4.

auditoria de despensa
Tipo de auditoria em que o pesquisador faz um inventário de marcas, quantidades e tamanhos de embalagens de produtos na residência de um consumidor.

Análise de conteúdo

A **análise de conteúdo**, um método apropriado quando o fenômeno a ser observado é a comunicação, e não um comportamento ou objetos físicos, define-se como a descrição objetiva, sistemática e quantitativa do conteúdo manifesto de uma comunicação,[43] incluindo tanto a observação quanto a análise. A unidade de análise pode consistir em palavras (palavras ou tipos de palavras diferentes na mensagem), personagens (indivíduos ou objetos), temas (proposições), medidas de espaço e de tempo (tamanho ou duração de uma mensagem) ou tópicos (assunto da mensagem). Elaboram-se categorias analíticas para classificação das unidades, e a comunicação é decomposta de acordo com regras prescritas. As aplicações em pesquisa de marketing incluem observação e análise do conteúdo ou da mensagem de anúncios, artigos de jornal, programas de rádio e TV e assim por diante. Por exemplo, a frequência com que negros, mulheres e membros de outros grupos minoritários aparecem na mídia foi estudada recorrendo-se à análise de conteúdo. Suponhamos que quiséssemos examinar como a representação de mulheres em propagandas de revista nos Estados Unidos mudou, seja positiva ou negativamente, ao longo do período de 10 anos, entre 2007 e 2017. Poderíamos selecionar uma amostra de 100 revistas que estiveram em circulação em 2007 e em 2017 e escolher 10 comerciais que apresentassem mulheres em cada uma dessas revistas, em diferentes edições de cada uma, para 2007 e 2017. Isso nos daria uma amostra de mil anúncios para cada ano. Poderíamos, então, desenvolver categorias positivas e negativas para classificar as propagandas com base no modo como retratavam o papel das mulheres. O número e a porcentagem de anúncios nas categorias positivas e negativas poderiam, então, ser comparados. A análise ficaria conforme ilustrado na tabela abaixo.

análise de conteúdo
Descrição objetiva, sistemática e quantitativa do conteúdo manifesto de uma comunicação.

Essa análise indica que a representação positiva das mulheres na propaganda de revistas nos Estados Unidos aumentou drasticamente, passando de 45% em 2007 para 70% em 2017. O maior aumento está na categoria "contribuição para a sociedade", que subiu de 20% em 2007 para 35% em 2017. Por outro lado, a representação negativa das mulheres como símbolos sexuais diminuiu de 35% em 2007 para 15% em 2017.

No projeto de fidelização da loja de departamentos, pode-se usar a análise de conteúdo para analisar anúncios de estabelecimentos patrocinadores e concorrentes e comparar suas imagens projetadas. A análise de conteúdo também tem sido empregada em pesquisa de propaganda transcultural, como no exemplo a seguir.

Pesquisa real

Conteúdo transcultural satisfaz às agências de propaganda

Até 2017, os Estados Unidos eram responsáveis pela metade dos gastos mundiais em propaganda, seguidos pelo Japão, que somava 10%. A análise de conteúdo foi utilizada para comparar o conteúdo da informação de anúncios em revistas americanas e japonesas. Foram escolhidas seis categorias de revistas (geral, feminina, masculina, profissional, esportiva e de lazer) de cada país. Selecionaram-se anúncios dessas revistas para análise, o que resultou em 1.440 anúncios: 832 de revistas dos Estados Unidos e 608 de revistas japonesas. Três juízes registraram independentemente se cada anúncio era informativo ou não informativo, que critérios de conteúdo de informação eram satisfeitos pelo anúncio, o tamanho deste e a categoria do produto anunciado. Constatou-se que os anúncios japoneses são sistematicamente mais informativos do que os americanos. Por exemplo, mais de 85% dos anúncios japoneses analisados satisfizeram a pelo menos um critério de conteúdo de informação, sendo, então, considerados informativos, em comparação com apenas 75% dos anúncios americanos. Da mesma forma, os anúncios japoneses têm uma média de 1,7 sugestão de informação por anúncio, em comparação com apenas 1,3 sugestão no caso dos anúncios americanos. Essas informações são úteis para multinacionais e agências de propaganda, incluindo Young & Rubicam, Saatchi & Saatchi Worldwide, McCann Erickson Worldwide, Ogilvy & Mather Worldwide, BBDO Worldwide e outras com operações globais que realizam campanhas de propaganda transculturais.[44] ■

A análise de conteúdo envolve codificações e análises tediosas, mas os computadores facilitam essas tarefas. Com o uso de computadores, o conteúdo manifesto do objeto pode ser codificado, e as frequências observadas de códigos de categoria podem ser agregadas e comparadas quanto aos critérios de interesse. Embora a análise de conteúdo não seja muito utilizada em pesquisa de marketing, a técnica oferece grande potencial, podendo ser empregada com proveito na análise de questões abertas e dados de mídia social.

Análise de rastro

A análise de rastro é um método de observação que pode ter seu custo reduzido quando utilizado criativamente. Na **análise de rastro**, a coleta de dados baseia-se em rastros ou evidências físicas de um comportamento passado. Os entrevistados podem deixar esses traços intencionalmente ou não. A título de ilustração, no contexto do projeto de fidelização da loja de departamentos, os registros de débito em cartões de crédito são rastros que permitem examinar o comportamento dos consumidores quanto ao uso desses cartões.

análise de rastro
Abordagem em que a coleta de dados se baseia em rastros ou evidências físicas de um comportamento passado.

Categorias	2007		2017	
	Número	Porcentagem	Número	Porcentagem
Positivas				
Inteligente	100	10	150	15
Contribui com a sociedade	200	20	350	35
Modelo de papel positivo	150	15	200	20
Total de positivas	450	45	700	70
Negativas				
Símbolo sexual	350	35	150	15
Inferiorizadas	200	20	150	15
Total de negativas	550	55	300	30
Total geral	1.000	100	1.000	100

Há várias outras aplicações inovadoras da análise de rastros na pesquisa de marketing.

- A erosão seletiva nos ladrilhos do chão de um museu, avaliada pela taxa de substituição, serviu para determinar a popularidade relativa das exposições.
- O número de impressões digitais diferentes em uma página foi usado para avaliar o grau de leitura de vários anúncios em uma revista.
- A estação sintonizada nos rádios de carros levados para revisão serviu para estimar o índice de audiência de várias estações de rádio. Os anunciantes utilizaram as estimativas para decidir em qual delas deveriam anunciar.
- O ano de fabricação e as condições dos carros em um estacionamento serviram para avaliar a prosperidade dos clientes.
- As revistas doadas a uma instituição de caridade foram usadas para determinar quais as revistas favoritas da população.
- Os internautas deixam rastros que podem ser analisados para examinar o comportamento de navegação e de uso por meio de *cookies*.

Pesquisa real

Aceita um *cookie*?

Muitos usuários não percebem, mas um ou dois *cookies* lhes foram servidos enquanto estavam na Internet.

A Expedia (www.expedia.com) utiliza *cookies* para coletar informações sobre tráfego em seu *site*, o que ajuda o pessoal de marketing do *site* de viagens a coletar dados demográficos sobre o visitante. A empresa também monitora "sucessos" de tópicos específicos e consegue um valioso retorno a respeito dos interesses dos usuários. A coleta de dados baseia-se no comportamento do visitante. Essa técnica disfarçada permite à Expedia monitorar padrões de uso e eliminar a tendenciosidade de respostas socialmente aceitáveis. As informações coletadas dessa maneira têm sido usadas para modificar o formato e o conteúdo editorial, de modo a tornar o *site* mais atraente e útil aos visitantes.[45] ∎

Embora a análise de rastro esteja sendo aplicada criativamente, ela tem suas limitações. Evidências atuais indicam que ela deve ser usada somente quando não for possível nenhuma outra abordagem. Além disso, problemas éticos precisam ser considerados, como o uso dos *cookies*.

PESQUISA ATIVA

Observando a popularidade das exposições de parques temáticos

Visite www.disney.com e pesquise na Internet, incluindo mídias sociais, e no banco de dados *on-line* de sua biblioteca informações sobre os critérios que os consumidores usam para selecionar parques temáticos.

Se a Disney World quiser determinar quantas pessoas visitam seus parques temáticos por dia e quais são as exposições mais populares, o método de observação poderá ser usado? Em caso positivo, que método de observação você utilizaria?

Como gerente de marketing da Disney World, como você utilizaria informações ou critérios que os consumidores utilizam para selecionar parques temáticos a fim de formular estratégias de marketing para aumentar as visitas e a participação de mercado?

Avaliação comparativa dos métodos de observação

A Tabela 6.4 mostra uma avaliação comparativa dos métodos de observação. Os diferentes métodos observacionais são avaliados em termos de grau de estrutura, grau de disfarce, capacidade de observação em um contexto natural, tendenciosidade de observação, tendenciosidade na medição e análise e outros fatores gerais.

A estrutura diz respeito às especificações do que deve ser observado e como as medidas serão registradas. Como mostrado na Tabela 6.4, quanto ao grau de estrutura, a observação pessoal é baixa, a análise de rastro é média e a auditoria e a análise de conteúdo são altas. A observação mecânica pode variar bastante, de baixa a alta, dependendo dos métodos utilizados. Métodos como escâneres ópticos são muito estruturados no sentido de que as características a serem avaliadas, por exemplo, as características dos artigos

TABELA 6.4
Avaliação comparativa dos métodos de observação

Critérios	Observação pessoal	Observação mecânica	Auditoria	Análise de conteúdo	Análise de rastro
Grau de estrutura	Baixo	Baixo a alto	Alto	Alto	Médio
Grau de disfarce	Médio	Baixo a alto	Baixo	Alto	Alto
Capacidade de observação em contexto natural	Alta	Baixa a alta	Alta	Média	Baixa
Tendenciosidade na observação	Alta	Baixa	Baixa	Média	Média
Tendenciosidade na análise	Alta	Baixa a média	Baixa	Baixa	Média
Observações gerais	Mais flexível	Pode ser intrusiva	Cara	Limitada a comunicações	Uso do método como último recurso

escaneados em caixas de supermercados, são definidas com precisão. Assim, esses métodos apresentam alto grau de estrutura. Já os métodos mecânicos, como o uso de câmeras ocultas para observar crianças brincando, tendem a ser não estruturados.

O grau de disfarce é baixo nas auditorias, pois se torna difícil ocultar a identidade dos auditores. A observação pessoal oferece um grau médio de disfarce, pois há limitações em até que ponto o observador pode se disfarçar como cliente, empregado, vendedor, etc. A análise de rastro e a análise de conteúdo oferecem elevado grau de disfarce, pois os dados são coletados depois de ocorrido o fenômeno a ser observado. Algumas observações mecânicas, como câmeras ocultas, oferecem excelente disfarce, enquanto o uso de outras, como os psicogalvanômetros, é muito difícil de disfarçar.

A capacidade de observação em um contexto natural é baixa na análise de rastro porque a observação se dá depois de ocorrida a ação. É média no caso da análise de conteúdo, pois a comunicação a ser analisada é apenas uma representação limitada do fenômeno natural. A observação pessoal e as auditorias são excelentes nesse ponto, pois os observadores humanos podem observar pessoas ou objetos em diversos contextos naturais. Os métodos de observação mecânica variam de baixa (p. ex., psicogalvanômetros) a alta (p. ex., o uso de roletas).

A tendenciosidade de observação é baixa no caso da observação mecânica, já que não envolve observador humano, sendo também baixa para auditorias. Embora os auditores sejam humanos, a observação em geral se faz sobre objetos, e as características a serem observadas são bem definidas e por vezes medidas utilizando dispositivos mecânicos, levando a uma baixa tendenciosidade. A tendenciosidade de observação é média para a análise de rastro e análise de conteúdo. Em ambos os métodos, estão presentes observadores humanos, e as características a serem observadas não são bem definidas. Contudo, os observadores geralmente não interagem com os entrevistados durante o processo de observação, reduzindo-se, assim, o grau de tendenciosidade. A tendenciosidade de observação é alta para as observações pessoais, devido à utilização de observadores humanos que interagem com o fenômeno em observação.

A tendenciosidade na análise de dados é baixa para auditoria e análise de conteúdo, porque as variáveis são definidas com precisão, os dados são quantitativos e é feita uma análise estatística. A análise de rastro apresenta um grau médio de tendenciosidade porque a definição das variáveis não é muito precisa. Os métodos de observação mecânica podem apresentar um grau de tendenciosidade de análise de baixo (p. ex., dados de um escâner) a médio (p. ex., câmera oculta), dependendo do método. Ao contrário da observação pessoal, a tendenciosidade na observação mecânica fica limitada ao nível médio devido a melhorias na medição e na classificação, pois os fenômenos a serem observados podem ser registrados continuamente com dispositivos mecânicos.

A observação pessoal é a mais flexível, porque os observadores humanos podem observar uma ampla diversidade de fenômenos em uma grande variedade de contextos. Alguns métodos de observação mecânica, como os psicogalvanômetros, podem ser muito intrusivos, ocasionando artificialidade e tendenciosidade. As auditorias feitas com auditores humanos tendem a ser dispendiosas. A análise de conteúdo é bem adaptada para a observação de comunicações e limita-se a ela. Conforme mencionado anteriormente, a análise de rastro é um método a ser utilizado como último recurso. A aplicação desses critérios levará à identificação de um método apropriado, se a observação for realmente adequada à situação dada.

Projeto de pesquisa

Atividades de projeto

1. Você acha que o uso de entrevistas pessoais em domicílio foi o melhor método no projeto da Wal-Mart? Por quê?
2. Se o levantamento da Wal-Mart tivesse que ser realizado hoje, que método de levantamento deveria ser usado e por quê?
3. Discuta o uso de métodos de observação mecânica e pessoal para identificar preferências dos consumidores por lojas de departamentos. ∎

Comparação dos métodos de levantamento e de observação

Poucos projetos de pesquisa de marketing confiam exclusivamente em métodos observacionais para obter dados primários.[46] Isso significa que os métodos observacionais têm algumas desvantagens significativas quando comparados aos métodos de levantamento. Por outro lado, esses métodos oferecem algumas vantagens que os tornam bastante proveitosos.

Vantagens relativas da observação

A principal vantagem dos métodos observacionais é que eles permitem a avaliação do comportamento real, em vez de relatos de um comportamento pretendido ou preferido. Não há tendenciosidade de relato, e a tendenciosidade potencial causada pelo entrevistador e pelo processo de entrevista é eliminada ou reduzida. Certos tipos de dados só podem ser coletados por observação. Incluem-se aqui os padrões de comportamento que o respondente desconhece ou que não consegue comunicar. Por exemplo, a melhor informação sobre as preferências das crianças pequenas por certos brinquedos é obtida mediante a observação de crianças brincando. Além disso, se o fenômeno observado ocorrer com frequência ou for de curta duração, os métodos observacionais podem custar menos e ser mais rápidos do que os métodos de levantamento.

Desvantagens relativas da observação

A desvantagem mais séria da observação é que as razões do comportamento observado podem não ser determinadas porque pouco se sabe dos motivos, das crenças, das atitudes e das preferências subjacentes. Por exemplo, as pessoas que estão comprando determinada marca de cereal podem gostar dessa marca ou não (talvez estejam comprando essa marca para outra pessoa da família). Outra limitação da observação é que a percepção seletiva (tendenciosidade na percepção do pesquisador) pode tornar os dados tendenciosos. Além disso, os dados observacionais em geral exigem tempo, são dispendiosos, sendo difícil observar certas formas de comportamento, como atividades pessoais. Finalmente, em alguns casos, a utilização de métodos observacionais pode ser antiética, como no monitoramento do comportamento das pessoas sem seu conhecimento ou consentimento.

Em resumo, a observação tem o potencial de proporcionar informações valiosas quando usada adequadamente. Do ponto de vista prático, é melhor considerar a observação como um complemento dos métodos de levantamento, e não como sua concorrente.

Pesquisa real

Como você quer seu bife?

Quando as pessoas compram carne em um mercado, elas tendem a se restringir àquilo que conhecem. Isso foi confirmado pela pesquisa de marketing realizada para a Associação Nacional Pecuarista (NCBA – *National Cattlemen's Beef Association*). A pesquisa foi feita para ajudar a NCBA (www.beef.org) a descobrir por que as vendas de certos cortes de carne tinham caído 20% ao longo de quatro anos. A pesquisa usou a observação mecânica e entrevistas feitas com os clientes. Os pesquisadores foram aos supermercados para registrar o comportamento de compra dos consumidores. Estes eram gravados em vídeo enquanto compravam carne de gado. Essas observações mostraram que muitos consumidores não estavam comprando certos cortes de carne mesmo quando estes pareciam bons e tinham menos gordura que as carnes mais conhecidas, como o lombo ou a carne moída. Quando se perguntou a esses consumidores por que eles não compravam certos cortes de carne, a esmagadora resposta foi que eles não sabiam como prepará-la.

A NCBA tomou uma série de medidas para resolver essa situação. Agora, instruções adequadas para o cozimento do corte de carne estão claramente impressas na embalagem. Além disso, a NCBA trabalhou com os comerciantes para mudar o leiaute do estabelecimento, de forma a mostrar a carne segundo o modo de preparação. Há etiquetas acima de cada seção que indicam não apenas as informações nutricionais, como também as possíveis maneiras de preparo do corte de carne. Cartõezinhos de receitas também foram disponibilizados junto aos cortes de carne.

O consumo total de carne bovina nos Estados Unidos (em bilhões de quilos) caiu de 12,7 em 2006 para 11,2 em 2015. A NCBA esperava que as novas medidas implementadas com base em pesquisa de mercado aumentassem a demanda. De fato, a previsão é de que o consumo de carne bovina cresça no país de 2016 a 2021.[47] ∎

Pesquisa etnográfica

Pesquisa etnográfica é o estudo do comportamento humano em seu contexto natural e envolve a observação do comportamento e do cenário e entrevistas em profundidade. Às vezes, gravações em áudio e vídeo também são feitas. Desse modo, os métodos de questionamento e observação são combinados para compreender o comportamento dos consumidores. O exemplo a seguir ilustra esse método.

Pesquisa real

PortiCo documenta com documentários

A PortiCo Research (www.porticoresearch.com) é especializada em observar indivíduos, entrevistá-los em profundidade, gravá-los em vídeo e vender os filmes depois por dezenas de milhares de dólares para seus grandes clientes, entre os quais estão Honda, Delta, Lipton e Procter & Gamble. A empresa sofisticou o método de coleta de dados etnográficos e tornou-o um negócio muito lucrativo.

A especialidade da PortiCo é a total imersão na vida dos consumidores, em um esforço para documentar como eles tomam decisões de compra. Equipes de pesquisa de antropólogos, psicólogos sociais e etnógrafos (profissionais que estudam comparativamente as pessoas) vão aos lares dos participantes com cinegrafistas. As equipes filmam os participantes em suas casas e também os acompanham para observar o que eles adquirem e fazer-lhes perguntas sobre as razões de suas compras. Depois da filmagem, os funcionários da PortiCo transcrevem as descobertas dos vídeos e as analisam para os clientes. A análise baseia-se no problema de pesquisa de marketing voltado para o cliente. Por exemplo, a PortiCo fez um grande estudo para a Lipton a fim de descobrir as atitudes das pessoas em relação ao chá. Com os resultados do estudo, a Lipton descobriria se iria investir mais em propaganda, desenvolver novos sabores ou comercializar mais chá frio enlatado em vez do chá que é bebido quente. Os achados revelaram que os americanos não consomem muito chá quente, especialmente devido à presença do café com cafeína no mercado. Quando bebem chá quente, normalmente é o chá de ervas com sabor. A maioria dos chás quentes da Lipton não tem sabores especiais. Assim, a empresa recentemente começou a levar os chás de ervas ao mercado. O estudo descobriu que os consumidores apreciam o chá frio e então impulsionou o marketing do Brisk Iced Tea em lata, que agora é a marca número um em vendas de chá gelado pronto para beber. Além disso, a Lipton criou o chá em saquinhos Cold Brew Blend em tamanho família, para preparar uma jarra cheia, e para porção individual, suficiente para uma xícara. Esse chá em sachês possibilita que o chá gelado seja preparado com água fria em vez de usar água fervida. Portanto, os consumidores podem degustar seu chá mais rapidamente com muito menos trabalho. Esses trabalhos de marketing, orientados pelas descobertas da PortiCo Research, resultaram em aumento de vendas e de participação de mercado para a Lipton.[48] ∎

Outros métodos

Além da pesquisa etnográfica, há também uma série de outros métodos que combinam o uso de questionamento e observação. Um método comumente usado é o das **compras misteriosas**, no qual observadores treinados atuam como consumidores e compram em lojas da empresa ou dos concorrentes para coletar dados sobre a interação funcionário-cliente e outras variáveis de marketing, como preços, mostruários, leiaute, etc. Os compradores misteriosos questionam os funcionários das lojas, tomam nota mentalmente das respostas e observam as variáveis de interesse. Para mais informações sobre as compras misteriosas e empresas que oferecem esse serviço, visite www.mspa-na.org.

compras misteriosas
Observadores treinados atuam como consumidores e compram em lojas da empresa ou de seus concorrentes para coletar dados sobre a interação funcionário-cliente e outras variáveis de marketing.

Pesquisa de marketing internacional

Devido às diferenças nos ambientes econômico, estrutural, informacional, tecnológico e sociocultural, a viabilidade e a popularidade dos métodos de pesquisa variam muito. A Tabela 6.5 ilustra o impacto de fatores culturais e ambientais no uso de métodos de levantamento. A tabela mostra que é improvável que uma única metodologia de coleta de dados seja eficaz em um estudo de pesquisa em vários países. Por exemplo, os levantamentos por correio ainda são utilizados nos Estados Unidos e no Canadá, mas na Europa são usados em menor grau, sendo raros em grande parte do resto do mundo. Há muitas razões para essa diferença, como índices menores de alfabetização, tempo excessivo para que a correspondência alcance seu destino e culturas em que as pessoas não acreditam em respostas escritas que serão lidas por um estranho.

Um problema similar ocorre com os levantamentos telefônicos. As entrevistas por telefone cresceram na Europa recentemente, mas ainda não são muito utilizadas fora dos Estados Unidos. Os índices de resposta para levantamentos por correio e por telefone são muito menores nos estudos de marketing em outras partes do mundo. As técnicas de entrevistas pessoais continuam sendo as mais populares e utilizadas internacionalmente quando se trata de pesquisa de campo em marketing. É fundamental instruir os trabalhadores de campo que estão coletando os dados a respeito de como eles podem afetar os resultados de um estudo frente a frente em um contexto internacional. Ao fazer a seleção de entrevistadores, também é útil levar em conta as nacionalidades dos entrevistadores em comparação com as dos participantes por causa de relações culturais que podem influenciar ou distorcer as respostas.

A escolha de métodos apropriados de entrevista é muito mais difícil devido aos desafios de se realizar pesquisas em

TABELA 6.5
O impacto de fatores culturais e ambientais na seleção de métodos de levantamento

- Um levantamento que dura 20 minutos nos Estados Unidos pode levar o dobro do tempo na Alemanha. O alemão não é tão conciso quanto o inglês, e os alemães gostam de falar mais do que os americanos. Por razões semelhantes, o tempo de entrevista poderia ser mais longo em outros países, como o Brasil.
- Os guias telefônicos não são confiáveis em alguns países (p. ex., algumas nações africanas, como a Serra Leoa), porque eles não são atualizados com frequência.
- A incidência de telefones não listados pode variar muito de acordo com o país e o segmento. Por exemplo, na Colômbia, os números de telefone de alguns membros da elite e de classes mais altas nunca são listados.
- Em países como Japão, China, Tailândia, Malásia e outros do sudeste da Ásia, as entrevistas por telefone são consideradas rudes. Já em alguns países sul-americanos, como Peru e Argentina, os índices de resposta a levantamentos por telefone são altos devido à menor utilização de *telemarketing* e ao elemento surpresa de receber uma ligação de longa distância ou local inesperada.
- Os métodos de entrevista pessoal tradicionais ainda são populares em alguns países europeus (como Suíça, Suécia e França), asiáticos (como China, Índia, Hong Kong), africanos (como Nigéria, Quênia) e sul-americanos (como Colômbia, México) devido à prevalência da cultura presencial.
- Os altos índices de analfabetismo e/ou a falta de um sistema postal confiável nas áreas rurais podem inviabilizar os levantamentos por correio (p. ex., Gana, Costa do Marfim, El Salvador, Uruguai, Paraguai).
- Levantamentos em *shoppings* são limitados devido à falta de *shoppings* em muitos países em desenvolvimento e alguns países desenvolvidos (p. ex., Alemanha). Além disso, leis locais podem proibir ou dificultar a entrevista de pessoas enquanto elas fazem compras.
- A penetração do telefone é baixa em alguns países, particularmente em áreas rurais. No Camboja, por exemplo, múltiplas famílias compartilham uma linha telefônica por causa das altas taxas cobradas.
- Em países com alta penetração de telefones celulares e baixa penetração de telefones fixos (p. ex., Tailândia, Malásia), o uso dos levantamentos por telefone tradicionais não é atrativo.
- O acesso precário a computadores e à Internet inviabiliza o uso da entrevista eletrônica em alguns países (p. ex., populações rurais na África, Ásia e América do Sul).

países estrangeiros, considerando que a viabilidade e a popularidade dos métodos de entrevista variam de acordo com as diferenças no ambiente econômico, estrutural, informativo, tecnológico e sociocultural. Nos EUA e no Canadá, a Internet atingiu uma alta penetração nas residências. Como resultado, a entrevista pela Internet é o modo predominante na aplicação de um questionário. A mesma situação existe em alguns países europeus, como a Suécia. Em outros países da Europa, entretanto, a penetração da Internet ainda não é alta. Nos países em desenvolvimento, poucas casas têm Internet, especialmente em áreas rurais.

As entrevistas pessoais em domicílio constituem o modo principal de coleta de dados de pesquisa em muitos países europeus, como a Suíça, em países recentemente industrializados e em países em vias de desenvolvimento. Embora a abordagem em *shoppings* já seja usada em alguns países europeus, como a Suécia, ela ainda não é popular na Europa ou em países em desenvolvimento. Em contrapartida, as entrevistas em locais centrais ou na rua são o principal método de coleta de dados na França e na Holanda.

Em virtude do baixo custo, as entrevistas por correio continuam a ser usadas na maioria dos países desenvolvidos, onde o grau de alfabetização é alto e o sistema de correios funciona a contento: Estados Unidos, Canadá, Dinamarca, Finlândia, Islândia, Noruega, Suécia e Holanda, por exemplo. Porém na África, Ásia e América do Sul, o uso de levantamentos por correio e painéis postais ainda é baixo em razão do grau de analfabetismo e da grande proporção da população que vive em áreas rurais. Os painéis postais e de Internet são utilizados de forma extensiva apenas em alguns poucos países fora dos Estados Unidos, como Canadá, Reino Unido, França, Alemanha, Holanda, Coreia do Sul, Cingapura e Hong Kong. Contudo, o uso dos painéis pode aumentar com o surgimento de novas tecnologias. Da mesma forma, embora se possa acessar uma página da Internet de qualquer parte do mundo, o acesso à Internet ou ao *e-mail* é limitado em muitos países, especialmente naqueles em desenvolvimento. Assim, o uso de levantamentos eletrônicos não é viável, especialmente para entrevistar famílias. Empresas europeias de pesquisa de marketing estão sendo mais lentas para adotar a entrevista eletrônica, uma vez que a penetração da Internet na Europa está defasada comparada à dos Estados Unidos.

Seleção de métodos de levantamento

Nenhum método de aplicação de um questionário pode ser considerado o melhor em todas as situações. A Tabela 6.6 apresenta uma avaliação comparativa dos principais métodos de coleta de dados quantitativos no contexto da pesquisa de marketing internacional. Nessa tabela, os métodos de levantamento são abordados apenas nos tópicos mais amplos: entrevistas telefônicas, dispositivos móveis pessoais, por correio e eletrônicas (*e-mail*, Internet). A utilização de CATI, CAPI e painéis postais depende em grande parte do estado de desenvolvimento tecnológico do país. Da mesma forma, a prática de entrevistas em *shoppings* depende do predomínio destes no comércio de varejo. O mesmo é válido para levantamentos por *e-mail* e Internet, que dependem do acesso aos computadores e à Internet. Os principais métodos de entrevista devem ser cuidadosamente avaliados à luz dos critérios indicados na Tabela 6.6.

Outro ponto de grande importância na escolha de métodos de aplicação de um questionário é a garantia da equivalência e da comparabilidade entre os países. Diversos métodos podem ter graus diferentes de confiabilidade em países distintos. Ao coletar dados de diferentes países, é conveniente utilizar métodos de levantamento com graus equivalentes de confiabilidade, e não aplicar o mesmo método, conforme ilustrado no exemplo a seguir.[49]

TABELA 6.6
Avaliação comparativa dos métodos de levantamento para a pesquisa de marketing internacional

Critérios	Telefone	Pessoal	Por correio	Eletrônico
Alto controle de amostras	+	+	–	–
Dificuldade de encontrar os entrevistados em casa	+	–	+	+
Inacessibilidade das residências	+	–	+	+
Indisponibilidade de um grande grupo de entrevistadores treinados	+	–	+	+
Grande população em áreas rurais	–	+	–	–
Indisponibilidade de mapas	+	–	+	+
Indisponibilidade de catálogos telefônicos atualizados	–	+	–	+
Indisponibilidade de listas de endereços	+	+	–	+
Baixa penetração de telefones celulares/fixos	–	+	+	–
Ausência de um sistema de correios eficiente	+	+	–	+
Baixo nível de alfabetização	–	+	–	–
Cultura de comunicação frente a frente	–	+	–	–
Dificuldade de acesso a computadores e à Internet	?	+	?	–

Nota: O sinal + denota uma vantagem, e o sinal – denota uma desvantagem.

Pesquisa real

Métodos de levantamento predominantes conquistam participação de mercado

Com as vendas mundiais sendo responsáveis por mais de 50% de seu total, a Reebok, que faz parte do Grupo Adidas, era comercializada em mais de 180 países em 2017. Atualmente, a empresa está procurando se expandir na Europa e gostaria de instituir fortes programas de marketing para vender tênis de passeio para as massas europeias. Deve-se fazer um levantamento sobre as preferências dos consumidores em três países: Suécia, França e Suíça. É possível obter uma comparabilidade dos resultados utilizando o modo dominante de entrevista em cada país: entrevistas pela Internet na Suécia, entrevistas em locais centrais e na rua na França e CATI na Suíça.[50] ∎

Como no caso dos levantamentos, a escolha de um método de observação apropriado na pesquisa de marketing internacional deve também levar em conta as diferenças no ambiente econômico, estrutural, informativo, tecnológico e sociocultural.

Pesquisa de marketing e mídias sociais

As mídias sociais podem ser utilizadas para a condução de levantamentos e também de observações.

Levantamentos

Muitos *sites* de mídias sociais hoje têm uma plataforma excelente, oportunizando aos pesquisadores disseminar amplamente seus questionários e, assim, coletar respostas quantitativas em larga escala. O uso de mídias virtuais supera a necessidade de solicitar manualmente a atenção do público, o que corta gastos e acaba possibilitando o trabalho com amostras maiores por cada dólar investido. Além do mais, quando implementada da maneira correta, a coleta de dados de levantamentos por meio de *sites* de mídias sociais pode não apenas ser automatizada como também personalizada pelo pesquisador para chegar a vários segmentos de consumidores. As perguntas de pesquisa podem ser variadas com grande conveniência e poucas restrições. Ademais, levantamentos *on-line* conduzidos por meio de plataformas de mídias sociais estimulam o *feedback* comprometido e crível, devido à relevância e ao anonimato inerentes para o consumidor. Em caso de fracasso, o caráter virtual dessas ferramentas também permite o emprego de fatores motivacionais sutis ao se solicitar dados quantitativos pelo uso de cupons virtuais, presenteando com brindes os consumidores ao deixarem o *site* de levantamento após completarem o questionário. Quando combinados à simplicidade da criação e à implementação de conteúdos virtuais, vemos que a condução de levantamentos por meio de mídias sociais representa uma alternativa bastante viável, de bom custo-benefício e com diversas vantagens.

VANTAGENS DAS MÍDIAS SOCIAIS NA CONDUÇÃO DE LEVANTAMENTOS As mídias sociais oferecem as seguintes vantagens na condução de levantamentos:

- cobertura mais ampla devido à natureza do alcance virtual;
- simplicidade na implementação de levantamentos pela facilidade de uso das ferramentas de mídias sociais;
- capacidade de inclusão de perguntas mais complexas com o auxílio de computação interativa multimídia;
- respostas mais francas devido ao véu de anonimato e ausência de interação física;
- maior acessibilidade devido à natureza da Internet, que permite que *tags* e URLs sejam vinculadas a outros *sites* relevantes, tornando o conteúdo dos levantamentos mais acessível;
- custos mais baixos de pesquisa, por não ser preciso manter em campo uma vasta rede de entrevistadores e supervisores;
- capacidade de usar múltiplos métodos de levantamento (como universos em mídias sociais, ao estilo de Second Life, que permitem levantamentos individualizados por telefone via Internet);
- ausência de tendenciosidade do entrevistador;
- baixa desejabilidade social;
- resultados em alta velocidade ou mesmo instantâneos às enquetes.

Ainda assim, a falta de limites da World Wide Web gera desvantagens inerentes no uso das mídias sociais e pode prejudicar a condução de levantamentos das seguintes formas.

DESVANTAGENS DAS MÍDIAS SOCIAIS NA CONDUÇÃO DE LEVANTAMENTOS As mídias sociais oferecem as seguintes desvantagens na condução de levantamentos:

- os levantamentos não colhem respostas de quem está ausente das mídias sociais, como os consumidores mais velhos;
- a administração de levantamentos é difícil de controlar e os conteúdos podem ser acessíveis a concorrentes;
- a taxa de resposta pode ser baixa, devido à sobrecarga de conteúdos em comunidades virtuais;
- os levantamentos podem ser ignorados ao serem confundidos com *spam*;
- a confidencialidade é uma preocupação dos consumidores devido às funcionalidades relativamente inseguras das mídias virtuais, o que desestimula a divulgação de informações delicadas.

Levantamentos curtos podem ser administrados no próprio *site* de mídia social (como em uma página do Facebook).

Para levantamentos mais longos, um *link* pode ser fornecido no *site*, direcionando o usuário ao *site* do levantamento, como no levantamento conduzido pelo Captura Group.

Pesquisa real

Captura Group: capturando expectativas sobre o governo americano

O Captura Group (www.capturagroup.com) é uma agência de pesquisa de mercado especializada no mercado hispânico *on-line* nos Estados Unidos. A agência implementou e aplicou um levantamento em mídias sociais com o objetivo de entender o que o público achava do acesso a informações do governo americano. Esse levantamento foi encomendado devido a um crescente sentimento negativo do público quanto à organização de departamentos e agências governamentais no clima então instaurado de terrorismo. Com a aprovação da Patriot Act (Lei Patriota) e de vários outros projetos de lei para aumentar a segurança estatal contra o terrorismo, no fim da década de 2000 o governo do país exigiu que inúmeras agências superassem lapsos nos cumprimentos de segurança federais. No ano de 2015, existiam mais de 500 departamentos ou agências individuais no governo federal. Como resultado, os cidadãos americanos passaram a encontrar cada vez mais complicações e "passagens bloqueadas" ao tentarem obter informações relativas a questões estatais e governamentais, já que muitos departamentos e agências tinham graus sobrepostos de jurisdição que impunham uma confusão desnecessária ao público. O levantamento foi conduzido do seguinte modo:

Duração:	12 semanas
Fatos sobre os respondentes:	Média de idade de 42
	Das 501 pessoas que começaram o levantamento,
	385 o completaram (78,5%)
	50% homens/50% mulheres
	58% dos respondentes familiarizados com o governo dos EUA
Plataformas de mídias sociais acessíveis:	11, incluindo MySpace, *blogs*, Twitter, Yahoo Answers, etc.

A análise dos resultados do levantamento revelou as seguintes tendências:

- a maioria dos respondentes estava interessada em acessar informações governamentais via mídias sociais;
- a credibilidade das informações governamentais *on-line* era crucial para os respondentes;
- o Facebook era a ferramenta preferida de mídia social dos respondentes;
- os respondentes estavam bastante interessados em estabelecer diálogos com o governo;
- conteúdos relevantes e agilidade na sua entrega eram cruciais; o canal usado era secundário;
- a maioria dos respondentes (60%) estava interessada em acessar informações governamentais a partir de *sites* não governamentais.

Depois de examinar os resultados, o governo Obama admitiu que a organização do sistema federal americano era complexa demais e prejudicada por muitas brechas. Assim, buscou-se reformular a organização dos departamentos e agências governamentais para tornar o sistema mais acessível e menos complicado ao cidadão médio.[51]

Observação

Em um sentido real, comentários, fotos, vídeos, áudios e outros estímulos postados voluntariamente por consumidores em seus *sites* de mídias sociais são características de seus comportamentos. Uma análise dessas observações constitui uma análise de características. Alguns pesquisadores consideram *blogs* de participantes e comunidades de pesquisa *on-line* como exemplos de etnografia eletrônica ou *net*nografia (pesquisas etnográficas *on-line*). Também é possível observar mais diretamente o comportamento relevante ao pesquisador no mundo virtual, conforme realizado pela Starwood para os Aloft Hotels.

Quando a Starwood Hotels & Resorts cogitou lançar uma nova rede de hotéis butique sob o nome de marca "Aloft", decidiu antes de mais nada construir o hotel virtualmente dentro do Second Life. Isso ajudou a empresa a colher opiniões vitais de consumidores sobre o projeto e o conceito propostos para o hotel. Consumidores foram convidados no Second Life a interagir em um Aloft Hotel virtual. Pesquisadores de marketing observaram mecanicamente seus comportamentos e preferências. Foram capazes de observar como o avatar se movimentava pelos espaços e quais áreas e mobílias faziam mais sucesso no Second Life. Assim, conseguiram obter *feedback* dos consumidores e ideias a serem implementadas no hotel real. Essa ferramenta de mídia social foi crucial para os Aloft Hotels, já que não foi preciso gastar na construção física do protótipo de um Aloft Hotel. Pelos resultados, a empresa entendeu melhor quais características eram importantes para os usuários. Essas descobertas levaram a alterações de projeto, incluindo a decisão de instalar rádios junto aos chuveiros nos quartos. Os Aloft Hotels foram inaugurados em 2008. Oferecem uma harmonia entre elementos modernos e a tradição clássica americana para viajantes a negócios e a lazer. A fusão da Starwood com a Marriott foi concluída em 2016, criando a maior empresa hoteleira do mundo. O Aloft segue usando as mídias sociais para refinar seus serviços. No ano de 2017, havia mais de 230 Aloft Hotels em operação ou com inauguração programada para 2018, espalhados por todo o mundo, incluindo Ásia, Europa e Oriente Médio, bem como América Central e América do Sul.

Pesquisa de marketing em dispositivos móveis

Examinaremos o uso de pesquisa de marketing em dispositivos móveis (MMR) para conduzir levantamentos e pesquisas observacionais.

MMR e pesquisas de levantamento

Como funciona um levantamento em dispositivos móveis? Empresas de pesquisa de marketing como a MFour (mfour.com) e a Pollfish (www.pollfish.com) criaram kits de desenvolvimento de *software* (SKDs) para que criadores de aplicativos incluam ferramenta de levantamentos em seus produtos. Usuários móveis só veem o levantamento quando estão no aplicativo, ou seja, o aplicativo tem de estar aberto para que usuários completem levantamentos. Um pequeno ícone de notificação se abre enquanto os usuários estão dentro do aplicativo. Se clicarem nele, verão um box que oferece um incentivo à sua participação. Caso haja um critério de triagem, os usuários encontrarão as perguntas de triagem e as responderão, e dependendo das respostas e dos critérios de aceitação preparados pelo pesquisador, avançarão para as perguntas do levantamento. Alternativamente, pode ser enviada uma breve mensagem de SMS aos usuários móveis contendo um convite para o levantamento. O incentivo para a participação também é mencionado nela. O SMS contém um *link* para o levantamento, no qual os respondentes podem clicar para abrir o levantamento no navegador de seu dispositivo móvel. O levantamento funciona em qualquer dispositivo conectado; nenhum aplicativo precisa ser baixado.

Uma comparação dos levantamentos móveis com outros métodos de levantamento é apresentada na Tabela 6.2. Levantamentos móveis partilham muitas das características de outros levantamentos autoadministrados (como por correio, painel por correio, *e-mail* e Internet). Dentre essas características estão os fatores situacionais de controle do ambiente de coleta dos dados, controle das equipes em campo, potencial de tendenciosidade de entrevistadores e todos os fatores dos respondentes (anonimato percebido, desejabilidade social, obtenção de informações delicadas, baixa taxa de incidência e controle dos respondentes). Em termos de velocidade, os levantamentos móveis são similares ou melhores que os levantamentos via Internet, mas podem custar mais (veja a Tabela 6.2).

As principais desvantagens dos levantamentos móveis estão nos fatores de tarefas da Tabela 6.2. A diversidade e a flexibilidade das perguntas são baixas, tendo em vista o tamanho limitado do dispositivo móvel, sobretudo dos *smartphones*. O uso de estímulos físicos é de baixo a moderado. O uso de vídeo em pesquisas móveis é limitado. Levantamentos baseados em vídeo não funcionam em todos os dispositivos, devido a limites de conexão e de reprodução gráfica. O controle de amostras é de baixo a moderado. A representatividade pode ser outro entrave importante. Em levantamentos voltados à população em geral, pessoas que não possuem telefone celular ou outro dispositivo móvel não podem participar da amostra. Pelo lado positivo, o Sistema de Posicionamento Global (GPS) e outras tecnologias de localização podem aplicar levantamentos junto ao público-alvo com base em suas localizações atuais e passadas. Assim, pode-se obter *feedback* de compradores enquanto se encontram dentro das lojas (ou em outros momentos de consumo), minimizando-se o tempo entre a experiência e o *feedback* e elevando-se a qualidade das respostas. Para certas populações, dispositivos móveis podem proporcionar um alcance maior se comparados a outros modos de administração do levantamento. Esses levantamentos são bons, por exemplo, para chegar a consumidores de difícil acesso, como a geração dos *millennials*, e em muitos países em desenvolvimento em que a Internet é acessada principalmente em dispositivos móveis. A quantidade de dados é baixa. É importante que os levantamentos sejam mantidos curtos e simples. A norma é fazer no máximo 15 perguntas, com o processo inteiro levando menos de 15 minutos. A taxa de resposta é moderada.

Além disso, muitos levantamentos não se adequam bem a distribuição ou visualização em dispositivos móveis. Pode haver problemas com o *design* em si e com a atenção do respondente na tela do seu dispositivo. Mesmo *designs* afeitos a dispositivos móveis podem ter problemas em capturar a plena participação dos respondentes. Como se não bastasse, dificuldades técnicas podem ocorrer, como um *software* incompatível ou baixa taxa de transmissão de dados. Restrições à revelação e ao repasse de números de telefone celular (devido à proteção de dados) também acabam limitando o uso de MMR.

Em geral, são pequenas as variações nas respostas dependendo de sua visualização em diferentes dispositivos, sobretudo no caso de perguntas com resposta única, perguntas de múltiplas respostas, barras deslizantes, perguntas numéricas e grades simples. Grades de seleção múltipla, onde o respondente pode selecionar múltiplos itens por fileira ou por coluna em uma grade, tendem a produzir respostas diferentes em PCs e em *smartphones*, com os respondentes móveis tendendo a fazer mais seleções.[52]

A MMR pode ser combinada com outros modos de levantamento, sobretudo CAPI e CATI. A CAPI móvel, ou mCAPI, é uma forma de entrevista individualizada em que o entrevistador utiliza um dispositivo móvel como parte do processo de entrevista. Já a CATI ficava tradicionalmente limitada a telefones fixos, mas está aumentando cada vez mais e agora inclui telefones celulares, em um método denominado mCATI. A CATI móvel tende a apresentar mais restrições, se comparada à CATI tradicional. O custo da mCATI tende a ser maior do que a CATI via telefones fixos. Pessoas que possuem dispositivos móveis diferem demograficamente das que não os possuem, havendo também diferenças entre as que possuem e as que não possuem telefone fixo. Portanto, a combinação de CATI e mCATI resultará em uma amostra mais representativa. Ao se comparar modos móveis aos tradicionais, os *insights* obtidos com CATI são vagamente similares àqueles obtidos comparando-se levantamentos móveis com levantamentos *on-line* tradicionais conduzidos em computador.

Pesquisa real

mCAPI: a cereja no bolo da pesquisa de marketing em países em desenvolvimento

As complexidades na condução de pesquisas de marketing na Índia são evidentes, já que 69% da população é rural, são faladas 22 línguas, além de centenas de dialetos, e há quase 8 mil cidades e meio milhão de vilarejos no país. Uma parcela desproporcional do trabalho de campo na Índia, estimada em 90% de todas as entrevistas, é conduzida na forma de entrevistas individualizadas usando-se questionários em papel. Por isso, o objetivo é melhorar em muito a velocidade, o custo e a qualidade do trabalho de campo na Índia. A Market Xcel (market-xcel.com), uma empresa progressiva de pesquisa de marketing na Índia, enfrentou esse desafio migrando do papel para mCAPI. A Market Xcel fez isso em colaboração com a Cluetec GmbH da Alemanha, a criadora do sistema mQuest mCAPI.

O uso de mCAPI aboliu a necessidade de enviar questionários a centros regionais e de transportá-los até os entrevistadores e aliviou os problemas de reunir os levantamentos preenchidos em papel. O processo de entrevista pode ser acompanhado e validado mediante dados de GPS, além de paradados, como carimbos de datação. Fotografias podem ser enviadas *on-line*, não apenas como parte da pesquisa, mas também como parte do processo de controle de qualidade para validação de respondente e localização. A mCAPI é capaz de lidar com levantamentos mais complexos do que os questionários em papel e deixa de exigir o preenchimento de dados de terceiros, agilizando bastante o processamento. Além disso, a Market Xcel passou a oferecer a seus clientes relatórios em tempo real via uma interface Web – algo que era inviável com questionários tradicionais em papel. A experiência indiana mostra que a mCAPI pode ser uma alternativa atraente às entrevistas individualizadas e em papel em países em desenvolvimento, modernizando as pesquisas de marketing com o acesso cada vez mais fácil e barato a dispositivos móveis.[53] ∎

MMR e pesquisas observacionais

O uso de pesquisa móvel para conduzir auditorias junto a varejistas foi descrito no Capítulo 4. Tecnologias móveis podem ser usadas para gerar dados observacionais pessoais e mecânicos. No entanto, tais dados costumam ser analisados de forma qualitativa, e esse tópico foi examinado no Capítulo 5. O uso de MMR na condução de análise de conteúdo e análise de rastro é limitado. Os *smartphones* são capazes de coletar dados observacionais passivos, registrando informações como localização, atividades e consumo de mídias. Com eles, é possível desencadear atividades de pesquisa em um horário específico do dia, ao se chegar a um local específico ou em resposta a um sinal do pesquisador. Um estudo de satisfação de clientes, por exemplo, deve ser desencadeado quando um respondente visita uma loja de departamentos, e um estudo de refeições fora de casa, quando ele chega a um restaurante. O rastreamento passivo utiliza recursos e sensores de telefone ou *tablet* para registrar por onde os respondentes passam, o que fazem, e assim por diante. Isso é feito sem qualquer intervenção momentânea dos respondentes. A coleta passiva de dados costuma exigir que os respondentes baixem um aplicativo, e há alguns limites relacionados ao tipo de dados que podem ser coletados.

A coleta de conteúdos gerados por respondentes é chamada por vezes de autoetnografia. Na etnografia móvel, os próprios respondentes produzem dados de pesquisa etnográfica ao capturarem certos aspectos de suas vidas, como ao tirarem fotos de seus guarda-roupas ou despensas. Os dispositivos móveis também estão fazendo incursões na área de compras misteriosas. Seu uso inclui a atribuição de tarefas a compradores misteriosos, permitindo que fotos e vídeos sejam coletados, juntamente com o horário, a localização e outras informações. Com telefones munidos de GPS, o georreferenciamento em tempo real pode ser adicionado para aumentar a precisão.

Ética na pesquisa de marketing

O uso antiético da pesquisa como pretexto para realizar vendas (chamado de *sugging* na linguagem comercial) ou levantar fundos (*frugging*) não é ético. Outro aspecto ético importante no levantamento e na pesquisa observacional é o anonimato dos entrevistados. Os pesquisadores têm a obrigação de não revelar os nomes dos entrevistados para pessoas estranhas, inclusive para o próprio cliente. Isso é particularmente crucial caso tenha sido assegurado o anonimato ao respondente como maneira de obter sua participação. O cliente não tem o direito de conhecer a identidade dos entrevistados. Seus nomes só podem ser revelados ao cliente quando os entrevistados forem notificados antecipadamente e derem seu consentimento antes da realização do levantamento. Mesmo em tais condições, o pesquisador precisa ter a garantia de que o cliente não usará os nomes dos entrevistados em seus programas de vendas, nem fará qualquer uso indevido de tais nomes. O exemplo a seguir destaca a batalha que está sendo travada no setor de pesquisas de marketing no campo da ética.

Pesquisa real

Linha ocupada para a pesquisa telefônica

O Conselho de Marketing e Pesquisas de Opinião, agora parte da Insights Association (www.insightsassociation.org), identificou as "principais ameaças à vitalidade da pesquisa". No topo da lista estava a pesquisa telefônica, devido à preocupação quanto a uma legislação proposta. Cerca de metade dos estados americanos promulgou leis para regulamentar os telefonemas não solicitados, e os demais estados estão analisando uma legislação similar. Uma lei da Califórnia, objetivando limitar a escuta telefônica, declarou ilegal o fato de alguém ouvir uma conversa em uma extensão, e isso pode prejudicar o monitoramento da fiscalização dos entrevistadores por telefone.

Outro problema com que se defronta o setor de pesquisa de marketing é a imagem, pois o público geral não distingue entre pesquisa telefônica e telemarketing. Essa crise de identidade é exacerbada pela ação de algumas empresas que praticam *sugging* ou *frugging*, termos usados no setor para, respectivamente, a venda ou o levantamento de fundos sob o pretexto de uma pesquisa.

Todas essas barreiras elevam o custo da pesquisa por telefone e dificultam a obtenção de amostras representativas por parte dos pesquisadores. Estatísticas recentes lançadas pelo Center for Marketing & Opinion Research, CMOR (www.cmoresearch.com) confirmaram que o setor ainda enfrenta uma tendência crescente no número de pessoas que se recusam a participar de levantamentos a cada ano. O estudo pesquisou 3.700 consumidores nos Estados Unidos, e aproximadamente 45% afirmaram que tinham se recusado a participar de uma pesquisa durante o último ano. A definição da CMOR de recusa a participar de uma pesquisa não inclui casos em que os consumidores evitam ligações telefônicas por meio de um identificador de chamadas ou de uma secretária eletrônica. Esses fatores, na realidade, aumentariam ainda mais o índice de recusas. A preocupação dos consumidores com relação à privacidade é a principal razão pela qual esse índice é tão alto. Além disso, o uso difundido da Internet e a consciência pública a respeito de seu uso fraudulento deixaram os consumidores mais hesitantes quanto a participar de entrevistas. O estudo também revelou que apenas 30% dos entrevistados "concordam" ou "concordam totalmente" com a possibilidade de confiar nos pesquisadores para proteger o direito à privacidade dos consumidores. O CMOR está contra-atacando e contratou a firma de advogados Covington e Burling, de Washington, para fazer um trabalho junto ao Congresso e coordenar o *lobby* em nível estadual. Outra providência que está sendo estudada é um "selo de aprovação" do CMOR para melhorar a imagem que o público tem de empresas de pesquisa responsáveis. A batalha para salvar a pesquisa por telefone deve ser travada: só é preciso uma ligação telefônica.[54] ■

Os pesquisadores não devem colocar os entrevistados em situações de tensão. Afirmações do tipo "não há respostas certas nem erradas, estamos interessados apenas em sua opinião" podem aliviar grande parte da tensão inerente a um levantamento.

Frequentemente, o comportamento das pessoas é observado sem o seu conhecimento, porque informar os entrevistados pode alterar seu comportamento. Entretanto, é possível que isso viole a privacidade dos respondentes. Uma diretriz é que as pessoas não devem ser observadas, para fins de pesquisa, em situações em que elas não esperam estar sendo observadas pelo público. Contudo, a observação de pessoas em locais públicos, como um *shopping center* ou um supermercado, é apropriada apenas se forem considerados certos procedimentos. Devem ser colocados avisos nessas áreas, informando que as pessoas estão sendo observadas para fins de pesquisa de marketing. Após coletados os dados, o pesquisador precisa obter a permissão dos pesquisados. Se algum destes se recusar a dar permissão, os registros das observações referentes a ele devem ser destruídos. Essas diretrizes referem-se também à utilização de *cookies* na Internet.[55]

Caso HP

Revise o caso HP, Caso 1.1, e o questionário que consta no final do livro.

1. O levantamento da HP foi realizado em um *site* e o envio do convite foi feito por *e-mail* para os respondentes. Avalie as vantagens e desvantagens deste método. Você acha que este era o método mais eficaz?
2. Compare os diversos métodos de levantamento para o caso da HP.
3. A HP pode utilizar o método da observação para identificar as preferências dos consumidores por PCs e *notebooks*? Em caso positivo, que método de observação você recomendaria e por quê?
4. Visite uma loja que venda PCs e *notebooks*. Se esta loja quiser realizar um levantamento para identificar as preferências dos consumidores por PCs e *notebooks*, que método de levantamento você recomendaria e por quê?

Resumo

Os dois meios básicos de obtenção de dados quantitativos primários na pesquisa descritiva são o levantamento e a observação. O levantamento implica questionar diretamente os entrevistados, enquanto a observação envolve o registro do comportamento dos sujeitos.

Os levantamentos requerem a aplicação de um questionário e são classificados, com base no método ou modo de aplicação, como (1) entrevistas por telefone tradicionais, (2) CATI, (3) entrevistas pessoais em domicílio, (4) entrevistas em *shoppings*, (5) CAPI, (6) levantamentos por correio, (7) painéis postais, (8) levantamentos por *e-mail*, (9) levantamentos pela Internet e (10) levantamentos por dispositivos móveis. Cada método tem algumas vantagens e desvantagens. Os diversos métodos são comparados em termos de fatores de tarefa, situacionais e dos respondentes. Os fatores de tarefa relacionam-se com as tarefas que têm que ser desempenhadas para a coleta de dados e com o tópico do levantamento. Esses fatores consistem na diversidade de questões e flexibilidade, no uso de estímulos físicos, no controle da amostra, na quantidade de dados e no índice de resposta. Os fatores situacionais compreendem o controle do ambiente de coleta de dados, o controle dos trabalhadores de campo, o potencial de tendenciosidade do entrevistado, a velocidade e o custo. Os fatores do respondente dizem respeito aos entrevistados do levantamento e incluem a percepção do anonimato, a conveniência social, a obtenção de informações delicadas, a baixa taxa de incidência e o controle do respondente. Embora esses métodos de coleta de dados em geral sejam vistos como distintos e concorrentes, não devem ser considerados mutuamente excludentes. É possível empregá-los com proveito de forma combinada.

Os métodos observacionais são classificados como estruturados ou não estruturados, disfarçados ou não disfarçados e naturais ou planejados. Os métodos mais importantes são a observação pessoal, a observação mecânica, a auditoria, a análise de conteúdo e a análise de rastro. Comparados com os levantamentos, as vantagens dos métodos observacionais são (1) permitir a medida do comportamento real, (2) não haver tendenciosidade ao relatá-los e (3) haver menor potencial para tendenciosidade do entrevistador. Além disso, a observação é a melhor forma de obter certos tipos de dados, quando não a única. As desvantagens da observação são (1) que se pode inferir muito pouco sobre motivos, crenças, atitudes e preferências, (2) há potencial para tendenciosidade do observador, (3) a maioria dos métodos é demorada e dispendiosa, (4) é difícil observar certas formas de comportamento e (5) há potencial para se tornar um método antiético. A observação é raramente utilizada como o único método de obtenção de dados primários, mas pode ser empregada com sucesso junto a métodos de levantamento.

Na coleta de dados de países diferentes, é conveniente utilizar métodos de levantamentos com níveis equivalentes de confiabilidade, e não o mesmo método para todos. As mídias sociais podem ser empregadas para melhorar a pesquisa tradicional e a pesquisa de observação. Levantamentos em dispositivos móveis podem ser conduzidos como um procedimento independente ou combinados com outros modos de pesquisa, particularmente CAPI e CATI, resultando em mCAPI e mCATI, respectivamente. Os dispositivos móveis também estão fazendo incursões na pesquisa etnográfica, compras misteriosas e em outras formas de observação. A identidade dos respondentes deve ser preservada e seus nomes não podem ser revelados aos clientes. As pessoas não devem ser observadas sem consentimento para pesquisa em situações em que não esperam ser observadas pelo público.

Palavras-chave e conceitos fundamentais

método de levantamento, 146
coleta de dados estruturada, 146
perguntas de alternativa fixa, 146
painel postal, 152
linguagem de marcação de hipertexto (HTML), 153
controle da amostra, 156
arcabouço amostral, 157
discagem aleatória de dígitos, 157
planejamento de listas de dígitos aleatórios, 157
índice de resposta, 158

viés de não resposta, 159
solicitação crítica, 159
equipe de campo, 159
percepção do anonimato, 160
conveniência social, 160
taxa de incidência, 161
observação, 163
observação estruturada, 163
observação não estruturada, 163
observação natural, 163
observação planejada, 163
observação pessoal, 164

observação mecânica, 164
análise da intensidade da voz, 165
latência de resposta, 165
pesquisa de neuromarketing, 165
auditoria de despensa, 166
análise de conteúdo, 167
análise de rastro, 167
compras misteriosas, 171

Casos relacionados

Os casos listados a seguir são discutidos no final do livro.

1.1 HP Inc.

2.1 Baskin-Robbins **2.2** Akron Children's Hospital

4.1 JPMorgan Chase **4.2** Wendy's

Os casos listados a seguir estão distribuídos ao longo do livro, no final dos capítulos de 1 a 13.

6.1 Starbucks **8.1** P&G **10.1** Dunkin' Donuts **11.1** Nivea

12.1 Subaru **13.1** Intel

Pesquisa ao vivo: realização de um projeto de pesquisa de marketing

Em turma, discuta os vários métodos de levantamento e selecione um que seja apropriado para o projeto. Além dos critérios dados neste capítulo, certas restrições práticas deverão ser consideradas se os estudantes tiverem que coletar dados. Exemplos incluem:

1. Deve haver um orçamento para chamadas telefônicas e celulares se for preciso um levantamento telefônico em regiões fora da área local.
2. Um sistema CATI talvez não esteja disponível, de forma que o método telefônico pode ser limitado ao telefone tradicional.
3. Os estudantes não poderão realizar entrevistas em *shoppings* a menos que obtenham permissão da gerência dos *shoppings*. Alguns *shoppings* assinaram contratos exclusivos com empresas de pesquisa de marketing para coleta de dados.
4. Pode não ser prático fazer entrevistas pessoais em domicílio em uma ampla área geográfica, mesmo na região local.
5. Pode não haver tempo suficiente para levantamento pelo correio, e um painel postal pode ter custo proibitivo se o projeto não tiver financiamento.
6. Endereços de *e-mail* talvez não estejam disponíveis ou sejam difíceis de obter.
7. Dispositivos de observação mecânica podem não ser práticos para se obter e utilizar.

Exercícios

Perguntas

1. Explique sucintamente como os tópicos abrangidos por este capítulo se encaixam no conjunto do processo de pesquisa de marketing.
2. Quais são as vantagens e as desvantagens do método de levantamento direto estruturado?
3. Indique os principais modos de obtenção de informação por meio de um levantamento.
4. Quais são os fatores relevantes para avaliar qual método de levantamento melhor se adapta a determinado projeto de pesquisa?
5. Qual seria o método de levantamento mais apropriado para um projeto em que o controle da equipe de campo e o custo são fatores cruciais?
6. Cite os tipos de observação mecânica e explique como funcionam.
7. Explique como seria possível empregar a análise de conteúdo no estudo de questões abertas. Comente as vantagens e desvantagens do uso desse método.
8. Por que a análise de rastro só é usada como último recurso?
9. Quais são as vantagens e desvantagens da observação?
10. Como você usaria o Facebook para conduzir um levantamento? Em quais situações esse levantamento poderia ser apropriado?
11. Esclareça a implementação de levantamentos em pesquisa de marketing em dispositivos móveis.

Problemas

1. Descreva um problema de pesquisa de marketing em que podemos empregar tanto os métodos de levantamento quanto os de observação para obter as informações desejadas.
2. Colete 30 anúncios em que figurem mulheres em edições recentes de revistas conhecidas. Faça uma análise de conteúdo desses anúncios para examinar os diferentes papéis em que as mulheres são apresentadas.
3. A administração de um *campus* universitário deseja determinar quantas pessoas fazem suas refeições no restaurante universitário. Relacione os métodos de levantamento que poderiam ser usados para obter essa informação. Qual é o melhor?

Exercícios para Internet e computador

1. Pergunte a seu instrutor ou a outros professores se você pode servir como respondente em uma entrevista pessoal assistida por computador. A seguir, responda ao mesmo questionário utilizando papel e lápis. Compare as duas experiências.
2. Utilize um programa de planilhas, como o Excel, ou qualquer outro programa apropriado, para fazer a análise de conteúdo descrita no Problema 2.
3. Localize um levantamento na Internet para o qual você se qualificaria como entrevistado. Preencha-o. Como você avaliaria esse levantamento com base nos critérios da Tabela 6.2?
4. Localize um levantamento na Internet. Examine cuidadosamente o conteúdo do questionário. Quais são as vantagens e desvantagens de aplicar o mesmo levantamento usando CATI ou entrevistas em *shoppings*?
5. Crie um levantamento por *e-mail* para medir as atitudes dos alunos em relação a cartões de crédito. Mande o levantamento por *e-mail* para 10 estudantes. Sintetize, de forma qualitativa, as respostas recebidas. As atitudes dos estudantes em relação a cartões de crédito são positivas ou negativas?
6. Visite o *site* da organização Gallup em www.gallup.com. Quais métodos a Gallup tem utilizado em alguns dos levantamentos recentes no *site*? Por que esses métodos foram selecionados?

Atividades

Dramatização

1. Você trabalha para uma empresa de alta tecnologia. A gerência lhe pede para fazer um estudo das reações das pessoas à sua propaganda. Mais especificamente, seu chefe quer saber quais propagandas dentre várias delas são especialmente atraentes ou interessantes para os consumidores. Suas recomendações serão utilizadas para determinar o conjunto de propagandas para o produto. Explique como você vai obter essas informações. Quais métodos você utilizará e por quê? Seja específico.
2. Você foi contratado pela livraria do *campus* da universidade para identificar quantos alunos tomam decisões de compra quando estão na loja. Você deve utilizar o método da observação pessoal. Faça de conta que é um comprador e observe o comportamento de outros alunos na livraria. Escreva um relatório com suas constatações.

Trabalho de campo

1. Visite uma empresa de pesquisa de marketing local que realize levantamentos. Conheça as instalações de CATI que a empresa possui. Escreva um relatório descrevendo como a empresa realiza CATI.
2. Faça contato com uma empresa de pesquisa de marketing que tenha infraestrutura para a realização de entrevistas em *shoppings*. Organize uma visita a essas instalações quando esse tipo de entrevistas for realizado. Escreva um relatório sobre sua experiência.

Discussão em grupo

1. Em um grupo pequeno, discuta as questões éticas envolvidas na observação disfarçada. Como se pode lidar com essas questões?
2. "Com avanços na tecnologia, é provável que os métodos observacionais se tornem muito utilizados." Discuta essa afirmação em um pequeno grupo.

CASO 6.1

Starbucks: mantendo-se local enquanto se torna global com pesquisa de marketing

Batizada com o nome de um personagem do romance *Moby Dick*, a Starbucks é a maior empresa de cafés do mundo. Em 2017, havia mais de 24 mil lojas em 70 países. Seu objetivo é estabelecer a Starbucks como a marca mais reconhecida e respeitada do mundo. Ela espera atingir essa meta dando continuidade à rápida expansão de lojas de varejo e aumentando suas vendas de especialidades e outras operações. Ela também busca constantemente outras oportunidades para alavancar a marca Starbucks por meio de novos produtos e canais de distribuição para atender às necessidades dos consumidores, identificadas por pesquisa de marketing.

Ao longo das duas últimas décadas, a Starbucks revitalizou o setor de café. A inspiração por trás da Starbucks ocorreu quando o CEO Howard Schultz visitou a Itália. Naquela época, a Starbucks era uma companhia de café, e as pessoas eram apaixonadas por café, mas em Milão Howard viu a paixão pela experiência de estar em uma loja de café. Ali, Howard foi de um café a outro e percebeu como as pessoas se conheciam. Essas pessoas estavam tomando seu café diário, mas também estavam fazendo conexões diariamente com outras pessoas, com os baristas, com arte; os funcionários que preparavam as bebidas estavam em conexão com seus clientes e os conheciam pessoalmente. A partir dessa experiência, Howard reconheceu que, embora a Starbucks fosse apaixonada por café, também tinha a oportunidade de ser igualmente apaixonada pela experiência de estar em uma loja de café.

A pesquisa de mercado identificou quatro pilares estratégicos para expressar a marca Starbucks: (1) o café, que é a base da Starbucks e lhe dá credibilidade; (2) alguns dos produtos mais requintados associados com a experiência do café; (3) o ambiente aconchegante, acolhedor e inspirador; (4) o envolvimento da comunidade. Embora o café e os produtos sejam importantes, a chave para o sucesso da Starbucks são os dois últimos aspectos. A empresa criou um ambiente amistoso e acolhedor que proporciona uma experiência que a torna parte da comunidade ou cultura local. Ela consegue alcançar esse sucesso enfatizando a cultura Starbucks.

A Starbucks também se baseia nos clientes para obter ideias, realizando extensa pesquisa de marketing. Muitos de seus produtos e serviços são resultado direto de sugestões de clientes ou de funcionários do local. Muito mais do que na maioria das empresas, os consumidores atingem e influenciam a corporação. Várias inovações e itens de varejo foram gerados diretamente pelo *feedback* dos clientes obtido pela pesquisa de marketing e por sugestões feitas aos baristas. Desde coletâneas musicais personalizadas até a venda de sanduíches, chicletes e chocolates – tudo resultou das recomendações dos clientes. Muitas lojas chegam a oferecer acesso à Internet sem fio, em resposta à demanda dos clientes. Por meio dos seus baristas, a Starbucks descobriu que as pessoas estavam interessadas em cafés gelados e em combinações de cafés, e foi assim que nasceu o Frappuccino – uma ideia que veio dos clientes e baristas, e não da sede da corporação.

Essa conexão local com os clientes e a consequente construção da marca permitem que a Starbucks se desloque para outros empreendimentos de sucesso – desde vendas de grãos de café em supermercados até parcerias com Delta Airlines, Marriott, Pepsi, Kraft e outras empresas. A Starbucks tem um dos melhores cafés do mundo, mas não estava presente nos supermercados, que é onde a maior parte do café é comprada. Dados por assinatura da Nielsen mostraram que os supermercados vendem dois terços do café nos Estados Unidos, e a Starbucks conseguiu entrar nesse mercado lucrativo. A empresa também usa parcerias em outros setores para aumentar as receitas.

Nos últimos anos, a Starbucks tem expandido agressivamente sua marca global, ingressando em mercados mais novos e fortalecendo sua posição em países onde ela já está presente. No entanto, expandir uma marca fora do país pode ser diferente de fazê-lo no mercado doméstico. De acordo com Thomas Yang, ex-vice-presidente sênior da International Marketing, essa diferença em comportamento de crescimento distinto em outros países pode ser atribuída aos diferentes estágios de desenvolvimento da Starbucks nos Estados Unidos e em outras partes do mundo. Em mercados internacionais, a Starbucks está no estágio de desenvolvimento e estabelecimento da marca, permitindo que os consumidores descubram como é a marca e o que significa a experiência da Starbucks. Por outro lado, ela está presente na América do Norte desde 1971. Nos Estados Unidos, a experiência da Starbucks é bem conhecida e compreendida, por isso a empresa está em um estágio diferente.

A Starbucks tem sido extremamente bem-sucedida em alcançar seus objetivos. Ela consegue manter uma atmosfera local, apesar do crescimento impressionante ao redor do mundo. A empresa faz isso enfatizando sua cultura e colocando o foco em seus funcionários e clientes por meio da pesquisa de marketing. A Starbucks espera se manter local enquanto se torna global por meio da pesquisa de marketing.

Conclusão

A Starbucks passou de um pequeno café local na década de 1970 à maior empresa de cafés do mundo. O sucesso se deve amplamente à forte conexão que ela conseguiu promover junto aos seus consumidores e à manutenção de um charme e uma atmosfera locais em suas lojas, mesmo enquanto continua a crescer globalmente em grande velocidade. Essa forte conexão também possibilita que a Starbucks reúna opiniões úteis e informações de pesquisa de marketing a partir dos clientes, levando à introdução de vários novos produtos de sucesso e à penetração em novos mercados globais.

Questões

1. Use a Internet para identificar fontes secundárias de informações relativas ao consumo de café nos Estados Unidos.
2. O que os consumidores procuram na experiência em uma loja de café? Como eles veem a experiência de estar em uma loja de café Starbucks? Como a Starbucks pode identificar as respostas a essas perguntas?
3. Um levantamento deve ser realizado para identificar a imagem que os apreciadores de café têm da Starbucks e de outras redes de cafés. Que método de levantamento deve ser empregado?
4. A Starbucks está pensando em lançar um novo café gourmet com aroma intenso. O método da observação pode ser utilizado para determinar a reação do consumidor a esse café antes do lançamento nacional? Caso possa, que método de observação deve ser usado?

Referências

1. http://www.starbucks.com, accessed February 15, 2017.
2. Steven Gray and Kate Kelly, "Starbucks Plans to Make Debut in Movie Business," *Wall Street Journal* (January 12, 2006): A1, A8.

CAPÍTULO 7

Concepção de Pesquisa Causal: Experimentação

> *Embora os experimentos não possam provar causalidade, a experimentação é o melhor método para fazer inferências causais.*
>
> **Ted Donnelly, diretor-geral, Baltimore Research**

Objetivos

Após a leitura deste capítulo, o aluno conseguirá:

1. Explicar o conceito de causalidade conforme definido na pesquisa de marketing e distinguir o sentido comum do significado científico de causalidade.
2. Definir e diferenciar os dois tipos de validade: validade interna e validade externa.
3. Discutir as diversas variáveis estranhas capazes de afetar a validade de resultados obtidos por experimentação e explicar como o pesquisador pode controlar essas variáveis.
4. Descrever e avaliar estudos experimentais e as diferenças entre estudos pré-experimentais, verdadeiramente experimentais, quase-experimentais e estatísticos.
5. Comparar o uso de experimentação de laboratório com a experimentação de campo e os estudos experimentais com estudos não experimentais em pesquisa de marketing.
6. Descrever os testes de marketing e explicar por que são uma aplicação da experimentação.
7. Entender por que a validade interna e externa dos experimentos de campo realizados fora dos Estados Unidos costuma ser mais baixa do que as obtidas nesse país.
8. Descrever como as mídias sociais facilitam a pesquisa causal.
9. Esclarecer a implementação de concepções experimentais em pesquisa de marketing em dispositivos móveis.
10. Descrever as questões éticas envolvidas na condução da pesquisa causal e o papel do *debriefing* na abordagem de algumas dessas questões.

Aspectos gerais

As concepções causais foram introduzidas no Capítulo 3, no qual discutimos sua relação com concepções exploratórias e descritivas e definimos a experimentação como o principal método empregado em estudos causais. Este capítulo explora mais a fundo o conceito de causalidade. Identificamos aqui as condições necessárias para a causalidade, examinando o papel da validade na experimentação, bem como as variáveis estranhas e os processos para controlá-las. Apresentamos uma classificação dos estudos experimentais e analisamos estudos específicos junto com os méritos relativos dos experimentos de laboratório e de campo. Uma aplicação na área de teste de marketing é abordada detalhadamente. As considerações envolvidas na realização de pesquisa experimental ao pesquisar mercados internacionais, ao usar as mídias sociais e ao conduzir pesquisa de marketing em dispositivos móveis também são discutidas. Além disso, são identificadas várias questões éticas que surgem na experimentação.

Pesquisa real

Está na bolsa

A LeSportsac, Inc. (www.lesportsac.com) entrou na justiça contra a Kmart Corporation (www.kmart.com) depois que a Kmart lançou a linha de bolsas "di Paris sac", que a LeSportsac alegou se parecer muito com suas bolsas. Segundo a LeSportsac, a Kmart levava os consumidores a crer que estavam comprando bolsas LeSportsac quando, na verdade, não estavam. Para provar isso, a LeSportsac empreendeu pesquisas causais.

Dois grupos de mulheres foram selecionados. Ao primeiro, foram mostradas duas bolsas LeSportsac leves e com cantos macios, sem etiquetas e com o símbolo da LeSportsac coberto. Ao segundo grupo de mulheres, foram apresentadas duas bolsas "di Paris sac" com a marca visível e com as etiquetas e os selos que essas bolsas levam nas lojas Kmart. As informações obtidas de ambos os grupos pretendiam verificar se essas mulheres percebiam que as bolsas se originavam de uma única fonte, ou seja, da mesma empresa, e se elas eram capazes de identificar as verdadeiras marcas das bolsas, quais identificações eram essas e que motivos as levaram a avaliar isso. A amostra consistiu em 200 mulheres em cada grupo, selecionadas mediante entrevistas em *shoppings* realizadas em Chicago, Los Angeles e Nova York. Em vez de utilizar uma amostra probabilística, as mulheres foram selecionadas de acordo com quotas de idade.

O estudo revelou que muitas das participantes não foram capazes de distinguir a origem das duas marcas de bolsas, reforçando com isso a posição da LeSportsac. Esse experimento ajudou a empresa a conseguir, do tribunal de recursos, uma liminar contra a Kmart, que retirou de linha as bolsas "di Paris sac". A LeSportsac foi fundada em 1974 e, desde 2018, a empresa tem forte presença em todo o mundo, oferecendo uma linha acessível de bolsas, bolsas de viagem, mochilas e acessórios.[1] ■

Pesquisa real

O impulso de comprar

A Rite Aid Drug Co. (www.riteaid.com) realizou um experimento para avaliar a eficácia de anúncios pelo rádio no próprio local de compra para a geração de compras por impulso. Foram selecionadas 20 farmácias estatisticamente compatíveis, com base em tamanho, localização geográfica, fluxo de tráfego e tempo de serviço. Metade delas foi selecionada aleatoriamente como lojas de teste, e a outra metade, como grupo de controle. Nas lojas de teste, o sistema de som interno transmitia anúncios, enquanto o sistema do grupo de controle ficava desativado. Dados de rastreamento na forma de vendas unitárias e volume em dólares foram obtidos durante sete dias antes do experimento, nas quatro semanas de duração do experimento e nos sete dias depois dele. Os produtos monitorados variavam de itens simples e baratos a pequenos utensílios de cozinha. Os resultados indicaram que as vendas dos produtos anunciados nas lojas de teste tiveram aumentos de pelo menos 100%. Com base em tais evidências, a Rite Aid concluiu que a propaganda de rádio no local de compra era altamente eficaz para induzir compras por impulso e decidiu dar-lhe continuidade.

A Shop! realizou um estudo para identificar a eficácia da propaganda nos pontos de venda. O estudo descobriu que somente 30% dos compradores leram propagandas do varejista, pegaram um folheto na loja ou chegaram lá com uma lista de compras. No entanto, 34% dos compradores questionados depois de sair da loja conseguiam se lembrar de ter visto ou ouvido propagandas ou anúncios feitos dentro do estabelecimento. As empresas Anheuser-Busch, Pepsi, FritoLay, Pfizer, Procter & Gamble e Ralston-Purina patrocinaram esse estudo. Todas essas empresas vendem produtos que podem se beneficiar da propaganda no local de venda; com base nesses resultados, elas decidiram aumentar seu orçamento de propagandas promocionais no local.

A Shop! (www.shopassociation.org) é uma associação global sem fins lucrativos dedicada ao aprimoramento de ambientes e experiências de varejo. Em 2018, a Shop! representou mais de 2.000 empresas associadas em todo o mundo e gerou valor ao mercado global de varejo por meio de sua liderança em pesquisa, projeto, construção, marketing e avaliação. A Shop! foi formada em 2 de outubro de 2015, quando da fusão da A.R.E. com o Point of Purchase Advertising International (POPAI).[2] ■

Conceito de causalidade

Os experimentos são normalmente utilizados para inferir relações causais. O conceito de **causalidade** requer alguns esclarecimentos. O conceito científico de causalidade é complexo. "Causalidade" tem significados muito diferentes para uma pessoa comum na rua e para um cientista.[3] Uma afirmação do tipo "X causa Y" terá significados diferentes para ambos, como mostrado na tabela no pé da página.

causalidade
Quando a ocorrência de X aumenta a probabilidade da ocorrência de Y.

O significado científico de causalidade é mais adequado para a pesquisa de marketing que o sentido cotidiano. Os efeitos de marketing são causados por múltiplas variáveis, e a relação entre causa e efeito tende a ser probabilística. Além disso, jamais podemos provar a causalidade (isto é, mostrar seu caráter conclusivo); apenas podemos inferir uma relação de causa e efeito. Em outras palavras, é possível que a relação causal verdadeira, se é que efetivamente existe, não tenha sido identificada. Esclarecemos melhor o conceito de causalidade discutindo as condições para que ela exista.

Condições para a causalidade

Antes de fazer quaisquer inferências causais, ou de admitir causalidade, três condições devem ser satisfeitas: (1) variação concomitante, (2) ordem temporal da ocorrência de variáveis e (3) eliminação de outros possíveis fatores causais. Essas condições são necessárias, mas não suficientes, para demonstrar a causalidade. Nenhuma delas, nem as três conjuntamente, podem demonstrar de forma decisiva a existência de uma relação causal.[4]

Variação concomitante

A **variação concomitante** é a extensão em que uma causa, X, e um efeito, Y, ocorrem ou variam em conjunto na forma prevista pela hipótese em estudo. A evidência relativa à variação concomitante pode ser obtida de maneira qualitativa ou quantitativa.

variação concomitante
Condição para inferir a causalidade que exige que uma causa, X, e um efeito, Y, ocorram ou variem em conjunto, conforme previsto pela hipótese em estudo.

Por exemplo, no caso qualitativo, a gerência de uma loja de departamentos acha que as vendas dependem em grande parte do bom atendimento. Essa hipótese pode ser

Significado comum	Significado científico
X é a única causa de Y.	X é apenas uma das várias causas possíveis de Y.
X deve sempre levar a Y (X é uma causa determinística de Y).	A ocorrência de X torna a ocorrência de Y mais provável (X é uma causa probabilística de Y).
É possível provar que X é uma causa de Y.	Nunca podemos provar que X é uma causa de Y. No máximo, podemos supor que X seja uma causa de Y.

estudada avaliando-se uma variação concomitante. Aqui, o fator causal X é o atendimento na loja, e o fator efeito Y é o volume de vendas. Uma variação concomitante em apoio da hipótese implicaria que a loja com um bom atendimento necessariamente apresentaria um volume satisfatório de vendas. Da mesma forma, lojas com atendimento deficiente não gerariam vendas satisfatórias. Se, por outro lado, ficasse constatado o padrão inverso, concluiríamos que a hipótese é insustentável.

Como exemplo quantitativo, consideremos um levantamento aleatório de mil entrevistados com relação aos seus padrões de compras de roupas da moda em lojas de departamentos. Essa pesquisa gera os dados da Tabela 7.1. Os entrevistados foram classificados em grupos de alto e baixo nível de instrução, com base na mediana (divididos equilibradamente). Essa tabela sugere que as compras de roupas da moda sofrem influência do nível de instrução dos consumidores. A probabilidade de comprar roupas da moda é maior no caso dos entrevistados com alto grau de instrução. Desses entrevistados, 73% ficaram no nível alto de compras, enquanto apenas 64% dos consumidores com baixa instrução têm um alto nível de compras. Essas conclusões se baseiam, além disso, em uma amostra relativamente extensa de mil pessoas.

Com base nessas evidências, podemos concluir que o alto grau de instrução causa um alto índice de compras de roupas da moda? Certamente não! Tudo o que pode ser dito é que a associação torna a hipótese mais viável, mas não a comprova. E o que se diria sobre o efeito de outros fatores causais possíveis, como a faixa de renda? Roupas da moda são caras, e por isso são as pessoas com maior renda quem mais as compram. A Tabela 7.2 mostra a relação entre compras de roupas da moda e grau de instrução para diferentes segmentos de renda. Isso equivale a manter constante o efei-

to da renda. Aqui, outra vez, a amostra foi dividida na mediana, originando grupos de renda alta e baixa de tamanhos equivalentes. A Tabela 7.2 mostra que a diferença em relação a compras de roupas da moda entre entrevistados de instrução alta e baixa foi consideravelmente reduzida. Isso sugere que a associação indicada pela Tabela 7.1 pode ser falsa.

Poderíamos apresentar exemplos semelhantes para mostrar por que a ausência de evidência inicial de variação concomitante não implica ausência de causação. É possível que a análise de uma terceira variável revele uma associação inicialmente obscura. A ordem temporal da ocorrência de variáveis oferece uma perspectiva adicional da causalidade.

Ordem temporal da ocorrência de variáveis

A ordem temporal da ocorrência de variáveis determina que o evento causador deve ocorrer antes ou simultaneamente ao efeito; só não pode ocorrer depois. Por definição, um efeito não pode se originar de um evento ocorrido após a sua verificação. Todavia, é possível que cada evento em uma relação seja não só a causa, mas também o efeito do evento. Em outras palavras, uma variável tanto pode ser uma causa como um efeito na mesma relação causal. A título de ilustração, os clientes que compram frequentemente em uma loja de departamentos têm maior possibilidade de obter um cartão de crédito daquela loja. Da mesma forma, os clientes que têm cartão de crédito de uma loja de departamentos tendem a comprar ali com mais frequência.

Vejamos o atendimento e as vendas de uma loja de departamentos. Se o atendimento na loja for a causa das vendas, então o aperfeiçoamento do atendimento deve ser promovido antes de um aumento das vendas ou, ao menos, simultaneamente. Esse aperfeiçoamento pode consistir em treinar ou contratar pessoal de vendas. Então, em meses subsequentes, as vendas da loja devem aumentar. Alternativamente, as ven-

TABELA 7.1

Evidência de variação concomitante entre compra de roupas da moda e grau de instrução

Grau de instrução – X	Compra de roupas da moda – Y		Total
	Alta	Baixa	
Alto	363 (73%)	137 (27%)	500 (100%)
Baixo	322 (64%)	178 (36%)	500 (100%)

TABELA 7.2

Compra de roupas da moda por renda e grau de instrução

	Baixa renda				Alta renda		
Grau de instrução	Compra		Total	Grau de instrução	Compra		Total
	Alta	Baixa			Alta	Baixa	
Alto	122 (61%)	78 (39%)	200 (100%)	Alto	241 (80%)	59 (20%)	300 (100%)
Baixo	171 (57%)	129 (43%)	300 (100%)	Baixo	151 (76%)	49 (24%)	200 (100%)

das podem aumentar simultaneamente com o treinamento ou a contratação de mais pessoal de vendas. Por outro lado, consideremos uma loja que tenha experimentado um aumento apreciável de vendas e decida aplicar parte do dinheiro em um retreinamento de seus vendedores, ocasionando uma melhora do atendimento. Nesse caso, o atendimento na loja não pode ser uma causa do aumento de vendas, sendo plausível a hipótese oposta.

Ausência de outros fatores causais possíveis

A ausência de outros fatores causais possíveis significa que o fator ou a variável sob investigação deve ser a única explanação possível. Um melhor atendimento na loja pode ser a causa de aumento de vendas, desde que exista a certeza de que todos os outros fatores que afetam as vendas, como preço, propaganda, nível de distribuição, qualidade do produto, competição, etc., foram mantidos constantes ou controlados de alguma forma.

Em um exame posterior de uma situação, nunca se podem eliminar com segurança todos os outros fatores causais. Já em planejamentos experimentais, é possível controlar alguns dos outros fatores causais. É possível também equilibrar os efeitos de algumas das variáveis não controladas, de modo que sejam medidas apenas as variações aleatórias resultantes dessas variáveis. Esses aspectos serão discutidos mais adiante neste capítulo. O exemplo a seguir ilustra a dificuldade de estabelecer uma relação causal.

Pesquisa real

O que vem primeiro?

Dados estatísticos recentes mostram que os consumidores estão tomando suas decisões cada vez mais na própria loja, enquanto fazem as compras. Alguns estudos indicam que até 80% das decisões são tomadas no local da compra (POP – *point of purchase*). As decisões no local da compra têm aumentado concomitantemente ao aumento das atividades de propaganda na loja, que incluem anúncios pelo rádio, anúncios nos carrinhos de compra e sacolas de mercadorias, cartazes aéreos e mostruários nas prateleiras. Estima-se que os proprietários de marcas e de lojas de varejo gastaram mais de US$ 17 bilhões em 2016 tentando influenciar o consumidor no ponto de compra. É difícil determinar por esses dados se o aumento das decisões tomadas no local de compra é resultado do aumento das atividades de propaganda na loja, ou se o aumento da propaganda na loja resulta de tentativas de captar a variação de atitudes do consumidor em relação às compras e obter vendas em consequência do aumento na tomada de decisões no local de compra. É possível também que ambas as variáveis sejam tanto causa quanto efeito nessa relação.[5] ■

Se é difícil estabelecer uma relação de causa e efeito, conforme indicado pelo exemplo precedente, qual é o papel da evidência obtida na experimentação?

Papel da evidência

A evidência de variação concomitante, a ordem temporal da ocorrência de variáveis e a eliminação de outros fatores causais possíveis, mesmo combinadas, não demonstram de modo conclusivo a existência de uma relação causal. Todavia, se as evidências forem fortes e consistentes, pode ser razoável concluir que existe uma relação causal. As evidências acumuladas de várias investigações aumentam nossa confiança na existência de uma relação causal. A confiança é ainda mais reforçada se as evidências forem interpretadas à luz de um conhecimento teórico profundo da situação problema. Os experimentos controlados podem proporcionar fortes evidências nas três condições.

PESQUISA ATIVA

Informação da Internet

Como presidente da Comissão Federal de Comércio, quais são suas preocupações quanto à crescente disponibilidade de informações na Internet?

Pesquise na Internet, incluindo mídias sociais e banco de dados *on-line* de sua biblioteca, informações sobre o uso da Internet pelos consumidores.

Que condições são necessárias para você concluir que o uso do consumidor está causando maior disponibilidade de informações na Internet?

Definições e conceitos

Nesta seção, definimos alguns conceitos básicos, ilustrando-os com exemplos, inclusive com os da LeSportsac e Rite Aid, dados no começo deste capítulo.

VARIÁVEIS INDEPENDENTES Consistem em variáveis ou alternativas manipuladas (isto é, os níveis dessas variáveis são modificados pelo pesquisador) cujos efeitos são medidos e comparados. Essas variáveis, também conhecidas como *tratamentos*, podem incluir níveis de preço, tipos de embalagem e temas de propaganda. Nos dois exemplos dados no início deste capítulo, o tratamento consistiu nas bolsas LeSportsac *versus* as bolsas "di Paris sac" no primeiro caso e na propaganda por rádio dentro do estabelecimento (presente *versus* ausente) no segundo.

variáveis independentes
Variáveis manipuladas pelo pesquisador e cujos efeitos são medidos e comparados.

UNIDADES DE TESTE São indivíduos, organizações ou outras entidades cuja resposta a variáveis independentes ou tratamentos está sendo examinada. As unidades de teste podem incluir consumidores, lojas ou áreas geográficas. As unidades de teste foram as mulheres no caso da LeSportsac e as lojas no exemplo da Rite Aid.

unidades de teste
Indivíduos, organizações ou outras entidades cuja resposta a variáveis independentes ou tratamentos está sendo estudada.

VARIÁVEIS DEPENDENTES São as variáveis que medem o efeito das variáveis independentes sobre as unidades de teste. Essas variáveis podem incluir vendas, lucros e participações de mercado. A variável dependente foi a identificação da marca ou da fonte no exemplo da LeSportsac e as vendas no exemplo da Rite Aid.

variáveis dependentes
Variáveis que medem o efeito das variáveis independentes sobre as unidades de teste.

VARIÁVEIS ESTRANHAS São todas as variáveis diferentes das variáveis independentes e que afetam as respostas das unidades de teste. Essas variáveis podem confundir as medidas da variável dependente até o ponto de enfraquecer ou invalidar os resultados do experimento. As variáveis estranhas incluem tamanho da loja, localização e esforço competitivo. No exemplo da Rite Aid, o tamanho, a localização geográfica, a contagem do fluxo de tráfego e o tempo de serviço das lojas eram variáveis estranhas que deviam ser controladas.

variáveis estranhas
Variáveis diferentes das variáveis independentes e que influenciam a resposta das unidades de teste.

EXPERIMENTO Temos um **experimento** quando o pesquisador manipula uma ou mais variáveis independentes e mede seu efeito sobre uma ou mais variáveis dependentes, ao mesmo tempo em que controla o efeito de variáveis estranhas.[6] Tanto o projeto de pesquisa da LeSportsac quanto o da Rite Aid se qualificam como experimentos, com base nessa definição.

experimento
Processo de manipulação de uma ou mais variáveis independentes e medição de seu efeito sobre uma ou mais variáveis dependentes, controlando ao mesmo tempo as variáveis estranhas.

ESTUDO EXPERIMENTAL Um **estudo experimental** é um conjunto de processos experimentais que especifica (1) as unidades de teste e como essas unidades devem ser divididas em subamostras homogêneas, (2) que variáveis independentes ou tratamentos devem ser manipulados, (3) que variáveis dependentes devem ser medidas e (4) como devem ser controladas as variáveis estranhas.[7]

estudo experimental
Conjunto de processos experimentais especificando (1) as unidades de teste e os processos de amostragem, (2) as variáveis independentes, (3) as variáveis dependentes e (4) como controlar as variáveis estranhas.

> **Pesquisa real**
>
> Avaliação de cupons pelo seu valor nominal
>
> Foi realizado um estudo para testar os efeitos do valor nominal de cupons sobre a probabilidade de seu resgate, controlando a frequência do uso da marca. Foram feitas entrevistas pessoais em Nova York, com 280 compradores que entravam ou saíam de um supermercado. Os indivíduos foram atribuídos aleatoriamente a dois grupos de tratamento, um dos quais oferecia cupons de 15 centavos e o outro cupons de 50 centavos de dólar para quatro produtos: detergente Tide, cereal Corn Flakes da Kelloggs, creme dental Aim e detergente líquido Joy. Durante as entrevistas, os entrevistados respondiam a perguntas sobre quais marcas usavam e qual era a probabilidade de irem resgatar o valor nominal dos cupons nas próximas compras. Um resultado interessante foi que os cupons de maior valor nominal acusaram maior probabilidade de resgate entre compradores ocasionais ou não compradores da marca promovida, mas não tiveram grande efeito sobre os compradores regulares. A história de amor dos americanos com os cupons continuava em 2016, com mais de 80% dos consumidores usando cupons com estimativas tão altas quanto 96% de RetailMeNot (www.retailmenot.com). Isso representa mais de UU$ 3 bilhões de economia para o consumidor.[8] ∎

No experimento anterior, a variável independente manipulada foi o valor do cupom (15 centavos e 50 centavos). A variável dependente era a probabilidade de resgate do bônus. A variável estranha, controlada, era o uso da marca. As unidades de teste eram os clientes individuais. O planejamento experimental exigia a atribuição aleatória de unidades de teste (clientes) a grupos de tratamento (cupons de 15 centavos ou de 50 centavos).

Definição de símbolos

A fim de facilitar nossa discussão de variáveis estranhas e planejamentos experimentais específicos, vamos definir um conjunto de símbolos comumente utilizados em pesquisa de marketing:

X = exposição de um grupo a uma variável independente, um tratamento ou um evento cujos efeitos devem ser identificados

O = processo de observação ou medida da variável dependente sobre as unidades de teste ou grupos de unidades

R = atribuição aleatória de unidades ou grupos de teste a tratamentos separados

Adotam-se, além disso, as seguintes convenções:

- O movimento da esquerda para a direita indica movimento ao longo do tempo.
- O alinhamento horizontal dos símbolos indica que todos eles se referem a um grupo específico de tratamento.
- O alinhamento vertical dos símbolos implica que eles se referem a atividades ou eventos que ocorrem simultaneamente.

Por exemplo, o arranjo simbólico

$$X \quad O_1 \quad O_2$$

significa que determinado grupo de unidades de teste foi exposto à variável tratamento (X) e a resposta foi medida em dois instantes diferentes, O_1 e O_2.

Da mesma forma, o arranjo simbólico

$$R \quad X_1 \quad O_1$$
$$R \quad X_2 \quad O_2$$

significa que dois grupos de unidades de teste foram atribuídos aleatoriamente a dois grupos diferentes de tratamento no mesmo instante e a variável dependente foi medida simultaneamente nos dois grupos.

Validade de experimentação

Ao realizar um experimento, o pesquisador tem dois objetivos: (1) extrair conclusões válidas sobre os efeitos de variáveis independentes sobre o grupo em estudo e (2) fazer generalizações para uma população maior. O primeiro objetivo diz respeito à validade interna, e o segundo, à validade externa.[9]

Validade interna

A **validade interna** avalia se a manipulação das variáveis independentes, ou tratamentos, foi realmente a causa dos efeitos observados sobre as variáveis dependentes. Assim, a validade interna procura verificar se os efeitos observados nas unidades de teste poderiam ter sido causados por outras variáveis que não o tratamento. Se os efeitos observados forem influenciados ou confundidos por variáveis estranhas, é difícil fazer inferências válidas sobre a relação causal entre as variáveis independentes e dependentes. A validade interna é o mínimo elementar que deve estar presente em um experimento antes de ser possível tirar quaisquer conclusões sobre os efeitos do tratamento. Sem a validade interna, os resultados experimentais são confundidos. O controle de variáveis estranhas é uma condição necessária para o estabelecimento da validade interna.

---

validade interna
Medida da precisão de um experimento. Avalia se a manipulação das variáveis independentes, ou tratamentos, foi a causa real dos efeitos sobre a(s) variável(eis) dependente(s).

Validade externa

A **validade externa** determina se as relações de causa e efeito encontradas no experimento podem ser generalizadas. Em outras palavras, é viável generalizar os resultados além da situação experimental e, em caso afirmativo, a que populações, contextos, épocas, variáveis independentes e variáveis dependentes é possível projetar os resultados?[10] Surgem ameaças à validade externa quando o conjunto específico de condições experimentais não leva em conta de forma realista as interações de outras variáveis relevantes no mundo real.

---

validade externa
Determina se a relação de causa e efeito encontrada no experimento pode ser generalizada.

É conveniente dispor de um planejamento experimental dotado tanto de validade interna quanto de validade externa, mas, em pesquisa aplicada de marketing, é frequente ter de trocar um tipo de validade por outro.[11] Para controlar variáveis estranhas, um pesquisador pode realizar um experimento em um ambiente artificial. Isso reforça a validade interna, mas talvez limite a capacidade de generalização dos resultados, reduzindo a validade externa. Por exemplo, as redes de restaurantes de refeições rápidas analisam as preferências dos consumidores em cozinhas de teste para novas formulações de itens do cardápio. Os efeitos medidos nesse ambiente podem ser generalizados para os pontos de venda de refeições rápidas? (Na seção deste capítulo sobre experimentação em laboratório *versus* experimentação de campo, há uma discussão da influência da artificialidade sobre a validade externa.) Sem considerar os impedimentos à validade externa, se um experimento carecer de validade interna, a generalização dos resultados talvez não tenha sentido. Os fatores que ameaçam a validade interna podem ameaçar também a validade externa, sendo que as variáveis estranhas constituem o mais sério desses fatores.

Variáveis estranhas

Nesta seção, classificamos as variáveis estranhas conforme as categorias seguintes: história, maturação, teste, instrumentação, regressão estatística, tendenciosidade de seleção e mortalidade.

História

Ao contrário do que o nome implica, **história (H)** não se refere à ocorrência de eventos anteriores ao experimento, e sim a eventos específicos externos ao experimento, mas que ocorrem ao mesmo tempo que ele. Esses eventos podem afetar a variável dependente. Consideremos o experimento a seguir:

$$O_1 \quad X_1 \quad O_2$$

onde O_1 e O_2 são cifras de vendas de uma cadeia de lojas de departamentos em uma região específica e X_1 representa uma nova campanha promocional. A diferença $(O_2 - O_1)$ é o efeito de tratamento. Suponhamos que o experimento revelasse que não houve diferença entre O_2 e O_1. Podemos concluir que a campanha promocional foi ineficaz? Certamente que não! A campanha promocional (X_1) não é a única explicação possível da diferença entre O_2 e O_1. A campanha pode ter sido realmente eficaz. E se as condições econômicas gerais tiverem piorado durante o experimento e a região tiver sido particularmente atingida por demissões e fechamento de fábricas (história)? Contrariamente, mesmo que tenha havido alguma diferença entre O_2 e O_1, pode ser incorreto concluir que a campanha foi eficiente se a história não tiver sido controlada, porque os efeitos experimentais podem ter sido confundidos pela história. Quanto maior o intervalo de tempo entre as observações, maior a possibilidade de a história confundir um experimento desse tipo.

---

história (H)
Eventos específicos que são externos ao experimento, mas que ocorrem simultaneamente a ele.

Maturação

A **maturação (MA)** é semelhante à história, exceto pelo fato de se referir a variações nas próprias unidades de teste. Essas mudanças não são causadas pelo impacto de variáveis independentes ou de tratamentos, mas ocorrem com o passar do tempo. Em um experimento que envolve pessoas, a maturação ocorre à medida que elas ficam mais velhas, mais experientes, cansadas, entediadas ou desinteressadas. Estudos de rastreamento e de mercado que abrangem vários meses são vulneráveis à maturação, porque é difícil saber como os respondentes estão mudando com o passar do tempo.

maturação (MA)
Variável estranha atribuível a mudanças nas unidades de teste que ocorrem com o passar do tempo.

Os efeitos da maturação também atingem unidades de teste que não as pessoas. Por exemplo, consideremos o caso em que as unidades de teste são lojas de departamentos. As lojas se modificam com o tempo em termos de leiaute físico, decoração, tráfego e composição.

Efeitos de teste

Os efeitos de teste são causados pelo processo de experimentação. Geralmente são os efeitos sobre o experimento de uma medida tomada sobre a variável dependente antes e depois da apresentação do tratamento. Há dois tipos de efeito de teste: (1) efeito principal de teste (PT) e (2) efeito interativo de teste (IT).

O **efeito principal de teste (PT)** ocorre quando uma observação anterior afeta uma observação posterior. Consideremos um experimento para avaliar o efeito da propaganda sobre as atitudes em relação a determinada marca. Os entrevistados recebem um questionário pré-tratamento medindo informações fundamentais e atitudes em relação à marca. Em seguida, são expostos ao teste comercial de teste incorporado em um programa apropriado. Após verem o anúncio, respondem novamente a um questionário, que avalia, entre outras coisas, a atitude em relação à marca. Supondo que não haja diferença entre as atitudes pré e pós-tratamento, é possível concluir que o anúncio foi ineficaz? Uma explicação alternativa seria que os entrevistados procuraram manter coerência entre suas atitudes pré e pós-tratamento. Como resultado do efeito principal de teste, as atitudes pós-tratamento foram influenciadas mais pelas atitudes pré-tratamento do que propriamente pelo tratamento. O efeito principal de teste também pode ser reativo, fazendo os respondentes modificarem suas atitudes simplesmente porque elas foram medidas ou avaliadas. O efeito de teste principal compromete a validade interna do experimento.

efeito principal de teste (PT)
Efeito de teste que ocorre quando uma observação anterior afeta uma observação posterior.

No **efeito interativo de teste (IT)**, uma medição prévia afeta a resposta da unidade de teste à variável independente. Continuando com nossa experiência de propaganda, quando se pede a uma pessoa que indique suas atitudes em relação a uma marca, ela toma conhecimento dessa marca, sendo mais provável que dê atenção ao anúncio do teste do que pessoas que não tenham sido incluídas no experimento. Os efeitos medidos, portanto, não são generalizáveis à população, e constatamos que os efeitos interativos do teste influenciam a validade externa do experimento.[12]

efeito interativo de teste (IT)
Efeito em que uma medição prévia afeta a resposta da unidade de teste à variável independente.

Instrumentação

A **instrumentação (I)** se refere a variações no instrumento de medida, nos observadores ou nos próprios escores. Às vezes, os instrumentos de medida são modificados no decorrer de um experimento. No experimento da propaganda, caso se utilizasse um questionário planejado recentemente para medir atitudes pós-tratamento, isso poderia ocasionar variações nas respostas obtidas. Consideremos um experimento em que as vendas em dólares estejam sendo registradas antes e depois da exposição a um mostruário na própria loja (tratamento). Se houver uma variação não experimental de preço entre O_1 e O_2, isso resultará em uma variação na instrumentação, porque as vendas em dólar serão registradas utilizando diferentes preços unitários. Nesse caso, o efeito de tratamento $(O_2 - O_1)$ poderia ser atribuído a uma variação na instrumentação.

instrumentação (I)
Variável estranha que envolve variações no instrumento de medida ou nos próprios observadores ou escores.

Conforme já mostrado, os efeitos da instrumentação são prováveis de ocorrer quando os entrevistadores tomam medidas pré e pós-tratamento. A eficácia dos entrevistadores pode variar de acordo com a ocasião.

Regressão estatística

Os efeitos da **regressão estatística (RE)** ocorrem quando as unidades com valores extremos se mantêm mais próximas do escore médio no decorrer do experimento. No experimento da propaganda, suponhamos que alguns respondentes tenham atitudes muito favoráveis ou muito desfavoráveis. Em uma medida pós-tratamento, suas atitudes podem ter-se deslocado em direção à média. As atitudes das pessoas variam continuamente. Os indivíduos com atitudes extremas têm mais possibilidade para variar. Isso tem um efeito de confusão sobre os resultados experimentais, porque o efeito observado (mudança de atitude) pode ser atribuído à regressão estatística, e não ao tratamento (comercial de teste).

regressão estatística (RE)
Variável estranha que ocorre quando unidades de teste com valores extremos se mantêm mais próximas do escore médio no decorrer do experimento.

Tendenciosidade de seleção

A **tendenciosidade de seleção (TS)** diz respeito à atribuição inadequada de unidades de teste a condições de tratamento. Essa tendenciosidade se verifica quando a seleção ou a atribuição de unidades de teste resultam em grupos de tratamento que diferem quanto à variável dependente antes da exposição à condição de tratamento. Se as unidades de teste autosselecionarem seus próprios grupos ou forem atribuídas a grupos com base no julgamento do pesquisador, é possível que ocorra tendenciosidade de seleção. Consideremos, por exemplo, um experimento com mercadorias em que dois mostruários diferentes (anterior e novo) são designados para duas lojas de departamentos diferentes. Para começar, as lojas nos dois grupos podem não ser equivalentes (variando quanto a uma característica-chave, como tamanho). O tamanho da loja provavelmente afeta as vendas, independentemente do mostruário da mercadoria que foi atribuído a uma loja.

tendenciosidade de seleção (TS)
Variável estranha causada pela atribuição inadequada de unidades de teste a condições de tratamento.

Mortalidade

A **mortalidade (MO)** se refere à perda de unidades de teste enquanto o experimento está em andamento. Isso acontece por várias razões, como a recusa das unidades de teste a continuar no experimento. A mortalidade confunde os resultados porque é difícil determinar se as unidades de teste perdidas responderiam aos tratamentos da mesma maneira que as unidades que permanecem. Consideremos novamente o experimento do mostruário de mercadorias. Suponhamos que, no decorrer do experimento, três lojas na nova condição de tratamento do mostruário desistam do experimento. O pesquisador não poderia determinar se as vendas das lojas com o novo mostruário teriam sido maiores ou menores se essas três lojas tivessem permanecido no experimento.

mortalidade (MO)
Variável estranha decorrente da perda de unidades de teste enquanto o experimento está em andamento.

As diversas categorias de variáveis estranhas não são mutuamente excludentes, e podem ocorrer conjuntamente e também interagir umas com as outras. A título de ilustração, teste-maturação-mortalidade se refere a uma situação na qual, em razão da medida de pré-tratamento, as crenças e atitudes dos entrevistados variam com o passar do tempo e há uma perda diferencial de respondentes dos vários grupos de tratamento.

Controle de variáveis estranhas

As variáveis estranhas representam explicações alternativas de resultados experimentais e constituem uma séria ameaça à validade interna e externa de um experimento. A menos que sejam controladas, elas afetam a variável dependente, confundindo os resultados. Por isso, são chamadas também de **variáveis de confusão**. Há quatro maneiras de controlar as variáveis estranhas: randomização, emparelhamento, controle estatístico e controle de planejamento.

variáveis de confusão
Sinônimo de variáveis estranhas. Termo usado para mostrar que as variáveis estranhas podem confundir os resultados, influenciando a variável dependente.

Randomização

A **randomização** (ou aleatorização) diz respeito à atribuição aleatória de unidades de teste a grupos experimentais com auxílio de números aleatórios. As condições de tratamento são também atribuídas aleatoriamente a grupos experimentais. Por exemplo, os entrevistados são atribuídos aleatoriamente a um dentre três grupos experimentais. A cada grupo é aplicada uma de três versões de um comercial de teste, escolhida aleatoriamente. Como resultado da atribuição aleatória, os fatores estranhos podem ser representados igualmente em cada condição de tratamento. A randomização é o processo preferido para assegurar a igualdade prévia de grupos experimentais.[13] Contudo, a randomização talvez não seja eficaz quando o tamanho da amostra é pequeno, porque produz apenas grupos que são iguais em média. É possível, no entanto, verificar se a randomização se revelou eficaz medindo-se as possíveis variáveis estranhas e comparando-as entre os grupos experimentais.

randomização
Método de controlar variáveis estranhas que envolve a atribuição aleatória de unidades de teste a grupos experimentais, utilizando números aleatórios. As condições de tratamento são também atribuídas aleatoriamente a grupos experimentais.

Emparelhamento

O **emparelhamento** envolve a comparação de unidades de teste em um conjunto de variáveis fundamentais antes de atribuí-las às condições de tratamento. No experimento do mostruário de mercadorias, as lojas poderiam ser emparelhadas com base em vendas anuais, tamanho ou localização. Em seguida, uma loja de cada par seria atribuída a cada grupo experimental.

emparelhamento
Método de controle de variáveis estranhas que envolve o emparelhamento de unidades de teste em um conjunto de variáveis-chave fundamentais antes de atribuí-las às condições de tratamento.

O emparelhamento tem duas desvantagens. Primeiro, as unidades de teste só são emparelhadas em relação a umas poucas características, de modo que as unidades de teste podem ser semelhantes quanto às variáveis selecionadas, mas diferentes quanto a outras. Segundo, se as características emparelhadas forem irrelevantes para a variável dependente, então o trabalho de emparelhamento foi inútil.[14]

Controle estatístico

O **controle estatístico** envolve a medição de variáveis estranhas e o ajuste de seus efeitos por meio da análise estatística, conforme ilustrado na Tabela 7.2, na qual examinamos a relação (associação) entre a compra de roupas da moda e o grau de escolaridade, controlando o efeito da renda. Há também processos estatísticos mais avançados disponíveis, como a análise da covariância (ANCOVA). Na ANCOVA, os efeitos da variável estranha sobre a variável dependente são removidos mediante um ajuste do valor médio da variável dependente dentro de cada condição de tratamento. (A ANCOVA é discutida em mais detalhes no Capítulo 16.)

controle estatístico
Método de controle de variáveis estranhas por meio da sua medição e pelo ajuste de seus efeitos mediante métodos estatísticos.

Controle de planejamento

O **controle de planejamento** envolve a utilização de experimentos planejados para controlar variáveis estranhas específicas. O exemplo a seguir ilustra os tipos de controle possíveis mediante o planejamento adequado do experimento.

controle de planejamento
Método de controle de variáveis estranhas que envolve planejamentos experimentais específicos.

Pesquisa real

Experimento com novos produtos

Os testes de mercado eletrônicos de distribuição controlada são cada vez mais usados para fazer pesquisas experimentais com novos produtos. Esse método permite o controle de vários fatores estranhos que afetam o desempenho de um novo produto e a manipulação das variáveis de interesse. É possível garantir que um novo produto (1) alcance o nível correto de aceitação e distribuição na loja, (2) esteja posicionado no corredor certo em cada estabelecimento, (3) receba o número correto de produtos destacados na prateleira, (4) tenha o preço correto de cada dia, (5) nunca tenha problemas de falta de estoque e (6) alcance o nível planejado de características de promoção comercial, exibição e preço no devido prazo. Dessa forma, é possível alcançar alto grau de validade interna.[15] ∎

Esse exemplo mostra que os testes de mercado eletrônicos de distribuição controlada também são eficazes no controle de variáveis estranhas específicas. As variáveis estranhas também podem ser controladas por meio de planejamentos ou estudos experimentais específicos, conforme descrito na próxima seção.

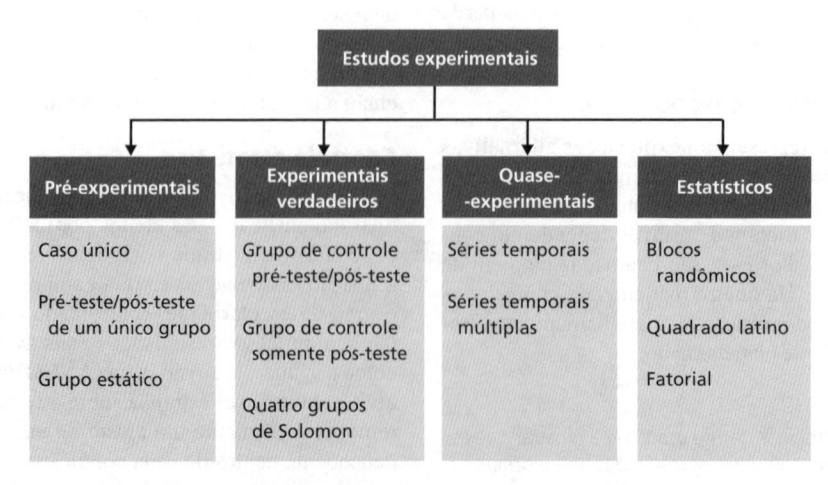

Uma classificação de estudos experimentais

Os estudos ou planejamentos experimentais são classificados como pré-experimentais, experimentais verdadeiros, quase-experimentais e estatísticos (Figura 7.1). Os **estudos pré-experimentais** não empregam procedimentos de randomização para controlar fatores estranhos. Exemplos desses estudos incluem o estudo de caso único, os estudos pré-teste/pós-teste de um único grupo e o grupo estático. Nos **estudos experimentais verdadeiros**, o pesquisador pode atribuir aleatoriamente unidades de teste e tratamentos a grupos experimentais. Nessa categoria estão os estudos de grupo de controle pré-teste/pós-teste, o estudo de grupo de controle somente pós-teste e o estudo dos quatro grupos de Solomon. Os **estudos quase-experimentais** ocorrem quando o pesquisador não tem condições de obter plena manipulação do esquema ou da alocação de tratamentos a unidades de teste, mas pode, ainda assim, aplicar parte do aparato da experimentação verdadeira. Dois estudos desse tipo são as séries temporais e as séries temporais múltiplas. Um **estudo estatístico** é uma série de experimentos básicos que permite o controle estatístico e a análise de variáveis externas. Os tipos básicos usados em estudos estatísticos incluem o pré-experimental, o experimental verdadeiro e o quase-experimental. Os estudos estatísticos são classificados com base em suas características e sua utilização. Entre os mais importantes figuram os blocos randômicos, os quadrados latinos e os estudos fatoriais, que são ilustrados no contexto da avaliação da eficácia de um comercial de teste para uma loja de departamentos.[16]

estudos pré-experimentais
Estudos que não controlam fatores estranhos por randomização.

estudos experimentais verdadeiros
Estudos experimentais que se distinguem pelo fato de o pesquisador poder atribuir aleatoriamente a grupos experimentais não apenas unidades de teste como também tratamentos.

estudos quase-experimentais
Estudos que aplicam parte dos processos dos experimentos verdadeiros, mas carecem de um controle experimental total.

Estudos experimentais

Pré-experimentais	Experimentais verdadeiros	Quase-experimentais	Estatísticos
Caso único	Grupo de controle pré-teste/pós-teste	Séries temporais	Blocos randômicos
Pré-teste/pós-teste de um único grupo	Grupo de controle somente pós-teste	Séries temporais múltiplas	Quadrado latino
Grupo estático	Quatro grupos de Solomon		Fatorial

FIGURA 7.1 Classificação de estudos experimentais.

estudo estatístico
Estudo que permite controle e análise estatísticos de variáveis externas.

Estudos pré-experimentais

Esses estudos se caracterizam pela ausência de randomização. Descrevem-se três estudos específicos: o estudo de caso único, o estudo pré-teste/pós-teste de um único grupo e o grupo estático.

Estudo de caso único

Também conhecido como estudo somente-depois *(after-only)*, o **estudo de caso único (*one-shot*)** pode ser representado simbolicamente como:

$$X \quad O_1$$

estudo de caso único (*one-shot*)
Estudo pré-experimental em que um único grupo de unidades de teste é exposto a um tratamento X, tomando-se, em seguida, uma única medida sobre a variável dependente.

Um único grupo de unidades de teste é exposto a um tratamento X, tomando-se então uma única medida (O_1) da variável dependente. Não há atribuição aleatória de unidades de teste. Observe-se que não se utiliza o símbolo R, porque as unidades de teste são autosselecionadas ou selecionadas arbitrariamente pelo pesquisador.

Pode-se ver facilmente o perigo de extrair conclusões válidas de experimentos desse tipo. Eles não oferecem base para comparar o nível de O_1 com o que aconteceria se X estivesse ausente. Além disso, o nível de O_1 pode ser afetado por muitas variáveis estranhas, como história, maturação, seleção e mortalidade. A falta de controle dessas variáveis estranhas compromete a validade interna. Por essas razões, o estudo do caso único é mais apropriado para a pesquisa exploratória do que para a pesquisa conclusiva.

> **Projeto de pesquisa**
>
> ### Estudo de caso único
>
> O estudo de caso único destinado a avaliar a eficácia de um comercial de teste para uma loja de departamentos (Wal-Mart) seria feito da seguinte forma. Realizam-se entrevistas por telefone com uma amostra nacional que declara ter assistido a determinado programa de televisão na noite anterior. O programa escolhido é o que contém o comercial de teste (X). As variáveis dependentes (Os) são as respostas espontâneas e incentivadas. Em primeiro lugar, a resposta espontânea é medida perguntando se o entrevistado recorda-se de ter assistido a um comercial de uma loja de departamentos, por exemplo, "Você se lembra de ter visto um comercial de uma loja de departamentos na noite passada?" (resposta espontânea). Se eles se lembrarem do comercial de teste, pedem-se detalhes sobre o conteúdo e a execução do comercial. Aqueles que não se recordam do comercial de teste são interrogados especificamente a respeito dele, por exemplo, "Você se lembra de ter visto um comercial da Wal-Mart na noite passada?" (resposta incentivada). Comparam-se os resultados das respostas incentivadas e das espontâneas para estabelecer escores a fim de criar um padrão para a interpretação desses escores. ∎

Estudo pré-teste/pós-teste de um único grupo

O **estudo pré-teste/pós-teste de um único grupo** pode ser simbolizado como:

$$O_1 \quad X \quad O_2$$

estudo pré-teste/pós-teste de um único grupo
Estudo pré-experimental em que um grupo de unidades de teste é medido duas vezes.

Nesse estudo, mede-se duas vezes um grupo de unidades de teste. Não há grupo de controle. Em primeiro lugar, toma-se uma medida pré-tratamento (O_1) e, em seguida, expõe-se o grupo ao tratamento (X). Finalmente, toma-se uma medida pós-tratamento (O_2). O efeito de tratamento é calculado como $O_2 - O_1$, mas a validade dessa conclusão é questionável, pois as variáveis estranhas, em grande parte, não são controladas. Podem estar presentes história, maturação, efeitos de teste (tanto principais quanto interativos), instrumentação, seleção, mortalidade e regressão.

> **Projeto de pesquisa**
>
> ### Estudo pré-teste/pós-teste de um único grupo
>
> O estudo pré-teste/pós-teste de um único grupo para avaliar a eficácia de um comercial de teste para uma loja de departamentos (Wal-Mart) seria implementado da seguinte forma. Os participantes são recrutados em pontos centrais das diferentes cidades de teste. Nesses pontos, faz-se inicialmente uma entrevista pessoal para avaliar, entre outros fatores, as atitudes dos participantes em relação à loja, Wal-Mart (O_1). A seguir, eles assistem a um programa de TV contendo o comercial de teste (da Wal-Mart) (X). Visto o programa, são novamente entrevistados para uma avaliação das atitudes em relação à loja, Wal-Mart (O_2). A eficácia do comercial de teste é avaliada como $O_2 - O_1$. ∎

Estudo de grupo estático

O **grupo estático** é um estudo experimental de dois grupos. Um deles, o *grupo experimental* (*GE*), é exposto ao tratamento, e o outro, o *grupo de controle* (*GC*), não é exposto. A medição de ambos os grupos é feita somente depois do tratamento, e as unidades de teste não são atribuídas aleatoriamente. Este estudo pode ser descrito simbolicamente como:

$$\begin{array}{lcc} GE: & X & O_1 \\ GC: & & O_2 \end{array}$$

grupo estático
Estudo pré-experimental em que há dois grupos: o grupo experimental (GE), que é exposto ao tratamento, e o grupo de controle (GC). As medições sobre ambos os grupos são feitas somente após o tratamento, e as unidades de teste não são atribuídas aleatoriamente.

O efeito de tratamento é dado por $O_1 - O_2$. Observe-se que essa diferença pode também ser atribuída a pelo menos duas variáveis estranhas (seleção e mortalidade). Uma vez que as unidades de teste não são atribuídas aleatoriamente, os dois grupos (GE e GC) podem diferir antes do tratamento, ocasionando a presença de tendenciosidade de seleção. Há também os efeitos de mortalidade, pois é possível que mais unidades de teste saiam do grupo experimental do que do grupo de controle. Isso pode ocorrer especialmente se o tratamento tiver sido desagradável.

Na prática, um grupo de controle costuma ser definido como o grupo que recebe níveis atuais de atividade de marketing, e não como um grupo que não recebe tratamento algum. Define-se assim o grupo de controle porque é difícil reduzir a zero as atividades usuais de marketing, como propaganda e vendas pessoais.

Projeto de pesquisa

Grupo estático

Uma comparação de grupo estático para avaliar a eficácia de um comercial de teste para uma loja de departamentos seria conduzida da seguinte forma. Seriam recrutados dois grupos de participantes com base na conveniência. Apenas o grupo experimental seria exposto ao programa de TV com o comercial de teste (da Wal-Mart). Então seriam avaliadas as atitudes em relação à loja de departamentos (Wal-Mart) de ambos os grupos, experimental e de controle. A eficácia do comercial de teste seria dada por $O_1 - O_2$. ∎

Estudos experimentais verdadeiros

A característica distintiva dos estudos experimentais verdadeiros, comparados com os planejamentos pré-experimentais, é a randomização. Nos estudos experimentais verdadeiros, o pesquisador atribui aleatoriamente tanto unidades de teste quanto tratamentos a grupos experimentais. Os estudos experimentais verdadeiros incluem o estudo de grupo de controle pré-teste/pós-teste, o estudo de grupo de controle somente pós-teste e o estudo de quatro grupos de Solomon.

Estudos de grupos de controle pré-teste/pós-teste

No **estudo de grupos de controle pré-teste/pós-teste**, as unidades de teste são atribuídas aleatoriamente tanto ao grupo experimental quanto ao grupo de controle, tomando-se uma medida pré-tratamento em cada grupo. Em seguida, o grupo experimental é exposto ao tratamento (X). Finalmente, uma medida pós-teste é tomada dos grupos experimental e de controle. Esse estudo é simbolizado como:

GE: R O_1 X O_2
GC: R O_3 O_4

estudos de grupos de controle pré-teste/pós-teste
Estudo experimental verdadeiro em que o grupo experimental é exposto ao tratamento, mas o grupo de controle não. Tomam-se medidas pré-teste e pós-teste em ambos os grupos.

O efeito de tratamento (ET) é dado por:

$$(O_2 - O_1) - (O_4 - O_3)$$

Esse estudo controla a maioria das variáveis estranhas. A tendenciosidade de seleção é eliminada pela randomização. Os outros efeitos estranhos são controlados como segue:

$$O_2 - O_1 = ET + H + MA + PT + IT + I + RE + MO$$
$$O_4 - O_3 = H + MA + PT + I + RE + MO$$
$$= VE \text{ (variáveis estranhas)}$$

onde os símbolos das variáveis estranhas são os já definidos. O resultado experimental é dado por:

$$(O_2 - O_1) - (O_4 - O_3) = ET + IT$$

O efeito interativo de teste não é controlado por causa do efeito da medida pré-teste sobre a reação de unidades do grupo experimental ao tratamento.

Conforme mostra esse exemplo, o estudo de grupo de controle pré-teste/pós-teste envolve dois grupos e duas medidas em cada grupo. Um estudo mais simples é o do grupo de controle somente pós-teste.

Projeto de pesquisa

Grupo de controle pré-teste/pós-teste

No contexto da medição da eficácia de um comercial de teste para uma loja de departamentos (Wal-Mart), um estudo de grupo de controle pré-teste/pós-teste seria implementado como segue. Uma amostra de entrevistados seria escolhida aleatoriamente. Metade dessa amostra seria atribuída aleatoriamente ao grupo experimental, e a outra metade formaria o grupo de controle. Seria aplicado aos entrevistados de ambos os grupos um questionário destinado a obter uma medida pré-teste das atitudes em relação à loja de departamentos (Wal-Mart). Apenas os entrevistados do grupo experimental seriam expostos ao programa de TV que contém o comercial de teste. A seguir, seria aplicado aos respondentes de ambos os grupos um questionário destinado a fornecer medidas pós-teste das atitudes em relação à loja (Wal-Mart). ∎

Estudo de grupo de controle somente pós-teste

O **estudo de grupo de controle somente pós-teste** não envolve qualquer medição prévia e pode ser simbolizado como:

GE: R X O_1
GC: R O_2

estudos de grupos de controle somente pós-teste
Estudo experimental verdadeiro em que o grupo experimental é exposto ao tratamento, mas o grupo de controle não é, e não se tomam medidas pré-teste.

O efeito de tratamento é dado por:

$$ET = O_1 - O_2$$

A implementação deste estudo é bastante simples. Como não há medição prévia, eliminam-se os efeitos de teste, mas este estudo é sensível à tendenciosidade de seleção e à mortalidade. Supõe-se que os dois grupos sejam semelhantes em termos de medidas pré-tratamento sobre a variável dependente em razão da atribuição aleatória de unidades de teste aos grupos. Entretanto, como não há medição pré-tratamento, essa suposição não pode ser controlada. Esse estudo é sensível também à mortalidade, pois é difícil determinar se os elementos do grupo experimental que desistem do experimento são semelhantes a seus correspondentes no grupo de controle. Outra limitação é que o estudo não permite que o pesquisador examine modificações nas unidades de teste individuais.

É possível controlar a tendenciosidade de seleção e a mortalidade por meio de processos experimentais cuidadosamente planejados. O estudo de casos individuais com frequência não é de interesse. Por outro lado, esse estudo apresenta vantagens significativas em termos de prazos, custo e tamanho de amostra, já que requer apenas dois grupos e apenas uma medição por grupo. Em virtude de sua simplicidade, o estudo de grupo de controle somente pós-teste é provavelmente o mais popular em pesquisa de marketing. Observe que, exceto quanto à medição prévia, a implementação desse estudo é muito semelhante à do estudo de grupo de controle pré-teste/pós-teste.

Projeto de pesquisa

Grupo de controle somente pós-teste

A fim de avaliar a eficácia de um comercial de teste para uma loja de departamentos, o grupo de controle pós-teste poderia ser implementado como segue. Escolhe-se aleatoriamente uma amostra de entrevistados, a qual será também aleatoriamente dividida, com a metade dos componentes formando o grupo experimental e a outra metade, o grupo de controle. Apenas os participantes do grupo experimental seriam expostos ao programa de TV em que seria exibido o comercial de teste (da Wal-Mart). A ambos os grupos se aplicaria, então, um questionário para a avaliação pós-teste de suas atitudes em relação à loja de departamentos. A diferença entre as atitudes do grupo experimental e as do grupo de controle seria utilizada como medida do grau de eficácia do comercial de teste. ∎

Nesse exemplo, o pesquisador não se preocupa com o exame das variações nas atitudes de entrevistados individuais. Quando essa informação é necessária, deve-se pensar em utilizar o **estudo de quatro grupos de Solomon**. Esse estudo supera as limitações dos estudos de grupos de controle pré-teste/pós-teste e grupos de controle somente pós-teste, além de controlar todas as outras variáveis estranhas (VE). Todavia, esse estudo tem limitações na prática: é dispendioso, e sua implementação exige muito tempo. Assim, não será aprofundado neste capítulo.[17]

estudos de quatro grupos de Solomon
Estudo experimental que controla explicitamente os efeitos interativos de teste, bem como todas as outras variáveis estranhas.

Em todos os estudos experimentais verdadeiros, o pesquisador detém alto grau de controle. Ele controla quando as medidas serão tomadas, sobre quem e qual é o esquema dos tratamentos. Além disso, o pesquisador pode aleatoriamente selecionar as unidades de teste e, também aleatoriamente, expor tais unidades aos tratamentos. Existem algumas instâncias, porém, em que o pesquisador não pode exercer esse tipo de controle, sendo então aconselhável recorrer aos estudos quase-experimentais.

PESQUISA ATIVA

Fox News: afastando rivais

Visite www.foxnews.com e pesquise na Internet, incluindo mídias sociais, e no banco de dados *on-line* de sua biblioteca informações sobre as preferências dos consumidores quanto a canais de televisão que transmitem noticiários.

A Fox News deseja determinar qual dos três novos formatos deve ser implementado. Você recomendaria um estudo pré-experimental ou um estudo experimental verdadeiro? Que estudo específico você aconselharia?

Como gerente de marketing da Fox News, como você usaria as informações sobre as preferências dos consumidores por canais de notícias para formular estratégias de marketing que aumentem sua audiência e participação de mercado?

Estudos quase-experimentais

Um estudo quase-experimental normalmente surge nas seguintes condições: em primeiro lugar, o pesquisador consegue controlar quando e sobre quem as medidas são tomadas; em segundo lugar, o pesquisador não tem controle sobre o esquema dos tratamentos, nem condições de expor as unidades de teste aleatoriamente aos tratamentos.[18] Os estudos quase-experimentais são úteis porque podem ser usados quando não é possível usar os experimentos verdadeiros e também porque são mais rápidos e mais baratos. Todavia, como lhe falta um controle experimental pleno, o pesquisador deve levar em conta as variáveis específicas que não são controladas. As formas mais apreciadas de estudos quase-experimentais são as séries temporais e as séries temporais múltiplas.

Estudos de séries temporais

O **estudo de séries temporais** envolve uma série de medições periódicas da variável dependente para um grupo de unidades de teste. A seguir, o tratamento é aplicado pelo pesquisador ou ocorre naturalmente. Depois do tratamento, as medições periódicas têm continuidade a fim de determinar o efeito do tratamento. Um experimento com séries temporais pode ser simbolizado como:

$$O_1 \quad O_2 \quad O_3 \quad O_4 \quad O_5 \quad X \quad O_6 \quad O_7 \quad O_8 \quad O_9 \quad O_{10}$$

estudo de séries temporais
Estudo quase-experimental que exige medições periódicas da variável dependente para um grupo de unidades de teste. A seguir, o tratamento é aplicado pelo pesquisador ou ocorre naturalmente. Depois do tratamento, as medições periódicas têm continuidade a fim de determinar o efeito do tratamento.

Isso é um quase-experimento porque não há randomização de unidades de teste para os tratamentos, e a escolha do momento ideal da apresentação do tratamento, assim como a determinação de quais unidades de teste estão expostas ao tratamento, podem ser fatores fora de controle do pesquisador.

Realizar uma série de medições antes e depois do tratamento permite um controle pelo menos parcial de diversas variáveis estranhas. A maturação é controlada pelo menos parcialmente, porque não afetaria O_5 e O_6 apenas, influindo também sobre outras observações. Num raciocínio semelhante, o efeito principal de teste, a instrumentação e a regressão estatística são igualmente controlados. Se as unidades de teste forem selecionadas aleatoriamente ou por emparelhamento, será possível reduzir a tendenciosidade. A mortalidade talvez represente um problema, mas ela pode ser controlada significativamente mediante o pagamento de prêmios ou o oferecimento de outros incentivos aos entrevistados.

O principal ponto fraco do estudo com séries temporais é a impossibilidade de controlar a história. Outra limitação é a possibilidade de ser afetado pelo efeito interativo de teste, uma vez que estão sendo feitas várias medições sobre as unidades de teste. Mesmo assim, os estudos de séries temporais têm sua utilidade. A eficácia de um comercial de teste (X) é analisada fazendo-se sua transmissão um determinado número de vezes e examinando-se paralelamente os dados de um painel de teste já existente. Embora o profissional de marketing possa controlar o agendamento de horários de transmissão do comercial de teste, não se sabe quando os membros do painel ficarão expostos a ele, ou mesmo se ficarão. As compras feitas pelos participantes do painel antes, durante e depois da campanha são analisadas para verificar se o comercial de teste tem efeito em curto prazo, longo prazo ou se não tem efeito algum.

Estudos de séries temporais múltiplas

O **estudo de séries temporais múltiplas** é semelhante ao estudo de séries temporais, com a diferença de que é acrescentado outro grupo de unidades de teste para servir como grupo de controle. Simbolicamente, este estudo pode ser assim descrito:

$$\begin{array}{l} \text{GE:} \quad O_1 \quad O_2 \quad O_3 \quad O_4 \quad O_5 \quad X \quad O_6 \quad O_7 \quad O_8 \quad O_9 \quad O_{10} \\ \text{GC:} \quad O_{11} \quad O_{12} \quad O_{13} \quad O_{14} \quad O_{15} \quad \quad O_{16} \quad O_{17} \quad O_{18} \quad O_{19} \quad O_{20} \end{array}$$

estudo de séries temporais múltiplas
Estudo de série temporal que inclui outro grupo de unidades de teste para servir como grupo de controle.

Se o grupo de controle for cuidadosamente selecionado, este estudo representa um avanço importante em relação ao experimento com séries temporais simples. O avanço está na capacidade de testar o efeito de tratamento duas vezes: em relação às medidas de pré-tratamento no grupo experimental e em relação ao grupo de controle. A utilização do estudo de séries temporais múltiplas exige que o exemplo do painel de teste seja modificado da seguinte forma: o comercial de teste seria exibido apenas em algumas cidades. Os participantes do painel nessas cidades formariam o grupo experimental, com os participantes do painel nas cidades onde não se exibiu o comercial constituindo o grupo de controle.

Pesquisa real

A divisão de comerciais mostra sua força

Utilizou-se um estudo de séries temporais múltiplas para examinar o efeito cascata do aumento de gastos com propaganda. Os dados foram obtidos de um experimento de campo com comerciais de TV a cabo realizado pela Nielsen (www.nielsen.com). No sistema de programação controlada de TV a cabo, um conjunto de residências passou a integrar o painel experimental, com um grupo equivalente desempenhando o papel de painel de controle. Os dois grupos eram comparáveis em relação a variáveis demográficas. Foram coletados dados durante 76 semanas. Ambos os painéis receberam a mesma carga de comerciais da marca em questão nas primeiras 52 semanas. Nas 24 semanas seguintes, o painel experimental foi exposto ao dobro de propagandas do painel de controle. Os resultados mostraram que o efeito cascata da propaganda foi imediato com a duração da ordem do ciclo de compras. Informações desse tipo servem para selecionar padrões de tempo de exibição para uma determinada propaganda (alocar um conjunto de exposições à propaganda durante um período especificado a fim de obter o máximo de impacto).

Um estudo experimental recente mostrou uma nova abordagem para relacionar exposições de comerciais em esquemas de mídia televisiva com o desempenho das vendas no mercado. Essas medições incluíam volume de vendas cumulativas, número de compras, penetração e padrões de repetição de compras. A abordagem derivou-se de uma metodologia emparelhada de estudo experimental de programação controlada de TV a cabo. Empresas de painel de consumidores podem fornecer os dados necessários para implementar uma abordagem desse tipo. No futuro, espera-se que empresas como a Nielsen estejam na vanguarda do uso de avanços tecnológicos para medir simultaneamente a exposição dos consumidores aos comerciais e o comportamento de compra.[19] ■

Para concluir nossa discussão sobre estudos pré-experimentais, experimentais verdadeiros e quase-experimentais, resumimos na Tabela 7.3 as fontes potenciais de invalidade capazes de afetar cada um desses estudos. Nessa tabela, um sinal de menos indica fraqueza definida, um sinal de mais

TABELA 7.3
Fontes de invalidade de estudos experimentais

	Fonte de invalidade								
	Internas							Externas	
	História	Maturação	Teste	Instrumentação	Regressão	Seleção	Mortalidade	Interação	teste com X
Estudo(s)									
Estudos pré-experimentais:									
Estudo de caso único X O	−	−				−	−		
Estudos pré-teste/pós-teste de um único grupo O X O	−	−	−	−	?			−	
Comparação de um grupo estático X O O	+	?	+	+	+	−	−		
Estudos experimentais verdadeiros:									
Controle pré-teste/pós-teste R O X O R O O	+	+	+	+	+	+	+	−	
Estudos de grupos de controle somente pós-teste R X O R O	+	+	+	+	+	+	+	+	
Estudos quase-experimentais:									
Séries temporais O O O X O O O	−	+	+	?	+	+	+	−	
Séries temporais múltiplas O O O X O O O O O O O O O	+	+	+	+	+	+	+	−	

Nota: O sinal + indica vantagem relativa, o sinal − indica desvantagem relativa.

indica que o fator está sob controle, um ponto de interrogação denota uma possível fonte de preocupação e um espaço em branco significa que o fator não é relevante. Devemos ter em mente que as fontes potenciais de invalidade não são as mesmas que os erros efetivos.

Estudos estatísticos

Os estudos estatísticos consistem em uma série de experimentos básicos que permitem o controle estatístico e a análise de variáveis externas. Em outras palavras, realizam-se simultaneamente vários experimentos básicos. Assim, os estudos estatísticos são influenciados pelas mesmas fontes de invalidade que afetam os estudos básicos sendo usados. Os estudos estatísticos oferecem as seguintes vantagens:

1. É possível medir os efeitos de mais de uma variável independente.
2. É possível controlar estatisticamente variáveis estranhas específicas.

3. É possível formular estudos econômicos quando cada unidade de teste é medida mais de uma vez.

Os estudos estatísticos mais comuns são o estudo em blocos randômicos, em quadrados latinos e o estudo fatorial.

Estudo em blocos randômicos

Um **estudo em blocos randômicos** é útil quando há apenas uma variável externa principal, como vendas, tamanho da loja ou renda do entrevistado, que pode influenciar a variável dependente. As unidades de teste são reunidas em bloco, ou agrupadas, com base na variável externa. O pesquisador deve conseguir identificar e medir a variável de bloco. Formando blocos, o pesquisador assegura que os vários grupos experimentais e de controle sejam emparelhados rigorosamente em relação à variável externa (Tabela 7.4).

estudo em blocos randômicos
Estudo estatístico em que as unidades de teste são reunidas em blocos com base em uma variável externa, para garantir que os diversos grupos experimentais e de controle sejam emparelhados estritamente em relação àquela variável.

Como este exemplo mostra, na maioria das situações de pesquisa de marketing, as variáveis externas, como vendas, tamanho da loja, tipo da loja, localização, renda, ocupação e classe social do entrevistado, podem influenciar a variável dependente. Assim, de modo geral, os estudos em blocos randômicos são mais úteis do que os estudos completamente aleatórios. Sua principal limitação é que o pesquisador consegue controlar apenas uma variável externa. Quando for necessário controlar mais de uma variável, o pesquisador deverá utilizar o estudo em quadrados latinos ou o estudo fatorial.

Projeto de pesquisa

Estudo em blocos randômicos

Vamos seguir com o exemplo do comercial de teste da loja de departamentos (Wal-Mart) para mensurar o impacto do humor na eficácia da propaganda.[20] Três comerciais de teste, A, B e C, são caracterizados, respectivamente, por ausência de humor, um pouco de humor e altos níveis de humor. Qual deles seria mais eficaz? A administração acha que a avaliação dos comerciais pelos respondentes será influenciada pelo grau de sua frequência à loja, de modo que a frequência acaba por ser identificada como variável de bloco, e os respondentes, aleatoriamente selecionados, são classificados em quatro blocos (clientes frequentes, clientes de frequência moderada, clientes eventuais e não clientes da loja). Os respondentes de cada bloco são aleatoriamente designados aos grupos de tratamento (comercial de teste A, B e C). Os resultados revelam que o comercial com um pouco de humor (B) foi o mais eficaz de todos (ver Tabela 7.4). ∎

Estudo em quadrados latinos

Um **estudo em quadrados latinos** permite que o pesquisador não só controle estatisticamente duas variáveis externas que não interagem, como também que manipule a variável independente. Cada variável externa, ou de bloco, é dividida em um número igual de blocos ou níveis. A variável independente também é dividida no mesmo número de níveis. Um quadrado latino é conceitualizado como uma tabela (ver Tabela 7.5), com as linhas e as colunas representando os blo-

TABELA 7.4
Exemplo de um estudo em blocos randômicos

Bloco N°	Frequência à loja	Grupos de tratamento		
		Comercial A	Comercial B	Comercial C
1	Frequentes	A	B	C
2	Moderados	A	B	C
3	Eventuais	A	B	C
4	Não clientes	A	B	C

Nota: A, B e C denotam os três comerciais de teste, que apresentam, respectivamente, ausência de humor, um pouco de humor e muito humor.

TABELA 7.5
Exemplo de um estudo em quadrados latinos

Frequência à loja	Interesse na loja		
	Alto	Moderado	Baixo
Alta	B	A	C
Moderada	C	B	A
Baixa ou ausente	A	C	B

Nota: A, B e C denotam os três comerciais de teste, que apresentam, respectivamente, ausência de humor, um pouco de humor e muito humor.

cos nas duas variáveis externas. Os níveis da variável independente são então atribuídos às células na tabela. A regra de atribuição é que cada nível da variável independente deve aparecer apenas uma vez em cada linha e em cada coluna, conforme mostrado na Tabela 7.5.

estudo em quadrados latinos
Estudo estatístico que possibilita o controle estatístico de duas variáveis externas que não interagem, além da manipulação da variável independente.

Projeto de pesquisa

Estudo em quadrados latinos

Para ilustrar o estudo em quadrados latinos, suponhamos que, no exemplo anterior, além de buscar a frequência de clientes da loja, o pesquisador pretendesse igualmente controlar o interesse pelo estabelecimento (definido como alto, médio ou baixo). Para implementar um estudo em quadrados latinos, a clientela da loja também deveria ser dividida em blocos de três, e não de quatro níveis (p. ex., combinando em um único bloco a clientela ocasional e os não clientes). Podem então ser feitas, de acordo com a Tabela 7.5, as atribuições dos três comerciais de teste. Observe que cada um dos comerciais, A, B e C, aparece uma única vez em cada linha e em cada coluna. ∎

Embora os quadrados latinos sejam populares em pesquisa de marketing, eles não deixam de ter suas limitações: exigem números iguais de linhas, colunas e níveis de tratamento, o que, às vezes, é problemático. Observe que, no exemplo anterior, os níveis baixo e nulo de clientela tiveram que ser combinados para satisfazer a essa exigência. Por outro lado, somente duas variáveis externas podem ser controladas simultaneamente. É possível controlar uma variável adicional mediante a expansão desse estudo em um *quadrado greco-latino*. Finalmente, os quadrados latinos não possibilitam ao pesquisador o exame de interações das variáveis externas entre si ou com a variável independente. Para examinar interações, devem ser utilizados os estudos fatoriais.

Estudo fatorial

Um **estudo fatorial** serve para medir os efeitos de duas ou mais variáveis independentes em vários níveis. Ao contrário dos estudos em blocos randômicos e em quadrados latinos, os estudos fatoriais permitem interações entre variáveis.[21] Dizemos que ocorre uma interação quando o efeito simultâneo de duas ou mais variáveis é diferente da soma de seus efeitos separados. Por exemplo, a bebida favorita de um indivíduo pode ser o café, e esse indivíduo também pode preferir a temperatura fria, mas isso não significa que ele goste de café frio, o que leva a uma interação.

estudo fatorial
Estudo estatístico experimental utilizado para medir os efeitos de duas ou mais variáveis independentes em vários níveis e para permitir interações entre variáveis.

Um estudo fatorial também pode ser conceitualizado como uma tabela. Em um estudo de dois fatores, cada nível de uma variável representa uma linha e cada nível de outra variável representa uma coluna. Para três ou mais fatores, podemos utilizar tabelas multidimensionais. Os estudos fatoriais envolvem uma célula para cada combinação possível de variáveis de tratamento. Suponhamos que, no exemplo anterior, além de examinar o efeito do humor, o pesquisador pretendesse também examinar simultaneamente o efeito do volume de informações da loja. Além disso, esse volume também varia em três níveis (alto, médio e baixo). Como mostrado na Tabela 7.6, isso exigiria 3 × 3 = 9 células. Assim, nove comerciais diferentes seriam produzidos, cada um contendo um nível específico de informações da loja e de quantidade de humor. Os entrevistados seriam aleatoriamente selecionados e atribuídos às nove células também de forma aleatória. Os entrevistados em cada célula receberiam uma combinação específica de tratamento. Por exemplo, aqueles na célula do canto superior esquerdo veriam um comercial que não apresenta humor algum e que tem baixo nível de informações sobre a loja. Os resultados revelaram uma interação significativa entre os dois fatores ou variáveis. Os respondentes com poucas informações sobre a loja preferiram o comercial com alto grau de humor (C). Todavia, os que tinham um alto nível de informação sobre a loja preferiram o comercial sem qualquer dose de humor (G). Observe que, embora a Tabela 7.6 seja semelhante à Tabela 7.4, a atribuição aleatória de respondentes e a análise de dados são muito diferentes para o estudo em blocos randômicos e o estudo fatorial.[22]

A principal desvantagem de um estudo fatorial é que o número de combinações de tratamentos aumenta de forma multiplicativa com um aumento do número de variáveis ou níveis. No nosso exemplo da Tabela 7.6, se o nível de humor e as informações sobre a loja tivessem cinco níveis em

TABELA 7.6
Exemplo de um estudo fatorial

Nível de informação sobre a loja	Nível de humor		
	Nenhum humor	Humor moderado	Muito humor
Baixo	A	B	C
Médio	D	E	F
Alto	G	H	I

vez de três, o número de células teria saltado de nove para 25. São exigidas todas as combinações de tratamento se for necessário medir todos os efeitos e as interações principais. Se o pesquisador estiver interessado apenas em algumas interações ou efeitos principais, é possível utilizar *estudos fatoriais fracionados*. Como seu nome implica, esses estudos consistem em apenas uma fração, ou porção, do estudo fatorial pleno correspondente.

Experiência de pesquisa

Experiência com a sensibilidade ao preço

A Canon deseja identificar a sensibilidade dos consumidores ao preço de sua nova câmera digital avançada e contrata você como consultor.

1. Visite www.bestbuy.com e identifique as faixas de preço das câmeras digitais da Canon e de outras marcas.
2. Pesquise na Internet, incluindo mídias sociais, e nos bancos de dados *on-line* de sua biblioteca informações sobre a sensibilidade dos consumidores ao preço de câmeras digitais.
3. Para idenficar a sensibilidade dos consumidores ao preço da nova câmera digital avançada da Canon, crie um experimento apropriado. Você recomendaria um estudo experimental verdadeiro? Em caso afirmativo, qual?
4. Como gerente de marketing da Canon, como você usaria as informações sobre a sensibilidade dos consumidores ao preço de câmeras digitais para formular estratégias de preço que aumentassem sua participação de mercado? ∎

Experimentos de laboratório *versus* experimentos de campo

Os experimentos podem ser realizados em laboratório ou em um ambiente de campo. Um **ambiente de laboratório** é um ambiente artificial que o pesquisador constrói com as condições específicas para o experimento. O termo **ambiente de campo** é sinônimo de condições reais de mercado. O exemplo da Rite Aid na seção Aspectos Gerais apresentou um experimento de campo. Nosso experimento para medir a eficácia de um comercial de teste poderia ser realizado em um ambiente de laboratório, mostrando o comercial de teste inserido em um programa de TV para entrevistados em um auditório de teste. O mesmo experimento poderia ser realizado em um ambiente de campo, colocando o comercial de teste em estações de TV reais. As diferenças entre os dois ambientes estão resumidas na Tabela 7.7.

ambiente de laboratório
Contexto artificial para experimentação em que o pesquisador constrói as condições desejadas.

ambiente de campo
Localização experimental situada em condições reais de mercado.

Os experimentos de laboratório apresentam algumas vantagens sobre os experimentos de campo. O ambiente de laboratório oferece um elevado grau de controle, porque isola o experimento em um ambiente cuidadosamente monitorado. Portanto, os efeitos de história podem ser minimizados. Um experimento de laboratório também tende a produzir os mesmos resultados se for repetido com indivíduos semelhantes, o que leva a uma alta validade interna. Os experimentos de laboratório tendem a utilizar um pequeno número de unidades de teste, em geral duram menos e são mais restritos geograficamente e de realização mais fácil do que os experimentos de campo. Por isso, são também menos dispendiosos.

Comparados com os experimentos de campo, os experimentos de laboratório apresentam algumas desvantagens. A artificialidade do ambiente pode causar erro de reação (erro reativo), porque os respondentes reagem à própria situação, mais do que à variável independente.[23] Além disso, o ambiente pode causar **artefatos de demanda** (*demand artifacts*), um fenômeno em que os respondentes procuram adivinhar o propósito do experimento e responder de acordo. Por exemplo, enquanto assistem a um comercial de teste, os entrevistados podem recordar questões de pré-tratamento sobre a marca e adivinhar que o comercial esteja procurando modificar suas atitudes em relação à marca.[24] Finalmente, os experimentos de laboratório tendem a apresentar menos validade externa do que os experimentos de campo. Como um experimento de laboratório é realizado em um ambiente

TABELA 7.7
Experimentos de laboratório *versus* experimentos de campo

Fator	Laboratório	Campo
Ambiente	Artificial	Realista
Controle	Alto	Baixo
Erro reativo	Alto	Baixo
Artefatos de demanda	Altos	Baixos
Validade interna	Alta	Baixa
Validade externa	Baixa	Alta
Tempo	Curto	Longo
Número de unidades	Pequeno	Grande
Facilidade de implementação	Alta	Baixa
Custo	Baixo	Alto

artificial, pode haver menor possibilidade de generalização dos resultados para o mundo real.

artefatos de demanda
Respostas dadas porque os respondentes procuram conjeturar sobre o propósito do experimento e responder de acordo com isso.

Alega-se que a artificialidade, ou falta de realismo, em um experimento de laboratório não reduz necessariamente a validade externa. Todavia, não podemos ignorar os aspectos do experimento de laboratório que diferem da situação real em relação à qual devem ser feitas as generalizações. A validade externa só será reduzida se esses aspectos se entrelaçarem com as variáveis independentes explicitamente manipuladas no experimento, como costuma ocorrer no caso da pesquisa de mercado aplicada. Entretanto, outro ponto a considerar é que os experimentos de laboratório permitem planejamentos mais complexos do que os experimentos de campo. Assim, o pesquisador pode controlar mais fatores ou variáveis no contexto do laboratório, o que aumenta a validade externa.[25]

O pesquisador deve levar em conta todos esses fatores ao decidir entre um experimento de laboratório e um experimento de campo. Os experimentos de campo são menos comuns do que os experimentos de laboratório, embora os dois tipos de experimento desempenhem papéis complementares.[26]

A Internet também pode ser um veículo útil para a realização de pesquisa causal. Diferentes tratamentos experimentais podem ser apresentados em diferentes *sites*. Os respondentes podem ser recrutados para que visitem esses *sites* e respondam a um questionário que coleta informações sobre as variáveis dependentes e estranhas. Assim, a Internet proporciona um mecanismo para experimentação controlada, embora em um ambiente de laboratório. Vamos continuar com o exemplo do teste de eficácia da propaganda considerado neste capítulo. Diferentes propagandas ou comerciais podem ser postados em diferentes *sites*. Respondentes combinados ou aleatoriamente selecionados podem ser recrutados para visitar esses *sites*, sendo que cada grupo visita apenas um *site*. Se medidas pré-tratamento têm que ser obtidas, os participantes respondem a um questionário postado no *site*. Depois, são expostos a um determinado comercial ou propaganda naquele *site*. Após verem o comercial ou propaganda, os participantes respondem ainda a outras perguntas, oferecendo medidas pós-tratamento. Grupos de controle também são implementados de maneira semelhante. Desse modo, todos os tipos de estudos experimentais que consideramos podem ser implementados de tal forma.

Estudos experimentais *versus* estudos não experimentais

No Capítulo 3, abordamos três tipos de pesquisa: exploratória, descritiva e causal. Desses, apenas os estudos causais são verdadeiramente apropriados para inferir relações de causa e efeito. Embora os dados de pesquisas descritivas frequentemente sejam usados para fornecer evidências de um relacionamento "causal", tais estudos não satisfazem a todas as condições exigidas para a causalidade. Por exemplo, é difícil, em estudos descritivos, estabelecer a equivalência anterior dos grupos de entrevistados em relação tanto às variáveis independentes quanto às variáveis dependentes. Por outro lado, um experimento consegue estabelecer essa equivalência atribuindo aleatoriamente unidades de teste a grupos. Em pesquisa descritiva, também é difícil estabelecer uma ordem temporal de ocorrência das variáveis. Entretanto, em um experimento, o pesquisador controla a regulagem das medidas no tempo e a introdução de variáveis. Finalmente, a pesquisa descritiva não proporciona muito controle sobre outros possíveis fatores causais.

Não queremos subestimar a importância das concepções de pesquisa descritiva em pesquisa de marketing. Conforme mencionamos no Capítulo 3, a pesquisa descritiva constitui a concepção mais popular em pesquisa de marketing, e não pretendemos inferir que ela nunca deva ser usada para examinar relações causais. Na verdade, alguns autores têm sugerido processos para inferências causais com base em dados descritivos (não experimentais).[27] Em vez disso, nosso intuito é alertar o leitor para as limitações da pesquisa descritiva no estudo de relações causais. Da mesma forma, queremos que o leitor entenda as limitações da experimentação.[28]

Projeto de pesquisa

Atividade de projeto

Este livro ilustra o uso de vários estudos experimentais na determinação da eficácia de um comercial de teste para uma loja de departamentos como a Wal-Mart.

1. Se a Wal-Mart tivesse que determinar a eficácia de uma nova campanha de comerciais na televisão, que estudo experimental você recomendaria e por quê?
2. Os resultados do levantamento proposto para a Wal-Mart no Capítulo 6 deveriam ser utilizados para fazer inferências causais? Por quê? ■

Limitações da experimentação

A experimentação vem se tornando cada vez mais importante na pesquisa de marketing, mas há limitações de tempo, custo e administração dos experimentos.

Tempo

Os experimentos podem exigir tempo, particularmente se o pesquisador desejar medir os efeitos do tratamento no longo prazo, como a eficácia de uma campanha de propaganda. Os experimentos devem ter duração suficiente para que as medidas pós-tratamento incluam, se não todos, pelo menos a maior parte dos efeitos das variáveis independentes.

Custo

Os experimentos costumam ser dispendiosos. As exigências de um grupo experimental, de um grupo de controle e de medidas múltiplas contribuem para aumentar significativamente o custo da pesquisa.

Administração

É difícil administrar os experimentos. Muitas vezes é impossível controlar os efeitos das variáveis estranhas, particularmente em um ambiente de campo. Os experimentos de campo frequentemente interferem nas operações em andamento de uma empresa, e a obtenção da cooperação de varejistas, atacadistas e outros elementos envolvidos pode não ser fácil. Finalmente, os concorrentes podem deliberadamente contaminar os resultados de um experimento de campo.

Aplicação: teste de marketing

O **teste de marketing** é a aplicação de um experimento controlado, feita em partes limitadas, porém cuidadosamente selecionadas, do mercado chamadas de **mercados-teste**, e envolve a reprodução de um programa planejado de marketing em mercados-teste. Frequentemente, as variáveis de marketing (variáveis independentes) são diversificadas no teste de marketing, e as vendas (variável dependente) são monitoradas a fim de identificar uma estratégia de marketing adequada. Os dois objetivos principais do teste de marketing são (1) determinar a aceitação do produto pelo mercado e (2) testar níveis alternativos das variáveis de marketing. Os testes de marketing são feitos tanto por empresas de bens de consumo como de bens industriais.

---

teste de marketing
Aplicação de um experimento controlado feita em mercados-teste limitados, porém cuidadosamente selecionados. Envolve a reprodução de um programa nacional de marketing para determinado produto nos mercados-teste.

---

mercados-teste
Parcelas do mercado cuidadosamente selecionadas e especialmente apropriadas para testes de marketing.

Pesquisa de marketing internacional

Se já é difícil realizar experimentos de campo no próprio país, o desafio que eles representam é bem maior no contexto internacional. Em vários países, o ambiente de marketing e a economia, estrutura, informação e tecnologia não são tão desenvolvidos quanto nos EUA. Por exemplo, em certos países, as estações de TV são do Estado e são operadas por ele, com fortes restrições à propaganda privada. Isso dificulta imensamente os experimentos de campo que lidam com manipulação e níveis de propaganda. Analisemos, por exemplo, o caso da M&M/Mars, que instalou um gigantesco empreendimento industrial na Rússia e anuncia seus confeitos na televisão. No entanto, o potencial de vendas desse empreendimento ainda não foi alcançado. A propaganda da Mars seria exagerada, insuficiente ou estaria adequada? A resposta poderia ser obtida pela realização de um experimento de campo capaz de trabalhar com níveis de propaganda, mas essa pesquisa causal é inviável, tendo em vista o rígido controle exercido pelo governo russo sobre as estações de televisão. Apesar de seus problemas, a Mars continuou a investir na Rússia e, em 2018, completou mais de 25 anos de operações neste país.

Em alguns países da Ásia, África e América do Sul, grande parte da população vive em pequenas cidades ou vilas, mas a infraestrutura básica – estradas, transportes e armazéns – é deficiente, dificultando a chegada ao nível desejado de distribuição. Mesmo quando os experimentos são planejados, é difícil controlar a ordem temporal da ocorrência de variáveis e a ausência de outros fatores causais possíveis, duas das principais condições da causalidade. Como o pesquisador dispõe de um controle muito menor sobre o ambiente, o controle de variáveis estranhas se torna especialmente problemático. Além disso, nem sempre é possível abordar esse problema adotando o planejamento experimental mais apropriado, pois restrições ambientais podem inviabilizar esse planejamento.

Assim, a validade interna e externa dos experimentos de campo realizados em outros países pode ser inferior à obtida nos EUA. Ao apontar as dificuldades de realizar experimentos de campo em outros países, não pretendemos dar a entender que a pesquisa causal não possa ou não deva ser feita; geralmente, é possível aplicar alguma forma de teste de marketing, como indica o exemplo a seguir.

> **Pesquisa real**
>
> ### Qualidade perfeita e exclusividade a US$ 100 mil por unidade
>
> A fabricante de relógios Lange Uhren GmbH (www.alange-soehne.com) foi bem-sucedida na incerta economia da Alemanha em 2018, devido ao seu profundo domínio do marketing baseado em pesquisa de marketing. Fez-se um teste simulado de marketing nos EUA, no Japão e na França para avaliar um posicionamento eficaz e uma estratégia de preços dos relógios. Em cada um desses países, foram aplicados diferentes preços e estratégias de posicionamento, avaliando-se a reação dos consumidores. Os resultados, semelhantes em todos os países envolvidos, mostraram que a melhor maneira de vender seria com um posicionamento de qualidade e um preço alto. A qualidade do acabamento na Alemanha Oriental era famosa mesmo antes do advento do comunismo. A Lange Uhren utilizou uma força de trabalho bem treinada e a nova plataforma de marketing para redespertar essa tradição. A nova estratégia de posicionamento tinha como base a qualidade superior e a exclusividade, singularmente traduzidas em cada contexto cultural. Os relógios são vendidos por poucos varejistas no mundo inteiro, chegando a custar US$ 100 mil cada um. Os preciosos relógios de pulso que levam a assinatura "A. Lange & Söhne" têm suas raízes na história da Saxônia.
>
> Com uma edição limitada de 218 relógios da RICHARD LANGE "Pour le Mérite", a A. Lange & Söhne ressuscitou o conceito do instrumento de marcação de tempo intransigentemente preciso. A nova versão em ouro branco com mostrador preto teve sua estreia na convenção de revendedores internacionais da empresa em Dresden em 22 de setembro de 2016.[29] ∎

Pesquisa de marketing e mídias sociais

Tanto os mundos sociais virtuais quanto os reais podem servir para pesquisa de marketing. Em mundos virtuais, pesquisadores podem usar o Second Life (www.secondlife.com) como uma ferramenta para conduzir projetos de pesquisa de marketing a custos reduzidos. Incentivos na forma de dólares Linden podem ser distribuídos para se obter a cooperação dos residentes e elevar as taxas de resposta. O pesquisador também pode distribuir incentivos não monetários na forma de produtos e serviços virtuais gratuitos, como roupas ou roteiros que adicionam certas características aos avatares. De acordo com a agência francesa de pesquisa de mercado Repères (reperes.eu), uma das líderes nesse setor, o custo de um grupo de foco virtual qualitativo é cerca de 33% inferior do que no mundo real, e levantamentos quantitativos podem ser conduzidos pela metade do custo de um projeto comparável na vida real. Experimentos do tipo laboratoriais também podem ser conduzidos em espaço virtual, no qual é bem mais simples e barato manipular a variável independente e controlar variáveis mediadoras do que no mundo real. Todos os projetos experimentais que examinamos neste capítulo podem ser implementados no contexto de mundos virtuais. Isso também vale para marketing de teste. Cada nova ideia gerada em mundos virtuais tem de passar por um rigoroso teste de realidade antes de ser de fato colocada em prática porque opiniões, gostos e preferências em mundos virtuais podem não ser os mesmos que em um ambiente real.

Comparada a experimentos em campo, a experimentação em mídias sociais oferece as vantagens de facilidade de implementação e baixo custo. A validação interna pode ser satisfatória, já que variáveis alheias geralmente podem ser controladas. Já a validação externa, porém, não será tão rigorosa quanto em experimentos de campo. O estudo conduzido pela empresa Nielsen oferece um exemplo do uso de mídias sociais para experimentação.

Pesquisa real

As três faces das propagandas no Facebook

A empresa Nielsen conduziu uma pesquisa para determinar o grau de efetividade publicitária no Facebook. Para isso, examinou de perto 14 campanhas publicitárias no Facebook que incorporavam o botão "Tornar-se Fã". As propagandas foram classificadas em três grupos experimentais segundo cada tipo de anúncio disponível no Facebook: (1) um "anúncio-padrão em *homepage*", (2) um anúncio que retrata contexto social ou "anúncios de *homepage* com contexto social" e (3) "anúncios orgânicos", notícias que são enviadas a amigos por usuários que lidam com publicidade de uma marca. Esses três tipos diferentes de propagandas serviram como variáveis independentes no experimento.

O estudo de caso da Nielsen envolveu a apresentação de um dentre três anúncios no Facebook para 99% dos usuários que correspondiam a critérios-alvos definidos, e 1% do público foi designado aleatoriamente para servir como grupo de controle. O grupo de controle consistia em usuários enquadrados dentro do segmento-alvo que teriam recebido um anúncio durante a campanha, mas que acabavam sendo impedidos de vê-lo. Os três grupos experimentais consistiam naqueles expostos a (1) o anúncio de engajamento (anúncio 1), (2) o anúncio com contexto social (anúncio 2) e (3) o anúncio de engajamento (anúncio 1) mais impressão de anúncio orgânico (anúncio 3). Um dia após a exposição aos anúncios, os três grupos experimentais e o grupo de controle recebiam um questionário, e o impacto da campanha publicitária era mensurado. Na análise, três importantes variáveis dependentes referentes aos anúncios de marca foram examinadas: lembrança do anúncio, conscientização da marca e intenção de compra.

O experimento mostrou que consumidores expostos ao anúncio de engajamento (anúncio 1) em uma *homepage* no

1: Anúncio de engajamento

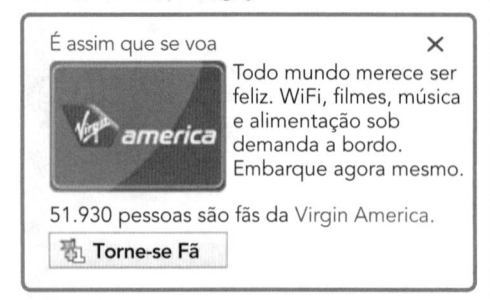

É assim que se voa ✕
Todo mundo merece ser feliz. WiFi, filmes, música e alimentação sob demanda a bordo. Embarque agora mesmo.

51.930 pessoas são fãs da Virgin America.
Torne-se Fã

2: Anúncio com contexto social

É assim que se voa ✕
Todo mundo merece ser feliz. WiFi, filmes, música e alimentação sob demanda a bordo. Embarque agora mesmo.

Meg Griffing Sloan, Ryan Ali e 6 outros amigos são fãs da Virgin America.
Torne-se Fã

3: Impressão de anúncio orgânico

Alex Wu e Libby Leffler tornaram-se fãs da Virgin America, cerca de uma hora atrás - Torne-se Fã

nielsen

Facebook (grupo experimental 1) apresentaram 10% a mais de lembrança do anúncio, 4% a mais de conscientização de marca e 2% a mais de intenção de compra do que os consumidores que não foram expostos ao anúncio (grupo de controle). Quando uma *homepage* no Facebook exibia um anúncio com contexto social (anúncio 2) (isto é, o anúncio inclui uma lista de pessoas na "lista de amigos" do espectador que estão registradas como fãs da marca ou produto) (grupo experimental 2), o aumento em lembrança do anúncio, conscientização de marca e intenção de compra comparado a consumidores não expostos ao anúncio é substancial, de 16%, 8% e 8%, respectivamente, para os três parametros. A Nielsen sugere que isso pode ocorrer porque os consumidores confiam acima de tudo em seus amigos e pares ao tomarem uma decisão de compra. Aqueles usuários expostos tanto ao anúncio de engajamento (anúncio 1) quanto à impressão de anúncio orgânico (anúncio 3) (grupo experimental 3) apresentaram a maior efetividade, com um aumento de 30% em lembrança do anúncio, 13% de conscientização de marca e 8% de intenção de compra, se comparados ao grupo de controle.

Esse estudo de caso mostra claramente que o uso de mídias sociais, especialmente o anúncio de engajamento combinado com a impressão de anúncio orgânico, gera um aumento em parâmetros do interesse dos profissionais de marketing: lembrança do anúncio, conscientização da marca e intenção de compra. Isso corrobora a ideia de que os profissionais de marketing não devem descartar o Facebook em seu *mix* de marketing, e sim perceberem que, com a estratégia publicitária certa, resultados positivos podem ser obtidos.[30] ■

Pesquisa de marketing em dispositivos móveis

Em sua maioria, os projetos experimentais que examinamos neste capítulo podem ser facilmente implementados usando-se pesquisa de marketing em dispositivos móveis (MMR). As considerações envolvidas na condução de experimentos usando-se dispositivos móveis são similares às discutidas anteriormente no caso da Internet. Tratamentos experimentais diferentes podem ser exibidos em diferentes *sites*. Respondentes podem ser recrutados para visitarem esses *sites* e responderem a um questionário que obtém informações sobre a variável depende e variáveis alheias. Desse modo, a Internet móvel pode oferecer um mecanismo para experimentação controlada, ainda que em um tipo de ambiente laboratorial. As limitações da MMR na condução de pesquisas com levantamento, discutidas no Capítulo 6, também se aplicam à condução de experimentos.

Ética na pesquisa de marketing

Com frequência, é necessário disfarçar o objetivo de um experimento para produzir resultados válidos. Analisemos, por exemplo, um projeto destinado a determinar a eficácia dos anúncios do cereal Kellog's Rice Krispies na TV. Os participantes do projeto são recrutados e levados a uma instalação central, sendo informados de que assistirão a um programa na televisão sobre nutrição e que serão feitas algumas perguntas a seguir. No intervalo entre os programas, está o comercial do Rice Krispies (comercial-teste), assim como comerciais de outros produtos (comerciais de "recheio"). Depois de assistir ao programa e aos anúncios, os entrevistados são submetidos a um questionário, que avalia o conteúdo do programa, o comercial-teste e alguns comerciais de recheio. Observe que a avaliação do conteúdo do programa e dos comerciais de recheio na verdade não interessam, mas elas são obtidas para reforçar a natureza da dissimulação. Se os entrevistados souberem que o objetivo real é determinar a eficácia do comercial do Rice Krispies, suas respostas poderão ser tendenciosas.

O disfarce do objetivo da pesquisa deve ser realizado de forma a não ferir os direitos dos respondentes. Uma maneira de contornar esse dilema ético é informá-los, no início, de que o experimento foi disfarçado. Deve-se dar a eles uma descrição da tarefa de pesquisa, informando também que são livres para abandonar o experimento no momento em que quiserem. Depois de coletados os dados, é indispensável explicar claramente o propósito real do estudo, dando a todos a oportunidade de não contribuir com suas informações. Esse processo de informar posteriormente os respondentes é chamado de *debriefing*. A revelação feita dessa forma não torna os resultados tendenciosos. Há evidências indicando que os dados coletados tanto dos entrevistados informados sobre o disfarce quanto os dos não informados são semelhantes.[31] O *debriefing* alivia a tensão e faz do experimento uma experiência de aprendizagem para os entrevistados. Entretanto, se não for adequadamente utilizado, o próprio *debriefing* pode tornar-se estressante. No exemplo do cereal Rice Krispies, os entrevistados talvez considerem perda de tempo o fato de desempenharem uma tarefa trivial – avaliação de um anúncio de determinado cereal. O pesquisador deve antecipar-se e abordar esse problema na sessão de *debriefing*.

---
debriefing
Após o experimento, informar aos participantes do teste sobre a natureza do experimento e como as manipulações experimentais foram feitas.

Outra preocupação de caráter ético é a responsabilidade do pesquisador na utilização de um planejamento experimental para o problema de forma a controlar erros causados por variáveis estranhas. Conforme mostra o exemplo a seguir, a determinação do planejamento experimental mais apropriado para o problema exige não só uma avaliação inicial, mas também um monitoramento contínuo.

Pesquisa real

Corrigindo erros enquanto há tempo: melhor prevenir do que remediar

Para o ano fiscal encerrado em 31 de maio de 2017, a Nike (www.nike.com) relatou receitas recordes de US$ 34,4 bilhões. A receita da Nike cresceu à medida que aumentou a demanda pelos seus produtos. Uma empresa de pesquisa de marketing especializada em pesquisa de propaganda está examinando a eficácia de um comercial de TV para os tênis atléticos da marca Nike. Foi utilizado um planejamento pré-teste/pós-teste de um único grupo. Registraram-se as atitudes dos entrevistados em relação à Nike antes de serem expostos a um programa de esportes e a vários anúncios, inclusive ao da Nike. As atitudes foram novamente avaliadas após verem o programa e os anúncios. A avaliação inicial baseada em uma pequena amostra constatou que o planejamento pré-teste/pós-teste de um único grupo adotado no estudo era suscetível a artefatos de demanda: os respondentes tentavam conjeturar sobre o propósito do experimento e responder de acordo com ele. Como o tempo e as restrições de ordem financeira dificultavam um replanejamento do estudo, a pesquisa prosseguiu sem correções. Prosseguir um projeto de pesquisa sabendo-se que foram cometidos erros em seus estágios iniciais não é um comportamento ético. Os problemas de planejamento experimental precisam ser imediatamente levados ao conhecimento do cliente. As decisões sobre replanejar ou aceitar a falha têm que ser tomadas em conjunto pelo pesquisador e pelo cliente.[32] ∎

Caso HP

Revise o caso HP, Caso 1.1, e o questionário dado no final do livro.

1. A pesquisa causal é necessária nesse caso? Se é, que estudos experimentais você recomenda e por quê? Se não, descreva um cenário em que seria.
2. Se uma entrevista em *shopping* for usada e a HP realizar pesquisa causal sem respondentes aleatórios, que estudo pré-experimental você recomendaria?
3. Você consegue imaginar algum modo de o estudo de grupo estático ser aleatorizado para aumentar sua validade?

Resumo

A noção científica de causalidade implica que nunca podemos provar que X causa Y. No máximo, podemos inferir que X é uma das causas de Y, no sentido de tornar provável a ocorrência de Y. Para que possamos fazer inferências causais, devem ser satisfeitas três condições: (1) variação concomitante, que implica que X e Y devem variar conjuntamente em uma forma presumida, (2) ordem temporal de ocorrência das variáveis, que implica que X deve preceder Y, e (3) eliminação de outros fatores causais possíveis, o que implica que explicações concorrentes devem ser descartadas. Os experimentos oferecem as evidências mais convincentes de todas essas condições. Forma-se um experimento quando uma ou mais variáveis independentes são manipuladas ou controladas pelo pesquisador, medindo-se seu efeito sobre uma ou mais variáveis dependentes.

Ao planejar um experimento, é importante levar em consideração a validade interna e a validade externa. A validade interna verifica se a manipulação das variáveis independentes realmente causou os efeitos nas variáveis dependentes ou não. A validade externa diz respeito à propriedade de generalização dos resultados experimentais. Para que o experimento seja válido, o pesquisador precisa controlar as ameaças impostas por variáveis estranhas, como história, maturação, teste (efeitos principais e interativos de testes), instrumentação, regressão estatística, tendenciosidade de seleção e mortalidade. Há quatro formas de controle de variáveis estranhas: randomização, emparelhamento, controle estatístico e controle de planejamento.

Os estudos experimentais classificam-se como pré-experimentais, experimentais verdadeiros, quase-experimentais e estatísticos. Um experimento pode ser levado a cabo em um ambiente de laboratório ou sob condições reais de mercado em um contexto da vida real. Planejamentos causais que incluem experimentação são os mais apropriados para as inferências de relações de causa e efeito. Embora os experimentos sofram limitações em termos de tempo, custo e administração, eles estão se tornando cada vez mais populares em marketing. O teste de marketing é uma aplicação importante do planejamento experimental.

As validades interna e externa de experimentos de campo feitos no exterior costumam ser são mais baixas do que nos Estados Unidos. O nível de desenvolvimento em muitos países é menor, e o pesquisador não tem controle sobre muitas das variáveis de marketing. Usando as mídias sociais, como a realidade virtual, o pesquisador pode criar um ambiente que represente o mercado e, ainda assim, exercer o grau de controle possível apenas em um ambiente de laboratório. A maioria dos estudos experimentais discutida neste capítulo pode ser facilmente implementada usando pesquisa de marketing em dispositivos móveis. As questões éticas envolvidas na realização de uma pesquisa causal incluem o disfarce do propósito do experimento. Pode-se aplicar o *debriefing* para abordar alguns desses problemas. A Internet e os computadores são muito úteis no planejamento e na implementação de experimentos.

Palavras-chave e conceitos fundamentais

causalidade, 185
variação concomitante, 185
variáveis independentes, 187
unidades de teste, 187
variáveis dependentes, 188
variáveis estranhas, 188
experimento, 188
estudo experimental, 188
validade interna, 189
validade externa, 189
história (H), 189
maturação (MA), 190
efeito principal de teste (PT), 190
efeito interativo de teste (IT), 190
instrumentação (I), 190
regressão estatística (RE), 190
tendenciosidade de seleção (TS), 191

mortalidade (MO), 191
variáveis de confusão, 191
randomização, 191
emparelhamento, 191
controle estatístico, 192
controle de planejamento, 192
estudos pré-experimentais, 192
estudos experimentais verdadeiros, 192
estudos quase-experimentais, 192
estudo estatístico, 193
estudo de caso único (*one-shot*), 193
estudo pré-teste/pós-teste de um único grupo, 193
grupo estático, 194
estudos de grupos de controle pré-teste/pós-teste, 194

estudos de grupos de controle somente pós-teste, 195
estudos de quatro grupos de Solomon, 195
estudo de séries temporais, 196
estudo de séries temporais múltiplas, 196
estudo em blocos randômicos, 198
estudo em quadrados latinos, 199
estudo fatorial, 199
ambiente de laboratório, 200
ambiente de campo, 200
artefatos de demanda, 201
teste de marketing, 202
mercados-teste, 202
debriefing, 205

Casos relacionados

Os casos listados a seguir são discutidos no final do livro.

1.1 HP Inc.

2.1 Baskin-Robbins   **2.2** Akron Children's Hospital

4.1 JPMorgan Chase   **4.2** Wendy's

Os casos listados a seguir estão distribuídos ao longo do livro, no final dos capítulos de 1 a 13.

7.1 Aflac   **8.1** P&G   **11.1** Nivea

12.1 Subaru

Pesquisa ao vivo: realização de um projeto de pesquisa de marketing

Se for necessário realizar um experimento, a escolha de um estudo experimental deverá ser ponderada por várias considerações:

1. Talvez não seja possível controlar certas variáveis estranhas.
2. Talvez haja apenas flexibilidade limitada para manipular as variáveis independentes; por exemplo, a propaganda e o trabalho de vendas não podem ser reduzidos ao nível zero.
3. A atribuição aleatória das unidades de teste às condições de tratamento talvez não seja possível.
4. A escolha das variáveis dependentes pode ser limitada pelas considerações de mensuração.

Exercícios

Perguntas

1. Quais são as exigências para que se possa inferir uma relação causal entre duas variáveis?
2. Indique a diferença entre validade interna e externa.
3. Relacione cinco variáveis estranhas e dê um exemplo para mostrar como cada uma delas pode reduzir a validade interna.
4. Descreva os diversos métodos de controle de fontes estranhas de variação.
5. Qual é a característica-chave que distingue os estudos experimentais verdadeiros dos estudos pré-experimentais?
6. Enumere as etapas envolvidas na implementação de um estudo de grupo de controle somente pós-teste. Descreva o estudo simbolicamente.
7. O que é um experimento em forma de série temporal? Quando ele é utilizado?
8. Qual é a diferença entre um estudo de séries temporais múltiplas e um estudo de séries temporais básicas?
9. Quais são as vantagens dos estudos estatísticos em relação aos estudos básicos?
10. Quais são as limitações do estudo em quadrados latinos?
11. Compare a experimentação de laboratório e a experimentação de campo.
12. A pesquisa descritiva deve ser utilizada para investigar relações causais? Por quê?
13. O que é teste de marketing?
14. Como as mídias sociais podem ser usadas para conduzir um experimento?
15. Como a pesquisa de marketing em dispositivos móveis pode ser utilizada para conduzir um experimento?

Problemas

1. Um grupo pró-vida pretende testar a eficácia de um anúncio antiaborto. Recrutaram-se em Atlanta duas amostras aleatórias de 250 integrantes cada. A um grupo, foi mostrado o comercial antiaborto. Em seguida, foram avaliadas as atitudes em relação ao aborto dos componentes de ambos os grupos.
   a. Identifique as variáveis independentes e dependentes nesse experimento.
   b. Qual é o tipo de estudo utilizado?
   c. Quais são as ameaças potenciais à validade interna e à validade externa nesse experimento?
2. No experimento descrito, suponha que os respondentes tenham sido selecionados por conveniência, e não aleatoriamente. Que tipo de estudo resultaria dessa escolha?
3. Considere a tabela a seguir, em que 500 entrevistados são classificados com base em uso de um produto e renda:

Uso do produto	Renda		
	Alta	Média	Baixa
Alto	40	30	40
Médio	35	70	60
Baixo	25	50	150

   a. Essa tabela indica variação concomitante entre uso do produto e renda?
   b. Descreva a relação entre uso do produto e renda com base nessa tabela.
4. Indique o tipo de experimento que está sendo realizado nas seguintes situações. Em cada caso, identifique as ameaças potenciais às validades interna e externa.
   a. Um grande distribuidor de artigos de escritório está cogitando um novo programa de trabalho para seus vendedores. Escolhe-se o maior território de vendas, implementa-se o novo programa, e avalia-se seu efeito sobre as vendas.
   b. A Procter & Gamble pretende verificar se um novo tipo de embalagem para o Tide é mais atraente do que o atual. Escolhem-se aleatoriamente 12 supermercados em Chicago. Em seis deles, escolhidos aleatoriamente, o produto Tide é vendido com a nova embalagem e, nos outros seis, com a embalagem antiga. As vendas em ambos os grupos de supermercados são monitoradas durante três meses.
5. Descreva uma situação específica em que é apropriado cada um dos seguintes estudos experimentais. Justifique seu raciocínio.
   a. Estudo pré-teste/pós-teste de um único grupo
   b. Estudo de grupo de controle pré-teste/pós-teste
   c. Estudo de grupo de controle somente pós-teste
   d. Estudo de séries temporais múltiplas
   e. Estudo fatorial

Exercícios para Internet e computador

1. Pesquise a literatura apropriada e escreva um trabalho sobre o papel do computador em experimentos controlados na pesquisa de marketing.
2. Planeje um experimento para determinar a eficácia de cupons *on-line* com base em informações apropriadas obtidas de www.coupons-*online*.com.
3. A Coca-Cola planejou três tipos alternativos de embalagem para seu produto principal, a Coke. Planeje um experimento baseado na Internet para determinar qual dessas novas embalagens é melhor do que a atual.
4. A Microsoft desenvolveu uma nova versão de sua planilha Excel, mas não está certa da reação do usuário. Planeje um experimento com base na Internet para verificar a reação do usuário às versões nova e antiga do Excel.
5. Explique como você implementaria um estudo de grupo de controle somente pós-teste na Internet para mensurar a eficácia de um novo anúncio impresso para o Camry da Toyota.

Atividades

Dramatização

1. Você é o gerente de pesquisa de marketing da Coca-Cola Company. A empresa gostaria de saber se deveria aumentar, diminuir ou manter o nível de investimentos em propaganda gastos na Coke. Projete um experimento de campo para tratar dessa questão.
2. Que dificuldades em potencial você percebeu ao realizar o experimento descrito anteriormente? Que assistência você precisaria da gerência da Coca-Cola para superar essas dificuldades?

Trabalho de campo

1. Escolha duas propagandas de perfumes diferentes para qualquer marca de perfume. Projete e realize um experimento para verificar qual delas é mais eficaz. Use uma amostra de estudantes com 10 alunos sendo expostos a cada comercial (condição de tratamento). Desenvolva suas próprias medidas de eficácia de propaganda neste contexto.

Discussão em grupo

1. "Visto que não podemos provar uma relação causal ao realizar um experimento, a experimentação não é científica para examinar relações de causa e efeito." Discuta essa afirmação em um pequeno grupo.

CASO 7.1

Aflac: pesquisa de marketing grasna como um pato

A Aflac Incorporated (www.aflac.com) vende seguros suplementares de saúde e de vida. Nos Estados Unidos, a Aflac é conhecida por suas apólices que "pagam em dinheiro vivo" para complementar ou substituir a renda do segurado quando um acidente ou doença o impede de trabalhar. Em 1989, a American Family Life Assurance Company, de Columbus, Geórgia, adotou o acrônimo Aflac. Naquela época, a marca da empresa era pouco conhecida e o nome Aflac nada significava para os clientes potenciais. Para promover o conhecimento da marca, a empresa realizou extensa pesquisa de marketing e colocou um pato como seu símbolo. Até 2018, a Aflac contava com 90% de reconhecimento da marca. Essa porcentagem é tão alta que, na verdade, chega a rivalizar com a da Coca-Cola, empresa com o maior reconhecimento de marca (95%). Até mesmo crianças (de 8 a 13 anos) conhecem o nome Aflac, classificando-o junto a Pepsi, Old Navy e M&M's. Isso é importante, pois, quando as crianças crescerem e começarem a comprar seguros, o nome Aflac será o primeiro a ser lembrado.

A pesquisa de marketing estava à frente da campanha. Primeiro, a intenção era simplesmente usar anúncios que aumentassem o reconhecimento da marca, e não vender seguros. Tal decisão emergiu de grupos de foco e levantamentos, quando foi constatado que os clientes preferiam pensar que não precisavam de algum tipo de seguro que fosse anunciado, fossem eles de vida, saúde, residencial ou qualquer outro. A pesquisa indicou que os clientes responderiam melhor a propagandas de seguros se elas simplesmente promovessem o reconhecimento da marca. Posteriormente, os vendedores fariam o trabalho de ensinar os clientes potenciais sobre a necessidade de diferentes tipos de seguros.

Depois de se tomar a decisão de apenas elevar a consciência da marca com os anúncios, uma campanha específica tinha que ser criada. Novamente, a pesquisa de marketing desempenhou um papel importante. Desde o início, decidiu-se que as propagandas que tivessem melhor resultado nos testes seriam as utilizadas. A pesquisa indicou que os clientes de teste que viram os anúncios preferiram a propaganda do pato às demais apresentadas. Mas de onde veio o pato? Durante o processo de desenvolvimento, um dos pesquisadores da agência de propaganda Publics North America começou a dizer a palavra "Aflac" a toda hora, sem parar. No fim, percebeu-se que essa palavra, dita de certa maneira, soava como o grasnido dos patos, e foi isso que levou aos comerciais do pato. O risco nesses comerciais era que a Aflac estivesse debochando do fato de ninguém conhecer o nome da marca, e o humor em propaganda nem sempre agrada às pessoas que preferem um tom mais sério de uma companhia de seguros. E se as pessoas vissem o comercial na televisão e pensassem "que coisa idiota!" ou "uma companhia de seguros deveria ser mais séria"? Portanto, os comerciais do pato foram testados em relação a alternativas em situações de estudo experimental. Os públicos do teste adoraram os comerciais do pato e os classificaram como os mais marcantes dentre todas as possibilidades (principal objetivo da Aflac). E assim nasceu o pato.

A campanha foi um sucesso absoluto. Não só o reconhecimento da marca Aflac aumentou, como também as vendas da empresa cresceram. Surpreendentemente, o crescimento não se restringe aos Estados Unidos. Na verdade, um alto percentual dos lucros da Aflac provêm de clientes no Japão. O pato agora é um fenômeno mundial, graças à pesquisa de marketing.

Conclusão

O caso descreve o papel crucial da pesquisa de marketing no planejamento da campanha correta de propaganda e o impacto resultante no reconhecimento da marca. O extraordinário crescimento do conhecimento do nome Aflac em poucos anos depois do lançamento de uma nova campanha de propaganda diz muito sobre a pesquisa de marketing realizada para testar os comerciais do pato.

Questões

1. Se a Aflac quisesse prever a demanda por seguros suplementares de saúde e de vida, que tipo de pesquisa deveria ser feito e por quê?
2. Identifique fontes de dados secundários que seriam úteis na previsão da demanda por seguros suplementares de saúde e de vida.
3. Identifique fontes de dados por assinatura que seriam úteis na previsão da demanda por seguros suplementares de saúde e de vida.

4. A Aflac deseja testar um comercial do pato em relação a um comercial sem o pato para verificar qual anúncio gera atitudes mais favoráveis para a empresa. Que tipo de estudo experimental você recomendaria? Por quê?
5. Se um comercial do pato tivesse que ser testado em relação a dois comerciais sem o pato para identificar qual propaganda gera atitudes mais favoráveis à Aflac, que tipo de estudo experimental você recomendaria?

Referências

1. http://www.aflac.com, accessed February 20, 2017.
2. http://www.wikipedia.org, accessed February 20, 2017.
3. Suzanne Vranica, "AFLAC Duck's Paddle to Stardom: Creativity on the Cheap," *Wall Street Journal* (July 30, 2004): B1–B2.

CAPÍTULO 8
Mensuração e Escalonamento: Fundamentos e Escalas Comparativas

> *Quando analisamos os resultados da pesquisa, devemos acreditar que as mensurações oferecem representações realistas de opiniões e comportamentos e que capturam apropriadamente como os dados de um respondente se relacionam a todos os outros respondentes.*

Tim Hoskins, presidente, Quester

Objetivos

Após a leitura deste capítulo, o aluno conseguirá:

1. Introduzir os conceitos de mensuração e escalonamento e mostrar como o escalonamento pode ser considerado uma extensão da mensuração.
2. Explicar as características de descrição, ordem, distância e origem e como elas definem o nível de mensuração de uma escala.
3. Discutir as principais escalas de mensuração e estabelecer a diferença entre escalas nominais, ordinais, intervalares e razão.
4. Classificar e discutir técnicas de escalonamento comparativas e não comparativas e descrever as técnicas de comparação pareada, ordenação de posto, soma constante e escala tipo Q.
5. Discutir as considerações envolvidas na implementação das principais escalas de mensuração em um contexto internacional.
6. Explicar como as mídias sociais podem ser usadas para implementar mensuração e escalonamento.
7. Esclarecer a implementação das principais escalas e das escalas comparativas em pesquisa de marketing em dispositivos móveis.
8. Compreender as questões éticas envolvidas na escolha de escalas de mensuração.

Aspectos gerais

Uma vez determinado o tipo de concepção de pesquisa (Capítulos 3 a 7) e especificada a informação a ser obtida, o pesquisador pode passar para a próxima fase: decidir quanto aos processos de mensuração e escalonamento. Este capítulo descreve os conceitos de mensuração e escalonamento e apresenta as principais características das escalas: descrição, ordem, distância e origem. Quatro escalas principais são abordadas: nominal, ordinal, intervalar e razão. Descrevemos em seguida técnicas de escalas comparativas e não comparativas e explicamos detalhadamente as técnicas comparativas. As técnicas não comparativas serão estudadas no Capítulo 9. São explicados os aspectos da implementação das principais escalas quando discutimos a pesquisa de marketing internacional, o uso das mídias sociais e a condução de pesquisa de marketing em dispositivos móveis. Foram identificadas várias questões éticas que surgem no processo de mensuração e escalonamento.

Pesquisa real

As empresas mais admiradas dos Estados Unidos e do mundo

O valor das classificações das Empresas Mais Admiradas do Mundo (como ocorre com a lista elaborada pela revista *Fortune* sobre as empresas mais admiradas dos Estados Unidos) está baseado na avaliação de pessoas que estão próximas da ação: são executivos seniores e diretores externos em cada setor e analistas financeiros cuja posição permite estudar e comparar os concorrentes em cada campo. A *Fortune* pediu-lhes que classificassem as empresas mais admiradas dos Estados Unidos segundo oito critérios: espírito inovador, qualidade geral da administração, valor como investimento de longo prazo, responsabilidade frente à comunidade e ao meio ambiente, capacidade de atrair e manter pessoal talentoso, qualidade dos produtos e serviços, estabilidade financeira e uso competente dos ativos da empresa. Para o *ranking* mundial, a *Fortune* acrescentou outro critério para refletir o escopo internacional: eficácia da empresa em fazer negócios globalmente. A classificação geral de uma empresa baseia-se na média dos pontos de todos os atributos avaliados. As duas empresas mais admiradas do mundo em 2017 foram a Apple e o Amazon.com, nesta ordem, e todas as dez principais empresas eram norte-americanas, como pode ser visto na tabela a seguir:

ID	Empresa	Ordem
A	Apple, EUA	1
B	Amazon.com, EUA	2
C	Starbucks, EUA	3
D	Berkshire Hathaway, EUA	4
E	Walt Disney, EUA	5
F	Alphabet, EUA	6
G	General Electric, EUA	7
H	Southwest Airlines, EUA	8
I	Facebook, EUA	9
J	Microsoft, EUA	10

Neste exemplo, as letras de identificação (ID) das empresas representam uma escala nominal. Assim, "E" denota a Walt Disney e "F" refere-se à Alphabet. A ordenação, por sua vez, representa uma escala ordinal. Dessa forma, a General Electric, que recebeu 7, apresenta avaliações melhores que a Southwest Airlines, que levou 8. O escore da empresa, a pontuação média em todos os atributos, representa uma escala intervalar. Esses escores não são mostrados na tabela. Finalmente, as receitas anuais dessas empresas, também não mostradas, representam uma escala razão.[1] ∎

Mensuração e escalonamento

Mensuração é a atribuição de números ou outros símbolos a características de objetos de acordo com certas regras predefinidas.[2] Observe que o que se mede não é o objeto, mas uma de suas características. Assim, não medimos consumidores – apenas suas opiniões, atitudes, preferências ou outras características relevantes. Em pesquisa de marketing, é costume atribuir números por dois motivos. Primeiro, os números permitem uma análise estatística dos dados resultantes. Segundo, os números facilitam a comunicação de resultados e regras de mensuração.

mensuração
Atribuição de números ou outros símbolos a características de objetos de acordo com certas regras predefinidas.

O aspecto mais importante da mensuração é a especificação de regras para atribuir números às características. O processo de atribuição tem de ser isomorfo: deve haver uma correspondência biunívoca entre os números e as características que estão sendo medidas. Por exemplo, as mesmas cifras em dólares devem estar associadas a residências com idênticas rendas anuais. Só então é possível associar os números às características do objeto medido, e vice-versa. Além disso, as regras de atribuição dos números precisam ser padronizados e aplicadas uniformemente (elas não podem variar de acordo com o objetivo ou o tempo).

O **escalonamento** pode ser considerado uma extensão da mensuração e envolve a criação de um *continuum* no qual se localizam os objetos medidos. A título de ilustração, consideremos uma escala de 1 a 100 para situar consumidores de acordo com a característica "atitude em relação a lojas de departamentos". A cada entrevistado é atribuído um número de 1 a 100 que indica o grau de atitude (des)favorável, sendo: 1 = extremamente desfavorável e 100 = extremamente favorável. A mensuração é a atribuição de um número de 1 a 100 a cada entrevistado. O escalonamento refere-se ao processo de colocação dos entrevistados em um *continuum* em relação à sua atitude para com as lojas de departamentos. Em nosso exemplo de abertura, sobre as empresas mais admiradas, a atribuição de números para refletir a receita anual foi um exemplo de mensuração. A colocação de empresas individuais no *continuum* da receita anual refere-se ao escalonamento.

escalonamento
Geração de um *continuum* no qual se localizam os objetos medidos.

Características das escalas e níveis de mensuração

O nível de mensuração denota quais propriedades de um objeto a escala está medindo ou não. A compreensão das características da escala é fundamental para que se conheçam os tipos de escalas. Todas as escalas que utilizamos em pesquisa de marketing podem ser descritas em termos de quatro características básicas: descrição, ordem, distância e origem; juntas, elas definem o nível de mensuração de uma escala.

Descrição

A **descrição** abrange os rótulos ou descritores únicos usados para designar cada valor da escala. Alguns exemplos de descritores são os seguintes: 1. Feminino, 2. Masculino; 1 = Discorda totalmente, 2 = Discorda, 3 = Não concorda nem discorda, 4 = Concorda e 5 = Concorda totalmente; renda familiar anual. Explicando melhor, Feminino e Masculino são descritores únicos empregados para representar os valores 1 e 2 da escala de gênero. É importante lembrar que todas as escalas têm essa característica de descrição. Portanto, todas as escalas têm rótulos ou descritores únicos que são usados para definir os valores da escala ou as opções de resposta.

descrição
Rótulos ou descritores únicos usados para designar cada valor da escala. Todas as escalas têm descrição.

Ordem

A **ordem** significa os tamanhos ou posições relativas dos descritores. Não há valores absolutos associados com ordem, somente valores relativos. A ordem é denotada por descritores como "maior do que", "menor do que" e "igual a". Por exemplo, a preferência de um respondente por três marcas de tênis para prática de esportes é expressa pela seguinte ordem, com a marca mais apreciada aparecendo em primeiro lugar na lista e a menos apreciada aparecendo por último.

Nike
New Balance
Adidas

ordem
Tamanhos ou posições relativas dos descritores. A ordem é denotada por descritores como "maior do que", "menor do que" e "igual a".

Para esse respondente, a preferência pela Nike é maior do que a preferência pela New Balance. Da mesma forma, a preferência pela Adidas é menor do que a preferência pela New Balance. Os respondentes que ficam na mesma categoria, digamos, de 35 a 49 anos, são considerados iguais em termos de idade e maiores (mais velhos) do que os respondentes da faixa dos 20 aos 34 anos. Nem todas as escalas possuem a característica de ordem. Na escala de gênero (1. Feminino, 2. Masculino), considerada anteriormente, não há como determinar se uma mulher é "maior ou menor do que" um homem. Portanto, a escala de gênero não tem ordem.

Distância

A característica da **distância** indica que diferenças absolutas entre os descritores da escala são conhecidas e podem ser expressas em unidades. Uma família de cinco pessoas tem uma pessoa a mais do que uma família de quatro pessoas, que, por sua vez, tem uma pessoa a mais do que uma família de três pessoas. A escala a seguir apresenta a característica da distância.

Número de pessoas que vivem em sua casa _____

distância
Indica que diferenças absolutas entre os descritores da escala são conhecidas e podem ser expressas em unidades.

Deve-se observar que uma escala que tem distância também tem ordem. Sabemos que uma família de cinco pessoas é maior do que uma família de quatro pessoas em termos do número de pessoas que vivem em um domicílio. Do mesmo modo, uma família de três pessoas é menor do que uma de quatro. Assim, a distância implica ordem, mas o contrário pode não ocorrer.

Origem

A característica **origem** indica que a escala possui um início fixo ou ponto zero verdadeiro. Dessa forma, uma medida exata de renda por uma escala do tipo "qual é a renda bruta anual de sua família? $_____$" tem uma origem fixa ou ponto zero verdadeiro. A resposta "zero" significaria que a família não possui renda. Uma escala que tem origem também tem distância (e ordem e descrição). Muitas escalas usadas em pesquisa de marketing não têm origem fixa ou ponto zero verdadeiro, como na escala "concorda-discorda" vista antes. Deve-se observar que tal escala foi definida como 1 = Discorda totalmente, 2 = Discorda, 3 = Não concorda nem discorda, 4 = Concorda e 5 = Concorda totalmente. Entretanto, 1 é uma origem ou ponto de partida arbitrário. Essa escala poderia ter sido facilmente definida como 0 = Discorda totalmente, 1 = Discorda, 2 = Não concorda nem discorda, 3 = Concorda e 4 = Concorda totalmente, tendo 0 como origem. Por outro lado, mudando-se a origem para –2, teríamos uma escala equivalente: –2 = Discorda totalmente, –1 = Discorda, 0 = Não concorda nem discorda, 1 = Concorda e 2 = Concorda totalmente. Essas três formas de escala "concorda-discorda", com a oriem em 1, 0 ou –2, são equivalentes. Portanto, essa escala não possui uma origem ou ponto zero verdadeiro; consequentemente, não tem a característica origem.

origem
Indica que a escala tem um início fixo ou único, ou seja, um ponto zero verdadeiro.

Pode ter sido observado que descrição, ordem, distância e origem representam sucessivamente características de nível superior, com a origem sendo a característica de nível mais alto. A descrição é a característica mais básica, que está presente em todas as escalas. Se uma escala tem ordem, também tem descrição. Se uma escala tem distância, também tem ordem e descrição. Finalmente, uma escala que tem origem também tem distância, ordem e descrição. Desse modo, se uma escala tem uma característica de nível superior, também tem todas as características de nível inferior. Porém, o contrário pode não ser verdadeiro, ou seja, se uma escala tem uma característica de nível inferior, ela pode ou não ter uma característica superior. Com a compreensão das características das escalas, estamos prontos para discutir os principais tipos de escalas.

Principais escalas de mensuração

Há quatro escalas principais de mensuração: nominal, ordinal, intervalar e razão.[3] A Figura 8.1 ilustra essas escalas, e a Tabela 8.1 resume suas propriedades, que são discutidas nas próximas seções.

Escala nominal

Uma **escala nominal** é um esquema figurativo de rotulagem em que os números servem apenas como rótulos ou etiquetas para identificar e classificar objetos. A única característica dessas escalas é a descrição. Por exemplo, os números atribuídos aos respondentes em um estudo constituem uma escala nominal. Quando se utiliza uma escala nominal para fins de identificação, há uma correspondência biunívoca estrita entre os números e os objetos. Cada número é associado a um único objeto, e cada objeto tem apenas um número associado a ele. Exemplos comuns incluem os números de registro na Previdência Social e os números atribuídos a jogadores de futebol, que permitem que os identifiquemos a partir de suas camisas. Na pesquisa

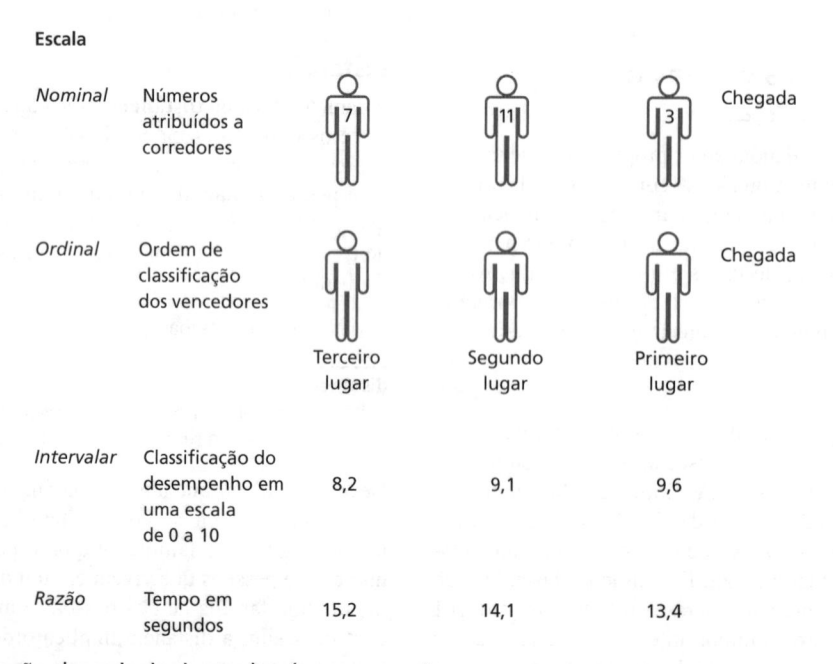

FIGURA 8.1 Ilustração das principais escalas de mensuração.

TABELA 8.1
Principais escalas de mensuração

Escala	Características básicas	Exemplos comuns	Exemplos em marketing	Estatísticas permitidas	
				Descritiva	Inferencial
Nominal	Números identificam e classificam objetos	Números da Previdência Social, numeração de jogadores de futebol	Números de marcas, tipos de lojas, classificação de gênero	Porcentagens, moda	Qui-quadrado, teste binomial
Ordinal	Números indicam as posições relativas dos objetos, mas não a magnitude das diferenças entre eles	Classificações de qualidade, classificações de times em um campeonato	Classificações de preferência, posição no mercado, classe social	Percentil, mediana	Correlação por ordenação de posto, ANOVA de Friedman
Intervalar	Diferenças entre objetos podem ser comparadas; ponto zero é arbitrário	Temperatura (Fahrenheit, Celsius)	Atitudes, opiniões, números-índice	Intervalo, média, desvio-padrão	Correlação momento-produto, testes *t*, ANOVA, regressão, análise fatorial
Razão	Ponto zero fixo; podem ser calculadas as razões dos valores da escala	Comprimento, peso	Idade, renda, custos, vendas, participação de mercado	Média geométrica, média harmônica	Coeficiente de variação

de marketing, as escalas nominais servem para identificar respondentes, marcas, atributos e outros objetos.

escala nominal
Escala cujos números servem apenas como rótulos ou etiquetas para identificar e classificar objetos por meio de uma rígida correspondência biunívoca entre os números e os objetos.

Quando usados para fins de classificação, os números nominalmente escalonados servem como rótulos para classes ou categorias. Por exemplo, podemos classificar o grupo de controle como grupo 1 e o grupo experimental como grupo 2. As classes são mutuamente excludentes e coletivamente exaustivas. Os objetos de uma classe são vistos como equivalentes em relação à característica representada pelo número da escala nominal. Todos os objetos de uma mesma classe apresentam um mesmo número, e duas classes nunca possuem o mesmo número. Entretanto, uma escala nominal não necessariamente implica a atribuição de números; letras do alfabeto e símbolos podem ser igualmente atribuídos. No exemplo de abertura, foram atribuídas letras para denotar empresas específicas.

Os números em uma escala nominal não refletem o grau da característica possuída pelos objetos. Por exemplo, um alto número de inscrição no registro da Previdência Social não significa que a pessoa seja, de alguma forma, superior a alguém com um número mais baixo, ou vice-versa. O mesmo se aplica aos números atribuídos a classes. A única operação permitida sobre os números em uma escala nominal é a contagem. Permite-se apenas um número limitado de estatísticas, todas elas baseadas em contagens de frequência. Essas estatísticas incluem porcentagens, moda, testes qui-quadrado e testes binomiais (ver Capítulo 15). Não faz sentido calcular um número médio da Previdência Social, ou o gênero médio dos respondentes em uma pesquisa, ou o número atribuído a uma loja de departamentos média, como no exemplo a seguir.

Projeto de pesquisa

Escala nominal

No projeto de fidelização da loja de departamentos, os números de 1 a 10 foram atribuídos às 10 lojas consideradas no estudo (ver a Tabela 8.2). O número 9 foi atribuído à Dillard's. Isso não implicou, de forma alguma, que a Dillard's fosse superior ou inferior à Neiman Marcus, que recebeu o número 6. Qualquer outra distribuição dos números, como trocar os números da Dillard's e da Neiman Marcus, não teria efeito sobre o sistema de numeração, uma vez que os numerais não refletem as características das lojas. É significativo fazer afirmações do tipo "25% dos respondentes frequentaram a loja 9 (Dillard's) no mês passado". Embora a média dos números atribuídos seja 5,5, não faz sentido dizer que o número da loja média é 5,5. ∎

Escala ordinal

Uma **escala ordinal** é uma escala de classificação em que são atribuídos números a objetos para indicar até que ponto cada objeto possui determinada característica. Uma escala ordinal permite determinar se um objeto tem mais ou menos de uma característica que algum outro objeto, mas não permite dizer *quanto* tem a mais ou a menos. Assim, uma escala ordinal indica a posição relativa, não a magnitude das diferenças entre os objetos. Um objeto classificado em primeiro lugar tem a característica em maior grau do que um objeto classificado em segundo lugar, mas não sabemos

TABELA 8.2
Ilustração das principais escalas de mensuração

		Escala nominal	Escala ordinal	Escala intervalar		Escala razão
				Pontuação da preferência		
Nº	Loja		Ordenação da preferência	1–7	11–17	Dólares gastos nos últimos três meses
1	Nordstrom		7	79	5	15	0
2	Macy's		2	25	7	17	200
3	Target		8	82	4	14	0
4	Kohl's		3	30	6	16	100
5	JCPenney		1	10	7	17	250
6	Neiman-Marcus		5	53	5	15	35
7	Marshalls		9	95	4	14	0
8	Saks Fifth Avenue		6	61	5	15	100
9	Dillard's		4	45	6	16	0
10	Wal-Mart		10	115	2	12	10

se o objeto classificado como o primeiro está próximo ou distante do classificado em segundo lugar. As escalas ordinais possuem as características descrição e ordem, mas não distância (ou origem). Os exemplos comuns de escala ordinal incluem classificações por qualidade, classificação de times em um torneio, classes socioeconômicas e *status* ocupacional. Em pesquisa de marketing, as escalas ordinais são usadas para medir atitudes, opiniões, percepções e preferências relativas. No exemplo de abertura, a ordem de posto das empresas mais admiradas representava uma escala ordinal. A Apple, com classificação 1, era a empresa mais admirada do mundo. Mensurações desse tipo incluem julgamentos, por parte dos entrevistados, do tipo "maior que" ou "menor que".

escala ordinal
Escala de graduação em que se atribuem números a objetos para indicar até que ponto possuem determinada característica. Assim, é possível determinar se um objeto possui essa característica em maior ou menor grau do que outro objeto.

Tanto em uma escala ordinal quanto em uma escala nominal, objetos equivalentes recebem o mesmo posto. É possível atribuir qualquer série de números que conserve as relações ordenadas entre os objetos. Por exemplo, as escalas ordinais podem ser transformadas arbitrariamente, desde que a ordenação básica dos objetos seja mantida.[4] Em outras palavras, é permitida qualquer transformação monotônica positiva da escala (que conserve a ordem), porque as diferenças entre os números não têm outro sentido a não ser o de ordem (ver o exemplo a seguir). Por isso, além da operação de contagem permitida para dados em escala nominal, as escalas ordinais possibilitam a utilização de estatísticas baseadas em centis. Faz sentido calcular percentis, quartis, mediana (Capítulo 15), correlação por ordenação de postos (Capítulo 17) ou outras estatísticas de resumo para dados ordinais.

Projeto de pesquisa

Escala ordinal

A Tabela 8.2 apresenta a ordem de preferência de um determinado entrevistado. Os entrevistados classificaram 10 lojas de departamentos por ordem de preferência, atribuindo o posto 1 à loja de maior preferência, o posto 2 à segunda colocada quanto à preferência e assim por diante. Observe que a JCPenney (classificada como 1) é preferida à Macy's (classificada como 2), mas desconhecemos o grau de preferência. Entretanto, não é obrigatório atribuirmos números de 1 a 10 para formar uma escala de preferências. A segunda escala ordinal, que atribui o número 10 à JCPenney, 25 à Macy's, 30 à Kohl's, etc., é uma escala equivalente, pois foi obtida mediante uma transformação positiva monotônica da primeira escala. Ambas as escalas resultam na mesma ordenação das lojas quanto à preferência. ∎

PESQUISA ATIVA

United voando para satisfazer aos clientes

Visite www.united.com e pesquise na Internet, incluindo mídias sociais e o banco de dados *on-line* de sua biblioteca, informações sobre a satisfação dos clientes com as companhias aéreas.

Como diretor de marketing da United Airlines, que estratégias de marketing você formularia para aumentar a satisfação?

Como você usaria as escalas nominal e ordinal para mensurar a satisfação dos clientes com as principais empresas aéreas, como a United?

Escala intervalar

Em uma **escala intervalar**, distâncias numericamente iguais na escala representam valores iguais na característica que está sendo medida. Uma escala intervalar não só contêm toda a informação de uma escala ordinal, como também permite comparar as diferenças entre objetos. Na escala intervalar, a diferença entre dois valores quaisquer da escala é idêntica à diferença entre dois outros valores adjacentes quaisquer. Há um intervalo constante, ou igual, entre os valores da escala. A diferença entre 1 e 2 é a mesma que entre 2 e 3, que é a mesma diferença entre 5 e 6. A diferença entre descritores é conhecida. Um exemplo comum na vida cotidiana é a escala de temperaturas. Em pesquisa de marketing, dados relativos a atitudes obtidos de escalas de pontuação costumam ser tratados como dados intervalares. No exemplo de abertura, das empresas mais admiradas, as pontuações de todos os atributos representavam uma escala intervalar.[5]

escala intervalar
Escala em que se utilizam números para pontuar/classificar objetos, de modo que distâncias numericamente iguais na escala representem distâncias iguais na característica que está sendo medida.

Em uma escala intervalar, a localização do ponto zero não é fixa, isto é, essas escalas não possuem a característica origem. Tanto o ponto zero quanto as unidades de medida são arbitrários. Logo, qualquer transformação linear positiva da forma $y = a + bx$ conservará as propriedades da escala. Aqui, x é o valor da escala original, y é o valor da escala transformada, b é uma constante positiva, e a é uma constante arbitrária. Portanto, duas escalas intervalares que classifiquem objetos A, B, C e D como 1, 2, 3 e 4, ou como 22, 24, 26 e 28, são equivalentes. Observe que a última escala pode ser deduzida da primeira tomando-se $a = 20$ e $b = 2$ na equação transformadora. Como o ponto zero não é fixo, razões de valores da escala não fazem sentido. Como podemos ver, a razão de valores D para B muda de 2:1 para 7:6 quando a escala é transformada. Contudo, são permitidas razões de diferenças entre valores da escala. Nesse processo, as constantes a e b na equação transformadora são excluídas dos cálculos. A razão da diferença entre D e B para a diferença entre C e B é 2:1 em ambas as escalas.

Projeto de pesquisa

Escala intervalar

Na Tabela 8.2, as preferências de um entrevistado pelas 10 lojas são expressas em uma escala de sete pontos. Podemos ver que, embora a Dillard's tenha recebido uma pontuação de 6 e a Wal-Mart a pontuação 2, isso não significa que a Dillard's tenha o triplo da preferência da Wal-Mart. Quando as pontuações são transformadas para uma escala equivalente 11 para 17 (coluna seguinte), as pontuações para essas lojas passam a ser 16 e 12, e a razão já não é mais de 3 para 1. Já as razões das diferenças de preferência são idênticas em ambas as escalas. A razão da diferença de preferência entre JCPenney e Wal-Mart para a diferença de preferência entre Neiman Marcus e Wal-Mart é de 5 para 3 em ambas as escalas. ∎

As técnicas estatísticas empregadas para dados em escala intervalar incluem todas as que podem ser aplicadas a dados nominais e ordinais. Além disso, é possível calcular a média aritmética, o desvio-padrão (Capítulo 15), correlações momento-produto (Capítulo 17) e outras estatísticas comumente usadas em pesquisa de marketing. Todavia, certas estatísticas especializadas, como média geométrica, média harmônica e coeficiente de variação, não fazem sentido para dados apresentados em escala intervalar.

Como exemplo, podemos citar a FIFA (Fédération Internationale de Football Association), que usa escalas ordinal e intervalar para classificar times de futebol de vários países.

Pesquisa real

Classificando o mundo do futebol

De acordo com a classificação de futebol masculino da Fédération Internationale de Football Association (FIFA) (www.fifa.com) em 1º de junho de 2017, o Brasil estava em primeiro lugar com 1715 pontos e a Argentina estava na segunda posição com 1626 pontos. Os dez primeiros países do futebol masculino em 2017 estão listados na tabela a seguir:

		Classificação em junho de 2017	
ID	Equipe	Ordem	Pontos
A	Brasil	1	1.715
B	Argentina	2	1.626
C	Alemanha	3	1.511
D	Chile	4	1.422
E	Colômbia	5	1.366
F	França	6	1.332
G	Bélgica	7	1.292
H	Portugal	8	1.267
I	Suíça	9	1.263
J	Espanha	10	1.198

As letras atribuídas aos países constituem uma escala nominal, as ordenações representam uma escala ordinal e os pontos atribuídos denotam uma escala intervalar. Assim, o país G refere-se à Bélgica, classificada em 7º lugar com 1292 pontos. Observe que as letras designadas para denotar os países simplesmente servem como identificação e não estão de forma alguma relacionadas às suas habilidades de jogar futebol. Tais informações podem ser obtidas olhando-se as ordenações. Assim, a Colômbia, classificada como 5, jogou melhor que a Espanha, classificada como 10. Quanto menor a ordenação, melhor o desempenho. As ordenações não informam sobre a magnitude das diferenças entre os países, o que somente é obtido observando os pontos. Com base nos pontos atribuídos, pode-se ver que Portugal, com 1267 pontos, jogou apenas um pouco melhor que a Suíça, com 1263 pontos. Os pontos ajudam a discernir a magnitude da diferença entre países que recebem ordenações diferentes.[6] ∎

Escala razão

Uma **escala razão** tem todas as propriedades das escalas nominal, ordinal e intervalar e, além disso, um ponto zero absoluto. Portanto, as escalas razão possuem a característica origem (e distância, ordem e descrição). Assim, em escalas razão, podemos identificar ou classificar objetos, ordená-los e comparar intervalos ou diferenças. Também faz sentido calcular razões de valores de escala. Não só a diferença entre 2 e 5 é a mesma que a diferença entre 14 e 17, mas também 14 é sete vezes maior do que 2 em sentido absoluto. Altura, peso, idade e dinheiro constituem exemplos comuns de escalas razão. Em marketing, as variáveis vendas, custos, participação de mercado e número de clientes são medidas em uma escala razão. No exemplo de abertura, as receitas anuais das empresas mais admiradas, não fornecidas, poderiam ser representadas em uma escala razão.

As escalas razão permitem apenas transformações proporcionais da forma $y = bx$, onde b é uma constante positiva. Não se pode somar uma constante arbitrária, como no caso da escala intervalar. A conversão de jardas em pés ($b = 3$) é um exemplo dessa transformação. As comparações entre os objetos são idênticas, quer sejam feitas em jardas ou em pés.

escala razão
Escala mais alta, que permite ao pesquisador identificar ou classificar os objetos, ordená-los e comparar intervalos ou diferenças. Também faz sentido calcular razões de valores da escala.

Todas as técnicas estatísticas podem ser aplicadas a dados de razão; estão incluídas as estatísticas especializadas, como média geométrica, média harmônica e coeficiente de variação.

As quatro principais escalas discutidas aqui não esgotam a categoria de níveis de medida. É possível construir uma escala nominal que forneça informações parciais sobre ordem (a escala parcialmente ordenada). Igualmente, uma escala ordinal pode proporcionar informações parciais sobre distância, como no caso de uma escala métrica ordenada. Entretanto, o estudo dessas escalas ultrapassa o âmbito do presente texto.[7]

Projeto de pesquisa

Escala razão

Na escala razão ilustrada na Tabela 8.2, um entrevistado deve indicar os valores gastos em dólares em cada uma das 10 lojas durante os últimos dois meses. Observe que, como ele gastou US$ 200 na Macy's e apenas US$ 10 na Wal-Mart, o gasto na Macy's foi 20 vezes maior do que na Wal-Mart. Além disso, o ponto zero é fixo, porque 0 indica que o respondente não fez gasto algum naquela loja. Multiplicando essas cifras por 100 para converter dólares em centavos, obteremos uma escala equivalente.

Atividades de projeto

No contexto do projeto da Wal-Mart, desenvolva questões para mensurar cada uma das seguintes variáveis e identifique o nível de medida em cada questão.

1. Estado civil do entrevistado
2. Idade do entrevistado
3. Renda familiar bruta anual
4. Familiaridade com a Wal-Mart
5. Importância do preço na seleção da loja de departamentos
6. Número de cartões de crédito bancários do entrevistado ■

PESQUISA ATIVA

Verificando as preferências dos consumidores para a Coach

Visite www.coach.com e pesquise na Internet, incluindo mídias sociais, e no banco de dados *on-line* de sua biblioteca informações sobre as preferências dos consumidores no que se refere a artigos de couro.

Como você utilizaria as escalas intervalar e razão para mensurar as preferências dos consumidores por artigos de couro?

Como diretor de marketing da Coach, como você usaria as informações sobre as preferências dos consumidores por artigos de couro para aumentar sua participação de mercado?

Comparação de técnicas de escalonamento

As técnicas de escalonamento comumente empregadas em pesquisa de marketing são classificadas como escalas comparativas e escalas não comparativas (ver Figura 8.2). As **escalas comparativas** envolvem a comparação direta de objetos de estímulo. Por exemplo, pode-se perguntar aos entrevistados se eles preferem Coca ou Pepsi. Os dados de uma escala comparativa devem ser interpretados em termos relativos e têm apenas propriedades ordinais ou de postos. Por este motivo, as escalas comparativas são também chamadas de escalas não métricas. Conforme a Figura 8.2, as escalas comparativas incluem comparações pareadas, ordenação de posto, escalas de soma constante, escala Q e outros procedimentos.

escalas comparativas
Um dos dois tipos de técnicas de escalonamento em que objetos de estímulo são diretamente comparados uns com os outros.

A principal vantagem da escala comparativa é permitir a detecção de pequenas diferenças entre os objetos de estímulo. Por comparar objetos de estímulo, os entrevistados são obrigados a escolher entre eles. Além disso, os participantes realizam a tarefa de pontuação a partir dos mesmos pontos de referência conhecidos. Consequentemente, as escalas comparativas são facilmente entendidas e podem ser aplicadas

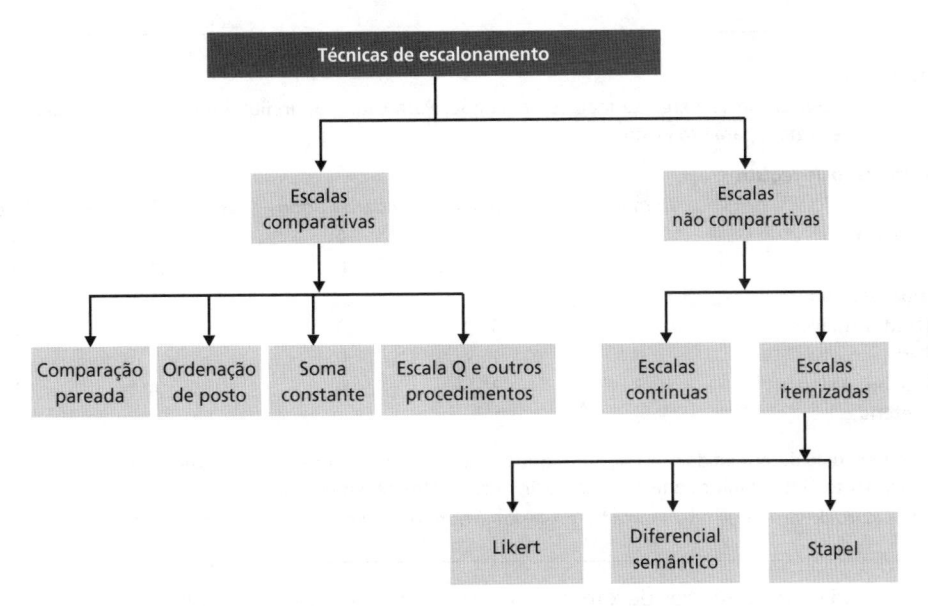

FIGURA 8.2 Classificação de técnicas de escalonamento.

sem dificuldade. Outras vantagens dessas escalas: elas envolvem menos suposições teóricas e também tendem a reduzir o efeito *halo* de um julgamento para outro.* As principais desvantagens das escalas comparativas incluem a natureza ordinal dos dados e a impossibilidade de generalizar além dos objetos de estímulo escalonados. No exemplo da Coca-Cola e Pepsi, para comparar RC Cola com Coca e Pepsi, o pesquisador teria que empreender um novo estudo. Essas desvantagens são substancialmente superadas pelas técnicas de escalas não comparativas.

Nas **escalas não comparativas**, também chamadas de *escalas monádicas* ou *métricas*, cada objeto é escalonado independentemente dos outros no conjunto de estímulo. De modo geral, admite-se que os dados resultantes sejam escalonados por intervalo ou por razão.[8] Por exemplo, podemos pedir aos entrevistados que avaliem a Coca-Cola em uma escala de preferência de 1 a 6 (1 = não preferida em absoluto; 6 = grande preferência). Avaliações semelhantes seriam obtidas para Pepsi e RC Cola. Como se vê na Figura 8.2, as escalas não comparativas são contínuas ou itemizadas. As escalas itemizadas, por sua vez, são classificadas como escalas Likert, de diferencial semântico ou Stapel. As escalas não comparativas são as técnicas mais usadas em pesquisa de marketing e, dada a sua importância, o Capítulo 9 é dedicado a elas. O restante deste capítulo aborda as técnicas de escalas comparativas.

---
escalas não comparativas
Um dos dois tipos de técnicas de escalonamento em que cada objeto de estímulo é escalonado independentemente dos outros objetos no conjunto de estímulo.

---
* N. de T.: O efeito *halo* decorre de generalizações, muitas vezes infundadas. Em pesquisa de marketing, refere-se ao efeito em que respostas prévias em um questionário afetam as respostas subsequentes.

Técnicas de escalonamento comparativas

Escalas por comparação pareada

Como o próprio nome indica, na **comparação pareada**, são apresentados ao entrevistado dois objetos para que escolha um deles, de acordo com algum critério. Os dados obtidos são ordinais por natureza. Um respondente pode declarar que compra mais na JCPenney do que na Dillard's, que prefere o cereal Total ao Product 19 da Kellogg's ou que gosta mais de Crest do que de Colgate. As escalas por comparação pareada são bastante usadas quando os objetos de estímulo são produtos físicos. A Coca-Cola fez mais de 190 mil comparações pareadas antes de introduzir a New Coke.[9] As escalas por comparações pareadas são as técnicas de escalonamento comparativas mais usadas.

---
escalas por comparação pareada
Na técnica de comparação pareada, são apresentados ao respondente dois objetos de uma vez, pedindo-lhe que escolha um deles, de acordo com algum critério. Os dados obtidos são ordinais por natureza.

A Figura 8.3 apresenta dados de comparação pareada obtidos para avaliar a preferência de um entrevistado por xampus. Como podemos ver, esse entrevistado fez 10 comparações para avaliar cinco marcas. Em geral, com n marcas, $[n(n-1)/2]$ comparações pareadas são necessárias para incluir todos os possíveis pares de objetos.[10]

Os dados de comparações pareadas são analisados de várias maneiras.[11] O pesquisador pode calcular a porcentagem de respondentes que preferem um estímulo a outro, somando as matrizes da Figura 8.3 para todos os respondentes, dividindo a soma pelo número de respondentes e multiplicando o resultado por 100. É possível também fazer uma avaliação simultânea de todos os objetos de estímulo. Com a suposição

> **Instruções**
> Vamos apresentar-lhe 10 pares de marcas de xampu. Para cada par, indique qual das duas marcas de xampu você prefere para uso pessoal.
>
> **Formulário de registro**
>
> | | Jhirmack | Finesse | Vidal Sassoon | Head & Shoulders | Pert |
> |---|---|---|---|---|---|
> | Jhirmack | | 0 | 0 | 1 | 0 |
> | Finesse | 1[a] | | 0 | 1 | 0 |
> | Vidal Sassoon | 1 | 1 | | 1 | 1 |
> | Head & Shoulders | 0 | 0 | 0 | | 0 |
> | Pert | 1 | 1 | 0 | 1 | |
> | Número de vezes preferidas[b] | 3 | 2 | 0 | 4 | 1 |
>
> [a] Um 1 em uma determinada caixa significa que a marca naquela coluna foi preferida à marca na linha correspondente. Um 0 significa que a marca da linha foi preferida à marca da coluna.
>
> [b] O número de vezes que uma marca foi preferida é obtido somando-se os valores 1 em cada coluna.

FIGURA 8.3 Obtenção de preferências de xampu utilizando comparações pareadas.

de transitividade, é possível converter dados de uma comparação pareada em uma ordenação de posto. A **transitividade de preferência** implica que, se a marca A é preferida à B, e a marca B é preferida à C, então a marca A é preferida à C. Para chegar a uma ordenação de posto, o pesquisador determina o número de vezes que cada marca é preferida somando os valores das colunas na Figura 8.3. Assim, a ordem de preferência desse entrevistado, do maior ao menor grau de preferência, é Head & Shoulders, Jhirmack, Finesse, Pert e Vidal Sassoon. É possível também deduzir uma escala intervalar dos dados de comparação pareada, utilizando-se o procedimento de caso V de Thurstone. O leitor deve consultar a literatura apropriada para um estudo desse procedimento.[12]

transitividade de preferência
Uma suposição feita para converter dados de comparação pareada em dados de postos ordenados. Implica que, se a marca A é preferida à marca B, e a marca B é preferida à marca C, então a marca A é preferida à marca C.

Foram sugeridas várias modificações da técnica de comparação pareada. Uma delas sugere a inclusão de uma resposta "neutro/não há diferença/não tenho opinião". Outra possibilidade é a comparação pareada com gradações. Nesse método, pergunta-se ao respondente qual é a marca do par preferida por ele e qual é o grau de sua preferência. O grau de preferência pode traduzir-se pela quantia que o respondente está disposto a pagar a mais pela marca preferida. A escala resultante seria uma escala métrica em dólares. Outra modificação das escalas por comparação pareada é muito utilizada para obter julgamentos de semelhança em escalonamento multidimensional (ver Capítulo 21).

As escalas por comparações pareadas são úteis quando o número de marcas é limitado porque exigem comparação direta e escolha aberta. Entretanto, com muitas marcas, o número de comparações se torna de difícil manejo. Outras desvantagens são a possibilidade de ocorrência de violações da suposição de transitividade e a possibilidade de a ordem de apresentação tornar os resultados tendenciosos. As comparações pareadas têm pouca semelhança com a situação de mercado, que envolve escolha entre múltiplas alternativas. Os respondentes podem preferir determinados objetos a outros, sem que isso signifique que gostem deles em um sentido absoluto.

Pesquisa real

Escalas por comparação pareada

O método mais comum de fazer testes de degustação é a comparação pareada. Pede-se ao consumidor que prove dois produtos diferentes e escolha aquele com o gosto mais atraente. O teste é feito individualmente e em geral, nas residências ou em locais predeterminados. Um mínimo de mil respostas é considerado uma amostra adequada.

A Ocean Spray (www.oceanspray.com), maior produtora da América do Norte de sucos engarrafados e bebidas a base de sucos, faz uso extensivo de testes de degustação ao desenvolver novos produtos. Pede-se aos entrevistados que provem novas bebidas apresentadas por pares e que as avaliem com base no gosto e no sabor, escolhendo qual deles preferem.

Os testes de degustação mostraram que vários consumidores prefeririam uvas-do-monte brancas ao sabor forte e ácido das uvas vermelhas. Portanto, a Ocean Spray acrescentou bebidas White Cranberry (feitas com uvas-do-monte brancas naturais, colhidas algumas semanas antes da variedade vermelha) e Juice Spritzers (bebidas à base de suco levemente gaseificadas) à sua linha de produtos para agradar a uma maior gama de consumidores. Quando os testes de degustação mostraram uma clara preferência em relação às bebidas energéticas concorrentes, a Ocean Spray lançou o Cran.Energy™, uma nova bebida à base de suco de frutas que proporciona energia natural. Em junho de 2017, a Cran.Energy estava disponível em três sabores – Cranberry Energy, Cranberry Pomegranate Energy e Cranberry Raspberry Energy.[13] ∎

Experiência de pesquisa

Qual é? Coca ou Pepsi

Qual bebida à base de cola seria a preferida entre seus amigos em um teste de degustação? Desenvolva um roteiro para testar a preferência entre duas bebidas à base de cola: Coca e Pepsi. Certifique-se de que as bebidas sejam refrigeradas à mesma temperatura e servidas em três grupos de copos idênticos. Cada pessoa selecionará um copo do primeiro grupo, provará a bebida, comerá um biscoito e beberá um gole de água. Deve-se repetir esse procedimento na degustação do segundo e do terceiro grupo. (O primeiro grupo pode ser de Pepsi; o segundo, de Coca; e o terceiro, de Pepsi.) Depois que os participantes tiverem experimentado cada uma das bebidas dos grupos de amostra, peça-lhes que preencham o formulário de pesquisa que você criou. Para evitar um efeito de tendenciosidade devido à ordem de apresentação das amostras, é importante que metade dos respondentes tenha uma rotação na ordem de apresentação: o primeiro grupo, Coca; o segundo, Pepsi; e o terceiro Coca. Realize o teste com 30 respondentes/estudantes.

1. Quantos respondentes identificaram corretamente as duas amostras idênticas de bebida à base de cola?
2. Dos que identificaram corretamente as duas amostras idênticas, qual das bebidas foi preferida: Coca ou Pepsi?
3. Dos que identificaram corretamente as duas amostras idênticas, quantos não tinham preferência entre Coca e Pepsi?
4. Em síntese, qual bebida à base de cola você diria que foi a vencedora em seu teste de degustação: Coca ou Pepsi? Ou elas estão próximas demais para se ver a diferença? ∎

Escalas por ordenação de posto

Depois da comparação pareada, a técnica de escalas mais popular é a **por ordenação de posto**, em que são apresentados simultaneamente vários objetos aos entrevistados, que devem ordená-los ou atribuir-lhes postos na classificação de acordo com algum critério. Por exemplo, pode-se pedir aos respondentes que ordenem marcas de cremes dentais de acordo com sua preferência geral. Como se vê na Figura 8.4, esses postos de ordenação são obtidos atribuindo-se o posto 1 à marca de maior preferência, o posto 2 à colocada em segundo lugar e o posto n à marca que tem menor preferência. Tal como a comparação pareada, esta abordagem também é comparativa por natureza, e é possível que o entrevistado não goste da marca com posto 1 em um sentido absoluto. Além disso, a escala por ordenação de posto também resulta em dados ordinais. A Tabela 8.2 a utiliza para estabelecer uma escala ordinal.

Instruções

Classifique as várias marcas de creme dental em ordem de preferência. Comece selecionando a marca de que você mais gosta e lhe atribua o número 1. Depois, encontre a segunda marca de sua preferência e atribua-lhe o número 2. Continue esse processo até ter classificado todas as marcas de creme dental em ordem de preferência. A marca menos preferida deve ficar na classificação 10.

Nenhuma marca pode receber o mesmo número de classificação da outra.

Os critérios de preferência são inteiramente seus. Não há resposta certa ou errada. Apenas tente ser consistente.

	Marca	*Ordem de classificação*
1.	Crest	_____
2.	Colgate	_____
3.	Aim	_____
4.	Tom's	_____
5.	Sensodyne	_____
6.	Ultra Brite	_____
7.	Close Up	_____
8.	Pepsodent	_____
9.	Plus White	_____
10.	Stripe	_____

FIGURA 8.4 Preferência por marcas de creme dental utilizando escala de ordenação de posto.

escalas por ordenação de posto
Técnica comparativa de escalonamento em que são apresentados simultaneamente vários objetos aos entrevistados, que devem ordená-los ou atribuir-lhes postos de acordo com algum critério.

A escala por ordenação de posto é comumente utilizada para avaliar preferências não só por marcas, como também por atributos. Os dados dispostos em ordenação de posto são obtidos frequentemente de entrevistados na análise conjunta (ver Capítulo 21), porque a escala força o entrevistado a discriminar entre os objetos de estímulo. Além disso, confrontado com as comparações pareadas, esse tipo de escala assemelha-se mais ao ambiente de uma compra real, leva menos tempo e elimina respostas intransitivas. Se há n objetos de estímulo, basta tomar $(n-1)$ decisões na escala por ordenação de posto. Todavia, na comparação pareada, são necessárias $[n(n-1)/2]$ decisões. Outra vantagem é que a maioria dos respondentes compreende facilmente as instruções para ordenação de postos. A principal desvantagem é que a técnica gera apenas dados ordinais.

Finalmente, sob a suposição de transitividade, os dados ordenados por postos podem ser transformados em dados de uma comparação pareada equivalente, e vice-versa. A Figura 8.3 ilustra esse ponto. É possível deduzir uma escala interval a partir da ordenação de postos utilizando o procedimento do caso V de Thurstone. Foram sugeridos também outros tipos de abordagem com essa finalidade.[14] O exemplo a seguir mostra como a escala por ordenação de posto é usada para determinar as maiores marcas do mundo.

Pesquisa real

As marcas mais conhecidas do mundo

Para ser um concorrente forte no atual mercado dos Estados Unidos, as empresas baseiam-se no reconhecimento de marca. Quando os consumidores reconhecem uma empresa ou um produto como um nome cotidiano, de preferência por bons motivos e não como resultado de uma má publicidade, o valor de marca é aumentado. A Interbrand (www.interbrand.com) é uma empresa que se dedica a identificar, construir e expressar a ideia exata para uma marca. A *Business Week/Interbrand* publica uma classificação anual e o valor das marcas mais conhecidas do mundo. Estas eram as maiores em 2016:[15] ■

As cinco marcas mais valiosas do mundo

Marca	Classificação	Valor da marca em 2016 (em bilhões de dólares)
Apple	1	178,119
Google	2	133,252
Coca-Cola	3	73,102
Microsoft	4	72,795
Toyota	5	53,580

Outro exemplo de escala por ordenação de posto é o das empresas mais admiradas do mundo, dado na seção Aspectos Gerais.

Escalas de soma constante

Nas **escalas de soma constante**, os entrevistados atribuem uma soma constante de unidades – como pontos, unidades monetárias, etiquetas adesivas ou fichas – dentre um conjunto de objetos de estímulo com base em algum critério. Conforme a Figura 8.5, pode-se pedir aos participantes que associem 100 pontos a atributos de um sabonete de um modo que reflita a importância que eles dão a cada atributo. Se o atributo não tem importância, o respondente atribui-lhe zero

---

Instruções

Estão listados abaixo oito atributos de sabonetes. Distribua 100 pontos entre os atributos, de modo que sua alocação reflita a importância relativa dada a cada atributo. Quanto mais pontos um atributo receber, mais importante ele é. Se um atributo não tiver importância, ganha zero ponto. Se um atributo for duas vezes mais importante do que outro, deve receber o dobro de pontos.

Formulário

Médias de respostas dos três segmentos

Atributo	Segmento I	Segmento II	Segmento III
1. Suavidade	8	2	4
2. Espuma	2	4	17
3. Redução de volume (encolhimento)	3	9	7
4. Preço	53	17	9
5. Fragrância	9	0	19
6. Embalagem	7	5	9
7. Hidratação	5	3	20
8. Poder de limpeza	13	60	15
Soma	100	100	100

FIGURA 8.5 Importância dos atributos de um sabonete segundo uma escala de soma constante.

ponto. Se é duas vezes mais importante do que outro, recebe o dobro de pontos. A soma de todos os pontos é 100.

escalas de soma constante
Técnica comparativa de escalonamento em que os entrevistados devem atribuir uma soma constante de unidades – como pontos, unidades monetárias, etiquetas adesivas ou fichas – dentre um conjunto de objetos de estímulo com base em algum critério.

Os atributos são escalonados contando-se os pontos atribuídos a cada um deles por todos os participantes e dividindo-se pelo número de respondentes. Esses resultados são apresentados na Figura 8.5 para três grupos, ou segmentos, de entrevistados. O segmento I atribui uma esmagadora importância ao preço. O segmento II considera de importância capital o poder básico de limpeza. O segmento III dá valor à espuma, fragrância, hidratação e ao poder de limpeza. Tais informações não podem ser obtidas de dados ordenados por postos, a não ser que eles sejam transformados em dados intervalares. Observe que a soma constante também tem um zero absoluto – 10 pontos correspondem a duas vezes 5 pontos, e a diferença entre 5 e 2 pontos é a mesma diferença entre 57 e 54 pontos. Por isso, os dados de uma escala de soma constante são tratados, às vezes, como dados métricos. Embora isso seja apropriado no limitado contexto dos estímulos escalonados, esses resultados não podem ser generalizados para outros estímulos não incluídos no estudo. Assim, estritamente falando, a soma constante deve ser considerada como uma escala ordinal por causa de sua natureza comparativa e da impossibilidade de generalização resultante. Pode-se ver que a atribuição de pontos na Figura 8.5 é influenciada pelos atributos específicos incluídos no processo de avaliação.

A principal vantagem da escala de soma constante é permitir uma refinada discriminação entre os objetos de estímulo sem exigir muito tempo. Entretanto, essa escala apresenta duas desvantagens principais. Os entrevistados podem alocar um número maior ou menor de unidades do que o especificado (por exemplo, um entrevistado pode alocar 108 ou 94 pontos em vez de 100). O pesquisador deve procurar modificar tais dados de alguma forma ou eliminar o entrevistado da análise. Outro problema potencial é o erro de arredondamento se o número de unidades usadas for muito pequeno (por exemplo, pontos). Por outro lado, o uso de muitas unidades pode ser demasiadamente penoso para o entrevistado, causando confusão e fadiga.

PESQUISA ATIVA

Lexus: luminescência de luxo

Visite www.lexus.com e pesquise na Internet, incluindo mídias socias, e no banco de dados *on-line* de sua biblioteca, para obter informações sobre as intenções de compra dos consumidores no que se refere a carros de luxo.

Como gerente de marketing do Lexus, como você utilizaria as informações sobre intenções de compra dos consumidores quanto a automóveis de luxo para aumentar suas vendas?

Você usaria uma técnica de escalonamento comparativa para mensurar as intenções de compra desses consumidores? Caso utilizasse, qual delas seria?

Tipo Q e outros procedimentos

As **escalas tipo Q** foram desenvolvidas para estabelecer uma diferenciação rápida entre um número relativamente grande de objetos. Esta técnica utiliza um processo de ordenação por postos em que os objetos são separados em pilhas com base em algum critério. Por exemplo, os entrevistados recebem 100 afirmações de atitude sobre um objeto em cartões individuais e devem dispô-los em 11 pilhas, variando de "concordo totalmente" a "discordo totalmente". O número de objetos a serem classificados não deve ser menor que 60 nem maior que 140; 60 a 90 objetos é uma quantidade razoável. O número de objetos a serem colocados em cada pilha é predefinido, resultando seguidamente em uma distribuição normal de objetos sobre todo o conjunto.

escala tipo Q
Técnica de escalonamento comparativa que utiliza um processo de ordenação por posto para classificar objetos com base na semelhança segundo algum critério.

Outra técnica de escalonamento comparativa é a estimativa da magnitude.[16] Nesta técnica, atribuem-se números a objetos de modo que as razões entre os números atribuídos reflitam razões no critério especificado. Por exemplo, pode-se pedir aos respondentes que indiquem se concordam ou não com cada uma de uma série de afirmações que medem a atitude em relação a lojas de departamentos. Os respondentes atribuem um número entre 0 e 100 a cada afirmação para indicar seu grau de concordância ou discordância. A utilização desse tipo de número impõe um ônus cognitivo aos respondentes. Finalmente, cabe mencionarmos a escala de Guttman, ou análise de escalograma, que é um processo para determinar se um conjunto de objetos pode ser ordenado em uma escala unidimensional internamente consistente.

Pesquisa de marketing internacional

Considerando as quatro escalas principais, o nível de mensuração aumenta da escala nominal para ordinal, intervalar e razão. Esse aumento do nível de mensuração é obtido à custa da complexidade. Do ponto de vista do entrevistado, as escalas nominais são as mais simples de usar, enquanto as escalas razão são as mais complexas. Em muitos países desenvolvidos, os pesquisados, devido a níveis mais elevados de escolaridade e de sofisticação de consumo, estão acostumados a dar respostas em escalas intervalares ou razão. Tem-se argumentado, entretanto, que a formação de opinião pode não estar bem cristalizada em alguns países em desenvolvimento. Assim, esses entrevistados teriam dificuldade de expressar a gradação exigida por escalas intervalares e razão. Portanto, as escalas ordinais constituiriam o melhor instrumento de medição das preferências. Em particular, tem-se recomendado o uso de escalas binárias (por exemplo, preferido/não preferido), o tipo mais simples de escala ordinal.[17] Por exemplo, ao avaliar preferências por *jeans* nos EUA, a Levi Strauss & Co. poderia pedir aos consumidores que classificassem em uma escala intervalar de sete pontos suas preferências quanto ao uso de *jeans* em determinadas ocasiões. Por outro lado, aos consumidores na Papua-Nova Guiné, poderíamos mostrar um par de *jeans* e perguntar simplesmente se eles prefeririam ou não usá-los em uma ocasião específica (p. ex., ao fazerem compras, no trabalho, nas férias, etc.). A vantagem de selecionar as escalas principais para adequá-las ao perfil do público-alvo é ilustrada pela pesquisa japonesa de preferências por automóveis na Europa.

Pesquisa real
A guerra dos carros – Japão à frente

Pela primeira vez, os jornalistas europeus deram seu troféu de "carro do ano" a um modelo japonês – o novo Micra, da Nissan, fabricado na Inglaterra. Foi um golpe inesperado para os fabricantes de automóveis europeus, que têm procurado controlar a ameaça japonesa. "Eles vão mudar o equilíbrio competitivo", adverte Bruce Blythe, gerente de estratégia de mercado da Ford of Europe, Inc. Como os japoneses conseguiram isso?

A Nissan fez uma pesquisa sobre as preferências automobilísticas dos consumidores europeus utilizando escalas intervalares para captar a magnitude das diferenças de preferências. O uso de escalas intervalares permitiu à Nissan comparar as diferenças entre as características dos automóveis e determinar quais delas eram preferidas. Os resultados revelaram preferências distintas por parte dos consumidores. Assim, os japoneses abriram caminho transplantando suas técnicas de produção e construindo centros técnicos na Europa para se adaptar ao gosto e às preferências locais. A Nissan lançou novos modelos na Europa em 2018 esperando elevar as vendas em declínio nesse mercado. Os fabricantes europeus precisam se precaver contra esta concorrência tão acirrada.[18] ∎

É preciso observar, ainda, que as escalas comparativas, com exceção do caso das comparações pareadas, exigem comparações de múltiplos objetos de estímulo, o que pode sobrecarregar os entrevistados. Em contrapartida, nas escalas não comparativas, cada objeto é escalonado independentemente de outros no conjunto de estímulo, isto é, os objetos são escalonados um de cada vez. Assim, as escalas não comparativas são mais simples de administrar e mais apropriadas em culturas nas quais os respondentes são menos informados ou não estão familiarizados com pesquisas de mercado.

Experiência de pesquisa
Biblioteca de perguntas e as escalas correspondentes

Acesse o *software* Qualtrics ou qualquer outro *software* de projeto de levantamentos. Use a biblioteca de perguntas do *software* para desenvolver eletronicamente as seguintes escalas.

1. Gênero mensurado em escala nominal
2. Idade mensurada em escala ordinal
3. Idade mensurada em escala razão
4. Renda mensurada em escala ordinal

Elabore sua própria questão para mensurar renda em escala intervalar. ∎

Pesquisa de marketing e mídias sociais

Todas as escalas principais e todas as escalas comparativas que examinamos neste capítulo podem ser facilmente implementadas em mídias sociais. As mídias sociais não impõem exigências adicionais, e os princípios que norteiam a determinação de escalas e mensurações e as técnicas de escalas comparativas também são os mesmos. Uma análise de conteúdo em mídias sociais pode lançar luz sobre o nível de mensuração apropriado em determinado projeto. Também pode oferecer orientação quanto ao tipo apropriado de técnica de escala, comparativa ou não comparativa, a ser usado. Além disso, é conveniente usar múltiplas técnicas de escala em um mesmo projeto, conforme exemplificado pela Kraft Foods.

Pesquisa real
Uso de escalas do tipo principal na elaboração de um produto

A C Space (www.cspace.com) é uma empresa de pesquisa especializada na criação de comunidades privadas de clientes atuais e potenciais para a coleta de *feedback* sobre as mais diversas questões. Ela ajudou a Mondelēz International (www.mondelezinternational.com) a lançar e posicionar com sucesso a linha Nabisco 100 Calorie Packs. Diálogos com clientes nessa rede de comunidades revelou *insights* importantes, como o fato de que pessoas que querem perder peso dão mais valor ao controle de porções do que a ingredientes especiais de baixa caloria. A C Space utilizou escalas ordinais para restringir a esfera de discussão, ao solicitar que membros da comunidade ranqueassem problemas em ordem de importância. Em seguida, a empresa de pesquisa recorreu a escalas intervalares e a escalas razão para determinar fatores como máximo de gordura, contagem de calorias e tipo de lanche a ser produzido. Então, distribuiu amostras e exibiu protótipos de propagandas ao grupo. Novamente, escalas intervalares e ordinais foram usadas para se obter *feedback*. Como resultado, a linha de lanches Nabisco 100 Calorie Packs foi lançada e posicionada com sucesso no mercado. Os itens incluídos nessa linha de produtos também foram determinados com base no *feedback* por parte de membros da comunidade, indo de bolachas a biscoitos miniatura cobertos de doces. O faturamento em vendas da nova linha alcançou US$ 100 milhões no primeiro ano e, em 2018, assumiu importância primordial na linha de lanches da Mondelēz.[19] ∎

Por fim, parâmetros específicos foram desenvolvidos para avaliar *sites* de mídia social com base em informações disponíveis ao público. Os parâmetros mais comumente usados incluem longevidade, saída (frequência, quantidade), *links* de encaminhamento, *technorati*, *rankings* de *bloglines* ou *blogpulse*, número de amigos ou seguidores, número de comentários e citações na mídia.

Pesquisa de marketing em dispositivos móveis

Todas as escalas principais podem ser implementadas em pesquisa de marketing em dispositivos móveis (MMR). No entanto, os tamanhos diminutos das telas dos dispositivos móveis impõem limitações a escalas comparativas. O uso de escalas de ordenação de posto para muitas marcas, por exemplo, pode ser confuso, já que os respondentes precisam rolar a página verticalmente e talvez não consigam visualizar todas as marcas na tela ao mesmo tempo. Essa limitação também se aplicaria a escalas de soma constante. De modo similar, com uma grande quantidade de marcas, o número de comparações pareadas aumenta de forma multiplicativa, o que ficaria confuso para respondentes em dispositivos móveis com telas pequenas, como *smartphones*.

Pesquisa real

Aferindo pontos de contato experimentais via telefone celular

A Gatorade é uma marca mundial de bebidas esportivas, pertencente à PepsiCo, com forte legado e posicionamento na América Latina. O Gatorade G-Series foi lançado no México, criando mais um posicionamento no mercado de nutrição esportiva especializada. Uma imensa quantia de dinheiro foi gasta em pontos de contato experimentais relacionados a esportes, como parques e academias. A Gatorade estava ávida para aferir o valor desse investimento, e procurou a MESH (www.meshexperience.com), com sua experiência em rastreamento em tempo real baseado em telefones. O método da MESH mistura vários modos, no qual o projeto começa por um levantamento e então utiliza SMS por uma semana, seguido de um levantamento ao final da semana. Os respondentes são estimulados a ampliarem suas contribuições por SMS via acesso *on-line*. Nesse estudo, 400 respondentes comentaram sobre seus encontros com pontos de contato experimentais usando as quatro escalas principais: nominal, ordinal, intervalar e razão, conforme apropriado. Um texto desse tipo pode dizer, por exemplo, BC352, indicando que o respondente está avaliando a marca B (escala nominal); na ocasião de escolha C (escala nominal), a marca ficou na terceira posição entre seis marcas (escala ordinal), o que despertou sentimentos avaliados em 5 numa escala de 7 pontos (escala intervalar), e o respondente consumiu duas das seis marcas nos últimos 30 dias (escala razão).

A pesquisa identificou uma interação entre propaganda de TV e pontos de contato experimentais e, como consequência, a Gatorade realocou parte de seu orçamento de propagandas de TV para pontos de contato experimentais. Especificamente, a Gatorade gastou mais em pontos de contato experimentais, ajustou sua publicidade sob medida para espaços abertos e gastou menos em mídia tradicional e em materiais genéricos para o ar livre. Mais tarde, essa mesma estratégia de posicionamento acabou sendo implantada em outros mercados, incluindo o Brasil.[20] ∎

Ética em pesquisa de marketing

O pesquisador tem a responsabilidade de usar o tipo apropriado de escala para obter os dados necessários a fim de responder a perguntas de pesquisa e testar hipóteses. Analisemos, por exemplo, um jornal como o *Wall Street Journal* que deseja coletar informações sobre os perfis de personalidade de seus leitores e não leitores. A melhor maneira de obter informações sobre características de personalidade consiste em dar aos participantes (leitores e não leitores) vários cartões, cada um indicando uma característica de personalidade. Pede-se aos entrevistados que escolham os cartões e os ordenem pelas características de personalidade, colocando primeiro os que acreditam que descrevem melhor sua personalidade e por último os que acreditam que não a descrevem bem. Esse processo proporciona uma rica visão das características de personalidade, permitindo aos entrevistados comparar e embaralhar os cartões. Entretanto, os dados resultantes são ordinais e não podem ser facilmente usados em análises multivariadas. Para examinar diferenças nas características de personalidade de leitores e não leitores e relacioná-las com as variáveis de estratégia de marketing, é necessário utilizar dados em escala intervalar. É obrigação do pesquisador obter os dados mais apropriados, tendo em vista as questões da pesquisa, conforme mostra o exemplo a seguir.

Pesquisa real

Escalas de dilemas éticos

Em um estudo realizado para avaliar julgamentos éticos de pesquisadores de marketing, foram usados itens de uma escala previamente elaborada e testada. Depois de um pré-teste com uma amostra de conveniência formada por 65 profissionais de marketing, ficou claro que alguns itens da escala original tinham sido formulados de maneira inapropriada. Esses itens foram, portanto, corrigidos e atualizados. Por exemplo, um item que era específico de gênero, como "Ele indicou que..." foi modificado para "A gerência de projetos indicou que...". Pediu-se a alguns indivíduos que indicassem sua aprovação ou desaprovação quanto à ação (item) declarada de um diretor de pesquisa de marketing em relação a cenários específicos. Considerando que uma escala binária ou dicotômica seria demasiadamente restritiva, a aprovação, ou não aprovação, foi indicada pedindo que os respondentes fornecessem dados no nível de intervalo em uma escala de cinco pontos, com os seguintes códigos descritivos: 1 = não aprovo, 2 = desaprovo em parte, 3 = não aprovo nem desaprovo, 4 = aprovo em parte e 5 = aprovo. Dessa forma, resolveram-se os dilemas das escalas.[21] ■

Após coletados, os dados têm que ser analisados corretamente. Se os dados coletados forem nominais, então devem ser usadas apenas as estatísticas permitidas para dados nominais. Da mesma forma, quando se coletam dados ordinais, não podemos usar processos estatísticos delineados para uso de dados intervalares ou razão. As conclusões baseadas no uso incorreto de estatísticas são enganosas. Utilizando o exemplo anterior da personalidade, se decidíssemos coletar dados pela técnica de ordenação de posto, seriam coletados dados ordinais. Se, após a coleta, o cliente quiser saber como diferenciar leitores e não leitores, o pesquisador terá que tratar esses dados corretamente e utilizar técnicas não métricas para análise (discutidas no Capítulo 15). Quando o pesquisador não tem experiência suficiente para identificar e utilizar as técnicas estatísticas apropriadas, deve procurar ajuda em outras fontes, por exemplo, os estatísticos.

Caso HP

Revise o caso HP, Caso 1.1, e o questionário fornecido no final do livro.

1. Quais escalas principais foram empregadas no questionário da HP? Exemplifique cada tipo.
2. Acesse qualquer pacote de projeto de questionário disponível gratuitamente na Internet. Quais escalas principais estão disponíveis nesse *software*? Como a HP pode usar essas escalas?
3. Use a biblioteca de perguntas do *software* para exemplificar a utilização das escalas por ordenação de posto e de soma constante em uma pesquisa de opinião do consumidor para a HP.

Resumo

A mensuração é a atribuição de números ou outros símbolos a características de objetos de acordo com regras predefinidas. O escalonamento inclui a geração de um *continuum* no qual se localizam os objetos medidos. As características fundamentais das escalas são descrição, ordem, distância e origem. A descrição abrange os rótulos ou descritores únicos que são usados para designar cada valor da escala. A ordem indica os tamanhos ou posições relativas dos descritores e é denotada por descritores, como "maior do que", "menor do que" e "igual a". A característica distância indica que diferenças absolutas entre os descritores da escala são conhecidas e podem ser expressas em unidades. A característica origem indica que a escala tem um começo único, fixo, ou um ponto zero verdadeiro. A descrição é a característica mais básica, presente em todas as escalas. Se uma escala tem ordem, também tem descrição. Se uma escala tem distância, também tem ordem e descrição. Finalmente, uma escala que tem origem também tem distância, ordem e descrição.

As quatro escalas principais de mensuração são nominal, ordinal, intervalar e razão. Destas, a escala nominal é a mais elementar, no sentido de que os números são usados apenas para identificar ou categorizar os objetos. Na escala ordinal, a escala de nível seguinte, os números indicam a posição relativa dos objetos, mas não a magnitude da diferença entre eles. A escala intervalar permite a comparação das diferenças entre os objetos. Todavia, como tem um ponto zero arbitrário, não faz sentido calcular razões de escalas em uma escala intervalar. O nível mais alto de medida é dado pela escala razão, em que o ponto zero é fixo. O pesquisador pode calcular razões de valores utilizando a escala razão. A escala razão engloba todas as propriedades de escalas de níveis inferiores.

As técnicas de escalonamento são classificadas como comparativas ou não comparativas. As escalas comparativas envolvem a comparação direta de objetos de estímulo e englobam escalas por comparações pareadas, por ordenação de posto, de soma constante e tipo Q. Os dados obtidos por esses processos têm apenas propriedades ordinais.

Em muitos países desenvolvidos, os entrevistados, em vista do nível mais elevado de instrução e de sofisticação do consumidor, estão acostumados a dar respostas em escalas intervalares e razão. Todavia, nos países em desenvolvimento, a melhor mensuração de preferências é pelas escalas ordinais. Todas as escalas comparativas podem ser implementadas em mídias sociais e em pesquisa de marketing em dispositivos móveis. Considerações de ordem ética exigem o emprego do tipo apropriado de escala, a fim de obter os dados necessários para responder às questões de pesquisa e testar as hipóteses. Além da Internet, existem vários programas de computador especializados para implementar os diferentes tipos de escala.

Palavras-chave e conceitos fundamentais

mensuração, 213
escalonamento, 213
descrição, 213
ordem, 213
distância, 213
origem, 214

escala nominal, 215
escala ordinal, 216
escala intervalar, 217
escala razão, 218
escalas comparativas, 218
escalas não comparativas, 219

escalas por comparação pareada, 219
transitividade de preferência, 220
escalas por ordenação de posto, 222
escalas de soma constante, 223
escala tipo Q, 223

Casos relacionados

Os casos listados a seguir são discutidos no final do livro.

1.1 HP Inc.

2.1 Baskin-Robbins **2.2** Akron Children's Hospital

4.1 JPMorgan Chase **4.2** Wendy's

Os casos listados a seguir estão distribuídos ao longo do livro, no final dos capítulos de 1 a 13.

8.1 P&G   **9.1** eGO   **10.1** Dunkin' Donuts   **12.1** Subaru

Pesquisa ao vivo: realização de um projeto de pesquisa de marketing

1. Na turma, discuta o nível de mensuração (nominal, ordinal, intervalar ou razão) apropriado para as principais variáveis.
2. Discuta quais técnicas comparativas, se for o caso, são apropriadas.
3. Considere as restrições práticas. Por exemplo, se certo nível de mensuração foi usado para medir uma variável no passado (por exemplo, preferência ordinal), a mesma medida talvez tenha que ser utilizada novamente no projeto para permitir a comparação das descobertas com os resultados anteriores.

Exercícios

Perguntas

1. O que é mensuração?
2. Quais são as principais características de uma escala?
3. Quais são as principais escalas de mensuração?
4. Descreva as diferenças entre escala nominal e escala ordinal.
5. Quais são as implicações da existência de um ponto zero em uma escala intervalar?
6. Quais são as vantagens de uma escala razão em relação a uma escala intervalar? Essas vantagens são significativas?
7. O que é uma escala comparativa?
8. O que é uma comparação pareada?
9. Quais são as vantagens e as desvantagens das escalas por comparação pareada?
10. Descreva a escala de soma constante. Em que ela difere de outras escalas comparativas?
11. Descreva a metodologia tipo Q.
12. As principais escalas de medição podem ser implementadas nas mídias sociais? Explique seu raciocínio.
13. Como você implementaria técnicas de escalas comparativas em pesquisa de marketing em dispositivos móveis?

Problemas

1. Identifique o tipo de escala (nominal, ordinal, intervalar ou razão) a ser usada em cada um dos seguintes casos. Explique por quê.
   a. Gosto de resolver palavras cruzadas.

Discordo				*Concordo*
1	2	3	4	5

   b. Que idade você tem? _____
   c. Ordene as seguintes atividades em termos de sua preferência, atribuindo postos de 1 (mais preferido) a 5 (menos preferido).
      i. Ler revistas _____
      ii. Assistir à televisão _____
      iii. Namorar _____
      iv. Fazer compras _____
      v. Almoçar/jantar fora _____
   d. Qual é o número de sua inscrição na Previdência Social? _____
   e. Em um dia de semana qualquer, quanto tempo você gasta fazendo seus deveres de casa? _____
      i. Menos de 15 minutos _____
      ii. 15 a 30 minutos _____
      iii. 31 a 60 minutos _____
      iv. 61 a 120 minutos _____
      v. Mais de 120 minutos _____
   f. Quanto dinheiro você gastou com lazer no mês passado? _____

2. Suponha que cada uma das questões de a a f (Problema 1) fosse apresentada a 100 respondentes. Indique o tipo de análise que deveria ser feito para cada questão a fim de resumir os resultados.

Exercícios para Internet e computador

1. Visite o *site* de duas empresas de pesquisa de marketing. Analise uma pesquisa de cada empresa para avaliar rigorosamente o principal tipo de escala que está sendo usado.
2. Busque na Internet dois exemplos de cada um dos quatro principais tipos de escala. Faça um relatório descrevendo o contexto em que essas escalas estão sendo usadas.
3. Pesquise na Internet quais foram as cinco marcas de automóvel mais vendidas no ano passado. Ordene essas marcas por postos de acordo com o volume de vendas.
4. Marshalls e Wal-Mart são dois dos estabelecimentos analisados no projeto de fidelização da loja de departamentos. Elabore uma série de escalas por comparação pareada para comparar as características das imagens dessas duas lojas. Identifique as características relevantes visitando os *sites* das duas lojas (www.marshallsonline.com, www.wal-mart.com). Em que se parecem as características identificadas das lojas com as utilizadas no projeto da loja de departamentos (ver Capítulo 2)?

Atividades

Dramatização

1. Você é um analista de pesquisa de marketing que trabalha para a Coca-Cola Company. Depois de perder pontos na mudança da fórmula da Coke, a gerência tornou-se muito cautelosa com os testes de degustação. Os gerentes pedem que você escreva um relatório técnico sobre os usos e as limitações dos testes de degustação e que diga se os testes de degustação deveriam ser usados nas pesquisas futuras realizadas pela Coca-Cola Company. Apresente seu relatório a um grupo de alunos que representa a gerência da Coca-Cola.

Trabalho de campo

1. Desenvolva três escalas comparativas (comparação pareada, ordenamento de postos e soma constante) para medir a atitude frente a cinco marcas conhecidas de creme dental (Crest, Colgate, Aim, Pepsodent e Ultra Brite). Administre cada uma das escalas para cinco alunos. Não se deve ministrar mais de uma escala por aluno. Observe o tempo que cada aluno leva para responder às questões. Qual escala foi mais fácil de administrar? Qual escala levou menos tempo?
2. Desenvolva uma escala de soma constante para identificar preferências por restaurantes. Administre essa escala a uma amostra-piloto de 20 alunos para identificar suas preferências por algum dos restaurantes conhecidos de sua cidade. Com base em seu estudo-piloto, qual é o restaurante preferido?

Discussão em grupo

1. "Uma marca poderia receber a classificação da mediana mais alta entre todas as marcas analisadas em uma escala por ordenação de posto e ainda assim apresentar baixas vendas." Discuta essa afirmação.

CASO 8.1

Procter & Gamble: uso da pesquisa de marketing para construir marcas

Em 2016, as vendas líquidas da Procter & Gamble (www.pg.com) atingiram US$65,3 bilhões, garantindo a liderança global em produtos de consumo comprados com frequência. A empresa iniciou suas operações nos Estados Unidos em 1837 e continuou expandindo suas operações globais. Seu objetivo declarado é "oferecer produtos e serviços com qualidade superior e valor que melhorem a vida dos consumidores do mundo todo".

Com o tempo, a P&G provou ser inovadora na criação de marcas e no entendimento dos consumidores, fazendo amplo uso da pesquisa de marketing. A construção de marcas tem sido a base para o sucesso da P&G. Seus profissionais de marketing usam a pesquisa de marketing para determinar o valor de uma marca e depois procuram garantir que todos a entendam, pois isso orienta todas as decisões tomadas em relação à marca. A P&G sempre pensa no consumidor e na razão por que um determinado produto é relevante para ele perguntando-se: "*O que isto oferece para o consumidor?*". Essa estratégia tem sido muito útil à empresa, que acredita estar agradando ao consumidor. Com isso em mente, a P&G dedica grande esforço, inovação e verba para a pesquisa de marketing.

Um grupo de foco para falar sobre um produto simplesmente não basta; os profissionais de marketing da P&G vão mais fundo para tentar realmente compreender os comportamentos do consumidor. Leonara Polonsky, diretora de marketing da P&G, descreve a intensidade com que a empresa faz sua pesquisa de marketing. Parte desse trabalho inclui fazer compras com os consumidores e passar várias horas em seus lares. Na verdade, Polonsky descreve sua própria experiência nas casas de consumidores em Caracas, fazendo café com eles e tentando entender como eles pensavam a respeito desse produto. Essa iniciativa de pesquisa de marketing é uma abordagem inovadora que coloca o consumidor no centro de tudo o que a P&G faz. A P&G agora pensa de uma forma muito mais holística sobre toda a experiência do consumidor que tenha relação com suas marcas e, por isso, presta muito mais atenção, por exemplo, à experiência dentro das lojas.

Os princípios básicos de marketing da P&G não mudaram, mas seus métodos de alvejar e identificar consumidores se modificaram para atender à clientela, que está cada vez mais complexa. No início, a P&G fazia marketing de massa, por meio da televisão e de outras fontes, porque essa era a estratégia mais eficaz na época. A empresa mudou sua principal estratégia, passando de marketing de massa para ter o *consumidor* como alvo. De acordo com Jim Stengel, diretor de Marketing Global da P&G, essa estratégia é o futuro do marketing de marca e da construção de marcas, já que, quanto mais uma empresa compreende seu mercado, melhor será seu marketing.

Uma das áreas que a P&G constantemente pesquisa é a experiência dos consumidores dentro da loja, vendo-a como outra forma de conectar-se com os consumidores e melhorar sua experiência. Um dos modos de fazer isso é colaborando com os vatejistas para desenvolver experiências no local de compra que agradem aos consumidores, o que se tornou mais difícil, pois eles têm menos tempo e maiores expectativas.

A P&G percebe que não é mais possível gritar para os consumidores. Ela tem que conversar com eles quando eles querem ouvir, e são eles quem escolhem o momento e o local para essa comunicação. Esse tempo e esse local, atualmente, são representados pela Internet. Um excelente exemplo é o *site* da Pampers, no qual os cuidadores encontram informações úteis sobre o cuidado de crianças. O *site* da Pampers é uma maneira de a P&G conectar-se com os consumidores do jeito que eles querem. Todos os pais desejam informações sobre bebês, e a Pampers fornece essas informações. O *site* não se destina a vender fraldas, e sim, a auxiliar os pais a compreender seus bebês e a responder a perguntas sobre as crianças. Nesse processo, a P&G também coleta valiosas informações para pesquisa de marketing.

Às vezes, planos de novos produtos resultam de pesquisa de marketing na Internet. A P&G descobriu que a pesquisa na Internet proporciona um entendimento mais representativo das reações dos consumidores; por isso, a empresa está trabalhando na Internet para compreender os consumidores. Foi o que aconteceu quando a P&G decidiu lançar o Crest White Strips, não na televisão, mas na Internet. O lançamento do produto Crest White Strips foi um dos mais bem-sucedidos da história.

A marca Pampers também apresenta um exemplo de compreensão do valor da marca. Recentemente, a marca foi redefinida, passando da ideia de absorção para a de desenvolvimento do bebê. Grupos de foco e levantamentos revelaram que os pais estão muito envolvidos emocionalmente com o desenvolvimento de seus bebês. Essa mudança simples, mas profunda, de valor funcional para um amplo valor emocional, resultou em um olhar completamente diferente das fraldas Pampers para a propaganda, um plano de mídia diferente e um plano de produto totalmente novo.

A P&G está sempre realizando pesquisas de marketing para descobrir novas formas de atingir os consumidores, às vezes desenvolvendo novos produtos e introduzindo novas categorias de produtos. A P&G inventou as fraldas descartáveis, a lavagem a seco doméstica e o aparelho de limpeza muito popular conhecido como Swiffer, que foi criado depois de extensa pesquisa de marketing. O marketing da P&G tem sido inovador e pioneiro ao longo dos anos, e é de se esperar o mesmo para o futuro.

Conclusão

O caso apresenta a forte cultura da P&G de compreender seus consumidores realizando pesquisas de marketing e inovando para satisfazer a suas necessidades e desejos. A P&G, com seu extenso e rico legado, continuamente desenvolve novas maneiras de conectar-se com os consumidores e obter conhecimento sobre seu comportamento. A P&G é adepta de adotar tecnologias mais recentes, como a Internet, e de alavancar a pesquisa de marketing para aumentar sua compreensão dos consumidores. A empresa está constantemente usando a pesquisa de marketing para resolver os problemas atuais e construir marcas que continuarão na liderança no futuro.

Questões

1. Discuta o papel que a pesquisa de marketing pode ter para auxiliar a P&G a construir suas diversas marcas.
2. A P&G está considerando aumentar mais sua participação de mercado. Defina o problema de decisão gerencial.
3. Defina um problema de pesquisa de marketing adequado, com base no problema de decisão gerencial que você identificou.
4. Formule uma concepção de pesquisa adequada para abordar o problema de pesquisa de marketing que você definiu.
5. Use a Internet para identificar as participações de mercado dos principais cremes dentais do ano passado.
6. Que tipo de dados por assinatura é útil para abordar o problema de pesquisa de marketing?
7. Discuta o papel da pesquisa qualitativa em auxiliar a P&G a aumentar sua participação no mercado de creme dental.
8. A P&G desenvolveu um novo creme dental que oferece proteção aos dentes e à gengiva por 24 horas depois de cada escovação. A empresa gostaria de verificar a resposta dos consumidores a esse novo creme dental antes de lançá-lo no mercado. Se fosse preciso fazer um levantamento para identificar as preferências dos consumidores, que método de levantamento deveria ser usado e por quê?
9. Que papel a pesquisa causal pode desempenhar para auxiliar a P&G a aumentar sua participação de mercado?
10. Ilustre o uso dos principais tipos de escalas para medir as preferências dos consumidores por marcas de creme dental.
11. Se fosse necessário realizar uma pesquisa de marketing para identificar as preferências dos consumidores por marcas de creme dental na América Latina, em que o processo seria diferente?
12. Discuta as questões éticas envolvidas na pesquisa das preferências dos consumidores por marcas de creme dental.

Referências

1. http://www.pg.com, accessed July 20, 2017.
2. Sharon Terlep, "A Year in, P&G CEO David Taylor Holds Fast to Company's Historic Strengths," Wall Street Journal (October 16, 2016), http://www.wsj.com, accessed November 3, 2016.

CAPÍTULO 9

Mensuração e Escalonamento: Técnicas de Escalonamento Não Comparativas

> *É importante estabelecer a confiabilidade e a validade de nossas escalas. Caso contrário, não poderemos acreditar em nossos dados.*
>
> Chet Zalesky, presidente, CMI

Objetivos

Após a leitura deste capítulo, o aluno conseguirá:

1. Descrever as técnicas de escalonamento não comparativas, distinguindo entre escalas contínuas e escalas itemizadas, e explicar as escalas Likert, de diferencial semântico e Stapel.
2. Discutir as decisões envolvidas na construção de escalas itemizadas em relação ao número de categorias, escalas balanceadas ou não balanceadas, número par ou ímpar de categorias, escalas de escolha forçada ou não forçada, descrição verbal e formato da escala.
3. Discutir os critérios usados para avaliação de uma escala e explicar como obter confiabilidade, validade e capacidade de generalização.
4. Discutir as questões existentes na implementação de escalas não comparativas em um contexto internacional.
5. Descrever a implementação do escalonamento não comparativo nas mídias sociais.
6. Esclarecer o uso de escala não comparativa na pesquisa de marketing em dispositivos móveis.
7. Compreender as questões éticas envolvidas no desenvolvimento de escalas não comparativas.

Aspectos gerais

Conforme vimos no Capítulo 8, as técnicas de escalonamento são classificadas em comparativas e não comparativas. As técnicas comparativas – comparações pareadas, ordenação de posto, soma constante e tipo Q – foram estudadas no capítulo anterior. O assunto deste capítulo é o estudo de técnicas não comparativas, que incluem as escalas contínuas e itemizadas. Estudamos conhecidas escalas itemizadas, a escala Likert, a escala de diferencial semântico e a escala Stapel, assim como a construção de escalas multi-itens. Mostramos como as técnicas de escalonamento devem ser avaliadas em termos de confiabilidade e validade e analisamos como o pesquisador escolhe uma determinada técnica. Apresentamos também escalas deduzidas matematicamente e discutimos os aspectos da implementação de escalas não comparativas ao estudar os mercados internacionais, usar mídias sociais e conduzir pesquisa de marketing em dispositivos móveis. Além disso, vários problemas éticos que surgem na construção de uma escala são identificados.

Pesquisa real

A New York City Transit em trânsito

A New York City Transit (NYCT) (www.mta.info/nyct) não tem um público inteiramente cativo, como alguns acreditam. Muitas pessoas não usam o sistema de transporte de massa quando têm outras opções. Um aumento nos preços, embora necessário, provocou o temor de que mais pessoas evitariam usar o ônibus ou o metrô. Portanto, foi realizada uma pesquisa para descobrir formas de aumentar esse uso.

Em um levantamento telefônico, pediu-se aos entrevistados que classificassem diferentes aspectos do sistema de trânsito, usando escalas Likert de cinco pontos. Essas escalas foram escolhidas por serem fáceis de aplicar por telefone, já que os entrevistados apenas indicam seu grau de concordância ou discordância (1 = discordo totalmente, 5 = concordo totalmente).

Os resultados mostraram que a segurança pessoal era a maior preocupação nos metrôs. Os nova-iorquinos tinham medo de usar uma estação de metrô em seus próprios bairros. O fator que mais pesou no medo dos usuários foi a ausência de recursos para contatar alguém em caso de problemas. A NYCT conseguiu responder às preocupações dos usuários aumentando a presença policial, deixando mais visível o pessoal da NYCT, melhorando a iluminação e reposicionando paredes, colunas e escadas para permitir maior visibilidade em toda a estação.

Os levantamentos telefônicos também revelaram que a limpeza das estações de metrô e dos trens está relacionada com a percepção de criminalidade. Em resposta a isso, a NYCT conseguiu concentrar-se mais em manter uma aparência limpa. Também foram empreendidas ações para reduzir o número de pessoas que dormiam na estação e pediam esmola. Solicita-se a essas pessoas que se retirem do local, e, em alguns casos, o transporte para abrigos é providenciado.

Os resultados do trabalho de pesquisa de marketing ajudaram a NYCT a melhorar as percepções a respeito do sistema do transporte público, levando a um aumento em passageiros transportados. Em 18 de abril de 2016, o número de usuários do metrô está em uma tendência crescente. O total anual de passageiros de metrô aumentou 0,6% de 2014 a 2015, para 1,763 bilhão, o maior desde 1948.[1] ∎

Técnicas de escalonamento não comparativas

Os entrevistados que utilizam uma **escala não comparativa** empregam qualquer padrão de classificação que lhes parecer mais apropriado. Eles não comparam o objeto que está sendo avaliado com outro objeto ou com algum padrão especificado (por exemplo, "sua marca ideal"), mas avaliam apenas um objeto de cada vez; por isso, as escalas não comparativas costumam ser chamadas de *escalas monádicas*. As técnicas não comparativas consistem em escalas contínuas e itemizadas, que são descritas na Tabela 9.1 e discutidas nas seções a seguir.

escala não comparativa
Um dos dois tipos de técnicas de escalonamento na qual cada objeto de estímulo é escalonado independentemente dos outros objetos no conjunto de estímulos.

Escalas contínuas

Em uma **escala contínua**, também chamada de *escala gráfica*, os participantes classificam os objetos fazendo uma marca no lugar adequado de uma reta que vai de um extremo ao outro da variável-critério. Assim, os entrevistados não ficam restritos a fazer a seleção entre marcas previamente fixadas pelo pesquisador. As escalas contínuas variam consideravelmente. Por exemplo, a reta pode ser vertical ou horizontal, podem ser atribuídos pontos à escala, na forma de números ou descrições sucintas, e, dependendo do caso, a escala de pontos pode conter poucos ou muitos pontos. Ilustramos, a seguir, três versões de uma escala contínua.

escala contínua
Também chamada de *escala gráfica*, solicita aos entrevistados que classifiquem os objetos fazendo uma marca no local que julgam adequado em uma linha que vai de um extremo ao outro da variável-critério.

Projeto de pesquisa

Escalas contínuas

Como você classificaria a Wal-Mart como loja de departamentos?

Versão 1
Provavelmente   Provavelmente
a pior   ----I------------------------ a melhor

Versão 2
Provavelmente   Provavelmente
a pior   ----I------------------------ a melhor
              0 10 20 30 40 50 60 70 80 90 100

Versão 3   Muito   Nem boa   Muito
Provavelmente   ruim   nem ruim boa   Provavelmente
a pior   ----I------------------------ a melhor
              0 10 20 30 40 50 60 70 80 90 100   ∎

Uma vez que o entrevistado atribuiu as pontuações, o pesquisador divide a reta em quantas categorias desejar e atribui escores com base nas categorias em que as pontuações se enquadram. No exemplo do projeto de fidelização da loja de departamentos, o entrevistado tem uma atitude desfavorável em relação à Wal-Mart. Esses escores são tratados como dados intervalares. Portanto, as escalas contínuas possuem as características de descrição, ordem e distância, conforme discutido no Capítulo 8.

A vantagem das escalas contínuas é que elas são fáceis de construir. Todavia, a atribuição de escores é trabalhosa e pouco confiável. Além disso, as escalas contínuas não fornecem muitas informações novas. Por tudo isso, seu uso em pesquisa de marketing era limitado. Recentemente, entretanto, com a popularidade crescente das entrevistas pessoais assistidas por computador (CAPI), dos levantamentos pela

TABELA 9.1
Escalas não comparativas básicas

Escala	Características básicas	Exemplos	Vantagens	Desvantagens
Escala contínua	Marca um ponto em uma linha contínua	Reação a comerciais de TV	Facilidade de construção	Os escores podem ser de difícil manipulação quando não estão computadorizados
Escalas itemizadas				
Escala Likert	Grau de concordância em uma escala de 1 (discordo totalmente) a 5 (concordo totalmente)	Mensuração de atitudes	Facilidade de construção, aplicação e compreensão	Mais demorada
Diferencial semântico	Escala de 7 pontos com rótulos bipolares	Imagens de marca, de produto e empresarial	Versatilidade	Há controvérsias sobre os dados serem intervalares
Escala Stapel	Escala unipolar de 10 pontos, −5 a +5, sem um ponto neutro (zero)	Mensuração de atitudes e imagens	Facilidade de construção; aplicação por telefone	Confusa e difícil de aplicar

Internet e de outras tecnologias, seu uso vem se tornando mais frequente. As escalas contínuas são facilmente implementadas em CAPI ou na Internet. O cursor pode ser movido na tela de forma contínua para selecionar a exata posição na escala que melhor descreve a avaliação do respondente, com os valores da escala sendo automaticamente calculados pelo computador, o que aumenta a velocidade e a precisão do processamento dos dados.

Pesquisa real

Medição contínua e análise de percepções: Perception Analyzer

O Perception Analyzer (www.perceptionanalyzer.com), da Dialsmith, é um sistema de resposta interativa apoiado por computador composto por um medidor portátil com ou sem fio para cada participante, um console (interface de computador) e um *software* especial que edita perguntas, coleta dados e analisa as respostas dos participantes. Os membros dos grupos de foco utilizam-no para registrar sua resposta emocional a comerciais de televisão de forma instantânea e contínua. Cada participante recebe um medidor e é instruído a registrar continuamente sua reação ao material que está sendo testado. À medida que o entrevistado gira o medidor, a informação é inserida em um computador. Assim, o pesquisador consegue determinar a resposta dos entrevistados segundo a segundo, à medida que o comercial é passado. Além disso, a resposta pode ser sobreposta ao comercial para verificar as reações dos entrevistados aos vários quadros e partes do comercial.

Esse instrumento foi usado recentemente para medir as reações à série de comerciais "uma fatia da vida" (*"slice-of-life"*) para o McDonald's. Os pesquisadores descobriram que mães e filhas tinham reações distintas a diferentes aspectos do comercial. Usando os dados de resposta emocional, os pesquisadores conseguiram determinar que comercial tinha o maior apelo emocional nos segmentos mães-filhas. Os esforços de marketing do McDonald's provaram ser bem-sucedidos, com as receitas de 2016 atingindo os US$ 24,6 bilhões.[2] ∎

PESQUISA ATIVA

Desenvolvimento de sucessos de bilheteria: não é negócio de Mickey Mouse

Visite www.disney.com e pesquise na Internet, incluindo mídias sociais, e nos bancos de dados *on-line* de sua biblioteca informações sobre os hábitos e as preferências dos consumidores no que se refere a cinema.

Como você mediria a reação do público a um novo filme a ser lançado pela Walt Disney Company?

Como diretor de marketing dos estúdios Disney, como você desenvolveria filmes de sucesso?

Escalas itemizadas

Em uma **escala itemizada**, os entrevistados recebem uma escala que contém um número e/ou uma breve descrição associada a cada categoria. As categorias são ordenadas em termos de sua posição na escala. Os entrevistados devem selecionar a categoria especificada que melhor descreve o ob-

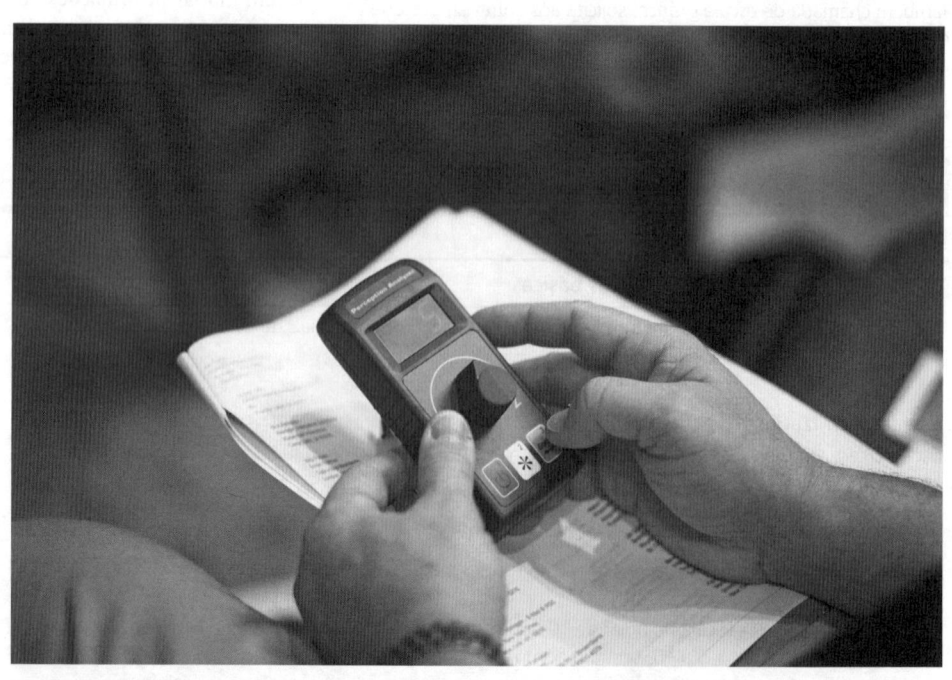

Empresas como o McDonald's utilizam o Perception Analyzer para mensurar as reações dos consumidores a comerciais, vídeos corporativos e outros materiais audiovisuais.

Cortesia da DialSmith. O nome Perception Analyzer é uma marca registrada da Dialsmith, LLC. É proibido o uso comercial do nome sem permissão expressa da Dialsmith.

jeto que está sendo avaliado. As escalas itemizadas são muito usadas em pesquisa de marketing e constituem os componentes básicos de escalas mais complexas, como escalas de múltiplos itens (multi-item). Descrevemos primeiro as escalas itemizadas comumente utilizadas – a escala Likert, a escala de diferencial semântico e a escala Stapel – e passamos a estudar os principais problemas relacionados com o seu uso.

escala itemizada
Escala de mensuração que apresenta números e/ou breves descrições associadas a cada categoria. As categorias são ordenadas em termos de sua posição na escala.

Escala Likert

Batizada em homenagem ao seu criador, Rensis Likert, a **escala Likert**, muito utilizada, exige que os entrevistados indiquem um grau de concordância ou discordância com cada uma de uma série de afirmações sobre objetos de estímulo.[3] Geralmente cada item da escala tem cinco categorias de resposta, que vão de "discordo totalmente" a "concordo totalmente". Ilustramos uma escala Likert na avaliação de atitudes em relação à Wal-Mart no projeto de fidelização da loja de departamentos.

escala Likert
Escala de mensuração com cinco categorias de respostas, variando de "discordo totalmente" a "concordo totalmente", que exige que os participantes indiquem um grau de concordância ou de discordância com cada uma de várias afirmações relacionadas aos objetos de estímulo.

Projeto de pesquisa

Escala Likert

Instruções

Estão relacionadas a seguir diferentes opiniões sobre a Wal-Mart. Indique seu grau de concordância ou discordância sobre cada uma delas usando a seguinte escala:

1 = Discordo totalmente
2 = Discordo
3 = Não concordo, nem discordo
4 = Concordo
5 = Concordo totalmente

Note que algumas afirmações são positivas e outras são negativas, aleatoriamente intercaladas. A razão de se ter afirmações positivas e negativas é controlar a tendência de alguns respondentes de marcar um ou outro extremo da escala sem ler os itens. Os dados são geralmente tratados como intervalares. Assim, a escala Likert possui as características de descrição, ordem e distância. Para realizar a análise, cada afirmação recebe um escore numérico, variando de –2 a +2 ou de 1 a 5. A análise pode ser feita item por item (análise de perfil) ou um escore total (somatório) pode ser calculado para cada entrevistado somando-se os itens. Suponhamos que a escala Likert no exemplo de fidelização da loja de departamentos tenha sido usada para medir atitudes em relação não só à Wal-Mart como também à JCPenney. A análise de perfil envolveria a comparação das duas lojas em termos das pontuações médias dos entrevistados para cada item, como qualidade das mercadorias, atendimento na loja e variedade de marcas. A abordagem baseada no somatório é a usada com mais frequência e, como resultado, a escala de Likert é conhecida também como *escala somatória*.[4] Ao usar esta abordagem para determinar o escore total para cada entrevistado em cada loja, é importante utilizar um processo coerente de atribuição de escores, de modo que um escore alto (ou baixo) reflita sistematicamente uma resposta favorável. Isso exige que as categorias atribuídas pelos respondentes a afirmações negativas sejam escalonadas em ordem inversa à da escala. Observe que, para uma afirmação negativa, uma concordância traduz uma resposta desfavorável, enquanto, para uma afirmação positiva, a concordância representa uma resposta favorável. Consequentemente, uma resposta "concordo totalmente" a uma afirmação favorável e uma resposta "discordo totalmente" a uma afirmação desfavorável receberiam, ambas, o escore cinco. Na escala apresentada anteriormente, se um escore mais alto denota uma atitude mais favorável, os escores dos itens 2, 4, 5 e 7 serão invertidos. Dessa forma, o entrevistado no projeto de fidelização da loja de departamentos tem um escore de 22. Calcula-se o escore total de cada entrevistado para cada loja. O escore máximo corresponde à atitude mais favorável do cliente em relação à loja. O processo de elabo-

	Discordo totalmente	Discordo	Não concordo nem discordo	Concordo	Concordo totalmente
1. A Wal-Mart vende artigos de alta qualidade.	1	2X	3	4	5
2. A Wal-Mart tem um atendimento fraco.	1	2X	3	4	5
3. Gosto de comprar na Wal-Mart.	1	2	3X	4	5
4. A Wal-Mart não oferece grande variedade de marcas em cada categoria de produtos.	1	2	3	4X	5
5. As políticas de crédito na Wal-Mart são péssimas.	1	2	3	4X	5
6. É na Wal-Mart que os americanos compram.	1X	2	3	4	5
7. Não gosto das propagandas feitas pela Wal-Mart.	1	2	3	4X	5
8. A Wal-Mart oferece ampla variedade de produtos.	1	2	3	4X	5
9. A Wal-Mart cobra preços justos.	1	2X	3	4	5

ração de escalas somatórias Likert será descrito mais adiante na seção referente a escalas de múltiplos itens (multi-itens).

A escala Likert possui várias vantagens: ela é fácil de construir e de aplicar, e os entrevistados entendem rapidamente como utilizar a escala, o que a torna adequada para entrevistas postais, telefônicas, pessoais, eletrônicas e mobile. Essa escala foi empregada no levantamento telefônico da NYCT, conforme apresentado no exemplo de abertura. A principal desvantagem da escala Likert é que ela exige mais tempo para ser completada do que outras escalas itemizadas, porque os respondentes têm que ler cada afirmação. Às vezes, é difícil interpretar a resposta a um item Likert, especialmente se for uma afirmação desfavorável. Em nosso exemplo, o respondente discorda da afirmação número 2 de que a Wal-Mart tem um fraco atendimento. Ao inverter o escore deste item antes do somatório, supõe-se que esse entrevistado concordaria com a afirmação de que a Wal-Mart tem bom atendimento. No entanto, isso pode não ser verdade; a discordância meramente indica que o respondente não faria a afirmação 2. O exemplo a seguir mostra outra utilização de uma escala Likert em pesquisa de marketing. ■

Pesquisa real

Qual é seu nível de preocupação com sua privacidade on-line?

Apesar do enorme potencial do comércio eletrônico, a participação de vendas no varejo on-line se comparada ao total das vendas no varejo global ainda permanece pequena: menos de 10% no mundo inteiro em 2017. A falta de confiança do consumidor na privacidade on-line é um grande problema que dificulta o crescimento do comércio eletrônico. Um relatório recente mostrou que praticamente todos os americanos (94,5%), incluindo usuários e não usuários da Internet, estão preocupados com "a privacidade de suas informações pessoais quando compram on-line". Portanto, o autor e seus colegas desenvolveram uma escala para medir as preocupações dos usuários da Internet com a privacidade de suas informações. Trata-se de uma escala tridimensional de 10 itens. As três dimensões são controle, consciência e coleta. Cada um dos 10 itens é situado em uma escala Likert de sete pontos, do tipo "concordo" e "discordo".

A escala, que demonstrou ter boa confiabilidade e validade, possibilita que os profissionais de marketing mensurem e abordem as preocupações de usuários da Internet com a privacidade de suas informações, o que deveria resultar no aumento do comércio eletrônico.[5] Por restrições de espaço, mostramos somente os itens para mensurar consciência.

Consciência (de práticas de privacidade)

Usamos escalas de sete pontos com os extremos "discordo totalmente" e "concordo totalmente"

1. As empresas que buscam informações on-line devem revelar o modo como os dados são coletados, processados e utilizados.
2. Uma boa política de privacidade on-line para o consumidor deve ter divulgação clara e visível.
3. É muito importante para mim que eu esteja ciente e informado de como minhas informações pessoais serão utilizadas. ■

Escala de diferencial semântico

A **escala de diferencial semântico** é uma escala de classificação de sete pontos cujos pontos extremos estão associados a rótulos bipolares que apresentam significado semântico. Em uma aplicação típica, os entrevistados classificam objetos em relação a diversas escalas de sete pontos, limitadas em cada extremidade por um de dois adjetivos, por exemplo, "frio" e "quente".[6] Ilustramos esta escala apresentando a avaliação que um entrevistado fez da Wal-Mart, considerando cinco atributos.

diferencial semântico
Escala de classificação de sete pontos cujos extremos estão associados a rótulos bipolares que apresentam significado semântico.

Os participantes assinalam o espaço em branco que melhor indica como descreveriam os objetos sendo avaliados.[7] Assim, em nosso exemplo, a Wal-Mart é avaliada como um pouco fraca, confiável, muito antiquada, receptiva e cuidadosa. O adjetivo ou frase negativa às vezes aparece no lado esquerdo da escala, outras vezes, à direita. Isso controla a tendência de alguns respondentes, especialmente os que têm atitudes muito positivas ou muito negativas, de assinalar um dos dois extremos, direito ou esquerdo, sem ler os rótulos. Os métodos de seleção dos rótulos da escala e da construção de uma escala de diferencial semântico já foram descritos pelo autor em outras obras. Segue o exemplo de uma escala de diferencial semântico para avaliar conceitos próprios, conceitos sobre pessoas e conceitos sobre produtos.

Projeto de pesquisa

Escala de diferencial semântico

Instruções

Esta parte do estudo mede o significado de certas lojas de departamentos, por meio de julgamento pessoal em relação a uma série de escalas descritivas limitadas em cada extremidade por um de dois adjetivos bipolares. Assinale com um X o espaço em branco que melhor indica quão precisamente um ou outro adjetivo descreve o que a loja significa para você. Certifique-se de marcar todas as escalas.

Formulário

A Wal-Mart é:

Poderosa	:—:—:—:—:-X-:—:—:	Fraca
Não confiável	:—:—:—:—:—:-X-:—:	Confiável
Moderna	:—:—:—:—:—:—:-X-:	Antiquada
Fria	:—:—:—:—:—:-X-:—:	Receptiva
Cuidadosa	:—:-X-:—:—:—:—:—:	Descuidada ■

Pesquisa real

Escala de diferencial semântico para avaliar conceitos próprios, conceitos sobre pessoas e conceitos sobre produtos[8]

1. Áspero	:—:—:—:—:—:—:	Delicado
2. Agitado	:—:—:—:—:—:—:	Calmo
3. Desconfortável	:—:—:—:—:—:—:	Confortável
4. Dominador	:—:—:—:—:—:—:	Submisso
5. Parcimonioso	:—:—:—:—:—:—:	Indulgente
6. Agradável	:—:—:—:—:—:—:	Desagradável
7. Contemporâneo	:—:—:—:—:—:—:	Não contemporâneo
8. Organizado	:—:—:—:—:—:—:	Desorganizado
9. Racional	:—:—:—:—:—:—:	Emocional
10. Jovem	:—:—:—:—:—:—:	Maduro
11. Formal	:—:—:—:—:—:—:	Informal
12. Ortodoxo	:—:—:—:—:—:—:	Liberal
13. Complexo	:—:—:—:—:—:—:	Simples
14. Sem cor	:—:—:—:—:—:—:	Colorido
15. Modesto	:—:—:—:—:—:—:	Vaidoso ∎

Os itens individuais em uma escala de diferencial semântico podem ser classificados segundo uma escala de –3 a +3 ou de 1 a 7. Os dados resultantes geralmente são avaliados por uma análise de perfil.

Na análise de perfil, os valores médios ou medianos em cada escala de pontuação são calculados e comparados por meio de gráficos ou de análise estatística, o que ajuda a determinar diferenças e semelhanças globais entre os objetos. Para avaliar diferenças por meio de segmentos de respondentes, o pesquisador pode comparar respostas médias de diferentes segmentos. Embora a média seja quase sempre usada como estatística-resumo, há controvérsia sobre se os dados obtidos devem ser tratados como uma escala intervalar.[9] Por outro lado, nos casos em que o pesquisador necessita de uma comparação global de objetos, por exemplo, para determinar a preferência por um estabelecimento, os escores de itens individuais são somados, gerando um escore total. Assim como na escala Likert, os escores dos itens negativos são invertidos antes do somatório.

Sua versatilidade torna a escala de diferencial semântico muito popular em pesquisa de marketing, sendo utilizada em comparações de marcas, produtos e imagens de empresas, assim como para desenvolver estratégias de propaganda e promoção e em estudos de desenvolvimento de novos produtos.[10] Já foram sugeridas várias modificações para a escala básica.

Escala Stapel

A **escala Stapel**, cujo nome homenageia seu criador, Jan Stapel, é uma escala de classificação unipolar com 10 categorias numeradas de –5 a +5, sem ponto neutro (zero).[11] Essa escala costuma ser apresentada verticalmente. Os respondentes devem indicar o grau de precisão ou de imprecisão com que cada termo descreve o objeto, selecionando uma categoria de resposta numérica apropriada. Quanto maior o número, maior a precisão com que o termo descreve o objeto, conforme mostrado no projeto de fidelização da loja de departamentos. Neste exemplo, a Wal-Mart é avaliada como não tendo uma alta qualidade e apresentando um serviço de atendimento um tanto deficiente.

escala Stapel
Escala para medir atitudes que consiste em um único adjetivo no meio de um intervalo par de valores, de –5 a +5, sem um ponto neutro (zero).

Projeto de pesquisa

Escala Stapel

Instruções

Indique o grau de precisão com que cada palavra ou frase descreve cada uma das lojas de departamentos. Escolha um número com sinal mais (+) para as frases que você acha que descrevem a loja com precisão. Quanto maior o grau de precisão, maior o número com sinal +. Você deve escolher um número com sinal menos (–) para as frases que acha que não descrevem a loja com precisão. Quanto menor o grau de precisão, maior o número com sinal –. Escolha qualquer número, de +5, para frases com a maior precisão, a –5, para frases com a menor precisão.

Formulário

Wal-Mart	
+5	+5
+4	+4
+3	+3
+2	+2X
+1	+1
Alta qualidade	Mau atendimento
–1	–1
–2X	–2
–3	–3
–4	–4
–5	–5 ∎

Os dados obtidos com o uso de uma escala Stapel em geral são tratados como intervalares e podem ser analisados da mesma forma que os dados de diferencial semântico; logo, ambas as escalas produzem resultados semelhantes. As vantagens da escala Stapel são que ela não exige um pré-teste dos adjetivos ou frases para assegurar uma verdadeira bipolaridade, além de poder ser aplicada por telefone. Todavia, alguns pesquisadores acham que a escala Stapel é confusa e de difícil aplicação. Das três escalas itemizadas analisadas, a escala Stapel é a menos utilizada. Apesar disso, ela merece mais atenção do que a que tem recebido.

PESQUISA ATIVA

A mania por produtos *diet*: atitude com relação a refrigerantes *diet*

Visite www.dietcoke.com e pesquise na Internet, incluindo mídias sociais e os bancos de dados *on-line* de sua biblioteca, informações sobre as atitudes dos consumidores em relação a refrigerantes *diet*.

Como gerente de marca da Diet Coke, como você usaria as informações sobre as atitudes dos consumidores para segmentar o mercado?

Como você usaria cada uma das três escalas itemizadas para mensurar as atitudes dos consumidores em relação à Diet Coke e a outros refrigerantes *diet*? Que escala você recomenda?

Decisões em escalas não comparativas itemizadas

Pelo que vimos até agora, é evidente que as escalas não comparativas itemizadas não precisam ser usadas como propostas originalmente, podendo assumir diversas formas. O pesquisador deve tomar seis decisões importantes ao construir qualquer uma dessas escalas:

1. O número de categorias da escala
2. Escala balanceada *versus* escala não balanceada
3. Número par ou número ímpar de categorias
4. Escolha forçada *versus* escolha não forçada
5. Natureza e gradação da descrição verbal
6. Formato da escala

Número de categorias da escala

Duas considerações conflitantes entram em jogo quando decidimos o número de categorias de uma escala. Quanto maior o número de categorias na escala, mais refinada é a diferenciação entre os objetos de estímulo. Por outro lado, a maioria dos respondentes só tem condições de lidar com poucas categorias. As diretrizes tradicionais sugerem que o número apropriado de categorias deve ser sete, somando-se ou subtraindo-se dois: ou seja, entre cinco e nove.[12] Todavia, não há um único número ótimo de categorias. Vários fatores devem ser levados em conta ao decidir esse número.

Caso os entrevistados estejam interessados na tarefa de escalonamento e tenham conhecimento dos objetos, deve-se empregar um número maior de categorias. Por outro lado, se os respondentes não tiverem muito conhecimento ou envolvimento com a escala, menos categorias devem ser usadas.

Da mesma forma, a natureza dos objetos é igualmente importante. Alguns objetos não se prestam a uma diferenciação refinada, portanto um pequeno número de categorias é suficiente. Outro fator importante é o modo de coletar dados. No caso de entrevistas telefônicas, muitas categorias podem confundir os respondentes. Da mesma forma, limitações de espaço podem restringir o número de categorias em questionários pelo correio.

A maneira de analisar e utilizar os dados também influi no número de categorias. Nas situações em que vários itens da escala devem ser somados para gerar um único escore para cada respondente, bastam cinco categorias. O mesmo ocorre se o pesquisador quiser fazer generalizações amplas ou comparações entre grupos. Entretanto, se respostas individuais suscitarem interesse, ou se os dados forem analisados com técnicas estatísticas sofisticadas, talvez sejam necessárias sete ou mais categorias. O valor do coeficiente de correlação, uma medida comum no relacionamento entre variáveis (Capítulo 17), é influenciado pelo número de categorias da escala. O coeficiente de correlação diminui com uma redução do número de categorias. Por sua vez, isso causa um impacto em toda análise estatística baseada no coeficiente de correlação.[13]

Escalas balanceadas *versus* escalas não balanceadas

Em uma **escala balanceada**, o número de categorias favoráveis e desfavoráveis é o mesmo; em uma escala não balanceada, esses números diferem.[14] A Figura 9.1 apresenta exemplos de escalas balanceadas e não balanceadas. De modo geral, para obter dados objetivos, uma escala deve ser balanceada. Todavia, se a distribuição das respostas tender a ser assimétrica – positiva ou negativamente –, pode ser adequada uma escala não balanceada com mais categorias na direção da assimetria. Se utilizarmos uma escala não balanceada, a natureza e o grau de desequilíbrio devem ser levados em conta na análise dos dados.

---

escala balanceada
Escala com o mesmo número de categorias favoráveis e desfavoráveis.

Escala balanceada	Escala não balanceada
Jovan Musk masculino é	Jovan Musk masculino é
Extremamente bom _____	Extremamente bom _____
Muito bom _____	Muito bom _____
Bom _____	Bom _____
Ruim _____	Regular _____
Muito ruim _____	Ruim _____
Extremamente ruim _____	Muito ruim _____

FIGURA 9.1 Escalas balanceadas e não balanceadas.

Número par ou ímpar de categorias

Com um número ímpar de categorias, a posição intermediária na escala costuma ser designada como neutra ou imparcial. A presença, a posição e a rotulagem de uma categoria neutra podem ter uma influência significativa na resposta. A escala Likert é uma escala balanceada de comparação, com um número ímpar de categorias e uma posição neutra.[15]

A opção entre a utilização de um número ímpar ou par de categorias depende se há alguns entrevistados que ficariam neutros na questão sendo medida. Se existir a possibilidade de uma reação neutra ou indiferente de pelo menos alguns dos entrevistados, deve-se utilizar um número ímpar de categorias. Entretanto, se o pesquisador pretende forçar uma resposta, ou acredita que não existe resposta neutra ou indiferente, deve ser usada uma escala com número par de categorias. A decisão sobre escalas forçadas ou não forçadas está relacionada à decisão quanto ao número par ou ímpar de categorias.

Escalas forçadas ou não forçadas

Nas **escalas forçadas**, os entrevistados são forçados a emitir uma opinião, pois a opção "sem opinião" não lhes é apresentada. Nesse caso, os entrevistados "sem opinião" podem optar pela posição média da escala. Se uma proporção suficiente de entrevistados não tiver opinião sobre o tópico, marcar a posição média provocará distorções nas medições de tendência central e variância. Em situações nas quais se espera que os entrevistados não tenham opinião, ao contrário de simplesmente relutar em manifestá-la, a fidelidade dos dados poderá ser intensificada por uma escala não forçada que inclua uma categoria "sem opinião".[16]

---

escala forçada
Escala que força os entrevistados a manifestar uma opinião por não proporcionar as opções "sem opinião" ou "não conheço o assunto".

Natureza e gradação da descrição verbal

A natureza e a gradação da descrição verbal associada às categorias da escala variam consideravelmente e podem ter reflexos sobre as respostas. As categorias da escala podem apresentar descrições verbais, numéricas ou até mesmo pictóricas. Além disso, o pesquisador deve optar entre rotular todas as categorias da escala, algumas categorias ou apenas as categorias dos extremos. Surpreendentemente, fornecer uma descrição verbal para cada categoria talvez não melhore a exatidão ou a confiabilidade dos dados. Mesmo assim, um argumento em favor da rotulação de todas as categorias da escala, ou da maioria delas, é que isso reduz a ambiguidade da escala. As descrições devem ficar tão próximas quanto possível das categorias de resposta.

A força dos adjetivos usados para ancorar a escala tem influência na distribuição das respostas. Com âncoras fortes (1 = discordo totalmente, 7 = concordo totalmente), os entrevistados podem ficar menos inclinados a usar os extremos das categorias da escala, o que resulta em uma distribuição mais concentrada das respostas. Âncoras fracas (1 = geralmente discordo, 7 = geralmente concordo), por outro lado, produzem resultados mais uniformemente distribuídos entre as categorias. Procedimentos destinados a atribuir valores aos descritores de categorias foram desenvolvidos para obter intervalos de escalas mais equilibrados ou equivalentes.[17]

Formato ou configuração

São várias as opções disponíveis em relação à configuração ou ao formato da escala. As escalas podem ser apresentadas de maneira vertical ou horizontal. As categorias em geral são representadas por caixas, linhas discretas ou unidades em um conjunto contínuo e podem ter números a elas atribuídos. Se forem utilizados valores numéricos, eles podem ser positivos, negativos ou ambos. Várias configurações possíveis são apresentadas na Figura 9.2.

Em pesquisa de marketing, duas configurações especiais de escalas são a escala termométrica e a escala do sorriso. Para a termométrica, quanto mais elevada for a temperatura, melhor a avaliação. Da mesma forma, na escala do sorriso, rostos mais felizes indicam avaliações cada vez mais favoráveis. Essas escalas são particularmente úteis quando o público-alvo é composto por crianças.[18] Exemplos dessas escalas aparecem na Figura 9.3. A Tabela 9.2 resume as seis decisões que devem ser tomadas em escalas. A Tabela 9.3 apresenta algumas escalas comumente usadas. Embora mostremos essas escalas com cinco categorias, o número de categorias pode variar, dependendo do julgamento do pesquisador.

TABELA 9.2

Síntese das decisões em escala itemizada

1.	Número de categorias	Embora não exista um único número ótimo, práticas consagradas sugerem que o número de categorias deve ficar entre cinco e nove.
2.	Balanceadas ou não balanceadas	Geralmente, a escala deve ser balanceada para que sejam obtidos dados objetivos.
3.	Número par ou ímpar de categorias	Se houver uma perspectiva neutra ou indiferente de resposta de pelo menos parte dos entrevistados, deve-se usar um número ímpar de categorias.
4.	Forçadas ou não forçadas	Em situações nas quais se espera que os entrevistados não tenham opinião formada, a exatidão dos dados pode ser melhorada por uma escala não forçada.
5.	Descrição verbal	Um argumento pode ser dado para que seja feita a rotulação de todas ou da maioria das categorias da escala. As descrições das categorias devem ficar o mais próximo possível das categorias de resposta.
6.	Formato ou configuração	Testar várias opções e escolher a melhor delas.

Uma série de configurações de escala pode ser utilizada para mensurar a suavidade do detergente Cheer. Alguns exemplos são:

O detergente Cheer é:

1. Muito áspero — — — — — — — Muito suave

2. Muito áspero 1 2 3 4 5 6 7 Muito suave

3. ☐ Muito áspero
   ☐
   ☐
   ☐ Nem áspero, nem suave
   ☐
   ☐
   ☐ Muito suave

4. ___ ___ ___ ___ ___ ___ ___
   Muito áspero | Áspero | Um pouco áspero | Nem áspero, nem suave | Um pouco suave | Suave | Muito suave

5. [-3] [-2] [-1] [0] [+1] [+2] [+3]
   Muito áspero   Nem áspero, nem suave   Muito suave

FIGURA 9.2 Configurações de escala.

TABELA 9.3
Exemplos de escalas comumente utilizadas em marketing

Construto	Descritores de escala				
Atitude	Muito ruim	Ruim	Nem ruim, nem bom	Bom	Muito bom
Importância	Nem um pouco importante	Não importante	Neutro	Importante	Muito importante
Satisfação	Muito insatisfeito	Insatisfeito	Nem insatisfeito, nem satisfeito	Satisfeito	Muito satisfeito
Intenção de compra	Certamente não comprará	Provavelmente não comprará	Poderá ou não comprar	Provavelmente comprará	Certamente comprará
Frequência de compra	Nunca	Raramente	Às vezes	Frequentemente	Muito frequentemente

Projeto de pesquisa

Atividades de projeto

1. Desenvolva escalas Likert, de diferencial semântico e Stapel para medir a satisfação do consumidor com a Wal-Mart.
2. Ilustre as seis decisões de escala itemizada da Tabela 9.2 no contexto de mensuração da satisfação do consumidor com a Wal-Mart. ∎

PESQUISA ATIVA

Medida de preferência por sapatos sociais

Visite www.rockport.com e pesquise na Internet, incluindo mídias sociais e os bancos de dados *on-line* de sua biblioteca, informações sobre as preferências dos consumidores por sapatos sociais.

Desenvolva uma escala itemizada para mensurar as preferências dos consumidores por sapatos sociais e justifique suas decisões quanto à escala.

Como gerente de marketing da Rockport, como você usaria as informações sobre preferências dos consumidores por sapatos sociais para aumentar as vendas?

Escala termométrica

Instruções

Indique o quanto você gosta dos hambúrgueres do McDonald's colorindo o termômetro com sua caneta azul. Comece na base e vá colorindo até o nível de temperatura que melhor caracteriza sua preferência por hambúrgueres do McDonald's.

Formulário

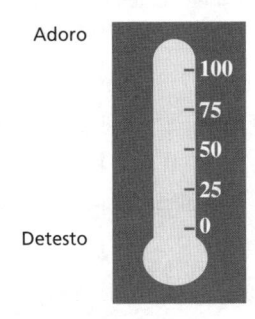

Adoro — 100, 75, 50, 25, 0 — Detesto

Escala do sorriso

Instruções

Assinale a carinha que melhor indica o quanto você gosta da boneca Barbie. Se não gostar dela, assinale a carinha 1; se gostar muito dela, assinale a carinha 5. Agora me diga, quanto você gosta da boneca Barbie?

Formulário

1   2   3   4   5

FIGURA 9.3 Exemplos de configurações de escala.

Escalas multi-itens

As **escalas multi-itens** consistem em vários itens, sendo que cada item é uma única questão ou afirmação que deverá ser avaliada. As escalas Likert, de diferencial semântico e Stapel, apresentadas anteriormente para medir atitudes em relação à Wal-Mart, são exemplos de escalas multi-itens. Observe que cada uma dessas escalas contém diversos itens. O desenvolvimento de escalas multi-itens exige considerável conhecimento técnico.[19] A Figura 9.4 apresenta um paradigma para a construção de escalas multi-itens. O pesquisador começa desenvolvendo o construto de interesse. Um **construto** é um tipo específico de conceito que existe em um nível mais alto de abstração do que o dos conceitos corriqueiros, como fidelidade à marca, envolvimento com o produto, atitude, satisfação, etc. A seguir, o pesquisador deve desenvolver uma definição teórica do construto que declare o significado da ideia central ou conceito de interesse. Para tanto, precisa-se de uma teoria subjacente ao construto que está sendo medido. Faz-se necessária uma teoria não apenas para construir a escala, como também para interpretar os escores resultantes. Por exemplo, a fidelidade à marca pode ser definida como a recompra sistemática de uma marca devido a uma atitude favorável a esta. O construto deve ser operacionalizado de forma coerente com a definição teórica. A definição operacional especifica quais características observáveis serão mensuradas e o processo de atribuição de valor ao construto. Por exemplo, no contexto das compras de creme dental, os consumidores serão classificados como fiéis à marca se exibirem uma atitude altamente favorável (quartil superior) e tiverem comprado a mesma marca em pelo menos quatro das últimas cinco ocasiões de compra.

escalas multi-itens
Consistem em vários itens; cada item é uma questão ou afirmativa única a ser avaliada.

construto
Tipo específico de conceito que existe em um nível de abstração maior do que o dos conceitos corriqueiros.

O passo seguinte consiste em gerar um conjunto inicial de itens para a escala. Geralmente, isso é feito com base na teoria, na análise de dados secundários e na pesquisa qualitativa. A partir disso, gera-se um conjunto reduzido de itens potenciais para a escala, tendo por base o julgamento do pesquisador e de

```
                    ┌─→ Desenvolver uma teoria.
                    │            ↓
                    │   Gerar um conjunto inicial de itens:
                    │   teoria, dados secundários e pesquisa qualitativa.
                    │            ↓
                    ←── Selecionar um conjunto reduzido de itens com
                        base em julgamento qualitativo.
                                 ↓
                        Coletar dados de uma grande amostra pré-teste.
                                 ↓
                        Realizar análise estatística.
                                 ↓
                    ←── Desenvolver uma escala purificada.
                                 ↓
                        Coletar mais dados de uma amostra diferente.
                                 ↓
                    ←── Avaliar a confiabilidade, a validade
                        e a capacidade de generalização da escala.
                                 ↓
                        Preparar a escala final.
```

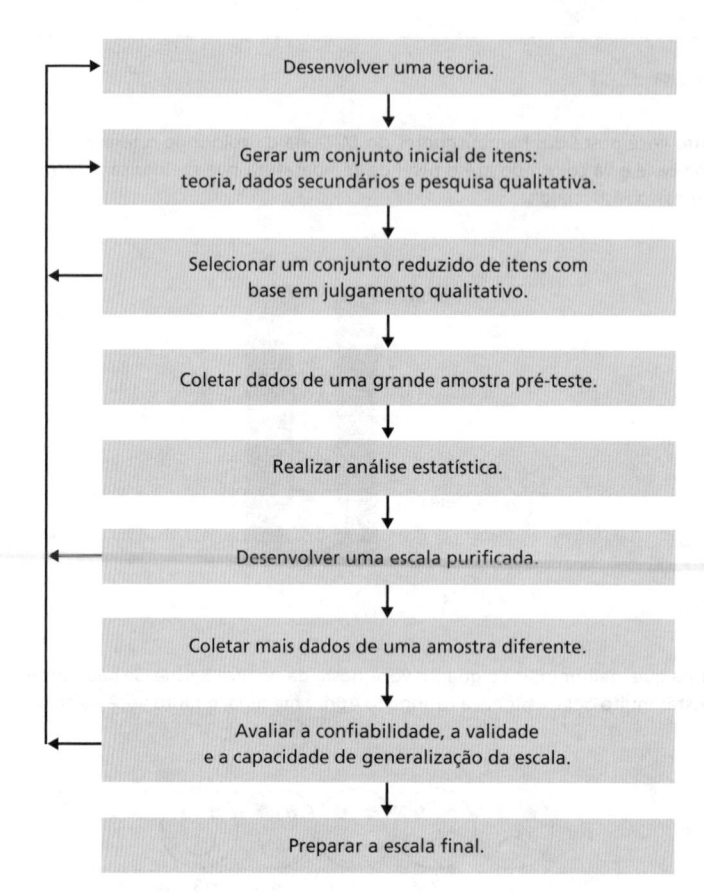

FIGURA 9.4 Desenvolvimento de uma escala multi-itens.

outros indivíduos conhecedores do assunto. Nesse processo, pode-se adotar algum critério qualitativo para auxiliar o julgamento. Se o conjunto reduzido de itens ainda for demasiadamente grande para constituir uma escala, é possível fazer mais uma redução por meio de métodos quantitativos.

Os dados são coletados com base no conjunto reduzido de itens da escala potencial, considerando uma grande amostra pré-teste de respondentes. Os dados são, então, analisados por meio do uso de técnicas como correlações, análise fatorial exploratória, análise fatorial confirmatória, análise de *cluster*, análise discriminante e testes estatísticos discutidos mais adiante neste livro. Como consequência dessas análises estatísticas, vários outros itens são eliminados, resultando em uma escala purificada.

A escala purificada é avaliada quanto à confiabilidade e à validade por meio da coleta de mais dados em uma amostra diferente (ver a seção seguinte). Com base nessa avaliação, seleciona-se um conjunto final de itens para a escala. Como podemos ver na Figura 9.4, a elaboração de uma escala é um processo iterativo, com várias possibilidades de *feedback* e aprimoramentos. Aspectos mais avançados sobre desenvolvimento de escalas multi-itens são abordados pelo autor em outros locais.[20]

Pesquisa real

Medindo a sofisticação técnica com uma escala tecnicamente sofisticada

A escala multi-itens a seguir mede a sofisticação técnica de uma linha de produtos.[21]

1. Técnico	1	2	3	4	5	6	7	Não técnico
2. Baixo conteúdo de engenharia	1	2	3	4	5	6	7	Alto conteúdo de engenharia
3. Mudança rápida	1	2	3	4	5	6	7	Mudança lenta
4. Não sofisticada	1	2	3	4	5	6	7	Sofisticada
5. *Commodity*	1	2	3	4	5	6	7	Customizado
6. Especial	1	2	3	4	5	6	7	Comum
7. Complexo	1	2	3	4	5	6	7	Simples

Os itens 1, 3, 6 e 7 são invertidos na atribuição de escores. Essa escala pode ser usada em marketing empresarial para avaliar a sofisticação técnica de uma linha de produtos de um cliente e sugerir mudanças para melhorar sua qualidade técnica. ∎

Experiência de pesquisa

Medida de satisfação utilizando uma biblioteca de perguntas

Acesse o *software* Qualtrics ou qualquer outro *software* de projeto de pesquisa. Use a biblioteca de perguntas do *software* para desenvolver eletronicamente as seguintes escalas de satisfação.
1. Escala do tipo Likert de cinco pontos balanceada
2. Escala do tipo Likert de cinco pontos não balanceada
3. Escala do tipo Likert de sete pontos balanceada
4. Escala de diferencial semântico de sete pontos
5. Escala do sorriso de cinco pontos ∎

Avaliação de uma escala

Uma escala multi-itens deve ser avaliada quanto à sua precisão e aplicabilidade.[22] Conforme a Figura 9.5, isso envolve uma avaliação da confiabilidade, validade e capacidade de generalização da escala. Abordagens para avaliação da confiabilidade incluem a confiabilidade teste-reteste, formas alternativas de confiabilidade e consistência interna. A validade é avaliada mediante exame da validade do conteúdo, do critério e do construto.

Antes de examinar a confiabilidade e a validade, é necessário compreender a precisão da mensuração, pois isso é fundamental para a avaliação da escala.

Precisão da mensuração

Conforme mencionado no Capítulo 8, a mensuração é um número que reflete alguma característica de um objeto. A mensuração não é o verdadeiro valor da característica de interesse, mas apenas uma observação daquele valor. Diversos fatores podem causar **erros de mensuração**, que têm como resultado o fato de a mensuração, ou o escore observado, ser diferente do verdadeiro escore da característica que está sendo medida (ver Figura 9.6). O **modelo de escore verdadeiro** fornece uma estrutura para o entendimento da precisão da mensuração. De acordo com esse modelo,

$$X_O = X_V + X_S + X_A$$

onde

X_O = escore ou mensuração observado
X_V = escore verdadeiro da característica
X_S = erro sistemático
X_A = erro aleatório

erro de mensuração
Variação nas informações procuradas pelo pesquisador e nas informações geradas pelo processo de mensuração empregado.

modelo de escore verdadeiro
Modelo matemático que fornece uma estrutura para entender a precisão da mensuração.

O erro total de medida compreende o erro sistemático, X_S, e o erro aleatório, X_A.

O **erro sistemático** afeta a mensuração de uma forma constante e representa fatores estáveis que influenciam da mesma maneira o escore observado cada vez que se faz a mensuração, como fatores mecânicos (ver Figura 9.6). O **erro aleatório**, por outro lado, não é constante, e representa fatores transitórios que influenciam no escore observado de maneiras diferentes cada vez que se faz a mensuração, como fatores transitórios pessoais (p.ex., emoções) ou situacionais (p.ex., nível de barulho). A distinção entre erro sistemático e erro aleatório é fundamental para entender a confiabilidade e a validade.

erro sistemático
Erro que afeta a mensuração de uma forma constante e representa fatores estáveis que influem da mesma forma no escore observado, cada vez que se faz a mensuração.

erro aleatório
Erro de mensuração que decorre de variações ou diferenças aleatórias nos respondentes ou em situações de mensuração.

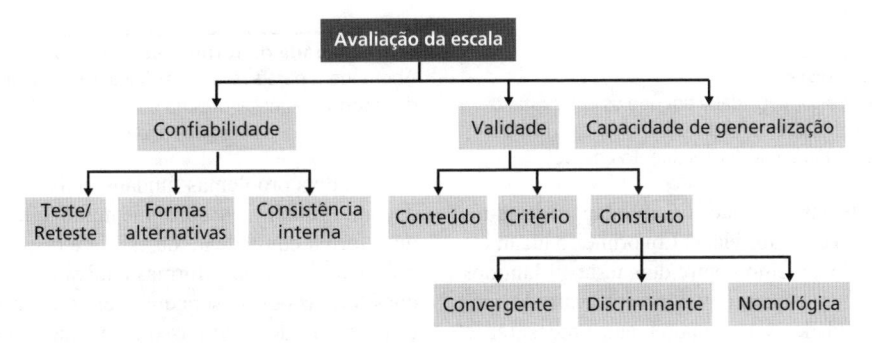

FIGURA 9.5 Avaliação de uma escala multi-itens.

1. Outras características relativamente estáveis do indivíduo que influenciam o escore de teste, como inteligência, conveniência social e educação.
2. Fatores pessoais de curto prazo ou transitórios, como saúde, emoções, fadiga.
3. Fatores situacionais, como a presença de outras pessoas, ruídos e distrações.
4. Amostragem de itens incluídos na escala: acréscimo, supressão ou modificações de itens incluídos na escala.
5. Falta de clareza na escala, nas instruções ou nos próprios itens.
6. Fatores mecânicos, como impressão com defeitos ou de má qualidade, excesso de itens no questionário e planejamento deficiente.
7. Administração da escala, como diferenças entre entrevistadores.
8. Fatores de análise, como diferenças na atribuição de escores e análise estatística.

FIGURA 9.6 Fontes potenciais de erro na mensuração.

Confiabilidade

A **confiabilidade** mostra até que ponto uma escala produz resultados consistentes se as medidas forem tomadas repetidamente.[23] As fontes sistemáticas de erro não têm impacto desfavorável sobre a confiabilidade porque afetam a medida de uma forma constante e não levam a inconsistências. Em contrapartida, o erro aleatório acarreta inconsistência, causando baixa confiabilidade. A confiabilidade é definida como o ponto até onde as mensurações estão livres de erro aleatório, X_A. Se $X_A = 0$, a medida é perfeitamente confiável.

---
confiabilidade
Grau de consistência dos resultados de uma escala quando são feitas repetidas mensurações da característica.

A confiabilidade é avaliada determinando-se a proporção de variação sistemática na escala, o que, por sua vez, é realizado por meio da associação entre os escores obtidos em diferentes situações em que a escala foi administrada. Se a associação for alta, a escala produz resultados consistentes, sendo, portanto, confiável. Os processos de avaliação da confiabilidade incluem os métodos teste-reteste, formas alternativas e consistência interna.

CONFIABILIDADE TESTE-RETESTE Na **confiabilidade teste-reteste**, os entrevistados analisam conjuntos idênticos de itens da escala em duas ocasiões diferentes e sob condições tão próximas da equivalência quanto possível. O intervalo de tempo entre testes ou aplicações é, em geral, de duas a quatro semanas. O grau de semelhança entre as duas medidas é determinado pelo cálculo de um coeficiente de correlação (ver Capítulo 17). Quanto mais alto o coeficiente de correlação, maior a confiabilidade.

---
confiabilidade teste-reteste
Abordagem para avaliar a confiabilidade em que os entrevistados analisam conjuntos idênticos de itens da escala em duas ocasiões diferentes sob condições tão equivalentes quanto possível.

Há vários problemas associados à abordagem teste-reteste para determinar a confiabilidade. Em primeiro lugar, ela é sensível ao intervalo de tempo entre dois testes. Mantidos inalterados outros fatores, quanto maior o intervalo de tempo, menor a confiabilidade. Em segundo lugar, a mensuração inicial pode alterar a característica que está sendo avaliada. Por exemplo, a avaliação de atitudes dos entrevistados em relação ao leite com baixo teor de gordura pode torná-los mais preocupados com a saúde e fazê-los adotar uma atitude mais positiva em relação àquele tipo de leite. Em terceiro lugar, talvez seja impossível fazer repetidas mensurações (por exemplo, o tópico da pesquisa pode ser a reação inicial do entrevistado a um novo produto). Em quarto lugar, a primeira mensuração pode influir na segunda mensuração ou nas subsequentes. Os respondentes podem tentar relembrar respostas que deram na primeira vez. Em quinto lugar, a característica que está sendo avaliada pode sofrer alguma modificação entre as mensurações. Por exemplo, informações favoráveis sobre um objeto entre mensurações talvez tornem a atitude do respondente mais positiva. Finalmente, o coeficiente de confiabilidade teste-reteste pode ser inflacionado pela correlação de cada item com ele próprio. Essas correlações tendem a ser mais altas que a correlação entre diferentes itens da escala nas diferentes administrações. Logo, é possível ter altas correlações teste-reteste em razão das elevadas correlações entre os mesmos itens da escala medidos em momentos diferentes, mesmo que as correlações entre diferentes itens da escala sejam extremamente baixas. Por esses problemas, a melhor maneira de aplicar uma abordagem teste-reteste é em conjugação com outras abordagens, como formas alternativas.[24]

CONFIABILIDADE DE FORMAS ALTERNATIVAS Na **confiabilidade de formas alternativas**, constroem-se duas formas equivalentes da escala. Os mesmos entrevistados são avaliados em momentos diferentes, em geral com intervalo de duas a quatro semanas com uma forma da escala sendo aplicada a cada vez. A seguir, os escores das formas alternativas da escala são correlacionados para avaliar a confiabilidade.[25]

---
confiabilidade de formas alternativas
Abordagem para avaliar a confiabilidade que exige a construção de duas formas equivalentes da escala; os mesmos respondentes são avaliados em duas ocasiões diferentes.

Há dois problemas fundamentais com esse tipo de abordagem. Primeiro, ele consome muito tempo e a construção de uma forma equivalente da escala é dispendiosa. Segundo, é difícil construir duas formas equivalentes de uma escala. As duas formas devem ser equivalentes em relação ao conteúdo. Em um sentido estrito, isso exige que os conjuntos alternativos de itens da escala tenham médias, variâncias e intercorrelações idênticas. Mesmo se essas condições forem satisfeitas, as duas formas podem não ser equivalentes em conteúdo. Assim, uma correlação baixa tanto pode refletir uma escala não confiável quanto formas não equivalentes.

CONFIABILIDADE DE CONSISTÊNCIA INTERNA A **confiabilidade de consistência interna** serve para avaliar a confiabilidade de uma escala somatória na qual vários itens são somados para formar um escore total. Em uma escala desse tipo, cada item mede algum aspecto do construto que, por sua vez, está sendo medido por toda a escala. Os itens devem ser consistentes no que indicam sobre a característica. Esta medida de confiabilidade enfoca a consistência interna do conjunto de itens que formam a escala.

confiabilidade de consistência interna
Abordagem para avaliar a consistência interna do conjunto de itens quando vários itens são somados para formar um escore total para a escala.

A medida mais simples da consistência interna é a **confiabilidade meio a meio (*split-half*)**.

confiabilidade meio a meio (*split-half*)
Tipo de confiabilidade de consistência interna em que os itens que constituem a escala são divididos em duas metades e os meios-escores resultantes são correlacionados.

Os itens da escala são divididos em duas metades, e os meios-escores resultantes são correlacionados. Uma correlação elevada entre as metades indica alta consistência interna. Os itens da escala podem ser aleatoriamente divididos em duas metades ou por um processo baseado nos itens pares ou ímpares. O problema é que os resultados dependem de como os itens da escala foram divididos. A aplicação do coeficiente alfa é uma abordagem comum para superar esse problema.

O **coeficiente alfa**, ou alfa de Cronbach, é a média de todos os coeficientes meio a meio que resultam das diferentes maneiras de dividir os itens da escala. Esse coeficiente varia de 0 a 1, e um valor de 0,6 ou menos geralmente indica confiabilidade de coerência interna insatisfatória. Uma propriedade importante do coeficiente alfa é que seu valor tende a aumentar com o aumento do número de itens na escala. Por isso, o coeficiente alfa pode ser artificialmente – e inadequadamente – inflacionado pela inclusão de vários itens redundantes na escala.[26] Outro coeficiente que pode ser utilizado em conjunto com o coeficiente alfa é o coeficiente beta, que ajuda a determinar se o processo de média usado no cálculo do coeficiente alfa está mascarando alguns itens inconsistentes.

coeficiente alfa
Medida da confiabilidade da consistência interna que é a média de todos os coeficientes possíveis resultantes das diferentes divisões da escala em duas metades.

Algumas escalas multi-itens incluem diversos conjuntos de itens planejados para medir diferentes aspectos de um construto multidimensional. Por exemplo, a imagem de loja é um construto multidimensional que inclui qualidade, variedade e sortimento de mercadorias, política de devoluções e ajustes, pessoal de atendimento, preços, conveniência de localização, leiaute do estabelecimento e políticas de crédito e de faturamento. Assim, uma escala planejada para avaliar a imagem de uma loja deve conter itens que meçam cada uma dessas dimensões. Como essas dimensões são um pouco independentes, não seria apropriada uma medida de consistência interna calculada por meio das dimensões. Entretanto, se vários itens forem utilizados para medir cada dimensão, pode-se calcular a confiabilidade da consistência interna para cada dimensão.

Pesquisa real

A tecnologia por trás da tecnologia – liderança de opinião

Em um estudo de adoção de tecnologia, a liderança de opinião foi medida com as seguintes escalas Likert com sete pontos (1 = concordo totalmente, 7 = discordo totalmente).

Liderança de opinião

1. Minhas opiniões sobre produtos de *hardware/software* não parecem contar com o apoio de outras pessoas.
2. Quando outras pessoas escolhem adotar um produto de *hardware/software*, elas vêm a mim para buscar aconselhamento.
3. Outras pessoas escolhem produtos de *hardware/software* baseando-se muito raramente no que eu lhes sugeri.
4. Com frequência, sou capaz de persuadir outras pessoas a adotar os produtos de *hardware/software* que aprecio.
5. Outras pessoas raramente vêm a mim para que eu as aconselhe a respeito de produtos de *hardware/software*.
6. Com frequência, influencio as opiniões de outras pessoas sobre produtos de *hardware/software*.

O valor alfa para a liderança de opinião foi de 0,88, indicando uma boa consistência interna. Descobriu-se que os primeiros a adotar produtos de tecnologia tendem a ser jovens do sexo masculino que são líderes de opinião, buscam informações atualizadas e têm muita experiência com computadores. As empresas de tecnologia da informação, como a Microsoft, precisam assegurar reações positivas desses jovens que são os primeiros a adotar os produtos, centrando-se em esforços de marketing para esses indivíduos na nova etapa de introdução do produto.[27] ∎

Validade

A **validade** de uma escala é definida como o ponto até onde as diferenças em escores observados na escala refletem as verdadeiras diferenças entre os objetos quanto à característica que está sendo medida, e não erros sistemáticos ou aleatórios. A validade perfeita exige que não haja erro algum de medida ($X_O = X_V$, $X_A = 0$, $X_S = 0$). Os pesquisadores podem avaliar a validade de conteúdo, a validade de critério ou a validade de construto.[28]

validade
Ponto até onde as diferenças em escores observados na escala refletem as verdadeiras diferenças entre objetos quanto à característica que está sendo medida, e não erros sistemáticos ou aleatórios.

VALIDADE DE CONTEÚDO A **validade de conteúdo**, às vezes chamada de *validade de face*, é uma avaliação subjetiva, porém sistemática, da exatidão com que o conteúdo de uma escala representa o trabalho de mensuração em andamento. O pesquisador, ou outra pessoa, examina se os itens da escala abrangem adequadamente todo o domínio do construto que está sendo medido. Assim, uma escala planejada para avaliar a imagem de uma loja seria considerada inadequada se omitisse qualquer uma das dimensões principais (qualidade, variedade e sortimento de mercadorias, etc.). Dada sua natureza subjetiva, a validade de conteúdo, por si só, não é uma medida suficiente da validade de uma escala; entretanto, em um sentido comum, ela ajuda na interpretação dos escores da escala. Pode-se obter uma avaliação mais formal examinando-se a validade de critério.

validade de conteúdo
Tipo de validade, por vezes chamada de validade de face, que consiste em uma avaliação subjetiva, porém sistemática, da representatividade do conteúdo de uma escala para o trabalho de mensuração em questão.

VALIDADE DE CRITÉRIO A **validade de critério** reflete se uma escala funciona conforme o esperado em relação a outras variáveis escolhidas como critérios significativos (variáveis de critério).

validade de critério
Tipo de validade que examina se a escala de medida funciona conforme o esperado em relação a outras variáveis selecionadas como critérios significativos.

As variáveis de critério incluem características demográficas e psicográficas, medidas de atitude e de comportamento ou escores obtidos em outras escalas. Conforme o período de tempo envolvido, a validade de critério pode tomar duas formas: validade concomitante e validade preditiva.

Verifica-se a validade concomitante quando os dados sobre a escala que está sendo avaliada e sobre as variáveis de critério são coletados simultaneamente. Para avaliar a validade concomitante, o pesquisador pode criar formas abreviadas de instrumentos-padrão de personalidade. Os instrumentos originais e as versões reduzidas seriam aplicados simultaneamente a um grupo de entrevistados, comparando-se os resultados. Para avaliar a validade preditiva, o pesquisador coleta dados sobre a escala em um determinado momento e dados sobre as variáveis de critério em um instante futuro. Por exemplo, as intenções em relação a marcas de cereais poderiam ser usadas para predizer futuras compras de cereais pelos membros de um painel por escaneamento. Os dados sobre intenções são obtidos dos membros do painel, e suas compras futuras são rastreadas com dados de escaneamento. Comparam-se as compras previstas e as compras efetivadas para analisar a validade preditiva da escala de intenções.

VALIDADE DE CONSTRUTO A **validade de construto** aborda a questão de qual construto ou característica a escala está realmente medindo. Ao determinar a validade de um construto, o pesquisador procura responder a questões teóricas sobre as razões pelas quais a escala funciona e que deduções podemos fazer com relação à teoria subjacente. Assim, a validade de construto exige uma sólida teoria sobre a natureza do construto que está sendo medido e como ele se relaciona com outros construtos. A validade de construto é o tipo de validade mais sofisticado e difícil de estabelecer. Conforme a Figura 9.5, a validade de construto inclui a validade convergente, discriminante e nomológica.

validade de construto
Tipo de validade que indica que construto ou característica a escala está medindo. Procura-se responder a questões teóricas, como por que a escala funciona e que deduções podem ser feitas em relação à teoria subjacente à escala.

A **validade convergente** indica até que ponto a escala se correlaciona positivamente com outras medidas do mesmo construto. Não é necessário que todas essas medidas sejam obtidas por técnicas convencionais de escalolamento. A **validade discriminante** mostra até que ponto uma medida não se correlaciona com outros construtos dos quais se supõe que ela difira, e envolve demonstrar a falta de correlação entre os diferentes construtos. A **validade nomológica** mostra como a escala se correlaciona de maneiras teoricamente previstas com mensurações de construtos diferentes, mas relacionados. Formula-se um modelo teórico que conduz a outras deduções, testes e inferências. Gradativamente, constrói-se uma rede nomológica em que vários construtos são inter-relacionados sistematicamente. Ilustramos a validade de um construto no contexto uma escala de multi-itens elaborada para avaliar o autoconceito.[29]

validade convergente
Medida de validade de construto que mede até que ponto a escala se correlaciona positivamente com outras medidas do mesmo construto.

validade discriminante
Tipo de validade de construto que avalia até que ponto uma medida não se correlaciona com outros construtos, dos quais se supõe que ela difira.

validade nomológica
Tipo de validade que determina o relacionamento entre construtos teóricos. Procura confirmar correlações significativas entre os construtos, conforme previstas por uma teoria.

Pesquisa real

Com vós mesmos, sede sinceros

Os resultados a seguir evidenciam a validade de um construto para uma escala multi-itens destinada a medir o autoconceito.

- Altas correlações com outras escalas elaboradas para medir autoconceitos e com classificações relatadas por amigos (validade convergente).
- Baixas correlações com construtos não relacionados de fidelidade à marca e busca de variedade (validade discriminante).

- As marcas que são congruentes com o autoconceito do indivíduo têm maior preferência, conforme postulado pela teoria (validade nomológica).
- Alto nível de confiabilidade. ■

Observe que, neste exemplo, foi incluído um alto nível de confiabilidade como evidência da validade de construto – o que ilustra a relação entre confiabilidade e validade.

Relação entre confiabilidade e validade

A relação entre confiabilidade e validade pode ser entendida em termos do modelo do escore verdadeiro. Se uma medida for perfeitamente válida, será também perfeitamente confiável. Neste caso, $X_O = X_V$, $X_A = 0$ e $X_S = 0$. Portanto, a validade perfeita implica confiabilidade perfeita. Se uma medida for não confiável, ela não pode ser perfeitamente válida, porque, no mínimo, $X_O = X_V + X_A$. Além disso, também pode estar presente o erro sistemático, isto é, $X_S \neq 0$. Assim, a não confiabilidade implica a não validade. Se uma medida for perfeitamente confiável, pode ser perfeitamente válida ou não, porque o erro ainda pode estar presente ($X_O = X_V + X_S$). Embora a falta de confiabilidade constitua evidência negativa para a validade, a confiabilidade por si só não implica validade. A confiabilidade é uma condição necessária, mas não suficiente, para a validade.

Capacidade de generalização

A **capacidade de generalização** indica até que ponto podemos generalizar, com base nas observações disponíveis, para um universo de generalizações. O conjunto de todas as condições de medida sobre as quais o pesquisador deseja generalizar constitui o universo de generalização. Essas condições incluem itens, entrevistadores, situações de observação, etc. Um pesquisador pode querer generalizar uma escala elaborada para uso em entrevistas pessoais para outros modos de coleta de dados, como entrevistas por correio e por telefone. Da mesma forma, podemos generalizar uma amostra de itens para o universo de itens, uma amostra de tempos de medida para o universo de tempos de medida, uma amostra de observadores para o universo de observadores e assim por diante.[30]

---
capacidade de generalização
Indica até que ponto um estudo baseado em uma amostra se aplica a um universo de generalizações.

Em estudos de capacidade de generalização, são designados procedimentos de mensuração para investigar os universos de interesse selecionando-se, por amostragem, condições de medida de cada um deles. Para cada universo de interesse, inclui-se no estudo um aspecto da medida chamado *faceta*. Os métodos tradicionais de confiabilidade são considerados estudos de generalização de uma única faceta. Uma correlação teste-reteste procura determinar se os escores obtidos em uma escala podem ser generalizados para o universo de escores em todas as ocasiões. Mesmo que a correlação teste-reteste seja alta, nada se pode dizer quanto à capacidade de generalização da escala a outros universos. Para tanto, devemos empregar os procedimentos da teoria relativos à capacidade de generalização.

Escolha de uma técnica de escalonamento

Além de considerações teóricas e da avaliação da confiabilidade e da validade, devem ser levados em conta alguns fatores práticos ao escolher técnicas de escalonamento para um determinado problema de pesquisa de marketing.[31] Esses fatores incluem o nível desejado de informação (nominal, ordinal, intervalar ou razão), a capacidade dos entrevistados, as características dos objetos de estímulo, o método de aplicação, o contexto e o custo.

Como regra, o uso de uma técnica de escalonamento que dê o mais alto nível de informação possível em determinada situação permitirá o emprego da maior variedade possível de análises estatísticas. Além disso, independentemente do tipo de escala utilizada, sempre que possível, vários itens da escala devem medir a característica de interesse. Isso permite uma medida mais precisa que a fornecida por uma escala de um único item. Em muitas situações, é conveniente empregar mais de uma técnica ou buscar mensurações adicionais utilizando escalas deduzidas matematicamente.

Escalas deduzidas matematicamente

Todas as técnicas de escalonamento discutidas neste capítulo exigem que os entrevistados avaliem diretamente várias características dos objetos de estímulo. Em contrapartida, as técnicas de escalonamento matemáticas permitem que os pesquisadores infiram sobre as avaliações dos objetos de estímulo feitas pelos respondentes. Essas avaliações são inferidas dos julgamentos gerais dos entrevistados sobre os objetos. O escalonamento multidimensional e a análise conjunta são duas técnicas deduzidas matematicamente muito utilizadas. No Capítulo 21, estudaremos detalhadamente essas técnicas.

Pesquisa de marketing internacional

Na elaboração da escala ou do formato da resposta, devemos levar em conta os níveis de instrução ou de alfabetização dos respondentes.[32] Uma alternativa consiste em elaborar escalas que sejam panculturais ou livres de tendenciosidades culturais. Dentre as técnicas de escalonamento estudadas, pode-se dizer que a escala de diferencial semântico é pancultural, pois foi testada em vários países e tem produzido sistematicamente resultados semelhantes.

Pesquisa real

Copiando o nome Xerox

Xerox (www.xerox.com) foi um nome bem recebido na antiga União Soviética nos últimos 30 anos. De fato, ali o ato de copiar documentos foi batizado de "xerocar", um termo cunhado segundo o nome da empresa. Xerox era um nome ao qual as pessoas equiparavam qualidade. Todavia, com o desmembramento da União Soviética para formar a Comunidade de Estados Independentes, as vendas da Xerox começaram a cair. A administração inicialmente atribuiu o fato à forte concorrência de empresas como Canon, Ricoh Co., Mitsubishi Electric Corp. e Minolta Camera Co. As primeiras tentativas de tornar o produto mais competitivo não surtiram efeito. Consequentemente, fez-se uma pesquisa de marketing para avaliar a imagem da Xerox e de seus concorrentes. Utilizaram-se escalas de diferencial semântico, já que esse tipo de escala é considerado pancultural. Os rótulos bipolares empregados foram testados cuidadosamente para garantir o significado desejado na linguagem e no contexto russos.

Os resultados dos estudos revelaram que o verdadeiro problema era uma crescente percepção negativa dos clientes russos em relação aos produtos da Xerox. O que poderia ter dado errado? O problema não era com a Xerox, mas com vários fabricantes de copiadoras independentes que tinham infringido os direitos de marca registrada da Xerox. Com a desintegração da União Soviética, a proteção das marcas registradas enfraqueceu e a infração continuou a aumentar. Como resultado, os clientes passaram a acreditar que a Xerox vendia produtos de baixa qualidade. Entre outras providências, a Xerox fez uma campanha na televisão nacional russa, em redes de rádio e órgãos locais da imprensa. A campanha enfatizou a posição de liderança da Xerox nos países da Comunidade onde as exigências de qualidade eram muito altas. Isso constituiu um passo definitivo para eliminar algumas concepções errôneas dos consumidores russos em relação à Xerox. A Xerox também registrou sua marca separadamente em cada república. As receitas da empresa cresceram substancialmente na Rússia e em países da Comunidade. Em 2016, a Xerox Corporation alcançou receitas de US$ 10,8 bilhões.[33] ■

Embora a escala de diferencial semântico funcionasse bem no contexto russo, uma abordagem alternativa consiste em desenvolver escalas que usem uma norma cultural autodefinida como base referencial. Por exemplo, pode-se pedir aos entrevistados que indiquem seu próprio ponto de apoio e sua posição em relação a um conjunto cultural específico de estímulos. Essa abordagem é útil para medir atitudes definidas em relação a normas culturais (p. ex., atitude em relação aos papéis conjugais). Ao desenvolver formatos de resposta, as escalas verbais parecem ser as mais adequadas. Mesmo os entrevistados menos instruídos conseguem entender facilmente as escalas verbais e respondê-las. Deve-se dar atenção especial à determinação de termos ou expressões equivalentes em diferentes línguas e culturas. Os pontos extremos da escala são particularmente suscetíveis a interpretações diferentes. Em algumas culturas, "1" pode ser interpretado como o melhor, enquanto, em outras, pode significar o pior, independentemente de como tenha sido escalonado. Em tais casos, é melhor evitar números e simplesmente usar espaços que o respondente pode assinalar (pior _ _ _ _ _ _ _ melhor). É importante que os pontos extremos da escala e as expressões verbais sejam empregadas de forma consistente com a cultura.

Finalmente, na pesquisa de marketing internacional, é fundamental estabelecer a equivalência de escalas e medidas para obter dados de países diferentes.[34]

Pesquisa de marketing e mídias sociais

Todas as escalas não comparativas que examinamos neste capítulo podem ser facilmente implementadas em mídias sociais. Até mesmo escalas contínuas podem ser usadas de modo eficaz, tendo em vista o caráter computadorizado da mensuração. Uma análise do conteúdo de mídias sociais pode oferecer orientações quanto à adoção de escalas contínuas ou itemizadas. Tal análise também pode ajudar o pesquisador a tomar as decisões apropriadas quanto à escala de classificação. Além disso, é bastante viável empregar mais de um método de escala para mensurar determinado construto a fim de obter evidências sobre validade convergente. O uso de escalas de classificação em mídias sociais pode render dividendos, conforme exemplificado pela Best Buy do Canadá.

Pesquisa real

A Best Buy colhe o melhor das mídias sociais

A Best Buy é a maior varejista de produtos eletrônicos do Canadá. A empresa está usando conversas em mídias sociais não apenas para conhecer melhor seus clientes, mas também para oferecer suporte e vender produtos. Inicialmente, a Best Buy seguia o modelo de ponto de contato especializado, onde seus vendedores aprendiam a serem consultores valiosos aos clientes. Nos últimos tempos, a empresa replicou essa experiência também no ambiente *on-line*. Visitantes do *site* da

Best Buy do Canadá (www.bestbuy.ca) encontram ajuda *on-line* para orientar sua experiência. Os clientes podem fazer perguntas e obter respostas a partir de uma crescente base de dados formada por aconselhamentos de outros clientes e vendedores. A Best Buy do Canadá codesenvolveu um sistema de classificação com a Lithium Technologies, uma fornecedora líder em soluções de CRM Social (www.lithium.com), a fim de analisar os aconselhamentos mútuos dos clientes e a qualidade das informações repassadas pelos vendedores. As classificações são estipuladas usando-se escalas balanceadas tipo Likert. As escalas Likert foram escolhidas por sua simplicidade e facilidade de administração *on-line*. Os aconselhamentos postados pelos clientes podem lhes garantir descontos e *status* na comunidade, enquanto os vendedores podem receber dinheiro. Desde a implementação do sistema, o tráfego no *site* teve um aumento acentuado. O mesmo ocorreu com as vendas nas lojas físicas da varejista, devido ao *feedback* dos clientes obtido via mídias sociais.[35] ■

Pesquisa de marketing em dispositivos móveis

Escalas de classificação contínuas e itemizadas podem ser implementadas em pesquisa de marketing em dispositivos móveis (MMR). Escalas contínuas podem ser implementadas usando-se barras deslizantes. Dentre as escalas de classificação itemizadas, escalas tipo Likert são as mais fáceis de se implementar em dispositivos móveis, enquanto as escalas Stapel são as mais difíceis. Escalas Stapel são apresentadas na vertical, o que exige mais espaço. Considerando-se o tamanho diminuto das telas, a quantidade de categorias de escala é menor em MMR do que em levantamentos *on-line* administrados em computadores. Pelo mesmo motivo, menos descrições verbais são usadas. Muitas vezes, as escalas originais são alteradas para sua implementação em MMR. Pesquisas sistemáticas são necessárias para avaliar como essas modificações afetam a confiabilidade e a validade dessas escalas.

Pesquisa real

Mobilidade para café da manhã longe de casa

A agência de pesquisa de marketing MMR Research Worldwide (www.mmr-research.com) precisava pesquisar os hábitos de café da manhã de consumidores longe de casa para sua cliente, a Kellogg's. A empresa queria conduzir uma pesquisa "presencial", fazendo da plataforma móvel a escolha natural. O seguinte projeto de pesquisa foi adotado:

- um levantamento *on-line* foi usado para obter mensurações de comportamento e atitude;
- um aplicativo foi usado para a pesquisa "presencial", garantindo a coleta de dados ininterrupta;
- os respondentes mantiveram um diário de café da manhã durante sete dias, utilizando um aplicativo na hora da refeição.

O levantamento foi mantido bem curto, fazendo-se apenas perguntas-chave, como onde os respondentes estavam, com quem se encontravam e o que comeram. Incentivos em fases foram oferecidos aos respondentes, estimulando o cumprimento das sete tarefas. Notificações *push* eram enviadas a cada manhã como lembrete aos respondentes. Como resultado, 53% dos elegíveis baixaram o aplicativo e 83% deles concluíram as sete tarefas.

O formato físico ou a configuração da escala itemizada consistia em um alvo, baseada no uso de telefones em modo paisagem. Para cada classificação, o respondente só precisava tocar uma vez na tela, e a próxima declaração já era exibida. O respondente também era convidado a tirar uma foto de seu café da manhã. Assim, os pesquisadores ficavam sabendo exatamente o que as pessoas tinham comido e não o que alegavam ter comido. Os resultados ajudaram a Kellogg's a planejar uma estratégia de marketing para seus produtos matinais consumidos longe de casa, como barras de cereal, pacotes com cereais sortidos e *milk shakes* para viagem. O estudo também ajudou a Kellogg's a identificar novas oportunidades de produtos nesse espaço.[36] ■

Ética em pesquisa de marketing

O pesquisador tem a responsabilidade ética de usar escalas que apresentem confiabilidade, validade e capacidade de generalização razoáveis. Os resultados gerados por escalas não confiáveis, inválidas ou não generalizáveis para a população-alvo são, na melhor das hipóteses, questionáveis e suscitam sérios problemas éticos. Além disso, o pesquisador não deve tornar as escalas tendenciosas para orientar os resultados em qualquer direção – o que é fácil de acontecer, seja pela formulação tendenciosa das afirmações (escalas tipo Likert) ou pelos termos ou aspectos das escalas. Analisemos o uso de descritores da escala. Os descritores usados para estruturar uma escala podem ser escolhidos de modo a tornar os resultados tendenciosos em uma direção, gerando, por exemplo, uma visão positiva da marca do cliente ou uma visão negativa da marca de um concorrente. Para projetar favoravelmente a marca do cliente, os entrevistados devem indicar sua opinião sobre vários atributos, utilizando escalas de sete pontos delimitadas pelos descritores "extremamente ruim" e "bom". Nesses casos, os entrevistados relutam em classificar o produto como extremamente ruim. De fato, os entrevistados que consideram o produto medíocre podem terminar respondendo favoravelmente. Experimente você mesmo. Como você classificaria os automóveis BMW quanto aos seguintes atributos?

Confiabilidade	Horrível	1	2	3	4	5	6	7	Boa
Desempenho	Muito ruim	1	2	3	4	5	6	7	Bom
Qualidade	Uma das piores	1	2	3	4	5	6	7	Boa
Prestígio	Muito baixo	1	2	3	4	5	6	7	Bom

Você classificou positivamente os automóveis BMW? Com essa mesma técnica, é possível tornar negativamente tendenciosas as avaliações de marcas de concorrentes, atribuindo uma classificação ligeiramente negativa (um pouco ruim) contra uma classificação fortemente positiva (extremamente bom).

Dessa forma, percebemos o quanto é importante usar escalas balanceadas com descritores positivos e negativos comparáveis. Quando essa diretriz é violada, as respostas tornam-se tendenciosas e devem ser interpretadas de acordo. O pesquisador tem a responsabilidade, tanto perante o cliente quanto perante os entrevistados, de assegurar a aplicabilidade e a utilidade da escala. Da mesma forma, as empresas-clientes têm a responsabilidade de tratar seus clientes e o público em geral de forma ética. O exemplo a seguir propõe uma escala adequada para avaliar a conduta de profissionais de marketing direto.

Pesquisa real

Uma medida direta da ética dos profissionais de marketing direto

Nos tempos de hoje, muitos tipos de negócios estão fazendo marketing com as pessoas por telefone celular, correio eletrônico e mala direta sem consideração pelos indivíduos que estão tentando ser persuadidos a comprar os produtos. Muitas empresas de marketing direto, incluindo as áreas de seguros, planos de saúde e telecomunicações, pagaram bilhões de dólares em multas por práticas de marketing antiéticas. Denny Hatch propôs a seguinte escala de honestidade para as empresas que usam marketing direto:

1. Acima de tudo, minha oferta é, nas palavras de Dick Benson, "escrupulosamente honesta".
   0   1   2   3   4   5
2. Eu ficaria orgulhoso de fazer esta oferta para minha mãe ou minha filha.
   0   1   2   3   4   5
3. Minha garantia é firme e está claramente anunciada. Vou defendê-la até o fim.
   0   1   2   3   4   5
4. Acredito desde os dedos do pé até o último fio de cabelo em cada promessa que faço na oferta.
   0   1   2   3   4   5
5. Todas as letras que aparecem na minha promoção são fáceis de ler, e a reprodução é clara.
   0   1   2   3   4   5
6. Todos os testemunhos são absolutamente reais e foram oferecidos gratuitamente.
   0   1   2   3   4   5
7. As mercadorias chegarão no tempo prometido. Não especulo com os tempos de pagamento e entrega.
   0   1   2   3   4   5
8. Sigo rigorosamente todas as diretrizes de privacidade do cliente quanto ao envio de propagandas, ofertas ou material promocional.
   0   1   2   3   4   5
9. Facilito ao máximo os processos de cancelamento ou devolução da mercadoria.
   0   1   2   3   4   5
10. Efetuo o rápido reembolso para clientes insatisfeitos.
    0   1   2   3   4   5

Esta é uma escala de autoavaliação de 0 a 5, em que 0 significa que não se aplica e 5 é excelente. Os profissionais de marketing direto deveriam aplicá-la a si mesmos para descobrir quão éticas são suas práticas. Se sua pontuação for inferior a 50, você não está sendo escrupulosamente honesto.[37] ■

Caso HP

Revise o caso HP, Caso 1.1, e o questionário fornecido no final do livro. Vá ao *site* deste livro na Web e baixe o arquivo de dados da HP.

1. Realize as seguintes operações:
   a. Reverta o escore do segundo e terceiro itens sob a escala de Inovação.
   b. Some os itens Conhecedor do Mercado (q10_1 a q10_4) para formar o Escore Total de Conhecedor do Mercado.
   c. Some os itens Inovação (q10_5 a q10_10) para formar um Escore Total de Inovação. Observe que você terá que reverter os escores para itens expressos de forma negativa (q10_6 e q10_7) antes de somar.
   d. Some os itens Liderança de Opinião (q10_11 a q10_13) para formar um Escore Total de Liderança de Opinião.
   e. Calcule o alfa de Cronbach para cada um dos três conjuntos de itens.
2. Elabore escalas Likert, de diferencial semântico e Stapel para medir as preferências dos consumidores pelos computadores da HP.

Resumo

Em escalas não comparativas, cada objeto é escalonado independentemente dos outros objetos do conjunto de estímulo. Supõe-se, em geral, que os dados obtidos sejam escalonados por intervalo ou razão. As escalas não comparativas podem ser contínuas ou itemizadas. As escalas itemizadas dividem-se em escalas Likert, de diferencial semântico e Stapel. Os dados desses três tipos de escala são tratados como escala intervalar. Assim, essas escalas possuem as características de descrição, ordem e distância, conforme discutido no Capítulo 8. Ao utilizar escalas não comparativas itemizadas, o pesquisador deve decidir sobre o número de categorias da escala, escalas balanceadas ou escalas não balanceadas, número par ou ímpar de categorias, escalas forçadas ou não forçadas, a natureza e a gradação da descrição verbal e o formato ou a configuração da escala.

As escalas multi-itens consistem em uma escala de vários itens. Essas escalas devem ser avaliadas em termos de confiabilidade e validade. A confiabilidade refere-se ao ponto em que uma escala produz resultados consistentes quando se fazem repetidas mensurações. As abordagens para avaliar a confiabilidade incluem teste-reteste, formas alternativas e consistência interna. A validade, ou precisão de medida, pode ser aferida pela avaliação da validade de conteúdo, de critério e de construto.

A escolha de técnicas específicas de escalonamento em uma dada situação deve basear-se em considerações teóricas e práticas. Como regra, a técnica usada deve ser aquela que proporciona o nível de informação mais alto possível. Além disso, devem-se obter múltiplas mensurações.

Na pesquisa de marketing internacional, é preciso dar especial atenção à determinação de expressões verbais equivalentes em diferentes línguas e culturas. Mídias sociais podem ser usadas para desenvolver, testar e implementar escalas de classificação contínuas e discriminadas. Escalas contínuas usando barras deslizantes e escalas do tipo Likert com número limitado de pontos são adequadas para uso em pesquisas de marketing em dispositivos móveis. O pesquisador tem uma responsabilidade, tanto para com o cliente quanto para com os respondentes, de assegurar a aplicabilidade e a utilidade das escalas.

Palavras-chave e conceitos fundamentais

escala não comparativa, 233
escala contínua, 233
escala itemizada, 235
escala Likert, 235
diferencial semântico, 236
escala Stapel, 237
escala balanceada, 238
escala forçada, 239
escalas multi-itens, 241
construto, 241
erro de mensuração, 243

modelo de escore verdadeiro, 243
erro sistemático, 243
erro aleatório, 243
confiabilidade, 244
confiabilidade teste-reteste, 244
confiabilidade de formas alternativas, 244
confiabilidade de consistência interna, 245
confiabilidade meio a meio (*split-half*), 245

coeficiente alfa, 245
validade, 245
validade de conteúdo, 246
validade de critério, 246
validade de construto, 246
validade convergente, 246
validade discriminante, 246
validade nomológica, 246
capacidade de generalização, 247

Casos relacionados

Os casos listados a seguir são discutidos no final do livro.

1.1 HP Inc.

2.1 Baskin-Robbins **2.2** Akron Children's Hospital

4.1 JPMorgan Chase **4.2** Wendy's

Os casos listados a seguir estão distribuídos ao longo do livro, no final dos capítulos de 1 a 13.

9.1 eGO **11.1** Nivea **12.1** Subaru

Pesquisa ao vivo: realização de um projeto de pesquisa de marketing

1. Medidas contínuas geralmente são mais difíceis de implementar e devem ser utilizadas com cuidado.
2. Em aula, discuta o tipo de escalas itemizadas (Likert, diferencial semântico ou Stapel) apropriado para as variáveis principais.
3. Discuta escalas multi-itens e as questões de confiabilidade e validade.
4. Considere as restrições práticas. Por exemplo, se certo tipo de escala foi usado para mensurar uma variável no passado (por exemplo, uma escala do tipo Likert de 10 pontos para medir a satisfação do cliente), o mesmo tipo talvez tenha que ser usado novamente no projeto para permitir uma comparação das descobertas com os resultados anteriores.

Exercícios

Perguntas

1. O que é uma escala de diferencial semântico? Com que finalidade é usada?
2. Descreva a escala Likert.
3. Quais são as diferenças entre a escala Stapel e a escala de diferencial semântico? Qual delas é mais utilizada?
4. Quais são as principais decisões envolvidas na construção de uma escala itemizada?
5. Quantas categorias devem ser usadas em uma escala itemizada? Por quê?
6. Qual é a diferença entre escala balanceada e escala não balanceada?
7. Deve-se usar um número par ou um número ímpar de categorias em uma escala itemizada?
8. Qual é a diferença entre escalas forçadas e não forçadas?
9. Como a resposta a escalas itemizadas é afetada pela natureza e gradação da descrição verbal?
10. O que são escalas multi-itens?
11. Descreva o modelo de escore verdadeiro.
12. O que é confiabilidade?
13. Quais são as diferenças entre confiabilidade teste-reteste e confiabilidade de formas alternativas?
14. Descreva a noção de confiabilidade de consistência interna.
15. O que é validade?
16. O que é validade de critério? Como é estimada?
17. Como você avaliaria a validade de construto de uma escala multi-itens?
18. Qual é a relação entre confiabilidade e validade?
19. Como você selecionaria uma técnica específica de escalonamento?
20. Discuta o uso das mídias sociais na implementação de escalas itemizadas.
21. Discuta o uso de escalas contínuas em pesquisa de marketing em disponíveis móveis.

Problemas

1. Elabore uma escala Likert, uma escala de diferencial semântico e uma escala Stapel para avaliar a fidelidade a uma loja.
2. Elabore uma escala multi-itens para avaliar as atitudes dos alunos em relação à internacionalização do currículo de administração. Como você avaliaria a confiabilidade e a validade dessa escala?
3. Elabore uma escala Likert para medir a atitude de alunos em relação à Internet como fonte de informações gerais. Aplique sua escala a uma pequena amostra de 30 alunos e refine-a.
4. A escala seguinte foi usada em um estudo recente para avaliar a atitude em relação a uma nova tecnologia. Indique seu grau de concordância ou discordância quanto às seguintes afirmações que pretendem descrever como você percebe a nova tecnologia. Use uma escala de 1 a 5, onde 1 = discordo totalmente e 5 = concordo totalmente.

   Sou uma pessoa que evita novas tecnologias.

   Sou um entusiasta da tecnologia que se mantém atualizado com os últimos equipamentos.

   Adoto uma atitude "esperar para ver" em relação a uma nova tecnologia até que ela seja comprovada.

   Sou o tipo de pessoa a quem os amigos recorrem para orientação sobre a compra de novas tecnologias.

   a. Como você avaliaria essa escala para medir a atitude em relação a uma nova tecnologia?
   b. Elabore uma escala de diferencial semântico equivalente para avaliar atitudes em relação a uma nova tecnologia.
   c. Elabore uma escala Stapel equivalente para avaliar atitudes em relação a uma nova tecnologia.
   d. Qual formato de escala melhor se adapta a uma pesquisa telefônica?

Exercícios para Internet e computador

1. Elabore escalas Likert para medir a utilidade do *site* da Ford Motor Company. Visite o *site* em www.ford.com e classifique-o com base nas escalas que você elaborou.
2. Elabore escalas de diferencial semântico para avaliar a percepção do serviço de entregas rápidas da FedEx e compare-o com o serviço oferecido pela UPS. É possível obter informações relevantes visitando os *sites* dessas duas empresas (www.fedex.com e www.ups.com).
3. Visite o *site* do Office of Scales Research (scaleresearch.siu.edu). Identifique uma aplicação da escala Likert e uma aplicação da escala de diferencial semântico. Faça um relatório descrevendo o contexto em que essas escalas foram usadas.
4. Visite os *sites* de dois institutos de pesquisa de marketing que estejam realizando pesquisas. Analise uma pesquisa de cada empresa e avalie de forma crítica as escalas itemizadas que estão sendo usadas.
5. Navegue na Internet para encontrar dois exemplos de escalas Likert, de diferencial semântico e Stapel. Faça um relatório descrevendo o contexto em que essas escalas estão sendo usadas.

Atividades

Dramatização

1. Você trabalha no departamento de pesquisa de marketing de uma empresa especializada em desenvolver sistemas de apoio a decisões para o segmento de saúde. Sua empresa gostaria de medir as atitudes dos administradores de hospital com relação a esses sistemas. As entrevistas seriam realizadas por telefone. A empresa solicitou que você desenvolvesse uma escala adequada para esse propósito. A administração gostaria que você explicasse e justificasse seu raciocínio ao construir essa escala.

Trabalho de campo

1. Elabore uma escala de diferencial semântico para medir as imagens das duas maiores companhias aéreas que operam em sua cidade. Aplique essa escala a uma amostra-piloto de 20 alunos. Com base em seu estudo-piloto, que companhia tem uma imagem mais favorável?

Discussão em grupo

1. "Realmente não tem importância qual técnica de escalonamento você usa. Desde que sua mensuração seja confiável, você obterá os resultados corretos." Discuta essa afirmação em um pequeno grupo.
2. "Não é preciso se preocupar com a confiabilidade e a validade na pesquisa de marketing aplicada." Discuta essa afirmação em um pequeno grupo.

CASO 9.1

eGO: a reinvenção da roda

A eGO Vehicles (www.egovehicles.com) foi fundada em 1999 pelo seu então presidente e CEO Andrew Kallfelz. Ela produz veículos elétricos leves e afirma ser líder na fabricação de "transporte pessoal divertido, fácil de dirigir e ecológico". Os motociclos da eGO não precisam nem de gasolina, nem de óleo e não emitem gases poluentes. Funcionam inteiramente por eletricidade e têm autonomia de 30 a 37,5 quilômetros rodando a uma velocidade de 30 a 37,5 quilômetros por hora. A empresa monitora constantemente as condições do mercado para descobrir oportunidades de expandir-se globalmente.

Com base em pesquisa de mercado na forma de grupos de foco, levantamentos e observações pessoais, o motociclo eGO foi concebido para atender a quase qualquer propósito que se possa imaginar. Embora o conceito parecesse promissor, o processo de levar o produto da fase do projeto para o mercado apresentou vários desafios e obstáculos. O primeiro desafio foi o *design* do motociclo. A equipe da eGO foi muito específica sobre o aspecto do motociclo, que não deveria se parecer com uma motocicleta. Além disso, a equipe não queria que a tecnologia e o motor ficassem expostos. Andrew Kallfelz descreveu a meta de *design* como " fabricar quase um tapete voador". Os motociclos têm uma aparência diferenciada. Os *designers* buscaram tal diferenciação, e não queriam que as pessoas pensassem: "ah, uma moto" (ruim para o ambiente) ou "ah, uma bicicleta" (tem que pedalar).

A ideia era ter um meio de transporte para pequenas viagens sem usar três toneladas de aço para isso. Depois de um ano e meio de testes do produto, o motociclo eGO obteve aprovação da National Highway and Transportation Safety Agency. Com a aprovação, a eGO conseguiu registrar o motociclo em todos os Estados.

O eGO é um conceito novo e diferente, e seu visual deve – e realmente consegue – refletir isso. O nicho específico proporciona à empresa seu maior ponto forte, mas também representa seu maior desafio. Embora os consumidores possam desejar o produto, não há canais de distribuição disponíveis. Os comerciantes de bicicletas não queriam que um produto que não fosse bicicleta ocupasse espaço em suas lojas, e as lojas de motocicletas não queriam vender uma bicicleta.

A solução para esse problema foi encontrada por meio da pesquisa de marketing. A eGO precisava descobrir como distribuir o produto. A pesquisa de marketing mostrou que os clientes queriam testar o motociclo, mesmo que ele não estivesse disponível em muitas lojas. A eGO reagiu levando os veículos a jogos de futebol, shows e eventos para que as pessoas os experimentassem. Além disso, a pesquisa indicou que artigos em revistas comerciais e aparições em shows populares de televisão ajudariam a familiarizar os clientes com o produto sem que eles realmente o vissem em primeira mão. Os motociclos da eGO apareceram na *Time* e em programas de TV, como *Good Morning America* e *Today Show*. A eGO acredita que essas aparições dão aos clientes a garantia de que precisam para pagar US$ 2.000 em seus cartões de crédito em um *site* para adquirir um produto que eles nunca viram. Um levantamento com proprietários do motociclo eGO revelou que o veículo é usado como transporte para o trabalho, recreação, negócios e outras atividades. Finalmente, a pesquisa demonstrou que esses produtos também seriam bem-sucedidos em mercados onde os carros de golfe já são usados para transporte e para aluguel em *resorts*.

A equipe da eGO descobriu, para seu grande contentamento, que o motociclo era um sucesso imediato, chamava a atenção e rapidamente estava se tornando assunto de grandes discussões – na verdade, estava fazendo marketing de si próprio. Jim Hamman, fundador e vice-presidente de marketing e vendas, relembra: "O veículo gerava debate aonde quer que fosse. As pessoas gritavam de dentro dos seus carros, perguntando onde eu havia comprado, como funcionava, quanto custava. Criava tanta agitação que certamente tinha algo a oferecer". A forte reação dos clientes levou a uma forte demanda, e, em um curto período de dois anos, a eGO viu seus pedidos aumentarem de zero a centenas de produtos embarcados para o mundo inteiro todo mês.

A Scooter eGO, o principal produto da empresa, era vendida por cerca de US$ 2.500 em 2017. Para o mercado europeu, o nome da marca foi alterado para Helio, e diferentes modelos estão disponíveis. O preço é determinado pelo modelo e pelo país de compra, aplicando-se segmentação de preços geográfica e de produto. A estratégia de estabelecimento de preço leva em conta não apenas os custos do produto, mas também a sensibilidade do consumidor ao preço (elasticidade de demanda), com base em pesquisas de marketing.

Os custos de energia do eGO não vão além de um centavo por milha. Oferece-se garantia para a bateria (seis meses), o chassi (10 anos) e outras peças por até um ano. Além disso, os clientes podem individualizar seu eGO Cycle. É possível customizar o motociclo e escolher entre quatro cores. Essa estratégia de customização foi adotada depois que a pesquisa de marketing revelou um forte desejo dos consumidores de ter participação na configuração do motociclo. A eGO também oferece acessórios adicionais, como roupas.

Sem um modelo de marketing e de distribuição estabelecido, a eGO teve que desenvolver seu próprio modelo e aperfeiçoá-lo com o tempo, aprendendo com a experiência e o retorno recebido. O modelo de marketing direto e de distribuição direta tem sido o esteio do processo de marketing e distribuição da eGO, embora seja lento e demorado e exija muita criatividade. O Cycle da eGO é vendido por revendedores autorizados, e os acessórios podem ser adquiridos *on-line*. Onde não há revendedores autorizados em mercados fora dos Estados Unidos, a eGO oferece o envio excepcionalmente. Na América do Norte, os distribuidores só são encontrados nos Estados Unidos, mas há planos para a constituição de revendedores no Canadá. A expansão na região Ásia-Pacífico abrange apenas Japão, Coreia, Taiwan e Austrália. Desde 2004, revendedores contratados têm vendido os motociclos da eGO em sete países europeus, dentre eles República Tcheca, Alemanha e Reino Unido.

A eGO Vehicles Company está no caminho certo e provavelmente será bem-sucedida e vencerá futuros desafios devido à capacidade da empresa de rapidamente perceber as necessidades dos consumidores e de adaptar-se a elas. Primeiramente, a eGO Vehicles produz um modelo principal de motociclo elétrico que obedece às restrições locais bem como agrada ao gosto dos consumidores. Em segundo lugar, o local de fabricação foi transferido para Taiwan, onde há concentração do setor. Assim, várias vantagens de localização são exploradas, pois o ambiente reforça a inovação, o conhecimento e a especialização, além de os custos de produção serem mais baixos.

Conclusão

O caso apresenta um exemplo envolvente de marketing de um produto novo, inovador e, em certos aspectos, não convencional. Foi demonstrado como o trabalho de marketing na eGO superou desafios, como a falta de meios estabelecidos para atingir os clientes e a novidade do produto para desenvolver o valor de marca da eGO e estabelecer sua imagem de marca. Estratégias e iniciativas, como pesquisa de marketing, retorno dos clientes, marketing direto e vendas *on-line*, são exemplares para qualquer empreendimento inicial que tenta estabelecer uma forte imagem de marca para seu produto ou serviço.

Questões

1. A eGO gostaria de aumentar suas vendas nos Estados Unidos. Defina o problema de decisão administrativa.
2. Defina o problema de pesquisa de marketing correspondente ao problema de decisão gerencial que você identificou.
3. Que tipo de concepção de pesquisa você acha que a empresa adotou na realização de pesquisa de marketing para identificar as preferências do consumidor por veículos eGO?
4. A eGO pode utilizar um painel? Em caso afirmativo, que tipo de painel e para qual finalidade?
5. Como você usaria a Internet para identificar as preferências masculinas por veículos elétricos?
6. Que fontes de dados por assinatura seriam úteis para a eGO na projeção da demanda futura por seus veículos?
7. Os grupos de foco ou as entrevistas em profundidade são melhores para determinar os fatores que subjazem as preferências dos consumidores pela eGO?
8. Se um levantamento tivesse que ser realizado para identificar as preferências dos consumidores pela eGO, que método de levantamento deveria ser usado e por quê?
9. Ilustre o uso de escalas nominal, ordinal, intervalar e razão para medir as preferências dos consumidores pela eGO.
10. Ilustre o uso de escalas Likert, de diferencial semântico e Stapel para mensurar as preferências dos consumidores pela eGO.

Referências

1. http://www.egovehicles.com, accessed June 4, 2017.
2. "Electric Bikes Worldwide Reports," http://www.ebwr.com, accessed June 4, 2017.

CAPÍTULO 10

Elaboração de Questionários e Formulários

" Um questionário bem elaborado é fundamental para o sucesso de qualquer processo de levantamento. Ele fornece a base para coleta e análise de dados precisos, relevantes e focados em objetivos. "

Dave Dobelhoff, vice-presidente, Account Management, Burke, Inc.

Objetivos

Após a leitura deste capítulo, o aluno conseguirá:

1. Explicar a finalidade de um questionário e seus objetivos ao formular perguntas a que os entrevistados possam e queiram responder, incentivando-os e minimizando o erro de resposta.
2. Descrever o processo de elaboração de um questionário, suas etapas e as diretrizes a serem observadas em cada uma delas.
3. Discutir o formulário observacional da coleta de dados e especificar quem, o que, quando, onde, por que e como em relação ao comportamento a ser observado.
4. Discutir as circunstâncias a serem observadas na elaboração de questionários para uma pesquisa de marketing internacional.
5. Explicar como as mídias sociais interagem com a elaboração de questionários.
6. Elucidar a elaboração do questionário em pesquisa de marketing em dispositivos móveis.
7. Entender as questões éticas envolvidas na elaboração de questionários.
8. Discutir o uso da Internet e dos computadores na elaboração de questionários.

Aspectos gerais

A elaboração de questionários ou de formulários constitui um passo importante na concepção de uma pesquisa. Uma vez especificada a natureza da concepção de pesquisa (Capítulos 3 a 7) e determinados os procedimentos das escalas (Capítulos 8 e 9), o pesquisador está apto a elaborar um questionário ou um formulário observacional. Neste capítulo debatemos a importância de questionários e formulários observacionais. A seguir, descrevemos os objetivos de um questionário e as etapas de sua elaboração, e estabelecemos várias diretrizes para a criação de um questionário coerente, analisando também o desenvolvimento de formulários de observação. Além disso, discutimos as circunstâncias a serem levadas em conta no planejamento de questionários para pesquisa de marketing internacional, uso de mídia social e condução de pesquisa de marketing em dispositivos móveis. São mencionadas as questões éticas que surgem na elaboração de um questionário.

Pesquisa real

A visão de mundo assistencial da World Vision

A World Vision (www.worldvision.org), uma das principais entidades beneficentes em 2018, é uma organização cristã que ajuda desabrigados e crianças carentes em quase 100 países ao redor do mundo. A World Vision precisava de no mínimo US$ 800 mil para seguir cuidando de crianças destituídas em países em desenvolvimento. As crianças, carentes de comida, abrigo e atendimento médico, haviam ou perdido seus responsáveis ou jamais tido um por diversos motivos, incluindo a recente ambiente de crise econômica. A World Vision preparou um questionário para determinar as motivações filantrópicas dos doadores. Eis as categorias das informações obtidas, bem como a ordem em que foram obtidas:

1. Prioridades e motivações para doar
2. Conscientização sobre a organização World Vision
3. Percepções sobre a organização
4. Comunicação com doadores
5. Informações demográficas

Para aumentar a disposição dos doadores e de doadores em potencial de participar e completar o questionário, pesquisadores deixaram claro o contexto do levantamento e minimizaram o esforço exigido dos respondentes ao formularem perguntas fáceis de responder. Somente perguntas necessárias foram feitas, e perguntas combinadas foram evitadas. A maioria das perguntas era estruturada; os respondentes tinham apenas de circular um número na escala. No entanto, perguntas com respostas abertas foram incluídas para dar aos respondentes a liberdade de expressarem motivações profundas para doarem.

O questionário usava palavras sem ambiguidade e com as quais os doadores estavam familiarizados. A organização fez um esforço especial em ser objetiva, para não tendenciar as respostas em qualquer sentido. O visual foi mantido simples e o formulário dava instruções claras, já que tinha de ser administrado por correio. O questionário foi dividido em partes separadas dedicadas a cada tipo de informação buscada. O preenchimento com o nome e o endereço do respondente era opcional, ao final do questionário. O questionário foi reproduzido profissionalmente para ter boa aparência e pré-testado com rigor.

Os resultados do levantamento por correio mostraram que as motivações mais importantes a doações de apoio a crianças eram os sentimentos de gratificação e contato com as crianças ajudadas. A partir desses achados, a entidade beneficente decidiu contatar doadores em sua lista ativa para ver se não estariam dispostos a ajudar mais crianças. Para motivar esses apoiadores já generosos, a World Vision desenvolveu uma correspondência calorosa e interativa para aumentar o envolvimento dos doadores com a organização. A correspondência incluía uma carta do presidente da World Vision, um adesivo com o nome da criança ajudada e um pequeno bloco de notas. A carta explicava que em países em desenvolvimento, há uma grande escassez de papel para crianças na escola. Em seguida, solicitava-se que o destinatário colasse o adesivo na capa do bloco de notas, assinasse sua primeira página e remetesse o bloco de notas de volta à entidade em um pacote com postagem já paga. A organização responsabilizava-se, então, a entregar o bloco de notas à criança ajudada, juntamente com outra raridade – um lápis.

Com um orçamento total de US$ 117.796, a World Vision enviou 240.893 malas diretas. A taxa de resposta em termos de doações recebidas foi de 46,1%, superando a campanha anterior em 25,95%. O custo por resposta foi a quantia irrisória de cerca de um dólar. O faturamento total superou a meta de US$ 197 mil. Além da taxa de resposta de doação de 46,1%, mais de 80% dos respondentes retornaram seus blocos de notas, representando um nível bem mais alto de envolvimento dos doadores do que o sugerido pelas doações. Assim, a campanha teve enorme sucesso. Um questionário projetado adequadamente para a obtenção de informações valiosas foi crucial para esse sucesso.[1] ∎

Pesquisa real

Site criado para retorno de visitantes

Os profissionais de marketing *on-line* e os *web designers* estão cada vez mais interessados em saber que experiências e características de *design* acarretam o retorno dos visitantes a um *site*. Outra preocupação igualmente importante é saber que experiências e características são *indesejáveis*, de forma que possam ser evitadas nos *sites*. A comScore (www.comscore.com), empresa líder de medição em plataformas cruzadas, realizou um longo estudo para abordar essas questões.

A empresa recrutou 87 *sites* americanos e canadenses para participar do estudo. Cada *site* foi equipado com um ícone de *feedback* para que os visitantes pudessem participar de um levantamento padronizado que fazia perguntas avaliativas sobre a visita. O questionário consistia em 12 perguntas que eram classificadas em duas grandes áreas: avaliação técnica e de *design* e experiência emocional durante a visita. As perguntas técnicas e de *design* eram simples, de modo que até mesmo respondentes sem conhecimentos técnicos pudessem respondê-las. Essas perguntas eram as primeiras a serem feitas, na Parte A, e seguiam uma ordem lógica. Depois, na Parte B, as perguntas relativas à experiência emocional eram apresentadas. Todas as perguntas eram formuladas utilizando-se uma escala de sete pontos, exceto uma, que tinha resposta aberta. Este item perguntava aos respondentes quais eram os fatores mais importantes em sua decisão de voltar ou não ao *site*. O final, a Parte C, obtinha informações sobre o uso da Web e demografia. O questionário havia sido extensamente testado antes de ser utilizado no estudo.

Os resultados do levantamento mostraram que o conteúdo era o fator mais importante para determinar o retorno dos visitantes ao *site*. Da mesma forma, "conteúdo supérfluo" era a razão mais citada para não se voltar a um *site*. O segundo fator mais importante para a repetição da visita a um *site* era se o visitante tinha ou não achado a visita agradável. Considerar a visita agradável pode indicar que o visitante encontrou as informações que estava procurando. Depois, a qualidade da organização do *site* e seu grau de singularidade também influenciam o índice de retorno. Com base nos resultados dessa pesquisa, os profissionais de marketing e *web designers* devem considerar o conteúdo, o leiaute e a singularidade ao desenvolver *sites*, pois isso ajudará a melhorar o número de retornos aos *sites*.[2] ∎

Questionários e formulários observacionais

Conforme visto no Capítulo 6, o levantamento e a observação são os dois métodos básicos para a obtenção de dados quantitativos primários na pesquisa descritiva. Ambos os métodos exigem alguma forma de padronização do processo de coleta para que os dados obtidos sejam internamente consistentes e possam ser analisados de maneira uniforme e coerente. Se 40 entrevistadores fizerem entrevistas pessoais ou observações em várias partes do país, os dados que eles coletarem não serão comparáveis, a menos que sigam diretrizes específicas, fazendo perguntas e registrando respostas de acordo com um padrão. Um questionário ou um formulário padronizado garantirá a comparabilidade dos dados, aumentará a velocidade e a precisão do registro e facilitará o processamento dos dados.

Experiência de pesquisa

Qual é a importância de um questionário?

A Sprite é a terceira marca mais popular de refrigerante, ficando atrás da Coca e da Pepsi. Estudantes universitários são grandes consumidores de refrigerantes.

1. Como gerente de marca da Sprite, que informações você precisa para atingir esse segmento?
2. Pesquise na Internet, incluindo as mídias socais, e nos bancos de dados *on-line* de sua biblioteca informações

que ajudarão o gerente de marca da Sprite a atingir o segmento de estudantes.

3. Você e um colega devem entrevistar, cada um, um respondente diferente (outro aluno) para identificar preferências por refrigerantes, sem construir um questionário. Até que ponto são comparáveis os dados que cada um de vocês obteve? A seguir, desenvolvam um questionário formal em conjunto, e cada um o administra a outro respondente. Os dados obtidos por vocês são mais comparáveis do que os de antes? O que isso lhe ensina sobre a importância de um questionário? ∎

Definição de questionário

Um **questionário**, seja ele chamado de *roteiro*, *formulário de entrevista* ou *instrumento de medida*, é um conjunto formal de perguntas cujo objetivo é obter informações dos entrevistados. Normalmente, o questionário é apenas um dos elementos de um pacote de coleta de dados que pode incluir também (1) procedimentos de campo, como instruções para selecionar, abordar e interrogar os entrevistados (ver Capítulo 13), (2) alguma recompensa, doação ou pagamento aos entrevistados e (3) incentivos à comunicação, como mapas, ilustrações, anúncios e produtos (como nas entrevistas pessoais) e envelopes retornáveis (em levantamentos pelo correio). Independentemente da forma de administração, um questionário caracteriza-se por alguns objetivos específicos.

questionário
Técnica estruturada para coleta de dados que consiste em uma série de perguntas, escritas ou orais, a que um entrevistado deve responder.

Objetivos de um questionário

Qualquer questionário tem três objetivos específicos. Em primeiro lugar, deve transformar as informações desejadas em um conjunto de perguntas específicas a que os entrevistados tenham condições de responder. A elaboração de perguntas a que os entrevistados consigam responder, proporcionando as informações desejadas, é uma tarefa difícil. Duas maneiras aparentemente semelhantes de formular uma pergunta podem gerar informações divergentes. Assim, este objetivo é sempre um grande desafio.

Em segundo lugar, um questionário precisa motivar e incentivar o entrevistado a deixar-se envolver pela entrevista, a cooperar e a completá-la. Entrevistas incompletas têm, na melhor das hipóteses, uma utilidade precária. Ao planejar um questionário, o pesquisador precisa sempre minimizar o cansaço e o tédio do entrevistado, esforçando-se também para minimizar as respostas incompletas e a falta de respostas. Um questionário bem elaborado motiva os entrevistados e aumenta os índices de resposta, como ilustrado pelo questionário do exemplo de abertura.

Em terceiro lugar, um questionário deve sempre minimizar o erro de resposta. No Capítulo 3, discutimos as potenciais fontes de erro na concepção de pesquisas, definindo o erro de resposta como aquele que surge quando os entrevistados dão respostas imprecisas ou quando elas são registradas ou analisadas incorretamente. Um questionário pode ser uma fonte importante de erros de resposta.

A minimização desse erro é um importante objetivo do planejamento de um questionário.

Processo de elaboração de questionários

O principal ponto fraco da elaboração de um questionário é a falta de teoria. Como não existem princípios científicos que garantam um questionário ótimo ou ideal, a concepção de um questionário é uma habilidade que se adquire com a experiência. Trata-se de uma arte, não de uma ciência. A obra *The Art of Asking Questions* ("A Arte de Perguntar"), de Stanley Payne, publicada em 1951, ainda é um trabalho básico sobre o assunto.[3] Esta seção apresenta diretrizes úteis para os pesquisadores iniciantes na elaboração de questionários. Embora essas regras ajudem a evitar erros graves, o aperfeiçoamento de um questionário surge da criatividade de um pesquisador habilidoso.

A concepção de um questionário será apresentada em uma série de etapas (ver Figura 10.1): (1) especificar as informações necessárias; (2) especificar o tipo de método de entrevista; (3) determinar o conteúdo de perguntas individuais; (4) planejar as perguntas de forma a superar a incapacidade e a falta de vontade do entrevistado de responder; (5) decidir sobre a estrutura da pergunta; (6) determinar o enunciado da pergunta; (7) organizar as perguntas na ordem adequada; (8) identificar o formato e o leiaute; (9) reproduzir o questionário; (10) fazer um pré-teste do questionário. Apresentaremos diretrizes para cada passo. Na prática, as etapas estão inter-relacionadas, e o desenvolvimento de um questionário envolverá iterações e retornos. Por exemplo, o pesquisador descobre que os entrevistados não entendem corretamente nenhuma das possíveis formulações de uma pergunta qualquer. Isso demanda o retorno a uma etapa anterior para decidir sobre a estrutura da pergunta.[4]

Especificar as informações necessárias

O primeiro passo na elaboração de um questionário é especificar as informações necessárias – e este é igualmente o primeiro passo no processo de concepção de uma pesquisa. Observe que, à medida que o processo de pesquisa avança, as informações procuradas são definidas com mais clareza.

É conveniente rever os componentes do problema e a abordagem, especialmente as questões de pesquisa, as hipóteses e as informações necessárias. Para garantir que as informações obtidas venham a atingir plenamente os componentes do problema, o pesquisador deve preparar um conjunto de tabelas *dummy*. Uma tabela *dummy* é uma tabela em branco usada para catalogar dados e que descreve como a análise será estruturada assim que os dados tiverem sido coletados.

É importante também ter uma ideia clara da população-alvo. As características do grupo entrevistado têm grande influência na elaboração do questionário. As perguntas adequadas para estudantes universitários não são necessariamente adequadas para as donas de casa. A capacidade de entender

```
┌─────────────────────────────────────────┐
│  Especificar as informações necessárias │
└─────────────────────────────────────────┘
                    ↓
┌─────────────────────────────────────────┐
│ Especificar o tipo de método de entrevista│
└─────────────────────────────────────────┘
                    ↓
┌─────────────────────────────────────────┐
│ Determinar o conteúdo de perguntas individuais│
└─────────────────────────────────────────┘
                    ↓
┌─────────────────────────────────────────┐
│ Planejar as perguntas de forma a superar a│
│  incapacidade e a falta de vontade       │
│    do entrevistado de responder          │
└─────────────────────────────────────────┘
                    ↓
┌─────────────────────────────────────────┐
│   Decidir sobre a estrutura da pergunta │
└─────────────────────────────────────────┘
                    ↓
┌─────────────────────────────────────────┐
│    Determinar o enunciado da pergunta   │
└─────────────────────────────────────────┘
                    ↓
┌─────────────────────────────────────────┐
│   Organizar as perguntas na ordem adequada│
└─────────────────────────────────────────┘
                    ↓
┌─────────────────────────────────────────┐
│      Identificar o formato e o leiaute  │
└─────────────────────────────────────────┘
                    ↓
┌─────────────────────────────────────────┐
│         Reproduzir o questionário       │
└─────────────────────────────────────────┘
                    ↓
┌─────────────────────────────────────────┐
│   Fazer um pré-teste do questionário    │
└─────────────────────────────────────────┘
```

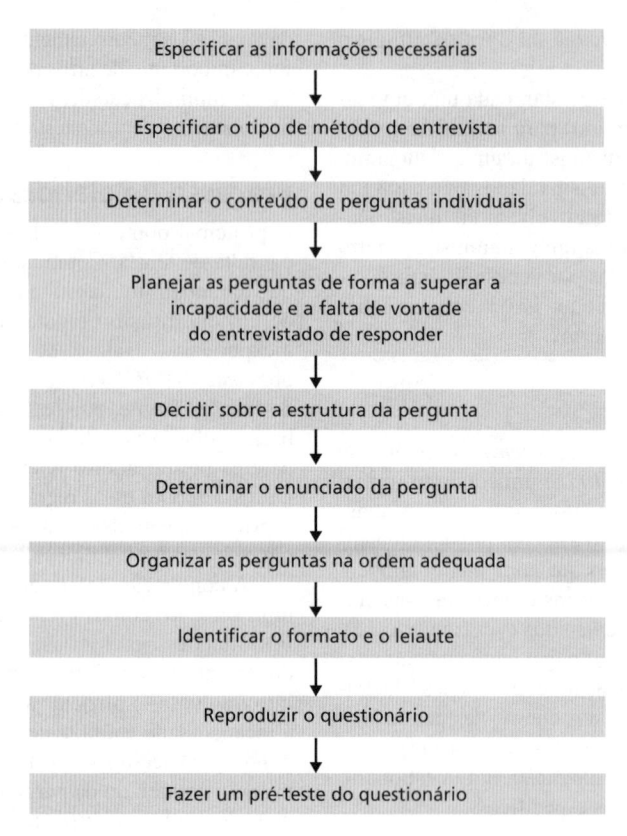

FIGURA 10.1 Processo de elaboração de questionários.

o questionário está relacionada com as características socioeconômicas. Além disso, um mau entendimento acarreta alta incidência de respostas incertas ou nulas. Quanto mais diversificado for o grupo de entrevistados, mais difícil será planejar um questionário único apropriado para todo o grupo.

Tipo de método de entrevista

Uma apreciação de como o tipo de método de entrevista influi na elaboração de um questionário pode ser obtida a partir da análise de como o questionário é administrado com cada método (ver Capítulo 6). Nas entrevistas pessoais, os entrevistados veem o questionário e posicionam-se frente a frente com o entrevistador; logo, é possível fazer perguntas consistentes, complexas e variadas. Nas entrevistas telefônicas, os entrevistados comunicam-se com o entrevistador, mas não veem o questionário, o que limita o tipo de perguntas que podem ser formuladas a questões breves e simples (ver o projeto de fidelização da loja de departamentos). Como os questionários pelo correio são autoaplicados, as perguntas devem ser simples e estar acompanhadas de instruções detalhadas. Em entrevistas assistidas por computador (CAPI e CATI), é possível acomodar complexas sequências de questões e a randomização de perguntas a fim de eliminar tendenciosidade por causa do ordenamento. Os questionários pela Internet compartilham muitas das características de CAPI, mas os questionários por correio eletrônico devem ser mais simples. Os questionários planejados para entrevistas pessoais e telefônicas têm de ser elaborados em estilo conversacional.

No projeto de fidelização da loja de departamentos, a classificação de dez lojas é complexa demais para ser aplicada por telefone. Em vez disso, para medir a preferência, adota-se o processo mais simples, em que as lojas são avaliadas uma de cada vez. Observe o uso de cartões para facilitar a tarefa de avaliação na entrevista pessoal. As instruções ao entrevistador (impressas em maiúsculas) são muito mais extensas na entrevista pessoal. Outra diferença é que, enquanto o entrevistado registra os postos em pesquisas pelo correio e eletrônicas, o entrevistador registra os nomes das lojas na entrevista pessoal. O tipo de método de entrevista também influencia o conteúdo de perguntas individuais.

Projeto de pesquisa

Efeito do método de entrevista na elaboração de questionários

Questionário pelo correio

Classifique, por favor, as seguintes lojas de departamentos por ordem de sua preferência para compras. Comece escolhendo a que tem sua maior preferência e atribua-lhe o número 1. A seguir, escolha a segunda loja de sua preferência, atribuindo-lhe o número 2. Continue o processo até ter clas-

Loja	Pouca preferência									Grande preferência
1. Nordstrom	1	2	3	4	5	6	7	8	9	10
2. Macy's	1	2	3	4	5	6	7	8	9	10
3. Target	1	2	3	4	5	6	7	8	9	10
4. Kohl's	1	2	3	4	5	6	7	8	9	10
5. JCPenney	1	2	3	4	5	6	7	8	9	10
6. Neiman Marcus	1	2	3	4	5	6	7	8	9	10
7. Marshalls	1	2	3	4	5	6	7	8	9	10
8. Saks Fifth Avenue	1	2	3	4	5	6	7	8	9	10
9. Dillard's	1	2	3	4	5	6	7	8	9	10
10. Wal-Mart	1	2	3	4	5	6	7	8	9	10

sificado todas as lojas por ordem de preferência. Deve-se atribuir o número 10 à loja de menor preferência. Não atribua o mesmo posto a duas lojas diferentes. Os critérios de preferência são inteiramente seus. Não há respostas certas nem erradas, procure apenas ser consistente.

Loja	Ordenação de posto
1. Nordstrom	
2. Macy's	
3. Target	
4. Kohl's	
5. JCPenney	
6. Neiman Marcus	
7. Marshalls	
8. Saks Fifth Avenue	
9. Dillard's	
10. Wal-Mart	

Questionário telefônico

Vou ler os nomes de algumas lojas de departamentos. Classifique-as de acordo com sua preferência. Utilize uma escala de 10 pontos, em que 1 denota pequena preferência e 10 denota grande preferência. Os números entre 1 e 10 refletem graus intermediários de preferência. Novamente, lembre-se de que, quanto mais alto o número, maior o grau de preferência. Queira agora indicar sua preferência por compras na... (LER UM NOME DE LOJA POR VEZ)

Questionário pessoal

(DÊ AO ENTREVISTADO CARTÕES DE LOJAS DE DEPARTAMENTOS). Aqui está uma série de nomes de lojas de departamentos, cada um escrito em um cartão separado. Examine cuidadosamente esses cartões. (DÊ TEMPO AO ENTREVISTADO). Agora, examine novamente os cartões e selecione o que tem o nome da loja de sua preferência. (REGISTRE O NOME DA LOJA E GUARDE O CARTÃO COM VOCÊ). Examine agora os nove cartões restantes. Desses, qual é sua loja preferida? (REPITA O PROCESSO SEQUENCIALMENTE, ATÉ QUE RESTE APENAS UM CARTÃO.)

Ordenação das lojas	Nome da loja
1. 1	
2. 2	
3. 3	
4. 4	
5. 5	
6. 6	
7. 7	
8. 8	
9. 9	
10. 10	

Questionário eletrônico e em dispositivos móveis

Essa pergunta para questionários por *e-mail*, Internet e em dispositivos móveis será muito semelhante à do questionário pelo correio; em todos esses métodos, o questionário é autoaplicado pelo entrevistado. Um *ranking* de 10 posições pode ser adaptado para uma tela de celular. ■

Conteúdo de perguntas individuais

Uma vez especificadas as informações de que necessitamos e definido o tipo de método de entrevista, o próximo passo consiste em determinar o conteúdo da pergunta individual, isto é, o que deve ser incluído nela.

A pergunta é necessária?

Toda pergunta feita em um questionário deve contribuir para as informações desejadas ou servir para alguma outra finalidade. Se não houver uma utilização satisfatória para os dados resultantes de uma pergunta, ela deve ser eliminada. Em certas situações, é possível formular perguntas que não estejam diretamente relacionadas com as informações de que necessitamos. Convém formular algumas perguntas neutras no início do questionário, principalmente quando o assunto for delicado ou polêmico. Algumas vezes, são feitas perguntas para disfarçar o propósito ou o patrocínio do projeto. Em vez de limitar as perguntas à marca de interesse, podem ser incluídas também perguntas sobre marcas concorrentes. Por exemplo, uma pesquisa sobre computadores pessoais patrocinada pela HP pode apresentar perguntas relacionadas com a Dell e a Apple. É possível adicionar ainda questões não relacionadas com o problema imediato, para motivar o apoio do cliente ao projeto. Finalmente, é viável repetir certas perguntas, com o objetivo de avaliar a confiabilidade ou a validade.[5]

São necessárias várias perguntas em vez de apenas uma?

Uma vez definida a necessidade de uma pergunta, devemos nos certificar de que ela é suficiente para obter as informações desejadas. Por vezes, tornam-se necessárias várias perguntas para obter as informações desejadas de forma não ambígua. Analisemos a pergunta:

"Você acha que a Coca-Cola é um refrigerante refrescante e saboroso?" (Incorreto)

Presume-se que uma resposta "sim" seja clara, mas, e se a resposta for "não"? Significa que o entrevistado acha que a Coca-Cola não é saborosa, não é refrescante, ou que não é nem saborosa nem refrescante? Esta é a chamada **pergunta de duplo efeito**, porque duas ou mais perguntas estão combinadas em uma. Para obter as informações desejadas, devemos fazer duas perguntas diferentes:

---
pergunta de duplo efeito
Pergunta única que procura abranger dois objetivos. Tais perguntas podem ser confusas para o entrevistado, ocasionando respostas ambíguas.

"Você acha que a Coca-Cola é um refrigerante saboroso?" e
"Você acha que a Coca-Cola é uma bebida refrescante?" (Correto)

Outro exemplo de várias perguntas embutidas em uma única é a pergunta "por quê".

"Por que você faz suas compras na Nike Town?" (Incorreto)

As respostas possíveis incluem: "para comprar calçados esportivos", "sua localização é mais conveniente do que a de outras lojas" e "foi recomendada por minha melhor amiga". Cada uma dessas respostas se refere a uma pergunta diferente embutida na pergunta "por que". A primeira resposta diz por que o entrevistado compra na loja de produtos esportivos, a segunda resposta revela o que o entrevistado gosta na Nike Town em comparação com outras lojas, e a terceira resposta indica como o entrevistado veio a tomar conhecimento da Nike Town. As três respostas não são comparáveis, e apenas uma delas, qualquer que seja, pode não ser suficiente. Podemos obter informações completas formulando duas perguntas separadas:

"O que você prefere na Nike Town em comparação com outras lojas?" e
"Como chegou a comprar pela primeira vez na Nike Town?" (Correto)

A maioria das perguntas do "porquê" do uso de um produto ou alternativa envolve dois aspectos: (1) atributos do produto e (2) influências que levam ao seu conhecimento.[6]

PESQUISA ATIVA

Old Navy: qualidade e estilo nunca envelhecem

Visite www.oldnavy.com e pesquise na Internet, incluindo mídias sociais, e no banco de dados *on-line* de sua biblioteca informações sobre o programa de marketing da Old Navy.

Como CEO da Old Navy, o que você faria para melhorar as percepções que os consumidores têm da qualidade da marca?

Formule uma questão de duplo efeito para identificar as percepções que os consumidores têm da qualidade e do estilo das roupas Old Navy. Depois, reformule a questão para obter respostas não ambíguas.

Superação da incapacidade de responder

O pesquisador não deve presumir que os entrevistados conseguem dar respostas precisas ou razoáveis a todas as perguntas, mas sim superar a dificuldade de responder dos entrevistados. Certos fatores limitam a capacidade do entrevistado de dar as informações desejadas; o entrevistado pode estar desinformado, não se recordar ou sentir-se incapaz de formular certos tipos de resposta.

O entrevistado está bem informado?

Muitas vezes, os entrevistados são consultados sobre tópicos a respeito dos quais não estão informados. Um marido pode não estar informado sobre os preços de compras em supermercados e lojas se é a esposa quem costuma fazer as compras para a casa, ou vice-versa. Uma pesquisa mostrou que alguns entrevistados respondem a perguntas mesmo sobre tópicos dos quais não estão devidamente informados, como mostra o exemplo a seguir.

Pesquisa real

Queixas sobre as reclamações do consumidor

Em um estudo, pediu-se aos entrevistados que manifestassem seu grau de concordância ou discordância com a afirmação: "A Agência Nacional de Reclamações do Consumidor proporciona um meio eficaz para o devido ressarcimento dos consumidores que tenham comprado um produto com defeito". Dos entrevistados que responderam, 96,1% dos advogados e 95% do público em geral expressaram alguma opinião. Mesmo com a opção "Não sei" no conjunto de respostas, 51,9% dos advogados e 75% do público ainda se manifestaram sobre tal agência governamental. Por que motivo esses altos índices de resposta podem ser problemáticos? Simplesmente porque não existe nenhuma Agência Nacional de Reclamações do Consumidor![7] ∎

Em situações em que nem todos os entrevistados podem estar informados sobre o tópico de interesse, as **questões filtro**, que avaliam a familiaridade com um produto, seu uso e a experiência prévia, devem ser formuladas antes das perguntas sobre os tópicos em si.[8] As questões filtro permitem que o pesquisador filtre os entrevistados que não estejam adequadamente informados.

questões filtro
Questão inicial em um questionário que seleciona entrevistados potenciais para assegurar que eles satisfaçam às exigências da amostra.

O questionário da loja de departamentos incluía perguntas relativas a 10 lojas diferentes, desde as de maior prestígio até as lojas de descontos. Como é provável que muitos entrevistados não estivessem suficientemente informados sobre todas as lojas, foram obtidas informações sobre a familiaridade e a frequência em cada loja (ver Capítulo 1). Isso possibilitou uma análise separada de dados sobre as lojas a respeito das quais os entrevistados não estavam bem informados. A opção "Não sei" é usada para reduzir as respostas de respondentes desinformados, sem reduzir o índice geral de resposta ou o índice de resposta a questões sobre as quais os entrevistados tinham informações. Logo, essa opção deve figurar quando o pesquisador perceber que os entrevistados talvez não estejam adequadamente informados sobre o assunto da pergunta.[9]

O entrevistado consegue lembrar?

Muitas coisas que supomos que todos conheçam são lembradas apenas por poucos. Faça o teste agora com suas próprias lembranças. Você consegue responder:

Qual é a marca da camisa que você estava usando há duas semanas?
O que você comeu no almoço há uma semana?
O que estava fazendo ao meio-dia, há um mês?
Quantos litros de refrigerante você consumiu durante as últimas quatro semanas? (Incorreto)

Essas perguntas são incorretas, pois excedem a capacidade do entrevistado de se lembrar dos fatos. As evidências mostram que os consumidores não conseguem memorizar bem as quantidades de produtos consumidos. Em situações nas quais se dispunha de dados reais para comparação, constatou-se que as afirmações de consumidores sobre o uso de um produto excediam em 100% ou mais seu uso real.[10] Assim, a informação sobre o consumo de refrigerantes pode ser obtida perguntando-se:

Com que frequência você consome refrigerantes em uma semana típica?
  i. _____ Menos de uma vez por semana
  ii. _____ 1 a 3 vezes por semana
  iii. _____ 4 a 6 vezes por semana
  iv. _____ 7 ou mais vezes por semana (Correto)

A incapacidade de lembrar leva a erros de omissão, de compressão e de criação. *Omissão* é a incapacidade de lembrar um evento que realmente ocorreu. A *compressão*, ou **efeito telescópio**, ocorre quando um indivíduo comprime o tempo, recordando um evento como tendo ocorrido em uma época mais recente do que a real.[11] Por exemplo, um entrevistado relata três visitas ao supermercado nas duas últimas semanas, quando, na verdade, uma delas ocorreu há 18 dias.

Ocorre um erro de *criação* quando um entrevistado "recorda" um evento que, na verdade, não ocorreu.

efeito telescópio
Fenômeno psicológico que ocorre quando um indivíduo comprime o tempo, recordando um evento como tendo ocorrido em uma época mais recente do que a real.

A capacidade de lembrar um evento é influenciada (1) pelo próprio evento, (2) pelo tempo decorrido desde a data do evento e (3) pela presença ou ausência de situações que ajudem a memorizá-lo. Tendemos a nos lembrar de eventos importantes ou incomuns, ou daqueles que ocorrem frequentemente. As pessoas lembram-se da data de seu casamento e do seu aniversário. Da mesma forma, eventos mais recentes são lembrados com mais facilidade. O cliente de uma mercearia tem maior chance de lembrar o que comprou ontem do que aquilo que comprou há três semanas.

As pesquisas indicam que as perguntas que não dão ao entrevistado sugestões sobre o evento, baseando-se apenas na sua memória, podem subestimar a ocorrência real de um acontecimento. Por exemplo, a lembrança sem auxílio de anúncios de um refrigerante pode ser avaliada por perguntas como "Que marcas de refrigerantes você lembra terem sido anunciadas na TV na noite passada?". Já a abordagem da lembrança de anúncios com auxílio procura estimular a memória do entrevistado dando pistas relacionadas com o evento em questão. Essa abordagem relaciona várias marcas de refrigerantes e pergunta "Qual dessas marcas foi anunciada na noite passada na TV?". Ao apresentar sugestões, o pesquisador deve precaver-se contra a tendenciosidade nas respostas decorrente do emprego de vários níveis sucessivos de estímulo. Pode-se analisar, então, a influência do estímulo sobre as respostas a fim de selecionar um nível apropriado de estímulo.

O entrevistado consegue formular suas respostas?

Os entrevistados talvez se sintam incapazes de formular certos tipos de respostas. Por exemplo, quando lhes é solicitado que descrevam a atmosfera da loja de departamentos de sua preferência, a maioria dos entrevistados pode não conseguir elaborar suas respostas. Por outro lado, se oferecermos aos entrevistados descrições alternativas da atmosfera da loja, eles poderão indicar aquela de sua maior preferência. Se o entrevistado se sentir incapaz de formular sua resposta, ele tende a ignorar a pergunta e se recusar a responder o resto do questionário. Assim, devemos dar aos entrevistados recursos de auxílio, como ilustrações, mapas e descrições que os ajudem a formular suas respostas.

Superação da relutância em responder

Mesmo que os entrevistados estejam em condições de responder determinada pergunta, eles podem não querer fazê-lo, seja em virtude do esforço exigido, seja porque a situação ou o contexto não parecem apropriados para divulgação, porque não veem qualquer propósito ou necessidade nas informações solicitadas ou, ainda, porque as informações pedidas são delicadas.

Esforço exigido dos entrevistados

A maioria dos entrevistados não está disposta a dedicar grande esforço para dar informações. Por isso, o pesquisador deve minimizar o esforço exigido do entrevistado. Suponha que o pesquisador esteja interessado em identificar em que departamentos de uma loja o entrevistado fez suas últimas compras. Há pelo menos duas maneiras de obter essa informação. O pesquisador pode pedir ao entrevistado que relacione todos os departamentos em que fez compras em sua ida mais recente à loja ou apresentar ao entrevistado uma relação de departamentos e solicitar que indique os departamentos apropriados:

> Liste todos os departamentos dos quais você adquiriu mercadorias em sua ida mais recente a uma loja de departamentos. (Incorreto)
>
> Na lista a seguir, marque todos os departamentos dos quais você adquiriu algum produto em sua ida mais recente a uma loja de departamentos.
>
> 1. Vestuário feminino _____
> 2. Vestuário masculino _____
> 3. Vestuário infantil _____
> 4. Cosméticos   _____
>   .
>   .
>   .
> 17. Joias   _____
> 18. Outros (especificar) _____   (Correto)

A segunda opção é preferível porque requer menos esforço por parte dos entrevistados.

Contexto

Certas perguntas parecem apropriadas em determinados contextos, mas não em outros. Por exemplo: perguntas sobre hábitos pessoais de higiene podem ser adequadas quando formuladas em uma pesquisa da Associação Médica Americana, mas não em outra, patrocinada por um restaurante de refeições rápidas. Os entrevistados relutam em responder a perguntas que eles consideram impróprias para determinado contexto. Às vezes, o pesquisador consegue manipular o contexto em que as perguntas são formuladas, fazendo com que pareçam apropriadas. Por exemplo, antes de pedir informações sobre higiene pessoal em uma pesquisa para um restaurante de refeições rápidas, pode-se manipular o contexto mediante a seguinte afirmação: "Como um restaurante de refeições rápidas, estamos empenhados em proporcionar aos nossos clientes um ambiente limpo e higienizado. Permita-nos, então, fazer algumas perguntas relacionadas com a higiene pessoal".

Legitimidade de propósito

Os entrevistados também relutam em divulgar informações que não pareçam atender a um propósito legítimo. Para que uma firma que negocia cereais precisaria saber a idade, a renda e a profissão dos entrevistados? Explicar o motivo da necessidade dos dados pode legitimar a informação, aumentando a propensão do entrevistado para a resposta. Uma afirmação como "Para determinar como o consumo de cereais e as preferências por marcas de cereal variam entre as pessoas de diferentes idades, rendas e ocupações, necessitamos de informações sobre..." pode tornar o pedido de informação mais legítimo.

Informações delicadas

Os entrevistados relutam em revelar, ao menos com precisão, informações delicadas, capazes de causar embaraço ou ameaçar seu prestígio ou imagem. Se for compelido a responder, o entrevistado pode dar uma resposta tendenciosa, especialmente durante entrevistas pessoais (ver Capítulo 6, Tabela 6.2).[12] Os tópicos delicados incluem dinheiro, vida familiar, hábitos pessoais, crenças políticas e religiosas e envolvimento em acidentes ou crimes. Sugere-se adotar as técnicas descritas a seguir para aumentar a possibilidade de obter informações que o entrevistado não esteja disposto a revelar.

Aumentando a disposição dos entrevistados para responder

Mediante as técnicas a seguir, os entrevistados podem ser incentivados a fornecer informações que não estejam dispostos a dar.[13]

1. Coloque os tópicos indiscretos no final do questionário. Ao chegar lá, a desconfiança inicial já foi superada, criou-se afinidade, a legitimidade do projeto foi estabelecida e os entrevistados estão mais dispostos a dar informações.

2. Introduza a pergunta com uma afirmação de que o comportamento que está sendo investigado é comum. Por exemplo, antes de pedir informações sobre o saldo devedor no cartão de crédito, diga: "Estudos recentes mostram que a maioria dos americanos está em débito". Essa técnica, chamada de *afirmação de antitendenciosidade*, é ilustrada no exemplo a seguir.[14]

Pesquisa real

Público *versus* privado

Uma pesquisa conduzida pela Gallup (www.gallup.com) na época das eleições presidencias de 2016 procurou determinar se informações pessoais sobre candidatos políticos ou cidadãos comuns deveriam ser divulgadas publicamente. A questão foi precedida pela seguinte afirmação: "O problema de onde demarcar os limites com relação à privacidade tem sido muito debatido, sendo que alguns dizem que os padrões devem ser diferentes para candidatos a importantes cargos públicos em comparação com os de cidadãos comuns". Essa afirmação aumentou a disposição dos indivíduos para responder à pergunta. ■

3. Formule a pergunta utilizando a técnica da terceira pessoa (ver Capítulo 5), isto é, elabore a pergunta como se ela se referisse a outra pessoa.

4. Disfarce a pergunta, incluindo-a em um grupo de outras perguntas que os entrevistados estejam dispostos a responder. Pode-se, então, perguntar rapidamente ao entrevistado todas as perguntas da lista.
5. Indique categorias de resposta, em vez de pedir cifras específicas. Não pergunte "Qual é a renda anual de sua casa?". Peça ao entrevistado que indique a categoria adequada de renda: até US$ 25 mil, US$ 25.001 – US$ 50 mil, US$ 50.001 – US$ 75 mil, US$ 75 mil – US$ 100.000, mais de US$ 100.000. Em entrevistas pessoais, dê aos entrevistados fichas que relacionem as opções numeradas. Os entrevistados podem então indicar numericamente suas respostas.
6. Utilize técnicas de randomização de resposta em que duas perguntas são apresentadas ao entrevistado: uma de caráter delicado e a outra, neutra, com probabilidade conhecida de resposta "sim" (p. ex., "seu aniversário é no mês de março?"). Pede-se ao entrevistado que escolha uma pergunta aleatoriamente, por exemplo, jogando uma moeda, e respondendo "sim" ou "não" à pergunta escolhida, sem dizer ao pesquisador qual pergunta está sendo respondida. Dada a probabilidade geral de uma resposta "sim", a probabilidade de escolha da pergunta delicada e a probabilidade de uma resposta "sim" à pergunta neutra, o pesquisador pode determinar a probabilidade de uma resposta "sim" à pergunta delicada, utilizando a lei das probabilidades. Mas, por meio dessa técnica, não é possível determinar quais entrevistados responderam "sim" à pergunta delicada.[15]

Escolha da estrutura da pergunta

Uma pergunta pode ser não estruturada ou estruturada. Nesta seção, definimos perguntas não estruturadas e discutimos suas vantagens e desvantagens relativas. Na próxima seção, abordamos os principais tipos de questões estruturadas: múltipla escolha, dicotômicas e escalas.[16]

Perguntas não estruturadas

As **perguntas não estruturadas** são perguntas abertas a que o entrevistado responde com suas próprias palavras. São conhecidas também como *perguntas de livre resposta*. Eis alguns exemplos:

- Qual é sua profissão?
- O que você acha das pessoas que preferem as lojas de descontos?
- Qual é sua figura política preferida?

perguntas não estruturadas
Perguntas abertas que os entrevistados respondem com suas próprias palavras.

As perguntas abertas são boas como perguntas iniciais sobre um tópico, pois permitem ao entrevistado expressar atitudes e opiniões gerais que irão ajudar o pesquisador a interpretar suas respostas a perguntas estruturadas. As perguntas não estruturadas têm uma influência tendenciosa muito menor sobre a resposta que as perguntas estruturadas. Os entrevistados têm liberdade de expressar quaisquer pontos de vista. Seus comentários e explicações podem dar ao pesquisador valiosas informações sobre o entrevistado. Daí sua utilidade na pesquisa exploratória.

Uma desvantagem importante é o elevado potencial de tendenciosidade do entrevistador. Quer o entrevistador registre as respostas literalmente, quer anote apenas os pontos principais, os dados dependem de sua habilidade. Os registros gravados em fitas ou arquivos de áudio devem ser usados quando a anotação literal for importante.

Outra desvantagem das perguntas não estruturadas é que a codificação das respostas é dispendiosa e consome muito tempo.[17] Os processos de codificação necessários para resumir as respostas, colocando-as em um formato útil para análise e interpretação, podem ser extensos. Implicitamente, as questões não estruturadas ou abertas dão um peso extra aos entrevistados mais detalhistas. Além disso, elas não são muito adequadas para questionários autoaplicados (correio, CAPI, *e-mail*, Internet e em dispositivos móveis) porque os entrevistados tendem a ser mais concisos ao escrever do que ao falar.

A pré-codificação pode superar algumas desvantagens das questões não estruturadas. As respostas esperadas são registradas em formato de múltipla escolha, embora a pergunta seja apresentada aos entrevistados como uma questão aberta. Com base na resposta do entrevistado, o entrevistador escolhe a categoria apropriada de resposta. Essa abordagem é satisfatória quando o entrevistado consegue formular facilmente a resposta e é fácil estabelecer categorias pré-codificadas uma vez que as alternativas de respostas são limitadas. Por exemplo, pode-se utilizar essa abordagem para obter informações sobre propriedade de aparelhos domésticos. Tem sido utilizada também com sucesso em pesquisas de negócios, conforme mostra o exemplo a seguir.

Pesquisa real

Avaliação de atitudes de acesso

Uma grande companhia de telecomunicações fez uma pesquisa telefônica de âmbito nacional para identificar atitudes de negócios em relação a acesso. Uma das perguntas foi formulada como pergunta aberta com respostas pré-codificadas.[18]

Que empresa(s) sua firma está usando no momento para ligações para telefone celular? Se estiver usando mais de uma, indique o nome de todas as empresas. (FORMULE A PERGUNTA COMO PERGUNTA ABERTA. PERMITA RESPOSTAS MÚLTIPLAS E REGISTRE COMO SEGUE.)

1. _____ VERIZON
2. _____ SPRINT
3. _____ T MOBILE
4. _____ AT&T
5. _____ U.S. CELLULAR
6. _____ Outra (especificar)
7. _____ Não sabe/Sem resposta ■

De maneira geral, questões abertas são úteis na pesquisa exploratória e como perguntas introdutórias. Por outro lado, suas desvantagens superam em muito as vantagens de um levantamento de grandes proporções.[19]

Perguntas estruturadas

As **perguntas estruturadas** especificam o conjunto de respostas alternativas e o formato da resposta. Uma pergunta estruturada pode ser de múltipla escolha, dicotômica ou uma escala.

---
perguntas estruturadas
Perguntas que pré-especificam o conjunto de respostas alternativas e o formato da resposta. Uma pergunta estruturada pode ser de múltipla escolha, dicotômica ou uma escala.

PERGUNTAS DE MÚLTIPLA ESCOLHA Em perguntas de múltipla escolha, o pesquisador oferece várias respostas, e o entrevistado deve escolher uma ou mais dentre as alternativas apresentadas. Consideremos a seguinte pergunta:

Você pretende comprar um carro novo nos próximos seis meses?

_____ Decididamente não comprarei
_____ Provavelmente não comprarei
_____ Estou indeciso
_____ Provavelmente comprarei
_____ Decididamente comprarei
_____ Outro (especificar)

Várias das questões discutidas no Capítulo 9 relativas a escalas itemizadas aplicam-se também a respostas de múltipla escolha. Dois outros motivos de preocupação no planejamento de questões de múltipla escolha são o número de alternativas a serem incluídas e os vieses relativos à ordem ou posição das alternativas.

As alternativas de resposta devem incluir o conjunto de todas as escolhas possíveis. A orientação geral consiste em listar todas as alternativas que podem ter importância e incluir uma alternativa rotulada "Outras (especificar)", conforme mostrado anteriormente. As alternativas de respostas devem ser mutuamente excludentes. O entrevistado precisa identificar uma, e apenas uma alternativa, a menos que o pesquisador permita especificamente duas ou mais escolhas (por exemplo, "Indique todas as marcas de refrigerante que você consumiu na semana passada"). Se as alternativas de resposta são numerosas, procure utilizar mais de uma pergunta para reduzir a exigência de processamento de informações dos entrevistados.

A **tendenciosidade de ordem ou de posição** é a tendência do entrevistado de marcar uma alternativa apenas porque ela ocupa determinada posição ou está listada em certa ordem. Os entrevistados tendem a marcar a primeira ou a última afirmação de uma lista, especialmente a primeira. Em uma lista de números (quantidades ou preços), verifica-se uma tendenciosidade para o valor central da lista. Para controlar esse viés, devem ser elaborados vários formulários do questionário, variando-se a ordem em que as alternativas são listadas de um formulário para outro. A menos que as alternativas representem categorias ordenadas, cada alternativa deve aparecer uma vez em cada uma das posições extremas, uma vez no meio e uma vez em uma posição intermediária qualquer.[20]

---
tendenciosidade de ordem ou posição
Tendência de um entrevistado de escolher uma alternativa simplesmente porque ela ocupa determinada posição ou está listada em determinada ordem.

As questões de múltipla escolha superam muitas das desvantagens das questões abertas porque há uma redução da tendenciosidade do entrevistador e as questões são administradas rapidamente. Além disso, a codificação e o processamento de dados são muito menos dispendiosos e demorados. Em questionários autoaplicados, a cooperação do entrevistado é melhorada se a maioria das questões for estruturada.

As questões de múltipla escolha não deixam de ter suas desvantagens. A elaboração de questões eficientes de múltipla escolha exige esforço considerável. Pode ser necessária uma pesquisa exploratória utilizando questões abertas para determinar as alternativas apropriadas de resposta. É difícil obter informações sobre alternativas que não foram listadas. Mesmo que se inclua uma categoria "Outros (especificar)", os entrevistados tendem a escolher entre as alternativas listadas. Além disso, o fato de mostrar aos entrevistados a lista com as possíveis alternativas produz respostas tendenciosas. Há também potencial para tendenciosidade devido à posição.[21]

PERGUNTAS DICOTÔMICAS Uma **pergunta dicotômica** tem apenas duas alternativas de resposta, como "sim" ou "não", "concordo" ou "discordo", etc. Não raro, as duas alternativas de interesse são complementadas por uma alternativa neutra, como "não tenho opinião", "não sei", "ambos" ou "nenhum".[22] A pergunta apresentada anteriormente sobre a intenção de compra de um carro novo, formulada como uma pergunta de múltipla escolha, também pode ser esquematizada como uma pergunta dicotômica:

---
pergunta dicotômica
Questão estruturada com apenas duas alternativas de resposta, como "sim" e "não".

Você pretende comprar um carro novo nos próximos seis meses?

_____ Sim
_____ Não
_____ Não sei

A decisão de utilizar uma pergunta dicotômica depende de se o entrevistado aborda o problema como uma questão do tipo "sim ou não". Embora as decisões com frequência se caracterizem como escolhas binárias ou dicotômicas, o processo subjacente de tomada de decisão pode refletir uma incerteza, que é mais bem captada por respostas de múltipla escolha. Por exemplo, dois indivíduos podem ter a mesma chance de adquirir um carro novo se as condições econômicas permanecerem favoráveis. Entretanto, o indivíduo que se considera otimista em relação à economia responderá "sim", enquanto o pessimista responderá "não".

Outro problema relacionado à formulação de perguntas dicotômicas é se devemos incluir uma alternativa neutra de resposta. Se não for incluída, os entrevistados se veem forçados a escolher entre "sim" e "não", mesmo no caso de serem indiferentes. Por outro lado, se for incluída uma alternativa neutra, o entrevistado pode evitar adotar um ponto de vista sobre o problema, tornando o resultado tendencioso. Oferecemos as seguintes diretrizes: se é provável que uma proporção considerável dos entrevistados seja neutra, inclui-se uma alternativa neutra. Por outro lado, se é esperada uma proporção pequena de entrevistados neutros, evita-se a alternativa neutra.

As vantagens e desvantagens gerais das perguntas dicotômicas são muito semelhantes às das perguntas de múltipla escolha. As questões dicotômicas são fáceis de codificar e analisar, mas apresentam um problema complexo: o enunciado da questão pode influenciar a resposta. Para ilustrar, a afirmação "os indivíduos têm mais responsabilidade do que as condições sociais pelo crime e pela ilegalidade neste país" resultou na concordância de 59,6% dos entrevistados. Entretanto, em outra amostra, que respondia à afirmação oposta, "as condições sociais têm mais responsabilidade do que os indivíduos pelo crime e pela ilegalidade neste país", 43,2% (em oposição a 40,4%) concordaram.[23] Para contornar esse problema, as questões devem ser formuladas de uma maneira em metade dos questionários e de forma oposta na outra metade. Isso se chama *técnica do voto dividido*.

ESCALAS As escalas foram discutidas detalhadamente nos Capítulos 8 e 9. Para ilustrar a diferença entre escalas e outros tipos de pergunta estruturada, analisemos o problema da intenção de comprar um carro novo. Uma maneira de formular o problema utilizando uma escala é a seguinte:

Você pretende comprar um carro novo nos próximos seis meses?

Certamente não comprarei	Provavelmente não comprarei	Estou indeciso	Provavelmente comprarei	Certamente comprarei
1	2	3	4	5

Esta é apenas uma das diversas escalas utilizadas para formular essa pergunta (ver Capítulos 8 e 9). Como mostra o exemplo a seguir, um levantamento pode conter diferentes tipos de perguntas.

Pesquisa real
Estrutura das perguntas no GAP

O estudo Global Airline Performance (GAP – desempenho global de companhias aéreas) é um levantamento realizado para medir as opiniões de passageiros de 22 companhias aéreas que decolam de 30 aeroportos em todo o mundo. O levantamento atinge 240 mil passageiros a cada ano e é realizado em sete idiomas. São usados vários tipos de perguntas estruturadas, incluindo múltipla escolha, dicotômicas e escalas, como ilustrado a seguir.[24]

P. Como você fez sua reserva? (escolha apenas UMA opção)
_____ Página da companhia na Internet
_____ Reserva por telefone ou diretamente no escritório da companhia
_____ Por intermédio de agência de viagem
_____ Outro

P. Você está usando um *e-ticket* (bilhete eletrônico, sem impressão em papel) nesta viagem?
_____ Sim
_____ Não

P. Com base na sua experiência no voo de hoje, você escolheria esta companhia aérea para sua próxima viagem por esta mesma rota?
_____ Certamente escolheria (5)
_____ Provavelmente escolheria (4)
_____ Talvez escolhesse, talvez não (3)
_____ Provavelmente não escolheria (2)
_____ Certamente não escolheria (1) ■

PESQUISA ATIVA

Estée Lauder: o doce aroma de perfume

Pesquise na Internet, incluindo mídias sociais, e no banco de dados *on-line* de sua biblioteca informações sobre as atitudes dos consumidores em relação a perfumes.

Como gerente de marketing dos perfumes Estée Lauder, como você incentivaria atitudes positivas dos consumidores em relação às suas marcas?

Obtenha informações sobre as atitudes dos consumidores em relação aos perfumes Estée Lauder utilizando uma pergunta não estruturada, uma de múltipla escolha, uma dicotômica e uma de escala.

Escolha do enunciado da pergunta

A formulação de uma pergunta é a tradução do conteúdo e da estrutura da pergunta em palavras, de forma que os entrevistados possam compreendê-la facilmente. A decisão quanto ao enunciado de uma pergunta talvez seja a tarefa mais crítica e mais difícil na elaboração de um questionário, conforme mostrou o questionário da World Vision no exemplo de abertura. Se uma pergunta for formulada de maneira deficiente, o entrevistado pode se recusar a respondê-la ou respondê-la incorretamente. A primeira condição, conhecida como o *item não resposta*, pode aumentar a complexidade da análise dos dados.[25] A segunda condição conduz a um erro de resposta, já discutido anteriormente (ver também o Capítulo 3). A menos que os entrevistados e o pesquisador atribuam exatamente o mesmo significado à pergunta, os resultados serão seriamente tendenciosos.[26]

Para evitar tais problemas, oferecemos as seguintes diretrizes: (1) defina o problema, (2) empregue palavras simples e comuns, (3) evite palavras ambíguas, (4) evite perguntas indutoras, (5) evite alternativas implícitas, (6) evite suposições, (7) evite generalizações e estimativas e (8) utilize afirmações positivas e negativas.

Defina o problema

Uma pergunta deve definir claramente o problema que está sendo abordado. Os jornalistas iniciantes recebem recomendações para definir o problema em termos de quem, o quê, quando, onde, por que e como.[27] Essas expressões também podem servir como diretrizes para definir o problema em uma pergunta. (Ver no Capítulo 3 uma aplicação dessas diretrizes para uma pesquisa descritiva.) Analisemos a pergunta a seguir:

> Que marca de xampu você usa? (Incorreto)

Aparentemente, parece uma pergunta bem formulada, mas talvez cheguemos a uma conclusão diferente quando a examinarmos sob o prisma de quem, o quê, quando e onde. "Quem" nesta pergunta refere-se ao respondente. Não fica claro, porém, se o pesquisador está se referindo à marca que o entrevistado usa pessoalmente ou à marca usada em sua casa. "O quê" é a marca do xampu. Mas, e se estiverem sendo usadas mais de uma marca? O entrevistado deve mencionar a marca preferida, a que é usada com mais frequência, a que foi usada mais recentemente ou a que primeiro lhe vier à mente? "Quando" não é claro; o pesquisador se refere à última vez, à última semana, ao mês passado, ao ano passado ou desde sempre? Quanto a "onde", está implícito que o xampu é usado em casa, mas isso não está indicado com clareza. Uma melhor formulação seria:

> Que marca ou marcas de xampu você usou pessoalmente em casa no mês passado? No caso de mais de uma marca, liste todas as marcas. (Correto)

Empregue palavras comuns

Em um questionário, devem ser utilizadas palavras simples e comuns, de acordo com o nível de vocabulário do entrevistado.[28] Ao escolher as palavras, tenha em mente que, nos EUA, o indivíduo médio tem instrução secundária, e não de nível superior. Para certos grupos de entrevistados, o nível educacional é ainda mais baixo. Por exemplo, elaboramos um projeto para uma grande empresa de telecomunicações que opera essencialmente em zonas rurais, onde o nível médio de instrução era inferior ao secundário. Deve-se evitar também o jargão técnico (a maioria dos entrevistados não entende os termos da área de marketing). Por exemplo, em vez de perguntar

> "Você acha que a distribuição de refrigerantes é adequada?" (Incorreto)

pergunte,

> "Você acha que encontra refrigerantes com facilidade quando resolve comprá-los?" (Correto)

Evite palavras ambíguas

As palavras usadas em um questionário devem ter um significado único, conhecido dos entrevistados. Várias palavras que não aparentam ambiguidade têm significados diferentes para pessoas diferentes.[29] Estas incluem "geralmente", "normalmente", "frequentemente", "regularmente", "ocasionalmente" e "às vezes". Analise a pergunta a seguir:

> Em um mês típico, quantas vezes você faz compras em lojas de departamentos?
> _____ Nunca
> _____ Ocasionalmente
> _____ Às vezes
> _____ Frequentemente
> _____ Regularmente (Incorreto)

As respostas a essa pergunta estarão crivadas de tendenciosidade, pois as palavras usadas para descrever as categorias têm significados distintos para diferentes entrevistados. Três respondentes que fazem compras uma vez por mês podem assinalar três categorias diferentes: ocasionalmente, às vezes e frequentemente. Um enunciado bem melhor para a pergunta seria:

> Em um mês típico, quantas vezes você faz compras em lojas de departamentos?
> _____ Menos de uma vez
> _____ 1 ou 2 vezes
> _____ 3 ou 4 vezes
> _____ Mais de 4 vezes (Correto)

Observe que essa pergunta proporciona uma estrutura de referência consistente para todos os entrevistados. As categorias de resposta foram definidas objetivamente, e os entrevistados não têm mais a possibilidade de interpretá-las à sua própria maneira.

Além disso, palavras que incluem ou excluem podem ser compreendidas de modo diferente por diferentes pessoas. Alguns exemplos dessas palavras são "todos", "sempre", "algum", "alguém" e "toda vez". Tais palavras devem ser evitadas. Por exemplo, "algum" pode significar "um pouco" ou "somente um" para diferentes respondentes, dependendo de como eles consideram a expressão.

Ao decidir sobre a escolha de palavras, os pesquisadores devem consultar um dicionário e formular as seguintes perguntas sobre cada palavra usada:

1. A palavra significa o que queremos?
2. Há algum outro significado?
3. Em caso afirmativo, o contexto torna claro o significado pretendido?
4. A palavra admite mais de uma pronúncia?
5. Há alguma palavra de pronúncia semelhante que possa ser confundida com esta palavra?
6. Sugere-se alguma palavra ou frase mais simples?

Evite perguntas indutoras ou tendenciosas

Uma **pergunta indutora** é aquela que sugere ao entrevistado uma resposta desejada ou que o leva a responder de determinado modo. Alguns respondentes tendem a concordar com qualquer coisa que a pergunta os leve a responder. Essa tendência é conhecida como **dizer sim** e resulta no que se chama de **tendência à aquiescência**. Consideremos a seguinte pergunta:

---

pergunta indutora

Pergunta que sugere ao entrevistado qual deve ser a resposta ou que leva o entrevistado a responder de determinada forma.

tendência à aquiescência (dizer sim)
Resulta da tendência de alguns respondentes concordarem com o que a pergunta os leva a responder (dizer sim).

Você acha que os americanos patriotas devem comprar carros importados quando isso pode causar desemprego a seus conterrâneos?

_____ Sim
_____ Não
_____ Não sei   (Incorreto)

Essa pergunta levaria a maioria dos entrevistados a responder "não". Afinal, como os americanos patriotas podem querer acabar com os empregos? Por isso, a pergunta não ajudaria a indicar as preferências de americanos por automóveis importados *versus* nacionais. Seria melhor perguntar:

Você acha que os americanos devem comprar automóveis importados?

_____ Sim
_____ Não
_____ Não sei   (Correto)

A tendenciosidade também surge quando são dadas aos entrevistados indicações sobre o patrocinador do projeto. Os entrevistados tendem a responder favoravelmente em relação ao patrocinador. A pergunta "Colgate é sua pasta de dentes preferida?" pode causar tendenciosidade em favor da Colgate. Uma forma menos tendenciosa de obter esta informação seria perguntar: "Qual é a sua marca preferida de pasta de dentes?". Da mesma maneira, a menção de um nome de prestígio ou de um nome obscuro poderia tornar a resposta tendenciosa, como em "Você concorda com a Associação Americana de Odontologia que Colgate é eficiente na prevenção de cáries?". Uma pergunta não tendenciosa seria "Colgate é eficiente na prevenção de cáries?".[30]

Evite alternativas implícitas

Uma alternativa que não é expressa explicitamente nas opções é uma **alternativa implícita**. O fato de explicitarmos uma alternativa implícita pode aumentar a porcentagem das pessoas que escolhem aquela alternativa, como nos dois casos seguintes:

alternativa implícita
Alternativa que não é expressa de forma explícita.

1. Você gosta de voar quando o percurso é curto?
   (Incorreto)
2. Você gosta de voar quando o percurso é curto ou prefere dirigir um carro?
   (Correto)

Na primeira pergunta, a alternativa de dirigir um carro está apenas implícita; na segunda pergunta, ela é explícita. A primeira pergunta tende a dar ao avião prioridade maior do que a segunda.

Devem-se evitar perguntas com alternativas implícitas, a menos que haja razões específicas para incluí-las.[31] Quando as alternativas estão próximas em termos de preferência ou quando estão em grande número, as alternativas no final da lista têm mais chance de serem escolhidas. Para eliminar essa tendenciosidade, utilize a técnica do voto dividido para alternar a ordem em que as alternativas aparecem.

Evite suposições

As perguntas não devem ser enunciadas de modo que a resposta dependa de suposições sobre o que ocorrerá como consequência. As suposições são conjeturas não formuladas na pergunta, como no exemplo a seguir:[32]

1. Você é favorável a um orçamento equilibrado?
   (Incorreto)
2. Você é favorável a um orçamento equilibrado que tenha como resultado um aumento de impostos para pessoas físicas?
   (Correto)

Estão implícitas na pergunta 1 as consequências de um orçamento equilibrado. Pode haver um corte nas despesas com defesa, um aumento de impostos para pessoas físicas, cortes em programas sociais, etc. A pergunta 2 apresenta um enunciado melhor para a questão. A falta de explicitação dessas suposições na pergunta 1 resulta em uma superestimação do apoio do entrevistado a um orçamento equilibrado.

Evite generalizações e estimativas

As perguntas devem ser específicas, e não genéricas. Além disso, devem ser formuladas de forma que o entrevistado não tenha de fazer generalizações ou calcular estimativas. Suponha que estivéssemos interessados na despesa anual *per capita* com gêneros alimentícios em uma residência. Se perguntássemos ao entrevistado

"Qual é a despesa anual *per capita* com gêneros alimentícios em sua casa?"   (Incorreto)

seria preciso primeiro determinar a despesa anual multiplicando-se por 12 a despesa mensal, ou a despesa semanal por 52. Então, deveríamos dividir o total anual pelo número de pessoas que vivem na casa. A maioria dos entrevistados não estaria disposta ou não seria capaz de fazer tais cálculos. Uma maneira melhor de obter a informação desejada seria fazer duas perguntas simples aos entrevistados:

"Qual é a despesa mensal (ou semanal) com gêneros alimentícios em sua casa?"
e
"Quantas pessoas há em sua casa?"   (Correto)

O pesquisador pode então fazer os cálculos necessários.

Utilize afirmações positivas e negativas

Muitas perguntas, particularmente as que medem atitudes e estilos de vida, são enunciadas como afirmações em relação às quais os entrevistados indicam seu grau de concordância ou de discordância. A evidência indica que a resposta obtida é influenciada pela direção das afirmações: se elas são formuladas positiva ou negativamente. Nesses casos, é melhor utilizar afirmações duais, algumas positivas e outras negativas. Podem ser preparados dois questionários diferentes. Um dos questionários conteria metade de afirmações positivas e metade de negativas, misturadas em ordem arbitrária, com a direção dessas afirmações sendo invertida no outro questionário. Um exemplo de afirmações duais foi dado na escala somatória Likert no Capítulo 9 para avaliar atitudes em relação à Wal-Mart. Algumas afirmações sobre a Wal-Mart eram positivas, ao passo que outras eram negativas.

PESQUISA ATIVA

FedEx: os grandes atendendo aos pequenos

Visite www.fedex.com e pesquise na Internet, incluindo mídias sociais, e no banco de dados *on-line* de sua biblioteca informações sobre o mercado para entrega de encomendas em 24 horas. Faça um breve relatório.

Como diretor de marketing da FedEx, como você penetraria no importante mercado das pequenas empresas oferecendo entrega de encomendas em 24 horas?

Avalie a formulação da seguinte pergunta feita a proprietários e presidentes de pequenas empresas: "Se a FedEx lançasse um novo serviço de entrega em 24 horas para pequenas empresas, qual seria a chance de vocês o adotarem?".

Determinação da ordem das perguntas

Perguntas de abertura

As perguntas de abertura, que são cruciais para ganhar a confiança e a cooperação dos entrevistados, devem ser simples, interessantes e não ameaçadoras. As perguntas que pedem a opinião dos entrevistados podem ser boas perguntas de abertura, porque a maioria das pessoas gosta de expressar suas próprias opiniões. Por vezes, tais perguntas são formuladas mesmo que não estejam relacionadas com o problema da pesquisa e que suas respostas não sejam analisadas.[33]

Pesquisa real

Pergunta de abertura sobre opinião abre a porta para a cooperação

A pesquisa American Chicle Youth foi encomendada pela Pfizer Company (www.pfizer.com) e realizada pela GfK (www.gfk.com). Entrevistou-se em âmbito nacional um perfil de mil jovens americanos de 8 a 17 anos de idade que frequentavam a escola. O questionário continha uma pergunta de abertura simples, solicitando a opinião sobre as condições de vida na localidade ou cidade.

Para começar, gostaria de saber se você gosta de viver nesta (localidade/cidade). Você diria que gosta *muito, um pouco* ou *não gosta?*

    Muito   _____
    Um pouco   _____
    Não gosta   _____
    Não sei   _____

Fonte: A pesquisa American Chicle Youth foi encomendada pela Pfizer Company ∎

Muitas vezes, é preciso qualificar os entrevistados ou determinar se o entrevistado está apto a participar da entrevista; nesse caso, as perguntas qualificadoras servem como perguntas de abertura.

Projeto de pesquisa

Pergunta de abertura

No projeto de fidelização da loja de departamentos, o questionário tinha que ser respondido pelo chefe da casa (homem ou mulher) que fizesse a maior parte das compras em lojas de departamentos. A primeira pergunta era: "na sua casa, quem faz a maior parte das compras em lojas de departamentos?". Assim, a pergunta de abertura ajudou a identificar os entrevistados elegíveis e a obter a cooperação dos entrevistados, em virtude de sua natureza simples e não ameaçadora. ∎

Tipo de informação

O tipo de informação obtida em um questionário é classificado como: (1) informações básicas, (2) informações de classificação e (3) informações de identificação. As informações básicas estão relacionadas diretamente com o problema de pesquisa. As **informações de classificação**, que consistem em características socioeconômicas e demográficas, servem para classificar os entrevistados e entender os resultados. As **informações de identificação** incluem nome, endereço, *e-mail* e número de telefone celular, e atendem a uma diversidade de propósitos, como verificar se os respondentes foram realmente entrevistados, enviar incentivos prometidos e assim por diante. Como regra, devemos obter primeiramente as informações básicas, em seguida, as informações de classificação e, finalmente, as informações de identificação. As informações básicas são da maior importância para o projeto de pesquisa e devem ser obtidas em primeiro lugar, antes de corrermos o risco de alienar os entrevistados formulando uma série de perguntas pessoais. O questionário apresentado no problema 7 (ver os exercícios apresentados neste capítulo) obtém incorretamente informações de identificação (nome) e algumas informações de classificação (demográficas) no início.

informações de classificação
Características socioeconômicas e demográficas utilizadas para classificar os entrevistados.

informações de identificação
Tipo de informação obtida em um questionário, incluindo nome, endereço e número de telefone.

Perguntas difíceis

As perguntas difíceis, ou perguntas delicadas, complexas ou maçantes, devem ser colocadas no final da sequência. Depois de estabelecida a comunicação e envolvidos os entrevistados, há menor probabilidade de eles objetarem a essas perguntas. Assim, no projeto da fidelização de clientes de uma loja de departamentos, as informações sobre débito no cartão de crédito foram colocadas no fim da seção de informações básicas. Da mesma forma, a renda deve ser a última pergunta na seção de classificação, e o número de telefone celular deve ser o item final na seção de identificação.

Efeito sobre perguntas subsequentes

As perguntas formuladas no início de uma sequência podem influir nas respostas de perguntas subsequentes. Como regra prática, perguntas de caráter geral devem preceder perguntas específicas. Isso evita que perguntas específicas tornem tendenciosas as respostas a perguntas de caráter geral. Consideremos a sequência de perguntas a seguir:

P1: "Que considerações são importantes na escolha de uma loja de departamentos?"

P2: "Na escolha de uma loja de departamentos, qual é a importância da conveniência de localização?" (Correto)

Observe que a primeira pergunta é de caráter geral, enquanto a segunda é específica. Se essas perguntas fossem formuladas na ordem inversa, os entrevistados ficariam presos à localização, com maior chance de dar essa resposta à pergunta geral.

O procedimento do geral para o específico é chamado de **abordagem tipo funil**, especialmente útil quando precisamos obter informações sobre o comportamento geral de escolha por parte dos entrevistados e sua avaliação de produtos específicos.[34] Às vezes, é conveniente a abordagem tipo funil invertido, em que o questionário começa com perguntas específicas e conclui com as perguntas de caráter geral. Os entrevistados são compelidos a dar informações específicas antes de fazerem avaliações gerais. Essa abordagem é útil quando os entrevistados não têm convicções definidas ou não consolidaram um ponto de vista.

abordagem tipo funil
Estratégia para ordenar as perguntas de um questionário em que a sequência começa com perguntas de caráter geral e segue com perguntas progressivamente específicas a fim de evitar que as perguntas específicas introduzam tendenciosidade nas perguntas de caráter geral.

Ordem lógica

As perguntas têm que ser formuladas em uma ordem lógica. Todas as questões relacionadas com determinado tópico devem ser formuladas antes de iniciar um novo tópico. Quando houver mudança de tópico, recomenda-se utilizar frases de transição breves para ajudar os entrevistados a mudar sua linha de pensamento.

As **perguntas ramificadas** devem ser planejadas com o máximo cuidado, pois encaminham os entrevistados para diferentes partes do questionário com base na maneira como eles respondem à pergunta em foco.[35] Essas questões asseguram que sejam abordadas todas as contingências possíveis e contribuem também para reduzir erros do entrevistador e do entrevistado, incentivando respostas completas. A definição de padrões de salto baseados nas perguntas ramificadas é uma tarefa complicada. Uma forma simples de levar em conta todas as contingências é preparar um fluxograma das possibilidades lógicas e, então, com base nele, elaborar perguntas e instruções de ramificação. A Figura 10.2 mostra um fluxograma utilizado para avaliar o uso de crédito em compras em um supermercado.

perguntas ramificadas
Perguntas usadas para orientar os entrevistados em uma pesquisa, encaminhando-os a pontos diferentes do questionário, dependendo das respostas dadas.

A inclusão de perguntas ramificadas tem grande importância, devendo obedecer às seguintes diretrizes: (1) a pergunta que está sendo ramificada (aquela para a qual o entrevistado está sendo encaminhado) deve ser colocada o mais perto possível da pergunta que causa a ramificação e (2) as perguntas ramificadas têm que ser ordenadas de modo que os entrevistados não consigam antecipar que será solicitada alguma informação adicional. De outra forma, os entrevistados descobrirão que é possível evitar questões detalhadas dando certas respostas às perguntas ramificadas. Por exemplo, deve-se perguntar primeiro ao entrevistado se ele viu algum dos comerciais listados antes de pedir que avalie os comerciais. Caso contrário, os entrevistados logo descobrirão que, afirmando terem visto determinado comercial, são levados a perguntas detalhadas sobre aquele comercial, e podem evitar perguntas detalhadas simplesmente afirmando não tê-lo visto.

PESQUISA ATIVA

Televisores de tela plana: o mercado não é plano

Pesquise na Internet, incluindo mídias sociais, e no banco de dados *on-line* de sua biblioteca informações sobre as percepções, preferências e intenções de compra dos consumidores no que se refere a televisores de tela plana.

Especifique as informações necessárias e a ordem em que você obteria os dados sobre as percepções, preferências e intenções de compra quando se trata de televisores de tela plana Samsung.

Como vice-presidente de marketing, que estratégias de marketing você formularia para aumentar a penetração da Samsung no mercado de televisores de tela plana?

Formato e leiaute

O formato, o espaçamento e o posicionamento das perguntas têm um efeito significativo sobre os resultados, como ilustrado pelo questionário da World Vision no exemplo de abertura. Isso é especialmente importante para questionários autoadministrados. Os testes com questionários pelo correio para o censo populacional revelaram que as perguntas colocadas na parte superior da página receberam mais atenção do que as colocadas no fim da página. As instruções impressas em vermelho não fizeram grande diferença, exceto pelo fato de tornarem o questionário aparentemente mais complicado para os entrevistados.

É uma boa prática dividir um questionário em várias partes. Isso pode ser necessário para questões relativas às informações básicas. As perguntas em cada parte devem ser

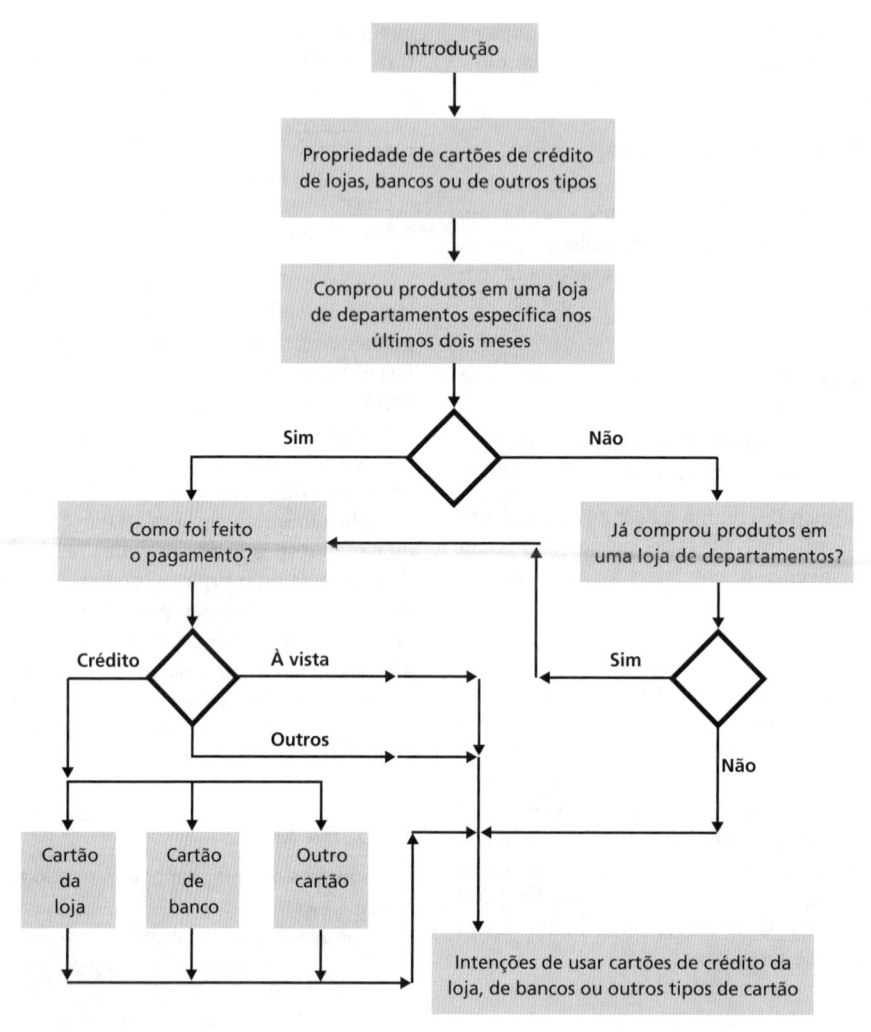

FIGURA 10.2 Fluxograma para elaboração de questionário.

numeradas, especialmente quando são utilizadas perguntas ramificadas. A numeração das perguntas também facilita a codificação das respostas.

Projeto de pesquisa

Formato e leiaute

No projeto de fidelização da loja de departamentos, o questionário foi dividido em várias partes. A parte A continha a pergunta de qualificação, informações sobre conhecimento e frequência de compra, avaliação das 10 lojas em cada um dos oito fatores dos critérios de escolha e classificações de preferência para as 10 lojas. A Parte B apresentava perguntas sobre a importância relativa ligada a cada fator dos critérios de escolha e as classificações de preferência das 10 lojas. A Parte C obtinha informações sobre estilos de vida. Finalmente, a Parte D solicitava informações padronizadas de demografia e identificação. As informações de identificação foram obtidas junto com as de classificação, e não separadamente, de forma a minimizar sua relevância. A divisão do questionário em partes proporcionou transições naturais e serviu para alertar o entrevistador e o respondente de que, quando cada parte começava, um tipo diferente de informações estava sendo solicitado. ∎

De preferência, os questionários devem ser pré-codificados. Na **pré-codificação**, os códigos a serem introduzidos no computador são impressos no questionário. Geralmente o código identifica o número da linha e os números das colunas em que determinada resposta será introduzida. Observe que, quando usamos CATI ou CAPI, a pré-codificação é construída no *software*. A codificação de questionários é explicada com mais detalhes no Capítulo 14, sobre preparação de dados. Aqui, apresentamos um exemplo de um questionário pré-codificado (por questões de espaço, foi reproduzida apenas parte do questionário).

pré-codificação
Na elaboração de um questionário, é a atribuição de um código a toda resposta concebível antes da coleta de dados.

Pesquisa real

Exemplo de uma pesquisa pré-codificada da revista *The American Lawyer*

The American Lawyer

Uma pesquisa confidencial sobre nossos assinantes

1. Em média, quanto tempo, no total, você passa lendo ou procurando um assunto específico na *The American Lawyer*?

   Menos de 30 minutos ....❑ –1
   30 a 59 minutos..........................❑ –2
   1 hora a 1 hora e 29 minutos.............❑ –3
   1 hora e meia a 1 hora e 59 minutos......❑ –4
   2 horas a 2 horas e 59 minutos...........❑ –5
   3 horas ou mais..........................❑ –6

2. Após terminar a leitura de um número da *The American Lawyer*, o que você costuma fazer com ela?

   Guardar toda a edição para a biblioteca da empresa❑ –1
   Guardar toda a edição para utilizar em casa......❑ –2
   Passá-la a outros colegas da empresa.............❑ –3
   Recortar e guardar os assuntos que interessam....❑ –4
   Colocá-la em uma sala de espera/área pública.....❑ –5
   Descartá-la......................................❑ –6
   Outros_____❑ –7
   (especificar)

3. *Não incluindo você*, quantas pessoas, em média, acha que leem ou consultam seu exemplar (não o exemplar do escritório) da *The American Lawyer*?

   Número adicional de leitores por cópia:

   Um.......................................❑ –1
   Dois.....................................❑ –2
   Três.....................................❑ –3
   Quatro...................................❑ –4
   Cinco....................................❑ –5
   Seis.....................................❑ –6
   Sete.....................................❑ –7
   8 a 9....................................❑ –8
   10 ou mais 14............................❑ –9
   Nenhum...................................❑ –0

Fonte: Adaptada de uma pesquisa pré-codificada da revista *The American Lawyer*. ■

Os questionários devem ser numerados em sequência. Isso facilita seu controle em campo, bem como o trabalho de codificação e análise. A numeração facilita o controle dos questionários, permitindo verificar se algum foi extraviado. Exceção possível a essa regra são os questionários por correio. Se forem numerados, os entrevistados podem pensar que um dado número identifica um entrevistado em particular, e alguns entrevistados talvez se recusem a participar ou respondam de modo diferente sob tais condições. Todavia, pesquisas recentes sugerem que essa perda de anonimato tem influência mínima, se não nula, nos resultados.[36]

Reprodução do questionário

A forma de reproduzir um questionário pode influir nos seus resultados. Por exemplo, se ele for impresso em papel barato e tiver uma má aparência, o entrevistado tenderá a pensar que se trata de um projeto pouco importante, o que, no mínimo, prejudicará a qualidade da resposta. Por isso, o questionário precisa ser reproduzido em papel de boa qualidade e ter uma aparência profissional.

Quando um questionário impresso se estende por várias páginas, deve ser apresentado em formato de folheto, nunca com várias folhas grampeadas. Os folhetos são de manuseio mais fácil, tanto para o entrevistador quanto para os entrevistados, e não se soltam com o uso, ao contrário das folhas grampeadas. Além disso, eles permitem a utilização do formato de página dupla para as perguntas e têm uma aparência mais profissional.

Cada pergunta deve ser inteiramente reproduzida em uma única página (ou distribuída em uma página dupla). O pesquisador precisa evitar a divisão da pergunta ou das categorias de resposta que admite. Perguntas divididas podem confundir o entrevistador ou o entrevistado, levando-os a pensar que elas terminaram no final da página, o que traz como resultado respostas a partir de perguntas incompletas.

Utilize colunas verticais de resposta para perguntas individuais. É mais fácil, para o entrevistador e o entrevistado, ler verticalmente uma coluna única do que ler horizontalmente ao longo de várias colunas. Deve-se evitar a formatação e a divisão laterais (empregadas frequentemente para economizar espaço). Esse problema é observado no questionário da *The American Lawyer*.

É preciso evitar a tendência de condensar várias perguntas para fazer o questionário parecer menor. As perguntas supercondensadas, com pouco espaço em branco entre elas, podem induzir a erros na coleta de dados e originar respostas mais curtas e menos informativas. Além disso, elas dão a impressão de que o questionário é complexo demais, o que pode resultar em índices mais baixos de cooperação e preenchimento. Embora os questionários mais curtos sejam preferíveis, não se pode reduzir o tamanho à custa da supercondensação.

A orientação ou as instruções para perguntas individuais têm que ser colocadas o mais próximo possível das próprias perguntas. As instruções sobre como a pergunta deve ser aplicada pelo entrevistador ou respondida pelo entrevistado precisam aparecer imediatamente antes da pergunta. Instruções sobre a melhor maneira de registrar a resposta ou fazer a sondagem devem vir depois da questão (para mais informações sobre sondagem e outros processos de entrevista, ver o Capítulo 13). É prática comum estabelecer uma distinção entre instruções e perguntas utilizando tipos diferentes de letra, como o uso de maiúsculas. (Ver o projeto de fidelização da loja de departamentos na seção intitulada "Efeito do método de entrevista na elaboração de questionários", na página 260.)

Embora a cor não influencie as respostas a questionários, ela pode ser vantajosa em determinadas situações. A codificação por cores é útil no caso de perguntas ramificadas. A próxima pergunta para a qual o entrevistado é orientado é impressa em uma cor que iguala o espaço em que a pergunta ramificada ficou registrada. Pesquisas dirigidas a diferentes grupos de entrevistados podem ser reproduzidas em papéis de cores diferentes. Em uma pesquisa por correio encomendada por uma grande empresa de telecomunicações, o questionário comercial foi impresso em papel branco, e o questionário doméstico, em papel amarelo.

O questionário deve ser impresso de maneira a facilitar tanto sua leitura quanto as respostas. O tipo de letra deve ser grande e claro. A leitura não pode ser cansativa. Várias tecnologias proporcionam aos pesquisadores uma impressão de melhor qualidade reduzindo, simultaneamente, os custos. Um projeto com esse objetivo obteve como resultado uma diminuição de US$ 1.150 para US$ 214 nos custos de impressão.[37]

Pré-teste

O **pré-teste** se refere ao teste do questionário em uma pequena amostra de entrevistados, com o objetivo de identificar e eliminar problemas potenciais. Até mesmo o melhor questionário pode ser aperfeiçoado pelo pré-teste. Como regra, um questionário não deve ser usado em uma pesquisa de campo sem um pré-teste adequado e abrangente, como ilustrou o exemplo do questionário da World Vision. Todos os aspectos do questionário precisam ser testados, inclusive o conteúdo da pergunta, o enunciado, a sequência, o formato e o leiaute, a dificuldade das perguntas e as instruções. Os entrevistados no pré-teste devem ser semelhantes aos entrevistados da pesquisa real em termos de características fundamentais, familiaridade com o assunto e atitudes e comportamentos de interesse.[38] Em outras palavras, os entrevistados do pré-teste e da pesquisa real devem ser extraídos da mesma população.

---

pré-teste
Teste do questionário com uma pequena amostra de entrevistados para identificar e eliminar problemas potenciais.

A melhor maneira de efetuar os pré-testes é com entrevistas pessoais, mesmo que a pesquisa real venha a ser feita por correio, telefone, em dispositivos eletrônicos e móveis, porque os entrevistadores podem observar as reações e as atitudes dos entrevistados. Depois de efetuadas as modificações necessárias, será possível realizar outro pré-teste por correio, telefone, em dispositivos eletrônicos e móveis, se forem esses os métodos utilizados na pesquisa real. O último pré-teste deve revelar problemas peculiares ao método de entrevista. Até onde for possível, um pré-teste deve envolver a aplicação do questionário em um ambiente e contexto semelhantes aos da pesquisa real.

É aconselhável usar vários entrevistadores nos pré-testes. O diretor do projeto, o pesquisador que elaborou o questionário e outros elementos-chave da equipe de pesquisa devem fazer algumas entrevistas prévias. Isso propiciará uma boa avaliação dos problemas potenciais e da natureza dos dados esperados. A maioria das entrevistas de pré-teste, no entanto, deve ser feita por entrevistadores comuns.

É boa prática utilizar tanto entrevistadores experientes quanto novatos. Os experientes rapidamente detectam insegurança, confusão e resistência nos entrevistados; os novatos ajudam o pesquisador a identificar problemas relacionados com o entrevistador. Em geral, o tamanho da amostra do pré-teste é pequeno, variando de 15 a 30 entrevistados para o teste inicial, dependendo da heterogeneidade da população visada. O tamanho da amostra pode aumentar substancialmente se o pré-teste envolver vários estágios.

A análise protocolar e o *debriefing* são dois processos comumente utilizados no pré-teste.

Na análise protocolar, pede-se ao entrevistado que "pense em voz alta" ao responder a um questionário. Comumente, as observações dos entrevistados são gravadas e analisadas, a fim de determinar as reações evocadas por partes diferentes do questionário. Já o *debriefing* ocorre depois de completado o questionário. Os entrevistados são informados de que o questionário que acabaram de preencher era apenas um pré-teste, cujos objetivos são descritos nesse momento. Pede-se, então, que descrevam o significado de cada pergunta, expliquem suas respostas e indiquem quaisquer problemas enfrentados ao responder ao questionário.

A edição é a correção do questionário com relação aos problemas identificados durante o pré-teste. Depois de cada revisão significativa do questionário, é necessário fazer outro pré-teste, utilizando então uma amostra diferente de entrevistados. Um pré-teste bem fundamentado tem vários estágios. Um único pré-teste é o mínimo que precisa ser feito. O pré-teste deve continuar até que mudanças não sejam mais necessárias.

Por fim, as respostas obtidas com o pré-teste têm que ser codificadas e analisadas. O exame dessas respostas serve para verificar a adequação da definição do problema e dos dados e das análises requeridas para obter as informações pretendidas. As tabelas *dummy* preparadas antes da elaboração do questionário indicarão a necessidade dos diversos conjuntos de dados. Se as respostas a uma pergunta não puderem se relacionar com as das tabelas *dummy* planejadas antecipadamente, isso significa que os dados são supérfluos ou que não foi prevista uma análise importante. Se parte de uma tabela *dummy* permanecer em branco, pode ter sido omitida alguma pergunta indispensável. A análise dos dados do pré-teste contribui para garantir que todos os dados coletados sejam utilizados e que o questionário obtenha todos os dados necessários.[39] A Tabela 10.1 resume o processo de planejamento do questionário na forma de uma lista de verificação.

Construção de questionários para Internet e computadores

Há *software* disponível a fim de elaborar questionários para aplicação via Internet ou por outros meios (telefone, entrevista pessoal, correio ou dispositivos móveis). Apesar de descrevermos o uso do *software* para construção de questionários para Internet, as funções são essencialmente semelhantes para questionários construídos de outros modos. O *software* ajudará a desenvolver e disseminar o questionário e, em muitos casos, a recuperar e analisar os dados coletados e a preparar um relatório. O *software* realiza automaticamente uma série de tarefas, como:

TABELA 10.1
Lista de verificação para a elaboração de um questionário

Estágio 1   Especifique as informações necessárias.
1. Certifique-se de que as informações obtidas abrangem todos os componentes do problema. Revise os componentes do problema e a abordagem, particularmente as questões de pesquisa, as hipóteses e as informações necessárias.
2. Prepare um conjunto de tabelas *dummy*.
3. Tenha uma ideia clara da população-alvo.

Estágio 2   Especifique o tipo de método de entrevista.
1. Revise o tipo de método de entrevista com base nas considerações discutidas no Capítulo 6.

Estágio 3   Determine o conteúdo de perguntas individuais.
1. A pergunta é necessária?
2. São necessárias várias perguntas, em vez de uma só, para obter as informações desejadas de forma não ambígua?
3. Não utilize perguntas de duplo efeito.

Estágio 4   Elabore as perguntas de forma a superar a incapacidade ou a falta de disposição dos entrevistados em respondê-las.
1. O entrevistado está a par do assunto?
2. Se for provável que os entrevistados não estejam informados, é preciso utilizar questões filtro que avaliem a familiaridade, o uso do produto e a experiência passada antes das questões sobre o assunto central.
3. O entrevistado consegue se lembrar?
4. Evite erros de omissão, de compressão e de criação.
5. As questões que não dão dicas ao entrevistado podem subestimar a ocorrência real de um evento.
6. O entrevistado consegue formular a resposta?
7. Minimize o esforço exigido do entrevistado.
8. O contexto em que as questões são formuladas é apropriado?
9. Faça o pedido por informações parecer legítimo.
10. Se as informações forem delicadas:
    a. Coloque os tópicos delicados ao final do questionário.
    b. Introduza a pergunta com uma afirmação de que o comportamento que interessa é comum.
    c. Formule a pergunta utilizando a técnica da terceira pessoa.
    d. Disfarce a pergunta em um conjunto de outras questões a que os entrevistados estejam dispostos a responder.
    e. Indique categorias de respostas em vez de pedir cifras específicas.
    f. Utilize técnicas aleatórias, se for adequado.

Estágio 5   Escolha a estrutura da pergunta.
1. As questões abertas são úteis na pesquisa exploratória e como perguntas de abertura.
2. Sempre que possível, utilize perguntas estruturadas.
3. Em perguntas de múltipla escolha, as alternativas de resposta devem incluir o conjunto de todas as escolhas possíveis e ser também mutuamente excludentes.
4. Em uma questão dicotômica, caso se imagine que uma parte substancial dos entrevistados será neutra, inclua uma alternativa neutra.
5. Considere a utilização da técnica do voto dividido para reduzir a tendenciosidade de ordem em questões dicotômicas e de múltipla escolha.
6. Se as alternativas de resposta forem numerosas, utilize mais de uma pergunta para reduzir as exigências de processamento de informação sobre os entrevistados.

Estágio 6   Determine o enunciado da pergunta.
1. Defina o problema em termos de quem, o quê, quando, onde, por que e como.
2. Utilize palavras simples e comuns. As palavras devem estar no nível do vocabulário dos entrevistados.
3. Evite palavras ambíguas: geralmente, normalmente, frequentemente, regularmente, ocasionalmente, às vezes, etc.
4. Evite perguntas indutoras que indiquem ao entrevistado qual deveria ser a resposta.
5. Evite alternativas implícitas que não estejam expressas na opção.
6. Evite suposições.
7. O entrevistado não deve ser compelido a fazer generalizações ou calcular estimativas.
8. Utilize afirmações positivas e negativas.

(Continua)

TABELA 10.1
Lista de verificação para a elaboração de um questionário (*continuação*)

Estágio 7 Organize as perguntas em uma ordem adequada.
  1. As perguntas de abertura devem ser interessantes, simples e não ameaçadoras.
  2. As perguntas de qualificação devem servir como perguntas de abertura.
  3. As informações básicas devem ser obtidas em primeiro lugar, seguidas pelas perguntas de classificação e, finalmente, pelas de identificação.
  4. As perguntas difíceis, delicadas ou complexas devem ser colocadas mais para o fim da sequência.
  5. As perguntas gerais devem preceder as questões específicas.
  6. As perguntas devem ser formuladas em ordem lógica.
  7. As perguntas ramificadas devem ser planejadas cuidadosamente, de modo a abordar todas as contingências.
  8. A pergunta que está sendo ramificada deve ser colocada o mais próximo possível daquela que motivou a ramificação, e as perguntas ramificadas devem ser ordenadas de forma que os entrevistados não consigam antecipar a informação adicional a ser solicitada.

Estágio 8 Identifique o formato e o leiaute.
  1. Divida um questionário em várias partes.
  2. As perguntas de cada parte devem ser numeradas.
  3. O questionário deve ser pré-codificado.
  4. Os próprios questionários devem ser numerados em série.

Estágio 9 Reproduza o questionário.
  1. O questionário deve ter uma aparência profissional.
  2. Para questionários longos, deve-se utilizar o formato de folheto.
  3. Cada questão deve ser inteiramente reproduzida em uma única página (ou distribuída em uma página dupla).
  4. Devem ser usadas colunas verticais de respostas.
  5. As grades são úteis quando há várias questões relacionadas que utilizam o mesmo conjunto de categorias de resposta.
  6. Evite a tendência de supercondensar perguntas a fim de fazer o questionário parecer mais curto.
  7. As diretrizes ou instruções para perguntas individuais devem ser colocadas o mais próximo possível das questões.

Estágio 10 Elimine problemas com um pré-teste.
  1. Faça sempre um pré-teste.
  2. Devem-se testar todos os aspectos do questionário, inclusive o conteúdo da pergunta, a formulação, a sequência, o formato e o leiaute, a dificuldade das perguntas e as instruções.
  3. No pré-teste, os entrevistados devem ser semelhantes aos participantes da pesquisa real.
  4. Comece o pré-teste utilizando entrevistas pessoais.
  5. Os pré-testes devem ser feitos também por correio, telefone, dispositivos móveis ou eletrônicos, se esses métodos forem usados na pesquisa real.
  6. Devem-se utilizar vários entrevistadores para os pré-testes.
  7. O tamanho da amostra do pré-teste é pequeno, variando de 15 a 30 entrevistados para o teste inicial.
  8. Utilize a análise de protocolo e o *debriefing* para identificar problemas.
  9. Depois de cada revisão significativa do questionário, deve-se fazer outro pré-teste com uma amostra diferente de entrevistados.
  10. As respostas obtidas no pré-teste devem ser codificadas e analisadas.

- ***Personalização.*** O nome do respondente e as respostas pessoais são automaticamente inseridos nas principais perguntas.
- ***Padrões de saltos complexos para a sequência de respostas.*** O *software* verifica as condições e respostas a fim de determinar qual pergunta deve ser respondida a seguir.
- ***Randomização de escolhas de respostas.*** A ordem de apresentação das opções de resposta em perguntas de múltipla escolha pode ser randomizada para cada respondente, de modo a controlar a tendenciosidade de ordem.
- ***Verificação da consistência.*** As verificações de consistência podem ser programadas para identificar respostas inconsistentes enquanto a entrevista ainda está em andamento, a fim de tomar uma medida corretiva, se necessário.
- ***Acréscimo de novas categorias de resposta à medida que a entrevista progride.*** Se muitos respondentes derem uma determinada resposta para a categoria "Outro, especifique", essa resposta será automaticamente retirada e adicionada ao conjunto de opções de resposta previamente especificadas.

Além disso, esses programas têm várias características que facilitam a construção do questionário.

Lista de perguntas. O usuário seleciona uma série de formatos em um menu de tipos de perguntas, como perguntas abertas, de múltipla escolha, de escalas, dicotômicas, etc. Mais ainda, podem-se utilizar botões, caixas (posição fechada ou aberta), caixas de seleção ou caixas de texto abertas.

Bibliotecas de perguntas. O usuário seleciona perguntas predefinidas ou salva perguntas usadas com frequência. Por exemplo, a biblioteca pode conter perguntas predefinidas para mensurar satisfação, intenção de compra e outros construtos comumente usados em marketing.

Aparência do questionário. O usuário seleciona a cor de fundo e o aspecto gráfico do questionário a partir de uma gama de modelos disponíveis ou cria um modelo personalizado utilizando o gerenciador de modelos.

Visualização prévia. Pode-se visualizar o questionário enquanto está sendo desenvolvido, a fim de examinar o conteúdo, a interatividade, o tipo de perguntas e aparência, fazendo-se as mudanças necessárias.

Publicação. O usuário cria o questionário HTML, posta-o em uma página da Web, cria um banco de dados para coletar os dados no servidor e obtém uma URL única à qual os respondentes podem ser direcionados.

Notificação. O usuário consegue criar, personalizar, enviar e mapear convites por *e-mail* para participação no levantamento.

À medida que os respondentes vão completando o levantamento, os dados são transferidos pela Web para o arquivo de dados no servidor. Os dados podem ser baixados e analisados a qualquer momento, mesmo com a pesquisa em andamento. Assim, os resultados são examinados em tempo real. O *software* comumente utilizado para elaborar levantamentos discutido no Capítulo 6 também pode ser usado para desenvolver questionários.

Diversos *sites* de universidades oferecem recursos valiosos, como bibliotecas de escalas e de perguntas, para a construção de questionários. Alguns *sites* úteis incluem o do Interuniversity Consortium for Political and Social Research, da Universidade de Michigan (www.icpsr.umich.edu), o Roper Center, em Cornell (ropercenter.cornell.edu), e o Odum Institute, que abriga o Louis Harris Data Center, na Universidade da Carolina do Norte, Chapel Hill (www.irss.unc.edu).[40]

Formulários observacionais

Os formulários para registrar dados observacionais são mais fáceis de elaborar que os questionários.

O pesquisador não precisa se preocupar com o impacto psicológico das perguntas ou com a maneira em que são formuladas. O pesquisador deve apenas elaborar um formulário que identifique com clareza a informação desejada, permita ao pessoal de campo registrar com precisão as informações e simplifique a codificação, a entrada e a análise dos dados.

Os formulários observacionais devem especificar quem, o quê, quando, onde, por que e o modo de comportamento a serem observados. No projeto de fidelização da loja de departamentos, um formulário observacional para o estudo de compras deve deixar espaço para diversas informações.

Projeto de pesquisa

Observação

Quem: compradores, os que entram só para ver, homens, mulheres, pais com filhos, crianças desacompanhadas.

O quê: produtos/marcas analisados, produtos/marcas adquiridos, tamanho, preço do pacote inspecionado, influência dos filhos ou de outros membros da família.

Quando: dia, hora, data da observação.

Onde: dentro da loja, balcão do caixa ou tipo de departamento dentro da loja.

Por quê: influência de preço, nome da marca, tamanho do pacote, promoções ou membros da família sobre a compra.

Modo: observador pessoal disfarçado como vendedor, observador pessoal não disfarçado, câmera oculta ou dispositivo mecânico intruso.

Atividades de projeto

1. Dadas as informações obtidas no projeto da Wal-Mart no Capítulo 1, construa um questionário adequado.
2. Avalie de forma crítica o questionário que você construiu usando os princípios discutidos neste capítulo.
3. Você acha que as informações solicitadas podem ser obtidas por observação? Em caso positivo, crie um formulário de observação adequado. ■

O formulário e o leiaute, assim como a reprodução de formulários observacionais, devem seguir as mesmas diretrizes discutidas para os questionários. Um formulário bem planejado permite ao pessoal de campo registrar observações individuais, mas não resumir informações, pois isso poderia conduzir a erros. Finalmente, tal como com os questionários, os formulários observacionais também exigem um pré-teste adequado.

Pesquisa de marketing internacional

O questionário ou instrumento de pesquisa deve adaptar-se ao ambiente cultural específico sem ser tendencioso em termos de uma determinada cultura. Isso exige atenção cuidadosa para cada passo do processo de planejamento do questionário. As informações pretendidas devem ser especificadas com clareza. É importante levar em conta quaisquer diferenças no comportamento subjacente do consumidor, processo de tomada de decisões, variáveis psicográficas de estilo de vida e demográficas. No contexto das características demográficas, informações sobre estado civil, educação, tamanho do domicílio, ocupação, renda e unidade de habitação precisam ser especificadas de modo distinto para diferentes países, pois essas variáveis podem não ser comparáveis diretamente de um país para outro. Por exemplo, a definição de lar e de seu tamanho varia imensamente em função da estrutura da família em alguns países e da prática de duas ou mesmo três famílias viverem sob um mesmo teto.

Embora a entrevista pessoal seja o método dominante na pesquisa de marketing internacional, é possível utilizar diversos métodos de entrevista em diferentes países. Assim, o questionário talvez precise de adaptações para ser administrado por mais de um método. Para facilitar a compreensão e tradução, é preferível aplicar duas ou mais perguntas simples em vez de uma única pergunta complexa. Para superar a incapacidade de resposta, deve-se levar em conta a diversidade de conhecimento que os entrevistados de diferentes culturas têm do assunto que constitui o objeto da pesquisa. Os entrevistados de alguns países, por exemplo, zona rural do sudeste da Ásia, podem não estar tão informados quanto os entrevistados dos Estados Unidos.

O uso de questões não estruturadas ou abertas pode ser conveniente se o pesquisador não tiver conhecimento sobre os determinantes da resposta em outros países. As questões não estruturadas contribuem para reduzir a tendenciosidade cultural (porque não impõem qualquer alternativa de resposta) mas são mais afetadas por diferenças em níveis educacionais do que as questões estruturadas e devem ser usadas com cautela em países com altas taxas de analfabetismo. As perguntas estruturadas e não estruturadas podem ser utilizadas de forma complementar para fornecer informações valiosas, como no exemplo a seguir.

Pesquisa real

Tema: os restaurantes temáticos de Cingapura

Cingapura é composta por mais de 60 ilhotas e contava, em 2016, com uma população de 5,7 milhões de pessoas (www.yoursingapore.com). O país é conhecido internacionalmente por seu variado setor de restaurantes. Dentre os 27 mil estabelecimentos de serviços alimentícios, 21% estão classificados como restaurantes. Foi realizado um estudo a respeito de quatro restaurantes temáticos de Cingapura: Hard Rock Café, Planet Hollywood, Celebrities Asia e House of Mao (visite www.asiacuisine.com.sg para uma descrição desses restaurantes).

O questionário foi pré-testado com 20 frequentadores que tinham estado nos quatro restaurantes temáticos. Foram feitas algumas revisões no questionário com base nos comentários feitos por essas pessoas. A seguir, o levantamento foi administrado a 300 participantes para descobrir quais eram suas percepções sobre os restaurantes temáticos. Os entrevistados foram escolhidos aleatoriamente em um método de entrevista em *shoppings* em que se perguntava se eles tinham frequentado algum restaurante temático no último ano. Se sua resposta fosse sim, solicitava-se que participassem da pesquisa e preenchessem um levantamento de quatro páginas. Este foi dividido em duas seções: a seção A perguntava a respeito das percepções gerais dos participantes sobre o assunto "restaurantes", enquanto a seção B pedia aos entrevistados que classificassem os quatro restaurantes em uma escala de cinco pontos com relação a nove atributos. Pedia-se também aos entrevistados que respondessem a cinco perguntas abertas ao final do questionário, por exemplo: se eles acreditavam que mais restaurantes temáticos seriam abertos em Cingapura no futuro e se eles pensavam que esses restaurantes seriam bem-sucedidos.

A maioria dos entrevistados acreditava que seriam abertos mais restaurantes temáticos em Cingapura, e a maioria foi neutra quanto a seu sucesso. O House of Mao recebeu a classificação mais alta no conceito temático, e o Hard Rock Café recebeu a classificação mais alta quanto a satisfazer às expectativas na experiência geral. O Hard Rock Café teve as melhores classificações gerais nos nove atributos. Com base nessa pesquisa, há possibilidade de crescimento no setor de restaurantes temáticos em Cingapura.[41] ∎

O questionário talvez precise ser traduzido para sua aplicação em diferentes culturas. O pesquisador deve garantir a equivalência dos questionários em diferentes idiomas.

É complicado pré-testar o questionário em pesquisas internacionais, pois é preciso testar antecipadamente a equivalência linguística. Recomendam-se dois tipos de pré-teste. O questionário traduzido deve passar por um teste prévio com sujeitos monolíngues em sua língua nativa. As versões original e traduzida devem também ser aplicadas a sujeitos bilíngues. Os dados decorrentes da aplicação do questionário em diferentes países ou culturas também devem ser analisados, comparando-se o padrão das respostas para detectar eventuais idiossincrasias culturais.

Pesquisa de marketing e mídias sociais

A análise de mídias sociais pode ajudar a entender melhor aspectos subjacentes do problema em questão. Tal entendimento pode ser bastante valioso para se projetar um questionário adequado a ser usado em levantamentos tradicionais ou em mídias sociais. Como vimos neste capítulo, alguns dos desafios na preparação de um questionário envolvem a determinação do conteúdo, da estrutura e do vocabulário de perguntas individuais. Para formular perguntas apropriadas em termos de conteúdo, estrutura e vocabulário, habilidades de pesquisa têm de ser aplicadas a partir dos pontos de vista dos respondentes. O mesmo vale na decisão da ordem das perguntas. As mídias sociais são um meio efetivo e acessível para capturar o ponto de vista dos respondentes-alvo. Para questionários em levantamentos a serem conduzidos em mídias sociais, os princípios e as diretrizes gerais seguem os mesmos que os examinados anteriormente neste capítulo.

Pesquisa real

Inovação engarrafada

A Sigg USA (sigg.com) é uma fabricante de garrafas d'água ecológicas feitas de alumínio. A empresa produz garrafas que os consumidores podem reutilizar, em vez de garrafas plásticas que acabam em aterros sanitários. A Sigg desejava conduzir um levantamento para conhecer as opiniões dos consumidores a respeito da conscientização ecológica. No entanto, a preparação de um questionário acabou se revelando um desafio, pois não estava claro quais perguntas deveriam ser feitas e qual deveria ser o conteúdo, a estrutura e o vocabulário das perguntas. Sendo assim, a Sigg procurou o Gold Group (gold-group.com) para criar um concurso chamado "O que significa consciência ecológica para você?". Como alvo da promoção, a agência buscou *sites* especializados em consciência ecológica, como o Hugg, um serviço de marcação de páginas *on-line* para entusiastas do assunto. Também patrocinou o concurso na InHabitat, uma comunidade para profissionais de *design* e arquitetura com interesse em tendências ecológicas. Blogueiros ecológicos perceberam sua presença na InHabitat, levando a mais de 100 menções sobre o concurso. No fim das contas, mais de 160 participações foram enviadas, gerando ricos *insights* sobre o que significa consciência ecológica para os consumidores e informações mais do que suficientes para a preparação de um questionário de levantamento. Um tema recorrente foi a proteção à natureza, desde os oceanos até as pradarias. As descobertas feitas pelo levantamento não apenas ajudaram a Sigg a desenvolver *designs* ecológicos inovadores para suas garrafas como também uma plataforma efetiva de marketing para atrair consumidores com consciência ecológica. Com base nesses achados, a Sigg lançou a Celebrate America, uma coleção limitada de suas famosas garrafas. A coleção consiste em seis *designs* ecológicos especiais de garrafas Sigg assinados por artistas americanos, incluindo Keith Haring e Drew Brophy. As imagens nas garrafas celebram a vida cotidiana nos Estados Unidos de costa a costa, das grandes ondas às amplas pradarias.[42]

Pesquisa de marketing em dispositivos móveis

MMR e preparação de questionário

As diretrizes apresentadas anteriormente para a preparação de questionários aplicam-se também a questionários voltados a pesquisas de marketing em dispositivos móveis (MMR). Examinaremos aqui somente aqueles conceitos especialmente pertinentes à MMR. Em termos do conteúdo de questões individuais, apenas perguntas necessárias devem ser incluídas. Isso é ainda mais crucial em MMR. O comprimento ideal de qualquer levantamento depende do tempo, da quantidade e do tipo de perguntas e da ordem em que aparecem. No entanto, a recomendação geral parece ser a limitação do levantamento a no máximo 15 perguntas. Além dessa quantidade, os respondentes começam a se cansar e a taxa de conclusão começa a diminuir. Para superar a indisposição em responder, é ainda mais crucial em MMR minimizar o esforço exigido dos respondentes. A duração recomendada para o levantamento total é menos de 15 minutos, com alguns especialistas recomendando menos de 3 minutos. Poucas pessoas têm tempo para se sentarem e digitarem respostas elaboradas e ponderadas a 15 perguntas de um levantamento em um computador de mesa – muito menos em um *smartphone*. Por isso, a brevidade é imperiosa. E isso só é viável quando as tarefas propostas aos respondentes exigem esforço mínimo.

Quanto à estrutura das questões, o uso de perguntas não estruturadas deve ser limitado a uma ou duas e, se possível, eliminado por completo. Estudos mostram que respostas abertas em dispositivos móveis são até 70% mais curtas do que em computadores. Os usuários desses dispositivos preferem clicar em telas do que digitar, se envolvem mais quando desempenham uma função usando um dedo ou uma única ação. Assim, os respondentes respondem melhor a questões e escalas de múltipla escolha. Contudo, a quantidade de opções em questões ou escalas de múltipla escolha deve ser limitada. Perguntas em formato de matriz também devem ser usadas com parcimônia, já que ocupam muito espaço na tela e exigem que os respondentes vasculhem uma variedade de perguntas e respostas. Por sua vez, perguntas com barras deslizantes ou de quantidade de estrelas podem ser bastante envolventes.

A escolha cuidadosa do vocabulário das perguntas passa a ter grande importância. Como os respondentes em dispositivos móveis não têm muito tempo, precisam entender a pergunta em poucos segundos. A questão deve ser claramente definida, com palavras comuns e sem ambiguidade. O desafio é obedecer às recomendações gerais de limitar cada pergunta a 140 caracteres, o tamanho de um tuíte. O abreviamento das perguntas muitas vezes as deixa menos ambíguas e mais intuitivas. Em vez de perguntar, digamos, "Qual das seguintes marcas de pasta de dente é sua preferida? (Por favor, escolha uma)", simplesmente pergunte "Pasta de dente preferida?" seguido da lista de respostas. As opções de resposta devem ser breves e simples. Respostas mais curtas facilitam a leitura do levantamento, auxiliam na compreensão e ajudam o estudo a caber em uma tela pequena, reduzindo as rolagens de tela. Em termos de formato e leiaute, o questionário deve ser no mínimo adaptável a dispositivos móveis e idealmente preparado sob medida. Um levantamento otimizado para dispositivos móveis é fácil de ler e de responder mesmo em telas pequenas. O texto é maior e os botões são fáceis de clicar. Levantamentos otimizados para dispositivos móveis garantem uma melhor experiência de usuário e, portanto, geram resultados de maior qualidade, aumentam as taxas de resposta e aceleram sua obtenção. Todos os levantamentos da QuestionPro (www.questionpro.com), por exemplo, são otimizados para dispositivos móveis. Se você puder projetar um levantamento para dispositivos móveis, ele funcionará bem *on-line* em um *site* acessado via computador pessoal e em outros formatos. O inverso, porém, nem sempre é válido.

Questionários para dispositivos móveis devem ser projetados para fluírem como um diálogo. Reduza a carga cognitiva sobre os respondentes ao permitir que eles vejam o fluxo do levantamento e o que vem a seguir. Remova da plataforma de levantamento elementos visuais e imagens irrelevantes, como logotipos, pois podem demorar muito para serem baixados e dificultar a leitura da tela. Quando forem necessárias, as imagens devem ser carregadas de forma rápida e suave. O pesquisador deve se certificar de que o questionário cabe na tela, usando, por exemplo, uma escala de 5 pontos em vez de uma com 10 pontos.

Os testes prévios de levantamentos em dispositivos móveis tendem a demorar mais do que na maioria dos outros modos, já que há mais variações entre os aparelhos dos respondentes. Pesquisadores devem testar o levantamento nos principais tipos de dispositivos que os respondentes tendem a usar. Uma abordagem bastante usada é testar previamente o levantamento com rigor em determinada plataforma móvel e depois testar seu funcionamento e sua aparência geral em outra plataforma. O objetivo é desenvolver um questionário indiferente ao tipo de dispositivo e de plataforma, o que significa que o questionário funcionará adequadamente caso os respondentes optem por usar um computador pessoal ou qualquer dispositivo móvel.[43]

Ética em pesquisa de marketing

Várias questões éticas quanto ao relacionamento do pesquisador com o entrevistado e do pesquisador com o cliente podem vir a ser incluídas no planejamento do questionário. Motivo especial de preocupação são os questionários demasiadamente longos, a formulação de perguntas delicadas, a combinação de perguntas de mais de um cliente no mesmo questionário ou pesquisa ("carona") e a tendenciosidade deliberada do questionário.

Os entrevistados estão dedicando voluntariamente uma parcela do seu tempo e não devem ser sobrecarregados com a solicitação de muitas informações. O pesquisador deve evitar questionários demasiadamente longos. Estes podem variar quanto ao tamanho ou tempo de conclusão, dependendo de variáveis como tópico da pesquisa, esforço exigido, número de questões abertas, frequência do uso de escalas complexas e método de administração. De acordo com as diretrizes da Marketing Research and Intelligence Association of Canada (mria-arim.ca), com exceção das entrevistas pessoais domiciliares, os questionários que exigem mais de 30 minutos para seu preenchimento completo são considerados "demasiadamente longos". As entrevistas pessoais em domicílio podem levar até 60 minutos sem sobrecarregar os entrevistados. Questionários excessivamente longos são cansativos para o entrevistado e afetam negativamente a qualidade das respostas. Da mesma forma, devem ser evitadas questões confusas, difíceis, formuladas de maneira inadequada ou que excedam a capacidade do entrevistado.

As questões delicadas exigem atenção especial. Por um lado, são necessárias respostas sinceras e honestas para gerar resultados significativos. Por outro lado, o entrevistador não deve invadir a privacidade do entrevistado nem provocar tensão. É preciso seguir as diretrizes dadas neste capítulo. Para minimizar o desconforto, deve ficar claro, logo no início da entrevista, que o entrevistado não é obrigado a responder a qualquer pergunta que lhe cause desconforto.

Um problema no relacionamento pesquisador-cliente é a "carona", que ocorre quando um questionário contém questões que pertencem a mais de um cliente. Isso ocorre frequentemente em painéis do tipo omnibus (ver Capítulos 3 e 4) que diferentes clientes podem utilizar para basear suas questões. A carona reduz substancialmente os custos e é uma boa fórmula para os clientes coletarem dados primários que não conseguiriam obter por outra forma. Nesses casos, todos os clientes devem estar conscientes do processo e dar seu consentimento. Infelizmente, a carona às vezes é usada sem o conhecimento do cliente apenas para aumentar o lucro do instituto de pesquisa. Isso não é ético.

Finalmente, o pesquisador tem a responsabilidade ética de planejar o questionário de modo a obter as informações desejadas de maneira não tendenciosa. Não se justifica induzir deliberadamente perguntas em certa direção – por exemplo, formulando perguntas indutoras. Ao decidir quanto à estrutura da pergunta, deve-se adotar a opção mais adequada, e não a mais conveniente para o pesquisador, conforme ilustrado no exemplo a seguir. O questionário também precisa ser pré-testado por inteiro antes de iniciar o trabalho de campo, ou uma falha ética terá ocorrido.

Pesquisa real

Questionamento da ética de marketing internacional

No planejamento de um questionário, as perguntas abertas podem ser as mais apropriadas quando as categorias de resposta não forem conhecidas. Em um estudo destinado a identificar problemas éticos em marketing internacional, utilizou-se uma série de perguntas abertas. O objetivo da pesquisa era abordar os três problemas éticos encontrados com mais frequência, por ordem de prioridade, em empresas australianas envolvidas em atividades de marketing internacional. Após rever os resultados, o pesquisador tabelou-os de acordo com as dez categorias que ocorrem com mais frequência: o tradicional suborno em pequena escala; suborno em larga escala; presentes, favores e entretenimento; preços; produtos ou tecnologia inadequados; práticas de evasão de impostos; atividades ilegais ou imorais; comissões duvidosas a membros de um canal; diferenças culturais; envolvimento em questões políticas. O simples número de categorias indica que a ética do marketing internacional deve ser questionada com mais profundidade! A utilização de questões estruturadas nesse caso, embora mais conveniente, teria sido algo inadequado, suscitando preocupações de ordem ética.[44] ∎

Caso HP

Revise o caso HP, Caso 1.1, e o questionário fornecido no final do livro.

1. Avalie de forma crítica o questionário da HP utilizando os princípios discutidos neste capítulo.
2. Esboce um questionário para identificar as preferências dos estudantes por *notebooks*.
3. Avalie o questionário que você desenvolveu, utilizando os princípios discutidos neste capítulo.
4. Desenvolva um questionário revisado para identificar as preferências dos estudantes por *notebooks*.
5. O que você aprendeu no processo de revisão do questionário?

Resumo

Para coletar dados primários quantitativos, um pesquisador deve elaborar um questionário ou um formulário observacional. Um questionário tem três objetivos: transformar as informações necessárias em um conjunto de questões específicas que os entrevistados possam e às quais queiram responder, motivar os entrevistados a completar a entrevista e minimizar o erro de resposta.

O planejamento de um questionário é mais uma arte que uma ciência. O processo começa especificando (1) as informações necessárias e (2) o tipo do método de entrevista. O próximo estágio (3) é decidir quanto ao conteúdo das perguntas individuais. A pergunta deve superar a incapacidade de responder do entrevistado (estágio 4). O entrevistado talvez seja incapaz de responder se não estiver informado, não puder lembrar ou se não conseguir articular uma resposta. A relutância do entrevistado em responder também deve ser superada. O entrevistado pode relutar em responder se a questão exigir demasiado esforço, se for formulada em uma situação ou contexto considerado inadequado, não atender a um propósito legítimo ou pedir informações delicadas. A seguir, a estrutura da questão deve ser determinada (estágio 5). As perguntas podem ser não estruturadas (questões abertas) ou estruturadas em grau variável. As estruturadas incluem questões de múltipla escolha, dicotômicas e escalas.

A determinação do enunciado de cada pergunta (estágio 6) envolve a definição do problema, a utilização de palavras simples, comuns e não ambíguas e o emprego de afirmações duais. O pesquisador deve evitar perguntas indutoras, alternativas implícitas e suposições, generalizações e estimativas. Uma vez formuladas as perguntas, é preciso decidir a ordem em que elas vão aparecer no questionário (estágio 7). Deve-se dar atenção especial a perguntas abertas, tipos de informações, perguntas difíceis e efeito sobre perguntas subsequentes. As perguntas têm que ser dispostas em ordem lógica.

Estamos agora em condições de determinar o formato e o leiaute das questões (estágio 8). Vários fatores são importantes na reprodução do questionário (estágio 9): aparência, utilização de folhetos, ajustamento de toda a pergunta em uma página, formato da categoria de resposta, eliminação de supercondensação, inserção de instruções, codificação de cores, formato de leitura fácil e custo. E, finalmente, há o pré-teste (estágio 10). De grande importância são a extensão do pré-teste, a natureza dos entrevistados, o tamanho da amostra, a análise de protocolo e o *debriefing*, a edição e a análise.

O planejamento de formulários observacionais exige decisões explícitas sobre o que deve ser observado e como tal comportamento será registrado, especificando-se quem, o quê, quando, onde, por que e como o comportamento é observado.

O questionário ou instrumento de pesquisa deve adaptar-se ao ambiente cultural específico, sem ser tendencioso em termos de uma determinada cultura. O questionário deve também poder ser aplicado por mais de um método, pois é comum serem empregados diferentes métodos de entrevista em diferentes países. A análise das mídias sociais pode ajudar a elaborar perguntas apropriadas em termos de conteúdo, estrutura e redação e a decidir sobre a ordem das perguntas. As diretrizes gerais para a elaboração do questionário também se aplicam no contexto da pesquisa de marketing em dispositivos móveis, mas existem algumas considerações exclusivas devido às dimensões da tela. Talvez seja preciso abordar cuidadosamente várias questões éticas referentes ao relacionamento pesquisador-entrevistado e pesquisador-cliente. A Internet e os computadores auxiliam o pesquisador no planejamento de questionários e formulários observacionais consistentes.

Palavras-chave e conceitos fundamentais

questionário, 259
pergunta de duplo efeito, 262
questões filtro, 263
efeito telescópio, 263
perguntas não estruturadas, 265
perguntas estruturadas, 266

tendenciosidade de ordem ou posição, 266
pergunta dicotômica, 266
pergunta indutora, 268
tendência à aquiescência (dizer sim), 269
alternativa implícita, 269

informações de classificação, 270
informações de identificação, 270
abordagem tipo funil, 271
perguntas ramificadas, 271
pré-codificação, 272
pré-teste, 274

Casos relacionados

Os casos listados a seguir são discutidos no final do livro.

1.1 HP

2.1 Baskin-Robbins   **2.2** Akron Children's Hospital

4.1 JPMorgan Chase   **4.2** Wendy's

Os casos listados a seguir estão distribuídos ao longo do livro, no final dos capítulos de 1 a 13.

10.1 Dunkin' Donuts   **11.1** Nivea   **12.1** Subaru

13.1 Intel

Pesquisa ao vivo: realização de um projeto de pesquisa de marketing

1. Cada equipe desenvolve um questionário seguindo os princípios discutidos no capítulo. As melhores características de cada questionário podem ser combinadas para desenvolver o questionário do projeto.
2. Devem ser designadas algumas entrevistas pré-teste para cada equipe.
3. Se um questionário já tiver sido preparado, ele deve ser avaliado de forma crítica pela turma.

Exercícios

Perguntas

1. Qual é o objetivo dos questionários e formulários observacionais?
2. Explique de que forma o método de aplicação influi no planejamento do questionário.
3. Como você determinaria se uma questão específica deve ser incluída em um questionário?
4. O que é uma pergunta de duplo efeito?
5. Quais são as razões para que um entrevistado se sinta incapaz de responder à questão formulada?
6. Explique os erros de omissão, de efeito telescópio e de criação. O que fazer para reduzir tais erros?
7. Explique os conceitos de lembrança auxiliada e não auxiliada.
8. Quais razões levam os entrevistados a relutar em responder a perguntas específicas?
9. O que um pesquisador pode fazer para que os pedidos de informações pareçam legítimos?
10. Explique a utilização de técnicas de resposta randomizada para obter informações delicadas.
11. Quais são as vantagens e as desvantagens das questões não estruturadas?
12. Quais são as questões envolvidas no planejamento de questões de múltipla escolha?
13. Quais são as diretrizes de que dispomos para decidir sobre a formulação de uma pergunta?
14. O que é uma pergunta indutora? Dê um exemplo.
15. Qual é a ordem adequada para questões destinadas a obter informações básicas, de classificação e de identificação?
16. Quais são as diretrizes para decidir quanto ao formato e ao leiaute de um questionário?

17. Descreva as questões envolvidas no pré-teste de um questionário.
18. Quais são as decisões importantes presentes no planejamento de formulários observacionais?
19. Como as mídias sociais podem ajudar no desenvolvimento de um questionário?
20. Discuta as considerações exclusivas relacionadas à elaboração de questionários para pesquisa de marketing em dispositivos móveis.

Problemas

1. Elabore três perguntas de duplo efeito relacionadas com o voo e com a preferência dos passageiros por determinada companhia aérea. Elabore também versões corretas de cada pergunta.
2. Relacione ao menos 10 palavras ambíguas que não devem ser usadas na formulação de questões.
3. As perguntas a seguir definem o problema? Por quê?
   a. Qual é sua marca de creme dental preferido?
   b. Com que frequência você sai de férias?
   c. Você consome suco de laranja?
      1. Sim   2. Não
4. Elabore uma pergunta aberta para determinar se as atividades domésticas incluem a jardinagem. Formule também uma questão de múltipla escolha e uma dicotômica para obter a mesma informação. Qual forma é preferível?
5. Formule cinco perguntas que solicitem aos entrevistados generalizações ou estimativas.
6. Elabore uma série de questões para determinar a proporção de residências com filhos menores de 10 anos nas quais as crianças sofrem maus tratos. Utilize a técnica da resposta aleatória.
7. Um bacharel recém-formado, contratado pelo departamento de pesquisa de mercado de uma grande companhia telefônica, precisa preparar um questionário para identificar as preferências pelos cartões telefônicos. O questionário deve ser aplicado mediante entrevistas pessoais em *shoppings*. Utilizando os princípios da elaboração de questionários, faça uma avaliação crítica do questionário apresentado a seguir.

PESQUISA SOBRE O CARTÃO TELEFÔNICO PARA USO DOMÉSTICO

1. Seu nome _____
2. Idade _____
3. Estado civil _____
4. Renda _____
5. Qual(is) dos seguintes cartões telefônicos você possui, caso possua algum?
   1. _____ AT&T   3. _____ Sprint
   2. _____ Verizon   4. _____ Outros
6. Com que frequência você utiliza seu cartão telefônico?

   Com pouca frequência   Com muita frequência
       1   2   3   4   5   6   7

7. Qual é sua opinião sobre o cartão de chamadas da AT&T? _____
8. Suponha que você devesse escolher um cartão telefônico. Classifique a importância dos seguintes fatores na escolha de um cartão.

	Não importante			Muito importante	
a) Custo por chamada	1	2	3	4	5
b) Facilidade de uso	1	2	3	4	5
c) Cobrança de chamadas locais e interurbanas incluídas na mesma fatura	1	2	3	4	5
d) Descontos e abatimentos sobre as chamadas	1	2	3	4	5
e) Qualidade do serviço telefônico	1	2	3	4	5
f) Qualidade do serviço ao cliente	1	2	3	4	5

9. Que importância tem, para uma companhia telefônica, a oferta de cartões telefônicos?

   Não importante   Muito importante
       1   2   3   4   5   6   7

10. Há crianças morando em sua residência? _____

Obrigado por sua ajuda.

Exercícios para Internet e computador

1. A HP gostaria de fazer uma pesquisa pela Internet para identificar a imagem de seus PCs e a de seus maiores concorrentes (Apple, Dell e Lenovo). Elabore o questionário correspondente. As informações importantes podem ser obtidas visitando-se os *sites* dessas empresas (www.lenovo.com, www.applecomputer.com, www.dell.com, www.hp.com).
2. Desenvolva o questionário do problema 1 do Trabalho de Campo usando um pacote de planejamento de questionários eletrônicos. Aplique o questionário a 10 alunos usando um microcomputador.
3. Desenvolva o questionário do problema 2 do Trabalho de Campo usando um pacote de planejamento de questionários eletrônicos. Compare suas experiências ao elaborar esse questionário eletrônica e manualmente.
4. Visite o *site* de uma das empresas de pesquisa de marketing *on-line* (por exemplo, a Toluna, us.toluna.com). Localize uma pesquisa que esteja sendo atualmente aplicada nesse *site*. Analise de forma crítica o questionário utilizando os princípios discutidos neste capítulo.

Atividades

Dramatização

1. Você acaba de ser contratado como estagiário de gerenciamento por uma empresa que fabrica eletrodomésticos de grande porte. Seu chefe lhe pediu para desenvolver um questionário a fim de determinar como as pessoas planejam, compram e usam eletrodomésticos de grande porte. Esse questionário será usado em um estudo em nível nacional. Entretanto, você sente que não dispõe da experiência ou do conhecimento para construir um questionário tão complexo. Explique isso para seu chefe (papel desempenhado por um colega).
2. Você está trabalhando como assistente da área de pesquisa de marketing em uma cadeia nacional de lojas de departamentos. A gerência, representada por um grupo de alunos, está preocupada com os índices de furtos dentro da loja por parte dos funcionários. Você recebe a tarefa de desenvolver um questionário para determinar o índice de furto dos funcionários. Esse questionário será enviado para funcionários de todo o país. Explique à gerência sua abordagem para a elaboração do questionário. (Dica: use a técnica de resposta aleatória.)

Trabalho de campo

1. Elabore um questionário para verificar como os alunos escolhem seus restaurantes. Realize um pré-teste aplicando-o a 10 alunos mediante entrevistas pessoais. Como você modificaria o questionário com base no pré-teste?
2. Desenvolva um questionário para identificar as preferências das famílias quanto a marcas conhecidas de cereais para serem consumidos frios. Aplique o questionário a 10 mulheres chefes de família usando entrevistas pessoais. Como você modificaria o questionário se ele fosse aplicado por telefone? Que alterações seriam necessárias se ele fosse aplicado pelo correio?

Discussão em grupo

1. "Como a elaboração de questionários é uma arte, é inútil seguir um conjunto rígido de diretrizes. Em vez disso, o processo deveria ser deixado inteiramente a cargo da criatividade e engenhosidade do pesquisador." Discuta a afirmação em um pequeno grupo.
2. Em um pequeno grupo, discuta o papel da elaboração do questionário na minimização do erro total de pesquisa.
3. Discuta a importância do formato e do leiaute na construção de questionários.

CASO 10.1

Dunkin' Donuts: superando a concorrência

O Grupo Dunkin' Brands, Inc. (www.dunkinbrands.com) é um dos principais franqueadores mundiais de lanchonetes de serviço rápido que servem café quente e frio e rosquinhas, bem como sorvetes. Em 2017, tinha mais de 19 mil pontos de distribuição em quase 60 países em todo o mundo. O modelo de negócios do Dunkin' Brands Group de quase 100% de franquias inclui mais de 11.500 lanchonetes Dunkin' Donuts (www.dunkindonuts.com) e mais de 7.600 sorveterias Baskin-Robbins.

Esse crescimento impressionante não teria sido possível sem a extensa pesquisa de marketing e o compromisso com a qualidade. A companhia começou a cultura de ouvir o que o cliente queria e oferecer-lhe isso. Pesquisas de marketing na forma de grupos de foco e levantamentos revelaram que os clientes escolhem uma loja de café e rosquinhas baseados em cinco fatores: acessibilidade, qualidade, variedade, imagem e preço. A empresa construiu o seu negócio em torno desses fatores. A partir de pesquisas, a Dunkin' Donuts descobriu que seus clientes queriam uma loja de café e rosquinhas que fosse muito acessível – perto do trabalho ou de casa, fácil de encontrar. Para acompanhar suas instalações individuais, a Dunkin' Donuts abriu lojas na Home Depot, no Wal-Mart, na 7-11 e na Stop & Shop para melhorar a conveniência que seus clientes desejam. Cada loja está estrategicamente localizada e é projetada considerando as preferências dos clientes. Como essas compras são muito impulsionadas pela conveniência, as lojas podem ser localizadas bem perto umas das outras, sem canibalização do negócio.

A pesquisa de marketing também constatou que a qualidade é traduzida como frescor no negócio de rosquinhas. Por isso, a Dunkin Donuts prepara rosquinhas pelo menos quatro vezes por dia. Ao realizar pesquisas por meio de questionários de levantamento e testes de degustação em vários mercados, a Dunkin' Donuts descobriu a mistura de café preferida dos clientes. Esse café só pode ser servido até 18 minutos depois de ser feito. Após esse período, é descartado, e um novo café é preparado. Tal compromisso com a qualidade resultou de pesquisa sobre o que os clientes queriam quando se tratava de café.

A empresa também oferece variedade – 52 sabores de rosquinhas. Recentemente, a Dunkin' Donuts expandiu sua linha de café (novamente, devido a pesquisas e testes de degustação), incluindo cafés gelados, *cappuccinos*, cafés com leite, *espressos* e cafés com sabores especiais, como o café com amêndoas.

As pesquisas de marketing mostraram que os clientes preferiam uma imagem que se relacionasse com as pessoas comuns. Eles não queriam uma cafeteria glamorosa, ostentosa, mas apenas uma loja comum que servisse um ótimo café. Portanto, a Dunkin' Donuts atrai todos os tipos de pessoas. Durante as décadas de 1970 e 1980, a campanha publicitária "Fred, o padeiro" deu vida a essa imagem. Os comerciais que mostravam Fred acordando no meio da noite, comprometido com a qualidade, apelavam para as pessoas comuns. Mercedes e caminhonetes ficam lado a lado no igualitário estacionamento da Dunkin' Donuts. Além disso, a Dunkin' Donuts tem preços acessíveis, que qualquer consumidor pode experimentar (ela é muito menos cara se comparada com Starbucks e outros cafés sofisticados).

A Dunkin' Donuts compreende que, acima de tudo, suas rosquinhas e seus cafés devem estar à altura das expectativas dos clientes. Líder no mercado de rosquinhas e *bagels*, a Dunkin' Donuts sabe que é necessário comprometimento com a pesquisa de marketing para permanecer onde está. A empresa exige o compromisso contínuo com o que os clientes preferem. Novamente, isso se manifesta por meio de constantes pesquisas e testes de degustação. O cliente é uma fonte muito importante de conhecimento e informações para a Dunkin' Donuts, e sua opinião e retorno são enfatizados. As preferências dos clientes não só influíram nas receitas de rosquinhas e *bagels*, como também incentivaram o lançamento dos cafés sem cafeína e dos aromatizados, como o de amêndoas e o de baunilha. O grande sucesso desses lançamentos reafirmou a importância dos clientes para a Dunkin' Donuts e seu processo de desenvolvimento de novos produtos. Essa jornada de inovação continua com a introdução de cafés especiais, como *cappuccinos*, com leite e *espressos*.

Falar com os clientes e obter sua opinião é uma parte crucial da estratégia de pesquisa de marketing da Dunkin' Donuts. O uso de grupos de foco e pesquisas de mercado para testes de degustação e opiniões dos consumidores é um processo contínuo. Com uma posição de liderança no mercado, a confiança na pesquisa de marketing tem tido efeitos positivos evidentes que certamente permanecerão no futuro. Assim, a Dunkin' Donuts permanecerá superando a concorrência.

Conclusão

A pesquisa de marketing proporciona que a Dunkin' Donuts continue a ser importante e atraente para as pessoas do mundo todo ao longo dos anos. Seu posicionamento como uma loja do dia a dia acessível para todos ajuda-a a promover um elo com seus clientes. Esse relacionamento de respeito e humildade tem perdurado mesmo com a empresa expandindo seu portfólio de produtos para incluir mais variedades e atingir novos clientes, tudo isso sem excluir os clientes existentes. A ênfase que a Dunkin' Donuts coloca no uso da pesquisa de marketing para converter os clientes em participantes cruciais que oferecem retorno e conhecimento e ajudam a direcionar o processo de inovação tem gerado grandes benefícios para a Dunkin' Donuts.

Questões

1. Discuta o papel que a pesquisa de marketing pode desempenhar para auxiliar uma loja de cafés como a Dunkin' Donuts a formular estratégias sólidas de marketing.
2. A Dunkin' Donuts está pensando em empreender uma expansão nos Estados Unidos. Defina o problema de decisão gerencial.
3. Defina um problema de pesquisa de marketing adequado com base no problema de decisão gerencial que você identificou.
4. Use a Internet para identificar as participações de mercado das principais cafeterias no último ano.
5. Que tipos de dados por assinatura seriam úteis para a Dunkin' Donuts?
6. Discuta o papel da pesquisa qualitativa para auxiliar a Dunkin' Donuts a expandir-se nos Estados Unidos.
7. A Dunkin' Donuts desenvolveu uma nova linha de produtos com um característico sabor francês. A empresa gostaria de identificar a reação dos clientes a essa nova linha antes de introduzi-la no mercado. Se tivesse que ser realizado um levantamento para verificar as preferências do consumidor, que método deveria ser utilizado e por quê?
8. Planeje um teste de degustação comparando cafés da Dunkin' Donuts com os oferecidos pela Starbucks.
9. Desenvolva um questionário para avaliar as preferências por cafeterias rápidas.

Referências

1. http://www.dunkinbrands.com, accessed June 15, 2017.
2. https://www.dunkindonuts.com, accessed June 15, 2017.
3. Julie Jargon, "Former McDonald's Executive David Hoffmann Moves to Dunkin' Donuts," *Wall Street Journal* (September 22, 2016), http://www.wsj.com/articles/formermcdonalds-executive-david-hoffmann-moves-to-dunkindonuts-1474517321, accessed June 15, 2017.

CAPÍTULO 11

Amostragem: Concepção e Procedimentos

> *A amostragem é a única forma viável de coletar dados de pesquisa de marketing na maioria das situações. Isso inevitavelmente gera erros de amostragem. Entretanto, os erros de amostragem com frequência são apenas uma pequena parte dos erros totais de pesquisa.*

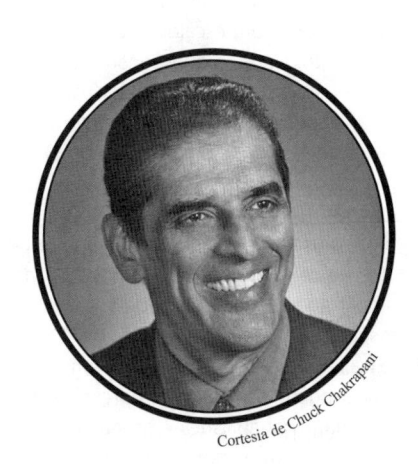

Chuck Chakrapani, presidente, Leger Analytics

Objetivos

Após a leitura deste capítulo, o aluno conseguirá:

1. Distinguir entre uma amostra e um censo e identificar as condições em que o uso de uma amostra é preferível à utilização de um censo.
2. Discutir o processo de elaboração de uma amostragem: definição da população-alvo, determinação do arcabouço amostral, seleção da(s) técnica(s) de amostragem, definição do tamanho da amostra e execução do processo de amostragem.
3. Classificar as técnicas de amostragem como não probabilísticas e probabilísticas.
4. Descrever as técnicas de amostragem não probabilísticas por conveniência, por julgamento, por quota e a amostragem bola de neve.
5. Descrever as técnicas de amostragem probabilísticas: amostra aleatória simples, sistemática, estratificada e por *cluster*.
6. Identificar as condições que favorecem o uso da amostragem não probabilística *versus* amostragem probabilística.
7. Entender o processo de elaboração da amostragem e a utilização de técnicas de amostragem em pesquisa de marketing internacional.
8. Descrever como a representatividade das amostras de mídias sociais pode ser melhorada.
9. Elucidar quais aspectos do processo de amostragem são diferentes na pesquisa de marketing em dispositivos móveis.
10. Identificar as questões éticas relacionadas ao processo de elaboração de uma amostragem e a utilização de técnicas de amostragem apropriadas.
11. Explicar as questões e técnicas da amostragem *on-line*.

Aspectos gerais

A amostragem é um dos componentes de uma concepção de pesquisa, e sua formulação é o terceiro passo de um processo de pesquisa de marketing. Neste momento do processo, as informações necessárias para abordar o problema de pesquisa de marketing já foram identificadas, e a natureza da concepção de pesquisa (exploratória, descritiva ou causal) foi determinada (Capítulos 3 a 7). Além disso, foram especificados os processos de mensuração e escalonamento (Capítulos 8 e 9), tendo sido elaborado, ainda, o questionário (Capítulo 10). O passo seguinte consiste em conceber processos adequados de amostragem. A concepção da amostragem envolve várias questões básicas: (1) Deve-se extrair uma amostra? (2) Em caso afirmativo, que processo deve ser seguido? (3) Que tipo de amostra deve ser extraído? (4) Qual será o tamanho da amostra? (5) Como podemos controlar e ajustar erros de não resposta?

Neste capítulo introduzimos os conceitos fundamentais de amostragem e as considerações qualitativas necessárias para responder a essas perguntas. Discutimos se devemos ou não extrair uma amostra e descrevemos os passos envolvidos na amostragem. Em seguida, apresentamos técnicas de amostragem não probabilística e probabilística. Examinamos o uso de técnicas de amostragem em pesquisa de marketing internacional, identificamos os problemas éticos relevantes e descrevemos a utilização da Internet e dos computadores para amostragens. Mostramos o uso de técnicas de amostragem em pesquisa de marketing internacional, a representatividade das amostras de mídias sociais, os aspectos específicos da amostragem na pesquisa de marketing em dispositivos móveis e as questões éticas relevantes, e descrevemos as questões e técnicas na amostragem *on-line*. A determinação estatística do tamanho da amostra e as causas, o controle e os ajustes de erros de não resposta são abordados no Capítulo 12.

Pesquisa real

Revivendo o Patinho Feio

A venda de selos com ilustrações de patos pelo U.S. Fish and Wildlife Service (USFWS) (www.fws.gov) para custear a preservação dos banhados nos Estados Unidos estava em declínio. Então, o USFWS convidou o The Ball Group (www.ballgroup.com), uma empresa de pesquisa de marketing e propaganda com sede em Lancaster, Pensilvânia, para realizar uma pesquisa com o objetivo de descobrir quem mais poderia estar interessado em comprar os selos e por que esses grupos desejariam comprá-los, isto é, que estratégias de marketing deveriam ser implementadas e que benefícios eram percebidos com a compra dos selos. O The Ball Group decidiu implementar grupos de foco e realizar um levantamento telefônico para identificar as respostas dessas questões. O processo de amostragem para o levantamento telefônico aconteceu da seguinte forma. Os selos com imagens de patos estão disponíveis em todo o país, e todos os cidadãos americanos são afetados pela preservação dos banhados, portanto, a população foi definida como o conjunto de cidadãos do país. O arcabouço amostral consistiu em um *software* para gerar números de telefone de forma aleatória e eficiente. O tamanho da amostra, determinado pelas restrições de recursos e pelo tamanho de amostras usado em estudos similares, foi de mil.

As etapas do processo de elaboração da amostra foram as seguintes:

1. *População-alvo:* homens ou mulheres chefes de família. *Unidade de amostragem:* números de telefone ativos. *Extensão:* Estados Unidos. *Período:* período do levantamento.
2. *Arcabouço amostral:* programa de computador para gerar de forma aleatória e eficiente números de telefone, excluindo números desativados e números comerciais.
3. *Técnicas de amostragem:* amostra aleatória simples com modificações para excluir números de telefone desativados ou comerciais.
4. *Tamanho da amostra:* mil.
5. *Execução:* uso de um programa de computador para gerar aleatoriamente uma lista de números de telefone residenciais. Seleção do chefe da casa, homem ou mulher, usando o método do "próximo aniversário". Realização das entrevistas empregando um sistema de entrevista por telefone assistido por computador (CATI).

O resultado dessa pesquisa mostrou que as pessoas queriam apoiar o trabalho, mas com algo com que pudessem demonstrar sua generosidade. Portanto, o USFWS decidiu começar a vender os selos ao público como uma excelente forma de "doar" dinheiro para ajudar a salvar os banhados. Por US$ 30,00, o comprador recebe, além do selo, um certificado dizendo que ajudou a salvar os banhados. Até 2017, o programa Duck Stamp era um grande sucesso.[1] ∎

Pesquisa real

Amostragem aleatória e levantamentos *pop-up*

A comScore é uma empresa de pesquisa que fornece serviços completos, com sede em Reston, Virgínia (www.comscore.com), e oferece sistemas revolucionários e inovadores para avaliação de *sites* e pesquisa de mercado para a comunidade da Internet. A comScore realizou um levantamento para verificar a percepção dos canadenses a respeito do setor de alta tecnologia em comparação com os Estados Unidos. Foram entrevistados 3 mil gerentes de tecnologia da informação do Canadá, e os resultados revelaram que os canadenses se percebiam atrasados em termos de tecnologia se comparados aos Estados Unidos. Muitos respondentes observaram que a Austrália era um país mais realista para ser usado em comparação com o Canadá do que os Estados Unidos.

Um programa de pesquisa que a comScore oferece é o "Pop-Up Survey". O produto conta o número de pessoas que visitam um *site* e seleciona visitantes a um intervalo predeterminado. Por exemplo, toda centésima pessoa que clica no *site* de um cliente é selecionada com base em amostragem aleatória sistemática. Quando isso acontece, um pequeno Java *script* aparece. O *script* pede que o usuário preencha uma entrevista curta *on-line*.

Se a pessoa clicar em "não", o *script* desaparece e o usuário continua sua visita. Se ele clicar em "sim", surge um levantamento programado para o cliente.

A vantagem desse modelo *pop-up* é que ele aumenta significativamente a participação dos usuários. O método tradicional de levantamento mostra um *banner* que convida os visitantes a participar. No entanto, os *banners* tendem a apresentar um baixo índice de resposta (em geral, o índice é de aproximadamente 0,02% ou 1 em cada 500 visitantes). O *pop-up* da comScore melhora drasticamente o índice de resposta e possibilita que a coleta de dados seja reduzida de semanas para dias.

Assim, a estratégia de pesquisa na Internet da comScore tem ajudado a empresa a atrair clientes corporativos, como Timex, Delta Hotels, Toronto-Dominion Bank, Kellogg's e Canadian Tire.[2] ∎

Este exemplo ilustra os vários passos no processo de concepção da amostra. Entretanto, antes de discutirmos esses aspectos da amostragem em detalhes, abordaremos a questão de escolha entre amostra e censo.

Amostra ou censo

A maioria dos projetos de pesquisa de marketing objetiva obter informações sobre as características ou parâmetros de uma população. Uma **população** é o agregado, ou soma, de todos os elementos que compartilham algum conjunto de características comuns; compreende o universo para o problema de pesquisa de marketing. Os parâmetros populacionais são geralmente números, como a proporção de consumidores fiéis a determinada marca de creme dental. Informações sobre os parâmetros populacionais podem ser obtidas fazendo-se um censo ou extraindo-se uma amostra. Um **censo** envolve a enumeração completa dos elementos de uma população. Os parâmetros populacionais podem ser calculados diretamente depois de enumerado o censo. Já a **amostra** é um subgrupo de uma população selecionado para participação no estudo. Utilizam-se aí características amostrais, chamadas *estatísticas*, para efetuar inferências sobre os parâmetros populacionais. As inferências que ligam características amostrais e parâmetros populacionais são os processos de estimativa e os testes de hipóteses. Tais processos de inferência serão estudados nos Capítulos 15 a 22.

população
Soma de todos os elementos que compartilham algum conjunto comum de características; compreende o universo para o problema de pesquisa de marketing.

censo
Enumeração completa dos elementos de uma população ou de objetos de estudo.

amostra
Subgrupo dos elementos da população selecionado para participação no estudo.

A Tabela 11.1 resume as condições que favorecem a utilização de uma amostra em relação ao censo. Restrições orçamentárias e de tempo são óbvias vantagens pró-amostra. Um censo é dispendioso e demorado, e não é realista

TABELA 11.1
Amostra *versus* censo

	Condições que favorecem o uso de	
	Amostra	Censo
1. Orçamento	Pequeno	Grande
2. Tempo disponível	Curto	Longo
3. Tamanho da população	Grande	Pequeno
4. Variância da característica	Pequena	Grande
5. Custo de erros de amostragem	Baixo	Alto
6. Custo de erros não amostrais	Alto	Baixo
7. Natureza da mensuração	Destrutiva	Não destrutiva
8. Atenção a casos individuais	Sim	Não

quando a população-alvo é grande, como ocorre na maioria dos casos que envolvem produtos de consumo. No caso de muitos produtos industriais, entretanto, a população é pequena, o que torna o censo não apenas viável como desejável. Por exemplo, ao investigar o uso de ferramentaria pela indústria automobilística dos EUA, o censo seria preferível à amostra. Outra razão pró-censo nesse caso é que a variância da característica de interesse é grande. O uso que a Ford faz das ferramentas, por exemplo, é muito diferente do uso que a Honda faz delas. Populações pequenas e a elevada variância das características a serem medidas justificam um censo.

Se o custo dos erros de amostragem for alto (por exemplo: se a amostra tiver omitido um fabricante das proporções da Ford, os resultados serão certamente enganosos), um censo, que elimina tais erros, é preferível. Por outro lado, o elevado custo dos erros não amostrais favorece a amostragem. Um censo pode aumentar imensamente o erro não amostral, ao ponto de tais erros excederem os erros de amostragem em uma amostra. Os erros não amostrais são os que mais contribuem para o erro total, enquanto os erros de amostragem têm se revelado relativamente pequenos em magnitude (ver Capítulo 3).[3] Portanto, na maioria dos casos, considerações de precisão favorecem uma amostra com relação a um censo. Essa é uma das razões pelas quais o Bureau do Censo dos EUA verifica a precisão de vários censos por meio de pesquisas amostrais.[4] Todavia, nem sempre é possível reduzir o erro não amostral ao ponto de compensar o erro amostral, como se verifica no caso de um estudo envolvendo os fabricantes americanos de automóveis.

Uma amostra é preferível se os processos de mensuração resultarem na destruição ou contaminação dos elementos da amostra. Por exemplo, os testes de uso de um produto resultam no consumo do produto. Portanto, não seria viável fazer um censo em um estudo que exija que os entrevistados na pesquisa utilizem uma nova marca de cereais. A amostragem também pode ser necessária para focar a atenção sobre casos individuais, como nas entrevistas em profundidade. Finalmente, outras considerações pragmáticas, como a necessidade de manter o estudo secreto, favorecem o uso de uma amostra em relação a um censo.

PESQUISA ATIVA

Boeing: abrir as asas e voar

Pesquise na Internet, incluindo mídias sociais, e no banco de dados *on-line* de sua biblioteca informações para identificar a população de todas as linhas aéreas que operam nos Estados Unidos.

Se fosse necessário realizar um levantamento de empresas aéreas para determinar seus planos futuros de compra/*leasing* de aeronaves, você consideraria um censo ou uma amostra? Por quê?

Como CEO da Boeing, como você utilizaria as informações sobre os planos futuros das companhias aéreas no que se refere a compras/*leasing* de aeronaves para formular sua estratégia de marketing?

Processo de elaboração de amostragem

O processo de elaboração de uma amostragem inclui cinco estágios, mostrados sequencialmente na Figura 11.1. Esses estágios estão estreitamente inter-relacionados e são relevantes para todos os aspectos do projeto de pesquisa de marketing, desde a definição do problema até a apresentação dos resultados. Portanto, as decisões sobre a elaboração da amostragem devem integrar-se a todas as outras decisões em um projeto de pesquisa.[5]

Definição da população-alvo

A elaboração de uma amostragem começa com a especificação da **população-alvo**, ou seja, a coleção de elementos ou objetos que possuem as informações procuradas pelo pesquisador e sobre os quais devem ser feitas inferências. A população-alvo deve ser definida com precisão. Uma definição imprecisa da população-alvo resulta, na melhor das hipóteses, em uma pesquisa ineficaz e, na pior das hipóteses, conduz a enganos e erros. Estabelecer a população-alvo envolve transformar a definição do problema em uma afirmação precisa de quem deve e quem não deve ser incluído na amostra.

população-alvo
Coleção de elementos ou objetos que possuem as informações procuradas pelo pesquisador e sobre os quais devem ser feitas inferências.

Processo de elaboração da amostragem

```
Definir a população-alvo
        ↓
Determinar o arcabouço amostral
        ↓
Escolher a(s) técnica(s) de amostragem
        ↓
Determinar o tamanho da amostra
        ↓
Executar o processo de amostragem
```

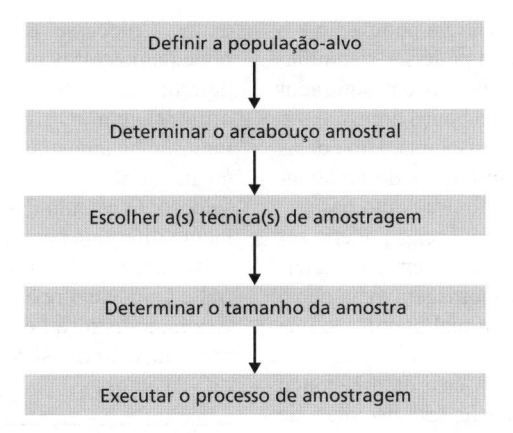

FIGURA 11.1 Processo de elaboração da amostragem.

A população-alvo tem que ser definida em termos de elementos, unidades amostrais, extensão e período. Um **elemento** é o objeto sobre o qual se desejam as informações. Em levantamentos, o elemento normalmente é o entrevistado. Uma **unidade amostral** é um elemento, ou uma unidade contendo o elemento, que está disponível para ser escolhido em algum estágio do processo de amostragem. Suponhamos que a Revlon quisesse avaliar a resposta do consumidor a uma nova linha de batons e desejasse extrair uma amostra de mulheres com mais de 18 anos. É possível selecionar diretamente uma amostra de mulheres com mais de 18 anos, caso em que a unidade amostral seria o mesmo que o elemento. Alternativamente, a unidade amostral poderia ser um domicílio. Nesse caso, os domicílios seriam selecionados aleatoriamente, e uma mulher com mais de 18 anos de cada residência seria escolhida para ser entrevistada. Aqui, a unidade amostral e o elemento de população seriam diferentes.

elemento
Objeto que possui as informações desejadas pelo pesquisador e sobre o qual serão feitas inferências.

unidade amostral
Unidade básica que contém os elementos da população que será submetida à amostragem.

A extensão se refere às fronteiras geográficas, e o fator período é o período de tempo que está sendo considerado durante a pesquisa. O exemplo de abertura dos selos Duck Stamps mostrou uma definição adequada de uma população. Usaremos o projeto de fidelização da loja de departamentos para fornecer outra ilustração.

Projeto de pesquisa

População-alvo

A população-alvo para o projeto de fidelização da loja de departamentos foi definida como segue:

Elementos: chefe de família, homem ou mulher, responsável pela maior parte das compras em lojas de departamentos.

Unidades amostrais: residências
Extensão: área metropolitana de Atlanta
Período: outono de 2016 ∎

Definir a população-alvo nem sempre é tão fácil como neste exemplo. Analisemos um projeto de pesquisa de mercado para avaliar a resposta do consumidor a uma nova marca de colônia masculina. Quem iria constituir a população-alvo? Todos os homens? Homens que usaram uma água de colônia durante o mês passado? Homens com 17 anos ou mais? Como algumas mulheres compram água de colônia para seus maridos, as mulheres devem ser incluídas? Essas e outras questões semelhantes precisam ser resolvidas antes de se definir adequadamente a população-alvo.[6]

Determinação do arcabouço amostral

Um **arcabouço amostral** é uma representação dos elementos da população-alvo e consiste em uma lista ou conjunto de instruções para identificar a população-alvo. Exemplos de arcabouço amostral são a lista telefônica, o guia de uma associação relacionando as empresas de um setor industrial, uma lista de endereços comprada de uma organização comercial, a lista de endereços da cidade ou um mapa. Quando não for possível compilar uma lista, pelo menos algumas instruções para identificar a população-alvo devem ser especificadas; por exemplo, procedimentos para digitação aleatória em pesquisas telefônicas (ver Capítulo 6). No exemplo dos selos com imagens de patos, a determinação do arcabouço amostral consistia em um programa de computador para gerar de forma aleatória e eficiente números de telefone, excluindo-se números desativados e comerciais.

arcabouço amostral
Representação dos elementos da população-alvo. Consiste em uma lista ou conjunto de instruções para identificar a população-alvo.

Frequentemente, é possível compilar ou obter uma lista de elementos da população, mas essa lista pode omitir alguns elementos dessa população ou incluir outros que não fazem parte dela. Portanto, o uso de uma lista conduzirá a um erro de arcabouço amostral, o que foi descrito no Capítulo 3.[7]

Em alguns casos, a discrepância entre a população e o arcabouço amostral é tão pequena que pode ser tranquilamente ignorada. Na maioria dos casos, porém, o pesquisador precisa reconhecer e tratar o erro de arcabouço amostral – o que pode ser feito pelo menos de três maneiras. Uma delas consiste em redefinir a população em termos do arcabouço amostral. Se utilizarmos a lista telefônica como base do arcabouço amostral, a população de residências poderia ser redefinida como aquela listada corretamente em uma determinada área. Embora simplista, essa abordagem evita que o pesquisador seja mal orientado sobre a real população que está sendo pesquisada.[8]

Outra maneira é levar em conta o erro de arcabouço amostral, examinando os entrevistados na fase de coleta de dados. Os entrevistados podem ser examinados em relação a características demográficas, familiaridade, uso do produto, etc., a fim de assegurar que satisfaçam aos critérios da população-alvo. A seleção consegue eliminar elementos impróprios contidos no arcabouço amostral, mas não pode dar conta de elementos que tenham sido omitidos.

Outra abordagem, ainda, consiste em ajustar os dados coletados mediante um esquema de ponderação que contrabalance o erro do arcabouço amostral (tratamos disso nos Capítulos 12 e 14). Independentemente da abordagem adotada, é importante reconhecer qualquer erro de arcabouço amostral existente a fim de evitar inferências inadequadas sobre a população.

Seleção da técnica de amostragem

A escolha de uma técnica de amostragem envolve várias decisões de natureza mais ampla. O pesquisador precisa decidir se vai utilizar a abordagem amostral tradicional ou a bayesiana, a amostragem com ou sem reposição e se vai trabalhar com amostragem probabilística ou não probabilística.

Na **abordagem bayesiana**, os elementos são escolhidos sequencialmente. Depois da inclusão de cada elemento na amostra, coletam-se os dados, calculam-se as estatísticas amostrais e determina-se o custo da amostragem. A abordagem bayesiana incorpora explicitamente informações anteriores sobre os parâmetros populacionais, bem como os custos e as probabilidades decorrentes da adoção de decisões equivocadas. Essa abordagem é teoricamente convidativa. Mesmo assim, não encontra ampla aplicação em pesquisa de marketing devido à falta de disponibilidade de grande parte das informações desejadas sobre custos e probabilidades. Na abordagem amostral tradicional, seleciona-se a amostra inteira antes de se dar início à coleta de dados. Como a abordagem tradicional é a mais utilizada, será o método adotado nas próximas seções deste livro.

---
abordagem bayesiana
Método de seleção em que os elementos são selecionados sequencialmente. A abordagem bayesiana incorpora explicitamente informações existentes sobre parâmetros populacionais, bem como os custos e as probabilidades decorrentes da adoção de decisões equivocadas.

Na **amostragem com reposição**, é escolhido um elemento do arcabouço amostral, obtendo-se os respectivos dados. Coloca-se, então, esse elemento de volta no arcabouço amostral. Como resultado, torna-se possível incluir determinado elemento mais de uma vez na amostra. Na **amostragem sem reposição**, uma vez selecionado para inclusão na amostra, um elemento é removido do arcabouço amostral e, assim, não pode mais ser incluído em outra seleção. O cálculo das estatísticas é feito de forma ligeiramente diferente para as duas abordagens, mas a inferência estatística não é muito diversa quando o arcabouço amostral é grande em relação ao tamanho definitivo da amostra. Assim, a distinção é importante apenas quando temos um arcabouço amostral pequeno em comparação com o tamanho da amostra.

---
amostragem com reposição
Técnica de amostragem em que um elemento pode ser incluído em uma amostra mais de uma vez.

---
amostragem sem reposição
Técnica de amostragem na qual um elemento não pode figurar na amostra mais de uma vez.

A decisão mais importante sobre a escolha da técnica de amostragem diz respeito a utilizar amostragem probabilística ou não probabilística. Dada sua importância, os problemas presentes nessa decisão são discutidos em detalhes neste capítulo.

Se a unidade amostral for diferente do elemento, é necessário explicar precisamente como serão selecionados os elementos dentro dela. Em pesquisas em domicílio e entrevistas telefônicas, a mera especificação do endereço ou do número de telefone pode não bastar. Por exemplo, deve-se entrevistar sempre a pessoa que atende à porta ou ao telefone, ou alguém mais no domicílio? Não é raro que mais de uma pessoa no domicílio esteja em condições de participar da pesquisa. Por exemplo, ambos os chefes de família, marido e esposa, podem ter condições de responder a um estudo sobre as atividades da família em seu tempo de lazer. Quando se emprega uma técnica de amostragem probabilística, é preciso fazer uma seleção aleatória das pessoas que podem vir a participar em cada residência.

Um processo simples para a escolha aleatória é o método do aniversário mais próximo: o entrevistador pergunta qual das pessoas aptas a responder fará aniversário antes, e essa pessoa é incluída na amostra, como no exemplo dos selos.

Determinação do tamanho da amostra

O **tamanho da amostra** diz respeito ao número de elementos a serem incluídos no estudo. A determinação do tamanho da amostra é complexa e envolve várias considerações de ordem quantitativa e qualitativa. Nesta seção, discutiremos os fatores qualitativos, ficando os quantitativos para o Capítulo 12. Os fatores qualitativos mais importantes na determinação do tamanho da amostra compreendem: (1) a importância da decisão, (2) a natureza da pesquisa, (3) o número de variáveis, (4) a natureza da análise, (5) os tamanhos amostrais utilizados em estudos similares, (6) as taxas de incidência, (7) os índices de finalização e (8) as restrições de recursos.

tamanho da amostra
Número de elementos a serem incluídos em um estudo.

Em geral, para decisões importantes, é preciso obter mais informações de maneira precisa. Isso exige amostras maiores, mas, à medida que o tamanho da amostra aumenta, cresce igualmente o custo da obtenção de cada unidade de informação. O grau de precisão pode ser avaliado em termos do desvio-padrão da média. O desvio-padrão da média é inversamente proporcional à raiz quadrada do tamanho da amostra. Quanto maior a amostra, menor o ganho em precisão ao se aumentar em uma unidade o tamanho da amostra.

A natureza da pesquisa também tem impacto sobre o tamanho da amostra. Para projetos de pesquisa exploratória, como os que utilizam pesquisa qualitativa, o tamanho da amostra costuma ser pequeno. Pesquisas conclusivas, como as descritivas, exigem amostras maiores. Da mesma forma, quando se coletam dados sobre muitas variáveis, são necessárias amostras maiores. Os efeitos acumulados de erros de amostragem nas variáveis ficam reduzidos em uma amostra grande.

Se for necessária uma análise sofisticada dos dados utilizando técnicas multivariadas, o tamanho da amostra deve ser grande. O mesmo se aplica quando os dados precisam ser analisados em detalhes. Assim, torna-se necessária uma amostra maior quando estão sendo analisados dados em nível de subgrupo ou segmento, não se limitando a uma análise da amostra agregada ou total.

O tamanho da amostra é influenciado pelo tamanho médio de amostras em estudos semelhantes. A Tabela 11.2 dá uma ideia de tamanhos de amostra usados em diferentes pesquisas de marketing. Esses tamanhos de amostras foram determinados com base na experiência e servem como diretrizes elementares, particularmente quando se usam técnicas amostrais não probabilísticas.

Finalmente, a decisão quanto ao tamanho da amostra deve ser orientada por uma análise das limitações dos recursos. Em qualquer projeto de pesquisa de marketing, tanto o dinheiro quanto o tempo são limitados. Outras restrições incluem a disponibilidade de pessoal qualificado para a coleta de dados. No exemplo de abertura sobre os selos da USFWS, o tamanho amostral de mil foi determinado por restrições de recursos e pelo tamanho amostral usado em estudos similares. O tamanho da amostra exigido deve ser ajustado quanto à incidência de entrevistados qualificáveis e ao índice de finalização, conforme explicado no próximo capítulo.

Execução do processo de amostragem

A execução do processo de amostragem exige uma especificação detalhada de como serão implementadas as decisões sobre população, arcabouço amostral, unidade amostral, técnica de amostragem e tamanho da amostra. Se os domicílios forem a unidade amostral, é preciso estabelecer uma definição operacional de domicílio. Devem ser especificados os procedimentos para residências que estejam desocupadas e para retorno em caso de ninguém estar em casa. Informações detalhadas precisam ser disponibilizadas para todas as decisões de elaboração da amostragem.

Pesquisa real

Departamento de Turismo telefona para os jovens aniversariantes

Em 2016, a população da Flórida era de 20,61 milhões, ocupando o terceiro lugar nos Estados Unidos, depois da Califórnia e do Texas. Foi realizado um levantamento telefônico pelo Departamento de Turismo da Flórida (www.myflorida.com) para compreender o comportamento de viagem dos residentes no Estado. Os domicílios foram estratificados pelas regiões Norte, Central e Sul da Flórida. Utilizou-se uma amostra computadorizada de números aleatórios para chegar a esses domicílios. As residências foram selecionadas de modo a localizar membros da família que apresentavam quatro qualificações:

1. Ter 25 anos ou mais
2. Viver na Flórida ao menos durante sete meses do ano
3. Ser morador da Flórida há pelo menos dois anos
4. Ter habilitação de motorista na Flórida

TABELA 11.2
Tamanhos de amostra utilizados em pesquisas de marketing

Tipo de estudo	Tamanho mínimo	Abrangência média
Pesquisa de identificação do problema (p. ex., potencial de mercado)	500	1.000-2.500
Pesquisa de resolução do problema (p. ex., precificação)	200	300-500
Testes de produtos	200	300-500
Estudos de testes de marketing	200	300-500
Propaganda em TV/rádio/imprensa (por comercial ou anúncio testado)	150	200-300
Auditoria em mercados-teste	10 lojas	10-20 lojas
Grupos de foco	2 grupos	6-15 grupos

Para obter uma amostra representativa de indivíduos qualificados, utilizou-se um método aleatório para selecionar os entrevistados de um domicílio. Todos os moradores da casa que satisfizessem às quatro qualificações foram listados, escolhendo-se a pessoa com data de aniversário mais próxima. Fizeram-se visitas repetidas até se chegar àquela pessoa. Os passos no processo de elaboração da amostragem foram:

1. *População-alvo:* adultos que satisfazem às quatro qualificações (elemento) em um domicílio com número de telefone ativo (unidade amostral) no Estado da Flórida (extensão) durante o período de pesquisa (período).
2. *Arcabouço amostral:* programa de computador para gerar números de telefone aleatórios.
3. *Técnica de amostragem:* amostragem estratificada; a população-alvo foi geograficamente estratificada em três regiões: Norte, Central e Sul da Flórida.
4. *Tamanho da amostra:* 868.
5. *Execução:* alocação da amostra entre os estratos; utilização de discagem aleatória computadorizada; lista de todos os membros do domicílio que satisfazem às quatro qualificações; seleção de um residente utilizando-se o método do aniversário mais próximo.[9] ∎

Um processo de elaboração de amostragem adequado possibilitou ao Departamento de Turismo da Flórida a obtenção de valiosos conhecimentos sobre o comportamento de viagem dos residentes no Estado. O exemplo do Duck Stamp no início do capítulo é outra ilustração do processo de elaboração de amostragem.

Experiência de pesquisa

Os New York Yankees: reunindo famílias nos jogos

O New York Yankees é um dos times preferidos de beisebol dos Estados Unidos.

1. Como gerente de marketing do New York Yankees, que programas de marketing você pode elaborar tendo como alvo as famílias?
2. Visite newyork.yankees.mlb.com e identifique informações no *site* que possam ser úteis para fins de pesquisa de marketing.
3. Pesquise na Internet, incluindo as mídias sociais, e nos bancos de dados *on-line* de sua biblioteca informações que auxiliarão o gerente de marketing do New York Yankees a abordar as famílias.
4. O gerente do New York Yankees deseja realizar um levantamento telefônico para determinar como atrair mais famílias para seus jogos. Formule o processo de amostragem.
5. Se a MLB (mlb.mlb.com) tivesse que realizar levantamentos na Internet para determinar como aumentar a frequência aos jogos da MLB, que processo de amostragem você recomendaria? ∎

Uma classificação das técnicas de amostragem

As técnicas de amostragem são genericamente classificadas como não probabilísticas e probabilísticas (ver Figura 11.2).

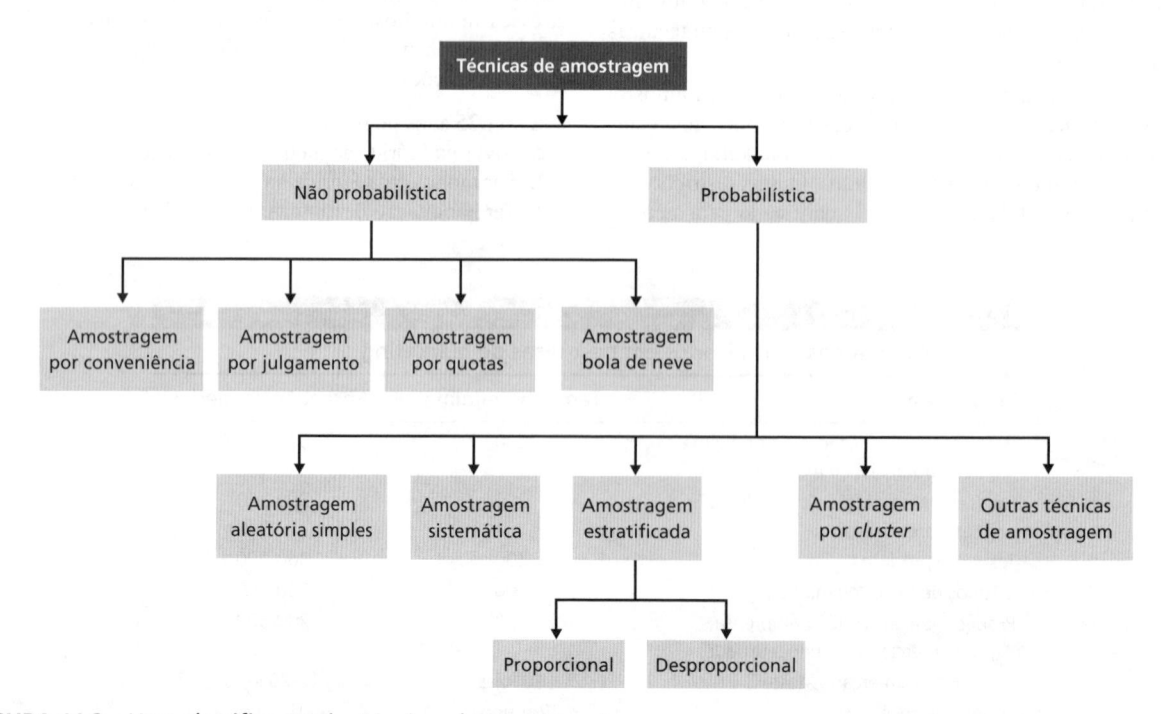

FIGURA 11.2 Uma classificação das técnicas de amostragem.

A **amostragem não probabilística** confia na conveniência ou no julgamento pessoal do pesquisador, e não no acaso, para selecionar os elementos da amostra. O pesquisador pode, arbitrária ou conscientemente, decidir os elementos a serem incluídos na amostra.

amostragem não probabilística
Técnica de amostragem que não utiliza seleção aleatória. Ao contrário, confia no julgamento pessoal do pesquisador.

As amostras não probabilísticas podem oferecer boas estimativas das características da população, mas não permitem uma avaliação objetiva da precisão dos resultados amostrais. Como não é possível determinar a probabilidade de escolha de qualquer elemento específico para inclusão na amostra, as estimativas obtidas não são estatisticamente projetáveis para a população. As técnicas de amostragem não probabilística comumente usadas incluem amostragem por conveniência, amostragem por julgamento, amostragem por quotas e amostragem bola de neve.

Na **amostragem probabilística**, as unidades amostrais são escolhidas aleartoriamente. É possível pré-especificar cada amostra potencial de determinado tamanho que pode ser extraída da população, assim como a probabilidade de selecionar cada amostra. Nem toda amostra potencial precisa ter a mesma probabilidade de seleção, mas é possível especificar a probabilidade de escolher qualquer amostra de um dado tamanho. Isso exige não apenas uma definição precisa da população-alvo, como também uma especificação geral do arcabouço amostral. Como os elementos da amostra são selecionados aleatoriamente, é possível determinar a precisão das estimativas amostrais para as características de interesse. Intervalos de confiança, que contêm o verdadeiro valor populacional com determinado grau de certeza, podem ser calculados. Isso permite ao pesquisador fazer inferências ou projeções sobre a população-alvo da qual se extraiu a amostra. As técnicas de amostragem probabilística se classificam com base em:

- Amostragem de elementos *versus* amostragem por grupos (*cluster*)
- Probabilidades iguais de unidades *versus* probabilidades desiguais
- Seleção não estratificada *versus* estratificada
- Seleção aleatória *versus* sistemática
- Técnicas de estágio único *versus* de estágio múltiplo

amostragem probabilística
Processo de amostragem em que cada elemento da população tem uma chance fixa de ser incluído na amostra.

Todas as combinações possíveis desses cinco aspectos resultam em 32 técnicas de amostragem probabilística. Dessas técnicas, analisamos em detalhes a amostragem aleatória simples, a amostragem sistemática, a amostragem estratificada e a amostragem por *cluster* e abordamos sucintamente algumas outras. Primeiramente, entretanto, discutiremos as técnicas de amostragem não probabilística.

Técnicas de amostragem não probabilística

A Figura 11.3 apresenta uma ilustração gráfica das várias técnicas de amostragem não probabilística. A população consiste em 25 elementos, e temos que selecionar uma amostra de tamanho 5. A, B, C, D e E representam grupos e também podem ser vistos como estratos ou *clusters*.

Amostragem por conveniência

A **amostragem por conveniência** procura obter uma amostra de elementos convenientes. A seleção das unidades amostrais é deixada em grande parte a cargo do entrevistador. Com frequência, os entrevistados são escolhidos porque se encontram no lugar exato no momento certo. Alguns exemplos de amostragem por conveniência incluem: (1) uso de estudantes, grupos de igrejas e membros de organizações sociais, (2) entrevistas em centros comerciais sem qualificar os entrevistados, (3) lojas de departamentos utilizando listas de contas de clientes, (4) questionários destacáveis incluídos em revistas, (5) entrevistas com "pessoas na rua".[10]

amostragem por conveniência
Técnica de amostragem não probabilística que procura obter uma amostra de elementos convenientes. A seleção das unidades amostrais é deixada a cargo do entrevistador.

De todas as técnicas de amostragem, a amostragem por conveniência é a que menos tempo consome e a menos dispendiosa. As unidades amostrais são acessíveis, fáceis de medir e cooperadoras. Apesar dessas vantagens, essa forma de amostragem tem sérias limitações. Estão presentes muitas fontes potenciais de tendenciosidade de seleção, inclusive a autosseleção dos entrevistados. As amostras por conveniência não são representativas de qualquer população definível. Logo, não faz sentido, teoricamente, fazer generalizações sobre qualquer população a partir de uma amostra por conveniência, e as amostras por conveniência não são apropriadas para projetos de pesquisa que envolvam inferências sobre populações. As amostras por conveniência não são recomendadas para a pesquisa descritiva ou causal, mas podem ser usadas em pesquisa exploratória a fim de gerar ideias, intuições ou hipóteses. As amostras por conveniência são empregadas em grupos de foco, questionários de teste preliminar (pré-testes) ou estudos-piloto. Até mesmo nesses casos é preciso ter cuidado na interpretação dos resultados. Esta técnica às vezes é utilizada mesmo em grandes pesquisas, conforme o exemplo a seguir.

> **Pesquisa real**

Conveniência olímpica

O Comitê Olímpico Internacional (COI) (www.olympic.org) usou levantamentos nas Olimpíadas em 2000 para descobrir o que os visitantes achavam do nível de comércio em Sydney. Foi feito um levantamento com uma amostra

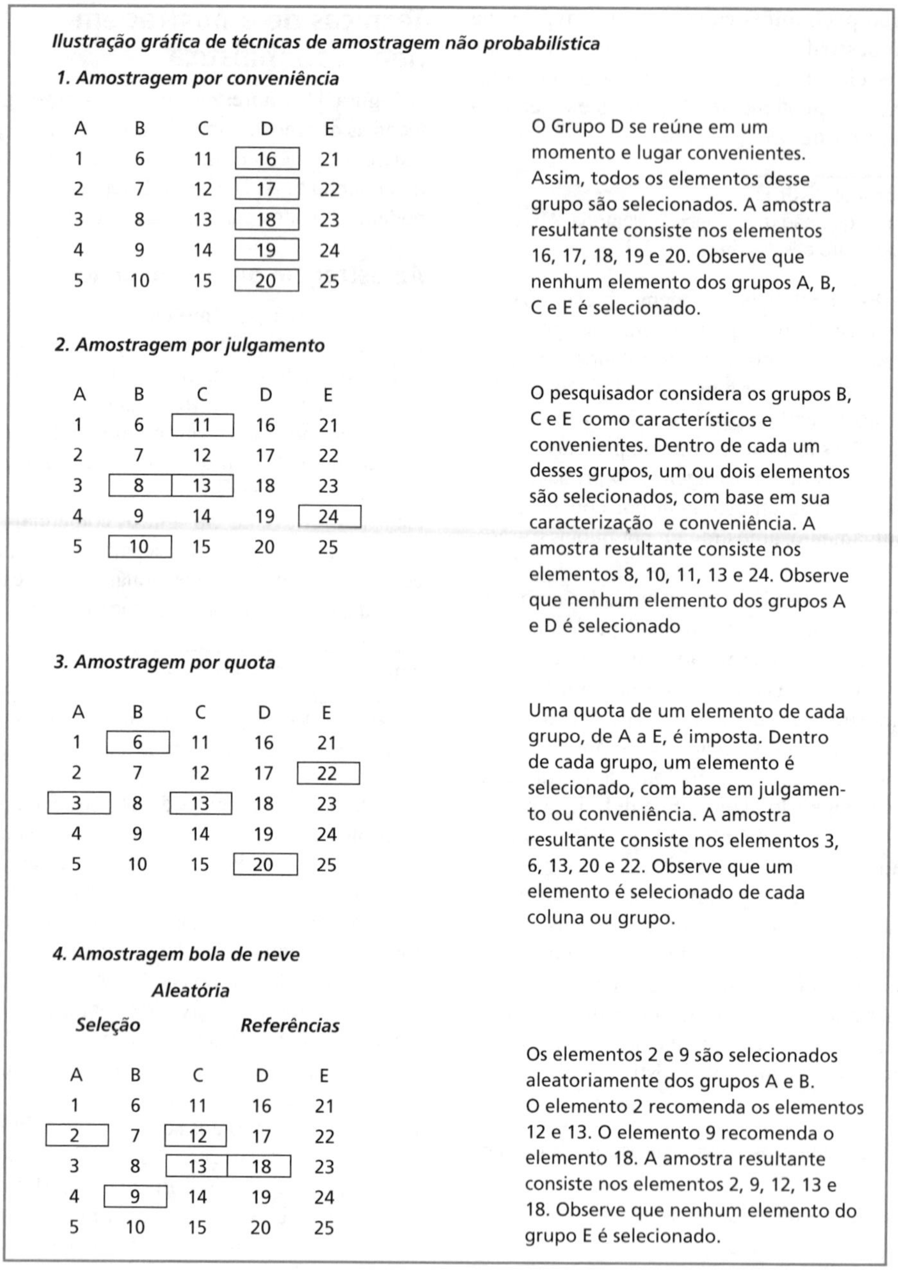

Ilustração gráfica de técnicas de amostragem não probabilística

1. Amostragem por conveniência

A	B	C	D	E
1	6	11	**16**	21
2	7	12	**17**	22
3	8	13	**18**	23
4	9	14	**19**	24
5	10	15	**20**	25

O Grupo D se reúne em um momento e lugar convenientes. Assim, todos os elementos desse grupo são selecionados. A amostra resultante consiste nos elementos 16, 17, 18, 19 e 20. Observe que nenhum elemento dos grupos A, B, C e E é selecionado.

2. Amostragem por julgamento

A	B	C	D	E
1	6	**11**	16	21
2	7	12	17	22
3	**8**	**13**	18	23
4	9	14	19	**24**
5	**10**	15	20	25

O pesquisador considera os grupos B, C e E como característicos e convenientes. Dentro de cada um desses grupos, um ou dois elementos são selecionados, com base em sua caracterização e conveniência. A amostra resultante consiste nos elementos 8, 10, 11, 13 e 24. Observe que nenhum elemento dos grupos A e D é selecionado.

3. Amostragem por quota

A	B	C	D	E
1	**6**	11	16	21
2	7	12	17	**22**
3	8	**13**	18	23
4	9	14	19	24
5	10	15	**20**	25

Uma quota de um elemento de cada grupo, de A a E, é imposta. Dentro de cada grupo, um elemento é selecionado, com base em julgamento ou conveniência. A amostra resultante consiste nos elementos 3, 6, 13, 20 e 22. Observe que um elemento é selecionado de cada coluna ou grupo.

4. Amostragem bola de neve

Aleatória

Seleção   Referências

A	B	C	D	E
1	6	11	16	21
2	7	**12**	17	22
3	8	**13**	**18**	23
4	**9**	14	19	24
5	10	15	20	25

Os elementos 2 e 9 são selecionados aleatoriamente dos grupos A e B. O elemento 2 recomenda os elementos 12 e 13. O elemento 9 recomenda o elemento 18. A amostra resultante consiste nos elementos 2, 9, 12, 13 e 18. Observe que nenhum elemento do grupo E é selecionado.

FIGURA 11.3 Ilustração gráfica de técnicas de amostragem não probabilística.

por conveniência composta por 200 visitantes, aos quais se perguntou que nível de comércio eles achavam que era adequado, se pensavam que o evento era comercial demais e se percebiam o patrocínio dos Jogos por empresas como algo positivo. O levantamento, realizado pela Performance Research (www.performanceresearch.com), revelou que 77% dos visitantes consideravam que era adequada a presença de grandes corporações, como Coca-Cola (www.cocacola.com) e McDonald's (www.mcdonalds.com). Além disso, 88% dos visitantes achavam que os patrocinadores contribuíam de forma positiva para as Olimpíadas. Aproximadamente 33% disseram que achavam que o envolvimento de uma empresa nos Jogos de Sydney lhes trazia um sentimento mais positivo em relação àquela empresa em geral.

Também foi realizado um levantamento em 2004, nas Olimpíadas de Atenas, para avaliar a satisfação dos espectadores com os Jogos. Uma amostra por conveniência com 1.024 pessoas – 46% de gregos, 13% de americanos e o restante, de diferentes nacionalidades – foi utilizada; os resultados indicaram a aprovação esmagadora das Olimpíadas em Atenas. Levantamentos com amostras por conveniência foram realizados também nos Jogos Olímpicos de 2008 em Pequim, 2012 em Londres e 2016 no Rio de Janeiro. Em todos esses levantamentos, os cidadãos locais concordaram que a realização dos Jogos em seu país fortalecia a participação das pessoas em atividades esportivas. Os resultados em relação ao patrocínio e envolvimento das empresas nos Jogos Olímpicos foram novamente positivos. O COI usou essas informações para aumentar as receitas de patrocínio.[11] ∎

Amostragem por julgamento

A **amostragem por julgamento** é uma forma de amostragem por conveniência em que os elementos da população são selecionados com base no julgamento do pesquisador. Este, exercendo seu julgamento ou aplicando sua experiência, escolhe os elementos a serem incluídos na amostra, pois os considera representativos da população de interesse ou apropriados por algum outro motivo. Eis alguns exemplos comuns de amostragem por julgamento: (1) mercados-teste selecionados para determinar o potencial de um novo produto, (2) engenheiros de compra selecionados em uma pesquisa de marketing industrial porque são considerados representativos da empresa, (3) seleção de distritos eleitorais representativos para uma pesquisa de comportamento de voto, (4) especialistas para atuar como testemunhas em julgamentos e (5) lojas de departamentos escolhidas para testar um novo sistema de *merchandising*.

---

amostragem por julgamento
Forma de amostragem por conveniência em que os elementos da população são selecionados deliberadamente com base no julgamento do pesquisador.

Projeto de pesquisa

Técnicas de amostragem

No estudo de fidelização da loja de departamentos, foram selecionados 20 trechos de censo na área metropolitana com base em julgamento. Foram excluídos os trechos com população muito pobre e os que apresentavam áreas indesejáveis (alta taxa de criminalidade). Em cada trecho, foram selecionados quarteirões considerados representativos ou típicos. Finalmente, em cada quarteirão, foram selecionadas residências distantes 10 casas umas das outras. As instruções dadas ao entrevistador foram as apresentadas a seguir.

"Comece no canto sudeste do quarteirão designado. Circunde todo o quarteirão em sentido horário. Ao completar uma entrevista, salte 10 casas para selecionar a próxima. Todavia, passe para a próxima moradia caso se depare com uma das seguintes situações: o entrevistado não está em casa, o entrevistado se recusa a cooperar ou não há entrevistado qualificado. Após completar um quarteirão, passe ao próximo quarteirão assinalado e siga o mesmo procedimento até obter o número desejado de entrevistas completas."

Atividades de projeto

Responda às seguintes perguntas, que fazem parte do projeto da Wal-Mart.

1. Qual é a população-alvo? Qual é o arcabouço amostral? Qual é o tamanho da amostra?
2. Você acha que o uso da amostragem por julgamento foi adequado? Se não, que técnica de amostragem você recomenda? ∎

A amostragem por julgamento tem baixo custo, é conveniente e rápida, mas não permite generalizações diretas para uma população específica, em geral porque a população não é definida explicitamente. A amostragem por julgamento é subjetiva e seu valor depende inteiramente do discernimento, do conhecimento e da criatividade do pesquisador. Ela é útil se não forem necessárias amplas inferências da população. Como no exemplo de fidelização da loja de departamentos, as amostras por julgamento com frequência são utilizadas em projetos de pesquisa de marketing comercial. Uma extensão dessa técnica envolve o uso de quotas.

Amostragem por quotas

A **amostragem por quotas** pode ser vista como uma amostragem por julgamento em dois estágios. O primeiro estágio consiste em desenvolver categorias, ou quotas, de controle de elementos da população. Para desenvolver essas quotas, o pesquisador relaciona características relevantes de controle e determina a distribuição dessas características na população-alvo. As características relevantes de controle, que podem incluir sexo, idade e raça, são identificadas com base em julgamento. Em geral, as quotas são atribuídas de modo que a proporção dos elementos da amostra que possuem as características de controle seja a mesma que a proporção de elementos da população. Em outras palavras, as quotas asseguram que a composição da amostra seja a mesma que a composição da população em relação às características de interesse. No segundo estágio, os elementos da amostra são selecionados com base em conveniência ou julgamento. Uma vez atribuídas as quotas, há considerável liberdade na escolha dos elementos a serem incluídos na amostra. A única exigência é que os elementos selecionados se adaptem às características de controle.[12]

---

amostragem por quotas
Técnica de amostragem não probabilística que consiste em uma amostra por julgamento restrita de dois estágios. O primeiro estágio consiste em desenvolver categorias ou quotas de controle de

elementos da população. No segundo estágio, selecionam-se elementos da amostra com base em conveniência ou julgamento.

Pesquisa real

É possível quantificar o índice de leitura de revistas em uma área metropolitana?

Realiza-se uma pesquisa para determinar a leitura de certas revistas pela população adulta de uma área metropolitana com uma população de 350 mil habitantes. Seleciona-se uma amostra por quotas de 1 mil adultos.

As características de controle são sexo, idade e raça. Com base na composição da população adulta da comunidade, as quotas são atribuídas conforme a tabela no pé da página. ∎

Nesse exemplo, as quotas são atribuídas de modo que a composição da amostra seja a mesma que a da população. Em certas situações, porém, é aconselhável tomar uma amostra menor ou maior dos elementos com determinadas características. Para ilustrar, talvez seja conveniente tomar uma amostra maior de grandes usuários de um produto de modo que seu comportamento possa ser estudado em detalhes. Embora esse tipo de amostra não seja representativo, pode tornar-se relevante.

Mesmo que a composição amostral seja um espelho da população com respeito às características de controle, não há garantia de que a amostra seja representativa. Se uma característica relevante para o problema for ignorada, a amostra por quota não será representativa. Frequentemente, omitem-se características relevantes de controle porque há dificuldades práticas relacionadas à inclusão de muitas características de controle. Como os elementos dentro de cada quota são selecionados com base em conveniência ou julgamento, há muitas fontes potenciais de tendenciosidade de seleção. Os entrevistadores podem ir a áreas selecionadas onde é mais provável encontrar candidatos elegíveis, bem como evitar pessoas inacessíveis ou mal trajadas, ou que residem em locais indesejáveis. A amostragem por quotas não permite a avaliação do erro de amostragem.

A amostragem por quotas procura obter amostras representativas a um custo relativamente baixo. Suas vantagens são o baixo custo e a maior conveniência para os entrevistadores na seleção de elementos para cada quota. Recentemente, foram impostos controles mais rígidos sobre os entrevistadores e processos de entrevista que reduzem a tendenciosidade de seleção; também foram sugeridas orientações para melhorar a qualidade de amostras por quota em centros comerciais. Sob certas condições, a amostragem por quota obtém resultados próximos àqueles da amostragem probabilística convencional.[13]

Amostragem bola de neve

Na **amostragem bola de neve**, escolhe-se um grupo inicial de entrevistados geralmente de forma aleatória. Após serem entrevistados, solicita-se que identifiquem outros que pertençam à população-alvo de interesse. Os entrevistados subsequentes são selecionados com base nessas referências. Esse processo pode ser executado em ondas sucessivas, obtendo-se informações a partir de informações, o que nos leva a um efeito bola de neve. Mesmo que se use a amostragem probabilística para selecionar os entrevistados iniciais, a amostra final é uma amostra não probabilística. As referências terão características demográficas e psicográficas mais semelhantes às das pessoas que as indicam do que poderia ocorrer ao acaso.[14]

amostragem bola de neve
Técnica de amostragem não probabilística em que um grupo inicial de entrevistados é selecionado aleatoriamente. Selecionam-se

Característica de controle	Composição da população Porcentagem	Composição da amostra Porcentagem	Número
Sexo			
Masculino	48	48	480
Feminino	52	52	520
	100	100	1.000
Idade			
18-30	27	27	270
31-45	39	39	390
45-60	16	16	160
Acima de 60	18	18	180
	100	100	1.000
Raça			
Branca	59	59	590
Negra	35	35	350
Outra	6	6	60
	100	100	1.000

entrevistados subsequentes com base em informações fornecidas pelos entrevistados iniciais. Esse processo pode ser executado em ondas sucessivas, obtendo-se referências a partir de outras referências.

Um objetivo principal da amostragem bola de neve é estimar características raras na população. Os exemplos incluem os usuários de determinados serviços governamentais ou sociais, como vales-alimentação cujos beneficiários não podem ser revelados; grupos especiais de censo, como viúvos com menos de 35 anos; e membros de uma minoria dispersa da população. A amostragem bola de neve é usada em pesquisa industrial para identificar pares de comprador-vendedor. A principal vantagem desta amostragem é que ela aumenta substancialmente a possibilidade de localizar a característica desejada na população, resultando também em variância e custos relativamente baixos de amostragem.[15]

Pesquisa real

Conhecimento é poder

Estima-se que em 2016, a cada minuto, alguém em algum lugar do mundo tenha sido infectado pelo HIV. Em todo o mundo, surgiram cerca de 2,1 milhões de novos casos de HIV em 2015 e, a partir de 2016, cerca de 36,7 milhões de pessoas eram portadoras do vírus em todo o mundo. Foi realizado um estudo para examinar o comportamento de risco de usuários de drogas indo-chineses (UDIs) na Austrália. Foi aplicado um questionário estruturado a 184 UDIs de 15 a 24 anos. Os entrevistados foram escolhidos usando-se técnicas de amostragem bola de neve "com base em redes sociais e contatos da rua". Essa técnica foi adotada porque os usuários de drogas conhecem outros usuários de drogas e podem facilmente fornecer referências para os propósitos da pesquisa. Fizeram-se várias perguntas aos entrevistados sobre uso de drogas, comportamentos de risco relativos ao uso de drogas injetáveis e suscetibilidade percebida quanto ao HIV. As entrevistas foram realizadas em Melbourne e em Sydney. Os locais das entrevistas foram a rua, restaurantes, cafeterias e, inclusive, as residências dos entrevistados.

Os resultados mostraram que a heroína foi a primeira droga injetável no caso de 98% dos respondentes, e 86% deles afirmaram que fumavam a droga antes de começar com o uso intravenoso. A idade para a primeira injeção variava de 11 a 23 anos, com a média ficando em 17 anos. Trinta e seis por cento "alguma vez compartilharam uma agulha", 23% destes tendo compartilhado com um amigo próximo e 1% com um parceiro ou amante. A consciência sobre vírus transmitidos pelo sangue e outras complicações era baixa. Com base nesses resultados, as autoridades de saúde pública da Austrália decidiram lançar uma vigorosa campanha para educar os UDIs sobre os riscos que enfrentavam e o que podiam fazer para reduzi-los.[16] ∎

Nesse exemplo, a amostragem bola de neve foi mais eficiente que a seleção aleatória. Em outros casos, a seleção aleatória de entrevistados por meio de técnicas de amostragem probabilística é mais apropriada.

PESQUISA ATIVA

Camisetas unissex: amostragem de desigualdades de gênero

Visite www.polo.com e pesquise na Internet, incluindo as mídias sociais, e nos bancos de dados *on-line* de sua biblioteca informações sobre a estratégia de marketing da Polo Ralph Lauren.

Como vice-presidente de marketing da Polo Ralph Lauren, que informações você gostaria de ter para determinar se a empresa deve lançar nacionalmente a nova linha de camisetas unissex que foi desenvolvida?

A Polo Ralph Lauren gostaria de identificar a reação inicial do consumidor a uma nova linha de camisetas unissex que a empresa desenvolveu. Se fosse usada a amostragem não probabilística, que técnica de amostragem você recomendaria e por quê?

Técnicas de amostragem probabilística

As técnicas de amostragem probabilística variam em termos de eficiência amostral. A eficiência amostral é um conceito que reflete uma escolha entre custo e precisão da amostra. A precisão se refere ao nível de incerteza sobre a característica que está sendo medida e é inversamente relacionada aos erros de amostragem, mas positivamente relacionada aos custos. Quanto maior a precisão, maior o custo, e a maioria dos estudos exige uma escolha entre os dois elementos. O pesquisador deve esforçar-se para obter a concepção de amostragem mais eficiente segundo as restrições orçamentárias. A eficiência de uma técnica amostral probabilística pode ser avaliada sendo comparada com a da amostragem aleatória simples. A Figura 11.4 apresenta uma ilustração gráfica das várias técnicas de amostragem probabilística. Como no caso da amostragem não probabilística, a população consiste em 25 elementos, e temos que selecionar uma amostra de tamanho 5. A, B, C, D e E representam grupos e também podem ser vistos como estratos ou *clusters*.

Amostragem aleatória simples

Na **amostragem aleatória simples (AAS)**, cada elemento da população tem uma probabilidade conhecida e igual de ser escolhido. Além disso, cada amostra possível de um dado tamanho (n) tem uma probabilidade igual e conhecida de ser a amostra realmente selecionada. Isso implica que cada elemento é escolhido independentemente de qualquer outro elemento. A amostra é extraída de um arcabouço amostral por um processo aleatório. Este método equivale a um sistema de loteria em que os nomes são colocados em uma urna, a urna é agitada e os nomes dos ganhadores são extraídos de maneira não tendenciosa.

amostragem aleatória simples (AAS)
Técnica de amostragem probabilística na qual cada elemento da população tem uma probabilidade conhecida e igual de ser sele-

cionado. Cada elemento é selecionado independentemente de qualquer outro, e a amostra é extraída de um arcabouço amostral por um processo aleatório.

Para extrair uma amostra aleatória simples, o pesquisador primeiro compila um arcabouço amostral e atribui um número único de identificação a cada elemento. Em seguida, números aleatórios são gerados para determinar quais elementos serão incluídos na amostra. Os números aleatórios podem ser gerados mediante uma rotina de computador ou uma tabela (ver Tabela 1 no Apêndice de Tabelas Estatísticas). Suponhamos que se queira extrair uma amostra de tamanho 10 de um arcabouço amostral contendo 800 elementos. É possível fazer isso partindo da linha 1 e coluna 1 da Tabela 1, considerando os três algarismos mais à direita e descendo coluna abaixo até que tenham sido selecionados 10 números entre 1 e 800. Ignoram-se os números fora desse intervalo. Os elementos correspondentes aos números aleatórios gerados constituem a amostra. Assim, em nosso exemplo, seriam selecionados os elementos de números 480, 368, 130, 167, 570, 562, 301, 579, 475 e 553. Observe que os três últimos algarismos da linha 6 (921) e da linha 11 (918) foram desprezados por estarem fora do intervalo.

A AAS tem muitas características convenientes: é fácil de entender, os resultados amostrais podem ser projetados para a população-alvo e a maior parte das abordagens à inferência estatística admite que os dados tenham sido coletados por amostragem aleatória simples. Todavia, a AAS tem, ao menos, quatro limitações significativas. Primeiro, costuma ser difícil construir um arcabouço amostral que permita a extração de uma amostra aleatória simples. Segundo, a AAS pode resultar em amostras muito grandes ou dispersas sobre grandes áreas geográficas, aumentando assim o tempo e o custo da coleta de dados. Terceiro, ela geralmente resulta em

Ilustração gráfica de técnicas de amostragem probabilística

1. Amostragem aleatória simples

A	B	C	D	E
1	6	11	**16**	21
2	**7**	12	17	22
3	8	13	18	23
4	**9**	14	19	**24**
5	10	15	20	25

Selecionam-se cinco números aleatórios de 1 a 25. A amostra resultante consiste nos elementos da população 3, 7, 9, 16 e 24. Observe que não há elementos do grupo C.

2. Amostragem sistemática

A	B	C	D	E
1	6	11	16	21
2	**7**	**12**	**17**	**22**
3	8	13	18	23
4	9	14	19	24
5	10	15	20	25

Seleciona-se um número aleatório entre 1 e 5, digamos, 2. A amostra resultante consiste na população 2 (2 + 5 =) 7, (2 + 5 × 2 =) 12, (2 + 5 × 3 =) 17 e (2 + 5 × 4 =) 22. Observe que todos os elementos são selecionados de uma única linha.

3. Amostragem estratificada

A	B	C	D	E
1	6	11	16	**21**
2	**7**	12	17	22
3	8	**13**	18	23
4	9	14	**19**	24
5	10	15	20	25

Seleciona-se aleatoriamente um número de 1 a 5 de cada estrato, de A a E. A amostra resultante consiste nos elementos da população 4, 7, 13, 19 e 21. Observe que um elemento é selecionado de cada coluna.

4. Amostragem por cluster (dois estágios)

A	B	C	D	E
1	6	11	16	**21**
2	**7**	12	17	22
3	8	13	**18**	**23**
4	9	14	19	24
5	10	15	**20**	25

Selecionam-se aleatoriamente três *clusters*, B, D e E. Dentro de cada *cluster*, seleciona-se aleatoriamente um ou dois elementos. A amostra resultante consiste nos elementos da população 7, 18, 20, 21 e 23. Observe que nenhum elemento dos *clusters* A e C foi selecionado.

FIGURA 11.4 Ilustração gráfica de técnicas de amostragem probabilística.

menos precisão com mais erros padrão do que outras técnicas de amostragem probabilística. Por último, a AAS pode ou não resultar em uma amostra representativa. Embora, em média, as amostras extraídas representem bem a população, uma determinada amostra aleatória simples pode representar de forma deficiente a população-alvo. Isso será mais provável se o tamanho da amostra for pequeno. Por essas razões, a AAS não é muito usada em pesquisa de marketing. Os procedimentos como a amostragem sistemática são mais comuns.

Amostragem sistemática

Na **amostragem sistemática**, escolhe-se uma amostra selecionando um ponto de partida aleatório e, em seguida, extraindo cada i-ésimo elemento sucessivamente do arcabouço amostral. O intervalo amostral i é determinado dividindo o tamanho N da população pelo tamanho n da amostra e fazendo o arredondamento para o inteiro mais próximo. Por exemplo, em uma população de 100 mil elementos, deseja-se uma amostra de mil. Nesse caso, o intervalo amostral, i, é 100. Escolhe-se um número aleatório entre 1 e 100. Se este número for, por exemplo, 23, a amostra consistirá nos elementos 23, 123, 223, 323, 423, 523 e assim por diante.[17]

---
amostragem sistemática
Técnica de amostragem probabilística em que a amostra é escolhida selecionando um ponto de partida aleatório e tomando cada i-ésimo elemento sucessivamente da composição da amostra.

A amostragem sistemática é semelhante à AAS porque cada elemento da população tem uma probabilidade igual e conhecida de seleção. Todavia, é diferente da AAS pois apenas as amostras permissíveis de tamanho n que podem ser extraídas têm uma probabilidade igual e conhecida de seleção. As amostras restantes de tamanho n têm probabilidade zero de serem escolhidas.

Na amostragem sistemática, o pesquisador supõe que os elementos da população estejam ordenados de alguma forma. Em alguns casos, a ordenação (por exemplo, listagem alfabética na lista telefônica) não está relacionada com a característica de interesse. Em outras situações, a ordenação está diretamente relacionada com a característica sob investigação. Por exemplo, os clientes de cartões de crédito podem ser relacionados por ordem de saldo devedor, ou as empresas de um determinado setor podem ser ordenadas de acordo com as vendas anuais. Se os elementos da população forem dispostos de forma não relacionada com as características de interesse, a amostragem sistemática dará resultados muito semelhantes aos da AAS.

Por outro lado, quando a ordenação dos elementos está relacionada com a característica de interesse, a amostragem sistemática aumenta a representatividade da amostra. Se as empresas de um determinado setor da economia são dispostas por ordem crescente de vendas anuais, uma amostra sistemática incluirá não somente algumas empresas pequenas, como também algumas grandes. Uma amostra aleatória simples pode não ser representativa por conter, por exemplo, apenas empresas pequenas ou um número desproporcional destas. Se a ordenação dos elementos produzir um padrão cíclico, a amostragem sistemática poderá reduzir a representatividade da amostra. A título de ilustração, analisemos o uso da amostragem sistemática para gerar uma amostra de vendas mensais de uma loja de departamentos a partir de um arcabouço amostral contendo vendas mensais dos últimos 60 anos. Se a escolha for um intervalo amostral de 12, a amostra resultante não refletirá a variação mês a mês nas vendas.[18]

A amostragem sistemática é menos dispendiosa e mais fácil do que a AAS, porque a seleção aleatória só é feita uma vez. Além disso, os números aleatórios não precisam ser confrontados com elementos individuais como na AAS. Como algumas listas contêm milhões de elementos, pode-se fazer considerável economia de tempo, o que reduz os custos da amostragem. Se as informações relativas à característica de interesse estiverem disponíveis para a população, podemos usar a amostragem sistemática para obter uma amostra mais representativa e confiável do que a AAS (menor erro amostral). Outra vantagem relativa é que a amostragem sistemática pode ser utilizada mesmo sem o conhecimento dos elementos do acabouço amostral. Por exemplo, cada i-ésima pessoa que sai de uma loja de departamentos ou de um *shopping* pode ser interceptada. Por isso, a amostragem sistemática costuma ser usada em entrevistas pelo correio, por telefone, em *shoppings*, pela Internet e por dispositivos móveis.

Pesquisa real

MSN Autos equipa automóveis com acessórios de telefonia celular

O MSN Autos é um *site* de propriedade da Microsoft (www.msn.com/en-us/autos) que oferece orçamentos e outras informações de pesquisa de veículos aos consumidores. Ele realizou uma enquete para descobrir se as pessoas atualmente usam, ou pensariam em usar, dispositivos para celular *hands--free* (que permitem a liberação das mãos durante o uso). O MSN Autos realizou uma pesquisa pela Internet usando uma amostragem aleatória sistemática que aparecia em uma tela separada a cada 50º visitante que chegasse no *site*. Dos 879 indivíduos que receberam a proposta de entrevista, 836 responderam.

Os resultados indicaram que 62% dos entrevistados nunca tinham usado um dispositivo *hands-free*, e apenas 54% estavam dispostos a usá-lo no futuro. À luz da constatação de que os indivíduos não eram muito receptivos à ideia de conectar dispositivos *hands-free* em seus telefones celulares, prevê-se que, até o ano 2020, quase a totalidade dos veículos dos Estados Unidos estarão equipados com acessórios para telefones celulares. Isso ocorrerá como resultado de leis estaduais que entrarão gradualmente em vigor nos próximos anos. Por exemplo, em Washington, D.C., a lei proíbe que se dirija na cidade usando telefone celular sem um dispositivo *hands-free*.[19] ∎

Amostragem estratificada

A **amostragem estratificada** é um processo de dois estágios em que a população é dividida em subpopulações, ou estratos. Os estratos têm que ser mutuamente excludentes e coletivamente exaustivos no sentido de que cada elemento da população deve ser atribuído a um único estrato e nenhum elemento da população deve ser omitido. A seguir, os elementos são selecionados de cada estrato por um processo aleatório, normalmente a AAS. Tecnicamente, a AAS é adotada apenas para selecionar os elementos de cada estrato. Na prática, empregam-se às vezes a amostragem sistemática e outros procedimentos de amostragem probabilística. A amostragem estratificada difere da amostragem por quotas pelo fato de os elementos da amostra serem selecionados de forma probabilística, e não com base em conveniência ou julgamento. O principal objetivo da amostragem estratificada é aumentar a precisão sem elevar o custo.[20]

amostragem estratificada
Técnica de amostragem probabilística que usa um processo de dois estágios para dividir a população em subpopulações ou estratos. Escolhem-se os elementos de cada estrato por um processo aleatório.

As variáveis usadas para dividir a população em estratos são chamadas de *variáveis de estratificação*. Os critérios para a seleção dessas variáveis consistem em homogeneidade, heterogeneidade, relacionamento e custo. Os elementos dentro de um estrato devem ser tão homogêneos quanto possível, mas os elementos em estratos diferentes devem ser os mais heterogêneos possíveis. As variáveis de estratificação também devem estar estreitamente relacionadas com as características de interesse. Quanto mais essas características forem satisfeitas, maior a eficácia no controle da variação amostral externa. Finalmente, as variáveis diminuem o custo do processo de estratificação por serem fáceis de medir e de aplicar. As variáveis comumente usadas para estratificação incluem características demográficas (conforme ilustrado no exemplo da amostragem por quotas), tipo de cliente (com cartão de crédito ou sem cartão de crédito), tamanho da empresa ou tipo do setor. É possível usar mais de uma variável para estratificação, apesar de raramente serem usadas mais de duas, em razão de considerações pragmáticas e de custo. Embora o número de estratos a usar seja uma questão de julgamento, a experiência sugere o uso de seis, no máximo. Além de seis estratos, qualquer ganho em precisão é ofuscado pelo aumento do custo de estratificação e amostragem.

Pesquisa real

Planos de aposentadoria *on-line* em ação

A Cigna (www.cigna.com) fornece planos de saúde e benefícios relacionados oferecidos por intermédio do local de trabalho, e seus principais produtos são serviços de planos de saúde, seguros de incapacidade, de vida e de acidentes. A empresa alcançou receitas brutas de US$ 39,7 bilhões em 2016. A Cigna realizou uma pesquisa de marketing estratificada nacional para saber mais a respeito das demandas dos usuários *on-line* por serviços adicionais de aposentadoria pela Internet. A Cigna contratou a GfK (www.gfk.com) para fazer um levantamento por telefone com 659 funcionários de turno integral acima de 18 anos, dos quais 80% deveriam participar de um plano de aposentadoria, como uma pensão ou plano 401(k)* por intermédio de seu empregador. A amostra foi estratificada por renda e idade por causa das diferenças no uso da Internet e possíveis variações na preocupação com serviços de aposentadoria. A forma de amostragem adotada é mostrada na tabela no topo da página a seguir.

O levantamento revelou que os resultados de fato variavam por renda e idade, confirmando a utilidade dessas variáveis para a estratificação. Por exemplo, 75% dos que tinham renda anual inferior a US$ 20 mil não tinham realizado nem mesmo uma transação de comércio eletrônico pela Internet, enquanto apenas 30% daqueles com renda superior a US$ 50 mil não o tinham feito. A idade foi um fator importante nas preferências de usuário quanto a informações sobre planos de aposentadoria *on-line,* sendo que os que expressaram a menor preferência a respeito estavam na faixa de 65 anos ou mais.

Em termos gerais, os resultados do levantamento mostraram que há um interesse crescente dos funcionários em ter acesso a programas e fundos de aposentadoria *on-line,* o que lhes daria maior controle sobre o processo.

A Cigna usou os resultados da pesquisa para oferecer o AnswerNet e o CignaTrade, *sites* que permitem que o cliente acesse seus planos de aposentadoria e suas contas de corretagem, respectivamente. Além disso, a Cigna e o Yahoo! ofereceram aos membros de planos de saúde da Cigna e aos participantes dos planos de aposentadoria a oportunidade de ter *sites* de benefícios personalizados com base na interface Meu Yahoo!.[21] A chave para obter essas descobertas de pesquisa foi o uso de uma concepção de amostragem adequada que pode ser representada como na tabela no topo da página a seguir. ■

Outra decisão importante envolve o uso de amostragem proporcional ou desproporcional (ver Figura 11.2). Na amostragem estratificada proporcional, o tamanho da amostra extraída de cada estrato é proporcional ao tamanho relativo do estrato na população total. Na amostragem estratificada desproporcional, o tamanho da amostra de cada estrato é proporcional ao tamanho relativo do estrato e ao desvio-padrão da distribuição da característica de interesse entre todos os elementos naquele estrato. A lógica subjacente da amostragem desproporcional é simples. Em primeiro lugar, os estratos com maiores tamanhos relativos têm maior influência na determinação da média populacional, e esses estratos devem exercer maior influência na dedução de estimativas amostrais. Consequentemente, mais elementos têm que ser extraídos de estratos de maior tamanho relativo. Em segundo lugar, para aumentar a precisão, devemos extrair mais elementos

---

* N. de T.: O plano 401(k) permite que o funcionário de empresa particular desconte de sua folha de pagamento (pré-imposto de renda) um valor a ser utilizado como plano de aposentadoria, e as taxas devidas só são descontadas quando o funcionário passa a receber a aposentadoria. O nome vem da seção do IRS (*Internal Revenue Service*, a Receita Federal dos EUA) na qual o programa é descrito.

Elaboração da amostragem	
População-alvo	Adultos que atendem às qualificações: acima de 18 anos, empregado em turno integral nos Estados Unidos, número de telefone em funcionamento, 80% que participem de planos de aposentadoria durante o período do levantamento
Arcabouço amostral	Lista telefônica comercial fornecida pela GfK
Técnica de amostragem	Amostragem estratificada por idade e renda
Tamanho da amostra	659
Execução	Alocação da amostra por estratos, seleção de números telefônicos aleatórios da lista, realização de levantamento com o primeiro membro qualificado da residência que atender às exigências de quota.

dos estratos com maiores desvios-padrão, e menos elementos de estratos com menores desvios-padrão. (Se todos os elementos em um estrato forem idênticos, o tamanho amostral de um elemento proporcionará informações perfeitas.) Observe que os dois métodos são idênticos se a característica de interesse tem o mesmo desvio-padrão dentro de cada estrato.

A amostragem desproporcional exige que se conheça alguma estimativa da variação relativa ou do desvio-padrão da distribuição da característica de interesse dentro dos estratos. Como nem sempre dispomos dessa informação, o pesquisador tem que confiar em sua intuição e na lógica para determinar tamanhos de amostra para cada estrato. Por exemplo, espera-se que grandes estabelecimentos varejistas tenham maior variação nas vendas de alguns produtos em comparação com pequenas lojas. Assim, o número de grandes lojas em uma amostra pode ser desproporcionalmente grande. Quando o pesquisador está interessado principalmente em examinar diferenças entre estratos, uma estratégia amostral comum consiste em selecionar o mesmo tamanho de amostra de cada estrato.

A amostragem estratificada pode assegurar que todas as subpopulações importantes estejam representadas na amostra. Isso é particularmente importante se a distribuição da característica de interesse na população for assimétrica. Por exemplo, como a maioria das residências tem renda anual abaixo de US$ 75 mil, a distribuição da renda por residências é assimétrica. Pouquíssimas casas têm renda anual de US$ 200 mil ou mais. Se for extraída uma amostra aleatória, as casas com renda superior a US$ 200 mil podem não ser representadas adequadamente. A amostragem estratificada garante que a amostra contenha um determinado número dessas casas. A amostragem estratificada combina a simplicidade da AAS com o ganho potencial em precisão. Portanto, é uma técnica de amostragem muito utilizada.

Amostragem por *cluster*

Na **amostragem por *cluster***, divide-se primeiro a população-alvo em subpopulações mutuamente excludentes e coletivamente exaustivas, ou *clusters* (conglomerados). Seleciona-se então uma amostra aleatória de *clusters* com base em uma técnica de amostragem probabilística, como a AAS. Para cada *cluster* selecionado, incluem-se todos os elementos na amostra, ou se extrai uma amostra de elementos de forma probabilística. Se todos os elementos de cada *cluster* selecionado forem incluídos na amostra, o processo é denominado *amostragem por cluster de um estágio*. Se for extraída de forma probabilística uma amostra de elementos de cada *cluster* selecionado, denomina-se *amostragem por cluster em dois estágios*. Conforme mostra a Figura 11.5, a amostragem por *cluster* em dois estágios pode ser simples, envolvendo a AAS ou a amostragem probabilística proporcional ao tamanho (PPT). Além disso, uma amostra por *cluster* pode ter estágios múltiplos (mais de dois), como na amostragem por *cluster* de múltiplos estágios.

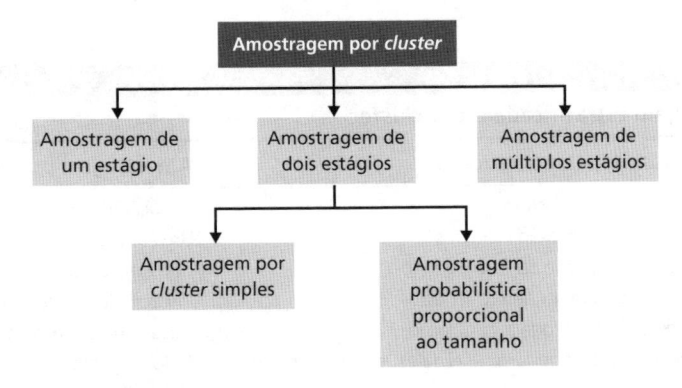

FIGURA 11.5 Tipos de amostragem por *cluster*.

amostragem por cluster
Primeiro, a população-alvo é dividida em subpopulações mutuamente excludentes e coletivamente exaustivas, chamadas de *clusters*. A seguir, escolhe-se uma amostra aleatória de *clusters* com base em uma técnica de amostragem probabilística, como a amostragem aleatória simples. Para cada *cluster* selecionado, incluem-se na amostra todos os elementos ou se extrai uma amostra de elementos de forma probabilística.

A distinção-chave entre amostragem por *cluster* e amostragem estratificada é que, na primeira, escolhe-se apenas uma amostra de subpopulações (*clusters*), enquanto na amostragem estratificada todas as subpopulações (estratos) são selecionadas para amostragem posterior. Os objetivos dos dois métodos também são diferentes. O objetivo da amostragem por *cluster* é aumentar a eficiência da amostragem ao diminuir os custos. O objetivo da amostragem estratificada é aumentar a precisão. Quanto à homogeneidade e heterogeneidade, os critérios para formar *clusters* são precisamente opostos àqueles para formar estratos. Os elementos dentro de um *cluster* devem ser tão heterogêneos quanto possível, mas os *clusters* em si devem ser tão homogêneos quanto possível. Idealmente, cada *cluster* deve ser uma representação em pequena escala da população. Na amostragem por *cluster*, o arcabouço amostral é necessário apenas para os *clusters* selecionados na amostra. As diferenças entre amostragem estratificada e amostragem por *cluster* são sintetizadas na Tabela 11.3.

Uma forma comum de amostragem por *cluster* é a **amostragem por área**, na qual os *clusters* consistem em áreas geográficas, como municípios, zonas residenciais ou quarteirões. Se ocorrer apenas um nível de amostragem na seleção dos elementos básicos (por exemplo, o pesquisador seleciona quarteirões, e então todas as residências dentro dos quarteirões selecionados são incluídas na amostra), a amostragem é chamada de *amostragem por área em um estágio*. Se ocorrerem dois (ou mais) níveis de amostragem antes de os elementos básicos serem selecionados (o pesquisador seleciona os quarteirões e, a seguir, seleciona as residências dentro dos quarteirões selecionados), ela é chamada de *amostragem por área em dois estágios (ou de múltiplos estágios)*. A característica que distingue a amostragem por área de um estágio é que todas as casas nos quarteirões selecionados (ou áreas geográficas) estão incluídas na amostra.

amostragem por área
Forma comum de amostragem por *cluster* em que estes consistem em áreas geográficas, como municípios, quarteirões, conjuntos residenciais ou outras descrições de área.

Há dois tipos de amostragem de dois estágios, como mostrado na Figura 11.5. Um deles envolve a AAS no primeiro estágio (p. ex., quarteirões da amostra) e também no segundo (p. ex., casas da amostra dentro de quarteirões). Isso é chamado de *amostragem por cluster de dois estágios simples*. Nessa amostragem, a fração de elementos (p. ex., casas) escolhidos no segundo estágio é a mesma para cada *cluster* da amostra (p. ex., quarteirões selecionados). Um projeto de pesquisa de marketing investigou o comportamento de consumidores de classe alta. Selecionou-se uma amostra aleatória simples de grupos de 800 quarteirões, escolhidos a partir de uma listagem de bairros cuja população tinha renda média acima de US$ 50 mil, situados na metade superior da classificação de renda de acordo com dados do censo. Organizações que negociam cadastros forneceram nomes e endereços dos chefes de família de aproximadamente 95% dos domicílios tabulados no censo para esses *clusters* de 800 quarteirões. Das 213 mil residências enumeradas, 9 mil foram selecionadas por amostragem aleatória simples.[22]

Esse tipo de concepção de amostragem é apropriado quando se trata de *clusters* de tamanho igual, isto é, contendo aproximadamente o mesmo número de unidades amostrais. No entanto, se eles diferirem muito em tamanho, a amostragem simples de dois estágios pode levar a estimativas tendenciosas. Às vezes, é possível obter *clusters* de igual tamanho mediante a sua combinação. Quando essa opção é inviável, pode-se usar a amostragem probabilística proporcional ao tamanho (PPT).

Na **amostragem probabilística proporcional ao tamanho**, os *clusters* são selecionados com probabilidade proporcional ao tamanho, sendo este definido em termos do número de unidades amostrais dentro do *cluster*. Assim, no primeiro estágio, os grandes *clusters* têm maior probabilidade de inclusão que os pequenos. No segundo estágio, a probabilidade de selecionar uma unidade amostral em um *cluster* escolhido varia inversamente em relação ao tamanho do *cluster*. Dessa forma, a probabilidade de que qualquer unidade amostral específica seja incluída na amostra é igual para todas as unidades, porque as probabilidades desiguais do primeiro estágio são contrabalançadas pelas probabilidades desiguais do se-

TABELA 11.3
Diferenças entre amostragem estratificada e por *cluster*

Fator	Amostragem estratificada	Amostragem por *cluster* (um estágio)
Objetivo	Aumento da precisão	Redução de custo
Subpopulações	Todos os estratos são incluídos	Uma amostra de *clusters* é escolhida
Dentro de subpopulações	Cada estrato deve ser homogêneo	Cada *cluster* deve ser heterogêneo
Entre subpopulações	Estratos devem ser heterogêneos	*Clusters* devem ser homogêneos
Arcabouço amostral	Necessário para toda a população	Necessário apenas para os *clusters* selecionados
Seleção de elementos	Elementos selecionados de cada estrato aleatoriamente	Todos os elementos de cada *cluster* selecionado são incluídos

gundo estágio. Os números de unidades amostrais incluídas a partir dos *clusters* selecionados são aproximadamente iguais. Um exemplo desse tipo de amostragem de vários estágios é oferecido pela campanha "Truth".

amostragem probabilística proporcional ao tamanho
Método segundo o qual os *clusters* são selecionados com probabilidades proporcionais ao tamanho, e a probabilidade de se escolher uma unidade amostral em um *cluster* selecionado varia inversamente ao tamanho do *cluster*.

Pesquisa real

A verdade sobre o fumo é revelada para os jovens

A campanha Truth (www.thetruth.com), voltada prioritariamente aos jovens, consiste em proporcionar dados surpreendentes relativos à indústria de cigarros de forma direta, a fim de que o espectador possa chegar às suas próprias conclusões, opiniões e escolhas. Para examinar a eficácia dessa campanha, os experimentadores coletaram dados do National Institute on Drug Abuse e de levantamentos feitos pela Universidade de Michigan. Seu objetivo foram 420 escolas públicas e particulares aleatoriamente selecionadas por meio de uma concepção de amostragem em vários estágios. No primeiro estágio, foram selecionadas áreas geográficas de maneira aleatória. No estágio 2, selecionaram-se as escolas, também aleatoriamente. No estágio final, os pesquisadores selecionaram aleatoriamente as turmas que participariam do levantamento. Em todos os estágios, os pesos das amostras foram utilizados para garantir que a probabilidade de uma localização geográfica, escola ou turma fosse representativa da real proporção da população.

Os pesquisadores selecionaram até 350 alunos de cada escola participante e aplicaram os questionários durante o horário normal de aula em salas de aula comuns. Perguntou-se a cada entrevistado: "Com que frequência você fumou cigarros durante os últimos 30 dias?". As respostas foram pontuadas. O levantamento abrangeu um total de 18 mil estudantes de 8ª série, 17 mil de 10ª série e 16 mil de 12ª série por ano, entre 1997 e 2002, com um índice médio de resposta de 89%, 86,2% e 82,8%, respectivamente.

Os resultados do levantamento mostraram que a campanha Truth levou a um declínio significativo na prevalência do fumo entre os jovens em todo o país. A campanha foi muito bem-sucedida e ainda estava sendo promovida em 2017. Se a legislação exigir que as empresas de tabaco financiem tais campanhas, haverá mensagens antitabagismo voltadas para a juventude, a fim de refrear o fumo entre os jovens.[23] ■

A amostragem por *cluster* tem duas vantagens principais: viabilidade e baixo custo. Em muitas situações, os únicos arcabouços amostrais prontamente disponíveis para a população-alvo são os *clusters*, e não os elementos da população. Com frequência, é impossível compilar uma lista de todos os consumidores em uma população, dados os recursos e as restrições. Entretanto, é relativamente fácil construir listas de áreas geográficas, centrais telefônicas e outros *clusters* de consumidores. A amostragem por *cluster* é a mais eficiente em relação aos custos. Essa vantagem deve ser ponderada em relação às suas várias limitações. A amostragem por *cluster* produz amostras relativamente imprecisas, e é difícil formar *clusters* heterogêneos, porque, por exemplo, as casas de um mesmo quarteirão tendem a ser semelhantes, e não diferentes.[24] Pode ser difícil calcular e interpretar estatísticas baseadas em *clusters*. Os pontos fortes e os pontos fracos da amostragem por *cluster* e das outras técnicas básicas de amostragem estão resumidos na Tabela 11.4. O Quadro 11.1 descreve os procedimentos para extrair amostras probabilísticas.

Outras técnicas de amostragem probabilística

Além das quatro técnicas básicas de amostragem probabilística, há uma diversidade de outras técnicas de amostragem. A maioria delas pode ser vista como extensões das técnicas básicas, tendo sido elaboradas para abordar problemas complexos de amostragem. Duas técnicas com certa importância para a pesquisa de mercado são a amostragem sequencial e a amostragem dupla.

Na **amostragem sequencial**, os elementos da população são selecionados sequencialmente, a coleta e a análise de dados são feitas a cada estágio e se toma uma decisão sobre se elementos adicionais da população devem ser extraídos ou não. O tamanho da amostra não é conhecido antecipadamente, mas, antes de começar a amostragem, define-se uma regra para decisões. Em cada estágio, essa regra indica se a amostragem deve prosseguir ou se já foram obtidas informações suficientes. A amostragem sequencial tem sido usada para determinar preferências para duas alternativas concorrentes. Em um estudo, perguntou-se aos entrevistados qual de duas alternativas preferiam, e a amostragem terminou quando se dispunha de evidências suficientes para validar uma preferência. A amostragem sequencial foi usada também para estabelecer o diferencial de preço entre um modelo normal e um modelo de luxo de um bem de consumo durável.[25]

amostragem sequencial
Técnica de amostragem probabilística em que os elementos da população são selecionados sequencialmente, a coleta e análise de dados são feitas em cada estágio e se decide se devem ser extraídos elementos adicionais da população.

Na **amostragem dupla**, também chamada de *amostragem de duas fases*, certos elementos da população são extraídos duas vezes. Na primeira fase, extrai-se uma amostra e coletam-se algumas informações de todos os elementos na amostra. Na segunda fase, extrai-se uma subamostra da amostra original e se obtêm informações adicionais dos elementos na subamostra. O processo pode estender-se a três ou mais fases, e as diferentes fases podem ocorrer simultaneamente ou em momentos separados. A amostragem dupla é útil quando não há um arcabouço amostral prontamente disponível para selecionar unidades amostrais finais, mas quando se sabe que os elementos do arcabouço estão contidos em um arcabouço amostral mais amplo. Por exemplo, um

TABELA 11.4
Pontos fortes e pontos fracos das técnicas básicas de amostragem

Técnica	Pontos fortes	Pontos fracos
Amostragem não probabilística		
Amostragem por conveniência	Envolve menor gasto financeiro, consome menos tempo, é mais conveniente	Vieses de seleção, amostra não representativa, não recomendada para pesquisa descritiva ou causal
Amostragem por julgamento	Baixo custo, conveniente, não consome tempo	Não permite generalização; subjetiva
Amostragem por quotas	Amostra pode ser controlada para certas características	Vieses de seleção, não há garantias de representatividade
Amostragem bola de neve	Pode estimar características raras	Demanda tempo
Amostragem probabilística		
Amostragem aleatória simples (AAS)	Facilmente compreendida; os resultados podem ser projetados	O arcabouço amostral é de difícil construção; é cara, de baixa precisão e não há garantias de representatividade
Amostragem sistemática	Pode aumentar a representatividade, é mais fácil de implementar do que a AAS; o arcabouço amostral não é necessário	Pode reduzir a representatividade se houver padrões cíclicos
Amostragem estratificada	Inclui todas as subpopulações importantes; precisão	Difícil de selecionar variáveis de estratificação relevantes, não é viável estratificar em muitas variáveis; cara
Amostragem por *cluster*	Fácil de implementar; eficiente em custos	Imprecisa, difícil calcular e interpretar os resultados

pesquisador deseja selecionar as residências que consomem suco de maçã em uma determinada cidade. As residências de interesse estão contidas no conjunto de todas as residências, embora o pesquisador não o saiba. Ao aplicar a amostragem dupla, o pesquisador obteria um arcabouço amostral de todas as casas na primeira fase. Isso seria elaborado a partir da lista telefônica ou seria comprado. A seguir, seria extraída uma amostra de residências, utilizando-se a amostragem aleatória sistemática, para determinar a quantidade consumida de suco de maçã. Na segunda fase, as residências que consomem suco de maçã seriam selecionadas e estratificadas de acordo com a quantidade consumida. Por último, seria extraída uma amostra aleatória estratificada, formulando perguntas detalhadas sobre o consumo do produto.[26]

amostragem dupla
Técnica de amostragem em que certos elementos da população são extraídos duas vezes.

Escolha entre amostragens não probabilística e probabilística

A escolha entre amostras não probabilísticas e probabilísticas deve basear-se em fatores como a natureza da pesquisa, a magnitude relativa dos erros não amostrais *versus* erros amostrais, a variabilidade na população e também em considerações de ordem estatística e operacional, como custo e tempo (ver Tabela 11.5). Por exemplo, em pesquisas explora-

TABELA 11.5
Escolha entre a amostragem probabilística e a não probabilística

	Condições que favorecem o uso de	
FATORES	Amostragem não probabilística	Amostragem probabilística
Natureza da pesquisa	Exploratória	Conclusiva
Magnitude relativa dos erros amostrais e não amostrais	Erros não amostrais são maiores	Erros amostrais são maiores
Variabilidade na população	Homogênea (baixa)	Heterogênea (alta)
Considerações estatísticas	Desfavoráveis	Favoráveis
Considerações operacionais	Favoráveis	Desfavoráveis
Tempo	Favoráveis	Desfavoráveis
Custo	Favoráveis	Desfavoráveis

QUADRO 11.1 Procedimentos para extrair amostras probabilísticas

Amostragem aleatória simples
1. Selecione um arcabouço amostral adequado.
2. A cada elemento é atribuído um número de 1 a N (tamanho da população).
3. Gere n (tamanho da amostra) números aleatórios diferentes entre 1 e N. Isso pode ser feito com o auxílio de um *software* para microcomputador ou para *mainframe,* ou utilizando uma tabela de números aleatórios simples (Tabela 1 no Apêndice de Tabelas Estatísticas). Para usar a Tabela 1, selecione o número apropriado de algarismos (p. ex., se $N = 900$, selecione três algarismos). Selecione arbitrariamente um número inicial. Prossiga, então, para cima ou para baixo até que tenham sido selecionados n números entre 1 e N. Observação: descarte o zero, os números duplicados e os números superiores a N.
4. Os números gerados denotam os elementos que devem ser incluídos na amostra.

Amostragem sistemática
1. Selecione um arcabouço amostral adequado.
2. A cada elemento é atribuído um número de 1 a N (tamanho da população).
3. Determine o intervalo amostral i, $i = \dfrac{N}{n}$. Se i for uma fração, arredonde para o inteiro mais próximo.
4. Selecione um número aleatório, r, entre 1 e i, conforme explicado na amostragem aleatória simples.
5. Os elementos com os números seguintes compreendem a amostra aleatória sistemática: $r, r+i, r+2i, r+3i, r+4i, ..., r+(n-1)i$.

Amostragem estratificada
1. Selecione um arcabouço amostral adequado.
2. Selecione (a)s variável(is) de estratificação e o número de estratos (H).
3. Divida toda a população em H estratos. Com base na variável de classificação, cada elemento da população é atribuído a um dos H estratos.
4. Em cada estrato, numere os elementos de 1 a N_h (o tamanho da população do estrato h).
5. Determine o tamanho da amostra de cada estrato, n_h, com base na amostra estratificada proporcional ou desproporcional. Observação: $\sum_{h=1}^{H} n_h = n$.
6. Em cada estrato, selecione uma amostra aleatória simples de tamanho n_h.

Amostragem por cluster
Descrevemos o processo para selecionar uma amostra simples de dois estágios, porque representa o caso mais comum.
1. Atribua um número, de 1 a N, a cada elemento na população.
2. Divida a população em C *clusters,* dos quais c serão incluídos na amostra.
3. Calcule o intervalo amostral i, $i = \dfrac{N}{c}$. Se i for uma fração, arredonde para o inteiro mais próximo.
4. Selecione um número aleatório, r, entre 1 e i, conforme explicado na amostragem aleatória simples.
5. Identifique os elementos com os seguintes números: $r, r+i, r+2i, r+3i, ..., r+(c-1)i$.
6. Selecione os *clusters* que contêm os elementos identificados.
7. Selecione unidades amostrais dentro de cada *cluster* com base em AAS ou em amostragem sistemática. O número de unidades amostrais selecionadas de cada *cluster* amostral é aproximadamente o mesmo e igual a $\dfrac{n}{c}$.
8. Se a população de um *cluster* excede o intervalo amostral i, esse *cluster* é selecionado com certeza. Esse *cluster* será removido de considerações posteriores. Calcule o novo tamanho populacional, N^*, o número de *clusters* a serem selecionados, c^* ($= c - 1$) e o novo intervalo amostral, i^*. Repita o processo até que cada um dos *clusters* restantes tenha uma população inferior à do intervalo amostral relevante. Se b *clusters* tiverem sido selecionados com segurança, selecione os restantes $c - b$ *clusters* de acordo com os passos 1 a 7. A fração de unidades a ser extraída de cada *cluster* selecionado com certeza é a fração amostral global $= n/N$. Assim, para *clusters* selecionados com certeza, escolheríamos de maneira não aleatória $n_s = \dfrac{n}{N}(N_1 + N_2 + \cdots + N_b)$ unidades. As unidades escolhidas dentre *clusters* selecionados pela amostragem PPT serão, por conseguinte, $n^* = n - n_s$.

---

tórias, os resultados são tratados como preliminares, e o uso da amostragem probabilística pode não ser garantido. Por outro lado, nas pesquisas conclusivas em que o pesquisador deseja usar os resultados para estimar participações de mercado gerais ou o tamanho do mercado total, é preferível a amostragem probabilística. As amostras probabilísticas permitem a projeção estatística dos resultados para uma população-alvo. Por esses motivos é que foi usada a amostragem probabilística no exemplo de abertura sobre os selos ilustrados com imagens de patos.

Para alguns problemas de pesquisa, são exigidas estimativas altamente precisas de características da população. Em tais situações, a eliminação de vieses de seleção e a capacidade de calcular erros amostrais tornam as amostras probabilísticas desejáveis. Todavia, a amostragem probabilística nem sempre apresenta resultados mais precisos. Se os erros não amostrais tendem a constituir um fator importante, então a amostragem não probabilística é preferível, uma vez que o uso do julgamento permite maior controle sobre o processo de amostragem.

Outra consideração é a homogeneidade da população em relação às variáveis de interesse. Uma população mais heterogênea justificaria a amostragem probabilística, porque seria mais importante assegurar uma amostra representativa. Do ponto de vista estatístico, a amostragem probabilística é preferível, pois constitui a base da maior parte das técnicas estatísticas usuais.

Entretanto, a amostragem probabilística é sofisticada, exige pesquisadores treinados em estatística e, em geral, custa mais e exige mais tempo do que a amostragem não probabilística. Em muitos projetos de pesquisa de marketing, é difícil justificar o tempo e o gasto adicionais. Portanto, na prática, os objetivos do estudo é que determinam o método de amostragem a ser usado, como no exemplo a seguir.

Pesquisa real

Trabalhando com estatísticas trabalhistas

O Bureau de Estatísticas do Trabalho (BLS – Bureau of Labor Statistics) (www.bls.gov) publica mensalmente medições sobre índices e condições de emprego nos Estados Unidos. Esses dados ganharam maior importância devido ao desemprego relativamente estático em 2017. O BLS tradicionalmente usava um método de amostragem por quotas, o qual interrompia a amostra quando certo número de respostas tinha sido obtido para cada tipo de empregado em um setor específico da indústria ou do trabalho. Em junho de 2000, o Bureau aplicou uma nova técnica para fazer uma estimativa de empregos no setor de comércio atacado, o que incluía fornecedores de grandes varejistas, empreiteiras, hospitais e fazendas. A nova técnica era a amostragem estratificada, que estratificava os funcionários por setores de trabalho. Dentro de cada estrato, os funcionários foram selecionados aleatoriamente para que pudesse ser obtida uma representação real dos números relativos a emprego. O método por quotas anteriormente usado não era adaptado a cada ano para levar em conta a porcentagem real de cada tipo de empregado dentro do setor. Por exemplo, o número de empregados em fazendas está diminuindo, enquanto o número de empregados em hospitais e outros locais da área médica vem aumentando, o que requereria alterações nas porcentagens de quotas. Previu-se que o método por quotas estaria defasado para todos os setores em junho de 2003.

A amostragem probabilística fornece melhores estimativas de estatísticas sobre emprego porque seleciona funcionários aleatoriamente dentro de cada setor de trabalho. As estimativas de amostragem podem ser projetadas para a população, e é possível estimar os erros de amostragem. Patricia M. Getz, diretora da divisão de Estatísticas Atuais de Emprego do Bureau, descreve a amostragem probabilística como "o padrão reconhecido – com maior base científica".[27] ■

PESQUISA ATIVA

Herbal Essences: é essencial lançar novos produtos

Pesquise na Internet, incluindo as mídias sociais, e no banco de dados *on-line* de sua biblioteca informações para determinar a extensão do mercado de xampu nos Estados Unidos.

Como chefe de marketing da Herbal Essences, como você determinaria os novos produtos que devem ser lançados no mercado?

A Herbal Essences gostaria de identificar a demanda por um novo xampu. Se fosse realizado um levantamento usando amostragem probabilística, que técnica de amostragem deveria ser usada e por quê?

Usos de amostragens não probabilística e probabilística

A amostragem não probabilística é usada em testes de conceito, testes de embalagens, testes de denominação e testes de impacto de propaganda para os quais geralmente não são necessárias projeções para as populações. Em tais estudos, o interesse centraliza-se na proporção da amostra que dá várias respostas ou expressa várias atitudes. Podemos extrair amostras para esses estudos utilizando métodos como amostragem por quota mediante entrevistas em centros comerciais. Por outro lado, a amostragem probabilística é usada quando há necessidade de estimativas altamente precisas de participação de mercado ou de volume de vendas para todo o mercado. Estudos de mercado nacional, que dão informações sobre categorias de produto e proporção de consumo de uma marca, assim como perfis psicográficos e demográficos dos usuários, utilizam amostragem probabilística. Os estudos que utilizam amostragem probabilística em geral empregam entrevistas telefônicas ou *on-line*. Combinam-se as amostragens estratificada e sistemática com alguma forma de discagem aleatória para selecionar os entrevistados da pesquisa por telefone.

Amostragem na Internet

Questões da amostragem *on-line*

Conforme discutido no Capítulo 6, os levantamentos (e amostragens) pela Internet oferecem muitas vantagens, como o fato de os respondentes poderem completar a pesquisa quando lhes é conveniente. Os levantamentos pela Internet, como os que são assistidos por computador (entrevista telefônica assistida por computador, CATI, e entrevista pessoal assistida por computador, CAPI), podem incorporar padrões de saltos automáticos para "pular" questões, verificação de consistência e outras características inteligentes. A coleta de dados é rápida e barata. Um aspecto importante da amostragem pela Internet é a representatividade, pois não há computadores, nem acesso à Internet, em muitos domicílios nos Estados Unidos. O acesso à Internet é ainda mais restrito em outros países. Além disso, os grandes usuários da Internet têm uma probabilidade desproporcionalmente maior de serem incluídos. Amostras irrestritas da Internet em que qualquer visitante pode participar são amostras por conveniência e sofrem de tendenciosidade de autosseleção, em que os respondentes selecionam a si próprios.

Usar internautas que estão navegando na Internet só faz sentido quando a amostra gerada é representativa da população-alvo. Cada vez mais empresas estão aderindo a esse critério. Nos âmbitos de *software*, computadores, redes, publicações técnicas, semicondutores e ensino superior, é cada vez mais fácil usar a Internet para selecionar entrevistados para pesquisa quantitativa, como os levantamentos. Para pesquisas internas de consumidores, nas quais os empregados do cliente compartilham um sistema de *e-mail*, uma pesquisa intranet se torna prática mesmo que os empregados não tenham acesso à Internet externa. Entretanto, a amostragem na Internet ainda não é viável para muitos produtos de consumo não orientados ao computador. Por exemplo, se a P&G tivesse que fazer uma pesquisa de donas de casa para identificar suas preferências e uso de sabão para lavar roupas, um levantamento pela Internet não seria uma boa escolha, já que é improvável que uma amostra da Internet seja representativa da população-alvo.

A fim de evitar erros de amostragem, o pesquisador precisa controlar o grupo do qual seleciona os entrevistados, bem como garantir que o mesmo entrevistado não participe mais de uma vez da pesquisa. Esses requisitos são preenchidos por pesquisas via *e-mail*, nas quais o pesquisador seleciona entrevistados específicos. Além disso, os levantamentos podem ser codificados, de maneira que as respostas coincidam realmente com as pesquisas enviadas ao respectivo *e-mail*. Isso também é possível com pesquisas na Web enviando-se convites por *e-mail* para selecionar entrevistados que são solicitados a visitar o *site* em que a pesquisa é postada. Nesse caso, a pesquisa é postada em um local oculto na rede, protegido por uma senha. Assim, usuários da rede que não foram convidados não conseguem acesso a esse local.

Técnicas de amostragem *on-line*

As técnicas de amostragem comumente utilizadas na Internet são classificadas como interceptação *on-line* (não aleatória e aleatória), recrutamento *on-line* e outras, como mostra a Figura 11.6.

As técnicas de recrutamento *on-line* são ainda classificadas como painel (recrutamento ou opção) ou não painel (aluguel de listas).

Na interceptação *on-line*, os visitantes de um *site* são interceptados e têm a oportunidade de participar do levantamento. A interceptação pode ser feita em um ou mais *sites*, incluindo os de alto tráfego, como o Google. Na amostragem não aleatória, todos os visitantes são abordados. Isso é significativo se o tráfego do *site* for baixo, a pesquisa tiver que ser finalizada em um período curto e não se oferecerem incentivos. Entretanto, o resultado é uma amostra por conveniência. As quotas podem ser impostas a fim de melhorar a representatividade. Na amostragem por interceptação aleatória, o *software* seleciona os visitantes aleatoriamente e uma janela *pop-up* pergunta se a pessoa deseja participar do levantamento. A seleção pode ser baseada em amostragem aleatória simples ou sistemática. Se a população for definida como visitantes do *site*, esse procedimento resultará em uma amostra probabilística (aleatória simples ou sistemática, conforme o caso). Porém, se a população não for a dos visitantes do *site*, então a amostra resultante é mais parecida com uma amostra não probabilística.

De qualquer modo, a randomização melhora a representatividade e desestimula as respostas múltiplas de um mesmo respondente.

Os painéis da Internet funcionam de forma semelhante à dos painéis não realizados por meio da Internet (discutidos nos Capítulos 3 e 4) e compartilham com estes as mesmas vantagens e desvantagens. Nos painéis com recrutamento, os membros são recrutados *on-line* ou mesmo por meios tradicionais (correio, telefone). Com base no discernimento do pesquisador, certos critérios de qualificação são introduzidos para fazer uma triagem prévia dos respondentes. Oferecem-se incentivos aos respondentes pela participação, como brindes, pontos para resgate e outros tipos de "moeda" da Internet. Os participantes costumam fornecer informações detalhadas de aspectos psicográficos e demográficos, uso da Internet e consumo de produtos ao iniciar. Os painéis por opção operam de forma semelhante, exceto pelo fato de que os membros optam por participar, em vez de serem recrutados. Para selecionar uma amostra, a empresa *on-line* envia uma mensagem de *e-mail* para os painelistas qualificados segundo as especificações da amostra estabelecidas pelo pesquisador. Todas as técnicas de amostragem podem ser implementadas utilizando-se ambos os tipos de painéis pela Internet. O sucesso das técnicas de

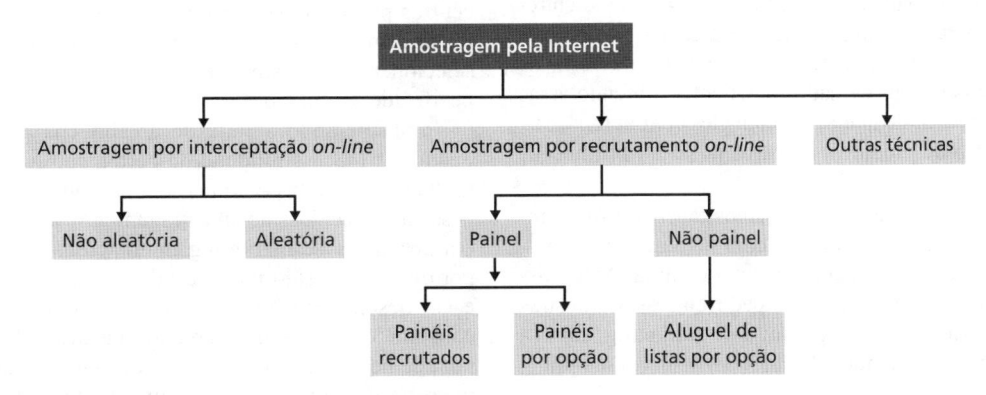

FIGURA 11.6 Classificação de amostragem pela Internet.

amostragem probabilística depende de até que ponto o painel é representativo da população-alvo. Amostras altamente visadas podem ser atingidas; por exemplo, meninas adolescentes que fazem compras em *shoppings* mais de duas vezes por mês. Os respondentes de levantamentos da Harris Poll Online (HPOL) são extraídos do banco de dados HPOL (www.harrispollonline.com), que contém milhões de membros. Os endereços de *e-mail* para respondentes no banco de dados são obtidos de uma série de fontes, incluindo o *site* de registro HPOL e anúncios da HPOL em *banners*. Para manter a confiabilidade e a integridade na amostra, os seguintes procedimentos são utilizados:

- *Proteção de senha.* Cada convite contém uma senha destinada unicamente àquele endereço de *e-mail*. O respondente deve entrar com a senha no início da pesquisa para ter acesso ao levantamento. A proteção de senhas garante que cada respondente participe do levantamento somente uma vez.
- *Lembretes de convites.* Para aumentar o número de respondentes no levantamento e melhorar os índices gerais de resposta, até dois lembretes de convites são enviados por *e-mail* em intervalos de dois a quatro dias para aqueles que ainda não participaram da pesquisa.
- *Resumo das descobertas da pesquisa.* Para aumentar o número de respondentes no levantamento e melhorar os índices gerais de resposta, os respondentes frequentemente recebem um resumo de algumas das respostas da pesquisa via Internet.

Métodos de amostragem por recrutamento não painel também podem ser usados, solicitando-se que os respondentes potenciais acessem a Internet para participar do levantamento. Por exemplo, uma loja de eletrônicos, como a Best Buy (www.bestbuy.com), entregaria panfletos aos clientes de modo a direcioná-los a um *site* específico protegido por senha a fim de responder a um questionário. Se a população for definida como a de clientes da empresa, como em um levantamento de satisfação do cliente, e for usado um procedimento aleatório para seleção dos participantes, será obtida uma amostra probabilística. Outras abordagens não painel envolvem o uso de listas de *e-mail* que foram alugadas de fornecedores. Presumivelmente, esses respondentes optaram por participar ou deram permissão para que seus endereços de *e-mail* fossem divulgados. Técnicas *off-line*, como entrevistas curtas para triagem por telefone, também são empregadas. Várias empresas rotineiramente coletam endereços de *e-mail* nos seus bancos de dados de clientes, obtendo essas informações a partir de interações com eles por telefone, cartões de registro de produtos, registros no local, promoções especiais, etc.

Diversas outras abordagens de amostragem *on-line* também são possíveis, como *pop-ups* com convites que aparecem toda vez que um visitante faz uma compra. Além disso, a Internet pode ser usada para pedir e acessar amostras geradas por fornecedores de pesquisa de marketing, como a Survey Sampling International (SSI) (www.surveysampling.com).

> **PESQUISA ATIVA**
>
> **Amostragem *on-line* para construir a satisfação e a lealdade do cliente**
>
> Visite www.amazon.com e pesquise na Internet, incluindo as mídias sociais, e no banco de dados *on-line* de sua biblioteca informações sobre o comportamento de compras dos consumidores na Internet.
>
> A Amazon.com quer que você realize um levantamento para identificar a satisfação do cliente. Como você selecionaria a amostra?
>
> Como chefe de marketing da Amazon.com, que estratégias de marketing você adotaria para aumentar a satisfação e a lealdade do cliente?

Pesquisa de marketing internacional

A implementação do processo de elaboração de amostragem na pesquisa de marketing internacional raramente é uma tarefa fácil. Devem ser levados em conta vários fatores na definição da população-alvo. O elemento relevante (respondente) pode diferir de um país para outro. Nos EUA, as crianças têm uma participação importante na compra de cereais, mas, em países que adotam práticas autoritárias na educação infantil, o elemento importante pode ser a mãe. As mulheres desempenham um papel-chave na compra de automóveis e outros bens duráveis nos EUA; em sociedades de domínio masculino, como as do Oriente Médio, tais decisões são tomadas pelos homens. A acessibilidade também varia de acordo com os países. No México, estranhos não podem entrar nas casas, pois o acesso é barrado por muros e empregados. Além disso, as unidades residenciais podem não ser numeradas e as ruas, não identificadas, dificultando a localização de residências.[28]

Desenvolver um arcabouço amostral adequado também é uma tarefa difícil. Em muitos países, especialmente aqueles em desenvolvimento, nem sempre dispomos de informações confiáveis sobre a população-alvo a partir de fontes secundárias. Os dados do governo podem não estar disponíveis ou ser altamente tendenciosos. Talvez não haja listas populacionais comercialmente disponíveis. O tempo e o custo para compilar essas listas podem ser proibitivos. Por exemplo, na Arábia Saudita, não há um censo populacional oficialmente reconhecido; não há eleições e, assim, não há registro de eleitores, tampouco mapas precisos de centros populacionais. Em tais situações, os entrevistadores podem ser orientados a partir de pontos específicos e selecionar cada *n*-ésima residência até atingir o número especificado de unidades.

Considerando a falta de arcabouços amostrais adequados, a inacessibilidade de certos entrevistados (como mulheres em certas culturas) e o predomínio da entrevista pessoal, as técnicas de amostragem probabilística são raras em pesquisas de marketing internacional. A amostragem por quotas tem sido muito usada em países desenvolvidos e em desenvolvimento, tanto em pesquisas do mercado consumidor quanto do mercado industrial. A amostragem bola de neve também é atraente quando a característica de interesse é rara na população-alvo ou quando há dificuldades para alcançar os respondentes. Por exemplo, na Arábia Saudita, sugeriu-se que os estudantes graduados sejam utilizados para entregar pessoalmente os questionários a amigos e parentes. Pode-se solicitar a esses entrevistados iniciais que ajam como referência para outros entrevistados em potencial, e assim por diante. Essa abordagem resultaria em uma amostra de tamanho adequadamente grande e em um elevado índice de resposta.

O uso de amostragem pela Internet em pesquisa de marketing internacional deve considerar o fato de a disponibilidade e o uso da Internet serem muito variáveis entre países. Em muitos locais não há servidores, *hardware* e *software*, e essa falta de infraestrutura técnica torna difícil e cara a pesquisa pela Internet. Além disso, pode haver diferenças culturais em termos de atitude e uso da Internet. Por exemplo, na América Latina, a atitude em relação à pesquisa na Internet não é positiva porque os entrevistados sentem falta da interação social com outras pessoas quando participam da pesquisa.

As técnicas e os procedimentos de amostragem variam em precisão, confiabilidade e custo de país para país. Se os mesmos procedimentos de amostragem forem usados em cada país, os resultados podem não ser comparáveis. Para alcançar a comparabilidade na composição e a representatividade da amostra, é desejável o uso de diferentes técnicas de amostragem em diferentes países.

Pesquisa de marketing e mídias sociais

Conteúdos genéricos em mídias sociais disponíveis no domínio público podem não ser representativos, nem mesmo apropriados em todos os casos. O arcabouço amostral é tendencioso e limitado, pois apenas consumidores que se encontram *on-line* e envolvidos em mídias sociais são representados. Além disso, consumidores aficionados em mídias sociais têm maior probabilidade de caírem na amostragem. Ainda assim, existem maneiras para os pesquisadores aprimorarem a representatividade das informações colhidas a partir de análise e monitoramento em geral das mídias sociais.

- Em vez de mirar um *site* inteiro, selecione seções que correspondam ao perfil da marca. Uma triagem cuidadosa pode resultar numa amostra mais restrita e representativa.
- Restrinja os resultados de busca desenvolvendo consultas que explorem conteúdos de mídias sociais com termos relacionados a consumidores, categorias ou marcas.
- Utilize análise de texto para detectar idade, gênero, localização geográfica ou outras características que distingam diferentes tipos de vozes e filtre os resultados para refletir a população-alvo com maior precisão. Essas informações podem ser obtidas a partir de perfis públicos disponíveis em mídias sociais de indivíduos que postam comentários.

Pesquisa real

Comparabilidade amostral por meio da diversidade

Pesquisas realizadas nos Estados Unidos mostraram que a maioria dos consumidores acha que qualquer compra envolve risco quando é possível escolher entre marcas alternativas. Elaborou-se um estudo para comparar os resultados dos Estados Unidos com os de México, Tailândia e Arábia Saudita. O entrevistado-alvo em cada cultura foi a mulher de classe média alta residente em uma cidade importante. Entretanto, ocorreram diferenças de amostragem entre esses países. Nos Estados Unidos, utilizou-se uma amostragem aleatória a partir da lista telefônica. No México, empregou-se a amostragem por julgamento, segundo a qual os técnicos identificam áreas em que vivem os entrevistados-alvo, selecionando, então, aleatoriamente, residências para entrevistas pessoais. Na Tailândia, utilizou-se também a amostragem por julgamento, mas a pesquisa ocorreu em centros urbanos de maior vulto, aplicando-se uma técnica de abordagem em lojas para selecionar os entrevistados. Finalmente, na Arábia Saudita, foi adotada a amostragem por conveniência, empregando-se o procedimento bola de neve, porque não havia listas das quais extrair arcabouços amostrais, e os costumes sociais proibiam entrevistas pessoais espontâneas. Assim, foram conseguidas comparabilidade e representatividade na composição da amostra pelo uso de diferentes processos de amostragem em diferentes países.[29] ■

Pesquisa real

Uma amostragem aleatória simples resulta em sofisticada segmentação de mercado

A J. D. Power & Associates (www.jdpower.com) utilizou sua tecnologia de mineração de texto para segmentar o mercado para um cliente do ramo de vestuário. De início, foram coletados inúmeros comentários referentes a roupas a partir de uma variedade de *sites* de mídias sociais. Em seguida, uma amostragem aleatória simples (SRS – *simple random sampling*) foi usada para selecionar um subconjunto administrável mas representativo. A SRS foi escolhida porque o arcabouço amostral já estava disponível e os resultados eram projetáveis. A seleção de uma amostra representativa facilitou uma análise mais detalhada do que seria possível de todos os comentários selecionados. Foi utilizada mineração de texto para selecionar comentários e se chegar a seis segmentos: Obcecados por Caimento, Autoexpressivos, Caçadores de Pechinchas, Aficionados em Marcas, Gurus do Estilo e Dissidentes. Esses rótulos eram bem descritivos dos segmentos. Os Obcecados por Caimento, por exemplo, são membros da geração X que desejam jeans que complementem seus físicos mutáveis. Já os Autoexpressivos desejam customizar seus jeans envelhecendo-os ou adicionando remendos e bordados. O cliente aproveitou essas descobertas para desenhar e divulgar produtos feitos sob medida para cada segmento, resultando em um esquema sofisticado de segmentação e uma estratégia bem-sucedida de marketing.[30] ■

Pesquisa de marketing em dispositivos móveis

Depois que a população-alvo é definida, um arcabouço amostral adequado deve ser construído. Há diferentes maneiras de recrutar respondentes potenciais para construir o arcabouço amostral. Algumas empresas de pesquisa de marketing mantêm painéis de respondentes móveis. A Pollfish (www.pollfish.com), por exemplo, mantém um painel global de 290 milhões de consumidores, a vasta maioria dos quais é de usuários móveis. Para acessar esses respondentes potenciais, a Pollfish recorre a desenvolvedores de aplicativos que organizam levantamentos em troca de receitas extras. Os desenvolvedores de aplicativos incentivam respondentes potenciais a participarem de levantamentos de duas maneiras: (1) os desenvolvedores podem oferecer recompensas a participantes dentro do *app* ou (2) respondentes potenciais são convidados a responderem um levantamento e inscritos no sorteio de um brinde.

Um método alternativo para recrutar respondentes, sobretudo em MMR do tipo *business-to-business* (B2B), é com listas de consumidores. Uma lista de consumidores é fornecida pelo cliente do pesquisador, podendo estar na forma de um arquivo Excel com nomes, endereços de *e-mail* e/ou telefone fixo e móvel, ou pode ser parte de uma base de dados abrangente de CRM. O convite e um URL podem ser enviados a respondentes potenciais via *e-mail* ou SMS. Às vezes, especialmente em países em desenvolvimento, respondentes potenciais podem ser contatados via recrutadores tradicionais ou abordagens de recrutamento. Isso pode incluir recrutamento porta a porta, telefone e até mesmo recrutamento postal em pesquisa de consumidores (b2c). A questão-chave é fazer os respondentes potenciais perceberem que precisam usar seus dispositivos móveis para preencher o levantamento. Outro método de recrutamento faz uso de comunidades de pesquisa. Com tais comunidades, costuma ser possível estudos qualitativos e quantitativos, e os dispositivos móveis podem ter um papel vital na gestão da comunidade, além de serem um modo de condução da pesquisa de mercado em si. Entre outros métodos de recrutamento estão: *links* incluídos em *sites*, códigos QR (Quick Response, ou Resposta Rápida) em produtos e URLs incluídas em janelas do tipo *pop-up*, nas mídias sociais ou como parte de uma *newsletter*. Novamente, o convite deve alertar os respondentes potenciais quanto aos requisitos do estudo e quanto à necessidade de conferir a adequação do dispositivo a ser usado antes do início do levantamento.[31]

Ética em pesquisa de marketing

No processo de amostragem, o pesquisador tem várias responsabilidades éticas, tanto com o cliente quanto com os respondentes. Em relação ao cliente, o pesquisador deve elaborar uma concepção de amostragem que seja adequada para controlar tanto erros amostrais quanto não amostrais (ver Capítulo 3). Quando apropriado, deve-se usar a amostragem probabilística. Quando se usa amostragem não probabilística, é preciso esforçar-se para obter uma amostra representativa. É antiético e enganador tratar amostras não probabilísticas como amostras probabilísticas e projetar os resultados para uma população-alvo. Conforme demonstra o exemplo seguinte, a definição apropriada da população e do arcabouço amostral e a aplicação das técnicas corretas de amostragem são essenciais para que a pesquisa seja realizada e os resultados sejam utilizados eticamente.

Pesquisa real

Amostragem sistemática revela diferenças de sexo sistemáticas em julgamentos éticos

Em uma tentativa de explorar diferenças de julgamentos éticos em pesquisa entre profissionais de marketing de ambos os sexos, obtiveram-se dados de 420 respondentes. A população foi definida como profissionais de marketing, e o arcabouço amostral foi o cadastro da American Marketing Association. Os respondentes foram selecionados com base em um plano de amostragem sistemática extraído do cadastro. Procurou-se superar a não resposta não apenas enviando uma carta de apresentação e um envelope de retorno selado junto ao questionário, mas também prometendo dar a cada entrevistado uma cópia dos resultados da pesquisa. Os resultados da pesquisa mostraram que os profissionais do sexo feminino, em geral, mostraram maiores níveis de julgamento ético em pesquisa do que os seus colegas homens.[32] ∎

Os pesquisadores devem ter sensibilidade suficiente para preservar o anonimato dos entrevistados ao fazer pesquisas corporativas, pesquisas com empregados e outros projetos em que o tamanho da população seja pequeno. Quando a população é pequena, é mais fácil discernir as identidades dos entrevistados do que quando as amostras são extraídas de uma grande população. Detalhes de amostragem demasiadamente reveladores ou citações literais nos relatórios ao cliente podem comprometer o anonimato dos entrevistados. Em tais situações, o pesquisador tem a obrigação ética de proteger a identidade dos entrevistados, mesmo que isso acarrete uma limitação no nível de detalhe amostral a ser reportado ao cliente e a outros interessados.

Caso HP

Revise o caso da HP, Caso 1.1., e o questionário que consta no final do livro.

1. Como gerente de marketing da divisão de computadores pessoais da HP, que programas de marketing você conceberia tendo como alvo as famílias?

2. Pesquise na Internet (utilizando um dispositivo de busca) e no banco de dados *on-line* de sua biblioteca informações que o auxiliem a atingir as famílias.

3. A HP deseja realizar um levantamento telefônico para determinar como pode atrair mais famílias para seus PCs e *notebooks*. Formule o processo de amostragem.

Resumo

A obtenção de informações sobre as características de uma população pode ser feita mediante uma amostra ou um censo. As limitações orçamentárias e de prazo, a população grande demais e a pequena variância das características de interesse favorecem o uso da amostra, que é igualmente preferível quando o custo do erro amostral é baixo, o custo do erro não amostral é elevado, a natureza das medidas é destrutiva e a atenção precisa ser focalizada em casos individuais. Um conjunto de condições opostas a essas favorece a utilização de um censo.

A elaboração de uma amostragem começa com a definição da população-alvo em termos de elementos, unidades amostrais, extensão e período. A seguir, determina-se o arcabouço amostral, que é uma representação dos elementos da população-alvo e consiste em uma lista de instruções para identificar essa população-alvo. A essa altura, é importante reconhecer possíveis erros nos arcabouços amostrais. O estágio seguinte envolve a escolha de uma técnica de amostragem e a determinação do tamanho da amostra. Além da análise quantitativa, várias considerações de ordem qualitativa precisam ser levadas em conta na determinação do tamanho da amostra. Por fim, a execução do processo de amostragem exige especificações detalhadas de cada um de seus passos.

As técnicas de amostragem são classificadas como não probabilísticas e probabilísticas. As não probabilísticas se baseiam no julgamento do pesquisador; consequentemente, não permitem uma avaliação objetiva da precisão dos resultados amostrais, e as estatísticas obtidas não podem ser projetadas para a população. As técnicas não probabilísticas mais usadas incluem a amostragem por conveniência, a amostragem por julgamento, a amostragem por quotas e a amostragem bola de neve.

Nas técnicas de amostragem probabilística, as unidades amostrais são selecionadas aleatoriamente. Cada unidade amostral tem uma possibilidade diferente de zero de ser escolhida. O pesquisador pode pré-especificar cada amostra potencial de um determinado tamanho a ser extraída da população, assim como a probabilidade de selecionar cada amostra. É igualmente possível determinar a precisão das estimativas amostrais e das inferências, bem como fazer projeções para a população-alvo. As técnicas de amostragem probabilística incluem a amostragem aleatória simples, a amostragem sistemática, a amostragem estratificada, a amostragem por *cluster*, a amostragem sequencial e a amostragem dupla. A opção entre amostragem probabilística e não probabilística deve basear-se na natureza da pesquisa, no grau de tolerância a erros, na magnitude relativa de erros amostrais e não amostrais, na variabilidade da população e em considerações estatísticas e operacionais.

Quando fazemos pesquisa de marketing internacional, é conveniente obter comparabilidade na composição e representatividade da amostra, mesmo que isso exija o uso de técnicas amostrais diferentes em países diferentes. Existem várias maneiras de melhorar a representatividade da amostragem nas mídias sociais. Na pesquisa de marketing mobile, existem diferentes maneiras em que possíveis respondentes podem ser recrutados para construir o quadro de amostragem, incluindo painéis móveis, listas de clientes e comunidades de pesquisa. É antiético e enganoso tratar amostras não probabilísticas como amostras probabilísticas e projetar os resultados para uma população-alvo. Podemos usar a Internet e os computadores para tornar o processo de planejamento amostral mais eficaz e eficiente.

Palavras-chave e conceitos fundamentais

população, 289
censo, 289
amostra, 289
população-alvo, 290
elemento, 291
unidade amostral, 291
arcabouço amostral, 291
abordagem bayesiana, 292
amostragem com reposição, 292
amostragem sem reposição, 292

tamanho da amostra, 293
amostragem não probabilística, 295
amostragem probabilística, 295
amostragem por conveniência, 295
amostragem por julgamento, 297
amostragem por quotas, 297
amostragem bola de neve, 298
amostragem aleatória simples (AAS), 299
amostragem sistemática, 301

amostragem estratificada, 302
amostragem por *cluster*, 304
amostragem por área, 304
amostragem probabilística proporcional ao tamanho, 305
amostragem sequencial, 305
amostragem dupla, 306

Casos relacionados

Os casos listados a seguir são discutidos no final do livro.

1.1 HP Inc.

2.1 Baskin-Robbins **2.2** Akron Children's Hospital

4.1 JPMorgan Chase **4.2** Wendy's

Os casos listados a seguir estão distribuídos ao longo do livro, no final dos capítulos de 1 a 13.

11.1 Nivea **12.1** Subaru **13.1** Intel

Pesquisa ao vivo: realização de um projeto de pesquisa de marketing

Um censo é viável em um projeto *business-to-business* (*btob*) em que o tamanho da população seja pequeno, mas é inviável na maioria dos projetos de consumidores.

1. Defina a população-alvo (elemento, unidade amostral, extensão e período) e discuta um arcabouço amostral adequado.
2. Técnicas de amostragem probabilística são mais difíceis e demoradas, e seu uso pode não ser garantido, a menos que os resultados sejam projetados para uma população de interesse.

Exercícios

Perguntas

1. Qual é a principal diferença entre uma amostra e um censo?
2. Em que condições uma amostra é preferível a um censo? E um censo preferível a uma amostra?
3. Descreva o processo de elaboração de uma amostragem.
4. Como deve ser definida a população-alvo?
5. O que é uma unidade amostral? Como a unidade amostral difere do elemento populacional?
6. Quais fatores qualitativos devem ser levados em conta na determinação do tamanho da amostra?
7. O que são taxas de incidência? Como elas afetam o tamanho da amostra?
8. Em que as técnicas de amostragem probabilísticas diferem das técnicas não probabilísticas?
9. De todas as técnicas de amostragem, qual é a menos dispendiosa e a que menos tempo consome? Quais são as principais limitações dessa técnica?
10. Qual é a principal diferença entre amostragem por julgamento e amostragem por conveniência?
11. Qual é a relação entre amostragem por quotas e amostragem por julgamento?
12. Quais características distinguem a amostragem aleatória simples?
13. Descreva o processo de seleção de uma amostra aleatória sistemática.
14. Descreva a amostragem estratificada. Quais são os critérios para a seleção de variáveis de estratificação?
15. Quais são as diferenças entre amostragem estratificada proporcional e desproporcional?
16. Descreva o processo de amostragem por *cluster*. Qual é a distinção-chave entre amostragem por *cluster* e amostragem estratificada?
17. Quais fatores devem ser levados em conta na escolha entre amostragem probabilística e amostragem não probabilística?
18. Como a representatividade das amostras de mídias sociais pode ser melhorada?
19. Quais são as diferentes maneiras pelas quais possíveis entrevistados podem ser recrutados para construir o quadro de amostragem na pesquisa de marketing mobile?

Problemas

1. Defina a população-alvo e o arcabouço amostral adequado para cada uma das situações seguintes:
    a. O fabricante de uma nova marca de cereal deseja fazer testes de um produto em domicílio em Chicago.
    b. Uma cadeia nacional de lojas deseja identificar o procedimento de compras de clientes que têm cartão de crédito da própria rede.
    c. Uma estação de TV local deseja identificar os hábitos de moradores em relação ao tempo gasto com a TV e à preferência por programas.
    d. O diretório local da Associação Americana de Marketing deseja testar a eficácia de sua filiação em Atlanta.
2. Um fabricante gostaria de pesquisar os usuários para identificar a demanda em potencial para uma nova prensa, que tem uma capacidade de 500 toneladas e custa US$ 225 mil. A prensa é usada para fabricar produtos de aço leve e aço pesado e pode ser usada por fabricantes de automóveis, de equipamentos de construção e eletrodomésticos de grande porte.
    a. Identifique a população e o arcabouço amostral que poderiam ser usados.
    b. Indique como é possível extrair uma amostra aleatória simples utilizando o arcabouço amostral identificado.
    c. Pode-se usar uma amostra estratificada? Em caso afirmativo, como?
    d. Pode-se usar uma amostra por *cluster*? Em caso afirmativo, como?
    e. Qual técnica de amostragem você recomendaria? Por quê?

Exercícios para Internet e computador

1. A Procter & Gamble pretende fazer uma pesquisa sobre preferências de consumidores por diversas marcas de creme dental na Califórnia. Será usada a amostragem aleatória estratificada. Visite o *site* www.census.gov para identificar as informações importantes a fim de determinar os estratos de renda e de idade.
2. Gere a amostragem por quotas descrita na atividade 1 da Dramatização usando um microcomputador.
3. Utilizando um programa de computador, gere um conjunto de 1.000 números aleatórios para selecionar uma amostra aleatória simples.
4. Visite o *site* da Toluna (us.toluna.com). Examine as pesquisas que estão sendo feitas pela Internet. Redija um relatório sobre os planos de amostragem que estão sendo usados.

Atividades

Dramatização

1. O departamento de ex-alunos de sua universidade gostaria de realizar uma pesquisa para identificar as atitudes dos ex-alunos com relação a um novo programa para levantar fundos. Como consultor, você deve desenvolver uma amostra por quotas. Que variáveis de quotas e que níveis de variáveis devem ser usados? Quantos ex-alunos devem ser incluídos em cada célula? Obtenha as informações necessárias a partir do departamento de ex-alunos ou da biblioteca de seu *campus* e apresente seus resultados para um grupo de estudantes que representa o departamento de ex-alunos.
2. Você trabalha como gerente de pesquisa de marketing em um grande banco de Nova York. A gerência gostaria de saber se os hábitos bancários de vários grupos étnicos diferem e se, dada a população variada de Nova York, seria significativo segmentar o mercado segundo um histórico étnico. Será realizado um levantamento, e foi pedido a você que elabore um processo de amostragem adequado. Complete essa tarefa e faça uma apresentação de seus resultados para um grupo de alunos que representa a gerência do banco.

Trabalho de campo

1. Uma grande empresa de *software* quer verificar o uso de planilhas por: (1) empresas de manufatura, (2) organizações de serviço e (3) instituições educacionais localizadas no Estado da Califórnia. Usando os recursos disponíveis em sua biblioteca, desenvolva um plano de amostragem adequado.
2. Visite uma empresa de pesquisa de marketing local. Identifique quais procedimentos a empresa utiliza para realizar o controle de amostras em entrevistas telefônicas. Resuma suas constatações em um relatório.

Discussão em grupo

1. "Visto que o Bureau do Censo dos Estados Unidos usa amostragem para verificar a precisão de vários censos, deveria ser criada uma emenda constitucional substituindo o censo decenal por uma amostra." Discuta em um pequeno grupo.
2. "Como os erros não amostrais são maiores em magnitude que os erros amostrais, na verdade não faz diferença qual técnica amostral é usada." Discuta essa afirmação.

CASO 11.1

Nivea: pesquisa de marketing leva a consistência de marketing

A Nivea (www.nivea.com), empresa de produtos para a pele, faz parte do conglomerado alemão Beiersdorf. Desde 2017, a Nivea é a maior marca mundial do ramo e líder de mercado em 46 países. A marca é líder global em protetores solares e cremes pós-sol, cremes para mãos e para o corpo e produtos para a pele masculina. A linha de produtos existe há mais de 100 anos, tendo se originado com a descoberta científica do primeiro creme para pele que não se separava em água e óleo. Tal história, aliada a um marketing inteligente baseado em pesquisas, levou a uma imagem de marca forte e positiva, responsável por boa parte do sucesso da Nivea.

Fundada em 1911, a Nivea recorreu ao marketing na década de 1920, quando modificou seu logotipo e passou a vender seus produtos por todo o mundo. Desde cedo, a Nivea estabeleceu sua identidade de marca como produto puro e delicado em que as famílias podiam confiar. Os primeiros anúncios retratavam a Garota da Nivea. Em 1924, ela quebrou essa tradição e começou a explorar o Garoto da Nivea em seus anúncios. Isso ajudou a Nivea a passar a mensagem de que seu creme para a pele era voltado à família inteira. A imagem da marca transcendeu as décadas, com a ajuda de uma base publicitária que destacava relações e valores familiares.

Nos anos 70, pela primeira vez a Nivea teve de se defender contra uma verdadeira concorrência. Ela recorreu fortemente à pesquisa de marketing, que a ajudou a formular uma reação em duas frentes: (1) defesa de sua atividade essencial por meio de uma nova campanha de marketing – Crème de la Crème, e (2) a introdução de novos produtos, que ajudaram a marca a se renovar e a estabelecer novas fontes de vendas.

Na década de 1980, pesquisas de marketing indicaram que a diferenciação de marca se mostrava cada vez mais importante. Como reação, a Nivea começou a trabalhar com submarcas, que incluíam cuidados com a pele, produtos de banho, protetores solares, produtos para bebês, cremes para o rosto, cuidados capilares e produtos masculinos. Uma estratégia guarda-chuva foi usada com as submarcas, na qual a marca essencial englobava todo o leque de novos produtos. O objetivo era estabelecer imagens individuais que fossem distintas mas consistentes com a imagem básica da Nivea. O foco estava no fortalecimento do nome de marca e na vinculação das novas submarcas com os valores tradicionais da marca principal. O resultado foi uma explosão de vendas.

A Nivea conseguiu dar continuidade a seu sucesso nos anos 90, e as vendas se aceleraram ao longo da década. O crescimento foi promovido em parte pela introdução de novos produtos, cada qual baseado em extensivas pesquisas de marketing. Os produtos de maior sucesso foram o creme antirrugas e toda a linha de cosméticos.

A Nivea entrou no novo milênio como a empresa líder mundial em cuidados com a pele e cosméticos. No entanto, com seus quase 100 anos de marca, a Nivea percebeu a necessidade de renovar sua imagem fortemente arraigada de produtos suaves e confiáveis para a família. A empresa teve de remodelar sua carteira de produtos e estratégia de marketing e de marca para acompanhar a evolução nas demandas e aspirações de seus consumidores e para atrair um público mais jovem e moderno. Essa iniciativa deu grande ênfase a pesquisas de marketing para dar uma identidade jovem à marca Nivea.

O lançamento da Nivea Styling é um exemplo de como a antiga imagem da Nivea havia se tornado um entrave. Pesquisas de marketing revelaram que a Nivea estava bastante identificada com produtos densos e cremosos, mas o que os consumidores procuravam em produtos para diferentes penteados era duração e um aspecto descolado. Assim, a Nivea teve de convencer seus clientes de que seus produtos suaves e delicados também satisfaziam às demandas na categoria de penteados, o que exigia cremes mais duráveis.

A Nivea, porém, não queria se restringir exclusivamente a um público mais jovem, pois também buscava ampliar o legado da marca e sua linha de produtos a mulheres mais maduras. O lançamento da Nivea Vital, uma linha de produtos para este segmento específico, teve lá seus desafios. As mulheres mais velhas não recebiam a devida atenção por parte das principais empresas de produtos de beleza; assim, pouco se sabia sobre a relação delas com a beleza e o envelhecimento. A empresa recorreu a pesquisas de marketing para preencher essa lacuna. Uma campanha publicitária sem precedentes foi planejada, retratando uma mulher madura. A Nivea temia que a inclusão de uma mulher mais velha em sua campanha publicitária pudesse afetar a marca negativamente, fazendo-a parecer velha e menos moderna, e assim perdendo o apoio das consumidoras mais jovens. Pesquisas de marketing foram usadas para testar cuidadosamente a modelo do anúncio publicitário, e sua beleza e autoconfiança ajudaram a Nivea a prevenir esse efeito danoso sobre sua imagem de marca. A escolhida, uma mulher de 50 anos de idade, revelou-se a modelo perfeita para a marca, e a campanha teve o efeito oposto àquele que se temia. Para as consumidoras, a Nivea, ao ousar e mostrar uma modelo madura e linda, parecia uma marca verdadeiramente moderna.

A empresa ainda enfrenta muitos desafios. O maior deles está no mercado americano, onde a marca não é tão forte quanto em outros lugares do mundo. O mercado americano impõe muitos obstáculos, já que é o maior e mais dinâmico do mundo. A Nivea espera superar esses obstáculos com extensivas pesquisas de marketing, que a levarão a lançar mais produtos e a desenvolver estratégias de marketing focadas.

A Nivea busca consistência em seu marketing, o que pode ser problemático quando se busca comunicar a mesma mensagem por várias culturas e países. No entanto, a empresa fará o que for necessário para manter essa consistência, pois acredita que ela confere uma vantagem sobre a concorrência, fazendo os consumidores relacionarem todos os seus produtos a sua marca e identidade essenciais. A Nivea seguirá recorrendo a pesquisas de marketing para reter e redefinir a consistência de seu marketing por diversos mercados globais.

Conclusão

A Nivea, uma grande empresa, teve de recorrer a pesquisas de marketing para remodelar sua imagem de marca e seguir relevante e atraente aos consumidores. O lançamento da Nivea Vital pela empresa demonstra que, mediante boas pesquisas, uma linha de produtos pode aprimorar significativamente a imagem de marca de uma empresa, ainda que a linha de produtos não seja voltada a seu principal público-alvo. Em suma, o caso mostra o uso de pesquisas de marketing em alguns aspectos do desenvolvimento, sustentação e evolução de uma marca.

Questões

1. A Nivea gostaria de aumentar sua fatia do mercado americano. Defina o problema de decisão gerencial.
2. Defina um problema de pesquisa de marketing apropriado ao problema de decisão gerencial identificado na questão 1.
3. A Nivea gostaria de conduzir pesquisas para entender as preferências dos consumidores americanos em termos de produtos para a pele. Qual tipo de projeto de pesquisa deveria ser adotado e por quê?
4. Examine o papel da pesquisa qualitativa na compreensão das preferências dos consumidores americanos em termos de produtos para a pele. Quais técnicas de pesquisa qualitativa devem ser usadas e por quê?
5. Caso se queira entender as preferências dos consumidores americanos em termos de produtos para a pele, qual método de levantamento deve ser usado e por quê?
6. Desenvolva escalas Likert, de diferencial semântico e Stapel para determinar como os consumidores avaliam produtos para a pele.
7. Desenvolva um plano de amostragem para administrar o levantamento na questão 5.
8. Caso a Nivea queira entender as preferências dos consumidores de Cingapura em termos de produtos para a pele, qual método de levantamento deve ser usado e por quê?

Referências

1. http://www.nivea.com, accessed June 14, 2017.
2. https://www.wikipedia.org/, accessed June 14, 2017.
3. Rebecca Mann, "What Nivea Did Next: The World's Largest Skincare Brand Targets Travel Retail," https://www.moodiedavittreport.com/what-nivea-did-next-the--worldslargest-skincare-brand-targets-travel-retail/, accessed February 24, 2017.

CAPÍTULO 12

Amostragem: Determinação do Tamanho Inicial e Final da Amostra

> *" O tamanho da amostra é determinado não somente por cálculos estatísticos, mas também por considerações administrativas, incluindo tempo e custos. "*
>
> **Jackie Lorch, vice-presidente, Global Knowledge Management, SSI, Inc.**

Objetivos

Após a leitura deste capítulo, o aluno conseguirá:

1. Definir conceitos-chave e símbolos pertinentes à amostragem.
2. Entender os conceitos de distribuição amostral, inferência estatística e erro padrão.
3. Discutir a abordagem estatística para determinar o tamanho da amostra com base na amostragem aleatória simples e na construção de intervalos de confiança.
4. Deduzir as fórmulas que determinam estatisticamente o tamanho da amostra para estimar médias e proporções.
5. Discutir os problemas decorrentes da não resposta em amostragem e os processos para melhorar os índices de resposta e fazer o ajuste correspondente à não resposta.
6. Entender a dificuldade de determinar estatisticamente o tamanho da amostra na pesquisa de marketing internacional.
7. Discutir a determinação do tamanho da amostra na pesquisa em mídias sociais.
8. Elucidar as exigências iniciais e finais da amostra e os incentivos exclusivos que podem ser oferecidos na pesquisa de marketing em dispositivos móveis.
9. Identificar as questões éticas relacionadas à determinação do tamanho da amostra, particularmente a estimativa da variância populacional.

Aspectos gerais

No Capítulo 11, abordamos o papel da amostragem na formulação de uma concepção de pesquisa, descrevemos o processo de amostragem e apresentamos as diversas técnicas de amostragem não probabilística e probabilística.

Neste capítulo nos dedicamos à determinação do tamanho da amostra na amostragem aleatória simples. Definimos vários conceitos e símbolos e discutimos as propriedades da distribuição amostral. Além disso, descrevemos abordagens estatísticas para a determinação do tamanho da amostra com base em intervalos de confiança. Apresentamos as fórmulas para calcular o tamanho da amostra segundo essas abordagens e ilustramos sua respectiva utilização. Discutimos de maneira sucinta a determinação do tamanho da amostra em outros planejamentos amostrais probabilísticos. O tamanho determinado estatisticamente é o tamanho final, ou líquido, da amostra, ou seja, representa o número de entrevistas ou observações completadas. Todavia, para obter esse tamanho final de amostra, é preciso contatar inicialmente um número muito maior de entrevistados. Descrevemos os ajustes que devem ser feitos no tamanho da amostra estatisticamente determinado, considerando as taxas de incidência e de finalização e o cálculo do tamanho inicial da amostra. Abordamos também a questão da não resposta em amostragem, visando a melhorar os índices de resposta e fazer o ajuste correspondente à não resposta. Discutimos a dificuldade de determinar estatisticamente o tamanho da amostra em pesquisa de marketing internacional e pesquisa de mídia social, a determinação do tamanho da amostra em pesquisa de marketing em dispositivos móveis e a identificação de questões éticas relevantes.

A determinação estatística do tamanho da amostra exige conhecimento sobre distribuição normal e sobre a utilização de tabelas de probabilidade normal. A distribuição normal tem forma de sino e é simétrica. Sua média, mediana e moda são idênticas (ver Capítulo 15). No Apêndice 12.1, apresentamos informações sobre a distribuição normal e o uso das tabelas de probabilidade normal.

Pesquisa real

A Bicycling reduz acidentes devidos a erro

O tamanho da amostra na pesquisa da revista *Bicycling* (www.bicycling.com) sobre as lojas de varejo de bicicletas nos EUA foi influenciado por considerações estatísticas. A margem de erro amostral foi limitada a 5 pontos percentuais.

A tabela da próxima página foi usada para determinar as margens que devem ser consideradas para erros amostrais. Os intervalos de confiança calculados levaram em conta o efeito do planejamento amostral sobre o erro amostral. Esses intervalos indicam a faixa (mais/menos a cifra mostrada) dentro da qual podemos esperar que os resultados de repetidas amostragens no mesmo período variem 95% das vezes, supondo que o processo de amostragem, a realização da pesquisa e o questionário usado sejam os mesmos.[1]

Tolerância recomendada para o erro amostral de uma porcentagem

Em pontos percentuais	(No nível de confiança de 95% para um tamanho de amostra de 456)
Porcentagem próxima de 10	3
Porcentagem próxima de 20	4
Porcentagem próxima de 30	4
Porcentagem próxima de 40	5
Porcentagem próxima de 50	5
Porcentagem próxima de 60	5
Porcentagem próxima de 70	4
Porcentagem próxima de 80	4
Porcentagem próxima de 90	3

A tabela deve ser usada como segue. Se uma porcentagem referida é 43%, procure a linha rotulada "porcentagem próxima de 40". O número nessa linha é 5, logo, os 43% obtidos na amostra estão sujeitos a um erro amostral de mais ou menos 5 pontos percentuais. Outra forma de dizer isso é que, muito provavelmente (95 vezes em 100), a média de amostragens repetidas estaria agora entre 38 e 48%, com a cifra mais provável sendo 43%. Uma pesquisa realizada pela revista *Bicycling* em 2017 para sondar os interesses dos leitores utilizou essa tabela para estimar os erros amostrais. ∎

Para compreender os aspectos estatísticos da amostragem, é importante conhecer certas definições e símbolos básicos.

Definições e símbolos

A seguir, definimos o que são intervalos de confiança e outros conceitos estatísticos que desempenham um papel central na determinação do tamanho da amostra.

Parâmetro: um **parâmetro** é uma descrição resumida de uma característica ou medida fixa da população-alvo. Um parâmetro denota o verdadeiro valor que obteríamos se fizéssemos um censo em vez de uma amostra.

Estatística: uma **estatística** é uma descrição resumida de uma característica ou medida da amostra. Usa-se a estatística amostral como estimativa do parâmetro populacional.

Correção para população finita (cpf): a **correção para população finita** é uma correção para compensar a superestimação da variância de um parâmetro populacional, por exemplo, uma média ou uma proporção, quando o tamanho da amostra é igual a 10% ou mais do tamanho da população.

Nível de precisão: quando estimamos um parâmetro populacional utilizando uma estatística amostral, o **nível de precisão** é o tamanho desejado do intervalo de estimação. É a diferença máxima permissível entre a estatística amostral e o parâmetro populacional.

Intervalo de confiança: o **intervalo de confiança** é o intervalo em que recai o verdadeiro parâmetro populacional, dentro de determinado nível de confiança.

Nível de confiança: o **nível de confiança** é a probabilidade de um intervalo de confiança conter o parâmetro populacional.

Os símbolos usados na notação estatística para descrever características populacionais e amostrais estão resumidos na Tabela 12.1.

A distribuição amostral

A **distribuição amostral** é a distribuição dos valores de uma estatística amostral calculada para cada amostra que possa ser extraída da população-alvo sob determinado plano de amostragem.[2] Suponhamos que uma amostra aleatória simples de cinco hospitais deva ser extraída de uma população de 20 hospitais. Há $(20 \times 19 \times 18 \times 17 \times 16)/(1 \times 2 \times 3 \times 4 \times 5)$ ou 15.504 amostras diferentes de tamanho 5 que podem ser extraídas. A distribuição da frequência relativa dos valores da média dessas 15.504 amostras diferentes especificaria a distribuição amostral da média.

distribuição amostral
Distribuição dos valores de uma estatística amostral calculada para cada amostra que possa ser extraída da população-alvo sob determinado plano de amostragem.

Uma tarefa importante em pesquisa de marketing é calcular estatísticas, como a média amostral e a proporção amostral, e usá-las para estimar os verdadeiros valores populacionais. Esse processo de generalização dos resultados amostrais para os resultados populacionais é chamado de **inferência estatística**. Na prática, seleciona-se uma única amostra de tamanho predeterminado, calculando-se as estatísticas amostrais (como a média e a proporção). Hipoteticamente, a fim de estimar os parâmetros populacionais com base em estatísticas amostrais, deve-se examinar toda amostra que possa ser extraída. Se todas as amostras possíveis

TABELA 12.1

Símbolos para os parâmetros da população e as estatísticas da amostra

Variável	População	Amostra
Média	μ	$\bar{X}$
Proporção	π	p
Variância	σ^2	s^2
Desvio-padrão	σ	s
Tamanho	N	n
Erro padrão da média	$\sigma_{\bar{x}}$	$s_{\bar{x}}$
Erro padrão da proporção	σ_p	s_p
Variável padronizada (z)	$\dfrac{X - \mu}{\sigma}$	$\dfrac{X - \bar{X}}{s}$
Coeficiente de variação (CV)	$\dfrac{\sigma}{\mu}$	$\dfrac{s}{\bar{X}}$

fossem realmente extraídas, a distribuição da estatística seria a própria distribuição amostral. Embora na prática apenas uma amostra seja de fato extraída, o conceito de distribuição amostral é relevante mesmo assim, pois nos permite utilizar a teoria da probabilidade para fazer inferências sobre os valores populacionais.

inferência estatística
Processo de generalização dos resultados amostrais para os resultados populacionais.

Para grandes amostras (30 ou mais elementos), as propriedades importantes da distribuição amostral da média e as propriedades correspondentes para a proporção são as seguintes:

1. A distribuição amostral da média é uma **distribuição normal** (ver Apêndice 12.1). Estritamente falando, a distribuição amostral de uma proporção é binomial. Todavia, para grandes amostras ($n = 30$ ou mais), pode ser aproximada pela distribuição normal.

distribuição normal
Base para a inferência estatística clássica que tem forma de sino e é simétrica em aparência. Suas medidas de tendência central são todas idênticas.

2. A média da distribuição amostral da média ($\bar{X} = \dfrac{\left(\sum_{i=1}^{n} X_i\right)}{n}$) ou da proporção ($p = X/n$, X = conta da característica de interesse) é igual ao valor do parâmetro populacional correspondente, μ ou π, respectivamente.

3. O desvio-padrão é chamado de **erro padrão** da média ou da proporção, para indicar que se refere a uma distribuição amostral da média ou da proporção, e não a uma amostra ou a uma população. As fórmulas são:

Média $\qquad$ Proporção

$$\sigma_{\bar{x}} = \frac{\sigma}{\sqrt{n}} \qquad \sigma_p = \sqrt{\frac{\pi(1-\pi)}{n}}$$

erro padrão
Desvio-padrão da distribuição amostral da média ou da proporção.

4. Geralmente, o desvio-padrão populacional, σ, não é conhecido. Nesses casos, ele pode ser estimado a partir da amostra com a seguinte fórmula:

$$s = \sqrt{\frac{\sum_{i=1}^{n}(X_i - \bar{X})^2}{n-1}}$$

ou

$$s = \sqrt{\frac{\sum_{i=1}^{n} X_i^2 - \dfrac{\left(\sum_{i=1}^{n} X_i\right)^2}{n}}{n-1}}$$

Quando σ é estimado por s, o erro padrão da média se escreve

$$s_{\bar{x}} = \frac{s}{\sqrt{n}}$$

Admitindo-se que não haja erro de mensuração, a confiabilidade de uma estimativa de um parâmetro populacional pode ser avaliada em termos de seu erro padrão.

5. Da mesma forma, o erro padrão da proporção é estimado utilizando-se a proporção amostral p como estimador da proporção populacional π, como:

$$s_p = \sqrt{\frac{p(1-p)}{n}}$$

6. A área sob a distribuição amostral entre dois pontos quaisquer pode ser calculada em termos de **valores z**. O valor z para um ponto é o número de erros padrão que um ponto está distante da média. Os valores z podem ser calculados como segue:

$$z = \frac{\bar{X} - \mu}{\sigma_{\bar{x}}} \qquad e \qquad z = \frac{p - \pi}{\sigma_p}$$

valor z
O número de erros padrão que um ponto está distante da média.

Por exemplo, as áreas sob um lado da curva entre a média e os pontos que têm valores z iguais a 1,0, 2,0 e 3,0 são, respectivamente, 0,3413, 0,4772 e 0,4986. (Ver Tabela 2 no Apêndice de Tabelas Estatísticas.) No caso da proporção, o cálculo de valores z é o mesmo.

7. Quando o tamanho da amostra é 10% ou mais do tamanho da população, as fórmulas do erro padrão superestimam o desvio-padrão da média ou da proporção populacional. Assim, esses valores devem ser ajustados por um fator de correção de população finita definido por:

$$\sqrt{\frac{N-n}{N-1}}$$

Neste caso,

$$\sigma_{\bar{x}} = \frac{\sigma}{\sqrt{n}} \sqrt{\frac{N-n}{N-1}} \qquad e \qquad \sigma_p = \sqrt{\frac{\pi(1-\pi)}{n}} \sqrt{\frac{N-n}{N-1}}$$

Abordagem estatística para determinação do tamanho da amostra

Vários fatores qualitativos também devem ser levados em conta na determinação do tamanho da amostra (ver Capítulo 11), como a importância da decisão, a natureza da pesquisa, o número de variáveis, a natureza da análise, os tamanhos das amostras usadas em estudos semelhantes, as taxas de incidência, os índices de finalização e as restrições de recursos. O tamanho da amostra determinado estatisticamente é o tamanho final, ou líquido, da amostra – a amostra que resta após eliminar entrevistados que não se qualificam ou que não completam a entrevista. Dependendo das taxas de incidência e dos índices de finalização, o tamanho inicial da amostra talvez tenha que ser muito maior. Em pesquisa de marketing, as limitações de tempo, dinheiro e recursos especializados exercem uma influência decisiva na determinação do tamanho da amostra. No projeto de fidelização da loja de departamentos, determinou-se o tamanho da amostra com base nessas considerações.

A abordagem estatística que consideramos para determinar o tamanho da amostra baseia-se na inferência estatística tradicional.[3] Essa abordagem tem o nível de precisão especificado antecipadamente e fundamenta-se na construção de intervalos de confiança em torno de médias ou proporções amostrais.

Abordagem por intervalo de confiança

A determinação do tamanho da amostra por intervalo de confiança se baseia na construção de intervalos de confiança em torno de médias ou proporções utilizando a fórmula do erro padrão. Isso foi ilustrado no exemplo de abertura da revista *Bicycling*, no qual os erros de amostragem se relacionavam com o tamanho da amostra e com o nível de confiança. Como outro exemplo, suponhamos que um pesquisador tenha selecionado uma amostra aleatória simples de 300 domicílios para estimar as despesas mensais com compras em lojas de departamentos, encontrando uma despesa mensal média de US$ 182. Estudos anteriores indicam que o desvio padrão da população (σ) é US$ 55.

Desejamos encontrar um intervalo dentro do qual recairia uma proporção fixa da média amostral. Suponhamos que se queira determinar um intervalo em torno da média populacional que inclua 95% das médias amostrais, baseadas em amostras de 300 residências. Os 95% podem ser divididos em duas partes iguais, metade acima e metade abaixo da média, conforme mostra a Figura 12.1. O cálculo do intervalo de confiança envolve a determinação de uma distância abaixo ($\overline{X}_L$) e acima ($\overline{X}_U$) da média populacional (μ), que contém uma área especificada da curva normal.

Os valores z correspondentes a ($\overline{X}_L$) e ($\overline{X}_U$) podem ser calculados como

$$z_L = \frac{\overline{X}_L - \mu}{\sigma_{\overline{x}}}$$

$$z_U = \frac{\overline{X}_U - \mu}{\sigma_{\overline{x}}}$$

onde $z_L = -z$ e $z_U = +z$. Portanto, o valor inferior de $\overline{X}$ é

$$\overline{X}_L = \mu - z\sigma_{\overline{x}}$$

e o valor superior de $\overline{X}$ é

$$\overline{X}_U = \mu + z\sigma_{\overline{x}}$$

Observe que μ é estimado por $\overline{X}$. O intervalo de confiança é dado por

$$\overline{X} \pm z\sigma_{\overline{x}}$$

Podemos, agora, estabelecer um intervalo de 95% de confiança em torno da média amostral de US$ 182. Como primeiro passo, calculamos o erro padrão da média:

$$\sigma_{\overline{x}} = \frac{\sigma}{\sqrt{n}} = \frac{55}{\sqrt{300}} = 3,18$$

Partindo da Tabela 2 do Apêndice de Tabelas Estatísticas, vemos que os 95% centrais da distribuição normal estão entre ±1,96 valores z. O intervalo de 95% de confiança é dado por

$$\overline{X} \pm 1,96\sigma_{\overline{x}}$$
$$= 182,00 \pm 1,96(3,18)$$
$$= 182,00 \pm 6,23$$

Assim, o intervalo de 95% de confiança vai de US$ 175,77 a US$ 188,23. A probabilidade de a verdadeira média populacional estar entre esses dois valores é de 95%.

Determinação do tamanho da amostra: médias

A abordagem usada aqui para construir um intervalo de confiança pode ser adaptada para determinar o tamanho da amostra que resulte em um intervalo de confiança desejado.[4] Suponhamos que o pesquisador queira estimar, com maior grau de precisão, a despesa mensal de uma família com compras em lojas de departamentos, de modo que a estimativa esteja entre ±US$ 5,00 do verdadeiro valor populacional. Qual deve ser o tamanho da amostra? Os passos indicados a seguir, resumidos na Tabela 12.2, levam à resposta.

1. Especificar o nível de precisão, que é a diferença máxima permitida (D) entre a média amostral e a média populacional. Em nosso exemplo, $D = \pm$US$ 5,00.
2. Especificar o nível de confiança. Suponhamos que se deseje um nível de 95% de confiança.
3. Determinar o valor z associado ao nível de confiança utilizando a Tabela 2 do Apêndice de Tabelas Estatísticas. Para um nível de confiança de 95%, a probabilidade de a média populacional estar além de uma extremidade do intervalo é 0,025 (0,05/2). O valor z associado é 1,96.

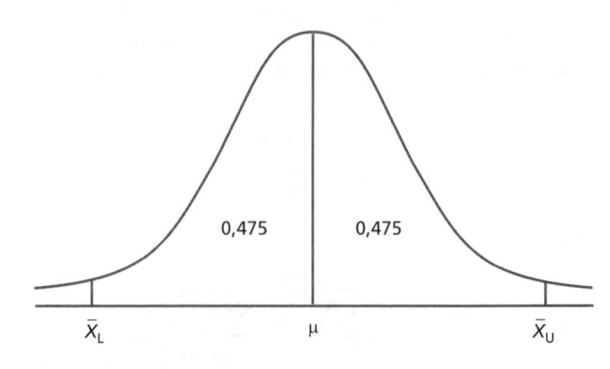

FIGURA 12.1 Intervalo de confiança de 95%.

TABELA 12.2
Determinação do tamanho da amostra para médias e proporções

Passos	Médias	Proporções
1. Especificar o nível de precisão.	$D = \pm US\$ 5{,}00$	$D = p - \pi = \pm 0{,}05$
2. Especificar o nível de confiança (NC).	NC = 95%	NC = 95%
3. Determinar o valor z associado ao NC.	valor z é 1,96	valor z é 1,96
4. Determinar o desvio-padrão da população.	Estimativa σ: $\sigma = 55$	Estimativa π: $\pi = 0{,}64$
5. Determinar o tamanho da amostra com auxílio da fórmula do erro padrão.	$n = \dfrac{\sigma^2 z^2}{D^2}$ $n = \dfrac{55^2 (1{,}96)^2}{5^2}$ $= 465$	$n = \dfrac{\pi(1-\pi)z^2}{D^2}$ $n = \dfrac{0{,}64(1-0{,}64)(1{,}96)^2}{(0{,}05)^2}$ $= 355$
6. Se o tamanho da amostra representar 10% ou mais da população, aplicar o fator de correção de população finita.	$n_c = \dfrac{nN}{N+n-1}$ $= \bar{X} \pm zs_{\bar{x}}$	$n_c = \dfrac{nN}{N+n-1}$ $= p \pm zs_p$
7. Se necessário, estimar novamente o intervalo de confiança empregando s para estimar σ.		
8. Se a precisão for especificada em termos relativos, e não absolutos, então aplicar essas equações para determinar o tamanho da amostra.	$D = R\mu$ $n = \dfrac{CV^2 z^2}{R^2}$	$D = R\pi$ $n = \dfrac{z^2(1-\pi)}{R^2 \pi}$

4. **Determinar o desvio-padrão populacional.** Esse desvio pode ser conhecido a partir de fontes secundárias; caso contrário, pode ser estimado mediante um estudo-piloto, ou ainda com base no julgamento do pesquisador. Por exemplo, o intervalo de uma variável distribuída normalmente é aproximadamente igual a mais ou menos três desvios-padrão; assim, podemos estimar o desvio-padrão dividindo o intervalo por 6. Frequentemente, o pesquisador consegue estimar o intervalo com base em seus conhecimentos sobre o fenômeno.

5. **Determinar o tamanho da amostra utilizando a fórmula do erro padrão da média.**

$$z = \frac{\bar{X} - \mu}{\sigma_{\bar{x}}} = \frac{D}{\sigma_{\bar{x}}}$$

ou

$$\sigma_{\bar{x}} = \frac{D}{z}$$

ou

$$\frac{\sigma}{\sqrt{n}} = \frac{D}{z}$$

ou

$$n = \frac{\sigma^2 z^2}{D^2}$$

Em nosso exemplo,

$$n = \frac{55^2 (1{,}96)^2}{5^2}$$
$$= 464{,}83$$
$$= 465 \text{ (arredondado para o número inteiro superior)}$$

Pode-se ver pela fórmula que o tamanho da amostra aumenta com o aumento da variabilidade da população, do grau de confiança e do nível de precisão exigido da estimativa. Como o tamanho da amostra é diretamente proporcional ao σ^2, quanto maior for a variabilidade da população, maior será o tamanho da amostra. Da mesma forma, um grau mais alto de confiança implica um valor maior de z e, assim, um maior tamanho de amostra. Tanto σ^2 quanto z aparecem no numerador. Maior precisão significa um menor valor de D e, assim, um tamanho maior de amostra, porque D aparece no denominador.

6. Se o tamanho amostral resultante representar 10% ou mais da população, deve-se aplicar o fator de correção de população finita (cpf).[5] A seguir, o tamanho amostral exigido deve ser calculado pela fórmula

$$n_c = nN/(N+n-1)$$

onde

n = tamanho da amostra sem o cpf
n_c = tamanho da amostra com o cpf

7. Se o desvio-padrão populacional σ for desconhecido, e uma estimativa for usada, ele deve ser estimado novamente tão logo seja extraída a amostra. O desvio-padrão amostral, s, é usado como estimativa de σ. Deve-se, então, calcular um intervalo de confiança revisado para determinar o nível de precisão efetivamente obtido.

Suponhamos que o valor de 55,00 usado para σ tenha sido baseado em uma estimativa, porque seu verdadeiro valor é desconhecido. Extrai-se uma amostra de tamanho $n = 465$, e essas observações geram uma média $\overline{X}$ de 180,00 e um desvio-padrão amostral s de 50,00. Assim, o intervalo de confiança revisado é

$$\overline{X} \pm zs_{\overline{x}}$$
$$= 180,00 \pm 1,96(50,0/\sqrt{465})$$
$$= 180,00 \pm 4,55$$

ou

$$175,45 \leq \mu \leq 184,55$$

Observe que o intervalo de confiança obtido é mais estreito do que o planejado, porque o desvio-padrão da população foi superestimado, a julgar pelo desvio-padrão amostral.

8. Em alguns casos, a precisão é especificada em termos relativos, e não absolutos. Em outras palavras, pode-se especificar que a estimativa esteja a mais ou menos R pontos percentuais da média. Simbolicamente,

$$D = R\mu$$

Nesses casos, o tamanho da amostra é determinado por

$$n = \frac{\sigma^2 z^2}{D^2}$$
$$= \frac{CV^2 z^2}{R^2}$$

onde se deve estimar o coeficiente de variação $CV = (\sigma/\mu)$.

O tamanho da população, N, não afeta diretamente o tamanho da amostra, exceto quando temos que aplicar o fator de correção de população finita. Embora isso pareça contraintuitivo, se refletirmos melhor, perceberemos que faz sentido. Por exemplo, se todos os elementos da população forem idênticos quanto à característica de interesse, então uma amostra de tamanho 1 será suficiente para estimar perfeitamente a média. Isso é verdade quer haja 50, 500, 5 mil ou 50 mil elementos na população. O que afeta diretamente o tamanho da amostra é a variabilidade da característica na população. Essa variabilidade entra no cálculo do tamanho da amostra por meio da variância populacional σ^2 ou da variância amostral s^2. Além disso, observe que, quanto maior o tamanho da amostra, mais precisa é a estimativa do parâmetro (média da amostra), ou seja, menor o nível de precisão (erro) para um dado nível de confiança. Isso pode ser visto na fórmula no passo 5. Uma amostra maior também resultará em um intervalo de confiança menor, o que pode ser visto na fórmula para o intervalo de confiança no passo 7.

PESQUISA ATIVA

Estimativa do gasto médio por domicílio com serviços de telefonia celular para a T

Visite www.t-mobile.com e pesquise na Internet, incluindo as mídias socias, e no banco de dados *on-line* de sua biblioteca informações sobre a média mensal de gastos de domicílios americanos em serviços de telefonia celular.

Supondo um nível de confiança de 95%, um nível de precisão de US$10 e um desvio-padrão de US$100, qual deveria ser o tamanho da amostra para determinar a média mensal de despesas com serviços de telefonia celular por domicílio?

Como vice-presidente de marketing da T-Mobile, como você usaria as informações sobre a média de gastos mensais com telefonia celular por domicílio para expandir sua receita?

Determinação do tamanho da amostra: proporções

Se a estatística de interesse for uma proporção, e não uma média, a abordagem para a determinação do tamanho da amostra é semelhante. Suponhamos que o pesquisador pretenda estimar a proporção dos domicílios que possuem o cartão de crédito de uma loja de departamentos. Para tanto, deve seguir os passos seguintes:

1. Especificar o nível de precisão. Suponhamos que a precisão desejada seja tal que o intervalo permitido seja fixado como $D = p - \pi = \pm 0,05$.
2. Especificar o nível de confiança. Suponhamos que se queira um nível de 95% de confiança.
3. Determinar o valor z associado ao nível de confiança. Conforme explicado no caso de estimação da média, esse valor será $z = 1,96$.
4. Estimar a proporção populacional π. Conforme explicado anteriormente, a proporção populacional pode ser estimada a partir de fontes secundárias, de um estudo-piloto, ou com base no julgamento do pesquisador. Suponhamos que, com base em dados secundários, o pesquisador estime que 64% dos domicílios na população-alvo tenham o cartão de crédito de uma loja de departamentos. Logo, $\pi = 0,64$.
5. Determinar o tamanho da amostra aplicando a fórmula do erro padrão da proporção:

$$\sigma_p = \frac{p - \pi}{z}$$
$$= \frac{D}{z}$$
$$= \sqrt{\frac{\pi(1-\pi)}{n}}$$

ou

$$n = \frac{\pi(1-\pi)z^2}{D^2}$$

Em nosso exemplo,

$$n = \frac{0{,}64(1 - 0{,}64)(1{,}96)^2}{(0{,}05)^2}$$

$$= 354{,}04$$

$$= 355 \text{ (arredondado para o próximo inteiro)}$$

6. Se o tamanho da amostra resultante representar 10% ou mais da população, deve-se aplicar o fator de correção de população finita (cpf). O tamanho desejado da amostra será então calculado pela fórmula

$$n_c = nN/(N + n - 1)$$

onde

n = tamanho da amostra sem o cpf

n_c = tamanho da amostra com o cpf

7. Se a estimativa de π se revelar pobre, o intervalo de confiança será mais ou menos preciso que o desejado. Suponhamos que, depois de extraída a amostra, obtenhamos um valor calculado de 0,55 para a proporção p. A seguir estima-se novamente o intervalo de confiança, empregando s_p para estimar o valor desconhecido de σ_p como

$$p \pm z s_p$$

onde

$$s_p = \sqrt{\frac{p(1 - p)}{n}}$$

Em nosso exemplo,

$$s_p = \sqrt{\frac{0{,}55(1 - 0{,}55)}{355}}$$

$$= 0{,}0264$$

O intervalo de confiança é, então,

$$= 0{,}55 \pm 1{,}96 \,(0{,}0264)$$

$$= 0{,}55 \pm 0{,}052$$

que é mais amplo do que o especificado. Isso pode ser atribuído ao fato de que o desvio-padrão amostral baseado em $p = 0{,}55$ era maior do que a estimativa do desvio-padrão populacional baseado em $\pi = 0{,}64$.

Se um intervalo mais amplo do que o especificado for inaceitável, pode-se determinar o tamanho da amostra de modo a refletir a variação máxima possível na população. Isso ocorre quando o produto $\pi(1 - \pi)$ é máximo, o que se dá quando se fixa π em 0,5. Esse resultado também pode ser visto intuitivamente. Como metade da população tem um valor da característica e a outra metade tem o outro valor, seriam necessárias mais evidências para obtermos uma inferência válida do que se a situação fosse mais bem-definida e a maioria tivesse um valor particular. Em nosso exemplo, isso leva a um tamanho de amostra de

$$n = \frac{0{,}5(0{,}5)(1{,}96)^2}{(0{,}05)^2}$$

$$= 384{,}16$$

$$= 385 \text{ (arredondado para o próximo inteiro)}$$

8. Às vezes, a precisão é especificada em termos relativos, e não em termos absolutos. Em outras palavras, pode-se especificar que a estimativa esteja dentro de mais ou menos R pontos percentuais da proporção populacional. Simbolicamente,

$$D = R\pi$$

Em tal caso, o tamanho da amostra é determinado por

$$n = \frac{z^2 (1 - \pi)}{R^2 \pi}$$

Pesquisa real

Amostragem estatística: nem sempre uma emergência

A cidade de Los Angeles, Califórnia, contratou a PriceWaterhouseCoopers (PWC) para avaliar a demanda dos consumidores por serviços não emergenciais da cidade e para investigar os padrões de uso dos serviços ao consumidor. A meta era implementar um novo sistema que aliviasse parte da pressão no sistema do telefone 911 (emergências) da cidade. Foi realizado um levantamento telefônico com 1.800 residentes selecionados aleatoriamente.

O levantamento de discagem aleatória foi estratificado em dois grupos com 900 entrevistados cada: os clientes que residiam na cidade e que tinham entrado em contato com a municipalidade solicitando serviços nos últimos seis meses e um grupo de outros residentes. O tamanho da amostra foi determinado usando um intervalo de confiança de 95% e uma margem de erro de 3,5%. Com esse nível de confiança, seria de se esperar que, se todos os residentes de Los Angeles respondessem ao mesmo levantamento, as respostas não mudariam mais de ±3,5%.

Para confirmar que esse tamanho de amostra de 900 indivíduos era adequado, foram feitos os seguintes cálculos para determinar o tamanho da amostra por proporções, usando a máxima variação possível de população ($\pi = 0{,}5$). A precisão de D neste estudo é de 0,035 para um nível de confiança de 95%.

$$n = \frac{\pi(1 - \pi)z^2}{D^2}$$

$$n = [(0{,}5)(1 - 0{,}5)(1{,}96^2)]/(0{,}035)^2 = 784$$

Portanto, o tamanho da amostra com 900 indivíduos era mais que suficiente.

Os resultados do levantamento telefônico revelaram que o Departamento de Água e Energia, o Bureau Sanitário, o Bureau de Trânsito e o Departamento de Polícia receberam cerca da metade do volume de contatos de clientes por não emergências da cidade. O principal método de contato com a municipalidade era o telefone, que representava aproximadamente 74% dos contatos, comparado com 18% que iam pessoalmente. Apesar dos altos índices de uso da Internet em Los Angeles, pouquíssimos residentes acessavam serviços municipais por meio da rede. Com a integração de muitos dos serviços municipais à Internet, havia um potencial para grandes economias por reduzir o volume de ligações e melhorar o serviço ao consumidor. O levantamento também identificou serviços específicos e recursos de *software* que os residentes gostariam de ver disponíveis *on-line*. Portanto, a municipalidade de Los Angeles lançou um serviço 311 ao cliente pela Internet para reduzir parte da pressão do sistema telefônico 911 da cidade. Em 2018, esse serviço tinha se tornado muito popular, envolvendo uma grande parcela dos contatos de clientes por não emergências na cidade.[6] ■

PESQUISA ATIVA

Wells Fargo: oferecendo serviços bancários *on-line*

Visite www.wellsfargo.com e pesquise na Internet, incluindo as mídias sociais, e no banco de dados *on-line* de sua biblioteca informações sobre a proporção de consumidores que usam serviços bancários *on-line*.

Se a expectativa é de que aproximadamente 15% das pessoas de uma dada área utilizem os serviços bancários pela Internet, qual deveria ser o tamanho da amostra para um nível de confiança de 95% e um nível de precisão de 5%?

Como vice-presidente de marketing do Wells Fargo, que informações você gostaria de ter para determinar se o banco deve expandir seus serviços *on-line*?

Há muitos *sites* que oferecem cálculos de tamanho da amostra e intervalo de confiança gratuitamente, por exemplo, o Creative Research Systems (www.surveysystem.com). Você pode usar esses cálculos para determinar quantas pessoas entrevistar para obter resultados que reflitam a população-alvo com a precisão necessária. Também é possível encontrar o nível de precisão de uma amostra existente.

Experiência de pesquisa

O destino final nas Montanhas Rochosas

O esqui é um esporte de inverno popular nos Estados Unidos.

1. Visite www.ski.com e pesquise na Internet (utilizando um dispositivo de busca) e no banco de dados *on-line* de sua biblioteca informações sobre a proporção de pessoas que esquiam em todas as temporadas.
2. Em um levantamento da população em geral a respeito do esqui, qual deve ser o tamanho da amostra para um nível de confiança de 95% e um nível de precisão de 5%? Use a estimativa da proporção da população que você determinou no passo 1.
3. Como diretor de marketing do Vail Cascade Resort, no Colorado (www.vailcascade.com), "o destino final nas Montanhas Rochosas", de que informações você precisaria para formular estratégias de marketing a fim de aumentar as vendas? ■

Características e parâmetros múltiplos

Nos exemplos anteriores, abordamos a estimação de um único parâmetro. Em pesquisa de marketing comercial, várias características, e não apenas uma, são de interesse em qualquer projeto. O pesquisador precisa estimar diversos parâmetros, e não apenas um. O cálculo do tamanho da amostra nesses casos deve basear-se na consideração de todos os parâmetros a serem estimados, conforme ilustrado no exemplo da loja de departamentos.

Projeto de pesquisa

Estimação do tamanho da amostra

Suponhamos que, além dos gastos médios mensais de uma família com compras em uma loja de departamentos, tenhamos decidido estimar seus gastos médios mensais com vestuário e presentes. Os tamanhos das amostras necessários para estimar cada um desses gastos médios mensais são dados na Tabela 12.3, sendo 465 para compras em loja de

TABELA 12.3
Tamanho da amostra para a estimativa de múltiplos parâmetros

	Despesa média mensal por residência com		
	Compras em loja de departamentos	Vestuário	Presentes
Nível de confiança	95%	95%	95%
Valor *z*	1,96	1,96	1,96
Nível de precisão (*D*)	US$ 5	US$ 5	US$ 4
Desvio-padrão da população (σ)	US$ 55	US$ 40	US$ 30
Tamanho amostral necessário (*n*)	465	246	217

departamentos, 246 para vestuário e 217 para presentes. Se as três variáveis fossem igualmente importantes, a abordagem mais conservadora consistiria em selecionar o maior valor de $n = 465$ para determinar o tamanho da amostra. Isso faria cada variável ser estimada ao menos com tanta precisão quanto foi especificado. Entretanto, se o pesquisador estivesse mais preocupado com a despesa média mensal com vestuário, poderia selecionar um tamanho amostral de $n = 246$.

Atividades de projeto

1. Suponhamos que o pesquisador deseje estimar a quantia mensal que os domicílios gastam em compras na Wal-Mart, de forma que a estimativa esteja em ±US$ 10 do valor verdadeiro da população. Supondo um nível de confiança de 95% e um desvio-padrão de US$ 100, qual deveria ser o tamanho da amostra?
2. Se o levantamento tivesse que ser realizado usando o tamanho da amostra determinado na questão 1, as estimativas baseadas na amostra estariam dentro de ±5% dos verdadeiros valores da população? ■

Até agora a discussão da determinação do tamanho da amostra baseou-se nos métodos de inferência estatística tradicionais e supôs a amostragem aleatória simples. A seguir, discutimos a determinação do tamanho da amostra quando outras técnicas de amostragem são utilizadas.

Outras técnicas de amostragem probabilística

A determinação do tamanho da amostra para outras técnicas de amostragem probabilística baseia-se nos mesmos princípios fundamentais. O pesquisador deve especificar o nível de precisão e o grau de confiança e estimar a distribuição amostral da estatística de teste.

Na amostragem aleatória simples, o custo não entra diretamente no cálculo do tamanho da amostra. Entretanto, no caso de amostragem estratificada ou por *cluster*, o custo tem muita influência. O custo por observação varia por estrato ou por *cluster*, e o pesquisador precisa de algumas estimativas iniciais desses custos. Além disso, ele deve levar em conta a variabilidade dentro dos estratos ou a variabilidade dentro dos *clusters* e entre eles. Uma vez determinado o tamanho global da amostra, esta é dividida proporcionalmente entre estratos ou *clusters*, o que aumenta a complexidade das fórmulas do tamanho da amostra. O leitor interessado pode consultar as obras básicas sobre teoria da amostragem para mais informações.[7] De modo geral, para assegurar a mesma confiabilidade da amostragem aleatória simples, os tamanhos da amostra são os mesmos para amostragem sistemática, menores para amostragem estratificada e maiores para amostragem por *cluster*.

Ajuste do tamanho amostral determinado estatisticamente

O tamanho amostral determinado estatisticamente representa o tamanho final, ou líquido, da amostra que precisa ser obtido para assegurar que os parâmetros sejam estimados com o grau desejado de precisão e dentro do nível de confiança dado. Nas pesquisas, isso representa o número de entrevistas que devem ser completadas. Para obter esse tamanho final de amostra, é preciso contatar um número muito maior de respondentes em potencial. Em outras palavras, o tamanho inicial da amostra tem que ser muito maior, porque geralmente as taxas de incidência e os índices de finalização são inferiores a 100%.[8]

A **taxa de incidência** se refere à taxa de ocorrência ou à porcentagem de pessoas em condições de participar do estudo, e estabelece quantos contatos devem ser selecionados para determinado tamanho de amostra. Suponhamos que um estudo de polidores de assoalho exija uma amostra de donas de casa com idade entre 25 e 55 anos. Das mulheres entre 20 e 60 anos de idade que podem ser contatadas para verificar se o seu perfil se qualifica, aproximadamente 75% são donas de casa entre 25 e 55 anos. Isso significa que, em média, seria preciso abordar 1,33 mulher para obter uma respondente qualificada. Outros critérios para a qualificação de respondentes (por exemplo, comportamento quanto ao uso do produto) aumentarão ainda mais o número de contatos. Suponhamos que uma exigência adicional de qualificação seja que as mulheres tenham usado um polidor de assoalho durante os dois últimos meses. Estima-se que 60% das mulheres contatadas preencham esse critério. Então, a taxa de incidência é $0,75 \times 0,60 = 0,45$. Assim, o tamanho final da amostra terá que ser aumentado por um fator de (1/0,45), ou 2,22.

taxa de incidência
Taxa de ocorrência de pessoas em condições de participar do estudo, expressa em porcentagem.

Da mesma forma, a determinação do tamanho da amostra tem de levar em conta recusas antecipadas por pessoas que se qualificam. O **índice de finalização** denota a porcentagem de respondentes qualificados que completam a entrevista. Se, por exemplo, o pesquisador espera, em uma entrevista, um índice de finalização de 80% de respondentes qualificados, o número de contatos precisa ser aumentado por um fator de 1,25. A taxa de incidência e o índice de finalização juntos implicam que o número de respondentes potenciais contatados, ou seja, o tamanho inicial da amostra, deve ser de $2,22 \times 1,25$, ou 2,77 vezes o tamanho exigido da amostra. De modo geral, se há c fatores qualificativos com incidência de $Q_1, Q_2, Q_3, ..., Q_c$, cada um expresso como uma proporção,

$$\text{Taxa de incidência} = Q_1 \times Q_2 \times Q_3 \ldots \times Q_c$$

$$\frac{\text{Tamanho inicial}}{\text{da amostra}} = \frac{\text{Tamanho final da amostra}}{\text{Taxa de incidência} \times \text{Índice de finalização}}$$

índice de finalização
Porcentagem de respondentes qualificados que completam a entrevista. Possibilita ao pesquisador levar em conta recusas antecipadas por pessoas que se qualificam.

O número de unidades que devem ser selecionadas será determinado pelo tamanho inicial da amostra. Esses cálculos supõem que a tentativa de contatar um respondente resultará na determinação de sua qualificação para participar do levantamento. Entretanto, esse pode não ser o caso. Uma tentativa de contatar o respondente pode ser inconclusiva, já que ele talvez se recuse a responder, não esteja em casa, esteja ocupado, etc. Essas situações aumentarão ainda mais o tamanho inicial da amostra e em geral elas são consideradas mais adiante, ao calcular o índice de resposta. Frequentemente, como no exemplo da orquestra sinfônica a seguir, utilizam-se diversas variáveis para qualificar respondentes potenciais, diminuindo-se com isso a taxa de incidência.

Pesquisa real

Afinando uma amostra sinfônica

Realizou-se uma pesquisa por telefone para determinar o interesse e a atitude dos ouvintes em relação à Orquestra Sinfônica de Jacksonville (www.jaxsymphony.org). As qualificações exigidas de um respondente incluído na pesquisa foram: (1) ter vivido na área de Jacksonville por mais de um ano; (2) ter 25 anos de idade ou mais; (3) ouvir música clássica ou *pop;* (4) frequentar espetáculos de música clássica ou *pop*. Esses critérios qualificadores reduziram a taxa de incidência para menos de 15%, levando a um aumento substancial no número de contatos. Embora a presença de quatro fatores qualificadores tenha resultado em uma amostra altamente definida ou afinada, também contribuiu para tornar ineficiente o processo de entrevista, já que foram chamadas muitas pessoas que não puderam se qualificar. A pesquisa indicou que o estacionamento era um problema e que as pessoas queriam um maior envolvimento com a orquestra. Portanto, a Orquestra Sinfônica de Jacksonville anunciou o Conductor's Club em 2018. Doadores de fundos anuais que se associam desfrutam de vários benefícios, incluindo estacionamento cortesia em todos os concertos clássicos e *pops* da Sinfônica de Jacksonville. Todos os níveis de associação incluem admissão gratuita às recepções durante os intervalos na Davis Gallery em concertos selecionados (incluindo bebidas e petiscos).[9] ∎

Cálculo de índices de resposta

Definimos índice de resposta como:

$$\text{Índice de resposta} = \frac{\text{Número de entrevistas realizadas}}{\text{Número de unidades qualificadas na amostra}}$$

Para ilustrar como a fórmula é usada, consideremos o seguinte exemplo, envolvendo um levantamento telefônico de um estágio, sem triagem dos indivíduos. A amostra consistiu em 2 mil números de telefone gerados aleatoriamente. Foram feitas três tentativas para contatar cada respondente. Os resultados estão sintetizados na tabela no pé da página.

Neste exemplo, o número de unidades qualificadas é 2 mil e o índice de resposta depois de três chamadas é de 85%.

Agora, consideremos o caso de uma amostra de um estágio em que a triagem é necessária para determinar a qualificação dos respondentes, ou seja, para verificar se o respondente é qualificado para participar do levantamento. A tentativa para fazer a triagem de cada respondente terá um de três resultados: (1) qualificado, (2) não qualificado, (3) não confirmado (NC). A categoria NC incluirá recusas, sinais de linha ocupada, chamada não atendida, etc. Nesse caso, determinamos o número de respondentes qualificados nos NCs distribuindo NCs proporcionalmente. Suponhamos que tenhamos feito 2 mil chamadas telefônicas que resultaram em (todos os representantes elegíveis completaram a entrevista):

Número de entrevistas realizadas = 800

Número de respondentes qualificados = 900

Número de respondentes não qualificados = 600

Não confirmados (NC) = 500

O primeiro passo é determinar o número de unidades qualificadas nos NCs. Isso pode ser calculado como:

$$500 \times (900/(900 + 600)) = 300$$

Assim, o número total de unidades qualificadas na amostra = 900 + 300 = 1.200. Desse modo, o índice de resposta = 800/1.200 = 66,7%.

Embora tenhamos ilustrado o cálculo de índices de resposta para entrevistas telefônicas, os cálculos para outros métodos de levantamento são semelhantes. Os índices de resposta são afetados pela não resposta. Por isso, os problemas de não resposta merecem atenção especial.

Problemas de não resposta em amostragem

Os dois principais problemas de não resposta em amostragem são melhorar os índices de resposta e fazer os ajustes

Chamada nº	Tentativas	Número de indivíduos entrevistados	Acumulado	Índice de resposta
1	2.000	1.200	1.200	60,0%
2	800	400	1.600	80,0%
3	400	100	1.700	85,0%

para a não resposta. O erro de não resposta surge quando alguns dos entrevistados potenciais incluídos na amostra não respondem à entrevista (ver Capítulo 3). Esse é um dos problemas mais significativos em pesquisa. Os não respondentes diferem dos respondentes em termos de variáveis demográficas, psicográficas, de personalidade, de atitude, motivacionais e comportamentais.[10] Em um determinado estudo, se os não respondentes diferirem dos respondentes quanto às características de interesse, as estimativas amostrais serão seriamente tendenciosas. Índices mais altos de resposta em geral implicam índices mais baixos de tendenciosidade de não resposta; entretanto, o índice de resposta pode não ser um indicador adequado da tendenciosidade de não resposta. Os índices de resposta por si só não indicam se os respondentes são representativos da amostra original.[11] O aumento do índice de resposta pode não reduzir a tendenciosidade de não resposta se os respondentes adicionais não diferirem dos que já responderam, mas diferirem dos que ainda não responderam. Baixos índices de resposta aumentam a probabilidade de tendenciosidade de não resposta e também elevam o custo aumentando o tamanho inicial da amostra. Portanto, deve-se sempre tentar melhorar a taxa de resposta.[12]

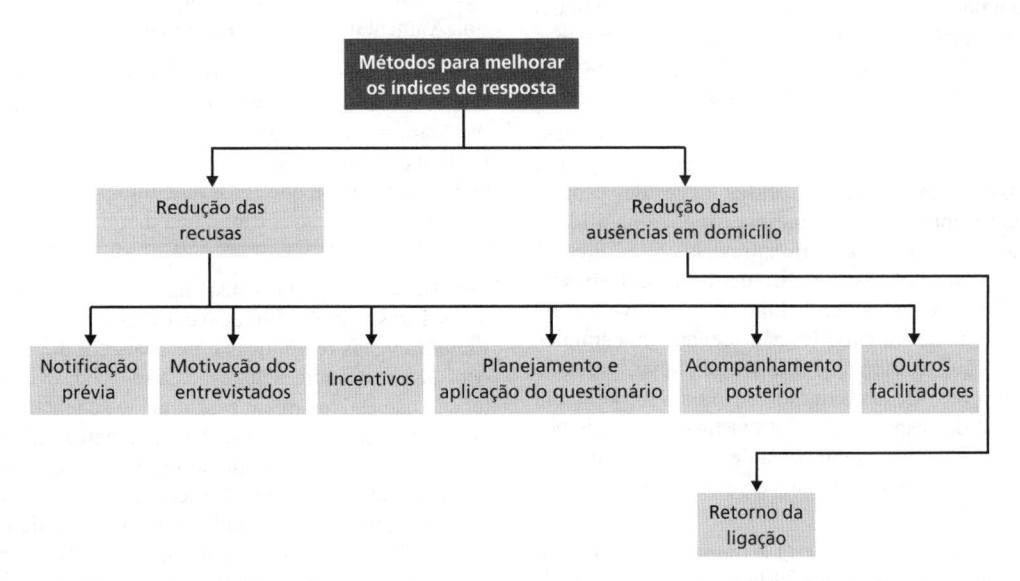

Melhorando os índices de resposta

As causas principais dos baixos índices de resposta são as recusas e o fato de o respondente não estar em casa, conforme mostra a Figura 12.2.

RECUSAS As recusas, que resultam da falta de disposição ou da incapacidade de participação das pessoas incluídas na amostra, acarretam índices de resposta mais baixos e um potencial maior para a tendenciosidade de não resposta. Os índices de recusa – o índice de entrevistados contatados que se recusam a participar – varia de 0 a 50% ou mais em pesquisas telefônicas. Os índices de recusa para entrevistas em centros comerciais são ainda mais altos e ainda mais altos para pesquisas por *e-mail*, e elas são as mais altas em todos os levantamentos *pop-up* da Internet. A maioria das recusas ocorre imediatamente após as observações iniciais do entrevistador ou quando o respondente abre o pacote do correio. Em uma pesquisa telefônica de âmbito nacional, 40% das pessoas que foram contatadas se recusaram logo no estágio introdutório, mas apenas 6% se recusaram no decorrer da entrevista.

O estudo constatou que pessoas que tendem a participar de uma pesquisa por telefone (respondentes) diferem dos que tendem a se recusar (não respondentes) nos seguintes aspectos: (1) confiança na pesquisa, (2) confiança na organização pesquisadora, (3) características demográficas e (4) crenças e atitudes sobre pesquisas por telefone. Outro estudo indicou que os consumidores preferem levantamentos pela Internet ao método de levantamento por telefone. Em termos estatísticos, de 1.753 consumidores americanos, 78,9% de respondentes escolheram a Internet como sua primeira opção de método de pesquisa, ao passo que somente 3,2% escolheram o método de pesquisa telefônica.[13]

Dadas as diferenças entre respondentes e não respondentes demonstradas por esse estudo, os pesquisadores devem procurar reduzir os índices de recusa, o que é possível mediante notificação prévia, motivação dos entrevistados, incentivos, bom planejamento e aplicação do questionário e acompanhamento posterior.

Notificação prévia. Os respondentes em potencial são comunicados (por carta, *e-mail*, mensagem de texto ou telefone) da iminente pesquisa por correio, telefone, pessoal, eletrônica ou dispositivo móvel. Essa notificação aumenta os índices de resposta para amostras do público em geral porque reduz a surpresa e a incerteza e cria uma atmosfera de maior cooperação.[14]

Motivação dos entrevistados. Os entrevistados podem ser motivados a participar da pesquisa aumentando o seu interesse e envolvimento. Duas maneiras de se con-

FIGURA 12.2 Melhorando os índices de resposta.

seguir isso são as estratégias de "pé na porta" (*foot-in-the-door*) e "porta na cara" (*door-in-the-face*). Ambas as estratégias procuram obter participação por meio do uso de solicitações múltiplas. Conforme explicado sucintamente no Capítulo 6, na estratégia "pé na porta", o entrevistador começa com uma solicitação relativamente pequena, como "você poderia dispor de cinco minutos para responder a cinco questões?", à qual a maioria das pessoas não se oporá. Essa pequena solicitação é seguida por uma solicitação maior, a solicitação crítica, que pede participação na pesquisa ou no experimento. O fundamento é que a concordância com uma solicitação inicial deve aumentar a chance de concordância com a solicitação subsequente. A estratégia "porta na cara" é a estratégia reversa. A solicitação inicial é relativamente grande, e a maioria das pessoas se recusa a atender. A solicitação extensa é seguida por uma solicitação menor, a solicitação crítica, pedindo participação na pesquisa. O raciocínio subjacente é que a concessão oferecida pela solicitação crítica subsequente deve aumentar as chances de concordância. A primeira estratégia é mais eficaz do que a segunda.[15]

Incentivos. Os índices de resposta podem ser aumentados oferecendo-se aos respondentes compensações tanto monetárias quanto não monetárias. Os incentivos monetários podem ser pagos antecipadamente ou prometidos. O incentivo pago antecipadamente deve estar junto ao questionário ou levantamento e ser enviado a todos os respondentes potenciais incluídos na amostra. O incentivo prometido é enviado somente aos respondentes que completam a pesquisa. Os incentivos não monetários mais usados são prêmios e brindes, como canetas, lápis, livros e ofertas dos resultados das pesquisas.[16]

Comprovou-se que os incentivos pagos antecipadamente contribuem para aumentar os índices de resposta mais do que os incentivos prometidos. O valor do incentivo (que pode variar de 10 centavos a US$ 50 ou mais) tem uma relação positiva com o índice de resposta, mas o custo de grandes incentivos monetários pode superar o valor das informações adicionais obtidas.

Planejamento e aplicação do questionário. Um questionário bem planejado reduz não só o índice global de recusa, como também as recusas a questões específicas (ver Capítulo 10). Da mesma forma, a habilidade ao aplicar o questionário em entrevistas telefônicas e pessoais pode aumentar o índice de resposta. Entrevistadores bem treinados têm habilidade na conversão de recusas ou na persuasão. Eles não aceitam uma simples resposta "não" sem uma justificativa adicional, que pode enfatizar a brevidade do questionário ou a importância da opinião do respondente. Entrevistadores hábeis podem reduzir as recusas em cerca de 7%, em média. No Capítulo 13, discutiremos mais detalhadamente os processos de entrevista.

Acompanhamento posterior. O acompanhamento, ou o contato periódico com o entrevistado após o contato inicial, é particularmente eficiente para diminuir as recusas em pesquisas pelo correio. O pesquisador pode enviar um cartão-postal ou uma carta aos não respondentes para que completem e devolvam o questionário. São necessárias duas ou três postagens, além da original. Com um acompanhamento adequado, o índice de resposta em pesquisas pelo correio pode ser aumentado para 80% ou mais. O acompanhamento também pode ser feito por telefone, *e-mail*, SMS ou contatos pessoais.[17]

Outros facilitadores. A personalização, ou o envio de cartas endereçadas a indivíduos específicos, é eficaz para aumentar os índices de resposta[18]. O próximo exemplo ilustra o procedimento empregado pela Nielsen para aumentar seu índice de resposta.

Pesquisa real

A resposta da Nielsen para o baixo índice de respostas

A Nielsen (www.nielsen.com) é a maior empresa de pesquisa de marketing (ver Capítulo 1). Recentemente, a Nielsen estava tentando melhorar os índices de resposta a fim de obter resultados mais significativos para suas pesquisas. Ela criou uma equipe especial multidisciplinar de funcionários para trabalhar no problema dos índices de resposta. Seu método foi chamado de *breakthrough method* ("método avançado"), e todo o sistema Nielsen relativo a índices de resposta foi questionado e modificado. A equipe sugeriu seis estratégias principais para melhorar os índices de resposta:

1. Maximizar a eficácia das visitas iniciais e de acompanhamento.
2. Tornar o material mais atraente e fácil de completar.
3. Aumentar a conscientização sobre a marca Nielsen.
4. Melhorar as recompensas dos participantes de pesquisas.
5. Otimizar a chegada de materiais dos respondentes.
6. Aumentar a utilização de relatórios diários devolvidos.

Foram lançadas 80 iniciativas para implementar essas seis estratégias. Como resultado, os índices de resposta melhoraram significativamente. Apesar desses resultados animadores, o pessoal da Nielsen se mantém extremamente cauteloso. Eles sabem que ainda há muito por fazer e que manter esses índices elevados é uma luta diária.[19] ■

AUSÊNCIA A segunda causa mais importante dos baixos índices de resposta é o fato de o entrevistado não estar em casa. Em entrevistas telefônicas e pessoais em domicílio, podem ocorrer baixos índices de resposta se os entrevistados em potencial não estiverem em casa quando se tenta fazer contato. Um estudo analisando 182 levantamentos telefônicos com uma amostra total de mais de um milhão de consumidores revelou que uma grande porcentagem de entrevistados jamais chegou a ser contatada. A taxa média de não contato foi de 40%. Em quase 40% das pesquisas, fez-se apenas uma tentativa para contatar esses entrevistados. Os resultados de 259.088 tentativas de primeira chamada utilizando o sistema sofisticado de discagem aleatória M/A/R/C Telno System (www.marcgroup.com) mostram que menos de 10% das chamadas resultaram em entrevistas completadas.[20]

A possibilidade de os entrevistados não estarem em casa varia segundo diversos fatores. As pessoas com crianças pequenas têm mais probabilidade de estar em casa do que os solteiros ou divorciados. Os consumidores têm mais chance de estar em casa em fins de semana do que em dias úteis e também mais no início da noite do que durante a tarde. A notificação prévia e a marcação das entrevistas aumentam a possibilidade de o entrevistado estar em casa quando se tentar contatá-lo.

A porcentagem dos que não estão em casa pode ser reduzida substancialmente empregando-se uma série de retornos ou tentativas de acompanhamento periódico para contatar não respondentes. A decisão quanto ao número de retornos deve levar em conta os benefícios da redução da tendenciosidade de não resposta em relação aos custos adicionais. À medida que os retornos são completados, os entrevistados devem ser comparados com os que já responderam, a fim de determinar a conveniência de novos retornos. Na maioria das pesquisas com consumidores, podem ser convenientes de três a quatro retornos. Enquanto o primeiro contato fornece a maioria das respostas, o segundo e o terceiro contatos apresentam as mais altas respostas por ligação. É importante que os retornos sejam feitos e controlados de acordo com um plano preestabelecido.

Ajuste para não resposta

Altos índices de resposta diminuem a probabilidade de a tendenciosidade de não resposta ser substancial. Esses índices devem sempre ser relatados, e, quando possível, deve-se estimar o efeito da não resposta, o que é realizado associando-se o índice de não resposta às diferenças estimadas entre respondentes e não respondentes. As informações sobre diferenças entre os dois grupos podem ser obtidas da própria amostra. Por exemplo, as diferenças encontradas por meio dos retornos podem ser extrapoladas; também é possível fazer um acompanhamento concentrado em uma subamostra de não respondentes, ou estimar essas diferenças com base em outras fontes.[21] A título de ilustração, em uma pesquisa com pessoas que possuem aparelhos eletrodomésticos comuns, obtemos informações demográficas e outras sobre os respondentes e os não respondentes a partir dos certificados de garantia. Para um painel postal, Internet ou móvel, conseguimos obter de organizações que trabalham por assinatura uma ampla variedade de informações para ambos os grupos. Caso se suponha que a amostra seja representativa da população geral, então as comparações podem ser feitas com resultados do censo. Mesmo que não seja viável estimar os efeitos da não resposta, ainda assim devem ser feitos alguns ajustes durante a análise e a interpretação dos dados.[22] As estratégias de que dispomos para ajustar o erro de não resposta incluem a subamostragem de não respondentes, a reposição, a substituição, estimativas subjetivas, a análise de tendência, a ponderação simples e a imputação.

SUBAMOSTRAGEM DE NÃO RESPONDENTES A subamostragem de não respondentes, particularmente no caso de pesquisas pelo correio, pode ser eficiente para ajustar a tendenciosidade da não resposta. Nesta técnica, o pesquisador faz contato com uma subamostra dos não respondentes, em geral por meio de entrevistas telefônicas ou pessoais, resultando em um alto índice de respostas dentro daquela subamostra. Os valores obtidos para a subamostra são então projetados para todos os não respondentes, e os resultados da pesquisa são ajustados para levar em conta a não resposta. Este método permite estimar o efeito da não resposta sobre a característica de interesse.

REPOSIÇÃO Na reposição, os não respondentes na pesquisa corrente são substituídos por não respondentes de uma pesquisa análoga anterior. O pesquisador procura entrar em contato com esses não respondentes da pesquisa anterior e aplicar-lhes o questionário da pesquisa atual, possivelmente oferecendo um incentivo atraente. É importante que a natureza da não resposta na pesquisa corrente seja semelhante à da pesquisa anterior. As duas pesquisas devem utilizar tipos análogos de respondentes, e o tempo decorrido entre elas deve ser curto. Como exemplo, se a pesquisa sobre a loja de departamentos estiver sendo repetida um ano mais tarde, os não respondentes na pesquisa presente podem ser substituídos pelos não respondentes da pesquisa original.

SUBSTITUIÇÃO Na **substituição**, o pesquisador substitui não respondentes por outros elementos do arcabouço amostral que se espera que respondam. O arcabouço amostral é dividido em subgrupos que são internamente homogêneos em termos de características dos entrevistados, mas heterogêneos em termos de índices de resposta. A seguir, esses subgrupos são usados para identificar substitutos similares a não respondentes particulares, mas diferentes de respondentes já incluídos na amostra. Observe que essa abordagem não reduziria a tendenciosidade de não resposta se os substitutos fossem semelhantes aos respondentes que já estão na amostra.

---

substituição
Processo que substitui não respondentes por outros elementos do arcabouço amostral que se espera que respondam.

> **Pesquisa real**
>
> ### Enquetes com eleitores: substituindo os não respondentes
>
> O planejamento de entrevistas na saída de votações em uma eleição presidencial começa até dois anos antes do grande dia. As empresas de pesquisa, como a Gallup (www.gallup.com), recrutam e treinam pessoal de forma sistemática.
>
> As perguntas são curtas e precisas. Sabe-se que certas perguntas se referem a determinantes da escolha do eleitor, enquanto outras lidam com eventos de última hora, como escândalos políticos. Os questionários são escritos no último momento possível e são planejados para determinar não apenas em quem as pessoas votaram, mas também os fatores que embasaram sua decisão.

Os entrevistados não cooperativos são um problema dentre os eleitores. Os entrevistadores são orientados a registrar um perfil demográfico básico daqueles que não consentem em responder. A partir desses dados demográficos, é desenvolvido um perfil de eleitor para substituir aqueles que não quiseram cooperar usando o método da substituição. Idade, gênero, raça e residência são fortes indicadores de como votam os americanos. Por exemplo, é mais provável que os eleitores jovens sejam afetados por questões morais, enquanto é mais provável que os mais velhos analisem as qualidades pessoais de um candidato. Portanto, os pesquisadores substituem os não respondentes por outros respondentes similares em idade, gênero, raça e residência. A ampla cobertura das entrevistas na saída das votações, assim como a técnica de substituição para eleitores que não colaboraram, permite que os pesquisadores obtenham margens de erro próximas a 3 ou 4%. Pesquisas desse tipo previram corretamente a vitória de Barack Obama nas eleições presidenciais de 2012, embora tenham previsto incorretamente a vitória de Clinton sobre Trump nas eleições presidenciais de 2016.[23] ■

ESTIMATIVAS SUBJETIVAS Quando não é mais viável aumentar o índice de resposta por subamostragem, reposição ou substituição, é possível chegar a estimativas subjetivas da natureza e do efeito da tendenciosidade de não resposta. Isso envolve a avaliação dos efeitos prováveis da não resposta com base na experiência e nas informações disponíveis. Por exemplo, é mais provável que os adultos casados e com filhos estejam em casa do que adultos solteiros divorciados, ou casados sem filhos. Essa informação dá uma base para avaliar os efeitos da não resposta devido à ausência em pesquisas pessoais ou por telefone.

ANÁLISE DE TENDÊNCIA A **análise de tendência** é uma tentativa de discernir uma tendência entre respondentes do início e do fim de uma pesquisa. Essa tendência é projetada para os não respondentes para estimar onde eles se situam na característica de interesse. Por exemplo, a Tabela 12.4 apresenta os resultados de diversas remessas de uma pesquisa postal. A característica de interesse é o gasto em dólares em lojas de departamentos durante os últimos dois meses. O valor conhecido da característica para a amostra total é dado na parte inferior da tabela. O valor para cada onda sucessiva de respondentes se torna mais próximo do valor para não respondentes. Por exemplo, os que responderam à segunda pesquisa postal gastaram 79% da quantia gasta pelos que responderam à primeira pesquisa postal. Os que responderam à terceira pesquisa gastaram 85% da quantia gasta pelos que responderam à segunda pesquisa. Seguindo essa progressão, podemos estimar que os que não responderam gastaram 91% [85 + (85 − 79)] da quantia gasta pelos que responderam à terceira pesquisa, como mostra a Tabela 12.4. Isso resulta em uma estimativa de US$ 252 (277 × 0,91) gasta pelos não respondentes e uma estimativa de US$ 288 (0,12 × 412 + 0,18 × 325 + 0,13 × 277 + 0,57 × 252) da quantia média gasta em compras em lojas de departamentos durante os dois últimos meses para a amostra global. Suponhamos que soubéssemos, a partir dos registros do painel postal, que a quantia realmente gasta pelos não respondentes foi US$ 230, e não US$ 252, e que a média amostral real foi de US$ 275 em vez dos US$ 288 estimados pela análise de tendência. Embora as estimativas de tendência estejam erradas, o erro é menor do que teria resultado se os não respondentes fossem ignorados. Se tivessem sido ignorados, a quantia média gasta teria sido estimada em US$ 335 (0,12 × 412 + 0,18 × 325 + 0,13 × 277)/(0,12 + 0,18 + 0,13) para a amostra.

análise de tendência
Método para ajuste da não resposta em que o pesquisador procura discernir uma tendência entre os respondentes do início e do fim da pesquisa. Essa tendência é projetada para os não respondentes para estimar sua característica de interesse.

PONDERAÇÃO A **ponderação** procura levar em conta a não resposta atribuindo pesos diferenciais aos dados, dependendo dos índices de resposta.[24] Por exemplo, em uma pesquisa sobre computadores pessoais, a amostra foi estratificada de acordo com a renda. Os índices de resposta foram 85, 70 e 40%, respectivamente, para os grupos de alta, média e baixa renda. Analisando-se os dados, atribuem-se a esses subgrupos pesos inversamente proporcionais aos seus índices de resposta. Isto é, os pesos atribuídos seriam (100/85), (100/70) e (100/40), respectivamente, para os grupos de alta, média e baixa renda. Embora a ponderação corrija os efeitos diferenciais da não resposta, ela destrói a natureza autoponderadora do planejamento amostral e pode introduzir complicações. No Capítulo 14, sobre preparo de dados, abordaremos a ponderação com mais detalhamento.

TABELA 12.4
Uso da análise de tendência no ajuste da não resposta

	Porcentagem de resposta	Gasto médio em dólares	Porcentagem da resposta de remessas anteriores
Primeira postagem	12	412	—
Segunda postagem	18	325	79
Terceira postagem	13	277	85
Não resposta	(57)	(252)	(91)
Total	100		

ponderação
Processo estatístico que procura levar em conta a não resposta atribuindo pesos diferenciais aos dados, dependendo dos índices de resposta.

IMPUTAÇÃO A **imputação** envolve imputar, ou atribuir, a característica de interesse aos não respondentes, com base na semelhança das variáveis disponíveis tanto para não respondentes quanto para respondentes.[25] Por exemplo, a um respondente que não informa o uso de uma marca, pode ser imputado o uso de um respondente com características demográficas análogas. Em geral, verifica-se uma alta correlação entre a característica de interesse e algumas outras variáveis. Em tais casos, podemos usar essa correlação para predizer o valor da característica para os não respondentes (ver Capítulo 17).

imputação
Método de ajuste da não resposta no qual a característica de interesse é atribuída aos não respondentes com base na semelhança das variáveis disponíveis tanto para não respondentes quanto para respondentes.

Pesquisa de marketing internacional

Quando se faz pesquisa de marketing internacional, pode ser difícil estimar estatisticamente o tamanho da amostra, em razão da inexistência de estimativas da variância da população, por exemplo. Assim, em geral, o tamanho da amostra é determinado por considerações qualitativas, conforme discutido no Capítulo 11 e resumido anteriormente neste capítulo. Se de fato for feita uma estimativa do tamanho da amostra, será preciso levar em conta que as estimativas da variância populacional podem variar de país para país. Por exemplo, ao avaliar as preferências do consumidor, certamente haverá um maior grau de heterogeneidade em países onde as preferências do consumidor não estão bem desenvolvidas. Assim, pode ser um erro supor que a variância populacional seja a mesma ou utilizar o mesmo tamanho de amostra em diferentes países.

Pesquisa real

Os chineses estão voando, e o céu é o limite

O setor de aviação comercial parece ter um mercado potencial forte e promissor na China, onde o setor de linhas aéreas está se expandindo rapidamente. Com bilhões de dólares gastos, a China procura satisfazer à demanda crescente e acompanhar o resto do mundo. Um forte crescimento econômico, um comércio exterior em expansão e um renascimento do turismo ajudaram a incentivar este *boom*. A Boeing (www.boeing.com) prevê um mercado total para a venda de aproximadamente 2.300 novos aviões comerciais na China até 2025, para satisfazer à demanda por serviços de transporte de passageiros e cargas.

Contudo, para milhões de chineses, as viagens aéreas ainda constituem uma experiência relativamente nova, e muitos milhões de chineses jamais voaram. Portanto, as preferências dos chineses por viagens aéreas tendem a acusar muito mais variabilidade se comparadas com as dos americanos. Em um levantamento feito pela Delta Airlines para comparar as atitudes dos chineses e dos americanos em relação às viagens aéreas, o tamanho da amostra na pesquisa chinesa deveria ser maior do que na pesquisa americana para que as duas estimativas tivessem precisão comparável.[26] ■

É importante perceber que os índices de resposta a pesquisas podem variar muito de país para país. Em uma pesquisa por correio, realizada em 22 países, os índices de resposta variaram de um mínimo de 7,1%, em Hong Kong, a um máximo de 42,1%, na Dinamarca, sendo o índice geral de 20%. O estudo também analisou fatores que ajudassem a explicar as diferenças nos índices de resposta. Dentre os fatores observados, incluem-se diferenças culturais e distância geográfica dos Países Baixos, de onde a pesquisa foi remetida. Outros fatores foram vendas externas, volume de exportações, número de empregados, distância do poder e tamanho da empresa.[27]

Pesquisa de marketing e mídias sociais

Os problemas com amostragem *on-line* em geral e com amostragem em mídias sociais em particular foram analisados no Capítulo 11. É viável trabalhar com amostragens grandes, ou mesmo muito grandes, ao se conduzir pesquisas de marketing junto a mídias sociais. Isso se deve ao vasto tamanho de muitas comunidades em mídias sociais, tanto públicas quanto privadas, e ao custo marginal mínimo de ampliar a amostra. Por isso, em muitos projetos envolvendo mídias sociais, o tamanho da amostra pode exceder em muito o exigido para fins estatísticos. É importante ter em vista as questões de adequação e representatividade de mídias sociais examinadas no Capítulo 11. Isso feito, grandes amostras podem ser desejáveis, pois geram resultados mais confiáveis e permitem a análise estatística em âmbito desagregado ou de subgrupos, como no caso da Threadless.

Pesquisa real

A fina estampa da Threadless nas mídias sociais

A Threadless (www.threadless.com) é uma fabricante de vestuário sediada em Chicago, especializada em camisetas. A empresa foi fundada no ano 2000 mediante um investimento inicial de mil dólares, e desde então teve um crescimento vertiginoso, conquistando o título de "a pequena empresa mais inovadora dos Estados Unidos". O segredo de seu sucesso está na condução de contínuas pesquisas de marketing, recorrendo a uma comunidade de entusiastas nas mídias sociais que faz as vezes de um painel fixo para pesquisas. A cada semana, de cinco a 15 novas estampas são escolhidas dentre 2 a 3 mil candidatas propostas por membros da comunidade. As estampas mais votadas rendem US$2 mil cada a seus respectivos criadores, e logo entram em produção, ganhando vida em 500 a 1.500 camisetas da marca. No total, a comunidade (painel) é formada por mais de 2 milhões de membros, que recebem incentivos monetários e não monetários para manterem seu interesse e envolvimento ativo. O *site* da Threadless dá destaque aos vencedores semanais, e um clube formado por ex-ganhadores também expõe artes passadas. Os membros podem postar fotos de si mesmos vestindo produtos da marca e concorrem a descontos em futuras compras. Uma *newsletter* semanal é enviada a todos os membros da comunidade. A vasta quantidade de membros permite que a Threadless colete dados provenientes de grandes amostras, excedendo em muito os tamanhos amostrais exigidos para significância estatística, o que lhe proporciona um alto grau de confiabilidade em seus achados. Além disso, as vastas amostras possibilitam a análise de dados no âmbito de subgrupos divididos por características demográficas. Até o momento, o uso das mídias sociais para conduzir pesquisas de marketing junto a grandes amostras tem sido de imenso proveito para a empresa, e seus produtos costumam ter um sucesso certeiro em seus consumidores-alvo.[28]

Pesquisa de marketing em dispositivos móveis

Conforme mencionado no Capítulo 11, em pesquisa de marketing em dispositivos móveis (MMR), é viável dispor de amostras de um porte que excede as exigências estatísticas. Similar ao que ocorre em mídias sociais, o custo incremental de adicionar respondentes a um levantamento é apenas marginal. Além do mais, o tempo adicional necessário para trabalhar com amostras maiores do que estatisticamente o necessário é apenas marginal e muitas vezes materialmente insignificante. A Pollfish (www.pollfish.com), por exemplo, obteve 750 levantamentos completos de 10 perguntas dentro de 1 hora.

Todas as técnicas para elevar as taxas de resposta que foram examinadas neste capítulo podem ser implementadas no contexto de dispositivos móveis. Além disso, outros incentivos podem ser oferecidos. Como muitas vezes os levantamentos são administrados em um aplicativo (ver Capítulos 6 e 11), expurgar o aplicativo de propagandas pode ser um bom incentivo. Usuários de dispositivos móveis podem receber a opção de completarem um breve levantamento e em troca receberem um ambiente sem publicidades. Outros incentivos incluem moedas *on-line* (ouro, medalhas, créditos, poderes extras, etc.) ou qualquer forma de conteúdo especial a serem distribuídos aos respondentes depois que completarem o levantamento. O objetivo é apresentar incentivos de uma maneira mais interativa, conferindo aos respondentes total poder sobre sua aceitação ou não, mantendo assim um equilíbrio entre o engajamento desejado e a experiência de usuário.

As pesquisas em dispositivos móveis podem ser mais caras dos que as pesquisas via telefones fixos. Nos Estados Unidos, o custo de uma entrevista completada em telefone celular é duas vezes mais dispendioso do que uma entrevista por linha fixa. Há relatos de que na Austrália o custo de uma amostra nacionalmente representativa é 30% maior se conduzida a partir de um arcabouço amostral móvel do que de telefone fixo. A MMR pode exigir mais ligações telefônicas para alcançar a mesma quantidade de entrevistas completas, devido a fatores como triagem de telefonemas, recusas e taxas mais elevadas de desistência. Sendo assim, o tamanho inicial da amostra pode ser consideravelmente maior em MMR do que em telefones fixos a fim de se obter o mesmo tamanho final de amostra.[29]

Ética em pesquisa de marketing

Embora a determinação estatística do tamanho da amostra normalmente seja objetiva, ela é suscetível a preocupações de ordem ética. De acordo com a fórmula, o tamanho da amostra depende do desvio-padrão da variável, e não há como conhecer com precisão o desvio-padrão a não ser depois de coletados os dados. Usa-se uma estimativa do desvio-padrão para calcular o tamanho da amostra. Essa estimativa se baseia em dados secundários, no julgamento ou em um pequeno estudo-piloto. Inflacionando-se o desvio-padrão, é possível aumentar o tamanho da amostra e, consequentemente, a receita prevista para a empresa de pesquisas. Utilizando-se a fórmula do desvio-padrão, é possível ver que, com um aumento de 20% no desvio-padrão, por exemplo, obteremos um aumento no tamanho da amostra de 44%. É obviamente antiético inflacionar o desvio-padrão e, consequentemente, aumentar o tamanho da amostra simplesmente para reforçar a receita da empresa de pesquisa de marketing.

Os dilemas éticos podem surgir mesmo quando o desvio-padrão for estimado honestamente. Muitas vezes, o desvio-padrão no estudo é diferente do desvio-padrão estimado inicialmente. Quando o desvio-padrão for maior do que a estimativa inicial, o intervalo de confiança também será maior do que o desejado. Em tal situação, o pesquisador tem a responsabilidade de discutir o problema com o cliente e decidir conjuntamente quanto às ações a serem tomadas. As ramificações éticas decorrentes de não informar os intervalos de confiança de estimativas de pesquisa baseadas em amostras estatísticas são subestimadas em votações políticas.

Pesquisa real

Levantamentos eleitorais

A disseminação de alguns resultados de levantamentos foi fortemente criticada como manipulativa e antiética. Em particular, a ética de divulgar resultados de pesquisas eleitorais antes e durante eleições já foi questionada. Os opositores a tais levantamentos alegam que o público é induzido ao erro por esses resultados. Primeiro, antes da eleição, eleitores são influenciados pela projeção da pesquisa para quem sairá vitorioso. Se veem que seu candidato está em desvantagem, podem decidir se abster, na crença de que seu voto será inútil de qualquer forma. A tentativa de prever os resultados eleitorais enquanto a eleição está em andamento recebeu críticas ainda mais severas. Os opositores a essa prática consideram que isso predispõe os eleitores a votarem no vencedor projetado ou que pode desestimular os eleitores a irem às urnas. Mesmo com os locais de votação ainda abertos, muitos se absterão porque a mídia projetou que já há um vencedor. Além do mais, não apenas os efeitos dessas projeções são questionáveis como a própria precisão das projeções também é bastante questionável. Ainda que certas pesquisas afirmem que um candidato tem certo percentual de votos com uma margem de erro de 1%, o intervalo de confiança pode ser bem maior, dependendo do tamanho da amostra. A precisão e a ética de se divulgar resultados de pesquisas e projeções eleitorais atraíram os holofotes nas eleições presidenciais de 2016 nos Estados Unidos. Embora a vasta maioria das pesquisas previssem Hillary Clinton como a vencedora, Donald Trump ganhou a eleição.[30] ∎

Os pesquisadores têm também a responsabilidade ética de investigar a possibilidade de tendenciosidade de não resposta e de fazer um esforço razoável para ajustá-la. A metodologia adotada e o alcance da tendenciosidade de não resposta encontrada devem ser comunicados claramente.

Caso HP

Revise o caso da HP, Caso 1.1., e o questionário que consta no final do livro.

1. Pesquise na Internet e no banco de dados *on-line* de sua biblioteca informações sobre a proporção de domicílios que têm acesso à Internet nos Estados Unidos.

2. Em uma pesquisa da população em geral sobre uso da Internet, qual deveria ser o tamanho da amostra para um nível de confiança de 95% e um nível de precisão de 5%? Use a estimativa da proporção da população que você determinou no passo 1.

3. Como diretor de marketing da divisão de computadores pessoais e *notebooks* da HP, de quais informações você precisaria para formular estratégias de marketing para aumentar as vendas?

Resumo

As abordagens estatísticas para determinar o tamanho da amostra se baseiam em intervalos de confiança. Essas abordagens podem envolver a estimação da média ou da proporção. Ao estimar-se a média, a determinação do tamanho da amostra mediante a abordagem por intervalo de confiança exige a especificação do nível de precisão, do nível de confiança e do desvio-padrão populacional. No caso da proporção, devem ser especificados o nível de precisão, o nível de confiança e uma estimativa da proporção populacional. O tamanho da amostra determinado estatisticamente representa o tamanho da amostra final, ou líquido, que deve ser obtido. Para chegar a esse tamanho final da amostra, é necessário contatar um número muito maior de respondentes potenciais, a fim de levar em conta a redução na resposta devido às taxas de incidência e aos índices de finalização.

O erro de não resposta surge quando alguns dos respondentes incluídos na amostra deixam de responder. As principais causas dos baixos índices de resposta são as recusas e o fato de o respondente não estar em casa. Os índices de recusa podem ser reduzidos por meio de notificação prévia, motivação dos respondentes, incentivos, planejamento e aplicação adequados do questionário e acompanhamento posterior. A porcentagem dos que não estão em casa pode ser reduzida substancialmente por meio de novas visitas (retornos). O ajuste para a não resposta é feito por subamostragem dos não respondentes, reposição, substituição, estimativas subjetivas, análise de tendência, ponderação simples e imputação.

A estimativa estatística do tamanho da amostra é ainda mais complicada em pesquisa de marketing internacional, pois a variância populacional pode diferir de um país para outro. Em muitos projetos de pesquisa em mídias sociais e marketing em dispositivos móveis, devido ao grande tamanho de muitas das comunidades de pesquisa e ao baixo custo marginal de aumentar o tamanho da amostra, o tamanho da amostra pode exceder em muito o exigido pelas considerações estatísticas. Alguns incentivos exclusivos podem ser oferecidos em pesquisas de marketing em dispositivos móveis para aumentar a taxa de resposta. A estimativa preliminar da variância populacional para determinar o tamanho da amostra também tem ramificações éticas.

Palavras-chave e conceitos fundamentais

parâmetro, 320
estatística, 320
correção para população finita (cpf), 320
nível de precisão, 320
intervalo de confiança, 320
nível de confiança, 320

distribuição amostral, 320
inferência estatística, 321
distribuição normal, 321
erro padrão, 321
valor z, 322
taxa de incidência, 327

índice de finalização, 328
substituição, 331
análise de tendência, 332
ponderação, 333
imputação, 333

Casos relacionados

Os casos listados a seguir são discutidos no final do livro.

1.1 HP Inc.

2.1 Baskin-Robbins **2.2** Akron Children's Hospital

4.1 JPMorgan Chase **4.2** Wendy's

Os casos listados a seguir estão distribuídos ao longo do livro, no final dos capítulos de 1 a 13.

12.1 Subaru **13.1** Intel

Pesquisa ao vivo: realização de um projeto de pesquisa de marketing

1. Discuta as considerações qualitativas e estatísticas envolvidas na determinação do tamanho da amostra.
2. Ilustre a abordagem de intervalo de confiança (média ou proporção) para calcular o tamanho da amostra do projeto, embora ele possa ser determinado com base em considerações qualitativas.
3. Discuta as taxas de incidência e finalização esperadas e o tamanho inicial da amostra.

Exercícios

Perguntas

1. Defina distribuição amostral.
2. O que é o erro padrão da média?
3. Defina correção de população finita.
4. Defina intervalo de confiança.
5. Qual é o procedimento para construir um intervalo de confiança em torno da média?
6. Descreva a diferença entre precisão absoluta e precisão relativa ao estimar uma média populacional.
7. Qual é a diferença entre grau de confiança e grau de precisão?
8. Descreva o procedimento que determina o tamanho da amostra necessário para estimar uma média populacional, dados o grau de precisão e o grau de confiança e uma variância populacional conhecida. Depois de selecionada a amostra, como é gerado o intervalo de confiança?
9. Descreva o processo que determina o tamanho da amostra necessário para estimar uma média populacional, dados o grau de precisão e o grau de confiança, mas com variância populacional desconhecida. Depois de selecionada a amostra, como é gerado o intervalo de confiança?
10. Como o tamanho da amostra é afetado quando se duplica a precisão absoluta com que se estima uma média populacional?
11. Como o tamanho da amostra é afetado quando se aumenta de 95% para 99% o grau de confiança com que se estima uma média populacional?
12. Defina precisão absoluta e precisão relativa quando estimamos uma proporção populacional.
13. Descreva o processo que determina o tamanho da amostra necessário para estimar uma proporção populacional, dados o grau de precisão e o grau de confiança. Após selecionada a amostra, como é gerado o intervalo de confiança?
14. Como o pesquisador pode garantir que o intervalo de confiança gerado não será maior do que o intervalo desejado, ao estimar uma proporção populacional?
15. Quando vários parâmetros estão sendo estimados, qual é o procedimento para determinar o tamanho da amostra?
16. Defina taxa de incidência e índice de finalização. Como eles afetam a determinação do tamanho final da amostra?
17. De que estratégias dispomos para ajustar a não resposta?
18. Discuta os prós e contras de usar amostras grandes em pesquisas de mídia social.
19. Que tipo de incentivos podem ser oferecidos na pesquisa de marketing em dispositivos móveis para aumentar a taxa de resposta?

Problemas

1. Com o auxílio da Tabela 2 do Apêndice de Tabelas Estatísticas, calcule a probabilidade de:
   a. z ser menor do que 1,48.
   b. z ser maior do que 1,90.
   c. z estar entre 1,48 e 1,90.
   d. z estar entre $-1,48$ e 1,90.
2. Qual é o valor de z se:
   a. 60% de todos os valores de z forem maiores?
   b. 10% de todos os valores de z forem maiores?
   c. 68,26% de todos os valores possíveis de z (dispostos simetricamente em torno da média) devem estar nesse intervalo?
3. A gerência de um restaurante local pretende determinar o gasto mensal médio das famílias em restaurantes de luxo. Algumas famílias do mercado-alvo nada gastam, enquanto outras gastam até US$ 300 por mês. A gerência pretende ter 95% de confiança nos resultados e não quer que o erro exceda mais ou menos US$ 5.

a. Qual tamanho amostral deve ser usado para determinar a despesa média mensal por família?
b. Depois de feita a pesquisa, obteve-se uma despesa média de US$ 90,30, com desvio-padrão de US$ 45. Construa um intervalo de confiança de 95%. Que se pode dizer quanto ao nível de precisão?

4. Para determinar a eficácia da campanha de propaganda para um novo aparelho de DVD portátil, a gerência está interessada em saber qual porcentagem das residências está ciente da nova marca. A agência de propaganda acha que essa cifra chega aos 70%. A gerência deseja um intervalo de confiança de 95% e uma margem de erro não superior a mais ou menos 2%.
   a. Qual deve ser o tamanho da amostra para esse estudo?
   b. Suponha que a gerência deseje 99% de confiança, mas esteja disposta a tolerar um erro de mais ou menos 3%. Como o tamanho da amostra seria modificado?

5. Supondo $n = 100$, $N = 1.000$ e $\sigma = 5$, calcule o erro padrão da média com e sem o fator de correção para população finita.

Exercícios para Internet e computador

1. Utilizando uma planilha eletrônica (p. ex., EXCEL), programe as fórmulas para determinar o tamanho da amostra de acordo com as diversas abordagens. (Isso é muito simples de fazer.)
2. Resolva os problemas de 1 a 4 utilizando os programas que você elaborou.
3. Visite o *site* da organização Gallup (www.gallup.com). Identifique algumas das pesquisas recentemente realizadas por essa organização. Quais foram os tamanhos das amostras e como eles foram determinados nessas pesquisas?

Atividades

Dramatização

1. Você trabalha no departamento de pesquisa de marketing da Burger King, que desenvolveu um novo processo de cozimento que dá aos hambúrgueres um melhor sabor. Entretanto, antes de introduzir o novo hambúrguer no mercado, devem ser realizados testes de degustação. Como deve ser determinado o tamanho da amostra para esses testes? Que abordagem você recomendaria? Justifique suas recomendações frente a um grupo de alunos que representam a gerência da Burger King.
2. Uma grande empresa de eletrodomésticos gostaria de identificar a quantia média gasta por domicílio na refrigeração da casa durante o verão. A gerência acredita que deve ser realizado um levantamento. Você é indicado como consultor. Que procedimentos você recomendaria para determinar o tamanho da amostra? Faça uma apresentação sobre esse projeto para três alunos que representam o diretor do Departamento de Operações, o diretor do Departamento Financeiro e o diretor do Departamento de Marketing para esse eletrodoméstico.

Trabalho de campo

1. Visite uma empresa de pesquisa de marketing local. Descubra como os tamanhos da amostra foram determinados em algumas pesquisas ou experiências recentes. Escreva um relatório sobre o que você descobriu.

Discussão em grupo

1. "Considerações quantitativas são mais importantes que considerações qualitativas ao determinar o tamanho da amostra." Discuta essa afirmação em um pequeno grupo.
2. Discuta as vantagens e desvantagens relativas da abordagem do intervalo de confiança.

Apêndice 12A

A distribuição normal

Neste apêndice, apresentamos uma breve revisão sobre a distribuição normal e a utilização da tabela de distribuição normal. A distribuição normal é usada para calcular o tamanho da amostra e serve de base para a inferência estatística clássica. Muitos fenômenos contínuos seguem a distribuição normal ou podem ser aproximados por ela. A distribuição normal pode, igualmente, ser usada para aproximar muitas distribuições discretas de probabilidade.[1]

A distribuição normal tem algumas propriedades teóricas importantes. Ela tem forma de sino e aparência simétrica. Suas medidas de tendência central (média, mediana e moda) são todas idênticas. Sua variável aleatória associada tem intervalo infinito ($-\infty < x < +\infty$).

A distribuição normal é definida pela média populacional μ e pelo desvio-padrão populacional σ. Como existe um número infinito de combinações de μ e σ, existe um número infinito de distribuições

---

[1] Mark L. Berenson, David M. Levine and Kathryn A. Szabat, *Basic Business Statistics: Concepts and Applications*, 13th ed. (Englewood Cliffs, NJ: Prentice Hall, 2015).

normais, o que exigiria um número infinito de tabelas. Entretanto, padronizando os dados, precisamos apenas de uma tabela, como a Tabela 2 dada no Apêndice de Tabelas Estatísticas. Qualquer variável aleatória X pode ser transformada na variável normal padronizada z pela fórmula:

$$z = \frac{X - \mu}{\sigma}$$

Observe que a variável aleatória z é sempre distribuída normalmente com média 0 e desvio-padrão 1. As tabelas de probabilidade normal são usadas em geral para duas finalidades: (1) determinar probabilidades correspondentes a valores conhecidos de X ou z e (2) determinar valores de X ou z correspondentes a probabilidades conhecidas. Discutiremos cada um desses casos.

Determinação de probabilidades correspondentes a valores conhecidos

Suponhamos que a Figura 12A.1 represente a distribuição do número de contratos de serviços de engenharia recebidos anualmente por uma empresa de engenharia. Como os dados abrangem toda a história da empresa, a Figura 12A.1 representa a população. Portanto, as probabilidades ou proporção da área sob a curva devem ter por soma 1,0. O vice-presidente de marketing deseja determinar a probabilidade de que o número de contratos a serem recebidos no próximo ano esteja entre 50 e 55. A resposta pode ser obtida com auxílio da Tabela 2 do Apêndice de Tabelas Estatísticas.

A Tabela 2 dá a probabilidade, ou a área sob a curva normal padronizada, da média (zero) até o valor padronizado de interesse, z. Só figuram na tabela valores positivos de z. Para uma distribuição simétrica com média zero, a área da média a $+z$ (isto é, z desvios-padrão acima da média) é idêntica à área da média a $-z$ (z desvios-padrão abaixo da média).

Observe que a diferença entre 50 e 55 corresponde a um valor z de 1,00. Para usar a Tabela 2, todos os valores de z devem ser tomados com duas casas decimais. Para ler a probabilidade, ou área sob a curva, da média a $z = +1,00$, percorra a coluna z da Tabela 2 até localizar o valor z que interessa (em décimos). Neste caso, pare na linha $z = 1,00$. Percorra então essa linha até interceptar a coluna contendo os centésimos do valor de z. Assim, na Tabela 2, a probabilidade tabelada para $z = 1,00$ corresponde à interseção da linha $z = 1,0$ com a coluna $z = 0,00$. Essa probabilidade é 0,3413. Conforme mostra a Figura 12A.1, há uma probabilidade de 0,3413 de que o número de contratos a serem recebidos pela empresa no próximo ano esteja entre 50 e 55. Pode-se concluir também que a probabilidade de o número de contratos no próximo ano estar entre 45 e 55 é de 0,6826 (2 × 0,3413).

É possível generalizar esse resultado para mostrar que, para qualquer distribuição normal, há uma probabilidade de 0,6826 de que um item selecionado aleatoriamente esteja dentro de ±1 desvio-padrão acima ou abaixo da média. Além disso, pode-se verificar, pela Tabela 2, que há uma probabilidade de 0,9544 de que qualquer observação distribuída normalmente e selecionada aleatoriamente esteja dentro de ±2 desvios-padrão acima ou abaixo da média, e uma probabilidade de 0,9973 de a observação estar dentro de ±3 desvios-padrão acima ou abaixo da média.

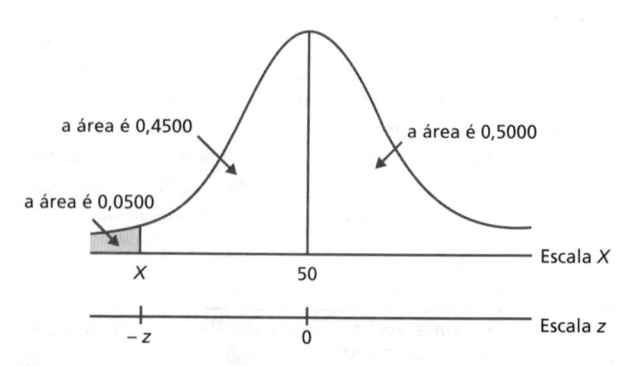

Determinação de valores correspondentes a probabilidades conhecidas

Suponhamos que o vice-presidente de marketing queira determinar quantos contratos devem entrar, de modo que 5% dos contratos para o ano tenham entrado. Se 5% dos contratos entraram, 95% ainda devem entrar. Conforme mostra a Figura 12A.2, esses 95% podem ser decompostos em duas partes – contratos acima da média (isto é, 50%) e contratos entre a média e o valor z desejado (isto é, 45%). O valor desejado de z pode ser determinado pela Tabela 2, porque a área sob a curva normal da média padronizada, 0, até esse valor z deve ser 0,4500. Pela Tabela 2, procuramos a área ou probabilidade 0,4500. O valor mais próximo é 0,4495, ou 0,4505. Para 0,4495, vemos que o valor z correspondente à linha z (1,6) e coluna z (0,04) é 1,64. No entanto, o valor de z deve ser tomado como negativo (isto é, $z = -1,64$) porque está abaixo da média padronizada de 0. Por analogia, o valor de z correspondente à área de 0,4505 é $-1,65$. Como 0,4500 está a meio caminho entre 0,4495 e 0,4505, o valor apropriado de z pode estar a meio caminho entre os dois valores de z, sendo estimado como $-1,645$. Pode-se então calcular o valor X correspondente com base na fórmula de padronização:

$$X = \mu + z\sigma$$

ou

$$X = 50 + (-1,645)5 = 41,775$$

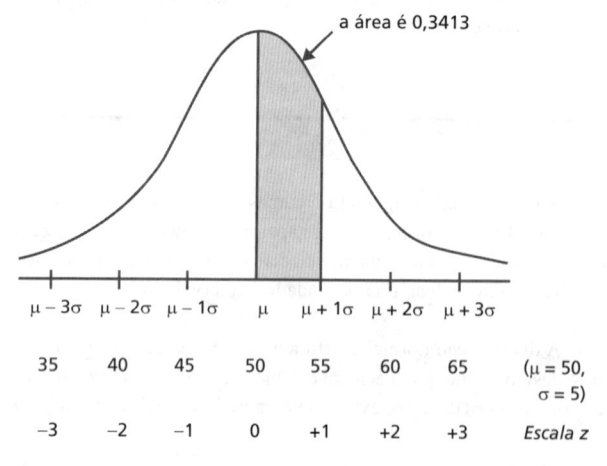

Área entre μ e $\mu + 1\sigma$ = 0,3413
Área entre μ e $\mu + 2\sigma$ = 0,4772
Área entre μ e $\mu + 3\sigma$ = 0,4986

FIGURA 12A.1 Determinação de probabilidades correspondentes a valores conhecidos.

FIGURA 12A.2 Determinação de valores correspondentes a probabilidades conhecidas.

Suponhamos agora que o vice-presidente queira determinar o intervalo em que devam estar 95% dos contratos do próximo ano. Como se pode ver pela Figura 12A.3, os valores correspondentes de z são ±1,96. Isso corresponde aos valores X de 50 ± (1,96)5, ou 40,2 e 59,8. Esse intervalo representa o intervalo de 95% de confiança.

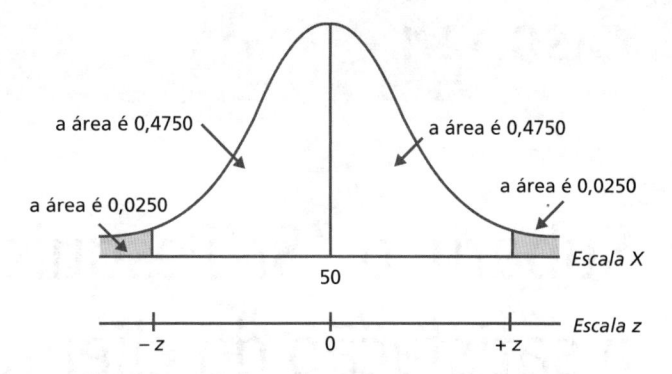

FIGURA 12A.3 Determinação de valores correspondentes a probabilidades conhecidas: intervalo de confiança.

CASO 12.1

Subaru: o "Sr. Pesquisa" monitora a satisfação do cliente

A Subaru da América (www.subaru.com) é a divisão automotiva da Fuji Heavy Industries (FHI). A Subaru está operando nos Estados Unidos desde 1968, quando começou a vender o 360 Minicar. Sediada em Cherry Hill, Nova Jersey, a empresa atende a cerca de 600 revendedores em todo o país. A Subaru tem oferecido diversos carros ao longo dos anos, mas em 2017 vendia sete marcas diferentes nos Estados Unidos: BRZ, WRX, Outback, Forester, Crosstrek e Impreza. Cada uma delas conta com uma série de modelos. Um dos aspectos singulares da Subaru é que 100% de seus modelos vêm com tração em todas as rodas.

A estratégia da Subaru é evidenciada por um de seus principais executivos, Joe Barstys. Joe está na Subaru há mais de 20 anos e passa o tempo todo pensando na satisfação do cliente. Joe e pessoas como ele são a espinha dorsal da Subaru, pois ajudam a empresa a focar seus clientes, seus desejos e necessidades ao realizar pesquisa de marketing. Joe incorporou o uso de pesquisas de clientes em sua prática e por isso recebeu o título "Sr. Pesquisa". A meta de Joe é desenvolver um nível de satisfação que contribua para a construção de certo nível de lealdade nos clientes da Subaru. Essa lealdade é extremamente importante no negócio de automóveis, no qual historicamente tem sido muito menor do que em outros setores. A pesquisa de marketing mostra que, embora aproximadamente 90% dos clientes estejam satisfeitos com sua compra de automóvel, somente 40% são leais o suficiente para comprar a mesma marca novamente.

Os levantamentos são uma ferramenta valiosa para a Subaru em sua busca pela lealdade do cliente. A empresa envia pelo correio uma pesquisa para cada cliente 30 a 45 dias depois da compra para avaliar suas impressões do veículo recém-comprado, obter informações sobre a natureza da interação com o revendedor e conhecer outros elementos do processo de compra. Depois do contato inicial, seguem outros levantamentos ao longo do "tempo de vida" do cliente (ou seja, o período em que ele é dono do carro – seis a sete anos em média). Os últimos levantamentos avaliam a satisfação de longo prazo com o veículo e com a revenda. Os levantamentos por correio têm o alto índice de 50% de resposta. Até 2017, cerca de 500 mil levantamentos foram enviados por ano. Levantamentos adicionais são realizados pela Internet. As questões incluem: como foi sua experiência com a assistência? Como a Subaru se compara com outros provedores de assistência que você visitou? O que você achou da experiência de compra? Qual foi seu nível de satisfação? Como eram os vendedores? Essas perguntas ajudam a determinar como os clientes veem sua experiência na Subaru e que passos a empresa deve dar para melhorar essa experiência ainda mais.

Esses levantamentos oferecem informações importantes para a Subaru, permitindo-lhe ajustar sua abordagem com base nas demandas dos clientes. Um exemplo da importância dos ajustes pode ser encontrado no caso das consumidoras. Por meio dos levantamentos, a Subaru descobriu que precisava ajustar seu marketing para incluir as mulheres consumidoras, que estão se tornando parte cada vez maior do mercado. Era importante que a Subaru compreendesse que tipos de coisas atrairiam as mulheres a fim de lhes oferecer um produto mais desejável.

Outro benefício da pesquisa de marketing e dos levantamentos é possibilitar que a Subaru identifique os tipos de pessoas que têm maior probabilidade de comprar seus automóveis. A empresa acredita que o típico proprietário de um veículo Subaru é diferente do consumidor médio. Seu consumidor é altamente inteligente, muito independente e se destaca dentre as outras pessoas. Por isso, a Subaru tenta comercializar automóveis para esses tipos de pessoas e distinguir-se dos concorrentes maiores e tradicionais. Os resultados da afinidade com a empresa são evidentes, pois os clientes se sentem motivados a enviar fotos de seus carros para a Subaru.

Joe considera que sua fundamentação em filosofia e teologia (ele tem bacharelado em filosofia e mestrado em teologia) tenha contribuído para o papel de Sr. Pesquisa que ele desempenha na Subaru. Joe explica que seu histórico em filosofia e teologia lhe permite observar a experiência humana com um produto. Um problema do cliente poderia ser uma disfunção no carro, um conflito com o revendedor ou sua própria ignorância sobre o funcionamento do automóvel. Tudo isso, essencialmente, tem a ver com a experiência humana, portanto não importa se Joe trabalha no setor automotivo ou em qualquer outro, ele, de fato, está lidando com a experiência humana. Essa experiência humana é apenas um aspecto que ele aprecia em seu trabalho, porque ele adora estar com pessoas e descobrir o que as atrai. Outro aspecto de que ele realmente gosta é sua grande responsabilidade e autoridade para a tomada de decisão, tendo como meta manter a lealdade do cliente – o que ele consegue todos os anos.

A meta da empresa é o crescimento contínuo até 2025, e ela espera atingi-la com a ajuda da pesquisa de marketing. A empresa acredita que ouvir os clientes e adaptar suas práticas para atender às suas necessidades dará aos clientes um nível maior de satisfação e essencialmente levará a um maior nível de lealdade. A equipe de pesquisa de marketing da Subaru, assim como o "Sr. Pesquisa", será fundamental nesse empreendimento.

Conclusão

O caso apresenta um panorama interessante do papel de Joe Barstys na Subaru e da importância e utilidade dos levantamentos na construção da lealdade do cliente. Os levantamentos ajudam a Subaru a obter um retorno contínuo sobre os principais parâmetros que moldam a experiência do cliente, resultando em alta lealdade à marca. Em suma, a pesquisa de marketing ajuda a Subaru a compreender melhor seus clientes e, assim, também abordar melhor suas necessidades e expectativas.

Questões

1. Discuta o papel que a pesquisa de marketing pode desempenhar para auxiliar a Subaru a compreender por que seus clientes são dedicados à marca.
2. A fim de continuar a crescer, a Subaru deve promover e construir a lealdade do cliente. Defina o problema de decisão gerencial.
3. Defina um problema de pesquisa de marketing adequado com base no problema de decisão gerencial que você identificou.
4. Qual tipo de concepção de pesquisa deveria ser adotado para investigar o problema de pesquisa de marketing que você identificou?
5. De que modo a Subaru pode utilizar os dados do Censo? Quais são as limitações desses dados? Como essas limitações podem ser superadas?
6. Quais tipos de dados disponíveis de empresas de pesquisa de marketing por assinatura serão úteis para a Subaru?
7. Discuta o papel da pesquisa qualitativa para compreender a preferência dos consumidores por uma determinada marca de automóveis. Que técnica(s) de pesquisa qualitativa deveria(m) ser usada(s) e por quê?
8. Se tivesse que ser realizado um levantamento para entender as preferências do consumidor por diferentes marcas de carros, que método de levantamento deveria ser usado e por quê?
9. A Subaru pode utilizar pesquisa causal? Em caso afirmativo, por quê?
10. Elabore escalas ordinal, intervalar e de razão para mensurar as preferências do consumidor por diferentes marcas de automóveis.
11. Elabore escalas Likert, de diferencial semântico e Stapel para mensurar as preferências do consumidor por diferentes marcas de automóveis.
12. Elabore um questionário para medir a avaliação dos consumidores das marcas da Subaru.
13. Desenvolva um plano de amostragem para o levantamento da questão 8.
14. Como o tamanho da amostra deveria ser determinado?
15. Se a Subaru tivesse que realizar uma pesquisa de marketing para identificar a disposição do consumidor de comprar marcas de automóveis na Alemanha, em que o processo de pesquisa seria diferente?
16. Discuta as questões éticas envolvidas na pesquisa da disposição do consumidor de comprar marcas de automóveis.

Referências

1. http://www.subaru.com, accessed on February 24, 2017.
2. https://en.wikipedia.org/wiki/Subaru, accessed on February 24, 2017.

PARTE III

COLETA, PREPARAÇÃO E ANÁLISE DE DADOS E RELATÓRIO

Esta parte apresenta uma discussão prática do trabalho de campo orientado para a administração, a quarta etapa no processo de pesquisa de marketing. Sugerimos várias orientações para selecionar, treinar, supervisionar, validar e avaliar os profissionais de campo. Completado o trabalho de campo, o pesquisador passa ao preparo e à análise dos dados, a quinta etapa do processo de pesquisa de marketing. Nela, enfatizamos a importância do preparo dos dados e discutimos o processo de sua preparação, de modo a torná-los adequados para a análise. Descrevemos, a seguir, as várias técnicas de análise de dados. Abordamos não apenas as técnicas básicas de distribuição de frequência, tabulação cruzada e testes de hipóteses, como também as técnicas multivariadas usuais de análise da variância e regressão. Passamos, finalmente, às técnicas mais avançadas: análise discriminante, *logit*, análise fatorial e análise de *clusters*, assim como escalonamento multidimensional, análise conjunta, modelagem de equações estruturais e análise de caminhos. Na abordagem de cada técnica estatística, enfatizamos a explicação do processo, a interpretação dos resultados e as implicações de ordem gerencial, deixando a "elegância" estatística em segundo plano. Diversos casos baseados em dados estatísticos proporcionam uma oportunidade para colocar em prática essas técnicas.

A comunicação da pesquisa por meio da preparação e da apresentação de um relatório formal constitui a sexta etapa em um projeto de pesquisa de marketing. Com uma orientação prática, oferecemos diretrizes para escrever relatórios e preparar tabelas e gráficos, discutindo também a apresentação oral do relatório.

Capítulo 13 Trabalho de Campo 344

Capítulo 14 Preparação de Dados 359

Capítulo 15 Distribuição de Frequência, Tabulação Cruzada e Teste de Hipóteses 386

Capítulo 16 Análise de Variância e de Covariância 426

Capítulo 17 Correlação e Regressão 450

Capítulo 18 Análise Discriminante e Análise Logit 480

Capítulo 19 Análise Fatorial 508

Capítulo 20 Análise de *Cluster* 531

Capítulo 21 Escalonamento Multidimensional e Análise Conjunta 555

Capítulo 22 Modelagem de Equações Estruturais e Análise de Caminho 583

Capítulo 23 Preparação e Apresentação de Relatórios 613

Caso com dados reais 637

Casos abrangentes para reflexão crítica 642

Casos de análise de dados com dados reais 648

Casos abrangentes com dados reais 671

CAPÍTULO 13

Trabalho de Campo

> *A seleção, o treinamento, a supervisão e a avaliação dos pesquisadores de campo são fundamentais para o sucesso de qualquer projeto de pesquisa de marketing que exija coleta de dados. No novo mundo digital, nossa equipe também deve se sentir à vontade com o uso da tecnologia na coleta de dados.*

Preeti Reddy, CEO South Asia, Kantar Insights

Objetivos

Após a leitura deste capítulo, o aluno conseguirá:

1. Descrever o processo de trabalho de campo e explicar a seleção, o treinamento e a supervisão de entrevistadores, a validação do trabalho de campo e a avaliação de pesquisadores de campo.
2. Discutir o treinamento de pesquisadores de campo para fazer o contato inicial, formular perguntas, fazer sondagens, registrar as respostas e encerrar a entrevista.
3. Discutir a supervisão dos pesquisadores de campo em termos de controle de qualidade e edição, controle de amostragem, controle de fraudes e controle do escritório central.
4. Descrever a avaliação dos entrevistadores quanto a custo e tempo, índices de resposta, qualidade da entrevista e qualidade dos dados.
5. Explicar os problemas relativos ao trabalho de campo na realização de pesquisa de marketing internacional.
6. Ilustrar o trabalho de campo em relação às mídias sociais.
7. Examinar o trabalho de campo em pesquisa de marketing em dispositivos móveis.
8. Discutir os aspectos éticos do trabalho de campo.

Aspectos gerais

O trabalho de campo, a quarta etapa no processo de pesquisa de marketing (Capítulo 1), vem após a definição do problema, o desenvolvimento de uma abordagem (Capítulo 2) e a formulação da concepção de pesquisa (Capítulos 3 a 12). Durante esta fase, os pesquisadores entram em contato com os entrevistados, utilizam os questionários ou formulários de observação, registram os dados e entregam os formulários preenchidos para processamento. Um entrevistador que aplica pessoalmente questionários de porta em porta ou interroga consumidores em um centro comercial, um entrevistador que realiza pesquisas por telefone, um funcionário que realiza a postagem ou o envio de convites por *e-mail* ou por mensagem de texto de questionários de um escritório, um observador que faz a contagem de clientes em uma determinada seção de um estabelecimento e outros envolvidos com a coleta de dados e a supervisão do processo – todos eles são pesquisadores de campo.

Neste capítulo descrevemos a natureza e o processo geral do trabalho de campo/coleta de dados. O processo envolve a seleção, o treinamento e a supervisão dos pesquisadores, a validação do trabalho de campo e a avaliação dos pesquisadores. Abordamos de forma sucinta o trabalho de campo no contexto da pesquisa de marketing internacional em mídias sociais e marketing em dispositivos móveis e identificamos os problemas éticos relevantes.

Pesquisa real

Recusando recusas

O Conselho de Pesquisa de Marketing e de Opinião (CMOR), agora parte da Insights Association (www.insightsassociation.org), conduziu um levantamento da CMOR que entrevistou mais de 3.700 consumidores dos Estados Unidos. Aproximadamente 45% disseram que tinham se recusado a participar de um levantamento no ano anterior. Várias diretrizes oferecidas pela associação para reduzir o índice de recusas estão relacionadas com o trabalho de campo:

- Os programas de treinamento de entrevistadores devem ser administrados de forma cotidiana para que os pesquisadores de campo realizem um trabalho eficaz.
- Deve-se levar em conta a cortesia na escolha do horário para procurar os entrevistados. Recomendam-se os horários entre 9h e 21h.
- Se os entrevistados em um centro comercial indicarem que o momento não é adequado, deve-se marcar um horário posterior para fazer a entrevista.
- O assunto deve ser informado aos entrevistados se isso puder ser feito sem enviesar os dados. Quanto mais informações as pessoas receberem, menos razão terão para se sentirem desconfiadas.
- Os entrevistadores devem tornar as entrevistas tão agradáveis e atraentes quanto possível.[1] ■

Pesquisa real

Crie seu próprio levantamento *on-line*

A CreateSurvey (www.createsurvey.com) é uma empresa *on-line* internacional que possibilita que as pessoas criem e apliquem levantamentos *on-line* para quem elas quiserem. Ela distribui o levantamento, monitora a participação e os participantes e depois coleta e analisa os dados, tudo de graça. Seu patrocínio advém da propaganda na Web na forma de *banners* que aparecem no *site* e nos questionários, de modo que os respondentes, bem como os criadores de levantamentos, vejam os anúncios. Se um indivíduo não quiser ver os *banners* na página, estes podem ser removidos, mas então é cobrada uma taxa do criador para manutenção do serviço. A CreateSurvey não fornece respondentes. Isso é feito pelos usuários conforme seu discernimento. Por exemplo, eles podem criar uma página na Web e ter o levantamento como um *link* da página ou enviar um *e-mail* com o *link* pedindo que as pessoas participem da pesquisa. A CreateSurvey oferece um valioso serviço para criação e aplicação de levantamentos *on-line* que tem sido usado por indivíduos, empresas, universidades e até mesmo por organizações de pesquisa de marketing. ■

A natureza do trabalho de campo

Os dados de uma pesquisa de marketing raramente são coletados pelas pessoas que planejam a pesquisa. Os pesquisadores têm duas opções principais para a coleta dos dados: podem desenvolver suas próprias maneiras de organizar a coleta de dados ou contratar uma agência de pesquisas de campo. Em qualquer um desses casos, a coleta de dados exige a utilização de algum tipo de equipe. A equipe pode atuar diretamente no campo (pessoalmente de casa em casa, entrevistas em *shoppings,* entrevista pessoal assistida por computador e observação) ou a partir de um escritório (pesquisas telefônicas, por correio, *e-mail*, Internet e dispositivos móveis). Geralmente, as pessoas que coletam os dados têm um conhecimento escasso e pouca experiência em pesquisa ou pouco treinamento. As preocupações de ordem ética estão especialmente ligadas ao trabalho de campo. Embora sejam amplas as oportunidades para a quebra dos padrões éticos, os clientes não precisam se preocupar demais com isso quando estiverem lidando com agências idôneas de pesquisa de campo. O M/A/R/C Group, (www.marcgroup.com) é um defensor convicto da qualidade do trabalho de campo. Sua avaliação da qualidade do trabalho de campo na indústria de pesquisa de marketing está assegurada. A empresa de pesquisa tem o prazer de ajudar a derrubar o mito e mostrar que, ao contrário do que muitas pessoas acreditam, a coleta de dados não é caracterizada por um bando de pessoas tentando quebrar as regras, enganar e trapacear nas entrevistas.[2] Na verdade, o trabalho de campo é tipicamente de alta qualidade porque o processo de trabalho de campo/coleta de dados é simplificado e bem controlado.

Processo de trabalho de campo/coleta de dados

Todo trabalho de campo envolve a seleção, o treinamento e a supervisão das pessoas que coletam os dados.[3] A validação do trabalho de campo e a avaliação dos entrevistadores também fazem parte do processo. A Figura 13.1 representa uma estrutura geral do processo envolvido no trabalho de campo/coleta de dados. Ao descrever um processo geral, precisamos reconhecer que a natureza do trabalho de campo varia com o modo de coleta dos dados, e a ênfase relativa aos diversos estágios será diferente ao trabalhar com entrevistas telefônicas, pessoais, eletrônicas, dispositivos móveis ou pelo correio.

Seleção dos entrevistadores

O primeiro passo no processo do trabalho de campo é a seleção dos entrevistadores. O pesquisador deve (1) elaborar os requisitos dos postos de trabalho para o projeto, levando em conta a forma de coleta dos dados, (2) decidir quais características os entrevistadores devem ter e (3) recrutar indivíduos qualificados. As características dos entrevistadores, sua experiência, suas opiniões, percepções, expectativas e atitudes podem influir nas respostas que vão conseguir.[4]

Por exemplo, o grau de aceitação social de um entrevistador pelo entrevistado pode influir na qualidade dos dados obtidos, especialmente em entrevistas pessoais. Os pesquisadores concordam, de maneira geral, que, quanto mais características o pesquisador e o entrevistado tiverem em comum, maior será a probabilidade de uma entrevista bem-sucedida.

FIGURA 13.1 Processo de trabalho de campo/coleta de dados.

Pesquisa real

À procura de uma base comum

Em uma pesquisa relativa ao bem-estar emocional e à saúde mental, os entrevistadores mais velhos tiveram melhor cooperação dos entrevistados do que os entrevistadores mais jovens. Entretanto, o resultado pareceu ser independente dos anos de experiência. As diferenças em índices de não resposta também apareceram entre entrevistadores negros e brancos. Os entrevistadores negros tiveram índices mais elevados de não resposta com entrevistados brancos do que os entrevistadores brancos. Quanto mais tiverem em comum entrevistador e entrevistado, maior será a cooperação e melhor será a qualidade dos dados.[5] ■

Assim, tanto quanto possível, os entrevistadores devem ser escolhidos de forma a se aproximar das características dos entrevistados. As necessidades do trabalho também variam conforme a natureza do problema e o tipo do método de coleta de dados. Entretanto, há algumas qualificações que devem ser comuns aos entrevistadores:

- *Saúde.* O trabalho de campo pode ser exaustivo, e os entrevistadores precisam ter a resistência necessária para o desempenho da função.
- *Sociabilidade.* O entrevistador deve conseguir estabelecer relações com os entrevistados e, de modo geral, relacionar-se com estranhos.
- *Comunicabilidade.* A capacidade de falar bem e de saber ouvir é, sem dúvida, um grande trunfo.
- *Aparência agradável.* Se a aparência física do entrevistador for desagradável ou estranha, os dados coletados podem ser tendenciosos.
- *Educação.* O entrevistador deve ler e escrever bem; a maioria das agências de entrevistadores exige ensino médio completo e muitas dão preferência a candidatos com nível superior.
- *Experiência.* Os entrevistadores com experiência tendem a ter um melhor desempenho no cumprimento de instruções, na cooperação dos entrevistados e na realização da entrevista.

Pesquisa real

Sua experiência conta

Uma pesquisa revelou os seguintes efeitos da experiência do entrevistador sobre o processo de entrevista.

- Entrevistadores inexperientes estão mais sujeitos a cometer erros de codificação, registrar equivocadamente as respostas e não conseguir efetuar sondagens.
- Entrevistadores inexperientes têm enorme dificuldade de preencher suas quotas de entrevistados.
- Entrevistadores novatos apresentam índices mais altos de recusas e aceitam também um maior número de "não sei" e de negativas nas respostas a questões mais específicas.[6] ■

De maneira geral, os entrevistadores são remunerados por hora de trabalho ou por entrevista. O entrevistador típico é uma mulher casada, de 35 a 54 anos de idade, com instrução acima da média e renda familiar igualmente superior à média.

Treinamento dos entrevistadores

O treinamento de entrevistadores é decisivo para a qualidade dos dados coletados. O treinamento pode ser feito pessoalmente em um lugar central ou, se os entrevistadores estiverem dispersos geograficamente, pelo correio, por videoconferência ou pela Internet. O treinamento assegura que todos os entrevistadores apresentem o questionário da mesma forma, garantindo assim uma coleta padronizada dos dados. O treinamento deve abranger o contato inicial, a formulação de perguntas, a sondagem, o registro de respostas e o encerramento da entrevista.[7]

Estabelecimento do contato inicial

O contato inicial pode resultar tanto em cooperação quanto na perda de entrevistados potenciais.[8] Os entrevistadores devem ser treinados para fazer observações iniciais capazes de convencer o entrevistado da importância de sua participação.

Projeto de pesquisa

Contato inicial

Bom dia, meu nome é _____. Represento o Departamento de marketing da Georgia Tech. Estamos fazendo uma pesquisa sobre as preferências por lojas de departamentos. Você faz parte de um grupo selecionado de respondentes que foram cientificamente escolhidos para participar deste levantamento. Valorizamos muito sua opinião e gostaríamos de lhe fazer algumas perguntas.[9] ■

Observe que o entrevistador não pediu especificamente a permissão do entrevistado. Evite perguntas que peçam permissão diretamente, como "posso tomar um pouco do seu tempo?" ou "você gostaria de responder a algumas perguntas?". Os entrevistadores também precisam ser instruídos sobre como enfrentar objeções e recusas. Por exemplo, se o entrevistado disser "o momento não é conveniente para mim", o entrevistador deve responder "qual seria a hora mais conveniente para o senhor? Voltarei depois." Para as técnicas "pé na porta" ou "porta na cara", discutidas no Capítulo 12, os entrevistadores têm que receber o treinamento adequado.

Fazendo as perguntas

Até uma pequena modificação no fraseado, na sequência ou na maneira como se formula uma pergunta pode distorcer seu significado e tornar a resposta tendenciosa. Perguntar é uma arte. O treinamento na realização de perguntas rende altos dividendos, eliminando fontes potenciais de tendenciosidade. A modificação do fraseado ou da ordem das perguntas durante a entrevista pode implicar uma diferença decisiva na resposta obtida. Embora possamos ser culpados por não elaborar um questionário tão perfeito quanto possível, ainda assim as perguntas devem ser feitas exatamente como foram escritas. É um desafio fazer com que os entrevistadores se tornem mais comunicativos; apesar disso, o pessoal de campo deve fazer as perguntas tais como estão escritas.[10] Eis algumas diretrizes para fazer perguntas:[11]

1. Familiarize-se bem com o questionário.
2. Faça as perguntas na ordem em que aparecem no questionário.
3. Utilize precisamente o fraseado constante no questionário.
4. Leia cada pergunta pausadamente.
5. Repita as perguntas que não forem bem entendidas.
6. Faça todas as perguntas cabíveis.
7. Siga as instruções, salte as perguntas indicadas, sonde cuidadosamente.

Sondagem

A **sondagem** objetiva motivar os entrevistados a ampliar, esclarecer ou explicar suas respostas, e ajuda os entrevistados a se aterem ao conteúdo específico da entrevista e a darem apenas as informações que realmente interessam. A sondagem não deve introduzir tendenciosidade. Eis algumas das técnicas usuais de sondagem:[12]

sondagem
Técnica motivacional usada ao fazer perguntas de pesquisa para induzir o entrevistado a ampliar, esclarecer ou explicar suas respostas e ajudá-lo a focalizar o conteúdo específico da entrevista.

1. *Repetir a pergunta.* A repetição da pergunta com as mesmas palavras pode contribuir para provocar uma resposta.
2. *Repetir a resposta do entrevistado.* O entrevistado pode ser estimulado a acrescentar comentários ao se repetir suas respostas, o que é feito à medida que o entrevistador as registra.
3. *Fazer uma pausa, ou sondagem silenciosa.* Uma sondagem silenciosa, uma pausa ou um olhar de expectativa pode levar o entrevistado a dar uma resposta mais completa. O silêncio, entretanto, não deve se tornar embaraçoso.
4. *Dar um impulso ao entrevistado.* Se o entrevistado hesita, o entrevistador deve incentivá-lo com comentários do tipo: "não há respostas certas nem respostas erradas. Estamos apenas procurando saber sua opinião". Se o entrevistado necessitar de explicação de uma palavra ou frase, o entrevistador não deve procurar dar uma interpretação. Ao contrário, a responsabilidade da interpretação cabe ao entrevistado – o que é possível obter com um comentário como "apenas o que isso signifique para você".
5. *Solicitar esclarecimentos.* A motivação do entrevistado para cooperar com o entrevistador e dar respostas completas pode ser suscitada com uma pergunta do tipo: "não sei se compreendi o que você quer dizer – poderia acrescentar algo?".
6. *Usar perguntas ou comentários objetivos/neutros.* Algumas perguntas ou comentários comuns usados como sondagem e suas abreviaturas correspondentes são: algum outro motivo? (AOM?), algo mais? (AM?), o que você quer dizer? (QD?) e por que você se sente assim? (PQ?).[13] O entrevistador deve registrar, entre parênteses, as abreviações no questionário, ao lado da pergunta formulada.

Registro das respostas

Embora o registro das respostas do entrevistado pareça simples, a existência de erros é muito comum.[14] Todos os entrevistadores deveriam utilizar o mesmo formato e as mesmas convenções para registrar as entrevistas e editá-las. As regras para registrar perguntas estruturadas variam de acordo com o questionário específico, mas a regra é fazer uma marca no quadrinho que reflete a resposta do entrevistado. Para questões não estruturadas, a regra é registrar as respostas literalmente.

O *Manual do Entrevistador* do Survey Research Center dá as seguintes orientações para o registro de respostas a perguntas não estruturadas.

1. Registrar as respostas durante a entrevista.
2. Utilizar as próprias palavras do entrevistado.
3. Não resumir nem parafrasear as respostas do entrevistado.
4. Incluir tudo o que diga respeito aos objetivos da pergunta.
5. Incluir todas as sondagens e comentários.
6. Repetir a resposta ao escrevê-la.

Encerrando a entrevista

A entrevista só deve ser encerrada depois de serem obtidas todas as informações. Qualquer comentário espontâneo do entrevistado após a realização das perguntas formais precisa ser registrado. O entrevistador tem que responder às perguntas do entrevistado sobre o projeto; o entrevistado deve ficar com uma impressão positiva da entrevista. É importante agradecer ao entrevistado e expressar satisfação.

Pesquisa real

O treinamento nos Centros de Controle de Doenças

O Centro de Controle e Prevenção de Doenças dos Estados Unidos (CDC) (www.cdc.gov) implementou o Sistema de Vigilância de Fatores Comportamentais de Risco (BRFSS – Behavioral Risk Factor Surveillance System). O BRFSS consiste na maior pesquisa telefônica contínua sobre saúde realizada no mundo, que coleta dados sobre comportamentos de risco e práticas de saúde preventiva a cada mês desde 1984. Os entrevistadores que foram treinados em seus respectivos estados aplicam questionários padronizados. O CDC recebe dados de saúde sobre hipertensão, colesterol alto e comportamentos como tabagismo ou alcoolismo a partir de estados individuais e publica um relatório todos os anos. Para aumentar a padronização no treinamento dos entrevistadores e na coleta de dados, o CDC implementou um sistema de entrevista telefônica assistida por computador (CATI).

O CDC compreende que seus entrevistadores são a única conexão entre os participantes e os pesquisadores que realizam a pesquisa. Portanto, o CDC exige que os estados gastem muito tempo e esforço no treinamento do pessoal de campo. No treinamento, é realizado um esforço para garantir que o entrevistador:

- compreenda a natureza e o conteúdo das perguntas;
- saiba como registrar as respostas, codificar questionários e editar as entrevistas;
- garanta a confidencialidade dos respondentes;
- garanta que os respondentes corretos sejam entrevistados;
- registre dados reais;
- execute o trabalho de forma clara e precisa;
- esteja preparado para lidar com situações problemáticas que possam surgir durante as entrevistas;
- seja persuasivo e minimize o número de domicílios selecionados e respondentes que se neguem a participar;
- faça da qualidade uma prioridade em todos os aspectos da entrevista;
- tenha um comportamento cortês e amigável;
- trabalhe para obter uma eficiência máxima sem sacrificar a qualidade.

Devido à natureza do BRFSS, os entrevistadores também precisam assinar um acordo de confidencialidade. Há respondentes que se preocupam com a confidencialidade das informações sobre sua saúde. Por isso, são tomadas medidas para eliminar qualquer possibilidade de identificação da pessoa específica que participou da pesquisa. Por exemplo, os últimos dois dígitos do número de telefone são apagados nos resultados finais da pesquisa. Os entrevistadores, por sua vez, são treinados para transmitir essa informação às pessoas que se preocupam com esse aspecto.

Há ainda outros procedimentos de treinamento úteis para obter respostas válidas e ser cortês com os participantes. Na lista ao pé da página, estão resumidas as dicas para a realização de entrevistas telefônicas usadas pelo CDC como parte de seu programa de treinamento. Esse treinamento extensivo é vital para disponibilizar as informações precisas que o CDC utiliza para sua análise de dados relevantes sobre comportamentos de risco e práticas de saúde preventiva. Os dados são usados de inúmeras formas pelos Estados e instituições de saúde para planejar, implementar e medir o progresso de seus programas de redução de risco, assim como para desenvolver políticas e legislação adequadas.[15] ■

PESQUISA ATIVA

Além de mudanças cosméticas: seleção e treinamento de entrevistadores

Visite www.clinique.com e pesquise na Internet, incluindo as mídias sociais, e no banco de dados *on-line* de sua biblioteca informações sobre o uso de cosméticos por mulheres.

Como gerente de marca da Clinique, que informações você gostaria de ter para formular estratégias de marketing para aumentar suas vendas?

Como você selecionaria e treinaria entrevistadores para realizar um levantamento com abordagem em *shopping* a fim de determinar o uso de cosméticos por mulheres em um projeto para a Clinique?

Supervisão dos entrevistadores

Supervisionar os entrevistadores significa certificar-se de que eles estão seguindo os processos e as técnicas em que foram treinados. A supervisão abrange controle de qualidade e de edição, controle de amostragem, controle de fraudes e controle do escritório central.

Dicas para entrevistas telefônicas:

Personalidade da voz

Seja gentil e educado.
Mostre-se confiante.
Não permita que sua voz pareça entediada.
Mostre-se interessado nas respostas.
Coloque um sorriso na voz.

Sondagem e esclarecimento

Sonde para obter informações precisas.
Saiba quando fazer a sondagem.
Use sondagens neutras.

Enunciação do questionário

Fale com clareza.
Pronuncie as palavras adequadamente.

Como lidar com entrevistados difíceis

Responda aos entrevistados.
Tranquilize-os quanto a questões de confidencialidade.
Incentive respostas de entrevistados relutantes.
Tranquilize os entrevistados sobre a duração da entrevista.

Conhecimento geral sobre o BRFSS

Reconheça a necessidade de qualidade nos dados.
Saiba dos objetivos da pesquisa.
Saiba das razões para as perguntas.

Técnicas de entrevista

Leia as perguntas literalmente.
Verifique o número do telefone.
Siga os padrões de salto de perguntas tranquilamente.
Passe sem interrupções da introdução para as perguntas.
Encerre a entrevista tranquilamente.
Faça as anotações adequadas.
Forneça um retorno neutro.

Controle de qualidade e edição

O controle de qualidade dos entrevistadores implica verificar se os processos de trabalho estão sendo implementados adequadamente.[16] Uma vez detectado qualquer problema, o supervisor deve discuti-lo com os entrevistadores e ministrar treinamento adicional, se necessário. Para entender os problemas dos entrevistadores, o supervisor também tem de fazer pessoalmente algumas entrevistas. O supervisor precisa coletar questionários e outros formulários e editá-los diariamente, além de examinar os questionários a fim de se certificar de que todos os quesitos foram preenchidos, que as perguntas insatisfatórias ou incompletas não foram aceitas e que os dados estejam legíveis.

Os supervisores devem manter ainda um registro das horas trabalhadas e das despesas, pois isso permite determinar o custo por entrevista completada, se o trabalho está progredindo dentro da programação e se os entrevistadores estão tendo problemas.

Controle de amostragem

Um aspecto importante da supervisão é o **controle de amostragem**, que procura garantir que os entrevistadores sigam exatamente o plano de amostragem, em vez de escolher unidades de amostragem com base na conveniência ou na facilidade de acesso. Os entrevistadores tendem a evitar residências ou unidades de amostragem que lhes pareçam difíceis ou indesejáveis. Se o entrevistado de uma unidade não estiver em casa, o entrevistador pode ser tentado a substituir essa unidade por outra, em vez de voltar depois. Os entrevistadores por vezes suavizam as exigências de amostras por quotas. Por exemplo, uma pessoa de 58 anos de idade pode ser colocada na faixa etária de 46 a 55 anos e ser entrevistada com o objetivo de garantir o preenchimento da quota.

---

controle de amostragem
Aspecto da supervisão que garante que os entrevistadores sigam estritamente o plano de amostragem, em vez de selecionar unidades de amostragem com base na conveniência ou na facilidade de acesso.

Para controlar esses problemas, os supervisores devem manter registros diários do número de visitas feitas, do número de pessoas que não foram encontradas em casa, do número de recusas, do número de entrevistas que cada entrevistador completou e do total para todos os entrevistadores sob seu controle.

Controle de fraudes

A fraude envolve a falsificação de parte de uma questão ou de todo um questionário. Um entrevistador pode falsificar parte de uma resposta para torná-la aceitável, ou falsificar respostas inteiras. A forma mais gritante de falsificação ocorre quando um entrevistador falsifica todo um questionário, preenchendo respostas fictícias sem entrar em contato com as pessoas que deveriam ser entrevistadas. A fraude pode ser evitada mediante treinamento e supervisão adequada e pela validação do trabalho de campo.[17]

Controle do escritório central

Os supervisores fornecem ao escritório central informações sobre controle de qualidade e de custo, a fim de manter um relato do progresso total. Além do controle iniciado no campo, podem ser acrescentados outros controles no escritório central, para identificar problemas em potencial. O controle do escritório central inclui tabulação de variáveis de quota, características demográficas importantes e respostas de variáveis-chave.

Validação do trabalho de campo

A validação do trabalho de campo exige verificar se os entrevistadores estão apresentando questionários autênticos. Para confirmar o estudo, os supervisores telefonam para 10 a 25% dos entrevistados perguntando se os entrevistadores realmente fizeram seu trabalho. Os supervisores indagam sobre a duração e a qualidade da entrevista, a reação do entrevistado e os dados demográficos básicos. A informação demográfica é comparada com as informações dadas pelos entrevistadores nos questionários.

Avaliação dos entrevistadores

É importante avaliar os entrevistadores a fim de lhes fornecer elementos para o seu trabalho, bem como identificar os melhores dentre eles, para criar uma força de trabalho de alta qualidade. Os critérios de avaliação devem ser comunicados claramente aos entrevistadores durante o treinamento. A avaliação dos entrevistadores deve ter como base os critérios de custo e tempo, índices de resposta, qualidade da entrevista e qualidade dos dados.[18]

Custo e tempo

Pode-se fazer uma comparação dos entrevistadores em termos do custo total (salários e despesas) por entrevista completada. Se os custos diferem conforme o tamanho da cidade, basta fazer uma comparação entre entrevistadores que trabalhem em cidades comparáveis. Os entrevistadores precisam também ser avaliados de acordo com o modo como usam seu tempo. O tempo deve ser subdividido em categorias, como entrevistas efetivas, viagens e administração.

Índices de resposta

É importante monitorar os índices de resposta com base no tempo, para que seja possível adotar medidas corretivas se esses índices forem demasiadamente baixos.[19] Os supervisores podem auxiliar os entrevistadores que apresentem número excessivo de recusas, procurando saber como eles introduzem o assunto e fornecendo-lhes subsídios imediatos. Terminadas todas as entrevistas, é possível comparar os diferentes índices de recusas, a fim de identificar os melhores entrevistadores.

Qualidade da entrevista

Para avaliar os entrevistadores quanto à qualidade de suas entrevistas, o supervisor precisa observar diretamente o processo de entrevista. O supervisor pode fazer isso pessoalmente ou pela análise da gravação da entrevista. A qualidade da entrevista tem de ser avaliada em termos de (1) adequação da apresentação inicial, (2) precisão com que o entrevistador formula as perguntas, (3) capacidade de agir de maneira não tendenciosa, (4) capacidade de formular questões delicadas, (5) habilidade interpessoal demonstrada durante a entrevista e (6) maneira de encerrar a entrevista.

Qualidade dos dados

Os questionários preenchidos pelos entrevistadores devem ser avaliados quanto à qualidade dos dados seguindo alguns indicadores: (1) os dados registrados são legíveis, (2) todas as instruções, inclusive os padrões de salto de questões, são seguidas, (3) as respostas a questões não estruturadas são registradas literalmente, (4) as respostas a questões não estruturadas são significativas e suficientemente completas para serem codificadas e (5) são raros os casos de não resposta a itens.

Pesquisa real

Orientações para entrevistas: Insights Association

Cada entrevistador deve seguir as técnicas descritas a seguir para realizar uma boa entrevista:

1. Fornecer seu nome completo, se for requerido pelo entrevistado, assim como o número de telefone da empresa de pesquisa.
2. Ler cada pergunta exatamente como esta foi formulada. Relatar qualquer problema ao supervisor assim que for possível.
3. Ler as perguntas na ordem indicada no questionário, seguindo os padrões de salto de perguntas adequados.
4. Esclarecer qualquer pergunta do respondente de forma neutra a fim de não introduzir qualquer viés.
5. Não enganar o entrevistado quanto à duração da entrevista.
6. Não revelar a identidade do cliente final, a não ser que tenha sido instruído para fazê-lo pela empresa de pesquisa.
7. Fazer uma marcação para cada entrevista terminada e o motivo do encerramento de cada uma.
8. Manter-se neutro durante a entrevista. Não indicar concordância ou discordância com o entrevistado.
9. Falar de forma pausada e articulada para que as palavras sejam compreendidas claramente.
10. Registrar todas as respostas literalmente; não parafrasear nem abreviar.
11. Evitar conversas desnecessárias com o entrevistado. Seguir o roteiro da pesquisa.
12. Sondar e esclarecer comentários adicionais em perguntas abertas, a não ser que tenha instruções para fazer o contrário. Sondar e esclarecer de forma neutra.
13. Escrever de forma caprichosa e legível.
14. Verificar a perfeição e integridade de todo o trabalho antes de entregá-lo ao supervisor.
15. Ao cancelar uma entrevista, fazê-lo de forma neutra, como "obrigado" ou "nossa quota já foi preenchida nessa área, mas obrigado da mesma forma".
16. Manter a confidencialidade de todos os estudos, materiais e constatações.
17. Não falsificar entrevistas ou respostas para qualquer pergunta.
18. Ser cortês e agradecer ao respondente por participar do estudo. ■

Experiência de pesquisa

Vestindo o trabalho de campo

Como é comprar roupas para o dia a dia? Crie um questionário para identificar o comportamento de compra dos estudantes quando se trata de roupas informais – o tipo de roupa que se usa para ir à universidade. Aplique o questionário a cinco alunos no *campus*.

1. Como você se sentiu ao abordar os entrevistados?
2. Que parte do questionário pareceu ser mais desafiadora para os entrevistados?
3. Se outros estudantes fossem contratados para coletar dados para esse levantamento, como eles deveriam ser treinados?
4. Se outros estudantes fossem contratados para coletar dados para esse levantamento, como o trabalho de campo deveria ser supervisionado?
5. Se outros estudantes fossem contratados para coletar dados para esse levantamento, como o trabalho de campo deveria ser avaliado? ■

Projeto de pesquisa

Trabalho de campo

No projeto de fidelização da loja de departamentos, foram realizadas entrevistas pessoais domiciliares por entrevistadores que eram alunos de graduação e pós-graduação, matriculados em disciplinas de pesquisa de marketing ministradas pelo autor. O treinamento dos pesquisadores de campo exigia que o entrevistador (1) atuasse como respondente, aplicando a si próprio o questionário, e (2) aplicasse o questionário a outros estudantes que não participavam do projeto (entrevistados fictícios). Foram fornecidas orientações detalhadas para a entrevista a cada entrevistador. A supervisão dos entrevistadores foi feita por estudantes de pós-graduação que monitoraram diariamente as atividades do trabalho de campo. Todos os entrevistados foram novamente visitados a fim de verificar se haviam realmente respondido o questionário e receber nossos agradecimentos por sua participação no projeto. Fez-se uma verificação de validação total. Todos os trabalhadores de campo, entrevistadores e supervisores foram avaliados pelo autor.

Atividades de projeto

1. Discuta o treinamento e a supervisão de entrevistadores no projeto da Wal-Mart.
2. Se tivesse que ser realizado um levantamento com base na Internet, em vez de entrevistas pessoais em domicílio, quais seriam as modificações no trabalho de campo? ■

Pesquisa de marketing internacional

Seleção, treinamento, supervisão e avaliação dos entrevistadores são aspectos cruciais na pesquisa de marketing internacional. Em muitos países, não existem agências locais de pesquisa de campo. Por isso, talvez seja necessário recrutar e treinar entrevistadores locais ou importar entrevistadores treinados. É conveniente o emprego de entrevistadores locais por estarem familiarizados com a linguagem e a cultura do lugar; eles podem criar um clima apropriado para a entrevista e ser sensíveis quanto às preocupações dos entrevistados. Treinamento intenso e supervisão constante são necessários. Tem-se observado em muitos países que os entrevistadores tendem a ajudar o entrevistado nas respostas e a escolher residências ou unidades de amostragem com base em considerações pessoais, e não no que estabelece o plano de amostragem. Finalmente, a falsificação por parte de entrevistadores tende a ocorrer menos nos Estados Unidos do que em outros países. A validação do trabalho de campo é decisiva. A aplicação correta de procedimentos de entrevista reduz essas dificuldades, com resultados consistentes e úteis.

Os estudos de pesquisa de marketing internacional são complexos, independentemente de quão simples pareça a pesquisa. Coletar dados comparáveis em países distintos é difícil, mas pode ser feito usando algumas metodologias padronizadas e fazendo adaptações sempre que necessário. Procedimentos equivalentes de pesquisa de marketing permitem aos entrevistadores detectar, analisar e compreender melhor as diferenças socioculturais no mundo. Seria ideal uma abordagem global da pesquisa de marketing, mas isso exigiria alterações em várias metodologias de estudos.

Pesquisa real

O americanismo une os europeus

Um estudo de imagem feito pela Kantar TNS (www.tns-global.com), uma empresa de pesquisas do Reino Unido, revelou que, apesar da unificação do mercado europeu, os consumidores europeus ainda têm acentuada preferência por produtos americanos. Espera-se que o americanismo venha a unir os consumidores na Europa. A pesquisa foi feita na França, na Alemanha, no Reino Unido, na Itália e na Holanda. Em cada país, foram usados entrevistadores e supervisores locais, por se identificarem melhor com os entrevistados. Todavia, os entrevistadores foram treinados intensamente e foram rigorosamente supervisionados a fim de assegurar a qualidade dos resultados e minimizar sua variabilidade de um país a outro devido a diferenças nos processos de entrevista.

Foram realizadas um total de 6.724 entrevistas pessoais. Alguns resultados mostraram que os europeus têm em alta conta os produtos americanos por serem inovadores, e alguns países também indicaram que os viam como modernos e de elevada qualidade. A França, considerada antiamericana, também se revelou a favor dos EUA. Entre os 1.034 clientes franceses entrevistados, 40% julgaram os produtos americanos modernos e 38% acreditavam que os produtos eram inovadores, enquanto 15% afirmaram que os produtos dos EUA eram de alta qualidade. Além disso, quando indagados sobre qual a nacionalidade preferida para uma nova empresa a ser instalada em sua região, a primeira escolha foi uma companhia americana. Esses resultados foram comparáveis e coerentes nos cinco países. Um dos fundamentos desses resultados foi a utilização de entrevistadores locais e um treinamento e supervisão intensos que resultaram em dados de alta qualidade.

Esse estudo é muito útil para a boa difusão das marcas americanas no mercado europeu. Em vez de procurar ocultar o fato de serem dos Estados Unidos, as empresas deveriam enfatizá-lo, procurando valorizar sua origem, de acordo com a Henley Center, uma empresa de consultoria econômica do Reino Unido. As empresas dos Estados Unidos, de fato, capitalizaram o valor do *"made in America"*. Como resultado, as exportações para a Europa têm crescido nos últimos anos. Até 2017, a Califórnia era o principal Estado em termos de exportações para a União Europeia.[20] ■

PESQUISA ATIVA

GM: extensão para a China

Visite www.gm.com e pesquise na Internet, incluindo as mídias sociais, e no banco de dados *on-line* de sua biblioteca informações sobre as preferências dos consumidores chineses no que se refere a carros.

Como gerente de marketing internacional da GM, que informações você gostaria de ter para formular estratégias de marketing para aumentar as vendas na China?

Como você selecionaria, treinaria e supervisionaria entrevistadores na realização de um levantamento em domicílio na China para identificar a preferência dos consumidores em termos de automóveis?

Pesquisa de marketing e mídias sociais

Entrevistadores que conduzem entrevistas pessoais ou por telefone costumam ser empregados em meio período ou por empreitada. Porém, pesquisadores que coletam e analisam dados de mídias sociais normalmente são funcionários contratados da empresa de pesquisa. Além do mais, é comum que poucos funcionários operacionais ou trabalhadores de campo, às vezes apenas dois ou três, sejam designados a um projeto envolvendo mídias sociais. Ambos fatores facilitam a seleção, o treinamento, a supervisão, a validação e a avaliação de trabalhadores de campo, embora muitos dos problemas envolvidos sejam os mesmos encontrados no trabalho de campo tradicional. Outro desafio enfrentado por um pesquisador é a tomada de decisões adicionais em conjunto com o cliente quanto ao trabalho de campo. Ao se coletar dados qualitativos, diversas decisões têm de ser tomadas, devendo ser acordadas entre o pesquisador e o cliente. Tais decisões envolvem a determinação do tipo e especificação dos canais de mídias sociais a serem monitoradas, o desenvolvimento de uma padronização de termos, a determinação de tipos de conversas e conteúdos, o estabelecimento de um esquema padronizado de códigos e a estipulação de *benchmarks*. Por isso, uma parte crucial da organização do trabalho de campo é a formação de uma equipe básica de pessoas provenientes das organizações tanto do cliente quanto da empresa de pesquisa. Isso é ilustrado pelo projeto de pesquisa conduzido pela KDPaine & Partners para a Georgia Tech.

Pesquisa real

Georgia Tech: uso de mídias sociais para fazer comparações sociais

A KDPaine & Partners, atualmente parte da CARMA (www.carma.com), conduziu um projeto para determinar especificamente qual presença e atividade a faculdade Georgia Tech (www.gatech.edu) e suas instituições pares tinham nas mídias sócias. O trabalho de campo foi organizado assim: dois membros seniores da equipe de comunicações/marketing da Georgia Tech, o CEO da KDPaine & Partners, LLC, o diretor de pesquisa da KDPaine e o líder da equipe educacional da KDPaine formaram uma equipe básica para determinar em conjunto as metas, a metodologia e os prazos do projeto. Depois do desenvolvimento das metas e da visão do projeto, o diretor de pesquisa e o líder da equipe educacional da KDPaine finalizaram as instruções de codificação. Com as instruções concluídas, o líder da equipe educacional conduziu um treinamento com os itens de teste para os trabalhadores de campo até alcançarem padrões aceitáveis de confiabilidade em todas as principais variáveis. Em seguida, o diretor de pesquisa e o líder da equipe educacional da KDPaine determinaram e efetivaram a população e os tamanhos de amostras almejados. Depois que a amostra desejada foi obtida e os codificadores foram treinados, teve início a leitura oficial dos *sites* de mídias sociais (coleta de dados), com testes de confiabilidade dos intercodificadores sendo administrados intermitentemente para assegurar a precisão. A cada mês, os resultados eram compilados e divulgados para se estabelecer um *benchmark* e serem examinados com o tempo. Reuniões regulares de equipe eram organizadas entre a Georgia Tech e a KDPaine para se discutir a eficácia da metodologia de trabalho de campo, bem como os resultados daí provenientes. Desde 2017, a CARMA é uma fornecedora global de soluções de informações estratégicas na mídia.[21] ∎

Pesquisa de marketing em dispositivos móveis

O processo de trabalho de campo descrito neste capítulo é de caráter geral, e a ênfase a cada etapa dependerá do modo específico de coleta de dados. Como no caso das pesquisas envolvendo mídias sociais, o pessoal responsável por coletar e analisar dados em pesquisa de marketing em dispositivos móveis (MMR) é formado por funcionários contratados da empresa. Além do mais, é comum que poucos funcionários operacionais ou trabalhadores de campo, às vezes apenas um, sejam designados a um projeto de MMR. Ambos fatores facilitam a seleção, o treinamento, a supervisão, a validação e a avaliação de trabalhadores de campo em MMR, como tende a ocorrer em pesquisas com mídias sociais, embora muitos dos problemas envolvidos sejam os mesmos encontrados no trabalho de campo tradicional. Assim como em outros modos de coleta de dados, uma parte crucial da organização do trabalho de campo é a formação de uma equipe básica de pessoas provenientes das organizações tanto do cliente quanto da empresa de pesquisa.

Pesquisa real

A maior varejista do Reino Unido tem uma das maiores presenças em programas de pesquisa de clientes

A Tesco (www.tesco.com), a maior varejista do Reino Unido, também é uma das maiores do mundo. A rede de supermercados precisava de um programa para monitorar a satisfação dos clientes nas suas unidades a fim de facilitar as medidas gerenciais. A melhor maneira de obter as opiniões dos clientes quanto à sua experiência de compra era por meio de entrevistas frente a frente nas próprias lojas. Tendo em vista o enorme escopo do projeto, a Tesco contratou a Marketing Sciences (www.marketing-sciences.com), uma empresa britânica de pesquisa de marketing. A incrível quantia de 100 entrevistas por loja em mais de 950 unidades da Tesco tinha de ser conduzida durante um período de duas semanas a cada mês, incluindo diversas localidades rurais e de difícil acesso. Os gerentes de cada unidade precisavam dos relatórios divididos por lojas até no máximo duas semanas após a conclusão do trabalho de campo. A solução foi usar *tablets* com aplicativos de pesquisa da Confirmit (www.confirmit.com) instalados. Para colocar o projeto em prática, mais de 300 entrevistadores foram treinados em diferentes locais pelo país. Depois de preparado o sistema, 1.900 turnos tiveram de ser cumpridos a cada mês. Quando o clima estava ruim ou os entrevistadores ficavam doentes, alternativas tinham de ser colocadas em prática de imediato. Em termos de supervisão dos trabalhadores de campo, os seguintes procedimentos de controle de qualidade foram implementados:

- Conferir se os trabalhadores de campo conduziram as entrevistas no dia apropriado, no horário certo e durante o turno inteiro.
- Conferir se os entrevistadores realizaram alguma pausa longa, estranha e não autorizada durante determinado turno.
- Comparar os padrões de um entrevistador com os dos demais.
- Checar se o GPS foi de fato usado para mostrar as localizações de onde os trabalhadores de campo conduziram suas entrevistas.

No total, o projeto completou mais de 1,5 milhão de entrevistas e poupou 581 árvores ao não usar 24 toneladas de papel. Os painéis de instrumentos e relatórios forneceram informações não apenas em âmbito nacional, mas também nos níveis micro, local e regional. O ágil repasse de resultados com aplicação prática permitiu que a Tesco conhecesse de perto os clientes de cada uma de suas unidades. Para a Marketing Sciences, esse resultado marcou o término bem-sucedido de um dos maiores projetos de pesquisa de clientes do Reino Unido.[22] ■

Ética na pesquisa de marketing

Os dados, sejam eles coletados pelo departamento interno de pesquisa de marketing ou por uma agência de campo terceirizada, devem sempre ser obtidos observando-se elevados padrões éticos. Os pesquisadores e entrevistadores devem fazer os entrevistados se sentirem à vontade, tranquilizando-os. Uma forma de elevar o nível de conforto do entrevistado é dar-lhe informações adequadas sobre a empresa de pesquisa e o projeto, responder a suas perguntas e indicar claramente, no começo da entrevista, as responsabilidades e as expectativas dos entrevistadores e entrevistados. Além disso, os entrevistados têm de ser informados de que não são obrigados a responder a perguntas que os deixem constrangidos e de que podem dar por terminada a entrevista a qualquer momento em que não se sentirem mais à vontade. O pesquisador e os entrevistadores têm a responsabilidade ética de respeitar a privacidade, os sentimentos e a dignidade dos entrevistados.[23] Mais ainda, os entrevistados precisam ficar com a sensação de uma experiência positiva e agradável, o que assegurará sua boa vontade e cooperação futuras.

As agências de pesquisa e de trabalho de campo também são responsáveis, perante os clientes, por processos aceitáveis de seleção, treinamento, supervisão, validação e avaliação dos entrevistadores. Elas devem assegurar a integridade do processo de coleta de dados. Os processos de agenciamento devem ser documentados com clareza, ficando à disposição dos clientes. Ações apropriadas das agências e dos pesquisadores contribuem para que as normas de ordem ética relacionadas ao trabalho de entrevista sejam cumpridas.

Pesquisa real

Preocupações éticas dos entrevistados durante o trabalho de campo

As informações prestadas ao responder a um número 0800, ao utilizar um cartão de crédito ou ao adquirir um produto costumam ser usadas para compilar listas de clientes ou de clientes potenciais. Tais listas raramente são vendidas a organizações de telemarketing e de marketing direto. O público, entretanto, não pensa assim, e muitos acham que os profissionais e os pesquisadores de marketing utilizam mal as informações coletadas. Essa percepção equivocada é em grande parte responsável por uma imagem negativa da pesquisa de marketing.

A fim de reverter tal situação, muitas agências de pesquisas e de entrevistas estão abordando diretamente esses problemas logo no início da entrevista. Por exemplo, ao abordar entrevistados potenciais, a Gallup Organization (www.gallup.com) fornece informações sobre a empresa (Gallup) e o projeto de pesquisa de marketing. É assegurado aos entrevistados que a Gallup opera dentro de um código de ética. Algumas empresas de pesquisa de marketing e agências de entrevistadores dão aos entrevistados números de telefone gratuitos pelos quais podem obter mais detalhes ou conferir as informações dadas pelos entrevistadores. Tais atitudes fazem com que o entrevistado se sinta mais confortável e informado, resultando em dados de melhor qualidade para o cliente.[24] ■

Caso HP

Revise o caso da HP, Caso 1.1, e o questionário que consta no final do livro.

Como é comprar computadores do tipo *notebook*? Crie um questionário para identificar o comportamento de compra de alunos quando se trata de *notebooks*. Aplique o questionário a cinco estudantes no *campus*.

1. Como você se sentiu abordando esses entrevistados?
2. Que parte do levantamento pareceu ser mais desafiadora para os entrevistados?
3. Se outros estudantes fossem contratados para coletar dados para esse levantamento, como eles deveriam ser treinados?
4. Se outros estudantes fossem contratados para coletar dados para esse levantamento, como o trabalho de campo deveria ser supervisionado?
5. Se outros estudantes fossem contratados para coletar dados para esse levantamento, como o trabalho de campo deveria ser avaliado?

Resumo

Os pesquisadores têm duas opções principais para coletar dados: montar suas próprias organizações ou contratar empresas especializadas. Em ambos os casos, a coleta de dados envolve a utilização de entrevistadores, que precisam ser saudáveis, sociáveis, comunicativos, agradáveis, educados e experientes. Os entrevistadores precisam ser treinados nos aspectos importantes do trabalho de campo, incluindo contato inicial, formulação de questões, sondagem, registro de respostas e encerramento da entrevista. A supervisão dos entrevistadores abrange o controle de qualidade e edição, controle de amostragem, controle de fraudes e controle do escritório central. A validação do trabalho de campo é possível ao contatar entre 10 a 25% dos entrevistados e ao verificar se as entrevistas foram efetivadas. Os entrevistadores devem ser avaliados com base no custo e no tempo, nos índices de resposta, na qualidade da entrevista e dos dados coletados.

A seleção, o treinamento, a supervisão e a avaliação dos entrevistadores são ainda mais importantes na pesquisa de marketing internacional, pois em muitos países não há empresas capacitadas a fazer o trabalho de campo. O trabalho de campo em mídias sociais e em pesquisa de marketing em dispositivos móveis é mais simples em comparação com o trabalho de campo tradicional, pois seus trabalhadores de campo costumam ser funcionários em tempo integral. Questões éticas incluem deixar os respondentes à vontade durante o processo de coleta de dados, para que sua experiência seja positiva. Todo esforço deve ser para garantir que os dados sejam de alta qualidade.

Palavras-chave e conceitos fundamentais

sondagem, 348

controle de amostragem, 350

Casos relacionados

Os casos listados a seguir são discutidos no final do livro.

1.1 HP Inc.

2.1 Baskin-Robbins 2.2 Akron Children's Hospital

4.1 JPMorgan Chase 4.2 Wendy's

Os casos listados a seguir estão distribuídos ao longo do livro, no final dos capítulos de 1 a 13.

13.1 Intel

Pesquisa ao vivo: realização de um projeto de pesquisa de marketing

1. Os estudantes que realizarem trabalho de campo deverão ser adequadamente treinados. Ver as orientações no capítulo.
2. Os líderes das equipes podem realizar menos entrevistas, mas também atuam como supervisores. Eles precisam ser treinados em supervisão.
3. Os procedimentos de retorno devem ser especificados (por exemplo, desistir de um número de telefone depois de três tentativas de contato).
4. Se tiverem que ser realizadas entrevistas em domicílio na área local, cada entrevistador (estudante) pode trabalhar em uma parte específica da região.

Exercícios

Perguntas

1. Quais são as opções de que o pesquisador dispõe para a coleta de dados?
2. Descreva o processo envolvido no trabalho de campo/coleta de dados.
3. Quais são as qualificações indispensáveis para os entrevistadores?
4. Quais são as orientações para a formulação de perguntas?
5. O que é sondagem?
6. Como devem ser registradas as respostas às perguntas não estruturadas?
7. De que maneira o entrevistador deve encerrar a entrevista?
8. Quais são os aspectos relevantes da supervisão de entrevistadores?
9. Como controlar os problemas de seleção de entrevistados?
10. O que é validação do trabalho de campo? Como é feita?
11. Descreva os critérios a serem usados para a avaliação dos entrevistadores.
12. Descreva as principais fontes de erros no trabalho de campo.
13. Compare o trabalho de campo em pesquisas de mídias sociais com o trabalho de campo tradicional.
14. Compare o trabalho de campo na pesquisa de marketing em dispositivos móveis com o trabalho de campo tradicional.

Problemas

1. Escreva algumas instruções ao entrevistador para entrevistas em domicílio a serem feitas por estudantes.
2. Faça alguns comentários sobre as seguintes situações, recomendando ações corretivas:
    a. Um dos entrevistadores tem uma porcentagem excessiva de recusas em entrevistas pessoais em domicílio.
    b. Em uma situação CATI, muitos números telefônicos dão sinal de ocupado na primeira tentativa.
    c. Um entrevistador informa que, ao final das entrevistas, muitos entrevistados perguntam se responderam corretamente às perguntas.
    d. Ao validar um trabalho de campo, uma entrevistada informa que não se recorda de ter sido entrevistada por telefone, mas o entrevistador insiste que a entrevista foi feita.

Exercícios para Internet e computador

1. Visite os *sites* de alguns fornecedores de pesquisa de marketing. Faça um relatório de todo o material relacionado com o trabalho de campo postado nesses *sites*.
2. Visite o *site* da Marketing Research Association (www.marketingresearch.org) e examine os códigos de ética relativos à coleta de dados. Faça um relatório sucinto.
3. Utilizando um *software* de gerenciamento de projeto, como o MicrosoftProject, elabore um cronograma de trabalho de campo para fazer uma pesquisa nacional sobre preferências do consumidor para lanches rápidos compreendendo 2.500 entrevistas em *shopping centers* em Los Angeles, Salt Lake City, Dallas, Milwaukee, Nova Orleans, Cincinatti, Orlando, Atlanta, Nova York e Boston.

Atividades

Dramatização

1. Você é um supervisor do trabalho de campo. Peça a um colega que represente o papel de um entrevistador e a outro que desempenhe o papel de um entrevistado. Treine o entrevistador para realizar entrevistas pessoais em domicílio dando uma demonstração ao vivo.
2. Troque os papéis de entrevistador e supervisor na situação de dramatização descrita na atividade 1.

Trabalho de campo

1. Organize uma viagem de campo para uma empresa de pesquisa de marketing ou agência de coleta de dados. Peça ao supervisor para descrever o processo de trabalho de campo da agência. Como ele pode ser comparado àquele descrito neste livro?
2. Organize uma visita a uma instalação de entrevistas em *shopping centers* quando estiverem sendo realizadas entrevistas. Observe o processo de entrevista. Escreva um relatório sobre sua visita.

Discussão em grupo

1. Discuta o impacto dos estilos de vida em constante mudança das mulheres na pesquisa de campo durante a última década.
2. Discuta a noção de fraude do entrevistador. Por que os entrevistadores criam fraudes? Como é possível detectar e evitar fraudes?

CASO 13.1

Intel: construindo blocos de dentro para fora

A Intel Corporation foi fundada em 1968 para fabricar produtos de memória semicondutores. A empresa lançou o primeiro microprocessador do mundo em 1971. Os microprocessadores, também chamados de *unidades de processamento central* (CPUs), frequentemente são descritos como o "cérebro" de um computador. Hoje, a Intel fornece os blocos de construção para as indústrias de computação e comunicação do mundo todo. Esses blocos incluem *chips*, placas, sistemas e produtos de comunicação e redes. Desde 2017, a empresa opera seus negócios por segmentos: Client Computing Group, Data Center Group, Internet of Things Group, Non-Volatile Memory Solutions Group, Intel Security Group, Programmable Solutions e All Other. As receitas para o ano fiscal de 2016 totalizaram US$ 59,4 bilhões. A Intel é uma empresa cada vez mais global. Apenas cerca de 22% de suas receitas advêm dos Estados Unidos.

A Intel registrou um crescimento fenomenal como empresa. Grande parte de seu sucesso pode ser atribuída à inovação no departamento de marketing. Essa inovação foi necessária para superar muitos obstáculos. O principal problema enfrentado pela Intel foi tentar vender uma marca de ingredientes, ou seja, de componentes de um produto maior. Assim, a dificuldade está em atingir consumidores que jamais verão o produto e podem nem mesmo saber o que ele faz ou por que está ali.

A Intel começou a fazer pesquisa de marketing nos anos 1980 porque estava tendo dificuldade com seus clientes, que não estavam trocando o microprocessador 286 pelo 386. A pesquisa de marketing mostrou que isso se devia a uma falta de conhecimento do cliente, e a Intel partiu para mudar essa situação. A empresa realizou uma campanha publicitária pequena, mas eficaz. Na verdade, nesse processo, ela percebeu que, inadvertidamente, havia criado uma marca na Intel. Devido ao sucesso da pequena campanha, a Intel começou a compreender a importância do marketing e da pesquisa de marketing e então passou a concentrar mais esforços e dinheiro nessas áreas.

A pesquisa de marketing revelou que, a fim de ser eficaz em sua campanha de marketing geral, a Intel teria que atingir os consumidores e convencê-los de que o que estava dentro do computador era tão importante quanto o que estava fora. Esse se tornou o elemento-chave da campanha "Intel Inside", realizada no início da década de 1990. Esse *slogan* ajudou a Intel a colocar um nome em seus produtos e a reunir vários de seus produtos sob um título.

Além disso, a pesquisa de marketing mostrou que seria mais eficaz comercializar em conjunto com seus parceiros de tecnologia. Isso auxiliaria os consumidores a entender os produtos que a Intel ajudava a criar. A empresa fez isso incluindo o logo "Intel Inside" nos anúncios de seus parceiros. Ela também ajudou a pagar por esses comerciais. O problema de colocar seu *slogan* nos anúncios de terceiros era que a Intel não queria se intrometer nos comerciais. Então, decidiu inserir a pequena logomarca, junto a um *jingle* toda vez que os comerciais fossem veiculados. Esse *jingle* tornou-se facilmente reconhecível e sinônimo do *slogan* da Intel. Tudo isso auxiliou a Intel a atingir sua meta de aumentar o conhecimento do consumidor. A medida longitudinal da eficácia da propaganda por meio da pesquisa de marketing apontou que a campanha "Intel Inside" havia sido muito eficaz.

A ideia seguinte da Intel era dar um nome para seu microprocessador. Isso ajudaria a evitar o uso do esquema numérico, que não podia ser patenteado, e a ter um nome que facilitasse a identificação de seus microprocessadores pelos consumidores. Depois de extensa pesquisa de marketing, a Intel escolheu o nome Pentium, que gerava reações positivas junto aos consumidores. Desde então, a Intel comercializa seus processadores com este nome.

Entre 1990 e 1993, a Intel investiu US$ 500 milhões em propaganda para construir seu valor de marca. Em 1993, 80% das pessoas nos Estados Unidos reconheciam a Intel e 75% tinham sentimentos positivos em relação à marca. O mais importante era que 50% dos consumidores procuravam a marca quando faziam suas compras. Em 1994, a Intel havia capturado 95% do mercado de microprocessadores, em grande parte devido a seus esforços de marketing.

A participação de mercado da Intel para microprocessadores caiu para aproximadamente 80% em 2005, em consequência do aumento da atuação de sua principal concorrente, a AMD. Em 30 de dezembro de 2005, a Intel anunciou uma grande revisão de sua marca corporativa e de produtos, um passo para simbolizar a transformação da fabricante de *chips* em fornecedora de produtos que iam além dos computadores pessoais. As mudanças incluíram uma nova versão da logomarca azul da empresa – sem o "e" rebaixado que por muito tempo havia sido parte da marca da Intel –, junto a um novo *slogan*: "Leap ahead". Em 2006, deixou de usar o conhecido logo "Intel Inside". Em 2016, lançou uma nova campanha publicitária, com o *slogan* "Experimente o que está por dentro", para lembrar a todos que ela está dentro de mais do que apenas PCs. A campanha se concentra em experiências humanas incríveis.

A partir de 2017, a Intel estava indo além dos processadores e enfatizando a capacidade da nuvem, a onipresença da Internet das Coisas, os mais recentes avanços em memória e soluções programáveis, e a promessa da conectividade sempre ligada 5G. A Intel está focada na solução de desafios globais, liderando políticas, diversidade, inclusão, educação e sustentabilidade. No processo, a empresa está criando valor para seus acionistas, clientes e sociedade.

O aumento da concorrência torna o trabalho de marketing da Intel mais importante do que nunca, uma vez que a empresa tenta preservar seu lugar dominante no mercado. A Intel tem conseguido manter seu sucesso devido ao seu foco na tecnologia, na imagem da marca e no valor de marca. A Intel ainda enfrentará desafios futuros, o que inclui o aumento da concorrência, a abertura de novos mercados e o desenvolvimento de novos produtos. A Intel continuará a confiar na pesquisa de marketing para superar esses desafios.

Conclusão

A pesquisa de marketing desempenha um papel crucial no crescimento fenomenal da Intel, pois foi empregada para desenvolver a marca Intel, criar a campanha "Intel Inside" e formatar a nova logomarca com o *slogan* "Leap ahead". O trabalho contínuo com pesquisa de marketing possibilitará que a Intel promova sua imagem como importante fornecedora de componentes, de dentro para fora.

Questões

1. Discuta o papel da pesquisa de marketing para auxiliar a Intel a construir as campanhas "Intel Inside" e "Leap ahead".
2. A Intel gostaria de aumentar a preferência por seus *chips* entre os usuários de PCs no nível de usuários individuais e empresariais. Defina o problema de decisão gerencial.
3. Defina um problema de pesquisa de marketing adequado que corresponda ao problema de decisão gerencial que você identificou na questão 2.
4. A Intel gostaria de compreender melhor como as empresas selecionam produtos de comunicação em rede e PCs. Que tipo de concepção de pesquisa deve ser adotado?
5. Discuta o papel da Internet na obtenção de dados secundários relevantes para o problema de pesquisa de marketing que você definiu na questão 3.
6. Discuta o papel da pesquisa qualitativa na compreensão do modo como as empresas selecionam produtos de comunicação em rede e PCs. Que técnicas de pesquisa qualitativa devem ser usadas e por quê?
7. Se fosse feito um levantamento para identificar os critérios de seleção das empresas ao escolher produtos de comunicação em rede e PCs, que método deveria ser usado e por quê?
8. Elabore um questionário para identificar os critérios de seleção das empresas na escolha de produtos de comunicação em rede e PCs.
9. Desenvolva um plano de amostragem adequado para realizar o levantamento identificado na questão 7.
10. Se a Intel tivesse que realizar entrevistas com abordagem em *shoppings* para verificar as preferências do consumidor por *notebooks* ultraleves que utilizam um *chip* recém-criado, descreva o processo de trabalho de campo que deveria ser empregado.

Referências

1. http://www.intel.com, accessed June 17, 2017.
2. Don Clark, "Intel Buys Virtual-Reality Specialist Voke," *Wall Street Journal* (November 3, 2016), http://www.wsj.comarticles/intel-buys-virtual-reality-specialist-voke-1478192023, accessed November 12, 2016.

CAPÍTULO 14

Preparação de Dados

" A qualidade dos dados tem seu custo, mas o valor que ela traz para a construção de confiança e reputação na pesquisa é inestimável. "

Lynnette Cooke, Global CEO, Kantar Health

Objetivos

Após a leitura deste capítulo, o aluno conseguirá:

1. Discutir a natureza e a abrangência do processo de preparação de dados.
2. Explicar a verificação e a edição de questionários e como tratar respostas insatisfatórias voltando ao trabalho de campo, redefinindo os valores faltantes e desprezando respostas insatisfatórias.
3. Descrever as orientações para a codificação de questionários, incluindo a codificação de questões estruturadas e não estruturadas.
4. Discutir o processo de limpeza de dados e os métodos utilizados para tratar as respostas faltantes: substituição de um valor neutro, imputação de resposta, supressão caso a caso e supressão aos pares.
5. Indicar os motivos e os métodos para ajustar dados estatisticamente: ponderação, reespecificação de variáveis e transformação de escala.
6. Descrever o procedimento para escolher uma estratégia de análise de dados e os fatores que podem influir no processo.
7. Classificar técnicas estatísticas e dar uma classificação detalhada de técnicas univariadas, bem como uma classificação de técnicas multivariadas.
8. Entender as abordagens intraculturais, panculturais e transculturais da análise de dados em pesquisa de marketing internacional.
9. Descrever codificação de texto, categorização e outros aspectos da preparação de dados em pesquisas em mídias sociais.
10. Elucidar a preparação de dados em pesquisa de marketing em dispositivos móveis.
11. Identificar as questões éticas relacionadas ao processamento de dados, particularmente o descarte de respostas insatisfatórias, a violação das hipóteses fundamentais nas técnicas de análise de dados e a avaliação e interpretação dos resultados.
12. Explicar o papel do *software* na preparação e análise de dados usando o SPSS e o SAS.

Aspectos gerais

Após definir o problema de pesquisa e desenvolver uma abordagem conveniente (Capítulo 2), formular uma concepção de pesquisa (Capítulos 3 a 12) e realizar o trabalho de campo (Capítulo 13), o pesquisador pode passar ao preparo e à análise dos dados, a quinta etapa do processo de pesquisa de marketing. Antes que os dados brutos contidos no questionário sejam submetidos à análise estatística, devem ser colocados em um formato apropriado para análise. A qualidade dos resultados estatísticos depende dos cuidados adotados na fase de preparação dos dados. Se não lhe dermos a devida atenção, poderemos comprometer seriamente os resultados estatísticos, levando a constatações tendenciosas e a uma interpretação incorreta.

Neste capítulo, descrevemos o processo de coleta de dados, que começa pela verificação da completude dos questionários. A seguir, discutimos a edição dos dados e apresentamos orientações para lidar com respostas ilegíveis, incompletas, inconsistentes, ambíguas ou insatisfatórias por qualquer outra razão. Descrevemos também a codificação, a transcrição e a limpeza dos dados, enfatizando o tratamento de respostas faltantes e o ajuste estatístico de dados. Abordamos a escolha de uma estratégia de análise de dados e classificamos as técnicas estatísticas. Explicamos as abordagens intraculturais, panculturais e culturais transversais da análise de dados na pesquisa de marketing internacional e discutimos a preparação de dados em mídias sociais e a pesquisa de marketing mobile. Identificamos os aspectos éticos relativos ao processamento de dados com ênfase no descarte de respostas insatisfatórias, na violação das suposições fundamentais nas técnicas de análise e na avaliação e interpretação dos resultados.

Finalmente, explicamos o uso da Internet e dos computadores no preparo e na análise de dados. Oferecemos auxílio para o trabalho com os programas SPSS e SAS Enterprise Guide usados neste capítulo de várias maneiras: (1) instruções passo a passo, (2) vídeos ilustrativos das instruções passo a passo (disponíveis no *site* deste livro) e (3) cópias das telas dos programas com notas que ilustram as instruções passo a passo.

Projeto de pesquisa

Preparação dos dados

No projeto de fidelização da loja de departamentos, os dados foram obtidos em entrevistas pessoais em domicílio. Os questionários foram editados pelos supervisores após terem sidos entregues pelos entrevistadores para detectar respostas incompletas, inconsistentes e ambíguas. Os questionários com respostas insatisfatórias foram devolvidos aos entrevistadores, com a orientação de entrar novamente em contato com os entrevistados para a obtenção da resposta correta. Foram descartados nove questionários em virtude da grande proporção de respostas insatisfatórias. O resultado final foi uma amostra baseada em 271 questionários.

Elaborou-se um livro de códigos para a codificação dos questionários. A codificação foi relativamente simples porque não havia questões abertas. Os dados foram transcritos para uma fita de computador por meio de um teclado. Foram verificados cerca de 25% dos dados para detectar erros de digitação. Os dados foram depurados, identificando respostas fora do intervalo e inconsistentes logicamente. A maior parte das informações de classificação foi obtida utilizando escalas de 6 pontos, de forma que respostas como 0, 7 ou 8 foram consideradas fora do intervalo. Foi atribuído o código 9 às respostas faltantes.

Todas as respostas faltantes foram tratadas como uma exclusão caso a caso, sendo eliminados da análise os entrevistados com valores faltantes. Escolheu-se a exclusão caso a caso devido ao pequeno número de casos (entrevistados) com valores faltantes e ao tamanho suficientemente amplo da amostra. No ajustamento estatístico dos dados, criaram-se variáveis *"dummy"*, ou mudas, ou ainda, binárias, para as variáveis categóricas. Além disso, criaram-se novas variáveis compostas das variáveis originais. Por exemplo, o grau de familiaridade das dez lojas de departamentos foi sintetizado de modo a criar um índice de familiaridade. Por último, elaborou-se uma estratégia de análise de dados. ■

Pesquisa real

Depuração na Burke

De acordo com Damon Jones, gerente de Aquisição e Processamento de dados da Burke, Inc. (www.burke.com), os questionários preenchidos pelos entrevistadores com frequência apresentam muitos erros decorrentes da qualidade inconsistente da entrevista. Por exemplo, não são assinaladas as respostas qualificadoras, ou não são observados com precisão os padrões de salto de questões.

Esses pequenos erros podem custar caro. Quando as respostas de tais questionários são introduzidas em um computador, a Burke aciona um programa de depuração que verifica a completude e a lógica. As discrepâncias são identificadas em uma folha impressa, verificada pelos supervisores de tabulação. Identificados os erros, procede-se à sua correção, antes de se passar à análise dos dados. A Burke constatou que esse procedimento aumenta consideravelmente a qualidade dos resultados estatísticos.[1] ■

O exemplo da fidelização da loja de departamentos descreve as várias fases do processo de preparação dos dados. Observe que o processo inicia quando ainda está em andamento o trabalho de campo. O exemplo da Burke ilustra a importância da depuração dos dados e também a necessidade de identificar e corrigir os erros antes de analisar os dados. A seguir, apresentamos uma descrição sistemática do processo de preparação de dados.

O processo de preparação de dados

O processo de preparação dos dados, mostrado na Figura 14.1, é todo orientado pelo plano preliminar de análise de dados formulado durante a fase de concepção de pesquisa (Capítulo 3). A primeira etapa consiste em selecionar os questionários aceitáveis. Seguem-se a edição, codificação e transcrição dos dados, que são depurados, estabelecendo um tratamento para as respostas faltantes.

É frequente um ajuste estatístico dos dados a fim de torná-los representativos da população que interessa. O pesquisador deve, então, adotar uma estratégia apropriada de análise de dados. A estratégia final de análise de dados difere do plano preliminar de análise devido à informação e aos esclarecimentos ganhos desde a formulação do plano preliminar. A preparação dos dados precisa começar assim que for recebido o primeiro lote de questionários, enquanto o trabalho de campo ainda está em andamento. Assim, se for detectado algum problema, será possível modificar o plano do trabalho de campo para incorporar a ação corretiva.

Verificação dos questionários

O passo inicial na verificação dos questionários é examiná-los para constatar a completude e qualidade da entrevista. Frequentemente, essas verificações são feitas enquanto o trabalho de campo está ainda em andamento. Se o trabalho de campo tiver sido confiado a uma agência de coleta de dados, o pesquisador deve fazer uma verificação independente após a conclusão desse trabalho. Um questionário entregue pelos entrevistadores pode ser inaceitável por vários motivos:

1. Partes do questionário estão incompletas.
2. O padrão das respostas indica que o entrevistado não entendeu ou não seguiu as instruções. Por exemplo, não respeitou os padrões de salto de questões.
3. As respostas acusam pequena variância. Por exemplo, um entrevistado pode ter assinalado somente o valor 4 em uma série de perguntas com escala de 7 pontos.
4. O questionário devolvido está fisicamente incompleto: uma ou mais páginas estão faltando.
5. O questionário é recebido após a data estipulada para o encerramento.
6. O questionário é respondido por alguém não qualificado para participar da pesquisa.

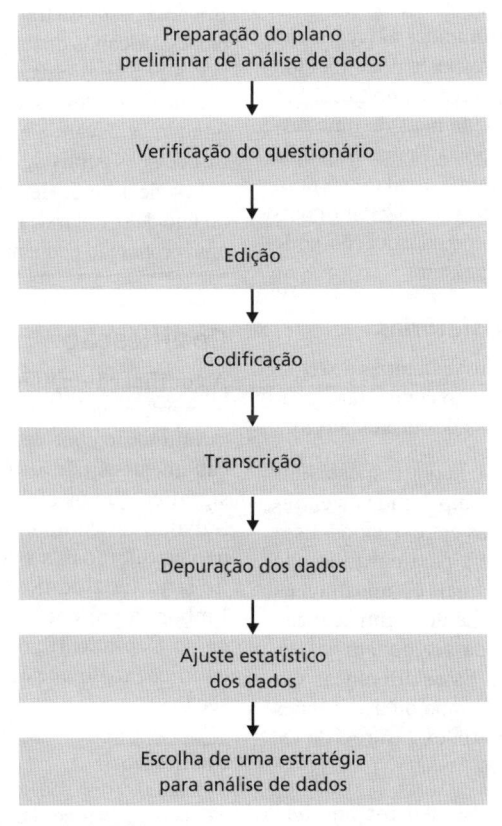

```
Preparação do plano
preliminar de análise de dados
        ↓
Verificação do questionário
        ↓
      Edição
        ↓
   Codificação
        ↓
   Transcrição
        ↓
Depuração dos dados
        ↓
Ajuste estatístico
   dos dados
        ↓
Escolha de uma estratégia
para análise de dados
```

FIGURA 14.1 Processo de preparação de dados.

Se tiverem sido estipulados tamanhos de quotas ou de grupos de células, os questionários aceitáveis devem ser classificados e contados de acordo com essas determinações. Antes de editar os dados, é indispensável identificar e corrigir problemas relativos às exigências de amostragem, ao fazer, por exemplo, uma entrevista adicional para as células sub-representadas.

Edição

A **edição** é a revisão do questionário visando a aumentar sua precisão e consiste em esquadrinhar os questionários à procura de respostas ilegíveis, incompletas, inconsistentes ou ambíguas.

---
edição
Revisão do questionário visando a aumentar a exatidão e a precisão dos dados coletados.

Quando mal registradas, as respostas podem ser ilegíveis, algo comum especialmente em questionários com muitas questões não estruturadas. Os dados têm de estar legíveis para serem adequadamente codificados. Da mesma forma, os questionários podem estar incompletos em vários níveis (uma ou muitas questões podem ter ficado sem resposta).

Nesse estágio, o pesquisador deve fazer uma verificação preliminar da consistência. Certas inconsistências óbvias são facilmente detectáveis. Por exemplo, um entrevistado informa ganhar menos de US$ 25 mil por ano e, no entanto, afirma comprar seguidamente em lojas reconhecidamente caras, como Saks Fifth Avenue ou Neiman Marcus.

As respostas de questões não estruturadas às vezes são ambíguas e de difícil interpretação. A resposta pode ter sido abreviada, ou podem ter sido usadas palavras ambíguas. Em questões estruturadas, às vezes se assinala mais de uma resposta para uma questão que exige resposta única. Suponha que um entrevistado assinale 2 e 3 em uma escala de 5 pontos. Significa que devemos entender como 2,5? Para complicar ainda mais as coisas, o processo de codificação pode aceitar apenas resposta de um único algarismo.

Como lidar com respostas insatisfatórias

Normalmente, lida-se com as respostas insatisfatórias ao retornar ao campo para obter melhores dados, ao completar os valores faltantes ou ao descartar os entrevistados insatisfatórios.

RETORNO AO CAMPO Os questionários com respostas insatisfatórias podem ser devolvidos ao campo, onde os entrevistadores tornam a fazer contato com os entrevistados. Essa abordagem é especialmente conveniente para pesquisas de marketing empresarial e industrial, nas quais as amostragens são pequenas e os entrevistados, facilmente identificáveis. Entretanto, os dados obtidos na segunda vez podem ser diferentes daqueles da pesquisa original. Essas diferenças são atribuídas a modificações ao longo do tempo ou a variações no modo de administrar o questionário (p. ex., entrevista telefônica em vez de entrevista pessoal).

COMPLETANDO VALORES FALTANTES Se não for possível devolver os questionários ao campo de trabalho, o pesquisador pode atribuir valores arbitrários às respostas insatisfatórias. Essa abordagem é desejável quando (1) o número de entrevistados com respostas insatisfatórias é pequeno, (2) a proporção de respostas insatisfatórias para cada um desses entrevistados é pequena ou (3) as variáveis com respostas insatisfatórias não são variáveis-chave.

ELIMINAÇÃO DE RESPONDENTES INSATISFATÓRIOS Nesta abordagem, os entrevistados com respostas insatisfatórias são simplesmente descartados. A abordagem tem seu mérito quando (1) a proporção de respondentes insatisfatórios é pequena (inferior a 10%), (2) o tamanho da amostra é grande, (3) não há diferenças óbvias entre respondentes insatisfatórios e satisfatórios (p. ex., diferenças demográficas, características de consumo de produtos), (4) a proporção de respostas insatisfatórias para cada um desses entrevistados é grande ou (5) estão faltando respostas para variáveis-chave. Entretanto, os respondentes insatisfatórios talvez difiram sistematicamente dos respondentes satisfatórios, e a decisão de considerar um respondente como insatisfatório torna-se subjetiva. Ambos os fatores enviesam os resultados. Se o pesquisador decidir descartar os respondentes insatisfatórios, o processo adotado para identificar esses respondentes e seu número deve ser esclarecido.

> **Pesquisa real**
>
> ### Declarando descartes
>
> Em uma pesquisa transcultural com gerentes de marketing de países africanos de língua inglesa, foram enviados questionários a 565 empresas, tendo sido devolvidos 192 formulários preenchidos; desses, quatro foram descartados porque os respondentes davam a entender que não estavam encarregados de decisões gerais de marketing.
>
> A decisão de descartar os quatro questionários baseou-se no fato de se tratar de uma amostra suficientemente grande com uma proporção pequena de respondentes insatisfatórios.[2] ■

Codificação

A **codificação** implica atribuir um código, geralmente um número, a cada resposta possível de cada questão. Se o questionário contiver apenas questões estruturadas ou poucas questões não estruturadas, ele é pré-codificado. Isso significa que os códigos são escolhidos antes de iniciar o trabalho de campo. Se o questionário contiver questões não estruturadas, os códigos serão atribuídos após o questionário ter sido devolvido do campo (pós-codificação). Embora a pré-codificação tenha sido brevemente discutida no Capítulo 10, oferecemos outras orientações sobre a codificação de questões estruturadas e abertas na próxima seção.[3]

---
codificação
Atribuição de um código para representar uma resposta específica a uma questão específica junto ao registro dos dados e da posição na coluna que o código vai ocupar.

Codificando questões

O código e o número de registro do entrevistado devem aparecer em cada registro nos dados. Entretanto, o registro pode ser dispensado se houver um registro para cada respondente. Para cada entrevistado, devem ser incluídos os seguintes códigos adicionais: código do projeto, código do entrevistador, códigos de data e hora e código de validação. São altamente desejáveis os **códigos de campo fixo**, em que o número de registro para cada entrevistado é o mesmo e os mesmos dados aparecem na(s) mesma(s) coluna(s) para todos os entrevistados. Se possível, devem ser usados códigos-padrão para dados faltantes. Por exemplo, o código 9 poderia ser usado para uma variável com valor máximo menor do que 9, o código 99 para uma variável que poderia ter um valor de dois dígitos até 99 e assim por diante. Os códigos dos valores faltantes devem ser diferentes dos códigos atribuídos a respostas legítimas.

código de campo fixo
Código em que o número de registros para cada entrevistado é o mesmo e os mesmos dados figuram nas mesmas colunas para todos os entrevistados.

A codificação de questões estruturadas é relativamente simples, porque as opções de resposta são predeterminadas. O pesquisador atribui um código para cada resposta a cada questão e especifica o registro e as colunas adequados nos quais os códigos devem figurar. Por exemplo,

Você tem um passaporte válido?
1. Sim   2. Não (1/54)

Para essa pergunta, uma resposta "Sim" é codificada como 1 e uma resposta "Não", como 2. Os números entre parênteses indicam que o código atribuído vai aparecer no primeiro registro para esse entrevistado, na coluna 54. Como só se admite uma resposta, e como só há duas respostas possíveis (1 ou 2), uma coluna é suficiente. Em geral, basta uma única coluna para codificar uma questão estruturada com resposta única. Em questões que admitem muitas respostas, a cada opção de resposta possível deve ser destinada uma coluna separada. Tais questões incluem, por exemplo, a propriedade ou utilização de uma marca registrada, a leitura de uma revista e a audiência de programas de TV. Assim, temos:

Que contas você tem neste banco *neste momento*? [Assinale "X" na(s) opção(ões) correspondente(s).]

Conta poupança	☒	(162)
Conta-corrente	☒	(163)
Hipoteca	☐	(164)
Conta no mercado monetário	☐	(165)
Conta de clube (Natal, etc.)	☐	(166)
Linha de crédito	☐	(167)
Poupança a prazo fixo (depósitos a prazo fixo, etc.)	☒	(168)
Seguro de vida em caixa econômica	☐	(169)
Empréstimo para reforma de casa	☐	(170)
Empréstimo para compra de carro	☐	(171)
Outros serviços	☐	(172)

Neste exemplo, suponha que um entrevistado assinale conta poupança, conta-corrente e poupança a prazo fixo. No registro 9, assinala-se 1 nos números de coluna 162, 163 e 168. Todas as outras colunas (164, 165, 166, 167, 169, 170, 171 e 172) receberão um 0. Como há apenas um registro por entrevistado, o registro foi omitido.

A codificação de questões não estruturadas, ou abertas, é mais complexa. As respostas literais dos entrevistados são registradas no questionário. Criam-se então códigos que são atribuídos a essas respostas. Às vezes, com base em projetos anteriores ou em considerações teóricas, o pesquisador pode elaborar os códigos antes de começar o trabalho de campo. Entretanto, geralmente é preciso esperar até que sejam recebidos os questionários completos. O pesquisador relaciona então de 50 a 100 respostas a uma questão não estruturada a fim de identificar as categorias adequadas para codificação. Uma vez elaborados os códigos, os codificadores devem ser treinados para atribuir os códigos corretos às respostas literais. Sugerem-se as orientações seguintes para codificar questões não estruturadas e questionários em geral.[4]

Os códigos de categoria têm de ser mutuamente excludentes e coletivamente exaustivos. Categorias mutuamente excludentes são aquelas em que cada resposta se encaixa única e exclusivamente em um determinado código. As categorias não devem se sobrepor. Categorias coletivamente exaustivas são aquelas em que todas as respostas correspondem a algum dos códigos determinados, o que é obtido mediante o acréscimo de um código adicional de categoria, como "outros" ou "nenhuma das alternativas anteriores". Entretanto, no máximo 10% das respostas devem enquadrar-se nessa categoria. É preciso que a grande maioria se situe em categorias significativas.

É indispensável atribuir códigos de categoria a itens cruciais, mesmo que não tenham sido mencionados. Saber que ninguém mencionou determinada resposta pode ser importante. Por exemplo, a gerência de uma grande empresa de bens de consumo buscava ideias para a embalagem de uma nova marca de sabonete. Por isso, o item embalagem foi incluído como uma categoria separada na codificação de respostas à pergunta "Do que você menos gosta neste sabonete?".

É preciso codificar os dados de maneira que conservem o maior número possível de detalhes. Por exemplo, uma vez obtidos os dados sobre o número exato de viagens aéreas a negócios de um grupo de pessoas, eles devem ser codificados dessa forma, e não agrupados em códigos como "viajantes frequentes" ou "viajantes ocasionais". A obtenção de informações sobre o número exato de viagens permitirá ao pesquisador, mais tarde, definir a categoria de viajantes a negócios de várias maneiras. Se as categorias fossem predeterminadas, a análise subsequente dos dados ficaria limitada às duas categorias antes mencionadas – viajantes frequentes e ocasionais.

Desenvolvimento de um arquivo de dados

O código inclui uma indicação da posição na coluna (campo) e o registro de dados que vai ocupar. Por exemplo, o gênero dos respondentes pode ser codificado como 1 para mulheres e 2 para homens. Um campo representa um único item de dados, como gênero do entrevistado. Embora as informações numéricas sejam mais comuns em pesquisa de marketing, um campo também pode conter informações alfabéticas ou simbólicas. Um registro consiste em campos relacionados, como gênero, estado civil, idade, tamanho da casa, ocupação, etc. de um único respondente. Assim, cada registro pode ter várias colunas. Todas as características de um entrevistado estarão contidas em um único registro, embora possam ser usados vários registros por entrevistado. Os arquivos de dados são conjuntos de registros, geralmente dados de todos os respondentes em um estudo, agrupados para armazenagem em computador. Se um único registro é usado para cada respondente, os registros representam linhas em um arquivo de dados. Em tal caso, um arquivo de dados pode ser visto como uma matriz $n \times m$ de números ou valores, onde n é o número de respondentes e m é o número de variáveis ou campos. É útil preparar um **livro de código** contendo as instruções de codificação e as informações necessárias sobre as variáveis no conjunto de dados (ver o exemplo de abertura).

livro de código
Livro que contém instruções de codificação e as informações necessárias sobre variáveis no conjunto de dados.

Uma forma conveniente de inserir os dados é usar uma planilha como no EXCEL, já que a maioria dos programas de análise consegue importar dados de uma planilha. Nesse caso, os dados para cada respondente para cada campo são uma célula. Geralmente, cada linha da planilha (EXCEL) contém os dados de um respondente ou caso. As colunas conterão as variáveis, com uma coluna para cada variável ou resposta.

Ilustramos esses conceitos usando os dados da Tabela 14.1. Para fins de exemplificação, consideramos somente um pequeno número de observações. Na prática, a análise de dados é realizada em uma amostra muito maior, como a do caso da HP e em outros casos com dados reais que são apresentados neste livro. A Tabela 14.1 fornece dados de uma amostra de pré-teste de 20 respondentes sobre preferências por restaurantes.

Pediu-se a cada entrevistado que classificasse sua preferência por um restaurante conhecido (1 = fraca preferência, 7 = forte preferência) e o restaurante em termos de qualidade da comida, tamanho das porções, valor e atendimento (1 = ruim, 7 = excelente). A renda familiar anual também foi obtida e recebeu um código: 1 = menos de $20 mil; 2 = $20 mil a $34.999; 3 = $35 mil a $49.999; 4 = $50 mil a $74.999; 5 = $75 mil a $99.999; 6 = $100 mil ou mais. O livro de código para codificação desses dados é mostrado na Figura 14.2. A Figura 14.3 é um exemplo de codificação de questionário que mostra a codificação de dados demográficos comumente obtidos em levantamentos de consumidor. Esse questionário foi pré-codificado.

Se os dados da Tabela 14.1 forem inseridos usando EXCEL ou SPSS, os arquivos de dados resultantes serão

TABELA 14.1
Preferência por restaurantes

ID	Preferência	Qualidade	Quantidade	Valor	Atendimento	Renda
1	2	2	3	1	3	6
2	6	5	6	5	7	2
3	4	4	3	4	5	3
4	1	2	1	1	2	5
5	7	6	6	5	4	1
6	5	4	4	5	4	3
7	2	2	3	2	3	5
8	3	3	4	2	3	4
9	7	6	7	6	5	2
10	2	3	2	2	2	5
11	2	3	2	1	3	6
12	6	6	6	6	7	2
13	4	4	3	3	4	3
14	1	1	3	1	2	4
15	7	7	5	5	4	2
16	5	5	4	5	5	3
17	2	3	1	2	3	4
18	4	4	3	3	3	3
19	7	5	5	7	5	5
20	3	2	2	3	3	3

SPSS Arquivo de Dados

SAS Arquivo de Dados

Número da coluna	Número da variável	Nome da variável	Número da questão	Instruções de codificação
1	1	ID		1 a 20, conforme codificado
2	2	Preferência	1	**Inserir o número assinalado** 1 = fraca preferência 7 = forte preferência
3	3	Qualidade	2	**Inserir o número assinalado** 1 = ruim 7 = excelente
4	4	Quantidade	3	**Inserir o número assinalado** 1 = ruim 7 = excelente
5	5	Valor	4	**Inserir o número assinalado** 1 = ruim 7 = excelente
6	6	Atendimento	5	**Inserir o número assinalado** 1 = ruim 2 = excelente
7	7	Renda	6	**Inserir o número assinalado** 1 = menos de $20 mil 2 = $20 mil a $34.999 3 = $35 mil a $49.999 4 = $50 mil a $74.999 5 = $75 mil a $99.999 6 = $100 mil ou mais

FIGURA 14.2 Excerto de livro de código mostrando o primeiro registro: projeto de fidelização da loja de departamentos.

semelhantes aos da Tabela 14.1. Pode-se verificar isso baixando arquivos EXCEL ou SPSS para a Tabela 14.1 do *site* do aluno (www.pearsonhighered.com/malhotra). Observe que o arquivo de dados SPSS tem duas apresentações: a dos dados (data view) e a das variáveis (variable view). A apresentação dos dados oferece uma lista dos dados e assemelha-se à Tabela 14.1. A apresentação das variáveis fornece uma lista das variáveis, mostrando o tipo, os rótulos ou descrições, valores e a codificação subjacente para cada variável, como ilustrado na Tabela 14.2. Ao clicar na coluna "valores" ("Values") do arquivo SPSS, abre uma caixa de diálogo "rótulos de valores"("Value Labels"). Os rótulos de valores são nomes únicos atribuídos a cada valor possível de uma variável. Por exemplo, 1 denota fraca preferência, e 7 denota forte preferência. Se os descritores fossem usados para outros valores de preferência, esses outros valores também seriam atribuídos aos "rótulos de valores" correspondentes. As outras colunas da Tabela 14.2 são autoexplicativas.

Na Tabela 14.1, bem como nos arquivos EXCEL e SPSS correspondentes, as colunas representam os campos, e as linhas, os registros ou respondentes, pois há um registro por respondente. Observe que há sete colunas. A primeira coluna contém a ID do respondente, e a segunda coluna, a preferência por restaurante. As colunas de 3 a 6 contêm as avaliações do restaurante quanto a qualidade da comida, tamanho das porções, valor e atendimento, respectivamente. Por fim, a sétima coluna contém a renda do respondente, codificada conforme especificado no livro de código. Cada linha contém todos os dados de um único respondente e representa um registro. Há 20 linhas ou registros, indicando que os dados de 20 respondentes estão armazenados neste arquivo. A Tabela 14.1 é uma matriz 20 × 7, pois há 20 respondentes e sete variáveis (incluindo a ID). Os bancos de dados consistem em um ou mais arquivos inter-relacionados. Por exemplo, um banco de dados pode conter todas as pesquisas de satisfação de clientes realizadas trimestralmente nos últimos cinco anos.

Finalmente, nesta parte do questionário, gostaríamos de lhe perguntar algumas informações básicas para fins de classificação.

PARTE D

1. Este questionário foi respondido (229)
   1. _____ Principalmente pelo homem chefe do domicílio
   2. _____ Principalmente pela mulher chefe do domicílio
   3. _____ Por ambos conjuntamente

2. Estado civil (230)
   1. _____ Casado
   2. _____ Nunca foi casado
   3. _____ Divorciado/separado/viúvo

3. Total de membros da família que moram na casa _____ (231–232)

4. Número de crianças que moram na casa:
   1. Menos de seis anos _____ (233)
   2. Mais de seis anos _____ (234)

5. Número de crianças que não moram na casa _____ (235)

6. Anos de instrução formal completados pelo respondente (e seu cônjuge, se aplicável). (favor assinalar)

	Ensino médio	Ensino superior	Pós-graduação	
1. Você	8 ou menos 9 10 11 12	13 14 15 16	17 18 19 20 21 22 ou mais	(236–237)
2. Cônjuge	8 ou menos 9 10 11 12	13 14 15 16	17 18 19 20 21 22 ou mais	(238–239)

7. 1. Sua idade: _____ (240–241)
   2. Idade do cônjuge (se aplicável): _____ (242–243)

8. Se estiver empregado, favor indicar as profissões, assinalando a categoria apropriada.

	(244) Homem	(245) Mulher
1. Profissional e técnico	_____	_____
2. Gerentes e administradores	_____	_____
3. Vendedores	_____	_____
4. Serviços burocráticos e afins	_____	_____
5. Artesãos/operários	_____	_____
6. Donas de casa	_____	_____
7. Outros (favor especificar)	_____	_____
8. Não aplicável	_____	_____

9. Mora atualmente em casa própria ou alugada? (246)
   1. Própria _____
   2. Alugada _____

10. Há quantos anos reside na área metropolitana de Atlanta?
    _____ anos. (247–248)

11. Qual é a renda bruta conjunta aproximada em sua residência? Favor assinalar. (249–250)

    1. Menos de $10 mil _____   8. De $40 mil a 44.999 _____
    2. De $10 mil a 14.999 _____   9. De $45 mil a 49.999 _____
    3. De $15 mil a 19.999 _____   10. De $50 mil a 54.999 _____
    4. De $20 mil a 24.999 _____   11. De $55 mil a 59.999 _____
    5. De $25 mil a 29.999 _____   12. De $60 mil a 69.999 _____
    6. De $30 mil a 34.999 _____   13. De $70 mil a 89.999 _____
    7. De $35 mil a 39.999 _____   14. $90 mil ou mais _____

Nota: As colunas de 1 a 228 deste registro contêm a ID do respondente, detalhes do projeto e informações que pertencem às partes A, B e C do questionário. Existe apenas um registro por entrevistado.

FIGURA 14.3 Exemplo de codificação de dados mostrando a codificação de dados demográficos.

TABELA 14.2
Apresentação de variáveis no SPSS (*variable view*) dos dados da Tabela 14.1

Nome	Tipo	Amplitude	Decimais	Rótulo	Valores	Faltantes	Colunas	Alinhamento	Medida
ID	Numérico	8	0	Número do Respondente	Nenhum	Nenhum	8	Direita	Escala
Preferência	Numérico	8	0	Preferência por Restaurante	[1, Fraca preferência]...	Nenhum	11	Direita	Escala
Qualidade	Numérico	8	0	Qualidade da Comida	[1, Ruim]...	Nenhum	10	Direita	Escala
Quantidade	Numérico	8	0	Tamanho das Porções	[1, Ruim]...	Nenhum	10	Direita	Escala
Valor	Numérico	8	0	Valor Total	[1, Ruim]...	Nenhum	10	Direita	Escala
Atendimento	Numérico	8	0	Atendimento no restaurante	[1, Ruim]...	Nenhum	10	Direita	Escala
Renda	Numérico	8	0	Renda Familiar Anual	[1, Menos de $20 mil]...	Nenhum	10	Direita	Escala

---

PESQUISA ATIVA

Existe algum sentimento patriótico em relação ao New England Patriots?

Visite www.patriots.com e pesquise na Internet, incluindo mídias sociais, e no banco de dados *on-line* de sua biblioteca informações sobre por que as pessoas vão a jogos de futebol profissional.

Como diretor de marketing do New England Patriots, que informações você gostaria de ter para formular estratégias de marketing para aumentar a frequência aos jogos dos Patriots?

Um levantamento foi administrado aos torcedores presentes em um jogo dos Patriots para determinar por que eles haviam ido ao jogo. Que princípio você seguirá para verificar o questionário, a edição e a codificação?

Transcrição

Transcrever os dados significa transferir os dados codificados do questionário ou das folhas de codificação para discos ou fitas magnéticas, ou diretamente para os computadores por meio de digitação.

Se os dados foram coletados via CATI, CAPI ou levantamentos pela Internet ou em dispositivos móveis, esta fase se torna desnecessária, pois os dados são introduzidos diretamente no computador à medida que são coletados. Além do uso da digitação, os dados podem ser transferidos por escaneamento óptico, tecnologias digitais, códigos de barras ou outras tecnologias (Figura 14.4).

Os programas para escaneamento óptico passam o texto impresso para o computador. O escaneamento óptico é um processo de transcrição de dados pelo qual as respostas registradas em formulários legíveis por computador são escaneados para formar um registro de dados. Isso exige que as respostas sejam registradas com um lápis especial em uma área predeterminada, codificada para aquela finalidade. Assim, os dados podem ser lidos por uma máquina. Um processo mais flexível é o reconhecimento de marcação óptica, em que uma interface do tipo planilha é usada para ler e processar formulários criados pelos usuários. Esses formulários são então processados por escâneres ópticos, e os dados são armazenados em um arquivo de computador. Os avanços tecnológicos resultaram em sistemas de análise sensorial computadorizada que automatizam o processo de coleta de dados. As questões aparecem em uma grade computadorizada, e as respostas são registradas diretamente no computador por meio de um dispositivo sensível. Os entrevistadores utilizam *notebooks*, *tablets* e outros dispositivos portáteis para registrar as respostas, que são enviadas por meio de um modem de comunicação interno, LAN sem fio ou conexão celular diretamente para outro computador no campo ou em outro local. Os códigos de barras envolvem a leitura direta dos códigos por uma máquina e sua transcrição simultânea. Um exemplo cotidiano de escaneamento óptico é a transcrição de códigos de barra nos caixas de supermercados. O Censo americano de 2010 usou códigos de barras para identificar os residentes. Empresas como UPS e FedEx usam códigos de barras nos rótulos para embarcar as encomendas.

Muitas outras tecnologias também são empregadas para transcrição de dados. Os sistemas de reconhecimento de voz e de respostas de voz convertem respostas faladas em arquivos de dados. Por exemplo, o *software* Microsoft Windows 10 inclui funções avançadas de reconhecimento de fala e pode ser usado para transcrição de dados falados em um microfone. Tecnologias mais recentes estão sendo desenvolvidas. Atualmente, podemos integrar imagens, vídeos, áudio e dados, o que seria utilizado para registro de grupos de foco ou de entrevistas.

Quando se utiliza CATI ou CAPI e outros métodos eletrônicos e mobile, os dados são conferidos à medida que são coletados. No caso de respostas inadmissíveis, o computador avisará o entrevistador ou o entrevistado. No caso de respostas admissíveis, o entrevistador ou o entrevistado podem ver a resposta registrada na tela e conferi-la antes de continuar.

A escolha do método de transcrição de dados é orientada pelo tipo de método de entrevista utilizado e pela dis-

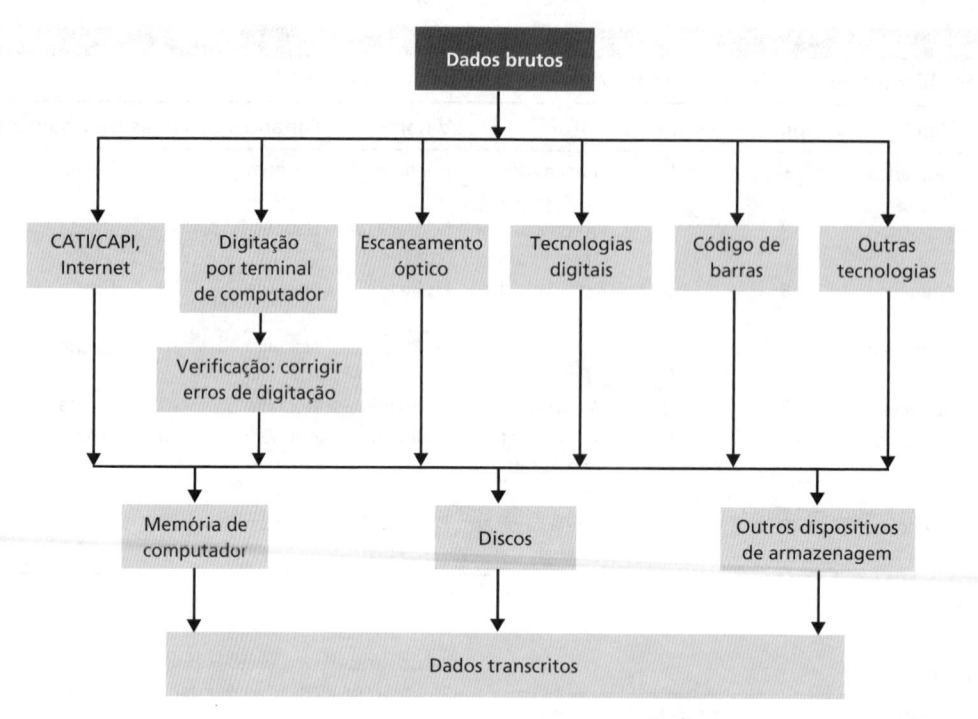

```
                           Dados brutos
                                │
    ┌──────────┬──────────┬─────┴─────┬──────────┬──────────┐
    ▼          ▼          ▼           ▼          ▼          ▼
CATI/CAPI,  Digitação  Escaneamento Tecnologias  Código de  Outras
Internet    por terminal  óptico     digitais    barras     tecnologias
            de computador
                │
                ▼
            Verificação: corrigir
            erros de digitação
    │          │          │           │          │          │
    ▼          ▼          ▼           ▼          ▼          ▼
         Memória de              Discos            Outros dispositivos
         computador                                de armazenagem
                          │
                          ▼
                    Dados transcritos
```

FIGURA 14.4 Transcrição de dados.

ponibilidade de equipamento. Quando se utiliza CATI ou CAPI, e outros métodos eletrônicos e mobile, os dados são introduzidos diretamente no computador. Emprega-se com mais frequência a digitação via terminal de computador para entrevistas telefônicas, domiciliares, em centros comerciais e pelo correio. Todavia, o uso de sistemas de tecnologia digital em entrevistas pessoais cresce com o aumento do uso de *tablets* ou computadores *laptop*. Pode-se usar o escaneamento óptico em levantamentos estruturados e repetitivos e, em casos especiais, o reconhecimento de marcação óptica. Os códigos de barras são usados para a coleta de dados para escaneamento e em várias outras aplicações.

Pesquisa real

Escaneando os mares

Em 2017, a Princess Cruises (www.princess.com), integrante da Carnival Corporation, oferece aos viajantes a oportunidade de viajar pelo mundo em cruzeiros para seis continentes, com paradas em mais de 300 portos e destinos em todo o mundo. A Princess desejava saber o que os passageiros pensavam sobre a experiência do cruzeiro, mas queria obter essa informação de forma econômica. Foi desenvolvido um questionário escaneável que permitia que a linha do cruzeiro transcrevesse rapidamente os dados de milhares de pesquisas, acelerando assim a preparação e a análise dos dados. O questionário é distribuído em todas as viagens para medir a satisfação do cliente.

Além de economizar tempo se comparado com a digitação, o escaneamento também aumentou a precisão dos resultados da pesquisa. O pesquisador de mercado da Princess Cruises, Jaime Goldfarb, comentou: "quando comparamos os arquivos de dados dos dois métodos, descobrimos que, embora o sistema de escaneamento ocasionalmente não reconhecesse marcações feitas porque não tinham sido preenchidas de forma adequada, o arquivo de dados escaneados ainda era mais preciso que o arquivo digitado".

É produzido um relatório mensal por destino do cruzeiro e por navio. Esse relatório identifica quaisquer problemas específicos observados, e tomam-se providências para assegurar que esses problemas sejam resolvidos. Recentemente, essas pesquisas levaram a alterações no cardápio e nos vários bufês localizados no navio.[5] ■

Depuração dos dados

A **depuração de dados** compreende verificações de consistência e tratamento de respostas faltantes. Embora a verificação preliminar da consistência já tenha sido feita durante a fase de preparo, a conferência neste estágio é mais aprofundada e ampla, porque é feita por computador.

depuração de dados
Verificação detalhada e ampla da consistência e do tratamento de respostas faltantes.

Verificação de consistência

A **verificação de consistência** identifica os dados que estão fora do intervalo, que são inconsistentes logicamente ou que apresentam valores extremos. Os dados fora do intervalo são inadmissíveis e devem ser corrigidos. Por exemplo, os entrevistados foram consultados quanto ao seu grau de concordância com certas afirmações sobre seu modo de vida em uma escala de 1 a 5. Supondo que 9 designe os valores faltantes, os valores 0, 6, 7 e 8 estão fora do intervalo. Programas de computador como SPSS, SAS, EXCEL e MINITAB podem ser programados para identificar valores fora do intervalo para cada variável e imprimir o código do entrevistado, o código da variável, o nome da variável, o número de registro, o número da coluna e o valor fora do intervalo.[6] Isso facilita a verificação de cada variável na busca de valores fora do intervalo. As respostas corretas podem ser determinadas voltando-se ao questionário editado e codificado.

verificação de consistência
Parte do processo de depuração que identifica os dados que estão fora do intervalo, que são inconsistentes logicamente ou que acusam valores extremos. Não se admitem dados com valores não definidos pelo esquema de codificação.

As respostas podem ser inconsistentes logicamente de várias maneiras. Por exemplo, um entrevistado pode afirmar que debita em seu cartão de crédito as compras que faz – mas ele não tem cartão de crédito. Ou um entrevistado que não faz uso frequente de um produto, mas se diz familiarizado com ele. Pode-se imprimir a informação necessária (código do entrevistado, código da variável, nome da variável, número do registro, número da coluna e valores inconsistentes) para localizar essas respostas e adotar a ação corretiva cabível.

Finalmente, os valores extremos devem ser examinados detidamente. Nem todos os valores extremos são consequência de erros, mas podem indicar problemas com os dados. Por exemplo, a avaliação demasiadamente baixa de uma marca pode decorrer do fato de o entrevistado ter assinalado indiscriminadamente 1 (em uma escala de 1 a 7) em todos os atributos da marca.

Como lidar com respostas faltantes

As **respostas faltantes**, ou omitidas, representam valores de uma variável que são desconhecidos, seja porque os respondentes não responderam, deram respostas ambíguas ou porque suas respostas não foram registradas corretamente. O primeiro caso, também conhecido como *não resposta a pergunta*, ocorre porque o respondente se recusa a responder itens ou questões específicas – ou não consegue respondê-los – devido ao conteúdo, à forma ou ao esforço exigido. O tratamento de respostas faltantes suscita problemas, especialmente se a proporção de tais respostas for superior a 10%. Temos as seguintes opções para lidar com tais respostas:[7]

respostas faltantes
Valores de uma variável que são desconhecidos pelo fato de os respondentes não terem dado respostas precisas à questão.

1. *Substituir por um valor neutro.* Um valor neutro, normalmente a resposta média da variável, é substituído pelas respostas faltantes. Assim, o valor médio da variável permanece inalterado, e outras estatísticas, como correlações, não são muito afetadas. Embora essa abordagem tenha seus méritos, a lógica da adoção de uma média (digamos, 4) para respondentes que, se tivessem respondido, poderiam ter indicado valores ou muito elevados (6 ou 7) ou muito baixos (1 ou 2) é discutível.[8]

2. *Substituir por uma resposta já imputada.* Costuma-se utilizar o padrão das respostas dadas por um entrevistado a outras questões para imputar ou calcular uma resposta adequada às questões faltantes. O pesquisador procura inferir, a partir dos dados disponíveis, as respostas que teriam sido dadas se os entrevistados tivessem respondido às questões. Isso pode ser feito estatisticamente, determinando a relação da variável em jogo com outras variáveis a partir dos dados disponíveis. Por exemplo, o consumo de um produto pode estar relacionado com o tamanho da residência para entrevistados que forneceram dados sobre ambas as variáveis. Assim, é possível calcular a resposta faltante de um entrevistado quanto ao uso de um produto, uma vez conhecido o tamanho da residência. Entretanto, essa abordagem exige considerável esforço e pode introduzir séria tendenciosidade. Foram elaborados sofisticados processos estatísticos para calcular valores imputados a respostas faltantes.

Pesquisa real

A imputação aumenta a integridade

Foi elaborado um projeto para avaliar o grau de disposição dos domicílios para implementar as recomendações de uma auditoria de energia (variável dependente), consideradas as implicações financeiras. As variáveis independentes consistiam em cinco fatores financeiros manipulados em níveis conhecidos e com valores conhecidos em razão do planejamento adotado. Entretanto, faltavam alguns valores da variável dependente. Eles foram substituídos por valores imputados, calculados estatisticamente tendo em vista os valores correspondentes das variáveis independentes. Esse modo de abordar as respostas faltantes aumentou sensivelmente a simplicidade e a validade da análise subsequente.[9] ■

3. *Supressão caso a caso.* Na **supressão caso a caso** (*casewise*), desprezam-se na análise os casos, ou entrevistados, com respostas faltantes. Como muitos respondentes podem ter alguma resposta faltante, esse procedimento talvez resulte em uma amostra insuficiente. Não é aconselhável descartar uma grande quantidade de dados, pois sua coleta é dispendiosa e consome tempo. Além disso, pode haver diferenças sistemáticas entre entrevistados com respostas faltantes e entrevistados com respostas completas. Se for assim, a supressão caso a caso pode produzir resultados seriamente tendenciosos.

supressão caso a caso
Método de lidar com respostas faltantes segundo o qual os casos ou respondentes com quaisquer respostas faltantes são eliminados da análise.

4. *Supressão aos pares*. Na **supressão aos pares** (pairwise), em vez de descartar todos os casos com quaisquer valores omitidos, o pesquisador utiliza apenas os casos ou respondentes com respostas completas para as variáveis envolvidas em cada cálculo. Como resultado, em uma determinada análise, diferentes cálculos podem basear-se em tamanhos amostrais diferentes. Esse procedimento é adequado quando (1) o tamanho da amostra é grande, (2) há poucas respostas faltantes e (3) as variáveis não são fortemente relacionadas. Todavia, este processo pode gerar resultados desinteressantes ou mesmo inviáveis.

supressão aos pares
Método de lidar com valores faltantes em que os casos ou respondentes com qualquer número de valores faltantes não são automaticamente descartados; ao contrário, para cada cálculo, só se consideram os casos ou respondentes com respostas completas.

Os diferentes procedimentos para lidar com respostas faltantes podem gerar resultados diferentes, particularmente quando as respostas não são omitidas aleatoriamente e as variáveis se relacionam. Logo, o número de respostas faltantes deve ser o menor possível. O pesquisador precisa avaliar com extremo cuidado as implicações dos diversos procedimentos antes de optar por um determinado método para lidar com a falta de resposta. Uma boa prática é usar mais de um método de tratamento das respostas faltantes e examinar o impacto dos diferentes métodos nos resultados.

Ajuste estatístico dos dados

Os procedimentos para ajustar estatisticamente os dados consistem em ponderação, reespecificação das variáveis e transformação de escala. Esses ajustes nem sempre são necessários, mas podem melhorar a qualidade da análise dos dados.

Ponderação

Na **ponderação**, é atribuído um peso a cada caso ou entrevistado destinado a refletir sua importância relativa a outros casos ou entrevistados. O valor 1,0 representa o caso sem ponderação. O efeito da ponderação é aumentar ou diminuir o número de casos na amostra que apresentem certas características parecidas. (Ver Capítulo 12, em que discutimos o uso da ponderação para fazer o ajuste das não respostas.)

ponderação
Ajuste estatístico dos dados em que, a cada caso ou respondente no banco de dados, atribui-se um peso que reflete sua importância relativa aos outros casos ou respondentes.

A ponderação é muito utilizada para tornar os dados amostrais mais representativos de uma população-alvo em relação a características específicas. Pode ser usada, por exemplo, para dar maior importância a casos ou entrevistados com dados de melhor qualidade. Outra aplicação da ponderação é ajustar a amostra de forma que se atribua maior importância a respondentes com determinadas características. Ao realizar um estudo para determinar as modificações a serem feitas em um produto existente, o pesquisador pode querer atribuir maior peso às opiniões de usuários frequentes do produto – o que conseguirá atribuindo peso 3,0 a usuários frequentes, 2,0 a usuários médios e 1,0 a usuários eventuais ou não usuários. A ponderação deve ser aplicada com cautela, pois destrói a natureza de autoequilíbrio do planejamento por amostragem.[10]

> **Pesquisa real**
>
> ### Determinação do peso de clientes de lanchonetes
>
> Uma pesquisa na Internet na área de Los Angeles – Long Beach buscou identificar a preferência dos consumidores em matéria de restaurantes *fast-food*. A amostragem resultante foi diferente da distribuição populacional da região compilada em censo recente quanto ao nível de instrução. Assim, a amostra foi ponderada a fim de se tornar mais representativa em termos de nível de instrução. Determinaram-se os pesos aplicados dividindo-se a porcentagem da população pela correspondente porcentagem amostral. Na tabela a seguir,

Uso da ponderação para fins de representatividade

Escolaridade	Porcentagem amostral	Porcentagem populacional	Peso
Ensino fundamental			
0 a 7 anos	2,49	4,23	1,70
8 anos	1,26	2,19	1,74
Ensino médio			
1 a 3 anos	6,39	8,65	1,35
4 anos	25,39	29,24	1,15
Ensino superior			
1 a 3 anos	22,33	29,42	1,32
4 anos	15,02	12,01	0,80
5 a 6 anos	14,94	7,36	0,49
7 anos ou mais	12,18	6,90	0,57
Totais	100,00	100,00	

damos a distribuição da instrução para a amostra e para a população, assim como os pesos aplicados.

Às categorias sub-representadas na amostra foram atribuídos pesos maiores, enquanto às categorias super-representadas foram atribuídos pesos mais baixos. Desse modo, os dados de um entrevistado com 1 a 3 anos de faculdade seriam superponderados mediante multiplicação por (29,42/22,33=) 1,32, enquanto os dados de um respondente com 7 ou mais anos de faculdade seriam subponderados, com multiplicação por (6,90/12,18=) 0,57. ∎

Se usado, o procedimento de ponderação deve ser documentado e fazer parte do relatório do projeto.

Reespecificação de variáveis

A **reespecificação de variáveis** envolve a transformação de dados para criar novas variáveis ou modificar variáveis existentes. A finalidade da reespecificação é criar variáveis que sejam consistentes com os objetivos do estudo. Por exemplo, suponhamos que a variável original seja o consumo de um produto, com 10 categorias de resposta. Estas seriam condensadas em quatro categorias: frequente, médio, eventual e não usuário. O pesquisador também consegue criar novas variáveis compostas de diversas outras variáveis. Por exemplo, ele pode criar um Índice de Procura de Informação (IIS – Index of Information Search), que é o conjunto de informações que os clientes procuram obter de vendedores, do material promocional, da Internet e de fontes independentes. De maneira semelhante, podemos tomar a razão das variáveis. Se forem calculados o total de compras feitas em uma loja de departamentos (X_1) e o montante das compras debitadas (X_2), é possível obter uma nova variável tomando-se a razão das duas (X_2/X_1). Outras reespecificações de variáveis incluem raiz quadrada e transformações logarítmicas, que costumam ser aplicadas para melhorar o ajuste do modelo que está sendo estimado.

reespecificação de variáveis
Transformação de dados para criar novas variáveis ou modificar variáveis existentes, de modo que se tornem mais consistentes com os objetivos do estudo.

Um procedimento importante de reespecificação compreende o emprego de variáveis mudas, ou *dummy,* como são chamadas em inglês, para reespecificar variáveis categóricas. As **variáveis *dummy*,** também chamadas de *binárias, dicotômicas, instrumentais* ou *qualitativas*, podem tomar apenas dois valores, como 0 e 1. A regra é que, para reespecificar uma variável categórica com K categorias, são necessárias $K - 1$ variáveis *dummy*. A razão para precisar de $K - 1$, e não de K variáveis *dummy,* é que apenas $K - 1$ categorias são independentes. Considerando os dados obtidos em amostra, é possível obter informações sobre a K-ésima categoria a partir de informações sobre as outras $K - 1$ categorias. Consideremos a variável gênero, que tem apenas duas categorias. Apenas uma variável *dummy* é necessária. Conseguimos obter imediatamente qualquer informação sobre o número ou porcentagem de homens na amostra a partir do número ou porcentagem de mulheres.

variáveis mudas ou *dummy*
Procedimento de reespecificação que utiliza variáveis que podem assumir apenas dois valores, em geral 0 ou 1.

> **Pesquisa real**
>
> ### Consumidores de congelados tratados como variáveis *dummy*

Em um estudo sobre a preferência dos consumidores por alimentos congelados, os entrevistados foram classificados como frequentes, médios, eventuais e não usuários, sendo-

-lhes atribuídos originalmente os códigos 4, 3, 2 e 1, respectivamente. Essa codificação carece de sentido para várias análises estatísticas. Para fazer essas análises, o consumo do produto foi representado por três variáveis *dummy*, X_1, X_2 e X_3, conforme mostrado.

Categoria do usuário	Código da variável original	Código da variável *dummy*		
		X_1	X_2	X_3
Não usuário	1	1	0	0
Usuário eventual	2	0	1	0
Usuário médio	3	0	0	1
Usuário frequente	4	0	0	0

Observe que $X_1 = 1$ para não usuários e 0 para todos os outros. Da mesma forma, $X_2 = 1$ para usuários eventuais e 0 para todos os outros, e $X_3 = 1$ para usuários médios e 0 para todos os outros. Na análise dos dados, X_1, X_2 e X_3 são usados para representar todos os grupos de usuários/não usuários. ∎

Transformação de escala

Uma **transformação de escala** envolve a manipulação dos valores da escala a fim de assegurar a comparabilidade com outras escalas ou tornar os dados suscetíveis a análise. Frequentemente, empregam-se escalas distintas para medir variáveis diferentes. Por exemplo, as variáveis de imagem podem ser medidas com uma escala de diferencial semântico de 7 pontos; as variáveis de atitude, com uma escala de avaliação contínua; e as variáveis que traduzem estilo de vida, com uma escala Likert de 5 pontos. Assim, não teria sentido fazer comparações das escalas de medida para um entrevistado. Para comparar escores de atitude com escores de estilo de vida ou escores de imagem, seria necessário transformar as várias escalas. Ainda que empreguemos a mesma escala para todas as variáveis, diferentes entrevistados podem utilizar a escala de maneira diferente. Por exemplo, alguns entrevistados utilizam sistematicamente a extremidade superior de uma escala de classificação, enquanto outros utilizam sistematicamente a extremidade inferior. Essas diferenças podem ser corrigidas mediante a transformação adequada dos dados.

transformação de escala
Manipulação dos valores de uma escala a fim de assegurar a comparabilidade com outras escalas ou adaptar os dados para análise.

Pesquisa real

Serviços de saúde – transformando consumidores

Em um estudo de segmentação da preferência por serviços de saúde, os entrevistados foram consultados sobre a avaliação da importância de 18 fatores que determinam a preferência por hospitais, em uma escala de 3 pontos (muito importante, mais ou menos importante, não importante). Antes da análise de dados, as classificações atribuídas pelos indivíduos foram transformadas. Para cada indivíduo, calculou-se a média das respostas relativas a todos os itens. A seguir, subtraiu-se essa média da avaliação de cada item, adicionando-se uma constante à diferença. Obtiveram-se dessa maneira os dados transformados X_t:

$$X_t = X_i - \overline{X} + C$$

A subtração da média corrigiu a utilização irregular de escalas de importância. Adicionou-se a constante C a fim de tornar positivos todos os valores transformados porque avaliações negativas de importância não são significativas conceitualmente. Essa transformação era conveniente porque alguns entrevistados, especialmente aqueles com renda baixa, classificaram como "muito importante" quase todos os itens de preferência. Outros, especialmente os entrevistados com renda elevada, atribuíram a classificação "muito importante" apenas a alguns itens de preferência. Assim, a subtração do valor médio dá uma ideia mais precisa da importância relativa dos fatores.[11] ∎

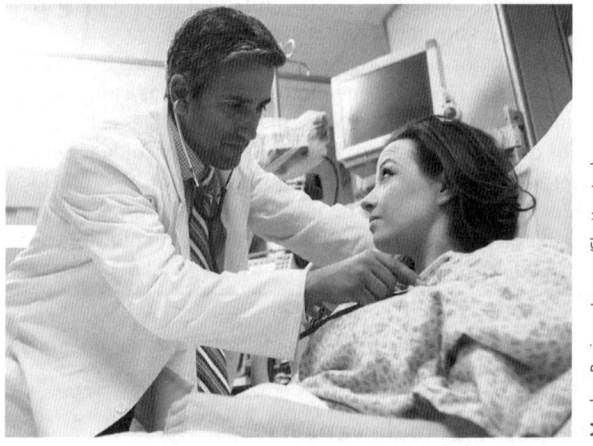

Nesse exemplo, a transformação de escala é corrigida apenas quanto à resposta média. Um procedimento mais comum de transformação é a **padronização**. Para padronizar uma escala X_i, em primeiro lugar subtraímos de cada valor a média $\overline{X}$ e, em seguida, dividimos o resultado pelo desvio-padrão s. Assim, a escala padronizada terá média zero e desvio-padrão 1. Trata-se essencialmente do mesmo cálculo dos escores z (ver Capítulo 12). A padronização permite ao pesquisador comparar variáveis avaliadas em diferentes tipos de escala.[12] Matematicamente, os escores padronizados, z_i, podem ser obtidos da seguinte forma:

$$z_i = (X_i - \overline{X})/s$$

padronização
Procedimento de correção de dados para reduzi-los à mesma escala mediante subtração da média de amostragem e divisão pelo desvio-padrão.

PESQUISA ATIVA

Lexus: tratamento de luxo

Visite www.lexus.com e pesquise na Internet, incluindo as mídias sociais, e no banco de dados *on-line* de sua biblioteca informações sobre os critérios que os compradores utilizam para adquirir um automóvel de luxo.

Dados demográficos e psicográficos foram obtidos em um levantamento planejado para explicar a escolha de uma marca de automóvel de luxo. Que tipo de verificação de consistência, tratamento de respostas faltantes e reespecificação de variáveis deveria ser realizado?

Como gerente de marketing da Lexus, que informações você gostaria de ter para formular estratégias de marketing para aumentar sua participação de mercado?

Escolha de uma estratégia para análise de dados

O processo de escolha de uma estratégia de análise de dados, ilustrado na Figura 14.5, deve se basear nas etapas preliminares do processo de pesquisa de marketing, nas características conhecidas dos dados, nas propriedades das técnicas estatísticas e na formação e filosofia do pesquisador.

A análise de dados não é um fim em si mesma. Seu objetivo é fornecer informações que auxiliem na abordagem do problema em estudo. A escolha de uma estratégia de análise de dados deve começar levando em consideração as etapas iniciais do processo: definição do problema (etapa 1), desenvolvimento de uma abordagem (etapa 2) e formulação da concepção de pesquisa (etapa 3). O plano preliminar de análise de dados, preparado como parte do plano de pesquisa, deve ser utilizado como trampolim. Pode ser necessário fazer modificações à luz de outras informações geradas em estágios subsequentes do processo de pesquisa.

O passo seguinte consiste em considerar as características conhecidas dos dados. As escalas de mensuração utilizadas exercem forte influência sobre a escolha das técnicas estatísticas (ver Capítulo 8). Além disso, o planejamento da pesquisa pode favorecer certas técnicas. Por exemplo, a análise da variância (ver Capítulo 16) é adequada para a análise de dados experimentais gerados por planejamentos causais. As observações dos dados obtidas durante a sua preparação podem ser de grande valia na escolha da estratégia de análise.

É também importante levar em consideração as propriedades das técnicas estatísticas, em especial seu objetivo e as premissas subjacentes. Algumas técnicas estatísticas são adequadas para examinar diferenças em variáveis, outras, para avaliar a magnitude das relações entre variáveis, e outras, ainda, para fazer previsões. As técnicas envolvem também diferentes premissas, e algumas delas podem suportar violações das suposições básicas melhor do que outras. Na próxima seção, apresentaremos uma classificação das técnicas estatísticas.

Finalmente, a formação e a filosofia do pesquisador influem na escolha da estratégia de análise de dados. O pesquisador experiente, estatisticamente treinado, utiliza uma gama de técnicas, inclusive métodos de estatística avançada. Os pesquisadores diferem quanto à maneira de fazer suposições sobre as variáveis e suas populações subjacentes. Pesquisadores avessos à formulação de suposições limitam sua escolha de técnicas a métodos que sejam livres de distribuição. Em geral, várias técnicas são apropriadas para analisar os dados de determinado projeto.

Uma classificação de técnicas estatísticas

As técnicas estatísticas são classificadas como univariadas ou multivariadas. Aplicam-se as **técnicas univariadas** quando há uma única medida de cada elemento na amostra ou quando, havendo várias medidas de cada elemento, cada variável é estudada isoladamente. As **técnicas multivariadas**, por outro lado, servem para analisar dados quando há duas ou mais medidas de cada elemento e as variáveis são analisadas simultaneamente. As técnicas multivariadas se referem a relações simultâneas entre dois ou mais fenômenos. Elas diferem das técnicas univariadas pelo fato de desviarem os focos dos níveis (médias) e distribuições (variâncias) dos fenômenos, concentrando-se nos graus de relacionamento (correlações ou covariâncias) entre esses fenômenos.[13]

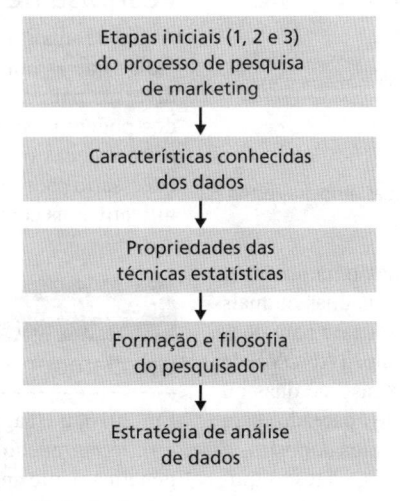

FIGURA 14.5 Seleção da estratégia de análise de dados.

Etapas iniciais (1, 2 e 3) do processo de pesquisa de marketing
↓
Características conhecidas dos dados
↓
Propriedades das técnicas estatísticas
↓
Formação e filosofia do pesquisador
↓
Estratégia de análise de dados

técnicas univariadas
Técnicas estatísticas adequadas para a análise de dados quando há uma medida única de cada elemento na amostra ou, no caso de haver várias medidas de cada elemento, quando cada variável é analisada isoladamente.

técnicas multivariadas
Técnicas estatísticas adequadas para a análise de dados quando há duas ou mais medidas para cada elemento e as variáveis são analisadas simultaneamente. As técnicas multivariadas se referem a relações simultâneas entre dois ou mais fenômenos.

As técnicas univariadas e multivariadas são apresentadas detalhadamente nos capítulos subsequentes; aqui, mostramos como as diversas técnicas se relacionam umas com as outras em um esquema global de classificação.

As técnicas univariadas são classificadas conforme os dados sejam métricos ou não métricos. Os **dados métricos** são medidos em uma escala intervalar ou de razão. Os **dados não métricos** são medidos em uma escala nominal ou ordinal (ver Capítulo 8). Essas técnicas podem ainda ser classificadas conforme estejam envolvidas uma, duas ou mais amostras. Observe que, neste caso, o número de amostras é determinado de acordo com a maneira como os dados são tratados para fins de análise, e não pela forma como foram coletados. Por exemplo, os dados para homens e mulheres podem ter sido coletados como uma única amostra, mas, se a análise compreender um estudo de diferenças entre gêneros, devem ser utilizadas técnicas que tratam duas amostras. As amostras são **independentes** quando extraídas aleatoriamente de populações diferentes. Para fins de análise, os dados pertencentes a grupos diferentes de entrevistados, por exemplo, homens e mulheres, em geral são tratados como amostras independentes. Por outro lado, as amostras são **pareadas** quando os dados para as duas amostras se referem ao mesmo grupo de entrevistados.

dados métricos
Dados que têm natureza intervalar ou razão.

dados não métricos
Dados deduzidos de uma escala nominal ou ordinal.

independentes
Amostras são independentes quando extraídas aleatoriamente de populações diferentes.

pareadas
Amostras são pareadas quando os dados para duas amostras estão relacionados ao mesmo grupo de respondentes.

Para dados métricos, quando há apenas uma amostra, podem ser aplicados os testes t e z. Quando há duas ou mais amostras independentes, utilizam-se os testes z e t para duas amostras e a análise de variância de um fator (ANOVA de um fator) para mais de duas amostras. No caso de duas ou mais amostras relacionadas, utiliza-se o teste t pareado. Para dados não métricos que envolvem uma única amostra, é possível aplicar as distribuições de frequência, os testes qui-quadrado, de Kolmogorov-Smirnov (K-S), de repetições e binomiais. Para duas amostras independentes com dados não métricos, podemos utilizar os testes qui-quadrado, de Mann-Whitney, da Mediana, K-S e a análise de variância de um fator de Kruskal-Wallis (ANOVA de K-W). Em contrapartida, quando há duas ou mais amostras relacionadas, devem ser utilizados os testes de sinais, de McNemar, de Wilcoxon e qui-quadrado (ver Figura 14.6).

As técnicas de estatística multivariada são classificadas como técnicas de dependência ou técnicas de interdependência (ver Figura 14.7). As **técnicas de dependência** são apropriadas quando uma ou mais variáveis podem ser identificadas como variáveis dependentes e as restantes, como variáveis independentes. Quando há apenas uma variável dependente, podemos aplicar a tabulação cruzada, a análise da variância e da covariância, a regressão, a análise discriminante de dois grupos e a análise conjunta. Se, entretanto, houver mais de uma variável dependente, as técnicas adequadas são a análise multivariada de variância e covariância, a correlação canônica, a análise discriminante múltipla, a modelagem de equações estruturais e a análise de caminhos. Em **técnicas de interdependência**, as variáveis não são classificadas como dependentes ou independentes; examina-se todo o conjunto de relações de interdependência. Essas técnicas enfocam a interdependência das variáveis ou a semelhança interobjeto. A principal técnica para examinar a interdependência de variáveis é a análise fatorial. A análise da semelhança interobjeto pode ser feita por análise de *clusters* e escalonamento multidimensional.[14]

técnicas de dependência
Técnicas multivariadas adequadas quando uma ou mais variáveis podem ser identificadas como variáveis dependentes e as restantes, como variáveis independentes.

técnicas de interdependência
Técnicas estatísticas multivariadas que procuram agrupar dados com base em uma semelhança subjacente, permitindo assim a interpretação das estruturas dos dados. Não há distinção quanto a quais variáveis são dependentes e quais são independentes.

Pesquisa de marketing internacional

Antes de analisar os dados, o pesquisador deve certificar-se de que as unidades de medida são comparáveis entre os diversos países ou unidades culturais. Por exemplo, os dados podem precisar de ajuste para estabelecer equivalência entre moedas ou unidades métricas. Além disso, talvez seja necessário padronizar ou normalizar os dados para tornar significativas as comparações e obter resultados consistentes.

Pesquisa real

Um clamor mundial por sorvete

Em 2016, a Häagen-Dazs® (www.haagen-dazs.com) passou a retirar gradualmente os ingredientes OGM (organismos geneticamente modificados) de seus produtos e estabeleceu uma meta para essa transição em todos os sabores. Em

Técnicas univariadas

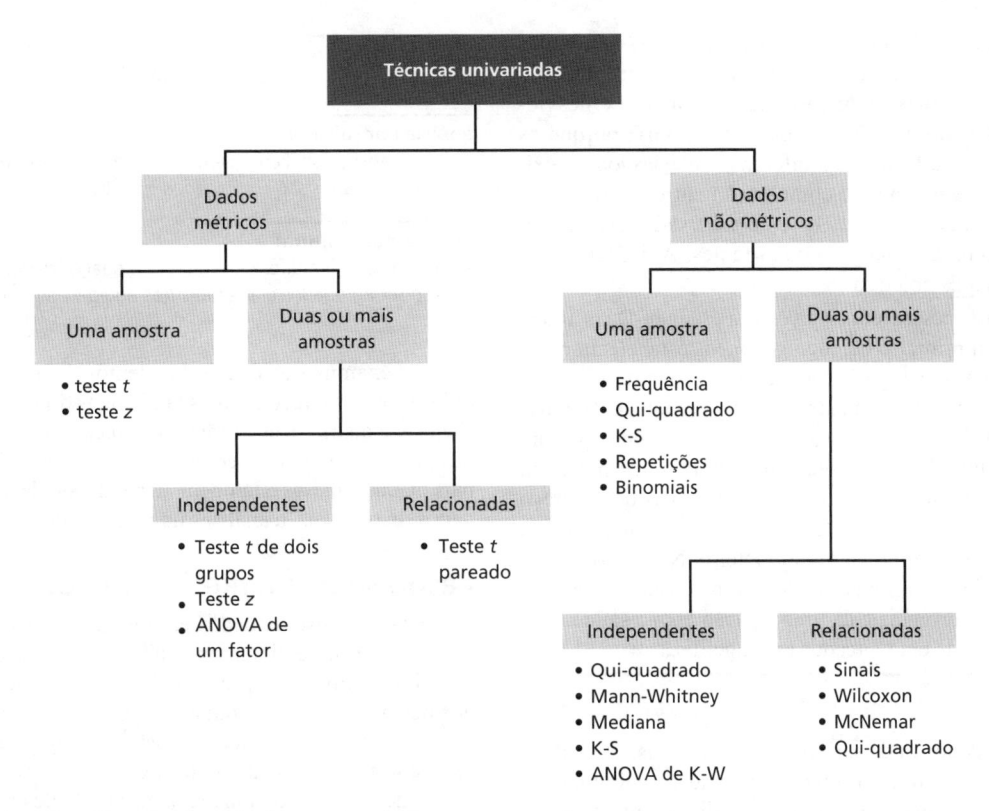

- **Dados métricos**
  - **Uma amostra**
    - teste *t*
    - teste *z*
  - **Duas ou mais amostras**
    - **Independentes**
      - Teste *t* de dois grupos
      - Teste *z*
      - ANOVA de um fator
    - **Relacionadas**
      - Teste *t* pareado

- **Dados não métricos**
  - **Uma amostra**
    - Frequência
    - Qui-quadrado
    - K-S
    - Repetições
    - Binomiais
  - **Duas ou mais amostras**
    - **Independentes**
      - Qui-quadrado
      - Mann-Whitney
      - Mediana
      - K-S
      - ANOVA de K-W
    - **Relacionadas**
      - Sinais
      - Wilcoxon
      - McNemar
      - Qui-quadrado

FIGURA 14.6 Classificação das técnicas univariadas.

Técnicas multivariadas

- **Técnicas de dependência**
  - **Uma variável dependente**
    - Tabulação cruzada (mais de duas variáveis)
    - Análise de variância e covariância
    - Regressão múltipla
    - Análise discriminante de dois grupos
    - Análise logit
    - Análise conjunta
  - **Mais de uma variável dependente**
    - Análise multivariada de variância e covariância
    - Correlação canônica
    - Análise discriminante múltipla
    - Modelagem de equações estruturais e análise de caminhos

- **Técnicas de interdependência**
  - **Interdependência de variável**
    - Análise fatorial
    - Análise fatorial confirmatória
  - **Semelhança interobjeto**
    - Análise de *clusters*
    - Escalonamento multidimensional

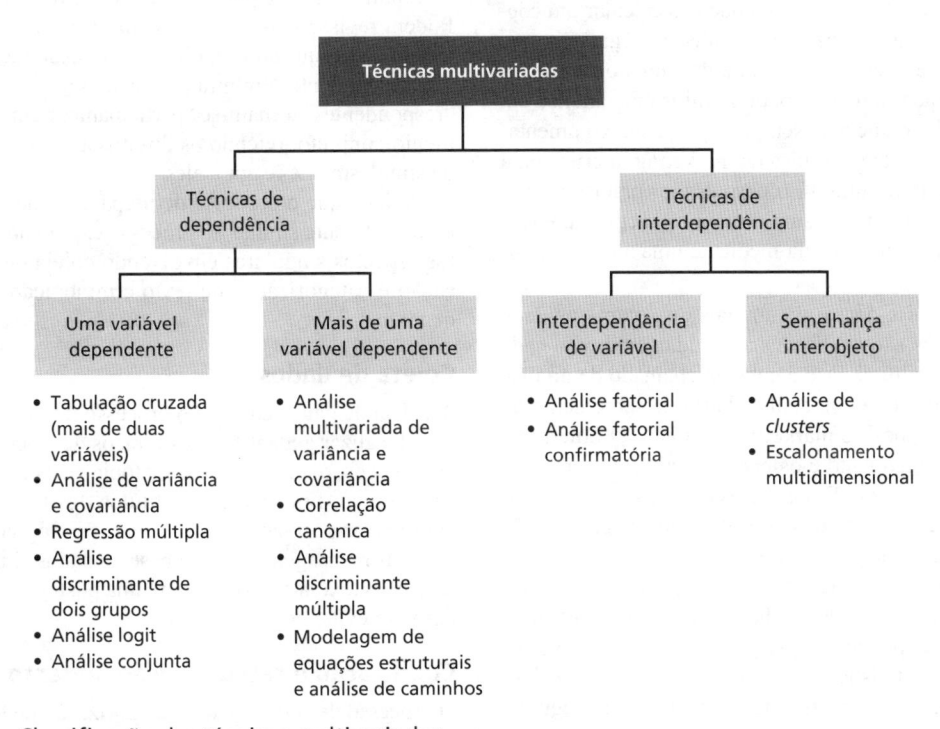

FIGURA 14.7 Classificação das técnicas multivariadas.

2018, a Häagen-Dazs tornou-se um fenômeno global. Como isso ocorreu? A estratégia para saciar o apetite estrangeiro é simples. A pesquisa de marketing realizada em vários países europeus (p. ex., Inglaterra, França e Alemanha) e asiáticos (p. ex., Japão, Cingapura e Taiwan) revelou a existência de consumidores ansiosos por um sorvete de alta qualidade e dispostos a pagar o preço correspondente. Esses resultados sistemáticos foram obtidos pela padronização do preço do sorvete em cada país, de modo a ter média zero e desvio-padrão 1. A padronização tornou-se necessária porque os preços eram especificados em diferentes moedas locais, exigindo uma base comum de comparação entre países. Além disso, em cada país, o preço teve de ser fixado levando em conta os preços das marcas concorrentes. A padronização atingiu esses dois objetivos.

Com base nessas constatações, a Häagen-Dazs introduziu a marca primeiro em alguns poucos estabelecimentos de varejo de alta categoria; em seguida, construiu varejos próprios em áreas de grande tráfego; finalmente, entrou nas lojas de conveniência e nos supermercados. Ávidos por um produto de qualidade, os consumidores ingleses pagavam US$ 5 por meio litro – duas ou três vezes mais que o preço de algumas marcas locais. Ele tornou-se o sorvete de marca registrada mais vendido no mundo inteiro. Nos EUA, o sorvete Häagen-Dazs continua sendo muito consumido, apesar da intensa concorrência e da preocupação com a saúde. Isso motivou a entrada em mercados estrangeiros.[15] ■

A análise de dados pode ser feita em três níveis: (1) individual, (2) dentro de um país ou de uma unidade cultural e (3) entre países ou unidades culturais. A análise no nível individual exige que os dados de cada respondente sejam analisados separadamente. Por exemplo, podemos calcular um coeficiente de correlação ou fazer uma análise de regressão para cada respondente. Isso significa que devemos obter dados suficientes de cada indivíduo para permitir uma análise em nível individual – o que nem sempre é possível. Argumenta-se, entretanto, que, em pesquisa de marketing internacional ou em pesquisa transcultural, o pesquisador precisa ter um conhecimento sólido do consumidor em cada cultura, e isso se consegue com mais eficácia mediante uma análise no nível individual.[16]

Em uma análise dentro de um país ou de uma unidade cultural, os dados são analisados separadamente para cada país ou unidade cultural. Isso é também chamado de **análise intracultural**, um nível de análise bastante semelhante ao utilizado em pesquisa de marketing nacional. O objetivo é entender o relacionamento e os padrões existentes em cada país ou unidade cultural. Em análises entre países, são examinados simultaneamente os dados de todos os países. São possíveis duas abordagens para esse método. Os dados de todos os respondentes de todos os países podem ser combinados e analisados; é o que se chama **análise pancultural**. Alternativamente, podemos agregar os dados de cada país, analisando essas estatísticas agregadas. Por exemplo, calcularíamos médias de variáveis para cada país e, em seguida, calcularíamos correlações com base nessas médias; é o que chamamos de **análise transcultural**. O objetivo desse nível de análise é avaliar a comparabilidade de resultados de um país para outro. Devem ser investigadas não só as semelhanças como também as diferenças entre países.

análise intracultural
Análise de dados internacionais dentro de um país.

análise pancultural
Análise transnacional em que os dados de todos os respondentes de todos os países são combinados e analisados.

análise transcultural
Tipo de análise em diferentes países na qual os dados de cada país podem ser agregados e as estatísticas agregadas podem ser analisadas.

Ao examinar as diferenças, temos de avaliar não só as diferenças entre médias, mas também as diferenças entre variâncias e distribuição. Todas as técnicas estatísticas abordadas neste livro podem ser aplicadas a análises dentro de um país ou entre países e também, dependendo da quantidade de dados disponíveis, a análises no nível individual.[17]

Pesquisa de marketing e mídias sociais

A coleta e análise de dados em mídias sociais pode ser um processo bastante dinâmico. Dados gerados por um grande painel de membros em rede podem ser acessados e analisados por pesquisadores com a coleção correta de ferramentas Web 2.0, permitindo que discussões se organizem e reorganizem dinamicamente dentro do painel. Ao contrário da coleta de dados tradicionais, os respondentes não se atêm a responder a perguntas ou estímulos. Na verdade, eles geram e editam os dados por meio de sua participação comunal. Podem revisar suas postagens em resposta a outros, quer se tratem de pesquisadores, clientes ou respondentes. Em resumo, respondentes em mídias sociais são cocriadores; assim, "respondentes" tornam-se "participantes" em um empreendimento conjunto, retendo os direitos a dar os rumos, em vez de simplesmente reagir a eles.

Ainda que o processo de preparação de dados continue essencialmente similar ao processo examinado antes, há certos aspectos singulares envolvendo coleta de dados, codificação e categorização de texto e mineração e visualização de texto.

Coleta de dados

A coleta de dados envolve o processo de "varredura" do *site* para localizar e identificar os tópicos de discussão, os títulos dos tópicos, o iniciador de cada tópico e as datas de início de cada tópico. Em seguida, os títulos dos tópicos são usados para baixar postagens e mensagens por tópico. Ao se armazenar as mensagens em uma base de dados, é importante que inserções textuais de outros em uma postagem sejam removidas para evitar contagem dupla.

Codificação e categorização de texto

O processo de codificação e categorização de texto envolve a inspeção humana de uma amostra aleatória de mensagens de texto para entender o tipo de siglas, abreviações e terminologias usadas e para se acostumar com os dados. Em seguida, o codificador humano desenvolve um esquema de codificação e auxilia na categorização computadorizada do texto até que os resultados da codificação sejam satisfatórios. As regras de codificação e extração desenvolvidas são então aplicadas ao conjunto inteiro de dados. Esse processo é similar, mas mais extensivo, do que a codificação de respostas abertas ilustrada anteriormente.

Mineração e visualização de texto

Os dados textuais codificados são interpretados ao se buscar termos positivos e negativos em comentários sobre a marca/produto. Além disso, é útil comparar postagens quando marcas concorrentes também são discutidas. Quando o conjunto de dados é extraído dentro de um período determinado, padrões longitudinais de dados podem ser analisados.

Os aspectos singulares da preparação e análise de dados de mídias sociais são ilustrados pelo procedimento seguido pela KDPaine & Partners.

Pesquisa real

CARMA: especialistas na coleta e análise de dados de mídias sociais

A KDPaine & Partners, atualmente parte da CARMA (www.carma.com), conduziu um projeto para determinar especificamente a presença e a atividade da faculdade Georgia Tech (www.gatech.edu) e suas instituições pares nas mídias sociais. Os aspectos relevantes da coleta e preparação de dados estão a seguir.

Coleta de dados

O primeiro passo foi padronizar técnicas de coleta para a Georgia Tech e suas concorrentes. Para alcançar esse objetivo da melhor forma, decidiu-se observar e explorar um leque predefinido de canais de mídias sociais para a Georgia Tech e para um pequeno grupo de instituições acadêmicas do mesmo âmbito durante um período de *benchmark* de três meses. Assim, os pesquisadores chegaram a um total de 50 *blogs* externos e 114 *blogs* institucionais. Manualmente, os artigos foram extraídos dos *blogs* selecionados e importados para um painel de instrumentos no qual os pesquisadores podiam então codificá-los. Técnicas de coleta foram desenvolvidas testando-se e finalizando-se uma lista-mestre de termos de busca que incluía todas as menções possíveis em mídias sociais à Georgia Tech e às instituições concorrentes.

Codificação e categorização de texto

Para a codificação e categorização de texto, uma padronização de termos, tipos de conversas e tipos de conteúdo foi desenvolvida. Por fim, uma lista com 27 tipos de conversas e 19 tipos de vídeos foi desenvolvida e utilizada para fins de codificação para se conhecer o que as pessoas estavam conversando nos canais de mídias sociais. O tom era definido como positivo, neutro ou negativo. Ademais, os pesquisadores examinaram se cada item continha uma ou mais das mensagens-chave das instituições, quais assuntos eram discutidos, quais departamentos acadêmicos eram mencionados e como cada item posicionava as instituições em relação às questões-chave.

Mineração e visualização de texto

Outro obstáculo foi lidar com as imensas quantidades de menções encontradas para cada instituição. Como havia milhares de itens a serem codificados e organizados a cada mês, a KDPaine utilizou um painel de instrumentos digital para organizar e analisar os dados. Os resultados variaram um pouco de um canal para outro. As discussões no Facebook, por exemplo, eram em sua maioria positivas ou neutras, mostrando a fidelidade dos estudantes para com suas instituições. A Georgia Tech, especificamente, não apresentou menções negativas e ficou um pouco abaixo da média em parcela de discussões positivas. Com base nessas observações, diversas recomendações foram feitas para que a Georgia Tech aumentasse sua presença nas mídias sociais.[18] ■

Pesquisa de marketing em dispositivos móveis

A preparação e análise de dados em pesquisa de marketing em dispositivos móveis (MMR) é similar àquela em levantamentos *on-line* (Internet). Dados obtidos a partir de dispositivos móveis podem ser transferidos sem percalços para computadores. A conferência da qualidade e da completude das respostas pode ser programada e realizada em computador. Lacunas nos valores podem ser preenchidas usando-se procedimentos-padrão examinados neste capítulo. O mesmo se aplica à transformação dos dados. Empresas como a Pollfish (www.pollfish.com) e a MFour (www.mfour.com) desenvolveram seu próprio *software* para conduzir a análise básica de dados. Os resultados são disponibilizados ao cliente em um painel de instrumentos personalizados. Os dados brutos também são disponibilizados ao cliente em, por exemplo, formato de arquivo Excel. O cliente pode então conduzir análises adicionais para descobrir mais sobre componentes específicos do problema.

Ética na pesquisa de marketing

Os problemas éticos que surgem durante o estágio de preparação e análise dos dados no processo de pesquisa de marketing dizem respeito principalmente ao pesquisador. Durante a fase de conferência, codificação, transcrição e limpeza dos dados, os pesquisadores devem ter alguma ideia sobre a qualidade dos dados. É preciso identificar os respondentes que forneceram dados de qualidade questionável. Consideremos, por exemplo, um respondente que assinala a resposta "7" a todos os 20 itens que medem a atitude de um espectador de esportes em uma escala tipo Likert de 1 a 7. Aparentemente, esse respondente não atentou para o fato de algumas afirmações serem negativas e outras, positivas. Assim, esse entrevistado revela uma atitude extremamente favorável para com todas as afirmações positivas e uma atitude extremamente negativa para com as afirmações contrárias.

As decisões sobre se tais respondentes devem ser descartados, isto é, não incluídos na análise, podem suscitar problemas éticos. Uma boa regra prática é tomar tais decisões durante a fase de preparação dos dados, antes de fazer qualquer análise.

Em contrapartida, suponhamos que o pesquisador tenha feito a análise sem primeiramente procurar identificar os respondentes insatisfatórios. A análise não revela, entretanto, a relação esperada, isto é, não mostra que a atitude em relação aos apreciadores de esportes influencia seu comparecimento aos espetáculos públicos disponíveis. O pesquisador decide, então, examinar a qualidade dos dados obtidos. Ao verificar os questionários, identificam-se alguns respondentes com dados insatisfatórios. Além do tipo de resposta insatisfatória mencionado anteriormente, há também outros padrões de respostas ao questionário sujeitos a questionamento. A título de ilustração, alguns respondentes assinalaram "4" em todas as respostas, ou seja, a resposta "não concordo nem discordo" em todos os 20 itens que pretendiam avaliar a atitude em relação ao público de esportes. Eliminados esses respondentes e analisado o conjunto reduzido de dados, obtiveram-se os resultados esperados, mostrando uma influência positiva da atitude em relação ao comparecimento desse público aos espetáculos esportivos. O fato de descartar respondentes após a análise dos dados suscita problemas éticos, especialmente quando o relatório não destaca que a análise inicial foi considerada inconclusiva. Além disso, deve-se definir com clareza o procedimento utilizado para identificar respondentes insatisfatórios e o número de respondentes descartados.

Pesquisa real

A ética do *downsizing*

Os efeitos de uma economia de crescimento lento entre 2014 e 2017 forçaram muitas empresas dos Estados Unidos a fazer um *downsizing* (redução do quadro de funcionários) de seu pessoal. Recentemente, foi realizado um estudo sobre as diferenças das percepções dos funcionários e dos diretores-executivos para ver se esse *downsizing* era ético ou não. Houve um total de 410 levantamentos enviados por correio a funcionários de empresas americanas, e 231 levantamentos completados foram devolvidos, mas 53 não puderam ser utilizados, porque continham respostas incompletas ou foram preenchidos por entrevistados que não se qualificavam no perfil desejado. Isso resultou em um tamanho de amostra de funcionários de 178.

O levantamento também foi enviado para 179 diretores-executivos de empresas que tinham sido identificadas como tendo passado pelo menos por um *downsizing* nos últimos cinco anos. Desses 179, apenas 36 levantamentos foram retornados, dos quais cinco diretores-executivos indicaram que, na verdade, nunca tinham estado na empresa durante um processo de *downsizing*. Portanto, apenas 31 levantamentos de diretores-executivos puderam ser considerados no estudo. Esse é um exemplo de edição ética dos dados. Os critérios para respostas não utilizáveis ou insatisfatórias são claramente apresentados, os entrevistados insatisfatórios são identificados antes da análise, e o número de entrevistados eliminados é revelado.

As constatações desse estudo foram que os funcionários e os diretores-executivos tinham percepções diferentes a respeito do *downsizing* e que diversos fatores podem influenciar as percepções de alguém sobre o tema.

Os funcionários opinavam que o *downsizing* era antiético quando tinham sido vítimas do processo, quando as informações eram retidas e quando o processo era feito na época de férias. Essas percepções com frequência afetam o trabalho de um funcionário se fizerem com que este veja a empresa de forma negativa.[19] ■

Ao analisar os dados, o pesquisador também pode ter de lidar com problemas éticos. Para obter resultados significativos, devem ser satisfeitas as suposições subjacentes das técnicas estatísticas usadas para analisar os dados. Qualquer desvio dessas suposições tem de ser examinado criticamente para determinar se a técnica de análise dos dados disponíveis é adequada. O pesquisador tem a responsabilidade de justificar as técnicas estatísticas usadas na análise. Quando isso não é feito, podem surgir questões de ordem ética. Além disso, não deve haver qualquer deturpação intencional ou deliberada dos métodos ou resultados da pesquisa. Da mesma forma, também podem surgir problemas éticos na interpretação dos dados, nas conclusões, nas recomendações e na implementação.

As interpretações, conclusões, recomendações e implementações necessariamente exigem julgamento subjetivo, que deve ser exercido honestamente, isento de preconceitos ou convicções do pesquisador ou do cliente.

QUADRO 14.1 Programas MINITAB e EXCEL para preparação de dados

MINITAB
Há instruções de controle que permitem determinar a ordem dos comandos em um macro. O comando IF permite a implementação de diferentes blocos de comandos. Isso inclui IF, ELSEIF, ELSE e ENDIF.

EXCEL
A instrução IF é usada para fazer checagens lógicas e para verificar valores de intervalo. A instrução IF é acessada sob INSERT>FORMULAS>FUNCTION>IF.

Software estatístico

Muitos pacotes estatísticos, como SPSS (www.spss.com ou www.ibm.com/analytics/us/en/technology/spss), SAS (www.sas.com), MINITAB (www.minitab.com) e EXCEL (www.microsoft.com) têm *sites* na Internet que podem ser acessados para diversas informações. O Quadro 14.1 dá detalhes sobre o uso desses pacotes para fazer verificações de consistência. Esses pacotes contêm também opções para lidar com respostas faltantes e para ajustar dados estatisticamente. Além disso, hoje é possível encontrar inúmeros programas estatísticos na Internet. Alguns desses programas talvez não ofereçam uma análise integrada de dados e gerenciamento; mesmo assim, podem ser de grande utilidade na elaboração de análises estatísticas específicas.

Há na Internet informações para a formulação de uma estratégia de análise de dados, bem como sobre a adaptabilidade de certas técnicas estatísticas a contextos específicos. É possível navegar em busca de novas técnicas estatísticas que ainda não se encontram em pacotes estatísticos comumente usados. Grupos de notícias e grupos de interesse especial constituem fontes úteis de várias informações estatísticas.

Vídeos demonstrativos computadorizados SPSS e SAS

Desenvolvemos vídeos demonstrativos computadorizados que dão instruções passo a passo para executar todos os programas SPSS e SAS Enterprise Guide que são discutidos neste livro. Tais demonstrações podem ser baixadas do *site* deste livro. As instruções para executar as demonstrações são oferecidas no Quadro 14.2.

Cópias de telas SPSS e SAS com notas

As instruções passo a passo para a execução dos diversos programas SPSS e SAS Enterprise Guide discutidos neste livro também são ilustradas em cópias de telas com notas adequadas. Essas cópias de telas podem ser baixadas do *site* deste livro.

SPSS Windows

SPSS Arquivo de Dados

Com o módulo Base, valores fora do intervalo podem ser selecionados usando o comando SELECT IF. Esses casos, com a informação de identificação (ID do sujeito, número de registro, nome da variável e valor da variável), podem ser impressos usando os comandos LIST ou PRINT. O comando PRINT guardará os casos ativos em um arquivo externo. Se for necessária uma lista formatada, o comando SUMMARIZE pode ser usado.

O SPSS Data Entry facilita a preparação dos dados. Você consegue verificar se os entrevistados responderam de forma completa estabelecendo regras. Essas regras podem ser usadas em conjuntos de dados existentes para validar e verificar os dados, sem importar se o questionário usado para coletar os dados foi construído no Data Entry ou não. O Data Entry permite que você controle e verifique a entrada de dados por meio de três tipos de regras: validação, verificação e salteamento/preenchimento de regras.

Embora os valores faltantes possam ser tratados dentro do contexto do módulo Base, o SPSS Missing Value Analysis ajuda a diagnosticar valores faltantes e substituir esses valores com estimativas. O TextSmart do SPSS ajuda na codificação e na análise de respostas abertas.

QUADRO 14.2 Instruções para execução de demonstrações computadorizadas

> Embora ofereçamos instruções para executar demonstrações SPSS, as referentes ao SAS são muito semelhantes.
>
> Para iniciar a demonstração SPSS, escolha a pasta com o nome apropriado. Assim que você clicar duas vezes, o filme de demonstração iniciará automaticamente.
>
> Se você quiser interromper o filme de demonstração em um ponto específico, simplesmente clique no botão ▐▐. A demonstração para naquele ponto. O botão então muda de forma e fica semelhante a ▶. Para continuar a ver a demonstração a partir daquele ponto, simplesmente clique no botão ▶. Para passar a demonstração rapidamente, pode-se clicar no botão ▶▌. Clique nesse botão várias vezes se quiser passar adiante em intervalos mais longos. Para retroceder o filme de demonstração, clique no botão ◀. Para retroceder com intervalos mais longos, clique nesse botão várias vezes. A qualquer momento, se você desejar passar a demonstração novamente desde o início, clique no botão ↺. Finalmente, também é possível mover o *slide* ▬▬▬ para a esquerda ou direita, para navegar na demonstração. O *slider* faz o mesmo que os botões de avanço e de retrocesso.

Criação de uma variável chamada *Avaliação Geral* (*Overall Evaluation*)

Ilustramos o uso do módulo Base para a criação de novas variáveis e a recodificação das já existentes utilizando os dados da Tabela 14.1. Queremos criar uma variável chamada *Avaliação Geral* (*Geral*) (*Overall Evaluation, Overall*), que é a soma das avaliações de qualidade, quantidade, valor e atendimento. Assim,

Geral = Qualidade + Quantidade + Valor + Atendimento

Os passos são os seguintes:

1. Selecione TRANSFORM.
2. Clique em COMPUTE.
3. Digite Overall (*"geral"*) na caixa TARGET VARIABLE.
4. Clique em Quality e mova para a caixa NUMERIC EXPRESSIONS.
5. Clique no sinal "+".
6. Clique em Quantity e mova para a caixa NUMERIC EXPRESSIONS.
7. Clique no sinal "+".
8. Clique em Value e mova para a caixa NUMERIC EXPRESSIONS.
9. Clique no sinal "+".
10. Clique em Service e mova para a caixa NUMERIC EXPRESSIONS.
11. Clique em TYPE & LABEL, sob a caixa TARGET VARIABLE, e digite Overall Evaluation (Avaliação geral). Clique em CONTINUE.
12. Clique em OK.

Recodificação para criar nova variável chamada *Renda recodificada*

Também queremos ilustrar a recodificação de variáveis para criar novas variáveis. A categoria de renda 1 ocorre somente uma vez, e a categoria de renda 6 ocorre apenas duas vezes. Assim, queremos combinar as categorias de renda 1 e 2, e as categorias 5 e 6, e criar uma nova variável de renda Rincome chamada de Recoded Income (renda recodificada). Observe que Rincome tem somente quatro categorias que são codificadas de 1 a 4. Isso pode ser feito no SPSS Windows da seguinte forma:

1. Selecione TRANSFORM.
2. Clique em RECODE e selecione INTO DIFFERENT VARIABLES.
3. Clique em Income e mova para a caixa NUMERIC VARIABLE → OUTPUT VARIABLE.
4. Digite Rincome na caixa OUTPUT VARIABLE NAME.
5. Digite Recode income na caixa OUTPUT VARIABLE LABLE.
6. Clique na caixa OLD AND NEW VALUES.
7. Sob OLD VALUES, à esquerda, clique RANGE. Digite 1 e 2 nas caixas de intervalo. Sob NEW VALUES, à direita, clique VALUE e digite 1 na caixa de valor. Clique ADD.
8. Sob OLD VALUES, à esquerda, clique VALUE. Digite 3 na caixa de valor. Sob NEW VALUES, à direita, clique VALUE e digite 2 na caixa de valor. Clique ADD.
9. Sob OLD VALUES, à esquerda, clique VALUE. Digite 4 na caixa de valor. Sob NEW VALUES, à direita, clique VALUE e digite 3 na caixa de valor. Clique ADD.
10. Sob OLD VALUES, à esquerda, clique VALUE. Digite 5 e 6 na caixa de valor. Sob NEW VALUES, à direita, clique VALUE e digite 4 na caixa de valor. Clique ADD.
11. Clique CONTINUE.
12. Clique CHANGE.
13. Clique OK.

SAS Enterprise Guide

SAS Arquivo de Dados

No BASE SAS, IF, IF-THEN e IF-THEN ELSE podem ser usados para selecionar casos com valores faltantes ou fora do intervalo. A instrução LIST é útil para imprimir linhas de entrada duvidosas. O SAS Enterprise Guide permite que o usuário identifique valores faltantes ou fora do intervalo com o Filter Data dentro da tarefa Query and Filter Data. Os procedimentos MI e MIANALYZE no SAS/STAT também possibilitam a inserção de valores faltantes quando é necessária uma abordagem mais sofisticada. As etapas do SAS que estão ilustradas aplicam-se ao SAS Enterprise Guide, a interface do usuário do SAS OnDemand for Academics.[20]

Criação de uma variável chamada *Avaliação Geral* (*Overall Evaluation*)

Ilustramos o uso do SAS Enterprise Guide para a criação de novas variáveis e a recodificação das já existentes utilizando os dados da Tabela 14.1. Queremos criar uma variável chamada *Avaliação Geral* (*Overall Evaluation*), que é a soma das avaliações de qualidade, quantidade, valor e atendimento. Assim,

Geral = Qualidade + Quantidade + Valor + Atendimento

Para criar uma nova variável chamada Avaliação Geral no SAS Enterprise Guide usando os dados da Tabela 14.1:

1. Abra SAS Table_14_1 utilizando o SAS Enterprise Guide.
2. Selecione TOOLS=>OPTIONS=>QUERY e verifique AUTOMATICALLY ADD COLUMNS das tabelas de entrada para o conjunto resultante de consulta. Clique em OK.
3. Clique em QUERY BUILDER.
4. Selecione todas as variáveis e arraste-as para a guia SELECT DATA à direita.
5. Selecione o botão COMPUTED COLUMNS.
6. Clique em NEW.
7. Selecione ADVANCED EXPRESSION.
8. Clique em NEXT.
9. Clique em + SIGN pelo Selected Columns para exibir a lista de variáveis.
10. Dê um duplo clique em Quality para adicioná-lo na caixa ENTER AN EXPRESSION.

11. Clique em + SIGN na barra de operandos.
12. Dê um duplo clique em Quantity para adicioná-lo na caixa ENTER AN EXPRESSION.
13. Clique em + SIGN.
14. Dê um duplo clique em Value para adicioná-lo na caixa ENTER AN EXPRESSION.
15. Clique em + SIGN.
16. Dê um duplo clique em Service para adicioná-lo na caixa ENTER AN EXPRESSION.
17. Clique em NEXT.
18. Para COLUMN NAME, digite Overall.
19. Para LABEL, digite Overall Evaluation.
20. Clique em FINISH.
21. Clique em CLOSE.
22. Selecione RUN.

Recodificação para criar nova variável chamada *Renda Recodificada* (*Recoded Income*)

Também queremos ilustrar a recodificação de variáveis para criar novas variáveis. A categoria de renda 1 ocorre somente uma vez, e a categoria de renda 6 ocorre apenas duas vezes. Assim, queremos combinar as categorias de renda 1 e 2, e as categorias 5 e 6, e criar uma nova variável de renda Rincome chamada Recoded Income (renda recodificada). Observe que Rincome tem somente quatro categorias que são codificadas de 1 a 4.

Para criar uma nova variável chamada Recoded Income no SAS Enterprise Guide usando os dados da Tabela 14.1:

1. Abra SAS Table_14_1 utilizando o SAS Enterprise Guide.
2. Selecione TOOLS=>OPTIONS=>QUERY e verifique AUTOMATICALLY ADD COLUMNS das tabelas de entrada para o conjunto resultante de consulta. Clique em OK.
3. Clique em QUERY BUILDER.
4. Selecione todas as variáveis e arraste-as para a guia SELECT DATA à direita.
5. Na caixa da esquerda, clique com o botão direito em Income e selecione RECODE COLUMN.
6. Clique em ADD.
7. Na nova janela, clique em ADD.
8. Sob REPLACE VALUES coloque 2.
9. Sob WITH THIS VALUE coloque 1. Clique em OK.
10. Clique em ADD.
11. Na nova janela, clique em ADD.
12. Sob REPLACE VALUES coloque 3.
13. Sob WITH THIS VALUE coloque 2. Clique em OK.
14. Clique em ADD.
15. Na nova janela, clique em ADD.
16. Sob REPLACE VALUES coloque 4.
17. Sob WITH THIS VALUE coloque 3.
18. Clique em OK.
19. Clique em ADD.
20. Selecione REPLACE A RANGE.
21. Marque SET A LOWER LIMIT e coloque 5.
22. Marque SET AN UPPER LIMIT e coloque 6.
23. Sob WITH THIS VALUE coloque 4.
24. Clique em OK.
25. Clique em NEXT.
26. Na caixa COLUMN NAME, digite Rincome.
27. Na caixa LABEL, digite Recoded Income.
28. Clique em FINISH.
29. Clique em RUN.

Projeto de pesquisa

Estratégia de análise de dados

Como parte da análise realizada no projeto de fidelização da loja de departamentos, a escolha da loja foi feita em termos das características da imagem da loja ou dos fatores que influenciam os critérios de escolha. A amostra foi dividida em metades. Os respondentes em cada metade foram agrupados com base na importância dada às características da imagem da loja. Testes estatísticos para *clusters* foram realizados, e quatro segmentos foram identificados. A preferência por lojas foi moldada em termos de avaliações das lojas quanto a variáveis de imagem. O modelo foi calculado separadamente para cada segmento. Diferenças entre funções de preferência dos segmentos foram estatisticamente testadas. Finalmente, a validação do modelo e a validação cruzada foram realizadas para cada segmento. A estratégia de análise de dados está representada no diagrama.

Atividades de projeto

SPSS Arquivo de Dados

SAS Arquivo de Dados

Baixe o arquivo de dados SPSS *Wal-Mart Data 14* ou o arquivo SAS correspondente do *site* deste livro. Esse arquivo contém informações sobre quem na família faz a maior parte das compras em lojas de departamentos, sobre a familiaridade com cada uma das 10 lojas de departamentos e dados demográficos. A medida dessas variáveis é descrita no Capítulo 1. As variáveis restantes não foram incluídas, de forma que o número de variáveis seja menos de 50 e você possa usar o *software* SPSS versão do aluno.

1. Determine quantos casos de familiaridade com a Kohl's têm valores faltantes.
2. Como os valores faltantes são codificados?
3. Substitua os valores faltantes de familiaridade com a Kohl's pelo valor médio.
4. Calcule um escore geral de familiaridade somando a familiaridade com cada uma das lojas de departamentos.
5. As variáveis demográficas são descritas na Figura 14.3

   Recodifique as variáveis demográficas como segue:

   Estado civil: 1 = 1; 2 ou 3 = 2
   Número total de membros da família: 1 = 1; 2 = 2; 3 = 3; 4 = 4; e 5 ou mais = 5

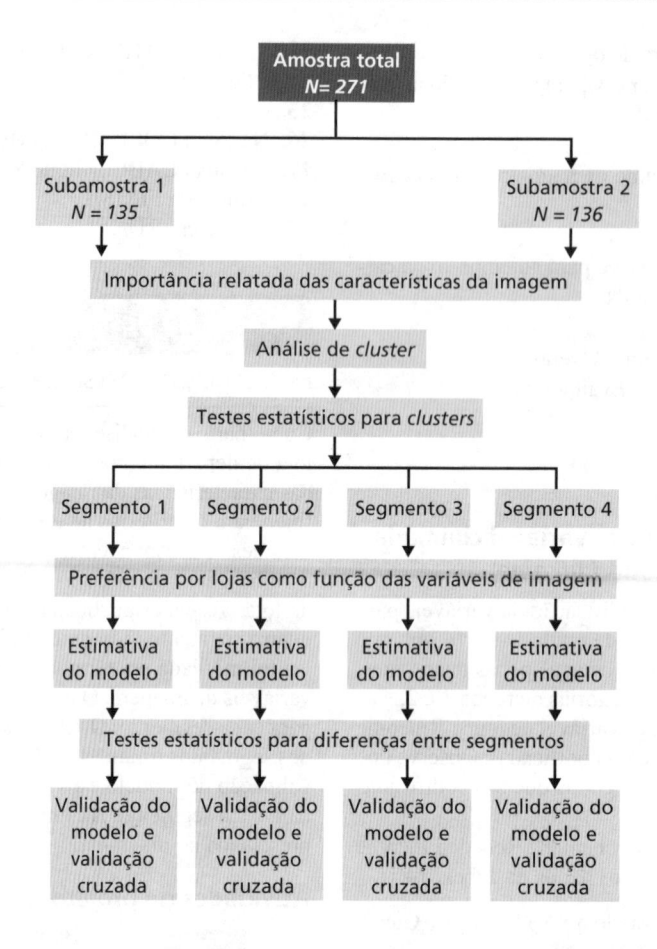

```
                        Amostra total
                          N = 271
               ┌─────────────┴─────────────┐
         Subamostra 1                Subamostra 2
          N = 135                     N = 136
               │                           │
               └─────────────┬─────────────┘
                             ▼
         Importância relatada das características da imagem
                             │
                             ▼
                     Análise de cluster
                             │
                             ▼
               Testes estatísticos para clusters
                             │
     ┌──────────┬────────────┼────────────┬──────────┐
  Segmento 1  Segmento 2  Segmento 3  Segmento 4
     │          │            │            │
     └──────────┴────────────┴────────────┘
                             ▼
        Preferência por lojas como função das variáveis de imagem
     │          │            │            │
     ▼          ▼            ▼            ▼
  Estimativa Estimativa  Estimativa  Estimativa
  do modelo  do modelo   do modelo   do modelo
     │          │            │            │
     └──────────┴────────────┴────────────┘
                             ▼
        Testes estatísticos para diferenças entre segmentos
     │          │            │            │
     ▼          ▼            ▼            ▼
  Validação   Validação   Validação   Validação
  do modelo   do modelo   do modelo   do modelo
  e validação e validação e validação e validação
   cruzada     cruzada     cruzada     cruzada
```

Filhos com menos de seis anos: 0 = 1; 1 ou mais = 2
Filhos com mais de seis anos: 0 = 1; 1 = 2; 2 ou mais = 3
Filhos que não moram em casa: 0 = 1; 1 = 2; 2 = 3; 3 ou mais = 4
Educação formal (você e o cônjuge): 12 anos ou menos = 1; de 13 a 15 anos = 2; de 16 a 18 anos = 3; 19 anos ou mais = 4
Idade (você e o cônjuge): menos de 30 = 1; de 30 a 39 = 2; de 40 a 49 = 3; de 50 a 59 = 4; de 60 a 69 = 5; 70 ou mais = 6

Ocupação (homem): 1 ou 2 = 1; 3, 4 ou 5 = 2; 6, 7 ou 8 = 3
Ocupação (mulher): 1 ou 2 = 1; 3, 4 ou 5 = 2; 6, 7 ou 8 = 3
Anos de residência: 5 ou menos = 1; de 6 a 10 = 2; de 11 a 20 = 3; de 21 a 30 = 4; de 31 a 40 = 5; 41 ou mais = 6
Número de contas-correntes bancárias: 1 ou menos = 1; 2 = 2; 3 ou mais = 3
Número de contas poupança: 1 ou menos = 1; 2 = 2; 3 ou mais = 3
Renda: 1, 2, 3 ou 4 = 1; 5, 6 ou 7 = 2; 8 ou 9 = 3; 10 ou 11 = 4; 12, 13 ou 14 = 5 ∎

Caso HP

Revise o caso HP, Caso 1.1, e o questionário fornecido no final do livro. Baixe o arquivo de dados referente ao caso HP do *site* deste livro.

SPSS Arquivo de Dados

SAS Arquivo de Dados

1. Recodifique os respondentes com base no total de horas por semana gastas *on-line* em dois grupos: cinco horas ou menos (usuário eventual) e seis horas ou mais (usuário frequente). Calcule a distribuição de frequência.
2. Recodifique os respondentes com base no total de horas por semana gastas *on-line* em três grupos: cinco horas ou menos (usuário eventual), de seis a 10 horas (usuário médio) e 11 horas ou mais (usuário frequente). Calcule a distribuição de frequência.
3. Forme uma nova variável que denote o número total de atividades que as pessoas já realizaram *on-line* com base em q2_1 a q2_7. Faça a distribuição de frequência da nova variável e interprete os resultados. Observe que os valores faltantes para q2_1 a q2_7 são codificados como 0.
4. Recodifique q4 (satisfação geral) em dois grupos: muito satisfeito (avaliação 1) e um pouco satisfeito ou insatisfeito (avaliações 2, 3 e 4). Calcule uma distribuição de frequência da nova variável e interprete os resultados.

5. Recodifique q5 (recomendar) em dois grupos: certamente recomenda (avaliação 1) e provavelmente recomenda ou pouco provável que recomende (avaliações 2, 3, 4 e 5). Calcule uma distribuição de frequência da nova variável e interprete os resultados.
6. Recodifique q6 (probabilidade de escolher a HP) em dois grupos: certamente escolheria (avaliação 1) e provavelmente escolheria ou menos provável que escolha (avaliações 2, 3, 4 e 5). Calcule uma distribuição de frequência da nova variável e interprete os resultados.
7. Recodifique q9_5per em três grupos: certamente ou provavelmente teria comprado (avaliações 1 e 2), poderia ter comprado ou poderia não ter comprado (avaliação 3) e provavelmente ou certamente não teria comprado (avaliações 4 e 5). Calcule uma distribuição de frequência da nova variável e interprete os resultados.
8. Recodifique q9_10per em três grupos: certamente ou provavelmente teria comprado (avaliações 1, 2 e 3), provavelmente não teria comprado (avaliação 4) e certamente não teria comprado (avaliação 5). Calcule uma distribuição de frequência da nova variável e interprete os resultados.
9. Recodifique a demografia como segue: (a) combine as duas categorias mais baixas de escolaridade (q11) em uma única categoria. Assim, Ensino médio incompleto e Ensino médio completo serão combinados em uma única categoria, chamada de Ensino médio ou menos; (b) recodifique idade (q12) em quatro novas categorias: 18 a 29, 30 a 39, 40 a 49 e 50 ou mais; (c) combine as categorias das duas rendas mais baixas (q13) em uma única categoria, chamada de Menos de US$30 mil. Calcule a distribuição de frequência das novas variáveis e interprete os resultados.

Resumo

A preparação dos dados começa com uma verificação preliminar do preenchimento de todos os questionários e da qualidade da entrevista. Segue-se então uma edição mais detalhada, que consiste em examinar os questionários para identificar respostas ilegíveis, incompletas, inconsistentes ou ambíguas. Tais respostas podem ser manipuladas devolvendo os questionários ao campo de trabalho, imputando os valores faltantes ou descartando os respondentes insatisfatórios.

O passo seguinte é a codificação. Utiliza-se um código numérico ou alfanumérico para representar uma resposta específica a determinada questão, junto à posição que o código vai ocupar na coluna. Em geral, convém preparar um folheto de códigos contendo as instruções para codificação e as informações necessárias sobre as variáveis no conjunto de dados. Os dados codificados são transcritos em discos ou fitas magnéticas ou introduzidos em computadores via digitalização, escaneamento óptico, tecnologias digitais, códigos de barras e outras tecnologias.

A depuração dos dados exige verificações de consistência e tratamento de respostas faltantes. As opções para o tratamento de respostas faltantes incluem a substituição por um valor neutro como a média, a substituição por uma resposta imputada, a supressão caso a caso e a supressão aos pares. Os ajustamentos estatísticos como ponderação, reespecificação de variáveis e transformações de escala costumam melhorar a qualidade da análise dos dados.

A estratégia de seleção de uma análise de dados deve basear-se nos estágios anteriores do processo de pesquisa de marketing, nas características conhecidas dos dados, nas propriedades das técnicas estatísticas e na formação e filosofia do pesquisador. As técnicas estatísticas são classificadas como univariadas ou multivariadas.

Antes de analisar os dados de uma pesquisa de marketing internacional, o pesquisador deve certificar-se de que as unidades de medida são comparáveis entre os diversos países ou unidades culturais. A análise de dados pode ser feita em três níveis: (1) individual, (2) dentro de um país ou de uma unidade cultural (análise intracultural) e (3) entre países ou unidades culturais: análise pancultural ou transcultural. A preparação e a análise de dados de mídias sociais têm aspectos únicos relacionados a coleta de dados, codificação e categorização de texto e mineração e visualização de texto. A preparação e análise de dados na pesquisa de marketing em dispositivos móveis é semelhante à das pesquisas *on-line* (Internet). Diversas questões éticas estão relacionadas ao processamento de dados, particularmente o descarte de respostas insatisfatórias, a violação das hipóteses fundamentais das técnicas de análise de dados e a avaliação e interpretação dos resultados. Os principais pacotes estatísticos, como o SPSS, o SAS, o MINITAB e o EXCEL, têm *sites* que podem ser acessados para obter informações úteis.

Palavras-chave e conceitos fundamentais

edição, 362
codificação, 362
código de campo fixo, 363
livro de código, 364
depuração de dados, 368
verificação de consistência, 369
respostas faltantes, 369
supressão caso a caso, 369
supressão aos pares, 370

ponderação, 370
reespecificação de variáveis, 371
variáveis mudas ou *dummy,* 371
transformação de escala, 372
padronização, 372
técnicas univariadas, 374
técnicas multivariadas, 374
dados métricos, 374
dados não métricos, 374

independentes, 374
pareadas, 374
técnicas de dependência, 374
técnicas de interdependência, 374
análise intracultural, 376
análise pancultural, 376
análise transcultural, 376

Casos relacionados

Os casos listados a seguir são discutidos no final do livro.

1.1 HP Inc.

3.1 AT&T   3.2 IBM   3.3 Kimberly-Clark

4.1 JPMorgan Chase   4.2 Wendy's

Pesquisa ao vivo: realização de um projeto de pesquisa de marketing

1. Os coordenadores do projeto devem numerar os questionários e acompanhar as quotas.
2. Os líderes de equipe devem se responsabilizar pela edição inicial dos questionários.
3. Cada aluno deve se responsabilizar pela codificação de seus questionários e pela entrada dos dados. Recomenda-se que os dados sejam inseridos em uma planilha EXCEL usando o esquema de codificação desenvolvido pelo instrutor.
4. Os coordenadores do projeto devem reunir todos os arquivos dos alunos em um arquivo de dados, realizar as verificações por computador e depurar os dados.
5. A estratégia de análise dos dados deve ser especificada pelo instrutor.

Exercícios

Perguntas

1. Descreva o processo de preparação de dados.
2. Quais atividades estão em jogo na verificação preliminar de questionários entregues pelos entrevistadores?
3. O que significa editar um questionário?
4. Como são tratadas as respostas insatisfatórias descobertas na edição?
5. Qual é a diferença entre pré-codificação e pós-codificação?
6. Descreva as diretrizes para a codificação de questões não estruturadas.
7. O que envolve a transcrição de dados?
8. Quais tipos de verificação de consistência ocorrem na limpeza dos dados?
9. Como são tratados os dados faltantes?
10. Que tipos de ajuste estatístico são feitos algumas vezes nos dados?
11. Descreva o processo de ponderação. Quais são as razões da ponderação?
12. Que são variáveis *dummy*? Por que são criadas tais variáveis?
13. Explique por que se fazem transformações de escala.
14. Qual é o processo mais comum de transformação de escala? Descreva de maneira sucinta esse procedimento.
15. Que considerações estão em jogo ao selecionar uma estratégia de análise de dados?
16. Explique o processo de preparação de dados ao conduzir pesquisas em mídia social.
17. Descreva a preparação de dados em pesquisa de marketing em dispositivos móveis.

Problemas

1. Elabore esquemas de codificação de variáveis *dummy* para as seguintes variáveis:
   - Gênero
   - Estado civil, com as quatro categorias: nunca foi casado, casado, divorciado, outros (separado, viúvo, etc.)
   - Frequência de viagens internacionais, avaliada como:
     a) Não viaja ao exterior.
     b) Viaja ao exterior 1 ou 2 vezes por ano.
     c) Viaja ao exterior de 3 a 5 vezes por ano.
     d) Viaja ao exterior de 6 a 8 vezes por ano.
     e) Viaja ao exterior mais de 8 vezes por ano.
2. A seguir, encontra-se parte de um questionário usado para identificar as preferências dos consumidores por câmeras fotográficas. Estabeleça um esquema de codificação para essas três questões.

9. Classifique a importância das características a seguir que você levaria em conta ao comprar uma máquina fotográfica.

	Não tão importante				Muito importante
Bateria	1	2	3	4	5
Modo automático	1	2	3	4	5
Foco automático	1	2	3	4	5
Tela LCD	1	2	3	4	5

10. Se você fosse comprar uma nova câmera, quais dos estabelecimentos a seguir você visitaria? Assinale o número correspondente de respostas.
   a. _____ Drogaria
   b. _____ Loja de artigos fotográficos
   c. _____ Lojas de desconto
   d. _____ Lojas de eletrônicos
   e. _____ Internet
   f. _____ Outros

11. Onde você costuma mandar revelar seus filmes? Assinale apenas uma opção.
   a. _____ Drogaria
   b. _____ Minilaboratórios
   c. _____ Loja de artigos fotográficos
   d. _____ Lojas de desconto
   e. _____ Supermercados
   f. _____ Pedidos pelo correio
   g. _____ Internet
   h. _____ Quiosque/outros

Exercícios para Internet e computador

1. Explique como você verificaria a consistência do questionário do problema 2 anterior, utilizando SPSS, SAS, MINITAB ou EXCEL.
2. Utilize um formato eletrônico de questionário e um programa de administração para programar o questionário sobre preferência por câmeras fotográficas dado no problema 2. Acrescente uma ou duas questões de sua autoria. Aplique o questionário a cinco estudantes e prepare os dados para análise. O uso de um computador para processar o questionário facilita a preparação dos dados?

Atividades

Dramatização

1. Você é o supervisor de projetos da SDR Consulting (www.sdr-net.com), uma empresa de análise de dados sediada em Atlanta. Você está supervisionando o processo de preparação de dados para uma grande pesquisa pedida por um importante fabricante de toalhas de papel. Os dados estão sendo coletados por entrevistas pessoais em domicílio, e 1.823 questionários foram obtidos com o trabalho de campo. Ao fazer a depuração dos dados, você descobre que 289 questionários têm respostas faltantes. O analista que preparou os dados (um aluno de sua classe), sem saber como lidar com essas respostas, procura-o para pedir ajuda e orientação. Explique ao analista de dados como lidar com as respostas faltantes.
2. Você é o gerente de pesquisa de marketing da Whirlpool Appliances (www.whirlpool.com). A Whirlpool desenvolveu um modelo luxuoso de refrigerador que tem vários recursos inovadores e será vendido pelo preço diferenciado de US$ 3.995. Uma pesquisa nacional foi realizada para verificar a resposta dos consumidores ao modelo proposto. Os dados foram obtidos fazendo-se entrevistas em *shoppings* em dez grandes cidades dos Estados Unidos. Embora a amostra resultante de 2.639 entrevistados seja bastante representativa em todas as outras características demográficas, ela não representa bem os domicílios de renda superior. O analista de pesquisa de marketing, que é seu subalterno, acha que a ponderação não é necessária. Discuta essa questão com o analista (um colega de aula).

Trabalho de campo

1. Visite uma empresa de pesquisa de marketing ou uma empresa que tenha um departamento de pesquisa de marketing. Investigue o processo de preparação de dados seguido pela empresa em um projeto recentemente completado. Como esse processo se compara com aquele descrito neste livro?
2. Obtenha um livro de código, ou instruções de código, usado por uma empresa de pesquisa de marketing para um projeto completado. Examine o livro de código ou as instruções de código cuidadosamente. Você conseguiria melhorar o esquema de códigos utilizado pela empresa?

Discussão em grupo

1. Em um pequeno grupo, discuta as seguintes afirmações: "A preparação de dados é um processo que leva tempo. Em projetos com grandes restrições de tempo, a preparação dos dados deve ser evitada".
2. Em grupo, discuta o seguinte: "O pesquisador deve usar sempre as entrevistas assistidas por computador (CATI ou CAPI) para coletar os dados, já que esses métodos facilitam imensamente a preparação dos dados".

CAPÍTULO 15

Distribuição de Frequência, Tabulação Cruzada e Teste de Hipóteses

> *A distribuição de frequência e as tabulações cruzadas são técnicas básicas que oferecem ótimas informações sobre os dados e fundamentam uma análise mais aprofundada.*
>
> David W. Almy, CEO, Insights Association

Objetivos

Após a leitura deste capítulo, o aluno conseguirá:

1. Descrever o sentido da análise preliminar dos dados e a visão proporcionada por essa análise.
2. Discutir a análise de dados associada a frequências, incluindo medidas de posição, de dispersão e de forma.
3. Explicar a análise de dados associada com tabulações cruzadas e as estatísticas relacionadas: qui-quadrado, coeficiente phi, coeficiente de contingência, *V* de Cramer e coeficiente lambda.
4. Descrever a análise de dados associada ao teste paramétrico de hipótese para uma amostra, para duas amostras independentes e para amostras pareadas.
5. Entender a análise de dados associada ao teste de hipóteses não paramétrico para uma amostra, para duas amostras independentes e para amostras pareadas.
6. Explicar o papel do *software* na realização de testes de frequência, tabulação cruzada e hipóteses usando o SPSS e o SAS.

Aspectos gerais

Uma vez preparados os dados (Capítulo 14), o pesquisador deve proceder a uma análise preliminar. Este capítulo apresenta a análise básica de dados, incluindo a distribuição de frequência, as tabulações cruzadas e o teste de hipóteses. Inicialmente, descrevemos a distribuição de frequência e explicamos como ela proporciona não apenas uma indicação do número de valores fora do intervalo, faltantes ou extremos, mas também uma visualização da tendência central, da dispersão e da forma da distribuição subjacente.

Em seguida, introduzimos o teste de hipóteses, descrevendo o processo geral. Os procedimentos de teste de hipóteses são classificados como testes de associações ou testes de diferenças. Abordamos a utilização da tabulação cruzada para estudar as associações entre variáveis tomadas duas ou três de cada vez. Embora a natureza da associação possa ser observada diretamente nas tabelas, há estatísticas que permitem examinar o sentido e a intensidade da associação. Por fim, apresentamos testes para verificar hipóteses relativas a diferenças baseadas em uma ou duas amostras. Finalmente, discutimos o uso de *software* em frequências, tabulações cruzadas e teste de hipóteses. O auxílio para a execução dos programas SPSS e SAS Enterprise Guide usados neste capítulo é oferecido de algumas maneiras: (1) instruções passo a passo, (2) vídeos demonstrativos computadorizados que ilustram as instruções passo a passo e estão disponíveis no *site* do livro e (3) cópias das telas dos programas com notas que exemplificam as instruções passo a passo.

Muitos projetos de pesquisa de marketing não vão além da análise dos dados básicos. Esses resultados em geral são apresentados por meio de tabelas e gráficos, como veremos no Capítulo 23. Embora as constatações da análise básica tenham um valor intrínseco, elas também dão orientação sobre como fazer uma análise multivariada. O discernimento proporcionado pela análise básica tem também grande valor na interpretação dos resultados obtidos com técnicas estatísticas mais sofisticadas. Para familiarizar o leitor com essas técnicas, passamos a ilustrar o uso da tabulação cruzada, da análise qui-quadrado e do teste de hipóteses.

Pesquisa real

A guerra dos sexos nos comerciais

Uma comparação entre os comerciais de TV na Austrália, no México e nos EUA analisou o papel do gênero na propaganda. Os resultados mostraram diferenças entre os gêneros em diferentes países. Essas diferenças foram um pouco menores na Austrália e ligeiramente maiores no México, em comparação com as diferenças no papel dos gêneros nos anúncios dos EUA. A tabulação cruzada e a análise qui-quadrado deram as seguintes informações sobre o México:

O produto anunciado é usado por	Pessoas que aparecem no anúncio (%)	
	Mulheres	Homens
Mulheres	25,0	4,0
Homens	6,8	11,8
Homens e Mulheres	68,2	84,2

$\chi^2 = 19{,}73; p \leq 0{,}001$

Esses resultados mostram que, nos comerciais mexicanos, as mulheres figuram em anúncios de produtos usados por mulheres ou por ambos os sexos, mas raramente em anúncios de produtos para homens. Os homens aparecem em comerciais de produtos usados por ambos os sexos. Essas diferenças também foram constatadas em anúncios nos EUA, embora em menor grau, não sendo, porém, detectadas em anúncios australianos. Logo, as empresas de bens de consumo americanas não devem anunciar no México da mesma forma que anunciam para o mercado de seu próprio país. Nos Estados Unidos, a população crescente de hispano-americanos voltou a atenção de muitos anunciantes para propagandas televisivas em espanhol. O papel do gênero na cultura hispânica mostra as mulheres como donas de casa tradicionais, conservadoras e dependentes dos homens em termos de sustento, mas muitas famílias hispânicas nos Estados Unidos não se encaixam nessa visão tradicional. Em 2017, mais da metade das mulheres hispânicas trabalhava fora de casa, o que praticamente iguala a proporção de mulheres na população anglo-americana que trabalha fora de casa nos Estados Unidos.[1] ∎

Pesquisa real

Catálogos são um negócio arriscado

Foram estudadas 12 categorias de produtos para comparar as compras por catálogo com as compras feitas em lojas de varejo. A hipótese nula de que não há diferenças significativas no risco geral percebido ao comprar produtos por catálogo comparado com comprar o mesmo produto em uma loja de varejo foi rejeitada. A hipótese foi testada calculando 12 testes t (um para cada produto) para observações pareadas. A tabela a seguir dá os escores médios para o risco global de alguns produtos em ambos os tipos de compra; os escores mais altos indicam maior risco.

Escores médios do risco geral percebido para produtos conforme a forma de compra

Produto	Risco geral percebido	
	Catálogo	Loja de varejo
Equipamento de som hi-fi	48,89	41,98*
Discos	32,65	28,74*
Sapatos sociais	58,60	50,80*
TVs	48,53	40,91*
Meias esportivas	35,22	30,22*
PDAs	49,62	42,00*
Câmeras digitais	48,13	39,52*
Perfumes	34,85	29,79*

*Significativo no nível de 0,01

Como se pode observar, um risco global significativamente maior ($p < 0,01$) se refere a produtos adquiridos por catálogo em comparação com os adquiridos em lojas de varejo. Embora esse estudo revele algum risco associado com a compra por catálogo, ameaças terroristas, restrições de tempo e a conveniência aumentaram a quantidade de produtos comprados por catálogo, bem como na Internet.[2] ∎

Esses dois exemplos mostram como a análise básica de dados pode ser útil por si mesma. A tabulação cruzada e a análise qui-quadrado no exemplo dos anúncios de TV internacionais, assim como os testes t pareados no exemplo de compras por catálogo, permitem tirar conclusões específicas dos dados. Este e outros conceitos discutidos neste capítulo estão ilustrados no contexto da explicação do uso da Internet por razões pessoais (não profissionais). A Tabela 15.1 contém dados de 30 respondentes indicando gênero (1 = masc., 2 = fem.), familiaridade com a Internet (1 = não familiarizado, 7 = muito familiarizado), horas semanais de uso da Internet, atitude para com a Internet e a tecnologia, ambas avaliadas em uma escala de 7 pontos (1 = muito desfavorável, 7 = muito favorável), e se o respondente fez compras ou operações bancárias via Internet (1 = sim, 2 = não). Para fins ilustrativos, consideramos algumas observações. Na prática, as frequências, as tabulações cruzadas e os testes de hipóteses são realizados em amostras muito maiores, como a do caso HP e de outros casos com dados reais apresentados neste livro. Como primeiro passo da análise, convém examinar as distribuições de frequência das variáveis relevantes.

Distribuição de frequência

Os pesquisadores de marketing frequentemente devem responder a perguntas sobre uma única variável. Por exemplo:

- Quantos usuários de uma marca podem ser considerados fiéis a ela?
- Qual porcentagem do mercado consiste em usuários frequentes, usuários moderados, usuários eventuais e não usuários?
- Quantos clientes estão muito familiarizados com um novo produto em oferta? Quantos estão familiarizados, pouco familiarizados ou não familiarizados com a marca? Qual é o grau médio de familiaridade? Há muita variância no grau de familiaridade dos clientes com o novo produto?
- Qual é a distribuição da renda dos usuários da marca? A distribuição é assimétrica na direção daqueles de baixa renda?

SPSS Arquivo de Dados

SAS Arquivo de Dados

As respostas a esse tipo de pergunta podem ser determinadas ao examinar as distribuições de frequência. Em uma **distribuição de frequência**, considera-se uma variável de cada vez. O objetivo é obter uma contagem do número de respostas associadas a diferentes valores da variável. A ocorrência relativa, ou frequência, de diferentes valores da variável se expressa em porcentagens. Uma distribuição de frequência para uma variável gera uma tabela de contagens de frequência, de porcentagens e de porcentagens acumuladas para todos os valores associados àquela variável.

TABELA 15.1
Dados sobre utilização da Internet

Número do respondente	Gênero	Familiaridade	Utilização da Internet	Atitude em relação à Internet	Atitude em relação à tecnologia	Utilização da Internet para compras	Utilização da Internet para operações bancárias
1	1	7	14	7	6	1	1
2	2	2	2	3	3	2	2
3	2	3	3	4	3	1	2
4	2	3	3	7	5	1	2
5	1	7	13	7	7	1	1
6	2	4	6	5	4	1	2
7	2	2	2	4	5	2	2
8	2	3	6	5	4	2	2
9	2	3	6	6	4	1	2
10	1	9	15	7	6	1	2
11	2	4	3	4	3	2	2
12	2	5	4	6	4	2	2
13	1	6	9	6	5	2	1
14	1	6	8	3	2	2	2
15	1	6	5	5	4	1	2
16	2	4	3	4	3	2	2
17	1	6	9	5	3	1	1
18	1	4	4	5	4	1	2
19	1	7	14	6	6	1	1
20	2	6	6	6	4	2	2
21	1	6	9	4	2	2	2
22	1	5	5	5	4	2	1
23	2	3	2	4	2	2	2
24	1	7	15	6	6	1	1
25	2	6	6	5	3	1	2
26	1	6	13	6	6	1	1
27	2	5	4	5	5	1	1
28	2	4	2	3	2	2	2
29	1	4	4	5	3	1	2
30	1	3	3	7	5	1	2

distribuição de frequência
Trata-se de uma distribuição matemática cujo objetivo é obter uma contagem do número de respostas associadas a diferentes valores de uma variável e expressar essas contagens em termos de porcentagens.

A Tabela 15.2 mostra a distribuição de frequência da familiaridade com a Internet. Na tabela, a primeira coluna contém os rótulos atribuídos às diferentes categorias da variável e a segunda coluna indica os códigos associados a cada valor. Observe que foi atribuído o código 9 aos valores faltantes. A terceira coluna mostra os respondentes que assinalaram cada valor. Por exemplo, três deles marcaram o valor 5, indicando estar razoavelmente familiarizados com a Internet. A quarta coluna dá a porcentagem dos respondentes que marcaram cada valor. A coluna seguinte dá as porcentagens calculadas depois de excluídos os casos com valores faltantes. Se não houver valores faltantes, as colunas 4 e 5 serão idênticas.

A última coluna apresenta porcentagens cumulativas após ajuste para os casos faltantes. Como se pode observar, dos 30 respondentes que participaram da pesquisa, 10% marcaram o valor 5. Se excluirmos o respondente com valor omisso, o índice passa para 10,3%. A porcentagem acumulada correspondente ao valor 5 é 58,6. Em outras palavras, 58,6% dos respondentes com respostas válidas indicaram um valor de familiaridade de 5 ou menos.

Uma distribuição de frequência ajuda a determinar a extensão de não resposta ao item (1 respondente em 30 na Tabela 15.1), e indica também a quantidade de respostas ilegítimas. Os valores 0 e 8 seriam respostas ilegítimas, ou erros. Os casos com tais valores podem ser identificados, permitindo uma ação corretiva. É igualmente possível detectar a presença de casos com valores extremos. No caso de uma distribuição de frequência dos tamanhos de uma unidade familiar, algumas famílias isoladas com 9 ou mais componen-

TABELA 15.2
Distribuição de frequência da familiaridade com a Internet

Rótulo do valor	Valor	Frequência (n)	Porcentagem	Porcentagem válida	Porcentagem acumulada
Não muito familiarizado	1	0	0,0	0,0	0,0
	2	2	6,7	6,9	6,9
	3	6	20,0	20,7	27,6
	4	6	20,0	20,7	48,3
	5	3	10,0	10,3	58,6
	6	8	26,7	27,6	86,2
Muito familiarizado	7	4	13,3	13,8	100,0
Faltante	9	1	3,3		
	TOTAL	30	100,0	100,0	

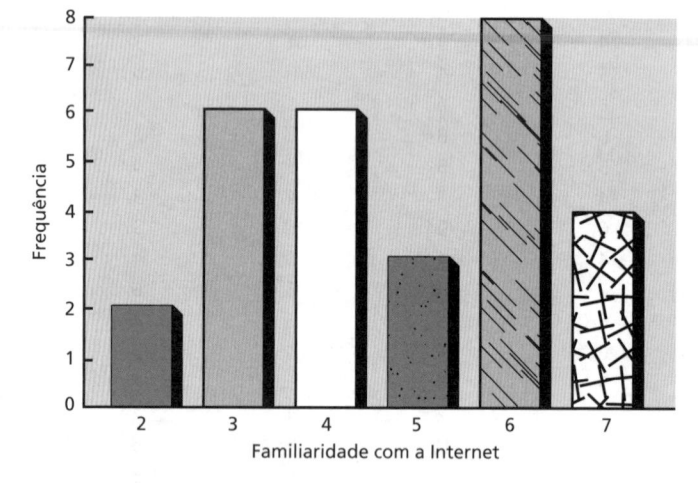

FIGURA 15.1 Histograma de frequência.

tes podem ser consideradas valores extremos. Uma distribuição de frequência também indica o formato da distribuição empírica da variável. Os dados da frequência podem ser usados na construção de um histograma, ou um gráfico de barras verticais, no qual os valores da variável são representados ao longo do eixo X e as frequências absolutas ou relativas ficam dispostas ao longo do eixo Y. A Figura 15.1 é um histograma dos dados de frequência da Tabela 15.1. Pelo histograma, podemos examinar se a distribuição observada é consistente com uma distribuição esperada ou assumida, como a distribuição normal.

Pesquisa real

Análise básica traz resultados olímpicos

Os pesquisadores na Universidade do Colorado, em Boulder, decidiram descobrir o que motivava os viajantes nacionais e internacionais a ir para os Jogos Olímpicos. Um levantamento foi desenvolvido e aplicado aos viajantes por meio de entrevistas pessoais. Foram corretamente completados 320 levantamentos, que foram então usados na análise de dados.

Os resultados (ver tabela na próxima página) mostraram que os três maiores fatores que motivavam as pessoas a comparecer aos Jogos eram: ser uma oportunidade única na vida, disponibilidade de alojamento e disponibilidade de ingressos. Os resultados desse estudo ajudaram os planejadores dos Jogos Olímpicos de 2016 no Rio de Janeiro a descobrir que características específicas a cidade precisava melhorar. Por exemplo, a partir dessa pesquisa, o Rio de Janeiro investiu em projetos que acrescentaram quartos de hotéis à cidade. Também foi construído um sistema moderno de transporte e locais exclusivos (Parque Olímpico, estádios, pontos turísticos) para que os visitantes sentissem verdadeiramente que estavam obtendo uma experiência única em suas vidas. À medida que esta pesquisa continua a evoluir ao longo dos anos, os dados recebidos se tornarão muito úteis para a próxima cidade que sediará a Olimpíada. O planejamento para os Jogos Olímpicos de 2020 em Tóquio também foi orientado por essas descobertas.[3] ∎

Observe que os números e as porcentagens no exemplo anterior indicam até que ponto os vários fatores motivacionais atraem os indivíduos aos Jogos Olímpicos. Como há números envolvidos, pode-se usar uma distribuição de frequência para calcular estatísticas descritivas ou de resumo.

Fatores motivacionais que influenciaram a decisão de comparecer aos Jogos Olímpicos

Fator motivacional	Frequência	Porcentagem
Oportunidade única na vida	95	29,7
Disponibilidade de alojamento	36	11,2
Disponibilidade de ingressos	27	8,4
Distância de casa	24	7,5
Negócios/emprego	17	5,3
Disponibilidade de recursos – gastos gerais	17	5,3
Disponibilidade de tempo	12	3,8
Relação pessoal com participante ou autoridade	8	2,5
Outro fator motivacional	8	2,5
Visitar a cidade Olímpica	4	1,3
Segurança	3	0,9
Não respondeu	69	21,6
Total	320	100,0

Estatísticas associadas a distribuições de frequência

Conforme ilustrado na seção anterior, uma distribuição de frequência é uma forma conveniente de analisar diferentes valores de uma variável. Uma tabela de frequência é fácil de ler e fornece informações básicas, mas às vezes essas informações podem ser demasiadamente detalhadas, o que leva o pesquisador a resumi-las com o auxílio de estatísticas descritivas. As estatísticas mais comuns associadas a distribuições de frequência são as medidas de posição (média, moda e mediana), as medidas de dispersão (intervalo, intervalo interquartil, desvio-padrão e coeficiente de variação) e as medidas de forma (assimetria e curtose).[4]

Medidas de posição

As **medidas de posição** que vamos estudar são medidas de tendência central porque tendem a descrever o centro da distribuição. Quando se modifica toda a amostra mediante o acréscimo de uma constante fixa a cada observação, então a média, a mediana e a moda serão afetadas pela mesma variação.

medidas de posição
Estatísticas que descrevem uma posição dentro de um conjunto de dados. As medidas de tendência central descrevem o centro da distribuição.

MÉDIA A **média**, ou valor médio, é a medida de tendência central mais usada e serve para estimar a média quando os dados foram coletados utilizando uma escala intervalar ou razão. Os dados devem apresentar alguma tendência central, com a maioria das respostas distribuída em torno da média.

média
Valor obtido somando todos os elementos de um conjunto e dividindo a soma pelo número de elementos.

A média, $\overline{X}$, é dada por

$$\overline{X} = \sum_{i=1}^{n} X_i/n$$

onde

X_i = valores observados da variável X
n = número de observações (tamanho da amostra)

Se não houver valores extremos, a média é uma medida robusta e não varia acentuadamente quando se acrescentam ou se retiram valores de dados. Para as frequências dadas na Tabela 15.2, o valor médio é calculado como segue:

$\overline{X} = (2 \times 2 + 6 \times 3 + 6 \times 4 + 3 \times 5 + 8 \times 6 + 4 \times 7)/29$
$= (4 + 18 + 24 + 15 + 48 + 28)/29$
$= 137/29$
$= 4,724$

MODA A **moda** é o valor que ocorre com mais frequência e representa o pico da distribuição.

moda
Medida de tendência central definida como o valor que mais ocorre na distribuição amostral.

A moda é uma boa medida de posição quando a variável é inerentemente categórica ou quando foi agrupada em categorias. A moda na Tabela 15.2 é 6,000.

MEDIANA A **mediana** de uma amostra é o valor do meio quando os dados se apresentam ordenados de forma crescente ou decrescente. Quando o número de dados é par, a mediana geralmente é estimada como o ponto médio entre os dois valores do meio – somando-se os dois valores e dividindo-se o resultado por 2. A mediana é o 50° percentil. A mediana é uma medida adequada de tendência central para dados ordinais. Na Tabela 15.2, ela é 5,000.

mediana
Medida de tendência central definida como o valor acima do qual está a metade dos valores e abaixo do qual está a outra metade dos valores.

Como se pode ver, as três medidas de tendência central dessa distribuição são diferentes (média = 4,724, moda = 6,000, mediana = 5,000), o que não é de surpreender, pois cada medida define a tendência central de uma forma diferente. Então, qual dessas medidas devemos usar? Se a variável for medida em uma escala nominal, devemos usar a moda. No caso de a variável ser dada em escala ordinal, a medida apropriada é a mediana. Se a variável for dada em uma escala intervalar ou razão, a moda é uma medida fraca de tendência central. Isso pode ser observado na Tabela 15.2. Embora o valor modal de 6,000 tenha a maior frequência, representa apenas 27,6% da amostra. Em geral, para dados em forma intervalar ou razão, a mediana se revela como melhor medida de tendência central, embora também não leve em conta informações disponíveis sobre a variável. Não são considerados os valores efetivos da variável acima e abaixo da mediana. A média é a medida de tendência central mais apropriada para dados em forma intervalar ou razão; ela utiliza todas as informações disponíveis, porque são utilizados todos os valores para calculá-la. Todavia, a média é sensível a valores extremamente pequenos ou extremamente grandes (valores extremos). Quando há valores extremos nos dados, a média não é uma boa medida de tendência central; convém trabalhar tanto com a média quanto com a mediana.

Na Tabela 15.2, como não há valores extremos e os dados são uma escala intervalar, o valor médio de 4,724 é uma boa medida de posição ou tendência central. Embora esse valor seja maior do que 4, ainda não é alto (ou seja, é menos do que 5). Se essa amostra fosse grande e representativa, a interpretação seria a de que as pessoas, em média, estão apenas moderadamente familiarizadas com a Internet. Isso exigiria tanto medidas administrativas por parte dos provedores de serviços de Internet quanto iniciativas políticas dos governos para tornar as pessoas mais familiarizadas com a Internet e aumentar sua utilização.

Medidas de dispersão

As **medidas de dispersão**, calculadas para dados intervalares ou razão, compreendem o intervalo, o intervalo interquartil, a variância (ou o desvio-padrão) e o coeficiente de variação.

medidas de dispersão
Estatística que indica a dispersão de uma distribuição.

INTERVALO O **intervalo** mede a dispersão dos dados e é simplesmente a diferença entre o maior e o menor valor na amostra. Como tal, é diretamente afetado pelos valores extremos.

$$\text{Intervalo} = X_{maior} - X_{menor}$$

intervalo
Diferença entre o maior e o menor valor de uma distribuição.

Se todos os valores nos dados forem multiplicados por uma constante, o intervalo será multiplicado pela mesma constante. O intervalo na Tabela 15.2 é $7 - 2 = 5,000$.

INTERVALO INTERQUARTIL O **intervalo interquartil** é a diferença entre o 75° e o 25° percentis. Para um conjunto de dados dispostos em ordem de grandeza, o p-ésimo percentil é o valor que tem p por cento dos dados abaixo dele e $(100 - p)$ por cento dos dados acima dele. Se todos os pontos dos dados forem multiplicados por uma constante, o intervalo interquartil será multiplicado pela mesma constante. O intervalo interquartil na Tabela 15.2 é $6 - 3 = 3,000$.

intervalo interquartil
Intervalo de uma distribuição que abrange os 50% intermediários das observações.

VARIÂNCIA E DESVIO-PADRÃO A diferença entre a média e um valor observado é chamada de *desvio da média*. A **variância** é o desvio quadrático médio em relação à média. A variância nunca pode ser negativa. Quando os dados se apresentam agrupados em torno da média, a variância é pequena. Quando os dados estão dispersos, a variância é grande. Se todos os valores dos dados forem multiplicados por uma constante, a variância será multiplicada pelo quadrado da constante. O **desvio-padrão** é a raiz quadrada da variância. Assim, o desvio-padrão é expresso nas mesmas unidades dos dados, e não em quadrados de unidades. Calcula-se o desvio-padrão de uma amostra, s, como:

$$s = \sqrt{\frac{\sum_{i=1}^{n}(X_i - \overline{X})^2}{n - 1}}$$

variância
Desvio quadrático médio de todos os valores em relação à média.

desvio-padrão
Raiz quadrada da variância.

Dividimos por $n - 1$, e não por n, porque a amostra é extraída de uma população e estamos procurando determinar quanto as respostas variam em relação à média de toda a população. Entretanto, a média da população é desconhecida; por isso, utilizamos a média amostral, que faz parecer a amostra menos variável do que é na verdade. Dividindo por $n - 1$, e não por n, compensamos a menor variabilidade observada na amostra. Para os dados da Tabela 15.2, calcula-se a variância como segue:

$$s^2 = \frac{\{2 \times (2 - 4,724)^2 + 6 \times (3 - 4,724)^2 + 6 \times (4 - 4,724)^2 + 3 \times (5 - 4,724)^2 + 8 \times (6 - 4,724)^2 + 4 \times (7 - 4,724)^2\}}{28}$$

$$= \frac{\{14,840 + 17,833 + 3,145 + 0,229 + 13,025 + 20,721\}}{28}$$

$$= \frac{69,793}{28}$$

$$= 2,493$$

O desvio-padrão é, portanto,

$$s = \sqrt{2{,}493}$$
$$= 1{,}579$$

COEFICIENTE DE VARIAÇÃO O **coeficiente de variação** é a razão entre o desvio-padrão e a média, expressa como porcentagem; é uma medida adimensional de variabilidade relativa. O coeficiente de variação, *CV*, é dado por

$$CV = \frac{s}{\overline{X}}$$

coeficiente de variação
Expressão útil, na teoria amostral, do desvio-padrão como porcentagem da média.

O coeficiente de variação só faz sentido se a variável for medida em uma escala razão, e permanece inalterado se os valores de todos os dados forem multiplicados por uma constante. Como a familiaridade com a Internet não é medida em uma escala razão, não faz sentido calcular o coeficiente de variação para os dados da Tabela 15.2. Do ponto de vista gerencial, as medidas de dispersão são importantes porque, se uma característica demonstra grande variabilidade, então talvez o mercado possa ser segmentado com base nessa característica.

Medidas de forma

Além das medidas de dispersão, as medidas de forma também ajudam a compreender a natureza da distribuição. A forma de uma distribuição é avaliada por meio da assimetria e da curtose.

ASSIMETRIA Uma distribuição pode ser simétrica ou assimétrica. Em uma distribuição simétrica, os valores de ambos os lados do centro da distribuição são os mesmos e a média, a moda e a mediana são iguais. São também iguais os desvios positivos e negativos correspondentes a contar da média. Em uma distribuição assimétrica, os desvios positivos e negativos (a contar da média) são diferentes. A **assimetria** é a tendência de os desvios (a contar da média) serem maiores em uma direção do que na outra direção, e pode ser vista como a tendência de uma cauda da distribuição ser mais acentuada do que a outra (ver Figura 15.2). O valor da assimetria para os dados da Tabela 15.2 é –0,094, o que indica uma ligeira assimetria negativa.

assimetria
Característica de uma distribuição que mede sua simetria em relação à média.

CURTOSE A **curtose** é uma medida do maior ou menor achatamento da curva definida pela distribuição de frequência. A curtose de uma distribuição normal é zero. Se a curtose for positiva, a distribuição tem pico mais acentuado do que a distribuição normal. Um valor negativo indica que a distribuição é mais achatada do que a distribuição normal. O valor dessa estatística para a Tabela 15.2 é –1,261, o que indica que a distribuição é mais achatada do que a distribuição normal. Medidas de forma são importantes porque, se uma distribuição for altamente assimétrica ou tiver um pico ou baixa muito marcados, os procedimentos estatísticos que supõem normalidade deverão ser usados com cautela.

curtose
Medida do achatamento relativo da curva definida pela distribuição de frequência.

PESQUISA ATIVA

Clientes da Wendy's: quem são os mais assíduos?

Visite www.wendys.com e pesquise na Internet, incluindo as mídias sociais, e no banco de dados *on-line* de sua biblioteca informações sobre os grandes usuários de restaurantes de refeições rápidas.

Como diretor de marketing da Wendy's, como você abordaria os grandes usuários de restaurantes de refeições rápidas?

Em um levantamento para a Wendy's, foram obtidas informações sobre o número de visitas à Wendy's por mês. Como você identificaria os grandes usuários da Wendy's e que estatísticas você usaria para sintetizar o número de visitas mensais à Wendy's?

Distribuição simétrica

Média
Mediana
Moda
(a)

Distribuição assimétrica

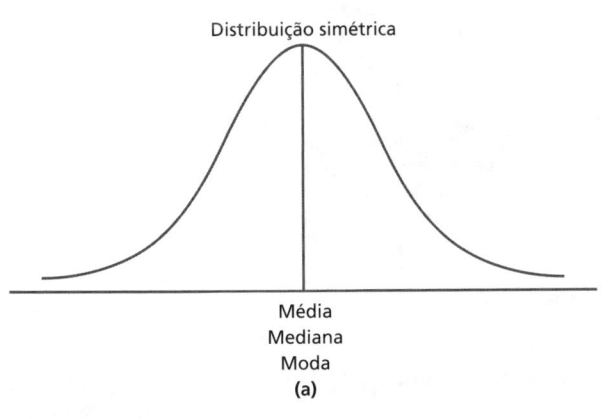

Média Mediana Moda
(b)

FIGURA 15.2 Assimetria de uma distribuição.

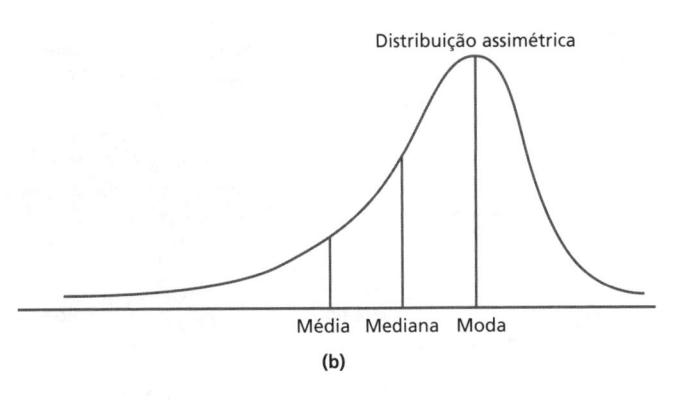

Introdução ao teste de hipóteses

Uma análise básica envolve invariavelmente o teste de alguma hipótese. São inúmeros os exemplos de hipóteses geradas na pesquisa de marketing:

- Uma loja de departamentos tem a preferência de mais de 10% das residências.
- Os usuários frequentes e os usuários eventuais de determinado produto diferem em termos de características psicográficas.
- Um hotel tem imagem melhor que seu concorrente mais próximo.
- A familiaridade com um restaurante acarreta maior preferência por ele.

No Capítulo 12, abordamos os conceitos de distribuição amostral, erro padrão da média ou da proporção e intervalo de confiança.[5] Todos esses conceitos são importantes para o teste de hipóteses e devem ser revistos. Passamos agora a descrever um processo geral que pode ser aplicado para testar hipóteses sobre uma ampla gama de parâmetros.

Procedimento geral de teste de hipóteses

Um teste de hipótese envolve os seguintes estágios (Figura 15.3).

1. Formular a hipótese nula H_0 e a hipótese alternativa H_1.
2. Escolher uma técnica estatística apropriada e a estatística de teste correspondente.
3. Escolher o nível de significância, α.
4. Determinar o tamanho da amostra e coletar os dados. Calcular o valor da estatística de teste.
5. Determinar a probabilidade associada com a estatística de teste sob a hipótese nula, utilizando a distribuição amostral da estatística de teste. Alternativamente, determinar os valores críticos associados à estatística de teste que separam as regiões de rejeição e de não rejeição.
6. Comparar a probabilidade associada com a estatística de teste com o nível de significância especificado. Alternativamente, determinar se a estatística de teste se enquadra na região de rejeição ou na de não rejeição.
7. Formular a decisão estatística de rejeitar ou não rejeitar a hipótese nula.
8. Expressar a decisão estatística em termos do problema de pesquisa de marketing.

Estágio 1: Formular as hipóteses

O primeiro passo consiste em formular as hipóteses nula e alternativa. Uma **hipótese nula** é uma afirmação do *status quo*, ou seja, de que não há qualquer diferença ou efeito. Se a hipótese nula não for rejeitada, não se faz qualquer modificação. Uma **hipótese alternativa** é uma hipótese em que se espera alguma diferença ou efeito. A aceitação da hipótese

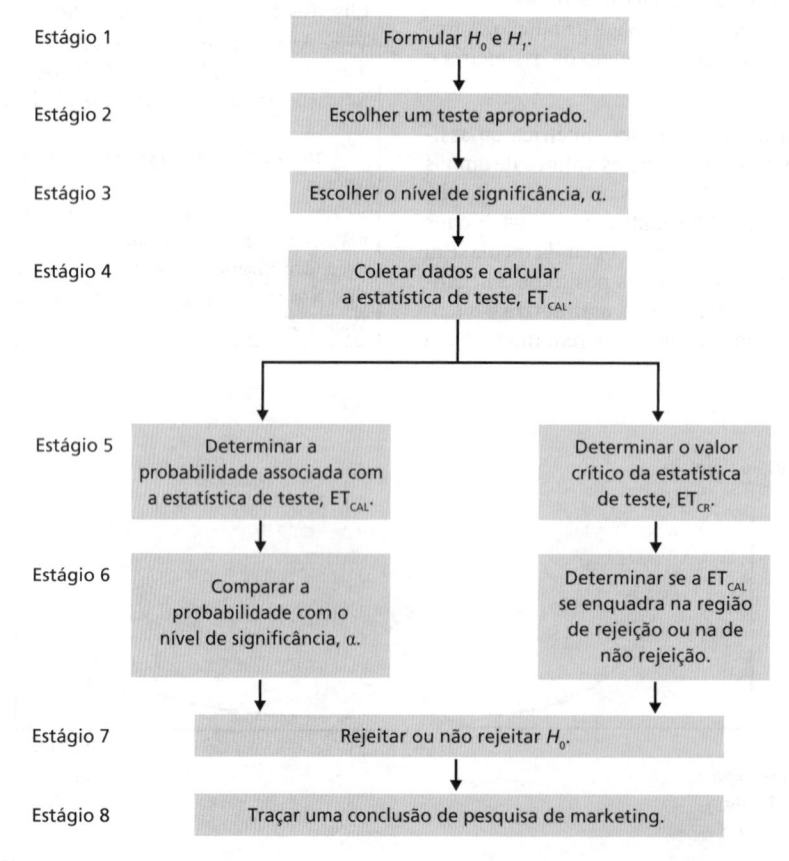

FIGURA 15.3 Procedimento geral de teste de hipóteses.

alternativa conduz à modificação de opiniões ou de atitudes. Assim, a hipótese alternativa é a oposta da hipótese nula.

hipótese nula
Afirmação em que não se espera qualquer diferença ou efeito. Se a hipótese nula não for rejeitada, não se fará modificação alguma.

hipótese alternativa
Afirmação de que se espera alguma diferença ou efeito. A aceitação da hipótese alternativa conduz à modificação de opiniões ou de atitudes.

A hipótese nula é sempre a hipótese que é testada e se refere a um valor especificado do parâmetro populacional (por exemplo, μ, σ, π), e não a uma estatística amostral (por exemplo, $\bar{X}$, s, p), como definido na Tabela 12.1. Uma hipótese nula pode ser rejeitada, mas nunca pode ser aceita com base em um único teste. Um teste estatístico pode apresentar um de dois resultados. Em um deles, a hipótese nula é rejeitada e a hipótese alternativa é aceita. O outro resultado é que a hipótese nula não é rejeitada com base na evidência. Entretanto, seria incorreto concluir que, pelo fato de não ser rejeitada, a hipótese nula possa ser aceita como válida. No teste clássico de hipóteses, não há maneira de determinar se a hipótese nula é verdadeira.

Em pesquisa de marketing, a hipótese nula é formulada de modo que sua rejeição leve à aceitação da conclusão desejada. A hipótese alternativa representa a conclusão para a qual se procura evidência. Por exemplo, uma grande loja de departamentos planeja lançar o serviço de compras via Internet. O serviço será lançado se mais de 40% dos usuários de Internet fizerem suas compras via Internet.

A formulação adequada das hipóteses é:

$$H_0: \pi \leq 0{,}40$$
$$H_1: \pi > 0{,}40$$

Se a hipótese nula H_0 for rejeitada, então a hipótese alternativa H_1 será aceita, lançando-se o serviço de compras via Internet. Por outro lado, se H_0 não for rejeitada, então não se deve lançar o novo serviço, a menos que se obtenha mais evidência.

Este teste da hipótese nula é um **teste unicaudal**, porque a hipótese alternativa é expressa direcionalmente: a proporção de usuários da Internet que utilizam a Web para compras é superior a 0,40. Por outro lado, suponhamos que o pesquisador quisesse determinar se a proporção de usuários que fazem compras via Internet é diferente de 40%. Caberia então um **teste bicaudal**, e as hipóteses seriam expressas como:

$$H_0: \pi = 0{,}40$$
$$H_1: \pi \neq 0{,}40$$

teste unicaudal
Teste da hipótese nula em que a hipótese alternativa é expressa direcionalmente.

teste bicaudal
Teste da hipótese nula em que a hipótese alternativa não é expressa direcionalmente.

Em pesquisa de marketing, o teste unicaudal é mais utilizado do que o teste bicaudal. Normalmente, há certa preferência pela conclusão para a qual se procura evidência. Por exemplo, quanto maiores os lucros, as vendas e a qualidade do produto, melhor. O teste unicaudal é mais poderoso do que o teste bicaudal. No estágio 3, abordaremos em mais detalhes o poder de um teste estatístico.

Estágio 2: Escolher um teste apropriado

Para testar a hipótese nula, é preciso escolher uma técnica estatística apropriada. O pesquisador deve levar em conta não apenas como se calcula a estatística de teste, mas também a distribuição da estatística amostral (p. ex., a média). A **estatística de teste** mede quão próxima da hipótese nula está a amostra, e em geral tem uma distribuição bem conhecida, como a distribuição normal, t ou qui-quadrado. Mais adiante neste capítulo, apresentaremos as diretrizes para a escolha correta de um teste apropriado ou de uma técnica estatística. Em nosso exemplo, seria adequada a estatística z, que tem distribuição normal padronizada. Essa estatística se calcula da seguinte maneira:

$$z = \frac{p - \pi}{\sigma_p}$$

onde, como visto no Capítulo 12,

$$\sigma_p = \sqrt{\frac{\pi(1-\pi)}{n}}$$

estatística de teste
Medida de quão próxima da hipótese nula está a amostra. Essa medida em geral tem uma distribuição bem conhecida, como a normal, t ou qui-quadrado.

Estágio 3: Escolher o nível de significância, α

Quando fazemos inferências sobre uma população, corremos o risco de chegar a uma conclusão incorreta. Dois tipos de erro podem ocorrer:

ERRO DE TIPO I Ocorre um **erro de tipo I** quando os resultados amostrais conduzem à rejeição de uma hipótese nula que, na realidade, é verdadeira. Em nosso exemplo, ocorreria um erro de tipo I se concluíssemos, com base nos dados da amostra, que a proporção de clientes que preferem o novo serviço era superior a 0,40, quando, na realidade, ela não superava os 0,40. A probabilidade de um erro de tipo I (α) é também chamada de **nível de significância**. Controla-se o erro de tipo I estabelecendo-se o nível tolerável do risco de rejeitar uma hipótese nula verdadeira. A escolha de um determinado nível de risco deve depender do custo acarretado por um erro de tipo I.

erro de tipo I
Conhecido também como *erro alfa*, ocorre quando os resultados amostrais conduzem à rejeição de uma hipótese nula que é, na realidade, verdadeira.

nível de significância
Probabilidade de se cometer um erro de tipo I.

ERRO DE TIPO II Ocorre se, com base nos resultados amostrais, a hipótese nula não for rejeitada quando, na realidade, é falsa. Em nosso exemplo, cometeríamos um **erro de tipo II** se, com base nos dados amostrais, concluíssemos que a proporção de clientes que preferem o novo serviço fosse no máximo igual a 0,40, quando, na verdade, era superior a 0,40. A probabilidade de um erro de tipo II é denotada por β. Ao contrário de α, que é especificado pelo pesquisador, a magnitude de β depende do valor real do parâmetro (proporção) populacional. A Figura 15.4 mostra as probabilidades de um erro de tipo I (α) e de um erro de tipo II (β). O complemento (1 − β) da probabilidade de um erro de tipo II é chamado de *poder de um teste estatístico*.

erro de tipo II
Também conhecido como *erro beta*, ocorre quando os resultados amostrais conduzem à não rejeição de uma hipótese nula que é, na verdade, falsa.

PODER DE UM TESTE O **poder de um teste** é a probabilidade (1 − β) de rejeitar a hipótese nula quando ela é falsa e deve ser rejeitada. Embora desconhecido, β está relacionado com α. Um valor extremamente baixo de α (por exemplo, 0,001) resulta em valores intoleravelmente altos do erro β. Torna-se, pois, necessário equilibrar os dois tipos de erro. Como solução de acomodação, costuma-se fixar α em 0,05 e, às vezes, em 0,01; outros valores de α são raros. O nível de α, junto com o tamanho da amostra, determinam o nível de β para um determinado projeto de pesquisa. É possível controlar o risco tanto de α como de β aumentando-se o tamanho da amostra. Para um dado nível α, o aumento do tamanho da amostra diminui β, aumentando, assim, o poder do teste.

poder de um teste
Probabilidade de rejeitar a hipótese nula quando ela é realmente falsa e deve ser rejeitada.

Estágio 4: Coletar os dados e calcular a estatística de teste

Determina-se o tamanho da amostra após levar em conta os erros α e β desejados e fazer outras considerações qualitativas, como restrições orçamentárias. Coletam-se então os dados necessários e calcula-se o valor da estatística de teste. Em nosso exemplo, foram pesquisados 30 usuários, dos quais 17 declararam que usam a Internet para fazer suas compras. Assim, o valor da proporção amostral é $p = 17/30 = 0,567$.

O valor de σ_p pode ser determinado como segue:

$$\sigma_p = \sqrt{\frac{\pi(1-\pi)}{n}}$$

$$= \sqrt{\frac{(0,40)(0,60)}{30}}$$

$$= 0,089$$

O cálculo da estatística de teste z é

$$z = \frac{p - \pi}{\sigma_p}$$

$$= \frac{0,567 - 0,40}{0,089}$$

$$= 1,88$$

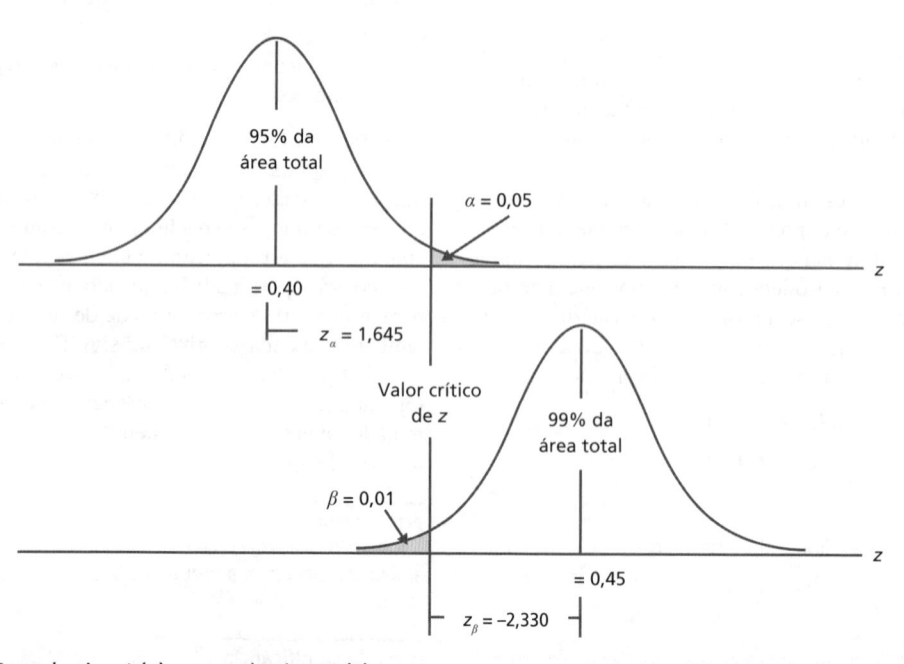

FIGURA 15.4 Erro de tipo I (α) e erro de tipo II (β).

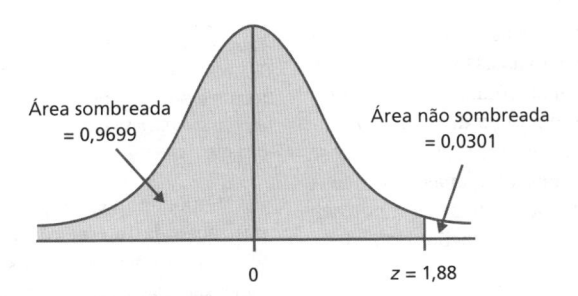

FIGURA 15.5 Probabilidade de z com um teste unicaudal.

Estágio 5: Determinar a probabilidade (ou valor crítico)

Recorrendo-se às tabelas normais padronizadas (Tabela 2 do Apêndice Estatístico), a probabilidade de obter o valor z de 1,88 pode ser calculada (ver Figura 15.5). A área sombreada entre $-\infty$ e 1,88 é 0,9699. Por conseguinte, a área à direita de $z = 1,88$ é $1,000 - 0,9699 = 0,0301$. Isso também é chamado de **valor** p e é a probabilidade de observar um valor da estatística de teste tão (ou mais) extremo do que o valor realmente verificado, supondo que a hipótese nula seja verdadeira. Alternativamente, o valor crítico de z, que dá uma área à direita do valor crítico de 0,05, está entre 1,64 e 1,65 e é igual a 1,645. Observe que, ao determinar o valor crítico da estatística de teste, a área à direita do valor crítico é α ou $\alpha/2$, conforme se trate de um teste unicaudal ou bicaudal, respectivamente.

---
valor p
Probabilidade de observar um valor da estatística de teste tão (ou mais) extremo que o valor de fato observado, supondo que a hipótese nula seja verdadeira.

Estágios 6 e 7: Comparar a probabilidade (valor crítico) e tomar a decisão

A probabilidade associada ao valor calculado ou observado da estatística de teste é 0,0301. Esta é a probabilidade de obter um valor $p = 0,567$ quando $\pi = 0,40$, que é inferior ao nível de significância de 0,05. Logo, a hipótese nula é rejeitada. Alternativamente, o valor calculado da estatística de teste, $z = 1,88$, está na região de rejeição, acima do valor 1,645. Chega-se novamente à mesma conclusão de rejeitar a hipótese nula. Observe que as duas maneiras de testar a hipótese nula são equivalentes, mas matematicamente opostas na direção da comparação. Se a probabilidade associada ao valor calculado ou observado da estatística de teste (ET_{CAL}) for *inferior* ao nível de significância (α), a hipótese nula é rejeitada. Todavia, se o valor calculado da estatística de teste for *superior* ao valor crítico da estatística de teste (ET_{CR}), a hipótese nula é rejeitada. A razão para essa mudança de sinal é que, quanto maior for o valor de ET_{CAL}, menor será a probabilidade de obter um valor mais extremo da estatística de teste sob a hipótese nula. Essa mudança de sinal pode ser visualizada facilmente:

se a probabilidade de (ET_{CAL}) < nível de significância (α), rejeitamos H_0,

mas

se $|ET_{CAL}| > |ET_{CR}|$, então rejeitamos H_0.

Estágio 8: Conclusão para a pesquisa de marketing

A conclusão a que chegamos pelo teste de hipóteses tem de ser expressa em termos do problema de pesquisa de marketing. Em nosso exemplo, concluímos que há evidências de que a proporção de usuários da Internet que fazem suas compras via Internet seja significativamente superior a 0,40. Logo, deve-se recomendar à loja de departamentos que lance o novo serviço de compras via Internet.

Como podemos ver pela Figura 15.6, um teste de hipótese pode estar relacionado tanto com um exame de associa-

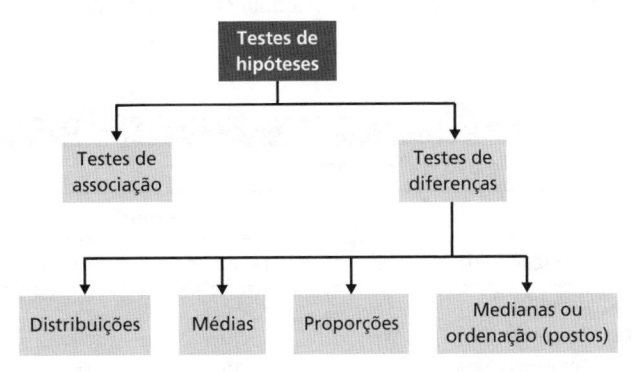

FIGURA 15.6 Classificação ampla dos testes de hipóteses.

ções quanto com um exame de diferenças. Nos testes de associações, a hipótese nula é de que não há associação entre as variáveis (H_0:... NÃO está relacionada com...). Em testes de diferenças, a hipótese nula é de que não há diferença (H_0:... NÃO é diferente de...). Os testes de diferenças podem referir-se a distribuições, médias, proporções, medianas ou ordenações (postos). Discutiremos em primeiro lugar as hipóteses relativas a associações no contexto das tabulações cruzadas.

Tabulações cruzadas

Embora as respostas a questões relativas a uma única variável sejam interessantes, elas muitas vezes suscitam outras questões sobre como ligar aquela variável a outras variáveis. Para introduzir a distribuição de frequência, formulamos diversas perguntas relacionadas a pesquisas de marketing. Para cada uma delas, um pesquisador pode formular perguntas adicionais para relacionar essas variáveis com outras variáveis. Por exemplo:

- Quantos usuários fiéis de determinada marca são homens?
- A utilização do produto (avaliada em termos de usuários frequentes, moderados ou eventuais e não usuários) tem relação com o interesse em atividades fora de casa (alto, médio e baixo)?
- A familiaridade com um novo produto tem relação com a faixa etária e o nível educacional?
- A posse do produto está relacionada com a renda (alta, média, baixa)?

As respostas a tais perguntas podem ser determinadas mediante exame de tabulações cruzadas. Enquanto uma distribuição de frequência descreve uma variável de cada vez, uma **tabulação cruzada** descreve duas ou mais variáveis simultaneamente. Uma tabulação cruzada é a combinação, em uma tabela única, das distribuições de frequência de duas ou mais variáveis, e ajuda-nos a entender como uma variável, como a preferência por determinada marca, pode estar relacionada com outra variável, como gênero. A tabulação cruzada origina tabelas que refletem a distribuição conjunta de duas ou mais variáveis com um número limitado de categorias ou valores distintos. As categorias de uma variável são classificadas em cruzamento com as categorias de outra(s) variável(eis). Assim, a distribuição de frequência de uma variável é subdividida de acordo com os valores ou categorias das outras variáveis.

tabulação cruzada
Técnica estatística que descreve duas ou mais variáveis simultaneamente e origina tabelas que refletem a distribuição conjunta de duas ou mais variáveis com um número limitado de categorias ou valores distintos.

Suponha que estejamos interessados em determinar se a utilização da Internet está relacionada com o gênero (masc./fem.) do usuário. Para fins de tabulação cruzada, os entrevistados são classificados como usuários eventuais ou frequentes. Os que confirmam cinco horas de uso ou menos são considerados usuários eventuais, e os demais, usuários frequentes. A Tabela 15.3 mostra a tabulação cruzada. Uma tabulação cruzada consiste em uma célula para cada combinação das categorias das duas variáveis. O número em cada célula indica quantos entrevistados deram aquela combinação de respostas. Na Tabela 15.3, dez entrevistados foram mulheres que reportaram uso eventual da Internet. Os totais marginais nessa tabela indicam que, dos 30 entrevistados com respostas válidas sobre ambas as variáveis, 15 relataram uso eventual e 15 eram usuários frequentes. Em termos de gênero, 15 entrevistados eram mulheres e 15 eram homens. Observe que essa informação poderia ter sido obtida de uma distribuição de frequência separada para cada variável. Em geral, as margens de uma tabulação cruzada (ou tabela de dupla entrada) mostram a mesma informação que as tabelas de frequência de cada variável. As tabelas de tabulação cruzada chamam-se também **tabelas de contingência**. Os dados são considerados qualitativos ou categóricos porque se admite que cada variável tenha apenas uma escala nominal.[6]

tabela de contingência
Tabela em forma de tabulação cruzada que contém uma célula para cada combinação de categorias de duas variáveis.

A tabulação cruzada é amplamente utilizada em pesquisa de marketing, porque (1) sua análise e os resultados podem ser facilmente interpretados e entendidos por administradores que não estejam familiarizados com a estatística, (2) a clareza de interpretação proporciona um elo mais forte entre os resultados da pesquisa e a ação gerencial, (3) uma sequência de tabulações cruzadas dá uma melhor visão de um fenômeno complexo do que uma única análise multivariada, (4) a tabulação cruzada consegue aliviar o problema das células esparsas, que poderia se revelar sério em uma análise multivariada discreta, e (5) a análise com tabelas de dupla entrada é fácil de fazer e se mostra atraente para pesquisadores menos sofisticados.[7]

TABELA 15.3
Gênero e uso da Internet

Utilização da Internet	Gênero		Total da linha
	Homens	Mulheres	
Eventual (1)	5	10	15
Frequente (2)	10	5	15
Total da coluna	15	15	

SPSS Arquivo de Saída

SAS Arquivo de Saída

Duas variáveis

A tabulação cruzada com duas variáveis é conhecida também como *tabulação cruzada bivariada*. Consideremos novamente a classificação cruzada de uso da Internet e gênero dada na Tabela 15.3. A utilização está relacionada com o gênero? Parece que sim, a julgar pela Tabela 15.3. Vemos que uma desproporcional maioria dos entrevistados homens se compõe de usuários frequentes da Internet, em comparação com as mulheres. O cálculo de porcentagens pode dar uma visão mais profunda.

Como foram classificadas conjuntamente duas variáveis, as porcentagens podem ser computadas tanto por colunas, com base nos totais por coluna (Tabela 15.4), como por linhas, com base nos totais por linha (Tabela 15.5). Qual dessas tabelas é mais útil? A resposta depende de qual variável será considerada como independente e qual como dependente. A regra consiste em calcular as porcentagens na direção da variável independente, por meio variável dependente. Em nossa análise, o gênero pode ser considerado como a variável independente e a utilização da Internet, como a variável dependente; a Tabela 15.4 mostra a maneira correta de calcular as porcentagens. Observe que, enquanto 66,7% dos homens são usuários frequentes, apenas 33,3% das mulheres se enquadram nessa categoria. Isso parece indicar que os homens são usuários mais frequentes da Internet do que as mulheres.

O cálculo das porcentagens na direção da variável dependente por meio variável independente (Tabela 15.5) não faz sentido neste caso. A Tabela 15.5 implica que o uso frequente da Internet é a causa de os usuários serem homens. Essa conclusão é implausível. Entretanto, é possível que a associação entre uso da Internet e gênero seja mediada por uma terceira variável, como idade ou renda. Essa possibilidade sugere a necessidade de se examinar o efeito de uma terceira variável.

Três variáveis

Frequentemente, a introdução de uma terceira variável evidencia a associação inicial (ou a sua falta) observada entre duas variáveis. Como mostra a Figura 15.7, a introdução de uma terceira variável resultará em quatro possibilidades:

1. Refinar a associação entre as duas variáveis originais.
2. Indicar ausência total de associação entre as duas variáveis, embora se tenha observado uma associação inicial. Em outras palavras, a terceira variável indica que a associação inicial entre as duas variáveis era espúria.
3. Revelar alguma associação entre as duas variáveis, embora não se tenha observado uma associação inicialmente. Nesse caso, a terceira variável revela uma associação escondida entre as duas primeiras variáveis.
4. Indicar ausência de modificação na associação inicial.[8]

Esses casos são explicados com exemplos baseados em uma amostra de mil entrevistados. Embora esses exemplos estejam restritos a ilustrar casos específicos, eles não são raros na pesquisa de marketing.

REFINANDO UMA RELAÇÃO INICIAL Um exame da relação entre a compra de roupas da moda e o estado civil resultou nos dados apresentados na Tabela 15.6. Os entrevistados foram classificados nas categorias alta ou baixa, com base em suas compras. O estado civil também foi avaliado em termos de duas categorias – casado ou não casado. Como se vê pela Tabela 15.6, 52% dos entrevistados não casados se enquadram na categoria alta de compras, em contraposição a 31% dos casados. Antes de concluir que os não casados compram mais roupas do que os casados, introduzimos na análise uma terceira variável – o gênero do comprador.

Escolheu-se o gênero do comprador como terceira variável com base em pesquisas passadas. A relação entre compra de roupas da moda e estado civil foi reexaminada à luz da terceira variável, conforme a Tabela 15.7. No caso

TABELA 15.4
Gênero e uso da Internet

Utilização da Internet	Gênero	
	Homens	Mulheres
Eventual	33,3%	66,7%
Frequente	66,7%	33,3%
Total da coluna	100,0%	100,0%

TABELA 15.5
Uso da Internet por gênero

Utilização da Internet	Gênero		Total
	Homens	Mulheres	
Eventual	33,3%	66,7%	100%
Frequente	66,7%	33,3%	100%

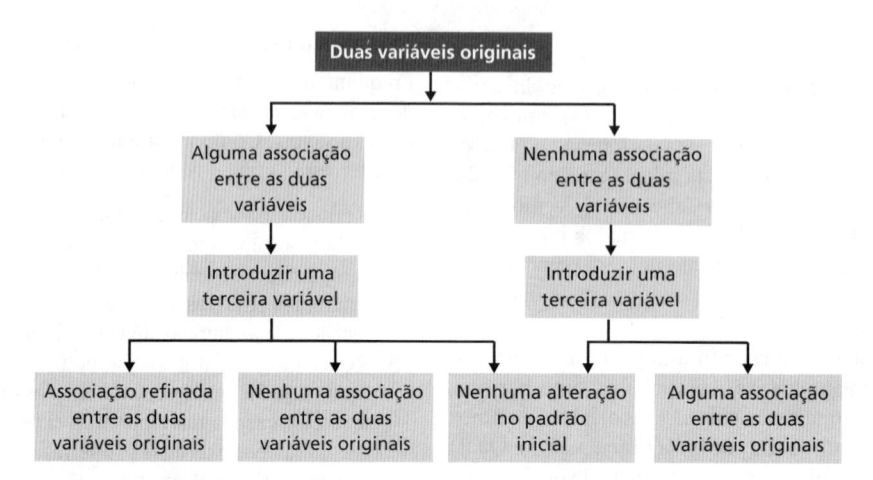

FIGURA 15.7 Introdução de uma terceira variável na tabulação cruzada.

Duas variáveis originais
- Alguma associação entre as duas variáveis → Introduzir uma terceira variável
  - Associação refinada entre as duas variáveis originais
  - Nenhuma associação entre as duas variáveis originais
- Nenhuma associação entre as duas variáveis → Introduzir uma terceira variável
  - Nenhuma alteração no padrão inicial
  - Alguma associação entre as duas variáveis originais

TABELA 15.6
Compra de roupas da moda por estado civil

Compra de roupas da moda	Estado civil atual	
	Casado	Não casado
Alta	31%	52%
Baixa	69%	48%
Total da coluna	100%	100%
Número de entrevistados	700	300

TABELA 15.7
Compra de roupas da moda por estado civil e gênero

Compra de roupas da moda	Homem		Mulher	
	Casado	Não casado	Casada	Não casada
Alta	35%	40%	25%	60%
Baixa	65%	60%	75%	40%
Total da coluna	100%	100%	100%	100%
Número de entrevistados	400	120	300	180

das mulheres, 60% das não casadas se enquadram na categoria alta de compras, em comparação com 25% das casadas. Por outro lado, as porcentagens são muito mais próximas para os homens, com 40% dos não casados e 35% dos casados enquadrados na categoria alta de compras. Logo, a introdução do gênero (terceira variável) contribuiu para refinar a relação entre estado civil e compra de roupas da moda (variáveis originais). Os entrevistados não casados apresentam maior tendência a se enquadrar na categoria alta de compras, e esse efeito é muito mais evidente para mulheres do que para homens.

A RELAÇÃO INICIAL ERA ESPÚRIA Um pesquisador, trabalhando para uma agência de propaganda que anunciava uma linha de automóveis de preço superior a US$ 50 mil, procurava analisar a motivação da compra de carros de alto custo (ver Tabela 15.8). A tabela mostra que 32% dos respondentes com ensino superior possuem um automóvel caro, comparado com 21% sem esse nível de instrução. O pesquisador sentiu-se tentado a concluir que o grau de instrução influía na posse de automóveis caros. Considerando que a renda também pode ser um fator, o pesquisador decidiu reexaminar a relação entre grau de instrução e posse de carros caros

TABELA 15.8
Posse de carros caros por nível de instrução

Possui carro caro?	Educação	
	Nível superior	Sem nível superior
Sim	32%	21%
Não	68%	79%
Total da coluna	100%	100%
Número de entrevistados	250	750

TABELA 15.9
Posse de carros caros por níveis de instrução e renda

Possui carro caro?	Baixa renda		Alta renda	
	Nível superior	Sem nível superior	Nível superior	Sem nível superior
Sim	20%	20%	40%	40%
Não	80%	80%	60%	60%
Total da coluna	100%	100%	100%	100%
Número de entrevistados	100	700	150	50

TABELA 15.10
Desejo de viajar ao exterior por idade

Desejo de viajar ao exterior	Idade	
	Menos de 45	45 ou mais
Sim	50%	50%
Não	50%	50%
Total da coluna	100%	100%
Número de entrevistados	500	500

à luz do nível de renda, como mostrado na Tabela 15.9. Observe que as porcentagens dos que possuem e dos que não possuem nível superior são as mesmas para cada grupo de renda. Examinando-se separadamente os dados dos grupos de alta e de baixa renda, a associação entre instrução e posse de carros caros desaparece, o que indica que a relação inicialmente observada entre essas duas variáveis era espúria.

REVELAÇÃO DE UMA ASSOCIAÇÃO ESCONDIDA Um pesquisador suspeitou que o desejo de viajar ao exterior pudesse ser influenciado pela idade. Todavia, uma tabulação cruzada das duas variáveis apresentou os resultados da Tabela 15.10, que não indicam associação alguma. Introduzindo o gênero como terceira variável, obteve-se a Tabela 15.11. Entre os homens, 60% daqueles com menos de 45 anos manifestaram desejo de viajar ao exterior, em comparação com 40% entre aqueles com 45 anos ou mais.

O padrão se inverteu no caso das mulheres, em que 35% daquelas com menos de 45 anos manifestaram desejo de viajar ao exterior, em contraposição a 65% das que tinham 45 anos ou mais. Como a associação entre desejo de viajar ao exterior e idade caminha em direções opostas para homens e mulheres, a relação entre essas duas variáveis é mascarada quando os dados são agregados por gênero, como na Tabela 15.10. Porém, quando o efeito do gênero é controlado, como na Tabela 15.11, a associação escondida entre desejo de viajar e idade se revela agora para as categorias separadas de homens e mulheres.

NENHUMA MUDANÇA NA RELAÇÃO INICIAL Em alguns casos, a introdução da terceira variável não modifica a relação inicialmente observada, independentemente do fato de as variáveis originais serem associadas ou não. Isso sugere que a terceira variável não influencia a relação entre as duas

TABELA 15.11
Desejo de viajar ao exterior por idade e gênero

	Gênero			
	Idade do homem		Idade da mulher	
Desejo de viajar ao exterior	< 45	≥ 45	< 45	≥ 45
Sim	60%	40%	35%	65%
Não	40%	60%	65%	35%
Total da coluna	100%	100%	100%	100%
Número de entrevistados	300	300	200	200

TABELA 15.12
Frequência a restaurantes de refeições rápidas por tamanho de família

	Tamanho da família	
Frequenta restaurantes de refeições rápidas?	Pequena	Grande
Sim	65%	65%
Não	35%	35%
Total da coluna	100%	100%
Número de entrevistados	500	500

TABELA 15.13
Frequência a restaurantes de refeições rápidas por tamanho e renda familiar

	Tamanho da família de baixa renda		Tamanho da família de renda alta	
Frequenta restaurantes de refeições rápidas?	Pequena	Grande	Pequena	Grande
Sim	65%	65%	65%	65%
Não	35%	35%	35%	35%
Total da coluna	100%	100%	100%	100%
Número de entrevistados	250	250	250	250

primeiras. Consideremos a tabulação cruzada referente a tamanho da família e tendência a frequentar restaurantes de refeições rápidas, conforme a Tabela 15.12. Os entrevistados foram classificados nas categorias de família de tamanho pequeno e de tamanho grande, com base em uma separação, pela mediana, da distribuição correspondente, com 500 entrevistados em cada categoria. Não se observou qualquer associação. Os entrevistados foram ainda classificados em grupos de alta ou de baixa renda, com base em uma separação pela mediana. Introduzindo na análise a renda como terceira variável, originou-se a Tabela 15.13. Outra vez, nenhuma associação foi observada.

Comentários gerais sobre a tabulação cruzada

Pode-se fazer a tabulação cruzada para mais de três variáveis, mas a interpretação é muito complexa. Como o número de células aumenta multiplicativamente, o enquadramento de um número adequado de entrevistados ou casos em cada célula pode tornar-se problemático. Como regra, deve haver ao menos cinco observações esperadas em cada célula para que as estatísticas calculadas sejam confiáveis. Assim, a tabulação cruzada não é uma forma eficiente de estudar relações quando há muitas variáveis. Observe que a tabulação cruzada examina a associação entre variáveis, e não as suas causas. Para examinar as relações de causa e efeito, deve-se adotar uma estrutura de planejamento de pesquisa causal (ver Capítulo 7).

Estatísticas associadas a tabulações cruzadas

Passamos agora a discutir as estatísticas comumente utilizadas para avaliar a significância estatística e a intensidade da associação de variáveis em tabulações cruzadas. A significância estatística da associação observada costuma ser testada pela estatística qui-quadrado. A intensidade, ou grau, de associação é importante de uma perspectiva prática ou concreta. De modo geral, for intensidade de associação só tem interesse se a associação for estatisticamente significativa. A intensidade da associação pode ser medida pelo coeficiente de correlação phi, pelo coeficiente de contingência, pelo V de Cramer e pelo coeficiente lambda.

Qui-quadrado

Utiliza-se a **estatística qui-quadrado** (χ^2) para testar a significância estatística da associação observada em uma tabulação cruzada, o que ajuda a determinar se existe uma associação entre as duas variáveis. A hipótese nula, H_0, é que não há associação entre as duas variáveis. O teste é feito calculando-se as frequências que seriam esperadas se não houvesse associação alguma entre as variáveis, dados os totais da linha e da coluna. Comparam-se então essas frequências esperadas, denotadas por f_e, com as frequências realmente observadas, f_o, constantes da tabulação cruzada para calcular a estatística qui-quadrado. Quanto maiores as discrepâncias entre as frequências esperadas e as frequências reais, maior o valor da estatística. Suponhamos uma tabulação cruzada com l linhas e c colunas e uma amostra aleatória de n observações. Pode-se então calcular a frequência esperada de cada célula mediante a fórmula

$$f_e = \frac{n_l\, n_c}{n}$$

onde

n_l = número total de observações na linha
n_c = número total de observações na coluna
n = tamanho da amostra

estatística qui-quadrado
Estatística utilizada para testar a significância estatística da associação observada em uma tabulação cruzada. Ajuda a determinar se existe uma associação sistemática entre as duas variáveis.

Para os dados da Tabela 15.3, as frequências esperadas das células, da esquerda para a direita e de cima para baixo, são:

$$\frac{15 \times 15}{30} = 7{,}50 \qquad \frac{15 \times 15}{30} = 7{,}50$$

$$\frac{15 \times 15}{30} = 7{,}50 \qquad \frac{15 \times 15}{30} = 7{,}50$$

Calcula-se, então, o valor de χ^2 como segue:

$$\chi^2 = \sum_{\substack{\text{todas as}\\ \text{células}}} \frac{(f_o - f_e)^2}{f_e}$$

Para os dados da Tabela 15.3, o valor de χ^2 é:

$$\chi^2 = \frac{(5 - 7{,}5)^2}{7{,}5} + \frac{(10 - 7{,}5)^2}{7{,}5} + \frac{(10 - 7{,}5)^2}{7{,}5} + \frac{(5 - 7{,}5)^2}{7{,}5}$$
$$= 0{,}833 + 0{,}833 + 0{,}833 + 0{,}833$$
$$= 3{,}333$$

Para determinar se existe uma associação sistemática, estima-se a probabilidade de obter um valor de qui-quadrado no mínimo igual ao calculado pela tabulação cruzada. Uma característica importante da estatística qui-quadrado é o número de graus de liberdade (gl) associado a ela. De modo geral, o número de graus de liberdade é igual ao número de observações menos o número de restrições necessárias para calcular um termo estatístico. No caso de uma estatística qui-quadrado associada a uma tabulação cruzada, o número de graus de liberdade é igual ao produto do número de linhas (l) menos um pelo número de colunas (c) menos um. Ou seja, gl = $(l - 1)(c - 1)$.[9] A hipótese nula (H_0), se não houver associação alguma entre as duas variáveis, será rejeitada somente quando o valor calculado da estatística de teste for maior do que o valor crítico da distribuição qui-quadrado com o número adequado de graus de liberdade, conforme mostra a Figura 15.8.

A **distribuição qui-quadrado** é uma distribuição assimétrica cuja forma depende exclusivamente do número de graus de liberdade.[10] À medida que o número de graus de liberdade aumenta, a distribuição qui-quadrado se torna mais simétrica. A Tabela 3 do Apêndice Estatístico dá as áreas da cauda superior da distribuição qui-quadrado para diversos graus de liberdade. Nessa tabela, o valor no topo de cada co-

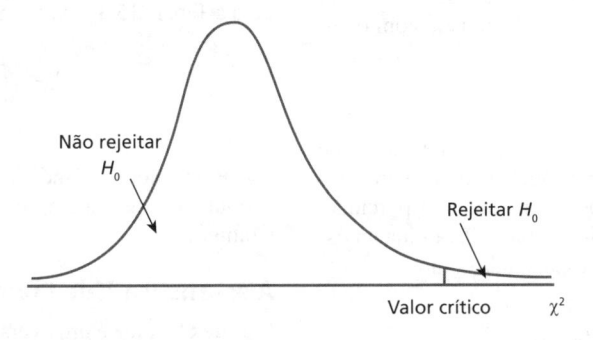

FIGURA 15.8 Teste de associação qui-quadrado.

luna indica a área da porção superior (lado direito, conforme Figura 15.8) da distribuição qui-quadrado. A título de ilustração, para 1 grau de liberdade, o valor de uma área de 0,05 na cauda superior é 3,841. Isso indica que, para 1 grau de liberdade, a probabilidade de exceder o valor qui-quadrado de 3,841 é 0,05. Em outras palavras, no nível de significância de 0,05 com 1 grau de liberdade, o valor crítico da distribuição qui-quadrado é 3,841.

distribuição qui-quadrado
Distribuição assimétrica cuja forma depende exclusivamente do número de graus de liberdade. À medida que este número aumenta, a distribuição qui-quadrado se torna mais simétrica.

Para a tabulação cruzada da Tabela 15.3, existe $(2 - 1) \times (2 - 1) = 1$ grau de liberdade. A estatística qui-quadrado calculada tinha o valor 3,333. Como esse valor é inferior ao valor crítico 3,841, não podemos rejeitar a hipótese nula de não haver associação, o que indica que a associação não é estatisticamente significativa no nível de 0,05. Essa falta de significância deve-se principalmente ao pequeno tamanho da amostra (30). Se, em vez disso, o tamanho da amostra fosse 300 e cada entrada na Tabela 15.3 fosse multiplicada por 10, o valor da estatística qui-quadrado seria multiplicado por 10 e seria 33,33, o que é significativo no nível de 0,05.

A estatística qui-quadrado também pode ser usada em testes de aderência, para determinar se certos modelos se adaptam bem aos dados. Esses testes são feitos calculando-se a significância de desvios amostrais em relação a distribuições teóricas (esperadas) e podem ser realizados em tabulações cruzadas ou em frequências (tabelas de um fator). O cálculo da estatística qui-quadrado e a determinação de sua significância são os mesmos ilustrados anteriormente.

A estatística qui-quadrado deve ser estimada somente com base em contagens de dados. Quando os dados são apresentados em porcentagem, eles têm de ser primeiramente convertidos em contagens ou valores absolutos. Além disso, uma hipótese subjacente do teste qui-quadrado é que as observações são extraídas independentemente umas das outras. Como regra, não se deve fazer análise qui-quadrado quando as frequências teóricas, ou esperadas, em quaisquer células forem inferiores a cinco. Se o número de observações em qualquer célula for inferior a 10, ou se a tabela tiver duas linhas e duas colunas (tabela 2 × 2), deve-se aplicar um fator de correção.[11] Com o fator de correção, o valor é 2,133, que não é significativo no nível de 0,05. No caso de uma tabela 2 × 2, a estatística qui-quadrado está relacionada com o coeficiente phi.

Coeficiente phi

O **coeficiente phi** (ϕ) é usado como medida da intensidade de associação no caso especial de uma tabela com duas linhas e duas colunas (tabela 2 × 2). O coeficiente phi é proporcional à raiz quadrada da estatística qui-quadrado. Para uma amostra de tamanho n, essa estatística é calculada como:

$$\phi = \sqrt{\frac{\chi^2}{n}}$$

coeficiente phi
Medida da intensidade de associação no caso especial de uma tabela com duas linhas e duas colunas (tabela 2 × 2).

Ela toma o valor zero quando não há associação, o que também seria indicado pelo valor 0 do qui-quadrado. Quando as variáveis acusam associação perfeita, phi toma o valor 1 e todas as observações se situam em uma das diagonais. (Em alguns programas de computador, phi toma o valor –1, e não 1, quando há associação perfeita negativa.) Em nosso caso, como a associação não foi significativa no nível 0,05, normalmente não calcularíamos o valor phi. Entretanto, para fins de ilustração, vamos mostrar como os valores de phi e outras medidas da intensidade da associação seriam calculadas. O valor de phi é:

$$\phi = \sqrt{\frac{3,333}{30}}$$
$$= 0,333$$

Assim, a associação não é muito forte. No caso mais geral de uma tabela de qualquer tamanho, pode-se avaliar a intensidade da associação recorrendo-se ao coeficiente de contingência.

Coeficiente de contingência

Enquanto o coeficiente phi está restrito a uma tabela 2 × 2, o **coeficiente de contingência** (C) pode ser utilizado para avaliar a intensidade de associação em uma tabela de qualquer tamanho. Esse índice também tem relação com o qui-quadrado, a saber:

$$C = \sqrt{\frac{\chi^2}{\chi^2 + n}}$$

coeficiente de contingência
Medida da intensidade da associação em uma tabela de qualquer tamanho.

O coeficiente de contingência varia entre 0 e 1. Ocorre o valor 0 no caso de ausência de qualquer associação (isto é, as variáveis são independentes estatisticamente), mas o valor máximo de 1 nunca é atingido. Na verdade, o valor máximo de um coeficiente de contingência depende do tamanho da tabela (número de linhas e número de colunas). Por isso, ele deve ser utilizado apenas para comparar tabelas de mesmo tamanho. Para a Tabela 15.3, o valor do coeficiente de contingência é:

$$C = \sqrt{\frac{3,333}{3,333 + 30}}$$
$$= 0,316$$

Esse valor de C indica que a associação não é muito forte. Outra estatística empregada para qualquer tabela é o V de Cramer.

A estatística V de Cramer

O **V de Cramer** é uma versão modificada do coeficiente phi de correlação, ϕ, e é usado em tabelas de tamanho superior a 2 × 2. Quando phi é calculado para uma tabela de tamanho superior a 2 × 2, não tem limite superior. Obtém-se o *V* de Cramer ajustando-se phi, seja para o número de linhas ou para o número de colunas da tabela, o que for menor. O ajuste é tal que *V* variará de 0 a 1. Um valor grande de *V* indica simplesmente um alto grau de associação, e não como estão associadas as variáveis. Para uma tabela com *l* linhas e *c* colunas, a relação entre o *V* de Cramer e o coeficiente de correlação phi é:

$$V = \sqrt{\frac{\phi^2}{\min(l-1),(c-1)}}$$

ou

$$V = \sqrt{\frac{\chi^2/n}{\min(l-1),(c-1)}}$$

V de Cramer
Medida da intensidade da associação em tabelas de tamanho superior a 2 × 2.

O valor do *V* de Cramer para a Tabela 15.3 é:

$$V = \sqrt{\frac{3{,}333/30}{1}}$$
$$= 0{,}333$$

Assim, a associação não é muito forte. Vê-se que, neste caso, $V = \phi$. Isso sempre se verifica para uma tabela 2 × 2. Outra estatística frequentemente estimada é o coeficiente lambda.

O coeficiente lambda

O lambda supõe que as variáveis sejam medidas em uma escala nominal. O **lambda assimétrico** mede o melhoramento percentual na previsão do valor da variável dependente, dado um valor da variável independente. Lambda também varia entre 0 e 1. Um valor 0 indica que não houve melhoramento na previsão. O valor 1 indica que a previsão pode ser feita sem erro, isso ocorre quando a categoria de cada variável independente está associada a uma única categoria da variável dependente.

lambda assimétrico
Medida do melhoramento percentual na previsão do valor da variável dependente, dado o valor da variável independente em uma análise de tabela de contingência. Lambda também varia entre 0 e 1.

O lambda assimétrico é calculado para cada uma das variáveis (considerando-o como a variável dependente). De modo geral, os dois lambdas assimétricos tendem a ser diferentes, pois as distribuições marginais quase nunca são iguais. Calcula-se também um **lambda simétrico**, que é uma espécie de média dos dois valores assimétricos. O lambda simétrico não faz qualquer suposição sobre qual seja a variável dependente; ele mede o melhoramento global quando a previsão é feita em ambas as direções.[12] O valor do lambda assimétrico na Tabela 15.3, como variável dependente, é 0,333.

Isso indica que o conhecimento do gênero aumenta nossa capacidade preditiva na proporção de 0,333, isto é, um melhoramento de 33,3%. O lambda simétrico também é 0,333.

lambda simétrico
O lambda simétrico não faz qualquer suposição sobre qual seja a variável dependente, e mede o melhoramento global quando a previsão é feita nos dois sentidos.

Outras estatísticas

Observe que, no cálculo da estatística qui-quadrado, as variáveis são tratadas como se fossem medidas apenas em uma escala nominal. Há outras estatísticas, como tau *b*, tau *c* e gama, que medem a associação entre duas variáveis no nível ordinal. Todas essas estatísticas utilizam informações sobre a ordenação das categorias de variáveis, considerando todos os pares possíveis de casos na tabela. Examina-se cada par a fim de determinar se sua ordenação relativa quanto à primeira variável é a mesma que a ordenação relativa quanto à segunda variável (concordantes), se a ordenação é invertida (discordantes) ou se o par é empatado. A maneira como os empates são tratados é a diferença básica entre essas estatísticas. Tanto tau *b* quanto tau *c* fazem ajustes para empates. **Tau *b*** é a mais apropriada com tabelas quadradas, em que o número de linhas é igual ao número de colunas. Seu valor varia entre +1 e –1. Assim, podemos determinar a direção (positiva ou negativa) e também a intensidade da relação (quão próximo de 1 está o seu valor). Para uma tabela retangular, em que o número de linhas é diferente do número de colunas, deve-se utilizar **tau *c*. Gama** não faz ajuste para empates nem para o tamanho da tabela. Gama também varia entre +1 e –1 e, em geral, tem valor maior do que tau *b* ou tau *c*. Para os dados da Tabela 15.3, como o gênero é uma variável nominal, não é correto calcular uma estatística ordinal. Todas essas estatísticas podem ser estimadas por programas de computador apropriados para tabulações cruzadas. No Capítulo 17, estudaremos outras estatísticas para medir a intensidade da associação, a saber, a correlação momento produto e a correlação não métrica.

tau *b*
Estatística de teste que mede a associação entre duas variáveis de nível ordinal. Faz um ajuste para empates e é mais apropriada quando a tabela de variáveis é quadrada.

tau *c*
Estatística de teste que mede a associação entre duas variáveis ordinais. Faz um ajuste para empates e é mais apropriada quando a tabela de variáveis não é quadrada, mas retangular.

gama
Estatística de teste que mede a associação entre duas variáveis ordinais. Não faz ajuste para empates.

Tabulação cruzada na prática

Na prática da análise de tabulação cruzada, é aconselhável seguir estes passos:

1. Testar a hipótese nula de que não há associação entre as variáveis utilizando a estatística qui-quadrado. Se não rejeitamos a hipótese nula, não há qualquer relação.

2. Se H_0 for rejeitada, determinar a intensidade da associação utilizando uma estatística apropriada (coeficiente phi, coeficiente de contingência, V de Cramer, coeficiente lambda ou outra estatística).
3. Se H_0 for rejeitada, interpretar o padrão de relacionamento calculando as porcentagens na direção da variável independente, por meio da variável dependente.
4. Se as variáveis forem consideradas ordinais, e não nominais, utilizar tau b, tau c ou gama como estatística de teste. Se H_0 for rejeitada, determinar a intensidade da associação utilizando a magnitude e a direção do relacionamento com auxílio do sinal da estatística de teste.
5. Traduzir os resultados do teste de hipóteses, da intensidade da associação e do padrão de associação em implicações gerenciais e recomendações onde for relevante.

PESQUISA ATIVA

Análise do uso de cosméticos

Visite www.loreal.com e pesquise na Internet, incluindo mídias sociais, e no banco de dados *on-line* de sua biblioteca informações sobre usuários frequentes, eventuais e não frequentes de cosméticos.

Como você analisaria os dados para determinar se os usuários frequentes, eventuais e não frequentes diferem em termos de características demográficas?

Como diretor de marketing da L'Oréal, que estratégias você adotaria para alcançar os usuários frequentes, eventuais e não frequentes de cosméticos?

Teste de hipóteses para diferenças

Na seção anterior, estudamos o teste de hipóteses relacionado com associações. Vamos agora abordar o teste de hipóteses relativo a diferenças. Na Figura 15.9, há uma classificação dos processos de teste de hipóteses para examinar diferenças. Observemos que a Figura 15.9 é consistente com a classificação de técnicas univariadas apresentada na Figura 14.6. A principal diferença é que a Figura 14.6 também acomoda mais de duas amostras e assim lida com técnicas como ANOVA de um fator e K–W ANOVA (Capítulo 14), enquanto a Figura 15.9 é limitada a, no máximo, duas amostras. Além disso, a Figura 15.9 não abrange técnicas de uma amostra, como frequências, que não envolvem teste estatístico. De uma maneira ampla, os processos de teste de hipóteses são classificados como paramétricos ou não paramétricos, com base na escala de mensuração das variáveis envolvidas. Os **testes paramétricos** supõem que as variáveis envolvidas sejam medidas em ao menos uma escala intervalar. Os **testes não paramétricos** supõem que as variáveis sejam medidas em uma escala nominal ou ordinal. Esses testes podem ainda ser classificados conforme estejam envolvidas uma, duas ou mais amostras. Como foi explicado no Capítulo 14, o número de amostras é determinado com base na maneira como os dados são tratados para fins de análise, e não segundo a forma como os dados foram coletados. As amostras são *independentes* quando extraídas aleatoriamente de populações diferentes. Para fins de análise, os dados referentes a diferentes grupos de entrevistados – por exemplo, homens e mulheres – em geral são tratados como amostras independentes. Por outro lado, falamos de amostras *pareadas* quando os dados das duas amostras se referem ao mesmo grupo de entrevistados.

Testes de hipótese

- **Testes paramétricos (dados métricos)**
  - **Uma amostra**
    - Teste t
    - Teste z
  - **Duas amostras**
    - **Amostras independentes**
      - Teste t de dois grupos
      - Teste z
    - **Amostras pareadas**
      - Teste t pareado

- **Testes não paramétricos (dados não métricos)**
  - **Uma amostra**
    - Qui-quadrado
    - K-S
    - Repetições
    - Binominal
  - **Duas amostras**
    - **Amostras independentes**
      - Qui-quadrado
      - Mann-Whitney
      - Mediana
      - K-S
    - **Amostras pareadas**
      - Sinais
      - Wilcoxon
      - McNemar
      - Qui-quadrado

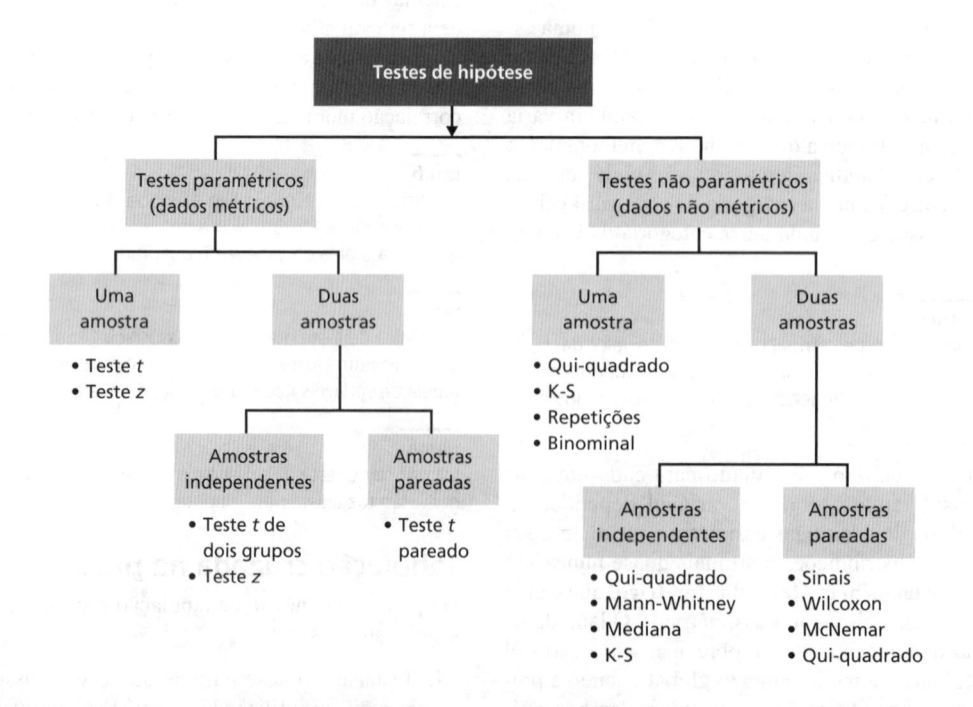

FIGURA 15.9 Testes de hipótese relativos a diferenças.

testes paramétricos
Procedimentos de testes de hipóteses que supõem que as variáveis em estudo sejam medidas em ao menos uma escala intervalar.

testes não paramétricos
Procedimentos de teste de hipóteses que supõem que as variáveis sejam medidas em uma escala nominal ou ordinal.

O teste paramétrico mais popular é o teste t, realizado para estudar hipóteses sobre médias. O teste t pode ser feito sobre a média de uma amostra ou de duas amostras de observações. No caso de duas amostras, estas podem ser independentes ou pareadas. Os testes não paramétricos baseados em observações extraídas de uma amostra incluem o teste de Kolmogorov-Smirnov, o teste qui-quadrado, o teste das repetições e o teste binomial. No caso de duas amostras independentes, empregam-se o teste U de Mann-Whitney, o teste da mediana e o teste de duas amostras de Kolmogorov-Smirnov para examinar hipóteses sobre posição. Esses testes são a contrapartida não paramétrica do teste t para dois grupos. Para amostras pareadas, os testes não paramétricos incluem o teste de postos com sinais de Wilcoxon para pares conjugados e o teste dos sinais. Esses testes são a contrapartida do teste t pareado. Há testes paramétricos e não paramétricos para estudar hipóteses relativas a mais de duas amostras, que serão estudados em capítulos posteriores.

Testes paramétricos

Os testes paramétricos fornecem inferências para fazer afirmações sobre médias de populações relacionadas. Para este fim, costuma-se utilizar um **teste t**, que se baseia na estatística t de Student. A **estatística t** supõe que a variável tenha distribuição normal, que a média seja conhecida (ou se suponha conhecida) e que a variância da população seja estimada com base na amostra. Suponhamos que a variável aleatória X tenha distribuição normal com média μ e variância populacional σ^2 desconhecida, que é estimada pela variância amostral s^2. Lembre-se de que o desvio-padrão da média amostral $\overline{X}$ é estimado como $s_{\overline{X}} = s/\sqrt{n}$. Então, $t = (\overline{X} - \mu)/s_{\overline{X}}$ tem distribuição t com $n-1$ grau de liberdade.

teste t
Teste univariado de hipótese, aplicado quando o desvio-padrão não é conhecido e a amostra é pequena.

estatística t
Estatística que supõe que a variável tenha distribuição simétrica em forma de sino, que a média seja conhecida (ou se suponha que seja conhecida) e que a variância populacional seja estimada com base na amostra.

Na aparência, a **distribuição t** é semelhante à distribuição normal: ambas têm a forma de um sino e são simétricas. Porém, comparada com a normal, a distribuição t tem maior área nas caudas e menor área no centro, porque a variância populacional σ^2 é desconhecida e é estimada pela variância amostral s^2. Dada a incerteza no valor de s^2, os valores observados de t são mais variáveis do que os de z. Assim, para abranger determinada porcentagem de valores da distribuição t, devemos tomar, a contar de 0, um número de desvios-padrão maior que no caso da distribuição normal. Todavia, à medida que o número de graus de liberdade aumenta, a distribuição t tende para a distribuição normal. Na verdade, para grandes amostras (120 ou mais), a distribuição t e a distribuição normal praticamente não se distinguem. A Tabela 4 do Apêndice Estatístico apresenta alguns percentis da distribuição t. Embora se admita a normalidade, o teste t é robusto em relação a desvios da normalidade.

No caso especial de ser utilizada a estatística t, o processo de teste de hipóteses é o seguinte:

distribuição t
Distribuição simétrica, em forma de sino, muito usada em testes com pequenas amostras ($n < 30$), quando a média é conhecida e a variância populacional é estimada com base na amostra.

1. Formular as hipóteses nula (H_0) e alternativa (H_1).
2. Selecionar a fórmula apropriada da estatística t.
3. Selecionar um nível de significância, α, para testar H_0. Geralmente escolhe-se o nível 0,05.[13]
4. Extrair uma ou duas amostras e calcular a média e o desvio-padrão de cada uma.
5. Calcular a estatística t, supondo H_0 verdadeira.
6. Calcular o número de graus de liberdade e estimar a probabilidade de obter um valor mais extremo da estatística da Tabela 4. (Alternativamente, calcular o valor crítico da estatística t).
7. Se a probabilidade calculada no passo 6 for menor que o nível de significância escolhido no passo 3, rejeitar H_0. Se a probabilidade for maior, não rejeitar H_0. (Alternativamente, se o valor da estatística t calculada no passo 5 for maior do que o valor crítico determinado no passo 6, rejeitar H_0. Se o valor calculado for inferior ao valor crítico, não rejeitar H_0.) O fato de não rejeitarmos H_0 não implica necessariamente que H_0 seja verdadeira. Significa apenas que o verdadeiro estado não difere significativamente daquele suposto por H_0.[14]
8. Expressar em termos do problema de pesquisa de marketing a conclusão a que o teste t conduziu.

Uma amostra

Em pesquisa de marketing, o pesquisador frequentemente tem interesse em formular afirmações sobre uma única variável, em confronto com um padrão conhecido ou dado. Eis alguns exemplos de tais afirmações: a participação de um novo produto no mercado excederá 15%; no mínimo 65% dos clientes preferem uma nova embalagem; e 80% dos comerciantes preferem a nova política de preços. Essas afirmações podem ser traduzidas em hipóteses nulas, que serão testadas com um teste de uma amostra, como o teste t ou o teste z. No caso do teste t para uma única média, o pesquisador tem interesse em testar se a média populacional se comporta segundo uma hipótese dada (H_0). Para os dados da Tabela 15.1, suponhamos que queiramos testar a hipótese de que a pontuação média da familiaridade com a Internet excede 4,0, o valor neutro em uma escala de sete pontos. Escolhe-se o nível de significância de $\alpha = 0,05$. As hipóteses são formuladas como:

$H_0: \mu \le 4,0$
$H_1: \mu > 4,0$

$$t = \frac{(\overline{X} - \mu)}{s_{\overline{X}}}$$

$$s_{\overline{X}} = \frac{s}{\sqrt{n}}$$

$s_{\overline{X}} = 1,579/\sqrt{29} = 1,579/5,385 = 0,293$

$t = (4,724 - 4,0) / 0,293 = 0,724 / 0,293 = 2,471$

O número de graus de liberdade da estatística t para testar a hipótese sobre uma média é $n - 1$. Em nosso caso, $n - 1 = 29 - 1 = 28$. Pela Tabela 4 do Apêndice Estatístico, a probabilidade de obter um valor mais extremo do que 2,471 é inferior a 0,05. (Alternativamente, o valor crítico de t para 28 graus de liberdade e nível de significância de 0,05 é 1,7011, que é inferior ao valor calculado.) Logo, a hipótese nula é rejeitada. O nível de familiaridade realmente excede 4,0.

Observe que, se soubéssemos que o desvio-padrão populacional era conhecido e igual a 1,5, em vez de ter sido estimado pela amostra, caberia aplicar um **teste z**. Nesse caso, o valor da estatística z seria:

$$z = (\overline{X} - \mu)/\sigma_{\overline{X}}$$

onde

$\sigma_{\overline{X}} = 1,5/\sqrt{29} = 1,5/5,385 = 0,279$

e

$z = (4,724 - 4,0)/0,279 = 0,724/0,279 = 2,595$

teste z
Teste de hipótese univariado que utiliza a distribuição normal.

Pela Tabela 2 do Apêndice Estatístico, a probabilidade de obter um valor de z mais extremo do que 2,595 é inferior a 0,05. (Alternativamente, o valor crítico de z para um teste unicaudal e um nível de significância de 0,05 é 1,645, que é inferior ao valor calculado.) Logo, a hipótese nula é rejeitada, o que é a mesma conclusão a que havíamos chegado com o teste t.

O procedimento de teste de uma hipótese nula sobre uma proporção foi ilustrado anteriormente neste capítulo, quando introduzimos o teste de hipóteses.

Duas amostras independentes

Várias hipóteses em marketing dizem respeito a parâmetros de duas populações diferentes: por exemplo, os usuários e os não usuários de determinada marca diferem quanto a suas percepções dessa marca, os consumidores de renda alta gastam mais em lazer e diversão que os de baixa renda, ou a proporção de usuários fiéis à marca no segmento I é superior à proporção no segmento II. As amostras extraídas aleatoriamente de populações diferentes são chamadas de **amostras independentes**. Como no caso de uma amostra, as hipóteses podem referir-se a médias ou a proporções.

amostras independentes
As amostras são independentes se foram extraídas aleatoriamente de populações diferentes. Dados pertencentes a grupos diferentes de respondentes geralmente são considerados amostras independentes.

MÉDIAS No caso de médias de duas amostras independentes, a hipótese toma a seguinte forma:

$H_0: \mu_1 = \mu_2$
$H_1: \mu_1 \ne \mu_2$

As duas populações são submetidas à amostragem, e são calculadas as médias e as variâncias com base em amostras de tamanhos n_1 e n_2. Constatando-se que ambas as populações têm a mesma variância, é preciso calcular como segue uma variância combinada (*pooled*) com base nas duas variâncias amostrais:

$$s^2 = \frac{\sum_{i=1}^{n_1}(X_{i1} - \overline{X}_1)^2 + \sum_{i=1}^{n_2}(X_{i2} - \overline{X}_2)^2}{n_1 + n_2 - 2}$$

ou

$$s^2 = \frac{(n_1 - 1)s_1^2 + (n_2 - 1)s_2^2}{n_1 + n_2 - 2}$$

O desvio-padrão da estatística de teste é estimado como:

$$s_{\overline{X}_1 - \overline{X}_2} = \sqrt{s^2\left(\frac{1}{n_1} + \frac{1}{n_2}\right)}$$

Calcula-se como segue o valor apropriado de t:

$$t = \frac{(\overline{X}_1 - \overline{X}_2) - (\mu_1 - \mu_2)}{s_{\overline{X}_1 - \overline{X}_2}}$$

Os graus de liberdade, neste caso, são $(n_1 + n_2 - 2)$.

Se as duas populações têm variâncias diferentes, não é possível calcular um t exato para a diferença das médias amostrais. Calcula-se então uma aproximação de t. Em geral, o número de graus de liberdade neste caso não é um número inteiro, mas uma probabilidade razoavelmente precisa é obtida arredondando-o para o inteiro mais próximo.[15]

Quando não se sabe se as duas populações têm variâncias iguais, aplica-se um **teste F** da variância amostral. Nesse caso, as hipóteses são:

$H_0: \sigma_1^2 = \sigma_2^2$
$H_1: \sigma_1^2 \ne \sigma_2^2$

teste F
Teste estatístico da igualdade das variâncias de duas populações.

Calcula-se como segue a **estatística F** a partir das variâncias amostrais:

$$F_{(n_1 - 1), (n_2 - 1)} = \frac{s_1^2}{s_2^2}$$

onde

n_1 = tamanho da amostra 1
n_2 = tamanho da amostra 2
$n_1 - 1$ = graus de liberdade para a amostra 1
$n_2 - 1$ = graus de liberdade para a amostra 2
s_1^2 = variância amostral da amostra 1, a variância amostral maior
s_2^2 = variância amostral da amostra 2, a variância amostral menor

estatística F
Computada como a razão entre as duas variâncias amostrais, com a variância amostral maior no numerador.

Como se pode observar, o valor crítico da **distribuição F** depende de dois conjuntos de graus de liberdade – os do numerador e os do denominador. A Tabela 5 do Apêndice Estatístico dá os valores críticos de F para vários graus de liberdade do numerador e do denominador. Se a probabilidade de F for maior que o nível de significância α, não rejeitamos H_0 e podemos utilizar t com base na estimativa da variância combinada. Por outro lado, se a probabilidade de F for inferior ou, no máximo, igual a α, H_0 é rejeitada e pode-se usar t baseado em uma estimativa separada da variância.

distribuição F
Distibuição de frequência que depende de dois graus de liberdade – os graus de liberdade do numerador e os graus de liberdade do denominador.

Com os dados da Tabela 15.1, suponhamos que quiséssemos determinar se há diferença no uso da Internet por parte dos homens comparado com as mulheres. Aplicou-se um teste t de duas amostras independentes. Os resultados figuram na Tabela 15.14. Observe que o teste F de variâncias amostrais acusa uma probabilidade inferior a 0,05. Assim, H_0 é rejeitada, devendo-se usar o teste t baseado em "não suposição de variâncias iguais". O valor de t é – 4,492 e, com 18,014 graus de liberdade, temos uma probabilidade de 0,000, que é inferior ao nível de significância de 0,05. Logo, rejeitamos a hipótese nula de médias iguais. Como o uso médio para homens (gênero = 1) é 9,333, e para mulheres (gênero = 2) é 3,867, os homens usam a Internet significativamente mais do que as mulheres. Apresentamos também o teste t supondo variâncias iguais, pois a maioria dos programas de computador automaticamente faz o teste t em ambas as direções. Se em vez de uma pequena amostra de 30, tivéssemos uma amostra grande e representativa, haveria implicações importantes para os provedores de serviços de Internet, como AT&T e Verizon, e várias empresas de telecomunicações, como Comcast. A fim de visar aos usuários frequentes de Internet, essas empresas deveriam focar os homens. Logo, deveria ser gasto mais dinheiro em mídia direcionada mais ao público masculino do que ao público feminino.

Pesquisa real

As lojas procuram adaptar os idosos a um "t"

Um estudo baseado em uma amostra nacional de 789 entrevistados com 65 anos de idade ou mais procurou identificar o efeito da falta de mobilidade sobre o comportamento dos clientes. Uma das principais perguntas da pesquisa dizia respeito às diferenças entre as necessidades físicas dos idosos quando dependentes ou não de terceiros. Ou seja, os dois grupos exigem meios diferentes para chegar à loja ou após estarem na loja? Uma análise mais detalhada dos requisitos físicos, feita mediante testes t sobre duas amostras independentes (apresentadas na tabela), indicou que pessoas idosas dependentes são mais propensas a procurar lojas que ofere-

TABELA 15.14
Teste t para duas amostras independentes

	Resumo das estatísticas		
	Número de casos	Média	Média do erro padrão
Homem	15	9,333	1,137
Mulher	15	3,867	0,435

Teste F para igualdade de variâncias

Valor de F	Probabilidade bicaudal
15,507	0,000

Teste t

Suposição de variâncias iguais			Não suposição de variâncias iguais		
Valor t	Graus de liberdade	Probabilidade bicaudal	Valor t	Graus de liberdade	Probabilidade bicaudal
– 4,492	28	0,000	– 4,492	18,014	0,000

Diferenças nos requisitos físicos entre idosos dependentes e não dependentes

	Média[a]		
Itens de exigência física	Não dependentes	Dependentes	Probabilidade do teste t
Entrega em domicílio	1,787	2,000	0,023
Pedido por telefone	2,030	2,335	0,003
Transporte até a loja	2,188	3,098	0,000
Estacionamento adequado	4,001	4,095	0,305
Localização perto da residência	3,177	3,325	0,137
Variedade de lojas próximas	3,456	3,681	0,023

[a] Em uma escala de cinco pontos, de "não importante" (1) a "muito importante" (5).

çam entrega em domicílio e serviços de pedidos por telefone, assim como lojas para as quais tenham facilidade de transporte. Elas têm também maior propensão a visitar lojas de diversas especialidades que estejam próximas umas das outras. Os varejistas, agora mais do que nunca, estão percebendo o potencial de vendas no mercado de pessoas mais velhas. Com a geração *baby boomer* aproximando-se da aposentadoria, lojas como Wal-Mart veem "a cereja do bolo". Os compradores idosos são mais propensos a gastar mais dinheiro e tornar-se clientes fiéis de uma loja. Entretanto, para atraí-los, as lojas devem disponibilizar entrega em domicílio, serviços de pedidos por telefone e transporte acessível.[16] ■

Neste exemplo, testamos a diferença entre médias. Um teste semelhante está disponível para avaliar a diferença entre proporções para duas amostras independentes.

PROPORÇÕES O caso envolvendo proporções para duas amostras independentes é igualmente ilustrado com os dados da Tabela 15.1, que apresenta o número de homens e mulheres que fazem compras pela Internet. A proporção de entrevistados que usam a Internet para fazer compras é a mesma entre homens e mulheres? As hipóteses nula e alternativa são:

$$H_0: \pi_1 = \pi_2$$
$$H_1: \pi_1 \neq \pi_2$$

Um teste z é usado da mesma forma que ao se testar a proporção para uma amostra. Contudo, neste caso o teste estatístico é dado por:

$$z = \frac{p_1 - p_2}{s_{p_1 - p_2}}$$

No teste estatístico, o numerador é a diferença entre as proporções nas duas amostras, p_1 e p_2. O denominador é o erro padrão da diferença nas duas proporções e é representado por:

$$s_{p_1 - p_2} = \sqrt{p(1-p)\left[\frac{1}{n_1} + \frac{1}{n_2}\right]}$$

onde

$$p = \frac{n_1 p_1 + n_2 p_2}{n_1 + n_2}$$

Um nível de significância de $\alpha = 0,05$ é escolhido. Conforme os dados da Tabela 15.1, o teste estatístico é calculado como:

$$p_1 - p_2 = (11/15) - (6/15)$$
$$= 0,733 - 0,400 = 0,333$$
$$p = (15 \times 0,733 + 15 \times 0,4)/(15 + 15) = 0,567$$
$$s_{p_1 - p_2} = \sqrt{0,567 \times 0,433 \left(\frac{1}{15} + \frac{1}{15}\right)} = 0,181$$
$$z = 0,333/0,181 = 1,84$$

Dado um teste bicaudal, a área à direita do valor crítico é $\alpha/2$, ou 0,025. Assim, o valor crítico do teste estatístico é 1,96. Como o valor calculado é menor do que o valor crítico, a hipótese nula não pode ser rejeitada. Assim, a proporção de usuários entre homens (0,733) e entre mulheres (0,400) não é significativamente diferente para as duas amostras. Observe que embora a diferença seja substancial, não é estatisticamente significativa em decorrência do pequeno tamanho das amostras (15 em cada grupo).

Amostras pareadas

Em muitas aplicações da pesquisa de marketing, as observações para os dois grupos não são extraídas de amostras independentes. Ao contrário, as observações dizem respeito a **amostras pareadas**, no sentido de que os dois conjuntos de observações se referem aos mesmos entrevistados. Uma amostra de entrevistados pode avaliar duas marcas concorrentes, indicar a importância relativa de dois atributos de um produto ou avaliar determinada marca em momentos diferentes. Em tais casos, a diferença é analisada por um **teste t de amostras pareadas**. Para calcular t para amostras pareadas, forma-se a variável "diferença pareada", denotada por D, e calculam-se sua média e sua variância. Determina-se então a estatística t. O número de graus de liberdade é $n - 1$, onde n é o número de pares. As fórmulas de interesse são:

$$H_0: \mu_D = 0$$
$$H_1: \mu_D \neq 0$$
$$t_{n-1} = \frac{\overline{D} - \mu_D}{\frac{s_D}{\sqrt{n}}}$$

onde

$$\overline{D} = \frac{\sum_{i=1}^{n} D_i}{n}$$

$$s_D = \sqrt{\frac{\sum_{i=1}^{n}(D_i - \overline{D})^2}{n-1}}$$

$$s_{\overline{D}} = \frac{s_D}{\sqrt{n}}$$

amostras pareadas
Em teste de hipóteses, as amostras são sempre pareadas quando dois conjuntos de observações estão relacionados aos mesmos respondentes.

teste *t* para amostras pareadas
Teste para diferenças de médias entre amostras pareadas.

No exemplo de utilização da Internet (Tabela 15.1), poderíamos aplicar um teste *t* pareado para determinar se os entrevistados diferem em suas atitudes em relação à Internet e em relação à tecnologia. A Tabela 15.15 mostra o resultado. A atitude média é 5,167 em relação à Internet e 4,10 em relação à tecnologia. A diferença das médias entre as duas variáveis é 1,067, com desvio-padrão de 0,828 e erro padrão de 0,1511. O resultado é o valor $t = (1,067/0,1511) = 7,06$, com $30 - 1 = 29$ graus de liberdade e probabilidade inferior a 0,001. Assim, concluímos que os entrevistados têm atitude mais favorável em relação à Internet do que em relação à tecnologia em geral. Uma implicação, se essa fosse uma amostra grande e representativa, seria a de que os provedores de serviços de Internet não deveriam hesitar em promover seus serviços a consumidores que não têm uma atitude positiva em relação à tecnologia e que não se consideram conhecedores da área. Outra aplicação surge no contexto da determinação da eficácia relativa de comerciais de TV de 15 segundos em relação a comerciais de 30 segundos.

Pesquisa real

Contagem de segundos

Fez-se uma pesquisa junto a 83 diretores das maiores agências de propaganda canadenses a fim de verificar a eficácia relativa de comerciais de 15 segundos em relação à dos comerciais de 30 segundos. Em uma escala de cinco pontos (1 = excelente a 5 = fraco), os entrevistados avaliaram os comerciais de TV de 15 e 30 segundos quanto à conscientização da marca, lembrança da ideia principal, persuasão e capacidade de relatar uma história emocional. A tabela mostra que os comerciais de 30 segundos foram avaliados mais favoravelmente em todas as dimensões. Testes *t* pareados mostraram que essas diferenças eram significativas, e os comerciais de 15 segundos foram julgados menos eficazes. Assim, os comerciais de 15 segundos não são a resposta que os profissionais de marketing estão procurando. Na verdade, hoje, o problema talvez não seja "quão eficazes são os comerciais televisivos", mas se "os consumidores realmente assistirão aos comerciais". Mais de 20% dos usuários nunca assistiu a um comercial em 2016, e existe uma possibilidade de que esse número aumente no futuro. Grandes anunciantes, como a General Motors, terão que propor formas mais eficazes e criativas de exibir seus comerciais.[17] ∎

A diferença nas proporções para amostras pareadas pode ser testada usando o teste McNemar ou o teste qui-quadra-

Classificação média entre comerciais de 15 e 30 segundos nas quatro variáveis de comunicação

Consciência de marca		Lembrança da ideia principal		Persuasão		Capacidade de contar história emocional	
15	**30**	**15**	**30**	**15**	**30**	**15**	**30**
2,5	1,9	2,7	2,0	3,7	2,1	4,3	1,9

TABELA 15.15

Teste *t* para amostras pareadas

Variável	Número de casos	Média	Desvio-padrão	Erro padrão
Atitude em relação à Internet	30	5,167	1,234	0,225
Atitude em relação à tecnologia	30	4,100	1,398	0,225

Diferença = Internet – Tecnologia

Diferença entre médias	Desvio-padrão	Erro padrão	Correlação	Probabilidade bicaudal	Valor de *t*	Graus de liberdade	Probabilidade bicaudal
1,067	0,828	0,1511	0,809	0,000	7,059	29	0,000

do, como explicado na seção seguinte sobre testes não paramétricos.

PESQUISA ATIVA

Usuários e não usuários: suas avaliações da Reebok são diferentes?

Visite www.reebok.com e pesquise na Internet, incluindo mídias sociais, e no banco de dados *on-line* de sua biblioteca informações sobre os fatores que os consumidores usam para avaliar marcas concorrentes de calçados esportivos.

Como diretor de marketing da Reebok, como você melhoraria a imagem da marca e seu posicionamento competitivo?

Os usuários e não usuários da Reebok avaliaram a marca em cinco fatores usando escalas do tipo Likert. Como você analisaria esses dados usando testes *t* de duas amostras independentes e de amostra pareada?

Testes não paramétricos

Utilizam-se os testes não paramétricos quando as variáveis independentes são de natureza não métrica. Como no caso dos testes paramétricos, há testes não paramétricos para estudar variáveis extraídas de uma amostra, de duas amostras independentes ou de duas amostras relacionadas.

Uma amostra

Às vezes o pesquisador deseja testar se as observações relativas a determinada variável podem provir de uma distribuição específica, como a normal, a uniforme ou a distribuição de Poisson. Torna-se necessário o conhecimento da distribuição para calcular probabilidades correspondentes a valores conhecidos da variável, ou valores da variável correspondentes a probabilidades conhecidas (ver Apêndice 12A). O **teste de Kolmogorov-Smirnov (K-S) de uma amostra** é um dos testes de aderência. O teste K-S compara a função de distribuição cumulativa de uma variável com uma distribuição específica. A_i denota a frequência relativa acumulada para cada categoria da distribuição teórica (suposta) e O_i denota o valor comparável da frequência amostral. O teste K-S se baseia no valor máximo da diferença absoluta entre A_i e O_i. A estatística de teste é

$$K = \text{Max} \,|A_i - O_i|$$

teste de Kolmogorov-Smirnov (K-S) de uma amostra
Teste não paramétrico de aderência para uma amostra que compara a distribuição cumulativa de uma variável com uma distribuição especificada.

A decisão de rejeitar a hipótese nula se baseia no valor de K. Quanto maior esse valor, maior a nossa confiança de que H_0 é falsa. Para $\alpha = 0,05$, o valor crítico de K para grandes amostras (mais de 35) é dado por $1,36/\sqrt{n}$.[18] Alternativamente, K pode ser transformado em uma estatística z distribuída normalmente, calculando-se então sua probabilidade associada.

No contexto do exemplo do uso da Internet, suponhamos que queremos testar se a distribuição do uso da Internet é normal. Faz-se um teste K-S de uma amostra, originando os dados da Tabela 15.16. A maior diferença, em valor absoluto, entre a distribuição observada e a normal foi $K = 0,222$. Embora o tamanho da nossa amostra seja de apenas 30 (inferior a 35), podemos utilizar a fórmula aproximada, e o valor crítico de K é $1,36/\sqrt{30} = 0,248$. Como o valor calculado de K é inferior ao valor crítico, não podemos rejeitar a hipótese nula. Alternativamente, a Tabela 15.16 mostra que a probabilidade de observar o valor K de 0,222, determinado pela estatística z normalizada, é 0,103. Como esse valor é superior ao nível de significância de 0,05, a hipótese nula não pode ser rejeitada, o que nos leva à mesma conclusão. Logo, a distribuição do uso da Internet não se afasta significativamente da distribuição normal. A implicação é de que estamos seguros ao usar testes estatísticos (p. ex., o teste z) e procedimentos que supõem a normalidade dessa variável.

Conforme mencionado anteriormente, o teste qui-quadrado também pode ser aplicado a uma única variável extraída de uma amostra. Nesse contexto, o teste qui-quadrado serve como teste de aderência, verificando se existe diferença significativa entre o número observado de casos em cada categoria e o número esperado. Outros testes não paramétricos para uma amostra incluem o teste das repetições e o teste binomial. O **teste das repetições** é um teste de aleatoriedade para variáveis dicotômicas; é feito determinando se a ordem, ou sequência, em que se obtém as observações é aleatória. O **teste binomial** também é um teste de aderência para variáveis dicotômicas; testa a aderência do número de casos observados em cada categoria ao número esperado segundo uma distribuição binomial especificada. Para mais

TABELA 15.16
Teste K-S de uma amostra para verificar normalidade do uso da Internet

Distribuição de teste – normal				
Média:	6,600			
Desvio-padrão:	4,296			
Casos:	30			

Diferenças mais extremas				
Absoluto	Positivo	Negativo	K-S z	p bicaudal
0,222	0,222	−0,142	1,217	0,103

SPSS Arquivo de Saída

SAS Arquivo de Saída

informações sobre esses testes, o leitor deve recorrer à literatura estatística básica.[19]

teste das repetições
Teste de aleatoriedade para uma variável dicotômica.

teste binomial
Teste de aderência para variáveis dicotômicas. Testa a aderência do número de casos observados em cada categoria ao número esperado de acordo com uma distribuição binomial especificada.

Duas amostras independentes

Quando a diferença na posição de duas populações deve ser comparada com base em observações de duas amostras independentes e a variável é medida em uma escala ordinal, pode-se usar o **teste U de Mann-Whitney**.[20] Esse teste corresponde ao teste t para duas amostras independentes, para variáveis em escala intervalar, quando se supõem iguais as variâncias das duas populações.

teste U de Mann-Whitney
Teste estatístico para uma variável medida em escala ordinal; compara a diferença de posição de duas populações, baseada em observações de duas amostras independentes.

No teste U de Mann-Whitney, as duas amostras são combinadas e os casos são dispostos em ordem crescente de tamanho. Calcula-se a estatística de teste U como o número de vezes que um escore da amostra ou grupo 1 precede um escore do grupo 2. Se as amostras vierem da mesma população, a distribuição de escores dos dois grupos na lista de postos deve ser aleatória. Um valor extremo de U indica um padrão não aleatório, o que sugere desigualdade entre os dois grupos. Para amostras de tamanho inferior a 30, calcula-se o nível exato de significância para U. Para amostras maiores, U é transformada em uma estatística z com distribuição normal. Esse valor z pode ser corrigido para empates dentro dos postos.

Vamos examinar novamente a diferença na utilização da Internet por homens e mulheres. Desta vez, entretanto, usaremos o teste U de Mann-Whitney. A Tabela 15.17 dá os resultados. Novamente constata-se uma diferença significativa entre os dois grupos, o que confirma os resultados do teste t de duas amostras independentes relatados anteriormente. Como os postos (ordenações) são atribuídos da menor para a maior observação, o posto médio maior (20,93) dos homens indica que eles utilizam mais a Internet do que as mulheres (posto médio = 10,07).

Frequentemente os pesquisadores procuram testar uma diferença significativa nas proporções obtidas de duas amostras independentes. Como alternativa do teste paramétrico z considerado anteriormente, pode-se aplicar também o processo da tabulação cruzada para fazer um teste qui-quadrado.[21] Nesse caso, teremos uma tabela 2 × 2. Uma variável denotará a amostra e tomará o valor 1 para a amostra 1 e o valor 2 para a amostra 2. A outra variável será a variável binária de interesse.

Dois outros testes não paramétricos para amostras independentes são o teste da mediana e o teste de Kolmogorov-Smirnov. O **teste da mediana para duas amostras** determina se os dois grupos são extraídos de populações com a mesma mediana. Ele não é tão poderoso quando o teste U de Mann-Whitney porque utiliza apenas a localização de cada observação em relação à mediana, e não o posto de cada observação. O **teste de Kolmogorov-Smirnov para duas amostras** examina se as duas distribuições são iguais. Leva em conta qualquer diferença entre as duas distribuições, inclusive mediana, dispersão e assimetria, conforme ilustrado no exemplo a seguir.

teste da mediana para duas amostras
Estatística não paramétrica que determina se dois grupos são extraídos de populações com mesma mediana. Este teste não é tão poderoso quanto o teste U de Mann-Whitney.

SPSS Arquivo de Saída

SAS Arquivo de Saída

TABELA 15.17
Teste U de Mann-Whitney

Teste U de Mann-Whitney – Teste W de Wilcoxon (soma de postos) Utilização da Internet por gênero		
Gênero	Posto médio (ordenação média)	Casos
Homem	20,93	15
Mulher	10,07	15
Total		30

U	W	z	p bicaudal corrigida para empates
31,000	151,000	–3,406	0,001

Nota:

U = estatística de teste de Mann-Whitney

W = estatística W de Wilcoxon

z = U transformada em uma estatística z distribuída normalmente

teste de Kolmogorov-Smirnov para duas amostras
Estatística não paramétrica que determina se duas distribuições são iguais. Leva em conta qualquer diferença nas duas distribuições, inclusive mediana, dispersão e assimetria.

Pesquisa real

Os diretores mudam a orientação

Como os diretores e usuários de pesquisa de marketing das indústrias listadas na *Fortune 500* veem o papel da pesquisa de marketing na introdução de mudanças na formulação de uma estratégia de marketing? Constatou-se que os diretores de pesquisa se revelaram mais propensos a implantar modificações na estratégia e menos propensos a impedi-las que os usuários da pesquisa de marketing. As respostas percentuais a um dos itens, "Introduzir sempre que possível modificações na estratégia de marketing da empresa", são apresentadas a seguir. Aplicando-se o teste de Kolmogorov-Smirnov (K-S), essas diferenças de definição do papel se revelaram estatisticamente significativas no nível de 0,05, conforme mostra a tabela no pé da página.

Os usuários da pesquisa de marketing tinham se tornado ainda mais relutantes a iniciar alterações na estratégia de marketing durante a incerteza econômica de 2017. No clima empresarial de hoje, entretanto, a relutância desses usuários da pesquisa de marketing deve ser superada para ajudar a compreender melhor o poder do comprador. Por isso, as empresas de pesquisa de marketing têm de se dedicar consideravelmente para mostrar aos usuários (em geral, os gerentes de marketing) o valor da pesquisa de marketing.[22] ∎

Nesse exemplo, os diretores e os usuários da pesquisa de marketing constituem duas amostras independentes. Todavia, nem sempre as amostras são independentes. No caso de amostras pareadas, deve-se utilizar um conjunto diferente de testes.

Amostras pareadas

Um teste não paramétrico importante baseado em observações pareadas para estudar diferenças na posição de duas populações é o **teste de postos com sinais de Wilcoxon para pares conjugados**. Esse teste analisa as diferenças entre observações pareadas, levando em conta a magnitude das diferenças. Então, ele requer que os dados sejam medidos em um nível intervalar, mas não exige suposições sobre a forma da distribuição das medidas. Assim, ele deveria ser usado sempre que as suposições distribucionais que subjazem do teste *t* não podem ser satisfeitas. Ele calcula as diferenças entre os pares de variáveis e ordena por postos as diferenças absolutas. O passo seguinte consiste em somar os postos positivos e os postos negativos. A estatística de teste, z, é calculada a partir das somas de postos positivos e negativos. Sob a hipótese nula de que não há diferença, z é uma variável normal padronizada com média 0 e variância 1 para grandes amostras. Esse teste corresponde ao teste *t* pareado, estudado anteriormente.[23]

teste de postos com sinais de Wilcoxon para pares conjugados
Teste não paramétrico que analisa as diferenças entre as observações pareadas, levando em conta a magnitude das diferenças.

O exemplo usado para o teste *t* pareado – se os entrevistados diferem quanto à atitude em relação à Internet e à atitude em relação à tecnologia – é considerado novamente. Suponhamos que a suposições distribucionais que subjazem do teste *t* não possam ser satisfeitas. Vamos então aplicar o teste de Wilcoxon. A Tabela 15.18 dá os resultados. Novamente, encontramos uma diferença significativa nas variáveis, e os resultados estão de acordo com a conclusão a que chegamos com o teste *t* pareado. Há 23 diferenças negativas (atitude em relação à tecnologia menos favorável do que em relação à Internet). O posto médio dessas diferenças negativas é 12,72. Por outro lado, há apenas uma diferença positiva (atitude em relação à tecnologia mais favorável do que em relação à Internet). O posto médio dessa diferença é 7,50. Há seis empates, ou observações com o mesmo valor para ambas as variáveis. Esses números indicam que a atitude em relação à Internet é mais favorável do que em relação à tecnologia. Além disso, a probabilidade associada à estatística z é inferior a 0,05, indicando tratar-se de uma diferença realmente significativa.

Outro teste não paramétrico para amostras pareadas é o **teste dos sinais**.[24] Esse teste não é tão potente quanto o teste dos postos com sinais de Wilcoxon, pois apenas compara os sinais das diferenças entre pares de variáveis, sem levar em conta a magnitude das diferenças. No caso especial de uma variável binária, em que o pesquisador quer testar diferenças entre proporções, pode-se utilizar o teste de McNemar. O teste qui-quadrado também pode ser utilizado no caso de variáveis binárias. A Tabela 15.19 resume os diversos testes

O papel da pesquisa de marketing na formulação estratégica

		Respostas (%)				
Amostra	N	Certamente é necessária	De preferência, deveria	Talvez sim, talvez não	De preferência, não deveria	Certamente não é necessária
D	77	7	26	43	19	5
U	68	2	15	32	35	16

Significância K-S = 0,05
*D = diretores, U = usuários

SPSS Arquivo de Saída

SAS Arquivo de Saída

TABELA 15.18
Teste de postos com sinais de Wilcoxon para pares conjugados

(Tecnologia-Internet)	Internet com tecnologia	
	Casos	Posto médio (ordenação média)
Postos –	23	12,72
Postos +	1	7,50
Empates	6	
Total	30	
$z = -4,207$		p bicaudal = 0,0000

TABELA 15.19
Resumo dos testes de hipóteses relacionados com diferenças

Amostra	Aplicações	Nível de escalonamento	Teste/Comentários
Uma amostra	Distribuições	Não métrico	K-S e qui-quadrado para aderência
			Teste das repetições para aleatoriedade
			Teste binomial para aderência – variáveis dicotômicas
Uma amostra	Médias	Métrico	Teste t, se a variância for desconhecida
			Teste z, se a variância for conhecida
Uma amostra	Proporções	Métrico	Teste z
Duas amostras independentes	Distribuições	Não métrico	Teste K-S de duas amostras para examinar a equivalência de duas distribuições
Duas amostras independentes	Médias	Métrico	Teste t para dois grupos
			Teste F para igualdade de variâncias
Duas amostras independentes	Proporções	Métrico	Teste z
		Não métrico	Teste qui-quadrado
Duas amostras independentes	Postos/Medianas	Não métrico	O teste U de Mann-Whitney é mais poderoso do que o teste da mediana
Amostras pareadas	Médias	Métrico	Teste t pareado
Amostras pareadas	Proporções	Não métrico	Teste de McNemar para variáveis binárias, teste qui--quadrado
Amostras pareadas	Postos/Medianas	Não métrico	O teste dos postos com sinais de Wilcoxon para pares conjugados é mais poderoso do que o teste dos sinais

paramétricos e não paramétricos para diferenças. Os testes da Tabela 15.19 podem ser facilmente relacionados com os da Figura 15.9. A Tabela 15.19 classifica os testes com mais detalhes, pois os testes paramétricos (baseados em dados métricos) são classificados separadamente para médias e proporções. Da mesma forma, os testes não paramétricos (baseados em dados não métricos) são classificados separadamente para distribuições e postos/medianas. O exemplo a seguir ilustra o uso de teste de hipóteses em uma estratégia internacional de marcas, e o exemplo posterior menciona a aplicação da estatística descritiva em uma pesquisa sobre ética.

teste dos sinais
Teste não paramétrico para examinar diferenças na posição de duas populações com base em observações pareadas. Compara apenas os sinais das diferenças entre pares de variáveis, sem levar em conta a magnitude das diferenças.

Pesquisa real

Valor de marca internacional – o nome do jogo

Até 2018, a tendência é o marketing global. Como os profissionais de marketing podem vender uma marca no exterior quando existem várias diferenças históricas e culturais? Em geral, as estruturas de marca internacional de uma empresa incluem características baseadas na empresa, características do mercado do produto e dinâmica de mercado. Mais especificamente, segundo Bob Kroll, ex-presidente da Del Monte International, a uniformidade de embalagem pode ser um ponto favorável para o marketing internacional, mas a satisfação das preferências culinárias de cada país é mais importante. Uma pesquisa recente sobre marketing internacional deixa bem claro esse aspecto. Os executivos de marketing acreditam agora que é melhor pensar globalmente e agir localmente. Foram entrevistadas 100 pessoas, entre gerentes de marca e de produtos e funcionários do setor de marketing, de algumas das maiores companhias de produtos alimentícios, farmacêuticos e pessoais do país; 39% afirmaram que não seria uma boa ideia utilizar uma embalagem uniforme em mercados externos, enquanto 38% se mostraram favoráveis. Os que favoreciam a embalagem regional, entretanto, enfatizaram o desejo de manter tanto quanto possível a consistência entre a imagem de marca e de embalagem de um mercado para outro, mas também julgaram necessário moldar a embalagem de modo a adaptá-la às exigências linguísticas e regulamentares dos diferentes mercados. Com base nessas constatações, uma pergunta oportuna seria: os consumidores de diferentes países prefeririam comprar produtos de marcas globais com embalagens diferenciadas para se adaptar às exigências locais? Com base nessa pergunta de pesquisa, pode-se formular a hipótese de que, mantidos constantes outros aspectos, a padronização da gestão da marca com uma embalagem customizada para uma marca bem estabelecida pode resultar em maior participação de mercado. As hipóteses podem ser formuladas como segue:

H_0: a padronização da gestão da marca com uma embalagem customizada para uma marca bem estabelecida não conduz a uma participação maior no mercado internacional.

H_0: mantidos inalterados outros fatores, a padronização da gestão da marca com uma embalagem customizada para uma marca bem estabelecida conduz a uma participação maior no mercado internacional.

Para testar a hipótese nula, pode-se escolher uma marca bem conhecida de creme dental, como Colgate, que adotou uma estratégia mista. A participação em mercados de países com padronização de gestão da marca e de embalagem pode ser comparada com a participação em mercados de países com padronização da gestão da marca, mas embalagem adaptada à clientela, depois de controlado o efeito de outros fatores. Pode-se aplicar o teste t de duas amostras independentes.[25] ■

Pesquisa real

As estatísticas descrevem a desconfiança

A estatística descritiva indica que a percepção pública da ética em negócios e, consequentemente, da ética em marketing, é fraca. Em uma pesquisa feita pela *Business Week,* 46% dos entrevistados disseram que o padrão ético dos executivos de negócios é apenas razoável. Uma pesquisa da revista *Time* revelou que 76% dos americanos acham que falta ética aos administradores (e aos pesquisadores), o que contribui para o declínio do padrão moral nos EUA. Todavia, o público em geral não está sozinho em seu descrédito quanto à ética nos negócios. Em uma pesquisa entre dirigentes de empresas, os resultados mostraram a opinião geral de que a ética constitui uma preocupação séria e que a falta de ética nos negócios retratada pela imprensa não é exagerada. Entretanto, uma pesquisa realizada pelo Centro de Recursos em Ética (Ethics Resource Center) de Washington, D.C., descobriu que 90% dos executivos esperavam que sua organização fizesse o que é correto, não apenas o que é lucrativo; 12% dos entrevistados disseram que sentiam que havia muita pressão para que eles comprometessem os padrões éticos de sua organização; 26% dos entrevistados citaram o deslize ético mais comum no local de trabalho a mentira aos clientes, a outros funcionários, aos vendedores ou ao público, enquanto 25% citaram a retenção de informações. Apenas 5% dos entrevistados viram pessoas oferecendo ou aceitando subornos ou presentes inadequados. Apesar de os executivos americanos esperarem que sua organização faça negócios de forma ética, essas pesquisas revelam que o comportamento antiético não é incomum no local de trabalho.[26] ■

Sofware estatístico

Discutimos o uso de SPSS e SAS detalhadamente nas seções seguintes. Aqui, descrevemos brevemente o uso de MINITAB e EXCEL. No MINITAB, a função principal para frequências é Stats>Descriptive Statistics. Os valores de saída incluem média, mediana, desvio-padrão, mínimo, máximo e quartis. A opção Graph>Histogram gera histogramas em barras ou gráficos. Várias das planilhas também podem ser usadas para gerar frequências e estatísticas descritivas. No EXCEL, a função Data>Data Analysis calcula as estatísticas descritivas. O resultado apresenta média, erro padrão, mediana, moda, desvio-padrão, variância, curtose, assimetria, intervalo, mínimo, máximo, soma, contagem e nível de confiança. Também é possível selecionar frequências sob a função Histogram, bem como gerar um histograma em formato de barra.

No MINITAB, as tabulações cruzadas (cross-tabs) e qui-quadrado encontram-se na função Stats>Tables. Cada uma dessas características deve ser selecionada separadamente na função Tables. A função Insert>Pivot Table faz tabulações cruzadas no EXCEL. Para uma análise adicional ou customização dos dados, escolhe-se uma função resumo diferente, como max, min, média ou desvio-padrão. Além disso, pode-se escolher um dispositivo para fazer o cálculo com base em outras células do plano de dados. O teste qui-quadrado (ChiTest) pode ser acessado com a função Formulas>InsertFunction>Chisq.Test.

Os testes paramétricos existentes no MINITAB na função *descriptive stat* são testes z para médias, testes t para médias e testes t para duas amostras. Os testes não paramétricos são acessados pela função Stat>Time Series. O resultado inclui o teste dos sinais de uma amostra, o teste de Wilcoxon de uma amostra, os testes de Mann-Whitney, de Kruskal-Wallis, da mediana de Mood, das repetições médias pareadas, das diferenças pareadas e das inclinações pareadas. Os testes paramétricos existentes no EXCEL e outras planilhas incluem o teste t: amostras pareadas para médias; teste t: duas amostras independentes supondo variâncias iguais; teste t: duas amostras independentes supondo variâncias desiguais; teste z: duas amostras para médias, e teste F para variâncias de duas amostras. Não existem testes não paramétricos.

Vídeos demonstrativos computadorizados de SPSS e SAS

Desenvolvemos vídeos demonstrativos computadorizados que dão instruções passo a passo para a execução de todos os programas SPSS e SAS Enterprise Guide discutidos neste capítulo. Essas demonstrações podem ser baixadas do *site* do livro. As instruções para executar as demonstrações são oferecidas no Quadro 14.2.

Cópias de telas dos programas SPSS e SAS com notas

As instruções passo a passo para a execução dos diversos programas SPSS e SAS Enterprise Guide discutidos neste capítulo também são ilustradas em cópias de telas dos programas com notas adequadas. Essas cópias de telas podem ser baixadas do *site* deste livro na Web.

SPSS Windows

SPSS Arquivo de Dados

O programa principal no SPSS é FREQUENCIES. Ele produz uma tabela de contagens de frequência, porcentagens e porcentagens cumulativas para os valores de cada variável e fornece todas as estatísticas associadas. Se os dados forem uma escala intervalar e apenas desejarmos estatísticas de resumo, o procedimento DESCRIPTIVES pode ser usado. Todas as estatísticas calculadas pelo DESCRIPTIVES estão disponíveis em FREQUENCIES. Entretanto, DESCRIPTIVES é mais eficiente porque não ordena os valores em uma tabela de frequência. Além disso, o procedimento DESCRIPTIVES exibe estatísticas de resumo para variáveis distintas em uma única tabela, e podem também ser calculados valores padronizados (escores z). O procedimento EXPLORE produz estatísticas de resumo e exibições gráficas, seja para todos os casos ou separadamente para grupos de casos. Média, mediana, variância, desvio-padrão, mínimo, máximo e intervalo são algumas das estatísticas que podem ser calculadas.

Para selecionar esses procedimentos, clique em:

Analyze>Descriptive Statistics>Frequencies

Analyze>Descriptive Statistics>Descriptives

Analyze>Descriptive Statistics>Explore

Distribuição de frequência

Damos os passos detalhados para executar frequências sobre familiaridade com a Internet (Tabela 15.1) e elaborar o histograma (Figura 15.1).

1. Selecione ANALYZE na barra de menu do SPSS.
2. Clique em DESCRIPTIVE STATISTICS e selecione FREQUENCIES.
3. Mova a variável Familiarity [familiar] para a caixa VARIABLE(s).
4. Clique em STATISTICS.
5. Selecione MEAN, MEDIAN, MODE, STD.DEVIATION, VARIANCE e RANGE.
6. Clique em CONTINUE.
7. Clique em CHARTS
8. Clique em HISTOGRAMS, depois clique em CONTINUE.
9. Clique em OK.

Tabulação cruzada

O principal programa para tabulação cruzada é o CROSSTABS. Ele exibirá as tabelas de classificação cruzada e fornecerá contagens de células, porcentagens de linhas e colunas, o teste qui-quadrado para significância e todas as medidas de intensidade da associação que foram discutidas.

Para selecionar esses procedimentos, clique em:

Analyze>Descriptive Statistics>Crosstabs

Apresentamos os passos detalhados para executar a tabulação cruzada de gênero e uso da Internet dada na Tabela 15.1 e calcular o qui-quadrado, o coeficiente de contingência e o V de Cramer.

1. Selecione ANALYZE na barra de menu do SPSS.
2. Clique em DESCRIPTIVE STATISTICS e selecione CROSSTABS.
3. Mova a variável Internet Usage Group [iusagegr] para a caixa ROW(S).
4. Mova a variável Sex[sex] para a caixa COLUMN(S).
5. Clique em CELLS.
6. Selecione OBSERVED sob COUNTS e COLUMN sob PERCENTAGES.
7. Clique em CONTINUE.
8. Clique em STATISTICS.
9. Clique em CHI-SQUARE, PHI e CRAMER'S V.
10. Clique em CONTINUE.
11. Clique em OK.

Teste de hipótese

O principal programa para realizar testes paramétricos em SPSS é COMPARE MEANS. Esse programa pode ser usado para realizar testes t em uma amostra ou em amostras independentes ou pareadas. Para selecionar esses procedimentos usando o SPSS para Windows, clique em:

Analyze>Compare Means>Means...

Analyze>Compare Means>One-Sample T Test...

Analyze>Compare Means>Independent-Samples T Test...

Analyze>Compare Means>Paired-Samples T Test...

Apresentamos os passos detalhados para executar um teste de uma amostra com os dados da Tabela 15.1. Queremos testar a hipótese de que a avaliação média de familiaridade ultrapassa 4,0. A hipótese nula é que a avaliação média de familiaridade é menor ou igual a 4,0.

1. Selecione ANALYZE na barra de menu do SPSS.
2. Clique em COMPARE MEANS e depois em ONE SAMPLE T TEST.
3. Mova Familiarity [familiar] para a caixa TEST VARIABLE(S).
4. Digite "4" na caixa TEST VALUE.
5. Clique em OK.

Apresentamos os passos detalhados para executar um teste t de duas amostras independentes com os dados da Tabela 15.1. A hipótese nula é que o uso da Internet é igual para homens e mulheres.

1. Selecione ANALYZE na barra de menu do SPSS.
2. Clique em COMPARE MEANS e depois em INDEPENDENT SAMPLES T TEST.
3. Mova Internet Usage Hrs/Week [iusage] para a caixa TEST VARIABLE(S).
4. Mova Sex [sex] para a caixa GROUPING VARIABLE.
5. Clique em DEFINE GROUPS.
6. Digite "1" na caixa GROUP 1 e "2" na caixa GROUP 2.
7. Clique em CONTINUE.
8. Clique em OK.

Apresentamos os passos detalhados para executar o teste t de amostras pareadas com os dados da Tabela 15.1. A hipótese nula é que não há diferença de atitude em relação à Internet e à tecnologia.

1. Selecione ANALYZE na barra de menu do SPSS.
2. Clique em COMPARE MEANS e depois em PAIRED SAMPLES T TEST.
3. Selecione Attitude toward Internet [iattitude] e depois selecione Attitude toward technology [tattitude]. Mova essas variáveis para a caixa PAIRED VARIABLES (S).
4. Clique em OK.

Os testes não paramétricos discutidos neste capítulo podem ser feitos usando NONPARAMETRIC TESTS. Para selecionar esses procedimentos usando SPSS para Windows, clique em:

Analyze>Nonparametric Tests>Legacy Dialogs>Chi-Square . . .

Analyze>Nonparametric Tests>Legacy Dialogs>Binomial . . .

Analyze>Nonparametric Tests>Legacy Dialogs>Runs . . .

Analyze>Nonparametric Tests>Legacy Dialogs>1-Sample K-S . . .

Analyze>Nonparametric Tests>Legacy Dialogs>2 Independent Samples>Mann-Whitney U . . .

Analyze>Nonparametric Tests>Legacy Dialogs>2 Related Samples>Wilcoxon . . .

Os passos detalhados para testes não paramétricos são semelhantes aos dos testes paramétricos e não são mostrados aqui por restrições de espaço.

SAS Enterprise Guide

SAS Arquivo de Dados

A tarefa Summary Statistics no SAS Enterprise Guide oferece estatísticas resumidas, incluindo estatísticas resumidas básicas e estatísticas resumidas de percentis, e estatísticas resumidas avançadas, como intervalos de confiança, estatísticas t, coeficiente de variação e somas de quadrados. Também fornece apresentações gráficas, como histogramas e diagramas de caixa. A tarefa One-Way Frequencies pode ser usada para gerar tabelas de frequência, bem como testes binomiais e qui-quadrado.

Para selecionar essas tarefas, clique em:

Describe>One-Way Frequencies
Describe>Summary Statistics

Distribuição de frequência

Apresentamos os passos detalhados para executar frequências sobre familiaridade com a Internet e elaborar o histograma com os dados da Tabela 15.1.

1. Abra SAS Table_15_1 usando SAS Enterprise Guide.
2. Selecione DESCRIBE na barra de menu.
3. Clique em ONE-WAY FREQUENCIES.
4. Mova a variável Familiarity para a tarefa ANALYSIS variable.
5. Clique em STATISTICS na caixa à esquerda.
6. Selecione FREQUENCIES AND PERCENTAGES WITH CUMULATIVES.
7. Clique em PLOTS.
8. Selecione VERTICAL.
9. Clique em RUN.

Tabulação-cruzada

No SAS Enterprise Guide, a tabulação cruzada de dados é realizada com a tarefa TABLE ANALYSIS. Esta tarefa exibirá a tabela de classificação cruzada e fornecerá contagem de células, porcentagem de linhas e colunas, o teste de qui-quadrado para significância e medidas de intensidade de associação. Para selecionar esta tarefa, clique em:

Describe>Table Analysis

Para executar a tabulação cruzada e calcular o qui-quadrado, o coeficiente de contingência e o V de Cramer para as variáveis de gênero e uso da Internet no SAS Enterprise Guide usando os dados da Tabela 15.1:

1. Abra SAS Table_15_1 usando SAS Enterprise Guide.
2. Selecione DESCRIBE na barra de menu.
3. Clique em TABLE ANALYSIS.
4. Mova as variáveis Iusagegroup e Sex para a tarefa TABLE variables.
5. Clique em TABLES na caixa à esquerda.
6. Arraste Sex para a posição de coluna.
7. Arraste Iusagegroup para a posição de linha.
8. Clique em CELL STATISTICS.
9. Selecione COLUMN PERCENTAGES e CELL FREQUENCIES.

10. Clique em TABLE STATISTICS e depois em ASSOCIATION.
11. Sob TESTS OF ASSOCIATION, selecione CHI_SQUARE TESTS.
12. Clique em RUN.

Teste de hipótese

A principal tarefa para a realização de testes paramétricos no SAS Enterprise Guide é o T TEST usando Análise de Variância (ANOVA). Esta tarefa pode ser usada para realizar testes t em uma amostra ou em amostras independentes ou pareadas. Para selecionar esta tarefa, clique em:

Analyze>ANOVA>t Test

A hipótese é que as avaliações médias de familiaridade com a Internet ultrapassam 4,0. A hipótese nula é que a variação média de familiaridade é menor que ou igual a 4,0. Para executar o teste t em uma amostra no SAS Enterprise Guide usando os dados da Tabela 15.1:

1. Abra SAS Table_15_1 usando SAS Enterprise Guide.
2. Selecione ANALYZE na barra de menu.
3. Clique em ANOVA e então em T TEST.
4. Sob T TEST TYPE, clique em ONE SAMPLE.
5. Selecione DATA.
6. Mova Familiarity para a tarefa ANALYSIS variables.
7. Selecione ANALYSIS.
8. Insira 4 no campo Null Hypothesis.
9. Clique em RUN.

A próxima hipótese nula é que o uso da Internet entre homens e mulheres é igual. Para executar o teste t em duas amostras independentes no SAS Enterprise Guide usando os dados da Tabela 15.1:

1. Abra SAS Table_15_1 usando SAS Enterprise Guide
2. Selecione ANALYZE na barra de menu.
3. Clique em ANOVA e então em T TEST.
4. Clique em TWO SAMPLE.
5. Clique em DATA.
6. Mova Iusage para a tarefa ANALYSIS variables.
7. Mova Sex para a tarefa CLASSIFICATION variable.
8. Clique em RUN.

A próxima hipótese nula é que não há diferença na atitude em relação à Internet e à tecnologia. Para executar o teste t em amostras pareadas no SAS Enterprise Guide usando os dados da Tabela 15.1:

1. Abra SAS Table_15_1 usando SAS Enterprise Guide.
2. Selecione ANALYZE na barra de menu.
3. Clique em ANOVA e então em T TEST.
4. Selecione PAIRED.
5. Clique em DATA.
6. Mova Iattitude e Tattitude para a tarefa PAIRED variables.
7. Clique em RUN.

Para executar o teste não paramétrico de uma amostra (teste de Kolmogorov-Smirnov para uma amostra) no SAS Enterprise Guide usando os dados da Tabela 15.1:

1. Abra SAS Table_15_1 usando SAS Enterprise Guide.
2. Selecione DESCRIBE na barra de menu.
3. Clique em DISTRIBUTION ANALYSIS.
4. Clique em DATA.
5. Mova Iusage para a tarefa ANALYSIS variable.
6. Clique em TABLES.
7. Assinale TESTS FOR NORMALITY.
8. Clique em RUN.

Selecione TEST FOR NORMALITY para um teste de distribuição único. Para um teste não paramétrico para posição, siga os mesmos passos, porém, na posição 7, assinale TEST FOR LOCATION. Além do teste t (paramétrico), isso irá produzir o teste dos sinais e teste de postos de sinais de Wilcoxon para pares conjugados (também conhecido por teste de Mann-Whitney).

Para executar um teste de duas amostras independentes não paramétricas (teste de Wilcoxon, também conhecido como Mann-Whitney) no SAS Enterprise Guide usando os dados da Tabela 15.1:

1. Abra SAS Table_15_1 usando SAS Enterprise Guide.
2. Selecione ANALYZE na barra de menu.
3. Clique em ANOVA e então em NONPARAMETRIC ONE-WAY ANOVA.
4. Clique em DATA.
5. Mova Iusage para a tarefa DEPENDENT variable.
6. Mova Sex para a tarefa INDEPENDENT variable.
7. Clique em ANALYSIS.
8. Selecione WILCOXON.
9. Clique em RUN.

Para executar um teste de duas amostras pareadas não paramétricas (teste de postos de sinais de Wilcoxon para pares conjugados) crie um escore de diferença, que é calculado como Diff=Iattitude-Tattitude e então use o método de uma amostra para analisar Diff no SAS Enterprise Guide.

Projeto de pesquisa

Análise de dados básicos

No projeto de fidelização da loja de departamentos, a análise dos dados básicos constituiu o fundamento da análise multivariada subsequente. A análise dos dados começou com a obtenção de uma distribuição de frequência e uma estatística descritiva para cada variável. Além de identificar possíveis problemas com os dados (ver Capítulo 14), essas informações permitiram uma compreensão dos dados, mostrando como variáveis específicas devem ser tratadas em análises subsequentes. Por exemplo, algumas variáveis devem ser consideradas como categóricas? Em caso afirmativo, quantas categorias deve haver? Fizeram-se também várias tabulações cruzadas de duas e três variáveis para identificar associações nos dados. Os efeitos de variáveis com duas categorias sobre variáveis métricas dependentes foram estudados com auxílio de testes t e de outros processos de teste de hipóteses.

Atividades de projeto

SPSS Arquivo de Dados

SAS Arquivo de Dados

Baixe o arquivo de dados SPSS *Wal-Mart Data 14* ou o arquivo SAS correspondente do *site* deste livro. O Capítulo 14 oferece a descrição desse arquivo.

1. Execute uma distribuição de frequência para cada variável de familiaridade e o escore total de familiaridade (conforme calculado no Capítulo 14) com todas as respectivas estatísticas descritivas.
2. Recodifique o escore total de familiaridade como segue: 32 ou menos = 1; de 33 a 37 = 2; de 38 a 43 = 3; de 44 a 60 = 4. Execute a tabulação cruzada do escore geral de familiaridade recodificado com variáveis demográficas, conforme recodificadas no Capítulo 14. Interprete os resultados.
3. Teste a hipótese nula de que o escore total médio de familiaridade é menor ou igual a 30.
4. Faça um teste paramétrico e o teste não paramétrico correspondente para determinar se os casados e solteiros (estado civil recodificado) diferem em seu escore total de familiaridade.
5. Faça um teste paramétrico e o teste não paramétrico correspondente para determinar se os respondentes diferem em sua familiaridade com a Neiman Marcus e a JCPenney. ■

Caso HP

SPSS Arquivo de Dados

SAS Arquivo de Dados

Revise o caso HP, Caso 1.1, e o questionário oferecido no final deste livro. Baixe o arquivo de dados do caso HP do *site* do livro.

1. Calcule a distribuição de frequência para cada variável no arquivo de dados. Examine a distribuição para ter uma ideia dos dados.
2. Faça a tabulação cruzada das questões recodificadas q4 (Satisfação geral com a HP), q5 (Você recomendaria a HP) e q6 (Probabilidade de escolher a HP) com as características demográficas recodificadas. Interprete os resultados.
3. Faça a tabulação cruzada das questões recodificadas sobre sensibilidade ao preço (q9_5per e q9_10per) com as características demográficas recodificadas. Interprete os resultados.
4. A resposta média sobre qual das avaliações da HP (q8_1 a q8_13) excede 5 (o ponto intermediário da escala)?
5. Qual resposta sobre avaliações da HP (q8_1 a q8_13) é normalmente distribuída? Quais são as implicações de seus resultados para a análise de dados?
6. Os dois grupos de satisfação geral derivados com base na recodificação de q4 conforme especificado no Capítulo 14 são diferentes em termos da cada avaliação da HP (q8_1 a q8_13)? Como sua análise mudaria se as avaliações da HP (q8_1 a q8_13) tivessem que ser tratadas em escala ordinal em vez de escala intervalar?
7. Os dois grupos de provavelmente recomendaria derivados com base na recodificação de q5 conforme especificado no Capítulo 14 são diferentes em termos de cada avaliação da HP (q8_1 a q8_13)? Como sua análise mudaria se as avaliações da HP (q8_1 a q8_13) tivessem que ser tratadas em escala ordinal em vez de escala intervalar?
8. Os dois grupos de probabilidade de escolher a HP derivados com base na recodificação de q6 conforme especificado no Capítulo 14 são diferentes em termos de avaliações da HP (q8_1 a q8_13)? Como sua análise mudaria se as avaliações da HP (q8_1 a q8_13) tivessem que ser tratadas em escala ordinal em vez de escala intervalar?
9. As médias de respostas a q8b_1 (facilitar o pedido de um sistema de computador) e q8b_2 (possibilitar que os clientes encomendem sistemas de computador customizados conforme suas especificações) são diferentes? Como sua análise mudaria se as avaliações da HP (q8_1 e q8_2) tivessem que ser tratadas em escala ordinal em vez de escala intervalar?
10. As médias de respostas a q8b_9 ("equipar" o computador com *software* apropriado) e q8b_10 ("equipar" o computador com acesso à Internet) são diferentes? Como sua análise mudaria se as avaliações da HP (q8_9 e q8_10) tivessem que ser tratadas em escala ordinal em vez de escala intervalar?
11. A média de respostas a q8b_6 (ter computadores que executem os programas rapidamente) e q8_7 (ter computadores de alta qualidade que não tenham problemas técnicos) são diferentes? Como sua análise mudaria se as avaliações da HP (q8_6 a q8_7) tivessem que ser tratadas em escala ordinal em vez de escala intervalar?

Resumo

A análise de dados preliminar proporciona informações valiosas e orienta não apenas o resto da análise, como também a interpretação dos resultados. É preciso obter uma distribuição de frequência para cada variável dos dados. Essa análise gera uma tabela de contagens de frequências, porcentagens e porcentagens cumulativas para todos os valores associados à variável e indica o alcance de valores fora do intervalo, faltantes ou extremos. A média, a moda e a mediana de uma distribuição de frequências são medidas de tendência central. A variabilidade da distribuição é descrita pelo intervalo, pela variância ou desvio-padrão, pelo coeficiente de variação e pelo intervalo interquartil. A assimetria e a curtose dão uma ideia da forma da distribuição.

O procedimento geral para teste de hipóteses envolve os seguintes passos: formular as hipóteses nula e alternativa, selecionar a estatística de teste apropriada, escolher o nível de significância (α), calcular o valor do teste estatístico e determinar a probabilidade associada com a estatística de teste calculada a partir dos dados da amostra sob a hipótese nula. Uma alternativa seria determinar o valor crítico associado com a estatística de teste. A seguir, deve-se comparar a probabilidade associada à estatística de teste com o nível de significância especificado ou, ainda, determinar se o valor calculado da estatística de teste recai na região de rejeição ou de não rejeição. Com isso, toma-se a decisão de rejeitar ou não a hipótese nula e chega-se a uma conclusão.

As tabulações cruzadas são tabelas que refletem a distribuição conjunta de duas (ou mais) variáveis. Nessas tabulações, as porcentagens podem ser calculadas por colunas, com base nos totais de colunas, ou por linhas, com base nos totais de linhas. A regra é calcular a porcentagem na direção da variável independente, por meio da variável dependente. Frequentemente, a introdução de uma terceira variável proporciona uma avaliação adicional. A estatística qui-quadrado oferece um teste da significância estatística da associação observada em uma tabulação cruzada. O coeficiente phi, o coeficiente de contingência, o V de Cramer e o coeficiente lambda são medidas da intensidade de associação entre as variáveis.

Existem testes paramétricos e não paramétricos para testar hipóteses relativas a diferenças. No caso paramétrico, utiliza-se o teste t para examinar hipóteses relativas à média populacional. O teste t apresenta diferentes formas próprias para testar hipóteses com base em uma amostra, em duas amostras independentes ou em amostras pareadas. No caso não paramétrico, os testes de uma amostra mais comuns incluem o teste de Kolmogorov-Smirnov, o qui-quadrado, o teste das repetições e o teste binomial. Para duas amostras independentes não paramétricas, em geral são usados os testes U de Mann-Whitney, da mediana e de Kolmogorov-Smirnov. Para amostras pareadas, os testes de postos com sinais de Wilcoxon e o teste dos sinais servem para examinar hipóteses relativas a medidas de posição.

Palavras-chave e conceitos fundamentais

distribuição de frequência, 389
medidas de posição, 391
média, 391
moda, 391
mediana, 392
medidas de dispersão, 392
intervalo, 392
intervalo interquartil, 392
variância, 392
desvio-padrão, 392
coeficiente de variação, 393
assimetria, 393
curtose, 393
hipótese nula, 395
hipótese alternativa, 395
teste unicaudal, 395
teste bicaudal, 395
estatística de teste, 395
erro de tipo I, 395
nível de significância, 395

erro de tipo II, 396
poder de um teste, 396
valor p, 397
tabulação cruzada, 398
tabela de contingência, 398
estatística qui-quadrado, 403
distribuição qui-quadrado, 404
coeficiente phi, 404
coeficiente de contingência, 404
V de Cramer, 405
lambda assimétrico, 405
lambda simétrico, 405
tau b, 405
tau c, 405
gama, 405
testes paramétricos, 407
testes não paramétricos, 407
teste t, 407
estatística t, 407
distribuição t, 407

teste z, 408
amostras independentes, 408
teste F, 408
estatística F, 409
distribuição F, 409
amostras pareadas, 411
teste t para amostras pareadas, 411
teste de Kolmogorov-Smirnov (K-S) de uma amostra, 412
teste das repetições, 413
teste binomial, 413
teste U de Mann-Whitney, 413
teste da mediana para duas amostras, 413
teste de Kolmogorov-Smirnov para duas amostras, 414
teste de postos com sinais de Wilcoxon para pares conjugados, 414
teste dos sinais, 415

Casos relacionados

Os casos listados a seguir são discutidos no final do livro.

1.1 HP Inc.

3.1 AT&T   **3.2** IBM   **3.3** Kimberly-Clark

4.1 JPMorgan Chase   **4.2** Wendy's

Pesquisa ao vivo: realização de um projeto de pesquisa de marketing

1. Cada equipe pode realizar toda a análise ou a análise de dados pode ser dividida entre as equipes, com cada uma realizando um tipo diferente de análise.
2. É útil fazer uma contagem de frequência para todas as variáveis. Isso dá uma ideia dos dados.
3. Calcule as medidas de posição (média, mediana e moda), medidas de dispersão (intervalo e desvio-padrão), bem como as medidas de forma (assimetria e curtose) para cada variável.
4. Associações relevantes podem ser examinadas por meio de tabulações cruzadas. Os procedimentos devem ser especificados para a categorização de variáveis intervalares ou de escala de razão.
5. Diferenças entre grupos são de interesse na maioria dos projetos. No caso de dois grupos, estes podem ser examinados utilizando testes t de amostras independentes.
6. Com frequência, cada respondente avalia muitos estímulos. Por exemplo, cada respondente pode avaliar diferentes marcas ou realizar avaliações importantes para diferentes atributos. Em tais casos, as diferenças entre pares de estímulos podem ser examinadas utilizando-se o teste t de amostras pareadas.

Exercícios

Perguntas

1. Descreva o processo de cálculo de frequências.
2. Quais medidas de posição são comumente calculadas?
3. Defina o intervalo interquartil. O que ele mede?
4. O que significa o coeficiente de variação?
5. Como se mede o maior ou menor achatamento de uma distribuição?
6. O que é uma distribuição assimétrica? O que ela significa?
7. Qual é a principal diferença entre tabulação cruzada e distribuição de frequência?
8. Qual é a regra para o cálculo de porcentagens em uma tabulação cruzada?
9. Defina uma correlação espúria.
10. O que significa uma associação escondida? Como ela é revelada?
11. Discuta as razões para o uso frequente da tabulação cruzada. Indique algumas de suas limitações.
12. Dê uma classificação dos procedimentos de teste de hipóteses.
13. Descreva o procedimento geral para fazer um teste t.
14. Qual é a principal diferença entre testes paramétricos e testes não paramétricos?
15. Quais testes não paramétricos representam a contrapartida do teste paramétrico t para duas amostras independentes?
16. Quais testes não paramétricos representam a contrapartida do teste paramétrico t para amostras pareadas?

Problemas

1. Em cada uma das situações a seguir, indique a análise a ser feita e a(s) estatística(s) de teste a ser(em) usada(s).
   a. Registraram-se, em uma escala Likert de 11 pontos, as preferências dos consumidores pelo sabonete Dove. Apresentou-se a esses mesmos consumidores um comercial sobre o Dove. Após a exibição do comercial, avaliaram-se novamente as preferências pelo sabonete Dove. O comercial teve o poder de induzir uma modificação de preferência?
   b. A preferência pelo sabonete Dove segue uma distribuição normal?
   c. Os entrevistados em uma pesquisa de mil residências foram classificados como consumidores frequentes, médios, eventuais ou não consumidores de sorvete. Foram também classificados economicamente em categorias de renda alta, média ou baixa. O consumo de sorvete está relacionado com o nível de renda?
   d. Em uma pesquisa junto a uma amostra representativa de 2 mil residências do painel on-line de consumidores Toluna, foi solicitado aos entrevistados que classificassem por ordem de preferência 10 lojas de departamentos, inclusive a Wal-Mart. A amostra foi dividida em pequenas e grandes residências, com base em uma separação pela mediana dos diversos tamanhos de residência. Pergunta-se: a preferência pela Wal-Mart varia de acordo com o tamanho da residência?

2. A campanha de propaganda de um refrigerante de marca conhecida sofreria alteração se menos de 30% dos consumidores a aprovassem.
   a. Formule as hipóteses nula e alternativa.
   b. Discuta os erros de tipo I e de tipo II que podem ocorrer no teste de hipóteses.
   c. Que teste estatístico você utilizaria? Por quê?
   d. Pesquisada uma amostra aleatória de 300 consumidores, 84 entrevistados afirmaram ter gostado da campanha. Deve-se modificar a campanha? Por quê?

3. Uma grande cadeia de lojas de departamentos está promovendo uma liquidação de fim de estação de refrigeradores. O número de refrigeradores vendidos durante essa promoção em uma amostra de 10 lojas foi:

   80, 110, 0, 40, 70, 80, 100, 50, 80, 30.

   a. Há evidências de que foram vendidos mais de 50 refrigeradores por loja durante esta campanha? Use $\alpha = 0{,}05$.
   b. Qual é a suposição necessária para fazer esse teste?

Exercícios para Internet e computador

1. Em um pré-teste, foram obtidos dados de 45 entrevistados sobre a Nike. Esses dados estão apresentados na tabela ao lado, que mostra uso, gênero, consciência, atitude, preferência, intenção e lealdade à Nike de uma amostra de usuários da marca. O uso foi codificado como 1, 2 ou 3, representando usuários pouco frequentes, médios e frequentes. O gênero foi codificado como 1 para mulheres e 2 para homens. Consciência, atitude, preferência, intenção e lealdade são medidas em uma escala itemizada de 7 pontos (1 = muito desfavorável, 7 = muito favorável). Observe que cinco entrevistados têm valores faltantes que estão indicados como 9.

   Analise os dados da Nike para responder às perguntas a seguir. Em cada caso, formule as hipóteses nula e alternativa e realize o(s) teste(s) estatístico(s) adequado(s).
   a. Obtenha uma distribuição de frequência para cada uma das variáveis a seguir e calcule as estatísticas relevantes: consciência, atitude, preferência, intenção e lealdade à marca Nike.
   b. Realize uma tabulação cruzada do uso com o gênero. Interprete os resultados.
   c. A consciência da Nike excede 3,0?
   d. Os homens e mulheres diferem quanto à consciência da marca Nike? Quanto à atitude frente à Nike? Quanto à lealdade à marca?
   e. Os entrevistados do pré-teste têm um nível mais elevado de consciência que de lealdade?
   f. A consciência quanto à marca Nike segue uma distribuição normal?
   g. A distribuição da preferência pela Nike é normal?
   h. Suponha que a consciência quanto à Nike foi medida em uma escala ordinal em vez de em uma escala intervalar. Homens e mulheres se diferenciam em sua consciência da Nike?
   i. Suponha que a lealdade à Nike foi medida em uma escala ordinal em vez de em uma escala intervalar. Homens e mulheres se diferenciam quanto à sua lealdade à Nike?
   j. Suponha que a atitude e a lealdade à Nike foram medidas em uma escala ordinal em vez de em uma escala intervalar. Os entrevistados têm maior consciência que lealdade à Nike?

2. Em um pré-teste, pediu-se aos entrevistados que expressassem sua preferência por um estilo de vida fora de casa usando uma escala de 7 pontos, 1= não prefiro em absoluto, 7 = grande preferência (V1). Também foi pedido que indicassem a importância das variáveis a seguir em uma escala de 7 pontos, 1 = nada importante, 7 = muito importante.

   V2 = desfrutar da natureza
   V3 = relacionar-se com o clima
   V4 = viver em harmonia com o meio ambiente
   V5 = exercitar-se regularmente
   V6 = encontrar-se com outras pessoas

SPSS Arquivo de Dados   SAS Arquivo de Dados

Número	Uso	Gênero	Consciência	Atitude	Preferência	Intenção	Lealdade
1	3	2	7	6	5	5	6
2	1	1	2	2	4	6	5
3	1	1	3	3	6	7	6
4	3	2	6	5	5	3	2
5	3	2	5	4	7	4	3
6	2	2	4	3	5	2	3
7	2	1	5	4	4	3	2
8	1	1	2	1	3	4	5
9	2	2	4	4	3	6	5
10	1	1	3	1	2	4	5
11	3	2	6	7	6	4	5
12	3	2	6	5	6	4	4
13	1	1	4	3	3	1	1
14	3	2	6	4	5	3	2
15	1	2	4	3	4	5	6
16	1	2	3	4	2	4	2
17	3	1	7	6	4	5	3
18	2	1	6	5	4	3	2
19	1	1	1	1	3	4	5
20	3	1	5	7	4	1	2
21	3	2	6	6	7	7	5
22	2	2	2	3	1	4	2
23	1	1	1	1	3	2	2
24	3	1	6	7	6	7	6
25	1	2	3	2	2	1	1
26	2	2	5	3	4	4	5
27	3	2	7	6	6	5	7
28	2	1	6	4	2	5	6
29	1	1	9	2	3	1	3
30	2	2	5	9	4	6	5
31	1	2	1	2	9	3	2
32	1	2	4	6	5	9	3
33	2	1	3	4	3	2	9
34	2	1	4	6	5	7	6
35	3	1	5	7	7	3	3
36	3	1	6	5	7	3	4
37	3	2	6	7	5	3	4
38	3	2	5	6	4	3	2
39	3	2	7	7	6	3	4
40	1	1	4	3	4	6	5
41	1	1	2	3	4	5	6
42	1	1	1	3	2	3	4
43	1	1	2	4	3	6	7
44	1	1	3	3	4	6	5
45	1	1	1	1	4	5	3

O gênero do entrevistado (V7) foi codificado como 1 para mulheres e 2 para homens. A localização da residência (V8) foi codificado como: 1 = centro, arredores, 2 = periferia, 3 = interior. Os dados obtidos são apresentados a seguir.

SPSS Arquivo de Dados   SAS Arquivo de Dados

V1	V2	V3	V4	V5	V6	V7	V8
7	3	6	4	5	2	1	1
1	1	1	2	1	2	1	1
6	2	5	4	4	5	1	1
4	3	4	6	3	2	1	1
1	2	2	3	1	2	1	1
6	3	5	4	6	2	1	1
5	3	4	3	4	5	1	1
6	4	5	4	5	1	1	1
3	3	2	2	2	2	1	1
2	4	2	6	2	2	1	1
6	4	5	3	5	5	1	2
2	3	1	4	2	1	1	2
7	2	6	4	5	6	1	2
4	6	4	5	3	3	1	2
1	3	1	2	1	4	1	2
6	6	6	3	4	5	2	2
5	5	6	4	4	6	2	2
7	7	4	4	7	7	2	2
2	6	3	7	4	3	2	2
3	7	3	6	4	4	2	2
1	5	2	6	3	3	2	3
5	6	4	7	5	6	2	3
2	4	1	5	4	4	2	3
4	7	4	7	4	6	2	3
6	7	4	2	1	7	2	3
3	6	4	6	4	4	2	3
4	7	7	4	2	5	2	3
3	7	2	6	4	3	2	3
4	6	3	7	2	7	2	3
5	6	2	6	7	2	2	3

Usando um pacote estatístico de sua escolha, responda às perguntas a seguir. Em cada caso, formule as hipóteses nula e alternativa e realize o(s) teste(s) estatístico(s) adequado(s).
a. A preferência média pelo estilo de vida fora de casa excede 3,0?
b. A importância média por desfrutar da natureza excede 3,5?
c. A preferência média pelo estilo de vida fora de casa é diferente para homens e mulheres?
d. A importância atribuída de V2 a V6 é diferente para homens e mulheres?
e. Os entrevistados conferem mais importância a desfrutar da natureza que a se relacionar com o clima?
f. Os entrevistados conferem mais importância a se relacionar com o clima que a se encontrar com outras pessoas?
g. Os entrevistados conferem mais importância a viver em harmonia com o meio ambiente que a se exercitar regularmente?
h. A importância conferida de V2 a V6 é diferente para homens e mulheres se essas variáveis forem tratadas como uma escala ordinal em vez de intervalar?
i. Os entrevistados conferem mais importância a se relacionar com o clima que a se encontrar com outras pessoas se essas variáveis forem tratadas como ordinais em vez de intervalares?

3. Use um dos pacotes estatísticos (SPSS, SAS, MINITAB ou EXCEL) para realizar a seguinte análise para os dados sobre refrigerantes que você coletou como parte de seu trabalho de campo (descrito mais adiante).
   a. Obtenha uma distribuição de frequência do consumo semanal de refrigerante.
   b. Obtenha as estatísticas de resumo relacionadas com a quantia gasta semanalmente em refrigerantes.
   c. Realize uma tabulação cruzada do consumo semanal de refrigerantes e do gênero do entrevistado. Seus dados mostram alguma associação?
   d. Faça um teste t de duas amostras independentes para determinar se a quantia semanal gasta em refrigerantes é diferente para homens e mulheres.
   e. Realize um teste para determinar se há alguma diferença entre a quantia gasta semanalmente em refrigerantes e aquela gasta em outras bebidas não alcoólicas. Qual é sua conclusão?

Atividades

Dramatização

1. Você foi contratado como analista de pesquisa de marketing de uma grande empresa de marketing industrial do país. Seu chefe, o gerente de pesquisa de marketing, é um estatístico de muito poder que não acredita em usar técnicas rudimentares, como distribuições de frequência, tabulações cruzadas e testes t simples. Convença seu chefe (um aluno de sua classe) dos méritos de realizar essas análises.

Trabalho de campo

1. Desenvolva um questionário para obter as seguintes informações de alunos do seu *campus*.
   a. Quantia média gasta por semana no consumo de refrigerantes.
   b. Quantia média gasta por semana no consumo de outras bebidas não alcoólicas (leite, café, chá, sucos, etc.).
   c. Frequência semanal de consumo de refrigerantes. Meça isso como uma variável categórica com a seguinte pergunta: "Com que frequência você consome refrigerantes? (1) uma vez por semana ou menos, (2) duas ou três vezes por

semana, (3) de quatro a seis vezes por semana e (4) mais de seis vezes por semana."
   d. Gênero do respondente.

Aplique o questionário a 40 alunos. Codifique os dados e transcreva-os para análise por computador. Comparadas com os homens, as mulheres: (i) gastam mais em refrigerantes, (ii) gastam mais em outras bebidas não alcoólicas, (iii) consomem mais refrigerantes?

Discussão em grupo

1. "Como a tabulação cruzada tem algumas limitações básicas, essa técnica não deveria ser usada de forma extensiva na pesquisa de marketing." Discuta em um pequeno grupo.
2. "Por que perder tempo fazendo análise de dados básica? Por que não realizar simplesmente análises de dados multivariadas sofisticadas?" Discuta.

CAPÍTULO 16

Análise de Variância e de Covariância

" A análise de variância é uma forma direta de encarar diferenças entre mais de dois grupos de respostas medidas em escalas intervalares ou razão. "

Neil Marcus, assistente da vice-presidência, U.S. Marketing Science, MetLife

Objetivos

Após a leitura deste capítulo, o aluno conseguirá:

1. Discutir o objetivo da técnica de análise de variância (ANOVA) e sua relação com o teste *t* e a regressão.
2. Descrever a análise de variância de um fator, inclusive a decomposição da variação total, a medida de efeitos, o teste de significância e a interpretação de resultados.
3. Descrever a análise de variância de *n* fatores e o teste de significância do efeito global, o efeito de interação e o efeito principal de cada fator.
4. Descrever a análise de covariância e mostrar como ela responde pela influência de variáveis independentes não controladas.
5. Explicar os fatores-chave relativos à interpretação de resultados com ênfase nas interações, na importância relativa de fatores e em comparações múltiplas.
6. Discutir técnicas especializadas de ANOVA aplicáveis ao marketing, como ANOVA com medidas repetidas, análise não métrica de variância e análise multivariada de variância (MANOVA).
7. Explicar o papel do *software* na condução de análise de variância e covariância utilizando SPSS e SAS.

Aspectos gerais

No Capítulo 15, examinamos testes de diferenças entre duas médias ou duas medianas. Neste capítulo, vamos discutir procedimentos para examinar diferenças entre mais de duas médias ou medianas. Esses procedimentos se chamam *análise de variância* e *análise de covariância*. Embora tradicionalmente utilizados para analisar dados experimentais, eles também são úteis para análise de dados de pesquisa ou dados observacionais.

Estudamos os processos de análise de variância e de covariância e suas relações com outras técnicas. Descrevemos, a seguir, a análise de variância de um fator, o mais simples desses processos, e, em seguida, a análise de variância de *n* fatores e a análise de covariância. Daremos atenção especial a problemas na interpretação de resultados no que se refere a interações, à importância relativa de fatores e a comparações múltiplas. Discutiremos também sucintamente alguns tópicos especializados, como análise de variância com medidas repetidas, análise não métrica de variância e análise multivariada de variância. Começamos com alguns exemplos que ilustram as aplicações da análise de variância.

Finalmente, discutiremos o uso de *software* na análise de variância e covariância. Para executar os programas SPSS e SAS Enterprise Guide usados neste capítulo, oferecemos alguns tipos de auxílio: (1) instruções passo a passo no final do capítulo, (2) vídeos ilustrativos computadorizados com as instruções passo a passo disponíveis no *site* deste livro e (3) cópias das telas dos programas com notas que ilustram as instruções passo a passo.

Pesquisa real

Análise de destinos turísticos

Um levantamento de pesquisa de marketing realizado pela EgeBank em Istambul, na Turquia, centrou-se na importância das percepções das agências de viagens e dos operadores de turismo americanos a respeito dos destinos turísticos escolhidos (Egito, Grécia, Itália e Turquia) no Mediterrâneo. Esse estudo foi realizado com o auxílio do Departamento de Turismo e Administração de Convenções da Universidade de Nevada – Las Vegas (www.unlv.edu).

As agências de turismo receberam levantamentos pelo correio baseados na localização dos pontos turísticos, divididos da seguinte forma: Egito (53), Grécia (130), Itália (150) e Turquia (65). A pesquisa consistiu em questões sobre avaliações afetivas e perceptivas/cognitivas dos quatro destinos. As quatro questões referentes às avaliações afetivas foram feitas sobre uma escala de diferencial semântico de sete pontos, enquanto as 14 avaliações perceptivas/cognitivas foram mensuradas em uma escala Likert de cinco pontos (1 = tem muito pouco a oferecer, 2 = tem pouco a oferecer, 3 = oferece nem muito nem pouco, 4 = tem bastante a oferecer, 5 = tem muito a oferecer). As diferenças nas avaliações sobre os quatro locais foram examinadas usando uma análise de variância (ANOVA) de um fator, como podemos ver na tabela na próxima página.

A tabela ANOVA mostra que os fatores afetivos "desagradável-agradável" e "estressante-relaxante" têm diferenças significativas dentre os quatro destinos. Por exemplo, a Grécia e a Itália foram percebidas como mais relaxantes que

Variações na imagem dos destinos promovidos por agências de viagens e operadores de turismo

Itens de imagem	Turquia (n = 36)	Egito (n = 29)	Grécia (n = 37)	Itália (n = 34)	Significância
Afetiva (Escala 1-7)					
Desagradável – agradável	6,14	5,62	6,43	6,50	0,047[a]
Monótono – estimulante	6,24	5,61	6,14	6,56	0,053
Estressante – relaxante	5,60	4,86	6,05	6,09	0,003[a]
Desanimador – emocionante	6,20	5,83	6,32	6,71	0,061
Perceptiva (Escala 1-5)					
Bom valor financeiro	4,62	4,32	3,89	3,27	0,000[a]
Cenários magníficos e atrações naturais	4,50	4,04	4,53	4,70	0,011[a]
Clima agradável	4,29	4,00	4,41	4,35	0,133
Atrações culturais interessantes	4,76	4,79	4,67	4,79	0,781
Acomodações adequadas	4,17	4,28	4,35	4,62	0,125
Culinária local atraente	4,44	3,57	4,19	4,85	0,000[a]
Excelentes praias e esportes aquáticos	3,91	3,18	4,27	3,65	0,001[a]
Qualidade da infraestrutura	3,49	2,97	3,68	4,09	0,000[a]
Segurança pessoal	3,83	3,28	4,19	4,15	0,000[a]
Atrações históricas interessantes	4,71	4,86	4,81	4,82	0,650
Ambiente não poluído e preservado	3,54	3,34	3,43	3,59	0,784
Boa vida noturna e entretenimento	3,44	3,15	4,06	4,27	0,000[a]
Higiene e limpeza padrão	3,29	2,79	3,76	4,29	0,000[a]
Pessoas interessantes e acolhedoras	4,34	4,24	4,35	4,32	0,956

[a] Significante ao nível 0,05.

o Egito. Quanto aos fatores perceptivos, oito dos 14 fatores foram significativos. A Turquia foi percebida como um valor financeiro significativamente melhor que a Itália ou a Grécia. A força maior da Turquia parece ser um "bom valor", e as agências de turismo do país devem promover isso em suas estratégias de marketing. Por outro lado, a Turquia precisa melhorar a percepção de sua infraestrutura, limpeza e entretenimento para que mais agências de viagens e operadores de turismo dos Estados Unidos ofereçam pacotes para tal destino. A partir de 2018, o Departamento de Cultura e Turismo da Turquia deve promover o país como destino e experiência enfatizando o valor.[1] ■

Pesquisa real

Riscos das compras eletrônicas

Aplicamos a análise de variância para testar diferenças em preferências por compras eletrônicas de produtos com diferentes riscos econômicos e sociais. Em um planejamento 2 × 2, o risco econômico e social apresentou dois níveis de variação cada um (alto, baixo). A preferência por compras eletrônicas serviu como variável dependente. Os resultados indicaram uma interação significativa do risco social com o risco econômico. As compras eletrônicas não foram encaradas favoravelmente para produtos de alto risco social, independentemente do risco econômico do produto, mas foram preferidas para produtos de baixo risco econômico, comparados aos de alto risco, quando o nível do risco social era baixo.

Apesar dos resultados desse estudo, o número de compradores *on-line* continua a crescer. O aumento nos compradores pode ser atribuído aos consumidores que buscam melhor preço, ao maior uso da Internet e, surpreendentemente, a uma sensação de segurança associada com comprar *on-line*. *Sites* melhorados, pedidos e entregas muito mais ágeis e a garantia de sistemas de pagamento mais seguros aumentaram o fluxo de novos compradores na Internet enquanto diminuem os riscos tradicionais associados com compras por meio de transações *on-line*.[2] ■

O exemplo do destino turístico apresentou uma situação com quatro categorias. O teste *t* não se revelou adequado para examinar a diferença global nas médias das categorias; apelou-se então para a análise de variância. O estudo da compra eletrônica envolveu uma comparação de médias quando havia dois fatores (variáveis independentes), cada um dos quais apresentava dois níveis de variação. Nesse exemplo, os testes *t* não eram adequados, porque o efeito de cada fator não era independente do efeito do outro fator (em outras palavras, as interações foram significativas). A análise de variância forneceu conclusões significativas nesses estudos. Na próxima seção vamos abordar a relação da análise de variância com o teste *t* e outras técnicas.

Relação entre técnicas

A análise de variância e a análise de covariância são utilizadas para o estudo das diferenças nos valores da média da variável dependente que, por sua vez, estão associados ao efeito das variáveis independentes controladas, após levar em conta a influência das variáveis independentes não controladas. Em essência, aplica-se a **análise de variância (ANOVA)** como um teste de médias para duas ou mais populações. A hipótese nula, em geral, é que todas as médias são iguais. Suponhamos, por exemplo, que o pesquisador estivesse interessado em saber se os usuários frequentes, médios, ocasionais ou não usuários de cereais diferem em sua preferência pelo cereal Total com base em uma escala Likert de nove pontos. A hipótese nula de que os quatro grupos não se diferenciavam na preferência pelo Total poderia ser testada utilizando a análise de variância.

análise de variância (ANOVA)
Técnica estatística para estudar as diferenças entre médias de duas ou mais populações.

Em sua forma mais simples, a análise de variância deve ter uma variável dependente (preferência pelo cereal Total) que seja métrica (medida em escala intervalar ou razão). Deve haver também uma ou mais variáveis independentes (uso do produto: frequente, médio, eventual e nenhum). As variáveis independentes devem ser todas categóricas (não métricas). As variáveis independentes categóricas são também chamadas de **fatores**. Uma combinação determinada de níveis de fator, ou categorias, é chamada de **tratamento**. A **análise da variância de um fator** envolve apenas uma variável categórica, ou um fator único. As diferenças de preferência dos usuários frequentes, médios, ocasionais e não usuários devem ser examinadas por meio da ANOVA. Na análise da variância de um fator, um tratamento é o mesmo que um nível de fator (os usuários médios constituem um tratamento). Se estiverem envolvidos dois ou mais fatores, a análise é chamada de **análise de variância de *n* fatores**. Se, além do uso do produto, o pesquisador também quiser examinar a preferência pelo cereal Total por parte dos consumidores que são leais e dos que não o são, deve-se fazer uma análise de variância de *n* fatores.

fatores
Variáveis categóricas independentes. Para aplicar a ANOVA, as variáveis independentes devem ser todas categóricas (não métricas).

tratamento
Na ANOVA, combinação particular de níveis de fatores ou categorias.

análise de variância de um fator
Técnica de ANOVA em que há apenas um fator.

análise de variância de *n* fatores
Modelo de ANOVA em que estão envolvidos dois ou mais fatores.

Se o conjunto de variáveis independentes consistir tanto em variáveis categóricas como em variáveis métricas, a técnica é chamada de **análise de covariância (ANCOVA)**. Por exemplo, seria necessário aplicar a análise de covariância se o pesquisador quisesse examinar a preferência de grupos de usuários do produto e de grupos de lealdade levando em conta as atitudes dos entrevistados em relação à nutrição e à importância que eles atribuem ao café da manhã como refeição.

As duas últimas variáveis seriam medidas em uma escala Likert de nove pontos. Nesse caso, as variáveis independentes categóricas (uso do produto e lealdade à marca) ainda seriam chamadas de fatores, enquanto as variáveis independentes métricas (atitude em relação à nutrição e importância atribuída ao café da manhã) são designadas como **covariáveis**.

análise de covariância (ANCOVA)
Procedimento avançado de análise de variância em que os efeitos de uma ou mais variáveis estranhas escalonadas metricamente são removidos da variável dependente antes de se fazer a ANOVA.

covariável
Variável independente métrica utilizada na ANCOVA.

A Figura 16.1 mostra a relação da análise de variância com os testes *t* e outras técnicas como regressão (ver Capítulo 17). Todas essas técnicas envolvem uma variável dependente métrica. ANOVA e ANCOVA podem incluir mais de uma variável independente (uso do produto, lealdade à marca, atitude e importância). Além disso, ao menos uma das variáveis independentes deve ser categórica, e as variáveis categóricas podem ter mais de duas categorias (em nosso exemplo, o uso do produto tem quatro categorias). Por outro lado, um teste *t* envolve uma única variável independente binária. Por exemplo, a diferença de preferência de entrevistados fiéis e não fiéis seria testada fazendo um teste *t*. A análise de regressão, como ANOVA e ANCOVA, também pode envolver mais de uma variável independente. No entanto, todas as variáveis independentes costumam ser intervalares, embora as variáveis binárias ou categóricas possam ser acomodadas utilizando variáveis *dummy*. Por exemplo, a relação entre a preferência pelo cereal Total, a atitude em relação à nutrição e a importância atribuída ao café da manhã pode ser estudada por meio da análise de regressão, sendo a preferência pelo Total a variável dependente e a atitude e a importância, as variáveis independentes.

Análise de variância de um fator

Os pesquisadores de marketing frequentemente têm interesse em examinar as diferenças entre os valores médios da variável dependente para diversas categorias de uma única variável independente ou fator. Por exemplo:

- Os quatro segmentos diferem em termos de volume de consumo do produto?
- A avaliação da marca por cinco grupos expostos a comerciais diferentes varia?
- Os varejistas, os atacadistas e os agentes diferem em suas atitudes quanto à política de distribuição da empresa?
- Como variam as intenções de compras dos consumidores em relação à marca com diferentes níveis de preço?
- Qual é o efeito da familiaridade do consumidor em relação a um estabelecimento (medida como alta, média ou baixa) sobre a preferência pelo mesmo estabelecimento?

As respostas a essas e a outras questões similares podem ser obtidas com uma análise de variância de um fator. Antes de descrever o procedimento, vamos definir algumas estatísticas importantes associadas à análise de variância de um fator.[3]

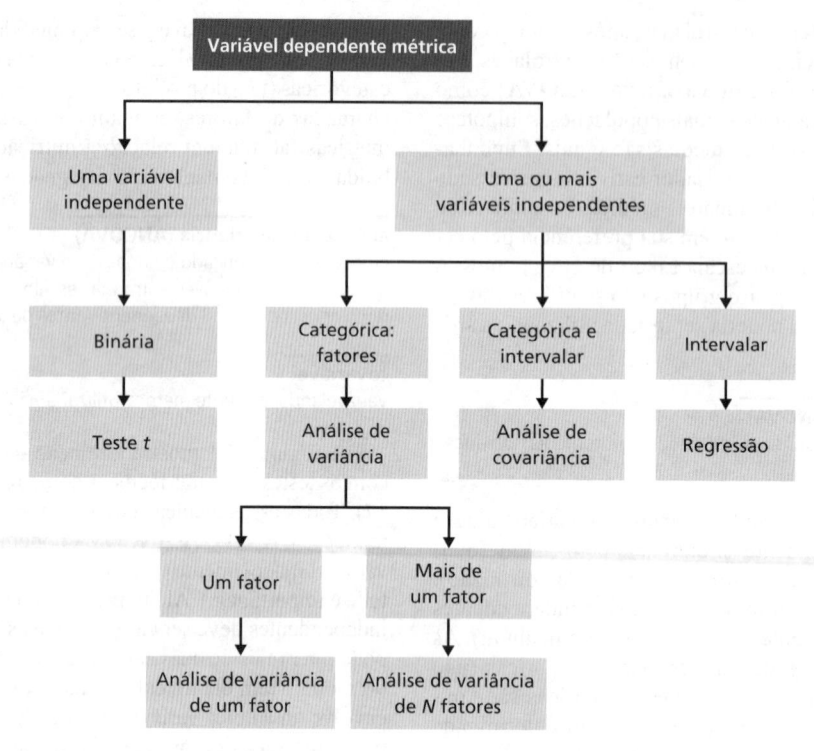

FIGURA 16.1 Relação entre teste *t*, análise de variância, análise de covariância e regressão.

Estatísticas associadas à análise de variância de um fator

eta² (η^2): a intensidade dos efeitos de X (fator ou variável independente) sobre Y (variável dependente) é medida por *eta²* (η^2). O valor de η^2 varia entre 0 e 1.

Estatística F: a hipótese nula, de igualdade das médias das categorias na população, é testada com uma estatística F com base na razão entre o quadrado médio em relação a X e o quadrado médio relativo ao erro.

Quadrado médio: é a soma dos quadrados dividida pelo número apropriado de graus de liberdade.

SQ_{entre}: também denotado por SQ_x, é a variação de Y em relação à variação nas médias das categorias de X. Representa a variação entre as categorias de X, ou a porção da soma de quadrados em Y relativa a X.

SQ_{dentro}: também denotado por SQ_{erro}, é a variação em Y devido à variação dentro de cada uma das categorias de X. Essa variação não é proporcionada por X.

SQ_y: é a variação total em Y.

Como fazer análise de variância de um fator

Na Figura 16.2, é descrito o procedimento de análise de variância de um fator, que envolve identificar variáveis dependentes e independentes, decompor a variação total, medir os efeitos, fazer o teste de significância e interpretar os resulta-

dos. Vamos abordar detalhadamente esses passos e ilustrá-los com algumas aplicações.

Identificar as variáveis dependentes e independentes

Denota-se por Y a variável dependente e por X a variável independente. X é uma variável categórica com c categorias. Há n observações sobre Y para cada categoria de X, conforme mostra a Tabela 16.1. Como se pode ver, o tamanho da amostra em cada categoria de X é n, e o tamanho total da amostra é $N = n \times c$. Embora se suponha, por simplicidade, que os tamanhos das amostras nas categorias de X (os tamanhos dos grupos) sejam iguais, isso não é uma exigência.

FIGURA 16.2 Como fazer a ANOVA de um fator.

TABELA 16.1
Decomposição da variação total: ANOVA de um fator

	Variável independente			X		
			Categorias		Amostra total	
Variação dentro de categorias $= SQ_{dentro}$	X_1 Y_1 Y_2 $\vdots$ $\vdots$ $\vdots$ Y_n	X_2 Y_1 Y_2 $\vdots$ Y_n	X_3 Y_1 Y_2 $\vdots$ Y_n	$\ldots$	X_c Y_1 Y_2 $\vdots$ $\vdots$ $\vdots$ Y_n	Y_1 Y_2 $\vdots$ $\vdots$ $\vdots$ Y_N	Variação total $= SQ_y$
Média da categoria	$\overline{Y}_1$	$\overline{Y}_2$	$\overline{Y}_3$		$\overline{Y}_c$	$\overline{Y}$
			Variação entre categorias $= SQ_{entre}$			

Decompor a variação total

No exame das diferenças entre médias, a análise de variância de um fator envolve a **decomposição da variação total** observada na variável dependente. Essa variação é medida pelas somas de quadrados corrigidas para a média (SQ). A análise de variância é assim designada porque examina a variabilidade, ou variação na amostra (variável dependente) e, com base na variabilidade, determina se há razão para crer que as médias populacionais sejam diferentes.

decomposição da variação total
Na ANOVA de um fator, a separação (em duas) da variação observada na variável dependente em: (1) variação devido às variáveis independentes mais (2) variação devido ao erro.

A variação total em Y, denotada por SQ_y, é decomposta em dois componentes:

$$SQ_y = SQ_{entre} + SQ_{dentro}$$

onde os índices *entre* e *dentro* se referem às categorias de X. SQ_{entre} é a variação em Y relacionada com a variação nas médias das categorias de X, e representa a variação entre as categorias de X. Em outras palavras, SQ_{entre} é a porção da soma de quadrados em Y relacionada com a variável independente ou fator X. Por isso, SQ_{entre} também é denotada por SQ_x. SQ_{dentro} é a variação em Y relacionada com a variação dentro de cada categoria de X. SQ_{dentro} não é ocasionada por X, sendo, assim, referida como SQ_{erro}. A variação total em Y é decomposta como

$$SQ_y = SQ_x + SQ_{erro}$$

onde

$$SQ_y = \sum_{i=1}^{N}(Y_i - \overline{Y})^2$$

$$SQ_x = \sum_{j=1}^{c} n(\overline{Y}_j - \overline{Y})^2$$

$$SQ_{erro} = \sum_{j=1}^{c}\sum_{i=1}^{n}(Y_{ij} - \overline{Y}_j)^2$$

$Y_i =$ observação individual
$\overline{Y}_j =$ média para categoria j
$\overline{Y} =$ média da amostra total ou média global
$Y_{ij} = i$-ésimas observações em j-ésimas categorias

Pode-se entender a lógica da decomposição da variação total em Y, SQ_y, em SQ_{entre} e SQ_{dentro} para examinar as diferenças nas médias de grupos. Recordemos (Capítulo 15) que, se a variação da variável na população é conhecida ou estimada, podemos estimar em quanto a média amostral variaria somente em função da variação aleatória. Na análise de variância, há vários grupos (p. ex., usuários frequentes, médios, eventuais e não usuários). Se a hipótese nula for verdadeira e todos os grupos tiverem a mesma média na população, pode-se estimar em quanto as médias amostrais devem variar somente em razão de variações amostrais (aleatórias). Se a variação observada nas médias amostrais for superior à que seria esperada em decorrência da variação amostral, é razoável concluir que essa variação extra decorre de diferenças nas médias de grupos na população.

Na análise de variância, estimamos duas medidas da variação: dentro do grupo (SQ_{dentro}) e entre grupos (SQ_{entre}). A variação dentro de grupos é uma medida de quanto variam as observações, valores de Y, dentro de um grupo, e serve para estimar a variância dentro de um grupo na população. Supõe-se que todos os grupos tenham a mesma variação na população. Todavia, como não se sabe se todos os grupos têm a mesma média, não podemos calcular a variância de todas as observações conjuntamente. A variância de cada um dos grupos tem de ser calculada individualmente, e essas variâncias são combinadas para formar uma variância "média", ou "global". Por analogia, é possível obter outra estimativa da variância dos valores de Y examinando a variação entre as médias. (Esse processo é o inverso da determinação da variação nas médias, dadas as variâncias populacionais.) Se a média populacional for a mesma em todos os grupos, então a variação nas médias amostrais e nos tamanhos dos grupos amostrais pode ser usada para estimar a variância de Y. Essa estimativa da variância de Y depende do fato de a hipótese nula ser verdadeira ou não. Se a hipótese nula for verdadeira e as médias populacionais forem iguais, a estimativa da variância baseada na variação entre grupos é correta. Por outro lado, se os grupos tiverem médias diferentes na população, a estimativa da variância baseada na variação entre grupos será demasiadamente grande. Assim, comparando as estimativas da variância de Y baseadas na variação entre grupos e na variação dentro de grupos, podemos testar a hipótese nula. Essa decomposição da variação total também permite medir os efeitos de X sobre Y.

Medir os efeitos

Os efeitos de X sobre Y são medidos por SQ_x. Como SQ_x está relacionado com a variação nas médias das categorias de X, a magnitude relativa de SQ_x aumenta à medida que aumentam as diferenças entre as médias de Y nas categorias de X. A magnitude relativa de SQ_x também aumenta à medida que as variações de Y dentro das categorias de X diminuem. A intensidade dos efeitos de X sobre Y é medida como segue:

$$\eta^2 = \frac{SQ_x}{SQ_y} = \frac{(SQ_y - SQ_{erro})}{SQ_y}$$

O valor de η^2 varia entre 0 e 1. Ele toma o valor 0 quando todas as médias de categorias são iguais, indicando que X não tem qualquer efeito sobre Y. O valor de η^2 é 1 quando não há variabilidade dentro de cada categoria de X, mas há alguma variabilidade entre categorias. Assim, η^2 é uma medida da variação em Y que é explicada pela variável independente X. Podemos medir não apenas os efeitos de X sobre Y, mas também testar sua significância.

Testar a significância

Na análise de variância de um fator, o interesse reside em testar a hipótese nula de que as médias das categorias são iguais na população.[4] Em outras palavras,

$$H_0: \mu_1 = \mu_2 = \mu_3 = ... = \mu_c$$

Sob a hipótese nula, SQ_x e SQ_{erro} provêm da mesma fonte de variação. Em tal caso, a estimativa da variância populacional de Y pode basear-se tanto na variação entre categorias quanto na variação dentro de categorias. Em outras palavras, a estimativa da variância populacional de Y é

$$S_y^2 = \frac{SQ_x}{(c-1)}$$

= quadrado médio devido a X
= QM_x

ou

$$S_y^2 = \frac{SQ_{erro}}{(N-c)}$$

= quadrado médio devido ao erro
= QM_{erro}

A hipótese nula pode ser testada com a estatística F baseada na razão entre essas duas estimativas:

$$F = \frac{SQ_x/(c-1)}{SQ_{erro}/(N-c)} = \frac{QM_x}{QM_{erro}}$$

Essa estatística tem distribuição F com $(c-1)$ e $(N-c)$ graus de liberdade (gl). Uma tabela da distribuição F é apresentada na Tabela 5 dos Apêndices Estatísticos ao final do livro. Conforme mencionado no Capítulo 15, a distribuição F é uma distribuição de probabilidade das razões de variâncias amostrais, com variância amostral maior no numerador, e é caracterizada pelos números de graus de liberdade do numerador e do denominador.[5]

Interpretar os resultados

Se a hipótese nula de igualdade das médias de categorias não for rejeitada, então a variável independente não terá efeito significativo sobre a variável dependente. Por outro lado, se a hipótese nula for rejeitada, então o efeito da variável independente será significativo. Em outras palavras, o valor médio da variável dependente será diferente para diferentes categorias da variável independente. Uma comparação dos valores médios das categorias indicará a natureza do efeito da variável independente. Mais adiante discutiremos outros problemas relevantes na interpretação de resultados, como o exame de diferenças entre médias específicas.

Dados ilustrativos

Colocamos em prática os conceitos discutidos neste capítulo usando os dados apresentados na Tabela 16.2. Para fins ilustrativos, consideramos somente um pequeno número de observações. Na prática, a análise de variância é realizada em uma amostra muito maior, como no caso HP e em outros casos com dados reais que são apresentados neste livro. Esses dados foram gerados por um teste no qual uma grande rede de lojas de departamentos se dispôs a examinar os efeitos do nível da promoção na loja e da utilização de cupons da loja sobre suas vendas. A promoção na loja foi dividida em três níveis: elevado (1), médio (2) e baixo (3). Os cupons foram empregados em dois níveis. No primeiro (denotado por 1), compradores potenciais receberam um cupom de US$ 20 para toda a loja, ou não receberam cupons (denotados por 2 na Tabela 16.2). Fez-se então o cruzamento da promoção na loja e da distribuição de cupons, resultando em um desenho 3 × 2 com seis células. Foram selecionadas aleatoriamente 30 lojas, cinco das quais aleatoriamente destinadas a cada condição de tratamento, conforme mostrado na Tabela 16.2. O experimento foi conduzido ao longo de dois meses. As vendas em cada loja foram medidas, normalizadas para compensar fatores externos (tamanho da loja, trânsito, etc.) e convertidas a uma escala de 1 a 10. Além disso, fez-se uma avaliação qualitativa da afluência relativa da clientela de cada loja, novamente em uma escala de 1 a 10. Nessas escalas, números maiores denotam vendas mais elevadas ou clientela mais afluente.

Aplicações ilustrativas da análise de variância de um fator

Ilustramos a ANOVA de um fator primeiramente exibindo cálculos feitos à mão e, em seguida, utilizando análise feita por computador. Suponhamos que apenas um fator (a saber, promoção na loja) seja manipulado, isto é, que ignoremos

TABELA 16.2
Nível de cupom, promoção na loja, vendas da loja e avaliação da clientela

Número da loja	Nível de cupom	Promoção na loja	Vendas	Avaliação da clientela
1	1	1	10	9
2	1	1	9	10
3	1	1	10	8
4	1	1	8	4
5	1	1	9	6
6	1	2	8	8
7	1	2	8	4
8	1	2	7	10
9	1	2	9	6
10	1	2	6	9
11	1	3	5	8
12	1	3	7	9
13	1	3	6	6
14	1	3	4	10
15	1	3	5	4
16	2	1	8	10
17	2	1	9	6
18	2	1	7	8
19	2	1	7	4
20	2	1	6	9
21	2	2	4	6
22	2	2	5	8
23	2	2	5	10
24	2	2	6	4
25	2	2	4	9
26	2	3	2	4
27	2	3	3	6
28	2	3	2	10
29	2	3	1	9
30	2	3	2	8

SPSS Arquivo de Dados

SAS Arquivo de Dados

o cupom para fins desta ilustração. A loja de departamentos está procurando identificar o efeito da promoção na loja (X) sobre as vendas (Y). A fim de exemplificar os cálculos manuais, transformamos os dados da Tabela 16.2 na Tabela 16.3 a fim de mostrar as vendas normalizadas da loja (Y_{ij}) para cada nível de promoção.

A hipótese nula é que as médias das categorias são iguais:

$$H_0: \mu_1 = \mu_2 = \mu_3$$

Para testar a hipótese nula, calculam-se as diversas somas de quadrados da seguinte maneira:

$$\begin{aligned}
SQ_y =\ & (10 - 6{,}067)^2 + (9 - 6{,}067)^2 + (10 - 6{,}067)^2 \\
& + (8 - 6{,}067)^2 + (9 - 6{,}067)^2 + (8 - 6{,}067)^2 \\
& + (9 - 6{,}067)^2 + (7 - 6{,}067)^2 + (7 - 6{,}067)^2 \\
& + (6 - 6{,}067)^2 + (8 - 6{,}067)^2 + (8 - 6{,}067)^2 \\
& + (7 - 6{,}067)^2 + (9 - 6{,}067)^2 + (6 - 6{,}067)^2 \\
& + (4 - 6{,}067)^2 + (5 - 6{,}067)^2 + (5 - 6{,}067)^2 \\
& + (6 - 6{,}067)^2 + (4 - 6{,}067)^2 + (5 - 6{,}067)^2 \\
& + (7 - 6{,}067)^2 + (6 - 6{,}067)^2 + (4 - 6{,}067)^2 \\
& + (5 - 6{,}067)^2 + (2 - 6{,}067)^2 + (3 - 6{,}067)^2 \\
& + (2 - 6{,}067)^2 + (1 - 6{,}067)^2 + (2 - 6{,}067)^2 \\
=\ & (3{,}933)^2 + (2{,}933)^2 + (3{,}933)^2 + (1{,}933)^2 + (2{,}933)^2 \\
& + (1{,}933)^2 + (2{,}933)^2 + (0{,}933)^2 + (0{,}933)^2 + (-0{,}067)^2 \\
& + (1{,}933)^2 + (1{,}933)^2 + (0{,}933)^2 + (2{,}933)^2 + (-0{,}067)^2 \\
& + (-2{,}067)^2 + (-1{,}067)^2 + (-1{,}067)^2 + (-0{,}067)^2 \\
& + (-2{,}067)^2 + (-1{,}067)^2 + (0{,}933)^2 + (-0{,}067)^2 \\
& + (-2{,}067)^2 + (-1{,}067)^2 + (-4{,}067)^2 + (-3{,}067)^2 \\
& + (-4{,}067)^2 + (-5{,}067)^2 + (-4{,}067)^2 \\
=\ & 185{,}867
\end{aligned}$$

$$\begin{aligned}
SQ_x &= 10(8{,}3 - 6{,}067)^2 + 10(6{,}2 - 6{,}067)^2 + 10(3{,}7 - 6{,}067)^2 \\
&= 10(2{,}233)^2 + 10(0{,}133)^2 + 10(-2{,}367)^2 \\
&= 106{,}067
\end{aligned}$$

$$\begin{aligned}
SQ_{erro} =\ & (10 - 8{,}3)^2 + (9 - 8{,}3)^2 + (10 - 8{,}3)^2 + (8 - 8{,}3)^2 \\
& + (9 - 8{,}3)^2 + (8 - 8{,}3)^2 + (9 - 8{,}3)^2 + (7 - 8{,}3)^2 \\
& + (7 - 8{,}3)^2 + (6 - 8{,}3)^2 + (8 - 6{,}2)^2 + (8 - 6{,}2)^2 \\
& + (7 - 6{,}2)^2 + (9 - 6{,}2)^2 + (6 - 6{,}2)^2 + (4 - 6{,}2)^2 \\
& + (5 - 6{,}2)^2 + (5 - 6{,}2)^2 + (6 - 6{,}2)^2 + (4 - 6{,}2)^2 \\
& + (5 - 3{,}7)^2 + (7 - 3{,}7)^2 + (6 - 3{,}7)^2 + (4 - 3{,}7)^2
\end{aligned}$$

TABELA 16.3
Efeito da promoção na loja sobre as vendas

Número da loja	Nível da promoção na loja		
	Alto	Médio	Baixo
	Vendas normalizadas		
1	10	8	5
2	9	8	7
3	10	7	6
4	8	9	4
5	9	6	5
6	8	4	2
7	9	5	3
8	7	5	2
9	7	6	1
10	6	4	2
Totais de colunas	83	62	37
Médias de categorias: $\bar{Y}_j$	$\frac{83}{10}$ = 8,3	$\frac{62}{10}$ = 6,2	$\frac{37}{10}$ = 3,7
Média global, $\bar{Y}$		$= \frac{(83 + 62 + 37)}{30} = 6{,}067$	

$$+ (5-3{,}7)^2 + (2-3{,}7)^2 + (3-3{,}7)^2 + (2-3{,}7)^2$$
$$+ (1-3{,}7)^2 + (2-3{,}7)^2$$

$$= (1{,}7)^2 + (0{,}7)^2 + (1{,}7)^2 + (-0{,}3)^2 + (0{,}7)^2$$
$$+ (-0{,}3)^2 + (0{,}7)^2 + (-1{,}3)^2 + (-1{,}3)^2 + (-2{,}3)^2$$
$$+ (1{,}8)^2 + (1{,}8)^2 + (0{,}8)^2 + (2{,}8)^2 + (-0{,}2)^2$$
$$+ (-2{,}2)^2 + (-1{,}2)^2 + (-1{,}2)^2 + (-0{,}2)^2 + (-2{,}2)^2$$
$$+ (1{,}3)^2 + (3{,}3)^2 + (2{,}3)^2 + (0{,}3)^2 + (1{,}3)^2$$
$$+ (-1{,}7)^2 + (-0{,}7)^2 + (-1{,}7)^2 + (-2{,}7)^2 + (-1{,}7)^2$$
$$= 79{,}80$$

Pode-se verificar que

$$SQ_y = SQ_x + SQ_{erro}$$

como segue:

$$185{,}867 = 106{,}067 + 79{,}80$$

Mede-se a intensidade dos efeitos de X sobre Y da forma mostrada a seguir:

$$\eta^2 = \frac{SQ_x}{SQ_y}$$
$$= \frac{106{,}067}{185{,}867}$$
$$= 0{,}571$$

Em outras palavras, 57,1% da variação nas vendas (Y) decorrem da propaganda na loja (X), o que indica um efeito modesto. Pode-se agora testar a hipótese nula.

$$F = \frac{SQ_x/(c-1)}{SQ_{erro}/(N-c)} = \frac{QM_x}{QM_{erro}}$$

$$F = \frac{106{,}067/(3-1)}{79{,}800/(30-3)}$$
$$= 17{,}944$$

Na Tabela 5 dos Apêndices Estatísticos, vemos que, para 2 e 27 graus de liberdade, o valor crítico de F é 3,35 para α = 0,05. Como o valor calculado de F é superior ao valor crítico, rejeitamos a hipótese nula e concluímos que as médias para os três níveis de promoção na loja são diferentes, efetivamente. As magnitudes relativas das médias para as três categorias indicam que um nível alto de promoção na loja conduz a vendas significativamente maiores.

Ilustramos a seguir o processo de análise de variância com auxílio de um programa de computador. A Tabela 16.4 apresenta os resultados da realização da análise por computador. O valor de SQ_x denotado por efeitos principais é 106,067 com 2 gl; o valor de SQ_{erro}, denotado residual, é 79,80 com 27 graus de liberdade. Portanto, QM_x = 106,067/2 = 53,033, e QM_{erro} = 79,80/27 = 2,956. O valor de F é 53,033/2,956 = 17,944 com 2 e 27 graus de liberdade, o que resulta em uma probabilidade de 0,000. Como a probabilidade associada é inferior ao nível de significância de 0,05, rejeitamos a hipótese nula de médias populacionais iguais. Alternativamente, vê-se pela Tabela 5 do Apêndice Estatístico que o valor crítico de F para 2 e 27 graus de liberdade é 3,35. Como o valor calculado de F (17,944) é superior ao valor crítico, a hipótese nula é rejeitada. Como mostra a Tabela 16.4, as médias amostrais, com valores 8,3, 6,2 e 3,7, são muito diferentes. As lojas com um alto nível de promoções internas têm as médias de vendas mais altas (8,3) e aquelas com baixo nível de promoções internas têm as médias mais baixas (3,7). As lojas com um nível médio de promoções internas têm um

SPSS Arquivo de Saída

SAS Arquivo de Saída

TABELA 16.4

ANOVA de um fator: efeito da promoção na loja sobre as vendas da loja

Fonte de variação	Soma de quadrados	gl	Quadrado médio	Razão F	Probabilidade F
Entre grupos (promoção na loja)	106,067	2	53,033	17,944	0,000
Dentro de grupos (erro)	79,800	27	2,956		
TOTAL	185,867	29	6,409		

Médias das células

Nível de promoção na loja	Contagem	Média
Alto (1)	10	8,300
Médio (2)	10	6,200
Baixo (3)	10	3,700
TOTAL	30	6,067

nível intermediário de média de vendas (6,2). Essas constatações parecem plausíveis. Em vez de 30 lojas, se esta fosse uma amostra grande e representativa, isso implicaria que a administração, na tentativa de aumentar as vendas, deveria enfatizar a promoção nas lojas.

O procedimento de realização de análise de variância de um fator e a aplicação ilustrativa ajudam a entender as suposições em jogo.

PESQUISA ATIVA

Experts, novatos e não usuários de computadores domésticos: sua psicografia é diferente?

Visite www.dell.com e pesquise na Internet, incluindo as mídias sociais, e no banco de dados *on-line* de sua biblioteca informações sobre o uso de computadores nas residências dos Estados Unidos.

Como diretor de marketing da Dell, como você segmentaria o mercado de computadores domésticos?

Como analista de pesquisa de marketing da Dell, como você determinaria se os três segmentos de uso de computadores domésticos (*experts*, novatos e não usuários) diferem em cada uma de 10 características psicográficas, medidas em uma escala de sete pontos?

Suposições na análise de variância

As suposições relevantes na análise de variância são resumidas da seguinte forma:

1. Comumente, supõem-se fixas as categorias das variáveis independentes. As inferências são feitas apenas para as categorias específicas consideradas. Isso é o que se chama de *modelo de efeitos fixos*. Há também outros modelos. No *modelo de efeitos aleatórios*, as categorias ou os tratamentos são considerados amostras aleatórias de um universo de tratamentos. Fazem-se inferências para outras categorias não examinadas na análise. Obtém-se um *modelo de efeitos mistos*, se alguns tratamentos forem considerados fixos e outros, aleatórios.[6]

2. O termo de erro está distribuído normalmente, com média zero e variância constante, e não se relaciona com as categorias de X. Pequenos desvios dessas suposições não afetam seriamente a validade da análise. Além disso, os dados podem ser transformados a fim de satisfazer às suposições de normalidade ou igualdade de variâncias.

3. Os termos de erro não são correlacionados. Se os termos de erro forem correlacionados (ou seja, se as observações não forem independentes), a razão F pode ficar seriamente distorcida.

Em muitas situações de análise de dados, essas suposições são satisfeitas de maneira razoável. A análise de variância é, pois, um procedimento comum, conforme ilustrado no exemplo a seguir.

Pesquisa real

Examinando percepções éticas por lentes diferentes

Foi realizado um levantamento para examinar diferenças nas percepções de questões éticas. Os dados foram obtidos de 31 administradores, 21 professores, 97 alunos de graduação e 48 alunos de pós-graduação. Como parte do levantamento, solicitou-se que os respondentes classificassem cinco itens éticos em uma escala: 1 = concorda totalmente e 5 = discorda totalmente, com 3 representando uma resposta neutra. As médias para cada grupo são apresentadas. Foi feita uma análise de variância de um fator para examinar a significância de diferenças entre grupos para cada item pesquisado, e os valores de F e p obtidos também são mostrados na tabela no topo da página seguinte.

As descobertas indicando diferenças significativas em três dos cinco itens relacionados com ética apontam para a

Item Nº	Item de pesquisa	Administradores	Professores	Estudantes de pós-graduação	Estudantes de graduação	Valor F	Valor p
1	Estudantes que são flagrados colando deveriam ser reprovados no teste.	3,7	3,8	3,8	4,0	0,94	0,42
2	O plágio deveria ser denunciado.	4,1	3,4	3,8	3,5	2,2	0,09
3	Os alunos deveriam ter notas altas para que seu empregador pague o curso.	1,6	1,7	2,7	2,8	18,3	0,00
4	O uso das impressoras da universidade para fins pessoais deveria ser impedido.	4,5	3,4	3,5	3,2	11,0	0,00
5	O curso deveria ser simplificado para adequar-se ao ritmo dos alunos mais fracos.	1,7	1,8	2,4	2,8	13,4	0,00

necessidade de mais comunicação entre os quatro grupos, a fim de alinhar melhor as percepções de questões éticas na formação em administração.[7] ∎

Análise de variância de *n* fatores

Em pesquisa de marketing, frequentemente há interesse no efeito de mais de um fator simultaneamente.[8] Por exemplo:

- Como as intenções dos consumidores de adquirir determinada marca variam em função dos diferentes níveis de preço e de distribuição?
- Como os níveis de propaganda (alto, médio, baixo) interagem com os níveis de preço (alto, médio, baixo) para influenciar a venda de um produto?
- Os níveis de instrução (ensino fundamental, ensino médio, graduação e pós-graduação) e de idade (menos de 35, 35-55, mais de 55) influem no consumo de determinada marca?
- Qual é o efeito da familiaridade dos consumidores com uma loja de departamentos (alta, média, baixa) e da imagem que têm da loja (positiva, neutra, negativa) sobre a preferência por aquela loja?

Para determinar tais efeitos, podemos aplicar a análise de variância de *n* fatores. Uma importante vantagem dessa técnica é que ela permite que o pesquisador examine as interações entre os fatores. Ocorrem **interações** quando os efeitos de um fator sobre a variável dependente têm relação com o nível (categoria) dos outros fatores. O procedimento para realizar uma análise de variância de *n* fatores é semelhante ao procedimento para a análise de variância de um fator. Definem-se também de modo análogo as estatísticas associadas à análise de variância de *n* fatores. Consideramos o caso muito simples de dois fatores X_1 e X_2, com categorias c_1 e c_2. A variação total, nesse caso, é decomposta como segue:

$SQ_{total} = SQ$ devido a $X_1 + SQ$ devido a $X_2 + SQ$ devido à interação de X_1 e $X_2 + SQ_{dentro}$

ou

$$SQ_y = SQ_{x_1} + SQ_{x_2} + SQ_{x_1 x_2} + SQ_{erro}$$

interação
Ao avaliar a relação entre duas variáveis, uma interação ocorre se o efeito de X_1 depender do nível de X_2, e vice-versa.

Um efeito maior de X_1 se refletirá em maior diferença média nos níveis de X_1 e em um maior SQ_{x_1}. O mesmo ocorre com o efeito de X_2. Quanto maior for a interação entre X_1 e X_2, maior será $SQ_{x_1 x_2}$. Por outro lado, se X_1 e X_2 forem independentes, o valor de $SQ_{x_1 x_2}$ estará próximo de zero.[9]

A intensidade do efeito conjunto de dois fatores, chamado efeito global, ou **múltiplo η^2**, é medida como segue:

$$\text{múltiplo } \eta^2 = \frac{\left(SQ_{x_1} + SQ_{x_2} + SQ_{x_1 x_2}\right)}{SQ_y}$$

múltiplo η^2
O poder do efeito conjunto de dois (ou mais) fatores, denominado efeito global.

A **significância do efeito global** pode ser testada por um teste F, como segue:

$$F = \frac{\left(SQ_{x_1} + SQ_{x_2} + SQ_{x_1 x_2}\right) / \text{gl}_n}{SQ_{erro} / \text{gl}_d}$$

$$= \frac{SQ_{x_1, x_2, x_1 x_2} / \text{gl}_n}{SQ_{erro} / \text{gl}_d}$$

$$= \frac{QM_{x_1, x_2, x_1 x_2}}{QM_{erro}}$$

onde

gl_n = graus de liberdade do numerador
$= (c_1 - 1) + (c_2 - 1) + (c_1 - 1)(c_2 - 1)$
$= c_1 c_2 - 1$
gl_d = graus de liberdade do denominador
$= N - c_1 c_2$
QM = quadrado médio

significância do efeito global
Teste da existência de alguma diferença entre alguns dos grupos de tratamento.

Se o efeito global for significativo, o próximo passo é examinar a **significância do efeito de interação**. Sob a hipótese nula (nenhuma interação), o teste F apropriado é:

$$F = \frac{SQ_{x_1 x_2} / \text{gl}_n}{SQ_{erro} / \text{gl}_d}$$

$$= \frac{QM_{x_1 x_2}}{QM_{erro}}$$

onde

$$\text{gl}_n = (c_1 - 1)(c_2 - 1)$$
$$\text{gl}_d = N - c_1 c_2$$

significância do efeito de interação
Teste da significância da interação entre duas ou mais variáveis independentes.

Se for constatado que o efeito de interação é significativo, então o efeito de X_1 depende do nível de X_2, e vice-versa. Como o efeito de um fator não é uniforme, mas varia com o nível do outro fator, em geral não faz sentido testar a significância dos efeitos principais. Todavia, faz sentido testar a significância do efeito principal de cada fator se o efeito de interação não for significativo.[10]

Pode-se testar como segue a **significância do efeito principal** de cada fator para X_1:

$$F = \frac{SQ_{x_1} / \text{gl}_n}{SQ_{erro} / \text{gl}_d}$$

$$= \frac{QM_{x_1}}{QM_{erro}}$$

onde

$$\text{gl}_n = c_1 - 1$$
$$\text{gl}_d = N - c_1 c_2$$

significância do efeito principal
Teste da significância do efeito principal de cada fator.

A análise precedente supõe que o planejamento tenha sido ortogonal, ou equilibrado (mesmo número de casos em cada célula). Se o tamanho da célula variar, a análise se torna mais complexa.

Aplicação ilustrativa da análise da variância de *n* fatores

Voltando aos dados da Tabela 16.2, examinemos agora o efeito do nível de promoção na loja e do cupom sobre as vendas na loja. A Tabela 16.5 apresenta os resultados de uma ANOVA 3 × 2 feita no computador. Para o efeito principal do nível de promoção, a soma de quadrados SQ_{xp}, os graus de liberdade e o quadrado médio QM_{xp} são os mesmos que os já determinados para a Tabela 16.4. A soma de quadrados para cupons é $SQ_{xc} = 53,333$ com 1 gl, o que resulta em um valor idêntico para o quadrado médio QM_{xc}. Determina-se o efeito principal combinado adicionando-se as somas de quadrados devidas aos dois efeitos principais $(SQ_{xp} + SQ_{xc}) = 106,067 + 53,333 = 159,400)$ e os graus de liberdade (2 + 1 = 3). Para o efeito da interação "promoção e cupom", a soma de quadrados é $SQ_{xpxc} = 3,267$, com $(3 - 1)(2 - 1) = 2$ graus de liberdade, o que resulta em $QM_{xpxc} = 3,267/2 = 1,633$. Para o efeito global (modelo), a soma de quadrados é a adição da soma de quadrados para o efeito principal da promoção, para o efeito principal do cupom e para o efeito da interação, ou seja, $106,067 + 53,333 + 3,267 = 162,667$ com $2 + 1 + 2 = 5$ graus de liberdade, resultando em um quadrado médio de $162,667/5 = 32,533$. Observe, entretanto, que as estatísticas de erro são agora diferentes das estatísticas da Tabela 16.4. Isso se deve ao fato de termos agora dois fatores em vez de um, $SQ_{erro} = 23,2$, com $(30 - 3 \times 2)$ ou 24 graus de liberdade, resultando em $QM_{erro} = 23,2/24 = 0,967$.

A estatística de teste da significância do efeito global é

$$F = \left(\frac{32,533}{0,967}\right)$$
$$= 33,655$$

com 5 e 24 graus de liberdade, que é significativa ao nível de 0,05.

A estatística de teste para a significância do efeito de interação é

$$F = \left(\frac{1,633}{0,967}\right)$$
$$= 1,690$$

com 2 e 24 graus de liberdade, que não é significativa ao nível de 0,05.

Como o efeito de interação não é significativo, pode-se avaliar a significância dos efeitos principais. A estatística de teste para a significância do efeito principal da promoção é

$$F = \left(\frac{53,033}{0,967}\right)$$
$$= 54,862$$

com 2 e 24 graus de liberdade, que é significativa ao nível de 0,05.

A estatística de teste para a significância do efeito principal do cupom é

$$F = \left(\frac{53,333}{0,967}\right)$$
$$= 55,172$$

com 1 e 24 graus de liberdade, que é significativa ao nível de 0,05. Assim, um nível mais alto de promoção resulta em maiores níveis de vendas. A distribuição de um cupom com validade em toda a loja resulta em vendas mais altas. O efeito de cada um é independente do outro. No caso de a amostra ser grande e representativa, as implicações são que a administração pode aumentar as vendas intensificando as promoções na loja e o uso de cupons, independentemente uma ação da outra.

TABELA 16.5
Análise de variância de dois fatores

SPSS Arquivo de Saída

SAS Arquivo de Saída

Fontes de variação	Soma de quadrados	gl	Quadrado médio	F	Significância de F	ω^2
Efeitos principais						
Promoção na loja	106,067	2	53,033	54,862	0,000	0,557
Cupom	53,333	1	53,333	55,172	0,000	0,280
Combinada	159,400	3	53,133	54,966	0,000	
Interação de dois fatores	3,267	2	1,633	1,690	0,206	
Modelo	162,667	5	32,533	33,655	0,000	
Resíduo (erro)	23,200	24	0,967			
TOTAL	185,867	29	6,409			

Médias das células

Promoção na loja	Cupom	Contagem	Média
Alta	Sim	5	9,200
Alta	Não	5	7,400
Média	Sim	5	7,600
Média	Não	5	4,800
Baixa	Sim	5	5,400
Baixa	Não	5	2,000

Médias do nível do fator

Promoção	Cupom	Contagem	Média
Alta		10	8,300
Média		10	6,200
Baixa		10	3,700
	Sim	15	7,400
	Não	15	4,733
Média global		30	6,067

Pesquisa real

País de fabricação afeta a recepção de TV

Um estudo analisou o impacto do país onde aparelhos de TV são fabricados sobre a credibilidade de suas qualidades. As variáveis dependentes eram as seguintes qualidades atribuídas ao produto: som excelente, confiabilidade, imagem nítida e *design* moderno. As variáveis independentes manipuladas incluíram preço, país de fabricação e distribuição nas lojas. Utilizou-se um planejamento 2 × 2 × 2 entre indivíduos. Foram especificados dois níveis de preço, US$ 949,95 (baixo) e US$ 1.249,95 (alto), dois países de fabricação, Coreia e EUA, e dois níveis de distribuição por lojas, com Best Buy e sem Best Buy.

Os dados foram coletados em dois *shopping centers* suburbanos em uma grande cidade dos EUA. Foram atribuídos aleatoriamente 30 entrevistados a cada uma das oito células de tratamento, para um total de 240 entrevistados. A Tabela 1 apresenta os resultados de manipulações que tiveram efeitos significativos sobre cada uma das variáveis dependentes.

Tabela 1   Análises para manipulações significativas

Efeito	Variável dependente	Univariada F	gl	p
País × preço	Som excelente	7,57	1,232	0,006
País × preço	Confiabilidade	6,57	1,232	0,011
País × distribuição	Imagem nítida	6,17	1,232	0,014
País × distribuição	Confiabilidade	6,57	1,232	0,011
País × distribuição	*Design* da TV	10,31	1,232	0,002

Tabela 2 Médias de interação país × distribuição

País × distribuição	Imagem nítida	Confiabilidade	*Design* moderno da TV
Coreia			
Best Buy	3,67	3,42	3,82
Sem Best Buy	3,18	2,88	3,15
EUA			
Best Buy	3,60	3,47	3,53
Sem Best Buy	3,77	3,65	3,75

Tabela 3 Médias de interação país × preço

País × preço	Som excelente	Confiabilidade
US$ 949,95		
Coreia	3,75	3,40
EUA	3,53	3,45
US$ 1.249,95		
Coreia	3,15	2,90
EUA	3,73	3,67

A Tabela 2 mostra os efeitos da interação entre o país e a distribuição para as três variáveis dependentes. Os aparelhos de TV fabricados na Coreia e distribuídos pela Best Buy apresentam uma melhor avaliação em relação a qualquer outro distribuidor nos quesitos relativos à nitidez de imagem, confiabilidade e *design* da TV. Em contrapartida, o mesmo não se verifica com os aparelhos de TV fabricados nos EUA. Da mesma forma, a Tabela 3 mostra os efeitos da interação país-preço para as duas variáveis dependentes. Ao preço de US$ 1.249,95, as avaliações de credibilidade para as alegações de "som excelente" e "confiabilidade" são mais altas para a TV de fabricação americana do que para a sua concorrente coreana, mas há pouca diferença quanto ao país de fabricação quando o preço do produto é US$ 949,95.

Esse estudo demonstra que a credibilidade dos produtos tradicionalmente exportados para os EUA por uma companhia em um país recentemente industrializado pode ser significativamente aumentada se a mesma companhia distribuir o produto por um varejista americano conhecido e tiver a intenção de fazer investimentos de produção nos EUA. Especificamente, a afirmação de três atributos (imagem, confiabilidade e *design* moderno da TV) é considerada mais merecedora de crédito quando as TVs são feitas na Coreia e distribuídas por um varejista americano idôneo. Além disso, os atributos de "som excelente" e "confiabilidade" merecem mais crédito para um aparelho de fabricação americana vendido a um preço mais alto, possivelmente compensando a desvantagem potencial dos custos de fabricação mais elevados nos EUA. Assim, convém à Thechnicolor S.A., proprietária da RCA (www.rca.com) fabricar seus aparelhos de TV nos Estados Unidos e vendê-los a um preço mais elevado.[11] ∎

PESQUISA ATIVA

O efeito do preço e da qualidade sobre a preferência por *jeans*

Visite www.levi.com e pesquise na Internet, incluindo as mídias sociais, e no banco de dados *on-line* de sua biblioteca informações sobre as preferências do consumidor em relação a *jeans*.

A Levi's gostaria de realizar uma pesquisa de marketing para aumentar sua participação no mercado de *jeans*. Estudos anteriores sugerem que os dois fatores mais importantes na determinação das preferências por *jeans* são o preço (alto, médio e baixo) e a qualidade (alta, média e baixa). Que concepção de pesquisa você adotaria e que análise realizaria para determinar os efeitos desses fatores sobre a preferência por *jeans*?

Como gerente de marketing da Levi's, de que informações você precisaria para formular estratégias objetivando aumentar a participação de mercado?

Análise de covariância

Ao examinar as diferenças nos valores médios da variável dependente que estão relacionadas com o efeito das variáveis independentes controladas, muitas vezes é necessário levar em conta a influência das variáveis não controladas. Por exemplo:

- Para determinar como as intenções do cliente de adquirir determinada marca variam com os diferentes níveis de preço, a atitute em relação à marca talvez tenha de ser levada em conta.
- Para determinar como diferentes grupos, expostos a diferentes anúncios, avaliam determinada marca, talvez seja necessário controlar o conhecimento prévio.
- Para determinar como diferentes níveis de preço afetam o consumo de cereais em uma residência, talvez seja necessário levar em conta o tamanho da residência.

Em casos como esses, deve-se utilizar a análise de covariância, que inclui ao menos uma variável independente categórica e ao menos uma variável independente intervalar ou métrica. A variável categórica independente é chamada de *fator*, e a variável métrica independente é chamada de *covariável*. A finalidade mais comum da covariável é remover variações estranhas da variável dependente, porque os efeitos dos fatores têm mais importância. Remove-se a variação da variável dependente devido às covariáveis mediante um ajuste do valor médio da variável dependente dentro de cada condição de tratamento. A seguir, é feita uma análise da variância dos valores ajustados.[12] Testa-se não apenas a significância do efeito combinado das covariáveis como também o efeito de cada covariável mediante a aplicação de testes F adequados. Os coeficientes das covariáveis proporcionam uma visão do efeito que as covariáveis exercem sobre a variável dependente. A maior utilidade da análise de covariância ocorre quando a covariável está relacionada linearmente com a variável dependente e não está relacionada com os fatores.[13]

Utilizamos uma vez mais os dados da Tabela 16.2 para ilustrar a análise de covariância. Suponha que queiramos determinar o efeito que a promoção na loja e os cupons têm sobre as vendas, controlando ao mesmo tempo a afluência da clientela. Acredita-se que a afluência da clientela pode também ter efeito sobre as vendas na loja de departamentos. A variável dependente consiste nas vendas na loja. Como anteriormente, a promoção tem três níveis e o cupom tem dois. A afluência da clientela medida em uma escala intervalar serve como covariável. A Tabela 16.6 mostra os resultados. Como se pode ver, a soma de quadrados atribuível à covariável é muito pequena (0,838) com 1 grau de liberdade, resultando em um valor idêntico para o quadrado médio. O valor F associado é 0,838/0,972 = 0,862, com 1 e 23 graus de liberdade, que não é significativo ao nível de 0,05. Assim, a conclusão é que a afluência da clientela não tem efeito sobre as vendas da loja de departamentos. Se o efeito da covariável for significativo, o sinal do coeficiente bruto pode ser usado para interpretar o efeito sobre a variável dependente.

Questões na interpretação

Questões importantes envolvidas na interpretação dos resultados de ANOVA incluem interações, importância relativa de fatores e comparações múltiplas.

Interações

A Figura 16.3 mostra as diferentes interações que podem surgir ao fazer ANOVA sobre dois ou mais fatores. Um resultado é que a ANOVA pode indicar que não há interações (os efeitos da interação não são significativos). A outra possibilidade é que a interação seja significativa. Ocorre um *efeito de interação* quando o efeito de uma variável independente sobre uma variável dependente é diferente para diferentes categorias ou níveis de outra variável independente. A interação pode ser ordinal ou não ordinal. Na **interação ordinal**, a ordem de classificação dos efeitos relacionados com um fator não varia ao longo dos níveis do segundo fator. A inte-

FIGURA 16.3 Uma classificação dos efeitos de interação.

TABELA 16.6
Análise de covariância

Fontes de variação	Soma de quadrados	gl	Quadrado médio	F	Significância de F
Covariáveis					
Afluência da clientela	0,838	1	0,838	0,862	0,363
Efeitos principais					
Promoção	106,067	2	53,033	54,546	0,000
Cupom	53,333	1	53,333	54,855	0,000
Combinada	159,400	3	53,133	54,649	0,000
Interação de dois fatores					
Promoção × cupom	3,267	2	1,633	1,680	0,208
Modelo	163,505	6	27,251	28,028	0,000
Resíduo (erro)	22,362	23	0,972		
TOTAL	185,867	29	6,409		
Covariável	Coeficiente bruto				
Afluência da clientela	– 0,078				

ração não ordinal, por outro lado, envolve uma variação na ordem dos efeitos de um fator ao longo dos níveis de outro fator. A interação não ordinal pode ser do tipo não cruzada ou cruzada.[14]

interação ordinal
Interação em que a ordem de classificação dos efeitos atribuíveis a um fator não se modifica ao longo dos níveis do segundo fator.

interação não ordinal
Modificação na ordem dos efeitos de um fator ao longo dos níveis de outro fator.

Esses casos de interação constam na Figura 16.4, que supõe que haja dois fatores, X_1 com três níveis (X_{11}, X_{12} e X_{13}) e X_2 com dois níveis (X_{21} e X_{22}). O caso 1 não acusa interação. Os efeitos de X_1 sobre Y são paralelos sobre os dois níveis de X_2. Há um certo desvio do paralelismo que, entretanto, não vai além do que se poderia esperar como consequência do acaso. O paralelismo implica que o efeito líquido de X_{22} sobre X_{21} é o mesmo ao longo dos três níveis de X_1. Na ausência de interação, o efeito conjunto de X_1 e X_2 é simplesmente a soma de seus efeitos principais individuais.

O caso 2 ilustra uma interação ordinal. Os segmentos retilíneos que representam os efeitos de X_1 e X_2 não são paralelos. A diferença entre X_{22} e X_{21} aumenta à medida que nos deslocamos de X_{11} para X_{12} e de X_{12} para X_{13}, mas a ordem de classificação dos efeitos de X_1 é a mesma sobre os dois níveis de X_2. Essa ordem de classificação, em disposição crescente, é X_{11}, X_{12}, X_{13}, e permanece a mesma para X_{21} e X_{22}.

O caso 3 mostra uma interação não ordinal do tipo não cruzada. O mais baixo efeito de X_1 ao nível X_{21} ocorre em X_{11}, e a ordem de classificação dos efeitos é X_{11}, X_{12} e X_{13}. Todavia, ao nível X_{22}, o mais baixo efeito de X_1 ocorre em X_{12}, e a ordem de classificação se modifica para X_{12}, X_{11}, X_{13}. Como está em jogo uma mudança da ordem de classificação, a interação não ordinal é mais forte do que a ordinal.

Em interações não ordinais de tipo cruzada, os segmentos se cortam, conforme mostra o caso 4 (Figura 16.4). Nesse caso, o efeito relativo dos níveis de um fator varia com os níveis do outro. Observe que X_{22} tem maior efeito do que X_{21} quando os níveis de X_1 são X_{11} e X_{12}. Quando o nível de X_1 é X_{13}, a situação se inverte e X_{21} tem maior efeito do que X_{22}. (Observe que nos casos 1, 2 e 3, X_{22} tinha maior impacto do que X_{21} ao longo dos três níveis de X_1). Logo, as interações não ordinais do tipo cruzada representam as interações mais fortes.[15]

Importância relativa dos fatores

Os planejamentos experimentais em geral são balanceados, no sentido de que as células contêm cada uma o mesmo número de respondentes. Isso resulta em um *design* ortogonal no qual há fatores não correlacionados. Logo, é possível determinar sem ambiguidade a importância relativa de cada fator na explicação da variação da variável dependente. A medida mais comumente usada em ANOVA é **ômega ao quadrado** (ω^2), que indica que proporção da variação na variável dependente se relaciona com uma determinada variável independente ou fator. A contribuição relativa de um fator X é calculada assim:[16]

$$\omega_x^2 = \frac{SQ_x - (\mathrm{gl}_x \times QM_{erro})}{SQ_{total} + QM_{erro}}$$

ômega ao quadrado (ω^2)
Medida que indica a proporção da variação na variável dependente explicada por uma determinada variável independente ou fator.

Normalmente, ω^2 é interpretado somente para efeitos estatisticamente significativos.[17] Na Tabela 16.5, o valor de ω^2 associado ao nível de promoção na loja é calculado assim:

$$\omega_p^2 = \frac{106{,}067 - (2 \times 0{,}967)}{185{,}867 + 0{,}967}$$
$$= \frac{104{,}133}{186{,}834}$$
$$= 0{,}557$$

Na Tabela 16.5, observe que

$SQ_{total} = 106{,}067 + 53{,}333 + 3{,}267 + 23{,}2$
$= 185{,}867$

Da mesma forma, o valor ω^2 associado ao cupom é

$$\omega_c^2 = \frac{53{,}333 - (1 \times 0{,}967)}{185{,}867 + 0{,}967}$$
$$= \frac{52{,}366}{186{,}834}$$
$$= 0{,}280$$

Como orientação para interpretar ω^2, tem-se que um grande efeito experimental produz um ω^2 de 0,15 ou mais, um efeito médio produz um índice de cerca de 0,06 e um

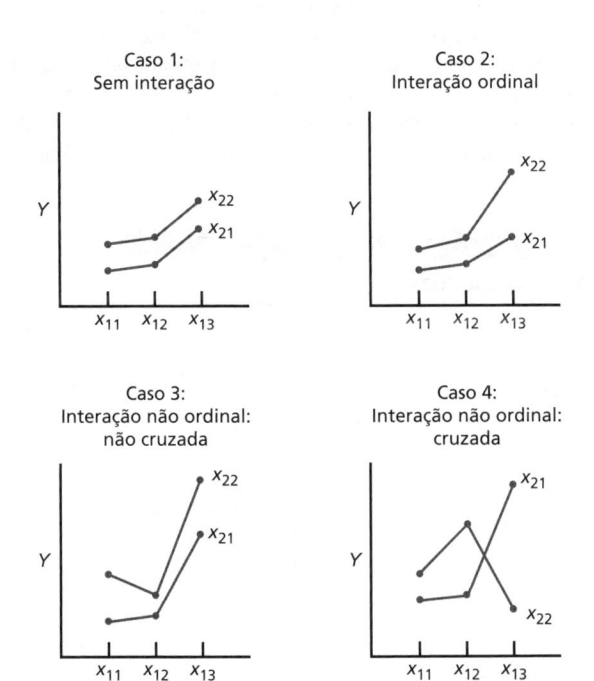

FIGURA 16.4 Padrões de interação.

efeito pequeno produz um índice de 0,01.[18] Na Tabela 16.5, embora os efeitos da promoção e do cupom sejam grandes, o efeito da promoção é muito maior. Portanto, a promoção na loja será mais eficaz no aumento das vendas do que o uso de cupons.

Comparações múltiplas

O teste F da ANOVA examina apenas a diferença global nas médias. Se a hipótese nula de médias iguais for rejeitada, podemos apenas concluir que nem todas as médias de grupos são iguais. Entretanto, apenas algumas médias podem ser estatisticamente diferentes, e talvez estejamos interessados em examinar diferenças entre médias específicas. Isso é feito especificando-se **contrastes** apropriados ou comparações usadas para determinar quais das médias são estatisticamente diferentes. Os contrastes podem ser *a priori* ou *a posteriori*. Os **contrastes a priori** são determinados antes de se proceder à análise, com base na estrutura teórica do pesquisador. Em geral, os contrastes *a priori* são usados em vez do teste F de ANOVA. Os contrastes selecionados são ortogonais (são independentes em sentido estatístico).

contrastes
Em ANOVA, método para examinar diferenças entre duas ou mais médias dos grupos de tratamento.

contrastes *a priori*
Contrastes determinados antes de se fazer a análise, baseados na estrutura teórica do pesquisador.

Os **contrastes a posteriori** são feitos após a análise e, em geral, são **testes de comparação múltipla**, que permitem ao pesquisador construir intervalos de confiança generalizados usados para fazer comparações pareadas de todas as médias de tratamentos. Esses testes, relacionados em ordem decrescente de poder, incluem o teste da diferença mínima significativa, o teste do intervalo múltiplo de Duncan, o teste de Student-Newman-Keuls, o processo alternado de Tukey, a diferença honestamente significativa, o teste modificado da diferença mínima significativa e o teste de Scheffé. Desses testes, o da diferença mínima significativa é o mais potente, e o teste de Scheffé é o mais conservador. Para mais detalhes sobre contrastes *a priori* e *a posteriori*, o leitor deve consultar a literatura especializada.[19]

contrastes *a posteriori*
Contrastes feitos após a análise. São em geral testes de comparação múltipla.

teste de comparação múltipla
Contrastes *a posteriori* que permitem ao pesquisador construir intervalos de confiança generalizados para fazer comparações pareadas de todas as médias de tratamentos.

Até este ponto, supomos que cada indivíduo esteja exposto a apenas um tratamento ou condição experimental. Às vezes, entretanto, eles estão expostos a mais de uma condição experimental; nesse caso, deve-se utilizar ANOVA com medidas repetidas.

ANOVA com medidas repetidas

Em pesquisa de marketing, geralmente existem grandes diferenças na formação e nas características individuais dos entrevistados. Se essa fonte de variabilidade for separada dos efeitos de tratamento (efeitos da variável independente) e do erro experimental, pode-se reforçar a sensibilidade do experimento. Uma forma de controlar as diferenças entre indivíduos consiste em observar cada um deles sob cada condição experimental (ver Tabela 16.7). Nesse sentido, cada indivíduo serve como seu próprio controle. Por exemplo, em uma pesquisa para determinar diferenças nas avaliações de várias companhias aéreas, cada entrevistado avalia todas as principais companhias aéreas concorrentes. Como se obtêm medidas repetidas de cada entrevistado, o planejamento do experimento é chamado de planejamento dentre os indivíduos, ou **análise de variância com medidas repetidas**. Isso difere da suposição feita anteriormente, de que cada indivíduo entrevistado esteja exposto a apenas uma condição de tratamento, o que é chamado de *planejamento entre indivíduos*.[20] A análi-

TABELA 16.7
Decomposição da variação total: ANOVA com medidas repetidas

	Indivíduo Nº	Variável independente X Categorias				Amostra total	
Variação entre indivíduos $= SQ_{entre\ indivíduos}$	1	X_1	X_2	X_3	...	X_c	
	2	Y_{11}	Y_{12}	Y_{13}		Y_{1c}	Y_1
		Y_{22}	Y_{22}	Y_{23}		Y_{2c}	Y_2	Variação total $= SQ_y$
		•				•	
		•				•	
		•				•	
Média da categoria	n	$\underline{Y_{n1}}$	$\underline{Y_{n2}}$	$\underline{Y_{n3}}$		$\underline{Y_{nc}}$	$\underline{Y_N}$
		Y_1	Y_2	Y_3		Y_c	Y
		Variação dentre indivíduos $= SQ_{dentre\ indivíduos}$					

se de variância de medidas repetidas pode ser encarada como uma extensão do teste t de amostras pareadas no caso de mais de duas amostras relacionadas.

análise de variância com medidas repetidas
Técnica de ANOVA utilizada quando os entrevistados estão expostos a mais de uma condição de tratamento e se obtêm medidas repetidas.

No caso de um fator único com medidas repetidas, a variação total, com $nc - 1$ graus de liberdade, pode ser decomposta em variação entre os indivíduos e variação dentre os indivíduos.

$$SQ_{total} = SQ_{entre\ indivíduos} + SQ_{dentre\ indivíduos}$$

A variação entre os indivíduos, que está relacionada com as diferenças entre as médias dos indivíduos, tem $n - 1$ graus de liberdade. A variação dentre os indivíduos tem $n(c - 1)$ graus de liberdade. Por sua vez, a variação dentre os indivíduos pode ser dividida em duas fontes diferentes de variação. Uma fonte está relacionada com as diferenças entre médias de tratamento, e a segunda consiste no resíduo ou variação decorrentes do erro. Os graus de liberdade correspondentes à variação de tratamento são $c - 1$ e os correspondentes à variação residual são $(n - 1)(c - 1)$. Assim,

$$SQ_{dentre\ indivíduos} = SQ_x + SQ_{erro}$$

Pode-se agora construir na forma usual um teste da hipótese nula de médias iguais:

$$F = \frac{SQ_x / (c-1)}{SQ_{erro} / (n-1)(c-1)} = \frac{QM_x}{QM_{erro}}$$

Até aqui admitimos que a variável dependente seja medida em uma escala intervalar ou razão. Se, entretanto, a variável dependente for não métrica, deve-se utilizar um procedimento diferente.

Análise de variância não métrica

A **análise de variância não métrica** estuda a diferença nas tendências centrais de mais de dois grupos quando a variável dependente é medida em escala ordinal. Um desses procedimentos é o **teste da mediana de k amostras**. Como seu nome implica, trata-se de uma extensão do teste da mediana para dois grupos, estudado no Capítulo 15. A hipótese nula é que as medianas das k populações são iguais. O teste envolve o cálculo de uma mediana comum das k amostras. Gera-se então uma tabela $2 \times k$ de frequências em células baseadas em casos acima ou abaixo da mediana comum. Calcula-se uma estatística qui-quadrado, cuja significância implica a rejeição da hipótese nula.

análise de variância não métrica
Técnica de ANOVA para examinar a diferença nas tendências centrais de mais de dois grupos quando a variável dependente é medida em escala ordinal.

teste da mediana de k amostras
Teste não métrico usado para examinar diferenças entre mais de dois grupos quando a variável dependente é medida em escala ordinal.

Um teste mais potente é a **análise de variância de um fator de Kruskal-Wallis**. Extensão do teste de Mann-Whitney (Capítulo 15), esse teste examina também a diferença entre medianas. A hipótese nula é a mesma que no teste da mediana de k amostras, mas o procedimento de teste é diferente. Todos os casos dos k grupos são dispostos segundo uma ordenação única. Se as k populações forem idênticas, os grupos devem ser semelhantes em termos de classificações dentro de cada grupo. Calcula-se a soma de classificações para cada grupo e, a partir daí, obtém-se a estatística H de Kruskal-Wallis, que tem distribuição qui-quadrado.

análise de variância de um fator de Kruskal-Wallis
Teste não métrico de ANOVA que utiliza o valor do posto de cada caso, e não apenas sua posição em relação à mediana.

O teste de Kruskal-Wallis é mais potente que o teste da mediana de k amostras porque utiliza o valor das classificações de cada caso, e não apenas sua posição em relação à mediana. Todavia, se há muitos empates nos dados, o teste da mediana de k amostras pode ser uma escolha melhor.[21]

Para mais de duas amostras relacionadas, como em medições repetidas e dados tratados como não paramétricos, o procedimento de Friedman pode ser usado. A análise da variância não métrica não é popular na pesquisa de marketing. Outro procedimento, também raramente utilizado, é a análise da variância multivariada.

Análise de variância multivariada

A **análise de variância multivariada (MANOVA)** é semelhante à análise de variância (ANOVA), exceto pelo fato de haver duas ou mais variáveis dependentes métricas, e não apenas uma. O objetivo é o mesmo, pois a MANOVA também examina diferenças entre grupos. Enquanto a ANOVA examina diferenças de grupos para uma única variável dependente, a MANOVA estuda diferenças de grupo simultaneamente para múltiplas variáveis dependentes. Na ANOVA, a hipótese nula é que as médias da variável dependente são iguais entre os grupos. Na MANOVA, a hipótese nula é que o vetor de médias sobre variáveis dependentes múltiplas é o mesmo entre grupos. A análise de variância multivariada é apropriada quando há duas ou mais variáveis dependentes correlacionadas. Se houver múltiplas variáveis dependentes não correlacionadas ou ortogonais, a ANOVA aplicada a cada uma das variáveis dependentes é mais apropriada do que a MANOVA.[22]

análise de variância multivariada (MANOVA)
Técnica de ANOVA que utiliza duas ou mais variáveis métricas dependentes.

A título de exemplo, suponhamos que quatro grupos, cada um consistindo em 100 indivíduos selecionados aleatoriamente, assistam a quatro comerciais diferentes sobre o detergente Tide. Após ver o comercial, cada grupo avalia a preferência pelo produto Tide, a preferência pela Procter & Gamble (a companhia que fabrica o Tide) e a preferência pelo comercial em si. Como essas três variáveis de preferência estão correlacionadas, deve-se fazer uma análise multivariada de variância para determinar qual o comercial mais eficaz (produz a maior preferência nas três variáveis de preferência). O próximo exemplo ilustra a aplicação de ANOVA e MANOVA em pesquisa de marketing internacional e o exemplo seguinte mostra uma aplicação dessas técnicas ao problema da ética na pesquisa de marketing.

Pesquisa real

A generalização internacional das práticas antiéticas de pesquisa

Em 2018, a mídia de massa continuava a centrar mais sua atenção nas práticas antiéticas altamente visíveis da pesquisa de marketing, o que representa uma séria ameaça aos profissionais desse ramo. Um estudo examinou o sentimento dos profissionais de marketing sobre a generalização de práticas antiéticas nessa área. A amostra incluiu profissionais de marketing da Austrália, do Canadá, da Grã-Bretanha e dos EUA.

As avaliações dos entrevistados foram analisadas com auxílio de programas de computador para ANOVA e MANOVA. O país do entrevistado compreendia a variável previsora na análise, e 15 avaliações de generalização serviram como variáveis de critério. Os valores F das análises ANOVA indicaram que apenas duas das 15 avaliações de generalização acusaram significância ($p < 0,05$ ou maior). Além disso, o valor F MANOVA não se revelou estatisticamente significativo, implicando ausência de diferenças globais nas avaliações de generalização entre os respondentes dos quatro países. Concluiu-se, assim, que os profissionais de marketing nos quatro países apresentam percepções similares da existência de práticas antiéticas de pesquisa. Essa constatação não constitui surpresa, em virtude de evidências registradas em pesquisas de que as organizações nos quatro países refletem culturas corporativas semelhantes. Logo, o setor de pesquisa de marketing nesses quatro países deveria adotar uma plataforma comum para combater práticas antiéticas.[23] ■

Pesquisa real

MANOVA mostra que o homem é diferente da mulher

Para investigar diferenças entre julgamentos de homens e de mulheres sobre ética de pesquisa, utilizaram-se as técnicas estatísticas de MANOVA e ANOVA. Solicitou-se aos entrevistados que indicassem seu grau de aprovação em relação a uma série de cenários envolvendo decisões de natureza ética. Essas avaliações serviram como variável dependente na análise, enquanto o gênero do entrevistado foi a variável independente. Aplicou-se MANOVA para a análise multivariada, e seu valor F resultante foi significativo ao nível $p < 0,001$ - o que indica que existe uma diferença "global" entre homens e mulheres quanto aos julgamentos sobre ética em pesquisa. A análise univariada foi feita via ANOVA e os valores F indicaram três itens como os que mais contribuíram para a diferença global entre os sexos quanto às avaliações éticas: o uso de tinta ultravioleta para pré-codificar um questionário por via postal, um anúncio que induz o consumidor ao uso incorreto de um produto e a má vontade do pesquisador em oferecer auxílio aos dados a um grupo de consultoria dentro da cidade. Outro estudo recente examinou como as crenças éticas estão relacionadas com a idade e o gênero dos profissionais executivos. Os resultados desse estudo indicaram que, em termos gerais, profissionais de negócios mais jovens do sexo feminino demonstraram um alto nível de crenças éticas comparado com os homens. Entretanto, no grupo de mais idade, os resultados mostraram que os homens tinham um nível um pouco mais elevado de crenças éticas. Assim, as empresas devem enfatizar valores éticos e treinamento aos profissionais mais jovens, particularmente aos do sexo masculino.[24] ■

Software estatístico

Os principais pacotes de computador (SPSS e SAS) dispõem de programas para fazer análise de variância e de covariância para as versões de microcomputador e *mainframe*. Além da análise básica que pretendemos, esses programas também podem fazer análises mais complexas. O MINITAB e o EXCEL também oferecem alguns programas. O Quadro 16.1 contém uma descrição dos principais programas. Para mais detalhes sobre esses pacotes, consulte o manual do usuário. Abordamos com mais detalhes o uso do SPSS e do SAS.

Vídeos demonstrativos computadorizados de SPSS e SAS

Desenvolvemos vídeos de demonstração computadorizados que dão instruções passo a passo para executar todos os programas SPSS e SAS Enterprise Guide discutidos neste capítulo. Essas demonstrações estão disponíveis para *download* no *site* deste livro. As instruções para executar as demonstrações são dadas no Quadro 14.2.

Cópias de telas dos programas SPSS e SAS com notas

As instruções passo a passo para executar todos os programas SPSS e SAS Enterprise Guide discutidos neste capítulo também são ilustradas em cópias de telas dos programas com as devidas notas. As cópias das telas podem ser baixadas do *site* do livro.

SPSS Windows

SPSS Arquivo de Dados

A ANOVA de um fator pode ser realizada com o programa COMPARE MEANS e, a seguir, com ONE-WAY ANOVA. Para selecionar esse procedimento usando o SPSS para Windows, clique em:

Analyze>Compare Means>One-Way ANOVA...

QUADRO 16.1 Programas MINITAB e EXCEL para ANOVA e ANCOVA

MINITAB
Análises de variância e covariância podem ser acessadas a partir da função Stats>ANOVA. Esta função realiza ANOVA de um fator, ANOVA de dois fatores, análise de médias, ANOVA balanceada, análise de covariância, modelo linear geral, gráfico de efeitos principais, gráfico de interações e gráfico de resíduos. Para calcular média e desvio-padrão, deve-se usar a função CROSSTAB. Valores de F e p são obtidos com ANOVA balanceada.

EXCEL
Tanto a ANOVA de um fator quanto a de dois fatores podem ser feitas com a função DATA>DATA ANALYSIS. A ANOVA de dois fatores oferece uma análise de dois fatores com replicação e uma de dois fatores sem replicação. A de dois fatores com replicação inclui mais de uma amostra para cada grupo de dados, enquanto a de dois fatores sem replicação não inclui mais de uma amostra por grupo.

A seguir, apresentamos os passos detalhados para a execução de ANOVA de um fator com os dados da Tabela 16.2. A hipótese nula é a de que não há diferença nas vendas normalizadas médias para os três níveis de promoção na loja.

1. Selecione ANALYZE na barra de menu SPSS.
2. Clique em COMPARE MEANS e, depois, em ONE-WAY ANOVA.
3. Coloque Sales [sales] na caixa DEPENDENT LIST.
4. Coloque In-Store Promotion [promotion] na caixa FACTOR.
5. Clique em OPTIONS.
6. Clique em DESCRIPTIVE.
7. Clique em CONTINUE.
8. Clique em OK.

Análise de variância n fatores, análise de covariância, MANOVA e ANOVA com medidas repetidas podem ser feitas usando o GENERAL LINEAR MODEL. Para selecionar esse procedimento com o SPSS para Windows, clique em:

Analyze>General Linear Model>Univariate ...

Analyze>General Linear Model>Multivariate ...

Analyze>General Linear Model>Repeated Measures ...

Mostramos os passos detalhados para realizar a análise de covariância dada na Tabela 16.6.

1. Selecione ANALYZE na barra de menu SPSS.
2. Clique em GENERAL LINEAR MODEL e, depois, em UNIVARIATE.
3. Coloque Sales [sales] na caixa DEPENDENT VARIABLE.
4. Coloque In-Store Promotion [promotion] na caixa FIXED FACTOR(S). A seguir, coloque Coupon [coupon] na caixa FIXED FACTOR(S).
5. Coloque Clientel [clientel] na caixa COVARIATE(S).
6. Clique em OK.

Para análise de variância não métrica, incluindo o teste de mediana de k amostras e a análise de variância de um fator de Kruskal-Wallis, deve-se usar o programa Nonparametric Tests.

Analyze>Nonparametric Tests> Legacy Dialogs>K Independent Samples>Kruskal-Wallis H ...

Analyze>Nonparametric Tests> Legacy Dialogs>K Independent Samples>Median ...

Analyze>Nonparametric Tests> Legacy Dialogs>2 Related Samples>Friedman ...

Os passos detalhados para os outros procedimentos são semelhantes aos apresentados e não serão dados aqui por questões de espaço.

SAS Enterprise Guide

SAS Arquivo de Dados

A tarefa ANOVA no SAS Enterprise Guide oferece análise de variância de um fator, análise de variância de um fator não paramétrica e modelos lineares e mistos.

A ANOVA de um fator pode ser realizada de forma eficiente utilizando ANOVA de um fator na tarefa ANOVA. Para selecionar esta tarefa, clique em:

Analyze > ANOVA > One-Way ANOVA

A seguir, apresentamos os passos detalhados para a realização de ANOVA de um fator com os dados da Tabela 16.2. A hipótese nula é a de que não há diferença nas vendas normalizadas médias para os três níveis de promoção na loja.

1. Abra o SAS Table_16_2 usando o SAS Enterprise Guide.
2. Selecione ANALYZE na barra de menu.
3. Clique em ANOVA e, em seguida, em One-Way ANOVA.
4. Mova Sales para a função de tarefa DEPENDENT variable.

5. Mova Promotion para a função de tarefa INDEPENDENT variable.
6. Clique em RUN.

Análise de variância de *n* fatores, análise de covariância, MANOVA e ANOVA com medidas repetidas podem ser realizadas utilizando a tarefa Linear Models:

Analyze > ANOVA > Linear Models

Para executar a análise de covariância dada em SAS Enterprise Guide usando os dados da Tabela 16.2:

1. Abra o SAS Table_16_2 usando o SAS Enterprise Guide.
2. Selecione ANALYZE na barra de menu.
3. Clique em ANOVA e então em Linear Models.
4. Mova Sales para a função de tarefa DEPENDENT variable.
5. Mova Promotion e Coupon para a função de tarefa QUANTITATIVE variables.
6. Mova Clientel para a função de tarefa CLASSIFICATION variable.
7. Clique em Model na caixa à esquerda.
8. Selecione Promotion e Coupon e clique em Main.
9. Selecione Promotion e Coupon e clique em Cross.
10. Clique em RUN.

Para análise de variância não métrica, incluindo o teste da mediana de *k* amostras e análise de variância de um fator de Kruskal-Wallis, deve-se usar a tarefa Nonparametric One-Way ANOVA.

Analyze > ANOVA > Nonparametric One-Way ANOVA

Projeto de pesquisa

Projeto de fidelização da loja de departamentos

Análise de variância

No projeto de fidelização da loja de departamentos, diversas variáveis independentes foram examinadas como variáveis categóricas contendo mais de duas categorias. Por exemplo, a familiaridade com a loja de departamentos considerada foi especificada novamente como alta, moderada ou baixa. Os efeitos dessas variáveis independentes sobre as variáveis dependentes métricas foram examinados utilizando procedimentos de análise de variância. Várias informações úteis foram obtidas, orientando as análises subsequentes e a interpretação dos dados. Por exemplo, uma nova especificação de três categorias de familiaridade produziu resultados que não foram significativos, ao passo que o tratamento da familiaridade como uma variável binária (alta ou baixa) produziu resultados significativos. Isso, junto com a distribuição de frequência, indicou que o tratamento da familiaridade como se esta tivesse apenas duas categorias era mais apropriado.

Atividades de projeto

Baixe o arquivo de dados do SPSS *Wall-Mart Data 14*, ou o arquivo SAS correspondente, do *site* deste livro. Veja o Capítulo 14 para obter uma descrição do arquivo.

1. Realize ANOVAs de um fator separadas para determinar quais variáveis demográficas recodificadas explicam o escore total de familiaridade. ■

Caso HP

Revise o caso HP, Caso 1.1, e o questionário apresentado no final do livro. Baixe o arquivo de dados do caso HP do *site* deste livro.

1. Os três grupos sensíveis ao preço com base em q9_5per, conforme o Capítulo 14, são diferentes em termos de avaliações da HP (q8_1 a q8_13)? Interprete os resultados.
2. Os três grupos sensíveis ao preço com base em q9_10per, conforme o Capítulo 14, são diferentes em termos de avaliações da HP (q8_1 a q8_13)? Interprete os resultados.
3. Os grupos demográficos, conforme recodificados no Capítulo 14 (q11, q12, q13), e q14 diferem em termos de satisfação geral com os computadores HP (q4)? Interprete os resultados.
4. Os grupos demográficos, conforme recodificados no Capítulo 14 (q11, q12, q13), e q14 diferem em termos de probabilidade de recomendação dos computadores HP (q5)? Interprete os resultados.
5. Os grupos demográficos, conforme recodificados no Capítulo 14 (q11, q12, q13), e q14 diferem em termos de probabilidade de escolha dos computadores HP (q6)? Interprete os resultados.

Resumo

Em ANOVA e ANCOVA, a variável dependente é métrica e as variáveis independentes são todas categóricas, ou combinações de variáveis categóricas e métricas. A ANOVA de um fator envolve uma única variável categórica independente. O interesse reside em testar a hipótese nula de que as médias das categorias são iguais na população. A variação total na variável dependente divide-se em dois componentes: variação relativa à variável independente e variação relativa ao erro. A variação é medida em termos da soma de quadrados corrigida para a média (SQ). Obtém-se o quadrado médio dividindo SQ pelo número correspondente de graus de liberdade (gl). A hipótese nula, de igualdade das médias, é testada por uma estatística F, que é a razão do quadrado médio relativo à variável independente para o quadrado médio relativo ao erro.

A análise de variância de n fatores envolve o exame simultâneo de duas ou mais variáveis independentes categóricas. Uma vantagem disso é que se pode examinar as interações entre as variáveis independentes. A significância do efeito global, os termos de interação e os efeitos principais de fatores individuais são estudados por testes F apropriados. Só tem sentido testar a significância dos efeitos principais se os termos de interação correspondentes não forem significativos.

A ANCOVA inclui ao menos uma variável independente categórica e ao menos uma variável independente métrica ou intervalar.

A variável independente métrica, ou covariável, é utilizada em geral para remover variações estranhas da variável dependente.

Quando se faz a análise da variância sobre dois ou mais fatores, podem surgir interações. Ocorre uma interação quando o efeito de uma variável independente sobre uma variável dependente difere em função das categorias ou níveis de outra variável independente. Se a interação for significativa, ela pode ser ordinal ou não ordinal. A interação não ordinal pode ser do tipo não cruzada ou cruzada. Em planejamentos balanceados, a importância relativa de fatores na explicação da variação na variável dependente é medida por ômega ao quadrado (ω^2). Podem ser utilizadas comparações múltiplas sob a forma de contrastes *a priori* ou *a posteriori* para examinar diferenças entre médias específicas.

Na análise de variância com medidas repetidas, obtêm-se as observações sobre cada indivíduo sob cada condição de tratamento. Esse planejamento serve para controlar diferenças em indivíduos existentes antes do experimento. A análise de variância não métrica envolve o exame das diferenças nas tendências centrais de dois ou mais grupos, quando a variável dependente é medida em escala ordinal. A análise de variância multivariada (MANOVA) envolve duas ou mais variáveis dependentes métricas.

Palavras-chave e conceitos fundamentais

análise de variância (ANOVA), 429
fatores, 429
tratamento, 429
análise de variância de um fator, 429
análise de variância de n fatores, 429
análise de covariância (ANCOVA), 429
covariável, 429
eta^2 (η^2), 430
estatística F, 430
quadrado médio, 430
SQ_{entre} (SQ_x), 430
SQ_{dentro} (SQ_{erro}), 430

SQ_y, 430
decomposição da variação total, 431
interação, 436
múltiplo η^2, 436
significância do efeito global, 436
significância do efeito de interação, 437
significância do efeito principal, 437
interação ordinal, 441
interação não ordinal, 441
ômega ao quadrado (ω^2), 441
contrastes, 442
contrastes *a priori*, 442

contrastes *a posteriori*, 442
teste de comparação múltipla, 442
análise de variância com medidas repetidas, 443
análise de variância não métrica, 443
teste da mediana de k amostras, 443
análise de variância de um fator de Kruskal-Wallis, 443
análise de variância multivariada (MANOVA), 443

Casos relacionados

Os casos listados a seguir são discutidos no final do livro.

1.1 HP Inc.

3.1 AT&T   **3.2** IBM   **3.3** Kimberly-Clark

4.1 JPMorgan Chase   **4.2** Wendy's

Pesquisa ao vivo: realização de um projeto de pesquisa de marketing

1. As diferenças entre grupos são de interesse na maior parte dos projetos. No caso de dois grupos, elas podem ser examinadas usando testes t de amostras independentes para dois grupos ou ANOVA de um fator para mais de dois grupos.

Exercícios

Perguntas

1. Discuta as semelhanças e as diferenças entre análise de variância e análise de covariância.
2. Qual é a relação entre a análise de variância e o teste t?
3. O que é variação total? Como ela é decomposta na análise da variância de um fator?
4. Qual é a hipótese nula na ANOVA de um fator? Qual é a estatística básica usada para testar a hipótese nula na ANOVA de um fator? Como se calcula essa estatística?
5. Qual é a distinção entre análise de variância de n fatores e o procedimento de um fator?
6. Como se decompõe a variação total na análise de variância de n fatores?
7. Qual é o uso mais comum da covariável em ANCOVA?
8. Defina interação.
9. Qual é a diferença entre interação ordinal e não ordinal?
10. Como se mede a importância relativa de fatores em um planejamento balanceado?
11. O que é contraste *a priori*?
12. Qual é o teste mais poderoso para fazer contrastes *a posteriori*? Qual é o teste mais conservador?
13. O que significa ANOVA com medidas repetidas? Descreva a decomposição da variação na ANOVA com medidas repetidas.
14. Quais são as diferenças entre análise de variância métrica e não métrica?
15. Descreva dois testes usados para examinar diferenças de tendências centrais na ANOVA não métrica.
16. O que é análise de variância multivariada? Quando é adequada?

Problemas

1. Depois de receber reclamações dos leitores, a direção do jornal do seu *campus* decide modificar sua primeira página. Elaboraram-se e testaram-se dois novos formatos, B e C, em contraposição com o atual formato A. Selecionaram-se aleatoriamente 75 estudantes, atribuindo 25 a cada uma dessas três condições de formato. Foi solicitado aos estudantes que avaliassem a eficácia do formato em uma escala de 11 pontos (1 = fraco, 11 = excelente).
   a. Formule a hipótese nula.
   b. Que teste estatístico deve ser utilizado?
   c. Qual é o número de graus de liberdade associado à estatística de teste?
2. Um pesquisador de marketing pretende testar a hipótese de que, na população, não há diferença na importância atribuída às compras por consumidores do norte, do sul, do leste e do oeste dos EUA. É feito um estudo utilizando a análise de variância para analisar os dados. A tabela a seguir apresenta os resultados obtidos.
   a. Há evidências suficientes para rejeitar a hipótese nula?
   b. Que conclusão podemos tirar da tabela?
   c. Se calcularmos a importância média para cada grupo, podemos esperar que as médias amostrais sejam semelhantes ou diferentes?
   d. Qual é o tamanho total da amostra neste estudo?

Fonte	gl	Soma de quadrados	Quadrados médios	Razão F	Probabilidade F
Entre grupos	3	70,212	23,404	1,12	0,3
Dentro de grupos	996	20.82,416	20,896		

3. Em um estudo-piloto para examinar a eficácia de três comerciais (A, B e C), selecionaram-se 10 consumidores para assistir a cada comercial e avaliá-lo segundo uma escala Likert de nove pontos. A tabela mostra os dados obtidos dos 30 respondentes.

Comercial			Comercial		
A	B	C	A	B	C
4	7	8	4	6	7
5	4	7	4	5	8
3	6	7	3	5	8
4	5	6	5	4	5
3	4	8	5	4	6

a. Calcule as médias das categorias e a média global.
b. Calcule SQ_y, SQ_x e SQ_{erro}.
c. Calcule η^2.
d. Calcule o valor de F.
e. Os três comerciais são igualmente eficazes?

4. Realizou-se um experimento para testar os efeitos da embalagem e da disposição nas prateleiras sobre a probabilidade de compra do cereal Special K. Tanto a embalagem como a disposição nas prateleiras variaram em dois níveis cada, resultando em um desenho 2 × 2. A probabilidade de compra foi avaliada em uma escala de sete pontos. Os resultados aparecem parcialmente na tabela a seguir.

Fonte de variação	Soma de quadrados	gl	Quadrado médio F	Significância de F	ω^2
Embalagem	68,76	1			
Disposição na prateleira	320,19	1			
Interação de dois fatores	55,05	1			
Erro residual	176,00	40			

a. Complete a tabela calculando o quadrado médio, F, a significância de F e os valores ω^2.
b. Como devem ser interpretados os efeitos principais?

Exercícios para Internet e computador

1. Analise os dados sobre a Nike dados no exercício para Internet e computador 1 do Capítulo 15. O arquivo de dados e a descrição das variáveis-chave podem ser baixados do *site* deste livro. Os três grupos de uso diferem em termos de consciência, atitude, preferência, intenção e lealdade à marca quando essas variáveis são analisadas individualmente, isto é, uma por vez?

2. Realize as seguintes análises para os dados sobre estilo de vida fora de casa dados no exercício para Internet e computador 2 no Capítulo 15. O arquivo de dados e a descrição das variáveis-chave podem ser baixados do *site* deste livro.
   a. Os três grupos baseados no local da residência diferem em sua preferência por um estilo de vida fora de casa?
   b. Os três grupos baseados no local da residência diferem em termos da importância atribuída a desfrutar da natureza?
   c. Os três grupos baseados no local de residência diferem em termos da importância atribuída a viver em harmonia com o meio ambiente?
   d. Os três grupos baseados no local de residência diferem em termos da importância atribuída a se exercitar regularmente?

3. Em um experimento projetado para medir o efeito do gênero e da frequência de viagens nas preferências para viagens para o exterior, foi adotado um planejamento entre indivíduos 2 (gênero) × 3 (frequência de viagem). Foram atribuídos cinco entrevistados a cada célula para um tamanho amostral total de 30. A preferência por viagens ao exterior foi medida em uma escala de nove pontos (1 = sem preferência, 9 = forte preferência). O gênero foi codificado como masculino = 1 e feminino = 2. A frequência de viagem foi codificada como pequena = 1, média = 2 e grande = 3. Os dados obtidos estão na tabela ao lado.
   Com o *software* de sua escolha, realize as seguintes análises:
   a. Homens e mulheres diferem em sua preferência por viagens ao exterior?
   b. Os viajantes de pequena, média e grande frequência diferem em sua preferência por viagens ao exterior?
   c. Realize uma análise de variância 2 × 3 sendo a preferência por viagens ao exterior a variável dependente e o gênero e a frequência de viagem as variáveis independentes ou fatores. Interprete os resultados.

Número	Gênero	Grupo de viagem	Preferência
1	1	1	2
2	1	1	3
3	1	1	4
4	1	1	4
5	1	1	2
6	1	2	4
7	1	2	5
8	1	2	5
9	1	2	3
10	1	2	3
11	1	3	8
12	1	3	9
13	1	3	8
14	1	3	7
15	1	3	7
16	2	1	6
17	2	1	7
18	2	1	6
19	2	1	5
20	2	1	7
21	2	2	3
22	2	2	4
23	2	2	5
24	2	2	4
25	2	2	5
26	2	3	6
27	2	3	6
28	2	3	6
29	2	3	7
30	2	3	8

4. Usando um pacote de *software* adequado à sua escolha (SPSS, SAS, MINITAB ou EXCEL), analise os dados coletados na tarefa referente ao trabalho de campo 1. O jornal do *campus* deveria alterar o formato da primeira página? Qual é sua conclusão?

Atividades

Dramatização

1. Você foi contratado como analista de pesquisa de marketing de uma grande empresa nacional de marketing do consumidor. Seu chefe, o diretor de projetos, não conhece muito a fundo os métodos estatísticos e quer saber por que é necessário fazer uma ANOVA de um fator quando uma série de testes *t* pode ser suficiente. Convença seu chefe (um colega de turma) dos méritos de se realizar uma ANOVA de um fator.

Trabalho de campo

1. Faça contato com o jornal de seu *campus*. Colete dados para o experimento descrito no Problema 1. Como isso é trabalho demais para um só aluno, este projeto pode ser abordado em equipes de três pessoas.

Discussão em grupo

1. Qual procedimento é mais útil na pesquisa de marketing: a análise de variância ou a análise de covariância? Discuta em um pequeno grupo.

CAPÍTULO 17
Correlação e Regressão

> *" A correlação é uma maneira simples, mas poderosa, de olhar para a relação linear entre duas variáveis métricas. É um grande primeiro passo para determinar o que impulsiona uma variável dependente. Construa sua regressão múltipla utilizando altos correlatos e elimine os verdadeiros preditores do incidental. Inclua os resultados da correlação em sua apresentação de resultados; eles são mais facilmente entendidos por não pesquisadores. "*

Ginny Kevorkian, gerente sênior de pesquisa de mercado, Emory Healthcare

Objetivos

Após a leitura deste capítulo, o aluno conseguirá:

1. Discutir os conceitos de correlação momento-produto, correlação parcial e correlação de partes e mostrar como elas fornecem uma base para a análise de regressão.
2. Explicar a natureza e os métodos da análise de regressão bivariada e descrever o modelo geral, a estimação de parâmetros, o coeficiente de regressão padronizado, o teste de significância, a precisão da predição, a análise residual e o modelo de validação cruzada.
3. Explicar a natureza e os métodos da análise de regressão múltipla e o significado dos coeficientes de regressão parcial.
4. Descrever as técnicas especializadas utilizadas na análise de regressão múltipla, particularmente a regressão passo a passo, a regressão com variáveis *dummy* e a análise de variância e covariância com regressão.
5. Discutir a correlação não métrica e as medidas como o Rô de Spearman e o Tau de Kendall.
6. Explicar o papel do *software* na realização de correlação e regressão usando SPSS e SAS.

Aspectos gerais

No Capítulo 16, estudamos a relação entre o teste *t*, a análise de variância e de covariância e a regressão. Neste capítulo, abordamos a análise de regressão, muito utilizada para explicar variações na participação de mercado, na preferência por determinada marca, nas vendas e em outros resultados em termos de variáveis de gerência de marketing, como propaganda, preço, distribuição e qualidade do produto. Todavia, antes de entrar no estudo da regressão, descrevemos os conceitos de correlação momento-produto e coeficiente de correlação parcial, que constituem o fundamento conceitual para a análise de regressão.

Ao introduzir a análise de regressão, abordamos em primeiro lugar o caso bivariado simples. Estudamos a estimação, a padronização dos coeficientes de regressão e o teste e exame da intensidade e significância da associação entre variáveis, precisão de uma predição e os pressupostos fundamentais de um modelo de regressão. Em seguida, discutimos o modelo de regressão múltipla, enfatizando a interpretação de parâmetros, a intensidade de associação, os testes de significância e o exame de resíduos.

Passamos, também, a abordar tópicos de especial interesse na análise de regressão, como regressão passo a passo, multicolinearidade, importância relativa de variáveis previsoras e validação cruzada. Descrevemos a regressão com variáveis *dummy* e a utilização desse processo para fazer análise de variância e de covariância.

Finalmente discutimos o uso de *software* na correlação e na análise de regressão. Fornecemos ajuda para utilizar os programas SPSS e SAS Enterprise Guide neste capítulo de quatro maneiras: (1) instruções passo a passo no final do capítulo, (2) vídeos ilustrativos com demonstrações computadorizadas disponíveis no *site* do livro e (3) cópias das telas dos programas com notas ilustrando essas instruções passo a passo.

Pesquisa real

A regressão indica o caminho certo para a Avon

A Avon Products, Inc. (www.avon.com) estava tendo problemas sérios com sua equipe de vendas. A companhia, que dependia de vendedores, estava enfrentando uma escassez destes, sem grande esperança de contar com novos elementos. Elaboraram-se, então, modelos de regressão que operavam em microcomputadores para revelar as possíveis variáveis que estavam gerando essa situação. Os modelos revelaram que a variável mais significativa era o nível da taxa que os vendedores deviam pagar pelos diversos materiais e, em segundo lugar, estava o programa de benefícios aos funcionários. Com dados que respaldavam sua decisão, a companhia baixou a taxa. A empresa também contratou uma gerente sênior para melhorar a forma como a Avon informava novas contratações em seu programa de benefícios para os funcionários. O pacote de informações sobre o programa de benefícios da Avon foi reformulado o que rendeu um "Guia para Seus Benefícios Pessoais" informativo e fácil de ler. Essas alterações resultaram em uma melhora no recrutamento e na retenção dos representantes de vendas. Em 1º de março de 2016, a Avon se dividiu em duas empresas: a Avon Products, Inc., uma empresa de capital aberto que opera em aproximadamente 70 países do mundo, e a New Avon LLC, uma empresa de capital fechado de propriedade da Cerberus Capital Management, LP, que opera nos Estados Unidos, em Porto Rico e no Canadá.[1] ∎

Pesquisa real

Revolução no varejo

Muitos especialistas em vendas a varejo acreditam que as compras eletrônicas serão a próxima revolução do comércio varejista. Enquanto muitos varejistas tradicionais experimentaram um brando crescimento de apenas um dígito nas vendas, os registros de vendas *on-line* nem figuravam nos gráficos. Em 2017, o *e-commerce* foi o mercado varejista de crescimento mais rápido na Europa e na América do Norte. Um projeto de pesquisa para investigar essa tendência procurou correlativos das preferências dos consumidores pelos serviços de compras eletrônicas. Procurou-se a explicação para as preferências dos consumidores em variáveis psicográficas, demográficas e comunicacionais sugeridas na literatura.

Utilizou-se a regressão múltipla para analisar os dados. O modelo de regressão múltipla global foi significativo ao nível de 0,05. Testes *t* univariados apontaram como significativas no modelo as seguintes variáveis, ao nível de 0,05 ou mais: orientação de preço, gênero, idade, profissão, etnia e educação. Nenhuma das três variáveis de comunicação (veículos de comunicação de massa, recomendação de outras pessoas e publicidade) acusou relação significativa com a preferência do consumidor, a variável dependente.

Os resultados sugerem que o sistema eletrônico de compras é preferido por mulheres brancas mais velhas, mais instruídas, que ocupam cargos de supervisão ou de nível elevado e que pesquisam preços ao fazerem suas compras. Informações desse tipo são valiosas para associar o esforço de marketing aos compradores eletrônicos.[2] ■

Esses exemplos ilustram algumas aplicações da análise de regressão para determinar quais variáveis independentes explicam uma variação significativa na variável dependente de interesse, a estrutura e a forma da relação, sua intensidade e os valores previstos da variável dependente. É fundamental para a análise de regressão entendermos o conceito de correlação momento-produto.

Correlação momento-produto

Em pesquisa de marketing, frequentemente nosso interesse maior está em apurar a intensidade da associação entre duas variáveis métricas, como nas seguintes situações:

- Até que ponto as vendas estão relacionadas com as despesas de propaganda?
- Há alguma associação entre a participação de mercado e o tamanho da equipe de vendas?
- A conscientização dos consumidores quanto a qualidade está relacionada com sua conscientização quanto a preços?

Em situações como essas, a **correlação momento-produto**, *r*, é a estatística mais usada; ela resume a intensidade de associação entre duas variáveis métricas (intervalares ou razão), digamos X e Y. É um índice que serve para determinar se existe uma relação linear entre X e Y e indica o grau em que a variação de uma variável X está relacionada com a variação de outra variável Y. Como foi proposto inicialmente por Karl Pearson, é também conhecido como *coeficiente de correlação de Pearson*. Também é conhecido como *correlação simples*, *correlação bivariada* ou *simplesmente coeficiente de correlação*. Para uma amostra de *n* observações, X e Y, calcula-se como segue a correlação momento-produto *r*:

$$r = \frac{\sum_{i=1}^{n}(X_i - \bar{X})(Y_i - \bar{Y})}{\sqrt{\sum_{i=1}^{n}(X_i - \bar{X})^2 \sum_{i=1}^{n}(Y_i - \bar{Y})^2}}$$

correlação momento-produto (*r*)
Estatística que resume a força de associação entre duas variáveis métricas.

Dividindo-se o numerador e o denominador por $(n - 1)$, obtemos:

$$r = \frac{\sum_{i=1}^{n}\frac{(X_i - \bar{X})(Y_i - \bar{Y})}{n-1}}{\sqrt{\sum_{i=1}^{n}\frac{(X_i - \bar{X})^2}{n-1} \sum_{i=1}^{n}\frac{(Y_i - \bar{Y})^2}{n-1}}}$$

$$= \frac{COV_{xy}}{s_x s_y}$$

Nessas equações, $\bar{X}$ e $\bar{Y}$ denotam as médias amostrais e s_x e s_y são os desvios-padrão. COV_{xy}, a **covariância** entre X e Y, mede o grau de relacionamento de X e Y. A covariância pode ser tanto positiva quanto negativa. Com a divisão por $s_x s_y$, obtém-se a padronização, de modo que *r* varia entre $-1,0$ e $+1,0$. Portanto, a correlação é um caso especial de covariância e é obtida quando os dados são padronizados. Observe que o coeficiente de correlação é um número absoluto e não é expresso em qualquer unidade de medida. O coeficiente de correlação entre duas variáveis será o mesmo, independentemente das suas unidades básicas de medida.

covariância
Relação sistemática entre duas variáveis em que uma modificação em uma delas acarreta uma modificação correspondente na outra (COV_{xy}).

A título de exemplo, suponhamos que um pesquisador deseje explicar atitudes em relação à cidade de residência de um respondente em termos do tempo de residência ali. A atitude é medida em uma escala de 11 pontos (1 = não gosta da cidade, 11= adora a cidade), e o tempo de residência é dado pelo número de anos durante os quais o entrevistado mora na cidade. Em um teste preliminar com 12 entrevistados, obtiveram-se os dados da Tabela 17.1. Para propósitos ilustrativos, consideramos poucas observações para que seja possível calcular à mão. Na prática, as análises de correlação e regressão são feitas com amostras muito maiores, como

TABELA 17.1
Explicando a atitude em relação à cidade de residência

SPSS Arquivo de Saída
SAS Arquivo de Saída

Número do entrevistado	Atitude em relação à cidade	Tempo de residência	Importância atribuída ao clima
1	6	10	3
2	9	12	11
3	8	12	4
4	3	4	1
5	10	12	11
6	4	6	1
7	5	8	7
8	2	2	4
9	11	18	8
10	9	9	10
11	10	17	8
12	2	2	5

no caso HP e em outros casos com dados reais apresentados neste livro.

O coeficiente de correlação pode ser calculado da seguinte forma:

$$\bar{X} = \frac{(10 + 12 + 12 + 4 + 12 + 6 + 8 + 2 + 18 + 9 + 17 + 2)}{12}$$
$$= 9,333$$

$$\bar{Y} = \frac{(6 + 9 + 8 + 3 + 10 + 4 + 5 + 2 + 11 + 9 + 10 + 2)}{12}$$
$$= 6,583$$

$$\sum_{i=1}^{n}(X_i - \bar{X})(Y_i - \bar{Y}) = (10 - 9,33)(6 - 6,58) + (12 - 9,33)$$
$$(9 - 6,58) + (12 - 9,33)(8 - 6,58)$$
$$+ (4 - 9,33)(3 - 6,58) + (12 - 9,33)$$
$$(10 - 6,58) + (6 - 9,33)(4 - 6,58)$$
$$+ (8 - 9,33)(5 - 6,58) + (2 - 9,33)$$
$$(2 - 6,58) + (18 - 9,33)(11 - 6,58)$$
$$+ (9 - 9,33)(9 - 6,58) + (17 - 9,33)$$
$$(10 - 6,58) + (2 - 9,33)(2 - 6,58)$$
$$= -0,3886 + 6,4614 + 3,7914 + 19,0814$$
$$+ 9,1314 + 8,5914 + 2,1014 + 33,5714$$
$$+ 38,3214 - 0,7986 + 26,2314$$
$$+ 33,5714$$
$$= 179,6668$$

$$\sum_{i=1}^{n}(X_i - \bar{X})^2 = (10 - 9,33)^2 + (12 - 9,33)^2 + (12 - 9,33)^2$$
$$+ (4 - 9,33)^2 + (12 - 9,33)^2 + (6 - 9,33)^2$$
$$+ (8 - 9,33)^2 + (2 - 9,33)^2 + (18 - 9,33)^2$$
$$+ (9 - 9,33)^2 + (17 - 9,33)^2 + (2 - 9,33)^2$$
$$= 0,4489 + 7,1289 + 7,1289 + 28,4089$$
$$+ 7,1289 + 11,0889 + 1,7689 + 53,7289$$
$$+ 75,1689 + 0,1089 + 58,8289 + 53,7289$$
$$= 304,6668$$

$$\sum_{i=1}^{n}(Y_i - \bar{Y})^2 = (6 - 6,58)^2 + (9 - 6,58)^2 + (8 - 6,58)^2$$
$$+ (3 - 6,58)^2 + (10 - 6,58)^2 + (4 - 6,58)^2$$
$$+ (5 - 6,58)^2 + (2 - 6,58)^2 + (11 - 6,58)^2$$
$$+ (9 - 6,58)^2 + (10 - 6,58)^2 + (2 - 6,58)^2$$
$$= 0,3364 + 5,8564 + 2,0164 + 12,8164$$
$$+ 11,6964 + 6,6564 + 2,4964 + 20,9764$$
$$+ 19,5364 + 5,8564 + 11,6964 + 20,9764$$
$$= 120,9168$$

Assim,

$$r = \frac{179,6668}{\sqrt{(304,6668)(120,9168)}}$$
$$= 0,9361$$

Nesse exemplo, $r = 0,9361$, um valor próximo de 1,0. Isso significa que o tempo de residência do entrevistado na cidade está fortemente associado à sua atitude em relação à cidade. Além disso, o sinal positivo de r implica uma relação positiva; quanto maior o tempo de residência, mais favorável a atitude em relação à cidade, e vice-versa.

Como r indica o grau de relacionamento da variação em uma variável com a variação em outra, pode ser expresso também em termos da decomposição da variação total (ver Capítulo 16). Em outras palavras,

$$r^2 = \frac{\text{variância explicada}}{\text{variância total}}$$
$$= \frac{SQ_x}{SQ_y}$$
$$= \frac{\text{variância total} - \text{variância de erro}}{\text{variância total}}$$
$$= \frac{SQ_y - SQ_{erro}}{SQ_y}$$

Logo, r^2 mede a proporção da variação em uma variável, que é explicada pela outra. Tanto r como r^2 são medidas simétricas de associação. Em outras palavras, a correlação de X com Y é a mesma que a correlação de Y com X. Não importa qual variável é considerada dependente e qual é considerada independente. O coeficiente momento-produto mede a intensidade da relação linear e não serve para medir relações não lineares. Assim, $r = 0$ simplesmente indica que não há relação linear entre X e Y. Nada impede que haja uma relação não linear entre elas, que não seria detectada por r (ver Figura 17.1).

Quando calculada para uma população, e não para uma amostra, a correlação momento-produto se denota por ρ, a letra grega rô. O coeficiente r é uma estimativa de ρ. Observe que o cálculo de r supõe que X e Y sejam variáveis métricas cujas distribuições têm a mesma forma. Se essas suposições não forem satisfeitas, r é deflacionado e subestima ρ. Em pesquisa de marketing, os dados obtidos com o uso de escalas com pequeno número de categorias podem não ser estritamente intervalares. Isso tende a deflacionar r, o que resulta em uma subestimação de ρ.[3]

Pode-se testar convenientemente a significância estatística da relação entre duas variáveis medidas com aplicação de r. As hipóteses são:

$$H_0: \rho = 0$$
$$H_1: \rho \neq 0$$

A estatística de teste é:

$$t = r\left[\frac{n-2}{1-r^2}\right]^{1/2}$$

que tem distribuição t com $n - 2$ graus de liberdade.[4] Para o coeficiente de correlação calculado com base nos dados da Tabela 17.1,

$$t = 0{,}9361\left[\frac{12-2}{1-(0{,}9361)^2}\right]^{1/2}$$
$$= 8{,}414$$

com $12 - 2 = 10$ graus de liberdade. Pela tabela da distribuição t (Tabela 4 do Apêndice Estatístico), o valor crítico de t para um teste bicaudal e $\alpha = 0{,}05$ é $2{,}228$. Logo, rejeitamos a hipótese nula de não haver relação entre X e Y. Isso, junto com o sinal positivo de r, indica que a atitude em relação à cidade está relacionada positivamente com o tempo de residência nela. Além disso, o elevado valor de r indica que essa relação é forte. Se essa fosse uma amostra grande e representativa, a implicação seria que os gerentes, as autoridades municipais e os políticos que desejam alcançar as pessoas com atitudes favoráveis à cidade deveriam ter como alvo os que residem há mais tempo na cidade.

Ao fazer a análise multivariada de dados, em geral convém examinar a correlação simples entre cada par de variáveis. Esses resultados são apresentados na forma de uma matriz de correlação, que indica o coeficiente de correlação entre cada par de variáveis. Em geral, só é considerada a parte triangular inferior da matriz. Os elementos da diagonal são todos iguais a 1,00, pois uma variável se correlaciona perfeitamente consigo mesma. A parte triangular superior da matriz é uma imagem idêntica da inferior, porque r é uma medida simétrica de associação. A forma de uma matriz de correlação para cinco variáveis, V_1 a V_5, é apresentada a seguir

	V_1	V_2	V_3	V_4	V_5
V_1					
V_2	0,5				
V_3	0,3	0,4			
V_4	0,1	0,3	0,6		
V_5	0,2	0,5	0,3	0,7	

Embora uma matriz de correlações simples permita visualizar associações pareadas, por vezes os pesquisadores desejam examinar a associação entre duas variáveis após controlar uma ou mais dentre outras variáveis. Nesse caso, a correlação parcial deve ser estimada.

Correlação parcial

Enquanto a correlação momento-produto ou correlação simples é uma medida da associação linear entre duas variáveis, um **coeficiente de correlação parcial** mede a associação entre duas variáveis após controlar ou ajustar os efeitos de uma ou mais variáveis adicionais. Essa estatística serve para responder às seguintes perguntas:

---
coeficiente de correlação parcial
Medida da associação entre duas variáveis após controlar ou ajustar os efeitos de uma ou mais variáveis adicionais.

- Qual é a intensidade da relação das vendas com as despesas de propaganda quando o efeito do preço é controlado?
- Existe uma associação entre a participação de mercado e o tamanho da equipe de vendas após ajustar o efeito da promoção de vendas?
- A conscientização do consumidor quanto à qualidade está relacionada com sua conscientização quanto aos preços, quando o efeito da imagem da marca é controlado?

Nessas situações, suponha que queiramos calcular a associação entre X e Y após controlar uma terceira variável, Z. Conceitualmente, em primeiro lugar removeríamos de X o efeito de Z. Para tanto, prognosticaríamos os valores de X

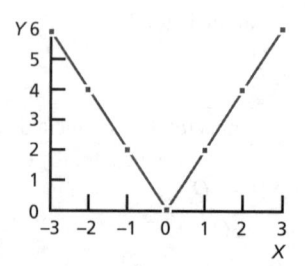

FIGURA 17.1 Relação não linear para a qual $r = 0$.

baseados no conhecimento de Z, utilizando a correlação momento-produto entre X e Z, r_{xz}. Subtrai-se, então, o valor previsto de X do valor real de X para construir um valor ajustado de X. De maneira semelhante, ajustam-se os valores de Y para remover os efeitos de Z. A correlação momento-produto entre os valores ajustados de X e os valores ajustados de Y é o coeficiente de correlação parcial entre X e Y após controlado o efeito de Z, e se denota por $r_{xy.z}$. Estatisticamente, como a correlação simples entre duas variáveis descreve de maneira completa a relação linear entre elas, pode-se calcular o coeficiente de correlação parcial apenas com auxílio das correlações simples, sem lançar mão de observações individuais.

$$r_{xy.z} = \frac{r_{xy} - (r_{xz})(r_{yz})}{\sqrt{1 - r_{xz}^2}\sqrt{1 - r_{yz}^2}}$$

Prosseguindo com nosso exemplo, suponha que o pesquisador quisesse calcular a associação entre a atitude em relação à cidade, Y, e o tempo de residência na cidade, X_1, após controlar uma terceira variável – a importância atribuída ao clima, X_2. Esses dados são apresentados na Tabela 17.1. As correlações simples entre as variáveis são:

$$r_{yx_1} = 0{,}9361 \quad r_{yx_2} = 0{,}7334 \quad r_{x_1x_2} = 0{,}5495$$

Pode-se então calcular a correlação parcial desejada:

$$r_{yx_1.x_2} = \frac{0{,}9361 - (0{,}5495)(0{,}7334)}{\sqrt{1 - (0{,}5495)^2}\sqrt{1 - (0{,}7334)^2}}$$
$$= 0{,}9386$$

Como se pode ver, o controle do efeito da importância atribuída ao clima não teve grande efeito sobre a associação entre a atitude em relação à cidade e o tempo de residência nela. Assim, independentemente da importância que eles atribuem ao clima, aqueles que residem na cidade há mais tempo têm atitudes mais favoráveis em relação à cidade e vice-versa.

Há uma *ordem* associada às correlações parciais. A ordem indica quantas variáveis estão sendo controladas ou ajustadas. O coeficiente de correlação simples, r, tem ordem zero, pois não controla quaisquer variáveis adicionais ao medir a associação entre duas variáveis. O coeficiente $r_{xy.z}$ é um coeficiente de correlação parcial de primeira ordem, pois controla o efeito de uma variável adicional, Z. Um coeficiente de correlação parcial de segunda ordem controla os efeitos de duas variáveis, um coeficiente de correlação parcial de terceira ordem controla os efeitos de três variáveis, etc. Calculam-se de modo análogo as correlações parciais de ordem mais elevada. Pode-se calcular o coeficiente parcial de $(n + 1)$-ésima ordem substituindo os coeficientes de correlação simples do lado direito da equação precedente pelos coeficientes parciais de n-ésima ordem.

As correlações parciais ajudam a detectar relações espúrias (ver Capítulo 15). A relação entre X e Y é espúria se for decorrente exclusivamente do fato de X ser associado a Z, que é, de fato, o previsor verdadeiro de Y. Nesse caso, a correlação entre X e Y desaparece quando o efeito de Z é controlado. Consideremos o caso em que o consumo de determinado cereal (C) está associado positivamente à renda (I), com $r_{ci} = 0{,}28$. Como essa marca de cereal tem um preço acessível, a renda não deve ser um fator significativo. Por isso, o pesquisador suspeitou que tal relação fosse espúria. Os resultados amostrais também indicam que a renda está associada positivamente ao tamanho da residência (H), $r_{hi} = 0{,}48$, e que o tamanho da residência está associado ao consumo do cereal, $r_{ch} = 0{,}56$. Essas cifras parecem indicar que o previsor real do consumo do cereal não é a renda, e sim o tamanho da residência. Para testar essa suposição, calcula-se a correlação parcial de primeira ordem entre consumo do cereal e renda, controlando-se o efeito do tamanho da residência. O leitor pode verificar que essa correlação parcial, $r_{ci.h}$, é 0,02, e que a correlação inicial entre consumo do cereal e renda desaparece quando o tamanho da residência é controlado. Portanto, a correlação entre renda e consumo do cereal é espúria. O caso especial em que uma correlação parcial é maior do que sua respectiva correlação de ordem zero envolve um efeito supressor (ver Capítulo 15).[5]

Outro coeficiente de correlação de interesse é o **coeficiente de correlação de partes**, que representa a correlação entre Y e X quando os efeitos lineares das outras variáveis independentes foram removidos de X, mas não de Y. O coeficiente de correlação de partes, $r_{y(x.z)}$, é calculado como segue:

$$r_{y(x.z)} = \frac{r_{xy} - r_{xz}r_{yz}}{\sqrt{1 - r_{xz}^2}}$$

coeficiente de correlação de partes
Medida da correlação entre X e Y quando os efeitos lineares das outras variáveis independentes foram removidos de X (mas não de Y).

A correlação de partes entre a atitude em relação à cidade e o tempo de residência nela, após removidos do tempo de residência os efeitos da importância atribuída ao clima, calcula-se como

$$r_{y(x_1.x_2)} = \frac{0{,}9361 - (0{,}5495)(0{,}7334)}{\sqrt{1 - (0{,}5495)^2}}$$
$$= 0{,}63806$$

Pesquisa real

Vendendo anúncios para compradores a domicílio

A propaganda desempenha um papel de grande importância na formação de atitudes/preferências por marcas de produtos. Com frequência, os anunciantes usam celebridades como porta-vozes, pois constituem fontes fidedignas que influenciam as atitudes dos consumidores e suas intenções de compra. Outro tipo de credibilidade é a corporativa, que também pode influenciar as reações dos consumidores à propaganda e moldar suas atitudes frente à marca. De modo geral, constatou-se que, para produtos de baixo envolvimento, a atitude em relação à propaganda é um mediador das cognições sobre a marca (crenças sobre a marca) e da atitude em relação a ela. O que acontece com o efeito dessa variável mediadora quando os produtos são comprados mediante uma rede de fornecimento em domicílio? A Home Shopping Budapest, da Hungria, realizou uma pesquisa para avaliar o impacto dos anúncios sobre as compras. Nessa pesquisa, foram feitas várias medições, como atitude em relação ao produto, atitude em relação à marca, atitude em relação às características do anúncio, cognições sobre a marca, etc. Admitiu-se que, na rede de fornecimento em domicílio, os anúncios determinam em grande parte a atitude em relação à marca. A fim de identificar o grau de associação da atitude para com o anúncio, tanto com a atitude em relação à marca como com as cognições desta, pôde-se calcular um coeficiente de correlação parcial. Essa correlação parcial seria calculada entre a atitude em relação à marca e as cognições desta após controlar os efeitos, sobre as duas variáveis, da atitude em relação à propaganda. Se a atitude em relação à propaganda for significativamente elevada, então o coeficiente de correlação parcial deve ser significativamente menor do que a correlação momento-produto entre cognições sobre a marca e atitude em relação a ela. A pesquisa realizada apoiou essa hipótese. Então, a Saatchi & Saatchi (www.saatchi.com) planejou os anúncios para a Home Shopping Budapest para gerar uma atitude positiva sobre a propaganda, e isso veio a constituir uma potente arma de concorrência para a rede.[6] ■

O coeficiente de correlação parcial geralmente é considerado mais importante do que o coeficiente de correlação de partes porque pode ser usado para determinar efeitos supressores e espúrios. A correlação momento-produto, a correlação parcial e o coeficiente de correlação de partes supõem que os dados sejam escalonados de forma intervalar ou razão. Se os dados não verificarem essas condições, o pesquisador deve apelar para a correlação não métrica.

Correlação não métrica

Eventualmente, o pesquisador pode ter de calcular o coeficiente de correlação entre duas variáveis não métricas. É preciso ter em mente que as variáveis não métricas não dispõem de propriedades de escalonamento intervalar ou razão e não supõem uma distribuição normal. Se as variáveis não métricas forem ordinais e numéricas, o rô de Spearman, ρ_s, e o tau de Kendall, τ, são duas medidas de **correlação não métrica** que podem servir para determinar a correlação entre as variáveis. Essas duas medidas utilizam classificações em vez dos valores absolutos das variáveis, e os conceitos básicos que as fundamentam são bastante semelhantes. Ambas variam de –1,0 a +1,0 (ver Capítulo 15).

correlação não métrica
Medida de correlação para duas variáveis não métricas, que se baseia em classificações para calcular a correlação.

Na ausência de empates, o ρ_s de Spearman dá a melhor aproximação do coeficiente de correlação momento-produto de Pearson, ρ, que o τ de Kendall. Nesses casos, o valor absoluto de τ tende a ser menor do que o ρ de Pearson. Por outro lado, quando os dados apresentam grande número de empates, o τ de Kendall se afigura mais apropriado. Uma regra empírica é que se deve preferir o τ de Kendall quando muitos casos se enquadrarem em um número relativamente pequeno de categorias (levando, assim, a inúmeros empates). Reciprocamente, o ρ_s de Spearman é preferível quando há relativamente muitas categorias (e, consequentemente, menos empates).[7]

A correlação momento-produto, assim como os coeficientes de correlação parcial e correlação de partes, constituem um fundamento conceitual para a análise de regressão bivariada e também para a múltipla.

Análise de regressão

A **análise de regressão** é um procedimento poderoso e flexível para a análise de relações associativas entre uma variável dependente métrica e uma ou mais variáveis independentes; ela pode ser utilizada para:

1. Determinar se as variáveis independentes explicam uma variação significativa na variável dependente: se existe uma relação.
2. Determinar quanto da variação na variável dependente pode ser explicado pelas variáveis independentes: intensidade da relação.
3. Determinar a estrutura ou a forma da relação: a equação matemática que relaciona as variáveis independentes e dependentes.
4. Predizer os valores da variável dependente.
5. Controlar outras variáveis independentes quando da avaliação das contribuições de uma variável ou conjunto de variáveis específicas.

análise de regressão
Procedimento estatístico para analisar relações associativas entre uma variável dependente métrica e uma ou mais variáveis independentes.

Embora as variáveis independentes possam explicar a variação na variável dependente, isso não implica necessariamente uma relação de causa e efeito. O emprego das expressões variável *dependente* ou de *critério* e variável *independente* ou *previsora* na análise de regressão decorre da relação matemática entre as variáveis. Esses termos não implicam que a variável de critério seja dependente das variáveis independentes em um sentido causal. O objetivo da análise de regressão é a natureza e o grau de associação entre variáveis e não implica nem supõe qualquer causalidade.

Regressão bivariada

A **regressão bivariada** é um procedimento de dedução de uma relação matemática, na forma de uma equação, entre uma única variável métrica dependente e uma única variável métrica independente ou previsora. Em muitos aspectos, a análise é similar à determinação da correlação simples entre duas variáveis. Todavia, como se deve deduzir uma equação, uma das variáveis deve ser identificada como dependente e a outra, como variável independente. Os exemplos dados anteriormente no contexto da correlação simples podem ser transportados para o contexto da regressão:

- A variação nas vendas pode ser explicada em termos da variação nas despesas de propaganda? Qual é a estrutura e a forma dessa relação? Ela pode ser modelada matematicamente por uma equação linear?
- A variação na participação de mercado pode ser atribuída ao tamanho da equipe de vendas?
- As percepções dos consumidores quanto à qualidade são determinadas por suas percepções quanto ao preço?

regressão bivariada
Procedimento de dedução de uma relação matemática, em forma de equação, entre uma única variável métrica dependente e uma única variável métrica independente.

Antes de abordar o processo da regressão bivariada, vamos definir algumas estatísticas importantes.

Estatísticas associadas à análise de regressão bivariada

Estão associados à análise de regressão bivariada as seguintes estatísticas e termos estatísticos:

Modelo de regressão bivariada: a equação básica de regressão é $Y_i = \beta_0 + \beta_1 X_i + e_i$, onde Y = variável dependente ou de critério, X = variável independente ou previsora, β_0 = intercepto da reta, β_1 = coeficiente angular da reta, e e_i é o termo do erro associado à i-ésima observação.

Coeficiente de determinação: a intensidade da associação é medida pelo coeficiente de determinação, r^2. Esse coeficiente varia entre 0 e 1 e significa a proporção da variação total em Y que é decorrente da variação em X.

Valor estimado ou previsto: o valor estimado ou previsto de Y_i é $\hat{Y}_i = a + bx$, onde $\hat{Y}_i$ é o valor previsto de Y_i e a e b são os estimadores de β_0 e β_1, respectivamente.

Coeficiente de regressão: o parâmetro estimado b é geralmente chamado de coeficiente de regressão não padronizado.

Diagrama de dispersão: é um gráfico dos valores de duas variáveis para todos os casos ou observações.

Erro padrão da estimativa: esta estatística, EPE, é o desvio-padrão dos valores reais de Y em relação aos valores previstos de $\hat{Y}_i$.

Erro padrão: o desvio-padrão de b, EP_b, é chamado de erro padrão.

Coeficiente de regressão padronizado: também chamado de *coeficiente beta* ou *peso beta*, é o coeficiente angular que se obtém pela regressão de Y sobre X quando os dados são padronizados.

Soma de quadrados dos erros: elevam-se ao quadrado as distâncias de todos os pontos à reta de regressão e somam-se os resultados, chegando-se à soma dos quadrados dos erros, que é uma medida do erro total, Σe_j^2.

Estatística t: estatística com $n - 2$ graus de liberdade que pode ser usada para testar a hipótese nula de que não há relação linear entre X e Y, ou seja,

$$H_0: \beta_1 = 0, \text{ onde } t = \frac{b}{EP_b}.$$

Como fazer análise de regressão bivariada

As etapas a serem desenvolvidas na análise de regressão bivariada são descritas na Figura 17.2. Suponha que o pesquisador pretenda explicar atitudes em relação à cidade de residência em termos da duração da residência (ver Tabela 17.1). Para deduzir tais relacionamentos, muitas vezes é útil examinar, em primeiro lugar, um diagrama de dispersão.

Fazer o diagrama de dispersão
↓
Formular o modelo geral
↓
Estimar os parâmetros
↓
Estimar o coeficiente de regressão padronizado
↓
Testar a significância
↓
Identificar a intensidade e a significância da associação
↓
Verificar a precisão da previsão
↓
Examinar os resíduos
↓
Fazer a validação cruzada do modelo

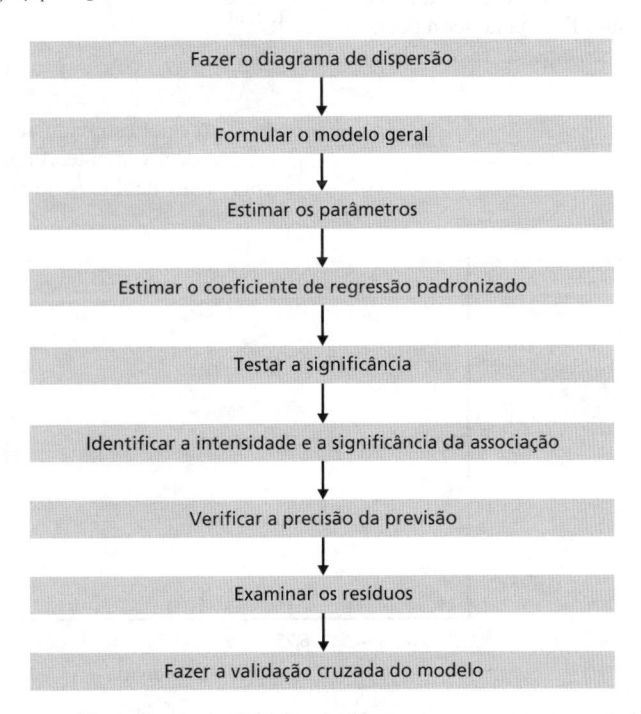

FIGURA 17.2 Como fazer uma análise de regressão bivariada.

Fazer o diagrama de dispersão

Um diagrama de dispersão é um gráfico dos valores de duas variáveis para todos os casos ou observações. É costume grafar a variável dependente no eixo vertical e a variável independente no eixo horizontal. O diagrama de dispersão serve para determinar a forma da relação entre as variáveis e pode alertar o pesquisador quanto a determinados padrões dos dados ou possíveis problemas. Quaisquer combinações incomuns das duas variáveis podem ser facilmente identificadas. A Figura 17.3 mostra um gráfico de Y (atitude em relação à cidade) comparado com X (tempo de residência). Os pontos parecem dispor-se em uma faixa que vai da esquerda inferior para a direita superior. Pode-se ver logo o padrão: à medida que uma das variáveis aumenta, a outra também aumenta. Por esse gráfico, parece que a relação entre X e Y é linear, podendo ser descrita por uma linha reta. Como determinar a reta que melhor descreve os dados?

A técnica mais comum de ajuste de uma linha reta a um diagrama de dispersão é o **procedimento dos mínimos quadrados**. Essa técnica determina a reta de melhor ajuste minimizando o quadrado das distâncias verticais de todos os pontos a partir da reta, e esse procedimento é chamado de regressão dos mínimos quadrados ordinários (MQO*). A reta de melhor ajuste é chamada de *reta de regressão*. Qualquer ponto que não esteja sobre a reta de regressão não é plenamente considerado. A distância vertical do ponto até a reta é o erro, e_j (ver Figura 17.5). Elevam-se ao quadrado as distâncias de todos os pontos até a reta e somam-se os resultados, obtendo-se a soma dos quadrados dos erros, que é a medida do total dos erros, Σe_j^2. Ao ajustar a reta, o procedimento de mínimos quadrados minimiza a soma dos quadrados dos erros. Colocando-se Y no eixo vertical e X no eixo horizontal, como na Figura 17.5, a reta de melhor ajuste é chamada de regressão de Y em função de X, pois as distâncias verticais são minimizadas. O diagrama de dispersão indica se a relação entre Y e X pode ser modelada como em uma linha reta e, consequentemente, se o modelo de regressão bivariada é apropriado.

---
* N de T.: *Ordinary least-squares* (OLS).

---

procedimento dos mínimos quadrados
Técnica de ajuste de uma linha reta a um diagrama de dispersão pela minimização do quadrado das distâncias verticais de todos os pontos a partir da reta. Tal procedimento é denominado regressão dos mínimos quadrados ordinários.

Formular o modelo de regressão bivariada

No modelo de regressão bivariada, a forma geral de uma reta é:

$$Y = \beta_0 + \beta_1 X$$

onde

Y = variável dependente ou de critério
X = variável independente ou previsora
β_0 = intercepto da reta
β_1 = coeficiente angular da reta

Este modelo implica uma relação determinística, no sentido de que Y é completamente determinado por X. O valor de Y pode ser perfeitamente previsto desde que conheçamos β_0 e β_1. Em pesquisa de marketing, entretanto, poucas relações são determinísticas. Por isso, o processo de regressão acrescenta um termo de erro para responder pela natureza probabilística ou estocástica da relação. A equação básica da regressão se escreve:

$$Y_i = \beta_0 + \beta_1 X_i + e_i$$

onde e_i é o termo de erro associado à i-ésima observação.[8] A estimação dos parâmetros de regressão, β_0 e β_1, é relativamente simples.

Estimar os parâmetros

Na maioria dos casos, β_0 e β_1 são desconhecidos e devem ser estimados com base nas observações amostrais, mediante a equação

$$\hat{Y}_i = a + bX_i$$

onde $\hat{Y}_i$ é o valor estimado, ou previsto, de Y_i, e a e b estimam β_0 e β_1, respectivamente. A constante b costuma ser chamada de coeficiente de regressão não padronizado. É o coeficiente

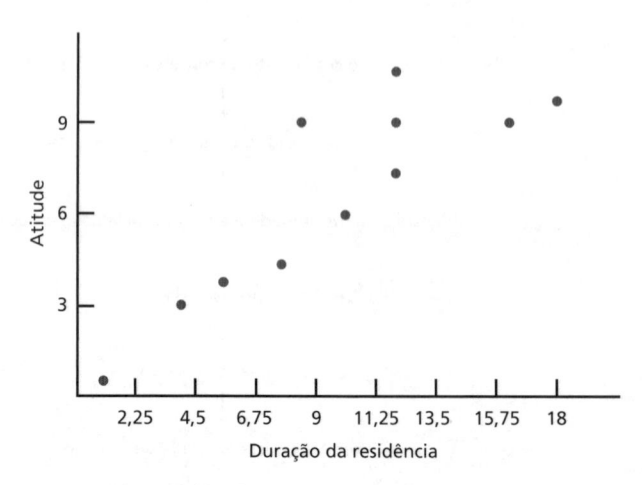

FIGURA 17.3 Gráfico da atitude *versus* tempo de residência.

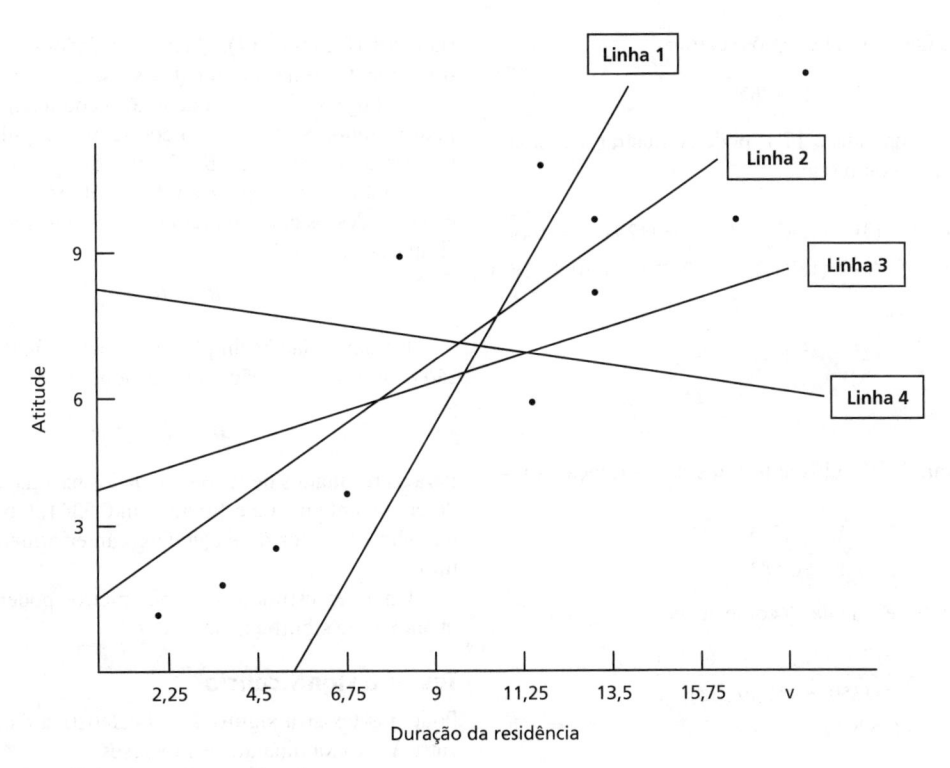

FIGURA 17.4 Que linha reta é a melhor?

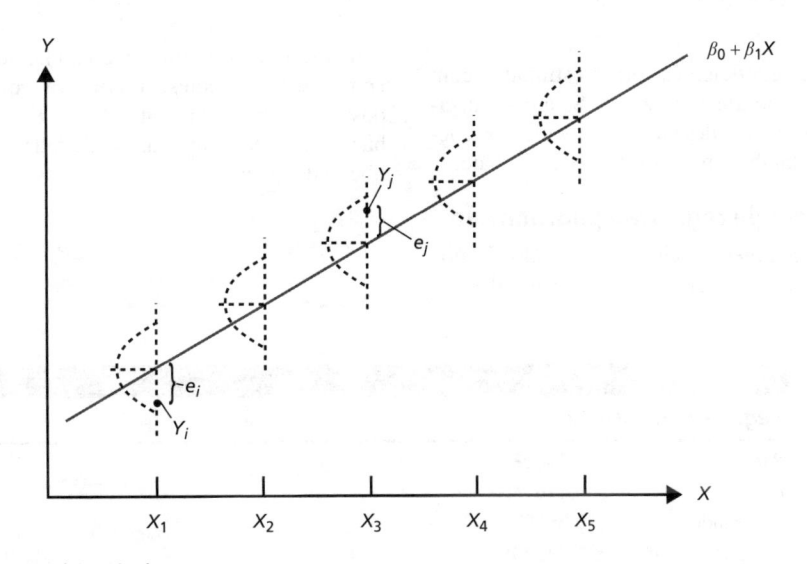

FIGURA 17.5 Regressão bivariada.

angular da reta de regressão e indica a variação esperada em Y quando X varia em uma unidade. As fórmulas para o cálculo de a e b são simples.[9] O coeficiente angular, b, pode ser calculado em termos da covariância entre X e Y (COV_{xy}) e da variância de X como:

$$b = \frac{COV_{xy}}{s_x^2}$$

$$= \frac{\sum_{i=1}^{n}(X_i - \overline{X})(Y_i - \overline{Y})}{\sum_{i=1}^{n}(X_i - \overline{X})^2}$$

$$= \frac{\sum_{i=1}^{n}X_iY_i - n\overline{X}\overline{Y}}{\sum_{i=1}^{n}X_i^2 - n\overline{X}^2}$$

Pode-se então calcular o intercepto *a* como:

$$a = \overline{Y} - b\overline{X}$$

Para os dados da Tabela 17.1, pode-se ilustrar a estimação dos parâmetros como segue:

$$\sum_{i=1}^{12} X_i Y_i = (10)(6) + (12)(9) + (12)(8) + (4)(3) + (12)(10) + (6)(4)$$
$$+ (8)(5) + (2)(2) + (18)(11) + (9)(9) + (17)(10) + (2)(2)$$
$$= 917$$

$$\sum_{i=1}^{12} X_i^2 = 10^2 + 12^2 + 12^2 + 4^2 + 12^2 + 6^2$$
$$+ 8^2 + 2^2 + 18^2 + 9^2 + 17^2 + 2^2$$
$$= 1.350$$

Convém lembrar, de cálculos anteriores da correlação simples, que

$$\overline{X} = 9{,}333$$
$$\overline{Y} = 6{,}583$$

Dado $n = 12$, pode-se calcular *b* como segue:

$$b = \frac{917 - (12)(9{,}333)(6{,}583)}{1350 - (12)(9{,}333)^2}$$
$$= 0{,}5897$$

$$a = \overline{Y} - b\overline{X}$$
$$= 6{,}583 - (0{,}5897)(9{,}333)$$
$$= 1{,}0793$$

Observe que esses coeficientes foram estimados com base nos dados brutos (não transformados). Se a padronização dos dados for considerada desejável, o cálculo dos coeficientes padronizados também pode ser feito de imediato.

Estimar o coeficiente de regressão padronizado

Padronização é o procedimento pelo qual os dados brutos são transformados em novas variáveis, com média 0 e variância 1 (Capítulo 14). Quando os dados são padronizados, o intercepto toma o valor 0. Usa-se a expressão *coeficiente beta* ou *peso beta* para denotar o coeficiente de regressão padronizado. Neste caso, o coeficiente angular obtido pela regressão de *Y* sobre *X*, B_{yx}, é o mesmo que o coeficiente angular obtido pela regressão de *X* sobre *Y*, B_{xy}. Além disso, cada um desses coeficientes de regressão é igual à correlação simples entre *X* e *Y*.

$$B_{yx} = B_{xy} = r_{xy}$$

Há uma relação simples entre os coeficientes de regressão padronizados e não padronizados:

$$B_{yx} = b_{yx}(s_x/s_y)$$

Para os resultados de regressão dados na Tabela 17.2, o valor do coeficiente beta é estimado em 0,9361. Observe que esse também é o valor de *r* calculado anteriormente neste capítulo.

Uma vez estimados, os parâmetros podem ser testados quanto à sua significância.

Testar a significância

Podemos testar a significância estatística da relação linear entre *X* e *Y* examinando as hipóteses:

$$H_0: \beta_1 = 0$$
$$H_1: \beta_1 \neq 0$$

A hipótese nula implica que não há qualquer relação linear entre *X* e *Y*. A hipótese alternativa é que há alguma relação, positiva ou negativa, entre *X* e *Y*. Em geral, faz-se um teste bicaudal. Pode-se utilizar uma estatística *t* com $n-2$ graus de liberdade, onde

$$t = \frac{b}{EP_b}$$

TABELA 17.2

Regressão bivariada

SPSS Arquivo de Saída

R múltiplo	0,93608
R^2	0,87624
R^2 ajustado	0,86387
Erro padrão	1,22329

SAS Arquivo de Saída

	gl	Análise da variância Soma de quadrados	Quadrado médio
Regressão	1	105,95222	105,95222
Residual	10	14,96444	1,49644
$F = 70{,}80266$		Significância de $F = 0{,}0000$	

Variáveis na equação

Variável	b	EP_B	Beta (B)	t	Significância de t
Tempo de residência	0,58972	0,07008	0,93608	8,414	0,0000
(constante)	1,07932	0,74335		1,452	0,1772

EP_b denota o desvio-padrão de b e é chamado de *erro padrão*.[10] A distribuição t foi estudada no Capítulo 15.

Com um programa de computador, a regressão da atitude sobre o tempo de residência, utilizando-se os dados da Tabela 17.1, apresentou os resultados da Tabela 17.2. O intercepto a é 1,0793 e o coeficiente angular b é 0,5897. Portanto, a equação estimada é:

Atitude $(\hat{Y}) = 1{,}0793 + 0{,}5897$ (tempo de residência)

O erro padrão ou o desvio-padrão de b é estimado em 0,07008, e o valor da estatística t é $t = 0{,}5897/0{,}0700 = 8{,}414$, com $n - 2 = 10$ graus de liberdade. Na Tabela 4 dos Apêndice Estatístico, vemos que o valor crítico de t com 10 graus de liberdade e $\alpha = 0{,}05$ é 2,228 para um teste bicaudal. Como o valor calculado de t é maior do que o valor crítico, rejeitamos a hipótese nula. Logo, existe uma relação linear significativa entre a atitude em relação à cidade e o tempo de residência nela. O sinal positivo do coeficiente angular indica que essa relação é positiva. Em outras palavras, os que residem há mais tempo na cidade têm atitude mais favorável em relação a ela. A implicação para gerentes, autoridades municipais e políticos é a mesma que a discutida para a correlação simples, sujeita à representatividade da amostra.

Determinar a intensidade e a significância da associação

Uma inferência relacionada envolve a determinação da intensidade e da significância da associação entre Y e X. A intensidade da relação é medida pelo coeficiente de determinação, r^2. Na regressão bivariada, r^2 é o quadrado do coeficiente de correlação simples obtido ao correlacionar as duas variáveis. O coeficiente r^2 varia entre 0 e 1 e indica a proporção da variação total em Y que é ocasionada pela variação em X. A decomposição da variação total em Y é análoga à da análise da variância (Capítulo 16). Conforme mostra a Figura 17.6, a variação total, SQ_y, pode ser decomposta na variação proporcionada pela reta de regressão, SQ_{reg}, e o erro ou a variação residual, SQ_{erro} ou SQ_{res}, como segue:

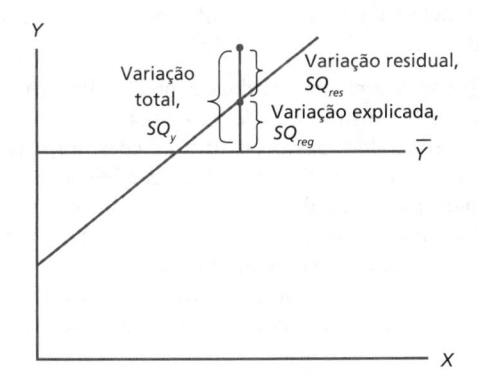

$$SQ_y = SQ_{reg} + SQ_{res}$$

FIGURA 17.6 Decomposição da variação total na regressão bivariada.

onde

$$SQ_y = \sum_{i=1}^{n}(Y_i - \overline{Y})^2$$

$$SQ_{reg} = \sum_{i=1}^{n}(\hat{Y}_i - \overline{Y})^2$$

$$SQ_{res} = \sum_{i=1}^{n}(Y_i - \hat{Y}_i)^2$$

Pode-se então calcular a intensidade da associação:

$$r^2 = \frac{SQ_{reg}}{SQ_y}$$
$$= \frac{SQ_y - SQ_{res}}{SQ_y}$$

Para ilustrar os cálculos de r^2, consideremos novamente o efeito do tempo de residência sobre a atitude em relação à cidade. Pelos cálculos anteriores do coeficiente de correlação simples, sabemos que:

$$SQ_y = \sum_{i=1}^{n}(Y_i - \overline{Y})^2$$
$$= 120{,}9168$$

Os valores previstos $(\hat{Y})$ podem ser calculados com auxilio da equação de regressão:

Atitude $(\hat{Y}) = 1{,}0793 + 0{,}5897$ (tempo de residência)

Para a primeira observação da Tabela 17.1, esse valor é:

$$(\hat{Y}) = 1{,}0793 + 0{,}5897 \times 10 = 6{,}9763$$

Para cada observação sucessiva, os valores previstos são, pela ordem: 8,1557, 8,1557, 3,4381, 8,1557, 4,6175, 5,7969, 2,2587, 11,6939, 6,3866, 11,1042, 2,2587. Portanto,

$$\begin{aligned}
SQ_{reg} = \sum_{i=1}^{n}(\hat{Y}_i - \overline{Y})^2 &= (6{,}9763 - 6{,}5833)^2 + (8{,}1557 - 6{,}5833)^2 \\
&\quad + (8{,}1557 - 6{,}5833)^2 + (3{,}4381 - 6{,}5833)^2 \\
&\quad + (8{,}1557 - 6{,}5833)^2 + (4{,}6175 - 6{,}5833)^2 \\
&\quad + (5{,}7969 - 6{,}5833)^2 + (2{,}2587 - 6{,}5833)^2 \\
&\quad + (11{,}6939 - 6{,}5833)^2 + (6{,}3866 - 6{,}5833)^2 \\
&\quad + (11{,}1042 - 6{,}5833)^2 + (2{,}2587 - 6{,}5833)^2 \\
&= 0{,}1544 + 2{,}4724 + 2{,}4724 + 9{,}8922 + 2{,}4724 \\
&\quad + 3{,}8643 + 0{,}6184 + 18{,}7021 + 26{,}1182 \\
&\quad + 0{,}0387 + 20{,}4385 + 18{,}7021 \\
&= 105{,}9524
\end{aligned}$$

$$\begin{aligned}
SQ_{res} = \sum_{i=1}^{n}(Y_i - \hat{Y}_i)^2 &= (6 - 6{,}9763)^2 + (9 - 8{,}1557)^2 \\
&\quad + (8 - 8{,}1557)^2 + (3 - 3{,}4381)^2 \\
&\quad + (10 - 8{,}1557)^2 + (4 - 4{,}6175)^2 \\
&\quad + (5 - 5{,}7969)^2 + (2 - 2{,}2587)^2 \\
&\quad + (11 - 11{,}6939)^2 + (9 - 6{,}3866)^2 \\
&\quad + (10 - 11{,}1042)^2 + (2 - 2{,}2587)^2 \\
&= 14{,}9644
\end{aligned}$$

Pode-se ver que $SQ_y = SQ_{reg} + SQ_{res}$. Além disso,

$$r^2 = \frac{SQ_{reg}}{SQ_y}$$
$$= \frac{105,9524}{120,9168}$$
$$= 0,8762$$

Outro teste equivalente para examinar a significância da relação linear entre X e Y (significância de b) é o teste da significância do coeficiente de determinação. As hipóteses, neste caso, são:

$$H_0: R^2_{pop} = 0$$
$$H_1: R^2_{pop} > 0$$

A estatística de teste apropriada é a estatística F:

$$F = \frac{SQ_{reg}}{SQ_{res}/(n-2)}$$

que tem distribuição F com 1 e $n-2$ graus de liberdade. O teste F é uma forma generalizada do teste t (ver Capítulo 15). Se uma variável aleatória tiver distribuição t com n graus de liberdade, então t^2 tem distribuição F com 1 e n graus de liberdade. Logo, o teste F para testar a significância do coeficiente de determinação é equivalente a testar as seguintes hipóteses:

$$H_0: \beta_1 = 0$$
$$H_1: \beta_1 \neq 0$$

ou

$$H_0: \rho = 0$$
$$H_1: \rho \neq 0$$

Pela Tabela 17.2, pode-se ver que:

$$r^2 = \frac{105,9524}{(105,9524 + 14,9644)}$$
$$= 0,8762$$

que é o mesmo valor já calculado anteriormente. O valor da estatística F é:

$$F = \frac{105,9524}{(14,9644/10)}$$
$$= 70,8027$$

com 1 e 10 graus de liberdade. A estatística F calculada excede o valor crítico de 4,96 obtido na Tabela 5 dos Apêndices Estatísticos. Portanto, a relação é significativa ao nível $\alpha = 0,05$, corroborando os resultados do teste t. Se a relação entre X e Y for significativa, faz sentido prever os valores de Y com base nos valores de X e estimar a precisão da predição.

Verificar a precisão da previsão

Para estimar a precisão dos valores previstos, $\hat{Y}$, convém calcular o erro padrão da estimativa, EPE. Essa estatística é o desvio-padrão dos valores reais de Y em relação aos valores $\hat{Y}$ previstos.

$$EPE = \sqrt{\frac{\sum_{i=1}^{n}(Y_i - \hat{Y})^2}{n-2}}$$

ou

$$EPE = \sqrt{\frac{SQ_{res}}{n-2}}$$

ou, de forma mais geral, se há k variáveis independentes,

$$EPE = \sqrt{\frac{SQ_{res}}{n-k-1}}$$

O EPE pode ser interpretado como uma espécie de resíduo médio ou erro médio na predição de Y com base na equação de regressão.[11]

Podem surgir dois casos de previsão. O pesquisador pode querer predizer o valor médio de Y para todos os casos com um determinado valor de X, digamos X_0, ou prever o valor de Y para um único caso. Em ambas as situações, o valor previsto é o mesmo e é dado por $\hat{Y}$, onde:

$$\hat{Y} = a + bX_0$$

Entretanto, o erro padrão é diferente nas duas situações, embora em ambas seja uma função do EPE. Para grandes amostras, o erro padrão na predição do valor médio de Y é $EPE/\sqrt{n}$, e para predizer valores individuais de Y é EPE. Logo, a construção de intervalos de confiança (ver Capítulo 12) para os valores previstos varia, conforme estejamos prevendo o valor médio ou o valor para uma única observação.

Para os dados da Tabela 17.2, o EPE é estimado conforme a seguir:

$$EPE = \sqrt{\frac{14,9644}{(12-2)}}$$
$$= 1,22329$$

As duas etapas finais da regressão bivariada, a saber, o exame dos resíduos e a validação cruzada do modelo, serão consideradas mais adiante.

Suposições

O modelo de regressão exige várias suposições na estimativa dos parâmetros e no teste de significância, conforme mostra a Figura 17.5:

1. O termo de erro tem distribuição normal. Para cada valor fixo de X, a distribuição de Y é normal.[12]
2. As médias de todas essas distribuições normais de Y, dado X, situam-se em uma reta de coeficiente angular b.
3. A média do termo de erro é 0.
4. A variância do termo de erro é constante. Essa variância não depende dos valores que X toma.
5. Os termos de erro não são correlacionados. Em outras palavras, as observações são extraídas independentemente umas das outras.

Mediante exame dos resíduos, pode-se obter uma visualização do alcance dessas suposições. Esse assunto é abordado na próxima seção sobre regressão múltipla.[13]

PESQUISA ATIVA

Associando a propaganda e as vendas da Ford

Acesse www.ford.com e pesquise na Internet, incluindo mídias sociais, e no banco de dados *on-line* de sua biblioteca informações sobre as relações entre propaganda e vendas para fabricantes de automóveis.

Formule um modelo de regressão bivariada explicando a relação entre propaganda e vendas na indústria automobilística.

Como diretor de marketing da Ford Motor Company, como você determinaria suas despesas com propaganda?

Regressão múltipla

A **regressão múltipla** envolve uma única variável dependente e duas ou mais variáveis independentes. As questões suscitadas no contexto da regressão bivariada também podem ser resolvidas via regressão múltipla, com a consideração de variáveis independentes adicionais:

- A variação nas vendas pode ser explicada em termos da variação nas despesas de propaganda, nos preços e no nível de distribuição?
- A variação na participação de mercado pode ser em decorrência do tamanho da equipe de vendas, das despesas de propaganda e dos orçamentos de promoção de vendas?
- A conscientização dos consumidores quanto à qualidade é determinada pela sua percepção quanto a preços, imagem e atributos da marca?

regressão múltipla
Técnica estatística que desenvolve simultaneamente uma relação matemática entre duas ou mais variáveis independentes e uma variável dependente intervalar.

A regressão múltipla pode também responder a outras questões:

- Quanto da variação nas vendas pode ser explicado pelas despesas de propaganda, pelos preços e pelo nível de distribuição?
- Qual é a contribuição das despesas de propaganda para explicar a variação nas vendas, quando os níveis de preços e de distribuição são controlados?
- Que níveis de venda podemos esperar, dados os níveis de despesas, de preços e de distribuição?

Pesquisa real

Marcas globais – anúncios locais

Os europeus são receptivos a produtos de outros países, mas quando se trata de propaganda, preferem a "prata da casa". Em uma pesquisa feita por Kantar Futures (thefuturescompany.com) e suas afiliadas, constatou-se que os comerciais favoritos da maioria dos europeus se referiam a marcas locais, embora eles não hesitem em comprar produtos de marcas estrangeiras. Respondentes na França, na Alemanha e no Reino Unido indicaram a Coca-Cola como o refrigerante mais comprado. Entretanto, os franceses escolheram como favorito o anúncio da afamada e premiada água Perrier. Na Alemanha, o anúncio preferido foi o de uma marca alemã de cerveja sem álcool, Clausthaler. No Reino Unido, porém, a Coca-Cola foi não apenas a bebida favorita como a preferida na propaganda.

À luz desses resultados, a questão importante é: a propaganda ajuda? Ela contribui para aumentar a probabilidade de venda da marca ou apenas mantém em alta o conhecimento da marca? Uma forma de resolver esse problema consiste em fazer uma regressão na qual a variável dependente é a probabilidade de compra da marca e as variáveis independentes são as avaliações das qualidades do produto e avaliações da propaganda. Podem ser elaborados modelos separados, com propaganda e sem ela, para avaliar qualquer diferença significativa na contribuição. Podem também ser analisados testes *t* para verificar a contribuição significativa tanto dos atributos da marca como da propaganda. Os resultados indicam até que ponto a propaganda desempenha um papel importante nas decisões de compra da marca. Junto a esses resultados, um estudo realizado recentemente revelou que a tentativa de construir fidelidade na compra de uma marca por meio de promoções de vendas não é uma forma desejável de alcançar esse objetivo. Segundo o estudo, as promoções de vendas apenas incentivam uma troca momentânea de marca e simplesmente melhoram o desempenho no curto prazo para as empresas. Além disso, no longo prazo, uma promoção de vendas pode implicar uma baixa qualidade, ou imagem de marca instável frente aos consumidores, ou pode inclusive confundi-los, o que poderia também levar a um declínio na fidelidade à marca. Os resultados desse estudo mostram que sacrificar a propaganda e confiar nas promoções de vendas reduz as associações de marca, o que finalmente acabará levando a uma diminuição nas compras por fidelidade à marca.[14] ∎

A forma geral do **modelo de regressão múltipla** é:

$$Y = \beta_0 + \beta_1 X_1 + \beta_2 X_2 + \beta_3 X_3 + \ldots + \beta_k X_k + e$$

que é estimado pela seguinte equação:

$$\hat{Y} = a + b_1 X_1 + b_2 X_2 + b_3 X_3 + \ldots + b_k X_k$$

modelo de regressão múltipla
Equação usada para explicar os resultados da análise de regressão múltipla.

Como anteriormente, o coeficiente *a* representa o intercepto, mas os *b*s são agora coeficientes de regressão parcial. O critério de mínimos quadrados estima os parâmetros de forma a minimizar o erro total, SQ_{res}. Esse processo também maximiza a correlação entre os valores reais de Y e os valores previstos, $\hat{Y}$. Todas as suposições feitas na regressão bivariada aplicam-se também à regressão múltipla. A seguir definimos algumas estatísticas associadas e, posteriormente, descrevemos o processo da análise de regressão múltipla.[15]

Estatísticas associadas à regressão múltipla

A maioria das estatísticas e dos termos estatísticos utilizados na regressão bivariada também se aplica à regressão múltipla. Além disso, são empregadas as seguintes estatísticas:

R^2 *ajustado*: R^2, coeficiente de determinação múltipla, é ajustado para o número de variáveis independentes e para o tamanho da amostra levando em conta os retornos decrescentes. Após as primeiras variáveis, as variáveis independentes adicionais não oferecem grande contribuição.

Coeficiente de determinação múltipla: a intensidade de associação em regressão múltipla é medida pelo quadrado do coeficiente de correlação múltipla, R^2, que é chamado também de *coeficiente de determinação múltipla*.

Teste F: o teste F é usado para testar a hipótese nula de que o coeficiente de determinação múltipla na população, R^2_{pop}, é zero. Isso equivale a testar a hipótese nula $H_0: \beta_1 = \beta_2 = \beta_3 = ... = \beta_k = 0$. A estatística de teste tem distribuição F com k e $(n - k - 1)$ graus de liberdade.

Teste F parcial: pode-se testar a significância de um coeficiente de regressão parcial, β_i, de X_i, com auxílio de uma estatística F incremental. A estatística F incremental se baseia no incremento da soma explicada de quadrados resultante da adição da variável independente X_i à equação de regressão após terem sido incluídas todas as outras variáveis independentes.

Coeficiente de regressão parcial: o coeficiente de regressão parcial, b_1, denota a variação no valor previsto, $\hat{Y}$, por unidade de variação em X_1 quando as outras variáveis independentes, X_2 a X_k, são mantidas constantes.

Como fazer análise de regressão múltipla

Os passos para a elaboração de uma análise de regressão múltipla são similares aos adotados na regressão bivariada. O foco da discussão reside nos coeficientes de regressão parcial, intensidade de associação, teste de significância e avaliação de resíduos.

Coeficientes de regressão parcial

Para entender o significado de um coeficiente de regressão parcial, consideremos um caso em que há duas variáveis independentes, de forma que

$$\hat{Y} = a + b_1 X_1 + b_2 X_2$$

Observemos que a magnitude relativa do coeficiente de regressão parcial de uma variável independente costuma ser diferente daquela do seu coeficiente de regressão bivariada. Em outras palavras, o coeficiente de regressão parcial, b_1, será diferente do coeficiente de regressão, b, obtido ao fazermos Y regredir sobre X_1 somente. Isso ocorre porque X_1 e X_2 são geralmente correlacionadas. Na regressão bivariada, não consideramos X_2, e qualquer variação em Y compartilhada por X_1 e X_2 foi atribuída a X_1. Entretanto, no caso de variáveis independentes múltiplas, isso não se justifica mais.

A interpretação do coeficiente de regressão parcial, b_1, é que ele representa a variação esperada em Y quando X_1 varia de uma unidade mas X_2 é mantida constante ou controlada de outra forma. De maneira semelhante, b_2 representa a variação esperada em Y para uma variação unitária em X_2 quando X_1 é mantida constante. É, pois, adequada a designação de coeficientes de regressão parcial para b_1 e b_2. Pode-se ver também que os efeitos combinados de X_1 e X_2 sobre Y são aditivos. Em outras palavras, se X_1 e X_2 variam cada um de uma unidade, a variação esperada em Y será $(b_1 + b_2)$.

Conceitualmente, pode-se ilustrar como segue a relação entre o coeficiente de regressão bivariada e o coeficiente de regressão parcial. Suponhamos que se deva remover de X_1 o efeito de X_2. Para tanto, fazemos uma regressão de X_1 sobre X_2. Em outras palavras, estimaríamos a equação $\hat{X}_1 = a + bX_2$ e calcularíamos o resíduo $X_r = (X_1 - \hat{X}_1)$. O coeficiente de regressão parcial, b_1, é igual ao coeficiente de regressão bivariada, b_r, obtido da equação $\hat{Y} = a + b_r X_r$. Em outras palavras, o coeficiente de regressão parcial, b_1, é igual ao coeficiente de regressão, b_r, entre Y e os resíduos de X_1 dos quais foi removido o efeito de X_2. Pode-se dar interpretação análoga ao coeficiente parcial b_2.

A extensão ao caso de k variáveis é imediata. O coeficiente de regressão parcial, b_1, representa a variação esperada em Y quando X_1 varia de uma unidade e X_2 a X_k são mantidas constantes. Pode ser interpretado também como o coeficiente de regressão bivariada, b, para a regressão de Y sobre os resíduos de X_1 quando o efeito de X_2 a X_k foi removido de X_1.

Os coeficientes beta são os coeficientes de regressão parcial obtidos quando todas as variáveis ($Y, X_1, X_2, ... X_k$) foram padronizadas com média 0 e variância 1 antes de estimar a equação de regressão. A relação dos coeficientes padronizados para os não padronizados é a mesma que a anterior:

$$B_1 = b_1 \left(\frac{s_{x1}}{s_y} \right)$$

$$B_k = b_k \left(\frac{s_{xk}}{s_y} \right)$$

O intercepto e os coeficientes de regressão parcial são estimados ao resolver um sistema de equações simultâneas obtido ao diferenciar e igualar a 0 as derivadas parciais. Como esses coeficientes são estimados automaticamente por vários programas de computador, não vamos apresentar os detalhes. Cabe notar, entretanto, que as equações não podem ser resolvidas se (1) o tamanho da amostra, n, não superar o número de variáveis independentes, k, ou (2) uma variável independente tiver correlação perfeita com outra.

Suponha que, ao explicar a atitude em relação à cidade, introduzamos uma segunda variável – a importância atribuída ao clima. A Tabela 17.1 apresenta os dados dos 12 entrevistados em um teste preliminar sobre atitude em relação à cidade, tempo de residência e importância atribuída ao clima. A Tabela 17.3 exibe os resultados da análise de regressão múltipla. O coeficiente de regressão parcial para o tempo de residência (X_1) agora é 0,48108, diferente do que era no caso

TABELA 17.3
Regressão múltipla

R múltiplo	0,97210
R^2	0,94498
R^2 ajustado	0,93276
Erro padrão	0,85974

	gl	Análise da variância Soma de quadrados	Quadrado médio
Regressão	2	114,26425	57,13213
Resíduo	9	6,65241	0,73916
F = 77,29364		Significância de F = 0,0000	

Variáveis na equação

Variável	b	EP_B	Beta (B)	t	Significância de t
Importância	0,28865	0,08608	0,31382	3,353	0,0085
Tempo	0,48108	0,05895	0,76363	8,160	0,0000
(Constante)	0,33732	0,56736		0,595	0,5668

bivariado. O coeficiente beta correspondente é 0,7636. O coeficiente de regressão parcial para a importância atribuída ao clima (X_2) é 0,28865, com um coeficiente beta de 0,3138. A equação estimada de regressão é:

$$(\hat{Y}) = 0,33732 + 0,48108 X_1 + 0,28865 X_2$$

ou

Atitude = 0,33732 + 0,48108 (Tempo) + 0,28865 (Importância)

Essa equação pode ser utilizada para vários fins, inclusive a previsão de atitudes em relação à cidade com base no conhecimento do tempo de residência dos entrevistados na cidade e a importância que eles atribuem ao clima.

Intensidade de associação

Pode-se determinar a intensidade da relação estipulada pela equação de regressão utilizando medidas adequadas de associação. A variação total se decompõe como no caso bivariado:

$$SQ_y = SQ_{reg} + SQ_{res}$$

onde:

$$SQ_y = \sum_{i=1}^{n}(Y_i - \bar{Y})^2$$
$$SQ_{reg} = \sum_{i=1}^{n}(\hat{Y}_i - \bar{Y})^2$$
$$SQ_{res} = \sum_{i=1}^{n}(Y_i - \hat{Y}_i)^2$$

A intensidade da associação é medida pelo quadrado do coeficiente de correlação múltipla, R^2, também chamado de *coeficiente de determinação múltipla*.

$$R^2 = \frac{SQ_{reg}}{SQ_y}$$

O coeficiente de correlação múltipla, R, também pode ser visto como o coeficiente de correlação simples, r, entre Y e $\bar{Y}$. São dignos de nota vários pontos sobre as características de R^2. O coeficiente de determinação múltipla, R^2, não pode ser menor que o maior bivariado, r^2, de qualquer variável independente individual com a variável dependente. R^2 será maior quando as correlações entre as variáveis independentes forem baixas. Se as variáveis independentes forem estatisticamente independentes (não correlacionadas), então R^2 será a soma dos r^2 bivariados de cada variável independente com a variável dependente. R^2 não pode decrescer quando se acrescentam mais variáveis independentes à equação de regressão. Entretanto, em virtude dos retornos decrescentes, as variáveis adicionais não dão qualquer contribuição sensível.[16] Por essa razão, R^2 é ajustado para o número de variáveis independentes e o tamanho da amostra pela fórmula:

$$R^2 \text{ ajustado} = R^2 - \frac{k(1 - R^2)}{n - k - 1}$$

Para os resultados de regressão dados na Tabela 17.3, o valor de R^2 é:

$$R^2 = \frac{114,2643}{(114,2643 + 6,6524)}$$
$$= 0,9450$$

Esse valor é maior do que o valor de r^2, 0,8762, obtido no caso bivariado, que é o quadrado da correlação simples (momento-produto) entre atitude em relação à cidade e tempo de residência. O R^2 obtido na regressão múltipla também é maior do que o quadrado da correlação simples entre atitude e importância atribuída ao clima (que pode ser estimada em 0,5379). O R^2 ajustado é estimado em:

$$R^2 \text{ ajustado} = 0,9450 - \frac{2(1,0 - 0,9450)}{(12 - 2 - 1)}$$

$$= 0,9328$$

Observe que o valor de R^2 ajustado está próximo de R^2 e ambos são maiores do que r^2 para o caso bivariado. Isso sugere que o acréscimo da segunda variável independente, importância atribuída ao clima, dá uma contribuição para explicar a variação da atitude em relação à cidade.

Teste da significância

Esse teste envolve o teste da significância não só da equação de regressão global como dos coeficientes específicos de regressão parcial. A hipótese nula para o teste global é que o coeficiente de determinação múltipla na população, R^2_{pop}, é zero.

$$H_0: R^2_{pop} = 0$$

Isso equivale à seguinte hipótese nula:

$$H_0: \beta_1 = \beta_2 = \beta_3 = ... = \beta_k = 0$$

O teste global pode ser feito com uma estatística F:

$$F = \frac{SQ_{reg}/k}{SQ_{res}/(n - k - 1)}$$

$$= \frac{R^2/k}{(1 - R^2)/(n - k - 1)}$$

que tem distribuição F com k e $(n - k - 1)$ graus de liberdade.[17] Para os resultados de regressão múltipla da Tabela 17.3,

$$F = \frac{114,2643/2}{6,6524/9} = 77,2936$$

significativo ao nível $\alpha = 0,05$.

Se a hipótese nula for rejeitada, pelo menos um coeficiente de regressão parcial da população é diferente de zero. Para determinar que coeficientes específicos (β'_is) são diferentes de zero, são necessários testes adicionais. O teste da significância dos β'_is pode ser feito da maneira análoga ao do caso bivariado, utilizando testes t. A significância do coeficiente parcial da importância atribuída ao clima pode ser testada pela seguinte equação:

$$t = \frac{b}{EP_b}$$

$$= \frac{0,2887}{0,08608}$$

$$= 3,353$$

que tem distribuição t com $(n - k - 1)$ graus de liberdade. Esse coeficiente é significativo ao nível $\alpha = 0,05$. Testa-se de maneira análoga a significância do coeficiente do tempo de residência, que constatamos ser significativa. Logo, tanto o tempo de residência como a importância atribuída ao clima são importantes para explicar a atitude em relação à cidade.

Alguns programas de computador contêm um teste F equivalente, geralmente chamado de *teste F parcial*. Esse teste envolve uma decomposição da soma de quadrados de regressão, SQ_{reg}, em componentes relativos a cada variável independente. Na abordagem padrão, isso se faz supondo que cada variável independente tenha sido acrescentada à equação de regressão após terem sido incluídas todas as outras variáveis independentes. O incremento na soma de quadrados explicada, resultante da adição de uma variável independente, é o componente da variação atribuída àquela variável, e se denota por SQ_{x_i}.[18] Testa-se a significância do coeficiente de regressão parcial para esta variável, com auxílio de uma estatística F incremental:

$$F = \frac{SQ_{x_i}/1}{SQ_{res}/(n - k - 1)}$$

que tem distribuição F com 1 e $(n - k - 1)$ graus de liberdade.

Embora um valor alto de R^2 e coeficientes significativos de regressão parcial sejam satisfatórios, a eficácia do modelo de regressão deve ser avaliada mais cuidadosamente mediante o exame dos resíduos.

Exame dos resíduos

Um **resíduo** é a diferença entre o valor observado de Y_i, e o valor previsto pela equação de regressão, $\hat{Y}_i$. Os resíduos são utilizados no cálculo de várias estatísticas associadas à regressão. Além disso, os diagramas de dispersão, em que são diagramados os resíduos *versus* os valores previstos, $\hat{Y}_i$, tempo ou variáveis previsoras, permitem uma visão adequada das suposições fundamentais e da validade do modelo ajustado.[19]

resíduo
Diferença entre o valor observado de Y_i e o valor previsto pela equação de regressão, $\hat{Y}_i$.

A suposição de um termo de erro distribuído normalmente pode ser avaliada construindo um histograma dos resíduos padronizados. Uma verificação visual revela se a distribuição é normal. Também é útil examinar o gráfico de probabilidade de normalidade dos resíduos padronizados, que mostra os resíduos padronizados comparados a resíduos padronizados esperados de uma distribuição normal. Se os resíduos observados forem normalmente distribuídos, eles ficarão em uma reta de 45°. Além disso, dê uma olhada na tabela de estatísticas residuais e identifique quaisquer valores padronizados previstos ou resíduos padronizados que são maiores do que ± um ou dois desvios-padrão. Essas porcentagens podem ser comparadas com o que se poderia esperar com a distribuição normal (68 e 95%, respectivamente). Com o teste K-S de uma amostra, fazemos uma avaliação mais formal.

A suposição de variância constante do termo de erro pode ser examinada diagramando os resíduos *versus* os valores previstos da variável dependente, $\hat{Y}_i$. Se o padrão não for aleatório, a variância do termo de erro não é constante. A Figura 17.7 mostra um padrão cuja variância depende dos valores de $\hat{Y}_i$.

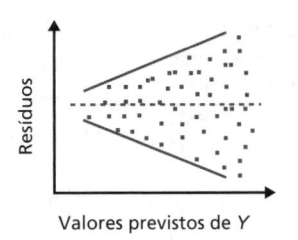

FIGURA 17.7 Gráfico dos resíduos, indicando que a variância não é constante.

Um gráfico dos resíduos ao longo do tempo, ou da sequência de observações, lançará alguma luz sobre a suposição de que os termos de erro não são correlacionados. Se essa suposição for verdadeira, deve-se observar um padrão aleatório. Um gráfico como o da Figura 17.8 indica uma relação linear entre os resíduos e o tempo. O teste de Durbin-Watson é um procedimento mais formal para estudar as correlações entre os termos de erro.[20]

O gráfico de resíduos *versus* variáveis independentes evidencia se um modelo linear é adequado ou não. Mais uma vez, o gráfico deve apresentar um padrão aleatório. Os resíduos dispõem-se aleatoriamente, com dispersão relativamente igual em torno de 0, e não devem apresentar qualquer tendência, seja positiva ou negativa.

Para verificar se devemos incluir quaisquer variáveis adicionais na equação de regressão, podemos fazer uma regressão dos resíduos sobre as variáveis propostas. Se qualquer variável explica uma proporção significativa da variação residual, ela deve ser incluída. A inclusão de variáveis na equação de regressão deve ser fortemente orientada pela teoria do pesquisador. Assim, um estudo dos resíduos proporciona uma visualização valiosa da adequação das suposições básicas e do modelo que é ajustado. A Figura 17.9 exibe um gráfico que indica que as suposições básicas são satisfeitas e que o modelo linear é adequado. Se o exame dos resíduos indicar que as suposições básicas da regressão linear não são satisfeitas, o pesquisador pode transformar as variáveis, em uma tentativa de satisfazer às suposições. Transformações, como extrair logaritmos, ou raízes quadradas ou recíprocas, podem estabilizar a variância, normalizar a distribuição ou tornar linear a relação.

Os gráficos e as tabelas residuais podem ser pedidos quando a regressão é feita, por exemplo, ao usar o SPSS. Você deve realizar essas análises para a regressão múltipla dos dados da Tabela 17.1. A partir do histograma, pode-se ver que cinco resíduos são positivos, enquanto sete são negativos. Ao comparar a distribuição de frequência com a distribuição normal mostrada no mesmo resultado, visualizamos que a suposição de normalidade provavelmente não é satisfeita, mas que o desvio da normalidade pode não ser significativo. Certamente, podemos fazer um teste estatístico mais formal para a normalidade se isso for garantido. Todos os resíduos estatísticos estão dentro de ± dois desvios-padrão. Além disso, muitos dos resíduos são relativamente pequenos, o que indica que a maioria dos modelos de previsão são bons.

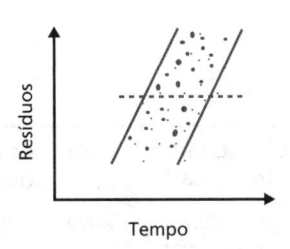

FIGURA 17.8 Gráfico indicando uma relação linear entre resíduos e tempo.

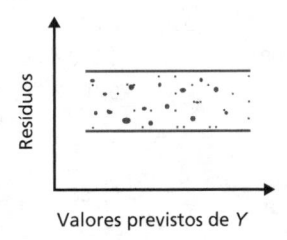

FIGURA 17.9 Gráfico de resíduos indicando que o modelo ajustado é adequado.

O gráfico da probabilidade de normalidade mostra que os resíduos estão bem próximos da reta de 45° apresentada. Quando comparamos o gráfico dos resíduos padronizados com os valores previstos, nenhum padrão sistemático pode ser visto na disposição dos resíduos. Finalmente, a tabela de estatísticas residuais indica que todos os valores previstos e todos os resíduos estão dentro de ± dois desvios-padrão. Assim, concluímos que a regressão múltipla dos dados da Tabela 17.1 não parece resultar em violações inaceitáveis das suposições. Isso sugere que a relação que estamos tentando prever é linear e que os termos de erro são mais ou menos distribuídos normalmente.

Pesquisa real

O que influencia os preços dos ingressos? Um novo estádio!

Uma das principais fontes de receita para qualquer time profissional é a venda de ingressos, especialmente a venda para os sócios da temporada. Um estudo fez uma análise de regressão para identificar que fatores causavam a variação dos preços dos ingressos entre os times na mesma liga em um determinado ano. A equação de regressão empregada foi a seguinte:

$$LNPMI = a_0 + a_1 NVIT + a_2 RENDA + a_3 PAG + a_4 POP + a_5 TEND + a_6 CAP + a_7 EST$$

onde:

LNPMI = logaritmo neperiano do preço médio dos ingressos
PMI = preço médio dos ingressos
NVIT = número médio de vitórias do time nas últimas três temporadas
RENDA = nível médio de renda da população da cidade
PAG = folha de pagamento do time
POP = tamanho da população da cidade
TEND = tendências no setor
CAP = público como porcentagem da capacidade
EST = se o time está jogando em um estádio novo

A pesquisa reuniu dados cobrindo um período de 7 anos. Os dados financeiros foram obtidos do Team Marketing Reports e os outros dados foram coletados utilizando fontes disponíveis publicamente, como reportagens esportivas. Os resultados das análises de regressão podem ser vistos na tabela ao pé da página.

Os resultados sugerem que diversos fatores influenciam os preços dos ingressos, e o principal deles foi o fato de o time estar jogando em um estádio novo.[21] ∎

Como no exemplo anterior, algumas variáveis independentes consideradas em um estudo muitas vezes se mostram insignificantes. Quando há muitas variáveis independentes e o pesquisador suspeita que nem todas elas sejam significantes, a regressão passo a passo deve ser usada.

Regressão passo a passo

O objetivo da **regressão passo a passo** é selecionar, entre inúmeras variáveis previsoras, um pequeno subconjunto de variáveis que respondam pela maior parte da variação na variável dependente. Nesse procedimento, as variáveis previsoras entram na equação de regressão, ou saem dela, uma de cada vez.[22] Há várias abordagens para a regressão passo a passo.

regressão passo a passo
Procedimento de regressão em que as variáveis previsoras entram na equação de regressão, ou saem dela, uma de cada vez.

Resultados da regressão

Variável	MLB Coeficiente	MLB Estatística t	MLB Valor p	NBA Coeficiente	NBA Estatística t	NBA Valor p	NFL Coeficiente	NFL Estatística t	NFL Valor p	NHL Coeficiente	NHL Estatística t	NHL Valor p
Constante	1,521	12,012	0,000	2,965	20,749	0,000	2,886	18,890	0,000	3,172	16,410	0,000
POP	0,000	5,404	0,000	0,000	5,036	0,000	0,000	−2,287	0,023	0,000	2,246	0,026
RENDA	0,000	3,991	0,000	0,000	0,208	0,836	0,000	3,645	0,000	0,000	0,669	0,504
EST	0,337	5,356	0,000	0,108	3,180	0,002	0,226	3,357	0,001	0,321	4,087	0,000
NVIT	0,000	0,091	0,927	0,004	3,459	0,001	0,013	2,190	0,030	0,001	0,369	0,713
CAP	0,006	8,210	0,000	0,000	2,968	0,003	0,002	1,325	0,187	0,005	3,951	0,000
PAG	0,004	4,192	0,000	0,008	5,341	0,000	0,001	0,607	0,545	0,002	1,099	0,273
TEND	0,047	6,803	0,000	0,016	1,616	0,100	0,058	6,735	0,000	0,009	0,718	0,474
CAN (Canadá)										−0,146	−3,167	0,002
R^2 ajustado		0,778			0,488			0,443			0,292	
Estatística F		98,366			28,227			24,763			9,545	
Significância de F		0,000			0,000			0,000			0,000	

1. **Inclusão avançada**. Inicialmente, não há variáveis previsoras na equação de regressão. Elas são introduzidas uma de cada vez somente se satisfizerem a certos critérios definidos em termos da razão F. A ordem em que as variáveis são incluídas se baseia na contribuição para a variância explicada.
2. **Eliminação para trás**. Inicialmente, todas as variáveis previsoras são incluídas na equação de regressão. Removem-se então as variáveis previsoras uma de cada vez, com base na razão F.
3. **Solução passo a passo**. Combina-se a inclusão antecipada com a remoção das variáveis previsoras que não mais satisfazem ao critério especificado em cada passo.

Os procedimentos da regressão passo a passo não resultam em equações ótimas de regressão, no sentido de gerar o maior R^2 para um número determinado de previsores. Em razão das correlações entre previsores, pode ocorrer que uma variável importante nunca venha a ser incluída, enquanto variáveis menos importantes podem ser introduzidas na equação. Para identificar uma equação ótima de regressão, teríamos de calcular soluções combinatórias em que se examinem todas as combinações possíveis. Ainda assim, a regressão passo a passo é útil quando o tamanho da amostra for grande em relação ao número de variáveis previsoras, conforme mostra o exemplo a seguir.

Pesquisa real

Saindo... para o *shopping center*

Até mesmo no século XXI olhar e comparar é uma parte fundamental das compras – seja *on-line* ou no *shopping*. Os clientes gostam de analisar suas decisões de compra antes de realizá-las. Muitos consideram que os varejistas de lojas físicas têm uma vantagem sobre os varejistas da Internet quando se trata de comparar, porque os primeiros são maiores em tamanho e ofertas de produtos. Embora a Web seja mais atraente para os compradores mais jovens e esteja ganhando terreno em 2018, o *shopping* continuará muito à frente nessa corrida, especialmente com tantas opções de entretenimento sendo construídas dentro dele atualmente. Elaborou-se um perfil dos clientes comparadores em *shopping centers* regionais utilizando três conjuntos de variáveis independentes: demográficas, comportamentais e variáveis psicológicas de atitude. A variável dependente consistiu em um índice de curiosidade/comparação. Em uma regressão passo a passo incluindo os três conjuntos de variáveis, constatou-se que o aspecto demográfico era o previsor mais poderoso do comportamento de comparação. A equação final de regressão, que continha 20 das 36 variáveis possíveis, incluía todas as características demográficas. A tabela a seguir apresenta os coeficientes de regressão, erros padrão dos coeficientes e seus níveis de significância.

Regressão do índice de curiosidade/comparação sobre as variáveis descritivas e de atitude por ordem de entrada na regressão passo a passo

Descrição da variável	Coeficiente	EP	Significância
Gênero (0 = masc., 1= fem.)	– 0,485	0,164	0,001
Situação de emprego (0 = empregado)	0,391	0,182	0,003
Autoconfiança	– 0,152	0,128	0,234
Instrução	0,079	0,072	0,271
Intenção quanto à marca	– 0,063	0,028	0,024
Vê TV durante o dia? (0 = sim)	0,232	0,144	0,107
Tensão	– 0,182	0,069	0,008
Renda	0,089	0,061	0,144
Frequência das visitas ao *shopping*	– 0,130	0,059	0,028
Menos amigos que a maioria	0,162	0,084	0,054
Bom comprador	– 0,122	0,090	0,174
As opiniões de outros são importantes	– 0,147	0,065	0,024
Controle sobre a vida	– 0,069	0,069	0,317
Tamanho da família	– 0,086	0,062	0,165
Pessoa entusiasta	– 0,143	0,099	0,150
Idade	0,036	0,069	0,603
Número de compras feitas	– 0,068	0,043	0,150
Compras por estabelecimento	0,209	0,152	0,167
Compra com economia	– 0,055	0,067	0,412
Excelente avaliador de qualidade	– 0,070	0,089	0,435
Constante	3,250		
R^2 global = 0,477			

Ao interpretar os coeficientes, deve-se ter em mente que quanto menor for o índice de curiosidade/comparação (a variável dependente), maior a tendência de apresentar um comportamento associado à comparação. Os dois previsores com maiores coeficientes são gênero e situação de emprego. Os comparadores tendem a ser mulheres empregadas. Tendem também a se situar em posição ligeiramente inferior em comparação com outros clientes do *shopping center*, apresentando níveis mais baixos de instrução e de renda, após levar em conta os efeitos do gênero e da situação de emprego. Embora os comparadores tendam a ser um pouco mais jovens que os não comparadores, não são necessariamente solteiros; os que relatam tamanhos maiores de família tendem a se associar a menores valores do índice de curiosidade/comparação.

O perfil menos afluente dos curiosos em relação a outros clientes indica que as lojas especializadas nos *shopping centers* devem dar ênfase a produtos de preço moderado. Isso pode explicar a taxa historicamente baixa de falência em *shopping centers* de tais lojas e a tendência das lojas especializadas, com preços elevados, a se localizarem apenas em galerias de prestígio ou em *shopping centers* mais qualificados.[23] ∎

Multicolinearidade

A regressão passo a passo e a regressão múltipla são dificultadas pela presença da multicolinearidade. Praticamente todas as análises de regressão múltipla feitas em pesquisa de marketing envolvem previsores ou variáveis independentes que são correlacionados. Entretanto, a **multicolinearidade** surge quando as intercorrelações entre os previsores são muito altas. A multicolinearidade pode originar vários problemas, incluindo:

multicolinearidade
Situação de intercorrelações muito altas entre variáveis independentes.

1. Os coeficientes de regressão parcial podem não ser estimados com precisão. Os erros padrão tendem a ser muito altos.
2. As magnitudes e os sinais dos coeficientes de regressão parcial podem variar de uma amostra para outra.
3. Torna-se difícil avaliar a importância relativa das variáveis independentes ao explicar a variação na variável dependente.
4. Algumas variáveis previsoras podem ser incluídas ou removidas incorretamente na regressão passo a passo.

Nem sempre fica claro o que constitui uma multicolinearidade grave, embora tenham sido sugeridas várias regras e processos empíricos, bem como processos de maior ou menor complexidade para enfrentar o problema.[24] Um processo simples consiste em utilizar apenas uma das variáveis em um conjunto de variáveis altamente correlacionadas. Alternativamente, pode-se transformar o conjunto de variáveis independentes em um novo conjunto de previsores mutuamente independentes, recorrendo-se a técnicas como análise dos componentes principais (ver Capítulo 19). Podem ser utilizadas também técnicas mais especializadas, como regressão em crista e regressão de raízes latentes.[25]

PESQUISA ATIVA

Avaliação da marca e preferência pelos *laptops* Lenovo

Visite www.lenovo.com e pesquise na Internet, incluindo as mídias sociais e no banco de dados *on-line* de sua biblioteca informações sobre os fatores que os consumidores utilizam ao avaliar as marcas concorrentes de *laptops*.

Como diretor de marketing da Lenovo Computers, como você melhoraria a imagem e o posicionamento competitivo de sua marca?

Formule um modelo de regressão múltipla explicando as preferências do consumidor por marcas de *laptop* como uma função das avaliações da marca nos fatores de critérios de escolha dos consumidores para avaliar marcas concorrentes.

Importância relativa dos previsores

Na presença da multicolinearidade, exige-se um cuidado especial na avaliação da importância relativa de variáveis independentes. Na pesquisa de marketing aplicada, é conveniente determinar a *importância relativa dos previsores*. Melhor dizendo: qual é a importância das variáveis independentes na justificativa para a variação na variável dependente?[26] Infelizmente, como os previsores são correlacionados, não existe uma medida não ambígua da importância relativa dos previsores na análise de regressão.[27] Não obstante, há várias abordagens para avaliar a importância relativa das variáveis previsoras.

1. **Significância estatística**. Se o coeficiente de regressão parcial de uma variável não for significativo, conforme determinado por um teste incremental F, essa variável é considerada como não importante. Ocorre uma exceção a essa regra se houver fortes razões teóricas para crer que a variável seja importante.
2. **Quadrado do coeficiente de correlação simples**. Essa medida, r^2, representa a proporção da variação na variável dependente explicada pela variável independente em uma relação bivariada.
3. **Quadrado do coeficiente de correlação parcial**. Essa medida, $R^2_{yx_j \cdot x_k}$ é o coeficiente de determinação entre a variável dependente e a variável independente, controlando os efeitos das outras variáveis independentes.
4. **Quadrado do coeficiente de correlação de partes**. Este coeficiente representa um aumento em R^2 quando se introduz uma variável em uma equação de regressão que já contém as outras variáveis independentes.
5. **Medidas baseadas em coeficientes padronizados ou pesos beta**. As medidas mais usadas são os valores absolutos dos pesos beta, $|B_i|$, ou seus quadrados B_i^2. Como são coeficientes parciais, os pesos beta levam em conta o efeito das outras variáveis independentes. Essas medidas vão se tornando menos confiáveis conforme aumentam as correlações entre as variáveis previsoras (a multicolinearidade aumenta).
6. **Regressão passo a passo**. Utiliza-se a ordem em que os previsores entram em uma equação de regressão ou saem dela para inferir sua importância relativa.

Como os previsores são correlacionados, ao menos até certo ponto, em praticamente todas as situações de regressão, nenhuma dessas medidas é satisfatória. É possível também que as diferentes medidas indiquem uma ordem diferente de importância dos previsores.[28] Todavia, se todas as medidas forem examinadas coletivamente, pode-se obter uma visualização conveniente da importância relativa dos previsores.

Validação cruzada

Antes de avaliar a importância relativa dos previsores ou elaborar outras inferências, é necessário fazer uma validação cruzada do modelo de regressão. A regressão e outros processos multivariados tendem a capitalizar as variações aleatórias dos dados. Isso pode resultar em um modelo de regressão indevidamente sensível aos dados específicos usados para estimar o modelo. Uma abordagem para avaliar o modelo para esse e outros problemas associados à regressão é a **validação cruzada**, que determina se o modelo de regressão permanece válido para dados comparáveis não utilizados na estimação. O processo típico de validação cruzada usado em pesquisa de marketing é o seguinte:

validação cruzada
Teste de validade que examina se um modelo permanece válido para dados comparáveis não utilizados na estimação original.

1. Estima-se o modelo de regressão utilizando todo o conjunto de dados.
2. Os dados disponíveis são separados em duas partes, a *amostra de estimação e a amostra de validação*. A amostra de estimação em geral contém de 50 a 90% da amostra total.
3. Estima-se o modelo de regressão utilizando apenas os dados da amostra de estimação. Compara-se esse modelo com aquele estimado com base em toda a amostra para determinar a concordância em termos dos sinais e das magnitudes dos coeficientes de regressão parcial.
4. Aplica-se o modelo estimado aos dados da amostra de validação para prever os valores da variável dependente, $\hat{Y}_i$, para as observações na amostra de validação.
5. Os valores observados, Y_i, e os valores previstos, $\hat{Y}_i$, na amostra de validação são então correlacionados para determinar o r^2. Essa medida, r^2, é comparada com o R^2 para a amostra total e com o R^2 da amostra de estimação para avaliar o grau de contração, ou redução.

Uma forma especial de validação é a chamada **dupla validação cruzada**, na qual a amostra é separada em metades. Uma das metades serve como amostra de estimação e a outra é usada como amostra de validação no processo de validação cruzada. Invertem-se então os papéis de estimação e validação e repete-se a validação cruzada.

dupla validação cruzada
Forma especial de validação em que a amostra é separada em duas metades. Uma das metades serve como amostra de estimação e a outra, como amostra de validação. Invertem-se então os papéis de estimação e validação e repete-se o processo de validação cruzada.

Regressão com variáveis *dummy*

A validação cruzada é um procedimento geral que pode ser utilizado mesmo em algumas aplicações especiais de regressão, como a regressão com variáveis *dummy*. As variáveis nominais ou categóricas podem ser usadas como variáveis previsoras independentes, codificando-se como variáveis *dummy*. O conceito de variável *dummy* foi introduzido no Capítulo 14, no qual explicamos como uma variável categórica com quatro categorias (frequente, médio, eventual e não usuário) pode ser codificada em termos de três variáveis *dummy* D_1, D_2 e D_3, como mostrado na tabela ao pé desta página.

Suponhamos que o pesquisador deseje fazer uma análise de regressão do efeito da atitude em relação à marca sobre o uso de um produto. As variáveis *dummy* D_1, D_2 e D_3 seriam usadas como previsoras. A *regressão com variáveis dummy* seria modelada como segue:

$$\hat{Y}_i = a + b_1 D_1 + b_2 D_2 + b_3 D_3$$

Nesse caso, a categoria "usuários frequentes" foi escolhida como categoria de referência e não foi incluída diretamente na equação de regressão. Observe que, para usuários frequentes, D_1, D_2 e D_3 tomam o valor 0, e a equação de regressão se escreve:

$$\hat{Y}_i = a$$

Para não usuários, $D_1 = 1$, e $D_2 = D_3 = 0$, e a equação de regressão é:

$$\hat{Y}_i = a + b_1$$

Assim, o coeficiente b_1 é a diferença no $\hat{Y}_i$ previsto para não usuários, comparado com usuários frequentes. Os coeficientes b_2 e b_3 admitem uma interpretação semelhante. Embora a categoria "usuários frequentes" tenha sido escolhida como categoria de referência, qualquer outra das três categorias poderia ter sido escolhida para essa finalidade.[29]

Categoria de utilização do produto	Código da variável original	Código da variável *dummy*		
		D_1	D_2	D_3
Não usuários	1	1	0	0
Usuários eventuais	2	0	1	0
Usuários médios	3	0	0	1
Usuários frequentes	4	0	0	0

Análise de variância e de covariância com regressão

A regressão com variáveis *dummy* proporciona uma estrutura para entender a análise de variância e de covariância. Embora a regressão múltipla com variáveis *dummy* nos dê um processo geral para a análise de variância e de covariância, mostramos apenas a equivalência entre a regressão com variáveis *dummy* e a análise de variância de um fator. Na regressão com variáveis *dummy*, o valor $\hat{Y}_i$ previsto para cada categoria é a média de Y para cada categoria. Para ilustrar o caso que acabamos de analisar sobre a codificação do uso de um produto por variável *dummy*, o valor previsto $\hat{Y}$ e o valor médio para cada categoria são:

Categoria de utilização do produto	Valor previsto $\hat{Y}$	Valor médio $\bar{Y}$
Não usuários	$a + b_1$	$a + b_1$
Usuários eventuais	$a + b_2$	$a + b_2$
Usuários médios	$a + b_3$	$a + b_3$
Usuários frequentes	a	a

Dada essa equivalência, é fácil visualizar outras relações entre regressão por variável *dummy* e ANOVA de um fator.[30]

Regressão com variável *dummy*	ANOVA de um fator
$SQ_{res} = \sum_{i=1}^{n}(Y_i - \hat{Y}_i)^2$	$= SQ_{dentro} = SQ_{erro}$
$SQ_{reg} = \sum_{i=1}^{n}(\hat{Y}_i - \bar{Y})^2$	$= SQ_{entre} = SQ_x$
R^2	$= \eta^2$
Teste F geral	$=$ Teste F

Vemos, assim, que a regressão em que a variável independente única com c categorias foi recodificada em $c - 1$ variáveis *dummy* é equivalente à análise da variância de um fator. Usando correspondências similares, podemos também ilustrar como a análise de variância de n fatores e a análise de covariância podem ser feitas utilizando a regressão com variáveis *dummy*.

A análise de regressão, em suas várias formas, é uma técnica muito utilizada. O exemplo a seguir ilustra uma aplicação no contexto da pesquisa de marketing internacional e o seguinte mostra como utilizar a regressão para investigar a ética na pesquisa de marketing.

Pesquisa real

Passageiros frequentes – da instabilidade para o bom tempo

As companhias aéreas asiáticas vêm enfrentando há muito tempo a incerteza e uma forte concorrência das contrapartes americanas. As companhias asiáticas, atingidas pela recessão global e pela concorrência, despertaram para a necessidade de se unir para aumentar sua clientela. Dados secundários revelaram que, entre os fatores que determinam a escolha da companhia aérea pelos passageiros, estavam o preço, a pontualidade, os destinos, as ofertas disponíveis, o serviço de bordo, o atendimento, etc. As companhias asiáticas ofereciam esses serviços no mínimo em igualdade de condições quando comparadas às suas concorrentes. Na realidade, uma pesquisa mostrou que o atendimento e o serviço de bordo eram inclusive melhores. Nessas condições, por que razão as companhias asiáticas estavam sentindo a pressão da concorrência? Uma pesquisa qualitativa sob forma de grupos de foco revelou que o programa de milhagem era um fator crítico para um grande segmento em geral e para o segmento dos executivos em específico. Fez-se uma pesquisa entre os passageiros internacionais, utilizando a análise de regressão múltipla para estudar os dados. A probabilidade de voar e outras medidas de escolha serviram como variável dependente, e o conjunto de fatores de atendimento, incluindo o programa para os passageiros frequentes, constituiu as variáveis independentes. Os resultados indicaram que o programa de passageiros frequentes tinha, na verdade, efeito significativo sobre a escolha da companhia aérea. Com base nessas constatações, a Cathay Pacific, a Singapore International Airlines e a Thai Airways International atualizaram seus programas de fidelidade. A partir de 2017, o programa de milhagem da Cathay Pacific era chamado de Asia Miles, a Singapore International Airlines ofereceu o Kris Flier e a Thai Airways ofereceu o Royal Orchid Plus. Campanhas multimilionárias de marketing e publicidade foram lançadas para promover esses programas. Os passageiros frequentes saíram, assim, da instabilidade para o bom tempo, e as linhas aéreas asiáticas tiveram um aumento no tráfego de passageiros. Embora estes e outros programas de fidelidade tenham sido bem-sucedidos, a economia incerta de 2017 as levou à crise. A Association of Asia Pacific Airlines (AAPA) afirmou, em sua assembleia anual, que a situação atual do setor era desencorajadora. Apesar dos desafios a serem enfrentados pelas empresas aéreas asiáticas de 2018 até 2025, muitos acreditam que será possível renovar o crescimento e restaurar a lucratividade no futuro. O setor deve aproveitar a oportunidade, pensar o impensável e definir uma nova rota para estabelecer uma indústria menos fragmentada e mais saudável.[32] ∎

Pesquisa real

Razões para que os pesquisadores se voltem para o comportamento antiético

Até 2018, a Internet estava sendo usada cada vez mais para realizar estudos de pesquisa de marketing. Logo, é crucial que a comunidade de pesquisa adote um código de padrões éticos a ser seguido ao realizar pesquisas em um ambiente *on-line*. Muitos pesquisadores se afligem com a forma como alguns pesquisadores estão abusando da Internet como meio de coletar dados. Especulou-se que quando um pesquisador opta por participar em atividades antiéticas, essa decisão pode ser influenciada por fatores organizacionais. Portanto, foi projetado um estudo usando a análise de regressão múltipla para examinar os fatores organizacionais como determinantes da incidência de práticas de pesquisa antiéticas. Seis variáveis organizacionais foram usadas como as variáveis independentes: extensão dos problemas éticos dentro da organização, ações da alta gerência com relação à ética, código de ética, cargo na organização, categoria do setor e papel organizacional. A avaliação dos entrevistados da incidência de práticas de pesquisa de marketing antiéticas serviu como a variável dependente. A análise de regressão dos dados sugeriu que quatro das seis variáveis organizacionais influenciaram a extensão da prática de pesquisas antiéticas: extensão dos problemas éticos dentro da organização, ações da alta gerência com relação à ética, papel organizacional e categoria do setor. Assim, para reduzir a incidência de práticas de pesquisa antiéticas, devem-se adotar ações severas, esclarecer os papéis organizacionais e as responsabilidades por violações éticas e abordar a extensão dos problemas éticos gerais dentro da organização.[32] ∎

Software estatístico

Os principais pacotes de computador (SPSS e SAS) têm programas para a realização de análises de correlação e de regressão. O MINITAB e o EXCEL também disponibilizam programas, que são descritos no Quadro 17.1. Verifique os manuais do usuário para esses pacotes para mais informações. Abordamos detalhadamente o uso de SPSS e SAS.

Vídeos demonstrativos computadorizados de SPSS e SAS

Desenvolvemos vídeos demonstrativos computadorizados que mostram instruções passo a passo para executar todos os programas do SPSS e do SAS Enterprise Guide discutidos neste capítulo. Esses vídeos estão disponíveis no *site* deste livro. As instruções para ver essas demonstrações são dadas no Quadro 14.2.

Cópias de telas dos programas SPSS e SAS com notas

As instruções passo a passo para executar os vários programas do SPSS e SAS Enterprise Guide discutidos neste capítulo também são ilustradas nas cópias das telas dos programas com notas apropriadas, que estão disponíveis no *site* deste livro.

SPSS Windows

SPSS Arquivo de Dados

O programa CORRELATE calcula as correlações momento-produto de Pearson e as correlações parciais com níveis de significância. Também podem ser feitas estatísticas univariadas, covariância e desvios de produtos cruzados. Os níveis de significância são incluídos nos resultados. Para selecionar esse procedimento usando o SPSS para Windows, clique em:

Analyze>Correlate>Bivariate . . .

Analyze>Correlate>Partial . . .

Diagramas de dispersão podem ser obtidos clicando em:

Graphs>Scatter . . . >Simple>Define

QUADRO 17.1 Programas do MINITAB e do EXCEL para correlação e regressão

---

MINITAB

As correlações podem ser calculadas usando a função STAT>BASIC STATISTICS>CORRELATION, que calcula o momento-produto de Pearson usando todas as colunas. Para Spearman, classificam-se as colunas primeiro e só então realiza-se a correlação nas colunas classificadas.

Para calcular uma correlação parcial, use os comandos de menu STAT>BASIC STATISTICS>CORRELATION e STAT>REGRESSION>REGRESSION. Correlações parciais também podem ser calculadas usando comandos de sessão.

A análise de regressão na função STAT> REGRESSION pode desempenhar análises simples, polinomiais e múltiplas. O resultado inclui uma equação de regressão linear, tabela de coeficientes, R^2, R^2 ajustado, tabela de análise de variância, tabela de ajustes e resíduos que fornecem observações incomuns. Outros recursos disponíveis incluem regressão passo a passo, melhores subconjuntos, gráfico da reta ajustada e gráficos de resíduos.

EXCEL

As correlações podem ser determinadas no EXCEL usando a função DATA>DATA ANALYSIS>CORRELATION. Utilize a função Correlation Worksheet quando um coeficiente de correlação para a série de duas células for necessário. Não há uma função específica para correlações parciais.

A regressão pode ser acessada no menu DATA>DATA ANALYSIS>REGRESSION. Dependendo das características selecionadas, o resultado pode consistir em uma tabela resumo, incluindo uma tabela ANOVA, um erro padrão da estimativa, coeficientes, erro padrão dos coeficientes, valores de R^2 e o número de observações. Além disso, a função calcula a tabela de valores resíduos, um gráfico de resíduos, um gráfico de ajuste de reta, um gráfico de probabilidade normal e uma tabela de dados probabilísticos com duas colunas.

A seguir apresentamos os passos detalhados para fazer uma correlação entre a atitude em relação à cidade e o tempo de residência dados na Tabela 17.1. Uma correlação positiva é esperada.

1. Selecione ANALYZE na barra de menu do SPSS.
2. Clique em CORRELATE e, depois, em BIVARIATE.
3. Coloque Attitude [attitude] na caixa VARIABLES. Em seguida coloque Duration [duration] na caixa VARIABLES.
4. Marque PEARSON sob CORRELATION COEFFICIENTS.
5. Marque ONE_TAILED sob TEST OF SIGNIFICANCE.
6. Marque FLAG SIGNIFICANT CORRELATIONS.
7. Clique em OK.

REGRESSION calcula equações bivariadas e de regressão múltipla, estatísticas associadas e gráficos, permitindo examinar facilmente os resíduos. Esse procedimento pode ser executado clicando em:

Analyze>Regression>Linear . . .

A seguir apresentamos os passos detalhados para fazer uma regressão bivariada com a atitude em relação à cidade como variável dependente e o tempo de residência como variável independente usando os dados da Tabela 17.1.

1. Selecione ANALYZE na barra de menu do SPSS.
2. Clique em REGRESSION e, em seguida, em LINEAR.
3. Coloque Attitude [attitude] na caixa DEPENDENT.
4. Coloque Duration [duration] na caixa INDEPENDENT(S).
5. Selecione ENTER na caixa METHOD.
6. Clique em STATISTICS e marque ESTIMATES sob REGRESSION COEFFICIENTS.
7. Marque MODEL FIT.
8. Clique em CONTINUE.
9. Clique em PLOTS.
10. Na caixa LINEAR REGRESSION:PLOTS, coloque *ZRESID na caixa Y: e *ZPRED na caixa X:.
11. Marque HISTOGRAM e NORMAL PROBABILITY PLOT em STANDARDIZED RESIDUALS PLOTS.
12. Clique em CONTINUE.
13. Clique em OK.

Os passos para fazer regressão múltipla são semelhantes, exceto no passo 4, quando Duration [duration] e Importance [importance] devem ser colocadas na caixa INDEPENDENT(S).

SAS Enterprise Guide

SAS Arquivo de Dados

Para uma abordagem apontar-clicar para fazer correlações métricas e não métricas, use a tarefa Analyze no SAS Enterprise Guide. A tarefa Multivariate>Correlations oferece esses tipos de correlação: correlações momento-produto de Pearson, tau-*b* de Kendall e correlações de ordem de Spearman. A tarefa também disponibiliza correlações parciais de Pearson, Spearman e Kendall. Para selecionar essa tarefa clique em:

Analyze > Multivariate > Correlations

(Você pode fazer correlações, correlações parciais e diagramas de dispersão nesta tarefa.)

A seguir apresentamos os passos detalhados para fazer uma correlação entre a atitude em relação à cidade e o tempo de residência no SAS Enterprise Guide utilizando os dados da Tabela 17.1.

1. Abra SAS Table_17_1 usando o SAS Enterprise Guide.
2. Selecione ANALYZE na barra de menu.
3. Clique em MULTIVARIATE e, em seguida, em CORRELATIONS.
4. Mova City e Duration para a tarefa ANALYSIS variable.
5. Clique em OPTIONS na caixa à esquerda.
6. Clique em PEARSON sob CORRELATION TYPES.
7. Clique em RUN.

Para uma abordagem apontar-clicar para fazer uma análise de regressão, use a tarefa Analyze no SAS Enterprise Guide. A tarefa Regression calcula as equações bivariadas e múltiplas, estatísticas associadas e gráficos e permite um exame fácil dos resíduos. A tarefa Regression oferece regressão linear, bem como regressão não linear e logística e modelos lineares generalizados. Esse procedimento pode ser feito ao clicar em:

Analyze > Regression > Linear

A seguir, apresentamos os passos detalhados para fazer uma regressão bivariada com a atitude em relação à cidade como variável dependente e o tempo de residência como variável independente no SAS Enterprise Guide utilizando os dados da Tabela 17.1.

1. Abra SAS Table_17_1 usando o SAS Enterprise Guide.
2. Selecione ANALYZE na barra de menu.
3. Clique em REGRESSION e, em seguida, em LINEAR.
4. Mova City para a tarefa DEPENDENT variable.
5. Mova Duration para a tarefa EXPLANATORY variables.
6. Clique em MODEL na caixa à esquerda.
7. Selecione Full model fitted (no selection) sob Model selection method.
8. Clique em RUN. (As estatísticas de ajuste do modelo e as estimativas fazem parte do resultado automático.)

Os passos para realizar uma regressão múltipla são semelhantes, exceto no passo 5, quando Duration e Weather devem ser colocadas para a tarefa EXPLANATORY variables.

Projeto de pesquisa

Regressão múltipla

No projeto de fidelização da loja de departamentos, a análise de regressão múltipla foi usada para desenvolver um modelo para explicar a preferência por lojas em termos das avaliações da loja por parte dos respondentes em oito critérios de escolha. A variável dependente foi a preferência das lojas. As variáveis independentes foram as avaliações de cada loja na qualidade, na variedade e no sortimento das mercadorias, nas devoluções e políticas de ajuste, no atendimento dos funcionários da loja, no preço, na conveniência da localização, no leiaute da loja e nas políticas de crédito e cobrança. Os resultados indicaram que todos os fatores de critérios de escolha, exceto atendimento dos funcionários da loja, foram significativos na explicação pela preferência da loja. Os coeficientes de todas as variáveis foram positivos, indicando que avaliações mais altas em cada um dos fatores significativos levaram a uma preferência maior pela loja. O modelo tinha um bom ajuste e uma ótima capacidade de prever a preferência da loja.

Atividades de projeto

SPSS Arquivo de Dados

SAS Arquivo de Dados

Faça o *download* do arquivo de dados *Wal-Mart Data 17* ou do arquivo SAS correspondente no *site* do livro. Esse arquivo contém a avaliação da Wal-Mart nos oito fatores de critérios de escolha (qualidade, variedade e sortimento, políticas de devolução, atendimento dos funcionários da loja, preços justos, conveniência da localização, leiaute da loja e políticas de crédito e cobrança), a preferência pela Wal-Mart, a importância relacionada aos oito fatores de critérios de escolha e a concordância com as 21 afirmações de estilos de vida. A mensuração dessas variáveis é descrita no Capítulo 1. As variáveis restantes não foram incluídas para manter o número de variáveis abaixo de 50 a fim de que você possa usar o *software* do SPSS de estudante.

1. Faça correlações momento-produto entre a avaliação da Wal-Mart nos oito fatores de critério de escolha e a preferência pela Wal-Mart.
2. Faça regressões múltiplas, com a preferência pela Wal-Mart como variável dependente e as avaliações da Wal-Mart nos oito fatores de critério de escolha como variáveis independentes. Interprete os resultados. ■

Caso HP

SPSS Arquivo de Dados

SAS Arquivo de Dados

Revise o caso HP, Caso 1.1, e o questionário apresentado no fim do livro. Acesse o *site* deste livro e faça o *download* do arquivo de dados da HP.

1. A satisfação geral (q4) pode ser explicada em termos das 13 avaliações da HP (q8_1 a q8_13) quando as variáveis independentes são consideradas simultaneamente? Interprete os resultados.
2. A probabilidade de escolher a HP (q6) pode ser explicada em termos das 13 avaliações da HP (q8_1 a q8_13) quando as variáveis independentes são consideradas simultaneamente? Interprete os resultados.
3. As avaliações de sensibilidade ao preço da q9_5per podem ser explicadas em termos das 13 avaliações da HP (q8_1 a q8_13) quando as variáveis independentes são consideradas simultaneamente? Interprete os resultados.
4. As avaliações de sensibilidade ao preço da q9_10per podem ser explicadas em termos das 13 avaliações da HP (q8_1 a q8_13) quando as variáveis independentes são consideradas simultaneamente? Interprete os resultados.

Resumo

O coeficiente de correlação momento-produto, r, mede a associação linear entre duas variáveis métricas (escalonadas por intervalo ou por razão). Seu quadrado, r^2, mede a proporção da variação em uma variável explicada pela outra. O coeficiente de correlação parcial mede a associação entre duas variáveis após controlar, ou ajustar, os efeitos de uma ou mais variáveis adicionais. A ordem de uma correlação parcial indica quantas variáveis estão sendo ajustadas ou controladas. As correlações parciais têm grande utilidade para detectar relações espúrias.

A regressão bivariada estabelece uma equação matemática entre uma única variável métrica e uma única variável previsora. A equação é deduzida sob forma de uma reta, utilizando o processo dos mínimos quadrados. Quando a regressão é feita sobre dados padronizados, o intercepto toma o valor 0 e os coeficientes de regressão são chamados de *pesos beta*. A intensidade da associação é medida pelo coeficiente de determinação, r^2, que se obtém com a razão de SQ_{reg} para SQ_y. Usa-se o erro padrão da estimativa para avaliar a precisão da previsão. Esse erro pode ser interpretado como um tipo de erro médio cometido ao prever Y a partir da equação de regressão.

A regressão múltipla envolve uma única variável dependente e duas ou mais variáveis independentes. O coeficiente de regressão parcial, b_1, representa a variação esperada em Y quando X_1 varia de uma unidade e X_2 a X_k são mantidas constantes. A intensidade de associação é medida pelo coeficiente de determinação múltipla, R^2. A significância da equação de regressão global pode ser testada com o teste F global. A significância dos coeficientes individuais de regressão parcial pode ser testada com o teste F incremental. Os diagramas de dispersão dos resíduos, em que estes são diagramados em comparação com valores previstos, $\hat{Y}_i$, tempo, ou variáveis previsoras, são úteis para examinar a validade das suposições básicas e do modelo de regressão ajustado. Também é interessante examinar o histograma de resíduos, o gráfico de probabilidade de normalidade dos resíduos e tabela de estatísticas residuais.

Na regressão passo a passo, as variáveis previsoras são introduzidas na equação de regressão, ou dela removidas, uma de cada vez, a fim de selecionar o menor conjunto de previsores que respondem pela maior parte da variação na variável dependente. A multicolinearidade ou intercorrelações muito altas entre as variáveis previsoras podem originar problemas sérios. Como as previsoras são correlacionadas, a análise de regressão não proporciona uma medida não ambígua da importância relativa dos previsores. A validação cruzada determina se o modelo de regressão permanece válido para dados comparáveis não utilizados na estimação. É um processo conveniente para avaliar um modelo de regressão.

As variáveis nominais ou categóricas podem ser usadas como previsoras, desde que as codifiquemos como variáveis *dummy*. A regressão múltipla com variáveis *dummy* constitui um processo geral para a análise de variância e de covariância.

Palavras-chave e conceitos fundamentais

correlação momento-produto (r), 452
covariância, 452
coeficiente de correlação parcial, 454
coeficiente de correlação de partes, 455
correlação não métrica, 456
análise de regressão, 456
regressão bivariada, 457
modelo de regressão bivariada, 457
coeficiente de determinação, 457
valor estimado ou previsto, 457
coeficiente de regressão, 457

diagrama de dispersão, 457
erro padrão da estimativa, 457
erro padrão, 457
coeficiente de regressão padronizado, 457
soma de quadrados dos erros, 457
estatística t, 457
procedimento dos mínimos quadrados, 458
regressão múltipla, 463
modelo de regressão múltipla, 463

R^2 ajustado, 464
coeficiente de determinação múltipla, 464
teste F, 464
teste F parcial, 464
coeficiente de regressão parcial, 464
resíduo, 466
regressão passo a passo, 468
multicolinearidade, 470
validação cruzada, 471
dupla validação cruzada, 471

Casos relacionados

Os casos listados a seguir são discutidos no final do livro.

1.1 HP Inc.

3.1 AT&T **3.2** IBM **3.3** Kimberly-Clark

4.1 JPMorgan Chase **4.2** Wendy's

Pesquisa ao vivo: realização de um projeto de pesquisa de marketing

1. É desejável calcular as correlações momento-produto entre todas as variáveis intervalares, pois isso dá uma ideia das correlações entre as variáveis.

2. Faça diversas regressões bivariadas e compare esses resultados com as correlações momento-produto correspondentes.

3. Faça regressões múltiplas ao examinar a associação entre uma única variável dependente e diversas variáveis independentes.

Exercícios

Perguntas

1. O que é coeficiente de correlação momento-produto? Um coeficiente de correlação momento-produto 0 (zero) entre duas variáveis indica que elas não são relacionadas entre si?
2. O que é coeficiente de correlação parcial?
3. Quais são as principais aplicações da análise de regressão?
4. Em que consiste o procedimento de mínimos quadrados?
5. Explique o significado dos coeficientes padronizados de regressão.
6. Como se mede a intensidade de associação na regressão bivariada? E na regressão múltipla?
7. O que significa precisão da previsão?
8. O que é erro padrão de estimativa?
9. Quais são as suposições básicas da regressão bivariada?
10. O que é regressão múltipla? Como ela se diferencia da regressão bivariada?
11. Explique o significado de um coeficiente de regressão parcial. Qual é a razão desse nome?
12. Formule a hipótese nula no teste de significância da equação de regressão múltipla global. Como se testa essa hipótese nula?
13. O que se pode ganhar com um exame dos resíduos?
14. Explique o processo de regressão passo a passo. Qual é seu objetivo?
15. O que é multicolinearidade? Que problemas podem surgir por causa dela?
16. Cite algumas das medidas usadas para avaliar a importância relativa dos previsores na regressão múltipla.
17. Descreva os processos de validação cruzada e de dupla validação cruzada.
18. Demonstre a equivalência entre regressão com variáveis *dummy* e ANOVA de um critério.

Problemas

1. Uma grande rede de supermercados deseja identificar o efeito de uma promoção sobre a competitividade relativa. Para isso, obteve dados em 15 Estados sobre as despesas promocionais relativas a um importante concorrente (despesas do concorrente = 100) e sobre as vendas relativas a esse concorrente (vendas do concorrente = 100). Você tem a tarefa de informar a gerência se há alguma relação entre as despesas promocionais relativas e as vendas relativas.
   a. Elabore um gráfico das vendas relativas (eixo Y) *versus* despesa promocional relativa (eixo X) e interprete o diagrama.
   b. Que medida você usaria para verificar se há relação entre as duas variáveis? Por quê?
   c. Faça uma análise de regressão bivariada das vendas relativas sobre as despesas promocionais relativas.
   d. Interprete os coeficientes de regressão.
   e. A relação de regressão é significativa?
   f. Se a empresa igualasse o concorrente em termos de despesas promocionais (se as despesas promocionais fossem 100), qual seria a venda relativa da empresa?
   g. Interprete o r^2 resultante.

Número do estado	Despesa promocional relativa	Vendas relativas
1	95	98
2	92	94
3	103	110
4	115	125
5	77	82
6	79	84
7	105	112
8	94	99
9	85	93
10	101	107
11	106	114
12	120	132
13	118	129
14	75	79
15	99	105

2. Para compreender a influência do preço e da qualidade sobre a preferência dos clientes por determinada drogaria, 14 grandes estabelecimentos desse tipo em uma grande área metropolitana foram avaliados em termos de preferência por loja, qualidade das mercadorias e preço justo. Todas as avaliações foram obtidas em uma escala de 11 pontos, com os números maiores indicando a classificação mais favorável.

Número da loja	Preferência	Qualidade	Preço
1	6	5	3
2	9	6	11
3	8	6	4
4	3	2	1
5	10	6	11
6	4	3	1
7	5	4	7
8	2	1	4
9	11	9	8
10	9	5	10
11	10	8	8
12	2	1	5
13	9	8	5
14	5	3	2

   a. Faça uma análise de regressão múltipla para explicar a preferência pela loja em termos da qualidade e do preço dos produtos.
   b. Interprete os coeficientes de regressão parcial.
   c. Determine a significância da regressão global.
   d. Determine a significância dos coeficientes de regressão parcial.

e. Você acha que a multicolinearidade é um problema neste caso? Por quê, ou por que não?

3. Você se depara com um artigo em uma revista que relata a seguinte relação entre gastos anuais com refeições preparadas (*RP*) e renda anual (*REN*):

$$RP = 23{,}4 + 0{,}003\, REN$$

O coeficiente da variável *REN* é dado como significante.

a. Essa relação parece plausível? É possível ter um coeficiente pequeno em magnitude e mesmo assim significante?
b. A partir da informação dada, é possível inferir a qualidade do modelo estimado?
c. Qual é a despesa esperada com refeições preparadas para uma família com renda anual de US$ 30 mil?
d. Se uma família com uma renda anual de US$ 40 mil gasta anualmente US$ 130 com refeições preparadas, qual é o resíduo?
e. Qual é o significado de um resíduo negativo?

Exercícios para Internet e computador

1. Realize as seguintes análises para os dados sobre a Nike apresentados no Exercício 1 da seção Exercícios para Internet e computador do Capítulo 15. Os arquivos de dados e a descrição das variáveis-chave podem ser baixados do *site* do livro.
   a. Calcule as correlações simples entre consciência, atitude, preferência, intenção e fidelidade em relação à Nike e interprete os resultados.
   b. Realize uma regressão bivariada com a fidelidade como a variável dependente e a intenção como a variável independente. Interprete os resultados.
   c. Realize uma regressão múltipla com a fidelidade como a variável dependente e consciência, atitude, preferência e intenção como variáveis independentes. Interprete os resultados. Compare os coeficientes da variável à intenção obtida nas regressões bivariada e múltipla.

2. Realize as seguintes análises para os dados sobre estilo de vida fora de casa dados no Exercício 2 da seção Exercícios para Internet e computador do Capítulo 15. Os arquivos de dados e a descrição das variáveis-chave podem ser baixados do *site* do livro.
   a. Calcule as correlações simples entre V_1 a V_6 e interprete os resultados.
   b. Realize uma regressão bivariada com preferência por um estilo de vida fora de casa (V_1) como a variável dependente e o fato de se encontrar com as pessoas (V_6) como variável independente. Interprete os resultados.
   c. Realize uma regressão múltipla com a preferência por um estilo de vida fora de casa como a variável dependente e V_2 a V_6 como as variáveis independentes. Interprete os resultados. Compare os coeficientes para V_6 obtidos nas regressões bivariada e múltipla.

3. Em um pré-teste, foram obtidos dados de 20 entrevistados sobre preferências a respeito de calçados esportivos (tênis) em uma escala de 7 pontos, 1 = não preferido, 7 = muito preferido (V_1). Os entrevistados também forneceram suas avaliações dos tênis com relação a conforto (V_2), estilo (V_3) e durabilidade (V_4), também em escalas de sete pontos, 1= insuficiente e 7 = excelente. Os dados resultantes são mostrados a seguir.

V_1	V_2	V_3	V_4
6,00	6,00	3,00	5,00
2,00	3,00	2,00	4,00
7,00	5,00	6,00	7,00
4,00	6,00	4,00	5,00
1,00	3,00	2,00	2,00
6,00	5,00	6,00	7,00
5,00	6,00	7,00	5,00
7,00	3,00	5,00	4,00
2,00	4,00	6,00	3,00
3,00	5,00	3,00	6,00
1,00	3,00	2,00	3,00
5,00	4,00	5,00	4,00
2,00	2,00	1,00	5,00
4,00	5,00	4,00	6,00
6,00	5,00	4,00	7,00
3,00	3,00	4,00	2,00
4,00	4,00	3,00	2,00
3,00	4,00	3,00	2,00
4,00	4,00	3,00	2,00
2,00	3,00	2,00	4,00

a. Calcule as correlações simples entre V_1 a V_4 e interprete os resultados.
b. Realize uma regressão bivariada com a preferência por tênis (V_1) como a variável dependente e a avaliação sobre o conforto (V_2) como a variável independente. Interprete os resultados.
c. Realize uma regressão bivariada com a preferência por tênis (V_1) como a variável dependente e a avaliação sobre o estilo (V_3) como a variável independente. Interprete os resultados.
d. Realize uma regressão bivariada com a preferência por tênis (V_1) como a variável dependente e a avaliação sobre a durabilidade (V_4) como a variável independente. Interprete os resultados.
e. Realize uma regressão múltipla com a preferência por tênis (V_1) como a variável dependente e a avaliação V_2 a V_4 como as variáveis independentes. Interprete os resultados. Compare os coeficientes para V_2, V_3 e V_4 obtidos nas regressões bivariada e múltipla.

4. Use um programa para computador adequado (SPSS, SAS, MINITAB ou EXCEL) a fim de analisar os dados para:
   a. Problema 1
   b. Problema 2
   c. Exercícios de trabalho de campo

Atividades

Dramatização

1. Você foi contratado como analista de pesquisa de marketing da Burger King. Seu chefe, o diretor de marketing, quer saber que análise estatística deveria ser feita para explicar a preferência pela Burger King em termos das avaliações de seus clientes com base nos fatores dos critérios de escolha deles. Explique para seu chefe (um colega de classe) a análise que você faria.

Trabalho de campo

1. Visite 10 farmácias diferentes em sua região. Avalie cada loja em termos de sua imagem geral e qualidade de atendimento usando escalas de avaliação de 11 pontos (1 = deficiente e 11 = excelente). A seguir, analise os dados que você coletou da seguinte forma:
   a. Faça um gráfico da imagem geral (eixo Y) *versus* o atendimento relativo na loja (eixo X) e interprete esse gráfico.
   b. Qual medida você usaria para verificar se há uma relação entre as duas variáveis? Por quê?
   c. Realize uma análise de regressão bivariada da imagem geral no atendimento na loja.
   d. Interprete os coeficientes de regressão.
   e. Essa relação de regressão é significante?
   f. Interprete o r^2 resultante.

Discussão em grupo

1. Em um pequeno grupo, discuta a seguinte afirmação: "A regressão é uma técnica tão básica que deveria ser sempre usada para analisar dados".
2. Em um pequeno grupo, discuta a relação entre a correlação bivariada, a regressão bivariada, a regressão múltipla e a análise de variância.

CAPÍTULO 18

Análise Discriminante e Análise Logit

> *A análise discriminante é um procedimento útil para determinar as diferenças entre grupos em variáveis métricas múltiplas. Também é útil para prever a integração aos grupos.*
>
> **Pierre Le Manh, CEO North America, Ipsos**

Objetivos

Após a leitura deste capítulo, o aluno conseguirá:

1. Definir o conceito de análise discriminante, seus objetivos e suas aplicações na pesquisa de marketing.
2. Delinear os procedimentos para a realização da análise discriminante, entre eles a formulação do problema, a estimação dos coeficientes da função discriminante, a determinação da significância, a interpretação e a validação.
3. Discutir a análise discriminante múltipla e a distinção entre análise discriminante de dois grupos e múltipla.
4. Explicar a análise discriminante passo a passo e descrever o procedimento Mahalanobis.
5. Descrever o modelo logit binário e suas vantagens em relação à análise discriminante e de regressão.
6. Explicar o papel do *software* na realização da análise discriminante e logit usando SPSS e SAS.

Aspectos gerais

Este capítulo discute as técnicas de análise discriminante e análise logit. Começamos examinando a relação da análise discriminante e logit com a análise de variância (Capítulo 16) e a análise de regressão (Capítulo 17). Apresentamos um modelo e descrevemos o procedimento geral para realizar análise discriminante, com ênfase na formulação, estimatição, determinação de significância, interpretação e validação dos resultados. O procedimento é ilustrado com um exemplo de análise discriminante de dois grupos, seguido por um exemplo de análise discriminante múltipla (de três grupos). Também é apresentado um procedimento de análise discriminante passo a passo. Quando a variável dependente é binária, o modelo logit também pode ser usado em vez da análise discriminante de três grupos. Explicamos o modelo logit e discutimos seus méritos relativos em comparação com a análise discriminante e de regressão.

Finalmente, discutimos o uso de *software* na análise discriminante e logit. Auxílios para execução dos programas SPSS e SAS Enterprise Guide usados neste capítulo são oferecidos de algumas maneiras: (1) instruções passo a passo no final do capítulo, (2) vídeos demonstrativos computadorizados que ilustram as instruções passo a passo disponíveis no *site* do livro e (3) cópias das telas dos programas com notas que ilustram as instruções passo a passo.

Pesquisa real

Defensores do desconto

Foi feito um estudo com 294 consumidores para determinar a propensão para o desconto, ou as características de consumidores que reagem favoravelmente a promoções com desconto. As variáveis previsoras foram quatro fatores associados com as atitudes e os comportamentos em relação a compras e características demográficas selecionadas (gênero, idade e renda). A variável dependente foi o grau de propensão do entrevistado em relação ao desconto, tendo-se identificado três níveis dessa propensão. Os entrevistados que não fizeram compras motivadas pelo desconto nos últimos 12 meses foram classificados como não usuários, os que fizeram uma ou duas dessas compras foram enquadrados como usuários eventuais e os que apresentaram mais de duas compras, como usuários frequentes das compras com desconto. Os dados foram estudados com auxílio da análise discriminante múltipla.

Surgiram logo dois resultados importantes. Em primeiro lugar, a percepção dos consumidores da relação esforço/valor foi a variável mais eficaz na discriminação entre usuários frequentes, eventuais e não usuários das ofertas com desconto. É claro que os consumidores favoráveis ao desconto associam menor esforço ao preenchimento das formalidades das compras com desconto e estão dispostos a aceitar um reembolso relativamente menor do que outros consumidores. Em segundo lugar, os consumidores conscientes dos preços normais dos produtos e que podem reconhecer um bom negócio têm probabilidade muito maior de reagir favoravelmente a ofertas com desconto.

Essas constatações foram utilizadas pela Dell (www.dell.com) quando ela ofereceu até US$ 800 de desconto nos seus *notebooks* na época de Ação de Graças de 2016. A empresa acreditava que isso encorajaria os consumidores favoráveis a descontos a escolher os *notebook* da Dell.[1] ∎

O exemplo da propensão para o desconto examinou três grupos (não usuários, usuários eventuais e usuários frequentes de descontos). As diferenças significativas intergrupos foram encontradas usando variáveis previsoras múltiplas. Uma análise das diferenças entre grupos consiste no âmago do conceito básico da análise discriminante.

Conceito básico de análise discriminante

A **análise discriminante** é uma técnica para análise de dados usada quando a variável de critério ou dependente é categórica e as variáveis previsoras ou independentes são de natureza intervalar.[2] Por exemplo, a variável dependente pode ser a escolha de uma marca de computador pessoal (marca A, B ou C) e as variáveis independentes podem ser as avaliações dos atributos dos PCs em uma escala Likert de sete pontos. Os objetivos da análise discriminante são:

análise discriminante
Técnica para analisar dados na pesquisa de marketing em que a variável dependente ou de critério é categórica e as variáveis previsoras ou independentes têm natureza intervalar.

1. Estabelecer **funções discriminantes**, ou combinações lineares das variáveis independentes ou previsoras, que melhor discriminem entre as categorias da variável de critério ou dependente (grupos).

função discriminante
Combinação linear de variáveis independentes, estabelecida pela análise discriminante, que melhor discrimina entre as categorias da variável dependente.

2. Verificar se existem diferenças significativas entre os grupos, em termos das variáveis previsoras.
3. Determinar as variáveis previsoras que mais contribuem para as diferenças entre grupos.
4. Enquadrar, ou classificar, os casos em um dos grupos com base nos valores das variáveis previsoras.
5. Avaliar a precisão da classificação.

As técnicas de análise discriminante são definidas pelo número de categorias que a variável dependente possui. Quando a variável dependente tem duas categorias, a técnica é conhecida como **análise discriminante de dois grupos**. Quando estão em jogo três ou mais categorias, temos a **análise discriminante múltipla**. A distinção principal é que, no caso de dois grupos, é possível deduzir apenas uma função discriminante, enquanto na análise discriminante múltipla podemos calcular mais de uma função.[3]

análise discriminante de dois grupos
Técnica de análise discriminante em que a variável dependente tem duas categorias.

análise discriminante múltipla
Técnica de análise discriminante em que a variável dependente envolve três ou mais categorias.

Os exemplos de análise discriminante são abundantes em pesquisa de marketing. Essa técnica é aplicada para responder a questões como:

- Em termos de características demográficas, qual é a diferença entre clientes frequentes de um estabelecimento e clientes eventuais?
- Os usuários frequentes, médios e eventuais de refrigerantes diferem quanto ao seu consumo de alimentos congelados?
- Que características psicográficas contribuem para estabelecer a diferença entre compradores de alimentos que se preocupam com o preço e compradores que não se preocupam com o preço?
- Os diversos segmentos do mercado diferem quanto a seus hábitos de consumo de mídia?
- Em termos de estilo de vida, quais são as diferenças entre os clientes frequentes de lojas de departamentos regionais e os de redes nacionais?
- Quais são as características dos consumidores que reagem positivamente às solicitações por mala-direta?

Relação da análise discriminante e logit com ANOVA e regressão

A Tabela 18.1 exibe a relação entre análise discriminante, análise de variância (ANOVA) e análise de regressão. Ilustramos essa relação com um exemplo em que o pesquisador procura explicar o montante de seguro de vida contratado em função da idade e da renda. Os três procedimentos envolvem uma única variável dependente ou de critério e variáveis independentes ou previsoras múltiplas. Entretanto, a natureza dessas variáveis difere. Na análise de variância e análise de regressão, a variável dependente é métrica ou intervalar (montante de seguro de vida contratado em dólares), enquanto na análise discriminante ela é categórica (montante de seguro de vida contratado classificado como alto, médio ou baixo). As variáveis independentes são categóricas no caso da análise de variância (idade e renda são classificadas como alta, média ou baixa), mas são métricas no caso de análise de regressão e análise discriminante (idade em anos e renda em dólares, ou seja, ambas medidas em uma escala razão).

A análise discriminante de dois grupos, em que a variável dependente tem apenas duas categorias, está estreitamente relacionada com a análise de regressão múltipla. Nesse

TABELA 18.1
Semelhanças e diferenças entre ANOVA, regressão e análise discriminante logit

	ANOVA	Regressão	Análise discriminante logit
Semelhanças			
Número de variáveis dependentes	Uma	Uma	Uma
Número de variáveis independentes	Múltipla	Múltipla	Múltipla
Diferenças			
Natureza das variáveis dependentes	Métrica	Métrica	Categórica/binária
Natureza das variáveis independentes	Categórica	Métrica	Métrica

caso, a regressão múltipla, em que a variável dependente é codificada como uma variável *dummy* 0 ou 1, resulta em coeficientes de regressão parciais proporcionais aos coeficientes da função discriminante (ver a seção seguinte sobre o modelo de análise discriminante). A natureza das variáveis dependentes e independentes no modelo logit binário é semelhante à da análise discriminante de dois grupos.

Modelo de análise discriminante

O **modelo de análise discriminante** envolve combinações lineares da seguinte forma:

$$D = b_0 + b_1 X_1 + b_2 X_2 + b_3 X_3 + \ldots + b_k X_k$$

onde

D = escore discriminante

b's = coeficiente ou peso discriminante

X's = variável previsora ou independente

---
modelo de análise discriminante
Modelo estatístico no qual se baseia a análise discriminante.

Os coeficientes, ou pesos (b), são estimados de modo que os grupos difiram tanto quanto possível em relação aos valores da função discriminante. Isso ocorre quando a razão da soma de quadrados entre grupos para a soma de quadrados dentro de grupos para os escores discriminantes for máxima. Qualquer outra combinação linear dos previsores resultará em uma razão menor.

Fazemos uma breve exposição da análise discriminante de dois grupos. Suponhamos que houvesse dois grupos, G1 e G2, e que cada membro desses grupos fosse mensurado em duas variáveis X_1 e X_2. Um diagrama de dispersão desses dois grupos é mostrado na Figura 18.1, onde X_1 e X_2 são os dois eixos. Os membros do G1 são representados por 1, e os membros do G2 como 2. As elipses resultantes abrangem alguma porcentagem específica dos pontos (membros), digamos, 93% em cada grupo. Uma linha reta é traçada no meio dos dois pontos onde há intersecção da elipse e depois é projetada a um novo eixo, D. A sobreposição entre as distribuições univariadas G1' e G2', representadas pela área sombreada na Figura 18.1, é menor do que seria obtido por qualquer outra linha traçada nas elipses representando os diagramas de dispersão. Assim, os grupos diferem tanto quanto possível no eixo D. Várias estatísticas são associadas com a análise discriminante.

Estatísticas associadas à análise discriminante

As estatísticas importantes associadas à análise discriminante são:

Correlação canônica. A correlação canônica mede o alcance da associação entre os escores discriminantes e os grupos. É uma medida de associação entre a função discriminante isolada e o conjunto de variáveis *dummy* que definem a integração ao grupo.

Centroide. O centroide é a média dos valores dos escores discriminantes de um determinado grupo. Há tantos centroides quanto grupos – um para cada grupo. As médias para um grupo sobre todas as funções são os *centroides de grupos*.

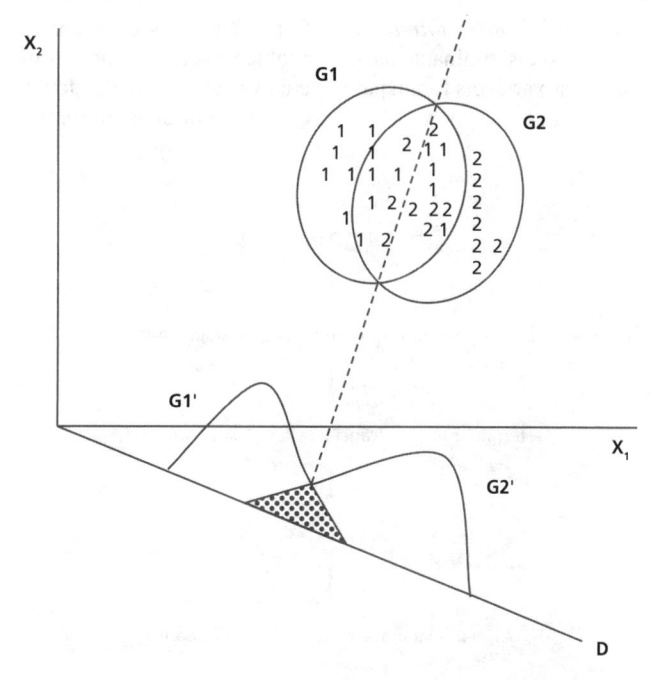

FIGURA 18.1 Interpretação geométrica de análise discriminante de dois grupos.

Matriz de classificação. Por vezes também chamada de *matriz de confusão* ou *matriz de predição*, a matriz de classificação contém o total de casos classificados corretamente e mal classificados. Os casos classificados corretamente aparecem na diagonal, porque os grupos previstos e reais são os mesmos. Os elementos fora da diagonal representam casos que foram classificados incorretamente. A soma dos elementos da diagonal dividida pelo número total de casos representa a *proporção de acertos*.

Coeficientes da função discriminante. Os coeficientes da função discriminante (não padronizados) são os multiplicadores de variáveis quando as variáveis estão nas unidades de medida originais.

Escores discriminantes. Os coeficientes não padronizados são multiplicados pelos valores das variáveis. Esses produtos são somados e adicionados ao termo constante, resultando nos escores discriminantes.

Autovalores. Para cada função discriminante, o autovalor é a razão da soma de quadrados entre grupos para a mesma soma dentro de grupos. Grandes autovalores implicam funções superiores.

Valores F e sua significância. São calculados pela ANOVA de um fator, com a variável agrupadora servindo como variável independente categórica. Cada previsor, por sua vez, serve como variável dependente métrica na ANOVA.

Médias de grupo e desvios-padrão de grupo. São calculados para cada previsor e para cada grupo.

Matriz de correlação combinada dentro de grupos. A matriz de correlação combinada dentro de grupos é calculada tomando-se a média das matrizes de covariância separadas para todos os grupos.

Coeficientes padronizados da função discriminante. Coeficientes padronizados da função discriminante usados como multiplicadores quando as variáveis foram padronizadas para média 0 e variância 1.

Correlações estruturais. Também chamadas de *cargas discriminantes*, as correlações estruturais representam as correlações simples entre os previsores e a função discriminante.

Matriz de correlação total. Se os casos forem tratados como se proviessem de uma única amostra, calculando-se então as correlações, obtém-se uma matriz de correlação total.

λ *de Wilks.* Por vezes chamado também de estatística U, o λ de Wilks para cada previsor é a razão da soma de quadrados dentro dos grupos para a soma total de quadrados. Seu valor varia entre 0 e 1. Grandes valores de λ (próximos de 1) indicam que as médias dos grupos não parecem diferentes umas das outras. Pequenos valores de λ (próximos de 0) indicam que as médias de grupos parecem diferentes.

As suposições na análise discriminante são que cada grupo seja uma amostra de uma população normal multivariada e que todas as populações tenham a mesma matriz de covariância. Podemos entender melhor o papel dessas suposições e as estatísticas que acabamos de descrever estudando o procedimento para fazer análise discriminante.

Como fazer análise discriminante

Os estágios envolvidos na realização de uma análise discriminante são formulação, estimação, determinação da significância, interpretação e validação (ver Figura 18.2). Esses estágios são discutidos e ilustrados dentro do contexto da análise discriminante de dois grupos. Mais adiante neste capítulo, abordaremos a análise discriminante com mais de dois grupos.

Formular o problema

O primeiro passo na análise discriminante é formular o problema identificando os objetivos, a variável dependente e as variáveis independentes. A variável dependente deve consistir em duas ou mais categorias mutuamente exclu-

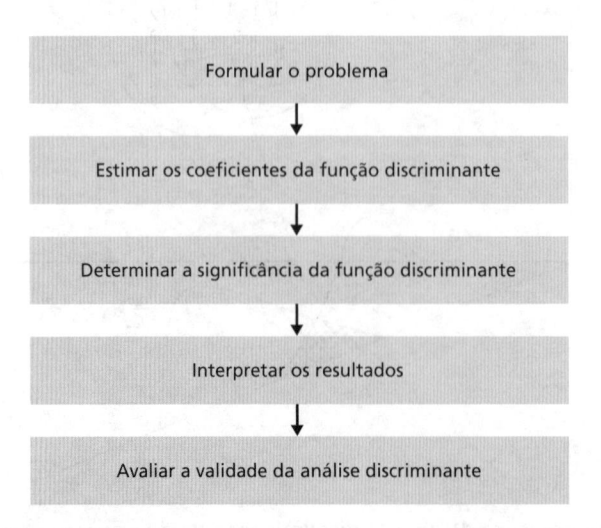

FIGURA 18.2 Como fazer análise discriminante.

dentes e coletivamente exaustivas. Quando a variável dependente for escalonada de forma intervalar ou razão, deve ser primeiramente convertida em categorias. Por exemplo, a atitude em relação a uma marca, medida em uma escala de sete pontos, poderia ser categorizada como desfavorável (1, 2, 3), neutra (4) ou favorável (5, 6, 7). Alternativamente, pode-se fazer o gráfico da distribuição da variável dependente e formar grupos de igual tamanho determinando os pontos de corte apropriados para cada categoria. As variáveis previsoras devem ser selecionadas com base em um modelo teórico ou em uma pesquisa prévia; no caso de pesquisa exploratória, a experiência do pesquisador deve orientar sua escolha.

O passo seguinte consiste em dividir a amostra em duas partes. Uma, chamada de amostra de estimação ou **amostra de análise**, é usada para estimar a função discriminante. A outra parte, chamada de **amostra de validação** ou amostra retida (*holdout*), é reservada para validar a função discriminante. Quando a amostra for suficientemente grande, pode ser dividida ao meio. Uma das metades serve como amostra de análise e a outra é usada para validação. Invertem-se então os papéis das duas metades e repete-se a análise. Esse procedimento é chamado de *dupla validação cruzada* e é semelhante ao procedimento discutido na análise de regressão (Capítulo 17).

amostra de análise
Parte da amostra total que é utilizada para estimação da função discriminante.

amostra de validação
Parte da amostra total usada para verificar os resultados da amostra de estimação.

Com frequência, a distribuição do número de casos nas amostras de análise e de validação segue a distribuição na amostra total. Por exemplo, se a amostra total contém 50% de clientes frequentes e 50% de clientes eventuais, então as amostras de análise e de validação conterão cada uma 50% de clientes frequentes e 50% de eventuais. Por outro lado, se a amostra contivesse 25% de clientes frequentes e 75% de clientes eventuais, as amostras de análise e de validação seriam selecionadas de modo a refletir a mesma distribuição (25% *versus* 75%).

Finalmente, sugeriu-se que a validação da função discriminante se faça repetidamente. A cada vez, a amostra tem de ser dividida em diferentes partes para análise e para validação. Deve-se estimar a função discriminante e fazer a análise de validação. Assim, a validação se baseia em várias tentativas. Foram sugeridos também métodos mais rigorosos.[4]

Para melhor ilustrar a análise discriminante de dois grupos, consideremos um exemplo. Suponha que queiramos determinar as características relevantes de famílias que frequentaram uma estação de férias durante os últimos dois anos. Obtiveram-se dados de uma amostra pré-teste de 42 residências. Dessas, 30 residências mostradas na Tabela 18.2 foram incluídas na amostra de análise e as 12 restantes, mostradas na Tabela 18.3, integraram a amostra de validação. Para fins ilustrativos, consideramos somente um pequeno número de observações. Na prática, a análise discriminante é realizada com uma amostra muito maior, como a apresentada no caso HP e em outros casos com dados reais mostrados neste livro. Os moradores que visitaram a estação durante os dois últimos anos foram codificados como 1; os que não visitaram foram codificados como 2 (Visita). Ambas as amostras de análise e de validação foram equilibradas em termos de Visita. Como se pode ver, a amostra de análise contém 15 residências em cada categoria, enquanto a amostra de validação contém 6 em cada categoria. Obtiveram-se também dados sobre a renda familiar anual (Renda), atitude em relação à viagem (Viagem, medida em uma escala de nove pontos), importância atribuída às férias da família (Férias, medida em uma escala de nove pontos), tamanho da família (Tamanho) e idade do chefe da família (Idade).

Estimar os coeficientes da função discriminante

SPSS Arquivo de Dados

SAS Arquivo de Dados

Uma vez identificada a amostra de análise, como na Tabela 18.2, podemos estimar os coeficientes da função discriminante. Dispomos de dois amplos métodos de abordagem. O **método direto** consiste em estimar a função discriminante de modo que todos os previsores sejam incluídos simultaneamente. Nesse caso, todas as variáveis independentes são incluídas, independentemente de seu poder discriminatório. Esse método é adequado quando, com base em uma pesquisa prévia ou em um modelo teórico, o pesquisador deseja que a discriminação esteja baseada em todos os previsores. Uma abordagem alternativa é o método passo a passo. Na **análise discriminante passo a passo**, as variáveis previsoras são introduzidas sequencialmente, com base em sua capacidade de discriminar entre os grupos. Esse método, detalhado mais adiante, é adequado quando o pesquisador deseja selecionar um subconjunto dos previsores para inclusão na função discriminante.

método direto
Método de abordagem da análise discriminante que envolve a estimação da função discriminante de forma que todos os previsores sejam incluídos simultaneamente.

análise discriminante passo a passo
Procedimento de análise discriminante em que os previsores são introduzidos sequencialmente com base em sua capacidade de discriminar entre os grupos.

A Tabela 18.4 apresenta os resultados de uma análise discriminante de dois grupos sobre os dados da Tabela 18.2, utilizando um conhecido programa de computador. Pode-se obter uma avaliação intuitiva dos resultados examinando as médias e os desvios-padrão dos grupos. Parece que os dois grupos são mais separados em termos de renda do que em termos de outras variáveis. Parece haver mais separação na

TABELA 18.2
Informações sobre visitas a estações de férias: amostra de análise

Número	Visitas à estação	Renda familiar anual (US$ 000)	Atitude em relação à viagem da família	Importância atribuída às férias da família	Tamanho da família	Idade do chefe da família	Valor gasto com as férias
1	1	50,2	5	8	3	43	M (2)
2	1	70,3	6	7	4	61	A (3)
3	1	62,9	7	5	6	52	A (3)
4	1	48,5	7	5	5	36	B (1)
5	1	52,7	6	6	4	55	A (3)
6	1	75,0	8	7	5	68	A (3)
7	1	46,2	5	3	3	62	M (2)
8	1	57,0	2	4	6	51	M (2)
9	1	64,1	7	5	4	57	A (3)
10	1	68,1	7	6	5	45	A (3)
11	1	73,4	6	7	5	44	A (3)
12	1	71,9	5	8	4	64	A (3)
13	1	56,2	1	8	6	54	M (2)
14	1	49,3	4	2	3	56	A (3)
15	1	62,0	5	6	2	58	A (3)
16	2	32,1	5	4	3	58	B (1)
17	2	36,2	4	3	2	55	B (1)
18	2	43,2	2	5	2	57	M (2)
19	2	50,4	5	2	4	37	M (2)
20	2	44,1	6	6	3	42	M (2)
21	2	38,3	6	6	2	45	B (1)
22	2	55,0	1	2	2	57	M (2)
23	2	46,1	3	5	3	51	B (1)
24	2	35,0	6	4	5	64	B (1)
25	2	37,3	2	7	4	54	B (1)
26	2	41,8	5	1	3	56	M (2)
27	2	57,0	8	3	2	36	M (2)
28	2	33,4	6	8	2	50	B (1)
29	2	37,5	3	2	3	48	B (1)
30	2	41,3	3	3	2	42	B (1)

importância atribuída às férias da família do que à atitude em relação à viagem. A diferença entre os dois grupos, no tocante à idade do chefe da família, é pequena, e o desvio-padrão dessa variável é grande.

A matriz de correlação combinada dentro de grupos indica baixas correlações entre os previsores. É improvável que a multicolinearidade venha a constituir um problema. A significância da razão F univariada indica que, quando os previsores são analisados individualmente, apenas a renda, a importância das férias e o tamanho da família distinguem significativamente os que frequentam uma estação de férias dos que não frequentam.

Como há dois grupos, estima-se apenas uma função discriminante. O autovalor associado a essa função é 1,7862 e responde por 100% da variância explicada. A correlação canônica associada a essa função é 0,8007. O quadrado dessa correlação, $(0,8007)^2 = 0,64$, indica que 64% da variância na variável dependente (Visita) são explicados por esse modelo.

Determinar a significância da função discriminante

Não teria sentido interpretar a análise se as funções discriminantes estimadas não fossem estatisticamente significativas. Pode-se testar estatisticamente a hipótese nula de que as médias de todas as funções discriminantes em todos os grupos sejam iguais. No SPSS, esse teste se baseia no λ de Wilks. Testando-se simultaneamente várias funções (como no caso da análise discriminante múltipla), a estatística λ de Wilks é o produto dos λ univariados de cada função. Estima-se o nível de significância com base em uma transformação qui--quadrado da estatística. Ao testar a significância no exemplo da estação de férias (ver Tabela 18.4), vê-se que o λ de Wilks

TABELA 18.3
Informações sobre visitas a uma estação de férias: amostra de validação

Número	Visitas à estação	Renda familiar anual (US$ 000)	Atitude em relação à viagem da família	Importância atribuída às férias da família	Tamanho da família	Idade do chefe da família	Valor gasto com as férias
1	1	50,8	4	7	3	45	M (2)
2	1	63,6	7	4	7	55	A (3)
3	1	54,0	6	7	4	58	M (2)
4	1	45,0	5	4	3	60	M (2)
5	1	68,0	6	6	6	46	A (3)
6	1	62,1	5	6	3	56	A (3)
7	2	35,0	4	3	4	54	B (1)
8	2	49,6	5	3	5	39	B (1)
9	2	39,4	6	5	3	44	A (3)
10	2	37,0	2	6	5	51	B (1)
11	2	54,5	7	3	3	37	M (2)
12	2	38,2	2	2	3	49	B (1)

associado à função é 0,3589, que se transforma em um qui-quadrado 26,13 com 5 graus de liberdade; isso é significativo acima do nível de 0,05. No SAS, calcula-se uma estatística F com base em uma aproximação da distribuição da razão de verossimilhança. Não dispomos de teste em MINITAB. Se a hipótese nula for rejeitada, o que indica discriminação significativa, pode-se passar à interpretação dos resultados.[5]

Interpretar os resultados

A interpretação dos pesos, ou coeficientes, da discriminante é similar à do caso da análise de regressão múltipla. O valor do coeficiente para um determinado previsor depende dos outros previsores incluídos na função discriminante. Os sinais dos coeficientes são arbitrários, mas indicam que valores da variável resultam em grandes ou pequenos valores da função, associando-os a grupos particulares.

Dada a multicolinearidade nas variáveis previsoras, não há medida não ambígua da importância relativa dos previsores na discriminação entre os grupos.[6] Com essa precaução em mente, podemos ter alguma ideia da importância relativa das variáveis, examinando a magnitude absoluta dos coeficientes padronizados da função discriminante. De modo geral, os previsores com coeficientes padronizados relativamente grandes contribuem mais para o poder discriminatório da função, em comparação com previsores com coeficientes menores; eles são, portanto, mais importantes.

Podemos também ter ideia da importância relativa dos previsores examinando as correlações estruturais, também chamadas de *cargas canônicas* ou *cargas discriminantes*. Essas correlações simples entre cada previsor e a função discriminante representam a variância que o previsor compartilha com a função. Quanto maior a magnitude da correlação estrutural, maior a importância do previsor correspondente. Tal como os coeficientes padronizados, essas correlações também devem ser interpretadas com cautela.

É instrutivo examinar os coeficientes padronizados da função discriminante para o caso do exemplo da estação de férias. Dadas as baixas intercorrelações entre os previsores,

TABELA 18.4
Resultados da análise discriminante de dois grupos

SPSS Arquivo de Saída
SAS Arquivo de Saída

Médias dos grupos

Visita	Renda	Viagem	Férias	Tamanho da família	Idade
1	60,52000	5,40000	5,80000	4,33333	53,73333
2	41,91333	4,33333	4,06667	2,80000	50,13333
Total	51,21667	4,86667	4,93333	3,56667	51,93333

Desvios-padrão dos grupos

1	9,83065	1,91982	1,82052	1,23443	8,77062
2	7,55115	1,95180	2,05171	0,94112	8,27101
Total	12,79523	1,97804	2,09981	1,33089	8,57395

(Continua)

TABELA 18.4
Resultados da análise discriminante de dois grupos (*continuação*)

Matriz de correlação combinada dentro de grupos

	Renda	Viagem	Férias	Tamanho da família	Idade
RENDA	1,00000				
VIAGEM	0,19745	1,00000			
FÉRIAS	0,09148	0,08434	1,00000		
TAMANHO DA FAMÍLIA	0,08887	−0,01681	0,07046	1,00000	
IDADE	−0,01431	−0,19709	0,01742	−0,04301	1,00000

λ de Wilks (estatística *U*) e razão *F* univariada com 1 e 28 graus de liberdade

Variável	λ de Wilks	F	Significância
RENDA	0,45310	33,80	0,0000
VIAGEM	0,92479	2,277	0,1425
FÉRIAS	0,82377	5,990	0,0209
TAMANHO DA FAMÍLIA	0,65672	14,64	0,0007
IDADE	0,95441	1,338	0,2572

Funções discriminantes canônicas

Função	Autovalor	Porcentagem de variação	Porcentagem acumulada	Correlação canônica	Função após	λ de Wilks	Qui-quadrado	gl	Sig.
					0	0,3589	26,130	5	0,0001
1*	1,7862	100,00	100,00	0,8007					

*Assinala as funções discriminantes canônicas restantes na análise.

Coeficientes padronizados da função discriminante canônica

	Func 1
RENDA	0,74301
VIAGEM	0,09611
FÉRIAS	0,23329
TAMANHO DA FAMÍLIA	0,46911
IDADE	0,20922

Matriz estrutural

Correlações combinadas dentro de grupos entre variáveis discriminantes e funções discriminantes canônicas (variáveis ordenadas pelo tamanho da correlação dentro da função)

	Func 1
RENDA	0,82202
TAMANHO DA FAMÍLIA	0,54096
FÉRIAS	0,34607
VIAGEM	0,21337
IDADE	0,16354

Coeficientes não padronizados da função discriminante canônica

	Func 1
RENDA	0,8476710E−01
VIAGEM	0,4964455E−01
FÉRIAS	0,1202813
TAMANHO DA FAMÍLIA	0,4273893
IDADE	0,2454380E−01
(constante)	−7,975476

(*Continua*)

TABELA 18.4
Resultados da análise discriminante de dois grupos (*continuação*)

Funções discriminantes canônicas calculadas para médias de grupos (centroides de grupos)

Grupo	Func 1
1	1,29118
2	– 1,29118

Resultados de classificação

				Afiliação prevista ao grupo		
			Visita	1	2	Total
Original	Contagem		1	12	3	15
			2	0	15	15
	%		1	80,0	20,0	100,0
			2	0,0	100,0	100,0
Validação cruzada	Contagem		1	11	4	15
			2	2	13	15
	%		1	73,3	26,7	100,0
			2	13,3	86,7	100,0

[a] A validação cruzada é feita somente para os casos que estão na análise. Na validação cruzada, cada caso é classificado pela função deduzida de todos os outros casos.
[b] 90,0% dos casos agrupados originais classificados corretamente.
[c] 80,0% dos casos agrupados por validação cruzada classificados corretamente.

Resultados de classificação para casos não selecionados para uso na análise (amostra de validação)

			Afiliação prevista ao grupo	
	Grupo real	Número de casos	1	2
Grupo	1	6	4	2
			66,7%	33,3%
Grupo	2	6	0	6
			0,0%	100%
Porcentagem de casos agrupados classificados corretamente: 83,33%				

podem-se utilizar com cautela as magnitudes dos coeficientes padronizados para sugerir que a renda é o previsor mais importante na discriminação entre os grupos, seguida pelo tamanho da família e pela importância atribuída às férias da família. Obtém-se a mesma informação no exame das correlações estruturais. Relacionam-se a seguir, em ordem de grandeza, essas correlações simples entre os previsores e a função discriminante.

Os coeficientes não padronizados da função discriminante também são dados. Eles podem ser aplicados aos valores brutos das variáveis no conjunto retido para fins de classificação. São apresentados também os centroides dos grupos, que dão o valor da função discriminante calculado nas médias dos grupos. O grupo 1 (os que visitaram uma estação de férias) tem valor positivo (1,29118), enquanto o grupo 2 tem valor negativo igual. Os sinais dos coeficientes associados a todos os previsores são positivos. Isso sugere que a frequência da família a uma estação pode resultar de uma renda familiar mais alta, do tamanho da família, da importância atribuída às férias, da atitude favorável em relação à viagem e da idade do chefe da família. Seria interessante traçar um perfil dos dois grupos em termos dos três previsores mais importantes: renda, tamanho da família e importância das férias. A Tabela 18.4, em seu início, dá os valores dessas três variáveis para os dois grupos.

O exemplo a seguir apresenta mais uma ilustração da determinação da importância relativa dos previsores.

Pesquisa real

Os vendedores satisfeitos permanecem

Uma pesquisa recente interrogou executivos a respeito da preocupação de contratar e manter funcionários durante o cenário de economia instável. Relatou-se que 85% dos entrevistados se preocupavam com a contratação de funcionários e 81% afirmaram que estavam preocupados em manter seus funcionários dado o lento crescimento econômico em 2016-2017. Em termos gerais, se uma organização deseja reter seus funcionários, ela precisa aprender por que as pessoas abandonam seus empregos e por que outros ficam e estão

Resultado da análise discriminante

Variável	Coeficientes	Coeficientes padronizados	Correlações estruturais
1. Trabalho[a]	0,0903	0,3910	0,5446
2. Promoção[a]	0,0288	0,1515	0,5044
3. Segurança no emprego	0,1567	0,1384	0,4958
4. Relações com os clientes[b]	0,0086	0,1751	0,4906
5. Avaliação da companhia	0,4059	0,3240	0,4824
6. Trabalho em equipe[b]	0,0018	0,0365	0,4651
7. Desempenho global[b]	−0,0148	−0,3252	0,4518
8. Gerenciamento tempo-território[b]	0,0126	0,2899	0,4496
9. Vendas produzidas[b]	0,0059	0,1404	0,4484
10. Habilidade na apresentação[b]	0,0118	0,2526	0,4387
11. Informação técnica[b]	0,0003	0,0065	0,4173
12. Adicionais sobre salário[a]	0,0600	0,1843	0,3788
13. Quota atingida[b]	0,0035	0,2915	0,3780
14. Gerência[a]	0,0014	0,0138	0,3571
15. Coleta de informações[b]	−0,0146	−0,3327	0,3326
16. Família[c]	−0,0684	−0,3408	−0,3221
17. Gerente de vendas[a]	−0,0121	−0,1102	0,2909
18. Colega de trabalho[a]	0,0225	0,0893	0,2671
19. Cliente[c]	−0,0625	−0,2797	−0,2602
20. Família[d]	0,0473	0,1970	0,2180
21. Emprego[d]	0,1378	0,5312	0,2119
22. Emprego[c]	0,0410	0,5475	−0,1029
23. Cliente[d]	−0,0060	−0,0255	0,1004
24. Gerente de vendas[c]	−0,0365	−0,2406	−0,0499
25. Gerente de vendas[d]	−0,0606	−0,3333	0,0467
26. Cliente[a]	−0,0338	−0,1488	0,0192

Nota: A ordem de importância da classificação se baseia na magnitude absoluta das correlações estruturais.
[a]Satisfação
[b]Desempenho
[c]Ambiguidade
[d]Conflito

satisfeitos com seu trabalho. Utilizou-se a análise discriminante para determinar os fatores que explicam a diferença entre vendedores que deixam um grande fabricante de computadores e os que permanecem. As variáveis independentes foram avaliação da companhia, segurança no emprego, sete itens de satisfação no emprego, quatro aspectos do conflito do cargo, quatro aspectos da ambiguidade do cargo e nove medidas de desempenho em vendas. A variável dependente foi a dicotomia entre os que permaneceram na empresa e os que saíram. A correlação canônica, um índice de discriminação (R = 0,4572), foi significativo (λ de Wilks = 0,7909, $F_{26,173}$ = 1,7588, p = 0,0180). Esse resultado mostrou que as variáveis discriminavam entre os que saíram da empresa e os que nela permaneceram.

Os resultados da introdução simultânea de todas as variáveis na análise discriminante são apresentados na tabela no topo da página. A importância da ordem de classificação, tal como determinada pela magnitude relativa das correlações estruturais, aparece na primeira coluna. A satisfação com o emprego e as oportunidades de promoção foram dois dos discriminantes mais importantes, seguidos pela segurança no emprego. Os que permaneceram na empresa achavam o emprego mais motivador, mais satisfatório, mais desafiador e mais interessante do que aqueles que saíram.[7] ■

Observe que, nesse exemplo, a promoção foi identificada como a segunda variável mais importante, com base nas correlações estruturais. Todavia, não é a segunda variável mais importante com base na magnitude absoluta dos coeficientes padronizados da função discriminante. Essa anomalia resulta da multicolinearidade.

Um auxílio na interpretação dos resultados da análise discriminante consiste em estabelecer um **perfil das características** para cada grupo, descrevendo cada um deles em termos das médias grupais para as variáveis previsoras. Se os previsores importantes foram identificados, então uma comparação das médias grupais dessas variáveis pode ajudar a compreender as diferenças intergrupos. Entretanto, antes de poder interpretar com segurança quaisquer constatações, é necessário validar os resultados.

perfil das características
Auxílio na interpretação dos resultados da análise discriminante por meio da descrição de cada grupo em termos das médias de grupo para as variáveis previsoras.

Avaliar a validade da análise discriminante

Muitos programas de computador, como o SPSS, oferecem uma opção de validação cruzada que deixa de fora um entrevistado. Nessa opção, o modelo discriminante é estimado novamente tantas vezes quanto o número de entrevistados na amostra. Cada modelo estimado novamente deixa de fora um entrevistado e o modelo é usado para fazer a previsão para esse entrevistado. Quando uma grande amostra de validação não é possível, isso oferece uma noção da robusteza da estimação usando cada respondente, na sua vez, como retentor.

Conforme explicamos anteriormente, sempre que possível, os dados devem ser divididos aleatoriamente em duas subamostras. Uma delas, a amostra de análise, é usada para estimar a função discriminante; a amostra de validação serve para desenvolver a matriz de classificação. Os pesos discriminantes, estimados com auxílio da amostra de análise, são multiplicados pelos valores das variáveis previsoras na amostra retida a fim de gerar escores discriminantes para os casos nessa amostra. Os casos são então atribuídos a grupos com base em seus escores discriminantes e em uma regra de decisão adequada. Por exemplo, na análise discriminante de dois grupos, um caso será atribuído ao grupo cujo centroide é o mais próximo. Pode-se então determinar a **proporção de acertos**, ou porcentagem de casos classificados corretamente, somando os elementos da diagonal e dividindo o resultado pelo número total de casos.[8]

proporção de acertos
Porcentagem de casos classificados corretamente pela análise discriminante.

É conveniente comparar a porcentagem dos casos classificados corretamente pela análise discriminante com a que seria obtida aleatoriamente. Quando os grupos têm tamanhos iguais, a porcentagem de classificação aleatória é 1 dividido pelo número de grupos. Qual é o grau de melhora a ser esperado, então, em comparação com o acaso? Não dispomos de diretrizes gerais, embora alguns autores tenham sugerido que a precisão de classificação obtida pela análise discriminante deva ser ao menos 25% maior do que a obtida aleatoriamente.[9]

A maioria dos programas de análise discriminante também estima uma matriz de classificação com base na amostra de análise. Como eles capitalizam a variação aleatória dos dados, tais resultados são invariavelmente melhores do que a classificação que deixa um entrevistado de fora ou a obtida na amostra retida.

A Tabela 18.4, do exemplo da estação de férias, também apresenta os resultados da classificação baseada na amostra de análise. A proporção de acertos, ou porcentagem de casos classificados corretamente, é $(12 + 15)/30 = 0{,}90$, ou 90%. Pode-se suspeitar que essa proporção esteja artificialmente inflada, pois os dados usados para estimação foram também usados para validação. A validação cruzada deixando um respondente de fora classifica corretamente apenas $(11+13)/30 = 0{,}80$, ou 80% dos casos. A realização da análise de classificação sobre um conjunto independente retido de dados tem como resultado uma matriz de classificação com proporção de acertos igual a $(4+6)/12 = 0{,}833$, ou 83,3% (ver Tabela 18.4). Dados dois grupos de tamanhos iguais, pelo acaso esperaríamos uma razão de acerto de $1/2 = 0{,}50$, ou 50%. Logo, a melhora em relação ao acaso é superior a 25% e a validade da análise discriminante é considerada satisfatória.

Pesquisa real

Caseiros e telemaníacos

A análise discriminante de dois grupos foi utilizada para avaliar a intensidade de cada uma das cinco dimensões usadas na classificação dos indivíduos como usuários ou não usuários de TV. O procedimento foi apropriado para o objetivo pretendido em razão da natureza dos grupos categóricos predefinidos (usuários e não usuários) e das escalas intervalares usadas para gerar escores fatoriais individuais.

Foram criados dois grupos iguais de 185 consumidores idosos usuários e não usuários (total $n = 370$). Estimou-se a equação discriminante para análise com uma subamostra de 142 entrevistados da amostra de 370. Dos entrevistados restantes, 198 foram utilizados como subamostra de validação em uma validação cruzada da equação. Foram excluídos da análise 30 entrevistados em virtude de valores faltantes.

A correlação canônica para a função discriminante foi 0,4291, significativa ao nível $p < 0{,}0001$. O autovalor foi 0,2257. A tabela resume os coeficientes discriminantes canônicos padronizados. A função discriminante explica uma parte substancial da variância. Além disso, como a tabela mostra, a dimensão "orientação doméstica" deu uma contribuição bastante forte para a classificação dos indivíduos como usuários ou não usuários da televisão. "Moral", "segurança e saúde" e "respeito" também contribuíram significativamente. Não parece ter havido grande contribuição do fator "social".

O procedimento de validação cruzada utilizando a função discriminante da amostra de análise apoiou a afirmação de que as dimensões ajudaram os pesquisadores a discriminar entre usuários e não usuários de televisão. Como a tabela mostra, a função discriminante foi bem-sucedida ao classificar 75,76% dos casos. Isso sugere que a consideração das dimensões identificadas ajuda os pesquisadores de marketing a entender o mercado dos idosos. Embora seja muito importante que os pesquisadores conheçam e compreendam o mercado dos idosos, os membros da Geração X (aqueles que nasceram entre 1961 e 1981) também são um grupo que não deve ser subestimado pelos profissionais de marketing. Devido a avanços tecnológicos com a TV e a Internet, uma forma revolucionária de TV interativa (iTV) foi criada. Em 2017, os serviços de iTV estavam inteiramente implementados e em operação, combinando a Internet e a radiodifusão com

Resumo da análise discriminante

Coeficientes padronizados da função discriminante canônica

Moral	0,27798
Segurança e saúde	0,39850
Orientação doméstica	0,77496
Respeito	0,32069
Social	−0,01996

Resultados da classificação de casos selecionados para uso na análise

Grupo real	Número de casos	Afiliação prevista ao grupo	
		Não usuários	Usuários
Não usuários de TV	77	56	21
		72,7%	27,3%
Usuários de TV	65	24	41
		36,9%	63,1%

Porcentagem de casos agrupados corretamente classificados: 68,31%.

Resultados da classificação para casos usados para validação cruzada

Grupo real	Número de casos	Afiliação prevista ao grupo	
		Não usuários	Usuários
Não usuários de TV	108	85	23
		78,7%	21,3%
Usuários de TV	90	25	65
		27,8%	72,2%

Porcentagem de casos agrupados classificados corretamente: 75,76%

programas de *software* e componentes de *hardware* para oferecer aos consumidores acesso à Internet, compras *on-line*, *download* de músicas e um programa de radiodifusão interativo, tudo pela televisão. Com uma previsão de aparência tão próspera para a iTV, quem seria melhor para usar essa forma revolucionária de televisão do que a Geração X? A análise discriminante pode, mais uma vez, ser usada para determinar quem são, da Geração X, os usuários e não usuários da iTV e para vender serviços de iTV com êxito.[10] ∎

PESQUISA ATIVA

Timberland: diferenciação entre usuários e não usuários de calçados esportivos

Visite www.timberland.com e pesquise na Internet, incluindo as mídias sociais, e no banco de dados *on-line* de sua biblioteca informações sobre o programa de marketing da Timberland para calçados esportivos.

Como gerente de marketing da Timberland, como sua compreensão do processo de tomada de decisão dos consumidores afeta sua decisão de vender calçados esportivos pela Internet?

Que tipo de dados você coletaria e que análise você realizaria para determinar as características que diferenciam usuários e não usuários de calçados esportivos resistentes?

A extensão da análise discriminante de dois grupos para a análise discriminante múltipla envolve etapas similares.

Análise discriminante múltipla

Formular o problema

Os dados apresentados nas Tabelas 18.2 e 18.3 podem ser utilizados para ilustrar a análise discriminante de três grupos. Na última coluna dessas tabelas, as residências são classificadas em três categorias, com base na despesa da família com férias (alta, média, baixa). Enquadram-se dez residências em cada categoria. A questão de interesse é se as casas em que se gastam grandes, médias ou pequenas quantias (Quantia) em suas férias podem ser diferenciadas em termos de renda familiar anual (Renda), atitude em relação à viagem (Viagem), importância atribuída às férias (Férias), tamanho da família (Tamanho) e idade do chefe da família (Idade).[11]

Estimar os coeficientes da função discriminante

A Tabela 18.5 apresenta os resultados da estimação de análise discriminante de três grupos. Um exame das médias dos grupos indica que a renda parece separar os grupos mais do que qualquer outra variável. Há alguma separação em viagem e férias. Os grupos 1 e 2 estão muito próximos em termos de tamanho da família e idade. A idade acusa grande desvio-padrão em relação à separação entre os grupos. A matriz combinada de correlação dentro dos grupos indica alguma correlação de férias e tamanho da família com a renda. A idade apresenta alguma correlação negativa com a viagem. Todavia, essas correlações estão do lado mais baixo, o que

TABELA 18.5
Resultados da análise discriminante de três grupos

SPSS Arquivo de Saída

SAS Arquivo de Saída

Médias de grupo

Quantia	Renda	Viagem	Férias	Tamanho da família	Idade
1	38,57000	4,50000	4,70000	3,10000	50,30000
2	50,11000	4,00000	4,20000	3,40000	49,50000
3	64,97000	6,10000	5,90000	4,20000	56,00000
Total	51,21667	4,86667	4,93333	3,56667	51,93333

Desvios-padrão de grupos

1	5,29718	1,71594	1,88856	1,19722	8,09732
2	6,00231	2,35702	2,48551	1,50555	9,25263
3	8,61434	1,19722	1,66333	1,13529	7,60117
Total	12,79523	1,97804	2,09981	1,33089	8,57395

Matriz de correlação combinada dentro de grupos

	Renda	Viagem	Férias	Tamanho da família	Idade
RENDA	1,00000				
VIAGEM	0,05120	1,00000			
FÉRIAS	0,30681	0,03588	1,00000		
TAMANHO DA FAMÍLIA	0,38050	0,00474	0,22080	1,00000	
IDADE	-0,20939	-0,34022	-0,01326	-0,02512	1,00000

λ de Wilks (estatística U) e razão F univariada com 2 e 27 graus de liberdade

Variável	λ de Wilks	F	Significância
RENDA	0,26215	38,00	0,0000
VIAGEM	0,78790	3,634	0,0400
FÉRIAS	0,88060	1,830	0,1797
TAMANHO DA FAMÍLIA	0,87411	1,944	0,1626
IDADE	0,88214	1,804	0,1840

Funções discriminantes canônicas

Função	Autovalor	Porcentagem de variação	Porcentagem acumulada	Correlação canônica		Função após	λ de Wilks	Qui-quadrado	gl	Sig.
					:	0	0,1664	44,831	10	0,00
1*	3,8190	93,93	93,93	0,8902	:	1	0,8020	5,517	4	0,24
2*	0,2469	6,07	100,00	0,4450						

*Assinala as duas funções discriminantes canônicas restantes na análise.

Coeficientes padronizados da função discriminante canônica

	Func 1	Func 2
RENDA	1,04740	-0,42076
VIAGEM	0,33991	0,76851
FÉRIAS	-0,14198	0,53354
TAMANHO DA FAMÍLIA	-0,16317	0,12932
IDADE	0,49474	0,52447

Matriz estrutural

Correlações combinadas dentro de grupos entre variáveis discriminantes e funções discriminantes canônicas (variáveis ordenadas por tamanhos da correlação dentro da função)

(Continua)

TABELA 18.5
Resultados da análise discriminante de três grupos (continuação)

	Func 1	Func 2
RENDA	0,85556*	–0,27833
TAMANHO DA FAMÍLIA	0,19319*	0,07749
FÉRIAS	0,21935	0,58829*
VIAGEM	0,14899	0,45362*
IDADE	0,16576	0,34079*

Coeficientes não padronizados da função discriminante canônica

	Func 1	Func 2
RENDA	0,1542658	–0,6197148E-01
VIAGEM	0,1867977	0,4223430
FÉRIAS	–0,6952264E-01	0,2612652
TAMANHO DA FAMÍLIA	–0,1265334	0,1002796
IDADE	0,5928055E-01	0,6284206E-01
(constante)	–11,09442	–3,791600

Funções discriminantes canônicas calculadas em médias de grupos (centroides de grupos)

Grupo	Func 1	Func 2
1	–2,04100	0,41847
2	–0,40479	–0,65867
3	2,44578	0,24020

Resultados de classificação

			Afiliação prevista ao grupo			
		Número de casos	1	2	3	Total
Original	Contagem	1	9	1	0	10
		2	1	9	0	10
		3	0	2	8	10
	%	1	90,0	10,0	0,0	100,0
		2	10,0	90,0	0,0	100,0
		3	0,0	20,0	80,0	100,0
Validação cruzada	Contagem	1	7	3	0	10
		2	4	5	1	10
		3	0	2	8	10
	%	1	70,0	30,0	0,0	100,0
		2	40,0	50,0	10,0	100,0
		3	0,0	20,0	80,0	100,0

[a] A validação cruzada é feita somente para os casos que estão na análise. Na validação cruzada, cada caso é classificado pela função deduzida de todos os outros casos.

[b] 86,7% dos casos agrupados originais classificados corretamente.

[c] 66,7% dos casos agrupados de validação cruzada classificados corretamente.

Resultados de classificação para casos não selecionados para uso na análise

			Afiliação prevista ao grupo		
	Grupo real	Número de casos	1	2	3
Grupo	1	4	3	1	0
			75,0%	25,0%	0,0%
Grupo	2	4	0	3	1
			0,0%	75,0%	25,0%
Grupo	3	4	1	0	3
			25,0%	0,0%	75,0%

Porcentagem de casos agrupados classificados corretamente: 75,00%.

indica que, embora a multicolinearidade possa causar alguma preocupação, não constitui problema sério. A significância atribuída às razões F univariadas indica que, quando os previsores são analisados individualmente, apenas a renda e as viagens são significativas na diferenciação dos três grupos.

Na análise discriminante múltipla, se há G grupos, podem-se estimar $G - 1$ funções discriminantes se o número de previsores for maior do que esse número. De modo geral, com G grupos e k previsores, é possível estimar até $G - 1$, ou k, funções discriminantes (o que for menor). A primeira função tem a maior razão entre a soma de quadrados entre grupos e a soma de quadrados dentro de grupos. A segunda função, não correlacionada com a primeira, tem a segunda razão mais alta, e assim por diante. No entanto, nem todas as funções podem ser estatisticamente significativas.

Como há três grupos, só podemos extrair, no máximo, duas funções. O autovalor associado à primeira função é 3,8190, e essa função responde por 93,93% da variância explicada. Como o autovalor é grande, a primeira função tende a ser superior. A segunda função tem um autovalor pequeno, 0,2469, e responde apenas por 6,07% da variância explicada.

Determinar a significância da função discriminante

Para testar a hipótese nula de centroides de grupos iguais, devemos considerar ambas as funções simultaneamente. É possível testar as médias das funções sucessivamente testando primeiro todas as médias simultaneamente. A seguir, exclui-se uma função de cada vez, testando-se as médias das funções restantes em cada passo. Na Tabela 18.5, o zero abaixo da "função após" indica que nenhuma função foi removida. O valor do λ de Wilks é 0,1644, que se transforma em um qui-quadrado de 44,831 com 10 graus de liberdade, significativo acima do nível de 0,05. Assim, as duas funções juntas discriminam significativamente entre os três grupos. Todavia, quando se remove a primeira função, o λ de Wilks associado à segunda função é 0,8020, que não é significativo ao nível de 0,05. Portanto, a segunda função não contribui significativamente para a diferença dos grupos.

Interpretar os resultados

A interpretação dos resultados é facilitada por um exame dos coeficientes padronizados da função discriminante, pelas correlações estruturais e por certos gráficos. Os coeficientes padronizados indicam um grande coeficiente para a renda na função 1, enquanto a função 2 tem coeficientes relativamente maiores para viagens, férias e idade. Chegamos a uma conclusão similar mediante exame da matriz estrutural (ver Tabela 18.5). Para ajudar a interpretar as funções, as variáveis com grandes coeficientes para uma função particular são agrupadas juntas. Esses agrupamentos são assinalados com asteriscos. Assim, renda e tamanho da família têm asteriscos para a função 1, porque essas variáveis têm coeficientes maiores para a função 1 do que para a função 2. Essas variáveis estão associadas essencialmente com a função 1. Por outro lado, viagens, férias e idade estão predominantemente associadas à função 2, como indicado pelos asteriscos.

A Figura 18.3 é um gráfico em forma de diagrama de dispersão de todos os grupos sobre a função 1 e a função 2. Pode-se ver que o grupo 3 tem o valor máximo na função 1, e o grupo 1 tem o valor mínimo. Como a função 1 está associada essencialmente à renda e ao tamanho da família, seria

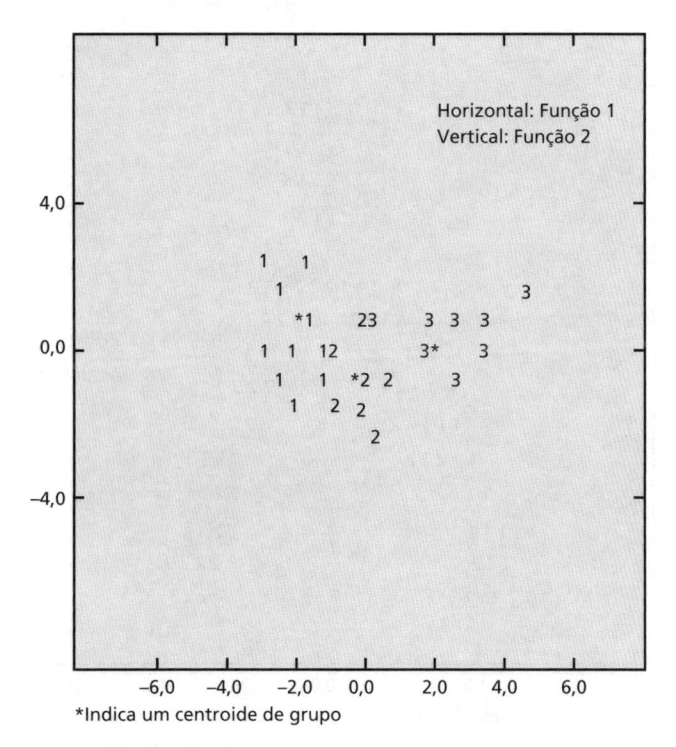

FIGURA 18.3 Diagrama de dispersão de todos os grupos.

de esperar que os três grupos se apresentassem ordenados em relação a essas duas variáveis. Aqueles com maior renda e maior tamanho da família tendem a gastar mais dinheiro com férias. Inversamente, aqueles com baixa renda e famílias pequenas tendem a gastar menos em férias. Essa interpretação é reforçada ainda por um exame das médias de grupo em termos de renda e tamanho da família.

A Figura 18.3 indica ainda que a função 2 tende a separar o grupo 1 (maior valor) e o grupo 2 (menor valor). Essa função está associada essencialmente às viagens, às férias e à idade. Dadas as correlações positivas dessas variáveis com a função 2 na matriz estrutural, é de esperar que o grupo 1 seja mais alto que o grupo 2 em termos de viagens, férias e idade. Isso, na verdade, é válido para viagens e férias, conforme mostram as médias de grupo dessas variáveis. Se as famílias no grupo 1 têm atitude mais favorável em relação às viagens e atribuem mais importância às férias do que as do grupo 2, por que gastam menos? Provavelmente gastariam mais com férias se pudessem, mas isso é impedido pela baixa renda.

Obtém-se resultado análogo mediante exame de um **mapa territorial**, conforme a Figura 18.4. Em um mapa territorial, cada centroide de grupo é indicado por um asterisco. As fronteiras do grupo são indicadas por números correspondentes aos grupos. Assim, o centroide do grupo 1 é limitado por 1s, o centroide do grupo 2 é limitado por 2s e o centroide do grupo 3, por 3s.

mapa territorial
Recurso para avaliar os resultados da análise discriminante, representando em um gráfico a filiação ao grupo em cada caso.

Avaliar a validade da análise discriminante

Os resultados de classificação baseados na amostra de análise indicam que $(9 + 9 + 8)/30 = 86,7\%$ dos casos estão classificados corretamente. A validação cruzada que exclui um elemento classifica corretamente apenas $(7 + 5 + 8)/30 = 0,667$, ou $66,7\%$ dos casos. Quando a análise de classificação é feita na amostra retida independente da Tabela 18.3, obtém-se uma proporção de acerto de $(3 + 3 + 3)/12 = 75\%$. Dados três grupos de igual tamanho, apenas pelo acaso poderíamos esperar uma proporção de acerto de $1/3 = 0,333$, ou $33,3\%$. A melhora em relação ao acaso é de 50%, o que indica uma validade pelo menos satisfatória.

Pesquisa real

Lar é onde o coração do paciente está

Até 2018, o maior setor da economia dos Estados Unidos era o setor de serviços de saúde. Até 2025, espera-se que os gastos com serviços de saúde cresçam de forma significativamente mais rápida que a economia. Contribuem para a

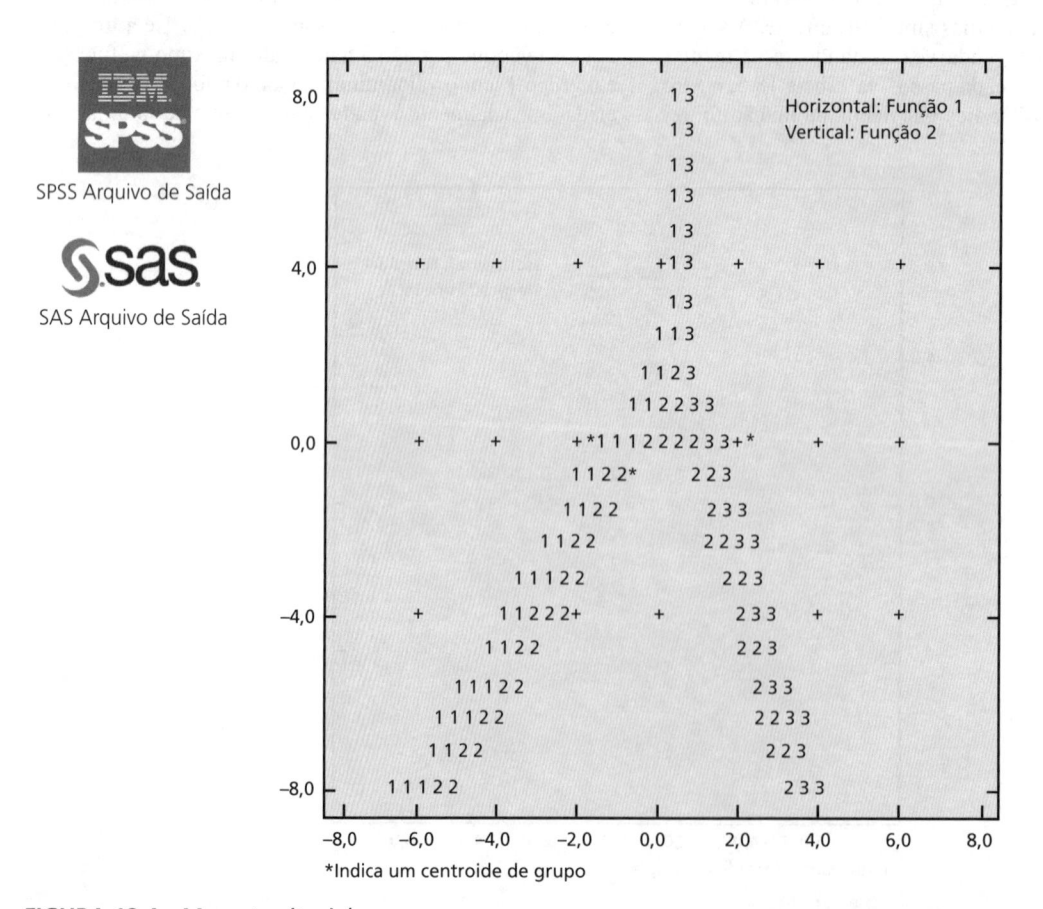

SPSS Arquivo de Saída

SAS Arquivo de Saída

FIGURA 18.4 Mapa territorial.

perspectiva positiva para esse segmento os dados demográficos atuais, especialmente com o aumento na demanda de cuidados de longo prazo à medida que a população envelhece. Espera-se que o número de americanos que têm 85 anos ou mais aumente até o ano 2020 e, com esse aumento, é crucial que o sistema de saúde seja apresentado de forma positiva para esse segmento da população. Realizou-se uma pesquisa entre consumidores para verificar suas atitudes em relação a quatro sistemas de plano de saúde (atendimento em domicílio, hospitais, clínicas de repouso e ambulatórios) segundo 10 atributos. Obteve-se um total de 102 respostas, e os resultados foram examinados com a análise discriminante múltipla (Tabela 1). Identificaram-se três funções discriminantes. Testes qui-quadrado sobre os resultados mostraram que as três funções discriminantes eram significativas ao nível de 0,01. A primeira função respondeu por 63% do poder discriminante total e as duas funções restantes contribuíram com 29,4 e 7,6%, respectivamente.

A Tabela 1 mostra os coeficientes padronizados da função discriminante das 10 variáveis das equações discriminantes. Os coeficientes variaram de –1 a +1. Para determinar a capacidade de cada atributo de classificar o sistema de saúde, foram utilizados valores absolutos. Na primeira função discriminante, as duas variáveis com os maiores coeficientes foram conforto (0,53) e privacidade (0,40). Como ambas dizem respeito à atenção e ao cuidado pessoal, a primeira dimensão foi rotulada "cuidado personalizado". Na segunda função, as duas variáveis com os maiores coeficientes foram qualidade do atendimento médico (0,67) e probabilidade de recuperação rápida (0,32). Assim, essa dimensão foi rotulada como "qualidade do atendimento médico". Na terceira função discriminante, os atributos mais significativos foram higiene (–0,70) e despesa (0,52). Como esses dois atributos representam valor e preço, a terceira função discriminante foi rotulada "valor".

A Tabela 2 exibe os quatro centroides de grupo. Essa tabela mostra que o atendimento médico em domicílio foi o atributo avaliado mais favoravelmente na dimensão do cuidado médico personalizado; os hospitais foram o elemento com avaliação menos favorável. Na dimensão da qualidade do atendimento médico, verificou-se substancial separação entre clínicas médicas e os outros três sistemas. Além disso, o atendimento médico em domicílio teve avaliações mais elevadas quanto à qualidade do atendimento médico que os ambulatórios. Por outro lado, os ambulatórios foram considerados os que oferecem melhor valor.

A análise de classificação das 102 respostas, detalhada na Tabela 3, acusou classificações corretas variando de 86% para hospitais a 68% para ambulatórios. A classificação incorreta para hospitais foi de 6% tanto para clínicas médicas

Tabela 1   Coeficientes padronizados da função discriminante

Variável	Função discriminante		
	1	2	3
Seguro	–0,20	–0,04	0,15
Conveniente	0,08	0,08	0,07
Possibilidade de complicações médicas[a]	–0,27	0,10	0,16
Dispendioso[a]	0,30	–0,28	0,52
Confortável	0,53	0,27	–0,19
Higiênico	–0,27	–0,14	–0,70
Melhor cuidado médico	–0,25	0,67	–0,10
Privacidade	0,40	0,08	0,49
Rápida recuperação	0,30	0,32	–0,15
Melhor pessoal médico	–0,17	–0,03	0,18
Porcentagem explicada da variância	63,0	29,4	7,6
Qui-quadrado	663,3[b]	289,2[b]	70,1[b]

[a] Esses dois itens foram formulados negativamente no questionário. Foram codificados de maneira invertida para fins de análise de dados.
[b] $p < 0{,}01$.

Tabela 2   Centroides dos sistemas de saúde no espaço discriminante

Sistema	Função discriminante		
	1	2	3
Hospital	–1,66	0,97	–0,08
Clínicas de repouso	–0,60	–1,36	–0,27
Ambulatório	0,54	–0,13	0,77
Assistência médica em domicílio	1,77	0,50	–0,39

Tabela 3 Tabela de classificação

Sistema	Classificação (%)			
	Hospital	Clínicas de repouso	Ambulatório	Assistência médica em domicílio
Hospital	86	6	6	2
Clínicas de repouso	9	78	10	3
Ambulatório	9	13	68	10
Assistência médica em domicílio	5	4	13	78

como para ambulatórios e de 2% para atendimento médico em domicílio. As clínicas de repouso apresentaram classificação incorreta de 9% para hospitais, 10% para ambulatórios e 3% para atendimento médico em domicílio. Para ambulatórios, 9% das classificações incorretas corresponderam a hospitais, 13% a clínicas de repouso e 10% a atendimento médico em domicílio. Para este último, as classificações incorretas foram 5% para hospitais, 4% para clínicas de repouso e 13% para ambulatórios. Os resultados mostraram que as funções discriminantes foram suficientemente precisas para prever a filiação a um grupo.[12] ∎

PESQUISA ATIVA

Quem são os jogadores de tênis e o que eles querem na revista *Tennis*?

Visite www.tennis.com e faça um relatório sobre o conteúdo e as características atuais da revista *Tennis*.

A revista *Tennis* gostaria de identificar quais preferências de conteúdo e características editoriais diferenciam seus leitores, os quais variam em seu nível de atividade no esporte, caracterizado como alto, médio ou baixo. Que dados deveriam ser obtidos e que análise deveria ser realizada para se chegar a uma resposta?

Como editor da revista *Tennis*, como você mudaria o conteúdo editorial da publicação se as hipóteses formuladas fossem sustentadas pelos dados coletados em um levantamento entre os leitores?

Análise discriminante passo a passo

A análise discriminante passo a passo é análoga à regressão múltipla passo a passo (ver Capítulo 17), pois os previsores são introduzidos sequencialmente com base em sua capacidade de discriminar entre grupos. Calcula-se uma razão F para cada previsor, fazendo-se uma análise de variância univariada na qual os grupos são tratados como variável categórica e o previsor, como variável critério. O previsor com maior razão F é o primeiro a ser selecionado para inclusão na função discriminante, desde que satisfaça a certos critérios de significância e tolerância. Acrescenta-se um segundo previsor com base na maior razão F ajustada ou parcial, levando-se em conta o previsor já selecionado.

Cada previsor selecionado é testado quanto à retenção com base em sua associação com outros previsores selecionados. Continua-se o procedimento de seleção até que tenham sido introduzidos na função discriminante todos os previsores que satisfaçam aos critérios de inclusão e retenção. Diversas estatísticas são calculadas em cada passo. Além disso, na conclusão, apresenta-se um resumo dos previsores introduzidos ou removidos. O procedimento passo a passo também oferece a saída padrão apresentada no método direto.

A opção pelo procedimento passo a passo se baseia no critério de otimização adotado. O **procedimento de Mahalanobis** se baseia na maximização de uma medida generalizada da distância entre os dois grupos mais próximos. Esse procedimento permite aos pesquisadores de marketing utilizar ao máximo as informações disponíveis.[13]

procedimento de Mahalanobis
Procedimento passo a passo usado na análise discriminante para maximizar uma medida generalizada de distância entre os dois grupos mais próximos.

O método Mahalanobis foi utilizado para se fazer uma análise discriminante passo a passo de dois grupos sobre os dados relativos à variável "visita" nas Tabelas 18.2 e 18.3. A primeira variável previsora a ser selecionada foi a renda, seguida pelo tamanho da família e pelas férias. A ordem em que as variáveis foram selecionadas também indica sua importância para fazer a discriminação entre grupos – o que é corroborado por um exame dos coeficientes padronizados da função discriminante e pelos coeficientes de correlação estrutural. Observe que os resultados da análise passo a passo convergem para as conclusões referidas anteriormente pelo método direto.

O modelo logit

Quando a variável dependente é binária e há muitas variáveis independentes que são métricas, além da análise discriminante de dois grupos, pode-se também usar a regressão de quadrados mínimos ordinários (*ordinary least squares* – OLS) e os modelos logit e probit para estimativa. A preparação dos dados para a realização da regressão de quadrados mínimos ordinários e modelos logit e probit é semelhante quanto ao fato de a variável dependente ser codificada como 0 ou 1. A regressão de quadrados mínimos ordinários foi discutida no Capítulo 17. O modelo probit é menos usado e não será discutido, mas damos uma explicação sobre o modelo logit binário.

Realização de análise logit binária

Os passos para a realização de uma análise logit binária são mostrados na Figura 18.5.[14]

Realização de análise logit binária

```
Formular o problema logit binário
          ↓
Estimar o modelo logit binário
          ↓
Determinar a adequação do modelo
          ↓
Testar a significância de parâmetros individuais
          ↓
Interpretar os coeficientes e validar
```

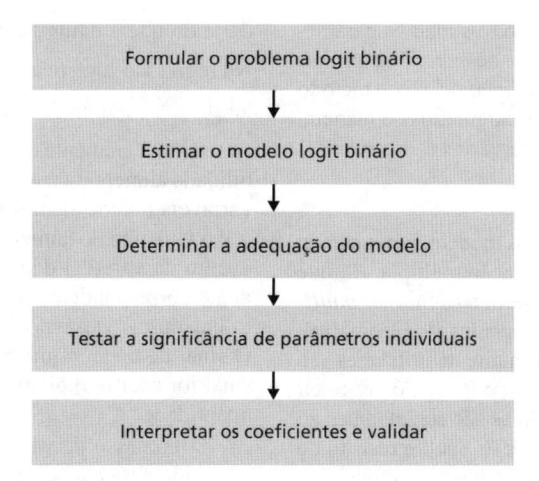

FIGURA 18.5 Realização de análise logit binária.

Formular o problema

Conforme discutido anteriormente sob o conceito básico de análise discriminante, há várias situações em marketing em que desejamos explicar uma variável dependente binária em termos de variáveis independentes métricas. (Observe que a análise logit também pode dar conta de variáveis independentes categóricas quando estas são recodificadas utilizando variáveis *dummy*, como foi discutido nos Capítulos 14 e 17.) A questão com relação à análise discriminante refere-se a qual grupo é provável que uma observação pertença. Já o **modelo logit binário** geralmente trata do quanto é provável que uma observação pertença a cada grupo, estimando a probabilidade de uma observação pertencer a um determinado grupo. Desse modo, o modelo logit recai em algum ponto entre a análise de regressão e a análise discriminante em termos de aplicação. Podemos estimar a probabilidade de um evento binário ocorrer utilizando o modelo logit binário, também chamado de *regressão logística*. Consideremos um evento que tenha dois resultados: sucesso e fracasso. A probabilidade de sucesso pode ser modelada usando o modelo logit como:

$$\log_e\left(\frac{p}{1-p}\right) = a_0 + a_1 X_1 + a_2 X_2 + \cdots + a_k X_k$$

ou

$$\log_e\left(\frac{p}{1-p}\right) = \sum_{i=0}^{k} a_i X_i$$

ou

$$p = \frac{\exp\left(\sum_{i=0}^{k} a_i X_i\right)}{1 + \exp\left(\sum_{i=0}^{k} a_i X_i\right)}$$

onde

p = probabilidade de sucesso
X_i = variável independente i
a_i = parâmetro a ser estimado

modelo logit binário
Trata do quanto é provável que uma observação pertença a cada grupo, estimando a probabilidade de uma observação pertencer a um determinado grupo.

Na terceira equação, vemos que, embora X_i possa variar de $-\infty$ a $+\infty$, p limita-se a ficar entre 0 e 1. Quando X_i se aproxima de $-\infty$, p aproxima-se de 0; quando X_i se aproxima de $+\infty$, p aproxima-se de 1. Isto é desejável porque p é uma probabilidade e deve ficar entre 0 e 1. Por outro lado, quando a regressão de quadrados mínimos ordinários é utilizada, o modelo de estimativa é

$$p = \sum_{i=0}^{n} a_i X_i$$

Assim, quando a regressão de quadrados mínimos ordinários é empregada, p não se restringe a ficar entre 0 e 1; é possível obter valores estimados de p que são menores do que 0 ou maiores do que 1. Esses valores, é claro, não são atraentes em termos conceituais ou intuitivos. Demonstramos esse fenômeno em nossa aplicação ilustrativa. Como no caso da análise discriminante, a pesquisa deve especificar os objetivos e claramente identificar as variáveis de critério binárias e as variáveis independentes que serão consideradas na análise. Mais do que isso, a amostra talvez tenha que ser dividida em subamostras de análise e de validação.

Estimação do modelo logit binário

Conforme discutido no Capítulo 17, o modelo de regressão linear é ajustado pelo procedimento de quadrados mínimos ordinários. Na regressão desse tipo, os parâmetros são estimados de forma a minimizar a soma de erros quadrados de previsão. Os termos de erro em regressão assumem qualquer valor e se supõe que sigam uma distribuição normal quando testes estatísticos são realizados. Ao contrário, no modelo logit binário, cada erro pode assumir somente dois valores. Se $Y = 0$, o erro é P e, se $Y = 1$, o erro é $1 - p$. Portanto, gostaríamos de estimar os parâmetros de modo que os valores estimados de p sejam próximos a 0 quando $Y = 0$ e próximos de 1 quando $Y =$

1. O procedimento usado para fazer isso e estimar os parâmetros do modelo logit binário é chamado de *método de probabilidade máxima* (*maximum likelihood method*). Este método é assim denominado porque estima os parâmetros de maneira a maximizar a probabilidade de se observar os dados reais.

Adequação do modelo

Na regressão múltipla, a adequação do modelo é mensurada pelo quadrado do coeficiente de correlação múltipla, R^2, que também é chamado de *coeficiente de determinação múltipla* (ver Capítulo 17). Na regressão logística (logit binário), medidas de adequação do modelo comumente utilizadas são baseadas na função probabilidade e são o R^2 de Cox & Snell e o R^2 de Nagelkerke. Ambas as medidas são semelhantes ao R^2 em regressão múltipla. O R^2 de Cox & Snell é restrito de forma que não pode ser igual a 1,0, mesmo se o modelo se adequar perfeitamente aos dados. Essa limitação é superada pelo R^2 de Nagelkerke.

De acordo com o que foi discutido anteriormente neste capítulo, na análise discriminante, a adequação do modelo é avaliada determinando-se a proporção de previsão correta. Um procedimento semelhante também pode ser usado para o modelo logit binário. Se a probabilidade estimada for maior do que 0,5, então o valor previsto de Y é estabelecido em 1. Por outro lado, se a probabilidade estimada for menor do que 0,5, então o valor previsto de Y é estabelecido em 0. Os valores previstos de Y podem, assim, ser comparados aos valores reais correspondentes para determinar a porcentagem de previsões corretas.

Teste de significância

O teste de parâmetros ou coeficientes individuais estimados para significância assemelha-se ao da regressão múltipla. Neste caso, a significância dos coeficientes estimados baseia-se na estatística de Wald. Essa estatística é um teste de significância do coeficiente de regressão logística com base na propriedade de normalidade assintótica de estimativas de probabilidade máxima e é estimada como

$$\text{Wald} = (a_i / \text{EP}_{a_i})^2$$

onde

a_i = coeficiente logístico para essa variável de previsão

EP_{a_i} = erro padrão do coeficiente logístico

A estatística Wald é qui-quadrado distribuído com 1 grau de liberdade se a variável for métrica e o número de categorias menos 1 se a variável for não métrica.

A significância associada tem a interpretação habitual. Para fins práticos, a significância da hipótese nula de que $a_{i=0}$ também pode ser testada por meio de um teste t em que os graus de liberdade equivalem ao número de observações menos o número de parâmetros estimados. A razão do coeficiente quanto ao seu erro padrão é comparada ao valor t crítico. Para muitas observações, o teste z pode ser empregado.

Interpretação dos coeficientes e validação

A interpretação dos coeficientes ou parâmetros estimados é semelhante à da regressão múltipla, obviamente considerando que a natureza da variável dependente é diferente. Na regressão logística, o logaritmo da probabilidade, isto é, $\log_e\left(\frac{p}{1-p}\right)$, é uma função linear dos parâmetros estimados. Assim, se X_i aumenta em uma unidade, o logaritmo da probabilidade aumentará em a_i unidades, quando o efeito de outras variáveis independentes é mantido constante. Dessa forma, a_i é o tamanho do aumento no logaritmo da probabilidade do evento da variável dependente quando a variável independente correspondente X_i aumenta em uma unidade e o efeito das outras variáveis independentes é mantido constante. O sinal de a_i determinará se a probabilidade aumenta (se o sinal for positivo) ou diminui (se o sinal for negativo) nessa quantidade.

O processo de validação é muito parecido com aquele discutido para a análise discriminante. A amostra de análise é usada para estimar os coeficientes do modelo; a amostra de validação é empregada para desenvolver a matriz de classificação. Como antes, a proporção de acertos é a porcentagem de casos corretamente classificados.

Uma aplicação ilustrativa de regressão logística

Ilustramos o modelo logit analisando os dados da Tabela 18.6. Ela apresenta os dados de 30 respondentes, 15 deles leais à marca (indicados por 1) e 15 não (indicados por 0). Também medimos atitude em relação à marca (Marca), atitude em relação à categoria do produto (Produto) e atitude em relação às compras (Compras), tudo em uma escala de 1 (desfavorável) a 7 (favorável). O objetivo é estimar a probabilidade de um consumidor ser leal à marca como função da atitude em relação à marca, à categoria do produto e às compras.

Primeiramente, realizamos uma regressão de quadrados mínimos ordinários nos dados da Tabela 18.6 para ilustrar as limitações desse procedimento para análise de dados binários. A equação estimada é dada por

$p = -0,684 + 0,183\ \text{Marca} + 0,020\ \text{Produto} + 0,074\ \text{Compras}$

onde

p = probabilidade de um consumidor ser leal à marca

Somente o termo constante e Marca são significativos no nível 0,05. Pode-se ver, a partir da equação de regressão estimada, que os valores estimados de p são negativos para valores baixos das variáveis independentes (por exemplo, quando Marca = 1, Produto = 1 e Compras = 1, e para muitos outros valores de Marca = 1, 2 ou 3). Da mesma forma, os valores estimados de p são maiores do que 1 para valores altos das variáveis independentes (por exemplo, quando Marca = 7, Produto = 7 e Compras = 7). Isso, intuitiva e conceitualmente, não é atraente, pois p é uma probabilidade e deve ficar entre 0 e 1.

Essa limitação da regressão de quadrados mínimos ordinários é superada pela regressão logística. O resultado para a regressão logística quando se analisam os dados da Tabela 18.6 é mostrado na Tabela 18.7. As medidas de R^2 de Cox & Snell e R^2 de Nagelkerke indicam uma adequação razoável do modelo aos dados. Isso é ainda verificado por meio da tabela de classificação, que revela que 24 de 30, ou seja, 80% dos casos, estão corretamente classificados. A significância dos coe-

SPSS Arquivo de Dados

SAS Arquivo de Dados

TABELA 18.6
Explicação da lealdade à marca

Número	Lealdade	Marca	Produto	Compras
1	1	4	3	5
2	1	6	4	4
3	1	5	2	4
4	1	7	5	5
5	1	6	3	4
6	1	3	4	5
7	1	5	5	5
8	1	5	4	2
9	1	7	5	4
10	1	7	6	4
11	1	6	7	2
12	1	5	6	4
13	1	7	3	3
14	1	5	1	4
15	1	7	5	5
16	0	3	1	3
17	0	4	6	2
18	0	2	5	2
19	0	5	2	4
20	0	4	1	3
21	0	3	3	4
22	0	3	4	5
23	0	3	6	3
24	0	4	4	2
25	0	6	3	6
26	0	3	6	3
27	0	4	3	2
28	0	3	5	2
29	0	5	5	3
30	0	1	3	2

ficientes estimados baseia-se na estatística de Wald. Observa-se que somente a atitude em relação à marca é significativa para explicar a lealdade à marca. Diferentemente da análise discriminante, a regressão logística resulta em estimativas de erro padrão para os coeficientes estimados e, assim, sua significância pode ser avaliada. O sinal positivo para o coeficiente indica que a atitude positiva em relação à marca resulta em maior lealdade à marca. A atitude em relação à categoria do produto e a atitude em relação às compras não influenciam a lealdade à marca. Desse modo, um gerente que procura aumentar a lealdade à marca deve concentrar-se na promoção de atitude mais positiva em relação à marca, e não se preocupar com a atitude em relação à categoria do produto e às compras.

O modelo logit também pode ser usado quando a variável dependente tem mais de duas categorias. Nesse caso, o modelo é chamado de *logit multinomial*. Tal procedimento é discutido em outras obras do autor.[15]

O próximo exemplo mostra uma aplicação da análise discriminante em pesquisa de marketing internacional; o exemplo seguinte apresenta uma aplicação em ética.

Pesquisa real

Resultados satisfatórios de programas de satisfação na Europa

Atualmente, é cada vez maior o número de empresas de informática que procuram se esmerar em seus serviços aos clientes, em vez de dar ênfase à capacidade e às características dos próprios computadores. A Hewlett-Packard (www.hp.com) aprendeu essa lição ao fazer negócios na Europa. A pesquisa feita no mercado europeu revelou uma diferença na ênfase dada às necessidades de serviço ao longo dos segmentos etários. Grupos de foco revelaram que os clientes com mais de 40 anos tinham dificuldades com aspectos técnicos do computador e dependiam em grande parte de programas de serviço ao consumidor. Por outro lado, os consumidores jovens apreciavam os aspectos técnicos do produto, que contribuíam para sua satisfação. Uma investigação posterior, na forma de um grande levantamento transversal, revelou fatores

SPSS Arquivo de Saída

SAS Arquivo de Saída

TABELA 18.7
Resultados do modelo logit binário ou regressão logística

Codificação de variável dependente

Valor original	Valor interno
Não leal	0
Leal	1

Resumo do modelo

Etapa	-2 logaritmo da probabilidade	R^2 de Cox & Snell	R^2 de Nagelkerke
1	23,471[a]	0,453	0,604

[a] Estimativa terminada no número de iteração 6 porque as estimativas de parâmetro mudaram em menos de 0,001.

Tabela de classificação[a]

			Previsto		
			Lealdade à marca		Porcentagem correta
	Observado		Não leal	Leal	
Etapa 1	Lealdade à marca	Não leal	12	3	80,0
		Leal	3	12	80,0
	Porcentagem total				80,0

[a] O valor de corte é 0,500

Variáveis na equação

		B	E. P.	Wald	gl	Significância	Exp (B)
Etapa 1[a]	Marca	1,274	0,479	7,075	1	0,008	3,575
	Produto	0,186	0,322	0,335	1	0,563	1,205
	Compras	0,590	0,491	1,442	1	0,230	1,804
	Constante	–8,642	3,346	6,672	1	0,010	0,000

[a] Variáveis incluídas na etapa 1: Marca, Produto, Compras.

que conduziam a diferenças nos dois segmentos. Fez-se uma análise discriminante de dois grupos – clientes satisfeitos e clientes insatisfeitos – e com diversas variáveis independentes, como informação técnica, facilidade de operação, variedade e escopo dos programas de atendimento ao consumidor. Os resultados confirmaram que a diversidade e a abrangência desses programas constituía, na verdade, um importante fator de diferenciação. Foi uma constatação crucial, porque então a Hewlett-Packard passou a tratar melhor os clientes insatisfeitos, focalizando mais os serviços de atendimento do que os detalhes técnicos. Em consequência disso, a Hewlett-Packard lançou três programas bem-sucedidos de atendimento ao cliente – retorno ao consumidor, pesquisas sobre a satisfação do cliente e controle da qualidade total. Esses programas resultaram em um aumento do grau de satisfação dos clientes. Depois de constatar o sucesso dos resultados desses programas na Europa, a HP desenvolveu a meta de conquistar e manter a satisfação, a confiança e a fidelidade dos clientes e de possibilitar-lhes a aplicação bem-sucedida da tecnologia para atender às suas necessidades profissionais e pessoais. Para tanto, a HP estabeleceu e implementou uma estrutura de liderança em experiência e qualidade total do cliente, que ainda estava em operação em 2017.[16] ■

Pesquisa real

Análise discriminante discrimina as empresas éticas e as antiéticas

Utilizou-se a análise discriminante para identificar as variáveis relevantes que predizem um comportamento ético ou antiético. Uma pesquisa anterior sugeriu que as variáveis com impacto sobre as decisões éticas são atitudes, liderança, presença ou ausência de códigos de ética de conduta e o tamanho da organização.

Para determinar quais dessas variáveis são os melhores previsores do comportamento ético, pesquisaram-se 149 empresas, pedindo que indicassem como operavam em 18 situações éticas diferentes. Dessas 18 situações, nove se referiam a atividades de marketing, que incluíam propaganda enganosa, aceitação de presentes em troca de tratamento preferencial, preço abaixo do custo e semelhantes. Com base nessas nove questões, as empresas entrevistadas foram classificadas em dois grupos: "as que nunca praticam" e "as que praticam".

Um exame das variáveis que influenciaram a classificação por meio da análise discriminante de dois grupos mostrou que as atitudes e o tamanho da empresa eram os melhores previsores do comportamento ético. Evidentemente, as empresas menores tendem a apresentar comportamento mais ético em problemas de marketing. Uma empresa que se concentra em realizar práticas éticas de negócios é o Smile Internet Bank no Reino Unido (www.smile.co.uk). O grupo de marketing do Smile lançou seis personagens de desenho focados na posição ética do banco. Cada personagem simboliza um dos seis traços bancários negativos, e o Smile se posiciona contra esses traços. Em 2017, a Smile comercializou, com sucesso, múltiplas contas de investimentos, cada uma operando dentro de sólidos padrões éticos.[17] ∎

Software estatístico

Discutimos o uso de SPSS e SAS detalhadamente nas seções subsequentes. Aqui, descrevemos brevemente o uso do MINITAB. No MINITAB, a análise discriminante é realizada utilizando a função Stat > Multivariate > Discriminant Analysis, que computa a análise discriminante quadrática e linear na classificação de observações em dois grupos ou mais. A análise discriminante não está disponível no EXCEL.

Vídeos demonstrativos computadorizados de SPSS e SAS

Desenvolvemos vídeos demonstrativos computadorizados que dão instruções passo a passo para a execução de todos os programas SPSS e SAS Enterprise Guide discutidos neste capítulo. Essas demonstrações podem ser baixadas do *site* deste livro. As instruções para executar as demonstrações são oferecidas no Quadro 14.2.

Cópias de telas dos programas SPSS e SAS com notas

As instruções passo a passo para a execução de vários programas SPSS e SAS Enterprise Guide discutidos neste capítulo também são ilustradas em cópias de telas dos programas com as notas apropriadas. Essas cópias de telas podem ser baixadas do *site* deste livro.

SPSS Windows

Análise discriminante

SPSS Arquivo de Dados

O programa DISCRIMINANT faz tanto a análise discrimante de dois grupos quanto a análise discriminante multivariada. Para selecionar esse procedimento usando o SPSS para Windows, clique em:

Analyze > Classify > Discriminant...

A seguir, mostramos os passos detalhados para a execução da análise discriminante de dois grupos com visita ao resort (Visit) como variável dependente e renda familiar anual (Income), atitude em relação a viagens (Attitude), importância atribuída às férias da família (Vacation), tamanho da família (Hsize) e idade do chefe da família (Age) como variáveis independentes, usando os dados da Tabela 18.2.

1. Selecione ANALYZE na barra de menu do SPSS.
2. Clique em CLASSIFY e, depois, em DISCRIMINANT.
3. Mova Visit para a caixa GROUPING VARIABLE.
4. Clique em DEFINE RANGE. Digite 1 para MINIMUM e 2 para MAXIMUM. Clique em CONTINUE.
5. Mova Income, Travel, Vacation, Hsize e Age para a caixa INDEPENDENTS.
6. Selecione ENTER INDEPENDENTS TOGETHER (opção de *default*).
7. Clique em STATISTICS. Na janela *pop-up*, na caixa DESCRIPTIVES, assinale MEANS e UNIVARIATE ANOVAS. Na caixa MATRICES, assinale WITHIN-GROUP CORRELATIONS. Clique em CONTINUE.
8. Clique em CLASSIFY... Na janela *pop-up* na caixa PRIOR PROBABILITIES, assinale ALL GROUPS EQUAL (*default*). Na caixa DISPLAY, assinale SUMMARY TABLE e LEAVE-ONE-OUT CLASSIFICATION. Na caixa USE COVARIANCE MATRIX, assinale WITHIN-GROUPS. Clique em CONTINUE.
9. Clique em OK.

Os passos para a execução da análise discriminante de três grupos são semelhantes. Selecione as variáveis dependente e independentes apropriadas. No passo 3, mova Amount para a caixa GROUPING VARIABLE. No passo 4, clique em DEFINE RANGE. Digite 1 para MINIMUM e 3 para MAXIMUM. Clique em CONTINUE. Para executar a análise discriminante passo a passo, no passo 6, selecione USE STEPWISE METHOD.

Modelo Logit

Para realizar análise logit ou regressão logística usando SPSS para Windows, clique:

Analyze > Regression > Binary Logistic...

A seguir, oferecemos os passos detalhados para execução da análise logit com lealdade à marca como variável dependente e atitude em relação à marca (Brand), atitude em relação à categoria do produto (Product) e atitude em relação às compras (Shopping) como variáveis independentes utilizando os dados da Tabela 18.6.

1. Selecione ANALYZE na barra de menu do SPSS.
2. Clique em REGRESSION e, depois, em BINARY LOGISTIC.
3. Mova Loyalty to the brand [Loyalty] para a caixa DEPENDENT VARIABLE.
4. Mova Attitude toward the brand [Brand], Attitude toward the Product category [Product] e Attitude toward shopping [Shopping] para COVARIATES (caixa S).
5. Selecione ENTER para METHOD (opção de *default*).
6. Clique em OK.

SAS Enterprise Guide

Análise discriminante

SAS Arquivo de Dados

A tarefa Multivariate>Discriminant Analysis do SAS Enterprise Guide oferece análise discriminante de dois grupos e múltipla.

Para selecionar essa tarefa, clique em:

Analyze > Multivariate > Discriminant Analysis...

Para a execução da análise discriminante de dois grupos como visita ao resort (Visit) como variável dependente e renda familiar anual (Income), atitude em relação a viagens (Travel), importância atribuída às férias da família (Vacation), tamanho da família (Hsize) e idade do chefe da família (Age) como variáveis independentes, utilizando os dados da Tabela 18.2.

1. Abra SAS Table_18_2 usando SAS Enterprise Guide.
2. Selecione ANALYZE na barra de menu.
3. Clique em MULTIVARIATE e então em DISCRIMINANT ANALYSIS.
4. Selecione Visit e mova para a função de tarefa CLASSIFICATION variable.
5. Selecione Income, Travel, Vacation, Hsize e Age e mova-os para a função de tarefa ANALYSIS variables.
6. Clique em OPTIONS na caixa à esquerda.
7. Selecione o teste para igualdade de médias UNIVARIATE e resultados SUMMARY de classificação de validação cruzada.
8. Selecione RESULTS e assinale SUMMARY STATISTICS AND DISCRIMINANT FUNCTIONS.
9. Clique no botão PREVIEW CODE no canto inferior esquerdo.
10. Assinale a caixa SHOW CUSTOM CODE INSERTION POINTS no canto superior esquerdo.
11. Role até CROSSVALIDATE e dê um clique duplo em <insert custom code here> para adicionar o código antes da opção CROSSVALIDATE.
12. Digite CAN e PCORE (ou use a caixa *pop-up*); feche a caixa de visualização.
13. Clique em RUN.

Os passos para a execução da análise discriminante de três grupos são semelhantes a esses.

Modelo logit

Para executar a análise logit ou regressão logística usando SAS Enterprise Guide, clique em:

Analyze>Regression>Logistic Regression

Para executar a análise logit com fidelidade à marca como variável dependente e atitude em relação à marca, atitude em relação à categoria de produto e atitude com relação às compras como variáveis como variáveis independentes no SAS Enterprise Guide utilizando os dados da Tabela 18.6:

1. Abra SAS Table_18_6 usando SAS Enterprise Guide.
2. Selecione ANALYZE na barra de menu.
3. Clique em REGRESSION e então em LOGISTIC REGRESSION.
4. Selecione Loyalty e mova para a função de tarefa DEPENDENT variable.
5. Selecione Brand, Product e Shopping e mova-os para a função de tarefa QUANTITATIVE variables.
6. Selecione MODEL na caixa à esquerda e então EFFECTS.
7. Escolha Brand, Product e Shopping como Main Effects.
8. Selecione MODEL>OPTIONS e assinale SHOW CLASSIFICATION TABLE.
9. Insira 0.5 como o valor crítico de probabilidade.
10. Clique em RUN.

Projeto de pesquisa

Análise discriminante de dois grupos

No projeto de fidelização da loja de departamentos, a análise discriminante de dois grupos foi empregada para examinar se os respondentes que estavam familiarizados com as lojas *versus* os que não estavam atribuíam importância relativa diferente aos oito fatores dos critérios de escolha. A variável dependente eram os dois grupos de familiaridade, e as variáveis independentes eram a importância atribuída aos oito fatores de escolha. A função discriminante total era significativa, indicando diferenças importantes entre os dois grupos. Os resultados indicaram que, em comparação com os respondentes que não estavam familiarizados com as lojas, os respondentes que conheciam as lojas atribuíam maior importância relativa à qualidade dos produtos, à política de devolução e ajustes, ao atendimento prestado pelos funcionários e às políticas de crédito e cobrança.

Atividades de projeto

SPSS Arquivo de Dados

Baixe o arquivo SPSS Wal-Mart *Data 17* ou o arquivo SAS correspondente do *site* deste livro. O Capítulo 17 fornece uma descrição detalhada deste arquivo.

SAS Arquivo de Dados

1. Recodifique a preferência pela Wal-Mart em dois grupos: 1 a 4 = 1; 5 a 6 = 2. Esses dois grupos podem ser explicados em termos das avaliações da Wal-Mart nos oito fatores dos critérios de escolha? Compare esses resultados com os resultados de regressão do Capítulo 17.
2. Recodifique a preferência pela Wal-Mart em três grupos: 1 a 3 = 1; 4 = 2; 5 a 6 = 3. Esses três grupos podem ser explicados em termos das avaliações da Wal-Mart nos oito fatores dos critérios de escolha? Compare esses resultados com os resultados de regressão do Capítulo 17. ■

Caso HP

SPSS Arquivo de Dados

SAS Arquivo de Dados

Revise o caso HP, Caso 1.1, e o questionário fornecido no final do livro. Vá ao *site* deste livro e baixe o arquivo de dados HP.

1. Faça uma análise discriminante de dois grupos com os dois grupos de satisfação total derivados com base na recodificação de q4 (como especificado no Capítulo 14) como variáveis dependentes e as 13 avaliações da HP (q8_1 a q8_13) como variáveis independentes. Interprete os resultados.
2. Faça uma análise discriminante de dois grupos com grupos de probabilidade de escolher a HP derivados com base na recodificação de q6 (conforme especificado no Capítulo 14) como variáveis dependentes e as 13 avaliações da HP (q8_1 a q8_13) como variáveis independentes. Interprete os resultados.
3. Faça uma análise discriminante de três grupos com os três grupos de sensibilidade ao preço derivados com base na recodificação de q9_5per (conforme especificado no Capítulo 14) como variáveis dependentes e as 13 avaliações da HP (q8_1 a q8_13) como variáveis independentes. Interprete os resultados.
4. Faça uma análise discriminante de três grupos com os três grupos de sensibilidade ao preço derivados com base na recodificação de q9_10per (conforme especificado no Capítulo 14) como variáveis dependentes e as 13 avaliações da HP (q8_1 a q8_13) como variáveis independentes. Interprete os resultados.

Resumo

A análise discriminante é útil para analisar dados quando a variável critério, ou dependente, é categórica e as variáveis independentes, ou previsoras, são escalonadas de forma intervalar ou razão. Quando a variável critério tem duas categorias, a técnica é conhecida como análise discriminante de dois grupos. A análise discriminante múltipla diz respeito ao caso em que estão em jogo três ou mais categorias.

O procedimento de análise discriminante consiste em cinco passos. Em primeiro lugar, a formulação do problema discriminante requer a identificação dos objetivos e das variáveis de critério (dependente) e previsoras. A amostra é dividida em duas partes. Uma parte, a amostra de análise, serve para estimar a função discriminante. A outra, a amostra retida, é reservada para a validação. A estimação – o segundo passo – exige a formulação de uma combinação linear dos previsores, chamada de funções discriminantes, de modo que os grupos difiram tanto quanto possível nos valores dos previsores.

A determinação da significância estatística é o terceiro passo e envolve o teste da hipótese nula de que, na população, as médias de todas as funções discriminantes em todos os grupos são iguais. Se a hipótese nula for rejeitada, faz sentido interpretar os resultados.

O quarto passo, a interpretação dos pesos ou coeficientes discriminantes, é análogo ao da análise de regressão múltipla. Dada a multicolinearidade nas variáveis previsoras, não há medida não ambígua da importância relativa dos previsores na discriminação entre os grupos. Todavia, pode-se ter uma ideia da importância relativa das variáveis examinando a magnitude absoluta dos coeficientes padronizados da função discriminante e as correlações estruturais ou cargas discriminantes. Essas correlações simples entre cada previsor e a função discriminante representam a variância que o previsor compartilha com a função. Outra ajuda na interpretação dos resultados da análise discriminante consiste em estabelecer um perfil característico para cada grupo, com base nas médias de grupo para as variáveis previsoras.

A validação – o quinto passo – estabelece a matriz de classificação. Os pesos discriminantes, estimados com auxílio da amostra de análise, são multiplicados pelos valores das variáveis previsoras na amostra retida para gerar escores discriminantes para os casos naquela amostra. Os casos são, então, atribuídos a grupos, com base em seus escores discriminantes e em uma regra de decisão apropriada. Determina-se a porcentagem de casos classificados corretamente e compara-se com a porcentagem esperada de uma classificação aleatória.

Há duas amplas abordagens para estimar os coeficientes. O método direto envolve a estimação da função discriminante, de forma que todos os previsores sejam incluídos simultaneamente. Uma alternativa é o método passo a passo, no qual as variáveis previsoras são introduzidas sequencialmente, de acordo com sua capacidade de discriminar entre grupos.

Na análise discriminante múltipla, se há G grupos e k previsores, é possível estimar até $G - 1$ ou k (o que for menor) funções discriminantes. A primeira função tem a maior razão de somas de quadrados entre grupos para soma de quadrados dentro de grupos. A segunda função, não correlacionada com a primeira, tem a segunda maior razão, e assim por diante.

A análise logit, também chamada de *regressão logística*, é uma análise discriminante de dois grupos quando a variável dependente é binária. O modelo logit estima a probabilidade de um evento binário. Diferentemente da regressão de quadrados mínimos ordinários, o modelo logit restringe a probabilidade entre 0 e 1. Também diferentemente da análise discriminante, a regressão logística resulta em estimativas de erro padrão para os coeficientes estimados e, assim, sua significância pode ser avaliada.

Palavras-chave e conceitos fundamentais

análise discriminante, 482
função discriminante, 482
análise discriminante de dois grupos, 482

análise discriminante múltipla, 482
modelo de análise discriminante, 483
correlação canônica, 483

centroide, 483
matriz de classificação, 484
coeficientes da função discriminante, 484

escores discriminantes, 484
autovalores, 484
valores F e sua significância, 484
médias de grupo e desvios-padrão de grupo, 484
matriz de correlação combinada dentro de grupos, 484
coeficientes padronizados da função discriminante, 484
correlações estruturais, 484
matriz de correlação total, 484
λ de Wilks, 484
amostra de análise, 485
amostra de validação, 485
método direto, 485
análise discriminante passo a passo, 485
perfil das características, 491
proporção de acertos, 491
mapa territorial, 496
procedimento de Mahalanobis, 498
modelo logit binário, 499

Casos relacionados

Os casos listados a seguir são discutidos no final do livro.

1.1 HP Inc.

3.1 AT&T   **3.2** IBM   **3.3** Kimberly-Clark

4.1 JPMorgan Chase   **4.2** Wendy's

Pesquisa ao vivo: realização de um projeto de pesquisa de marketing

1. Diferenças entre grupos (por exemplo, grupos de lealdade, grupos de uso, grupos de estilos de vida, etc.) são de interesse na maioria dos projetos. Tais diferenças em termos de variáveis múltiplas podem ser examinadas utilizando-se análise discriminante.

2. Se a segmentação de mercado for realizada, então as diferenças entre segmentos podem ser examinadas empregando-se a análise discriminante.

Exercícios

Perguntas

1. Quais são os objetivos da análise discriminante?
2. Qual é a principal distinção entre análise discriminante de dois grupos e múltipla?
3. Descreva a relação da análise discriminante com regressão e ANOVA.
4. Quais são as etapas envolvidas no procedimento da análise discriminante?
5. Como se deve dividir a amostra total para fins de estimação e validação?
6. O que é o λ de Wilks e para que é utilizado?
7. Defina escores discriminantes.
8. Explique o que é autovalor.
9. O que é matriz de classificação?
10. Explique o conceito de correlações estruturais.
11. Como se determina a significância estatística da análise discriminante?
12. Descreva um procedimento usual para determinar a validade da análise discriminante.
13. Quando os grupos são todos de mesmo tamanho, como se determina a precisão da classificação aleatória?
14. Qual é a diferença entre procedimento discriminante passo a passo e método direto?

Problemas

1. Em uma investigação das diferenças entre usuários frequentes e usuários eventuais de alimentos congelados, constatou-se que os dois maiores coeficientes padronizados da função discriminante eram 0,97 para orientação de conveniência e 0,61 para renda. É correto concluir que a orientação de conveniência é mais importante do que a renda quando cada variável é considerada por si mesma?

2. Dadas as informações a seguir, calcule o escore discriminante para cada entrevistado. O valor da constante é 2,04.

Coeficientes não padronizados da função discriminante

Idade	0,38
Renda	0,44
Risco assumido	−0,39
Otimista	1,26

ID do entrevistado	Idade	Renda	Risco assumido	Otimista
0246	36	43,7	21	65
1337	44	62,5	28	56
2375	57	33,5	25	40
2454	63	38,7	16	36

Exercícios para Internet e computador

SPSS Arquivo de Dados

SAS Arquivo de Dados

1. Faça uma análise discriminante de dois grupos para os dados das Tabelas 18.2 e 18.3 utilizando pacotes SPSS, SAS e MINITAB. Compare os resultados de todos os pacotes. Discuta as semelhanças e as diferenças.
2. Faça uma análise discriminante de três grupos passo a passo sobre os dados das Tabelas 18.2 e 18.3 utilizando um pacote SPSS, SAS ou MINITAB. Compare os resultados com os da Tabela 18.5 para análise discriminante de três grupos.
3. Analise os dados sobre a Nike apresentados no Exercício 1 da seção Exercícios para Internet e computador do Capítulo 15. Os arquivos de dados e a descrição das variáveis-chave podem ser baixados do *site* deste livro. Os três grupos de uso diferem em termos de consciência, atitude, preferência, intenção e fidelidade à marca quando essas variáveis são consideradas simultaneamente?
4. Analise os dados sobre estilo de vida fora de casa apresentados no Exercício 2 da seção Exercícios para Internet e computador do Capítulo 15. Os arquivos de dados e a descrição das variáveis-chave podem ser baixados do *site* deste livro. Os três grupos baseados em local de residência diferem sobre a importância atribuída a desfrutar da natureza, relacionar-se com o clima, viver em harmonia com o ambiente, exercitar-se regularmente e encontrar-se com outras pessoas (V_2 a V_6) quando essas variáveis são consideradas simultaneamente?
5. Faça uma análise discriminante de dois grupos sobre os dados que você obteve no Exercício 1 da seção Atividades Trabalho de Campo, usando o pacote SPSS, SAS ou MINITAB. É possível diferenciar alunos com graduação de alunos com pós-graduação usando as quatro medidas de atitude?

Atividades

Dramatização

1. Você foi contratado como analista de pesquisa de marketing pela American Airlines. Seu chefe, o diretor de marketing, quer saber qual análise estatística deveria ser feita para identificar as diferenças entre os viajantes frequentes e os eventuais em termos de cinco afirmações medindo a atitude em relação à American Airlines em uma escala Likert. Explique para o seu chefe (um colega de classe) a análise que você faria.

Trabalho de campo

1. Entreviste 15 alunos de graduação e 15 alunos de pós-graduação. Meça suas atitudes com relação ao ensino universitário (se valeu a pena obter um diploma universitário), a desfrutar da vida (se é importante se divertir na vida), à sua universidade (não estão muito felizes por ter escolhido estudar aqui) e à ética no trabalho (geralmente, há falta de ética no trabalho no *campus* da faculdade). Para cada atitude, meça o grau de discordância/concordância usando uma escala de classificação de sete pontos (1 = discordo, 7 = concordo).

Discussão em grupo

1. Faz sentido determinar a importância relativa dos previsores ao discriminar grupos? Por quê, ou por que não? Discuta em um pequeno grupo.

CAPÍTULO 19

Análise Fatorial

> *A análise fatorial permite olhar para grupos de variáveis que tendem a ser correlacionadas uma a outra e identificar dimensões subjacentes que explicam essas correlações.*
>
> **Jude Olinger, CEO, The Olinger Group**

Objetivos

Após a leitura deste capítulo, o aluno conseguirá:

1. Descrever o conceito de análise fatorial e explicar como essa análise difere da análise de variância, da regressão múltipla e da análise discriminante.
2. Discutir o procedimento para conduzir análise fatorial, incluindo a formulação do problema, a construção da matriz de correlação, a escolha de um método apropriado, a determinação do número de fatores, a rotação e a interpretação dos fatores.
3. Entender a distinção entre métodos de análise fatorial de componentes principais e de análise de fator comum.
4. Explicar a seleção de variáveis substitutas e suas aplicações, enfatizando sua utilização em análises subsequentes.
5. Descrever o procedimento para verificar o ajuste de um modelo de análise fatorial, utilizando as correlações observadas e reproduzidas.
6. Explicar o papel do *software* na realização da análise fatorial e em procedimentos relacionados usando SPSS e SAS.

Aspectos gerais

Na análise de variância (Capítulo 16), regressão (Capítulo 17) e discriminante (Capítulo 18), uma das variáveis é identificada claramente como a variável dependente. Vamos agora abordar um procedimento, a análise fatorial, em que as variáveis não são classificadas como independentes ou dependentes; ao contrário, examina-se todo o conjunto de relações interdependentes entre variáveis. Neste capítulo, discutimos o conceito básico de análise fatorial, apresentando o modelo fatorial. Descrevemos os diversos passos dessa análise, ilustrando-os no contexto da análise dos componentes principais. Em seguida, mostramos uma aplicação da análise de fator comum.

Finalmente, abordamos o uso de *software* na análise fatorial. Oferecemos ajuda para executar os programas SPSS e SAS Enterprise Guide usados neste capítulo de três maneiras: (1) instruções passo a passo no final do capítulo, (2) vídeos demonstrativos computadorizados disponíveis no *site* do livro e (3) cópias das telas dos programas com notas ilustrando essas instruções passo a passo.

Para começar, vejamos alguns exemplos a fim de ilustrar a utilidade da análise fatorial.

Pesquisa real

Análise fatorial ganha juros em bancos

Como os clientes costumam avaliar os bancos? Em uma pesquisa, foi solicitado aos entrevistados que avaliassem a importância de 15 atributos dos bancos. Utilizou-se uma escala de cinco pontos, de "não importante" a "muito importante". Os dados foram estudados via análise dos componentes principais.

O estudo teve como resultado uma solução de quatro fatores, rotulados como serviços tradicionais, conveniência, visibilidade e competência. Os serviços tradicionais incluíram taxas de juro sobre empréstimos, reputação na comunidade, taxas baixas para contas correntes, atendimento cordial e personalizado, extratos mensais compreensíveis e acesso facilitado a empréstimos. A conveniência abrangeu localização adequada da agência, localização conveniente de caixas automáticos, rapidez do serviço e horários de funcionamento. O fator visibilidade incluiu recomendações de amigos e parentes, estrutura física agradável, envolvimento com a comunidade e facilidade de obtenção de empréstimos. A competência consistiu em qualificação dos funcionários e disponibilidade de serviços bancários auxiliares. Concluiu-se que os clientes avaliavam os bancos com base nos quatro fatores básicos, serviços tradicionais, conveniência, visibilidade e competência, e que os bancos devem apresentar excelência nesses fatores para projetar uma boa imagem. Ao enfatizar esses fatores, a JPMorgan Chase & Co. se tornou um dos maiores bancos dos Estados Unidos, com US$ 2,350 trilhões em ativos em 2016.[1] ∎

Conceito básico

A **análise fatorial** é um nome genérico que denota uma classe de procedimentos utilizados essencialmente para redução e resumo dos dados. Na pesquisa de marketing, pode haver inúmeras variáveis, a maioria delas correlacionadas, que devem ser reduzidas a um nível gerenciável. Estudam-se as relações entre conjuntos de muitas variáveis inter-relacionadas representando-as em termos de alguns fatores subjacentes. Por exemplo, a imagem de um estabelecimento pode ser medida pedindo aos entrevistados que o avaliem segundo uma série de itens em uma escala de diferencial semântico. Analisam-se então essas avaliações para identificar os fatores subjacentes da imagem do estabelecimento.

---
análise fatorial
Tipo de procedimento destinado essencialmente à redução e ao resumo dos dados.

Na análise de variância, regressão múltipla e análise discriminante, uma variável é considerada como dependente, ou variável critério, e as outras, como variáveis independentes ou previsoras. Na análise fatorial, porém, não se faz tal distinção. Ao contrário, a análise fatorial é uma **técnica de interdependência**, no sentido de que examinamos todo o conjunto de relações interdependentes.[2]

---
técnica de interdependência
Técnica estatística multivariada em que se examina todo o conjunto de relações interdependentes.

Utiliza-se a análise fatorial nas seguintes circunstâncias:

1. Para identificar dimensões subjacentes, ou **fatores**, que expliquem as correlações entre um conjunto de variáveis. Por exemplo, pode-se utilizar um conjunto de afirmações sobre estilos de vida para avaliar os perfis psicográficos dos consumidores. A seguir, essas afirmações podem ser analisadas fatorialmente para identificar os fatores psicográficos subjacentes, conforme ilustrado no exemplo de fidelização da loja de departamentos. Isso também é mostrado na Figura 19.1 originada de análises empíricas, nas quais as sete variáveis psicográficas podem ser representadas por dois fatores. Nessa figura, o fator 1 é interpretado como pessoa caseira *versus* sociável, e o fator 2 como esportes *versus* filmes/peças de teatro.

---
fator
Dimensão subjacente que explica as correlações entre um conjunto de variáveis.

---

2. Para identificar um conjunto novo, menor, de variáveis não correlacionadas a fim de substituir o conjunto original de variáveis correlacionadas na análise multivariada subsequente (análise de regressão ou discriminante). Por exemplo, os fatores psicográficos identificados podem ser usados como variáveis independentes para explicar as diferenças entre clientes fiéis e eventuais. Assim, em vez das sete variáveis psicográficas correlacionadas da Figura 19.1, usamos os dois fatores não correlacionados, isto é, pessoa caseira *versus* sociável e esportes *versus* filmes/peças de teatro na análise subsequente.

3. Para identificar, em um conjunto maior, um conjunto menor de variáveis que se destacam para uso em uma análise multivariada subsequente. Por exemplo, algumas das afirmações originais sobre estilos de vida que se correlacionam fortemente com os fatores identificados podem ser usadas como variáveis independentes a fim de explicar as diferenças entre os clientes fiéis e os eventuais. Especificamente, com base na teoria e nos resultados empíricos (Figura 19.1), podemos selecionar "casa como melhor lugar" e "futebol" como variáveis independentes, e deixar as outras cinco variáveis para evitar problemas devido à multicolinearidade (ver Capítulo 17).

A análise fatorial tem inúmeras aplicações na pesquisa de marketing. Por exemplo:

- Pode ser usada na segmentação de mercado para identificar as variáveis subjacentes segundo as quais se agru-

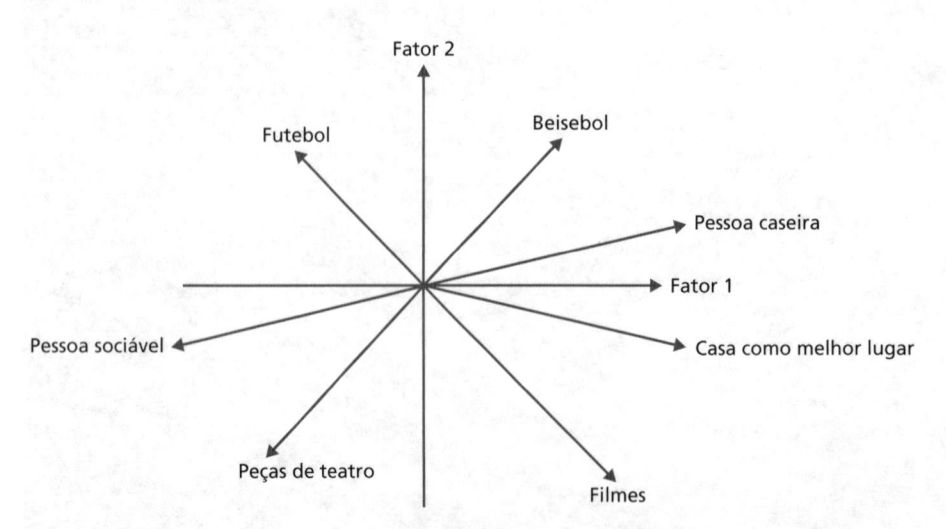

FIGURA 19.1 Fatores subjacentes de variáveis psicográficas e de estilos de vida selecionadas.

pam os consumidores. Os compradores de carros novos podem ser agrupados com base na ênfase relativa que dão à economia, à conveniência, ao desempenho, ao conforto e ao luxo. Isso pode resultar em cinco segmentos: os que buscam economia, os que buscam conveniência, os que procuram desempenho, os que procuram conforto e os que desejam luxo.

- Na pesquisa de um produto, emprega-se a análise fatorial para determinar os atributos de uma marca que influenciam a escolha do consumidor. As marcas de creme dental podem ser avaliadas em termos de proteção contra cáries, brancura dos dentes, gosto, frescor do hálito e preço.
- Em estudos de propaganda, aplica-se a análise fatorial para identificar os hábitos de consumo de mídia do mercado-alvo. Os usuários de alimentos congelados podem ser espectadores constantes de TV a cabo, que assistem a muitos filmes e preferem música *country*.
- Em estudos sobre preços, a análise fatorial pode ser utilizada para identificar as características dos consumidores que são sensíveis a preços. Esses consumidores podem ser metódicos, ter mentalidade econômica e centrada no lar.

Modelo de análise fatorial

Matematicamente, a análise fatorial é algo semelhante à análise de regressão múltipla, pelo fato de cada variável ser expressa como uma combinação linear de fatores subjacentes. A quantidade de variância que uma variável compartilha com todas as outras variáveis incluídas na análise é chamada de *comunalidade*. A covariação entre as variáveis é descrita em termos de um pequeno número de fatores comuns, mais um fator único (ou exclusivo) para cada variável. Esses fatores não são observados abertamente. Se as variáveis forem padronizadas, o modelo fatorial pode ser representado como:

$$X_i = A_{i1}F_1 + A_{i2}F_2 + A_{i3}F_3 + \cdots + A_{im}F_m + V_iU_i$$

onde:

X_i = i-ésima variável padronizada

A_{ij} = coeficiente padronizado de regressão múltipla da variável i sobre o fator comum j

F = fator comum

V_i = coeficiente padronizado de regressão da variável i sobre o fator único i

U_i = o fator único para a variável i

m = número de fatores comuns

Os fatores únicos não são correlacionados uns com os outros e com os fatores comuns.[3] Os fatores comuns podem ser expressos como combinações lineares de variáveis observáveis.

$$F_i = W_{i1}X_1 + W_{i2}X_2 + W_{i3}X_3 + \cdots + W_{ik}X_k$$

onde:

F_i = estimativa do i-ésimo fator

W_i = peso ou coeficiente do escore fatorial

k = número de variáveis

É possível escolher pesos ou coeficientes de escore fatorial de modo que o primeiro fator explique a maior parte da variância total. Em seguida, pode-se escolher um segundo conjunto de pesos, de modo que o segundo fator responda pela maior parte da variância residual, desde que não seja correlacionado com o primeiro fator. O mesmo princípio é aplicado à escolha de pesos adicionais para os outros fatores. Assim, os fatores podem ser estimados de modo que seus escores, ao contrário dos valores das variáveis originais, não sejam correlacionados. Além disso, o primeiro fator responde pela maior variância nos dados, o segundo fator pela segunda variância mais alta, e assim por diante. Na Figura 19.2, apresentamos uma ilustração gráfica simplificada da análise fatorial de duas variáveis. Há várias estatísticas associadas à análise fatorial.

Estatísticas associadas à análise fatorial

As estatísticas-chave associadas à análise fatorial são:

Teste de esfericidade de Bartlett. Estatística de teste usada para examinar a hipótese de que as variáveis não são correlacionadas na população. Em outras palavras, a matriz de correlação da população é uma matriz de identidade; cada variável se correlaciona perfeitamente com ela própria ($r = 1$), mas não apresenta correlação com as outras variáveis ($r = 0$).

Matriz de correlação. Triângulo inferior da matriz que exibe as correlações simples, r, entre todos os pares possíveis de variáveis incluídas na análise. Os elementos da diagonal, que são todos iguais a 1, em geral são omitidos.

Comunalidade. Porção da variância que uma variável compartilha com todas as outras variáveis consideradas. É também a proporção de variância explicada pelos fatores comuns.

Autovalor (eigenvalue). Representa a variância total explicada por fator.

Cargas fatoriais. Correlações simples entre as variáveis e os fatores.

Gráfico das cargas fatoriais. Gráfico das variáveis originais utilizando as cargas de fatores como coordenadas.

Matriz fatorial. Contém as cargas fatoriais de todas as variáveis em todos os fatores extraídos.

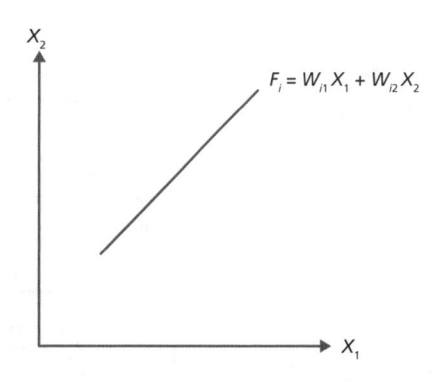

FIGURA 19.2 Ilustração gráfica da análise fatorial.

Escores fatoriais. Escores compostos estimados para cada entrevistado nos fatores derivados.

Matriz de coeficientes de escores fatoriais. Contém os pesos, ou os coeficientes de escores fatoriais, usados para combinar as variáveis padronizadas a fim de obter escores fatoriais.

Medida de adequação da amostra de Kaiser-Meyer-Olkin (KMO). Índice usado para avaliar a adequação da análise fatorial. Valores altos (entre 0,5 e 1,0) indicam que a análise fatorial é apropriada. Valores abaixo de 0,5 indicam que a análise fatorial pode ser inadequada.

Porcentagem de variância. Percentagem da variância total atribuída a cada fator.

Resíduos. Diferenças entre as correlações observadas, dadas na matriz de correlação de entrada, e as correlações reproduzidas, conforme estimado pela matriz fatorial.

Gráfico de declive (scree plot). Gráfico dos autovalores *versus* número de fatores por ordem de extração.

Na próxima seção, descrevemos as aplicações dessas estatísticas no contexto do procedimento da análise fatorial.

Como fazer análise fatorial

A Figura 19.3 ilustra os diversos passos de uma análise fatorial. O primeiro consiste em formular o problema de análise fatorial e identificar as variáveis a serem analisadas. A seguir, é construída uma matriz de correlação dessas variáveis, escolhendo-se um método de análise fatorial. O pesquisador decide quanto ao número de fatores a serem extraídos e quanto ao método de rotação. Em seguida, é preciso interpretar os fatores rotacionados. Dependendo dos objetivos, é possível calcular os escores fatoriais ou selecionar variáveis substitutas para representar os fatores em uma análise multivariada subsequente. Finalmente, determina-se o ajuste do modelo de análise fatorial. Todos esses aspectos são abordados com mais detalhes nas próximas seções.[4]

Formular o problema

A formulação do problema inclui várias tarefas. Em primeiro lugar, devemos identificar os objetivos da análise fatorial. As variáveis a serem incluídas na análise fatorial devem ser especificadas com base em pesquisas anteriores, na teoria e no julgamento do pesquisador. É importante medir adequadamente as variáveis em uma escala intervalar ou razão. Deve-se utilizar um tamanho adequado de amostra. Como orientação geral, deve haver pelo menos quatro a cinco vezes mais observações (tamanho da amostra) do que variáveis.[5] Em muitas situações de pesquisa de marketing, o tamanho da amostra é pequeno e essa relação é consideravelmente menor. Em tais casos, os resultados devem ser interpretados com cautela.

A título de ilustração da análise fatorial, suponhamos que um pesquisador queira avaliar os benefícios que os consumidores esperam da compra de um creme dental. Foi entrevistada em um *shopping center* uma amostra de 30 pessoas que deviam indicar seu grau de concordância com as seguintes afirmações, utilizando uma escala de sete pontos (1 = discordo totalmente, 7 = concordo totalmente):

V_1: É importante comprar um creme dental que previna as cáries.

V_2: Gosto de um creme dental que clareie os dentes.

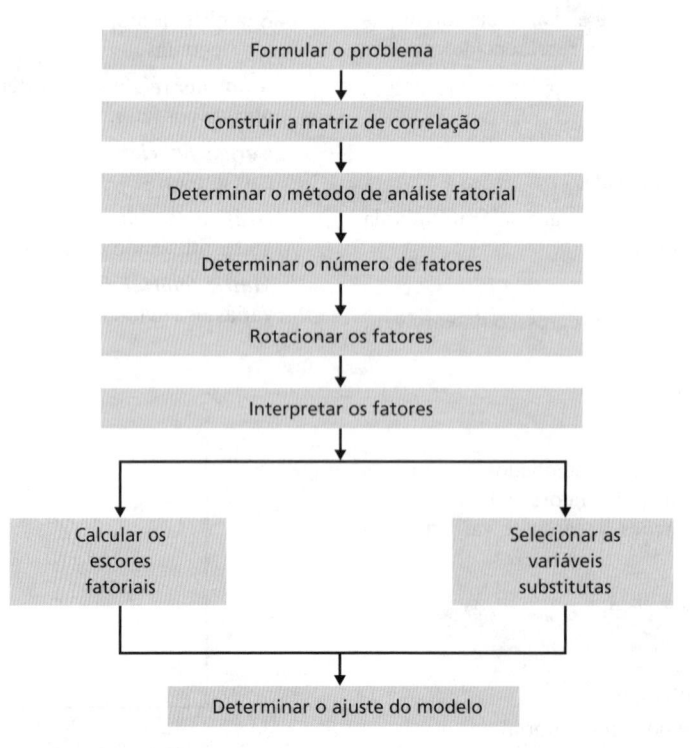

FIGURA 19.3 Como fazer análise fatorial.

V_3: Um creme dental deve fortificar as gengivas.

V_4: Prefiro um creme dental que refresque o hálito.

V_5: Manter os dentes sadios não é uma vantagem importante de um creme dental.

V_6: O aspecto mais importante na compra de um creme dental é tornar os dentes bonitos.

Os dados obtidos figuram na Tabela 19.1. A título de exemplo, consideramos um número pequeno de observações. Na prática, a análise fatorial é feita com uma amostra muito maior, como a do caso da HP e de outros casos com dados reais apresentados neste livro. Construiu-se uma matriz de correlação com base nesses dados de avaliação.

Construir a matriz de correlação

O procedimento analítico se baseia em uma matriz de correlações entre as variáveis. Um exame dessa matriz oferece informações importantes. Para que a análise fatorial seja apropriada, as variáveis devem ser correlacionadas. Na prática, isso costuma ocorrer. Se as correlações entre as variáveis forem pequenas, a análise fatorial pode ser inadequada. Esperaríamos também que as variáveis altamente correlacionadas umas com as outras se correlacionassem também com o(s) mesmo(s) fator(es).

Existem estatísticas formais para testar a conveniência do modelo fatorial. Pode-se aplicar o teste de esfericidade de Bartlett para testar a hipótese nula de que as variáveis não são correlacionadas na população. Em outras palavras, a matriz de correlação populacional é uma matriz identidade. Em uma matriz identidade, todos os termos da diagonal são 1, e todos os termos fora da diagonal são 0. A estatística de teste da esfericidade se baseia em uma transformação qui-quadrado do determinante da matriz de correlação. Um valor elevado dessa estatística de teste favorece a rejeição da hipótese nula. Se essa hipótese não puder ser rejeitada, então a conveniência da análise fatorial deve ser questionada. Outra estatística útil é a medida de adequação da amostra de Kaiser-Meyer-Olkin (KMO). Esse índice compara as magnitudes dos coeficientes de correlação observados com as magnitudes dos coefi-

TABELA 19.1
Avaliação dos atributos de um creme dental

Número do entrevistado	V_1	V_2	V_3	V_4	V_5	V_6
1	7,00	3,00	6,00	4,00	2,00	4,00
2	1,00	3,00	2,00	4,00	5,00	4,00
3	6,00	2,00	7,00	4,00	1,00	3,00
4	4,00	5,00	4,00	6,00	2,00	5,00
5	1,00	2,00	2,00	3,00	6,00	2,00
6	6,00	3,00	6,00	4,00	2,00	4,00
7	5,00	3,00	6,00	3,00	4,00	3,00
8	6,00	4,00	7,00	4,00	1,00	4,00
9	3,00	4,00	2,00	3,00	6,00	3,00
10	2,00	6,00	2,00	6,00	7,00	6,00
11	6,00	4,00	7,00	3,00	2,00	3,00
12	2,00	3,00	1,00	4,00	5,00	4,00
13	7,00	2,00	6,00	4,00	1,00	3,00
14	4,00	6,00	4,00	5,00	3,00	6,00
15	1,00	3,00	2,00	2,00	6,00	4,00
16	6,00	4,00	6,00	3,00	3,00	4,00
17	5,00	3,00	6,00	3,00	3,00	4,00
18	7,00	3,00	7,00	4,00	1,00	4,00
19	2,00	4,00	3,00	3,00	6,00	3,00
20	3,00	5,00	3,00	6,00	4,00	6,00
21	1,00	3,00	2,00	3,00	5,00	3,00
22	5,00	4,00	5,00	4,00	2,00	4,00
23	2,00	2,00	1,00	5,00	4,00	4,00
24	4,00	6,00	4,00	6,00	4,00	7,00
25	6,00	5,00	4,00	2,00	1,00	4,00
26	3,00	5,00	4,00	6,00	4,00	7,00
27	4,00	4,00	7,00	2,00	2,00	5,00
28	3,00	7,00	2,00	6,00	4,00	3,00
29	4,00	6,00	3,00	7,00	2,00	7,00
30	2,00	3,00	2,00	4,00	7,00	2,00

cientes de correlação parcial. Pequenos valores da estatística KMO indicam que as correlações entre pares de variáveis não podem ser explicadas por outras variáveis e que a análise fatorial pode ser inapropriada. Geralmente, um valor superior a 0,5 é desejável.

A Tabela 19.2 mostra a matriz de correlação, construída a partir dos dados obtidos para entender os benefícios de um creme dental (Tabela 19.1). Há correlações relativamente elevadas entre V_1 (prevenção de cáries), V_3 (gengivas fortes) e V_5 (dentes sadios). É de se esperar que essas variáveis se correlacionem com o mesmo conjunto de fatores. Da mesma forma, verificam-se correlações relativamente elevadas entre V_2 (dentes claros), V_4 (hálito fresco) e V_6 (boa aparência dos dentes). Essas variáveis também devem se correlacionar com os mesmos fatores.[6]

Os resultados da análise fatorial estão na Tabela 19.3. A hipótese nula de que a matriz de correlação da população é uma matriz identidade é rejeitada pelo teste de esfericidade de Bartlett. A estatística qui-quadrado aproximada é 111,314, com 15 graus de liberdade, significativa ao nível de 0,05. O valor da estatística KMO (0,660) também é grande (> 0,5). Assim, a análise fatorial pode ser considerada uma técnica apropriada para analisar a matriz de correlação da Tabela 19.2.

Determinar o método de análise fatorial

Depois de determinar que a análise fatorial é uma técnica adequada para analisar os dados, devemos selecionar um método apropriado. A abordagem usada para deduzir os pesos, ou coeficientes dos escores fatoriais, diferencia os diversos métodos de análise fatorial. As duas abordagens básicas são a análise dos componentes principais e a análise de fator comum. Na **análise dos componentes principais,** leva-se em conta a variância total nos dados. A diagonal da matriz de correlação consiste em unidades, e a variância total é introduzida na matriz de fatores. Recomenda-se a análise dos componentes principais quando a preocupação maior for determinar o número mínimo de fatores que respondem pela máxima variância nos dados para utilização em análises multivariadas subsequentes. Os fatores são chamados de *componentes principais*.

análise de componentes principais
Abordagem da análise fatorial que leva em conta a variância total nos dados.

Na **análise de fator comum,** os fatores são estimados com base apenas na variância comum. As comunalidades são inseridas na diagonal da matriz de correlação. Esse método é adequado quando a preocupação principal é identificar as dimensões subjacentes e a variância comum é um elemento de interesse. Esse método é conhecido também como *fatoração do eixo principal*.

análise de fator comum
Abordagem da análise fatorial que leva em conta apenas a variância comum nos dados.

Existem ainda outros métodos para estimar os fatores comuns, incluindo o método dos mínimos quadrados não ponderados, o método dos mínimos quadrados generalizados, a máxima verossimilhança, o método alfa e a fatoração da imagem. Esses métodos são complexos e não são recomendados para usuários inexperientes.[7]

A Tabela 19.3 mostra a aplicação da análise de componentes principais ao exemplo do creme dental. Em "Comunalidades", coluna "Inicial", pode-se ver que a comunalidade para cada variável, de V_1 a V_6, é 1,0, pois foram inseridas unidades na diagonal da matriz de correlação. A tabela rotulada "Autovalores iniciais" apresenta os autovalores. Como era de se esperar, os autovalores estão em ordem decrescente de magnitude, à medida que caminhamos do fator 1 para o fator 6. O autovalor de um fator indica a variância total atribuída àquele fator. A variância total atribuída aos seis fatores é 6,00, que é igual ao número de variáveis. O fator 1 responde por uma variância de 2,731, ou seja, (2,731/6) ou 45,52% da variância total. Da mesma forma, o segundo fator responde por (2,218/6) ou 36,97% da variância total, e os dois primeiros fatores combinados respondem por 82,49% da variância total. Várias considerações entram em jogo na determinação do número de fatores que devem ser usados na análise.

Determinar o número de fatores

É possível calcular tantos componentes principais quanto o número de variáveis existentes, mas com isso nada se ganha na redução de variáveis. Para resumir as informações contidas nas variáveis originais, deve-se extrair um número menor de fatores. A questão é: quantos? Para determinar o número de fatores, foram sugeridos vários procedimentos: a determinação *a priori* e as abordagens baseadas em autovalores, o gráfico de declive (*scree plot*), a porcentagem de variância

TABELA 19.2
Matriz de correlação

Variáveis	V_1	V_2	V_3	V_4	V_5	V_6
V_1	1,00					
V_2	−0,053	1,00				
V_3	0,873	−0,155	1,00			
V_4	−0,086	0,572	−0,248	1,00		
V_5	−0,858	0,020	−0,778	−0,007	1,00	
V_6	0,004	0,640	−0,018	0,640	−0,136	1,00

SPSS Arquivo de Saída

SAS Arquivo de Saída

TABELA 19.3
Resultados da análise de componentes principais

Teste de esfericidade de Bartlett
Qui-quadrado aproximado = 111,314, gl = 15, significância = 0,00000
Medida de adequação da amostra de Kaiser-Meyer-Olkin = 0,660

Comunalidades

Variável	Inicial	Extração
V_1	1,000	0,926
V_2	1,000	0,723
V_3	1,000	0,894
V_4	1,000	0,739
V_5	1,000	0,878
V_6	1,000	0,790

Autovalores iniciais

Fator	Autovalor (eigenvalue)	Percentagem de variância	Percentagem acumulada
1	2,731	45,520	45,520
2	2,218	36,969	82,488
3	0,442	7,360	89,848
4	0,341	5,688	95,536
5	0,183	3,044	98,580
6	0,085	1,420	100,000

Extração da soma do quadrado das cargas

Fator	Autovalor (eigenvalue)	Percentagem de variância	Percentagem acumulada
1	2,731	45,520	45,520
2	2,218	36,969	82,488

Matriz fatorial

	Fator 1	Fator 2
V_1	0,928	0,253
V_2	–0,301	0,795
V_3	0,936	0,131
V_4	–0,342	0,789
V_5	–0,869	–0,351
V_6	–0,177	0,871

Rotação da soma do quadrado das cargas

Fator	Autovalor (eigenvalue)	Percentagem de variância	Percentagem acumulada
1	2,688	44,802	44,802
2	2,261	37,687	82,488

Matriz fatorial rotacionada

	Fator 1	Fator 2
V_1	0,962	–0,027
V_2	–0,057	0,848
V_3	0,934	–0,146
V_4	–0,098	0,854
V_5	–0,933	–0,084
V_6	0,083	0,885

(*Continua*)

TABELA 19.3
Resultados da análise de componentes principais (*continuação*)

Matriz dos coeficientes de escores fatoriais

	Fator 1	Fator 2
V_1	0,358	0,011
V_2	−0,001	0,375
V_3	0,345	−0,043
V_4	−0,017	0,377
V_5	−0,350	−0,059
V_6	0,052	0,395

Matriz de correlações reproduzidas

	V_1	V_2	V_3	V_4	V_5	V_6
V_1	0,926*	0,024	−0,029	0,031	0,038	−0,053
V_2	−0,078	0,723*	0,022	−0,158	0,038	−0,105
V_3	0,902	−0,177	0,894*	−0,031	0,081	0,033
V_4	−0,117	0,730	−0,217	0,739*	−0,027	−0,107
V_5	−0,895	−0,018	−0,859	0,020	0,878*	0,016
V_6	0,057	0,746	−0,051	0,748	−0,152	0,790*

*O triângulo inferior esquerdo contém a matriz de correlações reproduzidas; a diagonal contém as comunalidades; o triângulo superior direito contém os resíduos entre as correlações observadas e as correlações reproduzidas.

explicada, a confiabilidade meio a meio e os testes de significância.

DETERMINAÇÃO A PRIORI Às vezes, em virtude de conhecimento prévio, o pesquisador sabe quantos fatores pode esperar, o que permite especificar o número de fatores a serem extraídos de antemão. A extração cessa quando se atinge o número desejado de fatores. A maioria dos programas de computador permite que o usuário especifique o número de fatores, possibilitando uma implementação fácil dessa abordagem.

DETERMINAÇÃO COM BASE EM AUTOVALORES Nessa abordagem, são retidos apenas os fatores com autovalores superiores a 1,0; os outros fatores não são incluídos no modelo. Um autovalor representa a quantidade de variância associada ao fator. Logo, só se incluem fatores com variância maior do que 1,0. Fatores com variância inferior a 1,0 não são melhores que uma variável isolada porque, devido à padronização, cada variável tem variância de 1,0. Se o número de variáveis for inferior a 20, essa abordagem resulta em um número pequeno de fatores.

DETERMINAÇÃO COM BASE EM UM GRÁFICO DE DECLIVE Um gráfico de declive (*scree plot*) é uma representação gráfica dos autovalores *versus* número de fatores pela ordem de extração. A forma do gráfico é usada para determinar o número de fatores. Em geral o gráfico apresenta uma acentuada interrupção entre o acentuado declive dos fatores, com grandes autovalores e uma gradual redução relacionada com o restante dos fatores. Essa redução gradual é conhecida como *declive*. Evidências experimentais indicam que o ponto no qual começa o declive denota o verdadeiro número de fatores. Comumente, o número de fatores determinado por um gráfico de declive será superior em mais um ou mais alguns ao daquele determinado pelo critério dos autovalores.

DETERMINAÇÃO COM BASE NA PORCENTAGEM DE VARIÂNCIA Nesta abordagem, determina-se o número de fatores extraídos de forma que a porcentagem acumulada da variância extraída pelos fatores atinja um nível satisfatório. O nível de variância satisfatório depende do problema. Recomenda-se, porém, que os fatores extraídos respondam por, no mínimo, 60% da variância.

DETERMINAÇÃO COM BASE EM CONFIABILIDADE MEIO A MEIO A amostra é dividida ao meio, fazendo-se uma análise fatorial em cada metade. São retidos apenas os fatores com elevada correspondência de cargas fatoriais ao longo das duas subamostras.

DETERMINAÇÃO COM BASE EM TESTES DE SIGNIFICÂNCIA É possível determinar a significância estatística dos autovalores separados, retendo apenas os fatores estatisticamente significativos. Um empecilho é que, com grandes amostras (tamanho superior a 200), muitos fatores tendem a ser estatisticamente significativos, embora, do ponto de vista prático, muitos deles respondam apenas por uma pequena proporção da variância total.

Na Tabela 19.3, vemos que o autovalor maior do que 1,0 (opção padrão) resulta na extração de dois fatores. Nosso conhecimento *a priori* nos diz que o creme dental é comprado por duas razões principais. A Figura 19.4 apresenta o gráfico de declive associado a essa análise; nele vemos por que ocorre uma quebra distinta em três fatores. Finalmente, pela porcentagem acumulada de variância, vemos que os dois primeiros fatores respondem por 82,49% da variância e

SPSS Arquivo de Saída

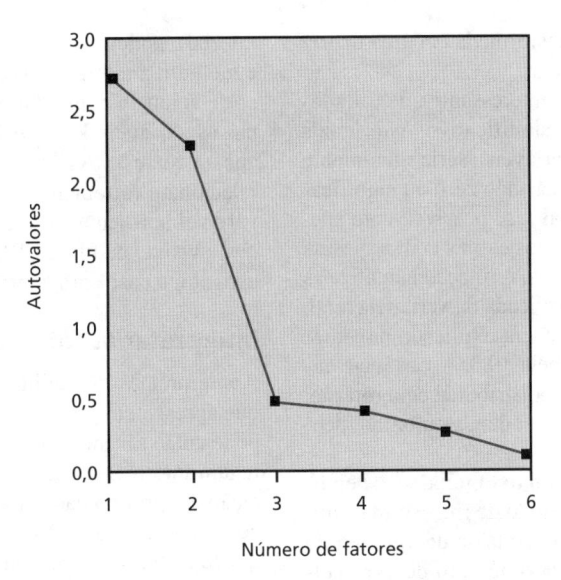

SAS Arquivo de Saída

FIGURA 19.4 Gráfico de declive.

que o ganho obtido ao passarmos para três fatores é marginal. Além disso, a confiabilidade meio a meio indica também que dois fatores são suficientes. Assim, dois fatores se afiguram razoáveis nesta situação.

A segunda coluna em "Comunalidades" na Tabela 19.3 dá informações relevantes após extraído o número desejado de fatores. As comunalidades para as variáveis em "Extração" são diferentes das que aparecem sob "Inicial", porque nem todas as variâncias associadas às variáveis são explicadas, a menos que se retenham todos os fatores. A "extração da soma do quadrado das cargas" dá as variâncias associadas aos fatores retidos. Observe que estas são as mesmas que aparecem em "Autovalores Iniciais". Isso sempre ocorre na análise de componentes principais. Determina-se a porcentagem de variância de um fator dividindo o autovalor associado pelo número total de fatores (ou variáveis) e multiplicando o resultado por 100. Assim, o primeiro fator responde por $(2,731/6) \times 100$, ou 45,52% da variância das seis variáveis. Da mesma forma, o segundo fator responde por $(2,218/6) \times 100$, ou 36,969% da variância. A interpretação da solução em geral é melhorada por uma rotação dos fatores.

Rotacionar os fatores

Um resultado importante da análise fatorial é a matriz fatorial, também chamada de *matriz de fatores padronizados*. A matriz fatorial contém os coeficientes utilizados para expressar as variáveis padronizadas em termos dos fatores. Esses coeficientes, as cargas fatoriais, representam as correlações entre os fatores e as variáveis. Um coeficiente com valor absoluto grande indica que o fator e a variável estão estreitamente relacionados. Podemos utilizar os coeficientes da matriz fatorial para interpretar os fatores.

Embora a matriz fatorial inicial (não rotacionada) indique a relação entre os fatores e as variáveis individuais, ela raramente resulta em fatores que possam ser interpretados, porque os fatores são correlacionados com muitas variáveis. Por exemplo, na Tabela 19.3, o fator 1 tem alguma correlação com cinco das seis variáveis (valor absoluto da carga fatorial superior a 0,3). De maneira semelhante, o fator 2 pelo menos tem alguma correlação com quatro das seis variáveis. Além disso, as variáveis 2 e 5 de alguma forma têm um peso em ambos os fatores. Isso é ilustrado na Figura 19.5(a). Como devemos interpretar esses fatores? Em uma matriz complexa como essa, é difícil interpretar os fatores. Assim, por meio de

	Fatores	
Variáveis	1	2
1	X	
2	X	X
3	X	
4	X	X
5	X	X
6		X

(a) Altas cargas antes da rotação

	Fatores	
Variáveis	1	2
1	X	
2		X
3	X	
4		X
5	X	
6		X

(b) Altas cargas depois da rotação

FIGURA 19.5 Matriz fatorial antes e depois da rotação.

uma rotação, a matriz fatorial é transformada em uma matriz mais simples, mais fácil de interpretar.

Ao rotacionar os fatores, seria interessante que cada fator tivesse cargas ou coeficientes significativos não iguais a zero para apenas algumas das variáveis. Seria igualmente ideal que cada variável tivesse cargas não zero ou significativas com uns poucos fatores apenas – se possível, com apenas um. Se vários fatores tiverem altas cargas com a mesma variável, torna-se difícil interpretá-los. A rotação não afeta as comunalidades e a porcentagem explicada da variância total. Entretanto, a porcentagem da variância explicada por fator varia. Isso está evidenciado na Tabela 19.3. A variância explicada pelos fatores individuais é redistribuída pela rotação. Logo, diferentes métodos de rotação podem resultar na identificação de diferentes fatores.

A rotação é chamada de **rotação ortogonal** se os eixos são mantidos em ângulo reto. O método de rotação mais utilizado é o **procedimento varimax**. Trata-se de um método ortogonal de rotação que minimiza o número de variáveis com altas cargas em um fator, melhorando, assim, a interpretabilidade dos fatores.[8] A rotação ortogonal tem como resultado fatores não correlacionados. A rotação é uma **rotação oblíqua** quando os eixos não se mantêm em ângulo reto e os fatos são correlacionados. Por vezes, o fato de admitirmos correlações entre fatores pode simplificar a matriz de fatores padronizados. Deve-se utilizar a rotação oblíqua quando os fatores na população tendem a ser fortemente correlacionados.

rotação ortogonal
Rotação de fatores em que os eixos são mantidos em ângulo reto.

procedimento varimax
Método ortogonal de rotação de fatores que minimiza o número de variáveis com altas cargas em um fator, melhorando, assim, a interpretabilidade dos fatores.

rotação oblíqua
Rotação de fatores quando os eixos não são mantidos em ângulo reto.

Na Tabela 19.3, comparando a matriz fatorial rotacionada varimax com a matriz não rotacionada (chamada de matriz fatorial), podemos ver como a rotação acarreta simplicidade e melhora a interpretabilidade. Enquanto cinco variáveis se correlacionam com o fator 1 na matriz não rotacionada, apenas as variáveis V_1, V_3 e V_5 se correlacionam com o fator 1 após a rotação. As variáveis restantes, V_2, V_4 e V_6, se correlacionam fortemente com o fator 2. Além disso, nenhuma variável apresenta forte correlação com ambos os fatores, o que é visível na Figura 19.5(b). A matriz fatorial rotacionada constitui a base para a interpretação dos fatores.

Interpretar os fatores

A interpretação é facilitada pela identificação das variáveis que apresentam grandes cargas em um mesmo fator. O fator pode então ser interpretado em termos das variáveis que carregam fortemente nele. Outro recurso que ajuda na interpretação é o gráfico das variáveis, utilizando as cargas fatoriais como coordenadas. As variáveis no final de um eixo são as que têm altas cargas somente naquele fator e, por conseguinte, o descrevem. As variáveis próximas da origem têm pequenas cargas nos dois fatores. As variáveis que não estão próximas de nenhum dos eixos estão relacionadas a ambos os fatores. Se um fator não pode ser definido claramente em termos das variáveis originais, deve ser considerado como indefinido, ou como um fator geral.

Na matriz fatorial rotacionada da Tabela 19.3, o fator 1 tem altos coeficientes para as variáveis V_1 (prevenção de cáries), V_3 (gengivas sadias) e um coeficiente negativo para V_5 (manter os dentes sadios não é importante). Por conseguinte, esse fator pode ser rotulado como um fator de benefício para a saúde. Observe que um coeficiente negativo para uma variável negativa (V_5) conduz a uma interpretação positiva de que dentes sadios são importantes. O fator 2 relaciona-se fortemente com as variáveis V_2 (dentes claros), V_4 (hálito fresco) e V_6 (boa aparência dos dentes). Por isso, o fator 2 pode ser rotulado como fator de benefício social. Um gráfico de cargas fatoriais, apresentado na Figura 19.6, confirma essa interpretação. As variáveis V_1, V_3 e V_5 ficam na extremidade do eixo horizontal (fator 1), com V_5 na extremidade oposta de V_1 e V_3, enquanto as variáveis V_2, V_4 e V_6 estão na extremidade do eixo vertical (fator 2). Seria possível resumir os dados com a afirmação de que os consumidores tendem a buscar

SPSS Arquivo de Saída

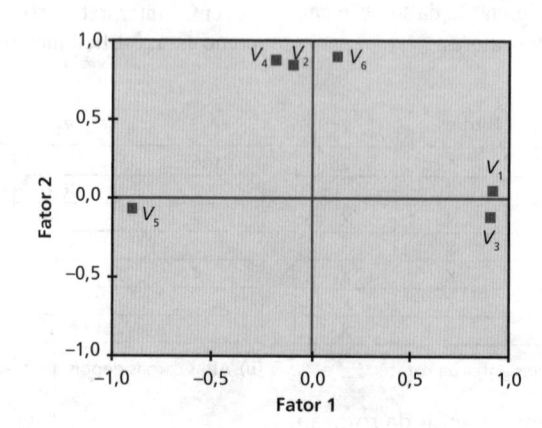

SAS Arquivo de Saída

FIGURA 19.6 Gráfico de cargas fatoriais.

dois grandes tipos de proveitos de um creme dental: benefícios de saúde e benefícios sociais.

Calcular os escores fatoriais

Depois da interpretação, é possível calcular os escores fatoriais, se necessário. A análise fatorial tem valor por si só. Todavia, se o objetivo da análise fatorial for reduzir o conjunto de variáveis originais a um conjunto menor de variáveis compostas (fatores) para uso em uma análise multivariada subsequente, é conveniente calcular escores fatoriais para cada entrevistado. Um fator nada mais é do que uma combinação linear das variáveis originais. O **escore fatorial** para o i-ésimo fator pode ser estimado como segue:

$$F_i = W_{i1}X_1 + W_{i2}X_2 + W_{i3}X_3 + \cdots + W_{ik}X_k$$

escores fatoriais
Escores compostos estimados para cada entrevistado nos fatores derivados.

Esses símbolos já foram definidos anteriormente neste capítulo.

Os pesos, ou coeficientes de escores fatoriais, usados para combinar as variáveis padronizadas podem ser obtidos da matriz dos coeficientes de escores fatoriais. A maioria dos programas de computador permite requisitar escores fatoriais. Somente no caso da análise de componentes principais é que podemos calcular exatamente os escores fatoriais. Além disso, nessa análise, esses escores não são correlacionados. Na análise de fator comum, obtêm-se estimativas desses escores, mas não há garantia de que os fatores não sejam correlacionados uns com os outros. Os escores fatoriais podem ser usados em vez das variáveis originais na análise multivariada subsequente. Por exemplo, com a matriz dos coeficientes de escores fatoriais da Tabela 19.3, podemos calcular dois escores fatoriais para cada entrevistado. Os valores da variável padronizada seriam multiplicados pelos coeficientes do escore fatorial correspondente, gerando os escores fatoriais.

Selecionar as variáveis substitutas

Às vezes, em vez de calcular escores fatoriais, o pesquisador deseja selecionar variáveis substitutas. A escolha de *variáveis substitutas* envolve a seleção de algumas das variáveis originais para serem usadas na análise subsequente. Isso possibilita que o pesquisador faça a análise subsequente e interprete os resultados em termos das variáveis originais, e não em escores fatoriais. Examinando a matriz fatorial, podemos escolher para cada fator a variável com maior carga sobre aquele fator. Essa variável pode então ser usada como variável substituta para o fator associado. Esse procedimento funciona bem se uma carga fatorial para uma variável for claramente maior do que todas as outras cargas fatoriais. Entretanto, a escolha não é tão fácil se duas ou mais variáveis tiverem cargas igualmente altas. Em tal caso, a escolha entre essas variáveis deve basear-se em considerações teóricas e de mensuração. Por exemplo, a teoria pode sugerir que uma variável com carga ligeiramente inferior seja mais importante do que outra com carga ligeiramente superior. Da mesma forma, se uma variável tiver carga ligeiramente inferior, mas tiver sido medida com mais precisão, ela é que deve ser escolhida como variável substituta. Na Tabela 19.3, as variáveis V_1, V_3 e V_5 têm elevadas cargas sobre o fator 1, e todas estão razoavelmente próximas em magnitude, embora V_1 tenha relativamente a mais alta carga, devendo, por conseguinte, ser uma candidata provável. Todavia, se o conhecimento anterior sugerir dentes sadios como um benefício muito importante, deve-se escolher V_5 como substituta para o fator 1. Por outro lado, a escolha de uma substituta para o fator 2 não é tão simples. As variáveis V_2, V_4 e V_6 têm cargas elevadas comparáveis sobre esse fator. Se o conhecimento anterior sugerir a boa aparência dos dentes como o benefício social mais importante que se pode esperar de um creme dental, o pesquisador deve selecionar V_6.

Determinar o ajuste do modelo

O passo final na análise fatorial consiste em determinar o ajuste do modelo. Uma suposição básica fundamental da análise fatorial é que a correlação observada entre as variáveis pode ser atribuída a fatores comuns. Logo, as correlações entre as variáveis podem ser deduzidas ou reproduzidas das correlações estimadas entre as variáveis e os fatores. Podem-se examinar as diferenças entre as correlações observadas (dadas na matriz de correlação de entrada) e as correlações reproduzidas (estimadas com base na matriz fatorial) a fim de determinar o ajuste do modelo. Essas diferenças são chamadas de *resíduos*. Se houver muitos resíduos grandes, o modelo fatorial não proporcionará um bom ajuste aos dados e deve ser reconsiderado. Na Tabela 19.3, vemos que apenas cinco resíduos são maiores do que 0,05, o que indica um ajuste aceitável do modelo.

PESQUISA ATIVA

Apple: análise fatorial das preferências por aparelhos de telefone celular

Visite www.apple.com e pesquise na Internet, incluindo mídias sociais, e no banco de dados *on-line* de sua biblioteca informações sobre as preferências dos consumidores por aparelhos de telefone celular.

A Apple gostaria de identificar os fatores subjacentes das preferências por aparelhos de telefone celular dos consumidores de 15 a 24 anos, os usuários frequentes dos aparelhos. Que dados você deveria obter e como você os analisaria?

Como diretor de marketing da Apple, que estratégias você formularia para atingir os consumidores de 15 a 24 anos, os usuários frequentes de telefones celulares?

Pesquisa real

Componentes de uma promoção do fabricante

O objetivo deste estudo foi desenvolver um inventário abrangente das variáveis de promoção no varejo controladas pelo fabricante e demonstrar que existe uma associação entre essas variáveis e a decisão do varejista de apoiar a promoção. O apoio do varejista foi definido operacionalmente como a atitude do comprador varejista para com a promoção.

Fez-se uma análise fatorial sobre as variáveis explanatórias, visando principalmente à redução de dados. O método dos componentes principais, utilizando a rotação varimax, reduziu as 30 variáveis explanatórias a 8 fatores com autovalores superiores a 1,0. Para fins de interpretação, cada fator compreende variáveis com carga de 0,40 ou mais sobre aquele fator. Em duas instâncias, em que as variáveis apresentaram carga de 0,40 ou mais sobre dois fatores, cada variável foi associada ao fator onde tinha maior carga. Apenas uma variável, "facilidade de manuseio/estocagem no varejo", não apresentou carga mínima de 0,40 sobre qualquer fator. Ao todo, os 8 fatores explicam 62% da variância total. A interpretação da matriz de cargas fatoriais foi direta. A Tabela 1 relaciona os fatores na ordem em que foram extraídos.

Foi feita uma análise discriminante passo a passo para determinar quais dos oito fatores (ou nenhum) previam o apoio do varejista com um grau estatisticamente significativo. Os escores para os oito fatores foram as variáveis independentes. A variável dependente consistiu na avaliação global da oferta feita pelo comprador (avaliação), que se reduziu a uma medida do apoio do varejista em três grupos (baixo, médio e alto). A Tabela 2 dá os resultados da análise discriminante. Todos os fatores entraram nas funções discriminantes. As medidas de aderência indicaram que, como um grupo, os oito fatores discriminaram entre alto, médio e baixo apoio do varejista. As razões F multivariadas, indicando o grau de discriminação entre cada par de grupos, revelaram-se significativas ao nível $p < 0,001$. Obteve-se a classificação correta nas categorias alta, média e baixa para 65% dos casos. Utilizou-se a ordem de entrada na análise discriminante para determinar a importância relativa de fatores como influenciadores do apoio do varejista, conforme mostra a Tabela 3.[9]

Tabela 1 Fatores que influenciam o apoio promocional do varejista

Fator	Interpretação do fator (% da variância explicada)	Carga	Variáveis incluídas no fator
F_1	Importância do item ou artigo (16,3%)	0,77	O item é suficientemente significativo para justificar a promoção
		0,75	A categoria responde bem à promoção
		0,66	É provável que o concorrente comercial mais próximo faça uma promoção do artigo
		0,64	Importância da categoria do produto promovido
		0,59	Volume de vendas regulares do artigo
		0,57	A oferta se mistura com os requisitos promocionais do comércio
F_2	Elasticidade da promoção (9,3%)		Estimativa do comprador quanto ao aumento de vendas com base em:
		0,86	Redução de preço e mostruário
		0,82	Somente mostruário
		0,80	Somente redução de preço
		0,70	Redução de preço, mostruário e propaganda
F_3	Apoio do fabricante à marca (8,2%)		Apoio do fabricante à marca, sob a forma de:
		0,85	Cupons
		0,81	Propaganda no rádio e na televisão
		0,80	Anúncio em jornal
		0,75	Promoção no local da compra (p.ex., mostruário)
F_4	Reputação do fabricante (7,3%)	0,72	Reputação geral do fabricante
		0,72	O fabricante coopera no atendimento das necessidades promocionais do varejo
		0,64	O fabricante coopera em pedidos de emergência
		0,55	Qualidade da apresentação de vendas
		0,51	Qualidade global do produto
F_5	Desgaste da promoção (6,4%)	0,93	A categoria do produto é promovida em excesso
		0,93	O artigo é excessivamente promovido
F_6	Velocidade das vendas (5,4%)	−0,81	Fatia de participação da marca no mercado[a]
		0,69	Volume regular de vendas do artigo[a]
		0,46	Volume regular de vendas do artigo
F_7	Lucratividade do item (4,5%)	0,79	Margem bruta regular do artigo
		0,72	Margem bruta regular do artigo[a]
		0,49	As exigências quanto ao desempenho do negócio são razoáveis
F_8	Montante de incentivos (4,2%)	0,83	Montante absoluto de abatimentos
		0,81	Abatimentos como porcentagem do custo comercial regular[a]
		0,49	Montante absoluto de abatimentos[a]

[a] Denota medida objetiva.

Tabela 2   Resultados da análise discriminante: análise da avaliação (n = 564)

Fator		Coeficientes discriminantes padronizados Análise da avaliação	
		Função 1	Função 2
F_1	Importância do item	0,861	– 0,253
F_2	Elasticidade da promoção	0,081	0,398
F_3	Apoio do fabricante à marca	0,127	– 0,036
F_4	Reputação do fabricante	0,394	0,014
F_5	Desgaste da promoção	– 0,207	0,380
F_6	Velocidade das vendas	0,033	– 0,665
F_7	Lucratividade do item	0,614	0,357
F_8	Montante de incentivos	0,461	0,254
	λ de Wilks para cada fator	Todos significativos ao nível $p < 0,001$	
	Razões F multivariadas	Todos significativos ao nível $p < 0,001$	
	Porcentagem de casos classificados corretamente	65% corretos	

Tabela 3   Importância relativa dos influenciadores do apoio do varejo (conforme indicado pela ordem de entrada na análise discriminante)

Análise da avaliação	
Ordem de entrada	Nome do fator
1	Importância do item
2	Lucratividade do item
3	Montante de incentivos
4	Reputação do fabricante
5	Desgaste da promoção
6	Velocidade das vendas
7	Elasticidade da promoção
8	Apoio do fabricante à marca

Seguindo os resultados deste estudo, a P&G decidiu enfatizar a importância do item, lucratividade do item, quantidade de incentivo e sua reputação a fim de ganhar apoio dos varejistas às suas promoções. Parcialmente como resultado desses esforços, em 2018, a P&G orgulhava-se de ter várias marcas icônicas, como Bounty, Charmin, Crest, Gillete e outras. ∎

Aplicações da análise de fator comum

Os dados da Tabela 19.1 foram analisados utilizando o modelo de análise de fator comum. Em vez de empregar unidades na diagonal, inseriram-se as comunalidades. O resultado apresentado na Tabela 19.4 é similar ao resultado da análise de componentes principais constante da Tabela 19.3. Em "Comunalidades", na coluna "Inicial", as comunalidades para as variáveis não são mais 1,0. Com base no critério dos autovalores, extraem-se novamente dois fatores. As variâncias, após a extração dos fatores, são diferentes dos autovalores iniciais. O primeiro fator responde por 42,84% da variância, enquanto o segundo responde por 31,13% – em cada caso um pouco menos do que o que se observou na análise de componentes principais.

Os valores na matriz não rotacionada de fatores padronizados da Tabela 19.4 são um pouco diferentes dos constantes da Tabela 19.3, embora o padrão dos coeficientes seja similar. Por vezes, porém, o padrão de cargas para a análise de fator comum é diferente do padrão para a análise dos componentes principais, com algumas variáveis apresentando cargas em diferentes fatores. A matriz fatorial rotacionada tem o mesmo padrão que o da Tabela 19.3, levando a uma interpretação análoga dos fatores.

PESQUISA ATIVA

Wendy's: quão fora de moda são os critérios de escolha dos consumidores no setor de refeições rápidas?

Visite www.wendys.com e pesquise na Internet, incluindo mídias sociais, e no banco de dados on-line de sua bilbioteca informações para identificar os critérios de escolha dos consumidores ao selecionar um restaurante de refeições rápidas.

Como diretor de marketing da Wendy's, que estratégias de marketing você formularia para aumentar sua clientela?

Descreva os dados que você obteria e a análise que seria feita a fim de identificar os critérios de escolha dos consumidores ao selecionar um restaurante de refeições rápidas.

TABELA 19.4
Resultado da análise de fator comum

Teste de esfericidade de Bartlett
Qui-quadrado aproximado = 111,314, gl = 15, significância = 0,00000
Medida de adequação da amostra Kaiser-Meyer-Olkin = 0,660

Comunalidades

Variável	Inicial	Extração
V_1	0,859	0,928
V_2	0,480	0,562
V_3	0,814	0,836
V_4	0,543	0,600
V_5	0,763	0,789
V_6	0,587	0,723

Autovalores iniciais

Fator	Autovalor (eigenvalue)	Percentagem de variância	Percentagem acumulada
1	2,731	45,520	45,520
2	2,218	36,969	82,488
3	0,442	7,360	89,848
4	0,341	5,688	95,536
5	0,183	3,044	98,580
6	0,085	1,420	100,000

Extração da soma do quadrado das cargas

Fator	Autovalor (eigenvalue)	Percentagem de variância	Percentagem acumulada
1	2,570	42,837	42,837
2	1,868	31,126	73,964

Matriz fatorial

	Fator 1	Fator 2
V_1	0,949	0,168
V_2	−0,206	0,720
V_3	0,914	0,038
V_4	−0,246	0,734
V_5	−0,850	−0,259
V_6	−0,101	0,844

Rotação da soma do quadrado das cargas

Fator	Autovalor (eigenvalue)	Percentagem de variância	Percentagem acumulada
1	2,541	42,343	42,343
2	1,897	31,621	73,964

Matriz fatorial rotacionada

	Fator 1	Fator 2
V_1	0,963	−0,030
V_2	−0,054	0,747
V_3	0,902	−0,150
V_4	−0,090	0,769
V_5	−0,885	−0,079
V_6	0,075	0,847

SPSS Arquivo de Saída

SAS Arquivo de Saída

(*Continua*)

TABELA 19.4
Resultado da análise de fator comum (*continuação*)

Matriz dos coeficientes de escores fatoriais

	Fator 1	Fator 2
V_1	0,628	0,101
V_2	−0,024	0,253
V_3	0,217	−0,169
V_4	−0,023	0,271
V_5	−0,166	−0,059
V_6	0,083	0,500

Matriz de correlações reproduzidas

	V_1	V_2	V_3	V_4	V_5	V_6
V_1	0,928*	0,022	−0,000	0,024	−0,008	−0,042
V_2	−0,075	0,562*	0,006	−0,008	0,031	0,012
V_3	0,873	−0,161	0,836*	−0,051	0,008	0,042
V_4	−0,110	0,580	−0,197	0,600*	−0,025	−0,004
V_5	−0,850	−0,012	−0,786	0,019	0,789*	−0,003
V_6	0,046	0,629	−0,060	0,645	−0,133	0,723*

*O triângulo inferior esquerdo contém a matriz de correlações reproduzidas; a diagonal contém as comunalidades; o triângulo superior direito contém os resíduos entre as correlações observadas e as correlações reproduzidas.

Pesquisa real

Percepções "comuns" de reembolsos

Os reembolsos contribuem para a conquista de novos usuários, a mudança de preferência por uma marca e a repetição de compras entre usuários. Em 2017, o *site* da Best Buy (www.bestbuy.com) introduziu um buscador de reembolsos para ajudar os clientes a pedir reembolsos. O que torna o reembolso tão eficaz?

Foi feito um estudo para identificar os fatores subjacentes à percepção do consumidor em relação aos reembolsos. Construiu-se um conjunto de 24 itens avaliadores da percepção do consumidor em relação aos reembolsos. Os entrevistados deviam indicar seu grau de concordância com esses itens em uma escala Likert de cinco pontos. Os dados foram coletados em uma pesquisa telefônica feita na área metropolitana de Memphis, obtendo-se um total de 303 questionários válidos.

Os 24 itens que avaliavam as percepções em relação aos reembolsos foram estudados por meio de uma análise de fator comum. A solução fatorial inicial não revelou uma estrutura simples de percepções fundamentais em relação a reembolsos. Logo, foram excluídos itens que apresentavam cargas baixas, e a análise fatorial foi realizada sobre os itens restantes. Essa segunda solução resultou em três fatores interpretáveis. As cargas fatoriais e os coeficientes de confiabilidade são apresentados na tabela abaixo. Os três fatores contêm quatro, quatro e três itens, respectivamente. O Fator 1 capta as percepções dos consumidores quanto aos esforços e às dificuldades relacionadas com a efetivação dos reembolsos (Esforços). O Fator 2 foi definido como a confiança dos

Análise fatorial da percepção sobre reembolsos

	Carga fatorial		
Itens da escala[a]	Fator 1	Fator 2	Fator 3
Os fabricantes complicam demasiadamente o procedimento de reembolso.	0,194	<u>0,671</u>	−0,127
Os reembolsos enviados por correio não valem o trabalho que acarretam.	−0,031	<u>0,612</u>	0,352
Leva muito tempo para receber o cheque do fabricante relativo ao reembolso.	0,013	<u>0,718</u>	0,051
Os fabricantes poderiam fazer mais para facilitar a utilização dos reembolsos.	0,205	<u>0,616</u>	0,173
Os fabricantes oferecem reembolsos porque os consumidores os desejam.[b]	<u>0,660</u>	0,172	0,101

(*Continua*)

Análise fatorial da percepção sobre reembolsos (*continuação*)

Itens da escala[a]	Carga fatorial		
	Fator 1	Fator 2	Fator 3
Os fabricantes de hoje têm interesse real pelo bem-estar do consumidor.[b]	0,569	0,203	0,334
O benefício do consumidor em geral é a principal consideração nas ofertas de reembolso.[b]	0,660	0,002	0,318
Em geral, os fabricantes são sinceros em suas ofertas de reembolso aos consumidores[b]	0,716	0,047	–0,033
Os fabricantes oferecem reembolsos para levar os consumidores a adquirirem algo que, na verdade, não lhes faz falta.	0,099	0,156	0,744
Os fabricantes utilizam ofertas de reembolsos para induzir os consumidores a comprar artigos de pouca saída.	0,090	0,027	0,702
As ofertas de reembolso exigem que o consumidor compre mais do que realmente precisa.	0,230	0,066	0,527
Autovalores	2,030	1,334	1,062
Porcentagem de variância explicada	27,500	12,200	9,700

[a] As categorias de resposta para todos os itens foram: concordo totalmente (1), concordo (2), não concordo nem discordo (3), discordo (4), discordo totalmente (5), não sei (6). As respostas "não sei" foram excluídas da análise de dados.

[b] Os escores desses itens foram invertidos.

consumidores no sistema de reembolsos (Confiança). O Fator 3 representa as percepções dos consumidores em relação aos motivos que o fabricante tem para oferecer reembolsos (Motivos). As cargas dos itens sobre seus respectivos fatores variaram de 0,527 a 0,744.

Portanto, empresas como a Best Buy, que empregam reembolsos, devem assegurar-se de que sejam minimizados os esforços e as dificuldades dos consumidores ao aproveitar os reembolsos. Elas também devem tentar conquistar a confiança do consumidor em relação ao sistema de reembolsos e apresentar motivos honestos para oferecê-los.[10] ∎

Observe que, nesse exemplo, quando a solução do fator inicial não podia ser interpretada, itens que tinham pouca carga foram eliminados e a análise fatorial foi realizada com os itens restantes. Se o número de variáveis for grande (maior que 15), a análise dos componentes principais e a análise de fator comum resultam em soluções similares. Entretanto, a análise dos componentes principais é menos propensa a interpretações equivocadas e é recomendada para usuários inexperientes. O exemplo a seguir ilustra uma aplicação da análise de componentes principais na pesquisa de marketing internacional, e o exemplo posterior apresenta uma aplicação na área da ética.

Pesquisa real

Loucos pelo fusca

Com o passar do tempo, as necessidades e os gostos dos consumidores se alteram. As preferências dos consumidores por automóveis precisam ser rastreadas continuamente para identificar as diferentes demandas e especificações. Entretanto, existe um carro que é praticamente uma exceção – o Fusca, da Volkswagen (conhecido em inglês por *Beetle*, isto é, "besouro"). Mais de 22 milhões foram construídos desde seu lançamento em 1938. Foram realizadas pesquisas em diferentes países para determinar as razões pelas quais as pessoas compram Fuscas. As análises de componentes principais das variáveis que medem as razões para possuir Fuscas revelaram consistentemente um fator dominante – uma fidelidade fanática. A empresa desejou por muito tempo sua morte natural, mas sem efeito algum. Esse "besouro" barulhento e apertado inspirou devoção nos motoristas. Agora, os velhos Fuscas são procurados por toda parte. "Os japoneses estão simplesmente enlouquecendo pelos *Beetles*", diz Jack Finn, um reciclador de Fusquinhas antigos em West Palm Beach, na Flórida. Por causa da fidelidade ao "besouro", a Volkswagen relançou-o em 1998 como o New Beetle ("novo besouro"). O New Beetle provou ser muito mais que uma sequência de seu lendário homônimo e venceu vários prêmios automotivos importantes. Em 2017, o novo Fusca estava sendo comercializado com o *slogan* "*Shift into overjoy*", com preço sugerido para o modelo de entrada de US$ 19.995,00 nos Estados Unidos.[11] ∎

Pesquisa real

Fatores que preveem práticas de pesquisa de marketing antiéticas

O comportamento antiético de funcionários foi identificado como a principal causa da turbulência bancária e financeira de 2016-2017. Se as empresas querem funcionários éticos,

Escalas para análise fatorial de problemas éticos e ação da alta gerência

	Extensão dos problemas éticos dentro da organização (Fator 1)	Ações de alta gerência quanto à ética (Fator 2)
1. Os executivos bem-sucedidos em minha empresa fazem com que seus rivais sejam mal vistos perante as pessoas importantes da empresa.	0,66	
2. Colegas executivos em minha empresa com frequência adotam comportamentos que considero antiéticos.	0,68	
3. Há muitas oportunidades para que os executivos em minha empresa se envolvam em comportamentos antiéticos.	0,43	
4. Os executivos bem-sucedidos em minha empresa assumem o mérito de ideias e realizações de outros.	0,81	
5. Para se ter sucesso em minha empresa, muitas vezes é preciso comprometer nossa ética.	0,66	
6. Os executivos bem-sucedidos em minha empresa em geral se revelam mais antiéticos do que aqueles que não são tão bem-sucedidos.	0,64	
7. Os executivos bem-sucedidos em minha empresa procuram um "bode expiatório" quando acham que podem ser associados a um fracasso.	0,78	
8. Os executivos bem-sucedidos em minha empresa costumam reter informações que possam prejudicar seus próprios interesses	0,68	
9. A direção superior de minha empresa deixou claro que não tolerará qualquer comportamento antiético.		0,73
10. Se for descoberto que um executivo em minha empresa se envolveu em algum comportamento antiético que resulte em ganho pessoal (em vez de ganho para a organização), ele receberá imediatamente uma advertência.		0,80
11. Se for descoberto que um executivo em minha empresa se envolveu em algum comportamento antiético que resulte em ganho para a organização (em vez de ganho pessoal), ele receberá imediatamente uma advertência.		0,78
Autovalor	5,06	1,17
Porcentagem da variância explicada	46%	11%
Coeficiente alfa	0,87	0,75

Para simplificar a tabela, foram relatadas apenas cargas rotacionadas por varimax de 0,40 ou mais. Cada frase foi avaliada em uma escala de cinco pontos, com 1= concordo totalmente e 5 = discordo totalmente.

elas mesmas devem amoldar-se a altos padrões éticos. Isso também se aplica ao segmento de pesquisa de marketing. A fim de identificar as variáveis organizacionais determinantes da incidência de práticas de pesquisa de marketing antiéticas, foi feito um levantamento com uma amostra de 420 profissionais de marketing. Pediu-se a esses profissionais que fornecessem respostas em várias escalas e avaliações de incidência de 15 práticas de pesquisa que, conforme constatado, suscitavam problemas éticos de pesquisa.

Uma dessas escalas possuía 11 itens referentes a quanto os problemas éticos prejudicavam a organização, incluindo também que ações da alta gerência se centravam às situações éticas. Uma análise dos componentes principais com rotação varimax indicou que os dados poderiam ser representados por dois fatores.

Esses dois fatores foram usados, então, em uma regressão múltipla junto a quatro outras variáveis previsoras. Descobriu-se que eram as duas melhores previsões de práticas de pesquisa de marketing antiéticas.[12] ■

Software estatístico

Existem programas de computador para implementar ambas as abordagens: análise de componentes principais e análise de fator comum. Abordamos o uso do SPSS e do SAS detalhadamente nas seguintes seções. Aqui brevemente descrevemos o uso do MINITAB. Nele, a análise fatorial pode ser feita usando Multivariate > Factor analysis. Pode-se utilizar a análise de componentes principais ou a máxima verossimilhança para determinar a extração do fator inicial. No caso de usarmos a máxima verossimilhança, é preciso especificar o número de fatores a serem extraídos. Se não for especificado um número em uma extração de componentes principais, o programa o fará igual ao número de variáveis no conjunto de dados. A análise fatorial não está incluída no EXCEL.

Vídeos demonstrativos computadorizados de SPSS e SAS

Desenvolvemos vídeos demonstrativos com instruções passo a passo para executar todos os programas SPSS e SAS Enterprise Guide discutidos neste capítulo. Esses vídeos estão disponíveis no *site* do livro. As instruções para executá-los são dadas no Quadro 14.2.

Cópias de telas dos programas SPSS e SAS com notas

As instruções passo a passo para executar os vários programas SPSS e SAS Enterprise Guide mostrados neste capítulo são apresentadas em cópias das telas dos programas com notas, que estão disponíveis no *site* do livro.

SPSS Windows

SPSS Arquivo de Dados

Para selecionar esse procedimento usando o SPSS para Windows, clique em:

Analyze>Data Reduction>Factor . . .

A seguir, apresentamos os passos detalhados para fazer uma análise de componentes principais das avaliações dos atributos dos cremes dentais (V_1 a V_6) usando os dados da Tabela 19.1.

1. Selecione ANALYZE na barra de menu do SPSS.
2. Clique em DATA REDUCTION e, em seguida, em FACTOR.
3. Coloque Prevents Cavities [$v1$], Shiny Teeth [$v2$], Strenghten Gums [$v3$], Freshens Breath [$v4$], Tooth Decay Unimportant [$v5$] e Attractive Teeth [$v6$] na caixa VARIABLES.
4. Clique em DESCRIPTIVES. Na janela *pop-up* que aparece, na caixa STATISTICS, marque INITIAL SOLUTION. Na caixa CORRELATION MATRIX, marque KMO AND BARTLETT'S TEST OF SPHERICITY e REPRODUCED. Clique em CONTINUE.
5. Clique em EXTRACTION. Na janela *pop-up* que aparecer, para METHOD selecione PRINCIPAL COMPONENTS (*default*). Na caixa ANALYZE, marque CORRELATION MATRIX. Na caixa EXTRACT, selecione EIGENVALUE OVER1 (*default*). Na caixa DISPLAY, marque UNROTATED FACTOR SOLUTION. Clique em CONTINUE.
6. Clique em ROTATION. Na caixa METHOD, marque VARIMAX. Na caixa DISPLAY, marque ROTATED SOLUTION. Clique em CONTINUE.
7. Clique em SCORES. Na janela *pop-up* que aparece, marque DISPLAY FACTOR SCORE COEFFICIENT MATRIX. Clique em CONTINUE.
8. Clique em OK.

O procedimento para fazer uma análise de fator comum é semelhante, exceto no passo 5, no qual PRINCIPAL AXIS FACTORING deve ser selecionado para METHOD.

SAS Enterprise Guide

SAS Arquivo de Dados

A tarefa Multivariate do SAS Enterprise Guide faz tanto a análise de componentes principais quanto a análise fatorial. Para fazer a análise fatorial, clique em:

Tasks>Multivariate>Factor Analysis

Para fazer a análise fatorial das avaliações dos atributos dos cremes dentais (V1 a V6) no SAS Enterprise Guide utilizando os dados da Tabela 19.1:

1. Abra SAS Table_19_1 usando SAS Enterprise Guide.
2. Selecione ANALYZE da barra de menu.
3. Clique em MULTIVARIATE e então em FACTOR ANALYSIS.
4. Selecione V1-V6 e mova-os para a função de tarefa ANALYSIS variables.
5. Clique em FACTORING METHOD e mude SMALLEST EIGENVALUE para 1.
6. Clique em ROTATION e PLOTS e selecione ORTHOGONAL VARIMAX sob ROTATION METHOD.
7. Sob PLOTS TO SHOW, selecione SHOW A SCREE PLOT OF THE EIGENVALUES.
8. Clique em RESULTS. Sob FACTOR RESULTS, selecione EIGENVECTORS e FACTOR SCORING COEFFICIENTS.
9. Sob RELATED STATISTICS, selecione MEANS e STANDARD DEVIATIONS de coluna de entrada, CORRELATION MATRIX de coluna de entrada e KAISER'S MEASURE OF SAMPLING ADEQUACY.
10. Clique em RUN.

O procedimento para fazer a análise fatorial comum é semelhante, exceto no passo 7: clique em Communality na caixa à esquerda e selecione "Squared multiple correlation with all other columns".

Pesquisa de decisão

Análise fatorial

No projeto de fidelização da loja de departamentos, as avaliações dos entrevistados das 21 afirmações de estilo de vida foram analisadas fatorialmente a fim de identificar os fatores de estilo de vida subjacentes. Sete apareceram: preferência por cartões de banco *vs.* cartões da loja, tendência a crédito, aversão ao crédito, orientação ao tempo de lazer, favorecimento ao cartão de crédito, conveniência de crédito, e consciência do custo do cartão de crédito. Esses fatores, junto com as características demográficas, foram usados para traçar o perfil dos segmentos formados como resultado do agrupamento.

Atividades de projeto

SPSS Arquivo de Dados

SAS Arquivo de Dados

Faça o *download* do arquivo de dados Wal-Mart *Data 17* do SPSS ou do arquivo correspondente do SAS no *site* do livro. Veja o Capítulo 17 para uma descrição do arquivo.

1. As 21 afirmações de estilos de vida podem ser representadas por um conjunto reduzido de fatores? Se sim, qual seria a interpretação desses fatores? Faça uma análise fatorial e salve os escores fatoriais.

2. A importância atribuída aos 8 fatores de critérios de escolha pode ser representada por um conjunto reduzido de fatores? Se sim, qual seria a interpretação desses fatores? Faça uma análise fatorial.

Caso HP

SPSS Arquivo de Dados

SAS Arquivo de Dados

Revise o caso HP, Caso 1.1, e o questionário apresentados no final do livro. Acesse o *site* deste livro e faça o *download* do arquivo de dados da HP.

1. As avaliações da HP (variáveis q8_1 a Q8_13) podem ser representadas por um conjunto reduzido de fatores? Se sim, qual seria a interpretação desses fatores? (Dica: faça uma análise de componentes principais com rotação varimax.)

2. Os itens conhecimento de mercado, inovação e liderança de opinião (variáveis q10_1 a Q10_13) podem ser representados por um conjunto reduzido de fatores? Se sim, qual seria a interpretação desses fatores? (Dica: faça uma análise de componentes principais com rotação varimax.)

Resumo

A análise fatorial é um conjunto de procedimentos utilizados para reduzir e resumir dados. Cada variável se expressa como uma combinação linear dos fatores subjacentes. Da mesma forma, os próprios fatores podem ser expressos como combinações lineares das variáveis observadas. Os fatores são extraídos de forma que o primeiro fator responda pela mais alta variância nos dados, o segundo pela segunda variância mais alta e assim por diante. Além disso, é possível extrair os fatores de modo que eles sejam não correlacionados, como na análise de componentes principais.

Na formulação de um problema de análise fatorial, as variáveis a serem incluídas na análise têm de ser especificadas com base em pesquisa anterior, na teoria e no julgamento do pesquisador. Essas variáveis devem ser medidas em escala intervalar ou razão. A análise fatorial se baseia em uma matriz de correlação entre as variáveis. Pode-se testar estatisticamente a adequação da matriz de correlação para a análise fatorial.

As duas abordagens básicas da análise fatorial são a análise de componentes principais e a análise de fator comum. Na análise de componentes principais, leva-se em conta a variância total. Recomenda-se a análise de componentes principais quando o objetivo do pesquisador é determinar o número mínimo de fatores que responderão pela variância máxima nos dados a serem usados em análises multivariadas subsequentes. Na análise de fator comum, os fatores são estimados apenas com base na variância comum. Esse método é apropriado quando a preocupação é identificar as dimensões subjacentes e quando há interesse na variância comum. Esse método também é conhecido como fatoração do eixo principal.

O número de fatores a serem extraídos pode ser determinado *a priori* ou com base em autovalores, gráficos de declive, porcentagem de variância, confiabilidade meio a meio ou testes de significância. Embora a matriz inicial de fatores (ou não rotacionada) indique a relação entre os fatores e variáveis individuais, ela raramente resulta em fatores que possam ser interpretados, porque os fatores são correlacionados com muitas variáveis. Portanto, utiliza-se a rotação para transformar a matriz fatorial em uma matriz mais simples e mais fácil de interpretar. O método de rotação mais usado é o procedimento varimax, que resulta em fatores ortogonais. Se os fatores forem altamente correlacionados na população, pode-se usar a rotação oblíqua. A matriz de fatores rotacionados constitui a base para a interpretação dos fatores.

É possível calcular escores fatoriais para cada entrevistado. Alternativamente, são escolhidas variáveis substitutas examinando a matriz de fatores e selecionando para cada fator uma variável com a carga mais alta, ou a segunda mais alta. É viável examinar as diferenças entre as correlações observadas e as correlações reproduzidas, como as estimadas pela matriz fatorial, para determinar o ajuste do modelo.

Palavras-chave e conceitos fundamentais

análise fatorial, 510
técnica de interdependência, 510
fator, 510
teste de esfericidade de Bartlett, 511
matriz de correlação, 511
comunalidade, 511
autovalor (*eigenvalue*), 511
cargas fatoriais, 511
gráfico das cargas fatoriais, 511
matriz fatorial, 511
matriz de coeficientes de escores fatoriais, 512
medida de adequação da amostra de Kaiser-Meyer-Olkin (KMO), 512
porcentagem de variância, 512
resíduos, 512
gráfico de declive (*scree plot*), 512
análise de componentes principais, 514
análise de fator comum, 514
rotação ortogonal, 518
procedimento varimax, 518
rotação oblíqua, 518
escores fatoriais, 519

Casos relacionados

Os casos listados a seguir são discutidos no final do livro.

1.1 HP Inc.

3.1 AT&T   **3.2** IBM   **3.3** Kimberly-Clark

4.1 JPMorgan Chase   **4.2** Wendy's

Pesquisa ao vivo: realização de um projeto de pesquisa de marketing

1. Os objetivos da análise fatorial devem ser claramente especificados.
2. Se a multicolinearidade for um problema, a análise fatorial pode ser usada para gerar escores fatoriais não correlacionados ou para identificar um conjunto menor de variáveis originais, que pode ser empregado em uma análise multivariada posterior.
3. É viável usar diferentes diretrizes para determinar o número de fatores e os diversos métodos de rotação e examinar o efeito nas soluções fatoriais.

Exercícios

Perguntas

1. Em que a análise fatorial difere da regressão múltipla e da análise discriminante?
2. Quais são as principais aplicações da análise fatorial?
3. Descreva o modelo de análise fatorial.
4. Qual hipótese é examinada pelo teste de esfericidade de Bartlett? Com que finalidade se aplica esse teste?
5. O que significa a expressão "comunalidade de uma variável"?
6. Defina sucintamente autovalor, carga fatorial, matriz fatorial e escores fatoriais.
7. Com que objetivo é utilizada a medida de adequação da amostra de Kaiser-Meyer-Olkin?
8. Qual é a principal diferença entre análise de componentes principais e análise de fator comum?
9. Explique como são utilizados os autovalores para determinar o número de fatores.
10. O que é um gráfico de declive? Para que é usado?
11. Por que é útil rotacionar fatores? Qual é o método mais comum de rotação?
12. Quais são as diretrizes existentes para a interpretação de fatores?
13. Quando é útil calcular escores fatoriais?
14. O que são variáveis substitutas? Como elas são determinadas?
15. Como é analisado o ajuste do modelo de análise fatorial?

Problemas

1. Calcule a parte faltante dos dados abaixo referentes ao resultado de uma análise de componentes principais:

Variável	Comunalidade	Fator	Autovalor	Porcentagem de variância
V_1	1,0	1	3,25	
V_2	1,0	2	1,78	
V_3	1,0	3	1,23	
V_4	1,0	4	0,78	
V_5	1,0	5	0,35	
V_6	1,0	6	0,30	
V_7	1,0	7	0,19	
V_8	1,0	8	0,12	

2. Trace um gráfico de declive baseado nos dados do problema 1.
3. Quantos fatores devem ser extraídos no problema 1? Explique seu raciocínio.

Exercícios para Internet e computador

SPSS Arquivo de Dados

SAS Arquivo de Dados

1. Em um estudo sobre a relação entre o comportamento doméstico e o comportamento de compras, obtiveram-se dados das seguintes afirmações referentes a modos de vida (com base em uma escala de sete pontos: 1 = discordo, 7 = concordo):

    V_1 Prefiro passar uma noite tranquila em casa a sair para uma festa.
    V_2 Sempre verifico os preços, mesmo em artigos baratos.
    V_3 Revistas são mais interessantes do que filmes.
    V_4 Não compro produtos anunciados em outdoors.
    V_5 Sou uma pessoa caseira.
    V_6 Economizo e troco cupons.
    V_7 As empresas gastam demais com propaganda.

    A tabela a seguir apresenta os dados obtidos de uma amostra pré-teste de 25 entrevistados:

    a. Analise esses dados por meio da análise de componentes principais usando o procedimento de rotação varimax.
    b. Interprete os fatores extraídos.
    c. Calcule os escores fatoriais para cada entrevistado.
    d. Se fosse necessário escolher variáveis substitutas, quais delas você selecionaria?
    e. Examine o ajuste do modelo.
    f. Analise os dados utilizando a análise de fator comum e responda novamente às questões de b a e.

2. Realize a seguinte análise sobre os dados da Nike apresentados no Exercício 1 da seção Exercícios para Internet e computador do Capítulo 15. Os arquivos de dados e a descrição das variáveis-chave podem ser baixados do *site* deste livro. Analise apenas as seguintes variáveis: consciência, atitude, preferência, intenção e lealdade à Nike.

    a. Analise esses dados por meio da análise de componentes principais usando o procedimento de rotação varimax.
    b. Interprete os fatores extraídos.
    c. Calcule os escores fatoriais para cada entrevistado.
    d. Se fosse necessário escolher variáveis substitutas, quais delas você selecionaria?
    e. Examine o ajuste do modelo.
    f. Analise os dados utilizando a análise de fator comum e responda novamente às questões de b a e.

3. Realize a seguinte análise sobre os dados de estilo de vida fora de casa apresentados no Exercício 2 da seção Exercícios para Internet e computador do Capítulo 15. Os arquivos de dados e a descrição das variáveis-chave podem ser baixados do *site* deste livro. Analise apenas as seguintes variáveis: a importância conferida a desfrutar da natureza, relacionar-se com o clima, viver em harmonia com o meio ambiente, exercitar-se regularmente e encontrar-se com outras pessoas (de V_2 a V_6).

    a. Analise esses dados por meio da análise de componentes principais usando o procedimento de rotação varimax.
    b. Interprete os fatores extraídos.
    c. Calcule os escores fatoriais para cada entrevistado.
    d. Se fosse necessário escolher variáveis substitutas, quais delas você selecionaria?
    e. Examine o ajuste do modelo.

SPSS Arquivo de Dados

SAS Arquivo de Dados

Nº	V_1	V_2	V_3	V_4	V_5	V_6	V_7
1	6	2	7	6	5	3	5
2	5	7	5	6	6	6	4
3	5	3	4	5	6	6	7
4	3	2	2	5	1	3	2
5	4	2	3	2	2	1	3
6	2	6	2	4	3	7	5
7	1	3	3	6	2	5	7
8	3	5	1	4	2	5	6
9	7	3	6	3	5	2	4
10	6	3	3	4	4	6	5
11	6	6	2	6	4	4	7
12	3	2	2	7	6	1	6
13	5	7	6	2	2	6	1
14	6	3	5	5	7	2	3
15	3	2	4	3	2	6	5
16	2	7	5	1	4	5	2
17	3	2	2	7	2	4	6
18	6	4	5	4	7	3	3
19	7	2	6	2	5	2	1
20	5	6	6	3	4	5	3
21	2	3	3	2	1	2	6
22	3	4	2	1	4	3	6
23	2	6	3	2	1	5	3
24	6	5	7	4	5	7	2
25	7	6	5	4	6	5	3

    f. Analise os dados utilizando a análise de fator comum e responda novamente às questões de b a e.

4. Realize a seguinte análise sobre os dados de calçados esportivos apresentados no Exercício 3 da seção Exercícios para Internet e computador do Capítulo 17. Os arquivos de dados e a descrição das variáveis-chave podem ser baixados do *site* deste livro. Analise apenas as seguintes variáveis: avaliação dos tênis em conforto (V_2), estilo (V_3) e durabilidade (V_4).

    a. Analise esses dados por meio da análise de componentes principais usando o procedimento de rotação varimax.
    b. Interprete os fatores extraídos.
    c. Calcule os escores fatoriais para cada entrevistado.
    d. Se fosse necessário escolher variáveis substitutas, quais delas você selecionaria?
    e. Examine o ajuste do modelo.
    f. Analise os dados utilizando a análise de fator comum e responda novamente às questões de b a e.

5. Faça uma análise fatorial dos dados de estilo de vida e psicográficos a respeito de vestimentas coletados no Exercício 1 de trabalho de campo usando a análise de componentes principais. Use um programa adequado do SPSS, SAS ou MINITAB.

6. Faça uma análise fatorial dos dados sobre tempo de lazer coletados no Exercício 2 de trabalho de campo usando a análise fatorial comum. Use SPSS, SAS ou MINITAB.

Atividades

Dramatização

1. Você foi contratado como analista de pesquisa de marketing pelo Kroger, um grande supermercado. Seu chefe, o diretor de marketing, quer saber se as avaliações dos clientes de 15 fatores de estilo de vida podem ser representadas de forma mais sucinta. Explique a seu chefe (um colega de classe) a análise que você faria.

Trabalho de campo

1. Você é um analista de pesquisa de marketing que trabalha para uma fabricante de roupas casuais. Foi-lhe pedido que desenvolvesse um conjunto de 10 declarações para medir as características psicográficas e o estilo de vida de alunos, porque elas podem estar relacionadas com o uso de roupas casuais. Será pedido aos entrevistados que indiquem sua concordância ou discordância com as afirmações usando uma escala de sete pontos (1 = discordo totalmente, 7 = concordo totalmente). Obtenha dados de 40 alunos de seu *campus*.

2. Você foi encarregado por um fabricante de produtos esportivos para identificar as atitudes de alunos em relação a seu comportamento de lazer. Construa uma escala de seis itens para esse propósito. Aplique essa escala a 35 alunos de seu *campus*.

Discussão em grupo

1. Em um pequeno grupo, identifique os usos da análise fatorial em cada uma das áreas de principais decisões em marketing:
    a. Segmentação de marketing
    b. Decisões de produtos
    c. Decisões de promoção
    d. Decisões de preço
    e. Decisões de distribuição

CAPÍTULO 20

Análise de *Cluster*

> *A análise de cluster é uma metodologia que forma grupos de itens de maneira que os itens dentro de um grupo sejam mais semelhantes entre si do que itens de outros grupos.*
>
> **Dr. John C. Wurst**, *consultor de pesquisa de marketing e palestrante sênior, Terry College, University of Georgia*

Objetivos

Após a leitura deste capítulo, o aluno conseguirá:

1. Descrever o conceito básico e o objetivo da análise de *cluster* e sua importância na pesquisa de marketing.
2. Discutir as estatísticas associadas à análise de *cluster*.
3. Explicar o procedimento de análise de *cluster*, incluindo a formulação do problema, a seleção de uma medida de distância, a escolha de um procedimento de aglomeração, a decisão sobre o número de *clusters*, a interpretação dos *clusters* e o traçado do seu perfil.
4. Descrever a finalidade e os métodos de avaliação da qualidade dos resultados dos *clusters* e de sua confiabilidade e validade.
5. Descrever as aplicações dos métodos de aglomeração não hierárquicos e da aglomeração de variáveis.
6. Explicar o papel do *software* na realização da análise de *cluster* utilizando SPSS e SAS.

Aspectos gerais

Tal como a análise fatorial (Capítulo 19), a análise de *cluster* (ou de conglomerados) estuda todo um conjunto de relações interdependentes. A análise de *cluster* não faz distinção entre variáveis dependentes e independentes. Ao contrário, examina relações de interdependência entre todo o conjunto de variáveis. O objetivo principal da análise de *cluster* é classificar objetos em grupos relativamente homogêneos com base no conjunto de variáveis considerado. Os objetos em um grupo são relativamente semelhantes em termos dessas variáveis e diferentes de objetos de outros grupos. Quando utilizada dessa maneira, a análise de *cluster* é o inverso da análise fatorial pelo fato de reduzir o número de objetos, e não o número de variáveis, concentrando-os em um número muito menor de *clusters*.

Neste capítulo descrevemos o conceito básico de análise de *clusters*. Abordamos e ilustramos as etapas de uma análise de *cluster* no contexto da aglomeração hierárquica utilizando um programa de computador. Apresentamos a seguir uma aplicação da aglomeração não hierárquica, seguida por um estudo da aglomeração de variáveis.

Finalmente, discutimos o uso de *software* em análise de *cluster*. O auxílio para a execução dos programas SPSS e SAS Enterprise Guide usados neste livro é oferecido de alguns modos: (1) instruções passo a passo no final do capítulo, (2) vídeos demonstrativos computadorizados que ilustram as instruções passo a passo disponíveis no *site* do livro e (3) cópias das telas dos programas com notas que ilustram as instruções passo a passo.

Para começar, apresentamos alguns exemplos para ilustrar a utilidade da análise de *clusters*.

Pesquisa real

Sorveterias para regiões "quentes"

A marca Häagen-Dazs (www.haagendazs.us), com presença mundial em 2016, tinha interesse em expandir sua base de clientes. O objetivo era identificar segmentos de consumidores potenciais que viessem a ampliar o volume das vendas. Para esse fim, utilizou a geodemografia – um método de agrupamento de consumidores com base em suas características geográficas, demográficas e de estilos de vida. Fez-se uma pesquisa inicial para estabelecer perfis demográficos e psicográficos dos consumidores da Häagen-Dasz, incluindo frequência de compras, hora em que os clientes apareciam, dia da semana que eles compravam e outras variáveis relacionadas com o uso do produto. Anotaram-se também os endereços e os códigos de endereçamento postal dos entrevistados. A seguir, os respondentes foram distribuídos em 40 *clusters* geodemográficos com base em um procedimento de aglomeração elaborado pela Nielsen (www.nielsen.com). Para cada *cluster* geodemográfico, comparou-se o perfil dos clientes de Häagen-Dazs com o perfil do *cluster* a fim de determinar o grau de penetração. De posse dessas informações, a Häagen-Dazs pôde também identificar vários grupos potenciais de consumidores. Além de expandir a base de clientes da empresa, a propaganda do produto foi organizada de forma a atingir novos clientes com base nesse princípio. Novos produtos foram lançados. Até 2017, a marca Häagen-Dazs pertencia à General Mills e seus produtos eram vendidos no varejo em mais de 90 lojas Häagen-Dazs em 50 países.[1] ∎

O exemplo da Häagen-Dazs ilustra o uso da aglomeração para chegar a segmentos homogêneos, com o propósito de formular estratégias específicas de mercado.

Conceito básico

A análise de *cluster* é uma técnica usada para classificar objetos ou casos em grupos relativamente homogêneos chamados de *clusters* (ou conglomerados). Os objetos em cada *cluster* tendem a ser semelhantes entre si, mas diferentes de objetos em outros *clusters*. Essa análise também é chamada de *análise de classificação*, ou *taxonomia numérica*.[2] Dedicamos nossa atenção a procedimentos de aglomeração que destinam cada objeto a um único *cluster*.[3] A Figura 20.1 mostra uma situação ideal de aglomeração, em que os *clusters* estão separados segundo duas variáveis: consciência de qualidade (variável 1) e sensibilidade aos preços (variável 2). Observe que cada consumidor se enquadra em um *cluster* e que não há sobreposição de áreas. Por outro lado, a Figura 20.2 ilustra uma situação de aglomeração mais comumente encontrada na prática. Na Figura 20.2, as fronteiras de alguns *clusters* não são nítidas, e a classificação dos consumidores nem sempre é óbvia, já que muitos deles podem ser enquadrados em um ou outro *cluster*.

Tanto a análise de *clusters* quanto a análise discriminante se referem à classificação. Entretanto, a análise discriminante exige o conhecimento prévio da composição do grupo ou *cluster* para cada objeto ou caso incluídos para então definir uma regra de classificação. Em contrapartida, na análise

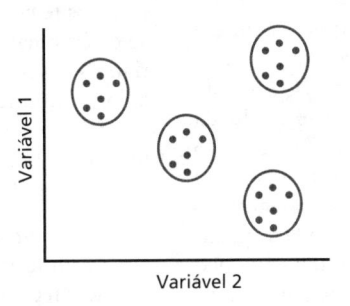

FIGURA 20.1 Uma situação ideal de aglomeração.

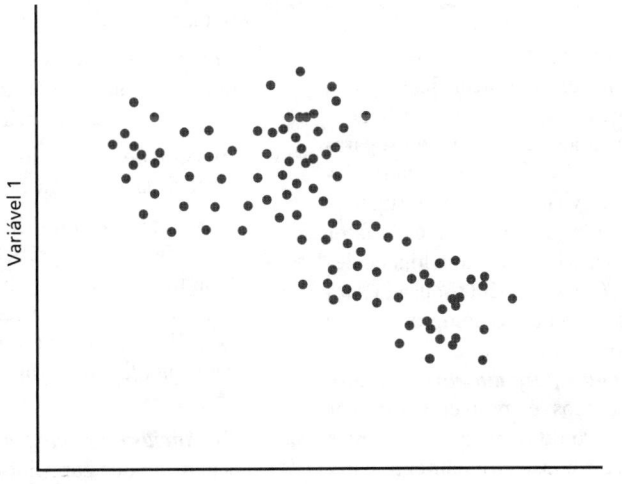

FIGURA 20.2 Uma situação prática de aglomeração.

de *cluster* não há informações *a priori* sobre a composição do grupo ou *cluster* para qualquer um de seus objetos. Os grupos ou *clusters* são sugeridos pelos dados, e não definidos *a priori*.[4]

A análise de *cluster* tem sido utilizada em pesquisa de marketing para vários propósitos, incluindo:[5]

- **Segmentação do mercado**. Por exemplo, os consumidores podem ser agrupados com base nos benefícios que esperam da compra de um produto. Cada *cluster* consistiria em consumidores relativamente homogêneos quanto aos benefícios que procuram.[6] Essa abordagem é chamada de *segmentação por benefícios*.

Pesquisa real

Os turistas exigentes, os estudiosos e os escapistas

Em um estudo sobre os padrões de decisão entre turistas em férias de várias nacionalidades, 260 entrevistados forneceram informações sobre seis tipos de orientação psicográfica: psicológica, educacional, social, de descanso, fisiológica e estética. Aplicou-se a análise de *cluster* para agrupar os entrevistados em segmentos psicográficos. Os resultados sugeriram que há três segmentos significativos baseados nesses estilos de vida. O primeiro segmento (53%) consistiu em indivíduos situados no alto de quase todas as escalas de estilo de vida. Esse grupo foi designado "os exigentes". O segundo grupo (21%), designado "os estudiosos", situou-se no alto da escala de nível da educação. O último grupo (26%) ficou no topo da escala do descanso e na parte da escala social; foi chamado de "os escapistas". Formularam-se estratégias específicas de mercado para atrair elementos em cada segmento. A fim de recuperar-se do lento crescimento econômico de 2015-2016, a Tailândia fez um esforço extra para atingir o segmento dos "escapistas" em 2017, pois o país atrairia a maior parte desses turistas, dadas suas diversas oportunidades de relaxamento e suas ricas belezas naturais.[7] ∎

- **Compreensão do comportamento do comprador**. A análise de *cluster* pode ser utilizada para identificar grupos homogêneos de compradores. A seguir, o comportamento de compra de cada grupo pode ser examinado separadamente, como no projeto de fidelização da loja de departamentos, no qual os entrevistados foram agrupados com base na importância atribuída por eles a cada fator nos critérios utilizados para a seleção de uma loja de departamentos. A análise de *cluster* também foi usada para identificar os tipos de estratégia que os compradores de automóveis utilizam para obter informações externas.
- **Identificação de oportunidades para um novo produto**. Ao aglomerar marcas e produtos, é possível determinar conjuntos concorrentes dentro do mercado. As marcas no mesmo *cluster* concorrem mais acirradamente entre elas do que com marcas de outros *clusters*. Uma empresa pode analisar suas ofertas atuais comparando-as com as de seus concorrentes, a fim de identificar oportunidades potenciais para um novo produto.
- **Seleção de mercados de teste**. Ao formar *clusters* homogêneos de cidades, é possível selecionar cidades comparáveis para testar várias estratégias de marketing.
- **Redução de dados**. A análise de *cluster* pode servir como instrumento de redução de dados para criar *clusters* ou subgrupos de dados mais fáceis de manejar do que observações individuais. A seguir, são feitas análises multivariadas subsequentes com base nos *clusters*, e não mais nas observações individuais. Por exemplo, para descrever diferenças de comportamento dos consumidores em relação ao uso de determinado produto, os consumidores podem ser aglomerados primeiramente em grupos. Examinam-se então as diferenças entre os grupos com auxílio da análise discriminante múltipla.

Estatísticas associadas à análise de *cluster*

Antes de discutir as estatísticas associadas à análise de *cluster*, vale mencionar que a maioria dos métodos de aglomeração consiste em procedimentos relativamente simples que não têm o apoio de um raciocínio estatístico rigoroso. Ao contrário, a maioria dos métodos de aglomeração é heurística, baseada em algoritmos. Assim, a análise de *cluster* contrasta fortemente com a análise de variância, de regressão, a análise discriminante e a análise fatorial, que se baseiam em um rigoroso raciocínio estatístico. Embora muitos métodos de aglomeração tenham importantes propriedades estatísticas, é preciso reconhecer a simplicidade de fundamentos de tais métodos.[8] As estatísticas e os conceitos a seguir estão ligados à análise de *cluster*.

Esquema de aglomeração. Um esquema de aglomeração fornece informações sobre os objetos ou casos a serem combinados em cada estágio de um procedimento hierárquico de aglomeração.

Centroide de clusters. São os valores médios das variáveis para todos os casos ou objetos em um *cluster* particular.

Centros de clusters. São os pontos de partida iniciais em um *cluster* não hierárquico. Os *clusters* são construídos em torno desses centros ou *sementes*.

Associação a um cluster. Indica o *cluster* ao qual pertence cada objeto ou caso.

Dendrograma. Também chamado de *gráfico em árvore*, é um dispositivo gráfico para apresentar os resultados de aglomeração. As linhas verticais representam *clusters* unidos. A posição da reta na escala indica as distâncias às quais os *clusters* foram unidos. O dendrograma é lido da esquerda para a direita. A Figura 20.8 é um dendrograma.

Distâncias entre centros de clusters. Indicam o grau de separação dos pares individuais de *clusters*. Os *clusters* que se apresentam muito separados são distintos e, por conseguinte, desejáveis.

***Diagrama em sincelos* (icicle).** Um diagrama em sincelos (pingentes de gelo) é uma apresentação gráfica de resultados de *clusters* e é chamado assim porque se assemelha a uma fileira de pingentes de gelo no beiral de um telhado. As colunas correspondem aos objetos que estão sendo aglomerados e as linhas, ao número de *clusters*. Um diagrama em sincelos é lido de baixo para cima. A Figura 20.7 é um diagrama em sincelos.

Matriz de coeficientes de semelhança/distância. Uma matriz de coeficientes de semelhança/distância é o triângulo inferior de uma matriz que contém distâncias pareadas entre objetos ou casos.

Como fazer análise de *cluster*

As etapas de uma análise de *cluster* são descritas na Figura 20.3. O primeiro passo consiste em formular o problema ao definir as variáveis sobre as quais se baseará a aglomeração. Escolhe-se, a seguir, uma medida apropriada de distância. A medida de distância determina quão semelhantes ou diferentes são os objetos que estão sendo aglomerados. Foram elaborados vários procedimentos de aglomeração, e o pesquisador deve escolher aquele que se afigura apropriado ao problema em questão. A decisão sobre o número de *clusters* exige julgamento por parte do pesquisador. Os *clusters* derivados têm de ser interpretados em termos das variáveis usadas para constituí-los e perfilados em termos de variáveis adicionais importantes. Finalmente, o pesquisador precisa avaliar a validade do procedimento de aglomeração.

Formular o problema

Talvez a parte mais importante da formulação de um problema de *cluster* seja a escolha das variáveis sobre as quais se baseará o procedimento de aglomeração. A simples inclusão de uma ou duas variáveis irrelevantes pode distorcer uma solução que, de outra forma, se revelaria útil. Basicamente, o conjunto de variáveis escolhidas deve descrever a semelhança entre objetos em termos relevantes para o problema de pesquisa de marketing. As variáveis têm de ser escolhidas com base em pesquisas passadas, na teoria ou em função das hipóteses que estão sendo testadas. Na pesquisa exploratória, o pesquisador deve exercer julgamento e aplicar a intuição.

A título de ilustração, consideremos uma aglomeração de consumidores baseada em atitudes em relação a compras. Com base em pesquisa anterior, identificaram-se seis variáveis referentes à atitude. Solicitou-se aos consumidores que expressassem seu grau de concordância com as seguintes afirmações (com base em uma escala de sete pontos: 1 = discordo, 7 = concordo):

V_1: Fazer compras é divertido.

V_2: As compras afetam meu orçamento.

V_3: Combino compras com refeições fora de casa.

V_4: Procuro a melhor oferta quando compro.

V_5: Não me preocupo com compras.

V_6: Podemos economizar bastante comparando preços.

Os dados obtidos de uma amostra pré-teste de 20 respondentes são mostrados na Tabela 20.1. Note que, na prática, a aglomeração é feita em amostras muito maiores de 100 ou mais. Uma pequena amostra foi usada para ilustrar o processo de aglomeração. Na prática, a análise de *cluster* é realizada em amostras muito maiores, como as do caso HP e de outros casos com dados reais apresentados neste livro.

Selecionar uma medida de distância ou de semelhança

Como o objetivo da aglomeração é agrupar objetos semelhantes, torna-se necessária uma medida para avaliar quão semelhantes ou diferentes são os objetos. A abordagem mais comum consiste em avaliar a semelhança em termos de distância entre pares de objetos. Os objetos com menor distância entre si são mais semelhantes que objetos com maior distância. Há várias maneiras de calcular a distância entre dois objetos.[9]

A medida de semelhança mais utilizada é a **distância euclidiana** ou o seu quadrado. A distância euclidiana é a raiz quadrada da soma dos quadrados das diferenças dos valores para cada variável. Outras medidas de distância também estão disponíveis. A *distância de Manhattan* (ou *city block*)

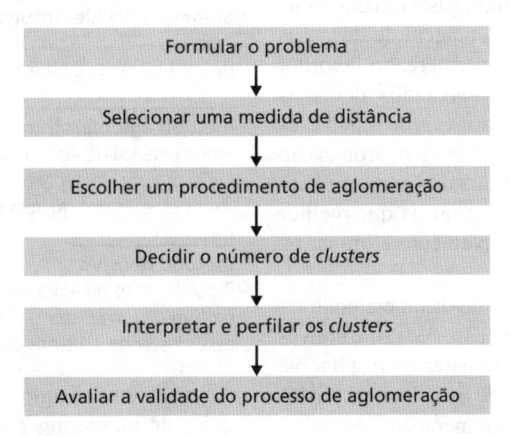

FIGURA 20.3 Como fazer uma análise de *cluster*.

TABELA 20.1
Dados sobre atitudes para aglomeração

SPSS Arquivo de Dados

SAS Arquivo de Dados

Caso Nº	V_1	V_2	V_3	V_4	V_5	V_6
1	6	4	7	3	2	3
2	2	3	1	4	5	4
3	7	2	6	4	1	3
4	4	6	4	5	3	6
5	1	3	2	2	6	4
6	6	4	6	3	3	4
7	5	3	6	3	3	4
8	7	3	7	4	1	4
9	2	4	3	3	6	3
10	3	5	3	6	4	6
11	1	3	2	3	5	3
12	5	4	5	4	2	4
13	2	2	1	5	4	4
14	4	6	4	6	4	7
15	6	5	4	2	1	4
16	3	5	4	6	4	7
17	4	4	7	2	2	5
18	3	7	2	6	4	3
19	4	6	3	7	2	7
20	2	3	2	4	7	2

entre dois objetos é a soma dos valores absolutos das diferenças para cada variável. A *distância de Chebychev* entre dois objetos é o valor absoluto da maior diferença de valores para qualquer variável. Para nosso exemplo, vamos utilizar o quadrado da distância euclidiana.

distância euclidiana
Raiz quadrada da soma dos quadrados das diferenças de valores para cada variável.

No caso de as variáveis serem medidas em unidades muito diferentes, a solução de aglomeração será influenciada pelas unidades de medida. Em um estudo sobre compras em um supermercado, as variáveis de atitude podem ser medidas em uma escala Likert de nove pontos; preferência, em termos da frequência de visitas mensais e quantia gasta em compras; e lealdade à marca, em termos de porcentagem de despesas com compras de alimentos feitas no supermercado favorito. Nesses casos, antes de aglomerar os entrevistados, devemos padronizar os dados reescalonando as variáveis de modo a terem média zero e desvio-padrão um. Embora a padronização remova a influência da unidade de medida, ela pode também reduzir as diferenças entre grupos em variáveis que melhor discriminem grupos ou *clusters*. É conveniente eliminar os casos com valores atípicos (*outliers*).[10]

A utilização de diferentes medidas de distância pode levar a diferentes resultados de aglomeração. Assim, é conveniente utilizar medidas diferentes e comparar os resultados. Definida uma medida de distância ou de semelhança, passamos a escolher um procedimento de aglomeração.

Escolher um procedimento de aglomeração

A Figura 20.4 é uma classificação de procedimentos de aglomeração. Estes podem ser hierárquicos, não hierárquicos ou outros procedimentos. A **aglomeração hierárquica** se caracteriza pelo estabelecimento de uma hierarquia, ou estrutura em forma de árvore. Os métodos hierárquicos podem ser aglomerativos ou divisivos. O **método aglomerativo** começa com cada objeto em um *cluster* separado. Os *clusters* são formados agrupando-se os objetos em *clusters* cada vez maiores. O processo continua até que todos os objetos sejam membros de um único *cluster*. O **método divisivo** começa com todos os objetos agrupados em um único *cluster*, que é então partido, ou dividido, até que cada objeto esteja em um *cluster* separado.

aglomeração hierárquica
Procedimento de aglomeração caracterizado pelo desenvolvimento de uma hierarquia ou estrutura em forma de árvore.

método aglomerativo
Procedimento de aglomeração hierárquica em que cada objeto tem início em um *cluster* separado. Formam-se os *clusters* agrupando-se os objetos em *clusters* cada vez maiores.

método divisivo
Procedimento de aglomeração hierárquica em que todos os objetos partem de um *cluster* gigante. Formam-se os *clusters* dividindo-se esse *cluster* gigante em *clusters* cada vez menores.

Os métodos aglomerativos são de uso comum em pesquisa de marketing e consistem em métodos de encadea-

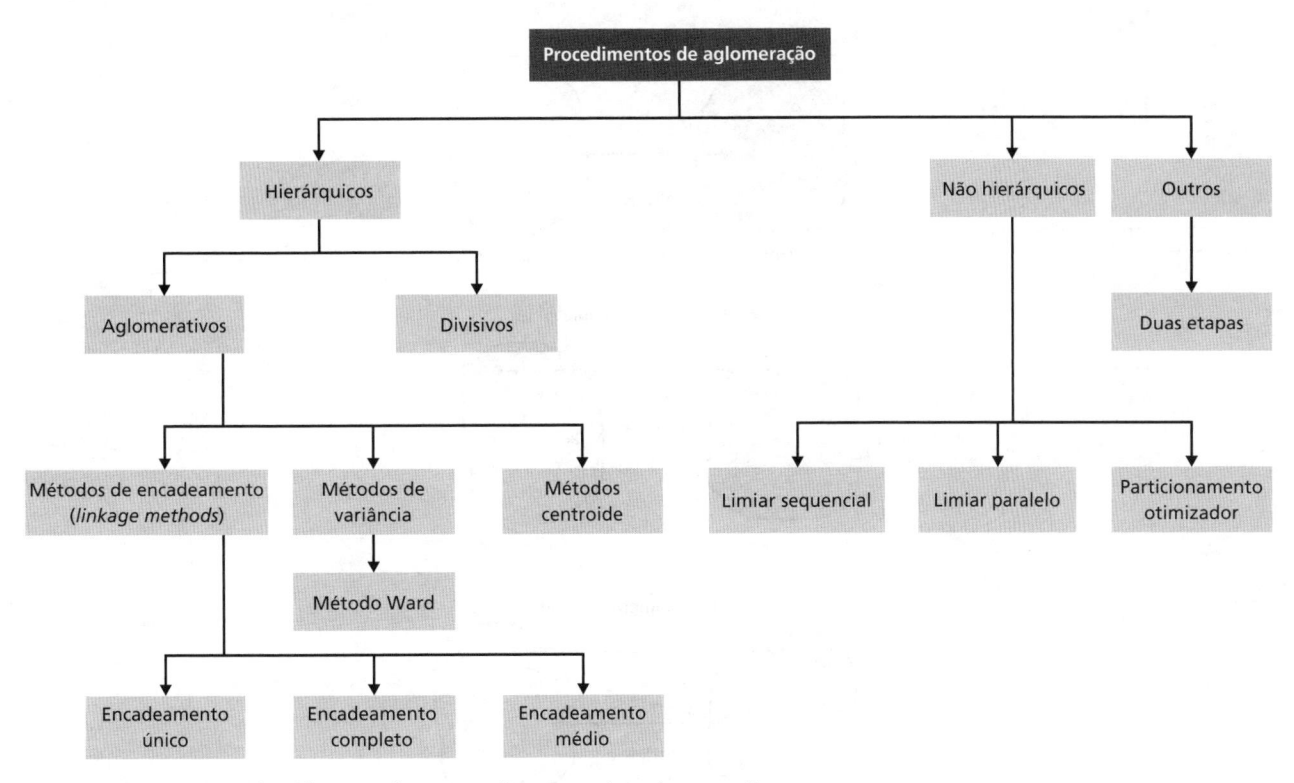

```
                    Procedimentos de aglomeração
                    ┌──────────────┴──────────────┐
              Hierárquicos              Não hierárquicos        Outros
           ┌────┴────┐                                            │
      Aglomerativos  Divisivos                              Duas etapas
           │
    ┌──────┼──────┐                              ┌────────────┼────────────┐
  Métodos de   Métodos de    Métodos         Limiar       Limiar      Particionamento
  encadeamento  variância    centroide      sequencial    paralelo      otimizador
  (linkage
  methods)
                  │
             Método Ward
       ┌──────────┼──────────┐
   Encadeamento Encadeamento Encadeamento
      único       completo      médio
```

FIGURA 20.4 Uma classificação dos procedimentos de aglomeração.

mento (*linkage methods*), métodos de erros de soma de quadrados, ou métodos de variância, e métodos centroides. Os **métodos de encadeamento** compreendem o encadeamento único, o encadeamento completo e o encadeamento médio. O método de **encadeamento único** se baseia na distância mínima (regra do vizinho mais próximo). Os dois primeiros objetos aglomerados são os que apresentam a menor distância entre eles. Identifica-se a menor distância mais próxima aglomerando o terceiro objeto com os dois primeiros, ou formando-se um novo *cluster* de dois objetos. Em cada estágio, a distância entre dois *clusters* é a distância entre seus dois pontos mais próximos (ver Figura 20.5). Dois *clusters* podem incorporar-se em qualquer estágio por meio do encadeamento mais curto entre eles. Continua-se o procedimento até que todos os objetos estejam em um único *cluster*. O método do encadeamento único só funciona se todos os *clusters* estiverem bem-definidos. O método do **encadeamento completo** é similar ao encadeamento único, mas se baseia na distância máxima, ou método do vizinho mais afastado. No encadeamento completo, a distância entre dois *clusters* é calculada como a distância entre seus dois pontos mais afastados. O método do **encadeamento médio** funciona de maneira análoga, mas, nele, a distância entre dois aglomerados se define como a média das distâncias entre todos os pares de objetos, em que cada membro de um par provém de cada um dos *clusters* (Figura 20.5). Como se pode constatar, o método do encadeamento médio utiliza informações sobre todos os pares de distâncias, e não apenas as distâncias mínima ou máxima. Por essa razão, costuma ser preferido aos métodos de encadeamento único e de encadeamento completo.

métodos de encadeamento (*linkage methods*)
Métodos aglomerativos de agloremação hierárquica que agrupam os objetos com base no cálculo da distância entre eles.

encadeamento único
Método de encadeamento baseado na distância mínima ou regra do vizinho mais próximo.

encadeamento completo
Método de encadeamento baseado na distância máxima ou regra do vizinho mais afastado.

encadeamento médio
Método de encadeamento baseado na distância média entre todos os pares de objetos, onde cada membro de um par é extraído de cada um dos *clusters*.

Os **métodos de variância** procuram gerar *clusters* para minimizar a variância dentro dos *clusters*. O **método Ward** é um método de variância bastante utilizado. Para cada *cluster* calculam-se as médias de todas as variáveis. Calcula-se então, para cada objeto, o quadrado da distância euclidiana às médias do *cluster* (Figura 20.6). Somam-se essas distâncias para todos os objetos. Em cada estágio, combinam-se os dois *clusters* que apresentarem menor aumento na soma global de quadrados dentro dos *clusters*. No **método cen-**

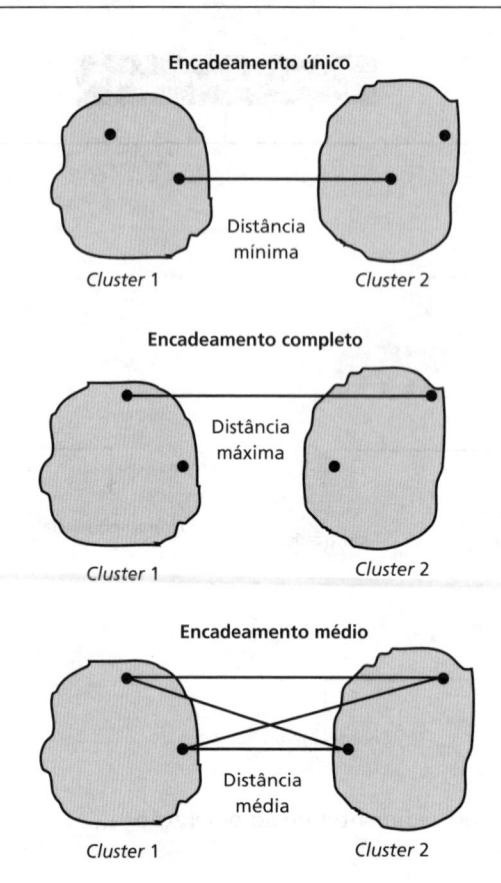

FIGURA 20.5 Métodos de aglomeração por encadeamento.

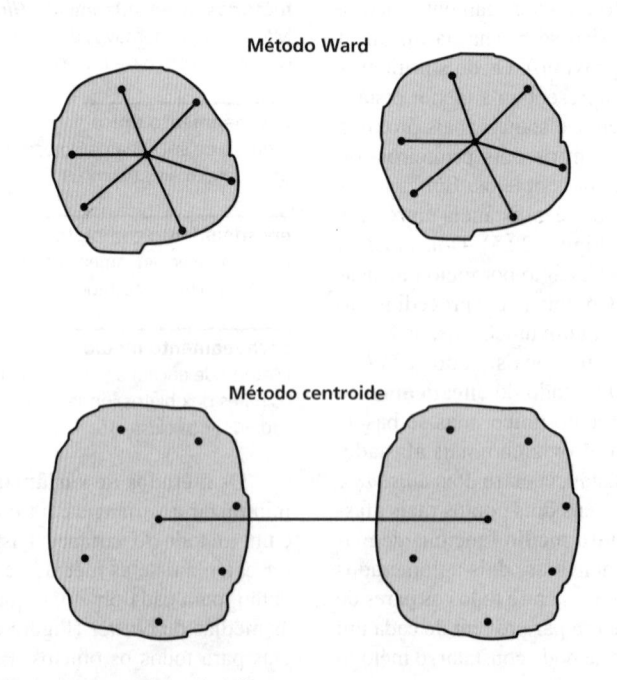

FIGURA 20.6 Outros métodos aglomerativos de *cluster*.

troide, a distância entre dois *clusters* é a distância entre seus centroides (médias para todas as variáveis), conforme a Figura 20.6. Cada vez que se agrupam objetos, calcula-se um novo centroide. Dos métodos hierárquicos, os métodos do encadeamento médio e o Ward têm-se revelado superiores aos outros métodos.[11]

método de variância
Método aglomerativo de aglomeração hierárquica, em que os *clusters* são gerados de modo a minimizar a variância dentro do *cluster*.

método Ward
Método de variância em que se deve minimizar o quadrado da distância euclidiana às médias dos *clusters*.

método centroide
Método de variância de aglomeração hierárquica em que a distância entre dois *clusters* é a distância entre seus centroides (médias para todas as variáveis).

O segundo tipo de procedimento de aglomeração, os **métodos de aglomeração não hierárquicos**, costuma ser chamado de aglomeração de k médias. Esses métodos compreendem o limiar sequencial, o limiar paralelo e o particionamento otimizador. No **método do limiar sequencial**, escolhe-se um centro de aglomeração e todos os objetos a menos de um valor pré-determinado a contar do centro são agrupados. Escolhe-se então um novo centro de aglomeração, ou semente, repetindo-se o processo para os pontos não aglomerados. Um objeto aglomerado a uma semente não é mais levado em consideração para aglomerações subsequentes. O **método do limiar paralelo** opera de modo semelhante, com a diferença que se escolhem simultaneamente vários centros de aglomeração e os objetos dentro do limiar são agrupados com o centro mais próximo. O **método do particionamento otimizador** difere dos dois anteriores porque os objetos podem ser posteriormente reatribuídos a *clusters* a fim de otimizar um critério global, como a distância média dentro de *clusters* para um dado número de *clusters*.

método de aglomeração não hierárquico
Procedimento que inicialmente determina ou assume um centro de *cluster* e em seguida agrupa todos os objetos que estão a menos de um valor pré-especificado do centro.

método do limiar sequencial
Método de aglomeração não hierárquica em que se escolhe um centro de *cluster* e se agrupam todos os objetos que estão a menos de um valor especificado em relação ao centro.

método do limiar paralelo
Método de aglomeração não hierárquica que especifica de uma só vez vários centros de *clusters*. Todos os objetos que estão a menos de um valor pré-determinado do centro são agrupados.

método do particionamento otimizador
Método de aglomeração não hierárquica que permite reatribuir posteriormente objetos a *clusters* de modo a otimizar um critério global.

Duas grandes desvantagens dos procedimentos não hierárquicos são que o número de *clusters* deve ser preestabelecido e que a escolha dos centros de *clusters* é arbitrária. Além disso, os resultados da aglomeração podem depender de como se escolhem os centros. Muitos programas não hierárquicos escolhem os primeiros k (k = número de *clusters*) casos sem valores faltantes como centros iniciais dos *clusters*. Assim, os resultados da aglomeração podem depender da ordem das observações nos dados. No entanto, a aglomeração não hierárquica é mais rápida que os métodos hierárquicos e tem seu mérito quando o número de objetos ou observações é grande. Sugeriu-se que os métodos hierárquicos e os não hierárquicos sejam usados de forma conjugada. Primeiro, obtém-se uma solução inicial por meio de um procedimento hierárquico, como o encadeamento médio ou o método Ward. Os números de *clusters* e de centroides são então usados como entradas para o método de particionamento otimizador.[12]

Outros procedimentos de aglomeração também estão disponíveis; a análise de *clusters* de duas etapas é especialmente interessante. Esse procedimento automaticamente determina o número ótimo de *clusters* ao comparar os valores de critérios de escolha de modelo entre diferentes soluções de *clusters*. Ele também tem a capacidade de criar modelos de *clusters* com base em variáveis categóricas e contínuas. Além da distância euclidiana, o procedimento de duas etapas usa a medida do logaritmo de probabilidade, que coloca uma distribuição de probabilidade nas variáveis. Ele também acomoda dois critérios de agrupamento: o critério de informação Bayesiano e Schwarz (*Schwarz's Bayesian Infornation Criterion* – BIC) ou o critério de informação de Akaike (*Akaike Information Criterion* – AIC).

A escolha de um método de aglomeração e a escolha de uma medida de distância estão inter-relacionadas. Por exemplo, devem-se usar os quadrados das distâncias euclidianas com os métodos Ward e centroides. Vários procedimentos não hierárquicos também utilizam quadrados de distâncias euclidianas. No procedimento de duas etapas, a medida euclidiana pode ser usada somente quando todas as variáveis são contínuas.

Utilizaremos o método Ward para ilustrar a aglomeração hierárquica. A Tabela 20.2 dá o resultado obtido aglomerando-se os dados da Tabela 20.1. O esquema de aglomeração contém informações úteis, mostrando o número de casos ou *clusters* combinados em cada estágio. A primeira linha representa o estágio 1, com 19 *clusters*. Nesse estágio, são combinados os entrevistados 14 e 16, conforme mostram as colunas "*Clusters* combinados". O quadrado da distância euclidiana entre esses dois entrevistados é dado na coluna intitulada "Coeficiente". A coluna "Estágio em que o *cluster* aparece primeiramente" indica o estágio em que primeiro se forma um *cluster*. A título de ilustração, uma entrada de 1 no estágio 6 indica que o entrevistado 14 foi agrupado inicialmente no estágio 1. A última coluna, "Próximo estágio", indica o estágio em que outro caso (entrevistado) ou *cluster* é combinado com este. Como o número na primeira linha da última coluna é 6, vemos que, no estágio 6, o entrevistado 10 é combinado com o 14 e o 16, formando um *cluster* úni-

TABELA 20.2
Resultados da aglomeração hierárquica

Resumo do processamento de casos [a, b]

Válidos		Casos faltantes		Total	
N	Porcentagem	N	Porcentagem	N	Porcentagem
20	100,0	0	0,0	20	100,0

[a] Quadrado da distância euclidiana usado
[b] Método Ward

Método Ward
Esquema de aglomeração

	Clusters combinados			Estágio em que o cluster aparece primeiramente		
Estágio	Cluster 1	Cluster 2	Coeficiente	Cluster 1	Cluster 2	Próximo estágio
1	14	16	1,000	0	0	6
2	6	7	2,000	0	0	7
3	2	13	3,500	0	0	15
4	5	11	5,000	0	0	11
5	3	8	6,500	0	0	16
6	10	14	8,167	0	1	9
7	6	12	10,500	2	0	10
8	9	20	13,000	0	0	11
9	4	10	15,583	0	6	12
10	1	6	18,500	0	7	13
11	5	9	23,000	4	8	15
12	4	19	27,750	9	0	17
13	1	17	33,100	10	0	14
14	1	15	41,333	13	0	16
15	2	5	51,833	3	11	18
16	1	3	64,500	14	5	19
17	4	18	79,667	12	0	18
18	2	4	172,667	15	17	19
19	1	2	328,600	16	18	0

Associação a um cluster

Caso	4 clusters	3 clusters	2 clusters
1	1	1	1
2	2	2	2
3	1	1	1
4	3	3	2
5	2	2	2
6	1	1	1
7	1	1	1
8	1	1	1
9	2	2	2
10	3	3	2
11	2	2	2
12	1	1	1
13	2	2	2
14	3	3	2

(*Continua*)

TABELA 20.2
Resultados da aglomeração hierárquica (*continuação*)

Associação a um *cluster*

Caso	4 *clusters*	3 *clusters*	2 *clusters*
15	1	1	1
16	3	3	2
17	1	1	1
18	4	3	2
19	3	3	2
20	2	2	2

co. Da mesma forma, a segunda linha representa o estágio 2 com 18 *clusters*. No estágio 2, estão agrupados os entrevistados 6 e 7.

Outra parte importante do resultado aparece no gráfico em sincelos (*icicles*) da Figura 20.7. As colunas correspondem aos objetos que estão sendo aglomerados, neste caso, os entrevistados rotulados de 1 a 20. As linhas correspondem aos números de *clusters*. Essa figura deve ser lida de baixo para cima. Inicialmente, todos os casos são considerados como *clusters* individuais. Como há 20 entrevistados, há 20 *clusters* iniciais. Em um primeiro passo, combinam-se os dois objetos mais próximos, o que resulta em 19 *clusters*. A última linha da Figura 20.7 mostra esses 19 *clusters*. Os dois casos – entrevistados 14 e 16 – que foram combinados neste estágio têm na coluna entre eles, todos os Xs nas linhas 1 a 19. A linha número 18 corresponde ao próximo estágio, com 18 *clusters*. A essa altura, agrupam-se os entrevistados 6 e 7; a coluna de X entre os entrevistados 6 e 7 tem um espaço em branco na linha 19. Assim, neste estágio há 18 *clusters*; 16 deles consistem em entrevistados individuais e dois contêm dois entrevistados cada um. Cada passo subsequente conduz à formação de um novo *cluster*, de uma de três maneiras: (1) agrupam-se dois casos individuais, (2) agrupa-se um caso a um *cluster* já existente ou (3) agrupam-se dois *clusters*.

Outro dispositivo gráfico útil para exibir resultados da análise de *cluster* é o dendrograma (ver Figura 20.8). O dendrograma é lido da esquerda para a direita. As linhas verticais representam *clusters* que são unidos. A posição da reta na escala indica as distâncias às quais os *clusters* foram unidos. Como muitas das distâncias nos primeiros estágios têm magnitudes semelhantes, é difícil dizer em que sequência se formaram alguns dos *clusters* iniciais. Entretanto, é claro que, nos dois últimos estágios, as distâncias em que os *clusters* estão sendo combinados são grandes. Essa informação é útil para decidir sobre o número de *clusters*.

É possível também obter informações quanto à associação dos casos aos *clusters*, desde que se especifique o número do *cluster*. Embora essa informação seja obtida a partir de um gráfico em sincelos (*icicles*), uma visualização na forma de tabela também é útil. A Tabela 20.2 dá a associação dos *clusters* para os diversos casos, dependendo de a solução final conter dois, três ou quatro *clusters*; esse tipo de informação ajuda a decidir o número de *clusters*.

Decidir o número de *clusters*

Um problema relevante na análise de *cluster* é a decisão quanto ao número de grupos. Não há regras difíceis nem fáceis; dispomos, todavia, de algumas diretrizes:

1. Considerações teóricas, conceituais ou práticas podem sugerir um certo número de *clusters*. Por exemplo, se a finalidade da aglomeração for identificar segmentos de mercado, a administração talvez precise de um número específico de *clusters*.
2. Na aglomeração hierárquica, as distâncias em que os *clusters* são combinados podem ser utilizadas como critérios. Essa informação pode ser obtida do esquema de aglomeração ou do dendrograma. Em nosso caso, vemos pelo esquema de aglomeração da Tabela 20.2 que o valor na coluna "Coeficiente" mais do que dobra repentinamente entre os estágios 17 (3 *clusters*) e 18 (2 *clusters*). Da mesma forma, nos dois últimos estágios do dendrograma da Figura 20.8, os *clusters* estão sendo combinados a grandes distâncias. Portanto, parece adequada uma solução de três *clusters*.
3. No método não hierárquico, a razão da variância total dentro do grupo para a variância entre grupos pode ser grafada em função do número de *clusters*. O ponto em que ocorre um "cotovelo", ou uma virada brusca, indica um número apropriado de *clusters*. Em geral não compensa aumentar o número de *clusters* além desse ponto.
4. Os tamanhos relativos dos *clusters* devem ser significativos. Na Tabela 20.2, mediante uma contagem simples de frequência nos *clusters*, vemos que uma solução de três *clusters* resulta em *clusters* com oito, seis e seis elementos. Entretanto, passando a uma solução com quatro *clusters*, os tamanhos respectivos são oito, seis, cinco e um. Como não tem sentido lidar com um *cluster* de apenas um caso, nessa situação é preferível uma solução com três *clusters*.

Interpretar e perfilar os *clusters*

Interpretar e traçar o perfil dos *clusters* envolve o exame dos respectivos centroides. Os centroides representam os valo-

542 PARTE III • Coleta, Preparação e Análise de Dados e Relatório

FIGURA 20.7 Gráfico em sincelos verticais (*icicle*) utilizando o método Ward.

SPSS Arquivo de Saída

SAS Arquivo de Saída

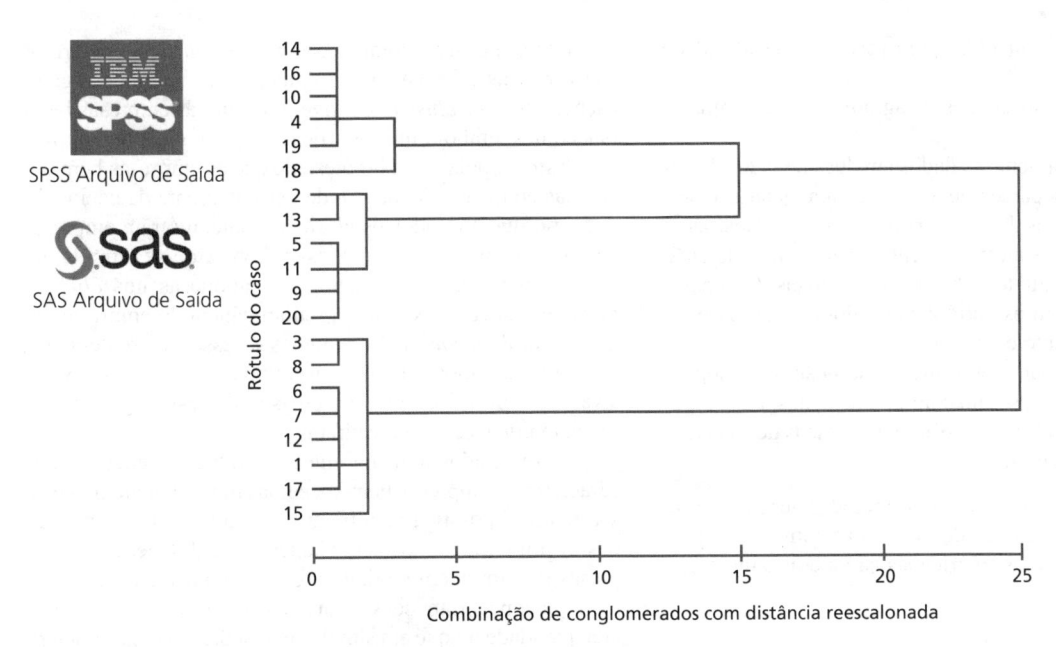

FIGURA 20.8 Dendrograma utilizando o método Ward.

res médios dos objetos contidos no *cluster* em cada uma das variáveis. Os centroides permitem descrever cada *cluster* atribuindo-lhe um nome ou rótulo. Se o programa de aglomeração não imprimir essa informação, ela pode ser obtida por meio da análise discriminante. A Tabela 20.3 dá os centroides ou valores médios para cada *cluster* em nosso exemplo. O *cluster* 1 tem valores relativamente altos nas variáveis V_1 (fazer compras é divertido) e V_3 (combino compras com refeições fora de casa). Tem também um valor baixo em V_5 (não me preocupo com compras). Logo, o *cluster* 1 pode ser rotulado como "compradores envolvidos e que gostam de diversão". Esse *cluster* consiste nos casos 1, 3, 6, 7, 8, 12, 15 e 17. O *cluster* 2 é precisamente o oposto, com valores baixos em V_1 e V_3 e um valor elevado em V_5; esse *cluster* pode ser rotulado como "compradores apáticos". Os elementos do *cluster* 2 são os casos 2, 5, 9, 11, 13 e 20. O *cluster* 3 tem valores altos em V_2 (as compras afetam meu orçamento), V_4 (procuro a melhor oferta quando compro) e V_6 (podemos economizar bastante comparando preços). Assim, esse *cluster* pode ser rotulado de "compradores econômicos". O *cluster* 3 compreende os casos 4, 10, 14, 16, 18 e 19.

Em geral, é conveniente traçar o perfil dos *clusters* em termos de variáveis que não foram utilizadas na aglomeração e que podem incluir variáveis demográficas, psicográficas, de consumo do produto, de utilização dos meios de comunicação ou outras. Por exemplo, os *clusters* podem ter sido estabelecidos com base em benefícios procurados. É possível fazer um desenho posterior do perfil em termos de variáveis demográficas e psicográficas para enfocar esforços de marketing para cada *cluster*. As variáveis que se diferenciam significativamente entre *clusters* podem ser identificadas via análise discriminante e análise de variância de um fator.

Avaliar a confiabilidade e a validade

Dados os diversos julgamentos que a análise de *cluster* acarreta, nenhuma solução de aglomeração deve ser aceita sem uma avaliação de sua confiabilidade e validade. Os procedimentos formais para avaliar a confiabilidade e a validade de soluções de *clusters* são complexos e nem sempre totalmente defensáveis.[13] Por isso, vamos omiti-los aqui. No entanto, os procedimentos a seguir permitem uma verificação adequada da qualidade dos resultados da aglomeração.

1. Fazer análise de *cluster* sobre os mesmos dados utilizando diferentes medidas de distância. Comparar os resulta-

TABELA 20.3
Centroides de *clusters*

Cluster nº	Médias de variáveis					
	V_1	V_2	V_3	V_4	V_5	V_6
1	5,750	3,625	6,000	3,125	1,750	3,875
2	1,667	3,000	1,833	3,500	5,500	3,333
3	3,500	5,833	3,333	6,000	3,500	6,000

dos em relação às medidas para verificar a estabilidade da solução.
2. Utilizar métodos diferentes de aglomeração e comparar os resultados.
3. Separar aleatoriamente os dados em duas metades. Fazer a aglomeração separadamente sobre cada metade. Comparar os centroides dos *clusters* nas duas subamostras.
4. Eliminar variáveis aleatoriamente. Fazer a aglomeração com base no conjunto reduzido de variáveis. Comparar os resultados com os obtidos por aglomeração baseada em todo o conjunto de variáveis.
5. Em um método não hierárquico, a solução pode depender da ordem dos casos no conjunto de dados. Faça repetições múltiplas utilizando diferentes ordens de casos até que a solução se estabilize.

Damos mais uma ilustração do método hierárquico de aglomeração com um estudo de diferenças entre estratégias de marketing de empresas americanas, japonesas e inglesas.

Pesquisa real

É um mundo pequeno

Para um estudo de concorrentes americanos, japoneses e ingleses, obtiveram-se dados de entrevistas pessoais detalhadas com dirigentes e tomadores de decisão em marketing para grupos definidos de produtos em 90 empresas. Para controlar as diferenças de mercado, a metodologia se baseou na comparação de 30 empresas inglesas com suas principais concorrentes americanas e japonesas no mercado britânico. O estudo envolveu 30 trios de empresas, cada um composto de uma empresa inglesa, uma americana e uma japonesa que competiam diretamente umas com as outras.

A maioria dos dados sobre as características de desempenho, estratégia e organização das empresas foi coletada em escalas de diferencial semântico de cinco pontos. O primeiro estágio da análise envolveu a análise fatorial de variáveis que descreviam as estratégias e atividades de marketing das empresas. Empregaram-se escores fatoriais para identificar grupos de empresas similares utilizando a rotina de aglomeração hierárquica de Ward (método Ward). Chegou-se a uma solução de seis *clusters*.

Interpretou-se a composição dos seis *clusters* em termos das variáveis originais de desempenho, estratégia e organização. Todos os *clusters* contiveram algumas empresas bem-sucedidas, embora uns significativamente mais que outros. Os *clusters* apoiaram a hipótese de que as empresas bem-sucedidas eram semelhantes, independentemente da nacionalidade, porque em todos os *clusters* se encontraram empresas americanas, inglesas e japonesas. Constatou-se, entretanto, uma preponderância de empresas japonesas nos *clusters* mais bem-sucedidos e uma predominância de empresas inglesas nos dois *clusters* com menos sucesso. Aparentemente, as empresas japonesas não desenvolvem estratégias exclusivas; ao contrário, a maioria delas utiliza estratégias que se revelam eficazes no mercado inglês.

Os resultados indicam que há estratégias genéricas que caracterizam empresas bem-sucedidas independentemente do seu ramo. É possível identificar três estratégias bem-sucedidas. A primeira é a dos negociantes de qualidade. Essas empresas têm força em marketing e em pesquisa e desenvolvimento e concentram seus recursos técnicos mais na busca de alta qualidade do que em simples inovações. Elas se caracterizam como organizações empreendedoras, pelo planejamento no longo prazo e por um senso bem comunicado de missão. A segunda estratégia genérica é a dos inovadores, que se revelam mais fracos em pesquisa e desenvolvimento avançados, mas são empreendedores e motivados pela busca da inovação. O último grupo bem-sucedido é o dos negociantes experientes, que são essencialmente orientados para o lucro e têm acentuadas habilidades de marketing. Os três parecem consistir em negócios essencialmente orientados para o mercado. Os investimentos estrangeiros no Reino Unido continuaram a ser grandes. Em 2018, o país era líder na Europa em termos de investimentos estrangeiros diretos. Os Estados Unidos e o Japão continuavam a ser os principais investidores.[14] ∎

Aplicações de aglomeração não hierárquica

Ilustramos o procedimento não hierárquico utilizando os dados da Tabela 20.1 e um método de particionamento otimizador. Com base nos resultados da aglomeração hierárquica, foi predeterminada uma solução de três *clusters*. A Tabela 20.4 apresenta os resultados. Os centros iniciais dos *clusters* são

Clusters estratégicos

Cluster Nome	I Inovadores	II Negociantes de qualidade	III Negociantes de preço	IV Negociantes de produto	V Negociantes experientes	VI Vendedores agressivos
Tamanho	22	11	14	13	13	17
Bem-sucedido (%)	55	100	36	38	77	41
Nacionalidade (%):						
japonesa	59	46	22	31	15	18
americana	18	36	14	31	54	53
inglesa	23	18	64	38	31	29

SPSS Arquivo de Saída

SAS Arquivo de Saída

TABELA 20.4
Resultados da aglomeração não hierárquica

Centros iniciais de clusters

	Cluster		
	1	2	3
V_1	4	2	7
V_2	6	3	2
V_3	3	2	6
V_4	7	4	4
V_5	2	7	1
V_6	7	2	3

Histórico de iteração[a]

Iteração	Alteração nos centros de clusters		
	1	2	3
1	2,154	2,102	2,550
2	0,000	0,000	0,000

[a] Convergência alcançada devido à pequena ou a nenhuma alteração de distância. A distância máxima pela qual qualquer centro se alterou é 0,000. A iteração atual é 2. A distância mínima entre centros iniciais é 7,746.

Associação a um cluster

Nº do caso	Cluster	Distância
1	3	1,414
2	2	1,323
3	3	2,550
4	1	1,404
5	2	1,848
6	3	1,225
7	3	1,500
8	3	2,121
9	2	1,756
10	1	1,143
11	2	1,041
12	3	1,581
13	2	2,598
14	1	1,404
15	3	2,828
16	1	1,624
17	3	2,598
18	1	3,555
19	1	2,154
20	2	2,102

Centros finais dos clusters

	Cluster		
	1	2	3
V_1	4	2	6
V_2	6	3	4
V_3	3	2	6
V_4	6	4	3
V_5	4	6	2
V_6	6	3	4

(*Continua*)

TABELA 20.4
Resultados da aglomeração não hierárquica *(continuação)*

Distâncias entre centros finais dos *clusters*

Cluster	1	2	3
1		5,568	5,698
2	5,568		6,928
3	5,698	6,928	

ANOVA

	Cluster		Erro			
	Quadrado da média	gl	Quadrado da média	gl	F	Sig.
V_1	29,108	2	0,608	17	47,888	0,000
V_2	13,546	2	0,630	17	21,505	0,000
V_3	31,392	2	0,833	17	37,670	0,000
V_4	15,713	2	0,728	17	21,585	0,000
V_5	22,537	2	0,816	17	27,614	0,000
V_6	12,171	2	1,071	17	11,363	0,001

Os testes *F* devem ser usados apenas para fins descritivos porque os *clusters* foram escolhidos para maximizar as diferenças entre os casos em diferentes *clusters*. Os níveis de significância observados não são corrigidos para isso e, portanto, não podem ser interpretados como testes da hipótese de que as médias dos *clusters* são iguais.

Número de casos em cada *cluster*

Cluster 1	6
2	6
3	8
Válidos	20
Faltantes	0

os valores dos três casos selecionados aleatoriamente. Em alguns programas, são selecionados os primeiros três casos. Os centros de classificação dos *clusters* são centros provisórios usados para a atribuição de casos. Cada caso é atribuído ao centro de classificação do *cluster* mais próximo. Os centros de classificação são atualizados até que se atinjam os critérios de finalização. Os centros finais dos *clusters* representam as médias das variáveis para os casos nos *clusters* finais. No SPSS Windows, eles são arredondados até o inteiro mais próximo.

A Tabela 20.4 também apresenta a associação a um *cluster* e a distância entre cada caso e seu centro de classificação. Observe que as inclusões em *clusters* dadas na Tabela 20.2 (aglomeração hierárquica) e na Tabela 20.4 (aglomeração não hierárquica) são idênticas. (O *cluster* 1 da Tabela 20.2 é rotulado como *cluster* 3 na Tabela 20.4, e o *cluster* 3 da Tabela 20.2 é rotulado como *cluster* 1 na Tabela 20.4). As distâncias entre os centros finais de *clusters* indicam que os pares de *clusters* estão bem separados. Apresenta-se o teste *F* univariado para cada variável de aglomeração. Esses testes *F* são apenas descritivos. Os casos ou objetos são sistematicamente atribuídos a *clusters* a fim de maximizar diferenças nas variáveis de aglomeração, de modo que as probabilidades resultantes não devem ser interpretadas como um teste da hipótese nula de não haver diferença entre *clusters*.

O exemplo seguinte, de escolha de um hospital, ilustra melhor a aglomeração não hierárquica.

Pesquisa real

Segmentação com precisão cirúrgica

Para identificar segmentos de preferência por hospitais, utilizou-se a análise de *cluster* ao classificar entrevistados que escolheram hospitais para internação. A aglomeração baseou-se nas razões apresentadas pelos entrevistados para escolher determinado hospital. Compararam-se os perfis demográficos dos entrevistados agrupados para saber se os segmentos poderiam ser identificados com eficiência.

Utilizou-se o método *k*-médias de aglomeração (SPSS), para agrupar os entrevistados com base em suas respostas aos itens de preferência por um hospital. Minimizaram-se os quadrados das distâncias euclidianas entre todas as variáveis do *cluster*. Como indivíduos distintos têm percepções diferentes de escalas de importância, as classificações atribuídas pelos indivíduos foram padronizadas antes da aglomeração. Os resultados indicaram que a melhor classificação dos entrevistados seria em quatro *clusters*. Aplicou-se duas vezes o procedimento de validação cruzada para análise de *cluster* sobre as duas metades da amostra total.

Como era de se esperar, os quatro grupos diferiram substancialmente por suas distribuições e respostas médias às razões para suas preferências hospitalares. Os nomes atribuídos aos quatro grupos refletiram as características demográficas e as razões pelas preferências hospitalares: antiquados, afluentes, conscientes do valor e profissionais "querem-tudo".[15] ■

Aplicações de aglomeração em duas etapas

Os dados da Tabela 20.1 também foram analisados utilizando o procedimento de duas etapas em SPSS. Como todas as variáveis eram contínuas, usamos a medida de distância euclidiana. O critério de aglomeração foi o critério de informação de Akaike (*Akaike Information Criterion* – AIC). O número de *clusters* foi determinado automaticamente, e os resultados são mostrados na Tabela 20.5. Como se pode ver, obteve-se uma solução de três *clusters*, semelhante à da aglomeração hierárquica e não hierárquica. Observe que o AIC está no mínimo (97,594) para uma solução de três *clusters*. A comparação de centroides de *clusters* da Tabela 20.5 com os da Tabela 20.3 mostra que o *cluster* 1 da Tabela 20.5 corresponde ao *cluster* 2 da Tabela 20.3 (aglomeração hierárquica), o *cluster* 2 da Tabela 20.5 corresponde ao *cluster* 3 da Tabela 20.3 e o *cluster* 3 de duas etapas corresponde ao *cluster* 1. A interpretação e as implicações são semelhantes às discutidas anteriormente. Nesse caso, os três métodos (hierárquico, não hierárquico e de duas etapas) levaram a resultados semelhantes. Em outros casos, métodos diferentes podem produzir resultados diferentes. É bom analisar um conjunto de dados empregando diferentes métodos para examinar a estabilidade das soluções de aglomeração.

PESQUISA ATIVA

Segmentação do mercado para a Nordstrom

Visite shop.nordstrom.com e procure na Internet, inclusive nas mídias sociais, e no banco de dados *on-line* de sua biblioteca informações sobre o tipo de consumidores que compram em lojas de departamentos de alto nível como a Nordstrom.

Descreva os dados que devem ser coletados e como eles têm de ser analisados para segmentar o mercado para lojas de departamentos de alto nível como a Nordstrom.

Como CEO da Nordstrom, como você segmentaria o mercado?

Aglomeração de variáveis

Por vezes, utiliza-se a análise de *cluster* para aglomerar variáveis com a finalidade de identificar grupos homogêneos. Nessa instância, as unidades usadas para análise são as variáveis, calculando-se as medidas de distância para todos os pares de variáveis. Por exemplo, o coeficiente de correlação – seja em valor absoluto ou com sinal – pode ser usado como medida de semelhança (o oposto da distância) entre variáveis.

A aglomeração hierárquica de variáveis pode auxiliar na identificação de variáveis isoladas, ou variáveis que dão uma contribuição única para os dados. A aglomeração também pode ser usada para reduzir o número de variáveis. Associada a cada *cluster*, existe uma combinação linear das variáveis no aglomerado, chamada de *componente do cluster*. Um grande conjunto de variáveis pode, com frequência, ser substituído pelo conjunto de componentes do *cluster* sem grande perda de informação. Todavia, um determinado número de componentes de *cluster* em geral não explica tanto da variância quanto o mesmo número de componentes principais. Por quê, então, utilizar a aglomeração de variáveis? Os componentes de um *cluster* em geral são mais fáceis de interpretar do que os componentes principais, mesmo que estes estejam rotacionados.[16] Ilustramos a aglomeração de variáveis com um exemplo da pesquisa de propaganda.

Pesquisa real

Nada mais que sentimentos

Ao enfrentar uma dura concorrência entre câmeras digitais, a Nikon (www.nikon.com) estava comercializando sua linha Coolpix em 2016 com os dizeres: **"paixão que se torna poderosa"**, **"brilho que se torna belo"** e **"recordações que se tornam fáceis"**. A campanha havia sido criada para evocar emoções nos consumidores.

A Nikon baseou essa campanha em um estudo realizado para identificar sensações provocadas pela propaganda. Um total de 655 sensações foi reduzido a um conjunto de 180 que os entrevistados consideraram mais prováveis de serem estimuladas pela propaganda. Esse grupo foi aglomerado com base em julgamentos de similaridade entre sensações, resultando em 31 *clusters* de sensações divididos em 16 *clusters* positivos e 15 negativos.[17]

Sensações positivas	Sensações negativas
1. Lúdica/infantil	1. Temerosa
2. Amistosa	2. Má/doente
3. Humorística	3. Confusa
4. Encantada	4. Indiferente
5. Interessada	5. Entediada
6. Forte/confiante	6. Triste
7. Calorosa/terna	7. Ansiosa
8. Relaxada	8. Incapaz/tímida
9. Enérgica/impulsiva	9. Feia/estúpida
10. Ansiosa/excitada	10. Piedosa/decepcionada
11. Contemplativa	11. Louca
12. Orgulhosa	12. Desagradável
13. Persuadida/expectante	13. Desgostosa
14. Vigorosa/desafiadora	14. Irritada
15. Admirada	15. Mal-humorada/frustrada
16. Definida/informada	

Assim, 655 reações à propaganda foram reduzidas a um núcleo de 31. Os anunciantes têm agora um conjunto manipulável de sensações para entender e medir as reações emocionais à propaganda. Quando medidas, essas sensações

SPSS Arquivo de Saída

TABELA 20.5
Resultados de aglomeração em duas etapas

Autoaglomeração

Número de clusters	Critério de Informação de Akaike (AIC)	Mudança[a] AIC	Razão de mudanças[b] AIC	Razão de medidas de distância[c]
1	104,140			
2	101,171	−2,969	1,000	0,847
3	97,594	−3,577	1,205	1,583
4	116,896	19,302	−6,502	2,115
5	138,230	21,335	−7,187	1,222
6	158,586	20,355	−6,857	1,021
7	179,340	20,755	−6,991	1,224
8	201,628	22,288	−7,508	1,006
9	224,055	22,426	−7,555	1,111
10	246,522	22,467	−7,568	1,588
11	269,570	23,048	−7,764	1,001
12	292,718	23,148	−7,798	1,055
13	316,120	23,402	−7,883	1,002
14	339,223	23,103	−7,782	1,044
15	362,650	23,427	−7,892	1,004

a As mudanças são em relação ao número anterior de *clusters* na tabela.
b As razões de mudanças são relativas à mudança para a solução de dois *clusters*.
c As razões de medidas de distância são baseadas no número atual de *clusters* em relação ao número anterior de *clusters*.

Distribuição de *clusters*

	N	% de combinados	% do total
Cluster 1	6	30,0%	30,0%
2	6	30,0%	30,0%
3	8	40,0%	40,0%
Combinados	20	100,0%	100,0%
Total	20		100,0%

Centroides

	Divertido		Mau para o orçamento	
	Média	Desvio-padrão	Média	Desvio-padrão
Cluster 1	1,67	0,516	3,00	0,632
2	3,50	0,548	5,83	0,753
3	5,75	1,035	3,63	0,916
Combinados	3,85	1,899	4,10	1,410

Centroides

	Comer fora		Melhores compras	
	Média	Desvio-padrão	Média	Desvio-padrão
Cluster 1	1,83	0,753	3,50	1,049
2	3,33	0,816	6,00	0,632
3	6,00	1,089	3,13	0,835
Combinados	3,95	2,012	4,10	1,518

Centroides

	Não se importa		Compara preços	
	Média	Desvio-padrão	Média	Desvio-padrão
Cluster 1	5,50	1,049	3,33	0,816
2	3,50	0,837	6,00	1,549
3	1,80	0,835	3,88	0,641
Combinados	3,45	1,761	4,35	1,496

podem proporcionar informações sobre a capacidade de um anúncio de persuadir os consumidores-alvo, como no caso de compra de câmeras Nikon. ■

A análise de *cluster*, especialmente a aglomeração de objetos, é utilizada em pesquisa de marketing internacional (como no próximo exemplo) e pode ser aplicada também na pesquisa de avaliações éticas (como no exemplo posterior).

Pesquisa real

Percepção de equivalência de um produto – antes uma raridade, hoje uma realidade

Como os consumidores em diferentes países percebem as marcas em diferentes categorias de produtos? Surpreendentemente, a resposta é que a taxa de paridade de percepção de um produto é bastante alta. A paridade observada de um produto significa que os consumidores consideram todas/quase todas as marcas em uma categoria de produtos como semelhantes entre si. Um estudo feito pelo BBDO Worldwide (www.bbdo.com) mostra que dois terços dos consumidores pesquisados em 28 países consideram equivalentes as marcas em 13 categorias de produtos desde companhias aéreas até cartões de crédito e café. A paridade observada foi, em média, de 63% para todas as categorias em todos os países. Os japoneses têm a mais alta percepção de paridade em todas as categorias de produtos, com 99%, e os colombianos têm a mais baixa percepção, com 28%. Encarados por categoria de produtos, os cartões de crédito detêm a mais alta percepção de paridade – 76%, e os cigarros, a mais baixa – 52%.

O BBDO aglomerou os países com base em percepções de paridade de produto, chegando a *clusters* que exibiam níveis e padrões de percepção de paridade semelhantes. O maior valor de percepção de paridade originou-se da região Ásia/Pacífico (83%), que inclui Austrália, Japão, Malásia e Coreia do Sul, bem como da França. Não é de surpreender que a França figure nessa lista porque, para a maioria dos produtos, os franceses usam em larga escala uma propaganda eminentemente visual, orientada para os sentimentos. O *cluster* seguinte consiste em mercados influenciados pelos Estados Unidos (65%), que incluem Argentina, Canadá, Hong Kong, Kuwait, México, Cingapura e os próprios Estados Unidos. O terceiro *cluster*, em grande parte países europeus (60%), compreende Áustria, Bélgica, Dinamarca, Itália, Holanda, África do Sul, Espanha, Reino Unido e Alemanha.

O que tudo isso significa é que, para diferenciar produto ou marca, a propaganda não pode se centrar apenas no desempenho do produto; deve também relacionar o produto com a vida da pessoa de uma forma importante. Além disso, exige-se um esforço de marketing muito maior na região Ásia/Pacífico e na França para diferenciar as marcas da concorrência e estabelecer uma imagem única. Um fator relevante nessa paridade crescente é, sem dúvida, a emergência do mercado global. Um estudo recente explorou as questões subjacentes ao conteúdo informativo concreto da propaganda nas condições de paridade de produto e tipo de produto. Os dados para essa pesquisa foram obtidos da análise de conteúdo de mais de 17 mil propagandas em jornais e 9.800 comerciais televisivos. A análise mostrou que as propagandas de produtos com baixa paridade contêm mais informações concretas que suas contrapartes. Quando ambas as condições foram vistas juntas, a paridade influenciou o conteúdo informativo concreto, mas não em mesmo grau que o tipo de produto. O estudo revelou que, acima de tudo, quando se trata de incluir informações concretas nas propagandas, os anunciantes reagem mais ao tipo de produto que à paridade de produto.[18] ■

PESQUISA ATIVA

A globalização é americana!

Visite www.aa.com e pesquise na Internet, incluindo as mídias sociais, e no banco de dados *on-line* de sua biblioteca informações sobre as preferências por linhas aéreas dos consumidores quando se trata de viagens internacionais.

Como CEO da American Airlines (www.aa.com), como você segmentaria o mercado global para viagens aéreas?

Que dados têm de ser obtidos e como eles devem ser analisados para segmentar o mercado para viagens aéreas internacionais?

Pesquisa real

Aglomerando profissionais de marketing com base em avaliações éticas

Pode-se aplicar a análise de *cluster* para explicar diferenças em percepções éticas, utilizando uma grande escala multi-itens e multidimensional elaborada para avaliar quão éticas são diferentes situações. Uma dessas escalas foi criada por Reidenbach e Robin e contém 29 itens, compondo cinco dimensões que medem como um entrevistado julga determinada ação. Por exemplo, um entrevistado lê sobre um pesquisador de marketing que revelou dados reservados de um de seus clientes a um segundo cliente. O entrevistado deve então completar a escala ética de 29 itens, indicando, por exemplo, se essa ação é:

Justa :__:__:__:__:__:__: Injusta
Tradicionalmente :__:__:__:__:__:__: Inaceitável
aceitável
Envolve violação :__:__:__:__:__:__: Não envolve
de um contrato violação de um
verbal contrato verbal

Essa escala poderia ser aplicada a uma amostra de profissionais de marketing. Ao aglomerar entrevistados com base nesses 29 itens, é preciso investigar duas questões importantes. Em primeiro lugar, como diferem os *clusters* em relação às cinco dimensões éticas: neste caso, Justiça, Relativismo, Egoísmo, Utilitarismo e Deontologia? Em segundo lugar, que tipos de empresa compõem cada *cluster*? Os *clusters* podem ser descritos em termos de classificação por indústria (NAICS – *North American Industry Classification System*), tamanho da empresa e lucratividade da empresa. As respostas a essas duas questões permitem visualizar que tipos de empresa utilizam quais dimensões para avaliar situações éticas. Por exemplo, as grandes e as pequenas empresas se enquadram em *clusters* diferentes? Situações questionáveis são mais aceitáveis por empresas mais lucrativas do que por empresas menos lucrativas? Um estudo empírico realizado recentemente comparou as percepções taiwanesas e americanas sobre a ética corporativa. Usou-se um questionário auto aplicável que consistia em cinco medidas. Uma das medidas, valores morais individuais, foi avaliada usando a escala de Reidenbach e Robin. Os resultados mostraram que, em ambas as culturas, as percepções individuais de ética corporativa parecem determinar o comprometimento organizacional mais que os valores morais individuais.[19] ∎

Software estatístico

Discutimos o uso de SPSS e SAS em detalhes nas seções subsequentes. Descrevemos aqui brevemente o uso de MINITAB. No MINITAB, a análise de *cluster* pode ser acessada na função Multivariate>Cluster observation. Também estão disponíveis Clustering of Variables e Cluster K-Means. A análise de *cluster* não está disponível em EXCEL.

Vídeos demonstrativos computadorizados de SPSS e SAS

Desenvolvemos vídeos demonstrativos computadorizados que dão instruções passo a passo para a execução de todos os programas SPSS e SAS Enterprise Guide discutidos neste capítulo. Essas demonstrações podem ser baixadas do *site* deste livro. As instruções para executar as demonstrações são oferecidas no Quadro 14.2.

Cópias de telas dos programas SPSS e SAS com notas

As instruções passo a passo para a execução de vários programas SPSS e SAS Enterprise Guide discutidos neste capítulo também são ilustradas em cópias de telas dos programas com as notas apropriadas. Essas cópias de telas podem ser baixadas do *site* deste livro.

SPSS Windows

SPSS Arquivo de Dados

No SPSS, o principal programa para aglomeração de objetos ou casos é o HIERARCHICAL CLUSTER. Diferentes medidas de distância podem ser computadas, e todos os procedimentos de aglomeração hierárquica discutidos estão disponíveis. Para aglomeração não hierárquica, o programa K-MEANS CLUSTER pode ser usado. Esse programa é especialmente útil para aglomerar diversos casos. O procedimento TWOSTEP CLUSTER também está disponível.

Para selecionar esses procedimentos usando SPSS para Windows, clique em:

Analyze>Classify>Hierarchical Cluster...
Analyze>Classify>K-Means Cluster...
Analyze>Classify>TwoStep Cluster...

A seguir, apresentamos os passos detalhados para a execução de análise de *cluster* hierárquica com os dados sobre atitude (V_1 a V_6) da Tabela 20.1.

1. Selecione ANALYZE na barra de menu do SPSS.
2. Clique em CLASSIFY e depois em HIERARCHICAL CLUSTER.
3. Mova Fun [V1], Bad for Budget [V2], Eating Out [V3], Best Buys [V4], Don't Care [V5] e Compare Prices [V6] para a caixa VARIABLES.
4. Na caixa CLUSTER, assinale CASES (opção de *default*). Na caixa DISPLAY, assinale STATISTICS e PLOTS (opções de *default*).
5. Clique em STATISTICS. Na janela *pop-up*, assinale AGGLOMERATION SCHEDULE. Na caixa CLUSTER MEMBERSHIP, assinale RANGE OF SOLUTIONS. Depois, para MINIMUM NUMBER OF CLUSTERS, digite 2 e, para MAXIMUM NUMBER OF CLUSTERS, digite 4. Clique em CONTINUE.
6. Clique em PLOTS. Na janela *pop-up*, assinale DENDOGRAM. Na caixa ICICLE, assinale ALL CLUSTERS (*default*). Na caixa ORIENTATION, assinale VERTICAL. Clique em CONTINUE.
7. Clique em METHOD. Para CLUSTER METHOD, selecione WARD'S METHOD. Na caixa MEASURE, assinale INTERVAL e selecione SQUARED EUCLIDEAN DISTANCE. Clique em CONTINUE.
8. Clique em OK.

O procedimento para a aglomeração de variáveis é o mesmo da aglomeração hierárquica, exceto no passo 4, em que se deve assinalar VARIABLES na caixa CLUSTER.

A seguir, apresentamos os passos detalhados para a realização de análise de *cluster* não hierárquica (K-MEANS) com os dados sobre atitudes (V_1 a V_6) da Tabela 20.1.

1. Selecione ANALYZE na barra de menu do SPSS.
2. Clique em CLASSIFY e depois em K-MEANS CLUSTER.
3. Mova Fun [V1], Bad for Budget [V2], Eating Out [V3], Best Buys [V4], Don't Care [V5] e Compare Prices [V6] para a caixa VARIABLES.
4. Para NUMBER OF CLUSTER, selecione 3.
5. Clique em OPTIONS. Na janela *pop-up*, na caixa STATISTICS, assinale INITIAL CLUSTER CENTERS e CLUSTER INFORMATION FOR EACH CASE. Clique em CONTINUE.
6. Clique em OK.

A seguir, oferecemos instruções detalhadas para a realização de análise de *cluster* de duas etapas com os dados sobre atitude (V_1 a V_6) da Tabela 20.1.

1. Selecione ANALYZE na barra de menu do SPSS.
2. Clique em CLASSIFY e depois em TWOSTEP CLUSTER.
3. Mova Fun [V1], Bad for Budget [V2], Eating Out [V3], Best Buys [V4], Don't Care [V5] e Compare Prices [V6] para a caixa CONTINUOUS VARIABLES.
4. Para DISTANCE MEASURE, selecione EUCLIDEAN.
5. Para NUMBER OF CLUSTERS, selecione DETERMINE AUTOMATICALLY.
6. Para CLUSTERING CRITERION, selecione AKAIKE'S INFORMATION CRITERION (AIC).
7. Clique em OUTPUT. Na janela *pop-up*, clique em PIVOT TABLES e CHARTS AND TABLES IN MODELS VIEWER.
8. Clique em CONTINUE.
9. Clique em OK.

SAS Enterprise Guide

A tarefa Multivariate > Cluster Analysis cria *clusters* hierárquicos a partir de dados que contêm dados coordenados ou de distância. Se o conjunto de dados contiver dados coordenados, a tarefa computará distâncias euclidianas antes de aplicar os métodos de aglomeração. A tarefa também pode criar *clusters* não hierárquicos de dados coordenados usando o método *k*-médias. A tarefa ainda produz dendogramas.

Para selecionar esse procedimento usando SAS Enterprise Guide, clique em:

Analyze > Multivariate > Cluster Analysis

Para a realização de análise de *cluster* hierárquica com dados sobre atitude (V_1 a V_6) da Tabela 20.1 no SAS Enterprise Guide:

1. Abra SAS Table 20_1 no SAS Enterprise Guide.
2. Selecione ANALYZE na barra de menu.
3. Selecione MULTIVARIATE>CLUSTER ANALYSIS.
4. Mova V1-V6 para a função de tarefa ANALYSIS.
5. Clique em CLUSTER e selecione WARD'S MINIMUM VARIANCE METHOD sob CLUSTER METHOD.
6. Clique em RESULTS e selecione DISPLAY OUTPUT e SIMPLE SUMMARY STATISTICS.
7. Clique em RUN.

Para a realização de análise de *cluster* não hierárquica (*k*-médias) no SAS Enterprise Guide com os dados sobre atitude da Tabela 20.1:

1. Abra SAS Table 20_1 no SAS Enterprise Guide.
2. Selecione ANALYZE na barra de menu.
3. Selecione a função de tarefa MULTIVARIATE> CLUSTER ANALYSIS variables.
4. Mova V1-V6 para a função de tarefa ANALYSIS variables.
5. Clique em CLUSTER e selecione K-MEANS ALGORITHM como CLUSTER METHOD e 3 para MAXIMUM NUMBER OF CLUSTERS.
6. Clique em RUN.

O SAS não oferece análise de *cluster* de duas etapas.

Projeto de pesquisa

Análise de *cluster*

No projeto de fidelização da loja de departamentos, os respondentes foram aglomerados com base na importância que dão a cada fator dos critérios de escolha utilizados na seleção de uma loja de departamentos. Os resultados indicaram que os entrevistados podiam ser agrupados em quatro segmentos. Diferenças entre os grupos foram testadas estatisticamente. Assim, cada segmento continha respondentes que eram relativamente homogêneos com relação a seus critérios de escolha. O modelo de escolha da loja era então estimado separadamente para cada segmento. Esse procedimento resultou em modelos de escolha que melhor representavam o processo de escolha subjacente dos respondentes em segmentos específicos.

Atividades de projeto

Baixe o arquivo de dados Wal-Mart *Data 17* SPSS ou o arquivo correspondente em SAS do *site* deste livro. O Capítulo 17 faz uma descrição desse arquivo.

1. Os entrevistados podem ser segmentados com base nos escores de fator (que você gerou no Capítulo 19) para as 21 afirmações de estilo de vida? Use o método de Ward para determinar o número de *clusters*. Depois, realize análise de *cluster* (use o procedimento *k*-médias), selecionando todos os escores de fatores.
2. Os entrevistados podem ser segmentados com base na importância atribuída aos oito fatores dos critérios de escolha? Use o método de Ward para determinar o número de *clusters*. Depois, realize análise de *cluster* (use o procedimento *k*-médias), selecionando todos os fatores. Interprete os segmentos de benefício resultantes. ■

Caso HP

SPSS Arquivo de Dados

SAS Arquivo de Dados

Revise o caso HP, Caso 1.1, e o questionário apresentado no final do livro. Vá ao *site* deste livro e baixe o arquivo de dados da HP.

1. Como você aglomeraria os respondentes com base nas avaliações da HP (variáveis q8_1 a Q8_13)? Interprete os *clusters* resultantes.

2. Como você aglomeraria os respondentes com base nos itens Conhecedor de Mercado, Inovação e Liderança de Opinião (variáveis q10_1 a Q10_13)? Interprete os *clusters* resultantes.

Resumo

Utiliza-se a análise de *cluster* para classificar objetos ou casos e, eventualmente, variáveis em grupos relativamente homogêneos. Os grupos ou *clusters* são sugeridos pelos dados, e não definidos *a priori*. As variáveis sobre as quais se faz o *cluster* são selecionadas com base em pesquisa passada, na teoria, nas hipóteses que estão sendo testadas ou no julgamento do pesquisador. Deve-se escolher uma medida adequada de distância ou de semelhança. A medida mais usada é a distância euclidiana ou o seu quadrado.

Os procedimentos de aglomeração podem ser hierárquicos ou não hierárquicos. O método hierárquico se caracteriza pelo desenvolvimento de uma hierarquia ou de uma estrutura em forma de árvore. Os métodos hierárquicos podem ser aglomerativos ou divisivos. Os métodos aglomerativos dividem-se em métodos de encadeamento (*linkage methods*), métodos de variância e métodos centroide. Os métodos de encadeamento compreendem o encadeamento único, o encadeamento completo e o encadeamento médio. Um método de variância bastante usado é o método Ward. Os métodos não hierárquicos são chamados frequentemente de aglomeração de *k*-médias. Esses métodos são classificados como limiar sequencial, limiar paralelo e particionamento otimizador. Os métodos hierárquicos e não hierárquicos podem ser utilizados ao mesmo tempo. O procedimento de duas etapas determina automaticamente o número ótimo de *clusters* comparando os valores de critérios de escolha de modelo entre diferentes soluções de *clusters*. A escolha de um procedimento de aglomeração e a escolha de uma medida de distância estão inter-relacionadas.

O número de *clusters* pode basear-se em considerações teóricas, conceituais ou práticas. Na aglomeração hierárquica, as distâncias às quais se combinam os aglomerados é um critério importante. Os tamanhos relativos dos *clusters* devem ser significativos. Os *clusters* têm de ser interpretados em termos de centroides de aglomeração. Em geral convém traçar o perfil dos *clusters* em termos de variáveis que não tenham sido usadas para formar o *cluster*. A confiabilidade e a validade das soluções de *clusters* são avaliadas de diferentes maneiras.

Palavras-chave e conceitos fundamentais

esquema de aglomeração, 534
centroide de *clusters*, 534
centros de *clusters*, 534
associação a um *cluster*, 534
dendrograma, 534
distâncias entre centros de *clusters*, 534
diagrama em sincelos (*icicle*), 535
matriz de coeficientes de semelhança/ distância, 535

distância euclidiana, 536
aglomeração hierárquica, 536
método aglomerativo, 536
método divisivo, 536
métodos de encadeamento (*linkage methods*), 537
encadeamento único, 537
encadeamento completo, 537
encadeamento médio, 537

método de variância, 539
método Ward, 539
método centroide, 539
método de aglomeração não hierárquico, 539
método do limiar sequencial, 539
método do limiar paralelo, 539
método do particionamento otimizador, 539

Casos relacionados

Os casos listados a seguir são discutidos no final do livro.

1.1 HP Inc.

3.1 AT&T   3.2 IBM   3.3 Kimberly-Clark

4.1 JPMorgan Chase   4.2 Wendy's

Pesquisa ao vivo: realização de um projeto de pesquisa de marketing

1. Os métodos hierárquico e não hierárquico devem ser usados em conjunto. Primeiro, obtenha uma solução de aglomeração inicial usando um procedimento hierárquico, como encadeamento médio ou método de Ward. Use o número de *clusters* e centroides de *cluster* assim obtidos como entradas para um método não hierárquico.
2. Escolha diferentes métodos de aglomeração e diferentes medidas de distância e examine os efeitos sobre as soluções de aglomeração.

Exercícios

Perguntas

1. Discuta a semelhança e a diferença entre análise de *cluster* e análise discriminante.
2. Cite algumas aplicações da análise de *cluster* em marketing.
3. Defina sucintamente os seguintes termos: dendrograma, gráfico em sincelos (*icicle*), esquema de aglomeração e associação a um *cluster*.
4. Qual é a medida de semelhança mais usada em análise de *cluster*?
5. Apresente uma classificação dos procedimentos de aglomeração.
6. Por que se prefere em geral o método de encadeamento médio aos métodos de encadeamento único e encadeamento completo?
7. Cite as duas principais desvantagens dos procedimentos não hierárquicos de aglomeração?
8. Quais são as diretrizes existentes para decidir quanto ao número de *clusters*?
9. O que está envolvido na interpretação de *clusters*?
10. Cite algumas variáveis adicionais usadas para traçar o perfil de *clusters*.
11. Descreva alguns procedimentos para avaliar a qualidade de soluções de *clusters*.
12. Como se utiliza a análise de *cluster* para agrupar variáveis?

Problemas

1. As afirmações a seguir são verdadeiras ou falsas?
   a. Os métodos hierárquicos e não hierárquicos de aglomeração sempre dão resultados diferentes.
   b. Devemos sempre padronizar os dados antes de fazer análise de *cluster*.
   c. Pequenas distâncias entre coeficientes no esquema de aglomeração implicam que estamos mesclando casos diferentes.
   d. Não importa a medida de distância utilizada; as soluções de *clusters* são sempre as mesmas.
   e. É aconselhável analisar o mesmo conjunto de dados utilizando diferentes procedimentos de aglomeração.

Exercícios para Internet e computador

SPSS Arquivo de Dados

SAS Arquivo de Dados

1. Analise os dados da Tabela 20.1 utilizando os seguintes métodos: (a) encadeamento único (vizinho mais próximo); (b) encadeamento completo (vizinho mais afastado); e (c) método centroide. Utilize SPSS, SAS ou MINITAB. Compare seus resultados com os apresentados na Tabela 20.2.
2. Realize a análise seguinte sobre os dados relativos à Nike apresentados no Exercício 1 da seção Exercícios para Internet e computador do Capítulo 15. Os arquivos de dados e a descrição das variáveis-chave podem ser baixados do *site* deste livro. Considere apenas as seguintes variáveis: consciência, atitude, preferência, intenção e lealdade à Nike.
   a. Aglomere os respondentes com base nas variáveis identificadas usando a aglomeração hierárquica. Use o método Ward e o quadrado das distâncias euclidianas. Quantos *clusters* você recomenda e por quê?
   b. Aglomere os respondentes com base nas variáveis identificadas usando a aglomeração de *k* médias e o número de *clusters* identificados em (a). Compare os resultados com aqueles obtidos em (a).
3. Realize a seguinte análise sobre os dados sobre estilo de vida fora de casa apresentados no Exercício 2 da seção Exercícios para Internet e computador do Capítulo 15. Os arquivos de dados e a descrição das variáveis-chave podem ser baixados do *site* deste livro. Considere apenas as seguintes variáveis: a importância conferida a desfrutar da natureza, relacionar-se com o clima, viver em harmonia com o meio ambiente, exercitar-se regularmente e encontrar-se com outras pessoas (V_2 a V_6).
   a. Aglomere os respondentes com base nas variáveis identificadas usando a aglomeração hierárquica. Use o método Ward e o quadrado das distâncias euclidianas. Quantos *clusters* você recomenda e por quê?
   b. Aglomere os respondentes com base nas variáveis identificadas usando os seguintes métodos hierárquicos: (a) encadeamento único (vizinho mais próximo), (b) encadeamento completo (vizinho mais afastado) e (c) método centroide.
   c. Aglomere os respondentes com base nas variáveis identificadas usando a aglomeração de *k*-médias e o número de *clusters* identificados em (a). Compare os resultados com aqueles obtidos em (a).
4. Realize a seguinte análise dos dados sobre calçados esportivos apresentados no Exercício 3 da seção Exercícios para Internet e computador 3 no Capítulo 17. Os arquivos de dados e a descri-

ção das variáveis-chave podem ser baixados do *site* deste livro. Considere apenas as seguintes variáveis: avaliações dos tênis quanto a conforto (V_2), estilo (V_3) e durabilidade (V_4).
   a. Aglomere os respondentes com base nas variáveis identificadas usando a aglomeração hierárquica. Use o método Ward e o quadrado das distâncias euclidianas. Quantos *clusters* você recomenda e por quê?
   b. Aglomere os respondentes com base nas variáveis identificadas usando a aglomeração de *k*-médias e o número de *clusters* identificados em (a). Compare os resultados com aqueles obtidos em (a).

5. Analise os dados coletados no exercício Trabalho de Campo para aglomerar os entrevistados usando os métodos hierárquicos e não hierárquicos. Use um dos pacotes de *software* discutidos neste capítulo.

6. Analise os dados coletados no exercício Trabalho de Campo para aglomerar as 15 variáveis que medem a atitude dos consumidores quanto a companhias aéreas e voos. Use um dos programas descritos neste capítulo.

Atividades

Dramatização

1 Você foi contratado como analista de pesquisa de marketing pela P&G. Seu chefe, o gerente de marketing, está se perguntando se o mercado de pasta de dente pode ser segmentado com base nos benefícios que os consumidores buscam quando compram tal produto. Explique ao seu chefe (um aluno da sua turma) a análise que você realizaria.

Trabalho de campo

1. Como consultor de pesquisa de marketing de uma grande companhia aérea, você deve identificar as atitudes dos consumidores em relação a companhias aéreas e voos. Construa uma escala de 15 itens para esse fim. Em um grupo de cinco alunos, obtenha dados para essa escala e para características demográficas padrão de 50 chefes de família, homens ou mulheres, em sua comunidade. Cada aluno deve realizar 10 entrevistas. Esses dados serão utilizados para aglomerar os entrevistados, bem como as 7 variáveis que medem as atitudes dos consumidores quanto a companhias aéreas e voos.

Discussão em grupo

1. Em um pequeno grupo, discuta o papel da análise de *cluster* ao analisar dados de pesquisa de marketing. Destaque as maneiras em que a análise de *cluster* pode ser usada junto a outros procedimentos de análise de dados.

CAPÍTULO 21

Escalonamento Multidimensional e Análise Conjunta

" Muitas vezes, as relações são vistas com mais facilidade quando são mostradas em imagens ou por meio de um gráfico... e esse é o objetivo do escalonamento multidimensional. A análise conjunta, por sua vez, ajuda a traçar o perfil dos atributos que mais contribuem para que a pessoa faça sua opção por uma das inúmeras ofertas entre as diversas combinações desses mesmos atributos. "

Kunal Gupta, vice-presidente/consultor sênior, Ciências da Decisão, Burke, Inc.

Objetivos

Após a leitura deste capítulo, o aluno conseguirá:

1. Discutir o conceito básico e o escopo do escalonamento multidimensional (EMD) em pesquisa de marketing e descrever suas várias aplicações.
2. Descrever as etapas envolvidas no escalonamento multidimensional de dados de percepção, incluindo formulação do problema, obtenção de dados de entrada, escolha de um procedimento de EMD, decisão quanto ao número de dimensões, rotulação das dimensões, interpretação da configuração e avaliação da confiabilidade e validade.
3. Explicar o escalonamento multidimensional de dados de preferência e distinguir entre análise interna e externa de preferências.
4. Explicar a análise de correspondência e discutir suas vantagens e desvantagens.
5. Entender a relação entre EMD, análise discriminante e análise fatorial.
6. Discutir os conceitos básicos de análise conjunta e contrastá-la com EMD, abordando suas diversas aplicações.
7. Discutir o procedimento para fazer análise conjunta, incluindo formulação do problema, construção dos estímulos, decisão quanto à forma dos dados de entrada, escolha de um procedimento de análise conjunta, interpretação dos resultados e avaliação da confiabilidade e validade.

8. Definir o conceito de análise conjunta híbrida e explicar como ela simplifica a tarefa de coleta de dados.
9. Explicar o papel do *software* na realização do escalonamento multidimensional e da análise conjunta usando SPSS e SAS.

Aspectos gerais

Este capítulo sobre análise de dados apresenta duas técnicas relacionadas para analisar as percepções e preferências do consumidor: escalonamento multidimensional (EMD) e análise conjunta. Delineamos e ilustramos as etapas envolvidas na realização de EMD e discutimos as relações entre EMD, análise fatorial e análise discriminante. Também descrevemos a análise conjunta e apresentamos um procedimento detalhado para sua realização. Além disso, oferecemos uma breve apresentação de modelos híbridos de *conjoint*. Por fim, discutimos o uso de *software* em EMD e análise conjunta. O auxílio para execução dos programas SPSS e SAS usados neste livro é oferecido de três modos: (1) instruções passo a passo no final do capítulo, (2) vídeos demonstrativos computadorizados que ilustram as instruções passo a passo disponíveis no *site* do livro e (3) cópias das telas dos programas com notas que ilustram as instruções passo a passo.

Pesquisa real

As colas colidem

Em um levantamento, solicitou-se aos entrevistados que classificassem todas as duplas possíveis entre 10 marcas de refrigerantes em termos de sua semelhança. Os dados foram analisados por escalonamento multidimensional e tiveram como resultado a representação espacial dos refrigerantes contida no gráfico a seguir.

Com base em outras informações obtidas no questionário, o eixo horizontal foi rotulado como "sabor de cola". O Tab revelou-se como o refrigerante com mais sabor de cola e o 7-Up como o refrigerante com menos sabor de cola. O eixo vertical foi rotulado como "Dietéticos", sendo o Tab o mais dietético e o Dr. Pepper o menos dietético. Observe que a Pepsi e a Coca-Cola foram consideradas muito semelhantes, conforme indica sua posição próxima no mapa perceptual. Verificou-se também uma semelhança próxima entre 7-Up e Sprite, 7-Up Diet e Sprite Diet e entre Tab, Coca Diet e Pepsi Diet. Observe ainda que o Dr. Pepper é percebido como relativamente diferente das outras marcas. Tais mapas de EMD são de extrema utilidade para a compreensão da estrutura competitiva do mercado de refrigerantes. A Coca-Cola Company usou técnicas como

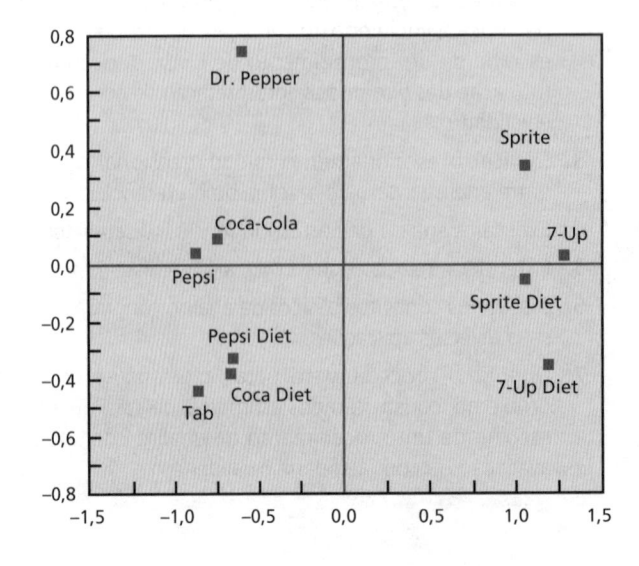

EMD para compreender como os consumidores percebem seus produtos e os dos concorrentes; como resultado, colheu grandes compensações mantendo firme sua posição no mercado de refrigerantes nos Estados Unidos, estimado em cerca de US$ 100 bilhões em 2017.[1] ■

Pesquisa real

O que os clientes procuram em uma impressora?

A Printonix (www.printronix.com), fabricante de impressoras em Irvine, Califórnia, promoveu um projeto nacional de análise conjunta usando *software* interativo da Trade-Off Research Services. O objetivo desse projeto de mala-direta era identificar os hábitos de compra de clientes atuais e futuros, bem como dos compradores de produtos concorrentes.

"Estamos em um setor de impressoras que é competitivo e orientado para o mercado, no qual o cliente tem muitas alternativas e opções", diz Jack Andersen, vice-presidente de marketing doméstico da Printonix. "É fundamental para o crescimento desta empresa que saibamos por que os clientes compram ou rejeitam impressoras".

A Printonix enviou levantamentos eletronicamente para uma lista pré-qualificada de tomadores de decisão no mercado de impressoras. Os levantamentos foram divididos de acordo com a faixa de preço das impressoras com somente pequenas diferenças nas questões entre os grupos. A pré-qualificação também determinou se os tomadores de decisão estavam ou não planejando comprar um novo equipamento e quando, além da disposição de participar do levantamento.

Os resultados recebidos pela administração da Printonix ajudarão a empresa a compreender melhor sua clientela, quais as características mais desejáveis nos produtos e que tipo de produto os clientes querem agora e no futuro. Mais ainda, os resultados tabulados poderão dar uma ideia das necessidades atuais e futuras em termos de produtos.

Determinadas estratégias de marketing também podem ser desenvolvidas, por exemplo, quanto ao modo de criação do produto, como anunciá-lo e como vendê-lo melhor. É essencial focar a mensagem de marketing do produto nas necessidades do comprador. Por isso, é importante conhecer o comprador o máximo possível.

Com a finalização do projeto e da caracterização do mercado, a Printonix poderá fazer a referência cruzada de vários respondentes (por exemplo, somente gerentes da área de gerenciamento de sistemas de informação; empresas de menos de US$ 10 milhões; somente usuários de computadores IBM) para ajudar a identificar e definir potenciais de mercado verticais. Além disso, a análise "e se" pode ser gerada dos resultados. Por exemplo, se a velocidade de uma impressora for maior, com todas as outras características permanecendo iguais no que se refere a desempenho e qualidade, como isso afetará a atual participação de mercado? Tais levantamentos e outras técnicas de marketing sofisticadas ajudam a Printonix a entender melhor as necessidades do mercado e as preferências do cliente. A empresa também desenvolveu produtos de ponta que, em 2017, foram oferecidos por duas marcas confiáveis, a Printonix e a TallyGenicom, conhecidas nos setores automotivo, de varejo, alimentos e bebidas, governo e serviços públicos e empresas de transporte e logística em todo o mundo.[2] ■

O primeiro exemplo ilustra a criação e o uso de mapas perceptuais, que são parte central do EMD. O segundo exemplo envolve as compensações que os respondentes consideram ao avaliar alternativas. O procedimento de análise conjunta baseia-se nessas compensações.

Conceitos básicos do escalonamento multidimensional (EMD)

O **escalonamento multidimensional (EMD)** é uma categoria de procedimentos para representar espacialmente, por meio da apresentação visual, as percepções e as preferências dos entrevistados. As relações percebidas ou psicológicas entre os estímulos são representadas como relações geométricas entre pontos em um espaço multidimensional. Essas representações geométricas são chamadas de *mapas espaciais*. Os eixos de um mapa espacial denotam a base psicológica ou as dimensões subjacentes usadas pelos entrevistados para consolidar percepções e preferências por estímulos.[3] O EMD tem sido utilizado em marketing para identificar:

---

escalonamento multidimensional (EMD)
Categoria de procedimentos para representar espacialmente percepções e preferências dos entrevistados por meio de uma apresentação visual.

---

1. Número e natureza de dimensões que os consumidores utilizam para perceber diferentes marcas no mercado.
2. O posicionamento de marcas comuns nessas dimensões.
3. O posicionamento da marca ideal dos consumidores nessas dimensões.

As informações fornecidas pelo EMD têm sido usadas para uma infinidade de aplicações em marketing, entre elas:

- *Medição da imagem.* Comparar as percepções que clientes e não clientes têm da empresa com as autopercepções da empresa e assim identificar lacunas perceptuais.
- *Segmentação de mercado.* Posicionar marcas e consumidores no mesmo espaço e assim identificar grupos de consumidores com percepções relativamente homogêneas.
- *Desenvolvimento de novos produtos.* Procurar, no mapa espacial, lacunas indicativas de oportunidades potenciais para o posicionamento de novos produtos, além de avaliar novos conceitos de produto e marcas existentes em uma base de teste para determinar como os consumidores reagem a novos conceitos. A proporção de preferências por um novo produto é um indicador de seu sucesso.
- *Avaliação da eficácia da propaganda.* Os mapas espaciais podem ser usados para determinar se a propaganda contribui efetivamente para obter o posicionamento desejado da marca.
- *Análise de preços.* Comparar mapas espaciais elaborados com e sem informações de preços a fim de determinar o impacto dessa informação.
- *Decisões de distribuição.* Julgamentos sobre a compatibilidade de marcas com diferentes revendedores de varejo podem levar a mapas espaciais úteis para a tomada de decisões sobre canais de distribuição.
- *Construção de uma escala de atitude.* É viável aplicar as técnicas de EMD para estabelecer a dimensionalidade e a configuração apropriadas ao espaço de atitude.

Estatísticas e termos associados ao EMD

As estatísticas e os termos importantes associados ao EMD incluem:

Julgamentos de semelhança. Avaliações de todos os pares possíveis de marcas ou outros estímulos em termos da semelhança utilizando uma escala do tipo Likert.

Ordenação de preferências. Classificação ordenada das marcas ou de outros estímulos, desde o mais preferido até o menos preferido. Normalmente fornecidas pelos entrevistados.

Estresse. É uma medida de falta de ajuste; valores maiores de estresse indicam pior ajuste.

R-quadrado. R-quadrado é um índice quadrático de correlação que indica a proporção da variância de dados escalonados otimamente que pode ser proporcionada pelo procedimento EMD. É uma medida de aderência.

Mapa espacial. Relações percebidas entre marcas ou outros estímulos representadas como relações geométricas entre pontos em um espaço multidimensional.

Coordenadas. Indicam o posicionamento de uma marca ou de um estímulo em um mapa espacial.

Desdobramento. Representação simultânea de marcas e entrevistados no mesmo espaço.

Como fazer escalonamento multidimensional

A Figura 21.1 mostra as etapas do EMD. O pesquisador deve formular cuidadosamente o problema de EMD porque há uma grande variedade de dados que podem ser usados como entrada em EMD. O pesquisador também tem de determinar uma forma adequada de obtenção dos dados e selecionar um procedimento EMD para analisá-los. Um aspecto importante da solução diz respeito à determinação do número de dimensões para o mapa espacial. Além disso, os eixos do mapa devem ser rotulados, interpretando-se a configuração originada. Finalmente, o pesquisador precisa avaliar a qualidade dos resultados obtidos.[4] Descrevemos cada uma dessas etapas, começando com a formulação do problema.

Formular o problema

A formulação do problema exige que o pesquisador especifique em que serão utilizados os resultados do EMD e selecione as marcas ou outros estímulos a serem incluídos na análise. O número de marcas ou estímulos escolhidos e as marcas específicas incluídas determinam a natureza das dimensões e configurações resultantes. Devem ser incluídos no mínimo oito marcas ou estímulos para que tenhamos um mapa espacial bem-definido. A inclusão de mais de 25 marcas tende a ser complicada e pode resultar em fadiga do entrevistado.

Deve-se ter o máximo cuidado ao optar pelas marcas ou estímulos a serem incluídos. Suponhamos que um pesquisador pretenda obter percepções dos consumidores sobre automóveis. Se não incluir os automóveis de luxo no estímulo, essa dimensão pode não aparecer nos resultados. A escolha do número e das marcas ou estímulos específicos a serem incluí-

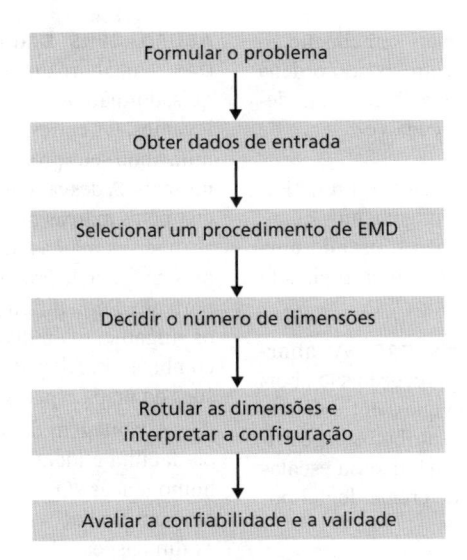

FIGURA 21.1 Como fazer escalonamento multidimensional.

dos deve basear-se na formulação do problema de pesquisa de marketing, na teoria e no julgamento do pesquisador.

Ilustramos o escalonamento multidimensional no contexto da obtenção de um mapa espacial para 10 marcas de creme dental: Aqua-Fresh, Crest, Colgate, Aim, Tom´s, Plus White, Ultra Brite, Close-Up, Pepsodent e Sensodyne. Dada a lista de marcas, a próxima questão é: como devemos obter dados sobre essas 10 marcas?

Obter dados de entrada

Conforme se vê na Figura 21.2, os dados de entrada obtidos dos entrevistados podem referir-se a percepções ou a preferências. Abordamos primeiro os dados de percepção, que podem ser diretos ou derivados.

DADOS DE PERCEPÇÃO: ABORDAGENS DIRETAS Nas abordagens diretas para coleta de dados de percepção, pede-se aos entrevistados que julguem as semelhanças ou diferenças entre as diversas marcas ou estímulos usando seus próprios critérios. Muitas vezes se pede que os entrevistados avaliem todos os pares possíveis de marcas ou estímulos em termos de semelhança segundo uma escala Likert. Esses dados são chamados de *julgamentos de semelhança*. Por exemplo, podemos obter julgamentos de semelhança sobre todos os pares possíveis de marcas de creme dental:

	Muito diferentes						Muito semelhantes
Crest *vs.* Colgate	1	2	3	4	5	6	7
Aqua-Fresh *vs.* Crest	1	2	3	4	5	6	7
Crest *vs.* Aim	1	2	3	4	5	6	7
.							
.							
.							
Colgate *vs.* Aqua-Fresh	1	2	3	4	5	6	7

O número de pares a serem avaliados é $n(n-1)/2$, onde n é o número de estímulos. Existem também outros procedimentos. Pode-se solicitar aos entrevistados que ordenem

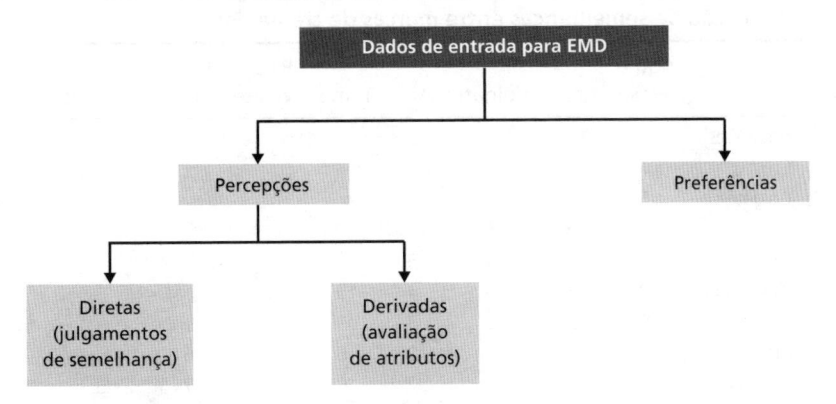

FIGURA 21.2 Dados de entrada para escalonamento multidimensional.

por postos todos os pares possíveis, do mais semelhante ao menos semelhante. Em outro método, o entrevistado ordena por postos as marcas em termos de sua semelhança com determinada marca-âncora. Cada marca, de cada vez, serve de âncora.

Em nosso exemplo, adotou-se a abordagem direta. Pediu-se aos entrevistados que fornecessem julgamentos quanto a semelhanças para os 45 (10 × 9/2) pares, usando uma escala de 7 pontos. Os dados coletados de um entrevistado estão na Tabela 21.1.[5]

DADOS DE PERCEPÇÃO: ABORDAGENS DERIVADAS As **abordagens derivadas** para coletar dados de percepção são abordagens baseadas em atributos que exigem que o entrevistado avalie as marcas ou os estímulos sobre os atributos especificados utilizando escalas de diferencial semântico ou escalas Likert. Por exemplo, diferentes marcas de creme dental podem ser avaliadas por atributos como estes:

Branqueia os   ———————   Não branqueia os
    dentes   dentes
Previne as cáries   ———————   Não previne as cáries
         .
         .
         .
Sabor agradável   ———————   Sabor desagradável

---
abordagens derivadas
Em EMD, abordagens baseadas em atributos para coletar dados de percepção que exigem que os entrevistados avaliem os estímulos sobre os atributos identificados utilizando escalas de diferencial semântico ou escalas Likert.

Às vezes inclui-se também uma marca ideal no conjunto de estímulos. Os entrevistados devem avaliar sua marca ideal hipotética em relação ao mesmo conjunto de atributos. Em caso de obtenção de avaliações de atributos, deduz-se uma medida de semelhança (como a distância euclidiana) para cada par de marcas.

ABORDAGENS DIRETAS *VERSUS* ABORDAGENS DERIVADAS As abordagens diretas têm a vantagem de que o pesquisador não precisa identificar um conjunto de atributos relevantes. Os entrevistados fazem julgamentos de semelhança utilizando seus próprios critérios, como fariam sob condições normais. A desvantagem é que os critérios se deixam influenciar pelas marcas ou estímulos que estão sendo avaliados. Se as diversas marcas de automóvel sob avaliação estiverem na mesma faixa de preço, este não aparecerá como um fator importante. Seria difícil determinar, antes da análise, se e como os julgamentos individuais dos entrevistados deveriam ser combinados. Além disso, pode não ser fácil rotular as dimensões do mapa espacial.

A vantagem da abordagem baseada em atributos é que ela facilita a identificação de entrevistados com percepções homogêneas. Os entrevistados podem ser agrupados com base em avaliações por atributo. É também mais fácil rotular as dimensões. Uma desvantagem é que o pesquisador deve identificar todos os atributos relevantes – uma tarefa difícil. O mapa espacial obtido depende dos atributos identificados.

As abordagens diretas são mais usadas do que as baseadas em atributos. Entretanto, aconselha-se utilizar ambas as abordagens em uma forma complementar. É possível utilizar os julgamentos diretos de semelhança para obter o mapa espacial, usando as avaliações por atributo como ajuda na interpretação das dimensões do mapa perceptual. Aplicam-se procedimentos semelhantes para dados de preferência.

DADOS DE PREFERÊNCIA Os dados de preferência ordenam as marcas ou os estímulos em termos da preferência do entrevistado por alguma propriedade. Uma forma usual de obtenção desses dados é a ordenação por preferência. Os entrevistados devem classificar as marcas, desde a mais popular até a de menor preferência. Alternativamente, pode-se solicitar aos entrevistados que façam comparações pareadas e indiquem que marca preferem em determinado par. Outro método consiste em obter avaliações de preferência para as várias marcas. (Nos Capítulos 8 e 9, sobre técnicas de escalonamento, discutimos a ordenação por postos, a comparação por pares e as escalas de avaliação.) Quando os mapas

TABELA 21.1
Avaliação de semelhanças entre marcas de creme dental

	Aqua-Fresh	Crest	Colgate	Aim	Tom´s	Plus White	Ultra Brite	Close-Up	Pepsodent	Sensodyne
Aqua-Fresh										
Crest	5									
Colgate	6	7								
Aim	4	6	6							
Tom´s	2	3	4	5						
Plus White	3	3	4	4	5					
Ultra Brite	2	2	2	3	5	5				
Close-Up	2	2	2	2	6	5	6			
Pepsodent	2	2	2	2	6	6	7	6		
Sensodyne	1	2	4	2	4	3	3	4	3	

espaciais se baseiam em dados de preferência, a distância implica diferenças em preferência. A configuração deduzida dos dados de preferência pode diferir imensamente da obtida dos dados de semelhança. Duas marcas podem ser consideradas diferentes em um mapa de semelhança, mas similares em um mapa de preferência, e vice-versa. Por exemplo, Crest e Pepsodent podem ser percebidas como marcas muito diferentes por um grupo de entrevistados, situando-se assim muito afastadas uma da outra em um mapa perceptual. Entretanto, essas duas marcas podem gozar de preferência quase igual, figurando bem perto uma da outra, em um mapa de preferência. Continuaremos utilizando os dados de percepção obtidos no exemplo dos cremes dentais para ilustrar o procedimento EMD e abordaremos então o escalonamento de dados de preferência.

Selecionar um procedimento de EMD

A escolha de um procedimento específico de EMD depende de estarem sendo escalonados dados de percepção ou de preferência, ou de a análise exigir ambos os tipos de dados. A natureza dos dados de entrada também é um fator determinante. Nos procedimentos de **EMD não métrico** supõe-se que os dados de entrada sejam ordinais, mas o resultado tem caráter métrico. As distâncias no mapa espacial resultante são consideradas como escalonadas de forma intervalar. Esses procedimentos geram, em uma dada dimensionalidade, um mapa espacial cujas ordens de postos de distâncias estimadas entre marcas ou estímulos melhor preservam ou reproduzem as ordens de postos de entrada. Em contrapartida, nos métodos **EMD métricos** admite-se que os dados de entrada sejam métricos. Como a saída também é métrica, mantém-se uma relação mais forte entre os dados de entrada e os de saída, preservando-se as qualidades métricas (intervalar ou razão) dos dados de entrada. Os métodos métricos e não métricos dão resultados semelhantes.[6]

EMD não métrico
Tipo de escalonamento multidimensional em que supomos que os dados de entrada sejam ordinais.

EMD métrico
Tipo de escalonamento multidimensional em que supomos que os dados de entrada sejam métricos.

Outro fator que influencia a escolha de um procedimento é se a análise EMD vai ser feita ao nível individual do entrevistado ou em um nível agregado. Na análise em nível individual, os dados são analisados separadamente para cada entrevistado, produzindo um mapa espacial para cada um. Embora a análise em nível individual seja útil do ponto de vista da pesquisa, não é atraente do ponto de vista gerencial. As estratégias de marketing são formuladas geralmente ao nível de segmento ou de agregado, em vez de ao nível individual. No caso de uma análise ao nível agregado, é preciso fazer algumas suposições na agregação de dados individuais. Em geral, supõe-se que todos os entrevistados utilizem as mesmas dimensões para avaliar as marcas ou os estímulos, mas que diferentes entrevistados ponderem de maneira distinta essas dimensões comuns.

Os dados da Tabela 21.1 foram tratados como ordenados por postos e escalonados utilizando-se um procedimento não métrico. Como tais dados foram fornecidos por um entrevistado, fez-se uma análise em nível individual. Obtiveram-se mapas espaciais de uma a quatro dimensões, tomando-se então uma decisão sobre o número apropriado de dimensões. Essa decisão é central para todas as análises de EMD e será explorada com mais detalhes na seção seguinte.

Decidir o número de dimensões

O objetivo do EMD é obter um mapa espacial que melhor se adapte aos dados de entrada no menor número de dimensões. Contudo, os mapas espaciais são calculados de modo que o ajuste melhore à medida que aumenta o número de dimensões. Deve-se, pois, fazer uma conciliação. O ajuste de uma solução EMD normalmente é avaliado pela medida de estresse. Estresse é uma medida da falta de aderência; maiores valores de estresse indicam ajustes mais pobres. Sugerem-se as seguintes diretrizes para determinar o número de dimensões.

1. *Conhecimento a priori.* A teoria ou pesquisa anterior pode sugerir determinado número de dimensões.
2. *Interpretabilidade do mapa espacial.* Em geral, é difícil interpretar configurações ou mapas estabelecidos em mais de três dimensões.
3. *Critério do cotovelo.* Deve-se examinar um gráfico do estresse *versus* dimensionalidade. Os pontos desse gráfico normalmente formam um padrão convexo, conforme mostra a Figura 21.3. O ponto em que ocorre um cotovelo, ou virada brusca, indica um número apropriado de dimensões. O aumento do número de dimensões além desse ponto em geral não é compensado pela melhora no ajuste.

critério do cotovelo
Gráfico de estresse *versus* dimensionalidade utilizado em EMD. O ponto em que ocorre um cotovelo, ou virada brusca, indica uma dimensionalidade apropriada.

4. *Facilidade de utilização.* Geralmente é mais fácil trabalhar com mapas ou configurações bidimensionais do que com um maior número de dimensões.
5. *Abordagens estatísticas.* Para o usuário sofisticado, há também abordagens estatísticas para a determinação da dimensionalidade.[7]

Com base no gráfico de estresse *versus* dimensionalidade (ver Figura 21.3), na interpretabilidade do mapa espacial e na facilidade de utilização de critérios, decidimos manter uma solução bidimensional. Isso é mostrado na Figura 21.4.

Rotular as dimensões e interpretar a configuração

Uma vez elaborado um mapa espacial, é preciso rotular as dimensões e interpretar a configuração. A rotulagem das dimensões exige um julgamento subjetivo por parte do pesquisador. As seguintes diretrizes podem ajudar nessa tarefa:

1. Mesmo que julgamentos diretos de semelhança sejam obtidos, é possível coletar avaliações das marcas sobre

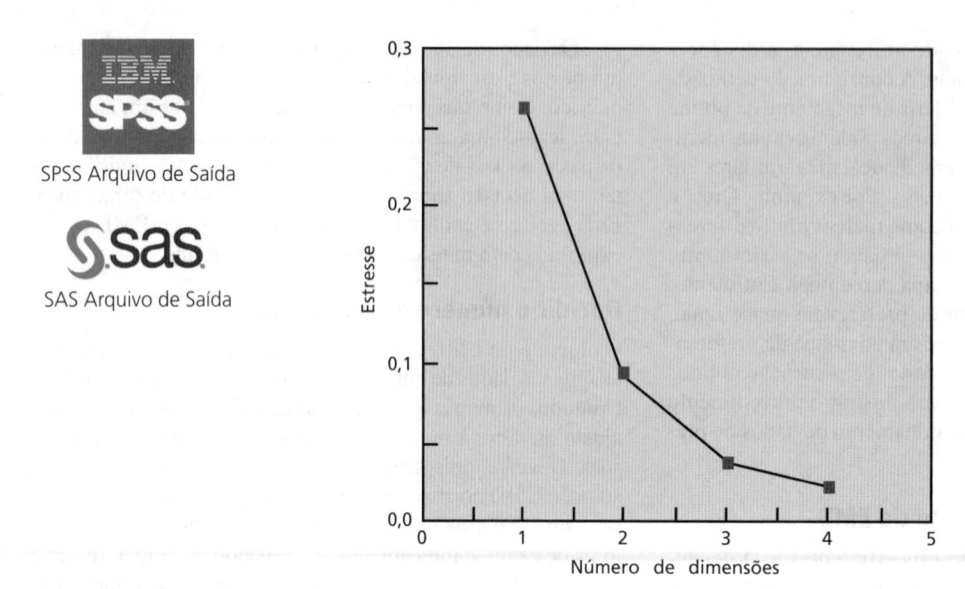

FIGURA 21.3 Gráfico de estresse *versus* dimensionalidade.

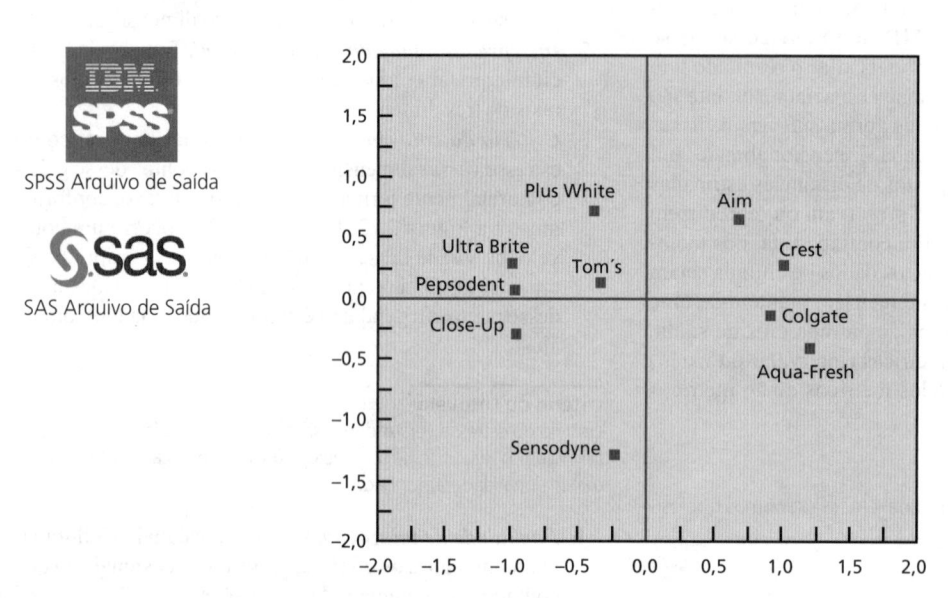

FIGURA 21.4 Mapa espacial de marcas de creme dental.

os atributos fornecidos pelo pesquisador. Com o auxílio de métodos estatísticos como regressão, esses vetores de atributos são ajustados no mapa espacial (ver Figura 21.5). Os eixos são então rotulados usando os atributos com os quais estão alinhados mais estreitamente.
2. Após fornecer dados diretos de semelhança ou preferência, solicita-se aos entrevistados que indiquem os critérios utilizados ao fazerem suas avaliações. Esses critérios podem ser relacionados subjetivamente com o mapa espacial para rotular as dimensões.
3. Se possível, os entrevistados devem ver seus mapas espaciais e rotular as dimensões mediante inspeção das configurações.
4. Se estiverem disponíveis as características objetivas das marcas (por exemplo, potência em HP ou quilômetros por litro para automóveis), elas podem ajudar na interpretação das dimensões subjetivas dos mapas espaciais.

Muitas vezes, as dimensões representam mais de um atributo. A configuração ou o mapa espacial pode ser interpretado examinando-se as coordenadas e as posições relativas das marcas. Por exemplo, as marcas mais próximas entre si concorrem mais acirradamente. Uma marca isolada tem uma imagem única. As marcas que estão mais afastadas na direção de um elemento descritivo são mais fortes naquela característica. Assim, é possível entender os pontos fortes e os pontos fracos de cada produto. As lacunas no mapa espacial indicam oportunidades potenciais para a introdução de novos produtos.

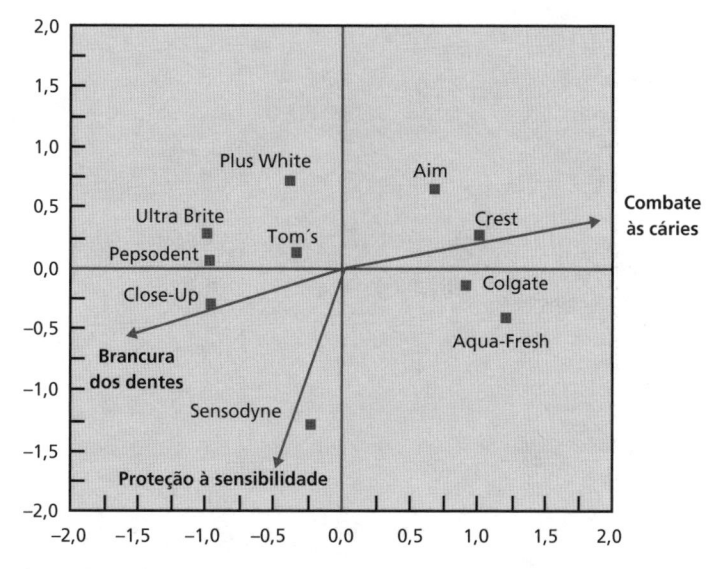

FIGURA 21.5 Utilização de vetores de atributo para rotular dimensões.

Na Figura 21.5, o eixo horizontal seria rotulado como combate às cáries *versus* brancura dos dentes. As marcas com altos valores positivos nesse eixo incluem Aqua--Fresh, Crest, Colgate e Aim (alta proteção no combate às cáries). Marcas com grandes valores negativos nessa dimensão incluem Ultra Brite, Close-Up e Pepsodent (grande brancura dos dentes). O eixo vertical pode ser interpretado como proteção ruim à sensibilidade *versus* boa proteção à sensibilidade. Observe que Sensodyne, conhecido por sua capacidade de proteção à sensibilidade, pesa negativamente sobre o eixo vertical. As lacunas no mapa espacial indicam oportunidades potenciais para uma marca que ofereça boa proteção no combate às cáries e alta proteção à sensibilidade.

Avaliar a confiabilidade e a validade

Os dados de entrada e, consequentemente, as soluções de EMD estão invariavelmente sujeitos a uma substancial variabilidade aleatória. Logo, é preciso fazer um julgamento, ou avaliação, da confiabilidade e da validade das soluções de EMD. Sugerem-se as seguintes diretrizes.

1. Deve-se examinar o índice de ajuste, ou *R*-quadrado. Trata-se de um índice de correlação ao quadrado que indica a proporção de variância dos dados escalonados otimamente que pode ser atribuída ao procedimento de EMD. Indica, assim, o grau de ajuste do modelo de EMD aos dados de entrada. Embora sejam desejáveis valores mais altos de *R*-quadrado, consideram-se aceitáveis valores a partir de 0,60.
2. Os valores de estresse também são indicativos da qualidade das soluções de EMD. *R*-quadrado é uma medida de aderência, enquanto o estresse mede a pobreza do ajuste, ou a proporção da variância dos dados escalonados otimamente que não é ocasionada pelo modelo de EMD. Os valores de estresse variam com o tipo de procedimento de EMD e os dados que estão sendo analisados. Para a fórmula de estresse 1 de Kruskal, as recomendações para avaliar valores de estresse são as seguintes:[8]

Estresse (%)	Aderência
20	pobre
10	razoável
5	boa
2,5	excelente
0	perfeita

3. Se tiver sido feita uma análise em nível agregado, os dados originais devem ser divididos em duas partes ou mais. A análise EMD tem de ser feita separadamente sobre cada parte, comparando-se os respectivos resultados.
4. Os estímulos podem ser eliminados seletivamente dos dados de entrada, determinando-se as soluções para os estímulos restantes.
5. Pode-se acrescentar um termo de erro aleatório aos dados de entrada. Os dados resultantes passam por uma análise EMD, comparando-se as soluções.
6. Os dados de entrada podem ser coletados em dois pontos diferentes do tempo, determinando-se a confiabilidade teste-reteste.

Existem procedimentos formais para avaliar a validade de EMD. No caso de nosso exemplo ilustrativo, o valor de estresse de 0,095 indica um ajuste satisfatório. Uma marca, Sensodyne, revela-se diferente das outras. A eliminação de Sensodyne do conjunto de estímulos alteraria sensivelmente a configuração relativa das outras marcas? A Figura 21.6 mostra o mapa espacial obtido com a eliminação de Sensodyne. Há uma modificação nas posições relativas das marcas, particularmente Tom´s e Plus White. Todavia, as variações são modestas, indicando uma estabilidade razoável.[9]

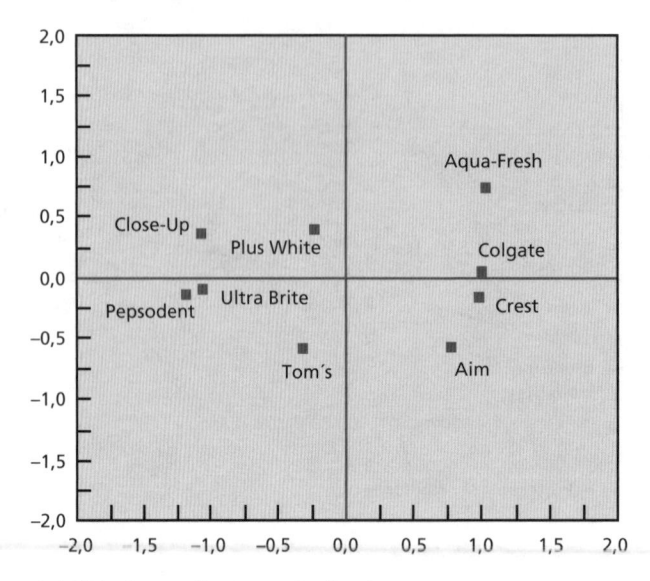

FIGURA 21.6 Avaliação da estabilidade mediante exclusão de uma marca.

PESQUISA ATIVA

Coca-Cola: posicionamento da marca para melhorar a competitividade

Visite o *site* da Coca-Cola em www.cocacola.com e pesquise na Internet, incluindo mídas sociais e sua biblioteca *on-line* de banco de dados, informações sobre o posicionamento da Coca-Cola.

Como você obteria um mapa de posicionamento competitivo das várias marcas de refrigerantes?

Como gerente de marca da Coke, como você alteraria o posicionamento das várias marcas da Coca-Cola para melhorar sua competitividade?

Suposições e limitações do EMD

É conveniente salientar aqui algumas suposições e limitações inerentes ao EMD. Supõe-se que a semelhança de estímulos de A para B seja a mesma que a semelhança de estímulos de B para A. Há situações em que essa suposição pode ser violada. Por exemplo, o México é considerado mais semelhante aos EUA do que os EUA ao México. O EMD supõe que a distância (semelhança) entre dois estímulos seja alguma função de suas semelhanças parciais em cada uma das diversas dimensões de percepção. Não se têm feito grandes pesquisas sobre essa suposição. Quando se obtém um mapa espacial, supõe-se que as distâncias entre pontos sejam escalonadas por uma razão e que os eixos do mapa sejam escalonados por intervalo multidimensional. Uma limitação do EMD é a dificuldade de se fazer uma interpretação dimensional que relacione mudanças físicas em marcas ou estímulos com modificações no mapa perceptual. Essas limitações também valem para o escalonamento de dados de preferência.

Escalonamento de dados de preferência

A análise de dados de preferência pode ser interna ou externa. Na **análise interna de preferências**, um mapa espacial que representa tanto marcas ou estímulos quanto pontos ou vetores dos respondentes é deduzido exclusivamente dos dados de preferência. Assim, coletando dados de preferência, tanto as marcas quanto os respondentes podem ser representados no mesmo mapa espacial. Na **análise externa de preferências**, os pontos ou vetores ideais baseados em dados de preferências são ajustados em um mapa espacial derivado de dados de percepção (por exemplo, semelhanças). Para fazer uma análise externa, é preciso coletar dados tanto de preferência quanto de percepção. A representação tanto de marcas quanto de entrevistados no mesmo espaço, utilizando-se análise interna ou externa, é chamada de *desdobramento*.

análise interna de preferências
Método de configuração de um mapa espacial deduzido exclusivamente de dados de preferência onde o mapa representa tanto as marcas, ou estímulos, quanto os pontos, ou vetores, de respondentes.

análise externa de preferências
Método de configuração de um mapa espacial no qual os pontos ou vetores ideais baseados nos dados de preferência são ajustados em um mapa espacial derivado de dados de percepção.

Na maioria das situações prefere-se a análise externa. Na análise interna, as diferenças em percepções são confundidas com diferenças em preferências. É possível que a natureza e a importância relativa das dimensões variem entre o espaço de percepções e o espaço de preferências. Duas marcas podem ser consideradas semelhantes (localizadas perto uma da outra no espaço de percepções) e, não obstante, uma das marcas pode ser claramente preferida em relação à outra (isto é, as marcas podem estar longe uma da outra no espaço de preferências). Essas situações não podem ser explicadas pela análise interna. Além disso, os procedimentos de análise interna são cercados por dificuldades computacionais.[10]

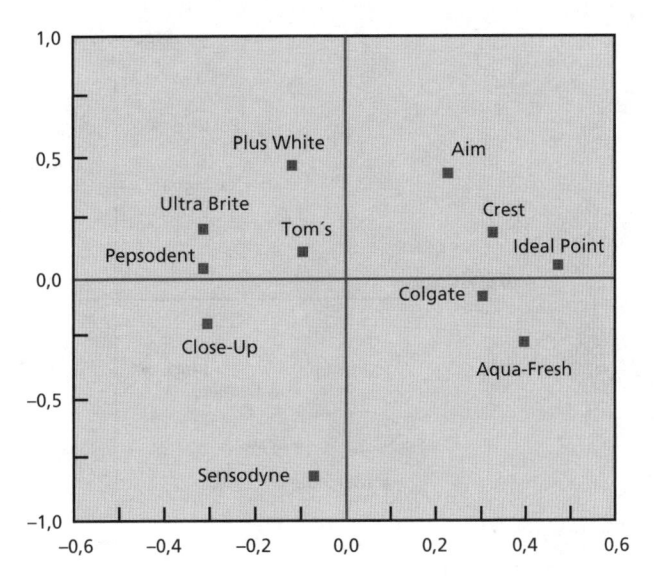

FIGURA 21.7 Análise externa de dados de preferência.

Ilustramos a análise externa escalonando as preferências de nosso entrevistado em seu mapa espacial. O entrevistado classificou as marcas na seguinte ordem de preferência (em primeiro lugar a que teve maior preferência): Colgate, Crest, Aim, Aqua-Fresh, Tom´s, Pepsodent, Ultra Brite, Plus White, Close-Up e Sensodyne. Esses postos de preferência, junto com as coordenadas do mapa espacial (Figura 21.5), foram usados como entrada em um programa de escalonamento de preferência para chegar à Figura 21.7. Observe a localização do ponto ideal: ele está próximo de Colgate, Crest, Aim e Aqua-Fresh, as quatro marcas com maior preferência, e distante de Close-Up e Sensodyne, as duas marcas com menor preferência. Se fosse introduzida uma nova marca nesse espaço, sua distância ao ponto ideal, em relação às distâncias de outras marcas àquele ponto, determinaria o grau de preferência por essa nova marca. O próximo exemplo apresenta outra aplicação.

Pesquisa real

Os entrevistados estacionam em espaços diferentes

Um estudo realizado em 2017 examinou as percepções dos consumidores quanto a automóveis usando o escalonamento multidimensional. Os sujeitos avaliaram vários atributos para os automóveis e o efeito que esses atributos tinham sobre a escolha final do produto. As avaliações foram feitas com uma escala de cinco pontos, e as respostas de cada sujeito foram somadas ao longo de cada dimensão. Em termos gerais, os atributos com maior pontuação foram preço, sistema de freios, economia de combustível, potência e aceleração. O uso do escalonamento multidimensional ajuda os fabricantes de automóveis a compreender melhor que atributos são mais importantes para os consumidores, e eles podem usar essas informações para alavancar seu posicionamento no setor. Na próxima página, exibimos um mapa ilustrativo de EMD de marcas selecionadas de automóveis deduzido de dados de semelhança. Nessa representação espacial, cada marca é identificada por sua distância das outras marcas. Quanto mais próximas estão duas marcas (p. ex., Volkswagen e Chrysler), mais semelhantes parecem. Quanto mais afastadas situam-se duas marcas (p. ex., Volkswagen e Mercedes), menos semelhantes se afiguram. Pequenas distâncias (isto é, similaridade) também indicam concorrência. A título de ilustração, a Honda concorre acirradamente com a Toyota, mas não com a Mercedes ou a Porsche. As dimensões são interpretadas como economia/prestígio *versus* esportividade/não esportividade, podendo-se determinar a posição de cada carro nessas dimensões.

Os dados de preferência consistem em uma simples ordenação das marcas por postos de acordo com as preferências dos consumidores. Os pontos ideais dos entrevistados também estão localizados na mesma representação espacial. Cada ponto ideal representa o lugar de preferência de um determinado entrevistado. Assim, o entrevistado 1 (denotado por I1) prefere carros esportivos: Porsche, Jaguar e Audi. O entrevistado 2 (denotado por I2), por outro lado, prefere carros de luxo: Lincoln, Mercedes, Lexus e Cadillac.

Essa análise pode ser feita ao nível individual do entrevistado, permitindo ao pesquisador segmentar o mercado de acordo com as semelhanças nos pontos ideais dos entrevistados. Alternativamente, os entrevistados podem ser agrupados com base em sua semelhança com relação ao posto original de preferência, estabelecendo-se pontos ideais para cada segmento.[11] ■

Embora até aqui tenhamos considerado apenas dados quantitativos, os dados qualitativos também podem ser mapeados utilizando procedimentos como análise de correspondência.

Configuração espacial de marcas de automóveis e preferências do consumidor.

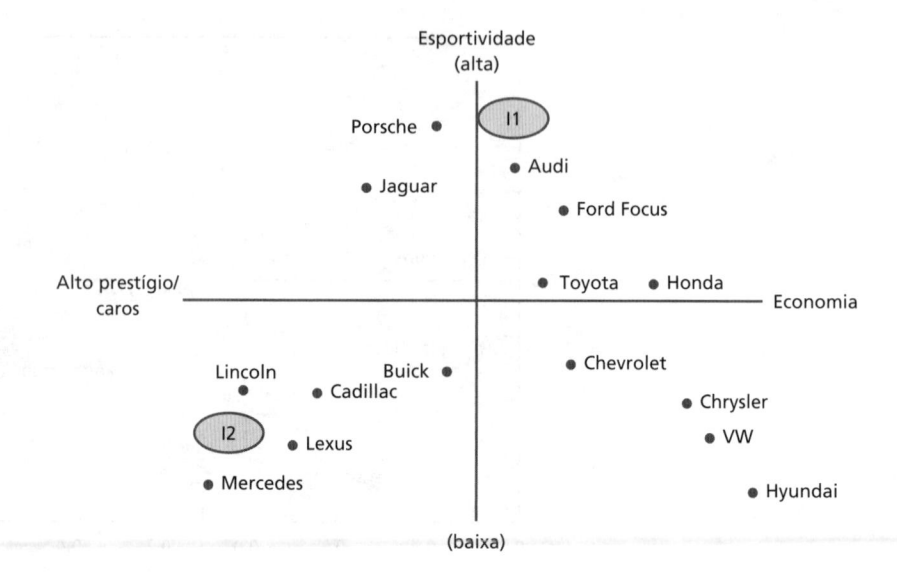

Diagrama: eixo vertical Esportividade (alta/baixa), eixo horizontal Alto prestígio/caros — Economia. Marcas posicionadas: Porsche, I1, Audi, Jaguar, Ford Focus, Toyota, Honda, Lincoln, Buick, Cadillac, Chevrolet, Chrysler, I2, Lexus, VW, Mercedes, Hyundai.

Análise de correspondência

A **análise de correspondência** é uma técnica de EMD para escalonar dados qualitativos em pesquisa de marketing. Os dados de entrada se apresentam na forma de uma tabela de contingência indicando uma associação qualitativa entre as linhas e as colunas. A análise de correspondência escalona as linhas e as colunas em unidades correspondentes, de modo que cada uma delas possa ser apresentada graficamente no mesmo espaço de baixa dimensão. Esses mapas espaciais permitem visualizar (1) semelhanças e diferenças dentro de linhas em relação a determinada categoria de coluna, (2) semelhanças e diferenças dentro de categorias de colunas em relação a determinada categoria de linha e (3) relações entre as linhas e as colunas.[12]

análise de correspondência
Técnica de EMD para escalonar dados qualitativos que divide as linhas e as colunas da tabela de contingência de entrada em unidades correspondentes de forma que cada uma delas possa ser apresentada no mesmo espaço de baixa dimensão.

A interpretação de resultados em análise de correspondência é similar à análise de componentes principais (Capítulo 19), dada a semelhança dos algoritmos. A análise de correspondência resulta no agrupamento de categorias (atividades, marcas ou outros estímulos) encontradas dentro da tabela de contingência, assim como a análise de componentes principais envolve o agrupamento das variáveis. Os resultados são interpretados em termos de proximidades entre as linhas e as colunas da tabela de contingência. As categorias que estão mais próximas umas das outras são mais similares na estrutura subjacente.

A vantagem da análise de correspondência, comparada com outras técnicas de escalonamento multidimensional, é que ela reduz a demanda por coleta de dados imposta aos entrevistados, porque se obtém apenas dados binários ou categóricos. Pede-se apenas aos entrevistados que assinalem que atributos se aplicam a cada uma das diversas marcas. Os dados de entrada são os números de respostas "sim" para cada marca em cada atributo. As marcas e os atributos são então apresentados no mesmo espaço multidimensional. A desvantagem é que as distâncias entre colunas e linhas não podem ser interpretadas de modo significativo. A análise de correspondência é uma técnica de análise exploratória de dados não adequada ao teste de hipóteses.[13]

O EMD, incluindo a análise de correspondência, não é o único procedimento existente para obter mapas perceptuais. Também podem ser usadas com essa finalidade duas outras técnicas já estudadas – a análise discriminante (Capítulo 18) e a análise fatorial (Capítulo 19).

Relações entre EMD, análise fatorial e análise discriminante

Se as abordagens baseadas em atributos são utilizadas para a obtenção de dados de entrada, os mapas espaciais também podem ser obtidos com auxílio da análise fatorial ou da análise discriminante. Nessa abordagem, cada entrevistado avalia n marcas em relação a m atributos. Ao analisar fatorialmente os dados, pode-se deduzir para cada entrevistado n escores para cada fator, um para cada marca (ver Capítulo 19). Ao grafar os escores de marcas *versus* os fatores, obtém-se um mapa espacial para cada entrevistado. Se o que se deseja é um mapa agregado, pode-se tomar a média, ao longo dos entrevistados, do escore de cada marca para cada fator. As dimensões seriam rotuladas examinando-se as cargas dos fatores, que são estimativas das correlações entre avaliações de atributos e fatores subjacentes.

O objetivo da análise discriminante é selecionar as combinações lineares de atributos que melhor discriminem entre as marcas ou estímulos (ver Capítulo 18). Para elaborar mapas espaciais por meio da análise discriminante, a variável dependente é a marca avaliada, e as variáveis independentes ou previsoras são as avaliações de atributos. Pode-se obter um mapa espacial grafando-se os escores discriminantes para as marcas. Os escores discriminantes são as avaliações das dimensões perceptuais baseadas nos atributos que melhor distinguem as marcas. As dimensões podem ser rotuladas examinando os pesos discriminantes ou as ponderações de atributos que compõem uma função discriminante ou dimensão.[14]

Conceitos básicos de análise conjunta

A **análise conjunta** procura determinar a importância relativa que os consumidores dão a atributos relevantes e a utilidade que eles associam aos níveis de atributos. Essa informação decorre da avaliação de marcas pelos consumidores, ou perfis de marcas compostos por esses atributos e seus níveis. Os entrevistados deparam-se com estímulos que consistem em combinações de níveis de atributos e devem avaliar esses estímulos em termos de sua desejabilidade. Os procedimentos conjuntos procuram atribuir valores aos níveis de cada atributo, de maneira que os valores resultantes ou a utilidade associada aos estímulos coincidam, tanto quanto possível, com as avaliações de entrada fornecidas pelos entrevistados. A suposição subjacente é que qualquer conjunto de estímulos, como produtos, marcas ou lojas, seja avaliado como um pacote de atributos.[15]

análise conjunta
Técnica que procura determinar a importância relativa que os consumidores dão a atributos relevantes e a utilidade que eles associam aos níveis de atributos.

Como o escalonamento multidimensional, a análise conjunta baseia-se em avaliações subjetivas dos entrevistados. Todavia, em EMD, os estímulos são produtos ou marcas. Em análise conjunta, os estímulos são combinações de níveis de atributos determinados pelo pesquisador. O objetivo do EMD é estabelecer um mapa espacial que retrate os estímulos em um espaço multidimensional de percepções ou de preferências. A análise conjunta, por outro lado, procura estabelecer funções de valor parcial ou de utilidade que descrevem o grau de utilidade que os consumidores associam aos níveis de cada atributo. As duas técnicas são complementares.

A análise conjunta vem sendo utilizada em marketing com diversos propósitos, dentre os quais:

- Determinar a importância relativa de atributos no processo de escolha do consumidor. Uma saída padrão em análise conjunta consiste em fornecer pesos de importância relativa deduzidos para todos os atributos utilizados na construção dos estímulos usados no trabalho de avaliação. Os pesos de importância relativa indicam quais atributos são importantes para influenciar a escolha feita pelo consumidor.
- Estimar a participação de mercado de marcas que diferiram em níveis de atributos. As utilidades decorrentes da análise conjunta podem ser usadas como entrada em um simulador para determinar as escolhas e, daí, a participação de diferentes marcas no mercado ou fatias de mercado.
- Determinar a composição da marca de maior aceitação. As características da marca podem variar em termos de níveis de atributo, determinando-se as utilidades correspondentes. As características de marca que geram a maior utilidade indicam a composição da marca de maior aceitação.
- Segmentar o mercado com base na semelhança de preferências para níveis de atributos. É possível usar as funções de utilidade deduzidas dos atributos como base para aglomerar os entrevistados a fim de chegar a segmentos de preferência homogêneos.[16]

A análise conjunta tem sido aplicada a bens de consumo, bens industriais, serviços de natureza financeira e outros. Além disso, essas aplicações têm abrangido todas as áreas de marketing. Pesquisas recentes por meio da análise conjunta relataram aplicações nas seguintes áreas: identificação de novos produtos/conceitos, análise competitiva, fixação de preços, segmentação de mercado, propaganda e distribuição.[17]

Estatísticas e termos associados à análise conjunta

As estatísticas e os termos importantes associados à análise conjunta compreendem, dentre outros:

Funções de valor parcial. Também chamadas de *funções de utilidade,* descrevem o grau de utilidade que os consumidores atribuem aos níveis de cada atributo.

Pesos de importância relativa. Os pesos de importância relativa são estimados e indicam os atributos que são importantes para influenciar a escolha do consumidor.

Níveis de atributos. Denotam os valores assumidos pelos atributos.

Perfis plenos. Constroem-se perfis plenos, ou perfis completos, de marcas em termos de todos os atributos, utilizando-se os níveis dos atributos especificados pelo projeto de pesquisa.

Tabelas pareadas. Os entrevistados avaliam dois atributos simultaneamente, até que sejam avaliados todos os pares necessários.

Projetos cíclicos. Projetos empregados para reduzir o número de comparações pareadas.

Projetos fatoriais fracionários. Projetos empregados para reduzir o número de perfis de estímulos a serem avaliados na abordagem de perfil pleno.

Arranjos ortogonais. Uma classe especial de projetos fracionários que permitem a estimação eficiente de todos os efeitos principais.

Validade interna. Envolve correlações das avaliações previstas para os estímulos de validação com as obtidas pelos entrevistados.

Como fazer análise conjunta

A Figura 21.8 relaciona os passos de uma análise conjunta. A formulação do problema envolve a identificação dos atributos relevantes e de seus níveis. Com auxílio desses atributos e níveis constroem-se os estímulos a serem utilizados no trabalho de avaliação conjunta. Os entrevistados avaliam ou classificam os estímulos por postos utilizando uma escala conveniente, e, então, os dados obtidos são analisados.

```
                    Formular o problema
                           ↓
                    Construir os estímulos
                           ↓
              Decidir sobre a forma dos dados de entrada
                           ↓
             Escolher um procedimento de análise conjunta
                           ↓
                    Interpretar os resultados
                           ↓
              Avaliar a confiabilidade e a validade
```

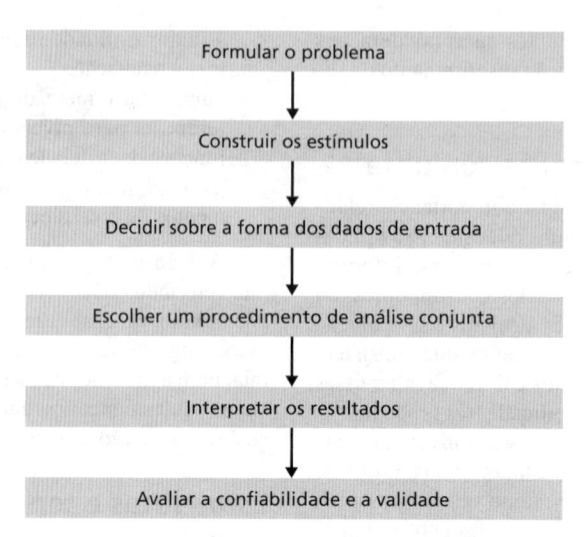

FIGURA 21.8 Como fazer análise conjunta.

Interpretam-se os resultados e avaliam-se sua confiabilidade e validade. Descrevemos a seguir cada um dos passos da análise conjunta.

Formular o problema

Ao formular um problema de análise conjunta, o pesquisador tem de identificar os atributos e os níveis de atributo a serem utilizados na construção dos estímulos. Os níveis de atributos denotam os valores que estes assumem. Do ponto de vista teórico, os atributos selecionados devem ser relevantes para influenciar a preferência e a escolha do consumidor. Por exemplo, na escolha de uma marca de automóvel, é preciso incluir preço, consumo de combustível, espaço interior, etc. Do ponto de vista administrativo, os atributos e seus níveis devem ser de fácil manejo. Dizer a um gerente que os consumidores preferem um carro esporte a um carro com aparência conservadora não ajuda muito, a menos que o caráter esportivo e a aparência conservadora sejam definidos em termos de atributos sobre os quais o administrador tem controle. Os atributos podem ser identificados por meio de discussões com a administração e com técnicos da indústria, análise de dados secundários, pesquisa qualitativa e levantamentos-piloto. Uma típica análise conjunta envolve seis ou sete atributos.

Uma vez identificados os atributos importantes, é preciso selecionar seus níveis adequados. O número de níveis de atributos determina o número de parâmetros a serem estimados e também influencia o número de estímulos a serem avaliados pelos entrevistados. Para minimizar essa tarefa de avaliação e, ainda assim, estimar os parâmetros com uma precisão razoável, é conveniente restringir o número de níveis de atributos. A função de utilidade para os níveis de um atributo pode ser não linear. Por exemplo, um consumidor pode preferir um carro de tamanho médio a um carro pequeno ou a um grande. Da mesma forma, a utilidade para preço pode ser não linear. A perda de utilidade ao passar de um preço baixo para um preço médio pode ser muito menor do que a perda de utilidade quando se passa de um preço médio para um preço alto. Em tais casos, é preciso usar pelo menos três níveis. Alguns atributos, entretanto, podem ocorrer naturalmente de forma binária (dois níveis): um carro tem ou não tem teto solar.

Os níveis de atributos escolhidos afetam as avaliações do consumidor. Se o preço de uma marca de automóvel é de US$ 20 mil, US$ 22 mil ou US$ 24 mil, o preço terá relativamente pouca importância. Por outro lado, se o preço variar entre US$ 20 mil, US$ 30 mil e US$ 40 mil, será um fator importante. Logo, o pesquisador tem de levar em conta os níveis de atributos que prevaleçam no mercado e os objetivos do estudo. A utilização de níveis de atributos que estejam fora do intervalo refletido no mercado diminuirá a credibilidade do trabalho de avaliação, mas aumentará a precisão com que os parâmetros são estimados. A regra consiste em selecionar níveis de atributos de maneira que os intervalos sejam um pouco maiores do que os que prevaleçam no mercado, mas não tão grandes a ponto de afetar de forma adversa a credibilidade do trabalho de avaliação.

Ilustra-se a metodologia da análise conjunta considerando o problema de como os estudantes avaliam os tênis. Uma pesquisa qualitativa identificou três atributos importantes: a sola, a parte superior e o preço.[18] Cada um foi definido em termos de três níveis, conforme a Tabela 21.2. Esses atributos e seus níveis foram utilizados para construir os estímulos da análise conjunta. Observe que para manter a simplicidade do exemplo, usamos apenas um número limitado de atributos, ou seja, três. Argumenta-se que deveriam ser usados estímulos pictóricos quando as escolhas do mercado pelos consumidores forem fortemente influenciadas pelo estilo do produto, de forma que as escolhas se baseiem essencialmente em uma inspeção dos produtos reais ou de suas ilustrações.[19]

Construir os estímulos

Existem duas amplas abordagens para construir estímulos para a análise conjunta: a abordagem pareada e o procedimento de perfil pleno. Na abordagem pareada, também chamada de *avaliação de dois fatores*, os entrevistados avaliam

TABELA 21.2
Atributos e níveis de atributos de tênis

Atributo	Número de níveis	Descrição
Sola	3	Borracha
	2	Poliuretano
	1	Plástico
Parte superior	3	Couro
	2	Lona
	1	Náilon
Preço	3	$30,00
	2	$60,00
	1	$90,00

TABELA 21.3
Abordagem de perfil pleno para coleta de dados de análise conjunta

Exemplo do perfil de produto para tênis

Sola	Feita de borracha
Parte superior	Feita de náilon
Preço	$ 30,00

dois atributos de cada vez, até que tenham sido avaliados todos os pares possíveis de atributos. Essa abordagem é ilustrada no contexto do exemplo dos tênis na Figura 21.9. Para cada par, os entrevistados avaliam todas as combinações de níveis de ambos os atributos, que são apresentados em uma matriz. Na abordagem de perfil pleno, também chamada de *avaliação de fatores múltiplos*, constroem-se perfis plenos ou completos de marcas para todos os atributos. Geralmente, cada perfil é descrito em um "cartão-índice" separado. Essa abordagem é ilustrada no contexto do exemplo dos tênis na Tabela 21.3.

Não é necessário avaliar todas as combinações possíveis, nem é viável em todos os casos. Na abordagem pareada, pode-se reduzir o número de comparações pareadas com a utilização de projetos cíclicos. Da mesma forma, na abordagem de perfil pleno, o número de perfis de estímulo pode ser reduzido por meio de projetos fatoriais fracionários. Uma classe especial de projetos fracionários, chamada de *arranjos ortogonais*, permite a estimação eficiente de todos os efeitos principais. Os arranjos ortogonais permitem medir todos os efeitos principais de interesse em uma base não correlacionada. Esses projetos fatoriais supõem que todas as interações sejam desprezíveis.[20] Em geral, obtêm-se dois conjuntos de dados. Um, o *conjunto de estimação*, é usado para calcular funções de valor parcial para os níveis de atributo. O outro, o *conjunto retido*, serve para avaliar a confiabilidade e a validade.

A vantagem da abordagem pareada é que ela facilita aos entrevistados fazer esses julgamentos. Entretanto, sua desvantagem relativa é que ela exige mais avaliações do que a abordagem de perfil pleno. Além disso, o trabalho de avalia-

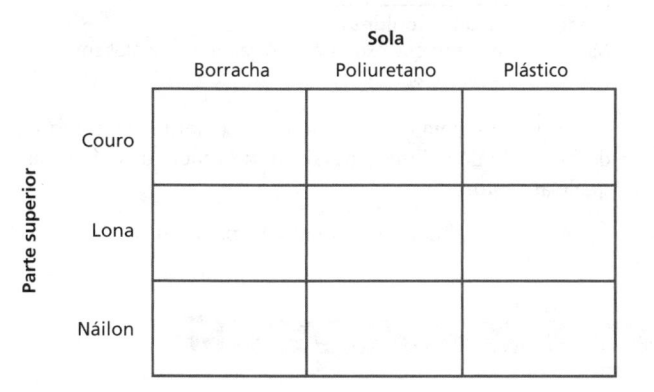

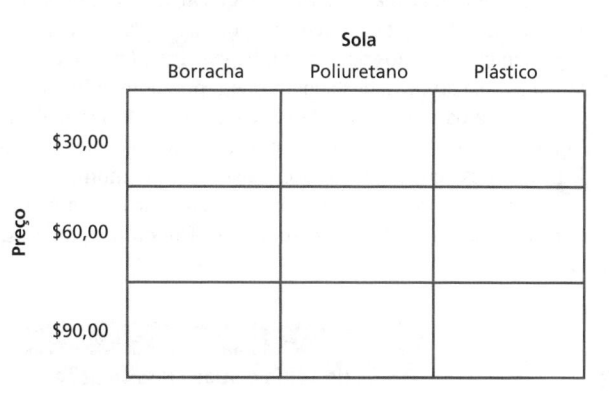

FIGURA 21.9 Abordagem pareada de coleta de dados na análise conjunta.

ção pode deixar de ser realista quando apenas dois atributos estão sendo avaliados simultaneamente. Estudos feitos para comparar as duas abordagens indicam que ambos os métodos fornecem utilidades comparáveis, mas a abordagem de perfil pleno é a mais usada.

O exemplo dos tênis segue a abordagem de perfil pleno. Dados três atributos, definidos em três níveis cada um, pode-se construir um total de 3 × 3 × 3 = 27 perfis. Para diminuir o trabalho de avaliação do entrevistado, empregou-se um projeto fatorial fracionário, construindo-se um conjunto de nove perfis para constituir os estímulos de estimação (ver Tabela 21.4). Construiu-se outro conjunto de nove estímulos para fins de validação. Obtiveram-se os dados de entrada tanto para os estímulos de estimação como para os estímulos de validação. Entretanto, antes de que fosse possível obter os dados, tornou-se necessário decidir quanto à forma dos dados de entrada.

Decidir a forma dos dados de entrada

Tal como no caso de EMD, os dados de entrada em uma análise conjunta podem ser não métricos ou métricos. Para dados não métricos, em geral os entrevistados devem formular avaliações por ordenação de postos. Para a abordagem pareada, os entrevistados ordenam todas as células de cada matriz em termos de sua desejabilidade. Para a abordagem de perfil pleno, ordenam-se todos os perfis de estímulo. A ordenação por postos envolve avaliações relativas dos níveis de atributo. Os que propõem os dados de ordenação creem que tais dados refletem com precisão o comportamento dos consumidores no mercado.

Na forma métrica, os entrevistados atribuem avaliações (pontuações), em vez de ordenação por postos. Nesse caso, os julgamentos são feitos de forma independente. Os que defendem a avaliação de dados acham que o procedimento é mais conveniente para os entrevistados e mais fácil de ser analisado do que as ordenações por postos. Em anos recentes, o uso de avaliações vem se tornando cada vez mais comum.

Na análise conjunta, a variável dependente é geralmente a preferência ou a intenção de comprar. Em outras palavras, os entrevistados atribuem avaliações ou ordenações por postos em termos de suas preferências ou intenções de compra. Entretanto, a metodologia de tratamento conjunto é flexível e pode acomodar um âmbito de outras variáveis dependentes, incluindo a escolha ou compra efetiva.

Na avaliação dos perfis dos tênis, solicitou-se aos entrevistados que atribuíssem avaliações de preferência pelos tênis descritas pelos nove perfis no conjunto de estimação. Essas avaliações foram obtidas com uma escala itemizada de nove pontos (1 = não preferida, 9 = fortemente preferida). A Tabela 21.4 apresenta as avaliações de um entrevistado.

Escolher um procedimento de análise conjunta

O **modelo de análise conjunta** básico pode ser representado pela seguinte fórmula:[21]

$$U(X) = \sum_{i=1}^{m} \sum_{j=1}^{k_i} \alpha_{ij} x_{ij}$$

onde

$U(X)$ = utilidade global de uma alternativa
α_{ij} = contribuição de valor parcial ou utilidade associada ao j-ésimo nível ($j = 1, 2,... k_i$) do i-ésimo atributo ($i = 1, 2,... m$)
k_i = número de níveis do atributo i
m = número de atributos
x_{ij} = 1 se o j-ésimo nível do i-ésimo atributo estiver presente
= 0 em caso contrário

---
modelo de análise conjunta
Modelo matemático que expressa a relação fundamental entre atributos e utilidade em análise conjunta.

A importância de um atributo, I_i, é definida em termos do intervalo de valores parciais, α_{ij}, por meio dos níveis daquele atributo:

$$I_j = \{\max(\alpha_{ij}) - \min(\alpha_{ij})\}, \text{ para cada } i$$

TABELA 21.4
Perfis de tênis e suas classificações

Número do perfil	Níveis de atributos[a]			Avaliação de preferência
	Sola	Parte superior	Preço	
1	1	1	1	9
2	1	2	2	7
3	1	3	3	5
4	2	1	2	6
5	2	2	3	5
6	2	3	1	6
7	3	1	3	5
8	3	2	1	7
9	3	3	2	6

[a]Os níveis de atributos correspondem aos da Tabela 21.2.

Normaliza-se a importância do atributo para determinar sua importância em relação a outros atributos, W_i:

$$W_i = \frac{I_i}{\sum_{i=1}^{m} I_i}$$

tal que

$$\sum_{i=1}^{m} W_i = 1$$

Existem vários procedimentos para estimar o modelo básico. O mais simples, que vem conquistando adeptos, é a regressão com variáveis *dummy* (ver Capítulo 17). Nesse caso, as variáveis previsoras consistem em variáveis *dummy* para os níveis de atributos. Se um atributo tiver k_i níveis, será codificado em termos de $k_i - 1$ variáveis *dummy* (ver Capítulo 14). Se forem obtidos dados métricos, as avaliações – que se supõem escalonadas de forma intervalar – constituem a variável dependente. Se os dados forem não métricos, os postos podem ser convertidos para 0 ou 1 fazendo comparações aos pares entre as marcas. Nesse caso, as variáveis previsoras representam as diferenças nos níveis de atributo das marcas que estão sendo comparadas. Outros procedimentos apropriados para dados não métricos incluem LINMAP, MONANOVA e o modelo LOGIT (ver Capítulo 18).[22]

O pesquisador também deve decidir se os dados vão ser analisados em nível de entrevistado individual ou em nível agregado. Em nível individual, os dados de cada entrevistado são analisados separadamente. No caso de uma análise em nível agregado, é preciso elaborar algum procedimento para agrupar os entrevistados. Uma abordagem comum consiste em estimar primeiro funções de utilidade em nível individual. Os entrevistados são então agrupados com base na semelhança de seus valores parciais. Faz-se então a análise agregada para cada *cluster*. Deve-se especificar um modelo apropriado para estimar os parâmetros.[23]

Os dados relacionados na Tabela 21.4 foram analisados utilizando regressão de mínimos quadrados ordinários com variáveis *dummy*. A variável dependente era constituída das avaliações de preferência. As variáveis independentes ou previsoras foram seis variáveis *dummy*, duas para cada variável. A Tabela 21.5 mostra os dados transformados. Como os dados dizem respeito a um único entrevistado, foi feita uma análise ao nível individual. A Tabela 21.6 dá as funções de

TABELA 21.5
Dados relativos a tênis codificados para regressão com variáveis *dummy*

Avaliações de preferência	Atributos					
	Sola		Parte superior		Preço	
Y	X_1	X_2	X_3	X_4	X_5	X_6
9	1	0	1	0	1	0
7	1	0	0	1	0	1
5	1	0	0	0	0	0
6	0	1	1	0	0	1
5	0	1	0	1	0	0
6	0	1	0	0	1	0
5	0	0	1	0	0	0
7	0	0	0	1	1	0
6	0	0	0	0	0	1

TABELA 21.6
Resultados da análise conjunta

Atributo	Nível		Utilidade	Importância
	Número	Descrição		
Sola	3	Borracha	0,778	
	2	Poliuretano	−0,556	
	1	Plástico	−0,222	0,286
Parte superior	3	Couro	0,445	
	2	Lona	0,111	
	1	Náilon	−0,556	0,214
Preço	3	$30,00	1,111	
	2	$60,00	0,111	
	1	$90,00	−1,222	0,500

utilidade estimadas para cada atributo, bem como a importância relativa dos atributos.[24]

O modelo estimado pode ser representado como:

$$U = b_0 + b_1 X_1 + b_2 X_2 + b_3 X_3 + b_4 X_4 + b_5 X_5 + b_6 X_6$$

onde

X_1, X_2 = variáveis *dummy* representando a Sola
X_3, X_4 = variáveis *dummy* representando a Parte superior
X_5, X_6 = variáveis *dummy* representando o Preço

Para a Sola, os níveis de atributo foram codificados como segue:

	X_1	X_2
Nível 1	1	0
Nível 2	0	1
Nível 3	0	0

Os níveis dos outros atributos foram codificados de maneira similar. Os parâmetros foram estimados como segue:

$$b_0 = 4,222$$
$$b_1 = 1,000$$
$$b_2 = -0,333$$
$$b_3 = 1,000$$
$$b_4 = 0,667$$
$$b_5 = 2,333$$
$$b_6 = 1,333$$

Dada a codificação por variáveis *dummy*, na qual o nível 3 é o nível base, os coeficientes podem ser relacionados com os valores parciais. Conforme explicado no Capítulo 17, cada coeficiente de variável *dummy* representa a diferença entre a função de valor parcial daquele nível e a do nível base. Para a Sola, temos:

$$\alpha_{11} - \alpha_{13} = b_1$$
$$\alpha_{12} - \alpha_{13} = b_2$$

Para resolver os valores parciais, faz-se necessária uma restrição adicional. Como os valores parciais são estimados em uma escala intervalar, a origem é arbitrária. Portanto, a restrição adicional a ser imposta é da forma

$$\alpha_{11} + \alpha_{12} + \alpha_{13} = 0$$

Essas equações para o primeiro atributo, Sola, são:

$$\alpha_{11} - \alpha_{13} = 1,000$$
$$\alpha_{12} - \alpha_{13} = -0,333$$
$$\alpha_{11} + \alpha_{12} + \alpha_{13} = 0$$

Resolvendo-as, obtemos

$$\alpha_{11} = 0,778$$
$$\alpha_{12} = -0,556$$
$$\alpha_{13} = -0,222$$

Os valores parciais para outros atributos relacionados na Tabela 21.6 podem ser estimados de modo similar. Para a Parte superior, temos:

$$\alpha_{21} - \alpha_{23} = b_3$$
$$\alpha_{22} - \alpha_{23} = b_4$$
$$\alpha_{21} + \alpha_{22} + \alpha_{23} = 0$$

Para o terceiro atributo, Preço, temos:

$$\alpha_{31} - \alpha_{33} = b_5$$
$$\alpha_{32} - \alpha_{33} = b_6$$
$$\alpha_{31} + \alpha_{32} + \alpha_{33} = 0$$

Os pesos de importância relativa foram calculados com base em intervalos de valores parciais, como segue:

$$\begin{aligned}\text{Soma dos intervalos} \\ \text{de valores parciais}\end{aligned} = (0,778 - (-0,556)) + (0,445 - (-0,556)) + (1,111 - (-1,222)) = 4,668$$

$$\frac{\text{Importância relativa}}{\text{da Sola}} = \frac{[0,778 - (-0,556)]}{4,668} = \frac{1,334}{4,668} = 0,286$$

$$\frac{\text{Importância relativa}}{\text{da Parte superior}} = \frac{[0,445 - (-0,556)]}{4,668} = \frac{1,001}{4,668} = 0,214$$

$$\frac{\text{Importância relativa}}{\text{do Preço}} = \frac{[1,111 - (-1,222)]}{4,668} = \frac{2,333}{4,668} = 0,500$$

A estimação dos valores parciais e dos pesos de importância relativa constituem a base para a interpretação dos resultados.

Interpretar os resultados

Para a interpretação dos resultados, é conveniente fazer o gráfico das funções de valores parciais. Os valores dessas funções, para cada atributo dado na Tabela 21.6, estão grafados na Figura 21.10. Como se pode ver pela Tabela 21.6 e pela Figura 21.10, esse entrevistado acusa a maior preferência para uma sola de borracha na avaliação dos tênis. A segunda preferência é para uma sola de plástico; a sola de poliuretano é a que acusa menor preferência. A parte superior em couro é a que tem maior preferência, seguida por lona e náilon. Como era de esperar, o preço de $30,00 tem a mais alta utilidade, e o preço de $90,00, a mais baixa. Os valores de utilidade reportados na Tabela 21.6 têm apenas propriedades de escala intervalar, e sua origem é arbitrária. Em termos da importância relativa dos atributos, vê-se que o Preço é número um. A Sola vem em segundo lugar, seguida de perto pela Parte superior. Como o preço é, de longe, o atributo mais importante para esse entrevistado, essa pessoa pode ser rotulada como sensível ao preço.

Avaliar a confiabilidade e a validade

Há vários procedimentos para avaliar a confiabilidade e a validade dos resultados de uma análise conjunta.[25]

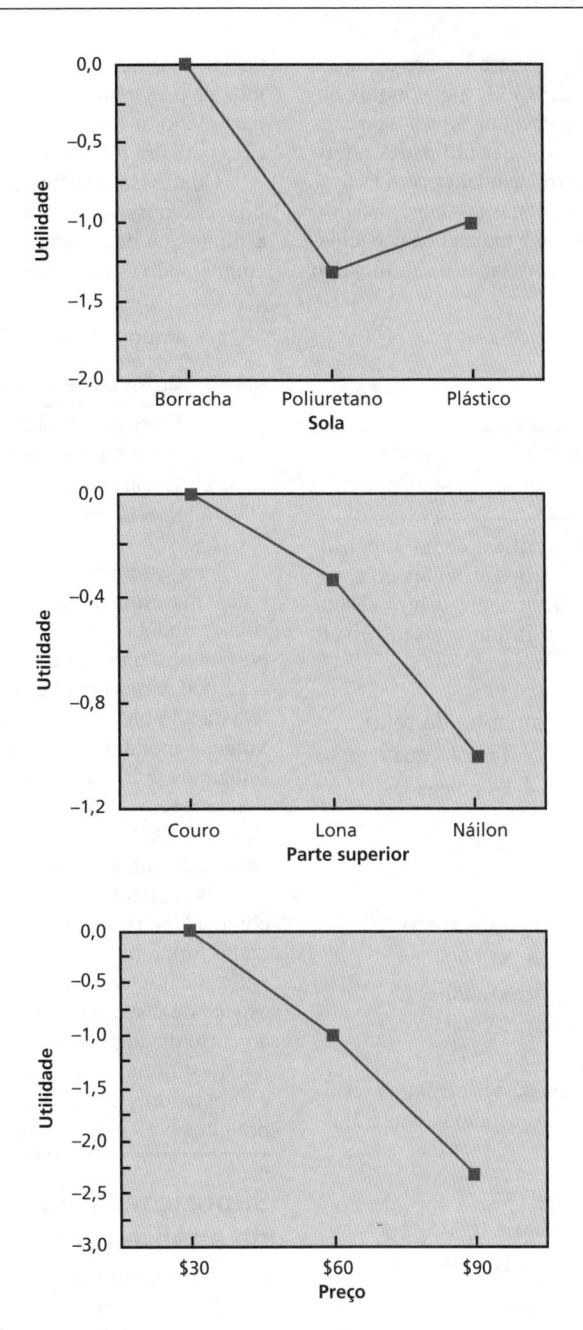

FIGURA 21.10 Funções de valores parciais.

1. Deve-se avaliar a aderência do modelo estimado. Por exemplo, se for utilizada a regressão com variáveis *dummy*, o valor de R^2 indica o grau de aderência do modelo aos dados. Os modelos com fraca aderência são suspeitos.
2. A confiabilidade do teste-reteste pode ser avaliada obtendo-se alguns julgamentos replicados mais adiante na coleta de dados. Em outras palavras, em um estágio posterior da entrevista, pede-se aos entrevistados que avaliem novamente certos estímulos selecionados. Correlacionam-se então os dois valores desses estímulos para avaliar a confiabilidade do teste-reteste.
3. As avaliações para os estímulos de validação ou retidos podem ser previstas pelas funções de valor parcial estimadas. As avaliações previstas são então correlacionadas com as obtidas dos entrevistados a fim de determinar a validade interna.
4. Se tiver sido realizada uma análise em nível de agregado, a amostra de estimação pode ser decomposta de várias maneiras, procedendo-se a uma análise conjunta sobre cada subamostra. Os resultados podem então ser comparados por meio das subamostras para avaliar a estabilidade das soluções da análise conjunta.

Procedendo a uma análise de regressão sobre os dados da Tabela 21.5, obteve-se um R^2 de 0,934, o que indica um bom ajuste. As avaliações de preferência para os nove perfis de validação foram previstas com base nas utilidades referidas na Tabela 21.6. Estas foram correlacionadas com as avaliações de entrada para esses perfis obtidas dos entrevistados. O coeficiente de correlação é 0,95, que indica boa capacidade de previsão. Esse coeficiente de correlação é significativo ao nível de significância $\alpha = 0,05$.

Pesquisa real

Comparando as escolhas de microcomputadores microscopicamente

Aplicou-se a análise conjunta para verificar como os consumidores fazem comparações entre vários atributos ao escolher microcomputadores. Foram selecionados quatro atributos considerados importantes. Esses atributos e seus níveis são:

Garantia estendida
- Não
- 4 anos

Tamanho da tela
- 17 polegadas
- 24 polegadas

Resolução máxima do monitor
- 1280 × 1024
- 1680 × 1050

Nível de preço
- $1.000
- $1.500
- $2.000

Todas as combinações possíveis desses atributos resultam em 24 (2 × 2 × 2 × 3) perfis de microcomputadores. Ilustramos a seguir um desses perfis:

Garantia estendida:	4 anos
Resolução máxima do monitor:	1680 × 1050
Tamanho da tela:	17 polegadas
Nível de preço:	$1.500

Os entrevistados ordenaram por postos esses perfis em termos de preferências. Os dados de cada entrevistado servem para elaborar funções de preferência. Ilustram-se essas funções para um indivíduo.

Com base nas funções parciais de preferência ou utilidade, é possível estimar a importância relativa dos vários atributos na determinação das preferências do consumidor, comparando as utilidades como segue:

Importância relativa

Critérios de avaliação	Importância
Garantia estendida	35%
Resolução máxima do monitor	15%
Tamanho da tela	25%
Nível de preço	25%

Para esse consumidor, a garantia estendida é a característica mais importante e a garantia de 4 anos é a opção preferida. Embora o preço e o tamanho da tela também sejam importantes, o preço passa a ser um fator somente entre $1.500 e $2.000. Como era de se esperar, a preferência é por uma tela de 24 polegadas. Não importa muito se a resolução máxima do monitor é 1280 × 1024 ou 1680 × 1050. É possível utilizar as informações proporcionadas pelas funções de utilidade e pelos pesos de importância relativa para aglomerar os entrevistados a fim de determinar segmentos de benefício para microcomputadores.

Os fabricantes de computadores de mesa e *notebooks*, como a Dell (www.dell.com), podem usar a análise conjunta como forma de descobrir se os consumidores atribuem mais valor a características como velocidade, tamanho da tela e espaço de disco ou se os consumidores atribuem mais valor ao custo ou ao peso. De qualquer perspectiva, a análise conjunta está sendo usada continuamente pelos fabricantes de computadores e por muitos outros setores para oferecer os produtos preferidos aos consumidores.[26] ■

Suposições e limitações da análise conjunta

Embora a análise conjunta seja uma técnica popular, como o EMD, ela carrega consigo uma série de suposições e li-

Preferências do consumidor

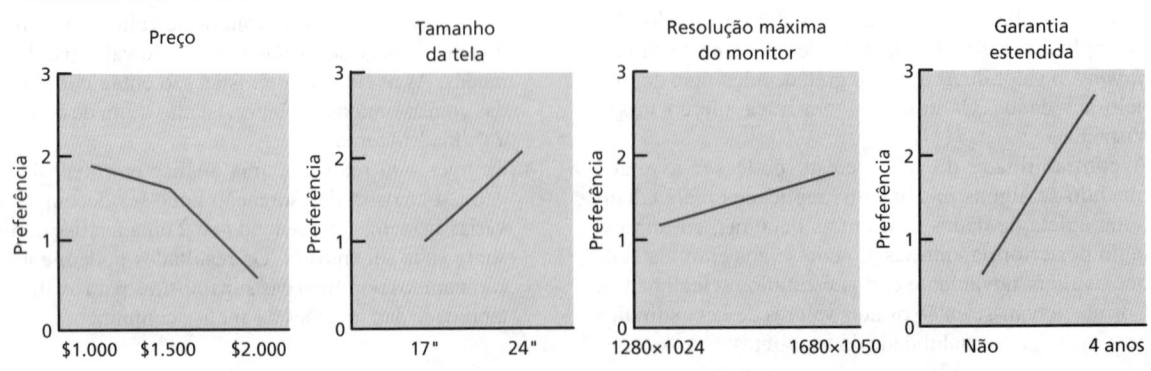

mitações. Na análise conjunta, supõe-se que os atributos importantes de um produto possam ser identificados. Além disso, admite-se que os consumidores avaliem as alternativas de escolha em termos desses atributos e façam compensações. Todavia, em situações em que a imagem ou o nome da marca é importante, os consumidores podem não avaliar as marcas ou as alternativas em termos de atributos. Mesmo que os consumidores considerem os atributos de um produto, o modelo de compensação pode não ser uma boa representação do processo de escolha. Outra limitação é que os dados coletados podem ser complexos, particularmente se muitos atributos estão em jogo e o modelo deve ser estimado em nível individual. Este problema foi atenuado até certo ponto por procedimentos como a análise conjunta interativa ou adaptativa e a análise conjunta híbrida. Deve-se observar também que as funções de utilidade não são únicas.

Análise conjunta híbrida

A **análise conjunta híbrida** é uma tentativa de simplificar a onerosa tarefa de coleta de dados exigida pela análise conjunta tradicional. Cada entrevistado avalia muitos perfis, mas, em geral, estimam-se apenas valores parciais simples, sem efeitos de interação. No modelo de valores parciais simples ou de efeitos principais, o valor de uma combinação nada mais é do que a soma dos efeitos principais separados (valores parciais simples). Na prática, dois atributos podem interagir, no sentido de que o entrevistado pode dar mais valor à combinação do que à contribuição média das partes separadas. Os modelos híbridos foram criados tendo em vista dois objetivos principais: (1) simplificar a coleta de dados, facilitando a tarefa de cada entrevistado e (2) permitir a estimação não só de interações selecionadas (ao nível de subgrupo) como também de todos os efeitos principais (ou simples) no nível individual.

análise conjunta híbrida
Forma de análise conjunta que simplifica a tarefa de coleta de dados e estima não só interações selecionadas como também todos os efeitos principais.

Na abordagem híbrida, os entrevistados avaliam um número limitado (geralmente não mais de nove) de estímulos conjuntos, como perfis plenos. Esses perfis são extraídos de um planejamento-chave, e diferentes entrevistados avaliam diferentes conjuntos de perfis, de modo que, em um grupo de entrevistados, sejam avaliados todos os perfis de interesse. Além disso, os entrevistados avaliam diretamente a importância relativa e a desejabilidade dos níveis de cada atributo. Combinando as avaliações diretas com as deduzidas das avaliações de outros estímulos conjuntos, é possível estimar um modelo em nível agregado e, ainda assim, reter algumas diferenças individuais.[27]

O EMD e a análise conjunta são técnicas complementares e podem ser usadas de forma combinada, conforme mostra o exemplo a seguir.

Pesquisa real

Eliminando a concorrência

A AkzoNobel (www.akzonobel.com) é a maior fabricante de vernizes, a empresa número 1 em tintas decorativas e vernizes de desempenho e fornecedora líder em substâncias químicas especiais. A agora integrante da Akzo Nobel ICI Americas Agricultural Products estava indecisa quanto a uma redução do preço de seu herbicida Fusilade. Embora consciente do poder desse herbicida, ela não tinha certeza de que sobreviveria em um mercado obcecado com o fator preço. Planejou então um levantamento para avaliar a importância relativa de diferentes atributos na escolha de herbicidas e para medir e mapear as percepções dos principais herbicidas em relação aos mesmos atributos. Realizaram-se entrevistas pessoais com 601 plantadores de soja e de algodão que dedicassem pelo menos 200 acres a essas culturas e tivessem utilizado herbicidas durante o último plantio. Inicialmente, aplicou-se a análise conjunta para identificar a importância relativa de atributos que os fazendeiros usam ao selecionar herbicidas. Aplicou-se então o escalonamento multidimensional para mapear as percepções dos fazendeiros em relação aos herbicidas. O estudo revelou que o preço teve grande influência na seleção de herbicidas, com os entrevistados se mostrando especialmente preocupados quando os custos superavam US$ 18 por acre. No entanto, o preço não foi o único determinante. Os fazendeiros também levaram em conta o controle de quatro ervas daninhas que o herbicida proporcionava e estavam dispostos a pagar preços mais altos para manter as ervas longe de suas terras. O estudo revelou que os herbicidas incapazes de controlar mesmo uma das ervas daninhas mais comuns precisavam ser muito baratos para conseguir uma participação de mercado razoável. O Fusilade prometia um excelente controle das ervas daninhas. Além disso, o escalonamento multidimensional indicou que um dos concorrentes do Fusilade era considerado caro. Logo, a AkzoNobel manteve seu plano original de preços e não reduziu o preço do Fusilade.

Em 2017, entretanto, o setor agrícola mudou. Um fator que alterou o segmento foi uma virada na tecnologia, particularmente a biotecnologia. Os grãos de soja Roundup Ready tiveram um forte impacto no mercado de herbicidas, fazendo com que os fazendeiros trocassem os herbicidas tradicionais para soja por uma nova tecnologia combinada de Roundup e sementes transgênicas. A nova tecnologia cortou pela metade o custo de herbicidas por acre e, consequentemente, as empresas concorrentes de produtos químicos foram forçadas a alcançar o preço da nova tecnologia. É muito importante que as empresas pesquisem a aceitação do consumidor de inovações tecnológicas usando técnicas como EMD e análise conjunta para não ficar pelo caminho.[28] ∎

PESQUISA ATIVA

Fossil: relógios superfuncionais e modernos

Visite www.fossil.com e pesquise na Internet, incluindo mídias socias, e no banco de dados *on-line* de sua biblioteca informações sobre as preferências dos consumidores no que se refere a relógios de pulso.

Como diretor de marketing da Fossil, você está pensando em lançar um relógio de pulso superfuncional e moderno para homens e mulheres que será vendido por US$ 99. De que tipo de informações você precisa para ajudá-lo nessa decisão?

Como você identificaria as preferências dos consumidores por relógios de pulso, que variam em termos de preço (US$ 99, US$ 299, US$ 499), precisão (muito alta, alta e moderada) e estilo (contemporâneo, clássico, futurista)?

Tanto o EMD como a análise conjunta são úteis para a pesquisa de marketing internacional, conforme ilustrado nos dois exemplos a seguir. O terceiro exemplo apresenta uma aplicação de EMD na pesquisa de percepções éticas.

Pesquisa real

Linhagem ou mérito na Europa?

Os fabricantes de carros europeus estão realçando cada vez mais um atributo que os concorrentes não podem comprar nem construir – sua linhagem. Para a BMW, é a tecnologia superior. A A.B. Volvo da Suécia tem a reputação de carros seguros. A italiana Alfa Romeo ostenta os louros de motores que venceram inúmeras corridas. A francesa Renault tem o *savoir-faire*. Por outro lado, os carros japoneses são tecnicamente avançados, mas não têm classe ou linhagem. Por exemplo, Lexus e Infiniti são carros de excelente desempenho, mas falta-lhes classe. A Renault acredita que falta aos carros japoneses o "toque francês" do estilo e da credibilidade da fabricante. Atualmente, a Renault está construindo um carro visando ao conforto. A BMW, que conta com a vantagem da linhagem alemã, procura enfatizar não o prestígio de possuir um carro de luxo, mas o "valor intrínseco" de seus carros seguindo a importância cada vez maior atribuída à transmissão de valor nos carros.

Como o desempenho e a linhagem são atributos ou dimensões importantes na preferência dos europeus por automóveis, o diagrama a seguir mostra o posicionamento dos diferentes carros europeus nessas duas dimensões. Observe que a BMW atingiu o melhor posicionamento em ambas. A ênfase na qualidade, na confiabilidade e na eficiência tem sido a tônica dos carros americanos e japoneses em 2017. Todavia, para concorrer no mercado europeu do século XXI, os americanos e os japoneses enfrentam o desafio de outra dimensão – a linhagem. Isso exige novas estratégias de marketing por parte dos fabricantes americanos. Eles terão de confiar em técnicas como EMD e análise conjunta para entender com precisão as percepções e preferências dos europeus, a fim de competir de forma mais eficaz com as marcas europeias e japonesas.[29] ∎

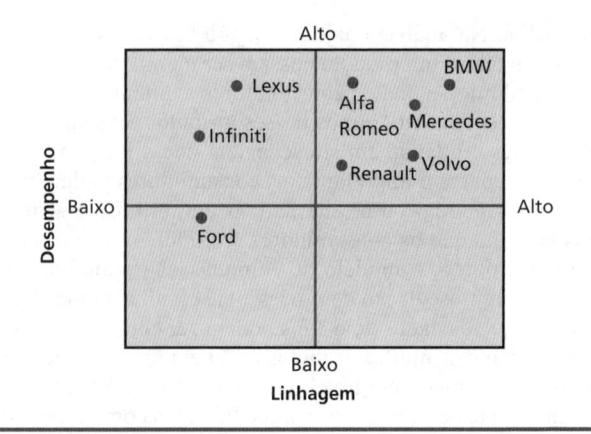

Pesquisa real

A fabulosa guerra de espuma do Fab

A concorrência no mercado de detergentes estava fervilhando na Tailândia. Em 2017, o detergente superconcentrado estava se tornando rapidamente o protótipo. Uma pesquisa de potencial de mercado na Tailândia revelou que os superconcentrados continuariam a crescer a um índice saudável, embora o mercado de detergentes tivesse diminuído seu ritmo. Além disso, essa categoria já tinha dominado outros mercados asiáticos, como Taiwan, Hong Kong e Cingapura. A Colgate entrou nessa nova linha de concorrência com o seu Fab Power Plus, com o objetivo de captar uma fatia de 4% do mercado. Os principais participantes no mercado eram Attack da Kao Corporation, Breeze Ultra e Omo da Lever Brothers e Pao Hand Force e Pao M. Wash da Lion Corporation. Com base em pesquisas qualitativas e em dados secundários, a Colgate avaliou os fatores críticos para o sucesso de superconcentrados. Alguns desses fatores foram apelo ambiental, facilidade para lavagem à mão e lavagem à máquina, grande poder de limpeza, nível ótimo de espuma para lavagem à mão e nome da marca. A pesquisa de mercado revelou também que nenhuma das marcas se prestava simultaneamente à lavagem à mão e à lavagem à máquina. A Pao Hand Force foi definida como a marca para lavagem à mão, e a Pao M. Wash foi a versão para lavagem à máquina. A Breeze Ultra da Lever foi rotulada para uso em máquina. Assim, haveria espaço e receptividade para uma fórmula que se prestasse tanto para lavagem manual como para lavagem na máquina. Fez-se um estudo baseado em análise conjunta, e esses fatores variaram em dois ou três níveis. Obtiveram-se avaliações de preferência dos entrevistados e estimaram-se valores parciais para os fatores, tanto em nível individual como em nível de grupo. Os resultados mostraram que o fator relativo à capacidade manual-mecânica tinha um grande peso, sustentando alegações anteriores. Com base nesses resultados, foi lançada com sucesso o Fab Power Plus, que possibilitava tanto a lavagem manual como a lavagem à máquina.[30] ∎

Pesquisa real

Percepções éticas de empresas de pesquisa de marketing

Em uma escala refinada para avaliar até que ponto uma situação é ética ou não ética, três fatores foram considerados como dotados de validade e parcimônia aceitáveis. São particularmente interessantes duas dessas dimensões: uma equidade moral de base ampla (fator 1) e uma dimensão relativista (fator 2). Utilizando essas dimensões com um escalonamento multidimensional, é possível traçar graficamente o grau de ética das empresas de pesquisa de marketing. Um gráfico de EMD ficaria assim:

```
Equidade moral de base ampla
                    Departamentos internos
                •
              • Empresas nacionais
Pequenas       • Serviço pleno
empresas •
              • Empresas externas
                                    Relativista
• Serviço limitado    • Empresas grandes
                      • Empresas internacionais
```

Neste exemplo, vê-se que os departamentos internos de pesquisa de marketing são mais éticos em ambas as dimensões. As grandes empresas de pesquisa de marketing são vistas como mais éticas na dimensão relativista, enquanto as empresas pequenas se revelam mais éticas no fator equidade moral. As empresas de pesquisa de marketing internacional são mais éticas em termos relativistas, enquanto as empresas nacionais estão em posição superior quanto à dimensão de equidade moral. Finalmente, constata-se que as empresas de serviço pleno são mais éticas em ambas as dimensões, em comparação com as empresas de serviço limitado.

Em 2018, o setor de pesquisa de marketing estava tentando arduamente mostrar que mantinha altos padrões éticos. Esses resultados sugerem que as empresas de pesquisa de marketing (empresas externas) devem convencer o mundo dos negócios de que seus padrões éticos são tão elevados quanto aqueles dos departamentos internos de pesquisa de marketing das empresas comerciais. Além disso, se é preciso que os fornecedores de serviços limitados concorram entre si, então eles devem manter e projetar os mesmos padrões éticos mantidos pelas empresas de pesquisa de marketing de serviços completos.[31] ■

Software estatístico

No decorrer dos anos, vários programas de computador foram desenvolvidos para realizar análise de EMD usando microcomputadores e *mainframes*. O programa ALSCAL está disponível como um programa autônomo para máquinas com compilador FORTRAN e também é distribuído como parte do sistema SPSS. O procedimento SAS ALSCAL foi substituído pelo procedimento SAS MDS disponibilizado pelo SAS Institute, Inc. Há outros programas de EMD que são amplamente utilizados. A maioria está disponível nas versões de microcomputador e *mainframe*.

- MDSCAL elabora um mapa espacial de marcas em um número especificado de dimensões. Utilizam-se dados de semelhança, e podem ser acomodados vários formatos de dados de entrada e de medidas de distância.
- KYST faz escalonamento métrico e não métrico e desdobramento utilizando dados de semelhança.
- INDSCAL, denotando escalonamento de diferenças individuais, serve para fazer EMD ao nível agregado. Utilizam-se dados de semelhança como entrada.
- MDPREF faz análise interna de dados de preferência. O programa estabelece direções vetoriais para preferências e a configuração de marcas ou estímulos em um espaço comum.
- PREFMAP faz análise externa dos dados de preferência. Este programa utiliza um mapa espacial conhecido de marcas ou estímulos para exibir os dados preferenciais de um indivíduo. O PREFMAP2 faz tanto análise interna como análise externa.
- PC-MDS contém uma diversidade de algoritmos de escalonamento multidimensional, incluindo análise fatorial, análise discriminante e outros procedimentos multivariados.
- APM (*Adaptive Perceptual Mapping* – "mapeamento adaptativo de percepções") é um programa de escalonamento adaptativo, destinado a microcomputadores, que pode lidar com até 30 marcas e 50 atributos. Não há limite para o número de entrevistados por estudo, nem para o número de computadores que podem ser utilizados para coletar os dados.
- CORRESPONDENCE ANALYSIS, da Beaumont Organization Ltd., realiza análise de correspondência, simulações do tipo "e se" e análise de produto ideal. Outro programa para análise de correspondência é o SIMCA, da Greenacre.

Se for utilizada a regressão OLS (quadrados mínimos ordinários) como procedimento de estimação em análise conjunta, esses programas serão encontrados em âmbito universal. Particularmente, as versões para PC e *mainframe* de SAS, SPSS, MINITAB e EXCEL têm vários programas de regressão, discutidos no Capítulo 17. Há também vários programas especializados em análise conjunta. MONANOVA (análise monotônica de variância) é um procedimento não métrico que utiliza dados de perfil pleno. Para dados pareados, pode-se utilizar o procedimento TRADEOFF; ele também é um procedimento não métrico que utiliza a ordenação por postos das preferências por pares de níveis de atributos. Tanto MONANOVA como TRADEOFF estão disponíveis para PC e *mainframes*. Entre outros programas populares está o LINMAP. A Sawtooth Software (www.sawtoothsoftware.com) desenvolveu uma série de programas, incluindo Choice-Based Conjoint (CBC), Adaptive Choice-Based Conjoint (ACBC) e Menu-Based Choice (MBC).

Vídeos demonstrativos computadorizados de SPSS e SAS

Desenvolvemos vídeos demonstrativos computadorizados que dão instruções passo a passo para a execução de todos os programas SPSS e SAS Enterprise Guide discutidos neste capítulo. Essas demonstrações podem ser baixadas do *site* deste livro. As instruções para executar as demonstrações são oferecidas no Quadro 14.2.

Cópias de telas dos programas SPSS e SAS com notas

As instruções passo a passo para a execução de vários programas SPSS e SAS Enterprise Guide discutidos neste capítulo também são ilustradas em cópias de telas dos programas com as notas apropriadas. Essas cópias de telas podem ser baixadas do *site* deste livro.

SPSS Windows

SPSS Arquivo de Dados

O programa de escalonamento multidimensional permite analisar diferenças individuais bem como fazer análises agregadas usando ALSCAL. O nível de medições pode ser ordinal, intervalar ou razão. As abordagens direta e derivada podem ser acomodadas. Para selecionar procedimentos de escalonamento multidimensional usando o SPSS para Windows, clique em:

Analyze>Scale>Multidimensional Scaling...

A seguir, apresentamos os passos detalhados para a realização de escalonamento multidimensional com os dados das avaliações de semelhança de marcas de creme dental da Tabela 21.1. Primeiramente, convertem-se as avaliações de semelhanças em distâncias, subtraindo-se cada valor da Tabela 21.1 de 8. A forma da matriz de dados deve ser quadrada simétrica (zero elemento diagonal e distâncias acima e abaixo da diagonal. Ver arquivo SPSS Tabela 21.1). Observe que o SPSS dá soluções que diferem das apresentadas neste capítulo utilizando *software* diferente.

1. Selecione ANALYZE na barra de menu do SPSS.
2. Clique em SCALE e depois em MULTIDIMENSIONAL SCALING (ALSCAL).
3. Mova Aqua-Fresh [Var00001], Crest [Var00002], Colgate [Var00003], Aim [Var00004], Tom´s [Var00005], Plus White [Var00006], Ultra-Brite [Var00007], Close-Up [Var00008], Pepsodent [Var00009] e Sensodyne [Var000010] para a caixa VARIABLES.
4. Na caixa DISTANCES, assinale DATA ARE DISTANCES. SHAPE deve ser SQUARE SYMMETRIC (*default*).
5. Clique em MODEL. Na janela *pop-up*, na caixa LEVEL OF MEASUREMENT, assinale INTERVAL. Na caixa SCALING MODEL, assinale EUCLIDEAN DISTANCE. Na caixa CONDITIONALITY, assinale MATRIX. Clique em CONTINUE.
6. Clique em OPTIONS. Na janela *pop-up*, na caixa DISPLAY, assinale GROUP PLOTS, DATA MATRIX e MODEL AND OPTIONS SUMMARY. Clique em CONTINUE.
7. Clique em OK.

A abordagem de análise conjunta pode ser implementada usando a regressão se a variável dependente for métrica (intervalar ou razão). Esse procedimento é executado clicando em:

Analyze>Regression>Linear...

Os passos detalhados para realizar uma regressão são dados no Capítulo 17. SPSS Conjoint é um programa especializado que está disponível como um módulo separado.

SAS Enterprise Guide

SAS Arquivo de Dados

No SAS, o procedimento EMD está disponível e compartilha muitas das características do ALSCAL. No SAS, o procedimento EMD geralmente produz resultados semelhantes àqueles do procedimento ALSCAL quando se usam as seguintes opções em PROC MDS:

- FIT = SQUARED
- FORMULA = 1, exceto para dados sem desdobramento, que requerem FORMULA = 2
- PFINAL para obter um resultado semelhante ao do ASCAL

Os procedimentos EMD e ASCAL às vezes produzem resultados diferentes pelas seguintes razões:

- Com a opção LEVEL = INTERVAL, PROC MDS torna-se adequado a um modelo de regressão, ao passo que PROC ALSCAL é adequado a um modelo de mensuração. Esses modelos não são equivalentes se há mais de uma divisão, embora as diferenças nas estimativas de parâmetro sejam geralmente menores.
- PROC MDS e PROC ALSCAL usam diferentes algoritmos para inicialização e otimização. Assim, diferentes ótimos locais podem ser encontrados por PROC MDS e PROC ALSCAL para alguns conjuntos de dados com pouca adequação. O uso da opção INAV = SSCP torna as estimativas iniciais de PROC MDS mais parecidas com as de PROC ALSCAL.
- Os critérios de convergência *default* em PROC MDS são mais estritos do que os de PROC ALSCAL. A medida de convergência em PROC ALSCAL pode fazer o PROC ALSCAL interromper a iteração porque o progresso é lento, e não porque foi alcançado um ótimo local. Mesmo se PROC ALSCAL for executado com um critério de convergência muito pequeno e um limite de iteração muito grande, PROC ALSCAL talvez nunca atinja o mesmo grau de precisão do PROC MDS. Para a maior parte das aplicações, esse problema não tem consequência prática, já que a precisão de dois a três dígitos é suficiente. Se o modelo não se adequar bem, a obtenção de mais precisão poderá exigir centenas de iterações. Além disso, o PROC MDS não produz gráficos, de modo que conjuntos de resultados devem ser usados para produzir gráficos.

(Observe que o escalonamento multidimensional não está disponível como uma tarefa do SAS Enterprise Guide. O código SAS precisa ser fornecido para executar essa análise.)

Para executar o escalonamento multidimensional nas classificações de similaridade das marcas de pasta de dente no SAS Enterprise Guide usando os dados da Tabela 21.1, siga as etapas listadas. O primeiro passo será converter as classificações de similaridade em distâncias. Em seguida, rotularemos as variáveis para fins de plotagem.

1. Abra SAS Table 21_1 no SAS Enterprise Guide.
2. Selecione FILE; então clique em EXPORT Table 21_1.
3. Selecione SERVERS na caixa à esquerda.
4. Clique em LOCAL.
5. Selecione WORK, e então SAVE.
6. Selecione FILE, então PROGRAM>NEW.
7. Digite as seguintes instruções SAS dentro da janela PROGRAM:

   proc distance data=WORK.TABLE_21_1 out=univdist;
   var interval (AquaFreshCrest Colgate Aim Tom's PlusWhite UltraBrite CloseUp Sensodyne);
   run;
   data univdist2;
   set univdist;
   label Dist1="Aqua Fresh"
   Dist2="Crest"
   Dist3="Colgate"
   Dist4="Aim"
   Dist5="Tom's"
   Dist6="Plus White"
   Dist7="Ultra Brite"
   Dist8="Close-Up"
   Dist9="Pepsodent"
   Dist10="Sensodyne";
   run;
   proc mds data=univdist2
   fit=squared
   formula=**1**
   pfinal
   out=out;
   run;
   %***plotit***(data=out(where=(_type_='CONFIG')),
   datatype=mds, labelvar=_label_,
   vtoh=**1.75**);

8. Selecione RUN.

A abordagem de análise conjunta pode ser implementada utilizando-se regressão se a variável dependente for métrica (intervalar ou razão). Esse procedimento é realizado no SAS Enterprise Guide clicando-se em:

Analyze>Regression>Linear

Observe que o SAS não tem uma função específica para conjunto, assim o código SAS precisa ser inserido.

Projeto de pesquisa

Escalonamento multidimensional

SPSS Arquivo de Dados

SAS Arquivo de Dados

No projeto de fidelização da loja de departamentos, as avaliações dos respondentes das 10 lojas em cada um dos oito fatores de critérios de escolha foram usadas para derivar medidas de semelhança entre as lojas. Distâncias euclidianas foram calculadas entre cada par de lojas. Esses dados foram analisados utilizando-se escalonamento multidimensional para obter mapas espaciais que representassem as percepções dos respondentes quanto às 10 lojas. Em um mapa desse tipo, as dimensões foram identificadas como lojas de prestígio *versus* lojas de descontos, redes de lojas regionais *versus* redes de lojas nacionais. Lojas que concorriam diretamente umas com as outras (por exemplo, JCPenney e Macy's) foram situadas bem próximas no espaço perceptual. Os mapas perceptuais foram usados para compreender o posicionamento competitivo das 10 lojas de departamentos.

Atividades de projeto

Baixe o arquivo de dados *Wal-Mart Data 21* de ou o arquivo SAS correspondente do *site* deste livro. Esse arquivo contém os dados de dessemelhança para as 10 lojas de departamento para um respondente. Desse modo, os dados representam distâncias.

1. Use o procedimento ALSCAL ou algum outro EMD para obter um mapa perceptual para as 10 lojas. Interprete o gráfico resultante. ■

Caso HP

SPSS Arquivo de Dados

SAS Arquivo de Dados

Revise o caso HP, Caso 1.1, e o questionário dado no final do livro.

1. Forneça avaliações de semelhança em uma escala de 1 a 7 para todos os pares possíveis das seguintes marcas de PCs: Dell, HP, Gateway, Asus, Toshiba, Acer, Lenovo, Samsung, Apple e Microsoft. Desenvolva um mapa de EMD bidimensional. Interprete as dimensões e o mapa.

2. Construa 24 perfis plenos de PCs usando os atributos e os níveis dados no exemplo de pesquisa real fornecido no livro. Assim, os atributos e seus níveis serão: preço ($1.000, $1.500, $2.000), tamanho da tela (17", 24"), resolução máxima do monitor (1280 × 1024, 1689 × 1050) e garantia estendida (nenhuma, quatro anos). Classifique os 24 perfis em termos de sua preferência usando uma escala de sete pontos (1 = nenhuma preferência, 7 = grande preferência). Calcule as funções de valor parcial e a importância relativa dos atributos.

Resumo

O escalonamento multidimensional (EMD) é utilizado na obtenção de representações espaciais de percepções e preferências de entrevistados. As relações percebidas ou psicológicas entre estímulos são representadas como relações geométricas entre pontos em um espaço multidimensional. A formulação de um problema de EMD exige uma especificação das marcas ou estímulos a serem incluídos. O número e a natureza das marcas selecionadas influem na solução resultante. Os dados de entrada obtidos de entrevistados podem ser relacionados com percepções ou preferências. Os dados perceptuais são diretos ou derivados. Na pesquisa de marketing, são mais comuns as abordagens diretas.

A escolha de um procedimento de EMD depende da natureza (métrica ou não métrica) dos dados de entrada e do fato de preferências ou percepções estarem sendo escalonadas. Outro fator determinante é se a análise vai ser feita em nível individual ou em nível agregado. A decisão quanto ao número de dimensões de uma solução deve basear-se na teoria, na interpretabilidade, no critério do cotovelo e em considerações sobre a facilidade de manejo. A rotulação das dimensões é uma tarefa difícil, que exige julgamento subjetivo. Há várias diretrizes para avaliar a confiabilidade e a validade de soluções de EMD. Os dados de preferência estão sujeitos a uma análise tanto interna como externa. Se os dados de entrada forem de natureza qualitativa, podem ser analisados via análise de correspondência. Se os dados de entrada forem obtidos mediante abordagens com base em atributos, os mapas espaciais também podem ser obtidos por meio de análise fatorial ou análise discriminante.

A análise conjunta se baseia na noção de que a importância relativa que os consumidores dão a atributos relevantes e as utilidades que eles relacionam com os níveis de atributos podem ser determinadas quando os consumidores avaliam perfis de marcas construídos com auxílio desses atributos e seus níveis. A formulação de um problema exige uma identificação dos atributos relevantes e de seus níveis. Para construir os estímulos, são empregadas abordagens pareadas e abordagens de perfil pleno. Existem projetos estatísticos para reduzir o número de estímulos na tarefa de avaliação. Os dados de entrada podem ser não métricos (postos) ou métricos (avaliações ou pontuações). Geralmente, a variável dependente é a preferência ou a intenção de compra.

Embora haja outros procedimentos para estudar dados de análise conjunta, a regressão com variáveis *dummy* vem se tornando cada vez mais importante. A interpretação dos resultados exige um exame das funções de utilidade e dos pesos de importância relativa. Há vários procedimentos para avaliar a confiabilidade e a validade dos resultados de uma análise conjunta.

Palavras-chave e conceitos fundamentais

escalonamento multidimensional (EMD), 558
julgamentos de semelhança, 558
ordenação de preferências, 558
estresse, 558
R-quadrado, 558
mapa espacial, 558
coordenadas, 558
desdobramento, 558
abordagens derivadas, 560

EMD não métrico, 561
EMD métrico, 561
critério do cotovelo, 561
análise interna de preferências, 564
análise externa de preferências, 564
análise de correspondência, 566
análise conjunta, 567
funções de valor parcial, 567
pesos de importância relativa, 567
níveis de atributos, 567

perfis plenos, 567
tabelas pareadas, 567
projetos cíclicos, 567
projetos fatoriais fracionários, 567
arranjos ortogonais, 567
validade interna, 567
modelo de análise conjunta, 570
análise conjunta híbrida, 575

Casos relacionados

Os casos listados a seguir são discutidos no final do livro.

1.1 HP Inc.

3.1 AT&T   **3.2** IBM   **3.3** Kimberly-Clark

4.1 JPMorgan Chase   **4.2** Wendy's

Pesquisa ao vivo: realização de um projeto de pesquisa de marketing

1. O EMD e a análise conjunta nem sempre são apropriados ou viáveis se os dados relevantes não forem obtidos.
2. Os gráficos de EMD também podem ser obtidos por meio de análise discriminante e análise fatorial. Se os dados relevantes estiverem disponíveis, construa gráficos espaciais usando EMD, análise discriminante e análise fatorial e compare os resultados.
3. Se a análise conjunta tiver que ser realizada, a abordagem baseada em regressão ilustrada neste capítulo é a mais simples e, portanto, é recomendada.

Exercícios

Perguntas

1. Quais são os objetivos dos procedimentos de EMD?
2. O que significa um mapa espacial?
3. Descreva os estágios da realização de um EMD.
4. Descreva as abordagens direta e derivada para a obtenção de dados de entrada do EMD.
5. Quais fatores influem na escolha de um procedimento de EMD?
6. Quais são as diretrizes para decidir quanto ao número de dimensões de uma solução de EMD?
7. Descreva como avaliar a confiabilidade e a validade de soluções de EMD.
8. Qual é a diferença entre análise interna e análise externa de dados de preferência?
9. Descreva sucintamente a análise de correspondência.
10. O que está em jogo na formulação de um problema de análise conjunta?
11. Descreva a abordagem de perfil pleno na construção de estímulos em análise conjunta.
12. Descreva a abordagem pareada na construção de estímulos em análise conjunta.
13. Como se pode aplicar a análise de regressão à análise de dados conjuntos?
14. Ilustre graficamente o que significa uma função de utilidade.
15. Quais são os procedimentos para avaliar a confiabilidade e a validade dos resultados de uma análise conjunta?
16. Descreva sucintamente a análise conjunta híbrida.

Problemas

1. Identifique dois problemas de pesquisa de marketing em que se pode aplicar o EMD. Explique como você aplicaria o EMD nessas situações.
2. Identifique dois problemas de pesquisa de marketing em que é possível aplicar a análise conjunta. Explique como você aplicaria a análise conjunta nessas situações.

Exercícios para Internet e computador

SPSS Arquivo de Dados

SAS Arquivo de Dados

1. Apresentamos a seguir uma avaliação feita por um entrevistado de nove marcas de carros de luxo em quatro dimensões. Cada marca foi avaliada em cada dimensão (prestígio, desempenho, luxo e valor) em uma escala de sete pontos, com 1 = fraco e 7 = excelente. Usando o SPSS WINDOWS, o SAS ou um *software* alternativo, desenvolva um gráfico EMD em duas dimensões. Interprete as dimensões e explique o gráfico.
2. Analise os dados da Tabela 21.1 utilizando um procedimento apropriado de EMD. Compare seus resultados com os resultados fornecidos no texto.
3. Analise os julgamentos de semelhança que você forneceu para as 12 marcas de sabonete do Exercício 1 da seção Atividades/Trabalho de Campo. Utilize um procedimento apropriado de EMD, como ALSCAL. Rotule as dimensões e interprete seu próprio mapa espacial.
4. Aplique a regressão OLS para construir funções de valores parciais para os três atributos dos tênis utilizando os dados que você apresentou no Exercício 2 da seção Atividades/Trabalho de Campo. Compare seus resultados com os relacionados no texto.

SPSS Arquivo de Dados   SAS Arquivo de Dados

Marca	Prestígio	Desempenho	Luxo	Valor
Lexus	5	7	5	7
Infiniti	5	6	5	7
BMW	5	7	6	5
Mercedes	6	6	6	6
Cadillac	5	5	6	5
Lincoln	6	6	5	5
Porsche	5	6	5	4
Bentley	7	4	7	3
Rolls	7	5	7	1

Atividades

Dramatização

1. Você é o diretor de pesquisa de marketing da Macy's. Desenvolva um mapa de EMD mostrando o posicionamento das 10 lojas de departamentos consideradas neste livro. A Tabela 8.2 no Capítulo 8 mostra os nomes das lojas. Você pode baixar o arquivo de dados *Wal-Mart Data 21* SPSS no *site* deste livro e ver os nomes da lojas lá. Explique esse mapa e suas implicações para o posicionamento competitivo da Macy's ao seu chefe, que é o vice-presidente de marketing (papel desempenhado por outro colega).
2. Como diretor sênior de pesquisa de marketing da Nike, explique à alta gerência (representada por um grupo de colegas) o papel que a análise conjunta pode desempenhar na criação de calçados esportivos superiores.

Trabalho de campo

1. Analise as seguintes 12 marcas de sabonete: Jergens, Dove, Zest, Dial, Camay, Ivory, Palmolive, Irish Spring, Lux, Safeguard, Tone e Monchel. Forme os 66 pares possíveis com essas marcas. Avalie esses pares de marcas em termos de semelhança usando uma escala de sete pontos.

2. Construa os nove perfis de tênis apresentados na Tabela 21.4. Avalie esses nove perfis em termos de sua preferência usando uma escala de avaliação de nove pontos.

Discussão em grupo

1. Em um pequeno grupo, discuta as semelhanças e diferenças entre EMD e análise conjunta.
2. Em um pequeno grupo, discuta as semelhanças e diferenças entre EMD, análise fatorial e análise discriminante.

CAPÍTULO 22

Modelagem de Equações Estruturais e Análise de Caminho

> *A modelagem de equações estruturais fornece uma estrutura poderosa para testar a teoria estrutural e as relações multivariadas e é cada vez mais relevante à medida que procuramos fornecer uma compreensão mais holística dos dados com os quais trabalhamos.*

Alex Mangoff, gerente, consultor sênior, Decision Sciences, Burke, Inc.

Objetivos

Após a leitura deste capítulo, o aluno conseguirá:

1. Definir a natureza e as características únicas da modelagem de equações estruturais (MEE).
2. Explicar os conceitos básicos na MEE, como teoria, modelo, diagrama de caminho, construtos exógenos *versus* construtos endógenos, relações de dependência e correlacionais, adequação do modelo e identificação do modelo.
3. Discutir as estatísticas básicas associadas à MEE.
4. Descrever o processo de realização da MEE e explicar os vários passos envolvidos.
5. Saber como se especifica um modelo de mensuração e como sua validade é avaliada.
6. Explicar o conceito de adequação de modelo e as diferenças entre índices de adequação absoluta, incremental e de parcimônia.
7. Descrever como se especifica um modelo estrutural e avaliar sua validade.
8. Discutir a relação da MEE com outras técnicas multivariadas.
9. Explicar a análise de caminho e discutir sua relação com a MEE.
10. Explicar o papel do *software* na realização da modelagem de equações estruturais e análise de caminho utilizando SPSS, SAS ou outro pacote de *software*.

Aspectos gerais

Este capítulo fornece um panorama da modelagem de equações estruturais (MEE), um procedimento para estimar uma série de relações de dependência entre um conjunto de conceitos ou construtos representados por diversas variáveis e incorporados em um modelo integrado (ver Capítulo 2). Os princípios da análise de regressão (Capítulo 17) e da análise fatorial (Capítulo 19) oferecem a fundamentação para a compreensão da MEE. Primeiro, discutimos os conceitos básicos da MEE, o que é seguido por uma explicação dos principais termos e estatísticas associadas a esse procedimento. Depois, descrevemos o procedimento para realização da MEE. Também abordamos a análise fatorial confirmatória (AFC) de segunda ordem e apresentamos aplicações ilustrativas da MEE. Além disso, descrevemos a técnica relacionada de análise de caminho.

Finalmente, discutimos o uso de *software* na MEE. Oferecemos auxílio para o trabalho com os programas SPSS e SAS de três maneiras: (1) instruções passo a passo estão incluídas ao final de cada capítulo deste livro, (2) vídeos ilustrativos das instruções passo a passo estão disponíveis para *download* no *site* deste livro e (3) telas dos programas com notas que ilustram as instruções passo a passo estão disponíveis para *download* no *site* deste livro.

Começamos com um exemplo ilustrativo.[1]

Pesquisa real

A preocupação dos usuários da Internet com a privacidade das informações

Apesar de seu tremendo potencial, a participação do comércio eletrônico como porcentagem do comércio total permanece pequena, sendo menor do que 10% em 2017. A preocupação com a privacidade das informações em relação às transações comerciais na Internet foram identificadas como um grande obstáculo para o crescimento do comércio eletrônico. Portanto, o autor e seus colegas desenvolveram e publicaram uma escala para mensurar as preocupações de usuários da Internet com a privacidade das informações (PUIPI). Com base na teoria do contrato social, a PUIPI foi concebida com três dimensões: coleta, controle e consciência. A partir de análise fatorial exploratória, a coleta foi mensurada por quatro itens ou variáveis, e o controle e a consciência foram, cada um, representados por três variáveis medidas. Posteriormente, foi criado outro estudo empírico, e a MEE foi utilizada para avaliar as propriedades da escala (ver o Capítulo 9). Primeiramente, um modelo de mensuração foi estimado utilizando AFC. Este modelo foi empregado para estabelecer a confiabilidade composta e a validade convergente e discriminante da escala. Então, foi estimado um modelo estrutural, e a validade nomológica da escala foi determinada demonstrando-se que as relações teóricas de PUIPI com construtos, como confiança, risco e intenção comportamental, eram sustentadas pelos dados.[2] ∎

Conceito básico

Em muitos casos, os pesquisadores de marketing têm que responder um conjunto de questões inter-relacionadas. Por exemplo, uma empresa de serviços pode estar interessada nas seguintes questões: que variáveis determinam a qualidade do serviço? Como a qualidade do serviço influencia a atitude e a satisfação com o serviço? Como a satisfação com o serviço resulta em intenção de uso? Como a atitude em relação ao serviço se combina com outras variáveis para afetar a intenção de utilizar o serviço? Tais questões inter-relacionadas não podem ser examinadas em uma análise unificada por nenhuma técnica estatística única que tenhamos discutido até agora, do Capítulo 14 ao 21. Para responder a tais perguntas de uma maneira unificada e integrada, o pesquisador deve fazer uso da **modelagem de equações estruturais** (MEE). A MEE pode ajudar a avaliar as propriedades da mensuração e testar as relações teóricas propostas utilizando uma única técnica.[3] Por exemplo, com base em teoria e pesquisas anteriores, poderíamos postular que a qualidade do serviço tem cinco dimensões ou fatores, como tangibilidade, confiabilidade, responsividade, segurança e empatia. A qualidade do serviço pode ser retratada como um construto latente que não é diretamente observado ou mensurado. A MEE pode determinar a contribuição de cada dimensão na representação de qualidade do serviço e avaliar como um conjunto de variáveis observadas que medem essas dimensões representa a qualidade do serviço, ou seja, o quanto o construto é confiável. Podemos então incorporar essa informações à estimativa das relações entre qualidade do serviço e outros construtos. A qualidade do serviço tem uma influência direta e positiva tanto sobre a atitude quanto sobre a satisfação com o serviço. A atitude e a satisfação, por sua vez, determinam a intenção de utilizar o serviço. Assim, a atitude e a satisfação com o serviço são variáveis dependentes e independentes em nossa teoria. Uma variável dependente hipotetizada (atitude/satisfação com o serviço) pode tornar-se uma variável independente em uma relação subsequente de dependência (explicação da intenção de utilização). Adiante neste capítulo, mostramos uma aplicação empírica de qualidade de serviço no contexto bancário.

modelagem de equações estruturais (MEE)
Procedimento para estimar uma série de relações de dependência entre um conjunto de conceitos ou construtos representados por diversas variáveis e incorporados em um modelo integrado.

A MEE examina a estrutura dessas inter-relações, que são expressas em uma série de equações estruturais. Esse conceito é semelhante ao da estimativa de uma série de equações de regressão múltipla (ver o Capítulo 7). Essas equações modelam todas as relações entre construtos, dependentes e independentes. Na MEE, os **construtos** são fatores não observáveis ou latentes que são representados por diversas variáveis. Isso se assemelha ao conceito de variáveis representando um fator em análise fatorial (ver Capítulo 19), mas a MEE explicitamente leva em conta o erro de mensuração. O **erro de mensuração** é o grau até o qual as variáveis observadas não descrevem os construtos latentes de interesse na MEE. A MEE distingue-se de outras características multivariadas (que discutimos nos Capítulos 14 a 21) da seguinte forma:[4]

1. A representação dos construtos como fatores não observáveis ou latentes em relações de dependência.
2. Estimativa de várias relações de dependência inter-relacionadas é incorporada em um modelo integrado.
3. A incorporação do erro de mensuração de maneira explícita. A MEE pode explicitamente considerar a confiabilidade menos que perfeita das variáveis observáveis, proporcionando análises de atenuação e tendenciosidade de estimativa devido ao erro de mensuração.
4. Explicação da covariância entre as variáveis observadas. A MEE busca representar hipóteses sobre as médias, variâncias e covariâncias dos dados observados em termos de um número menor de parâmetros estruturais definidos por um modelo subjacente hipotetizado.

construto
Conceito latente ou não observável que pode ser definido conceitualmente, mas não pode ser medido diretamente ou sem erro. Também chamado de *fator*, um construto é medido por diversos indicadores ou variáveis observáveis.

erro de mensuração
Grau até o qual as variáveis observáveis não descrevem os construtos latentes de interesse na MEE.

A MEE também conhecida por outras denominações, como *análise estrutural de covariância*, *análise de variável latente* e *modelagem causal*. No entanto, deve-se observar que a MEE por si só não consegue estabelecer causalidade, embora possa ajudar nesse processo. Para fazer inferências causais, as três condições de causalidade discutidas no Capítulo 7 devem ser satisfeitas. Esse raramente é o caso na MEE, uma vez que tais modelos são geralmente estimados a partir de dados transversais únicos (Capítulo 3) coletados por levantamentos em um único ponto no tempo. Entretanto, a MEE pode oferecer evidências de covariação sistemática.[5]

A MEE é usada como técnica confirmatória, e não como técnica exploratória. Em geral, usamos a MEE para determinar se certo modelo é válido, e não para "encontrar" um modelo adequado. Porém, as análises de MEE costumam envolver um aspecto exploratório.

Estatísticas associadas com a MEE

Análise de caminho. Caso especial de MEE somente com indicadores únicos para cada uma das variáveis no modelo causal. Em outras palavras, a análise de caminho é MEE com um modelo estrutural, mas sem modelo de mensuração.

Análise fatorial confirmatória (AFC). Técnica usada para estimar o modelo de mensuração. Busca confirmar se o número de fatores (ou construtos) e as cargas das variáveis observadas (indicadoras) sobre elas se conformam ao que é esperado com base na teoria. As variáveis indicadoras são selecionadas a partir da teoria, e a AFC é empregada para ver se elas carregam conforme o previsto quanto ao número esperado de fatores.

Confiabilidade composta (CC). Definida como a quantidade total da variância do escore verdadeiro em relação à variância do escore total, a confiabilidade composta corresponde à noção convencional de confiabilidade na teoria de testes clássica.

Construto endógeno. Equivalente latente e de vários itens de uma variável dependente. É determinado por construtos ou variáveis dentro do modelo e, dessa forma, é dependente de outros construtos.

Construto exógeno. Equivalente latente e de vários itens de uma variável independente na análise multivariada tradicional. Um construto exógeno é determinado por fatores externos ao modelo e não pode ser explicado por outro construto ou variável no modelo.

Correlações múltiplas quadradas. Semelhantes a comunalidades, esses valores denotam até que ponto a variância de uma variável observada é explicada por um fator ou construto latente.

Diagrama de caminho. Representação gráfica de um modelo mostrando o conjunto completo de relações entre os construtos. Relações de dependência são retratadas por setas retas, e relações correlacionais são representadas por setas curvas.

Erro estrutural. O mesmo que um termo de erro na análise de regressão. No caso de estimativas completamente padronizadas, a correlação múltipla quadrada é igual a 1 – o erro estrutural.

Estatística de diferença de qui-quadrado ($\Delta\chi^2$). Estatística usada para comparar dois modelos de MEE concorrentes aninhados. É calculada como a diferença entre os valores de qui-quadrado dos modelos. Seus graus de liberdade equivalem à diferença nos graus de liberdade dos modelos.

Índice de modificação. Índice calculado para cada relação possível que não é livremente estimada, mas é fixa. O índice mostra a melhoria no modelo geral χ^2 se esse caminho foi livremente estimado.

Índice de parcimônia. O índice de parcimônia é calculado como a razão dos graus de liberdade usados pelo modelo com os graus totais de liberdade disponíveis.

Índices de adequação absoluta. Esses índices medem o grau geral de adequação tanto dos modelos de mensuração quanto dos modelos estruturais. Valores maiores de adequação e valores menores de inadequação representam adequações melhores.

Índices de adequação de parcimônia. Destinam-se a avaliar a adequação em relação à complexidade do modelo e são úteis na avaliação de modelos concorrentes. São medidas de adequação e podem ser melhoradas por um modelo de adequação melhor ou por um modelo mais simples, menos complexo, que estima menos parâmetros.

Índices de adequação incremental. Medidas que avaliam o quanto um modelo especificado pelo pesquisador é adequado em relação a algum modelo básico alternativo. Comumente, o modelo básico é um modelo nulo em que todas as variáveis observadas não têm relação umas com as outras.

Matriz de covariância de amostra. Denotada por S, consiste nas variâncias e covariâncias para as variáveis observadas.

Matriz de covariância estimada. Denotada por Σ_k, consiste nas covariâncias previstas entre todas as variáveis observadas com base nas equações estimadas em MEE.

Modelo aninhado. Um modelo é aninhado dentro de outro modelo se tem o mesmo número de construtos e variáveis e pode ser deduzido do outro modelo alterando-se, adicionando-se ou eliminando-se relações.

Modelo de mensuração. O primeiro de dois modelos estimados em MEE. Representa a teoria que especifica as variáveis observadas para cada construto e permite a avaliação da validade do construto.

Modelo estrutural. Segundo dos dois modelos estimados na MEE. Representa a teoria que especifica como os construtos são relacionados uns com os outros, muitas vezes com várias relações de dependência.

Modelo fatorial de primeira ordem. Covariâncias entre variáveis observadas são explicadas com um único fator latente ou camada de construto.

Modelo fatorial de segunda ordem. Há dois níveis ou camadas. Um construto latente de segunda ordem causa vários construtos latentes de primeira ordem, os quais, por sua vez, causam as variáveis observadas. Assim, os construtos de primeira ordem agora agem como indicadores ou variáveis observadas para o fator de segunda ordem.

Modelo não recursivo. Modelo estrutural que contém ciclos de realimentação ou dependências duais.

Modelo recursivo. Modelo estrutural que não contém nenhum ciclo de realimentação nem dependências duais.

Relação estrutural. Relação de dependência entre um construto endógeno e outro construto endógeno ou exógeno.

Unidimensionalidade. Noção de que um conjunto de variáveis observadas representa somente um construto subjacente. Todas as cargas cruzadas são zero.

Variância média extraída (VME). Medida usada para avaliar a validade convergente e discriminante, definida como a variância nos indicadores ou variáveis observadas que é explicada pelo construto latente.

Fundamentos da MEE

Fundamentais para a compreensão da MEE são os conceitos de teoria, modelo, diagrama de caminho, construtos exógenos *versus* construtos endógenos, relações correlacionais e de dependência, adequação do modelo e identificação do modelo. Esses conceitos fundamentais são discutidos a seguir.

Teoria, modelo e diagrama de caminho

O papel da teoria e dos modelos no desenvolvimento de uma abordagem do problema foi discutido no Capítulo 2. Definimos uma teoria como um esquema conceitual baseado em afirmações fundamentais ou axiomas que se supõe serem verdadeiros. Uma teoria serve como fundamento conceitual para o desenvolvimento de um modelo. É muito importante que um modelo de MEE seja baseado em uma teoria porque todas as relações devem ser especificadas antes que o modelo de MEE possa ser estimado. Na MEE, os modelos frequentemente são construídos para testar certas hipóteses derivadas da teoria. Um modelo de MEE consiste em duas partes: o modelo de mensuração e o modelo estrutural.[6] O modelo de mensuração retrata como a variáveis observadas (medidas) representam construtos. Ele representa a teoria que especifica as variáveis observadas para cada construto e permite a avaliação da validade de construto (Capítulo 9). As variáveis observadas são mensuradas pelo pesquisador e são chamadas de *variáveis mensuradas, variáveis manifestas, indicadores* ou *itens* do construto. Convencionalmente, supõe-se que as variáveis observadas sejam dependentes dos construtos.[7] Desse modo, setas retas são desenhadas de um construto até as variáveis observadas que são indicadores dos construtos (Figura 22.1). Nenhum indicador único consegue representar completamente um construto, mas é usado como uma indicação daquele construto. O modelo de mensuração utiliza a técnica de análise fatorial confirmatória (AFC), em que o pesquisador especifica as variáveis que definem cada construto (ou fator). O modelo busca confirmar se o número de fatores (ou construtos) e as cargas das variáveis observadas (indicadoras) sobre eles se conformam ao que é esperado com base na teoria. Assim, a AFC é empregada para verificar a estrutura fatorial de um conjunto de variáveis observadas. A AFC permite que o pesquisador teste a hipótese de que existe uma relação entre as variáveis observadas e seus construtos latentes subjacentes. O pesquisador usa o conhecimento da teoria, pesquisa empírica ou ambos, postula o padrão de relação *a priori* e então testa a hipótese estatisticamente. As variáveis indicadoras são selecionadas a partir da teoria, e a AFC é utilizada para ver se elas carregam conforme previsto no número esperado de fatores. Os termos *construtos* e *fator* são usados de modo intercambiável. Em outras palavras, ao testar o modelo de mensuração, o pesquisador tem completo controle sobre quais indicadores descrevem cada construto. Por outro lado, um modelo estrutural mostra como os construtos são inter-relacionados, muitas vezes com várias relações de dependência. Ele especifica se existe uma relação ou não. Se uma relação é hipotetizada com base na teoria, então uma seta é traçada. Se uma relação não é hipotetizada, nenhuma seta é traçada.

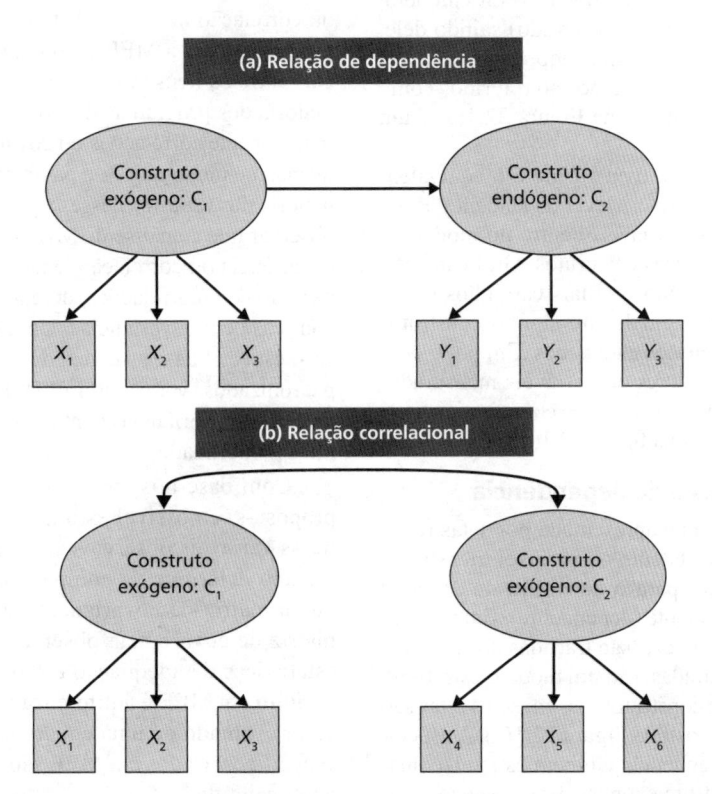

FIGURA 22.1 Relações correlacionais e de dependência em um modelo de MEE simples.

Um modelo é representado na forma gráfica (ver Capítulo 2) conhecida como diagrama de caminho. As seguintes normas são seguidas na construção de um diagrama de caminho para um modelo de mensuração. Os construtos são representados por formas ovais ou circulares, ao passo que as variáveis mensuradas são representadas por quadrados. Setas retas são desenhadas dos construtos até as variáveis mensuradas, como na Figura 22.1(a). As relações de dependência são representadas por setas retas e as relações correlacionais, por setas curvas.

Construtos exógenos *versus* construtos endógenos

Conforme foi afirmado anteriormente, na MEE, um construto é uma variável latente ou não observável que pode ser definida em termos conceituais, mas não pode ser medida diretamente, por exemplo, fazendo perguntas em um questionário. Um construto não pode ser mensurado sem erro. Ao contrário, um construto é mensurado aproximada e indiretamente, examinando-se a consistência entre as diversas variáveis mensuradas ou observadas.

Um construto exógeno é o equivalente latente de vários itens de uma variável independente na análise multivariada tradicional. As múltiplas variáveis ou itens observados são usados para representar um construto exógeno que age como uma variável independente no modelo. Um construto exógeno é determinado por fatores externos ao modelo e não pode ser explicado por nenhum outro construto ou variável no modelo. Graficamente, um construto exógeno não tem nenhum caminho (setas de um sentido só) chegando até ele de algum outro construto ou variável no modelo; ele só terá caminhos (setas de um só sentido) saindo dele. Em um modelo de mensuração, os indicadores ou variáveis mensuradas para um construto exógeno são referidos como variáveis X. Assim, o construto C_1 na Figura 22.1(a) é um construto exógeno.

Por outro lado, um construto endógeno é o equivalente latente de vários itens de uma variável dependente. É determinado por construtos ou variáveis dentro do modelo e, portanto, é dependente de outros construtos. Graficamente, um construto endógeno tem um ou mais caminhos (setas de sentido único) chegando a ele de um ou mais construtos exógenos ou de outros construtos endógenos. Em um modelo de mensuração, os indicadores ou variáveis mensuradas para um construto endógeno são referidos como variáveis Y, como no caso do construto C_2 na figura 22.1(a).

Relações correlacionais e de dependência

Uma relação de dependência é apresentada por setas retas. As setas saem do construto latente ou variável mensurada antecedente (independente) para o construto ou variável mensurada de efeito subsequente (dependente). Em um modelo de mensuração, as setas retas são traçadas dos construtos às suas variáveis mensuradas. Em um modelo estrutural, a dependência ocorre entre construtos; assim, setas retas são traçadas entre eles, como mostra a Figura 22.1(a). A especificação de relações de dependência também está relacionada a considerarmos o construto exógeno ou endógeno, conforme explicado anteriormente. Desse modo, o construto C_2 é endógeno nesse caso. Deve-se observar que um construto endógeno pode ser um antecedente de outros construtos endógenos.

Uma relação correlacional, também chamada de *relação de covariância*, especifica uma correlação simples entre construtos exógenos. A teoria estipula que esses construtos são correlacionados, mas não se pressupõe que um construto seja dependente de outro. Uma relação correlacional é representada por um arco de duas extremidades, como mostra a Figura 22.1(b). Observe-se que ambos os construtos, C_1 e C_2, são exógenos nesse caso.

Um diagrama de caminho normalmente envolve uma combinação de relações correlacionais e de dependência entre construtos endógenos e exógenos, como estipulado pela teoria.

Adequação do modelo

A MEE testa um conjunto de várias relações representadas por diversas equações. Portanto, a adequação ou exatidão preditiva tem que ser determinada para o modelo como um todo, não para apenas uma relação. Outras técnicas multivariadas decompõem a variância, como foi explicado no Capítulo 16 para análise de variância e covariância e no Capítulo 17 para regressão múltipla. Por sua vez, a MEE analisa correlação ou covariância. A MEE determina o quanto a teoria proposta explica a matriz de covariância ou correlação observada entre variáveis mensuradas. A análise de dados é fundamentalmente baseada em uma matriz de covariância ou correlação no nível do item. Assim, um dos passos preparatórios para a MEE é produzir correlações ou covariâncias entre os itens (variáveis mensuradas ou observadas). A maioria dos programas de MEE contemporâneos gera automaticamente correlações ou covariâncias para análise subsequente, de modo que esse passo pode não ser aparente para a maioria dos usuários desses *software*. Contudo, é importante observar que a análise de MEE é baseada em uma matriz de covariância ou correlação, e não em dados brutos. Em comparação com correlações, defendemos a estimativa de MEE com base em covariâncias. Uma matriz de correlação é um caso especial de matriz de covariância quando os dados são padronizados (ver Capítulo 17). Em comparação com correlações, as covariâncias contêm mais informações e oferecem mais flexibilidade.

Com base nos modelos estruturais e de mensuração propostos, é possível estimar a matriz de covariância entre as variáveis observáveis, Σ_k. A **adequação do modelo** é então determinada comparando-se a proximidade com que a matriz de covariância estimada Σ_k se enquadra na matriz de covariância observada (amostra) S, ou seja, as estatísticas de adequação estão baseadas em $|S - \Sigma_k|$. Um **resíduo** em MEE é a diferença entre o valor observado e o valor estimado de uma covariância. Índices de adequação específicos usados em MEE são discutidos posteriormente neste capítulo.[8]

adequação do modelo
É determinada comparando-se o quanto a matriz de covariância estimada Σ_k se enquadra na matriz de covariância observada (amostra) S, ou seja, as estatísticas de adequação são baseadas em $|S - \Sigma_k|$.

resíduos
Na MEE, os resíduos são as diferenças entre as matrizes de covariância observadas e estimadas.

Identificação do modelo

A **identificação do modelo** refere-se ao fato de haver ou não informações suficientes na matriz de covariância para possibilitar o cálculo de um conjunto de equações estruturais. Podemos estimar um parâmetro de modelo para cada covariância ou variância única entre as variáveis observadas. Se houver p variáveis observadas, então até um máximo de $(p(p+1))/2$ parâmetros podem ser estimados. Observe-se que esse número é a soma de todas as covariâncias únicas $(p(p-1)/2)$ e de todas as variâncias, p. Assim,

$$(p(p+1))/2 = p(p-1)/2 + p$$

identificação do modelo
Refere-se à existência ou não de informações suficientes na matriz de covariância para possibilitar a estimativa de um conjunto de equações estruturais.

Se o número real de parâmetros estimados, k, for menor do que $(p(p+1))/2$, o modelo será superidentificado. Nesse caso, temos graus positivos de liberdade. Ao contrário, se k for maior do que $(p(p+1))/2$, o modelo será subidentificado, e uma solução única não poderá ser encontrada. Como orientação geral, ter pelo menos três variáveis observadas para cada construto latente ajuda na identificação do modelo, isto é, resulta em um modelo superidentificado. Essa prática é, portanto, recomendada.

Realização da MEE

O processo de realização da MEE é descrito na Figura 22.2. Os passos envolvidos na realização da MEE são (1) definir os construtos individuais, (2) especificar o modelo de mensuração, (3) avaliar a confiabilidade e a validade do modelo de mensuração, (4) especificar o modelo estrutural se o modelo de mensuração for válido, (5) avaliar a validade do modelo estrutural e (6) tirar conclusões e fazer recomendações se o modelo estrutural for válido. Descreveremos cada um desses passos e discutiremos as questões relevantes envolvidas.

Definir os construtos individuais

Como foi mencionado anteriormente, é muito importante que a análise de MEE seja fundamentada na teoria. Os construtos específicos, como cada construto será definido e mensurado e as inter-relações entre construtos devem todos ser especificados com base na teoria. Geralmente, o interesse na MEE é testar tanto a teoria de mensuração quanto a teoria estrutural. A teoria de mensuração especifica como os construtos são representados; a teoria estrutural estipula como os construtos são inter-relacionados. As relações estruturais estipuladas pela teoria são convertidas em hi-

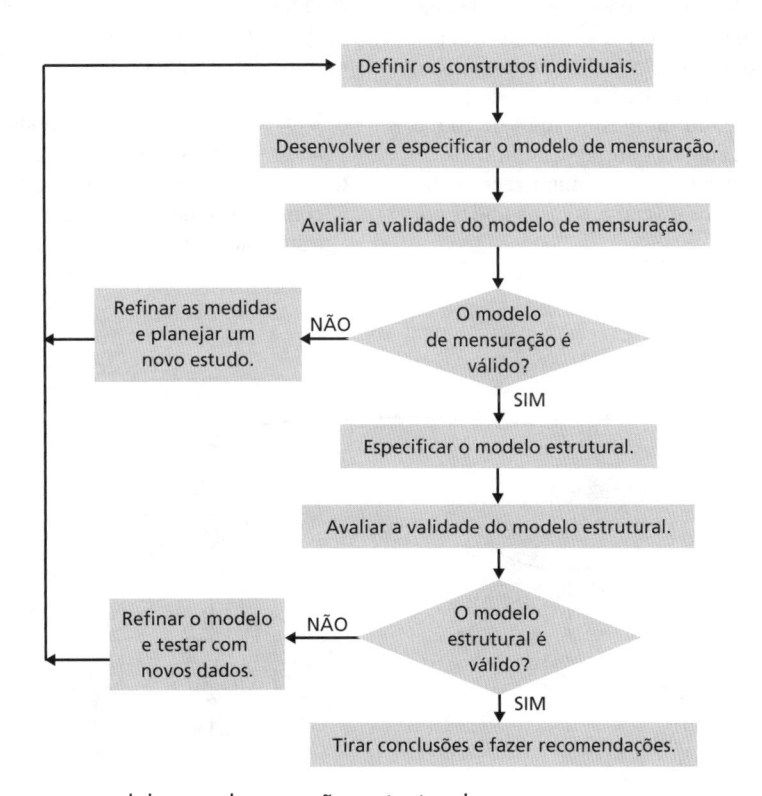

FIGURA 22.2 Processo para modelagem de equações estruturais.

póteses (ver Capítulo 2), que são então testadas usando-se a MEE. O teste dessas hipóteses será válido somente se o modelo de mensuração subjacente que especifica como esses construtos são representados for válido. Dessa forma, deve-se tomar muito cuidado na operacionalização, na mensuração e no escalonamento das variáveis relevantes identificadas e definidas pela teoria. As considerações envolvidas sobre mensuração e escalonamento, incluindo o desenvolvimento de escalas de vários itens, foram discutidas nos Capítulos 8 e 9. Esse processo resulta em escalas usadas para mensurar as variáveis observadas ou indicadoras.

Especificar o modelo de mensuração

Uma vez definidos os construtos e mensuradas suas variáveis indicadoras ou observadas, podemos especificar o modelo de mensuração. Isso envolve a atribuição das variáveis mensuradas relevantes a cada construto latente. O modelo mensuração geralmente é representado por um diagrama, conforme indicado na Figura 22.3. A figura representa um modelo de mensuração simples que tem dois construtos correlacionados, com cada construto sendo representado por três variáveis indicadoras ou mensuradas. A atribuição de variáveis mensuradas a cada construto latente é graficamente equivalente ao traçado de setas de cada construto às variáveis mensuradas que o representam. O grau com que cada variável mensurada está relacionada com seu construto é representado pela carga daquela variável, o que também é mostrado na Figura 22.3. Somente cargas que ligam cada variável mensurada ao seu construto latente, conforme especificado pelas setas, são estimadas; todas as outras cargas são estipuladas em zero. Além disso, como um fator latente não explica uma variável mensurada perfeitamente, um termo de erro é acrescentado. Em um modelo de mensuração, não distinguimos entre construtos exógenos e endógenos; todos são tratados como sendo do mesmo tipo, de forma semelhante à que ocorre na análise fatorial (Capítulo 19).

Em um modelo de mensuração, é comum representar construtos em caracteres gregos e variáveis mensuradas por letras. As notações comuns são:

ξ = fatores latentes
X = variáveis mensuradas
λ_x = cargas fatoriais
δ = erros
ϕ = correlação entre construtos

Pode-se ver que a Figura 22.3 é semelhante à Figura 22.1(b), exceto no fato de que todas as notações foram adicionadas. Na forma de equação, o modelo de mensuração pode ser representado como:

$$X_1 = \lambda_{x1,1} \xi_1 + \delta_1$$

No modelo da Figura 22.3, um total de 13 parâmetros precisa ser estimado. Os parâmetros consistem em seis estimativas de cargas, seis estimativas de erros e uma correlação entre construtos. Nenhum outro caminho foi especificado, ou seja, nenhuma seta é mostrada. Esses caminhos serão estipulados em zero, isto é, não serão estimados. Para cada parâmetro possível no modelo, o pesquisador deve especificar se é estimado ou não. Um parâmetro livre é aquele que é estimado na análise. Um parâmetro fixo é aquele que não é estimado pela MEE, mas cujo valor é estabelecido pelo pesquisador. Com frequência, o valor de um parâmetro fixo é estabelecido em zero, indicando que a relação específica não é estimada.

A especificação das variáveis observadas ou indicadoras para cada construto latente exige "o estabelecimento da escala" do construto latente. Como um construto latente não é observado, não tem escala métrica, ou seja, nenhuma amplitude de valores. Portanto, isso deve ser fornecido, e uma das duas opções abaixo deve ser usada:

1. Uma das cargas fatoriais pode ser fixada, geralmente com o valor de um.
2. A variância do construto pode ser fixada, geralmente com o valor de um. Nesse caso, as relações entre construtos são representadas por uma matriz de correlação.

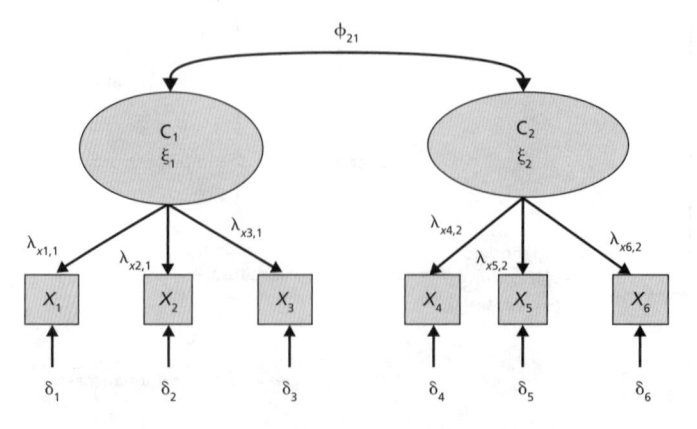

FIGURA 22.3 Diagrama de caminho de um modelo de mensuração simples.

Exigências de tamanho da amostra

O tamanho da amostra exigido para MEE depende de várias considerações, incluindo a complexidade do modelo, a técnica de estimação, a quantidade de dados faltantes, a quantidade de variância de erro média entre os indicadores ou variáveis mensuradas e a distribuição multivariada dos dados. Em termos de complexidade, os modelos com mais construtos ou mais variáveis mensuradas exigem amostras maiores. Amostras mais amplas também são necessárias se há menos de três variáveis mensuradas para cada construto. Com relação à técnica de estimação, se for usada a estimação de verossimilhança máxima, o tamanho da amostra geralmente deverá estar na faixa de 200 a 400, estando sujeito a outras considerações.[9] Se a extensão dos dados faltantes for maior do que 10%, então problemas poderão ser encontrados e maiores amostras serão necessárias. O impacto da variância de erro média dos indicadores pode ser compreendido em termos de **comunalidade**. Semelhante à noção na análise fatorial (ver Capítulo 19), comunalidade representa a quantidade média entre os indicadores de variáveis mensuradas explicada pelo modelo de mensuração. Pesquisas mostram que, quanto menor a comunalidade, maiores deverão ser as amostras. Em especial, quando as comunalidades são menores de 0,5, são necessárias amostras maiores. O problema aumenta quando os construtos são medidos com menos de três indicadores. Finalmente, quanto mais os dados se desviam da suposição da normalidade multivariada, maiores deverão ser as amostras. Para minimizar problemas com desvios da normalidade, sugere-se que deva haver no mínimo 15 respondentes para cada parâmetro estimado no modelo.[10]

comunalidade
Variância de uma variável mensurada que é explicada pelo construto sobre o qual ela carrega.

Oferecemos as seguintes orientações simplificadas. Modelos de MEE com cinco construtos ou menos, cada um com mais de três variáveis mensuradas e com comunalidades de pelo menos 0,5 devem ser estimados com tamanhos de amostra de no mínimo 200. Para cinco construtos ou menos, quando até mesmo alguns dos construtos são mensurados com menos de três indicadores ou com comunalidades menores do que 0,5, o tamanho da amostra deve ser pelo menos 300. Quando há mais de cinco construtos, com vários deles sendo mensurados com menos de três indicadores, e há várias comunalidades baixas (menos de 0,5), o tamanho da amostra deve ser de pelo menos 400. Em geral, amostras maiores produzem soluções mais estáveis, e o pesquisador deve assegurar que o modelo MEE está sendo estimado com um tamanho de amostra adequado.[11]

Confiabilidade e validade do modelo de mensuração

A validade do modelo de mensuração depende da adequação dos resultados, da confiabilidade e da evidência da validade do construto e, especialmente, das validades convergentes e discriminante.

Avaliar a adequação do modelo de mensuração

Conforme afirmado anteriormente, a adequação do modelo significa até que ponto o modelo especificado reproduz a matriz de covariância entre os itens indicadores, isto é, o grau de semelhança da covariância estimada das variáveis indicadoras (Σ_k) com a covariância observada nos dados da amostra (S). Quanto mais próximos os valores das duas matrizes estiverem uns dos outros, mais adequado será o modelo. Como a Figura 22.4 mostra, as várias medidas para avaliar a adequação consistem em índices de adequação absoluta, adequação incremental e adequação de parcimônia. Em índices de adequação absoluta, cada modelo é avaliado independentemente de outros modelos possíveis. Esses índices mensuram diretamente o quanto o modelo especificado reproduz os dados observados ou da amostra. Os índices de adequação absoluta podem mensurar tanto a adequação quanto a inadequação. Os índices de adequação indicam até que ponto o modelo especificado é adequado aos dados observados ou da amostra; assim, números mais altos dessa medida são desejáveis. As medidas comumente usadas são o índice de adequação (em inglês, *goodness-of-fit* ou GFI) e o índice de adequação

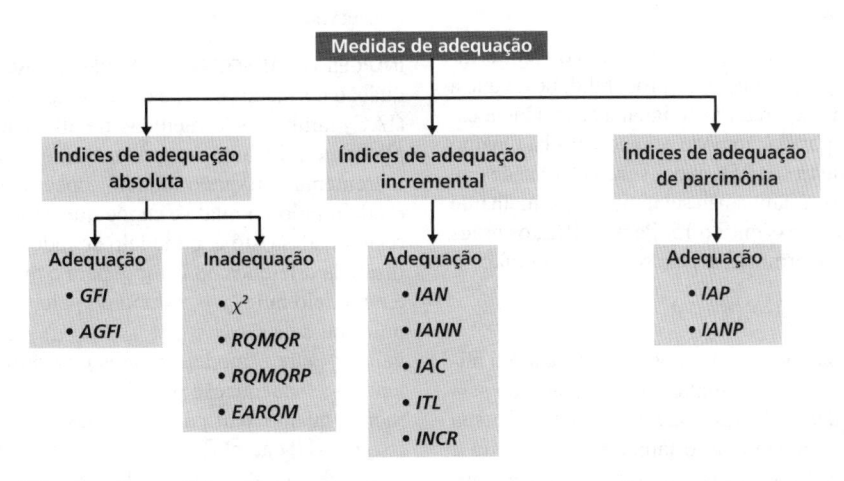

FIGURA 22.4 Classificação de medidas de adequação.

ajustado (*adjusted goodness-of-fit* ou AGFI). Por outro lado, os índices de inadequação mensuram o erro ou desvio de alguma forma; desse modo, valores mais baixos desses índices são desejados. As medidas comumente usadas de inadequação são o qui-quadrado (χ^2), a raiz quadrada da média do quadrado dos resíduos (RQMQR), a raiz quadrada da média do quadrado dos resíduos padronizada (RQMQRP) e o erro de aproximação da raiz quadrada da média (EARQM).

Em contraste com os índices de adequação absoluta, os índices de adequação incremental avaliam até que ponto o modelo especificado é adequado aos dados da amostra em relação a algum modelo alternativo que é tratado como modelo básico. O modelo básico comumente utilizado é o modelo nulo, baseado na suposição de que as variáveis observadas não são correlacionadas. Essas são as medidas de adequação, e os índices de adequação incremental comumente usados são o índice de adequação normado (IAN), o índice de adequação não normado (IANN), o índice de adequação comparativo (IAC), o Índice Tucker Lewis (ITL) e o índice de não centralidade relativa (INCR).

Os índices de adequação de parcimônia devem avaliar a adequação em relação à complexidade do modelo e são úteis na avaliação de modelos concorrentes. São boas medidas de adequação e podem ser melhorados por uma melhor adequação ou por um modelo mais simples, menos complexo, que calcule menos parâmetros. Esses índices são baseados na razão de parcimônia, que é calculada como razão entre graus de liberdade usados pelo modelo e os graus totais de liberdade disponíveis. Os índices de adequação de parcimônia comumente utilizados são o índice de adequação de parcimônia (IAP) e o índice de adequação normado de parcimônia (IANP). Discutimos esses índices brevemente e oferecemos orientação para seu uso. Dada sua natureza fundamental, o qui-quadrado (X^2) é discutido primeiro, seguido pelos demais índices.[12]

QUI-QUADRADO (χ^2) Um teste de qui-quadrado proporciona um teste estatístico da diferença nas matrizes de covariância tal que $\chi^2 = (n - 1)$ (matriz observada de covariância da amostra – matriz de covariância estimada), onde n é o tamanho da amostra, ou

$$\chi^2 = (n - 1)(S - \Sigma_k)$$

Em graus de liberdade especificados, como o valor crítico da distribuição de χ^2 é conhecido, a probabilidade de que a covariância observada seja realmente igual à covariância estimada em uma dada população pode ser encontrada. Quanto menor a probabilidade ($p < 0{,}05$), maior será a chance de que as duas matrizes de covarianvia não sejam iguais, semelhante ao teste do χ^2 discutido no Capítulo 15. Para a MEE, os graus de liberdade (gl) são determinados pela seguinte fórmula:

$$gl = 1/2[(p)(p + 1)] - k$$

onde p é o número total de variáveis observadas e k é o número de parâmetros estimados. Embora o qui-quadrado seja a única medida de adequação estatisticamente baseada, sua limitação é que ele aumenta com o tamanho da amostra e o número de variáveis observadas, introduzindo tendenciosidade na adequação do modelo. Assim, devemos examinar índices de adequação de modelo alternativos.

OUTROS ÍNDICES DE ADEQUAÇÃO ABSOLUTA: ADEQUAÇÃO (*GOODNESS-OF-FIT*) O índice de adequação (GFI) é uma medida de adequação absoluta, enquanto o índice de adequação ajustado (AGFI) se refere aos graus de liberdade no modelo. Se F_k for a função de adequação mínima do modelo estimado e F_0 for a função de adequação do modelo básico sem nenhum parâmetro livre, então GFI = $1 - F_k/F_0$. À medida que a adequação do modelo melhora, F_k/F_0 diminui e, como resultado, o GFI aumenta. O AGFI ajusta os graus de liberdade e é útil para comparar modelos com diferentes complexidades. AGFI = $[1 - (p(p + 1)/2gl)(1 - GFI)]$, onde p é o número total de variáveis observadas e gl representa os graus de liberdade do modelo. Valores mais altos, na faixa de 0,90, são considerados aceitáveis para GFI e AGFI. GFI e AGFI são afetados pelo tamanho da amostra e podem ser grandes para modelos que são precariamente especificados; como tal, seu uso como índices de adequação é um tanto limitado.

OUTROS ÍNDICES DE ADEQUAÇÃO ABSOLUTA: INADEQUAÇÃO (*BADNESS-OF-FIT*) A noção de resíduo foi discutida anteriormente. O índice RQMQR é a raiz quadrada da média desses resíduos quadrados. Assim, o RQMQR é uma covariância residual média que é função das unidades usadas para mensurar as variáveis observadas. Portanto, é problemático comparar o RQMQR entre modelos, a menos que seja feita uma padronização. O índice RQMQRP é o valor padronizado do índice RQMQR e auxilia na comparação da adequação entre modelos. Assim como o RQMQR, valores mais baixos do RQMQRP indicam melhor adequação do modelo, e valores de 0,08 ou menos são desejáveis.

O erro de aproximação da raiz quadrada da média (EARQM) examina a diferença entre a covariância real e prevista, ou seja, o resíduo ou, especificamente, a raiz quadrada da média dos resíduos ao quadrado. EARQM = $\sqrt{[(\chi^2/gl - 1)/(n - 1)]}$, que ajusta o valor de qui-quadrado por fatoração nos graus de liberdade e no tamanho da amostra. Valores menores de EARQM indicam melhor adequação do modelo. Um valor de EARQM de $\leq 0{,}08$ é considerado conservador.

ÍNDICES DE ADEQUAÇÃO INCREMENTAL O índice de adequação normado (IAN) e o índice de adequação comparativo (IAC) também são medidas de adequação de modelo amplamente utilizadas e representam os índices de adequação incremental em que o modelo especificado é comparado ao modelo nulo no qual se supõe que as variáveis não são correlacionadas (isto é, o modelo de independência). O IAN é a razão da diferença no valor χ^2 para o modelo proposto (χ^2_{prop}) e o modelo nulo (χ^2_{nulo}) dividido pelo valor χ^2 para o modelo nulo, ou seja, IAN = $(\chi^2_{nulo} - \chi^2_{prop})/\chi^2_{nulo}$. À medida que o valor χ^2 para o modelo proposto se aproxima de zero, IAN tende a ser adequação perfeita de 1. O IAN não reflete parcimônia; quanto mais parâmetros no modelo, maior o IAN, por isso o IANN atualmente é preferido. IANN = $(\chi^2_{nulo}/gl_{nulo} - \chi^2_{prop}/gl_{prop})/[(\chi^2_{nulo}/gl_{nulo}) - 1]$, onde gl_{prop} e gl_{nulo} são graus de liberdade para os modelos proposto e nulo, respectivamente. Para IAN e IANN, valores de ≥0,90 são considerados aceitáveis.

O IAC é relacionado ao IAN e fatores em graus de liberdade para complexidade do modelo e é determinado pela seguinte fórmula: IAC = 1 − (χ^2_{prop} − gl_{prop})/(χ^2_{nulo} − gl_{nulo}), onde χ^2_{prop} e gl_{prop} são um valor qui-quadrado, e os graus de liberdade para o modelo proposto teoricamente e χ^2_{nulo} e gl_{nulo} são os mesmos para o modelo nulo. O IAC varia de 0 a 1, e valores de 0,90 ou mais são geralmente associados com boa adequação do modelo. O IAC tem significado semelhante ao de IAN, mas é afetado pelo tamanho da amostra.

O Índice Tucker Lewis (ITL) é conceitualmente semelhante ao IAC, mas não é normado, de forma que os valores podem ficar fora da faixa de 0 a 1. Modelos com boa adequação têm um valor de ITL próximo de 1. O índice de não centralidade relativa (INCR) é outro índice de adequação incremental, e seus valores geralmente variam de 0 a 1, com valores de 0,90 ou mais indicando uma boa adequação.

ÍNDICES DE ADEQUAÇÃO DE PARCIMÔNIA Deve-se enfatizar que os índices de adequação de parcimônia não são apropriados para avaliar a adequação de um modelo único, mas são úteis para comparação de modelos de diferentes complexidades. O índice de adequação de parcimônia (IAP) ajusta o índice de adequação usando a razão de parcimônia, que foi definida anteriormente. Os valores de IAP variam entre 0 e 1. Um modelo com IAP mais alto é preferido, com base em adequação e complexidade. O índice de adequação normado de parcimônia (IANP) ajusta o índice de adequação normado (IAN) pela multiplicação com a razão de parcimônia. Assim como o IAP, valores mais altos de IANP também indicam modelos melhores em termos de adequação e parcimônia. Tanto o IAP quanto o IANP devem ser usados somente em sentido relativo, ou seja, em comparação de modelos. O IANP é mais usado do que o IAP.

Das medidas consideradas, o IAC e o EARQM estão entre as menos afetadas pelo tamanho da amostra e são muito populares para utilização. É altamente desejável que se usem vários (no mínimo, três) índices de diferentes tipos. É uma boa prática sempre relatar o valor χ^2 com os graus associados de liberdade. Além disso, utilize pelo menos uma medida de adequação absoluta, uma de inadequação absoluta e uma de adequação incremental. Se comparar modelos de diferentes complexidades, um índice de adequação de parcimônia também deverá ser considerado.

Avaliar a confiabilidade e a validade do modelo de mensuração

As considerações sobre precisão, confiabilidade, validade e capacidade de generalização para escalas de múltiplos itens no Capítulo 9 também se aplicam à MEE. Aconselha-se que esses conceitos sejam revisados. Aqui discutimos as abordagens de confiabilidade, validade convergente e validade discriminante, que são únicas da MEE.

CONFIABILIDADE Lembremos, como afirmado no Capítulo 9, que um construto não confiável não pode ser válido. Assim, primeiro devemos avaliar a confiabilidade dos construtos no modelo de mensuração. Como vimos no Capítulo 9, o coeficiente alfa pode ser usado para avaliar a confiabilidade. Além disso, calculamos a confiabilidade composta (CC), que é definida como a quantidade total de variância de escore verdadeiro em relação à variância de escore total. CC é calculada como

$$CC = \frac{\left(\sum_{i=1}^{p} \lambda_i\right)^2}{\left(\sum_{i=1}^{p} \lambda_i\right)^2 + \left(\sum_{i=1}^{p} \text{var}(\delta_i)\right)}$$

onde

CC = confiabilidade composta
λ = carga fatorial completamente padronizada
var(δ) = variância de erro
p = número de indicadores ou variáveis observadas

Assim, a confiabilidade composta corresponde à noção convencional de confiabilidade na teoria de testes clássica (ver Capítulo 9). Como orientação geral, confiabilidades compostas de 0,7 ou mais são consideradas boas. Estimativas entre 0,6 e 0,7 podem ser consideradas aceitáveis se as estimativas da validade do modelo forem boas.

VALIDADE CONVERGENTE Conforme visto no Capítulo 9, a validade convergente mede até que ponto a escala se correlaciona positivamente com outras medidas do mesmo construto. Assim, o tamanho de cargas fatoriais fornece evidência da validade convergente. Altas cargas fatoriais indicam que as variáveis observadas convergem no mesmo construto. No mínimo, todas as cargas fatoriais deveriam ser estatisticamente significativas e maiores que 0,5, idealmente maiores que 0,7. Uma carga de 0,7 ou mais indica que o construto está explicando 50% ou mais da variação na variável observada, pois (($0,71)^2 = 0,5$). Às vezes, um nível de corte de 0,6 é utilizado.[13]

Outra medida empregada para avaliar a validade convergente é a variância média extraída (VME), definida como a variância nos indicadores ou variáveis observadas que é explicada pelo construto latente.[14] A VME é calculada em termos de cargas (completamente) padronizadas como

$$VME = \frac{\sum_{i=1}^{p} \lambda_i^2}{\sum_{i=1}^{p} \lambda_i^2 + \sum_{i=1}^{p} \text{var}(\delta_i)}$$

onde

VME = variância média extraída
λ = carga fatorial completamente padronizada
var(δ) = variância de erro
p = número de indicadores ou variáveis observadas

A VME varia de 0 a 1 e representa a razão da variância total que é devida à variável latente. Usando-se a lógica apresentada anteriormente, uma VME de 0,5 ou mais indica validade convergente satisfatória, pois significa que o construto latente responde por 50% ou mais da variância nas variáveis observadas, em média. Se a VME for menor que 0,5, a variância decorrente de erro de mensuração é maior do que a variância capturada pelo construto, e a validade dos indicadores individuais, bem como do construto, é questionável. Observe-se que a VME é uma medida mais conservadora do que CC. Apenas com base em CC, o pesquisador pode concluir que a validade convergente do construto é adequada, embora mais de 50% da variância se deva a erro. Também se devem interpretar as estimativas de parâmetro padronizadas para assegurar-se de que são significativas e estão de acordo com a teoria.

VALIDADE DISCRIMINANTE A fim de estabelecer a validade discriminante, devemos mostrar que o construto é distinto de outros construtos e, por isso, faz uma contribuição única. Variáveis observadas individuais devem carregar em somente um construto latente. Cargas cruzadas indicam falta de distinção e apresentam problemas potenciais no estabelecimento de validade discriminante. Na MEE, costuma-se supor que um conjunto de variáveis observadas representa apenas um construto subjacente, e esse conceito é chamado de unidimensionalidade. Todas as cargas cruzadas são especificadas (isto é, fixadas) em zero.

Uma maneira formal de mostrar a distinção é estabelecer a correlação entre dois construtos quaisquer como igual a um, ou seja, estamos especificando que variáveis observadas que medem os dois construtos também podem ser representadas por somente um construto. Provas da validade discriminante são obtidas se a adequação do modelo de dois construtos for significativamente melhor do que a adequação do modelo de um construto. No entanto, isso na verdade vem a ser um teste fraco, já que diferenças de adequação significativas podem ser obtidas mesmo quando as correlações entre os dois construtos são muito altas.

Um teste alternativo de validade discriminante baseia-se na lógica de que um construto deve explicar suas variáveis observadas melhor do que qualquer outro construto. Esse teste é realizado mostrando-se que a variância média extraída é maior do que o quadrado das correlações. De forma equivalente, a validade discriminante é obtida se a raiz quadrada da variância média extraída for maior do que os coeficientes de correlação.

Falta de validade: diagnóstico de problemas

Se a validade do modelo de mensuração proposto não for satisfatória, então poderemos fazer uso da informação diagnóstica oferecida pela análise fatorial confirmatória (AFC) para realizar as modificações apropriadas. As pistas diagnósticas que podem ser usadas para se fazerem as modificações incluem: (1) as estimativas de caminho ou cargas, (2) resíduo padronizado, (3) índices de modificação e (4) busca de especificação.

As estimativas de caminho, ou cargas, ligam cada construto aos seus indicadores ou variáveis observadas. Devem-se examinar as cargas completamente padronizadas porque a padronização remove o efeito devido às escalas de mensuração. Diferentes indicadores podem ser mensurados utilizando-se diferentes escalas, o que é levado em conta por meio da padronização. Cargas completamente padronizadas que não estão na faixa de –1,0 a +1,0 são inviáveis e sugerem problemas que devem ser identificados e investigados. Uma carga deve ser estatisticamente significativa. Uma carga não significativa sugere que o indicador correspondente deve ser abandonado, a menos que haja fortes razões teóricas para conservá-lo. Além disso, as cargas devem estar, preferencialmente, acima de 0,7 ou, no mínimo, ser um pouco maiores que 0,5 quando os valores absolutos são comparados. Essas orientações foram dadas anteriormente. Cargas significativas, mas baixas (menos de 0,5) sugerem que os indicadores correspondentes ainda podem ser candidatos à eliminação. Os sinais das cargas devem estar na direção suposta pela teoria, e as cargas devem ser significativas do ponto de vista teórico. Também é útil avaliar as correlações múltiplas ao quadrado. Uma *correlação múltipla ao quadrado* representa até que ponto a variância de uma variável observada é explicada pelo construto latente associado.

Como foi visto anteriormente, os resíduos referem-se às diferenças entre as covariâncias observadas (isto é, os dados da amostra) e os termos de covariância estimados. Um **resíduo padronizado** é o resíduo dividido por seu erro padrão. As seguintes orientações são observadas com relação aos valores absolutos dos resíduos padronizados. Os valores absolutos dos resíduos padronizados maiores de 4,0 são problemáticos, embora os valores entre 2,5 e 4,0 também devam ser examinados cuidadosamente, mas podem não sugerir nenhuma mudança no modelo se nenhum outro problema estiver associado com os indicadores ou variáveis observadas correspondentes.

---

resíduos padronizados
Resíduos usados como medida diagnóstica de adequação de modelo, sendo cada um dividido por seu erro padrão.

Programas de MEE também calculam um *índice de modificação* para cada relação possível que não é livremente calculada, mas fixa. O índice mostra a melhoria no modelo geral χ^2 se esse caminho tiver sido livremente estimado. Como regra geral, o valor do índice deve ser menor que 4,0, e valores de 4,0 ou mais indicam que a adequação pode ser melhorada por meio de estimativa livre da relação ou caminho.

Uma **busca de especificação** é uma abordagem empírica que utiliza o diagnóstico de modelo e a tentativa e erro para encontrar um modelo com melhor adequação. Ela pode ser facilmente implementada utilizando-se *software* de MEE. Apesar disso, a abordagem não deve ser usada sem precaução, pois há problemas associados com a determinação de um modelo mais adequado simplesmente com base em dados empíricos. Não recomendamos essa abordagem para os usuários iniciantes.

---

busca de especificação
Abordagem empírica que usa o diagnóstico de modelo e tentativa e erro para encontrar um modelo mais adequado.

Deve-se observar que todos os ajustes, seja com base em estimativas de caminho, resíduos padronizados, índices de modificação ou buscas de especificação, são contra a natureza intrínseca da AFC, que é uma técnica confirmatória. Na verdade, tais ajustes têm mais a ver com a análise fatorial exploratória (AFE). No entanto, se as modificações forem menores (por exemplo, eliminação de menos de 10% das variáveis observadas), pode-se prosseguir com os dados e o modelo prescrito depois de se fazerem as mudanças sugeridas. Porém, se as modificações forem substanciais, então se deve modificar a teoria da mensuração, especificar um novo modelo de mensuração e coletar novos dados para testar o novo modelo.[15]

Especificar o modelo estrutural

Uma vez estabelecida a validade do modelo de mensuração, pode-se prosseguir com a especificação do modelo estrutural. Ao passar-se do modelo de mensuração para o modelo estrutural, a ênfase passa das relações entre construtos latentes e variáveis observadas para a natureza e magnitude das relações entre construtos. Assim, o modelo de mensuração é alterado com base nas relações entre os construtos latentes. Como o modelo de mensuração muda, a matriz de covariância estimada com base no conjunto de relações examinadas também mudará. Entretanto, a matriz de covariância observada, baseada nos dados da amostra, não muda, uma vez que os mesmos dados são usados para calcular o modelo estrutural. Desse modo, em geral, as estatísticas de adequação também mudarão, indicando que a adequação do modelo estrutural é diferente da adequação do modelo de mensuração.

A Figura 22.5 mostra o modelo estrutural baseado no modelo de mensuração da Figura 22.3. Embora os construtos C_1 e C_2 fossem correlacionados na Figura 22.3, agora há uma relação de dependência, com C_2 sendo dependente de C_1. Observe-se que o arco de duas extremidades na Figura 22.3 agora é substituído por uma seta reta de uma extremidade, representando o caminho de C_1 para C_2. Também há algumas mudanças nas notações e símbolos. O construto C_2 agora é representado por η_1. Essa mudança ajuda a distinguir um construto endógeno (C_2) de um construto exógeno (C_1).

Também se deve observar que somente as variáveis observadas para o construto exógeno C_1 são representadas por X (X_1 a X_3). Por outro lado, as variáveis observadas para o construto endógeno C_2 são representadas por Y (Y_1 a Y_3). Os termos de variância de erro para as variáveis Y são denotados por ε, e não por δ. As cargas também refletem a distinção endógena e exógena. Cargas para o construto exógeno, como antes, ainda são representadas por λ_x. Contudo, as cargas para o construto endógeno são representadas por λ_y. A representação gráfica de um modelo estrutural, como na Figura 22.5, é chamada de *diagrama de caminho*. As relações entre os construtos latentes, mostradas com setas retas de uma extremidade em um diagrama de caminho, são examinadas estimando-se os parâmetros estruturais, como na Figura 22.5. É de se observar que somente os parâmetros livres são mostrados com setas retas de uma extremidade no diagrama de caminho; parâmetros fixos, normalmente estabelecidos em zero, não são mostrados. Os parâmetros estruturais recaem em dois grupos. Parâmetros representando relações de construtos exógenos (ξ) para construtos endógenos (η) são denotados pelo símbolo γ (gama), como apresentado na Figura 22.5. Parâmetros representando relações de construtos endógenos para construtos endógenos são denotados pelo símbolo β (beta).

Se o modelo de mensuração é identificado, então o modelo estrutural também o é, desde que seja recursivo, não havendo retrocessos ou dependências duais, e que não haja termos de interação. Em tais casos, geralmente o modelo estrutural fica aninhado no modelo de mensuração e contém menos parâmetros estimados. Um modelo é aninhado em outro modelo quando tem o mesmo número de construtos e variáveis e pode ser derivado do outro modelo pela alteração de relações, como pela adição ou eliminação de relações. Existem dependências duais quando C_1 e C_2 são mutuamente dependentes; modelos que contêm tais relações são chamados de não recursivos.

Ao se especificar o modelo estrutural, é desejável que se estimem as cargas fatoriais e as variâncias de erros, juntamente com os parâmetros estruturais. Essas estimativas padronizadas do modelo estrutural podem então ser comparadas com as estimativas correspondentes do modelo de mensuração para identificar quaisquer inconsistências (dife-

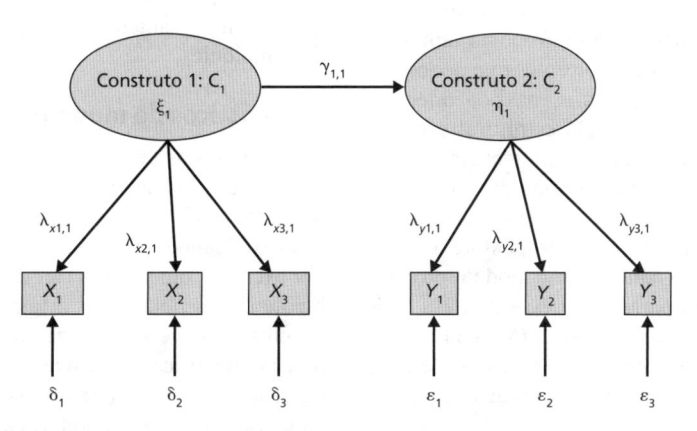

FIGURA 22.5 Diagrama de caminho de um modelo estrutural simples.

renças maiores que 0,05). Essa abordagem também permite usar a adequação do modelo de mensuração como base de avaliação da adequação do modelo estrutural. Uma abordagem alternativa que usa as estimativas de cargas fatoriais e as variâncias de erro obtidas no modelo de mensuração como parâmetros fixos no modelo estrutural não é recomendada, uma vez que a mudança de adequação entre o modelo de mensuração e o modelo estrutural pode ser decorrente de problemas com a teoria de mensuração, e não com a teoria estrutural.

Avaliar a validade do modelo estrutural

A avaliação da validade do modelo estrutural envolve: (1) examinar a adequação, (2) comparar o modelo estrutural proposto com os modelos concorrentes e (3) testar hipóteses e relações estruturais.

Avaliar a adequação

A adequação de um modelo estrutural é examinada de acordo com o que se discutiu anteriormente quanto ao modelo de mensuração. Conforme foi explicado, geralmente um modelo estrutural recursivo tem menos relações do que um modelo de mensuração do qual é derivado. No máximo, o número de relações em um modelo estrutural pode ser igual aos de um modelo de mensuração. Isso significa que, comparativamente, menos parâmetros são estimados no modelo estrutural. Portanto, o valor de χ^2 em um modelo estrutural recursivo não pode ser menor que aquele no modelo de mensuração correspondente. Em outras palavras, um modelo estrutural recursivo não pode ter uma adequação melhor. Assim, a adequação do modelo de mensuração oferecer um limite superior para a adequação de um modelo estrutural. Quanto mais próxima a adequação de um modelo estrutural estiver da adequação de um modelo de mensuração, melhor. As outras estatísticas e orientações para avaliar a adequação de um modelo estrutural são semelhantes às discutidas anteriormente para o modelo de mensuração, e os mesmo índices de adequação são utilizados.

Comparações com modelos concorrentes

Além de ter um modelo estrutural com boa adequação, é uma boa prática mostrar que o modelo proposto tem adequação melhor do que modelos concorrentes que poderiam ser considerados como alternativas. Uma boa adequação não prova que a teoria ou modelo estrutural proposto é o que melhor explica os dados da amostra (matriz de covariância). Um modelo alternativo pode produzir uma adequação igual ou melhor. Desse modo, uma boa adequação não prova que o modelo estrutural proposto é a única explicação verdadeira. Nossa confiança no modelo proposto pode ser aumentada comparando-se esse modelo com modelos concorrentes. O modelo proposto (M1) e um modelo concorrente (M2) podem ser comparados em termos de diferenças em χ^2, índices incrementais ou de adequação de parcimônia (Figura 22.4).

Quando os modelos estão aninhados, a comparação pode ser feita avaliando-se a estatística de diferença qui-quadrado ($\Delta\chi^2$). Do valor de χ^2 para o modelo proposto, M1, o valor χ^2 para um modelo menos restritivo, M2, é subtraído. Por exemplo, M2 pode ter caminhos adicionais em comparação com M1. Os graus de liberdade para a diferença χ^2 também são determinados como a diferença nos graus de liberdade para M1 e M2.[16] As equações envolvidas podem ser representadas como:

$$\Delta\chi^2_{\Delta gl} = \chi^2_{gl(M1)} - \chi^2_{gl(M2)}$$

e

$$\Delta gl = gl(M1) - gl(M2)$$

A diferença de dois valores distribuídos qui-quadrado também tem uma distribuição qui-quadrado. Portanto, podemos testar se a diferença $\Delta\chi^2$ com graus Δgl de liberdade é estatisticamente significativa. Esse procedimento também pode ser usado para testar a significância da diferença nas adequações dos modelos estrutural e de mensuração. O modelo estrutural é mais restrito do que o modelo de mensuração e está aninhado nele. Se a adequação do modelo estrutural for significativa e substancialmente pior do que a adequação do modelo de mensuração, então a validade da teoria estrutural será questionável. Por outro lado, se a adequação do modelo estrutural não for significativamente pior do que a adequação do modelo de mensuração, então haverá evidência da validade da teoria estrutural.

Teste de relações hipotetizadas

Na MEE, as relações teóricas geralmente são transformadas em hipóteses que podem ser empiricamente testadas. A teoria estrutural é considerada válida até o ponto em que essas hipóteses são sustentadas na análise de MEE. O parâmetro estimado para uma relação hipotetizada deve ser estatisticamente significativo e ter o sinal correto. Também se devem examinar as estimativas de variância explicada para os construtos endógenos, uma análise que é semelhante a η^2 na análise de variância (Capítulo 16) ou R^2 em regressão múltipla (Capítulo 17). Se a MEE estiver sendo usada para examinar a validade nomológica de uma escala recém-desenvolvida, então as hipóteses são substituídas por relações conhecidas que são empiricamente investigadas para respaldar a validade nomológica.

Diagnósticos de modelo estrutural

Os diagnósticos de modelo para o modelo estrutural são os mesmos do modelo de mensuração. Assim, esse exame é semelhante ao do modelo de mensuração. Com base nos diagnósticos de modelos, pode-se realizar uma análise adicional. Por exemplo, um ou mais caminhos adicionais que não foram hipotetizados pela teoria original podem ser especificados. No entanto, deve-se enfatizar que relações que resultam com base nas modificações não têm apoio teórico e não devem ser tratadas da mesma forma que as relações originais, baseadas na teoria estrutural. As relações baseadas em modificações devem ser teoricamente significativas e validadas testando-se o modelo modificado com novos dados.

Extrair conclusões e fazer recomendações

Se a avaliação do modelo de mensuração e do modelo estrutural indicar validade satisfatória, então poderemos chegar a conclusões e, se apropriado, fazer recomendações à administração. As conclusões podem ser alcançadas com relação à mensuração dos construtos-chave, com base em análise AFC. Por exemplo, pode-se concluir que uma escala recém-desenvolvida tem confiabilidade e validade satisfatórias e deve ser utilizada em pesquisa posterior. As conclusões podem ser baseadas em testes de hipóteses no modelo estrutural. Pode-se concluir que as relações com parâmetros estruturais estimados significativos são sustentadas. As implicações teóricas, administrativas e/ou de política pública dessas relações podem ser discutidas. Recomendações apropriadas à administração podem ser feitas a partir das implicações administrativas.[17]

Análise fatorial confirmatória de ordem superior

O modelo de mensuração apresentado na Figura 22.3 é um modelo fatorial de primeira ordem, em que as covariâncias entre as variáveis observadas (X) são explicadas por um único nível ou camada de construtos latentes. Por sua vez, um modelo fatorial de ordem superior contém dois ou mais níveis ou camadas de construtos latentes. O modelo de ordem superior mais comum é o modelo fatorial de segunda ordem, em que há dois níveis ou camadas. Nestes modelos, um construto latente de segunda ordem gera vários construtos latentes de primeira ordem, que, por sua vez, geram as variáveis observáveis. Dessa forma, os construtos de primeira ordem agora agem como indicadores ou variáveis observáveis para o fator de segunda ordem. As diferenças entre o modelo de mensuração de primeira ordem e o de segunda ordem são ilustradas nas Figuras 22.6 e 22.7. Essas figuras descrevem a representação de uma escala para mensurar preocupações dos usuários da Internet com a privacidade de informações (PUIPI). A PUIPI tem três dimensões, a saber, coleta (COL),

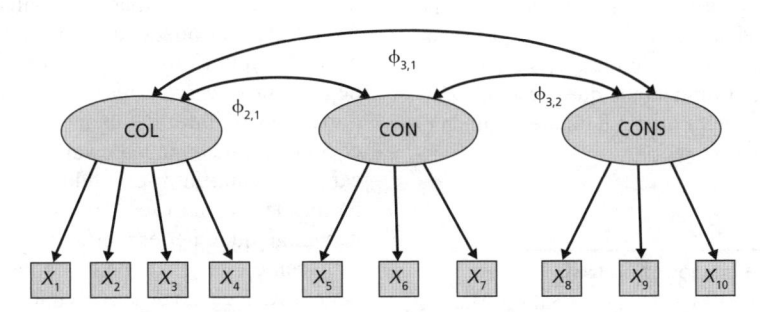

FIGURA 22.6 Modelo de primeira ordem de PUIPI.

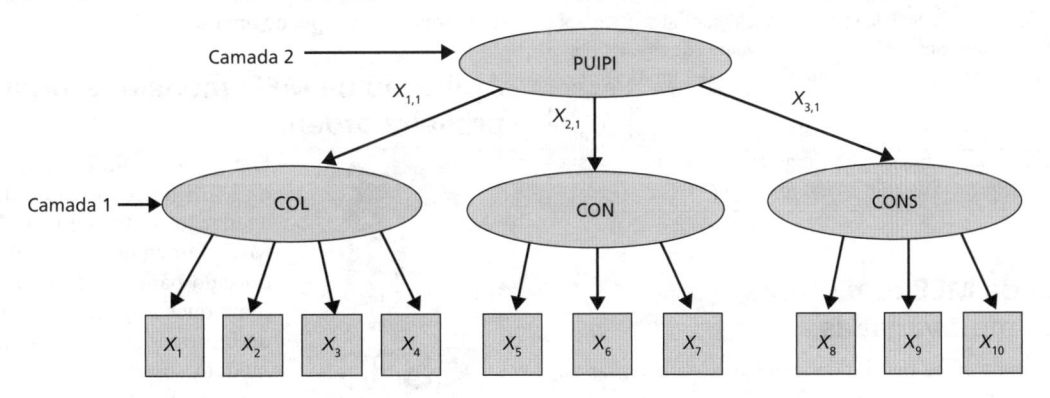

FIGURA 22.7 Modelo de segunda ordem de PUIPI.

Legenda:
COL = Coleta
CON = Controle
CONS = Consciência
PUIPI = Preocupações dos usuários da Internet com a privacidade de informações

controle (CON) e consciência (CONS), mensuradas por quatro, três e três variáveis observáveis, respectivamente. Note-se que as covariâncias entre os três construtos latentes, COL, CON e CONS, são livremente estimadas no modelo de primeira ordem, como é mostrado por dois arcos com duas extremidades. Por outro lado, o modelo de segunda ordem responde por essas covariâncias especificando outro construto (PUIPI) que gera os construtos de primeira ordem (COL, CON e CONS).

Quando passamos do modelo de mensuração para o modelo estrutural, uma relação estrutural entre preocupações com a privacidade de informações e outro construto latente, como confiança (CONF), será representada por vários caminhos em um modelo de primeira ordem (COL → CONF, CON → CONF e CONS → CONF). Entretanto, no modelo de segunda ordem, será representada por um único caminho (PUIPI → CONF). Assim, um modelo de segunda ordem supõe que todas as dimensões de primeira ordem (COL, CON e CONS) afetarão os outros construtos latentes teoricamente relacionados (por exemplo, CONF) da mesma maneira. Se essa suposição não for razoável, então o modelo fatorial de primeira ordem será preferível.

Se houver quatro construtos ou mais, um modelo de segunda ordem será mais parcimonioso, já que usa menos caminhos do que um modelo de primeira ordem. Entretanto, não será necessariamente mais simples, pois envolve um maior nível de abstração. Enfatizamos que a escolha entre um modelo fatorial de primeira ordem e um de segunda ordem deve ser fundamentada na teoria.

PESQUISA ATIVA

Aumento da frequência nos jogos da NHL

Como consultor de pesquisa de marketing da National Hockey League (NHL), você deve desenvolver um modelo que explique a frequência dos consumidores em eventos de esporte profissional (MLB, NFL e NHL). Visite www.mlb.com, www.nfl.com e www.nhl.com e pesquise na Internet, incluindo mídias sociais e no banco de dados *on-line* da sua biblioteca, para identificar os fatores que influenciam a frequência em eventos de esporte profissional. Formule um modelo estrutural e elabore um diagrama de caminho.

Como diretor de marketing da NHL, como você usaria o modelo estrutural na formulação de estratégias de marketing para aumentar a frequência do público nos jogos da NHL?

Relação da MEE com outras técnicas multivariadas

A MEE é uma técnica multivariada que analisa diversas variáveis simultaneamente (ver Capítulo 14). Construtos exógenos são usados para prever construtos endógenos. Nessa linha, a MEE é uma técnica de dependência (Capítulo 14) semelhante a outras técnicas de dependência multivariadas, como a regressão múltipla (Capítulo 17). A equação para cada construto endógeno pode ser escrita de maneira semelhante à da equação de um modelo de regressão. O construto endógeno é a variável dependente, e os construtos que possuem setas apontando para o construto endógeno são as variáveis independentes. Entretanto, há duas diferenças importantes. Uma é que o construto dependente em uma relação pode tornar-se o construto independente em outra. A outra é que todas as equações são calculadas simultaneamente. Usando-se o mesmo raciocínio, quando variáveis categóricas são empregadas na MEE, pode-se ver sua similaridade com MANOVA (ver Capítulo 16). (Ver também Capítulo 17 sobre a semelhança da análise de variância e covariância para regressão.)

O modelo de mensuração na MEE é semelhante à análise fatorial (Capítulo 19), pois ambas as técnicas têm variáveis com cargas nos fatores. Conceitos como correlações e covariâncias são também comuns a ambas as técnicas. No entanto, também há uma grande diferença. Na MEE, temos que especificar, com base na teoria, quais variáveis estão associadas com cada construto. Assim, a MEE exige a especificação do modelo de mensuração. As cargas são estimadas somente para essas relações especificadas; supõe-se que todas as outras cargas sejam iguais a zero. A estimativa serve, então, como um teste da teoria de mensuração. Nesse sentido, a MEE é uma técnica confirmatória. Como foi observado anteriormente, a técnica para estimar o modelo de mensuração é chamada de análise fatorial confirmatória (AFC). Por outro lado, a análise fatorial discutida no Capítulo 19 é uma técnica exploratória, muitas vezes chamada de *análise fatorial exploratória* (*AFE*). A AFE identifica dimensões ou fatores subjacentes que explicam as correlações entre um conjunto de variáveis. Cada variável tem uma carga em cada fator extraído, e essas cargas são contidas na matriz fatorial (ver Capítulo 19). Dessa forma, a AFE não exige qualquer especificação; ao contrário, a estrutura subjacente é revelada pelos dados. Os resultados da AFE podem ser úteis no desenvolvimento de uma teoria que leve a um modelo de mensuração proposto que possa ser testado usando-se a AFC.[18]

Quando a MEE é usada para testar uma teoria estrutural, a análise é análoga à análise fatorial e a uma série de análises de regressão múltipla de uma só vez.

Aplicação da MEE: modelo fatorial de primeira ordem

SPSS Arquivo de Dados

SAS Arquivo de Dados

Damos uma aplicação ilustrativa da MEE no contexto do modelo de aceitação de tecnologia (MAT). O MAT é um modelo consolidado que é usado para prever as reações dos indivíduos à aplicação da tecnologia de informação.[19] Em essência, esse modelo sustenta que a intenção de alguém de utilizar uma aplicação de tecnologia (INT) é determinada por dois fatores, a saber, a utilidade percebida (UP) e a facilidade de uso percebida (FP). A utilidade percebida refere-se a até que ponto parece útil usar a aplicação da tecnologia, enquanto que a facilidade percebida é definida como até que ponto parece fácil usar a aplicação de tecnologia. Essa estrutura teórica foi aplicada para explicar o uso de um portal de educação por estudantes universitários em uma determinada universidade. Para coletar dados, um questionário foi administrado na Web a uma amostra de universitários em uma grande universidade dos Estados Unidos. No levantamento, pedia-se que os entrevistados respondessem a perguntas relacionadas com o uso de um portal da Web no *campus*. Um total de 253 respostas foi coletado no levantamento. O conjunto de dados usados nessa análise pode ser baixado do *site* deste livro. A seguir, ilustramos como os vários passos envolvidos na modelagem de equações estruturais apresentados na Figura 22.2 foram realizados.

Definir os construtos individuais

Em uma tentativa de avaliar erros de mensuração, cada construto latente da pesquisa foi mensurado por diversas variáveis ou itens observados. Os itens foram mensurados em escalas de sete pontos com "discordo totalmente" (1) e "concordo totalmente" (7). A utilidade percebida foi mensurada por três itens. Os itens eram: "Usar (este *site*) melhora meu desempenho" (UP1), "Usar (este *site*) melhora minha produtividade" (UP2) e "Usar (este *site*) aumenta minha eficácia" (UP3). A facilidade percebida consistiu em três itens: "(Este *site*) é fácil de usar" (FP1), "É fácil desenvolver a habilidade de usar (este *site*)" (FP2) e "Aprender a operar (este *site*) é fácil" (FP3). A intenção de uso foi mensurada pelos três itens seguintes: "Planejo usar (este *site*) nos próximos três meses" (INT1), "Prevejo que usarei (este *site*) nos próximos três meses" (INT2) e "Pretendo usar (este *site*) nos próximos três meses" (INT3). A Tabela 22.1 mostra as médias, desvios-padrão e correlações das nove variáveis com base nos dados coletados.

Especificar o modelo de mensuração

É provável que as estimativas de relações estruturais sejam tendenciosas, a menos que o instrumento de medida seja confiável e válido. Nesse caso, o modelo de mensuração é especificado de um modo que os três fatores podem se correlacionar uns com os outros, e cada fator é associado aos três itens designados, mas não com os outros itens. A Figura 22.8 retrata o modelo de mensuração resultante. O resultado da análise de dados produz a adequação do modelo, bem como várias estimativas de parâmetros, como cargas de itens, erros de mensuração de itens e correlações fatoriais.

Avaliar a confiabilidade e a validade do modelo de mensuração

Um modelo de mensuração de três fatores foi estabelecido para validar as escalas, e uma análise fatorial confirmatória (AFC) foi realizada para testar o modelo de mensuração. A adequação do modelo foi avaliada com base em três índices de adequação diferentes: índice de adequação comparativo (IAC), índice de adequação (GFI) e erro de aproximação da raiz quadrada da média (EARQM). Os resultados da AFC indicaram que o modelo é adequado aos dados [χ^2 = 43,32, $p < 0,01$, dado que gl = 24]; especificamente, IAC foi 0,99, GFI foi 0,96 e EARQM foi 0,057.

Além da adequação entre dados e modelo, outras propriedades psicométricas das escalas, como validade e confiabilidade composta, foram examinadas. Como mostra a Tabela 22.2, em termos de confiabilidade composta (CC), as escalas excederam o valor de corte recomendado de 0,70; assim, é razoável concluir que as escalas são confiáveis. Em termos de VME, todos os valores foram maiores que 0,50. Além disso, a Tabela 22.2 mostra que cada uma das cargas de itens é maior que 0,80, o que oferece sustentação empírica para a validade convergente das escalas.

As estimativas de correlações e seus desvios-padrão indicaram que as escalas são empiricamente distintas umas das outras. Formalmente, a raiz quadrada da variância média extraída é maior do que os coeficientes de correlação, indicando validade discriminante das escalas. Em geral, acredita-se que o modelo de mensuração seja apropriado, dadas as evidências de boa adequação do modelo, confiabilidade, validade convergente e validade discriminante.

TABELA 22.1
Modelo MAT: médias, desvios-padrão e correlações

	ME	DP	Matriz de correlações								
			1	2	3	4	5	6	7	8	9
1. UP1	3,58	1,37	1								
2. UP2	3,58	1,37	0,900*	1							
3. UP3	3,58	1,36	0,886*	0,941*	1						
4. FP1	4,70	1,35	0,357*	0,403*	0,392*	1					
5. FP2	4,76	1,34	0,350*	0,374*	0,393*	0,845*	1				
6. FP3	4,79	1,32	0,340*	0,356*	0,348*	0,846*	0,926*	1			
7. INT1	3,72	2,10	0,520*	0,545*	0,532*	0,442*	0,419*	0,425*	1		
8. INT2	3,84	2,12	0,513*	0,537*	0,540*	0,456*	0,433*	0,432*	0,958*	1	
9. INT3	3,68	2,08	0,534*	0,557*	0,559*	0,461*	0,448*	0,437*	0,959*	0,950*	1

Notas:
ME = médias; DP = desvios-padrão
*$p < 0,05$

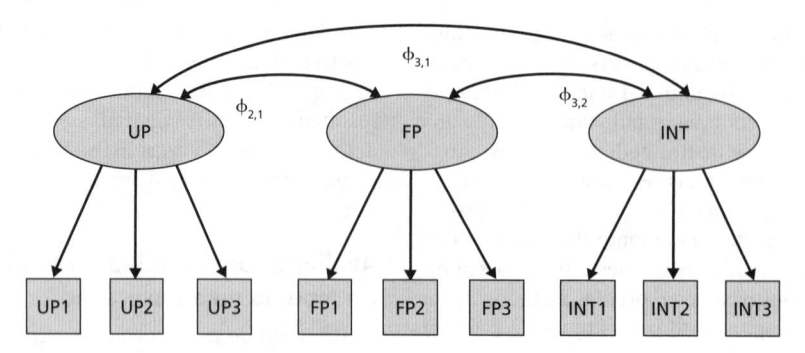

FIGURA 22.8 Modelo de mensuração para MAT.

TABELA 22.2
Modelo MAT: resultados do modelo de mensuração

Construtos	Itens	Cargas de itens	Erros dos itens	CC	VME
UP				0,97	0,91
	UP1	0,92***	0,15***		
	UP2	0,98***	0,05***		
	UP3	0,96***	0,07***		
FP				0,95	0,87
	FP1	0,88***	0,23***		
	FP2	0,96***	0,07***		
	FP3	0,96***	0,08***		
INT				0,98	0,95
	INT1	0,98***	0,03***		
	INT2	0,97***	0,05***		
	INT3	0,98***	0,05***		

Notas:
CC = confiabilidade composta; VME = variância média extraída
***$p < 0,001$ (duas extremidades)

Especificar o modelo estrutural

O modelo estrutural foi especificado com base na teoria de MAT, como ilustrado na Figura 22.9.

Avaliar a validade do modelo estrutural

Os resultados da análise de dados também são apresentados na Figura 22.9. Primeiro, como é o caso do modelo de mensuração, constatou-se que o modelo proposto era satisfatoriamente adequado aos dados, uma vez que os valores de adequação estavam dentro das faixas aceitáveis [$\chi^2(24) = 43,32$, $p < 0,001$, IAC = 0,99, GFI = 0,96 e EARQM = 0,057]. De acordo com MAT, a utilidade percebida e a facilidade de uso percebida são os fatores de previsão significativos de intenção de uso. Conforme a Figura 22.9, a utilidade percebida é significativa para determinar a intenção de uso (estimativa de caminho = 0,46, $p < 0,001$). De forma semelhante, constatou-se que a facilidade percebida tem efeito significativo sobre a intenção de uso (estimativa de caminho = 0,28, $p < 0,001$). O coeficiente de correlação múltipla ao quadrado (CMQ) para intenção de uso é 0,40, o que indica que, juntos, os dois fatores de previsão, isto é, a utilidade percebida e a facilidade percebida, explicaram 40% da variância na intenção de uso.

Conclusões e recomendações

Em geral, os resultados da MEE indicam que MAT é uma representação razoável das reações dos indivíduos a um portal da Web em um ambiente educacional. Desse modo, a fim de aumentar o uso do portal pelos estudantes, a universidade deveria melhorar a utilidade e a facilidade de uso percebidas do *site*. A utilidade percebida poderia ser aumentada adicionando-se características que os estudantes acham úteis e veem com frequência, como *e-mail*, previsão do tempo, eventos no *campus*, horário de aulas, etc. A facilidade percebida poderia ser melhorada tornando o *site* fácil de navegar.

Aplicação da MEE: modelo fatorial de segunda ordem

Fornecemos uma aplicação ilustrativa da MEE no contexto dos serviços bancários. Os dados foram coletados por meio de entrevistas individuais, e a amostra selecionada para essa análise consistiu em 250 respondentes. O conjunto de dados

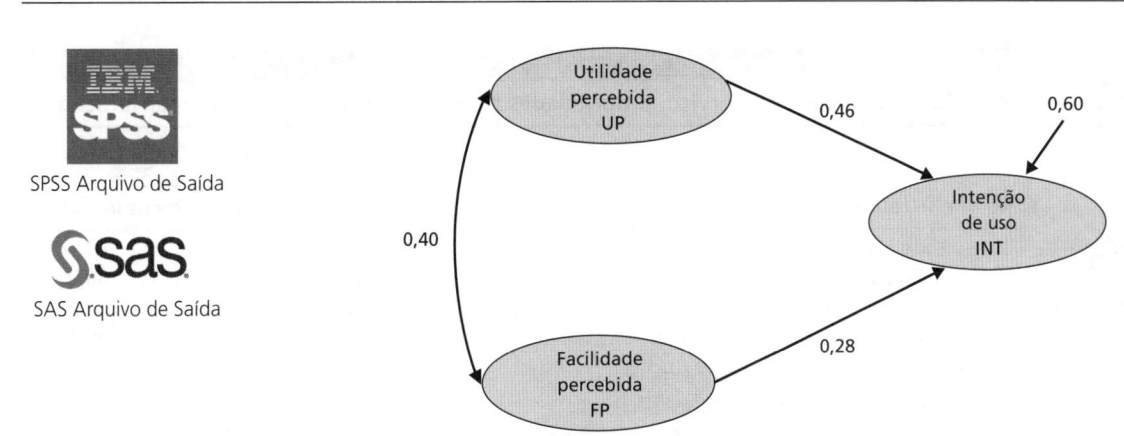

FIGURA 22.9 Modelo estrutural para MAT.

utilizado na análise pode ser baixado da Internet, do *site* deste livro. A seguir, ilustramos como realizar os vários passos envolvidos na modelagem de equações estruturais apresentadas na Figura 22.2.

Definir os construtos individuais

O objetivo deste estudo foi predizer a intenção de preferência por um banco com base na qualidade do serviço. A teoria desenvolvida baseou-se em pesquisas anteriores. Considerou-se que a qualidade do serviço tinha cinco dimensões.[20] De acordo com a teoria, acreditava-se que a qualidade do serviço influenciaria a atitude em relação ao serviço e a satisfação com o serviço, e os últimos dois construtos influenciariam a intenção de preferência. Assim, em nosso conjunto de dados, temos oito construtos e 30 indicadores, cada construto com múltiplas variáveis indicadoras. Estas são as cinco dimensões da qualidade do serviço: Tangibilidade (4 indicadores), Confiabilidade (4 indicadores), Responsividade (3 indicadores), Segurança (4 indicadores) e Empatia (4 indicadores), e os três construtos resultantes de Atitude (4 indicadores), Satisfação (4 indicadores) e Intenção de Preferência (3 indicadores). Esses indicadores estão apresentados na Tabela 22.3. Cada indicador das dimensões foi mensurado com uma escala de nove pontos. Por exemplo, este era o indicador número um: "No que se refere a um equipamento moderno (tangíveis), minha percepção sobre o desempenho do meu banco é Baixa 1 – 2 – 3 – 4 – 5 – 6 – 7 – 8 – 9 Alta". Para mensurar a atitude global, utilizamos quatro indicadores em uma escala de sete pontos: favorável-desfavorável, bom-ruim, positivo-negativo e agradável-desagradável. Todos os indicadores de atitude tiveram a codificação invertida para análise. Para medir a satisfação total, utilizamos os quatro indicadores seguintes em uma escala de nove pontos: Acredito que estou satisfeito com os serviços do meu banco (discordo totalmente – concordo totalmente); No geral, estou contente com os serviços do meu banco (discordo totalmente – concordo totalmente); Normalmente a utilização dos serviços do meu banco é uma experiência gratificante (discordo totalmente – concordo totalmente); e Meus sentimentos em relação aos serviços do meu banco podem ser definidos como (muito insatisfeito – muito satisfeito). Utilizamos três indicadores para medir a intenção de preferência em uma escala de nove pontos: Da próxima vez que um amigo precisar de serviços bancários, recomendarei meu banco (discordo totalmente – concordo totalmente); Eu não tenho nenhum arrependimento por já ter recomendado os serviços do meu banco (discordo totalmente – concordo totalmente); e Continuarei recomendando os serviços do meu banco no futuro (discordo totalmente – concordo totalmente).

Especificar o modelo de mensuração

Inicialmente testamos o modelo de mensuração para validar as propriedades psicométricas na nossa amostra. Em nosso exemplo, uma vez que pesquisas anteriores já estabeleceram a confiabilidade e a validade do construto de qualidade do serviço com cinco componentes, testamos as propriedades de mensuração em nossa amostra com a utilização de um modo confirmatório. Ao testar o modelo de mensuração, correlacionamos livremente os oito construtos e fixamos a carga fatorial de um indicador por construto em um valor de unidade. Todos os indicadores mensurados podem carregar somente um construto cada, e os termos de erro não podem correlacionar-se uns com os outros. O modelo de mensuração está descrito na Figura 22.10.

Avaliar a confiabilidade e a validade do modelo de mensuração

Nosso modelo de mensuração ($n = 250$) gera os seguintes resultados de ajuste do modelo: $\chi^2(gl = 377) = 767,77$; EARQM $= 0,064$; RQMQRP $= 0,041$; IANN $= 0,94$; e IAC $= 0,95$ (ver Tabela 22.4). Observe que o programa calcula o grau de liberdade ($gl = 337$) por meio da fórmula $gl = 1/2[(p)(p + 1)] - k$, onde p é o número total das variáveis observadas e k é o número dos parâmetros estimados. Uma vez que $p = 30$ e $k = 88$ [ou seja, número de cargas ($= 22$), erros de mensuração ($= 30$), covariâncias fatoriais ($= 28$) e variâncias ($= 8$) estimadas pelo programa], $gl = 1/2[(30)(30 + 1)] - 88$, que é igual a 377. O IANN é calculado por meio da fórmula IANN $= (\chi^2_{nulo}/gl_{nulo} - \chi^2_{prop}/gl_{prop})/[(\chi^2_{nulo}/gl_{nulo}) - 1]$, onde gl_{prop} and gl_{nulo} são graus de liberdade para o modelo proposto e o nulo, respectivamente.

TABELA 22.3
Modelo de qualidade do serviço: propriedades psicométricas do modelo de mensuração

SPSS Arquivo de Saída

SAS Arquivo de Saída

No que se refere a...	Cargas	Variância de erro de mensuração
TANG1: Equipamento moderno	0,71	0,49
TANG2: Apelo visual das instalações	0,80	0,36
TANG3: Aparência profissional dos funcionários	0,76	0,42
TANG4: Apelo visual dos materiais relacionados ao serviço	0,72	0,48
CONF1: Manutenção da promessa por certo tempo	0,79	0,37
CONF2: Realização correta do serviço já na primeira vez	0,83	0,31
CONF3: Fornecimento do serviço no tempo prometido	0,91	0,18
CONF4: Comunicação aos clientes o tempo exato da realização do serviço	0,81	0,34
RESP1: Fornecimento imediato do serviço aos clientes	0,73	0,47
RESP2: Disponibilidade para sempre ajudar os clientes	0,89	0,21
RESP3: Atendimento aos clientes mesmo o funcionário estando ocupado	0,81	0,35
SEG1: Os funcionários transmitem confiança aos clientes	0,81	0,35
SEG2: Sentimentos de segurança dos clientes nas transações (por exemplo, física, financeira, emocional etc.)	0,71	0,49
SEG3: Cortesia consistente para com os clientes	0,80	0,36
SEG4: Conhecimento dos funcionários para responder às perguntas dos clientes	0,86	0,26
EMP1: Dedicação de atenção especial aos clientes	0,80	0,37
EMP2: Tratamento dos clientes com delicadeza	0,84	0,29
EMP3: Ter em mente os melhores interesses dos clientes	0,87	0,24
EMP4: Compreensão das necessidades específicas dos clientes	0,87	0,24
Atitude global em relação a seu banco (itens com codificação invertida):		
ATI1: Favorável 1 – 2 – 3 – 4 – 5 – 6 – 7 Desfavorável	0,95	0,10
ATI2: Bom 1 – 2 – 3 – 4 – 5 – 6 – 7 Ruim	0,95	0,10
ATI3: Positivo 1 – 2 – 3 – 4 – 5 – 6 – 7 Negativo	0,95	0,10
ATI4: Agradável 1 – 2 – 3 – 4 – 5 – 6 – 7 Desagradável	0,95	0,10
SAT1: Acredito que estou satisfeito com os serviços do meu banco	0,93	0,14
SAT2: No geral, estou contente com os serviços do meu banco	0,93	0,14
SAT3: A utilização dos serviços do meu banco normalmente é uma experiência gratificante	0,88	0,23
SAT4: Meus sentimentos em relação aos serviços do meu banco podem ser definidos como	0,92	0,15
PREF1: Da próxima vez que um amigo precisar de serviços bancários, recomendarei meu banco	0,88	0,22
PREF2: Não me arrependo de já ter recomendado meu banco	0,89	0,20
PREF3: Continuarei recomendando os serviços do meu banco	0,88	0,22

O modelo nulo (χ^2_{nulo}) é igual a 7780,15 com gl = 435, e o modelo proposto (χ^2_{prop}) é igual a 767,77 com gl = 377. O IANN = (7780,15/435 − 767,77/377) / [(7780,15/435) − 1], que é igual a 0,939, ou aproximadamente 0,94. O IAC = 1 − (χ^2_{prop} − gl_{prop})/(χ^2_{nulo} − gl_{nulo}) calcula para 1 − (767,77 − 377)/(7780,15 − 435), que é igual a 0,947 ou aproximadamente 0,95. Da mesma forma, para a EARQM, $\sqrt{[(\chi^2/gl - 1)/(n - 1)]}$ pode ser calculada como $\sqrt{[(767,77/377 - 1)/(250 - 1)]}$, que é igual a 0,064. Com base em nossa discussão anterior sobre critérios de adequação do modelo, esses índices de ajuste indicam coletivamente que a adequação global do modelo de mensuração é aceitável e que o pesquisador precisa agora testar a validade e a confiabilidade.

TESTES DE VALIDADE E CONFIABILIDADE O principal objetivo do modelo de mensuração é avaliar e verificar se os indicadores ou os itens da escala utilizados para cada construto são confiáveis e válidos. Inicialmente, aplicamos um teste de confiabilidade analisando a confiabilidade composta. As cargas fatoriais e o erro de mensuração para todas as variáveis indicadoras estão descritos na Tabela 22.3. Por exemplo, a confiabilidade composta para a tangibilidade é $[(0,71 + 0,80 + 0,76 + 0,72)^2]/[(0,71 + 0,80 + 0,76 + 0,72)^2 + (0,49 + 0,36 + 0,42 + 0,48)]$, que é igual a 8,94/10,69 = 0,84. A variância média extraída (VME) reflete a variância global dos indicadores explicada pelo construto latente. Para a dimensão tangibilidade, a VME é $[(0,71^2 + 0,80^2 +$

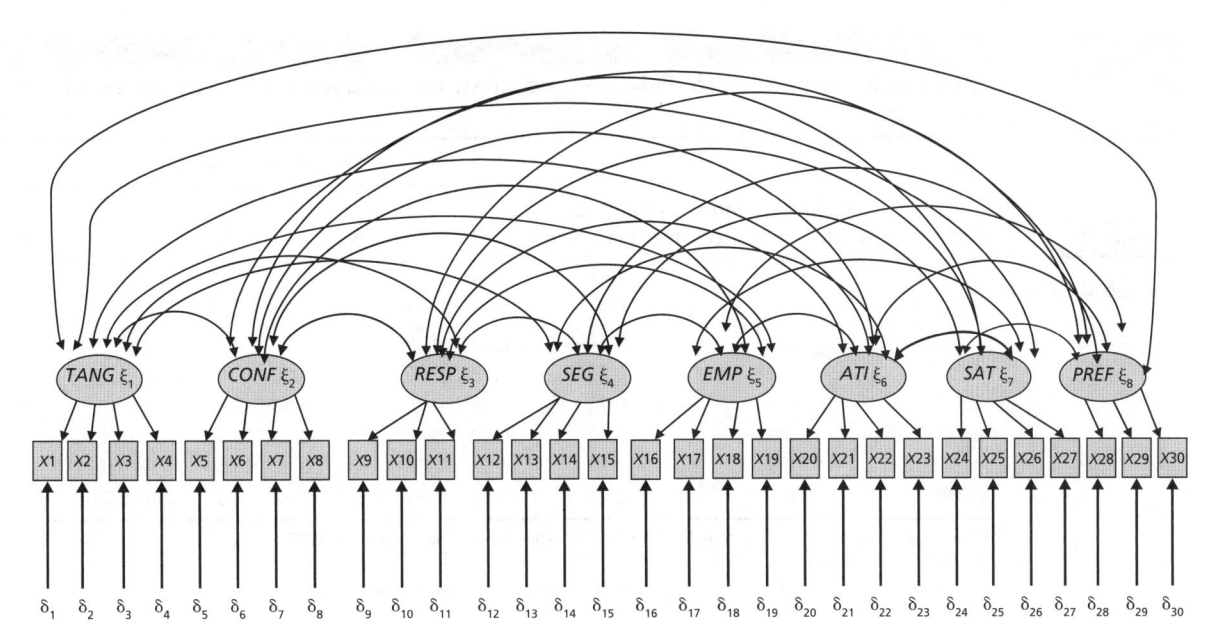

FIGURA 22.10 Modelo de mensuração para aplicação em bancos.

SPSS Arquivo de Saída

SAS Arquivo de Saída

TABELA 22.4
Estatística da adequação (modelo de mensuração)
Graus de Liberdade = 377
Qui-Quadrado Função de Ajuste Mínimo = 767,77 ($P = 0,0$)
Qui-Quadrado para Modelo de Independência com 435 Graus de Liberdade = 7780,15
Erro de Aproximação da Raiz Quadrada da Média (EARQM) = 0,064
Raiz Quadrada da Média do Quadrado dos Resíduos Padronizada (RQMQRP) = 0,041
Índice de Adequação Normado (IAN) = 0,90
Índice de Adequação Não Normado (IANN) = 0,94
Índice de Adequação Comparativa (IAC) = 0,95

$0,76^2 + 0,72^2)]/[(0,71^2 + 0,80^2 + 0,76^2 + 0,72^2) + (0,49 + 0,36 + 0,42 + 0,48)]$, que é igual a 2,24/3,99 = 0,56. Os valores da confiabilidade composta e da VME para cada mensuração estão demonstrados na Tabela 22.5. Todos os construtos superam os níveis críticos de 0,70 e 0,50 para confiabilidade composta e VME respectivamente. Isso determina a confiabilidade e a validade convergente das escalas de mensuração em nosso estudo.

A validade convergente é mais bem definida se todas as cargas dos itens forem iguais ou maiores que o ponto de corte recomendado de 0,70. Em nossa amostra, de um total de trinta itens no modelo de mensuração, oito tiveram cargas ≥ 0,90, 16 itens tiveram cargas no intervalo ≥ 0,80 e < 0,90 e seis itens tiveram cargas no intervalo ≥ 0,70 e < 0,80 (ver Tabela 22.3). Todas as cargas fatoriais foram significativas do ponto de vista estatístico em $p < 0,05$. Assim, os dados de nosso estudo respaldam a validade convergente do modelo. A validade discriminante é alcançada se a raiz quadrada da variância média extraída for maior que os coeficientes de correlação. Em nosso estudo, observamos que todas as estimativas de correlação corresponderam ao critério, com exceção de quatro dos 28 casos. Tendo em vista que as cinco dimensões mensuram diferentes aspectos da qualidade do serviço, esperava-se algum grau de intercorrelação. No entanto, considerando-se o tamanho da matriz de correlação (isto é, 28 estimativas), podem ocorrer algumas violações ao acaso. O teste da validade discriminante está demonstrado na Tabela 22.5. Os valores na diagonal da matriz de correlação representam a raiz quadrada de VME. Por exemplo, para testar a validade discriminante entre tangibilidade e responsividade, comparamos a correlação entre tangibilidade e responsividade com suas respectivas raízes quadradas da variância média extraída. Assim, a raiz quadrada da variância média extraída para as dimensões tangibilidade e responsividade são 0,75 e 0,81, e ambas são maiores que suas correlações de 0,65. Em síntese, no geral os itens da escala foram confiáveis e válidos para testar o modelo estrutural.

Especificar o modelo estrutural

Com base em considerações teóricas, temos como hipótese que a qualidade do serviço percebida é um construto de ordem superior que consiste em cinco dimensões: tangibilida-

TABELA 22.5
Modelo de mensuração: confiabilidade do construto, variância média extraída e matriz de correlação

SPSS Arquivo de Saída

SAS Arquivo de Saída

Construto	Confiabilidade do construto	Variância média extraída	Matriz de correlação							
			1	2	3	4	5	6	7	8
1. TANG	0,84	0,56	0,75							
2. CONF	0,90	0,70	0,77	0,84						
3. RESP	0,85	0,66	0,65	0,76	0,81					
4. SEG	0,87	0,63	0,73	0,80	0,92	0,80				
5. EMP	0,91	0,71	0,69	0,75	0,85	0,90	0,85			
6. ATI	0,97	0,90	0,42	0,46	0,52	0,54	0,58	0,95		
7. SAT	0,85	0,83	0,53	0,56	0,66	0,67	0,69	0,72	0,91	
8. PREF	0,92	0,78	0,50	0,55	0,57	0,62	0,62	0,66	0,89	0,89

TANG = tangibilidade; CONF = confiabilidade; RESP = responsividade; SEG = segurança; EMP = empatia; ATI = atitude; SAT = satisfação; PREF = preferência
Valor na diagonal da matriz de correlação é a raiz quadrada da variância média extraída (VME)

de (TANG), confiabilidade (CONF), responsividade (RESP), segurança (SEG) e empatia (EMP). Especificamente, modelamos a qualidade do serviço como um modelo de segunda ordem com dimensões de primeira ordem de TANG, CONF, RESP, SEG e EMP. Em outras palavras, essas cinco dimensões são indicadores da qualidade do serviço e, portanto, as setas originam-se na qualidade do serviço em direção às cinco dimensões (ver Figura 22.11). À direita da Figura 22.11, ligamos a qualidade do serviço de segunda ordem com atitude em relação ao serviço (ATI) e satisfação com o serviço (SAT). Os dois últimos construtos estão relacionados com a intenção de preferência (PREF). Todo o modelo estrutural (ou seja, os oito construtos) é testado simultaneamente, conforme mostrado na Figura 22.11. Ao testar o modelo estrutural, liberamos as ligações estruturais e fixamos a carga fatorial de um indicador por construto no valor unitário. Todos os itens mensurados podem carregar somente em um construto

cada, e os termos de erro não podem correlacionar-se entre si. Também fixamos uma carga de segunda ordem de uma dimensão (por exemplo, tangibilidade) ao valor unitário para fins de escalonamento. Enquanto o modelo de mensuração avalia a confiabilidade e a validade das medidas, o modelo estrutural avalia as relações estruturais do modelo.

Avaliar a validade do modelo estrutural

Estimamos o modelo estrutural com a mesma amostra ($n = 250$) gerando os seguintes resultados de adequação do modelo: $\chi^2(gl = 396) = 817,16$; EARQM = 0,065; RQMQRP = 0,096; IANN = 0,94; e IAN = 0,94 (ver Tabela 22.6). Esses índices de adequação foram calculados por meio das fórmulas apresentadas anteriormente. Por exemplo, IAC = 1 − ($\chi^2_{prop} - gl_{prop})/(\chi^2_{nulo} - gl_{nulo})$ calcula para 1 − (817,16 − 396)/(7780,15 − 435), que é igual a 0,943 ou aproximadamente

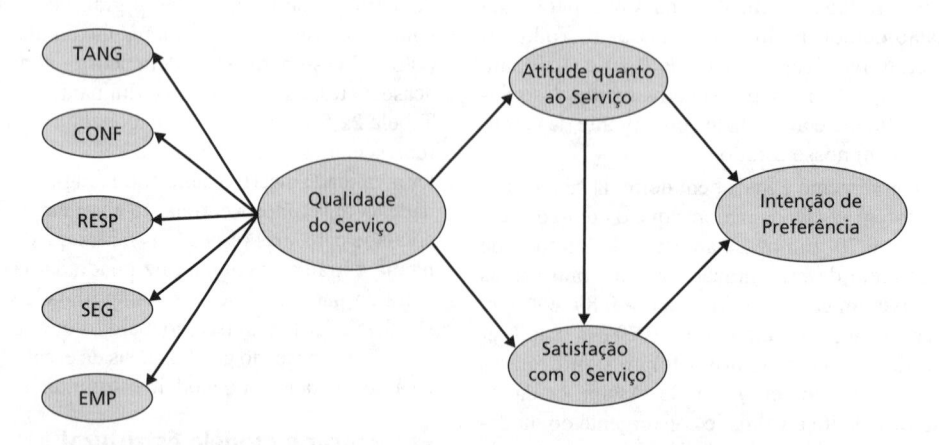

Legenda: TANG = tangibilidade; CONF = confiabilidade; RESP = responsividade; SEG = segurança; EMP = empatia.

FIGURA 22.11 Modelo estrutural para aplicação em bancos.

TABELA 22.6
Estatística da adequação (modelo de estrutural)

Graus de Liberdade = 396
Qui-Quadrado da Função de Ajuste Mínimo = 817,16 ($P = 0,0$)
Qui-Quadrado para Modelo de Independência com 435 Graus de Liberdade = 7780,15
Erro de Aproximação da Raiz Quadrada da Média (EARQM) = 0,065
Raiz Quadrada da Média do Quadrado dos Resíduos Padronizada (RQMQRP) = 0,096
Índice de Adequação Normado (IAN) = 0,89
Índice de Adequação Não Normado (IANN) = 0,94
Índice de Adequação Comparativa (IAC) = 0,94

9,4. Igualmente, EARQM = $\sqrt{[(\chi^2/gl - 1)/(n - 1)]}$ pode ser calculada como $\sqrt{[(817,16/396 - 1)/250 - 1)}$ que é igual a 0,065. Tanto o IAC quanto o IANN são ≥0,90, e a EARQM e a RQMQRP são ≤0,08. Juntos, esses índices de adequação indicam que o modelo estrutural é aceitável. Ou seja, o modelo da qualidade percebida do serviço de segunda ordem é robusto e teoricamente explica os construtos de atitude, satisfação e intenção de preferência. Os coeficientes estruturais que ligam essas cinco dimensões com a qualidade de serviço de segunda ordem (ou seja, as cargas de segunda ordem) são todos significativos e estão na direção esperada. A Tabela 22.7 contém os coeficientes estruturais com valores t correspondentes. Por exemplo, a carga para a tangibilidade é 0,82, o que indica que a qualidade do serviço explica 67 (= $(0,82)^2$) por cento da variância na tangibilidade. Igualmente, a carga para confiabilidade é de 0,85, o que indica que a qualidade do serviço explica 72 (= $(0,85)^2$) por cento da variância na confiabilidade. À direita da figura, temos estes coeficientes: para QS→ATI, 0,60; para QS→SAT, 0,45; para ATI→SAT, 0,47; para ATI→PREF, 0,03; e para SAT→PREF, 0,88. Todas essas relações são significativas para $p < 0,005$, exceto para ATI→PREF.

Conclusões e recomendações

A magnitude e a significância das estimativas de carga indicam que todas as cinco dimensões da qualidade do serviço são relevantes para prever a atitude em relação ao serviço e a satisfação com o serviço. Além disso, a qualidade do serviço tem um impacto significativo tanto na atitude em relação ao serviço quanto na satisfação com o serviço, uma vez que os coeficientes estruturais para esses caminhos são significativos. A satisfação com o serviço, por sua vez, tem uma influência significativa na intenção de preferência. A atitude em relação ao serviço não influencia diretamente a intenção de preferência; ao contrário, exerce apenas um efeito indireto por meio da satisfação com o serviço.

Se a amostra fosse representativa da população-alvo, poderíamos cautelosamente sugerir as implicações de marketing abaixo para a gestão de um banco. Todas as dimensões da qualidade do serviço são relevantes e deveriam ser enfatizadas. Os programas de marketing deveriam ser lançados para melhorar as percepções dos clientes sobre tangibilidade, confiabilidade, responsividade, segurança e empatia.

Os indicadores para cada dimensão da qualidade do serviço sugerem a forma como esta dimensão poderia ser impactada pela gestão. Ainda, a satisfação do cliente com os

TABELA 22.7
Coeficientes do modelo estrutural

Dimensões da qualidade do serviço		Estimativas de carga de segunda ordem	Valores t
TANG	γ_{11}	0,82	λ fixado em 1
CONF	γ_{21}	0,85	13,15
RESP	γ_{31}	0,93	13,37
SEG	γ_{41}	0,98	16,45
EMP	γ_{51}	0,93	15,18
Consequências da qualidade do serviço		Estimativas de coeficiente estrutural	
QS→ATI	γ_{61}	0,60	10,25
QS→SAT	γ_{71}	0,45	8,25
ATI→SAT	β_{76}	0,47	8,91
ATI→PREF	β_{86}	0,03	0,48
SAT→PREF	β_{87}	0,88	13,75

serviços bancários é importante para influenciar a intenção de preferência. Consequentemente, o banco deveria realizar pesquisa sobre satisfação do cliente regularmente; por exemplo, a cada trimestre. Isso ajudará o banco a monitorar a satisfação do cliente e a realizar ações apropriadas conforme necessário para garantir que um alto nível de satisfação seja mantido.

PESQUISA ATIVA

Redesenho para o Google

Como o diretor de pesquisa do Google, desenvolva um modelo para explicar a preferência por um portal da Internet pelos usuários. Entre em www.google.com e pesquise, incluindo mídias sociais e banco de dados *on-line* da sua biblioteca, como identificar os fatores que influenciam a preferência por um portal da Internet. Formule um modelo estrutural e desenhe um diagrama de caminho.

Como diretor de marketing do Google, como você utilizaria o modelo estrutural no redesenho do *site*?

Projeto de pesquisa

Modelagem de equações estruturais (MEE)

No projeto de fidelidade da loja de departamentos, a MEE pode ser usada para desenvolver um modelo que explique a preferência pela loja em termos de avaliações dos respondentes em oito fatores dos critérios de escolha. O construto endógeno será a preferência pela loja, mensurado por 10 variáveis indicadoras; cada indicador será a preferência por uma das 10 lojas consideradas no estudo. O construto exógeno será a avaliação da loja, que é um construto de segunda ordem com avaliação das lojas em oito fatores dos critérios de escolha como os oito fatores de primeira ordem. Assim, os oito fatores de primeira ordem são avaliações das lojas no que se refere a preços, qualidade da mercadoria, variedade e diversificação da mercadoria, política de devolução e ajustes, atendimento dos funcionários, conveniência da localização, leiaute da loja e políticas de crédito e cobrança. Cada fator de primeira ordem é mensurado por 10 variáveis indicadoras, com cada um representando a avaliação de uma das 10 lojas em um aspecto específico dos critérios de escolha.

Atividades de projeto

SPSS Arquivo de Dados

SAS Arquivo de Dados

Baixe da Internet o arquivo de dados *Wal-Mart Data 17* do SPSS, ou o arquivo correspondente do SAS, no *site* deste livro. Esse arquivo contém a avaliação da Wal-Mart com base nos oito fatores do critério de escolha (qualidade, variedade e sortimento, política de troca, serviço do pessoal, preços, conveniência da localização, leiaute da loja e políticas de crédito e faturamento) e a preferência pela Wal-Mart. Dados sobre as avaliações e preferências para as outras nove lojas também são fornecidos. A mensuração dessas variáveis está descrita no Capítulo 1.

1. Formule o modelo de mensuração. Desenhe um diagrama de caminho.
2. Estime o modelo de mensuração com os dados contidos no arquivo *Wal-Mart Data 17*.
3. Avalie a confiabilidade e a validade do modelo de mensuração.
4. Formule o modelo estrutural. Desenhe um diagrama de caminho.
5. Estime o modelo estrutural com os dados contidos no arquivo *Wal-Mart Data 17*.
6. Avalie a confiabilidade e a validade do modelo estrutural.
7. Interprete os resultados. Quais são suas conclusões e que recomendações você faria à gestão da Wal-Mart? ■

Análise de caminho

A análise de caminho (AC) pode ser vista como um caso especial de modelagem de equações estruturais (MEE). Podemos pensar na AC como MEE com somente um indicador para cada uma das variáveis no modelo causal. Em outras palavras, a análise de caminho é a MEE com um modelo estrutural, mas sem modelo de mensuração. Outros termos utilizados para se referir à análise de caminho são *modelagem causal, análise de estruturas de covariância* e *modelos de variáveis latentes*.[21]

A análise de caminho também pode ser vista como uma extensão do modelo de regressão. O modelo de AC é representado em uma figura de retângulo e setas em que setas com uma única direção indicam causa. Uma regressão é feita para cada variável no modelo como sendo dependente das outras, que o modelo indica como causas. Os pesos da regressão calculados pelo modelo são comparados com a matriz de correlação observada para as variáveis, e uma estatística de adequação é calculada. A análise de caminho calcula a força de cada relação usando somente uma matriz de correlação ou covariância como entrada. Ilustramos a AC com um exemplo.

Exemplo ilustrativo de análise de caminho

Suponhamos que observamos a seguinte matriz de correlação entre variáveis Y_1, X_1 e X_2.

	X_1	X_2	Y_1
X_1	1,0		
X_2	0,40	1,0	
Y_1	0,50	0,60	1,0

O primeiro passo é construir um diagrama de caminho, como na Figura 22.12. Isso se assemelha ao que foi feito na MEE para o modelo estrutural e deve ser especificado pelo pesquisador com base na teoria. A Figura 22.12 retrata um modelo simples com dois construtos exógenos X_1 e X_2, ambos relacionados com o construto endógeno Y_1 de forma causal. O caminho correlacional A é X_1 correlacionado com X_2. O caminho B é o efeito de X_1 prevendo Y_1, e o caminho C

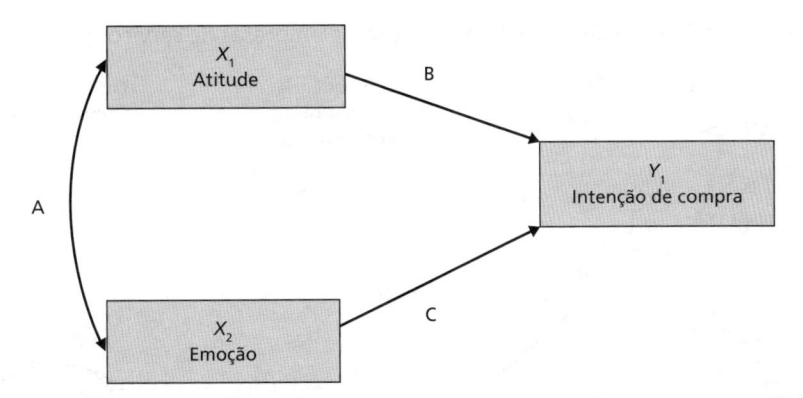

FIGURA 22.12 Diagrama para análise de caminho.

mostra o efeito de X_2 prevendo Y_1. O valor para Y_1 pode ser modelado como

$$Y_1 = b_1 X_1 + b_2 X_2$$

Observe-se que isso é semelhante a uma equação de regressão. Os caminhos diretos e indiretos em nosso modelo podem ser agora identificados.

Caminhos diretos	Caminhos indiretos
A = X_1 para X_2	AC = X_1 para Y_1 (via X_2)
B = X_1 para Y_1	AB = X_2 para Y_1 (via X_1)
C = X_2 para Y_1	

Na AC, a correlação simples ou bivariada entre duas variáveis é decomposta na soma dos caminhos direto e indireto que conectam essas variáveis. Em nosso exemplo, as correlações únicas entre os três construtos podem ser compostas de caminhos diretos e indiretos, como segue:

$$\text{Corr}_{x1,x2} = A$$
$$\text{Corr}_{x1,y1} = B + AC$$
$$\text{Corr}_{x2,y1} = C + AB$$

A correlação de X_1 e X_2 é simplesmente igual a A. A correlação de X_1 e Y_1 (Corr x_1, y_1) pode ser representada por dois caminhos: B e AC. B representa o caminho direto de X_1 para Y_1. AC é um caminho composto que segue a seta curva de X_1 a X_2 e depois para Y_1. De maneira semelhante, pode-se mostrar que a correlação de X_2 e Y_1 consiste em dois caminhos causais: C e AB. Dada nossa matriz de correlação observada, estas equações podem tornar-se:

$$0{,}40 = A$$
$$0{,}50 = B + AC$$
$$0{,}60 = C + AB$$

Substituindo A = 0,40

$$0{,}50 = B + 0{,}40C$$
$$0{,}60 = C + 0{,}40B$$

Solucionando para B e C

$$B = 0{,}310$$
$$C = 0{,}476$$

Os caminhos representam tanto estimativas correlacionais quanto relações causais entre construtos, e sua interpretação é semelhante à da MEE.

Concluímos nossa discussão da MEE dando exemplos nas áreas de ética e pesquisa de marketing internacional.

Pesquisa real

O caminho para o sucesso internacional

Um estudo recente buscou explicar a internacionalização de empresas de serviços profissionais. A estrutura teórica subjacente foi baseada na teoria da atribuição. O modelo estrutural defendia que três fatores ou construtos causais (singularidade da oferta, recursos financeiros e preço competitivo) atuavam sobre consequências sociais cognitivas (expectativa de sucesso) e na consequência comportamental resultante (sucesso internacional). Esse modelo é mostrado no diagrama da página seguinte. Os dados foram obtidos de uma amostra de 152 empresas de serviços profissionais dos Estados Unidos via levantamento por *e-mail*. Primeiramente, um modelo de mensuração foi especificado e estimado utilizando AFC. Os resultados apontaram confiabilidade composta aceitável e validade discriminante e convergente. Então, o modelo estrutural (ver diagrama) foi estimado, sendo considerado válido. Os resultados do modelo estrutural deram respaldo a todas as quatro hipóteses (de H1 a H4), sustentando a estrutura da teoria de atribuição. Várias implicações administrativas foram encontradas. Por exemplo, a influência de consequências psicológicas cognitivas sobre consequências comportamentais significa que os gerentes que esperam o sucesso internacional tendem a ser bem-sucedidos. Desse modo, empresas de serviços profissionais que desejam abrir mais espaço no mercado internacional podem querer procurar e promover gerentes desse tipo.[22] ∎

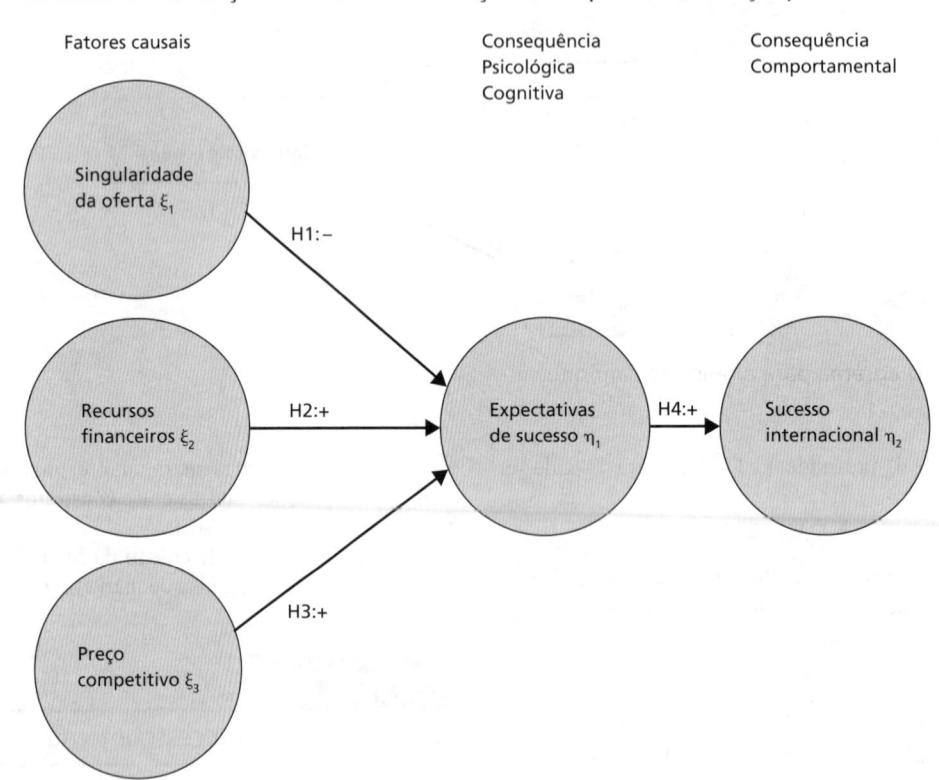

Modelo de atribuição de internacionalização de empresas de serviços profissionais

Fatores causais — Consequência Psicológica Cognitiva — Consequência Comportamental

- Singularidade da oferta ξ_1 — H1:−
- Recursos financeiros ξ_2 — H2:+ → Expectativas de sucesso η_1 — H4:+ → Sucesso internacional η_2
- Preço competitivo ξ_3 — H3:+

Pesquisa real

Valores pessoais, ideologia ética e crenças éticas

As relações entre valores pessoais do indivíduo, ideologia ética e crenças éticas foram investigadas usando-se a modelagem de equações estruturais. Os dados foram coletados em um levantamento pela Internet, obtendo-se uma amostra de 609 questionários respondidos. Primeiro, um modelo de mensuração foi testado para verificar as principais dimensões de validade. Depois, as relações causais hipotetizadas foram examinadas em vários modelos de caminho. Os resultados indicaram que as diferenças individuais em termos de valores influenciam direta e indiretamente (por meio do idealismo) o julgamento de práticas do consumidor eticamente questionáveis. Os achados não apenas contribuíram para a compreensão teórica da tomada de decisão ética, como também tiveram implicações administrativas. Por exemplo, o entendimento do que embasa o comportamento e as atitudes não éticas das pessoas possibilitaria que os varejistas influenciassem positivamente o comportamento apropriado dos compradores apelando a valores pessoais. Isso resultaria em uma redução de comportamentos não éticos, como o furto em lojas.[23] ∎

Software estatístico

Há vários programas de computador disponíveis para a MEE. O programa mais amplamente usado é o LISREL, acrônimo para LInear Structural RELations. O LISREL é um programa flexível que pode ser usado em uma série de aplicações de MEE normalmente encontradas em pesquisa de marketing. O AMOS (Analysis of Moment Structures) é outro programa que está ganhando popularidade por ser fácil de utilizar e estar disponível como módulo adicional do SPSS. O SAS oferece o programa CALIS. Outro programa muito usado é o EQS, abreviação de "equações". LISREL, AMOS e EQS estão disponíveis com interface aponta-e-clica. O Mplus é outro programa que também é utilizado para MEE. Para aplicações comumente encontradas em pesquisa de marketing, esses programas devem produzir resultados semelhantes. Assim, a seleção de um programa de computador específico para MEE deve ser feita com base na disponibilidade e na preferência do usuário.[24]

LISREL

Como o LISREL é um programa muito conhecido, damos instruções detalhadas para realização de MEE usando esse *software* para aplicação do modelo de primeira ordem que discutimos. O arquivo de dados pode ser baixado do *site* deste livro.

!CFA-Lisrel
Dados brutos do arquivo CH 22 TAM.PSF

Variáveis latentes: PU PE INT
Relações:

PU → PU1 PU2 PU3
PE → PE1 PE2 PE3
INT → INT1 INT2 INT3

Método de estimação = máxima verossimilhança
Número de decimais = 2
diagrama de caminho
Lisrel Output: SE TV MI EF FS RS SS SC AD=off IT = 1300
Fim do programa

!SEM-Lisrel
Dados brutos do arquivo CH 22 TAM.PSF

Variáveis latentes: PU PE INT
Relações:

PU1 = 1*PU
PU2 = PU
PU3 = PU

PE1 = 1*PE
PE2 = PE
PE3 = PE

INT1 = 1*INT
INT2 = INT
INT3 = INT

INT = PU PE

Método de estimação = máxima verossimilhança

Número de decimais = 2
diagrama de caminho
Lisrel Output: SE TV MI EF FS RS SS SC AD=off IT = 1300
Fim do programa

Vídeos demonstrativos computadorizados de SPSS e SAS

Desenvolvemos vídeos demonstrativos computadorizados que dão instruções passo a passo para a execução de todos os programas do SPSS e SAS Enterprise Guide discutidos neste capítulo. Essas demonstrações podem ser baixadas do *site* deste livro. As instruções para executar as demonstrações são oferecidas no Quadro 14.2.

Cópias de telas dos programas SPSS e SAS com notas

As instruções passo a passo para a execução de vários programas do SPSS e SAS Enterprise Guide discutidos neste capítulo também são ilustradas em capturas de tela dos programas com notas apropriadas. Essas capturas de tela podem ser baixadas do *site* deste livro.

SPSS Windows

SPSS Arquivo de Dados

O AMOS oferece um *software* para MEE poderoso e fácil de usar. Utilizando o AMOS, você especifica, calcula, avalia e apresenta seu modelo em um diagrama de caminho intuitivo para mostrar as relações hipotetizadas entre as variáveis.

Há algumas distinções importantes quando se comparam vários pacotes de *software* para MEE. Por exemplo, o AMOS difere do LISREL no modo como aborda variáveis exógenas. LISREL (corretamente) pede que os pesquisadores façam uma distinção conceitual entre variáveis exógenas e endógenas antes de testar o modelo. O AMOS simplesmente trata como exógena qualquer variável que não tenha caminho levando a ela. Por isso, o LISREL, por *default*, permite que todas as variáveis exógenas covariem livremente umas com as outras, ao passo que os pesquisadores que utilizam o AMOS têm que ser proativos no estabelecimento desse conjunto de relações.

Damos instruções detalhadas de como realizar MEE usando o AMOS para a aplicação do modelo fatorial de primeira ordem que discutimos. O arquivo de dados pode ser baixado do *site* deste livro.

'CFA

Sub Main ()
Dim sem As New AmosEngine

sem.Standardized
sem.TextOutput

sem.BeginGroup "CH 22 TAM.sav"

sem.Structure "PU1 = PU + (1) E1"
sem.Structure "PU2 = PU + (1) E2"
sem.Structure "PU3 = PU + (1) E3"
sem.Structure "PE1 = PE + (1) E4"
sem.Structure "PE2 = PE + (1) E5"
sem.Structure "PE3 = PE + (1) E6"
sem.Structure "INT1 = INT + (1) E7"
sem.Structure "INT2 = INT + (1) E8"
sem.Structure "INT3 = INT + (1) E9"

sem.Structure "PU (1)"
sem.Structure "PE (1)"
sem.Structure "INT (1)"

sem.Structure "PU ↔ PE"
sem.Structure "PU ↔ INT"
sem.Structure "PE ↔ INT"

End Sub

'SEM

Sub Main ()
Dim sem As New AmosEngine

sem.Standardized
sem.TextOutput

sem.BeginGroup "CH 22 TAM.sav"

sem.Structure "PU1 = (1) PU + (1) E1"
sem.Structure "PU2 = PU + (1) E2"
sem.Structure "PU3 = PU + (1) E3"
sem.Structure "PE1 = (1) PE + (1) E4"
sem.Structure "PE2 = PE + (1) E5"
sem.Structure "PE3 = PE + (1) E6"
sem.Structure "INT1 = (1) INT + (1) E7"
sem.Structure "INT2 = INT + (1) E8"
sem.Structure "INT3 = INT + (1) E9"

sem.Structure "INT = PU + PE + (1) ERR"

End Sub

SAS Enterprise Guide

SAS Arquivo de Dados

O SAS oferece o procedimento CALIS para modelagem de equações estruturais. A seguir estão as instruções de código customizado para realizar MEE com o SAS Enterprise Guide para a aplicação do modelo fatorial de primeira ordem.

1. Abra SAS Table 22 no SAS Enterprise Guide.
2. Selecione FILE e clique em EXPORT Table_22.
3. Selecione SERVERS na caixa à esquerda.
4. Clique em LOCAL.
5. Selecione WORK e SAVE.
6. Selecione FILE e PROGRAM>NEW.
7. Digite estes comandos SAS na janela PROGRAM:

   proc calis data = WORK.TABLE_22 cov;
   Lineqs
   PE1 = a1 f_PE + e1,
   PE2 = a2 f_PE + e2,
   PE3 = a3 f_PE + e3,
   PU1 = a4 f_PU + e4,
   PU2 = a5 f_PU + e5,
   PU3 = a6 f_PU + e6,
   INT1 = a7 f_INT + e7,
   INT2 = a8 f_INT + e8,
   INT3 = a9 f_INT + e9;
   Std
   f_PE f_PU f_INT = 3 * 1.,
   e1-e9 = ev1-ev9;
   Cov
   f_PE f_PU = phi1,
   f_PE f_INT = phi2,
   f_PU f_INT = phi3;
   run;

8. Selecione RUN.

Caso HP

SPSS Arquivo de Dados

SAS Arquivo de Dados

Reveja o caso HP, Caso 1.1, e o questionário dado no final do livro. Vá ao *site* deste livro e baixe o arquivo de dados da HP.

Desenvolva uma MEE explicando a satisfação e lealdade da HP (medidas por Q4, Q5 e Q6) em termos de avaliação de desempenho nos primeiros quatro itens de Q8.

1. Especifique o modelo de mensuração e faça um diagrama de caminho.
2. Estime o modelo de mensuração e avalie sua confiabilidade e validade.
3. Especifique o modelo estrutural e faça um diagrama de caminho.
4. Estime o modelo estrutural e avalie sua validade.
5. Quais são suas conclusões? Que recomendações você faria à administração da HP?

Resumo

A modelagem de equações estruturais (MEE) é um procedimento para calcular uma série de relações de dependência em um conjunto de conceitos ou construtos representados por diversas variáveis mensuradas e incorporados em um modelo integrado. A MEE é usada principalmente como técnica confirmatória, em vez de ser exploratória.

É muito importante que um modelo MEE seja baseado na teoria, pois todas as relações devem ser especificadas antes que o modelo MEE possa ser calculado. Um construto é uma variável latente ou não observável que pode ser definida em termos conceituais, mas que não pode ser mensurada diretamente. Um construto é medido aproximada e indiretamente, examinando-se a consistência entre diversas variáveis mensuradas ou observadas. Recomenda-se que cada construto seja mensurado utilizando-se pelo menos três variáveis observadas.

Os passos envolvidos na realização da MEE são (1) definir os construtos individuais, (2) especificar o modelo de mensuração, (3) avaliar a validade do modelo de mensuração, (4) especificar o modelo estrutural se o modelo de mensuração for válido, (5) avaliar a validade do modelo estrutural e (6) tirar conclusões e fazer recomendações se o modelo estrutural for válido.

A MEE analisa covariância. A adequação do modelo é determinada comparando-se o quanto a matriz de covariância estimada, Σ_k, corresponde à matriz de covariância observada S, ou seja, as estatísticas de adequação são baseadas em $|S - \Sigma_k|$. As várias medidas criadas para avaliar a adequação consistem em índices de adequação absoluta, de adequação incremental e de adequação de parcimônia. Nos índices de adequação absoluta, cada modelo é avaliado independentemente de outros modelos possíveis. Já os índices de adequação incremental avaliam até que ponto o modelo especificado é adequado aos dados da amostra em relação a algum modelo alternativo que é tratado como modelo básico. O modelo básico comumente usado é o modelo nulo, que é baseado na suposição de que as variáveis observadas não são correlacionadas. Os índices de adequação de parcimônia avaliam a adequação em relação à complexidade do modelo e são úteis para avaliar modelos concorrentes. Esses índices baseiam-se na razão de parcimônia, que é calculada como razão entre os graus de liberdade usados pelo modelo e o total de graus de liberdade disponível.

Ao avaliar-se a validade do modelo de mensuração, é útil examinar a confiabilidade composta e a validade discriminante e convergente. A confiabilidade composta (CC) é definida como a quantidade total de variância de escore verdadeiro em relação à variância de escore total. Altas cargas fatoriais indicam que as variáveis observadas convergem no mesmo construto. Outra medida usada para avaliar a validade convergente é a variância média extraída (VME), definida como a variância nos indicadores ou variáveis observadas que é explicada pelo construto latente. Cargas cruzadas indicam falta de distinção e presença de problemas potenciais no estabelecimento da validade discriminante. A validade discriminante é estabelecida mostrando-se que a variância média extraída é maior do que o quadrado das correlações.

Se a validade do modelo de mensuração proposto não for satisfatória, então se podem utilizar as informações diagnósticas oferecidas pela AFC para as devidas modificações. As pistas diagnósticas usadas incluem (1) as estimativas de caminho ou cargas, (2) resíduo padronizado, (3) índices de modificação e (4) busca de especificação. Se as modificações forem substanciais, então deverá ser modificada a teoria de mensuração, especificando-se um novo modelo de mensuração e coletando-se novos dados para testar o novo modelo.

Uma vez estabelecida a validade do modelo de mensuração, pode-se prosseguir com a especificação do modelo estrutural. Passando-se do modelo de mensuração para o modelo estrutural, a ênfase passa das relações entre construtos latentes e variáveis observadas para a natureza e magnitude das relações entre construtos. A avaliação da validade do modelo estrutural é semelhante à do modelo de mensuração e envolve (1) exame da adequação, (2) comparação do modelo estrutural com modelos concorrentes e (3) teste das relações estruturais e hipóteses.

Vários programas de computador estão disponíveis para MEE. Os mais utilizados são LISREL, AMOS, CALIS e EQS.

Palavras-chave e conceitos fundamentais

modelagem de equações estruturais (MEE), 585
construto, 585
erro de mensuração, 585
análise de caminho, 585
análise fatorial confirmatória (AFC), 585
confiabilidade composta (CC), 586
construto endógeno, 586
construto exógeno, 586
correlações múltiplas quadradas, 586
diagrama de caminho, 586
erro estrutural, 586

estatística de diferença de qui-quadrado ($\Delta\chi^2$), 586
índice de modificação, 586
índice de parcimônia, 586
índices de adequação absoluta, 586
índices de adequação de parcimônia, 586
índices de adequação incremental, 586
matriz de covariância de amostra, 586
matriz de covariância estimada, 586
modelo aninhado, 586
modelo de mensuração, 586
modelo estrutural, 586
modelo fatorial de primeira ordem, 586

modelo fatorial de segunda ordem, 586
modelo não recursivo, 586
modelo recursivo, 586
relação estrutural, 586
unidimensionalidade, 586
variância média extraída (VME), 586
adequação do modelo, 589
resíduos, 589
identificação do modelo, 589
comunalidade, 591
resíduos padronizados, 594
busca de especificação, 594

Casos relacionados

Os casos listados a seguir são discutidos no final do livro.

    1.11 HP Inc.

    3.2 IBM   **3.3** Kimberly-Clark

    4.1 JPMorgan Chase   **4.2** Wendy's

Pesquisa ao vivo: realização de um projeto de pesquisa de marketing

1. O uso de MEE pode não ser apropriado em alguns projetos de pesquisa de marketing aplicada.
2. Mesmo se um modelo estrutural não estiver sendo estimado, ainda é possível e desejável que se especifique um modelo de mensuração e se estabeleça a confiabilidade composta e a validade discriminante e convergente das escalas e medidas utilizadas.
3. Se um modelo estrutural for estimado, deverá ser especificado com base na teoria, e os resultados deverão ser discutidos com o cliente.

Exercícios

Perguntas

1. Quais características distinguem a MEE de outras técnicas multivariadas?
2. Qual é o papel da teoria na MEE?
3. O que é um modelo de mensuração? Por que é estimado?
4. Como a adequação do modelo é avaliada na MEE?
5. Quais são as semelhanças e diferenças entre um índice de adequação absoluta e incremental?
6. Quais são as semelhanças e diferenças entre um índice de adequação incremental e de parcimônia?
7. O que é análise fatorial confirmatória? Quais são suas semelhanças e diferenças em comparação com a análise fatorial exploratória?
8. Como se avalia a validade do modelo de mensuração?
9. Como se estabelece a validade discriminante convergente em uma estrutura de MEE?
10. O que é variância média extraída? Por que é útil calculá-la?
11. O que é modelo fatorial de segunda ordem? Quais suas diferenças em comparação com o modelo fatorial de primeira ordem?
12. O que é teoria estrutural e no que difere da teoria de mensuração?
13. Como se determina se a diferença entre dois coeficientes de caminho estrutural é significativa?
14. O que é modelo recursivo? Por que esse aspecto é relevante na MEE?
15. A MEE é semelhante a outras técnicas multivariadas? Em quê?

Problemas

1. Faça um diagrama de caminho com três construtos exógenos e um construto endógeno. Os construtos exógenos são mensurados por cinco, quatro e três variáveis observadas ou indicadores. O construto endógeno é mensurado por quatro indicadores. Espera-se que dois construtos exógenos sejam positivamente relacionados e que um seja negativamente relacionado com o construto endógeno. Quais são os graus de liberdade do modelo de mensuração associado?

Exercícios para Internet e computador

SPSS Arquivo de Dados

1. Baixe os dados de serviços bancários do *site* deste livro. Calcule os modelos estrutural e de mensuração especificados neste capítulo. Você obtém os mesmos resultados dados neste capítulo?

SAS Arquivo de Dados

2. Compare e contraste os seguintes pacotes de *software* de MEE: LISREL, AMOS e EQS. Qual deles é mais fácil de usar? Qual é mais útil? Por quê?

Atividades

Dramatização

1. Você trabalha como analista sênior de pesquisa de marketing em uma grande agência de propaganda. De acordo com a teoria, a propaganda leva à consciência, que leva à compreensão, que leva à preferência, que leva à intenção de compra. Faça um diagrama de caminho e explique esse processo a seu chefe, um gerente de conta e o vice-presidente de sua agência (papéis representados por outros alunos).

Trabalho de campo

1. Visite alguns professores de marketing e outros professores em sua universidade. Peça-lhes artigos que eles publicaram usando a MEE. Faça uma descrição simples da análise MEE que foi realizada em um desses artigos.

Discussão em grupo

1. Em um grupo pequeno, discuta semelhanças e diferenças entre AFE e AFC. Qual é mais útil?

CAPÍTULO 23

Preparação e Apresentação de Relatórios

> *Em qualquer relatório ou apresentação, vá direto aos motivos pelos quais os resultados são importantes para a empresa. A tendência dos iniciantes é a de apresentar todas as respostas e todos os dados, sejam eles relevantes ou não. O papel do analista é ferver, filtrar e destilar, de forma que seu público receba a destilação pura.*

Jerry Thomas, presidente/CEO, Decision Analyst, Inc.

Cortesia de Jerry Thomas

Objetivos

Após a leitura deste capítulo, o aluno conseguirá:

1. Discutir as exigências básicas da elaboração de um relatório, incluindo formatação, redação, gráficos e tabelas.
2. Discutir a natureza e o objetivo da apresentação oral e descrever os princípios "Diga-lhes" e "Seja Simples e Direto".
3. Descrever a abordagem do relatório de pesquisa de marketing a partir do ponto de vista do cliente e as linhas básicas para a leitura desse relatório.
4. Explicar as razões para que o cliente receba um acompanhamento continuado. Descrever a assessoria que deve ser proporcionada ao cliente e a avaliação do projeto de pesquisa.
5. Entender o processo de preparação e apresentação de relatórios na pesquisa de marketing internacional.
6. Descrever como as mídias sociais facilitam e melhoram a preparação e a apresentação de relatórios.
7. Elucidar a preparação de relatórios na pesquisa de marketing em dispositivos móveis.
8. Identificar as questões éticas relacionadas com a interpretação e o relato da pesquisa, a apresentação dos resultados ao cliente e o uso dos resultados por parte do cliente.

Aspectos gerais

A preparação e a apresentação de relatórios constituem a sexta e última etapa no processo de pesquisa de marketing, seguindo a definição do problema, o desenvolvimento de uma abordagem, a formulação da concepção de pesquisa, o trabalho de campo e a preparação e análise dos dados. Neste capítulo, destacamos a importância desta última etapa, assim como um processo para a preparação e apresentação de relatórios. Apresentamos aqui orientações para a elaboração dos relatórios, incluindo as fases de redação e preparo de gráficos e tabelas. Analisamos a apresentação oral do relatório. Abordamos o acompanhamento posterior à pesquisa, etapa que inclui assessoria ao cliente e avaliação do processo de pesquisa. Descrevemos as características especiais próprias da preparação e apresentação do relatório de pesquisa de marketing internacional, o uso das mídias sociais e a pesquisa de marketing mobile identificando as questões éticas mais relevantes. Para começar, apresentamos um exemplo.

Pesquisa real

Relato dos céus sem nuvens

O objetivo da pesquisa de marketing é avaliar as necessidades de informação, disponibilizar essa informação e ajudar o executivo a tomar as decisões corretas. Isso foi o que a United Airlines, empresa de aviação com sede em Chicago, entendeu com seu programa de avaliação do índice de satisfação dos clientes. Todos os meses, 192 mil passageiros de 900 voos são selecionados e pesquisados, usando questionários escaneáveis e/ou levantamentos pela Internet. A pesquisa abrange o grau de satisfação dos passageiros tanto nos "serviços em terra" (reservas, atendimento no aeroporto) quanto nos "serviços de bordo" (atendimento pelos comissários, refeições, estado das aeronaves). Os formulários são distribuídos pelos comissários logo no início dos voos, a fim de que os passageiros tenham tempo para preencher o questionário. Para pesquisas na Internet, os respondentes recebem um link por *e-mail* logo após o voo.

Mensalmente, o departamento de pesquisa de marketing da United emite um relatório sobre o nível de satisfação dos clientes da companhia. Esse relatório também é divulgado na Internet e disponibilizado *on-line* para os gerentes da United em todos os países em que ela opera. Devido ao tamanho da amostra, os dados são extremamente confiáveis (representativos), sendo utilizados por todos os setores da companhia:

- pelo departamento de marketing, para formular planejamentos estratégicos, posicionar produtos e direcionar decisões de marketing;
- pelo departamento financeiro, para avaliar os resultados dos investimentos em produtos;
- pelo departamento de aeroportos, para avaliar os serviços em terra, principalmente a rapidez e eficiência no *check-in* (atendimento, filas de espera);
- pela gerência executiva, para avaliar o desempenho da United tanto internamente, na consecução dos objetivos determinados, quanto externamente, comparado com a concorrência.

O resultado dessa pesquisa de amplo alcance sobre o grau de satisfação do cliente é que todos os departamentos da United Airlines são orientados para o cliente. Isso ajuda a companhia a se destacar em um ambiente em que todas as empresas têm os mesmos esquemas, o mesmo serviço e as mesmas tarifas. No inverno norte-americano de 2017, a United Airlines reduziu os preços de muitas de suas rotas quando suas pesquisas mostraram que muitos passageiros procuravam baixas tarifas em um cenário e economia incertos.[1] ■

O exemplo da United Airlines é uma ilustração da importância de relatórios feitos regularmente.

Importância do relatório e de sua apresentação

Um **relatório** é uma apresentação escrita e/ou oral do processo de pesquisa, dos resultados, das recomendações e/ou conclusões para um público específico. Pelos motivos listados a seguir, o relatório e sua apresentação são partes importantes do projeto de pesquisa de marketing:

---
relatório
Apresentação escrita e/ou oral do processo de pesquisa, dos resultados, das recomendações e/ou conclusões para um público específico.

---

1. São os produtos tangíveis do projeto de pesquisa. Uma vez completado esse projeto, e depois de a administração tomar a decisão, há poucas evidências documentais do projeto além do relatório escrito. Logo, ele serve como registro histórico do projeto.
2. As decisões da administração são orientadas pelo relatório e por sua apresentação. Se as cinco primeiras etapas forem dirigidas cuidadosamente, mas não se der a devida atenção à sexta etapa, o valor do projeto inteiro, para a diretoria, sofre drástica redução.
3. O envolvimento de muitos gerentes de marketing no projeto limita-se ao relatório escrito e à apresentação oral. Esses gerentes avaliam a qualidade do projeto como um todo baseados na qualidade do relatório e da sua apresentação.
4. A decisão da administração quanto a realizar pesquisas de marketing no futuro e utilizar ou não o mesmo fornecedor da pesquisa certamente será influenciada pela utilidade observada do relatório e pela respectiva apresentação.

O processo de preparação e apresentação do relatório

A Figura 23.1 ilustra a preparação e a apresentação de um relatório. O processo começa com a interpretação dos resultados da análise de dados a partir dos objetivos do projeto de pesquisa de marketing, da abordagem, da concepção de pesquisa e do trabalho de campo. Em vez de simplesmente resumir os dados estatísticos, o pesquisador tem de apresentá-los de maneira que possam ser usados diretamente como dados orientadores na tomada de decisão. Sempre que isso for adequado, é preciso extrair conclusões e fazer recomendações. As recomendações devem ser exequíveis. Antes de redigir o relatório, o pesquisador precisa discutir os principais resultados, as conclusões e as recomendações com as pessoas que vão tomar as decisões. Essas discussões desempenham um papel relevante para assegurar que o relatório atenda às necessidades do cliente e seja aceito por ele. Datas específicas para a entrega do relatório escrito e outros dados também devem ser confirmados.

Todo o projeto de pesquisa de marketing precisa ser resumido em um único relatório escrito, ou em vários relatórios endereçados a diferentes leitores. De modo geral, uma apresentação oral complementa os documentos escritos. Deve-se dar ao cliente uma oportunidade de ler o relatório e, depois disso, o pesquisador tem de tomar as providências

```
Definição do problema, abordagem,
concepção de pesquisa e trabalho de campo
                ↓
        Análise dos dados
                ↓
Interpretação, conclusões e recomendações
                ↓
       Preparação do relatório
                ↓
         Apresentação oral
                ↓
    Leitura do relatório pelo cliente
                ↓
     Acompanhamento da pesquisa
```

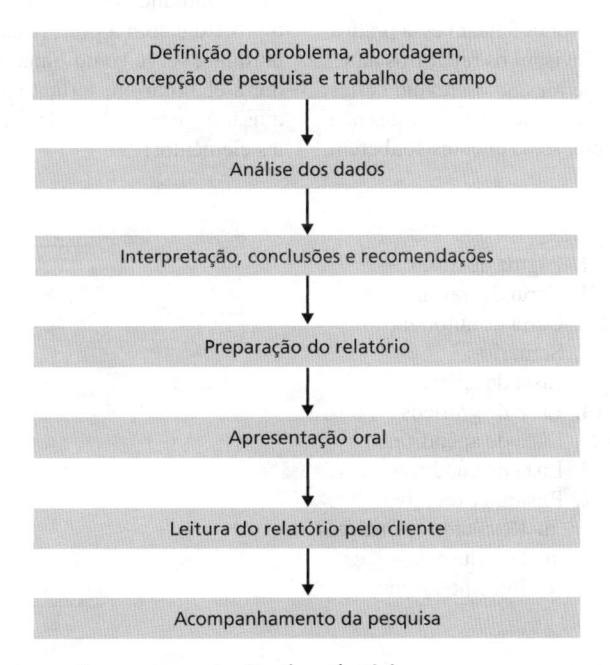

FIGURA 23.1 Processo de preparação e apresentação do relatório.

de acompanhamento necessárias. O pesquisador deve ajudar o cliente a entender o relatório, implementar os resultados, empreender mais pesquisas e avaliar o processo de pesquisa realizado. O exemplo a seguir ilustra a importância de o pesquisador estar intimamente envolvido no processo de preparação e apresentação do relatório.

Pesquisa real

Redatores terceirizados dos grupos de foco podem prejudicar o cliente

Thomas Greenbaum, presidente de uma empresa de pesquisa de mercado voltada para a pesquisa qualitativa, destaca uma tendência perturbadora observada em anos recentes no setor de serviço de grupos de foco. Greenbaum, da Groups Plus, Inc. (www.groupsplus.com), afirma que alguns moderadores e empresas de grupos de foco não apresentam seu trabalho adequadamente aos clientes porque os relatórios são, na verdade, elaborados por redatores terceirizados que não participaram das sessões do grupo de foco.

Talvez mais da metade dos moderadores esteja se valendo desses redatores para elaborar seus relatórios aos clientes. Não raro, pesquisadores iniciantes ainda em fase de aprendizado ou empregados de tempo parcial elaboram esses relatórios para os moderadores. Greenbaum critica tal procedimento porque as reações não verbais dos participantes dos grupos de foco ou a sinergia do grupo, em geral, não podem ser relatadas com precisão por pessoas que tão-somente ouvem gravações ou assistem a vídeos das sessões dos grupos de foco. Greenbaum insiste com os moderadores para que sejam francos com os clientes sobre a autoria dos relatórios e incentiva os clientes a exigir mais das empresas de pesquisa de marketing externas.

Embora algumas pessoas no setor defendam essa prática com o argumento de que sempre revisam os relatórios antes de os enviarem aos clientes, ou até mesmo escrevem certas sessões mais delicadas, ela ainda é antiética se os clientes não estiverem cientes disso. No entanto, se os clientes souberem com antecedência que uma terceira pessoa redigirá seus relatórios, o problema certamente será menor, mas eles ainda não estarão obtendo o melhor valor pelo que estão pagando.

Além da probabilidade de deturpar um relatório, Greenbaum observa que esse sistema de redação "terceirizada" retarda a apresentação do relatório final. Os moderadores que escrevem seus próprios relatórios procuram completá-los em poucos dias a contar do último grupo, de forma que a informação ainda esteja viva em suas mentes quando empreendem o trabalho de redação. Todavia, a maior parte dos moderadores que usam redatores terceirizados não tem condições de apresentar relatórios finais aos clientes dentro de três ou quatro semanas a contar do último grupo, atrasando assim a divulgação dos resultados.[2] ∎

Preparação do relatório

Os pesquisadores diferem quanto à forma de preparação de um relatório de pesquisa. A personalidade, a formação, a experiência e a responsabilidade do pesquisador, junto com o responsável pelas decisões a quem o relatório é endereçado, interagem de modo a conferir a cada relatório um caráter distinto. Em projetos curtos ou repetitivos, um extenso relatório escrito formal do tipo descrito aqui pode não ser preparado. Às vezes, tudo o que pode ser apresentado e enviado ao cliente são extensas apresentações de PowerPoint. No entanto, existem diretrizes para formatar e escrever relatórios e projetar tabelas e gráficos que geralmente devem ser seguidas.[3]

Formato do relatório

O formato dos relatórios tende a variar de acordo com o pesquisador ou com a empresa de pesquisa de marketing que está elaborando o projeto, com o cliente a quem se destina o projeto e com a própria natureza do projeto. O que segue, portanto, serve como linhas gerais para orientar o pesquisador a elaborar um formato adequado a cada projeto de pesquisa. A maioria dos relatórios de pesquisa inclui os seguintes elementos:

I. Página de título
II. Carta de transmissão
III. Carta de autorização
IV. Sumário
V. Lista de tabelas
VI. Lista de gráficos
VII. Lista de apêndices
VIII. Lista de quadros
IX. Resumo executivo
    a. Resultados principais
    b. Conclusões
    c. Recomendações

} Parte preambular

      X. Definição do problema
         a. Histórico do problema
         b. Enunciado do problema
     XI. Abordagem do problema
    XII. Concepção de pesquisa
         a. Tipo de pesquisa
         b. Informação necessária
         c. Coleta de dados de fonte secundária
         d. Coleta de dados de fonte primária
         e. Técnicas de escalonamento
         f. Elaboração e pré-teste do questionário
         g. Técnicas de amostragem
         h. Trabalho de campo
   XIII. Análise de dados
         a. Metodologia
         b. Plano de análise de dados
   XIV. Resultados
    XV. Limitações e advertências
   XVI. Conclusões e recomendações

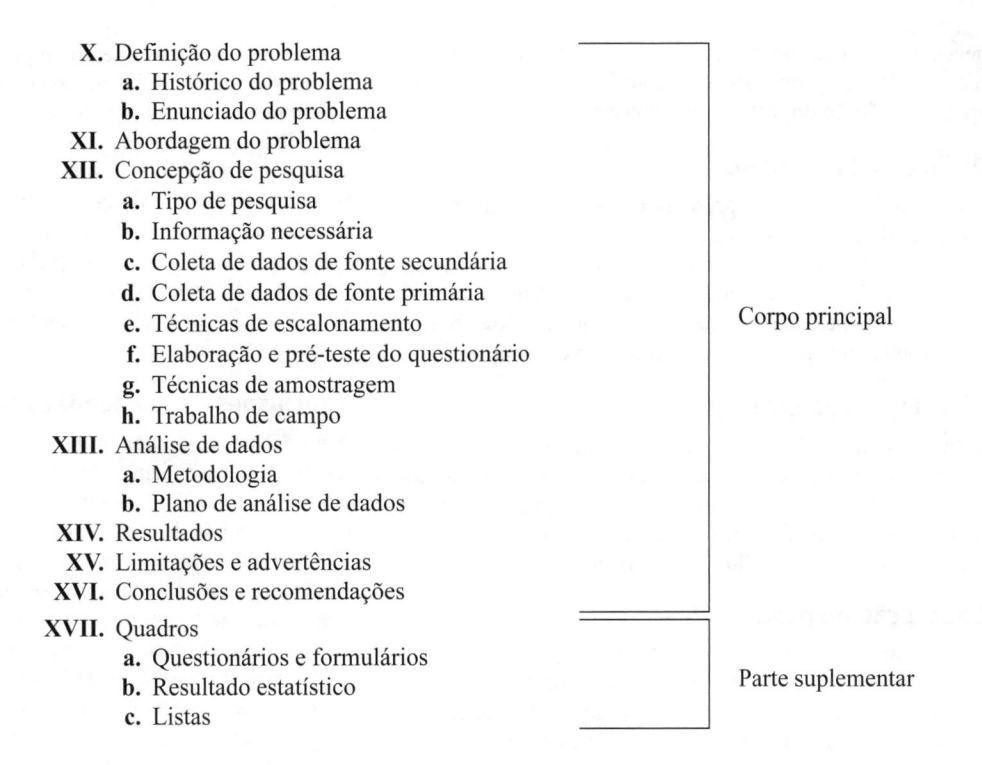

} Corpo principal

 XVII. Quadros
         a. Questionários e formulários
         b. Resultado estatístico
         c. Listas

} Parte suplementar

Esse formato segue de perto os primeiros passos do processo de pesquisa de marketing. Os resultados podem ser apresentados em diversos capítulos do relatório. Por exemplo, em uma pesquisa de âmbito nacional, a análise de dados é realizada para a amostra como um todo e, em seguida, os dados para cada uma das quatro regiões geográficas são analisados separadamente. Nesse caso, é viável apresentar os resultados em cinco capítulos, em vez de apenas um.

Página de título

A página de título tem de incluir título do relatório, informações (nome, endereço, *e-mail*, *site* e telefone) sobre o pesquisador ou a organização que realiza a pesquisa, nome do cliente para quem o relatório está sendo preparado e data da publicação. O título deve indicar a natureza do projeto, conforme ilustrado a seguir.

Pesquisa real

Orientações gerais para a página de título

Utilize a linguagem do cliente no título – evite o "pesquisês"

- "Práticas usadas na seleção de transportadores" é melhor do que "Estudo sobre serviço sem fio".
- "Reações dos consumidores a um relacionamento financeiro melhorado" é melhor do que "Estudo sobre relacionamento".

Adaptado de Kantar TNS (www.tnsglobal.com). ∎

Carta de transmissão

Um relatório formal geralmente contém uma carta de transmissão que entrega o relatório ao cliente e resume a experiência geral do pesquisador com o projeto, sem mencionar os resultados. A carta também identifica a necessidade de uma ação posterior por parte do cliente, como a implementação dos resultados ou outras pesquisas que devam ser conduzidas.

Carta de autorização

O cliente escreve ao pesquisador uma carta de autorização antes de iniciar o projeto. Ela autoriza o pesquisador a prosseguir com o projeto e especifica seu escopo e os termos do contrato. Em geral, na carta de transmissão basta uma referência à carta de autorização. Entretanto, muitas vezes é necessário incluir no relatório uma cópia da carta de autorização.

Sumário

O sumário relaciona os tópicos abordados e os números correspondentes das páginas. Na maioria dos relatórios, incluem-se apenas os principais títulos e subtítulos. O sumário deve ser acompanhado por uma lista de tabelas, uma lista de gráficos, uma lista de apêndices e uma lista de quadros.

Resumo executivo

O resumo executivo é uma parte extremamente importante do relatório porque, muita vezes, é a única parte que os administradores leem. Ele deve descrever concisamente o problema, a abordagem e a concepção de pesquisa adotados. É necessário dedicar um resumo aos resultados, conclusões e recomendações principais. O resumo executivo é redigido após a conclusão do restante do relatório.

Definição do problema

Esta seção do relatório apresenta o histórico do problema, ilustra as discussões com os executivos e os especialistas do setor, aborda a análise de dados secundários, a pesquisa qualitativa que foi feita e os fatores analisados. Além disso, deve conter um enunciado claro do problema de decisão gerencial e do problema de pesquisa de marketing (ver Capítulo 2).

Abordagem do problema

Esta seção deve discutir a ampla abordagem adotada ao focalizar o problema, bem como conter uma descrição dos fundamentos teóricos que orientaram a pesquisa, quaisquer modelos analíticos formulados, questões de pesquisa, hipóteses e os fatores que influíram na concepção de pesquisa.

Concepção de pesquisa

Esta seção sobre concepção de pesquisa especifica os detalhes da realização da pesquisa (ver Capítulos 3 a 13) e deve incluir a natureza da concepção de pesquisa adotada, a informação desejada, a coleta de dados de fontes secundárias e primárias, as técnicas de escalonamento, a elaboração e o pré-teste do questionário, as técnicas de amostragem e o trabalho de campo. Esses tópicos têm de ser apresentados de forma não técnica, de fácil compreensão. Os detalhes técnicos devem constar em um apêndice. Nesta seção do relatório são justificados os métodos específicos escolhidos.

Análise de dados

Esta seção descreve o plano de análise de dados e justifica a estratégia e as técnicas usadas. As técnicas usadas para análise devem ser descritas de maneira simplificada e não técnica.

Resultados

Esta seção é normalmente a parte mais longa do relatório, podendo abranger vários capítulos. Com frequência, os resultados são apresentados não apenas no nível agregado, como também em nível de subgrupo (segmento de mercado, área geográfica, etc.). Os resultados devem ser organizados de forma coerente e lógica. Por exemplo, em uma pesquisa de marketing de serviços de saúde feita em hospitais, os resultados foram apresentados em quatro capítulos: um explicando os resultados gerais, outro mostrando as diferenças entre regiões geográficas, um terceiro capítulo apresentando as diferenças entre hospitais com fins lucrativos e sem fins lucrativos e o quarto capítulo estabelecendo as diferenças de capacidade em número de leitos. A apresentação dos resultados deve visar diretamente aos componentes do problema de pesquisa de marketing e às necessidades de informação identificadas. Os detalhes devem ser apresentados em tabelas e gráficos, com os principais resultados discutidos no texto.

Limitações e advertências

Todos os projetos de pesquisa de marketing têm suas limitações motivadas pelo tempo, por restrições orçamentárias, etc.

Além disso, o planejamento de pesquisa adotado pode ficar limitado em termos dos diversos tipos de erro (ver Capítulo 3), alguns dos quais podem ser sérios a ponto de justificar uma discussão. Esta seção deve ser escrita com grande cuidado e perspectiva equilibrada. Por um lado, o pesquisador tem de certificar-se de que a administração não confia demasiadamente nos resultados, nem os utiliza para propósitos não previstos, como sua projeção para populações que não aquelas analisadas. Por outro lado, esta seção não deve abalar sua confiança na pesquisa, nem minimizar indevidamente sua importância.

Conclusões e recomendações

A apresentação de um simples resumo dos resultados estatísticos não é suficiente. O pesquisador precisa interpretar os resultados à luz do problema que está sendo abordado a fim de chegar a conclusões importantes. Com base nos resultados e conclusões, o pesquisador pode fazer recomendações aos executivos. Às vezes não se pede aos pesquisadores de marketing que façam recomendações porque eles pesquisam apenas uma área e não compreendem o contexto mais amplo na empresa do cliente. Quando for necessário fazer recomendações, elas devem ser viáveis, práticas, funcionais e diretamente utilizáveis como subsídios das decisões gerenciais. O exemplo a seguir contém orientações sobre conclusões e recomendações.

Pesquisa real

Orientações sobre conclusões e recomendações

Conclusões

- Conclusões

    Conclusões relativas, por exemplo, a:

    - Comportamento do consumidor e consumo de produtos
    - Atitudes, percepções e preferências do cliente
    - Natureza dos mercados estudados e canais examinados

        Geralmente, em estudos com amostras destinadas a representar o mercado
        Evite resultados interessantes que não sejam importantes para as conclusões

- Podem ser em forma de itens, sentenças ou parágrafos
- Utilize subtítulos para identificar conclusões sobre segmentos de mercado diferentes

Recomendações

- Recomendações referentes a ações que devem ser tomadas ou sugeridas de acordo com os resultados da pesquisa:
    Acrescentar/eliminar um produto
    O que dizer na propaganda – posicionamento da propaganda
    Segmentos dos mercados a serem escolhidos como mercado-alvo primário
    Como fixar o preço de um produto

Pesquisa posterior a ser considerada
- Deve relacionar-se com o objetivo declarado da pesquisa e com a questão de pesquisa
- Omitidas eventualmente – por exemplo:
Empregados do cliente desejam fazer recomendações
Estudo exploratório apenas para familiarizar o cliente com o mercado
- Os clientes, em sua maioria, estão interessados em nossas sugestões, apesar de não estarmos familiarizados com fatores internos da empresa

Adaptado de Kantar TNS. ■

Redação do relatório

Leitores

Um relatório será escrito para leitores específicos, como os gerentes de marketing que vão utilizar os resultados. O relatório tem de levar em conta não apenas a sofisticação técnica do leitor e seu interesse no projeto, mas as circunstâncias nas quais ele estará lendo o relatório e como irá utilizá-lo.

Evite a terminologia técnica, ou jargões. Os leitores de seu relatório são pessoas ocupadas, e poucas delas são capazes de equilibrar simultaneamente um relatório, uma xícara de café e um dicionário.[4] Em vez de termos técnicos, como *máxima verossimilhança, heteroscedasticidade* e *não paramétrico*, utilize explicações descritivas. Se não for possível evitar alguns termos técnicos, procure defini-los sucintamente em um apêndice. Em se tratando de pesquisa de marketing, as pessoas preferem conviver com um problema que não podem resolver a aceitar uma solução que não conseguem compreender.

Frequentemente, o pesquisador tem de atender às necessidades de diversos tipos de público, com diferentes níveis de sofisticação técnica e de interesse pelo projeto. Essas necessidades conflitantes podem ser satisfeitas incluindo no relatório seções diferentes destinadas a diferentes leitores, ou preparando relatórios totalmente diferentes.

Facilidade de acompanhamento

O relatório, além de ser fácil de acompanhar,[5] deve ser estruturado de forma lógica e redigido com clareza. O material, particularmente o corpo do relatório, precisa ser estruturado de maneira lógica, de modo que o leitor consiga visualizar sem dificuldade as conexões e ligações inerentes. Para os tópicos principais, devem ser utilizados títulos, reservando-se os subtítulos para os subtópicos.

Uma organização lógica também conduz a um relatório coerente. A clareza é reforçada com o uso de frases bem-construídas, curtas e precisas. As palavras empregadas devem expressar com precisão o que o pesquisador deseja comunicar. Evite o uso de palavras difíceis, gírias e clichês. Uma excelente verificação da clareza de um relatório consiste em submetê-lo à leitura de duas ou três pessoas não familiarizadas com o projeto para que façam seus comentários críticos. Podem ser necessárias várias revisões do relatório até que se chegue ao documento final.

Aparência apresentável e profissional

A aparência de um relatório é importante. O relatório deve ser reproduzido profissionalmente com papel, impressão e encadernação de qualidade. O tipo de letra deve variar. A variação no tamanho das letras e o uso adequado de espaços em branco contribuem muito para a aparência e legibilidade do relatório.

Objetivo

A objetividade é uma virtude que deve nortear quem redige um relatório. Os pesquisadores podem ficar tão fascinados com seu projeto que esquecem seu papel científico. O relatório deve apresentar com precisão a metodologia, os resultados e as conclusões do projeto, sem procurar "adaptar" os resultados para dar conformidade às expectativas da administração. Os responsáveis pelas decisões não se mostram propensos a receber com entusiasmo um relatório que reflita desfavoravelmente sobre seu julgamento ou atitudes. Todavia, o pesquisador deve ter a coragem de apresentar e defender os resultados objetivamente. A regra é: "diga tudo como realmente é".

Reforço do texto com tabelas e gráficos

É importante reforçar as informações-chave do texto com tabelas, gráficos, figuras, mapas e outros recursos visuais. Eles facilitam imensamente a comunicação e contribuem para aumentar a clareza e o impacto do relatório. Mais adiante, discutiremos as diretrizes para a apresentação de tabelas e gráficos.

Concisão

Um relatório tem de ser conciso. Tudo o que for desnecessário deve ser omitido. A inclusão de informações em excesso pode acarretar a perda de tópicos importantes. Evite discussões longas de procedimentos comuns. Todavia, a concisão não deve ser conseguida em detrimento da completude.

Normas para tabelas

As tabelas estatísticas constituem parte vital do relatório e, por isso, merecem atenção especial. Ilustramos as diretrizes para tabelas utilizando os dados de vendas de automóveis nos EUA que constam na Tabela 23.1. Os números entre parênteses nas seções a seguir se referem às seções numeradas da tabela.

Título e número

Toda tabela deve ter um número (1a) e um título (1b). O título precisa ser curto, mas sem prejuízo da clareza da informação fornecida. Empregam-se números arábicos para identificar as tabelas para que elas possam ser referenciadas no texto.[6]

Disposição dos dados

A disposição dos dados em uma tabela deve enfatizar o aspecto mais significativo dos dados. Assim, quando os dados se referem ao tempo, os itens serão dispostos por períodos de tempo apropriados. Quando a ordem de grandeza é mais importante, os dados serão dispostos naquela ordem. Se a facilidade de localização dos itens for crítica, o mais apro-

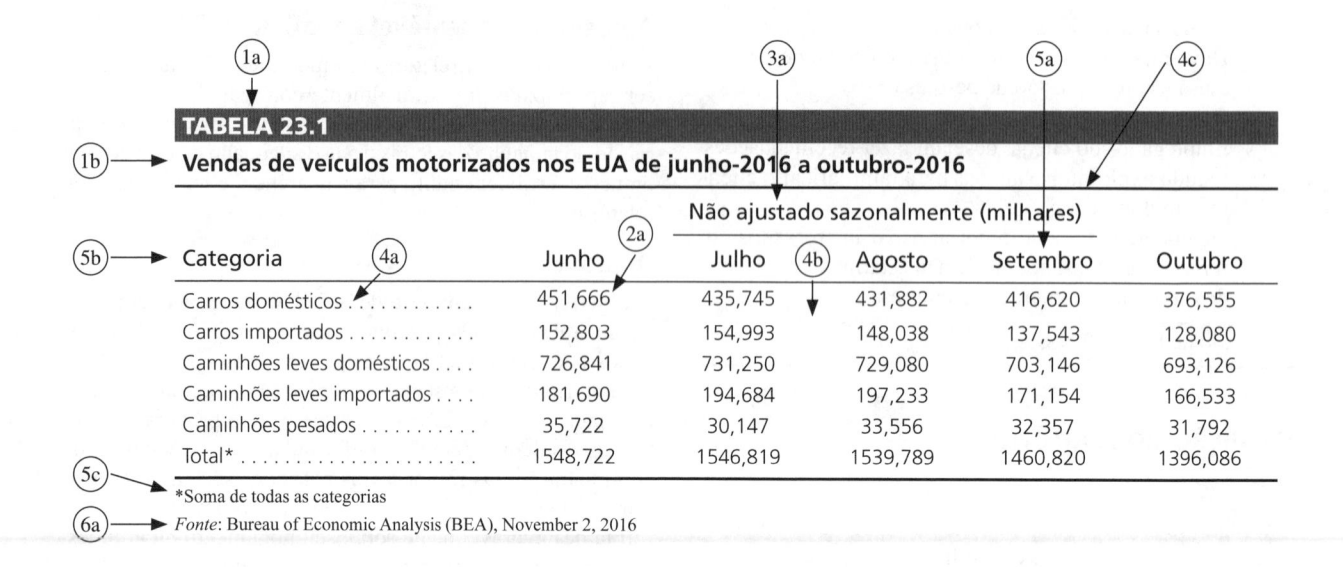

TABELA 23.1
Vendas de veículos motorizados nos EUA de junho-2016 a outubro-2016

Categoria	Junho	Não ajustado sazonalmente (milhares)			
		Julho	Agosto	Setembro	Outubro
Carros domésticos............	451,666	435,745	431,882	416,620	376,555
Carros importados............	152,803	154,993	148,038	137,543	128,080
Caminhões leves domésticos....	726,841	731,250	729,080	703,146	693,126
Caminhões leves importados....	181,690	194,684	197,233	171,154	166,533
Caminhões pesados...........	35,722	30,147	33,556	32,357	31,792
Total*.....................	1548,722	1546,819	1539,789	1460,820	1396,086

*Soma de todas as categorias
Fonte: Bureau of Economic Analysis (BEA), November 2, 2016

---

priado é uma disposição em ordem alfabética ou ordem convencional (2a).

Base de medida
A base ou unidade de medida deve ser indicada com clareza (3a).

Guias, réguas, espaços
Guias, pontos ou hífens para guiar a vista horizontalmente conferem uniformidade e melhoram a legibilidade (4a). Em vez de acompanhar a tabela com uma régua horizontal ou verticalmente, utilizam-se espaços em branco (4b) para realçar os dados. O salto de linhas após diferentes seções também contribui para melhorar a visualização. Após os títulos, costumam ser usadas linhas retas horizontais (4c).

Explicações e comentários: títulos, seções e notas de rodapé
As explicações e os comentários que ajudam a esclarecer a tabela são feitos em forma de parágrafos, seções e notas de rodapé. As designações colocadas sobre as colunas verticais são chamadas de *títulos* (5a), e as designações colocadas na coluna da esquerda são chamadas de *seções* (5b). As informações que não podem ser incorporadas na tabela devem ser explicadas por notas de rodapé (5c). Para rodapés, usam-se letras ou símbolos, mas não números. As notas de rodapé devem vir após o corpo da tabela principal, porém antes da indicação da fonte.

Fontes dos dados
Se os dados constantes da tabela forem secundários, a fonte de dados deve ser mencionada (6a).

Normas para gráficos
Como regra, devemos recorrer aos gráficos sempre que for prático. A apresentação gráfica de informações complementa, de forma eficaz, o texto e as tabelas, reforçando a clareza e o impacto da comunicação. Como se costuma dizer, uma imagem vale por mil palavras. As diretrizes para o preparo de gráficos são semelhantes às das tabelas. Assim, esta seção aborda os diferentes tipos de recursos gráficos.[7] Ilustramos vários deles utilizando os dados de venda de automóveis nos EUA da Tabela 23.1.

Mapas geográficos e outros mapas
Os mapas geográficos e outros mapas, como os de posicionamento do produto, fornecem a localização relativa e outras informações comparativas. Os mapas geográficos podem referir-se a países, estados, territórios de venda, municípios e outras divisões. Suponhamos, por exemplo, que o pesquisador queira apresentar uma informação sobre o número relativo de engarrafadoras da Coca-Cola Company comparado ao de engarrafadoras da PepsiCo e de outros concorrentes em cada estado dos EUA. Essa informação poderia ser transmitida de forma eficaz com um mapa em que cada estado fosse dividido em três áreas, proporcionais ao número de engarrafadoras da Coca-Cola, da PepsiCo e de outros, com cada área representada em uma cor diferente. No Capítulo 21, apresentamos exemplos de mapas de posicionamento de um produto utilizando procedimentos de EMD (p. ex., Figura 21.4).

Gráfico de torta ou pizza
Em um **gráfico de torta**, a área de cada setor, como porcentagem da área total do círculo, reflete a porcentagem associada ao valor de uma variável específica. O gráfico de torta não é uma representação adequada de relações ao longo do tempo ou relações entre várias variáveis. Como regra, um gráfico de torta não deve exigir mais do que sete seções.[8] A Figura 23.2 mostra um gráfico de torta para as vendas no varejo de automóveis nos EUA, por categoria (outubro de 2016).

gráfico de torta
Gráfico circular dividido em seções (setores).

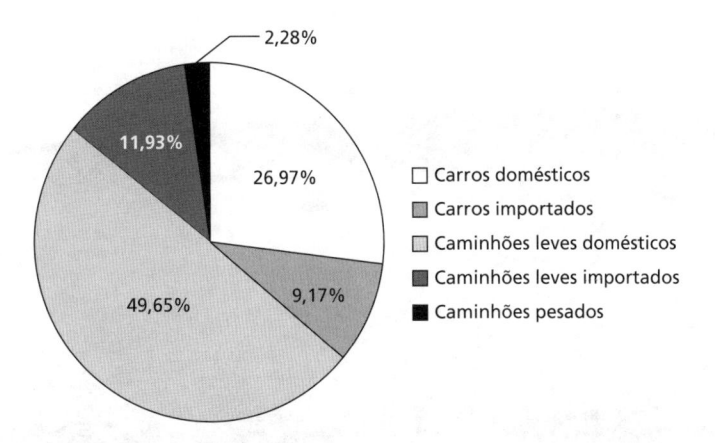

FIGURA 23.2 Gráfico de torta de vendas de veículos motorizados nos EUA (outubro de 2016) por categoria.

Gráfico de linha

Um **gráfico de linha** liga uma série de pontos de dados por meio de segmentos retilíneos contínuos e é uma forma atraente de ilustrar tendências e modificações ao longo do tempo. Podemos comparar várias séries no mesmo gráfico e exibir previsões, interpolações e extrapolações. No caso de várias séries serem apresentadas simultaneamente, cada segmento retilíneo deve ter uma cor ou forma diferente (ver Figura 23.3).[9]

gráfico de linha
Gráfico que liga uma série de pontos utilizando segmentos retilíneos contínuos.

Um **gráfico de área** é um conjunto de gráficos de linha em que os dados são sucessivamente agregados sobre as séries. As áreas entre os gráficos em segmentos mostram as magnitudes das variáveis importantes (ver Figura 23.4).

gráfico de área
Conjunto de gráficos de linha em que os dados são sucessivamente agregados sobre as séries. As áreas entre os gráficos em segmentos representam as magnitudes das variáveis de interesse.

Pictogramas

Um **pictograma** utiliza pequenas figuras ou símbolos para exibir os dados. Como se pode ver pela Figura 23.5, os pictogramas não retratam os resultados com precisão, portanto recomenda-se cautela na sua utilização.[10]

pictograma
Representação gráfica que utiliza pequenas figuras ou símbolos para exibir os dados.

Histogramas e gráficos de barras

Um **gráfico de barras** mostra os dados como barras que podem ser dispostas horizontal ou verticalmente. Os gráficos de barras servem para apresentar magnitudes absolutas e relativas, diferenças e variações. O **histograma** é um gráfico em barras verticais em que a altura das barras representa a frequência relativa ou acumulada de ocorrência de uma variável específica (ver Figura 23.6).

gráfico de barras
Gráfico que exibe os dados em forma de barras posicionadas horizontal ou verticalmente.

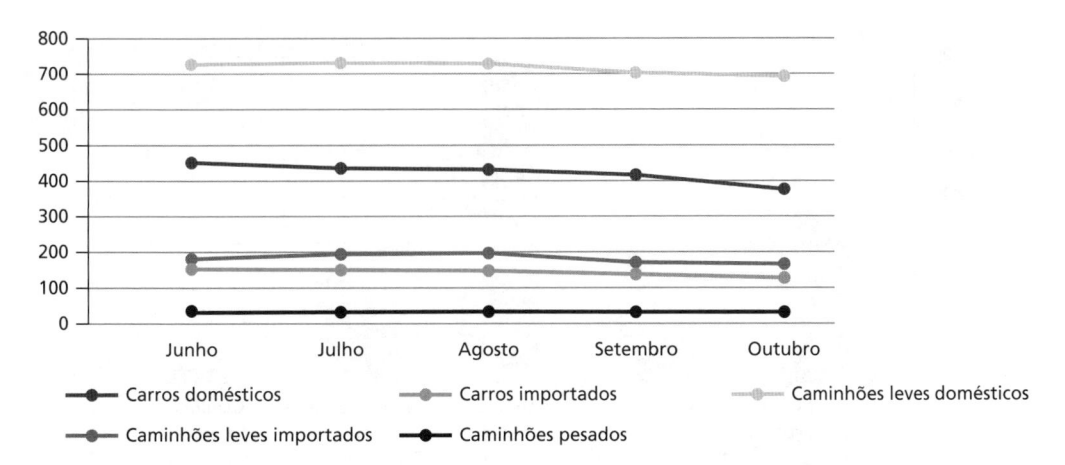

FIGURA 23.3 Gráfico de linha de vendas de veículos motorizados nos EUA (outubro de 2016) por categoria.

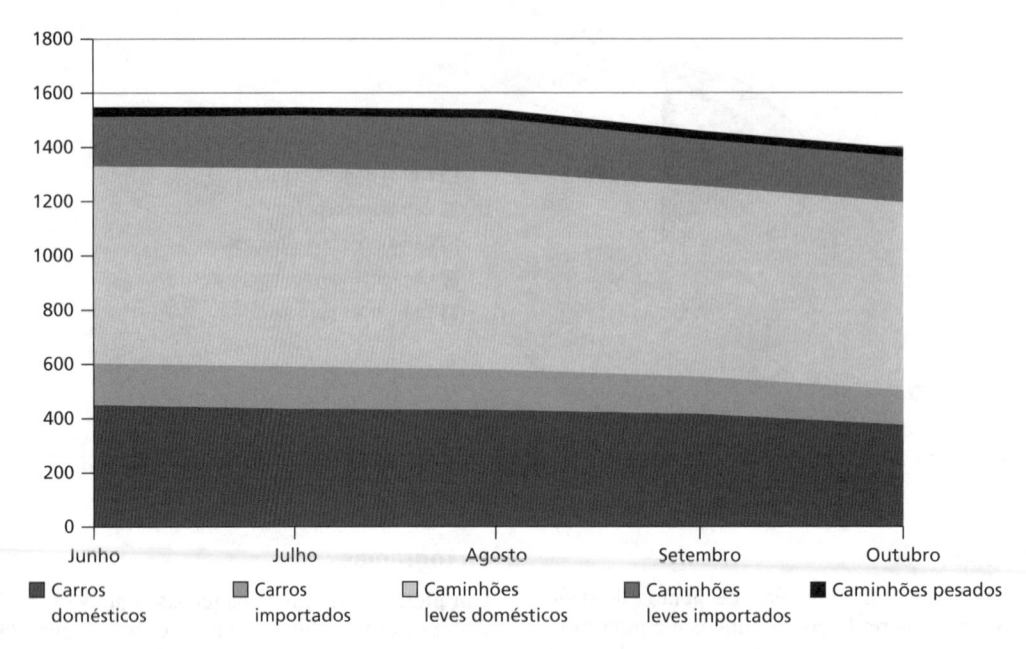

FIGURA 23.4 Gráfico de área da venda de veículos motorizados nos EUA (junho-outubro de 2016) por categoria.

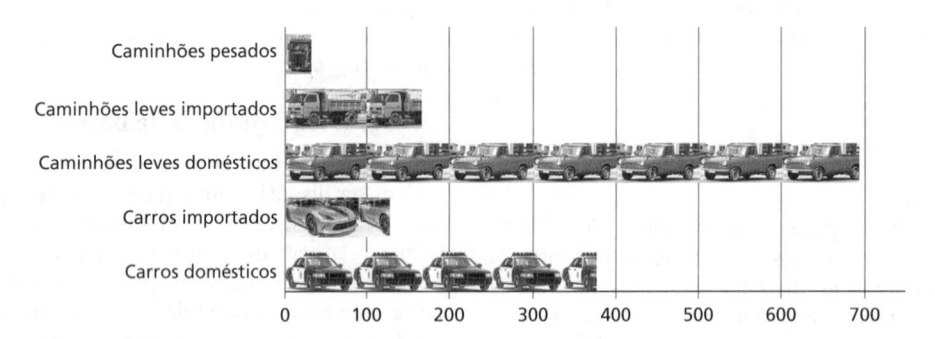

FIGURA 23.5 Pictograma da venda de veículos motorizados nos EUA (outubro de 2016) por categoria.
Fotografias: (de cima para baixo) Taina Sohlman/Shutterstock; nitinut380/Shutterstock; nitinut380/Shutterstock; Like 3d Design/Shutterstock; jamesteohart/Shutterstock.

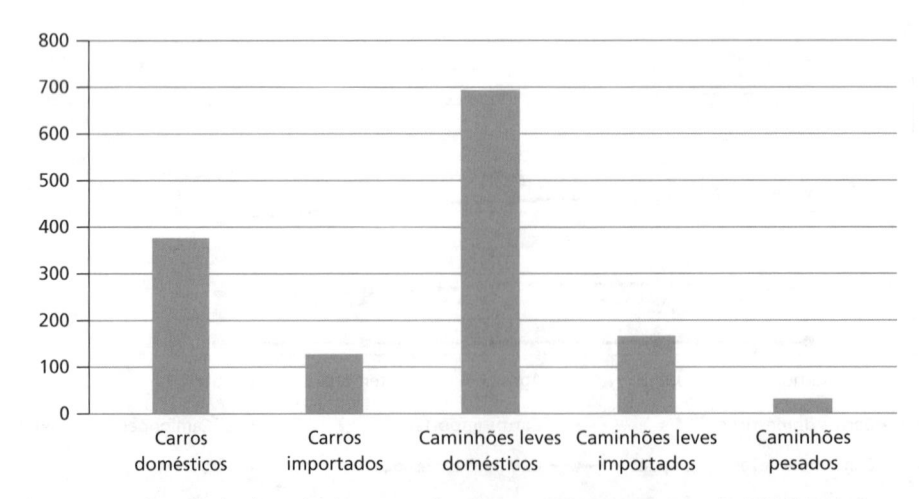

FIGURA 23.6 Histograma da venda de veículos motorizados nos EUA (outubro de 2016) por categoria.

histograma
Gráfico em barras verticais em que a altura das barras representa a frequência relativa ou acumulada da ocorrência.

Figuras esquemáticas e fluxogramas

As figuras esquemáticas e os fluxogramas admitem várias formas e são usados para ilustrar as etapas ou os componentes de um processo, como na Figura 23.1. Outra forma útil dessas ilustrações é a dos diagramas de classificação. No Capítulo 4 (Figuras 4.1 a 4.3), demos exemplos de quadros para classificar dados secundários. No Capítulo 10 (Figura 10.2), demos um exemplo de fluxograma para o planejamento de um questionário.[11]

PESQUISA ATIVA

Relatório sobre a Procter & Gamble

Visite www.pg.com e procure o último relatório anual da empresa.
Avalie de forma crítica o uso de gráficos no último relatório anual da P&G. Que outros gráficos você construiria?
Como vice-presidente de marketing, que utilidade você atribui aos gráficos do último relatório anual da P&G?

Visualização de dados de *big data*

A visualização de dados é a apresentação de dados de uma forma gráfica ou pictórica, conforme ilustrado pela seção anterior a respeito de gráficos neste capítulo (veja as Figuras 23.2 a 23.6). Com isso, leitores podem enxergar os resultados da análise de dados, ajudando-os a compreender conceitos ou até mesmo a identificar novos padrões. A visualização interativa leva esse conceito um passo adiante ao usar tecnologia para analisar diagramas e gráficos atrás de mais informações, alterando interativamente os dados que são vistos e o modo como são processados. Você pode experimentar com diferentes cenários e conduzir mais microanálises. As análises podem ser realizadas com agilidade, e os resultados são apresentados visualmente, cristalizando e destacando padrões e permitindo consultas e explorações. Com isso, gestores podem tomar decisões mais rápidas e melhores.

Visualização de *big data*

Big data traz novos desafios à visualização, devido à velocidade, ao tamanho e à diversidade dos dados que devem ser levados em consideração. Conforme examinado no Capítulo 4, o volume, a variedade e a velocidade desses dados são tamanhos que desafiam as capacidades de coleta, o processamento e a disseminação de dados da organização.

Arquiteturas e programas de *software* tradicionais muitas vezes são incapazes de processar tais quantidades de dados com eficiência. Até mesmo os cálculos mais básicos de estatística descritiva (ver Capítulo 15) e os gráficos mais usados, apresentados anteriormente neste capítulo, podem ser problemáticos no caso de *big data*. Suponhamos que você disponha de um bilhão de fileiras em um conjunto de dados e deseje criar um gráfico de dispersão com duas variáveis (veja o Capítulo 17, Figura 17.3). Seria humanamente impossível enxergar tantos pontos de dados assim. Além do mais, talvez seu *software* de criação de gráfico visual nem seja capaz de plotar um bilhão de pontos. Uma solução possível é usar segmentação (isto é, agrupar os dados) em ambos eixos, para que seja possível visualizar esse volume de dados.

Outras opções, como diagramas de caixa, também estão disponíveis. Quando os dados não estão estruturados, uma visualização em nuvem de palavras (em que o tamanho da palavra representa sua frequência no *corpus* textual) pode ser usada para exibir palavras de alta ou baixa frequência. Outra técnica de visualização que pode ser usada para dados semiestruturados ou não estruturados é o diagrama em rede. Diagramas em rede exibem relações em termos de nós (que representam atores individuais dentro da rede) e conexões (que representam relações entre os indivíduos). Nesses diagramas, os nós são representados como pontos e as conexões, como linhas. Mais detalhes sobre esses e outros métodos de visualização de *big data* podem ser encontrados no *site* do SAS Visual Analytics (www.sas.com).

SAS Visual Analytics

O SAS Visual Analytics tem a capacidade de produzir gráficos automáticos, escolhendo a visualização mais apropriada para os dados que você deseja examinar conforme seu volume, variedade e velocidade. Além disso, o usuário pode explorar os dados interativamente e exibi-los de diferentes maneiras para responder a perguntas específicas ou solucionar novos problemas. Uma funcionalidade bastante útil, "o que isso significa", exibe as informações sobre a análise que foi realizada e identifica e explica as relações entre as variáveis exibidas. Isso facilita em muito a criação e interpretação de visualizações de dados.

Distribuição do relatório

O relatório de pesquisa de marketing deve ser distribuído às pessoas certas na organização cliente. O relatório pode ser distribuído em uma série de formas, incluindo cópias impressas e eletrônicas. Cada vez mais, os relatórios de pesquisa estão sendo publicados ou postados diretamente na Web. Normalmente, esses relatórios não são disponibilizados em áreas de acesso público, mas em locais protegidos por senhas ou nas intranets das empresas. Os diversos pacotes de processamento de texto, planilhas e apresentação conseguem produzir material em um formato que pode ser diretamente postado na Web, facilitando o processo.

Há diversas vantagens em publicar relatórios de pesquisa de marketing na Web. Esses relatórios incorporam todos os tipos de apresentações multimídia, incluindo gráficos, ilustrações, animação, áudio e vídeos. A disseminação é imediata, e os relatórios são acessados mundialmente por pessoas autorizadas *on-line*. Além disso, os relatórios podem ser pesquisados eletronicamente para identificar materiais de interesse específico. Por exemplo, um gerente da General Electric em Kuala Lumpur consegue localizar eletronicamente as partes do relatório que dizem respeito ao sudeste da Ásia. O armazenamento e a futura recuperação são eficientes e não exigem esforço, e é fácil integrar os relatórios ao sistema de apoio às decisões.

Além disso, novas aplicações da Internet permitem que as empresas compartilhem informações com destinatários específicos dentro da organização.

Apresentação oral

O projeto de pesquisa de marketing deve ser apresentado em sua totalidade à cúpula administrativa do cliente. Essa apresentação ajudará a administração a entender e aceitar o relatório escrito. Quaisquer perguntas preliminares que a administração possa ter são abordadas na apresentação. Como muitos administradores moldam suas primeiras – e duradouras – impressões sobre o projeto com base na apresentação, não há como superestimar sua importância.[12]

A chave de uma apresentação eficaz é a preparação. Elabore um rascunho ou esboço acompanhando o formato do relatório escrito. A apresentação deve ter em vista o público. Para tanto, o pesquisador precisa determinar a formação e os interesses desse público, seu envolvimento no projeto e até que ponto o público poderá ser afetado pela apresentação. Esta tem de ser ensaiada várias vezes antes de ser apresentada à diretoria.

Os recursos visuais, como tabelas e gráficos, devem ser apresentados de várias maneiras. Quadros negros ou brancos possibilitam ao pesquisador a manipulação de números e são especialmente úteis para comunicar respostas a questões técnicas. Embora não tão flexíveis, os quadros magnéticos e os quadros de feltro permitem uma rápida apresentação do material previamente preparado. Os *flip charts* são maços de grandes folhas de papel em branco montadas sobre um cavalete. Desenha-se antecipadamente nos quadros recursos visuais, e o apresentador vai folheando as páginas durante a apresentação. Os retroprojetores apresentam não só quadros simples como também superposições complexas produzidas por inclusões sucessivas de novas imagens. Existem vários programas de computador disponíveis para produzir apresentações atraentes. Aparelhos de DVD e Blu-ray e projetores são eficazes na apresentação de grupos de foco e de outros aspectos do trabalho de campo de natureza dinâmica. O PowerPoint e outros programas de computador são úteis para criar apresentações visuais. São utilizados também projetores de computador acoplados a computadores pessoais e que projetam a imagem em uma tela usados para apresentações controladas por computador ou para ministrar informações técnicas, como modelos analíticos.

É importante manter contato visual e interagir com o público durante a apresentação. Deve ser dada oportunidade para perguntas, tanto durante como após a apresentação. Procure tornar a apresentação interessante e convincente por meio de histórias, exemplos, experiências e citações adequadas. Não devem ser usadas expressões intercaladas, como "oh", "sabe", "OK". O **princípio "Diga-lhes"** (*Tell'Em*) é eficaz para estruturar uma apresentação e declara: (1) diga a eles o que você vai lhes dizer, (2) diga a eles e (3) diga a eles o que você lhes disse. Outra diretriz útil é o **princípio "Seja Simples e Direto"** (*KISS 'Em – Keep it Simple and Straightforward*).

---

princípio "Diga-lhes" (Tell'Em)
É uma diretriz eficaz para estruturar uma apresentação. Segundo este princípio, (1) diga a eles o que você vai lhes dizer, (2) diga a eles e (3) diga a eles o que você lhes disse.

---

princípio "Seja Simples e Direto" (KISS'Em)
Princípio de apresentação de relatório que diz Seja Simples e Direto (*Keep It Simple and Straightforward*).

É conveniente o uso de linguagem corporal. Os gestos descritivos esclarecem ou reforçam a comunicação verbal; os gestos enfáticos reforçam o que está sendo dito; os gestos sugestivos simbolizam ideias e emoções; os gestos de estímulo provocam uma resposta desejada por parte do público. Ao falar, o apresentador deve variar o volume, o tom, a qualidade, a articulação e o ritmo da voz. A apresentação precisa ter um encerramento bem-definido. Para enfatizar sua importância, a apresentação deve ser patrocinada por um gerente de alto nível na organização do cliente, conforme o exemplo a seguir.

Pesquisa real

Para o alto

A Kantar TNS (www.tnsglobal.com) realizou um projeto de pesquisa para mensurar a eficácia relativa da televisão, da imprensa e do rádio como meios de propaganda para uma empresa cliente. Além disso, foi avaliada a eficácia de 10 comerciais de TV, rádio e imprensa. Dada a natureza do projeto, a apresentação oral do relatório era particularmente importante na comunicação das descobertas. Um *laptop* e um projetor de computador foram usados para mostrar *slides* em PowerPoint e exibir comerciais de TV e rádio. Utilizou-se um *story board* para a anúncios impressos. A apresentação foi feita para as autoridades corporativas do cliente – presidente, todos os vice-presidentes e todos os assistentes dos vice-presidentes – em uma de suas reuniões mensais.[13] ∎

Após a apresentação, é preciso dar tempo aos administradores do cliente para ler detalhadamente o relatório. Eis algumas diretrizes para a leitura do relatório.

Leitura do relatório de pesquisa

As normas para a leitura do relatório e avaliação do projeto de pesquisa de marketing foram elaboradas pela Fundação de Pesquisas em Propaganda.[14]

Enfrentar o problema

O leitor deve dar atenção ao problema que está sendo tratado para verificar se ele foi claramente definido e se as informações pertinentes foram fornecidas. Devem ser identificadas a organização que patrocina a pesquisa, bem como a entidade que a realiza. O relatório não pode presumir que o leitor tenha conhecimento prévio da situação problema, devendo apresentar todas as informações relevantes. Um relatório que não fornece essas informações perdeu seu objetivo, assim como seus leitores.

Concepção de pesquisa

A concepção da pesquisa deve ser descrita claramente em termos não técnicos. Se os leitores do público-alvo do relatório não puderem compreender o procedimento de concepção de pesquisa, a falha está no pesquisador. O relatório tem de incluir uma discussão sobre as necessidades de informação, os métodos de coleta de dados, as técnicas de escalonamento, o planejamento do questionário e o pré-teste, as técnicas de amostragem e o trabalho de campo. É preciso fornecer justificativas para os métodos específicos utilizados. Relatórios que não contêm ou não disponibilizam detalhes metodológicos devem ser encarados com cautela.

Execução dos procedimentos de pesquisa

Deve-se dar atenção especial à forma de execução dos processos de pesquisa. As pessoas que trabalham no projeto precisam ser qualificadas e treinadas adequadamente. Devem ser mantidos processos de supervisão e de controle apropriados. Isso é especialmente importante em relação à coleta e preparação dos dados e à análise estatística.

Números e estatísticas

Os números e as estatísticas apresentados em tabelas e gráficos devem ser cuidadosamente examinados pelo leitor. Números e estatísticas inadequados são enganosos. Consideremos, por exemplo, as porcentagens baseadas em pequenas amostras ou as médias relatadas para dados ordinais. Infelizmente, é comum, em relatórios, a ocorrência desses tipos de estatísticas enganosas.

Interpretações e conclusões

O leitor precisa avaliar se os resultados foram apresentados de maneira objetiva e imparcial. A interpretação dos resultados básicos tem de ser diferenciada dos resultados propriamente ditos. Quaisquer suposições feitas na interpretação dos resultados devem ser identificadas com clareza. É necessário discutir as limitações da pesquisa. O leitor deve tratar com cautela qualquer conclusão ou recomendação feita sem uma especificação das suposições ou limitações fundamentais.

Possibilidade de generalização

É da responsabilidade do pesquisador fornecer provas da confiabilidade, validade e possibilidade de generalização dos resultados. O relatório tem de identificar claramente a população-alvo à qual se aplicam os resultados. Devem também ser identificados com clareza fatores que limitam a possibilidade de generalização dos resultados, como a natureza e a representatividade da amostra, o modo e o momento da coleta de dados e as várias fontes de erro. O leitor não pode generalizar os resultados do relatório sem levar em conta esses fatores.

Apresentação

Finalmente, o leitor tem de examinar cuidadosamente se o espírito com que o relatório foi redigido indica uma apresentação honesta e completa dos procedimentos e resultados da pesquisa. É fundamental que sejam conhecidos os procedimentos (como os usados para o tratamento de valores faltantes, ponderação, etc.) que requerem julgamento subjetivo por parte do pesquisador. No caso de surgirem resultados negativos ou inesperados, estes devem ser relatados. O leitor precisa ter plena liberdade de solicitar qualquer informação importante não incluída no relatório.

A leitura cuidadosa do relatório com base nessas orientações ajudará o cliente a participar do acompanhamento da pesquisa.

Projeto de pesquisa
Preparação e apresentação do relatório

No projeto de fidelização da loja de departamentos, o relatório formal foi preparado para o vice-presidente de marketing do cliente. O primeiro volume, parte principal do relatório, era formado por folha de rosto, sumário, resumo executivo e detalhes da definição do problema, abordagem, concepção de pesquisa, metodologia utilizada para analisar os dados, resultados, limitações do projeto e conclusões e recomendações. O Volume II tinha folha de rosto, lista de figuras e todas as figuras e gráficos. Finalmente, todos os detalhes estatísticos, incluindo todas as tabelas, eram apresentados no Volume III. A redação do relatório para executivos de marketing e de outras áreas foi influenciada pelas preferências de estilo do vice-presidente. O Volume I continha uma orientação não técnica e era fácil de ler. Além do relatório por escrito, foi feita uma apresentação oral de todo o projeto para a alta administração. Várias das recomendações feitas à administração no relatório foram implementadas.

Atividades de projeto

Leia os comentários sobre o projeto da Wal-Mart em cada capítulo e considere todas as análises que você já fez. Prepare um resumo executivo dos resultados para a administração da Wal-Mart. ■

Acompanhamento da pesquisa

O trabalho do pesquisador não se esgota na apresentação oral. Restam-lhe ainda duas outras tarefas. Em primeiro lugar, o pesquisador deve ajudar o cliente a entender e implementar os resultados e exercer o acompanhamento posterior. Em segundo lugar, todo o projeto de pesquisa de marketing precisa ser avaliado enquanto ainda está presente na memória do pesquisador.

Assessoria ao cliente

Após a leitura detalhada do relatório pelo cliente, podem surgir várias perguntas. Partes do relatório, especialmente aquelas ligadas a assuntos técnicos, talvez não sejam entendidas, cabendo ao pesquisador prestar o auxílio necessário. Às vezes o pesquisador ajuda a implementar os resultados. Não raro o cliente retém o pesquisador para auxiliá-lo na escolha de um novo produto ou de uma agência de propaganda, no estabelecimento de uma política de preços, na segmentação do mercado ou em outras atividades de marketing. Uma razão importante para o acompanhamento posterior do cliente é a discussão de projetos futuros de pesquisa. Por exemplo, o pesquisador e a administração podem concordar em repetir o estudo em um prazo de dois anos. Finalmente, o pesquisador deve ajudar o cliente a tornar as informações geradas no projeto de pesquisa de marketing parte do sistema de informação de marketing (SIM) ou do sistema de suporte às decisões (SSD), conforme discutido no Capítulo 1.

Avaliação do projeto de pesquisa

A pesquisa de marketing é um processo científico, mas também envolve criatividade, intuição e habilidade. Assim, todo projeto de pesquisa de marketing proporciona uma oportunidade para aprender, cabendo ao pesquisador avaliar todo o projeto a fim de obter novos conhecimentos. A pergunta a ser formulada é: "Este projeto poderia ter sido posto em prática de maneira mais eficaz ou mais eficiente?". Essa pergunta, naturalmente, suscita várias outras, mais específicas. O problema poderia ter sido definido de maneira diferente, visando a aumentar o valor do projeto perante o cliente ou a reduzir os custos? Uma abordagem diferente teria dado melhores resultados? A concepção de pesquisa utilizada foi a mais adequada? E quanto à forma de coleta de dados? Deveriam ter sido utilizadas entrevistas pessoais em vez de entrevistas telefônicas? O plano de amostragem empregado foi o mais apropriado? As fontes de possíveis erros de planejamento foram corretamente antecipadas e mantidas sob controle, ao menos de maneira qualitativa? Em caso contrário, que modificações poderiam ter sido feitas? Como poderiam ter sido modificados a seleção, o treinamento e a supervisão dos trabalhadores de campo, a fim de melhorar a coleta de dados? A estratégia de análise de dados foi eficaz para dar informações úteis na tomada de decisão? As conclusões e recomendações se revelaram adequadas e úteis para o cliente? O relatório foi redigido e apresentado adequadamente? O projeto foi completado dentro do prazo e do orçamento fixados? Em caso negativo, o que houve de errado? O conhecimento obtido com esta avaliação beneficiará o pesquisador e os projetos subsequentes.

Experiência de pesquisa

Brevidade na redação e apresentação do relatório

A Ipsos Group SA é uma grande empresa de pesquisa de marketing global. Acesse www.ipsos-na.com, revise a lista de *press releases* nos arquivos e escolha um com dados que possam ser transformados em um breve relatório. Use o Excel para criar um conjunto de gráficos para seu relatório e os importe para o PowerPoint. Alguns dos *press releases* já incluem *slides* em PowerPoint; outros incluem gráficos que podem ser prontamente importados para o PowerPoint.

Você consegue fazer uma apresentação interessante em três minutos? Selecione um tópico do arquivo de *press releases* da Ipsos. Desenvolva então uma apresentação de três minutos sem usar mais do que cinco *slides* de PowerPoint para explicar: (1) por que essa descoberta de pesquisa é importante para uma empresa no setor de sua escolha e (2) o que essa empresa pode fazer para tirar vantagem dessa descoberta.

Em vez disso, você pode ainda criar seu relatório e sua apresentação usando suas habilidades de análise e o programa SPSS ou SAS.

Compartilhe a apresentação final com um grupo de colegas em um ambiente formal.

1. Qual foi a parte mais desafiadora na preparação, no ensaio e na realização da apresentação?
2. O que você fará de forma diferente em sua próxima apresentação como resultado do que você aprendeu neste exercício? ■

Pesquisa de marketing internacional

As diretrizes apresentadas anteriormente neste capítulo se aplicam também à pesquisa de marketing internacional, embora a preparação do relatório seja dificultada pela necessidade de elaborar relatórios para administrações em países distintos e em línguas diferentes. Em tais circunstâncias, o pesquisador deve preparar versões diferentes do relatório, cada uma visando a públicos específicos. Os diferentes relatórios têm de ser comparáveis, embora possam diferir quanto ao formato. As diretrizes para a apresentação oral também são similares às dadas anteriormente, com a condição adicional de que a apresentação leve em conta as normas culturais. Por exemplo, fazer piadas ou contar anedotas – o que é comum nos EUA – não é apropriado em muitas culturas. As decisões, em sua maioria, são tomadas com base em fatos e cifras provenientes da pesquisa de marketing. Contudo, essas cifras precisam passar pelo teste e pelos limites da lógica, da experiência subjetiva e dos pressentimentos dos que vão tomar a decisão. A experiência subjetiva e os pressentimentos dos administradores podem variar bastante conforme o país, cabendo, assim, recomendações diferentes para implementar os resultados da pesquisa em diversos países. Isto é de especial importância no caso de recomendações inovadoras ou criativas, como campanhas de propaganda.

Pesquisa real

A galinha da Camry frita a Ford

Em 2017, a Toyota da Austrália estava promovendo o Camry como "impressionante por todos os ângulos". A campanha criada para o Camry no país era muito diferente da usada no Japão. "Por que a galinha atravessou a estrada?", pergunta a Toyota em uma série contínua de comerciais de televisão recentemente veiculados na Austrália. A resposta: "Para vender mais Camrys, é claro". A Saatchi & Saatchi Advertising criou uma animação que mostrava uma galinha tentando atravessar a estrada e perdendo as penas com a passagem de um Camry. Quando Bob Miller, gerente geral de marketing da Toyota, tentou explicar o comercial para seus colegas do Japão, eles acharam que ele estava louco. Talvez estivesse, mas o comercial se saiu muito bem. Mesmo sendo uma velha piada, ela ajudou a Toyota a sobrepujar o domínio da Ford na Austrália. Como se tratava de anúncios em série, o comercial seguinte mostra a galinha depenada chocando alguns ovos no meio da estrada enquanto o Camry acelera e passa. Embora esse tipo de humor fosse ofensivo para os japoneses, ele provocou uma resposta favorável dos australianos. Personalizando a propaganda e o trabalho de marketing em cada cultura, a Toyota permaneceu como a maior vendedora de automóveis na Austrália até 2017, com o Camry sendo um dos modelos mais vendidos.[15] ∎

Pesquisa de marketing e mídias sociais

As mídias sociais, sobretudo *blogs* e o Twitter, podem cumprir um papel crucial na disseminação dos resultados e do relatório de um projeto de pesquisa de marketing e das decisões tomadas pela empresa com base em seus resultados. A Nielsen Wire é o *blog* da Nielsen Company, que traz importantes informações de sua massa de publicações e unidades de pesquisa, abrangendo as mais recentes atualizações diárias em comportamento de consumidores e tendências de marketing. A Nielsen Company aproveita bem sua plataforma no Twitter, postando seus últimos estudos, notícias globais e *insights* referentes às pesquisas mais recentes conduzidas pela empresa. De modo similar, o Google recorre bastante às mídias sociais para informar seu público sobre novas iniciativas e outras informações a respeito da empresa. A plataforma de *blog* do Google, conhecida como Blogspot (www.blogger.com), permite que indivíduos e empresas disseminem informações a outros a um custo baixo ou inexistente. A própria empresa tem um *blog* (blog.google), usado para manter os consumidores atualizados com informações, *insights* e avanços em suas tecnologias. Também serve para inserir a cultura Google na blogosfera. Além disso, com *blogs* as empresas também podem obter reações de consumidores a resultados de pesquisas e *feedback* sobre decisões e medidas tomadas pela empresa com base em resultados de pesquisas.

Resultados de pesquisas em mídias sociais podem ser apresentados com eficácia usando-se diagramas e gráficos, como o gráfico estatístico de tendências do Twitter. Histórias de membros de comunidades em mídias sociais podem ser muitas vezes boas ilustrações de descobertas estatísticas quando usadas em relatórios ou apresentações executivas. Essas questões são exemplificadas pelo exemplo do Motrin.

Pesquisa real

Quem chorou no fim? A Johnson & Johnson e não as mães!

A Johnson & Johnson é uma empresa bastante conhecida da lista Fortune 500. Seus produtos incluem aspirina St. Joseph, Band-Aid, Baby Powder, Tylenol e Motrin. Dentre os muitos produtos analgésicos, o Motrin ameniza as dores que as mães sentem por carregar seus bebês usando cangurus, *slings* e assim por diante. No entanto, esse produto causou uma estrondosa indignação na comunidade das mães.

Um comercial no YouTube postado pela Johnson & Johnson declarava:

"Dizem que os bebês que são carregados junto ao corpo de suas mães choram menos do que os outros", e então perguntava: "Será que as mães que carregam seus bebês junto ao corpo choram mais do que as outras?"

Em apenas 21 horas, o comercial do Motrin gerou quase 27 mil visualizações. As mães que assistiram ao anúncio do Motrin ficaram furiosas e se consideraram julgadas por carregarem seus bebês junto ao corpo. Elas expressaram sua indignação com o comercial se reunindo no Twitter. De início, parecia um problema insignificante; porém, quando o gráfico estatístico de tendências do Twitter foi gerado, revelou o contrário. O gráfico a seguir ilustra claramente as tendências envolvendo o Motrin comparadas a outros tuítes populares mencionando marcas como Apple e Microsoft. O salto óbvio e imediato no número de menções ao Motrin bem acima das outras duas marcas adveio da indignação quanto ao seu comercial, em forte contraste com suas menções até então imperceptíveis.

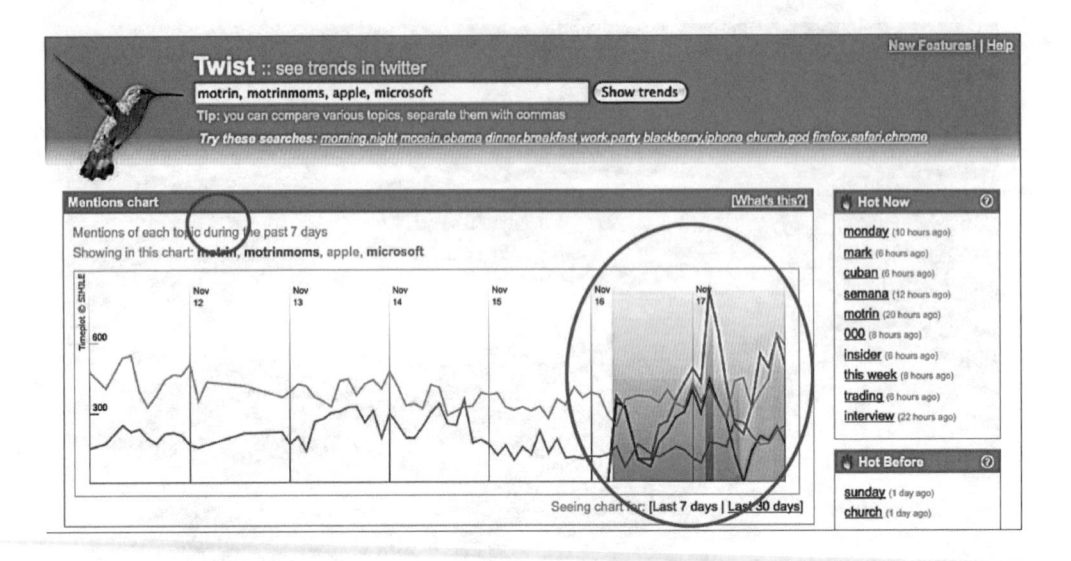

Nesse caso, as mães irritadas se reuniram no Twitter para discutir e comentar sobre o anúncio, chegando a especular um boicote ao Motrin por ter veiculado um comercial tão ofensivo. Há seguir são mostrados exemplos de alguns comentários e "vozes".

O poder do gráfico estatístico de tendências do Twitter, corroborado por comentários qualitativos, foi tão convincente que o Motrin removeu o comercial tão logo possível. Isso mostra que as empresas devem dar ouvidos aos consumidores e prestar a atenção em informações sobre suas marcas encontradas em mídias sociais.[16] ■

Pesquisa de marketing em dispositivos móveis

No atual ambiente sempre em movimento, as empresas têm de disponibilizar prontamente os resultados de seus projetos de pesquisa de marketing via dispositivos móveis e garantir a seus gestores a capacidade de explorarem os dados com facilidade, por conta própria e em tempo real. O SAS Visual Analytics já vem com o SAS Mobile BI para que as empresas proporcionem a gestores e funcionários de frente acesso a informações empresariais estratégicas. Com o SAS Mobile BI, os usuários podem examinar uma ampla gama de relatórios e painéis de instrumentos com informações empresariais estratégicas em seus dispositivos móveis para

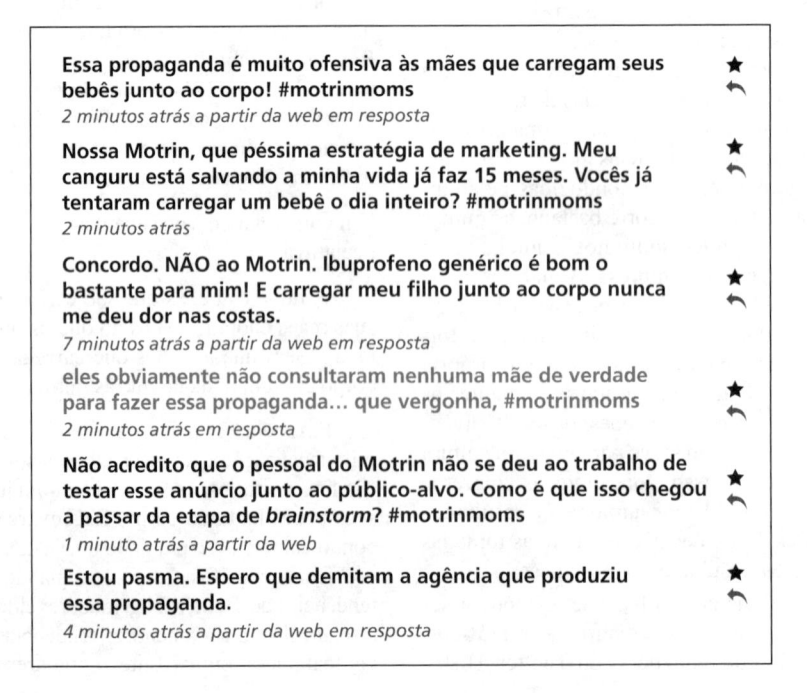

Essa propaganda é muito ofensiva às mães que carregam seus bebês junto ao corpo! #motrinmoms
2 minutos atrás a partir da web em resposta

Nossa Motrin, que péssima estratégia de marketing. Meu canguru está salvando a minha vida já faz 15 meses. Vocês já tentaram carregar um bebê o dia inteiro? #motrinmoms
2 minutos atrás

Concordo. NÃO ao Motrin. Ibuprofeno genérico é bom o bastante para mim! E carregar meu filho junto ao corpo nunca me deu dor nas costas.
7 minutos atrás a partir da web em resposta

eles obviamente não consultaram nenhuma mãe de verdade para fazer essa propaganda... que vergonha, #motrinmoms
2 minutos atrás em resposta

Não acredito que o pessoal do Motrin não se deu ao trabalho de testar esse anúncio junto ao público-alvo. Como é que isso chegou a passar da etapa de *brainstorm*? #motrinmoms
1 minuto atrás a partir da web

Estou pasma. Espero que demitam a agência que produziu essa propaganda.
4 minutos atrás a partir da web em resposta

obterem sem demora uma compreensão analítica profunda dos resultados.

Outras empresas, como a MFour (www.mfour.com) e a Pollfish (www.pollfish.com), disponibilizam a seus clientes os resultados dos levantamentos em seus painéis de instrumentos e os dados brutos em arquivos Excel. Os painéis de instrumentos permitem que os usuários manipulem e visualizem os dados de diferentes maneiras para obterem *insights* adicionais. Os dados brutos podem ser sujeitos a análises complementares por parte dos clientes, levando a um exame mais aprofundado dos componentes do problema.

A ética na pesquisa de marketing

A preparação e a apresentação do relatório envolvem muitos aspectos relacionados com a integridade da pesquisa, o que inclui a definição do problema de pesquisa de marketing de forma a se adaptar a objetivos não declarados, o comprometimento do plano de pesquisa, o mau uso deliberado de estatísticas, a falsificação de dados, a alteração de resultados de pesquisa, a interpretação errônea de resultados com o objetivo de apoiar um ponto de vista pessoal ou da empresa e a retenção de informações.[17] Um estudo feito junto a 254 pesquisadores de marketing revelou que 33% consideram a integridade da pesquisa o problema ético mais difícil que enfrentam. O pesquisador deve abordar esses problemas ao preparar o relatório e apresentar os resultados. A disseminação dos resultados da pesquisa de marketing junto ao cliente, e a outros depositários conforme o caso, tem de ser honesta, precisa e completa.

O pesquisador precisa ser objetivo em todas as fases do processo. Nem todos os processos de pesquisa e análise revelam algo novo ou significativo. Por exemplo, a função discriminante pode não classificar melhor do que o acaso (Capítulo 18). Nessas situações, pode surgir um dilema ético se o pesquisador ainda assim procurar tirar conclusões dessas análises. Deve-se resistir a essas tentações a fim de evitar uma conduta antiética.

Da mesma forma, os clientes também têm a responsabilidade de divulgar de modo completo e preciso os resultados da pesquisa e utilizá-los de maneira ética. Por exemplo, o público pode ser prejudicado por um cliente que distorça os resultados de uma pesquisa para promover uma campanha de propaganda tendenciosa que alardeie qualidades que um produto na verdade não possui. Tais atitudes são condenadas pelo Código de Ética da Associação de Marketing dos Estados Unidos (American Marketing Association – AMA) e outras associações de pesquisa profissional (ver Capítulo 1).[18] Os problemas de ordem ética também surgem quando empresas, como fabricantes de cigarros, utilizam os resultados de uma pesquisa de marketing para elaborar programas de marketing controversos ou duvidosos.

Pesquisa real

O setor do tabaco é uma "arma fumegante"

Um exame de fontes secundárias de dados revela que o fumo é responsável por 30% de todas as mortes por câncer nos EUA e é uma das principais causas de doenças cardíacas, estando associado também a problemas como resfriados, úlceras gástricas, bronquite crônica, enfisema e outras doenças. Será que os fabricantes de cigarros compartilham de uma responsabilidade ética por tal situação? É uma atitude ética desses fabricantes utilizar a pesquisa de marketing para difundir imagens atrativas junto ao mercado-alvo? Com base em uma pesquisa sistemática, admite-se que a propaganda feita pelos fabricantes de cigarro contribua para a formação diária de mais de 3 mil fumantes adolescentes nos EUA. A propaganda dos cigarros Camel, feita por meio do cartum Old Joe, elevou de 0,5% para 32,8% a participação no segmento do mercado de fumo infantil e ilegal, que representa uma estimativa de vendas anuais da ordem de US$ 476 milhões. Esses efeitos prejudiciais não estão limitados aos EUA. A indústria do fumo não só induz as crianças a fumar, como também visa a outros grupos populacionais menos informados, como países em desenvolvimento, pois essa é uma forma de substituir os fumantes que abandonam o vício ou os que morrem.

Fumantes, suas famílias e entidades governamentais vêm processando empresas de tabaco por mais de meio século. Ao longo dos anos, o litígio do tabaco mudou de muitas maneiras – das teorias de responsabilidade usadas pelos reclamantes às defesas legais montadas pelos fabricantes de cigarros. Em um processo de morte por negligência contra a RJ Reynolds, aberto em 2014, um júri da Flórida concedeu mais de US$ 23 bilhões em indenização à viúva de um ex-fumante. No entanto, em 2015, um tribunal de recursos da Flórida reduziu o valor para pouco menos de US$ 17 milhões.[19] ∎

PESQUISA ATIVA

Gallup em relatórios

Visite www.gallup.com e pesquise os recentes relatórios postados nesse *site*. O que você pode aprender sobre redação de relatórios a partir desses exemplos?

Avalie de forma crítica. sob a perspectiva de um pesquisador, o formato de um dos relatórios postados em www.gallup.com.

Como gerente de marketing para quem o relatório foi dirigido, como você considera a utilidade desse relatório?

Software estatístico

Além de uma série de programas especializados, as versões dos principais pacotes estatísticos contam com procedimentos para a elaboração de relatórios. Discutimos detalhadamente o uso de SPSS e SAS nas seções seguintes. Aqui, descrevemos brevemente o uso de MINITAB e EXCEL. O MINITAB também permite a criação de gráficos e quadros e sua edição para uso em relatórios ou apresentações profissionais. Os gráficos são criados utilizando-se GRAPH>PLOT, GRAPH>CHART ou GRAPH>HISTOGRAM. A edição é feita utilizando-se EDIT>EDIT LAST COMMAND DIALOG. O Excel oferece muitas possibilidades de gráficos e, por meio do Microsoft Office, proporciona uma ligação direta com o Word e o PowerPoint para a preparação e apresentação de relatórios.

Outros pacotes *on-line* e de *software* também estão disponíveis para a produção de gráficos, quadros, tabelas e até relatórios completos, automatizando o processo para torná-lo mais eficiente. E-Tabs (www.e-tabs.com) é um exemplo de sistema criado para relatar projetos contínuos, de mapeamento, por assinatura e customizados e para facilitar os relatos em vários níveis. Um de seus produtos, o E-Tabs Enterprise, automatiza a produção de quadros, gráficos, tabelas resumidas e relatórios diretamente a partir dos dados de pesquisa e os atualiza automaticamente para cada área, região ou marca. Isso aumenta significativamente a produtividade na tarefa demorada de criar gráficos a partir de estudos de mapeamento contínuo.

SPSS Windows

Enquanto gráficos normais são produzidos com o módulo Base do SPSS, para gráficos mais inclusivos pode-se usar o pacote DeltaGraph, que contém extensas possibilidades para gráficos com mais de 80 tipos e de 200 estilos de gráficos. GBASE é uma plataforma de análise eficiente para gráficos grandes.

Da mesma forma, o programa (SPSS TABLES) permite que o pesquisador crie até mesmo tabelas complicadas. Por exemplo, os resultados de tabelas de respostas múltiplas podem ser condensados em uma única tabela. O pesquisador consegue criar um visual elaborado alterando a largura das colunas, acrescentando negrito, desenhando linhas ou alinhando.

Os cubos OLAP do SPSS são tabelas interativas que permitem separar os dados de diferentes maneiras para explorar e apresentar dados. Para criar um OLAP Cube, escolha no menu:

Analyze>Reports>OLAP Cubes . . .

O SmartViewer permite que o pesquisador distribua relatórios, gráficos, tabelas e até mesmo cubos importantes de relatórios na Web. É possível habilitar os gerentes empresariais para que interajam com os resultados colocando um cubo de relatório na Web, em uma *intranet* ou *extranet*. Assim, eles conseguem responder a suas próprias perguntas buscando mais detalhes e criando novas visualizações para os dados.

SAS Enterprise Guide

O SAS Enterprise Guide é especialmente útil para a elaboração de relatórios. Seus resultados servem para criar um relatório personalizado que pode ser impresso, exportado e compartilhado com outras aplicações. Vários resultados podem ser acrescentados aos relatórios com texto e imagens, e há grande flexibilidade na organização dos resultados no relatório. Quando os dados incluídos nos relatórios personalizados são atualizados, os resultados são automaticamente renovados.

O SAS Enterprise Guide proporciona possibilidades abrangentes de elaboração de gráficos. Mais de 80 tipos de gráficos estão disponíveis e podem ser criados como Active X (dinâmico ou imagem), Jave Applets (dinâmico ou imagem), GIFs ou JPEGs. A ferramenta Style Manager fornece a capacidade aponte-e-clique para melhorar visualmente os relatórios.

O OLAP Analyzer no SAS Enterprise Guide possibilita acessar e analisar dados armazenados em um cubo OLAP. É possível dividir os dados conforme necessário para explorar as informações, bem como detalhar dados subjacentes. Percepções individuais de informações multidimensionais são salvas como referências para fácil reutilização, e partes dessas informações multidimensionais são disponibilizadas para outras tarefas analíticas.

O Document Builder do SAS Enterprise Guide combina os resultados HTML de múltiplas tarefas no projeto em um único documento, que pode ser compartilhado com outras pessoas. O SAS Enterprise Guide também possibilita que os usuários divulguem dados e resultados de tarefas para canais predefinidos, os quais funcionam como repositórios a que os usuários têm acesso. Qualquer relatório divulgado para um canal poderá ser automaticamente enviado para todos os participantes do canal por *e-mail* ou por meio de algum outro método.

Caso HP

Revise o caso HP, Caso 1.1, e o questionário fornecido no final do livro. Vá ao *site* deste livro na Web e baixe os arquivos de dados da HP.

1. Escreva um relatório para a administração da HP resumindo os resultados de suas análises (Capítulos 14-22). Prepare um conjunto de gráficos utilizando o EXCEL.
2. Que recomendações você faria à administração?
3. Você consegue fazer uma apresentação dinâmica em 10 minutos? Desenvolva uma apresentação de 10 minutos para a administração da HP sem usar mais do que 10 *slides* em PowerPoint.
4. Compartilhe sua apresentação final com um grupo de colegas (que representarão a administração da HP) em um ambiente formal.
   a. Qual foi a parte mais desafiadora na preparação, no ensaio e na realização da apresentação?
   b. O que você faria de maneira diferente em sua próxima apresentação como resultado do que você aprendeu neste exercício?

Resumo

A preparação e apresentação do relatório é o passo final de um projeto de pesquisa de marketing. Esse processo começa com a interpretação dos resultados da análise de dados e conduz a conclusões e recomendações. Em seguida, redige-se o relatório formal e se faz uma apresentação oral. Depois de a administração ter lido o relatório, o pesquisador deve fazer um acompanhamento, dando assistência à administração e fazendo uma avaliação minuciosa do projeto de pesquisa de marketing.

O uso das mídias sociais pode facilitar e melhorar consideravelmente a preparação e apresentação de relatórios. As empresas podem disponibilizar os resultados de projetos de pesquisa de marketing rapidamente por meio de dispositivos móveis e fornecer a seus gerentes a capacidade de explorar facilmente os dados por conta própria e fazê-lo em tempo real. Diversas questões éticas são pertinentes, particularmente aquelas relacionadas à interpretação e ao relato do processo de pesquisa e descobertas ao cliente e ao uso desses resultados pelo cliente. O uso de *software* pode facilitar muito a preparação e apresentação de relatórios.

Palavras-chave e conceitos fundamentais

relatório, 615
gráfico de torta, 620
gráfico de linha, 621
gráfico de área, 621
pictograma, 621
gráfico de barras, 621
histograma, 623
princípio "Diga-lhes" (Tell'Em), 624
princípio "Seja Simples e Direto" (KISS'Em), 624

Casos relacionados

Os casos listados a seguir são discutidos no final do livro.

1.1 HP Inc.

2.1 Baskin-Robbins   **2.2** Akron Children's Hospital

3.1 AT&T   **3.2** IBM   **3.3** Kimberly-Clark

4.1 JPMorgan Chase   **4.2** Wendy's

Pesquisa ao vivo: realização de um projeto de pesquisa de marketing

1. As partes individuais do relatório podem ser atribuídas a equipes, sendo que cada equipe redige uma parte específica. Cada equipe também prepara os *slides* PowerPoint para sua parte.
2. Os coordenadores de projeto devem ser responsáveis pela compilação e apresentação do relatório final.
3. Utilize gráficos à vontade.
4. Faça a apresentação do projeto para o cliente com cada equipe apresentando sua respectiva parte.

Exercícios

Perguntas

1. Descreva o processo de preparo de um relatório.
2. Descreva um formato comumente usado para redigir relatórios de pesquisa de marketing.
3. Descreva as seguintes partes de um relatório: página de título, sumário, resumo executivo, definição do problema, concepção de pesquisa, análise de dados, conclusões e recomendações.
4. Por que deve ser incluída no relatório uma seção sobre "limitações e advertências"?
5. Discuta a importância da objetividade na redação de um relatório sobre pesquisa de marketing.
6. Descreva as normas para redigir um relatório.
7. Como devem ser dispostos os dados em uma tabela?
8. O que é um gráfico de torta? Para que tipo de informação é adequado? Para que tipo de informação não é adequado?
9. Descreva um gráfico de linha. Que tipo de informação costuma ser apresentado por esse tipo de gráfico?
10. Discuta o papel dos pictogramas. Qual é a relação entre gráficos de barras e histogramas?
11. Qual é a finalidade de uma apresentação oral? Que diretrizes devem ser seguidas em tal apresentação?
12. Descreva os princípios "Diga-lhes" e "Seja Simples e Direto".
13. Exlique a avaliação de um projeto de pesquisa de marketing em retrospecto.
14. Discuta a preparação de relatórios quando a pesquisa é feita nas mídias sociais.
15. Explique a preparação de relatórios na pesquisa de marketing em dispositivos móveis.

Problemas

1. O trecho a seguir foi extraído de um relatório de pesquisa de marketing preparado para um grupo de impressores e litógrafos sem muita instrução formal, que controla uma pequena empresa familiar.

    Para avaliar a imagem da indústria tipográfica, foram utilizadas duas técnicas de escalonamento. A primeira consistiu em uma série de escalas diferenciais semânticas. A segunda consistiu em um conjunto de escalas Likert. A utilização de duas técnicas é justificada pela necessidade de avaliar a validade convergente dos resultados. Os dados obtidos com essas duas técnicas foram tratados como intervalares. Calcularam-se as correlações momento-produto de Pearson entre os dois conjuntos de avaliações. As correlações resultantes foram elevadas, indicando um alto nível de validade convergente.

    Redija novamente esse parágrafo para que sua inclusão em um relatório fique adequada.

2. Ilustre graficamente o processo de tomada de decisão pelo consumidor descrito no parágrafo a seguir:

    Inicialmente, o consumidor se conscientiza da necessidade. Em seguida, procura simultaneamente informações de várias fontes: varejistas, anúncios, referências de outras pessoas e fontes independentes na Internet. Depois disso, estabelece um critério para avaliar as marcas disponíveis no mercado. Com base em tal avaliação, escolhe a marca de maior preferência.

Exercícios para Internet e computador

1. Para os dados da Tabela 23.1, utilize um pacote de gráficos ou uma planilha, como o EXCEL, para construir os seguintes gráficos:
    a. Gráfico de torta
    b. Gráfico de linha
    c. Gráfico de barras

2. Utilizando um dos programas de geração de relatórios discutidos neste capítulo ou um pacote semelhante, redija um relatório explicando os dados e os gráficos construídos no Exercício 1 desta seção.

3. Visite www.gallup.com para identificar um relatório recente preparado por essa empresa. Compare o formato do relatório com o que consta neste livro.

Atividades

Dramatização

1. Você é um pesquisador que está preparando um relatório para uma empresa de alta tecnologia sobre "O potencial de demanda por microcomputadores na Europa". Desenvolva um formato para seu relatório. De que forma ele difere daquele apresentado aqui? Discuta seu formato com seu chefe (papel representado por um colega).
2. Na atividade 2 de Trabalho de campo, suponha que você é o pesquisador que escreveu o relatório. Prepare uma apresentação oral desse relatório para gerentes de marketing seniores. Realize sua apresentação para um grupo de alunos e peça a eles que a avaliem.

Trabalho de campo

1. Faça uma visita à biblioteca ou acesse a Internet. Leia os últimos relatórios anuais de três empresas conhecidas por seu marketing eficaz (p. ex., Coca-Cola, P&G e GE). Identifique os pontos fortes e fracos desses relatórios.
2. Obtenha uma cópia de um relatório de pesquisa de marketing de sua biblioteca ou de uma empresa de pesquisa de marketing local. (Muitas empresas de pesquisa de marketing fornecem cópias de relatórios antigos para fins educativos.) Avalie de forma crítica o relatório.

Discussão em grupo

1. Em um grupo pequeno, discuta a seguinte afirmação: "Todos os auxílios gráficos na verdade são muito parecidos; portanto, não importa muito qual você usa."
2. "Escrever um relatório conciso e ao mesmo tempo completo é praticamente impossível, pois esses dois objetivos são conflitantes." Discuta essa afirmação.
3. "Escrever relatórios é uma arte. Apresentar relatórios é uma arte. Ler relatórios é uma arte. Tudo é uma questão de arte." Discuta essas afirmações em um pequeno grupo.

CASO 23.1

Marriott: pesquisa de marketing gera expansão de ofertas

Com raízes que remontam ao período anterior à Grande Depressão, a rede Marriott International (www.marriott.com) percorreu um longo caminho desde sua fundação pelo casal John e Alice Marriott. Até 2017, a Marriott estava presente em 110 países, com mais de 5.700 instalações.

Essa vasta e contínua expansão ao longo das últimas décadas deve-se, em grande parte, à pesquisa de marketing. A rede Marriott foi pioneira em segmentação no setor hoteleiro, expandindo sua oferta de produtos na década de 1980, tanto para cima quanto para baixo em termos de qualidade, a partir da marca principal, a Marriott. A rede, por meio de grupos de foco e levantamentos, descobriu que poderia ter muitos tipos de hotéis, atendendo a diferentes segmentos do mercado, e que tais segmentos, apesar de terem as mesmas necessidades básicas, não competiriam uns com os outros. Certas marcas sob o controle da Marriott atendem ao viajante de negócios. A Courtyard by Marriott, com níveis de preço e de atendimento comparados aos de hotéis Marriott maiores, dirige-se ao viajante de negócios frequente que é sensível ao preço. Os hotéis Courtyard – projetados por e para viajantes de negócios – oferecem acesso de alta velocidade à Internet, amplo espaço de trabalho no quarto e outras facilidades que agradam aos viajantes desse tipo. Já os hotéis Fairfield Inn têm preços ainda mais modestos, atraindo viajantes mais sensíveis ao preço. Outras marcas sob a bandeira Marriott, como a linha Ramada, atendem mais ao mercado de férias familiares, com foco no conforto e em bons preços.

Entretanto, a diferenciação não se baseia apenas no atendimento e nos preços. A pesquisa de marketing revelou outros atributos importantes. Por exemplo, uma família ou um viajante de negócios básico com orçamento controlado podem desejar uma localização conveniente, além de um preço que lhes seja favorável. Por isso, a Marriott coloca os hotéis Fairfield Inn ao longo de estradas interestaduais, já que esses grupos viajam de carro. A localização conveniente torna-se outro atributo que agrega valor e melhora a percepção que se tem do nome de marca Marriott.

Quando a Marriott lançou sua marca Fairfield Inn and Suites, simplesmente começou como Fairfield Inn. Depois, com pesquisa de marketing (grupos de foco e levantamentos), a Marriott descobriu que seus clientes da rede Fairfield Inn desejavam acomodações de luxo dentro do hotel da linha Fairfield. Em resposta a isso, a Marriott mudou o nome dos hotéis para Fairfield Inn and Suites e acrescentou quartos de alta classe que ofereciam confortos como banheira de hidromassagem.

A análise de dados secundários internos identificou um número substancial de viajantes que se hospedavam nos hotéis Marriott por mais do que algumas noites. Grupos de foco e levantamentos revelaram que esses viajantes de estada mais longa tinham necessidades diferentes. Eles poderiam precisar de espaço para reuniões para a realização de negócios, uma pequena cozinha para fazer suas refeições ocasionalmente ou uma suíte para não cansarem de ver as mesmas quatro paredes em volta da cama quando voltavam para "casa" à noite, depois de mais um dia na estrada. Para esses viajantes, a Marriott abriu a linha Residence Inn (criada para estadas longas). A Marriott descobriu, por meio de pesquisa de marketing posterior, que esse segmento também poderia se expandir para uma linha de preço mais alto. Novamente, em resposta a essa pesquisa, a Marriott lançou TownePlace Suites (uma linha de hotéis de maior preço para estadas longas). Alguns dos hóspedes do Residence Inn ou do TownePlace Suites chegam a passar de seis meses até um ano no mesmo hotel.

Na extremidade mais alta, a Marriott oferece serviços ainda mais completos a preços mais elevados com as acomodações do Hotel Resorts & Suites e do Renaissance. De acordo com a pesquisa da Marriott para estimar a demanda potencial, o tamanho desse segmento de alto nível é substancial. Com todas essas linhas de hotéis, a Marriott continua comprometida com a qualidade que começou com John e Alice. Sabendo, pelas pesquisas, que todos os hóspedes de hotéis desejam qualidade, a Marriott luta para proporcioná-la em todas as facetas do serviço hoteleiro. Uma das maneiras de demonstrar isso é dando poder a seus representantes de atendimento ao cliente para resolver os problemas dos clientes.

Embora cada uma das diversas marcas Marriott tenha trabalhado com afinco para formar um nicho para si própria, todas compartilham a identidade da marca Marriott – o ingrediente principal para seu sucesso. A identidade da marca Marriott está centrada em serviços de excelência e consistentes em todo o mundo, da Filadélfia a Hong Kong. O cuidado com os funcionários dos hotéis e cuidar dos associados para que eles possam realmente se concentrar em seu trabalho proporciona o nível de atendimento que os clientes exigem e esperam obter atualmente. Embora cada hotel Marriott tenha a sua personalidade própria, com *design* e nível de serviço diferentes, para que os hóspedes se sintam em Londres, Munique ou Paris, todos eles têm algo em comum que os identifica como hotéis Marriott.

As inúmeras marcas Marriott, em vez de competirem entre si, na verdade ajudam a produzir mais negócios. Cada marca faz um excelente trabalho dirigindo-se a seu segmento específico, tem seus seguidores leais e é comercializada independentemente e como parte do portfólio de marcas. Há alguma sobreposição, mas a Marriott a vê como uma grande oportunidade para atender a clientes cujas necessidades podem mudar. Assim, um cliente em busca de uma longa estada pode preferir o Residence Inn, mas escolher um hotel de serviço completo como o Renaissance para uma viagem mais curta. Desse modo, seja como for e não importa qual a necessidade, a Marriott está bem posicionada para captar esse cliente e essa área de negócios.

Conclusão

A Marriott tem tido grande sucesso em usar a pesquisa de marketing para desenvolver uma estratégia de segmentação de maneira a atingir diferentes clientes com diferentes necessidades, oferecendo diferentes produtos e opções. Essas ofertas diversificadas ajudam a Marriott a atrair uma gama cada vez mais ampla de clientes e a conquistar negócios. A constante fundamentação na pesquisa de marketing será essencial para o sucesso da Marriott no futuro.

Questões

1. Discuta o papel que a pesquisa de marketing pode desempenhar para ajudar a rede Marriott a formular sólidas estratégias de marketing.
2. A Marriott gostaria de avançar ainda mais no segmento de viajantes não comerciais nos Estados Unidos. Defina o problema de decisão gerencial.
3. Defina um problema de pesquisa de marketing apropriado com base no problema de decisão gerencial que você identificou.
4. Que tipo de concepção de pesquisa deveria ser adotado? Justifique sua recomendação.
5. Use a Internet para identificar as participações de mercado das principais redes de hotéis no último ano.
6. Que tipo de dados secundários internos será útil para a Marriott?
7. Que tipo de dados por assinatura será útil para a Marriott?
8. Discuta o papel da pesquisa qualitativa para auxiliar a rede Marriott a avançar mais no segmento de viajantes não comerciais nos Estados Unidos.
9. A Marriott desenvolveu um novo pacote para famílias em férias. A rede gostaria de verificar a resposta dos consumidores a esse pacote antes de lançá-lo no mercado. Se tivesse que ser feito um levantamento para identificar as preferências do consumidor, que método deveria ser empregado e por quê?
10. De que modo a Marriott poderia fazer uso de experimentação? Que *design* experimental específico você recomendaria?
11. Ilustre o uso de escalas primárias para mensurar as preferências do consumidor por redes de hotéis.
12. Desenvolva escalas Likert, de diferencial semântico e Stapel para medir as preferências do consumidor por redes de hotéis.
13. Desenvolva um questionário para avaliar as preferências do consumidor por redes de hotéis durante as férias.
14. Que plano de amostragem deve ser adotado para o levantamento da questão 9?
15. Como deve ser determinado o tamanho da amostra para o levantamento da questão 9?
16. Como você realizaria o treinamento e a supervisão dos entrevistadores no levantamento da questão 9?
17. De acordo com o vice-presidente de marketing e relações públicas da rede Marriott, qualidade, preço, atendimento, facilidades, conforto e conveniência são variáveis independentes que afetam a preferência por uma rede de hotéis. Suponhamos que, em um levantamento da rede de hotéis, cada uma das variáveis independentes seja medida em uma escala de sete pontos, com 1 = ruim e 7 = excelente. A preferência por uma rede de hotéis é medida por uma escala de sete pontos em que 1 = nenhuma preferência e 7 = grande preferência. Cada respondente classifica a rede Marriott e três outras redes concorrentes em todas as variáveis independentes e na preferência para estada durante as férias. Que técnicas estatísticas você usaria para responder às seguintes questões?
    a. A preferência está relacionada com cada uma das variáveis independentes consideradas individualmente? Qual é a natureza da relação que você espera?
    b. A preferência está relacionada com todas as variáveis independentes consideradas simultaneamente?
    c. Os respondentes avaliam as redes de hotéis mais favoravelmente na qualidade do que no preço?
    d. A amostra é dividida em dois grupos: frequentadores regulares da rede Marriott e frequentadores de outros hotéis. Esses grupos diferem em termos de avaliação da Marriott quanto à qualidade?
    e. Os dois grupos da questão d são diferentes em termos de renda, medida como alta, média e baixa?
    f. Os dois grupos da questão d são diferentes em termos de qualidade, preço, atendimento, facilidades, conforto e conveniência quando todas as variáveis independentes são consideradas simultaneamente?
    g. A amostra é dividida em três grupos: grandes usuários, usuários moderados e usuários esporádicos de hotéis. Os três grupos diferem em termos de preferência pela rede Marriott?
    h. Os três grupos da questão g são diferentes em termos de qualidade, preço, atendimento, facilidades, conforto e conveniência quando todas as variáveis independentes são consideradas simultaneamente?

i. A avaliação de qualidade, preço, atendimento, facilidades, conforto e conveniência pode ser representada por um conjunto reduzido de fatores?
j. Os respondentes podem ser segmentados com base em suas avaliações de hotéis quanto a qualidade, preço, atendimento, facilidades, conforto e conveniência? Quantos segmentos deveriam existir?
k. Qual é o posicionamento competitivo das várias marcas do hotel? Que informações podem ser obtidas?
l. Aproximadamente 13% dos respondentes apresentam valores faltantes em uma ou mais variáveis. Como você trataria os valores faltantes?
m. Uma questão pedia que os respondentes assinalassem dentre sete os hotéis em quais eles haviam estado nos últimos três anos. Como os dados para essa questão deveriam ser codificados?

18. O modelo de qualidade de atendimento aplicado no contexto de serviços bancários, conforme o Capítulo 22, pode ser aplicado no caso de serviços de hotelaria? Por quê?
19. Que quadros e gráficos você usaria ao preparar um relatório para a rede Marriott?
20. Se fosse preciso fazer uma pesquisa de marketing para identificar as preferências do consumidor por hotéis na América Latina, em que pontos o processo de pesquisa seria diferente?
21. Discuta as questões éticas envolvidas na pesquisa de preferências do consumidor quando se trata de hotéis.

Referências

1. www.marriott.com, accessed July 25, 2017.
2. www.hoovers.com, accessed July 25, 2017.
3. M. A. Baumann, "High-End Offerings the Result of In-Depth Research," *Hotel and Motel Management*, 219(9) (May 17, 2004): 36.

CASO COM DADOS REAIS
CASO 1.1

HP: Uso de pesquisa de marketing para se obter uma vantagem competitiva

SPSS Arquivo de Dados

SAS Arquivo de Dados

A empresa Hewlett-Packard (HP) é conhecida em todo o mundo por suas impressoras, computadores pessoais e serviços relacionados. Com sede em Palo Alto, Califórnia, tem presença global nos setores de computação, impressão e imagens digitais. Oferece no mercado produtos como impressoras, câmeras e cartuchos de tinta para pessoas físicas e pequenas empresas. Além disso, oferece *software* e serviços (www.hp.com). Anteriormente, a empresa atendia sobretudo aos mercados de engenharia e medicina, mas em 1999 criou uma empresa especial para cuidar desse ramo, chamada Agilent Technologies.

Ela foi fundada em 1934, em Palo Alto, por William Hewlett e David Packard, recém-formados em Stanford, com um investimento inicial de US$ 538. A empresa foi incorporada 15 anos depois e abriu seu capital em 1957. Foi apenas nos anos 60 e 70 que a HP reconheceu demandas no mercado de produtos de tecnologia da informação. Ao satisfazer a essa demanda, a HP introduziu o setor da computação ao Vale do Silício. Na época, produtos do Vale do Silício se limitavam a calculadoras, condutores e semicondutores. Na década de 1980, a HP começou a desenvolver impressoras industriais a *laser* para computadores de mesa, e acabou deslanchando.

Nos anos 90, a HP ampliou sua linha de produtos de computação para os consumidores em geral, até então voltada para universidades e clientes do ramo de pesquisa e empresarial. Ao final dessa década, a HP lançou a hpshopping.com como uma subsidiária independente para vendas *on-line*, diretamente aos consumidores; a loja foi rebatizada como "HP Home & Home Office Store" em 2005. A HP também cresceu mediante aquisições, comprando a Apollo Computer em 1989, a Convex Computer em 1995 e a Compaq em 2002. A própria Compaq havia comprado a Tandem Computers em 1997 (que fora fundada por ex-funcionários da HP) e a Digital Equipment Corporation em 1998. Como consequência dessa estratégia, a HP se tornou uma das líderes em computadores de mesa, *laptops* e servidores em muitos mercados diferentes.

A HP alcançou um faturamento anual de US$ 91,7 bilhões em 2006, comparados aos US$ 91,4 bilhões da IBM, tornando-a a maior fornecedora mundial de tecnologia em termos de vendas. Em outubro de 2006, a HP alcançou o primeiro lugar global na produção de computadores pessoais, superando a rival Dell. A distância entre a HP e a Dell se ampliou bastante ao final de 2006, com a HP abrindo uma liderança de quase 3,5% em participação de mercado. Em 2007, seu faturamento foi de US$ 104 bilhões, tornando a HP a primeira empresa de TI da história a divulgar receitas acima dos US$ 100 bilhões. A HP chegou aos US$ 114,6 bilhões em faturamento anual em 2009, continuando sua trajetória de crescimento.

Em 6 de outubro de 2014, a Hewlett-Packard anunciou planos de separar seu empreendimento de PCs e impressoras de seus negócios na área de produtos e serviços empresariais. A divisão foi concluída em novembro de 2015, resultando em duas diferentes empresas de capital aberto: a HP Inc. e a Hewlett-Packard Enterprise. Em 2018, a HP segue sendo uma empresa global com a visão de criar tecnologias que melhorem a vida de todos, por toda parte – de cada pessoa, cada organização e cada comunidade ao redor do mundo. Sua missão está resumida em seu *slogan*, "Siga reinventando". A HP Inc. fornece produtos, tecnologias, *software*, soluções e serviços para consumidores individuais, pequenas e médias empresas e organizações de grande porte, incluindo clientes nos setores governamental, educacional e de saúde.

Problema de marketing e pesquisa de marketing

A HP identificou que os desafios técnicos que os clientes costumam enfrentar acabam surgindo nos momentos mais inesperados e inconvenientes de uma empresa. Cedo ou tarde, equipamentos e aplicativos dão problema, sobretudo quando um projeto crucial precisa ser apresentado ou quando o cliente está em viagem. Normalmente, a primeira reação do cliente é telefonar para o suporte técnico ou talvez pesquisar o problema *on-line*. Nessas situações, o atendimento HP Services faz tudo o que pode para ajudar o cliente, entendendo a função crucial cumprida pelo suporte e a pressa do cliente em encontrar soluções. A premiada organização de suporte da HP dedica-se a resolver os problemas dos clientes o mais rapidamente possível e a prevenir dificuldades futuras, para que as empresas cumpram com todos os seus prazos de entrega. De fato, o atendimento de suporte HP Services está ganhando cada vez mais reconhecimento como um líder do setor.

Já em 2004, o setor reconheceu o comprometimento da HP com a satisfação dos clientes com mais de sete honrarias e premiações. A HP recebeu a melhor avaliação geral de satisfação dos clientes em um levantamento conduzido pela Computerworld/InterUnity Group Inc. junto a mais de 1.200 gestores e profissionais do ramo da tecnologia da informação. Nesse estudo, clientes deram à HP os melhores índices de satisfação em seis dentre oito categorias, incluindo atendimento às expectativas do cliente, contribuição para a lucratividade do cliente, qualidade dos produtos, confiabilidade dos produtos e políticas de licenciamento. A satisfação dos clientes continuava apresentando altos índices em 2018.

Tendo em vista seu comprometimento com o atendimento e a satisfação dos clientes, a HP conduziu um levantamento junto a compradores recentes de PCs e *notebooks* da marca. A HP deseja saber como seus clientes utilizam seus computadores. Também deseja conhecer o nível de satisfação que os clientes estão obtendo dos produtos da marca. A HP quer estimar a probabilidade dos clientes voltarem a comprar seus produtos e se os clientes atuais recomendam a HP para seus amigos e familiares. Por fim, a HP quer determinar se há uma correlação entre quaisquer desses fatores identificados de uso e as características demográficas subjacentes de seus clientes. O questionário que a empresa utilizou é fornecido aqui; os dados associados que foram coletados podem ser baixados no *site* deste livro.

Referências

1. www.hp.com, accessed January 3, 2017.
2. Wikipédia, "Hewlett-Packard Company", *on-line* em http://en.wikipedia.org/wiki/Hewlett-Packard, accessed January 11, 2017.
3. Hewlett-Packard, "HP Survey Nation's Small Business to Learn What Fuels the Engines of Today's Economy", HP News Release. Disponível em www.hp.com/hpinfo/newsroom/press/2005/050427a.html, accessed June 19, 2016.

Obs.: este caso foi preparado apenas para fins de discussão em aula e não representa as opiniões da HP ou de suas afiliadas. O cenário do problema é hipotético e o nome real da empresa foi preservado. No entanto, o questionário e os dados fornecidos são reais, e os dados foram coletados em um levantamento real de uma proeminente empresa de pesquisa de marketing, cujo nome também foi preservado. Algumas questões foram omitidas e os dados para outras perguntas não são fornecidos devido a questões de propriedade.

ENTREVISTA SOBRE COMPUTADORES PESSOAIS HEWLETT-PACKARD (HP) VIA INTERNET

Obrigado por seu interesse em nosso estudo.

A Burke é uma empresa independente de pesquisa de marketing que foi contratada pela HP Computers para obter opiniões honestas de compradores recentes de computadores pessoais da HP. Solicitamos que você ofereça suas opiniões sobre a HP e descreva a maneira como você usa a Internet.

Este levantamento não deve tomar mais do que alguns minutos do seu tempo. Ao completá-lo, você automaticamente estará concorrendo a vales-presente de US$ 100, que podem ser usados em diversas lojas de varejo *on-line*. Caso você não complete o levantamento, ainda poderá se qualificar para o sorteio escrevendo para o endereço contido no *e-mail* que o convidou a participar deste projeto.

A menos que você nos conceda sua permissão ao final do levantamento para liberar seu nome para a HP juntamente com suas respostas, suas respostas individuais serão mantidas em sigilo.

USO DA INTERNET

Q1 No total, aproximadamente quantas horas por semana você passa *on-line*? Esse total refere-se a todos os seus locais de acesso.

Menos de 1 hora ☐ –1
De 1 a 5 horas ☐ –2
De 6 a 10 horas ☐ –3
De 11 a 20 horas ☐ –4
De 21 a 40 horas ☐ –5
41 horas ou mais ☐ –6

Q2 A seguir, há uma lista de coisas que as pessoas fazem *on-line*. Por favor, indique quais delas você já praticou na Internet. *(Reorganizar respostas.)*

Não sei = 0

Pergunte Primeiro   Sim   Não

_____ Comunicou-se com outros via grupos de discussão ou bate-papo   ☐ –1 ☐ –2
_____ Procurou emprego   ☐ –1 ☐ –2
_____ Planejou ou reservou viagens   ☐ –1 ☐ –2
_____ Baixou uma foto ou imagem   ☐ –1 ☐ –2
_____ Baixou sons ou clipes de áudio   ☐ –1 ☐ –2
_____ Procurou por informações sobre um programa de TV ou um filme ☐ –1 ☐ –2
_____ Baixou um videoclipe   ☐ –1 ☐ –2

Q3 Quais outros tipos de atividades você faz na Internet? _____

SATISFAÇÃO E FIDELIDADE EM RELAÇÃO À HP

Q4 Em geral, qual seu nível de satisfação com seu computador HP?

Muito satisfeito ☐ –1
Um pouco satisfeito ☐ –2
Um pouco insatisfeito ☐ –3
ou Muito insatisfeito ☐ –4

Q5 Qual sua propensão de recomendar a HP para um amigo ou parente?

Certamente recomendaria ☐ –1
Provavelmente recomendaria ☐ –2
Talvez recomendasse ou não ☐ –3
Provavelmente não recomendaria ☐ –4
Certamente não recomendaria ☐ –5

Q6 Se você pudesse tomar a decisão de comprar seu computador novamente, qual seria a probabilidade de escolher HP?

Certamente escolheria ☐ –1
Provavelmente escolheria ☐ –2
Talvez escolhesse ou não ☐ –3
Provavelmente não escolheria ☐ –4
Certamente não escolheria ☐ –5

Q7 Deletada (Em aberto) _____

AVALIAÇÕES DE DESEMPENHO/IMPORTÂNCIA DE FABRICANTES DE COMPUTADOR

Q8 O conjunto de afirmações a seguir diz respeito a fabricantes de computadores pessoais. Para cada afirmação, indique, por favor, até que ponto você concorda que a HP atende a tal requisito.

Para isso, use uma escala de 1 a 9, em que "1" significa que você **discorda totalmente** da afirmação e "9" que você **concorda plenamente** com ela. Você pode usar, é claro, qualquer número entre 1 e 9 que descreva o quanto você concorda com a afirmação ou discorda dela. Não sei = 0

O quanto você concorda que a **HP Computers** *(inserir afirmação)*?

(Reorganizar afirmações.)

Pergunte Primeiro		Avaliação
_____	Facilita a encomenda de um computador	_____
_____	Permite que os clientes encomendem computadores sob medida para suas especificações	_____
_____	Entrega seus produtos rapidamente	_____
_____	Cobra um preço competitivo por seus computadores	_____
_____	Inclui componentes atraentes em seus computadores	_____
_____	Oferece computadores que rodam programas com rapidez	_____
_____	Oferece computadores de alta qualidade e sem problemas técnicos	_____
_____	Oferece periféricos de alta qualidade (como monitor, teclado, *mouse*, alto-falantes, *drives* de disco)	_____
_____	Oferece computadores que já vêm com *software* apropriado	_____
_____	Oferece computadores que já vêm com acesso à Internet	_____
_____	Permite que os usuários montem componentes com facilidade	_____
_____	Oferece computadores que podem receber prontamente *upgrade* por parte dos usuários	_____
_____	Oferece suporte técnico facilmente acessível	_____

Q9A Se o preço do computador que você comprou da HP fosse 5% mais caro, e se os preços de todos os demais computadores pessoais se mantivessem iguais, qual teria sido a probabilidade de você comprar seu computador da HP?

    Certamente teria comprado ☐ –1
    Provavelmente teria comprado ☐ –2
    Talvez comprasse ou não ☐ –3
    Provavelmente não teria comprado ☐ –4
    Certamente não teria comprado ☐ –5

Q9B Se o preço do computador que você comprou da HP fosse 10% mais caro, e se os preços de todos os demais computadores pessoais se mantivessem iguais, qual teria sido a probabilidade de você comprar seu computador da HP?

    Certamente teria comprado ☐ –1
    Provavelmente teria comprado ☐ –2
    Talvez comprasse ou não ☐ –3
    Provavelmente não teria comprado ☐ –4
    Certamente não teria comprado ☐ –5

ATRIBUTOS DE PIONEIROS NA ADOÇÃO DE TECNOLOGIAS

Q10 A seguir, há uma série de afirmações que as pessoas podem usar para se descreverem. Por favor, indique o quanto você concorda ou discorda que elas descrevem você. Para isso, use uma escala de 1 a 7, em que "1" significa que você **discorda completamente** e "7", que você **concorda plenamente**. Você pode usar, é claro, qualquer número entre 1 e 7.

Não Sei = 0

A primeira/próxima afirmação é *(inserir afirmação)*. Qual número de 1 a 7 melhor indica o quanto você concorda ou discorda que esta afirmação descreve você?

Pergunte Primeiro		Avaliação
	Itens de aficionados no mercado de tecnologia	
_____	Gosto de apresentar novas marcas e produtos aos meus amigos	_____
_____	Gosto de ajudar as pessoas dando informações sobre muitos tipos de produtos	_____
_____	As pessoas me pedem informações sobre produtos, locais de compra ou promoções	_____
_____	Meus amigos me veem como uma boa fonte de informações em se tratando de novos produtos ou ofertas	_____

Inovação

_____ Gosto de me arriscar em compras _____
_____ Comprar um novo produto cuja qualidade ainda não foi comprovada costuma ser uma perda de tempo e de dinheiro _____
_____ Se as pessoas parassem de perder tempo experimentando, ficaríamos muito mais realizados _____
_____ Gosto de experimentar coisas novas e diferentes _____
_____ Costumo experimentar novas marcas antes dos meus amigos e vizinhos _____
_____ Gosto de experimentar novas maneiras de fazer as coisas _____

Liderança de opinião

_____ Em se tratando de produtos relacionados a computadores, é bem provável que meus amigos peçam a minha opinião _____
_____ Amigos e vizinhos frequentemente recorrem a mim como conselheiro sobre produtos relacionados a computadores _____
_____ Costumo dar minhas opiniões aos meus amigos sobre produtos relacionados a computadores _____

DEMOGRAFIA

Q11 As próximas questões são sobre você e sua casa e serão usadas apenas para subdividir nossas entrevistas em grupos. Qual seu nível de escolaridade?

Ensino médio incompleto ☐ –1
Ensino médio completo ☐ –2
Ensino superior/Curso técnico incompleto ☐ –3
Ensino superior completo ☐ –4

Q12 Qual das seguintes faixas etárias melhor descreve a sua idade?

18 a 19 ☐ –1
20 a 24 ☐ –2
25 a 29 ☐ –3
30 a 34 ☐ –4
35 a 39 ☐ –5
40 a 44 ☐ –6
45 a 49 ☐ –7
50 a 54 ☐ –8
55 a 59 ☐ –9
60 a 64 ☐ –10
65 a 69 ☐ –11
70 a 74 ☐ –12
75 a 79 ☐ –13
80 ou mais ☐ –14

Q13 Qual das seguintes faixas melhor descreve a renda anual total de seu domicílio, antes dos impostos?

Menos de US$ 20 mil ☐ –1
US$ 20 mil – US$ 29.999 ☐ –2
US$ 30 mil – US$ 49.999 ☐ –3
US$ 50 mil – US$ 74.999 ☐ –4
US$ 75 mil – US$ 99.999 ☐ –5
US$ 100 mil ou mais ☐ –6
Nenhuma Resposta ☐ –0

Q14 Você é do gênero ...?

Masculino ☐ –1
Feminino ☐ –2

Isso completa todo o questionário.
Muito obrigado por sua ajuda nesta entrevista!

CASOS ABRANGENTES PARA REFLEXÃO CRÍTICA
CASO 2.1

Baskin-Robbins: Ela conseguirá se aquecer como nos velhos tempos?

A Baskin-Robbins é a maior rede mundial de lojas especializadas em sorvetes. A empresa foi apontada como a melhor franquia de sorvetes e sobremesas congeladas nos Estados Unidos pelo 35º *ranking* anual da revista *Entrepreneur*, Franchise 500®. Em 2018, a Baskin-Robbins comercializava sorvetes *premium* e inovadores, sobremesas e bebidas congeladas especiais para consumidores em cerca de 7.300 lojas de varejo em quase 50 países. Dois entusiastas do sorvete cuja paixão levou à criação de mais de 1.000 sabores de sorvete e a uma grande variedade de delícias fundaram a Baskin-Robbins em 1945. Sediada em Canton, Massachusetts, a Baskin-Robbins faz parte da família de empresas do Grupo Dunkin 'Brands, Inc.

Era início de dezembro e o gerente de marca da Baskin-Robbins, Ken Kimmel, havia recém retornado do almoço. Para sua surpresa, sua caminhada do estacionamento até o prédio se transformara em uma corrida. Kimmel estava tentando evitar os efeitos congelantes do vento norte que estava atingindo grande parte de New England com ventos árticos.

Assim como o tempo ruim do qual Kimmel recém tinha escapado, o setor de varejo de comida congelada tinha se tornado mais hostil à Baskin-Robbins (www.baskinrobbins.com) nos últimos anos. Novas empresas, como a Cold Stone Creamery, fundada em 1988, e outras, tinham popularizado a experiência dentro da loja, com os clientes assistindo ao preparo de seus sorvetes em balcões. Durante anos, a Baskin-Robbins tinha dado as costas aos lucros da Cold Stone Creamery, da mesma forma que os atendentes davam as costas aos clientes para fazer uma banana split. As vendas da Cold Stone Creamy agora eram quase 75% das da Baskin-Robbins.

Em resposta a isso, o grupo executivo da Baskin-Robbins, junto com Kimmel, resolveu remodelar as lojas, mas não era fácil convencer os milhares de franqueados da Baskin-Robbins a mudar. A remodelagem de uma loja poderia custar até US$ 50 mil, valor financiado em sua maioria pelos franqueados. Um dos aspectos da remodelagem resultou em diminuir a altura dos balcões para permitir que as crianças visualizassem com mais facilidade os potes de sorvete.

Outra ideia em consideração era modificar a logomarca da Baskin-Robbins para coincidir com a remodelagem do interior das lojas. A logomarca aparece nos guardanapos, nos papéis em volta das casquinhas, nas colherinhas, nos copos, nos uniformes e nas placas das lojas da Baskin-Robbins. O custo estimado para fazer essas mudanças foi de US$ 5 milhões para a sede. Os franqueados deveriam investir em torno de US$ 10 mil para modificar a logomarca nas lojas.

No final daquela tarde, o grupo de marca de Kimmel estava discutindo se mudaria ou não o símbolo da marca da Baskin-Robbins junto com a remodelação das lojas.

"O contexto mudou desde a metade dos anos 1980", afirmou o consultor de varejo visitante Zack Wheatly. "Os clientes estão mais exigentes com relação à experiência de hospitalidade. Eles ganham mais dinheiro e agora podem comprar sorvetes comparáveis aos da Baskin-Robbins nos supermercados."

Kimmel achou que era hora de mencionar decisões estratégicas recentes do grupo executivo da Baskin-Robbins. "Enquanto nossos competidores estão promovendo essa experiência de preparo dentro da loja – uma experiência de teatro mais cara –, a Baskin-Robbins decidiu focar a entrega de um valor aprimorado para nossos consumidores em um tipo de ambiente acessível", respondeu Kimmel. "O grupo executivo decidiu que vamos focar nossos novos produtos em oposição ao teatro do negócio. Como parte dessa nova ênfase, começamos a destacar inovações como nosso próprio café gelado – o Cappuccino Blast – e uma bebida à base de frutas – Bold Breezes. O pudim gelado também está nos planos".

Era a vez de Marsha Davis, diretora de pesquisa de Kimmel, participar da conversa: "A Baskin-Robbins é uma marca estabelecida a ponto de a sua logomarca não ser remodelada?" perguntou Davis.

"Sei o que você está sugerindo", Wheatly respondeu. "A sabedoria convencional nesse setor diria que não deveríamos modificar uma marca estabelecida."

"Discutimos isso entre nós aqui na sede com o CEO e outros executivos seniores, e também investimos para ter uma opinião de consultores em comunicação no varejo", afirmou Kimmel. "Eles acham que a decisão de mudar a logomarca deveria ser feita somente depois de muitas discussões e pesquisas diretas com os consumidores."

"Certo", disse Wheatly. "Os analistas do setor de restaurantes de refeições rápidas relataram nos jornais especializa-

Baskin **31** Robbins®
(antiga)

baskin **BR** robbins®
(nova)

dos que as novas empresas continuaram a crescer mais rapidamente que a Baskin-Robbins – especialmente na métrica principal das vendas na mesma loja em comparação ao ano anterior. O que a pesquisa qualitativa disse sobre as novas logomarcas propostas?".

Davis parou, procurou em sua pasta e retirou versões impressas em papel lustroso da logomarca antiga e daquela que liderava a disputa entre as outras logomarcas sugeridas. Ela as colocou sobre a mesa em direção aos outros.

"Conversamos com quatro grupos de foco em Chicago, Los Angeles e Nova York, e eles concordaram que a marca Baskin-Robbins representava experiências irresistíveis, sorrisos e diversão", disse Davis. "Eles gostaram deste logo proposto, que também foi o preferido do grupo de executivos seniores."

"Então, para onde vamos a partir disso?" Kimmel perguntou.

"Como sua gerência quer mudar a logomarca somente se for necessário, você deveria estudar a atitude de seus consumidores em relação à nova logomarca, assim você conseguirá explicar se uma mudança na logomarca é justificada", disse Wheatly.

Todos pararam de conversar para refletir sobre o que havia sido dito. Depois de cerca de 10 segundos, Kimmel levantou a mão entre o grupo.

"Esperem. Isso está começando a me lembrar da introdução da New Coke", ele disse depois de uma reflexão. "A relação subjetiva dos clientes com a Coke antiga foi ignorada naquela ocasião. Precisamos perguntar a respeito da logomarca antiga também. Além disso, sei que os executivos seniores querem uma margem de preferência clara para a nova logomarca. Se a nova logomarca não for preferida em uma proporção de 2:1 em uma competição direta com a antiga, devemos esquecê-la."

Wheatly entendeu a linha de pensamento.

"OK, e agora que você menciona isso, também precisamos apresentar os projetos das novas lojas remodeladas e solicitar que os consumidores respondam às logomarcas nova e antiga depois de entender como serão nossas novas lojas", disse Wheatly.

"Então, reelaborando nosso problema, acho que é desta maneira", disse Davis. "Como a gerência quer mudar a logomarca somente se for absolutamente necessário, deveríamos estudar a atitude de nossos consumidores em relação à logomarca antiga, bem como à nova, depois de mostrar-lhes os desenhos das lojas remodeladas. Só assim conseguiremos determinar se os consumidores preferem em uma proporção de 2:1 a nova logomarca em relação à antiga."

As palavras pareceram pairar no ar na sala de conferências na sede da Baskin-Robbins. A declaração do problema de pesquisa de marketing estava ficando melhor na concepção de Kimmel. No entanto, ele também tinha os seguintes pensamentos: (1) considerando que a Baskin-Robbins tinha decidido remodelar o interior das lojas, a logomarca deveria ser modificada para indicar que algo novo está acontecendo na Baskin-Robbins? (2) Se a logomarca fosse modificada, haveria sinergia entre a mudança da logomarca e o interior remodelado? Os resultados sinérgicos seriam significativos. Um novo aspecto, um novo menu e uma nova estratégia focada em promover "experiências irresistíveis, sorrisos e diversão" de uma forma acessível e a um preço razoável poderiam parar o crescimento que as marcas rivais desenvolveram ao focar uma experiência na loja para clientes do segmento superior. Tendo em vista esses elementos, a importância estratégica do projeto de pesquisa da Baskin-Robbins se tornou mais clara na mente de Kimmel.

No entanto, teriam esquecido alguma coisa no processo de desenvolvimento da declaração do problema de pesquisa? Estavam focados na questão certa agora? Deveriam continuar a considerar outras logomarcas para esse estudo? Deveriam continuar com a nova logomarca porque tanto os participantes dos grupos de foco quanto os executivos seniores tinham gostado dela? O que eles deveriam fazer? Por quê?

Questões para pensamento crítico

1. O diretor de marca da Baskin-Robbins, Ken Kimmel, achou que era importante fazer esse estudo porque _____.
(Mencione as informações precedentes relevantes utilizadas para justificar esse trabalho.)

2. O principal propósito do estudo da Baskin-Robbins era _____.
(Mencione com o máximo de precisão o motivo para realizar o estudo.)

3. As principais questões abordadas pela equipe de marca da Baskin-Robbins são _____
(Identifique as principais questões nas mentes dos protagonistas do caso).

4. Os métodos empregados por Kimmel e sua equipe para identificar o problema de pesquisa de marketing foram _____.
(Descreva a abordagem geral utilizada e inclua os detalhes que auxiliam na avaliação da qualidade dos resultados.)

5. O entendimento mais importante relacionado à Baskin-Robbins como organização e que levou a empresa a considerar uma nova logomarca como parte da definição do problema foi _____.
(Identifique os fatos, as observações e/ou os dados que Kimmel e sua equipe estão usando para embasar suas conclusões. Seja quantitativo.)

6. As diversas declarações do problema de pesquisa de marketing podem ser contextualizadas ao comparar cada uma a _____
(Coloque as declarações do problema de pesquisa de marketing em outros contextos prontamente entendidos.)
7. As principais inferências/conclusões neste caso referentes à definição do problema são _____
(Identifique as conclusões-chave inferidas no caso.)
8. Se levarmos essa linha de pensamento a sério, as implicações para muitas empresas tentando definir o problema de pesquisa de marketing relacionado a *rebranding* são _____
(Quais são as prováveis consequências se as pessoas levarem a sério o raciocínio da equipe de marca e o aplicarem a outras empresas?)

Questões técnicas

9. Qual é o papel da pesquisa de marketing na decisão quanto à mudança da logomarca neste caso?
10. Defina o problema de decisão gerencial enfrentado pelo grupo executivo da Baskin-Robbins, junto com Kimmel, e o problema de pesquisa de marketing correspondente e mostre as relações entre ambos.
11. Que questão específica de pesquisa e hipótese são sugeridas neste caso?
12. Se Kimmel decidir realizar o estudo para abordar o problema de pesquisa de marketing, que concepção de pesquisa deve ser adotada? Relacione as diferentes fases da concepção de pesquisa com os aspectos específicos do problema de pesquisa de marketing.
13. Que tipo de dados secundários e por assinatura seriam úteis ao considerar a questão da mudança da logomarca? Qual é o papel desempenhado por esses dados?
14. Discuta o papel da pesquisa qualitativa para entender melhor a influência da imagem da marca na seleção do consumidor por uma marca de sorvete.
15. Você acha que Kimmel deveria solicitar um levantamento neste caso? Se sim, que método de levantamento você recomendaria e por quê?
16. Um experimento pode ser realizado para abordar a questão da mudança da logomarca? Se sim, que concepção de experimento você recomendaria e por quê?
17. Discuta o papel da mensuração e do escalonamento ao avaliar a resposta do consumidor à logomarca antiga e à nova.
18. Depois de mostrar ao consumidor a logomarca antiga e a nova, é feita a seguinte pergunta: "Você prefere a nova logomarca mais do que a antiga?". Avalie de foram crítica a formulação dessa pergunta.
19. Se fossem realizadas entrevistas em *shoppings* para identificar as preferências do consumidor por marcas de sorvete, elabore um processo de amostragem adequado. Qual seria o tamanho da amostra e como ele seria determinado?
20. Se você fosse o supervisor encarregado das entrevistas em *shoppings*, que desafios você enfrentaria ao treinar os entrevistadores?
21. Como o grupo executivo e Kimmel deveriam avaliar o relatório de pesquisa de marketing? Como os resultados da pesquisa de marketing vão ajudá-los a tomar decisões acerca da mudança da logomarca?

Referências

1. www.baskinrobbins.com, accessed February 15, 2017.
2. Sherri Daye Scott, "Remaining Relevant," *QSR* (February 2006): 26–30.
3. David Colker, "Ice Cream Battle Getting Hotter," *Los Angeles Times* (November 5, 2005): C1.

Nota: Este caso foi preparado apenas com o propósito de discussão em classe e não representa a visão da Baskin-Robbins ou de suas afiliadas. Agradecemos a contribuição do professor Mark Peterson no desenvolvimento deste caso.

CASOS ABRANGENTES PARA REFLEXÃO CRÍTICA
CASO 2.2

Coisa de criança? Determinação da melhor estratégia de posicionamento para o Akron Children's Hospital

Desde 2018, o Akron Children's Hospital é um dos maiores hospitais pediátricos dos Estados Unidos e está classificado entre os melhores hospitais infantis pelo Relatório *U.S. News & World*. O hospital lida com quase 800.000 visitas de pacientes a cada ano. Aaron Powell, diretor de marketing do Akron Children's Hospital (akronchildrens.org), ficou olhando pelas janelas da sala de conferência as duas faixas de trilhos de trem que se curvavam perto do hospital no lado norte dessa cidade de médio porte no nordeste de Ohio. Ele estava pensando em como hospitais rivais, como o Akron City Hospital, o Akron General Medical Center e o St. Thomas Hospital, contrataram recentemente diretores de marketing como ele. A necessidade de aumentar os esforços de marketing do Akron Children's Hospital iria se intensificar no próximo ano.

"Não creio que estejamos indo a algum lugar com essa reunião", Powell pensou consigo mesmo enquanto afastava sua cadeira da mesa e vagarosamente se levantava para esticar as pernas. A reunião estava entrando na sua segunda hora de duração. Além de Powell, os participantes eram Mark Norton, o diretor de operações do hospital (o chefe de Powell), e Janet Jones, da agência de comunicação e pesquisa Marcus Thomas, de Cleveland (marcusthomasllc.com). Um membro do departamento financeiro também estava presente, junto com o diretor de relações públicas que estava prestes a se aposentar. No passado, esses dois membros apoiavam qualquer coisa que Norton propunha ou de que gostava. Agora parecia que Powell e Jones estavam no outro lado de uma divisão sobre como abordar o posicionamento do Akron Children's Hospital na campanha de propaganda do próximo ano. Para piorar as coisas, Powell e Jones pareciam ser a minoria, e a tensão na sala era evidente.

"Deixe-me ler a declaração do problema de pesquisa que revisamos na primeira hora de nossa reunião", disse Jones. "O conselho do Akron Children's Hospital quer que o hospital se torne o preferido nas áreas de maior crescimento da região. Para isso, estamos estudando possibilidades de posicionamento, assim o conselho poderá selecionar a que for melhor para as campanhas de comunicação do ano que vem que pretendem aumentar o número de pacientes em 10% no próximo ano."

"É isso. É isso o que queremos", disse Norton. "Mas não creio que tenhamos que seguir um projeto de pesquisa com um levantamento que talvez somente nos leve a reinventar a roda – e por US$ 60 mil, também".

"Que roda é essa?" perguntou Powell, virando-se da janela para olhar Norton.

"Aaron, você sabe tanto quanto eu que este hospital é todo sobre crianças. Está até no nome", disse Norton. "Enfatize as crianças. Qualquer coisa que façamos na mídia deve incluir as crianças. Vamos conduzir alguns grupos de foco que permitam que a Marcus Thomas obtenha ideias para sua propaganda sobre as crianças e o nosso hospital. Isso custaria somente US$ 20 mil. Mas, sinceramente, creio que nem precisamos disso".

"Mark, lembre-se de que o McDonald's também tende a enfatizar as crianças, mas os adultos são incluídos nas propagandas na maioria das vezes", disse Powell. "A Marcus Thomas precisa cobrir toda a gama de questões que as famílias consideram ao escolher um hospital para seus filhos. Se deixarmos passar algo importante, talvez algum dos outros hospitais em Akron possa afirmar ser o melhor nesse quesito".

"Aaron tem razão", disse Jones. "Neste momento, não sabemos que posicionamento seria mais útil ao Akron Children's Hospital".

"Então descreva que caminhos podemos seguir agora", disse Norton.

"Plano A – conduzir grupos de foco, como você sugeriu", disse Jones. "Plano B – conduzir grupos de foco com um levantamento de acompanhamento. Plano C – fazer um levantamento com grupos de foco de acompanhamento. E plano D – não realizar pesquisas".

"Fale mais sobre cada um desses planos", disse Norton.

"No plano A, a Marcus Thomas conduziria quatro grupos de foco, com uma média de 10 respondentes por grupo", disse Jones. "Pediremos que os participantes discutam suas experiências enquanto estiveram no hospital. Eles deverão ser os principais tomadores de decisão em questões envolvendo cuidados de saúde na família e ter um filho – recém-nascido a até 18 anos de idade – com um problema grave e que tenha passado pelo menos três dias em um hospital. Como a maioria dos tomadores de decisão para cuidados com a saúde em uma família tende a ser formada por mulheres, grande parte dos participantes serão mulheres entre 25 e 54 anos com um ou mais filhos desde recém-nascidos a até 18 anos de idade".

"Custo?" Norton perguntou.

"Cerca de US$ 20 mil", disse Powell.

Jones prosseguiu. "No plano B, faríamos o plano A, mais um levantamento de campo para acompanhar as questões identificadas nos grupos de foco. Primeiro, perguntaremos sobre a consciência de hospitais na região com e sem auxílio. Então, com base no que aprendemos nos grupos de foco, identificaremos os conceitos de três estratégias de posicionamento e perguntaremos aos entrevistados no levantamento qual eles preferem em primeiro lugar e qual eles preferem em segundo lugar. Conseguiremos determinar estatisticamente o grau de preferência entre as alternativas de posicionamento".

"As três estratégias poderiam ser, um: o Akron Children's Hospital tem médicos que ouvem você", disse Powell. "Ou, dois: sabemos como atender às necessidades específicas das crianças, ou três, usamos os mais recentes avanços no tratamento das crianças".

"Custo?", Norton perguntou novamente.

"Cerca de US$ 60 mil", disse Powell.

"E o plano C? Por que isso faz sentido?", perguntou Norton.

"Podemos identificar a melhor estratégia de posicionamento ao realizar um levantamento. Os aspectos relevantes dessa estratégia de posicionamento para os consumidores podem então ser explorados por meio de grupos de foco. O custo será o mesmo do plano B; isto é, US$ 60 mil", respondeu Jones.

"E o plano D – não realizar pesquisas. Liberar nosso pessoal criativo e esperar pelo passeio", disse Jones com um sorriso. Norton retornou o sorriso e olhou ao redor da sala. "A sua empresa não faz a propaganda da loteria de Ohio?", perguntou Norton. "Com o plano D, poderíamos nos dar bem ao jogar na loteria de Ohio!". Percebendo o humor, todos na sala riram. No final, a tensão estava começando a se dissipar.

Nortou concordou com um aceno de cabeça vagaroso. Powell também acenou. No entanto, as questões em que Powell estava pensando permaneciam. Que plano o Akron Children's Hospital adotaria – plano A, plano B, plano C ou plano D? Se dinheiro fosse investido, esse investimento valeria a pena? A ideia de que a pesquisa representa um "custo" (sem um retorno visível) permaneceria na mente de Norton e dos outros membros de departamento após essa reunião? O que poderia ser feito agora para ajudar Norton e os outros executivos a verem a pesquisa como um investimento (com um retorno implícito)?

Questões para pensamento crítico

1. O diretor de marketing do Akron Children's Hospital achou que era importante realizar este estudo porque _____.
(Mencione as informações precedentes relevantes usadas para justificar o trabalho.)

2. O principal propósito do estudo do Akron Children's Hospital era _____
(Mencione com o máximo de precisão o motivo para fazer o estudo.)

3. As principais questões abordadas pelos empregados do Akron Children's Hospital neste caso são _____
(Identifique as principais questões na mente dos protagonistas do caso.)

4. Os métodos empregados por Powell e sua equipe para responder ao problema de pesquisa de marketing foram _____.
(Descreva a abordagem geral usada e inclua detalhes que auxiliem na avaliação da qualidade dos resultados.)

5. O entendimento mais importante relacionado ao Akron Children's Hospital como organização que levou a empresa a considerar a pesquisa sobre seu posicionamento foi _____
(Identifique os fatos, as observações e/ou os dados que Powell e sua equipe estão usando para embasar suas conclusões.)

6. A decisão de concepção de pesquisa de marketing pode ser contextualizada ao _____
(Coloque a decisão de concepção de pesquisa em outros contextos prontamente entendidos.)

7. As principais inferências/conclusões neste caso são _____
(Identifique as principais conclusões inferidas neste caso.)

8. Se levarmos essa linha de raciocínio a sério, as implicações para muitas outras empresas são _____
(Quais são as prováveis consequências se as pessoas levarem o raciocínio da equipe de marca a sério e o aplicarem a outras empresas?)

Questões técnicas

9. Qual é o papel da pesquisa de marketing ao identificar a melhor estratégia de posicionamento para o Akron Children's Hospital?
10. Defina o problema de decisão gerencial enfrentado pelo Akron Children's Hospital e o problema de pesquisa de marketing correspondente e mostre as relações entre os dois.
11. Neste caso, como Norton e o pessoal do departamento financeiro diferem dos profissionais de marketing (Powell e Jones) em suas visões acerca do papel das concepções exploratória e conclusiva?
12. Na sua opinião, qual seria a melhor sequência para usar as pesquisas exploratória e conclusiva neste caso?

13. Que tipos de dados secundários e por assinatura seriam úteis na identificação de uma estratégia de posicionamento para o Akron Children's Hospital? Qual é o papel desempenhado por esses dados?
14. Discuta o papel da pesquisa qualitativa para entender melhor como os chefes de família selecionam um hospital para seus filhos quando eles necessitam de cuidados de saúde para casos graves.
15. Você acha que Norton deveria realizar um levantamento neste caso? Se sim, que método de levantamento você recomendaria e por quê?
16. Um experimento pode ser feito para abordar a questão da melhor estratégia de posicionamento? Se sim, que concepção de experimento você recomendaria e por quê?
17. Discuta o papel da mensuração e do escalonamento na identificação das preferências dos chefes de família por hospitais para seus filhos quando eles necessitam de cuidados de saúde para casos graves.
18. Elabore um questionário para medir as preferências do consumidor por hospitais infantis.
19. Se fosse realizado um levantamento pelo correio para identificar as preferências dos chefes de família por um hospital infantil, elabore um processo de amostragem adequado. Qual deveria ser o tamanho da amostra e como ele deveria ser determinado?
20. Como Norton deveria avaliar o relatório de pesquisa de marketing? Como os resultados da pesquisa ajudarão o Akron Children's Hospital a selecionar a estratégia de posicionamento adequada?

Referências

1. Adaptado de Robin Segbers, "Adding a Human Touch," *Quirk's Marketing Research Review* (June 2006): 30–34.
2. http://marcusthomasllc.com/, accessed February 15, 2017.
3. https://www.akronchildrens.org/, accessed February 15, 2017.

Nota: Este caso foi preparado apenas com o propósito de discussão em classe e não representa a visão do Akron Children's Hospital ou de seus afiliados.

Agradecemos a contribuição do professor Mark Peterson no desenvolvimento deste caso.

CASOS DE ANÁLISE DE DADOS COM DADOS REAIS
CASO 3.1

AT&T e o mercado de serviços sem fio

SPSS Arquivo de Dados

SAS Arquivo de Dados

O mercado de provedores sem fio nos Estados Unidos é extremamente competitivo. O mercado sem fio para indivíduos e/ou famílias (mercado não corporativo) é o segmento mais acirrado. Nele, há alguns grandes provedores de serviços sem fio (operadoras), quatro dos quais têm uma considerável participação de mercado. Tem havido uma certa consolidação. Um oligopólio em geral tem de três a quatro atores, e tais mercados são estáveis em termos de crescimento, inovação técnica e políticas de precificação. Parece que o mercado de operadoras de serviços sem fio quase se tornou um oligopólio. Além disso, o ritmo das inovações nas tecnologias sem fio é impressionante. Uma inovação técnica promissora de uma das grandes empresas tem o potencial de modificar a dinâmica do setor.

Os principais *players* e a fatia de mercado de cada um a partir do segundo trimestre de 2016 são os seguintes:

1. Verizon Wireless (35,12% de participação do mercado)
2. AT&T (32,43% de participação do mercado)
3. T-Mobile (16,58% de participação do mercado)
4. Sprint Nextel (14,38% de participação do mercado)
5. U.S. Cellular (1,23% de participação do mercado)

O crescimento no número de assinantes e nas receitas (que não inclui taxas de deslocamento, etc.) nos últimos 15 anos tem sido meteórico.

Nos primeiros anos desse setor, a pressão dos preços e a consolidação fizeram com que os pequenos provedores de serviço fossem adquiridos ou saíssem do mercado. Isso de alguma forma aliviou a pressão dos atores maiores. Atualmente, é raro ver operadoras competindo agressivamente pelos preços sozinhas. Em vez disso, os grandes atores parecem tentar reter seus clientes mais cobiçados. Embora as operadoras estejam oferecendo mais minutos "a qualquer hora" e acúmulo de minutos mensais em seus planos, bem como incentivos (aparelhos novos), as grandes operadoras estão tendo um crescimento em receitas médias por usuário (RMPU) mais altas, um índice-chave do setor. Além da voz, os novos serviços de dados (como WiFi, fotos, vídeo e aplicativos multimídia) estão abastecendo esse crescimento da RMPU. Os analistas da indústria procuram uma base de assinantes crescente. Entretanto, mesmo com o aumento da RMPU, a adição líquida de assinantes nesta indústria é de certa forma baixa. Logo, os analistas da indústria estão preocupados se as operadoras conseguirão manter a RMPU alta por muito tempo. Atualizações para aumentar as redes de dados e aparelhos de última geração com recursos baseados na Web têm potencial para estimular o crescimento, mas não na mesma magnitude na qual as adições líquidas de novos assinantes conseguem impulsionar um maior crescimento das receitas.

A tendência atual é de as pessoas preferirem usar telefones sem fio em vez do telefone fixo em suas casas. No longo prazo, essa tendência é considerada positiva pelo setor de telefonia sem fio. Consequentemente, em âmbito nacional, as operadoras de serviços sem fio relatam mais minutos de uso atribuídos ao tráfego internacional.

A grande novidade em 2016 foi a aquisição pela AT&T da Time Warner. A gigante das telecomunicações concordou em pagar US$ 107,50 por ação, metade em dinheiro e a outra metade em ações, para a Time Warner. A cifra chega a impressionantes US$ 85,4 bilhões ou, incluindo a dívida da Time Warner, US$ 108,7 bilhões. O acordo deve ser fechado em 2017, após uma revisão antitruste feita pelo Departamento de Justiça.

Considerando as várias interfaces das tecnologias, redes e licenças do governo, as operadoras de serviços sem fio estão competindo e se aliando ao mesmo tempo. Para aumentar a participação de mercado, as operadoras de serviços sem fio estão tentando atrair clientes ao prestar serviços de qualidade superior e ao oferecer planos acessíveis e apoio ao cliente. Com as recentes alterações nas leis feitas pela Comissão Federal de Comunicação (*Federal Communications Commission* – FCC), os clientes sem fio podem manter seus números de telefone mesmo que troquem de operadora. Assim, ficou difícil para os provedores de serviços sem fio manter os clientes atuais, que se tornam propensos a mudar para os competidores devido aos planos mais atraentes, aos serviços de qualidade superior, à atualização para aparelhos novos de graça ou subsidiados, e assim por diante.

As operadoras de telefonia sem fio muitas vezes usam levantamentos de assinantes para estudar estratégias que podem ser implementadas para manter seus assinantes atuais ao mesmo tempo em que atraem aqueles de outras empresas.

Recentemente, a *Consumer Reports* realizou um levantamento com mais de 31 mil assinantes de serviços de telefonia celular. Um dos principais resultados foi que menos de 50% dos respondentes estavam extremamente satisfeitos com seu serviço de telefonia celular, e um número significativo deles disse não ter tido sinal ou ter uma ligação cortada ou uma conexão ruim pelo menos uma vez na semana anterior à realização do levantamento. Outro resultado importante foi que o *churn*, o termo da indústria usado para fazer referência ao número de clientes que mudam de operadora, permanece alto. Em média, cerca de 37% dos usuários de telefone celular trocam de operadora a cada ano, à procura de serviços melhores ou de planos mais atraentes. A principal razão pela qual eles costumavam hesitar para fazer isso era o fato de não poderem permanecer com o número de telefone. Com a nova lei da FCC mencionada anteriormente, os assinantes agora têm mais opções e mais liberdade. Em geral, 10% dos assinantes tinham entrado com um processo contra suas operadoras de telefonia móvel por discordar dos valores cobrados. Apenas 40% dos que reclamaram desses problemas disseram que a resposta da empresa à reclamação foi muito útil. Esses resultados sugerem que as operadoras de telefonia móvel deveriam trabalhar na melhoria da qualidade dos serviços a fim de reduzir as quedas nas ligações e deveriam também melhorar o serviço de cobrança e de atendimento ao cliente a fim de aumentar a satisfação do assinante.

Desde 2017, a AT&T oferece serviços móveis avançados, TV de última geração, Internet de alta velocidade e soluções inteligentes para pessoas e empresas. A empresa está se esforçando para ser a principal empresa de comunicação integrada. Como outras operadoras, a AT&T tenta atrair os clientes dos concorrentes. Ao mesmo tempo, a empresa está sob o cerco dos concorrentes, que também tentam atrair seus clientes. A AT&T acredita que presta serviços sem fio competitivos, pacotes de minutos atraentes e planos acessíveis. Apesar disso, a AT&T teve rotatividade de clientes, e a gerência queria estudar as razões pelas quais os consumidores estariam trocando a empresa e, para isso, solicitou um levantamento. (Veja o questionário a seguir.) Com base no resultado desse estudo, a gerência da AT&T acredita que conseguirá entender melhor as razões pelas quais ela perde seus clientes para a concorrência e, assim, poderá reduzir seu prejuízo.

Questões

Capítulo 14

1. Converta Ano em que você nasceu (Q8) em quartis de idade.
2. Recodifique a questão 9 da seguinte maneira. Recodifique Adultos de 18 anos de idade ou mais (Q9(1)) ao combinar 3, 4, 5 e 6 em uma única categoria denominada 3 Mais. Recodifique Adolescentes entre 13 e 17 anos de idade (Q9(2)) ao combinar 2 e 3 em uma única categoria denominada 2 Mais. Recodifique Crianças de 12 anos de idade ou menos (Q9(3)) ao combinar 2, 3, 4, 5, 6 e 7 em uma única categoria denominada 2 Mais.
3. Recodifique "Nível de instrução mais alto (Q10)" da seguinte forma: combine (1) Ensino médio incompleto e (2) Ensino médio completo em uma única categoria denominada "Ensino médio ou menos"; combine ensino vocacional (3) e ensino superior incompleto (4) em uma única categoria denominada "sem formação superior"; e combine Ensino superior completo (5), Ensino superior incompleto (6), Pós-graduação completa (7) em uma única categoria denominada "Ensino superior completo".
4. Recodifique situação do chefe de família (Q11) ao combinar Dois (2) e Mais de Dois (3) em uma única categoria denominada "Dois Mais".

Capítulo 15

1. Faça uma distribuição de frequência para todas as variáveis exceto número de identificação. Observe que as variáveis demográficas (Q8 a Q11) devem ser recodificadas nas questões do Capítulo 14. Qual é o valor de fazer essa análise?
2. Faça uma tabulação cruzada entre "Atualmente você tem serviço de telefonia sem fio de uma operadora que não a AT&T Wireless" (Q3) com as variáveis demográficas recodificadas (Q8 a Q11). Interprete os resultados.
3. Aqueles que têm ou não atualmente um serviço sem fio que não da AT&T Wireless (Q3) diferem em termos das avaliações a cada um dos atributos (Q7A a Q7K)? Como sua análise mudaria se as avaliações de (Q7A a Q7K) fossem tratadas como ordinais em vez de intervalares?
4. Os entrevistados avaliam a AT&T mais favoravelmente nas exigências de contrato (Q7E) do que na cobertura (Q7A)? Formule as hipóteses nula e alternativa e faça um teste adequado. Como sua análise mudaria se essas avaliações fossem tratadas como ordinais em vez de intervalares?
5. Os entrevistados avaliam a AT&T mais favoravelmente nos serviços de atendimento ao cliente de alta qualidade (Q7I) do que nos preços mais baixos (Q7K)? Formule as hipóteses nula e alternativa e faça um teste adequado. Como sua análise mudaria se essas avaliações fossem tratadas como ordinais em vez de intervalares?
6. As avaliações da AT&T quanto à seleção de telefones (Q7G) excederam 5,0?

Capítulo 16

1. As avaliações da AT&T quanto à capacidade de fazer ou receber ligações (Q7B) diferem de acordo com as características demográficas recodificadas (Q8 a Q11)?

Capítulo 17

1. Faça uma regressão de "AT&T possui planos de ligação que atendem às suas necessidades" (Q7F) nas avaliações restantes (Q7A a Q7E, Q7G a Q7K). Interprete os resultados.

Capítulo 18

1. Os que atualmente têm ou não um serviço sem fio de uma operadora que não a AT&T Wireless (Q3) diferem em termos das avaliações da AT&T em todos os atributos (Q7A a Q7K) quando essas variáveis são consideradas simultaneamente? Faça uma análise discriminante

de dois grupos e uma regressão logística e compare os resultados.

Capítulo 19

1. As avaliações da AT&T sobre todos os atributos (Q7A a Q7K) podem ser representadas por um conjunto reduzido de fatores? Faça uma análise de componentes principais utilizando o procedimento varimax e salve os escores fatoriais.

Capítulo 20

1. Agrupe os entrevistados com relação às avaliações da AT&T em todos os atributos (Q7A a Q7K). Faça um agrupamento hierárquico utilizando o método de Ward e os quadrados das distâncias euclidianas. Qual deve ser o número de *clusters*?
2. Agrupe os respondentes com relação às avaliações da AT&T em todos os atributos (Q7A a Q7K) utilizando o agrupamento de *K*-médias e especifique uma solução de quatro *clusters*. Interprete os resultados.
3. Agrupe os respondentes com relação aos escores dos fatores das avaliações da AT&T em todos os atributos (Q7A a Q7K) utilizando o agrupamento de *K*-médias e especifique a solução de quatro *clusters*. Interprete os resultados. Compare os resultados com aqueles obtidos empregando as variáveis originais.

Capítulo 21

1. Construa 32 perfis completos de provedores de serviços sem fio utilizando os seguintes atributos e níveis: área de cobertura (M, A), qualidade de voz (M, A), exigências de contrato (M, A), seleção de telefones (M, A) e serviço ao cliente (M, A). Avalie os 32 perfis em termos de sua preferência utilizando uma escala de 7 pontos (1 = não preferido, 7 = muito preferido). Calcule as funções de utilidade e a importância relativa dos atributos. Note que M = média e A = alta.

Capítulo 23

1. Escreva um relatório para a AT&T com base em todas as análises feitas. Que ações você recomendaria à AT&T a fim de que ela aumente sua retenção de clientes?
2. Se o levantamento da AT&T fosse realizado na China, como a pesquisa de marketing deveria ser feita?

Referências

1. www.att.com/, accessed February 18, 2017.
2. https://www.statista.com/statistics/199359/market-share-ofwireless-carriers-in-the-us-by-subscriptions/, accessed November 28, 2016.
3. www.ctia.org/, accessed February 18, 2017.
4. "Merger Terms for Time Warner and AT&T Unveiled and Dubbed Perfect Match," http://dccomicsnews.com/2016/11/19/merger-terms-for-time-warner-and-att-unveiledand-dubbed-perfect-match/, accessed November 26, 2016.

Nota: Este caso foi preparado apenas para fins de discussão em aula e não representa as opiniões da AT&T ou de suas afiliadas. O cenário do problema é hipotético e o nome real da empresa foi preservado. No entanto, o questionário e os dados fornecidos são reais, e os dados foram coletados em uma pesquisa real de uma proeminente empresa de pesquisa de marketing, cujo nome também foi preservado. Algumas questões foram omitidas, e os dados para outras perguntas não são fornecidos devido a questões de propriedade.

AT&T WIRELESS

Levantamento de *churn* de clientes – Outono de 2017

(RECRUTE DA LISTA OS CLIENTES QUE TROCARAM DE OPERADORA ENTRE JULHO E AGOSTO DE 2017. DESSES, RECRUTE/EXAUSTE EM PRIMEIRO LUGAR OS ENTREVISTADOS QUE TÊM ACORDO DE "NÃO DIVULGAÇÃO", DEPOIS RANDOMIZE CHAMANDO PELAS "RAZÕES")
(RAZÕES DE "REALOCAÇÃO" NÃO DEVEM RESPONDER – RASTREIE QUANTOS ATENDEM E SÃO AS PESSOAS CUJO NOME ESTÁ NA LISTA)

(PEÇA PARA FALAR COM A PESSOA CUJO NOME CONSTA NA LISTA)

Olá, meu nome é _____ com _____. Estamos fazendo um estudo de pesquisa de marketing com ex-clientes da AT&T Wireless. Deixe-me dizer que esta não é uma ligação de vendas. Estamos interessados apenas na sua opinião. Suas respostas serão mantidas em sigilo. Você teria alguns minutos para compartilhar suas ideias?

1. Nossos registros mostram que você descontinuou o uso do serviço de telefonia celular da AT&T Wireless recentemente. Isso está correto? (Para sua informação: eles ainda podem ter o serviço de banda larga Clearwave)

    1. Sim (CONTINUAR)
    2. Não (AGRADEÇA E ENCERRE)

2. Qual é a razão principal que explica sua decisão de descontinuar os serviços da AT&T Wireless?

3. Você atualmente tem algum serviço sem fio de alguma outra operadora que não a AT&T Wireless?

   1. Sim
   2. Não

4. Qual é sua atual operadora de serviços sem fio? (SE RECUSAR, PULE PARA Q6) (NÃO LEIA A LISTA)

   1. Alltel
   2. AT&T
   3. BevComm
   4. Cellular One
   5. Hickory Tech
   6. Nextel
   7. Qwest
   8. Sprint
   9. T-Mobile
   10. U.S. Cellular
   11. Verizon
   12. Outra (Especifique) _____

5. Por que você selecionou [NOME DA EMPRESA] como sua operadora de serviços sem fio?

   _____

6. Agora vou mencionar uma série de razões que podem ou não ter sido importantes quando você decidiu cancelar seu serviço com a AT&T Wireless. Após cada afirmação, por favor diga-me se isso foi a razão <u>principal</u>, uma razão <u>secundária</u> ou <u>não foi</u> uma razão para cancelar seu serviço com a AT&T Wireless.

	Principal	Secundária	Não foi
a) A área de cobertura não atendia às suas necessidades.	1	2	3
b) Você tinha problemas ao fazer e receber ligações onde você vive e viaja.	1	2	3
c) Você tinha problemas com quedas de ligação	1	2	3
d) Você tinha problemas com a qualidade da voz das ligações que você fazia ou recebia	1	2	3
e) As exigências de contrato não eram atraentes	1	2	3
f) Os planos de ligação não atendiam às suas necessidades	1	2	3
g) A seleção de telefones não atendia às suas necessidades	1	2	3
h) Foram cometidos erros na sua fatura	1	2	3
i) Não era fornecido um serviço de atendimento ao cliente de qualidade	1	2	3
j) A localização das lojas não era conveniente	1	2	3
k) (SE Q3 = NÃO) O serviço era muito caro para suas necessidades (SE Q3 = SIM) Os preços eram muito altos	1	2	3

7. Com base em sua experiência com a AT&T Wireless, por favor avalie-os em uma breve lista de atributos. Use uma escala de 0 a 10 na qual 0 significa que a afirmação não descreve a AT&T Wireless e 10 indica que a afirmação descreve a AT&T muito bem. Você pode usar qualquer número de 0 a 10. Você entendeu a escala? A primeira afirmação é (ALTERNAR). Como você avaliaria a AT&T Wireless?

Não descreve a empresa 0   1   2   3   4   5   6   7   8   9   10 **Descreve bem a empresa**

Afirmação   **Avaliação**

a) A área de cobertura da empresa atende às suas necessidades
b) Você consegue fazer e receber ligações onde você vive e viaja
c) Você tem poucas quedas de ligação
d) A qualidade de voz é muito boa
e) As exigências de contrato são favoráveis
f) Os planos de ligação atendem às suas necessidades
g) A seleção de telefones atende às suas necessidades
h) Não apresenta erros nas faturas
i) Fornece um atendimento ao cliente de alta qualidade
j) As lojas são convenientemente localizadas
k) Tem preços mais baixos

Essas últimas perguntas são apenas para propósitos de classificação.

8. Em que ano você nasceu? _____ (ano)
   (NÃO LEIA) Recusou (código = 9999)
9. Incluindo você, quantos na sua família são...? (SE NENHUM, DIGITE 0)
   1. Adultos com 18 anos ou mais _____
   2. Adolescentes entre 13 e 17 anos _____
   3. Crianças de 12 anos ou menos _____
10. Qual é seu maior nível de escolaridade?
    1. Ensino médio incompleto
    2. Ensino médio completo
    3. Ensino vocacional
    4. Ensino superior incompleto
    5. Ensino superior completo
    6. Pós-graduação incompleta
    7. Pós-graduação completa
    8. (NÃO LEIA) Recusou
11. Qual das seguintes alternativas melhor descreve sua situação no domicílio?
    1. O único gerador de renda no seu domicílio
    2. Dois geradores de renda no seu domicílio
    3. Mais de dois geradores de renda no seu domicílio ou
    4. Nenhuma das anteriores ou outra situação
    5. (NÃO LEIA) Recusou

    (AGRADEÇA AO ENTREVISTADO)

CASOS DE ANÁLISE DE DADOS COM DADOS REAIS
CASO 3.2

IBM: A líder mundial em fornecimento de *hardware*, *software* e serviços

SPSS Arquivo de Dados

SAS Arquivo de Dados

A International Business Machines (IBM, www.ibm.com) era denominada como o proverbial "navio naufragando" no início da década de 1990, mas desde então, devido à competente liderança de sua equipe gerencial, a empresa conseguiu uma retomada bem-sucedida. A IBM, com US$ 79,9 bilhões em receitas em 2016, é a líder mundial em fornecimento de *hardware*, *software* e serviços. Mais de 50% das receitas da IBM em 2016 podem ser atribuídas a vendas fora dos Estados Unidos. Entre as líderes em quase todos os mercados nos quais compete, a empresa fabrica *mainframes* e servidores, sistemas de armazenamento e periféricos em sua linha de produtos de *hardware*. O ramo de serviços da IBM é um dos maiores do mundo. A empresa é também uma das maiores fornecedoras de *software* (ocupa a posição número 2 do *ranking*, atrás da Microsoft) e de semicondutores. A IBM tradicionalmente utilizava as aquisições para aumentar seu negócio de *software* e serviços, ao mesmo tempo em que aperfeiçoava suas operações de *hardware*, *software* e serviços. Em suma, a IBM é uma empresa de tecnologia da informação, que fornece soluções integradas que alavancam a tecnologia da informação e o conhecimento dos processos de negócios.

A IBM passou por diversas mudanças nos últimos anos. Ela reorganizou seu negócio de *hardware*, fundindo suas operações de *desktop* e *laptop* para se concentrar no seu servidor empresarial líder e nos produtos de armazenamento. No início de 2004, a IBM anunciou que também combinaria seus grupos de tecnologia (*microchips*) e sistemas (servidores, armazenamento). No final daquele ano, a IBM havia concordado em vender seu negócio de PCs – um segmento que não tinha gerado muitos lucros para a empresa nos últimos anos – para a chinesa Lenovo.

O crescente negócio de serviços da IBM agora responde por quase metade de suas vendas, embora ela ainda seja vista como uma fornecedora de *mainframes*. A fim de aumentar sua liderança, a IBM adquiriu a unidade de consultoria e serviços de TI da PriceWaterhouseCoopers, a PWC Consulting, por estimados US$ 3,5 bilhões em dinheiro e ações. Representando um desafio significativo de integração à IBM, a transação também serviu para aumentar a gama padrão de serviços de terceirização, manutenção e integração e para impulsionar a empresa no ramo da consultoria gerencial de ponta.

A IBM também empregou as aquisições para se tornar líder em outro mercado – *software* – no qual ela só perde para a Microsoft. Pioneira no *software* de servidores de sistemas operacionais, a IBM avançou no seu *software* de mensagem e gerenciamento de rede com suas aquisições da Lotus Development (1995) e da Tivoli (1996). Com suas operações de *software* agora focadas principalmente na infraestrutura de comércio eletrônico, a IBM continuou seu avanço para além de *software* de sistemas operacionais, comprando as operações de base de dados da Informix (2001) e produtos de integração de aplicativos da CrossWorlds Software (2002). Em 2003, a IBM adquiriu a fabricante de ferramentas de desenvolvimento Rational Software por US$ 2,1 bilhões em dinheiro, e ela também adquiriu a desenvolvedora de *software* de cadeia de suprimentos Trigo Technologies no início de 2004. No início de 2005, a Lenovo Group Limited completou a aquisição da divisão de computadores pessoais da IBM. A propriedade da IBM na Lenovo quando da conclusão era de 18,9%. No dinâmico setor de TI, as empresas precisam se reinventar continuamente para entregar valor de longo prazo aos clientes. A estratégia da IBM é ser a líder na prestação de soluções de alto valor – focadas nos clientes empresariais e nas pequenas e médias empresas. Em 2007, a IBM e a Ricoh anunciaram a formação de uma *joint venture*, a InfoPrint Solutions Company, baseada na divisão de sistemas de impressão da IBM.

No fim de 2007, a IBM adquiriu a Cognos por US$ 5 bilhões, o que representou a continuação do esforço de "crescimento por meio de fusões e aquisições" lançado em fevereiro de 2006. Desde então, a IBM comprou 23 empresas de *software* como parte de sua estratégia de informação sob demanda, que combina *software* e serviços para ajudar as empresas a aproveitar ao máximo todos os dados que elas obtêm sobre seus clientes, bem como suas próprias operações empresariais.

A IBM é uma das primeiras empresas na lista da *Fortune* 500. Praticamente metade das receitas e dos lucros da IBM vem de seus produtos de *hardware* e *software*.

A fim de competir com a Microsoft, a IBM, junto com outras empresas, como a Sun, apoia a plataforma Linux. Além disso, a iniciativa de código-fonte aberto que a IBM e outras têm difundido é vista como uma forma eficaz de encurralar a Microsoft. Para ganhar apoio na comunidade de desenvolvedores, a IBM apoiou o Java na sua principal plataforma de *middleware*, a Websphere, e também em seus produtos paralelos, como o Tivoli. A IBM quase tem a pegada completa em sua linha de produtos nos segmentos de *hardware* e de *software*. A única área de produtos de *software* que a IBM notavelmente não possui é o mercado de ERP/CRM, que atualmente é disputado de forma acirrada pela SAP e pela Oracle, especialmente depois da compra da PeopleSoft pela Oracle. Mesmo nesse segmento, a IBM fez incursões bem-sucedidas utilizando seu produto de *middleware* Websphere, que muitas vezes é preferido por alguns consumidores por seus requisitos de aplicativos de integração. Além disso, a PWC da IBM é uma das maiores empresas no mercado de serviços e implementação de ERP/CRM.

A estratégia de crescimento da IBM via aquisições continuou. Em novembro de 2016, a IBM anunciou a aquisição do Promontory Financial Group, uma empresa de consultoria em gestão de risco e *compliance*. Com esta aquisição e Watson que está equipado com capacidades cognitivas, a IBM será capaz de acelerar o desenvolvimento de soluções cognitivas para *compliance* e gestão de riscos.

A fim de manter a liderança, é importante que a IBM garanta que seus clientes – os gerentes e tomadores de decisão envolvidos com as decisões de compra – estejam satisfeitos com os produtos de *hardware* e *software*. Logo, a IBM realizou um levantamento com tomadores de decisão em diversos papéis em várias empresas. Os participantes do levantamento escolheram uma empresa, a qual eles avaliaram. Essa empresa escolhida pelos participantes foi a IBM ou outra empresa que compete com a IBM de alguma forma. O levantamento, chamado de Levantamento Comparativo do Cliente no Setor de TI, será repetido a cada ano, e fornecerá dados sobre como a IBM e suas concorrentes são percebidas pelos clientes. O questionário do levantamento é apresentado a seguir e o arquivo de dados está disponível para *download* no *site* deste livro. A equipe gerencial da IBM pode usar os resultados do levantamento e sua análise para tomar decisões estratégicas a fim de melhorar a posição da IBM aos olhos dos seus clientes.

Questões

Capítulo 14

1. Faça uma contagem de frequência em todas as variáveis. Identifique as variáveis com o maior número de valores faltantes. Como esses valores faltantes deveriam ser tratados?
2. Recodifique satisfação (Q4) em dois grupos: 1-4 = baixa satisfação e 5 = alta satisfação.
3. Recodifique a variável Q2 em uma variável diferente, "Q2_Recodificada", para que os valores 1 até 4 da variável Q2 recebam o valor 1 na variável "Q2_Recodificada" e os valores 5 até 7 da variável Q2 recebam o valor 2.
4. Recodifique a variável Q3 em uma variável diferente, "Q3_Recodificada". Os 250 casos para a empresa 55, Microsoft, devem ser recodificados para 1, e os 109 casos para a empresa 26, Compaq/Hewlett-Packard, devem ser recodificados para 2. Todas as variáveis de empresas para todos os casos restantes devem ser recodificadas para o valor 999. O valor 999 para a variável Q3_Recodificada deve ser declarado como um valor faltante.

Capítulo 15

1. Faça uma contagem de frequência de variáveis nessa base de dados.
2. Nesse levantamento, os participantes de que função (Q1) e de que tamanho de empresa (Q2) são mais representados? (Dica: faça uma tabulação cruzada das variáveis Q1 e Q2).
3. Faça uma tabulação cruzada da função da TI (Q1) com as dimensões das medidas gerais da empresa sendo avaliadas (variáveis Q4, Q5, Q6 e Q7).
4. As duas empresas no topo em termos de frequência de respostas (Q3_Recodificada) diferem nas dimensões das medidas gerais (Q4, Q5, Q6 e Q7)?
5. Para a Microsoft (a empresa com a mais alta frequência de seleção com base em Q3), como as avaliações diferem com relação a "Satisfação geral", variável Q4, e "Qualidade geral", variável Q7?

    (Dica: primeiro, selecione o menu, Data → Select cases. Em seguida, na janela *pop-up* que aparece, selecione a variável "Q3" e então clique no botão de rádio para a opção, "Select – If condition is satisfied". Na próxima janela *pop-up* que aparecer, selecione ou digite "Q3=55" e então clique no botão "Continue". Isso garante que somente os casos para a Microsoft (empresa 55 pelo livro de código) sejam selecionados. Em seguida, faça um teste T de amostras pareadas com "Q4 - Q7" como as variáveis pareadas.)
6. Para a Microsoft (a empresa com a mais alta frequência de seleção com base em Q3), como as avaliações diferem com relação a "empresa financeiramente bem", variável Q13, e "empresa em que posso confiar", variável Q14?

    (Dica: veja a dica para a questão 5.)
7. A IBM é vista como uma empresa ética?

    (Dica: primeiro certifique-se de que somente os casos para a IBM (Q3=44) sejam selecionados. Em seguida, faça um teste *t* de uma amostra na variável Q9 para verificar se o valor da média é maior que 3.)

Capítulo 16

1. A avaliação da empresa de TI nas dimensões de medidas gerais (Q4, Q5, Q6 e Q7) difere de acordo com a função do avaliador (Q1)? Interprete os resultados.
2. Faça ANOVAs de dois fatores com Q1 e Q2_Recodificada como fatores e Q4, Q5, Q6 e Q7 como variáveis dependentes. Interprete os resultados.
3. Faça ANOVAs de dois fatores com Q1 e Q2_Recodificada como fatores e Q18, Q20 e Q21 como variáveis dependentes. Interprete os resultados.

Capítulo 17

1. A avaliação do participante em "qualidade geral da empresa em relação a preços" (Q7) pode ser explicada em termos da avaliação dos participantes nas variáveis vendas e suporte a serviços (Q22, Q23, Q24, Q25 e Q26) quando essas variáveis são consideradas simultaneamente?
2. A probabilidade de compra na empresa sendo avaliada (Q18) pode ser explicada em termos da avaliação dos participantes nas variáveis vendas e suporte a serviços (Q22, Q23, Q24, Q25 e Q26) quando essas variáveis são consideradas simultaneamente?
3. A probabilidade de recomendação da empresa sendo avaliada (Q20) pode ser explicada em termos da avaliação dos participantes nas variáveis vendas e suporte a serviços (Q22, Q23, Q24, Q25 e Q26) quando essas variáveis são consideradas simultaneamente?
4. A probabilidade de compra na empresa sendo avaliada (Q18) pode ser explicada em termos da avaliação dos participantes nas dimensões de medidas gerais (Q4, Q5, Q6 e Q7)?
5. Crie uma matriz de correlação das seguintes variáveis e interprete os resultados:
   - Variáveis Q4, Q5, Q6 e Q7
   - Variáveis Q18, Q19, Q20 e Q21
   - Variáveis Q22, Q23, Q24, Q25 e Q26

Capítulo 18

1. Os participantes do levantamento que avaliaram as empresas com as duas frequências mais altas diferem em termos das dimensões de medidas gerais (Q4, Q5, Q6 e Q7) quando essas variáveis são consideradas simultaneamente?

    (Dica: primeiro, selecione o menu, Data → Select cases. Em seguida, na janela *pop-up* que aparece, selecione a variável "Q3_Recodificada" e então clique no botão de rádio para a opção, "Select – If condition is satisfied". Na próxima janela *pop-up* que aparece, selecione ou digite "Q3_Recodificada" < 3", e então clique no botão "Continue". Isso seleciona somente os casos com Microsoft e Compaq/Hewlett-Packard, as empresas com as mais altas frequências. Em seguida, faça uma análise discriminante com Q3_Recodificada como a variável agrupadora e as variáveis Q4, Q5, Q6 e Q7 como variáveis independentes.)
2. Os participantes do levantamento que pertencem a empresas "Pequenas" e "Grandes" (Q2_Recodificada) diferem em termos das dimensões de medidas gerais (Q4, Q5, Q6 e Q7) quando essas variáveis são consideradas simultaneamente?
3. Os participantes do levantamento que têm diferentes funções de TI (Q1) diferem em termos das dimensões de medidas gerais (Q4, Q5, Q6 e Q7) quando essas variáveis são consideradas simultaneamente?
4. Os participantes do levantamento que têm diferentes funções de TI (Q1) diferem em termos das variáveis vendas e suporte a serviços (Q22, Q23, Q24, Q25 e Q26) quando essas variáveis são consideradas simultaneamente?
5. Os participantes do levantamento que têm diferentes funções de TI (Q1) diferem em termos das variáveis de tendências futuras (Q27A, Q27B, Q27C, Q27D, Q27E, Q27F e Q27G) quando essas variáveis são consideradas simultaneamente?

Capítulo 19

1. As dimensões de medidas gerais (Q4, Q5, Q6 e Q7) podem ser representadas por um conjunto reduzido de variáveis?

    (Dica: faça uma análise de componentes principais para as variáveis Q4, Q5, Q6 e Q7 na base de dados. Use o procedimento varimax. Salve os escores fatoriais.)
2. As variáveis de imagem (Q8, Q9, Q10, Q11, Q12, Q13, Q14, Q15, Q16 e Q17) podem ser representadas por um conjunto reduzido de variáveis?
3. As variáveis de probabilidade de compra (Q18, Q19, Q20 e Q21) podem ser representadas por um conjunto reduzido de variáveis?
4. As variáveis de vendas e suporte a serviços (Q22, Q23, Q24, Q25 e Q26) do questionário podem ser representadas por um conjunto reduzido de variáveis?
5. As variáveis de tendências futuras (Q27A, Q27B, Q27C, Q27D, Q27E, Q27F e Q27G) do questionário podem ser representadas por um conjunto reduzido de variáveis?

Capítulo 20

1. Os participantes do levantamento podem ser segmentados na sua avaliação das dimensões de medidas gerais (Q4, Q5, Q6 e Q7)?
2. Os participantes do levantamento podem ser segmentados nos escores fatoriais das dimensões de medidas gerais (Q4, Q5, Q6 e Q7)?
3. Os participantes do levantamento podem ser segmentados nas variáveis de imagem (Q8 a Q17)?
4. Os participantes do levantamento podem ser segmentados nos escores fatoriais das variáveis de imagem (Q8 a Q17)?

Capítulo 21

1. Faça uma avaliação de similaridade em uma escala de 1 a 7 para todos os pares possíveis das seguintes empresas de TI (use suas impressões mesmo que você não esteja familiarizado com essas empresas): Apple, Cisco, HP, Dell, EMC, Gateway, IBM, Intel, Lenovo e Microsoft. Desenvolva um mapa de EMD de duas dimensões. Interprete as dimensões e o mapa.
2. Construa 32 perfis completos de empresas de TI usando os seguintes atributos e níveis: gerenciamento de conta (M, A), qualidade dos produtos (M, A), serviço ao cliente não técnico (M, A), programas de treinamento (M, A) e suporte técnico (M, A). Avalie os 32 perfis em termos de sua preferência usando uma escala de 7 pontos (1= não preferido, 7= muito preferido). Calcule as funções

de utilidade e a importância relativa dos atributos. Note que M = médio e A = alto.

Capítulo 22

1. Desenvolva um modelo MEE que coloque imagem e vendas e suporte a serviços como construtos exógenos. Para manter o modelo gerenciável, suponha que a imagem seja medida por cinco itens de Q8 a Q12. Vendas e suporte a serviços são medidas por cinco itens de Q22 a Q26. Imagem e vendas e suporte a serviços influenciam a avaliação geral, que por sua vez determina a probabilidade de compra. A avaliação geral é medida pelos quatro itens de "Medidas gerais" de Q4 a Q7. A probabilidade de compra é medida por quatro itens de Q18 a Q21.
   a. Especifique o modelo de mensuração.
   b. Estime o modelo de mensuração e avalie sua confiabilidade e validade.
   c. Especifique o modelo estrutural.
   d. Estime o modelo estrutural e avalie sua validade.
   e. Tire conclusões e faça recomendações.

Capítulo 23

1. Escreva um relatório para a gerência da IBM resumindo os resultados de suas análises. Que recomendações você faria à gerência?
2. Se esse levantamento fosse feito na França, em vez de nos Estados Unidos, como o processo de pesquisa diferiria?

Referências

1. www.ibm.com, accessed January 5, 2017.
2. Charles Forelle, "IBM Services Business Bounces Back," *Wall Street Journal* (October 18, 2005): A3, A14.
3. www.lenovo.com/, accessed January 5, 2017.

Nota: Este caso foi preparado apenas para fins de discussão em aula e não representa as opiniões da IBM ou de suas afiliadas. O cenário do problema é hipotético e o nome real da empresa foi preservado. No entanto, o questionário e os dados fornecidos são reais, e os dados foram coletados em uma pesquisa real de uma proeminente empresa de pesquisa de marketing, cujo nome também foi preservado. Algumas questões foram omitidas, e os dados para outras perguntas não são fornecidos devido a questões de propriedade.

LEVANTAMENTO COMPARATIVO DO CLIENTE NO SETOR DE TI 2017

INTRODUÇÃO

Estamos fazendo um estudo para obter uma visão abrangente de suas atitudes e percepções com relação a empresas no setor de TI. Você deverá avaliar a qualidade, os produtos e os serviços das principais empresas da área de TI. Gostaríamos que **você** completasse o levantamento *on-line*, pois estamos interessados em **suas** perspectivas e opiniões. Esse levantamento está disponível em:

http://www.pearsonhighered.com/malhotra

O *site* estará disponível para você nas próximas semanas – de hoje (8 de maio de 2017) até sexta-feira, 23 de junho de 2017.

Aguardamos seu retorno.

QUALIFICAÇÃO

1. Por favor selecione a opção que melhor descreve sua função na empresa. (Por favor selecione uma para continuar). (Q1)

   ○ **Tomador de decisão de TI** (p. ex., CIO, CTO, VP de TI) – executivo com autoridade principal e responsabilidade pela tomada de decisão no departamento de TI da empresa e que possui o mais alto nível de relacionamento com os fornecedores de TI. (1)

   ○ **Influenciador de TI** (p. ex., Diretor de TI, Gerente) – gerente, com responsabilidade pela tomada de decisão, que é encarregado do planejamento, do projeto e da implementação da TI da empresa e/ou gerencia as organizações que operam e mantêm a TI da empresa. (2)

   ○ **Pessoal de TI** – membro do pessoal responsável por elaborar e manter as operações de TI da empresa e por resolver problemas. (3)

   ○ Não sei (9)

SE NÃO RESPONDER: "Você deve responder a essa pergunta para participar do levantamento".
SE NÃO SOUBER: "Você deve ser um tomador de decisão, um influenciador ou um membro do pessoal de TI para continuar o levantamento".

PERMITA QUE O ENTREVISTADO RETORNE E MUDE A RESPOSTA; SE AINDA ASSIM NÃO ELE NÃO RESPONDER OU NÃO SOUBER, ENCERRE O LEVANTAMENTO.

2. Quantos funcionários há na sua empresa? (Q2)

   ○ 1- 49
   ○ 50 - 99
   ○ 100 - 499
   ○ 500 - 999
   ○ 1 mil - 4,999
   ○ 5 mil - 9,999
   ○ 10 mil ou mais
   ○ Não sei   (99)

SE NÃO SOUBER OU NÃO RESPONDER: "Você deve responder a essa pergunta para participar do levantamento". PERMITA QUE O ENTREVISTADO RETORNE E MUDE A RESPOSTA; SE AINDA ASSIM NÃO ELE NÃO RESPONDER OU NÃO SOUBER, ENCERRE O LEVANTAMENTO.

MEDIDAS GERAIS

3. Por favor selecione um dos seguintes fornecedores que você queira avaliar (selecione apenas um). (Q3)

ADIC	Compaq/Hewlett Packard	Hyperion	Onyx
Alcatel	Computer Associates	IBM	Oracle
3Com	Corel Corporation	Intel	Peoplesoft
Adaptec	Datalink	JD Edwards	Peregrine Systems
ADC	Dell	Linksys	Quantum
Adobe	E.piphany	Lucent	SAP
Adtran	EMC	Maxtor	Seagate
Apple	Exabyte	McAfee	SMC
Ariba	Extreme	MetaSolv	Sun Microsystems
Belkin	Fluke Networks	Microsoft	Sybase
Black Box	Gateway	Netgear	Symantec
Cabletron/Enterasys	Great Plains	Nortel	Tivoli Systems
Cisco	Hitachi	Novell	Toshiba

4. Como você avaliaria sua <u>satisfação geral</u> com a empresa selecionada? (Q4)

	Muito satisfeito	Satisfeito	Neutro	Insatisfeito	Muito insatisfeito	Não sei
	5	4	3	2	1	9
Empresa selecionada	○	○	○	○	○	○

5. Considerando sua própria experiência e o que você leu ou ouviu, como você avaliaria a <u>qualidade geral</u> dos produtos, serviços e suporte oferecidos pela empresa selecionada? (Q5)

	Excelente	Muito bom	Bom	Regular	Ruim	Não sei
	5	4	3	2	1	9
Empresa selecionada	○	○	○	○	○	○

6. Por favor avalie o <u>custo total de propriedade</u> da empresa incluindo custo de aquisição bem como custos contínuos. (Q6)

	Muito alto	Alto	Moderado	Baixo	Muito baixo	Não sei
	5	4	3	2	1	9
Empresa selecionada	○	○	○	○	○	○

7. Considerando a qualidade geral da empresa em relação a seus preços, como você avaliaria o valor oferecido? (Q7)

	Excelente	Muito bom	Bom	Marginal	Ruim	Não sei
	5	4	3	2	1	9
Empresa selecionada	O	O	O	O	O	O

IMAGEM

Para cada uma das seguintes afirmações, por favor indique seu nível de concordância.

8. Essa empresa parece se importar com a comunidade e a sociedade. (Q8)

	Concordo totalmente	Concordo	Não concordo nem discordo	Discordo	Discordo totalmente	Não sei
	5	4	3	2	1	9
Empresa selecionada	O	O	O	O	O	O

9. Essa empresa é muito ética. (Q9)

	Concordo totalmente	Concordo	Não concordo nem discordo	Discordo	Discordo totalmente	Não sei
	5	4	3	2	1	9
Empresa selecionada	O	O	O	O	O	O

10. Essa empresa é líder no setor de TI. (Q10)

	Concordo totalmente	Concordo	Não concordo nem discordo	Discordo	Discordo totalmente	Não sei
	5	4	3	2	1	9
Empresa selecionada	O	O	O	O	O	O

11. Essa empresa é inovadora. (Q11)

	Concordo totalmente	Concordo	Não concordo nem discordo	Discordo	Discordo totalmente	Não sei
	5	4	3	2	1	9
Empresa selecionada	O	O	O	O	O	O

12. Essa empresa tem líderes seniores fortemente capacitados. (Q12)

	Concordo totalmente	Concordo	Não concordo nem discordo	Discordo	Discordo totalmente	Não sei
	5	4	3	2	1	9
Empresa selecionada	O	O	O	O	O	O

13. Essa empresa está bem financeiramente. (Q13)

	Concordo totalmente	Concordo	Não concordo nem discordo	Discordo	Discordo totalmente	Não sei
	5	4	3	2	1	9
Empresa selecionada	O	O	O	O	O	O

14. Posso confiar nessa empresa. (Q14)

	Concordo totalmente	Concordo	Não concordo nem discordo	Discordo	Discordo totalmente	Não sei
	5	4	3	2	1	9
Empresa selecionada	O	O	O	O	O	O

15. Essa empresa tem propagandas de que eu gosto. (Q15)

	Concordo totalmente	Concordo	Não concordo nem discordo	Discordo	Discordo totalmente	Não sei
	5	4	3	2	1	9
Empresa selecionada	O	O	O	O	O	O

16. Essa empresa é conhecida por tratar bem seus empregados. (Q16)

	Concordo totalmente	Concordo	Não concordo nem discordo	Discordo	Discordo totalmente	Não sei
	5	4	3	2	1	9
Empresa selecionada	O	O	O	O	O	O

17. Comparado com outras empresas, essa empresa faz sua parte para ajudar a comunidade e a sociedade. (Q17)

	Concordo totalmente	Concordo	Não concordo nem discordo	Discordo	Discordo totalmente	Não sei
	5	4	3	2	1	9
Empresa selecionada	O	O	O	O	O	O

PROBABILIDADE DE COMPRA

18. Qual é a probabilidade de você continuar a comprar desta empresa no próximo ano? (Q18)

	Extremamente provável	Muito provável	Um tanto provável	Não muito provável	Nem um pouco provável	Não sei
	5	4	3	2	1	9
Empresa selecionada	O	O	O	O	O	O

19. Como uma porcentagem, qual é a probabilidade de você continuar a comprar desta empresa no próximo ano? Como exemplo, se você sabe com certeza que você vai continuar, então escolha 100%. No extremo oposto, uma chance de 0% indica que você não comprará novamente desta empresa. (Q19)

	Porcentagem de probabilidade de continuar a comprar
Empresa selecionada	_____

20. Se alguém lhe pedir para recomendar uma empresa de TI, qual é a probabilidade de você recomendar essa empresa? (Q20)

	Extremamente provável	Muito provável	Um tanto provável	Não muito provável	Nem um pouco provável	Não sei
	5	4	3	2	1	9
Empresa selecionada	O	O	O	O	O	O

21. Todos os outros fatores permanecendo os mesmos, qual é a probabilidade de você aumentar suas compras atuais de produtos e serviços dessa empresa? (Q21)

	Extremamente provável	Muito provável	Um tanto provável	Não muito provável	Nem um pouco provável	Não sei
	5	4	3	2	1	9
Empresa selecionada	O	O	O	O	O	O

VENDAS & SUPORTE A SERVIÇOS

22. No geral, como você avaliaria a qualidade do <u>representante ou da equipe de conta</u>? (Q22)

	Excelente	Muito bom	Bom	Regular	Ruim	Não sei
	5	4	3	2	1	9
Empresa selecionada	O	O	O	O	O	O

23. No geral, como você avaliaria a qualidade geral dos <u>produtos ou serviços</u> comprados incluindo disponibilidade, confiabilidade, variedade e segurança? (Q23)

	Excelente	Muito bom	Bom	Regular	Ruim	Não sei
	5	4	3	2	1	9
Empresa selecionada	O	O	O	O	O	O

24. No geral, como você avaliaria a qualidade geral dos <u>serviços ao cliente não técnicos</u>? (Q24)

	Excelente	Muito bom	Bom	Regular	Ruim	Não sei
	5	4	3	2	1	9
Empresa selecionada	O	O	O	O	O	O

25. No geral, como você avaliaria a qualidade geral dos <u>programas de treinamento e educação</u>? (Q25)

	Excelente	Muito bom	Bom	Regular	Ruim	Não sei
	5	4	3	2	1	9
Empresa selecionada	O	O	O	O	O	O

26. No geral, como você avaliaria a qualidade geral do <u>suporte técnico</u>? (Q26)

	Excelente	Muito bom	Bom	Regular	Ruim	Não sei
	5	4	3	2	1	9
Empresa selecionada	O	O	O	O	O	O

TENDÊNCIAS FUTURAS

27. Agora pense na sua empresa daqui a 3-6 meses. (Q27A até Q27G)

	Extremamente provável	Muito provável	Um tanto provável	Não muito provável	Nem um pouco provável	Não sei
	5	4	3	2	1	9
a. Qual é a probabilidade de sua empresa aumentar a despesa geral em TI?	O	O	O	O	O	O
b. Qual é a probabilidade de sua empresa terceirizar os serviços de TI existentes, como hospedagem de *site* ou monitoramento do desempenho de rede?	O	O	O	O	O	O
c. Qual é a probabilidade de sua empresa aumentar o nível atual de medidas de segurança em torno de sua estrutura de TI?	O	O	O	O	O	O
d. Qual é a probabilidade de sua empresa investir nos serviços de Web .NET da Microsoft?	O	O	O	O	O	O

	Extremamente provável	Muito provável	Um tanto provável	Não muito provável	Nem um pouco provável	Não sei
	5	4	3	2	1	9
e. Qual é a probabilidade de sua empresa pensar em oferecer novos serviços de Web?	○	○	○	○	○	○
f. Qual é a probabilidade de sua empresa adotar a linguagem XML nos aplicativos internos?	○	○	○	○	○	○
g. Qual é a probabilidade de sua empresa expandir o uso de dispositivos móveis e sem fio?	○	○	○	○	○	○

SETOR

28. Por favor selecione o setor que melhor classifica sua organização. (Q28)

    ○ Bens de consume embalados
    ○ Serviços financeiros
    ○ Cuidados de saúde
    ○ Tecnologia da Informação
    ○ Manufatura/Indústria
    ○ Serviços empresariais
    ○ Telecomunicações
    ○ Serviços públicos
    ○ Outro, especifique: _____
    ○ Não sei

FECHAMENTO

Seu levantamento foi completado. Agradecemos a sua participação.

CASOS DE ANÁLISE DE DADOS COM DADOS REAIS
CASO 3.3

Kimberly-Clark: Competindo por meio da inovação

SPSS Arquivo de Dados

SAS Arquivo de Dados

O setor de fraldas sempre esteve em um estágio de mudança. Desde seu começo, no início da década de 1960, esse setor passou por períodos de rápido crescimento e competição acirrada. Um breve panorama do setor de fraldas ajuda a entender sua natureza competitiva. Uma nova ideia, a fralda descartável, revolucionou o setor no final da década de 1950, com uma marca da Procter & Gamble (P&G), a Pampers. Sua propaganda destacava aos pais o fato de ela ser um método conveniente para manter seus filhos limpos quando eles estavam viajando. No entanto, a P&G conseguiu criar um novo mercado com a Pampers, o que levou ao surgimento de um novo departamento nos supermercados. A Pampers da P&G teve um crescimento meteórico em popularidade e em receitas. Normalmente um setor em crescimento atrai novos entrantes, e uma das empresas a competir com a P&G por participação de mercado foi a Kimberly-Clark (KC). Com sua marca Huggies, introduzida no final da década de 1970, a KC conseguiu ganhar participação nesse mercado. Na metade da década de 1990, a KC dominava quase um terço do mercado de fraldas descartáveis.

Poucos *players* (além da P&G e da KC) conseguiram penetrar no mercado de fraldas descartáveis. As principais razões para essa barreira à entrada são a tecnologia e a inovação. A P&G e a KC continuamente apresentam inovações e tecnologias aperfeiçoadas para tornar a Pampers e a Huggies, respectivamente, mais absorventes e convenientes. As inovações vão desde a criação de novos materiais absorventes para evitar vazamentos até a elaboração de novas camadas externas delicadas para as fraldas a fim de reduzir ou impedir a ocorrência de assaduras nas crianças. Na verdade, a P&G e a KC apresentaram tantas inovações e tentaram controlar uma à outra que houve praticamente uma corrida de patentes de fraldas entre elas durante alguns anos. Desde a metade da década de 1980, porém, a P&G domina as patentes registradas nesse setor.

Outras grandes empresas de bens de consumo embalados (BCE) conseguiram entrar nesse mercado, como a Johnson & Johnson e a Colgate-Palmolive na métade da década de 1970. Apesar de seus esforços iniciais, essas duas empresas agora praticamente desapareceram do mercado de fraldas descartáveis. Uma das razões para isso talvez seja o fato de que ambas tiveram de correr atrás da P&G e da KC, que estavam inovando rapidamente. Devido às patentes que a P&G e a KC haviam obtido, ficou mais difícil para que a Colgate-Palmolive e a Johnson & Johnson fizessem produtos comparativamente superiores.

Por sua natureza, a fralda descartável é considerada um desperdício e uma ameaça ao meio ambiente. Durante a metade dos anos 1980, o setor de descartáveis se tornou um alvo do *lobby* ambiental. Para lidar com esse problema, a P&G aumentou seu próprio *lobby* no Congresso e em outras instâncias apropriadas. A P&G e a KC, por meio da propaganda, tentaram amenizar essa questão e mostrar uma imagem de um cidadão corporativo consciente. A P&G inovou novamente a fim de tornar a Pampers mais ecológica.

A KC se tornou a empresa dominante no mercado de fraldas descartáveis, superando a P&G em receitas. Em 2001, a KC tinha cerca de 46% de participação de mercado, enquanto a P&G possuía 34%, principalmente com suas duas linhas de produtos, a Pampers e a Luvs. A P&G, então, por meio de razoáveis estratégias de preço e promoções, pareceu ter deixado a KC para trás. Em 2003, a participação de mercado da KC tinha diminuído para 44% e, a da P&G, aumentado para 38,5%.

Em 2006, de acordo com um levantamento *on-line* da KC feito com mães, 98% delas avaliaram que manter o bebê confortável era um fator extremamente ou muito importante na escolha de produtos para bebês. Além disso, 85% delas disseram que as necessidades de conforto de seus bebês mudam à medida que eles crescem. Atendendo a essas necessidades, a KC introduziu duas fraldas *superpremium* – a Huggies Supreme Gentle Care e a Huggies Supreme Natural Fit. Na América do Norte, as vendas líquidas aumentaram cerca de 5%, impulsionadas por um aumento de mais de 6% no volume de vendas das fraldas Huggies. Os ganhos da KC no setor de fraldas passaram de US$ 3,6 bilhões em 2006, para US$ 4,2 bilhões em 2007. A receita total em 2008 chegou a US$ 19,42 bilhões.

Após uma longa e feroz batalha, a Procter & Gamble recuperou a liderança de participação sobre a rival Kimberly-Clark no mercado de fraldas dos EUA no final de 2013 e tem crescido desde então. No entanto, a história é diferente nos mercados em desenvolvimento, particularmente na China e na Europa Oriental, onde a marca Huggies da KC cresceu rapidamente e conquistou participação da Pampers da P&G nos últimos anos.

Em 2017, o mercado global da indústria de fraldas descartáveis estava crescendo, mas o cenário de crescimento lento parecia ter intensificado a competição entre a P&G e a KC para conquistar/aumentar a participação de mercado.

A fim de aumentar a participação de mercado e a satisfação do consumidor, a KC fez um levantamento do consumidor, pois a empresa queria obter informações específicas dos consumidores potenciais para entender melhor os segmentos de mercado e os aspectos demográficos relacionados. Como o foco de uma nova campanha será a mala-direta, o levantamento irá avaliá-la. O questionário é apresentado a seguir e o arquivo de dados é fornecido. Com base nos resultados desse levantamento, a gerência da KC planejará mais estratégias.

Perguntas

Capítulo 14

1. Como você trataria os valores faltantes nas seguintes variáveis consideradas variáveis dependentes: Mala-direta_Percebida (Q1), Mala-direta_Aberta (Q2) e Provável_Compra (Q3)?
2. Como você trataria os valores faltantes nas seguintes variáveis consideradas variáveis independentes: Info_nova_diferente (Q6), Info_apropriada (Q7), Info_crível (Q8) e Info_compreensível (Q9)?
3. Recodifique Tamanho_fralda (Q13) ao combinar Recém-nascido, Um e Dois em uma única categoria e Cinco, Seis e Algum outro tamanho em uma única categoria.
4. Recodifique as variáveis restantes da seguinte forma: (a) as categorias de Faixa etária (Q15) devem ser Abaixo de 25, 26–30, 31–35 e 36+; (b) Estado_civil (Q16) deve ser recodificada ao combinar Solteiro, Divorciado, Viúvo e Separado em uma única categoria; (c) para Educação (Q18), combine Ensino Fundamental e Ensino Médio incompleto em uma única categoria bem como Ensino superior completo e Pós-graduação em outra categoria; (d) Origem_étnica (Q19) deve ser Hispânico/Latino, Asiático e Outra Raça combinados em uma única categoria; e (e) Renda_familiar (Q20) deve ter as duas categorias mais altas combinadas em uma única categoria denominada US$ 50 mil ou mais.

Capítulo 15

1. Calcule um escore de avaliação geral para a marca Diaper Dash que seja a soma de Qualidade_geral (Q4a), Marca_que_confio (Q4b) e Marca_que_recomendo (Q4c). Faça uma distribuição de frequência, calcule as estatísticas de resumo e interprete os resultados.
2. Faça uma tabulação cruzada entre Mala-direta_percebida (Q1) e Mala-direta_aberta (Q2) em comparação com as variáveis demográficas categóricas originais. Que problemas você vê? Como eles podem ser evitados?
3. Recodifique a probabilidade de compra (Provável_compra, Q3) em dois grupos ao combinar os códigos 2, 3, 4, e 5 em uma única categoria. Faça uma tabulação cruzada da probabilidade de compra recodificada em comparação com as variáveis demográficas categóricas recodificadas.
4. As respostas à mala-direta em termos de probabilidade de compra (Provável_compra, Q3) diferem para os respondentes na célula L e na célula M (Questões-filtro Q4)? Como sua análise mudaria se essa variável fosse tratada como ordinal em vez de intervalar?
5. As respostas à mala-direta em termos de probabilidade de compra (Provável_compra, Q3) diferem dependendo do sexo do bebê (menino vs. menina, questões-filtro QH)? Como sua análise mudaria se essa variável fosse tratada como ordinal em vez de intervalar?
6. As avaliações da marca Diaper Dash (Qualidade_geral, Q4a), Marca_que_confio (Q4b) e Marca_que_recomendo (Q4c) diferem para os respondentes na célula L e na célula M (Questões-filtro Q4)? Como sua análise mudaria se essas variáveis fossem tratadas como ordinais em vez de intervalares?
7. As avaliações da marca Diaper Dash (Qualidade_geral, Q4a), Marca_que_confio (Q4b) e Marca_que_recomendo (Q4c) diferem dependendo do sexo do bebê (menino vs. menina, questões-filtro QH)? Como sua análise mudaria se essas variáveis fossem tratadas como ordinais em vez de intervalares?
8. Os respondentes avaliam a Diaper Dash de forma mais positiva em Marca_que_confio (Q4b) do que em Marca_que_recomendo (Q4c)? Que análise você faria se essas variáveis fossem tratadas como ordinais em vez de intervalares?
9. Os respondentes avaliam de forma mais positiva a mala-direta em Info_compreensível (Q9) do que em Info_nova_diferente (Q6)? Que análise você faria se essas variáveis fossem tratadas como ordinais em vez de intervalares? Note que valores mais baixos indicam avaliações mais positivas nessas escalas.

Capítulo 16

1. As avaliações da marca Diaper Dash (Qualidade_geral, Q4a, Marca_que_confio, Q4b, e Marca_que_recomendo, Q4c) podem ser explicadas em termos das características demográficas recodificadas?
2. As avaliações de mala-direta (Info_nova_diferente, Q6, Info_apropriada, Q7, Info_crível, Q8, e Info_compreensível, Q9) podem ser explicadas em termos das características demográficas recodificadas?

Capítulo 17

1. Cada uma das avaliações da marca Diaper Dash (Qualidade_geral, Q4a, Marca_que_confio, Q4b, e Marca_que_recomendo, Q4c) pode ser explicada em termos das avaliações de mensagem (Info_nova_diferente, Q6, Info_apropriada, Q7, Info_crível, Q8, e Info_compreensível, Q9) quando as respostas à mala-direta são consideradas simultaneamente?
2. Cada avaliação da mala-direta (Marca_de_alta_qualidade, Q10a, Info_instrutiva, Q10b, e Info_que_quero, Q10c) pode ser explicada em termos das avaliações de

mensagem (Info_nova_diferente, Q6, Info_apropriada, Q7, Info_crível, Q8, e Info_compreensível, Q9) quando as respostas à mala-direta são consideradas simultaneamente?

3. A Provável_compra (Provável_compra, Q3) pode ser explicada em termos das avaliações de mensagem (Info_nova_diferente, Q6, Info_apropriada, Q7, Info_crível, Q8, e Info_compreensível, Q9) quando as respostas à mala-direta são consideradas simultaneamente? Interprete os resultados de sua análise.

Capítulo 18

1. Recodifique a probabilidade de compra (Provável_compra, Q3) em dois grupos ao combinar os códigos 2, 3, 4 e 5 em uma única categoria. Faça uma análise discriminante de dois grupos com Provável_compra recodificada como variável dependente e as respostas às avaliações das mensagens (Info_nova_diferente, Q6, Info_apropriada, Q7, Info_crível, Q8, e Info_compreensível, Q9) como variáveis independentes. Interprete os resultados.
2. Recodifique cada uma das avaliações da marca Diaper Dash (Qualidade_geral, Q4a, Marca_que_confio, Q4b, e Marca_que_recomendo, Q4c) em dois grupos (1 a 8 = Grupo 1, 9 e 10 = Grupo 2). Faça três análises discriminantes de dois grupos com as avaliações das mensagens (Info_nova_diferente, Q6, Info_apropriada, Q7, Info_crível, Q8, e Info_compreensível, Q9) como variáveis independentes. Interprete os resultados.
3. Recodifique cada uma das avaliações da marca Diaper Dash (Qualidade_geral, Q4a, Marca_que_confio, Q4b, e Marca_que_recomendo, Q4c) em três grupos (1 a 7 = Grupo 1, 8 e 9 = Grupo 2 e 10 = Grupo 3). Faça três análises discriminantes de três grupos com as avaliações das mensagens (Info_nova_diferente, Q6, Info_apropriada, Q7, Info_crível, Q8, e Info_compreensível, Q9) como variáveis independentes. Interprete os resultados.

Capítulo 19

1. Faça uma análise fatorial das avaliações da marca Diaper Dash (Qualidade_geral, Q4a, Marca_que_confio, Q4b, e Marca_que_recomendo, Q4c). Use componentes principais com procedimento varimax. Interprete e explique os resultados.
2. Faça uma análise fatorial das avaliações da mensagem (Info_nova_diferente, Q6, Info_apropriada, Q7, Info_crível, Q8, e Info_compreensível, Q9). Use componentes principais com procedimento varimax. Interprete e explique os resultados.
3. Faça uma análise fatorial das avaliações da mala-direta (Marca_alta_qualidade, Q10a, Info_instrutiva, Q10b, e Info_que_quero, Q10c). Use componentes principais com procedimento varimax. Interprete e explique os resultados.

Capítulo 20

1. Agrupe os respondentes com base nas avaliações da mensagem (Info_nova_diferente, Q6, Info_apropriada, Q7, Info_crível, Q8, e Info_compreensível, Q9). Interprete os resultados.

Capítulo 21

1. Construa 16 perfis completos usando os seguintes níveis de atributos: estilo (estampada/colorida, branca), absorção (regular, superabsorvente), fita (fita regular, fita resselável) e vazamento (regular, à prova de vazamento). Coloque em ordem de preferência os 16 perfis completos. Calcule as funções de utilidade e a importância de cada atributo.

Capítulo 22

1. Desenvolva um modelo de MEE que coloque as avaliações de marca (medidas pelos itens Q4a, Q4b e Q4c), avaliações de mensagem (medidas por Q6, Q7, Q8 e Q9), e avaliações da mala-direta (medida pelos itens Q10a, Q10b e Q10c) como variáveis exógenas. Essas variáveis exógenas determinam as impressões da mala-direta (medidas por Q1, Q2, and Q3).
   a. Especifique o modelo de mensuração.
   b. Estime o modelo de mensuração e avalie sua confiabilidade e validade.
   c. Especifique o modelo estrutural.
   d. Estime o modelo estrutural e avalie sua validade.
   e. Tire conclusões e faça recomendações.

Capítulo 23

1. Escreva um relatório para a Kimberly-Clark com base em todas as análises feitas. Que ações você recomendaria à Kimberly-Clark a fim de que ela aumente sua participação de mercado?
2. Se o levantamento da Kimberly-Clark fosse feito na Austrália, como a pesquisa de marketing deveria ser realizada?

Referências

1. www.kimberly-clark.com, accessed January 12, 2017.
2. "Diaper 2016 Global Market Expected to Grow at CAGR 5% and Forecast to 2020," https://empowerednews.net/diaper-2016-global-market-expected-to-grow-at-cagr-5-andforecast-to-2020/18413633/, accessed January 12, 2017.
3. Jack Neff, "P&G Recovers U.S. Diaper Lead, But Kimberly-Clark Gains in China," http://adage.com/article/cmostrategy/p-g-regains-u-s-diaper-lead-huggies-gains-china/297740/, accessed January 12, 2017.

Nota: Este caso foi preparado apenas para fins de discussão em aula e não representa as opiniões da Kimberly-Clark e de suas afiliadas. O cenário do problema é hipotético e o nome real da empresa foi preservado. Entretanto, o questionário e os dados apresentados são verdadeiros, e os dados foram coletados por um levantamento real de uma proeminente empresa de pesquisa de marketing, cujo nome também foi preservado. Algumas perguntas foram omitidas, e os dados de outras questões não foram fornecidos por motivos de propriedade.

QUESTIONÁRIO DE INFORMAÇÕES DE FILTRAGEM PARA AVALIAÇÃO DA MALA-DIRETA

Resp# (1–5)
Cartão 01 (6–7)

1. Coloque o nome do respondente: _____
2. Coloque o número de telefone do respondente começando com o código de área neste formato (###)###-####.
   Número de telefone: _____

3. Cidade

   ☐ 1 Littleton   ☐ 6 Lake Grove
   ☐ 2 Troy   ☐ 7 Puyallup   (21–22)
   ☐ 3 Downey   ☐ 8 Springfield
   ☐ 4 Memphis   ☐ 9 St. Peters
   ☐ 5 Burnsville   ☐ 10 Tallahassee

4. Indicação de célula

   ☐ 1 Célula L   (23)
   ☐ 2 Célula M

QG. Coloque a idade de seu filho mais novo que usa fraldas.

   Idade [____] Meses   (24–25)

QH. Sexo do bebê

   ☐ 1 Menino   (26)
   ☐ 2 Menina

QI. Marca de fraldas usada na maioria das vezes

   (27)   ☐   Wet 'b Gone Ultra
   (28)   ☐   Wet 'b Gone Super
   (29)   ☐   Huggies Overnites
   (30)   ☐   Huggies Super
   (31)   ☐   Huggies (não sei o tipo)

   (32)   ☐   Bottom's Dry Super
   (33)   ☐   Bottom's Dry Overnites
   (34)   ☐   Bottom's Dry Sensitive
   (35)   ☐   Bottom's Dry Sooper Dooper
   (36)   ☐   Bottom's Dry (Não sei o tipo)

   (37)   ☐   Diaper Duty (Qualquer tipo)
   (38)   ☐   Marca da loja
   (39)   ☐   Outra (Especifique) _____

   Caixa de verificação do supervisor

   (40–43) outra (39)=& Não sei

QUESTIONÁRIO PRINCIPAL
IMPRESSÃO DA MALA-DIRETA

(Acompanhe o respondente à area de entrevistas. Preste muita atenção ao Código. Certifique-se de que o respondente está avaliando a parte correta da mala-direta para o código apropriado.)

À sua frente está uma mala-direta que você pode receber em sua casa, sobre a qual queremos saber a sua opinião.

Gostaria que você a abrisse e a olhasse da forma que você faria se a recebesse pelo correio. Por favor avise-me quando terminar.

(Dê tempo ao respondente para que ele examine a mala-direta.)

Q1. Você teria percebido esta mala-direta se ela chegasse à sua casa pelo correio, ou não?

Sim	☐ –1	
Não	☐ –2	(44)
Não sei	☐ –3	

Q2. Você teria aberto essa mala-direta se ela chegasse à sua casa pelo correio, ou não?

Sim	☐ –1	
Não	☐ –2	(45)
Não sei	☐ –3	

Q3. Qual é sua probabilidade de compra dessa marca de fraldas? Você diria que... (leia a lista)?

Certamente compraria	☐ –1	
Provavelmente compraria	☐ –2	
Poderia ou não comprar	☐ –3	
Provavelmente não compraria	☐ –4	(45)
Certamente não compraria	☐ –5	
Não sei/Recuso	☐ –6	

AVALIAÇÕES DA MARCA/IDEIA PRINCIPAL

Q4. Agora, gostaria que você me dissesse o que você acha das fraldas Huggies ao avaliá-las em diversas características utilizando a escala de "1" a "10" com "1" sendo a avaliação mais baixa e "10" sendo a avaliação mais alta.

Obviamente, você pode escolher qualquer número de "1" a "10."

A primeira/próxima característica é (característica). Usando a escala de 1 a 10, como você avaliaria a Huggies nessa (característica)?

Limpar respostas iniciais "não sei": Com base somente no que você sabe sobre a Huggies, como você a avaliaria do ponto de vista da (característica).

(Alterne os atributos.)

		Avaliação mais baixa									Avaliação mais alta	Não sei
a. _____	Qualidade geral	☐ –1	☐ –2	☐ –3	☐ –4	☐ –5	☐ –6	☐ –7	☐ –8	☐ –9	☐ –10	☐ –99 (47–48)
b. _____	É uma marca em que confio	☐ –1	☐ –2	☐ –3	☐ –4	☐ –5	☐ –6	☐ –7	☐ –8	☐ –9	☐ –10	☐ –99 (49–50)
c. _____	É uma marca que eu recomendaria a outros	☐ –1	☐ –2	☐ –3	☐ –4	☐ –5	☐ –6	☐ –7	☐ –8	☐ –9	☐ –10	☐ –99 (51–52)

Q5. Na sua opinião, qual é a principal ideia dessa mala-direta? Algo mais? **(Faça sondagem até que se torne improdutivo, permita múltiplas respostas. Registre as primeiras menções separadamente.) (Registre na folha de Respostas Abertas.)**

AVALIAÇÕES DA MENSAGEM

Q6. Considerando as informações nesta mala-direta, quão novas e diferentes você acha que elas são? Você diria que são... (ler lista)?

Extremamente novas e diferentes	☐ –1
Muito novas e diferentes	☐ –2
Um tanto novas e diferentes	☐ –3 (53)
Um pouco novas e diferentes	☐ –4
Nem um pouco novas e diferentes	☐ –5
Não sei/Recuso	☐ –6

Q7. Na sua opinião, o quão apropriadas para seu bebê são as informações nesta mala-direta? Você diria que elas são... (ler lista)?

Muito apropriadas	☐ –1
Um tanto apropriadas	☐ –2
Nem apropriadas nem inapropriadas	☐ –3
Um tanto inapropriadas	☐ –4 (54)
Muito inapropriadas	☐ –5
Não sei/Recuso	☐ –6

Q8. Quão críveis são as informações nesta mala-direta? Você diria que elas são... (ler lista)?

Extremamente críveis	☐ –1
Muito críveis	☐ –2
Um tanto críveis	☐ –3 (55)
Não muito críveis	☐ –4
Nem um pouco críveis	☐ –5
Não sei/Recuso	☐ –6

Q9. O quão fáceis ou difíceis de entender são as informações nesta mala-direta? Você diria que elas são... (ler lista)?

Muito fáceis	☐ –1
Um tanto fáceis	☐ –2
Nem fáceis nem difíceis	☐ –3 (56)
Um tanto difíceis	☐ –4
Muito difíceis	☐ –5
Não sei/Recuso	☐ –6

AVALIAÇÕES DA MALA-DIRETA

(Entregar ao respondente o Cartão de Concordância.)

Q10. Vou ler a você várias afirmações que podem ser usadas para descrever esta mala-direta. Empregando as frases deste cartão, por favor diga-me se você concorda totalmente, concorda de alguma forma, não concorda nem discorda, discorda de alguma forma ou discorda totalmente que cada uma dessas afirmações descreve a mala-direta.

A (primeira/próxima) afirmação é: a mala-direta (inserir atributo).

Você concorda totalmente, concorda de alguma forma, não concorda nem discorda, discorda de alguma forma, ou discorda totalmente sobre o fato de a afirmação descrever o produto que você experimentou para nós?

(Limpar questões iniciais com respostas "não sei": Com base somente nas impressões que você tem sobre este produto, o quanto você concorda ou discorda de que o produto que você testou para nós (inserir afirmação).

(Se necessário, limpe mais com: Isso (concorda/discorda) é totalmente ou de alguma forma?)

(Alternar atributos.)

		Concorda totalmente	Concorda de alguma forma	Não concorda nem discorda	Discorda de alguma forma	Discorda totalmente	Não sei	
a.	_____ É uma marca de alta qualidade	☐ –5	☐ –4	☐ –3	☐ –2	☐ –1	☐ –9	(57)
b.	_____ É instrutiva	☐ –5	☐ –4	☐ –3	☐ –2	☐ –1	☐ –9	(58)
c.	_____ Tem informações que quero saber	☐ –5	☐ –4	☐ –3	☐ –2	☐ –1	☐ –9	(59)

Q11. Qual é a probabilidade de você usar os cupons da mala-direta? Você diria que... (ler lista)?

Muito provável ☐ –1
Um tanto provável ☐ –2
Nem provável nem improvável ☐ –3 (60)
Um tanto improvável ☐ –4
Muito improvável ☐ –5
Não sei/Recuso ☐ –6

DEMOGRAFIA

As próximas perguntas servem para nos ajudar a dividir nossas entrevistas em grupos.
Por favor considere seu/sua (sexo da criança mencionado na questão QH) de (idade da criança mencionada na questão QG) meses ao responder a essas perguntas.

Q12. O quão sensível você acha que é a pele de seu filho na área onde fica a fralda? Você diria que ela é... **(ler lista)**?

Muito sensível ☐ –1
Um tanto sensível ☐ –2
Um pouco sensível ☐ –3 (61)
Nem um pouco sensível ☐ –4
Não sei/Recuso ☐ –5

Q13. Que tamanho de fraldas descartáveis a criança comumente usa?

Recém-nascido ☐ –1
Um ☐ –2
Dois ☐ –3
Três ☐ –4 (62)
Quatro ☐ –5
Cinco ☐ –6
Seis ☐ –7
Algum outro tamanho ☐ –8
Não sei/Recuso ☐ –9

Q14. Este é seu primeiro bebê, ou não?

Sim ☐ –1
Não ☐ –2 (63)
Não sei/Recuso ☐ –3

Q15. Qual das seguintes faixas etárias melhor descreve sua idade? **(ler lista)**

Abaixo de 18	☐ –1	
18-25	☐ –2	
26-30	☐ –3	
31-35	☐ –4	(64)
36-40	☐ –5	
41-45	☐ –6	
46 +	☐ –7	
Não sei/Recuso	☐ –8	

Q16. Qual é seu estado civil?

Solteiro	☐ –1	
Casado	☐ –2	
Divorciado	☐ –3	(65)
Viúvo	☐ –4	
Separado	☐ –5	
Não sei/Recuso	☐ –6	

Q17. Você trabalha fora, ou não? (**Se sim**: "É todo o dia ou em meio período"?)

SIM, meio período	☐ –1	
SIM, todo o dia	☐ –2	(66)
NÃO, não estou empregado	☐ –3	
Não sei/Recuso	☐ –4	

Q18. Qual foi seu último nível de escolaridade completo?

Ensino fundamental	☐ –1	
Ensino médio incompleto	☐ –2	
Ensino médio completo/Ensino técnico	☐ –3	
Ensino superior incompleto	☐ –4	(67)
Ensino superior completo	☐ –5	
Pós-graduação	☐ –6	
Não sei/Recuso	☐ –7	

Q19. Qual é sua origem étnica?

Branco	☐ –1	
Negro/Afro-americano	☐ –2	
Hispânico/Latino	☐ –3	(68)
Asiático	☐ –4	
Outra raça	☐ –5	
Não sei/Recuso	☐ –6	

Q20. Qual é sua renda familiar anual antes dos impostos?
(**Ler a lista se necessário.**)

Abaixo de US$ 15 mil	☐ –1
De US$ 15 mil a US$ 25 mil	☐ –2
De US$ 25 mil a US$ 35 mil	☐ –3
De US$ 35 mil a US$ 50 mil	☐ –4 (69)
De US$ 50 mil a US$ 75 mil	☐ –5
ou US$ 75 mil ou mais	☐ –6
Não sei/Recuso	☐ –7

AGRADEÇA AO ENTREVISTADO PELA PARTICIPAÇÃO

CASOS ABRANGENTES COM DADOS REAIS
CASO 4.1

JPMorgan Chase: Buscando o crescimento por meio de fusões e aquisições

SPSS Arquivo de Dados

SAS Arquivo de Dados

A JPMorgan Chase é uma renomada empresa global de serviços financeiros que oferece investimentos de ampla escala, serviços financeiros para pessoas físicas, pequenas empresas e serviços bancários comerciais, processamento de transações financeiras, gerenciamento de ativos e serviços de fundos de investimento em participações. Em 2017, a JPMorgan Chase operava em mais de 100 países e atendia a milhões de clientes americanos e muitos dos clientes corporativos, institucionais e governamentais mais importantes do mundo.

Com mais de US$ 2,4 trilhões em ativos, a JPMorgan Chase é líder do setor. A JPMorgan Chase faz parte do Dow Jones Industrial Average. A empresa não só vai bem atualmente, com um futuro promissor, mas também tem um passado notável.

A JPMorgan Chase & Co. foi fundada em Nova York em 1799. A empresa tem como base a união de aproximadamente 1.200 instituições antecessoras ao longo dos anos para formar a empresa atual. A seguir apresentamos alguns fatos importantes de sua história recente e transações-chave que levaram à formação da JPMorgan Chase:

- Em 1991, a Chemical Banking Corp. se uniu à Manufacturers Hanover Corp., mantendo o nome Chemical Banking Corp., então a segunda maior instituição bancária dos Estados Unidos.
- Em 1995, a First Chicago Corp. fundiu-se com o NBD Bancorp., a matriz do National Bank of Detroit, formando o First Chicago NBD, a maior empresa bancária do Meio-Oeste.
- Em 1996, o Chase Manhattan Corp. fundiu-se com o Chemical Banking Corp., criando o que foi então a maior *holding* bancária dos Estados Unidos.
- Em 1998, Banc One Corp. fundiu-se com o First Chicago NBD, adotando o nome de Bank One Corp. Fundindo-se posteriormente com o Louisiana's First Commerce Corp., o Bank One se tornou a maior empresa de serviços financeiros do Meio-Oeste, a quarta maior dos Estados Unidos e a maior emissora de cartões de crédito Visa do mundo.
- Em 2000, a JPMorgan & Co. fundiu-se com a Chase Manhattan Corp., na verdade reunindo quatro das maiores e mais antigas instituições bancárias centrais da cidade de Nova York (JPMorgan, Chase, Chemical e Manufacturers Hanover) em uma empresa chamada JPMorgan Chase & Co.
- Em 2008, a JPMorgan Chase & Co. adquiriu a Bear Stearns Companies Inc., fortalecendo assim suas capacidades em uma ampla gama de negócios.
- Em 2011, J.P. Morgan celebrou o 90º aniversário da presença da empresa na China.

A aquisição de outras empresas é um dos principais métodos empregados pela JPMorgan para aumentar suas cifras, e isso pode ser considerado um ponto forte em relação a como essas fusões se combinaram para criar uma ampla gama de capacitações de investimentos bancários e comerciais.

A fim de sustentar o crescimento, que é fundamental para seus planos estratégicos de longo prazo, a JPMorgan Chase realizou um estudo para entender seus consumidores, seus estilos de vida e o potencial para a segmentação de clientes em termos de produtos de investimento e necessidades de serviços. O questionário utilizado é apresentado a seguir e o arquivo de dados está disponível no *site* deste livro. Os resultados e as análises deste estudo ajudariam a JPMorgan Chase a prosseguir com seu plano de crescimento e a implementá-lo com êxito.

Questões
Capítulo 1
1. Discuta o papel que a pesquisa de marketing pode desempenhar ao ajudar a JPMorgan a formular estratégias de marketing confiáveis.

Capítulo 2
1. A gerência gostaria de expandir a participação de mercado da JPMorgan Chase no mercado consumidor. Defina o problema de decisão gerencial.

2. Defina um problema de pesquisa de marketing apropriado com base no problema de decisão gerencial identificado anteriormente.

Capítulo 3
1. Formule uma concepção de pesquisa apropriada para investigar o problema de pesquisa de marketing identificado no Capítulo 2.

Capítulo 4
1. Use a Internet para identificar as participações de mercado dos principais bancos no último ano-calendário.
2. Qual tipo de dados por assinatura seria útil para a JPMorgan Chase?

Capítulo 5
1. Discuta o papel dos grupos de foco *versus* entrevistas em profundidade para auxiliar a JPMorgan Chase a expandir sua participação de mercado.

Capítulo 6
1. Se um levantamento fosse realizado para identificar as preferências dos consumidores por bancos, qual método deveria ser empregado e por quê?

Capítulo 7
1. Discuta o papel da concepção pré-experimental *versus* experimental verdadeira para ajudar a JPMorgan Chase a expandir sua oferta de produtos.

Capítulo 8
1. Ilustre o uso da comparação pareada e das escalas de soma constante ao medir as preferências dos consumidores por bancos. Alguma dessas escalas deveria ser usada?

Capítulo 9
1. Elabore uma escala multi-itens para medir as atitudes em relação à JPMorgan Chase.

Capítulo 10
1. Avalie de forma crítica o questionário desenvolvido para o levantamento da JPMorgan Chase.

Capítulos 11 e 12
1. Que plano de amostragem deveria ser adotado para o levantamento do Capítulo 6? Como o tamanho da amostra deveria ser determinado?

Capítulo 13
1. Como você supervisionaria e avaliaria os trabalhadores de campo na realização do levantamento do Capítulo 6?

Capítulo 14
1. Muitos dos itens de importância têm mais de 10% de valores faltantes. Identifique esses itens. Como você lidaria com esses valores faltantes?
2. Recodique as seguintes características demográficas nas categorias especificadas: (a) Idade (Q9) (27–57 = 1, 58–68 = 2, 69–75 = 3, 76–90 = 4); (b) Estado civil (Q11) (casado = 1, todas as anteriores, isto é, não casado atualmente = 2); (c) número de crianças dependentes (Q12) (3–10 = 3); e (d) escolaridade (Q14) (combine ensino médio incompleto, ensino médio completo e escola técnica ou vocacional em uma única categoria, e combine formado em direito, formado em medicina/odontologia e doutorado em uma única categoria).
3. Recodifique a vantagem de usar o fornecedor principal (Q5) em duas categorias (1–3 = 1 (pouca vantagem), 4–5 = 2 (muita vantagem)).
4. Recodifique satisfação geral com o prestador de serviços (Q6_a) em três categorias (2–4 = 1, 5 = 2, 6 = 3).

Capítulo 15
1. Calcule o escore de avaliação geral para fornecedor financeiro principal ao somar os 13 itens em Q6 (Q6_a até Q6_m). Obtenha a distribuição de frequência e as estatísticas de resumo. Interprete os resultados.
2. As abordagens de tomada de decisão (Q8) estão relacionadas a alguma das características demográficas (Q9 até Q15, conforme recodificadas no Capítulo 14)?
3. A vantagem de usar um fornecedor principal recodificada (Q5 Recodificada) está relacionada a alguma das características demográficas recodificadas?
4. A vantagem de usar um fornecedor principal recodificada (Q5 Recodificada) está relacionada a alguma das variáveis de importância (Q1_a até Q1_l)? Como sua análise mudaria se as variáveis de importância fossem tratadas como ordinais em vez de intervalares?
5. A vantagem de usar um fornecedor principal recodificada (Q5 Recodificada) está relacionada a alguma das avaliações do fornecedor financeiro principal (Q6_a até Q6_m)? Como sua análise mudaria se as variáveis de importância fossem tratadas como ordinais em vez de intervalares?
6. "O desempenho dos investimentos com este fornecedor" (Q1_a) é mais importante do que "serviços *on-line* oferecidos" (Q1_e)? Formule as hipóteses nula e alternativa e faça um teste apropriado. Como sua análise mudaria se as variáveis de importância fossem tratadas como ordinais em vez de intervalares?
7. A probabilidade de "recomendar seu fornecedor principal a alguém que você conhece" (Q2) é mais baixa do que a probabilidade de "continuar a usar seu fornecedor principal pelo menos no mesmo nível atual" (Q3)? Formule as hipóteses nula e alternativa e faça um teste apropriado. Como sua análise mudaria se as variáveis de importância fossem tratadas como ordinais em vez de intervalares?

Capítulo 16

1. As abordagens de tomada de decisão (Q8) podem explicar as variáveis de importância (Q1_a até Q1_l)?
2. Há uma relação entre as variáveis de importância consideradas individualmente (Q1_a até Q1_l) e as características demográficas recodificadas (Q9 até Q15)?

Capítulo 17

1. A probabilidade de "recomendar seu fornecedor principal a alguém que você conhece" (Q2) pode ser explicada pelas avaliações do fornecedor financeiro principal (Q6_a até Q6_m) quando essas avaliações são consideradas simultaneamente?
2. A probabilidade de "continuar a usar seu fornecedor principal pelo menos no mesmo nível atual" (Q3) pode ser explicada pelas avaliações do fornecedor financeiro principal (Q6_a até Q6_m) quando essas avaliações são consideradas simultaneamente?

Capítulo 18

1. A vantagem de usar seu fornecedor principal recodificada (Q5 Recodificada) está relacionada a alguma das variáveis de importância (Q1_a até Q1_l) quando elas são consideradas simultaneamente? Faça uma análise discriminante de dois grupos e uma análise logit e compare os resultados.
2. As avaliações do fornecedor financeiro principal (Q6_a até Q6_m) consideradas simultaneamente explicam quem trocou alguns ativos de um fornecedor de investimentos/poupança para outro e quem não fez isso (Q7)? Faça uma análise discriminante de dois grupos e uma análise logit e compare os resultados.

Capítulo 19

1. As variáveis de importância (Q1_a até Q1_l) podem ser representadas como um conjunto reduzido de fatores? Faça uma análise de componentes principais utilizando o procedimento varimax. Salve os escores fatoriais.
2. As avaliações do fornecedor financeiro principal (Q6_a até Q6_m) podem ser representadas por um conjunto reduzido de fatores? Faça uma análise de componentes principais utilizando o procedimento varimax. Salve os escores fatoriais.
3. A probabilidade de "recomendar seu fornecedor principal a alguém que você conhece"(Q2) pode ser explicada pelos escores fatoriais das avaliações do fornecedor financeiro principal (Q6_a até Q6_m) quando esses escores fatoriais são considerados simultaneamente?
4. A probabilidade de "continuar a usar seu fornecedor principal pelo menos no mesmo nível atual" (Q3) pode ser explicada pelos escores fatoriais das avaliações do fornecedor financeiro principal (Q6_a até Q6_m) quando esses escores fatoriais são considerados simultaneamente?
5. Os escores fatoriais das avaliações do fornecedor financeiro principal (Q6_a até Q6_m) considerados simultaneamente podem explicar quem trocou alguns ativos de um fornecedor de investimentos/poupança para outro e quem não fez isso (Q7)?
6. Os escores fatoriais das avaliações do fornecedor financeiro principal (Q6_a até Q6_m) considerados simultaneamente explicam as diversas abordagens de tomada de decisão (Q8)?
7. Os escores fatoriais das variáveis de importância (Q1_a até Q1_l) considerados simultaneamente explicam as diversas abordagens de tomada de decisão (Q8)?

Capítulo 20

1. Agrupe os respondentes com base nas variáveis de importância (Q1_a até Q1_l). Use o agrupamento de *K*-médias e especifique uma solução de dois *clusters*. Interprete os *clusters* resultantes.
2. Agrupe os respondentes com base nos escores fatoriais das variáveis de importância (Q1_a até Q1_l). Use o agrupamento de *K*-médias e especifique uma solução de dois *clusters*. Interprete os *clusters* resultantes. Compare seus resultados com aqueles obtidos com o agrupamento das variáveis de importância originais.

Capítulo 21

1. Apresente avaliações de similaridade em uma escala de 1 a 7 para todos os pares possíveis das seguintes empresas de serviços financeiros (use suas impressões mesmo que você não esteja familiarizado com essas empresas): Bank of America, JPMorgan Chase, Citibank, Fidelity Investments, Goldman Sachs, SunTrust Bank, New York Life, T. Rowe Price, Vanguard e Wells Fargo. Elabore um mapa de EMD de duas dimensões. Interprete as dimensões e o mapa.
2. Construa 32 perfis completos de empresas de serviços financeiros usando os seguintes atributos e níveis: desempenho dos investimentos (M, A), taxas e comissões (M, A), capacidade de resolver problemas (M, A), qualidade da consultoria (M, A) e qualidade dos serviços (M, A). Classifique os 32 perfis em ordem de preferência usando uma escala de 7 pontos (1 = não preferido, 7 = muito preferido). Calcule as funções de utilidade e a importância relativa dos atributos. Note que M = médio e A = alto.

Capítulo 22

Elabore um modelo de MEE que apresente a avaliação do fornecedor financeiro principal (medida pelos cinco primeiros itens, a–e, da Questão 6) como um construto exógeno e intenção de se tornar cliente como construto endógeno. Somente os cinco primeiro itens da Q6 são considerados para manter o modelo gerenciável. O construto endógeno é medido por Q2, Q3, Q4 e Q5.

1. Especifique o modelo de mensuração.
2. Estime o modelo de mensuração e avalie sua confiabilidade e validade.
3. Especifique o modelo estrutural.
4. Estime o modelo estrutural e avalie sua validade.

5. Tire conclusões e faça recomendações.

Capítulo 23

1. Escreva um relatório para a JPMorgan Chase com base em todas as análises feitas. Que ações você recomendaria à JPMorgan Chase a fim de continuar seu crescimento?
2. Se o levantamento da JPMorgan Chase fosse feito na Argentina, como a pesquisa de marketing deveria ser realizada?

Referências

1. www.jpmorganchase.com, accessed January 18, 2017.
2. http://www.marketwatch.com/investing/stock/jpm, accessed January 18, 2017.

Nota: Este caso foi preparado apenas para fins de discussão em aula e não representa as opiniões da JPMorgan Chase ou de suas afiliadas. O cenário do problema é hipotético e o nome real da empresa foi preservado. No entanto, o questionário e os dados fornecidos são reais, e os dados foram coletados em uma pesquisa real de uma proeminente empresa de pesquisa de marketing, cujo nome também foi preservado. Algumas questões foram omitidas, e os dados para outras perguntas não são fornecidos devido a questões de propriedade.

LEVANTAMENTO ANUAL DE SERVIÇOS FINANCEIROS

Introdução

Este levantamento faz algumas perguntas sobre os serviços financeiros, isto é, sobre investimentos e serviços bancários.
O **principal fornecedor de serviços financeiros** (empresa) é onde você tem a **maior** parte de seus investimentos e ativos de poupança/conta-corrente.

Sua cooperação ao responder a essas perguntas é muito apreciada.

Parte A. Fornecedor de Serviços Financeiros

1. Se você estivesse selecionando um **fornecedor financeiro principal (empresa) hoje**, que importância cada um dos seguintes aspectos teria para você? **(X UMA Caixa para CADA UM)**

	Extremamente importante	Muito importante	Um tanto importante	Um tanto sem importância	Sem importância alguma
a. Desempenho dos investimentos com este fornecedor	5 ☐	4 ☐	3 ☐	2 ☐	1 ☐
b. Taxas ou comissões cobradas	5 ☐	4 ☐	3 ☐	2 ☐	1 ☐
c. Gama de produtos e serviços para atender a suas diversas necessidades de investimento	5 ☐	4 ☐	3 ☐	2 ☐	1 ☐
d. Capacidade de resolver problemas	5 ☐	4 ☐	3 ☐	2 ☐	1 ☐
e. Serviços *on-line* oferecidos	5 ☐	4 ☐	3 ☐	2 ☐	1 ☐
f. Produtos de múltiplos fornecedores para escolher	5 ☐	4 ☐	3 ☐	2 ☐	1 ☐
g. Qualidade da consultoria	5 ☐	4 ☐	3 ☐	2 ☐	1 ☐
h. Conhecimento dos representantes ou consultores que o atendem	5 ☐	4 ☐	3 ☐	2 ☐	1 ☐
i. Conhecimento do representante sobre sua situação geral e necessidades	5 ☐	4 ☐	3 ☐	2 ☐	1 ☐
j. Acesso a outros recursos profissionais	5 ☐	4 ☐	3 ☐	2 ☐	1 ☐
k. Nível do conhecimento do fornecedor sobre mim	5 ☐	4 ☐	3 ☐	2 ☐	1 ☐
l. Qualidade do serviço	5 ☐	4 ☐	3 ☐	2 ☐	1 ☐

	Extremamente provável	Muito provável	Um tanto provável	Um tanto improvável	Muito improvável
2. Qual é a **probabilidade** de você recomendar seu principal fornecedor a alguém que você conhece? (**X UMA Caixa**)	5 ☐	4 ☐	3 ☐	2 ☐	1 ☐
3. Qual é a **probabilidade** de você continuar a usar seu principal fornecedor pelo menos no mesmo nível até agora? (**X UMA Caixa**)	5 ☐	4 ☐	3 ☐	2 ☐	1 ☐
4. Qual é a **probabilidade** de você ou sua família **deixar** ou **substituir** seu principal fornecedor? (**X UMA Caixa**)	5 ☐	4 ☐	3 ☐	2 ☐	1 ☐
	Muito boa	**Boa**	**Alguma**	**Pouca**	**Nenhuma**
5. Como você avaliaria a **vantagem** para você de usar seu principal fornecedor em vez de outros fornecedores de serviços financeiros? (**X UMA Caixa**)	5 ☐	4 ☐	3 ☐	2 ☐	1 ☐

6. Como você avaliaria os seguintes elementos de seu **principal fornecedor financeiro (empresa)**? Se não se aplicar, selecione "SR" (sem resposta). (**X UMA Caixa para CADA afirmação**)

	Excelente	Muito bom	Bom	Razoável	Ruim	SR
a. Satisfação geral com o principal fornecedor	6 ☐	5 ☐	4 ☐	3 ☐	2 ☐	1 ☐
b. Desempenho dos investimentos com este fornecedor	6 ☐	5 ☐	4 ☐	3 ☐	2 ☐	1 ☐
c. Taxas e comissões cobradas	6 ☐	5 ☐	4 ☐	3 ☐	2 ☐	1 ☐
d. Gama de produtos e serviços para atender a suas diversas necessidades de investimento	6 ☐	5 ☐	4 ☐	3 ☐	2 ☐	1 ☐
e. Capacidade de resolver problemas	6 ☐	5 ☐	4 ☐	3 ☐	2 ☐	1 ☐
f. Serviços *on-line* oferecidos	6 ☐	5 ☐	4 ☐	3 ☐	2 ☐	1 ☐
g. Produtos de múltiplos fornecedores para escolher	6 ☐	5 ☐	4 ☐	3 ☐	2 ☐	1 ☐
h. Qualidade da consultoria	6 ☐	5 ☐	4 ☐	3 ☐	2 ☐	1 ☐
i. Conhecimentos dos representantes ou consultores que o atendem	6 ☐	5 ☐	4 ☐	3 ☐	2 ☐	1 ☐
j. Conhecimento do representante sobre sua situação geral e necessidades	6 ☐	5 ☐	4 ☐	3 ☐	2 ☐	1 ☐
k. Acesso a outros recursos profissionais	6 ☐	5 ☐	4 ☐	3 ☐	2 ☐	1 ☐
l. Nível do conhecimento do fornecedor sobre mim	6 ☐	5 ☐	4 ☐	3 ☐	2 ☐	1 ☐
m. Qualidade do serviço	6 ☐	5 ☐	4 ☐	3 ☐	2 ☐	1 ☐

7. Nos últimos 12 meses, você ou alguém da sua família passou alguns ativos (exceto ativos de conta-corrente) de um **fornecedor** de investimentos/poupança para outro? (NÃO inclua passar dinheiro de um investimento individual, como ações ou títulos, para outro tipo de investimento semelhante dentro da mesma empresa de corretagem ou investimentos.) Por favor, **exclua** ativos nos planos 401(k), 403(b), 457 ou em contas de contribuição de aposentaria semelhantes.

    1. ☐ Sim   **2.** ☐ Não

8. A seguir são apresentadas diferentes abordagens que você e/ou sua família poderiam adotar com relação à consultoria e à tomada de decisão de investimentos. Por favor leia cada uma e então responda à pergunta.
   1. Utilizando uma variedade de fontes de informação *on-line* e *off-line*, você toma suas próprias decisões de investimento sem a ajuda de um profissional ou de um consultor na área de investimentos.
   2. Utilizando uma variedade de fontes de informação *on-line* e *off-line*, você toma a <u>maioria</u> de suas decisões de investimento, mas conta com a ajuda de um profissional ou consultor na área de investimentos somente para necessidades especializadas (p. ex, investimentos alternativos ou dicas de imposto).
   3. Você regularmente consulta um profissional ou consultor na área de investimentos e talvez você mesmo também obtenha mais informações, mas <u>você</u> toma a maioria das decisões finais.
   4. Você confia em um profissional ou consultor na área de investimentos para tomar a <u>maioria</u> ou <u>todas</u> as suas decisões de investimento.

Para a maioria de seus ativos, QUAL das abordagens anteriores (1–4) MELHOR descreve sua abordagem preferida? **(Escreva um número de 1 – 4.)**
Número: _____

Suas respostas às seguintes perguntas serão usadas para nos ajudar a interpretar as informações que você nos passou.

9. Qual é sua idade?
   Idade: _____ anos

10. Você é do gênero…?

    1. ☐ Masculino 2. ☐ Feminino

11. Qual é seu estado civil atual? **(X UMA Caixa)**

    | 1. ☐ Casado | 3. ☐ Divorciado | 5. ☐ Solteiro, nunca casou |
    | 2. ☐ Viúvo | 4. ☐ Separado | 6. ☐ Morando junto, não casado |

12. Quantas pessoas no seu domicílio são crianças? **(Escreva)** _____

13. Quantos outros dependentes você sustenta (p. ex., pais, avós)? **(Escreva)** _____

14. Para o seguinte tipo de transação financeira, por favor indique quem é o principal responsável, ou se as responsabilidades são compartilhadas. **(X UMA Caixa para Cada)**

	Homem chefe de família	Mulher chefe de família	Compartilhada igualmente	Outro
Tomada de decisão de investimento	1 ☐	2 ☐	3 ☐	4 ☐

15. Qual é seu mais alto nível de escolaridade? **(X UMA Caixa)**

    | 01 ☐ Ensino médio incompleto | 06 ☐ Pós-graduação incompleta |
    | 02 ☐ Ensino médio completo | 07 ☐ Mestrado |
    | 03 ☐ Escola técnica ou vocacional/estágio | 08 ☐ Formado em direito |
    | 04 ☐ Ensino superior incompleto | 09 ☐ Formado em medicina/odontologia |
    | 05 ☐ Ensino superior completo | 10 ☐ Doutorado |

16. Qual é sua situação de aposentadoria? **(X UMA Caixa)**

    1 ☐ Aposentado 2 ☐ Semiaposentado 3 ☐ Não aposentado

CASOS ABRANGENTES COM DADOS REAIS
CASO 4.2

Wendy's: História e vida depois de Dave Thomas

SPSS Arquivo de Dados

SAS Arquivo de Dados

A Wendy's Company (www.wendys.com) é a terceira rede de refeições rápidas em vendas, atrás somente de McDonald's e Burger King. Os restaurantes da Wendy's oferecem hambúrgueres e batatas fritas, bem como itens alternativos, como batatas cozidas, chili e saladas. Cada restaurante da Wendy's disponibiliza um menu-padrão com hambúrgueres e sanduíches de peito de frango, preparados de acordo com a escolha de tempero do cliente, bem como nuggets de frango, chili, batatas cozidas, batatas fritas, saladas, sobremesas, refrigerantes e refeições para crianças. A partir de 2017, a transformação da marca Wendy estava ocorrendo pela reenergização de todos os pontos de contato com os consumidores. Desde o *design* arrojado do restaurante e a saborosa comida que os consumidores querem até o melhor atendimento ao cliente, essa evolução da marca Wendy tentou posicioná-la como "Superior". Seus restaurantes remodelados exibiam uma aparência de rua impressionante e tentavam melhorar a experiência do cliente. Os diferenciais incluíam lareiras, uma variedade de opções de assentos convidativos, incluindo espreguiçadeiras e estandes, Wi-Fi, TVs de tela plana e *menuboards* digitais. A empresa esperava usar sua forte história como base para construir o futuro.

Dave Thomas, o fundador da Wendy's, começou sua carreira no ramo das refeições rápidas em 1956, quando ele e Phil Clauss abriram um restaurante de grelhados em Knoxville, Tennessee. Ele colocou sua experiência com o restaurante na prática em 1969 ao abrir seu primeiro restaurante Wendy's (o nome era em homenagem à sua filha). Thomas limitou o menu a hambúrgueres feitos na hora, chili e shakes, cobrando preços um pouco mais altos do que as rivais Burger King e McDonald's. Os restaurantes foram decorados com carpete, madeira trabalhada em painéis e luminárias ao estilo Tiffany para destacar sua relativa luxuosidade. No início da década de 1970, a empresa começou a conceder franquias a fim de acelerar sua expansão, bem como fundou seu Management Institute para treinar os proprietários e gerentes nas técnicas operacionais da Wendy's. A primeira unidade da Wendy's fora dos Estados Unidos foi inaugurada no Canadá em 1975. A Wendy's abriu seu capital em 1976 e, no fim daquele ano, tinha em torno de 500 restaurantes. Seu primeiro comercial em rede nacional foi ao ar em 1977. Dois anos depois, ela adicionou saladas ao menu.

Dave Thomas se aposentou como diretor da empresa em 1982 e ganhou o título de diretor sênior. A Wendy's lançou uma campanha na televisão de US$ 8 milhões com Clara Peller perguntando: "Onde está o bife?" em 1984, e sua participação de mercado saltou para 12%. Quando McDonald's e Burger King responderam com suas próprias campanhas de propaganda, nem a introdução de um menu para o café da manhã (1985), de novos produtos, como o hambúrguer Big Classic (1986), nem o bufê SuperBar (1987) conseguiram reverter o declínio da participação de mercado da empresa (queda para 9% em 1987). De comportamento honesto e fala modesta, Thomas encontrou um público ao atuar como porta-voz da Wendy's na TV em 1989. A empresa inclusive atribuiu a retomada nos ganhos na época às suas aparições.

A Wendy's reagiu à preocupação crescente em relação à nutrição ao introduzir um sanduíche de frango grelhado em 1990. Ela também procurou atrair consumidores preocupados com o preço, com seu Super Value Menu por US$ 0,99. A Wendy's tinha 4 mil restaurantes em 1992, quando adicionou saladas embaladas a seu menu. No ano seguinte, Thomas (que abandonara o ensino médio) finalmente obteve seu diploma; sua turma o elegeu como aquele "que mais provavelmente será bem-sucedido".

O falecimento de Dave Thomas no início de 2002 foi um duro golpe para a empresa e uma perda para o setor de refeições rápidas. A Wendy's continuou a ir bem nos três anos seguintes, mesmo depois da perda de seu fundador. Em novembro de 2004, a Wendy's decidiu encerrar sua fracassada campanha de propaganda com um personagem do tipo Everyman, um "porta-voz não oficial" chamado Mr. Wendy, pois essa campanha desviava a atenção da comida. Isso marca um dilema constante da Wendy's: como dar uma marca à empresa depois da era Thomas. A empresa iniciou uma série de anúncios mostrando imagens de Dave Thomas no final de novembro de 2005 para comemorar o 35° aniversário da rede, mas a questão de longo prazo de sua identidade permanece. Em 2005, a empresa começou uma campanha centrada na chamada à ação "Do what tastes right" ("Faça o que tem um sabor certo") que reforça a tradição de 35 anos da Wendy de servir alimentos saborosos e de alta qualidade. Ela apresentava anúncios de diferentes estilos, direcionados a determinados públicos, como propagandas que promoviam itens específicos do menu, bem como inserções que apoiavam a marca Wendy's como um todo.

Na metade de 2006, a Wendy's International, Inc., criou uma nova área de marketing para liderar os esforços de inovação da marca Wendy's. A ampliação do papel do departamento de marketing da Wendy's incluiu o estabelecimento de um grupo de Inovação e Estratégia formado pelos departamentos de Pesquisa e Desenvolvimento, Conhecimentos Estratégicos e Inovação e Inovação em Operações.

A Wendy lançou seu plano de crescimento estratégico em outubro de 2007 e identificou 10 imperativos para 2008, que estavam focados em "Fazer o que é certo para os clientes". Os 10 imperativos baseiam-se na "Receita do sucesso" da Wendy's, que se concentra em revitalizar a marca Wendy's, simplificar e melhorar as operações, recuperar a liderança em inovação, reforçar o comprometimento com os franqueados, capturar novas oportunidades (p. ex., crescimento internacional) e adotar uma cultura orientada ao desempenho.

Em agosto de 2008, a Wendy's atingiu os consumidores de baixa renda por meio de três sanduíches de alta qualidade, levando o nome da empresa, com preço de US$ 0,99. Ela introduziu o *cheeseburger* Double Stack por US$ 0,99 e planejava promover de forma agressiva essa opção no menu, junto com o popular *cheeseburger* Junior Bacon e o sanduíche Crispy Chicken, ambos vendidos a US$ 0,99. O menu inovador continuou e, em 2014, a Wendy ganhou o prêmio Nation's Restaurant News' MenuMasters na categoria Melhor oferta por tempo limitado pela criação do popular Pretzel Bacon Cheeseburger. Em 2015, a Wendy's iniciou uma parceria com a Honest Tea para lançar o Honest Tropical Green Tea, uma mistura do chá verde orgânico Fair Trade Certified, exclusiva da Wendy's.

A Wendy's atualmente está testando alguns novos produtos, incluindo uma linha de sanduíches frios usando um pão fresco chamado frescata, iogurte, granola e recheios para seu Frosty. A Wendy's também está com esperanças de que uma nova grelha de dois lados aumente a qualidade dos hambúrgueres e a rapidez do serviço. Mas a Wendy's tem obstáculos a superar. As rivais copiaram o menu com inovações da empresa. O McDonald's cristalizou uma onda jovem com o "Amo muito tudo isso" e promoções musicais. E, enquanto a Wendy's no passado quase ultrapassou a segunda colocada Burger King, esta parece ter aumentado essa lacuna, graças ao marketing intenso que deu a ela um aspecto *cult* de seguimento entre os fiéis do *fast-food*. A propaganda da Wendy's enfatizou mais claramente seus pontos de diferenciação em relação a suas concorrentes, incluindo alta qualidade, grande sabor e carne moída fresca (nunca congelada).

A fim de sobreviver no impiedoso setor de refeições rápidas, a Wendy's realizou um levantamento. Ela queria estudar os aspectos demográficos e a consciência dos clientes das diferentes redes de *fast-food* concorrentes; as respostas de satisfação dos clientes em termos de orientação familiar, conforto, preço, atendimento rápido, alimentos saudáveis, limpeza e assim por diante; e as preferências de compra dos clientes em termos de fazer a refeição no local ou utilizar o *drive-through*. O questionário utilizado é apresentado a seguir e os dados obtidos estão disponíveis para *download* no *site* deste livro. Com base nos dados coletados e na análise deste estudo, a Wendy's pretende melhorar seus serviços e orientação da marca.

Questões

Capítulo 1
1. Discuta o papel que a pesquisa de marketing pode desempenhar ao ajudar um restaurante de refeições rápidas como a Wendy's a formular estratégias de marketing sólidas.

Capítulo 2
1. A Wendy's está considerando sua expansão nos Estados Unidos. Defina o problema de decisão gerencial.
2. Defina um problema de pesquisa de marketing apropriado com base no problema de decisão gerencial identificado anteriormente.

Capítulo 3
1. Formule uma concepção de pesquisa para investigar o problema de pesquisa de marketing identificado no Capítulo 2.

Capítulo 4
1. Use a Internet para identificar as participações de mercado das principais redes de *fast-food* dos Estados Unidos no último ano-calendário.
2. Qual tipo de dados por assinatura seria útil para a Wendy's?

Capítulo 5
1. Discuta o papel da pesquisa qualitativa para ajudar a Wendy's na sua expansão nos Estados Unidos.

Capítulo 6
1. A Wendy's desenvolveu um novo sanduíche de peixe com um característico sabor cajun e gostaria de verificar a resposta dos consumidores a ele antes de introduzi-lo no mercado. Se um levantamento fosse realizado para identificar as preferências do consumidor, que método deveria ser utilizado e por quê?

Capítulo 7
1. Discuta o papel da experimentação ao ajudar a Wendy's a identificar seu nível ótimo de despesas com propaganda.

Capítulo 8
1. Ilustre o uso do tipo primário de escalas na mensuração das preferências dos consumidores por restaurantes de refeições rápidas.

Capítulo 9
1. Ilustre o uso de escalas Likert, de diferencial semântico e Stapel na mensuração das preferências dos consumidores por restaurantes de refeições rápidas.

Capítulo 10
1. Elabore um questionário para avaliar as preferências dos consumidores por restaurantes de refeições rápidas.

Capítulos 11 e 12

1. Que plano de amostragem deveria ser adotado para o levantamento do Capítulo 6? Como o tamanho da amostra deveria ser determinado?

Capítulo 13

1. Como os trabalhadores de campo devem ser selecionados e treinados para realizar o levantamento do Capítulo 6?

Capítulo 14

1. Como os valores faltantes devem ser tratados para as seguintes variáveis demográficas: escolaridade (D5), renda (D6), emprego (D7) e estado civil (D8)?
2. Recodifique método de pagamento (D1) ao combinar Cartão de débito, Cheque e Outros em uma categoria.
3. Recodifique número de pessoas vivendo na casa (D3A) da seguinte maneira: para adultos maiores de 18, quatro ou mais deve ser combinada em uma categoria denominada 4 mais para cada um dos três grupos etários restantes (abaixo de 5, 6–11 e 12–17), dois ou mais deve ser combinada em uma única categoria denominada 2 mais.
4. Recodifique escolaridade (D5) ao combinar as duas categorias mais baixas e ao denominá-las ensino médio completo ou menos.
5. Recodifique renda (D6) ao combinar as três categorias mais altas e denominá-las US$ 100 mil ou mais.
6. Recodifique emprego (D7) ao combinar do lar, aposentado e desempregado em uma única categoria.
7. Classifique os respondentes como usuários eventuais, médios e frequentes de restaurantes de refeições rápidas com base na distribuição de frequência de S3A: nas últimas quatro semanas, aproximadamente quantas vezes você comeu em um restaurante de refeições rápidas? Use a seguinte classificação: 1–4 vezes = eventual, 5–8 vezes = médio, 9 ou mais vezes = frequente.

Capítulo 15

1. Faça uma distribuição de frequência para todas as variáveis exceto ID do respondente (respondid). Por que essa análise é útil?
2. Faça uma tabulação cruzada da classificação de consumo de refeições rápidas (S3A recodificada, ver questões do Capítulo 14) com as características demográficas (algumas recodificadas conforme especificado no Capítulo 14): idade (S1), gênero (S2), método de pagamento (D1), número de pessoas vivendo na casa (D3A), escolaridade (D5), renda (D6), emprego (D7), estado civil (D8) e região. Interprete os resultados.
3. Faça uma tabulação cruzada do método de pagamento (D1 recodificada) com as características demográficas restantes (algumas recodificadas conforme especificado no Capítulo 14): idade (S1), gênero (S2), número de pessoas vivendo na casa (D3A), escolariade (D5), renda (D6), emprego (D7), estado civil (D8) e região. Interprete os resultados.
4. Faça uma tabulação cruzada de comer lá com mais frequência, menos frequência ou na mesma frequência do que no ano passado (q8_1, q8_7, q8_26, q8_36, q8_39) com as características demográficas (algumas recodificadas conforme especificado no Capítulo 14): idade (S1), gênero (S2), método de pagamento (D1), número de pessoas vivendo na casa (D3A), escolaridade (D5), renda (D6), emprego (D7), estado civil (D8) e região. Interprete os resultados.
5. As avaliações das afirmações psicográficas (q14_1, q14_2, q14_3, q14_4, q14_5, q14_6 e q14_7) diferem para homens e mulheres (S2)? Como sua análise mudaria se as avaliações das afirmações psicográficas fossem tratadas como ordinais em vez de intervalares?
6. Os respondentes concordam mais com "Tenho feito um esforço para procurar opções de refeições rápidas que tenham mais valor nutricional do que alimentos que eu escolhia no passado" (q14_6) do que com "Considero a quantidade de calorias nos alimentos que meus filhos consomem nos restaurantes de refeições rápidas" (q14_5)? Como sua análise mudaria se essas avaliações fossem tratadas como ordinais em vez de intervalares?

Capítulo 16

1. As avaliações do restaurante (q9_1, q9_7, q9_26, q9_36, q9_39) diferem para as várias características demográficas (algumas recodificadas conforme especificado no Capítulo 14): idade (S1), gênero (S2), método de pagamento (D1), número de pessoas vivendo na casa (D3A), escolaridade (D5), renda (D6), emprego (D7), estado civil (D8) e região? Interprete os resultados.
2. Os quatro grupos definidos por "até que ponto você acha difícil decidir qual restaurante de refeições rápidas escolher" (q13) diferem em suas avaliações do restaurante (q9_1, q9_7, q9_26, q9_36, q9_39)?

Capítulo 17

1. As avaliações do restaurante (q9_1, q9_7, q9_26, q9_36, q9_39) podem ser explicadas em termos das avaliações das afirmações psicográficas (q14_1, q14_2, q14_3, q14_4, q14_5, q14_6 e q14_7) quando as afirmações são consideradas simultaneamente?

Capítulo 18

1. Homens e mulheres (S2) podem ser diferenciados com base nas avaliações das afirmações psicográficas (q14_1, q14_2, q14_3, q14_4, q14_5, q14_6 e q14_7) quando as avaliações são consideradas simultaneamente? Faça uma análise discriminante de dois grupos. Faça então uma análise logit. Compare os resultados das duas análises.

Capítulo 19

1. Faça uma análise fatorial das afirmações psicográficas (q14_1, q14_2, q14_3, q14_4, q14_5, q14_6 e q14_7). Use a análise de componentes principais com o procedimento varimax. Interprete os fatores.

Capítulo 20

1. Como você agruparia os respondentes com base nas afirmações psicográficas (q14_1, q14_2, q14_3, q14_4, q14_5, q14_6 e q14_7)? Interprete os *clusters* resultantes.

Capítulo 21

1. Forneça avaliações de similaridade em uma escala de 1 a 7 para todos os pares possíveis de marcas de restaurante de refeições rápidas: Arby's, Burger King, Church's, Domino's Pizza, KFC, McDonald's, Pizza Hut, Subway, Taco Bell e Wendy's. Elabore um mapa de EMD de duas dimensões. Interprete as dimensões e o mapa.
2. Construa 36 perfis completos de restaurantes de refeições rápidas usando os seguintes atributos e níveis: preço (B, M, A), qualidade (M, A), limpeza (M, A), serviço (B, M, A). Note que B = baixo, M = médio e A = alto. Coloque em ordem de preferência os 36 perfis usando uma escala de 7 pontos (1 = não preferido, 7 = muito preferido). Calcule as funções de utilidade e a importância relativa dos atributos.

Capítulo 22

Elabore um modelo de MEE que coloque a avaliação dos restaurantes de refeições rápidas e a atitude em relação a alimentos saudáveis como construtos exógenos e a frequência a restaurantes de refeições rápidas como um construto endógeno.

1. Desenvolva três itens para medir cada um dos três construtos.
2. Faça um diagrama de caminho do modelo de mensuração.
3. Quais são os graus de liberdade do modelo de mensuração?
4. Faça um diagrama de caminho do modelo estrutural.

Capítulo 23

1. Escreva um relatório para a gerência da Wendy's resumindo os resultados de suas análises. Que recomendações você tem para a gerência?
2. Se esse levantamento fosse realizado na Malásia, em vez de nos Estados Unidos, como o processo de pesquisa mudaria?
3. O tamanho da amostra na Malásia deveria ser o mesmo que o dos Estados Unidos? Os mesmos procedimentos de amostragem deveriam ser usados nos dois países?

Referências

1. www.wendys.com, accessed February 1, 2017.
2. http://money.cnn.com/quote/financials/financials.html?symb=WEN, accessed February 1, 2017.

Nota: Este caso foi preparado apenas para fins de discussão em aula e não representa as opiniões da Wendy's ou de suas afiliadas. O cenário do problema é hipotético e o nome real da empresa foi preservado. No entanto, o questionário e os dados fornecidos são reais, e os dados foram coletados em uma pesquisa real de uma proeminente empresa de pesquisa de marketing, cujo nome também foi preservado. Algumas questões foram omitidas, e os dados para outras perguntas não são fornecidos devido a questões de propriedade.

As informações relacionadas à "região" não foram indicadas no questionário, mas estão codificadas no arquivo de dados como: 1 = Nordeste, 2 = Meio-Oeste, 3 = Sul e 4 = Oeste.

QUESTIONÁRIO DO COMPROMISSO ON-LINE DA WENDY'S ESTUDO DE 1° DE ABRIL DE 2017

IDR _____

Agradecemos pela sua participação neste levantamento.

S1. Para começar, qual das seguintes categorias inclui sua idade? (ESCOLHA APENAS UMA RESPOSTA.)

1. Abaixo de 18   **[TERMINE QS1]**
2. 18–24
3. 25–29
4. 30–34
5. 35–39
6. 40–45
7. 46 ou mais   **[TERMINE QS1]**
– Recusou   **[TERMINE QS1]**

S2. Você é do gênero...? (ESCOLHA APENAS UMA RESPOSTA.)

1. Masculino
2. Feminino

S3. OMITIDA

S3A. Nas últimas quatro semanas, aproximadamente quantas vezes você comeu em um restaurante de refeições rápidas? **[ACEITE SOMENTE NÚMEROS INTEIROS; NÃO ACEITE INTERVALOS.] [FAIXA: 0–99]**

_____
& NS/recusou   **[TERMINE QS3A]**
                    [TERMINE QS3A SE ZERO]

1. OMITIDA
2. OMITIDA
3. OMITIDA

3a. Você indicou que já ouviu falar desses restaurantes. Quando foi a última vez que você comeu em cada um deles? (POR FAVOR, SELECIONE UM PERÍODO PARA CADA RESTAURANTE.) **[FORMATE COMO UMA GRADE: INCLUA RESPOSTAS DA Q1].**

   1. Nas últimas 4 semanas
   2. De mais de 4 semanas a nos últimos 3 meses
   3. Mais de três meses atrás
   4. Nunca

4. OMITIDA
5. OMITIDA
6. OMITIDA
7. OMITIDA

8. Para cada um dos restaurantes listados a seguir, por favor indique se você está comendo em algum deles com mais frequência, com menos frequência ou na mesma frequência que no ano passado. **[MOSTRE SOMENTE AQUELES NA Q3a = 1 ou 2]**

	Com mais frequência	Na mesma frequência	Com menos frequência
Inserir marcas	1	2	3

9. Gostaria que você avaliasse os restaurantes nos quais você comeu nos últimos três meses usando uma escala de 10 pontos, em que "10" significa que você acha que ele é perfeito e "1" significa que você acha ele terrível. Agora considerando tudo o que você procura em um restaurante de refeições rápidas, como você avaliaria cada um deles? **[MOSTRE Q3a = 1 ou 2]**

Terrível (1)	2	3	4	5	6	7	8	9	Perfeito (10)
○	○	○	○	○	○	○	○	○	○

10. OMITIDA
11. OMITIDA
12. OMITIDA

13. Algumas vezes é difícil para as pessoas se decidirem sobre que restaurante de refeições rápidas escolher em uma determinada ocasião. Pense em quando você vai a um restaurante de refeições rápidas. Em geral, qual das seguintes afirmações melhor descreve até que ponto você acha difícil decidir qual restaurante de refeições rápidas escolher? (ESCOLHA APENAS UMA RESPOSTA)

   1. **Sempre sei** exatamente em que restaurante de refeições rápidas eu vou
   2. **Em geral sei** exatamente em que restaurante de refeições rápidas eu vou
   3. **Em geral estou indeciso** sobre em qual restaurante de refeições rápidas eu vou
   4. **Sempre estou indeciso** sobre em qual restaurante de refeições rápidas eu vou

14. A seguir está uma lista de afirmações que pode ou não ser usada para descrevê-lo no geral. Usando a escala de Concordo totalmente, Concordo um pouco, Não concordo nem discordo, Discordo um pouco e Discordo totalmente, por favor indique o quanto você concorda com cada afirmação. (ESCOLHA UMA RESPOSTA PARA CADA AFIRMAÇÃO.)

Discordo totalmente	Discordo um pouco	Nem concordo nem discordo	Concordo um pouco	Concordo totalmente	S/R
○	○	○	○	○	○

1. Tento me manter atualizado sobre as últimas informações sobre saúde e nutrição
2. Leio as informações nutricionais nos rótulos da maioria dos produtos que compro
3. Estou fazendo um esforço para descobrir o conteúdo nutricional dos alimentos que consumo nos restaurantes de refeições rápidas
4. Considero a quantidade de gordura nos alimentos que consumo nos restaurantes de refeições rápidas
5. Considero a quantidade de gordura nos alimentos que meus filhos consomem em restaurantes de refeições rápidas
6. Tenho feito um esforço para procurar opções de refeições rápidas que têm mais valor nutricional do que os alimentos que eu escolhia no passado
7. Estou comendo em restaurantes de refeições rápidas com menos frequência sem preocupação com relação ao alto teor de gorduras nos alimentos dos restaurantes de refeições rápidas

Estas últimas perguntas são somente para propósitos de classificação.

D1. Qual dos seguintes métodos de pagamento você mais usa ao pagar a conta em restaurantes de refeições rápidas? Você paga usando…? (ESCOLHA APENAS UMA RESPOSTA.)

   1. Dinheiro
   2. Cartão de crédito
   3. Cartão de débito
   4. Cheque
   5. Outro

D2. OMITIDA

D3. OMITIDA

D3A. Quantas pessoas em cada um dos seguintes grupos etários moram em sua casa? (POR FAVOR COLOQUE UM NÚMERO PARA CADA FAIXA ETÁRIA. DIGITE "0" SE NÃO HÁ ALGUÉM NESSAS FAIXAS NA SUA CASA.)

   A. Adultos maiores de 18 **[FAIXA: 1–15]**
   B. Crianças com menos de 5 anos **[FAIXA: 0–9]**
   C. Crianças de 6 - 11 anos **[FAIXA: 0–9]**
   D. Crianças de 12 - 17 anos **[FAIXA: 0–9]**

D4. OMITIDA

D5. Qual das seguintes alternativas melhor representa seu nível de escolaridade? (ESCOLHA APENAS UMA RESPOSTA.)

   1. Ensino médio incompleto ou menos
   2. Ensino médio completo
   3. Ensino superior incompleto
   4. Ensino superior completo
   5. Pós-graduação
   – Prefere não responder

D6. Qual das seguintes alternativas melhor descreve sua renda familiar anual antes dos impostos? (ESCOLHA APENAS UMA RESPOSTA.)

1. Abaixo de US$ 25mil
2. US$ 25 mil até US$ 50mil
1. US$ 50 mil até US$ 75 mil
2. US$ 75 mil até US$ 100 mil
3. US$ 100 mil até US$ 150 mil
4. US$ 150 mil até US$ 200 mil
5. US$ 200 mil ou mais
– Prefere não responder

D7. Qual das seguintes alternativas melhor descreve seu emprego atual? (ESCOLHA APENAS UMA RESPOSTA.)

1. Tempo integral
2. Meio-período
3. Aposentado
4. Estudante
5. Do lar
6. Desempregado
– Prefere não responder

D8. Você é...?

1 Solteiro, Separado, Divorciado, Viúvo
0 Casado/Morando como se fosse casado
– Prefere não responder

Agradecemos pelo seu tempo para participar de nossa pesquisa!

	Q1		Q1
Arby's	1	La Salsa	23
Atlanta Bread Company	2	Little Caesars	24
A&W	3	Long John Silvers	25
Baja Fresh	4	McDonald's	26
Blimpie	5	Panda Express	27
Boston Chicken/Market	6	Panera Bread	28
Burger King	7	Papa John's	41
Captain D's	8	Pick Up Stix	29
Carl's Jr.	9	Pizza Hut	30
Checker's Drive In	10	Popeye's	31
Chick-Fil-A	11	Quizno's	32
Chipotle Mexican Grill	12	Rally's	33
Church's	13	Rubio's	34
Del Taco	14	Sonic	35
Domino's Pizza	15	Subway	36
El Pollo Loco	16	Taco Bell	37
Grandy's	17	Taco Bueno	38
Green Burrito	18	Wendy's	39
Hardee's	19	Whataburger	40
In n Out Burger	20	OMITIDA – OUTRA ESPECIFICAR	
Jack in the Box	21		
KFC/Kentucky Fried Chicken	22	Nenhuma	42

APÊNDICE

Tabelas Estatísticas

TABELA 1
Números aleatórios simples

Linha/Coluna	(1)	(2)	(3)	(4)	(5)	(6)	(7)	(8)	(9)	(10)	(11)	(12)	(13)	(14)
1	10480	15011	01536	02011	81647	91646	69179	14194	62590	36207	20969	99570	91291	90700
2	22368	46573	25595	85393	30995	89198	27982	53402	93965	34095	52666	19174	39615	99505
3	24130	48390	22527	97265	76393	64809	15179	24830	49340	32081	30680	19655	63348	58629
4	42167	93093	06243	61680	07856	16376	39440	53537	71341	57004	00849	74917	97758	16379
5	37570	39975	81837	16656	06121	91782	60468	81305	49684	60072	14110	06927	01263	54613
6	77921	06907	11008	42751	27756	53498	18602	70659	90655	15053	21916	81825	44394	42880
7	99562	72905	56420	69994	98872	31016	71194	18738	44013	48840	63213	21069	10634	12952
8	96301	91977	05463	07972	18876	20922	94595	56869	69014	60045	18425	84903	42508	32307
9	89579	14342	63661	10281	17453	18103	57740	84378	25331	12568	58678	44947	05585	56941
10	85475	36857	53342	53988	53060	59533	38867	62300	08158	17983	16439	11458	18593	64952
11	28918	69578	88231	33276	70997	79936	56865	05859	90106	31595	01547	85590	91610	78188
12	63553	40961	48235	03427	49626	69445	18663	72695	52180	20847	12234	90511	33703	90322
13	09429	93969	52636	92737	88974	33488	36320	17617	30015	08272	84115	27156	30613	74952
14	10365	61129	87529	85689	48237	52267	67689	93394	01511	26358	85104	20285	29975	89868
15	07119	97336	71048	08178	77233	13916	47564	81056	97735	85977	29372	74461	28551	90707
16	51085	12765	51821	51259	77452	16308	60756	92144	49442	53900	70960	63990	75601	40719
17	02368	21382	52404	60268	89368	19885	55322	44819	01188	65255	64835	44919	05944	55157
18	01011	54092	33362	94904	31273	04146	18594	29852	71685	85030	51132	01915	92747	64951
19	52162	53916	46369	58586	23216	14513	83149	98736	23495	64350	94738	17752	35156	35749
20	07056	97628	33787	09998	42698	06691	76988	13602	51851	46104	88916	19509	25625	58104
21	48663	91245	85828	14346	09172	30163	90229	04734	59193	22178	30421	61666	99904	32812
22	54164	58492	22421	74103	47070	25306	76468	26384	58151	06646	21524	15227	96909	44592
23	32639	32363	05597	24200	13363	38005	94342	28728	35806	06912	17012	64161	18296	22851
24	29334	27001	87637	87308	58731	00256	45834	15398	46557	41135	10307	07684	36188	18510
25	02488	33062	28834	07351	19731	92420	60952	61280	50001	67658	32586	86679	50720	94953
26	81525	72295	04839	96423	24878	82651	66566	14778	76797	14780	13300	87074	79666	95725
27	29676	20591	68086	26432	46901	20849	89768	81536	86645	12659	92259	57102	80428	25280
28	00742	57392	39064	66432	84673	40027	32832	61362	98947	96067	64760	64584	96096	98253
29	05366	04213	25669	26422	44407	44048	37937	63904	45766	66134	75470	66520	34693	90449
30	91921	26418	64117	94305	26766	25940	39972	22209	71500	64568	91402	42416	07844	69618
31	00582	04711	87917	77341	42206	35126	74087	99547	81817	42607	43808	76655	62028	76630
32	00725	69884	62797	56170	86324	88072	76222	36086	84637	93161	76038	65855	77919	88006
33	69011	65795	95876	55293	18988	27354	26575	08625	40801	59920	29841	80150	12777	48501
34	25976	57948	29888	88604	67917	48708	18912	82271	65424	69774	33611	54262	85963	03547

(*Continua*)

TABELA 1
Números aleatórios simples (*continuação*)

Linha/Coluna	(1)	(2)	(3)	(4)	(5)	(6)	(7)	(8)	(9)	(10)	(11)	(12)	(13)	(14)
35	09763	83473	73577	12908	30883	18317	28290	35797	05998	41688	34952	37888	38917	88050
36	91567	42595	27958	30134	04024	86385	29880	99730	55536	84855	29088	09250	79656	73211
37	17955	56349	90999	49127	20044	59931	06115	20542	18059	02008	73708	83517	36103	42791
38	46503	18584	18845	49618	02304	51038	20655	58727	28168	15475	56942	53389	20562	87338
39	92157	89634	94824	78171	84610	82834	09922	25417	44137	48413	25555	21246	35509	20468
40	14577	62765	35605	81263	39667	47358	56873	56307	61607	49518	89656	20103	77490	18062
41	98427	07523	33362	64270	01638	92477	66969	98420	04880	45585	46565	04102	46880	45709
42	34914	63976	88720	82765	34476	17032	87589	40836	32427	70002	70663	88863	77775	69348
43	70060	28277	39475	46473	23219	53416	94970	25832	69975	94884	19661	72828	00102	66794
44	53976	54914	06990	67245	68350	82948	11398	42878	80287	88267	47363	46634	06541	97809
45	76072	29515	40980	07391	58745	25774	22987	80059	39911	96189	41151	14222	60697	59583
46	90725	52210	83974	29992	65831	38857	50490	83765	55657	14361	31720	57375	56228	41546
47	64364	67412	33339	31926	14883	24413	59744	92351	97473	89286	35931	04110	23726	51900
48	08962	00358	31662	25388	61642	34072	81249	35648	56891	69352	48373	45578	78547	81788
49	95012	68379	93526	70765	10592	04542	76463	54328	02349	17247	28865	14777	62730	92277
50	15664	10493	20492	38301	91132	21999	59516	81652	27195	48223	46751	22923	32261	85653
51	16408	81899	04153	53381	79401	21438	83035	92350	36693	31238	59649	91754	72772	02338
52	18629	81953	05520	91962	04739	13092	97662	24822	94730	06496	35090	04822	86774	98289
53	73115	35101	47498	87637	99016	71060	88824	71013	18735	20286	23153	72924	35165	43040
54	57491	16703	23167	49323	45021	33132	12544	41035	80780	45393	44812	12515	98931	91202
55	30405	83946	23792	14422	15059	45799	22716	19792	09983	74353	68668	30429	70735	25499
56	16631	35006	85900	98275	32388	52390	16815	69293	82732	38480	73817	32523	41961	44437
57	96773	20206	42559	78985	05300	22164	24369	54224	35083	19687	11052	91491	60383	19746
58	38935	64202	14349	82674	66523	44133	00697	35552	35970	19124	63318	29686	03387	59846
59	31624	76384	17403	53363	44167	64486	64758	75366	76554	31601	12614	33072	60332	92325
60	78919	19474	23632	27889	47914	02584	37680	20801	72152	39339	34806	08930	85001	87820
61	03931	33309	57047	74211	63445	17361	62825	39908	05607	91284	68833	25570	38818	46920
62	74426	33278	43972	10119	89917	15665	52872	73823	73144	88662	88970	74492	51805	99378
63	09066	00903	20795	95452	92648	45454	69552	88815	16553	51125	79375	97596	16296	66092
64	42238	12426	87025	14267	20979	04508	64535	31355	86064	29472	47689	05974	52468	16834
65	16153	08002	26504	41744	81959	65642	74240	56302	00033	67107	77510	70625	28725	34191
66	21457	40742	29820	96783	29400	21840	15035	34537	33310	06116	95240	15957	16572	06004
67	21581	57802	02050	89728	17937	37621	47075	42080	97403	48626	68995	43805	33386	21597
68	55612	78095	83197	33732	05810	24813	86902	60397	16489	03264	88525	42786	05269	92532
69	44657	66999	99324	51281	84463	60563	79312	93454	68876	25471	93911	25650	12682	73572
70	91340	84979	46949	81973	37949	61023	43997	15263	80644	43942	89203	71795	99533	50501
71	91227	21199	31935	27022	84067	05462	35216	14486	29891	68607	41867	14951	91696	85065
72	50001	38140	66321	19924	72163	09538	12151	06878	91903	18749	34405	56087	82790	70925
73	65390	05224	72958	28609	81406	39147	25549	48542	42627	45233	57202	94617	23772	07896
74	27504	96131	83944	41575	10573	03619	64482	73923	36152	05184	94142	25299	94387	34925
75	37169	94851	39117	89632	00959	16487	65536	49071	39782	17095	02330	74301	00275	48280
76	11508	70225	51111	38351	19444	66499	71945	05422	13442	78675	84031	66938	93654	59894
77	37449	30362	06694	54690	04052	53115	62757	95348	78662	11163	81651	50245	34971	52974
78	46515	70331	85922	38329	57015	15765	97161	17869	45349	61796	66345	81073	49106	79860
79	30986	81223	42416	58353	21532	30502	32305	86482	05174	07901	54339	58861	74818	46942
80	63798	64995	46583	09785	44160	78128	83991	42865	92520	83531	80377	35909	81250	54238
81	82486	84846	99254	67632	43218	50076	21361	64816	51202	88124	41870	52689	51275	83556

(*Continua*)

TABELA 1
Números aleatórios simples (*continuação*)

Linha/Coluna	(1)	(2)	(3)	(4)	(5)	(6)	(7)	(8)	(9)	(10)	(11)	(12)	(13)	(14)
82	21885	32906	92431	09060	64297	51674	64126	62570	26123	05155	59194	52799	28225	85762
83	60336	98782	07408	53458	13564	59089	26445	29789	85205	41001	12535	12133	14645	23541
84	43937	46891	24010	25560	86355	33941	25786	54990	71899	15475	95434	98227	21824	19535
85	97656	63175	89303	16275	07100	92063	21942	18611	47348	20203	18534	03862	78095	50136
86	03299	01221	05418	38982	55758	92237	26759	86367	21216	98442	08303	56613	91511	75928
87	79626	06486	03574	17668	07785	76020	79924	25651	83325	88428	85076	72811	22717	50585
88	85636	68335	47539	03129	65651	11977	02510	26113	99447	68645	34327	15152	55230	93448
89	18039	14367	61337	06177	12143	46609	32989	74014	64708	00533	35398	58408	13261	47908
90	08362	15656	60627	36478	65648	16764	53412	09013	07832	41574	17639	82163	60859	75567
91	79556	29068	04142	16268	15387	12856	66227	38358	22478	73373	88732	09443	82558	05250
92	92608	82674	27072	32534	17075	27698	98204	63863	11951	34648	88022	56148	34925	57031
93	23982	25835	40055	67006	12293	02753	14827	23235	35071	99704	37543	11601	35503	85171
94	09915	96306	05908	97901	28395	14186	00821	80703	70426	75647	76310	88717	37890	40129
95	59037	33300	26695	62247	69927	76123	50842	43834	86654	70959	79725	93872	28117	19233
96	42488	78077	69882	61657	34136	79180	97526	43092	04098	73571	80799	76536	71255	64239
97	46764	86273	63003	93017	31204	36692	40202	35275	57306	55543	53203	18098	47625	88684
98	03237	45430	55417	63282	90816	17349	88298	90183	36600	78406	06216	95787	42579	90730
99	86591	81482	52667	61582	14972	90053	89534	76036	49199	43716	97548	04379	46370	28672
100	38534	01715	94964	87288	65680	43772	39560	12918	80537	62738	19636	51132	25739	56947

TABELA 2
Área sob a curva normal

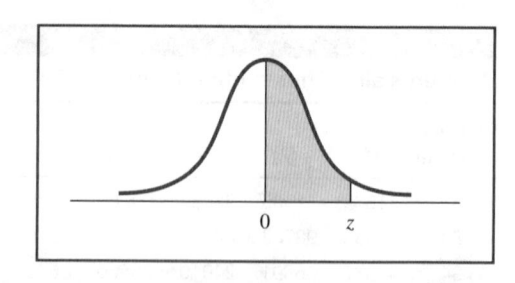

Z	0,00	0,01	0,02	0,03	0,04	0,05	0,06	0,07	0,08	0,09
0,0	0,0000	0,0040	0,0080	0,0120	0,0160	0,0199	0,0239	0,0279	0,0319	0,0359
0,1	0,0398	0,0438	0,0478	0,0517	0,0557	0,0596	0,0636	0,0675	0,0714	0,0753
0,2	0,0793	0,0832	0,0871	0,0910	0,0948	0,0987	0,1026	0,1064	0,1103	0,1141
0,3	0,1179	0,1217	0,1255	0,1293	0,1331	0,1368	0,1406	0,1443	0,1480	0,1517
0,4	0,1554	0,1591	0,1628	0,1664	0,1700	0,1736	0,1772	0,1808	0,1844	0,1879
0,5	0,1915	0,1950	0,1985	0,2019	0,2054	0,2088	0,2123	0,2157	0,2190	0,2224
0,6	0,2257	0,2291	0,2324	0,2357	0,2389	0,2422	0,2454	0,2486	0,2518	0,2549
0,7	0,2580	0,2612	0,2642	0,2673	0,2704	0,2734	0,2764	0,2794	0,2823	0,2852
0,8	0,2881	0,2910	0,2939	0,2967	0,2995	0,3023	0,3051	0,3078	0,3106	0,3133
0,9	0,3159	0,3186	0,3212	0,3238	0,3264	0,3289	0,3315	0,3340	0,3365	0,3389
1,0	0,3413	0,3438	0,3461	0,3485	0,3508	0,3531	0,3554	0,3577	0,3599	0,3621
1,1	0,3643	0,3665	0,3686	0,3708	0,3729	0,3749	0,3770	0,3790	0,3810	0,3830
1,2	0,3849	0,3869	0,3888	0,3907	0,3925	0,3944	0,3962	0,3980	0,3997	0,4015
1,3	0,4032	0,4049	0,4066	0,4082	0,4099	0,4115	0,4131	0,4147	0,4162	0,4177
1,4	0,4192	0,4207	0,4222	0,4236	0,4251	0,4265	0,4279	0,4292	0,4306	0,4319
1,5	0,4332	0,4345	0,4357	0,4370	0,4382	0,4394	0,4406	0,4418	0,4429	0,4441
1,6	0,4452	0,4463	0,4474	0,4484	0,4495	0,4505	0,4515	0,4525	0,4535	0,4545
1,7	0,4554	0,4564	0,4573	0,4582	0,4591	0,4599	0,4608	0,4616	0,4625	0,4633
1,8	0,4641	0,4649	0,4656	0,4664	0,4671	0,4678	0,4686	0,4693	0,4699	0,4706
1,9	0,4713	0,4719	0,4726	0,4732	0,4738	0,4744	0,4750	0,4756	0,4761	0,4767
2,0	0,4772	0,4778	0,4783	0,4788	0,4793	0,4798	0,4803	0,4808	0,4812	0,4817
2,1	0,4821	0,4826	0,4830	0,4834	0,4838	0,4842	0,4846	0,4850	0,4854	0,4857
2,2	0,4861	0,4864	0,4868	0,4871	0,4875	0,4878	0,4881	0,4884	0,4887	0,4890
2,3	0,4893	0,4896	0,4898	0,4901	0,4904	0,4906	0,4909	0,4911	0,4913	0,4916
2,4	0,4918	0,4920	0,4922	0,4925	0,4927	0,4929	0,4931	0,4932	0,4934	0,4936
2,5	0,4938	0,4940	0,4941	0,4943	0,4945	0,4946	0,4948	0,4949	0,4951	0,4952
2,6	0,4953	0,4955	0,4956	0,4957	0,4959	0,4960	0,4961	0,4962	0,4963	0,4964
2,7	0,4965	0,4966	0,4967	0,4968	0,4969	0,4970	0,4971	0,4972	0,4973	0,4974
2,8	0,4974	0,4975	0,4976	0,4977	0,4977	0,4978	0,4979	0,4979	0,4980	0,4981
2,9	0,4981	0,4982	0,4982	0,4983	0,4984	0,4984	0,4985	0,4985	0,4986	0,4986
3,0	0,49865	0,49869	0,49874	0,49878	0,49882	0,49886	0,49889	0,49893	0,49897	0,49900
3,1	0,49903	0,49906	0,49910	0,49913	0,49916	0,49918	0,49921	0,49924	0,49926	0,49929
3,2	0,49931	0,49934	0,49936	0,49938	0,49940	0,49942	0,49944	0,49946	0,49948	0,49950
3,3	0,49952	0,49953	0,49955	0,49957	0,49958	0,49960	0,49961	0,49962	0,49964	0,49965
3,4	0,49966	0,49968	0,49969	0,49970	0,49971	0,49972	0,49973	0,49974	0,49975	0,49976
3,5	0,49977	0,49978	0,49978	0,49979	0,49980	0,49981	0,49981	0,49982	0,49983	0,49983
3,6	0,49984	0,49985	0,49985	0,49986	0,49986	0,49987	0,49987	0,49988	0,49988	0,49989
3,7	0,49989	0,49990	0,49990	0,49990	0,49991	0,49991	0,49992	0,49992	0,49992	0,49992
3,8	0,49993	0,49993	0,49993	0,49994	0,49994	0,49994	0,49994	0,49995	0,49995	0,49995
3,9	0,49995	0,49995	0,49996	0,49996	0,49996	0,49996	0,49996	0,49996	0,49997	0,49997

Os dados representam a área sob distribuição normal padronizada da média a z.

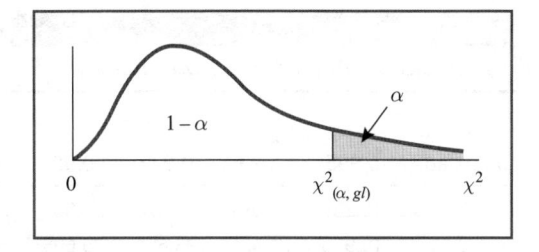

TABELA 3
Distribuição qui-quadrado

Graus de liberdade	Área lateral superior (α)											
	0,995	0,99	0,975	0,95	0,90	0,75	0,25	0,10	0,05	0,025	0,01	0,005
1	—	—	0,001	0,004	0,016	0,102	1,323	2,706	3,841	5,024	6,635	7,879
2	0,010	0,020	0,051	0,103	0,211	0,575	2,773	4,605	5,991	7,378	9,210	10,597
3	0,072	0,115	0,216	0,352	0,584	1,213	4,108	6,251	7,815	9,348	11,345	12,838
4	0,207	0,297	0,484	0,711	1,064	1,923	5,385	7,779	9,488	11,143	13,277	14,860
5	0,412	0,554	0,831	1,145	1,610	2,675	6,626	9,236	11,071	12,833	15,086	16,750
6	0,676	0,872	1,237	1,635	2,204	3,455	7,841	10,645	12,592	14,449	16,812	18,548
7	0,989	1,239	1,690	2,167	2,833	4,255	9,037	12,017	14,067	16,013	18,475	20,278
8	1,344	1,646	2,180	2,733	3,490	5,071	10,219	13,362	15,507	17,535	20,090	21,955
9	1,735	2,088	2,700	3,325	4,168	5,899	11,389	14,684	16,919	19,023	21,666	23,589
10	2,156	2,558	3,247	3,940	4,865	6,737	12,549	15,987	18,307	20,483	23,209	25,188
11	2,603	3,053	3,816	4,575	5,578	7,584	13,701	17,275	19,675	21,920	24,725	26,757
12	3,074	3,571	4,404	5,226	6,304	8,438	14,845	18,549	21,026	23,337	26,217	28,299
13	3,565	4,107	5,009	5,892	7,042	9,299	15,984	19,812	22,362	24,736	27,688	29,819
14	4,075	4,660	5,629	6,571	7,790	10,165	17,117	21,064	23,685	26,119	29,141	31,319
15	4,601	5,229	6,262	7,261	8,547	11,037	18,245	22,307	24,996	27,488	30,578	32,801
16	5,142	5,812	6,908	7,962	9,312	11,912	19,369	23,542	26,296	28,845	32,000	34,267
17	5,697	6,408	7,564	8,672	10,085	12,792	20,489	24,769	27,587	30,191	33,409	35,718
18	6,265	7,015	8,231	9,390	10,865	13,675	21,605	25,989	28,869	31,526	34,805	37,156
19	6,844	7,633	8,907	10,117	11,651	14,562	22,718	27,204	30,144	32,852	36,191	38,582
20	7,434	8,260	9,591	10,851	12,443	15,452	23,828	28,412	31,410	34,170	37,566	39,997
21	8,034	8,897	10,283	11,591	13,240	16,344	24,935	29,615	32,671	35,479	38,932	41,401
22	8,643	9,542	10,982	12,338	14,042	17,240	26,039	30,813	33,924	36,781	40,289	42,796
23	9,260	10,196	11,689	13,091	14,848	18,137	27,141	32,007	35,172	38,076	41,638	44,181
24	9,886	10,856	12,401	13,848	15,659	19,037	28,241	33,196	36,415	39,364	42,980	45,559
25	10,520	11,524	13,120	14,611	16,473	19,939	29,339	34,382	37,652	40,646	44,314	46,928
26	11,160	12,198	13,844	15,379	17,292	20,843	30,435	35,563	38,885	41,923	45,642	48,290
27	11,808	12,879	14,573	16,151	18,114	21,749	31,528	36,741	40,113	43,194	46,963	49,645
28	12,461	13,565	15,308	16,928	18,939	22,657	32,620	37,916	41,337	44,461	48,278	50,993
29	13,121	14,257	16,047	17,708	19,768	23,567	33,711	39,087	42,557	45,722	49,588	52,336
30	13,787	14,954	16,791	18,493	20,599	24,478	34,800	40,256	43,773	46,979	50,892	53,672
31	14,458	15,655	17,539	19,281	21,434	25,390	35,887	41,422	44,985	48,232	52,191	55,003
32	15,134	16,362	18,291	20,072	22,271	26,304	36,973	42,585	46,194	49,480	53,486	56,328
33	15,815	17,074	19,047	20,867	23,110	27,219	38,058	43,745	47,400	50,725	54,776	57,648
34	16,501	17,789	19,806	21,664	23,952	28,136	39,141	44,903	48,602	51,966	56,061	58,964
35	17,192	18,509	20,569	22,465	24,797	29,054	40,223	46,059	49,802	53,203	57,342	60,275
36	17,887	19,233	21,336	23,269	25,643	29,973	41,304	47,212	50,998	54,437	58,619	61,581
37	18,586	19,960	22,106	24,075	26,492	30,893	42,383	48,363	52,192	55,668	59,892	62,883

(*Continua*)

TABELA 3
Distribuição qui-quadrado (*continuação*)

Graus de liberdade	\multicolumn{12}{c}{Área lateral superior (α)}
	0,995	0,99	0,975	0,95	0,90	0,75	0,25	0,10	0,05	0,025	0,01	0,005
38	19,289	20,691	22,878	24,884	27,343	31,815	43,462	49,513	53,384	56,896	61,162	64,181
39	19,996	21,426	23,654	25,695	28,196	32,737	44,539	50,660	54,572	58,120	62,428	65,476
40	20,707	22,164	24,433	26,509	29,051	33,660	45,616	51,805	55,758	59,342	63,691	66,766
41	21,421	22,906	25,215	27,326	29,907	34,585	46,692	52,949	56,942	60,561	64,950	68,053
42	22,138	23,650	25,999	28,144	30,765	35,510	47,766	54,090	58,124	61,777	66,206	69,336
43	22,859	24,398	26,785	28,965	31,625	36,436	48,840	55,230	59,304	62,990	67,459	70,616
44	23,584	25,148	27,575	29,787	32,487	37,363	49,913	56,369	60,481	64,201	68,710	71,893
45	24,311	25,901	28,366	30,612	33,350	38,291	50,985	57,505	61,656	65,410	69,957	73,166
46	25,041	26,657	29,160	31,439	34,215	39,220	52,056	58,641	62,830	66,617	71,201	74,437
47	25,775	27,416	29,956	32,268	35,081	40,149	53,127	59,774	64,001	67,821	72,443	75,704
48	26,511	28,177	30,755	33,098	35,949	41,079	54,196	60,907	65,171	69,023	73,683	76,969
49	27,249	28,941	31,555	33,930	36,818	42,010	55,265	62,038	66,339	70,222	74,919	78,231
50	27,991	29,707	32,357	34,764	37,689	42,942	56,334	63,167	67,505	71,420	76,154	79,490
51	28,735	30,475	33,162	35,600	38,560	43,874	57,401	64,295	68,669	72,616	77,386	80,747
52	29,481	31,246	33,968	36,437	39,433	44,808	58,468	65,422	69,832	73,810	78,616	82,001
53	30,230	32,018	34,776	37,276	40,308	45,741	59,534	66,548	70,993	75,002	79,843	83,253
54	30,981	32,793	35,586	38,116	41,183	46,676	60,600	67,673	72,153	76,192	81,069	84,502
55	31,735	33,570	36,398	38,958	42,060	47,610	61,665	68,796	73,311	77,380	82,292	85,749
56	32,490	34,350	37,212	39,801	42,937	48,546	62,729	69,919	74,468	78,567	83,513	86,994
57	33,248	35,131	38,027	40,646	43,816	49,482	63,793	71,040	75,624	79,752	84,733	88,236
58	34,008	35,913	38,844	41,492	44,696	50,419	64,857	72,160	76,778	80,936	85,950	89,477
59	34,770	36,698	39,662	42,339	45,577	51,356	65,919	73,279	77,931	82,117	87,166	90,715
60	35,534	37,485	40,482	43,188	46,459	52,294	66,981	74,397	79,082	83,298	88,379	91,952

Para um determinado grau de liberdade, os dados representam os valores críticos de χ^2 correspondentes a uma área específica, α.

Para graus maiores de liberdade (gl), a expressão $z = \sqrt{2\chi^2} - \sqrt{2(gl) - 1}$ pode ser utilizada, e a área lateral superior resultante pode ser obtida a partir da tabela de distribuição normal padronizada.

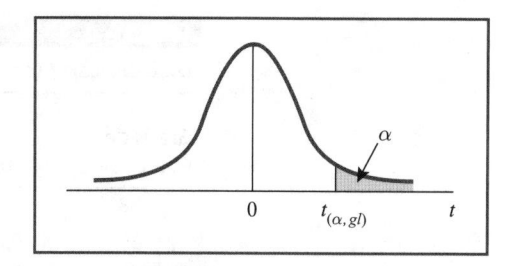

TABELA 4
Distribuição *t*

Graus de liberdade	Área lateral superior					
	0,25	0,10	0,05	0,025	0,01	0,005
1	1,0000	3,0777	6,3138	12,7062	31,8207	63,6574
2	0,8165	1,8856	2,9200	4,3027	6,9646	9,9248
3	0,7649	1,6377	2,3534	3,1824	4,5407	5,8409
4	0,7407	1,5332	2,1318	2,7764	3,7469	4,6041
5	0,7267	1,4759	2,0150	2,5706	3,3649	4,0322
6	0,7176	1,4398	1,9432	2,4469	3,1427	3,7074
7	0,7111	1,4149	1,8946	2,3646	2,9980	3,4995
8	0,7064	1,3968	1,8595	2,3060	2,8965	3,3554
9	0,7027	1,3830	1,8331	2,2622	2,8214	3,2498
10	0,6998	1,3722	1,8125	2,2281	2,7638	3,1693
11	0,6974	1,3634	1,7959	2,2010	2,7181	3,1058
12	0,6955	1,3562	1,7823	2,1788	2,6810	3,0545
13	0,6938	1,3502	1,7709	2,1604	2,6503	3,0123
14	0,6924	1,3450	1,7613	2,1448	2,6245	2,9768
15	0,6912	1,3406	1,7531	2,1315	2,6025	2,9467
16	0,6901	1,3368	1,7459	2,1199	2,5835	2,9208
17	0,6892	1,3334	1,7396	2,1098	2,5669	2,8982
18	0,6884	1,3304	1,7341	2,1009	2,5524	2,8784
19	0,6876	1,3277	1,7291	2,0930	2,5395	2,8609
20	0,6870	1,3253	1,7247	2,0860	2,5280	2,8453
21	0,6864	1,3232	1,7207	2,0796	2,5177	2,8314
22	0,6858	1,3212	1,7171	2,0739	2,5083	2,8188
23	0,6853	1,3195	1,7139	2,0687	2,4999	2,8073
24	0,6848	1,3178	1,7109	2,0639	2,4922	2,7969
25	0,6844	1,3163	1,7081	2,0595	2,4851	2,7874
26	0,6840	1,3150	1,7056	2,0555	2,4786	2,7787
27	0,6837	1,3137	1,7033	2,0518	2,4727	2,7707
28	0,6834	1,3125	1,7011	2,0484	2,4671	2,7633
29	0,6830	1,3114	1,6991	2,0452	2,4620	2,7564
30	0,6828	1,3104	1,6973	2,0423	2,4573	2,7500
31	0,6825	1,3095	1,6955	2,0395	2,4528	2,7440
32	0,6822	1,3086	1,6939	2,0369	2,4487	2,7385
33	0,6820	1,3077	1,6924	2,0345	2,4448	2,7333
34	0,6818	1,3070	1,6909	2,0322	2,4411	2,7284
35	0,6816	1,3062	1,6896	2,0301	2,4377	2,7238
36	0,6814	1,3055	1,6883	2,0281	2,4345	2,7195
37	0,6812	1,3049	1,6871	2,0262	2,4314	2,7154

(*Continua*)

TABELA 4
Distribuição t (continuação)

Graus de liberdade	Área lateral superior					
	0,25	0,10	0,05	0,025	0,01	0,005
38	0,6810	1,3042	1,6860	2,0244	2,4286	2,7116
39	0,6808	1,3036	1,6849	2,0227	2,4258	2,7079
40	0,6807	1,3031	1,6839	2,0211	2,4233	2,7045
41	0,6805	1,3025	1,6829	2,0195	2,4208	2,7012
42	0,6804	1,3020	1,6820	2,0181	2,4185	2,6981
43	0,6802	1,3016	1,6811	2,0167	2,4163	2,6951
44	0,6801	1,3011	1,6802	2,0154	2,4141	2,6923
45	0,6800	1,3006	1,6794	2,0141	2,4121	2,6896
46	0,6799	1,3002	1,6787	2,0129	2,4102	2,6870
47	0,6797	1,2998	1,6779	2,0117	2,4083	2,6846
48	0,6796	1,2994	1,6772	2,0106	2,4066	2,6822
49	0,6795	1,2991	1,6766	2,0096	2,4049	2,6800
50	0,6794	1,2987	1,6759	2,0086	2,4033	2,6778
51	0,6793	1,2984	1,6753	2,0076	2,4017	2,6757
52	0,6792	1,2980	1,6747	2,0066	2,4002	2,6737
53	0,6791	1,2977	1,6741	2,0057	2,3988	2,6718
54	0,6791	1,2974	1,6736	2,0049	2,3974	2,6700
55	0,6790	1,2971	1,6730	2,0040	2,3961	2,6682
56	0,6789	1,2969	1,6725	2,0032	2,3948	2,6665
57	0,6788	1,2966	1,6720	2,0025	2,3936	2,6649
58	0,6787	1,2963	1,6716	2,0017	2,3924	2,6633
59	0,6787	1,2961	1,6711	2,0010	2,3912	2,6618
60	0,6786	1,2958	1,6706	2,0003	2,3901	2,6603
61	0,6785	1,2956	1,6702	1,9996	2,3890	2,6589
62	0,6785	1,2954	1,6698	1,9990	2,3880	2,6575
63	0,6784	1,2951	1,6694	1,9983	2,3870	2,6561
64	0,6783	1,2949	1,6690	1,9977	2,3860	2,6549
65	0,6783	1,2947	1,6686	1,9971	2,3851	2,6536
66	0,6782	1,2945	1,6683	1,9966	2,3842	2,6524
67	0,6782	1,2943	1,6679	1,9960	2,3833	2,6512
68	0,6781	1,2941	1,6676	1,9955	2,3824	2,6501
69	0,6781	1,2939	1,6672	1,9949	2,3816	2,6490
70	0,6780	1,2938	1,6669	1,9944	2,3808	2,6479
71	0,6780	1,2936	1,6666	1,9939	2,3800	2,6469
72	0,6779	1,2934	1,6663	1,9935	2,3793	2,6459
73	0,6779	1,2933	1,6660	1,9930	2,3785	2,6449
74	0,6778	1,2931	1,6657	1,9925	2,3778	2,6439
75	0,6778	1,2929	1,6654	1,9921	2,3771	2,6430
76	0,6777	1,2928	1,6652	1,9917	2,3764	2,6421
77	0,6777	1,2926	1,6649	1,9913	2,3758	2,6412
78	0,6776	1,2925	1,6646	1,9908	2,3751	2,6403
79	0,6776	1,2924	1,6644	1,9905	2,3745	2,6395
80	0,6776	1,2922	1,6641	1,9901	2,3739	2,6387
81	0,6775	1,2921	1,6639	1,9897	2,3733	2,6379
82	0,6775	1,2920	1,6636	1,9893	2,3727	2,6371

(Continua)

TABELA 4
Distribuição t (continuação)

Graus de liberdade	Área lateral superior					
	0,25	0,10	0,05	0,025	0,01	0,005
83	0,6775	1,2918	1,6634	1,9890	2,3721	2,6364
84	0,6774	1,2917	1,6632	1,9886	2,3716	2,6356
85	0,6774	1,2916	1,6630	1,9883	2,3710	2,6349
86	0,6774	1,2915	1,6628	1,9879	2,3705	2,6342
87	0,6773	1,2914	1,6626	1,9876	2,3700	2,6335
88	0,6773	1,2912	1,6624	1,9873	2,3695	2,6329
89	0,6773	1,2911	1,6622	1,9870	2,3690	2,6322
90	0,6772	1,2910	1,6620	1,9867	2,3685	2,6316
91	0,6772	1,2909	1,6618	1,9864	2,3680	2,6309
92	0,6772	1,2908	1,6616	1,9861	2,3676	2,6303
93	0,6771	1,2907	1,6614	1,9858	2,3671	2,6297
94	0,6771	1,2906	1,6612	1,9855	2,3667	2,6291
95	0,6771	1,2905	1,6611	1,9853	2,3662	2,6286
96	0,6771	1,2904	1,6609	1,9850	2,3658	2,6280
97	0,6770	1,2903	1,6607	1,9847	2,3654	2,6275
98	0,6770	1,2902	1,6606	1,9845	2,3650	2,6269
99	0,6770	1,2902	1,6604	1,9842	2,3646	2,6264
100	0,6770	1,2901	1,6602	1,9840	2,3642	2,6259
110	0,6767	1,2893	1,6588	1,9818	2,3607	2,6213
120	0,6765	1,2886	1,6577	1,9799	2,3578	2,6174
130	0,6764	1,2881	1,6567	1,9784	2,3554	2,6142
140	0,6762	1,2876	1,6558	1,9771	2,3533	2,6114
150	0,6761	1,2872	1,6551	1,9759	2,3515	2,6090
∞	0,6745	1,2816	1,6449	1,9600	2,3263	2,5758

Para determinado grau de liberdade, os dados representam o valor crítico de t correspondente a uma área α lateral superior.

TABELA 5
Distribuição F

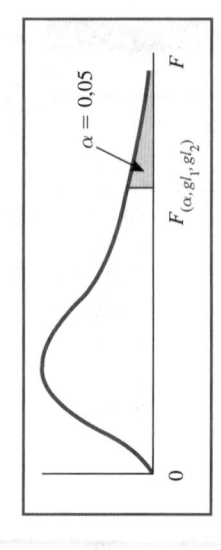

$\alpha = 0{,}05$, $F_{(\alpha, gl_1, gl_2)}$

Denominador gl_2	\multicolumn{16}{c}{Numerador gl_1}
	1	2	3	4	5	6	7	8	9	10	12	15	20	24	30	40	60	120	∞
1	161,4	199,5	215,7	224,6	230,2	234,0	236,8	238,9	240,5	241,9	243,9	245,9	248,0	249,1	250,1	251,1	252,2	253,3	254,3
2	18,51	19,00	19,16	19,25	19,30	19,33	19,35	19,37	19,38	19,40	19,41	19,43	19,45	19,45	19,46	19,47	19,48	19,49	19,50
3	10,13	9,55	9,28	9,12	9,01	8,94	8,89	8,85	8,81	8,79	8,74	8,70	8,66	8,64	8,62	8,59	8,57	8,55	8,53
4	7,71	6,94	6,59	6,39	6,26	6,16	6,09	6,04	6,00	5,96	5,91	5,86	5,80	5,77	5,75	5,72	5,69	5,66	5,63
5	6,61	5,79	5,41	5,19	5,05	4,95	4,88	4,82	4,77	4,74	4,68	4,62	4,56	4,53	4,50	4,46	4,43	4,40	4,36
6	5,99	5,14	4,76	4,53	4,39	4,28	4,21	4,15	4,10	4,06	4,00	3,94	3,87	3,84	3,81	3,77	3,74	3,70	3,67
7	5,59	4,74	4,35	4,12	3,97	3,87	3,79	3,73	3,68	3,64	3,57	3,51	3,44	3,41	3,38	3,34	3,30	3,27	3,23
8	5,32	4,46	4,07	3,84	3,69	3,58	3,50	3,44	3,39	3,35	3,28	3,22	3,15	3,12	3,08	3,04	3,01	2,97	2,93
9	5,12	4,26	3,86	3,63	3,48	3,37	3,29	3,23	3,18	3,14	3,07	3,01	2,94	2,90	2,86	2,83	2,79	2,75	2,71
10	4,96	4,10	3,71	3,48	3,33	3,22	3,14	3,07	3,02	2,98	2,91	2,85	2,77	2,74	2,70	2,66	2,62	2,58	2,54
11	4,84	3,98	3,59	3,36	3,20	3,09	3,01	2,95	2,90	2,85	2,79	2,72	2,65	2,61	2,57	2,53	2,49	2,45	2,40
12	4,75	3,89	3,49	3,26	3,11	3,00	2,91	2,85	2,80	2,75	2,69	2,62	2,54	2,51	2,47	2,43	2,38	2,34	2,30
13	4,67	3,81	3,41	3,18	3,03	2,92	2,83	2,77	2,71	2,67	2,60	2,53	2,46	2,42	2,38	2,34	2,30	2,25	2,21
14	4,60	3,74	3,34	3,11	2,96	2,85	2,76	2,70	2,65	2,60	2,53	2,46	2,39	2,35	2,31	2,27	2,22	2,18	2,13
15	4,54	3,68	3,29	3,06	2,90	2,79	2,71	2,64	2,59	2,54	2,48	2,40	2,33	2,29	2,25	2,20	2,16	2,11	2,07
16	4,49	3,63	3,24	3,01	2,85	2,74	2,66	2,59	2,54	2,49	2,42	2,35	2,28	2,24	2,19	2,15	2,11	2,06	2,01
17	4,45	3,59	3,20	2,96	2,81	2,70	2,61	2,55	2,49	2,45	2,38	2,31	2,23	2,19	2,15	2,10	2,06	2,01	1,96
18	4,41	3,55	3,16	2,93	2,77	2,66	2,58	2,51	2,46	2,41	2,34	2,27	2,19	2,15	2,11	2,06	2,02	1,97	1,92
19	4,38	3,52	3,13	2,90	2,74	2,63	2,54	2,48	2,42	2,38	2,31	2,23	2,16	2,11	2,07	2,03	1,98	1,93	1,88
20	4,35	3,49	3,10	2,87	2,71	2,60	2,51	2,45	2,39	2,35	2,28	2,20	2,12	2,08	2,04	1,99	1,95	1,90	1,84
21	4,32	3,47	3,07	2,84	2,68	2,57	2,49	2,42	2,37	2,32	2,25	2,18	2,10	2,05	2,01	1,96	1,92	1,87	1,81
22	4,30	3,44	3,05	2,82	2,66	2,55	2,46	2,40	2,34	2,30	2,23	2,15	2,07	2,03	1,98	1,94	1,89	1,84	1,78
23	4,28	3,42	3,03	2,80	2,64	2,53	2,44	2,37	2,32	2,27	2,20	2,13	2,05	2,01	1,96	1,91	1,86	1,81	1,76
24	4,26	3,40	3,01	2,78	2,62	2,51	2,42	2,36	2,30	2,25	2,18	2,11	2,03	1,98	1,94	1,89	1,84	1,79	1,73
25	4,24	3,39	2,99	2,76	2,60	2,49	2,40	2,34	2,28	2,24	2,16	2,09	2,01	1,96	1,92	1,87	1,82	1,77	1,71
26	4,23	3,37	2,98	2,74	2,59	2,47	2,39	2,32	2,27	2,22	2,15	2,07	1,99	1,95	1,90	1,85	1,80	1,75	1,69
27	4,21	3,35	2,96	2,73	2,57	2,46	2,37	2,31	2,25	2,20	2,13	2,06	1,97	1,93	1,88	1,84	1,79	1,73	1,67
28	4,20	3,34	2,95	2,71	2,56	2,45	2,36	2,29	2,24	2,19	2,12	2,04	1,96	1,91	1,87	1,82	1,77	1,71	1,65
29	4,18	3,33	2,93	2,70	2,55	2,43	2,35	2,28	2,22	2,18	2,10	2,03	1,94	1,90	1,85	1,81	1,75	1,70	1,64
30	4,17	3,32	2,92	2,69	2,53	2,42	2,33	2,27	2,21	2,16	2,09	2,01	1,93	1,89	1,84	1,79	1,74	1,68	1,62
40	4,08	3,23	2,84	2,61	2,45	2,34	2,25	2,18	2,12	2,08	2,00	1,92	1,84	1,79	1,74	1,69	1,64	1,58	1,51
60	4,00	3,15	2,76	2,53	2,37	2,25	2,17	2,10	2,04	1,99	1,92	1,84	1,75	1,70	1,65	1,59	1,53	1,47	1,39
120	3,92	3,07	2,68	2,45	2,29	2,17	2,09	2,02	1,96	1,91	1,83	1,75	1,66	1,61	1,55	1,50	1,43	1,35	1,25
∞	3,84	3,00	2,60	2,37	2,21	2,10	2,01	1,94	1,88	1,83	1,75	1,67	1,57	1,52	1,46	1,39	1,32	1,22	1,00

(Continua)

TABELA 5
Distribuição F (continuação)

$\alpha = 0{,}025$

$F_{(\alpha, gl_1, gl_2)}$

Denominador gl_2	Numerador gl_1																
	1	2	3	4	5	6	7	8	9	10	12	15	20	24	30	40	60	120	∞
1	647,8	799,5	864,2	899,6	921,8	937,1	948,2	956,7	963,3	968,6	976,7	984,9	993,1	997,2	1001	1006	1010	1014	1018
2	38,51	39,00	39,17	39,25	39,30	39,33	39,36	39,37	39,39	39,40	39,41	39,43	39,45	39,46	39,46	39,47	39,48	39,49	39,50
3	17,44	16,04	15,44	15,10	14,88	14,73	14,62	14,54	14,47	14,42	14,34	14,25	14,17	14,12	14,08	14,04	13,99	13,95	13,90
4	12,22	10,65	9,98	9,60	9,36	9,20	9,07	8,98	8,90	8,84	8,75	8,66	8,56	8,51	8,46	8,41	8,36	8,31	8,26
5	10,01	8,43	7,76	7,39	7,15	6,98	6,85	6,76	6,68	6,62	6,52	6,43	6,33	6,28	6,23	6,18	6,12	6,07	6,02
6	8,81	7,26	6,60	6,23	5,99	5,82	5,70	5,60	5,52	5,46	5,37	5,27	5,17	5,12	5,07	5,01	4,96	4,90	4,85
7	8,07	6,54	5,89	5,52	5,29	5,12	4,99	4,90	4,82	4,76	4,67	4,57	4,47	4,42	4,36	4,31	4,25	4,20	4,14
8	7,57	6,06	5,42	5,05	4,82	4,65	4,53	4,43	4,36	4,30	4,20	4,10	4,00	3,95	3,89	3,84	3,78	3,73	3,67
9	7,21	5,71	5,08	4,72	4,48	4,32	4,20	4,10	4,03	3,96	3,87	3,77	3,67	3,61	3,56	3,51	3,45	3,39	3,33
10	6,94	5,46	4,83	4,47	4,24	4,07	3,95	3,85	3,78	3,72	3,62	3,52	3,42	3,37	3,31	3,26	3,20	3,14	3,08
11	6,72	5,26	4,63	4,28	4,04	3,88	3,76	3,66	3,59	3,53	3,43	3,33	3,23	3,17	3,12	3,06	3,00	2,94	2,88
12	6,55	5,10	4,47	4,12	3,89	3,73	3,61	3,51	3,44	3,37	3,28	3,18	3,07	3,02	2,96	2,91	2,85	2,79	2,72
13	6,41	4,97	4,35	4,00	3,77	3,60	3,48	3,39	3,31	3,25	3,15	3,05	2,95	2,89	2,84	2,78	2,72	2,66	2,60
14	6,30	4,86	4,24	3,89	3,66	3,50	3,38	3,29	3,21	3,15	3,05	2,95	2,84	2,79	2,73	2,67	2,61	2,55	2,49
15	6,20	4,77	4,15	3,80	3,58	3,41	3,29	3,20	3,12	3,06	2,96	2,86	2,76	2,70	2,64	2,59	2,52	2,46	2,40
16	6,12	4,69	4,08	3,73	3,50	3,34	3,22	3,12	3,05	2,99	2,89	2,79	2,68	2,63	2,57	2,51	2,45	2,38	2,32
17	6,04	4,62	4,01	3,66	3,44	3,28	3,16	3,06	2,98	2,92	2,82	2,72	2,62	2,56	2,50	2,44	2,38	2,32	2,25
18	5,98	4,56	3,95	3,61	3,38	3,22	3,10	3,01	2,93	2,87	2,77	2,67	2,56	2,50	2,44	2,38	2,32	2,26	2,19
19	5,92	4,51	3,90	3,56	3,33	3,17	3,05	2,96	2,88	2,82	2,72	2,62	2,51	2,45	2,39	2,33	2,27	2,20	2,13
20	5,87	4,46	3,86	3,51	3,29	3,13	3,01	2,91	2,84	2,77	2,68	2,57	2,46	2,41	2,35	2,29	2,22	2,16	2,09
21	5,83	4,42	3,82	3,48	3,25	3,09	2,97	2,87	2,80	2,73	2,64	2,53	2,42	2,37	2,31	2,25	2,18	2,11	2,04
22	5,79	4,38	3,78	3,44	3,22	3,05	2,93	2,84	2,76	2,70	2,60	2,50	2,39	2,33	2,27	2,21	2,14	2,08	2,00
23	5,75	4,35	3,75	3,41	3,18	3,02	2,90	2,81	2,73	2,67	2,57	2,47	2,36	2,30	2,24	2,18	2,11	2,04	1,97
24	5,72	4,32	3,72	3,38	3,15	2,99	2,87	2,78	2,70	2,64	2,54	2,44	2,33	2,27	2,21	2,15	2,08	2,01	1,94
25	5,69	4,29	3,69	3,35	3,13	2,97	2,85	2,75	2,68	2,61	2,51	2,41	2,30	2,24	2,18	2,12	2,05	1,98	1,91
26	5,66	4,27	3,67	3,33	3,10	2,94	2,82	2,73	2,65	2,59	2,49	2,39	2,28	2,22	2,16	2,09	2,03	1,95	1,88
27	5,63	4,24	3,65	3,31	3,08	2,92	2,80	2,71	2,63	2,57	2,47	2,36	2,25	2,19	2,13	2,07	2,00	1,93	1,85
28	5,61	4,22	3,63	3,29	3,06	2,90	2,78	2,69	2,61	2,55	2,45	2,34	2,23	2,17	2,11	2,05	1,98	1,91	1,83
29	5,59	4,20	3,61	3,27	3,04	2,88	2,76	2,67	2,59	2,53	2,43	2,32	2,21	2,15	2,09	2,03	1,96	1,89	1,81
30	5,57	4,18	3,59	3,25	3,03	2,87	2,75	2,65	2,57	2,51	2,41	2,31	2,20	2,14	2,07	2,01	1,94	1,87	1,79
40	5,42	4,05	3,46	3,13	2,90	2,74	2,62	2,53	2,45	2,39	2,29	2,18	2,07	2,01	1,94	1,88	1,80	1,72	1,64
60	5,29	3,93	3,34	3,01	2,79	2,63	2,51	2,41	2,33	2,27	2,17	2,06	1,94	1,88	1,82	1,74	1,67	1,58	1,48
120	5,15	3,80	3,23	2,89	2,67	2,52	2,39	2,30	2,22	2,16	2,05	1,94	1,82	1,76	1,69	1,61	1,53	1,43	1,31
∞	5,02	3,69	3,12	2,79	2,57	2,41	2,29	2,19	2,11	2,05	1,94	1,83	1,71	1,64	1,57	1,48	1,39	1,27	1,00

(Continua)

TABELA 5
Distribuição F (continuação)

$\alpha = 0,01$

Denominador gl_2	Numerador gl_1																	
	1	2	3	4	5	6	7	8	9	10	12	15	20	24	30	40	60	120	∞
1	4052	4999,5	5403	5625	5764	5859	5928	5982	6022	6056	6106	6157	6209	6235	6261	6287	6313	6339	6366
2	98,50	99,00	99,17	99,25	99,30	99,33	99,36	99,37	99,39	99,40	99,42	99,43	99,45	99,46	99,47	99,47	99,48	99,49	99,50
3	34,12	30,82	29,46	28,71	28,24	27,91	27,67	27,49	27,35	27,23	27,05	26,87	26,69	26,60	26,50	26,41	26,32	26,22	26,13
4	21,20	18,00	16,69	15,98	15,52	15,21	14,98	14,80	14,66	14,55	14,37	14,20	14,02	13,93	13,84	13,75	13,65	13,56	13,46
5	16,26	13,27	12,06	11,39	10,97	10,67	10,46	10,29	10,16	10,05	9,89	9,72	9,55	9,47	9,38	9,29	9,20	9,11	9,02
6	13,75	10,92	9,78	9,15	8,75	8,47	8,26	8,10	7,98	7,87	7,72	7,56	7,40	7,31	7,23	7,14	7,06	6,97	6,88
7	12,25	9,55	8,45	7,85	7,46	7,19	6,99	6,84	6,72	6,62	6,47	6,31	6,16	6,07	5,99	5,91	5,82	5,74	5,65
8	11,26	8,65	7,59	7,01	6,63	6,37	6,18	6,03	5,91	5,81	5,67	5,52	5,36	5,28	5,20	5,12	5,03	4,95	4,86
9	10,56	8,02	6,99	6,42	6,06	5,80	5,61	5,47	5,35	5,26	5,11	4,96	4,81	4,73	4,65	4,57	4,48	4,40	4,31
10	10,04	7,56	6,55	5,99	5,64	5,39	5,20	5,06	4,94	4,85	4,71	4,56	4,41	4,33	4,25	4,17	4,08	4,00	3,91
11	9,65	7,21	6,22	5,67	5,32	5,07	4,89	4,74	4,63	4,54	4,40	4,25	4,10	4,02	3,94	3,86	3,78	3,69	3,60
12	9,33	6,93	5,95	5,41	5,06	4,82	4,64	4,50	4,39	4,30	4,16	4,01	3,86	3,78	3,70	3,62	3,54	3,45	3,36
13	9,07	6,70	5,74	5,21	4,86	4,62	4,44	4,30	4,19	4,10	3,96	3,82	3,66	3,59	3,51	3,43	3,34	3,25	3,17
14	8,86	6,51	5,56	5,04	4,69	4,46	4,28	4,14	4,03	3,94	3,80	3,66	3,51	3,43	3,35	3,27	3,18	3,09	3,00
15	8,68	6,36	5,42	4,89	4,56	4,32	4,14	4,00	3,89	3,80	3,67	3,52	3,37	3,29	3,21	3,13	3,05	2,96	2,87
16	8,53	6,23	5,29	4,77	4,44	4,20	4,03	3,89	3,78	3,69	3,55	3,41	3,26	3,18	3,10	3,02	2,93	2,84	2,75
17	8,40	6,11	5,18	4,67	4,34	4,10	3,93	3,79	3,68	3,59	3,46	3,31	3,16	3,08	3,00	2,92	2,83	2,75	2,65
18	8,29	6,01	5,09	4,58	4,25	4,01	3,84	3,71	3,60	3,51	3,37	3,23	3,08	3,00	2,92	2,84	2,75	2,66	2,57
19	8,18	5,93	5,01	4,50	4,17	3,94	3,77	3,63	3,52	3,43	3,30	3,15	3,00	2,92	2,84	2,76	2,67	2,58	2,49
20	8,10	5,85	4,94	4,43	4,10	3,87	3,70	3,56	3,46	3,37	3,23	3,09	2,94	2,86	2,78	2,69	2,61	2,52	2,42
21	8,02	5,78	4,87	4,37	4,04	3,81	3,64	3,51	3,40	3,31	3,17	3,03	2,88	2,80	2,72	2,64	2,55	2,46	2,36
22	7,95	5,72	4,82	4,31	3,99	3,76	3,59	3,45	3,35	3,26	3,12	2,98	2,83	2,75	2,67	2,58	2,50	2,40	2,31
23	7,88	5,66	4,76	4,26	3,94	3,71	3,54	3,41	3,30	3,21	3,07	2,93	2,78	2,70	2,62	2,54	2,45	2,35	2,26
24	7,82	5,61	4,72	4,22	3,90	3,67	3,50	3,36	3,26	3,17	3,03	2,89	2,74	2,66	2,58	2,49	2,40	2,31	2,21
25	7,77	5,57	4,68	4,18	3,85	3,63	3,46	3,32	3,22	3,13	2,99	2,85	2,70	2,62	2,54	2,45	2,36	2,27	2,17
26	7,72	5,53	4,64	4,14	3,82	3,59	3,42	3,29	3,18	3,09	2,96	2,81	2,66	2,58	2,50	2,42	2,33	2,23	2,13
27	7,68	5,49	4,60	4,11	3,78	3,56	3,39	3,26	3,15	3,06	2,93	2,78	2,63	2,55	2,47	2,38	2,29	2,20	2,10
28	7,64	5,45	4,57	4,07	3,75	3,53	3,36	3,23	3,12	3,03	2,90	2,75	2,60	2,52	2,44	2,35	2,26	2,17	2,06
29	7,60	5,42	4,54	4,04	3,73	3,50	3,33	3,20	3,09	3,00	2,87	2,73	2,57	2,49	2,41	2,33	2,23	2,14	2,03
30	7,56	5,39	4,51	4,02	3,70	3,47	3,30	3,17	3,07	2,98	2,84	2,70	2,55	2,47	2,39	2,30	2,21	2,11	2,01
40	7,31	5,18	4,31	3,83	3,51	3,29	3,12	2,99	2,89	2,80	2,66	2,52	2,37	2,29	2,20	2,11	2,02	1,92	1,80
60	7,08	4,98	4,13	3,65	3,34	3,12	2,95	2,82	2,72	2,63	2,50	2,35	2,20	2,12	2,03	1,94	1,84	1,73	1,60
120	6,85	4,79	3,95	3,48	3,17	2,96	2,79	2,66	2,56	2,47	2,34	2,19	2,03	1,95	1,86	1,76	1,66	1,53	1,38
∞	6,63	4,61	3,78	3,32	3,02	2,80	2,64	2,51	2,41	2,32	2,18	2,04	1,88	1,79	1,70	1,59	1,47	1,32	1,00

Para uma determinada combinação de graus de liberdade do numerador e do denominador, os dados representam os valores críticos de F correspondentes a uma determinada área α sob a curva.

NOTAS

Capítulo 1

1. Informações de http://www.defense-aerospace.com; http://www.boeing.com; e http://www.theharrispoll.com, accessed January 4, 2017.
2. http://www.satmetrix.com, accessed January 4, 2017; http://tvseriesfinale.com/tv-show/nbc-2015-16-season-ratings-38056, accessed January 4, 2017.
3. http://www.sandelman.com, accessed January 7, 2017.
4. Para o papel estratégico da pesquisa de marketing, veja "SMART—Strategic Marketing and Research Techniques—Survey Market Research," http://www.s-m-a-r-t.com, accessed May 13, 2016; Sid Simmons and Angela Lovejoy, "Oh No, the Consultants Are Coming!" *International Journal of Market Research*, 45(3), (2003): 355–371; Denise Jarratt and Ramzi Fayed, "The Impact of Market and Organizational Challenges on Marketing Strategy Decision Making," *Journal of Business Research,* 51(01), (January 2001): 61–72; e Lexis F. Higgins, "Applying Principles of Creativity Management to Marketing Research Efforts in High-Technology Markets," *Industrial Marketing Management,* 28(3) (May 1999): 305–317.
5. A definição de AMA é apresentada on-line em https://www.ama.org, accessed January 4, 2017.
6. Para uma análise histórica e uma avaliação das pesquisas de marketing, veja Javier Vasquez, "The History of Marketing Research," on-line em http://www.marketresearchworld.net/content/view/3754/49, accessed November 9, 2016; Stephen Brown, "Always Historicize! Researching Marketing History in a Post Historical Epoch," *Marketing Theory,* 1(1) (September 2001): 49–89; L. McTier Anderson, "Marketing Science: Where's the Beef?" *Business Horizons,* 37 (January/February 1994): 8–16; Alvin J. Silk, "Marketing Science in a Changing Environment," *Journal of Marketing Research,* 30 (November 1993): 401–404; e Frank M. Bass, "The Future of Research in Marketing: Marketing Science," *Journal of Marketing Research,* 30 (February 1993): 1–6.
7. geo.international.gc.ca/can-am/sell2/sell2usgov/IdentifyingOpps-en.asp, accessed May 13, 2016; Gordon A. Wyner, "Learn and Earn Through Testing on the Internet," *Marketing Research* (Fall 2000): 3; e Jerry W. Thomas, "How, When, and Why to Do Market Research," *Nation's Restaurant News,* 31(19), (May 12, 1997): 84, 136.
8. Herbert A. Simon, "Decision Making and Problem Solving," http://dieoff.org/page163.htm, accessed November 28, 2016; Peter H. Gray, "A Problem-Solving Perspective on Knowledge Management Practices," *Decision Support Systems,* Amsterdam (May 2001): 87; G. H. van Bruggen, A. Smidts, and B. Wierenga, "The Powerful Triangle of Marketing Data, Managerial Judgment, and Marketing Management Support Systems," *European Journal of Marketing*, 35(7/8), (2001): 796–816; e Barry de Ville, "Intelligent Tools for Marketing Research: Case-Based Reasoning," *Marketing Research: A Magazine of Management & Applications,* 9(2), (Summer 1997): 38–40.
9. http://www.kelloggs.com e http://www.specialk.com/en_US/home.html, accessed March 14, 2017.
10. http://www.marriott.com, accessed January 5, 2017.
11. Para a relação entre processamento de informações, decisões de marketing e desempenho, veja "Performance Marketing," http://www.callpm.com/home/outPerform/index.php, accessed May 15, 2016; William D. Neal, "Getting Serious About Marketing Research," *Marketing Research*, 14(2) (2002): 24–28; e William D. Neal, "Advances in Marketing Segmentation," *Marketing Research* Chicago (Spring 2001): 14–18.
12. https://www.jnj.com, accessed January 5, 2017; "Motrin," *Advertising Age,* 72(11), (March 12, 2001): 44; e "J.J. Unit Purchases St. Joseph's Aspirin of Schering-Plough," *Wall Street Journal,* 236 (120) (December 20, 2000): 20.
13. Para o papel da pesquisa de marketing em gestão de marketing, veja "Marketing Research," QuickMBA: Accounting, Business Law, Economics, Entrepreneurship, Finance, Management, Marketing, Operations, Statistics, Strategy, http://www.quickmba.com/marketing/research, accessed May 15, 2016; Victoria Brooks, "Exploitation to Engagement: The Role of Market Research in Getting Close to Niche Markets," *International Journal of Market Research*, 45(3), (2003), 337–354; Naresh K. Malhotra, "The Past, Present, and Future of the Marketing Discipline," *Journal of the Academy of Marketing Science,* 27 (Spring 1999): 116–119; Naresh K. Malhotra, Mark Peterson, and Susan Kleiser, "Marketing Research: A State-of-the-Art Review and Directions for the Twenty-First Century," *Journal of the Academy of Marketing Science,* 27 (Spring 1999): 160–183; e Siva K. Balasubramanian, "The New Marketing Research Systems—How to Use Strategic Database Information for Better Marketing," *Journal of the Academy of Marketing Science,* 24(2), (Spring 1996): 179–181.
14. David Krajicek, "How Mobile Is Changing the Role of Marketing Research," https://www.ama.org/publications/MarketingInsights/Pages/mobile-changing-role-of-marketing-research.aspx, accessed January 5, 2017; Naresh K. Malhotra and Mark Peterson, "Marketing Research in the New Millennium: Emerging Issues and Trends," *Market Intelligence and Planning,* 19 (4) (2001): 216–235; David Smith and Andy Dexter, "Whenever I Hear the Word 'Paradigm' I Reach for My Gun: How to Stop Talking and Start Walking: Professional Development Strategy and Tactics for the 21st Century Market Researcher," *International Journal of Market Research,* 43(3), (Third Quarter 2001): 321–340; e Naresh K. Malhotra, "Shifting Perspective on the Shifting Paradigm in Marketing Research," *Journal of the Academy of Marketing Science,* 20 (Fall 1992): 379–387.
15. Abordagens formais, como a abordagem bayesiana, estão disponíveis para aferir o custo e o valor das informações obtidas conduzindo-se pesquisa de marketing. Veja, por exemplo, Chih-Ming Lee, "A Bayesian Approach to Determine the Value of Information in the Newsboy Problem," *International Journal of Production Economics* 112 (March), (2008): 391–402.
16. Uma listagem e uma descrição completas das empresas individuais no ramo de pesquisa de marketing são fornecidas em *The GreenBook International Directory of Marketing Research Companies and Services* (New York Chapter, American Marketing Association, annually); veja http://www.greenbook.org, accessed January 6, 2017.
17. Diane Bowers and Michael Brereton, "The AMA Gold Report: 2016 Top 50 Market Research Firms" *Marketing News*, https://www.ama.org/publications/MarketingNews/Pages/2016-ama-gold-top-50-report.aspx, accessed August 20, 2016.
18. Para uma observação histórica e rumos futuros dos serviços por assinatura, veja Mike Penford, "Continuous Research—Art Nielsen to AD 2000," *Journal of the Market Research Society,* 36 (January 1994): 19–28; e the Nielsen Web site (http://www.nielsen.com), accessed January 3, 2017.
19. http://www.marketresearchcareers.com, accessed January 2, 2017; Laura Lake, "Market Research Manager—Marketing Career Profile," *Marketing*, http://marketing.about.com/od, accessed May 15, 2016; e Thomas C. Kinnear and Ann R. Root, *1988 Survey of Marketing Research,* Chicago: American Marketing Association.
20. "Market Research Careers, Jobs, and Training Information," *Careers, Career Information, Job Search, Descriptions, Education and Job Search Guide*, http://www.careeroverview.com/market-research-careers.html, accessed May 15, 2016; Sarah Nonis and Gail Hudson, "The Second Course in Business Statistics and Its Role in Undergraduate Marketing Education," *Journal of Marketing Education,* 21 (December 1999): 232–241; e Ralph W. Giacobbe and Madhav N. Segal, "Rethinking Marketing Research Education: A Conceptual, Analytical, and Empirical Investigation," *Journal of Marketing Education,* 16 (Spring 1994): 43–58.
21. David Gikandi, "International Marketing Research on the Web," http://www.4hb.com/0111intlmarkresrce.html, accessed May 20, 2016; Allyson Stewart, "Do Your International Homework First," *Marketing News,* 33(01), (January 4, 1999): 25.

22. Rishi Iyenga, "McDonald's New Breakfast Menu in India Is Wonderfully Weird," http://money.cnn.com/2017/01/11/news/india/mcdonalds-india-breakfast-menu-dosa-burger/index.html, accessed January 21, 2017; http://www.mcdonalds.com, accessed January 5, 2017; e Annie Gasparro and Julie Jargon, "McDonald's to Go Vegetarian in India," *Wall Street Journal* (September 5, 2012): B7.
23. Página da Starbucks no Facebook, http://www.facebook.com/Starbucks, accessed May 5, 2016; "My Starbucks Idea," http://mystarbucksidea.force.com/, accessed April 8, 2016; e "Seattle's Best Coffee Introduces New Specialty Iced Drinks to Help Beat the Summer Heat," http://news.starbucks.com/article_display.cfm?article_id=394, accessed October 8, 2016.
24. "2 Billion Consumers Worldwide to Get Smart (phones) by 2016," https://www.emarketer.com/Article/2-Billion-Consumers-Worldwide-Smartphones-by-2016/1011694, accessed December 10, 2016.
25. O material sobre pesquisas de marketing em dispositivos móveis apresentado neste e em subsequentes capítulos baseia-se em Ray Poynter, Navin Williams, and Sue York, *The Handbook of Mobile Market Research: Tools and Techniques for Market Researchers* (Chichester, West Sussex, United Kingdom: John Wiley, 2014).
26. Baseado em http://mobile-measure.com/?page_id=188&lang=en, accessed January 2, 2017. O nome do verdadeiro cliente da empresa foi preservado.
27. "AMA Statement of Ethics," American Marketing Association, https://www.ama.org, accessed May 20, 2016; "BMA Code of Ethics," Business Marketing Association, http://www.marketing.org/i4a/pages/index.cfm?pageid=3286, accessed May 20, 2016; Naresh K. Malhotra and Gina Miller, "Social Responsibility and the Marketing Educator: A Focus on Stakeholders, Ethical Theories, and Related Codes of Ethics," *Journal of Business Ethics*, 19 (1999): 211–224.

Capítulo 2

1. http://www.harleydavidson.com, accessed February 4, 2017; Marilyn Alva, "Hog Maker Gets (Financial) Motor Running," *Investor's Business Daily* (January 28, 2002): A9; Ian Murphy, "Aided by Research, Harley Goes Whole Hog," *Marketing News* (December 2, 1996): 16–17.
2. "Marketing Profs Knowledge Exchange: Money Spent, Marketing Research, Decision Making," http://www.marketingprofs.com/ea/qst_question.asp?qstID=11527, accessed May 22, 2016; Jagdish N. Sheth and Rajendra S. Sisodia, "Marketing Productivity: Issues and Analysis," *Journal of Business Research*, 55(5) (May 2002): 349; Lawrence D. Gibson (1998), "Defining Marketing Problems," *Marketing Research*, 10(1): 4–12; e Patrick Butler, "Marketing Problem: From Analysis to Decision," *Marketing Intelligence & Planning*, 12(2) (1994): 4–12.
3. "Research to Aid Decision Making—How to Evaluate Market Research Reports Tutorials from KnowThis.com," http://www.knowthis.com/tutorials/marketing/how-to-evaluate-market-research-reports/1.htm, accessed May 22, 2015; Molly Inhofe Rapert, "The Strategic Implementation Process: Evoking Strategic Consensus Through Communication," *Journal of Business Research*, 55(4) (April 2002): 301; e David Smith and Andy Dexter, "Quality in Marketing Research: Hard Frameworks for Soft Problems," *Journal of the Market Research Society*, 36(2) (April 1994): 115–132.
4. http://www.dsra.com/, accessed January 2, 2017; Greg W. Marshall, "Selection Decision Making by Sales Managers and Human Resource Managers: Decision Impact, Decision Frame and Time of Valuation," *The Journal of Personal Selling and Sales Management* (Winter 2001): 19–28; e Berend Wierenga and Gerrit H. van Bruggen, "The Integration of Marketing Problem Solving Modes and Marketing Management Support Systems," *Journal of Marketing*, 61(3) (July 1997): 21–37.
5. "The Role Of Marketing Research In Management Decision Making," http://pdfsr.com/pdf/the-role-of-marketing-research-in-management-decision-making, accessed January 3, 2017; Anonymous, "How to Decide Who Should Get What Data," *HR Focus* (May 2001): 7; R. P. Hamlin, "A Systematic Procedure for Targeting Marketing Research," *European Journal of Marketing*, 34(9/10) (2000): 1038–1052; e Mary J. Cronin, "Using the Web to Push Key Data to Decision Makers," *Fortune*, 36(6) (September 29, 1997): 254.
6. Isobar Marketing Intelligence, "Auditing a Marketing Program," https://isobarmarketingintelligence.com/, accessed May 22, 2016; "The Marketing Audit," http://www.marketingaudit.com, accessed May 22, 2016; Neil A. Morgan, "Marketing Productivity, Marketing Audits, and Systems for Marketing Performance Assessment: Integrating Multiple Perspectives," *Journal of Business Research*, 55(5) (May 2002): 363; Merrilyn Astin Tarlton, "Quick Marketing Audit," *Law Practice Management*, 23(6) (September 1997): 18, 63; e Leonard L. Berry, Jeffrey S. Conant, and A. Parasuraman, "A Framework for Conducting a Services Marketing Audit," *Journal of the Academy of Marketing Science*, 19 (Summer 1991): 255–268.
7. "Clash Resolution—Decision Making—Corporate Culture Change Management," http://www.cmd-hmc.com/clash-motivation-decision-making-sites.htm, accessed May 22, 2016; Ram Charan, "Conquering a Culture of Indecision," *Harvard Business Review* (April 2001): 74; e Saviour L. S. Nwachukwu and Scott J. Vitell, Jr., "The Influence of Corporate Culture on Managerial Ethical Judgments," *Journal of Business Ethics*, 16(8) (June 1997): 757–776.
8. http://www.levi.com/US/en_US/category/men/clothing/itemtype/jeans/?camp=DRSearch:MSN_TM&K_AFFCODE=749_14645, accessed August 22, 2016; Ellen Neuborne and Stephanie Anderson Forest, "Look Who's Picking Levi's Pocket," *Business Week* /(September 8, 1997): 68, 72.
9. Analysys Mason, "Expert Interview Surveys," http://www.analysysmason.com/Research/Custom-research/Expert-interview-surveys, accessed May 23, 2016; "Individual In-Depth Interview, Expert Interview," http://www.szondaipsos.hu/en/modszereink/melyinterju/melyinterjuen, accessed May 23, 2016; "Optimizing the Use of Experts," http://www.zyen.com/Knowledge/Research/Research%20into%20optimising%20the%20use%20of%20experts.pdf, accessed May 23, 2016; e J. Scott Armstrong, "Prediction of Consumer Behavior by Experts and Novices," *Journal of Consumer Research*, 18 (September 1991): 251–256.
10. Kenneth Hein, "Cherry Coke Gets Fresh Jay-Z Remix," http://www.brandweek.com/bw/news/recent_display.jsp?vnu_content_id=1003538680, accessed May 23, 2016; Joanne Lutynec, "Jay-Z helps Relaunch Cherry Coke—Slashfood," http://www.slashfood.com/2007/02/12/jay-z-helps-relaunch-cherry-coke, accessed May 23, 2016; e Hank Kim, "Freeman Sets Goals for Cherry Coke," *Adweek* (August 24, 1998).
11. Informações de http://classwork.busadm.mu.edu/Durvasula/Mark142/MktRes%20at%20P&G.doc; http://www.pg.com/products/usa_product_facts.jhtml, accessed March 28, 2016.
12. Scott Smith, "Research Problem: 5 Ways to Formulate the Research Problem," http://www.qualtrics.com/blog/research-problem/, accessed January 4, 2017; Anonymous, "Movers, Shakers, and Decision Makers 2002," *Financial Planning* (January 1, 2002): 1; e Mary T. Curren, Valerie S. Folkes, and Joel H. Steckel, "Explanations for Successful and Unsuccessful Marketing Decisions: The Decision Maker's Perspective," *Journal of Marketing*, 56 (April 1992): 18–31.
13. "Demand Forecasting Methods," http://www.forecastingmethods.net/Demand-Forecasting-Methods.html, accessed January 5, 2017; Michael J. Hennel, "Forecasting Demand Begins with Integration," *B to B*, 87(11) (November 11): 9; e C. L. Jain, "Myths and Realities of Forecasting," *Journal of Business Forecasting*, 9 (Fall 1990): 18–22.
14. http://www.smartecarte.com/about/index.html, accessed January 2, 2017.
15. Pat Cavill, "Marketing Plan Worksheet," http://www.units.sla.org/chapter/cwcn/wwest/v1n3/cavilb13.htm, accessed May 26, 2016; Ray Suutari, "Playing the Decision-Making Game," *CMA Management*, 75(7), (October 2001): 14–17; Lehman Benson III and Lee Roy Beach, "The Effect of Time Constraints on the Prechoice Screening of Decision Options," *Organizational Behavior & Human Decision Processes*, 67(2) (August 1996): 222–228; e Ron Sanchez and D. Sudharshan, "Real-Time Market Research," *Marketing Intelligence and Planning*, 11 (1993): 29–38.

16. Baseado em um projeto de pesquisa de marketing conduzido pelo autor. Ver também Darren W. Dahl, "The Influence and Value of Analogical Thinking During New Product Ideation," *Journal of Marketing Research,* 39(1) (February 2002): 47–60; e "Identifying Constraints in Your Opportunity Pipeline," http://www.avidian.com/identifying_constraints_in_your_salesOpportunity_pipeline.aspx, accessed May 26, 2016.
17. https://milklife.com, accessed January 27, 2017; "Got Milk Campaign Retired After 20 Years of Milk Moustaches," http://www.nydailynews.com/life-style/health/milk-ads-retired-20-years-milk-moustaches-article-1.1701064, accessed January 27, 2017.
18. "What Is the Role of Marketing Research in Decision Making?" http://www.bayt.com/en/specialties/q/199562/what-is-the-role-of-marketing-research-in-decision-making/, accessed December 3, 2016; R. Jeffery Thieme, "Artificial Neural Network Decision Support Systems for the New Product Development Project Selection," *Journal of Marketing Research,* Chicago (November 2000): 499–507; e Stephen M. Heyl, "Decision Matrix Points the Way to Better Research ROI," *Marketing News,* 31(19) (September 15, 1997): 18, 30.
19. Veja "http://www.sportseconomics.com/services/CS_marketing.html" www.sportseconomics.com/services/CS_marketing.html, accessed March 22, 2016.
20. Utpal M. Dholakia, "Concept Discovery, Process Explanation, and Theory Deepening in E-Marketing," Marketing Theory, http://mtq.sagepub.com/cgi/content/abstract/5/1/117, accessed May 26, 2016; Gary L. Lilien, "Bridging the Marketing Theory," *Journal of Business Research,* 55(2) (February 2002): 111; e Shelby D. Hunt, "For Reason and Realism in Marketing," *Journal of Marketing,* 56 (April 1992): 89–102.
21. Uma perspectiva positivista sobre as pesquisas é usada aqui. O positivismo abrange o positivismo lógico, o empirismo lógico e todas as formas de falseabilidade. Esta é a perspectiva dominante adotada em pesquisa de marketing comercial. Mais recentemente, uma perspectiva relativista vem sendo oferecida. Ver, por exemplo, Jillian Dawes and Reva Berman Brown, "Postmodern Marketing: Research Issues for Retail Financial Services," *Qualitative Market Research,* 3(2) (2000): 90–98; e Shelby D. Hunt, *A General Theory of Competition* (Thousand Oaks, CA: Sage, 2000).
22. Mika Boedeker, "New-Type and Traditional Shoppers: A Comparison of Two Major Consumer Groups," *International Journal of Retail & Distribution Management,* 23(3) (1995): 17–26; e Naresh K. Malhotra, "A Threshold Model of Store Choice," *Journal of Retailing* (Summer 1983): 3–21.
23. Scott M. Smith, "Introduction to Marketing Models," http://marketing.byu.edu/htmlpages/courses/693r/modelsbook/chapter1.html, accessed May 26, 2016; Rajkumar Venkatesan, Paul Farris, and Ronald T. Wilcox, *Cutting Edge Marketing Analytics* (Upper Saddle River, NJ: Pearson, 2015); Martin Callingham and Tim Baker, "We Know What They Think, But Do We Know What They Do?" *International Journal of Market Research,* 44(3) (2002): 299–334; Naresh K. Malhotra and Lan Wu, "Decision Models and Descriptive Models: Complementary Roles," *Marketing Research,* 13(4) (December 2001): 43–44; e Peter S. H. Leeflang, "Building Models for Marketing Decisions: Past, Present and Future," *International Journal of Research in Marketing* (September 2000): 105.
24. O papel integrado da teoria, dos modelos, das perguntas de pesquisa e das hipóteses em pesquisas de marketing pode ser encontrado em Suraksha Gupta, Naresh K. Malhotra, Michael Czinkota, and Pantea Foroudi, "The Local Brand Representative in Reseller Networks," *Journal of Business Research,* 69 (12) (December 2016): 5712–5723. Veja também "Hypotheses," http://www.socialresearchmethods.net/kb/hypothes.php, accessed May 26, 2016.
25. "How to Create Brand Loyalty Among Today's Consumers," Business Market Research Reports, http://www.bharatbook.com/detail.asp?id=46953, accessed May 27, 2016; Deepak Sirdeshmukh, "Consumer Trust, Value, and Loyalty in Relational Exchanges," *Journal of Marketing,* 66(1) (January 2002): 15–37.
26. "Comfort Food Consumption Varies with Gender, Emotions, Says Study," http://www.foodnavigator-usa.com/news/ng.asp?id=64039--comfort-foods-snack-foods-gender, accessed August 22, 2016; Brian Wansink and Cynthia Sangerman, "The Taste of Comfort," *American Demographics,* 22(7) (July 2000): 66–67; e http://www.fritolay.com, accessed January 27, 2017.
27. http://www.kraftheinzcompany.com/, accessed January 3, 2017; Sonia Reyes, "Heinz Builds on EZ Squirt Success with Adult-Skewing Kick'rs Line," *Brandweek,* 43(3) (January 21, 2002): 4; e "ConAgra, Heinz Rule Mexican Frozens," *Frozen Food Age,* 45(11) (June 1997): 16.
28. John Dudovskiy, "Self-Reference Criterion: Introduction and Illustrations," http://research-methodology.net/self-reference-criterion-introduction-and-illustrations/, accessed December 3, 2016; John B. Ford, "Special Issue on Cross-Cultural Issues in Marketing Research," http://www.amsreview.org/articles/ford05-2007.pdf, accessed May 29, 2016; Paul Westhead, "International Market Selection Strategies Selected by 'Micro' and 'Small' Firms," *Omega,* 30(1) (February 2002): 51; e Susan P. Douglas and C. Samuel Craig, *International Marketing Research* (Englewood Cliffs, NJ: Prentice Hall, 1983).
29. http://www.unilever.com/, accessed January 9, 2017; Sonoo Singh, "Unilever Picks Global Brand Director for Surf," *Marketing Week* (March 7, 2002): 7; e David Kilburn, "Unilever Struggles with Surf in Japan," *Advertising Age* (May 6, 1991).
30. http://www.dell.com, accessed January 9, 2017; Mei Lin Fung, "You Can Learn from "Dell Hell." Dell Did," http://customerthink.com/you_can_learn_dell_hell_dell_did/, accessed August 22, 2016; Dominque Hind, "Dell's Journey to Listening—IdeaStorm," https://dominiquehind.wordpress.com/2008/09/27/dells-journey-to-listening-ideastorm/, accessed August 22, 2016.
31. Chris Miksen, "Ethical Issues in Maximizing Profit," http://smallbusiness.chron.com/ethical-issues-maximizing-profit-34328.html, accessed November 8, 2016; J. Pierre Brans, "Ethics and Decisions," *European Journal of Operational Research,* 136(2) (January 16, 2002): 340; e G. R. Laczniak and P. E. Murphy, *Ethical Marketing Decisions, the Higher Road* (Boston, MA: Allyn & Bacon, 1993).

Capítulo 3
1. http://www.starbucks.com, accessed May 25, 2017; Ben Rooney, "Starbucks to Give Workers a Full Ride for College," http://money.cnn.com/2015/04/06/pf/college/starbucks-college-tuition-arizona-state/index.html, accessed May 25, 2017; Report of the Starbucks Coffee Company, http://business.edf.org/files/2014/03/starbucks-report-april2000.pdf, accessed August 23, 2016; e Marianne Wilson, "More Than Just Causes," *Business and Industry,* 76 (August 2000): 37–54.
2. "What Is Exploratory Research?" Market Research Portal, http://www.marketresearchworld.net/index.php?option=content&task=view&id=798&Itemid=, accessed May 31, 2016; I. M. Halman, "Evaluating Effectiveness of Project Start-Ups: An Exploratory Study," *International Journal of Project Management,* 20(1) (January 2002): 81; e Thomas T. Semon, "Marketing Research Needs Basic Research," *Marketing News,* 28(6) (March 14, 1996): 12.
3. "ESOMAR—Market Research Glossary C," https://www.esomar.org/knowledge-and-standards/market-research-explained.php, accessed May 31, 2016; Sharlene Hesse-Biber, *Emergent Methods in Social Research: Theories, Methods, and Methodologies* (Thousand Oaks, CA: Sage Publications, 2006); John W. Creswell, *Research Design: Qualitative, Quantitative, and Mixed Method Approaches,* 2nd ed. (Thousand Oaks, CA: Sage Publications, 2002).
4. Para exemplos de pesquisa exploratória, veja Tanya Jakimow and Yumasdaleni, "Affective Registers in Qualitative Team Research: Interpreting the Self in Encounters with the State," *Qualitative Research Journal,* 16(2) (2016): 169–180; Paul Ellis and Anthony Pecotich, "Social Factors Influencing Export Initiation in Small and Medium-Sized Enterprises," *Journal of Marketing Research,* 38(1) (February 2001): 119–130; e Ellen Bolman Pullins, "An Exploratory Investigation of the Relationship of Sales Force Compensation and Intrinsic Motivation," *Industrial Marketing Management,* 30(5) (July 2001): 403. Ver também Joseph A. Maxwell, *Qualitative Research Design,* 2nd ed. (Thousand Oaks, CA: Sage Publications, 2004).

5. http://www.bankofamerica.com, accessed January 12, 2017; e Valerie Bauerlein, "Bank of America CEO in Spotlight after Deal," *Wall Street Journal* (August 27, 2007): A1, A9.
6. Para um exemplo de pesquisa descritiva, veja Suraksha Gupta, Naresh K. Malhotra, Michael Czinkota, and Pantea Foroudi, "Marketing Innovation: A Consequence of Competitiveness," *Journal of Business Research*, 69(12) (December 2016): 5671–5681.
7. "Patient, Physician, Employee, and Community Healthcare Perception Research, Customized Marketing, Health Risk Assessments, Health Status Measurements," http://www.prccustomresearch.com, accessed March 1, 2017; Jeff Goldsmith, "Integrating Care: A Talk with Kaiser Permanente's David Lawrence," *Health Affairs*, 21(1) (January/February 2002): 39–48; e Julie T. Chyna, "Is Your Culture E-Compatible?" *Healthcare Executive*, 17(1) (January/February 2002): 53.
8. William M. Mason, "Cohort Analysis," Center for Population Research, http://www.ccpr.ucla.edu/ccprwpseries/ccpr_005_01.pdf, accessed March 1, 2017; Nicholas H. Wolfinger, "Cohort Analysis," http://repositories.cdlib.org/ccpr/olwp/CCPR-005-01, accessed June 1, 2008; Ellen Perecman, *A Handbook for Social Science Field Research* (Thousand Oaks, CA: Sage Publications, 2006); John Creswell, *Research Design: Qualitative, Quantitative, and Mixed Method Approaches*, 2nd ed. (Thousand Oaks, CA: Sage Publications, 2002); Ranjita Misra and B. Panigrahi, "Changes in Attitudes Toward Women: A Cohort Analysis," *International Journal of Sociology & Social Policy*, 15(6) (1995): 1–20; e Norval D. Glenn, *Cohort Analysis* (Beverly Hills: Sage Publications, 1981).
9. http://www.zorrel.com, accessed January 4, 2017; "Global Golf Apparel Market 2015–2019," http://www.prnewswire.com/news-releases/global-golf-apparel-market-2015-2019-300105547.html, accessed August 23, 2016.
10. Patricia A. McManus, "Introduction to Regression Models for Panel Data Analysis," http://www.indiana.edu/~wim/docs/10_7_2011_slides.pdf, accessed December 3, 2016.
11. A Tabela 3.5 também pode ser vista como uma matriz de transição. Ela representa alterações em compras de marca de um período para outro. Conhecendo-se a proporção de consumidores que pulam de uma para outra, é possível fazer projeções iniciais do sucesso ulterior de um novo produto ou alterar a estratégia de mercado.
12. "Panel Data," Data and Statistical Services, dss.princeton.edu/online_help/analysis/panel.htm, accessed June 3, 2016; Aric Rindfleisch, Alan J. Malter, Shankar Ganesan, and Christine Moorman, "Cross-Sectional Versus Longitudinal Survey Research: Concepts, Findings, and Guidelines," *Journal of Marketing Research* 45(3) (June 2008): 261–279; David de Vaus, *Research Design*, 4 vols. (Thousand Oaks, CA: Sage Publications, 2005); E. K. F. Leong, M. T. Ewing, and L. F. Pitt, "Australian Marketing Managers' Perceptions of the Internet: A Quasi-Longitudinal Perspective," *European Journal of Marketing*, 37(3/4) (2003): 554–571; Kurt Brannas, "A New Approach to Modeling and Forecasting Monthly Guest Nights in Hotels," *International Journal of Forecasting*, 18(1) (January–March 2002): 19; e Seymour Sudman and Robert Ferber, *Consumer Panels* (Chicago: American Marketing Association, 1979): 19–27.
13. Joshua Clinton, "Panel Bias from Attrition and Conditioning: A Case Study of the Knowledge Networks Panel," http://www.knowledgenetworks.com/insights/docs/Panel%20Effects.pdf, accessed June 3, 2016; John Brewer, *Foundations of MultiMethod Research* (Thousand Oaks, CA: Sage Publications, 2005); Toon W. Taris, *A Primer in Longitudinal Data Analysis* (Thousand Oaks, CA: Sage Publications, 2001); G. J. Van Den Berg, M. Lindeboom, and G. Ridder, "Attrition in Longitudinal Panel Data and the Empirical Analysis of Dynamic Labour Market Behaviour," *Journal of Applied Econometrics*, 9(4) (October–December 1994): 421–435; e Russell S. Winer, "Attrition Bias in Econometric Models Estimated with Panel Data," *Journal of Marketing Research*, 20 (May 1983): 177–186.
14. Denise Oliveri, "Consumer Panels: Are They Legitimate and Time Worthy?" Consumer Education @ Suite101.com, http://consumereducation.suite101.com/article.cfm/consumer_panels, accessed June 4, 2016; Jack K. H. Lee, K. Sudhir, and Joel H. Steckel, "A Multiple Ideal Point Model: Capturing Multiple Preference Effects from Within an Ideal Point Framework," *Journal of Marketing Research*, 39(1) (February 2002): 73–86; e Laszlo Maytas and Patrick Sevestre, eds., *The Econometrics of Panel Data, A Handbook of the Theory with Applications* (Norwell: Kluwer Academic Publishers, 1996).
15. "Causal Research: Descriptive vs. Causal Research," spsp.clarion.edu/mm/RDE3/C6/CausalvsDescriptiveAct.html, accessed June 3, 2016; Grant F. Gould and James L. Gould, *Chance and Causation: To Experimental Design and Statistica* (New York: W. H. Freeman, 2001); John Hulland, Yiu Ho, and Shunyin Lam, "Use of Causal Models in Marketing Research: A Review," *International Journal of Research in Marketing*, 13(2) (April 1996): 181–197.
16. "Discover Which Marketing Programs Really Work," http://www.marketingexperiments.com, accessed June 4, 2016; Russell S. Winer, "Experimentation in the 21st Century: The Importance of External Validity," *Academy of Marketing Science Journal*, Greenvale (Summer 1999): 349–158.
17. Heather Leigh, "One Louder: Market Research … What Does Microsoft Look For?" http://blogs.msdn.com/heatherleigh/archive/2004/03/18/92232.aspx, accessed June 4, 2016; http://www.microsoft.com, accessed January 8, 2017.
18. "Learning Resources: Statistics: Power from Data! Non-Sampling Error," http://www.statcan.ca/english/edu/power/ch6/nonsampling/nonsampling.htm#response, accessed June 4, 2016; Madhu Viswanathan, *Measurement Error and Research Design* (Thousand Oaks, CA: Sage Publications, 2005); Eunkyu Lee, "Are Consumer Survey Results Distorted? Systematic Impact of Behavioral Frequency and Duration on Survey Response Errors," *Journal of Marketing Research* (February 2000): 125–133; e Solomon Dutka and Lester R. Frankel, "Measuring Response Error," *Journal of Advertising Research*, 37(1) (January/February 1997): 33–39.
19. https://online.citi.com/US/login.do?JFP_TOKEN=QCYZSCYB, accessed January 10, 2017; Alison Stein Wellner, "The American Family in the 21st Century," *American Demographics*, 23(8) (August 2001): 20; Rebecca P. Heath, "Life on Easy Street," *American Demographics*, 19(4) (April 1997): 32–38; e *Marketing News* (April 10, 1987): 3.
20. "Survey Sampling Methods," StatPac Survey Software—Comprehensive Statistical Reports, http://www.statpac.com/surveys/sampling.htm, accessed June 4, 2016; Pritbhushan Sinha, "Determination of Reliability of Estimations Obtained with Survey Research: A Method of Simulation," *International Journal of Market Research*, 42(3) (Summer 2000): 311–318; Margret R. Rollere, "Control Is Elusive in Research Design," *Marketing News*, 31(19) (September 15, 1997): 17; e Tom Corlett, "Sampling Errors in Practice," *Journal of Market Research Society*, 38(4) (October 1996): 307–318.
21. "Program Evaluation and Review Technique (PERT): A Planning and Control Tool for Occupational Field Studies," Public STINET (Scientific and Technical Information Network), http://stinet.dtic.mil/oai/oai?verb=getRecord&metadataPrefix=html&identifier=ADA024131, accessed June 6, 2016; I. M. Premachandra, "An Approximation of the Activity Duration Distribution in PERT," *Computers and Operations Research*, New York (April 2001): 443; e Zedan Hatush and Martin Skitmore, "Assessment and Evaluation of Contractor Data Against Client Goals Using PERT Approach," *Construction Management & Economics*, 15(4) (July 1997): 327–340. Ver também Michael Bamberger, *Real World Evaluation* (Thousand Oaks, CA: Sage Publications, 2006).
22. Saabira Chaudhuri, "Marketing Tuesday: McDonald's Caters to Local Palates | Fast Company," http://www.fastcompany.com/blog-post/marketing-tuesday-mcdonalds-caters-local-palates, accessed June 7, 2016; Carl Rohde and Ole Christensen, "Understanding European Youth," *Quirk's Marketing Research Review* (November 2000), artigo número 0630 em http://www.quirks.com/articles/article_print.asp?arg_articleid=630, accessed June 7, 2016.
23. Kimberly Smith, "How a New Product Launch via Facebook Resulted in Immediate Sales," http://www.generatormarketing.ie/New_product_llaunch_Facebook.php, accessed July 20, 2016.

24. Terry Masters, "Ethical Considerations of Marketing Research," http://smallbusiness.chron.com/ethical-considerations-marketing-research-43621.html, accessed November 9, 2016; Neil C. Herndon Jr., "An Investigation of Moral Values and the Ethical Content of the Corporate Culture: Taiwanese Versus U.S. Sales People," *Journal of Business Ethics*, 30(1) (March 2001): 73–85; e Betsy Peterson, "Ethics Revisited," *Marketing Research: A Magazine of Management & Applications*, 8(4) (Winter 1996): 47–48.

Capítulo 4

1. Data and Information Services Center Home Page, http://www.disc.wisc.edu/, accessed June 2, 2017; Marc Riedel, *Research Strategies for Secondary Data* (Thousand Oaks, CA: Sage Publications, 2005); Niall Ó Dochartaigh, *The Internet Research Handbook: A Practical Guide for Students and Researchers in the Social Sciences* (Thousand Oaks, CA: Sage Publications, 2002); Stephen B. Castleberry, "Using Secondary Data in Marketing Research: A Project that Melds Web and Off-Web Sources," *Journal of Marketing Education*, 23(3) (December 2001): 195–203; Gordon L. Patzer, *Using Secondary Data in Marketing Research* (Westport: Greenwood Publishing Group, 1995).
2. "The Future of Home Meal Replacement," https://www.npd.com/latest-reports/future-home-meal-replacement/, accessed June 4, 2017; "Boston Market 'Times' New Strategy," http://www.brandweek.com/bw/news/recent_display.jsp?vnu_content_id=1002275549, accessed June 7, 2016; Ron Ruggless, "Boston Market Rolls Out Latest Fast-Casual Rotisserie Grill Unit," *Nation's Restaurant News*, 37(49) (December 8, 2003): 1; Anonymous, "HMR: Designed to Beat Eating Out," *Grocer*, 224(7505) (May 26, 2001): 52–53; http://www.bostonmarket.com, accessed March 3, 2017.
3. https://www.bls.gov/, accessed March 5, 2017; "The Aging American Workforce: Get Ready," http://www.aarp.org/money/careers/employerresourcecenter/trends/a2004-07-22-agingworkforce.html, accessed June 6, 2016; Amy Garber, "McDonald's Unveils Technology Upgrades to Improve Service," *Nation's Restaurant News*, 38(13) (March 29, 2004): 6; Steven M. Barney, "A Changing Workforce Calls for Twenty-First Century Strategies," *Journal of Healthcare Management*, 47(2) (March/April 2002): 81–84.
4. "Primary and Secondary Sources," http://www.library.rochester.edu/Primary-secondary%20sources, accessed June 3, 2017. Para uma aplicação de dados secundários, veja Mark B. Houston, "Assessing the Validity of Secondary Data Proxies for Marketing Constructs," *Journal of Business Research*, 57(2) (2004): 154–161; Masaaki Kotabe, "Using Euromonitor Database in International Marketing Research," *Journal of the Academy of Marketing Science*, 30(2) (Spring 2002): 172; e Paul A. Bottomley and Stephen J. S. Holden, "Do We Really Know How Consumers Evaluate Brand Extensions? Empirical Generalizations Based on Secondary Analysis of Eight Studies," *Journal of Marketing Research*, 38(4) (November 2001): 494–500.
5. http://www.nielsen.com, accessed January 17, 2017; Jason Lynch, "A First Look at Nielsen's Total Audience Measurement and How It Will Change the Industry," http://www.adweek.com/tv-video/first-look-nielsen-s-total-audience-measurement-and-how-it-will-change-industry-167661/, accessed June 2, 2017; Kevin Downey, "Calm After the Nielsen Storm," *Broadcasting & Cable*, 134(29) (July 19, 2004): 10; Meg James, "Nielsen Rolls Out People Meters: The TV Ratings Firm Switches to the New Devices in L.A. Despite Continued Criticism," *Los Angeles Times* (July 8, 2004): C1; Anonymous, "Nielsen Ratings," *Adweek*, 43(4) (January 21, 2002): B1; Claude Brodesser, "Nielsen Under Fire on Hispanic Sample," *Mediaweek* (July 21, 1997): 15.
6. https://www.census.gov/retail/mrts/www/data/pdf/ec_current.pdf; https://fred.stlouisfed.org/series/ECOMSA; https://ycharts.com/indicators/ecommerce_sales; http://www.statista.com/statistics/187443/quarterly-e-commerce-sales-in-the-the-us/; https://www.csustan.edu/sites/default/files/honors/documents/journals/crossings/Maguire.pdf, all accessed August 25, 2016.
7. http://money.cnn.com, accessed March 4, 2017; http://money.cnn.com/2016/08/17/news/companies/airline-complaints-dot/index.html, accessed August 25, 2016.
8. "DMA Database Marketing," https://thedma.org/marketing-education/marketing-courses/crm-and-database-marketing/database-marketing/, accessed June 2, 2017; Ronald G. Drozdenko and Perry D. Drake, *Optimal Database Marketing* (Thousand Oaks, CA: Sage Publications, 2002); Bill Donaldson and George Wright, "Sales Information Systems: Are They Being Used for More Than Simple Mail Shots?" *Journal of Database Management*, 9(3) (2002): 276–284; e Drayton Bird, "Database Marketing Gets Vote over Management Consultants," *Marketing* (March 7, 2002): 18.
9. "Chrysler Forums," https://www.thechryslerforums.com/, accessed June 2, 2017; Eric Morath, "Chrysler Creates Online Forum for Buyer Feedback," *CRM Daily*, http://www.crm-daily.com/news/Chrysler-Implements-Online-Feedback/story.xhtml?story_id=010000102NOK, accessed June 8, 2016; Jean Halliday, "Carmakers Learn to Mine Databases," *Advertising Age* (April 2000): S6–S8; http://www.chrysler.com, accessed January 27, 2017.
10. "CAT's Competition by Segment and Its Market Share," http://csimarket.com/stocks/competitionSEG2.php?code=CAT, accessed June 2, 2017.
11. "Conducting Market Research? Here are 5 Official Sources of Free Data That Can Help," https://www.sba.gov/blogs/conducting-market-research-here-are-5-official-sources-free-data-can-help, accessed May 29, 2017.
12. https://www.census.gov, accessed March 9, 2017.
13. https://www.census.gov/quality/, accessed May 29, 2017; Katarzyna Dawidowska, "The Census Bureau Century," *American Demographics*, 24(3) (March 2002): 12.
14. Uma empresa dessas é a Nielsen (http://www.nielsen.com), accessed March 3, 2017.
15. https://www.census.gov, accessed May 28, 2017; David Minckler, "U.S. Minority Population Continues to Grow," http://www.america.gov/st/diversity-english/2008/May/20080513175840zjsredna0.1815607.html, accessed June 9, 2016.
16. http://www.campbells.com/campbell-soup/, accessed May 4, 2017; https://www.ispot.tv/ad/Ad6M/campbells-tomato-soup-real-real-life-headache, accessed August 26, 2016.
17. http://www.gandrllc.com, accessed March 22, 2017.
18. http://www.kantarworldpanel.com, accessed March 5, 2017; http://www.kantarworldpanel.com/global/News/The-next-breakfast-icon-in-China-cereal, accessed August 26, 2016.
19. http://www.nielsen.com, accessed March 27, 2017; Nielsen Media Research, "Television Audience Measurement Terms," http://www.nielsenmedia.ca/English/NMR_U_PDF/TV%20Terms.pdf, accessed June 3, 2017; Allison Romano, "New to Nielsen's Numbers," *Broadcasting and Cable*, 132(5) (February 4, 2002): 29; John Gill, "Managing the Capture of Individual Viewing Within a Peoplemeter Service," *International Journal of Market Research*, 42(4) (2000): 431–438; Steve Wilcox, "Sampling and Controlling a TV Audience Measurement Panel," *International Journal of Market Research*, 42(4) (Winter 2000): 413–430.
20. http://www.gfk.com/, accessed June 2, 2017; "Custom Panels," http://www.gfk.com/products-a-z/us/public-communications-and-social-science/custom-panels/, accessed June 3, 2017; J. M. Dennis, "Are Internet Panels Creating Professional Respondents?" *Marketing Research*, 13(2) (2001): 34–38; Eunkyu Lee, Michael Y. Hu, and Rex S. Toh, "Are Consumer Survey Results Distorted? Systematic Impact of Behavioral Frequency and Duration on Survey Response Errors," *Journal of Marketing Research*, 37(1) (February 2000): 125–133; "Why Consumer Mail Panel Is the Superior Option" (Chicago: Market Facts, Inc., undated); John H. Parfitt and B. J. K. Collins, "Use of Consumer Panels for Brand-Share Predictions," *Journal of Market Research Society*, 38(4) (October 1996): 341–367.
21. Frank J. Mulhern, "Purchase, Scanner, and Media Panels," http://onlinelibrary.wiley.com/doi/10.1002/9781444316568.wiem02038/abstract, accessed June 3, 2017; Kevin J. Clancy, "Brand Confusion," *Harvard Business Review*, 80(3) (March 2002): 22; Seymour Sudman, "On the Accuracy of Recording of Consumer Panels II," Learning Manual (New York: Neal-Schumen Publishers, 1981).

22. "Targeted Promotions Using Scanner Panel Data," http://www.ingentaconnect.com/content/mcb/096/1997/00000006/00000006/art00003;jsessionid=60wq46oo0on9.alexandra, accessed May 25, 2017; Harald J. Van Heerde, "The Estimation of Pre- and Post-Promotion Dips with Store Level Scanner Data," *Journal of Marketing Research*, 37(3) (August 2000): 383–396; Randolph F. Bucklin and Sunil Gupta, "Commercial Use of UPC Scanner Data: Industry and Academic Perspectives," *Marketing Science*, 18(3) (1999): 247–273. A study investigating the accuracy of UPC scanner pricing systems found that both underring and overring rates were significantly higher than retailers' expectations: Ronald C. Goodstein, "PC Scanner Pricing Systems: Are They Accurate?" *Journal of Marketing*, 58 (April 1994): 20–30.

23. "Nielsen Datasets," https://research.chicagobooth.edu/nielsen/datasets/f, accessed June 1, 2017; Martin Natter, "Real World Performance of Choice-Based Conjoint Models," *European Journal of Operational Research*, 137(2) (March 1, 2002): 448; Marcel Corstjens and Rajiv Lal, "Building Store Loyalty Through Store Brands,"*Journal of Marketing Research*, 37(3) (August 2000): 281–291.

24. É possível combinar dados de escaneamento de loja inteira com dados de painéis específicos para realizar uma análise integrada. Ver Tulin Erdem, Glenn Mayhew, and Baohong Sun, "Understanding Reference- -Price Shoppers: A Within- and Cross-Category Analysis," *Journal of Marketing Research*, 38(4) (November 2001): 445–457; Gary J. Russell and Wagner A. Kamakura, "Understanding Brand Competition Using Micro and Macro Scanner Data," *Journal of Marketing Research*, 31 (May 1994): 289–303.

25. Jack K. H. Lee, K. Sudhir, and Joel H. Steckel, "A Multiple Ideal Point Model: Capturing Multiple Preference Effects from Within an Ideal Point Framework," *Journal of Marketing Research*, 39(1) (February 2002): 73–86; "Cereals: A Key Meal—But When?" *Grocer*, 224(7507) (June 9, 2001): 72.

26. Exemplos de aplicação de dados de escâner incluem Pradeep Chintagunta, Dominique M. Hanssens, and John R. Hauser, "Editorial— Marketing Science and Big Data," *Marketing Science* 35(3) (2016): 341–342; Katherine W. Lemon and Stephen M. Nowlis, "Developing Synergies Between Promotions and Brands in Different Price-Quality Tiers," *Journal of Marketing Research*, 39(2) (May 2002): 171–185; Pradeep K. Chintagunta, "Investigating Category Pricing Behavior at a Retail Chain," *Journal of Marketing Research*, 39(2) (May 2002): 141–154.

27. http://ashford.com, accessed January 2, 2017; "Study of Online Shopping in U.S. Released by comScore Networks," *Internet Business News* (January 21, 2002).

28. "Single-Source Information: An Agile Practice for Effective Documentation," http://www.agilemodeling.com/essays/singleSourceInformation.htm, accessed June 2, 2017. Para aplicações de dados de fonte única, veja Bruce Fox, "Retailers Integrate Space Planning with Key Business Functions," *Stores*, 83(12) (December 2001): 59–60; Michael Darkow, "Compatible or Not? Results of a Single Source Field Experiment Within a TV Audience Research Panel," *Marketing & Research Today*, 24(3) (August 1996): 150–161; John Deighton, Caroline M. Henderson, and Scott A. Neslin, "The Effects of Advertising on Brand Switching and Repeat Purchasing," *Journal of Marketing Research*, 31 (February 1994): 28–43.

29. "Big Data," http://www.sas.com/en_us/insights/big-data/what-is-big- -data.html, accessed June 2, 2017.

30. Para um exemplo de pesquisa de marketing internacional baseada em dados secundários, veja Siri Terjesen, Jolanda Hessels, and Dan Li, "Comparative International Entrepreneurship: A Review and Research Agenda," *Journal of Management*, 42(1) (January 2016): 299–344; Sherriff T. K. Luk, "The Use of Secondary Information Published by the PRC Government," Market Research Society, *Journal of the Market Research Society* (July 1999): 355–365.

31. Hyoungkoo Khang, Sangpil Han, Sumin Shin, A-Reum Jung, and Mi- -Jeong Kim, "A Retrospective on the State of International Advertising Research in Advertising, Communication, and Marketing Journals: 1963–2014," *International Journal of Advertising*, 35(3) (2016) http://www.tandfonline.com/doi/full/10.1080/02650487.2015.1066477?scroll=top&needAccess=true, accessed June 3, 2017; Peter M. Chisnall, "Marketing Research: State of the Art Perspectives," *International Journal of Market Research*, 44 (1) (First Quarter 2002): 122–125.

32. http://ec.europa.eu/consumers/, accessed June 2, 2017; David Smith, "A Deficit of Consumer Loyalty," *Management Today* (July 1996): 22; "Europeans More Active as Consumers," *Marketing News* (October 6, 1991).

33. IBM Retail Twitter page, https://twitter.com/ibmretail, accessed June 2, 2017; IBM Communications Twitter page, https://twitter.com/IBM_NEWS, accessed June 2, 2017; World Retail Congress Mission Statement, https://www.worldretailcongress.com/, accessed June 2, 2017.

34. Ray Poynter, Navin Williams, and Sue York, *The Handbook of Mobile Market Research: Tools and Techniques for Market Researchers* (Chichester, West Sussex, United Kingdom: John Wiley, 2014). Ver também http://www.mmr-research.com/, accessed January 11, 2017.

35. Shalini Ramachandran, "Nielsen Remains Firm on ESPN Subscribers," *Wall Street Journal* (November 7, 2016):B4; "Network TV: TV News Magazine Overall Viewership," http://www.journalism.org/media- -indicators/network-tv-tv-news-magazine-overall-viewership/, accessed June 1, 2017; John Consoli, "Network Report Card," *Mediaweek*, 14(17) (April 26, 2004): SR3–5; Dan Trigoboff, "Saying No to Nielsen," *Broadcasting & Cable*, 132(5) (February 4, 2002): 33; Alan Bunce, "Faced with Lower Ratings, Networks Take Aim at Nielsen; The Big Three Consider a Competing Ratings Service," *Christian Science Monitor* (March 20, 1997).

Capítulo 5

1. "Baby Boomers," http://www.history.com/topics/baby-boomers, accessed June 2, 2017; Carol Hymowitz, "The Baby-Boomer Fashion Crisis," *Wall Street Journal* (Eastern edition), 246(143) (December 31, 2005): 5; Gloria F. Mazzella, "Show and Tell Focus Groups Reveal Core Boomer Values," *Marketing News* (September 23, 1996); http://www.honda.com, accessed January 11, 2006.

2. http://www.ford.com; https://www.whirlpool.com/, accessed May 27, 2017; David Warschawski, "Effective Branding Means Sensitivity to Customer Feelings and Experience," *Boston Business Journal* (July 9, 2004), Kenneth Wade, "Focus Groups' Research Role Is Shifting," *Marketing News*, 36(5) (March 4, 2002): 47; Rana Dogar, "Marketing to the Sense," *Working Woman* (April 1997): 32–35.

3. Sharan B. Merriam and Elizabeth J. Tisdell, *Qualitative Research: A Guide to Design and Implementation*, 4th ed. (Hoboken, NJ: John Wiley & Sons, 2015); Uwe Flick, *An Introduction to Qualitative Research*, 3rd ed. (Thousand Oaks, CA: Sage Publications, 2006); Kathryn C. Rentz, "Reflexive Methodology: New Vistas for Qualitative Research," *The Journal of Business Communication*, 39(1) (January 2002): 149–156; David J. Carson, Audrey Gilmore, Chad Perry, and Kjell Gronhaug, *Qualitative Marketing Research* (Thousand Oaks, CA: Sage Publications, 2001).

4. David Silverman, *Qualitative Research*, 4th ed. (Thousand Oaks, CA: Sage Publications, 2016); Clara E. Hill, Sarah Knox, Barbara J. Thompson, Elizabeth Nutt Williams, Shirley A. Hess, and Nicho Ladany, "Consensual Qualitative Research: An Update," *Journal of Counseling Psychology*, 52(2) (April 2005): 196–205; Paul ten Have, *Understanding Qualitative Research and Ethnomethodology* (Thousand Oaks, CA: Sage Publications, 2004); Timothy Bock and John Sergeant, "Small Sample Market Research," *International Journal of Market Research*, 44(2) (2002): 235–244; Gill Ereaut, Mike Imms, and Martin Callingham, *Qualitative Market Research: Principle & Practice*, 7 volumes (Thousand Oaks, CA: Sage Publications, 2002); Shay Sayre, *Qualitative Methods for Marketplace Research* (Thousand Oaks, CA: Sage Publications, 2001).

5. Uma perspectiva positivista sobre as pesquisas é usada aqui. O positivismo abrange o positivismo lógico, o empirismo lógico e todas as formas de falseabilidade. Esta é a perspectiva dominante adotada em pesquisa de marketing comercial. Mais recentemente, uma perspectiva relativista vem sendo oferecida. Veja, por exemplo, Richard R. Wilk, "The Impossibility and Necessity of Re-Inquiry: Finding Middle Ground in Social Science," *Journal of Consumer Research*, 28(2) (Sep-

tember 2001): 308–312; Shelby D. Hunt, *A General Theory of Competition* (Thousand Oaks, CA: Sage Publications, 2000). Ver também Alexandra J. Kenyon, "Exploring Phenomenological Research," *International Journal of Market Research*, 46(4) (2004): 427–441.

6. http://www.kelloggs.com, accessed January 15, 2017; Michael Lutz, B. Light, "Kellogg's Goes Online for Consumer Research," *Packaging Digest* (July 2004): 40; http://buzzback.com/, accessed May 30, 2017.

7. Sharan B. Merriam and Elizabeth J. Tisdell, *Qualitative Research: A Guide to Design and Implementation*, 4th ed. (Hoboken, NJ: John Wiley & Sons, 2015); Sharlene Nagy Hesse-Biber, *The Practice of Qualitative Research* (Thousand Oaks, CA: Sage Publications, 2006); Gill Ereaut, Mike Imms, and Martin Callingham, *Qualitative Market Research: Principle & Practice*, 7 volumes (Thousand Oaks, CA: Sage Publications, 2002); John Gill and Phil Johnson, *Research Methods for Managers*, 3rd ed. (Thousand Oaks, CA: Sage Publications, 2002).

8. David Silverman, *Qualitative Research*, 4th ed. (Thousand Oaks, CA: Sage Publications, 2016); Clive Seale, *Qualitative Research Practice* (Thousand Oaks, CA: Sage Publications, 2004); Michael Bloor, Jane Frankland, Michelle Thomas, and Kate Robson, *Focus Groups in Social Research* (Thousand Oaks, CA: Sage Publications, 2001).

9. Richard A. Krueger and Mary Anne Casey, *Focus Groups: A Practical Guide for Applied Research*, 5th ed. (Thousand Oaks, CA: Sage Publications, 2015); Carter McNamara, "Basics of Conducting Focus Groups," http://managementhelp.org/businessresearch/focus-groups.htm, accessed June 3, 2017; Barry E. Langford, Gerald Schoenfeld, and George Izzo, "Nominal Grouping Sessions vs. Focus Groups," *Qualitative Market Research*, 5(1) (2002): 58–70; Richard A. Krueger and Mary Anne Casey, *Focus Groups: A Practical Guide for Applied Research*, 3rd ed. (Thousand Oaks, CA: Sage Publications, 2000).

10. O tamanho de grupo de 8 a 12 se baseia em regras aproximadas. Para mais discussões, veja Richard A. Krueger and Mary Anne Casey, *Focus Groups: A Practical Guide for Applied Research*, 5th ed. (Thousand Oaks, CA: Sage Publications, 2015); Edward F. Fern, *Advanced Focus Group Research* (Thousand Oaks, CA: Sage Publications, 2001); Robert Blackburn, "Breaking Down the Barriers: Using Focus Groups to Research Small and Medium-Sized Enterprises," *International Small Business Journal*, 19(1) (October–December 2000): 44–67.

11. Richard A. Krueger and Mary Anne Casey, *Focus Groups: A Practical Guide for Applied Research*, 5th ed. (Thousand Oaks, CA: Sage Publications, 2015); Thomas L. Greenbaum, "The Focus Group Report," *Quirk's Marketing Research Review*, http://www.groupsplus.com/pages/qmr1297.htm, accessed June 3, 2017; Claudia Puchta, *Focus Group Practice* (Thousand Oaks, CA: Sage Publications, 2004); Catherine Forrest, "Research with a Laugh Track," *Marketing News*, 36(5) (March 4, 2002): 48; Gloria F. Mazella, "Show-and-Tell Focus Groups Reveal Core Boomer Values," *Marketing News*, 31(12) (June 9, 1997): H8.

12. "Focus Group Center," http://mnav.com/focus-group-center/, accessed June 3, 2017; Colin MacDougall, "Planning and Recruiting the Sample for Focus Groups and In-Depth Interviews," *Qualitative Health Research*, 11(1) (January 2001): 117–126; Hazel Kahan, "A Professional Opinion," *American Demographics* (*Tools Supplement*) (October 1996): 1–19.

13. David Silverman, *Qualitative Research*, 4th ed. (Thousand Oaks, CA: Sage Publications, 2016); Janine Morgan Traulsen, Anna Birna Almarsdottir, and Ingunn Bjornsdottir, "Interviewing the Moderator: An Ancillary Method to Focus Groups," *Qualitative Health Research*, 14(5) (May 2004): 714; Jonathan Hall, "Moderators Must Motivate Focus Group," *Marketing News*, 34(9) (September 11, 2000): 26–27; Thomas L. Greenbaum, *Moderating Focus Groups: A Practical Guide for Group Facilitation* (Thousand Oaks, CA: Sage Publications, 1999). Adapted from Donald A. Chase, "The Intensive Group Interviewing in Marketing," *MRA Viewpoints* (1973).

14. Richard A. Krueger and Mary Anne Casey, *Focus Groups: A Practical Guide for Applied Research*, 5th ed. (Thousand Oaks, CA: Sage Publications, 2015); Norman K. Denzin, *The Sage Handbook of Qualitative Research*, 3rd ed. (Thousand Oaks, CA: Sage Publications, 2005); Edward F. Fern, *Advanced Focus Group Research* (Thousand Oaks, CA: Sage Publications, 2001); Richard A. Krueger, *Developing Questions for Focus Groups* (Newbury Park, CA: Sage Publications, 1997); Martin R. Lautman, "Focus Group: Theory and Method," in Andrew Mitchell, ed., *Advances in Consumer Research* (Pittsburgh: Association for Consumer Research, 1982), 9, 22.

15. Sharan B. Merriam and Elizabeth J. Tisdell, *Qualitative Research: A Guide to Design and Implementation*, 4th ed. (Hoboken, NJ: John Wiley & Sons, 2015); David Silverman, *Qualitative Research: Theory, Method, and Practice*, 2nd ed. (Thousand Oaks, CA: Sage Publications, 2004); Becky Ebenkamp, "The Focus Group Has Spoken," *Brandweek*, 42(17) (April 23, 2001): 24; David L. Morgan, *The Focus Group Guidebook* (Newbury Park, CA: Sage Publications, 1997).

16. Richard A. Krueger and Mary Anne Casey, *Focus Groups: A Practical Guide for Applied Research*, 5th ed. (Thousand Oaks, CA: Sage Publications, 2015); Claudia Puchta, *Focus Group Practice* (Thousand Oaks, CA: Sage Publications, 2004); "Focus Groups: A Practical Guide for Applied Research," *International Journal of Public Opinion Research*, 13(1) (Spring 2001): 85; Richard A. Krueger and Mary Anne Casey, *Focus Groups: A Practical Guide for Applied Research*, 3rd ed. (Thousand Oaks, CA: Sage Publications, 2000).

17. http://www.koolaid.com, accessed May 31, 2017; Jeff Mayhew, "Kool Kool-Aid Facts!," http://www.weirdfacts.com/en/weird-fact/food-a-drink-facts/3275-kool-aid-facts.html, accessed May 31, 2017; "Kool-Aid Serves Up Promotional Magic," *Marketing Magazine*, 108(34) (October 6–13, 2003); Joan Raymond, "All Smiles," *American Demographics*, 23(3) (March 2001): S18; Stephanie Thompson, "Kraft Does the 'Twist,'" *Advertising Age*, 72(4) (January 22, 2001): 8.

18. David Silverman, *Qualitative Research*, 4th ed. (Thousand Oaks, CA: Sage Publications, 2016); Ronald E. Goldsmith, "The Focus Group Research Handbook," *The Service Industries Journal*, 20(3) (July 2000): 214–215; Thomas L. Greenbaum, *The Handbook for Focus Group Research* (Newbury Park, CA: Sage Publications, 1997); John M. Hess, "Group Interviewing", in R.L. King (ed.), New Science of Planning (Chicago: American Marketing Association, 1968): 4.

19. "Focus Groups," http://www.qualres.org/HomeFocu-3647.html, accessed June 2, 2017; Don Akchin, "Quick & Dirty Research," *Nonprofit World*, Madison (May/June 2001): 3–33; "How Nonprofits Are Using Focus Groups," *Nonprofit World*, 14(5) (September/October 1996): 37.

20. Richard A. Krueger and Mary Anne Casey, *Focus Groups: A Practical Guide for Applied Research*, 5th ed. (Thousand Oaks, CA: Sage Publications, 2015); Donna J. Reid and Fraser J. Reid, "Online Focus Groups," *International Journal of Market Research*, 47(2) (2005): 131–162; Henrietta O'Connor and Clare Madge, "Focus Groups in Cyberspace: Using the Internet for Qualitative Research," *Qualitative Market Research*, 6(2) (2003): 133–143; Robert V. Kozinets, "The Field Behind the Screen: Using Netnography for Marketing Research Online Communities," *Journal of Marketing Research*, 39(1) (February 2002): 61–72; Thomas L. Greenbaum, "Focus Groups vs. Online," *Advertising Age*, Chicago (February 14, 2000): 34; Judith Langer, "'On' and 'Offline' Focus Groups: Claims, Questions," *Marketing News*, 34(12) (June 5, 2000): H38.

21. https://www.edmunds.com/nissan/murano/2017/review/, accessed May 31, 2017; https://www.nissanusa.com/, accessed May 31, 2017; Daren Fonda, "The Shrinking SUV," *Time*, 164(9) (August 30, 2004): 65; Chuck Moozakis, "Nissan Wants to Be Like Dell—Automaker Says It Can Achieve Build-to-Order via the Web in 18 Months; Experts Are Skeptical," *InternetWeek* (January 7, 2002): 11; Jean Halliday, "Makers Use Web to Help Design Cars," *Automotive News* (5860) (February 7, 2001): 22; http://www.nissandriven.com, accessed May 31, 2017.

22. David Silverman, *Qualitative Research*, 4th ed. (Thousand Oaks, CA: Sage Publications, 2016); David Stokes and Richard Bergin, "Methodology or 'Methodolatry': An Evaluation of Focus Groups and Depth Interviews," *Qualitative Market Research: An International Journal*, 9(1) (2006): 26–37; Richard Poppy Brech, "Research Proves the Obvious," *Marketing* (March 21, 2002): 48. Para uma aplicação das entrevistas em profundidade, veja Jodie L. Ferguson, Kofi Q. Dadzie, and Wesley J. Johnston, "Country-of-Origin Effects in Service Evaluation in Emer-

ging Markets: Some Insights from Five West African Countries," *The Journal of Business & Industrial Marketing,* 23(6) (2008): 429.

23. Sharan B. Merriam and Elizabeth J. Tisdell, *Qualitative Research: A Guide to Design and Implementation,* 4th ed. (Hoboken, NJ: John Wiley & Sons, 2015); Naomi R. Henderson, "The Power of Probing," *Marketing Research,* 19(4) (Winter 2007): 38; Shay Sayre, *Qualitative Methods for Marketplace Research* (Thousand Oaks, CA: Sage Publications, 2001); "Looking for a Deeper Meaning," *Marketing* (Market Research Top 75 Supplement) (July 17, 1997): 16–17.

24. https://www.securetechalliance.org/, accessed June 2, 2017; Edward C. Baig, "One Smart Card for All Your Debts," *USA Today* (February 6, 2002): D7.

25. "On-time performance results for airlines and airports," https://www.oag.com/hubfs/Free_Reports/Punctuality_League/2016/PunctualityReport2016.pdf, accessed May 31, 2017; Sharan B. Merriam and Elizabeth J. Tisdell, *Qualitative Research: A Guide to Design and Implementation,* 4th ed. (Hoboken, NJ: John Wiley & Sons, 2015); Tomaz Kolar, "Linking Customers and Products by Means-End Chain Analysis," *Management,* 12(2) (November 2007): 69–78; Klaus G. Grunert and Suzanne C. Grunert, "Measuring Subjective Meaning Structures by Laddering Method: Theoretical Considerations and Methodological Problems," *International Journal of Research in Marketing,* 12(3) (October 1995): 209–225. This example is derived from Jeffrey F. Durgee, "Depth-Interview Techniques for Creative Advertising," *Journal of Advertising Research,* 25 (December 1985–January 1986): 29–37.

26. Richard A. Krueger and Mary Anne Casey, *Focus Groups: A Practical Guide for Applied Research,* 5th ed. (Thousand Oaks, CA: Sage Publications, 2015); R. Kenneth Wade, "Focus Groups' Research Role Is Shifting," *Marketing News,* 36(5) (March 4, 2002): 47; Brian Wansink, "New Techniques to Generate Key Marketing Insights," *Marketing Research,* 12(2) (Summer 2000): 28–36; Richard A. Feder, "Depth Interviews Avoid Turmoil of Focus Groups," *Advertising Age,* 68(16) (April 21, 1997): 33.

27. http://www.playstation.com, accessed January 17, 2017; Ginny Parker, "Sony Unveils Smaller Version of PlayStation 2 Game Console," *Wall Street Journal* (Eastern edition) (September 22, 2004): D4; Robert A. Guth, "PlayStation 2 Helps Sony Beat Forecasts," *Wall Street Journal* (January 28, 2002): A12; Brian Wansink, "New Techniques to Generate Key Marketing Insights," *Marketing Research,* 12 (Summer 2000): 28–36.

28. Norman K. Denzin and Yvonna S. Lincoln, *The SAGE Handbook of Qualitative Research,* 5th ed. (Thousand Oaks, CA: Sage Publications, 2017); Clive Boddy, "Projective Techniques in Market Research: Valueless Subjectivity or Insightful Reality?" *International Journal of Market Research,* 47(3) (2005): 239–254; Gill Ereaut, Mike Imms, and Martin Callingham, *Qualitative Market Research: Principle & Practice,* 7 volumes (Thousand Oaks, CA: Sage Publications, 2002); H. H. Kassarjian, "Projective Methods," in R. Ferber, ed., *Handbook of Marketing Research* (New York: McGraw-Hill, 1974): 85–100.

29. Sharan B. Merriam and Elizabeth J. Tisdell, *Qualitative Research: A Guide to Design and Implementation,* 4th ed. (Hoboken, NJ: John Wiley & Sons, 2015); Joerg Koenigstorfer, Andrea Groeppel-Klein, and Stefan Pla, "The Motivations Underlying the Use of Technological Innovations: New Insights from Projective Techniques," *International Journal of Business Environment,* 2(2) (2008): 215–241; Judith Lynne Zaichowsky, "The Why of Consumption: Contemporary Perspectives and Consumer Motives, Goals, and Desires," *Academy of Marketing Science,* 30(2) (Spring 2002): 179; Sidney J. Levy, "Interpreting Consumer Mythology: Structural Approach to Consumer Behavior Focuses on Story Telling," *Marketing Management,* 2(4) (1994): 4–9.

30. Norman K. Denzin and Yvonna S. Lincoln, *The SAGE Handbook of Qualitative Research,* 5th ed. (Thousand Oaks, CA: Sage Publications, 2017); Anouk Hofstede, Joris van Hoof, Natascha Walenberg, and Menno de Jong, "Projective Techniques for Brand Image Research; Two Personification-Based Methods Explored," *Qualitative Market Research,* 10(2) (2007): 300; Miriam Catterall, "Using Projective Techniques in Education Research," *British Educational Research Journal,* 26(2) (April 2000): 245–256; Marilyn M. Kennedy, "So How'm I Doing?" *Across the Board,* 34(6) (June 1997): 53–54; G. Lindzey, "On the Classification of Projective Techniques," *Psychological Bulletin* (1959): 158–168.

31. http://us.pg.com/, accessed June 2, 2017; Ellen Byron, "How P&G Led Also-Ran to Sweet Smell of Success," *Wall Street Journal* (September 4, 2007): B2; Kerri Walsh, "Soaps and Detergents," *Chemical Week,* 164(3) (January 23, 2002): 24–26; e "Interpretation Is the Essence of Projective Research Techniques," *Marketing News* (September 28, 1984): 20. Para uma discussão teórica, veja William S. Maki, "A Database of Associative Strengths from the Strength-Sampling Model: A Theory-Based Supplement to the Nelson, Mcevoy, and Schreiber Word Association Norms," *Behavior Research Methods,* 40(1) (February 2008): 232–235.

32. http://www.dupont.com, accessed June 3, 2017; J. Dee Hill, "7-Eleven Hopes Hosiery Has Legs," *Adweek,* 22(42) (October 16, 2000): 12; Ronald B. Lieber, "Storytelling: A New Way to Get Close to Your Customer," *Fortune* (February 3, 1997). Ver também Barbara Czarniawska, *Narratives in Social Science Research* (Thousand Oaks, CA: Sage Publications, 2004).

33. Marine Cole, "The 9 Highest Calorie Fast Food Meals," http://www.thefiscaltimes.com/Media/Slideshow/2014/07/30/9-Highest-Calorie--Fast-Food-Meals, accessed June 2, 2017; Sally Squires, "You Know You Crave It**,**" *Washington Post* (June 22, 2004): F1; Amy Zuber, "McD Unveils New Brands, Tries to Reverse 'McSlide,'" *Nation's Restaurant News,* 35(46) (November 12, 2001): 1–2; David Kilburn, "Haagen-Dazs Is Flavor of Month," *Marketing Week,* 20(23) (September 4, 1997): 30; S. Bhargava, "Gimme a Double Shake and a Lard on White," *Business Week* (March 1, 1993): 59.

34. Norman K. Denzin and Yvonna S. Lincoln, *The SAGE Handbook of Qualitative Research,* 5th ed. (Thousand Oaks, CA: Sage Publications, 2017); Debby Andrews, "Playing a Role," *Business Communication Quarterly,* 64(1) (March 2001): 7–8; "Role Playing for Better Service," *Lodging Hospitality,* 53(2) (February 1997): 16.

35. http://www.forty9north.com/, accessed June 2, 2017; Kevin Smith, "Apartment, Townhouse Area Offers Upscale Living in Rancho Cucamonga, Calif.," *Knight Ridder Tribune Business News* (May 17, 2002): 1; Jerome R. Corsi, "Adapting to Fit the Problem: Impact Research Takes a Different Approach to Marketing," *Rocky Mountain Business Journal,* 36(26) (March 25, 1985): 1.

36. http://www.fearofflying.com/?gclid=CPmEwoCX9s8CFUElgQodd OYHFg, accessed June 2, 2017; Sharon Begley, "Afraid to Fly After 9/11, Some Took a Bigger Risk—In Cars," *Wall Street Journal* (Eastern edition) (March 23, 2004): B1; Edward H. Phillips, "Fear of Flying," *Aviation Week & Space Technology,* 154(3) (January 15, 2001): 419; "Fear of Flying," *The Economist,* 339(7966) (May 18, 1996): 30; http://www.airlines.org; e http://www.airsafe.com, accessed June 2, 2017. Para uma perspectiva teórica, veja Vincent-Wayne Mitchell and Greg Harris, "The Importance of Consumers' Perceived Risk in Retail Strategy," *European Journal of Marketing,* 39(7/8) (2005): 821–837.

37. Norman K. Denzin and Yvonna S. Lincoln, *The SAGE Handbook of Qualitative Research,* 5th ed. (Thousand Oaks, CA: Sage Publications, 2017); Gill Ereaut, Mike Imms, and Martin Callingham, *Qualitative Market Research: Principle & Practice,* 7 volumes (Thousand Oaks, CA: Sage Publications, 2002); David Bakken, "State of the Art in Qualitative Research," *Marketing Research: A Magazine of Management & Applications,* 8(2) (Summer 1996): 4–5; Elaine Cibotti and Eugene H. Fram, "The Shopping List Studies and Projective Techniques: A 40-Year View," *Marketing Research: A Magazine of Management & Applications,* 3(4) (December 1991): 14–22; Maison Haire, "Projective Techniques in Marketing Research," *Journal of Marketing,* 14 (April 1950): 649–656.

38. Norman K. Denzin and Yvonna S. Lincoln, *The SAGE Handbook of Qualitative Research,* 5th ed. (Thousand Oaks, CA: Sage Publications, 2017); John Gill and Phil Johnson, *Research Methods for Managers,* 3rd ed. (Thousand Oaks, CA: Sage Publications, 2002); e Sajeev Varki, Bruce Cooil, and Roland T. Rust, "Modeling Fuzzy Data in Qualitative Marketing Research," *Journal of Marketing Research,* 37(4) (November 2000): 480–489.

39. http://www.justthefacts.com/, accessed June 2, 2017.
40. Esses são passos inspirados em Matthew B. Miles and A. Michael Huberman, *Qualitative Data Analysis,* 2nd ed. (Newbury Park, CA: Sage Publications, 1994). Ver também Matthew B. Miles, A. Michael Huberman, and Johnny Saldana, *Qualitative Data Analysis: A Methods Sourcebook,* 3rd ed. (Thousand Oaks, CA: Sage Publications, 2013); Lyn Richards, *Handling Qualitative Data: A Practical Guide* (Thousand Oaks, CA: Sage Publications, 2005); Janet Heaton, *Reworking Qualitative Data* (Thousand Oaks, CA: Sage Publications, 2004).
41. International Institute for Qualitative Methodology, https://www.ualberta.ca/international-institute-for-qualitative-methodology/, accessed June 2, 2017; Clive R. Boddy, "Projective Techniques in Taiwan and Asia–Pacific Market Research," *Qualitative Market Research,* 10(1) (2007): 48; Rebecca Marschan-Piekkari and Catherine Welch, eds., *Handbook of Qualitative Research Methods for International Business* (Northampton, MA: Edward Elgar Publishing, 2005); Alan S. Zimmerman and Michael Szenberg, "Implementing International Qualitative Research: Techniques and Obstacles," *Qualitative Market Research,* 3(3) (2000): 158–164; Jeffery S. Nevid, "Multicultural Issues in Qualitative Research," *Psychology & Marketing* (July 1999): 305–325.
42. Catherine Cassell, "European Qualitative Research: A Celebration of Diversity and a Cautionary Tale," *European Management Journal,* 34(5) (October 2016): 453–456; Raymond Boudon, *The European Tradition in Qualitative Research,* 4 volumes (Thousand Oaks, CA: Sage Publications, 2003); Thomas L. Greenbaum, "Understanding Focus Group Research Abroad," *Marketing News,* 30(12) (June 3, 1996): H14, H36.
43. http://www.womma.org/casestudy/examples/generate-buzz/passenger-and-jcpenney-create/, accessed July 27, 2016.
44. Ray Poynter, Navin Williams, and Sue York, *The Handbook of Mobile Market Research: Tools and Techniques for Market Researchers* (Chichester, West Sussex, United Kingdom: John Wiley, 2014). Ver também https://www.jointhedotsmr.com/, accessed June 2, 2017.
45. "Ethics in Qualitative Research; Gatekeepers," http://www.academia.edu/1526314/Ethics_in_Qualitative_Research_Gatekeepers, accessed June 2, 2017; Svend Brinkmann and Steinar Kvale, "Confronting the Ethics of Qualitative Research," *Journal of Constructivist Psychology,* 18(2) (March 2005): 157–181; Connie Rate Bateman, "Framing Effects Within the Ethical Decision-Making Process of Consumers," *Journal of Business Ethics,* 36(1/2) (March 2002): 119–138; Melanie Mauthner, *Ethics in Qualitative Research* (Thousand Oaks, CA: Sage Publications, 2002).
46. Michel Chossudovsk, "Elections 2016: The Clinton-Trump Mudslinging Campaign Is Underway. Hillary Sought "Secret Info" for Son-in-Law's Hedge Fund," *Global Research* (July 9, 2016), http://www.globalresearch.ca/elections-2016-the-hillary-donald-mudslinging-campaign-is-underway/5534691, accessed June 2, 2017; Angela Galloway, "Mudslinging, Attacks … Then It Could Get Nasty," *Seattle Post-Intelligencer* (September 3, 2004), http://seattlepi.nwsource.com/local/189286_nasty03.html; Evan Thomas, "Calling All Swing States," *Newsweek,* 136(21) (November 20, 2000): 110–120.

Capítulo 6

1. http://www.theharrispoll.com/, accessed January 3, 2017; Joe Flint and Lukas Alpert, "Media Face Backlash for Getting It Wrong," *Wall Street Journal* (November 10, 2016): B1; Anonymous, "Partisans: Don't Shoot the Pollster," *New York Times* (Late edition, East Coast) (September 29, 2004); Humphrey Taylor, John Bremer, Cary Overmeyer, Jonathan W. Siegel, and George Terhanian, "Using Internet Polling to Forecast the 2000 Elections," *Marketing Research,* 13 (Spring 2001): 26–30.
2. http://global.canon/en/index.html, accessed January 23, 2017; Anonymous, "Canon Logs Record Profit, Sales in '01," *Jiji Press English News Service* (January 31, 2002): 1; Johnny K. Johansson and Ikujiro Nonaka, "Market Research the Japanese Way," *Harvard Business Review* (May–June 1987): 16–18.
3. Levantamentos são bastante usados em pesquisa de marketing. Veja, por exemplo, "Survey News, Articles and Information," http://naturalnews.com/survey.html, accessed November 10, 2016; Aric Rindfleisch, Alan J. Malter, Shankar Ganesan, and Christine Moorman, "Cross-Sectional Versus Longitudinal Survey Research: Concepts, Findings, and Guidelines," *Journal of Marketing Research,* 45(3) (June 2008): 261–279; Naresh K. Malhotra and Daniel McCort, "A Cross-Cultural Comparison of Behavioral Intention Models: Theoretical Consideration and an Empirical Investigation," *International Marketing Review,* 18(3) (2001): 235–269. Ver também Lawrence A. Crosby, Sheree L. Johnson, and Richard T. Quinn, "Is Survey Research Dead?" *Marketing Management,* 11(3) (2002): 24–29.
4. https://www.ariba.com/, accessed June 7, 2017; Michael Ornstein, *A Companion to Survey Research* (Thousand Oaks, CA: Sage Publications, 2013); Rajesh Nakwah, "Getting Good Feedback," *Quirk's Marketing Research Review* (November 2000).
5. "Telephone Surveys," http://marketstreetresearch.com/research-methods/representative-telephone-surveys/, accessed January 7, 2017; Linda Borque, *How to Conduct Telephone Surveys,* 2nd ed. (Thousand Oaks, CA: Sage Publications, 2002); David W. Glasscoff, "Measuring Clinical Performance: Comparison and Validity of Telephone Survey and Administrative Data," *Marketing Health Services,* 22(1) (Spring 2002): 43–44; Niki Thurkow, "The Effects of Group and Individual Monetary Incentives on Productivity of Telephone Interviewers," *Journal of Organizational Behavior Management,* 20(2) (2000): 3.
6. http://www.hallmark.com/, accessed January 17, 2017; Leigh Dyer, "Maya Angelou Sells Lines to Hallmark," *Knight Ridder Tribune Business News* (February 1, 2002): 1.
7. http://www.gfkmri.com/; http://www.gfk.com/, accessed October 25, 2016. Ver também Floyd J. Fowler, Jr., *Survey Research Methods,* 5th ed. (Thousand Oaks, CA: Sage Publications, 2013).
8. "Mall Intercept as a Data Collection Method," https://www.surveyanalytics.com/mall-intercept-method.html, accessed January 15, 2017; Carolyn Folkman Curasi, "A Critical Exploration of Face-to-Face Interviewing vs. Computer-Mediated Interviewing," *International Journal of Market Research,* 43(4) (2001): 361–375; Karen V. Fernandez, "The Effectiveness of Information and Color in Yellow Pages Advertising," *Journal of Advertising,* 29(2) (Summer 2000): 61–73; A. J. Bush and J. F. Hair, Jr., "An Assessment of the Mall-Intercept as a Data Collection Method," *Journal of Marketing Research* (May 1985): 158–167.
9. http://www.att.com/, accessed January 17, 2017; Rebecca Gardyn, "Same Name, New Number," *American Demographics,* 23(3) (March 2001): 6.
10. Floyd J. Fowler, Jr., *Survey Research Methods,* 5th ed. (Thousand Oaks, CA: Sage Publications, 2013).
11. Levantamentos pelo correio são comuns em pesquisa de marketing institucional e industrial. Veja, por exemplo, "Mail Surveys," http://marketstreetresearch.com/research-methods/mail-surveys/, accessed January 15, 2017; Duane P. Bachmann, John Elfrink, and Gary Vazzana, "E-Mail and Snail Mail Face Off in Rematch," *Marketing Research,* 11(4) (1999/2000): 10–15.
12. Lesley Andres, *Designing and Doing Survey Research* (Thousand Oaks, CA: Sage Publications, 2012); Linda Borque, *How to Conduct Self-Administered and Mail Surveys,* 2nd ed. (Thousand Oaks, CA: Sage Publications, 2002); Jack Schmid, "Assigning Value to Your Customer List," *Catalog Age,* 18(5) (April 2001): 69; Rob Yoegei, "List Marketers Head to Cyberspace," *Target Marketing,* 20(8) (August 1997): 54–55.
13. http://www.mintmuseum.org/, accessed February 5, 2017; Michael Straus, "Charlotte Art Museum Uses Research to Light Path to 21st Century," *Quirk's* (February 1998), http://www.quirks.com/articles/article.asp?arg_ArticleId=311; http://www.mintmuseum.org/mmcd/index.htm.
14. Nathan Clarke, Jane Symes, Hataichanok Saevanee, and Steve Furnell, "Awareness of Mobile Device Security: A Survey of User's Attitudes," *International Journal of Mobile Computing and Multimedia Communications,* 7(1) (2016), 17 pages; Katja Lozar Manfreda, Michael Bosnjak, Jernej Berzelak, Iris Haas, and Vasja Vehovar, "Web Surveys Versus Other Survey Modes," *International Journal of Market Research,* 50(1), 2008: 79–104; Bert Weijters, Niels Schillewaert, and Maggie Geuens, "Assessing Response Styles Across Modes of

Data Collection," *Journal of the Academy of Marketing Science,* 36(3) (September 2008): 409; Shintaro Okazaki, "Assessing Mobile-Based Online Surveys," *International Journal of Market Research,* 49(5) (2007): 651–675; Niels Schillewaert and Pascale Meulemeester, "Comparing Response Distributions of Offline and Online Data Collection Methods," *International Journal of Market Research,* 47(2) (2005): 163–178; Janet Ilieva, Steve Baron, and Nigel Healey, "Online Surveys in Marketing Research: Pros and Cons," *International Journal of Market Research,* 44(3) (2002): 361–376; Peter Kellner, "Can Online Polls Produce Accurate Findings?" *International Journal of Market Research,* 46(1) (2004): 3–19.

15. http://www.sony.com/; http://www.sonymusic.com/shop/index.html; accessed March 3, 2017; http://blogs.forrester.com/analysts/laszlo/archives/002560.html, accessed October 27, 2016.

16. "Questionnaire Design and Surveys Sampling," http://home.ubalt.edu/ntsbarsh/stat-data/Surveys.htm, accessed January 7, 2017; Luigi Anolli, Daniela Villani, and Giuseppe Riva, "Personality of People Using Chat: An On-Line Research," *CyberPsychology & Behavior,* 8(1) (February 2005): 89–95; Steven K. Thompson, *Sampling* (New York: John Wiley & Sons, 2002); Terry L. Childers and Steven J. Skinner, "Theoretical and Empirical Issues in the Identification of Survey Respondents," *Journal of the Market Research Society,* 27 (January 1985): 39–53.

17. Edward Blair and Johnny Blair, *Applied Survey Sampling* (Thousand Oaks, CA: Sage Publications, 2014); J. N. K. Rao and Sharon Lohr, "Estimation in Multiple-Frame Surveys," *Journal of the American Statistical Association,* 101(475) (September 2006): 1019–1030; Gregory B. Murphy, "The Effects of Organizational Sampling Frame Selection," *Journal of Business Venturing,* 17(3) (May 2002): 237; Wayne Smith, Paul Mitchell, Karin Attebo, and Stephen Leeder, "Selection Bias from Sampling Frames: Telephone Directory and Electoral Rolls Compared to Door-to-Door Population Census: Results from the Blue Mountain Eye Study," *Australian & New Zealand Journal of Public Health,* 21(2) (April 1997): 127–133.

18. Al-Baghal, "Bias in Telephone Samples," http://www.dc-aapor.org/documents/spc05albaghal.pdf, accessed October 27, 2016; Timothy R. Graeff, "Uninformed Response Bias in Telephone Surveys," *Journal of Business Research,* 55(3) (March 2002): 251; Scott Keeter, "Estimating Telephone Noncoverage Bias with a Telephone Survey," *Public Opinion Quarterly,* 59(2) (Summer 1995): 196–217.

19. Pew Research Center, "Sampling," http://www.pewresearch.org/methodology/u-s-survey-research/sampling, accessed June 7, 2017; "Random Sampling," *Marketing News,* 36(3) (February 4, 2002): 7; Dana James, "Old, New Make Up Today's Surveys," *Marketing News* (June 5, 2000): 4; David Wilson, "Random Digit Dialing and Electronic White Pages Samples Compared: Demographic Profiles and Health Estimates," *Australian and New Zealand Demographic Profiles and Health Estimates,* 23(6) (December 1999): 627–633; Johnny Blair and Ronald Czaja, "Locating a Special Population Using Random Digit Dialing," *Public Opinion Quarterly,* 46 (Winter 1982): 585–590; E. L. Landon, Jr. and S. K. Banks, "Relative Efficiency and Bias of Plus-One Telephone Sampling," *Journal of Marketing Research,* 14 (August 1977): 294–299.

20. Lesley Andres, *Designing and Doing Survey Research* (Thousand Oaks, CA: Sage Publications, 2012); Ron Czaja, *Designing Surveys: A Guide to Decisions and Procedures* (Thousand Oaks, CA: Sage Publications, 2004); Sherry Chiger, "Benchmark 2002: Lists and E-Lists," *Catalog Age,* 19(3) (March 1, 2002): 41–45; David O. Schwartz, "Mailing List Owners and the Millennium," *Marketing News,* 31(11) (May 26, 1997): 4; Paul M. Biner and Deborah L. Barton, "Justifying the Enclosure of Monetary Incentives in Mail Survey Cover Letters," *Psychology and Marketing* (Fall 1990): 153–162; "Lists Make Targeting Easy," *Advertising Age* (July 9, 1984): 20.

21. Z. Tuba Suzer-Gurtekin, Mahmoud ElKasabi, Mingnan Liu, James M. Lepkowski, Richard Curtin, and Rebecca McBee, "Effect of a Pre-Paid Incentive on Response Rates to an Address-Based Sampling (ABS) Web-Mail survey," *Survey Practice,* 9(4) (2016) http://www.surveypractice.org/index.php/SurveyPractice/issue/view/72, accessed October 27, 2016; B. Zafer Erdogan, "Increasing Mail Survey Response Rates from an Industrial Population: A Cost Effectiveness Analysis of Four Follow-Up Techniques," *Industrial Marketing Management,* 31(1) (January 2002): 65; Jack Edmonston, "Why Response Rates Are Declining," *Advertising Age's Business Marketing,* 82(8) (September 1997): 12; Raymond Hubbard and Eldon L. Little, "Promised Contributions to Charity and Mail Survey Responses: Replications with Extension," *Public Opinion Quarterly,* 52 (Summer 1988): 223–230; Paul L. Erdos and Robert Ferber, eds., "Data Collection Methods: Mail Surveys," *Handbook of Marketing Research* (New York: McGraw-Hill, 1974): 102.

22. "Mall Intercept as a Data Collection Method," http://www.surveyanalytics.com/mall-intercept-method.html, accessed January 17, 2017; Eunkyu Lee, "Are Consumer Survey Results Distorted? Systematic Impact of Behavioral Frequency and Duration on Survey Response Errors," *Journal of Marketing Research,* 37(1) (February 2000): 125–133.

23. Ashley Amaya and Stanley Presser, "Nonresponse Bias for Univariate and Multivariate Estimates of Social Activities and Roles," *Public Opinion Quarterly* (2016), https://academic.oup.com/poq/article/81/1/1/2631644/Nonresponse-Bias-for-Univariate-and-Multivariate, accessed June 7, 2017; Robert M. Groves and Emilia Peytcheva, "The Impact of Nonresponse Rates on Nonresponse Bias," *Public Opinion Quarterly,* 72(2) (Summer 2008): 167–189; Anton Korinek, Johan A. Mistiaen, and Martin Ravallion, "An Econometric Method of Correcting for Unit Nonresponse Bias in Surveys," *Journal of Econometrics,* 136(1) (January 2007): 213–235; Edward Blair and George M. Zinkhan, "Nonresponse and Generalizability in Academic Research," *Journal of the Academy of Marketing Science,* 34(1) (December 2006): 4–7.

24. Floyd J. Fowler, Jr., *Survey Research Methods,* 5th ed. (Thousand Oaks, CA: Sage Publications, 2013); Robert M. Groves, "Nonresponse Rates and Nonresponse Bias in Household Surveys," *Public Opinion Quarterly,* 70(5), 2006: 646–675; Abhijit Roy and Paul Berger, "E-Mail and Mixed Mode Database Surveys Revisited: Exploratory Analyses of Factors Affecting Response Rates," *The Journal of Database Marketing & Customer Strategy Management,* 12(2,1) (January 2005): 153–171; Jamie Smith, "How to Boost DM Response Rates Quickly," *Marketing News,* 35(9) (April 23, 2001): 5; Richard Colombo, "A Model for Diagnosing and Reducing Nonresponse Bias," *Journal of Advertising Research* (January/April 2000): 85–93; Barbara Bickart, "The Distribution of Survey Contact and Participation in the United States: Constructing a Survey-Based Estimate," *Journal of Marketing Research* (May 1999): 286–294; William L. Nicholls II, "Highest Response," *Marketing Research: A Magazine of Management & Applications,* 8(1) (Spring 1996): 5–7; Jeannine M. James and Richard Bolstein, "The Effect of Monetary Incentives and Follow-Up Mailings on the Response Rate and Response Quality in Mail Surveys," *Public Opinion Quarterly,* 54 (Fall 1990): 346–361; Julie Yu and Harris Cooper, "A Quantitative Review of Research Design Effects on Response Rates to Questionnaires," *Journal of Marketing Research,* 20 (February 1983): 36–44.

25. Floyd J. Fowler, Jr., *Survey Research Methods,* 5th ed. (Thousand Oaks, CA: Sage Publications, 2013); Pamela G. Guengel, Tracy R. Berchman, and Charles F. Cannell, *General Interviewing Techniques: A Self-Instructional Workbook for Telephone and Personal Interviewer Training* (Ann Arbor, MI: Survey Research Center, University of Michigan, 1983).

26. Kazim Ladimeji, "4 Types of Interviewer Bias—and How to Eliminate Them," http://www.recruiter.com/i/4-types-of-interviewer-bias-and-how-to-eliminate-them/, accessed January 7, 2017; Timothy R. Graeff, "Uninformed Response Bias in Telephone Surveys," *Journal of Business Research,* 55(3) (March 2002): 251; Eleanor Singer, "Experiments with Incentives in Telephone Surveys," *Public Opinion Quarterly,* 64(2) (Summer 2000): 171–188; Charles F. Cannell, Peter U. Miller, Lois Oksenberg, and Samuel Leinhardt, eds., "Research on Interviewing Techniques," *Sociological Methodology* (San Francisco: Jossey-Bass, 1981); Peter U. Miller and Charles F. Cannell, "A Study of Experimental Techniques for Telephone Interviewing," *Public Opinion Quarterly,* 46 (Summer 1982): 250–269.

27. "New Survey Methods Bring Greater Speed and New Issues," http://blog.nature.org/science/2014/07/15/new-survey-methods-bring-greater-speed-and-new-issues/, accessed December 3, 2016; Duane P. Bachmann, John Elfrink, and Gary Vazzana, "E-Mail and Snail Mail Face Off in Rematch," *Marketing Research,* 11 (Winter 1999/Spring 2000): 10–15.
28. "Selecting the Survey Method," http://www.socialresearchmethods.net/kb/survsel.php, accessed December 3, 2016; Arlene Fink, *How to Conduct Surveys: A Step-by-Step Guide,* 3rd ed. (Thousand Oaks, CA: Sage Publications, 2005); Mark McMaster, "E-Marketing Poll Vault," *Sales and Marketing Management,* 153(8) (August 2001): 25; Arlene Fink, *A Survey Handbook* (Thousand Oaks, CA: Sage Publications, 1995).
29. Kypros Kypri, Amanda Wilson, John Attia, Paschal Sheeran, Peter Miller, and Jim McCambridge, "Social Desirability Bias in the Reporting of Alcohol Consumption: A Randomized Trial," *Journal of Studies on Alcohol and Drugs,* 77(3) (2016): 526–531; Bruce Keillor, "A Cross-Cultural/Cross-National Study of Influencing Factors and Socially Desirable Response Biases," *International Journal of Market Research,* 43(1) (First Quarter 2001): 63–84; Maryon F. King, "Social Desirability Bias: A Neglected Aspect of Validity Testing," *Psychology & Marketing* (February 2000): 79; Deniz Ones, Angelika D. Reiss, and Chockalingam Viswesvaran, "Role of Social Desirability in Personality Testing for Personnel Selection: The Red Herring," *Journal of Applied Psychology,* 81(6) (December 1996): 660–679.
30. Seung Hyun Kim and Sangmook Kim, "Ethnic Differences in Social Desirability Bias: Effects on the Analysis of Public Service Motivation," *Administration & Society,* 48(4) (May 2016): 444–476; Uwe Peter Kanning and Susanne Kuhne, "Social Desirability in a Multimodal Personnel Selection Test Battery," *European Journal of Work and Organizational Psychology,* 15(3) (September 2006): 241; "Random Sampling: Homework—Yeah Right," *Marketing News,* 36(6) (March 18, 2002): 4; Gerald Vinten, "The Threat in the Question," *Credit Control,* 18(1) (1997): 25–31; Priya Raghubir and Geeta Menon, "Asking Sensitive Questions: The Effects of Type of Referent and Frequency Wording in Counterbiasing Method," *Psychology & Marketing,* 13(7) (October 1996): 633–652.
31. Floyd J. Fowler, Jr., *Survey Research Methods,* 5th ed. (Thousand Oaks, CA: Sage Publications, 2013); Heath McDonald and Stewart Adam, "A Comparison of Online and Postal Data Collection Methods in Marketing Research," *Marketing Intelligence and Planning,* 21(2) (2003): 85–95.
32. Caroline Bulsara, "Using a Mixed Methods Approach in a Health Research Setting," https://www.nd.edu.au/downloads/research/ihrr/mixed_methods_bulsara.pdf, accessed June 3, 2017; Alan Wilson and Nial Laskey, "Internet-Based Marketing Research: A Serious Alternative to Traditional Research Methods?" *Marketing Intelligence and Planning,* 21(2) (2003): 79–84; Cihan Cobanoglu, Bill Warde, and Patrick J. Moreo, "A Comparison of Mail, Fax, and Web-Based Survey Methods," *International Journal of Market Research,* 43(4) (Fourth Quarter 2001): 441–452; Sophie K. Turley, "A Case of Response Rate Success," *Journal of the Market Research Society* (July 1999): 301–309; Stanley L. Payne, "Combination of Survey Methods," *Journal of Marketing Research* (May 1964): 62.
33. http://www.nielsen.com, accessed, January 10, 2017.
34. Evan H. Dart, Keith C. Radley, Amy M. Briesch, Christopher M. Furlow, and Hannah J. Cavell, "Assessing the Accuracy of Classwide Direct Observation Methods: Two Analyses Using Simulated and Naturalistic Data," *Behavioral Disorders,* 41(3) (May 2016): 148–160; Andrew J. Milat, "Measuring Physical Activity in Public Open Space—An Electronic Device Versus Direct Observation," *Australian and New Zealand Journal of Public Health,* 26(1) (February 2002): 1; Stephen B. Wilcox, "Trust, But Verify," *Appliance Manufacturer,* 46(1) (January 1998): 8, 87; Langbourne Rust, "How to Reach Children in Stores: Marketing Tactics Grounded in Observational Research," *Journal of Advertising Research,* 33 (November/December 1993): 67–72.
35. "Observer-Expectancy Effect," https://en.wikipedia.org/wiki/Observer-expectancy_effect, accessed June 10, 2017; Beth Kurcina, "Use Videos to Obtain Crucial POP Info," *Marketing News,* 34(24) (November 20, 2000): 16; A. V. Seaton, "Unobtrusive Observational Measures as a Qualitative Extension of Visitor Surveys at Festivals and Events: Mass Observation Revisited," *Journal of Travel Research,* 35(4) (Spring 1997): 25–30; Fred N. Kerlinger, *Foundations of Behavioral Research,* 3rd ed. (New York: Holt, Rinehart & Winston, 1986): 538.
36. http://www.inc.com/magazine/20040601/microsoft.html; http://brand.blogs.com/mantra/market_research/; http://www.gartner.com, accessed May 15, 2017.
37. "Mechanical Observation—Market Research," http://www.citeman.com/4567-mechanical-observation-market-research.html, accessed October 27, 2016; Erwin Ephron, "Nielsen's Secret Passive Meter," *Mediaweek,* 10(36) (September 18, 2000): 32; Laurence N. Gold, "Technology in Television Research: The Meter," *Marketing Research: A Magazine of Management & Applications,* 6(1) (Winter 1994): 57–58.
38. "Eye Tracking Monitors Pupilometers," https://www.coursehero.com/file/p4rgeuu/Eye-tracking-monitors-Pupilometers-Psychogalvanometers-Voice-pitch-analyzers, accessed October 27, 2016; Rik Pieters, Edward Rosbergen, and Michel Wedel, "Visual Attention to Repeated Print Advertising: A Test of Scanpath Theory," *Journal of Marketing Research,* 36(4) (November 1999): 424–438; J. Edward Russo and France Leclerc, "An Eye-Fixation Analysis of Choice Processes for Consumer Nondurables," *Journal of Consumer Research,* 21 (September 1994): 274–290.
39. "Voice Pitch Analysis," http://www.marketingresearch.org/issues-policies/glossary/voice-pitch-analysis, accessed October 27, 2016; N'Gai Croal, "Moviefone Learns to Listen," *Newsweek,* 135(19) (May 8, 2000): 84; S. Gregory, S. Webster, and G. Huang, "Voice Pitch and Amplitude Convergence as a Metric of Quality in Dyadic Interviews," *Language & Communication,* 13(3) (July 1993): 195–217; Glen A. Buckman, "Uses of Voice-Pitch Analysis," *Journal of Advertising Research,* 20 (April 1980): 69–73.
40. John M. Rose and Iain R. Black, "Means Matter, But Variance Matters Too: Decomposing Response Latency Influences on Variance Heterogeneity in Stated Preference Experiments," *Marketing Letters,* 17(2006): 295–310; Rinus Haaijer, "Response Latencies in the Analysis of Conjoint Choice Experiments," *Journal of Marketing Research* (August 2000): 376–382; Nicholas Vasilopoulos, "The Influence of Job Familiarity and Impression Management on Self-Report Measure Scale Scores and Response Latencies," *Journal of Applied Psychology,* 85(1) (February 2000): 50; John N. Bassili and B. Stacey Scott, "Response Latency as a Signal to Question Problems in Survey Research," *Public Opinion Quarterly,* 60(3) (Fall 1996): 390–399; David A. Aaker, Richard P. Bagozzi, James M. Carman, and James M. MacLachlan, "On Using Response Latency to Measure Preference," *Journal of Marketing Research,* 17 (May 1980): 237–244.
41. "Neuromarketing" https://en.wikipedia.org/wiki/Neuromarketing, accessed March 5, 2017.
42. http://www.wearever.com, accessed June 7, 2017; Joseph Rydholm, "Design Inspiration," *Marketing Research Review* (January 2000), http://www.newellrubbermaid.com, accessed June 3, 2001. Ver também Bella Dicks, *Qualitative Research and Hypermedia: Ethnography for the Digital Age* (Thousand Oaks, CA: Sage Publications, 2005); D. Soyini Madison, *Critical Ethnography: Method, Ethics, and Performance* (Thousand Oaks, CA: Sage Publications, 2005).
43. Ken Collier, "Inside the Presidential Speechwriting Process: Using Content Analysis to Study Changes to Speech Drafts," *International Journal of Signs and Semiotic Systems* 5(1) (2016), 23 pages; Les Carlson, "Use, Misuse, and Abuse of Content Analysis for Research on the Consumer Interest," *Journal of Consumer Affairs,* 42(1) (Spring 2008): 100–105; Daniel Riffe, Stephen Lacy, and Frederick Fico, *Media Messages: Using Quantitative Content Analysis in Research* (New York: Routledge, 2005); G. Harris and S. Attour, "The International Advertising Practices of Multinational Companies: A Content Analysis Study," *European Journal of Marketing,* 37(1/2) (2003): 154–168; Kimberly A. Neuendorf, *The Content Analysis Guidebook* (Thousand Oaks, CA: Sage Publications, 2002); Cheng Lu Wang, "A Content Analysis of Connectedness vs. Separateness Themes Used in U.S. and PRC Print Advertisements," *International Marketing Review,* 18(2) (2001): 145.

44. Dawn B. Lerman and Michael A. Callow, "Content Analysis in Cross-Cultural Advertising Research: Limitations and Recommendations," http://www.acrwebsite.org/search/view-conference-proceedings.aspx?Id=11104, accessed June 10, 2017; Laurel Wentz, "2002 Lookout: Global," *Advertising Age,* 23(1) (January 7, 2002): 8; Michael Maynard, "Girlish Images Across Cultures: Analyzing Japanese Versus U.S. *Seventeen* Magazine Ads," *Journal of Advertising,* 28(1) (Spring 1999): 39–48; Subir Sengupta, "The Influence of Culture on Portrayals of Women in Television Commercials: A Comparison Between the United States and Japan," *International Journal of Advertising,* 14(4) (1995): 314–333; Charles S. Madden, Marjorie J. Caballero, and Shinya Matsukubo, "Analysis of Information Content in U.S. and Japanese Magazine Advertising," *Journal of Advertising,* 15(3) (1986): 38–45; http://adv.asahi.com.

45. http://www.expedia.com, accessed January 8, 2017; Ruby Bayan, "Privacy Means Knowing Your Cookies," *Link-Up,* 18(1) (January/February 2001): 22–23.

46. "Primary Data Collection: Questioning the Respondent vs. Observation," https://www.scribd.com/doc/54798195/Survey-vs-Observation-Summary-DP, accessed December 3, 2016; Gerald Berstell and Denise Nitterhouse, "Looking Outside the Box," *Marketing Research: A Magazine of Management & Applications,* 9(2) (Summer 1997): 4–13.

47. "US Meat Industry Estimated To Grow Rapidly: Market Research Hub Forecast Report 2016-2021," http://www.emailwire.com/release/393583-US-Meat-Industry-Estimated-To-Grow-Rapidly-Market-Research-Hub-Forecast-Report-20162021.html, accessed June 6, 2017; http://www.ers.usda.gov/topics/animal-products/cattle-beef/statistics-information.aspx, accessed October 26, 2016; "Cattle Outlook: Heifer Weights Increase, Beef Demand Projections Down", http://www.cattlenetwork.com/content.asp?contentid=250409, accessed September 26, 2008; Kendra Parker, "How Do You Like Your Beef?" *American Demographics,* 22(1) (January 2000): 35–37; http://www.beef.org, accessed April 5, 2017.

48. http://www.porticoresearch.com, accessed June 8, 2017; Barbara Benson, "Market Researcher Wins Clients with Documentaries," *Crain's New York Business,* 17(17) (April 23, 2001): 31.

49. Brian R. Chabowski, Saeed Samiee, and G. Tomas M. Hult, "Cross-National Research and International Business: An Interdisciplinary Path," *International Business Review* (2016), http://www.sciencedirect.com/science/article/pii/S0969593116300695, accessed October 27, 2016; Bruce Keillor, "A Cross-Cultural/Cross-National Study of Influencing Factors and Socially Desirable Response Bias," *International Journal of Market Research* (First Quarter 2001): 63–84; C. L. Hung, "Canadian Business Pursuits in the PRC, Hong Kong and Taiwan, and Chinese Perception of Canadians as Business Partners," *Multinational Business Review,* 6(1) (Spring 1998): 73–82; C. Min Han, Byoung-Woo Lee, and Kong-Kyun Ro, "The Choice of a Survey Mode in Country Image Studies," *Journal of Business Research,* 29(2) (February 1994): 151–162.

50. http://www.reebok.com/international/, accessed June 7, 2017; Richard Linnett, "Reebok Re-Brands for Hip-Hop Crowd," *Advertising Age,* 73(4) (January 28, 2002): 3–4.

51. Clyde Wayne Crews, "Nobody Knows How Many Federal Agencies Exist" (August 26, 2015), https://cei.org/blog/nobody-knows-how-many-federal-agencies-exist, accessed October 27, 2016; http://www.capturagroup.com, accessed June 7, 2017; http://www.gfk.com/group/press_information/press_releases/006688/index.en.html, accessed October 20, 2010; http://www.slideshare.net/jedsundwall/social-media-survey-results, accessed October 7, 2010.

52. Ray Poynter, Navin Williams, and Sue York, *The Handbook of Mobile Market Research: Tools and Techniques for Market Researchers* (Chichester, West Sussex, United Kingdom: John Wiley, 2014).

53. Ray Poynter, Navin Williams, and Sue York, *The Handbook of Mobile Market Research: Tools and Techniques for Market Researchers* (Chichester, West Sussex, United Kingdom: John Wiley, 2014). Ver também http://market-xcel.com/, accessed January 12, 2017.

54. http://www.insightsassociation.org/, accessed June 7, 2017; http://www.cmoresearch.com/index.php, accessed March 7, 2017; Steve Jarvis, "CMOR Finds Survey Refusal Rate Still Rising," *Marketing News,* 36(3) (February 4, 2002): 4.

55. Paul Spicker, "Research without Consent," http://sru.soc.surrey.ac.uk/SRU51.pdf, accessed June 8, 2017; Guilherme D. Pires, "Ethnic Marketing Ethics," *Journal of Business Ethics,* 36(1/2) (March 2002): 111–118; C. N. Smith and J. A. Quelch, *Ethics in Marketing* (Homewood, IL: Richard D. Irwin, 1993).

Capítulo 7

1. https://www.lesportsac.com, accessed March 5, 2017; Booth Moore, "Fashion Notes: Those '70s Bags Are Back in LeStyle, with a New Range of Looks," *Los Angeles Times* (Record edition) (December 21, 2001): E.2; "LeSportsac Announces Latest International Expansion," *Showcase,* 20(6) (December 1995): 67; "Surveys Help Settle Trade Dress Infringement Case," *Quirk's Marketing Research Review* (October/November 1987): 16, 17, 33.

2. https://www.riteaid.com, accessed March 5, 2017; Michelle L. Kirsche, "POPAI Study Confirms Importance of POP Ads," *Drug Store News,* 26(13) (October 11, 2004): 4–5; "In-Store Promo Drives Soda Sales, Study Says," *Drug Store News,* 23(18) (December 17, 2001): 81; Robert Dwek, "Prediction of Success," *Marketing* (POP & Field Marketing Supplement) (April 17, 1997): 12–13; "POP Radio Test Airs the Ads in Store," *Marketing News* (October 24, 1986): 16.

3. "Establishing Cause & Effect," http://www.socialresearchmethods.net/kb/causeeff.php, accessed October 29, 2016; Rafael Moreno and Rafael Martínez, "Causality as Validity: Some Implications for the Social Sciences," *Quality & Quantity,* 42(5) (October 2008): 597–604; Madhu Viswanathan, *Measurement Error and Research Design* (Thousand Oaks, CA: Sage Publications, 2003); Michael Sobel, "Causal Inference in the Social Sciences," *Journal of the American Statistical Association,* 95(450) (June 2000): 647–651; R. Barker Bausell, *Conducting Meaningful Experiments* (Thousand Oaks, CA: Sage Publications, 1994).

4. Stephen Turner, *Causality* (Thousand Oaks, CA: Sage Publications, 2010); James J. Heckman, "The Scientific Model of Causality," *Sociological Methodology,* 35(1) (2007): 1–98; Grant F. Gould and James L. Gould, *Chance and Causation: To Experimental Design and Statistica* (New York: W. H. Freeman, 2001); Robert F. Boruch, *Randomized Experiments for Planning and Evaluation* (Thousand Oaks, CA: Sage Publications, 1994).

5. "Establishing Cause and Effect," https://explorable.com/cause-and-effect, accessed October 29, 2016; Thomas Lee, "Experts Say Point-of-Purchase Advertising Can Influence Shoppers' Choices," *Knight Ridder Tribune Business News* (January 19, 2002): 1; Michele Witthaus, "POP Stars," *Marketing Week,* 20(16) (July 17, 1997): 37–41.

6. Stephen Turner, *Causality* (Thousand Oaks, CA: Sage Publications, 2010); Madhu Viswanathan, *Measurement Error and Research Design* (Thousand Oaks, CA: Sage Publications, 2005); John Liechty, Venkatram Ramaswamy, and Steven H. Cohen, "Choice Menus for Mass Customization: An Experimental Approach for Analyzing Customer Demand with an Application to a Web-Based Information Service," *Journal of Marketing Research,* 38(2) (May 2001): 183–196; Gordon A. Wyner, "Experimental Design," *Marketing Research: A Magazine of Management & Applications,* 9(3) (Fall 1997): 39–41; Steven R. Brown and Lawrence E. Melamed, *Experimental Design and Analysis* (Newbury Park, CA: Sage Publications, 1990).

7. Saul McLeod, Experimental Design http://www.simplypsychology.org/experimental-designs.html, accessed October 29, 2016; Paul W. Farris, "Overcontrol in Advertising Experiments," *Journal of Advertising Research* (November/December 2000): 73–78.

8. https://www.retailmenot.com/, accessed June 10, 2017; "Coupon Statistics," http://blog.accessdevelopment.com/ultimate-collection-coupon-statistics#coupons, accessed June 10, 2017; "FSI Coupons Deliver 257 Billion Consumer Offers Totaling over $320 Billion in Consumer Incentives in 2007," http://www.tns-mi.com/news/01092008.htm, accessed October 1, 2008; "CPGs Change Coupon Media Mix & Purchase Requirements," *NCH Marketing Services Press Release* (March 15, 2002): 1–4; John Fetto, "Redeeming Value," *American Demographics,* 23(10) (October 2001): 25; Uri Ben-Zion, "The Optimal Face Value of

a Discount Coupon," *Journal of Economics and Business,* 51(2) (March/April 1999): 159–164; Robert W. Shoemaker and Vikas Tibrewala, "Relating Coupon Redemption Rates to Past Purchasing of the Brand," *Journal of Advertising Research,* 25 (October/November 1985): 40–47.

9. Além da validade interna e externa, também existe validade de construto e validade de conclusão estatística. A validade de construto diz respeito a qual construto, ou característica, está sendo de fato mensurado, e é examinada no Capítulo 9, junto com os temas de mensuração e escalas. Já a validade de conclusão estatística diz respeito à extensão e à significância estatística da covariação que existe nos dados e é examinada nos capítulos sobre análise de dados.

10. "External Validity," http://www.socialresearchmethods.net/kb/external.php, accessed October 29, 2016; Hart Blanton and James Jaccard, "Representing Versus Generalizing: Two Approaches to External Validity and Their Implications for the Study of Prejudice," *Psychological Inquiry,* 19(2) (2008): 99–105; Gilles Laurent, "Improving the External Validity of Marketing Models: A Plea for More Qualitative Input," *International Journal of Research in Marketing,* 17(2) (September 2000): 177; Prashant Bordia, "Face-to-Face Computer-Mediated Communication: A Synthesis of the Experimental Literature," *Journal of Business Communication,* 34(1) (January 1997): 99–120; David M. Bowen, "Work Group Research: Past Strategies and Future Opportunities," *IEEE Transactions on Engineering Management,* 42(1) (February 1995): 30–38; John G. Lynch, Jr., "On the External Validity of Experiments in Consumer Research," *Journal of Consumer Research,* 9 (December 1982): 225–244.

11. Stephen Turner, *Causality* (Thousand Oaks, CA: Sage Publications, 2010); Russell Winer, "Experimentation in the 21st Century: The Importance of External Validity," *Academy of Marketing Science,* 27(3) (Summer 1999): 349–358; Chris Argyris, "Actionable Knowledge: Design Causality in the Service of Consequential Theory," *Journal of Applied Behavioral Science,* 32(4) (December 1966): 390–406; John G. Lynch, Jr., "The Role of External Validity in Theoretical Research," B. J. Calder, L. W. Phillips, and Alice Tybout, "Beyond External Validity," and J. E. McGrath and D. Brinberg, "External Validity and the Research Process," *Journal of Consumer Research* (June 1983): 109–124.

12. "Interactive Testing Effect," http://www.marketingresearch.org/issues-policies/glossary/interactive-testing-effect, accessed October 29, 2016.

13. Hidehiko Nishikawa, Martin Schreier, Christoph Fuchs, and Susumu Ogawa, "The Value of Marketing Crowdsourced New Products as Such: Evidence from Two Randomized Field Experiments," *Journal of Marketing Research* (2016); Dylan S. Small, Thomas R. Ten Have, and Paul R. Rosenbaum, "Randomization Inference in a Group-Randomized Trial of Treatments for Depression: Covariate Adjustment, Noncompliance, and Quantile Effects," *Journal of the American Statistical Association,* 103(481) (March 2008): 271–279; James Breaugh, "Rethinking the Control of Nuisance Variables in Theory Testing," *Journal of Business & Psychology,* 20(3) (Spring 2006): 429–443; Paul R. Rosenbaum, "Attributing Effects to Treatment in Matched Observational Studies," *Journal of the American Statistical Association,* 97(457) (March 2002): 183–192; Lloyd S. Nelson, "Notes on the Use of Randomization in Experimentation," *Journal of Quality Technology,* 28(1) (January 1996): 123–126.

14. Psychology Dictionary, "What Is Matching?" http://psychologydictionary.org/matching/, accessed November 10, 2016; Reuven Glick, Xueyan Guo, and Michael Hutchison, "Currency Crises, Capital-Account Liberalization, and Selection Bias," *The Review of Economics & Statistics,* 88(4) (November 2006): 698–714; Paul R. Rosenbaum, "Attributing Effects to Treatment in Matched Observational Studies," *Journal of the American Statistical Association,* 97(457) (March 2002): 183–192; Marcus Selart, "Structure Compatibility and Restructuring in Judgment and Choice," *Organizational Behavior & Human Decision Processes,* 65(2) (February 1996): 106–116; R. Barker Bausell, *Conducting Meaningful Experiments* (Thousand Oaks, CA: Sage Publications, 1994).

15. "Controlled Market Tests (CMT)," http://www.integratedresearch.com/techniques/controlledmarkettest.htm, accessed October 29, 2016; Beomsoo Kim, "Virtual Field Experiments for a Digital Economy: A New Research Methodology for Exploring an Information Economy," *Decision Support Systems,* 32(3) (January 2002): 215; Eleni Chamis, "Auto Dealers Test Online Sales in 90-Day Experiment," *Washington Business Journal,* 19(54) (May 11, 2001): 15; Betsy Spethmann, "Choosing a Test Market," *Brandweek,* 36(19) (May 8, 1995): 42–43; Andrew M. Tarshis, "Natural Sell-in Avoids Pitfalls of Controlled Tests," *Marketing News* (October 24, 1986): 14.

16. Outras concepções experimentais também estão disponíveis. Ver Stephen Turner, *Causality* (Thousand Oaks, CA: Sage Publications, 2010); Connie M. Borror, "Evaluation of Statistical Designs for Experiments Involving Noise Variables," *Journal of Quality Technology,* 34(1) (January 2002): 54–70; Donald T. Campbell and M. Jean Russo, *Social Experimentation* (Thousand Oaks, CA: Sage Publications, 1999).

17. Para uma aplicação da concepção de quatro grupos de Solomon, veja Joe Ayres, "Are Reductions in CA an Experimental Artifact? A Solomon Four-Group Answer," *Communication Quarterly,* 48(1) (Winter 2000): 19–26.

18. Heidi Zeeman, Elizabeth Kendall, Jennifer A. Whitty, Courtney J. Wright, Clare Townsend, Dianne Smith, Ali Lakhani, and Samantha Kennerley, "Study Protocol: Developing a Decision System for Inclusive Housing: Applying a Systematic, Mixed-Method Quasi-Experimental Design," *BMC Public Health,* https://bmcpublichealth.biomedcentral.com/articles/10.1186/s12889-016-2936-x, accessed October 29, 2016; Manuel M. Ramos-Álvarez, Berenice Valdés-Conroy, and Andrés Catena, "Criteria of the Peer-Review Process for Publication of Experimental and Quasi-experimental Research in Psychology," *International Journal of Clinical and Health Psychology,* 6(3) (2006): 773–787; Duncan Simester, "Implementing Quality Improvement Programs Designed to Enhance Customer Satisfaction: Quasi Experiments in the United States and Spain," *Journal of Marketing Research,* 37(1) (February 2000): 102–112; C. Moorman, "A Quasi Experiment to Assess the Consumer and Informational Determinants of Nutrition Information-Processing Activities—The Case of the Nutrition Labeling and Education Act," *Journal of Public Policy and Marketing,* 15(1) (Spring 1996): 28–44.

19. http://www.nielsen.com, accessed April 5, 2017; Roger Baron, "Knowing When to Advertise Is Key," *TelevisionWeek,* 23(34) (August 23, 2004): 21; Fred S. Zufryden, "Predicting Trial, Repeat, and Sales Response from Alternative Media Plans," *Journal of Advertising Research,* 40(6) (November/December 2000): 65–72; Leonard M. Lodish, Magid M. Abraham, Jeanne Livelsberger, Beth Lubetkin, et al., "A Summary of Fifty-Five In-Market Experimental Estimates of the Long-Term Effects of TV Advertising," *Marketing Science* (Summer 1995): G133–G140; Lakshman Krishnamurthi, Jack Narayan, and S. P. Raj, "Intervention Analysis of a Field Experiment to Assess the Buildup Effect of Advertising," *Journal of Marketing Research,* 23 (November 1986): 337–345.

20. Veja, por exemplo, Kati Förster and Cornelia Brantner, "Masking the Offense? An Ethical View on Humor in Advertising," *Journal of Media Ethics* (2016), 146–161; Anthony Vagnoni, "Fear of Funny Abating," *Advertising Age,* 73(10) (March 11, 2002): 8–9; M. G. Weinberger, H. Spotts, L. Campbell, and A. L. Parsons, "The Use and Effect of Humor in Different Advertising Media," *Journal of Advertising Research,* 35(3) (May/June 1995): 44–56.

21. "Introduction to Factorial Experimental Designs," https://methodology.psu.edu/ra/most/factorial, accessed June 10, 2017; Stephen Turner, *Causality* (Thousand Oaks, CA: Sage Publications, 2010). Para uma aplicação de concepções fatoriais, veja Chang Chung-Chau and Chou Yu-Jen, "Goal Orientation and Comparative Valence in Persuasion," *Journal of Advertising,* 37(1) (Spring 2008): 73–87.

22. "Design of Experiments Info Kit," http://www.jmp.com/en_us/offers/doe-infokit.html?gclid=CO378ridgNACFYg8gQod5l8Pow, accessed October 29, 2016; Michelle L. Roehm, Ellen Bolman Pullins, and Harper A. Roehm, Jr., "Designing Loyalty-Building Programs for Packaged Goods Brands," *Journal of Marketing Research,* 39(2) (May 2002): 202–213.

23. Veja Aradhna Krishna and M. Utku Ünver, "Improving the Efficiency of Course Bidding at Business Schools: Field and Laboratory Studies,"

Marketing Science, 27(2) (March/April 2008): 262–282; Niraj Dawar, "Impact of Product Harm Crises on Brand Equity: The Moderating Role of Consumer Expectations," *Journal of Marketing Research,* 37(2) (May 2000): 215–226.

24. "Demand Artifacts," http://www.marketingresearch.org/issues-policies/glossary/demand-artifacts, accessed October 29, 2016; Chris T. Allen, "A Theory-Based Approach for Improving Demand Artifact Assessment in Advertising Experiments," *Journal of Advertising,* 33(2) (Summer 2004): 63–73; J. Perrien, "Repositioning Demand Artifacts in Consumer Research," *Advances in Consumer Research,* 24 (1997): 267–271; T. A. Shimp, E. M. Hyatt, and D. J. Snyder, "A Critical Appraisal of Demand Artifacts in Consumer Research," *Journal of Consumer Research,* 18(3) (December 1991): 272–283.

25. "Laboratory Versus Field Experiments," http://www.expertsmind.com/questions/laboratory-versus-field-experiments-30132967.aspx, accessed December 5, 2016; Chezy Ofir and Itamar Simonson, "In Search of Negative Customer Feedback: The Effect of Expecting to Evaluate on Satisfaction Evaluations," *Journal of Marketing Research,* 38(2) (May 2001): 170–182; Gilles Laurent, "Improving the External Validity of Marketing Models: A Plea for More Qualitative Input," *International Journal of Research in Marketing,* 17(2, 3) (September 2000): 177.

26. Stephen Turner, *Causality* (Thousand Oaks, CA: Sage Publications, 2010); Karen Blumenschein, "Hypothetical Versus Real Willingness to Pay in the Health Care Sector: Results from a Field Experiment," *Journal of Health Economics,* 20(3) (May 2001): 441; Richard M. Alston and Clifford Nowell, "Implementing the Voluntary Contribution Game: A Field Experiment," *Journal of Economic Behavior & Organization,* 31(3) (December 1996): 357–368.

27. "Experimental vs. Non-Experimental Study Designs," http://www.brighthub.com/education/postgraduate/articles/80220.aspx, accessed January 2, 2017; Grant F. Gould and James L. Gould, *Chance and Causation: To Experimental Design and Statistica* (New York: W. H. Freeman, 2001); Hurbert M. Blalock, Jr., *Causal Inferences in Nonexperimental Research* (Chapel Hill: University of North Carolina Press, 1964).

28. Em algumas situações, levantamentos e experimentos podem complementar uns aos outros e ser, ambos, bem aproveitados. Por exemplo, os resultados obtidos em experimentos de laboratório podem ser auxiliados por um levantamento de campo.

29. https://www.alange-soehne.com, accessed February 3, 2017; Frank S. Costanza, "Exports Boost German Jewelry Industry," *National Jeweler,* 45(8) (April 16, 2001): 57; David Woodruff and Karen Nickel, "When You Think Deluxe, Think East Germany," *Business Week* (May 26, 1997): 124E2.

30. https://www.facebook.com, accessed March 3, 2017; Jon Gibs and Sean Bruich, "Nielsen/Facebook Report: The Value of Social Media Ad Impressions," http://blog.nielsen.com/nielsenwire/online_mobile/nielsenfacebook-ad-report/, accessed October 5, 2010.

31. "Deception in Psychology: Moral Costs and Benefits of Unsought Self-Knowledge," http://www.academia.edu/162905/Deception_in_psychology_moral_costs_and_benefits_of_unsought_self-knowledge, accessed November 10, 2016; David E. Hansen, "Knowledge Transfer in Online Learning Environments," *Journal of Marketing Education,* 30(2) (August 2008): 93–105; "The Disclosure Dilemma," *Workspan,* 45(1) (January 2002): 72; Bernd H. Schmitt, "Contextual Priming of Visual Information in Advertisements," *Psychology & Marketing,* 11(1) (January/February 1994): 1–14.

32. http://www.nike.com, accessed March 10, 2017; "Nike Earnings Jump 15%," http://money.cnn.com, accessed June 27, 2005; Marlene de Laine, *Fieldwork, Participation and Practice: Ethics and Dilemmas in Qualitative Research* (Thousand Oaks, CA: Sage Publications, 2001); Betsy Peterson, "Ethics, Revisited," *Marketing Research: A Magazine of Management & Applications,* 8(4) (Winter 1996): 47–48.

Capítulo 8

1. http://fortune.com/worlds-most-admired-companies/list, accessed June 11, 2017; http://money.cnn.com/magazines/fortune/rankings, accessed October 2, 2008.

2. Leslie A. Miller and Robert L. Lovler, *Foundations of Psychological Testing: A Practical Approach,* 5th ed. (Thousand Oaks, CA: Sage Publications, 2016); Gordon A. Wyner, "The Right Side of Metrics," *Marketing Management,* 13(1) (2004): 8–9; Ken Gofton, "If It Moves, Measure It," *Marketing* (Marketing Technique Supplement) (September 4, 1997): 17; Jum C. Nunnally, *Psychometric Theory,* 2nd ed. (New York: McGraw-Hill, 1978): 3.

3. Robert F. DeVellis, *Scale Development: Theory and Applications,* 4th ed. (Thousand Oaks, CA: Sage Publications, 2016); Christof Schuster and David A. Smith, "Estimating with a Latent Class Model the Reliability of Nominal Judgments upon Which Two Raters Agree," *Educational and Psychological Measurement,* 66(5) (October 2006): 739; Stanley S. Stevens, "Mathematics, Measurement and Psychophysics," in Stanley S. Stevens, ed., *Handbook of Experimental Psychology* (New York: John Wiley, 1951).

4. Leslie A. Miller and Robert L. Lovler, *Foundations of Psychological Testing: A Practical Approach,* 5th ed. (Thousand Oaks, CA: Sage Publications, 2016); Alessandra Giovagnoli, Johnny Marzialetti, and Henry P. Wynn, "A New Approach to Inter-Rater Agreement Through Stochastic Orderings: The Discrete Case," *Metrika,* 67(3) (April 2008): 349–370; Sharon E. Kurpius, *Testing and Measurement* (Thousand Oaks, CA: Sage Publications, 2002); Helen M. Moshkovich, "Ordinal Judgments in Multiattribute Decision Analysis," *European Journal of Operational Research,* 137(3) (March 16, 2002): 625; Wade D. Cook, Moshe Kress, and Lawrence M. Seiford, "On the Use of Ordinal Data in Data Envelopment Analysis," *Journal of the Operational Research Society,* 44(2) (February 1993): 133–140; William D. Perreault, Jr., and Forrest W. Young, "Alternating Least Squares Optimal Scaling: Analysis of Nonmetric Data in Marketing Research," *Journal of Marketing Research,* 17 (February 1980): 1–13.

5. Naresh K. Malhotra, "Shaping the Future of Research in Marketing in Emerging Economies: Looking Ahead," *International Journal of Market Research,* 54(3) (May 2012): 432–434; Merja Halme, "Dealing with Interval Scale Data in Data Envelopment Analysis," *European Journal of Operational Research,* 137(1) (February 16, 2002): 22; Michael Lynn and Judy Harris, "The Desire for Unique Consumer Products: A New Individual Difference Scale," *Psychology & Marketing,* 14(6) (September 1997): 601–616.

6. http://www.fifa.com, accessed February 12, 2017.

7. Para uma discussão dessas escalas, consultar Leslie A. Miller and Robert L. Lovler, *Foundations of Psychological Testing: A Practical Approach,* 5th ed. (Thousand Oaks, CA: Sage Publications, 2016); Delbert C. Miller and Neil J. Salkind, *Handbook of Research Design and Social Measurement,* 6th ed. (Thousand Oaks, CA: Sage Publications, 2002); Taiwo Amoo, "Overall Evaluation Rating Scales: An Assessment," *International Journal of Market Research* (Summer 2000): 301–311; C. H. Coombs, "Theory and Methods of Social Measurement," in L. Festinger and D. Katz, eds., *Research Methods in the Behavioral Sciences* (New York: Holt, Rinehart & Winston, 1953).

8. No entanto, há certa polêmica envolvendo a questão. Veja Robert F. DeVellis, *Scale Development: Theory and Applications,* 4th ed. (Thousand Oaks, CA: Sage Publications, 2016); Jordan J. Louviere and Towhidul Islam, "A Comparison of Importance Weights and Willingness-to-Pay Measures Derived from Choice-Based Conjoint, Constant Sum Scales and Best–Worst Scaling," *Journal of Business Research,* 61(9) (September 2008): 903–911; Donald T. Campbell and M. Jean Russo, *Social Measurement* (Thousand Oaks, CA: Sage Publications, 2001); T. Amoo, "Do the Numeric Values Influence Subjects' Responses to Rating Scales," *Journal of International Marketing and Marketing Research* (February 2001): 41.

9. http://www.coca-cola.com, accessed March 3, 2017; "Competition Between Coca-Cola and Pepsi to Start," *Asiainfo Daily China News* (March 19, 2002): 1; Leah Rickard, "Remembering New Coke," *Advertising Age,* 66(16) (April 17, 1995): 6; e "Coke's Flip-Flop Underscores Risks of Consumer Taste Tests," *Wall Street Journal* (July 18, 1985): 25.

10. No entanto, não é preciso avaliar todos os pares possíveis de objetos. Procedimentos como concepções cíclicas podem reduzir consideravelmente a quantidade de pares avaliados. Um exame de tais procedimen-

tos pode ser encontrado em Albert C. Bemmaor and Udo Wagner, "A Multiple-Item Model of Paired Comparisons: Separating Chance from Latent Performance," *Journal of Marketing Research*, 37(4) (November 2000): 514–524; Naresh K. Malhotra, Arun K. Jain, and Christian Pinson, "The Robustness of MDS Configurations in the Case of Incomplete Data," *Journal of Marketing Research*, 25 (February 1988): 95–102.

11. Para uma aplicação avançada envolvendo dados de comparação pareada, veja Manuel Schoenwitz, Andrew Potter, Jonathan Gosling, and Mohamed Naim, "Product, Process and Customer Preference Alignment in Prefabricated House Building," *International Journal of Production Economics* (2016), http://www.sciencedirect.com/science/article/pii/S0925527316302961, accessed November 3, 2016; Albert C. Bemmaor and Udo Wagner, "A Multiple-Item Model of Paired Comparisons: Separating Chance from Latent Performance," *Journal of Marketing Research*, 37(4) (November 2000): 514–524.

12. Para o pressuposto de transitividade, veja Michael H. Birnbaum, Daniel Navarro-Martinez, Christoph Ungemach, Neil Stewart, and Edika G. Quispe-Torreblanca, "Risky Decision Making: Testing for Violations of Transitivity Predicted by an Editing Mechanism," *Judgment and Decision Making*, 11(1) (January 2016): 75–91; Alex Voorhoeve and Ken Binmore, "Transitivity, the Sorites Paradox, and Similarity-Based Decision-Making," *Erkenntnis*, 64(1) (January 2006): 101–114; Dragan Miljkovic, "Rational Choice and Irrational Individuals or Simply an Irrational Theory: A Critical Review of the Hypothesis of Perfect Rationality," *Journal of Socio-Economics*, 34(5) (October 2005): 621–634. For Thurstone scaling, veja Madhu Viswanathan, *Measurement Error and Research Design* (Thousand Oaks, CA: Sage Publications, 2005); Donald T. Campbell and M. Jean Russo, *Social Measurement* (Thousand Oaks, CA: Sage Publications, 2001); Rensis Likert, Sydney Roslow, and Gardner Murphy, "A Simple and Reliable Method of Scoring the Thurstone Attitude Scales," *Personnel Psychology*, 46(3) (Autumn 1993): 689–690; L. L. Thurstone, *The Measurement of Values* (Chicago: University of Chicago Press, 1959). Para uma aplicação do procedimento de caso V, veja Naresh K. Malhotra, "Marketing Linen Services to Hospitals: A Conceptual Framework and an Empirical Investigation Using Thurstone's Case V Analysis," *Journal of Health Care Marketing*, 6 (March 1986): 43–50.

13. http://www.oceanspray.com, accessed April 2, 2017; Heather Todd, "It's Tea Time in the Juice Isle," *Beverage World*, 123(1740) (July 15, 2004): 12; "Cranberry Juice in a Can," *Grocer*, 225(7538) (January 26, 2002): 64; Beverage Network, http://www.bevnet.com.

14. Paul A. Bottomley, "Testing the Reliability of Weight Elicitation Methods: Direct Rating Versus Point Allocation," *Journal of Marketing Research*, 37(4) (November 2000): 508–513; Michael W. Herman and Waldemar W. Koczkodaj, "A Monte Carlo Study of Pairwise Comparison," *Information Processing Letters*, 57(1) (January 15, 1996): 25–29.

15. http://interbrand.com, accessed June 15, 2017.

16. Keith Chrzan and Natalia Golovashkina, "An Empirical Test of Six Stated Importance Measures," *International Journal of Market Research*, 48(6) (2006): 717–740; Tony Siciliano, "Magnitude Estimation," *Quirk's Marketing Research Review* (November 1999); Noel M. Noel and Nessim Hanna, "Benchmarking Consumer Perceptions of Product Quality with Price: An Exploration," *Psychology & Marketing*, 13(6) (September 1996): 591–604; Jan-Benedict E. M. Steenkamp and Dick R. Wittink, "The Metric Quality of Full-Profile Judgments and the Number of Attribute Levels Effect in Conjoint Analysis," *International Journal of Research in Marketing*, 11(3) (June 1994): 275–286.

17. Naresh K. Malhotra, "Shaping the Future of Research in Marketing in Emerging Economies: Looking Ahead," *International Journal of Market Research*, 54(3) (May 2012): 432–434; Roger Calantone, "Joint Ventures in China: A Comparative Study of Japanese, Korean, and U.S. Partners," *Journal of International Marketing*, 9(1) (2001): 1–22; Joseph Marinelli and Anastasia Schleck, "Collecting, Processing Data for Marketing Research Worldwide," *Marketing News* (August 18, 1997): 12, 14; Naresh K. Malhotra, "A Methodology for Measuring Consumer Preferences in Developing Countries," *International Marketing Review*, 5 (Autumn 1988): 52–66.

18. https://www.nissan.co.uk, accessed November 02, 2016; "Nissan Europe Reports May Sales," http://www.theautochannel.com/news/2005/06/07/116354.html, accessed June 27, 2008; "Sales Down but Profits Up for Nissan," *Northern Echo* (January 31, 2002): 14.

19. Esse exemplo foi desenvolvido com base em Paul Gillin, *Secrets of Social Media Marketing* (Fresno, CA: Quill Driver Books, 2009); http://www.mondelezinternational.com/, accessed June 5, 2017.

20. Baseado em Ray Poynter, Navin Williams, and Sue York, *The Handbook of Mobile Market Research: Tools and Techniques for Market Researchers* (Chichester, West Sussex, United Kingdom: John Wiley, 2014). Ver também http://www.meshexperience.com/, accessed June 7, 2017.

21. Lynn Sudbury-Rileya and Florian Kohlbacher, "Ethically Minded Consumer Behavior: Scale Review, Development, and Validation," *Journal of Business Research*, 69(8) (August 2016): 2697–2710; Gael McDonald, "Cross-Cultural Methodological Issues in Ethical Research," *Journal of Business Ethics*, 27(1/2) (September 2000): 89–104; I. P. Akaah, "Differences in Research Ethics Judgments Between Male and Female Marketing Professionals," *Journal of Business Ethics*, 8 (1989): 375–381. Ver também Anusorn Singhapakdi, Scott J. Vitell, Kumar C. Rallapalli, and Kenneth L. Kraft, "The Perceived Role of Ethics and Social Responsibility: A Scale Development," *Journal of Business Ethics*, 15(11) (November 1996): 1131–1140.

Capítulo 9

1. http://www.mta.info/nyct, accessed February 16, 2017; "Highest Figures Since 1948," http://www.mta.info/news-ridership-subway-new-york-city-transit/2016/04/18/highest-figures-1948, accessed November 4, 2016; Daniel Sforza, "Chief of New York–New Jersey Transit System Says Ridership Merits Upgrade," *Knight Ridder Tribune Business News* (October 26, 2004): 1; "Planned Rail Projects Still Moving Forward," *New York Construction News* (March 20, 2002): 10; Heidi Tolliver, "A Tale of Four Cities: How Paris, London, Florence and New York Measure—and React—to What Riders Want," *Mass Transit*, 22(2) (March/April 1996): 22–30, 107.

2. http://www.mcdonalds.com, accessed February 16, 2017; "McDonald's July Sales Top Forecasts, Europe Strong," http://today.reuters.com/news/newsarticle.aspx?type=comktNews&storyid=URI:2005-08-08T154826Z_01_N08317024_RTRIDST_0_LEISURE-MCDONALDS-SALES-UPDATE-4.XML&src=CNN, accessed August 11, 2005; Bob Sperber, "McDonald's Targets Adults with 'Trust' Effort," *Brandweek*, 43(14) (April 8, 2002): 6; William Murphy and Sidney Tang, "Continuous Likeability Measurement," *Marketing Research: A Magazine of Management & Applications*, 10(2) (Summer 1998): 28–35; http://www.perceptionanalyzer.com, accessed September 26, 2017.

3. Harry N. Boone and Deborah Boone, "Analyzing Likert Data," *Journal of Extension*, 50(2) (April 2012), https://www.joe.org/joe/2012april/pdf/JOE_v50_2tt2.pdf, accessed November 4, 2016; Scott D. Swain, Danny Weathers, and Ronald W. Niedrich, "Assessing Three Sources of Misresponse to Reversed Likert Items," *Journal of Marketing Research*, 45(1) (February 2008): 116–131; David J. Bortholomew, *Measurement* (Thousand Oaks, CA: Sage Publications, 2006); Taiwoo Amoo and Hershey H. Friedman, "Overall Evaluation Rating Scales: An Assessment," *International Journal of Market Research*, 42(3) (Summer 2000): 301–310; G. Albaum, "The Likert Scale Revisited—An Alternate Version," *Journal of the Market Research Society*, 39(2) (April 1997): 331–348; C. J. Brody and J. Dietz, "On the Dimensionality of 2-Question Format Likert Attitude Scales," *Social Science Research*, 26(2) (June 1997): 197–204; Rensis Likert, "A Technique for the Measurement of Attitudes," *Archives of Psychology*, 140 (1932).

4. No entanto, quando a escala é multidimensional, cada dimensão deve ser somada separadamente. Ver Robert F. DeVellis, *Scale Development: Theory and Applications*, 4th ed. (Thousand Oaks, CA: Sage Publications, 2016); Karin Braunsberger, R. Brian Buckler, and David J. Ortinau, "Categorizing Cognitive Responses: An Empirical Investigation of the Cognitive Intent Congruency Between Independent Raters and Original Subject Raters," *Journal of the Academy of Marketing Science*, 33(4) (September 2005): 620–632; Jeffrey M. Stanton, "Issues and

Strategies for Reducing the Length of Self-Report Scales," *Personnel Psychology*, 55(1) (Spring 2002): 167–194; Jennifer L. Aaker, "Dimensions of Brand Personality," *Journal of Marketing Research*, 34 (August 1997): 347–356.

5. Khalid Saleh, "Global Online Retail Spending—Statistics and Trends," http://www.invespcro.com/blog/global-online-retail-spending-statistics-and-trends, accessed January 4, 2017; Naresh K. Malhotra, Sung Kim, and James Agarwal, "Internet Users' Information Privacy Concerns (IUIPC): The Construct, the Scale, and a Causal Model," *Information Systems Research*, 15(4) (December 2004): 336–355.

6. Leslie A. Miller and Robert L. Lovler, *Foundations of Psychological Testing: A Practical Approach*, 5th ed. (Thousand Oaks, CA: Sage Publications, 2016); Rajesh Sethi, Daniel C. Smith, and C. Whan Park, "Cross-Functional Product Development Teams, Creativity, and the Innovativeness of New Consumer Products," *Journal of Marketing Research*, 38(1) (February 2001): 73–85; T. A. Chandler and C. J. Spies, "Semantic Differential Comparisons of Attributions and Dimensions Among Respondents from Seven Nations," *Psychological Reports*, 79(3, part 1) (December 1996): 747–758.

7. Robert F. DeVellis, *Scale Development: Theory and Applications*, 4th ed. (Thousand Oaks, CA: Sage Publications, 2016); Sharon E. Kurpius, *Testing and Measurement* (Thousand Oaks, CA: Sage Publications, 2002); Delbert C. Miller and Neil J. Salkind, *Handbook of Research Design and Social Measurement*, 6th ed. (Thousand Oaks, CA: Sage Publications, 2002); William O. Bearden and Richard G. Netemeyer, *Handbook of Marketing Scales: Multi-Item Measures for Marketing and Consumer Behavior Research* (Thousand Oaks, CA: Sage Publications, 1999).

8. Naresh K. Malhotra, "A Scale to Measure Self-Concepts, Person Concepts and Product Concepts," *Journal of Marketing Research*, 18 (November 1981): 456–464. Ver também Stuart Van Auken, Thomas E. Barry, and Richard P. Bagozzi, "A Cross-Country Construct Validation of Cognitive Age," *Journal of the Academy of Marketing Science*, 34(3) (Summer 2006): 439–455.

9. No entanto, há pouca diferença nos resultados, quer os dados sejam ordinais, quer sejam intervalares. Ver Shizuhiko Nishisato, *Measurement and Multivariate Analysis* (New York: Springer-Verlag, 2002); John Gaiton, "Measurement Scales and Statistics: Resurgence of an Old Misconception," *Psychological Bulletin*, 87 (1980): 564–567.

10. Alina Ciabuca, "The Development of a Semantic Differential Scale for Assessing the Perceived Image of Citizens about Romanian Police Forces," *Procedia—Social and Behavioral Sciences* 187(13) (2014): 28–33; Chezy Ofir, "In Search of Negative Customer Feedback: The Effect of Expecting to Evaluate on Satisfaction Evaluations," *Journal of Marketing Research* (May 2001): 170–182; Timothy H. Reisenwitz and G. Joseph Wimbish, Jr., "Over-the-Counter Pharmaceuticals: Exploratory Research of Consumer Preferences Toward Solid Oral Dosage Forms," *Health Marketing Quarterly*, 13(4) (1996): 47–61; S. Malhotra, S. Van Auken, and S. C. Lonial, "Adjective Profiles in Television Copy Testing," *Journal of Advertising Research* (August 1981): 21–25.

11. Robert F. DeVellis, *Scale Development: Theory and Applications*, 4th ed. (Thousand Oaks, CA: Sage Publications, 2016); Michael K. Brady, "Performance Only Measurement of Service Quality: A Replication and Extension," *Journal of Business Research*, 55(1) (January 2002): 17; Jan Stapel "About 35 Years of Market Research in the Netherlands," *Markonderzock Kwartaalschrift*, 2 (1969): 3–7.

12. W. Paul Jones and Scott A. Loe, "Optimal Number of Questionnaire Response Categories," Sage Open, http://sgo.sagepub.com/content/3/2/2158244013489691, accessed June 14, 2017; John Dawes, "Do Data Characteristics Change According to the Number of Scale Points Used?" *International Journal of Market Research*, 50(1) (2008): 61–77; Eugene W. Anderson, "Foundations of the American Customer Satisfaction Index," *Total Quality Management*, 11(7) (September 2000): 5869–5882; A. M. Coleman, C. E. Norris, and C. C. Peterson, "Comparing Rating Scales of Different Lengths—Equivalence of Scores from 5-Point and 7-Point Scales," *Psychological Reports*, 80(2) (April 1997): 355–362; Madhubalan Viswanathan, Mark Bergen, and Terry Childers, "Does a Single Response Category in a Scale Completely Capture a Response?" *Psychology & Marketing*, 13(5) (August 1996): 457–479; Eli P. Cox III, "The Optimal Number of Response Alternatives for a Scale: A Review," *Journal of Marketing Research*, 17 (November 1980): 407–422.

13. Mario De Marchi and Edoardo Lorenzetti, "Measuring the Impact of Scholarly Journals in the Humanities Field," *Scientometrics*, 106(1) (2016): 253–261; Yadolah Dodge, "On Asymmetric Properties of the Correlation Coefficient in the Regression Setting," *The American Statistician*, 55(1) (February 2001): 51–54; D. F. Alwin, "Feeling Thermometers Versus 7-Point Scales—Which Are Better," *Sociological Methods & Research*, 25(3) (February 1997): 318–340; M. M. Givon and Z. Shapira, "Response to Rating Scales: A Theoretical Model and Its Application to the Number of Categories Problem," *Journal of Marketing Research* (November 1984): 410–419; D. E. Stem, Jr., and S. Noazin, "The Effects of Number of Objects and Scale Positions on Graphic Position Scale Reliability," in R. F. Lusch et al., *1985 AMA Educators' Proceedings* (Chicago: American Marketing Association, 1985): 370–372.

14. "Comparing Balanced Rating Scales to Unbalanced Rating Scales," https://statworkz.com/2014/11/04/comparing-balanced-rating-scales-to-unbalanced-rating-scales, accessed June 4, 2017; Bradford S. Jones, "Modeling Direction and Intensity in Semantically Balanced Ordinal Scales: An Assessment of Congressional Incumbent Approval," *American Journal of Political Science*, 44(1) (January 2000): 174; D. Watson, "Correcting for Acquiescent Response Bias in the Absence of a Balanced Scale—An Application to Class-Consciousness," *Sociological Methods & Research*, 21(1) (August 1992): 52–88; H. Schuman and S. Presser, Questions and Answers in Attitude Surveys (New York: Academic Press, 1981): 179–201.

15. "Odd or Even? The Ongoing Debate of Neutral Rating Scales," https://fluidsurveys.com/university/odds-evens-ongoing-debate-rating-scale, accessed June 15, 2017; Palmer Morrel-Samuels, "Getting the Truth into Workplace Surveys," *Harvard Business Review*, 80(2) (February 2002): 111; G. J. Spagna, "Questionnaires: Which Approach Do You Use?" *Journal of Advertising Research* (February/March 1984): 67–70.

16. "The 'Don't Know,' 'Undecided,' & 'Neutral' Response Options," http://www.statpac.com/surveys/undecided-category.htm, accessed June 15, 2017; John Kulas, Alicia Stachowski, and Brad Haynes, "Middle Response Functioning in Likert Responses to Personality Items," *Journal of Business & Psychology*, 22(3) (March 2008): 251–259; Janet McColl-Kennedy, "Measuring Customer Satisfaction: Why, What and How," *Total Quality Management*, 11(7) (September 2000): 5883–5896; Kathy A. Hanisch, "The Job Descriptive Index Revisited: Questions About the Question Mark," *Journal of Applied Psychology*, 77(3) (June 1992): 377–382; K. C. Schneider, "Uninformed Response Rate in Survey Research," *Journal of Business Research* (April 1985): 153–162.

17. Para o efeito da descrição verbal sobre a percepção de escala, ver Justin Kruger and Patrick Vargas, "Consumer Confusion of Percent Differences," *Journal of Consumer Psychology*, 18(1) (January 2008): 49–61; T. Amoo, "Do Numeric Values Influence Subjects' Responses to Rating Scales," *Journal of International Marketing and Market Research* (February 2001): 41; K. M. Gannon and T. M. Ostrom, "How Meaning Is Given to Rating Scales—The Effects of Response Language on Category Activation," *Journal of Experimental Social Psychology*, 32(4) (July 1996): 337–360; H. H. Friedman and J. R. Leefer, "Label Versus Position in Rating Scales," *Journal of the Academy of Marketing Science* (Spring 1981): 88–92.

18. "Thermometer Scale (Feeling Thermometer)," http://link.springer.com/referenceworkentry/10.1007%2F978-94-007-0753-5_1028, accessed June 10, 2017; D. F. Alwin, "Feeling Thermometers Versus 7-Point Scales—Which Are Better," *Sociological Methods & Research*, 25(3) (February 1997): 318–340.

19. Para construções recentes de escalas multi-itens, ver Naresh K. Malhotra, Soumya Mukhopadhyay, Xiaoyan Liu, and Satyabhusan Dash, "One versus Many or a Few: Single versus Multi-item Scales and Long Form versus the Short Form of Multi-item Scales," *International Journal of Market Research*, 54(6) (2012): 835–862; John R. Rossiter, "The

C-OAR-SE Procedure for Scale Development in Marketing," *International Journal of Research in Marketing*, 19(4) (2002): 305–335; Tom Brown, "The Customer Orientation of Service Workers: Personality Trait Effects on Self- and Supervisor-Performance Ratings," *Journal of Marketing Research*, 39(1) (February 2002): 110–119; Charla Mathwick, Naresh K. Malhotra, and Edward Rigdon, "Experiential Value: Conceptualization, Measurement and Application in the Catalog and Internet Shopping Environment," *Journal of Retailing*, 77 (2001): 39–56.

20. Naresh K. Malhotra, Soumya Mukhopadhyay, Xiaoyan Liu, and Satyabhusan Dash, "One versus Many or a Few: Single versus Multi-item Scales and Long Form versus the Short Form of Multi-item Scales," *International Journal of Market Research*, 54(6) (2012): 835–862. Ver também Blair Kidwell, David M. Hardesty, and Terry L. Childers, "Consumer Emotional Intelligence: Conceptualization, Measurement, and the Prediction of Consumer Decision Making," *Journal of Consumer Research*, 35(1) (June 2008): 154–166; Elena Delgado-Ballester, Jose Luis Munuera-Alemán, and Marí Jesús Yagüe-Guillén, "Development and Validation of a Brand Trust Scale," *International Journal of Market Research*, 45(1) (2003): 35–53; Leisa Reinecke Flynn and Dawn Pearcy, "Four Subtle Sins in Scale Development: Some Suggestions for Strengthening the Current Paradigm," *International Journal of Market Research*, 43(4) (Fourth Quarter 2001): 409–423; Maryon F. King, "Social Desirability Bias: A Neglected Aspect of Validity Testing," *Psychology & Marketing*, 17(2) (February 2000): 79.

21. Mark Xu, Maher Alhindi, Alessio Ishizaka, and Martin Read, "E-Business Adoption in SME-Models and Determinants: A Comparative Review of UK and KSA," *Encyclopedia of E-Commerce Development, Implementation, and Management* (2016): 453-469; Erin Anderson, Wujin Chu, and Barton Weitz, "Industrial Purchasing: An Empirical Exploration of the Buyclass Framework," *Journal of Marketing*, 51 (July 1987): 71–86.

22. Veja Naresh K. Malhotra, Soumya Mukhopadhyay, Xiaoyan Liu, and Satyabhusan Dash, "One versus Many or a Few: Single versus Multi--item Scales and Long Form versus the Short Form of Multi-item Scales," *International Journal of Market Research*, 54(6) (2012): 835–862; Naresh K. Malhotra, Sung Kim, and James Agarwal, "Internet Users' Information Privacy Concerns (IUIPC): The Construct, the Scale, and a Causal Model," *Information Systems Research*, 15(4) (December 2004): 336–355; Walter C. Borman, "An Examination of the Comparative Reliability, Validity, and Accuracy of Performance Ratings Made Using Computerized Adaptive Rating Scales," *Journal of Applied Psychology*, 86(5) (October 2001): 965; Eric A. Greenleaf, "Improving Rating Scale Measures by Detecting and Correcting Bias Components in Some Response Styles," *Journal of Marketing Research*, 29 (May 1992): 176–188.

23. W. James Popham, *The ABCs of Educational Testing* (Thousand Oaks, CA: Sage Publications, 2016); Bruce Thompson, *Score Reliability: Contemporary Thinking on Reliability Issues* (Thousand Oaks, CA: Sage Publications, 2002); Pritibhushan Sinha, "Determination of Reliability of Estimations Obtained with Survey Research: A Method of Simulation," *International Journal of Market Research*, 42(3) (Summer 2000): 311–317; E. J. Wilson, "Research Design Effects on the Reliability of Rating Scales in Marketing—An Update on Churchill and Peter," *Advances in Consumer Research*, 22 (1995): 360–365; William D. Perreault, Jr., and Laurence E. Leigh, "Reliability of Nominal Data Based on Qualitative Judgments," *Journal of Marketing Research*, 25 (May 1989): 135–148; J. Paul Peter, "Reliability: A Review of Psychometric Basics and Recent Marketing Practices," *Journal of Marketing Research*, 16 (February 1979): 6–17.

24. Kenneth R. Paapa and Sawi Oliver, "The Role of Test-Retest Reliability in Measuring Individual and Group Differences in Executive Functioning," *Journal of Neuroscience Methods* 274(1) (December 2016): 81–93; Michael C. Sturman, Robin A. Cheramie, and Luke H. Cashen, "The Impact of Job Complexity and Performance Measurement on the Temporal Consistency, Stability, and Test-Retest Reliability of Employee Job Performance Ratings," *Journal of Applied Psychology*, 90(2) (2005): 269–283; Madhu Viswanathan, *Measurement Error and Research Design* (Thousand Oaks, CA: Sage Publications, 2005); Donald T. Campbell and M. Jean Russo, *Social Measurement* (Thousand Oaks, CA: Sage Publications, 2001); Simon S. K. Lam and Ka S. Woo, "Measuring Service Quality: A Test-Retest Reliability Investigation of SERVQUAL," *Journal of the Market Research Society*, 39(2) (April 1997): 381–396.

25. "Types of Reliability," http://www.socialresearchmethods.net/kb/reltypes.php, accessed June 16, 2017; David Hunt, *Measurement and Scaling in Statistics* (London: Edward Arnold, 2001); David Armstrong, Ann Gosling, John Weinman, and Theresa Marteau, "The Place of Inter-Rater Reliability in Qualitative Research: An Empirical Study," *Sociology: The Journal of the British Sociological Association*, 31(3) (August 1997): 597–606; M. N. Segal, "Alternate Form Conjoint Reliability," *Journal of Advertising Research*, 4 (1984): 31–38.

26. Jerry J. Vaske, Jay Beaman, and Carly C. Sponarski, "Rethinking Internal Consistency in Cronbach's Alpha," *Leisure Sciences: An Interdisciplinary Journal* (May 2016): 1–11, http://www.tandfonline.com/doi/citedby/10.1080/01490400.2015.1127189?scroll=top&needAccess=true, accessed June 7, 2017; Niels G. Waller, "Commingled Samples: A Neglected Source of Bias in Reliability Analysis," *Applied Psychological Measurement*, 32(3) (May 2008): 211–223; Adam Duhachek, Anne T. Coughlan, and Dawn Iacobucci, "Results on the Standard Error of the Coefficient Alpha Index of Reliability," *Marketing Science*, 24(2) (Spring 2005): 294–301; Robert A. Peterson, "A Meta-Analysis of Chronbach's Coefficient Alpha," *Journal of Consumer Research*, 21 (September 1994): 381–91; L. J Cronbach, "Coefficient Alpha and the Internal Structure of Tests," *Psychometrika*, 16 (1951): 297–334.

27. Ramendra Thakura, Arifin Angriawanb, and John H. Summey, "Technological Opinion Leadership: The Role of Personal Innovativeness, Gadget Love, and Technological Innovativeness," *Journal of Business Research*, 69(8) (August 2016): 2764–2773; Patrick Y. K. Chau and Kai Lung Hui, "Identifying Early Adopters of New IT Products: A Case of Windows 95," *Information & Management*, 33(5) (May 28, 1998): 225–230.

28. Li-Ling Huang, James F. Thrasher, Jessica L. Reid, and David Hammond, "Predictive and External Validity of a Pre-Market Study to Determine the Most Effective Pictorial Health Warning Label Content for Cigarette Packages," *Nicotine and Tobacco Research* (2016) 18(5): 1376-1381; Pierre Chandon, Vicki G. Morwitz, and Werner J. Reinartz, "Do Intentions Really Predict Behavior? Self-Generated Validity Effects in Survey Research," *Journal of Marketing*, 69(2) (April 2005): 1–14; Gilad Chen, "Validation of a New General Self-Efficacy Scale," *Organizational Research Methods*, 4(1) (January 2001): 62–83; D. G. Mctavish, "Scale Validity–A Computer Content-Analysis Approach," *Social Science Computer Review*, 15(4) (Winter 1997): 379–393; J. Paul Peter, "Construct Validity: A Review of Basic Issues and Marketing Practices," *Journal of Marketing Research*, 18 (May 1981): 133–145.

29. Para mais detalhes sobre validade, veja Mark E. Olver, Craig S. Neumann, Drew A. Kingston, Terry P. Nicholaichuk, and Stephen C. P. Wong, "Construct Validity of the Violence Risk Scale–Sexual Offender Version Instrument in a Multisite Sample of Treated Sexual Offenders," *Assessment* (April 2016); Blair Kidwell, David M. Hardesty, and Terry L. Childers, "Consumer Emotional Intelligence: Conceptualization, Measurement, and the Prediction of Consumer Decision Making," *Journal of Consumer Research*, 35(1) (June 2008): 154–166; Bruce L. Alford and Brian T. Engelland, "Measurement Validation in Marketing Research: A Review and Commentary," *Journal of Business Research*, 57(2) (2004): 95–97; Bruce Keillor, "A Cross-Cultural/Cross-National Study of Influencing Factors and Socially Desirable Response Biases," *International Journal of Market Research* (First Quarter 2001): 63–84; M. Joseph Sirgy, Dhruv Grewal, Tamara F. Mangleburg, Jae-ok Park et al., "Assessing the Predictive Validity of Two Methods of Measuring Self-Image Congruence," *Journal of the Academy of Marketing Science*, 25(3) (Summer 1997): 229–241; Roseann L. Spiro and Barton A. Weitz, "Adaptive Selling: Conceptualization, Measurement, and Nomological Validity," *Journal of Marketing Research*, 27 (February 1990): 61–69.

30. Para uma discussão da teoria da generabilidade e suas aplicações na pesquisa de marketing, veja Paul Talsma, "Assessing Sensory Panel Performance Using Generalizability Theory," *Food Quality and Preference*, 47(A) (January 2016): 3–9; Karen L. Middleton, "Socially Desirable Response Sets: The Impact of Country Culture," *Psychology and Marketing* (February 2000): 149; Shuzo Abe, Richard P. Bagozzi, and Pradip Sadarangani, "An Investigation of Construct Validity and Generalizability of the Self-Concept: Self-Consciousness in Japan and the United States," *Journal of International Consumer Marketing*, 8(3, 4) (1996): 97–123; Joseph O. Rentz, "Generalizability Theory: A Comprehensive Method for Assessing and Improving the Dependability of Marketing Measures," *Journal of Marketing Research*, 24 (February 1987): 19–28.
31. Robert F. DeVellis, *Scale Development: Theory and Applications*, 4th ed. (Thousand Oaks, CA: Sage Publications, 2016); Matthew Myers, "Academic Insights: An Application of Multiple-Group Causal Models in Assessing Cross-Cultural Measurement Equivalence," *Journal of International Marketing*, 8(4) (2000): 108–121; Timothy R. Hinkin, "A Review of Scale Development Practices in the Study of Organizations," *Journal of Management*, 21(5) (1995): 967–988.
32. Martin Eisend, Heiner Evanschitzky, and Roger J. Calantone, "The Relative Advantage of Marketing over Technological Capabilities in Influencing New Product Performance: The Moderating Role of Country Institutions," *Journal of International Marketing*, 24(1) (March 2016): 41–56; Stuart Van Auken, Thomas E. Barry, and Richard P. Bagozzi, "A Cross-Country Construct Validation of Cognitive Age," *Journal of the Academy of Marketing Science*, 34(3) (Summer 2006): 439–455; Alan Page Fiske, "Using Individualism and Collectivism to Compare Cultures—A Critique of the Validity and Measurement of the Constructs: Comment on Oyserman," *Psychological Bulletin*, 128(1) (January 2002): 78; Michael R. Mullen, George R. Milne, and Nicholas M. Didow, "Determining Cross-Cultural Metric Equivalence in Survey Research: A New Statistical Test," *Advances in International Marketing*, 8 (1996): 145–157; E. Gencturk, T. L. Childers, and R. W. Ruekert, "International Marketing Involvement—The Construct, Dimensionality, and Measurement," *Journal of International Marketing*, 3(4) (1995): 11–37.
33. https://www.xerox.com, accessed March 3, 2017; Alan L. Unikel, "Imitation Might Be Flattering, But Beware of Trademark Infringement," *Marketing News*, 21(19) (September 11, 1997): 20–21; Betsy Mckay, "Xerox Fights Trademark Battle," *Advertising Age International* (April 27, 1992).
34. Leslie A. Miller and Robert L. Lovler, *Foundations of Psychological Testing: A Practical Approach*, 5th ed. (Thousand Oaks, CA: Sage Publications, 2016); Robert F. DeVellis, *Scale Development: Theory and Applications*, 4th ed. (Thousand Oaks, CA: Sage Publications, 2016);
35. http://www.bestbuy.ca, accessed June 7, 2017.
36. Baseado em Ray Poynter, Navin Williams, and Sue York, *The Handbook of Mobile Market Research: Tools and Techniques for Market Researchers* (Chichester, West Sussex, United Kingdom: John Wiley, 2014). O nome do cliente foi disfarçado. Ver também http://www.mmr-research.com/, accessed June 7, 2017; https://www.kelloggsfoodawayfromhome.com/Home/CU, accessed January 7, 2017.
37. Lynn Sudbury-Rileya and Florian Kohlbacher, "Ethically Minded Consumer Behavior: Scale Review, Development, and Validation," *Journal of Business Research* 69(8) (August 2016): 2697–2710; Denny Hatch, "How Truthful Is Your Offer?" *Target Marketing*, 24(4) (April 2001): 94.

Capítulo 10

1. http://www.worldvision.org, accessed June 4, 2017; Forbes, The 50 Largest U.S. Charities 2015 Rankings, online at http://www.forbes.com/companies/world-vision, accessed November 7, 2016; Greg Gattuso, Elaine Santoro, and George R. Reis, "Notebooks Open Hearts of Sponsors," *Fund Raising Management*, 27(10) (December 1966): 10–11.
2. Kay Singh, "Web Design: 11 Characteristics of a User-Friendly Website," *Social Media Today*, http://www.socialmediatoday.com/content/web-design-11-characteristics-user-friendly-website, accessed June 8, 2017; Thomas Obrey, "Proving Web Site Value: It's More Than a Pretty (User) Face," *Customer Inter@ction Solutions*, 22(5) (November 2003): 52; Marshall Rice, "What Makes Users Revisit a Web Site?" *Marketing News*, 31 (March 17, 1997): 12.
3. S. L. Payne, *The Art of Asking Questions* (Princeton, NJ: Princeton University Press, 1951): 141. Ver também Thomas T. Semon, "Consider Context of Questionnaires as Survey Results Can Be Affected," *Marketing News*, 39(12), (July 2005): 8–18; Michael Schrage, "Survey Says," *Adweek Magazines' Technology Marketing*, 22(1) (January 2002): 11; Bill Gillham, *Developing a Questionnaire* (New York: Continuum International Publishing Group, 2000).
4. Essas diretrizes foram tiradas de diversos livros sobre a concepção de questionários. Veja, por exemplo, Yuksel Ekinci, *Designing Research Questionnaires for Business and Management Students* (Thousand Oaks, CA: Sage Publications, 2015); Marco Vriens, "Split-Questionnaire Designs: A New Tool in Survey Design and Panel Management," *Marketing Research*, 13(2) (Summer 2001): 14–19; Stephen Jenkins, "Automating Questionnaire Design and Construction," *Journal of the Market Research Society* (Winter 1999–2000): 79–95; Robert A. Peterson, *Constructing Effective Questionnaires* (Thousand Oaks, CA: Sage Publications, 2000); Howard Schuman and Stanley Presser, *Questions & Answers in Attitude Survey* (Thousand Oaks, CA: Sage Publications, 1996); Arlene Fink, *How to Ask Survey Questions* (Thousand Oaks, CA: Sage Publications, 1995); Floyd J. Fowler, Jr., *Improving Survey Questions* (Thousand Oaks, CA: Sage Publications, 1995).
5. Pew Research Center, "Questionnaire Design," http://www.pewresearch.org/methodology/u-s-survey-research/questionnaire-design, accessed June 8, 2017; Bruce H. Clark, "Bad Examples," *Marketing Management*, 12(6) (2003): 34–38; Darlene B. Bordeaux, "Interviewing—Part II: Getting the Most Out of Interview Questions," *Motor Age*, 121(2) (February 2002): 38–40; Thomas T. Semon, "Better Questions Means More Honesty," *Marketing News*, 34(17) (August 14, 2000): 10; Thomas T. Semon, "Asking 'How Important' Is Not Enough," *Marketing News*, 31(16) (August 4, 1997): 19.
6. Yuksel Ekinci, *Designing Research Questionnaires for Business and Management Students* (Thousand Oaks, CA: Sage Publications, 2015); Benjamin Healey, Terry Macpherson, and Bart Kuijten, "An Empirical Evaluation of Three Web Survey Design Principles," *Marketing Bulletin* (16) (May 2005): 1–9; Jennifer Hess, "The Effects of Person-Level Versus Household-Level Questionnaire Design on Survey Estimates and Data Quality," *Public Opinion Quarterly*, 65(4) (Winter 2001): 574–584; John N. Bassili and B. Stacey Bassili, "Response Latency as a Signal to Question Problems in Survey Research," *Public Opinion Quarterly*, 60(3) (Fall 1996): 390–399.
7. Timothy R. Graeff, "Uninformed Response Bias in Measuring Consumers' Brand Attitudes," http://www.acrwebsite.org/search/view-conference-proceedings.aspx?Id=8334, accessed November 7, 2016; Timothy R. Graeff, "Reducing Uninformed Responses: The Effects of Product-Class Familiarity and Measuring Brand Knowledge on Surveys," *Psychology & Marketing*, 24(8) (August 2007): 681–702; Timothy R. Graeff, "Uninformed Response Bias in Telephone Surveys," *Journal of Business Research*, 55(3) (March 2002): 251; Rachel Miller, "Counting the Cost of Response Rates," *Marketing* (January 18, 2001): 37–38; Arthur Sterngold, Rex H. Warland, and Robert O. Herrmann, "Do Surveys Overstate Public Concerns?" *Public Opinion Quarterly*, 58(20) (Summer 1994): 255–263; D. I. Hawkins and K. A. Coney, "Uninformed Response Error in Survey Research," *Journal of Marketing Research* (August 1981): 373.
8. "Types of Questions," http://www.socialresearchmethods.net/kb/questype.php, accessed June 8, 2017; Barbel Knauper, "Filter Questions and Question Interpretation: Presuppositions at Work," *Public Opinion Quarterly*, 62(1) (Spring 1998): 70–78; George F. Bishop, Robert W. Oldendick, and Alfred J. Tuchfarber, "Effects of Filter Questions in Public Opinion Surveys," *Public Opinion Quarterly*, 46 (Spring 1982): 66–85.
9. "Principles of Questionnaire Construction," http://www.analytictech.com/mb313/principl.htm, accessed November 8, 2016; Timothy R.

Graeff, "Reducing Uninformed Responses: The Effects of Product-Class Familiarity and Measuring Brand Knowledge on Surveys," *Psychology & Marketing,* 24(8) (August 2007): 681–702; Timothy R. Graeff, "Uninformed Response Bias in Telephone Surveys," *Journal of Business Research,* 55(3) (March 2002): 251.

10. Karin Braunsberger, Roger Gates, and David J. Ortinau, "Prospective Respondent Integrity Behavior in Replying to Direct Mail Questionnaires: A Contributor in Overestimating Nonresponse Rates," *Journal of Business Research,* 58(3) (March 2005): 260–267; Eunkyu Lee, Michael Y. Hu, and Rex S. Toh, "Are Consumer Survey Results Distorted? Systematic Impact of Behavioral Frequency and Duration on Survey Response Errors," *Journal of Marketing Research,* 37(1) (February 2000): 125–133; Solomon Dutka and Lester R. Frankel "Measuring Response Error," *Journal of Advertising Research,* 37(1) (January/February 1997): 33–39; Terry Haller, *Danger: Marketing Researcher at Work* (Westport, CT: Quorum Books, 1983): 149.

11. Yuksel Ekinci, *Designing Research Questionnaires for Business and Management Students* (Thousand Oaks, CA: Sage Publications, 2015); "Questionnaire Design," http://www.quickmba.com/marketing/research/qdesign, accessed February 10, 2017; Ursula Grandcolas, Ruth Rettie, and Kira Marusenko, "Web Survey Bias: Sample or Mode Effect?" *Journal of Marketing Management,* 19(5/6) (July 2003): 541–561; George D. Gaskell, "Telescoping of Landmark Events: Implications for Survey Research," *Public Opinion Quarterly,* 64(1) (Spring 2000): 77–89; Geeta Menon, Priya Raghubir, and Norbert Schwarz, "Behavioral Frequency Judgments: An Accessibility-Diagnosticity Framework," *Journal of Consumer Research,* 22(2) (September 1995): 212–228; William A. Cook, "Telescoping and Memory's Other Tricks," *Journal of Advertising Research* (February/March 1987): 5–8.

12. "How to Ask Sensitive Questions in Surveys," https://www.surveymonkey.com/blog/2014/09/24/ask-sensitive-questions-surveys/, accessed June 8, 2017; Roger Tourangeau and Ting Yan, "Sensitive Questions in Surveys," *Psychological Bulletin,* 133(5) (September 2007): 859–883; R. P. Hill, "Researching Sensitive Topics in Marketing—The Special Case of Vulnerable Populations," *Journal of Public Policy & Marketing,* 14(1) (Spring 1995): 143–148.

13. "Sensitive Survey Questions: What to Do, What Not to Do," https://www.surveymonkey.com/blog/2012/12/18/sensitive-topics-methodology/, accessed June 9, 2017; Duane P. Bachmann, John Elfrink, and Gary Vazzana, "E-Mail and Snail Mail Face Off in Rematch," *Marketing Research,* 11(4) (Winter 1999/Spring 2000): 10–15; Patrick Hanrahan, "Mine Your Own Business," *Target Marketing* (February 2000): 32; Roger Tourangeau and Tom W. Smith, "Asking Sensitive Questions: The Impact of Data-Collection Mode, Question Format, and Question Context," *Public Opinion Quarterly,* 60(20) (Summer 1996): 275–304; Kent H. Marquis et al., *Response Errors in Sensitive Topic Survey: Estimates, Effects, and Correction Options* (Santa Monica, CA: Rand Corporation, 1981).

14. Yuksel Ekinci, *Designing Research Questionnaires for Business and Management Students* (Thousand Oaks, CA: Sage Publications, 2015); "The Questionnaire Design Process," http://profitmatters.ca/Articles/Questionnaire%20Design.pdf, accessed February 11, 2008; Hans Baumgartner and Jan-Benedict E. M. Steenkamp, "Response Styles in Marketing Research: A Cross-National Investigation," *Journal of Marketing Research,* 38(2) (May 2001): 143–156; Priya Raghubir and Geeta Menon, "Asking Sensitive Questions: The Effects of Type of Referent and Frequency Wording in Counterbiasing Methods," *Psychology & Marketing,* 13(7) (October 1996): 633–652.

15. Graeme Blair, Kosuke Imai, and Yang-Yang Zhou, "Design and Analysis of the Randomized Response Technique," *Journal of the American Statistical Association,* 110(511) (September 2015):1304–1319.

16. "Different Types of Questions in Questionnaire Design," https://www.outsource2india.com/kpo/articles/questionnaire-types-of-questions.asp, accessed November 9, 2016; Mildred L. Patten, *Questionnaire Research: A Practical Guide* (Los Angeles: Pyrczak Publishing, 2001); Lynn M. Newman, "That's a Good Question," *American Demographics* (Marketing Tools) (June 1995): 10–13.

17. Saul McLeod, "The Interview Method," http://www.simplypsychology.org/interviews.html, accessed June 9, 2017; John W. Mullins, "Discovering 'Unk-Unks,'" *MIT Sloan Management Review,* 48(4) (Summer 2007): 17–21; Karin Braunsberger, R. Brian Buckler, and David J. Ortinau, "Categorizing Cognitive Responses: An Empirical Investigation of the Cognitive Intent Congruency Between Independent Raters and Original Subject Raters," *Journal of the Academy of Marketing Science,* 33(4) (Fall 2005): 620–632; Roel Popping, *Computer-Assisted Text Analysis* (Thousand Oaks, CA: Sage Publications, 2000); Serge Luyens, "Coding Verbatims by Computers," *Marketing Research: A Magazine of Management & Applications,* 7(2) (Spring 1995): 20–25.

18. Baseado em um projeto de pesquisa de marketing conduzido pelo autor.

19. "How to Ask Open Ended Questions," http://www.wikihow.com/Ask-Open-Ended-Questions, accessed June 9, 2017; Anne-Marie Pothas, "Customer Satisfaction: Keeping Tabs on the Issues That Matter," *Total Quality Management,* 12(1) (January 2001): 83; Kevin W. Mossholder, Randall P. Settoon, Stanley G. Harris, and Achilles A. Armenakis, "Measuring Emotion in Open-Ended Survey Responses: An Application of Textual Data Analysis," *Journal of Management,* 21(2) (1995): 335–355.

20. Michael Russell, Michael J. Fischer, Carol M. Fischer, and Kathleen Premo, "Exam Question Sequencing Effects on Marketing and Management Sciences Student Performance," *Journal for Advancement of Marketing Education,* 3 (Summer 2003): 1–10; Debra Javeline, "Response Effects in Polite Cultures," *Public Opinion Quarterly,* 63(1) (Spring 1999): 1–27; Jon A. Krosnick and Duane F. Alwin, "An Evaluation of a Cognitive Theory of Response-Order Effects in Survey Measurement," *Public Opinion Quarterly* (Summer 1987): 201–219. Niels J. Blunch, "Position Bias in Multiple-Choice Questions," *Journal of Marketing Research,* 21 (May 1984): 216–220, argumenta que a tendenciosidade de posição em questões de múltipla escolha não pode ser eliminada pela alternância da ordem das alternativas. Esse ponto de vista é contrário à prática comum.

21. Carol W. DeMoranville and Carol C. Bienstock, "Question Order Effects in Measuring Service Quality," *International Journal of Research in Marketing,* 20(3) (2003): 217–231; Bobby Duffy, "Response Order Effects—How Do People Read?" *International Journal of Market Research,* 45(4) (2003): 457–466; Eleanor Singer, "Experiments with Incentives in Telephone Surveys," *Public Opinion Quarterly,* 64(2) (Summer 2000): 171–188; Howard Schuman and Stanley Presser, *Questions & Answers in Attitude Survey* (Thousand Oaks, CA: Sage Publications, 1996).

22. "Marketing—Controlling Questions," http://www.istudentzone.cz/, accessed February 12, 2017; Karen Blumenschein, "Hypothetical Versus Real Willingness to Pay in the Health Care Sector: Results from a Field Experiment," *Journal of Health Economics,* 20(3) (May 2001): 441; Joseph A. Herriges and Jason F. Shogren, "Starting Point Bias in Dichotomous Choice Valuation with Follow-Up Questioning," *Journal of Environmental Economics & Management,* 30(1) (January 1996): 112–131; R. W. Mizerski, J. B. Freiden, and R. C. Green, Jr., "The Effect of the 'Don't Know' Option on TV Ad Claim Recognition Tests," *Advances in Consumer Research,* 10 (Association for Consumer Research, 1983): 283–287.

23. Jamie DeCoster, "Scale Construction Notes," http://www.stat-help.com/scale.pdf, accessed June 9, 2017; Marco Vriends, Michel Wedel, and Zsolt Sandor, "Split-Questionnaire Design," *Marketing Research,* 13(2) (2001): 14–19; Frederick G. Conrad, "Clarifying Question Meaning in a Household Telephone Survey," *Public Opinion Quarterly,* 64(1) (Spring 2000): 1–27; Michael McBurnett, "Wording of Questions Affects Responses to Gun Control Issue," *Marketing News,* 31(1) (January 6, 1997): 12; M. Wanke, N. Schwarz, and E. Noelle-Neumann, "Asking Comparative Questions: The Impact of the Direction of Comparison," *Public Opinion Quarterly,* 59(3) (Fall 1995): 347–372.

24. Joseph Rydholm, "Syndicated Survey Monitors Airline Performance Around the World," *Quirk's Marketing Research Review,* https://www.quirks.com/articles/syndicated-survey-monitors-airline-performance-around-the-world, accessed March 23, 2017.

25. Tobias Gummer and Joss Rosmann, "Good Questions, Bad Questions? A Post-Survey Evaluation Strategy Based on Item Nonresponse," *Survey Methods: Insights from the Field*, (2013), http://surveyinsights.org/?p=2330, accessed November 9, 2016; Richard Colombo, "A Model for Diagnosing and Reducing Nonresponse Bias," *Journal of Advertising Research*, 40(1/2) (January/April 2000): 85–93; G. S. Omura, "Correlates of Item Nonresponse," *Journal of the Market Research Society* (October 1983): 321–330; S. Presser, "Is Inaccuracy on Factual Survey Items Item-Specific or Respondent-Specific?" *Public Opinion Quarterly* (Spring 1984): 344–355.

26. Duke Initiative on Survey Methodology, "Tipsheet – Question Wording," https://dism.ssri.duke.edu/, accessed June 9, 2017; Christopher R. Bollinger, "Estimation with Response Error and Nonresponse: Food-Stamp Participation in the SIPP," *Journal of Business & Economic Statistics*, 19(2) (April 2001): 129–141; John Dawes, "The Impact of Question Wording Reversal on Probabilistic Estimates of Defection/Loyalty for a Subscription Product," *Marketing Bulletin*, 11 (May 2000): 1–9; Nancy Johnson Stout, "Questionnaire Design Workshop Helps Market Researchers Build Better Surveys," *Health Care Strategic Management*, 12(7) (July 1994): 10–11.

27. Yuksel Ekinci, *Designing Research Questionnaires for Business and Management Students* (Thousand Oaks, CA: Sage Publications, 2015); Bill Gillham, *Developing a Questionnaire* (New York: Continuum International Publishing Group, 2000); Lida C. Saltz, "How to Get Your News Release Published," *Journal of Accountancy*, 182(5) (November 1996): 89–91.

28. StatPac, "Question Wording," http://www.statpac.com/surveys/question-wording.htm, accessed June 10, 2017; Michael J. Baker, "Data Collection—Questionnaire Design," *Marketing Review*, 3(3) (July 2003): 343–367; Mick P. Couper, "Web Surveys: A Review of Issues and Approaches," *Public Opinion Quarterly*, 64(4) (Winter 2000): 464–494; Brad Edmondson, "How to Spot a Bogus Poll," *American Demographics*, 8(10) (October 1996): 10–15; John O'Brien, "How Do Market Researchers Ask Questions?" *Journal of the Market Research Society*, 26 (April 1984): 93–107.

29. Duke Initiative on Survey Methodology, "Tipsheet – Question Wording," https://dism.ssri.duke.edu/, accessed June 9, 2017; Peter M. Chisnall, "Marketing Research: State of the Art Perspectives," *International Journal of Market Research*, 44(1) (First Quarter 2002): 122–125; Paul R. Abramson and Charles W. Ostrom, "Question Wording and Partisanship," *Public Opinion Quarterly*, 58(1) (Spring 1994): 21–48.

30. "Leading Questions," https://www.surveymonkey.com/r/PHVY273, accessed June 10, 2017; Craig Charney, "Top 10 Ways to Get Misleading Poll Results," *Campaigns & Elections*, 28(7) (July 2007): 66–67; Bob Becker, "Take Direct Route When Data Gathering," *Marketing News*, 33(20) (September 27, 1999): 29–30; "Don't Lead: You May Skew Poll Results," *Marketing News*, 30(12) (June 3, 1996): H37.

31. Svend Brinkmann, "Could Interviews Be Epistemic? An Alternative to Qualitative Opinion Polling," *Qualitative Inquiry*, 13(8) (December 2007): 1116–1138; Bill Gillham, *Developing a Questionnaire* (New York: Continuum International Publishing Group, 2000); Raymond J. Adamek, "Public Opinion and *Roe v. Wade*: Measurement Difficulties," *Public Opinion Quarterly*, 58(3) (Fall 1994): 409–418; E. Noelle-Neumann and B. Worcester, "International Opinion Research," *European Research* (July 1984): 124–131.

32. Sandra Chen, Blake Poland, and Harvey A. Skinner, "Youth Voices: Evaluation of Participatory Action Research," *Canadian Journal of Program Evaluation*, 22(1) (March 2007): 125; Ming Ouyand, "Estimating Marketing Persistence on Sales of Consumer Durables in China," *Journal of Business Research*, 55(4) (April 2002): 337; Jacob Jacoby and George J. Szybillo, "Consumer Research in FTC Versus Kraft (1991): A Case of Heads We Win, Tails You Lose?" *Journal of Public Policy & Marketing*, 14(1) (Spring 1995): 1–14; E. D. Jaffe and I. D. Nebenzahl, "Alternative Questionnaire Formats for Country Image Studies," *Journal of Marketing Research* (November 1984): 463–471.

33. "The Importance of Questionnaire Structure," http://www.snapsurveys.com/blog/importance-questionnaire-structure/, accessed June 10, 2017; Nancy A. Glassman and Myron Glassman, "Screening Questions," *Marketing Research*, 10(3) (1998): 25–31; Howard Schuman and Stanley Presser, *Questions & Answers in Attitude Survey* (Thousand Oaks, CA: Sage Publications, 1996); Jon A. Krosnick and Duane F. Alwin, "An Evaluation of a Cognitive Theory of Response-Order Effects in Survey Measurement," *Public Opinion Quarterly* (Summer 1987): 201–219.

34. A qualificação de uma marca segundo atributos específicos no início de um levantamento pode afetar em uma avaliação geral de marca posterior. Por exemplo, veja "Survey Design Workshop," http://www2.oeas.ucf.edu/oeas2/pdf/SurveyDesignWorkshop.pdf, accessed February 16, 2016; Larry M. Bartels, "Question Order and Declining Faith in Elections," *Public Opinion Quarterly*, 66(1) (Spring 2002): 67–79; Barbara A. Bickart, "Carryover and Backfire Effects in Marketing Research," *Journal of Marketing Research*, 30 (February 1993): 52–62.

35. "Qualities of a Good Question," http://www.statpac.com/surveys/question-qualities.htm, accessed June 16, 2017; Peter D. Watson, "Adolescents' Perceptions of a Health Survey Using Multimedia Computer-Assisted Self-Administered Interview," *Australian and New Zealand Journal of Public Health*, 25(6) (December 2001): 520; Fern K. Willits and Bin Ke, "Part-Whole Question Order Effects: Views of Rurality," *Public Opinion Quarterly*, 59(3) (Fall 1995): 392–403; Donald J. Messmer and Daniel J. Seymour, "The Effects of Branching on Item Nonresponse," *Public Opinion Quarterly*, 46 (Summer 1982): 270–277.

36. T. J. Whelan, "Anonymity and Confidentiality: Do Survey Respondents Know the Difference?" Pôster apresentado na 30ª reunião anual da Society of Southeastern Social Psychologists, Durham, NC, http://www4.ncsu.edu/~tjwhelan/SSSP07_Whelan.pdf, accessed June 10, 2017; David Zatz, "Create Effective E-Mail Surveys," *HRMagazine*, 45(1) (January 2000): 97–103; George R. Milne, "Consumer Participation in Mailing Lists: A Field Experiment," *Journal of Public Policy & Marketing*, 16(2) (Fall 1997): 298–309.

37. StatPac, "Survey Research Cost Considerations," https://www.statpac.com/surveys/cost-considerations.htm, accessed June 11, 2017; Jon Van, "New Technology, Fast Internet Connections Give Researchers Easy Data Access," *Knight Ridder Tribune Business News* (February 3, 2002): 1; "A World Press Model Debuts," *Graphic Arts Monthly*, 66(6) (June 1994): 66.

38. "Surveys as a Research Method: Pretesting," http://metaconnects.org/survey-pretest, accessed June 11, 2017; Johnny Blair and K. P. Srinath, "A Note on Sample Size for Behavior Coding Pretests," *Field Methods*, 85(11), (February 2008): 20; Frederick G. Conrad, "Clarifying Questions Meaning in a Household Telephone Survey," *Public Opinion Quarterly*, 64(1) (Spring 2000): 1–27; E. Martin and A. E. Polivka, "Diagnostics for Redesigning Survey Questionnaires—Measuring Work in the Current Population Survey," *Public Opinion Quarterly*, 59(4) (Winter 1995): 547–567; Adamantios Diamantopoulos, Nina Reynolds, and Bodo B. Schlegelmilch, "Pretesting in Questionnaire Design: The Impact of Respondent Characteristics on Error Detection," *Journal of the Market Research Society*, 36 (October 1994): 295–314; Ruth M. Bolton, "Pretesting Questionnaires: Content Analyses of Respondents' Concurrent Verbal Protocols," *Marketing Science*, 12(3) (1993): 280–303.

39. "Pretesting the Questionnaire," http://writing.colostate.edu/guides/research/survey/com4a3.cfm, accessed February 16, 2016; Bill Gillham, *Developing a Questionnaire* (New York: Continuum International Publishing Group, 2000); Nina Reynolds, A. Diamantopoulos, and Bodo B. Schlegelmilch, "Pretesting in Questionnaire Design: A Review of the Literature and Suggestions for Further Research," *Journal of the Market Research Society*, 35 (April 1993): 171–182.

40. "Survey Software," https://www.keysurvey.com/?utm_source=bing&utm_medium=cpc&utm_campaign=us-ks-search&utm_term=survey%20software&utm_content={creative}, accessed November 11, 2016; H. Lee Murphy, "Survey Software Gets Simpler, More Effective," *Marketing News*, 35 (January 29, 2001): 4–6.

41. Donald J. MacLaurin and Tanya L. MacLaurin, "Customer Perceptions of Singapore's Theme Restaurants," *Cornell Hotel and Restaurant Administration Quarterly*, 41(3) (June 2000): 75–85; http://www.yoursingapore.com/en.html, accessed November 22, 2016.

42. https://sigg.com, accessed January 3, 2017; Paul Gillin, *Secrets of Social Media Marketing* (Fresno, CA: Quill Driver Books, 2009).
43. Ray Poynter, Navin Williams, and Sue York, *The Handbook of Mobile Market Research: Tools and Techniques for Market Researchers* (Chichester, West Sussex, United Kingdom: John Wiley, 2014).
44. M. Evans, M. Robling, F. Maggs Rapport, H. Houston, P. Kinnersley, and C. Wilkinson, "It Doesn't Cost Anything Just to Ask, Does It? The Ethics of Questionnaire-Based Research," http://jme.bmj.com/cgi/content/abstract/28/1/41, accessed February 18, 2016; John Tsalikis and Bruce Seaton, "Business Ethics Index: Measuring Consumer Sentiments Toward Business Ethical Practices," *Journal of Business Ethics*, 64(4) (April 2006): 317–326; Janet K. Mullin Marta, Anusorn Singhapakdi, Ashraf Attia, and Scott J. Vitell, "Some Important Factors Underlying Ethical Decisions of Middle Eastern Marketers," *International Marketing Review*, 21(1) (2004): 53; Mark A. Davis, "Measuring Ethical Ideology in Business Ethics: A Critical Analysis of the Ethics Position Questionnaire," *Journal of Business Ethics*, 32(1) (July 2001): 35–53; R. W. Armstrong, "An Empirical Investigation of International Marketing Ethics: Problems Encountered by Australian Firms," *Journal of Business Ethics*, 11 (1992): 161–171.

Capítulo 11

1. https://www.fws.gov/, accessed February 4, 2017; "Federal Duck Stamp Program Unveils Marketing Plan for 2007–2008 Artist-Signed Pane of One," *US Fed News Service, Including US State News* (Washington, D.C.) (April 2007); Joseph Rydholm, "Focus Groups Shape Ads Designed to Expand Market for Federal Duck Stamp Program," *Quirk's Marketing Research Review* (March 2000), https://www.quirks.com/articles/focus-groups-shape-ads-designed-to-expand-market-for-federal-duck-stamp-program, accessed June 17, 2017.
2. http://www.comscore.com/, accessed June 17, 2017; Shane Schick, "IT Managers Stress Skills Help," *Computer Dealer News*, 17(3) (February 2, 2001): 1–2.
3. "Sampling Error," https://www.census.gov/programs-surveys/sipp/methodology/sampling-error.html, accessed January 23, 2017; Thomas T. Semon, "Nonresponse Bias Affects All Survey Research," *Marketing News*, 38(12) (July 2004): 7(1); "Random Sampling," *Marketing News* (July 16, 2001): 10; Steve Wilcox, "Sampling and Controlling a TV Audience Measurement Panel," *International Journal of Market Research*, 42(4) (Winter 2000): 413–430; Donald P. Green, Alan S. Gerber, and Suzanna L De Boef, "Tracking Opinion over Time: A Method for Reducing Sampling Error," *Public Opinion Quarterly*, 63(2) (July 1999): 178–192; V. Verma and T. Le, "An Analysis of Sampling Errors for the Demographic and Health Surveys," *International Statistical Review*, 64(3) (December 1966): 265–294; H. Assael and J. Keon, "Nonsampling vs. Sampling Errors in Sampling Research," *Journal of Marketing* (Spring 1982): 114–123.
4. https://www.census.gov/, accessed April 4, 2017; "Federal Assistance: Illustrative Simulations of Using Statistical Population Estimates for Reallocating Certain Federal Funding: GAO-06-567," *GAO Reports* (July 2006): 1–42; Bob Brewin, "U.S. Census Bureau Plans for First Paperless Tally in 2010," *Computerworld*, 36(12) (March 18, 2002): 5; Simon Marquis, "I'm a Research Addict But Even I Can See the Census Is a Waste," *Marketing* (May 10, 2001): 22; "Frequently Asked Questions About Census 2000," *Indiana Business Review*, 72(8) (Summer 1997): 10.
5. Edward Blair and Johnny Blair, *Applied Survey Sampling* (Thousand Oaks, CA: Sage Publications, 2014); Janusz L. Wywial, "Sampling Design Proportional to Order Statistic of Auxiliary Variable," *Statistical Papers*, 49(2) (April 2008): 277–289; "Random Sampling: Bruised, Battered, Bowed," *Marketing News*, 36(5) (March 4, 2002): 12; Steve Wilcox, "Sampling and Controlling a TV Audience Measurement Panel," *International Journal of Market Research*, 42(4) (200): 413–430; Arlene Fink, *How to Sample in Surveys* (Thousand Oaks, CA: Sage Publications, 1995); Martin R. Frankel, "Sampling Theory," in Peter H. Rossi, James D. Wright, and Andy B. Anderson, eds., *Handbook of Survey Research* (Orlando, FL: Academic Press, 1983): 21–67; R. M. Jaeger, *Sampling in Education and the Social Sciences* (New York: Longman, 1984): 28–29.
6. "Sampling Methods," http://www.statpac.com/surveys/sampling.htm, accessed June 18, 2017; Jerome P. Reiter, "Topics in Survey Sampling/Finite Population Sampling and Inference: A Prediction Approach," *Journal of the American Statistical Association*, 97(457) (March 2002): 357–358; Gary T. Henry, *Practical Sampling* (Thousand Oaks, CA: Sage Publications, 1995); Seymour Sudman, "Applied Sampling," in Peter H. Rossi, James D. Wright, and Andy B. Anderson, eds., *Handbook of Survey Research* (Orlando, FL: Academic Press, 1983): 145–194.
7. "5 Common Sampling Errors," https://www.qualtrics.com/blog/frequent-sampling-errors/, accessed June 18, 2017; Gordon A. Wyner, "Survey Errors," *Marketing Research*, 19(1) (April 2007): 6–8; Mick P. Couper, "Web Surveys: A Review of Issues and Approaches," *Public Opinion Quarterly*, 64(4) (Winter 2000): 464–494; Wayne Smith, Paul Mitchell, Karin Attebo, and Stephen Leeder, "Selection Bias from Sampling Frames: Telephone Directory and Electoral Roll Compared with Door-to-Door Population Census: Results from the Blue Mountain Eye Study," *Australian & New Zealand Journal of Public Health*, 21(2) (April 1997): 127–133.
8. "An Introduction to Sampling," https://www.qualtrics.com/wp-content/uploads/2013/05/Sampling.pdf, accessed June 18, 2017. For the effect of sample frame error on research results, veja Gregory B. Murphy, "The Effects of Organizational Sampling Frame Selection," *Journal of Business Venturing*, 17(3) (May 2002): 237; Kelly E. Fish, James H. Barnes, and Benjamin F. Banahan III, "Convenience or Calamity: Pharmaceutical Study Explores the Effects of Sample Frame Error on Research Results," *Journal of Health Care Marketing*, 14 (Spring 1994): 45–49.
9. http://www.visitflorida.com/en-us.html, accessed June 20, 2017; "Florida Tourism Industry Flying High Going into Summer," http://www.usatoday.com/travel/destinations/2005-05-29-florida-tourism_x.htm, accessed February 18, 2014; Sean Mussenden, "Florida Tourism Leaders Say Industry Is Recovering Slowly," *Knight Ridder Tribune Business News* (March 22, 2002): 1; "The Many Faces of Florida," *Association Management* (A Guide to Florida Supplement) (April 1997): 3; "Florida Travel Habits Subject of Phone Survey," *Quirk's Marketing Research Review* (May 1987): 10, 11, 31, 56, 60.
10. "Convenience sampling," http://research-methodology.net/sampling-in-primary-data-collection/convenience-sampling/, accessed June 20, 2017; Linda Ritchie, "Empowerment and Australian Community Health Nurses Work with Aboriginal Clients: The Sociopolitical Context," *Qualitative Health Research*, 11(2) (March 2001): 190–205.
11. https://www.olympic.org/, accessed June 8, 2017; "2012 Olympics Offers Key Corporate Opportunities," *Marketing Week*, 30(17) (April 2007): 40; "Kindred SSIs in China Collaborate on Groundbreaking 2008 Summer Olympics and Media Effectiveness Project," http://www.surveysampling.com/?q=en/about/news/aug2608, accessed October 4, 2008; "2004 Olympics—Spectators Very Satisfied, Says Survey," http://www.greekembassy.org/Embassy/Content/en/Article.aspx?office=3&folder=200&article=13944, accessed August 25, 2004; Kate Maddox, "XIX Winter Olympics: Marketing Hot Spot," *B to B*, 87 (2) (February 11, 2002): 1–2.
12. Edward Blair and Johnny Blair, *Applied Survey Sampling* (Thousand Oaks, CA: Sage Publications, 2014); Steven K. Thompson, *Sampling* (New York: John Wiley & Sons, 2002); Seymour Sudman, "Sampling in the Twenty-First Century," *Academy of Marketing Science Journal*, 27(2) (Spring 1999): 269–277; Leslie Kish, *Survey Sampling* (New York: John Wiley & Sons, 1965): 552.
13. "Quota Sampling," http://www.mathcaptain.com/statistics/quota-sampling.html, accessed June 20, 2017; Patricia M. Getz, "Implementing the New Sample Design for the Current Employment Statistics Survey," *Business Economics*, 35(4) (October 2000): 47–50; "Public Opinion: Polls Apart," *The Economist*, 336(7927) (August 12, 1995): 48; Seymour Sudman, "Improving the Quality of Shopping Center Sampling," *Journal of Marketing Research*, 17 (November 1980): 423–431.

14. Para aplicações da amostragem bola de neve, veja Xeturah M. Woodley and Megan Lockard, "Womanism and Snowball Sampling: Engaging Marginalized Populations in Holistic Research," *The Qualitative Report*, 21(2) (February 2016), https://www.questia.com/library/journal/1P3-4000930931/womanism-and-snowball-sampling-engaging-marginalized, accessed June 20, 2017; Francis Piron, "China's Changing Culture: Rural and Urban Customers' Favorite Things," *Journal of Consumer Marketing*, 23(6) (June 2006): 327; Gary L. Frankwick, James C. Ward, Michael D. Hutt, and Peter H. Reingen, "Evolving Patterns of Organizational Beliefs in the Formation of Strategy," *Journal of Marketing*, 58 (April 1994): 96–110.

15. Caso certos procedimentos para listagem de membros da população rara sejam obedecidos rigorosamente, a amostra bola de neve pode ser tratada como uma amostra de probabilidade. Veja S. Sampath, *Sampling Theory and Methods* (Boca Raton, FL: CRC Press, 2000); Gary T. Henry, *Practical Sampling* (Thousand Oaks, CA: Sage Publications, 1995); Graham Kalton and Dallas W. Anderson, "Sampling Rare Populations," *Journal of the Royal Statistical Association* (1986): 65–82.

16. CDC, "Basic Statistics," http://www.cdc.gov/hiv/basics/statistics.html, accessed June 12, 2017; Lisa Maher, "Risk Behaviors of Young Indo-Chinese Injecting Drug Users in Sydney and Melbourne," *Australian & New Zealand Journal of Public Health* (February 2001): 50–54.

17. Quando o interval amostral, *i*, não é um número inteiro, a solução mais fácil é usar como o interval o número inteiro mais próximo acima ou abaixo de *i*. Se o arredondamento tiver um efeito grande demais sobre o tamanho da amostra, acrescente ou suprima os casos extras. Veja Julie W. Pepe, University of Central Florida, Orlando, Florida, "Demonstrating Systematic Sampling," http://www2.sas.com/proceedings/sugi22/POSTERS/PAPER213.PDF, accessed February 20, 2017.

18. "Systematic Sampling," http://research-methodology.net/?s=systematic+sampling&submit=Search, accessed June 20, 2017. Para aplicações de amostragem aleatória sistemática, veja Phyllis MacFarlane, "Structuring and Measuring the Size of Business Markets," *International Journal of Market Research*, 44(1) (First Quarter 2002): 7–30; Hailin Qu and Isabella Li, "The Characteristics and Satisfaction of Mainland Chinese Visitors to Hong Kong," *Journal of Travel Research*, 35(4) (Spring 1997): 37–41; Goutam Chakraborty, Richard Ettenson, and Gary Gaeth, "How Consumers Choose Health Insurance," *Journal of Health Care Marketing*, 14 (Spring 1994): 21–33.

19. http://www.msn.com/en-us/autos, accessed June 13, 2017; Ed Garsten, "Poll: Phone Ban Support Tepid," *Chicago Tribune* (July 23, 2001): 9.

20. Para aplicações de amostragem aleatória estratificada, veja Sofronija Miladinoski, "Sample Size Determination in International Marketing Research Studies," http://isi.cbs.nl/iamamember/CD2/pdf/922.PDF, accessed February 20, 2016; Gunnar Kjell, "The Level-Based Stratified Sampling Plan," *Journal of the American Statistical Association*, 95(452) (December 2000): 1185–1191; Samaradasa Weerahandi and Soumyo Moitra, "Using Survey Data to Predict Adoption and Switching for Services," *Journal of Marketing Research*, 32 (February 1995): 85–96.

21. http://www.cigna.com/, accessed March 4, 2017; "Charge, Losses Stifle Growth," *Business Insurance*, 36(6) (February 11, 2002): 2; Joanne Gallucci, "Employees with Home Internet Access Want Online Retirement Plans, CIGNA Retirement & Investment Services Study Reveals," *PR Newswire* (June 27, 2000).

22. http://www.umsl.edu/~lindquists/sample.html, accessed June 18, 2017; Jeff D. Opdyke and Carrick Mollenkamp, "Yes, You Are 'High Net Worth,'" *Wall Street Journal* (May 21, 2002): D1, D3; Thomas J. Stanley and Murphy A. Sewall, "The Response of Affluent Consumers to Mail Surveys," *Journal of Advertising Research* (June/July 1986): 55–58.

23. https://www.thetruth.com/, accessed June 18, 2017; M. Farrelly, K. Davis et al., "Evidence of a Dose-Response Relationship Between 'Truth' Antismoking Ads and Youth Smoking Prevalence," *American Journal of Public Health*, 95(3) (2005): 425–431.

24. O agrupamento (*clustering*) geográfico de populações raras, porém, pode representar uma vantagem. Veja Poduri S. Rao, *Sampling Methodologies with Applications* (Boca Raton, FL: CRC Press, 2001); John B. Carlin, "Design of Cross-Sectional Surveys Using Cluster Sampling: An Overview with Australian Case Studies," *Australian & New Zealand Journal of Public Health*, 23(5) (October 1999): 546–551; James C. Raymondo, "Confessions of a Nielsen Household," *American Demographics*, 19(3) (March 1997): 24–27; Seymour Sudman, "Efficient Screening Methods for the Sampling of Geographically Clustered Special Populations," *Journal of Marketing Research*, 22 (February 1985): 20–29. For estimation issues, veja N. Nematollahi, M. Salehi, and R. A. Saba, "Two-Stage Cluster Sampling with Ranked Set Sampling in the Secondary Sampling Frame," *Communications in Statistics: Theory & Methods*, 37(15) (September 2008): 2404–2415.

25. "Sequential sampling," http://betterevaluation.org/en/evaluation-options/sequential, accessed June 20, 2017; J. Walker, "A Sequential Discovery Sampling Procedure," *The Journal of the Operational Research Society*, 53(1) (January 2002): 119; June S. Park, Michael Peters, and Kwei Tang, "Optimal Inspection Policy in Sequential Screening," *Management Science*, 37(8) (August 1991): 1058–1061; E. J. Anderson, K. Gorton, and R. Tudor, "The Application of Sequential Analysis in Market Research," *Journal of Marketing Research*, 17 (February 1980): 97–105.

26. "What Is Double Sampling?" http://itl.nist.gov/div898/handbook/pmc/section2/pmc24.htm, accessed June 20, 2017. For more discussion of double sampling, veja Ken Brewer, *Design and Estimation in Survey Sampling* (London, UK: Edward Arnold, 2001); John Shade, "Sampling Inspection Tables: Single and Double Sampling," *Journal of Applied Statistics*, 26(8) (December 1999): 1020; David H. Baillie, "Double Sampling Plans for Inspection by Variables When the Process Standard Deviation Is Unknown," *International Journal of Quality & Reliability Management*, 9(5) (1992): 59–70; Martin R. Frankel and Lester R. Frankel, "Probability Sampling," in Robert Ferber, ed., *Handbook of Marketing Research* (New York: McGraw-Hill, 1974): 2–246.

27. http://www.bls.gov/, accessed March 15, 2017; Greg DePersio, "How Does the U.S. Bureau of Labor Statistics Calculate the Unemployment Rate Published Monthly?" (June 30, 2015) http://www.investopedia.com/ask/answers/063015/how-does-us-bureau-labor-statistics-calculate-unemployment-rate-published-monthly.asp, accessed November 5, 2016; Charles J. Whalen, "Jobs: The Truth Might Hurt," *Business Week*, 3725 (March 26, 2001): 34.

28. Para o uso de diferentes técnicas amostrais de probabilidade e não probabilidade em pesquisas interculturais, veja Sofronija Miladinoski, PhD, "Sample Size Determination in International Marketing Research Studies," http://isi.cbs.nl/iamamember/CD2/pdf/922.PDF, accessed June 20, 2017; Naresh K. Malhotra and Mark Peterson, "Marketing Research in the New Millennium: Emerging Issues and Trends," *Market Intelligence and Planning*, 19(4) (2001): 216–235; Naresh K. Malhotra, James Agarwal, and Mark Peterson, "Cross-Cultural Marketing Research: Methodological Issues and Guidelines," *International Marketing Review*, 13(5) (1996): 7–43; Samiee Saeed and Insik Jeong, "Cross-Cultural Research in Advertising: An Assessment of Methodologies," *Journal of the Academy of Marketing Science*, 22 (Summer 1994): 205–215.

29. Sunil Erevelles, "The Use of Price and Warranty Cues in Product Evaluation: A Comparison of U.S. and Hong Kong Consumers," *Journal of International Consumer Marketing*, 11(3) (1999): 67; Taylor Humphrey, "Horses for Courses: How Survey Firms in Different Countries Measure Public Opinion with Different Methods," *Journal of the Market Research Society*, 37(3) (July 1995): 211–219; B. J. Verhage, U. Yavas, R. T. Green, and E. Borak, "The Perceived Risk Brand Loyalty Relationship: An International Perspective," *Journal of Global Marketing*, 3(3) (1990): 7–22.

30. http://www.jdpower.com/, accessed January 21, 2017; Paul Gillin, *Secrets of social Media Marketing* (Fresno, CA: Quill Driver Books, 2009).

31. Ray Poynter, Navin Williams, and Sue York, *The Handbook of Mobile Market Research: Tools and Techniques for Market Researchers* (Chichester, West Sussex, United Kingdom: John Wiley, 2014).

32. D'Arcy A. Becker and Ingrid Ulstad, "Gender Differences in Student Ethics: Are Females Really More Ethical?" http://quod.lib.umich.

edu/p/plag/5240451.0002.009?rgn=main;view=fulltext, accessed June 20, 2017; Jamal A. Al-Khatib, Stacy M. Volimers, and Liu Yusin, "Business-to-Business Negotiating in China: The Role of Morality," *Journal of Business & Industrial Marketing*, 22(2) (2007): 84–96; Aileen Smith, "Ethics-Related Responses to Specific Situation Vignettes: Evidence of Gender-Based Differences and Occupational Socialization," *Journal of Business Ethics*, 28(1) (November 2000): 73–86; Satish P. Deshpande, "Managers' Perception of Proper Ethical Conduct: The Effect of Sex, Age, and Level of Education," *Journal of Business Ethics*, 16(1) (January 1997): 79–85; I. P. Akaah, "Differences in Research Ethics Judgments Between Male and Female Marketing Professionals," *Journal of Business Ethics*, 8 (1989): 375–381.

Capítulo 12

1. *Bicycling*, Bicycling Magazine's 2016 Semiannual Study of U.S. Retail Bicycle Stores (2016); http://www.bicycling.com/, accessed January 5, 2017.
2. Uma discussão sobre distribuição amostral pode ser encontrada em qualquer livro-texto sobre estatística básica. Veja, por exemplo, Mark L. Berenson, David M. Levine, and Kathryn A. Szabat, *Basic Business Statistics: Concepts and Applications*, 13th ed. (Englewood Cliffs, NJ: Prentice Hall, 2015).
3. Outras abordagens estatísticas também estão disponíveis. Porém, a análise delas está além do escopo deste livro. O leitor interessado deve consultar Andrew J. Rohm, George R. Milne, and Mark A. McDonald, "A Mixed-Method Approach for Developing Market Segmentation Typologies in the Sports Industry," *Sport Marketing Quarterly*, 15(1) (2006): 29–39; Marion R. Reynolds, Jr., "EWMA Control Charts with Variable Sample Sizes and Variable Sampling Intervals," *IIE Transactions*, 33(6) (June 2001): 511–530; S. Sampath, *Sampling Theory and Methods* (Boca Raton, FL: CRC Press, 2000); L. Yeh and L. C. Van, "Bayesian Double-Sampling Plans with Normal Distributions," *Statistician*, 46(2) (1997): 193–207; W. G. Blyth and L. J. Marchant, "A Self-Weighting Random Sampling Technique," *Journal of the Market Research Society*, 38(4) (October 1996): 473–479; Clifford Nowell and Linda R. Stanley, "Length-Biased Sampling in Mall Intercept Surveys," *Journal of Marketing Research*, 28 (November 1991): 475–479; Raphael Gillett, "Confidence Interval Construction by Stein's Method: A Practical and Economical Approach to Sample Size Determination," *Journal of Marketing Research*, 26 (May 1989): 237.
4. Edward Blair and Johnny Blair, *Applied Survey Sampling* (Thousand Oaks, CA: Sage Publications, 2014); Trevor Sharot, "The Design and Precision of Data-Fusion Studies," *International Journal of Market Research*, 49(4) (2007): 449–470; Ken Kelley, "Sample Size Planning for the Coefficient of Variation from the Accuracy in Parameter Estimation Approach," *Behavior Research Methods*, 39(4) (November 2007): 755–766; Steven K. Thompson, *Sampling* (New York: John Wiley & Sons, 2002); Melanie M. Wall, "An Effective Confidence Interval for the Mean with Samples of Size One and Two," *The American Statistician*, Alexandria (May 2001): 102–105; Siu L. Chow, *Statistical Significance* (Thousand Oaks, CA: Sage Publications, 1996).
5. Stat Trek, "Finite Population Correction," http://stattrek.com/statistics/dictionary.aspx?Definition=finite_population_correction, accessed June 11, 2017; Richard L. Valliant, Alan H. Dorfman, and Richard M. Royall, *Finite Population Sampling and Inference: A Prediction Approach* (New York: John Wiley & Sons, 2000).
6. https://www.lacity.org/, accessed March 4, 2017; "City of Los Angeles Internet Services Project: Market Analysis and Best Practices Report," *e-Government Services Project Reports* (October 29, 1999), http://www.ci.la.ca.us/311/marketanalysis.pdf, accessed April 8, 2001.
7. Veja, por exemplo, "Sample Size: Stratified Random Samples," http://stattrek.com/sample-size/stratified-sample.aspx, accessed June 23, 2017; S. Sampath, *Sampling Theory and Methods* (Boca Raton, FL: CRC Press, 2000); Nigel Bradley, "Sampling for Internet Surveys: An Examination of Respondent Selection for Internet Research," *Market Research Society*, 41(4) (October 1999): 387–395; C. J. Adcock, "Sample Size Determination—A Review," *Statistician*, 46(2) (1997): 261–283; Seymour Sudman, "Applied Sampling," in Peter H. Rossi, James D. Wright, and Andy B. Anderson, eds., *Handbook of Survey Research* (Orlando, FL: Academic Press, 1983): 145–194.
8. Ajustes levando em conta as taxas de incidência e conclusão são examinados em Edward Blair and Johnny Blair, *Applied Survey Sampling* (Thousand Oaks, CA: Sage Publications, 2014); Poduri S. Rao, *Sampling Methodologies with Applications* (Boca Raton, FL: CRC Press, 2001); Barbara Bickart, "The Distribution of Survey Contact and Participation in the United States: Constructing a Survey-Based Estimate," *Journal of Marketing Research*, 36(2) (May 1999): 286–294; Don A. Dillman, Eleanor Singer, Jon R. Clark, and James B. Treat, "Effects of Benefits Appeals, Mandatory Appeals, and Variations in Statements of Confidentiality on Completion Rates for Census Questionnaires," *Public Opinion Quarterly*, 60(3) (Fall 1996): 376–389; Louis G. Pol and Sukgoo Pak, "The Use of Two-Stage Survey Design in Collecting Data from Those Who Have Attended Periodic or Special Events," *Journal of the Market Research Society*, 36 (October 1994): 315–326. Para uma aplicação em marketing, veja Michael Lewis, "The Effect of Shipping Fees on Customer Acquisition, Customer Retention, and Purchase Quantities," *Journal of Retailing*, 82(1) (March 2006): 13–23.
9. http://www.jaxsymphony.org/, accessed June 9, 2017; Judith Green, "Jacksonville Symphony Sets Big Anniversary Fest," *The Atlanta Journal–Constitution* (February 20, 2000): K7; Nevin J. Rodes, "Marketing a Community Symphony Orchestra," *Marketing News*, 30(3) (January 29, 1996): 2; "Sales Make Sweet Music," *Quirk's Marketing Research Review* (May 1988): 10–12.
10. F. Keusch, "The Role of Topic Interest and Topic Salience in Online Panel Web Surveys," *International Journal of Market Research*, 55(1) (2013): 59–80; Robert M. Groves, Stanley Presser, and Sarah Dipko, "The Role of Topic Interest in Survey Participation Decisions," *Public Opinion Quarterly*, 68(1) (April 2004), 2–31; Patrick Van Kenhove, "The Influence of Topic Involvement on Mail-Survey Response Behavior," *Psychology & Marketing*, 19(3) (March 2002): 293; M. R. Fisher, "Estimating the Effect of Nonresponse Bias on Angler Surveys," *Transactions of the American Fisheries Society*, 125(1) (January 1996): 118–126; Charles Martin, "The Impact of Topic Interest on Mail Survey Response Behaviour," *Journal of the Market Research Society*, 36 (October 1994): 327–338.
11. "Non-Response Bias In Survey Sampling," https://www.greenbook.org/marketing-research/non-response-bias, accessed June 26, 2017; Dirk Heerwegh, "Effects of Personal Salutations in E-Mail Invitations to Participate in a Web Survey," *Public Opinion Quarterly*, 69(4) (Winter 2005): 588–598; Simone M. Cummings, "Reported Response Rates to Mailed Physician Questionnaires," *Health Services Research*, 35(6) (February 2001): 1347–1355; A. Hill, J. Roberts, P. Ewings, and D. Gunnell, "Nonresponse Bias in a Lifestyle Survey," *Journal of Public Health Medicine*, 19(2) (June 1997): 203–207; Stephen W. McDaniel, Charles S. Madden, and Perry Verille, "Do Topic Differences Affect Survey Nonresponse?" *Journal of the Market Research Society* (January 1987): 55–66.
12. Para minimizar a incidência de não resposta e ajustar seus efeitos, veja Duke Initiative on Survey Methodology, "Tipsheet: Nonresponse Error," https://www.dism.ssri.duke.edu/survey-help/tipsheets/tipsheet--nonresponse-error, accessed June 20, 2017; Katja Lozar Manfreda, Michael Bosnjak, Jernej Berzelak, Iris Haas, and Vasja Vehovar, "Web Surveys Versus Other Survey Modes," *International Journal of Market Research*, 50(1) (2008): 79–104; Eunkyu Lee, Michael Y. Hu, and Rex S. Toh, "Respondent Non-Cooperation in Surveys and Diaries: An Analysis of Item Non-Response and Panel Attrition," *International Journal of Market Research*, 46(3) (2004): 311–326; Richard Colombo, "A Model for Diagnosing and Reducing Nonresponse Bias," *Journal of Advertising Research*, 40(1/2) (January/April 2000): 85–93; H. C. Chen, "Direction, Magnitude, and Implications of Nonresponse Bias in Mail Surveys," *Journal of the Market Research Society*, 38(3) (July 1996): 267–276; Michael Brown, "What Price Response?" *Journal of the Market Research Society*, 36 (July 1994): 227–244.
13. http://www.cmoresearch.com/, accessed June 23, 2017; Steve Jarvis, "CMOR Finds Survey Refusal Rate Still Rising," *Marketing News*, 36(3) (February 4, 2002): 4; Artur Baldauf, "Examining Motivations

to Refuse in Industrial Mail Surveys," *Journal of the Market Research Society*, 41(3) (July 1999): 345–353; Reg Baker, "Nobody's Talking," *Marketing Research: A Magazine of Management & Applications*, 8(1) (Spring 1996): 22–24; Jolene M. Struebbe, Jerome B. Kernan, and Thomas J. Grogan, "The Refusal Problem in Telephone Surveys," *Journal of Advertising Research* (June/July 1986): 29–38.

14. Kyley McGeeney and H. Yanna Yan, "Text Message Notification for Web Surveys," http://www.pewresearch.org/2016/09/07/text-message-notification-for-web-surveys/, accessed January 3, 2017; Mike Brennan, Susan Benson, and Zane Kearns, "The Effect of Introductions on Telephone Survey Response Rates," *International Journal of Market Research*, 47(1) (2005): 65–74; Van Kenhove, "The Influence of Topic Involvement on Mail-Survey Response Behavior," *Psychology & Marketing*, 19(3) (March 2002): 293; Robert M. Groves, "Leverage-Saliency Theory of Survey Participation: Description and an Illustration," *Public Opinion Quarterly*, 64(3) (Fall 2000): 299–308; S. A. Everett, J. H. Price, A. W. Bedell, and S. K. Telljohann," The Effect of a Monetary Incentive in Increasing the Return Rate of a Survey of Family Physicians," *Evaluation and the Health Professions*, 20(2) (June 1997): 207–214; J. Scott Armstrong and Edward J. Lusk, "Return Postage in Mail Surveys: A Meta-Analysis," *Public Opinion Quarterly* (Summer 1987): 233–248; Julie Yu and Harris Cooper, "A Quantitative Review of Research Design Effects on Response Rates to Questionnaires," *Journal of Marketing Research*, 20 (February 1983): 36–44.

15. "Foot-in-the-Door Technique," https://en.wikipedia.org/wiki/Foot-in-the-door_technique, accessed November 20, 2016; Paul D. Larson and Garland Chow, "Total Cost/Response Rate Trade-Offs in Mail Survey Research: Impact of Follow-Up Mailings and Monetary Incentives" *Industrial Marketing Management*, 32(7) (October 2003): 533; Ali Kanso, "Mail Surveys: Key Factors Affecting Response Rates," *Direct Marketing and Survey Research* (2000): 3–16; Steven G. Rogelberg, "Attitudes Toward Surveys: Development of a Measure and Its Relationship to Respondent Behavior," *Organizational Research Methods*, 4(1) (January 2001): 3–25; Edward F. Fern, Kent B. Monroe, and Ramon A. Avila, "Effectiveness of Multiple Request Strategies: A Synthesis of Research Results," *Journal of Marketing Research*, 23 (May 1986): 144–153.

16. National Business Research Institute, "Survey Incentives: Response Rates and Data Quality," https://www.nbrii.com/customer-survey-white-papers/survey-incentives-response-rates-and-data-quality/, accessed January 3, 2017; Dale S. Rose, Stuart D. Sidle, and Kristin H. Griffith, "A Penny for Your Thoughts: Monetary Incentives Improve Response Rates for Company-Sponsored Employee Surveys," *Organizational Research Methods*, 10(2) (April 2007): 225–240; Kasper M. Hansen, "The Effects of Incentives, Interview Length, and Interviewer Characteristics on Response Rates in a Cati-Study," *International Journal of Public Opinion Research*, 19(1) (April 2007): 112–121; J. Saunders, D. Jobber, and V. Mitchell, "The Optimum Prepaid Monetary Incentives for Mail Surveys," *Journal of the Operational Research Society*, 57(10) (October 2006): 1224–1230; Cihan Cobanoglu and Nesrin Cobanoglu, "The Effect of Incentives in Web Surveys: Application and Ethical Considerations," *International Journal of Market Research*, 45(4) (2003): 475–488; Michael J. Shaw, "The Use of Monetary Incentives in a Community Survey: Impact on Response Rates, Date, Quality, and Cost," *Health Services Research*, 35(6) (February 2001): 1339–1346; Sheldon Wayman, "The Buck Stops Here When It Comes to Dollar Incentives," *Marketing News*, 31(1) (January 6, 1997): 9; Paul M. Biner and Heath J. Kidd, "The Interactive Effects of Monetary Incentive Justification and Questionnaire Length on Mail Survey Response Rates," *Psychology & Marketing*, 11(5) (September/October 1994): 483–492.

17. Edward Blair and Johnny Blair, *Applied Survey Sampling* (Thousand Oaks, CA: Sage Publications, 2014); Christopher McCarty, Mark House, Jeffrey Harman, and Scott Richards, "Effort in Phone Survey Response Rates: The Effects of Vendor and Client-Controlled Factors," *Field Methods*, 18(2) (May 2006): 172; B. Zafer Erdogan, "Increasing Mail Survey Response Rates from an Industrial Population: A Cost-Effectiveness Analysis of Four Follow-up Techniques," *Industrial Marketing Management*, 31(1) (January 2002): 65.

18. Bill Johnston, "Increasing Survey Response Rates," (March 28, 2016), https://blog.surveygizmo.com/increasing-survey-response-rates, accessed November 11, 2016; Daniel M. Ladik, Francois A. Carrillat, and Paul J. Solomon, "The Effectiveness of University Sponsorship in Increasing Survey Response Rate," *Journal of Marketing Theory & Practice*, 15(3) (July 2007): 263–271; John Byrom, "The Effect of Personalization on Mailed Questionnaire Response Rates," *International Journal of Market Research* (Summer 2000): 357–359; D. A. Dillman, E. Singer, J. R. Clark, and J. B. Treat, "Effects of Benefits Appeals, Mandatory Appeals, and Variations in Statements of Confidentiality on Completion Rates for Census Questionnaires," *Public Opinion Quarterly*, 60(3) (Fall 1996): 376–389; P. Gendall, J. Hoek, and D. Esslemont, "The Effect of Appeal, Complexity, and Tone in a Mail Survey Covering Letter," *Journal of the Market Research Society*, 37(3) (July 1995): 251–268; Thomas V. Greer and Ritu Lohtia, "Effects of Source and Paper Color on Response Rates in Mail Surveys," *Industrial Marketing Management*, 23 (February 1994): 47–54.

19. http://www.nielsen.com/us/en/solutions/capabilities/audio.html, accessed June 20, 2017.

20. http://www.marcgroup.com/, accessed January 5, 2017; Scott Keeter, "Consequences of Reducing Nonresponse in a National Telephone Survey," *Public Opinion Quarterly*, 64(2) (Summer 2000): 125–148; G. L. Bowen, "Estimating the Reduction in Nonresponse Bias from Using a Mail Survey as a Backup for Nonrespondents to a Telephone Interview Survey," *Research on Social Work Practice*, 4(1) (January 1994): 115–128; R. A. Kerin and R. A. Peterson, "Scheduling Telephone Interviews," *Journal of Advertising Research* (May 1983): 44.

21. "Non-Response Bias in Survey Sampling," https://www.greenbook.org/marketing-research/non-response-bias, accessed June 20, 2017; Robert M. Groves, "Nonresponse Rates and Nonresponse Bias in Household Surveys," *Public Opinion Quarterly*, 70(5) (2006): 646–675; Karin Braunsberger, Roger Gates, and David J. Ortinau, "Prospective Respondent Integrity Behavior in Replying to Direct Mail Questionnaires: A Contributor in Overestimating Nonresponse Rates," *Journal of Business Research*, 58(3) (March 2005): 260–267; Richard Colombo, "A Model for Diagnosing and Reducing Nonresponse Bias," *Journal of Advertising Research* (January/April 2000): 85–93; M. L. Rowland and R. N. Forthofer, "Adjusting for Nonresponse Bias in a Health Examination Survey," *Public Health Reports*, 108(3) (May/June 1993): 380–386.

22. Edward Blair and Johnny Blair, *Applied Survey Sampling* (Thousand Oaks, CA: Sage Publications, 2014); Katharine G. Abraham, Aaron Maitland, and Suzanne M. Bianchi, "Nonresponse in the American Time Use Survey," *Public Opinion Quarterly*, 70(5) (2006): 676–703; Michael D. Larsen, "The Psychology of Survey Response," *Journal of the American Statistical Association*, 97(457) (March 2002): 358–359; E. L. Dey, "Working with Low Survey Response Rates—The Efficacy of Weighting Adjustments," *Research in Higher Education*, 38(2) (April 1997): 215–227.

23. "2016 General Election," http://www.foxnews.com/politics/elections/2016/presidential-election-headquarters, accessed November 11, 2016; Mark Jurkowitz, "TV Networks Hope to Avoid Exit Poll Errors in Calling Presidential Race," *Knight Ridder Tribune Business News* (November 2, 2004): 1; Marc L. Songini, "Reliability a Tossup in E-Voting Exit Poll," *Computerworld*, 40(46) (November 2006): 1–3; Kevin J. Flannelly, "Reducing Undecided Voters and Other Sources of Error in Election Surveys," *International Journal of Market Research*, 42(2) (Spring 2000): 231–237; John Maines, "Taking the Pulse of the Voter," *American Demographics* (November 1992): 20.

24. Taylor Lewis, "Weighting Adjustment Methods for Nonresponse in Surveys," http://www.lexjansen.com/wuss/2012/162.pdf, accessed June 20, 2017; Martijn G. de Jong, Jan-Benedict E. M. Steenkamp, Jean-Paul Fox, and Hans Baumgartner, "Using Item Response Theory to Measure Extreme Response Style in Marketing Research: A Global Investigation," *Journal of Marketing Research*, 45(1) (February 2008): 104–115; Rana Sobh and Chad Perry, "Research Design and Data Analysis in Realism Research," *European Journal of Marketing*, 40(11) (January 2006): 1194; Clyde Tucker, J. Michael Brick, and Brian Me-

ekins, "Household Telephone Service and Usage Patterns in the United States in 2004: Implications for Telephone Samples," *Public Opinion Quarterly*, 71(1) (April 2007): 3–22; R. C. Kessler, R. J. Little, and R. M. Grover, "Advances in Strategies for Minimizing and Adjusting for Survey Nonresponse," *Epidemiologic Reviews,* 17(1) (1995): 192–204; James C. Ward, Bertram Russick, and William Rudelius, "A Test of Reducing Callbacks and Not-at-Home Bias in Personal Interviews by Weighting At-Home Respondents," *Journal of Marketing Research,* 2 (February 1985): 66–73.

25. Yeats Ye, "Multiple Imputations for Survey Data Analysis," http://analytics.ncsu.edu/sesug/2009/CC016.Ye.pdf, accessed June 20, 2017; R. M. Groves and E. Peytcheva, "The Impact of Nonresponse Rates on Nonresponse Bias: A Meta-Analysis," *Public Opinion Quarterly,* 72(2) (Summer 2008): 167–189; Ken Brewer, *Design and Estimation in Survey Sampling* (London: Edward Arnold, 2001); Jun Sao, "Variance Estimation for Survey Data with Composite Imputation and Nonnegligible Sampling Fractions," *Journal of American Statistical Association* (March 1999): 254–265; J. W. Drane, D. Richter, and C. Stoskopf, "Improved Imputation of Nonresponse to Mailback Questionnaires," *Statistics in Medicine,* 12(3–4) (February 1993): 283–288; William M. Campion, "Multiple Imputation for Nonresponse in Surveys," *Journal of Marketing Research,* 26(4) (November 1989): 485–486.

26. "China's Set to Rule the Skies of Air Travel," http://www.usatoday.com/story/travel/flights/2013/01/20/china-air-travel/1846595/, accessed November 20, 2016; David Ketchum, "The China Travel Market Takes Off," *Upstream,* http://www.aboutupstream.com/blogs/david-ketchum/2006/10/01/the-china-travel-market-takes-off, accessed February 27, 2008; Charles Hutzler, "Boeing Sees Strong Chinese Demand," *Wall Street Journal* (November 2, 2004): D.4. Ver também Karen S. Lyness and Marcia Brumit Kropf, "Cultural Values and Potential Nonresponse Bias: A Multilevel Examination of Cross-National Differences in Mail Survey Response Rates," *Organizational Research Methods,* 10(2) (2007): 210–224.

27. "Cross-Cultural Differences in Response Styles," https://research.libraries.wsu.edu:8443/xmlui/handle/2376/2922, accessed June 20, 2017; H. Baumgartner and J.B.E.M. Steenkamp, "Response Styles in Marketing Research: A Cross-National Investigation," *Journal of Marketing Research,* 38(2) (May 2001): 143–156; Anne-Wil Harzing, "Cross-National Industrial Mail Surveys: Why Do Response Rates Differ Between Countries?" *Industrial Marketing Management,* 29(3) (May 2000): 243–254.

28. https://www.threadless.com/, accessed June 25, 2017; Paul Gillin, *Secrets of Social Media Marketing* (Fresno, CA: Quill Driver Books, 2009).

29. Ray Poynter, Navin Williams, and Sue York, *The Handbook of Mobile Market Research: Tools and Techniques for Market Researchers* (Chichester, West Sussex, United Kingdom: John Wiley, 2014).

30. Joe Flint and Lukas Alpert, "Media Face Backlash for Getting It Wrong," *Wall Street Journal* (November 10, 2016): B1; William F. Christensen and Lindsay W. Florence, "Predicting Presidential and Other Multistage Election Outcomes Using State-Level Pre-Election Polls," *The American Statistician,* 62(1) (February 2008): 1; Humphrey Taylor, "Using Internet Polling to Forecast the 2000 Elections," *Marketing Research,* 13(1) (Spring 2001): 26–30; Vicki G. Morwitz and Carol Pluzinski, "Do Polls Reflect Opinions or Do Opinions Reflect Polls? The Impact of Political Polling on Voters' Expectations, Preferences, and Behavior," *Journal of Consumer Research,* 23(1) (June 1996): 53–67.

Capítulo 13

1. http://www.insightsassociation.org, accessed June 20, 2017; Steve Jarvis, "CMOR Finds Survey Refusal Rate Still Rising," *Marketing News* (February 4, 2002): 4; Reg Baker, "Nobody's Talking," *Marketing Research: A Magazine of Management & Applications,* 8(1) (Spring 1996): 22–24; "Study Tracks Trends in Refusal Rates," *Quirk's Marketing Research Review* (August/September 1989): 16–18, 42–43.

2. U.S. Centers for Disease Control and Prevention (CDC), "A Guide to Conducting Household Surveys for Water Safety Plans," http://www.cdc.gov/nceh/ehs/GWASH/Publications/Guide_Conducting_Household_Surveys_for_Water_Safety_Plans.pdf, accessed November 12, 2016; Carolyn Folkman Curasi, "A Critical Exploration of Face-to-Face Interviewing vs. Computer-Mediated Interviewing," *International Journal of Market Research,* 43(4) (Fourth Quarter 2001): 361–375; Gale D. Muller and Jane Miller, "Interviewers Make the Difference," *Marketing Research: A Magazine of Management & Applications,* 8(1) (Spring 1996): 8–9; "JDC Interviews Michael Redington," *Journal of Data Collection,* 25 (Spring 1985): 2–6.

3. http://www.fieldwork.com/, accessed January 20, 2017; Greg Guest, Arwen Bunce, and Laura Johnson, "How Many Interviews Are Enough? An Experiment with Data Saturation and Variability," *Field Methods,* 18(1) (February 2006): 59–83; Jaber F. Gubrium and James A. Holstein, *Handbook of Interview Research: Context and Method* (Thousand Oaks, CA: Sage Publications, 2001); James H. Frey and Sabine M. Oishi, *How to Conduct Interviews by Telephone and in Person* (Thousand Oaks, CA: Sage Publications, 1995).

4. "Interviews," http://www.socialresearchmethods.net/kb/intrview.php, accessed November 12, 2016; Curt J. Dommeyer, "The Effects of the Researcher's Physical Attractiveness and Gender on Mail Survey Response," *Psychology & Marketing,* 25(1) (January 2008): 47–70; Joshua M. Sacco, Christine R. Scheu, Ann Marie Ryan, and Neal Schmitt, "An Investigation of Race and Sex Similarity Effects in Interviews: A Multilevel Approach to Relational Demography," *Journal of Applied Psychology,* 88(5) (2003): 852–865; Susan C. McCombie, "The Influences of Sex of Interviewer on the Results of an AIDS Survey in Ghana," *Human Organization,* 61(1) (Spring 2002): 51–55; Joseph A. Catina, Diane Binson, Jesse Canchola, Lance M. Pollack, et al., "Effects of Interviewer Gender, Interviewer Choice, and Item Wording on Responses to Questions Concerning Sexual Behavior," *Public Opinion Quarterly,* 60(3) (Fall 1996): 345–375; Philip B. Coulter, "Race of Interviewer Effects on Telephone Interviews," *Public Opinion Quarterly,* 46 (Summer 1982): 278–284; Eleanor Singer, Martin R. Frankel, and Marc B. Glassman, "The Effect of Interviewer Characteristics and Expectations on Response," *Public Opinion Quarterly,* 47 (Spring 1983): 68–83.

5. "Personal Interview Survey," https://explorable.com/personal-interview-survey, accessed November 12, 2016; Kasper M. Hansen, "The Effects of Incentives, Interview Length, and Interviewer Characteristics on Response Rates in a CATI-Study," *International Journal of Public Opinion Research,* 19(1) (April 2007): 112–121; Jessica Clark Newman, "The Differential Effects of Face-to-Face and Computer Interview Models," *American Journal of Public Health,* 92(2) (February 2002): 294–297; Darren W. Davis, "Nonrandom Measurement Error and Race of Interviewer Effects Among African Americans," *Public Opinion Quarterly,* 61(1) (Spring 1997): 183–207; Raymond F. Barker, "A Demographic Profile of Marketing Research Interviewers," *Journal of the Market Research Society* (UK) (July 29, 1987): 279–292.

6. Kristen Olson and Ipek Bilgen, "The Role of Interviewer Experience on Acquiescence," http://digitalcommons.unl.edu/sociologyfacpub/132/, accessed November 12, 2016; Richard G. Starr and Karen V. Fernandez, "The Mindcam Methodology: Perceiving Through the Native's Eye," *Qualitative Market Research: An International Journal,* 10(2) (April 2007): 168–182; "Dextra Hands Out Vital Interview Advice," *Management Services,* 46(2) (February 2002): 6; M. K. Kacmar and W. A. Hochwarter, "The Interview as a Communication Event: A Field Examination of Demographic Effects on Interview Outcomes," *Journal of Business Communication,* 32(3) (July 1995): 207–232; Martin Collins and Bob Butcher, "Interviewer and Clustering Effects in an Attitude Survey," *Journal of the Market Research Society* (UK), 25 (January 1983): 39–58.

7. "Interviewer Training" http://www.fcsm.gov/working-papers/spwp27_5.pdf, accessed March 1, 2015; Jennie Lai and Charles Shuttles, "Improving Cooperation of Asian Households Through Cultural Sensitivity Training for Field Interviewers," *Conference Papers—American Association for Public Opinion Research* (2004); "Renewing Your Interviewing Skills," *Healthcare Executive,* 17(1) (January/February 2002): 29; Pamela Kiecker and James E. Nelson, "Do Interviewers Follow Telephone Survey Instructions?" *Journal of the Market Rese-*

arch Society, 38(2) (April 1996): 161–176; Gale D. Muller and Jane Miller, "Interviewers Make the Difference," *Marketing Research,* 8(1) (1996): 8–9; P. J. Guenzel, T. R. Berkmans, and C. F. Cannell, *General Interviewing Techniques* (Ann Arbor, MI: Institute for Social Research, 1983).

8. Sarah L. Collie and P. Jesse Rine, "Survey Design: Getting The Results You Need," http://www.virginia.edu/processsimplification/resources/survey_design.pdf, accessed November 12, 2016; Steven G. Rogelberg and Jeffrey M. Stanton, "Introduction to Understanding and Dealing with Organizational Survey Nonresponse," *Organizational Research Methods,* 10(2) (April 2007): 195–209; Brent Robertson, "The Effect of an Introductory Letter on Participation Rates Using Telephone Recruitment," *Australian and New Zealand Journal of Public Health,* 24(5) (October 2000): 552; Karl Feld, "Good Introductions Save Time, Money," *Marketing News,* 34(5) (February 28, 2000): 19–20; Mick P. Couper, "Survey Introductions and Data Quality," *Public Opinion Quarterly* (Summer 1997): 317–338.

9. Esse procedimento é similar àquele seguido pela Burke Marketing Research, Cincinnati, Ohio.

10. "7 Don'ts of Asking Survey Questions," http://www.slideshare.net/HubSpot/the-art-of-asking-survey-questions-7-donts, accessed November 12, 2016; Raj Sethuraman, Roger A. Kerin, and William L. Cron, "A Field Study Comparing Online and Offline Data Collection Methods for Identifying Product Attribute Preferences Using Conjoint Analysis," *Journal of Business Research,* 58(5) (May 2005): 602–610; Darlene B. Bordeaux, "Interviewing—Part II: Getting the Most out of Interview Questions," *Motor Age,* 121(2) (February 2002): 38–40; "Market Research Industry Sets Up Interviewing Quality Standards," *Management-Auckland,* 44(2) (March 1997): 12; "JDC Interviews Michael Redington," *Journal of Data Collection,* 25 (Spring 1985): 2–6.

11. Essa seção acompanha rigorosamente o material em *Interviewer's Manual,* rev. ed. (Ann Arbor, MI: Survey Research Center, Institute for Social Research, University of Michigan); P. J. Guenzel, T. R. Berkmans, and C. F. Cannell, *General Interviewing Techniques* (Ann Arbor, MI: Institute for Social Research). Ver também, Stephanie Beadell, "Surveys 101: A Simple Guide to Asking Effective Questions," https://zapier.com/learn/ultimate-guide-to-forms-and-surveys/writing-effective-survey/, accessed November 12, 2016; Raj Sethuraman, Roger A. Kerin, and William L. Cron, "A Field Study Comparing Online and Offline Data Collection Methods for Identifying Product Attribute Preferences Using Conjoint Analysis," *Journal of Business Research,* 58(5) (May 2005): 602–610.

12. Dorothée Behr, Lars Kaczmirek, Wolfgang Bandilla, and Michael Braun, "Asking Probing Questions in Web Surveys: Which Factors Have an Impact on the Quality of Responses?" *Social Science Computer Review,* 30(4) (November 2012): 487–498. Ver também Naomi R. Henderson, "The Power of Probing," *Marketing Research,* 19(4) (January 2007): 38–39; Jaber F. Gubrium and James A. Holstein, *Handbook of Interview Research: Context and Method* (Thousand Oaks, CA: Sage Publications, 2001); *Interviewer's Manual,* rev. ed. (Ann Arbor, MI: Survey Research Center, Institute for Social Research, University of Michigan): 15–19.

13. Ding Hooi Ting, "Further Probing of Higher Order in Satisfaction Construct," *International Journal of Bank Marketing,* 24(2/3) (2006): 98–113; *Interviewer's Manual,* rev. ed. (Ann Arbor, MI: Survey Research Center, Institute for Social Research, University of Michigan): 16.

14. "Survey Fundamentals," http://oqi.wisc.edu/resourcelibrary/uploads/resources/Survey_Guide.pdf, accessed November 12, 2016; Ara C. Trembly, "Poor Data Quality: A $600 Billion Issue," *National Underwriter,* 106(11) (March 18, 2002): 48; "Market Research Industry Sets Up Interviewing Quality Standards," *Management-Auckland,* 44(2) (March 1997): 12; Jean Morton-Williams and Wendy Sykes, "The Use of Interaction Coding and Follow-Up Interviews to Investigate Comprehension of Survey Questions," *Journal of the Market Research Society,* 26 (April 1984): 109–127.

15. http://www.cdc.gov/, accessed March 1, 2017; Statement of Matthew L. Myers, President, Campaign for Tobacco-Free Kids, "New CDC Global Survey Finds Tobacco Taking Massive Toll on World's Children," *PR Newswire* (New York) (January 2008); John Anderson, *Behavioral Risk Factors Surveillance System User's Guide* (Atlanta: U.S. Department of Health and Human Services, Centers for Disease Control and Prevention, 1998).

16. "Quality Issues in Survey Research," http://www.pra.ca/resources/pages/files/technotes/quality_e.pdf, accessed November 12, 2016; Nick Sparrow, "Quality Issues in Online Research," *Journal of Advertising Research,* 47(2) (June 2007): 179–182; Dominique Cri and Andrea Micheaux, "From Customer Data to Value: What Is Lacking in the Information Chain?" *Journal of Database Marketing & Customer Strategy Management,* 13(4) (July 2006): 282–299; John Pallister, "Navigating the Righteous Course: A Quality Issue," *Journal of the Market Research Society,* 41(3) (July 1999): 327–343; Martin Collins and Bob Butcher, "Interviewer and Clustering Effects in an Attitude Survey," *Journal of the Market Research Society* (UK), 25 (January 1983): 39–58.

17. "Interviewer Falsification in Survey Research: Current Best Methods for Prevention, Detection, and Repair of Its Effects," http://www.srl.uic.edu/Publist/Newsletter/2004/04v35n1.pdf, accessed November 20, 2016; Tammie Frost-Norton, "The Future of Mall Research: Current Trends Affecting the Future of Marketing Research in Malls," *Journal of Consumer Behaviour,* 4(4) (June 2005): 293–301; Nigel G. Fielding, *Interviewing,* 4 vols. (Thousand Oaks, CA: Sage Publications, 2003); David E. Harrison and Stefanie I. Krauss, "Interviewer Cheating: Implications for Research on Entrepreneurship in Africa," *Journal of Developmental Entrepreneurship* (Norfolk), 7(3) (October 2002): 319; J. E. Nelson and P. L. Kiecker, "Marketing Research Interviewers and Their Perceived Necessity of Moral Compromise," *Journal of Business Ethics* (1996); Donald S. Tull and Larry E. Richards, "What Can Be Done About Interviewer Bias," in Jagdish Sheth, ed., *Research in Marketing* (Greenwich, CT: JAI Press, 1980): 143–162.

18. "Conducting Interviews," http://ctb.ku.edu/en/table-of-contents/assessment/assessing-community-needs-and-resources/conduct-interviews/main, accessed November 20, 2016; Derek S. Chapman and Patricia M. Rowe, "The Impact of Videoconference Technology, Interview Structure, and Interviewer Gender on Interviewer Evaluations in the Employment Interview: A Field Experiment," *Journal of Occupational and Organizational Psychology* (September 2001); Carla Johnson, "Making Sure Employees Measure Up," *HRMagazine,* 46(3) (March 2001): 36–41; Elaine D. Pulakos, Neal Schmitt, David Whitney, and Matthew Smith, "Individual Differences in Interviewer Ratings: The Impact of Standardization, Consensus Discussion, and Sampling Error on the Validity of a Structured Interview," *Personnel Psychology,* 49(1) (Spring 1996): 85–102.

19. "Predicting Survey Response Rates," http://support2.constantcontact.com/articles/FAQ/2344, accessed November 20, 2016; Katja Lozar Manfreda, Michael Bosnjak, Jernej Berzelak, Iris Haas, and Vasja Vehovar, "Web Surveys Versus Other Survey Modes," *International Journal of Market Research,* 50(1) 2008: 79–114; Ian Alam, "Fieldwork and Data Collection in Qualitative Marketing Research," *Qualitative Market Research: An International Journal,* 8(1) (January 2005): 97; Jamie Smith, "How to Boost DM Response Rates Quickly," *Marketing News,* 35(9) (April 23, 2001): 5; Sophie K. Turley, "A Case of Response Rate Success," *Journal of Market Research Society,* 41(3) (July 1999): 301–309; Jack Edmonston, "Why Response Rates Are Declining," *Advertising Age's Business Marketing,* 82(8) (September 1997): 12.

20. "Trade in Goods with European Union," https://www.census.gov/foreign-trade/balance/c0003.html, accessed November 20, 2016; Jami A. Fullerton, "Brand America: Can Advertising Help Improve America's Image Abroad?" *American Academy of Advertising Conference Proceedings* (2007): 189; Carter Dougherty, "European Union Asks U.S. to Follow Rules, End Exports Spat," *Knight Ridder Tribune Business News* (January 26, 2002): 1; Laurel Wentz, "Poll: Europe Favors U.S. Products," *Advertising Age* (September 23, 1991); http://www.npes.org/membersonly/INTERNATIONAL-TRADE-FAX-2001.pdf, accessed July 6, 2008.

21. https://www.carma.com/en/, accessed June 27, 2017; Society for New Communications Research, "Division: Academic, Category: Online

Reputation Management, Georgia Institute of Technology," Report, 2009.
22. Ray Poynter, Navin Williams, and Sue York, *The Handbook of Mobile Market Research: Tools and Techniques for Market Researchers* (Chichester, West Sussex, United Kingdom: John Wiley, 2014). Ver também http://www.tesco.com, accessed January 10, 2017.
23. "Interviewing Ethics," http://www.uniteforsight.org/research-course/module6, accessed November 20, 2016; Thomas H. Davenport, Jeanne G. Harris, George L. Jones, Katherine N. Lemon, et al., "HBR Case Study: The Dark Side of Customer Analytics," *Harvard Business Review*, 85(5) (May 2007): 37; Jamal A. Al-Khatib, Angela D'Auria Stanton, and Mohammed Y. A. Rawwas, "Ethical Segmentation of Consumers in Developing Countries: A Comparative Analysis," *International Marketing Review*, 22(2) (2005): 225–246; Stephanie Stahl, "Ethics and the No-Fear Generation," *Information Week* (880) (March 18, 2002): 8; James E. Nelson and Pamela L. Kiecker, "Marketing Research Interviewers and Their Perceived Necessity of Moral Compromise," *Journal of Business Ethics*, 15(10) (October 1996): 1107–1117.
24. http://www.gallup.com, accessed February 18, 2017.

Capítulo 14

1. http://www.burke.com, accessed March 3, 2017. Comunicação pessoal Burke.
2. Hui Zeng and Liaogang Hao, "Cross-cultural examination of the effects of promotional framing on consumers' responses: A comparison of China and Pakistan," *International Business Review* 25(5) (October 2016): 1020-1029; Kofi Q. Dadzie, "Demarketing Strategy in Shortage Marketing Environment," *Journal of the Academy of Marketing Science* (Spring 1989): 157–165.
3. "Data Preparation: Precoding the Questionnaire," https://pantherfile.uwm.edu/sjadams/www/week%204.pdf, accessed November 14, 2016; Stephen Jenkins, "Automating Questionnaire Design and Construction," *Journal of the Market Research Society*, 42(1) (Winter 1999–2000): 79–95; Arlene Fink, *How to Analyze Survey Data* (Thousand Oaks, CA: Sage Publications, 1995); Pamela L. Alreck and Robert B. Settle, *The Survey Research Handbook,* 2nd ed. (Homewood, IL: Irwin Professional Publishing, 1994).
4. "Coding Qualitative data," http://programeval.ucdavis.edu/documents/Tips_Tools_18_2012.pdf, accessed November 14, 2016; Shu-pei Tsai, "Investigating Archetype-Icon Transformation in Brand Marketing," *Marketing Intelligence & Planning,* 24(6) (2006): 648; Ide Kearney, "Measuring Consumer Brand Confusion to Comply with Legal Guidelines," *International Journal of Market Research,* 43(1) (First Quarter 2001): 85–91; Serge Luyens, "Coding Verbatims by Computer," *Marketing Research: A Magazine of Management & Applications,* 7(2) (Spring 1995): 20–25.
5. http://www.princess.com, accessed January 8, 2017; Emily Rogers, "Princess Cruises to Target Wider Market," *Marketing* (December 2004): 6; Joseph Rydholm, "Scanning the Seas," *Qurik's Marketing Research Review* (May 1993); "Optical Scanning Takes a Cruise," *Marketing News,* 25(22) (October 1991): 15.
6. Consulte os guias e manuais disponíveis para esses pacotes de *software*.
7. David C. Howell, "Treatment of Missing Data—Part 1," https://www.uvm.edu/~dhowell/StatPages/Missing_Data/Missing.html, accessed November 14, 2016; Roger Sapsford, *Data Collection and Analysis*, 2nd ed. (Thousand Oaks, CA: Sage Publications, 2006); Dwayne Ball, "Statistical Analysis with Missing Data," *Journal of Marketing Research,* 40(3) (August 2003): 374; Paul D. Allison, *Missing Data* (Thousand Oaks, CA: Sage Publications, 2001); Byung-Joo Lee, "Sample Selection Bias Correction for Missing Response Observations," *Oxford Bulletin of Economics and Statistics,* 62(2) (May 2000): 305; Naresh K. Malhotra, "Analyzing Marketing Research Data with Incomplete Information on the Dependent Variable," *Journal of Marketing Research,* 24 (February 1987): 74–84.
8. Um valor significativo e prático deve ser imputado. O valor imputado deve ser um código de resposta legítimo. Uma média de 3,86, por exemplo, pode não ser prática se apenas códigos de resposta com um único dígito forem desenvolvidos. Em tais casos, a média deve ser arredondada para o inteiro mais próximo.
9. Ver David C. Howell, "Treatment of Missing Data—Part 2," https://www.uvm.edu/~dhowell/StatPages/Missing_Data/Missing-Part-Two.html, accessed November 14, 2016; Natalie J. Allen, Helen Williams, David J. Stanley, and Sarah J. Ross, "Assessing Dissimilarity Relations Under Missing Data Conditions: Evidence from Computer Simulations," *Journal of Applied Psychology*, 92(5) (September 2007): 1414–1426.
10. CDC, "Weighting the Data," http://www.cdc.gov/brfss/annual_data/2012/pdf/Weighting%20the%20Data_webpage%20content%2020130709.pdf, accessed November 20, 2016; Naresh K. Malhotra, "Analyzing Marketing Research Data with Incomplete Information on the Dependent Variable," *Journal of Marketing Research*, 24 (February 1987): 74–84.
11. "Scales and Transformation," https://my.vanderbilt.edu/irishlab/protocols/scales-and-transformation/, accessed November 14, 2016; John Dawes, "Do Data Characteristics Change According to the Number of Scale Points Used?" *International Journal of Market Research*, 50(1) (2008): 61–77; David J. Bartholomew, *The Analysis and Interpretation of Multivariate Data for Social Scientists* (Boca Raton, FL: CRC Press, 2002).
12. Ben Etzkorn, "Data Normalization and Standardization," http://www.benetzkorn.com/2011/11/data-normalization-and-standardization/, accessed November 15, 2016; Fevzi Akinci and Bernard J. Healey, "The Role of Social Marketing in Understanding Access to Primary Health Care Services: Perceptions and Experiences," *Health Marketing Quarterly*, 21(4) (January 2004): 3–30; Michael Bradford, "Health Care Access Services for Expats Gain in Popularity," *Business Insurance*, 36(1) (January 7, 2002): 19–20; Arch G. Woodside, Robert L. Nielsen, Fred Walters, and Gale D. Muller, "Preference Segmentation of Health Care Services: The Old-Fashioneds, Value Conscious, Affluents, and Professional Want-It-Alls," *Journal of Health Care Marketing* (June 1988): 14–24. Ver também Rama Jayanti, "Affective Responses Toward Service Providers: Implications for Service Encounters," *Health Marketing Quarterly*, 14(1) (1996): 49–65.
13. Técnicas bivariadas foram incluídas aqui com técnicas multivariadas. Ao passo em que as técnicas bivariadas dão conta de relações pareadas, as técnicas multivariadas examinam relações mais complexas e simultâneas entre fenômenos.
14. "Multidimensional Scaling," https://support.quest.com/technical-documents/statistics/current/textbook/14#TOPIC-322262, accessed July 1, 2017; Wayne S. DeSarbo, "The Joint Spatial Representation of Multiple Variable Batteries Collected in Marketing Research," *Journal of Marketing Research,* 38(2) (May 2001): 244–253; J. Douglass Carroll and Paul E. Green, "Psychometric Methods in Marketing Research: Part II: Multidimensional Scaling," *Journal of Marketing Research,* 34(2) (May 1997): 193–204.
15. https://www.haagendazs.us/, accessed January 4, 2017; http://www.dairyfoods.com/articles/2001/0901/0901market.htm, accessed August 3, 2015.
16. *Cross-Cultural Research*, http://journals.sagepub.com/home/ccr, accessed July 1, 2017; Jaram Park, Young Min Baek, and Meeyoung Cha, "Cross-Cultural Comparison of Nonverbal Cues in Emoticons on Twitter: Evidence from Big Data Analysis," *Journal of Communication,* 64 (2) (April 2014): 333–354; Sara Dolnicar and Bettina Grün, "Cross-Cultural Differences in Survey Response Patterns," *International Marketing Review,* 24(2) (2007): 127; Gael McDonald, "Cross-Cultural Methodological Issues in Ethical Research," *Journal of Business Ethics,* 27(1/2) (September 2000): 89–104; Pertti Alasuutari, *Researching Culture* (Thousand Oaks, CA: Sage Publications, 1995); C. T. Tan, J. McCullough, and J. Teoh, "An Individual Analysis Approach to Cross-Cultural Research," in Melanie Wallendorf and Paul Anderson, eds., *Advances in Consumer Research,* vol. 14 (Provo, UT: Association for Consumer Research, 1987): 394–397.
17. Veja, por exemplo, James Agarwal, Naresh K. Malhotra, and Ruth Bolton, "A Cross-National and Cross-Cultural Approach to Global Market Segmentation: An Application Using Consumers' Perceived Service

Quality," *Journal of International Marketing*, 18(3) (2010): 18–40; John A. McCarty, Martin I. Horn, Mary Kate Szenasy, and Jocelyn Feintuch, "An Exploratory Study of Consumer Style: Country Differences and International Segments," *Journal of Consumer Behaviour,* 6(1) (February 2007): 48; Robert G. Tian, "Cross-Cultural Issues in Internet Marketing," *Journal of American Academy of Business,* 1(2) (March 2002): 217–224; Lisa D. Spiller and Alexander J. Campbell, "The Use of International Direct Marketing by Small Businesses in Canada, Mexico, and the United States: A Comparative Analysis," *Journal of Direct Marketing,* 8 (Winter 1994): 7–16; Meee-Kau Nyaw and Ignace Ng, "A Comparative Analysis of Ethical Beliefs: A Four-Country Study," *Journal of Business Ethics,* 13 (July 1994): 543–556.
18. https://www.carma.com/en/, accessed June 28, 2017; Society for New Communications Research, "Division: Academic, Category: Online Reputation Management, Georgia Institute of Technology," Report, 2009.
19. Jane Smith, "The Ethics of Employee Downsizing," http://smallbusiness.chron.com/ethics-employee-downsizing-34872.html, accessed November 16, 2016; Willie E. Hopkins and Shirley A. Hopkins, "The Ethics of Downsizing: Perception of Rights and Responsibilities," *Journal of Business Ethics,* 18(2) (January 1999): 145–154.
20. Agradecemos encarecidamente a ajuda de Pamela Prentice da SAS na redação deste capítulo e das instruções da SAS em todos os capítulos sobre o tema (14 a 22).

Capítulo 15

1. Silke Knoll, Martin Eisend, and Josefine Steinhagen, "Gender Roles in Advertising: Measuring and Comparing Gender Stereotyping on Public and Private TV Channels in Germany," *International Journal of Advertising,* 30(5) (2011): 867–888; John B. Ford, Michael S. LaTour, and Irvine Clarke, "A Prescriptive Essay Concerning Sex Role Portrayals in International Advertising Contexts," *American Business Review,* 22(1) (January 2004): 42; Laura M. Milner, "Sex-Role Portrayals and the Gender of Nations," *Journal of Advertising,* 29(1) (Spring 2000): 67–79; Mary C. Gilly, "Sex Roles in Advertising: A Comparison of Television Advertisements in Australia, Mexico, and the United States," *Journal of Marketing,* 52 (April 1988): 75–85.
2. Chad Brooks, "Shoppers Still Prefer In-Store Over Online Shopping," http://www.businessnewsdaily.com/7756-online-shopping-preferences.html, accessed November 20, 2016; Cherie Keen, Martin Wetzels, Ko de Ruyter, and Richard Feinberg, "E-tailers Versus Retailers: Which Factors Determine Consumer Preferences," *Journal of Business Research,* 57(7) (July 2004): 685; Charla Mathwick, Naresh K. Malhotra, and Edward Rigdon, "The Effect of Dynamic Retail Experiences on Experiential Perceptions of Value: An Internet and Catalog Comparison," *Journal of Retailing,* 78(2002): 51–60; Troy A. Festervand, Don R. Snyder, and John D. Tsalikis, "Influence of Catalog vs. Store Shopping and Prior Satisfaction on Perceived Risk," *Journal of the Academy of Marketing Science* (Winter 1986): 28–36.
3. https://www.olympic.org/, accessed March 4, 2017; Max Chafkin, "Gold-Medal Marketing," *Inc.,* 29(4) (April 2007): 35–36; Lisa Deply Neirotti, Heather A. Bosetti, and Kenneth C. Teed, "Motivation to Attend the 1996 Summer Olympic Games," *Journal of Travel Research,* 39(3) (February 2001): 327–331.
4. Consulte qualquer livro introdutório de estatística para uma descrição mais detalhada dessas estatísticas, como, por exemplo, Mark L. Berenson, David M. Levine, and Kathryn A. Szabat, *Basic Business Statistics: Concepts and Applications*, 13th ed. (Englewood Cliffs, NJ: Prentice Hall, 2015).
5. Para nossos propósitos, nenhuma distinção será estabelecida entre teste de hipótese formal e inferência estatística por meio de intervalos de confiança. Veja, por exemplo, Denis Larocque and Ronald H. Randles, "Confidence Intervals for a Discrete Population Median," *American Statistician,* 62(1) (February 2008): 32–39.
6. Excelentes discussões sobre os modos de analisar tabulações cruzadas podem ser encontradas em William E. Wagner, *Using SPSS for Social Statistics and Research Methods* (Thousand Oaks, CA: Pine Forge Press, 2007). Ver também "Cross-Tabulation Analysis," https://www.qualtrics.com/wp-content/uploads/2013/05/Cross-Tabulation-Theory.pdf, accessed November 20, 2016.
7. "Cross Tabulation," http://www.custominsight.com/articles/crosstab-sample.asp, accessed November 22, 2016; Donelda S. McKechnie, Jim Grant, Victoria Korepina, and Naila Sadykova, "Women: Segmenting the Home Fitness Equipment Market," *Journal of Consumer Marketing,* 24(1) (2007): 18–26; Ran Kivetz and Itamar Simonson, "Earning the Right to Indulge: Effort as a Determinant of Customer Preferences Toward Frequency Program Rewards," *Journal of Marketing Research,* 39(2) (May 2002): 155–170; Lawrence F. Feick, "Analyzing Marketing Research Data with Association Models," *Journal of Marketing Research,* 21 (November 1984): 376–386. Para uma aplicação, veja Wagner A. Kamakura and Michel Wedel, "Statistical Data Fusion for Cross-Tabulation," *Journal of Marketing Research,* 34(4) (November 1997): 485–498.
8. Mark L. Berenson, David M. Levine, and Kathryn A. Szabat, *Basic Business Statistics: Concepts and Applications*, 13th ed. (Englewood Cliffs, NJ: Prentice Hall, 2015); R. Mark Sirkin, *Statistics for the Social Sciences,* 3rd ed. (Thousand Oaks, CA: Sage Publications, 2005); Daniel B. Wright, *First Steps in Statistics* (Thousand Oaks, CA: Sage Publications, 2002).
9. "Chi-Square Distribution," http://stattrek.com/probability-distributions/chi-square.aspx, accessed November 22, 2016. Para um tratamento mais extensivo, veja H. O. Lancaster, *The Chi-Squared Distribution* (New York: John Wiley & Sons, 1969). Para uma aplicação, veja Eric W. T. Ngai, Vincent C. S. Heung, Y. H. Wong, and Fanny K. Y. Chan, "Consumer Complaint Behaviour of Asians and non-Asians About Hotel Services: An Empirical Analysis," *European Journal of Marketing,* 41(11/12) (2007): 1375–1392.
10. David M. Lane, "Chi Square Distribution," http://onlinestatbook.com/2/chi_square/distribution.html, accessed November 22, 2016.
11. Alguns estatísticos, contudo, discordam. Eles consideram que uma correção não deve ser aplicada. Veja, por exemplo, John E. Overall, "Power of Chi-Square Tests for 2 × 2 Contingency Tables with Small Expected Frequencies," *Psychological Bulletin* (January 1980): 132–135. Ver também Roger R. Betancourt, Monica Cortinas, Margarita Elorz, and Jose Miguel Mugica, "The Demand for and the Supply of Distribution Services: A Basis for the Analysis of Customer Satisfaction in Retailing," *Quantitative Marketing and Economics*, 5(3) (September 2007): 293–312.
12. Testes de significância e intervalos de confiança também estão disponíveis tanto para lambda assimétrico quanto lambda simétrico. Veja L. A. Goodman and W. H. Kruskal, "Measures of Association for Cross-Classification: Appropriate Sampling Theory," *Journal of the American Statistical Association,* 88 (June 1963): 310–364.
13. Mark L. Berenson, David M. Levine, and Kathryn A. Szabat, *Basic Business Statistics: Concepts and Applications*, 13th ed. (Englewood Cliffs, NJ: Prentice Hall, 2015); John M. Hoenig, "The Abuse of Power: The Pervasive Fallacy of Power Calculation for Data Analysis," *The American Statistician,* 55(1) (February 2001): 19–24; Michael Cowles and Caroline Davis, "On the Origins of the 0.05 Level of Statistical Significance," *American Psychologist* (May 1982): 553–558. Ver também Thomas T. Semon, "Stat Tests for Survey Data Don't Tell Full Story," *Marketing News*, 40(2) (February 2006): 6.
14. Tecnicamente, uma hipótese nula não pode ser aceita. Ela pode ser ou rejeitada ou não rejeitada. Essa distinção, porém, é inconsequente em pesquisa aplicada.
15. A condição em que as variâncias não podem ser assumidas como iguais é conhecida como o problema de Behrens-Fisher. Há certa polêmica sobre o melhor procedimento nesse caso. Para um exemplo, veja Bertil Hultén, "Customer Segmentation: The Concepts of Trust, Commitment and Relationships," *Journal of Targeting, Measurement and Analysis for Marketing*, 15(4) (September 2007): 256–269.
16. Letecia N. Moye, "Relationship Between Age, Store Attributes, Shopping Orientations, and Approach-Avoidance Behavior of Elderly Apparel Consumers," https://theses.lib.vt.edu/theses/available/etd-1898-172442/unrestricted/lethesis.pdf, accessed November 24, 2016; Rajesh Iyer and Jacqueline K. Eastman, "The Elderly and Their

Attitudes Toward the Internet: The Impact on Internet Use, Purchase, and Comparison Shopping," *Journal of Marketing Theory & Practice,* 14(1) (January 2006): 57–66; Susan Chandler, "Some Retailers Begin to Cater to Growing Group of Aging Shoppers," *Knight Ridder Tribune Business News* (March 17, 2001): 1; James R. Lumpkin and James B. Hunt, "Mobility as an Influence on Retail Patronage Behavior of the Elderly: Testing Conventional Wisdom," *Journal of the Academy of Marketing Science* (Winter 1989): 1–12.

17. John McDermott, "15 Seconds or Less: The Creative Constraint of Short Video Ads," http://digiday.com/agencies/15-seconds-less-creative-constraint-short-video-ads/, accessed November 24, 2016; Paula Schleis, "Startup Bets on Super Bowl: Local Entrepreneurs Hope Pricey 15-Second Ad Draws Viewers to New Web Site," *McClatchy–Tribune Business News* (January 2008); Nat Ives, "In a TV World Filled with Clutter, Some Commercials Are Running Longer, Hoping to Be Noticed," *New York Times* (July 28, 2004): C.11; Larry Dunst, "Is It Possible to Get Creative in 15 Seconds?" *Advertising Age,* 64(50) (November 29, 1993): 18; Jerry A. Rosenblatt and Janet Mainprize, "The History and Future of 15-Second Commercials: An Empirical Investigation of the Perception of Ad Agency Media Directors," in William Lazer, Eric Shaw, and Chow-Hou Wee, eds., *World Marketing Congress, International Conference Series,* vol. IV (Boca Raton, FL: Academy of Marketing Science, 1989): 169–177.

18. "K-S One Sample Test," https://www.tutorialspoint.com/statistics/kolmogorov_smirnov_test.htm, accessed July 1, 2017; Rajiv Grover and Marco Vriens, *The Handbook of Marketing Research: Uses, Misuses, and Future Advances* (Thousand Oaks, CA: Sage Publications, 2006); Gopal K. Kanji, *100 Statistical Tests: New Edition* (Thousand Oaks, CA: Sage Publications, 1999); Donald L. Harnett, *Statistical Methods,* 3rd ed. (Reading, MA: Addison-Wesley, 1982).

19. Vimala Veeraraghavan and Suhas Shetgovekar, *Textbook of Parametric and Nonparametric Statistics* (Thousand Oaks, CA: Sage Publications, 2016). Para uma aplicação, veja Peter J. Danaher, "Modeling Page Views Across Multiple Websites with an Application to Internet Reach and Frequency Prediction," *Marketing Science,* 26(3) (June 2007): 42.

20. Há certa polêmica sobre se as técnicas estatísticas não paramétricas devem ser usadas para se fazer inferências sobre parâmetros populacionais.

21. O teste t nesse caso é equivalente a um teste qui-quadrado para independência em uma tabela de contingência 2 × 2. A relação é $\chi^2_{0,95(1)} = t^2_{0,05(n_1 + n_2 - 2)}$. Para amostras grandes, a distribuição t se aproxima da distribuição normal, então o teste t e o teste z são equivalentes.

22. "The Role of Marketing Research," http://www.fao.org/docrep/w3241e/w3241e02.htm, accessed November 24, 2016; Sheree R. Curry, "Drawing a Prize Ad Client," *TelevisionWeek,* 23(24) (June 14, 2004): 12; James R. Krum, Pradeep A. Rau, and Stephen K. Keiser, "The Marketing Research Process: Role Perceptions of Researchers and Users," *Journal of Advertising Research* (December/January 1988): 9–21.

23. Vimala Veeraraghavan and Suhas Shetgovekar, *Textbook of Parametric and Nonparametric Statistics* (Thousand Oaks, CA: Sage Publications, 2016); Reinhard Bergmann, "Different Outcomes of the Wilcoxon-Mann-Whitney Test from Different Statistics Packages," *The American Statistician,* 54(1) (February 2000): 72–77. Para uma aplicação, veja Christina Sichtmann and Susanne Stingel, "Limit Conjoint Analysis and Vickrey Auction as Methods to Elicit Consumers' Willingness-to-Pay: An Empirical Comparison," *European Journal of Marketing* (Bradford), 41(11/12) (2007): 1359.

24. William Bailey, "Data Use: Nonparametric Tests, Sturdy Alternatives," http://www.quirks.com/articles/a2002/20020509.aspx?searchID=3435634, accessed July 1, 2017; Marjorie A. Pett, *Nonparametric Statistics for Health Care Research* (Thousand Oaks, CA: Sage Publications, 1997); J. G. Field, "The World's Simplest Test of Significance," *Journal of the Market Research Society* (July 1971): 170–172.

25. "International Marketing Strategy: Standardization versus Adaptation," http://www.academia.edu/4439604/International_Marketing_Strategy_Standardization_versus_Adaptation, accessed November 24, 2016; Roger Strange, "Branding and the Externalisation of Production," *International Marketing Review,* 23(6) (2006): 578; Louella Miles, "Finding a Balance in Global Research," *Marketing* (November 29, 2001): 33; Leslie de Chernatony, Chris Halliburton, and Ratna Bernath, "International Branding: Demand or Supply Driven," *International Marketing Review,* 12(2) (1995): 9–21.

26. Walter Pavlo, "An MBA's View of the State of Business Ethics in America," http://www.forbes.com/sites/walterpavlo/ 2014/01/14/an--mbas-view-of-the-state-of-business-ethics-in-america/#6e959f1f2722, accessed November 24, 2016; Nick Ellis and Matthew Higgins, "Recatechizing Codes of Practice in Supply Chain Relationships: Discourse, Identity and Otherness," *Journal of Strategic Marketing,* 14(4) (December 2006): 387–412; Mark Dolliver, "Keeping Honest Company," *Adweek,* 41(28) (July 10, 2000): 29; Lawrence B. Chonko, *Ethical Decision Making in Marketing* (Thousand Oaks, CA: Sage Publications, 1995); G. R. Laczniak and P. E. Murphy, "Fostering Ethical Marketing Decisions," *Journal of Business Ethics,* 10 (1991): 259–271.

Capítulo 16

1. http://tourismturkey.org/, accessed July 7, 2017; Youcheng Wang, "Web-Based Destination Marketing Systems: Assessing the Critical Factors for Management and Implementation," *The International Journal of Tourism Research,* 10(1) (February 2008): 55; Bob McKercher and Donna Y. Y. Wong, "Understanding Tourism Behavior: Examining the Combined Effects of Prior Visitation History and Destination Status," *Journal of Travel Research,* 43(2) (November 2004): 17; Seyhmus Balogluand and Mehmet Mangaloglu, "Tourism Destination Images of Turkey, Egypt, Greece, and Italy as Perceived by U.S.-Based Tour Operators and Travel Agents," *Tourism Management,* 22(1) (February 2001): 1–9.

2. "6 Global, Online Shopping Trends that Could Impact Your Business," http://www.practicalecommerce.com/articles/84153-6-Global-Online--Shopping-Trends-that-Could-Impact-Your-Business, accessed July 5, 2017; Jesse W. J. Weltevreden and Ron A. Boschma, "Internet Strategies and Performance of Dutch Retailers," *Journal of Retailing & Consumer Services,* 15(3) (May 2008): 163–178; "Over 875 Million Consumers Have Shopped Online—The Number of Internet Shoppers Up 40% in Two Years," http://www.nielsen.com/media/2008/pr_080128b.html, accessed October 16, 2008; "Statistics: U.S. Online Shoppers," (June 29, 2005), http://www.shop.org/learn/stats_usshop_general.asp; Ellen Garbarino and Michal Strahilevitz, "Gender Differences in the Perceived Risk of Buying Online and the Effects of Receiving a Site Recommendation," *Journal of Business Research,* 57(7) (July 2004): 768; Richard Burnett, "As Internet Sales Rise, So Do Shoppers' Complaints," *Knight Ridder Tribune Business News* (December 20, 2001): 1; Pradeep Korgaonkar and George P. Moschis, "The Effects of Perceived Risk and Social Class on Consumer Preferences for Distribution Outlets," in Paul Bloom, Russ Winer, Harold H. Kassarjian, Debra L. Scammon, Bart Weitz, Robert Spekman, Vijay Mahajan, and Michael Levy, eds., *Enhancing Knowledge Development in Marketing,* Series No. 55 (Chicago: American Marketing Association, 1989): 39–43.

3. Para aplicações recentes de ANOVA, veja Eva Ostertagová and Oskar Ostertag, "Methodology and Application of Oneway ANOVA," http://pubs.sciepub.com/ajme/1/7/21/, accessed July 6, 2017. Ver também Sadrudin A. Ahmed and Alain d'Astous, "Antecedents, Moderators and Dimensions of Country-of-Origin Evaluations," *International Marketing Review* (London), 25(1) (2008): 75; Joffre Swait and Tülin Erdem, "Brand Effects on Choice and Choice Set Formation Under Uncertainty" *Marketing Science,* 26(5) (October 2007): 679–700; Stephen M. Nowlis, Naomi Mandel, and Deborah Brown McCabe, "The Effect of a Delay Between Choice and Consumption on Consumption Enjoyment," *Journal of Consumer Research,* 31 (December 2004), 502–510.

4. Chava Frankfort-Nachmias and Anna Leon-Guerrero, *Social Statistics for a Diverse Society,* 8th ed. (Thousand Oaks, CA: Sage Publications, 2017); R. Mark Sirkin, *Statistics for the Social Sciences,* 3rd ed. (Thousand Oaks, CA: Sage Publications, 2005); Denis G. Janky, "Sometimes Pooling for Analysis of Variance Hypothesis Tests: A Review and Study of a Split-Plot Model," *The American Statistician,* 54(4) (November

2000): 269–279; Wade C. Driscoll, "Robustness of the ANOVA and Tukey-Kramer Statistical Tests," *Computers & Industrial Engineering,* 31(1, 2) (October 1996): 265–268; Richard K. Burdick, "Statement of Hypotheses in the Analysis of Variance," *Journal of Marketing Research* (August 1983): 320–324.

5. O teste F é uma forma generalizada do teste t. Se uma variável aleatória apresentar distribuição t com n graus de liberdade, então t^2 apresenta distribuição F com 1 e n graus de liberdade. Quando há dois níveis ou tratamentos de fatores, ANOVA é equivalente aos teste t de dois lados.

6. Embora computações dos modelos de efeitos fixos e efeitos aleatórios sejam similares, as interpretações dos resultados diferem entre si. Uma comparação dessas abordagens é encontrada em J. Rick Turner and Julian Thayer, *Introduction to Analysis of Variance: Design, Analysis, and Interpretation* (Thousand Oaks, CA: Sage Publications, 2001); Amir Erez, Matthew C. Bloom, and Martin T. Wells, "Using Random Rather Than Fixed Effects Models in Meta-Analysis: Implications for Situational Specificity and Validity Generalization," *Personnel Psychology,* 49(2) (Summer 1996): 275–306. Ver também J. Rick Turner and Julian F. Thayer, *Introduction to Analysis of Variance: Design, Analysis, and Interpretation* (Thousand Oaks, CA: Sage Publications, 2001).

7. Throstur Olaf Sigurjonsson, Audur Arna Arnardottir, Vlad Vaiman, and Pall Rikhardsson, "Managers' Views on Ethics Education in Business Schools: An Empirical Study," *Journal of Business Ethics* 130(1) (August 2015): 1–13; Allen Hall and Lisa Berardino, "Teaching Professional Behaviors: Differences in the Perceptions of Faculty, Students, and Employers," *Journal of Business Ethics* (63) (2006): 407–415.

8. Consideramos apenas as concepções fatoriais plenas, que incorporam todas as combinações possíveis de níveis fatoriais.

9. Gregory J. Privitera, *Research Methods for the Behavioral Sciences,* 2nd ed. (Thousand Oaks, CA: Sage Publications, 2016); Jerome L. Mayers, *Fundamentals of Experimental Design,* 3rd ed. (Boston: Allyn & Bacon, 1979).

10. Mehmet Mehmetoglu and Tor Georg Jakobsen, *Applied Statistics Using Stata: A Guide for the Social Sciences* (Thousand Oaks, CA: Sage Publications, 2016); Andy Fields, *Discovering Statistics Using SPSS,* 2nd ed. (Thousand Oaks, CA: Sage Publications, 2005); Shizuhiko Nishisato, *Measurement and Multivariate Analysis* (New York: Springer-Verlag New York, 2002).

11. Michael Czinkota "Country Of Origin Effects," http://michaelczinkota.com/2013/01/country-of-origin-effects/, accessed July 6, 2017; Durairaj Maheswaran and Cathy Yi Chen, "Nation Equity: Incidental Emotions in Country-of-Origin Effects," *Journal of Consumer Research,* 33(3) (December 2006): 370–376; Kalpesh Kaushik Desai, "The Effects of Ingredient Branding Strategies on Host Brand Extendibility," *Journal of Marketing,* 66(1) (January 2002): 73–93; Paul Chao, "The Impact of Country Affiliation on the Credibility of Product Attribute Claims," *Journal of Advertising Research* (April/May 1989): 35–41. A Best Buy substituiu a Hudson's nesse estudo, e os preços foram ajustados para refletir os das TVs digitais.

12. Embora essa seja a maneira mais comum de realizer a análise de covariância, outras situações também são possíveis. Por exemplo, efeitos de covariáveis e fatoriais podem ser de igual interesse, ou o conjunto de covariáveis pode ser de maior interesse. Para aplicações, veja Trevor Sharot, "The Design and Precision of Data-Fusion Studies," *International Journal of Market Research,* 49(4) (2007): 449–470; Lisa E. Bolton and Americus Reed, "Sticky Priors: The Perseverance of Identity Effects on Judgment," *Journal of Marketing Research,* 41 (November 2004): 397–410.

13. "Analysis of Covariance (ANCOVA)," http://www.discoveringstatistics.com/docs/ancova.pdf, accessed July 4. 2017. Para uma discussão mais detalhada, veja Mark Easterby-Smith, Richard Thorpe and Paul R. Jackson, *Management and Business Research,* 5th ed. (Thousand Oaks, CA: Sage Publications, 2001); Marija Norusis, *SPSS 13.0 Statistical Procedures Companion* (Paramus, NJ: Prentice Hall); J. Rick Turner and Julian Thayer, *Introduction to Analysis of Variance: Design, Analysis, and Interpretation* (Thousand Oaks, CA: Sage Publications, 2001); Stanton A. Glantz and Bryan K. Slinker, *Primer of Applied Regression and Analysis of Variance* (Blacklick, OH: McGraw-Hill, 2000); A. R. Wildt and O. T. Ahtola, *Analysis of Covariance* (Beverly Hills, CA: Sage Publications, 1978).

14. Chava Frankfort-Nachmias and Anna Leon-Guerrero, *Social Statistics for a Diverse Society,* 8th ed. (Thousand Oaks, CA: Sage Publications, 2017); J. H. Leigh and T. C. Kinnear, "On Interaction Classification," *Educational and Psychological Measurement,* 40 (Winter 1980): 841–843.

15. Gregory J. Privitera, *Research Methods for the Behavioral Sciences,* 2nd ed. (Thousand Oaks, CA: Sage Publications, 2016); James Jaccard, *Interaction Effects in Factorial Analysis of Variance* (Thousand Oaks, CA: Sage Publications, 1997).

16. Essa fórmula não é válida se medições repetidas foram realizadas em relação à variável dependente. Veja Edward F. Fern and Kent B. Monroe, "Effect-Size Estimates: Issues and Problems in Interpretation," *Journal of Consumer Research,* 23(2) (September 1996): 89–105; David H. Dodd and Roger F. Schultz, Jr., "Computational Procedures for Estimating Magnitude of Effect for Some Analysis of Variance Designs," *Psychological Bulletin* (June 1973): 391–395.

17. A fórmula ω^2 é atribuída a Hays. Ver W. L. Hays, *Statistics for Psychologists* (New York: Holt, Rinehart & Winston, 1963).

18. Gregory J. Privitera, *Research Methods for the Behavioral Sciences,* 2nd ed. (Thousand Oaks, CA: Sage Publications, 2016); Richard Arnold Johnson and Dean W. Wichern, *Applied Multivariate Statistical Analysis* (Paramus, NJ: Prentice Hall, 2001); Edward F. Fern and Kent B. Monroe, "Effect-Size Estimates: Issues and Problems in Interpretation," *Journal of Consumer Research,* 23(2) (September 1996): 89–105; Jacob Cohen, *Statistical Power Analysis for the Behavioral Sciences* (Mahwah, NJ: Lawrence Erlbaum Associates, 1988).

19. "How Can We Make Multiple Comparisons?" http://itl.nist.gov/div898/handbook/prc/section4/prc47.htm, accessed July 6, 2017; Carmen Ximnez and Javier Revuelta, "Extending the CLAST Sequential Rule to One-Way ANOVA Under Group Sampling," *Behavior Research Methods,* 39(1) (February 2007): 86–100; J. Rick Turner and Julian F. Thayer, *Introduction to Analysis of Variance: Design, Analysis, and Interpretation* (Thousand Oaks, CA: Sage Publications, 2001); John W. Neter, *Applied Linear Statistical Models,* 4th ed. (Burr Ridge, IL: Irwin, 1996); B. J. Winer, Donald R. Brown, and Kenneth M. Michels, *Statistical Principles in Experimental Design,* 3rd ed. (New York: McGraw-Hill, 1991).

20. É possível combinar fatores entre indivíduos e sobre um mesmo indivíduo em uma mesma concepção de pesquisa. Veja, por exemplo, Franziska Vlckner and Julian Hofmann, "The Price-Perceived Quality Relationship: A Meta-Analytic Review and Assessment of Its Determinants," *Marketing Letters,* 18(3) (July 2007): 181–196; Rohini Ahluwalia, H. Rao Unnava, and Robert E. Burnkrant, "The Moderating Role of Commitment on the Spillover Effect of Marketing Communications," *Journal of Marketing Research,* 38(4) (November 2001): 458–470.

21. "Introduction to Analysis of Variance Procedures" http://support.sas.com/documentation/onlinedoc/stat/930/introanova.pdf, accessed July 5, 2017.

22. Veja "One-way MANOVA in SPSS Statistics," https://statistics.laerd.com/spss-tutorials/one-way-manova-using-spss-statistics.php, accessed July 6, 2017; James R. Schott, "Some High-Dimensional Tests for a One-Way MANOVA," *Journal of Multivariate Analysis,* 98(9) (October 2007): 1825–1839; Soyoung Kim and Stephen Olejnik, "Bias and Precision of Measures of Association for a Fixed-Effect Multivariate Analysis of Variance Model," *Multivariate Behavioral Research,* 40(4) (October 2005): 401–421; Paul M. Herr and Christine M. Page, "Asymmetric Association of Liking and Disliking Judgments: So What's Not to Like?" *Journal of Consumer Research,* 30 (March 2004), 588–601; J. H. Bray and S. E. Maxwell, *Multivariate Analysis of Variance* (Beverly Hills, CA: Sage Publications, 1985). Para uma aplicação de MANOVA, veja Rongrong Zhou and Michel Tuan Pham, "Promotion and Prevention Across Mental Accounts: When Financial Products Dictate Consumers' Investment Goals," *Journal of Consumer Research,* 31 (June 2004): 125–135.

23. "Multicultural Ethical Psychology," https://www.ukessays.com/essays/cultural-studies/multicultural-ethical-psychology.php, accessed July 6, 2017; Oliver M. Freestone and Peter J. McGoldrick, "Ethical Positioning and Political Marketing: The Ethical Awareness and Concerns of UK Voters," *Journal of Marketing Management,* 23(7/8) (September 2007): 651–673; Allan J. Kimmel and N. Craig Smith, "Deception in Marketing Research: Ethical, Methodological, and Disciplinary Implications," *Psychology and Marketing,* 18(7) (July 2001): 663–689; Ishmael P. Akaah, "A Cross-National Analysis of the Perceived Commonality of Unethical Practices in Marketing Research," in William Lazer, Eric Shaw, and Chow-Hou Wee, eds., *World Marketing Congress,* International Conference Series, vol. IV (Boca Raton, FL: Academy of Marketing Science, 1989): 2–9.
24. Iraj Mahdavi, "Where Do Men and Women Learn Their Ethics? Different Sources?" http://www.aabri.com/manuscripts/08087.pdf, accessed July 6, 2017; Dane Peterson, Angela Rhoads, and Bobby C. Vaught, "Ethical Beliefs of Business Professionals: A Study of Gender, Age and External Factors," *Journal of Business Ethics,* 31(3) (June 2001): 1; Ishmael P. Akaah, "Differences in Research Ethics Judgments Between Male and Female Marketing Professionals," *Journal of Business Ethics,* 8 (1989): 375–381.

Capítulo 17
1. https://www.avon.com/, accessed March 3, 2017; Ann Harrington and Petra Bartosiewicz, "Who's Up? Who's Down?" *Fortune,* 150(8) (October 18, 2004): 181–186; Christine Bittar, "Avon Refreshed 'Let's Talk' Campaign—Goes Global for Skincare Line Debut," *Brandweek,* 43(7) (February 18, 2002): 4; Joanne Wojcik, "Avon's Benefits Booklet Presents Easily Understood Information to All Levels of the Corporation," *Business Insurance,* 35(47) (November 19, 2001): 14; Cyndee Miller, "Computer Modeling Rings the Right Bell for Avon," *Marketing News* (May 9, 1988): 14.
2. "Online Retailing: Britain, Europe, US and Canada 2017," http://www.retailresearch.org/onlineretailing.php, accessed July 7, 2017; "The Growth of Online Shopping," http://www.wwwmetrics.com/shopping.htm, accessed November 28, 2016; Kate Maddox, "Online Ad Sales Expected to Keep Growing in '05," *B to B,* 89(11) (October 11, 2004): 12; Pradeep K. Korgaonkar and Allen E. Smith, "Shopping Orientation, Demographic, and Media Preference Correlates of Electronic Shopping," in Kenneth D. Bahn, ed., *Developments in Marketing Science,* vol. 11 (Blacksburg, VA: Academy of Marketing Science, 1988): 52–55.
3. Lawrence S. Meyers, Glenn Gamst, and A. J. Guarino, *Applied Multivariate Research: Design and Interpretation,* 3rd ed. (Thousand Oaks, CA: Sage Publications, 2016); Peter Y. Chen and Paula M. Popovich, *Correlation: Parametric and Nonparametric Measures* (Thousand Oaks, CA: Sage Publications, 2002); Philip Bobko, Philip L. Roth, and Christopher Bobko, "Correcting the Effect Size of *d* for Range Restriction and Unreliability," *Organizational Research Methods,* 4(1) (January 2001): 46–61; Michael E. Doherty and James A. Sullivan, "rho = p," *Organizational Behavior & Human Decision Processes,* 43(1) (February 1989): 136–144; W. S. Martin, "Effects of Scaling on the Correlation Coefficient: Additional Considerations," *Journal of Marketing Research,* 15 (May 1978): 304–308; K. A. Bollen and K. H. Barb, "Pearson's R and Coarsely Categorized Measures," *American Sociological Review,* 46 (1981): 232–239.
4. Trevor Cox and Joao Branco, *Introduction to Multivariate Analysis* (New York: Oxford University Press, 2002); Colin Lewis-Beck and Michael Lewis-Beck, *Applied Regression: An Introduction,* 2nd ed. (Thousand Oaks, CA: Sage Publications, 2015).
5. Embora o tópico não seja discutido aqui, correlações parciais também podem ser úteis para localizar variáveis intermediárias e fazer certos tipos de inferências casuais.
6. Euromonitor International, "Homeshopping in Hungary," http://www.euromonitor.com/homeshopping-in-hungary/report, accessed January 3, 2017; "Global Gallery," *Advertising Age,* 78(9) (February 2007): S-10; Ronald E. Goldsmith, "The Impact of Corporate Credibility and Celebrity Credibility on Consumer Reaction to Advertisements and Brands," *Journal of Advertising,* 29(3) (Fall 2000): 43–54; Ken Kasriel, "Hungary's Million-Dollar Slap," *Advertising Age* (June 8, 1992).
7. Outra vantagem do tau é que pode ser generalizado para um coeficiente de correlação parcial. Lawrence S. Meyers, Glenn Gamst, and A. J. Guarino, *Applied Multivariate Research: Design and Interpretation,* 3rd ed. (Thousand Oaks, CA: Sage Publications, 2016); James J. Higgins, *Introduction to Modern Nonparametric Statistics* (Pacific Grove, CA: Duxbury, 2002); Marjorie A. Pett, *Nonparametric Statistics for Health Care Research* (Thousand Oaks, CA: Sage Publications, 1997); Sidney Siegel and N. J. Castellan, *Nonparametric Statistics,* 2nd ed. (New York: McGraw-Hill, 1988).
8. Estrito senso, o modelo de regressão exige que erros de medição sejam associados apenas à variável de critério e que as variáveis de previsão sejam mensuradas sem erro. Para erros correlacionados serialmente, veja Larry D. Schroeder, David L. Sjoquist, and Paula E. Stephan, *Understanding Regression Analysis: An Introductory Guide,* 2nd ed. (Thousand Oaks, CA: Sage Publications, 2016); Richard A. Berk, *Regression* (Thousand Oaks, CA: Sage Publications 2003); Eugene Canjels and Mark W. Watson, "Estimating Deterministic Trends in the Presence of Serially Correlated Errors," *Review of Economic and Statistics,* 79(2) (May 1997): 184–200. Ver também John Fox, *Applied Regression Analysis and Generalized Linear Models,* 2nd ed. (Thousand Oaks, CA: Sage Publications, 2008).
9. Veja qualquer texto sobre regressão, como Colin Lewis-Beck and Michael Lewis-Beck, *Applied Regression: An Introduction,* 2nd ed. (Thousand Oaks, CA: Sage Publications, 2015); Leo H. Kahane, *Regression Basics,* 2nd ed. (Thousand Oaks, CA: Sage Publications, 2007).
10. Tecnicamente, o numerador é $b - \beta$. No entanto, como a hipótese é que $\beta = 0,0$, ele pode ser omitido da fórmula.
11. Quanto maior o *EPE*, pior o encaixe da regressão.
12. A suposição de níveis fixos de previsores se aplica ao modelo "clássico" de regressão. É possível, se certas condições forem satisfeitas, que os previsores sejam variáveis aleatórias. No entanto, sua distribuição não pode depender dos parâmetros da equação de regressão. Veja Paul D. Allison, *Fixed Effects Regression Models* (Thousand Oaks, CA: Sage Publications, 2009); N. R. Draper and H. Smith, *Applied Regression Analysis,* 3rd ed. (New York: John Wiley & Sons, 1998).
13. Para uma abordagem para lidar com as violações dessas suposições, veja Larry D. Schroeder, David L. Sjoquist, and Paula E. Stephan, *Understanding Regression Analysis: An Introductory Guide,* 2nd ed. (Thousand Oaks, CA: Sage Publications, 2016); Duncan K. H. Fong and Wayne S. DeSarbo, "A Bayesian Methodology for Simultaneously Detecting and Estimating Regime Change Points and Variable Selection in Multiple Regression Models for Marketing Research," *Quantitative Marketing and Economics,* 5(4) (December 2007): 427–453; Arnold Zellner, "Further Results on Baysian Method of Moments Analysis of the Multiple Regression Model," *International Economic Review,* 42(1) (February 2001): 121–140; Gary S. Dispensa, "Use Logistic Regression with Customer Satisfaction Data," *Marketing News,* 31(1) (January 6, 1997): 13; S. K. Reddy, Susan L. Holak, and Subodh Bhat, "To Extend or Not to Extend: Success Determinants of Line Extensions," *Journal of Marketing Research,* 31 (May 1994): 243–262.
14. "Global Brands, Local Presence: Striking a Balance," http://executiveeducation.wharton.upenn.edu/thought-leadership/wharton-at-work/2012/11/global-brands, accessed November 28, 2016; Teresa da Silva Lopes and Mark Casson, "Entrepreneurship and the Development of Global Brands," Business History Review, 81(4) (January 2007): 651–680; Ying Fan, "The National Image of Global Brands," *Journal of Brand Management,* 9(3) (January 2002): 180–192; Naveen Donthu, Sungho Lee, and Boonghee Yoo, "An Examination of Selected Marketing Mix Elements and Brand Equity," *Academy of Marketing Science,* 28(2) (Spring 2000): 195–211; Nancy Giges, "Europeans Buy Outside Goods But Like Local Ads," *Advertising Age International* (April 27, 1992).
15. Para outras aplicações recentes de regressão múltipla, veja "Example of a Research Using Multiple Regression Analysis," http://simplyeducate.me/2012/11/11/example-of-a-research-using-multiple-regression-analysis/, accessed November 28, 2016; Anne-Sophie Binninger, "Ex-

ploring the Relationships Between Retail Brands and Consumer Store Loyalty," *International Journal of Retail & Distribution Management*, 36(2) (2008): 94; Ahmet H. Kirca, Satish Jayachandran, and William O. Bearden, "Market Orientation: A Meta-Analytic Review and Assessment of Its Antecedents and Impact on Performance," *Journal of Marketing*, 69 (April 2005), 24–41; Pierre Chandon, Vicki G. Morwitz, and Werner J. Reinartz, "Do Intentions Really Predict Behavior? Self-Generated Validity Effects in Survey Research," *Journal of Marketing*, 69 (April 2005): 1–14.

16. Outra razão para ajustar o R^2 é que, como resultado das propriedades de otimização da abordagem dos mínimos quadrados, trata-se de um máximo. Assim, até certo ponto, R^2 sempre superestima a magnitude de uma relação.

17. Se R^2_{pop} é zero, então o R^2 amostral reflete apenas erro amostral, e o índice F tenderá à unidade.

18. Uma abordagem é o método hierárquico, em que as variáveis são somadas à equação de regressão em uma ordem especificada pelo pesquisador.

19. Lawrence S. Meyers, Glenn Gamst, and A. J. Guarino, *Applied Multivariate Research: Design and Interpretation*, 3rd ed. (Thousand Oaks, CA: Sage Publications, 2016); R. Mark Sirkin, *Statistics for the Social Sciences*, 3rd ed. (Thousand Oaks, CA: Sage Publications, 2005); Julie R. Irwin and Gary H. McClelland, "Misleading Heuristics and Moderated Multiple Regression Models," *Journal of Marketing Research*, 38(1) (February 2001): 100–109; A. C. Atkinson, S. J. Koopman, and N. Shephard, "Detecting Shocks: Outliers and Breaks in Time Series," *Journal of Econometrics*, 80(2) (October 1997): 387–422; George C. S. Wang and Charles K. Akabay, "Autocorrelation: Problems and Solutions in Regression Modeling," *Journal of Business Forecasting Methods & Systems*, 13(4) (Winter 1994–1995): 18–26; David Belsley, *Conditioning Diagnostics: Collinearity and Weak Data in Regression* (New York: John Wiley & Sons, 1980); David Belsley, Edwin Kuh, and Roy E. Walsh, *Regression Diagnostics* (New York: John Wiley & Sons, 1980).

20. O teste de Durbin-Watson é examinado em praticamente todos os livros-texto sobre regressão, como, por exemplo, Colin Lewis-Beck and Michael Lewis-Beck, *Applied Regression: An Introduction*, 2nd ed. (Thousand Oaks, CA: Sage Publications, 2015); Paul D. Allison, *Fixed Effects Regression Models* (Thousand Oaks, CA: Sage Publications, 2009). Ver também George E. Halkos and Ilias S. Kevork, "A Comparison of Alternative Unit Root Tests," *Journal of Applied Statistics*, 32(1) (January 2005): 45–60.

21. Tim Parker, "Why the Prices of Sports Tickets Vary So Much," http://www.investopedia.com/financial-edge/1012/why-the-prices-of-sports-tickets-vary-so-much-.aspx, accessed November 8, 2016; M. Mondello and P. Rishe, "Ticket Price Determination in Professional Sports: An Empirical Analysis of the NBA, NFL, NHL, and Major League Baseball," *Sport Marketing Quarterly*, 13 (2004): 104–112.

22. Colin Lewis-Beck and Michael Lewis-Beck, *Applied Regression: An Introduction*, 2nd ed. (Thousand Oaks, CA: Sage Publications, 2015); Edward J. Fox and Stephen J. Hoch, "Cherry-Picking," *Journal of Marketing*, 69 (January 2005): 46–62; Neal Schmitt, "Estimates for Cross-Validity for Stepwise Regression and with Predictor Selection," *Journal of Applied Psychology*, 84(1) (February 1999): 50; Shelby H. McIntyre, David B. Montgomery, V. Srinivasan, and Barton A. Weitz, "Evaluating the Statistical Significance of Models Developed by Stepwise Regression," *Journal of Marketing Research*, 20 (February 1983): 1–11.

23. Robin Lewis, "Millennials: Double Trouble for Retail," online at http://www.forbes.com/sites/robinlewis/2014/04/30/millennials-double-trouble-for-retail/#6e3d971e4724, accessed November 29, 2016; Murray Forseter and David Q. Mahler, "The Roper Starch Report," *Drug Store News* (2000): 46–63; Glen R. Jarboe and Carl D. McDaniel, "A Profile of Browsers in Regional Shopping Malls," *Journal of the Academy of Marketing Science* (Spring 1987): 46–53.

24. Métodos possíveis são apresentados em Lawrence S. Meyers, Glenn Gamst, and A. J. Guarino, *Applied Multivariate Research: Design and Interpretation*, 3rd ed. (Thousand Oaks, CA: Sage Publications, 2016);

Raj Echambadi and James D. Hess, "Mean-Centering Does Not Alleviate Collinearity Problems in Moderated Multiple Regression Models," *Marketing Science*, 26(3) (June 2007): 438–445; Rajesh Sethi, Daniel C. Smith, and C. Whan Park, "Cross-Functional Product Development Teams, Creativity, and the Innovations of New Consumer Products," *Journal of Marketing Research*, 38(1) (February 2001): 73–85; Terry Grapentine, "Path Analysis vs. Structural Equation Modeling," *Marketing Research*, 12(3) (Fall 2000): 12–20; George C. S. Wang, "How to Handle Multicollinearity in Regression Modeling," *Journal of Business Forecasting Methods & Systems*, 15(1) (Spring 1996): 23–27; Charlotte H. Mason and William D. Perreault, Jr., "Collinearity, Power, and Interpretation of Multiple Regression Analysis," *Journal of Marketing Research*, 28 (August 1991): 268–280; R. R. Hocking, "Developments in Linear Regression Methodology: 1959–1982," *Technometrics*, 25 (August 1983): 219–230; Ronald D. Snee, "Discussion," *Technometrics*, 25 (August 1983): 230–237.

25. Nedret Billor, "An Application of the Local Influence Approach to Ridge Regression," *Journal of Applied Statistics*, 26(2) (February 1999): 177–183; R. James Holzworth, "Policy Capturing with Ridge Regression," *Organizational Behavior & Human Decision Processes*, 68(2) (November 1996): 171–179; Albert R. Wildt, "Equity Estimation and Assessing Market Response," *Journal of Marketing Research*, 31 (February 1994): 437–451; Subhash Sharma and William L. James, "Latent Root Regression: An Alternative Procedure for Estimating Parameters in the Presence of Multicollinearity," *Journal of Marketing Research* (May 1981): 154–161.

26. Somente a importância relativa pode ser determinada, porquer a importância de uma variável independente depende de todas as variáveis independents no modelo de regressão.

27. Colin Lewis-Beck and Michael Lewis-Beck, *Applied Regression: An Introduction*, 2nd ed. (Thousand Oaks, CA: Sage Publications, 2015); McKee J. McClendon, *Multiple Regression and Causal Analysis* (Prospect Heights, IL: Waveland Press, 2002); Robert Rugimbana, "Predicting Automated Teller Machine Usage: The Relative Importance of Perceptual and Demographic Factors," *International Journal of Bank Marketing*, 13(4) (1995): 26–32; Paul E. Green, J. Douglas Carroll, and Wayne S. DeSarbo, "A New Measure of Predictor Variable Importance in Multiple Regression," *Journal of Marketing Research* (August 1978): 356–360; Barbara Bund Jackson, "Comment on 'A New Measure of Predictor Variable Importance in Multiple Regression,'" *Journal of Marketing Research* (February 1980): 116–118.

28. Na rara situação em que os previsores não têm qualquer relação entre si, correlações simples = correlações parciais = correlações de partes = betas. Sendo assim, os quadrados dessas medidas acabarão gerando a mesma ordem de ranqueamento de importância relativa das variáveis.

29. Para uma discussão mais aprofundada da codificação de variáveis *dummy*, veja Roger A. Wojtkiewicz, *Elementary Regression Modeling: A Discrete Approach* (Thousand Oaks, CA: Sage Publications, 2016); J. Mauro, C. Hernandez, and J. Afonso Mazzon, "Adoption of Internet Banking: Proposition and Implementation of an Integrated Methodology Approach," *International Journal of Bank Marketing*, 25(3) (2007): 72–82; Stanton A. Glantz and Bryan K. Slinker, *Primer of Applied Regression and Analysis of Variance* (Blacklick, OH: McGraw-Hill, 2000); Jacob Cohen and Patricia Cohen, *Applied Multiple Regression Correlation Analysis for the Behavioral Sciences*, 2nd ed. (Hillsdale, NJ: Lawrence Erlbaum Associates, 1983): 181–222.

30. Lawrence S. Meyers, Glenn Gamst, and A. J. Guarino, *Applied Multivariate Research: Design and Interpretation*, 3rd ed. (Thousand Oaks, CA: Sage Publications, 2016); Mark M. H. Goode and Lloyd C. Harris, "Online Behavioural Intentions: An Empirical Investigation of Antecedents and Moderators," *European Journal of Marketing* (Bradford), 41(5/6) (2007): 512; Herman Aguinis, James C. Beaty, Robert J. Boik, and Charles A. Pierce, "Effect Size and Power in Assessing Moderating Effects of Categorical Variables Using Multiple Regression: A 30-Year Review," *Journal of Applied Psychology*, 90(1) (2005): 94–107; Stanton A. Glantz and Bryan K. Slinker, *Primer of Applied Regression and Analysis of Variance* (Blacklick, OH: McGraw-Hill, 2000). Para uma aplicação, veja Michael J. Barone, Kenneth C. Manning, and Paul W.

Miniard, "Consumer Response to Retailers' Use of Partially Comparative Pricing," *Journal of Marketing*, 68 (July 2004): 37–47.
31. http://travel.cnn.com/explorations/none/milehigh-club-116646/, accessed January 7, 2017; "World Airline Performance: Asia Pacific–Transpacific Recovery Continues," *Interavia*, 58(671) (May/June 2003): 35; Jens Flottau, "Asian Carriers Advised to Seek New Formulas," *Aviation Week & Space*, 155(23) (December 3, 2001): 45; Andrew Geddes, "Asian Airlines Try Loyalty Offers," *Advertising Age* (December 14, 1992).
32. "Political and Ethical Issues in Forecasting," http://people.duke.edu/~rnau/ethics.htm, accessed November 29, 2016; Tim Barnett and Sean Valentine, "Issue Contingencies and Marketers' Recognition of Ethical Issues, Ethical Judgments and Behavioral Intentions," *Journal of Business Research*, 57(4) (April 2004): 338; Denise E. DeLorme, George M. Zinkhan, and Warren French, "Ethics and the Internet: Issues Associated with Qualitative Research," *Journal of Business Ethics*, 33(4) (October 2001): 2; I. P. Akaah and E. A. Riordan, "The Incidence of Unethical Practices in Marketing Research: An Empirical Investigation," *Journal of the Academy of Marketing Science*, 18 (1990): 143–152.

Capítulo 18

1. http://www.dell.com/, accessed July 14, 2017; Lu Qiang and Sridhar Moorthy, "Coupons Versus Rebates," *Marketing Science*, 26(1) (February 2007): 67–82; Joe Michaelree, "Incentive Programs Mean More Than Money to Retailers," *Agri Marketing*, 42(5) (June 2004): 32; Donald R. Lichtenstein, Scot Burton, and Richard G. Netemeyer, "An Examination of Deal Proneness Across Sales Promotion Types: A Consumer Segmentation Perspective," *Journal of Retailing*, 73(2) (Summer 1997): 283–297; Marvin A. Jolson, Joshua L. Wiener, and Richard B. Rosecky, "Correlates of Rebate Proneness," *Journal of Advertising Research* (February/March 1987): 33–43.
2. Uma discussão detalhada da análise discriminante pode ser encontrada em Robert Ho, *Handbook of Univariate and Multivariate Data Analysis with IBM SPSS* (Boca Raton, FL: CRC Press, 2014); Geoffrey J. McLachlan, *Discriminant Analysis and Statistical Pattern Recognition* (Hoboken, NJ: John Wiley & Sons, 2004); E. K. Kemsley, *Discriminant Analysis and Class Modeling of Spectroscopic Data* (New York: John Wiley & Sons, 1998); Jacques Tacq, *Multivariate Analysis Techniques in Social Science Research* (Thousand Oaks, CA: Sage Publications, 1997); William D. Neal, "Using Discriminant Analysis in Marketing Research: Part I," *Marketing Research*, 1(3) (1989): 79–81; William D. Neal, "Using Discriminant Analysis in Marketing Research: Part 2," *Marketing Research*, 1(4) (1989): 55–60; P. A. Lachenbruch, *Discriminant Analysis* (New York: Hafner Press, 1975). Para uma aplicação, veja Chezy Ofir, "Reexamining Latitude of Price Acceptability and Price Thresholds: Predicting Basic Consumer Reaction to Price," *Journal of Consumer Research*, 30 (March 2004): 612–621.
3. Veja Takeshi Furuhashi, *Basics of Multivariate Analysis III (Discriminant Analysis): Theory and Exercise Using R*, Kindle Edition (2016), https://www.amazon.com/, accessed January 7, 2017; Richard Arnold Johnson and Dean W. Wichern, *Applied Multivariate Statistical Analysis* (Paramus, NJ: Prentice Hall, 2001); W. R. Klecka, *Discriminant Analysis* (Beverly Hills, CA: Sage Publications, 1980).
4. Robert Ping, "Second-Order Latent Variables: Interactions, Specification, Estimation, and an Example," American Marketing Association, *Conference Proceedings* (Chicago), 18 (January 2007): 286; Sung-Joon Yoon and Jong-Whan Kang, "Validation of Marketing Performance Model for Service Industries in Korea," *Services Marketing Quarterly* (Binghamton), 26(4) (2005): 57; Philip Hans Franses, "A Test for the Hit Rate in Binary Response Models," *International Journal of Market Research*, 42(2) (Spring 2000): 239–245; Vincent-Watne Mitchell, "How to Identify Psychographic Segments: Part 2," *Marketing Intelligence & Planning*, 12(7) (1994): 11–16; M. R. Crask and W. D. Perreault, Jr., "Validation of Discriminant Analysis in Marketing Research," *Journal of Marketing Research*, 14 (February 1977): 60–68.
5. Estritamente falando, antes de testar a igualdade das médias grupais, a igualdade de matrizes de covariância grupal deve ser testada. O teste M de Box pode ser usado com esse propósito. Se a igualdade das matrizes de covariância grupal for rejeitada, os resultados da análise discriminante devem ser interpretados com cautela. Nesse caso, o poder do teste de igualdade de médias grupais diminui.
6. Veja Robert Ho, *Handbook of Univariate and Multivariate Data Analysis with IBM SPSS* (Boca Raton, FL: CRC Press, 2014); Nessim Hanna, "Brain Dominance and the Interpretation of Advertising Messages," *International Journal of Commerce & Management*, 9(3/4) (1999): 19–32; Lillian Fok, John P. Angelidis, Nabil A. Ibrahim, and Wing M. Fok, "The Utilization and Interpretation of Multivariate Statistical Techniques in Strategic Management," *International Journal of Management*, 12(4) (December 1995): 468–481; D. G. Morrison, "On the Interpretation of Discriminant Analysis," *Journal of Marketing Research*, 6 (May 1969): 156–163.
7. Dua'a Abdul Rahim Mohammad Issa, Fais Ahmad, and Hamid Mahmood Gelaidan, "Job Satisfaction and Turnover Intention Based on Sales Person Standpoint," *Middle-East Journal of Scientific Research*, 14(4) (2013): 525–531; Edward F. Fern, Ramon A. Avila, and Dhruv Grewal, "Salesforce Turnover: Those Who Left and Those Who Stayed," *Industrial Marketing Management* (1989): 1–9.
8. Para a validação da análise discriminante, veja "Cross validation in discriminant function analysis," http://www.sicotests.com/psyarticle.asp?id=157, accessed July 11, 2017; Sung-Joon Yoon and Jong-Whan Kang, "Validation of Marketing Performance Model for Service Industries in Korea" *Services Marketing Quarterly* (Binghamton), 26(4) (2005): 57; Werner J. Reinartz and V. Kumar, "On the Profitability of Long-Life Customers in a Noncontractual Setting: An Empirical Investigation and Implications for Marketing," *Journal of Marketing*, 64(4) (October 2000): 17–35.
9. Joseph F. Hair, Jr., William C. Black, Barry J. Babin, Ralph E. Anderson, and Ronald L. Tatham, *Multivariate Data Analysis with Readings*, 7th ed. (Englewood Cliffs, NJ: Prentice Hall, 2010). Ver também J. J. Glen, "Classification Accuracy in Discriminant Analysis: A Mixed Integer Programming Approach," *The Journal of the Operational Research Society*, 52(3) (March 2001): 328.
10. Kathiann Kowalski, "Couch Potatoes Tend to Be TV-Energy Hogs," (June 9, 2016) https://www.sciencenewsforstudents.org/article/couch-potatoes-tend-be-tv-energy-hogs, accessed November 30, 2016; Don R. Rahtz, M. Joseph Sirgy, and Rustan Kosenko, "Using Demographics and Psychographic Dimensions to Discriminate Between Mature, Heavy, and Light Television Users: An Exploratory Analysis," in Kenneth D. Bahn, ed., *Developments in Marketing Science*, vol. 11 (Blacksburg, VA: Academy of Marketing Science, 1988): 2–7.
11. Para mais sobre a análise discriminante múltipla, veja Takeshi Furuhashi, *Basics of Multivariate Analysis III (Discriminant Analysis): Theory and Exercise Using R*, Kindle Edition (2016), https://www.amazon.com/, accessed January 7, 2017; Richard A. Johnson and Dean W. Wichern, *Applied Multivariate Statistical Analysis*, 5th ed. (Upper Saddle River, NJ: Prentice Hall, 2002). For recent applications, veja Rachel S. Duffy, "Towards a Better Understanding of Partnership Attributes: An Exploratory Analysis of Relationship Type Classification," *Industrial Marketing Management*, 37(2) (April 2008): 228–244; Aviv Shoham and Ayalla Ruvio, "Opinion Leaders and Followers: A Replication and Extension," *Psychology & Marketing*, 25(3) (March 2008): 280–297.
12. "Consumers and the Health Care Delivery System: Patient-Centered Medical Homes," https://www.pcpcc.org/event/2013/11/consumers-and-health-care-delivery-system-patient-centered-medical-homes, accessed November 30, 2016; Kathryn H. Dansky and Diane Brannon, "Discriminant Analysis: A Technique for Adding Value to Patient Satisfaction Surveys," *Hospital & Health Services Administration*, 41(4) (Winter 1996): 503–513; Jeen-Su Lim and Ron Zallocco, "Determinant Attributes in Formulation of Attitudes Toward Four Health Care Systems," *Journal of Health Care Marketing* (June 1988): 25–30.
13. Joseph F. Hair, Jr., William C. Black, Barry J. Babin, Ralph E. Anderson, and Ronald L. Tatham, *Multivariate Data Analysis with Readings*, 7th ed. (Englewood Cliffs, NJ: Prentice Hall, 2010).

14. Para uma discussão sobre o modelo logit, veja Faye Anderson, *Logistic and Multinomial Regressions by Example: Hands On Approach Using R*, Kindle Edition (2016), https://www.amazon.com/, accessed January 7, 2017; Naresh K. Malhotra, "The Use of Linear Logit Models in Marketing Research," *Journal of Marketing Research* (February 1983): 20–31. Para uma comparação dos modelos de regressão OLS, discriminante, logit, e probit, veja Naresh K. Malhotra, "A Comparison of the Predictive Validity of Procedures for Analyzing Binary Data," *Journal of Business and Economic Statistics*, 1 (October 1983): 326–336.
15. Ying So and Warren F. Kuhfeld, "Multinomial Logit Models," https://support.sas.com/techsup/technote/mr2010g.pdf, accessed July 11, 2017; Timothy J. Richards, "A Nested Logit Model of Strategic Promotion," *Quantitative Marketing and Economics* (Dordrecht), 5(1) (March 2007): 63–91; S. Sriram, Pradeep K. Chintagunta, and Ramya Neelamegham, "Effects of Brand Preference, Product Attributes, and Marketing Mix Variables in Technology Product Markets," *Marketing Science*, 25(5) (June 2006): 440; Naresh K. Malhotra, "The Use of Linear Logit Models in Marketing Research," *Journal of Marketing Research* (February 1983): 20–31.
16. http://www.hp.com/, accessed March 4, 2017; Charlotte Klopp and John Sterlicchi, "Customer Satisfaction Just Catching On in Europe," *Marketing News* (May 28, 1990).
17. http://www.smile.co.uk/, accessed March 7, 2017; Madhav N. Segal and Ralph W. Giacobbe, "Ethical Issues in Australian Marketing Research Services: An Empirical Investigation," *Services Marketing Quarterly* (Binghamton), 28(3) (2007): 33; Charles H. Schwepker, Jr., and Michael D. Hartline, "Managing the Ethical Climate of Customer-Contact Service Employees," *Journal of Service Research*, 7(4) (May 2005): 377–396; Roger J. Volkema, "Demographic, Cultural, and Economic Predictors of Perceived Ethicality of Negotiation Behavior: A Nine-Country Analysis," *Journal of Business Research*, 57(1) (January 2004): 69; Paul R. Murphy, Jonathan E. Smith, and James M. Daley, "Executive Attitudes, Organizational Size and Ethical Issues: Perspectives on a Service Industry," *Journal of Business Ethics*, 11 (1992): 11–19.

Capítulo 19

1. https://www.jpmorganchase.com/, accessed July 14, 2017; Charles Blankson, Julian Ming-Sung Cheng, and Nancy Spears, "Determinants of Banks Selection in USA, Taiwan and Ghana," *International Journal of Bank Marketing*, 25(7) (2007): 469–489; Barbara R. Lewis and Sotiris Spyrakopoulos, "Service Failures and Recovery in Retail Banking: The Customers' Perspective," *The International Journal of Bank Marketing*, 19(1) (2001): 37–48; James M. Sinukula and Leanna Lawtor, "Positioning in the Financial Services Industry: A Look at the Decomposition of Image," in Jon M. Hawes and George B. Glisan, eds., *Developments in Marketing Science*, vol. 10 (Akron, OH: Academy of Marketing Science, 1987): 439–442.
2. Para um exame detalhado da análise fatorial, veja Richard L. Gorsuch, *Factor Analysis, Classic Edition* (New York: Routledge, 2014); John C. Loehlin, *Latent Variable Models: An Introduction to Factor, Path, and Structural Equation Analysis* (Mahwah, NJ: Lawrence Erlbaum Associates, 2004); Jacques Tacq, *Multivariate Analysis Techniques in Social Science Research* (Thousand Oaks, CA: Sage Publications, 1997); George H. Dunteman, *Principal Components Analysis* (Newbury Park, CA: Sage Publications, 1989); Marcel Croon, *Methods for Correlational Research: Factor Analysis, Path Analysis, and Structural Equation Modeling* (Harlow: Pearson Custom Publishing, 2008); Robert Cudeck and Robert C. MacCallum, *Factor Analysis at 100: Historical Developments and Future Directions* (Mahwah, NJ: Lawrence Erlbaum Associates, 2007).
3. Veja G. David Garson, *Factor Analysis* (Asheboro, NC: Statistical Associates Publishing, 2013); Robert Cudeck and Robert C. MacCallum, *Factor Analysis at 100: Historical Developments and Future Directions* (Mahwah, NJ: Lawrence Erlbaum Associates, 2007); Marjorie A. Pett, Nancy Lackey, and John Sullivan, *Making Sense of Factor Analysis: The Use of Factor Analysis for Instrument Development in Health Care Research* (Thousand Oaks, CA: Sage Publications, 2006); A. Adam Ding, "Prediction Intervals, Factor Analysis Models, and High-Dimensional Empirical Linear Prediction," *Journal of the American Statistical Association*, 94(446) (June 1999): 446–455; W. R. Dillon and M. Goldstein, *Multivariate Analysis: Methods and Applications* (New York: John Wiley & Sons, 1984): 23–99.
4. Para aplicações recentes de análise fatorial, veja Norm O'Rourke and Larry Hatcher, *A Step-by-Step Approach to Using SAS for Factor Analysis and Structural Equation Modeling*, 2nd ed. (Cary, NC: SAS Institute, 2014). Ver também Leo Huang, "Exploring the Determinants of E-Loyalty Among Travel Agencies," *Service Industries Journal*, 28(2) (March 2008): 239–254; Rajdeep Grewal, Raj Mehta, and Frank R. Kardes, "The Timing of Repeat Purchases of Consumer Durable Goods: The Role of Functional Bases of Consumer Attitudes," *Journal of Marketing Research*, 41 (February 2004), 101–115; Yuhong Wu, Sridhar Balasubramanian, and Vijay Mahajan, "When Is a Preannounced New Product Likely to Be Delayed?" *Journal of Marketing*, 68 (April 2004), 101–113.
5. Richard L. Gorsuch, *Factor Analysis, Classic Edition* (New York: Routledge, 2014); Dennis Child, *The Essentials of Factor Analysis*, 3rd ed. (New York: Continuum, 2006); David J. Bartholomew and Martin Knott, *Latent Variable Models and Factor Analysis* (London: Edward Arnold Publishers, 1999); Joseph F. Hair, Jr., Ralph E. Anderson, Ronald L. Tatham, and William C. Black, *Multivariate Data Analysis with Readings*, 5th ed. (Upper Saddle River, NJ: Prentice Hall, 1998); Alexander Basilevsky, *Statistical Factor Analysis & Related Methods: Theory & Applications* (New York: John Wiley & Sons, 1994).
6. A análise factorial é influenciada pelo tamanho relativo das correlações, e não pelo seu tamanho absoluto.
7. Veja Timothy A. Brown, *Confirmatory Factor Analysis for Applied Research*, 2nd ed. (New York: The Guilford Press, 2015); Jianan Wu, Wayne DeSarbo, Pu-Ju Chen, and Yao-Yi Fu, "A Latent Structure Factor Analytic Approach for Customer Satisfaction Measurement," *Marketing Letters*, 17(3) (July 2006): 221–237; Pamela W. Henderson, Joan L. Giese, and Joseph Cote, "Impression Management Using Typeface Design," *Journal of Marketing*, 68 (October 2004), 60–72; Wagner A. Kamakura and Michel Wedel, "Factor Analysis and Missing Data," *Journal of Marketing Research*, 37(4) (November 2000): 490–498; Sangit Chatterjee, Linda Jamieson, and Frederick Wiseman, "Identifying Most Influential Observations in Factor Analysis," *Marketing Science* (Spring 1991): 145–160; Frank Acito and Ronald D. Anderson, "A Monte Carlo Comparison of Factor Analytic Methods," *Journal of Marketing Research*, 17 (May 1980): 228–236.
8. Outros métodos de rotação ortogonal também estão disponíveis. O método quartimax minimiza o número de fatores necessários para explicar a variável. O método equamax é uma combinação do varimax e do quartimax.
9. "Trade vs. Consumer Promotions," https://www.boundless.com/marketing/textbooks/boundless-marketing-textbook/integrated-marketing-communications-12/selecting-the-promotion-mix-for-a-particular-product-84/trade-vs-consumer-promotions-426-4129/, accessed June 30, 2017; Haesun Park, "US Retailers' Cooperation with Manufacturer Promotional Support," *Journal of Fashion Marketing and Management*, 8(4) (2004): 412–424; Jorge M. Silva-Risso, Randolph E. Bucklin, and Donald G. Morrison, "A Decision Support System for Planning Manufacturers' Sales Promotion Calendars," *Marketing Science*, 18(3) (1999): 274; Ronald C. Curhan and Robert J. Kopp, "Obtaining Retailer Support for Trade Deals: Key Success Factors," *Journal of Advertising Research* (December 1987–January 1988): 51–60.
10. http://www.bestbuy.com, accessed July 22, 2017; Peter Tat, William A. Cunningham III, and Emin Babakus, "Consumer Perceptions of Rebates," *Journal of Advertising Research* (August/September 1988): 45–50.
11. http://www.vw.com/models/beetle/, accessed March 1, 2017; Lillie Guyer, "Fitting in at VW: Try 'Raumwunder,'" *Advertising Age*, 77(16) (April 2006): S-8(2); Don Hammonds, "Volkswagen's New Beetle Acquits Itself Well in Sporting World," *Knight Ridder Tribune Business News* (July 23, 2004): 1; "Return of the Beetle," *The Economist*, 346(8050) (January 10, 1998).

12. "Unethical Marketing Research Practices Philosophy Essay," https://www.ukessays.com/essays/philosophy/unethical-marketing-research-practices-philosophy-essay.php, accessed June 30, 2017; Terri Rittenburg, Sean Valentine, and James Faircloth, "An Ethical Decision-Making Framework for Competitor Intelligence Gathering," *Journal of Business Ethics*, 70(3) (February 2007): 235–245; Erin Stout, "Are Your Salespeople Ripping You Off?" *Sales and Marketing Management*, 153(2) (February 2001): 56–62; David J. Fritzsche, "Ethical Climates and the Ethical Dimension of Decision Making," *Journal of Business Ethics*, 24(2) (March 2000): 125–140; Ishmael P. Akaah and Edward A. Riordan, "The Incidence of Unethical Practices in Marketing Research: An Empirical Investigation," *Journal of the Academy of Marketing Science*, 18(1990): 143–152.

Capítulo 20

1. https://www.haagendazs.us/, accessed July 5, 2017; Roger Slavens, "Haagen-Dazs Tastes Success with Creme de la Creme Campaign," *B to B*, 92(1) (January 2007): 23; Sam Solley, "Haagen-Dazs," *Marketing* (June 16, 2004): 22; Emma Reynolds, "Is Haagen-Dazs Shrewd to Drop Its Sexy Image?" *Marketing* (September 6, 2001): 17; Liz Stuart, "Haagen-Dazs Aims to Scoop a Larger Share," *Marketing Week*, 19(46/2) (February 21, 1997): 26; Dwight J. Shelton, "Birds of a Geodemographic Feather Flock Together," *Marketing News* (August 28, 1987): 13.

2. Para aplicações da análise de *cluster*, veja Satish Nargundkar and Timothy J. Olzer, "An Application of Cluster Analysis in the Financial Services Industry," http://www.nargund.com/gsu/mgs8040/resource/dm/ClusterPaper.doc, accessed July 19, 2017; Francesca Bassi, "Latent Class Factor Models for Market Segmentation: An Application to Pharmaceuticals," *Statistical Methods and Applications*, 16(2) (January 2007): 279–287; Charla Mathwick and Edward Rigdon, "Play, Flow, and the Online Search Experience," *Journal of Consumer Research*, 31 (September 2004): 324–332; Maureen Morrin, Jacob Jacoby, Gita Venkataramani Johar, Xin He, Alfred Kuss, and David Mazursky, "Taking Stock of Stockbrokers: Exploring Momentum Versus Contrarian Investor Strategies and Profiles," *Journal of Consumer Research*, 29 (September 2002), 188–198.

3. A sobreposição de métodos de *clustering* que permitem que um objeto seja agrupado em mais de um *cluster* também está disponível. Veja "Overlapping Clustering," https://repositories.lib.utexas.edu/handle/2152/ETD-UT-2010-08-2022, accessed December 1, 2016; Bruce Curry, Fiona Davies, Martin Evans, Luiz Moutinho, and Paul Phillips, "The Kohonen Self-Organising Map as an Alternative to Cluster Analysis: An Application to Direct Marketing," *International Journal of Market Research*, 45(2) (February 2003): 191–211; Anil Chaturvedi, J. Douglass Carroll, Paul E. Green, and John A. Rotondo, "A Feature-Based Approach to Market Segmentation via Overlapping K-Centroids Clustering," *Journal of Marketing Research*, 34 (August 1997): 370–377.

4. Discussões excelentes sobre os vários aspectos da análise de *cluster* podem ser encontradas em Christian Hennig, Marina Meila, Fionn Murtagh, and Roberto Rocci, *Handbook of Cluster Analysis* (Boca Raton, FL: CRC Press, 2016); János Abonyi and Balázs Feil, *Cluster Analysis for Data Mining and System Identification* (Basel: Birkhäuser, 2007); Leonard Kaufman and Peter J. Rousseeuw, *Finding Groups in Data: An Introduction to Cluster Analysis* (Hoboken, NJ: John Wiley & Sons, 2005); Brian S. Everitt, Sabine Landau, and Morven Leese, *Cluster Analysis*, 4th ed. (Oxford, UK: Oxford University Press, 2001); H. Charles Romsburg, *Cluster Analysis for Researchers* (Melbourne: Lulu.com, 2004).

5. "An Application of Cluster Analysis to HIV/AIDS Prevalence in Nigeria," https://www.scribd.com/document/260423817/An-Application-of-Cluster-Analysis-to-HIV-AIDS-Prevalence-in-Nigeria, accessed December 2, 2016; Jafar Ali, "Micro-Market Segmentation Using a Neural Network Model Approach," *Journal of International Consumer Marketing* (2001): 7; Vicki Douglas, "Questionnaires Too Long? Try Variable Clustering," *Marketing News*, 29(5) (February 27, 1995): 38; Girish Punj and David Stewart, "Cluster Analysis in Marketing Research: Review and Suggestions for Application," *Journal of Marketing Research*, 20 (May 1983): 134–148.

6. Para o uso de análise de *cluster* em segmentação, veja Sara Dolnicar, "Using Cluster Analysis for Market Segmentation: Typical Misconceptions, Established Methodological Weaknesses and Some Recommendations for Improvement," http://ro.uow.edu.au/cgi/viewcontent.cgi?article=1047&context=commpapers, accessed December 2, 2016; Angela Brandt, *Cluster Analysis for Market Segmentation* (Ottawa: Library and Archives Canada, 2006); Arthur W. Allaway, Richard M. Gooner, David Berkowitz, and Lenita Davis, "Deriving and Exploring Behavior Segments Within a Retail Loyalty Card Program," *European Journal of Marketing*, 40(11/12) (2006): 1317–1339; George Arimond, "A Clustering Method for Categorical Data in Tourism Market Segmentation Research," *Journal of Travel Research*, 39(4) (May 2001): 391–397; William D. Neal, "Advances in Market Segmentation," *Marketing Research* (Spring 2001): 14–18; Mark Peterson and Naresh K. Malhotra, "A Global View of Quality of Life: Segmentation Analysis of 165 Countries," *International Marketing Review*, 17(1) (2000): 56–73.

7. http://www.tourismthailand.org/home, accessed July 17, 2017; Kenneth F. Hyde, "Contemporary Information Search Strategies of Destination-Naive International Vacationers," *Journal of Travel & Tourism Marketing*, 21(2/3) (2006): 63–76; Tom J. Brown, Hailin Qu, and Bongkosh Ngamsom Rittichainuwat, "Thailand's International Travel Image: Mostly Favorable," *Cornell Hotel and Restaurant Administration Quarterly*, 42(2) (April 2001): 85–95; Chul-Min Mo, Mark E. Havitz, and Dennis R. Howard, "Segmenting Travel Markets with the International Tourism Role (ITR) Scale," *Journal of Travel Research*, 33(1) (Summer 1994): 24–31; George P. Moschis and Daniel C. Bello, "Decision-Making Patterns Among International Vacationers: A Cross-Cultural Perspective," *Psychology & Marketing* (Spring 1987): 75–89.

8. Ronald S. King, *Cluster Analysis and Data Mining: An Introduction* (Dulles, VA: Mercury Learning, 2015); Petrua C. Caragea and Richard L. Smith, "Asymptotic Properties of Computationally Efficient Alternative Estimators for a Class of Multivariate Normal Models," *Journal of Multivariate Analysis*, 98(104) (August 2007): 1417–1440; Rajan Sambandam, "Cluster Analysis Gets Complicated," *Marketing Research*, 15(1) (2003): 16–21; Brian S. Everitt, Sabine Landau, and Morven Leese, *Cluster Analysis*, 4th ed. (Oxford, UK: Oxford University Press, 2001).

9. Para uma discussão detalhada das medidas de similaridade e de fórmulas para computá-las, veja Christian Hennig, Marina Meila, Fionn Murtagh, and Roberto Rocci, *Handbook of Cluster Analysis* (Boca Raton, FL: CRC Press, 2016); Eric T. Bradlow, "Subscale Distance and Item Clustering Effects in Self-Administered Surveys: A New Metric," *Journal of Marketing Research* (May 2001): 254–261; Victor Chepoi and Feodor Dragan, "Computing a Median Point of a Simple Rectilinear Polygon," *Information Processing Letters*, 49(6) (March 22, 1994): 281–285; H. Charles Romsburg, *Cluster Analysis for Researchers* (Melbourne: Krieger Publishing, 1990).

10. Para um exame mais aprofundado das questões envolvidas em padronização, veja Charu C. Aggarwal and Chandan K. Reddy, *Data Clustering: Algorithms and Applications* (Boca Raton, FL: CRC Press, 2013); S. Dolnicar, "A Review of Unquestioned Standards in Using Cluster Analysis for Data-Driven Market Segmentation," http://ro.uow.edu.au/cgi/viewcontent.cgi?article=1286&context=commpapers, accessed April 20, 2008; H. Charles Romsburg, *Cluster Analysis for Researchers* (Melbourne: Krieger Publishing, 1990).

11. David Byrne and Emma Uprichard, *Cluster Analysis* (Thousand Oaks, CA: Sage Publications, 2012); Brian Everitt, Sabine Landau, and Morven Leese, *Cluster Analysis*, 4th ed. (Oxford, UK: Oxford University Press, 2001); G. Milligan, "An Examination of the Effect of Six Types of Error Perturbation on Fifteen Clustering Algorithms," *Psychometrika*, 45 (September 1980): 325–342.

12. Ronald S. King, *Cluster Analysis and Data Mining: An Introduction* (Dulles, VA: Mercury Learning, 2015); Brian Everitt, Sabine Landau, and Morven Leese, *Cluster Analysis*, 4th ed. (Oxford, UK: Oxford University Press, 2001).

13. Para uma discussão formal sobre confiabilidade, validade e teste de significância em análise de *cluster*, veja Christian Hennig, Marina Meila, Fionn Murtagh, and Roberto Rocci, *Handbook of Cluster Analysis* (Boca Raton, FL: CRC Press, 2016); Stuart J. Barnes, Hans H. Bauer, Marcus M. Neumann, and Frank Huber, "Segmenting Cyberspace: A Customer Typology for the Internet," *European Journal of Marketing*, 41(1/2) (2007): 71–93; Paul Bottomley and Agnes Nairn, "Blinded by Science: The Managerial Consequences of Inadequately Validated Cluster Analysis Solutions," *International Journal of Market Research*, 46(2) (2004): 171–187; Michael J. Brusco, J. Dennis Cradit, and Stephanie Stahl, "A Simulated Annealing Heuristic for a Bicriterion Partitioning Problem in Market Segmentation," *Journal of Marketing Research*, 39(1) (February 2002): 99–109; Hui-Min Chen, "Using Clustering Techniques to Detect Usage Patterns in a Web-Based Information System," *Journal of the American Society for Information Science and Technology*, 52(11) (September 2001): 888; S. Dibbs and P. Stern, "Questioning the Reliability of Market Segmentation Techniques," *Omega*, 23(6) (December 1995): 625–636; G. Ray Funkhouser, "A Note on the Reliability of Certain Clustering Algorithms," *Journal of Marketing Research*, 30 (February 1983): 99–102; T. D. Klastorin, "Assessing Cluster Analysis Results," *Journal of Marketing Research*, 20 (February 1983): 92–98; S. J. Arnold, "A Test for Clusters," *Journal of Marketing Research*, 16 (November 1979): 545–551.

14. "UK Confirmed as Leading European Destination for Foreign Direct Investment," https://www.gov.uk/government/news/uk-confirmed-as-leading-european-destination-for-foreign-direct-investment, accessed January 7, 2017; Finfacts Team, "European Investment Monitor: UK Leads in Foreign Direct Investment Projects in 2007; Ireland Had 80 Projects Compared with 123 for 10th Ranking Netherlands," (June 5, 2008), http://www.finfacts.com/irishfinancenews/article_1013823.shtml, accessed July 22, 2017; John Saunders and Rosalind H. Forrester, "Capturing Learning and Applying Knowledge: An Investigation of the Use of Innovation Teams in Japanese and American Automotive Firms," *Journal of Business Research*, 47(1) (January 2000): 35; Peter Doyle, John Saunders, and Veronica Wong, "International Marketing Strategies and Organizations: A Study of U.S., Japanese, and British Competitors," in Paul Bloom, Russ Winer, Harold H. Kassarjian, Debra L. Scammon, Bart Weitz, Robert E. Spekman, Vijay Mahajan, and Michael Levy, eds., *Enhancing Knowledge Development in Marketing*, Series No. 55 (Chicago: American Marketing Association, 1989): 100–104.

15. Amanda Lazaro et al., "Cluster Analysis: A Look at the Healthcare Industry in Spokane County," http://www.ewu.edu/Documents/CBPA/MBA/Spokane%20and%20Healthcare%20Cluster%202013.pdf, accessed December 4, 2016; George P. Moschis, Danny N. Bellenger, and Carolyn Folkman Curasi, "What Influences the Mature Consumer?" *Marketing Health Services* (Chicago), 23(4) (January 2003): 16; Alfred Lin, Leslie A. Lenert, Mark A. Hlatky, Kathryn M. McDonald et al., "Clustering and the Design of Preference-Assessment Surveys in Healthcare," *Health Services Research*, 34(5) (December 1999): 1033–1045; Edward J. Holohean, Jr., Steven M. Banks, and Blair A. Maddy, "System Impact and Methodological Issues in the Development of an Empirical Typology of Psychiatric Hospital Residents," *Journal of Mental Health Administration*, 22(2) (Spring 1995): 177–188; Arch G. Woodside, Robert L. Nielsen, Fred Walters, and Gale D. Muller, "Preference Segmentation of Health Care Services: The Old-Fashioneds, Value Conscious, Affluents, and Professional Want-It-Alls," *Journal of Health Care Marketing* (June 1988): 14–24.

16. Christian Hennig, Marina Meila, Fionn Murtagh, and Roberto Rocci, *Handbook of Cluster Analysis* (Boca Raton, FL: CRC Press, 2016); "Variable Selection in Clustering for Marketing Segmentation Using Genetic Algorithms," *Expert Systems with Applications: An International Journal Archive*, 34(1) (January 2008): 502–510; Stuart J. Barnes, Hans H. Bauer, Marcus M. Neumann, and Frank Huber, "Segmenting Cyberspace: A Customer Typology for the Internet," *European Journal of Marketing*, 41(1/2) (2007): 71–23; Brian Everitt, Sabine Landau, and Morven Leese, *Cluster Analysis*, 4th ed. (Oxford, UK: Oxford University Press, 2001); Vicki Douglas, "Questionnaire Too Long? Try Variable Clustering," *Marketing News*, 29(5) (February 27, 1995): 38.

17. http://www.nikon.com, accessed July 22, 2017; Todd A. Mooradian, Kurt Matzler, and Lisa Szykman, "Empathetic Responses to Advertising: Testing a Network of Antecedents and Consequences," *Marketing Letters* (Boston), 19(2) (June 2008): 79–92; Thorolf Helgesen, "The Power of Advertising Myths and Realities," *Marketing & Research Today*, 24(2) (May 1996): 63–71; David A. Aaker, Douglas M. Stayman, and Richard Vezina, "Identifying Feelings Elicited by Advertising," *Psychology & Marketing* (Spring 1988): 1–16.

18. "Product Issues in International Marketing," http://www.consumerpsychologist.com/intl_Product.html, accessed July 15, 2017; Gergory M. Pickett, "The Impact of Product Type and Parity on the Informational Content of Advertising," *Journal of Marketing Theory and Practice*, 9(3) (Summer 2001): 32–43; Fred Zandpour and Katrin R. Harich, "Think and Feel Country Clusters: A New Approach to International Advertising Standardization," *International Journal of Advertising*, 15(4) (1996): 325–344; Nancy Giges, "World's Product Parity Perception High," *Advertising Age* (June 20, 1988).

19. John D. Sullivan, "The Moral Compass of Companies: Business Ethics and Corporate Governance as Anti-Corruption Tools," http://www.ifc.org/wps/wcm/connect/3a387c8048a7e613a4bfe76060ad5911/Focus7_AntiCorruption.pdf?MOD=AJPERES, accessed July 15, 2017; John P. Fraedrich, Neil C. Herndon, Jr., and Quey-Jen Yeh, "An Investigation of Moral Values and the Ethical Content of the Corporate Culture," *Journal of Business Ethics*, 30(1) (March 2001): 73–85; Ishmael P. Akaah, "Organizational Culture and Ethical Research Behavior," *Journal of the Academy of Marketing Science*, 21(1) (Winter 1993): 59–63; R. E. Reidenbach and D. P. Robin,

Capítulo 21

1. https://www.statista.com/statistics/422532/united-states-soft-drink-market-size/, accessed July 21, 2017; Andrea Foote, "Another Wake Up Call," *Beverage World*, 124(3) (March 2005): 4; Dean Foust, "Things Go Better with ... Juice; Coke's New CEO Will Have to Move Quickly to Catch Up in Noncarbonated Drink," *Business Week* (3883) (May 17, 2004): 81; Paul E. Green, Frank J. Carmone, Jr., and Scott M. Smith, *Multidimensional Scaling: Concepts and Applications* (Boston: Allyn & Bacon, 1989): 16–17.

2. http://printronix.com/, accessed July 19, 2017.

3. Sohana Jahan and Hou-Duo Qi, "Regularized Multidimensional Scaling with Radial Basis Functions," *Journal of Industrial and Management Optimization*, (Apr 2016): 543; Wayne S. DeSarbo and Jianan Wu, "The Joint Spatial Representation of Multiple Variable Batteries Collected in Marketing Research," *Journal of Marketing Research*, 38(2) (May 2001): 244; Rick L. Andrews and Ajay K. Manrai, "MDS Maps for Product Attributes and Market Response: An Application to Scanner Panel Data," *Marketing Science*, 18(4) (1999): 584–604; Tammo H. A. Bijmolt and Michel Wedel, "A Comparison of Multidimensional Scaling Methods for Perceptual Mapping," *Journal of Marketing Research*, 36(2) (May 1999): 277–285; J. Douglass Carroll and Paul E. Green, "Psychometric Methods in Marketing Research: Part II, Multidimensional Scaling," *Journal of Marketing Research*, 34 (February 1997): 193–204; Lee G. Cooper, "A Review of Multidimensional Scaling in Marketing Research," *Applied Psychological Measurement*, 7 (Fall 1983): 427–450.

4. Uma excelente discussão dos vários aspectos do EMD pode ser encontrada em Ingwer Borg, Patrick J. F. Groenen, and Patrick Mair, *Applied Multidimensional Scaling* (New York: Springer, 2013); ; Ingwer Borg and Patrick J. F. Groenen, *Modern Multidimensional Scaling: Theory and Applications*, 2nd ed. (New York: Springer, 2005); Joseph B. Kruskal and Myron Wish, *Multidimensional Scaling* (Newbury Park, CA: Sage Publications, 2005); Paul E. Green and Yoram Wind, *Marketing Research and Modeling: Progress and Prospects: A Tribute to Paul E. Green* (New York: Springer, 2005); Iain Pardoe, "Multidimensional Scaling for Selecting Small Groups in College Courses," *The American Statistician*, 58(4) (November 2004): 317–321; Tammo H. A. Bijmolt, "A Comparison of Multidimensional Methods for Perceptual Map-

ping," *Journal of Marketing Research,* 36(2) (May 1999): 277–285; Mark L. Davison, *Multidimensional Scaling* (Melbourne: Krieger Publishing, 1992).

5. Os dados geralmente são tratados como simétricos. Veja Julius Ilinskas, "Parallel Branch and Bound for Multidimensional Scaling with City-Block Distances," *Journal of Global Optimization*, (October 2012): 261-274. Para uma abordagem assimétrica, veja Ingwer Borg, Patrick J. F. Groenen, and Patrick Mair, *Applied Multidimensional Scaling* (New York: Springer, 2013); Wayne S. DeSarbo and Rajdeep Grewal, "An Alternative Efficient Representation of Demand-Based Competitive Asymmetry," *Strategic Management Journal*, 28(7) (July 2007): 755–766; Wayne S. Desarbo and Ajay K. Manrai, "A New Multidimensional Scaling Methodology for the Analysis of Asymmetric Proximity Data in Marketing Research," *Marketing Science,* 11(1) (Winter 1992): 1–20. For other approaches to MDS data, veja Kim Juvoung, "Incorporating Context Effects in the Multidimensional Scaling of 'Pick Any/N' Choice Data," *International Journal of Research in Marketing*, 16(1) (February 1999): 35–55; Tammo H. A. Bijmolt and Michel Wedel, "The Effects of Alternative Methods of Collecting Similarity Data for Multidimensional Scaling," *International Journal of Research in Marketing,* 12(4) (November 1995): 363–371.

6. Veja Duncan K. H. Fong,, Wayne S. Desarbo; Zhe Chen and Zhuying Xu, "A Bayesian Vector Multidimensional Scaling Procedure Incorporating Dimension Reparameterization with Variable Selection," *Psychometrika*, (Dec 2015): 1043-106; G. David Garson, *Multidimensional Scaling* (Asheboro, NC: Statistical Associates, 2012); Trevor F. Cox and Michael A. Cox, *Multidimensional Scaling*, 2nd ed. (New York: Chapman & Hall, 2000); Tammo H. A. Bijmolt and Michel Wedel, "A Comparison of Multidimensional Scaling Methods for Perceptual Mapping," *Journal of Marketing Research*, 36(2) (1999): 277–285; Jan-Benedict SteenKamp and Hans C. M. van Trijp, "Task Experience and Validity in Perceptual Mapping: A Comparison of Two Consumer-Adaptive Techniques," *International Journal of Research in Marketing,* 13(3) (July 1996): 265–276; Naresh K. Malhotra, Arun K. Jain, and Christian Pinson, "The Robustness of MDS Configurations in the Case of Incomplete Data," *Journal of Marketing Research,* 25 (February 1988): 95–102.

7. Veja Oh, Man-Suk oh, "A Simple and Efficient Bayesian Procedure for Selecting Dimensionality in Multidimensional Scaling," *Journal of Multivariate Analysis*, (May 2012): 200-209; Ingwer Borg, Patrick J. F. Groenen, and Patrick Mair, *Applied Multidimensional Scaling* (New York: Springer, 2013); Trevor F. Cox and Michael A. Cox, *Multidimensional Scaling,* 2nd ed. (New York: Chapman & Hall, 2000). Para uma aplicação, veja Alain d'Astous and Lilia Boujbel, "Positioning Countries on Personality Dimensions: Scale Development and Implications for Country Marketing," *Journal of Business Research*, 60(3) (March 2007): 231–239.

8. O estresse de Kruskal é provavelmente a medição mais usada para falta de ajuste. Veja Joseph B. Kruskal and Myron Wish, *Multidimensional Scaling* (Newbury Park, CA: Sage Publications, 2005). For the original article, veja J. B. Kruskal, "Multidimensional Scaling by Optimizing Goodness of Fit to a Nonmetric Hypothesis," *Psychometrika,* 29 (March 1964): 1–27.

9. William G Jacoby and David A. Armstrong, "Bootstrap Confidence Regions for Multidimensional Scaling Solutions," *American Journal of Political Science*, Jan 2014): 264-278.; Wayne S. DeSarbo, "The Joint Spatial Representation of Multiple Variable Batteries Collected in Marketing Research," *Journal of Marketing Research*, 38(2) (May 2001): 244–253; J. Douglass Carroll and Paul E. Green, "Psychometric Methods in Marketing Research: Part II, Multidimensional Scaling," *Journal of Marketing Research,* 34 (February 1997): 193–204; Naresh K. Malhotra, "Validity and Structural Reliability of Multidimensional Scaling," *Journal of Marketing Research,* 24 (May 1987): 164–173.

10. Veja, por exemplo, Wayne S. Desarbo,; Joonwook Park and Vithala R. Rao, "Deriving Joint Space Positioning Maps from Consumer Preference Ratings, *"Marketing Letters*, (Mar 2011): 1-14; Wayne S. DeSarbo and Rajdeep Grewal, "An Alternative Efficient Representation of Demand-Based Competitive Asymmetry," *Strategic Management Journal*, 28(7) (July 2007): 755–766; Jack K. H. Lee, K. Sudhir, and Joel H. Steckel, "A Multiple Ideal Point Model: Capturing Multiple Preference Effects from Within an Ideal Point Framework," *Journal of Marketing Research,* 39(1) (February 2002): 73–86; Wayne S. DeSarbo, M. R. Young, and Arvind Rangaswamy, "A Parametric Multidimensional Unfolding Procedure for Incomplete Nonmetric Preference/Choice Set Data Marketing Research," *Journal of Marketing Research,* 34(4) (November 1997): 499–516; David B. Mackay, Robert F. Easley, and Joseph L. Zinnes, "A Single Ideal Point Model for Market Structure Analysis," *Journal of Marketing Research,* 32(4) (November 1995): 433–443. Ver também George Balabanis and Adamantios Diamantopoulos, "Domestic Country Bias, Country-of-Origin Effects, and Consumer Ethnocentrism: A Multidimensional Unfolding Approach," *Journal of the Academy of Marketing Science*, 32 (Winter 2004): 80–95.

11. Princy Gupta, "Consumer Brand Preference While Purchasing Luxury Car Brands," *Our Edu International Journal* (September 1, 2014) http://www.oureduij.com/consumer-brand-preference/, accessed December 5, 2016; Paul Ferris, "All the Right Designs," *Marketing,* 109(15) (April 26, 2004): 3; Gaby Odekerken-Schroder, Hans Ouwersloot, Jos Lemmink, and Janjaap Semeijn, *"*Consumers' Trade-Off Between Relationship, Service Package and Price: An Empirical Study in the Car Industry," *European Journal of Marketing*, 37(1/2) (2003): 219–244; Ian P. Murphy, "Downscale Luxury Cars Drive to the Heart of Baby Boomers," *Marketing News,* 30(21) (October 1997): 1, 19.

12. "Correspondence Analysis," http://www.jmp.com/support/help/Correspondence_Analysis.shtml, accessed December 5, 2016. Para aplicações da análise de correspondência, veja Monica Gomez and Natalia Rubio Benito, "Manufacturer's Characteristics That Determine the Choice of Producing Store Brands," *European Journal of Marketing*, 42(1/2) (2008): 154–177; J. Jeffrey Inman, Venkatesh Shankar, and Rosellina Ferraro, "The Roles of Channel-Category Associations and Geodemographics in Channel Patronage," *Journal of Marketing*, 68 (April 2004): 51–71; Naresh K. Malhotra and Betsy Charles, "Overcoming the Attribute Prespecification Bias in International Marketing Research by Using Nonattribute Based Correspondence Analysis," *International Marketing Review,* 19(1) (2002): 65–79; Ken Reed, "The Use of Correspondence Analysis to Develop a Scale to Measure Workplace Morale from Multi-Level Data," *Social Indicators Research,* 57(3) (March 2002): 339. Ver também David B. Whitlark and Scott M. Smith, "Using Correspondence Analysis to Map Relationships," *Marketing Research*, 13(3) (2001): 22–27.

13. Veja "Correspondence Analysis," http://ordination.okstate.edu/CA.htm, accessed December 5, 2016; David J. Bartholomew, *Analysis of Multivariate Social Science Data,* 2nd ed. (Boca Raton: CRC Press, 2008); Jorg Blasius and Michael L. Greenacre, *Visualization of Categorical Data* (McLean, VA: Academic Press, 1998); Michael J. Greenacre, *Correspondence Analysis in Practice* (New York: Academic Press, 1993); Michael J. Greenacre, "The Carroll-Green-Schaffer Scaling in Correspondence Analysis: A Theoretical and Empirical Appraisal," *Journal of Marketing Research,* 26 (August 1989): 358–365; Michael J. Greenacre, *Theory and Applications of Correspondence Analysis* (New York: Academic Press, 1984); Donna L. Hoffman and George R. Franke, "Correspondence Analysis: Graphical Representation of Categorical Data in Marketing Research," *Journal of Marketing Research,* 23 (August 1986): 213–227.

14. Ingwer Borg, Patrick J. F. Groenen, and Patrick Mair, *Applied Multidimensional Scaling* (New York: Springer, 2013); Tammo H. A. Bijmolt and Michel Wedel, "A Comparison of Multidimensional Scaling Methods for Perceptual Mapping," *Journal of Marketing Research*, 36(2) (May 1999): 277–285; John R. Hauser and Frank S. Koppelman, "Alternative Perceptual Mapping Techniques: Relative Accuracy and Usefulness," *Journal of Marketing Research,* 16 (November 1979): 495–506. Hauser and Koppelman conclude that factor analysis is superior to discriminant analysis. Ver também Ingwer Borg and Patrick J. Groenen, *Modern Multidimensional Scaling Theory and Applications* (New York: Springer-Verlag, 1996).

15. Para aplicações e questões envolvendo a análise conjunta, veja James Agarwal, Wayne DeSarbo, Naresh K. Malhotra, and Vithala Rao, "An

Interdisciplinary Review of Research in Conjoint Analysis: Recent Developments and Directions for Future Research," *Customer Needs and Solutions*, 2(1) (March 2015): 19–40;Simona Aurelia Bodog and Gyula Laszlo Florian, "Conjoint Analysis in Marketing Research," *Journal of Electrical & Electronics Engineering*, 5(1) (May 2012):19; Erik Mønness and Shirley Coleman, "Comparing a Survey and a Conjoint Study: The Future Vision of Water Intermediaries," *Journal of Applied Statistics*, 35(1) (January 2008): 19–30; Ulrich R. Orth and Keven Malkewitz, "Holistic Package Design and Consumer Brand Impressions," *Journal of Marketing*, 72(3) (July 2008): 64–81; Raghuram Iyengar, Kamel Jedidi, and Rajeev Kohli, "A Conjoint Approach to Multipart Pricing," *Journal of Marketing Research*, 45(2) (May 2008): 195–210; Michael Yee, Ely Dahan, John R. Hauser, and James Orlin, "Greedoid-Based Noncompensatory Inference," *Marketing Science*, 26(4) (July 2007): 532; Theodoros Evgeniou, Constantinos Boussios, and Giorgos Zacharia, "Generalized Robust Conjoint Estimation," *Marketing Science*, 24(3) (June 2005): 415–429; John R. Hauser and Olivier Toubia, "The Impact of Utility Balance and Endogeneity in Conjoint Analysis," *Marketing Science*, 24(3) (June 2005): 498–507; John C. Liechty, Duncan K. H. Fong, and Wayne S. DeSarbo, "Dynamic Models Incorporating Individual Heterogeneity: Utility Evolution in Conjoint Analysis," *Marketing Science*, 24(2) (March 2005): 285–293; Ming Ding, Rajdeep Grewal, and John Liechty, "Incentive-Aligned Conjoint Analysis," *Journal of Marketing Research*, 42 (February 2005): 67–82; Eric T. Bradlow, Ye Hu, and Teck-Hua Ho, "A Learning-Based Model for Imputing Missing Levels in Partial Conjoint Profiles," *Journal of Marketing Research*, 41 (November 2004): 369–381; Joseph W. Alba and Alan D. J. Cooke, "When Absence Begets Inference in Conjoint Analysis," *Journal of Marketing Research*, 41 (November 2004): 382–387; Eric T. Bradlow, Ye Hu, and Teck-Hua Ho, "Modeling Behavioral Regularities of Consumer Learning in Conjoint Analysis," *Journal of Marketing Research*, 41 (November 2004): 392–396; Olivier Toubia, John R. Hauser, and Duncan I. Simester, "Polyhedral Methods for Adaptive Choice-Based Conjoint Analysis," *Journal of Marketing Research*, 41 (February 2004): 116–131.

16. Vithala R. Rao, *Applied Conjoint Analysis* (New York: Springer, 2014); Muriel Wilson-Jeanselme and Jonathan Reynolds, "The Advantages of Preference-Based Segmentation: An Investigation of Online Grocery Retailing," *Journal of Targeting, Measurement & Analysis for Marketing*, 14(4) (July 2006): 297–308; Marsha A. Dickson, Sharron J. Lennon, Catherine P. Montalto, Doug Shen, and Li Zhang, "Chinese Consumer Market Segments for Foreign Apparel Products," *The Journal of Consumer Marketing* (Santa Barbara), 21(4/5) (2004): 301; Marco Vriens, "Linking Attributes, Benefits, and Consumer Values," *Marketing Research*, 12(3) (Fall 2000): 4–10; Judith Thomas Miller, James R. Ogden, and Craig A. Latshaw, "Using Trade-Off Analysis to Determine Value-Price Sensitivity of Custom Calling Features," *American Business Review*, 16(1) (January 1998): 8–13. Para uma visão geral da análise conjunto em marketing, veja J. Douglass Carroll and Paul E. Green, "Psychometric Methods in Marketing Research: Part I, Conjoint Analysis," *Journal of Marketing Research*, 32 (November 1995): 385–391; Paul E. Green and V. Srinivasan, "Conjoint Analysis in Marketing: New Developments with Implications for Research and Practice," *Journal of Marketing*, 54 (October 1990): 3–19.

17. Michael Lang, *Conjoint Analysis in Marketing Research* (Norderstedt, Germany: Open Publishing, 2011); Reinhold Hatzinger and Josef A. Mazanec, "Measuring the Part Worth of the Mode of Transport in a Trip Package: An Extended Bradley Terry Model for Paired-Comparison Conjoint Data," *Journal of Business Research*, 60(12) (December 2007): 1290–1302; John C. Liechty, Duncan K. H. Fong, and Wayne S. DeSarbo, "Dynamic Models Incorporating Individual Heterogeneity: Utility Evolution in Conjoint Analysis," *Marketing Science*, 24(2) (March 2005): 285–293; Peter H. Bloch, Frederic F. Brunel, and Todd J. Arnold, "Individual Differences in the Centrality of Visual Product Aesthetics: Concept and Measurement," *Journal of Consumer Research*, 29 (March 2003): 551–565; Zsolt Sandor and Michel Wedel, "Designing Conjoint Choice Experiments Using Managers' Prior Beliefs," *Journal of Marketing Research*, 38(4) (November 2001): 430–444; S. R. Jaeger, D. Hedderley, and H. J. H. MacFie, "Methodological Issues in Conjoint Analysis: A Case Study," *European Journal of Marketing*, 35(11) (2001): 1217–1239; V. Srinivasan, "Predictive Validation of Multiattribute Choice Models," *Marketing Research*, 11(4) (Winter 1999/Spring 2000): 28–34; Dick R. Wittink, Marco Vriens, and Wim Burhenne, "Commercial Uses of Conjoint Analysis in Europe: Results and Critical Reflections," *International Journal of Research in Marketing*, 11(1) (January 1994): 41–52; Dick R. Wittink and Philippe Cattin, "Commercial Use of Conjoint Analysis: An Update," *Journal of Marketing*, 53 (July 1989): 91–97. For using conjoint analysis to measure price sensitivity, veja "Multistage Conjoint Methods to Measure Price Sensitivity," *Sawtooth News*, 10 (Winter 1994/1995): 5–6.

18. Esses três atributos são um subconjunto de atributos identificados na literatura. Veja Rune Lines and Jon M. Denstadli, "Information Overload in Conjoint Experiments," *International Journal of Market Research*, 46(3) (2004): 297–310.

19. C. Jansson, B. Bointon, and N. Marlow, "An Exploratory Conjoint Analysis Study of Consumers' Aesthetic Responses of Point-of-Purchase Materials," *The International Review of Retail, Distribution and Consumer Research*, 13(1) (January 2003): 59–76; Martin Wetzels, "Measuring Service Quality Trade-Offs in Asian Distribution Channels: A Multilayer Perspective," *Total Quality Management*, 11(3) (May 2000): 307–318; Gerard H. Loosschilder, Edward Rosbergen, Marco Vriens, and Dick R. Wittink, "Pictorial Stimuli in Conjoint Analysis to Support Product Styling Decisions," *Journal of the Market Research Society*, 37 (January 1995): 17–34.

20. Veja James Agarwal, Wayne DeSarbo, Naresh K. Malhotra, and Vithala Rao, "An Interdisciplinary Review of Research in Conjoint Analysis: Recent Developments and Directions for Future Research," *Customer Needs and Solutions*, 2(1) (March 2015): 19–40; Klaus G. Grunert, Lars Esbjerg, Tino Bech-Larsen, Karen Bruns, and Hans Juhl, "Consumer Preferences for Retailer Brand Architectures: Results from a Conjoint Study," *International Journal of Retail & Distribution Management*, 34(8) (2006): 597–608; Olivier Toubia, John R. Hauser, and Duncan I. Simester, "Polyhedral Methods for Adaptive Choice-Based Conjoint Analysis," *Journal of Marketing Research*, 41(1) (February 2004): 116–131; Paul E. Green, Abba M. Krieger, and Yoram Wind, "Thirty Years of Conjoint Analysis: Reflections and Prospects," *Interfaces*, 31(3) (May/June 2001): S56; J. Douglass Carroll and Paul E. Green, "Psychometric Methods in Marketing Research: Part I, Conjoint Analysis," *Journal of Marketing Research*, 32 (November 1995): 385–391; Warren F. Kuhfeld, Randall D. Tobias, and Mark Garratt, "Efficient Experimental Designs with Marketing Applications," *Journal of Marketing Research*, 31 (November 1994): 545–557; Sidney Addleman, "Orthogonal Main-Effect Plans for Asymmetrical Factorial Experiments," *Technometrics*, 4 (February 1962): 21–36; Paul E. Green, "On the Design of Choice Experiments Involving Multifactor Alternatives," *Journal of Consumer Research*, 1 (September 1974): 61–68.

21. Vithala R. Rao, *Applied Conjoint Analysis* (New York: Springer, 2014); Raghuram Iyengar, Kamel Jedidi, and Rajeev Kohli, "A Conjoint Approach to Multipart Pricing," *Journal of Marketing Research*, 45(2), (May 2008): 195–210; Rinus Haaijer, Wagner Kamakura, and Michel Wedel, "Response Latencies in the Analysis of Conjoint Choice Experiments," *Journal of Marketing Research*, 37(3) (August 2000): 376–382; J. Douglass Carroll and Paul E. Green, "Psychometric Methods in Marketing Research: Part I, Conjoint Analysis," *Journal of Marketing Research*, 32 (November 1995): 385–391.

22. Michael Lang, *Conjoint Analysis in Marketing Research* (Norderstedt, Germany: Open Publishing, 2011); R. Helm, M. Steiner, A. Scholl, and L. Manthey, "A Comparative Empirical Study on Common Methods for Measuring Preferences," *International Journal of Management and Decision Making*, 9(3) (2008): 242–265; Min Ding, "An Incentive-Aligned Mechanism for Conjoint Analysis," *Journal of Marketing Research* (Chicago), 44(2) (May 2007): 214; Zsolt Sandor and Michel Wedel, "Designing Conjoint Choice Experiments Using Managers' Prior Beliefs," *Journal of Marketing Research*, 38(4) (November 2001): 430–444; Arun K. Jain, Franklin Acito, Naresh K. Malhotra, and Vijay Mahajan, "A Comparison of the Internal Validity of Alternative Parameter Es-

timation Methods in Decompositional Multiattribute Preference Models," *Journal of Marketing Research* (August 1979): 313–322.

23. James Agarwal, Wayne DeSarbo, Naresh K. Malhotra, and Vithala Rao, "An Interdisciplinary Review of Research in Conjoint Analysis: Recent Developments and Directions for Future Research," *Customer Needs and Solutions*, 2(1) (March 2015): 19–40; Theodoros Evgeniou, Constantinos Boussios, and Giorgos Zacharia, "Generalized Robust Conjoint Estimation," *Marketing Science*, 24(3) (June 2005): 415–429; Neeraj Arora and Greg M. Allenby, "Measuring the Influence of Individual Preference Structures in Group Decision Making," *Journal of Marketing Research*, 36(4) (November 1999): 476–487; J. Douglass Carroll and Paul E. Green, "Psychometric Methods in Marketing Research: Part I, Conjoint Analysis," *Journal of Marketing Research*, 32 (November 1995): 385–391; Frank J. Carmone and Paul E. Green, "Model Misspecification in Multiattribute Parameter Estimation," *Journal of Marketing Research*, 18 (February 1981): 87–93.

24. Dilip Chhajed and Kilsun Kim, "The Role of Inclination and Part Worth Differences Across Segments in Designing a Price-Discriminating Product Line," *International Journal of Research in Marketing*, 21(3) (September 2004): 313. Para uma aplicação da análise conjunta usando-se regressão OLS, veja Rinus Haaijer, Wagner Kamakura, and Michel Wedel, "The 'No-Choice' Alternative to Conjoint Choice Experiments," *International Journal of Market Research*, 43(1) (First Quarter 2001): 93–106; Amy Ostrom and Dawn Iacobucci, "Consumer Trade-Offs and the Evaluation of Services," *Journal of Marketing*, 59 (January 1995): 17–28; Peter J. Danaher, "Using Conjoint Analysis to Determine the Relative Importance of Service Attributes Measured in Customer Satisfaction Surveys," *Journal of Retailing*, 73(2) (Summer 1997): 235–260.

25. "Reliability of Conjoint Analysis?" https://www.researchgate.net/post/Reliability_of_Conjoint_Analysis, accessed December 6, 2016; Min Ding, Rajdeep Grewal, and John Liechty, "Incentive-Aligned Conjoint Analysis," *Journal of Marketing Research*, 42(1) (February 2005): 67; William L. Moore, "A Cross-Validity Comparison of Rating-Based and Choice-Based Conjoint Analysis Models," *International Journal of Research in Marketing*, 21(3) (2004): 299–312; Rick L. Andrews, Asim Ansari, and Imran S. Currim, "Hierarchical Bayes Versus Finite Mixture Conjoint Analysis: A Comparison of Fit, Prediction and Partworth Recovery," *Journal of Marketing Research*, 39(1) (February 2002): 87–98; J. Douglass Carroll and Paul E. Green, "Psychometric Methods in Marketing Research: Part I, Conjoint Analysis," *Journal of Marketing Research*, 32 (November 1995): 385–391; Naresh K. Malhotra, "Structural Reliability and Stability of Nonmetric Conjoint Analysis," *Journal of Marketing Research*, 19 (May 1982): 199–207; Thomas W. Leigh, David B. MacKay, and John O. Summers, "Reliability and Validity of Conjoint Analysis and Self-Explicated Weights: A Comparison," *Journal of Marketing Research*, 21 (November 1984): 456–462; Madhav N. Segal, "Reliability of Conjoint Analysis: Contrasting Data Collection Procedures," *Journal of Marketing Research*, 19 (February 1982): 139–143.

26. Rahul Sharma, "Laptop Purchase: Consumer Preferences" (May 2, 2014) https://prezi.com/gbomva2abv8a/laptop-purchase-consumer-preferences/, accessed December 6, 2016; Rosanna Garcia, Paul Rummel, and John Hauser, "Validating Agent-Based Marketing Models Through Conjoint Analysis," *Journal of Business Research*, 60(8) (August 2007): 848–857; Michael Yee, Ely Dahan, John R. Hauser, and James Orlin, "Greedoid-Based Noncompensatory Inference," *Marketing Science*, 26(4) (August 2007): 532–549; Jay Palmer, "The Best Notebook Computers," *Barron's*, 80(46) (November 13, 2000): V16–V17; William L. Moore, "Using Conjoint Analysis to Help Design Product Platforms," *The Journal of Product Innovation Management*, 16(1) (January 1999): 27–39; Del I. Hawkins, Roger J. Best, and Kenneth A. Coney, *Consumer Behavior Implications for Marketing Strategy*, 7th ed. (Boston: McGraw-Hill, 1998).

27. James Agarwal, Wayne DeSarbo, Naresh K. Malhotra, and Vithala Rao, "An Interdisciplinary Review of Research in Conjoint Analysis: Recent Developments and Directions for Future Research," *Customer Needs and Solutions*, 2(1) (March 2015): 19–40; Frenkel Ter Hofstede, Youngchan Kim, and Michel Wedel, "Bayesian Prediction in Hybrid Conjoint Analysis," *Journal of Marketing Research*, 39(2) (May 2002): 253–261; Terry G. Vavra, Paul E. Green, and Abba M. Krieger, "Evaluating EZPass," *Marketing Research*, 11(2) (Summer 1999): 4–14; Clark Hu and Stephen J. Hiemstra, "Hybrid Conjoint Analysis as a Research Technique to Measure Meeting Planners' Preferences in Hotel Selection," *Journal of Travel Research*, 35(2) (Fall 1996): 62–69; Paul E. Green and Abba M. Krieger, "Individualized Hybrid Models for Conjoint Analysis," *Management Science*, 42(6) (June 1996): 850–867; Paul E. Green, "Hybrid Models for Conjoint Analysis: An Expository Review," *Journal of Marketing Research*, 21 (May 1984): 155–169.

28. https://www.akzonobel.com/, accessed March 3, 2017; Jayson L. Lusk, Deacue Fields, and Walt Prevatt, "An Incentive Compatible Conjoint Ranking Mechanism," *American Journal of Agricultural Economics*, 90(2) (May 2008): 487–498; "Enhancing Adjuvants Give Drastic Advance to Fusilade," *Farmers Guardian* (July 18, 2003): 27; Kevin J. Boyle, "A Comparison of Conjoint Analysis Response Formats," *American Journal of Agricultural Economics*, 83(2) (May 2001): 441–454; Dale McDonald, "Industry Giants," *Farm Industry News*, 34(3) (February 2001): 6; Diane Schneidman, "Research Method Designed to Determine Price for New Products, Line Extensions," *Marketing News* (October 23, 1987): 11.

29. Roger Schreffler, "Japanese Automakers Continue to Raise Stake in Europe" (August 4, 2016), http://wardsauto.com/industry/japanese-automakers-continue-raise-stake-europe, accessed December 7, 2016; Chris Wright, "Asian Automakers Add European Style to Boost Sales," *Automotive News*, 78(6100) (June 28, 2004): 28; "US's Newest Automaker Brings European Micro Car to the US," *Octane Week*, 19(43) (November 29, 2004): 1; "Luxury Car Makers Assemble World View," *Corporate Location* (January/February 1997): 4.

30. http://www.colgate.com, accessed December 7, 2016; "Lever Faberge Plans Major Softener Launch," *Marketing Week* (September 9, 2004): 5; Sukanya Jitpleecheep, "Thailand's Detergent Market Growth Rate Slows," *Knight Ridder Tribune Business News* (May 24, 2002): 1; Linda Grant, "Outmarketing P&G," *Fortune*, 137(1) (January 12, 1998): 150–152; David Butler, "Thai Superconcentrates Foam," *Advertising Age* (January 18, 1993).

31. "Ethical Decision Making," http://www.decision-making-solutions.com/ethics_in_decision_making.html, accessed December 7, 2016; Katharina J. Srnka, "Culture's Role in Marketers' Ethical Decision Making: An Integrated Theoretical Framework," *Academy of Marketing Science Review* (2004): 1; Dane Peterson, Angela Rhoads, and Bobby C. Vaught, "Ethical Beliefs of Business Professionals: A Study of Gender, Age and External Factors," *Journal of Business Ethics*, 31(3) (June 2001): 1; S. J. Vitell and F. N. Ho, "Ethical Decision Making in Marketing: A Synthesis and Evaluation of Scales Measuring the Various Components of Decision Making in Ethical Situations," *Journal of Business Ethics*, 16(7) (May 1997): 699–717.

Capítulo 22

1. Agradecemos imensamente a ajuda do professor James Agarwal em aplicação em serviços bancários e do professor Sung Kim em aplicações de MAT. O material apresentado neste capítulo é tirado de várias fontes sobre MEE. Uma menção especial é feita a K. A. Bollen, *Structural Equation Modeling with Latent Variables* (New York: John Wiley & Sons, 1989) and Joseph F. Hair, William C. Black, Barry J. Babin, Rolph E. Anderson, and Ronald L. Tatham, *Multivariate Data Analysis*, 6th ed. (Upper Saddle River, NJ: Prentice Hall, 2006).

2. Naresh K. Malhotra, Sung Kim, and James Agarwal, "Internet Users' Information Privacy Concerns (IUIPC): The Construct, the Scale, and a Causal Model," *Information Systems Research*, 15(4) (December 2004): 336–355. Ver também Niels J. Blunch, *Introduction to Structural Equation Modeling Using IBM SPSS Statistics and EQS* (Thousand Oaks, CA: Sage Publications, 2016).

3. Boas fontes para introdução a MEE incluem Barbara M. Byrne, *Structural Equation Modeling with AMOS: Basic Concepts, Applications, and Programming*, 3rd ed. (New York: Routledge, 2016); Rick H. Hoyle, *Handbook of Structural Equation Modeling* (New York: Guilford Press, 2015); K. A. Bollen, *Structural Equations with Latent Variables* (New

York: John Wiley & Sons, 1989); Rick Hoyle, *Structural Equation Modeling: Concepts, Issues and Applications* (Thousand Oaks, CA: Sage Publications, 1995); R. B. Kline, *Principles and Practice of Structural Equation Modeling*, 2nd ed. (New York: Guilford Press, 2005); Donna Harrington, *Confirmatory Factor Analysis* (New York: Oxford University Press, 2008).

4. Para uma história da MEE, veja Rex B. Kline, *Principles and Practice of Structural Equation Modeling*, 4th ed. (New York: Guilford Press, 2016); W. T. Bielby and R. M. Hauser, "Structural Equation Models," *Annual Review of Sociology*, 3 (1977): 137–161; K. A. Bollen, *Structural Equations with Latent Variables* (New York: John Wiley & Sons, 1989); R. J. Epstein, *A History of Econometrics* (Amsterdam: Elsevier, 1987).

5. Barbara M. Byrne, *Structural Equation Modeling with AMOS: Basic Concepts, Applications, and Programming*, 3rd ed. (New York: Routledge, 2016); R. A. Berk, "Causal Inference for Sociological Data," in N. J. Smelser, ed., *Handbook of Sociology* (Newbury Park, CA: Sage Publications, 1988).

6. Randall E. Schumacker and Richard G. Lomax, *A Beginner's Guide to Structural Equation Modeling*, 4th ed. (New York: Routledge, 2016); J. C. Anderson and D. W. Gerbing, "Structural Equation Modeling in Practice: A Review and Recommended Two-Step Approach," *Psychological Bulletin*, 103(1988): 411–423.

7. Tipicamente, adotamos a teoria da mensuração reflexiva. Essa teoria sustenta que construtos latentes causam as variáveis observadas, e que a incapacidade de explicar plenamente as variáveis observadas resulta em erros. Portanto, as setas são desenhadas dos contrutos latentes para as variáveis observadas. Uma abordagem alternativa que às vezes é usada é a teoria da mensuração formativa, em que as variáveis observadas causam o construto. Construtos formativos não são considerados latentes. A teoria da mensuração reflexiva costuma ser usada em marketing e nas ciências sociais e, por isso, é a abordagem adotada aqui.

8. Para mais discussões, veja Niels J. Blunch, *Introduction to Structural Equation Modeling Using IBM SPSS Statistics and EQS* (Thousand Oaks, CA: Sage Publications, 2016); R. Cudek, "Analysis of Correlation Matrices Using Covariance Structure Models," *Psychological Bulletin*, 2 (1989): 317–327.

9. A EPM é a mais utilizada abordagem de estimativa e é a opção-padrão na maioria dos programas de MEE. Porém, métodos alternativos, como mínimos quadrados ponderados, mínimos quadrados generalizados e distribuição assintoticamente livres também estão disponíveis.

10. Joseph F. Hair, William C. Black, Barry J. Babin, Rolph E. Anderson, and Ronald L. Tatham, *Multivariate Data Analysis*, 7th ed. (Upper Saddle River, NJ: Prentice Hall, 2010).

11. E. Kevin Kelloway, *Using Mplus for Structural Equation Modeling: A Researcher's Guide*, 2nd ed. (Thousand Oaks, CA: Sage Publications, 2015); Donna Harrington, *Confirmatory Factor Analysis* (New York: Oxford University Press, 2008); D. L. Jackson, "Sample Size and Number of Parameter Estimates in Maximum Likelihood Confirmatory Factor Analysis: A Monte Carlo Investigation," *Structural Equation Modeling*, 8(2) (2001): 205–223; D. Kaplan, "Statistical Power in Structural Equation Modeling," in R. Hoyle, ed., *Structural Equation Modeling: Concepts, Issues, and Applications* (Thousand Oaks, CA: Sage Publications, 1995): 100–117; L. T. Hu and P. M. Bentler, "Cutoff Criteria for Fit Indexes in Covariance Structure Analysis: Conventional Criteria Versus New Alternatives," *Structural Equation Modeling*, 6 (1999): 1–55.

12. Rick H. Hoyle, *Handbook of Structural Equation Modeling* (New York: Guilford Press, 2015); L. Hu and P. M. Bentler, "Fit Indices in Covariance Structure Modeling: Sensitivity to Underparameterized Model Misspecification," *Psychological Methods*, 3(4) (1998): 424–453; L. Hu and P. M. Bentler, "Cutoff Criteria for Fit Indexes in Covariance Structure Analysis: Conventional Criteria Versus New Alternatives," *Structural Equation Modeling*, 6(1) (1999): 1–55; H. W. Marsh, J. R. Balla, and R. P. McDonald, "Goodness of Fit Indexes in Confirmatory Factor Analysis: The Effect of Sample Size," *Psychological Bulletin*, 103 (1988): 391–410; H. W. Marsh, J. W. Balla, and K. Hau, "An Evaluation of Incremental Fit Indices: A Clarification of Mathematical and Empirical Properties," in G. A. Marcoulides and R. E. Schumacker, eds., *Advanced Structural Equation Modeling: Issues and Techniques* (Mahwah, NJ: Erlbaum, 1996): 315–353; J. Nevitt and G. R. Hancock, "Improving the Root Mean Squared Error of Approximation for Non-normal Conditions in Structural Equation Modeling," *Journal of Experimental Education*, 68 (2000): 51–268; H. W. Marsh and K-T Hau, "Assessing Goodness of Fit: Is Parsimony Always Desirable?" *Journal of Experimental Education*, 64 (1996): 364–390.

13. Barbara M. Byrne, *Structural Equation Modeling with AMOS: Basic Concepts, Applications, and Programming*, 3rd ed. (New York: Routledge, 2016); W. W. Chin, A. Gopal, and W. D. Salisbury, "Advancing the Theory of Adaptive Structuration: The Development of a Scale to Measure Faithfulness of Appropriation," *Information Systems Research*, 8(4) (1997): 342–367.

14. Randall E. Schumacker and Richard G. Lomax, *A Beginner's Guide to Structural Equation Modeling*, 4th ed. (New York: Routledge, 2016); C. Fornell and D. F. Larcker, "Evaluating Structural Equation Models with Unobservable Variables and Measurement Error," *Journal of Marketing Research*, 18 (February 1981): 39–50.

15. Rex B. Kline, *Principles and Practice of Structural Equation Modeling*, 4th ed. (New York: The Guilford Press, 2016); R. C. MacCallum, M. Roznowski, and L. B. Necowitz, "Model Modifications in Covariance Structure Analysis: The Problem of Capitalization on Chance," *Psychological Bulletin*, 111 (1992): 490–504.

16. Joseph F. Hair, Jr., G. Tomas M. Hult, Christian Ringle, and Marko Sarstedt, *A Primer on Partial Least Squares Structural Equation Modeling (PLS-SEM)*, 2nd ed. (Thousand Oaks, CA: Sage Publications, 2016); R. C. MacCallum, M. W. Browne, and L. Cai, "Testing Differences Between Nested Covariance Structure Models: Power Analysis and Null Hypotheses," *Psychological Methods*, 11 (2006): 19–35.

17. Niels J. Blunch, *Introduction to Structural Equation Modeling Using IBM SPSS Statistics and EQS* (Thousand Oaks, CA: Sage Publications, 2016); A. Boomsma, "Reporting Analyses of Covariance Structures," *Structural Equation Modeling*, 7 (2000): 461–483; R. P. McDonald and M-H Ho, "Principles and Practice in Reporting Structural Equation Analyses," *Psychological Methods*, 7 (2002): 64–82.

18. E. Kevin Kelloway, *Using Mplus for Structural Equation Modeling: A Researcher's Guide*, 2nd ed. (Thousand Oaks, CA: Sage Publications, 2015); Timothy A. Brown, *Confirmatory Factor Analysis for Applied Research* (New York: Guilford Press, 2006); A. E. Hurley et al. "Exploratory and Confirmatory Factor Analysis: Guidelines, Issues, and Alternatives," *Journal of Organizational Behavior*, 18 (1997): 667–683.

19. "Technology Acceptance Model (Perceived Usefulness and Perceived Ease of Use)," https://chirr.nlm.nih.gov/tam.php, accessed July 24, 2017; F. D. Davis, R. P. Bagozzi, and P. R. Warshaw, "User Acceptance of Computer Technology: A Comparison of Two Theoretical Models," *Management Science*, 35 (August 1989): 982–1003; Sung Kim and Naresh K. Malhotra, "A Longitudinal Model of Continued IS Use: An Integrative View of Four Mechanisms Underlying Post-Adoption Phenomena," *Management Science*, 51(5) (May 2005): 741–755; Naresh K. Malhotra, Sung Kim, and Ashutosh Patil, "Common Method Variance in IS Research: A Comparison of Alternative Approaches and a Reanalysis of Past Research," *Management Science*, (December 2006): 1865–1883.

20. A. Parasuraman, V. A. Zeithaml, and L. L. Berry "SERVQUAL: A Multiple Item Scale for Measuring Consumer Perceptions of Service Quality," *Journal of Retailing*, 64(1) (1988): 12–40.

21. Joseph F. Hair, Jr., G. Tomas M. Hult, Christian Ringle, and Marko Sarstedt, *A Primer on Partial Least Squares Structural Equation Modeling (PLS-SEM)*, 2nd ed. (Thousand Oaks, CA: Sage Publications, 2016); Marcel Croon, *Methods for Correlational Research: Factor Analysis, Path Analysis, and Structural Equation Modeling* (Harlow: Pearson Custom Publishing, 2008); K. A. Bollen "Total, Direct, and Indirect Effects in Structural Equation Models," in C. C. Clogg, ed., *Sociological Methodology* (Washington, DC: American Sociological Association, 1987): 37–69; L. Kelm, "Path Analysis," in L. G. Grimm and P. R. Yarnold, eds., *Reading and Understanding Multivariate Statistics* (Washington, DC: American Psychological Association, 2000):

65–97; John C. Loehlin, *Latent Variable Models: An Introduction to Factor, Path, and Structural Analysis,* 3rd ed. (Mahwah, NJ:. Lawrence Erlbaum Associates, 1998).

22. Kathryn T. Cort, David A. Griffith, and D. Steven White, "An Attribution Theory Approach for Understanding the Internationalization of Professional Service Firms," *International Marketing Review*, 24(1) (2007): 9–25. Ver também Niels J. Blunch, *Introduction to Structural Equation Modeling Using IBM SPSS Statistics and EQS* (Thousand Oaks, CA: Sage Publications, 2016).

23. Sarah Steenhaut and Patrick van Kenhove, "An Empirical Investigation of the Relationships Among a Consumer's Personal Values, Ethical Ideology and Ethical Beliefs," *Journal of Business Ethics,* 64(2006): 137–155. Ver também E. Kevin Kelloway, *Using Mplus for Structural Equation Modeling: A Researcher's Guide*, 2nd ed. (Thousand Oaks, CA: Sage Publications, 2015).

24. Niels J. Blunch, *Introduction to Structural Equation Modeling Using IBM SPSS Statistics and EQS* (Thousand Oaks, CA: Sage Publications, 2016); E. Kevin Kelloway, *Using Mplus for Structural Equation Modeling: A Researcher's Guide,* 2nd ed. (Thousand Oaks, CA: Sage Publications, 2015); R. B. Kline, "Software Programs for Structural Equation Modeling: Amos, EQS, and LISREL," *Journal of Psychoeducational Assessment,* 16 (1998): 302–323; B. M. Byrne, *Structural Equation Modeling with LISREL, PRELIS, and SIMPLIS: Basic Concepts, Applications and Programming* (Mahwah, NJ: Larence Erlbaum Associates, 1998).

Capítulo 23

1. https://www.united.com, accessed July 25, 2017; Stephen Shaw, *Airline Marketing and Management* (Surrey, UK: Ashgate Publishing, Ltd., 2007); Christine Tatum, "United Airlines Banks on New Network, Customer Data to Fill More Seats," *Knight Ridder Tribune Business News* (April 1, 2002): 1; Joseph Rydholm, "Surveying the Friendly Skies," *Marketing Research* (May 1996).

2. Thomas L. Greenbaum, *You Can Do It; A Guide for Starting and Running a Small Business* (New York: Groups Plus, 2012); Kenneth Hein, "Marketers Use Hypnosis to Mine Deep Thoughts," *Adweek,* 49(10) (March 2008): 4; Gill Ereaut, Mike Imms, and Martin Callingham, *Qualitative Market Research: Principles & Practice,* 7 vols. (Thousand Oaks, CA: Sage Publications, 2002); Thomas L. Greenbaum, *The Handbook for Focus Group Research* (Thousand Oaks, CA: Sage Publications, 1997); Thomas L. Greenbaum, "Using 'Ghosts' to Write Reports Hurts Viability of Focus Group," *Marketing News,* 27(19) (September 13, 1993): 25.

3. "Find the Market Research Reports and Industry Analysis You Need," https://www.marketresearch.com/, accessed July 27, 2017; "Research Reports," *Barron's,* 82(14) (April 8, 2002): 30; Edward R. Tufte, *Visual Explanations: Images and Quantities, Evidence and Narrative* (Cheshire, CT: Graphic Press, 1997); Arlene Fink, *How to Report on Surveys* (Thousand Oaks, CA: Sage Publications, 1995).

4. Mitchell Holt, "How to Write a Market Research Report," http://smallbusiness.chron.com/write-market-research-report-3298.html, accessed July 27, 2017; "What You Say," *Advertising Age,* 79(14) (April 2008): 4; Harry F. Wolcott, *Writing Up Qualitative Research,* 2nd ed. (Thousand Oaks, CA: Sage Publications, 2001); S. H. Britt, "The Writing of Readable Research Reports," *Journal of Marketing Research* (May 1971): 265. Ver também Simon Mort, *Professional Report Writing* (Brookfield, VT: Ashgate Publishing, 1995); David I. Shair, "Report Writing," *HR Focus,* 71(2) (February 1994): 20.

5. "Market Research Reports & Industry Analysis," http://www.marketresearch.com/Marketing-Market-Research-c70/, accessed July 27, 2017; George S. Low, "Factors Affecting the Use of Information in the Evaluation of Marketing Communications Productivity," *Academy of Marketing Science Journal,* 29(1) (Winter 2001): 70–88; Ann Boland, "Got Report-O-Phobia? Follow These Simple Steps to Get Those Ideas onto Paper," *Chemical Engineering,* 103(3) (March 1996): 131–132.

6. "Market Research," https://www.entrepreneur.com/encyclopedia/market-research, accessed July 27, 2017; L. Deane Wilson, "Are Appraisal Reports Logical Fallacies," *Appraisal Journal,* 64(2) (April 1996):

129–133; John Leach, "Seven Steps to Better Writing," *Planning,* 59(6) (June 1993): 26–27; A. S. C. Ehrenberg, "The Problem of Numeracy," *American Statistician,* 35 (May 1981): 67–71.

7. http://www.marketingcharts.com/, accessed July 27, 2017; Joshua Dean, "High-Powered Charts and Graphs," *Government Executive,* 34(1) (January 2002): 58; Neal B. Kauder, "Pictures Worth a Thousand Words," *American Demographics* (Tools Supplement) (November/December 1996): 64–68.

8. "Pie Charts—Market Research," http://www.djsresearch.co.uk/glossary/item/Pie-Charts-Market-Research, accessed August 1, 2017; Ann Michele Gutsche, "Visuals Make the Case," *Marketing News,* 35(20) (September 24, 2001): 21–22; Sue Hinkin, "Charting Your Course to Effective Information Graphics," *Presentations,* 9(11) (November 1995): 28–32.

9. "120 Awesome Marketing Stats, Charts & Graphs," http://cdn2.hubspot.net/hub/53/blog/docs/ebooks/120-marketing-stats-charts-and-graphs.pdf, August 1, 2017; Michael Lee, "It's All in the Charts," *Malaysian Business* (February 1, 2002): 46; Mark T. Chen, "An Innovative Project Report," *Cost Engineering,* 38(4) (April 1996): 41–45; Gene Zelazny, *Say It with Charts: The Executive's Guide to Visual Communication,* 3rd ed. (Burr Ridge, IL: Irwin Professional Publishing, 1996).

10. "Pictograph," http://www.marketingresearch.org/issues-policies/glossary/pictograph, accessed August 1, 2017; N. I. Fisher, "Graphical Assessment of Dependence: Is a Picture Worth 100 Tests?" *The American Statistician,* 55(3) (August 2001): 233–239; Patricia Ramsey and Louis Kaufman, "Presenting Research Data: How to Make Weak Numbers Look Good," *Industrial Marketing,* 67 (March 1982): 66, 68, 70, 74.

11. "Market Research Process (Flowchart)," https://creately.com/diagram/example/gvg1u55i1/Market%20research%20Process, accessed August 1, 2017; Irvine Clarke III, Theresa B. Flaherty, and Michael Yankey, "Teaching the Visual Learner: The Use of Visual Summaries in Marketing Education," *Journal of Marketing Education,* 28(3) (December 2006): 218–226; "Flow Chart," *B-to-B,* 87(4) (April 8, 2002): 16; Sharon Johnson and Michael Regan, "A New Use for an Old Tool," *Quality Progress,* 29(11) (November 1996): 144. Para um exemplo, veja Naresh K. Malhotra and Daniel McCort, "An Information Processing Model of Consumer Behavior: Conceptualization, Framework and Propositions," *Asian Journal of Marketing,* 8(2) (2000–2001): 5–32.

12. "Marketing Research Report Oral Presentation Guideline," http://astanton.asp.radford.edu/mktg446/oral_presentation_guidelines.htm, accessed August 1, 2017; Lori Desiderio, "At the Sales Presentation: Ask and Listen," *ID,* 38(4) (April 2002): 55; Charles R. McConnell, "Speak Up: The Manager's Guide to Oral Presentations," *The Health Care Manager,* 18(3) (March 2000): 70–77.

13. Informações fornecidas por Roger L. Bacik, vice-presidente sênior, Atlanta.

14. "Research Report: Preparation and Presentation," https://www.scribd.com/presentation/14634904/Research-Report-Preparation-and-Presentation, accessed August 1, 2017; Janet Moody, "Showing the Skilled Business Graduate: Expanding the Tool Kit," *Business Communication Quarterly,* 65(1) (March 2002): 21–36; David Byrne, *Interpreting Quantitative Data* (Thousand Oaks, CA: Sage Publications, 2002); Lawrence F. Locke, Stephen Silverman, and Wannen W. Spirduso, *Reading and Understanding Research* (Thousand Oaks, CA: Sage Publications, 1998).

15. http://www.toyota.com.au/camry, accessed August 2, 2017; "Toyota Takes 'Intuitive' Approach to Camry Push in Australia, New Zealand," *Media: Asia's Media & Marketing Newspaper* (September 2006): 8; Richard Blackburn, "Toyota to Build Hybrid Camry in Australia," http://www.smh.com.au/news/motors/toyota-to-build-hybrid-camry-in-australia/2008/06/10/1212863606689.html, accessed October 27, 2008; "Toyota Remains Top Auto Seller in Australia," *Jiji Press English News Service* (May 5, 2004): 1; "Toyota Camry," *Consumer Reports,* 67(4) (April 2002): 67; Ross Garnaut, "Australian Cars in a Global Economy," *Australian Economic Review,* 30(4) (December 1997): 359–373; Geoffrey Lee Martin, "Aussies Chicken Fries Ford," *Advertising Age* (January 18, 1993).

16. https://www.jnj.com/, accessed August 2, 2017; A. Kapin, "Motrin's Pain: Viral Video Disaster," http://www.fastcompany.com/blog/allyson-kapin/radical-tech/motrins-pain-viral-video-disaster, accessed July 23, 2015; C. L. Owens, "Johnson & Johnson Presentation Transcript," http://www.slideshare.net/guest901f5569/johnson-johnson-2591972, accessed July 23, 2010; M. Roumen, "The Motrin Case: The Voice of the Crowd," http://www.viralblog.com/social-media/the-motrin-case-the-voice-of-the-crowd, accessed July 23, 2015.
17. Terry Masters, "Ethical Considerations of Marketing Research," http://smallbusiness.chron.com/ethical-considerations-marketing-research-43621.html, accessed August 2, 2017; Milton Liebman, "Beyond Ethics: Companies Deal with Legal Attacks on Marketing Practices," *Medical Marketing and Media,* 37(2) (February 2002): 74–77; Ralph W. Giacobbe, "A Comparative Analysis of Ethical Perceptions in Marketing Research: USA vs. Canada," *Journal of Business Ethics,* 27 (3) (October 2000): 229–245.
18. "MRA Code of Marketing Research Standards," http://www.marketingresearch.org/issues-policies/mra-code-marketing-research-standards, accessed August 2, 2017; Mark Dolliver, "Ethics, or the Lack Thereof," *Adweek,* 43(14) (April 1, 2002): 29; Andrew Crane, "Unpacking the Ethical Product," *Journal of Business Ethics,* 30(4) (April 2001): 361–373.
19. http://www.nolo.com/legal-encyclopedia/tobacco-litigation-history-and-development-32202.html, accessed August 2, 2017; Michelle Inness, Julian Barling, Keith Rogers, and Nick Turner, "De-Marketing Tobacco Through Price Changes and Consumer Attempts to Quit Smoking," *Journal of Business Ethics,* 77(4) (February 2008): 405; Gordon Fairclough, "Case on Children and Tobacco Ads Commences Today," *Wall Street Journal* (April 22, 2002): B8; S. Rapp, "Cigarettes: A Question of Ethics," *Marketing News* (November 5, 1992): 17.

GLOSSÁRIO

abordagem bayesiana Método de seleção em que os elementos são selecionados sequencialmente. A abordagem bayesiana incorpora explicitamente informações existentes sobre parâmetros populacionais, bem como os custos e as probabilidades decorrentes da adoção de decisões equivocadas.

abordagem direta Tipo de pesquisa qualitativa em que os objetivos do projeto são revelados ao respondente ou ficam evidentes pela própria natureza da entrevista.

abordagem indireta Tipo de pesquisa qualitativa em que os objetivos do projeto não são revelados aos respondentes.

abordagem tipo funil Estratégia para ordenar as perguntas de um questionário em que a sequência começa com perguntas de caráter geral e segue com perguntas progressivamente específicas a fim de evitar que as perguntas específicas introduzam tendenciosidade nas perguntas de caráter geral.

abordagens derivadas Em EMD, abordagens baseadas em atributos para coletar dados de percepção que exigem que os entrevistados avaliem os estímulos sobre os atributos identificados utilizando escalas de diferencial semântico ou escalas Likert.

adequação do modelo É determinada comparando-se o quanto a matriz de covariância estimada Σ_K se enquadra na matriz de covariância observada (amostra) S, ou seja, as estatísticas de adequação são baseadas em $|S - \Sigma_K|$.

aglomeração hierárquica Procedimento de aglomeração caracterizado pelo desenvolvimento de uma hierarquia ou estrutura em forma de árvore.

alternativa implícita Alternativa que não é expressa de forma explícita.

ambiente de campo Localização experimental situada em condições reais de mercado.

ambiente de laboratório Contexto artificial para experimentação em que o pesquisador constrói as condições desejadas.

ambiente econômico Consiste em renda, preços, poupanças, crédito e condições econômicas gerais.

ambiente legal Conjunto de políticas e normas regulatórias de acordo com as quais as organizações devem operar.

amostra de análise Parte da amostra total que é utilizada para estimação da função discriminante.

amostra de validação Parte da amostra total usada para verificar os resultados da amostra de estimação.

amostra Subgrupo dos elementos da população selecionado para participação no estudo.

amostragem aleatória simples (AAS) Técnica de amostragem probabilística na qual cada elemento da população tem uma probabilidade conhecida e igual de ser selecionado. Cada elemento é selecionado independentemente de qualquer outro, e a amostra é extraída de um arcabouço amostral por um processo aleatório.

amostragem bola de neve Técnica de amostragem não probabilística em que um grupo inicial de entrevistados é selecionado aleatoriamente. Selecionam-se entrevistados subsequentes com base em informações fornecidas pelos entrevistados iniciais. Esse processo pode ser executado em ondas sucessivas, obtendo-se referências a partir de outras referências.

amostragem com reposição Técnica de amostragem em que um elemento pode ser incluído em uma amostra mais de uma vez.

amostragem dupla Técnica de amostragem em que certos elementos da população são extraídos duas vezes.

amostragem estratificada Técnica de amostragem probabilística que usa um processo de dois estágios para dividir a população em subpopulações ou estratos. Escolhem-se os elementos de cada estrato por um processo aleatório.

amostragem não probabilística Técnica de amostragem que não utiliza seleção aleatória. Ao contrário, confia no julgamento pessoal do pesquisador.

amostragem por área Forma comum de amostragem por *cluster* em que estes consistem em áreas geográficas, como municípios, quarteirões, conjuntos residenciais ou outras descrições de área.

amostragem por *cluster* Primeiro, a população-alvo é dividida em subpopulações mutuamente excludentes e coletivamente exaustivas, chamadas de *clusters*. A seguir, escolhe-se uma amostra aleatória de *clusters* com base em uma técnica de amostragem probabilística, como a amostragem aleatória simples. Para cada *cluster* selecionado, incluem-se na amostra todos os elementos ou se extrai uma amostra de elementos de forma probabilística.

amostragem por conveniência Técnica de amostragem não probabilística que procura obter uma amostra de elementos convenientes. A seleção das unidades amostrais é deixada a cargo do entrevistador.

amostragem por julgamento Forma de amostragem por conveniência em que os elementos da população são selecionados deliberadamente com base no julgamento do pesquisador.

amostragem por quotas Técnica de amostragem não probabilística que consiste em uma amostra por julgamento restrita de dois estágios. O primeiro estágio consiste em desenvolver categorias ou quotas de controle de elementos da população. No segundo estágio, selecionam-se elementos da amostra com base em conveniência ou julgamento.

amostragem probabilística proporcional ao tamanho Método segundo o qual os *clusters* são selecionados com probabilidades proporcionais ao tamanho, e a probabilidade de se escolher uma unidade amostral em um *cluster* selecionado varia inversamente ao tamanho do *cluster*.

amostragem probabilística Processo de amostragem em que cada elemento da população tem uma chance fixa de ser incluído na amostra.

amostragem sem reposição Técnica de amostragem na qual um elemento não pode figurar na amostra mais de uma vez.

amostragem sequencial Técnica de amostragem probabilística em que os elementos da população são selecionados sequencialmente, a coleta e análise de dados são feitas em cada estágio e se decide se devem ser extraídos elementos adicionais da população.

amostragem sistemática Técnica de amostragem probabilística em que a amostra é escolhida selecionando um ponto de partida aleatório e tomando cada *i*-ésimo elemento sucessivamente da composição da amostra.

amostras independentes As amostras são independentes se foram extraídas aleatoriamente de populações diferentes. Dados pertencentes a grupos diferentes de respondentes geralmente são considerados amostras independentes.

amostras pareadas Em teste de hipóteses, as amostras são sempre pareadas quando dois conjuntos de observações estão relacionados aos mesmos respondentes.

análise conjunta híbrida Forma de análise conjunta que simplifica a tarefa de coleta de dados e estima não só interações selecionadas como também todos os efeitos principais.

análise conjunta Técnica que procura determinar a importância relativa que os consumidores dão a atributos relevantes e a utilidade que eles associam aos níveis de atributos.

análise da intensidade da voz Medida das reações emocionais pelas modificações na voz do respondente.

análise de caminho Caso especial de MEE somente com indicadores únicos para cada uma das variáveis no modelo causal. Em outras palavras, a análise de caminho é MEE com um modelo estrutural, mas sem modelo de mensuração.

análise de componentes principais Abordagem da análise fatorial que leva em conta a variância total nos dados.

análise de conteúdo Descrição objetiva, sistemática e quantitativa do conteúdo manifesto de uma comunicação.

análise de coorte Estudo transversal múltiplo que consiste em uma série de levantamentos realizados em intervalos de tempo apropriados. Coorte refere-se ao grupo de entrevistados que experimentaram o mesmo evento dentro do mesmo intervalo de tempo.

análise de correspondência Técnica de EMD para escalonar dados qualitativos que divide as linhas e as colunas da tabela de contingência de entrada em unidades correspondentes de forma que cada uma delas possa ser apresentada no mesmo espaço de baixa dimensão.

análise de covariância (ANCOVA) Procedimento avançado de análise de variância em que os efeitos de uma ou mais variáveis estranhas escalonadas metricamente são removidos da variável dependente antes de se fazer a ANOVA.

análise de fator comum Abordagem da análise fatorial que leva em conta apenas a variância comum nos dados.

análise de rastro Abordagem em que a coleta de dados se baseia em rastros ou evidências físicas de um comportamento passado.

análise de regressão Procedimento estatístico para analisar relações associativas entre uma variável dependente métrica e uma ou mais variáveis independentes.

análise de tendência Método para ajuste da não resposta em que o pesquisador procura discernir uma tendência entre os respondentes do início e do fim da pesquisa. Essa tendência é projetada para os não respondentes para estimar sua característica de interesse.

análise de variância (ANOVA) Técnica estatística para estudar as diferenças entre médias de duas ou mais populações.

análise de variância com medidas repetidas Técnica de ANOVA utilizada quando os entrevistados estão expostos a mais de uma condição de tratamento e se obtêm medidas repetidas.

análise de variância de *n* fatores Modelo de ANOVA em que estão envolvidos dois ou mais fatores.

análise de variância de um fator de Kruskal-Wallis Teste não métrico de ANOVA que utiliza o valor do posto de cada caso, e não apenas sua posição em relação à mediana.

análise de variância de um fator Técnica de ANOVA em que há apenas um fator.

análise de variância multivariada (MANOVA) Técnica de ANOVA que utiliza duas ou mais variáveis métricas dependentes.

análise de variância não métrica Técnica de ANOVA para examinar a diferença nas tendências centrais de mais de dois grupos quando a variável dependente é medida em escala ordinal.

análise discriminante de dois grupos Técnica de análise discriminante em que a variável dependente tem duas categorias.

análise discriminante múltipla Técnica de análise discriminante em que a variável dependente envolve três ou mais categorias.

análise discriminante passo a passo Procedimento de análise discriminante em que os previsores são introduzidos sequencialmente com base em sua capacidade de discriminar entre os grupos.

análise discriminante Técnica para analisar dados na pesquisa de marketing em que a variável dependente ou de critério é categórica e as variáveis previsoras ou independentes têm natureza intervalar.

análise externa de preferências Método de configuração de um mapa espacial no qual os pontos ou vetores ideais baseados nos dados de preferência são ajustados em um mapa espacial derivado de dados de percepção.

análise fatorial confirmatória (AFC) Técnica usada para estimar o modelo de mensuração. Busca confirmar se o número de fatores (ou construtos) e as cargas das variáveis observadas (indicadoras) sobre elas se conformam ao que é esperado com base na teoria. As variáveis indicadoras são selecionadas a partir da teoria, e a AFC é empregada para ver se elas carregam conforme o previsto quanto ao número esperado de fatores.

análise fatorial Tipo de procedimento destinado essencialmente à redução e ao resumo dos dados.

análise interna de preferências Método de configuração de um mapa espacial deduzido exclusivamente de dados de preferência onde o mapa representa tanto as marcas, ou estímulos, quanto os pontos, ou vetores, de respondentes.

análise intracultural Análise de dados internacionais dentro de um país.

análise pancultural Análise transnacional em que os dados de todos os respondentes de todos os países são combinados e analisados.

análise simbólica Técnica para fazer entrevistas em profundidade em que o significado simbólico de objetos é analisado em comparação com seus opostos.

análise transcultural Tipo de análise em diferentes países na qual os dados de cada país podem ser agregados e as estatísticas agregadas podem ser analisadas.

arcabouço amostral Representação dos elementos da população-alvo. Consiste em uma lista ou conjunto de instruções para identificar aquela população.

arcabouço amostral Representação dos elementos da população-alvo. Consiste em uma lista ou conjunto de instruções para identificar a população-alvo.

armazém de dados Um armazém de dados é uma base de dados centralizada que consolida dados da empresa inteira a partir de diversos sistemas operacionais.

artefatos de demanda Respostas dadas porque os respondentes procuram conjeturar sobre o propósito do experimento e responder de acordo com isso.

assimetria Característica de uma distribuição que mede sua simetria em relação à média.

associação a um *cluster* Indica o *cluster* ao qual pertence cada objeto ou caso.

associação de palavras Técnica projetiva em que se apresenta aos entrevistados uma lista de palavras, uma de cada vez. Após cada palavra, os entrevistados devem falar a primeira palavra que lhes vier à mente.

auditoria de despensa Tipo de auditoria em que o pesquisador faz um inventário de marcas, quantidades e tamanhos de embalagens de produtos na residência de um consumidor.

auditoria do problema Exame abrangente de um problema de marketing para compreender sua origem e natureza.

auditoria Processo de coleta de dados derivado de registros físicos ou da análise de estoques. Os dados são coletados pessoalmente pelo pesquisador ou seus representantes e normalmente se baseiam em contagens de objetos físicos.

autovalor (*eigenvalue*) Representa a variância total explicada por fator.

autovalores Para cada função discriminante, o autovalor é a razão da soma de quadrados entre grupos para a mesma soma dentro de grupos. Grandes autovalores implicam funções superiores.

big data Denota uma quantidade volumosa de dados estruturados, semiestruturados e não estruturados, com o potencial de serem minados em busca de informações.

busca de especificação Abordagem empírica que usa o diagnóstico de modelo e tentativa e erro para encontrar um modelo mais adequado.

capacidade de generalização Indica até que ponto um estudo baseado em uma amostra se aplica a um universo de generalizações.

cargas fatoriais Correlações simples entre as variáveis e os fatores.

causalidade Quando a ocorrência de X aumenta a probabilidade da ocorrência de Y.

censo Enumeração completa dos elementos de uma população ou de objetos de estudo.

centroide de *clusters* São os valores médios das variáveis para todos os casos ou objetos em um *cluster* particular.

centroide O centroide é a média dos valores dos escores discriminantes de um determinado grupo. Há tantos centroides quanto grupos – um para cada grupo. As médias para um grupo sobre todas as funções são os centroides de grupos.

centros de *clusters* São os pontos de partida iniciais em um *cluster* não hierárquico. Os *clusters* são construídos em torno desses centros ou sementes.

codificação Atribuição de um código para representar uma resposta específica a uma questão específica junto ao registro dos dados e da posição na coluna que o código vai ocupar.

código de campo fixo Código em que o número de registros para cada entrevistado é o mesmo e os mesmos dados figuram nas mesmas colunas para todos os entrevistados.

coeficiente alfa Medida da confiabilidade da consistência interna que é a média de todos os coeficientes possíveis resultantes das diferentes divisões da escala em duas metades.

coeficiente de contingência Medida da intensidade da associação em uma tabela de qualquer tamanho.

coeficiente de correlação de partes Medida da correlação entre X e Y quando os efeitos lineares das outras variáveis independentes foram removidos de X (mas não de Y).

coeficiente de correlação parcial Medida da associação entre duas variáveis após controlar ou ajustar os efeitos de uma ou mais variáveis adicionais.

coeficiente de variação Expressão útil, na teoria amostral, do desvio-padrão como porcentagem da média.

coeficiente phi Medida da intensidade de associação no caso especial de uma tabela com duas linhas e duas colunas (tabela 2×2).

coeficientes da função discriminante Os coeficientes da função discriminante (não padronizados) são os multiplicadores de variáveis quando as variáveis estão nas unidades de medida originais.

coeficientes padronizados da função discriminante Coeficientes padronizados da função discriminante usados como multiplicadores quando as variáveis foram padronizadas para média 0 e variância 1.

coleta de dados estruturada Utilização de um questionário formal que apresenta questões em uma ordem predeterminada.

componentes específicos A segunda parte da definição do problema de pesquisa de marketing. Os componentes específicos focalizam os aspectos-chave do problema e fornecem diretrizes claras sobre a melhor maneira de agir.

comportamento do comprador Corpo de conhecimento que procura compreender e prever as reações dos consumidores com base em características específicas de um indivíduo.

compras misteriosas Observadores treinados atuam como consumidores e compram em lojas da empresa ou de seus concorrentes para coletar dados sobre a interação funcionário-cliente e outras variáveis de marketing.

comunalidade Variância de uma variável mensurada que é explicada pelo construto sobre o qual ela carrega.

concepção de pesquisa Estrutura para a realização do projeto de pesquisa de marketing.

conclusão de frases Técnica projetiva em que se apresentam várias sentenças incompletas aos entrevistados, os quais devem completá-las.

conclusão de uma história Técnica projetiva em que é dada aos respondentes parte de uma história e eles devem formular as conclusões com suas próprias palavras.

confiabilidade composta (CC) Definida como a quantidade total da variância do escore verdadeiro em relação à variância do escore total, a confiabilidade composta corresponde à noção convencional de confiabilidade na teoria de testes clássica.

confiabilidade de consistência interna Abordagem para avaliar a consistência interna do conjunto de itens quando vários itens são somados para formar um escore total para a escala.

confiabilidade de formas alternativas Abordagem para avaliar a confiabilidade que exige a construção de duas formas equivalentes da escala; os mesmos respondentes são avaliados em duas ocasiões diferentes.

confiabilidade meio a meio (*split-half*) Tipo de confiabilidade de consistência interna em que os itens que constituem a escala são divididos em duas metades e os meios-escores resultantes são correlacionados.

confiabilidade teste-reteste Abordagem para avaliar a confiabilidade em que os entrevistados analisam conjuntos idênticos de itens da escala em duas ocasiões diferentes sob condições tão equivalentes quanto possível.

confiabilidade Grau de consistência dos resultados de uma escala quando são feitas repetidas mensurações da característica.

construto endógeno Equivalente latente e de vários itens de uma variável dependente. É determinado por construtos ou variáveis dentro do modelo e, dessa forma, é dependente de outros construtos.

construto exógeno Equivalente latente e de vários itens de uma variável independente na análise multivariada tradicional. Um construto exógeno é determinado por fatores externos ao modelo e não pode ser explicado por outro construto ou variável no modelo.

construto Conceito latente ou não observável que pode ser definido conceitualmente, mas não pode ser medido diretamente ou sem erro. Também chamado de fator, um construto é medido por diversos indicadores ou variáveis observáveis.

contexto ambiental do problema Fatores que afetam a definição do problema de pesquisa de marketing, incluindo informações passadas e previsões, recursos e restrições da empresa, objetivos do tomador de decisões, comportamento dos compradores, ambiente legal e econômico e qualificações mercadológicas e tecnológicas da empresa.

contrastes *a posteriori* Contrastes feitos após a análise. São em geral testes de comparação múltipla.

contrastes *a priori* Contrastes determinados antes de se fazer a análise, baseados na estrutura teórica do pesquisador.

contrastes Em ANOVA, método para examinar diferenças entre duas ou mais médias dos grupos de tratamento.

controle da amostra Capacidade do levantamento de atingir de forma eficaz e eficiente as unidades especificadas na amostra.

controle de amostragem Aspecto da supervisão que garante que os entrevistadores sigam estritamente o plano de amostragem, em vez de selecionar unidades de amostragem com base na conveniência ou na facilidade de acesso.

controle de planejamento Método de controle de variáveis estranhas que envolve planejamentos experimentais específicos.

controle estatístico Método de controle de variáveis estranhas por meio da sua medição e pelo ajuste de seus efeitos mediante métodos estatísticos.

conveniência social Tendência dos participantes de dar respostas que podem não ser exatas, mas que são convenientes do ponto de vista social.

correlação canônica A correlação canônica mede o alcance da associação entre os escores discriminantes e os grupos. É uma medida de associação entre a função discriminante isolada e o conjunto de variáveis *dummy* que definem a integração ao grupo.

correlação momento-produto (r) Estatística que resume a força de associação entre duas variáveis métricas.

correlação não métrica Medida de correlação para duas variáveis não métricas, que se baseia em classificações para calcular a correlação.

correlações estruturais Também chamadas de cargas discriminantes, as correlações estruturais representam as correlações simples entre os previsores e a função discriminante.

correlações múltiplas quadradas Semelhantes a comunalidades, esses valores denotam até que ponto a variância de uma variável observada é explicada por um fator ou construto latente.

covariância Relação sistemática entre duas variáveis em que uma modificação em uma delas acarreta uma modificação correspondente na outra (COV_{xy}).

covariável Variável independente métrica utilizada na ANCOVA.

critério de autorreferência Referência inconsciente aos valores culturais da própria pessoa.

critério do cotovelo Gráfico de estresse versus dimensionalidade utilizado em EMD. O ponto em que ocorre um cotovelo, ou virada brusca, indica uma dimensionalidade apropriada.

curtose Medida do achatamento relativo da curva definida pela distribuição de frequência.

dados de acompanhamento de volume Dados por escaneamento que oferece informações sobre compras por marca, tamanho, preço e sabor ou composição.

dados de escaneamento Dados obtidos passando-se a mercadoria sobre um escâner a laser, o qual lê o código de barras dos pacotes.

dados de fonte única Trabalho para combinar dados de fontes diferentes por meio da coleta de informações integradas sobre domicílio e variáveis de marketing aplicáveis ao mesmo conjunto de entrevistados.

dados externos Dados originados fora da organização.

dados internos Dados disponíveis dentro da organização para a qual a pesquisa está sendo realizada.

dados métricos Dados que têm natureza intervalar ou razão.

dados não métricos Dados deduzidos de uma escala nominal ou ordinal.

dados primários Dados gerados pelo pesquisador especificamente para abordar o problema de pesquisa.

dados primários Dados originados pelo pesquisador com a finalidade específica de solucionar o problema de pesquisa.

dados secundários Dados coletados para algum propósito diferente daquele do problema que está sendo abordado.

dados secundários Dados coletados para fins diferentes do problema em pauta.

debriefing Após o experimento, informar aos participantes do teste sobre a natureza do experimento e como as manipulações experimentais foram feitas.

declaração ampla Enunciado inicial do problema de pesquisa de marketing que dá uma perspectiva adequada sobre o problema.

decomposição da variação total Na ANOVA de um fator, a separação (em duas) da variação observada na variável dependente em: (1) variação devido às variáveis independentes mais (2) variação devido ao erro.

definição do problema Amplo enunciado do problema geral e identificação dos componentes específicos do problema de pesquisa de marketing.

dendrograma Também chamado de gráfico em árvore, é um dispositivo gráfico para apresentar os resultados de aglomeração. As linhas verticais representam *clusters* unidos. A posição da reta na escala indica as distâncias às quais os *clusters* foram unidos. O dendrograma é lido da esquerda para a direita. A Figura 20.8 é um dendrograma.

depuração de dados Verificação detalhada e ampla da consistência e do tratamento de respostas faltantes.

descrição Rótulos ou descritores únicos usados para designar cada valor da escala. Todas as escalas têm descrição.

desvio-padrão Raiz quadrada da variância.

diagrama de caminho Representação gráfica de um modelo mostrando o conjunto completo de relações entre os construtos. Relações de dependência são retratadas por setas retas, e relações correlacionais são representadas por setas curvas.

diagrama em sincelos (*icicle*) Um diagrama em sincelos (pingentes de gelo) é uma apresentação gráfica de resultados de *clusters* e é chamado assim porque se assemelha a uma fileira de pingentes de gelo no beiral de um telhado. As colunas correspondem aos objetos que estão sendo aglomerados e as linhas, ao número de *clusters*. Um diagrama em sincelos é lido de baixo para cima. A Figura 20.7 é um diagrama em sincelos.

diferencial semântico Escala de classificação de sete pontos cujos extremos estão associados a rótulos bipolares que apresentam significado semântico.

discagem aleatória de dígitos Técnica utilizada para superar a tendenciosidade criada pelos números de telefone não publicados ou recentes por meio da seleção aleatória de todos os algarismos.

distância euclidiana Raiz quadrada da soma dos quadrados das diferenças de valores para cada variável.

distância Indica que diferenças absolutas entre os descritores da escala são conhecidas e podem ser expressas em unidades.

distâncias entre centros de *clusters* Indicam o grau de separação dos pares individuais de *clusters*. Os *clusters* que se apresentam muito separados são distintos e, por conseguinte, desejáveis.

distribuição amostral Distribuição dos valores de uma estatística amostral calculada para cada amostra que possa ser extraída da população-alvo sob determinado plano de amostragem.

distribuição de frequência Trata-se de uma distribuição matemática cujo objetivo é obter uma contagem do número de respostas associadas a diferentes valores de uma variável e expressar essas contagens em termos de porcentagens.

distribuição F Distribuição de frequência que depende de dois graus de liberdade – os graus de liberdade do numerador e os graus de liberdade do denominador.

distribuição normal Base para a inferência estatística clássica que tem forma de sino e é simétrica em aparência. Suas medidas de tendência central são todas idênticas.

distribuição qui-quadrado Distribuição assimétrica cuja forma depende exclusivamente do número de graus de liberdade. À medida que este número aumenta, a distribuição qui-quadrado se torna mais simétrica.

distribuição *t* Distribuição simétrica, em forma de sino, muito usada em testes com pequenas amostras ($n < 30$), quando a média é conhecida e a variância populacional é estimada com base na amostra.

dramatização Técnica projetiva em que se pede aos entrevistados que assumam o comportamento de outra pessoa.

dupla validação cruzada Forma especial de validação em que a amostra é separada em duas metades. Uma das metades serve como amostra de estimação e a outra, como amostra de validação. Invertem-se então os papéis de estimação e validação e repete-se o processo de validação cruzada.

edição Revisão do questionário visando a aumentar a exatidão e a precisão dos dados coletados.

efeito interativo de teste (IT) Efeito em que uma medição prévia afeta a resposta da unidade de teste à variável independente.

efeito principal de teste (PT) Efeito de teste que ocorre quando uma observação anterior afeta uma observação posterior.

efeito telescópio Fenômeno psicológico que ocorre quando um indivíduo comprime o tempo, recordando um evento como tendo ocorrido em uma época mais recente do que a real.

elemento Objeto que possui as informações desejadas pelo pesquisador e sobre o qual serão feitas inferências.

EMD métrico Tipo de escalonamento multidimensional em que supomos que os dados de entrada sejam métricos.

EMD não métrico Tipo de escalonamento multidimensional em que supomos que os dados de entrada sejam ordinais.

emparelhamento Método de controle de variáveis estranhas que envolve o emparelhamento de unidades de teste em um conjunto de variáveis-chave fundamentais antes de atribuí-las às condições de tratamento.

encadeamento completo Método de encadeamento baseado na distância máxima ou regra do vizinho mais afastado.

encadeamento médio Método de encadeamento baseado na distância média entre todos os pares de objetos, onde cada membro de um par é extraído de cada um dos *clusters*.

encadeamento único Método de encadeamento baseado na distância mínima ou regra do vizinho mais próximo.

entrevista de protocolo Entrevista na qual um respondente é colocado em uma situação de tomada de decisão e se solicita que ele verbalize o processo e as atividades que ele realizaria para tomar a decisão.

entrevista em profundidade Entrevista não estruturada, direta, pessoal, em que um único respondente é sondado por um entrevistador altamente treinado para descobrir motivações, crenças, atitudes e sentimentos subjacentes sobre um tópico.

equipe de campo Composta pelos entrevistadores e supervisores envolvidos na coleta de dados.

erro aleatório Erro de mensuração que decorre de variações ou diferenças aleatórias nos respondentes ou em situações de mensuração.

erro de amostragem aleatória Erro que ocorre porque a amostra selecionada é uma representação imperfeita da população de interesse. Definido como a variação entre o valor médio real para a amostra e o valor médio real para a população.

erro de mensuração Grau até o qual as variáveis observáveis não descrevem os construtos latentes de interesse na MEE.

erro de mensuração Variação nas informações procuradas pelo pesquisador e nas informações geradas pelo processo de mensuração empregado.

erro de não resposta Tipo de erro não amostral que ocorre quando algumas das pessoas incluídas na amostra não respondem à pesquisa. Este erro pode ser definido como a variação entre o valor médio real da variável na amostra original e o valor médio real na amostra "final resultante".

erro de resposta Tipo de erro não amostral que surge de entrevistados que respondem, mas dão respostas imprecisas ou cujas respostas são registradas ou analisadas erroneamente. Pode ser definido como a variação entre o valor médio real da variável na amostra "resultante" e o valor médio observado obtido no projeto de pesquisa de marketing.

erro de tipo I Conhecido também como erro alfa, ocorre quando os resultados amostrais conduzem à rejeição de uma hipótese nula que é, na realidade, verdadeira.

erro de tipo II Também conhecido como erro beta, ocorre quando os resultados amostrais conduzem à não rejeição de uma hipótese nula que é, na verdade, falsa.

erro estrutural O mesmo que um termo de erro na análise de regressão. No caso de estimativas completamente padronizadas, a correlação múltipla quadrada é igual a 1 – o erro estrutural.

erro não amostral Erros atribuídos a outras fontes que não incluem a mostragem e podem ser aleatórios ou não aleatórios.

erro padrão Desvio-padrão da distribuição amostral da média ou da proporção.

erro sistemático Erro que afeta a mensuração de uma forma constante e representa fatores estáveis que influem da mesma forma no escore observado, cada vez que se faz a mensuração.

erro total Variação entre o valor médio real da variável de interesse na população e o valor médio observado obtido no projeto de pesquisa de marketing.

escala balanceada Escala com o mesmo número de categorias favoráveis e desfavoráveis.

escala contínua Também chamada de escala gráfica, solicita aos entrevistados que classifiquem os objetos fazendo uma marca no local que julgam adequado em uma linha que vai de um extremo ao outro da variável-critério.

escala forçada Escala que força os entrevistados a manifestar uma opinião por não proporcionar as opções "sem opinião" ou "não conheço o assunto".

escala intervalar Escala em que se utilizam números para pontuar/classificar objetos, de modo que distâncias numericamente iguais na escala representem distâncias iguais na característica que está sendo medida.

escala itemizada Escala de mensuração que apresenta números e/ou breves descrições associadas a cada categoria. As categorias são ordenadas em termos de sua posição na escala.

escala Likert Escala de mensuração com cinco categorias de respostas, variando de "discordo totalmente" a "concordo totalmente", que exige que os participantes indiquem um grau de concordância ou de discordância com cada uma de várias afirmações relacionadas aos objetos de estímulo.

escala não comparativa Um dos dois tipos de técnicas de escalonamento na qual cada objeto de estímulo é escalonado independentemente dos outros objetos no conjunto de estímulos.

escala nominal Escala cujos números servem apenas como rótulos ou etiquetas para identificar e classificar objetos por meio de uma rígida correspondência biunívoca entre os números e os objetos.

escala ordinal Escala de graduação em que se atribuem números a objetos para indicar até que ponto possuem determinada característica. Assim, é possível determinar se um objeto possui essa característica em maior ou menor grau do que outro objeto.

escala razão Escala mais alta, que permite ao pesquisador identificar ou classificar os objetos, ordená-los e comparar intervalos ou diferenças. Também faz sentido calcular razões de valores da escala.

escala Stapel Escala para medir atitudes que consiste em um único adjetivo no meio de um intervalo par de valores, de –5 a +5, sem um ponto neutro (zero).

escala tipo Q Técnica de escalonamento comparativa que utiliza um processo de ordenação por posto para classificar objetos com base na semelhança segundo algum critério.

escalas comparativas Um dos dois tipos de técnicas de escalonamento em que objetos de estímulo são diretamente comparados uns com os outros.

escalas de soma constante Técnica comparativa de escalonamento em que os entrevistados devem atribuir uma soma constante de unidades – como pontos, unidades monetárias, etiquetas adesivas ou fichas – dentre um conjunto de objetos de estímulo com base em algum critério.

escalas multi-itens Consistem em vários itens; cada item é uma questão ou afirmativa única a ser avaliada.

escalas não comparativas Um dos dois tipos de técnicas de escalonamento em que cada objeto de estímulo é escalonado independentemente dos outros objetos no conjunto de estímulo.

escalas por comparação pareada Na técnica de comparação pareada, são apresentados ao respondente dois objetos de uma vez, pedindo-lhe que escolha um deles, de acordo com algum critério. Os dados obtidos são ordinais por natureza.

escalas por ordenação de posto Técnica comparativa de escalonamento em que são apresentados simultaneamente vários objetos aos entrevistados, que devem ordená-los ou atribuir-lhes postos de acordo com algum critério.

escalonamento multidimensional (EMD) Categoria de procedimentos para representar espacialmente percepções e preferências dos entrevistados por meio de uma apresentação visual.

escalonamento Geração de um *continuum* no qual se localizam os objetos medidos.

escores discriminantes Os coeficientes não padronizados são multiplicados pelos valores das variáveis. Esses produtos são somados e adicionados ao termo constante, resultando os escores discriminantes.

escores fatoriais Escores compostos estimados para cada entrevistado nos fatores derivados.

escores fatoriais Escores compostos estimados para cada entrevistado nos fatores derivados.

esquema de aglomeração Um esquema de aglomeração fornece informações sobre os objetos ou casos a serem combinados em cada estágio de um procedimento hierárquico de aglomeração.

estatística de diferença de qui-quadrado ($\Delta\chi^2$) Estatística usada para comparar dois modelos de MEE concorrentes aninhados. É calculada como a diferença entre os valores de qui-quadrado dos modelos. Seus graus de liberdade equivalem à diferença nos graus de liberdade dos modelos.

estatística de teste Medida de quão próxima da hipótese nula está a amostra. Essa medida em geral tem uma distribuição bem conhecida, como a normal, *t* ou qui-quadrado.

estatística F Computada como a razão entre as duas variâncias amostrais, com a variância amostral maior no numerador.

estatística qui-quadrado Estatística utilizada para testar a significância estatística da associação observada em uma tabulação cruzada. Ajuda a determinar se existe uma associação sistemática entre as duas variáveis.

estatística *t* Estatística que supõe que a variável tenha distribuição simétrica em forma de sino, que a média seja conhecida (ou se suponha que seja conhecida) e que a variância populacional seja estimada com base na amostra.

estilos de vida Padrões de vida distintivos descritos pelas atividades em que as pessoas se envolvem, pelos interesses que desenvolvem e pelas opiniões que têm de si mesmas e do mundo à sua volta (AIOs).

estudo de caso único (*one-shot*) Estudo pré-experimental em que um único grupo de unidades de teste é exposto a um tratamento X, tomando-se, em seguida, uma única medida sobre a variável dependente.

estudo de séries temporais múltiplas Estudo de série temporal que inclui outro grupo de unidades de teste para servir como grupo de controle.

estudo de séries temporais Estudo quase-experimental que exige medições periódicas da variável dependente para um grupo de unidades de teste. A seguir, o tratamento é aplicado pelo pesquisador ou ocorre naturalmente. Depois do tratamento, as medições periódicas têm continuidade a fim de determinar o efeito do tratamento.

estudo em blocos randômicos Estudo estatístico em que as unidades de teste são reunidas em blocos com base em uma variável externa, para garantir que os diversos grupos experimentais e de controle sejam emparelhados estritamente em relação àquela variável.

estudo em quadrados latinos Estudo estatístico que possibilita o controle estatístico de duas variáveis externas que não interagem, além da manipulação da variável independente.

estudo estatístico Estudo que permite controle e análise estatísticos de variáveis externas.

estudo experimental Conjunto de processos experimentais especificando (1) as unidades de teste e os processos de amostragem, (2) as variáveis independentes, (3) as variáveis dependentes e (4) como controlar as variáveis estranhas.

estudo fatorial Estudo estatístico experimental utilizado para medir os efeitos de duas ou mais variáveis independentes em vários níveis e para permitir interações entre variáveis.

estudo longitudinal Tipo de pesquisa que envolve uma amostra fixa de elementos da população que é medida repetidamente. A amostra permanece a mesma ao longo do tempo, provendo uma série de quadros que, vistos em conjunto, oferecem uma ilustração vívida da situação e das mudanças que estão ocorrendo ao longo do tempo.

estudo pré-teste/pós-teste de um único grupo Estudo pré-experimental em que um grupo de unidades de teste é medido duas vezes.

estudo transversal múltiplo Estudo transversal no qual há duas ou mais amostras de entrevistados e as informações de cada uma delas são obtidas somente uma vez.

estudo transversal único Estudo transversal no qual é extraída da população-alvo uma amostra de entrevistados e as informações são obtidas dessa amostra somente uma vez.

estudo transversal Tipo de pesquisa que envolve a coleta de informações de uma dada amostra de elementos da população somente uma vez.

estudos de caso Exame detalhado de casos selecionados e relacionados com o fenômeno de interesse. Os casos podem ser consumidores, lojas e assemelhados.

estudos de grupos de controle pré-teste/pós-teste Estudo experimental verdadeiro em que o grupo experimental é exposto ao tratamento, mas o grupo de controle não. Tomam-se medidas pré-teste e pós-teste em ambos os grupos.

estudos de grupos de controle somente pós-teste Estudo experimental verdadeiro em que o grupo experimental é exposto ao tratamento, mas o grupo de controle não é, e não se tomam medidas pré-teste.

estudos de quatro grupos de Solomon Estudo experimental que controla explicitamente os efeitos interativos de teste, bem como todas as outras variáveis estranhas.

estudos experimentais verdadeiros Estudos experimentais que se distinguem pelo fato de o pesquisador poder atribuir aleatoriamente a grupos experimentais não apenas unidades de teste como também tratamentos.

estudos pré-experimentais Estudos que não controlam fatores estranhos por randomização.

estudos quase-experimentais Estudos que aplicam parte dos processos dos experimentos verdadeiros, mas carecem de um controle experimental total.

evidências objetivas Evidências não tendenciosas que são sustentadas por constatações empíricas.

experimento Processo de manipulação de uma ou mais variáveis independentes e medição de seu efeito sobre uma ou mais variáveis dependentes, controlando ao mesmo tempo as variáveis estranhas.

fator Dimensão subjacente que explica as correlações entre um conjunto de variáveis.

fornecedores de serviços completos Empresas que oferecem toda a gama de atividades de pesquisa de marketing.

fornecedores de serviços limitados Empresas especializadas em uma ou algumas fases do projeto de pesquisa de marketing

fornecedores externos Empresas de pesquisa de marketing contratadas para realizar serviços de pesquisa.

fornecedores internos Departamentos de pesquisa de marketing na própria empresa.

função discriminante Combinação linear de variáveis independentes, estabelecida pela análise discriminante, que melhor discrimina entre as categorias da variável dependente.

gama Estatística de teste que mede a associação entre duas variáveis ordinais. Não faz ajuste para empates.

gráfico das cargas fatoriais Gráfico das variáveis originais utilizando as cargas de fatores como coordenadas.

gráfico de área Conjunto de gráficos de linha em que os dados são sucessivamente agregados sobre as séries. As áreas entre os gráficos em segmentos representam as magnitudes das variáveis de interesse.

gráfico de barras Gráfico que exibe os dados em forma de barras posicionadas horizontal ou verticalmente.

gráfico de declive (*scree plot*) Gráfico dos autovalores versus número de fatores por ordem de extração.

gráfico de linha Gráfico que liga uma série de pontos utilizando segmentos retilíneos contínuos.

gráfico de torta Gráfico circular dividido em seções (setores).

grupo de foco Entrevista realizada de maneira não estruturada e natural por um moderador treinado, junto a um pequeno grupo de respondentes.

grupo estático Estudo pré-experimental em que há dois grupos: o grupo experimental (GE), que é exposto ao tratamento, e o grupo de controle (GC). As medições sobre ambos os grupos são feitas somente após o tratamento, e as unidades de teste não são atribuídas aleatoriamente.

hipótese alternativa Afirmação de que se espera alguma diferença ou efeito. A aceitação da hipótese alternativa conduz à modificação de opiniões ou de atitudes.

hipótese nula Afirmação em que não se espera qualquer diferença ou efeito. Se a hipótese nula não for rejeitada, não se fará modificação alguma.

histograma Gráfico em barras verticais em que a altura das barras representa a frequência relativa ou acumulada da ocorrência.

história (H) Eventos específicos que são externos ao experimento, mas que ocorrem simultaneamente a ele.

identificação do modelo Refere-se à existência ou não de informações suficientes na matriz de covariância para possibilitar a estimativa de um conjunto de equações estruturais.

imputação Método de ajuste da não resposta mo qual a característica de interesse é atribuída aos não respondentes com base na semelhança das variáveis disponíveis tanto para não respondentes quanto para respondentes.

independentes Amostras são independentes quando extraídas aleatoriamente de populações diferentes.

índice de finalização Porcentagem de respondentes qualificados que completam a entrevista. Possibilita ao pesquisador levar em conta recusas antecipadas por pessoas que se qualificam.

índice de modificação Índice calculado para cada relação possível que não é livremente estimada, mas é fixa. O índice mostra a melhoria no modelo geral χ^2 se esse caminho foi livremente estimado.

índice de parcimônia O índice de parcimônia é calculado como a razão dos graus de liberdade usados pelo modelo com os graus totais de liberdade disponíveis.

índice de resposta Porcentagem das entrevistas completadas dentre o total de entrevistas que se tentou realizar.

índices de adequação absoluta Esses índices medem o grau geral de adequação tanto dos modelos de mensuração quanto dos modelos estruturais. Valores maiores de adequação e valores menores de inadequação representam adequações melhores.

índices de adequação de parcimônia Destinam-se a avaliar a adequação em relação à complexidade do modelo e são úteis na avaliação de modelos concorrentes. São medidas de adequação e podem ser melhoradas por um modelo de adequação melhor ou por um modelo mais simples, menos complexo, que estima menos parâmetros.

índices de adequação incremental Medidas que avaliam o quanto um modelo especificado pelo pesquisador é adequado em relação a algum modelo básico alternativo. Comumente, o modelo básico é um modelo nulo em que todas as variáveis observadas não têm relação umas com as outras.

inferência estatística Processo de generalização dos resultados amostrais para os resultados populacionais.

informações de classificação Características socioeconômicas e demográficas utilizadas para classificar os entrevistados.

informações de identificação Tipo de informação obtida em um questionário, incluindo nome, endereço e número de telefone.

instrumentação (I) Variável estranha que envolve variações no instrumento de medida ou nos próprios observadores ou escores.

inteligência competitiva (IC) Processo de melhoria da competitividade no mercado por meio de uma maior compreensão da concorrência da empresa e do ambiente competitivo.

interação não ordinal Modificação na ordem dos efeitos de um fator ao longo dos níveis de outro fator.

interação ordinal Interação em que a ordem de classificação dos efeitos atribuíveis a um fator não se modifica ao longo dos níveis do segundo fator.

interação Ao avaliar a relação entre duas variáveis, uma interação ocorre se o efeito de X_1 depender do nível de X_2, e vice-versa.

intervalo interquartil Intervalo de uma distribuição que abrange os 50% intermediários das observações.

intervalo Diferença entre o maior e o menor valor de uma distribuição.

laddering **(encadeamento)** Técnica para conduzir entrevistas em profundidade em que a sequência de perguntas emana das características do produto para as características do usuário.

lambda assimétrico Medida do melhoramento percentual na previsão do valor da variável dependente, dado o valor da variável independente em uma análise de tabela de contingência. Lambda também varia entre 0 e 1.

lambda simétrico O lambda simétrico não faz qualquer suposição sobre qual seja a variável dependente, e mede o melhoramento global quando a previsão é feita nos dois sentidos.

latência de resposta Tempo gasto para responder a uma pergunta.

levantamentos de painel por assinatura Mensuram o mesmo grupo de respondentes ao longo do tempo, mas não necessariamente em relação às mesmas variáveis.

levantamentos Entrevistas com muitas pessoas por meio de um questionário predeterminado.

linguagem de marcação de hipertexto (HTML) Linguagem da Web.

livro de código Livro que contém instruções de codificação e as informações necessárias sobre variáveis no conjunto de dados.

mapa territorial Recurso para avaliar os resultados da análise discriminante, representando em um gráfico a filiação ao grupo em cada caso.

marketing de base de dados O marketing que envolve o uso de computadores para capturar e rastrear perfis de cliente e detalhes de aquisições.

matriz de classificação Por vezes também chamada de matriz de confusão ou matriz de predição, a matriz de classificação contém o total de casos classificados corretamente e mal classificados. Os casos classificados corretamente aparecem na diagonal, porque os grupos previstos e reais são os mesmos. Os elementos fora da diagonal representam casos que foram classificados incorretamente. A soma dos elementos da diagonal dividida pelo número total de casos representa a proporção de acertos.

matriz de coeficientes de escores fatoriais Contém os pesos, ou os coeficientes de escores fatoriais, usados para combinar as variáveis padronizadas a fim de obter escores fatoriais.

matriz de coeficientes de semelhança/distância Uma matriz de coeficientes de semelhança/distância é o triângulo inferior de uma matriz que contém distâncias pareadas entre objetos ou casos.

matriz de correlação combinada dentro de grupos A matriz de correlação combinada dentro de grupos é calculada tomando-se a média das matrizes de covariância separadas para todos os grupos.

matriz de correlação total Se os casos forem tratados como se proviessem de uma única amostra, calculando-se então as correlações, obtém-se uma matriz de correlação total.

matriz de correlação Triângulo inferior da matriz que exibe as correlações simples, r, entre todos os pares possíveis de variáveis incluídas na análise. Os elementos da diagonal, que são todos iguais a 1, em geral são omitidos.

matriz de covariância de amostra Denotada por S, consiste nas variâncias e covariâncias para as variáveis observadas.

matriz de covariância estimada Denotada por Σ_k, consiste nas covariâncias previstas entre todas as variáveis observadas com base nas equações estimadas em MEE.

matriz fatorial Contém as cargas fatoriais de todas as variáveis em todos os fatores extraídos.

maturação (MA) Variável estranha atribuível a mudanças nas unidades de teste que ocorrem com o passar do tempo.

média Valor obtido somando todos os elementos de um conjunto e dividindo a soma pelo número de elementos.

mediana Medida de tendência central definida como o valor acima do qual está a metade dos valores e abaixo do qual está a outra metade dos valores.

médias de grupo e desvios-padrão de grupo São calculados para cada previsor e para cada grupo.

medida de adequação da amostra de Kaiser-Meyer-Olkin (KMO) Índice usado para avaliar a adequação da análise fatorial. Valores altos (entre 0,5 e 1,0) indicam que a análise fatorial é apropriada. Valores abaixo de 0,5 indicam que a análise fatorial pode ser inadequada.

medidas de dispersão Estatística que indica a dispersão de uma distribuição.

medidas de posição Estatísticas que descrevem uma posição dentro de um conjunto de dados. As medidas de tendência central descrevem o centro da distribuição.

mensuração Atribuição de números ou outros símbolos a características de objetos de acordo com certas regras predefinidas.

mercados-teste Parcelas do mercado cuidadosamente selecionadas e especialmente apropriadas para testes de marketing.

método aglomerativo Procedimento de aglomeração hierárquica em que cada objeto tem início em um *cluster* separado. Formam-se os *clusters* agrupando-se os objetos em *clusters* cada vez maiores.

método centroide Método de variância de aglomeração hierárquica em que a distância entre dois *clusters* é a distância entre seus centroides (médias para todas as variâncias).

método de aglomeração não hierárquico Procedimento que inicialmente determina ou assume um centro de *cluster* e em seguida agrupa todos os objetos que estão a menos de um valor pré-especificado do centro.

método de levantamento Questionário estruturado dado a uma amostra de uma população e destinado a obter informações específicas dos entrevistados.

método de variância Método aglomerativo de aglomeração hierárquica, em que os *clusters* são gerados de modo a minimizar a variância dentro do *cluster*.

método direto Método de abordagem da análise discriminante que envolve a estimação da função discriminante de forma que todos os previsores sejam incluídos simultaneamente.

método divisivo Procedimento de aglomeração hierárquica em que todos os objetos partem de um *cluster* gigante. Formam-se os *clusters* dividindo-se esse *cluster* gigante em *clusters* cada vez menores.

método do caminho crítico (CPM) Técnica gerencial de divisão de um projeto de pesquisa em suas atividades componentes, determinando sua sequência e o tempo total que cada atividade irá exigir.

método do limiar paralelo Método de aglomeração não hierárquica que especifica de uma só vez vários centros de *clusters*. Todos os objetos que estão a menos de um valor pré-determinado do centro são agrupados.

método do limiar sequencial Método de aglomeração não hierárquica em que se escolhe um centro de *cluster* e se agrupam todos os objetos que estão a menos de um valor especificado em relação ao centro.

método do particionamento otimizador Método de aglomeração não hierárquica que permite reatribuir posteriormente objetos a *clusters* de modo a otimizar um critério global.

método Ward Método de variância em que se deve minimizar o quadrado da distância euclidiana às médias dos *clusters*.

métodos de encadeamento (*linkage methods*) Métodos aglomerativos de agloremação hierárquica que agrupam os objetos com base no cálculo da distância entre eles.

mineração de dados A mineração de dados envolve o uso de computadores poderosos com pacotes estatísticos avançados e outros programas de software para analisar vastas bases de dados a fim de identificar padrões nos dados.

moda Medida de tendência central definida como o valor que mais ocorre na distribuição amostral.

modelagem de equações estruturais (MEE) Procedimento para estimar uma série de relações de dependência entre um conjunto de conceitos ou construtos representados por diversas variáveis e incorporados em um modelo integrado.

modelo analítico Especificação explícita de um conjunto de variáveis e seus inter-relacionamentos, concebida para representar algum sistema ou processo real no todo ou em parte.

modelo aninhado Um modelo é aninhado dentro de outro modelo se tem o mesmo número de construtos e variáveis e pode ser deduzido do outro modelo alterando-se, adicionando-se ou eliminando-se relações.

modelo de análise conjunta Modelo matemático que expressa a relação fundamental entre atributos e utilidade em análise conjunta.

modelo de análise discriminante Modelo estatístico no qual se baseia a análise discriminante.

modelo de escore verdadeiro Modelo matemático que fornece uma estrutura para entender a precisão da mensuração.

modelo de mensuração O primeiro de dois modelos estimados em MEE. Representa a teoria que especifica as variáveis observadas para cada construto e permite a avaliação da validade do construto.

modelo de regressão múltipla Equação usada para explicar os resultados da análise de regressão múltipla.

modelo estrutural Segundo dos dois modelos estimados na MEE. Representa a teoria que especifica como os construtos são relacionados uns com os outros, muitas vezes com várias relações de dependência.

modelo fatorial de primeira ordem Covariâncias entre variáveis observadas são explicadas com um único fator latente ou camada de construto.

modelo fatorial de segunda ordem Há dois níveis ou camadas. Um construto latente de segunda ordem causa vários construtos latentes de primeira ordem, os quais, por sua vez, causam as variáveis observadas. Assim, os construtos de primeira ordem agora agem como indicadores ou variáveis observadas para o fator de segunda ordem.

modelo gráfico Modelo analítico que fornece uma representação visual das relações entre as variáveis.

modelo logit binário Trata do quanto é provável que uma observação pertença a cada grupo, estimando a probabilidade de uma observação pertencer a um determinado grupo.

modelo matemático Modelo analítico que descreve explicitamente as relações entre variáveis, normalmente na forma de equações.

modelo não recursivo Modelo estrutural que contém ciclos de realimentação ou dependências duais.

modelo recursivo Modelo estrutural que não contém nenhum ciclo de realimentação nem dependências duais.

modelo verbal Modelo analítico que fornece uma representação por escrito das relações entre variáveis.

mortalidade (MO) Variável estranha decorrente da perda de unidades de teste enquanto o experimento está em andamento.

multicolinearidade Situação de intercorrelações muito altas entre variáveis independentes.

nível de significância Probabilidade de se cometer um erro de tipo I.

objetivos Metas da organização e do tomador de decisões devem ser levadas em conta para realizar pesquisas de marketing bem-sucedidas.

observação estruturada Técnicas de observação em que o pesquisador define claramente os comportamentos a serem observados e os métodos pelos quais eles serão medidos.

observação mecânica Estratégia de pesquisa observacional em que dispositivos mecânicos, e não observadores humanos, registram o fenômeno que está sendo observado.

observação não estruturada Observação que envolve o monitoramento, por um pesquisador, de todos os aspectos relevantes do fenômeno, sem especificar antecipadamente os detalhes.

observação natural Observação do comportamento da forma como ele acontece no ambiente natural.

observação pessoal Estratégia observacional de pesquisa em que os observadores humanos registram o fenômeno analisado tal como ele ocorre.

observação planejada O comportamento é observado em um ambiente artificial.

observação Registro sistemático dos padrões de comportamento de pessoas, objetos e eventos para obter informações sobre o fenômeno de interesse.

ômega ao quadrado (ω^2) Medida que indica a proporção da variação na variável dependente explicada por uma determinada variável independente ou fator.

orçamento e programação Ferramentas gerenciais necessárias para ajudar a garantir que o projeto de pesquisa seja concluído dentro dos recursos disponíveis.

ordem Tamanhos ou posições relativas dos descritores. A ordem é denotada por descritores como "maior do que", "menor do que" e "igual a".

origem Indica que a escala tem um início fixo ou único, ou seja, um ponto zero verdadeiro.

padronização Procedimento de correção de dados para reduzi-los à mesma escala mediante subtração da média de amostragem e divisão pelo desvio-padrão.

painéis de compras Técnica de coleta de dados em que os participantes registram suas compras *on-line* ou em um diário.

painéis de mídia Técnica de coleta de dados que compreende amostras de pessoas cujo comportamento em relação à TV é automaticamente registrado por dispositivos eletrônicos, complementando as informações de compras registradas *on-line* ou em diários.

painéis por escaneamento com TV a cabo Combinação de um painel por escaneamento com manipulações dos anúncios que estão sendo transmitidos pelas empresas de TV a cabo.

painéis por escaneamento Os participantes de um painel por escaneamento são identificados por um cartão, permitindo que as compras de cada membro sejam armazenadas com relação à sua identidade.

painel postal Amostra grande e nacionalmente representativa de residências que concordaram em participar periodicamente de questionários postais, testes de produtos e levantamentos por telefone.

painel Amostra de entrevistados que concordaram em fornecer informações a intervalos específicos ao longo de um período extenso.

pareadas Amostras são pareadas quando os dados para duas amostras estão relacionados ao mesmo grupo de respondentes.

percepção do anonimato Percepção que o entrevistado tem de que sua identidade não será conhecida, seja pelo entrevistador ou pelo pesquisador.

perfil das características Auxílio na interpretação dos resultados da análise discriminante por meio da descrição de cada grupo em termos das médias de grupo para as variáveis previsoras.

pergunta de duplo efeito Pergunta única que procura abranger dois objetivos. Tais perguntas podem ser confusas para o entrevistado, ocasionando respostas ambíguas.

pergunta dicotômica Questão estruturada com apenas duas alternativas de resposta, como "sim" e "não".

pergunta indutora Pergunta que sugere ao entrevistado qual deve ser a resposta ou que o entrevistado a responder de determinada forma.

perguntas estruturadas Perguntas que pré-especificam o conjunto de respostas alternativas e o formato da resposta. Uma pergunta estruturada pode ser de múltipla escolha, dicotômica ou uma escala.

perguntas não estruturadas Perguntas abertas que os entrevistados respondem com suas próprias palavras.

perguntas ramificadas Perguntas usadas para orientar os entrevistados em uma pesquisa, encaminhando-os a pontos diferentes do questionário, dependendo das respostas dadas.

pesquisa causal Tipo de pesquisa conclusiva em que o principal objetivo é obter evidências relativas a relações de causa e efeito (causais).

pesquisa conclusiva Pesquisa concebida para auxiliar o tomador de decisões a determinar, avaliar e selecionar o melhor curso de ação em determinada situação.

pesquisa de experiência Entrevistas com pessoas muito bem informadas sobre o tópico geral sendo investigado.

pesquisa de marketing Identificação, coleta, análise, disseminação e uso de informações de forma sistemática e objetiva para assessorar a gerência na tomada de decisões relacionadas à identificação e solução de problemas (e oportunidades) de marketing.

pesquisa de neuromarketing Aplica os princípios da neurociência à pesquisa de marketing para examinar as respostas sensomotoras, cognitivas e afetivas dos consumidores a estímulos de marketing.

pesquisa de usuário frequente Entrevistas com grandes usuários da tecnologia.

pesquisa descritiva Tipo de pesquisa conclusiva que tem como principal objetivo a descrição de algo – normalmente características ou funções do mercado.

pesquisa exploratória Tipo de concepção de pesquisa que tem como principal objetivo ajudar a compreender a situação-problema enfrentada pelo pesquisador.

pesquisa para a identificação de problemas Pesquisa realizada para ajudar a identificar problemas que não necessariamente aparecem na superfície, mas que existem ou provavelmente irão surgir no futuro.

pesquisa para a solução de problemas Pesquisa para ajudar a resolver problemas de marketing específicos.

pesquisa qualitativa Metodologia de pesquisa exploratória, não estruturada, baseada em pequenas amostras com o objetivo de proporcionar ideias e entendimento do ambiente do problema.

pesquisa qualitativa Metodologia de pesquisa não estruturada e exploratória baseada em pequenas amostras que proporciona percepções e compreensão do contexto do problema.

pesquisa quantitativa Metodologia de pesquisa que procura quantificar os dados e, geralmente, aplica alguma forma de análise estatística.

pesquisas-piloto Pesquisas que tendem a ser menos estruturadas do que as pesquisas de larga escala, pois elas geralmente contêm mais questões abertas e o tamanho da amostra é bem menor.

pictograma Representação gráfica que utiliza pequenas figuras ou símbolos para exibir os dados.

planejamento de listas de dígitos aleatórios Planejamento de pesquisa para levantamentos por telefone em que uma amostra de números é retirada da lista telefônica e modificada para permitir que números não publicados tenham uma chance de ser incluídos na amostra.

poder de um teste Probabilidade de rejeitar a hipótese nula quando ela é realmente falsa e deve ser rejeitada.

ponderação Ajuste estatístico dos dados em que, a cada caso ou respondente no banco de dados, atribui-se um peso que reflete sua importância relativa aos outros casos ou respondentes.

população Soma de todos os elementos que compartilham algum conjunto comum de características; compreende o universo para o problema de pesquisa de marketing.

população-alvo Coleção de elementos ou objetos que possuem as informações procuradas pelo pesquisador e sobre os quais devem ser feitas inferências.

porcentagem de variância Percentagem da variância total atribuída a cada fator.

pré-codificação Na elaboração de um questionário, é a atribuição de um código a toda resposta concebível antes da coleta de dados.

pré-teste Teste do questionário com uma pequena amostra de entrevistados para identificar e eliminar problemas potenciais.

princípio "Diga-lhes" (Tell'Em) É uma diretriz eficaz para estruturar uma apresentação. Segundo este princípio, (1) diga a eles o que você vai lhes dizer, (2) diga a eles e (3) diga a eles o que você lhes disse.

princípio "Seja Simples e Direto" (KISS'Em) Princípio de apresentação de relatório que diz Seja Simples e Direto (*Keep It Simple and Straightforward*).

problema de decisão gerencial Problema que o tomador de decisões enfrenta. Ele pergunta o que o tomador de decisões deve fazer.

problema de pesquisa de marketing Problema que envolve a definição de quais informações são necessárias e como podem ser obtidas da forma mais viável.

procedimento de Mahalanobis Procedimento passo a passo usado na análise discriminante para maximizar uma medida generalizada de distância entre os dois grupos mais próximos.

procedimento dos mínimos quadrados Técnica de ajuste de uma linha reta a um diagrama de dispersão pela minimização do quadrado das distâncias verticais de todos os pontos a partir da reta. Tal procedimento é denominado regressão dos mínimos quadrados ordinários.

procedimento varimax Método ortogonal de rotação de fatores que minimiza o número de variáveis com altas cargas em um fator, melhorando, assim, a interpretabilidade dos fatores.

processo de pesquisa de marketing Conjunto de seis etapas que define as tarefas a serem executadas na realização de um estudo de pesquisa de marketing. Elas incluem definição do problema, desenvolvimento de uma abordagem, formulação da concepção de pesquisa, trabalho de campo, preparação e análise dos dados e elaboração e apresentação do relatório.

proporção de acertos Porcentagem de casos classificados corretamente pela análise discriminante.

proposta de pesquisa de marketing Leiaute oficial da atividade planejada de pesquisa para a gerência. Descreve o problema de pesquisa, a abordagem, a concepção de pesquisa, os métodos de coleta, a análise e o relato dos dados. Fornece o custo estimado e a programação para a conclusão do projeto.

psicografia Perfis psicológicos quantificados de indivíduos.

questionamento de problemas ocultos Tipo de entrevista em profundidade que procura localizar os pontos sensíveis relacionados com preocupações pessoais profundas.

questionário Técnica estruturada para coleta de dados que consiste em uma série de perguntas, escritas ou orais, a que um entrevistado deve responder.

questões de pesquisa Enunciados aprimorados dos componentes específicos do problema.

questões filtro Questão inicial em um questionário que seleciona entrevistados potenciais para assegurar que eles satisfaçam às exigências da amostra.

randomização Método de controlar variáveis estranhas que envolve a atribuição aleatória de unidades de teste a grupos experimentais, utilizando números aleatórios. As condições de tratamento são também atribuídas aleatoriamente a grupos experimentais.

reespecificação de variáveis Transformação de dados para criar novas variáveis ou modificar variáveis existentes, de modo que se tornem mais consistentes com os objetivos do estudo.

regressão bivariada Procedimento de dedução de uma relação matemática, em forma de equação, entre uma única variável métrica dependente e uma única variável métrica independente.

regressão estatística (RE) Variável estranha que ocorre quando unidades de teste com valores extremos se mantêm mais próximas do escore médio no decorrer do experimento.

regressão múltipla Técnica estatística que desenvolve simultaneamente uma relação matemática entre duas ou mais variáveis independentes e uma variável dependente intervalar.

regressão passo a passo Procedimento de regressão em que as variáveis previsoras entram na equação de regressão, ou saem dela, uma de cada vez.

relação estrutural Relação de dependência entre um construto endógeno e outro construto endógeno ou exógeno.

relatório Apresentação escrita e/ou oral do processo de pesquisa, dos resultados, das recomendações e/ou conclusões para um público específico.

resíduo Diferença entre o valor observado de Y_i, e o valor previsto pela equação de regressão, $\hat{Y}_i$.

resíduos padronizados Resíduos usados como medida diagnóstica de adequação de modelo, sendo cada um dividido por seu erro padrão.

resíduos Diferenças entre as correlações observadas, dadas na matriz de correlação de entrada, e as correlações reproduzidas, conforme estimado pela matriz fatorial.

respostas faltantes Valores de uma variável que são desconhecidos pelo fato de os respondentes não terem dado respostas precisas à questão.

rotação oblíqua Rotação de fatores quando os eixos não são mantidos em ângulo reto.

rotação ortogonal Rotação de fatores em que os eixos são mantidos em ângulo reto.

serviços de campo Empresas que oferecem sua experiência em coleta de dados para projetos de pesquisa.

serviços personalizados Empresas que adaptam procedimentos de pesquisa para que atendam melhor às necessidades de cada cliente.

serviços por assinatura Empresas que coletam e vendem dados criados para atender às necessidades de informação comuns a um grupo de clientes.

serviços por Internet e mídias sociais Empresas especializadas em realizar pesquisa de marketing pela Internet.

serviços qualitativos Serviços relacionados a instalações, recrutamento e outros serviços para grupos de foco outras formas de pesquisa qualitativa, como entrevistas individuais em profundidade.

serviços sobre indústrias Fornecem dados por assinatura sobre empresas e negócios industriais e outras instituições.

serviços técnicos e analíticos Serviços relacionados a questões de concepção e análise quantitativa de dados, como aqueles obtidos em grandes levantamentos.

setor de pesquisa de marketing Fornecedores externos que oferecem serviços de pesquisa de marketing.

significância do efeito de interação Teste da significância da interação entre duas ou mais variáveis independentes.

significância do efeito global Teste da existência de alguma diferença entre alguns dos grupos de tratamento.

significância do efeito principal Teste da significância do efeito principal de cada fator.

sistemas de gestão de relacionamento com o cliente (CRM) Um sistema de gestão de relacionamento com o cliente (CRM) é um sistema de embasamento de decisões usado para gerir as interações entre uma organização e seus clientes.

solicitação crítica Comportamento pretendido que está sendo pesquisado.

sondagem Técnica motivacional usada ao fazer perguntas de pesquisa para induzir o entrevistado a ampliar, esclarecer ou explicar suas respostas e ajudá-lo a focalizar o conteúdo específico da entrevista.

substituição Processo que substitui não respondentes por outros elementos do arcabouço amostral que se espera que respondam.

supressão aos pares Método de lidar com valores faltantes em que os casos ou respondentes com qualquer número de valores faltantes não são automaticamente descartados; ao contrário, para cada cálculo, só se consideram os casos ou respondentes com respostas completas.

supressão caso a caso Método de lidar com respostas faltantes segundo o qual os casos ou respondentes com quaisquer respostas faltantes são eliminados da análise.

tabela de contingência Tabela em forma de tabulação cruzada que contém uma célula para cada combinação de categorias de duas variáveis.

tabulação cruzada Técnica estatística que descreve duas ou mais variáveis simultaneamente e origina tabelas que refletem a distribuição conjunta de duas ou mais variáveis com um número limitado de categorias ou valores distintos.

tamanho da amostra Número de elementos a serem incluídos em um estudo.

tau b Estatística de teste que mede a associação entre duas variáveis de nível ordinal. Faz um ajuste para empates e é mais apropriada quando a tabela de variáveis é quadrada.

tau c Estatística de teste que mede a associação entre duas variáveis ordinais. Faz um ajuste para empates e é mais apropriada quando a tabela de variáveis não é quadrada, mas retangular.

taxa de incidência Refere-se à taxa de ocorrência ou porcentagem de pessoas qualificadas para participar do estudo.

taxa de incidência Taxa de ocorrência de pessoas em condições de participar do estudo, expressa em porcentagem.

técnica da terceira pessoa Técnica projetiva em que se apresenta ao entrevistado uma situação verbal ou visual, pedindo-lhe que relate as crenças e atitudes de uma terceira pessoa a respeito da situação.

técnica de avaliação e revisão de programas (PERT) Método mais sofisticado de caminho crítico que leva em conta a incerteza nos prazos de conclusão de projetos.

técnica de avaliação e revisão gráfica (GERT) Método sofisticado de caminho crítico que leva em conta as probabilidades de conclusão e também os custos das atividades.

técnica de conclusão Técnica projetiva que requer que o entrevistado complete uma situação de estímulo incompleto.

técnica de construção Técnica projetiva em que o entrevistado deve construir uma resposta na forma de uma história, um diálogo ou uma descrição.

técnica de interdependência Técnica estatística multivariada em que se examina todo o conjunto de relações interdependentes.

técnica de resposta a imagens Técnica projetiva em que se apresenta uma imagem ao entrevistado, pedindo-lhe que conte uma história que a descreva.

técnica do informante-chave Outra denominação para pesquisa de experiência, ou seja, entrevistas com pessoas muito bem informadas sobre o tópico geral sendo pesquisado.

técnica projetiva Forma não estruturada e indireta de fazer perguntas que incentiva os entrevistados a projetar suas motivações, crenças, atitudes ou sentimentos subjacentes aos problemas em estudo.

técnicas de associação Tipo de técnica projetiva em que se apresenta ao entrevistado um estímulo e se pede que ele responda com a primeira coisa que lhe vier à mente.

técnicas de dependência Técnicas multivariadas adequadas quando uma ou mais variáveis podem ser identificadas como variáveis dependentes e as restantes, como variáveis independentes.

técnicas de interdependência Técnicas estatísticas multivariadas que procuram agrupar dados com base em uma semelhança subjacente, permitindo assim a interpretação das estruturas dos dados. Não há distinção quanto a quais variáveis são dependentes e quais são independentes.

técnicas expressivas Técnicas projetivas em que se apresenta ao entrevistado uma situação verbal ou visual, pedindo-lhe que relate os sentimentos e as atitudes de outras pessoas em relação à situação.

técnicas multivariadas Técnicas estatísticas adequadas para a análise de dados quando há duas ou mais medidas para cada elemento e as variáveis são analisadas simultaneamente. As técnicas multivariadas se referem a relações simultâneas entre dois ou mais fenômenos.

técnicas univariadas Técnicas estatísticas adequadas para a análise de dados quando há uma medida única de cada elemento na amostra ou, no caso de haver várias medidas de cada elemento, quando cada variável é analisada isoladamente.

telessessões Técnica de grupo que emprega uma rede de telecomunicação.

tendência à aquiescência (dizer sim) Resulta da tendência de alguns respondentes concordarem com o que a pergunta os leva a responder (dizer sim).

tendenciosidade de ordem ou posição Tendência de um entrevistado de escolher uma alternativa simplesmente porque ela ocupa determinada posição ou está listada em determinada ordem.

tendenciosidade de seleção (TS) Variável estranha causada pela atribuição inadequada de unidades de teste a condições de tratamento.

teoria fundamentada Abordagem indutiva e mais estruturada em que cada entrevista em profundidade subsequente é ajustada com base nas descobertas acumuladas de entrevistas anteriores, com o propósito de desenvolver conceitos ou teorias gerais.

teoria Esquema conceitual baseado em enunciados fundamentais, ou axiomas, que se supõe serem verdadeiros.

teste bicaudal Teste da hipótese nula em que a hipótese alternativa não é expressa direccionalmente.

teste binomial Teste de aderência para variáveis dicotômicas. Testa a aderência do número de casos observados em cada categoria ao número esperado de acordo com uma distribuição binomial especificada.

teste da mediana de k amostras Teste não métrico usado para examinar diferenças entre mais de dois grupos quando a variável dependente é medida em escala ordinal.

teste da mediana para duas amostras Estatística não paramétrica que determina se dois grupos são extraídos de populações com mesma mediana. Este teste não é tão poderoso quanto o teste U de Mann-Whitney.

teste das repetições Teste de aleatoriedade para uma variável dicotômica.

teste de comparação múltipla Contrastes a posteriori que permitem ao pesquisador construir intervalos de confiança generalizados para fazer comparações pareadas de todas as médias de tratamentos.

teste de esfericidade de Bartlett Estatística de teste usada para examinar a hipótese de que as variáveis não são correlacionadas na população. Em outras palavras, a matriz de correlação da população é uma matriz de identidade; cada variável se correlaciona perfeitamente com ela própria ($r = 1$), mas não apresenta correlação com as outras variáveis ($r = 0$).

teste de Kolmogorov-Smirnov (K-S) de uma amostra Teste não paramétrico de aderência para uma amostra que compara a distribuição cumulativa de uma variável com uma distribuição especificada.

teste de Kolmogorov-Smirnov para duas amostras Estatística não paramétrica que determina se duas distribuições são iguais. Leva em conta quaisquer diferenças nas duas distribuições, inclusive mediana, dispersão e assimetria.

teste de marketing Aplicação de um experimento controlado feita em mercados-teste limitados, porém cuidadosamente selecionados. Envolve a reprodução de um programa nacional de marketing para determinado produto nos mercados-teste.

teste de postos com sinais de Wilcoxon para pares conjugados Teste não paramétrico que analisa as diferenças entre as observações pareadas, levando em conta a magnitude das diferenças.

teste dos sinais Teste não paramétrico para examinar diferenças na posição de duas populações com base em observações pareadas. Compara apenas os sinais das diferenças entre pares de variáveis, sem levar em conta a magnitude das diferenças.

teste F Teste estatístico da igualdade das variâncias de duas populações.

teste t para amostras pareadas Teste para diferenças de médias entre amostras pareadas.

teste t Teste univariado de hipótese, aplicado quando o desvio-padrão não é conhecido e a amostra é pequena.

teste U de Mann-Whitney Teste estatístico para uma variável medida em escala ordinal; compara a diferença de posição de duas populações, baseada em observações de duas amostras independentes.

teste unicaudal Teste da hipótese nula em que a hipótese alternativa é expressa direcionalmente.

teste z Teste de hipótese univariado que utiliza a distribuição normal.

testes com desenhos São apresentados personagens de um desenho em uma situação específica relacionada com o problema. Pede-se aos entrevistados que indiquem a resposta que um determinado personagem poderia dar aos comentários de outro personagem.

testes não paramétricos Procedimentos de teste de hipóteses que supõem que as variáveis sejam medidas em uma escala nominal ou ordinal.

testes paramétricos Procedimentos de testes de hipóteses que supõem que as variáveis em estudo sejam medidas em ao menos uma escala intervalar.

transformação de escala Manipulação dos valores de uma escala a fim de assegurar a comparabilidade com outras escalas ou adaptar os dados para análise.

transitividade de preferência Uma suposição feita para converter dados de comparação pareada em dados de postos ordenados. Implica que, se a marca A é preferida à marca B, e a marca B é preferida à marca C, então a marca A é preferida à marca C.

tratamento Na ANOVA, combinação particular de níveis de fatores ou categorias.

unidade amostral Unidade básica que contém os elementos da população que será submetida à amostragem.

unidades de teste Indivíduos, organizações ou outras entidades cuja resposta a variáveis independentes ou tratamentos está sendo estudada.

unidimensionalidade Noção de que um conjunto de variáveis observadas representa somente um construto subjacente. Todas as cargas cruzadas são zero.

V de Cramer Medida da intensidade da associação em tabelas de tamanho superior a 2 × 2.

validação cruzada Teste de validade que examina se um modelo permanece válido para dados comparáveis não utilizados na estimação original.

validade convergente Medida de validade de construto que mede até que ponto a escala se correlaciona positivamente com outras medidas do mesmo construto.

validade de construto Tipo de validade que indica que construto ou característica a escala está medindo. Procura-se responder a questões teóricas, como por que a escala funciona e que deduções podem ser feitas em relação à teoria subjacente à escala.

validade de conteúdo Tipo de validade, por vezes chamada de validade de face, que consiste em uma avaliação subjetiva, porém sistemática, da representatividade do conteúdo de uma escala para o trabalho de mensuração em questão.

validade de critério Tipo de validade que examina se a escala de medida funciona conforme o esperado em relação a outras variáveis selecionadas como critérios significativos.

validade discriminante Tipo de validade de construto que avalia até que ponto uma medida não se correlaciona com outros construtos, dos quais se supõe que ela difira.

validade externa Determina se a relação de causa e efeito encontrada no experimento pode ser generalizada.

validade interna Medida da precisão de um experimento. Avalia se a manipulação das variáveis independentes, ou tratamentos, foi a causa real dos efeitos sobre a(s) variável(eis) dependente(s).

validade nomológica Tipo de validade que determina o relacionamento entre construtos teóricos. Procura confirmar correlações significativas entre os construtos, conforme previstas por uma teoria.

validade Ponto até onde as diferenças em escores observados na escala refletem as verdadeiras diferenças entre objetos quanto à característica que está sendo medida, e não erros sistemáticos ou aleatórios.

valor p Probabilidade de observar um valor da estatística de teste tão (ou mais) extremo que o valor de fato observado, supondo que a hipótese nula seja verdadeira.

valor z O número de erros padrão que um ponto está distante da média.

valores F e sua significância São calculados pela ANOVA de um fator, com a variável agrupadora servindo como variável independente categórica. Cada previsor, por sua vez, serve como variável dependente métrica na ANOVA.

variação concomitante Condição para inferir a causalidade que exige que uma causa, X, e um efeito, Y, ocorram ou variem em conjunto, conforme previsto pela hipótese em estudo.

variância média extraída (VME) Medida usada para avaliar a validade convergente e discriminante, definida como a variância nos indicadores ou variáveis observadas que é explicada pelo construto latente.

variância Desvio quadrático médio de todos os valores em relação à média.

variáveis de confusão Sinônimo de variáveis estranhas. Termo usado para mostrar que as variáveis estranhas podem confundir os resultados, influenciando a variável dependente.

variáveis dependentes Variáveis que medem o efeito das variáveis independentes sobre as unidades de teste.

variáveis estranhas Variáveis diferentes das variáveis independentes e que influenciam a resposta das unidades de teste.

variáveis independentes Variáveis manipuladas pelo pesquisador e cujos efeitos são medidos e comparados.

variáveis mudas ou *dummy* Procedimento de reespecificação que utiliza variáveis que podem assumir apenas dois valores, em geral 0 ou 1.

verificação de consistência Parte do processo de depuração que identifica os dados que estão fora do intervalo, que são inconsistentes logicamente ou que acusam valores extremos. Não se admitem dados com valores não definidos pelo esquema de codificação.

viés de não resposta Quando os respondentes reais divergem daqueles que se recusam a participar.

λ de Wilks Por vezes chamado também de estatística U, o λ de Wilks para cada previsor é a razão da soma de quadrados dentro dos grupos para a soma total de quadrados. Seu valor varia entre 0 e 1. Grandes valores de λ (próximos de 1) indicam que as médias dos grupos não parecem diferentes umas das outras. Pequenos valores de λ (próximos de 0) indicam que as médias de grupos parecem diferentes.

ÍNDICE

A

"*A arte de perguntar*", 257-260
Abordagem bayesiana, 291-293
Abordagem de modos mistos, escalas, 225-226
Abordagem derivada, 559-561
Abordagem direta, 110-114
Abordagem do problema, componentes da
 especificação das informações necessárias, 44-45
 hipótese, 41-45
 modelos, 40-42
 objetivos/estrutura teórica, 40-48
 questões de pesquisa, 37-39
Abordagem do problema, desenvolvimento de, 7-8
 análise de dados secundários, 33-34
 em discussões com tomadores de decisões, 29-32
 entrevistas com especialistas do setor, 32-33
 exemplos de casos, 53-54
 na implementação do processo de pesquisa de marketing, 25
 para proposta de pesquisa, 71-72
 pesquisa de marketing em dispositivos móveis, (MMR), 48
 pesquisa qualitativa, 33-35
 processo da, 28-32
 questões éticas em, 19-20
 sete fatores usado no, 31-33
Abordagem indireta, 112-114
Abordagem pareada, 568-571
Abordagem tipo funil, 269-272
Abordagens derivadas em EMD, 559-561
Abordagens estatísticas, 561-563
Acompanhamento da pesquisa
 assessoria ao cliente, 624-627
 avaliação do projeto de pesquisa, 625-627
Adequação de modelo
 determinar o uso do fator de análise, 518-520
 em MEE, 587-593
Administração, limitação da experimentação, 201-202
AFC. *Veja* Análise fatorial confirmatória
AFE. *Veja* Análise fatorial exploratória
Afirmação de antitendenciosidade, 264-265
Afirmações positivas e negativas, 269-270
Afluente, definição, 69-70
Aglomeração em duas etapas, 544-548
Aglomeração hierárquica, 535-537, 539-541, 543
Aglomeração não hierárquica, 536-540
Alfa de Cronbach, 244-245
Alternativa implícita, 268-270
Ambiente de campo, 199-201
Ambiente de laboratório, 199-201
Ambiente econômico, 36-38
Ambiente legal, 36-38
Ambiente, métodos de levantamento e, 171
American Marketing Association, 4-6
American Marketing Association *Bibliography Series*, 88-89

Amostra
 características (estatísticas), 289-291
 versus censo, 288-291
Amostra conveniente, 293-296
Amostra da internet
 classificação, 308-310
 questões da, 308-310
 técnicas de amostragem *on-line*, 308-311
Amostra de *cluster*, 301-302-303-304, 305-307
Amostra de validação, 484-490, 568-570
Amostra dupla, 305-308
Amostra estatística, símbolos para, 320-321
Amostra estratificada, 301-303, 305-307
Amostra retida (*holdout*), 484-485
Amostragem aleatória simples (AAS), 299-303, 305-307
Amostragem bola de neve, 297-300
Amostragem com/sem reposição, 291-293
Amostragem de duas fases, 305-308
Amostragem desproporcional, 301-303
Amostragem não probabilística
 amostragem bola-de-neve, 296-300
 amostragem por conveniência, 293-296
 amostragem por julgamento, 296, 297
 amostragem por quotas, 296-300
 definição, 293-295
 ilustração gráfica, 296
 usos da, 308-309
 versus probabilidade, 306-309
Amostragem por área, 302-304
Amostragem por *cluster*, 302-304
Amostragem por julgamento, 297
Amostragem por quotas, 297-300
Amostragem probabilística
 amostragem aleatória simples, 299-303, 305-307
 amostragem dupla, 305-308
 amostragem estratificada, 301-307
 amostragem sequencial, 305-308
 amostragem sistemática, 299-303, 305-307
 definição, 293-296
 extrair, procedimentos para, 305-307
 ilustração gráfica, 299-301
 por *cluster*, 301-307
 uso da, 308-309
 versus não probabilística, 306-309
Amostragem probabilística proporcional ao tamanho, 303-307
Amostragem, problemas de não resposta
 ajuste, 330-331
 análise de tendência, 330-333
 aumentando, 327-331
 calculando, 327-330
 de não respondentes, 330-331
 estimativas subjetivas, 330-332
 imputação, 331-333
 não estão em casa, 330-331
 ponderação, 331-333
 recusa, 328-331
 reposição, 330-331
 subamostragem, 330-331
 substituição, 330-332

Amostragem proporcional, 301-303
Amostragem sequencial, 305-308
Amostragem sistemática, 299-303, 305-307
Amostras independentes, 372-374, 407-415
Amostras pareadas, 372-374, 410-411
Analisadores da intensidade da voz, 164-167
Análise conjunta
 conceitos básicos em, 565-568
 consumidores, comparação, 573-576
 definição, 565-568
 estatísticas e termos associados à, 566-569
 híbrida, 574-576
 SPSS, 577-578
 suposições e limitações, 574-576
Análise conjunta, como conduzir, 465-466
 avaliar a confiabilidade e a validade, 571-576
 construir os estímulos, 568-571
 decidir sobre as formas dos dados de entrada, 570-571
 escolher um conjunto de análise conjunta, 570-573
 formular o problema, 566-570
 interpretar os resultados, 571-573
Análise da estrutura covariante. *Veja* Modelagem de equações estruturais (MEE)
Análise de aglomeração, como conduzir, 534-535
 avaliar confiança e validade, 543-544
 decisão sobre o número de aglomerações, 539-541, 543-544
 formulação do problema, 534-536
 interpretação e perfil da aglomeração, 541, 543-544
 procedimentos de aglomeração, seleção de, 535-541, 543
 seleção de distância ou medida semelhante, 534-537
Análise de caminho (AC), 586-588, 604-609
Análise de *cluster*
 aglomeração em duas etapas, aplicações de, 544-548
 clustering de duas etapas, aplicações de, 546-548, 550
 conceito básico de, 532-535
 definição, 532-534
 em pesquisa de marketing, 533-535
 em pesquisa internacional de marketing, 543-545, 547, 549-550
 estatística associada com, 533-535
 para variações de aglomeração, 547, 549
 percepções éticas explicadas por, 547, 549-551
 situação de aglomeração ideal, 532-534
 situação prática de aglomeração, 532-534
 software usado em, 549-551
Análise de *cluster*, como conduzir 534-535
 avaliação de confiabilidade e validade, 543-544
 decisão da quantidade de *clusters*, 541-543
 formulação do problema, 534-536

interpretação e perfil dos *clusters*, 542-543
procedimentos de *clustering*, seleção, 536-541
seleção de uma medida de distância ou similaridade, 535-537
Análise de conteúdo, 165-168
Análise de coorte, 63-64
Análise de correspondência, 565-566
Análise de covariância (ANCOVA), 190-192, 427-431
Análise de dados, 7-9, 24-25
   big data, 99-100
   casos com dados reais, 671-684
   dados qualitativos, 132-133
   erros, 67-69
   exemplo de caso; dados reais, 648-652
   formato do relatório, 618
   proposta de pesquisa, 71-72
   questões éticas, 17-20
   tendenciosidade, 168-170
Análise de escalograma, 223-225
Análise de fator comum, 514, 516-517, 520-525
Análise de perfil, 235-237
Análise de preços, usado em EMD, 557-559
Análise de protocolo, 273-274
Análise de rastro, 167-168
Análise de regressão, 455-457
Análise de regressão múltipla, realização
   coeficientes de regressão parcial, 463-465
   exame de resíduos, 465-470
   intensidade de associação, 463-466
   teste de significância, 465-467
Análise de tendência, 330-333
Análise de variância (ANOVA), 427-431
   interpretação, tópicos em, 439-442
   medidas repetidas, 441-444
   n fatores, 434-440
   software usado em, 444-445
   suposições em, 434-437
   teste F, 441-442
Análise de variância de um fator (ANOVA), 406-407
   aplicações ilustrativas de, 432-435
   dados ilustrativos, 432-433
   em preparação de dados, 374-375
   em teste de hipóteses, 406-407
   estatísticas associadas a, 430
Análise de variância de um fator de Kruskal-Wallis, 442-446
Análise de variância multivariada (MANOVA), 443-445
Análise de variância não métrica, 442-444
Análise de variável latente. *Veja* Modelagem de equações estruturais (MEE)
Análise discriminante, 481-483
   comportamento ético e antiético, 502-504
   EMD e, relação entre, 565-568
   estatísticas associadas com, 483-485
   método direto, 486-487
   objetivos do, 481-483
   passo a passo, 484-487, 498-499
   questões respondidas por, 481-483
   relação da análise discriminante e logit com ANOVA e regressão, 481-484

Análise discriminante, conduzindo, 484-485
   avaliar a validade da análise discriminante, 490-492, 495-499
   determinar a significância da função discriminante, 486-490
   estimar os coeficientes da função discriminante, 484-489
   formular o problema, 484-487
   interpretar os resultados, 486-492
   pesquisa de marketing internacional, 502-504
Análise discriminante de dois grupos, 481-484, 487-489
Análise discriminante de três grupos, 493-494
Análise discriminante múltipla
   avaliar a validade, 496-498
   determinar a significância da função discriminante, 495-496
   estimar os coeficientes da função discriminante, 492, 495-496
   formular o problema, 492, 495
   interpretar os resultados, 495-497
Análise discriminante passo a passo, 484-487, 498-499
Análise dos componentes principais, 512-517
Análise em nível agregado, 562-564
Análise externa de preferências, 564-565
Análise fatorial
   aplicações em pesquisa de marketing, 510-512, 519-521
   circunstâncias usadas no, 509-512
   comum, 514, 516-517, 520-525
   conceito básico de, 509-511
   definição, 509-511
   EMD e, relação entre, 565-568
   estatísticas associadas com, 511-514
   ético/não ético comportamento usado, 523-525
   ilustração gráfica de, 511-514
   mapa conceitual para, 526-528
   modelo, 510-512
   percepções de reembolso, 523-525
   pesquisa de marketing internacional na, 523-525
   resultados do, comum, 522-524
   software estatístico usado no, 524-526
Análise fatorial confirmatória (AFC), 584-588, 594-601
Análise fatorial exploratória (AFE), 597-599
Análise fatorial, realização, 511-514
   calcular os escores fatoriais, 517-519
   construir a matriz de correlação, 512-515
   determinar o ajuste do modelo, 518-520
   determinar o método de análise fatorial, 514, 516-517
   determinar o número de fatores, 514, 516-517
   formulação do problema, 512-514
   gráfico de cargas fatoriais, 517-519
   interpretação dos fatores, 517-519
   resultados da análise de componentes principais, 512-517
   rotacionar os fatores, 516-519
   selecionar variáveis substitutas, 517-520
Análise interna de preferências, 563-565

Análise intracultural, 374-377
Análise pancultural, 374-377
Análise simbólica, 122-125
Análise transcultural, 374-377
Analista, 13-15
Anonimato, 177
ANOVA. *Veja* Análise de variância e Análise de variância de um fator
Antecedentes, de proposta de pesquisa de marketing, 70-71
Apêndices, 71-72
Apresentação oral, 623-625
Apresentação. *Veja* Relatório e apresentação
Arcabouço amostral, 156-158, 291-292
Área estatística metropolitana (MAS), 89-90
Área estatística metropolitana consolidada (CMSA), 89-90
Armazéns de dados, 86-88
Arquivos SEC, 90
Arranjos ortogonais, 566-570
Artefatos de demanda, 200-201
Assimetria, 392-394, 402-404
Associação de palavras, 32-34, 125-127
Associação escondida, 401-402
Atitude em relação ao serviço, 603-606
Atividades, Interesses e Opiniões (AIOs), 92-93
ATLAS.ti *software*, 133
Auditoria
   de despensa, 165-167
   definição, 165-167
   descrição, 97
   do problema, 29-32
   serviços, 91-94, 97-98
   varejo e atacado, 97-98
Auditorias *on-line*, 97-98
Autovalores, 483-484, 511-514, 516-517
Avaliação comparativa dos métodos de levantamento para a pesquisa
   dados descritivos quantitativos, 169-173
   de marketing internacional, 172-173
   entrevistas telefônicas, 171-173
Avaliação da propaganda, levantamentos de, 93-94
Avaliação de fatores múltiplos, 568-570
Axiomas, 40-41

B

Baby boomers, como consumidor-alvo, 109-110
Bacharelado, 13-15
Bancos de dados bibliográficos, 89-90
Bancos de dados com texto completo, 89-90
Bancos de dados *on-line*, 90
Base de dados, marketing, 87-88
Bases de dados de clientes, 87
Bases de dados EBSCO, 90-91
Bases de dados *on-line*, 88-89
Biblioteca de perguntas Qualtrics, 224-225, 241-244
Big data, 99-100, 622-624
Blog Search Engine, 20-21
Blogs, para análise qualitativa, 134-136
Bola de neve, vantagem dos grupos de foco, 118-119

Bureau of Economic Analysis, 89-90
Busca de especificação, 594-596
Business Index, 88-89
Business Statistics, 89-90

C

Campanhas eleitorais injuriosas, ética de, 136-138
Capacidade de generalização, 245-249
Carga fatorial (λ_x), 511-514, 516-519, 589-596, 601-604
Cargas canônicas, 486-490
Cargas discriminantes, 484-490
Carona, 279-280
Carreiras na pesquisa de marketing, 13-16
    descrição da função, 14-15
    posições disponíveis, 13-15
    preparação para, 14-15
    sucesso em, 14-16
    tendências em, 14-15
Carta de autorização, 618
Carta de transmissão, 617-618
Caso com dados reais, 637-641
Caso único, 193-194
    para pensamento crítico, 642-647
CATPAC *software*, 133
Causalidade. *Veja também* Estudo experimental
    conceito de, 183-186
    condições para, 183-188
    evidências de, 186-188
Censo, 89-90, 288-291
Centroide, 483-484
    cluster, 534-535, 541, 543-547
    grupo, 483-484
    métodos, 536-537, 539
China, 332-333
Classificação de dados secundários
    externos, 86-91
    internos, 86-89
    modelo de, 86
Classificação de fotos, 127-130
Cluster, centros de, 534-540
Cluster, membro de, 534-535, 539-541, 543-547
Clustering
    aglomerativo, 535-537
    divisivo, 535-537
    duas etapas, 544-548
    hierárquico, 535-537, 539-541, 543
    não hierárquico, 536-540
    variáveis, 547, 549
Clusters, 301-303
Cocriação com clientes, 72-73
Codificação, 362-364, 366
Codificação de *software*, 132-133
Codificando questões, 362-364, 366
Código de barras, 95-97, 162-165
Código de campo fixo, 362-364
Códigos da Classificação Industrial Norte-Americana, 89-91
Coeficiente beta, 459-461
Coeficiente de contingência (*C*), 404-405
Coeficiente de correlação de partes, 455-457
    quadrado do, 470-471
Coeficiente de correlação de Pearson, 451-452

Coeficiente de correlação parcial, 454-457
    quadrado do, 470-471
Coeficiente de função discriminante, 483-484
Coeficiente de regressão padronizado, 456-458, 470-471
Coeficiente phi (ϕ), 404
Coeficientes
    alfa, 244-246
    beta, 459-461
    de determinação, 456-458
    de múltiplas determinações, 463-466, 499-500
    de variação, 392-394
    função discriminante, 483-484
    padronizados da função discriminante, 484-485
    regressão, 456-458
    regressão padrão, 456-458, 470-471
    regressão parcial, 463-465
Coeficientes de correlação
    definição, 451-452
    múltiplos, 463-466
    parcial, 454-457
    parte, 455-457
    Pearson, 451-452
    quadrado de, 470-471
    simples, 451-452
    software usado na, 472-474
Coleta (COL) em PUIPI, 596-598
Coleta de dados estruturada, 145-147
Coleta de dados. *Veja também* Processo de trabalho de campo/processo de coleta de dados
    dados secundários, critérios de avaliação, 83-86
    discutida em proposta de pesquisa, 71-72
    qualidade de, 350-351
Comércio eletrônico, 235-236
Comfirmit, 18-19
Componente de *cluster*, 547, 549
Componentes específicos, 38-40
Comportamento de compra, 35-37, 533-535
Compras misteriosas, 169-172
Compras por impulso, 183-188
Comunalidade, 510-514, 516-517, 590-592
Comunidades *on-line* para pesquisa de marketing (MROCs), 72-73
Concepção de pesquisa, 24-25
    básica, comparação entre, 58-61
    classificação do, 57-60
    definição, 57-58
    erro em, levantamento potencial, 67-71
    exemplos de casos de, 78-79
    formato do relatório, 618
    Internet usada para implementação, 67-69
    orçamento e programação do projeto, 69-72
    pesquisa de marketing internacional, 71-73
    proposta de pesquisa de marketing, 69-73
    relações entre, 66-67
Concepção de pesquisa, formulação, 8-9
    métodos de levantamentos, 25
    pesquisa qualitativa, 25
    preparação de amostra, 25
    preparação de questionário, 25
    questões éticas em, 19-20

Concepções de pesquisa por levantamento de amostragem, 62-63
Conclusão de uma história, 126-130
Conclusão e verificação, 131-133
Confiabilidade, 243-245
    consistência interna, 244-246
    em modelo de mensuração, 593-594, 603-605
    formas alternativas, 244-245
    teste-reteste, 243-245
    versus validade, 245-247
Confiabilidade composta (CC), 584-587, 591-595, 598-600
    casos com dados reais, 671-683
Confiabilidade de formas alternativas, 244-245
Confiabilidade meio a meio (*split-half*), 244-245, 516-517
Confiabilidade teste-reteste, 243-245
Confiança
    intervalo, 320-324
    nível, 320-321
Confiança (CONF) no PUIPI, 596-598
Conhecimento *a priori*, 560-562
Conjunto de estimação, 568-570
Consciência em PUIPI, 596-598
Conscientização de marca, 204-205, 209, 221-222
Construção de uma escala de atitude, 557-559
Construtores de redes conceituais, 133
Construtores de teoria com base em código, 133
Construtos, 239-243
    correlação entre, 589-592
    definição, 584-588
    em MEE, definição, 588-590
    endógeno, 584-589
    exógeno, 587-589
    identificação individual, 589-590
    modelo fatorial de primeira ordem, 598-599
    modelo fatorial de segunda ordem, 599-603
Consumidores, pesquisa etnográfica, 170
Contexto ambiental do problema, 33-35
    ambiente econômico, 36-38
    ambiente legal, 36-38
    comportamento do comprador, 35-38
    informações passadas e previsões, 34-36
    objetivos, 34-36
    qualificações mercadológicas e tecnológicas, 36-38
    recursos e restrições, 34-36
Contexto, de questões, 263-264
Contrastes, 441-442
Controle (CON) em PUIPI, 596-598
Controle de amostras, 156-158, 349-350
Controle de planejamento, 191-192
Controle do respondente, 160-162
Controle estatístico, 190-192
Conveniência social, 159-161
Cookies, 164-168, 173-176
Coordenadas, 558-560
Correção para população finita (cpf), 319-320
Correlação bivariada, 451-452
Correlação canônica, 483-484
Correlação entre construtos (φ), 589-592
Correlação momento-produto (r), 451-456

Correlação momento-produto, 451-452
  quadrado da, 470-471
Correlação não métrica, 455-457
Correlações estruturais, 484-485
Correlações múltiplas quadradas, 586-588, 594-596, 599-601
Covariância, 451-454. *Veja também* Análise de covariância (ANCOVA)
Covariantes, 427-429, 439-441
Criação do questionário, 24-25
Critério de autorreferência (CAR), 44-46
Critério de informação Bayesiano e Schwarz, 537, 539-540
Critério de informação de Akaike, 537, 539-540, 544-547
Critério de validade, 245-246
Critério de variáveis, 455-457
Critério do cotovelo, 561
CRM. *Veja* Gestão de relacionamento com o cliente
Cultura, métodos de levantamentos e, 171
Cupons em encartes de jornal, 188-189
Curtose, 392-395
Custo e tempo, em proposta de pesquisa, 71-72
Custo, limitação da experimentação, 201-202

D

Dados, ajuste estatístico de
  auditoria do problema usado por, 30-32
  interação entre o pesquisador e, 32-35
  ponderação, 368-372
  reespecificação de variáveis, 369-373
  sete fatores usados por, 32
  transformação de escala, 371-373
Dados de acompanhamento de volume, 95-97
Dados de escaneamento, 95-97
Dados de fonte única, 97-99
Dados de fontes governamentais, 89-90
Dados de negócios, em geral, 87-90
Dados de pesquisa de marketing, classificação, 109-112
Dados de preferência, 559-561, 563-565
Dados descritivos, 200-201
Dados descritivos quantitativos
  compras misteriosas, 169-172
  ética no, 172-176
  mapa conceitual, 175-177
  pesquisa de marketing internacional, 169-173
  pesquisa etnográfica, 169-172
  Veja também Métodos de observação; Métodos de levantamento
Dados estatísticos não governamentais, 88-90
Dados externos, 85-87
Dados gerais de negócios, 88-89
Dados ilustrativos, 432-433
Dados internos, 85-87
Dados métricos, 372-374
Dados não métricos, 372-374
Dados por assinatura, 89-99
Dados por assinatura para instituições, 97-99
  auditorias de varejistas e atacadistas, 97-98
  serviços sobre indústrias, 97-99
Dados por assinatura sobre domicílio, 90-97
  classificação dos, 90-94
  levantamentos, 90-94
  painéis de compras e de mídia, 93-96
  serviços de escaneamento eletrônico, 95-97
Dados primários, 32-34, 81-83
  pesquisa qualitativa *versus* quantitativa, 109-112
  versus dados secundários, 81-83
Dados qualitativos, análise de
  pacotes de *software* usados para, 132-134
  passos, 131-133
Dados, quantidade de, 158
Dados secundários, 32-34, 62-63, 66-69. *Veja também* Dados por assinaturas
  bancos de dados computadorizados, 90-91
  classificação dos, 85-87
  combinando informações de fontes diferentes, 97-100 (*Veja também* Dados de fonte única)
  confiabilidade, 90-92
  conteúdo/natureza dos, 90-91
  definição, 81-83
  desvantagens, 82-84
  especificações para, 87-89
  ética em pesquisa de marketing, 100-102
  exemplo de caso de, 106-107
  fontes externas secundárias publicadas, 87-90
  internos, 86-89
  mapa conceitual dos, 102-103
  mídias sociais, 101-102
  objetivos dos, 89-90
  pesquisa de marketing internacional, 98-100
  precisão dos, 89-90
  valor dos, 89-90
  vantagens e uso nos, 82-84
  versus dados primários, 81-83
Dados secundários, avaliação
  confiabilidade dos, 84-87
  conteúdo dos/natureza, 84-86
  especificações, 82-85
  moeda, 84-85
  objetivos dos, 84-85
  precisão da, 84-85
Debriefing, 203-205
Decisões de canal, 557-559
Decisões em escalas não comparativas itemizadas
  escalas balanceadas *versus* escalas não balanceadas, 237-239
  escolha forçada *versus* escolha não forçada, 238-239
  formato ou configuração, 238-242
  natureza e gradação da descrição verbal, 238-239
  número de categorias da escala, 237-238
  número par ou número ímpar de categorias, 238-239
  resumos, 238-241
Declaração ampla, 38-40
Declive, 514, 516-517
Decomposição da variação total em ANOVA, 519-521
  regressão bivariada, 461
Definição do problema, 7-8
  e objetivos, propostas de pesquisa, 70-72
  erros em, comuns, 37-40
  ética, 17-20, 45-49
  importância, 28-30
  marketing, 24-25
  pesquisa de marketing internacional, 44-48
  problema de pesquisa de marketing, 37-41
  processo de, 28-32
  processo de implementação na pesquisa de
  processo de pesquisa de marketing, 7-8
Dendrograma, 534-535, 539-541, 543-544
Departamento de Comércio dos Estados Unidos, 89-90
Departamento de Trabalho dos Estados Unidos, Bureau of Labor Statistics, 89-90
Depuração de dados, 368-369
  análise de *cluster* usada em, 533-535
  respostas faltantes, como lidar com, 368-371
  verificação de consistência, 368-369
Descobertas felizes e inesperadas, vantagem dos grupos de foco, 118-119
Descrição de escala e nível de mensuração, 212-214
Desdobramento, 558-560, 564-565
Desenvolvimento de novos produtos, usado em EMD, 557-559
Destinos turísticos, 427
Desvio da média, 392-393
Desvio-padrão, 392-394
Determinação *a priori*, 514, 516-517
Diagrama de caminho, 586-588, 595-596
Diagrama de dispersão, 456-459
Diagrama em sincelos (*icicle*), 534-535, 539-541, 543
Diagramas de caixa, 622-624
Diferença honestamente significativa, 441-442
Diferença mínima significativa, 441-442
Diferenças absolutas entre os descritores da escala, 212-214
Diretor assistente de pesquisa, 14-15
Diretor de pesquisa, 13-15
Diretor de trabalho de campo, 14-15
Discagem aleatória de dígitos (RDD – *random digit dialing*), 156-158
Dispersão, medidas de, 392-393
Distância de Chebychev, 535-537
Distância de Manhattan (*city-block*), 534-537
Distância euclidiana, 534-536
Distâncias entre centros de *clusters*, 534-535
Distribuição amostral
  explicação, 320-321
  normal, 320-321, 336-338
  probabilidades correspondentes a valores conhecidos, 337-338
  valores correspondentes a probabilidades conhecidas, 337-339
Distribuição de frequência, 388-395
  da familiaridade com a internet, 388-392
  estatísticas associadas com, 390-395
Distribuição do relatório, 621-625
Distribuição F, 407-410
Distribuição normal, 320-321, 336-338
Distribuição qui-quadrado, 402-404
Distribuição t, 407-409
Domicílios, dados de serviços de assinatura de, 91-97
Dramatização, 128-131
Dupla validação cruzada, 471-472, 484-486

E

EDGAR Database of Corporate Information, 90-91
Edição, 361-363
Efeito de interação, 439-441
Efeito de tratamento, 189-190
Efeito interativo de teste (IT), 189-191
Efeito principal de teste (PT), 189-191
Efeito telescópio, 261-264
Efeitos de teste, experimentação, 190-191
Eficiência da propaganda, avaliação da, 557-559
e-FocusGroups, 122-123
Elemento, 290-292
Eletroencefalograma, 165-166
Eliminação para trás, 467-470
EMD. *Veja* Escala multidimensional
EMM. *Veja* Modelagem de equações estruturais (MEE)
Emparelhamento, 190-192
Empatia, 584-586, 599-606
Encadeamento, 536-537, 539
Entrevista de protocolo, 124-126
Entrevista eletrônica pela internet, 153-154, 156
Entrevista eletrônica por *e-mail*, 150-154
Entrevista em grupo eletrônica, 118-119
Entrevista em local central, 160-162
Entrevista no trabalho, 160-162
Entrevista pessoal
   entrevista por telefone assistida por computador, 146-151, 259-261
   entrevistas em domicílio, 148-150, 160-164
   entrevistas pessoais em *shoppings*, 148-150
   questionário, 260-262
Entrevista por computador em quiosques, 160-162
Entrevista por fax, 160-162
Entrevista telefônica por celular, 160-162
Entrevistadores
   avaliação do, 349-351
   internacional, 350-352
   seleção do, 344-348
   supervisão do, 349-351
   validação do, 349-350
Entrevistadores, treinamento dos, 346-350
Entrevistas em profundidade, 32-34, 122-123
   aplicações de, 124-126
   características de, 122-124
   em pesquisa etnográfica, 170
   grupos de foco *versus*, 124-125
   pesquisa de marketing, 4-5
   técnicas de, 122-126
   uso de mídias sociais, 135-136
   vantagens/desvantagens de, 124-126
   versus grupos de foco e técnicas projetivas, 130-132
Entrevistas na residência, 148-150, 160-164
Entrevistas *on-line*, 144-145
Entrevistas pessoais assistidas por computador (CAPI), 146-151, 259-261
Entrevistas por correio, 150-154
Entrevistas por *e-mail*, 150-154
Entrevistas por telefone
   assistidas por computador, 146-149, 259-261
   internacionais, 171-173
   tradicionais, 146-148
Entrevistas telefônicas assistidas por computador (CATI), 147-151, 233-234, 260-261, 265
Enunciado da pergunta
   alternativas implícitas, evite, 268-270
   definindo a questão, 267-268
   escolha, 267-270
   generalizações e estimativas, evite, 269-270
   mapa conceitual, 281-282
   palavras ambíguas, 267-269
   palavras comuns, 267-269
   perguntas indutoras ou tendenciosas, evite, 268-270
   suposições, evite, 268-270
   utilize informações, 269-270
EPM. *Veja* Estimativa de probabilidade máxima
Equipe de campo, 158-160
Erro de aproximação da raiz quadrada da média (EARQM), 590-593, 598-601, 604-606
Erro de tipo I (a), 395-396
Erro de tipo II (b), 395-396
Erro estrutural, 586-588
Erro padrão da estimativa, 456-458
Erro proposital, 69-71
Erro sistemático, 243-245
Erros
   aleatório, 243-245
   amostragem aleatória, 67-69
   arcabouço amostral, 67-69
   de amostragem aleatória, 67-69, 562-564
   de criação, 262-263
   de definição da população, 63-65
   de mensuração, 67-69
   de não resposta, 67-69
   de questionamento, 69-71
   de registro, 69-71
   de resposta, 67-69
   de substituição de informações, 67-69
   MEE, 589-592, 598-600
   na análise da dados, 67-69
   na concepção de pesquisa, 67-71
   na seleção dos entrevistados, 67-69
   não amostrais, 67-69
   padrão, 321
   por incapacidade, 69-71
   por má vontade, 69-71
   total, 67-69
Escala multidimensional (EMD), 218-221, 557-559
   análise conjunta usada com, 574-577
   análise de correspondência, 565-566
   análise fatorial e análise discriminante, relações entre, 565-568
   conceito básico de, 557-559
   definição, 557-559
   escalonamento de dados de preferência, 563-565
   estatísticas e termos associados ao EMD, 557-560
   gráfico para percepção da ética, 576-577
   mapa conceitual, 580-580
   pesquisa de marketing internacional no, 575-577
   software usado no, 577-578
Escala não balanceada, 238-239
Escala razão, 217-219
Escalas. *Veja também* Escalas multi-itens; Escalas não comparativas; Principais escalas de mensuração
   análise de escalograma, 223-224
   balanceadas, 237-239
   características das, 212-215
   classificação sete pontos, 235-237
   comparativas, 218-220
   comumente utilizadas em marketing, 239-242
   contínuas, 233-234
   de classificação unipolar, 236-238
   de Guttman, 223-224
   deduzidas matematicamente, 246-249
   descrição, 212-213
   diferenciais semânticas, 236-237
   distância entre descritores, 213-215
   do sorriso, 239-242
   em mídias sociais, 224-225
   em pesquisa de marketing em dispositivos móveis (MMR), 224-226
   forçadas, 238-239
   gráfica, 232-234
   intervalares, 214-218
   itemizadas, 234-237
   Likert, 234-236
   métricas, 218-220
   métricas em dólares, 218-221
   monádicas, 219-220, 233
   multidimensionais, 218-221
   não comparativas, 219-220, 233-237
   não métricas, 218-220
   nominais, 213-216
   ordem de, 212-215
   ordinais, 214-217
   origem das, 213-215
   purificadas, 241-244
   soma constante, 221-223
   somatórias, 235-237
   Stapel, 237
   técnicas, 218-224
   termométricas, 239-242
   tipo Q, 222-223
   validade das, 245-246
   versus questionários, 266-267
Escalas multi-itens, 241-247
   avaliação de, 241
   capacidade de generalização, 247
   confiabilidade, 244
   desenvolvimento de, 242
   medindo a sofisticação técnica com, 242-243
   precisão da mensuração, 243
   validade, 245-247
Escalas não comparativas, 218-220
   em mídias sociais, 248-249
   em pesquisa de marketing em dispositivos móveis (MMR)
   escala contínua, 232-236
   escala itemizada, 234-236
Escalas por comparação pareada, 218-223
Escalas por ordenação de posto, 220-223

Escalonamento multidimensional (EMD)
  realização, 558-560
    avaliar a confiabilidade e a validade, 562-565
    decidir quanto ao número de dimensões, 560-563
    formulando o problema, 558-560
    obter dados de entrada, 558-561
    rotular as dimensões e interpretar a configuração, 561-564
    selecionando um procedimento, 559-562
    suposições e limitações do, 563-565
Escalonamento, técnicas de
  classificação, 218-220
  escala tipo Q, 223-225
  escalas de soma constante, 221-223
  escalas por comparação pareada, 218-223
  escalas por ordenação de posto, 220-223
  escolha, 246-247
  ética na, 224-225, 247-250
  internacional, 223-225, 246-249
Escores discriminantes, 483-484
Escores fatoriais, 511-514, 517-519
Escrutínio científico, vantagem de grupos de foco, 118-119
Esforço dos respondentes, 263-264
Especialista em processos de dados, 14-15
Esquema de aglomeração, 534-535
Estatística de diferença de qui-quadrado ($\Delta\chi^2$), 584-587
Estatística de teste, 395-396
Estatística, definição, 319-320
Estatística F, 407-410, 430-432
Estatística H de Kruskal-Wallis, 443-444
Estatística qui-quadrado (χ^2), 402-404, 590-593, 595-597
Estatística sobre emprego, 306-308
Estatística t, 407-409, 456-458
Estatística U, 484-485
Estatísticas, 289-291
Estatísticas laborais, 306-308
Estatístico, 13-15
Estilos de vida, 90-93
Estimação de verossimilhança máxima, 590-592
Estimativa da magnitude, 223-225
Estimativas de caminho ou cargas, 594-596
Estimativas, evitando, 269-270
Estimativas subjetivas, 330-332
Estímulos físicos, uso em levantamentos, 156
Estratégia da marca internacional, 414-417
Estratégia de posicionamento, 645-646
Estratégia "porta na cara", 328-331
Estratégias de "pé na porta" (*foot-in-the-door*), 328-331
Estresse, 557-562
Estrutura, vantagens dos grupos de foco, 118-119
Estudo cíclico, 566-569
Estudo de pesquisa exploratória
  definição, 57-60
  estudo de marketing relacionado a causas, 57-58
  exemplo ilustrado, 60-62
  métodos usados que beneficiam, 60-61
  usos de, 58-61

versus pesquisa causal, 58-61
versus pesquisa conclusiva, 58-60
versus pesquisa descritiva, 58-63
Estudo de pré-teste/pós-teste de um único grupo, 193-194
Estudo de quatro grupos de Solomon, 194-195
Estudo em blocos randômicos, 195-199
Estudo em quadrados latinos, 195-199
Estudo estatístico, 191-192
Estudo experimental. *Veja também* Causalidade
  classificação de, 191-192
  definição, 188
  definições e conceitos usados no, 187-189
  estatísticos, 194-201
  estudos pré-experimentais, 193-194
  ética no, 203-205
  exemplo de caso de, 209-210
  experimental *versus* não experimental, 200-202
  internacional, 203-204
  invalidade no, 197-199
  laboratório *versus* experimentos de campo, 199-201
  limitações do, 200-202
  mapa conceitual para, 205-207
  símbolos usados no, definição, 188-189
  teste de marketing, 200-204
  validade no, 188-190
  verdadeiro, 191-195
Estudo experimental, variáveis estranhas no,
  controle de estudo, 191-192
  controle estatístico, 190-192
  efeitos de teste, 189-191
  emparelhamento, 190-192
  história, 188-190
  instrumentação, 189-191
  maturação, 188-191
  mortalidade, 190-192
  randomização, 190-192
  regressão estatística, 189-191
  tendenciosidade de seleção, 189-192
Estudo fatorial, 197-201
  exemplo de, 199
  fracional, 199-201
Estudo Global Airline Performance (GAP – desempenho global de companhias aéreas), 266-268
Estudo longitudinal, 63-66
  levantamento de adolescentes europeus, 71-72
  versus estudos transversal, 64-66
Estudo somente-depois, 193-194
Estudos de caso, 33-35
Estudos de grupos de controle, 193-195
Estudos de séries temporais, 194-198
Estudos pré-experimentais, 191-192
  estudo de caso único (*one-shot*), 193-194
  estudo de grupo estático, 193-194
  estudo pré-teste/pós-teste de um único grupo, 193-194
Estudos quase-experimentais, 191-192
  estudos de séries temporais, 194-198
  estudos de séries temporais múltiplas, 194-198
Estudos transversais, 62-66
eta^2 (η^2), 352-354

Ética na pesquisa de marketing
  agência de campo/processo de coleta de dados, 352-354
  análise de *cluster* usada para explicar percepções da, 547, 549-551
  análise de fatores usados para prever a ética/comportamento antiético, 523-525
  análise discriminante usada para prever, 502-504
  ANOVA usada em, 436, 444
  atitudes em relação a empresas, 576-577
  concepção experimental apropriada, 205
  dados secundários, 100-102
  de profissionais de marketing direto, 249-251
  debriefing, 204-205
  definir o problema, 45-49
  descrição, 17-20
  determinação do tamanho da amostra, 332-334
  distinção do propósito de experimentos, 204-205
  em preparação de relatórios, 628-629
  EMD e conjunto usado em, 576-577
  estágio de concepção de pesquisa, 72-73
  frequência, tabulação cruzada e teste de hipótese usados em, 416-417
  generalização internacional das práticas antiéticas de pesquisa, 443-444
  introdução a, 19-20
  julgamentos de homens e de mulheres, diferenças entre, 444-445
  MEE usado para investigação, 606-609
  método de levantamento, 172-177
  na preparação de dados, 374-378
  pesquisa qualitativa, 133-137
  processo de concepção de amostragem, 310-313
  publicidade de ataque, 136-138
  questionários, 278-281
  regressão usada como investigação, 471-474
  técnicas de escalonamento, 224-225, 247-250
Evidências objetivas, 40-41
Excel
  análise de correlação e regressão, 472-474
  análise de variância e covariância, 444-445
  desenvolvimento de arquivos de dados, 363-364, 367-368
  frequências, tabulação cruzada e, 416-418
  para análise de dados, 20-21
  preparação dos dados, 378-379
  procedimentos de relatórios, 628-629
  teste de hipótese, 416-418
  verificação de consistência, 368-369
Experimento de campo, 200-201
Experimento de laboratório, 200-201
Experimento, definição, 188
Experimentos de estudos estatísticos, 197-200
  estudo em blocos randômicos, 198
  estudo em quadrados latinos, 199-199
  estudo fatorial, 199-200

F

Faceta, 245-247
Facilidade de uso percebida (FP), 598-601

Facilidade de utilização, 561-563
Falta de representatividade, 65-66
Fator. *Veja* Construtos
Fatores de tarefa, 156-159
Fatores, definição, 427-429, 439-441, 509-511
Fatores latentes (ξ), 584-586, 589-592
FDA, 135-136
Federal Communications Comission (FCC), 648
FedStats, 89-90
Figuras esquemáticas, 620-623
Firmografia, 88-89
Fluxogramas, 620-623
Fontes de dados governamentais, 88-91
Fontes de dados para análise empresarial e de mercado, 88-89
Fontes de informações empresariais, 88-91
Fontes por assinatura, 90-91
Food and Drug Administration (FDA), 135-136
Forma, medidas de, 392-394
Formas alternativas de confiabilidade, 244-245
Formulação da concepção de pesquisa, 7-9
    concepção da amostragem, 24-25
    criação do questionário, 24-25
    ética na, 17-20
    métodos de levantamento, 24-25
    pesquisa qualitativa, 24-25
Formulário de entrevista, 258-259
Formulários observacionais, 277-278
Fornecedores de pesquisa de marketing
    seleção, 13
    serviços, 13
    serviços de campo, 13
    serviços limitados, 13
    serviços qualitativos e de grupos de foco
    serviços técnicos e analíticos, 13
    assinatura, 11-13
    externo, 11-13
    interno, 11-13
    personalizados, 11-13
    serviços completos, 11-13
    serviços pela internet, 11-13
    agências globais de pesquisa de marketing, top 25, 12-13
Fortune 1000, 98-99
Fortune 500 Directory, 88-89, 97-99
Fortune Datastore, 98-99
Fortune Global 500, 53, 98-99
Fóruns, 67-69
Frugging, 172-174
Fumo, 320-321
Fumo entre os jovens, 304-305
Funções de valor parcial, 566-569
Funções discriminantes, 481-483

G

Gama, 404-406, 595-596
Generalizações, evitando, 269-270
Gerenciadores de base de texto, 133
Gerente de projetos, 15
Gerente sênior de projetos, 14-15
Gestão de relacionamento com o cliente (CRM), 86-88
Globalização, 16-17
GPS, sistema de posicionamento global
    coleta de dados secundários, 101-102

levantamentos e pesquisa de marketing em dispositivos móveis, 174-176
usado em levantamentos, 18-19
Gráfico de área, 619-622
Gráfico de barra, 619-623
Gráfico de cargas fatoriais, 511-514, 517-519
Gráfico de declive (*scree plot*), 511-514, 516-517
Gráfico de linha, 619-623
Gráfico de pizza, 619-623
Gráfico de torta, 619-623
Gráfico em árvore, 534-535
Gráficos, normas para, 619-623
Grau de preferência, 220-221
Grupo com dois moderadores, 117-119
Grupo com moderação antagônica, 117-119
Grupo com participação do cliente, 117-119
Grupo de controle (GC), 193-194
Grupo de entrevista, 32-34.*Veja também* Grupos de foco
Grupo estático, 193-194
Grupo experimental (GE), 193-194
Grupo respondente-moderador, 117-119
Grupos, 67-69
Grupos de foco
    aplicações dos, 120
    características das, 113-115
    com demonstração, 109-110
    considerações para pesquisa de marketing internacional, 133-134
    definição, 113
    desvantagens, 118-119
    on-line, 120-123
    pesquisa de marketing, 4-5
    pesquisa internacional, 133-134
    pesquisa qualitativa nos, 32-35
    planejamento e condução, 114-119
    serviços qualitativos e, 13
    tradicionais *versus on-line*, 121-122
    usando redes sociais, 134-136
    vantagens, 118-119
    variações, 119 *Veja também* Entrevistas em profundidade
    versus entrevistas em profundidade, 124-125
Grupos de foco de duas vias, 119
Guide to Consumer Markets, 88-89
Guide to economic Census, 89-90
Guides of general business data, 88-89

H

Hipótese (H)
    alternativa, 393-396, 407-409
    desenvolvimento de, 41-45
    estatística, 42-45
    nula, 393-395, 407-409
Histogramas, 619-623
História (H), 188-190

I

IA. *Veja* Inteligência artificial
IAC. *Veja* Índice de adequação comparativo
IANP. Índice de adequação normado de parcimônia
Identificação de oportunidades para um novo produto pela análise de *cluster*, 533-535

Imputação, 331-333
INAP. *Veja* Índice de adequação de parcimônia
Incentivos monetários, para elevação da resposta a levantamentos, 159, 329-331
Incentivos, para aumentar as taxas de resposta, 329-331
Inclusão avançada, 467-470
INCR. *Veja* Índice de não centralidade relativa
Indicadores, 586-592
Indicadores eletrônicos de emoção, 120-121
Índice de adequação (GFI – *goodness of fit*), 590-592, 598-600, 604-606
Índice de adequação ajustado (*adjusted goodness-of-fit*, AGFI), 590-592
Índice de adequação comparativo (IAC), 590-593, 598-600
Índice de adequação de parcimônia (INAP), 590-592-592-593
Índice de adequação não normado (IANN), 590-593, 604-606
Índice de adequação normado (IAN), 590-593
Índice de adequação normado de parcimônia (IANP), 590-593
Índice de correlação ao quadrado, 557-559, 562-564
Índice de finalização, 326-328
Índice de inadequação, 590-592
Índice de modificação, 584-587, 594-596
Índice de não centralidade relativa (INCR), 590-593
Índice de parcimônia, 584-587, 590-592
Índice de poder aquisitivo, 98-100
Índice de recursos de inteligência competitiva, 88-89
Índice de resposta, 158-159
    elevação com incentivos/compensações monetárias, 159
    em tendenciosidade de viés de não resposta, 159
    levantamentos em painéis, 91-92
Índice empresarial periódico, 88-89
Índice Tucker Lewis Index (ITL), 590-593
Índices de adequação absoluta, 584-587, 590-592
Inferência estatística, 320-321
Informação de classificação, 269-271
Informação identificada, 269-271
Informações delicadas nos questionários, 264-265
Informações passadas, 34-36
Instituições, dados de serviços por assinatura de, 96-99
Instrumentação (I), 189-191
Instrumento de mensuração, 258-259
Inteligência artificial (IA), 99-100
Inteligência competitiva, 10-12
Intenção de compra, 204-205
Intenção de Preferência (PREF), 603-606
Intenção de utilizar uma aplicação de tecnologia (INT), 598-599
Interação entre variáveis, 436-437
Interação não ordinal, 439-442
Interação ordinal, 439-441
Internet
    banco de dados da, 90
    construção de questionário, 274, 276-278

entrevistas, 153-154, 156
mapeamento dos usuários da internet, 162-166
para implementação da concepção da pesquisa, 67-69
pesquisa de marketing em dispositivos móveis, 18-19
preocupações com privacidade, 584-586
PUIPI, 584-586, 596-599
serviços de pesquisa de marketing em, 11-13
serviços de pesquisa de marketing internacional em, 17-20
Internet das Coisas (IC), 18-19
Intervalo, 392-393
Intervalo interquartil, 392-393
Item não resposta, 267-268

J
Julgamentos de semelhança, 218-221, 557-559

K
K-médias de aglomeração, 536-540

L
Laddering, 122-126
Lambda assimétrico, 404-406
Lambda de Wilks, 484-485
Lambda simétrico, 404-406
Latência de resposta, 164-166
Lei de Proteção de Privacidade *On-Line* da Criança, de 1998
Lei Patriota, 173-174
Leitura do relatório de pesquisa
  apresentação, 624-626
  concepção da pesquisa, 624-625
  enfrentar o problema, 624-625
  execução dos procedimentos de pesquisa, 624-625
  interpretações e conclusões, 624-626
  números e as estatísticas, 624-625
  possibilidade de generalização, 624-626
Lembrança auxiliada, 192-193, 262-263
Lembrança de propagandas, 204-205
Lembrança não auxiliada, 192-193
Lembretes de convites, amostragem na Internet, 310
Levantamento de empresas atuais, 88-89
Levantamento "deixado" (*drop-off*), 160-162
Levantamentos, 89-91
  avaliação de propaganda, 93-94
  de painel por assinatura, 90-94
  experiência, 32
  gerais, 93
  pesquisa de marketing, 4-5
  pesquisa de marketing em dispositivos móveis (MMR), 18-19
  piloto, 33-34
  psicografia e estilos de vida, 90-94
  serviços do ramo, 97-99
  usos do, 93
  usuário frequente, 32
  vantagens e desvantagens dos, 93-94
Levantamentos de satisfação dos clientes, 340-341
Levantamentos mistos, 160-164
Levantamentos *on-line*, 319-320

Levantamentos por telefone completamente automatizados (CATS), 160-162
Levantamentos sobre indústrias, 97-99
Lidando com respondentes difíceis, para entrevistas por telefone, 349
Linguagem de marcação de hipertexto (HTML – *hypertext markup language*), 153-154
LISREL, 606-610
Lista de clientes, amostragem, 311-312
Livro de código, 363-365, 367
Logit multinomial, 500-501

M
MANOVA. *Veja* Análise de variância multivariada
Mapa conceitual, 37-39
Mapa espacial, 557-559, 561-564
Mapa territorial, 495-498
Mapas, geográficos e outros, 619-622
Marketing relacionado a causa, estudo de, 57-58
MAS. *Veja* Área estatística metropolitana (MAS)
Matriz de classificação, 483-484
Matriz de coeficientes de escores fatoriais, 511-514, 517-519
Matriz de coeficientes de semelhança/distância, 534-535
Matriz de confusão, 483-484
Matriz de correlação, 511-515
Matriz de correlação combinada dentro de grupos, 484-485
Matriz de correlação total, 484-485
Matriz de covariância de amostra, 586-588
Matriz de covariância estimada (Σ_k), 584-592
Matriz de fatores padronizados, 511-514, 516-519
Matriz de mudança de marcas, 64-66
Matriz de predição, 483-484
Matriz fatorial, 511-514, 516-519
Maturação (MA), 188-191
Média, 390-392
Médias de grupo e desvios-padrão de grupo, 483-484
Medição da imagem, 557-559
Medida da falta de aderência, 557-562
Medida de adequação da amostra de Kaiser-Meyer-Olkin, 511-514
Medida do índice de adequação, 557-559, 562-564
Medidas repetidas da análise de variância (ANOVA), 441-443
Medidores locais de pessoas (LPMs), 83-84
MEE modelo de medida
  aplicação em bancos, 602-604
  confiabilidade, 591-595
  especificar, 588-592
  exigências de tamanho da amostra, 589-592
  extrair conclusões e fazer recomendações, 596-598
  medida adequada, 587-593
  propriedades psicométricas, 601-603
  qui-quadrado, 590-592
  validade, 592-596
MEE modelo estrutural
  adequação, 595-597

diagnósticos, 595-598
  especificar, 594-596
  extrair conclusões e fazer recomendações, 596-598
  teste de relações hipotetizadas, 595-597
  validade do, avaliando, 595-596
  versus modelos concorrentes, 595-597
Mensuração
  definição, 212-213
  erro, 67-69, 243-245
  escalas principais de, 213-219
  níveis de, 212-215
  ordem, 212-213
Mercados-teste, 202
Método de estimação de verossimilhança máxima, 499-500
Método de variância, 536-537, 539
Método direto, 484-487
Método divisivo, 535-537
Método do caminho crítico (CPM), 69-72
Método do limiar paralelo, 537, 539-540
Método do limiar sequencial, 536-540
Método do particionamento otimizador, 537, 539-540
Método MESH, 225-226
Método Ward, 536-541, 543
Metodologia emparelhada de estudo experimental de programação controlada, 196, 197
Métodos de encadeamento, 535-537, 539
Métodos de levantamento, 24-25. *Veja também* Métodos de observação
  classificação do modo de aplicação, 146-148
  compras misteriosas, 169-172
  entrevista pessoal, 146-151
  entrevista por correio, 150-154
  entrevista por telefone, 146-149
  entrevistas eletrônicas, 150-154, 156
  estudo de caso sobre, 340, 341
  ética no, 172-177
  levantamento estruturado direto, 145-147
  outros, 160-162
  pesquisa de marketing internacional, 169-174
  pesquisa etnográfica, 169-172
  seleção de, 160-164
  vantagens/desvantagens dos, 145-147
Métodos de levantamento, avaliação comparativa
  fatores de tarefa, 154, 156-159
  fatores dos respondentes, 159-162
  fatores situacionais, 158-161
Métodos de observação, 162-169
  avaliação comparativa, 167-169
  disfarçada *versus* não disfarçada, 162-164
  estruturada *versus* não estruturada, 162-164
  natural *versus* planejada, 162-164
Métodos de observação segundo modo de administração, 162-168
  análise de conteúdo, 166-168
  análise de rastro, 167-168
  auditoria, 166-167
  observação mecânica, 164-166
  observação pessoal, 162-165
Mídias geradas por consumidores, 101-102
Mídias sociais
  amostragem em, 310-312

amostragem *on-line* de larga escala, 333-334
definição/abordagem do problema, 46-48
e pesquisa de marketing, 17-18
em concepção de pesquisa, 72-73
empresas que oferecem, 12, 14
escalas não comparativas em, 248-249
experimentação em, 203-205
fonte de dados secundários, 101-102
grupos de foco, 134-136
introdução a, 17-19
levantamentos, 173-175
limitações das, para pesquisa qualitativa, 135-136
observação, 174-176
para entrevistas em profundidade, 135-136
para técnicas de projeção, 135-136
preparação de dados, 376-377
preparação de relatórios, 333-334
questionários e levantamentos em, 279
tamanho da amostra, 333-334
técnicas com escalas comparativas, 224-225
trabalho de campo em, 352-354
Mineração de dados, 86-88
Minigrupos, 118-119
MINITAB
 análise conjunta, 577
 análise de *cluster*, 549-551
 análise de componentes principais, 524-526
 análise de correlação e regressão, 472-474
 análise discriminante, 502-504
 análises de variância e covariância, 444-445
 frequências, tabulação cruzada e, 416-418
 para análise de dados, 20-21
 preparação dos dados, 378-379
 procedimento de relatórios, 628-629
 teste de hipótese, 504-506
 verificação de consistência, 368-369
MMR. *Veja* Pesquisa de marketing em dispositivos móveis
MobileMeasure, 18-19
Moda, 390-393
Modelagem causal. *Veja* Análise de caminho; Modelagem de equação estrutural (MEE)
Modelagem de equações estruturais (MEE), 584-612. *Veja* Modelo fatorial de primeira ordem; Modelo fatorial de segunda ordem
 análise de caminho e, 605-609
 conceito básico de, 584-586
 construtos individuais, definir os, 588-590
 diagnóstico de problemas, 594-595
 estatísticas associadas com, 584-587
 pesquisa de marketing internacional em, 606-609
 projeto da loja de departamentos, 604-606
 realização, 588-590
 software estatístico para, 606-610
 teoria, modelo e diagrama de caminho, 586-588
 versus outras técnicas multivariadas, 597-599
Modelagem de equações estruturais (MEE), fundamentos, 586-589
 adequação do modelo, 587-589
 confiabilidade e validade do modelo, 593,594

construtos exógenos *versus* construtos endógenos, 587-589
identificação do modelo, 587-590
teoria, modelo e diagrama de caminho, 586-588
Modelo analítico, 40-41
Modelo aninhado, 584-587
Modelo de aceitação de tecnologia (MAT), 598-599. *Veja também* Modelo fatorial de primeira ordem
Modelo de análise, 484-485
Modelo de análise conjunta, 570-573
Modelo de análise discriminante, 481-484
Modelo de compensação, 573-576
Modelo de efeitos fixos, 434-437
Modelo de efeitos mistos, 434-437
Modelo de escore verdadeiro, 243-245
Modelo de identificação, 587-590
Modelo de mensuração, 584-587
Modelo de regressão múltipla, 463-464
Modelo fatorial de primeira ordem, 584-587, 596-599
 avaliar a confiabilidade e a validade do modelo de mensuração, 598-600
 avaliar a validade do modelo estrutural, 599-601
 conclusões e recomendações do, 599-601
 definir os construtos individuais, 598-599
 do PUIPI, 596-598
 especificar o modelo de mensuração, 598-600
 especificar o modelo estrutural de, 599-601
Modelo fatorial de segunda ordem, 586-588, 596-599
 avaliar a confiabilidade e a validade do modelo de, 600-604
 avaliar a validade do modelo estrutural, 603-606
 conclusões e recomendações, 604-606
 definir os construtos individuais, 599-603
 especificar o modelo de mensuração, 600-603
 especificar o modelo estrutural, 602-606
 PUIPI, 597-599
Modelo logit, 498-499
Modelo logit binário
 adequação do modelo, 499-500
 aplicação ilustrativa de regressão logística, 499-501
 estimando o modelo logit binário, 498-500
 etapas envolvidas em, 498-499
 formulando o problema, 498-500
 interpretação dos coeficientes e validação, 499-500
 teste de significância, 499-500
Modelo não recursivo, 584-587, 595-596
Modelo probit, 498-499
Modelo recursivo, 586-588
Modelos de efeitos aleatórios, 434-437
Modelos de variáveis latentes. *Veja* Análise de caminho
Modelos gráficos, 40-42
Modelos matemáticos, 40-42
Modelos verbais, 40-41
Monitores de pupilas, 164-167
Mortalidade (MO), 190-192

Multicolinearidade, 469-471
Múltiplo η^2, 436-437

N

Necessidade da questão, 261-262
New York Times Index, 88-89
Níveis de atributos, análise conjunta, 566-569
Nível de precisão, 320-321
Nível de significância, 395-397
North American Industrial Classification System (NAICS), 89-90

O

O (processo de observação ou medida), 188-189
Objetivo, de dados secundários, 84-85
Objetivos, 34-36
Observação disfarçada *versus* observação não disfarçada, 162-164
Observação estruturada, 162-164
Observação mecânica, 162-166
Observação não estruturada, 162-164
Observação natural, 162-164
Observação pessoal, 162-165
Observação planejada, 162-164
Office of Scales Research, 252
OLS. *Veja* Regressão de quadrados mínimos ordinários
Ômega ao quadrado (ω^2), 440-442
Omissão, 261-264
Operadoras de serviços sem fio, 648
Orçamento e programação, 69-72
Ordem das questões, determinando
 efeito sobre perguntas subsequentes, 269-272
 fluxograma, 270-272
 ordem lógica, 270-274
 pergunta de abertura, 269-271
 perguntas difíceis, 269-271
 tipo de informação, 269-271
Ordem de mensuração e escalonamento, 212-214
Ordenação de preferências, 557-559
Origem na mensuração e escalonamento, 212-215

P

Padronização, 372-373, 459-461
Página de título, 617-618
Painéis
 amostral, 150-154
 compra, 91-95
 definição, 63-65
 escaneamento, 91-97
 levantamentos de painel por assinatura, 90-94
 mídia, 91-96
 omnibus, 90-94
 verdadeiros, 63-65, 90-94
Painéis de consumidores
 metodologia emparelhada de estudo experimental de programação controlada, 196, 197
 pesquisa de marketing internacional, 72
Painel postal, 150-154
 levantamentos, 8

Países recentemente industrializados, 172
Palavras de teste, 149-151
Parâmetro, 319-320
People meters, 162-165
Percentual no erro amostral, 319-320
Percepção de dados, coletando
    abordagem direta, 558-561
    abordagens derivadas, 559-561
Percepção do anonimato, 159-161
Perception Analyzer, 233-234
Perfil característico, 490-492
Perfis corporativos, 98-99
Perfis plenos, 566-569
Pergunta de duplo efeito, 261-262
Pergunta estruturada
    pergunta de múltipla escolha, 265-267
    pergunta dicotômica, 265-268
    versus escalas, 266-268
Pergunta indutora, 268-270
Perguntas de alternativa fixa, 145-147
Perguntas de livre resposta, 264-267
Perguntas não estruturadas, 264-267
Perguntas ramificadas, 270-274
Personalidade da voz, para entrevistas por telefone, 349
PERT. *Veja* Técnica de avaliação e revisão de programas
Peso beta, 459-461, 470-471
Pesos de importância relativa, 566-569
Pesquisa analítica, 13-15
Pesquisa causal, 58-61, 65-67
Pesquisa conclusiva
    definição, 58-60-61
    estudo de marketing relacionado a causas, 57-58
    pesquisa exploratória *versus*, 58-60
Pesquisa de comunicação, 6-7
Pesquisa de distribuição, 6-7
Pesquisa de experiência, 31-33
Pesquisa de marketing
    ao vivo, 3-5
    associação *on-line*, 17-20
    carreiras nas (*Veja* Pesquisa na carreira de marketing)
    classificação das, 5-8
    consistência e, 316-317
    decisão de realizar, 11-12
    definição de, 5-6
    e mídias sociais, 17-18, 101-102, 133-136, 224-225
    estudo de caso, 316-317
    ética na, 17-20, 72-73
    evolução na, 24
    inteligência competitiva (IC) e, 10-12
    interesses no, 17-20
    papel na tomada de decisão de realizar pesquisa de marketing, 11-12
    projeto da loja de departamentos, 15-17
    projeto, realização, 21-23
    proposta, 69-73
    SIM e SSD, 15-16
    tomando a decisão na, 8-12 (*Veja também* Tomadores de decisões (TDs))
Pesquisa de marketing em dispositivos móveis (MMR), 18-19
    amostragem, 311-312

concepção de pesquisa, 73-74
concepções experimentais, 204-205
dados secundários, 101-103
definição e desenvolvimento da abordagem ao problema, 48
e concepção de questionário, 279-280
entrevistas móveis, 147
escalas de classificação contínua e itemizada em, 248-249
escalas não comparativas em, 248-249
introdução a, 15-16
mensagens SMS, 136
pesquisa de observação e, 176-177
pesquisa por levantamento, 174-177
pesquisa qualitativa, 136-137
preparação de dados, 377
processo de trabalho de campo/coleta de dados, 353-354
relatórios, 628-629
tamanho da amostra, 333-335
técnicas de escalas comparativas, 224-226
usado para pesquisa "no ato", 248-249
usando concepções de pesquisa, 73-74
Pesquisa de marketing internacional
    análise de fatores usados em, 523-525
    análise discriminante conduzida em, 502-504
    ANOVA conduzida em, 444
    dados secundários disponíveis para, 98-102
    definição do problema no, 44-48
    em *design* experimental, 203-204
    em MEE, 606-609
    em pesquisa com levantamento, 171-173
    em preparação de relatórios, 626-627
    em técnicas de escalonamento, 223-225, 246-249
    EMD e conjunto no, 575-577
    frequência, tabulação cruzada e teste de hipóteses em, 416-417
    implementação do processo de amostragem, 309-311
    introdução ao, 15-18
    método de observação, 172-174
    na formulação da concepção da pesquisa, 98-102
    na preparação de dados, 374-377
    on-line, 17-20
    processo de trabalho de campo/coleta de dados, 350-352
    qualitativo, 132-135
    questionários usados no, 277-280
    realização da análise de *cluster*, 543-545, 547, 549-550
    regressão conduzida em, 472-473
Pesquisa de marketing japonesa, 144-145
Pesquisa de neuromarketing, 165-166
Pesquisa de observação, 176-177
Pesquisa de preço, 6-7
Pesquisa de produto, 6-7
Pesquisa de usuário frequente, 31-33
Pesquisa descritiva, 58-62
    gama e diversidade da, 61-63
    os seis fatores na, 61-63
    versus pesquisa exploratória, 58-63
Pesquisa etnográfica, 169-172

Pesquisa *on-line* em fóruns de discussão, 120-123
Pesquisa para a identificação de problemas, 5-8
Pesquisa para a solução de problemas, 6-8
    tipos de problemas de pesquisa de marketing, 13
Pesquisa qualitativa, 32-35. *Veja também* Grupo de foco
    definição, 109-112
    ética na, 133-137
    exemplo de caso de, 141-142
    formulação da concepção de pesquisa, 24-25
    fundamentos lógicos, uso de, 110-113
    internacional, 132-135
    mapa conceitual da, 136-139
    procedimentos, classificação, 110-114
    versus pesquisa quantitativa, 109-113
Pesquisa quantitativa
    definição, 109-112
    versus pesquisa qualitativa, 109-113
Pesquisa transcultural, 16-17
Pesquisas de usabilidade, 65-67
Pesquisas-piloto, 32-35
Pictogramas, 619-623
Planejamento e condução de grupos de foco, 133-134
Planejamentos de listas de dígitos aleatórios, 156-159
Poder de um teste, 395-397
Ponderação, 331-333, 368-372
Ponto de venda eletrônico, 95-96
População alvo, 290-292
População, definição, 288-291
População estatística, símbolos para, 320-321
Porcentagem de variância, 511-514, 516-519
Portas giratórias, 162-165, 167-169
Pós-graduação, 13-15
Posição, medidas de, 390-392
Posição tendenciosa, 265-267
Precisão de dados secundários, 84-85
    big data, 99-100
    pesquisa de marketing em dispositivos móveis, 101-103
Pré-codificação, 270-274
Predizer das variáveis
    definição, 455-457
    importância relativa ao, 470-471
Preparação de dados, 7-9
    arquivo de dados, desenvolvimento, 363-364, 367-368
    codificação, 362-364, 366
    edição, 361-363
    estratégia de análise de dados, 372-374
    ética na, 17-20, 374-378
    pesquisa de marketing internacional, 374-377
    processos, 360-363
    técnicas estatísticas, classificação de, 372-375
    transcrição, 364, 367-369
    verificação dos questionários, 360-363
Pré-teste, 274, 276
Previsões, 34-36
Principais escalas de mensuração
    em mídias sociais, 224-225
    ilustração da, 214-216

intervalo, 214-219
nominal, 213-216
ordinal, 214-216
razão, 217-219
tabela de, 260-261
Princípio "Diga-lhes", 623-625
Princípio "Seja Simples e Direto", 624-625
Privacidade, 177
Privacidade de informações, preocupações dos usuários da Internet com a, (PUIPI), 584-586, 596-599
Privacidade *on-line*, mensuração das preocupações do consumidor, 235-236
Problema de decisão gerencial, 37-38
Problema de pesquisa de marketing
 definição, 37-41
 versus problema de decisão gerencial, 37-39
Procedimento CALIS, 609-610
Procedimento de caso V de Thurstone, 220-222
Procedimento de Mahalanobis, 498-499
Procedimento de perfil pleno em análise conjunta, 568-570
Procedimento geral de teste de hipóteses, 393-396
 coletar os dados e calcular a estatística de teste, 395-397
 comparar a probabilidade (ou valor crítico), 395-400
 conclusão para a pesquisa de marketing, 396-400
 determinar a probabilidade (ou valor crítico), 395-397
 escolher o nível de significância _, 395-397
 escolher um teste apropriado, 395-396
 formular a hipótese, 393-396
 tomar a decisão, 395-400
Procedimento varimax, 517-519
Procedimentos de indução de respostas, 159
Processadores de texto, 133
Processo alternado de Tukey, 441-442
Processo de concepção da amostra
 arcabouço amostral, determinando, 291-292
 ética no, 310-313
 internacional, 309-311
 passo, 288-290, 292-295
 pesquisa de marketing em dispositivos móveis (MMR), 311-312
 população alvo, definindo 290-292
 processo de amostragem, em execução, 292-295
Processo de pesquisa de marketing, 7-8
 abordagem, desenvolvimento de uma, 7-9, 24-25
 definição do problema, 7-8, 24-25
 e a Internet, 4-5
 em mídias sociais, 352-354
 formulação da concepção de pesquisa, 7-9, 24-25
 implementando, exemplo de caso, 24-26
 preparação e análise dos dados, 7-9, 24-25
 preparação e apresentação do relatório, 7-9, 24-26
 trabalho de campo ou coleta de dados, 7-9, 24-25

Processo de trabalho de campo/coleta de dados, 7-9, 24-25, 344-348
 discussão em proposta de pesquisa, 71-72
 entrevista, 346-352
 ética no, 17-20, 352-354
 exemplos de casos de, 357-358
 natureza do, 344-346
 pesquisa de marketing em dispositivos móveis (MMR), 353-354
 pesquisa de marketing internacional no, 350-352
Profissionais de marketing direto, avaliação ética de, 249-251
Programas de código e recuperação, 133
Projeto de fidelização da loja de departamentos, 15-17
 amostra, 290-292, 321-322, 326-327
 análise de *cluster*, 534, 551-552
 análise de dados, 381-382, 419-420
 análise discriminante de dois grupos, 504-505
 análise fatorial, 526-527
 ANOVA, 446-447
 concepção de pesquisa, 61-62, 65-67
 concepção de pesquisa casual, 198-199
 concepção de questionário, 260-263, 270-273
 dados, 90-91, 97-98
 definição do problema, 39-40
 escalas, 215-216
 escalas multidimensionais, 579-579
 informação, especificação, 44
 introdução a, 15-16
 MEE, 606
 não resposta, ajuste de, 331-333
 pesquisa descritiva, 162-164, 168
 pesquisa qualitativa, 114-115, 122-123, 126-128
 preparação de dados, 360-360, 365
 preparação e apresentação de relatório, 625
 problema de decisão gerencial *versus* problema de pesquisa de marketing, 12-13
 regressão, 474-475
 tamanho da amostra, 321-322, 326-327
 trabalho de campo, 351-352
Projetos fatoriais fracionários, 199-201, 566-569
Promoção comercial, fatores de suporte, 520-521
Proporção de acertos, 490-492
Proporções, para duas amostras independentes, 497-499
Psicogalvanômetro, 164-167
Psicografia, 90-93
Publicidade de ataque, ética da, 136-138
Publicidade no Facebook, 203-205
Punctuality League, estudo de 2016, 123-124
Pupilômetros, 164-167

Q

Quadrado greco-latino, 197-200
Quadrado médio, 430-432
Qualidade do serviço (QS)
 dimensão do, 584-586, 599-606
 modelos do, 601-606
 segunda ordem, 603-606

Questionamento de problemas ocultos, 122-125
Questionário, 257-260. *Veja também* Ordem das questões, determinando; Codificando questões
 arquivos de dados, desenvolvendo, 363-365, 367-368
 conteúdo da pergunta, 260-262
 definição, 257-260
 edição, 361-363
 estrutura da pergunta, 264-268
 ética, 278-281
 exemplo de caso, 285-286
 formato e leiaute, 270-274
 formulários observacionais, 277-278
 importância do, 257-260
 incapacidade de responder, superação da, 261-265
 informações necessárias, especificar, 259-260
 internacional, 277-280
 lista de verificação, 275-277
 método de entrevista, 259-262
 objetivos do, 257-260
 para internet e computadores, construção, 274, 276-278
 pré-teste, 274, 276
 processo de elaboração, 257-260
 relutância em responder, superação, 262-266
 reprodução do, 273-274, 276
 respostas insatisfatórias, como lidar, 362-363
 verificando, 360-363
Questões de múltipla escolha, 266
Questões de pesquisa (QPs), 28-29, 41-44
Questões filtro, 261-262
Questões sociais que as empresas deveriam resolver, 57-58
Quick Response (QR), 311-312
Quick-Track, 5

R

R (atribuição aleatória de unidades ou grupos de teste), 188-189
R^2 ajustado, 463-464
Raiz quadrada da média de resíduos quadrados (RQMQR), 590-592
Raiz quadrada da média do quadrado dos resíduos padronizada (RQMQRP), 590-592, 604-606
Randomização, 190-192
Razão F, 435
Receita média por usuário (ARPU), 648
Receitas de vendas eletrônicas (comércio eletrônico), 84-85
Recuperadores de texto, 133
Recusas, 345
Redação do relatório
 aparência apresentável e profissional, 618-620
 concisão, 618-620
 facilidade de acompanhamento, 618-620
 leitores, 618-620
 objetivo, 618-620
 reforço do texto com tabelas e gráficos, 618-620

Redução de dados, 131-133
Reespecificação de variáveis, 369-372
Regressão
   coeficiente de regressão padronizado, 456-458, 470-471
   coeficientes, 456-458, 463-465, 470-471
   com variável *dummy*, 570-573
   estatística (RE), 189-191
   ética na investigação da pesquisa de marketing usando para, 471-474
   logística, 498-501
   passo a passo, 467-471
Regressão bivariada, 455-464
   estatísticas associadas à, 456-458
   modelo, 455-460
Regressão bivariada, realização da, 456-458
   estimando o coeficiente de regressão padronizado, 459-461
   estimando os parâmetros, 458-461
   fazendo o diagrama de dispersão, 456-459
   formulando o modelo de regressão, 457-460
   suposições, 462-464
   identificando a intensidade e a significância da associação, 460-463
   testando a significância, 459-461
   verificando a precisão da previsão, 462-464
Regressão de quadrados mínimos ordinários
   determinar a reta de regressão, 457-459
   em regressão múltipla, 463-464
   limitações da, 499-501
   modelo estimado para, 498-500
   preparação dos dados para a realização, 498-499
   termos de erros, 498-500
Regressão múltipla, 462-464
   estatísticas associadas à, 463-465
   modelo, forma geral de, 463-464
   questões respondidas por, 462-464
Regressão passo a passo, 467-471
Relação correlacional, 587-589
Relação entre covariância, 587-589
Relação estrutural, 586-587
Relações de causa e efeito, 58-61, 65-67, 183-190, 200-201, 205-207
Relações de dependência em MEE, 587-589
Relatório e apresentação
   acompanhamento da pesquisa, 624-627
   apresentação oral, 623-625
   brevidade, 625-626
   distribuição do relatório, 621-625
   especificados na proposta de pesquisa, 71-72
   ética no, 626-629
   formato do relatório, 616-619
   gráficos, normas para, 619-623
   importância do, 614-617
   leitura do relatório de pesquisa, 624-626
   mídias sociais, 627-628
   pesquisa de marketing em dispositivos móveis, 628-629
   pesquisa de marketing internacional, 625-627
   preparação do relatório, 616-618
   processo, 614-618
   redação o relatório, 618-620
   software usado para, 628-629
   tabelas, normas para, 618-620
Relatório, formato do
   abordagem ao problema, 618
   análise de dados, 618
   carta de autorização, 618
   carta de transmissão, 617-618
   concepção de pesquisa, 618
   conclusões e recomendações, 618-619
   definição do problema, 618
   limitações e advertências, 618-619
   página de título, 617-618
   resultados, 618
   resumo executivo, 618
   sumário, 618
Research Now, 18-19
Resíduos
   análise fatorial, 511-514, 518-520
   definição, 465-467
   em MEE, 587-589
   exame dos, 465-469
   padronizados, 594-596
   tabela de estatísticas, 465-469
Responsividade (RESP), 599-606
Resposta tendenciosa, 65-66
Respostas faltantes, 368-371
Ressonância magnética funcional (fMRI), exame, 165-166
Resultados de levantamentos eleitorais, 334-335
Resumo executivo, 618
Rô de Spearman (ρ_s), 455-457
Rotação oblíqua, 517-519
Rotação ortogonal, 517-519
Rotacionar os fatores, 516-519
R-quadrado, 557-559, 562-564

S

S&P Global Ratings, 98-99
Salas de bate-papo, 67-69
SAS
   abordagem de *big data*, 99-100
   amostra pareada do teste t, 418-420
   análise conjunta, 578-580
   análise de aglomeração não hierárquica (K-médias), 550-552
   análise de *cluster*, 550-552
   análise de covariância, 445-446
   análise de covariância de n fatores, 445-446
   análise de fator comum, 525-527
   análise de regressão, 473-475
   análise de variância de um fator de Kruskal-Wallis, 445-446
   análise discriminante, 503-505
   análise logit, 503-505
   análises de variância e covariância, 444-445
   ANOVA com medidas repetidas, 445-446
   cópias de telas com notas, 378-379
   correlação, 473-475
   Document Builder, 628-631
   duas amostras independentes não paramétricas, 418-420
   funções discriminantes, determinando significância da, 486-490
   instruções para rodar, 380-382
   MANOVA, 445-446
   modelagem de equações estruturais, 609-610
   One-Way ANOVA, 445-446
   One-Way Frequencies, 418-419
   principal componentes de análise, 525-527
   procedimento CALIS, 609-610
   programa de escala multidimensional, 578-580
   regressão bivariada, 473-475
   regressão múltipla, 473-475
   renda recodificada, variável, 379-382
   t de amostras pareadas, 418-420
   tabelas de frequências, gerando, 418-419
   tarefa de tabulação cruzada, 418-419
   tarefas não paramétricas ANOVA, 445-446
   teste binomial, gerando, 418-419
   teste de distribuição único, 418-420
   teste de mediana de k amostras, 445-446
   teste de normalidade, 419-420
   teste não paramétrico, 418-420
   teste qui-quadrado, gerando, 418-419
   teste t, 418-419
   teste uma amostra, 418-420
   testes paramétricos, 418-419
   variância de análise não métrica, 445-446
   variável Avaliação geral, 379-382
   verificação de consistência, 368-369
   vídeos demonstrativos computadorizados, 378-379
SAS Enterprise Guide, 20-21
SAS Visual Analytics, 623-624
Satisfação com o serviço (SAT), 603-606
Seções, 619-620
Segmentação do mercado
   análise de *cluster* usada para, 533-535
   EMD usado para, 557-559
   pesquisa em, 6-7
   uso de levantamentos, 93
Segmentação por benefício, 533-535
Segmentos de pesquisa de marketing, 17-20
Segurança (ASSU), 584-586, 599-606
Senhas, amostragem da Internet, 310
Sensibilidade ao preço, 199-201
Serviços analíticos, 12, 14
Serviços customizados, 11-13
Serviços de campo/organizações, 13
Serviços de escaneamento eletrônico, 95-97
Serviços de Marketing Corporativo (Marriott)
Serviços de produtos de pesquisa de marketing, 13
Serviços em mídias sociais, 12, 14
Serviços por assinatura, 11-13
Serviços sobre indústrias, 91-94, 97-99
Serviços técnicos e analíticos, 13
Setor de pesquisa de marketing, 11-13.
Veja também Fornecedores de pesquisa de marketing
Significância do efeito de interação, 436-438
Significância do efeito global, 436-437
Significância do efeito principal, 436-438
Significância estatística, variáveis de previsão, 387-388
Símbolos, usados em pesquisa de marketing, 188-189

Sinergismo, vantagem dos grupos de foco, 118-119
Sistema de informações de marketing (SIM), 15-16
Sistemas de suporte às decisões (SSD), 15-16
Sites de compartilhamento de fotos *on-line*, 135-136
SMS, mensagens de texto, 136, 225-226
Social Sciences Citation Index, 88-89
Software
  codificação, 132-133
  elaboração de um questionário, 274, 276-278
  estatístico, 577
  pacotes para análise qualitativa de dados, 133
  para criação de levantamentos, 154, 224-225
  para criação de questionários, 274
Software de desenvolvimento de teoria/conceito, 132-134
Software de exibição de dados, 132-134
Software etnográfico, 133
Software NVivo, 133
Solicitação crítica, 158-159
Solicitação de informações (RFI), 13
Solicitação de inscrição (RFA), 13
Solicitação de proposta (RFP), 13
Solução passo a passo, 467-470
Soluções de CRM social, 248
Soma de quadrados dos erros, 456-458
Sondagem, 346-349
SPSS
  AMOS, 608-610
  análise conjunta, 578-579
  análise de aglomeração em duas etapas, 544-547, 550-551
  análise de aglomeração hierárquica, 549-551
  análise de fator comum, 525-527
  análise de variância de um fator de Kruskal-Wallis, 444-446
  análise de variância e covariância, 444-446
  análise discriminante, 503
  análise discriminante de dois grupos, 503-504
  análise discriminante de três grupos, 503-504
  análise dos componentes principais, 525-527
  análise dos valores faltantes, 378-379
  análise logit, 503-504
  análise não métrica de variância, 444-446
  ANOVA com medidas repetidas, 444-446
  ANOVA de um fator, 444-446
  cópias de telas com notas, 378-379
  correlação, 473-474
  dados fora do intervalo, 368-369, 378-379
  Decision Time, 19-21, 48-49
  descritivos, 418
  desenvolvimento de arquivo de dados, 363-364, 367-368
  entrada de dados, 378-380
  explorar, 417-418
  frequências, 417-418
  função discriminante, determinar a significância da, 486-490

guia, 20-21
  MANOVA, 444-446
  método K-médias de aglomeração, 546-547
  modelagem de equações estruturais, 608-610
  modelo linear geral, 445-446
  opção de validação cruzada, 490-492
  procedimento de relatórios, 628-631
  programa de escala unidimensional, 577-579
  recodificação para criar nova variável, 378-382
  regressão bivariada, 472-474
  regressão múltipla, 473-475
  tabulação cruzada, 417-419
  teste da mediana de k amostras, 444-446
  teste t, 418-419
  testes não paramétricos, 417-419
  testes paramétricos, 417-419
  Text Smart, 378-379
  variáveis de aglomeração, 550-551
  variável Avaliação geral (Overall), 378-380
  verificação de consistência, 368-369
  vídeos demonstrativos computadorizados, 378-379
SQ_{dentro} (SQ_{erro}), 430-432
SQ_{entre} (SQ_x), 430-432
SQ_y, 430-432
Standard Rate and Data Service, 89-90
Student-Newman-Keuls, 441-442
Substituição, 330-332
Substituição de comida caseira (HMR), 81-82
Sugging, 172-174
Sumário, 618
Supervisor operacional, 13-15
Suposições, evitando implícitas, 269-270
Supressão aos pares, 368-371
Supressão caso a caso, 368-371

T

Tabela de contingência, 398-400
Tabela de *turnover*, 64-66
Tabelas *dummy*, 259-260
Tabelas estatísticas
  área soba a curva normal, 688
  distribuição F, 694-696
  distribuição qui-quadrado, 689-689
  distribuição t, 691-693
  números aleatórios simples, 685-687
Tabelas, normas para
  base de medida, 619-620
  disposição dos dados, 619-620
  explicações e comentários, 619-620
  fonte de dados, 619-620
  guias, réguas, espaços, 619-620
  título e número, 618-620
Tabelas pareadas, 566-569
Tabulações cruzadas, 396-406
  com duas variáveis, 398-400
  com três variáveis, 399-403
  comentários sobre, 401-403
  estatísticas associadas com, 401-404
  na prática, 404-406
  passos no, 404-406
Tamanho da amostra
  definição, 291-293

em estudos de pesquisa de marketing, 292-295
  para a estimativa de múltiplos parâmetros, 325-328
  para MEE, 590-592
Tamanho da amostra, determinando
  abordagem de intervalo de confiança, 264-265
  definições e símbolos usados na, 262-264
  em execução do processo de amostragem, 239-242
  estatisticamente, 321-322, 326-328
  não resposta, ajuste para, 331-333
  para médias, 322-324, 338-339
  para pesquisa de marketing internacional, 271-273
  preocupações éticas em, 334-335
  proporções, 264-266, 273-275
Tangibilidade (TANG), 584-586, 599-606
Tau b, 404-406
Tau c, 404-406
Tau de Kendall (τ), 455-457
Taxa de incidência, 159-162, 326-328
Técnica da terceira pessoa, 130-131
Técnica de avaliação e revisão de programas (PERT), 69-72
Técnica de avaliação e revisão gráfica (GERT – *graphical evaluation and review technique*), 69-72
Técnica de Explicação de Metáfora de Zaltman, 127-130
Técnica de resposta a imagens, 127-131
Técnica do informante-chave, 31-33
Técnica do voto dividido, 266-268
Técnicas de amostragem
  amostragem *on-line*, 308-311
  classificação, 293-296
  com mídias sociais, 333-334
  pesquisa de marketing em dispositivos móveis (MMR), 333-335
  pontos fortes e pontos fracos, 305-308
  selecionando, 291-293
Técnicas de associação, 125-127
Técnicas de conclusão, 126-128
  conclusão de frases, 127-128
  conclusão de histórias, 127-128
Técnicas de construção, 127-130
  resposta a imagens, 128-129
  teste com desenho, 129-130
Técnicas de dependência, 372-375
Técnicas de escalonamento não comparativas, 232-234
Técnicas de interdependência, 373-375, 509-511
Técnicas de pesquisas exploratórias, 32-35
Técnicas projetivas, 128-131
  aplicações da, 130-132
  dramatização, 129-130
  técnicas de associação, 125-127
  técnicas de conclusão, 126-129
  técnicas de construção, 128-130
  técnicas expressivas, 129-131
  terceira pessoa, 130-131
  vantagens e desvantagens, 131
Técnicas multivariadas, 372-375

Técnicas univariadas, 372-375
Telessessão, 118-119
Tempo, limitação da experimentação, 201-202
Tendência à aquiescência, 268-270
Tendenciosidade, 249-251
Tendenciosidade de observação, 168-169
Tendenciosidade de ordem, 265-267
Tendenciosidade de seleção (TS), 189-192
Tendenciosidade do entrevistador, 160
Teoria, 40-41
Teoria fundamentada, 124-126
Termo de erro aleatório, 562-564
Teste bicaudal, 394-396
Teste binomial, 411-413
Teste da mediana de k amostras, 442-444
Teste da mediana para duas amostras, 412-414
Teste da significância, 465-467, 516-517
Teste das repetições, 411-413
Teste de apercepção temática (TAT), 127-130
Teste de comparação múltipla, 441-442
Teste de degustação, 218-223
Teste de esfericidade de Bartlett, 511-514
Teste de hipóteses
   análise de correspondência e, 565-566
   classificação ampla de, 396-400
   em uma estratégia internacional, 414-417
   introdução, 393-395
   procedimento para, quando estatística t é usada, 407-409
   qui-quadrado, 402-404
   software estatístico usado em, 416-418
   teste binomial, 411-413
   teste das repetições, 411-413
   teste de Kolmogorov-Smirnov (K-S) de uma amostra, 411-413
   teste de McNemar, 411-412, 414-416
   teste de postos com sinais de Wilcoxon para pares conjugados, 405-407, 412-416
   teste dos sinais, 414-416
   teste F, 407-410
   teste t, 407-411
   teste U de Mann-Whitney, 411-414
   teste z, 407-411
   testes não paramétricos, 500-505
   testes paramétricos, 493-500
Teste de hipóteses, procedimento, 393-395
   coleta de dados e cálculo da estatística de teste, 396-397
   comparação da probabilidade (valor crítico), 396-398
   conclusão para a pesquisa de marketing, 397-398
   determinação da probabilidade (valor crítico), 396-397
   escolha do nível de significância, 395-397
   formulação da hipótese, 393-395
   seleção do teste apropriado, 395-396
   tomada da decisão, 396-398
Teste de hipóteses, testes não paramétricos
   amostras pareadas, 414-416
   duas amostras independentes, 413-417
   uma amostra, 412-413
Teste de hipóteses, testes paramétricos, 493-500
   amostras pareadas, 410-412

   duas amostras pareadas, 408-411
   uma amostra, 407-409
Teste de Kolmogorov-Smirnov (K-S) de uma amostra, 411-413
Teste de Kolmogorov-Smirnov para duas amostras, 412-414
Teste de marketing, 202
Teste de postos com sinais de Wilcoxon para pares conjugados, 405-407, 412-416, 418-420
Teste de Scheffé, 441-442
Teste do intervalo múltiplo de Duncan, 441-442
Teste dos sinais, 414-416
Teste F, 407-410, 441-442, 463-464
Teste F parcial, 463-464
Teste McNemar, 411-412, 414-416
Teste t, 407-411
   duas amostras independentes, 408-411
   pareadas, 410-411, 413-415
   uma amostra, 407-411
Teste U de Mann-Whitney, 411-414, 442-444
Teste unicaudal, 394-396
Teste z, 407-409
Testes com desenho, 128-131
Testes de índice de adequação, 403-404, 411-413
Testes não paramétricos
   amostra pareada, 413-415
   definição, 405-407
   duas amostras independentes, 411-415
   uma amostra, 411-412
Testes paramétricos (*Veja também* Teste t)
   amostras pareadas, 410-412
   definição, 405-407
   duas amostras independentes, 407-411
   uma amostra, 407-409
Texto ASCII, 153-154
The Art of Asking Questions, (Payne), 315
Títulos em tabelas, 619-620
Tomadores de decisões (TD), 28-32
Topografia de estado estacionário, 165-166
Transcrição de dados, 364, 367-369
Transformação de escala, 371-373
Transformação monotônica positiva de escala (conservando a ordem), 262-264
Transitividade de preferência, 218-221
Tratamento na ANOVA, 427-429
Tratamentos (variáveis independentes), 187-189
Triagem de respondentes, 4-5

U

Unidade amostral, 290-292
Unidades de teste, 187-189
Unidimensionalidade, 586-588, 592-595
Utilidade percebida (UP), 598-601

V

V de Cramer, 404-405
Validação cruzada, 471-472
Validade convergente, 245-247, 592-595, 601-604
Validade das escalas, 245-246
   versus confiabilidade, 246-247
Validade de construto, 245-247

Validade de conteúdo (ou de face), 245-246
Validade de experimentação, 188-190
Validade discriminante, 245-247, 592-595
Validade externa, 188-190
Validade interna, 188-190, 566-569
Validade nomológica, 245-247
Valor alfa, 245-246
Valor de marca, 229, 316
Valor estimado ou previsto, 456-458
Valor p, 395-397
Valor z, 321
Valores F e sua significância, 483-484
Variação concomitante, 185-187
Variação entre pessoas, 441-443
Variância, 392-393
Variância média extraída (VME), 584-587, 592-595, 598-600
Variáveis categóricas independentes (fatores), 427-429, 439-441
Variáveis de confusão, 190-192
Variáveis de estratificação, 301-303
Variáveis dependentes, 187-189, 455-457
Variáveis *dummy*, 371-373, 471-472
Variáveis estranhas, 187-189
   controle, 191-192
Variáveis independentes, 187-189, 455-457
Variáveis manifestas, 586-592
Variáveis mensuradas (X), 586-592
Variáveis observadas, 586-592
Variáveis substitutas, 517-520
Velocidade, vantagem dos grupos de foco, 118-119
Verificação de consistência, 368-369
Viés de não resposta, 158-159
Visualização de dados, 622-624

W

Wall Street Journal Index, 88-89
Whopper Freakout, 135-136
World Factbook (CIA), 89-101

X

X (exposição), 188-189
Xerocar, 246-249

Índice de empresas/produtos

A

ABC, 102-103, 144-145
A. B. Volvo, 576
Accenture, 53–54
Adidas Group, 173, 212-213
Advertising Research Foundation, 624-625
Aflac Incorporated, 27, 209–210
Agency for International Development, 99-100
Aim, 188-189
Air Transport Association (ATA), 130-131
Akron Children's Hospital, 645–646
AkzoNobel, 575, 576
Alaska Airlines, 123-124
Alfa Romeo, 576
Allstate, 86-87
Alphabet, 212
Amazon.com, 212, 310
Ambrielle, 134-135

Índice **769**

AMD, 357
American Airlines, 85–86, 123-124, 549
American Chicle Youth Poll, 269-270
The American Lawyer, 271—273
American Marketing Assocation, 5-7, 88-89, 312, 629
Andersen Consulting, 53–54
Anheuser-Busch, 185
Apple, 212, 215-216, 221-222, 519-520
Arizona jeans, 31-32
Arthur Andersen, 53
Ashford.com, 97-98
Association of Asia Pacific Airlines (AAPA), 472-473
AT&T, 149-150, 648-652
Audi, 566
Avon Products, Inc., 451

B

The Ball Group, 288–289
Baltimore Research, 183
Bank of America, 60-61
Baskin-Robbins, 285, 642–644
Battleground, 144-145
BBDO Worldwide, 167, 549
Bear-Sterns Companies Inc., 671
Bell & Howell, 144-145
Berkshire Hathaway, 212
Best Buy, 248-249, 437-439, 523-524
Bicycling, 319-320
BMW, 249-250, 576
Boeing Commercial Airplanes (BCA), 3-7, 289-290, 332-333
Boston Market, 81-82
Bureau of Labor Statistics, 306-308
Burger King, 135-136, 677-679
Burke, Inc., xi, 2, 24–26, 108, 120-121, 360, 555, 583
Business Week, 416-417
Business Week/Interbrand, 221-222
BuzzBack Market Research, 111-112

C

Cambiar Consulting, vi
Camel, 629
Campbell's, 93
Canon, 144-145, 199-200
Captura Group, 173-175
CARMA, 353-354, 377
Carnival Corporation, 367-368
Caterpillar, 87-88
Cathay Pacific, 472-473
CBS, 102-103, 144-145
Celebrities Asia, 278-279
Census Bureau, 35-36
Center for Marketing & Opinion Research, 177
Centers for Disease Control and Prevention (CDC), 348-349
Cerberus Capital Management, L.P., 451
Chrysler, 87-88, 565
Cigna, 301-303
CI Resource Index, 88-89
Citrosuco Paulista, 45-46
Clausthaler, 463
Clinique, 132-133, 349

Cluetec GmbH of Germany, 176-177
CMI, 231
CNN, 144-145
CNN Money, 85–86
Coach, 218-219
Coca-Cola, 32, 33, 45-47, 74, 219-222, 238, 261-262, 295-297, 463, 556-557, 564-565, 621
Colgate, 219-220
Colgate-Palmolive, 416-417, 576-577, 662
Colombian Coffee Federation, 58
comScore, 289
Confirmit, 353-354
Consumer Reports, 648
Cossette Communication Group, 129-130
The Council for Marketing and Opinion Research, 177
Council for Marketing and Opinion Research (CMOR), 345
Covington and Burling, 177
CreateSurvey, 154, 345-346
Creative Research Systems, 326
Crest, 219-220
CSM, 144-145
C Space, 135-136, 224-225
CustomerSat.com, 145-146

D

Decision Analyst, Inc., 613
Dell Computers, 47-48, 435, 481, 574-575, 637
Del Monte International, 416-417
Delta Air Lines, 123-124, 130-131, 148-149, 170, 181, 332-333
Department of Agriculture, 99-100
Department of Commerce, 99-100
Department of State, 99-100
Department of Tourism and Convention Administration, 427–428
Dialsmith, 233-234
Diet Coke, 238
Dillard's, 215--220
Don't Count Us Out, 83-84
DoubleClick, 165-166
Dow Chemical, 128-129
Dun & Bradstreet, 37-38, 87-89, 97-98
The Dunkin' Brands Group, Inc., 285–286
Dunkin' Donuts, 285-286, 642
DuPont, 127-129

E

EBSCO database, 88-91
EDGAR Database of Corporate Information, 90-91
Edmunds, 122-123
e-FocusGroups, 122-123
EgeBank, 427
eGo Vehicles, 254–255
Electrolux, 100-101
Emerge Marketing, 35-36
Encyclopedia Britannica, 88-89
Entrepreneur, revista, 642
Estée Lauder, 109-110, 267-268
E-Tabs Enterprise, 630
Expedia, 168
Experian, 86-87

Export-Import Bank of the United States, 99-100

F

Facebook, 18-19, 46-48, 72-74, 133-134, 174-175, 203-205, 212
Federal Aviation Administration, 86
Federal Communications Commission (FCC), 637
Federal Express, 123-124, 269-270
Federal Reserve Bank of St. Louis, 84-85
Federal Trade Commission (FTC), 187-188
Fédération Internationale de Football Association (FIFA), 217-218
FedStats, 89-90
FedWorld, 89-90
Finesse, 220-221
Fisher-Price, 35-36
Flickr, 135-136
Florida Department of Tourism, 293-294
FocusVision Network, Inc, 113-114
Food and Drug Administration (FDA), 135-136
Ford Motor Company, 74, 96-97, 109-110, 223-224
Forrester, 88-89
Fortune, 98-99, 212
Fossil, 576
Fox News, 195
French National Institute of Statistics and Economic Studies (INSEE), 312
Frito-Lay, 43-44, 185
Fuji Heavy Industries (FHI), 340
The Futures Company, 93

G

Gallup, 66-67, 86, 144-145, 264-265, 331-332, 354, 629
Gap, 31-32
Gatorade, 119-120, 225-226
General Electric, 212
General Mills, 95-96, 532
General Motors (GM), 135-136, 352-353, 411-412
Georgia Tech, 352-354
GfK, 71-72, 92-93, 96-97, 148-149, 301-303
GlaxoSmithKline Consumer Healthcare, 135-136
Global Airline Performance (GAP) study, 266-267
Global Home Products LLC, 166
Gold Group, 279
Good Morning America, 254
Google, 14-15, 134-135, 165-166, 221-222, 606, 627-628
Grady Maguire, 84-85
Groups Plus, Inc., 615-616
G&R Research and Consulting, 93

H

Häagen-Dazs, 374-376, 532
Hallmark, 147-148
Hard Rock Café, 278-279
Harley-Davidson, 27-29, 37-38
Harris Poll, 4-5, 63, 93, 144-145, 147-148, 153-154, 310

Hawaiian Airlines, 123-124
Head & Shoulders, 220-221
Henley Center, 352-353
Herbal Essences, 307-308
HP, 501-502, 637–638
Holiday Inn, 59-60
Home Depot, 86, 285
Home Shopping Budapest, 455-456
Honda, 109-110, 170, 565–566
Hoovers, 88-89
House of Mao, 278-279
Hugg, 279

I

IBD, 144-145
IBM, 101, 637, 653–661
ICI America's Agricultural Products, 575
ICR, 144-145
IDC, 88-89
Infiniti, 576
Infogroup, 88-89
InHabitat, 279
Insights Association, 80, 177, 345, 350-351, 385, 450
Instagram, 135-136
Intel Corporation, 357–358
InterActive Research of Atlanta, 151-152
InterContinental Hotels Group (IHG), 59-60
The International Olympic Committee (IOC), 295-297
Ipsos Group SA, 152, 480, 625-626

J

Jacksonville Symphony Orchestra, 327-328
Jaguar, 565
JCPenney, 31-32, 134-135, 215-220, 235-236
J. D. Power & Associates, 96-97, 311-312
Jhirmack, 220-221
Johnson & Johnson, 9-10, 627-629, 662
Join the Dots, 136
Joy, 188-189
JPMorgan Chase & Co., 509, 671–676
Just The Facts, Inc., 131-132

K

Kaiser Permanente, 63
Kantar TNS, 31-32, 92- 94, 152, 344, 352-353, 359, 463, 624-625
Kao Corp., 576-577
KDPaine & Partners, 352-354, 376-377
Kellogg's, 7-8, 95, 111-112, 119-120, 188-189, 204-205, 219-220, 248-249
Kimberly-Clark (KC), 662-670
Kmart Corporation, 184
Kohl's, 215-217
Kool-Aid, 118-119
Kraft Foods, 181, 224-225
Kraft Heinz Company, 45-46, 118-120

L

Lange Uhren GmbH, 202-203
Lee, 31-32
Leger Analytics, 287
Lenovo, 470
LeSportsac, Inc., 184, 187-188
Lever Brothers', 576-577
Levi Strauss & Co, 31-32, 223-224, 439

Lexus, 222-223, 372-373, 576
LinkedIn, 133-134
Lion Corp., 576-577
Lipton, 170
Lithium Technologies, 248
L'Oréal, 19, 405-406
Lufthansa German Airlines, 123-124

M

Macy's, 215-219
Major League Baseball (MLB), 39-40, 293-295
Mall of Georgia, 117-119
The M/A/R/C Group, 330-331, 345-346
Marketing Research and Intelligence Association of Canada, 279-280
Marketing Sciences, 353-354
Market xCel, 176-177
Marriott International, Inc., 9, 181, 634–636
Mars, 201-203
Marshalls, 215-216
The Mayo Clinic, 106–107
Mazda, 89-90
McCann Erickson Worldwide, 167
McDonald's, 16-17, 30-32, 72, 128-129, 233-234, 295-297, 677-679
McKinsey & Co., 81-82
Mercedes-Benz, 285, 565–566
Metaphase Design Group, 166
MetLife, 426
MFour, 628-629
Microsoft, 66-67, 212, 221-222, 245-246, 301-303, 630
Milk Processor Education Program, 36-37
Mint Museum of Art, 151-152
MMR Research Worldwide, 101-103, 248-249
Mondelez International, 224-225
Moody's, 88-89
Motor Carriers Directory, 87-88
MSN Autos, 301-303
MySpace, 72-73
MySurvey, 154

N

National Cattlemen's Beef Association (NCBA), 170
National Football League (NFL), 7-8, 78–79, 128-129
National Highway and Transportation Safety Agency, 254
National Hockey League (NHL), 597-598
National Institute on Drug Abuse, 304-305
National Transportation Safety Board, 86
NBC, 83-84, 102-103, 144-145
Neiman Marcus, 215-218
New Balance, 212-213
New England Patriots (NFL), 78, 367
New York City Transit (NYCT), 232, 235-236
New York Times Index, 90-91
New York Yankees, 293-295
Nielsen Company, 4-5, 63, 81, 83-84, 89-90, 95-99, 162-164, 181, 196, 197, 203-205, 330-331, 532, 627-628
Nike, 82-83, 141–142, 205, 212-213, 262
Nikon, 547, 549
Nine West, 111-112

Nissan, 122-123, 223-224
Nivea, 316–317
Nordstrom, 215-216, 546-547
NPD Group, 31-32, 94, 98-99

O

Ocean Spray, 220-222
Ogilvy & Mather Worldwide, 167
Old Navy, 262
The Olinger Group, 507
Olympic Games, 390-391
ORC International, 91-92
Organization for Economic Cooperation and Development, 100-101
Outback, 152

P

Pepperidge Farm, 128-129
PepsiCo, 181, 185, 219-222, 556-557, 621
Performance Research, 295-297
Perrier, 463
Pert, 220-221
Peterbilt, 87-88
Pew Research, 144-145
Pfizer, 185, 269-270
Philadelphia Eagles (NFL), 78
Philips, 48
PhotoBucket, 135-136
Pittsburgh Steelers, 78
Planet Hollywood, 278-279
PlayStation 4-5, 124-125
Point of Purchase Advertising International (POPAI), 185
Politics Now, 144-145
Pollfish, 311-312, 333-334, 628-629
Polo Ralph Lauren, 299
Pop Tarts, 111-112
Porsche, 565–566
PortiCo Research, 170
PriceWaterhouseCoopers (PWC), 324-326
Princess Cruises, 367-369
Printronix, 556-557
Procter & Gamble (P&G), 33-35, 88-89, 126-127, 162-163, 170, 185, 229–230, 443, 521, 622-623, 662-670
Promontory Financial Group, 654
Publicis North America, 209

Q

Qualitative Research Consultants Association, 110-111
Quester, 211
QuestionPro, 279-280

R

Ralston-Purina, 185
Rasmussen, 144-145
RCA Products, 439
RC Cola, 219-220
Reebok, 173, 411-412
Renault, 576
Repères, 203-204
RetailMeNot, 188-189
Rite Aid Drug Co., 185, 187-188, 199-200
RJ Reynolds, 629
Rockport, 239-240
RTi Research, 56

S

Saatchi & Saatchi Worldwide, 167, 455-456, 626-627
Saks Fifth Avenue, 215-216
Samsung, 271-273
Sandelman, 5
SAP Ariba, 145-147
Satmetrix, 4-5
Schlesinger Associates, 143
SecondaryData.com, 88-89
Second Life, 174-175, 203-204
Secure Technology Alliance, 123-124
SE Surveys, 149-150
Shop!, 185
Shutterfly, 135-136
Sigg USA, 279
Singapore International Airlines, 472-473
Small Business Administration, 99-100
Smart Card Alliance. *Veja* Secure Technology Alliance
Smarte Carte, Inc., 35-36
Smile Internet Bank, 501-502
SmugMug, 135-136
Snapfish, 135-136
Social Sciences Citation Index, 88-89
Sony, 15, 124-126, 153-154
Southwest Airlines, 212
S&P, 88-89, 98-99
Specialty Coffee Association of America, 58
SSRS Research, 86
Starbucks, 17-18-19, 57–58, 181–182, 212, 285
Starwood Hotels & Resorts, 174-176
Statista, 84-85
Stop & Shop, 285
Subaru of America, 340–341
Sun Microsystems, 47-48
SurveyMonkey, 154
SurveyPro, 154
Survey Research Center, 348-349
Survey Sampling International (SSI) Inc., 310, 318

T

Taco Bell, 66-67
TallyGenicom, 556-557
Target, 93, 215-216
Technicolor SA, 439
Tennis magazine, 498-499
Tesco, 353-354
Thai Airways International, 472-473
The New Yorker, 120-122
The Survey System, 154
ThomasNet, 88-89
Threadless, 333-334
3M Canada, 72-74
Tide, 162-163, 188-189
Timberland, 491-492
Time, revista, 254, 416-417
TimeOut, 63-64
Time Warner, 149-150, 648
TIPP, 144-145
T-Mobile, 324
Today Show, 254
Toyota, 221-222, 565–566, 626-627
Trade-Off Research Services, 556-557

Tropicana, 135-136
The Truth campaign, 304-305
20/20 Research, 120-121, 122-123
Twitter, 18-19, 47-48, 101, 133-135, 627-628

U

Unilever, 46-47, 95
United Airlines, 123-124, 216-217, 614-615
United Nations, 100-101
United Way, 78
University of Colorado, 390-391
University of Georgia, 530
Univision, 89-90
USA Today, 144-145
U.S. Brand Management, 141
U.S. Bureau of the Census, 82-85, 289-290
U.S. Department of Commerce, 84-85
U.S. Department of Labor, Bureau of Labor Statistics, 81-82
U.S. Fish and Wildlife Service (USFWS), 288–289
U.S. News & World Report, 106, 645

V

Vail Cascade Resort, 326
Vidal Sassoon, 220-221
Visa, 74, 99-100, 125-126, 128-129
Volkswagen, 523-525, 565–566

W

Wall Street Journal, 97-98, 144-145, 225-226
Wall Street Journal Index, 88-91
Wal-Mart, 15-16, 33, 42-43, 86-87, 93, 192-195, 198-199, 201-202, 215-219, 234-237, 285, 409-410, 606, 625
Walt Disney Company, 72-73, 168, 212, 234-235
Washington Post, 144-145
WearEver Company, 166
Web Online Surveys, 154
Wells Fargo Bank, 67-69, 326
Wendy's, 393-394, 521, 677–684
Whirlpool, 109-110
World Vision, 257-259
Wrangler, 31-32
WTVJ-TV, 83-84

X

Xerox Corporation, 247–248

Y

Yahoo!, 303
YCharts, 84-85
Young & Rubicam, 149-150, 167
YP, 88-89

Z

Zogby, 144-145
Zoomerang, 154
Zorrel International, 63-64

Índice onomástico

A

Almy, David W., 385
Andersen, Jack, 556-557

B

Baker, Scott, 143
Barstys, Joe, 340–341
Blythe, Bruce, 223-224
Brophy, Drew, 279
Browne, Joe, 78–79
Burke, Alberta, 24–26
Bush, George H. W., 136-137
Bush, George W., 137-138, 144-145

C

Chadwick, Simon, vi
Chakrapani, Chuck, 287
Clauss, Phil, 677
Clinton, Bill, 137-138
Clinton, Hillary, 137-138, 331-332, 334-335
Colleton, Beth, 79
Cooke, Lynnette, 359

D

Davis, Marsha, 642–643
Dichter, Ernest, 110-111
Dobelhoff, Dave, 256
Donnelly, Ted, 183
Dukakis, Michael, 136-137

E

Edwards, Trevor, 141

F

Finn, Jack, 524-525

G

Getz, Patricia M., 307–308
Goldfarb, Jaime, 368-369
Gore, Al, 137-138, 144-145
Greenbaum, Thomas, 615-616
Gupta, Kunal, 555

H

Hamman, Jim, 254
Haring, Keith, 279
Hatch, Denny, 249-250
Hewlett, William, 637
Hoskins, Tom, 211

J

Jones, Damon, 360
Jones, Janet, 645–646
Jordan, Michael, 141

K

Kallfelz, Andrew, 254
Kerry, John, 137-138
Kevorkian, Ginny, 450
Kimmel, Ken, 642–644
Kroll, Bob, 416–417

L

la Forgia, John, 106
Laszlo, Joseph, 153-154
Le Manh, Pierre, 480
Likert, Rensis, 234-235
Lorch, Jackie, 318

M

Mangoff, Alex, 583
Marcus, Neil, 426

Marriott, Alice, 9, 634
Marriott, J. Willard, 9
Marriott, John, 634
Mayo, Charles, 106–107
Mayo, William, 106–107
McCain, John, 137-138
Miller, Bob, 626-627
Miller, Jeff, xi, 2

N

Nash, Kendall, 108
Norton, Mark, 645–646

O

Obama, Barack, 137-138, 144-145, 331-332
Olinger, Jude, 507

P

Packard, David, 637
Paul, Gerry, 166
Payne, Stanley, 258-259
Pearson, Karl, 452
Peller, Clara, 677
Politz, Alfred, 110-111
Polonsky, Leonara, 229
Powell, Aaron, 645–646

R

Reddy, Pretti, 344
Romney, Mitt, 137-138
Ronaldo, 141
Rothstein, David, 56

S

Schultz, Howard, 181
Stapel, Jan, 237
Stengel, Jim, 229
Stone, Rob, 80

T

Thomas, Dave, 677
Thomas, Jerry, 613
Trump, Donald, 137-138, 144-145, 331-332, 334-335
Tsuruta, Tatehiro, 144-145

W

Weber, Alan, 87-88
Weyforth, Frank, 87-88
Wheatly, Zack, 642–643
Womack, Dan, 27
Woods, Tiger, 141
Wurst, Dr. John C., 530
Wyrick, Debbi, 24

Y

Yang, Thomas, 181

Z

Zalesky, Chet, 231